Hamann/Sigle
Vertragsbuch Gesellschaftsrecht

Vertragsbuch Gesellschaftsrecht

Unternehmensstruktur, Wachstum, Internationalisierung, Nachfolge bei mittelständischen Unternehmen

Herausgegeben von

Prof. Dr. Hartmut Hamann   ***Dr. Axel Sigle, LL. M. (Washington D. C.)***

bearbeitet von

Dr. Peter Baisch, Dr. Florian Bauer, Dr. Björn Demuth, Dr. Claus-Peter Fabian, Dr. Maximilian Grub, Prof. Dr. Hartmut Hamann, Dr. Karsten Heider, Dr. Achim Lindemann, Dirk Loycke, Dr. Joachim Natterer, Dr. Harald W. Potinecke, Dr. Peter Ruby, Dr. Ernst-Markus Schuberth, Dr. Axel Sigle, LL. M. (Washington D. C.)

unter Mitwirkung von

Constanze Fritz, Gerald Gräfe, Dr. Markus Hirte, Dr. Thomas Klink, LL. M. (UT Austin), Birgit Schneider, Dr. Marc Seibold, Dr. Ulrich Thiem, Dr. Claudius Werwigk

Verlag C. H. Beck München 2008

Verlag C. H. Beck im Internet:
beck.de

ISBN 978 3 406 57000 1

Wilhelmstraße 9, 80801 München
Gesamtherstellung: Druckerei C. H. Beck, Nördlingen

Gedruckt auf säurefreiem, alterungsbeständigem Papier
(hergestellt aus chlorfrei gebleichtem Zellstoff)

Vorwort

Die Dynamik der Entwicklung der Rahmenbedingungen für unternehmerisches Handeln ist ungebrochen. Neue gesellschaftsrechtliche Regelungen, Anforderungen an Risikomanagement und Compliance sowie die Internationalisierung von Kunden- und Lieferantenbeziehungen verlangen ein hohes Maß an Flexibilität von Unternehmern und deren Beratern. Gesellschaftsrechtliche Strukturen stehen hierdurch in immer kürzeren Abständen auf dem Prüfstand.

Der Aufbau des Vertragsbuchs Gesellschaftsrecht orientiert sich am Lebenszyklus eines Unternehmens. Wachstums- und Nachfolgephase werfen jeweils typische Fragestellungen auf. Die Autoren stellen Lösungen vor und illustrieren diese mit praktischen Regelungsbeispielen. Sie berücksichtigen dabei die unterschiedlichen Interessen der jeweils beteiligten Personen. Die für Gründungs- und Umstrukturierungsentscheidungen gleichermaßen wichtigen Fragen zur Rechtsformwahl werden eingehend behandelt, auch unter Berücksichtigung internationaler und ausländischer Rechtsformen. Für das Wachstum sind Finanzierungs- und Konzernierungsfragen wichtig. Die Autoren stellen diese ebenso dar wie unterschiedliche Formen der Kooperation mit anderen Unternehmen sowie Ablauf und Regelungen zum Unternehmenskauf. Als Alternativen für die Unternehmensnachfolge werden neben den üblichen Gestaltungsmöglichkeiten zur Übertragung eines Unternehmens auch Stiftungs- und Verkaufsmodelle vorgestellt.

Das Vertragsbuch Gesellschaftsrecht berücksichtigt das soeben verabschiedete Gesetz zur Modernisierung des GmbH-Rechts und zur Bekämpfung von Missbräuchen (MoMiG). Ein komplettes Kapitel ist Compliance-Fragen und damit der aktuellen Corporate Governance-Diskussion gewidmet.

Stuttgart, im September 2008 — Herausgeber und Autoren

Inhaltsübersicht

Inhaltsverzeichnis

3. Teil. Wachstum der Gesellschaft

4. Teil. Unternehmensnachfolge und -verkauf

Abkürzungsverzeichnis

Verzeichnis der Abkürzungen und der abgekürzt zitierten Literatur

a.	auch
a. E.	am Ende
aA.	andere Ansicht
aaO.	am angegebenen Ort
abgedr.	abgedruckt
Abk.	Abkommen
abl.	ablehnend
ABl.	Amtsblatt
ABlEG	Amtsblatt der Europäischen Gemeinschaft (Teil A oder C, Jahr und Seite)
Abs.	Absatz
Abschn.	Abschnitt
Abt.	Abteilung
abw.	abweichend
AcP	Archiv für die civilistische Praxis (Band, Jahr u. Seite)
A/D/S	s. Adler/Düring/Schmaltz
Adler/Düring/Schmaltz	Rechnungslegung und Prüfung der Unternehmen, 6. Aufl. 1994 ff. (§§, Tz.)
AEAO	Anwendungserlass zur Abgabenordnung
aF.	alte Fassung
AfA	Absetzung für Abnutzung
AG	Aktiengesellschaft; Die Aktiengesellschaft (Jahr u. Seite); Amtsgericht
AGB	Allgemeine Geschäftsbedingungen
AGBG	Gesetz zur Regelung des Rechts der Allgemeinen Geschäftsbedingungen (seit 1. 1. 2002 außer Kraft; s. jetzt §§ 305–310 BGB)
AG-Report	Sonderteil der Zeitschrift Die Aktiengesellschaft (Jahr u. Seite)
AktG	Aktiengesetz
allg	allgemein
allgM.	allgemeine Meinung
aM.	anderer Meinung
ÄndG	Gesetz zur Änderung
AnfG	Gesetz über die Anfechtung von Rechtshandlungen eines Schuldners außerhalb des Insolvenzverfahrens (Anfechtungsgesetz)
Anh.	Anhang
Anm.	Anmerkung
AnO	Anordnung
AnSVG	Gesetz zur Verbesserung des Anlegerschutzes (Anlegerschutzverbesserungsgesetz)
AO	Abgabenordnung
AOAnpG	Gesetz zur Anpassung von Gesetzen an die Abgabenordnung
AP	Arbeitsrechtliche Praxis (Gesetzesstelle und Entscheidungsnr.)
ApG	Apothekengesetz
ArbG	Arbeitsgericht; Arbeitgeber
ArbGG	Arbeitsgerichtsgesetz
ArbN	Arbeitnehmer
ArbPlSchG	Arbeitsplatzschutzgesetz

ARGE	Arbeitsgemeinschaft (von Bauunternehmern)
Art.	Artikel
AT	Allgemeiner Teil; außertariflich (bei Mitarbeitern)
Aufl.	Auflage
AÜG	Gesetz zur Regelung der gewerbsmäßigen Arbeitnehmerüberlassung
AuslInvG	Auslandsinvestmentgesetz
AVO	Ausführungsverordnung
AWD/BB	Außenwirtschaftsdienst des Betriebs-Beraters
AWG	Außenwirtschaftsgesetz
AWV	Außenwirtschaftsverordnung
Az.	Aktenzeichen
AZO	Arbeitszeitordnung
B/B/G/S	Bülow/Böckstiegel/Geimer/Schütze, Internationaler Rechtsverkehr in Zivil- und Handelssachen, Loseblatt, 33. Aufl. 2008
BAFA	Bundesausfuhramt
BAFin	Bundesanstalt für Finanzdienstleistungsaufsicht
BAG	Bundesarbeitsgericht
Bamberger/Roth	Kommentar zum BGB, 2. Aufl. Band 1 (2007), Bände 2 und 3 (2008)
BAnz	Bundesanzeiger
Bärmann/Pick	Wohnungseigentumsgesetz mit Erläuterungen, 18. Aufl. 2007
Baumbach/Hopt	Handelsgesetzbuch mit GmbH & Co., Handelsklauseln, Bank- und Börsenrecht, Transportrecht (ohne Seerecht), 33. Aufl. 2008
Baumbach/Hueck	GmbH-Gesetz, 18. Aufl. 2006
B/L/A/H	Baumbach/Lauterbach/Albers/Hartmann, ZPO, Kommentar, 66. Aufl. 2008
BayObLG	Bayerisches Oberstes Landesgericht
BB	Der Betriebs-Berater (Jahr u. Seite)
BBK	Buchführung, Bilanz, Kostenrechnung (Jahr u. Seite)
Bd.	Band
BdB	Bundesverband der deutschen Banken
BeckBilKomm	Beck'scher Bilanz-Kommentar, Handels- und Steuerbilanzm, 6. Aufl. 2006
BeckFormB	Beck'sches Formularbuch zum Bürgerlichen, Handels- und Wirtschaftsrecht, 9. Aufl. 2006
BeckHdbGmbH	Beck'sches Handbuch der GmbH, 3. Aufl. 2002
BeckHdbPersG	Beck'sches Handbuch der Personengesellschaften, 2. Aufl. 2002
BeckNotarHdb	Beck'sches Notar-Handbuch, 4. Aufl. 2006
Begr.	Begründung
Beil.	Beilage
Beschl.	Beschluss
bestr.	bestritten
betr.	betrifft
Betr.	Der Betrieb (Jahr u. Seite)
BetrAVG	Gesetz über die betriebliche Altersversorgung
BetrVG	Betriebsverfassungsgesetz
Beuthien	Genossenschaftsgesetz mit Umwandlungs- und Kartellrecht sowie Statut der Europäischen Genossenschaft, Kurz-Kommentar, 14. Aufl. 2004
BewG	Bewertungsgesetz
BewRGr	Richtlinien für die Bewertung des Grundvermögens
BFH	Bundesfinanzhof
BGB	Bürgerliches Gesetzbuch

BGBl.	Bundesgesetzblatt
BGH	Bundesgerichtshof
BGH/NV	Sammlung nicht veröffentlichter Entscheidungen des BGH
BGHZ	Entscheidungen des Bundesgerichtshofes in Zivilsachen (Band u. Seite)
BilKoG	Gesetz zur Kontrolle von Unternehmensabschlüssen (Bilanzkontrollgesetz)
BilReG	Gesetz zur Einführung internationaler Rechnungslegungsstandards und zur Sicherung der Qualität der Abschlussprüfung (Bilanzrechtsreformgesetz)
Binz/Sorg	Die GmbH & Co. KG, 10. Aufl. 2005
BiRiLiG	Bilanzrichtlinien-Gesetz
BKR	Zeitschrift für Bank- und Kapitalmarktrecht (Jahr u. Seite)
Bl.	Blatt
Blaurock	Handbuch der Stillen Gesellschaft, 6. Aufl. 2003
Blümich/Ebling	EStG/KStG/GewStG/Nebengesetze, Loseblatt, 98. Aufl. 2008
BMF	Bundesministerium der Finanzen
BMJ	Bundesministerium der Justiz
BMWA	Bundesministerium für Wirtschaft und Arbeit
Boos/Fischer	Kreditwesengesetz, Kommentar, 2. Aufl. 2004
BörsG	Börsengesetz
BörsO	Börsenordnung
BörsZulV	Börsenzulassungsverordnung
BR-Drs.	Bundesrats-Drucksache
BStBl.	Bundessteuerblatt
BT-Drs.	Bundestags-Drucksache
Buchst.	Buchstabe
B. V.	Besloten Venootschap (Gesellschaftsform niederländischen Rechts)
BVerfG	Bundesverfassungsgericht
BVerfGE	Entscheidungen des Bundesverfassungsgerichts (Band u. Seite)
BVerwG	Bundesverwaltungsgericht
BVerwGE	Entscheidungen des Bundesverwaltungsgerichts (Band u. Seite)
bzgl.	bezüglich
bzw.	beziehungsweise
Canaris	Handelsrecht, 24. Aufl. 2006
Co.	Companie; Company
DAI	Deutsches Aktien-Institut
Daimer/Reithmann	Die Prüfungs- und Belehrungspflicht des Notars, 4. Aufl. 1975
DAX	Deutscher Aktien-Index
DB	Der Betrieb (Jahr u. Seite)
DBA	Doppelbesteuerungsabkommen
DCF	Discounted Cashflow
DCGK	Deutscher Corporate Governance Kodex
DDR	Deutsche Demokratische Republik, ehemalige
Demharter	Grundbuchordnung, 25. Aufl. 2005
ders.	derselbe
dies.	dieselbe/dieselben
DIHK	Deutscher Industrie- und Handelskammertag (früher: DIHT)
DIN	Deutsches Institut für Normung
DIS	Deutsche Institution für Schiedsgerichtsbarkeit
Diss.	Dissertation
DNotZ	Deutsche Notar-Zeitschrift (Jahr u. Seite)

Dötsch/Jost/Pung, KStG	Die Körperschaftsteuer, Kommentar zum Körperschaftsteuergesetz, Loseblatt, (§§, Rz.)
DrittelbG	Drittelbeteiligungsgesetz
DRS	Deutscher Rechnungslegungs-Standard
DStR	Deutsches Steuerrecht (Jahr u. Seite)
DStRE	DStR-Entscheidungsdienst (Jahr u. Seite)
DSW	Deutsche Schutzvereinigung für Wertpapierbesitz e. V.
EBE	Eildienst bundesgerichtlicher Entscheidungen
e. V.	eingetragener Verein
EBIT	Earnings Before Interest and Taxes
ECU	European Currency Union
ED-	Exposure Draft (Entwurfsfassung, insbes. bei IAS/IFRS)
Ed.	Editor
EFG	Entscheidungen der Finanzgerichte
EFTA	European Free Trade Association
eG	eingetragene Genossenschaft
EG	Europäische Gemeinschaft(en); Einführungsgesetz
EGBGB	Einführungsgesetz zum Bürgerlichen Gesetzbuch
EGInsO	Einführungsgesetz zur Insolvenzordnung
eGmbH	eingetragene Genossenschaft mit beschränkter Haftung
Einf.	Einführung
Einl.	Einleitung
einschl.	einschließlich
Ek	Praxisleitfaden für die Hauptversammlung, 2005
EK	Eigenkapital
Emmerich/Habersack	Aktien- und GmbH-Konzernrecht, 5. Aufl. 2008
Emmerich/Sonnenschein	Konzernrecht, 8. Aufl. 2005
entspr.	entsprechend
ERA	Einheitliche Richtlinien und Gebräuche für Dokumenten-Akkreditive
ErbStG	Erbschaftsteuer- und Schenkungsteuergesetz
ErbStDVO	Erbschaftsteuer-Durchführungsverordnung
Erfurter Komm.	Erfurter Kommentar zum Arbeitsrecht, 8. Aufl. 2008
Erl.	Erläuterung
Erman	Handkommentar zum BGB, 11. Aufl. 2004
EStG	Einkommensteuergesetz
EU	Europäische Union
EuG	Gericht erster Instanz der EG
EuGH	Europäischer Gerichtshof
EuGHE	Entscheidungen des Europäischen Gerichtshofes
EuGVO	Verordnung (EG) Nr. 44/2001 über die gerichtliche Zuständigkeit und die Anerkennung und Vollstreckung von Entscheidungen in Zivil- und Handelssachen
EuGVÜ	Europäisches Übereinkommen über die gerichtliche Zuständigkeit und die Vollstreckung gerichtlicher Entscheidungen in Zivil- und Handelssachen (weitgehend obsolet; s. jetzt EuGVO)
EUV	Vertrag zur Gründung der Europäischen Union
EuZW	Europäische Zeitschrift für Wirtschaftsrecht (Jahr u. Seite)
EVA	Economic Value Added
EWG	Europäische Wirtschaftsgemeinschaft (jetzt EG)
EWiR	Entscheidungen zum Wirtschaftsrecht (Jahr u. Seite)
EWIV	Europäische Wirtschaftliche Interessenvereinigung

f.	folgende (Seite)
FASB	Financial Accounting Standards Board
FAZ	Frankfurter Allgemeine Zeitung
FB	FinanzBetrieb
FF	Französischer Franc (bis 2001; jetzt Euro)
ff.	folgende (Seiten)
FFG	(1.–4.) Finanzmarktförderungsgesetz
FG	Finanzgericht
FIBU	Finanzbuchhaltung
Fitting	Fitting/Engels/Schmidt/Trebinger/Linsenmaier, Betriebsverfassungsgesetz, Kommentar, 24. Aufl. 2008
Flume	Die Personengesellschaft, 1977
Fn.	Fußnote
Form.	Formular
FS	Festschrift
FTSE 100	Financial Times Stock Exchange Top 100
FuE	Forschung und Entwicklung
GAAP	Generally Accepted Accounting Principles
GBl.	Gesetzblatt
GBP	Britisches Pfund
GbR	Gesellschaft bürgerlichen Rechts
GefahrgutVO	Gefahrgutverordnung
GEFI	Gesellschaft zur Finanzierung von Industrieanlagen
gem.	gemäß
GenG	Gesetz betreffend die Erwerbs- und Wirtschaftsgenossenschaften (Genossenschaftsgesetz)
Ges.	Gesetz
Geßler/Hefermehl/Eckardt/Kropff	Aktiengesetz, Kommentar, 1974 ff.
GewStG	Gewerbesteuergesetz
gez.	gezeichnet
ggf.	gegebenenfalls
GK-KSchG	Gemeinschaftskommentar zum Kündigungsschutzgesetz und zu sonstigen kündigungsschutzrechtlichen Vorschriften 8. Aufl. 2007
Glanegger/Güroff	Gewerbesteuergesetz, 6. Aufl. 2006
Glanegger/Kirnberger/Kusterer	Heidelberger Kommentar zum HGB, 7. Aufl. 2007
Glenk	Die eingetragene Genossenschaft, 1996
GmbH	Gesellschaft mit beschränkter Haftung
GmbHG	Gesetz betreffend die Gesellschaften mit beschränkter Haftung
GmbHR	GmbH-Rundschau (Jahr u. Seite)
Goutier/Knopf/Tulloch	Kommentar zum Umwandlungsrecht, Umwandlungsgesetz – Umwandlungssteuergesetz, 2. Aufl. 2001
GroßkommAktG	Großkommentar zum Aktiengesetz, 4. Aufl. 1992 ff.
GroßkommHGB	Großkommentar zum Handelsgesetzbuch, 4. Aufl. 1983 ff.
GrS	Großer Senat
GrStG	Grundsteuergesetz
GRUR Int	Gewerblicher Rechtsschutz und Urheberrecht, internationaler Teil (Jahr u. Seite)
GRUR	Gewerblicher Rechtsschutz und Urheberrecht (Jahr u. Seite)
GuV	Gewinn- und Verlustrechnung
GVO	Gruppenfreistellungsverordnung
GWB	Gesetz gegen Wettbewerbsbeschränkungen (Kartellgesetz)

Habersack	Europäisches Gesellschaftsrecht, 3. Aufl. 2006
Hachenburg	Gesetz betreffend die Gesellschaften mit beschränkter Haftung. Großkommentar, 8. Aufl. 1990/92
Hans. OLG Bremen	Hanseatisches Oberlandesgericht Bremen
Hans. OLG Hbg	Hanseatisches Oberlandesgericht Hamburg
Haritz/Benkert	Umwandlungssteuergesetz, 2. Aufl. 2000
Hartmann	Kostengesetze, Kommentar, 38. Aufl. 2008
Hdb.	Handbuch
Hennrichs	Formwechsel und Gesamtrechtsnachfolge bei Umwandlungen, 1995
Herrmann/Heuer/ Raupach	EStG und KStG mit Nebengesetzen, Loseblatt, Stand 2008
Hesselmann GmbH & Co.	Hesselmann/Tillmann/Mueller-Thuns, Handbuch der GmbH & Co., 19. Aufl. 2005
Hettrich/Pöhlmann/Gräser/ Röhrich	Genossenschaftsgesetz, Kommentar zu dem Gesetz betreffend die Erwerbs- und Wirtschaftsgenossenschaften und zu umwandlungsrechtlichen Vorschriften für Genossenschaften, 2. Aufl. 2001
Heymann	Handelsgesetzbuch. Kommentar (ohne Seerecht), Bd. 1–4, 2. Aufl. 1995 ff.
HGB	Handelsgesetzbuch
HL	House of Lords
hL.	herrschende Lehre
hM.	herrschende Meinung
HöfeO	Höfeordnung
Hölters	Der Beirat
Hölters/Deilmann/Buchta	Die kleine Aktiengesellschaft, 2. Aufl. 2002
Hopt	Vertrags- und Formularbuch zum Handels-, Gesellschafts-, Bank- und Transportrecht, 3. Aufl. 2007
HR	Handelsregister
HRA	Handelsregister, Teil A
HRB	Handelsregister, Teil B
HRefG	Handelsrechtsreformgesetz
Hrsg. / hrsg.	Herausgeber / herausgegeben
HRV	Handelsregisterverordnung (früher: -verfügung)
Hueck/Windbichler GesR	Gesellschaftsrecht, 21. Aufl. 2008
Hüffer	Aktiengesetz, 8. Aufl. 2008
HV	Hauptversammlung
HypBG	Hypothekenbankgesetz
IAS	International Accounting Standards
IASB	International Accounting Standards Board
IAS C	International Accounting Standards Committee
ICC	International Chamber of Commerce
idF.	in der Fassung
idR	in der Regel
IDW	Institut der Deutschen Wirtschaft
IFLR	International Financial Law Review
IFR	International Financing Review
IFRS	International Financial Reporting Standards
iG.	in Gründung
IHK	Industrie- und Handelskammer
iL.	in Liquidation

I/M	s. Immenga/Mestmäcker
Immenga/Mestmäcker EGWettbR	EG-Wettbewerbsrecht, Bde. 1 und 2, 1997
Immenga/Mestmäcker GWB	GWB-Kommentar, 4. Aufl. 2007
InsO	Insolvenzordnung
IPR	Internationales Privatrecht
IPrax	Praxis des internationalen Privat- und Verfahrensrechts (Jahr u. Seite)
IRC	Internal Revenue Code (USA)
IRS	US-Internal Revenue Service
iS.	im Sinne
iSd	im Sinne des/der
IStR	Internationales Steuerrecht (Jahr u. Seite)
iSv.	im Sinne von
iVm.	in Verbindung mit
IWF	Internationaler Währungsfonds
Jäger	Aktiengesellschaft, 2004
JBeitrO	Justizbeitreibungsordnung
JBFfSt	Jahrbuch der Fachanwälte für Steuerrecht (Band u. Seite)
JFG	Jahrbuch für Entscheidungen in Angelegenheiten der Freiwilligen Gerichtsbarkeit und des Grundbuchrechts
JR	Juristische Rundschau (Jahr u. Seite)
Jura	Juristische Ausbildung (Jahr u. Seite)
JuS	Juristische Schulung (Jahr u. Seite)
JZ	Juristen-Zeitung (Jahr u. Seite)
Kallmeyer GmbH	Kallmeyer/Fuhrmann/Heuser/Tillmann, Handbuch der GmbH, 4 Bände, Loseblatt
Kallmeyer UmwG	Umwandlungsgesetz, 3. Aufl. 2006
KapErhG	Gesetz über die Kapitalerhöhung aus Gesellschaftsmitteln und über die Verschmelzung von Gesellschaften mit beschränkter Haftung
KapG	Kapitalgesellschaft
KapMuG	Gesetz zur Einführung von Kapitalanleger-Musterverfahren (Kapitalanleger-Musterverfahrensgesetz)
Keidel/Kuntze/Winkler	Freiwillige Gerichtsbarkeit, Kommentar, 15. Aufl. 2003 mit Nachtrag 2005
KG	Kommanditgesellschaft; Kammergericht
KGaA	Kommanditgesellschaft auf Aktien
KGJ	Jahrbuch für Entscheidungen des Kammergerichts
KGV	Kurs-Gewinn-Verhältnis
KMU	Kleine und mittlere Unternehmen
KO	Konkursordnung (ehem.; s. jetzt InsO)
Kölner Komm. AktG	Kölner Kommentar zum Aktiengesetz, 2. Aufl. 1986 ff.
KOM	Kommission (so zitiert in Dokumenten)
KOME	Kommission der Europäischen Gemeinschaften, Entscheidungen
Komm.	Kommentar
KonTraG	Gesetz zur Kontrolle und Transparenz im Unternehmensbereich
Korintenberg/Lappe/Bengel/Reimann	Kostenordnung, 17. Aufl. 2008
KostO	Kostenordnung
KStG	Körperschaftsteuergesetz
KTS	Konkurs-, Treuhand- und Schiedsgerichtswesen (Jahr u. Seite)

Kübler	Kübler/Assmann, Gesellschaftsrecht, 6. Aufl. 2006
KWG	Gesetz über das Kreditwesen
LAG	Landesarbeitsgericht
Lang/Weidmüller	Genossenschaftsgesetz, Kommentar, 35. Aufl. 2007
Langenfeld/Gail	Handbuch der Familienunternehmen, Loseblatt
lfd.	laufend
Lfg.	Lieferung
LG	Landgericht
L/H	s. Lutter/Hommelhoff
Limmer	Handbuch der Unternehmensumwandlung, 3. Aufl., 2007
lit.	litera (Buchstabe)
Lit.	Literatur
LM	Lindenmaier/Möhring, Nachschlagewerk des Bundesgerichtshofs (Gesetzesvorschrift u. Nummer)
LoI	Letter of Intent
LStDV	Lohnsteuerdurchführungsverordnung
LStR	Lohnsteuer-Richtlinien
Ltd.	Private Company Limited by Shares
LugÜ	Lugano-Übereinkommen
Lutter/Hommelhoff	GmbH-Gesetz. Kommentar, 16. Aufl. 2004
Lutter UnternR	Europäisches Unternehmensrecht, 4. Aufl. 1996
Lutter UmwG	Kommentar zum Umwandlungsgesetz, 3. Aufl. 2004
m.	mit
MA	Musterabkommen
MarkenG	Gesetz über den Schutz von Marken und sonstigen Kennzeichen (Markengesetz)
MDR	Monatsschrift für Deutsches Recht (Jahr u. Seite)
Meilicke/Graf v. Westphalen/Hoffmann/Lenz	Meilicke/Graf von Westphalen/Hoffmann/Lenz/Wolff, Partnerschaftsgesellschaftsgesetz, Kommentar, 2. Aufl. 2006
Michalski	Kommentar zum Gesetz betreffend die Gesellschaften mit beschränkter Haftung, 2 Bände, 2002
Mio.	Million(en)
MitbestG	Gesetz über die Mitbestimmung der Arbeitnehmer
MittBayNot	Mitteilungen des Bayerischen Notarvereins, der Notarkasse und der Landesnotarkammer Bayern (Jahr u. Seite)
MittRhNotK	Mitteilungen der Rheinischen Notarkammer (Jahr u. Seite)
mN.	mit Nachweisen
Mrd.	Milliarde(n)
Müller	Gesetz betreffend die Erwerbs- und Wirtschaftsgenossenschaften, Kommentar, 2. Aufl. 1991 bis 2000
MünchHdbGesR	Münchener Handbuch des Gesellschaftsrechts, Bd. 1: BGB-Gesellschaft, OHG, PartG, Partenreederei, EWIV, 2. Aufl. 2004; Bd. 2: Kommanditgesellschaft, Stille Gesellschaft, 2. Aufl. 2004; Bd. 3: GmbH, 2. Aufl. 2002; Bd. 4: Aktiengesellschaft, 3. Aufl. 2007
MünchHdbArbR	Münchener Handbuch zum Arbeitsrecht, Bd. 1 Individualarbeitsrecht; Bd. 2 Individualarbeitsrecht; Bd. 3 Kollektives Arbeitsrecht, 2. Aufl. 2000
MünchKommAktG	Münchener Kommentar zum Aktiengesetz, 2. Aufl. von Geßler/Hefermehl/Eckardt/Kropff, Aktiengesetz, Kommentar, erschienen: Bd. 1, 2 (2008), Bd. 3, 4, 5/1 (2003), Bd. 5/2 (2004), Bd. 6 (2005), Bd. 7 (2001), Bd. 8 (2000), Bd. 9/1 (2004); Bd 9/2 (2005)

MünchKommBGB	Münchener Kommentar zum Bürgerlichen Gesetzbuch, 4. Aufl. 2000 ff.
MünchKommHGB	Münchener Kommentar zum Handelsgesetzbuch, 1996 ff.
MünchVertrHdb/MVH	Münchener Vertragshandbuch
MVA	Market Value Added
mwBsp.	mit weiteren Beispielen
mwN.	mit weiteren Nachweisen
Nachf.	Nachfolger
Nachw.	Nachweis
Neye	Umwandlungsgesetz/Umwandlungssteuergesetz, 2. Aufl. 1995
Neye/Limmer/Frenz/ Harnacke	Handbuch der Unternehmensumwandlung, 1996
Nirk	Nirk/Ziemons/Binnewies, Handbuch der Aktiengesellschaft, Loseblatt, Stand 2008
nF.	neue Fassung
NJOZ	Neue Juristische Online-Zeitung
NJW	Neue Juristische Wochenschrift (Jahr u. Seite)
NJW-RR	Neue Juristische Wochenschrift – Rechtsprechungs-Report (Jahr u. Seite)
No.	number
NotarHdb	Beck'sches Notar-Handbuch, 4. Aufl. 2006
Nr.	Nummer
n. v.	nicht veröffentlicht
NWB	Neue Wirtschafts-Briefe (Jahr u. Seite)
NZA	Neue Zeitschrift für Arbeitsrecht (Jahr u. Seite)
NZG	Neue Zeitschrift für Gesellschaftsrecht (Jahr u. Seite)
NZS	Neue Zeitschrift für Sozialrecht (Jahr u. Seite)
o.	oben
o. J.	ohne Jahr
oa.	oben angegeben
OECD	Organization for Economic Cooperation and Development
OECD-MA	OECD-Musterabkommen
OFD	Oberfinanzdirektion
ÖJBL	Österreichische Juristische Blätter (Jahr u. Seite)
OLG	Oberlandesgericht
OLGRspr	Die Rechtsprechung der Oberlandesgerichte (Band u. Seite)
OLGZ	Entscheidungen der Oberlandesgerichte in Zivilsachen (Band u. Seite)
Oppenländer/Trölitzsch	Praxishandbuch der GmbH-Geschäftsführung, 2004
OR	Obligationenrecht (Schweiz)
p. a.	per annum (pro Jahr)
Palandt	Bürgerliches Gesetzbuch, 67. Aufl. 2008
PartGG	Gesetz über Partnerschaftsgesellschaften Angehöriger Freier Berufe
PersG	Personengesellschaft
phG, PHG	persönlich haftender Gesellschafter
Picot	Unternehmenskauf und Restrukturierung, 3. Aufl. 2004
PLC	public limited company
POB	Post Office Box
ppa.	per procura
ProdHaftG	Produkthaftungsgesetz
PublG	Gesetz über die Rechnungslegung von bestimmten Unternehmen und Konzernen (Publizitätsgesetz)

R/A	s. Roth/Altmeppen
RabelsZ	Rabel's Zeitschrift für ausländisches und internationales Privatrecht (Band, Jahr u. Seite)
Raiser KapGesR	Raiser/Veil, Recht der Kapitalgesellschaften, 4. Aufl. 2006
Rdnr.	Randnummer
RegE	Regierungsentwurf
Reichert	Handbuch des Vereins- und Verbandsrechts, 11. Aufl. 2007
RFH	Reichsfinanzhof
RG	Reichsgericht
RGBl.	Reichsgesetzblatt
RGRK	Reichsgerichtsräte-Kommentar (zum BGB)
RGRK-HGB	Reichsgerichtsräte-Kommentar (zum Handelsgesetzbuch)
RGZ	Entscheidungen des Reichsgerichts in Zivilsachen
RIW	Recht der Internationalen Wirtschaft, Außenwirtschaftsdienst des Betriebs-Beraters (Jahr u. Seite)
RL	Richtlinie
Rn.	Randnummer
RoE	Return on Equity (Kapitalertrag)
Röhricht/v. Westphalen	Handelsgesetzbuch, Kommentar zu Handelsstand, Handelsgesellschaften, Handelsgeschäften und besonderen Handelsverträgen, 2. Aufl. 2001
RoI	Return on Investment (Kapitalrendite)
Roth/Altmeppen	Gesetz betreffend die Gesellschaften mit beschränkter Haftung, Kommentar, 5. Aufl. 2005
Rowedder/ Schmidt-Leithoff	Gesetz betreffend die Gesellschaften mit beschränkter Haftung, Kommentar, 4. Aufl. 2002
Rpfleger	Der deutsche Rechtspfleger (Jahr u. Seite)
R/S	s. Rowedder/Schmidt-Leithoff
Rspr.	Rechtsprechung
RVG	Rechtsanwaltsvergütungsgesetz
Rz.	Randziffer
S.	Seite; Satz
s.	siehe
Sagasser/Bula/Brünger	Umwandlungen – Verschmelzung, Spaltung, Formwechsel, Vermögensübertragung. Zivil-, Handelsbilanz- und Steuerrecht, 3. Aufl. 2002
Sauter/Schweyer/Waldner	Der eingetragene Verein, 18. Aufl. 2006
S/B/B	s. Sagasser/Bula/Brünger
SCE	Societas Cooperativa Europea (Europäische Genossenschaft)
Schaub	Arbeitsrechts-Handbuch, 12. Aufl. 2007
SchiedsVZ	Zeitschrift für Schiedsverfahren/German Arbitration Journal (Jahr u. Seite)
Schmidt, K.	Gesellschaftsrecht, 4. Aufl. 2002
Schmidt, L.	Einkommensteuergesetz, 27. Aufl. 2008
Schmitt/Hörtnagl/Stratz	Umwandlungsgesetz – Umwandlungssteuergesetz, 4. Aufl. 2006
Schöner/Stöber	Grundbuchrecht, 14. Aufl. 2008
Scholz /Priester	Kommentar zum GmbH-Gesetz, 9. Aufl. 2000
Schulze zur Wiesche	Die GmbH & Still, 4. Aufl. 2003
Schüppen/Schaub	Münchener Anwaltshandbuch Aktienrecht, 2005
Schwedhelm	Die Unternehmensumwandlung, 6. Aufl. 2008
SE	Societas Europea (Europäische [Aktien-]Gesellschaft)
SEEG	Gesetz zur Einführung der Europäischen Gesellschaft
Seifart/v. Campenhausen	Handbuch des Stiftungsrechts, 2. Aufl. 1999

Semler/Stengel	Umwandlungsgesetz, Kommentar, 2. Aufl. 2007
Semler/Volhard	Arbeitshandbuch für Unternehmensübernahmen, Bd. 1 (2001), Bd. 2 (2003)
SGB	Sozialgesetzbuch
SIC	Standing Interpretations Committee
Slg.	Sammlung (der Rechtsprechung des Gerichtshofes der Europäischen Gemeinschaften)
Soergel	Kommentar zum Bürgerlichen Gesetzbuch, 13. Aufl. 1999 ff.
sog.	sogenannt
Sp.	Spalte
SprAuG	Gesetz über Sprecherausschüsse (Sprecherausschussgesetz)
SpruchG	Spruchverfahrensgesetz
Staub HGB	Handelsgesetzbuch, Großkommentar, 4. Aufl. 1982 ff.
Staudinger	Kommentar zum Bürgerlichen Gesetzbuch, 13. Bearb. 1993 ff.; Neubearb. 1998 ff.
StB	Steuerberater; Der Steuerberater (Zeitschrift; Jahr u. Seite)
StbJb	Steuerberater-Jahrbuch (Jahr u. Seite)
StiftG	Stiftungsgesetz
Stöber	Zwangsversteigerungsgesetz, 18. Aufl. 2006
str.	strittig
StuW	Steuer und Wirtschaft (Jahr u. Seite)
Sudhoff Familienunternehmen	Das Familienunternehmen, 2. Aufl. 2005
Sudhoff GmbH	Der Gesellschaftsvertrag der GmbH, 8. Aufl. 1992
Sudhoff GmbH & Co. KG	GmbH & Co. KG, 6. Aufl. 2005
Sudhoff PersG	Personengesellschaften, 8. Aufl. 2005
Thomas/Putzo	Thomas/Putzo/Reichold/Hüßtege, ZPO, Kommentar, 28. Aufl. 2007
TransportR	Transportrecht (Jahr u. Seite)
TransPuG	Gesetz zur weiteren Reform des Aktien- und Bilanzrechts, zu Transparenz und Publizität (Transparenz- und Publizitätsgesetz)
Tz.	Teilziffer (bei manchen Sammelwerken)
u.	unten
u. a.	unter anderem
U. C. C.	Uniform Commercial Code (USA)
U. S.	United States; United States Supreme Court Reports
U. S. C.	United States Code
UBG	Unternehmensbeteiligungsgesellschaft
UBGG	Gesetz über Unternehmensbeteiligungsgesellschaften
Uhlenbruck	Insolvenzordnung, 12. Aufl. 2002
UK	United Kingdom
UMAG	Gesetz zur Unternehmensintegrität und Modernisierung des Anfechtungsrechts
UmwG	Umwandlungsgesetz
UmwStG	Umwandlungssteuergesetz
UNCITRAL	United Nations Commission on International Trade Law
unstr.	unstreitig
USA	United States of America
USD	US-Dollar
US-GAAP	United States Generally Accepted Accounting Principles
UStG	Umsatzsteuergesetz
UStR	Umsatzsteuer-Richtlinien

usw.	und so weiter
uU.	unter Umständen
UWG	Gesetz gegen den unlauteren Wettbewerb
v. Godin/Wilhelmi	Aktiengesetz. Kommentar, 4. Aufl. 1971
v.	versus; von
v. H.	vom Hundert
VCG	Venture-Capital-Gesellschaft
VerbrKG	Verbraucherkreditgesetz (seit 1. 1. 2002 außer Kraft; s. jetzt §§ 655 a–e BGB)
VerkProspG	Wertpapier-Verkaufsprospektgesetz
VersR	Versicherungsrecht (Jahr u. Seite)
VGA	verdeckte Gewinnausschüttung
VGH	Verwaltungsgerichtshof (eines Bundeslandes)
vgl.	vergleiche
VgV	Vergabeverordnung
VO	Verordnung
VOB/A, VOB/B, VOB/A	Vergabe- und Vertragsordnung für Bauleistungen, Teile A, B, C
VOF	Verdingungsordnung für freiberufliche Leistungen
VOL/A, VOL/B	Verdingungsordnung für Leistungen, Teile A und B
Vol.	Volume
vollst.	vollständig
vollstr.	vollstreckbar
Vorbem.	Vorbemerkung
vT.	vom Tausend
VVaG	Versicherungsverein auf Gegenseitigkeit
VVG	Versicherungsvertragsgesetz
WährG	Währungsgesetz
WE	Willenserklärung; Wohnungseigentum
WEG	Wohnungseigentumsgesetz
Westermann PersG	Handbuch der Personengesellschaften, Loseblatt, 2006
WiB	Wirtschaftsrechtliche Beratung (seit 1998 vereinigt mit NZG; Jahr u. Seite)
Widmann/Mayer	Kommentar zur Umwandlung von Unternehmen nach neuestem Handels- und Steuerrecht, Loseblatt
Wiedemann	Gesellschaftsrecht. Bd. I: Grundlagen (1980), Bd. II: Recht der Personengesellschaften (2004)
Willemsen/Hohenstatt/ Schweibert/Seibt	Umstrukturierung und Übertragung von Unternehmen, 3. Aufl. 2008
WIPO	World Intellectual Property Organization
WiR	Wirtschaft und Recht (Jahr u. Seite)
W/M	s. Widmann/Mayer
WM	Wertpapier-Mitteilungen (Jahr u. Seite)
WP	Wirtschaftsprüfer; Das Wertpapier (Zeitschrift; Jahr u. Seite)
WPg	Die Wirtschaftsprüfung (Jahr u. Seite)
WpHG	Wertpapierhandelsgesetz
WpÜG	Wertpapiererwerbs- und -übernahmegesetz
WuW/E	Wirtschaft und Wettbewerb, Entscheidungssammlung zum Kartellrecht
zB.	zum Beispiel
ZBB	Zeitschrift für Bankrecht und Bankwirtschaft (Jahr u. Seite)
ZfG	Zeitschrift für das gesamte Genossenschaftswesen (Jahr u. Seite)

ZGR	Zeitschrift für Unternehmens- und Gesellschaftsrecht (Jahr u. Seite)
ZHR	Zeitschrift für das gesamte Handels- und Wirtschaftsrecht (Band, Jahr u. Seite)
Ziff.	Ziffer
ZIP	Zeitschrift für Wirtschaftsrecht und Insolvenzpraxis (Seite und Jahr)
Zöller	Kommentar zur Zivilprozessordnung, 26. Aufl. 2007
ZPO	Zivilprozessordnung
ZRP	Zeitschrift für Rechtspolitik (Jahr u. Seite)
zT.	zum Teil
zus.	zusätzlich
zust.	zuständig
ZVG	Gesetz über die Zwangsversteigerung und Zwangsverwaltung
ZVglRWiss	Zeitschrift für vergleichende Rechtswissenschaft
ZZP	Zeitschrift für Zivilprozess
zZt.	zur Zeit

Autorenverzeichnis

Alle Mitautoren sind Rechtsanwälte der Sozietät CMS Hasche Sigle (www.cms-hs.com)

Rechtsanwalt Dr. Peter Baisch, Stuttgart

Rechtsanwalt Dr. Florian Bauer, München

Rechtsanwalt und Steuerberater Dr. Björn Demuth, Fachanwalt für Steuerrecht, Ehrenprofessor der Universität des Westens in Temeschburg (Rumänien), Stuttgart

Rechtsanwalt Dr. Claus-Peter Fabian, Stuttgart

Rechtsanwältin Constanze Fritz, Stuttgart

Rechtsanwalt Gerald Gräfe, Stuttgart

Rechtsanwalt Dr. Maximilian Grub, Stuttgart

Rechtsanwalt Prof. Dr. Hartmut Hamann, Lehrbeauftragter für Vertragsgestaltung Freie Universität Berlin und Technische Universität Chemnitz, Stuttgart

Rechtsanwalt Dr. Karsten Heider, Stuttgart

Rechtsanwalt Dr. Markus Hirte, Stuttgart

Rechtsanwalt Dr. Thomas Klink, LL. M. (UT Austin), Stuttgart

Rechtsanwalt Dr. Achim Lindemann, Fachanwalt für Arbeitsrecht, Stuttgart

Rechtsanwalt Dirk Loycke, Stuttgart

Rechtsanwalt Dr. Joachim Natterer, Berlin

Rechtsanwalt Dr. Harald W. Potinecke, München

Rechtsanwalt Dr. Peter Ruby, Stuttgart

Rechtsanwältin Birgit Schneider, München

Rechtsanwalt Dr. Ernst-Markus Schuberth, Düsseldorf

Rechtsanwalt Dr. Marc Seibold, Stuttgart

Rechtsanwalt Dr. Axel Sigle, LL. M. (Washington D. C.), Stuttgart

Rechtsanwalt Dr. Ulrich Thiem, Stuttgart

Rechtsanwalt Dr. Claudius Werwigk, Stuttgart

1. Teil. Vertragsverhandlung und -gestaltung

§ 1 Vertragsverhandlung im Gesellschaftsrecht

Schrifttum: *Bartenbach,* Patentlizenz- und Know-how-Vertrag, 6. Aufl. 2007; *Borris,* in: Böckstiegel/Berger/Bredow, Die Beteiligung Dritter an Schiedsverfahren, 2006, S. 127; *Bredow,* Die Zukunft der Schiedsklausel für GmbH-Beschlussmängelklagen, DStR 1996, 1653; *Casper/Risse,* Mediation von Beschlussmängelstreitigkeiten, ZIP 2000, 437; *Ebbing,* Schiedsvereinbarungen in Gesellschaftsverträgen, NZG 1998, 281; *Eidenmüller,* Vertrags- und Verfahrensrecht der Wirtschaftsmediation, 2001; *Gross,* Rechtliche Anforderungen an Schiedsgutachten am Beispiel von Unternehmensbewertungen, DStR 2000, 1959; *Haft/Schlieffen,* Handbuch Mediation, 2002; *Hamann/Lennarz,* Sieben Regeln für eine schnelle, einfache und gute Schiedsklausel, BB 2007, 1009; *Henn,* Patent- und Know-how-Lizenzvertrag, 5. Aufl. 2003; *K. Schmidt,* Schiedsklauseln und Schiedsverfahren im Gesellschaftsrecht als prozessuale Legitimationsprobleme – Ein Beitrag zur Verzahnung von Gesellschafts- und Prozessrecht, BB 2001, 1857; *Kraakman/Davies/Hansmann/Hertig/Hopt/Kanda/Rock,* The Anatomy of Corporate Law. A Comparative and Functional Approach, 2004; *Kraft,* Mediation im Bereich des Wirtschaftsrechts – Ablauf, Gestaltung und Anwendungsbereich der Wirtschaftsmediation-, VersR 2000, 935; *Kübler,* Gesellschaftsrecht, 5. Aufl. 1999; *Küttner,* Personalbuch 2007; *Lachmann,* Handbuch für die Schiedsgerichtspraxis, 2. Aufl. 2002; *Langenfeld,* Vertragsgestaltung, 3. Aufl. 2004; *Langenfeld,* Handbuch der Eheverträge und Scheidungsvereinbarungen, 5. Aufl. 2005; *Langenfeld,* Testamentsgestaltung, 3. Aufl. 2002; *Larenz,* Lehrbuch des Schuldrechts Band I, 14. Aufl. 1987; *Lenz,* Schiedsklauseln in GmbH-Gesellschaftsverträgen hinsichtlich Beschlussmängelstreitigkeiten, GmbHR 2000, 552; *Mnookin/Peppet/Tulomello,* Beyond winning: Negotiating to create Value in Deals and Disputes, 2. Aufl. 2000; *Newmark,* Agree to mediate ... or face the consequences – A review of the English courts' approach to mediaton, SchiedsVZ 2003, 23; *Nipperdey,* Deutsche Geschichte 1866–1918, Bd. 2, 3. Aufl. 1995; *Pröpper,* Satzungsmäßige Schiedsklauseln – Schiedsgerichtszuständigkeit unter Ausschluss des ordentlichen Rechtswegs, GmbH-StB 2006, 337; *Raeschke-Kessler,* Gesellschaftsrechtliche Schiedsverfahren und das Recht der EU, Schieds-VZ 2003, 145; *Risse,* Wirtschaftsmediation, 2003; *Roquette/Otto,* Vertragsbuch Privates Baurecht, 2005; *Scherer/Jeschke,* Münchener Anwaltshandbuch Erbrecht, 2. Aufl. 2007; *Schmittat,* Einführung in die Vertragsgestaltung, 2. Aufl. 2005; *Schneider,* Schiedsverfahren in GmbH-Beschlussmängelstreitigkeiten – Anforderungen an Schiedsvereinbarungen in Gesellschaftsverträgen, GmbHR 2005, 86; *Scholz/Stein,* Praxishandbuch Familienrecht, Teil I, 14. Aufl. 2007; *Schwab/Walter,* Schiedsgerichtsbarkeit, 7. Aufl. 2005; *Stubbe,* Schiedsgutachten als modernes ADR-Instrument, SchiedsVZ 2006, 150; *Sudhoff,* Unternehmensnachfolge, 4. Aufl. 2000; *Tipke/Lang,* Steuerrecht, 18. Aufl. 2005; *Trittmann,* Die Auswirkungen des Schiedsverfahrens-Neuregelungsgesetzes auf gesellschaftsrechtliche Streitigkeiten, ZGR 1999, 340; *v. Schlabrendorf,* Schiedsgerichtsbarkeit bei Mergers & Acquisitions, Beiträge zur DIS-Vortragsveranstaltung vom 25. 4. 2001, DIS-Materialien VIII/01; *Wagner,* Mediationsklauseln in Allgemeinen Geschäftsbedingungen, BB Beilage Mediation & Recht 2001, 370; *Weber,* Die praxisgerechte inhaltliche Ausgestaltung von Schiedsklauseln in Gesellschaftsverträgen, DIS-Schriftenreihe Band 11, 1996; *Witte/Mehrbrey,* Variable Kaufpreisregelungen in Unternehmenskaufverträgen im Geflecht von Schiedsgutachtervereinbarungen und Schiedsgerichtsklauseln, NZG 2006, 241; *Zilles,* Vereinbarung des Schiedsverfahrens über Beschlüsse von GmbH-Gesellschaftern, BB 1999, Beil. 4, 2.

Sobald mehrere Personen gemeinsam unternehmerisch tätig werden, gründen sie eine 1
Gesellschaft. Die Gesellschaftsverträge stellen die juristische Basis der gemeinsamen Tätigkeit dar. Sie haben deshalb für jedes Unternehmen einen besonderen Stellenwert. Erfolgreiche Unternehmen entwickeln sich nach ihrer Gründung weiter. Für ihr Wachstum benötigen sie die geeignete Finanzierung, die ihrerseits vertraglich ausgestaltet werden muss. Die Gründung von Tochtergesellschaften im In- und Ausland, die Kooperation mit anderen Unternehmen, die Anpassung der Rechtsform an geänderte Umstände, die Unternehmensnachfolge und der Unternehmensverkauf müssen ebenfalls vertraglich gere-

gelt werden. Begleitend müssen Vernetzung und Wechselwirkungen mit dem privaten Bereich der Gesellschafter bedacht und gestaltet werden. In mittelständischen Unternehmen werden die Inhaber unmittelbar Einfluss auf die Entwicklung ihrer Gesellschaft und die Gestaltung der wesentlichen Verträge nehmen.

Der Mittelstand gilt als Motor der sozialen Marktwirtschaft in Deutschland: Rund 70% aller Arbeitsplätze in Deutschland werden von ihm angeboten. Die Bundesregierung hat deshalb eine Mittelstandsinitiative ins Leben gerufen. Zu den Handlungsfeldern dieser Mittelstandsinitiative gehören gesellschaftsrechtliche Fragen wie z.B. die Reform des GmbH-Rechts, steuerrechtliche Themen, die Stärkung der Innovationsfähigkeit des Mittelstandes durch Forschungskooperationen und industrielle Gemeinschaftsforschung, die Verbesserung der Finanzierungssituation, die Mobilisierung von Wagniskapital (mit einem neuen Wagniskapitalbeteiligungsgesetz und einer Novelle des Unternehmensbeteiligungsgesellschaftsgesetzes) und die Unterstützung des Mittelstandes auf Auslandsmärkten.[1]

2 Ein Vertrag soll eine verlässliche, rechtlich **gesicherte Basis für ein gemeinsames Vorhaben** schaffen. Idealerweise ist eine solche Basis für alle Vertragsparteien vernünftig, fair und gerecht. Gelingt es, eine solche Grundlage zu schaffen, ist die Wahrscheinlichkeit hoch, dass aus einem solchen Vertrag durch eine sorgfältige Vorbereitung des Vertragsabschlusses, sachgerechte Vertragsverhandlung und eine sinnvolle Vertragsgestaltung, keine Streitigkeiten resultieren. Hierfür ist erforderlich:

- Offene Fragen müssen vor Vertragsabschluss geklärt und in den Vertragsverhandlungen berücksichtigt werden. Dies setzt voraus, **alle offenen Fragen** zu **kennen** und sie vollständig zusammenzutragen. Unternehmen und Gesellschafter haben häufig mehrere Berater (Steuerberater, Wirtschaftsprüfer, Notar, Unternehmensberater, Rechtsanwälte). Der vertragsgestaltende Jurist muss alle wesentlichen wirtschaftlichen und persönlichen Gesichtspunkte kennen, um sie juristisch berücksichtigen zu können.[2]
- **Zu erwartende Konflikte** müssen vor Vertragsabschluss besprochen, Lösungswege verhandelt und vereinbart werden. Ein Vertrag regelt Interessengegensätze: Er kann sie nur dann angemessen regeln, wenn diese Gegensätze im Zuge der Vertragsverhandlung deutlich ausgesprochen werden. Wer nicht den Mut hat, **Interessengegensätze** beim Namen zu nennen, geht schnell erhebliche Risiken ein.
- Sind mögliche Konfliktpotentiale erkannt und offen besprochen stellt sich die Frage, wie ein möglicherweise auftretender Konflikt gelöst werden soll. Der Vertrag muss dafür einen **Lösungsweg** vorsehen.[3] Die Vertragsparteien müssen in überschaubarer Zeit zu angemessenen Kosten notfalls eine Entscheidung erzwingen können. Eine solche vertragliche Gestaltung erhöht zugleich die Chance, ohne gerichtliche Auseinandersetzung zu einer Lösung des Konflikts zu gelangen.
- Komplizierte Mechanismen sind anfälliger als **einfache und übersichtliche Lösungen.** Für bestimmte, nach Vertragsschluss häufig auftretende Schwierigkeiten, hält das Gesetz typisierte Lösungen bereit. Soll diese Folge nicht eintreten, muss der Vertrag eine abweichende Lösung vorsehen. Für Fälle, die gesetzlich nicht geregelt sind, müssen die Vertragsparteien Vorsorge treffen und eine geeignete Lösung vereinbaren.

3 Durch die Vertragsverhandlung klären die Parteien, ob und wie eine vertragliche Einigung möglich ist. Jede Verhandlungspartei hat das **Recht, die Verhandlungen scheitern zu lassen.**[4] Kommt es zum Vertragsabschluss, müssen die Ergebnisse der Vertragsverhandlung in der Vertragsgestaltung umgesetzt werden. Erst bei der Realisierung des Ver-

---

[1] Dokumentation Nr. 557 des BMWI „Die Mittelstandsinitiative der Bundesregierung" und Bericht des BMWI vom 27. 7. 2007: „Ein Jahr Mittelstandsinitiative der Bundesregierung", www.bmwi.de.

[2] Ausführlich zur Sachverhalts- und Willensermittlung durch einen beratenden Juristen *Schmittat* Rn. 13f.

[3] *Langenfeld* Vertragsgestaltung Rn. 192ff.

[4] *Palandt/Heinrichs* § 311 BGB Rn. 34.

trags – nach seiner Unterzeichnung – zeigt sich, ob die Vertragsparteien ihre Ziele erreichen. Die Vertragsverhandlung setzt deshalb eine klare Vorstellung von der Gestaltung und von der Abwicklung des Vertrages voraus. An einem Vertrag sind stets mehrere Personen beteiligt, diese Personen haben unterschiedliche Interessen. Der Vertrag soll die Interessen aller Beteiligten austarieren und Risiken der einen oder anderen Vertragspartei zuordnen.

A. Welche Personen sind beteiligt?

In einer Gesellschaft organisieren Personen wirtschaftliche Ressourcen zur Erreichung 4
eines gemeinsamen Zwecks.[5] Bei aller Diskussion um *Private Equity*, Kapitalinvestoren, Finanztransaktionen, neoliberalen Kapitalismus, globalisierte Kapitalströme: das Kapital agiert nicht von allein. Es kommt stets darauf an, welche Personen handeln und welche Ziele diese Personen verfolgen.

Ausgangspunkt jeder Vertragsverhandlung und jeder Vertragsgestaltung sind deshalb die beteiligten Personen: Soweit juristische Personen beteiligt sind, handeln diese durch ihre Organe, durch zur Vertretung berechtigte natürliche Personen. Deren Entscheidungen werden möglicherweise von anderen Personen gesteuert oder beeinflusst, z.B. von Gesellschaftern, Beiräten und Aufsichtsräten.

Erste Vorüberlegung jeder Vertragsverhandlung wird deshalb sein: Wer handelt für wen? Welche Personen sind an den zu verhandelnden Verträgen interessiert? Wie verhalten sich diese Personen? Über welche Entscheidungsspielräume verfügen sie? Welche Interessen sind berührt?

Eine **sorgfältige Analyse** aller beteiligten **Personen,** ihrer **Motive** und **Interessen** ist Voraussetzung für eine sachgerechte und erfolgreiche Vertragsverhandlung:

- Gesellschaftsverträge sind regelmäßig auf eine **lange Dauer** ausgerichtet. Gerade mittelständische Unternehmen sind oft zu Recht stolz auf ihre lange Geschichte. Die gesellschaftsrechtliche Struktur soll eine juristische Grundlage für die langfristige, zukunftsfähige Entwicklung schaffen.
- Gesellschaftsverträge regeln häufig die **wirtschaftliche Basis,** die Existenzgrundlage der an der Gesellschaft beteiligten Personen und ihrer Familien. Die Gesellschafter haben unterschiedliche Charaktere, sind nicht immer gleichermaßen leistungsfähig und verfolgen verschiedene Interessen. Diese Interessen und ihre voraussichtliche künftige Entwicklung müssen ermittelt werden.
- Gründer einer Gesellschaft verbinden sich freiwillig miteinander. Die Nachkommen eines Gründers würden sich untereinander oder mit den Nachkommen der anderen Gründer möglicherweise nicht von sich aus zu einer Gesellschaft zusammenschließen. Neben rationalen wirtschaftlichen Interessen können im Umgang miteinander vielfältige **emotionale Motive** eine große Rolle spielen und Sprengkraft entfalten.

B. Welche Interessen sind betroffen?

Das moderne Gesellschaftsrecht ist nach dem Übergang von der korporativ-ständi- 5
schen zur bürgerlich-liberalen Gesellschaftsordnung entstanden, deren Grundlage Privatautonomie und Privateigentum sind.[6] Zur Privatautonomie gehört die **Vertragsfreiheit,** ein Vertrag schafft Bindung aus Freiheit: *„In einem Vertrage binden sich die Vertragspartner wechselseitig, d.h. jeder bindet sich selbst und dadurch zugleich den anderen. Die Selbstbindung eines jeden ist nach der Grundidee des Vertrages ein Akt der Freiheit.*

---

[5] *K. Schmidt* Gesellschaftsrecht § 1 I 1 a); *Kübler* S. 1.

[6] *Kübler* S. 7 f.

Der Vertrag beruht auf der freien Selbstbestimmung eines jeden Partners, weil er die Zustimmung beider verlangt."[7] Diese Bindung besteht auch dann, wenn sie unangenehm wird, auch risikoreiche Verträge sind bindend. [8]

Vernünftigerweise geht nur der eine solche Bindung ein, der sich zunächst über seine eigenen Ziele, Interessen und Motive nüchtern Klarheit verschafft hat. Dies klingt selbstverständlich, ist aber gerade bei gesellschaftsrechtlichen Verträgen (wenn sie über eine reine Kapitalanlage hinausgehen) häufig komplizierter als es auf den ersten Blick scheint. **Vielschichtige Verwicklungen aus familiären** und emotionalen **Bindungen** zu Eltern, Geschwistern, Ehepartnern, Kindern, langjährigen Geschäftspartnern, wirtschaftlichen Verpflichtungen, manchmal Abhängigkeiten und **persönlichen Motiven** (Verantwortungsbewusstsein? Ehrgeiz? Anerkennung? Sicherheitsbedürfnis?) können schwer zu entwirren sein. Sehr deutlich wird dies beispielsweise bei Gesprächen über eine für das Unternehmen und die Inhaberfamilien angemessene Nachfolgeregelung oder bei Rivalitäten und Auseinandersetzungen zwischen den Nachfahren eines Unternehmensgründers.

Der erste Schritt vor Beginn jeder Vertragsverhandlung sollte deshalb die **nüchterne** (manchmal schmerzhafte) **Analyse der eigenen Ausgangssituation** und der persönlichen Ziele sein.

Ein Vertrag kommt nur zustande, wenn auch die anderen Parteien unterzeichnen. Auch dies ist eine Selbstverständlichkeit. Aber wann unterschreiben die anderen Beteiligten? In der Regel dann, wenn ihre Interessen (wirtschaftlicher und emotionaler Natur) angemessen berücksichtigt sind. Dies setzt voraus, diese Interessen so genau wie möglich zu ermitteln und kennen zu lernen. Je präziser und vollständiger die Interessen aller anderen beteiligten Personen schon vor Beginn der Vertragsverhandlung geklärt werden, desto größer ist die Chance auf einen erfolgreichen Verhandlungsverlauf.

Auf der Grundlage einer realistischen Einschätzung der Interessen und Gestaltungsspielräume aller Beteiligten müssen dann alle denkbaren Wege, auf denen diese Interessen verfolgt werden können, ermittelt werden. Hierzu gehört stets auch die Frage, welche **Alternativen** zur Verfügung stehen, wenn die Vertragsverhandlung nicht zu einer Einigung führt.[9] Sind diese ungünstig, kann es naheliegen, zunächst an einer Verbesserung der Alternativen zu arbeiten, bevor Verhandlungen aufgenommen werden.

I. Persönliche Interessen

Welche Ziele verfolgt ein Gesellschafter für seine berufliche, familiäre und persönliche Entwicklung?

1. Berufliche Entwicklung

6 • Die eigene berufliche Entwicklung (nicht nur als Unternehmer, sondern beispielsweise auch als Ingenieur in der Produktentwicklung) kann eng an das Unternehmen gebunden sein. Umgekehrt kann der Erfolg des Unternehmens unmittelbar mit dem fachlichen Können eines Gesellschafters verknüpft sein. Bestehen **Abhängigkeiten?** Wenn ja, welche? Können und sollen solche Abhängigkeiten verringert werden?
• In welchem Maß (Einsatz von **Lebenszeit und Energie**) ist das persönliche Engagement der Gesellschafter einerseits erforderlich und andererseits gewollt?

2. Familiäre Bindung

7 • Wie steht die Familie zum unternehmerischen Engagement des Gesellschafters?
• Sollen weitere Familienmitglieder in das Unternehmen, in die Gesellschaft integriert werden und wenn ja, wie und mit welchen Einflussmöglichkeiten?

---

[7] *Larenz* Lehrbuch des Schuldrechts Band I § 4

[8] BGH NJW 1989, 830; MünchKommBGB/*Thode* § 305 Rn. 9 m. w. N.

[9] *Mnookin/Peppet/Tulomello* S. 19, 32 („BATNA: Best Alternative to a Negotiated Agreement").

3. Weitere persönliche Interessen

Es ist nicht immer einfach – und sicherlich auch nicht immer erforderlich – sich die Beweggründe des eigenen Handelns und desjenigen der übrigen Beteiligten bewusst zu machen. Eine **Analyse der – nicht** immer **ausgesprochenen – Motive aller Beteiligten** trägt aber zum Verhandlungserfolg bei. Sie erleichtert es, sich erfolgreich auf Verhaltensweisen und Verhandlungsstrategien der anderen Beteiligten einzustellen. Zugleich kann sie vor eigenen Fehlentscheidungen bewahren. 8

II. Wirtschaftliche Interessen

Welche wirtschaftlichen Ziele werden kurz-, mittel- und langfristig angestrebt?

1. Kapitalanlage

Als Kapitalanlage ist die Beteiligung sinnvoll, wenn sie – unter Berücksichtigung steuerrechtlicher Aspekte – im Hinblick auf **Rendite** und zu erwartenden **Wertzuwachs** attraktiver ist als eine andere Form, das eingesetzte Kapital zu binden. Vertraglich wird sich dies auswirken bei der Gestaltung der Gewinnausschüttung und der Veräußerlichkeit der Gesellschaftsanteile. Ob die Rendite oder der erwartete Wertzuwachs im Vordergrund stehen, hängt von der jeweiligen Anlagestrategie ab. 9

2. Existenzgrundlage

Ist der Gesellschafter auf die **Einnahmen aus der Gesellschaft** angewiesen? Wenn ja, in welchem Umfang? Sind weitere Familienmitglieder im Unternehmen tätig und auf diese Einnahmen angewiesen? Welche **Alternativen** bestehen? Welche Alternativen können kurzfristig geschaffen werden, welche längerfristig? 10

3. Zukunftssicherung

Wie erfolgt die **Versorgung** der Gesellschafter **im Alter**? Soll das Unternehmen die **wirtschaftliche Basis künftiger Generationen** absichern? Soll es darüber hinaus **gemeinnützigen Zwecken** dienen? Wenn ja, welchen? 11

C. Interessengegensätze

Das Gesellschaftsrecht beschäftigt sich in allen wesentlichen Industrieländern mit ähnlichen Fragestellungen. Hierzu gehören drei typische Interessengegensätze mit potentiellen Konflikten.[10] 12

- Das Verhältnis der **Gesellschafter untereinander** (hierzu nachfolgend Abschnitt I bis III). Von zentraler Bedeutung ist dabei der Interessengegensatz von Mehrheit und Minderheit.
- Das Verhältnis **zwischen angestellten Geschäftsführern**/Vorständen **und den Gesellschaftern** (hierzu nachfolgend Abschnitt IV).[11]
- Das Verhältnis **zwischen** der **Gesellschaft** und **Dritten** (finanzierende Banken, Kunden, Lieferanten, Arbeitnehmer).[12] Diese Problematik ist in der Regel nicht unmittelbar Gegenstand der Gestaltung des Gesellschaftsvertrags (mit Ausnahme von Mitarbeiterbeteiligungsmodellen). Die Gesellschaft und ihre Gesellschafter müssen jedoch die gesetzlichen Vorgaben an die Mitbestimmung der Arbeitnehmer beachten (hierzu § 13). Außerdem muss dem Betriebsverfassungsgesetz Rechnung getragen werden. Jede unternehmerische Tätigkeit muss finanziert werden (hierzu § 9). Der Gesellschaftsvertrag muss dies im Auge behalten. Ist er im erforderlichen Umfang flexibel für Kapitaler-

[10] *Kraakman/Davies/Hansmann/Hertig/Hopt/Kanda/Rock* S. 22.
[11] *Kraakman u.a.* S. 133 f. (146 f.).
[12] *Kraakman u.a.* S. 71 ff.

höhungen oder für die Beteiligung Dritter? Soll über eine restriktive Gewinnausschüttung die Finanzkraft des Unternehmens gestärkt werden?

Die gesellschaftsvertraglichen Regelungen müssen soweit wie möglich sicherstellen, dass die Interessengegensätze zum Wohle des Unternehmens ausbalanciert werden und nicht einzelne Gesellschafter ihre Interessen zu Lasten anderer verwirklichen.[13]

I. Mehrheit/Minderheit

13 *„Gerade wenn man das Problem des Minderheitenschutzes ernst nimmt, muss man als Ausgangspunkt festhalten, dass Leistungsmacht und Mehrheitsherrschaft im Verbandsrecht legitime Herrschaft ist“.*[14] Ein Unternehmen muss handlungsfähig sein. Werden auf der Grundlage und im Rahmen des Gesellschaftsvertrages Mehrheitsentscheidungen getroffen, müssen diese zügig und möglichst störungsfrei umgesetzt werden können. **Minderheitenschutz** darf nicht dazu führen, dass die **Leistungsmacht des Unternehmens** paralysiert oder durch Gerichtsentscheidungen ersetzt wird.[15] Andererseits soll sich die Mehrheit nicht auf Kosten der Minderheit durchsetzen. Der Gesellschaftsvertrag muss diesen Interessengegensatz regeln, ausgehend von der gesetzlichen Ausgestaltung der gewählten Rechtsform. Zusammengefasst geht es darum sicherzustellen, dass die Mehrheit die Minderheit nicht enteignet ohne auf der anderen Seite der Minderheit die Möglichkeit zu eröffnen, die Mehrheit zu schikanieren.[16]

Beispiel Minderheitenschutz

An der X Elektromotoren GmbH sind 20 Altgesellschafter mehrerer Familienstämme noch mit 40% beteiligt. Investor K hat im Zuge einer Kapitalerhöhung 60% der Anteile übernommen, nachdem die Hausbank die Finanzierung dringend notwendiger Investitionen von der Zuführung von 10 000 000 EUR Eigenkapital abhängig gemacht hat. Dieses Kapital konnten die Altgesellschafter nicht aufbringen. Das Interesse des Investors besteht darin, seine Beteiligung in vier bis fünf Jahren mit Gewinn zu veräußern. Ihm liegt daran, möglichst keine Ausschüttungen vorzunehmen und seine Beteiligung möglichst auf 100% aufzustocken, jedenfalls aber auf mehr als 75%.

Der Minderheitenschutz[17] beginnt regelmäßig bereits mit der Frage, wie sich die Minderheit organisiert: 20 kleine Minderheiten, die nicht mit einer Stimme sprechen, werden sich kaum effizient schützen können. Im Beispielfall wird es K voraussichtlich nicht schwer fallen, nach und nach weitere Anteile von Altgesellschaftern zu übernehmen, bis über die satzungsändernde Mehrheit von 75% hinaus. Die **Minderheit** bedarf also zunächst **einer guten Organisation.** Diese kann in einem Pool- oder Stimmbindungsvertrag bestehen oder – im konkreten Fall besser – darin, dass die Minderheitsgesellschafter ihre Beteiligungen in eine Beteiligungsgesellschaft einbringen. Wichtig ist, dass sie sicherstellen, mit einer Stimme zu sprechen. Nur eine gut organisierte Minderheit kann ihre Rechte entschlossen und zeitnah ausüben: Der Geschäftsführer einer Beteiligungsgesellschaft ist hierzu in der Regel besser in der Lage als ein Pool mit zahlreichen Beteiligten. Bereits die gesetzlichen Rechte, die zum Minderheitenschutz beitragen – wie Informationsrechte oder Anfechtungsrechte – laufen leer, wenn sie nicht mit dem gebotenen

[13] *Kraakman u.a.* S. 2: *„Constraining value – reducing forms of opportunism among the constituencies of the corporate enterprise“*; S. 17: *„Containing the conflicts among the participants in this enterprise.“*

[14] *K. Schmidt* Gesellschaftsrecht § 16 III 1 a).

[15] *K. Schmidt* Gesellschaftsrecht § 16 III 1 a).

[16] *Kraakmann u. a.* S. 22.

[17] *Kraakman u. a.* unterscheiden zwischen Unternehmensinsidern (Mehrheitsgesellschaftern und Unternehmensführern) und Außenseitern (Minderheitsgesellschaftern und Gläubigern), S. 21.

Nachdruck ausgeübt werden. Dies setzt voraus, wirtschaftlich in der Lage zu sein Rechte durchzusetzen. Im Einzelnen:

1. Besetzung und Ausgestaltung der Leistungsmacht der Organe

Im Beispielfall wird der neue Mehrheitsgesellschafter Wert darauf legen, sich bei der 14 Auswahl des Geschäftsführers im Streitfall durchsetzen zu können. Die verbleibende Minderheit möchte eine Mitwirkungsmöglichkeit absichern. Eine Lösung, die auch für den Mehrheitsgesellschafter akzeptabel sein könnte, besteht darin, die Bestellung einem im Gesellschaftervertrag vorgesehenen Beirat zu überlassen.

Das wirft die Frage auf, wie der Beirat besetzt wird. Beispielsweise könnte vorgesehen werden, dass beide Gesellschaftergruppen je ein Beiratsmitglied entsenden und das dritte Beiratsmitglied – der Vorsitzende – einvernehmlich zu bestimmen ist. Bei der Abwägung darüber, was geschehen soll, wenn ein solches Einvernehmen nicht zustande kommt, geht es letzten Endes darum, ob der Mehrheitsgesellschafter die Macht erhält zu entscheiden oder einer einvernehmlich ausgewählten Institution – also einem Dritten – diese Macht eingeräumt wird. In der Regel wird ein Mehrheitsgesellschafter verständlicherweise auf seiner abschließenden Entscheidungskompetenz bestehen. Ein detailliert vorgesehenes, transparent an objektiven Kriterien ausgerichtetes Entscheidungsverfahren trägt dennoch zum Schutz der Minderheit bei: Beispielsweise kann vorgesehen werden, dass alle oder zumindest einzelne entsandte Beiratsmitglieder nicht zum Kreis der entsendenden Gesellschafter gehören dürfen (keine Beteiligung, kein Anstellungsverhältnis, keine familiäre Bindung etc.) und durch vorgegebene fachliche Qualifikationen ausgewiesen sein müssen. Denkbar sind auch die Pflicht, zur Entsendung vorgesehene Beiratsmitglieder zunächst vorstellen zu müssen oder die Vorgabe mehrerer Wahlgänge mit Vetorechten im ersten Wahlgang. Die Ausgestaltung der Ernennung der Beiratsmitglieder muss mit einer damit korrespondierenden Regelung einer möglichen Abberufung von Beiratsmitgliedern kombiniert werden. Zu Beiratsbesetzung § 19 Rn. 22–29.

Zusätzlich abgesichert ist die Minderheit, wenn der Geschäftsführer für besonders weit reichende Entscheidungen die Zustimmung der Gesellschafterversammlung mit qualifizierter Mehrheit benötigt. Ergänzend oder stattdessen kann ein Katalog von Geschäften vorgesehen werden, die der vorherigen Zustimmung des Beirats durch Beiratsbeschluss bedürfen. Der Schutz der Minderheit wird verstärkt, wenn der zustimmende Beiratsbeschluss einer qualifizierten Mehrheit bedarf. Ein sorgfältig geregeltes Verfahren zwingt Mehrheit und Minderheit zum Dialog und zur gemeinsamen Entscheidungsfindung, ohne der Mehrheit die Leitungsmacht zu nehmen.

2. Mitgliedschaftsrechte

Jede Mitwirkung setzt voraus den Sachverhalt zu kennen, über den entschieden wird. 15 Bereits das Gesetz gewährt deshalb zwingende **Informationsrechte**, zum Beispiel § 716 BGB, § 51 a GmbHG. Hinzu kommt das Recht, an Gesellschafterversammlungen teilzunehmen. Gefasste **Beschlüsse können** auch von einer Minderheit **angefochten werden.** Vertraglich eingeräumte Sonderrechte können nicht ohne die Zustimmung des Begünstigten entzogen werden. Auch eine Pflicht, Gewinne auszuschütten, kann die Minderheit schützen. Zwangsläufig kommt die Minderheiten schützende Wirkung von Mitgliedschaftsrechten nur zur Geltung, wenn diese Rechte laufend ausgeübt werden. Dabei ist eine eingespielte, konsequente Einforderung bestehender Rechte mit weit weniger Aufwand verbunden als für die Wiedererlangung einer guten Position nach jahrelanger Passivität notwendig wird.

3. Ausgestaltung des Rechts, aus der Gesellschaft auszuscheiden

Das Recht, die Gesellschaft zu verlassen, darf nicht generell ausgeschlossen werden, 16 §§ 39, 723 Abs. 3 BGB, § 180 Abs. 5 AktG. Die Möglichkeit, zu guten wirtschaftlichen Bedingungen aus der Gesellschaft auszuscheiden, schützt die Minderheit. Sie ver-

fügt so über eine **Alternative zu** einer unter Umständen langwierigen und aufwendigen **Auseinandersetzung mit der Mehrheit.** Der Gesellschaftsvertrag kann z. B. vorsehen:
- überschaubare Kündigungsfristen für (Minderheits-)gesellschafter,
- eine am Verkehrswert orientierte Abfindung sowie
- klare Vorgaben für die Bewertung ggf. mit Schiedsgutachterklausel für Streitfragen.

Denkbar sind ferner Schutzmechanismen für den Fall eines Anteilsverkaufs durch den Mehrheitsgesellschafter. Im Beispielfall macht der neue Mehrheitsgesellschafter bereits seinen Beitritt davon abhängig, seine Beteiligung in absehbarer Zeit wieder verkaufen zu können. Bei einem Verkauf seiner Beteiligung will er dann nicht auf die Zustimmung der Minderheitsgesellschafter angewiesen sein. Ob er eine obligatorische Zustimmung des Beirats akzeptiert, ist zumindest fraglich und wird auch von der Ausgestaltung eines solchen Zustimmungserfordernisses abhängen.

Der Minderheitsgesellschafter kann sich etwa durch das Recht, im Falle eines Verkaufs durch den Mehrheitsgesellschafter zu gleichen Konditionen mitverkaufen zu können (Mitveräußerungsrecht) absichern, in der Praxis regelmäßig gekoppelt mit einer Mitveräußerungspflicht des Minderheitsgesellschafters (hierzu: § 16 Rn. 158).

II. Thesaurierung/Gewinnausschüttung

17 Das Gesetz geht bei Personenhandelsgesellschaften und bei der GmbH von einem Anspruch der Gesellschafter aus Auszahlung ihrer Gewinnanteile aus, §§ 122 Abs. 1, 169 Abs. 1 HGB, § 29 Abs. 1 GmbHG. Abweichende Regelungen sind möglich. [18]

Das Interesse an einer **Stärkung des Eigenkapitals der Gesellschaft** steht dem Interesse der Gesellschafter an **Einkünften** gegenüber. Bei einer Beschränkung der Entnahmerechte muss berücksichtigt werden, in welchem Umfang Gesellschafter auf einen Mittelzufluss angewiesen sind, gegebenenfalls auch für Steuerzahlungen. Ein Gesellschafter, der auf Gewinnausschüttungen angewiesen ist, muss sich dies eingestehen. Ein Gesellschafter, der hierauf nicht angewiesen ist, kann durch eine sorgfältige Analyse des Ausschüttungsbedarfs seiner Mitgesellschafter erhebliche Verhandlungsvorteile gewinnen. Zugleich wird er gut beraten sein, genau zu überlegen, wie viel Konfliktpotential er in Kauf nehmen will, insbesondere dann, wenn eine Übernahme weiterer Geschäftsanteile nicht realistisch ist. Werden Mindestentnahmerechte vereinbart, muss die Einflussmöglichkeit einzelner Gesellschafter auf Mittelverwendung und Jahresabschluss bedacht werden.

III. Langfristige Bindung/Trennung

18 *„Eine Vereinbarung, durch welche das Kündigungsrecht ausgeschlossen oder diesen Vorschriften zuwider beschränkt wird, ist nichtig.“*, § 723 Abs. 3 BGB. Eine Trennung der Gesellschafter muss möglich sein. Jeder Gesellschafter einer Personengesellschaft hat das Recht, die Gesellschaft zu verlassen, deren Mitglied er ist. Frei veräußern kann er seine Anteile nicht, § 719 BGB. Bei Kapitalgesellschaften sieht der Gesetzgeber kein Kündigungsrecht vor, wohl aber die freie Veräußerbarkeit von Geschäftsanteilen, § 15 Abs. 1 GmbHG, und Aktien.[19] Durch gesellschaftsvertragliche Regelungen kann die Trennung erschwert werden, beispielsweise durch Kündigungsfristen und einschränkende Ausgestaltung des Abfindungsanspruchs. Bei einer GmbH kann die Abtretung der Geschäftsanteile von der Genehmigung der Gesellschaft, von der Zustimmung der Gesellschafterversammlung oder eines anderen Organs (Beirat, Aufsichtsrat) oder einzelner Gesellschafter abhängig gemacht werden, § 15 Abs. 5 GmbHG. Denkbar sind auch andere Ausgestaltungen wie etwa Vorkaufsrechte einzelner Gesellschafter oder qualitative Anforderungen an den Erwerber (Gesellschafterstellung? Familienzugehörigkeit?). Selbst

---

[18] Beispiele für eine Kommanditgesellschaft in MVH/*Riegger/Götze* I Form. III.1, III.3, III.4, III.10.

[19] MünchHdb. GesR IV/*Wiesner* § 14 Rn. 1 ff.

der Ausschluss der Abtretbarkeit ist zulässig.[20] Auf den Einzelfall zugeschnittene vertragliche Gestaltungen sind also möglich. Es wird in aller Regel wieder darauf ankommen, nicht zu früh juristische Details oder Musterklauseln in den Vordergrund zu stellen. Davor steht die sorgfältige Analyse der beteiligten Personen und ihrer konkret betroffenen Interessen. Ein kurzfristiger Ausstieg eines Gesellschafters verbunden mit einem hohen, gegen die Gesellschaft gerichteten Abfindungsanspruch kann die Gesellschaft in existenzielle Schwierigkeiten bringen. Auf der anderen Seite kann ein Gesellschafter legitime Gründe haben, die Gesellschaft zu verlassen und sein in der Gesellschaft gebundenes Kapital anders zu investieren.

Für eine **langfristige Bindung** sprechen aus Sicht eines Gesellschafters: 19

- Sicherung der Stabilität und der kontinuierlichen Entwicklung der Gesellschaft und damit zugleich des Werts der eigenen Beteiligung;
- langfristig verlässliche Planungsgrundlage, auch für finanzierende Banken und andere Geschäftspartner;
- Schutz vor kurzfristigem Finanzierungsbedarf sowohl auf Gesellschaftsebene wie auf Gesellschafterebene und
- damit mittelbar zugleich Schutz davor, aus wirtschaftlichen Gründen neue Gesellschafter aufnehmen zu müssen.

Bei **Familienunternehmen** kommt das Interesse an der langfristigen Erhaltung des Unternehmens im Besitz der Familie hinzu.

Dafür, eine – auch **zeitnahe – Trennung** zu angemessenen Konditionen zu ermöglichen 20
spricht:

- ein Partner, der in einer ungewollten Bindung festgehalten wird, wird mit hoher Wahrscheinlichkeit den Konflikt suchen; eine Trennung im Streit wird in aller Regel weit mehr Scherben anrichten als ein geordnetes Auseinandergehen im Rahmen klarer vertraglicher Vorgaben;
- die mögliche größere Flexibilität für alle Beteiligten sowie
- ein höherer Anreiz für alle Gesellschafter, den freiwilligen Zusammenhalt aller im gemeinsamen Interesse laufend aktiv zu fördern.

Beteiligungen durch **Finanzinvestoren** sind von vornherein nur auf einen bestimmten Zeithorizont ausgelegt. Gerade wenn schon im Zeitpunkt der Beteiligung feststeht, dass es in absehbarer Zeit wieder zur Trennung kommen wird, müssen die Konditionen der Trennung sorgfältig so geregelt werden, dass auch die Interessen der verbleibenden Gesellschafter und der Gesellschaft abgesichert sind.

Sind die Interessen identifiziert, kommt es darauf an die Regelungsinstrumente aus- 21
zuwählen. Dabei geht es zunächst um die Ausgestaltung der Kündigungsklausel: Kündigungsfrist, Kündigungsausschluss für bestimmte Zeiträume, Folgekündigungsrecht anderer Gesellschafter, Kündigungsfolgen, Höhe und Berechnung der Abfindung. Bei Kapitalgesellschaften tritt an die Stelle der Ausgestaltung des Kündigungsrechts die Regelung der Vinkulierung des Anteilsverkaufs, § 15 Abs. 5 GmbHG; § 68 Abs. 2 AktG.[21] Darüber hinaus können vertragliche Kündigungsrechte vorgesehen und ausgestaltet werden. Umgekehrt kann der Gesellschaftsvertrag den Gesellschaftern einer Personengesellschaft die Veräußerung ihrer Anteile gestatten. Neben Klauseln, die die Kündigungsmöglichkeit und die Veräußerlichkeit von Gesellschaftsanteilen unmittelbar regeln, haben auch andere Bestimmungen des Gesellschaftsvertrages Einfluss auf das Spannungsfeld zwischen langfristiger Bindung und Trennungsmöglichkeit, beispielsweise

- **Entnahmerechte:** Der Anreiz, nicht zu gehen, ist geringer, wenn die Beteiligung als Einnahmequelle attraktiv ist. Die Ausgestaltung des Interessenkonflikts zwischen Investition und Gewinnausschüttung hat Auswirkungen auf den Interessenkonflikt zwischen langfristiger Bindung und Trennung.

---

[20] *Baumbach/Hueck/Fastrich* § 15 GmbHG Rn. 3 ff.

[21] Vinkulierte Namensaktien, hierzu MünchHdb. GesR IV/*Wiesner* § 14 Rn. 16 ff.

- **Minderheitenschutz:** Eine gut integrierte Minderheit, die beispielsweise über ein Beiratsmitglied in die Begleitung der Unternehmensführung eingebunden ist, wird sich leichter langfristig binden lassen.

IV. Eigengeschäftsführung/Fremdgeschäftsführung

22 Der Gesetzgeber sieht bei Personengesellschaften Eigengeschäftsführung durch Gesellschafter vor, bei Kapitalgesellschaften Fremdgeschäftsführung, §§ 709, 714 BGB; §§ 114, 125, 164 HGB, § 35 GmbHG, §§ 77, 78 AktG. Bei Personengesellschaften folgt dies aus der engen Verbindung und der persönlichen Haftung der beteiligten Personen. Bei Kapitalgesellschaften kann diese Verbindung hergestellt werden, indem Gesellschafter zu Geschäftsführern oder Vorständen bestellt werden.

23 Ein Geschäftsführer (Vorstand) eines Unternehmens muss über objektiv beschreibbare Qualifikationen verfügen, z. B.: kaufmännische und technische Kenntnisse, Marktkenntnisse, Verantwortungsbewusstsein und Entscheidungsstärke, die Fähigkeit Mitarbeiter zu führen und zu motivieren, Kraft, Durchsetzungsvermögen und Weitblick für die zukunftsorientierte Entwicklung des Unternehmens. Bevor über in Frage kommende Personen nachgedacht wird, sollte ein **objektives Anforderungsprofil** erstellt werden. Erst wenn ein solches auf das Unternehmen und die konkret zu besetzende Stelle zugeschnittenes Anforderungsprofil feststeht kann die Suche nach hierfür geeigneten Personen beginnen. Dabei liegt es im Interesse des Unternehmens, bei der Suche nach Kandidaten Gesellschafter und ihre Angehörigen nicht zu bevorzugen. Aus objektiver Perspektive kommt ein Gesellschafter in der Regel erst dann als Kandidat in Frage, wenn er die geforderten Kriterien ebenso gut wie ein fremder Dritter erfüllt. Selbst wenn ein Gesellschafter gleichermaßen wie ein Dritter geeignet ist, kann es gute Gründe für eine Fremdgeschäftsführung geben.[22] Es wird auf Größe und Struktur des Unternehmens, auf Anzahl und Zusammensetzung der Gesellschafter, auf die Persönlichkeit des Kandidaten, seine Akzeptanz bei Mitgesellschaftern und Mitarbeitern ankommen. Die objektive Beurteilung eigener Abkömmlinge und der Abkömmlinge von Mitgesellschaftern ist schwierig. Eine Fremdgeschäftsführung vermeidet die Vermischung emotionaler und rationaler Interessen, familieninterne Rangeleien, Neid und Missgunst. Allerdings kann gerade die emotionale Bindung eines Gesellschafters an das Unternehmen ein großer Vorteil sein. Häufig ist ein geschäftsführender Gesellschafter eher bereit, kurzfristige materielle Eigeninteressen zugunsten der **langfristigen Entwicklung des Unternehmens** zurückzustellen.[23]

24 Die Gesellschafter sollten sich auf geeignete Mechanismen zur Kontrolle und Motivation des Geschäftsführers verständigen.

Der **Motivation** können etwa dienen:
- klar definierte Entscheidungsspielräume und
- eine sinnvoll erfolgsabhängige Vergütung.

Wird ein Fremdgeschäftsführer am Unternehmen beteiligt, so hat er auch Einflussmöglichkeiten in der Gesellschafterversammlung.[24]

Der **Kontrolle** dienen:
- Ein **Aufsichtsgremium**: Bei der AG ist dies in Form eines obligatorischen Aufsichtsrats gesetzlich vorgegeben, §§ 95 ff. AktG. Bei der GmbH ist die Gesellschafterversammlung

---

[22] Beispielsweise darf bei Haniel & Cie kein Familienmitglied im eigenen Konzern arbeiten, FAZ vom 1. 9. 2007. Umgekehrt hat Michael Klett die Führung des Klett Verlags mit 69 Jahren wieder in die Hand der Familie genommen, FAZ vom 14. 9. 2007.

[23] Zum Verhältnis von Abkömmlingen zum Unternehmen *Sudhoff/Winkler* Familienunternehmen § 9 Rn. 1 ff.; zur Gestaltung von Führung und Kontrolle *Sudhoff/Wälzholz* Familienunternehmen § 11 Rn. 1 ff.

[24] Zu Aktienoptionen *Küttner* Personalbuch 2007; zur gesellschaftsrechtlichen Beteiligung des Managements; Binz/*Sorg* § 9 Rn. 76 ff.

das entscheidende Organ. Das Gesetz lässt außerdem einen Aufsichtsrat ausdrücklich zu, § 52 GmbHG. Bei Personengesellschaften ist er im Rahmen der Vertragsfreiheit möglich. Anstelle eines Aufsichtsrats kann auch ein Beirat oder ein anderes Gremium installiert werden.

- Eine eindeutige **Kompetenzverteilung**: Wofür bedarf der Geschäftsführer der Zustimmung des Kontrollgremiums? Wann ist die Zustimmung der Gesellschafterversammlung erforderlich?[25]
- Eine sorgfältige **Auswahl** der **Mitglieder** des Kontrollgremiums und eine klare Ausgestaltung der Entscheidungsfindung innerhalb dieses Gremiums; es muss gewährleistet sein, dass das Kontrollgremium seiner Überwachungsaufgabe laufend mit der gebotenen Intensität nachkommt, hierfür stets umfassend informiert wird und erforderlichenfalls schnell entscheiden und eingreifen kann (hierzu im Einzelnen § 5 Rn. 178 ff. zu Aufsichtsrat und Beirat in der GmbH, § 7 Rn. 57 ff. zum Aufsichtsrat der AG, § 19 Rn. 22–29 zur Nachfolge in der Führung des Unternehmens).

---

[25] Beispiel eines Katalogs zustimmungsbedürftiger Geschäfte im MVH/*Heidenhain* I Form. IV.51.

§ 2 Vertragsgestaltung im Gesellschaftsrecht

Schrifttum: Vgl. die Literaturhinweise zu § 1.

A. Identifikation des Regelungsbedarfs

Um zu wissen, welche Regelungen erforderlich sind, müssen die Interessen aller Beteiligten ermittelt und als vertragliche Rechte und Pflichten ausgestaltet werden.

I. Sorgfältige Analyse der Interessen aller Beteiligten

1 Die Vertragsgestaltung setzt die Ergebnisse der Vertragsverhandlung um. Gesellschaftsverträge regeln das Zusammenspiel mehrerer Personen für einen langen Zeitraum. Spätere Vertragsänderungen bedürfen entweder der Zustimmung aller oder der im Rahmen des gesetzlich Zulässigen hierfür vertraglich vorgesehenen Mehrheit. Der Gesellschaftsvertrag muss deshalb im Zeitpunkt seiner Unterzeichnung sicherstellen, dass alles Erforderliche nicht nur jeweils für sich sondern im Zusammenspiel des gesamten Vertrages klar und eindeutig geregelt wird. Sind die Vertragsverhandlungen sorgfältig geführt worden, steht fest, in welchem Umfang die betroffenen persönlichen und wirtschaftlichen Interessen berücksichtigt werden. Im Zuge der Vertragsgestaltung muss darüber entschieden werden, in welcher juristischen Form und in welchen Regelungszusammenhängen die Umsetzung erfolgt. Dabei kann es erforderlich werden, außerhalb des Gesellschaftsvertrags zusätzliche Vereinbarungen zu treffen, etwa wenn ein effizienter Minderheitenschutz dadurch unterstützt wird, dass einzelne Gesellschafter ihre Anteile in eine Beteiligungsgesellschaft einbringen oder Stimmbindungs- und Poolverträge abschließen. Alle zusätzlich zum Gesellschaftsvertrag notwendigen

- weiteren Verträge (z. B. Anstellungsverträge, Miet- oder Pachtverträge),
- Folgeänderungen in anderen Erklärungen (z. B. in einem Testament),
- Beschlüsse (z. B. Zustimmung von Gesellschafterversammlung, Beirat, Aufsichtsrat ...) und
- sonstigen Erklärungen (z. B. Handelsregisteranmeldungen)

müssen vor Beginn der Vertragsgestaltung vollständig ermittelt, aufgelistet und anschließend mit erstellt werden. Im Ergebnis muss ein **stimmiges, widerspruchsfreies Vertragsnetz** entstehen, das die in der Vertragsverhandlung erzielte Zuordnung von Risiken zu den Beteiligten lückenlos mit einheitlicher Terminologie ausgestaltet. Sind mehrere Berater eingeschaltet, muss klar sein, wer diese koordiniert und wer die Verantwortung für das vollständige Vertragsnetz übernimmt.

II. Großer Gestaltungsfreiraum

2 Die Vertragsfreiheit bestimmt das weitgehend dispositive Recht der BGB-Gesellschaft sowohl im Außenverhältnis wie auch im Innenverhältnis.[1] Nicht zulässig ist eine Verkürzung der Gläubigerrechte.[2] Im Innenverhältnis ist das Kontrollrecht des Gesellschafters bei Grund zur Annahme unredlicher Geschäftsführung zwingendes Recht, § 716 Abs. 2 BGB.[3] Das Kündigungsrecht kann nicht ausgeschlossen oder den Vorgaben von § 723 BGB zuwider beschränkt werden, §§ 723 Abs. 3 BGB, 724 BGB.[4] Schließlich folgt aus

---

[1] MünchKommBGB/*Ulmer* § 705 Rn. 132, 133.
[2] MünchKommBGB/*Ulmer* § 738 Rn. 47 m. w. N.
[3] MünchKommBGB/*Ulmer* § 716 Rn. 17 ff.
[4] MünchKommBGB/*Ulmer* § 723 Rn. 61 ff., § 724 Rn. 1 ff.

§ 717 S. 1 BGB ein Abspaltungsverbot: Die Verwaltungsrechte der Gesellschafter sind nicht übertragbar. Selbstverständlich sind die Vorgaben aus dem Allgemeinen Teil des BGB zu beachten: Auch ein Gesellschaftsvertrag darf nicht gegen ein gesetzliches Verbot verstoßen, § 134 BGB, und er darf nicht sittenwidrig sein, § 138 Abs. 1 BGB. Sittenwidrig kann beispielsweise die grobe Ungleichbehandlung von Gesellschaftern sein.[5] Unentziehbare Rechte sind – soweit nicht ohnehin unverzichtbar – keinem Mehrheitsbeschluss zugänglich. Hierzu gehören Vorzugs- und Sonderrechte und der Kernbereich der grundlegenden Mitgliedsrechte (Stimmrecht, Gewinnbeteiligung, Recht auf die Liquidationsquote, Informationsrechte[6]). Der BGH hält fest: *„Grundsätzlich zustimmungsbedürftig sind Gesellschafterbeschlüsse, die in unentziehbare Rechte (in den Kernbereich der gesellschaftsrechtlichen Position) eines Gesellschafters eingreifen."*.[7]

Im Wesentlichen gelten diese Grundsätze auch für die **Personenhandelsgesellschaften.** Dies folgt bereits aus dem Verweis auf das BGB, § 105 Abs. 3 HGB, und aus dem Rechtsformzwang: Wird ein kaufmännisches Handelsgewerbe mitunternehmerisch betrieben, führt dies zu einer OHG, §§ 105, 1 HGB.[8] Begrenzt ist die Gestaltungsfreiheit hinsichtlich des Außenverhältnisses der OHG: Die uneingeschränkte Haftung der Gesellschafter gehört zum Wesensmerkmal der OHG und kann deshalb Dritten gegenüber nicht eingeschränkt werden, § 128 HGB. Auch eine Beschränkung des Umfangs der Vertretungsmacht ist Dritten gegenüber unwirksam, § 126 Abs. 2 HGB. Entsprechendes gilt für das Haftungsregime der Kommanditgesellschaft, §§ 161 Abs. 2, 128 HGB, 171 ff. HGB.

Der Gesetzgeber hat die **GmbH** bewusst mit einer einfachen, vertraglich abwandelbaren inneren Struktur geschaffen. Dies ermöglicht es, eine GmbH personalistisch auszugestalten und einer Personengesellschaft anzunähern.[9] Die Satzungsautonomie liegt bei den Gesellschaftern, § 45 GmbHG. Die innere Struktur der Gesellschaft, die Verwaltungsrechte und die Organzuständigkeit können von den Gesellschaftern in der Satzung in weitem Umfang frei gestaltet werden.[10] Begrenzt wird die Gestaltungsfreiheit durch zwingendes Recht (z.B. § 51a GmbHG, Gläubigerschutzbestimmungen wie § 30 GmbHG), außerdem durch den Kernbereich des GmbH-Rechts, zu dem gehört, dass die Gesellschafterversammlung ihre Stellung als oberstes Organ der Gesellschaft behalten muss.[11] Bei Aktiengesellschaften kann die Satzung von den Vorschriften des Aktiengesetzes nur abweichen, wenn dies ausdrücklich zugelassen ist, § 23 Abs. 5 AktG.

Trotz der aufgezeigten Grenzen der Vertragsgestaltung bleibt festzuhalten: Der gesetzliche Rahmen lässt den Parteien eines Gesellschaftsvertrags sowohl bei Personengesellschaften wie auch einer GmbH sehr großen Gestaltungsspielraum. Dieses hohe Maß an **Vertragsfreiheit** verpflichtet zur **Eigenverantwortung.**

Das Ergebnis der Analyse der beteiligten Personen und ihrer Interessen muss juristisch 3
korrekt, im Rahmen der gewählten Rechtsform im Gesellschaftsvertrag umgesetzt werden:

- Ausgangspunkt ist der jeweilige gesetzliche Rahmen.
- Soweit die gesetzlichen Bestimmungen unverändert gelten sollen (z.B. §§ 709 Abs. 1, 714 BGB für die Vertretung der Gesellschaft bürgerlichen Rechts oder § 46 GmbHG

[5] BGH WM 1975, 325: *„Besteht aber ein besonders grobes Missverhältnis zwischen dem Betrag, der einem Gesellschafter in der Eröffnungsbilanz gutgebracht worden ist und dem tatsächlichen Wert seiner Sacheinlagen, so kann ein sittenwidriges, zum Schadenersatz verpflichtendes Handeln der Mitgesellschafter vorliegen, zu deren Gunsten sich die Unterbewertung auswirkt."*.

[6] *K. Schmidt* Gesellschaftsrecht § 16 III 3 a).

[7] BGH NJW 1985, 974.

[8] MünchKommHGB/*K. Schmidt* § 105 Rn. 10.

[9] *Baumbach/Hueck/Fastrich* GmbHG Einl. Rn. 3, 24.

[10] Im Einzelnen, auch zu den Grenzen der Satzungsautonomie: *Baumbauch/Hueck/Zöllner* § 45 GmbHG Rn. 2 ff.

[11] Baumbach/Hueck/*Zöllner* § 45 GmbHG Rn. 6.

für den Aufgabenkreis der Gesellschafter) ist keine vertragliche Regelung erforderlich.

- Die vertragliche Regelung muss nicht nur den **Wortlaut der Gesetze berücksichtigen,** sie muss auch den von Fachliteratur und Rechtsprechung im Laufe der Zeit herausgearbeiteten Kriterien und Formulierungen genügen (beispielsweise bei Kündigungs- und Abfindungsklauseln). Dies geschieht in der Praxis durch die Verwendung von typischen Klauseln.[12] An dieser Stelle der Vertragsgestaltung – nicht früher aber auch nicht später – können bewährte Vertragsformulare zur Orientierung herangezogen werden. Zum einen können aus möglichen Alternativen die am besten geeigneten Bausteine ausgewählt werden, zum anderen erfolgt eine Vollständigkeitsprüfung: Sind alle Punkte, die üblicherweise einer vertraglichen Regelung zugeführt werden, bedacht und berücksichtigt worden? **Typische Klauseln** müssen auf den konkreten Fall angepasst werden. Der Auswahl der Bausteine folgt die **Maßarbeit:** Ist das Verhandlungsergebnis hinsichtlich aller betroffenen Personen und Interessen vollständig und zutreffend in den Vertragstext umgesetzt worden? Sind die gewählten Formulierungen für alle Vertragsparteien verständlich und akzeptabel?

III. Gesellschaftszweck

4 Durch den Gesellschaftsvertrag verpflichten sich die Gesellschafter gegenseitig, die Erreichung eines gemeinsamen Zwecks zu fördern, § 705 BGB. Richtet sich der gemeinsame Zweck der Personengesellschaft auf den Betrieb eines Handelsgewerbes unter gemeinschaftlicher Firma, liegt eine OHG oder eine KG vor, §§ 105 I, 161 I HGB. Eine GmbH kann zu jedem gesetzlich zulässigen Zweck errichtet werden, § 1 GmbHG. Der Gesellschaftsvertrag muss den **Gegenstand des Unternehmens** enthalten, § 3 Abs. 2 GmbHG, auch die Satzung einer AG muss den Gegenstand des Unternehmens bestimmen. Bei Industrie- und Handelsunternehmen ist die Art der Erzeugnisse und Waren, die hergestellt und gehandelt werden sollen, näher anzugeben, § 23 Abs. 3 Nr. 2 AktG. Ohne gemeinsamen Zweck entsteht keine Gesellschaft.[13] Eine eindeutige Bezeichnung der Tätigkeitsbereiche der Gesellschaft schafft **Klarheit im Innenverhältnis:** Da der gemeinsame Zweck zu den Grundlagen der Gesellschaft gehört, erfordert seine Änderung bei Personengesellschaften grundsätzlich Einstimmigkeit, bei der GmbH eine Mehrheit von drei Vierteln der abgegebenen Stimmen, § 53 Abs. 2 GmbHG, bei einer AG eine Mehrheit, die mindestens drei Viertel des bei der Beschlussfassung vertretenen Grundkapitals umfasst, § 179 Abs. 1 AktG.[14] Der im Gesellschaftsvertrag definierte Zweck der Gesellschaft grenzt damit die Mehrheitsherrschaft ein.[15] Die **Geschäftsführungsbefugnis** erstreckt sich auf alle Handlungen, die der gewöhnliche Betrieb des Handelsgewerbes der Gesellschaft mit sich bringt, § 116 Abs. 1 HGB. Geschäfte, die vom Unternehmensgegenstand nicht gedeckt sind, zählen nicht hierzu.[16] Der Geschäftsführer einer GmbH muss die Vorgaben der Satzung der von ihm geführten Gesellschaft beachten, also auch den hierin beschriebenen Unternehmensgegenstand. Verstößt er dagegen, handelt er nicht mit der Sorgfalt eines ordentlichen Geschäftsmannes und setzt sich einer persönlichen Haftung aus, § 43 GmbHG.[17] Auch für den Umfang von Wettbewerbsverboten (Beispiel:

[12] *Langenfeld* Vertragsgestaltung Rn. 90, 240.

[13] *K. Schmidt* Gesellschaftsrecht § 4 I 1, zur umstrittenen Abgrenzung der Begriffe Unternehmensgegenstand und Gesellschaftszweck, § 4 II 3.

[14] *K. Schmidt* Gesellschaftsrecht § 4 II 3 a); *Sudhoff/van Randenborgh* Personengesellschaften § 4 Rn. 5.

[15] *K. Schmidt* Gesellschaftsrecht § 4 II 3 a).

[16] *Baumbach/Hopt* § 116 HGB Rn. 1; *Sudhoff/van Randenborgh* Personengesellschaften § 4 Rn. 16.

[17] *Baumbach/Hueck* § 35 GmbHG Rn. 30, § 43 GmbHG Rn. 7 ff.; *K. Schmidt* Gesellschaftsrecht S. 66.

§ 112 HGB) kommt es auf den Handelszweig der Gesellschaft und damit auf Unternehmensgegenstand und Gesellschaftszweck an.[18] Im Außenverhältnis dient die Beschreibung von Gesellschaftszweck und Unternehmensgegenstand auch der Unterscheidung im Wettbewerb mit anderen Unternehmen. Diese Gesichtspunkte müssen bei der Entscheidung darüber, ob der **Unternehmensgegenstand eng oder weit** gefasst wird, berücksichtigt werden. Eine zu enge Fassung kann im Hinblick auf die für eine Änderung des Gesellschaftsvertrags erforderliche Mehrheit für die Entwicklungsfähigkeit des Unternehmens nachteilig sein.[19]

IV. Gesellschafterbeiträge

Die Gesellschafter einer Personengesellschaft verpflichten sich, die vereinbarten **Beiträge** zu leisten, § 705 BGB, §§ 105, 161 HGB. Der Gesellschafter einer GmbH muss seine **Stammeinlage** erbringen. Dies kann ein Geldbetrag oder einer Sacheinlage sein, § 5 GmbHG. Ein Aktionär muss das auf seine Aktie entfallene **Grundkapital** einzahlen, § 23 Abs. 2 Nr. 3 AktG. Stattdessen können auch Einlagen vorgesehen werden, die nicht durch Einzahlung des Ausgabebetrags der Aktien zu leisten sind (Sacheinlagen) oder die die Übernahme vorhandener oder herzustellender Anlagen oder anderer Vermögensgegenstände durch die Gesellschaft (Sachübernahmen) betreffen, § 27 AktG.

Sprachlich wird vom Gesetz nicht immer klar zwischen *„Einlage"* und *„Beitrag"* unterschieden. Mit *Karsten Schmidt* liegt es nahe, an den Gesetzeswortlaut von § 705 BGB anzuknüpfen und folgendermaßen zu unterschieden:[20] **Beiträge** sind die vertraglichen Pflichten, die der Gesellschafter zur Erreichung des Gesellschaftszwecks übernommen hat. **Einlagen** sind solche Beiträge, die zur Eigenkapitalbildung und als Haftungsmasse an die Gesellschaft geleistet werden.

Damit kann alles, was den Gesellschaftszweck fördert, Beitrag sein, etwa die Überlassung einer Marke, das Recht einen Namen zu führen, die persönliche Haftung, Dienstleistungen aller Art, Gebrauchsüberlassungen, das Einbringen von Sachen, Zurverfügungstellung von Kapital etc.[21]

Einlagen können nur Beiträge sein, die das haftende Vermögen mehren.[22] Was mit welchem Wert einlagefähig ist, muss im Einzelfall geprüft und bei Kapitalgesellschaften nach den gesetzlichen Vorgaben nachgewiesen werden, §§ 27, 33ff. AktG, § 5 Abs. 4 GmbHG. Bei Aktiengesellschaften bezieht sich die Gründungsprüfung ausdrücklich auf den Wert der Sacheinlagen oder Sachübernahmen, § 34 Abs. 1 Nr. 2 AktG.

In der Praxis muss vor allem auf Folgendes geachtet werden: 5

- Sachgerechte, am Zweck der Gesellschaft ausgerichtete Ausgestaltung der Beitragspflichten.
- Präzise Beschreibung der Gesellschafterbeiträge.
- Berücksichtigung der langfristigen Interessen der Beteiligten: Wann soll beispielsweise bei Dienstleistungen oder einer Nutzungsüberlassung die Beitragspflicht enden? Soll die Möglichkeit, Beiträge zu erhöhen vorgesehen werden? Sollen bei Personengesellschaften, bei denen es außer für Kommanditisten keine gesetzlichen Vorschriften für Kapitalaufbringung und -erhaltung gibt, vertragliche Regelungen für den Fall von Leistungsstörungen vorgesehen werden?[23]
- Dokumentation der Leistungserbringung: Wer sich darauf berufen will, er habe seine Leistung erbracht, muss dies im Streitfall beweisen. Jeder Gläubiger hat das Recht, für

[18] *Sudhoff/van Randenborgh* Personengesellschaften § 4 Rn. 16.
[19] *Sudhoff/van Randenborgh* Personengesellschaften § 4 Rn. 5.
[20] *K. Schmidt* Gesellschaftsrecht § 20 II 1 a).
[21] *K. Schmidt* Gesellschaftsrecht § 20 II 2.
[22] *K. Schmidt* Gesellschaftsrecht § 20 II 3.
[23] *Sudhoff/van Randenborgh* Personengesellschaften § 5 Rn. 17ff.

den Empfang seiner Leistung vom Schuldner ein schriftliches Empfangsbekenntnis zu fordern, § 368 BGB.

V. Sonderrechte einzelner Gesellschafter

6 Sonderrechte sind Mitgliedschaftsrechte, die einem Mitglied durch Gesellschaftsvertrag eingeräumt werden und ihm eine unentziehbare Vorzugsstellung einräumen.[24] Sonderrechte eines Mitglieds können nicht ohne dessen Zustimmung durch Beschluss der Mitgliederversammlung beeinträchtigt werden, § 35 BGB. Diese Norm des Vereinsrechts bringt einen für alle Rechtsformen des Gesellschaftsrechts geltenden Grundsatz zum Ausdruck.[25] Der große Gestaltungsspielraum im Gesellschaftsrecht ermöglicht es, bei Personengesellschaften und bei der GmbH weitreichende individuell ausgestaltete Sonderrechte für einzelne Gesellschafter oder Gesellschaftergruppen im Gesellschaftsvertrag zu vereinbaren. Nur in engen Grenzen ist dies bei Aktiengesellschaften möglich, § 23 Abs. 5 AktG. Die Satzung kann für bestimmte Aktionäre oder für die jeweiligen Inhaber bestimmter Aktien ein Recht begründen, Mitglieder in den Aufsichtsrat zu entsenden, § 101 Abs. 2 AktG. So kann mittelbar auf die Bestellung der Vorstandsmitglieder durch den Aufsichtsrat Einfluss genommen werden, § 84 Abs. 1 AktG. Im Rahmen der gesetzlichen Vorgaben können Vorzugsaktien ohne Stimmrecht ausgegeben werden, §§ 139ff. AktG. Mehrstimmrechte sind unzulässig, § 12 Abs. 2 AktG.

Sonderrechte spielen in erster Linie in Personengesellschaften und in personalistisch ausgestalteten GmbHs eine Rolle.[26] Sei können organisationsrechtlicher oder vermögensrechtlicher Art sein:

1. Sonderrechte organisationsrechtlicher Art

7 **a) Recht auf Nominierung von Gremienmitgliedern.** Ziel der Ausgestaltung muss eine langfristig sachgerechte Besetzung des Beirats sein.

b) Recht auf Bestellung des Geschäftsführers.[27] Möglich ist auch die Ausgestaltung als Präsentationsrecht, als ein die Gesellschafterversammlung bindendes Vorschlagsrecht.[28] Dabei muss die Handlungsfähigkeit der Gesellschaft sichergestellt werden. Weiterer Regelungsbedarf besteht für die Entscheidungsmechanismen in der Geschäftsführung, sobald es mehr als einen Geschäftsführer gibt.

c) Recht auf eigene Bestellung als Geschäftsführer oder Mitglied eines Gremiums der Gesellschaft. Unberührt von einem solchen Recht bleibt die Möglichkeit, den Geschäftsführer aus wichtigem Grund abzuberufen, § 38 Abs. 2 GmbHG.[29] Denkbar ist auch ein Recht auf Bestellung zum Prokuristen oder Handlungsbevollmächtigten.[30]

d) Recht zur Leitung der Gesellschafterversammlung. Im Gesellschaftsvertrag kann festgelegt werden, wer die Gesellschafterversammlung leiten darf und muss. Ohne vertragliche Vorgabe kann der Versammlungsleiter mit einfacher Mehrheit gewählt werden.[31]

---

[24] *K. Schmidt* Gesellschaftsrecht § 19 III 3c) bb).

[25] *K. Schmidt* Gesellschaftsrecht § 16 III 3b) aa), § 19 III 3c) bb).

[26] *K. Schmidt* Gesellschaftsrecht § 19 3c) bb); *Baumbach/Hueck/Zöllner/Noack* § 35 GmbHG Rn. 7f.

[27] Hierzu z.B. BGH NJW-RR 1989, 542; OLG Düsseldorf NJW 1990, 1122, zum Recht eines Familienstammes, die Abberufung des auf seine Benennung bestellten Geschäftsführers zu verlangen; OLG Hamm ZIP 1986, 1188.

[28] Hierzu OLG Düsseldorf NJW 1990, 1122.

[29] BGH WM 84, 29.

[30] BGHZ 17, 392, zu einem Fall in dem einem Kommanditisten im Gesellschaftsvertrag Prokura erteilt worden war. In Abweichung von § 52 HGB kann die einem Kommanditisten eingeräumte Prokura nur bei Vorliegen eines wichtigen Grundes widerrufen werden.

[31] *Baumbach/Hueck/Zöllner/Noack* § 48 GmbHG Rn. 16; *Baumbach/Hopt* § 119 HGB Rn. 28.

e) Erhöhte Stimmrechte (Mehrstimmrechte). Mehrstimmrechte sind bei Personengesellschaften und bei der GmbH zulässig.[32]

f) Vetorechte. Im Rahmen der Vertragsfreiheit ist auch denkbar, bestimmte Maßnahmen von der Zustimmung einzelner Gesellschafter abhängig zu machen. Dies gibt dem begünstigten Gesellschafter eine starke Position, die sich auf die Unternehmensentwicklung auch nachteilig auswirken kann.

2. Sonderrechte vermögensrechtlicher Art

a) Gewinnrechte. Denkbar ist ein gegenüber der Kapitalbeteiligung erhöhtes Gewinn- 8 recht oder eine Vorzugsdividende, die vorsieht, dass Gewinn in bestimmtem Umfang vorab auf die bevorrechtigten Geschäftsanteile verteilt wird. Auch eine am Umsatz der Gesellschaft ausgerichtete Erfolgsbeteiligung ist unter Beachtung des Kapitalerhaltungsgrundsatzes, § 30 GmbHG, möglich.[33]

b) Erwerbsvorrechte.[34] Einzelnen Gesellschaftern können Vorrechte bei der Anteilsveräußerung oder bei der Ausgabe neuer Geschäftsanteile eingeräumt werden.

c) Vorrechte im Liquidationsfall. Beispielsweise kann einem Gesellschafter ein größerer Betrag als seinem Geschäftsanteil entspräche zugesagt werden, etwa als Ausgleich für eine unverhältnismäßig niedrige Bewertung seiner Sacheinlage. Oder es wird vereinbart, dass ein Gesellschafter ein bestimmtes Recht (z. B. ein Patent) oder eine bestimmte Sache erhalten soll.[35]

d) Vermögensrechte wie Belieferungsrechte, Benutzungsrechte, Abnahmerechte. Wenn solche Sonderrechte übertragbar ausgestaltet sind, können Genussscheine ausgegeben werden.[36]

Generell gilt für Sonderrechte: 9

- Sonderrechte sollten nur geschaffen werden, wenn hierfür ein nachvollziehbarer Grund besteht. Andernfalls sind sie konfliktträchtig und lösen häufig auch aus emotionalen Gründen (Neid, Missgunst und Ähnliches) Streit aus.
- Sonderrechte sollten nur in dem Umfang geschaffen werden, in dem sie erforderlich sind. Dies bedeutet auch, dass stets zu überlegen ist, ob das Sonderrecht **persönlich ausgestaltet** werden soll und nur einem bestimmten Gesellschafter zustehen soll und von diesem nicht übertragen werden kann, also mit seinem Ausscheiden aus der Gesellschaft erlischt, **oder** aber ob es **dinglich ausgestaltet** wird und damit übertragen werden kann. Bei der Formulierung sollte zweifelsfrei zum Ausdruck kommen, ob es sich um ein persönliches oder aber um ein dingliches Sonderrecht handelt.[37] Dingliche Sonderrechte sind beispielsweise dann sinnvoll, wenn einem Gesellschafterstamm langfristig das Recht zustehen soll, Geschäftsführer oder Beiratsmitglieder zu benennen.
- Bei einer persönlichen Ausgestaltung kommt zur Eingrenzung außerdem eine zeitliche Limitierung in Betracht: Ein Gesellschafter, der sich nach und nach aus dem Unternehmen zurückzieht, hat möglicherweise ein gut begründetes Interesse daran, die Geschäftsführungstätigkeit der nachfolgenden Generation zunächst zu beobachten, mit der Möglichkeit, erforderlichenfalls selbst einzugreifen. Eine klare **zeitliche Limitierung** des Rechts, die Geschäftsführung selbst auszuüben, beispielsweise bis zum Erreichen des 65. Lebensjahres, kann helfen, Auseinandersetzungen zu vermeiden.[38]

---

[32] *Baumbach/Hopt* § 119 HGB Rn. 14; *Baumbach/Hueck/Zöllner* § 47 GmbHG Rn. 72.
[33] *Hachenburg/Ulmer* § 5 GmbHG Rn. 167.
[34] Hierzu *Hachenburg/Ulmer* § 5 GmbHG Rn. 168.
[35] *Hachenburg/Ulmer* § 5 GmbHG Rn. 158.
[36] *Hachenburg/Ulmer* § 5 GmbHG Rn. 168.
[37] *Sudhoff/Wälzholz* Familienunternehmen § 11 Rn. 146.
[38] *Sudhoff/Wälzholz* Familienunternehmen § 11 Rn. 144.

- Werden Sonderrechte nicht einzelnen Gesellschaftern, sondern einem Gesellschafterstamm eingeräumt, muss dies durch Regeln für die **Willensbildung innerhalb des Gesellschafterstammes** ergänzt werden.[39]

VI. Finanzierung

10 Ohne ausreichende Finanzierung ist ein Unternehmen nicht lebensfähig. Ein Unternehmen, das sich weiterentwickelt, bedarf hierfür auch nach seiner Gründung erheblicher Mittel. Das Unternehmen muss zur Beschaffung dieser Mittel in der Lage sein. Dabei ist es wesentlich auf seine Gesellschafter angewiesen. Banken, die Darlehen als Fremdfinanzierung zur Verfügung stellen, werden bei der Entscheidung über die Kreditgewährung die Eigenkapitalquote des Unternehmens berücksichtigen und Kreditzusagen möglicherweise davon abhängig machen, in welchem Umfang die Gesellschafter selbst bereit sind, zusätzlich Mittel zur Verfügung zu stellen und damit unternehmerisches Risiko einzugehen. Ein hohes Maß an Fremdfinanzierung führt zur Abhängigkeit von den Darlehensgebern und macht das Unternehmen krisenanfälliger. **Zusätzliches Eigenkapital** vermeidet diese Form von Abhängigkeit. Die wirtschaftliche Leistungsfähigkeit der Gesellschafter ist in vielen Fällen sehr unterschiedlich. Dies führt zu einem grundlegenden Interessengegensatz: Der **leistungsfähige Gesellschafter** möchte dem Unternehmen über eine Kapitalerhöhung Geld zur Verfügung stellen. Der **nicht leistungsfähige Gesellschafter** kann dies nicht und möchte verhindern, dass sich Stimmrechte und Machtverhältnisse zu seinen Lasten verschieben.

Bei Personengesellschaften sind Änderungen des Gesellschaftsvertrags ohne abweichende vertragliche Regelung nur einstimmig möglich. Bei einer GmbH ist für eine Kapitalerhöhung eine Mehrheit von drei Vierteln der abgegebenen Stimmen erforderlich, § 53 Abs. 2 GmbHG. Die neuen Geschäftsanteile stehen den Gesellschaftern im Verhältnis ihrer bisherigen Geschäftsanteile zu. Ein entgegenstehender Beschluss der Gesellschafter ist nichtig, § 57j GmbHG. Das Aktiengesetz regelt die Mehrheitserfordernisse und die Frage, in welchem Umfang abweichende Vereinbarungen in der Satzung möglich sind im Einzelnen, §§ 182 ff. AktG.[40]

B. Eindeutiger und verständlicher Vertrag

11 Der Vertrag muss nach seinem Wortlaut und Inhalt für die Vertragspartner – nicht nur für Juristen – verständlich formuliert und strukturiert sein.

I. Fachsprache

Jeder Vertrag muss sich der juristischen Fachsprache bedienen.[41] Darüber hinaus muss ein Gesellschaftsvertrag auch die verwendeten betriebswirtschaftlichen und technischen Begriffe korrekt in der maßgeblichen Fachsprache zum Ausdruck bringen, beispielsweise bei der Bezeichnung der Gesellschafterkonten oder bei der Beschreibung des Unternehmensgegenstandes. Nur dann ist die Bedeutung der verwendeten Begriffe für andere Personen, die mit dem Vertrag in Berührung kommen, eindeutig. Wer eine Beteiligung an einer Gesellschaft erwirbt, wird juristisch gesehen Mitgesellschafter und damit Vertragspartner des bestehenden Gesellschaftsvertrages. Wenn Gesellschafter wechseln oder neue Gesellschafter hinzutreten, muss der Gesellschaftsvertrag sprachlich so eindeutig formuliert sein, dass ein hinzukommender Gesellschafter zu dem gleichen Vertragsverständnis gelangt wie die bisherigen Gesellschafter. Der Streit über unklare Formulierungen kann

[39] *Sudhoff/Wälzholz* Familienunternehmen § 11 Rn. 139 ff.
[40] Beispiele für eine Kommanditgesellschaft in MVH/*Riegger/Götze* I Form. III.1, III.3, III.4, III.10.
[41] *Langenfeld* Vertragsgestaltung Rn. 205; *Schmittat* Rn. 80.

zu hohem, destruktiven Aufwand führen und einen Prozess leicht zum Glücksspiel werden lassen. Die Pflicht, **fachlich korrekt** und **widerspruchsfrei** zu formulieren, trifft nicht nur die mit der Vertragsgestaltung beauftragten Juristen, sondern ebenso alle anderen Beteiligten, nicht zuletzt Steuerberater und Wirtschaftsprüfer.

Ein übersichtlicher Vertrag regelt nur das, was tatsächlich regelungsbedürftig ist. 12
Schlanke, aber dennoch **vollständige** Verträge sind verständlicher und leichter aufeinander abzustimmen, insbesondere wenn sie **sinnvoll gegliedert** werden und dem Aufbau der gesetzlichen Regelung folgen.[42] Zu übersichtlichen und widerspruchsfreien Verträgen trägt es bei, wenn der Vertrag sich auf das Notwendige beschränkt: Nicht notwendig ist die Wiederholung ohnehin geltender gesetzlicher Bestimmungen. Soweit das gesetzlich normierte Recht die angemessene Lösung bereithält, muss eine solche Vorschrift im Gesellschaftsvertrag nicht wiederholt werden. Das Gesetz gilt auch, ohne dass es ausdrücklich vertraglich vereinbart wird. Gesetzeszitate können zu unnötigen Streitpunkten führen, vor allem wenn sie nicht wörtlich, sondern in zusammengefasster Form *„sinngemäß“* wiedergegeben werden. Soweit – und dies wird bei der Gestaltung von Gesellschaftsverträgen häufig der Fall sein – die gesetzliche „Auffanglösung“ als unangemessen oder nicht ausreichend identifiziert wird, muss im Gesellschaftsvertrag eine in sich stimmige und vollständige Regelung vorgesehen werden. Es darf kein Zweifel daran verbleiben, welche (dispositven) gesetzlichen Bestimmungen ergänzend gelten und welche durch den Gesellschaftsvertrag abbedungen und anders ausgestaltet werden sollen.[43] Das Gesetz verwendet die juristische Fachsprache. Schon deshalb funktioniert das Zusammenspiel zwischen Gesetz und Vertrag nur, wenn auch im Vertrag die juristische Fachsprache korrekt verwendet wird. Ein Richter muss im Streitfall die Gesetze und die von ihnen vorgegebenen Fachbegriffe anwenden: *„Entscheidender Prüfstein des Vertrages ist sein Bestand im streitigen Gerichtsverfahren.“*[44]

II. Praktikabilität des Vertrags

Der Vertrag regelt das langfristige **Zusammenleben der Gesellschafter.** Diese, und 13
nicht die Juristen die den Vertrag ausgestaltet haben, müssen mit dem Vertrag leben. Der Vertrag muss für alle Vertragsparteien handhabbar sein. Die Grundlage hierfür wird durch eine klare Vertragssprache gelegt. Soweit der Vertrag formale Anforderungen aufstellt, beispielsweise an die Einberufung von Gesellschafterversammlungen, an Beschlussfassungen oder an Entnahmerechte müssen diese nicht nur juristisch in sich stimmig sein, sondern den konkreten praktischen Bedürfnissen der Gesellschafter Rechnung tragen: Die Gesellschafter und die Gesellschaft sollten nicht mit juristisch komplizierten Strukturen behelligt werden, soweit diese nicht unumgänglich sind. **Komplizierte Strukturen sind störungsanfälliger** als einfache und übersichtliche Lösungen.

C. Konfliktlösungsmechanismen

Sich abzeichnende Konflikte bei der Abwicklung können antizipiert und in eine ver- 14
tragliche Regelung transformiert werden:

I. Konflikterkennung

Je früher ein sich abzeichnender Konflikt erkannt wird, umso eher lässt sich an seiner Bewältigung arbeiten. Bereits der Gesellschaftsvertrag kann Mechanismen vorsehen, die zu einer frühzeitigen Identifizierung von Konflikten beitragen.

---

[42] *Langenfeld* Vertragsgestaltung Rn. 170 ff.; *Schmittat* Rn. 75 ff.

[43] *Langenfeld* Vertragsgestaltung Rn. 205 ff.; *Schmittat* Rn. 81.

[44] *Langenfeld* Vertragsgestaltung Rn. 199; zur Auslegung von Gesellschaftsverträgen *K. Schmidt* Gesellschaftsrecht § 5 I 4.

1. Vertragliche Gestaltungsmöglichkeiten

15 a) **Gesellschafter.** Die Gesellschafter entscheiden in der Gesellschafterversammlung durch Beschluss über die Angelegenheiten der Gesellschaft, z. B. § 48 GmbHG. Die Aufgaben der Gesellschafterversammlung können im Gesellschaftsvertrag konkretisiert werden.[45] Gegebenenfalls kann die Zahl der erforderlichen Gesellschafterversammlungen vorgegeben werden. **Regelmäßige, gut vorbereitete und sorgfältig protokollierte Gesellschafterversammlungen** können hilfreich sein, um sich abzeichnende Konflikte frühzeitig zu erkennen.

b) **Beirat.** Ein Beirat hat regelmäßig die Pflicht, die Geschäftsführung zu beraten und zu überwachen. Kommt er dieser Pflicht energisch und mit dem nötigen Einfühlungsvermögen nach, kann er **Konflikte mit** dem **Geschäftsführer** frühzeitig erkennen und unter Beteiligung der Gesellschafter gegensteuern. Vertraglich lässt sich hierzu durch sachgerechte Vorgaben an die Besetzung des Beirats und eine klare Formulierung der Aufgaben des Beirats beitragen sowie durch die Pflicht zu Beiratssitzungen in angemessenen zeitlichen Abständen. Darüber hinaus kann es zu den Aufgaben eines Beirats gehören, bei **Konflikten zwischen Gesellschaftern** zu vermitteln. Auch hier tragen eine klare Aufgabenstellung und angemessene Sitzungsabstände zur frühzeitigen Konflikterkennung bei.[46]

2. Tatsächliche Handhabung des Vertrags

16 Eine geeignete Vertragsgestaltung erfüllt nur dann ihren Zweck, wenn der Vertrag *„gelebt"* wird. In der Regel gewinnt die Vertragspartei Vorteile, die den Vertrag von sich aus aktiv umsetzt, also **ab dem Zeitpunkt der Vertragsunterzeichnung** offensiv die **strikte Einhaltung des Vertrages** einfordert. Dabei spielen Informationsrechte und Berichtspflichten eine wesentliche Rolle: Die **vollständige Sachverhaltsermittlung** ist unverzichtbare Voraussetzung für alle weiteren Schritte. Mit gutem Grund gewähren die gesetzlichen Bestimmungen aller Gesellschaftsformen den Gesellschaftern Informationsrechte. Das Einfordern dieser Informationen setzt häufig die Bereitschaft voraus, sich einem Konflikt zu stellen. Die **Konfliktfähigkeit** der Parteien kann der Vertragstext nicht regeln, er kann nur ergänzend zu den gesetzlichen Regelungen Instrumentarien vorsehen, die es den Parteien durch eine aktive Anwendung erleichtern, Konflikten frühzeitig konstruktiv zu begegnen. Die Berichtspflichten sind für die AG ausdrücklich gesetzlich geregelt, § 90 AktG, bei anderen Gesellschaftsformen können sie im Gesellschaftsvertrag vorgesehen werden.

II. Auswahl der geeigneten Konfliktlösungsform

17 Bei der Wahl der Konfliktlösungsmechanismen ist zwischen dem Streit um Tatsachen und umstrittenen Rechtsfragen zu unterscheiden sowie ein formelles Verfahren zu bestimmen:

1. Streitige Tatsachen

Wenn die Parteien sich nicht selbst über streitige Tatsachen einigen können, kommen in Betracht
- Einvernehmliche Beauftragung eines Gutachters ohne Bindungswirkung als Verhandlungsgrundlage;
- verbindliches Schiedsgutachten;
- Gerichtsverfahren.

---

[45] Zur Allzuständigkeit der Gesellschafterversammlung der GmbH *Baumbach/Hueck/Zöllner* § 46 Rn.. 89.

[46] Ausführlich *Sudhoff/Wälzholz* Familienunternehmen § 15 Rn. 1 ff.; *Baumbach/Hueck/Zöllner* § 45 GmbHG Rn. 18 ff.

Ein **Schiedsgutachter** legt Tatsachen oder andere Umstände verbindlich fest, die für Ort oder Umfang der Leistung von Bedeutung sind.[47] Häufig wird es dabei um Fragen gehen, über die ein Gericht im Prozessfall nur mit Hilfe eines Sachverständigen entscheiden wird. Über die Tatsachenfeststellung hinaus kann zu seinen Aufgaben auch die Subsumtion und Beurteilung rechtlicher Vorfragen gehören.[48] Ein Schiedsgutachten ist dann unverbindlich, wenn es offenbar unrichtig ist. Das ist der Fall, wenn sich die Unrichtigkeit einem sachkundigen und unbefangenen Beobachter aufdrängt.[49] Eine unverbindliche Bestimmung wird durch eine gerichtliche Entscheidung ersetzt, § 319 Abs. 1 S. 2 BGB.[50] Durch den vertraglich festgelegten Zwang, eine Streitfrage ohne Prozess einvernehmlich einem zur Entscheidung berufenen Sachverständigen vorlegen zu müssen, wird die Konfliktlösung vereinfacht und beschleunigt. Solange das Schiedsgutachten nicht offenbar unrichtig ist, muss es von beiden Seiten akzeptiert werden. Wer sich auf die offenbare Unrichtigkeit eines Schiedsgutachtens beruft, trägt hierfür die Beweislast.[51] Dem Vorteil einer zügigen Konfliktlösung steht der Nachteil gegenüber, das Schiedsgutachten auch dann akzeptieren zu müssen, wenn möglicherweise erhebliche Zweifel an seiner Richtigkeit bestehen, der Nachweis einer offenbaren Unrichtigkeit aber nicht geführt werden kann.

Wer sich trotz dieses Nachteils für die Vereinbarung eines verbindlichen Schiedsgutachtens entscheidet, sollte auf Folgendes achten:

- Wesentlich ist zunächst, dass die zu entscheidende Frage, die dem Sachverständigen vorgelegt werden soll, eindeutig formuliert wird.
- Die erforderliche Qualifikation des Sachverständigen sollte definiert werden.
- Für den Fall, dass eine einvernehmliche Beauftragung nicht gelingt, muss sichergestellt werden, dass eine kompetente und zweifelsfrei neutrale Institution den Schiedsgutachter auswählt.

Anders als der Schiedsspruch eines Schiedsgerichts ist ein Schiedsgutachten nicht vollstreckbar. Ansprüche, die auf ein Schiedsgutachten gestützt werden, müssen erforderlichenfalls gerichtlich durchgesetzt werden. Dabei reicht ein Schiedsgutachten wegen seiner rechtlichen Verbindlichkeit als Grundlage für einen Urkundenprozess aus.[52] Erhebt eine Partei Klage, ohne dass ein vereinbartes Schiedsgutachten eingeholt wird, wird das Gericht eine Frist zur Vorlage des Gutachtens setzen (analog §§ 431, 358 ZPO). Wird das Schiedsgutachten auch innerhalb dieser Frist nicht vorgelegt, ist die Klage in der Regel als zur Zeit unbegründet abzuweisen.[53]

Anwendungsfälle können im **Gesellschaftsrecht** sein:

- Ermittlung des Wertes von Beteiligungen,
- Festsetzung von Gewinnanteilen oder
- Ermittlung der Höhe von Abfindungsguthaben ausscheidender Gesellschafter.[54]

Beim Verkauf von Unternehmen oder von Gesellschaftsanteilen können Schiedsgutachten in Betracht kommen für

- die Bestimmung des Unternehmenswertes, einschließlich künftiger Wertveränderungen,
- die Ermittlung des Gewinns sowie

---

[47] MünchKommBGB/*Gottwald* § 317 Rn. 27 ff.

[48] Palandt/*Grüneberg* § 317 BGB Rn. 6.

[49] Palandt/*Grüneberg* § 319 BGB Rn. 4; MünchKommBGB/*Gottwald* § 319 BGB Rn. 15; Staudinger/*Löwisch* § 317 BGB Rn. 66 zur offenbaren Unrichtigkeit bei erkennbar parteiischer Entscheidung.

[50] Zur Abgrenzung von Schiedsgutachterverfahren und Schiedsgerichtsverfahren Palandt/*Grüneberg* § 317 BGB Rn. 8; Schwab/*Walter* Kap. 2 Rn. 1 ff.; Zöller/*Geimer* § 1029 ZPO Rn. 4.

[51] Palandt/*Grüneberg* § 319 BGB Rn. 7.

[52] Schwab/*Walter* Kap. 2 Rn. 15; BGHZ 62, 286.

[53] MünchKommZPO/*Münch* vor § 1025 Rn. 26.

[54] Übersicht bei *Lachmann* Rn. 50.

– das Feststellen wirtschaftlicher Auswirkungen unzutreffender Bilanz- oder sonstiger Garantien.[55]

Die Parteien können sich dabei bereits im Gesellschaftsvertrag verpflichten, bestimmte streitige Tatsachen durch ein Sachverständigengutachten verbindlich zu klären. Sie können auch erst später, wenn ein Konflikt auftritt, einvernehmlich ein Schiedsgutachten in Auftrag geben.[56]

Im Einzelfall kann es hilfreich sein, ein **nicht bindendes Schiedsgutachten** einzuholen. Sind die Ergebnisse eines solchen Gutachtens überzeugend, verständlich und nachvollziehbar formuliert, kann dies einen wichtigen Beitrag zu einer Verhandlungslösung auf gesicherter sachlicher Grundlage leisten. Die Partei, die sich dann ohne gute Argumente auf einen Prozess einlässt, wird sich schwer tun, ihre Position dem Gericht nahe zu bringen.[57]

2. Streitige Rechtsfragen

18 **a) Gutachten.** Auch über streitige Rechtsfragen kann einvernehmlich ein juristisches Gutachten eingeholt werden. Ein solches Gutachten durch einen Juristen, der das Vertrauen aller Beteiligten genießt, kann Basis für weitere Verhandlungen sein.

19 **b) Mediation.**[58] Mediation ist ein spezielles Verhandlungsverfahren. Es wird dadurch charakterisiert, dass ein neutraler Dritter als Mediator die Parteien eines Konflikts dabei unterstützt, den Konflikt selbst zu lösen. Der **Mediator** leitet den Verhandlungsprozess zielgerichtet, verfügt aber über **keine Entscheidungskompetenz.** Er **ermöglicht die Konfliktlösung** durch die Parteien.[59]

Zu den Vorteilen einer Mediation gehören:

- Die freiwillige, **selbstbestimmte Konfliktlösung** in einem auf eine einvernehmliche Regelung ausgerichteten Rahmen.
- Die Chance auf eine **schnelle** und gegenüber einem (Schieds-)gerichtsverfahren **kostengünstigere Lösung,** bei der alle Beteiligten ihr Gesicht wahren können.

Dem stehen vor allem folgende Nachteile gegenüber:

- Da das Mediationsverfahren freiwillig ist, kann keine verbindliche Entscheidung erzwungen werden.
- Das Verfahren kann zur **Zeitverzögerung** und zur **Ausforschung** missbraucht werden.[60]

Sinnvoll kann ein Mediationsverfahren unter folgenden Voraussetzungen sein:

- Die Parteien sind ernsthaft an einer einvernehmlichen Lösung interessiert, hierzu aber ohne neutrale Unterstützung (derzeit) nicht in der Lage.
- Es wird auf wirksame Vorsorge gegen Missbrauch geachtet.

Im Gesellschaftsrecht sind solche Konstellationen beispielsweise denkbar bei Konflikten im Gesellschafterkreis von Familiengesellschaften, bei denen wirtschaftliche und emotionale Themen miteinander verwoben sind und bei langfristig angelegten Kooperationen und Joint-ventures, bei denen ein Gerichtsprozess die notwendige Vertrauensbasis für eine weitere Zusammenarbeit zerstören könnte.

Wollen die Vertragsparteien eine Mediation als Konfliktlösungsform verbindlich vorsehen, ist vor allem zu beachten:

---

[55] Hierzu *Gross* DStR 2000, 1959 ff.; Witte/*Mehrbrey* NZG 2006, 241 ff.

[56] Formulierungsbeispiele: Beck'sches Formularbuch/*Risse* Form. 8 – ausführliche Schiedsgutachterklausel; Beck'sches Formularbuch/*Meyer-Sparenberg* Form. 5 – Unternehmenskaufvertrag; zur Zulässigkeit von Schiedsgutachterklauseln in AGB Staudinger/*Löwisch*, § 317 BGB Rn. 45 ff.

[57] Ausführlich mit Formulierungsvorschlägen hierzu: *Stubbe* Schieds-VZ 2006, 150 ff.

[58] Übersichtlich *Eidenmüller* Vertrags- und Verfahrensrecht der Wirtschaftsmediation; *Haft/Schlieffen* Handbuch Mediation; ausführlich *Risse.*

[59] *Risse* § 1 Rn. 9.

[60] *Kraft* VersR 2000, 935; *Risse* § 14 Rn. 28 ff.

- Der Ablauf eines Mediationsverfahrens ist nicht gesetzlich geregelt. Deshalb sollte stets auf die **Verfahrensordnung einer anerkannten Mediationsinstitution** verwiesen werden. Solche Verfahrensordnungen regeln wesentliche Fragen, wie die Benennung des Mediators, die Gewährleistung der Vertraulichkeit, den Verfahrensablauf und Verjährungsfragen. Auch um Verzögerungstaktik vorzubeugen, muss sichergestellt sein, dass es zügig zu einem ersten Mediationstermin kommt. Ausgereifte Verfahrensordnungen stellen der Bundesverband Mediation in Wirtschaft und Arbeitswelt[61], einige Industrie- und Handelskammern, beispielsweise die IHK München,[62] die IHK Hamburg[63] und die IHK Frankfurt,[64] das EUCON-Europäisches Institut für Conflict Management e. V.,[65] die Centrale für Mediation[66] zur Verfügung. Über die Internetseiten der Mediationsinstitutionen sind auch die jeweiligen Gebührenordnungen abrufbar. Um ein Mediationsverfahren vor einer IHK durchführen zu können, muss in der Regel mindestens eine Partei einer deutschen Industrie- und Handelskammer angehören.[67] Wenn natürliche Personen Gesellschafter sind, wird diese Voraussetzung bei Auseinandersetzungen zwischen Gesellschaftern häufig nicht erfüllt sein. Handelt es sich um eine Gesellschaft mit Sitz in Deutschland, deren Gesellschafter (überwiegend) in Deutschland ansässig sind, liegt es nahe, auf eine deutsche Mediationsinstitution zu verweisen.

  Bei Konflikten mit ausländischen Beteiligten kann auch eine ausländische Mediationsinstitution in Betracht kommen.[68] Stets sollten die Vertragsparteien sich mit der Mediationsordnung vertraut machen, bevor sie ihre Geltung vereinbaren.
- Mediation setzt Freiwilligkeit voraus. Niemand kann gezwungen werden, sich zu einigen. Dennoch ist eine vertragliche Pflicht zur Mediation nur dann sinnvoll und konsequent, wenn die Parteien angehalten sind, wenigstens einen ernsthaften Versuch zu machen. Die Parteien können vereinbaren, dass eine Klage erst nach Durchführung einer Mediation erhoben werden kann. An die Weigerung eine Mediation durchzuführen, können auch materielle Folgen geknüpft werden, z. B. die Verpflichtung, unabhängig vom Prozessausgang einen Teil der Prozesskosten tragen zu müssen.[69]

Formulierungsbeispiel Mediationsklausel

Die Parteien verpflichten sich, im Falle einer sich aus diesem Vertrag ergebenden oder sich darauf beziehenden Streitigkeit vor Klageerhebung bei einem ordentlichen Gericht (oder Schiedsgericht) eine Mediation nach der Verfahrensordnung der [Institution] durchzuführen.[70]

---

[61] www.bmwa.de.

[62] www.ihk-muenchen.de.

[63] www.hk24.de.

[64] www.ihk-frankfurt.de.

[65] www.eucon-institut.de.

[66] www.centrale-fuer-mediation.de.

[67] Zum Beispiel § 1 Abs. 2 der Verfahrensordnung der IHK München.

[68] Zum Beispiel www.cedr.co.uk; einige Schiedsgerichtsinstitutionen bieten ebenfalls Schlichtungsordnungen an, die allerdings häufig nicht ausdrücklich auf ein Mediaitonsverfahren zugeschnitten sind: Schlichtungsordnung der DIS www.dis-arb.de; ADR-Rules ICC www.iccadr.org.

[69] *Risse* § 3 Rn. 22, 26; zur englischen Zivilprozessordnung *Newmark* SchiedsVZ 2003, 23 ff.

[70] Standardklausel der IHK München, www.ihk-muenchen.de; weitere Formulierungsbeispiele finden sich auf den web-sites der vorstehend genannten Mediationsinstitutionen und bei *Risse* § 3 Rn. 45, 50; *Böttcher/Laskawy* BB 2004, 1247 ff.; zu Mediationsklauseln in Allgemeinen Geschäftsbedingungen; *Wagner* BB Beilage 2, 2001, 370.

Ergänzt werden könnte:

Formulierungsbeispiel Voraussetzungen für Scheitern eines Mediationsverfahrens

Eine (Schieds-)klage ist erst zulässig, wenn eine Partei oder der Mediator das Mediationsverfahren für gescheitert erklärt haben. Diese Erklärung ist erst nach einem ersten Verhandlungstermin zulässig, außerdem dann, wenn ein solcher Verhandlungstermin nicht spätestens 6 Wochen nach Beginn des Mediationsverfahrens stattgefunden hat.

Wird nicht auf eine ausgereifte Verfahrensordnung verwiesen, müssen weitergehende Regelungen getroffen werden, insbesondere zur Hemmung von Verjährungs- und Ausschlussfristen.

Sind mehrere Gesellschafter von einem Konflikt betroffen, müssen alle Betroffenen am Mediationsverfahren teilnehmen. Eine Mediation „zu Lasten Dritter" ist zwangsläufig nicht möglich. Insbesondere Beschlussmängelstreitigkeiten betreffen regelmäßig alle Gesellschafter. Mediationsklauseln in Gesellschaftsverträgen müssen auch aus diesem Grund stets die Zusammensetzung des Gesellschafterkreises berücksichtigen.[71]

3. Schlichter

20 Eine Schlichtungsklausel verpflichtet die Parteien, vor einem gerichtlichen Verfahren eine Schlichtung zu versuchen.[72] Ein Schlichtungsverfahren **führt nicht zu einer** die Parteien **bindenden Entscheidung.** Es hängt wesentlich zum einen von der persönlichen und fachlichen Autorität und Überzeugungskraft des Schlichters ab. Wenn sich die Parteien von vorneherein im Vertrag auf einen Schlichter verständigen, sollte auch vereinbart werden, welche Institution eine Ersatzerbenennung vornimmt, falls der ursprünglich vorgesehene Schlichter nicht zur Verfügung steht. Als vertraglich vorgesehene Konfliktlösungsmodelle eignen sich besser Verfahren, die entweder im Gesellschaftsvertrag detailliert ausgestaltet sind (Kompetenz eines Beirats) oder durch die Bezugnahme auf eine erprobte Verfahrensordnung einer Mediations- oder Schiedsgerichtsinstitution einen verbindlichen Rahmen bieten.[73] Wird weder ein Beirat eingerichtet noch ein außergerichtliches Konfliktlösungsverfahren vereinbart, kann eine Schlichtungsklausel sinnvoll sein: Einem fähigen Schlichter, zu dem beide Seiten Vertrauen haben, gelingt es möglicherweise, allen Beteiligten einen aufwendigen Gerichtsprozess zu ersparen oder doch wenigstens auf einen eingegrenzten Themenbereich zu konzentrieren.[74] Denkbar ist auch, dass sich die Parteien nach Ausbruch des Konflikts in Kenntnis des Streitstoffs auf einen Schlichter verständigen.

4. Schiedsverfahren

21 **a) Schiedsgericht oder staatliches Gericht?** Parteien können sich darauf verständigen, dass Streitigkeiten zwischen ihnen nicht vor staatlichen Gerichten entschieden werden, sondern von Schiedsgerichten, §§ 1025 ff. ZPO. Anstelle eines staatlichen Gerichts entscheidet dann ein von den Parteien selbst eingesetztes Gericht. Zu den Vorteilen zählen:

- Für die zu entscheidenden Fragen können besonders geeignete Schiedsrichter ausgewählt werden.
- Schiedsverfahren sind nicht öffentlich und ermöglichen deshalb ein höheres Maß an Vertraulichkeit.

---

[71] *Risse* § 3 Rn. 50; Casper/*Risse* ZIP 2000, 437 ff. mit Formulierungsvorschlag.

[72] MünchKommBGB/*Kieninger* § 307 Rn. 292 f.; MünchKommZPO/*Münch* vor § 1025 Rn. 12 ff.

[73] Zurückhaltend auch *Risse* § 1 Rn. 22; *Haft/Schlieffen* S. 1036.

[74] Beispiel für eine Schlichtungsklausel in Gesellschaftsverträgen in Beck'sches Formularbuch/*Hengeler/Blaum* Form. VIII. D. 1 § 21.

- Die Verfahrensdauer ist in der Regel kürzer.
- Der Ablauf des Verfahrens kann flexibel ausgestaltet werden.
- Im kontinentaleuropäischen Rechtskreis sind Schiedsverfahren stärker auf eine einvernehmliche Lösung ausgerichtet als Prozesse vor staatlichen Gerichten.

Nachteile sind:

- Relativ hohe Kosten bei niedrigen Streitwerten.
- Es gibt keine Rechtsmittelinstanz.
- Die Einbeziehung Dritter in ein Schiedsverfahren ist schwierig.

Schiedssprüche sind vollstreckbar, §§ 794 Abs. 1 Nr. 4a, 1060 ff. ZPO. In Gesellschaftsverträgen sprechen häufig gute Argumente für die Vereinbarung eines Schiedsgerichts: Das Schiedsgericht kann von den Parteien selbst zusammengestellt werden, ein zeitlich überschaubares Verfahren, das unter Ausschluss der Öffentlichkeit stattfindet und in dessen Verlauf eine mögliche einvernehmliche Lösung von den Schiedsrichtern als neutrale Dritte intensiv ausgelotet werden kann, liegt im Interesse aller Gesellschafter und der Gesellschaft.

b) Zulässigkeit von Schiedsverfahren für gesellschaftsrechtliche Streitigkeiten. Gesell- 22
schaftsrechtliche Streitigkeiten sind schiedsfähig. Dies gilt für Personengesellschaften und Kapitalgesellschaften, für Streitigkeiten zwischen Gesellschaftern und für Auseinandersetzungen zwischen Gesellschaftern und der Gesellschaft. Auch Beschlussmängelstreitigkeiten sind sowohl bei Personengesellschaften wie auch bei Kapitalgesellschaften grundsätzlich schiedsfähig (näher hierzu nachfolgend Rn. 24).[75]

Bei **Aktiengesellschaften** stellt sich die Frage, ob eine satzungsgemäße Schiedsklausel von den Vorschriften des Aktiengesetzes abweicht und deshalb nicht zulässig ist (§ 23 Abs. 5 AktG), da Beschlussmängelstreitigkeiten den ordentlichen Gerichten zugewiesen sind, §§ 243 ff. AktG. Für Anfechtungsklagen kann bei Aktiengesellschaften deshalb in der Satzung kein Schiedsgericht vereinbart werden. Bei nicht börsennotierten Aktiengesellschaften mit überschaubarem Aktionärskreis kommt eine von allen Aktionären unterzeichnete satzungsbegleitende Nebenabrede in Betracht, die ihrerseits eine Schiedsvereinbarung enthalten kann. Eine solche Nebenabrede bindet alle, die sie unterzeichnen, außerdem Gesamtsrechtsnachfolger, Einzelrechtsnachfolger in den Gesellschaftsanteil aber nur, wenn sie die Nebenabrede ihrerseits akzeptieren.[76]

c) Form der Schiedsvereinbarung. Schiedsklauseln, die in der Satzung einer **GmbH** oder einer **AG** enthalten sind, genügen den formalen Anforderungen der ZPO, § 1066 ZPO. Bei Schiedsklauseln im Gesellschaftsvertrag einer **Personengesellschaft** ist umstritten, ob § 1066 ZPO zur Anwendung kommt[77] oder ab § 1031 ZPO eingehalten werden muss:[78] Die Schiedsvereinbarung muss dann entweder in einem von den Parteien unterzeichneten Schriftstück oder in zwischen ihnen gewechselten Schreiben, Fernkopien, Telegrammen oder anderen Formen der Nachrichtenübermittlung, die einen Nachweis der Vereinbarung sicherstellen, enthalten sein, § 1031 Abs. 1 ZPO. Kann nicht bereits der Abschluss der Schiedsvereinbarung einer gewerblichen oder selbständigen beruflichen Tätigkeit des Gesellschafters zugeordnet werden, muss die für Verbraucher, § 13 BGB, vorgeschriebene Form, § 1031 Abs. 5 ZPO, eingehalten werden: Die Schiedsvereinbarung muss dann in einer gesonderten Urkunde festgehalten und unterschrieben werden.[79] Schiedsklauseln setzen die freiwillige Akzeptanz der Mitwirkenden voraus. Sie können deshalb nicht durch Mehrheitsbeschluss nachträglich in den Gesellschaftsvertrag

---

[75] Ausführlich *Ebbing* NZG 1998, 281 ff.; *K. Schmidt* BB 2001, 1857; *Lenz* GmbHR 2000, 552; *Schneider* GmbHR 2005, 86.

[76] *K. Schmidt* BB 2001, 1857, 1861.

[77] So *K. Schmidt* BB 2001, 1857, 1862.

[78] So die h. M., BGH NJW 1980, 1049; *Baumbach/Hopt* Einl. vor § 1 HGB Rn. 90.

[79] *Ebbing* NZG 1998, 281, 282.

aufgenommen werden.[80] Binden sich alle Gesellschafter an eine Schiedsvereinbarung, sind auch Erwerber eines Gesellschaftsanteils hieran gebunden. Für Erwerber von Aktien und GmbH-Geschäftsanteilen folgt dies aus § 1066 ZPO, für Erwerber von Gesellschaftsanteilen an einer Personengesellschaft aus § 401 BGB: Bei einem Übergang vertraglicher Rechte geht auch die hiermit verbundene Schiedsklausel auf den Erwerber über.[81] Beiräte und Aufsichtsräte, die nicht stellvertretend für die Gesellschaft, sondern aus eigenem Recht an Streitigkeiten beteiligt sind, unterliegen einer gesellschaftsvertraglichen Schiedsklausel in der Regel nicht.[82]

23 **d) Inhalt einer Schiedsvereinbarung.**[83]

- Verweis auf die Verfahrensordnung einer Schiedsinstitution: Verfahren vor staatlichen Gerichten werden von der Zivilprozessordnung detailliert geregelt. Für das Verfahren vor einem Schiedsgericht gelten diese Vorgaben nicht, § 1042 Abs. 4 ZPO. Wer ein Schiedsgericht vereinbart muss deshalb entscheiden, wie das Schiedsverfahren ablaufen soll, wenn er dies nicht dem freien Ermessen des Schiedsgerichts überlassen möchte. Eine eigenständige Regelung des Verfahrens ist nicht notwendig, wenn auf die **Verfahrensordnung einer Schiedsorganisation** verwiesen wird. Für gesellschaftsrechtliche Streitigkeiten in Deutschland bietet sich die Verfahrensordnung der **Deutschen Institution für Schiedsgerichtsbarkeit** (DIS, Köln) an.[84] Die bekanntesten europäischen Schiedsorganisationen sind daneben die Internationale Handelskammer (ICC, Paris), der London Court of International Arbitration (LCIA, London), das Internationale Schiedsgericht der Wirtschaftskammer Österreich (Wien), die Schweizerischen Handelskammern und das Schiedsgerichtsinstitut der Stockholmer Handelskammer (SCC, Stockholm).[85]
- Wahl des Schiedsorts und der Verfahrenssprache: „Schiedsort" im juristischen Sinne meint nicht den Verhandlungsort, sondern definiert die juristische Nationalität des Schiedsverfahrens: Subsidiär zur vereinbarten Schiedsordnung kommt das am Schiedsort geltende zwingende Schiedsverfahrensrecht zur Anwendung. Ein Verstoß gegen dieses Recht kann zur Aufhebung des gesamten Schiedsspruchs führen. Die Aufhebung eines Schiedsspruchs richtet sich nach dem am **Schiedsort** geltenden Recht.
- **Wahl des anwendbaren Rechts:** Bedeutung hat dies vor allem bei internationalem Gesellschafterkreis: Das nationale Recht, nach dem die Gesellschaft konstituiert ist, sollte auch bei Streitigkeiten zur Anwendung kommen.
- Überprüfen der **Beweiserhebungsgrundsätze:** Vor staatlichen Gerichten obliegt es im Zivilprozess den Parteien, den Sachverhalt vorzutragen und Beweismittel anzubieten. Das Gericht ermittelt nicht „von Amts wegen", es ist an die Beweisanträge der Parteien gebunden. Die Schiedsordnungen vieler Schiedsinstitutionen lassen dem Schiedsgericht größeren Spielraum für eine eigene Sachverhaltsermittlung.[86] Für Beteiligte ohne Erfahrung mit Schiedsverfahren ist dies überraschend. Ist eine solche – im Einzelfall durchaus hilfreiche – Befugnis des Schiedsgerichts nicht gewollt, muss die Schiedsvereinbarung dies regeln.
- Welche Streitigkeiten sind erfasst? In der Regel sollen alle Streitigkeiten aus dem Gesellschaftsvertrag zwischen der Gesellschaft und ihren Gesellschaftern und zwischen

---

[80] *K. Schmidt* BB 2001, 1857, 1862, unter Berufung aus den gesellschaftsrechtlichen Kernbereichsschutz.

[81] BGHZ 72, 162, 165 f.; BGH NJW 1998, 371; *K. Schmidt* BB 2001, 1857, 1863 gelangt – dogmatisch klarer – über die Anwendbarkeit von § 1066 ZPO auf Personengesellschaften zum gleichen Ergebnis.

[82] *Ebbing* NZG 1998, 283.

[83] Im Einzelnen hierzu *Hamann/Lennarz* BB 2007, 1009.

[84] www.dis-arb.de.

[85] www.iccadr.org; www.lcia.org; www.icc-austria.org; www.cci.ch; www.sccinstitute.com.

[86] So z. B. § 27.1 der DIS-Schiedsordnung.

den Gesellschaftern untereinander, einschließlich von Ausgleichsansprüchen der Gesellschafter gegeneinander erfasst werden.[87]

- **Beschlussmängelstreitigkeiten:**[88] Jeder Gesellschafter kann Gesellschafterbeschlüsse zum Gegenstand eines Rechtsstreits machen. Ziel kann sein, die Wirksamkeit eines Beschlusses feststellen zu lassen oder aber die Unwirksamkeit oder Nichtigkeit, durch Anfechtungs- oder Nichtigkeitsklage. Bei Kapitalgesellschaften werden Beschlüsse durch Klage mit Gestaltungswirkung angefochten. Stellt ein Gericht die (Un-)wirksamkeit eines Beschlusses fest, gilt dies nicht nur zwischen den Prozessparteien, sondern für alle. Rechtstechnisch wird dies durch eine Erstreckung der materiellen Rechtskraft erreicht, §§ 248 Abs. 1 S. 1, 249 Abs. 1 S. 1 AktG, entsprechend anwendbar auf die GmbH. Die gesetzliche Regelung schließt außerdem widersprüchliche Urteile mehrerer Gerichte aus, § 246 Abs. 3 AktG. Schiedssprüche binden nur die am Schiedsverfahren Beteiligten. Sollen auch Beschlussmängelstreitigkeiten von der Schiedsvereinbarung erfasst werden, muss diese sicherstellen, 24
  - dass alle Gesellschafter sich am Schiedsverfahren beteiligen können,
  - auf die Besetzung des Schiedsgerichts gleichwertig Einfluss nehmen können (Gleichbehandlung der Parteien bei der Schiedsrichterbestellung) und
  - dass parallele Schiedsverfahren mit der Gefahr widersprüchlicher Entscheidungen ausgeschlossen werden.

  Nur dann müssen alle Gesellschafter den Schiedsspruch gegen sich gelten lassen.

Für **Personengesellschaften** gilt: Beschlüsse werden nicht durch Klage mit Gestaltungswirkung angefochten. Gesellschafter können eine Feststellungsklage mit dem Ziel erheben, die Unwirksamkeit des Beschlusses festzustellen. Diese Klage ist – wenn der Gesellschaftsvertrag keine abweichende Regelung enthält – gegen alle Gesellschafter zu richten.[89] Die vorstehend beschriebenen Probleme stellen sich dann nicht. Der Gesellschaftsvertrag kann vorsehen, dass Beschlüsse durch Klage gegen die Gesellschaft anzugreifen sind. Dies gilt auch für die GbR.[90] Dann stellen sich dieselben Fragen wie bei einer GmbH.[91] Abschließende höchstrichterliche Rechtsprechung zu den Anforderungen an eine Schiedsklausel liegt noch nicht vor.[92] Deshalb verbleiben bei der Vereinbarung von Schiedsklauseln für gesellschaftsrechtliche Streitigkeiten Unsicherheiten. Ein sicherer Weg kann darin liegen, ausdrücklich festzuhalten, dass Beschlussmängelstreitigkeiten von der Schiedsabrede nicht umfasst werden sollen.

e) Formulierung der Schiedsvereinbarung[93]

Formulierungsbeispiel Schiedsvereinbarung

1.1 Alle Streitigkeiten zwischen Gesellschaftern und zwischen der Gesellschaft und Gesellschaftern, die sich aus oder im Zusammenhang mit dem Gesellschaftsvertrag oder in Bezug auf seine Gültigkeit ergeben, werden unter Ausschluss des ordentlichen Rechtswegs durch ein Schiedsgericht endgültig entschieden. Das Schiedsgericht ist nicht zuständig für Beschlussmängelstreitigkeiten im Hinblick auf die Nichtigkeit, Unwirksamkeit, Anfechtbarkeit oder das Zustandekommen von Gesellschafterbeschlüssen.

---

[87] Hierzu *Ebbing* NGZ 1998, 281, 283.

[88] Ausführlich *Ebbing* NZG 1998, 281 ff.; *K. Schmidt* BB 2001, 1857; *Lenz* GmbHR 2000, 552; *Schneider* GmbHR 2005, 86; *Hamann/Lennarz* BB 2007, 1009, 1011; BGHZ 132, 278.

[89] *Baumbach/Hopt* § 119 HGB Rn. 32.

[90] BGH NJW 2001, 1056 ff.

[91] *Schneider* GmbHR 2005, 86, 90; *K. Schmidt* BB 2001, 1857, 1864.

[92] *K. Schmidt* BB 2001, 1857, 1859; *Ebbing* NZG 1998, 281, 284 ff. *Schneider* GmbHR 2005, 86 ff.

[93] Weitere Formulierungsbeispiele in: *Sudhoff/Gerber* Personengesellschaften § 21 Rn. 19; Beck'sches Formularbuch/*Blaum* Form. VIII D. 24; *Hopt/Trittmann/Pfitzner* Form. II L; Vorschlag für eine Schiedsklausel in einem internationalen Konsortialvertrag in *Roquette/Otto/Mrosek* Vertragsbuch Privates Baurecht E III Rn. 166.

1.2 Soweit sich aus dieser Schiedsvereinbarung nichts Abweichendes ergibt, richtet sich das Schiedsverfahren nach der Schiedsgerichtsordnung der Deutschen Institution für Schiedsgerichtsbarkeit e. V.
1.3 Diese Schiedsvereinbarung bindet Gesellschafter im Hinblick auf die in Ziffer 1.1 bezeichneten Streitigkeiten auch nach ihrem Ausscheiden aus der Gesellschaft.
1.4 Die Schiedsvereinbarung unterliegt deutschem Recht. Das Schiedsgericht hat nach dem materiellen Recht der Bundesrepublik Deutschland zu entscheiden.
1.5 Der Ort des schiedsrichterlichen Verfahrens ist [...].
1.6 Die Verfahrenssprache ist Deutsch.
1.7 Die Gesellschaft verpflichtet sich, stets die Einrede der Schiedsvereinbarung gegenüber gerichtlichen Klagen gegen die Gesellschaft zu erheben, soweit sie Streitigkeiten betreffen, die von Ziffer 1.1 der Schiedsvereinbarung erfasst werden, Die Gesellschafter verpflichten sich, alles Erforderliche zu tun, um die Gesellschaft zu veranlassen, diese Verpflichtung zu erfüllen.

Dieser Formulierungsvorschlag sieht vor, dass Beschlussmängelstreitigkeiten nicht von der Schiedsvereinbarung umfasst werden. Sollen auch Beschlussmängelstreitigkeiten erfasst werden, müssen die vorstehend genannten Kriterien erfüllt werden.[94] Dies ist dann relativ unkompliziert, wenn solche Streitigkeiten zwischen zwei Gesellschaftern oder zwei Gesellschafterstämmen mit je einheitlicher interner Willensbildung ausgetragen werden. Die Probleme, die bei Mehrparteienschiedsverfahren und durch die Notwendigkeit einer einheitlichen, für alle Gesellschafter bindenden Entscheidung entstehen, stellen sich dann nicht.[95]

5. Ordentliche Gerichte

25 Verhandlungen, einvernehmliche Beauftragung eines Sachverständigen, Einschaltung eines Schlichters oder eines Mediators setzen jeweils die freiwillige Mitwirkung der betroffenen Parteien voraus. Nicht immer sind alle Parteien dazu bereit, an einer konstruktiven Konfliktlösung mitzuwirken. Es ist deshalb unerlässlich, dass im Konfliktfall ein effizienter Weg zur Verfügung steht, auf dem eine Entscheidung notfalls gegen den Willen einer oder mehrerer Beteiligten erzwungen werden kann. Auch weil Gesellschafterstreitigkeiten sich sehr negativ auf die Entwicklung des von der Gesellschaft betriebenen Unternehmens auswirken können und weil die Gesellschaft häufig wirtschaftliche Lebensgrundlage der Gesellschafter ist, muss dies zeitnah möglich sein. Dies spricht dagegen, dem Weg vor ein Schiedsgericht oder zu den ordentlichen Gerichten (an dessem Ende ein vollstreckbarer Titel steht) durch **vorgeschaltete Konfliktlösungsmechanismen** über Gebühr zu erschweren und zu verzögern. Vermag ein mehrstufiger Konfliktlösungsweg die Parteien dazu anhalten, nicht vorschnell vor Gericht zu ziehen, kann dies im Interesse der Beteiligten liegen. Andererseits muss es möglich sein, eine im Wege der Zwangsvollstreckung durchsetzbare Entscheidung gegen den Willen andere Konfliktparteien in überschaubarer Zeit zu erlangen. Ist dies nicht gewährleistet, sind die vertraglichen Rechte praktisch nicht durchsetzbar.

III. Konfliktlösung

Zur Konfliktlösung trägt eine aktive Strategie, die alle Beteiligten einbezieht, wesentlich bei.

---

[94] Formulierungsbeispiele finden sich bei: *Borris,* in: Böcksiegel/Berger/Bredow Die Beteiligung Dritter an Schiedsverfahren. S. 127; *Pröpper* GmbH-StB 2006, S. 337ff.; *v. Schlabrendorf* DIS-Materialien VIII/01, Schiedsgerichtsbarkeit bei Mergers & Acquisitions; *Raeschke-Kessler* SchiedsVZ 2003, 145ff.; *Trittmann* ZGR 1999, 340ff.; *Bredow* DStR 1996, 1653, 1655; *Weber* DIS-Schriftenreihe Band 11, S. 49, 62f.; *Zilles* BB 1999, Beil. 4, S. 2ff.

[95] Hierzu *Hamann/Lennarz* Schieds-VZ 2006, S. 289ff.

1. Aktive Strategie

Die Partei, die eine aktive Strategie verfolgt, wird regelmäßig größere Chancen haben, ihre Interessen durchzusetzen. Im Prozessfall ist es Sache der Parteien, die jeweils eigene Position dem Gericht darzulegen und die für sie wesentlichen Tatsachen zu beweisen. Eine Partei, die bereits bei einem sich abzeichnenden Konflikt alle zur Dokumentation der eigenen Position erforderlichen Unterlagen erstellt hat, beispielsweise durch sorgfältig geführten Schriftverkehr und sorgfältig protokollierte Verhandlungen und Gesellschafterversammlungen, hat große Vorteile. Wenn sie die **Dokumentation** der eigenen Position auch der Gegenseite sichtbar macht, steigen die Chancen, dass die Gegenseite die eigenen Prozessrisiken realistisch bewertet und auf dieser Grundlage zu einer Einigung bereit ist. Selbst wenn sie nicht zu einer Einigung bereit ist, ist die prozessuale Durchsetzung der eigenen Position damit besser möglich. Dann, wenn sich der Sachverhalt nicht mehr eindeutig klären lässt, muss ein Gericht nach den so genannten **Beweislastgrundsätzen** entscheiden. Diese bestimmen, welche Partei das Risiko trägt, wenn ein Sachverhalt nicht mehr in die eine oder andere Richtung aufzuklären ist. Eine aktive Strategie ist dabei nicht nur im Prozessfall, sondern bei jeder Form der Konfliktlösung von Vorteil: Einem Schiedsgutachter müssen konkrete Fragen gestellt werden, ihm müssen die Unterlagen, auf deren Basis er die Fragen beantworten soll, übergeben werden. Entsprechendes gilt für Mediatoren oder Schlichter. Auch sie müssen mit dem Sachverhalt und den zugrunde liegenden Fragen und Differenzen vertraut gemacht werden. Je fundierter ihnen die Position einer Partei vermittelt wird, desto eher werden sie diese Position auch nachvollziehen und verstehen. 26

2. Allianzen

In Gesellschaften, in denen kein Gesellschafter alleine die Mehrheit hat, kommt es auf Allianzen, auf Bündnisse an. Ein anschauliches Beispiel für eine geschickte **Bündnisstrategie** bietet die Außenpolitik Otto von Bismarcks.[96] Auch hier gilt: Wer sich frühzeitig um geeignete Allianzen kümmert und wer diese Allianzen aktiv pflegt, ist im Zweifel besser vor unangenehmen Überraschungen geschützt als ein passiver Gesellschafter. Dabei wird es auf den Einzelfall ankommen, ob auf persönliches Vertrauen und Freundschaft gegründete Allianzen ausreichen oder ob eine juristische Bindung sinnvoll ist. 27

D. Entwicklungsfähigkeit des Vertrags

Gesellschaftsverträge sind langfristig angelegt. Änderungen eines Gesellschaftsvertrags sind aufwendig. Regelmäßig erfordern sie entweder die Mitwirkung aller Gesellschafter oder jedenfalls die Zustimmung der Mehrheit. Zusätzlich können Formvorschriften zu beachten sein, beispielsweise eine notarielle Beurkundung, § 53 Abs. 2 GmbHG. Häufig verbleiben außerdem Anfechtungsrisiken. Deshalb sollten Gesellschaftsverträge von Anfang an so konzipiert werden, dass die Notwendigkeit, sie zu ändern, möglichst unwahrscheinlich ist. Der Gesellschaftsvertrag sollte idealerweise dauerhaft Flexibilität sicherstellen und auch dann noch „passen", wenn sich in der Person eines Gesellschafters, in seinem persönlichen Umfeld, durch die Entwicklung des Unternehmens oder durch den Gesetzgeber Änderungen ergeben. 28

Zur Flexibilität tragen bei:

- Die Möglichkeit, mit einfacher Mehrheit Vertragsänderungen zu beschließen, soweit dies gesetzlich zulässig ist.
- Die rechtzeitige Installation von Beiräten und Aufsichtsräten, die anstelle der Gesellschafterversammlung die Mitglieder der Geschäftsführung ernennen und überwachen.

---

[96] *Nipperdey* Deutsche Geschichte 1866–1918 Bd. 2, S. 426 f.

- Eine langfristig sinnvolle Regelung der Nachfolge in Geschäftsführung und Gesellschafterstellung.
- Eine Stärkung der Eigenkapitalbasis der Gesellschaft durch restriktive Gewinnausschüttung.
- Geeignete Vorkaufs- oder Erwerbsrechte im Gesellschafterkreis, die es Gesellschaftern, die Veränderungen nicht mittragen wollen oder können, ermöglichen, ihre Anteile zu angemessenen Konditionen abzugeben.

Das Interesse an Flexibilität muss mit dem Minderheitenschutz ausbalanciert werden.

§ 3 Vernetzung der Gesellschaftsverträge mit privaten Verträgen

Schrifttum: Vgl. die Literaturhinweise zu § 1.

A. Notwendiger Umfang der Vernetzung

Berufliche und private Sphäre eines Unternehmers sind miteinander verzahnt. Dies muss bei der Vertragsgestaltung beachtet werden.

I. Bewusste Entscheidung

Zwischen dem Unternehmen und seinen Inhabern bestehen Wechselwirkungen und 1
-beziehungen. Diese Beziehungen haben **emotionale, wirtschaftliche** und **juristische** Elemente. Zum privaten Bereich jedes Gesellschafters gehören seine Familie, seine persönliche wirtschaftliche Absicherung, z.B. der Aufbau der eigenen Altersvorsorge und ein vom Unternehmen unabhängiges Privatvermögen. Die rechtlichen Beziehungen zwischen Gesellschafter und Unternehmen sollten einem klar definierten Zweck dienen und diesen auf verlässlicher, übersichtlicher Grundlage erreichen. Welche weiteren Verträge mit der Gesellschaft (oder mit Gesellschaften der Unternehmensgruppe) sind zusätzlich zur Beteiligung am Unternehmen, zur Stellung als Partei des Gesellschaftsvertrags, erforderlich? Gründe und Zweck können unterschiedlich sein. Beispielsweise kann es sinnvoll sein, vom Unternehmen genutzte Betriebsgrundstücke gerade nicht der operativ tätigen Gesellschaft zu Eigentum zu übertragen, schon im Hinblick auf die sonst erfolgende Einbeziehung in die Haftungsmasse. Der geschäftsführende Gesellschafter einer GmbH wird einen Anstellungsvertrag abschließen. Stellen die Gesellschafter ihrem Unternehmen Geldmittel oder anderes zur Verfügung, werden Darlehensverträge oder geeignete Nutzungsverträge abgeschlossen. Hinzu kommen Verträge, die nicht mit der Gesellschaft abgeschlossen werden, sich jedoch hierauf beziehen. Hierzu zählen vor allem erbrechtliche und familienrechtliche Verträge. Auch Bürgschaftsverträge oder andere Sicherungsvereinbarungen zu Gunsten von Gläubigern des Unternehmens werden nicht mit der Gesellschaft selbst, sondern mit Gläubigern der Gesellschaft abgeschlossen. In allen Fällen gilt:

- Nur solche Verträge sollten abgeschlossen werden, für die ein objektiver Grund besteht.
- Sämtliche Verträge mit der Gesellschaft und sämtliche Verträge, die sich hierauf beziehen, müssen untereinander und mit dem Gesellschaftsvertrag abgestimmt sein. Jede Vertragsänderung muss auch unter **Berücksichtigung des gesamten Vertragsnetzes** durchdacht, konzipiert und ausformuliert werden. Beispielsweise müssen letztwillige Verfügungen des Gesellschafters einerseits und die Nachfolgeregelungen im Gesellschaftsvertrag andererseits miteinander harmonieren. Bei der Übertragung von nicht gesellschaftsrechtlich gebundenem Vermögen, das von der Gesellschaft genutzt wird (beispielsweise eines Grundstücks) müssen die Auswirkungen auf die Gesellschaft berücksichtigt werden.

II. Analyse der persönlichen Situation

Im Grunde sind alle bereits vorstehend in § 1 Rn 5 ff. genannten möglichen Interessen 2
zu berücksichtigen: Welchen **Zweck** verfolgt der Gesellschafter mit seiner Beteiligung an der Gesellschaft? (Aufbau einer Lebensgrundlage? Bloße Kapitalbeteiligung?) Welche **Leistungen und Mittel** stellt der Gesellschafter der Gesellschaft zur Verfügung (Geld?

Arbeitskraft? Weitere Vermögenswerte wie Immobilien oder Lizenzen?)? In welcher persönlichen Situation befindet sich der Gesellschafter (Verheiratet? Verpartnert? Kinder? Steht eine Beteiligung von Ehegatten, Partner oder Kindern aktuell oder perspektivisch an?)?

Führt der Gesellschafter die Geschäfte des Unternehmens stellen sich weitere Fragen: Wie lange will er die Geschäftsführung ausüben? Wann und wie soll die Nachfolge in die Geschäftsführung ausgestaltet werden? Welche Rolle übernimmt dann der bisherige Geschäftsführer?

Sodann muss die **Situation der Mitgesellschafter** geklärt und berücksichtigt werden. Welche Verflechtung mit der Privatsphäre in personeller und wirtschaftlicher Hinsicht soll bei den Mitgesellschaftern akzeptiert werden? Es liegt nahe, für alle Gesellschafter (Gesellschafterstämme) gleichermaßen geltende Kriterien aufzustellen. Dies muss aber nicht so sein, beispielsweise dann, wenn ein Gesellschafter weniger Kapital, dafür aber seine tätige Mitwirkung einbringt.

Schließlich müssen alle begleitenden Verträge auch unter **steuerrechtlichen Kriterien** daraufhin überprüft werden, ob sie den gewünschten Zweck tatsächlich erreichen.

III. Entwicklung einer maßgeschneiderten Lösung

3 Ziel muss es sein, die erforderlichen Verträge vollständig zu erfassen und bei allen Gesellschaftern einer eindeutigen und widerspruchsfreien Lösung zuzuführen. Zugleich muss der Gesellschaftsvertrag, die rechtliche Grundlage des Unternehmens, Vorsorge für den Fall treffen, dass einzelne Gesellschafter in ihrem Bereich wesentliche Verträge vergessen oder fehlerhaft gestalten. Beispiele sind: Die Möglichkeit, die Anteile von GmbH-Gesellschaftern, die nicht zum Kreis der im Gesellschaftsvertrag zugelassenen und erwünschten Gesellschafter gehören, einziehen zu können oder einen Gesellschafter aus der Gesellschaft auszuschließen oder seinen Geschäftsanteil einzuziehen, wenn er den im Gesellschaftsvertrag geforderten Ehevertrag mit Gütertrennung oder modifiziertem Zugewinnausgleich nicht abschließt.

Zu einer maßgeschneiderten Lösung gehört nicht nur beim Gesellschaftsvertrag selbst, sondern auch bei allen begleitenden Verträgen ein möglichst weitgehender **Blick in die Zukunft.** Beispielsweise kann im Zeitpunkt der Unternehmensgründung sachgerecht sein, dass einer der beiden Gründer das Betriebsgrundstück an die Gesellschaft vermietet und der zweite Gründer der Gesellschaft die Nutzung einer wichtigen Erfindung durch einen Lizenzvertrag ermöglicht. Zu diesem Zeitpunkt ist die Gesellschaft möglicherweise gar nicht in der Lage, Grundstück und Patent zu erwerben. Solange die beiden Gründer einvernehmlich am Unternehmensaufbau arbeiten, stört es nicht, dass das Unternehmen über seine wirtschaftliche Basis nicht selbst uneingeschränkt verfügt. Im Falle einer Trennung der beiden Unternehmensgründer wird es schwieriger: Zwar verbleibt jedem Gründer der von ihm zur Verfügung gestellte Vermögensgegenstand (Grundstück einerseits und Patent andererseits), doch kann es für das Unternehmen einfach sein, ein anderes Betriebsgrundstück anzumieten oder zu kaufen, während der Austausch der Lizenz problematisch, wenn nicht unmöglich sein kann, wenn das Geschäftsmodell gerade die Nutzung der Lizenz voraussetzt. Ist der Gesellschafter, der die Lizenz eingeräumt hat, in der Lage, den Lizenzvertrag kurzfristig zu beenden und die Lizenz anderweitig zu vergeben, hat er eine stärkere Stellung als derjenige, der das Grundstück überlassen hat. Im Interesse des Unternehmens (und desjenigen Gesellschafters, der nicht Patentinhaber ist) liegt zumindest ein langfristiger Lizenzvertrag.

Nicht nur die wirtschaftlichen Verhältnisse und das Zusammenspiel der Gesellschafter können sich ändern, auch die Lebenssituation jedes Einzelnen. Daher sollten die Gesellschafter die wahrscheinlichen Entwicklungen auch im Hinblick auf ihre juristischen Konsequenzen im Auge behalten: **Heiratet ein Gesellschafter,** muss er (jedenfalls aus Sicht eines juristischen Beraters) einen der Situation angemessenen Ehevertrag abschließen. Begründet der Unternehmer eine **eingetragene Lebenspartnerschaft,** muss er ebenfalls über eine geeignete vertragliche Ausgestaltung nachdenken.[1] Hat der Gesellschafter **Kinder,** muss er sich Gedanken machen, ob, wann, in welcher Form und in welchem Umfang er seine Abkömmlinge an der Gesellschaft beteiligen will. Hierfür muss einerseits der Gesellschaftsvertrag von Anfang an offen sein. Sonst fehlt dem Gesellschafter von vornherein der notwendige Gestaltungsspielraum. Begleitend sollte ein **Testament** errichtet werden. Macht der Gesellschafter von dem ihm zur Verfügung stehenden Gestaltungsspielraum Gebrauch, muss er wiederum stets das gesamte Vertragsnetz im Auge behalten: Werden **Beteiligungen** an der Gesellschaft **schenkungsweise überlassen,** stellt sich die Frage, ob eine Anrechnung auf **Pflichtteilsansprüche** erfolgen soll. Möglicherweise soll über die Anrechnung auf Pflichtteilsansprüche hinaus in diesem Zusammenhang ein Pflichtteilsverzicht vereinbart werden. Die Übertragung einer Beteiligung auf Abkömmlinge führt zur Notwendigkeit, die familienrechtliche und erbrechtliche Situation dieser Abkömmlinge zu gestalten. Im Falle eines unerwarteten Todes eines Abkömmlings könnte sonst möglicherweise entgegen den Intentionen des ursprünglichen Gesellschafters die Ehefrau des Abkömmlings oder auch die Ehefrau des ursprünglichen Gesellschafters gesetzliche Erbin sein und die Beteiligung erlangen. Sollen Rückforderungsvorbehalte vorgesehen werden?[2] Schließlich muss auch das Schicksal anderer Verträge, die zusätzlich zum Gesellschaftsvertrag bestehen, im Erbfall bedacht werden. Hat der Gesellschafter beispielsweise ein von ihm im Privatbesitz gehaltenes Grundstück an die Gesellschaft vermietet oder verpachtet, muss er entscheiden, ob dieses Grundstück im Erbfall ebenfalls dem- oder denjenigen Abkömmlingen zufallen soll, die die Gesellschafterstellung übernehmen. Ist dies nicht der Fall, entsteht ein zusätzlicher Interessenkonflikt: Die Abkömmlinge, die das Grundstück erhalten, haben ein wirtschaftliches Interesse an hohen Miet- oder Pachteinnahmen oder einem hohen Verkaufserlös. Andererseits können sie auch auf die Mieteinnahmen angewiesen sein. Dies kann vor allem dann unangenehm sein, wenn das Grundstück auf die Bedürfnisse eines bestimmten Unternehmens zugeschnitten ist und ohne die Nutzung durch dieses Unternehmen nicht oder nur mit sehr hohem wirtschaftlichem Aufwand anderweitig verwendet werden kann.

Die Lebensverhältnisse aller Gesellschafter ändern sich. Das Unternehmen und sein Umfeld entwickeln sich weiter. Das gesamte Vertragsnetz muss deshalb regelmäßig daraufhin überprüft werden, ob es seinen Zweck noch uneingeschränkt erfüllt. **Vertragsänderungen** bedürfen der Zustimmung der anderen Vertragsparteien. Schon deshalb müssen sie mit dem notwendigen diplomatischen und strategischen Geschick langfristig vorbereitet werden.

B. Familienrecht

Die Ehegatten leben im Güterstand der Zugewinngemeinschaft, wenn sie nicht durch 4
Ehevertrag etwas anderes vereinbaren, § 1363 Abs. 1 BGB. Dies führt im Falle der Scheidung zu einem Ausgleichsanspruch desjenigen Ehegatten, der den geringeren Zugewinn während der Ehezeit erzielt hat: *„Übersteigt der Zugewinn des einen Ehegatten den Zugewinn des anderen, so steht die Hälfte des Überschusses dem anderen Ehegatten als Ausgleichforderung zu.“*, § 1378 BGB. Auch im Todesfall gibt es einen Zugewinnausgleich, § 1371 Abs. 1 BGB.

Der Zugewinnausgleich im Scheidungsfall kann den Gesellschafter zwingen, seinen Gesellschaftsanteil zu veräußern, da er anderenfalls den Anspruch nicht befriedigen kann. Auch wenn der Gesellschafter seinen Anteil nicht veräußert, kann er wirtschaftlich so stark unter Druck geraten, dass ihm finanzieller Spielraum, der für die Weiterentwick-

[1] *Sudhoff/Winkler* Familienunternehmen § 7 Rn. 1 ff.; Beck'sches Notar-Handbuch/*Grziwotz* B II.
[2] Beispielsweise: *Sudhoff/Winkler* Familienunternehmen § 9 Rn. 7 ff.

lung des Unternehmens erforderlich wäre, fehlt. Es liegt deshalb im Interesse jedes Gesellschafters, des Unternehmens und aller Mitgesellschafter, vertraglich sicherzustellen, dass der Scheidungsfall sich wirtschaftlich nicht auf das Unternehmen auswirkt. Diesem Schutzbedürfnis von Gesellschafter und Unternehmen steht ein Schutzbedürfnis des nicht beteiligten Ehegatten gegenüber.[3] Grundsätzlich gilt auch im Hinblick auf Eheverträge Vertragsfreiheit, § 1408 BGB. Eheverträge müssen in notariell beurkundeter Form geschlossen werden, § 1410 BGB. Im Ehevertrag können – und sollten – auch der Versorgungsausgleich, § 1408 Abs. 2 BGB und der nacheheliche Unterhalt, § 1585 c BGB, vertraglich geregelt werden.[4] Welche Regelungen im Einzelfall sachgerecht sind, hängt von den persönlichen Lebensumständen beider Ehepartner ab. Je weiter sich die Ehe vom gesetzlich geregelten Leitbild entfernt (dies ist immer noch eine Rollenverteilung von Einzelverdiener und Haushaltsführung[5]) desto größer ist der Regelungsbedarf. Unabhängig vom Einzelfall gilt aus Sicht juristischer Berater: **Keine Unternehmerehe ohne Ehevertrag.**

C. Erbrecht

5 Ein Unternehmer trägt Verantwortung für seine Familie und für sein Unternehmen und dessen Mitarbeiter. Zu dieser Verantwortung gehört auch, vorausschauend zu klären, wie es mit dem Unternehmen im Falle seines Todes weitergehen soll (im Einzelnen hierzu § 17 und § 19):
- Wer soll Gesellschafter werden?
- Wer soll das Unternehmen führen?

Im Fall eines Ausfalls des geschäftsführenden Gesellschafters muss zunächst die Handlungsfähigkeit des Unternehmens gesichert sein (Vertretungsberechtigte Organe? Vollmachten?). Weitere Fragen schließen sich an:
- Wer soll welche Gesellschaftsanteile übernehmen?
- Soll in Vorbereitung der Nachfolge die Rechtsform geändert werden?
- Inwieweit soll die Nachfolge noch zu Lebzeiten vollzogen werden?
- Sollen weitere künftige Erbfolgen geregelt werden?
- Wer soll langfristig die Geschäftsführung übernehmen?

Erbrechtliche Fragen sind dabei nur ein Teilaspekt der Unternehmensnachfolge.

I. Letztwillige Verfügungen[6]

6 **Mit Erwerb des Gesellschaftsanteils** sollte der Gesellschafter eine mit dem Gesellschaftsvertrag korrespondierende **Verfügung von Todes wegen** treffen, also ein Unternehmertestament errichten (im Einzelnen § 17). Nicht erforderlich ist dies allenfalls dann, wenn der Gesellschaftsanteil unvererblich ist (so wie dies häufig in Sozietäten von freiberuflich Tätigen der Fall ist) oder wenn es sich um satzungsgemäß frei vererbliche Anteile an Gesellschaften handelt, die eine reine Kapitalanlagefunktion haben. („Aktiendepot").[7] Das Unternehmertestament muss zum einen den abschließenden Teil der Unternehmensnachfolge, der nicht bereits zu Lebzeiten verwirklicht wird, regeln. Zum anderen muss für den Fall eines überraschenden Todes eine vollständige Nachfolgelösung

---

[3] Zur Modifizierung der Zugewinnbeteiligung Beck'sches Notar-Handbuch/*Grziwotz* B I Rn. 62 ff.

[4] Zu den Gestaltungsmöglichkeiten im Einzelnen beispielsweise übersichtlich Beck'sches Notarhandbuch/*Grziwotz* B I; *Scholz/Stein/Bredthauer* Praxishandbuch Familienrecht Teil I; *Langenfeld* Handbuch der Eheverträge und Scheidungsvereinbarungen.

[5] Beck'sches Notar-Handbuch/*Grziwotz* B I Rn. 8.

[6] Scherer/*Jeschke* Münchener Anwaltshandbuch Erbrecht § 14; *Langenfeld* Testamentsgestaltung Rn. 459 ff.; *Sudhoff/Scherer* Unternehmensnachfolge § 3 Rn. 1 f.

[7] *Langenfeld* Testamentgestaltung Rn. 459.

bereit stehen. Rechtlicher **Ausgangspunkt** der Gestaltung des Unternehmertestaments sind insbesondere die zugrunde liegenden **Gesellschaftsverträge.** Die Mitgliedschaft des persönlich haftenden Gesellschafters einer BGB Gesellschaft oder einer Personenhandelsgesellschaft ist nur vererblich, wenn der Gesellschaftsvertrag dies zulässt. Die Verträge können auch vorgeben, dass nur besonders qualifizierte Erben die Nachfolge antreten dürfen. Dabei tritt – abweichend vom erbrechtlichen Grundsatz der Gesamtrechtsnachfolge – die Rechtsnachfolge nicht in Erbengemeinschaft, sondern unmittelbar in Teilen, die der Erblasser bestimmt, ein. Bei der Testamentsgestaltung muss sichergestellt werden, dass diese erbrechtliche Sondernachfolge mit dem im Übrigen geltenden Gesamthandprinzip zusammenpasst.[8] Neben erbrechtlichen Kriterien sind bei der Gestaltung des Unternehmertestaments stets **steuerrechtliche Kriterien** zu beachten.[9]

Noch mehr als beim Ehevertrag hängt die Ausgestaltung im Einzelnen von der konkreten Situation ab. Allgemeine Leitlinien können sein:

- Jeder Unternehmer benötigt ein Unternehmertestament, und zwar unabhängig von seinem Alter ab dem Zeitpunkt seiner Beteiligung.
- Dieses Testament muss neben der Frage, wer die Nachfolge in die Unternehmensbeteiligung antritt auch die **Situation derjenigen** regeln, **die nicht Nachfolger werden.** Hilfreich ist es dabei, wenn der Unternehmer zu Lebzeiten außerhalb des Unternehmens Privatvermögen aufbaut.
- Mit **Errichtung eines Einzeltestaments** hält sich der Unternehmer seine Entscheidungsfreiheit offen *(„keine Selbstbindung des Unternehmers“[10]).*
- Das Unternehmertestament muss im **Zusammenhang** mit den Gesellschaftsverträgen, mit dem **Ehevertrag,** mit begleitenden erbrechtlichen Vereinbarungen wie Pflichtteilsverzicht und mit einer möglichen **vorweggenommenen Erbfolge** konzipiert werden.

II. Vorweggenommene Erbfolge[11]

Die vorweggenommene Erbfolge (im Einzelnen § 19 Rn. 37 ff.) kann unter verschiedenen Aspekten sinnvoll sein: 7

- Abkömmlinge werden an die unternehmerische Mitwirkung herangeführt.
- Familienangehörigen wird noch zu Lebzeiten eine eigene wirtschaftliche Grundlage verschafft.
- Ist ein Gesellschafter hohen Haftungsrisiken ausgesetzt, kann auf diesem Wege Familienangehörigen, die nicht persönlich haften, Vermögen zugewandt werden.
- Eine langfristige Nachfolgeplanung trägt zur Stabilität des Unternehmens bei.
- Schließlich können Steuervorteile genutzt werden.

Werden Angehörige am Gesellschaftsanteil und damit am Unternehmen beteiligt, muss zunächst darüber entschieden werden, ob diese Beteiligung eine rein finanzielle sein soll, also ohne wesentlichen Einfluss der Angehörigen auf Stimmrecht und Entscheidungsfindung im Unternehmen. Dies kann beispielsweise erreicht werden durch **Unterbeteiligung** am Gesellschaftsanteil oder durch eine Bündelung aller von einer Familie oder einem Familienstamm gehaltenen Gesellschaftsanteile in einer **Familien-Holding.** In dieser stellen dann klare Mehrheitsverhältnisse und -erfordernisse sicher, dass Angehörige, die im Wege der vorweggenommen Erbfolge Anteile erwerben, keinen Einfluss auf die Geschäftsführung nehmen können, jedenfalls nicht über vorgegebene Grenzen hinaus.

Sehr viel weiterreichender sind die Folgen, wenn einzelnen Angehörigen unmittelbar Gesellschaftsanteile zugewandt werden: Damit können sie selber Stimmrechte ausüben.

[8] *Langenfeld* Testamentgestaltung Rn. 484.

[9] Scherer/*Jeschke* Münchener Anwaltshandbuch Erbrecht § 14 Rn. 51 ff.

[10] *Langenfeld* Testamentgestaltung Rn. 465.

[11] Einen Überblick gibt auch die vom Bundesministerium für Wirtschaft und Technologie herausgegebene Broschüre „Unternehmensnachfolge – Die optimale Planung“, www.bmwi.de.

Eine solche unmittelbare Beteiligung eines Angehörigen ist mit einem Verzicht auf **Einfluss und Kontrollmöglichkeiten des abgebenden Gesellschafters** verbunden.

III. Erb- und Pflichtteilsverzicht

8 Pflichtteilsrechte von Abkömmlingen, die nicht die Nachfolge in den Gesellschaftsanteil des Erblassers antreten, können zu hohen Forderungen der Pflichtteilsberechtigten gegen den Erben, der Unternehmensnachfolger wird, führen. Dies kann sich nachteilig für das Unternehmen auswirken. Aus Sicht des Erblassers ist es im Interesse seiner Gestaltungsfreiheit und im Interesse der Wahrung des Unternehmensbestands deshalb unter Umständen sinnvoll, dass Verwandte und Ehegatte durch Vertrag mit dem Erblasser auf ihr gesetzliches Pflichtteilsrecht verzichten, § 2246 Abs. 2 BGB. Bei Minderjährigen ist die Genehmigung des Vormundschaftsgerichts erforderlich, § 2347 Abs. 1 BGB. Der Verzichtsvertrag bedarf der notariellen Beurkundung, § 2348 BGB.

Für einen weiter reichenden Erbverzicht besteht in aller Regel keine Veranlassung, zumal dadurch der Pflichtteilsanspruch anderer Pflichtteilsberechtigter erhöht werden kann, § 2310 S. 2 BGB.[12] Ein Pflichtteilsverzicht wird häufig im Zusammenhang mit der Übertragung von Vermögenswerten auf den Verzichtenden erklärt (näher § 17 Rn. 52ff.; § 19 Rn. 44, 45).

D. Zivilrechtliche Vernetzung

Zusätzlich zu familien- und erbrechtlichen Vereinbarungen werden häufig schuldrechtliche Verträge zwischen der Gesellschaft und einzelnen Gesellschaftern erforderlich.

I. Anstellungsverträge

9 Nur diejenigen Verträge, für die ein objektives Bedürfnis besteht, sollten auch abgeschlossen werden. Die „Versorgung“ einzelner Gesellschafter mit gut dotierten Verträgen liegt auch dann, wenn sie steuerrechtlich unbedenklich ausgestaltet ist, häufig nicht im Interesse des Unternehmens. Die Auswirkungen auf die übrigen Mitarbeiter und die Organisationsstruktur des Unternehmens und die Einstellung des begünstigten Gesellschafters gegenüber dem Unternehmen sollten bedacht werden. Gibt es ein objektives Bedürfnis für einen Anstellungsvertrag mit einem Gesellschafter, insbesondere weil dessen Arbeitskraft für das Unternehmen benötigt wird, müssen zumindest folgende Kriterien beachtet werden: Der Arbeitsvertrag muss schriftlich abgeschlossen werden. Die Vergütung sowie die Sozialabgaben müssen tatsächlich geleistet werden. Die Höhe der Vergütung einschließlich der Nebenleistungen muss sich danach richten, was ein vergleichbarer Dritter für die geleistete Tätigkeit erhalten würde, der Vertrag muss nach Inhalt und Ausführung dem entsprechen, was unter Fremden üblich ist (Fremdvergleich).[13] Andernfalls ist mit steuerrechtlichen Risiken zu rechnen.[14] Außerdem kann das Risiko einer **Insolvenzanfechtung** bestehen, §§ 129ff., 138 InsO. Der Insolvenzverwalter kann Rechtshandlungen, die vor der Eröffnung des Insolvenzverfahrens erfolgt sind und die Insolvenzgläubiger benachteiligen, anfechten, § 129 Abs. 1 InsO. Gegenüber nahe stehenden Personen ist die Anfechtung unter erleichterten Voraussetzungen möglich. Ist der Insolvenzschuldner eine juristische Person oder eine Gesellschaft ohne Rechtspersönlichkeit, definiert § 138 Abs. 2 InsO den Kreis der nahe stehenden Personen.[15]

---

[12] *Sudhoff/Scherer* Unternehmensnachfolge § 18 Rn. 1ff.; Beck'sches Notar-Handbuch/*Bengel/Reimann* C VI 3 Rn. 187ff.

[13] *Tipke/Lang* § 9 Rn. 164; *Sudhoff/Winkler* Familienunternehmen § 9 Rn. 59ff.

[14] Übersichtlich *Tipke/Lang* § 11 Rn. 50ff.

[15] Im Einzelnen MünchKommInsO/*Stodolkowitz* § 135 Rn. 16ff.

II. Miet-/Pachtverträge

Steht die Mietsache im Eigentum einer Besitzgesellschaft, deren Beteiligungskreis identisch ist mit dem Beteiligungskreis der Betriebsgesellschaft oder steht die Mietsache im Eigentum einer Holdinggesellschaft, die dann ihrerseits einzelne operative Gesellschaften hält und diesen Betriebsgrundstücke vermietet oder verpachtet, gibt es keinen Interessengegensatz unter den Gesellschaftern. In diesem Fall muss die Vertragsgestaltung zum einen den steuerrechtlichen Anforderungen genügen (insbesondere dem „Fremdvergleich“)[16]. Sie muss gegebenenfalls eine gewollte Herausnahme der vermieteten oder verpachteten Immobilien aus dem Haftungsverbund gewährleisten.[17] 10

Werden einzelne Gegenstände von einzelnen Gesellschaftern an die Gesellschaft vermietet oder verpachtet, kommt ein Interessengegensatz zwischen den Gesellschaftern, die zusätzlich Vermieter oder Verpächter sind und den Gesellschaftern, die dies nicht sind, hinzu. Wie gewichtig dieser Interessengegensatz ist, hängt davon ab, welche Bedeutung die Mietsache für das Unternehmen hat: Wesentliches Kriterium ist dabei die Frage, ob die Gesellschaft die Mietsache erforderlichenfalls ohne größere Schwierigkeiten ersetzen kann, beispielsweise durch Anmietung eines anderen Grundstücks. Ist die Mietsache für das Unternehmen von wesentlicher Bedeutung (z. B. wenn die Gesellschaft in der Mietsache ein Hotel oder Einzelhandel betreibt und auf die Lage der Immobilie angewiesen ist), hängen die Risiken von einer langfristigen Ausgestaltung des Mietverhältnisses ab, gegebenenfalls ergänzt um ein dinglich abgesichertes Vorkaufsrecht. Umgekehrt kann auch eine Abhängigkeit des vermietenden Gesellschafters bestehen, beispielsweise wenn das vermietete Produktionsgebäude für eine andere Nutzung ungeeignet ist.

III. Andere Verträge

In Betracht kommen beispielsweise 11

- Lizenzverträge[18] oder
- Darlehensverträge.[19]

Stets zu beachten sind auch hier:

- Um unnötiges Konfliktpotential zu vermeiden, sollten ausschließlich solche Verträge abgeschlossen werden, für die gute Gründe bestehen. (Fragestellung: Gibt es eine **bessere Alternative**? Soll der Vertrag beendet werden können, sobald eine bessere Alternative geschaffen ist?)
- Das voraussichtliche **Konfliktpotential** muss identifiziert und **unter langfristigen Gesichtspunkten** für die Gesellschaft und für die Gesellschafter **bewertet** werden.
- Die **Abhängigkeit** des Unternehmens von einzelnen Gesellschaftern (oder Gesellschaftergruppen) einerseits und die Abhängigkeit einzelner Gesellschafter (Gesellschaftergruppen) andererseits vom Unternehmen sollte – sofern nicht im Einzelfall bewusst angestrebt – vermieden werden. Einzelne Gesellschafter oder Gesellschaftergruppen können aus legitimen Gründen ein gegenteiliges Interesse an der Absicherung einer privilegierten Position haben.
- Sämtliche Verträge müssen im Zusammenhang durchdacht und ausgestaltet werden. Sie müssen klar, eindeutig und widerspruchsfrei formuliert werden und unter steuerrechtlichen Gesichtspunkten anzuerkennen sein.

---

[16] Zur Betriebsaufspaltung im Einzelnen: *Tipke/Lang* § 18 Rn. 11 ff.

[17] Zur Nutzungsüberlassung als kapitalersetzende Leistung im Einzelnen: *Baumbach/Hueck/Fastrich* § 32 a GmbHG Rn. 32 ff.

[18] Hierzu ausführlich *Bartenbach* Patent-Lizenz- und Know-how-Vertrag; *Henn* Patent- und Know-how-Lizenzvertrag.

[19] Hierzu ausführlich Hopt/*Wittig* Form IV G; *Sudhoff/Winkler* Familienunternehmen § 9 Rn. 59 ff.

2. Teil. Gründung der Gesellschaft

§ 4 Überblick Personen- und Kapitalgesellschaften

A. Numerus Clausus und Rechtsformzwang

Das deutsche Recht stellt Unternehmern und Unternehmen für ihre wirtschaftliche Betätigung nicht weniger als **15 verschiedene Rechtsformen** zur Verfügung.[1] Diese Unternehmensformen werden klassischerweise eingruppiert in „Personengesellschaften" einerseits und „Kapitalgesellschaften" andererseits. 1

Nicht alle erwähnten Gesellschaftsformen stehen für alle Zwecke und alle Personen zur freien Auswahl. Die **Wahlfreiheit wird eingeschränkt** durch den Grundsatz des Numerus Clausus der Gesellschaftstypen einerseits und den Rechtsformzwang andererseits. 2

Der **Numerus Clausus,** der die gesellschaftlichen Rechtsformen kennzeichnet,[2] dient vor allem der Rechtssicherheit und führt dazu, dass nur in den gesetzlich zur Verfügung gestellten Rechtsformen die unternehmerische Tätigkeit stattfinden kann. 3

Mit dem Numerus Clausus der Gesellschaftsformen korrespondiert der so genannte **Rechtsformzwang.** Rechtsformzwang bedeutet, dass – unabhängig vom Willen der Beteiligten – der fragliche Zusammenschluss von natürlichen oder juristischen Personen die Rechtsform hat, die ihm das Gesetz aufgrund der spezifischen Tätigkeit oder Ausprägung des jeweiligen Personenverbandes zuweist. Ein klassisches Beispiel hierfür ist die „Gesellschaft bürgerlichen Rechts", die sich im Laufe der Zeit fortentwickelt und schließlich ein Handelsgewerbe i.S.v. § 1 Abs. 2 HGB betreibt. Diese Gesellschaft ist – gleich, ob die Gesellschafter dies wollen oder ob es ihnen bewusst ist – offene Handelsgesellschaft. Bereits früh hat der Bundesgerichtshof in aller Deutlichkeit gesagt, dass es auf die Beurteilung der Vertragsschließenden und auf ihren Willen insoweit nicht ankommt.[3] 4

Der Rechtsformzwang hat eine anfängliche und eine nachträgliche Komponente: Anfänglicher Rechtsformzwang bedeutet, dass der Gesellschaft bei ihrer Gründung die Rechtsform zugewiesen wird, deren Eigenschaften sie aufweist. Nachträglicher Rechtsformzwang bedeutet, dass die Gesellschaft sich automatisch in eine andere Rechtsform umwandelt, wenn sie aufgrund von Umgestaltungen oder Veränderungen ihrer Tätigkeit die Merkmale einer anderen Rechtsform annimmt. So lässt sich eine OHG allein dadurch in eine KG umwandeln, dass die Gesellschafter untereinander vereinbaren, nur noch einer von ihnen solle voll und alle anderen beschränkt haften.[4] 5

Grundlage des Rechts aller **Personengesellschaften** ist stets das Recht der Gesellschaft bürgerlichen Rechts. Das Recht der OHG verweist auf das Recht der Gesellschaft bür- 6

---

[1] Nämlich: die BGB-Gesellschaft, die Partnerschaft, die OHG, die stille Gesellschaft, die KG, den Verein, die Aktiengesellschaft, die KGaA, die GmbH, die eingetragene Genossenschaft (eG), die Partnerreederei, den VVaG, die EWIV, die SE und das einzelkaufmännische Unternehmen. Diesen Rechtsformen mag man als 16. Rechtsform die Stiftung (§§ 80 ff. BGB) hinzurechnen. Die Stiftung weist allerdings strukturelle Besonderheiten auf, die sie wesentlich von allen anderen Rechtsformen unterscheiden und die dazu führen, dass sich die Stiftung nicht typischerweise für eine unternehmerische Tätigkeit anbietet: Die Stiftung hat keine Mitglieder, sondern besteht ausschließlich auf der Basis ihres Vermögens und die Stiftung entsteht nur mit staatlicher Anerkennung (Bedenken gegen „Stiftungsunternehmen" bei *K. Schmidt* Gesellschaftsrecht S. 175 f.). Die Unternehmergesellschaft ist keine eigene Rechtsform (Rn. 23).

[2] Hierzu *K. Schmidt* Gesellschaftsrecht S. 96 ff.

[3] BHGZ 110, 91, 95.

[4] Zum Ganzen *K. Schmidt* Gesellschaftsrecht S. 101 ff.

gerlichen Rechts, § 105 Abs. 3 HGB, ebenso das Recht der KG (dies wiederum über das Recht der OHG, § 161 Abs. 2, § 105 Abs. 3 HGB) sowie das Recht der Partnerschaft § 1 Abs. 4 PartG.[5] Grundlage des Rechts aller Kapitalgesellschaften ist dagegen das Recht des bürgerlich-rechtlichen Vereins des BGB.

B. Personengesellschaften

Bei den Personengesellschaften sind vier Rechtsformen zu unterscheiden:

I. Gesellschaft bürgerlichen Rechts (GbR)

7 Die Grundform der Personengesellschaften ist die Gesellschaft bürgerlichen Rechts, §§ 705 ff. BGB. Diese Gesellschaft entsteht unabhängig von der Anzahl der Beteiligten, wenn sich mehrere Personen zur Verfolgung eines gemeinsamen Zwecks zusammenschließen. Fehlt es an der Absicht, einen gemeinsamen Zweck zu fördern, so ist das entstandene Gebilde nicht Gesellschaft bürgerlichen Rechts, sondern **eine Gemeinschaft,** §§ 741 ff. BGB. Solange es nur um die gemeinschaftliche Berechtigung an einem Gegenstand geht, fehlt es am Merkmal der Verfolgung eines bestimmten Zwecks. Zwischen denselben Personen können Gemeinschaft und Gesellschaft auch nebeneinander bestehen.

8 Welcher Art der **verfolgte Zweck** ist, ist grundsätzlich ohne Belang. Die Gesellschaft bürgerlichen Rechts kann zu jedem gesetzlich zugelassenen Zweck errichtet werden. Gesellschafter können natürliche und juristische Personen sein.

II. OHG

9 Eine OHG ist der Sache nach eine **Gesellschaft bürgerlichen Rechts, die ein Handelsgewerbe betreibt.** Für sie werden in §§ 105 bis 160 HGB gesonderte Regelungen getroffen. Wie bei der GbR kann der **Gesellschaftsvertrag grundsätzlich formlos** abgeschlossen werden. Die Gesellschaft ist – ohne dass dies Auswirkungen auf ihr Bestehen hätte – zur Eintragung in das Handelsregister anzumelden, § 106 Abs. 1 HGB. In der Handelsregisteranmeldung sind
- Name, Vorname, Geburtsdatum und Wohnort jedes einzelnen Gesellschafters,
- die Firma der Gesellschaft und ihr Sitz sowie
- die Vertretungsmacht der Gesellschafter

anzugeben, § 106 Abs. 2 HGB.

10 Neben dem Betrieb eines Handelsgewerbes ist typisches weiteres Merkmal der OHG, dass **alle Gesellschafter unbeschränkt persönlich haften,** § 105 Abs. 1 HGB, die Geschäfte führen, § 114 Abs. 1 HGB und die Gesellschaft gegenüber Dritten vertreten, § 125 Abs. 1 HGB.

11 Weiteres typisches Merkmal ist das in § 122 HGB niedergelegte **Entnahmerecht;** dieses weit reichende Recht wird allerdings in der Praxis im Gesellschaftsvertrag, wenn nicht abgedungen, so doch bestimmten Regularien unterworfen, um der Gesellschaft Planungssicherheit zu geben.

III. Kommanditgesellschaft

12 Wie die OHG ist die KG auf den Betrieb eines Handelsgewerbes ausgerichtet, hat aber eine **wesentlich andere Gesellschafterstruktur.**

Im Gegensatz zur OHG haften den Gläubigern der Gesellschaft nur die persönlich haftenden Gesellschafter (Komplementäre), nicht jedoch die **Kommanditisten, deren**

[5] Allerdings verweist das PartG auch auf wesentliche Vorschriften über die OHG.

Haftung gegenüber den Gläubigern der Gesellschaft „auf den Betrag einer bestimmten Vermögenseinlage beschränkt ist“ (§ 161 Abs. 1 HGB).

Wie bei der GbR und der OHG kann der **Gesellschaftsvertrag der Kommanditgesellschaft formlos**, auch stillschweigend, abgeschlossen werden. Die KG ist nach § 161 Abs. 2, § 106 Abs. 1 HGB zur Eintragung in das Handelsregister anzumelden, was nicht für ihren Bestand, wohl aber für die Haftungsbeschränkung der Kommanditisten von Bedeutung ist. 13

Die einmal gewählte Stellung als Kommanditist oder persönlich haftender Gesellschafter ist nicht zwingend auf alle Zeit festgeschrieben. Durch Änderung des Gesellschaftsvertrages kann die Gesellschafterstellung verändert werden und zwar in beide Richtungen. Aufgrund vertraglicher Vereinbarungen kann der Kommanditist persönlich haftender Gesellschafter und der persönlich haftende Gesellschafter Kommanditist werden.[6]

Die Rechtsstellung der Kommanditisten gegenüber der der OHG-Gesellschafter ist in mehrfacher Hinsicht modifiziert: 14

- Kommanditisten sind von der Führung der Geschäfte ausgeschlossen und können nur solchen Handlungen widersprechen, die über den gewöhnlichen Betrieb des Handelsgewerbes der Gesellschaft hinausgehen, § 164 HGB.
- Kommanditisten unterliegen nicht dem gesetzlichen Wettbewerbsverbot der §§ 112 und 113 HGB.
- Die Kontrollrechte der Kommanditisten sind eingeschränkt. Sie sind lediglich berechtigt, die abschriftliche Mitteilung des Jahresabschlusses zu verlangen und können dessen Richtigkeit anhand der Bücher und Papiere der Gesellschaft prüfen, § 166 Abs. 1, 2 HGB.
- Kommanditisten haben kein Entnahmerecht, sondern allein das Recht auf Auszahlung des ihnen zustehenden Gewinns, § 169 HGB.
- Kommanditisten sind zur Vertretung der Gesellschaft nicht ermächtigt, § 170 HGB.

IV. Partnerschaftsgesellschaft

Nur für die Angehörigen freier Berufe steht die Partnerschaft als Rechtsform zur Verfügung, deren besonderes Merkmal die Haftungskonzentration nach § 8 Abs. 2 PartGG ist. Abweichend vom Grundsatz der gesamtschuldnerischen Haftung der Gesellschafter der Personengesellschaft haften Partner der Partnerschaft beschränkt: Wenn nur einzelne Partner mit der Bearbeitung eines Auftrags befasst waren, so haftet den Gläubigern neben dem Vermögen der Partnerschaft nur der bearbeitende Partner persönlich, § 8 Abs. 1, 2 HGB. 15

C. Kapitalgesellschaften

Bei den Kapitalgesellschaften sind drei Grundformen zu unterscheiden:

I. GmbH

Die Rechtsform der Gesellschaft mit beschränkter Haftung ist nach wie vor „die“ Rechtsform für den Mittelstand. Hieran hat auch der massenhafte Zuzug von Limiteds in Folge der „Inspire Art“-Rechtsprechung des EuGH nichts geändert. Allein 900 000 GmbHs existieren derzeit in Deutschland.[7] Das seit 1872 existierende Recht der GmbH 16

---

[6] Im Handelsregister wird ein derartiger Wechsel der Gesellschafterstellung als Ausscheiden in der einen und Eintritt in die Gesellschaft in der anderen Form dargestellt (§ 40 Nr. 5 II HRV). In rechtlicher Hinsicht ist dies zumindest ungenau, denn die mitgliedschaftliche Stellung des Gesellschafters bleibt unverändert. Die Gesellschafter einigen sich untereinander allein auf ein neues Haftungsregime.

[7] Regierungsbegründung zum MoMiG, BT-Drs. 16/6140, S. 62.

ist unlängst durch das „Gesetz zur Modernisierung des GmbH-Rechts und zur Bekämpfung von Missbräuchen (MoMiG)“ erstmals seit der GmbH-Novelle aus dem Jahre 1980 umfassend novelliert worden.[8]

17 Die GmbH kann zu jedem gesetzlich zulässigen **Zweck** errichtet werden. Kraft gesetzlicher Entscheidung, § 6 Abs. 1 HGB, § 13 Abs. 3 GmbHG, ist sie – unabhängig von dem, was sie tut – **stets Kaufmann** und nimmt daher stets als Kaufmann am Rechtsverkehr teil.

Im Zuge der Diskussion um die *Limited* ist die GmbH zu Unrecht als antiquiert oder unflexibel gekennzeichnet worden. Das GmbH-Gesetz ermöglicht und ermöglichte es auch bisher den Gesellschaftern, für sie auf ihre konkrete Situation zugeschnittene, **individuell passende und flexible Lösungen** zu finden.

18 Die GmbH hat zwei gesetzlich vorgeschriebenen **Organe**, nämlich die Geschäftsführer und die Gesellschafterversammlung. Weitere Organe können aufgrund des Gesellschaftsvertrages errichtet werden. Insoweit ist insbesondere an einen Aufsichtsrat oder Beirat zu denken.

19 Die **Gründung** war auch bis zum Inkrafttreten des MoMiG weit weniger umständlich und langwierig als vielfach behauptet wurde. Dass das Gesetz für die Errichtung der GmbH notarielle Beurkundung vorschreibt, darf nicht darüber hinweg täuschen, dass das, was die Gründung „umständlich und langwierig“ macht, häufig gerade nicht der notarielle Akt ist, sondern die Verständigung der Beteiligten darüber, wie die Gesellschaft genau ausgestaltet sein soll. Dieser Aspekt ist rechtsformunabhängig. Es spricht einiges dafür, die notarielle Beurkundung nicht zu verteufeln, sondern in der fundierten Beratung durch einen gesellschaftsrechtlich versierten Notar einen echten Mehrwert zu sehen, der darüber hinaus (neben den für die Beurkundung ohnehin anfallenden Gebühren) nicht gesondert zu vergüten ist.

20 Das „hohe“ **Mindeststammkapital,** welches das Gesetz für die GmbH vorschreibt (25 000,00 €) wurde vielfach als hinderlich angesehen, dürfte allerdings – auch in der Vergangenheit – ernst zu nehmende unternehmerische Tätigkeit nicht behindert haben, zumal das gesetzliche Mindestkapital von 25 000,00 € ohnehin willkürlich festgesetzt war.[9] Die im Regierungsentwurf vorgeschlagene Absenkung des Mindeststammkapitals auf 10 000 € wurde in der parlamentarischen Debatte vielfach kritisiert und ist nicht Gesetz geworden. Ein Stammkapital von 25 000,00 € wird ohnehin in den wenigsten Fällen genügen, um die Gründung eines ernsthaften Unternehmens zu betreiben. Gründungen ohne Mindeststammkapital soll die „Unternehmergesellschaft“ ermöglichen (dazu u. Rn. 23).

21 Bewusst unflexibel war das GmbH-Recht von jeher im Hinblick auf die **Veränderung und die Übertragbarkeit von Geschäftsanteilen** einer GmbH. Der Gesetzgeber hat bisher sicherstellen wollen, dass es gerade nicht zu einem lebhaften Handel mit GmbH-Anteilen kommt. Insoweit hat sich ein Bewusstseinswandel vollzogen. Die Vorschriften über die Mindestnennbeträge und die Teilung von Geschäftsanteilen sind im Zuge des MoMiG grundlegend modifiziert und dabei wesentlich flexibler geworden; das Erfordernis der **notariellen Beurkundung der Übertragung** von Geschäftsanteilen ist allerdings erhalten geblieben. Auch hierzu ist darauf hinzuweisen, dass das Erfordernis der notariellen Beurkundung der Übertragung von Geschäftsanteilen durchaus dazu beiträgt, dass für die Beteiligten Rechtsklarheit und Rechtssicherheit geschaffen wird. Gleichwohl ist zuzugeben, dass der Schutz insoweit lückenhaft ist, da auch eine vermeintlich **„lückenlose“ Kette von Anteilsabtretungen nur ein Indiz** für die ordnungsgemäße Übertragung der Geschäftsanteile ist, da niemals ausgeschlossen werden kann, dass die Geschäftsanteile

---

[8] Gesetz zur Modernisierung des GmbH-Rechts und zur Bekämpfung von Missbräuchen (MoMiG); Regierungsbegründung BT-Drs. 16/6140; Bericht Rechtsausschuss BT-Drs. 16/9737; Die Kennzeichnung als „kleine Revolution“ (BT-Drs. 16/9737 S. 91) dürfte freilich überzogen sein.

[9] Kritisch zum Mindeststammkapital insgesamt: *Wilhelm* DB 2007, 1510.

durch Zwischenverfügungen (in gehöriger Form) anderweitig übertragen worden sind. Bei Gesellschaften, bei denen die Anteilsübertragung „formlos und unkompliziert“ erfolgen kann, hat sich vielfach gezeigt, dass sich allein aufgrund von Dokumentationsmängeln die Anteilsinhaberschaft, wenn es darauf ankommt, nur schwer oder u. U. auch überhaupt nicht mehr beweisen lässt.

Die GmbH ist nach wie vor eine flexible, erprobte und gut handhabbare Rechtsform 22
für Unternehmen fast aller Größenordnungen, mit welcher auch juristisch weniger versierte Gesellschafter und/oder Geschäftsführer – unter der Voraussetzung, dass der Gesellschaftsvertrag von hoher handwerklicher Qualität ist – regelmäßig gut umgehen können.

Als **„Unterform der GmbH“**[10] wurde durch das MoMiG die **Unternehmergesellschaft**[11] 23
in das GmbHG aufgenommen. Diese „Unterform“ ermöglicht die Gründung einer GmbH mit einem geringeren Kapital als 25 000 €, also auch mit einem Stammkapital von lediglich einem Euro, § 5 a Abs. 1 GmbHG. Derartige Gesellschaften müssen in ihrer Firma den Zusatz „Unternehmergesellschaft (haftungsbeschränkt)“ oder „UG (haftungsbeschränkt)“ aufnehmen. Sacheinlagen dürfen nicht vorgesehen werden, das (spärliche) Stammkapital muss sofort in voller Höhe eingezahlt werden, § 5 a Abs. 2 GmbHG. Die Unternehmergesellschaft hat eine gesetzliche Rücklage in ihrer Bilanz zu bilden, in die ein Viertel des Jahresüberschusses einzustellen ist (abzüglich Verlustvortrag des Vorjahres). Diese Rücklage darf ausschließlich für eine Kapitalerhöhung aus Gesellschaftsmitteln, zur Verlustdeckung oder zum Ausgleich eines Jahresfehlbetrages verwandt werden, § 5 a Abs. 3 GmbHG.

II. Aktiengesellschaft

Während bei der Regelung der Verhältnisse der GmbH in der Regel von den gesetzli- 24
chen Vorgaben abgewichen werden kann, so gilt bei der Aktiengesellschaft das genaue Gegenteil. **Die aktienrechtlichen Vorschriften sind grundsätzlich zwingend,** § 23 Abs. 5 AktG (vgl. noch § 7 Rn. 7).

Die gesetzlich vorgesehenen **Organe** einer Aktiengesellschaft sind der Vorstand, der 25
Aufsichtsrat und die Hauptversammlung. Für alle Organe der Aktiengesellschaft existieren detaillierte Vorschriften. Das relativ komplexe Regelungsgerüst der AG garantiert ein **hohes Maß an Rechtssicherheit.**

Die AG ist – neben der wenig verbreiteten KGaA – die einzige Gesellschaft, die an der Börse notiert werden kann.

Die **„kleine AG“ ist keine eigene Rechtsform.** Vielmehr wurden durch das Gesetz über 26
die kleine AG[12] für bestimmte Konstellation gewisse Erleichterungen eingeführt. So kann seither auf die öffentliche Bekanntmachung der Einberufung der Hauptversammlung (§ 121 Abs. 4 S. 1 AktG) und der Tagesordnung (§ 124 Abs. 1 S. 3 AktG) verzichtet werden, wenn alle Aktionäre der Gesellschaft namentlich bekannt sind. Dann genügt die Versendung mit eingeschriebenem Brief. Auf die in §§ 121 bis 128 AktG enthaltenen Formvorschriften über die Abhaltung der Hauptversammlung kann verzichtet werden, wenn alle Aktionäre erschienen oder vertreten sind und kein Aktionär der Beschlussfassung widerspricht (§ 121 Abs. 6 AktG). § 130 Abs. 1 S. 3 AktG eröffnet die Möglichkeit,

---

[10] Dass es sich um **keine eigene Rechtsform** handelt, soll dadurch zum Ausdruck kommen, dass § 5 a Abs. 1 GmbHG jetzt – anders als der Regierungsentwurf – nicht mehr von „Rechtsformzusatz“, sondern von einer „Bezeichnung“ spricht (BT-Drs. 16/9737 S. 95). Ob der Rechtsverkehr solche feinsinnigen Unterscheidungen nachvollziehen wird, bleibt abzuwarten.

[11] Dass der eigenkapitallose Existenzgründer qua gesetzlicher Bezeichnung zum „Unternehmer“ geadelt wird, hat der Vertreter des DAV in der öffentlichen Anhörung des Rechtsausschusses des Deutschen Bundestages am 23. 1. 2008 mit Recht und in der gebotenen Deutlichkeit kritisiert.

[12] „Gesetz für kleine Aktiengesellschaften und zur Deregulierung des Aktienrechts“ BGBl I 1994, 1961.

auf notarielle Beurkundung des Hauptversammlungsprotokolls zu verzichten, falls die Gesellschaft nicht börsennotiert ist und keine Beschlüsse gefasst werden, für die nach dem Aktiengesetz eine Dreiviertel- oder größere Mehrheit vorgesehen ist. „Urkundsperson“ ist dann der Vorsitzende des Aufsichtsrats, der die Niederschrift zu unterzeichenen hat.

III. Societas Europae

27 Über die europäische Aktiengesellschaft, die Societas Europae (SE), ist fast 30 Jahre gestritten worden. Seit dem Jahre 2004 steht sie nun dem Rechtsverkehr zur Verfügung.[13]

28 Die SE ist juristische Person und ihrer Rechtsform nach Aktiengesellschaft. Ihre Rechtsfähigkeit beginnt mit der Eintragung im Handelsregister. Mit ihr steht dem Rechtsverkehr erstmals eine Rechtsform zur Verfügung, deren Vorschriften eine **grenzüberschreitende Verschmelzung** und **Sitzverlegung** zulassen.

29 Die SE kann entsprechend dem **dualistischen oder dem monistischen System ausgestaltet sein,** also entweder dem Trennungsprinzip folgen und ein Leitungsorgan einerseits und ein Aufsichtsorgan andererseits haben oder mit einem einheitlichen Verwaltungsorgan entsprechend dem anglo-amerikanischen Board-System ausgestattet werden. Die Mitbestimmung der Arbeitnehmer soll grundsätzlich zunächst durch Verhandlungen geregelt werden. Nur wenn innerhalb des gesetzlich vorgesehenen Verhandlungszeitraums keine Vereinbarung mit den Arbeitnehmern zustande kommt, greifen die nationalen Regelungen ein.

30 **Grundlage der SE** ist in erster Linie die Verordnung über das Statut der Europäischen Gesellschaft (SE-VO). Soweit europäisches Recht im Zusammenhang mit der SE umzusetzen war, hat der deutsche Gesetzgeber dies im Gesetz zur Einführung der europäischen Gesellschaft (SEEG) getan. Das SEEG enthält einerseits das SE-Ausführungsgesetz (SEAG) und andererseits das SE-Beteiligungsgesetz (SEBG).

31 Der europäische Gesetzgeber hat die SE als supranationale Rechtsform ausgestaltet. Funktionsweise und Struktur sollen in den Mitgliedsstaaten einheitlich sein. Gleichwohl verzichtet die SE-VO darauf, das Gesellschaftsrecht der SE in jeder Hinsicht zu regeln und verweist auf das nationale Recht soweit Aspekte in der SE-VO nicht geregelt sind. Maßgeblich ist das Recht des Staates, in dem die betroffenen SE ihren Sitz hat. Diese Regelungstechnik führt zwangsläufig dazu, dass sich **das auf die SE anwendbare materielle Recht unterscheidet, je nachdem, in welchem Staat sie ihren Sitz hat.**

D. Ausländische Rechtsformen

Die Rechtsprechung des EuGH ermöglicht mittlerweile auch die „Verwendung“ ausländischer Rechtsformen im Inland. Nachfolgend wird kurz auf gebräuchliche Rechtsformen des englischen und französischen Rechts eingegangen (zu weiteren Ländern siehe noch den Überblick bei § 10 Rn. 83).

I. *Limited*

32 Seit der EuGH im Jahre 2003 ausgesprochen hat, dass alle in einem Mitgliedsstaat der europäischen Gemeinschaft gegründeten Gesellschaften in den anderen Mitgliedsstaaten als solche anerkannt werden müssen,[14] sollen monatlich mehr als 1000 *Limiteds,* die in Großbritannien gegründet worden sind, ihren Verwaltungssitz nach Deutschland verlegt

[13] Literatur: *Van Hulle/Maul/Drinhausen,* Hdb. zur Europäischen Gesellschaft (SE), 2007; *Janott/Frodermann,* Hdb. der Europäischen AG, 2005; *Theisen/Wenz,* Die Europäische AG, 2002.

[14] „Inspire Art“ EuGH NJW 2003, 1461.

haben.[15] Unter anderem dieser Erfolg der *Limited,* der nachgesagt wird, sie sei eine preiswerte und flexible Alternative zur GmbH, hat den Gesetzgeber zum Handeln und zur Verabschiedung des „Gesetzes zur Modernisierung des GmbH-Rechts und zur Bekämpfung von Missbräuchen (MoMiG)" bewogen.[16] Bis zur Entscheidung des EuGH war nach deutschem Recht und ständiger Rechtsprechung des BGH davon auszugehen, dass eine ausländische Gesellschaft, die allein im Inland einen Verwaltungssitz hat, im Inland nicht als solche anerkannt wurde.

Die im allgemeinen Sprachgebrauch in Deutschland als *Limited* bezeichnete Gesellschaft ist die ***private company limited by shares*** des englischen *Companies Act.*[17] Die *Limited* ist wie die deutsche GmbH eine juristische Person. Ihre Struktur wird durch den Gesellschaftsvertrag bestimmt, der sich nach englischem Recht aus dem *Memorandum of Association* einerseits und den *Articles of Association* andererseits zusammensetzt. Das *Memorandum of Association* bezieht sich auf das Außenverhältnis, die *Articles of Association* regeln das Innenverhältnis der Gesellschaft und orientieren sich in der Praxis weitgehend an dem in *Table A* zum *Companies Act* enthaltenen Muster.[18] Nach dem englischen Gesellschaftsrecht muss die *Limited* kein Mindestkapital aufweisen. In der Praxis hat sich weitgehend die Untergrenze von einem Pfund (GBP) durchgesetzt. 33

Die *Limited* wird durch ihre **Geschäftsführer *(Directors)*** vertreten und muss mindestens einen Geschäftsführer haben.[19] Besondere persönliche Eigenschaften oder Fähigkeiten werden für die Bestellung als Geschäftsführer nicht vorausgesetzt, allerdings führt die Eröffnung eines privaten Insolvenzverfahrens zur Disqualifikation des Geschäftsführers.[20] Bis März 2008 verlangte das englische Gesellschaftsrecht, dass jede *Limited* über einen ***Company Secretary*** verfügen muss. Aufgabe des *Company Secretary* ist insbesondere, sicherzustellen, dass die gegenüber dem *Companies House* obliegenden gesetzlichen Verpflichtungen eingehalten werden.[21] Eine vergleichbare Funktion kennt das deutsche Recht nicht. Seit April 2008 besteht die Verpflichtung zur Bestellung eines *Company Secretary* nicht mehr. Dessen Aufgaben können von einem *Director* oder von einem sonstigen Bevollmächtigten wahrgenommen werden.[22] 34

Die *Limited* muss mindestens einen Gesellschafter haben, der in eine Gesellschafterliste einzutragen ist. Die Gesellschafterliste ist grundsätzlich am *Registered Office* zu führen, in jedem Fall aber in England bzw. Wales.[23] Wie bei der deutschen GmbH treffen die **Gesellschafter ihre Entscheidungen in Gesellschafterversammlungen,** die durch die *Directors* einberufen werden und mindestens jährlich stattfinden müssen.[24] 35

Geschäftsanteile an der *Limited* sind grundsätzlich übertragbar. Abtretungsverbote können in den *Articles of Association* niedergelegt werden, allerdings nicht rückwirkend.[25] Der Erwerber des Geschäftsanteils schuldet die Stempelsteuer *(stamp duty).*[26] 36

Als besonderer Vorteil wird häufig die schnelle und unkomplizierte Gründung hervorgehoben. In der Tat ist die Gründung einer *Limited,* die – wie bei der deutschen GmbH – 37

---

[15] *Westhoff* GmbHR 2006, 525; zum Rückgang der Bedeutung der Limited s. *Niemeier* ZIP 2007, 1794.

[16] Vom Bundestag am 26. Juni 2008 beschlossen.

[17] Einzelheiten bei *Ebert/Levedag* in *Süß/Wachter* Handbuch des internationalen GmbH-Rechts, 2006, S. 580 ff., 600 ff.

[18] *Ebert/Levedag* a. a. O. Rn. 124 f.

[19] *Ebert/Levedag* a. a. O. Rn. 508.

[20] *Ebert/Levedag* a. a. O. Rn. 503 f.

[21] Zum Company Secretary im Übrigen: s. *Just,* Die englische Limited in der Praxis, 2. Aufl. 2006, Rn. 203 ff.

[22] *Just* Englisches Gesellschaftsrecht, 2008, S. 9.

[23] Nachweise bei *Kadel,* MittBayNot 2006, 202, 206.

[24] *Just* a. a. O. Rn. 101.

[25] *Ebert/Levedag* a. a. O. Rn. 413.

[26] *Ebert/Levedag* a. a. O. Rn. 416.

durch Eintragung im Handelsregister erfolgt, regelmäßig innerhalb weniger Tage, gegen zusätzliche Gebühr auch innerhalb von 24 Stunden, möglich. Zahlreiche Anbieter halten Vorratsgesellschaften bereit.[27]

38 Spätestens dann, wenn die *Limited* ihre Tätigkeit in Deutschland aufnehmen will, kommt sie mit dem deutschen Recht in Berührung, da ihre **Betriebsstätte in Deutschland als Zweigniederlassung zum örtlich zuständigen Handelsregister anzumelden ist.** Die Errichtung der Zweigniederlassung erfolgt rein faktisch. Die Pflicht zur Anmeldung zum Handelsregister folgt aus den §§ 13 ff. HGB.[28] Spätestens in diesem Stadium wird die *Limited* von den Tücken des deutschen Registerrechts eingeholt.[29] Das Eintragungsverfahren ist regelmäßig deswegen aufwändig und teils auch langwierig, weil das deutsche Recht Unterlagen und Förmlichkeiten verlangt, die das englische Recht nicht ohne weiteres bereitstellt. Dies gilt insbesondere für die nötigen Vertretungsnachweise. Das deutsche Registergericht muss prüfen, ob die Anmeldenden rechts- und folglich auch **beteiligtenfähig sind und ordnungsgemäß vertreten werden.**[30] Die Vorlage des *Certificate of Incorporation* genügt für die Bescheinigung der Vertretungsbefugnis ebenso wenig wie die isolierte Vorlage der *Articles of Association.*[31] Erforderlich ist die Vorlage der *Articles of Association*, aus denen sich die Vertretungsregelung ergibt, gemeinsam mit einem Beschluss *(shareholders' resolution)* über die Bestellung des Handelnden zum *Director* und eine Bescheinigung des *Company Secretary* (s. o. Rn. 34), aus der sich ergibt, dass der Beschluss unverändert Gültigkeit besitzt.[32] Schließlich ist auch die Legitimation des *Company Secretary* nachzuweisen.[33]

39 Die Umgehung der in § 76 Abs. 3 AktG und § 6 Abs. 2 GmbHG vorgesehenen Bestellungsverbote für gesetzliche Vertreter ist seit Inkrafttreten des MoMiG nicht mehr möglich. Ungeeignete Geschäftsführer und Vorstände konnten bisher über die deutsche Niederlassung einer Auslandsgesellschaft tätig sein. Das ist durch die Ergänzung von § 13e Abs. 3 HGB unmöglich gemacht worden.

40 Die Anmeldung zum deutschen Handelsregister muss öffentlich beglaubigt werden. Regelmäßig dürfte es bei der Anmeldung der Zweigniederlassung empfehlenswert sein, **einen ständigen Vertreter der Zweigniederlassung** (§ 13e Abs. 2 S. 4 Nr. 3 HGB) zu bestellen[34], da dieser ständige Vertreter seine Vertretungsbefugnis sodann mit dem Registerauszug des (deutschen) zuständigen Amtsgerichts in Deutschland im Rechtsverkehr erheblich leichter beweisen kann als mit den für die *Limited* zur Verfügung stehenden Unterlagen.

41 Der objektive Vorteil, dass bei der Gründung der *Limited* praktisch kein Eigenkapital aufgebracht werden muss, relativiert sich meist schnell wieder, da etwaige Kreditgeber dann auf der Übernahme persönlicher Sicherheiten bestehen. Zahlreiche Fragen, insbesondere im Zusammenhang mit der Insolvenz einer Limited in Deutschland, sind unklar.[35]

Die Handelndenhaftung nach § 11 Abs. 2 GmbH soll auf die *Limited* nicht anwendbar sein. Vielmehr richtet sich die **Haftung des Geschäftsführers** nach dem am Ort der Gründung der *Limited* geltenden Recht.[36]

---

[27] *Römermann* NJW 2006, 2065; Einzelheiten zur Gründung bei *Ebert/Levedag* a. a. O. Rn. 68 ff.

[28] Schwierigkeiten insoweit beschreibt *Süß* DNotZ 2005, 180 ff.; s. auch *Just* a. a. O. Rn. 41 ff.

[29] Einzelheiten bei *Solveen* in: *Fleischhauer/Preuß* Handelsregisterrecht, 2006, S. 862 ff.

[30] OLG Dresden ZIP 2007, 2076, 2078.

[31] OLG Dresden a. a. O. m. w. N.

[32] KG GmbHR 2004, 116, 118; OLG Dresden 2007, 2076, 2078.

[33] OLG Dresden 2007, 2076, 2078; *Wachter* GmbHR 2007, 1158, 1160.

[34] Zwingend ist die Bestellung eines ständigen Vertreters jedoch nicht, OLG München ZIP 2008, 552.

[35] Zur Haftung des Geschäftsführers einer englischen Limited mit Verwaltungssitz in Deutschland wegen Insolvenzverschleppung: s. LG Kiel GmbHR 2006, 710 mit Anmerkung *Leutner/Langner,* S. 713.

[36] BGH NJW 2005, 1648.

II. SARL

Der Rechtsform der GmbH entspricht im französischen die *Société à responsabilité limité* (SARL), für die in Frankreich kein eigenständiges Gesetz existiert. Die maßgeblichen Gesetzesbestimmungen enthält der französische *Code de Commerce*. Die *SARL* ist juristische Person und wird durch Unterzeichnung des Gesellschaftsvertrages gegründet. An die Unterzeichnung des Gesellschaftsvertrages schließen sich zahlreiche Formalitäten an.[37] Die *SARL* kann von nur einem einzigen Gesellschafter gegründet werden, die Höchstzahl der Gesellschafter beträgt 100.[38] 42

Die *SARL* kann maximal für eine Dauer von 99 Jahren eingegangen werden. Die Dauer der Gesellschaft muss im Gesellschaftsvertrag angegeben werden, kann innerhalb dieses Zeitraums jedoch frei bestimmt werden. Die Gesellschaft beginnt mit ihrer Eintragung in das Handelsregister.[39] Das Mindeststammkapital beträgt grundsätzlich einen Euro. Es ist in Geschäftsanteile mit gleichem Nennwert einzuteilen.[40]

Die *SARL* wird durch einen oder mehrere Geschäftsführer vertreten, die zwingend natürliche Personen sein müssen.[41] Die Modalitäten der Bestellung und Abberufung können im Gesellschaftsvertrag frei festgelegt werden.[42] Das einzige weitere Organ neben den Geschäftsführern ist die Gesellschafterversammlung. Es besteht nicht die Möglichkeit, weitere Gremien zu bilden.[43]

---

[37] Überblick bei *Karst* in *Süß/Wachter* Handbuch des internationalen GmbH-Rechts, 2006, S. 802 Rn. 7 ff.

[38] *Karst* a. a. O. S. 805 Rn. 18.

[39] *Karst* a. a. O. S. 809 Rn. 34.

[40] *Karst* a. a. O. S. 809 Rn. 34 f.

[41] *Karst* a. a. O. S. 831 Rn. 128 f.

[42] *Karst* a. a. O. S. 831 Rn. 130.

[43] *Karst* a. a. O. S. 833 Rn. 133.

§ 5 GmbH

A. Rechtsnatur der GmbH

Für das Verständnis der Rechtsnatur der GmbH muss man sich zunächst über ihre Eigenschaft als Kapitalgesellschaft und juristische Person ebenso im Klaren sein wie über ihre Haftungsmasse bzw. über die Bedeutung der Haftungsbeschränkung.

I. Kapitalgesellschaft, juristische Person

1 Ebenso knapp wie lakonisch sagt § 13 Abs. 1 GmbHG: „Die Gesellschaft mit beschränkter Haftung als solche hat selbstständig ihre Rechte und Pflichten; sie kann Eigentum und andere dingliche Rechte an Grundstücken erwerben, vor Gericht klagen und verklagt werden."

Die **GmbH ist juristische Person** und nimmt als solche in jeder Hinsicht am Rechtsverkehr teil, sowohl im Verhältnis zu Dritten als auch im Verhältnis zu ihren Gesellschaftern. Nichts anderes gilt für die Stellung der GmbH im **Prozess,** wo sie als solche „Partei" ist.

2 Die GmbH kann dagegen **nicht solche Stellungen** einnehmen, die entweder kraft gesetzlicher Entscheidungen oder wegen der Natur der Sache **natürlichen Personen vorbehalten** sind. Beispielsweise kann die GmbH nicht Arbeitnehmer sein (sondern sie verpflichtet sich zur Erbringung von Dienstleitungen), sie kann nichts vererben (weil sie nicht stirbt) und kraft gesetzlicher Entscheidung kommt auch eine Tätigkeit als Betreuer, § 1897 BGB, und Insolvenzverwalter, § 96 Abs. 1 InsO, nicht in Betracht. Umgekehrt kann die GmbH Vertreter sein,[1] sie kann Besitz erlangen und erhalten sowie Eigentum erwerben und übertragen. Die GmbH kann selbst Gesellschafterin anderer Gesellschaften sein und andere Gesellschaften können an ihr als Gesellschafter beteiligt sein.

3 Da die GmbH als juristisches Gebilde nicht selbst handeln kann, handelt sie durch ihre Organe. Hierzu sind die Geschäftsführer berufen.

4 Als Kapitalgesellschaft ist die Gesellschaft – anders als die Personengesellschaft – vom Bestand ihrer Mitglieder unabhängig. Sie besteht auf der Basis des aufgebrachten Kapitals als solche fort, unabhängig davon, ob diejenigen Personen, die sie errichtet haben, noch Gesellschafter sind oder nicht.

5 Die GmbH entsteht mit Eintragung im Handelsregister und endet nicht etwa mit ihrer Auflösung, sondern erst dann, wenn sie nach Liquidation vollständig beendet worden ist und im Handelsregister gelöscht wurde.

II. Haftungsmasse

6 Entgegen ihrem Namen „Gesellschaft mit beschränkter Haftung" **haftet die GmbH nicht beschränkt,** sondern mit allem, was sie hat. Auch wenn § 13 Abs. 2 GmbHG sagt, dass für die Verbindlichkeiten der Gesellschaft den Gläubigern „nur" das Gesellschaftsvermögen haftet, so haftet den Gläubigern doch das **gesamte Gesellschaftsvermögen in vollem Umfang und in jeder Hinsicht unbeschränkt.**

Die Haftung der Gesellschaft als solche unterliegt keinerlei gesetzlichen Beschränkungen. Insbesondere ist die Haftung der Gesellschaft nicht etwa auf den Betrag ihres Stammkapitals begrenzt, das ohnehin nur einen Teil ihres Vermögens ausmachen wird.

---

[1] Nach herrschender Meinung allerdings nicht Prokurist, weil es insoweit auf eine besondere Vertrauensstellung ankommen soll (*Baumbach/Hopt* § 58 Rn. 2; *Röhricht/Graf von Westphalen/Wagner* § 48 Rn. 20; KG NZG 2002, 48; je m. w. N.).

III. Bedeutung und Reichweite der Haftungsbeschränkung

Den Gläubigern der Gesellschaft haftet das Gesellschaftsvermögen zwar in vollem Umfang und ohne jede Beschränkung, allerdings haftet ihnen eben **nur das Gesellschaftsvermögen.** Namentlich haften daher grundsätzlich weder ihre Geschäftsführer noch ihre Gesellschafter auf Erfüllung der von der Gesellschaft eingegangenen Verpflichtungen. 7

Umgekehrt steht das **Vermögen der Gesellschaft auch unter besonderem Schutz.** Da nur das Gesellschaftsvermögen den Gläubigern der Gesellschaft als Sicherheit für die Verbindlichkeiten der Gesellschaft zur Verfügung steht, sind Auszahlungen aus dem zur Erhaltung des Stammkapitals der Gesellschaft erforderlichen Vermögen verboten, § 30 GmbHG, und müssen der Gesellschaft gegebenenfalls erstattet werden, § 31 GmbHG. 8

Dieser gesetzlich angeordnete Schutz hat sich in den Fällen als unzulänglich erwiesen, in denen Gesellschafter die betroffene Gesellschaft bis zur Insolvenzreife bewusst schädigen. Motivation solcher Schädigungen sind typischerweise die Verfolgung persönlicher Interessen der Gesellschafter oder diesen nahe stehender Personen. Rechtsprechung und Literatur haben lange darum gerungen, wie und auf welcher Grundlage die Schädiger in derartigen Fällen zur Verantwortung zu ziehen sind. Die viel kritisierte Rechtsprechung zum qualifiziert faktischen GmbH-Konzern[2] ist mittlerweile überholt. Seit der grundlegenden Entscheidung des BGH vom 16. 7. 2007[3] ist der **existenzvernichtende Eingriff** zu Lasten einer GmbH nunmehr als vorsätzliche, sittenwidrige Schädigung der Gesellschaft nach § 826 BGB einzuordnen, die der Gesellschaft gegen den schädigenden Gesellschafter einen Anspruch auf Schadensersatz gibt. Zu Recht erkennt der BGH in einem existenzvernichtenden Eingriff in das Gesellschaftvermögen einen Verstoß gegen die Pflicht zur Respektierung der Zweckbindung des Gesellschaftsvermögens: Wer für seine unternehmerische Tätigkeit die Haftungsbeschränkung auf das Gesellschaftvermögen in Anspruch nimmt, hat auch die selbstverständliche Pflicht, dafür Sorge zu tragen, dass dieses Gesellschaftsvermögen im Interesse derjenigen, deren Sicherheit es dienen soll (Gesellschaftsgläubiger), erhalten bleibt.[4] 9

Auch die durch einen existenzvernichtenden Eingriff eines Gesellschafters geschädigten Gläubiger können daher nach der jüngsten Rechtsprechung des BGH nicht den schädigenden Gesellschafter selbst in Anspruch nehmen, sondern **die Gesellschaft selbst muss gegen ihren Gesellschafter entsprechende Ansprüche auf Grundlage von § 826 BGB geltend machen.** 10

Missbraucht dagegen der Gesellschafter die Rechtsform der GmbH, indem er sein Privatvermögen mit dem Vermögen der Gesellschaft vermischt und zwar in der Weise, dass dadurch die Beachtung der Kapitalerhaltungsvorschriften nicht mehr möglich ist, kommt nach der Rechtsprechung des Bundesgerichtshofs eine **Durchgriffshaftung** des Gesellschafters (dazu noch u. § 11 Rn. 50 ff.) in Betracht.[5] 11

B. Errichtung

Wer beabsichtigt, eine GmbH zu gründen, muss sich nicht nur über die verschiedenen Möglichkeiten zur Etablierung der Gesellschaft im Klaren sein, sondern befasst sich 12

---

[2] BGHZ 95, 330 (Autokran); BGHZ 107, 7 (Tiefbau); BGHZ 115, 187 (Video). Seit den Urteilen BGHZ 122, 123 (TBB) und BGHZ 149, 10 (Bremer Vulkan) bewegte sich der BGH auf den jetzigen Stand zu (existenzvernichtender Eingriff), so erstmals BGHZ 151, 181 (KBV). Überblick über die Entwicklung bei *Wilhelm* Kapitalgesellschaftsrecht Rn. 484 ff. S. i. Ü. noch u. § 11 Rn. 40 ff.

[3] II ZR 3/04 BGH, ZIP 2007, 1552 ff.

[4] Vgl. BGH ZIP 2007, 1552, 1555.

[5] BGH ZIP 2006, 467; BGHZ 125, 366; BGH ZIP 2007, 1552, 1556.

sinnvollerweise auch mit den einzelnen **Gründungsschritten.** Entstehen kann die neue Gesellschaft als Neugründung oder als „Neuverwendung" einer bestehenden Gesellschaft (Mantelverwendung – dazu u. Rn. 28 ff.). Die Kenntnis der einzelnen Gründungsschritte ist schon deshalb erforderlich, um entscheiden zu können, ob die GmbH die geeignete Rechtsform ist und um die Voraussetzungen für die Gründung der GmbH erkennen und schaffen zu können. Gründungsprozesse verzögern sich häufig, weil zu spät überlegt wird, wer die beizubringenden Erklärungen und Dokumente wann und in welcher Form abgibt bzw. beschafft.

I. Neugründung

Die Neugründung ist der gesetzlich vorgesehene Regelfall:

1. Feststellung der Satzung

13 Der Vorgang, der üblicherweise als „Feststellung der Satzung" bezeichnet wird, ist nichts anderes als der **Abschluss des Gesellschaftsvertrages** zwischen den Gründern in notarieller Form. Sämtliche Gesellschafter müssen den Gesellschaftsvertrag – der typischerweise als Anlage zur notariellen Urkunde über die Errichtung der Gesellschaft genommen wird – unterzeichnen. Stellvertretung ist nur aufgrund notariell errichteter oder beglaubigter Vollmacht zulässig, § 2 Abs. 2 GmbHG (s. dazu näher unten Rn. 90 ff.).

14 Das Gesetz macht nur ausgesprochen spärliche Angaben über den **Inhalt des Gesellschaftsvertrages.** Zwingender Inhalt des Gesellschaftsvertrages sind nach § 3 Abs. 1, 2 GmbHG allein

- die Firma der Gesellschaft,
- der Sitz der Gesellschaft,
- der Gegenstand des Unternehmens,
- der Betrag des Stammkapitals,
- der Betrag der von jedem Gesellschafter zu leistenden Stammeinlage,
- eine etwaige zeitliche Beschränkung der Gesellschaft und
- etwaige weitere Verpflichtungen der Gesellschafter, die über die Leistung von Kapital hinausgehen.

Entsprechend § 26 AktG wird auch für die GmbH nach mittlerweile allgemeiner Meinung zusätzlich verlangt, dass der **Gründungsaufwand** – der gegebenenfalls zu schätzen ist – **im Gesellschaftsvertrag festzusetzen** ist und dass diese Festsetzung erst fünf Jahre nach Gründung der Gesellschaft im Gesellschaftsvertrag getilgt werden darf.[6]

15 Wirksam abgeschlossen werden kann der Gesellschaftsvertrag also mit dem vorstehend beschriebenen Mindestinhalt. Empfehlenswert dürfte dies allerdings grundsätzlich nicht sein. Ein guter Gesellschaftsvertrag ist zugleich ein „Handbuch" oder eine „Bedienungsanleitung" für die Gesellschaft. Gesellschafter und Geschäftsführer sollen durch einen Blick in den Gesellschaftsvertrag die für die Gesellschaft geltenden Regelungen möglichst umfassend erkennen und anwenden können.

Sinnvolle weitere Inhalte des Gesellschaftsvertrages sind Regelungen über:

- die Geschäftsführung,
- die Vertretung der Gesellschaft,
- die Gesellschafterversammlung,
- die Gesellschafterbeschlüsse,
- weitere Gesellschaftsorgane (Aufsichtsrat, Beirat),
- etwaige Wettbewerbsverbote,
- Verfügungen über Geschäftsanteile,
- das Schicksal von Gesellschaftern und Geschäftsanteilen (Austritt, Einziehung, Abfindung, Vererblichkeit),
- Jahresabschlüsse, Gewinnverwendung.

---

[6] *Baumbach/Hueck/Hueck/Fastrich* § 5 Rn. 57 m. w. N.; *Roth/Altmeppen* § 5 Rn. 72.

Im Zuge des MoMiG hat der Gesetzgeber dem GmbHG jetzt ein **„Musterprotokoll"** angefügt, welches drei Dokumente (Gesellschaftsvertrag, Geschäftsführerbestellung und Gesellschafterliste) in sich vereinigt.[7] Wird dieses Musterprotokoll verwandt, so ist die Gründung kostenrechtlich privilegiert, da für die Notarkosten nicht mehr mindestens 25 000 € als Gegenstandswert anzusetzen sind, § 41 d KostO n. F., sondern der Betrag des Stammkapitals, der für die Unternehmergesellschaft auch niedriger gewählt werden kann, s. o. § 4 Rn. 23. Die Verwendung dieses Musterprotokolls kommt in Betracht, wenn die Gesellschaft höchstens drei Gesellschafter und höchstens einen Geschäftsführer hat, § 2 Abs. 1 a GmbHG. 16

Von der Verwendung des Musterprotokolls ist ausdrücklich abzuraten. Den Bedürfnissen der Praxis wird es nicht gerecht. Bereits dann, wenn die Gesellschafter nicht wünschen, dass der einzige Geschäftsführer von den Beschränkungen des § 181 BGB befreit (s. u. Rn. 136 ff.) wird (was bei drei Gesellschaftern und einem einzigen Geschäftsführer eher die Regel als die Ausnahme sein sollte), kommt die Verwendung des Musterprotokolls nicht in Betracht, denn das Musterprotokoll sieht diese Befreiung vor und Änderungen sind unzulässig. Der in das Musterprotokoll gezwängte Gesellschaftsvertrag ist bestenfalls ein Fragment und lässt das gesamte Innenverhältnis der Gesellschaft ungeregelt. Die Gesellschafter sind stattdessen gezwungen, die Regelungen des GmbH-Gesetzes selbst zu ermitteln und anzuwenden. Das gesetzgeberische Konzept ist auch nicht stimmig: Das Musterprotokoll ist notariell zu beurkunden, um den Gesellschaftern die notarielle Beratung zu erhalten.[8] Dass der Notar die Verwendung des fragmentarischen Gesellschaftsvertrages empfehlen wird, den das Musterprotokoll vorsieht, ist schwer vorstellbar. Vielmehr wird er den Gründern empfehlen, einen ihren Interessen gerecht werdenden, ausgewogenen Gesellschaftsvertrag abzuschließen. Dann aber kommt die Verwendung des Musterprotokolls nicht mehr in Betracht und die Gründer stehen vor der Wahl, den notariellen Rat zu ignorieren oder das gesetzliche Muster nicht zu verwenden. 17

2. Aufbringung des Stammkapitals

An den Abschluss des Gesellschaftsvertrages schließt sich die Aufbringung des Stammkapitals an. 18

Im Fall der Bargründung bedeutet dies, dass die **Stammeinlagen in bar einzuzahlen** sind. Im Fall der Sachgründung sind der Gesellschaft die bei Gründung versprochenen **Vermögensgegenstände zu übertragen.** Da die Verpflichtung zur Leistung der Einlagen erst durch Abschluss des Gesellschaftsvertrages entsteht, kann die daraus entstehende Verbindlichkeit erst nach Abschluss des Gesellschaftsvertrages erfüllt werden (s. im Einzelnen unten Rn 62 ff.).

3. Anmeldung zum und Eintragung im Handelsregister

a) **Voraussetzungen.** Ist der Gesellschaftsvertrag abgeschlossen und das Stammkapital ordnungsgemäß aufgebracht, so ist die Gesellschaft zur Eintragung im Handelsregister anzumelden. Die Einreichung der Handelsregisteranmeldung erfolgt **grundsätzlich elektronisch** § 8 Abs. 5 GmbHG i. V. m. § 12 Abs. 2 HGB. Die Einreichung in anderer Form ist unzulässig.[9] Die Zugangwege und die Anforderungen an die Dateiformate sind unter www.egvp.de abrufbar. 19

Im Fall der Bargründung darf die Anmeldung zum Handelsregister erst erfolgen, wenn auf jeden Geschäftsanteil mindestens ein Viertel eingezahlt ist und mindestens die Hälfte des Mindeststammkapitals nach § 5 Abs. 1 GmbHG erreicht ist (s. im Einzelnen unten Rn 69). 20

Sacheinlagen sind vor Anmeldung der Gesellschaft **vollständig** zu bewirken, § 7 Abs. 3 GmbHG. Die Anmeldung zum Handelsregister ist durch **sämtliche Geschäftsführer** vor- 21

---

[7] BT-Drs. 16/9737.
[8] BT-Drs. 16/9737, S. 83, 93.
[9] Das Landesrecht kann bis zum 31. 12. 2009 Ausnahmen zulassen, Art. 61 Abs. 1 S. 1 EGHGB.

zunehmen, § 78 GmbHG. Die Geschäftsführer sind kraft ihrer Bestellung dazu verpflichtet, die Gesellschaft zum Handelsregister anzumelden.[10] Die Gründer haben folglich gegen die Geschäftsführer einen Anspruch darauf, dass diese die Gesellschaft zum Handelsregister anmelden.

22 b) **Inhalt.** Die Anmeldung zum Handelsregister müssen die Geschäftsführer höchstpersönlich vornehmen, Stellvertretung bei der Anmeldung ist nicht möglich (s. im Einzelnen unter Rn. 90ff., 103). Die Anmeldung der Gesellschaft erfolgt bei dem für ihren Sitz zuständigen Registergericht, § 7 Abs. 1 GmbHG. Der Handelsregisteranmeldungen müssen beigefügt sein:

- Der Gesellschaftsvertrag und – falls Gründer beim Abschluss des Gesellschaftsvertrages vertreten worden sind – die entsprechenden Vollmachten, § 8 Abs. 1 Nr. 1 GmbHG,
- der Beschluss über die Bestellung der Geschäftsführer, falls die Geschäftsführer nicht im Gesellschaftsvertrag unmittelbar bestellt worden sind, § 8 Abs. 2 Nr. 2 GmbHG,
- falls vor Eintragung der Gesellschaft im Handelsregister ein Aufsichtsrat bestellt wurde, der Beschluss über die Bestellung und eine Liste[11] der Mitglieder mit Name, Vorname, ausgeübtem Beruf und Wohnort, § 52 Abs. 2 GmbHG; i.V.m. § 37 Abs. 4 Nr. 3, 3a AktG,
- eine von sämtlichen Geschäftsführern unterschriebene Liste der Gesellschafter, die für jeden Gesellschafter Name, Vorname, Geburtsdatum, Wohnort (bzw. bei juristischen Personen Firma, Sitz und Registerangaben) sowie den Nennbetrag und die laufende Nummer der jeweils übernommenen Geschäftsanteile enthält (§ 8 Abs. 1 Nr. 3 GmbHG),
- falls Sacheinlagen gemacht worden sind, außerdem die Verträge, die der Festsetzung der Sacheinlage zugrunde liegen oder aber zur Erfüllung von Sacheinlageverpflichtungen geschlossen worden sind, außerdem der von allen Gesellschaftern höchstpersönlich zu unterzeichnende Sachgründungsbericht,[12] § 8 Abs. 1 Nr. 4 GmbHG,
- falls Sacheinlagen vereinbart worden sind, Unterlagen darüber, dass der Wert der Sacheinlagen den Betrag der dafür übernommenen Geschäftsanteile erreicht, § 8 Abs. 1 Nr. 5 GmbHG,

23 Schließlich muss die Anmeldung angeben, welche **Vertretungsbefugnis** die Geschäftsführer haben. Eine Bezugnahme auf den Gesellschaftsvertrag reicht nicht aus. Damit wird bezweckt, dass die Vertretungsverhältnisse möglichst einfach festgestellt werden können. Die Angabe der Vertretungsbefugnis muss ausdrücklich, vollständig und generell formuliert sein.[13] Außerdem ist in der Anmeldung anzugeben, falls Geschäftsführer von den Beschränkungen des § 181 BGB befreit worden sind, wobei klarzustellen ist, ob die Befreiung insgesamt oder nur teilweise erteilt worden ist.[14]

Nicht mehr erforderlich ist, dass die Geschäftsführer ihre Unterschrift in der Handelsregisteranmeldung noch einmal gesondert „zeichnen“.

24 c) **Prüfung des Registergerichts und Versicherung der Geschäftsführer.** Außerhalb des Katalogs des § 8 Abs. 1 GmbHG verlangten zahlreiche Registergerichte in der Vergangenheit – gestützt auf die Prüfungspflicht nach § 9c GmbHG – **Nachweise** darüber, dass das **Stammkapital eingezahlt** worden ist.[15] Hierzu genügte in der Regel ein Kontoauszug der Gesellschaft. Seit Inkrafttreten des MoMiG bestimmt § 8 Abs. 2 S. 2 GmbHG, dass das Registergericht Nachweise (beispielhaft nennt das Gesetz Einzahlungsbelege) zur

---

[10] *Scholz/Winter* § 7 Rn. 6; *Baumbach/Hueck/Hueck/Fastrich* § 7 Rn. 2.

[11] Beachte: Die für diese Liste zu machenden Angaben weichen von denen ab, die für die Gesellschafterliste zu machen sind.

[12] Stellvertretung ist nach herrschender Meinung ausgeschlossen, *Roth/Altmeppen/Roth* § 5 Rn. 59.

[13] *Baumbach/Hueck/Hueck/Fastrich* § 8 Rn. 17.

[14] S. dazu im Einzelnen unten.

[15] Was ohne konkrete Anhaltspunkte dafür, dass die entsprechende Versicherung der Geschäftsführer unrichtig ist, unzulässig gewesen sein dürfte (*Scholz/Winter* § 8 Rn. 23 m.w.N.).

Einzahlung nur dann verlangen kann, wenn es erhebliche Zweifel an der Richtigkeit der Versicherung der Geschäftsführer nach § 8 Abs. 2 S. 1 GmbHG hat. Vorsorglich sollte unbedingt darauf geachtet werden, dass der Buchungstext der Kontoauszüge eindeutig ergibt, dass die Zahlung auf die Stammeinlage erfolgt ist und wer (gegebenenfalls für wen) die Einzahlung vorgenommen hat.

Weiter haben die **Geschäftsführer in der Anmeldung zu versichern,** dass die Bar- oder Sacheinlagen geleistet worden sind und der Gegenstand der Leistung (also entweder Geld oder die vereinbarte Sacheinlage) sich endgültig in der freien Verfügung der Geschäftsführer befindet, § 8 Abs. 2 S. 1 GmbHG. 25

Der **maßgebliche Zeitpunkt** für die Versicherung nach § 8 Abs. 2 S. 1 GmbHG ist der Zeitpunkt des Eingangs beim Registergericht. Erfahren die Geschäftsführer vor diesem Zeitpunkt, dass sich die tatsächlichen Verhältnisse geändert haben oder dass ein Irrtum vorliegt, so sind sie verpflichtet – wenn sie ihre Haftung nach § 9a Abs. 1 GmbHG vermeiden wollen – die Angaben zu berichtigen. Ändern sich dagegen die tatsächlichen Verhältnisse nach dem relevanten Zeitpunkt, sind sie nicht zur besonderen Mitteilung verpflichtet.[16] Dieses zeitliche Moment verdient besondere Beachtung, wenn nicht alle Geschäftsführer die Versicherung zum selben Zeitpunkt abgeben. 26

Weiter haben die Geschäftsführer bei der Anmeldung nach § 8 Abs. 3 GmbHG zu versichern, dass keine Umstände vorliegen, die nach den Bestimmungen des GmbH-Gesetzes ihrer Bestellung entgegenstehen (s. dazu unten Rn. 129). 27

II. Neugründung versus Mantelkauf

Als Alternative zur Neugründung als gesetzlichem Regelfall wird häufig der Erwerb einer bereits existierenden „Mantelgesellschaft" erwogen. Vor- und Nachteile sind sorgfältig und genau abzuwägen.

1. Mantelverwendung

Anstelle der Neugründung einer GmbH wird zur **„Zeit- und Kostenersparnis"** häufig erwogen und empfohlen, einen „GmbH-Mantel" zu erwerben. Zahlreiche Anbieter halten GmbH-Mäntel (Vorratsgesellschaften) ständig bereit. 28

Als Mantelgesellschaft wird eine **unternehmenslose Gesellschaft** bezeichnet, die sich darauf beschränkt, ihr Vermögen (ihr Stammkapital) zu verwalten. Mantelgesellschaften können entweder so genannte Vorratsgesellschaften sein, die zum Zweck des späteren Verkaufs „auf Vorrat" gegründet werden oder aber Altgesellschaften, die – aus welchen Gründen auch immer – unternehmenslos geworden sind und später „reaktiviert" werden. Die Zulässigkeit von Mantelgründung und Mantelverwendung war lange Zeit umstritten. Heute ist allgemein anerkannt, dass die Verwendung von Mantelgesellschaften zulässig ist.[17] 29

Die **Nutzung von Verlustvorträgen** ist seit der Neufassung des § 8 Abs. 4 KStG im Jahre 1988 in der Regel nicht mehr möglich.

Voraussetzung für die Anerkennung einer Vorratsgesellschaft ist, dass es sich um eine so genannte **„offene Vorratsgründung"**[18] handelt. Das bedeutet, dass der Umstand der Vorratsgründung bei der Benennung des Unternehmensgegenstandes offen gelegt werden muss, damit kein Verstoß gegen § 117 BGB (Scheingeschäft) vorliegt. Als typischer Unternehmensgegenstand von Vorratsgesellschaften hat sich daher „die Verwaltung eigenen Vermögens" etabliert.[19] 30

---

[16] *Scholz/H. Winter/Veil* § 8 Rn. 21; m. w. N.

[17] BGHZ 117, 323; *Baumbach/Hueck* GmbHG, 18. Aufl., § 3 Rn. 12; *K. Schmidt* Gesellschaftsrecht S 69f., jeweils m. w. N.; *Scholz/Emmerich* § 3 Rn. 21f.

[18] *K. Schmidt* Gesellschaftsrecht § 4 III 2 lit. B bb.

[19] BGHZ 117, 323, 333f. mit dem Hinweis, dass die Gründung mit einem fiktiven Unternehmensgegenstand zur Nichtigkeit der Gründung selbst führt und dem Hinweis, dass dies auch dann

31 Vorratsgesellschaften haben typischerweise **einen Geschäftsführer** (der auch in einer Vielzahl anderer Vorratsgesellschaften als Geschäftsführer fungiert), verfügen über das gesetzliche **Mindeststammkapital** und haben einen **Gesellschaftsvertrag,** der nur die nach § 3 GmbHG vorgeschriebenen Mindestangaben enthält.

Für die **Verwendung** eines solchen GmbH-Mantels ist daher
- die Abberufung des bisherigen und die Bestellung mindestens eines neuen Geschäftsführers,
- die Neufassung des Gesellschaftsvertrages,
- gegebenenfalls die Verlegung des Sitzes der Gesellschaft sowie
- gegebenenfalls eine Erhöhung des satzungsmäßigen Kapitals

erforderlich.

2. Wirtschaftliche Neugründung

32 Im Jahre 2002[20] hat der Bundesgerichtshof klargestellt, dass die Verwendung des Mantels einer „auf Vorrat" gegründeten Gesellschaft mit beschränkter Haftung eine (wirtschaftliche) **Neugründung** darstellt (s. dazu auch u. § 7 Rn 29). Das gilt nicht nur für die so genannte Vorratsgründung,[21] sondern auch für die Verwendung eines inaktiven GmbH-Mantels.[22]

33 In rechtstechnischer Hinsicht handelt es sich bei der Verwendung eines GmbH-Mantels (gleich, ob Vorratsgesellschaft oder Altgesellschaft) aber gerade nicht um eine Neugründung, sondern um die **Verwendung einer tatsächlich bestehenden Gesellschaft.**[23] Der Sache nach geht es auch nicht um die Frage, ob eine „Neugründung" vorliegt oder nicht, sondern darum, dass bei der „Reaktivierung" der Mantelgesellschaft sichergestellt werden soll, dass die der Kapitalausstattung dienenden Gründungsvorschriften des GmbH-Gesetzes nicht umgangen werden.[24] Mit der Terminologie „wirtschaftliche Neugründung" begründet der BGH, dass er im Fall der Mantelverwendung die **Beachtung der Gründungsvorschriften** verlangt.[25]

34 Im Rahmen der Anmeldung der erforderlichen Satzungsänderung (Neubestellung des Geschäftsführers, Änderung des Gesellschaftsvertrages, gegebenenfalls Sitzverlegung) ist dem **Registergericht offen zu legen,** dass es sich um eine „reaktivierte" Gesellschaft handelt. Nach der Rechtsprechung ist sicherzustellen, dass im Zuge der Verwendung eines GmbH-Mantels die Gründungsvorschriften beachtet werden, insbesondere die Versicherung nach § 8 Abs. 2 S. 1 GmbHG durch die Geschäftsführer abgegeben wird, dass die in § 7 Abs. 2 und 3 GmbHG bezeichneten Leistungen auf die Stammeinlage bewirkt sind und diese sich in der freien Verfügung der Geschäftsführer befinden.

3. Vor- und Nachteile

35 Im Hinblick darauf, dass die Nutzung von Verlustvorträgen von Mantelgesellschaften steuerlich in der Regel nicht mehr möglich ist und im Hinblick auf die dargestellte Rechtsprechung zur „wirtschaftlichen Neugründung" ist nicht eindeutig, dass die Verwendung eines GmbH-Mantels gegenüber einer Neugründung durchschlagende Vorteile bieten würde. Hinzu kommt, dass durch die Einführung des elektronischen Handelsregisters die Eintragungsverfahren inzwischen wesentlich beschleunigt wurden. Die folgenden Aspekte sollten bedacht werden:

---

gilt, wenn die Aufnahme des satzungsmäßigen Gegenstands nach aller Wahrscheinlichkeit nicht für einen zukünftigen Zeitpunkt geplant ist.

[20] BGHZ 153, 158.

[21] BGHZ a. a. O.

[22] BGHZ 155, 318.

[23] *K. Schmidt* Gesellschaftsrecht S. 73 f.

[24] Kritisch zur Rechtsprechung: *Wilhelm* Kapitalgesellschaftsrecht Rn. 339.

[25] Ein Mitglied des erkennenden Senats hat insoweit von einer „rechtsschöpferischen Anordnung" gesprochen, so *Goette* DStR, 2004, 461, 463.

- Der **GmbH-Mantel „passt" für die vorgesehenen Zwecke in der Regel nicht.** Nach Erwerb des GmbH-Mantels müssen dieselben Schritte, die auch im Zuge der Gründung der Gesellschaft vorgenommen werden müssen, vorgenommen werden, nämlich die Neubestellung eines Geschäftsführers, die Änderung des Gesellschaftsvertrages sowie gegebenenfalls die Verlegung des Sitzes der Gesellschaft.
- Zur Kostenersparnis taugt die Verwendung eines GmbH-Mantels in der Regel allein deswegen nicht, weil für den GmbH-Mantel zusätzlich zum Stammkapital auch noch ein **Kaufpreis** gezahlt werden muss.
- Ein unbestrittener Vorteil des GmbH-Mantels ist, dass die **Gesellschaft bereits existiert** und sofort nach Erwerb Träger von Rechten und Pflichten werden kann. Dieser „Zeitvorteil" ist jedoch relativ, da der Mantelverkäufer die Verfügung über die Gesellschaft und insbesondere über ihr Stammkapital typischerweise erst dann zulassen wird, wenn der Kaufpreis gezahlt ist. Berücksichtigt man, dass bereits dies einige Bankarbeitstage in Anspruch nehmen kann und dass bei vielen Registergerichten die Eintragung einer neu gegründeten GmbH mittlerweile innerhalb von zwei Wochen erfolgt, so schmilzt der Vorteil des Mantelkaufs auf wenige Tage zusammen.
- In rechtstechnischer Hinsicht hat der Kauf des GmbH-Mantels den Vorteil, dass er **durch Bevollmächtigte abgewickelt** werden kann, ohne dass die dafür erteilte Vollmacht notariell errichtet werden müsste. Dagegen muss nach § 2 Abs. 2 GmbHG die für die Gründung einer Gesellschaft erteilte Vollmacht notariell beurkundet oder beglaubigt werden. Auch diese Erleichterung relativiert sich jedoch, da nach der Rechtsprechung des BGH (wirtschaftliche Neugründung) bei der Mantelverwendung wie bei der Neugründung die Versicherung der Geschäftsführer über die Einzahlung des Stammkapitals abzugeben ist, § 7 Abs. 2 GmbHG, und diese Erklärung nach allgemeiner Meinung höchstpersönlicher Natur ist, bei der Stellvertretung nicht in Betracht kommt.[26]

III. Gründungsschritte

Die Gründung einer GmbH vollzieht sich in drei strikt von einander zu trennenden Schritten, nämlich Vorgründungsgesellschaft – Vorgesellschaft – juristische Person:

1. Vorgründungsgesellschaft

Wird die GmbH durch mehr als eine Person errichtet, so besteht zwischen diesen Per- 36
sonen von dem Zeitpunkt an, zu dem sie gemeinsam verabreden, eine GmbH zu errichten, die so genannte Vorgründungsgesellschaft.

Die Vorgründungsgesellschaft hat den Zweck, die **GmbH als juristische Person ins** 37
Leben zu rufen und ist in der Regel ihrer Rechtsnatur nach GbR, im Einzelfall, wenn die Vorgründungsgesellschaft als solche bereits nach außen auftritt und ein Handelsgewerbe betreibt, OHG.

Wichtig ist, dass der Vertrag über die Errichtung einer Vorgründungsgesellschaft – also die verbindliche Abrede der Gründer untereinander, eine GmbH zu errichten – die Verpflichtung enthält, ein **formbedürftiges Rechtsgeschäft** (Gründung der GmbH) abzuschließen und daher seinerseits formbedürftig ist. Der Gesellschaftsvertrag einer Vorgründungsgesellschaft bedarf daher der notariellen Beurkundung nach § 2 Abs. 1 S. 1 GmbHG.[27] Wird der Gesellschaftsvertrag über die Errichtung der Vorgründungsgesellschaft nicht notariell beurkundet, so ist er nichtig. Nicht beurkundungsbedürftig ist dem gegenüber der Vertrag über die Gründung einer Vorgründungsgesellschaft, wenn die Gründer noch nicht fest die Gründung der GmbH vereinbaren, sondern zunächst gemeinsam die Geschäftschancen evaluieren oder einen anderen Zweck verfolgen wollen.[28]

---

[26] *Baumbach/Hueck/Hueck/Fastrich* § 8 Rn. 11 m.w.N.

[27] *Baumbach/Hueck/Hueck/Fastrich* GmbHG § 2 Rn. 29; BGH NJW-RR 1988, 28 BGH NJW 1992, 362, 363; *Scholz/K. Schmidt* § 11 Rn. 22; *Lutter/Hommelhoff* § 11 Rn. 23.

[28] *Baumbach/Hueck/Hueck/Fastrich* § 2 Rn. 31.

38 Wird der Gesellschaftsvertrag der GmbH in notarieller Form abgeschlossen, so endet typischerweise mit diesem Zeitpunkt die Vorgründungsgesellschaft wegen Zweckerreichung, § 726 BGB, und die so genannte **Vorgesellschaft** entsteht.

39 Die **Vorgründungsgesellschaft ist nicht Vorläufer der künftigen GmbH,** sondern hat den Zweck, die künftige GmbH ins Leben zu rufen. Sie geht nicht in der späteren GmbH auf (**keine Identität**).[29] Vermögensgegenstände der Vorgründungsgesellschaft müssen rechtsgeschäftlich auf die Vorgesellschaft oder die GmbH übertragen werden.[30] Die Übernahme von Verbindlichkeiten der Vorgründungsgesellschaft erfordert einen Vertrag nach §§ 414, 415 BGB (Schuldübernahme), an dem der jeweilige Gläubiger (Lieferant, Vermieter etc.) mitwirken muss (§ 415 Abs. 1 S. 2 BGB). Dass der Gläubiger bereit war, mit einer zukünftigen GmbH einen Vertrag zu schließen, lässt nicht auf seine Zustimmung zur automatischen Übertragung der Verbindlichkeit auf die Vorgesellschaft oder die GmbH schließen.[31]

2. Vorgesellschaft

40 Schließen die Gründer in notarieller Form den Gesellschaftsvertrag ab, so errichten sie die GmbH. Durch diese Errichtung **entsteht die Vorgesellschaft** und es ist gleichgültig, ob an der Gründung der Gesellschaft nur eine oder mehrere Personen beteiligt sind.

41 Die Rechtsnatur der Vorgesellschaft ist inzwischen geklärt: Sie ist eine **Rechtsform eigener Art** (*sui generis*), für die Gesellschaftsvertrag und GmbH-Gesetz anzuwenden sind, soweit diese nicht die Rechtsfähigkeit voraussetzen oder den Besonderheiten des Gründungsstadiums nicht Rechnung tragen.[32]

42 Dies gilt allerdings nur so lange, wie die Gesellschafter beabsichtigen, die **Eintragung der Gesellschaft zu betreiben.**[33] Fehlt es daran, so ist die Anwendung von Regeln über die GmbH nicht mehr gerechtfertigt und es ist das für das konkrete Rechtsgebilde anwendbare Recht maßgeblich.[34]

43 Das Zustandekommen bzw. Bestehen der Vorgesellschaft verpflichtet die Gründer einerseits zur Beachtung der Bestimmungen des Gesellschaftsvertrages und des GmbHG, andererseits aber auch zur Mitwirkung an der Gründung,[35] also insbesondere
- zur **Leistung der Einlagen,**
- zur Mitwirkung bei der **Beseitigung von Eintragungshindernissen** und
- soweit erforderlich auch zur Mitwirkung bei der **Bestellung eines Geschäftsführers.**

44 Der **Zweck** der Vorgesellschaft ist **nicht auf ihre Gründung beschränkt.** Aus diesem Grund ist auch die **Geschäftsführungsbefugnis** der Geschäftsführer nicht beschränkt. Die Geschäftsführer sind befugt, alle zur Gründung erforderlichen Schritte durchzuführen, solange die Gesellschaft Vorgesellschaft ist.

Im Übrigen ist die **Vorgesellschaft**
- **firmenfähig,** das heißt sie kann als GmbH mit dem Zusatz „in Gründung" oder „i. G." im Rechtsverkehr auftreten,[36]
- im Rechtsstreit **aktiv und passiv parteifähig**, das heißt sie kann klagen und verklagt werden,[37]

---

[29] BGHZ 91, 151; BGH NJW RR 2001, 1042, 1043.

[30] *Wilhelm* a. a. O.; *Scholz/K. Schmidt* § 11 Rn. 20; *Lutter/Hommelhoff* § 11 Rn. 2.

[31] *Baumbach/Hueck/Hueck/Fastrich* § 11 Rn. 88.

[32] Ständige Rechtsprechung BGHZ 21, 242, 246; BGHZ 80, 129, 132; BGHZ 117, 323, 326; BGH NJW 2000, 1193, 1194.

[33] BGH NJW 2000, 1193, 1194.

[34] Regelmäßig wird es sich dann entweder um eine GbR oder eine OHG handeln.

[35] *Baumbach/Hueck/Hueck/Fastrich* § 11 Rn. 2.

[36] *Baumbach/Hueck/Hueck/Fastrich* § 11 Rn. 16; *Lutter/Hommelhoff/Bayer* § 11 Rn. 7.

[37] BGH NJW 1998, 1079; *Scholz/K. Schmidt* § 11 Rn. 34; *Lutter/Hommelhoff/Bayer* § 11 Rn. 7.

- **kontofähig,** das heißt sie kann ein auf sie lautendes Konto eröffnen. Ein solches Konto muss durch die **Geschäftsführer,** nicht durch die Gründer eröffnet werden.[38]
- **grundbuchfähig,** das heißt sie kann in das Grundbuch als Eigentümerin eingetragen werden[39] und zu ihren Gunsten kann insbesondere auch eine Auflassungsvormerkung eingetragen werden,[40]
- **insolvenzfähig,**[41]
- in der Lage, **Gesellschafterin** einer anderen Kapital- oder Personengesellschaft zu sein.[42]

Nach wie vor umstritten ist die Frage, wie weit die **Vertretungsmacht** der Geschäfts- 45
führer im Gründungsstadium reicht. Richtigerweise ist davon auszugehen, dass die Vertretungsmacht der Geschäftsführer in der Vorgesellschaft bereits unbeschränkt ist.[43]

Geklärt ist mittlerweile auch, dass die **Vorgesellschaft mit der späteren GmbH** nach 46
Eintragung der GmbH im Handelsregister als solcher **identisch** ist. Alle von der Vorgesellschaft erworbenen Vermögensgegenstände gehen ebenso wie alle eingegangenen Verbindlichkeiten ohne weiteres auf die GmbH über, ohne dass es weiterer Schritte bedarf.[44]

3. Juristische Person

Als juristische Person entsteht die GmbH in dem Moment, in dem sie in das Handels- 47
register eingetragen wird, § 11 Abs. 1 GmbHG. Die **Vorgesellschaft wandelt sich in eine vollwertige GmbH um,** die GmbH wird – ohne dass es einer wie auch immer gearteten Rechtsnachfolge oder Übernahme bedürfte – Inhaberin aller Rechte und Pflichten der Vorgesellschaft; Vorgesellschaft und juristische Person sind **identisch.**[45] Auf die Bekanntmachung der Eintragung kommt es nicht an.[46]

Mit der Eintragung werden **Gründungsmängel in der Regel geheilt,** und die Gesellschaft kann grundsätzlich nicht mehr mit Rückwirkung beseitigt werden.[47]

IV. Haftung im Gründungsstadium

Wer wem während des Stadiums der Gründung der Gesellschaft in welchem Umfang 48
haftet, ist Gegenstand außerordentlich umfangreicher Rechtsprechung und Literatur, was die erhebliche Praxisrelevanz verdeutlicht. Gleichwohl können an dieser Stelle nur die **Grundzüge** dargestellt werden. Entscheidend ist, scharf zwischen
- der Haftung der Vorgesellschaft als solcher,
- der Haftung der Gesellschafter und
- der Haftung der für die Gesellschaft Handelnden

zu trennen.

---

[38] BGHZ 117, 326; *Baumbach/Hueck* § 11 Rn. 14; *Lutter/Hommelhoff/Bayer* § 11 Rn. 7.

[39] BGHZ 45, 348; *Scholz/K. Schmidt* § 11 Rn. 33; *Baumbach/Hueck/Hueck/Fastrich* § 11 Rn. 14.

[40] *Scholz/K. Schmidt* § 11 Rn. 33 m.w.N.

[41] *Scholz/K. Schmidt* § 11 Rn. 34; *Lutter/Hommelhoff/Bayer* § 11 Rn. 7; je m.w.N.

[42] BGH 80, 132; BGH NJW 1985, 736; *Lutter/Hommelhoff* § 11 Rn. 10; *Scholz/K. Schmidt* § 11 Rn. 31, 162 m.w.N., *Roth/Altmeppen* § 11 Rn. 92; *Baumbach/Hueck/Hueck/Fastrich* § 11 Rn. 16. Gleichwohl lehnen einzelne Registergerichte entgegen der herrschenden Meinung nach wie vor diese Möglichkeit ab und akzeptieren eine Vor-GmbH nicht als Gesellschafterin (insbesondere relevant bei der Gründung einer GmbH & Co. KG). In Zweifelsfällen dürfte auch hier eine Abstimmung mit dem Registergericht empfehlenswert sein.

[43] *Scholz/K. Schmidt* § 11 Rn. 63 m.w.N.

[44] *Baumbach/Hueck* § 11 Rn. 56; *Lutter/Hommelhoff* § 11 Rn. 4; *Ulmer/Habersack/Winter/Ulmer* § 11 Rn. 8; je m.w.N.

[45] Heute ganz einhellige Meinung, s. statt aller nur *Scholz/K. Schmidt* § 11 Rn. 133 m.w.N.

[46] *Roth/Altmeppen/Roth* § 11 Rn. 2.

[47] *Roth/Altmeppen/Roth* § 11 Rn. 2.

1. Haftung der Vorgesellschaft

49 Klar sind die Verhältnisse soweit es um die Haftung der Vorgesellschaft geht. Da die Vorgesellschaft mittlerweile als Vorstufe der juristischen Person als möglicher Träger von Rechten und Pflichten anerkannt ist (s. Rn. 40 ff.), muss sie auch selbst für ihre Verpflichtungen einstehen. **Die Vorgesellschaft haftet für ihre Verbindlichkeiten als solche selbst.**[48]

2. Haftung der Gesellschafter

50 **a) Ausgangspunkt.** Seit geraumer Zeit ist geklärt, dass die **Gesellschaft auch im Gründungsstadium mit Verbindlichkeiten belastet werden darf.** Das so genannte Vorbelastungsverbot ist vom Bundesgerichtshof aufgegeben worden.[49]

Auch wenn nach wie vor einige Einzelheiten umstritten sind, ist für die Haftung der Gesellschafter für Verbindlichkeiten der Vorgesellschaft nach der Rechtsprechung des BGH[50] von folgenden Grundsätzen auszugehen:

- **Vor Eintragung** der Gesellschaft greift die so genannte **interne Verlustdeckungshaftung.**
- **Nach Eintragung** der Gesellschaft greift die so genannte **Vorbelastungs- oder Unterbilanzhaftung.**

Außerdem kann die Gesellschafter die **Ausfallhaftung** treffen, falls von Mitgesellschaftern versprochene Einlagen nicht zu erlangen sind.

51 **b) Interne Verlustdeckungshaftung.** Nach diesen Grundsätzen haften die Gesellschafter gegenüber der Gesellschaft (jedoch nicht gegenüber deren Gläubigern) anteilig, also im Verhältnis der von ihnen übernommenen Geschäftsanteile, in unbegrenzter Höhe (soweit sie der Geschäftsaufnahme zugestimmt haben) auf Erstattung der der Gesellschaft entstandenen Verluste.[51]

52 **c) Vorbelastungs- oder Unterbilanzhaftung.** Nicht an die Entstehung von Verlusten, sondern an eine bilanzielle Betrachtungsweise knüpft die nach Eintragung der Gesellschaft greifende Vorbelastungshaftung an. Mit Eintragung ins Handelsregister[52] entsteht der Anspruch der Gesellschaft gegen die Gesellschafter auf Ausgleich einer entstandenen Unterbilanz. Danach sind die Gesellschafter der Gesellschaft zum Ausgleich der Differenz verpflichtet, die in Folge von Verbindlichkeiten zwischen dem Stammkapital und dem Wert des Vermögens der Gesellschaft entstanden ist. Auch insoweit sind die Gesellschafter zum anteiligen Ausgleich verpflichtet.[53]

53 **d) Ausfallhaftung.** Die in § 24 GmbHG vorgesehene Ausfallhaftung sichert die Aufbringung des Stammkapitals. Kann der von einem Gesellschafter versprochene Einlagebetrag nicht erlangt werden, so haften die übrigen Gesellschafter der Gesellschaft nach § 24 GmbHG anteilig für diesen Betrag.

3. Haftung der für die Gesellschaft Handelnden

54 Häufig unterschätzt wird die Haftung nach § 11 Abs. 2 GmbHG: Ist vor der Eintragung ins Handelsregister im Namen der Gesellschaft gehandelt worden, so **haften die Handelnden „persönlich und solidarisch“.** Handelnder im Sinne dieser Bestimmung ist, wer **als Geschäftsführer** oder wie ein solcher für die künftige GmbH oder im Namen der Vorgesellschaft tätig wird.[54] Dabei muss der „Handelnde“ nicht in Person handeln, die

---

[48] *Baumbach/Hueck/Hueck/Fastrich* § 11 Rn. 22.
[49] BGHZ 80, 129.
[50] BGHZ 134, 333.
[51] *Baumbach/Hueck/Hueck/Fastrich* § 11 Rn. 24 m. w. N.
[52] BGHZ 80, 129, 141, 134, 333; *Baumbach/Hueck/Hueck/Fastrich* § 11 Rn. 58; je m. w. N.
[53] *Baumbach/Hueck* § 11 Rn. 61.
[54] *Baumbach/Hueck/Hueck/Fastrich* § 11 Rn. 47; *Scholz/K. Schmidt* § 11 Rn. 101; *Hachenburg/Ulmer* § 11 Rn. 105; BGHZ 47, 25, 65, 378, 380, 91, 148, 149.

Vertretung durch einen Bevollmächtigten genügt.[55] Den bloßen Vertreter trifft die Haftung dagegen nicht.[56] Ob der Handelnde ausdrücklich im Namen der zukünftigen GmbH oder im Namen der Vorgesellschaft handelt, ist unerheblich.[57]

Sinn von § 11 Abs. 2 GmbHG ist, dass die Gläubiger nicht schlechter gestellt werden 55
sollen, als wenn sie den fraglichen Vertrag unmittelbar mit der juristischen Person selbst abgeschlossen hätten. Dementsprechend sind auch Inhalt und Umfang der Haftung ausgestaltet. Der Handelnde kann durch ausdrückliche Vereinbarung mit dem Geschäftspartner seine Haftung nach § 11 Abs. 2 GmbHG ausschließen.[58]

Da die Gläubiger nicht nur nicht schlechter, sondern auch nicht besser gestellt werden 56
sollten, als wenn sie den Vertrag direkt mit der GmbH abgeschlossen hätten, ist es konsequent, dass die **Handelndenhaftung ohne weiteres erlischt,** sobald die GmbH als solche im Handelsregister eingetragen ist. Alle Verbindlichkeiten gehen zu diesem Zeitpunkt auf die GmbH über. Eines zusätzlichen Schutzes der Gläubiger durch die Haftung des Handelnden bedarf es dann nicht mehr.[59]

V. Einlagen

Bei der Betrachtung der Einlagen sind mehrere Aspekte zu unterscheiden:

1. Die einzelnen Einlagen und die Mitgliedschaft in der GmbH

a) **Begrifflichkeiten.** Die vom GmbH-Gesetz verwendeten Begrifflichkeiten werden 57
zuweilen als verwirrend empfunden. Das Gesetz verwandte in § 3 Abs. 1 Nr. 4 a. F. GmbHG den Begriff **„Stammeinlage“** und meinte damit den Betrag, der von jedem Gesellschafter auf das Stammkapital zu leisten ist. Sprachlich unschlüssig ist in der Tat, dass mit einer Einlage nach der gesetzlichen Legaldefinition ein „Betrag“ gemeint sein soll. Klarer waren die in § 14 a. F. GmbHG verwendeten Begrifflichkeiten, wonach der **Geschäftsanteil** jedes Gesellschafters sich nach dem Betrag seiner Stammeinlage bestimmt. Im Folgenden spricht das Gesetz dann von „Geschäftsanteilen“, wenn es denjenigen Gegenstand meint, mit dem der Gesellschafter an der Gesellschaft beteiligt ist.

Durch das MoMiG[60] wurde die **Terminologie modifiziert** und als „Stammeinlage“ in 58
§ 3 Abs. 1 Nr. 4 n. F. GmbHG „die Zahl und die Nennbeträge der Geschäftsanteile, die jeder Gesellschafter gegen Einlage auf das Stammkapital übernimmt“ definiert. Ob dies – wie die Regierungsbegründung meint – „den Vorstellungen des Rechtsverkehrs besser gerecht“ wird[61] oder nicht, mag hier dahinstehen. Der Gesetzgeber hat den Begriff „Stammeinlage“ im Wesentlichen beibehalten um Folgeänderungen in anderen Gesetzen zu vermeiden.[62] Eine inhaltliche Änderung ist insoweit nicht beabsichtigt. § 14 n. F. GmbHG soll jetzt die Einlagepflicht des Gesellschafters regeln.[63]

b) **Betrag der Einlagen.** Nach bisher geltendem Recht war in § 5 a. F. GmbHG be- 59
stimmt, dass das Stammkapital der Gesellschaft mindestens 25 000,00 € und die Stammeinlage jedes Gesellschafters mindestens 100,00 € betragen musste; der Betrag der Stammeinlage musste stets durch 50 teilbar sein, § 5 Abs. 3 S. 2 a. F. GmbHG.

Auch insoweit hat der Gesetzgeber einen Systemwechsel vollzogen. Der Nennbetrag der Geschäftsanteile kann nach § 5 Abs. 2 n. F. GmbHG grundsätzlich frei gewählt wer-

---

[55] *Baumbach/Hueck/Hueck/Fastrich* § 11 Rn. 47 m. w. N.

[56] BGHZ 66, 359.

[57] *Hachenburg/Ulmer* § 11 Rn. 9; *Scholz/K. Schmidt* § 11 Rn. 107; *Baumbach/Hueck/Hueck/Fastrich* § 11 Rn 48; je m. w. N.

[58] *Baumbach/Hueck/Hueck/Fastrich* § 11 Rn. 52.

[59] BGHZ 80, 182; *Scholz/K. Schmidt* § 11 Rn. 118; *Lutter/Hommelhoff /Bayer* § 11 Rn. 26; *Roth/Altmeppen/Altmeppen* § 11 Rn. 33; *Baumbach/Hueck/Hueck/Fastrich* § 11 Rn. 53.

[60] BT-Drs. 16/6140.

[61] BT-Drs. 16/6140, S. 67.

[62] Regierungsbegründung a. a. O.

[63] Dazu Regierungsbegründung a. a. O., S. 88.

den, muss aber auf volle Euro lauten. Der geringstmögliche Nennbetrag wäre demnach 1,00 €, der höchste der Betrag des Stammkapitals (falls es nur einen Geschäftsanteil gibt).

60 c) **Mehrere Geschäftsanteile, Teilgeschäftsanteile.** Das herkömmliche GmbH-Recht untersagte es den Gesellschaftern, bei Gründung und Kapitalerhöhung der Gesellschaft mehrere Stammeinlagen (Geschäftsanteile) zu übernehmen, § 5 Abs. 2 bzw. § 55 Abs. 4 i. V. m. § 5 Abs. 2 a. F. GmbHG. Weitere Restriktionen enthielt § 17 a. F. GmbHG für den Fall der Veräußerung. Die Veräußerung von Teilen von Geschäftsanteilen erforderte danach die Genehmigung der Gesellschaft, wobei nach § 17 Abs. 6 a. F. GmbHG die Teilung nur für den Fall der Veräußerung und Vererbung zulässig ist und im Gesellschaftsvertrag sogar für diese Fälle ausgeschlossen werden kann. Die Genehmigung kann nur für einen konkreten Fall erteilt werden.

Insoweit brachte das MoMiG einen vollständigen Systemwechsel. Nach geltendem Recht ist es ohne weiteres möglich, dass Gesellschafter Geschäftsanteile auch unterschiedlicher Höhe übernehmen, § 3 Abs. 2 Nr. 4 n. F. GmbHG. Auch die Teilung und Zusammenlegung von Geschäftsanteilen ist unter der Voraussetzung der Zustimmung der Gesellschafter frei möglich. § 17 GmbHG ist gestrichen worden.[64]

61 d) **Die Mitgliedschaft.**[65] Mitgliedschaft beschreibt im Grunde nichts anderes als die Teilhabe an der Gesellschaft.[66] Mitgliedschaft ist also kein abstrakter Wert an sich, sondern die von bestimmten Regeln (Gesetz und Satzung) geprägte Teilhabe an einem Verband. Dieses Verständnis als **von Regeln geprägte Teilhabe** ist der Ausgangspunkt für alle Überlegungen, wenn es darauf ankommt, ob in „die Mitgliedschaft" eingegriffen wird oder nicht. Verletzungen „der Mitgliedschaft" liegen nur dann vor, wenn sich zeigen lässt, dass die Teilhabe am Verband nicht entsprechend den gesetz- und satzungsmäßigen Bestimmungen möglich ist.

2. Bargründung

62 a) **Art und Weise und Zeitpunkt der Einlageleistung.** Im Fall der Bargründung schulden die Gesellschafter der Gesellschaft die Leistung ihrer Einlage in Geld. Wie die Gesellschafter ihre Geldleistung aufbringen, überlässt das GmbH-Gesetz den Gründern, solange der Gesellschaft die versprochenen Mittel ordnungsgemäß zufließen. Wichtig ist, dass die Gründer mit einer **eindeutigen Tilgungsbestimmung** zahlen, aus der sich ergibt, dass und in welcher Höhe der Gesellschafter auf seine Einlageschuld zahlt. Bestehen mehrere Forderungen der Gesellschaft gegen den Gesellschafter und ist nur eine davon die Einlageschuld des Gesellschafters, so kann die Tilgungswirkung bei Fehlen einer eindeutigen Tilgungsbestimmung nach § 366 Abs. 1 BGB scheitern. Ist die Einlageforderung die einzige Verbindlichkeit des Gesellschafters gegenüber der Gesellschaft, so wird bei Fehlen einer eindeutigen Tilgungsbestimmung der Gesellschafter später unter Umständen Schwierigkeiten haben, zu beweisen, dass er diese Einlageverpflichtung ordnungsgemäß erfüllt hat.

Ohne Belang ist, ob der Gründer selbst zahlt oder ob ein Dritter für ihn zahlt. Genauso belanglos ist, ob der Gesellschafter eigenes Geld aufbringt oder ob er Fremdmittel verwendet (solange letztere nicht aus der Gesellschaft stammen).[67]

63 Die Einlageschuld wird ohne weiteres erfüllt, wenn der Gesellschafter den geschuldeten Betrag der Gesellschaft **in bar zur Verfügung stellt oder auf ein Konto der Gesellschaft überweist.** Die Leistung ausländischer Zahlungsmittel erfolgt allein erfüllungshalber und ist erst dann ordnungsgemäß bewirkt, wenn dieser Betrag ordnungsgemäß in Euro umgewechselt wurde.[68] Entsprechendes gilt für die Zahlung per Scheck.

---

[64] Vgl. Regierungsbegründung zur MoMiG, BT-Drs. 16/6140, S. 107.

[65] Die Dogmatik der Mitgliedschaft in der juristischen Person ist Gegenstand zahlloser rechtswissenschaftlicher Abhandlungen, deren Ergebnisse für die Praxis häufig nur von beschränkter Bedeutung sind (Überblick bei *K. Schmidt* Gesellschaftsrecht S. 547 ff.).

[66] Vgl. *K. Schmidt* Gesellschaftsrecht S. 549 f.

[67] MünchHdbGesR/*Heinrich* Bd. 3 GmbHG § 7 Rn. 10.

[68] *Scholz/H. Winter/Veil* § 7 Rn. 30.

Erhebliche praktische Bedeutung hat der **Zeitpunkt der Einlageleistung.** Ausgangspunkt ist die Überlegung, dass eine Schuld grundsätzlich nicht erfüllt werden kann, bevor sie begründet worden ist. Die Verpflichtung zur Leistung der Einlage entsteht frühestens mit Abschluss des Gesellschaftsvertrages. Gleichwohl kommt es in der Praxis immer wieder vor, dass bereits vor Abschluss des Gesellschaftsvertrages in notarieller Form durch die Gründer **Zahlungen auf die noch nicht entstandene Einlageschuld geleistet werden.** Bisweilen wird – zu allem Überfluss – in der Gründungsurkunde festgehalten, dass „die Einlagen bereits geleistet" sind. 64

Von einem derartigen Vorgehen ist **nachdrücklich abzuraten.** Auch wenn in Rechtsprechung[69] und Literatur[70] derartige Gestaltungsweisen unter sehr engen Voraussetzungen mitunter für zulässig gehalten werden, ist das Risiko, dass der Gesellschafter von seiner Einlageverpflichtung durch eine derartige Zahlung nicht befreit wird, ganz erheblich. Auch die in der Literatur verschiedentlich verwandte Formel, die Zahlung vor Abschluss des Gesellschaftsvertrages auf ein Konto der Vorgesellschaft befreie den Gesellschafter dann, wenn der Betrag unvermindert an die Vorgesellschaft übergeht,[71] kann nicht darüber hinweg täuschen, dass, falls vor Errichtung des Gesellschaftsvertrages in notarieller Form gezahlt wird, der Zahlungsempfänger (die mit der späteren juristischen Person identische Vorgesellschaft) noch überhaupt nicht existiert. 65

b) „Zur freien Verfügung". Die von den Gesellschaftern auf ihre Einlageschuld zu bewirkenden Leistungen müssen „zur freien Verfügung der Geschäftsführer" geleistet werden, was die Geschäftsführer in der Handelsregisteranmeldung nach § 8 Abs. 2 S. 1 GmbHG zu versichern haben. 66

Der Begriff „zur freien Verfügung" ist wörtlich zu verstehen. Abreden mit den Geschäftsführern, wonach die Mittel für gesellschaftsfremde Zwecke aufgewandt werden sollen, führen dazu, dass die Verpflichtung des Gesellschafters nicht ordnungsgemäß erfüllt wurde.

Erhebliche praktische Bedeutung hat die Frage, ob die eingezahlten Mittel „zur freien Verfügung" geleistet werden, wenn die **Zahlung auf ein debitorisches Konto** erfolgt. In diesen Fällen wird der Gesellschafter von seiner Einlagenverpflichtung nur dann befreit, wenn aufgrund der mit der Bank getroffenen Abreden die Geschäftsführer über den eingezahlten Betrag frei verfügen können. Da es nicht darauf ankommt, ob der Gesellschafter, der seine Einlageverpflichtung erfüllen möchte, davon weiß, dass die Geschäftsführer in der Verfügung über die eingezahlten Mittel beschränkt sind (beispielsweise weil das Kreditinstitut die Einzahlungen mit anderen Verbindlichkeiten verrechnen darf), empfiehlt es sich, bei der Gründung für die Einzahlung der von den Gesellschaftern aufzubringenden Einlagen ein gesondertes Bankkonto einzurichten.[72] 67

Die Bestimmungen über die Leistung der Einlagen wurden in der Vergangenheit häufig dadurch zu umgehen versucht, dass der **Gesellschafter** zwar seine Einlage an die Gesellschaft zahlte, im Zusammenhang damit aber auch eine **Leistung von der Gesellschaft erhielt,** die dazu führte, dass die gezahlte Einlage wieder an den Gesellschafter zurück floss. § 19 Abs. 5 S. 2 GmbHG bestimmt jetzt, dass ein solcher Vorgang in der Anmeldung der Gesellschaft offen zu legen ist. Außerdem wird der Gesellschafter nur dann von seinen Einlagepflichten befreit, wenn die an ihn geflossene Leistung von der Gesellschaft jederzeit zurück gefordert werden kann. Der Rückgewährungsanspruch gegen den Gesellschafter muss außerdem vollwertig sein.[73] 68

---

[69] OLG Stuttgart GmbHR 1995, 115, 118 für die Kapitalerhöhung.

[70] Beck'sches Notarhandbuch/*Mayer* D I Rn. 83; MünchHdbGesR/*Heinrich* Bd. 3 GmbH § 7 Rn. 11.

[71] *Baumbach/Hueck/Hueck/Fastrich* § 7 Rn. 6; *Roth/Altmeppen/Roth*, § 7 Rn. 33.

[72] Zum Ganzen: MünchHdbGesR/*Heinrich* § 7 Rn. 13 ff.; *Baumbach/Hueck/Hueck/Fastrich* § 7 Rn. 8; *Roth/Altmeppen/Roth* § 7 Rn. 27; je m. w. N.

[73] Die Regelung in § 19 Abs. 5 S. 1 n. F. GmbHG wirft mehrere Fragen auf: Gilt die Bestimmung auch dann, wenn der Geschäftsführer der einzige Gesellschafter ist (der wenig Neigung haben wird,

69 c) **Einzahlung nur teilweise.** Falls Bareinlagen verabredet sind, haben die Gesellschafter die Möglichkeit, nicht sofort das ganze Kapital aufbringen zu müssen. Nach § 7 Abs. 2 S. 1 GmbHG muss auf jede Stammeinlage mindestens ein Viertel eingezahlt sein, damit die Gesellschaft zum Handelsregister angemeldet werden kann. Die Anmeldung zum Handelsregister darf erst erfolgen, wenn insgesamt auf das Stammkapital die Hälfte des gesetzlichen Mindeststammkapitals eingezahlt ist (§ 7 Abs. 2 S. 2 GmbHG). Diese Erleichterung gilt nicht für die Unternehmergesellschaft, § 5a n.F. GmbHG (s.o. § 4 Rn. 23). Wird die Gesellschaft als Unternehmergesellschaft gegründet, ist das Stammkapital in voller Höhe einzuzahlen, § 5a Abs. 2 S. 1 n.F. GmbHG.

3. Sachgründung

70 a) **Die Sacheinlage.** Sacheinlagen können bei Gründung und bei Kapitalerhöhungen gemacht werden. Sacheinlagen sind ausgeschlossen, wenn die Gesellschaft als Unternehmergesellschaft (s.o. § 4 Rn. 23) gegründet wird, § 5a Abs. 2 S. 2 n.F. GmbHG.

71 § 5 Abs. 4 GmbHG setzt Sacheinlagen voraus, definiert aber nicht, was eine Sacheinlage ist. Negativ lässt sich die Sacheinlage in der Weise beschreiben, **dass jede Einlage, die nicht in Bar- oder Buchgeld besteht,** eine Sacheinlage ist. Diese Beschreibung ist nicht falsch, andererseits aber nicht ganz vollständig. Sacheinlagen sind **grundsätzlich alle Rechte, die an die Gesellschaft übertragen werden können** und zwar in dem Sinne, dass sie nach der Übertragung endgültig der Gesellschaft zuzuordnen sind. Dieses Kriterium ist unerlässlich.[74] **Nicht in Betracht kommen obligatorische Rechte gegen die einlegenden Gesellschafter** selbst, denn die bloße Verpflichtung des Gesellschafters, Leistungen oder Dienstleistungen gegenüber der Gesellschaft zu erbringen, können nicht Gegenstand einer Sacheinlage sein, weil durch ein solches Versprechen der Gesellschaft noch kein Vermögensgegenstand zuzuordnen ist, sondern allein ein Anspruch gewährt wird.[75] Die Verpflichtung, eigene Dienstleistungen zu erbringen, eine Bürgschaft zu übernehmen oder das Versprechen eines Darlehens sind daher keine tauglichen Gegenstände einer Sacheinlage.

Umgekehrt kommen als Sacheinlage neben Sachen im eigentlichen Sinne (gleich, ob beweglich oder unbeweglich) auch andere Rechte und Rechtspositionen wie Immaterialgüterrechte, Forderungen sowie Sach- und Rechtsgesamtheiten (beispielsweise Unternehmen) in Betracht.[76]

72 **Der Wert des eingebrachten Vermögensgegenstandes muss den Betrag der übernommenen Einlage voll decken.** Wird dieser Wert zum Zeitpunkt der Anmeldung der Gesellschaft zur Eintragung ins Handelsregister nicht erreicht, so hat der Gesellschafter den Differenzbetrag in bar zu leisten, § 9 Abs. 1 GmbHG. Dieser Anspruch der Gesellschaft verjährt in zehn Jahren seit der Eintragung der Gesellschaft in das Handelsregister, § 9 Abs. 2 GmbHG.

73 Sacheinlagen können nur gemacht werden, wenn der Gegenstand der Sacheinlage und der Betrag der Stammeinlage, auf die sich die Sacheinlage bezieht, **im Gesellschaftsvertrag festgesetzt werden,** § 5 Abs. 4 S. 1 GmbHG.

74 Außerdem müssen die Gesellschafter einen **Sachgründungsbericht** erstatten, § 5 Abs. 4 S. 2 GmbHG, ihn höchstpersönlich unterzeichnen,[77] diesen zusammen mit den in Bezug auf die Sacheinlage abgeschlossenen Verträgen dem Registergericht vorlegen, § 8 Abs. 1 Nr. 4 GmbHG, und schließlich dem **Registergericht die Werthaltigkeit der Sacheinlage nachweisen,** § 8 Abs. 1 Nr. 5 GmbHG.

---

einen Rückgewährungsanspruch gegen sich selbst geltend zu machen)? Lebt die Einlagepflicht des Gesellschafters wieder auf, wenn der Rückgewährungsanspruch bei Einlageleistung vollwertig war (nach dem Gesetzeswortlaut wäre der Gesellschafter von seiner Einlagepflicht befreit), es aber später nicht mehr ist?

[74] *Baumbach/Hueck/Hueck/Fastrich* § 5 Rn. 23.

[75] Vgl. *Baumbach/Hueck/Hueck/Fastrich* § 5 Rn. 24 m.w.N.

[76] Einzelheiten bei *Baumbach/Hueck/Hueck/Fastrich* § 5 Rn. 25ff.

[77] Ganz h.M. *Baumbach/Hueck/Hueck/Fastrich* § 5 Rn. 54 m.w.N.

b) Die verdeckte Sacheinlage. Verdeckte (oder „verschleierte“) Sacheinlagen sind Vorgänge, bei denen der Gesellschaft Bargeld versprochen, aber im Ergebnis eine Sache zugewandt wird. Letztendlich handelt es sich um nichts anderes als um eine Umgehung der Vorschriften über die Sacheinlage. 75

Der „klassische“ Fall der verdeckten Sacheinlage ist das sogenannte Hin-und-her-Zahlen. Dabei verabreden die Beteiligten, dass die vom Gesellschafter aufgebrachten Barmittel dazu verwendet werden sollen, vom Gesellschafter einen bestimmten Vermögensgegenstand zu kaufen. **In Wahrheit wird also nicht Geld eingebracht, sondern der fragliche Vermögensgegenstand.** Ein Unterfall dieses Hin-und-her-Zahlens ist das Schütt-aus-hol-zurück-Verfahren bei Kapitalerhöhungen;[78] dabei vereinbaren die Gesellschafter, dass der ihnen von der Gesellschaft als Gewinn ausgeschüttete Betrag als Bareinlage wieder in die Gesellschaft eingelegt wird. Darin wird im Ergebnis die Einlage des Gewinnanspruchs gesehen.[79] Auch zahlreiche andere Umgehungstatbestände werden als verdeckte Sacheinlage eingeordnet.[80] 76

Nach bisher herrschender Meinung **kommt es nicht darauf an, ob die Gesellschafter die Absicht haben, die Sacheinlagevorschriften zu umgehen,** erforderlich ist vielmehr das Einvernehmen der Beteiligten darüber, dass wirtschaftlich der Effekt einer Sacheinlage erreicht werden soll sowie ein zeitlicher und sachlicher Zusammenhang.[81] Diese Kriterien sind sehr weich gefasst und aus diesem Grund in ihren Einzelheiten umstritten.[82] Angesichts der mit der verdeckten Sacheinlage verbundenen Rechtsfolgen, wonach in derartigen Umgehungsfällen die Bareinlage nicht wirksam erbracht und gegebenenfalls (in der Insolvenz!) abermals aufzubringen ist,[83] und angesichts des weiteren Umstands, dass die Verjährungsfrist zehn Jahre beträgt, wurde das Rechtsinstitut der verdeckten Sacheinlage als für die Praxis untragbar empfunden.[84] 77

Im Zuge des MoMiG hat der Gesetzgeber die Gesamtproblematik durch Neufassung des § 19 Abs. 4 GmbHG mittlerweile vollständig anders geregelt und zwar dergestalt, dass bei einer derartigen Umgehungskonstellation die Erfüllungswirkung grundsätzlich nicht anzunehmen ist, allerdings der **Wert des eingebrachten Vermögensgegenstandes auf die fortbestehende Einlageverpflichtung angerechnet** wird. Die Anrechnung erfolgt automatisch, jedoch frühestens mit der Eintragung im Handelsregister. Damit wird zweierlei erreicht: Der Geschäftsführer kann und darf in der Anmeldung zum Handelsregister nicht versichern, die Einlage sei geleistet, denn die Anrechnung ist noch nicht erfolgt, da die Eintragung ins Handelsregister noch nicht erfolgt ist. Außerdem hat der Registerrichter weiterhin die Möglichkeit, die Eintragung nach § 9c GmbHG abzulehnen.[85] 78

4. Die Übernahme der Stammeinlagen

Bei der Gründung der Gesellschaft verabreden die Gesellschafter im Gesellschaftsvertrag, wer von ihnen welche Einlagen in welcher Höhe übernimmt. Der Betrag der von 79

---

[78] BGHZ 152, 37.

[79] *Baumbach/Hueck/Hueck/Fastrich* § 19 Rn. 36, 38; zu Ausnahmen s. BGHZ 153, 83; 152, 37, 43.

[80] Beispiele bei *Baumbach/Hueck/Hueck/Fastrich* § 19 Rn. 38.

[81] Einzelheiten bei *Roth/Altmeppen/Roth* § 19 Rn. 48 ff.; *Baumbach/Hueck/Hueck/Fastrich* § 19 Rn. 39.

[82] *Roth/Altmeppen/Roth* § 19 Rn. 48 ff.; *Baumbach/Hueck/Hueck/Fastrich* § 19 Rn. 41 ff.; *Scholz/Uwe H. Schneider/H. P. Westermann* § 19 Rn. 124, § 5 Rn. 76 f., 78 ff.

[83] Zu den Rechtsfragen im Einzelnen *Baumbach/Hueck/Hueck/Fastrich* § 19 Rn. 42; *Roth/Altmeppen/Roth* § 19 Rn. 59 ff.

[84] Grundsätzliche Kritik bei *Wilhelm* Kapitalgesellschaftsrecht Rn. 246 ff.

[85] BT-Drs. 16/9737, S. 97, sog. „Anrechnungslösung“. Die im Regierungsentwurf vorgesehen gewesene „Erfüllungslösung“, wonach grundsätzlich Erfüllungswirkung anzunehmen gewesen wäre, der Gesellschafter die Wertdifferenz jedoch auszugleichen gehabt hätte (vgl. BT-Drs. 16/6140, S. 96), ist nicht Gesetz geworden.

jedem Gesellschafter zu leistenden Stammeinlagen ist **notwendiger Bestandteil des Gesellschaftsvertrages,** § 3 Abs. 1 Nr. 4 GmbHG. In rechtstechnischer Hinsicht handelt es sich also um eine Vereinbarung der Gesellschafter untereinander (Gesellschaftsvertrag). Andererseits wird die **Gesellschaft aus dieser Vereinbarung selbst berechtigt,** sie kann die Leistung der Einlage vom Gesellschafter selbst verlangen.

80 Von dieser durch die Übernahme entstanden Verpflichtung **können die Gesellschafter nicht befreit werden,** § 19 Abs. 2 S. 1 GmbHG. Aus der Übernahme erlangt die Gesellschaft selbst einen Anspruch, gegen den der Gesellschafter nicht aufrechnen kann, § 19 Abs. 2 S. 2 GmbHG. Aus dem Wortlaut von § 19 Abs. 2 S. 2 GmbHG wird gefolgert, dass die Gesellschaft mit der Einlageforderung (gegen den Gesellschafter) gegen Forderungen des Gesellschafters (gegen die Gesellschaft) aufrechnen kann;[86] allerdings darf diese Aufrechnung nicht die Effektivität der Kapitalaufbringung gefährden. Aus diesem Grund besteht in Rechtsprechung und Literatur Einigkeit darüber, dass die Aufrechnung der Gesellschaft nicht zulässig ist, soweit es um die Mindesteinzahlung, § 7 Abs. 2 GmbHG, geht, dass die Forderung des Gesellschafters keine Altforderung sein darf, also nach Gründung der Gesellschaft begründet worden sein muss, die Forderung nicht aus der Überlassung von Vermögensgegenständen stammen darf und schließlich die Forderung des Gesellschafters fällig, liquide und vollwertig sein muss.[87]

81 Ändern sich nach der Gründung der Gesellschaft die Verhältnisse unter den Gesellschaftern (etwa durch Anteilsübertragung), so dürfen die **Bestimmungen** über die Übernahme der Stammeinlagen im Gesellschaftsvertrag jedenfalls dann **entfallen,** wenn die Einlagen voll geleistet sind.[88] Nach neuerer Meinung können die Bestimmungen zur Übernahme der Stammeinlagen auch bei einer Neufassung der Satzung entfallen, wenn die Einlagen noch nicht voll geleistet sind.[89] Letzteres dürfte richtig sein, da der neueste Stand in den Registerakten dokumentiert bleibt.

82 Erhöht die Gesellschaft später ihr Kapital, bedarf es abermals einer Erklärung hinsichtlich der Übernahme der durch die Kapitalerhöhung entstehenden neuen Stammeinlagen, § 55 Abs. 1 GmbHG. Zu beachten ist, dass diese Übernahmeerklärung gem. § 55 Abs. 1 GmbHG notariell beurkundet werden kann, dass aber eine **notarielle Beglaubigung der Übernahmeerklärung genügt.** Aus diesem Grund ist es bei Kapitalerhöhungen im Kosteninteresse häufig empfehlenswert, die Übernahme der neuen Stammeinlage nicht im Kapitalerhöhungsbeschluss selbst (notarielle Urkunde) zu erklären, sondern in einem separaten, lediglich notariell beglaubigten Schriftstück, da die Übernahmeerklärung die Kosten der Urkunde sodann nicht erhöht.

83 Werden Sacheinlagen geleistet, so sind die Festsetzungen hierzu in der ursprünglichen Satzung der Gesellschaft für fünf Jahre beizubehalten, analog § 26 Abs. 5 AktG, und können erst nach Ablauf dieser Frist durch Satzungsänderung beseitigt werden.[90]

5. Eigenkapital und Eigenkapitalersatz

84 **a) Eigenkapital.** Die „klassische“ Unterscheidung zwischen Eigen- und Fremdkapital ist durch die zahlreichen mittlerweile entwickelten Mischformen (stille Beteiligung, Gesellschafterdarlehen, Rangrücktritte etc.) längst unscharf geworden.

Eigenkapital zeichnet sich grundsätzlich dadurch aus, dass es von den Gesellschaftern aufgebracht wird, gebunden (das heißt nicht frei kündbar) ist und haftet (also im Insolvenzfall nicht als Insolvenzforderung geltend gemacht werden kann).[91]

---

[86] *Roth/Altmeppen/Roth* § 19 Rn. 28.

[87] *Scholz/Uwe H. Schneider/H. P. Westelmann* § 19 Rn. 61; m. w. N.

[88] *Baumbach/Hueck/Hueck/Fastrich* § 3 Rn. 18.

[89] *Ulmer/Habersack/Winter* GmbHG, § 3 Rn. 48; *Scholz/Emmerich* § 3 Rn. 31, *Scholz/Priester* § 53 Rn. 23; *Lutter/Hommelhoff/Beyer* § 3 Rn. 23; *Baumbach/Hueck/Hueck/Fastrich* § 3 Rn. 18.

[90] *Roth/Altmeppen/Roth* § 3 Rn. 18; *Baumbach/Hueck/Hueck/Fastrich* § 5 Rn. 49 (wo allerdings mittlerweile die Beibehaltung für zehn Jahre für erforderlich gehalten wird.

[91] Grundlegend: *K. Schmidt* Gesellschaftsrecht, 4. Aufl., 2002, § 18 II.

85 Das GmbH-Gesetz sichert durch ein ausdifferenziertes System von Vorschriften,[92] dessen Kernstück die Bestimmungen des § 19 Abs. 2 bis 5 GmbHG sind, die **ordnungsgemäße („reale") Aufbringung des Kapitals.** § 19 GmbHG stellt insbesondere sicher, dass den Gesellschaftern ihre Pflicht zur Leistung der Stammeinlagen nicht erlassen werden kann, § 19 Abs. 2 S. 1 GmbHG. Nach ganz überwiegender Auffassung schließt § 19 Abs. 2 GmbHG – ohne es ausdrücklich zu sagen – auch das Verbot ein, Einlagen zu stunden.[93] Weiter ist nach § 19 Abs. 2 S. 2 GmbHG die Aufrechnung des Gesellschafters gegen die Forderung der Gesellschaft grundsätzlich verboten (zur Aufrechung der Gesellschaft s. oben Rn. 80). Allein mit einer Forderung, die daraus resultiert, dass in Übereinstimmung mit § 5 Abs. 4 S. 1 GmbHG eine Anrechnung auf die Einlageverpflichtung vereinbart[94] worden ist, (s. o. Rn. 78) ist eine Aufrechnung gegen den Anspruch der Gesellschaft auf Leistung der Einlage möglich, § 19 Abs. 2 S. 2 GmbHG. Der Gesellschafter, der eine verdeckte Sacheinlage geleistet hat, kann der Gesellschaft die ihm daraus zustehenden Forderungen entgegen halten, wenn es zur Anrechnung nach § 19 Abs. 4 GmbHG kommt. In Bezug auf Sacheinlagen sind Zurückbehaltungsrechte des Gesellschafters nach § 19 Abs. 2 S. 3 GmbHG eingeschränkt.[95]

86 Das GmbH-Gesetz sichert nicht nur die reale Aufbringung des der Gesellschaft durch die Gesellschafter versprochenen Kapitals, sondern **auch dessen Erhaltung im Gläubigerinteresse.**[96] § 30 GmbHG stellt sicher, dass das zur Erhaltung des Stammkapitals erforderliche Vermögen der Gesellschaft an die Gesellschafter nicht ausgezahlt werden darf. Entgegen diesem Gebot geleistete Zahlungen sind der Gesellschaft nach § 31 GmbHG zu erstatten.

87 **b) Eigenkapitalersatz.** Die notorisch unzulängliche Eigenkapitalausstattung deutscher Unternehmen und die damit einhergehende „Todsünde der Finanzierung",[97] die Unterkapitalisierung, führt dazu, dass bestimmtes von den Gesellschaftern oder diesen nahe stehenden Personen aufgebrachtes Kapital entweder aufgrund einer entsprechenden – mehr oder weniger freiwilligen – Entscheidung der Gesellschafter oder aber aufgrund zwingender gesetzlicher Bestimmungen als Eigenkapital mit den daraus resultierenden Einschränkungen einzustufen ist.

88 Durch **Rangrücktrittsklauseln** werden Mittel, die der Form nach als Fremdkapital einzustufen wären, zunächst funktional wie Eigenkapital behandelt.

Rangrücktrittsklauseln besagen im Wesentlichen, dass die aufgebrachten Mittel im Verhältnis zu den Gläubigern wie Eigenmittel der Gesellschaft behandelt werden, im

---

[92] Nach § 3 Abs. 1 Nr. 3 und 4 GmbHG hat der Gesellschaftsvertrag den Betrag des Stammkapitals sowie den Betrag, der von jedem Gesellschafter auf das Stammkapital zu leisten ist (Stammeinlage) zu enthalten. § 5 Abs. 1 bestimmt das Mindeststammkapital und die Mindesthöhe der Stammeinlage jedes Gesellschafters. § 7 Abs. 2 GmbHG legt fest, in welcher Weise das Stammkapital erbracht werden muss, damit die Anmeldung der Gesellschaft zum Handelsregister erfolgen darf, § 7 Abs. 3 stellt klar, dass Einlagen vor Anmeldung vollständig zu erbringen sind. Nach § 8 Abs. 1 Nr. 4 sind im Falle der Sachgründung der Sachgründungsbericht sowie die über die Sacheinlagen geschlossenen Verträge zum Handelsregister einzureichen und nach § 8 Abs. 1 Nr. 5 GmbHG sind Unterlagen zur Werthaltigkeit vorzulegen. Nach § 8 Abs. 2 GmbHG muss die Geschäftsführung versichern, dass die Einlagen ordnungsgemäß geleistet sind.

[93] MünchHdbGesR/*Gummert* § 50 Rn. 36.

[94] Der Wortlaut „Anrechnung [...] vereinbart" in § 19 Abs. 2 S. 2 n. F. GmbHG steht im Widerspruch dazu, dass nach Auffassung des Gesetzgebers (BT-Drs. 16/9737, S. 97) die Anrechnung „automatisch [...] ohne [...] Willenserklärung einer Partei" erfolgen soll.

[95] Insgesamt zu § 19 Abs. 2 bis 5 GmbHG s. MünchHdbGesR/*Gummert*, § 50 Rn. 26 ff.

[96] Zur Kapitalerhaltung s. umfassend MünchHdbGesR/*Mayer/Fronhöfer* § 51 sowie *Wilhelm* Kapitalgesellschaftsrecht Rn. 346 ff.

[97] *K. Schmidt* Gesellschaftsrecht S. 524.

Verhältnis zu demjenigen, der sie aufbringt, jedoch Kredit bleiben. Rangrücktrittsklauseln werden typischerweise im Fall von bestehenden Krediten auch dann verwandt, wenn die bilanzielle Überschuldung der Gesellschaft durch die Umqualifizierung des Kredits in Eigenkapital beseitigt werden muss.

89 Zu einer zwangsweisen Umqualifizierung von Fremdkapital in Eigenkapital führt das Recht der **Eigenkapital ersetzenden Darlehen.** Damit sind zunächst die im Zuge der GmbH-Novelle im Jahre 1980 eingeführten Regelungen der §§ 32a und 32b GmbHG und weiter die dazu vom II. Zivilsenat des Bundesgerichtshofs entwickelten sogenannten „Rechtsprechungsgrundsätze" angesprochen.[98] Der Gesetzgeber hat im Zuge des MoMiG das Recht der Eigenkapital ersetzenden Gesellschafterdarlehen insgesamt neu gefasst, indem §§ 32a und 32b a.F. GmbHG insgesamt gestrichen und die Rechtsprechungsgrundsätze „abgeschafft" werden. Der gesamte Themenkomplex ist jetzt rechtsformneutral im Insolvenzrecht angesiedelt. Gesellschafterdarlehen sind seit der Neufassung im Fall der Insolvenz der Gesellschaft stets nachrangig. Wird ein Gesellschafterdarlehen im Jahr vor der Insolvenz zurückgezahlt, so kann – unabhängig davon, ob das Darlehen als „Eigenkapital ersetzend" einzustufen war oder nicht – Rückerstattung an die Insolvenzmasse verlangt werden, § 135 InsO (s. dazu auch u. § 11 Rn. 20ff.).

VI. Stellvertretung bei der Gründung

Bei der Gründung der Gesellschaft werden durch die Gründer häufig aus ganz unterschiedlichen Gründen Dritte als Vertreter benötigt. Bei den verschiedenen Gründungsschritten ist dies unter unterschiedlichen Voraussetzungen möglich.

1. Errichtung der Gesellschaft

90 Bereits bei der Errichtung der Gesellschaft besteht aus unterschiedlichen Gründen relativ häufig ein praktisches Bedürfnis dafür, dass Gründer entweder durch Bevollmächtigte oder – zum Beispiel, weil sie selbst juristische Personen sind – durch ihre gesetzlichen Vertreter handeln.

91 **a) Vollmacht.** Eine **Vollmacht zur Unterzeichnung des Gesellschaftsvertrages bedarf** nach § 2 Abs. 2 GmbHG **notarieller Form.** Das heißt, die Vollmacht muss entweder durch einen deutschen Notar durch notarielle Urkunde errichtet oder durch einen deutschen Notar notariell beglaubigt werden.[99] Genügt die Vollmacht dieser Form nicht, so ist sie unwirksam; § 2 Abs. 2 GmbHG ist nach herrschender Meinung keine bloße Ordnungsvorschrift.[100]

Eine Generalvollmacht oder Prokura ist ausreichend und durch Vorlage geeigneter Unterlagen nachzuweisen (Vollmachtsurkunde bzw. Handelsregisterauszug); Handlungsvollmacht nach § 54 HGB genügt nicht.

92 Wird die **Vollmacht im Ausland errichtet,** so ist grundsätzlich eine **Legalisation** erforderlich, also die Bestätigung der Echtheit der Urkunde durch das Konsulat des Staates (Bundesrepublik Deutschland), in dem die Urkunde verwandt werden soll. Die **Legalisation im weiteren Sinne** umfasst auch die Erklärung des deutschen Konsuls, dass der Aussteller zur Aufnahme der Urkunde zuständig war und die Urkunde in der den Gesetzen des Ausstellungsstaates entsprechenden Form aufgenommen worden ist (vgl. § 13 Abs. 4

---

[98] Vergleich der beiden Schutzkonzepte bei *Wilhelm* Kapitalgesellschaftsrecht Rn. 423.

[99] Gewisse Ausnahmen gelten für Behörden, s. dazu beispielsweise MünchHdbGesR/*Heinrich,* § 5 Rn. 42.

[100] *Scholz/Emmerich* § 2 Rn. 24; m.w.N.

KonsG). An die Stelle des deutschen Notars kann auch ein deutscher **Konsulatsbeamter** einer deutschen Auslandsvertretung treten. Grundsätzlich kommen auch Honorarkonsuln in Betracht.[101]

Aufgrund bilateraler Abkommen benötigen notarielle Urkunden folgender Länder **keine Legalisation:**[102] Belgien, Dänemark, Frankreich, Griechenland, Italien, Österreich. 93

Keine Legalisation ist außerdem erforderlich im Geltungsbereich des **„Haager Übereinkommens"**.[103] Im Geltungsbereich dieses Abkommens tritt an die Stelle der Legalisation die **Apostille,** die die jeweils zuständige Stelle des ausländischen Staates erteilt.[104]

Ist die **Vollmacht in einer fremden Sprache** errichtet, so ist sie dem Registergericht – falls der zuständige Registerrichter der jeweiligen Sprache nicht mächtig ist – in gegebenenfalls beglaubigter Übersetzung einzureichen, denn die Gerichtssprache ist Deutsch, § 184 GVG, §§ 8, 9 FGG, § 50 BeurkG. Ist die Vollmacht zweisprachig (in deutscher und ausländischer Sprache) abgefasst, so empfiehlt es sich, klarzustellen, welche Fassung maßgeblich sein soll. 94

Die Vollmacht muss **keinen besonderen Inhalt** aufweisen. Eine allgemein gehaltene Vollmacht ist ausreichend.[105] Der Bevollmächtigte wird im Innenverhältnis zum Vollmachtgeber allerdings typischerweise ein Interesse daran haben, den Inhalt der Vollmacht möglichst konkret zu fassen um Streitigkeiten darüber zu vermeiden, ob die Vollmacht entsprechend den getroffenen Absprachen ausgeübt worden ist. Sind mehrere Personen bevollmächtigt, so sollte klargestellt werden, ob die Bevollmächtigten nur gemeinschaftlich handeln dürfen oder ob sie je einzeln vertreten können sollen. 95

Ist der Bevollmächtigte selbst ein Gründer oder vertritt der Bevollmächtigte bei der Gründung mehr als einen Gründer, so muss die Vollmacht zusätzlich die **Befreiung von den Beschränkungen des § 181 BGB** enthalten. 96

Die Gründungsvollmacht kann folgendermaßen lauten: 97

Formulierungsbeispiel Gründungsvollmacht:

Ich/Wir, A, B und C, bevollmächtigen hiermit Herrn/Frau X, Y und Z [zweckmäßigerweise mit eindeutiger Bezeichnung durch Anschrift und Geburtsdatum oder Berufsbezeichnung], [je einzeln] mich/uns bei der Gründung einer Gesellschaft mit beschränkter Haftung mit dem Sitz in ______ unter der Firma ______ GmbH oder einer anderen von meinem/unseren(m) Bevollmächtigten gebilligten Firma [alternativ: oder einer ähnlichen Firma] zu vertreten, den Gesellschaftsvertrag festzustellen, für mich/uns eine Stammeinlage [gegebenenfalls Höhe näher bezeichnen] zu übernehmen sowie einen oder mehrere Geschäftsführer zu bestellen und deren Vertretungsmacht festzulegen.

Der/die Bevollmächtigte(n) ist/sind ermächtigt, alle in diesem Zusammenhang erforderlichen, ihm/ihnen/ihr zweckmäßig erscheinenden Erklärungen abzugeben. [Der/die Bevollmächtigte ist von den Beschränkungen des § 181 BGB befreit und ermächtigt Untervollmacht – auch unter Befreiung von den Beschränkungen des § 181 BGB – zu erteilen.]

---

[101] Honorarkonsuln sind häufig ehrenamtlich tätige ausländische Staatsangehörige und können in der Regel Unterschriften beglaubigen. Grundsätzlich empfiehlt es sich jedoch, die dem Honorarkonsul vorgesetzte deutsche Auslandsvertretung (deren Verzeichnis auf der Webseite des Auswärtigen Amts abrufbar ist) dazu zu befragen, ob der jeweilige Honorarkonsul zur Beglaubigung ermächtigt ist, da die Befugnisse des Honorarkonsuls sich nicht nur aus dem Konsulargesetz ergeben, sondern der Honorarkonsul auch internen Beschränkungen unterliegen kann.

[102] Einzelheiten bei: Becksches Notarhandbuch/*Zimmermann* 4. Auflage H Rn. 240 ff.

[103] Haager Übereinkommen vom 5. 10. 1961 zur Befreiung ausländischer öffentlicher Urkunden von der Legalisation; BGBl 1965, II 875.

[104] Die Mitgliedsstaaten des Haager Übereinkommens können auf der Homepage der Haager Konferenz www.hcch.net eingesehen werden.

[105] *Scholz/Emmerich* GmbHG § 2 Rn. 27 ff.

Bevollmächtigter kann **jede Person** sein, die auch Gesellschafter sein könnte, geschäftsunfähige Personen allerdings nicht, vgl. § 165 BGB.

98 **b) Vollmachtslose Vertreter.** Lässt sich die erforderliche Vollmacht kurzfristig nicht beschaffen, wünschen die Beteiligten gleichwohl den Vollzug des Gründungsaktes, mag es zweckmäßig sein, dass sich ein Gründer durch einen **vollmachtslosen Vertreter** vertreten lässt.

Eine Zeit- oder Kostenersparnis ist damit in der Regel nicht verbunden, denn die Wirksamkeit der von vollmachtslosen Vertretern abgegebenen Erklärungen hängt von der nachträglichen Zustimmung des Vertretenen ab, § 177 Abs. 1 BGB. Solange diese nachträgliche Zustimmung nicht erteilt ist, ist der Gesellschaftsvertrag schwebend unwirksam; er wird mit Genehmigungserteilung rückwirkend wirksam, § 184 Abs. 1 BGB. Für die Genehmigung finden die Formvorschriften für die Vollmacht in gleicher Weise Anwendung.[106]

99 **c) Gesetzliche Vertreter.** Handeln **gesetzliche Vertreter** (Insolvenzverwalter, Testamentsvollstrecker etc.), so weisen diese ihre Vertretungsmacht nach den für sie geltenden Vorschriften gesondert nach (Testamentsvollstreckerzeugnis etc.).

Organe von juristischen Personen, die als Gründer auftreten weisen ihre Vertretungsbefugnis entweder anhand eines beglaubigten Registerauszuges oder aufgrund einer Vertretungsbescheinigung gem. § 21 BNotO nach.

100 Ist an der Gründung eine **ausländische Gesellschaft** beteiligt, so sind deren Existenz und die Vertretungsmacht aufgrund des für sie geltenden Rechts nachzuweisen. Grundsätzlich ist es auch möglich, dass ein deutscher Notar, der des ausländischen Rechts hinreichend kundig ist, eine entsprechende Vertretungsbescheinigung nach § 21 BNotO ausstellt.[107]

101 Die von den Registergerichten verlangten Unterlagen hinsichtlich Existenz und Vertretungsverhältnissen ausländischer Gesellschaften weichen (teils auch innerhalb der Registergerichte) stark voneinander ab. Stark abweichend ist auch die Praxis, in welchem Umfang Übersetzungen der einzureichenden ausländischen Unterlagen vorzulegen sind.[108] In jedem Fall ist es empfehlenswert, hierzu die Abstimmung mit dem zuständigen Registergericht zu suchen.

102 Die mit der Beschaffung der entsprechenden Nachweise verbundenen **Schwierigkeiten lassen sich dadurch umgehen,** dass die ausländische Gesellschaft einen inländischen Treuhänder bestellt und dieser Treuhänder den im Zuge der Gründung im eigenen Namen auf Rechnung des Treugebers erworbenen Geschäftsanteil später rechtsgeschäftlich an die ausländische Gesellschaft überträgt. Die Vollmacht, die die ausländische Gesellschaft dem inländischen Treuhänder zum Zwecke der Übertragung des Geschäftsanteils erteilt, ist nach § 167 Abs. 2 BGB formfrei.

2. Anmeldung zum Handelsregister

103 Bei der Anmeldung der Gesellschaft zum Handelsregister **kommt Bevollmächtigung nicht in Betracht.** Die Anmeldung ist durch die Geschäftsführer, nicht durch die Gründer zu bewirken.

VII. Form

Bei den Formvorschriften sind Gründung im Inland und Gründung im Ausland zu trennen:

---

[106] *Baumbach/Hueck/Hueck/Fastrich* § 2 Rn. 8; Roth/Altmeppen/*Roth*, § 2 Rn. 26; *Scholz/Emmerich* § 2 Rn. 31; je m. w. N.

[107] *Huhn/v. Schuckmann*, Beurkundungsgesetz, § 12 Rn. 29.

[108] Ein Überblick der im Ausland erhältlichen Urkunden und Nachweise bei Beck'sches Notarhandbuch/*Zimmermann* H Rn. 208 ff.

1. Grundsatz

Für die Form des Gesellschaftsvertrages schreibt § 2 Abs. 1 S. 1 GmbHG so knapp wie eindeutig die „notarielle Form" vor. Damit ist **notarielle Beurkundung** gemeint.[109] Für die notarielle Beurkundung ist jeder inländische Notar zuständig, ohne Rücksicht darauf, wo er ansässig ist. 104

Weiter bestimmt § 2 Abs. 1 S. 2 GmbHG, dass der Gesellschaftsvertrag **von sämtlichen Gesellschaftern zu unterzeichnen** ist. Damit wird die so genannte Stufengründung ausgeschlossen. Das Gesetz verlangt vielmehr die so genannte Einheits- oder Simultangründung. Das bedeutet, dass der Gesellschaftsvertrag nicht zunächst durch einzelne Gründer festgestellt werden kann und später weitere Personen ihren Beitritt zur Gesellschaft erklären. Vielmehr müssen alle Gründer den Gesellschaftsvertrag unterschreiben. Gesellschafterwechsel oder Beitritt von neuen Gesellschaftern kann später nur durch Anteilserwerb oder im Zuge von Kapitalerhöhungen erfolgen.[110] 105

Der Gesellschaftsvertrag wird üblicherweise als Anlage zum Gründungsprotokoll genommen. Im Gründungsprotokoll wird sodann auf ihn verwiesen.

Die Formvorschriften in § 2 Abs. 1 GmbHG werden häufig sowohl über- als auch unterschätzt. 106

- Unterschätzt wird häufig die **Reichweite der Beurkundungspflicht.** Der gesamte Inhalt des Gesellschaftsvertrages – das sind alle Vereinbarungen, die die Gesellschafter als solche miteinander schließen, die beispielsweise also auch ihre Rechtsnachfolger binden sollen – bedarf der notariellen Beurkundung. Wird gegen diesen Grundsatz verstoßen – etwa weil die mit der Einreichung zum Handelsregister einhergehende Publizität gescheut wird – so ist die gesetzlich vorgeschriebene Form nicht beachtet und der **Gesellschaftsvertrag nichtig,** § 125 BGB. Das Beurkundungserfordernis erstreckt sich allerdings nicht auf solche Nebenabreden, die schuldrechtlicher Natur sind und die die Beteiligten gerade **nicht als Gesellschafter** binden sollen. Gegenüber anderen Gesellschaftern oder auch der Gesellschaft können sich die Gründer formfrei zu bestimmten Leistungen verpflichten.[111] Auch hier könnte sich allerdings eine Beurkundungsbedürftigkeit aus § 139 BGB ergeben, wenn nämlich der Gesellschaftsvertrag und die Nebenabrede in einem derartigen Zusammenhang stehen, dass der eine ohne die andere nicht geschlossen worden wäre. In diesem Fall bedürfen auch Nebenabreden der notariellen Beurkundung. Formbedürftige gesellschaftsrechtliche Abreden sind etwa: Wettbewerbsverbote, Sonderrechte, Verpflichtungen ausscheidender Gesellschafter, Geschäftsanteile zu übertragen oder auch Regelungen über die Besetzung der Geschäftsführung.[112]
- Überschätzt werden die Formvorschriften, weil häufig zu Unrecht angenommen wird, alle Gründer müssten gleichzeitig beim Notar erscheinen. Unabhängig davon, dass Stellvertretung grundsätzlich möglich ist (s. o. Rn. 90 ff.), ist es auch möglich, dass die Gründer den Gesellschaftsvertrag **nacheinander** vor verschiedenen Notaren **unterschreiben.**[113] Wichtig ist allerdings, dass nach nahezu einhelliger Meinung zur Anmeldung zum Handelsregister der Gesellschaftsvertrag in Ausfertigung oder beglaubigter Abschrift in einer einheitlichen, vollständigen Vertragsurkunde vorzulegen ist.[114] Durch Zusammenfassung der verschiedenen unterzeichneten Exemplare ist zur Handelsregisteranmeldung in jedem Fall eine einheitliche Urkunde herzustellen.

---

[109] *Baumbach/Hueck/Hueck/Fastrich* § 2 Rn. 8; *Scholz/Emmerich* § 2 Rn. 15, jeweils m. w. N.

[110] *Roth/Altmeppen/Roth* § 2 Rn. 18; *Scholz/Emmerich* § 2 Rn. 16; *Baumbach/Hueck/Hueck/Fastrich* § 2 Rn. 11.

[111] *Scholz/Emmerich* § 2 Rn. 14 m. w. N.; *Baumbach/Hueck/Hueck/Fastrich* § 2 Rn. 12; *Lutter/Hommelhoff/Lutter/Bayer* § 2 Rn. 14, § 3 Rn. 59 ff.

[112] *Scholz/Emmerich* § 2 Rn. 14; *Baumbach/Hueck/Hueck/Fastrich* § 2 Rn. 12, § 3 Rn. 45 f.; *Lutter/Hommelhoff/Lutter/Bayer* § 2 Rn. 15.

[113] *Scholz/Emmerich* § 2 Rn. 16.

[114] *Baumbach/Hueck/Hueck/Fastrich* § 8 Rn. 3; *Roth/Altmeppen/Roth* § 8 Rn. 2.

107 Die im Regierungsentwurf des MoMiG vorgesehene Möglichkeit, bei Verwendung eines gesetzlich vorgegebenen Musters auf notarielle Beurkundung zu verzichten, ist nicht Gesetz geworden.

2. Auslandsbeurkundung

108 Aus praktischen Gründen, zum Beispiel wenn die Gründer im Ausland ansässig sind, oder häufig auch zur Kostenersparnis wird zuweilen die **Errichtung der Gesellschaft im Ausland vorgenommen.** Soweit es um die Ersparnis von Kosten geht, lohnt sich in der Regel allerdings eine sehr genaue Betrachtung. Auch die zum Teil dramatisch niedrigeren Gebühren ausländischer Notare dürfen nicht darüber hinweg täuschen, dass allein durch die Reisezeit von Gründern und gegebenenfalls Vertretern oder ihren Beratern erhebliche Kosten entstehen können. Ist der Gegenstandswert niedriger als 5 Mio. €, lohnt die Auslandsbeurkundung in der Regel nicht.

109 Voraussetzung für die Beurkundung im Ausland ist nach Rechtsprechung des Bundesgerichtshofes und nach herrschender Meinung jedenfalls, dass die ausländische Beurkundung der deutschen „gleichwertig" ist.[115] **„Gleichwertigkeit"** ist dann gegeben, wenn die ausländische Beurkundungsperson nach Vorbildung und Stellung im Rechtsleben eine der Tätigkeit des deutschen Notars entsprechende Funktion ausübt und für die Errichtung der Urkunde ein Verfahrensrecht zu beachten ist, das den tragenden Grundsätzen des deutschen Beurkundungsrechts entspricht. Dass diese Voraussetzungen vorliegen, wurde inzwischen für die Notare Österreichs,[116] Englands,[117] der Niederlande,[118] Belgiens,[119] Frankreichs,[120] Italiens,[121] Spaniens[122] bestätigt. Für Schweizer Notare ist je nach Kanton zu unterscheiden. Bejaht wurde Gleichwertigkeit jedenfalls für Zürich[123] und Basel.[124]

110 Falls die Gründer es für zweckmäßig halten, kann der Gesellschaftsvertrag auch **in einer fremden Sprache** errichtet werden, § 5 Abs. 2 BeurkG. Allerdings ist in einem solchen Fall der Handelsregisteranmeldung eine Übersetzung beizufügen.

C. Verfassung der GmbH

Die Verfassung, in der sich die Gesellschaft befindet, hängt zwangsläufig davon ab, wie sie „verfasst" ist. Das gesetzlich vorgegebene Grundgerüst dieser Verfassung muss durch die Gründer für ihre Zwecke angepasst werden. Jeder einzelne Bestandteil dieser Verfassung wirft zahlreiche Einzelfragen auf.

I. Firma, Sitz

111 § 3 Abs. 1 Nr. 1 GmbHG schreibt als ersten zwingenden Bestandteil des Gesellschaftsvertrages die Firma[125] und den Sitz der Gesellschaft vor.

---

[115] BGHZ 80, 76, 78; *Erman/G. Hohloch,* Art. 11 EGBGB Rn. 20 m. w. N.
[116] *Erman/G. Hohloch,* Art. 11 EGBGB Rn. 20.
[117] A. a. O.
[118] OLG Düsseldorf, NJW 1989, 2200.
[119] MünchKommBGB *Spellenberg* Art. 11 EGBGB Rn. 61; *Blumenwitt* DNotZ 1968, 725, 737; *Börmann* AcP 159, 1959/1960, 18; *Stürner* DNotZ 1995, 343 ff.
[120] MünchKommBGB *Spellenberg* Art. 11 EGBGB Rn. 61; *Blumenwitt* DNotZ 1968, 725, 737; *Börmann* AcP 159, 1959/1960, 18; *Stürner* DNotZ 1995, 343 ff.
[121] MünchKommBGB *Spellenberg* Art. 11 EGBGB Rn. 61; *Blumenwitt* DNotZ 1968, 725, 737; *Börmann* AcP 159, 1959/1960, 18; *Stürner* DNotZ 1995, 343 ff.
[122] *Baumbach/Hueck/Hueck/Fastrich* § 2 Rn. 9.
[123] BGHZ 80, 76; LG Köln DB 1989, 2214.
[124] OLG München, NZG 1989, 157.
[125] Der Name der Gesellschaft, § 17 Abs. 1 HGB.

Hinsichtlich der **Firma** der Gesellschaft ist in § 4 GmbHG angeordnet, dass sie die Bezeichnung „Gesellschaft mit beschränkter Haftung" oder das Kürzel „GmbH"[126] enthalten muss; das GmbH-Gesetz schreibt also nur den Rechtsformzusatz für die Firma der GmbH vor. Damit sind auch Phantasiebezeichnungen, solange sie den in § 4 GmbHG vorgeschriebenen Zusatz enthalten, ohne weiteres zulässig. Die Firma der GmbH kann als Sach-, Personen- oder Phantasiefirma oder auch als Kombination dieser Möglichkeiten gebildet werden.

Eine unzulässig gebildete Firma stellt grundsätzlich ein Eintragungshindernis dar, § 9c **112** Abs. 2 Nr. 1 GmbHG, denn die Firma gehört nach § 3 Abs. 1 GmbHG zum gesetzlich vorgeschriebenen Mindestinhalt des Gesellschaftsvertrages.

Die Unzulässigkeit von Firmen kann sich aus Regelungen außerhalb des GmbH-Gesetzes ergeben:

- Selbstverständlich ist, dass **die Firma nicht die Rechte Dritter verletzen darf.** Insoweit ist insbesondere an die Verwendung von geschützten Marken sowie an die Verwendung von Namen natürlicher Personen zu denken. Die Verwendung von Markennamen oder anderen geschützten Bezeichnungen setzt die Zustimmung des jeweiligen Rechteinhabers, die Verwendung von Namen natürlicher Personen die Zustimmung des jeweiligen Namensinhabers voraus. Letzteres gilt auch, wenn die betroffene natürliche Person Gesellschafter ist. Werden Namen natürlicher Personen – insbesondere die Namen von Gesellschaftern – verwandt, so ist empfehlenswert, sicherzustellen, dass der Name des Gesellschafters auch nach Ausscheiden des Gesellschafters in der Firma der Gesellschaft verwandt werden darf.
- Weiter sind die Grundsätze der **Kennzeichnungs- und Unterscheidungskraft** nach § 8 HGB zu beachten. **Kennzeichnungskraft** bedeutet, dass die Firma aus einer aussprechbaren Bezeichnung gebildet wird[127] und nicht aus reinen Bildzeichen besteht.[128] Außerdem muss die Firma **Unterscheidungskraft** besitzen. Sie darf nicht aus bloßen Allerweltsnamen, Wertungsbegriffen, Branchenbezeichnungen oder geographischen Angaben bestehen. Eine „Tankstellen GmbH" ist ebenso unzulässig wie eine „Berlin GmbH", eine „Müller GmbH", eine „Handel GmbH" oder eine „ABC GmbH".[129] Nach § 30 HGB muss die Firma schließlich von anderen Firmen am Ort unterscheidbar sein und zwar nicht nur durch ihren Rechtsformzusatz. Besteht am Ort also bereits eine „Horst Müller AG", wäre eine „Horst Müller GmbH" unzulässig.[130]
- Schließlich darf die Firma **nicht irreführend** sein, das heißt sie darf nicht über die Größe und die Aktivitäten des Unternehmens täuschen (beispielsweise „Euro-Installateur" für einen regional tätigen Kleinbetrieb) und sie darf nicht den Anschein einer anderen Rechtsform erwecken. Es dürfen keine nicht existenten akademischen Titel oder Berufsbezeichnungen (Dr., Ing., Kfm. etc.) verwendet werden.

Im Zweifelsfall empfiehlt es sich, die Frage der Zulässigkeit oder Unzulässigkeit der **113** Firma vorab mit der örtlich zuständigen Industrie- und Handelskammer oder mit dem Registergericht zu klären. Die **Praxis der Registergerichte weicht teilweise von einander ab.** So gibt es etwa in großen Städten Registergerichte, die Firmen, die lediglich aus drei Buchstaben (ABC GmbH, XYZ GmbH) bestehen, deswegen nicht akzeptieren, weil sie – wohl zu Recht – von einem Freihaltebedürfnis zugunsten des Rechtsverkehrs im Übri-

---

[126] Das Gesetz spricht von einer „allgemein verständlichen Abkürzung".

[127] BGHZ 14, 160.

[128] *Scholz/Emmerich* § 4 Rn. 10; *Baumbach/Hueck/Hueck/Fastrich* § 4 Rn. 6; Einzelne in der Firma enthaltene Symbole wie das Zeichen „&" und „+" dürfen in der Firma enthalten sein. Lang umstritten war dies für das „@" (dagegen zum Beispiel OLG Braunschweig WRP 2001, 287 und BayObLG NJW 2001, 2337; dafür LG Cottbus CR 2002, 134 sowie LG Berlin NZG 2004, 532).

[129] *Baumbach/Hueck/Hueck/Fastrich* § 4 Rn. 6.

[130] *Baumbach/Hopt* § 30 Rn. 5.

gen ausgehen. Das heißt, dass solche Buchstabenkürzel nicht nur von einer Gesellschaft verwendet werden können, sondern von mehreren Gesellschaften solange weitere – unterscheidungskräftige – Zusätze verwendet werden.[131] In der Regel lassen sich derartige Fragen unproblematisch telefonisch klären.

114 Die Regelung des Sitzes findet sich in § 4a GmbHG. **Sitz der Gesellschaft** ist danach der Ort, den der Gesellschaftsvertrag bestimmt. Nach § 4a Abs. 2 a.F. GmbHG musste der Gesellschaftsvertrag als Sitz der Gesellschaft in der Regel den Ort bestimmen, an dem die Gesellschaft einen Betrieb hat oder den Ort, an dem sich die Geschäftsleitung befindet oder die Verwaltung geführt wird. Diese Bestimmung wurde im Zuge des MoMiG gestrichen. Nach dem Sitz der Gesellschaft bestimmen sich die Zuständigkeiten des Registergerichts, § 7 GmbHG, des Prozessgerichts, § 17 ZPO und des Insolvenzgerichts, §§ 3, 4 InsO.

115 Nach den Urteilen des Europäischen Gerichtshofes in den Sachen *Überseering*[132] und *Inspire Art*[133] können **EU-Auslandsgesellschaften,** wenn und soweit deren Heimatgesetzgebung dies gestattet, ihren effektiven Verwaltungssitz in einem anderen Staat, zum Beispiel also auch in der Bundesrepublik Deutschland wählen. Nach der EuGH-Rechtsprechung sind diese Auslandsgesellschaften in Deutschland rechtlich als solche anzuerkennen. Auch nach der EuGH-Rechtsprechung bleibt es allerdings dabei, dass eine **deutsche GmbH ihren satzungsmäßigen Sitz im Inland haben muss.**[134] Die Verlegung des satzungsmäßigen Sitzes ins Ausland ist nicht möglich und zwar auch dann nicht, wenn es sich um eine Verlegung ins EU-Ausland handelt.[135] Die Verlegung des Sitzes ins Ausland führt zur Auflösung und Liquidation der GmbH, denn eine deutsche GmbH muss allein deswegen ihren Sitz zwingend im Inland haben, weil nach § 7 Abs. 1 GmbHG der Sitz der Gesellschaft auch die Zuständigkeit des Registergerichts bestimmt. Ein ausländisches Registergericht kann aber nicht kraft deutschen Rechts für eine deutsche GmbH mit Sitz im Ausland zuständig sein.[136]

116 Seit der **Neufassung von § 4a GmbHG** im Zuge des MoMiG haben deutsche Gesellschaften neue Freiräume. Zwar muss der satzungsmäßige Sitz im Inland beibehalten werden, allerdings ist die Hauptverwaltung der Gesellschaft nicht mehr zwingend am satzungsmäßigen Sitz zu führen. Die Hauptverwaltung darf sich damit zukünftig auch im Ausland befinden.

Die Zulässigkeit eines Doppelsitzes ist für die GmbH umstritten. Ein echtes Bedürfnis hierfür dürfte kaum bestehen.[137]

117 Als Sitz ist eine bestimmte **politische Gemeinde** anzugeben, bei Großgemeinden mit mehreren Gerichtsbezirken (in Deutschland nur Hamburg und Berlin) ist nach herrschender Meinung eine weitere Konkretisierung geboten (also etwa „Berlin-Spandau" oder „Hamburg-Harburg").[138]

II. Gegenstand

118 § 3 Abs. 1 GmbHG schreibt vor, dass der Gesellschaftsvertrag den Gegenstand der Gesellschaft enthalten muss. Das Gesetz misst dem Unternehmensgegenstand besondere

---

[131] Beispielsweise können am selben Ort die ABC-Hard- und Software GmbH und die ABC-Meiereizentrale GmbHG eingetragen werden.

[132] ZIP 2002, 2037 = NJW 2002, 3614.

[133] NJW 2003, 3331 = NZG 2003, 1064.

[134] Dies hat der Gesetzgeber im Zuge des MoMiG dadurch bekräftigt, dass § 4a GmbHG hinsichtlich des Sitzes jetzt von einem „Ort im Inland" spricht (BT-Drs. 16/6140, S. 69).

[135] *Scholz/Emmerich* § 4a Rn. 7, 9, m.w.N.

[136] S. auch *Scholz/Emmerich* § 4a Rn. 9.

[137] Vgl. *Baumbach/Hueck/Hueck/Fastrich* § 4a Rn. 7.

[138] *Hachenburg/Ulmer* § 3 Rn. 9ff.; *Scholz/Emmerich* § 4a Rn. 9; *Baumbach/Hueck* GmbHG, *Hueck/Fastrich* § 4a Rn. 3.

Bedeutung zu. Bei Fehlen oder Nichtigkeit des Unternehmensgegenstands kann die Gesellschaft für nichtig erklärt werden, § 75 Abs. 1 GmbHG. Außerdem kann das Amtslöschungsverfahren eingeleitet werden, § 144 Abs. 1 S. 2 FGG. **Nichtigkeit des Unternehmensgegenstandes** kommt insbesondere dann in Betracht, wenn eine Tätigkeit beschrieben wird, die die Gesellschaft in Wahrheit nicht ausübt und auch nicht auszuüben beabsichtigt, Scheingeschäft, § 117 BGB, oder wenn der Unternehmensgegenstand gegen das Gesetz oder die guten Sitten verstößt, §§ 134, 138 BGB.

Häufig wird übersehen, dass der Unternehmensgegenstand durchaus **für die Binnenverfassung** der Gesellschaft von Bedeutung ist, denn durch den Unternehmensgegenstand wird die Geschäftsführungsbefugnis (s. Rn. 126) (allerdings nicht die Vertretungsbefugnis (s. Rn. 126, 131 ff.)) der Geschäftsführer begrenzt, § 37 Abs. 1, 2 GmbHG. 119

Im Interesse aller Beteiligten ist es daher empfehlenswert, im Gründungsstadium den **Unternehmensgegenstand so genau wie möglich zu beschreiben.** Hierbei sollte von Leerformeln möglichst Abstand genommen werden. Abgesehen davon, dass diese in der Regel ohnehin unzulässig sind,[139] sind solche Formulierungen auch zur Beschreibung der Geschäftsführungsbefugnis der Geschäftsführer völlig ungeeignet. Weiter ist darauf zu achten, dass nicht „versehentlich" im Gegenstand des Unternehmens handwerkliche Tätigkeiten beschrieben werden, da für die Erbringung solcher Dienstleistungen die Eintragung in die Handwerksrolle erforderlich ist. 120

Außerdem ist darauf zu achten, dass der Gegenstand des Unternehmens **keine erlaubnispflichtigen Tätigkeiten,** zum Beispiel nach § 34c GewO oder § 1 KWG, beschreibt. Ist die Gesellschaft nicht im Besitz einer etwa erforderlichen Erlaubnis, so ist es empfehlenswert, im Unternehmensgegenstand darzustellen, dass erlaubnispflichtige Tätigkeiten nicht ausgeübt werden. Derartige Hinweise können lauten: 121
- „Eine Tätigkeit nach § 34c GewO wird nicht ausgeübt." oder
- „Bankgeschäft oder Finanzdienstleistungen, für die eine Erlaubnis nach § 1 KWG erforderlich ist, werden nicht erbracht."

Derartige **negative Hinweise sind nach überwiegender Meinung zulässig,** wenn der Unternehmensgegenstand im Übrigen ausreichend konkret beschrieben ist.[140] Einige Registergerichte beanstanden solche Formulierungen allerdings, falls die Abgrenzung zum erlaubnispflichtigen Geschäft nicht eindeutig und negativ erfolgt, etwa wenn Formulierungen verwendet werden wie „soweit nicht Bankgeschäfte oder Finanzdienstleistungen i. S. v. § 1 KWG erbracht werden". Begründet werden solche Beanstandungen damit, dass durch die Wahl solcher Formulierungen nicht ausreichend klar ist, in welchem Umfang („soweit") erlaubnispflichtige Tätigkeiten beschrieben werden. In Zweifelsfällen empfiehlt sich hierzu eine frühzeitige Abstimmung mit dem Registergericht. 122

Typischerweise lautet eine Bestimmung über den Unternehmensgegenstand wie folgt: 123

Formulierungsbeispiel Unternehmensgegenstand:

1. Gegenstand des Unternehmens der Gesellschaft ist: [Die Fertigung von und der Handel mit Damen- und Herrenoberbekleidung].
2. Die Gesellschaft ist berechtigt, alle Geschäfte zu betreiben und Maßnahmen vorzunehmen, die mit dem Gegenstand des Unternehmens gem. Abs. 1 zusammenhängen oder

[139] *Baumbach/Hueck/Hueck/Fastrich* § 3 Rn. 8 („Betrieb eines Kaufmannsgeschäfts", „Handelsgeschäfte aller Art", „Produktion und Vertrieb von Waren aller Art", „Betreiben von Handelsgeschäften"). Derartige Leerformeln sah allerdings das Muster eines Gesellschaftsvertrages vor, welches der Gesetzgeber im Zuge des MoMiG dem GmbH-Gesetz beizufügen gedachte (BT-Drs. 16/6140, S. 46 ff.). Mit Recht hat der Bundesrat darauf hingewiesen, dass derartige Leerformeln keinen Aufschluss über die tatsächliche Tätigkeit der Gesellschaft bieten und dem Rechtsverfahren eher schaden als nützen dürften (BT-Drs. 16/6140, S. 148). Der Vorschlag wurde nicht Gesetz.

[140] *Baumbach/Hueck/Hueck/Fastrich* § 3 Rn. 8 m. w. N.

ihm unmittelbar oder mittelbar zu dienen geeignet sind. Sie darf im In- und Ausland Zweigniederlassungen errichten und schließen, Tochtergesellschaften gründen und gleichartige oder ähnliche Unternehmen erwerben, pachten, sich daran beteiligen oder ihre Vertretung oder Geschäftsführung übernehmen. Die Gesellschaft darf auch die Stellung einer persönlich haftenden Gesellschafterin übernehmen.

124 Der Sinn der „Generalklausel" in Abs. 2 des vorstehenden Beispiels besteht darin, die Kompetenzen zwischen Geschäftsführung und Gesellschafterversammlung zu ordnen. Da der Unternehmensgegenstand die Geschäftsführungsbefugnis der Geschäftsführer definiert, sind die Geschäftsführer im vorliegenden Beispiel zur Eröffnung einer Zweigniederlassung im Ausland befugt, jedenfalls soweit es sich nicht um ein außergewöhnliches Geschäft handelt. Soweit die Satzung den Geschäftsführern – beispielsweise durch entsprechende Fassung des Unternehmensgegenstandes – Befugnisse überträgt, sind sie auch zu eigenverantwortlichen Beschlüssen berufen.[141]

III. Geschäftsführung

Auch für die Regelung der Geschäftsführung sind zahlreiche Regelungen zu beachten.

1. Begriff, Aufgaben

125 Dem Geschäftsführer obliegt es, grundsätzlich festzulegen, auf welche Weise der **Zweck der Gesellschaft** verfolgt wird. Als weitere Aufgabe weist § 35 GmbHG den Geschäftsführern die gerichtliche und außergerichtliche Vertretung der Gesellschaft zu.

126 Allgemein wird im Gesellschaftsrecht zwischen **Geschäftsführungsbefugnis** einerseits (Innenverhältnis) und **Vertretungsmacht** andererseits (Außenverhältnis) unterschieden. Wer Vertretungsmacht hat, kann gegenüber Dritten wirksame Willenserklärungen abgeben, die Geschäftsführungsbefugnis hingegen bestimmt, ob die fragliche Maßnahme im Innenverhältnis zulässig ist.

2. Persönliche Voraussetzungen

127 Die persönlichen Voraussetzungen für Geschäftsführer legt § 6 Abs. 2 GmbHG fest. Danach können Geschäftsführer nur **natürliche, unbeschränkt geschäftsfähige Personen** sein. Die persönlichen Voraussetzungen im Übrigen wurden im Zuge des MoMiG teilweise neu geregelt. Wie bisher dürfen Personen, die ganz oder teilweise einem Einwilligungsvorbehalt nach § 1903 BGB unterliegen,[142] nicht Geschäftsführer sein. Außerdem kann nicht Geschäftsführer sein, wer aufgrund eines gerichtlichen Urteils oder einer vollziehbaren Entscheidung einer Verwaltungsbehörde einen Beruf, einen Berufszweig, ein Gewerbe oder einen Gewerbezweig nicht ausüben darf, sofern der Unternehmensgegenstand ganz oder teilweise mit dem Gegenstand des Verbots übereinstimmt, § 6 Abs. 2 S. 2 Nr. 2 GmbH. Nicht Geschäftsführer sein kann ferner, wer wegen einer oder mehrerer der folgenden Straftaten, die vorsätzlich begangen worden sein müssen, verurteilt worden ist:
- Insolvenzverschleppung,
- Insolvenzstraftat nach §§ 283 bis 283d StGB,[143]
- falsche Angaben nach § 82 GmbHG oder § 399 AktG,
- unrichtige Darstellung nach § 400 AktG, § 331 HGB, § 313 UmwG oder § 17 PublG

---

[141] *Roth/Altmeppen/Altmeppen*, § 37 Rn. 22 m. w. N.

[142] Einem Einwilligungsvorbehalt unterliegt, wer in Folge einer Anordnung durch das Vormundschaftsgericht für Willenserklärungen der Zustimmung des für ihn bestellten Betreuers unterliegt.

[143] § 283 StGB Bankrott; § 283 a StGB Besonders schwerer Fall des Bankrotts; § 283 b StGB Verletzung der Buchführungspflicht; § 283 c StGB Gläubigerbegünstigung; § 283 d StGB Schuldnerbegünstigung.

– Straftaten nach §§ 263 bis 264a StGB[144] oder §§ 265b bis 266a StGB,[145] wenn die Freiheitsstrafe mindestens ein Jahr beträgt.

Der Ausschluss gilt für die Dauer von fünf Jahren seit Rechtskraft des Urteils. **Verurteilungen im Ausland** wegen vergleichbarer Taten zählen entsprechend, § 6 Abs. 2 S. 3 GmbHG.

Seit Inkrafttreten des MoMiG enthält § 6 Abs. 5 GmbHG eine Sanktion für den Fall, 128
dass die Gesellschafter eine Person zum Geschäftsführer bestellen, die die gesetzlichen Voraussetzungen für dieses Amt nicht erfüllt. Wird eine solche Person zum Geschäftsführer bestellt, so haften diejenigen Gesellschafter, die insoweit vorsätzlich oder grob fahrlässig handeln, der Gesellschaft nach Maßgabe von § 6 Abs. 5 GmbHG auf Schadenersatz. Es dürfte daher empfehlenswert sein, von Geschäftsführern vor ihrer Bestellung eine Erklärung und gegebenenfalls Nachweise (z.B. Führungszeugnis) einzuholen, dass die Voraussetzungen nach § 6 Abs. 2 GmbHG in Bezug auf ihre Person gegeben sind.[146]

Dass diese in § 6 Abs. 2 S. 3, 4 GmbHG niedergelegten Voraussetzungen vorliegen, hat 129
der bestellte Geschäftsführer bei seiner erstmaligen Anmeldung nach § 8 Abs. 3 GmbHG zu versichern. Eine derartige Versicherung lautet seit Inkrafttreten des MoMiG wie folgt:

Formulierungsbeispiel Versicherung der Geschäftsführer:

Ich bin nicht wegen einer vorsätzlich begangenen Straftat
– des Unterlassens der Stellung des Antrags auf Eröffnung des Insolvenzverfahrens (Insolvenzverschleppung)
– nach §§ 283 bis 283d StGB (Insolvenzstraftaten),
– der falschen Angaben nach § 82 GmbHG oder § 399 AktG,
– der unrichtigen Darstellung nach § 400 AktG, § 331 HGB, § 313 UmwG, § 17 PublG
verurteilt worden.

Ich bin in den letzten fünf Jahren nicht rechtskräftig wegen einer vorsätzlich begangenen Straftat nach §§ 263 bis 264a oder §§ 265b bis 266a StGB zu einer Freiheitsstrafe von mindestens einem Jahr verurteilt worden. Ich bin in den letzten fünf Jahren nicht rechtskräftig wegen Taten, die mit den in den vorangehenden Sätzen genannten Taten vergleichbar sind, im Ausland verurteilt worden. Mir ist weder duch gerichtliches Urteil noch durch eine vollziehbare Entscheidung einer Verwaltungsbehörde untersagt werden, einen Beruf, einen Berufszweig, ein Gewerbe oder einen Gewerbezweig auszuüben, der mit dem Unternehmensgegenstand ganz oder teilweise übereinstimmt. Ich wurde nicht auf behördliche Anordnung in einer Anstalt verwahrt.[147] Ich bin über meine unbeschränkte Auskunftspflicht gegenüber dem Gericht von dem beglaubigenden Notar belehrt worden.

---

[144] § 263 StGB Betrug; § 263a StGB Computerbetrug; § 264 StGB Subventionsbetrug; § 264a StGB Kapitalanlagebetrug.

[145] § 265b StGB Kreditbetrug; § 266 StGB Untreue; § 266a StGB Vorenthalten und Veruntreuen von Arbeitsentgelt.

[146] § 6 Abs. 3 GmbHG ordnet eine solidarische Haftung dieser Gesellschafter gegenüber der Gesellschaft an. Zu ersetzen ist der Schaden, der dadurch entsteht, dass die fragliche Person die ihr gegenüber der Gesellschaft obliegenden Pflichten verletzt. Ob diese Bestimmungen nennenswerte Bedeutung erlangen werden, bleibt abzuwarten. Wer soll die Ansprüche für die Gesellschaft gegen die Gesellschafter geltend machen? Der unzulässigerweise bestellte Geschäftsführer wird davon möglicherweise absehen wollen. Dem Insolvenzverwalter wird sich also das Problem stellen, dass der zu ersetzende Schaden und die Ursächlichkeit des Pflichtverstoßes für denselben wahrscheinlich nur unter großen Schwierigkeiten dargelegt und bewiesen werden kann – zumal dann, wenn mehrere Geschäftsführer bestellt sind, von denen nur einer die gesetzlichen Anforderungen nicht erfüllt.

[147] Im Hinblick auf den zweiten Halbsatz von § 6 Abs. 2 S. 3 a.F. GmbHG verlangen einige Registergerichte – wohl contra legem – dass in die Versicherung aufgenommen wird, dass keine „Verwahrung in einer Anstalt" vorlag (jetzt § 6 Abs. 2 S. 2 Nr. 3 a.F.). Es dürfte daher zweckmäßig sein, diesen Zusatz zur Vermeidung von Zwischenverfügungen aufzunehmen. Auch der Gesetzgeber ging in seinem im Zuge des MoMiG zunächst vorgelegten jedoch nicht Gesetz gewordenen Muster (Anlage 2 zu § 7 GmbHG-E) übrigens nicht davon aus, dass es einer derartigen Versicherung bedarf (Regierungsbegründung BT-Drs. 16/6140, S. 49f.).

130 Für den Fall, dass die Handelsregisteranmeldung, die die Versicherung des Geschäftsführers enthält, **von einem ausländischen Notar** beglaubigt wird, ist zu beachten, dass nach der Neufassung von § 8 Abs. 3 S. 2 2. Hs GmbHG durch das MoMiG eine begrenzte Erleichterung geschaffen wurde. Die Belehrung darüber, dass Gerichte und Behörden nach § 53 Abs. 2 BZRG ein Recht auf unbeschränkte Auskunft aus dem Bundeszentralregister haben, kann auch durch einen ausländischen Notar, einen Konsularbeamten oder einen ausländischen Rechtsanwalt[148] erfolgen. Im Übrigen bleibt es dabei, dass nur ein deutscher Notar über die in § 6 Abs. 2 S. 2 Nr. 2 und 3 GmbH genannten Bestimmungen des deutschen Rechts belehren kann.[149] Diese Belehrung kann ebenfalls schriftlich erfolgen.[150]

3. Vertretung der Gesellschaft

131 Eine typische Klausel über die Vertretungsregelung lautet folgendermaßen:

Formulierungsbeispiel Vertretungsregelung:
Die Gesellschaft hat einen oder mehrere Geschäftsführer. Ist nur ein Geschäftsführer bestellt, so vertritt dieser die Gesellschaft allein. Sind mehrere Geschäftsführer bestellt, wird die Gesellschaft von zwei Geschäftsführern oder einem Geschäftsführer gemeinsam mit einem Prokuristen vertreten. Durch Gesellschafterbeschluss kann einem oder mehreren Geschäftsführern allgemein oder im Einzelfall Einzelvertretungsbefugnis und/oder ganz oder teilweise Befreiung von Beschränkungen des § 181 BGB erteilt werden.

132 Die Gesellschaft wird **durch alle Geschäftsführer gemeinsam vertreten**, wenn der Gesellschaftsvertrag (wie im vorstehenden Muster) nichts anderes bestimmt, § 35 Abs. 2 S. 1 GmbHG. Umgekehrt kann allerdings jeder einzelne Geschäftsführer Erklärungen für die Gesellschafter entgegennehmen, § 35 Abs. 2 S. 2 GmbHG. Die Befugnis, die Gesellschaft zu vertreten, kann Dritten gegenüber nicht beschränkt werden, § 37 Abs. 2 GmbHG. Im Fall der **Führungslosigkeit** (falls die Gesellschaft keinen Geschäftsführer hat) vertreten die Gesellschafter die Gesellschaft, falls ihr gegenüber Willenserklärungen abzugeben oder Schriftstücke zuzustellen sind, § 35 Abs. 1 S. 2 GmbHG.

133 Werden mehrere Geschäftsführer bestellt, ist es in der Regel unzweckmäßig, festzuschreiben, dass alle Geschäftsführer stets gemeinsam vertreten. Wünschenswert – aber nicht zwingend – ist die Einhaltung des **Vier-Augen-Prinzips**; jeder Geschäftsführer kann also nur mit einer weiteren Person (Geschäftsführer oder Prokurist) vertreten.

134 Typischerweise zweckmäßig sind auch Bestimmungen dahingehend, dass die Gesellschafterversammlung allgemein oder im Einzelfall Geschäftsführer **zur alleinigen Vertretung berechtigen kann.** Dies kann im Einzelfall oder für bestimmte abstrakt festgelegte Rechtsgeschäfte durch Gesellschafterbeschluss geschehen. Die Erteilung von Einzelvertretungsbefugnis setzt allerdings voraus, dass eine entsprechende Ermächtigung hierzu im Gesellschaftsvertrag enthalten ist. Ein entsprechender Gesellschafterbeschluss lautet beispielsweise wie folgt:

Formulierungsbeispiel Erteilung Einzelvertretungsbefugnis:
„Der Geschäftsführer [Name] vertritt die Gesellschaft allein." oder
„Der Geschäftsführer [Name] vertritt die Gesellschaft bei [Bezeichnung des Rechtsgeschäfts] allein."

---

[148] BT-Drs. 16/6140 S. 84.

[149] Die Frage ist streitig. Im hier vertretenen Sinne: *Scholz/H. Winter/Veil* § 8 Rn. 26 m. w. N.; a. A.: *Lutter/Hommelhoff/Lutter/Bayer* § 8 Rn. 4 m. w. N.

[150] *Baumbach/Hueck/Hueck/Fastrich* § 8 Rn. 15 f.; *Lutter/Hommelhoff/Lutter/Bayer* § 8 Rn. 14.

Die Einzelvertretungsbefugnis ist mit Wirksamwerden des Gesellschafterbeschlusses und seiner Bekanntgabe an den betroffenen Geschäftsführer erteilt. Einer Eintragung ins Handelsregister bedarf es nicht. Der Geschäftsführer kann also seine Einzelvertretungsbefugnis entweder durch Vorlage eines Handelsregisterauszuges oder durch Vorlage des entsprechenden Gesellschafterbeschlusses nachweisen 135

Unnötig kontrovers wird häufig im Zusammenhang mit der Frage, mit welcher Vertretungsmacht die Geschäftsführer auszustatten sind, die Frage der **Befreiung von den Beschränkungen des § 181 BGB** diskutiert. § 181 BGB sagt, dass der Geschäftsführer, soweit er nicht von diesen Beschränkungen befreit ist 136
- die Gesellschaft nicht bei Rechtsgeschäften mit sich selbst und
- die Gesellschaft nicht bei solchen Rechtsgeschäften, bei denen er auch zugleich Dritte vertritt,

vertreten kann.

Bevor über die Frage, ob der Geschäftsführer von den Beschränkungen des § 181 BGB befreit wird, ernsthaft diskutiert wird, sollte zunächst analysiert werden, ob es dieser **Befreiung überhaupt bedarf.** Dabei ist zu bedenken, dass von den Beschränkungen des § 181 BGB insgesamt oder auch nur teilweise befreit werden kann. 137

Ein Bedürfnis dafür, dass der Geschäftsführer die Gesellschaft bei **Rechtsgeschäften mit sich selbst** vertreten darf, wird in der Regel überhaupt nur bei Gesellschafter-Geschäftsführern bestehen, die das Bedürfnis haben mögen, der Gesellschaft aus ihrem eigenen Vermögen Gegenstände zuzuwenden oder Vermögensgegenstände der Gesellschaft für eigene Zwecke zu nutzen. Angestellte Geschäftsführer regeln die Leistungsbeziehungen zur Gesellschaft typischerweise im Anstellungsvertrag, einer Befreiung von den Beschränkungen des § 181 BGB wird es insoweit in der Regel nicht bedürfen. Insbesondere bedarf es der Befreiung von den Beschränkungen des § 181 BGB nicht, um den Geschäftsführer in die Lage zu versetzen, sein eigenes Gehalt auszuzahlen; dies ist ohne weiteres möglich.[151] 138

Ob der Geschäftsführer von den Beschränkungen des § 181 BGB zu befreien ist, um die Gesellschaft auch bei **Rechtsgeschäften** vertreten zu können, bei denen der Geschäftsführer nicht nur die Gesellschaft, sondern **auch mindestens einen anderen Dritten vertritt,** ist eine gänzlich anders gelagerte Frage. Der mögliche **Interessenkonflikt ist evident.** Ein Bedürfnis aus Sicht der Gesellschaft besteht für diese Befreiung in der Regel nur dann, wenn sie ein Interesse daran hat, dass der Geschäftsführer „Diener zweier Herren" ist, nämlich der Gesellschaft und des Dritten. Klassische Bespiele hierfür sind Konzernstrukturen, wenn es also beispielsweise zu den Aufgaben des Geschäftsführers gehört, diese Funktion in mehreren gruppenzugehörigen Unternehmen wahrzunehmen. 139

Unzulässig ist eine Satzungsbestimmung, die vorsieht, **dass der einzige Geschäftsführer die Gesellschaft nur gemeinsam mit einem Prokuristen vertreten kann.**[152] Als Begründung hierfür wird regelmäßig angeführt, dass der Prokurist, der nicht Organ der Gesellschaft ist, kein Vetorecht haben dürfe, sondern dass das Organ (Geschäftsführung) die Gesellschaft immer auch allein vertreten können muss.[153] 140

---

[151] *Baumbach/Hueck/Zöllner/Noack* § 35 Rn. 130

[152] *Michalski/Lenz* § 135 Rn. 57; *Lutter/Hommelhoff* § 35 Rn. 39; *Baumbach/Hueck/Zöllner/Noack* § 35 Rn. 112; *Roth/Altmeppen/Altmeppen* § 35 Rn. 57; *Scholz/Schneider* § 35 Rn. 73. Aus diesem Grund stellt das vorstehende Muster klar, dass die Gesellschaft stets durch einen Gesellschafter allein vertreten wird, solange ein Geschäftsführer bestellt ist.

[153] Ganz stringent ist die Auffassung in der Literatur hierzu allerdings nicht. Letztendlich ist es nicht überzeugend, dass die Gesellschafter, die nach unbestrittener Meinung einen sehr engen Zustimmungskatalog für die Geschäftsführung vorsehen können, nicht auch bestimmen können sollten, dass der Geschäftsführer nur mit einem Prokuristen die Gesellschaft vertreten darf. Aktuellere Rechtsprechung zu diesem Fragenkreis ist nicht ersichtlich und in den zitierten Literaturstellen nicht nachgewiesen. Allein *Scholz/Schneider* (a. a. O.) bezieht sich auf verschiedene Entscheidungen des Kammergerichts aus den Jahren 1920 bis 1942. Vollends unstimmig ist schließlich, dass jeweils a. a. O. auch vertreten wird, dass die vertragliche Regelung zwar unzulässig aber gegebenenfalls wirksam sein soll.

4. Grundsatz Gesamtgeschäftsführung

141 Ebenso wie § 35 Abs. 2 S. 1 GmbHG vom Grundsatz der Gesamtvertretung ausgeht, gilt, dass die Geschäftsführungsbefugnis – soweit mehrere Geschäftsführer bestellt sind – den Geschäftsführern nur gemeinschaftlich zusteht.[154] Beschlüsse der Geschäftsführer müssen daher einstimmig gefasst werden.

142 Der Gesellschaftsvertrag kann von diesem Grundsatz abweichen. Insbesondere kann der Gesellschaftsvertrag eine **Ressortverteilung** vornehmen. Unzweckmäßig ist es, im Gesellschaftsvertrag Geschäftsführer mit ihrem Namen zu bezeichnen und ihnen sodann bestimmte Funktionen oder Ressorts zuzuweisen, da dies dazu führt, dass, im Fall des Ausscheidens eines Geschäftsführers, der Gesellschaftsvertrag durch notariell zu beurkundenden Gesellschafterbeschluss geändert werden muss. Zweckmäßiger ist es, im Gesellschaftsvertrag bestimmte Ressorts zu beschreiben, zum Beispiel einen technischen und einen kaufmännischen Geschäftsführer, und sodann festzulegen, welche Aufgaben dem für die jeweiligen Ressorts bestimmten Geschäftsführer obliegen. Der schließlich für die jeweilige Aufgabe ausgewählte Geschäftsführer wird sodann entsprechend der Bezeichnung im Gesellschaftsvertrag durch die Gesellschafterversammlung bestellt. Ein entsprechender Gesellschafterbeschluss würde beispielsweise lauten:

Formulierungsbeispiel Gesellschafterbeschluss Geschäftsführerbestellung:
Herr X wird mit Wirkung zum [Datum] zum kaufmännischen Geschäftsführer (gem. § Y des Gesellschaftsvertrages) bestellt.

143 Die Bestellung zum „technischen", „kaufmännischen" oder in anderer Weise bezeichneten Geschäftsführer kann allerdings in dieser Weise **nicht im Handelsregister** eingetragen werden, da sie allein das Innenverhältnis der Gesellschaft betrifft.

144 Regelt der Gesellschaftsvertrag insoweit nichts, so können die Gesellschafter den Geschäftsführern eine **Geschäftsordnung** geben (s. Rn. 154).

5. Verhältnis zur Gesellschafterversammlung

145 **a) Bestellung und Abberufung.** Die Bestellung und die Abberufung von Geschäftsführern ist nach § 46 Nr. 5 GmbHG der Gesellschafterversammlung zugewiesen. Die Gesellschafterversammlung entscheidet darüber durch Beschluss. Im Fall der Ein-Mann-GmbH gilt nichts anderes. Auch in der Ein-Mann-GmbH ist über den gefassten Beschluss eine Niederschrift zu fertigen (§ 48 Abs. 3 GmbHG).

146 Durch die Bestellung wird der Geschäftsführer zum Organ der Gesellschaft. Typischerweise wird zugleich die **Vertretungsmacht** mit beschlossen. Der Gesellschafterbeschluss lautet etwa wie folgt:

Formulierungsbeispiel Gesellschafterbeschluss Vertretungsbefugnis Geschäftsführer:
Er/Sie vertritt die Gesellschaft allein/in Gemeinschaft mit einem anderen Geschäftsführer oder mit einem Prokuristen.[155]

Beschließt die Gesellschaft über die Vertretungsmacht nicht, so hat der Geschäftsführer Vertretungsmacht in dem Umfang, wie es der Gesellschaftsvertrag vorsieht.

---

[154] Dies entspricht nahezu allgemeiner Meinung, ohne dass diese Frage im GmbH-Gesetz ausdrücklich geregelt wäre. *Roth/Altmeppen* § 37 Rn. 33; *Baumbach/Hueck/Zöllner/Noack* § 37 Rn. 24; *Hachenburg/Mertens* § 35 Rn. 106; *Scholz/Schneider* § 37 Rn. 11; *Lutter/Hommelhoff* § 37 Rn. 28.

[155] Die Erteilung von Einzelvertretungsbefugnis setzt das Vorliegen einer entsprechenden satzungsmäßigen Ermächtigung voraus.

Die Anmeldung des Geschäftsführers zum Handelsregister ist deklaratorisch. Die Bestellung wird entweder sofort oder mit dem im Beschluss genannten Zeitpunkt wirksam (jeweils jedoch nicht, bevor dem Geschäftsführer die Bestellung bekanntgegeben wurde). 147

Kraft Sachzusammenhangs ist die Gesellschafterversammlungen auch **zuständig für das Anstellungsverhältnis** des Geschäftsführers (also auch für Abschluss, Änderung oder Beendigung des Anstellungsvertrages – s. u. Rn. 159).[156] Die Unterzeichnung des Anstellungsvertrages durch alle Gesellschafter ist üblicherweise wenig praktisch. Aus diesem Grund empfiehlt es sich, im Bestellungsbeschluss zugleich einen bereits vorhandenen anderen Geschäftsführer oder einen Gesellschafter – zulässigerweise[157] – zum Abschluss des Anstellungsvertrages zu ermächtigen (s. Rn. 160). Die Satzung kann dieses Recht allerdings auch einzelnen Gesellschaftern, Gesellschaftergruppen oder einem anderen Organ (jedoch nicht einem anderen Geschäftsführer) zuweisen.[158] Nach wie vor umstritten ist, ob auch außenstehenden Dritten, namentlich beispielsweise Behörden oder Kreditgebern, ein Bestellungsrecht eingeräumt werden kann.[159] 148

Soweit das **Bestellungsrecht** satzungsmäßig **übertragen** worden ist, wird die Gesellschafterversammlung unzuständig. Ob diese Unzuständigkeit wirklich gewollt ist, ist sorgfältig zu überlegen. Abhängig von Struktur und Größe des Gesellschafterkreises mag es sinnvoll sein, jedenfalls die Gesellschafterversammlung mit der Frage der Geschäftsführerbestellung zu befassen, allein um diese über die Bestellung zu unterrichten und gegebenenfalls um Konsens über die Bedingungen der Geschäftsführerbestellung herzustellen. 149

Der Gesellschaftsvertrag kann auch vorsehen, dass die Gesellschafter oder Gesellschaftergruppen **Vorschlagsrechte** haben und die Gesellschafterversammlung verpflichtet ist, aufgrund des einseitigen Verlangens des berechtigten Gesellschafters oder der berechtigten Gesellschaftergruppe den fraglichen Geschäftsführer als solchen zu bestellen. Rechtstechnisch handelt es sich dabei nicht um ein Bestellungsrecht, sondern um eine Stimmbindungsvereinbarung. Die Bestimmung über die Bestellung des Geschäftsführers kann zum Beispiel lauten: 150

Formulierungsbeispiel Satzungsbestimmung zur Geschäftsführerbestellung:

Die Bestellung oder Abberufung von Geschäftsführern obliegt dem Beirat, soweit und solange ein solcher besteht. Dies gilt auch für Abschluss, Änderung und Beendigung der Anstellungsverhältnisse mit den Geschäftsführern.

oder:

Solange X Gesellschafter ist, hat X das Recht, der Gesellschafterversammlung einen Geschäftsführer vorzuschlagen. Schlägt X einen Geschäftsführer vor, so ist die Gesellschafterversammlung verpflichtet, die von X vorgeschlagene Person zum Geschäftsführer zu bestellen.

b) Weisungen. Grundsätzlich unterliegen die Geschäftsführer den Weisungen der Gesellschafter. Über Weisungen an die Geschäftsführer entscheidet die Gesellschafterver- 151

[156] BGH ZIP 2000, 1442; *Roth/Altmeppen* § 46 Rn. 27; *Lutter/Hommelhoff* § 46 Rn. 13; je m. w. N.

[157] *Lutter/Hommelhoff* § 46 Rn. 13.

[158] *Baumbach/Hueck/Zöllner* § 46 Rn. 34, 39, § 6 Rn. 19.

[159] Nach herrschender Meinung ist dies wohl möglich. *Baumbach/Hueck/Hueck/Fastrich* § 6 Rn. 20, dagegen allerdings: *Baumbach/Hueck/Zöllner* § 46 Rn. 33.

sammlung durch einfachen Beschluss.[160] Weisungen der Gesellschafterversammlung haben die Geschäftsführer zu befolgen. Die Folgepflicht setzt voraus, dass
- der entsprechende Gesellschafterbeschluss wirksam (also nicht nichtig, schwebend unwirksam oder anfechtbar) ist[161] und
- die Weisung nicht gegen das Gesetz oder die guten Sitten verstößt.[162]

Das Weisungsrecht der Gesellschafter kann entweder im Gesellschaftsvertrag oder durch einfachen Beschluss der Gesellschafterversammlung grundsätzlich auf einen Beirat oder Aufsichtsrat delegiert werden.[163]

152 Die **Grenzen des Weisungsrechts** sind bis heute streitig. Während einerseits vertreten wird, dass den Geschäftsführern Spielraum für eigene Entscheidungen bleiben muss,[164] steht dem die Auffassung gegenüber, dass die Grenzen des Weisungsrechts erst dann erreicht sind, wenn es um die Verfolgung von Pflichten geht, die die Geschäftsführer im Allgemeinen oder Gläubigerinteresse zu erfüllen haben.[165] Im Kern geht es darum, sowohl die Allzuständigkeit der Gesellschafterversammlung als auch die Verteilung der Kompetenzen zwischen den Organen sicherzustellen. Weisungen sind einerseits grundsätzlich stets zulässig und können auch jeden beliebigen Inhalt haben, dürfen jedoch nicht dazu führen, dass der Geschäftsführer seine ihm als Organ zugewiesenen Aufgaben nicht mehr erfüllen kann.

153 **Verändern sich die Verhältnisse** nach Erteilung einer Weisung an die Geschäftsführer, so darf die Geschäftsführung die Weisung nicht „blind" befolgen, sondern muss von der Weisung entweder abweichen oder – falls möglich – neue Weisungen einholen.[166]

154 c) **Erlass und Inhalt von Geschäftsordnungen für die Geschäftsführung.** Das GmbH-Gesetz geht grundsätzlich davon aus, dass die Geschäftsführer die Geschäfte gemeinsam führen (s. oben Rn. 141). Die Gesellschafter haben grundsätzlich die Möglichkeit, von diesem Leitbild abzuweichen und die **Aufgabenverteilung** unter den Geschäftsführern durch Erlass einer Geschäftsordnung für die Geschäftsordnung zu regeln. Der Erlass einer Geschäftsordnung für die Geschäftsführung ist allerdings nicht nur dann sinnvoll, wenn es um die Aufgabenteilung zwischen mehreren Geschäftsführern geht, sondern auch dann, wenn die Gesellschafterversammlung dem einzigen Geschäftsführer **Vorgaben** für die Art und Weise seiner Geschäftsführung machen möchte.

Zweckmäßigerweise ist in der Satzung zu regeln, mit welcher Mehrheit die Gesellschafterversammlung über den Inhalt einer Geschäftsordnung für die Geschäftsführung beschließen muss.[167]

155 Solange und soweit die Gesellschafter keine Geschäftsordnung erlassen haben, können die **Geschäftsführer sich selbst eine Geschäftsordnung geben** und darin die Geschäftsführungsbefugnisse aufteilen.[168] Ein solcher Beschluss der Geschäftsführung erfordert einen einstimmigen Beschluss aller Geschäftsführer.[169]

---

[160] *Lutter/Hommelhoff* § 37 Rn. 17.

[161] *Baumbach/Hueck/Zöllner/Noack* § 37 Rn. 20.

[162] BGHZ 31, 278.

[163] *Baumbach/Hueck/Zöllner/Noack* § 37 Rn. 22; enger: *Lutter/Hommelhoff* § 37 Rn. 21: nur für einzelne Maßnahmen bzw. eng begrenzte Geschäftsarten, nicht jedoch für alle Weisungen schlechthin.

[164] *Baumbach/Hueck* § 37 Rn. 19.

[165] *Roth/Altmeppen/Altmeppen* § 37 Rn. 6 m. w. N.

[166] *Baumbach/Hueck* § 37 Rn. 31; *Roth/Altmeppen/Altmeppen* § 37 Rn. 9; *Lutter/Hommelhoff* § 37 Rn. 23.

[167] Ob die Gesellschafter durch einfachen Beschluss (dafür: *Roth/Altmeppen/Altmeppen* § 37 Rn. 33) oder mit Dreiviertelmehrheit (dafür: *Scholz/Schneider* § 37 Rn. 59) beschließen müssen, ist streitig.

[168] *Hachenburg/Mertens* § 37 Rn. 122 m. w. N.; *Roth/Altmeppen/Altmeppen* § 37 Rn. 34.

[169] *Scholz/Schneider* § 37 Rn. 62; *Roth/Altmeppen/Altmeppen* § 37 Rn. 35; *Baumbach/Hueck* § 37 Rn. 16.

Durch die Gesellschafter kann schließlich der Erlass einer Geschäftsordnung auch einem Aufsichts- oder Beirat übertragen werden.

Was die Gesellschafter in einer Geschäftsordnung für die Geschäftsführer regeln, ist ihnen überlassen.[170] Typische **Inhalte einer Geschäftsordnung für die Geschäftsführung** sind: 156
- Aufgabenverteilung unter den Geschäftsführern,
- Regelung von Einzel- oder Gesamtgeschäftsführung,
- Bestimmung eines Vorsitzenden der Geschäftsführung und die Festlegung seiner Aufgaben (Einberufung und Leitung von Geschäftsführersitzungen, Unterrichtung der Gesellschafter, Vorbereitung und Einberufung von Gesellschafterversammlungen etc.) und Befugnisse (zum Beispiel ausschlaggebendes Stimmrecht in Geschäftsführersitzungen),
- Regelungen über die Art und Weise des Abhaltens von Geschäftsführersitzungen (Frequenz, notwendige Mehrheiten, Dokumentation),
- Regelungen über die Vertretung der Geschäftsführer untereinander,
- Regelungen über die Information der Gesellschafter (Form, Inhalt und Frequenz von Berichten),
- Planungswesen (Vorlage von kurz-, mittel- und langfristigen Planungen),
- zustimmungsbedürftige Geschäfte oder
- Art und Weise der Geschäftsführung in Beteiligungsunternehmen.

Was die Gesellschafter zum Inhalt einer Geschäftsordnung für die Geschäftsführung machen können, kann grundsätzlich auch Inhalt des Gesellschaftsvertrages sein. Einen notwendig „richtigen“ **Regelungsort** gibt es nicht. Werden Regelungen für die Art und Weise der Geschäftsführung im Gesellschaftsvertrag festgelegt, so erfordert die Änderung oder Ergänzung einen in notarieller Form mit Dreiviertelmehrheit zu fassenden Gesellschafterbeschluss. Diese Beschränkung kann sowohl gewünscht (falls es den Gesellschaftern darauf ankommt, dass die einmal verabschiedeten Regularien nicht ohne weiteres geändert werden können) oder unerwünscht (wenn abzusehen ist, dass binnen kurzer Frist Änderungen oder Ergänzungen der Regularien für die Geschäftsordnung notwendig oder zweckmäßig sein werden) sein. 157

Weiter ist zu bedenken, dass mit der Aufnahme in die Satzung **Publizität** einhergeht, da die Satzung der Gesellschaft im Handelsregister von jedermann eingesehen werden kann. Eine von der Gesellschafterversammlung erlassene Geschäftsordnung für die Geschäftsführung ist dagegen ein gesellschaftsinternes, nicht öffentliches Dokument. Ohne weiteres möglich ist auch, einzelne Aspekte der Regularien für die Geschäftsordnung im Gesellschaftsvertrag und andere in einer Geschäftsordnung für die Geschäftsführung festzulegen. 158

6. Exkurs: Anstellungsverhältnis

Der durch den Gesellschafterbeschluss zum Organ der Gesellschaft bestellte Geschäftsführer ist allein durch seine Bestellung zum Geschäftsführer bei der Gesellschaft noch nicht angestellt. 159

Der **Anstellungsvertrag des Geschäftsführers regelt diejenigen Fragen, die sich nicht allein aus dem Organverhältnis ergeben,** wie beispielsweise Urlaub, Vergütung etc. Wie für die Bestellung zum Geschäftsführer ist auch für den Abschluss des Anstellungsvertrages die **Gesellschafterversammlung zuständig.** Dies ergibt sich aus dem Zusammenhang der Befugnis zur Bestellung des Geschäftsführers, § 46 Nr. 5 GmbHG, und schließt Abschluss, Änderung, Kündigung und einvernehmliche Aufhebung (Beendigung) ein.[171] In der mitbestimmten GmbH ist der Aufsichtsrat nach § 31 MitBestG für Abschluss, Änderung und Aufhebung des Anstellungsvertrages zuständig.

---

[170] *Roth/Altmeppen/Altmeppen* § 37 Rn. 33.

[171] *Lutter/Hommelhoff* § 46 Rn. 13; *Baumbach/Hueck/Zöllner* § 46 Rn. 36; MünchHdbGesR, Bd. 3 GmbH, *Marsch-Barner/Diekmann* § 34 Rn. 12.

160 Keinesfalls ist ein **weiterer Geschäftsführer** kraft seiner Organstellung berechtigt, den Anstellungsvertrag mit dem neuen Geschäftsführer abzuschließen. Möglich und üblich ist es allerdings, dass die Gesellschafterversammlung einzelne Gesellschafter oder die Geschäftsführer zum Abschluss des Anstellungsvertrages mit dem neuen Geschäftsführer bevollmächtigt.

Ein entsprechender Gesellschafterbeschluss kann folgenden Wortlaut haben:

Formulierungsbeispiel Gesellschafterbeschluss Geschäftsführeranstellung:
Dem Abschluss eines Geschäftsführeranstellungsvertrages mit dem Geschäftsführer ______ auf der Grundlage des dieser Niederschrift im Entwurf beigefügten Anstellungvertrages wird zugestimmt. Der [Vorsitzende der Gesellschafterversammlung/Gesellschafter/Geschäftsführer etc.] wird ermächtigt, diesen Geschäftsführeranstellungsvertrag mit dem Geschäftsführer ______ für die Gesellschaft abzuschließen.

161 Wird ein **Gesellschafter zum Geschäftsführer bestimmt, so ist dieser bei der Abstimmung nicht vom Stimmrecht ausgeschlossen.**[172] Für die **Ein-Mann-Gesellschaft** ist streitig, ob der einzige Gesellschafter mit sich selbst einen Anstellungsvertrag nur dann vereinbaren kann, wenn er auch von den Beschränkungen des § 181 BGB befreit ist. Ausgangspunkt ist insoweit § 35 Abs. 4 GmbHG, wonach bei der Ein-Mann-GmbH für die Rechtsgeschäfte mit der Gesellschaft § 181 BGB anzuwenden ist. Sinnvollerweise wird beim Errichten einer Ein-Mann-GmbH ohnehin darauf geachtet, dass der einzige Geschäftsführer, der zugleich der einzige Gesellschafter ist, bereits in der Satzung von den Beschränkungen des § 181 BGB befreit wird. Das Problem kann sich allerdings stellen, wenn die Gesellschaft nachträglich zur Ein-Mann-GmbH wird. Während teilweise die Ein-Mann-GmbH in solchen Fällen nicht für schutzwürdig und der Abschluss des Anstellungsvertrages für zulässig gehalten wird,[173] ist die herrschende Meinung der gegenteiligen Auffassung.[174]

162 Der **Anstellungsvertrag kann grundsätzlich formfrei abgeschlossen werden,** das Gesetz verlangt allerdings, dass der Abschluss des Anstellungsvertrages mit dem Ein-Mann-Gesellschafter-Geschäftsführer – wenn § 35 Abs. 4 S. 2 anwendbar sein soll – so niedergelegt wird, dass sich aus der Urkunde Inhalt und Abschlusszeitpunkt des Vertrages einwandfrei ergeben.[175]

163 Seiner Rechtsnatur nach ist das **Anstellungsverhältnis grundsätzlich ein Dienstvertrag,** §§ 611 ff. BGB. Soll der Geschäftsführer unentgeltlich tätig werden (etwa weil seine Bestellung zum Geschäftsführer in der Gesellschaft bereits aufgrund eines anderen Organverhältnisses – etwa mit der Muttergesellschaft – zu seinen Aufgaben gehört), so handelt es sich um einen **Auftrag,** § 662 BGB.[176]

164 Der **Geschäftsführer ist nicht Arbeitnehmer** und zwar auch dann nicht, wenn es sich um einen Fremdgeschäftsführer handelt.[177] Aus diesem Grund findet auf ihn auch das Arbeitsrecht grundsätzlich keine Anwendung;[178] für Streitigkeiten aus dem Geschäfts-

[172] *Baumbach/Hueck/Zöllner* § 47 Rn. 83; *Ulmer/Habersack/Winter/Höffer* § 47 Rn. 171.

[173] *Baumbach/Hueck/Zöllner/Noack* § 35 Rn. 167, MünchHdbGesR, Bd. 3, Marsch-*Barner/Diekmann* § 43 Rn. 13.

[174] *Scholz/Schneider* § 35 Rn. 123; *Ulmer/Habersack/Winter/Paefgen* § 35 Rn. 16, *Lutter/Hommelhoff* Anhang § 6 Rn. 7, je m. w. N.

[175] *Lutter/Hommelhoff* Anhang § 6 Rn. 7; MünchHdbGesR *Marsch-Barner/Diekmann* § 43 Rn. 13.

[176] *Roth/Altmeppen* § 6 Rn. 39.

[177] *Roth/Altmeppen* § 6 Rn. 41; *Baumbach/Hueck/Zöllner* § 35 Rn. 172 mit zahlreichen weiteren Nachweisen.

[178] *Baumbach/Hueck/Zöllner/Noack* § 35 Rn. 175 mit zahlreichen Nachweisen auch zur Gegenmeinung.

führeranstellungsvertrag sind die Arbeitsgerichte nicht zuständig.[179] Auf den Geschäftsführer sind unter anderem folgende Gesetze nicht anwendbar:[180]
- Arbeitszeitgesetz,[181]
- Arbeitnehmererfindungsgesetz,[182]
- Bundesurlaubsgesetz,[183]
- Regelung zum Betriebsübergang, § 613 a BGB,[184]
- Mutterschutzgesetz,[185]
- Schwerbehindertengesetz, jetzt SGB IX,[186]
- arbeitsrechtlicher Gleichbehandlungsgrundsatz,[187]
- Bundeserziehungsgesetz nicht soweit es um Gewährung von Elternzeit geht,[188]
- Teilzeit- und Befristungsgesetz[189] und
- Kündigungsschutzgesetz.[190]

Enthält der Anstellungsvertrag keine Abreden über die Vergütung, so ist die „übliche" Vergütung geschuldet, § 612 BGB.[191] 165

7. Exkurs: Haftung der Geschäftsführer

Die Haftung der Geschäftsführer kommt gegenüber der Gesellschaft und gegenüber Dritten in Frage:

a) **Haftung gegenüber der Gesellschaft.** Nach § 43 Abs. 2 GmbHG haben Geschäftsführer, die ihre Obliegenheiten verletzen, der Gesellschaft für den entstandenen Schaden zu haften. Damit § 43 GmbHG anwendbar ist, muss der Geschäftsführer wirksam bestellt sein.[192] Die Geltendmachung des Anspruchs gegen Geschäftsführer erfordert nach § 46 Nr. 8 GmbHG einen Gesellschafterbeschluss.[193] 166

Grundsätzlich können alle Maßnahmen, die mit dem Unternehmenszweck vereinbar sind, eine Haftung nach § 43 GmbHG auslösen.[194] Allerdings gibt es ohne einen der Gesellschaft entstandenen Schaden auch keinen Schadensersatzanspruch gegen den Geschäftsführer.[195] 167

§ 43 Abs. 3 GmbHG konkretisiert die allgemeine Schadensersatzpflicht nach § 43 Abs. 2 GmbHG. Danach haften die Geschäftsführer für Zahlungen an die Gesellschafter, die entgegen § 43 Abs. 1 GmbHG aus dem Stammkapital der Gesellschaft vorgenommen worden sind, § 43 Abs. 2 S. 1 erste Alternative GmbHG, oder, wenn entgegen den Bestimmungen des § 33 GmbHG eigene Geschäftsanteile an der Gesellschaft erworben worden sind, § 43 Abs. 3 S. 1 zweite Alternative GmbHG. 168

---

[179] *Roth/Altmeppen* § 6 Rn. 110.

[180] Zur Anwendung arbeitsrechtlicher Schutzbestimmungen auf GmbH-Geschäftsführer s. a. *Freckmann* DStR 2008, 52, 55 ff.

[181] *Roth/Altmeppen* § 6 Rn. 42.

[182] BHG NJW RR 1990, 349.

[183] *Ulmer/Habersack/Winter/Paefgen* § 35 Rn. 144.

[184] *Roth/Altmeppen* § 6 Rn. 42.

[185] *Lutter/Hommelhoff* Anhang § 6 Rn. 47.

[186] *Roth/Altmeppen* § 6 Rn. 42; *Lutter/Hommelhoff* Anhang § 6 Rn. 47.

[187] *Baumbach/Hueck/Zöllner/Noack* § 35 Rn. 178.

[188] *Ulmer/Habersack/Winter/Paefgen* § 35 Rn. 144.

[189] *Roth/Altmeppen* § 6 Rn. 42.

[190] § 14 Abs. 1 Nr. 1 KSchG.

[191] *Roth/Altmeppen* § 6 Rn. 52.

[192] *Baumbach/Hueck/Zöllner/Noack* § 43 Rn. 2.

[193] Dieser Gesellschafterbeschluss ist materielle Wirksamkeitsvoraussetzung und für jede Form der Geltendmachung der Ansprüche erforderlich. Ohne entsprechenden Beschluss wäre eine Klage unwirksam (*Baumbach/Hueck/Zöllner* § 46 Rn. 61).

[194] MünchHdbGesR, Bd. 3 GmbH, *Marsch-Barner/Diekmann* § 46 Rn. 6.

[195] *Baumbach/Hueck/Zöllner/Noack* § 46 Rn. 14.

169 Den anwendbaren **Sorgfaltsmaßstab** definiert § 43 Abs. 1 GmbHG. Danach haben die Geschäftsführer „die Sorgfalt eines ordentlichen Geschäftsmanns anzuwenden". Das heißt jedoch nicht, dass kein unternehmerisches Ermessen besteht.[196] Ansprüche nach § 43 GmbHG verjähren gem. § 43 Abs. 4 GmbHG in fünf Jahren beginnend mit der Entstehung des Anspruchs, das heißt frühestens mit dem Eintritt des Schadens.[197]

170 Nimmt der Geschäftsführer **Geschäftschancen der Gesellschaft im eigenen Namen** wahr und nicht für Rechnung der Gesellschaft, so kann die Gesellschaft Schadensersatz verlangen und entsprechend § 88 Abs. 2 AktG und § 113 HGB ein Eintrittsrecht in die Geschäfte geltend machen.[198]

171 **Darlegungs- und Beweislast** sind in entsprechender Anwendung von § 93 Abs. 2 AktG, § 34 GenG modifiziert: Während die Gesellschaft Schaden und Kausalität darlegen und beweisen muss, ist es Sache des Geschäftsführers die mangelnde Sorgfaltspflichtverletzung darzulegen und zu beweisen.[199] Handelt der Geschäftsführer aufgrund einer ordnungsgemäß zustande gekommenen, für ihn bindenden Weisung eines anderen Gesellschaftsorgans, so haftet er nicht.[200]

172 Der **Entlastungsbeschluss der Gesellschafterversammlung** nach § 46 Nr. 5 GmbHG stellt den Geschäftsführer von allen Ansprüchen frei, die für die Gesellschafter zum Zeitpunkt der Fassung des Entlastungsbeschlusses erkennbar bzw. bekannt waren.[201]

173 Nach **§ 64 Abs. 2 GmbHG** müssen die Geschäftsführer der Gesellschaft solche Zahlungen ersetzen, die nach Eintritt der Zahlungsunfähigkeit oder nach Überschuldung geleistet werden. Auch durch Gesellschafterbeschluss können die Geschäftsführer von diesem Anspruch nicht befreit werden.[202] Verzicht oder Vergleich seitens der Gesellschaft sind nach § 64 Abs. 2 S. 3 i. V. m. § 43 Abs. 3 S. 2, § 9 b Abs. 1 GmbHG unwirksam, soweit Ersatz zur Befriedigung der Gesellschaftsgläubiger erforderlich ist; diese Beschränkung gilt nicht für den Insolvenzverwalter.[203] Der Anspruch verjährt in fünf Jahren, § 64 Abs. 2 S. 3 i. V. m. § 43 Abs. 4 GmbHG.

174 Weiter kommt grundsätzlich eine Haftung gegenüber der Gesellschaft aufgrund Deliktrechts (insbesondere im Fall der Untreue, § 266 StGB) in Betracht. In Einzelfällen wird auch eine Ersatzpflicht nach § 826 BGB (vorsätzliche sittenwidrige Schädigung) in Betracht kommen.

175 **b) Haftung gegenüber Dritten.** Der bedeutsamste Fall der Haftung der Geschäftsführer gegenüber Dritten dürfte der Fall der **Verletzung der Insolvenzantragspflicht** nach § 64 Abs. 1 GmbHG sein.[204] § 64 Abs. 1 GmbHG ist ein Schutzgesetz zugunsten der Gläubiger der Gesellschaft i. S. v. § 823 Abs. 2 BGB.[205]

176 Seit einem Urteil aus dem Jahr 1994[206] unterscheidet der BGH für die Höhe des Schadensersatzanspruchs zwischen sogenannten Altgläubigern (das heißt solchen Gläubigern, die bis zum Zeitpunkt der Insolvenz Gläubiger geworden sind) und solchen, die nach Eröffnung des Insolvenzverfahrens Gläubiger geworden sind (Neugläubiger). Altgläubiger sollen nach dieser Rechtsprechung nur insofern einen Schadensersatzanspruch haben

---

[196] MünchHdbGesR, Bd. 3 GmbH, *Marsch-Barner/Diekmann* § 46 Rn. 11.
[197] *Baumbach/Hueck/Zöllner* § 43 Rn. 57.
[198] MünchHdbGesR § 46 Rn. 17.
[199] *Lutter/Hommelhoff* § 43 Rn. 31.
[200] *Lutter/Hommelhoff* § 43 Rn. 22.
[201] *Baumbach/Hueck/Zöllner* § 46 Rn. 41.
[202] *Baumbach/Hueck/Schulze-Osterloh* § 64 Rn. 85.
[203] *Baumbach/Hueck/Schulze-Osterloh* § 64 Rn. 86.
[204] Die in § 64 GmbHG geregelte Insolvenzantragspflicht soll im Zuge des MoMiG (BT-Drs. 16/6140) rechtsformneutral in die Insolvenzordnung (dort § 15 a n. F. InsO) verlegt werden (BT-Drs. 16/6140, S. 133).
[205] *Baumbach/Hueck/Schulze-Osterloh* § 64 Rn. 90; anderer Ansicht: *Altmeppen/Wilhelm* NJW 1999, 673, 379.
[206] BGHZ 126, 181 ff.

als sich die Insolvenzquote des jeweiligen Altgläubigers durch die zu späte Eröffnung des Insolvenzverfahrens gemindert hat, also insbesondere durch die Eingehung weiterer Verbindlichkeiten. Neugläubigern soll dagegen der Schaden zu ersetzen sein, der dadurch entsteht, dass der Insolvenzantrag nicht gestellt worden ist. Einzelheiten sind nach wie vor äußerst umstritten.[207]

Weiter kommt eine **Haftung gegenüber den Steuergläubigern** in Betracht, beispielsweise bei verspäteter Erfüllung von Steuerschulden.[208] Nach § 69 AO haftet der Geschäftsführer für Steuerschulden der GmbH, falls er seine Pflicht vorsätzlich oder grob fahrlässig verletzt.[209] Schließlich haften Geschäftsführer nach § 823 Abs. 2 BGB i. V. m. § 266 a StGB für nicht an die Sozialversicherungsträger abgeführte Arbeitnehmeranteile.[210] 177

IV. Aufsichtsrat/Beirat

Es ist zwischen dem fakultativen und dem zwingenden Aufsichtsrat zu unterscheiden:

1. Fakultativer Aufsichtsrat

a) **Ausgestaltung.** Besteht keine gesetzliche Pflicht zur Errichtung eines Aufsichtsrats, so kann durch die Gesellschafter im Gesellschaftsvertrag festgelegt werden, ob bei der Gesellschaft ein Aufsichtsrat bestehen und wie dieser ausgestaltet werden soll. Sagt der Gesellschaftsvertrag allein, dass bei der Gesellschaft ein Aufsichtsrat besteht, so verweist § 52 GmbHG auf die **aktienrechtlichen Vorschriften über den Aufsichtsrat.**[211] Ob die Anwendbarkeit der aktienrechtlichen Regelungen für den Aufsichtsrat tatsächlich wünschenswert ist, ist sorgfältig zu überlegen. 178

Die Bestellung eines aktienrechtlich orientierten Aufsichtsrats dürfte für die Mehrzahl der GmbHs nicht praktisch sein und ist auch die Ausnahme. Grund hierfür ist, dass die strikten aktienrechtlichen Vorschriften keinen Spielraum für individuelle Gestaltungen lassen. Die Anwendbarkeit der aktienrechtlichen Vorschriften setzt bei allen Beteiligten außerdem eine gewisse Vertrautheit mit den aktienrechtlichen prozeduralen Vorschriften voraus, was das Gesetz durch die schwer lesbare Verweisung in § 52 Abs. 1 GmbHG nicht eben leichter macht. 179

Die **Anwendbarkeit aktienrechtlicher Regelungen kann ganz oder teilweise abgedungen werden.** Sollen aktienrechtliche Regelungen insgesamt nicht anwendbar sein, ist es sinnvoll im Gesellschaftsvertrag zu formulieren: 180

---

[207] Ablehnend u. a. *Baumbach/Hueck/Schulze-Osterloh* § 64 Rn. 93; *Roth/Altmeppen*, § 64 Rn. 61 ff.

[208] Einzelheiten bei *Baumbach/Hueck/Zöllner/Noack* § 43 Rn. 89.

[209] Zur Haftung des Geschäftsführers bei Nichtabführung von Steuern im Vorfeld der Insolvenz: BFH DStRE 2007, 1210; *Rammert/Horn* NZG 2006, 881.

[210] Aber nicht für die Arbeitgeberanteile (MünchHdbGesR, Bd. 3 GmbH, *Marsch-Barner/Diekmann* § 46 Rn. 73).

[211] Das sind: § 190 Abs. 3, 4, 5 S. 1, 2 AktG (hinsichtlich der Art der Berichterstattung an den Aufsichtsrat), § 95 S. 1 AktG (wonach der Aufsichtsrat mindestens aus drei Mitgliedern bestehen muss), § 100 Abs. 1 und 2, Nr. 2 AktG (betrifft die persönlichen Voraussetzungen der Aufsichtsratsmitglieder), § 101 Abs. 1 S. 1 (Bestellung von Aufsichtsratsmitgliedern durch die Gesellschafterversammlung), § 103 Abs. 1 S. 1 und 2 AktG (Abberufung von Aufsichtsratsmitgliedern und erforderliche Mehrheit: ¾ der abgegebenen Stimmen), § 105 AktG (Unvereinbarkeit der Zugehörigkeit zum Vorstand und zum Aufsichtsrat), § 110 AktG (Einberufung des Aufsichtsrats), § 112 AktG (wonach der Aufsichtsrat die Gesellschaft gegenüber den Geschäftsführern gerichtlich und außergerichtlich vertritt), § 113 AktG (Vergütung der Aufsichtsratsmitglieder), § 114 AktG (Verträge und Aufsichtsratsmitglieder), § 116 in Verbindung mit § 93 Abs. 1 und 2 AktG (Sorgfaltspflicht und Verantwortlichkeit), § 170 AktG (Vorlage des Jahresabschlusses an dem Aufsichtsrat), § 171 AktG (Prüfung des Jahresabschlusses durch den Aufsichtsrat).

Formulierungsbeispiele Abbedingung aktienrechtlicher Regelungen:

Der Aufsichtsrat ist kein Aufsichtsrat im Sinne des Aktiengesetzes.

oder:

§ 52 Abs. 1 GmbHG ist nicht anwendbar.

oder:

Die aktienrechtlichen Bestimmungen über den Aufsichtsrat sind auf den Aufsichtsrat nicht anzuwenden.

181 **b) Aufgaben, Abgrenzung.** Bei der **Ausgestaltung der Aufgaben** und der Zusammensetzung des Aufsichtsrats sind die Gesellschafter grundsätzlich frei. Der Gesellschaftsvertrag kann der Gesellschafterversammlung auch die Festlegung der Zahl der Aufsichtsratsmitglieder überlassen. Sinnvollerweise bestimmt der Gesellschaftsvertrag in einem solchen Fall die Mindest- oder Höchstzahl der Mitglieder des Aufsichtsrats.

Soweit die aktienrechtlichen Vorschriften nicht anwendbar sind, kann der Aufsichtsrat der Gesellschaft auch aus einer einzigen Person bestehen.[212]

182 Der Aufsichtsrat ist allerdings nur dann ein Aufsichtsrat im Rechtssinne, wenn ihm die Mindestkompetenz eines Aufsichtsrats, nämlich die **Überwachung der Geschäftsführung** zugewiesen ist. Hat das im Gesellschaftsvertrag als Aufsichtsrat bezeichnete Organ diese Aufgabe nicht, so handelt es sich auch nicht um einen Aufsichtsrat im Rechtssinne. Rein beratende Gremien sind nicht Aufsichtsrat.[213] Solche Gremien dürfen nicht als Aufsichtsrat bezeichnet und auch nicht als solche auf Geschäftsbriefen angegeben werden, § 35a Abs. 1 GmbHG, denn der Rechtsverkehr darf erwarten, dass die Geschäftsführung, wenn ein Aufsichtsrat besteht, besser als üblich überwacht wird.[214] Kein Aufsichtsrat ist auch ein Organ, welches seine Funktion nicht von allen Gesellschaftern ableitet, also zum Beispiel nur von einzelnen Gesellschaftern oder Gesellschaftergruppen (Mehrheitsgesellschafter, Familienstamm) gebildet wird.[215] Keine Aufsichtsräte sind auch Gesellschafterausschüsse, die bei größeren Gesellschaften gebildet werden, um die Rechte der Gesellschafter in der Zeit zwischen den Gesellschafterversammlungen wahrzunehmen.[216]

183 Beratende Organe wie Beiräte oder Verwaltungsräte sind unabhängig von ihren konkreten Aufgaben gleichfalls keine Aufsichtsräte, solange sie nicht die Aufgabe haben, die Geschäftsführung zu überwachen. Umgekehrt handelt es sich bei Organen, die als Beirat etc. bezeichnet sind, unabhängig von ihrer Bezeichnung, dann um Aufsichtsräte im Rechtssinne, wenn ihnen die Aufgabe der Überwachung der Geschäftsführung durch den Gesellschaftsvertrag zugewiesen worden ist.

184 **c) Bildung. Gebildet wird der Aufsichtsrat stets durch Gesellschafterbeschluss,** durch den die Mitglieder des Aufsichtsrats bestellt werden. Als Organ besteht er erst, sobald er Mitglieder hat. Benennen die Gesellschafter keine Aufsichtsratsmitglieder, so besteht das Organ als solches nicht, und etwaige Zustimmungsvorbehalte im Gesellschaftsvertrag werden gegenstandslos. Das heißt aber nicht, dass die dem Aufsichtsrat im Gesellschaftsvertrag zugewiesene Aufgaben (Kontrolle der Geschäftsführung, Einberufung von Gesellschafterversammlungen etc.) nicht gleichwohl wahrgenommen werden, die Aufgaben fallen sodann automatisch den nach dem Gesetz vorgesehenen Organen zu.

Ohne weiteres möglich ist es, neben dem Aufsichtsrat weitere Organe (Gesellschafterausschuss, Beirat etc.) zu bilden. Die Bildung eines Aufsichtsrats schließt dies nicht aus.

---

[212] *Scholz/Schneider* § 52 Rn. 123; anderer Ansicht: *Lutter/Hommelhoff* § 52 Rn. 5.

[213] *Lutter/Hommelhoff* § 52 Rn. 4; *Baumbach/Hueck/Zöllner* § 52 Rn. 27; *Scholz/Schneider* § 52 Rn. 2.

[214] *Baumbach/Hueck/Zöllner/Noack* § 52 Rn. 27.

[215] *Scholz/Schneider* § 52 Rn. 36; MünchHdbGesR, Bd. 3 GmbH, *Marsch-Barner/Diekmann* § 48 Rn. 5.

[216] *Scholz/Schneider* § 52 Rn. 36.

Die nach Gründung erfolgte Bestellung von Aufsichtsratsmitgliedern und der Wechsel in der Person der Aufsichtsratsmitglieder ist **durch die Geschäftsführer unverzüglich in den Gesellschaftsblättern** (das ist regelmäßig der elektronische Bundesanzeiger gem. § 2 Abs. 1 GmbHG) **bekannt zu machen** und diese Bekanntmachung ist zum Handelsregister einzureichen, § 52 Abs. 2 S. 2 GmbHG. Hat der Aufsichtsrat einen Vorsitzenden, so ist dieser auf den Geschäftspapieren der Gesellschaft anzugeben, § 35a Abs. 1 S. 1 GmbHG. 185

2. Zwingender Aufsichtsrat, insbesondere nach Mitbestimmungsrecht (DrittelbG)

Eine GmbH kann nach dem Drittelbeteiligungsgesetz, dem Mitbestimmungsgesetz, dem Montanmitbestimmungsgesetz, dem Mitbestimmungsergänzungsgesetz oder (wenn sie Kapitalanlagegesellschaft ist) nach dem Investmentgesetz gezwungen sein, einen Aufsichtsrat zu bilden. 186

Der **häufigste Fall** eines Pflichtaufsichtsrates ist **das Aufsichtsratssystem nach dem Drittelbeteiligungsgesetz,** das Gesellschaften mit „in der Regel" mehr als 500 bis zu einschließlich 2000 Arbeitnehmern erfasst.[217] 187

Das Drittelbeteiligungsgesetz verweist auf die aktienrechtlichen Vorschriften für den Aufsichtsrat.[218] Ist umstritten oder unklar, nach welchen Vorschriften der Aufsichtsrat zu bilden ist oder besteht Streit darüber, ob überhaupt ein Aufsichtsrat zu bilden ist, so sind diese Fragen im aktienrechtlichen Statusverfahren nach §§ 97ff. AktG zu klären.[219] 188

V. Gesellschafterversammlung und Gesellschafterbeschlüsse

Die Gesellschafterversammlung ist das höchste Organ der GmbH:

1. Kompetenzen der Gesellschafterversammlung

Die Gesellschafterversammlung ist grundsätzlich „allzuständig". Die Zuständigkeit der Gesellschafterversammlung endet nur dort, wo nach dem Gesetz zwingend andere Organe zuständig sind, zum Beispiel ist für die Außenvertretung der Gesellschaft stets die Geschäftsführung, nie die Gesellschafterversammlung zuständig. 189

Nach § 46 GmbHG ist die Gesellschafterversammlung zuständig für 190
- die Feststellung des Jahresabschlusses und die Verwendung des Ergebnisses,
- die Entscheidung über die Offenlegung eines Einzelabschlusses nach internationalen Rechnungslegungsstandards und über die Billigung des von den Geschäftsführern aufgestellten Abschlusses,
- die Billigung eines von den Geschäftsführern aufgestellten Konzernabschlusses,
- die Einforderung der Einlagen,
- die Rückzahlung von Nachschüssen,
- die Teilung, Zusammenlegung und Einziehung von Geschäftsanteilen,
- die Bestellung und Abberufung von Geschäftsführern sowie deren Entlastung,
- die Maßregeln zur Prüfung und Überwachung der Geschäftsführung,
- die Bestellung von Prokuristen und Handlungsbevollmächtigten für den gesamten Geschäftsbetrieb,
- die Geltendmachung von Ersatzansprüchen gegen Geschäftsführer oder Gesellschafter sowie
- die Vertretung der Gesellschaft in Prozessen, die sie gegen Geschäftsführer führt.

Sämtliche Beschlüsse nach § 46 GmbHG können durch den Gesellschaftsvertrag **auf andere Organe übertragen** werden,[220] fallen aber an die Gesellschafterversammlung zu- 191

[217] *Baumbach/Hueck/Zöllner/Noack* § 42 Rn. 129.
[218] *Baumbach/Hueck/Zöllner/Noack* § 42 Rn. 131.
[219] LG Berlin ZIP 2007, 424; KG ZIP 2007, 1566.
[220] *Roth/Altmeppen* § 45 Rn. 3.

rück, falls das jeweilige Organ – zum Beispiel weil es nicht vollständig besetzt oder noch nicht gebildet ist – nicht handlungsfähig ist.[221]

Weitere Zuständigkeiten der Gesellschafterversammlung können in der Satzung festgelegt werden. Insbesondere ist hier an Zustimmungsvorbehalte für die Geschäftsführung zu denken.

192 **Zwingend der Gesellschafterversammlung zugewiesen sind:**
- Beschlüsse über Satzungsänderungen gem. § 53 GmbHG sowie die Beschlüsse über die Erhöhung, §§ 55 ff. GmbHG, und Herabsetzung, §§ 58 ff. GmbHG, des Stammkapitals,
- die Beschlussfassung über die Einforderung von Nachschüssen nach § 26 GmbHG,[222]
- die Beschlussfassung über die Umwandlung der GmbH in eine andere Rechtsform, § 193 Abs. 1 UmwG,
- die Beschlussfassung über die Verschmelzung, § 13 Abs. 1 UmwG,
- die Beschlussfassung über die Spaltung, §§ 13, 125 UmwG,
- die Beschlussfassung über die Vermögensübertragung auf die öffentliche Hand, §§ 176, 13 UmwG; §§ 177, 125, 13 UmwG,
- die Beschlussfassung über die Verweigerung von Informationen an Gesellschafter, § 51 a Abs. 2 und 3 S. 2 GmbHG,
- die Beschlussfassung über die Bestellung von Liquidatoren und deren Abberufung, § 266 Abs. 1, § 66 Abs. 3 GmbHG und
- die Beschlussfassung über die Auflösung der Gesellschaft nach § 60 Abs. 1 Nr. 2 GmbHG und deren Rückgängigmachung.[223]

2. Gesellschafterversammlung (Einberufung, Einberufungsmodalitäten, Durchführung)

193 Die Gesellschafterversammlung wird **grundsätzlich durch die Geschäftsführer einberufen,** § 49 Abs. 1 GmbHG, oder ausnahmsweise durch Minderheitsgesellschafter, § 50 Abs. 3 GmbHG. Geklärt ist mittlerweile, dass **jeder Geschäftsführer** – unabhängig von den Regelungen über die Vertretung der Gesellschaft in der Satzung – berechtigt ist, die Gesellschafterversammlung einzuberufen.[224] Von diesem Grundsatz kann die Satzung auch nicht abweichen.

194 Gem. § 51 Abs. 1 S. 1 GmbHG wird die Gesellschafterversammlung mittels eingeschriebenen Briefs[225] einberufen. Die Einberufung ist bewirkt durch die Aufgabe der Einladung zur Post. Der Zugang der Einladung ist dagegen nicht maßgeblich.[226] Allein aus diesem Grund ist es unbedingt empfehlenswert, den **Tag und die Umstände der Aufgabe der Einladung zur Post sorgfältig zu dokumentieren** und die entsprechenden Belege sorgfältig bei den Unterlagen der Gesellschaft zu verwahren. Sinnvollerweise umfasst die Dokumentation nicht nur die Einlieferungsbelege, sondern auch einen Vermerk darüber, was genau wann eingeliefert worden ist.

195 Weiter verlangt das Gesetz in § 51 Abs. 2 GmbHG, mit der Einberufung den **„Zweck der Versammlung"**, also die Tagesordnung, bekannt zu geben. Erfolgt die Bekanntgabe der Tagesordnung nicht bereits mit der Einberufung der Versammlung, so muss sie mindestens mit einer Frist von drei Tagen vor der Gesellschafterversammlung nachgeholt werden und zwar in der für die Einberufung vorgeschriebenen Form als eingeschriebener Brief, § 51 Abs. 3 GmbHG. Der „Zweck der Versammlung" ist dabei **konkret zu bezeichnen.** Wolkige **Umschreibungen** (klassisch: „Geschäftsführungsangelegenheiten", wenn die Abberufung eines Geschäftsführers vorgesehen ist) **reichen nicht aus,** denn die

---

[221] *Scholz* § 45 Rn. 11.
[222] *Scholz/Emmerich* § 26 Rn. 14; *Baumbach/Hueck/Hueck/Fastrich* § 26 Rn. 8.
[223] *Baumbach/Hueck/Zöllner* § 56 Rn. 79.
[224] *Scholz/K. Schmidt* § 49 Rn. 3; *Lutter/Hommelhoff* § 49 Rn. 3; *Roth/Altmeppen* § 49 Rn. 2.
[225] Einwurfeinschreiben genügt nicht: *Baumbach/Hueck/Zöllner* § 51 Rn. 12.
[226] *Roth/Altmeppen* § 51 Rn. 5; *Baumbach/Hueck/Zöllner* § 51 Rn. 3; *Scholz/K. Schmidt* § 51 Rn. 15.

Gesellschafter können sich dann nicht sinnvoll auf die Gesellschafterversammlung vorbereiten und auch nicht sinnvoll entscheiden, ob sie an der Gesellschafterversammlung teilnehmen oder nicht oder ob sie sich durch Bevollmächtigte vertreten lassen wollen. Beschlussvorschläge müssen dagegen nicht unterbreitet werden.[227]

Die **Ladungsfrist** beträgt nach § 51 Abs. 2 GmbHG **mindestens eine Woche.**[228] Zwi- 196
schen Fristbeginn und dem Tag der Gesellschafterversammlung muss mindestens eine Woche liegen. Der Tag der Versammlung selbst darf also nicht mitgerechnet werden.

Auf die Einhaltung der gesetzlich vorgeschriebenen Bestimmungen über die Ladung 197
zur Gesellschafterversammlung sollte größtmögliche Sorgfalt verwandt werden, denn Einberufungsmängel können, in entsprechender Anwendung von § 241 Nr. 1 AktG, zur Nichtigkeit von Beschlüssen führen.[229] Beschlüsse sind nichtig, wenn
- nicht sämtliche Gesellschafter ordnungsgemäß geladen sind;[230] dies gilt auch, wenn und soweit Gesellschafter von der Abstimmung ausgeschlossen sind,[231]
- die Einladung Ort und Zeit der Versammlung nicht angibt,[232]
- die Einberufung gänzlich fehlt, es sei denn, sämtliche Gesellschafter haben die Gesellschafterversammlung verabredet[233] oder
- die Einberufung durch Unbefugte erfolgte.[234]

Sind alle Gesellschafter anwesend und trotz etwaiger Mängel mit der Durchführung der Versammlung und dem Fassen von Beschlüssen einverstanden, so sind die Mängel unbeachtlich.

Eine zweckmäßige Satzungsbestimmung über die Gesellschafterversammlung lautet 198
folgendermaßen:

Formulierungsbeispiel Satzungsbestimmung Gesellschafterversammlung:

1. Gesellschafterversammlungen werden durch die Geschäftsführer einberufen; es genügt die Einberufung durch einen Geschäftsführer. Die Geschäftsführer sind verpflichtet, auf Verlangen von Gesellschaftern, deren Geschäftsanteile mindestens ein Zehntel des Stammkapitals darstellen, unverzüglich eine Gesellschafterversammlung einzuberufen.
2. Die Einberufung erfolgt durch eingeschriebenen Brief an jeden Gesellschafter unter Angabe von Ort, Tag, Zeit und Tagesordnung mit einer Frist von mindestens ___ Wochen; bei Eilbedürftigkeit kann die Frist angemessen verkürzt werden, muss jedoch mindestens eine Woche betragen. Für die Fristberechnung werden sowohl der Tag der Aufgabe zur Post als auch der Tag der Gesellschafterversammlung nicht mitgezählt.
3. Die Gesellschafterversammlungen finden am Sitz der Gesellschaft statt. Mit Zustimmung der Mehrheit der Gesellschafter kann die Gesellschafterversammlung auch an jedem anderen Ort in der Bundesrepublik Deutschland stattfinden. Mit Zustimmung sämtlicher Ge-

---

[227] *Baumbach/Hueck* § 51 Rn. 24.

[228] Die Frist ist nach § 187 Abs. 1, § 188 Abs. 2 BGB zu berechnen. Wann die Einberufungsfrist beginnt, ist bis heute sehr streitig. Der überwiegenden Meinung dürfte es entsprechen, dass die Frist mit dem Tag beginnt, an dem bei normalem Lauf der Dinge der Zugang des eingeschriebenen Briefs bei allen Gesellschaftern zu erwarten ist (BGHZ 100, 264; *Baumbach/Hueck/Zöllner* § 51 Rn. 19, *Roth/Altmeppen* § 51 Rn. 3; *Lutter/Hommelhoff* § 51 Rn. 9 je m. w. N.). Dagegen wird bis heute auch vertreten, dass die Frist bereits mit Absendung, das heißt mit Ablieferung bei der Post, beginnt (dafür: *Scholz/K. Schmidt* § 51 Rn. 5). Sicherer ist, sich der erstgenannten Auffassung anzuschließen.

[229] Überblick bei *Mühter,* GmbHR 2000, 966.

[230] OLG München GmbHR 2000, 488; *Lutter/Hommelhoff* Anhang § 47 Rn. 12; *Baumbach/Hueck/Zöllner* § 51 Rn. 28.

[231] BGH GmbHR 1971, 207; *Baumbach/Hueck* GmbHG, § 51 Rn. 3; *Lutter/Hommelhoff* § 51 Rn. 3.

[232] OLG Hamm GmbHR 1993, 743; *Lutter/Hommelhoff* § 47 Rn. 12; *Roth/Altmeppen* § 51 Rn. 13.

[233] *Baumbach/Hueck/Zöllner* § 49 Rn. 10, § 51 Rn. 28.

[234] BGHZ 11, 235, 87; BayObLG GmbHR 1999, 984.

sellschafter kann die Gesellschafterversammlung auch an einem Ort außerhalb der Bundesrepublik Deutschland stattfinden.

4. Ein Gesellschafter kann in der Gesellschafterversammlung nur durch einen anderen Gesellschafter oder durch einen Bevollmächtigten vertreten werden, der Wirtschaftsprüfer, vereidigter Buchprüfer, Rechtsanwalt oder Steuerberater sein muss. Der Bevollmächtigte hat zu Beginn der Gesellschafterversammlung eine schriftliche Vollmacht vorzulegen. Jeder Gesellschafter ist berechtigt, in der Gesellschafterversammlung zu seiner Beratung einen beruflich zur Verschwiegenheit verpflichteten Dritten hinzu zu ziehen.
5. Die Gesellschafterversammlung wählt vor Eintritt in die Tagesordnung unter Leitung des an Lebensjahren ältesten anwesenden Gesellschafters mit einfacher Mehrheit der abgegebenen Stimmen einen Versammlungsleiter. Erhält keiner der Gesellschafter die erforderliche Mehrheit, wird die Gesellschafterversammlung von dem anwesenden Gesellschafter mit der höchsten Beteiligung, bei Beteiligungsgleichheit von dem an Lebensjahren ältesten anwesenden Gesellschafter geleitet.
6. Soweit über die Verhandlungen der Gesellschafterversammlung keine notarielle Niederschrift aufgenommen wird, ist über den Verlauf der Versammlung zu Beweiszwecken ein Protokoll anzufertigen, in dem insbesondere Ort und Tag der Versammlung, die Teilnehmer, die Gegenstände der Tagesordnung, die Feststellung des Vorsitzenden über die Förmlichkeiten der Ladung und die Beschlussfähigkeit, alle Anträge, Ergebnisse der Abstimmungen sowie die gefassten Beschlüsse anzugeben sind. Das Protokoll ist vom Versammlungsleiter zu unterzeichnen. Jedem Gesellschafter ist innerhalb von *[Zeitraum]* nach der Gesellschafterversammlung eine Abschrift des Protokolls zuzustellen.

3. Beschlüsse außerhalb von Versammlungen

199 Große praktische Bedeutung haben die **außerhalb von Versammlungen gefassten Gesellschafterbeschlüsse.** Sind Gesellschafter terminlich verhindert, ist die Beschlussfassung besonders dringend oder steht nur ein einzelner Beschlussgegenstand an, so kommt aus verschiedensten Gründen die Abhaltung einer Gesellschafterversammlung häufig nicht in Betracht. Hierzu bestimmt § 48 Abs. 2 GmbHG, dass es einer Versammlung der Gesellschafter dann nicht bedarf, falls alle Gesellschafter dem fraglichen Beschluss zustimmen und mit der schriftlichen Stimmabgabe einverstanden sind.

200 Die Erklärungen der Gesellschafter müssen in Textform (§ 126 b BGB) vorliegen, das heißt entweder schriftlich oder in einer „zur dauerhaften Widergabe in Schriftzeichen geeigneten Weise“ (etwa per E-Mail, Fax oder sonstiger Dateiform), soweit die solcherart übermittelte Nachricht den Empfänger auch tatsächlich erreicht.[235] Stets erforderlich ist das **Einverständnis aller Gesellschafter,** unabhängig davon, ob sie stimmberechtigt sind oder nicht.[236] Der Gesellschaftsvertrag kann die Beschlussfassung nach § 48 Abs. 2 GmbHG ausschließen oder erschweren[237] oder auf bestimmte Beschlussgegenstände beschränken. § 48 GmbHG ist allerdings **keine abschließende Regelung über die Form,** in der Gesellschafterbeschlüsse gefasst werden können.

201 Die Satzung kann abweichende Regelungen treffen.[238] Die Satzung kann die Beschlussfassung außerhalb von Versammlungen erleichtern (zum Beispiel das Einstimmigkeitserfordernis in § 48 Abs. 2 GmbHG zugunsten einer einfachen Mehrheit aufheben)[239] oder erweitern (zum Beispiel telefonische Beschlussfassung oder Beschlussfassung per Internet ermöglichen).[240]

---

[235] *Palandt/Heinrichs* § 126 b Rn. 3; *Baumbach/Hueck*, GmbHG, § 48 Rn. 32. Nicht ausreichend ist die schiere Bereitstellung der Erklärungen, zum Beispiel auf einer Homepage im Internet, solange der Empfänger die entsprechenden Daten nicht auch herunterlädt.

[236] BGH NJW 2006, 2044, 2045.

[237] *Lutter/Hommelhoff* § 48 Rn. 10; *Scholz/K. Schmidt* § 48 Rn. 69.

[238] BGH NJW 2006, 2044, 2045.

[239] *Lutter/Hommelhoff* § 48 Rn. 1.

[240] *Lutter/Hommelhoff* § 48 Rn. 1.

Beschlussfassung in einem kombinierten Verfahren (teils in einer Versammlung, teils schriftlich) ist nur dann zulässig, wenn die Satzung dies gestattet.[241] Im kombinierten Verfahren gefasste Beschlüsse sind nichtig, falls eine entsprechende Ermächtigung in der Satzung nicht vorliegt.[242] 202

Eine entsprechende Satzungsbestimmung kann folgendermaßen lauten: 203

Formulierungsbeispiel zu Beschlüssen außerhalb von Versammlungen:

Sofern keine gesetzlichen Bestimmungen entgegenstehen, können im Einverständnis aller Gesellschafter Beschlüsse auch ohne Einhaltung der gesetzlichen und gesellschaftsvertraglichen Vorschriften für die Ankündigung und Einberufung von Gesellschafterversammlungen sowie auch außerhalb von Gesellschafterversammlungen und darüber hinaus in jeder beliebigen Form, auf dem Wege jeder Art von Telekommunikation, mittels E-Mail und auch in gemischter Form gefasst werden. Stimmenthaltungen gelten in diesem Fall für die Feststellung des Beschlussergebnisses als nicht abgegebene Stimmen, die Teilnahme an der Beschlussfassung dagegen als Einverständnis mit der gewählten Beschlussform. Außerhalb einer Gesellschafterversammlung gefasste Beschlüsse sind in einem Protokoll schriftlich niederzulegen, für das *[Verweis auf die Bestimmungen über das Protokoll über die Gesellschafterversammlung]* entsprechend gilt, mit der Maßgabe, dass das Protokoll bei Fehlen eines Versammlungsleiters von dem an der Beschussfassung teilnehmenden Gesellschaftern mit der höchsten Beteiligung, bei Beteiligungsgleichheit von dem an Lebensjahren ältesten an der Beschlussfassung teilnehmenden Gesellschafter oder einem von diesem bestimmten an der Beschlussfassung teilnehmenden Gesellschafter oder Geschäftsführer zu unterzeichnen ist und zudem die Art und Weise der einzelnen Stimmabgaben wiedergegeben wird.

4. Gesellschafterbeschlüsse

Zwar werden Gesellschafterbeschlüsse in der Regel in **Gesellschafterversammlungen** gefasst, das Gesetz regelt allerdings **Ablauf und Durchführung von Gesellschafterversammlungen** nicht. Satzungsmäßige Bestimmungen über den Ablauf von Gesellschafterversammlungen sind daher sinnvoll. 204

Abhängig von der Größe des Gesellschafterkreises und mithin von der Teilnehmerzahl, ist es sinnvoll für Gesellschafterversammlungen einen **Versammlungsleiter** zu bestellen. Ein solcher Versammlungsleiter kann entweder durch 205
- Satzung oder
- Gesellschafterbeschluss

bestellt werden.

Als Versammlungsleiter wird sinnvollerweise entweder ein Organ (beispielsweise Geschäftsführer oder Vorsitzender des Aufsichtsrats / Beirats) oder ein abstrakt bestimmter Gesellschafter (beispielsweise der an Lebensjahren älteste anwesende Gesellschafter) bestimmt, oder die Satzung enthält prozedurale Vorschriften, wie der Versammlungsleiter zu bestimmen ist. Ohne ausdrückliche satzungsmäßige Bestimmung kann die Gesellschaftersammlung einen Anwesenden durch Beschluss zum Versammlungsleiter bestellen. 206

Ein Versammlungsleiter hat folgende Aufgaben: 207
- Er öffnet und schließt die Gesellschafterversammlung.
- Er nimmt Wortmeldungen und Anträge entgegen.
- Er erteilt das Wort und entzieht es (aus sachlichem Grund).
- Er legt die Reihenfolge der Behandlung der Gegenstände der Tagesordnung fest (weicht von der bekannt gegebenen Reihenfolge aber nur aus sachlichem Grund ab).

---

[241] BGH NJW 2006, 2044, 2045.
[242] BGH NJW 2006, 2044, 2045.

- Er stellt das zahlenmäßige Ergebnis der Abstimmung fest.
- Soweit ihm satzungsmäßig übertragen, stellt er auch den Beschluss fest.[243]

5. Beschlussfähigkeit und Beschlussmehrheit

208 **a) Beschlussfähigkeit.** Ist zur Gesellschafterversammlung ordnungsgemäß eingeladen worden, so ist unerheblich, wie viele Gesellschafter in der Gesellschafterversammlung erscheinen und wie viele Stimmen sie repräsentieren. Fehlen entgegenstehende satzungsmäßige Bestimmungen, kann theoretisch ein einzelner Gesellschafter mit nur einer einzigen Stimme wirksam Beschlüsse fassen.[244]

209 Üblich und zweckmäßig ist es, die **Beschlussfähigkeit im Gesellschaftsvertrag zu regeln.** Bei der Ausgestaltung entsprechender Regeln sind die Gesellschafter weitgehend frei. Die Satzung kann verlangen, dass eine bestimmte Anzahl von Gesellschaftern anwesend, eine Mindestanzahl von Stimmen vertreten oder eine Mindestquote des Stammkapitals repräsentiert ist. Sinnvollerweise sollte die Bestimmung klarstellen, ob als „anwesend" auch solche Gesellschafter gelten, die entweder von vornherein kein Stimmrecht haben oder aber von der Ausübung des Stimmrechts ausgeschlossen sind.

210 Die unterschiedlichen **Schwellenwerte** können auch beliebig untereinander **kombiniert** werden. Beispielsweise kann die Satzung verlangen, dass die Gesellschafterversammlung beschlussfähig ist, wenn die Hälfte der Gesellschafter anwesend ist und diese mindestens 75% der Stimmen vertreten.

211 Bei der Gestaltung von Gesellschaftsverträgen sind die **Folgen des festgelegten Quorums** genau zu überlegen. Sinnvollerweise ist im Einzelfall durchzuspielen, welche Gesellschafter und Gesellschaftergruppen gegebenenfalls Beschlussfähigkeit oder -unfähigkeit der Versammlung herbeiführen können.

212 Der **Sinn eines Quorum** für die Beschlussfähigkeit liegt darin, einerseits die Akzeptanz von Gesellschafterbeschlüssen zu erhöhen (weil nicht nur durch einen einzelnen Gesellschafter mit einer einzigen Stimme weit reichende Beschlüsse gefasst worden sind) und umgekehrt sicherzustellen, dass die Gesellschafterminderheit sich jedenfalls in der Gesellschafterversammlung durch ihre Mitwirkung Gehör verschaffen kann.

213 Unbedingt empfehlenswert ist es allerdings, satzungsmäßig vorzugeben, dass im Fall der **Beschlussunfähigkeit unverzüglich eine weitere Gesellschafterversammlung** einzuberufen ist, die ohne Rücksicht auf das satzungsgemäße Quorum beschlussfähig ist. Möglicherweise wird zugleich vorgeschrieben, dass auf diesen Umstand in der Einladung zur „zweiten" Gesellschafterversammlung ausdrücklich hinzuweisen ist. Wichtig ist, dass eine solche „zweite" Gesellschafterversammlung nur die fehlende Beschlussunfähigkeit überwindet Mängel anderer Art jedoch durch eine solche „zweite" Versammlung (Einberufungsmängel etc.) nicht geheilt werden.[245]

214 **b) Beschlussmehrheit.** Ist die Gesellschafterversammlung beschlussfähig, so stellt sich die Frage, mit welcher Mehrheit sie ihre Beschlüsse fasst. Nach § 47 Abs. 1 GmbHG entscheidet die **Mehrheit der abgegebenen Stimmen.** Stimmenthaltungen sind keine Nein-Stimmen, sondern nicht abgegebene Stimmen und werden daher bei der Berechnung der Mehrheit nicht mitgezählt.[246] Bei Stimmengleichheit kommt kein Beschluss zustande.

215 Das GmbHG verlangt qualifizierte Mehrheiten für
- Satzungsänderungen, § 53 Abs. 2 GmbHG,
- Auflösung der Gesellschaft durch Gesellschafterbeschluss, § 60 Abs. 1 Nr. 2 GmbHG, sowie
- die Erhöhung des Stammkapitals, § 55 GmbHG.

---

[243] *Baumbach/Hueck/Zöllner* § 48 Rn. 17 OLG Frankfurt/Main, NZG 1999, 406.

[244] OLG Köln ZIP 2002, 621, 624; *Lutter/Hommelhoff* § 48 Rn. 8; *Baumbach/Hueck/Zöllner* § 48 Rn. 3; *Scholz/K. Schmidt* § 48 Rn. 41.

[245] *Scholz/K. Schmidt* § 48 Rn. 42.

[246] *Lutter/Hommelhoff* § 47 Rn. 4; *Scholz/K. Schmidt* § 47 Rn. 3; *Roth/Altmeppen* § 47 Rn. 3.

Von den Bestimmungen des § 47 Abs. 1 und 2 GmbHG kann in weitem Umfang im Gesellschaftsvertrag abgewichen werden.[247] Insbesondere kann die Satzung für bestimmte Gesellschafterbeschlüsse eine qualifizierte Mehrheit verlangen oder auch Einstimmigkeit und für den Fall von Stimmengleichheit vorsehen, dass die **Stimme** eines bestimmten Gesellschafters, eines Aufsichtsratsmitglieds oder des Vorsitzenden der Gesellschafterversammlung **den Ausschlag** geben soll.[248] 216

Die **Änderung des Zwecks der Gesellschaft ist nach herrschender Meinung nur einstimmig möglich.** Eine Bestimmung, die für Satzungsänderungen eine qualifizierte Mehrheit genügen lässt, erstreckt sich nur dann auch auf den Zweck der Gesellschaft, wenn dies ausdrücklich bestimmt ist.[249] 217

Bei der Gestaltung von Gesellschaftsverträgen ist auf die gesellschaftsvertraglichen Mehrheitserfordernisse viel Sorgfalt zu verwenden. Es ist sorgfältig zu prüfen, welche Gesellschafter oder Gesellschaftergruppen Beschlüsse herbeiführen oder verhindern können. Schließlich ist es sinnvoll, zu regeln, wann der Gesellschafter vom Stimmrecht ausgeschlossen ist. 218

Die Bestimmungen über das Zustandekommen von Gesellschafterbeschlüssen lauten zweckmäßigerweise folgendermaßen: 219

Formulierungsbeispiel Zustandekommen Gesellschafterbeschlüsse:

1. Die Gesellschafterversammlung ist beschlussfähig, wenn alle Gesellschafter ordnungsgemäß geladen sind und [Bezeichnung des Quorums, zum Beispiel 75% des Stammkapitals] anwesend oder vertreten sind. Ist eine Gesellschafterversammlung nicht beschlussfähig, ist unverzüglich eine neue Gesellschafterversammlung mit derselben Tagesordnung in Übereinstimmung mit [Verweis auf die Vorschrift über die Einberufung der Gesellschafterversammlung] einzuberufen. Diese Gesellschafterversammlung ist ohne Rücksicht auf [das satzungsgemäß bestimmte Quorum gem. S. 1] beschlussfähig, wenn hierauf in der Einladung hingewiesen worden ist.
2. Gesellschafterbeschlüsse werden mit einfacher Mehrheit der abgegebenen Stimmen gefasst, soweit nicht gesetzliche Vorschriften oder dieser Gesellschaftsvertrag eine andere Mehrheit vorsehen. Stimmenthaltungen gelten als nicht abgegebene Stimmen.
3. Abgestimmt wird nach Geschäftsanteilen. Je [50,00] € eines Geschäftsanteils gewähren eine Stimme.
   Folgende Beschlüsse bedürfen – soweit nicht gesetzlich zwingend etwas anderes bestimmt ist – einer Mehrheit von 75% der abgegebenen Stimmen:
   [Beispielsweise: Bestellung und Abberufung von Geschäftsführern und Abschluss, Änderungen und Beendigungen ihrer Anstellungsverträge, Wahl von Aufsichtsrats- oder Beiratsmitgliedern, Änderungen des Gesellschaftsvertrages, Abschluss von Unternehmensverträgen, Zustimmung zu Verfügungen über Geschäftsanteilen, Feststellung des Jahresabschlusses und Beschlussfassung über die Verwendung des Bilanzgewinns]
4. Soweit dieser Gesellschaftsvertrag oder zwingende gesetzliche Bestimmungen nicht etwas anderes vorschreiben, ist ein Gesellschafter nur dann, aber auch immer dann, von der Stimmabgabe ausgeschlossen, wenn darüber Beschluss zu fassen ist, ob
   – er zu entlasten oder von einer Verbindlichkeit zu befreien ist,
   – die Gesellschaft einen Anspruch gegen ihn geltend machen soll,
   – ein Rechtsgeschäft ihm gegenüber vorgenommen werden soll,
   – ein Rechtsstreit ihm gegenüber eingeleitet oder erledigt werden soll.
   [gegebenenfalls auch bei Befreiung von Wettbewerbsverboten oder Geheimhaltungsverpflichtung, Einziehung des Geschäftsanteils etc.]
   Der Versammlungsleiter hat nach jeder Beschlussfassung das Ergebnis festzustellen, den Beschluss zu verkünden und beides im Versammlungsprotokoll festzuhalten.

---

[247] *Scholz/K. Schmidt* § 47 Rn. 3 m.w.N.
[248] *Scholz/K. Schmidt* § 47, Rn. 9ff. m.w.N.
[249] *Scholz/Priester* § 53 Rn. 183.

6. Auflösung von Patt-Situationen

220 Sind die Beteiligungsverhältnisse so, dass die **Gesellschafter sich gegenseitig blockieren** können, so ist es wünschenswert, wenn der Gesellschaftsvertrag Mechanismen vorsieht, wie derartige Patt-Situationen aufgelöst werden. Insbesondere – aber nicht nur dann – können solche Situationen entstehen, wenn Gesellschafter sich entschieden haben sollten, ein Beteiligungsverhältnis von 50:50 zu wählen. Bereits bei der Errichtung des Gemeinschaftsunternehmens sollte in einem solchen Fall der Berater entweder die Beteiligten animieren, darüber nachzudenken, ein anderes Beteiligungsverhältnis zu wählen oder den Beteiligten vor Augen führen, welche fatalen Folgen eine Patt-Situation in der Gesellschafterversammlung für die Gesellschaft und deren Unternehmen haben kann. Können keine Beschlüsse mehr gefasst werden, so können Geschäftsführer weder bestellt noch abberufen werden, Gewinnverwendungsbeschlüsse nicht gefasst, Jahresabschlüsse nicht festgestellt und in der Regel wesentliche Strukturmaßnahmen nicht beschlossen werden. Legt in einer solchen Situation der **Geschäftsführer** sein Amt nieder oder scheidet er aus anderen Gründen aus, ist die Gesellschaft u. U. handlungsunfähig.

221 Ist angesichts der Gesellschafterkonstellation und dem Gesellschaftsvertrag das Entstehen einer solchen Patt-Situation möglich, so sollten die Gesellschafter und ihre Berater überlegen, wie derartige Patt-Situationen aufgelöst werden können. In Betracht kommen:

- Mehrstimmrechte oder Regelungen, denen zufolge für bestimmte Fälle die Stimme des einen oder des anderen Gesellschafters den Ausschlag gibt sowie
- das Losverfahren.

222 Beide Mechanismen werden häufig als unbefriedigend empfunden. Während Mehrstimmrechte häufig deswegen von den Gesellschaftern nicht gewünscht werden, weil sie im Ergebnis die gewünschte, zum Beispiel paritätische, Beteiligung gerade unterlaufen, führt das Losverfahren häufig nicht zur Befriedung der Situation, weil das Ergebnis zwangläufig vom unterliegenden Gesellschafter als willkürlich empfunden werden muss.

223 Für den Fall schwerer Meinungsverschiedenheiten werden bisweilen Regelungen vorgeschlagen, die im Ergebnis dazu führen, dass **ein Gesellschafter aus der Gesellschaft ausscheiden kann beziehungsweise ausgeschlossen wird.** Im Gründungsstadium zeigen sich die Gesellschafter häufig für derartige Mechanismen sehr aufgeschlossen. Da im Zweifel in einer Patt-Situation eine mittlerweile hoch streitige Situation vorliegt, ändert sich diese Beurteilung aber meistens schlagartig, wenn die fragliche Regelung zur Anwendung kommen soll. Im Hinblick hierauf muss der Mechanismus beim Abfassen des Gesellschaftsvertrages im Einzelnen sorgfältig, auch in seinen wirtschaftlichen Auswirkungen, analysiert und durchgespielt werden. Wenn in der Patt-Situation die zur Auflösung gedachte Bestimmung nicht richtig „funktioniert", trägt sie erfahrungsgemäß allein zur Verschlechterung der Situation bei.

224 Eine Klausel über die Auflösung einer Patt-Situation kann beispielsweise vorsehen, dass ein Gesellschafter dem anderen Gesellschafter **die Geschäftsanteile zum Kauf anbietet und für den Fall, dass dieses Angebot nicht angenommen wird, verpflichtet ist, dem anderen Gesellschafter dessen Geschäftsanteile zu den Bedingungen des eigenen Angebots abzukaufen.** Keiner der beiden Gesellschafter hat also vollständig in der Hand, was passiert: Während der anbietende Gesellschafter den Kaufpreis bestimmt, bestimmt der andere Gesellschafter, wer in der Gesellschaft verbleibt und wer aus ihr ausscheidet.

225 Wenn in einer solchen Patt-Situation innerhalb einer bestimmten Frist keiner der Gesellschafter das vorstehend bezeichnete Angebot abgegeben hat, kann auch erwogen werden, dass die Gesellschafter die Liquidation der Gesellschaft beschließen, um den Druck zur Abgabe eines entsprechenden Angebots und den Einigungsdruck auf beide Gesellschafter zu erhöhen. Die mit einer solchen Regelung verbundenen Konsequenzen müssen den Gesellschaftern im Gründungsstadium klar vor Augen geführt werden.

226 Eine derartige Bestimmung kann beispielsweise folgenden Wortlaut haben:

Formulierungsbeispiel Ausscheiden eines Gesellschafters nach Interessenkonflikt:

Falls binnen einer Frist von einem Monat nach dem Scheitern eines Beschlusses der Gesellschafterversammlung über eine Maßnahme, für die nach Gesetz oder Satzung die Zustimmung der Gesellschafterversammlung erforderlich ist, keine Einigung unter den Gesellschaftern zustande kommt, so kann jeder der Gesellschafter binnen weiterer zwei Wochen durch schriftliche Erklärung gegenüber dem anderen Gesellschafter das Scheitern der Einigungsgespräche erklären. Für die Rechtzeitigkeit dieser Erklärung kommt es auf den Zugang beim jeweils anderen Gesellschafter an.

Beide Gesellschafter haben nach Ablauf einer Frist von einem Monat gerechnet ab dem Zugang der Erklärung über das Scheitern der Einigungsgespräche das Recht, dem jeweils anderen Gesellschafter ihre sämtlichen Geschäftsanteile an der Gesellschaft mit einer Annahmefrist von zwei Monaten seit Zugang des Angebots zum Kauf anzubieten. Das Angebot [muss mindestens den folgenden Inhalt haben: ______ *oder:* hat dem diesem Gesellschaftsvertrag als Anlage ___ beigefügten Muster zu entsprechen]. Nach Zugang des Angebots darf der jeweils andere Gesellschafter seinerseits kein Angebot unterbreiten.

Nimmt der jeweils andere Gesellschafter das Angebot nicht innerhalb der Annahmefrist wirksam an, so ist er seinerseits verpflichtet, auf Verlangen des gemäß vorstehenden Bestimmungen anbietenden Gesellschafters seine Anteile an der Gesellschaft zu den in dem Angebot des anbietenden Gesellschafters genannten Bedingungen an den Anbietenden zu veräußern und unverzüglich alle in diesem Zusammenhang erforderlichen und sachgerechten Erklärungen formwirksam abzugeben.

Bei sich kreuzenden Angeboten gilt das zuerst zugegangene Angebot. Sollten beide Gesellschafter innerhalb der vorgenannten Frist jeweils ein Angebot abgeben (wobei es auf den Zugang des Angebots bei dem jeweils anderen Gesellschafter ankommt) und sollten die Angebote zum selben Zeitpunkt (einschließlich der Uhrzeit) dem jeweils anderen zugehen, setzt dasjenige Angebot das vorgenannte Verfahren in Kraft, das den [höheren/niedrigeren] Kaufpreis für die Geschäftsanteile beinhaltet. Dieses Angebot gilt dann als das zuerst abgegebene Angebot.

7. Form

Gesellschafterbeschlüsse bedürfen **grundsätzlich keiner Form.** Eine Ausnahme gilt nur für die Ein-Mann-Gesellschaft, § 48 Abs. 3 GmbHG und für Satzungsänderungen, § 53 GmbHG. 227

Gesellschafterbeschlüsse kommen daher in der Regel zustande, sobald sie von den Gesellschaftern als solche gefasst sind; ob sie schriftlich niedergelegt worden sind oder nicht, ist ohne Belang. Zu Beweiszwecken ist die schriftliche Fixierung der gefassten Beschlüsse in einem Protokoll sinnvoll.

8. Dokumentation/Protokoll

Ein Protokoll einer Gesellschafterversammlung enthält sinnvollerweise 228

- Ort und Zeit der Versammlung,
- Beginn und Ende der Versammlung,
- die Teilnehmer (Gesellschafter, Vertreter, Gäste etc.),
- die Anzahl der den Gesellschaftern zustehenden Stimmen,
- die Tagesordnung,
- falls erfolgt, die Feststellungen des Vorsitzenden über die Förmlichkeiten der Einladungen und die Beschlussfähigkeit,
- die gestellten Anträge,
- das zahlenmäßige Ergebnis der Abstimmung (Ja/Nein/Enthaltung),
- falls erfolgt, die Feststellung des Vorsitzenden über die gefassten Beschlüsse,
- die Unterschrift aller Gesellschafter oder die Unterschrift des Versammlungsleiters (falls ein solcher bestimmt war) und
- das Datum der Fertigung des Protokolls.

229 Ist der Ablauf der Gesellschafterversammlung vorhersehbar und steht das Abstimmungsergebnis (etwa wegen des bekannten Stimmverhaltens des Mehrheitsgesellschafters) fest, so wird der Einberufende oder der Versammlungsleiter in der Regel vor der Gesellschafterversammlung den **Entwurf eines Protokolls** fertigen, diesen Entwurf während der Gesellschafterversammlung vervollständigen und ihn dann entweder als Versammlungsleiter unterzeichnen oder allen anwesenden Gesellschaftern zur Unterzeichnung vorlegen.

230 In allen anderen Fällen, bei zu erwartender streitiger Gesellschafterversammlung, bei unklarem Meinungsbild unter den Gesellschaftern oder bei zu erwartenden Gegenanträgen, bei unklarem Teilnehmerkreis und unklaren Mehrheitsverhältnissen, verbietet sich ein derartiges Vorgehen in der Regel von selbst. Aus diesem Grund wird das **Protokoll der Gesellschafterversammlung typischerweise nach Abschluss der Gesellschafterversammlung** aufgrund der vom Versammlungsleiter gefertigten Notizen von diesem gefertigt. Die Beweiskraft des Protokolls ist in der Regel umso höher, je kürzer der Zeitraum zwischen Beschluss der Gesellschafterversammlung und dem Zeitpunkt der Fertigung des Protokolls liegt. Aus diesem Grund ist es sinnvoll, dass der Vorsitzende im Protokoll angibt, wann die Arbeit am Protokoll abgeschlossen wurde. Dies ist regelmäßig der Zeitpunkt, an dem er das Protokoll unterzeichnet.

9. Beschlussmängel, Folgen von Beschlussmängeln

231 **a) Mängel.** Beschlüsse von Gesellschafterversammlungen können an einer Vielzahl unterschiedlicher Mängel leiden. Sie können **gegen Bestimmungen des Gesetzes oder der Satzung verstoßen, unklar sein** (etwa weil Beschlussinhalt oder Beschlussmehrheit nicht eindeutig zu entnehmen sind), **unwirksam** sein (etwa weil noch nicht alle Tatbestandsmerkmale eines wirksamen Beschlusses vorliegen, wie beispielsweise die nach der Satzung erforderliche Zustimmung bestimmter Gesellschafter oder des Aufsichtsrats), sie können **wirkungslos** (etwa weil der Beschlussgegenstand der Gesellschafterversammlung von vornherein entzogen ist oder weil sich die beabsichtigte Wirkung rechtlich nicht erreichen lässt) oder von einem **unzuständigen Organ** „gefasst" worden sein. Alle diese Mängel lassen sich nahezu beliebig kombinieren und sind in zahlreichen unterschiedlichen Facetten denkbar.[250]

232 In entsprechender Anwendung von § 241 AktG können **Gesellschafterbeschlüsse nichtig** sein. Es besteht weitgehend Einigkeit darüber, dass § 241 AktG die Nichtigkeitsgründe auch für die GmbH abschließend vorgibt.[251] Auf die Nichtigkeit eines Gesellschafterbeschlusses kann sich jedermann berufen und die Nichtigkeit gegebenenfalls (bei Vorliegen eines Feststellungsinteresses) mit der Feststellungsklage geltend machen. Erhebt ein Gesellschafter analog § 249 AktG Nichtigkeitsklage, so wirkt das Urteil nicht nur zwischen den Parteien des Rechtsstreits, sondern für und gegen alle Gesellschafter, die Geschäftsführer und den Aufsichtsrat, § 249 Abs. 1 Satz 1 i.V.m. § 248 Abs. 1 S. 1 AktG.

233 **b) Nichtigkeit.** Zur Nichtigkeit können grundsätzlich bestimmte **Einberufungsmängel** führen, analog § 241 Nr. 1 AktG, wenn die Gesellschafterversammlung durch Unbefugte einberufen wurde, nicht sämtliche Gesellschafter eingeladen wurden oder Uhrzeit und Ort der Gesellschafterversammlung nicht richtig angegeben sind etc.[252]

234 Wegen Verletzung der gesetzlich vorgeschriebenen Form führen auch **Beurkundungsmängel** zur Nichtigkeit soweit notarielle Beurkundung erforderlich ist, analog § 241

---

[250] Überblick bei *Baumbach/Hueck/Zöllner,* Anhang § 47 Rn. 16 ff.; MünchHdbGesR, Bd. 3 GmbH, *Wolff* § 40 Rn. 2 ff.

[251] *Lutter/Hommelhoff,* Anhang § 47 Rn. 9; *Ulmer/Habersack/Winter/Raiser,* Anhang § 47 Rn. 33; MünchHdbGesR, Bd. 3 GmbH, *Wolff* § 40 Rn. 11.

[252] Einzelheiten bei *Lutter/Hommelhoff,* Anhang § 47 Rn. 11 ff.; MünchHdbGesR, Bd. 3 GmbH, *Wolff,* § 40 Rn. 13 ff.

Nr. 2 AktG.[253] Ohne nennenswerte Bedeutung ist der Nichtigkeitsgrund „Unvereinbarkeit mit dem Wesen der GmbH“, analog § 241 Nr. 3 1. Fall AktG.[254] Größere Bedeutung haben dem gegenüber die Verstöße gegen die Vorschriften zum Schutz der Gläubiger und sonstigen öffentlichen Interessen, analog § 241 Nr. 3 2. und 3. Fall AktG.[255]

Verstöße gegen die guten Sitten führen analog § 241 Nr. 4 AktG zur Nichtigkeit des Beschlusses.

Analog § 253 AktG sind **Beschlüsse über die Verwendung des Ergebnisses** nichtig, 235
wenn der zugrunde liegende Beschluss über die Feststellung des Jahresabschlusses nichtig ist.[256]

Die **Nichtigkeit** von Beschlüssen kann bis zur Grenze der Verwirkung grundsätzlich 236
unbefristet geltend gemacht werden. Die gesellschaftsrechtliche Treuepflicht gibt es dem Gesellschafter allerdings auf, Mängel mit der ihm zumutbaren Beschleunigung geltend zu machen.[257]

c) **Anfechtbarkeit.** Verstöße gegen Gesetz oder Satzung führen – soweit nicht bereits 237
Nichtigkeit vorliegt – in der Regel zur **Anfechtbarkeit des Beschlusses.** Die Anfechtbarkeit muss mit der Anfechtungsklage geltend gemacht werden.[258] Die Anfechtungsklage ist fristgebunden. Typischerweise gibt der Gesellschaftsvertrag eine Anfechtungsfrist vor, die allerdings nicht kürzer sein darf als die in § 246 Abs. 1 AktG erwähnte Monatsfrist.[259] Bestimmt der Gesellschaftsvertrag keine Anfechtungsfrist, so ist eine angemessene Frist in Lauf gesetzt, die sich ebenfalls an der Monatsfrist des § 246 Abs. 1 AktG orientiert, allerdings sind die Besonderheiten des Einzelfalls zu berücksichtigen.[260]

Anfechtungsgründe[261] sind Gesetzesverstöße, Sittenwidrigkeit (soweit nicht bereits 238
Nichtigkeit begründet ist), Erstreben von Sondervorteilen, Verstöße gegen den Gleichbehandlungsgrundsatz, Verstöße gegen die Bindung an den Gesellschaftszweck und vor allen Dinge **Verstöße gegen die Treuepflicht.**

Gesetz- oder Satzungsverstöße müssen – dies betrifft insbesondere Verfahrensvor- 239
schriften – allerdings **relevant** (d. h. für das Beschlussergebnis von Bedeutung) sein.[262]

VI. Allgemeine Gesellschafterrechte und -pflichten

Gesellschafter haben eine ganze Reihe allgemeiner Rechte und Pflichten:

1. Geschäftschancenlehre

Aus dem Recht der Personengesellschaften stammt die sogenannte Geschäftschancen- 240
lehre, wonach Gesellschafter kraft ihrer Gesellschafterstellung gegen die ihnen gegenüber ihren Mitgesellschaftern obliegende Treuepflicht verstoßen, wenn sie sich ihnen bietende Geschäftschancen nicht für die Gesellschaft, sondern für sich selbst im eigenen Namen oder für Dritte nutzen.[263]

---

[253] *Baumbach/Hueck/Zöllner* Anhang § 47 Rn. 49.

[254] *Baumbach/Hueck/Zöllner,* Anhang § 47 Rn. 50; MünchHdbGesR, Bd. 3, *Wolff,* § 40 Rn. 21.

[255] *Lutter/Hommelhoff* Anhang § 47 Rn. 18 f.; *Baumbach/Hueck/Zöllner* § 47 Rn. 51 ff.; MünchHdbGesR, Bd. 3 GmbH, *Wolff* § 40 Rn. 19 f.

[256] MünchHdbGesR, Bd. 3 GmbH, *Wolff* § 40 Rn. 27; *Baumbach/Hueck/Zöllner* Anhang § 47 Rn. 62. Zur Nichtigkeit von Jahresabschlüssen s. ausführlich *Baumbach/Hueck/Schulze-Osterloh* § 42 a Rn. 23 ff.

[257] *Baumbach/Hueck/Zöllner* Anhang § 47 Rn. 10.

[258] *Baumbach/Hueck/Zöllner* Anhang § 47 Rn. 82.

[259] *Lutter/Hommelhoff* Anhang § 47 Rn. 60.

[260] BGHZ 111, 224, 226; *Lutter/Hommelhof,* Anhang § 47 Rn. 60; differenzierte Darstellung bei *Roth/Altmeppen/Roth* § 47 Rn. 144 ff.

[261] Einzelheiten bei MünchHdbGesR, Bd. 3 GmbH, *Wolff* § 40 Rn. 36 ff.; *Baumbach/Hueck/Zöllner,* Anhang § 47 Rn. 83 ff.

[262] *Baumbach/Hueck/Zöllner* Anhang § 47 Rn. 125.

[263] *Baumbach/Hopt* HGB, § 114 Rn. 13, § 109 Rn. 26.

241 Für die GmbH gilt dies nicht in gleicher Weise. Einerseits ist geklärt, dass den Gesellschafter der GmbH ohne vertragliche Festlegung **grundsätzlich kein Wettbewerbsverbot** trifft.[264] Die Gesellschafter sind im Geschäftsbereich der GmbH also nicht kraft Gesetzes verpflichtet, der Gesellschaft keinen Wettbewerb zu machen.[265] Andererseits ist auch für die GmbH davon auszugehen, dass die **Treuepflicht** es den Gesellschaftern verbietet, wirtschaftliche Gelegenheiten, die klar der Gesellschaft zustehen, für sich selbst auszunutzen. Beispielsweise verstößt ein Gesellschafter, der kraft seiner Gesellschafterstellung Know-how der Gesellschaft zum eigenen Vorteil nutzt, gegen die Treupflicht, die ihm gegenüber der Gesellschaft obliegt.[266] Ob die Treuepflicht dem Mehrheitsgesellschafter einer GmbH aufgibt, der Gesellschaft auch keinen Wettbewerb zu machen, ist umstritten.[267]

242 Der **Geschäftsführer der Gesellschaft** ist jedenfalls kraft seiner Stellung gehalten, Geschäftschancen, die sich ihm bieten, ausschließlich für die Gesellschaft wahrzunehmen.[268]

2. Treuepflicht

243 Als Vertragspartner schulden sich die Gesellschafter untereinander ohne weiteres die Beachtung der zivilrechtlichen Grundsätze über Treu und Glauben, § 242 BGB, kurz: die Beachtung der gesellschaftsrechtlichen Treuepflicht. Darüber gibt es im Grundsatz keinen Streit. Inhalt und Umfang dieser Treuepflicht sind dagegen stark umstritten. Tatsache ist, dass die „gesellschaftsrechtliche Treupflicht“ häufig zu schnell bemüht wird und das Schlagwort „Treuepflicht“ oft verdeckt, dass es konkrete gesetzliche oder gesellschaftsvertragliche Verhaltenspflichten oder Ge- oder Verbote gibt, die als Ausgangspunkt für die Geltendmachung von Ansprüchen wesentlich besser geeignet sind.

3. Auskunfts- und Informationsrechte der Gesellschafter

244 **a) gegenüber der Gesellschaft.** § 51 a GmbHG gewährt den Gesellschaftern grundsätzlich gegenüber der Geschäftsführung der Gesellschaft ein weit reichendes Auskunftsrecht. Nach dieser Bestimmung haben die Geschäftsführer auf Verlangen **unverzüglich Auskunft über die Angelegenheiten der Gesellschaft zu geben und Einsicht in die Bücher und Schriften der Gesellschaft zu gestatten.** Verweigert werden darf die Einsicht nur unter den Voraussetzungen des § 51 a Abs. 2 GmbHG, nämlich dann, wenn die Verwendung zu gesellschaftsfremden Zwecken zu besorgen ist und dadurch der Gesellschaft oder einem verbundenen Unternehmen ein nicht unerheblicher Nachteil zugefügt wird und die Gesellschafter durch Beschluss über die Verweigerung von Auskunft und Einsicht entscheiden. Diese Bestimmungen sind zwingend, § 51 a Abs. 3 GmbHG.

245 Das Recht auf Auskunft und Einsicht steht jedem Gesellschafter **unabhängig von seiner Beteiligungshöhe** zu. Außerdem kommt es nicht darauf an, ob der Gesellschafter stimmberechtigt ist oder ob in Bezug auf einen konkreten Sachverhalt ein Stimmverbot besteht. Außerdem ist das Auskunftsrecht nicht persönlich. Der ausgeschiedene Gesellschafter hat dagegen kein Auskunftsrecht nach § 52 a GmbHG mehr.[269]

246 Das Recht auf Einsicht und Auskunft erstreckt sich allerdings nur auf die Gesellschaft, nicht auf verbundene Unternehmen und auch nicht auf Angelegenheiten der KG, deren Komplementärin die Gesellschaft ist.[270]

247 Schrankenlos ist das Recht auf Information und Auskunft gleichwohl nicht. Grenzen hat das Informationsrecht jedenfalls dort, wo es nicht zweckentsprechend wahrgenommen wird.[271]

---

[264] *Roth/Altmeppen* § 13 Rn. 45.
[265] *Roth/Altmeppen/Roth* § 3 Rn. 37.
[266] *Roth/Altmeppen/Altmeppen* § 13 Rn. 44.
[267] Nachweise bei *Roth/Altmeppen/Altmeppen* § 13 Rn. 45.
[268] BGH, NJW 1986, 585.
[269] *Baumbach/Hueck/Zöllner* § 51 a Rn. 7.
[270] *Baumbach/Hueck/Zöllner* § 51 a Rn. 19; m. w. N.
[271] BGHZ 135, 54, 152, 344.

Dementsprechend entspricht es herrschender Meinung, dass das Recht auf Auskunft und Einsicht nicht beliebig, sondern **nur bei Vorliegen eines Informationsbedürfnisses** ausgeübt werden kann und auch nur so weit, wie dieses Informationsbedürfnis reicht.[272]

Das Informationsrecht nach § 51 a GmbHG kann nur in dem in § 51 b GmbHG vorgesehenen Verfahren geltend gemacht werden, insbesondere kommt kein Antrag auf Erlass einer einstweiligen Verfügung in Betracht.[273] 248

b) gegenüber Mitgesellschaftern. Auskunftsansprüche hat der Gesellschafter jedoch nicht nur gegen die Gesellschaft selbst, sondern – als Ausfluss der gesellschaftsrechtlichen Treupflicht – auch gegenüber seinen Mitgesellschaftern. Nach der Rechtsprechung des Bundesgerichtshofs ist ein GmbH-Gesellschafter grundsätzlich verpflichtet, seine Mitgesellschafter über solche Vorgänge vollständig und zutreffend zu informieren, die ihnen nicht bekannt sein können und ihre mitgliedschaftlichen Vermögensinteressen berühren.[274] 249

VII. Jahresabschluss und Gewinnverwendung

a) Jahresabschluss und Gewinnverwendung. In der GmbH entscheiden die Gesellschafter über die Feststellung des Jahresabschlusses und die Verwendung des Ergebnisses, § 46 Nr. 1 GmbHG, also darüber, wie die erwirtschaftete Vermehrung des Vermögens der Gesellschaft zu verteilen bzw. zu verwenden ist. Da nicht nur die Verwendung des Ergebnisses, sondern auch die Feststellung des Jahresabschlusses der Gesellschafterversammlung zugewiesen ist, entscheiden die Gesellschafter auch über „bilanzpolitische" Fragen mit, beispielsweise über die Bildung und die Auflösung von Rücklagen. 250

Am Verlust partizipieren die Gesellschafter nicht. Erleidet die Gesellschaft Verluste, so werden die Gesellschafter insoweit davon betroffen als ihre Geschäftsanteile weniger wert sind, weniger oder gar kein Gewinn ausgeschüttet wird oder die Gesellschaft insolvent wird. 251

Das Recht der Gesellschafter, am Gewinn der Gesellschaft beteiligt zu werden, wird als Gewinnstammrecht bezeichnet. Dieses **Gewinnstammrecht ist integraler Bestandteil der Mitgliedschaft** und kann vom Geschäftsanteil nicht getrennt werden. Allein der Anspruch auf Auszahlung künftiger Gewinnabteile ist abtretbar.[275] Wird der Geschäftsanteil übertragen, so bestimmt sich nach § 101 Nr. 2 BGB[276] inwiefern die Veräußerer und Erwerber gewinnberechtigt sind (zeitanteilige Abgrenzung), falls die Parteien nichts anderes regeln. 252

Der **Jahresabschluss ist von den Geschäftsführern aufzustellen,** § 264 Abs. 1 S. 1 HGB, und bildet die Grundlage der Ermittlung des Gewinns und der Entscheidung über die Verwendung des Gewinns. 253

Was den Gesellschaftern zusteht bestimmt § 29 GmbHG. Danach haben die Gesellschafter entweder **Anspruch auf den Jahresüberschuss** oder den Bilanzgewinn. Ist der Jahresüberschuss – was regelmäßig der Fall sein wird – für die Gewinnverwendung maßgeblich, so ist diesem ein Gewinnvortrag gegebenenfalls hinzuzurechnen und ein Verlustvortrag abzuziehen. Der Bilanzgewinn, § 268 Abs. 1 HGB, ist dann für die Gewinnverwendung maßgeblich, wenn der Jahresabschluss bereits unter Berücksichtigung einer teilweisen Verwendung des Jahresergebnisses aufgestellt worden ist oder Rücklagen aufgelöst werden, § 29 Abs. 1 S. 2 GmbHG. 254

---

[272] *Baumbach/Hueck/Zöllner* § 51 a Rn. 27; m. w. N.
[273] *Baumbach/Hueck/Zöllner* § 51 b Rn. 10
[274] BGH Urteil vom 11. 12. 2006, II ZR 166/05, DNotZ 2007, 539.
[275] *Scholz/Emmerich* § 29 Rn. 48 m. w. N.
[276] *Scholz/Emmerich* § 29 Rn. 26.

255 Solange der Jahresabschluss nicht nach § 46 Nr. 1 GmbHG durch die Gesellschafterversammlung festgestellt ist, ist er nicht für verbindlich erklärt worden.

256 „Feststellung“ des Jahresabschlusses durch die Gesellschafterversammlung bedeutet nicht, den Jahresabschluss „abzunicken“, sondern eine **verbindliche Entscheidung darüber zu treffen, wie der endgültige Jahresabschluss** – der von der Geschäftsführung aufgestellt und damit für die Gesellschafterversammlung vorbereitet wird – **aussehen soll.** Bewertungswahlrechte und Bilanzierungsmöglichkeiten übt die Gesellschaft durch ihr Organ Gesellschafterversammlung und nicht durch ihr Organ Geschäftsführung aus.[277]

257 Aus dieser Zuständigkeitsverteilung folgt zugleich, dass den Gesellschaftern gegebenenfalls notwendige **Informationen für die anstehende Entscheidung** zur Verfügung zu stellen sind. Sinnvollerweise wird die Geschäftsführung bereits im Vorfeld des Beschlusses der Gesellschafterversammlung die Abstimmung mit den Gesellschaftern suchen, weil sich die fragliche Gesellschafterversammlung sonst kaum in der Lage sehen dürfte, sachgerecht Beschluss zu fassen.

258 Der von der Gesellschafterversammlung zu fassende Beschluss über die Feststellung des Jahresabschlusses und die Ergebnisverwendung, § 46 Nr. 1 GmbHG, kann durch entsprechende gesellschaftsvertragliche Regelungen **auf andere Organe verlagert** werden. Beispielsweise kann an die Stelle der Gesellschafterversammlung ein Gesellschafterausschuss oder ein Beirat,[278] ein Aufsichtsrat oder auch die Geschäftsführung[279] treten. Auch können Feststellung des Jahresabschlusses einerseits und die Zuständigkeit für die Ergebnisverwendung andererseits unterschiedlich verteilt werden.[280]

259 Von solchen Kompetenzverlagerungen sind **Verfahrensvorschriften** zu unterscheiden. So kann der Gesellschaftsvertrag verlangen, dass vor der Entscheidung der Gesellschafterversammlung der Beirat oder Aufsichtsrat zu hören ist, die Geschäftsführer in bestimmter Weise zu berichten haben oder einzelnen Gesellschaftern oder Gesellschaftergruppen das Recht eingeräumt wird, bestimmte prozedurale Vorgaben zu machen.[281]

260 Da die Gesellschafterversammlung über die Feststellung des Jahresabschlusses und die Verwendung des Ergebnisses – soweit gesellschaftsvertraglich nichts anderes bestimmt ist – grundsätzlich mit einfacher Mehrheit entscheidet, kann es leicht dazu kommen, dass die **Minderheit in der Gesellschaft „ausgehungert“** wird, was dem Mehrheitsgesellschafter naturgemäß dann besonders leicht fällt, wenn er aufgrund anderer Leistungsbeziehung zur Gesellschaft Mittel aus der Gesellschaft erlangt (beispielsweise aus seiner Tätigkeit als Geschäftsführer der Gesellschaft). Auch **übermäßige Reservenbildung** kann die Interessen der Minderheit beeinträchtigen. Es ist daher nicht ernsthaft im Streit, dass die Mehrheit beim Beschluss über die Verwendung des Gewinns – wie auch sonst – der gesellschaftsrechtlichen Treuepflicht unterliegt.[282] Große Schwierigkeiten macht allerdings die Frage, wann von einem Treuepflichtverstoß gesprochen werden kann. Ob es darauf ankommt, dass die Mehrheit eigennützige Interessen verfolgt, ob auf eine kaufmännisch nicht vertretbare Rücklagenbildung abzustellen ist, ob Rücklagen grundsätzlich nur in beschränktem Umfang und aus besonderen Anlässen zu bilden sind oder ob bestimmte „Sockelbeträge“ maßgeblich sind, ist streitig.[283]

---

[277] MünchHdbGesR, Bd. 3 GmbH, *Priester,* § 57 Rn. 36.
[278] OLG Düsseldorf, GmbHGR 1983, 124 f.
[279] Baumbach/Hueck/*Hueck/Fastrich* § 29 Rn. 46.
[280] Baumbach/Hueck/*Hueck/Fastrich* § 29 Rn. 46.
[281] Baumbach/Hueck/*Hueck/Fastrich* § 29 Rn. 46.
[282] Baumbach/Hueck/*Hueck/Fastrich* § 29 Rn. 30.
[283] MünchHdbGesR, Bd. 3 GmbH, *Priester* § 57 Rn. 72 ff. m. w. N.

b) Publizität. Hinsichtlich der Jahresabschlusspublizität gelten seit dem 1. 1. 2007 für alle nach dem 31. 12. 2005 beginnenden Geschäftsjahre teilweise neue Regeln.[284] Alle Gesellschaften mit beschränkter Haftung haben grundsätzlich ihren Jahresabschluss offen zu legen. Allerdings ist der Jahresabschluss nicht mehr beim Handelsregister einzureichen, sondern beim Betreiber des elektronischen Bundesanzeigers (Bundesanzeiger Verlagsgesellschaft mbH)[285] und von der Bundesanzeiger Verlagsgesellschaft mbH im elektronischen Bundesanzeiger bekannt zu machen. 261

Der Betreiber des elektronischen Bundesanzeigers muss die offen zu legenden Unterlagen sodann an das **Unternehmensregister** zur Einstellung dort übermitteln.[286]

Bei Verstößen gegen die Offenlegungspflicht drohen **Ordnungsgelder** zwischen 2500,00 € und 25 000,00 €. Das Ordnungsgeldverfahren ist – ohne Antrag – von Amts wegen einzuleiten. Die Verfolgung erfolgt durch das Bundesamt für Justiz in Bonn, § 335 Abs. 1 HGB. Die Verfahrenskosten werden der betroffenen Gesellschaft bereits mit der Androhung des Ordnungsgeldes auferlegt, § 335 Abs. 3 S. 2 HGB. 262

Gemäß § 329 HGB ist der Betreiber des elektronischen Bundesanzeigers verpflichtet, zu prüfen, ob die einzureichenden Unterlagen fristgemäß und vollständig eingereicht worden sind und gegebenenfalls **bei Verstößen das Bundesamt für Justiz zu unterrichten,** § 329 Abs. 4 HGB.

Der **Umfang der offen zu legenden Unterlagen** richtet sich letztlich danach, ob die Gesellschaft nach § 267 HGB als klein, mittelgroß oder groß einzustufen ist. Kleine Gesellschaften i. S. dieser Bestimmung können von der Erleichterung des § 326 HGB Gebrauch machen, müssen also nur Bilanz und Anhang einreichen und bekannt machen. Große und mittelgroße Gesellschaften haben dem gegenüber nach § 325 HGB den vollständigen Jahresabschluss einzureichen. 263

VIII. Verfügungen über Geschäftsanteile und Verfügungsbeschränkungen

Das Gesetz sieht bestimmte Beschränkungen – insbesondere durch die vorgeschriebene Form – für die Verfügung über GmbH-Geschäftsanteile vor. Die Gesellschafter haben zusätzlich die Möglichkeit, im Gesellschaftsvertrag zusätzliche Verfügungsbeschränkungen vorzusehen. Eine Verfügung (i. d. R. „wider Willen") stellt schließlich eine Einziehung eines Geschäftsanteils dar.

1. Verfügung über Geschäftsanteile

Die rechtsgeschäftliche Verfügung über Geschäftsanteile sowie eine Vereinbarung, durch die eine Verpflichtung zur Verfügung über einen Geschäftsanteil begründet wird, bedürfen notarieller Form, § 15 Abs. 3, 4 GmbHG.[287] Über die Reichweite der aus § 15 Abs. 4 S. 1 GmbHG folgenden Beurkundungspflichten bestehen nach wie vor Unsicherheiten. In zahlreichen Entscheidungen hat die Rechtsprechung versucht abzustecken, wie weit das aus § 15 Abs. 4 S. 1 folgende Beurkundungserfordernis reicht.[288] 264

Nach § 15 Abs. 4 S. 2 GmbHG wird eine Vereinbarung, die nicht notariell beurkundet wurde, obwohl sie § 15 Abs. 4 S. 1 GmbH unterfiele, weil sie eine Verpflichtung zur Abtretung eines Geschäftsanteils begründet, geheilt und damit wirksam, wenn die Abtretung des Geschäftsanteils ordnungsgemäß, § 15 Abs. 3 GmbHG, beurkundet wird. Vor- 265

---

[284] Eingeführt durch das Gesetz über elektronische Handels- und Genossenschaftsregister sowie Unternehmensregister (EHUG).

[285] Bundesanzeiger Verlagsgesellschaft mbH, Amsterdamer Str. 192, 50735 Köln.

[286] Das Gesetz schreibt grundsätzlich die elektronische Einreichung der offen zu legenden Unterlagen vor. Für eine Übergangszeit von drei Jahren hat das Bundesministerium der Justiz jedoch durch Rechtsverordnung die Einreichung in Papierform zugelassen. Die elektronische Einreichung kann über das Internet erfolgen. https://publikations-serviceplattform.de.

[287] S. zur Form auch oben Rn. 104ff.

[288] Überblick bei MünchHdbGesR, Bd. 3 GmbH, *Jasper* § 24 Rn. 46 ff.

aussetzung dafür ist, dass sich die Abtretung auf die formnichtige Verpflichtung bezieht,[289] die Willensübereinstimmung zwischen den Beteiligten zum Zeitpunkt der Abtretung noch besteht[290] und vor allem die Abtretung nicht nur formgerecht vorgenommen wird, sondern auch im Übrigen wirksam, insbesondere also unbedingt erklärt, ist.[291]

266 In der Praxis werden Verpflichtungen zur Abtretung und die Abtretung selbst regelmäßig bereits aus Gründen der Kostenersparnis in einer notariellen Urkunde vorgenommen. Besteht aber das Bedürfnis der Vertragsbeteiligten, beide Rechtsgeschäfte, beispielsweise aus Gründen der Vertraulichkeit, zu trennen, dann mag – wiederum im Kosteninteresse – erwogen werden, das Verpflichtungsgeschäft formunwirksam abzuschließen und auf die **Heilung durch Vornahme der Abtretung** nach § 15 Abs. 4 S. 2 GmbHG zu setzen. Im Hinblick auf die damit verbundenen Risiken muss im Einzelfall unbedingt geprüft werden, ob die Voraussetzungen für die Heilung nach § 15 Abs. 4 S. 2 GmbHG in der konkret gewählten Gestaltung auch vorliegen.

267 Heilung nach § 15 Abs. 4 S. 2 GmbH erfolgt nicht nur dann, wenn der Verpflichtungsvertrag selbst nicht formgerecht abgeschlossen ist, sondern auch in den Fällen, in denen Nebenabreden *(side letters)* nicht notariell beurkundet worden sind.[292]

2. Verfügungsbeschränkungen

268 Auf unterschiedliche Weise versuchen Gesellschafter, den Kreis der Gesellschafter zu kontrollieren. Die dazu zur Verfügung stehenden Mittel lassen sich miteinander kombinieren, was allerdings zugleich bedeutet, dass diese Mittel nur dann wie beabsichtigt funktionieren, wenn sie sinnvoll aufeinander abgestimmt sind. Ist beispielsweise unklar, wie weit ein Zustimmungserfordernis reicht oder unter welchen Voraussetzungen die Gesellschaft der Übertragung von Geschäftsanteilen zuzustimmen hat und wann genau die Vorschriften über ein Vorkaufsrecht greifen, so wird der beabsichtigte Zweck in der Regel verfehlt.

269 **a) Vinkulierung.** Dem Bedürfnis, den Gesellschafterkreis zu kontrollieren, trägt § 15 Abs. 4 GmbHG Rechnung. Der Gesellschaftsvertrag kann die Abtretung von Geschäftsanteilen an weitere Voraussetzungen knüpfen und „insbesondere von der Genehmigung der Gesellschaft abhängig" machen. Von dieser Ermächtigungsnorm wird verbreitet Gebrauch gemacht.

270 Nicht begrenzt werden kann aufgrund der Ermächtigung in § 15 Abs. 5 GmbHG die Möglichkeit des Gesellschafters, sich schuldrechtlich zur Veräußerung seines Geschäftsanteils zu verpflichten, die **Beschränkung kann sich aber auf die Abtretung des Geschäftsanteils beziehen.**[293] Scheitert die Abtretung an der Vinkulierung, so haftet der Verkäufer gegebenenfalls wegen Nichterfüllung auf Schadensersatz.[294]

271 Werden dem Geschäftsanteil „Fesseln angelegt" (lateinisch *vinculum* = Fessel), so muss zugleich entschieden werden, wie die Fessel durch **Zustimmung zur Anteilsübertragung** wieder gelöst werden kann. Das Gesetz nennt in § 15 Abs. 4 GmbHG hier beispielhaft die **Genehmigung der Gesellschaft.** Sieht der Gesellschaftsvertrag vor, dass die Genehmigung zur Anteilsübertragung durch die Gesellschaft erteilt wird, so sind **grundsätzlich die Geschäftsführer** zur Entscheidung berufen. Eine entsprechende Satzungsbestimmung sollte allerdings zugleich die Klarstellung enthalten, ob die Geschäftsführer für

---

[289] BGHZ NZG 2001, 940, 941; *Baumbach/Hueck/Hueck/Fastrich* § 15 Rn. 36; *Roth/Altmeppen/Altmeppen* § 15 Rn. 85.

[290] BGHZ 127, 131; *Baumbach/Hueck/Hueck/Fastrich* § 15 Rn. 36; *Scholz/Winter* § 15 Rn. 73.

[291] *Scholz/Winter* § 15 Rn. 72 a; *Baumbach/Hueck/Hueck/Fastrich* § 15 Rn. 36; *Reichert/Weller*, Der GmbH-Geschäftsanteil, § 15 Rn. 81.

[292] BGHZ NZG 2001, 940, 941; *Baumbach/Hueck/Hueck/Fastrich* § 15 Rn. 36.

[293] *Baumbach/Hueck/Hueck/Fastrich* § 15 Rn. 37.

[294] *Roth/Altmeppen/Altmeppen* § 15 Rn. 94.

die Erteilung dieser Zustimmung im Innenverhältnis einen entsprechenden zustimmenden Gesellschafterbeschluss benötigen.

Die Übertragung von Geschäftsanteilen kann auch von der *Zustimmung der Gesellschafterversammlung* abhängig gemacht werden, wobei weiter klarzustellen ist, ob der betroffene Gesellschafter beim fraglichen Beschluss vom Stimmrecht ausgeschlossen ist oder nicht. Der Gesellschaftsvertrag kann auch jede andere Art der Zustimmung vorsehen, beispielsweise durch den Aufsichtsrat oder den Beirat oder den Vorsitzenden dieses Organs, bestimmte Gesellschafter oder Gesellschaftergruppen.[295] Weiter sollte der Gesellschaftsvertrag festlegen, mit welcher Mehrheit die Gesellschafterversammlung zu entscheiden hat. Bestimmt der Gesellschaftsvertrag insoweit nichts, so genügt die einfache Mehrheit.[296] Der Gesellschaftsvertrag sollte auch klarstellen, ob das angeordnete Zustimmungserfordernis generell und für alle Gesellschafter oder beispielsweise nur für bestimmte Gesellschafter oder Gesellschaftergruppen gilt und ob es auch in allen Fällen gilt oder ob beispielsweise bestimmte Transaktionen (etwa Veräußerung an Familienangehörige) ausgenommen sind. 272

b) Andienungsverpflichtung, Vorkaufsrecht. Nichts anderes als Beschränkungen i. S. v. § 15 Abs. 4 GmbHG sind auch gesellschaftsvertragliche Bestimmungen, die veräußerungswillige Gesellschafter verpflichten, den Geschäftsanteil zunächst den übrigen Gesellschaftern anzubieten oder den übrigen Gesellschaftern ein Vorkaufsrecht einräumen. 273

Ordnet der Gesellschaftsvertrag an, dass der veräußerungswillige Gesellschafter seine Geschäftsanteile zunächst den anderen Gesellschaftern zum Kauf anzubieten hat, so sollte darauf geachtet werden, dass folgende Punkte bedacht werden: 274

- Wem muss das Angebot zum Erwerb der Geschäftsanteile unterbreitet werden (allen Gesellschaftern, bestimmten Gesellschaftergruppen)?
- In welcher Form muss das Angebot unterbreitet werden und was muss es beinhalten?
- Innerhalb welcher Frist müssen sich die übrigen Gesellschafter zum Angebot erklären?
- Können die übrigen Gesellschafter das Angebot nur insgesamt oder auch nur für einen Teil der angebotenen Geschäftsanteile ausüben?
- In welchem Umfang können die übrigen Gesellschafter erwerben (quotal entsprechend ihrer bisherigen Beteiligung oder nach Köpfen)?
- Was geschieht, wenn ein Gesellschafter nicht oder nicht fristgerecht auf das Angebot reagiert; erlischt das Angebot oder können die übrigen Gesellschafter erwerben, sobald ein Gesellschafter nicht erwirbt?
- Was geschieht mit etwaigen Spitzenbeträgen, die dadurch entstehen können, dass sich Geschäftsanteile nicht so teilen lassen, wie es sich rein rechnerisch ergäbe? Diese können beispielsweise dem Gesellschafter mit der geringsten Beteiligung zuwachsen.
- Binnen welcher Frist muss die Anteilsübertragung aufgrund der Andienungsverpflichtung tatsächlich erfolgen und was geschieht, wenn die Frist verstreicht?

Weiter kann der Gesellschaftsvertrag ein **Vorkaufsrecht** vorsehen. Der oder die zum Vorkauf berechtigten Gesellschafter treten, wenn sie ihr Vorkaufsrecht ausüben, in einen bereits vom Verkäufer abgeschlossenen Vertrag anstelle des bisherigen Käufers mit allen Rechten und Pflichten ein. Das Vorkaufsrecht richtet sich dann nach §§ 463 ff. BGB. Die Erklärung, das Vorkaufsrecht auszuüben, bedarf nach § 464 Abs. 1 S. 2 nicht der für die Anteilsübertragung selbst vorgesehenen Form. 275

Bei der Regelung eines solchen Vorkaufsrechts sollten grundsätzlich die gleichen Aspekte bedacht werden, wie sie auch für die Andienungsverpflichtung gelten. Zum Schutz des Vorkaufsberechtigten sollte die entsprechende Bestimmung des Gesellschaftsvertrages jedenfalls dadurch, dass möglichst konkrete Angaben über die Person des beabsichtigten Käufers vorgeschrieben werden (Anschrift, Handelsregisterangaben etc.), versucht werden, sicherzustellen, dass keine unrealistischen Phantasie-Angebote vorgelegt werden;

---

[295] *Roth/Altmeppen/Altmeppen* § 15 Rn. 104.
[296] *Baumbach/Hueck/Hueck/Fastrich* § 15 Rn. 42.

je mehr der Vorkaufsberechtigte über die Person des Käufers weiß, desto eher ist er in der Lage, die Ernsthaftigkeit des Angebots zu prüfen.

Noch so ausgefeilte Satzungsbestimmungen dürfen allerdings nicht darüber hinwegtäuschen, dass grundsätzlich auch die **Umgehung** entsprechender Beschränkungen möglich ist.[297]

3. Einziehung

276 a) **Wirkungen, Voraussetzungen, Abgrenzung.** Die Einziehung eines Geschäftsanteils führt zu dessen Vernichtung. Da niemand ohne Geschäftsanteil Gesellschafter sein kann, führt die Einziehung im Ergebnis zum Ausscheiden des Gesellschafters aus der Gesellschaft.

Da es keine gesellschafterlose Gesellschaft geben kann, ist die Einziehung aller Geschäftsanteile ebenso wenig möglich wie die Einziehung des einzigen Geschäftsanteils des letzten Gesellschafters.[298]

277 **Vom Ausschluss unterscheidet sich die Einziehung funktional und in den Rechtsfolgen.** Die Einziehung richtet sich gegen den Geschäftsanteil, der Ausschluss gegen den Gesellschafter. Dementsprechend führt der Ausschluss eines Gesellschafters auch nicht zum Untergang seines Geschäftsanteils (solange der Geschäftsanteil nicht im Zuge des Ausschlusses zugleich eingezogen wird).[299] Während aus der Sicht des betroffenen Gesellschafters die Auswirkungen von Ausschluss und Einziehung vergleichbar sind, haben sie im Übrigen unterschiedliche Voraussetzungen und teilweise unterschiedliche Rechtsfolgen (Fortbestand des Geschäftsanteils bei Ausschluss einerseits, Untergang des Geschäftsanteils bei Einziehung andererseits).

278 Die Einziehung führt zugleich dazu, dass bei der Gesellschaft die Summe der Stammeinlagen nicht mehr den Betrag des Stammkapitals ergibt.

279 **Geschäftsanteile können nur dann eingezogen werden, wenn es dafür eine gesellschaftsvertragliche Grundlage gibt,** § 34 Abs. 1 GmbHG. Dies gilt auch dann, wenn der betroffenen Gesellschafter mit der Einziehung seines Geschäftsanteils einverstanden sein sollte, denn auch, wenn sich die Beteiligungsverhältnisse der übrigen Gesellschafter an der Gesellschaft zugunsten der verbliebenen Gesellschafter verändern, so erhöhen sich auch ihre Pflichten, die sich aus dem Gesellschaftsvertrag ergeben können.

280 Ist die Einziehungsregelung im ursprünglichen Gesellschaftsvertrag enthalten, so ist sie selbstverständlich für die Gründer und für alle später auf der Basis dieses Gesellschaftsvertrages hinzukommenden Gesellschafter verbindlich. Wird die Einziehungsregelung erst später durch Satzungsänderung eingeführt, so bedarf ein entsprechender Gesellschafterbeschluss der **Zustimmung aller Gesellschafter,** da kein Gesellschafter verpflichtet ist, zu ermöglichen, dass ihm durch Mehrheitsentscheidung sein Geschäftsanteil entzogen werden kann.

281 Mit der Einziehung von Geschäftsanteilen sind nach wie vor **zahlreiche Zweifelsfragen** verbunden, so dass bei der Gestaltung entsprechender gesellschaftsvertraglicher Bestimmungen genauestens die Voraussetzungen einerseits und die Rechtsfolgen der Einziehung andererseits geregelt werden sollten. Bei den Einziehungsvoraussetzungen ist darauf zu achten, dass diese möglichst präzise und tunlichst ohne Verwendung unbestimmter Rechtsbegriffe formuliert werden, wobei letzteres für den „klassischen" Fall der Einziehung, nämlich der Einziehung aus „wichtigem Grund", naturgemäß nicht möglich ist. Wichtig ist auch, dass Verfahren, Mehrheitsverhältnisse und Rechtsfolgen im Einzelnen geregelt werden.

282 Bei der **Wahl der Einziehungsgründe** sind die Gesellschafter weitgehend frei. „Klassische" Einziehungsgründe sind Zwangsvollstreckungsmaßnahmen in einen Geschäfts-

[297] Zu den Umgehungsmöglichkeiten instruktiv *Roth/Altmeppen/Altmeppen* § 15 Rn. 112 ff.
[298] *Baumbach/Hueck/Hueck/Fastrich* § 34 Rn. 2.
[299] *Roth/Altmeppen/Altmeppen* § 34 Rn. 1.

anteil, Insolvenz des Gesellschafters, das Vorliegen eines wichtigen Grundes aber auch Vollendung eines bestimmten Lebensalters oder Tod.[300]

Der **Ausschluss des Gesellschafters** aus der Gesellschaft ist nur dann zulässig ist, wenn er das äußerste Mittel ist, um die in der Gesellschaft eingetretenen Störungen zu beseitigen (**Ultima-Ratio-Grundsatz**).[301] Diese Auffassung kann sich auf eine breite Rechtsprechung hierzu stützen, die von der Erwägung getragen wird, dass es für den Ausschluss eines Gesellschafters aufgrund einer im Gesetz und im Gesellschaftsvertrag nicht vorgesehenen Maßnahme besonderer Gründe bedarf.[302] 283

Ob diese Grundsätze auch auf die Einziehung übertragen werden können, ist zweifelhaft. Im Gegensatz zum Ausschluss handelt es sich bei der Einziehung um ein Rechtsinstitut, das nur aufgrund vertraglicher Vereinbarungen zwischen den Gesellschaftern in Betracht kommt. Ohne Regelung im Gesellschaftsvertrag gibt es keine Einziehung. Da sich die Gesellschafter auf einen Mechanismus verständigt haben, der zum Ausscheiden aus der Gesellschaft führt, macht es keinen Sinn, dem von der Einziehung betroffenen Gesellschafter den Einwand zu gewähren, in seiner Person liege zwar ein wichtiger Grund für die Einziehung vor, allerdings gebe es noch mildere Mittel als die Einziehung (ultima ratio). Evident wird dies, wenn es um Einziehungsgründe wie Tod, Vollendung eines bestimmten Lebensjahres oder Insolvenz geht. Es wird regelmäßig nicht der Vorstellung der Gesellschafter bei Abschluss des Gesellschaftsvertrages entsprochen haben, dass beispielsweise der Insolvenzverwalter oder die Erben eines verstorbenen Gesellschafters einwenden können sollten, dass die Einziehung im konkreten Fall nicht ultima ratio sei, weil andere – mildere – Mittel zur Verfügung stünden. Gleichwohl haben verschiedene Obergerichte in der Vergangenheit ausgesprochen, die Einziehung müsse ultima ratio sein,[303] bemerkenswerterweise teils ohne jedoch den Ultima-Ratio-Grundsatz anzuwenden.[304] 284

b) **Einziehungsentgelt.** Wird der Geschäftsanteil eingezogen, so hat der Gesellschafter, dessen Geschäftsanteil eingezogen worden ist, einen Abfindungsanspruch gegen die Gesellschaft. Die Höhe des Abfindungsanspruchs entspricht grundsätzlich dem **Verkehrswert seines Geschäftsanteils,** falls die Satzung diesen Abfindungsanspruch nicht in wirksamer Weise beschränkt oder insgesamt ausschließt.[305] Der Abfindungsanspruch wird mit Bekanntgabe des Einziehungsbeschlusses gegenüber dem betroffenen Gesellschafter fällig,[306] falls die Satzung nichts anderes regelt. Eine bestimmte Berechnungsmethode für den Verkehrswert ist nicht gesetzlich vorgeschrieben.[307] 285

In der Mehrheit der Gesellschaftsverträge wird die Abfindung nach dem Verkehrswert ausgeschlossen.[308] Geklärt ist mittlerweile, dass **Abfindungsbeschränkungen grundsätzlich unter den Gesellschaftern vereinbart werden können,** soweit die Grenze der Sitten- 286

---

[300] *Ulmer/Habersack/Winter/Ulmer* GmbHG, 2006, § 34 Rn. 12.

[301] *Ulmer/Habersack/Winter/Ulmer* a. a. O., Anhang § 34 Rn. 16; *Baumbach/Hueck/Hueck/Fastrich* Anhang § 34 Rn. 6; je m. w. N.

[302] BGHZ 16, 317, 322; BGH NJW-RR 1990, 530; *Baumbach/Hueck/Hueck/Fastrich* Anhang § 34 Rn. 6; je m. w. N.

[303] OLG Celle NZG 1998, 2930; OLG Rostock NZG 2002, 294; OLG Karlsruhe Urt. v. 28. 11. 2006 8 U 5/06.

[304] Das OLG Karlsruhe beispielsweise erörtert a. a. O. das Vorliegen bzw. Nichtvorliegen von wichtigen Gründen um im Ergebnis festzustellen, die Einziehung sei *ultima ratio*. Im Ergebnis werden damit die Fragen, ob ein wichtiger Grund vorliegt und ob die Einziehung *ultima ratio* ist, in unzulässiger und von den Gesellschaftern bei Abschluss des Gesellschaftervertrages kaum gewollter Weise vermischt.

[305] *Baumbach/Hueck/Hueck/Fastrich* § 34 Rn. 22; *Ulmer/Habersack/Winter/Ulmer* § 34 Rn. 77; *Scholz/Westermann* § 34 Rn. 25.

[306] *Scholz/Westermann* § 34 Rn. 25.

[307] *Baumbach/Hueck/Hueck/Fastrich* § 34 Rn. 23.

[308] *Ulmer/Habersack/Winter/Ulmer* § 34 Rn. 81.

widrigkeit, § 138 Abs. 1 BGB, ebenso wenig berührt ist wie das dem Gesellschafter nicht entziehbare Recht, aus der Gesellschaft aus wichtigem Grund auszutreten.[309] Bei der Gestaltung von Abfindungsklauseln kollidieren die Interessen der Gesellschaft und der verbleibenden Gesellschafter mit dem Interesse des ausscheidenden Gesellschafters: Der ausscheidende Gesellschafter hat ein Interesse daran, eine angemessene Abfindung für den Verlust seines Geschäftsanteils zu erhalten. Gesellschaft und verbleibende Gesellschafter sind daran interessiert, Bestand und Liquidität der Gesellschaft nicht dadurch zu gefährden, dass die Gesellschaft dem ausscheidenden Gesellschafter eine hohe Abfindung aus Gesellschaftsmitteln zahlen muss.

287 Die gesellschaftsvertraglichen Abfindungsklauseln kommen in zahlreichen unterschiedlichen Varianten vor.[310] Mindestvoraussetzung dafür, dass die fragliche Abfindungsklausel einer gerichtlichen Prüfung standhält ist, dass diese klar und verständlich ist, damit der betroffene Gesellschafter Inhalt und Tragweite erfassen und sich darauf einrichten kann.[311]

288 Ein **vollständiger Abfindungsausschluss** ist nur in ganz eng umrissenen Ausnahmefällen denkbar soweit besondere sachliche Gründe vorliegen.[312]

289 **Nennwertklauseln** beschränken die Abfindung auf den Betrag der Stammeinlage. Diese sind nur in engen Grenzen zulässig[313] und jedenfalls dann als sittenwidrig einzuordnen, wenn der Verkehrswert ein Vielfaches des Nennwerts beträgt.[314] Nennwertklauseln sind häufig auch von Anfang an wegen krassen Auseinanderfallens der vorgesehenen Abfindung und dem wahren Anteilswert nichtig.[315]

290 In zahlreichen verschiedenen Varianten weit verbreitet sind **Buchwertklauseln,** denen zufolge die im Jahresabschluss ausgewiesenen Buchwerte des Gesellschaftsvermögens abzüglich der Schulden zugrunde zu legen sind. Derartige Klauseln werden grundsätzlich für zulässig gehalten.[316] Steht jedoch bereits bei Verwendung der Klausel (sei es bei Gründung der Gesellschaft oder bei Einfügung durch Satzungsänderung) fest, dass die Buchwertklausel zu einem groben Missverhältnis zwischen dem Verkehrswert der Beteiligung und der dem betroffenen Gesellschafter zu zahlenden Abfindung führt, so ist sie nichtig.[317] Ist die Bestimmung von Anfang an nichtig, so ist der Gesellschafter auf der Basis des Verkehrswerts seiner Beteiligung abzufinden. Die Nichtigkeitsfolge spielt letztlich dem betroffenen Gesellschafter in die Hände: Einerseits erhöht sich die ihm zustehende Abfindung, andererseits verbessert sich seine Verhandlungsposition, denn die mit der drohenden Nichtigkeit konfrontierte Gesellschaft wird sich ungleich konziliaiter zeigen, als wenn sie lediglich Vertragsanpassung zu befürchten hätte. Aber auch im Übrigen besteht das **Risiko späterer Unanwendbarkeit,** wenn Buchwert und wirklicher Unternehmenswert deutlich auseinander fallen.[318] Derartige Klauseln sind nicht gänzlich unwirksam, jedoch ist ihnen nach Treu und Glauben im Wege der ergänzenden Vertragsauslegung ein angemessener Inhalt zu geben.[319] Allein aus diesem Grund eignen sie sich häufig nicht zur Streitvermeidung. Wann in diesem Sinne ein erhebliches Missverhältnis vorliegt, ist nach wie vor nicht geklärt. Eine Abweichung von 50% vom tatsäch-

---

[309] *Ulmer/Habersack/Winter/Ulmer* § 34 Rn. 82.

[310] Überblick bei MünchHdb GesR, Bd. 2, *Piehler/Schulte* § 38 und *Baumbach/Hueck/Hueck/Fastrich* § 34 Rn. 34.

[311] *Ulmer/Habersack/*Winter/*Ulmer* § 34 Rn. 82.

[312] *Lutter/Hommelhoff* § 34 Rn. 54; *Baumbach/Hueck/Hueck/Fastrich* § 34 Rn. 34.

[313] *Baumbach/Hueck/Hueck/Fastrich* § 34 Rn. 35.

[314] MünchHdbGesR/*Korth* § 28 Rn. 31.

[315] Vgl. *Lutter/Hommelhoff* § 34 Rn. 53.

[316] *Baumbach/Hueck/Hueck/Fastrich* § 34 Rn. 35.

[317] BGH NJW 1994, 2536.

[318] *Lutter/Hommelhoff* § 34 Rn. 54; *Baumbach/Hueck/Hueck/Fastrich* § 34 Rn. 35; MünchHdb-GesR, Bd. 3 GmbH, *Korth* § 28 Rn. 30.

[319] BGH NJW 1993, 3193.

lichen Wert ist jedenfalls bedenklich; teils wurden aber auch geringere Abweichungen für problematisch gehalten.[320] Andererseits kann der Buchwert auch höher sein als der tatsächliche Wert des Anteils.[321]

Substanzwertklauseln schließen die Berücksichtigung des anteiligen Geschäfts- oder Firmenwerts aus und werden von der Rechtsprechung grundsätzlich anerkannt.[322] Allerdings bestehen auch hier Bedenken im Fall wesentlicher Diskrepanz zwischen der vorgesehenen Abfindung und dem wahren Anteilswert.[323] 291

Weitgehend akzeptiert sind Abfindungsklauseln, die auf den **Erbschaftsteuerwert des Geschäftsanteils** abstellen, worunter nach §§ 9 Abs. 2, 11 Abs. 2 BewG der gemeine Wert zu verstehen ist, der unter Berücksichtigung des Vermögens und der Ertragsaussichten der Kapitalgesellschaft zu schätzen ist, falls er sich nicht aus weniger als einem Jahr zurückliegenden Anteilsverkäufen ableiten lässt.[324] In derartigen Fällen erfolgt die Bewertung durch Schätzung nach dem Stuttgarter Verfahren.[325] Derartige Klauseln haben den Vorteil, dass sie sich auf eine von Amts wegen ermittelte verbindliche Bezugsgröße beziehen,[326] andererseits aber den Nachteil, dass **erhebliche Bewertungsunsicherheiten** entstehen.[327] 292

Generell unbedenklich aber in der Anwendung nicht unproblematisch sind **Ertragswertklauseln,** die dem gesetzlichen Leitbild am nächsten kommen.[328] 293

Die Satzung kann auch Fälligkeit und Auszahlungsmodalitäten festlegen. Üblich ist die Streckung der Auszahlung über einen gewissen Zeitraum in mehreren Jahres- oder Halbjahresraten. Übermäßig lange Zeiträume sind allerdings unzulässig.[329] 294

Im Einzelfall mag erwogen werden, gesellschaftsvertraglich vorzusehen, dass der Anspruch auf Auszahlung der Abfindung nicht abtretbar ist, beispielsweise um dem ausscheidenden Gesellschafter die Möglichkeit zu nehmen, den ihm zustehenden Abfindungsanspruch als Grundlage für die Finanzierung seines Prozesses gegen die Gesellschaft zu verwenden. 295

D. Fehlerhafte Gesellschaft

Gesellschaften werden durch Rechtsgeschäfte errichtet, und Rechtsgeschäfte können nach allgemeinen Regeln aus unterschiedlichsten Gründen nichtig oder anfechtbar sein. Um dem aus dem tatsächlichen Agieren einer Gesellschaft im Rechtsverkehr folgenden Bedürfnis des Rechtsverkehrs nach Vertrauensschutz Rechnung zu tragen, sind in Rechtsprechung und Literatur die **Grundsätze über die so genannte fehlerhafte Gesellschaft** entwickelt worden.[330] 296

---

[320] Nachweise bei MünchHdb GesR, Bd. 2, *Piehler/Schulte* § 38 Rn. 33.

[321] MünchHdb GesR, Bd. 2, *Piehler/Schulte* § 38 Rn. 49.

[322] *Baumbach/Hueck/Hueck/Fastrich* § 34 Rn. 36.

[323] *Ulmer/Habersack/Winter/Ulmer* § 34 Rn. 84; *Baumbach/Hueck/Hueck/Fastrich* § 34 Rn. 36.

[324] *Ulmer/Habersack/Winter/Ulmer* § 34 Rn. 86.

[325] *Baumbach/Hueck/Hueck/Fastrich* § 34 Rn. 36.

[326] *Ulmer/Habersack/Winter* § 34 Rn. 86.

[327] *Baumbach/Hueck/Hueck/Fastrich* § 34 Rn. 36.

[328] MünchHdbGesR/*Korth* § 28 Rn. 32; *Baumbach/Hueck/Hueck/Fastrich* § 34 Rn. 37; *Ulmer/Habersack/Winter* § 34 Rn. 87. Um die Berechnung des Ertragswerts möglichst vorhersehbar zu machen, sollten derartige Klauseln allerdings die zu berücksichtigenden Faktoren möglichst genau festlegen.

[329] *Lutter/Hommelhoff* § 34 Rn. 54; *Baumbach/Hueck/Hueck/Fastrich* § 34 Rn. 38; *Ulmer/Habersack/Winter* § 34 Rn. 88. Fünf Jahre werden in der Regel für zulässig, zehn Jahre für eher unzulässig gehalten. Letztendlich werden in die Betrachtung, ob die gesellschaftsvertraglich vorgesehenen Modalitäten unzulässig oder unzumutbar sind, alle Aspekte der Abfindung einzufließen haben, also Abfindungshöhe, Verzinsung und Zeitraum der Streckung.

[330] Umfassend hierzu *K. Schmidt* Gesellschaftsrecht, § 6.

297 Solange die Gesellschaft noch nicht in Vollzug gesetzt ist, können alle Beteiligten die Folgen der Nichtigkeit ohne weiteres geltend machen.[331] Anders liegen die Dinge allerdings dann, wenn Einlagen geleistet und Geschäfte aufgenommen worden sind, allgemein, wenn die Gesellschaft im Rechtsverkehr in Erscheinung getreten ist.

298 Vor Eintragung der GmbH im Handelsregister wird die Vorgesellschaft im Wesentlichen so behandelt, wie eine fehlerhafte Personengesellschaft.[332] Die Gesellschaft wird zunächst als fortbestehend angesehen und der Mangel – wenn er denn weiterhin besteht – führt dazu, dass die **Gesellschaft nur für die Zukunft aufgelöst werden kann.**[333]

Solange diese Gesellschaft als Vorgesellschaft besteht, wird ihre Auflösung analog § 723 BGB durch außerordentliche Kündigung geltend gemacht, nicht durch Auflösungsklage.[334] Die Liquidation der Vor-GmbH erfolgt allerdings nach herrschender Meinung nach den für die GmbH geltenden Vorschriften, §§ 60 ff. GmbHG.[335]

299 Soweit es nicht um die in § 75 GmbHG genannten Nichtigkeitsgründe geht, können nach Eintragung der GmbH Formmängel des Gesellschaftsvertrages und der Vollmacht grundsätzlich nicht mehr geltend gemacht werden.[336]

300 Ist die Beitrittserklärung des Gesellschafters selbst jedoch unwirksam, so bleibt sie unwirksam. In Fällen fehlender Geschäftsfähigkeit, Täuschung, Fälschung der Unterschrift oder fehlender Vertretungsmacht wiegt das Interesse des schutzwürdigen betroffenen Gesellschafters höher. Eine dergestalt **unwirksame Beitrittserklärung ist und bleibt unwirksam.** Der Betroffene wird nicht Gesellschafter, weder entsteht sein Geschäftsanteil noch seine Pflicht zur Leistung der Einlage.[337] Da die unwirksame Beitrittserklärung eines Gesellschafters keinen Mangel i. S. v. § 75 GmbHG begründet, ist die Gesellschaft im Übrigen wirksam entstanden, allerdings passen Stammkapital und Summe der Stammeinlagen nicht mehr zusammen.[338]

301 **Keine Anwendung finden die Grundsätze über die fehlerhafte Gesellschaft beim fehlerhaften Gesellschafterwechsel.** Bezieht sich der Mangel auf die Abtretung eines Geschäftsanteils, so sind die Grundsätze über die fehlerhafte Gesellschaft unanwendbar.[339] In einem solchen Fall ist das Rechtsgeschäft entweder wirksam nachzuholen oder rückabzuwickeln.

---

[331] *Scholz/Emmerich* § 2 Rn. 63, m. w. N.

[332] Dazu umfassend MünchKommBGB/*Ulmer* § 705 Rn. 243 ff.

[333] *Baumbach/Hueck/Hueck/Fastrich* § 2 Rn. 35, m. w. N.

[334] *Scholz/Emmerich* § 2 Rn. 34; *Baumbach/Hueck/Hueck/Fastrich* § 2 Rn. 35, wohl herrschende Meinung, anderer Ansicht insbesondere *Scholz/K. Schmidt* § 11 Rn. 55: § 133 HGB analog.

[335] *Scholz/K. Schmidt* § 11 Rn. 56; *Baumbach/Hueck/Hueck/Fastrich* § 2 Rn. 35; *Lutter/Hommelhoff* § 11 Rn. 17; BGH NJW 1998, 1079, 1080.

[336] *Baumbach/Hueck/Hueck/Fastrich* § 2 Rn. 36, 37.

[337] *Lutter/Hommelhoff* § 2 Rn. 24; *Baumbach/Hueck/Hueck/Fastrich* § 2 Rn. 39.

[338] *Baumbach/Hueck/Hueck/Fastrich* § 2 Rn. 39, m. w. N.

[339] *Baumbach/Hueck/Hueck/Fastrich* § 15 Rn. 29; *Scholz/Winter* § 15 Rn. 109.

§ 6 GmbH & Co. KG

A. Rechtsnatur und Grundlagen der GmbH & Co. KG

Die im Jahre 1912 in einem Beschluss des BayObLG[1] erstmals als solche anerkannte GmbH & Co. KG ist ihrer Rechtsnatur nach weder eine „Mischform" oder gar eine Rechtsform „sui generis", sondern schlicht eine Kommanditgesellschaft mit der Besonderheit, dass deren Komplementärin keine natürliche Person ist, sondern eine GmbH. 1

Gegenstand der GmbH & Co. KG ist stets – wie bei der „normalen" KG – der Betrieb eines Handelsgewerbes.

I. Motivationsaspekte der Entscheidung für die GmbH & Co. KG

Die Entscheidung für die GmbH & Co. KG kann auf ganz unterschiedliche Motivationslagen zurückgehen. Folgende Aspekte sind in Betracht zu ziehen: 2

- Die GmbH & Co. KG ist die einzige Personengesellschaft, bei der die Gesellschafter, die natürliche Personen sind, **nicht mit ihrem Privatvermögen haften** müssen. Kommanditisten, die ihre Einlage geleistet haben, haften überhaupt nicht, die Komplementärin ist eine GmbH, die mit allem haftet, was sie hat, aber eben auch nur mit dem vom Vermögen der Gesellschafter zu trennenden Gesellschaftsvermögen. Die hinter der Gesellschaft stehenden natürlichen Personen haften mithin nur beschränkt. 3
- Für die **Geschäftsführung** der GmbH & Co. KG ergeben sich zwei wesentliche Gesichtspunkte: Zum Einen ist die Geschäftsführung der GmbH & Co. KG ohne die Übernahme der persönlichen Haftung möglich, denn die Geschäfte der GmbH & Co. KG führt typischerweise der Geschäftsführer der Komplementär-GmbH, und außerdem durchbricht die Struktur der GmbH & Co. KG faktisch den Grundsatz der Selbstorganschaft, demzufolge bei Personengesellschaften nur Gesellschafter die Geschäftsführung übernehmen können. Für die Komplementär-GmbH, deren Geschäftsführer die Geschäfte der GmbH & Co. KG führt, gilt der Grundsatz der Selbstorganschaft nicht. 4
- Vielfach wird die GmbH & Co. KG als Rechtsform gewählt, um ein **Gemeinschaftsunternehmen** zu gründen, wenn die Rechtsform der GmbH nicht gewünscht wird. Da bei Gemeinschaftsunternehmen die Beteiligten häufig die persönliche Haftung ausschließen wollen, ziehen sie die Rechtsform der OHG von vornherein nicht in Betracht. Die Rechtsform der Kommanditgesellschaft kommt in der Regel deswegen nicht in Betracht, weil sich kein Beteiligter zur Übernahme der persönlichen Haftung bereit findet. 5
- Weiter eignet sich die GmbH & Co. KG gut als Rechtsform für Lösungen im Bereich der **Unternehmensnachfolge.** Da die GmbH nicht „sterben" kann, ist auch bei einem Gesellschafterwechsel die Kontinuität in der Geschäftsführung gesichert. Zudem ist häufig die „nächste Generation" nicht zur Übernahme der unbeschränkten persönlichen Haftung bereit. 6
- Gegenüber den Kapitalgesellschaften ist bei der GmbH & Co. KG auch die **Kapitalbeschaffung wesentlich erleichtert,** ein Umstand, den sich auch die Publikumsgesellschaften zunutze machen. Anders als bei der GmbH führt die Übernahme eines neuen Gesellschaftsanteils bei der GmbH & Co. KG, wenn der neue Gesellschafter als Kommanditist beitritt, nicht notwendig zu weit reichenden Gesellschafterrechten und lässt sich relativ einfach durch schlichten Beitrittsvertrag vollziehen. 7

[1] GmbHR 1914, 9.

II. „Klassische" GmbH & Co. KG versus Einheitsgesellschaft

Nach der Gesellschafterstruktur sind zwei Formen zu trennen:

1. Klassische GmbH & Co. KG

8 Die „klassische" GmbH & Co. KG ist Kommanditgesellschaft mit mehreren Kommanditisten und einer Komplementärin. Die Komplementärin ist eine GmbH. Auch eine **Ein-Mann-GmbH & Co. KG** ist denkbar. Die einzige natürliche Person ist in diesem Fall Kommanditist der KG, einziger Gesellschafter der Komplementär-GmbH und zugleich Geschäftsführer der Komplementär-GmbH.

9 Aufgrund ihrer Stellung als Komplementärin führt die Komplementär-GmbH die Geschäfte der GmbH & Co. KG, § 164 HGB. Da die Gesellschafter der Komplementär-GmbH regelmäßig auch Kommanditisten der Kommanditgesellschaft sind, ist **jeder Gesellschafter in zwei Gesellschaften Gesellschafter.**

10 Den **Willen** der Komplementär-GmbH bildet die Gesellschafterversammlung dieser GmbH; den Willen der Kommanditgesellschaft (GmbH & Co. KG) bildet die Gesellschafterversammlung der Kommanditgesellschaft, in der die Kommanditisten einerseits und die Komplementär-GmbH andererseits (allerdings typischerweise ohne Stimmrecht) vertreten sind.

11 Die Gesellschafter der GmbH & Co. KG legen regelmäßig großen Wert darauf, dass die **Beteiligungsverhältnisse** in der GmbH mit denen in der KG identisch sind. Dass ist deswegen von besonderer Bedeutung, weil anderenfalls Gesellschafter, die an der GmbH in größerem Umfang beteiligt sind als es ihnen aufgrund ihrer Beteiligung an der KG zustehen würde, auf die KG aufgrund der starken Stellung der GmbH als geschäftsführende Komplementärin der KG einen weit stärkeren Einfluss haben als es ihnen aufgrund ihrer Gesellschafterstellung in der KG gebühren würde. Ein solcher **disproportionaler Einfluss** kann aber auch gewollt sein, wenn ein Gesellschafter großen Einfluss auf die Geschäftsführung der Gesellschaft haben soll, ohne in gleicher Weise an ihrem Vermögen beteiligt zu sein.

Verständnisschwierigkeiten bereitet häufig der Umstand, dass die KG Personen- und die GmbH Kapitalgesellschaft ist und die Gesellschafterrechte und Förmlichkeiten in beiden Gesellschaftstypen grundlegend unterschiedlich sind.

2. Einheitsgesellschaft

12 Die Einheitsgesellschaft ist eine GmbH & Co. KG, die sich von der klassischen GmbH & Co. KG dadurch unterscheidet, dass die **KG selbst einzige Gesellschafterin ihrer Komplementär-GmbH** ist. Bei der Einheitsgesellschaft sind die Gesellschafter der KG also nur an dieser und nicht auch an der Komplementär-GmbH beteiligt.

13 Die Einheitsgesellschaft hat leidenschaftliche Befürworter und genauso vehemente Gegner.[2] Der Sinn der „absonderlichen Verschachtelung"[3] liegt darin, einerseits die aus dem unterschiedlichen Rechtscharakter von GmbH und KG folgenden Schwierigkeiten zu lösen und andererseits sicherzustellen, dass in GmbH und KG keine unterschiedlichen Beteiligungsverhältnisse entstehen können.

14 Die **rechtliche Zulässigkeit der Einheitsgesellschaft ist unbestritten.** Ebenso unbestritten ist, dass die Einheitsgesellschaft auch teilweise die Probleme der klassischen GmbH & Co. KG löst. Geradezu automatisch werden die „richtigen" Beteiligungsverhältnisse

---

[2] Anschaulich *K. Schmidt* Gesellschaftsrecht S. 1637: „Die Einheitsgesellschaft, bisweilen als Patentlösung gepriesen, ist keine wirkliche Vereinfachung, sondern eine hypertrophe Rechtskonstruktion. Diese angebliche Vereinfachung kann eher den Eindruck verstärken, im Bereich der GmbH & Co. KG sei die Phantasie der Kautelarjuristen mit den Gesellschaftsformen durchgegangen." Andere dagegen wollen die Einheitsgesellschaft der Praxis „uneingeschränkt empfehlen" (*Binz/Sorg* Die GmbH & Co. KG, 10. Aufl., 2005, S. 174).

[3] *K. Schmidt* Gesellschaftsrecht S. 1637.

in den beiden beteiligten Gesellschaften (GmbH und KG) hergestellt, denn die GmbH hat nur einen einzigen Gesellschafter, die KG. Verändern sich also die Beteiligungsverhältnisse in der KG, müssen die Beteiligungsverhältnisse in der GmbH nicht angepasst werden, denn diese bleiben immer unverändert (100% KG).

Bei der Frage, ob man sich bei der Errichtung der Gesellschaft dafür entscheidet, diese 15
als Einheitsgesellschaft zu errichten oder nicht, kommt es weniger darauf an, ob es sich bei der Einheitsgesellschaft um die „konsequenteste Weiterentwicklung der GmbH & Co. KG"[4] handelt oder ob man die Einheitsgesellschaft für nur mit „Kraftaufwand"[5] beherrschbar hält. Entscheidend ist, sich über die Besonderheiten der Einheitsgesellschaft und die damit verbundenen Schwierigkeiten klar zu werden.

Schwierigkeiten entstehen bei der Einheitsgesellschaft insbesondere im Bereich der 16
Willensbildung.

Gesellschafterbeschlüsse der Komplementär-GmbH werden durch die einzige Gesellschafterin der Komplementär-GmbH herbeigeführt, das ist die KG. Die KG kann nun ihrerseits als solche nur durch ihre Komplementärin handeln. Das führt im Ergebnis dazu, dass die Geschäftsführung der Komplementär-GmbH in der Gesellschafterversammlung in der Komplementär-GmbH als Vertreterin der KG den Willen der Komplementär-GmbH bildet.[6] Die aus dieser Struktur folgenden Probleme sind jedoch lösbar, etwa dadurch, dass die Kommanditisten und nicht die Komplementär-GmbH aufgrund einer Vollmacht die Gesellschafterrechte der KG in der GmbH wahrnehmen[7] und die Kommanditisten die Art und Weise der Ausübung dieser Vollmacht in einer im Gesellschaftsvertrag der KG verankerten Kommanditistenversammlung koordinieren.[8] Weitere – ebenfalls lösbare – Probleme bestehen im Bereich des **Gläubigerschutzes.**[9]

Eindeutige Vorzüge gegenüber der klassischen GmbH & Co. KG hat die Einheitsgesell- 17
schaft insgesamt nicht. Für sie sollte sich entscheiden, für wen einerseits der Gleichlauf der Beteiligungsverhältnisse in der GmbH & Co. KG von herausragender Bedeutung ist und für wen andererseits die spezifisch durch die Struktur der Einheitsgesellschaft bedingten Regelungen beherrschbar sind.

III. Verhältnis von GmbH und KG

Die rechtlichen Strukturen der GmbH einerseits und der KG andererseits sind grund- 18
legend verschieden. Bereits aus diesem Grund müssen die Gesellschaftsverträge der GmbH und der KG sorgfältig aufeinander abgestimmt werden. **Strukturunterschiede,** aus denen sich Regelungsbedarf ergibt, sind vor allen Dingen folgende:

- Während in der GmbH Gesellschafterbeschlüsse grundsätzlich mit einfacher Mehrheit 19
gefasst werden, gilt bei der KG das genaue Gegenteil, §§ 161 Abs. 2, 119 Abs. 1 HGB: Beschlüsse werden nach dem gesetzlichen Leitbild einstimmig gefasst. Die unterschiedlichen Regelungskonzepte müssen untereinander abgestimmt werden.
- Während GmbH-Anteile grundsätzlich frei übertragbar sind, erfordert die Übertra- 20
gung eines Kommanditanteils nach dem Gesetz, §§ 161 Abs. 2, 105 Abs. 3 HGB, § 719 Abs. 1 BGB, die Zustimmung aller Gesellschafter.[10] Die Bestimmungen über die Übertragung von Gesellschaftsanteilen müssen im Gesellschaftsvertrag der KG und im Gesellschaftsvertrag der GmbH sinnvollerweise gleichen Regeln folgen.

---

[4] So *Binz/Sorg* S. 159.

[5] So *K. Schmidt* Gesellschaftsrecht S. 1638.

[6] BGH ZIP 2007, 1658.

[7] *Scholz/K. Schmidt* Anhang § 45 Rn. 59.

[8] *Hesselmann/Tillmann/Mueller-Thuns/Lücke* Hdb der GmbH & Co. KG, 19. Aufl. 2005, § 4 Rn. 31.

[9] *Hesselmann/Tillmann/Mueller-Thuns/Lücke* § 4 Rn. 24 ff.

[10] *Palandt/Sprau* § 719 Rn. 6.

21 • Auch das Stimmrecht ist unterschiedlich ausgestaltet. Das GmbH-Gesetz stellt auf die Beteiligung am Stammkapital ab, § 47 Abs. 2 GmbHG, für die KG gilt nach dem gesetzlichen Leitbild ein Stimmrecht nach Köpfen, §§ 161 Abs. 2, 119 Abs. 2 HGB.

22 • Unterschiedlich ist auch das Gewinnbezugsrecht geregelt. Für die GmbH gilt § 29 GmbHG, der es ermöglicht, dass durch Gesellschafterbeschluss die Ausschüttung ganz oder teilweise ausgeschlossen werden kann, § 29 Abs. 2 GmbHG. Für die KG trifft das Gesetz eine vollständig andere Regelung. Nach § 169 i. V. m. § 121 HGB werden aus den Gewinnen zunächst vier Prozent auf die Kapitalanteile verteilt und ein Mehrgewinn in einem „den Umständen nach angemessenen Verhältnis der Anteile" verteilt.

23 Die aufgezeigten Beispiele sind nicht abschließend, verdeutlichen aber, dass bei der Abfassung von Gesellschaftsverträgen der KG und der Komplementär-GmbH größte Sorgfalt angebracht ist. Daher eignet sich auch nicht jede Vorrats-GmbH ohne die notwendigen Anpassungen des Gesellschaftsvertrages als Komplementärin der GmbH & Co. KG.

B. Errichtung

Eine GmbH & Co. KG kann neu gegründet oder durch Umwandlung errichtet werden:

I. Neugründung

Die Neugründung erfolgt in mehreren Schritten und unterliegt folgenden Regeln:

1. Errichtung der GmbH & Co. KG

24 Soll die GmbH & Co. KG neu errichtet werden, so müssen zwei Gesellschaften gegründet werden: die KG selbst und die Komplementär-GmbH. **Die Gründungsvorgänge müssen sinnvoll miteinander verzahnt werden.**

25 Da die **Komplementär-GmbH Gesellschafterin der KG werden muss,** ist es notwendig, diese Gesellschafterin zunächst zu errichten, da sie sonst nicht am Abschluss des Gesellschaftsvertrages der Kommanditgesellschaft beteiligt sein kann.

26 Für die **Gründung der Komplementär-GmbH gelten keine Besonderheiten.** Sobald der Gesellschaftsvertrag beurkundet ist, entsteht die GmbH als sogenannte Vor-GmbH. Mittlerweile ist geklärt, dass diese Vor-GmbH Komplementärin einer KG sein kann.[11] Unmittelbar im Anschluss an die Gründung der Komplementär-GmbH kann daher der Gesellschaftsvertrag der KG abgeschlossen werden. Während an der Gründung der GmbH die Gesellschafter beteiligt sind, die in der GmbH & Co. KG typischerweise die Stellung von Kommanditisten einnehmen, wird die KG durch die Kommanditisten und die Komplementär-GmbH, letztere wiederum vertreten durch die Geschäftsführer, errichtet.

27 Die **KG entsteht mit Abschluss des Gesellschaftsvertrages durch alle Gesellschafter** (also durch die Komplementär-GmbH und die Kommanditisten). Hinsichtlich der Frage, wann die Gesellschaft im **Außenverhältnis** wirksam wird, ist danach zu unterscheiden, ob sie ein Handelsgewerbe betreibt oder nicht. Betreibt sie ein Handelsgewerbe, so wird sie als Kommanditgesellschaft in dem Moment wirksam, in dem der Gesellschaftsvertrag abgeschlossen wird. Dies ergibt sich zwar schon aus dem Grundsatz des Rechtsformzwangs,[12] ist aber auch in §§ 161 Abs. 2, 123 Abs. 2 HGB klargestellt.

28 Gesellschaft bürgerlichen Rechts ist die Kommanditgesellschaft, die noch nicht im Handelsregister eingetragen ist solange, bis sie im Handelsregister eingetragen ist, falls sie kein Handelsgewerbe betreibt und falls ihr Unternehmen keinen in kaufmännischer

---

[11] BGHZ 80, 129.

[12] Denn eine Gesellschaft, die ein Handelsgewerbe betreibt, ist von Gesetzes wegen Kommanditgesellschaft, wenn bei mindestens einem Gesellschafter die Haftung betragsmäßig begrenzt ist.

Weise eingerichteten Geschäftsbetrieb erfordert, vgl. § 1 Abs. 2 HGB. Der Grund dafür ist einfach: Das so betriebene Gewerbe erlangt die Qualifikation als Handelsgewerbe nach § 2 HGB erst dann, wenn die Handelsregistereintragung erfolgt ist. Folglich kann erst ab diesem Zeitpunkt der Zweck der Gesellschaft i. S. v. § 161 Abs. 1 HGB „auf den Betrieb eines Handelsgewerbes" gerichtet sein.

Für die Kommanditisten ist von Bedeutung, dass sie, soweit sie der Geschäftsaufnahme zugestimmt haben, vor Eintragung der Gesellschaft im Handelsregister nach § 176 Abs. 1 HGB unbeschränkt persönlich haften und zwar auch dann, wenn sie ihre Einlage geleistet haben. Die unbeschränkte Haftung ist ausgeschlossen, wenn den Gläubigern die Beteiligung als Kommanditist bekannt war; nach überwiegender Meinung genügt es dafür, unter der Firma „GmbH & Co. KG" im Rechtsverkehr in Erscheinung zu treten.[13] 29

2. Alternative Gestaltung

Eine GmbH & Co. KG kann nicht nur durch Neuerrichtung der Komplementär-GmbH und der KG gegründet werden: 30

Sie entsteht auch dann, wenn eine existierende **GmbH mit weiteren Personen einen Vertrag über die Errichtung einer KG schließt** und die bereits bestehende GmbH in der KG die Stellung einer Komplementärin und die weiteren Personen die Stellung von Kommanditisten einnehmen sollen. 31

Wiederum eine andere Variante ist der **Eintritt einer bestehenden GmbH in eine bereits bestehende Gesellschaft.** Diese Gesellschaft kann Kommanditgesellschaft sein. Die GmbH kann beispielsweise an die Stelle eines Komplementärs treten, der jetzt noch eine natürliche Person ist. Diese natürliche Person kann im Zuge des Eintritts der GmbH ausscheiden, haftet allerdings noch fünf Jahre lang für die bis dahin begründeten Verbindlichkeiten, § 160 Abs. 1 HGB. Durch den Eintritt einer GmbH in eine bestehende OHG wandelt sich diese dann in eine GmbH & Co. KG um, wenn die Beteiligten im Zuge dieses Eintritts vereinbaren, dass die GmbH die Stellung eines Komplementärs und die Gesellschafter der OHG zukünftig die Stellung von Kommanditisten einnehmen sollen. 32

3. Form

Die Errichtung der Komplementär-GmbH erfordert notarielle Beurkundung. Der Abschluss des Gesellschaftsvertrages der KG ist dagegen formfrei möglich. In der Praxis wird es gleichwohl **in der Regel erforderlich sein, sowohl den Gesellschaftsvertrag der Komplementär-GmbH als auch den Gesellschaftsvertrag der KG selbst notariell zu beurkunden**, da der Gesellschaftsvertrag der KG selbst zur Sicherstellung des Gleichlaufs der Beteiligungen an GmbH und KG die Verpflichtung der Gesellschafter der KG vorsieht, unter bestimmten Voraussetzungen auch ihre Geschäftsanteile an der GmbH zu übertragen. Damit verpflichten sich die Gesellschafter zur Vornahme eines beurkundungsbedürftigen Rechtsgeschäftes, da die Übertragung von Geschäftsanteilen an einer GmbH nur in notarieller Form möglich ist, § 15 Abs. 3 GmbHG. 33

Die Kommanditgesellschaft ist **durch alle Gesellschafter zur Eintragung ins Handelsregister anzumelden,** §§ 161 Abs. 2, 108 Abs. 1 HGB. Das heißt, dass die Komplementär-GmbH und alle Kommanditisten die Handelsregisteranmeldung unterzeichnen müssen. Stellvertretung ist aufgrund einer öffentlich beglaubigten Vollmacht, § 12 Abs. 1 S. 2 HGB, zulässig. Bei Gesellschaften mit großem Gesellschafterkreis empfiehlt es sich, bereits bei Abschluss des Gesellschaftsvertrages in der erforderlichen Form eine entsprechende Vollmacht zur Anmeldung der Gesellschaft zum Handelsregister einzuholen. Für die Haftung im Gründungsstadium der GmbH gelten keine Besonderheiten. 34

[13] *Baumbach/Hopt* Anh. § 177 a Rn. 19; *K. Schmidt* Gesellschaftsrecht S. 1642.

II. Entstehung durch Umwandlung

35 Eine GmbH & Co. KG kann nicht nur durch Neugründung, sondern auch durch Umwandlung aus einem anderen Rechtsträger entstehen. Dabei ist nicht nur an die Möglichkeit einer Umwandlung im Sinne des Umwandlungsgesetzes zu denken, auch die gezielte **Ausnutzung der Möglichkeiten des Personengesellschaftsrechts** kann dazu führen, dass sich eine bestehende Gesellschaft in eine GmbH & Co. KG umwandelt.

1. Umwandlungsgesetz

36 Nach den Vorschriften des Umwandlungsgesetzes kann eine Kapitalgesellschaft (regelmäßig eine GmbH) in eine GmbH & Co. KG umgewandelt werden, §§ 190 ff., 226, 228 ff. UmwG.

In diesem Fall sind die besonderen Förmlichkeiten des Umwandlungsgesetzes zu beachten. Das sind insbesondere die Vorschriften über den Umwandlungsbericht, § 192 UmwG, die erforderliche Mehrheit, § 233 Abs. 2 UmwG, die Bestimmungen über die Barabfindung, § 207 UmwG, sowie die Anmeldung zum Handelsregister, §§ 198, 235 UmwG.

37 Bei der Vorgehensweise nach dem Umwandlungsgesetz wird die bisherige **GmbH in eine Kommanditgesellschaft umgewandelt.** Zur GmbH & Co. KG wird diese KG dadurch, dass an ihr als Komplementärin eine GmbH beteiligt wird.

38 Für die typische GmbH & Co. KG gilt, dass die Komplementär-GmbH in der Regel nicht mit einem Kapitalanteil beteiligt sein soll. Diese Gestaltung ist im Recht der Personengesellschaften möglich, im Recht der Kapitalgesellschaften dagegen nicht.[14] Die Eintragung eines Formwechsels hat nach § 202 Abs. 1 Nr. 2 UmwG u. a. die Wirkung, dass die Anteilsinhaber des formwechselnden Rechtsträgers (GmbH) an dem neuen Rechtsträger (KG) nach den für die neue Rechtsform geltenden Vorschriften (KG) beteiligt werden. Die Stellung, die die Komplementär-GmbH üblicherweise in der KG haben soll (Beteiligung ohne Kapitalanteil) kann sie jedoch in der GmbH vor Umwandlung nicht innehaben. Der Weg, die GmbH zunächst in eine „echte" KG umzuwandeln und eine GmbH & Co. KG dadurch entstehen zu lassen, dass nach erfolgter Umwandlung der vorhandene Komplementär durch die Komplementär-GmbH ersetzt wird, scheitert in der Regel daran, dass sich keine natürliche Person finden lassen wird, die für die Übergangszeit zur Übernahme der persönlichen Haftung bereit sein wird.

39 In der Praxis behilft man sich üblicherweise in der Weise, dass die Komplemtär-GmbH vor dem Umwandlungsvorgang treuhänderisch einen Geschäftsanteil an der (noch) bestehenden GmbH abgetreten erhält und auf diese Weise im Zuge der Umwandlung Gesellschafterin der Kommanditgesellschaft wird. Dieses Treuhandverhältnis wird nach dem erfolgten Formwechsel beendet.[15]

2. Außerhalb des Umwandlungsgesetzes

40 Außerhalb der Vorschriften des Umwandlungsgesetzes kann sich die Umwandlung einer bestehenden Gesellschaft in eine GmbH & Co. KG durch die gezielte Ausnutzung der Möglichkeiten des Personengesellschaftsrechts vollziehen:

- Eine OHG wird zur GmbH & Co. KG, wenn die Gesellschafter vereinbaren, dass nur einer von ihnen in Zukunft unbeschränkt persönlich haften soll (die anderen Gesellschafter dagegen beschränkt) und der unbeschränkt haftende Gesellschafter eine GmbH ist.
- Eine bestehende KG wird zur GmbH & Co. KG, wenn die GmbH anstelle einer natürlichen Person die Stellung des persönlich haftenden Gesellschafters übernimmt.

---

[14] *K. Schmidt* Gesellschaftsrecht S. 378.

[15] Zu den Beendigungsmöglichkeiten und zu alternativen Gestaltungen s. *Binz/Sorg* Die GmbH & Co. KG, 10. Aufl. 2005, § 27 Rn. 18 ff.

C. Besonderheiten der Komplementär-GmbH

41 In der GmbH & Co. KG **hat die Komplementär-GmbH die Funktion als Geschäftsführerin einerseits und als Haftungsträgerin andererseits.** Unternehmensträgerin ist dagegen die (GmbH & Co.) KG selbst. Diese Schlüsselstellung der Komplementär-GmbH wirft zwei Grundsatzfragen auf, nämlich:

- Welche Rolle spielt die Komplementär-GmbH in der Gesellschafterversammlung der KG? und
- Wer steuert/beeinflusst die Komplementär-GmbH?

42 **Die Stellung eines Gesellschafters soll die Komplementär-GmbH in der Regel gerade nicht wahrnehmen.** Dies bedeutet, dass die Komplementär-GmbH in der Regel nicht am Ergebnis der KG partizipieren und in der Gesellschafterversammlung der KG auch keine Gesellschafterrechte wahrnehmen soll. Würde die Komplementär-GmbH in der KG auch Gesellschafterrechte wahrnehmen, so brächte dies das Kräftegefüge innerhalb der GmbH & Co. KG durcheinander, denn die Wahrnehmung der Gesellschafterrechte der Komplementär-GmbH erfolgt durch deren Geschäftsführung. Die Geschäftsführung kann zwar durch die Gesellschafter der Komplementär-GmbH angewiesen werden, sich in der Gesellschafterversammlung der KG in dieser oder jener Weise zu verhalten, allerdings ergibt möglicherweise erst die Meinungsbildung in der Gesellschafterversammlung der KG, wie die geschäftsführende Komplementär-GmbH sich verhalten soll und dazu gegebenenfalls durch die Gesellschafterversammlung der Komplementär-GmbH angewiesen werden muss. Diese Schwierigkeiten werden üblicherweise durch folgende Maßnahmen gelöst:

43 Die **Komplementär-GmbH** ist an der KG typischerweise **ohne Kapitalanteil beteiligt.** Dass die Komplementärin keine Einlage erbringen muss, um Gesellschafterin der KG sein zu können, ist anerkannt.[16] Die Entscheidung, dass die Komplementär-GmbH an der KG keinen Kapitalanteil hält, ist Ausgangspunkt für alle weiteren Überlegungen, denn sowohl Stimmrecht als auch Gewinnentnahmerecht richten sich nach dem Gesellschaftsvertrag der GmbH & Co. KG, typischerweise nach dem Kapitalanteil. Die Komplementärin, die keinen Kapitalanteil hält, hat dann weder das Eine noch das Andere. Dass die Komplementärin vom Stimmrecht ausgeschlossen werden kann, ist jedenfalls für die beteiligungsgleiche GmbH & Co. KG anerkannt.[17]

Formulierungsbeispiel Beteiligung Komplementärin:

Persönlich haftende Gesellschafterin ist die im Handelsregister des Amtsgerichts ______ unter HRB ______ eingetragene ______ GmbH mit dem Sitz in ______ (nachfolgend „Komplementärin").

Die Komplementärin hält keinen Kapitalanteil der Gesellschaft, sie ist zur Erbringung einer Einlage weder berechtigt, noch verpflichtet.

An Gewinn und Verlust der Gesellschaft nehmen die Gesellschafter im Verhältnis ihrer Kapitalanteile teil.

Je ______ Euro eines Kapitalanteils gewähren eine Stimme.

44 Ist die Frage geklärt, welche Rolle die Komplementär-GmbH in der Gesellschafterversammlung der KG spielt, so ist die weitergehende Frage, **wer die Komplementär-GmbH beeinflusst,** damit noch nicht beantwortet.

---

[16] *K. Schmidt* Gesellschaftsrecht S. 572 ff.; MünchHdb GesR Bd. II *Gummert* § 50 Rn. 17 m. w. N.

[17] BGH NJW 1993, 2100 f.; MünchHdb GesR Bd. II *Gummert* § 50 Rn. 18.

45 In der „typischen“ (beteiligungsgleichen) GmbH & Co. KG sind diejenigen Personen, die in der KG Kommanditisten sind, im gleichen Verhältnis ihrer Kommanditbeteiligung Gesellschafter der GmbH. Damit ist sichergestellt, dass diejenigen Gesellschafter, die durch ihre Kapitalbeiträge zur Kommanditgesellschaft die Finanzierung des Unternehmens ermöglichen und damit das Unternehmen letztlich tragen, auch diejenigen Personen sind, die die Geschicke der Geschäftsführung der Kommanditgesellschaft (Komplementär-GmbH) bestimmen.

46 Eben dieser **Gleichlauf** von Einfluss auf die Geschäftsführung und kapitalmäßiger Beteiligung am Unternehmen selbst ist jedoch **nicht zwangsläufig gewollt.** Gerade bei großen Publikumsgesellschaften ist in der Regel gerade nicht beabsichtigt, dass jeder Anleger, insbesondere auch solche Anleger, die sich rein kapitalistisch an der Gesellschaft beteiligen, auch Einfluss auf die Geschäftsführung nehmen können soll. Ähnliches kann für große Familiengesellschaften gelten und auch im Rahmen von Nachfolgelösungen von Interesse sein. Der bei der typischen (beteiligungsgleichen) GmbH & Co. KG erstrebte Gleichlauf der Beteiligungsverhältnisse in KG und Komplementär-GmbH ist in derartigen Konstellationen häufig nicht nur nicht erwünscht, sondern möglicherweise gerade kontraproduktiv.

47 Komplementärin der GmbH & Co. KG kann auch eine GmbH sein, an der die Kommanditisten überhaupt nicht beteiligt sind. In der Komplementär-GmbH kann auch ganz bewusst von allen Gesellschaftern ein Kräfteverhältnis gewählt werden, das dazu führt, dass gerade solche Gesellschafter überproportional großen Einfluss auf die Geschäfte der GmbH & Co. KG erlangen, die an der KG entweder überhaupt nicht oder aber nur zu einem geringen Teil beteiligt sind.

48 Wie jede Komplementärin unterliegt auch die Komplementär-GmbH dem aus § 112 HGB folgenden **Wettbewerbsverbot.**[18] Von diesem Wettbewerbsverbot kann sie nur im Gesellschaftsvertrag oder durch Gesellschafterbeschluss befreit werden, wobei dem Gesellschafterbeschluss alle Kommanditisten zustimmen müssen.[19]

D. Verfassung der GmbH & Co. KG

Auch bei der Verfassung der GmbH & Co. KG sind eine Vielzahl von Einzelaspekten zu regeln:

I. Firma, Sitz

49 Vor Inkrafttreten des Handelsrechtsreformengesetzes[20] am 1. 7. 1998 bereitete die **Bildung der Firma** der GmbH & Co. KG bisweilen erhebliche Schwierigkeiten. Diese sind mittlerweile überwunden. Die Firmenbildung der GmbH & Co. KG ist seither deutlich vereinfacht. Insbesondere muss die Firma der GmbH & Co. KG den Namen der Komplementärin nicht mehr enthalten, sodass der Name der GmbH & Co. KG – unter Beachtung der für die Firmenbildung generell geltenden Grundsätze – frei gebildet werden kann. Personen-, Sach- und Phantasiefirmen sind möglich. Für die Firma der GmbH & Co. KG gilt nichts anderes als für die Bildung der Firma der GmbH.

50 Nach § 19 Abs. 2 HGB ist für eine GmbH & Co. KG, bei der die Komplementär-GmbH die einzige persönlich haftende Gesellschafterin ist, vorgeschrieben, dass die Firma eine Bezeichnung enthalten muss „welche die Haftungsbeschränkung kennzeichnet“. Als derartige Bezeichnung hat sich die Abkürzung **„GmbH & Co. KG“** etabliert. Grund-

[18] *Baumbach/Hopt* Anhang § 177a Rn. 23.
[19] *Baumbach/Hopt* § 112 Rn. 9.
[20] BGBl I 1998, 1474.

sätzlich sind auch andere Spielarten dieser Abkürzung denkbar. Im Hinblick darauf, dass die Abkürzung GmbH & Co. KG allgemein verständlich und im Rechtsverkehr etabliert, ist es wenig sinnvoll durch besonders „originelle" Spielarten die anerkannte Aussagekraft zu verwässern.[21]

Es dürfte im Gründungsstadium kaum empfehlenswert sein, Zeit und Energie auf eine besonders originelle Firmenbildung (Umstellung der Reihenfolge der Bestandteile „GmbH" und „KG", Weglassen oder Modifizieren des Zusatzes „& Co.", verwirrende Kombinationen von Personen- und Sachfirmenbestandteilen) zu verschwenden.[22] Die Kasuistik zur Frage der Zulässigkeit oder Unzulässigkeit der Firma ist kaum mehr zu überschauen[23] und kann auch nicht unbedingt als stringent bezeichnet werden. 51

Haben Komplementär-GmbH und Kommanditgesellschaft ihren Sitz **am selben Ort,** so ist zu beachten, dass sich ihre Firmen unterscheiden müssen und der Rechtsformzusatz „GmbH" einerseits und „GmbH & Co. KG" andererseits als alleiniges Unterscheidungsmerkmal nicht genügt.[24] Typischerweise werden daher der Firma der GmbH Zusätze wie „Verwaltungs-", „Beteiligungs-" oder „Besitz-" beigegeben. Erforderlich ist dies nicht. Die Firma der GmbH kann auch gänzlich anders lauten. 52

Ihren **Sitz** hat die GmbH & Co. KG am Sitz der KG. Die Komplementär-GmbH kann ihren Sitz am selben Ort haben, dies ist allerdings nicht erforderlich. Komplementärin kann auch eine an einem anderen Ort ansässige GmbH sein. 53

II. Gegenstand

Die möglichen Gegenstände der Tätigkeit einer GmbH & Co. KG sind alle für eine Kommanditgesellschaft zulässigen Unternehmensgegenstände, das heißt die GmbH & Co. KG betreibt zwingend ein **Handelsgewerbe.** Der Träger des Unternehmens ist die GmbH & Co. KG in ihrer Eigenschaft als Kommanditgesellschaft. Die Komplementär-GmbH führt ihre Geschäfte, betreibt aber nicht selbst das Unternehmen. 54

III. Kapitalanteil, Kommanditkapital, Kommanditeinlage und Haftsumme

Die auf das Kapital der Kommanditgesellschaft bezogenen Begrifflichkeiten werden bisweilen als verwirrend empfunden: 55

Der **Kapitalanteil**[25] des Gesellschafters wird durch das Gesetz nicht definiert aber in verschiedenen Bestimmungen erwähnt, beispielsweise in §§ 120 Abs. 2, 121 HGB. Sinnvollerweise wird unter dem Kapitalanteil eine Bilanzziffer verstanden, die abbildet, in welcher Weise der Gesellschafter am Vermögen der Gesellschaft beteiligt ist.[26] Nach dem gesetzlichen Leitbild ist der Kapitalanteil des Gesellschafters an der Kommanditgesellschaft variabel, das heißt er verändert sich durch die Zuschreibung von Einlagen und 56

[21] Beispiele bei *Hesselmann/Tillmann/Mueller-Thuns* Hdb der GmbH & Co. KG, 19 Aufl., 2005, § 4 Rn. 113; *Baumbach/Hopt* § 19 Rn. 28f.; zum Firmenbestandteil „Partner" s. OLG München ZIP 2007, 770.

[22] Wie irrational die Debatte um die Firma der GmbH & Co. KG teils geführt wird, mag daran deutlich werden, dass ungeachtet des Wortlauts § 19 Abs. 2 HGB, der lediglich verlangt, dass „die Haftungsbeschränkung" gekennzeichnet werden muss, der Rechtsformzusatz „beschränkt haftende Kommanditgesellschaft" für unzulässig gehalten wird (s. dazu *Binz/Sorg* Die GmbH & Co. KG § 11 Rn. 17ff.). Dieser Rechtsformzusatz war im Regierungsentwurf zur GmbH-Novelle seinerzeit vorgesehen.

[23] Nachweise u.a. bei *Baumbach/Hopt* § 19 Rn. 29, 34.

[24] BGHZ 46, 7, 12; *Baumbach/Hopt* § 19 Rn. 36.

[25] Die Rechtsnatur des Kapitalanteils ist Gegenstand eines umfassenden Streits im juristischen Schrifttum, der für die Praxis ohne erkennbare Relevanz ist (MünchHdb GesR Bd. II *von Falkenhausen/Henning/Henning/C. Schneider* § 22 Rn. 4f.).

[26] *K. Schmidt* Gesellschaftsrecht S. 1382ff.

Gewinnen und durch die Abschreibung von Verlusten und Entnahmen. Da auf diese Weise Unklarheit über die Beteiligungsverhältnisse entstehen kann und auch die gesetzlich vorgeschriebene Gewinnverteilungsregelung (s. oben Rn. 22) wenig praktisch ist, wird im Gesellschaftsvertrag der KG üblicherweise vereinbart, dass allen Kommanditisten feste Kapitalanteile zugewiesen werden.

57 Die Höhe des Kapitalanteils bestimmt sich typischerweise nach der **Kommanditeinlage**. Die Kommanditeinlage ist dasjenige, was der Kommanditist aufgrund der Bestimmungen des Gesellschaftsvertrages in die Gesellschaft einbringen muss.

58 Das **Kommanditkapital** ist die Summe der im Gesellschaftsvertrag vorgesehenen Kapitalanteile und bildet das „Grundkapital" der Personengesellschaft.[27] Je nach Ausgestaltung der Gesellschafterkonten im Gesellschaftsvertrag (s. dazu Rn. 70ff.) umfasst dieses gegebenenfalls den Kommanditisten zugeschriebene Gewinne.

59 Während die Begriffe Kapitalanteil, Kommanditeinlage und Kommanditkapital das Verhältnis der Gesellschafter zur Gesellschaft und das Verhältnis der Gesellschafter untereinander betreffen, betrifft der Begriff der **Haftsumme** das Außenverhältnis. Die Haftsumme ist der im Handelsregister einzutragende Betrag, bis zu dessen Höhe der Kommanditist den Gläubigern der Gesellschaft unmittelbar haftet, solange er seine Einlage nicht geleistet hat, §§ 171 Abs. 1, 172 Abs. 1 HGB. Regelt der Gesellschaftsvertrag nichts Abweichendes, so entspricht die Haftsumme der vom Kommanditisten nach dem Gesellschaftsvertrag zu erbringenden Einlage.[28] Die Haftsumme kann aber – wenn die Gesellschafter dies entsprechend vereinbaren – auch höher oder niedriger sein als die von den Kommanditisten zu leistende Einlage. Eine niedrigere Haftsumme wird in der Regel nicht sinnvoll sein, eine höhere Haftsumme kann sinnvoll sein, um den Kredit der Gesellschaft (bei Dritten) zu erhöhen.

IV. Sicherstellung des Gleichlaufs der Beteiligung an GmbH und KG

60 Es ist nicht von Gesetzes wegen geboten, dass die Gesellschafter der Komplementär-GmbH in dem gleichen Verhältnis an der Komplementär-GmbH beteiligt sind, wie sie als Kommanditisten an der KG beteiligt sind.

61 Die **Beteiligungsverhältnisse** an der Komplementär-GmbH einerseits und der KG andererseits **entscheiden über die Ausgestaltung von Einfluss- und Entscheidungsstrukturen** in der GmbH & Co. KG. Gesellschafter, die an der Komplementär-GmbH in größerem Umfang beteiligt sind als an der KG, können aufgrund dieser Beteiligung einen größeren Einfluss auf die Geschäftsführung der GmbH & Co. KG ausüben als ihnen das aufgrund ihrer Beteiligung an der KG eigentlich zustünde.

62 Eine derartige Disproportionalität kann gewünscht oder unerwünscht sein. Sollen Gesellschafter einen überproportional starken Einfluss auf die Geschäftsführung der GmbH & Co. KG haben, kann es sinnvoll sein, sie überproportional an der Komplementär-GmbH zu beteiligen. Sollen die Gesellschafter der GmbH & Co. KG (Kommanditisten) auf die Geschäftsführung keinen oder nur sehr geringen Einfluss ausüben können (regelmäßig bei Publikumspersonengesellschaften), so werden sie an der Komplementär-GmbH in der Regel nicht beteiligt sein. Die Beteiligungsverhältnisse an der Komplementär-GmbH einerseits und an der KG andererseits entscheiden mithin über die Kräfteverteilung innerhalb der GmbH & Co. KG.

63 Wünschen die Gesellschafter der GmbH & Co. KG, dass die Gesellschafter an der Komplementär-GmbH stets in demselben Verhältnis beteiligt sind, wie an der KG selbst (typische oder beteiligungsgleiche GmbH & Co. KG), muss der **Gleichlauf der Beteiligungsverhältnisse** sowohl im Gesellschaftsvertrag der KG als auch im Gesellschaftsvertrag der Komplementär-GmbH sichergestellt werden. Derartigen Regelungsbedarf gibt es

[27] *K. Schmidt* Gesellschaftsrecht S. 1544.
[28] *Baumbach/Hopt* § 171 Rn. 1.

in der Einheitsgesellschaft nicht, weil bei der Einheitsgesellschaft die KG die einzige Gesellschafterin der Komplementär-GmbH ist (s. dazu o. Rn. 12 ff.). Enthalten die Gesellschaftsverträge von Komplementär-GmbH und KG keine Bestimmungen, die den Beteiligungsgleichlauf sicherstellen, kann die Beteiligung an beiden Gesellschaften grundsätzlich ein völlig unterschiedliches Schicksal haben. Die Gesellschafter können ihre Beteiligung an der einen oder anderen Gesellschaft unterschiedlich übertragen oder nur aus einer der beiden Gesellschaften ausscheiden.

Die **Sicherstellung des Gleichlaufs** der Beteiligungen kann auf unterschiedliche Weise erfolgen. In Betracht kommen im Wesentlichen Verpflichtungen der Gesellschafter im Gesellschaftsvertrag, alles für den Gleichlauf der Beteiligung Erforderliche zu tun und Bestimmungen, die die Verfügung über Anteile an der jeweiligen Gesellschaft nur dann ermöglichen, wenn zugleich in entsprechender Weise über Anteile an der jeweils anderen Gesellschaft verfügt wird. Diese Bestimmungen können durch Einziehungsregelungen (im GmbH-Gesellschaftsvertrag) und Ausschlussregelungen (im Gesellschaftsvertrag der KG) flankiert werden. 64

Zur Sicherstellung des Gleichlaufs der Beteiligungen können folgende Bestimmungen verwandt werden: 65

Formulierungsbeispiel Beteiligungsgleichlauf:

Jeder Kommanditist soll stets in dem Verhältnis, in dem er am Kommanditkapital der Gesellschaft beteiligt ist, auch am Stammkapital ihrer Komplementärin beteiligt sein. Jeder Kommanditist verpflichtet sich, sowohl gegenüber der Gesellschaft als auch gegenüber jedem einzelnen Gesellschafter stets alles seinerseits zur Aufrechterhaltung oder Wiederherstellung dieses Beteiligungsverhältnisses Erforderliche zu tun.

Diese Bestimmung kann spiegelbildlich auch in den Gesellschaftsvertrag der GmbH übernommen werden.

Verfügungsbeschränkungen können folgendermaßen lauten: 66

Formulierungsbeispiel Verfügungsbeschränkung:

Die Übertragung eines Geschäftsanteils [an der Komplementär-GmbH] oder eines Teils eines solchen ist nur dann wirksam, wenn der übertragende Gesellschafter zugleich seinen Gesellschaftsanteil an der ______ GmbH & Co. KG oder einen entsprechenden Teil desselben auf den Erwerber überträgt. Der gleichzeitigen Übertragung des Geschäftsanteils bedarf es insoweit nicht, als die Übertragung des Geschäftsanteils zur Herstellung der verhältnismäßig gleichen Beteiligung des Erwerbers und / oder des Veräußerers [an der Komplementär-GmbH] und der ______ GmbH & Co. KG geschieht.

Im Gesellschaftsvertrag der KG kann formuliert werden:

Die Veräußerung eines Gesellschaftsanteils ist nur wirksam, wenn der Erwerber zugleich einen entsprechenden Geschäftsanteil an der Komplementärin erhält oder schon besitzt.

Etwas offenere Gestaltungen sind möglich, falls unterschiedliche Beteiligungsverhält- 67
nisse gewünscht sind oder in Kauf genommen werden. In diesem Fall ist es nahe liegend, die **Zustimmung zur Anteilsübertragung an die Genehmigung der Gesellschafterversammlung** zu knüpfen und der Gesellschafterversammlung nach ihrem Ermessen das Recht einzuräumen, die Zustimmung zu versagen, falls sich die Beteiligungsverhältnisse

an den Gesellschaften verschieben. Eine entsprechende Bestimmung kann folgendermaßen lauten:

Formulierungsbeispiel Zustimmung Verfügung über Geschäftsanteile:
Verfügungen über [Geschäftsanteile/Gesellschaftsanteile] bedürfen zu ihrer Wirksamkeit der vorherigen schriftlichen Zustimmung der Gesellschafter durch Beschluss, der mit einer Mehrheit von mindestens _____ der abgegebenen Stimmen gefasst werden muss. Die Gesellschafterversammlung kann die Zustimmung insbesondere dann versagen, wenn die beabsichtigte Verfügung dazu führen würde, dass der verfügende Gesellschafter nicht im gleichen Verhältnis sowohl an der Gesellschaft als auch an ihrer Komplementärin beteiligt ist. [... sowohl an der Gesellschaft als auch an der Gesellschaft, deren Komplementärin sie ist, beteiligt ist.]

68 **„Flankierende Maßnahmen“** können schließlich Bestimmungen darüber sein, dass der GmbH-Geschäftsanteil, soweit die Beteiligung nicht gleichlaufend ist, eingezogen werden kann, bzw. dass der Gesellschafter aus der Kommanditgesellschaft ausgeschlossen werden kann, falls die Beteiligungsverhältnisse sich verschieben. Entsprechende Bestimmungen können folgendermaßen lauten:

Formulierungsbeispiel Einziehung Geschäftsanteil:
Die Einziehung des Geschäftsanteils eines Gesellschafters ohne dessen Zustimmung ist nur zulässig, wenn die Beteiligungsquote dieses Gesellschafters am Stammkapital der Gesellschaft niedriger oder höher ist als seine Beteiligung an der KG, deren Komplementärin die Gesellschaft ist, soweit dies zur Herstellung von gleichen Beteiligungsquoten in beiden Gesellschaften erforderlich ist.

69 Da bei der Kommanditgesellschaft die Einziehung von Gesellschaftsanteilen nicht möglich ist, kann die Sicherung des Gleichlaufs der Beteiligungen durch die Festlegung eines besonderen Ausschlussgrundes erfolgen, beispielsweise wie folgt:

Formulierungsbeispiel besonderer Ausschlussgrund:
Ein Gesellschafter kann aus der Gesellschaft durch Beschluss der Gesellschafterversammlung ausgeschlossen werden, wenn ein Kommanditist an der Komplementärin im Verhältnis zu den übrigen Kommanditisten der Gesellschaft in einem anderen Verhältnis beteiligt ist als an der Gesellschaft selbst und dies nach schriftlicher Aufforderung durch einen Kommanditisten binnen dreier Monate nicht geändert worden ist.

V. Gesellschafterkonten

70 Die im Gesellschaftsvertrag festzulegenden **Gesellschafterkonten halten in der Buchführung der KG Forderungen und Verbindlichkeiten im Verhältnis der Gesellschafter zur Gesellschaft fest.** Grundsätzlich sind die Gesellschafter in der Ausgestaltung dieser Rechtsbeziehung frei. Das Gesetz macht insoweit nur mittelbar Vorgaben.

71 Ohne gesellschaftsvertragliche Regelungen gilt für die Komplementärin der KG (persönlich haftende Gesellschafterin) der **Grundsatz des variablen Kapitalanteils,** §§ 161 Abs. 2, 120 HGB. In der Buchhaltung der KG müsste daher nach dem Gesetz nur ein einziges Kapitalkonto für die Komplementärin geführt werden, auf dem Einlagen, Gewinne, Verluste und Entnahmen verbucht werden. Anderes gilt für die Kommanditisten. Sie haben nach dem Gesetz grundsätzlich auch einen variablen Kapitalanteil, §§ 167 Abs. 1, 120 HGB, allerdings wird den Kommanditisten der ihnen zukommende Gewinn

nur so lange dem Kapitalanteil zugeschrieben, bis der Betrag der vereinbarten Einlage erreicht ist. Übersteigende Beträge können also dem Kapitalkonto des Kommanditisten nicht zugeschrieben werden, sondern müssen entweder unmittelbar ausgeschüttet oder einem Konto des Kommanditisten gutgeschrieben werden, auf dem dessen Forderungen gegen die Gesellschaft verbucht werden.[29]

Dieses **gesetzliche Modell** ist in der Praxis – zumal für die GmbH & Co. KG – **regelmäßig vertraglich abbedungen,** da die Komplementär-GmbH in der Regel gerade keine Einlage leisten und keinen Kapitalanteil halten soll und im Übrigen typischerweise feste Kapitalanteile (und keine variablen) vereinbart werden. 72

Üblich ist es, auf **einem Kapitalkonto I den festen Kapitalanteil** der Kommanditisten zu buchen und die auf die Gesellschafter entfallenen **Gewinne einem variablen Kapitalkonto, dem Kapitalkonto II zuzuschreiben.** Andere Begriffe für das Kapitalkonto II sind „Gewinnkonto“ oder „Privatkonto“. Auf die Terminologie kommt es nicht an: Bei der Vertragsgestaltung ist es nicht empfehlenswert, sich darauf zu beschränken, die unterschiedlichen Konten dem Namen nach als „Kapitalkonto I“ und „Kapitalkonto II“ zu bezeichnen; vielmehr sollte der Gesellschaftsvertrag **zur Vermeidung von Missverständnissen so detailliert wie möglich regeln, was auf den jeweiligen Konten zu verbuchen ist.** 73

In der Praxis ist ein **Drei-Konten-Modell** verbreitet, wonach auf einem Konto das feste Kapital der Kommanditisten, auf einem weiteren Konto dasjenige, was den Gesellschaftern unmittelbar zufließen soll und auf einem dritten Konto dasjenige, was den Gesellschaftern zusteht, aber zunächst die Kapitalbasis der Gesellschaft verstärken soll, verbucht wird. 74

Das Konto, auf dem der **Festkapitalanteil** der Kommanditisten verbucht wird, wird häufig als „Kapitalkonto“ oder **„Kapitalkonto I“** bezeichnet. Das Konto, auf dem die den Kommanditisten unmittelbar zustehenden Forderungen verbucht werden, heißt üblicherweise **„Kapitalkonto II“** (aber auch „Privatkonto“, „Darlehenskonto“, „Sonderkonto“ oder „Gewinnkonto“). Auf dem **„Rücklagekonto“** wird dasjenige verbucht, was den Gesellschaftern zusteht, ihnen aber (noch) nicht zufließen soll. 75

Was auf den jeweiligen Konten zu verbuchen ist, bestimmt der Gesellschaftsvertrag. Das Kapitalkonto I dient zur Verbuchung des festen Kapitalanteils der Kommanditisten. 76

Das Kapitalkonto II dient zur Verbuchung derjenigen Forderungen, die den Gesellschaftern aufgrund der Bestimmungen des Gesellschaftsvertrages unmittelbar auszuzahlen sind oder ihnen aufgrund anderweitiger Rechtsverhältnisse (Dienstvertrag, Darlehen etc.) gegen die Gesellschaft zustehen.[30] Es wird üblicherweise im Soll und Haben verzinst. 77

Das Rücklagenkonto nimmt die den Gesellschaftern materiell zwar zustehenden aber nach den Bestimmungen des Gesellschaftsvertrages noch nicht an diese auszuzahlenden Gewinnanteile auf. 78

Die Gesellschafterkonten regeln nur, wie die den Gesellschaftern bzw. der Gesellschaft zustehenden Forderungen verbucht werden. **Die Vorschriften über die Gesellschafterkonten regeln jedoch nicht, wie diese Forderungen entstehen.** Was dem Kapitalkonto I zuzuschreiben ist, ergibt sich aus den Bestimmungen des Gesellschaftsvertrages über die Kommanditeinlagen. Was dem Kapitalkonto II zuzuschreiben ist, ergibt sich aus den entsprechenden gesellschaftsvertraglichen Bestimmungen oder aus anderen Leistungsbeziehungen zwischen Gesellschafter und Gesellschaft. Was dem Rücklagenkonto gutzuschreiben ist, regeln üblicherweise die Bestimmungen des Gesellschaftsvertrages über die Verteilung von Gewinn und Verlust. 79

Für die **Verbuchung von Verlusten** gibt es verschiedene Möglichkeiten. Die Verbuchung auf dem Kapitalkonto I ist allein deswegen nicht sachgerecht und in der Regel nicht gewünscht, weil sich dann Stimmrecht und Beteiligungsquoten verändern würden, 80

[29] MünchHdb GesR Bd. II *von Falkenhausen/Henning/C. Schneider* § 22 Rn. 39.
[30] *Baumbach/Hopt* § 120 Rn. 20.

da das Kapitalkonto I die Einlagen reflektiert, die ihrerseits nach dem Gesellschaftsvertrag einerseits fest und andererseits Anknüpfungspunkt für die Beteiligungsrechte der Gesellschafter in der KG sind. Die Verbuchung von Verlusten auf dem Kapitalkonto II ist in der Regel deswegen nicht gewünscht, weil die Verbuchung von Verlusten dann unmittelbar den Gesellschaftern etwa zustehende und stehen gelassene Gewinne aus vorangegangenen Perioden mindert und der Gesellschafter allein deswegen seine Forderung gegen die Gesellschaft verliert. Sachgerechter ist die Verbuchung von Verlusten auf dem Rücklagenkonto oder auf einem gesondert zu führenden Verlustsonderkonto.[31]

81 Um zu vermeiden, dass wegen der Rückgewähr von Einlagen in einer Verlustsituation die **Haftung der Kommanditisten nach § 172 Abs. 4 HGB wieder auflebt,** sollte der Gesellschaftsvertrag bestimmen, dass, solange auf dem Verlustsonderkonto Verluste gebucht sind, auf die Gesellschafter entfallene Gewinne den Verlustsonderkonten solange gutgebracht werden, bis diese ausgeglichen sind, denn in der Sache ändert der Umstand, dass Verluste nicht direkt auf dem Kapitalkonto I gebucht werden, sondern auf ein Verlustsonderkonto, nichts daran, dass der Kapitalanteil des Kommanditisten durch die Verlustsituation gemindert ist. Damit seine Haftung nicht aufleben kann, muss sichergestellt sein, dass er in einer solchen Situation Gewinnanteile nicht entnehmen kann.

82 Was den **Rücklagenkonten** zuzuschreiben ist, muss der Gesellschaftsvertrag regeln. Entweder sieht der Gesellschaftsvertrag vor, dass ein fester Prozentsatz des Gewinns dem Rücklagenkonto gutzubringen ist oder er bestimmt, dass die Gesellschafter darüber durch Beschluss entscheiden. Die Bestimmung über das Rücklagenkonto sollte schließlich regeln, unter welchen Voraussetzungen die dort ausgewiesenen Guthaben dem Kapitalkonto II gutgeschrieben werden und folglich zu einer echten, jederzeit fälligen Forderung der Gesellschafter gegenüber der Gesellschaft erstarken.

83 **Formulierungsbeispiel Kontenregelung:**

Gesellschafterkonten

1. Für die Gesellschafter werden jeweils ein Kapitalkonto I, ein Kapitalkonto II, ein Rücklagenkonto und ein Verlustsonderkonto geführt.
2. Auf dem Kapitalkonto I wird der feste Kapitalanteil der Gesellschafter gebucht. Das Kapitalkonto I ist unverzinslich.
3. Auf dem Kapitalkonto II werden die den Gesellschaftern nach Maßgabe dieses Gesellschaftsvertrages zustehenden entnahmefähigen Gewinnanteile, Entnahmen, Zinsen, Tätigkeits- und andere Vergütungen sowie der sonstige Zahlungsverkehr zwischen dem Gesellschafter und der Gesellschaft gebucht. Das Kapitalkonto II ist im Soll und im Haben nach der Staffelmethode mit ___% p. a. [über dem Basiszinssatz gem. § 247 BGB] zu verzinsen. Die Zinsen gelten im Verhältnis der Gesellschafter zueinander als Aufwand bzw. Ertrag.
4. Auf dem Rücklagenkonto werden die den Gesellschaftern nach den Bestimmungen dieses Gesellschaftsvertrages jeweils zuzurechnenden Rücklagen gebucht. Die Rücklagenkonten sind unverzinslich. Die Gesellschafter können mit einer Mehrheit von ______ beschließen, dass ein Guthaben auf den Rücklagenkonten ganz oder teilweise auf die Kapitalkonten II im Verhältnis der Kapitalanteile der Gesellschafter umgebucht wird.
5. Die den Gesellschaftern zuzurechnenden Verluste werden, [soweit sie nicht nach den Bestimmungen des Gesellschaftsvertrages gegen Rücklagen zu buchen sind], auf Verlustsonderkonten gebucht. Die Verlustsonderkonten sind unverzinslich. Solange Verluste auf Verlustsonderkonten gebucht sind, sind auf die Gesellschafter entfallende entnahmefähige Gewinnanteile nicht dem Kapitalkonto II, sondern dem Verlustsonderkonto zuzuschreiben.

[31] MünchHdb GesR Bd. II *von Falkenhausen/Henning/C. Schneider* § 22 Rn. 59.

VI. Geschäftsführung und Vertretung

84 Aufgrund des Zusammenspiels von Komplementär-GmbH und KG wird die GmbH & Co. KG mehrstufig vertreten. Die Kommanditisten sind von Geschäftsführung und Vertretung ausgeschlossen, § 164 S. 1, 170 HGB. Die **Geschäfte der GmbH & Co. KG führt die persönlich haftende Gesellschafterin der GmbH & Co. KG, also die Komplementär-GmbH,** §§ 161 Abs. 2, 114, 125 Abs. 1 HGB. Der im Recht der Personengesellschaften geltende Grundsatz der Selbstorganschaft[32] macht es unmöglich, die Vertretungsbefugnis der Komplementär-GmbH im Außenverhältnis zu beschränken, §§ 126 Abs. 2, 161 Abs. 2 HGB. Die „persönlich" haftende Gesellschafterin ist die Komplementär-GmbH, die ihrerseits durch ihre Geschäftsführer vertreten wird.

85 Für die Vertretung der Komplementär-GmbH als solcher gelten gegenüber der „normalen" GmbH keine Besonderheiten. Soweit der Komplementär-GmbH Befreiung von den Beschränkungen des § 181 BGB erteilt ist, ist diese Befreiung konkret in das Handelsregister einzutragen.[33]

86 Die **Geschäftsführer der Komplementär-GmbH stehen in der Regel nicht in einem besonderen Vertragsverhältnis zur KG,** sondern schulden ihre Dienste der Komplementär-GmbH. Damit wird von der gesetzlichen Grundkonzeption abgewichen, wonach bei der Kommanditgesellschaft die Führung der Geschäfte natürlichen Personen überlassen sein soll, die unbeschränkt persönlich haften. Der Wegfall der unbeschränkten persönlichen Haftung derjenigen Personen, die die Geschicke der GmbH & Co. KG bestimmen, bedeutet zugleich, dass ein wichtiges Korrektiv entfällt: Personen, die unbeschränkt persönlich haften, legen allein aus diesem Grund bei ihren Handlungen und Entscheidungen im eigenen Interesse eine gewisse Sorgfalt an den Tag. Erschwerend kommt schließlich hinzu, dass die Komplementär-GmbH gegenüber der KG nach §§ 161 Abs. 2, 105 Abs. 3 HGB, § 708 BGB nur für diejenige Sorgfalt haftet, die sie in eigenen Angelegenheiten anzuwenden pflegt.[34]

87 Da einerseits die Haftung der Komplementär-GmbH gegenüber der KG nach § 708 BGB eingeschränkt ist und andererseits der Geschäftsführer der Komplementär-GmbH bei dieser als solcher angestellt ist und sich daher typischerweise nicht in einem Rechtsverhältnis zur KG befindet, besteht Einigkeit darüber, dass jedenfalls dann, wenn die Führung der Geschäfte der KG wesentliche Aufgabe der Komplementär-GmbH ist, **die KG in den Schutzbereich des zwischen Komplementär-GmbH und Geschäftsführer geschlossenen Anstellungsvertrages einbezogen ist.**[35]

88 Dass der Kommanditist von der Geschäftsführung nach dem Gesetz ausgeschlossen ist, hindert allerdings nicht, ihn durch Rechtsgeschäft mit Aufgaben für die Komplementär-GmbH zu betrauen, ihn also dort etwa zum Geschäftsführer oder zum Prokuristen zu bestellen.

VII. Haftungsentschädigung und Aufwandsersatz für die Komplementärin

89 An der GmbH & Co. KG ist die Komplementär-GmbH ohne Kapitalanteil beteiligt, partizipiert also weder am Gewinn noch am Verlust, führt aber andererseits die Geschäfte der KG und übernimmt persönliche Haftung, **trägt also im Außenverhältnis das gesamte unternehmerische Risiko der KG.**

---

[32] *K. Schmidt*, Gesellschaftsrecht S. 409 ff.

[33] OLG Stuttgart BB 2007, 2428.

[34] Diese Einschränkung der Haftung soll bei kapitalistisch oder körperschaftlich strukturierten GmbH & Co. KGs und im Fall von Publikumsgesellschaften nicht gelten. In derartigen Fällen ist der Sorgfaltsmaßstab eines ordentlichen Kaufmanns maßgeblich. *Baumbach/Hopt* Anh. § 177 a Rn. 26.

[35] *Baumbach/Hopt* Anh. § 177 a Rn. 28.

Beide Aspekte (**Geschäftsführung und Haftungsübernahme**) **werden der Komplementär-GmbH üblicherweise vergütet** und zwar vor allen Dingen aus steuerlichen Gründen. Damit die von der Gesellschaft getroffene Gewinnverteilungsabrede steuerlich anerkannt wird, muss sie wirtschaftlich angemessen sein.[36]

90 Da nach dem gesetzlichen Leitbild die Geschäftsführung der KG durch die Komplementär-GmbH ihrem Wesen als Komplementärin entspricht (geschäftsführende Gesellschafterin), muss der Komplementär-GmbH diese Tätigkeit nicht gesondert vergütet werden, solange sichergestellt wird, dass der Komplementär-GmbH sämtliche Aufwendungen erstattet werden, die ihr durch ihre geschäftsführende Tätigkeit entstehen (Geschäftsführergehälter, Büroausstattung etc.).[37]

91 Der nicht am Kapital der KG beteiligten Komplementär-GmbH, die die persönliche Haftung für sämtliche Verbindlichkeiten der KG übernimmt, ohne einen Anspruch auf einen Anteil an dem in der KG erwirtschafteten Gewinn zu erhalten, muss dieses **Haftungsrisiko**, um zu einer angemessenen Gewinnverteilungsabrede zu kommen, **gesondert vergütet** werden. Dahinter steht die Überlegung, dass auch jeder gesellschaftsfremde Dritte eine „in etwa dem Risiko des Einzelfalls entsprechende, im Wirtschaftsleben für diesen Fall übliche Avalprovision"[38] verlangen würde. Bei der Bemessung der Höhe dieser Vergütung ist zu ermitteln, welches Risiko die Komplementärin genau übernimmt und was ein fremder Dritter für dieses übernommene Risiko verlangen würde. 1–5% des Vermögens der Komplementärin jährlich dürfte angemessen sein; bei höherem Risiko, etwa wegen einer besonders langen Dauer der Gesellschaft, ist auch eine höhere Vergütung denkbar.[39]

92 Im Gesellschaftsvertrag der KG kann folgendes vorgesehen werden:

Formulierungsbeispiel Haftungsentschädigung und Aufwandsersatz für die Komplementärin:

1. Die Komplementärin hat Anspruch auf eine Entschädigung für die Übernahme der persönlichen Haftung. Die Entschädigung beträgt für jedes Geschäftsjahr der Gesellschaft ___% des Stammkapitals, das die Komplementärin zu Beginn des Geschäftsjahres aufweist. Die Summe ist jeweils zahlbar zum ______ eines jeden Jahres
2. Die Komplementärin kann von der Gesellschaft ihre sämtlichen für die Geschäftsführung entstandenen Aufwendungen erstattet verlangen. Als Ausgaben und Aufwendungen gelten:
   a) wenn die Komplementärin ausschließlich für die Gesellschaft tätig ist, alle betrieblichen Ausgaben und Aufwendungen der Komplementärin, einschließlich der Bezüge ihrer Geschäftsführer oder
   b) wenn die Komplementärin auch noch andere Tätigkeiten ausübt, der Teil ihrer Ausgaben und Aufwendungen, die auf die betriebliche Tätigkeit für die Gesellschaft entfällt.
3. Die Komplementärin hat über ihre Ausgaben und Aufwendungen Rechnungen vorzulegen. Auf Verlangen der Komplementärin hat die Gesellschaft einen angemessenen Vorschuss zu leisten.

VIII. Gesellschafterversammlung und Gesellschafterbeschlüsse

93 Gesellschafterversammlungen und Gesellschafterbeschlüsse folgen in der GmbH & Co. KG, soweit die GmbH betroffen ist, den Regeln für die GmbH, soweit die KG betroffen ist, den Regeln für die KG.

---

[36] *Binz/Sorg Die* GmbH & Co. KG, 10. Aufl., 2005, § 16 Rn. 139.
[37] Nachweise bei: *Binz/Sorg* a. a. O. § 16 Rn. 142.
[38] BFH GmbHR 1977, 186.
[39] BFH a. a. O.; BFH GmbHR 1990, 2025.

Für die Komplementär-GmbH ergeben sich Besonderheiten gegenüber der „normalen“ GmbH allenfalls daraus, dass sie die Stellung einer Komplementärin der KG innehat. Gesetzliche Regelungen über Gesellschafterversammlungen und Gesellschafterbeschlüsse in der KG existieren nicht.[40] 94

Da die Bestimmungen des GmbH-Rechts für die KG nicht gelten, ist es empfehlenswert, **im Gesellschaftsvertrag der KG möglichst detaillierte Regelungen über Gesellschafterversammlungen und Gesellschafterbeschlüsse** vorzusehen. Vor allen Dingen ist darauf zu achten, dass die Regelungen über Gesellschafterversammlungen und Gesellschafterbeschlüsse in den Gesellschaftsverträgen beider Gesellschaften (GmbH und KG) möglichst identisch sind. 95

Die Gesellschaftsverträge von GmbH und KG können auch bestimmen, dass die **Gesellschafterversammlungen gemeinsam abzuhalten** sind, was jedenfalls dann sinnvoll ist, wenn zwischen beiden Gesellschaften Gesellschafteridentität besteht. Dabei ist darauf zu achten, dass die einzelnen Beschlussgegenstände so sauber getrennt und dokumentiert werden, dass jedem Gesellschafter klar ist, worüber beraten und abgestimmt wird, und dass Beschlüsse so dokumentiert werden, dass aus ihnen das genaue Beschlussergebnis eindeutig hervorgeht. Außerdem ist zu beachten, dass für die Gesellschafterversammlungen **unterschiedliche Förmlichkeiten** gelten. Beispielsweise kann der Gesellschaftsvertrag der KG formlos geändert werden, die Änderung des Gesellschaftsvertrages der GmbH erfordert dagegen notarielle Beurkundung. Beschlussgegenstände wie „Feststellung des Jahresabschlusses“, „Entlastung der Geschäftsführer“ etc. sind unklar, weil sie nicht erkennen lassen, ob sie sich auf die KG oder auf die GmbH beziehen. 96

Der Gesellschaftsvertrag der KG sollte regeln 97
- wofür die Gesellschafterversammlung zuständig ist,
- wer sie einberuft,
- wer an ihr teilnimmt,
- wie abgestimmt wird (regelt das Gesetz nichts, wird nach Köpfen abgestimmt),[41]
- wie zu ihr eingeladen wird,
- wer die Gesellschafterversammlung leitet und wie sie dokumentiert wird,
- wie Beschluss gefasst wird sowie
- welche Mehrheiten maßgeblich sind.

IX. Jahresabschluss und Gewinnverwendung

Die GmbH & Co. KG hat zwei Jahresabschlüsse aufzustellen und zwar einen für die Komplementär-GmbH und einen für die KG.[42] Für die Komplementär-GmbH gilt insoweit nichts anderes als für die „normale“ GmbH. 98

Die Aufstellung des Jahresabschlusses der KG ist Aufgabe der Geschäftsführung der KG (also bei der GmbH & Co. KG der Geschäftsführung der Komplementär-GmbH).[43] **Die Feststellung des Jahresabschlusses der KG ist dagegen ein Grundlagengeschäft und der Gesellschafterversammlung vorbehalten,**[44] die grundsätzlich einstimmig entscheidet, §§ 161 Abs. 2, 119 Abs. 1 HGB, falls nicht nach dem Gesellschaftsvertrag Stimmenmehrheit vorgesehen ist,[45] § 119 Abs. 2 HGB. 99

Enthält der Gesellschaftsvertrag eine einfache Mehrheitsklausel, wonach Beschlüsse der Gesellschafter mit der einfachen Mehrheit der Stimmen gefasst werden, so gilt dies 100

[40] *Baumbach/Hopt* Anh. § 177a Rn. 32.
[41] § 161 Abs. 2, § 119 Abs. 2 HGB.
[42] MünchHdb GesR Bd. II *Gummert* § 50 Rn. 100.
[43] *Baumbach/Hopt* § 114 Rn. 3, § 164 Rn. 3.
[44] *Baumbach/Hopt* § 114 Rn. 3, § 164 Rn. 3.
[45] § 119 Abs. 2 HGB.

auch für den Beschluss über die Feststellung des Jahresabschlusses (es sei denn, der Gesellschaftsvertrag ordnet hierzu ausdrücklich etwas anderes an).[46]

101 Die GmbH & Co. KG, die keine natürliche Person als persönlich haftende Gesellschafterin hat, unterfällt den Vorschriften der §§ 164 ff. HGB, also den Vorschriften über Personengesellschaften.[47]

102 Der sich aus dem Jahresabschluss ergebende Gewinn ist nach den Bestimmungen des Gesellschaftsvertrages unter den Gesellschaftern zu verteilen, wobei der vertraglich vereinbarte Gewinnverteilungsschlüssel steuerlich anzuerkennen ist, wenn die vertraglichen Bedingungen wie unter fremdem Dritten ausgehandelt wurden.[48]

X. Verfügungen über Anteile

103 Soll in der GmbH & Co. KG ein Gesellschafter gegen einen anderen ausgewechselt werden, so ist es erforderlich, sowohl die Beteiligung an der Komplementär-GmbH als auch an der KG zu übertragen, wenn der Gleichlauf der Beteiligungsverhältnisse gewünscht ist.

Für die Übertragung des Geschäftsanteils an der GmbH gelten keine Besonderheiten.

104 Der Wechsel der Gesellschafterstellung in der Kommanditgesellschaft kann auf zwei Wegen bewirkt werden: einmal nach dem sogenannten **Ein- und Austrittsmodell** und zum Anderen aufgrund rechtsgeschäftlicher Übertragung des Kommanditanteils.

Beim Ein- und Austrittsmodell erfolgt der Gesellschafterwechsel in der Weise, dass ein Gesellschafter aus der Gesellschaft austritt, sich die vorgesehene Abfindung auszahlen lässt und der neue Gesellschafter durch Abschluss eines neuen Gesellschaftsvertrages mit den bisherigen Gesellschaftern in die Gesellschaft eintritt. Diese kompliziert anmutende Vorgehensweise ist historisch bedingt, da bis zu einer Entscheidung des Reichsgerichts aus dem Jahre 1944[49] die Beteiligung an einer Personengesellschaft als nicht übertragbar galt.[50] Diese Übertragungsart ist nicht empfehlenswert, denn in dieser Konstellation haften sowohl der ausgeschiedene als auch der eintretende Kommanditist den Gläubigern der Gesellschaft mit ihrer Kommanditeinlage, §§ 161 Abs. 2, 160 HGB.[51]

105 Gebräuchlicher und empfehlenswerter ist die **Übertragung des Geschäftsanteils** in der Weise, dass die Beteiligung an der Kommanditgesellschaft im Wege des Rechtskaufs dem neuen Gesellschafter verkauft und diesem abgetreten wird. Da auf diese Weise zugleich ein neuer Gesellschafter in die Personengesellschaft GmbH & Co. KG eintritt, wird dieser neue Gesellschafter auch Partei des zwischen den bisherigen Gesellschaftern bestehenden Gesellschaftsvertrages der GmbH & Co. KG. Aus diesem Grund ist anerkannt, dass, wenn nicht der Gesellschaftsvertrag etwas anderes bestimmt, alle Mitgesellschafter der Anteilsübertragung zustimmen müssen.[52]

106 Die Übertragung des Anteils an einer Kommanditgesellschaft ist grundsätzlich formlos möglich. Bei erwünschtem Beteiligungsgleichlauf wird jedoch zugleich auch ein Geschäftsanteil an der Komplementär-GmbH mit übertragen, was wiederum nur in notarieller Form möglich ist. Da alle Vereinbarungen, die im Zusammenhang mit dem formbedürftigen Rechtsgeschäft (Übertragung des GmbH-Anteils) stehen, auch in der für das formbedürftige Rechtsgeschäft vorgeschriebenen Form abzuschließen sind, be-

---

[46] BGH NJW 2007, 1685, 1686.

[47] *Baumbach/Hopt* Anh. § 177a Rn. 51. Ausführlich zum Jahresabschluss der GmbH & Co. KG: *Binz/Sorg* Die GmbH & Co. KG § 15; MünchHdb GesR Bd. II *Breithaupt* § 56.

[48] MünchHbd GesR Bd. II *Levedag* § 57 Rn. 195.

[49] Beschluss des Großen Senats für Zivilsachen des Reichsgerichts vom 30. 9. 1944 (Az GSE 39/1943), neu abgedruckt in WM 1964, 1130.

[50] RG Urt. v. 28. 11. 1913 RGZ 83, 312, 314 f.

[51] MünchHdb GesR Bd. II *Piehler/Schulte* § 35 Rn. 1.

[52] *K. Schmidt* Gesellschaftsrecht S. 1323; MünchHdb GesR Bd. II *Piehler/Schulte* § 35 Rn. 5.

darf bei der GmbH & Co. KG die Übertragung des Kommanditanteils dann auch der notariellen Beurkundung.[53]

107 Neben der Anteilsübertragung sollte der Vertrag über die Übertragung der Anteile an der GmbH & Co. KG präzise bestimmen, welche Forderungen und Verbindlichkeiten ab welchem Stichtag auf den Erwerber übergehen und in welcher Weise der Erwerber am Jahresergebnis beteiligt wird.

108 Der **Kommanditistenwechsel ist im Handelsregister einzutragen,** § 172 Abs. 3 HGB. Die Eintragung im Handelsregister ist für die Übertragung des Anteils allerdings ohne Bedeutung. Gleichwohl wird regelmäßig vereinbart, dass die Abtretung des Anteils an der KG unter der aufschiebenden Bedingung der Eintragung des Erwerbers als Kommanditist kraft Sonderrechtsnachfolge im Handelsregister erfolgt. Grund dafür ist, dass auf diese Weise die Haftung nach § 176 HGB vermieden wird. Der Vermerk, dass die Eintragung „kraft Sonderrechtsnachfolge" erfolgt, stellt klar, dass die Übertragung des Anteils an der KG nicht im Wege des Ein- und Austritts erfolgt ist. Die Anmeldung des Gesellschafterwechsels ist durch sämtliche Gesellschafter zu bewirken, §§ 161 Abs. 2, 108 HGB, also durch die Komplementär-GmbH und durch alle Kommanditisten.[54]

109 Der ausscheidende Kommanditist und die vertretungsberechtigten Gesellschafter (bei der GmbH & Co. KG regelmäßig die Komplementär-GmbH) haben außerdem bei der Anmeldung des Kommanditistenwechsels zu **versichern, dass dem ausscheidenden Gesellschafter keinerlei Abfindung von der Gesellschaft gezahlt oder versprochen worden ist.**[55]

XI. Ausscheiden von Gesellschaftern

Für das Ausscheiden eines Gesellschafters gibt es mehrere Möglichkeiten:

1. Ausscheiden aus der Gesellschaft durch Vereinbarung

110 Will der Gesellschafter der GmbH & Co. KG aufgrund einer mit seinen Mitgesellschaftern geschlossenen Vereinbarung aus der GmbH & Co. KG austreten, so ist dies ohne weiteres möglich. Das gilt auch für die Komplementär-GmbH. Soweit es um den Austritt aus der KG geht, ist eine entsprechende Vereinbarung zwischen dem Ausscheidenden einerseits und allen anderen Gesellschaftern der KG andererseits zu schließen, falls der Gesellschaftsvertrag nichts anderes festlegt.[56]

111 Gesondert **geregelt werden muss das Ausscheiden aus der Komplementär-GmbH,** da zur Sicherung des Beteiligungsgleichlaufs in der Regel die Gesellschaftsverträge von Komplementär-GmbH und KG vorsehen, dass der Ausscheidende auch aus der Komplementär-GmbH auszuscheiden hat. Das Ausscheiden aus der Komplementär-GmbH kann, muss aber nicht zwangläufig, unter den Gesellschaftern der GmbH geregelt werden. Denkbar sind auch die Übertragung des Geschäftsanteils an einen Dritten oder die Einziehung des Geschäftsanteils an der Komplementär-GmbH mit Zustimmung des ausscheidenden Gesellschafters durch die Gesellschaft.

Die Ausscheidungsvereinbarung sollte zweckmäßiger Weise nicht nur das Ausscheiden regeln, sondern auch alle zwischen KG und Gesellschafter noch bestehende wechselseitigen Ansprüche auf einen bestimmten Stichtag.

---

53 MünchHdb GesR Bd. II *Piehler/Schulte* § 35 Rn. 29.

54 *Baumbach/Hopt* § 162 Rn. 7.

55 Diese Versicherung ist gesetzlich nicht vorgesehen, wird aber von der ganz überwiegenden Rechtsprechung verlangt; s. *Baumbach/Hopt* § 162 Rn. 8 und ist vom BGH ausdrücklich bestätigt worden (BGH NZG 2006, 15 f.). Dagegen mit beachtlichen Gründen: KG NZG 2005, 809.

56 MünchHdb GesR Bd II *Piehler/Schulte* § 36 Rn. 29.

2. Ausscheiden aus der GmbH kraft Gesetzes oder Gesellschaftsvertrages

112 Von besonderer Bedeutung für die Gestaltung der Verhältnisse der GmbH & Co. KG ist, dass für die KG das Ausscheiden von Gesellschaftern **für bestimmte Fälle gesetzlich bestimmt** ist, §§ 161 Abs. 2, 131 Abs. 3 HGB. Falls in diesen gesetzlich vorgesehenen Fällen (s. sogleich Rn. 113–119) das Ausscheiden aus der Gesellschaft nicht gewünscht ist, muss der Gesellschaftsvertrag dies ausdrücklich regeln.

113 a) **Gründe.** Laut §§ 161 Abs. 2, 131 Abs. 3 S. 1 Nr. 1 HGB führt der **Tod eines Gesellschafters** zum Ausscheiden des Gesellschafters. Zum Tod des Kommanditisten bestimmt § 177 HGB, dass die Gesellschaft, falls im Gesellschaftsvertrag nichts anderes bestimmt ist, mit den Erben fortgesetzt wird. Der Gesellschaftsanteil des verstorbenen Kommanditisten fällt an alle Erben.[57] Mehrere Erben werden entsprechend ihrer Erbquote Kommanditist,[58] da die Erbengemeinschaft als solche nicht Gesellschafter sein kann.[59]

114 Umstritten ist, wann vom „Tod" der Komplementär-GmbH gesprochen werden kann. Verschiedene Möglichkeiten kommen in Betracht, nämlich die Vollbeendigung nach vollständiger Liquidation oder bereits die Auflösung der Komplementär-GmbH. Da die Auflösungsgründe in § 131 HGB disponibel sind, sollte diese Frage im Gesellschaftsvertrag geregelt werden. Beispielsweise kann der Gesellschaftsvertrag bestimmen, dass die Komplementär-GmbH bereits mit ihrer Auflösung aus der KG ausscheidet.

115 Als weiteren Grund für das Ausscheiden eines Gesellschafters nennt § 131 Abs. 3 S. 1 Nr. 2 HGB die **Eröffnung des Insolvenzverfahrens über das Vermögen des Gesellschafters.** Ob es sich dabei um die Komplementär-GmbH oder um einen Kommanditisten handelt, ist ohne Belang. Wird das Insolvenzverfahren dagegen mangels Masse nicht eröffnet, so führt dies nicht zum Ausscheiden des Gesellschafters.[60]

116 Der Gesellschafter scheidet nach § 131 Abs. 3 S. 1 Nr. 3 HGB aus der Gesellschaft aus, wenn er kündigt (**Austrittskündigung**).[61] § 132 HGB bestimmt weiter, dass der Gesellschafter einer auf unbestimmte Zeit angelegten Gesellschaft nur zum Ende eines Kalenderjahres mit einer sechsmonatigen Frist kündigen kann. Im Gesellschaftsvertrag kann die Kündigung erleichtert oder erschwert werden.[62] Sie kann jedoch nicht auf Dauer ausgeschlossen werden; dem steht § 723 Abs. 3 BGB entgegen. Eine für eine bestimmte Zeit eingegangene Gesellschaft ist während dieser Zeit nicht ordentlich kündbar. Während für die BGB-Gesellschaft § 723 BGB auch das Recht zur außerordentlichen Kündigung ausdrücklich erwähnt ist, gibt es eine derartige Bestimmung für die KG (und die OHG) nicht. Falls der Gesellschaftsvertrag die außerordentliche Kündigung aus wichtigem Grund nicht ausdrücklich zulässt, ist der Gesellschafter darauf verwiesen, nach § 133 HGB vorzugehen (Auflösung der Gesellschaft durch gerichtliche Entscheidung aus wichtigem Grund).[63]

117 Weiter führt nach § 131 Abs. 3 S. 1 Nr. 4 HGB die **Kündigung durch den Privatgläubiger** des Gesellschafters zum Ausscheiden des Gesellschafters. Die näheren Voraussetzungen hierzu regelt § 135 HGB. Wie alle anderen Ausscheidensgründe kann auch dieser Grund vertraglich modifiziert werden, insbesondere kann der Gesellschaftsvertrag bestimmen, dass die Gesellschafter den Ausschluss des von einer Pfändung seines Geschäftsanteils betroffenen Gesellschafters beschließen können, wenn innerhalb einer be-

---

[57] *Baumbach/Hopt* § 177 Rn. 3.

[58] *Baumbach/Hopt* § 139 Rn. 14.

[59] *Baumbach/Hopt* § 161 Rn. 4.

[60] *Baumbach/Hopt* § 131 Rn. 22, m. w. N. auch zur Gegenmeinung.

[61] MünchHdb GesR Bd II *Piehler/Schulte* § 36 Rn. 11.

[62] *Baumbach/Hopt* § 132 Rn. 8 f.

[63] Einzelheiten hierzu sind streitig. Nach anderer Ansicht kann nicht nur die Auflösung der Gesellschaft auf diese Weise erzwungen werden, sondern auch gekündigt werden (mit der Folge des Ausscheidens des kündigenden Gesellschafters) Nachweise bei: *Baumbach/Hopt* § 133 Rn. 1; MünchHdb GesR Bd II *Piehler/Schulte* § 36 Rn. 23.

stimmten Frist die Pfändung nicht beseitigt worden ist oder dass bereits die Pfändung des Anteils den Ausschluss des Gesellschafters bewirkt.

Als Grund für das Ausscheiden nennt § 131 Abs. 3 S. 2 Nr. 5 HGB den **„Eintritt von weiteren im Gesellschaftsvertrag vorgesehenen Fällen“.** Bei dem, was die Gesellschafter insoweit im Gesellschaftsvertrag festlegen, sind sie weitgehend frei, soweit die vorgesehenen Fälle hinreichend bestimmt sind. Ein typischer Grund ist beispielsweise das Erreichen einer bestimmten Altersgrenze.[64] 118

Schließlich nennt § 131 Abs. 3 S. 1 Nr. 6 HGB als weiteren Grund für das Ausscheiden einen **Beschluss der Gesellschafter.** Hierzu ist allerdings anerkannt, dass dieser Tatbestand einen einstimmigen Beschluss der Gesellschafter voraussetzt.[65] 119

b) **Rechtsfolgen.** Mit dem Eintritt des ihn betreffenden Ereignisses scheidet der Gesellschafter aus der Gesellschaft aus, im Fall der Kündigung jedoch nicht vor Ablauf der Kündigungsfrist, § 131 Abs. 3 S 2 HGB. Sein Kapitalanteil wächst den übrigen Gesellschaftern kraft Gesetzes an, §§ 161 Abs. 2, 105 Abs. 2 HGB, § 738 BGB. Besonderer Rechtsgeschäfte bedarf es insoweit nicht.[66] Scheidet der letzte verbleibende Kommanditist aus der Gesellschaft aus, so wächst sein Kapitalanteil der Komplementär-GmbH an und die GmbH & Co. KG ist aufgelöst. Sie besteht als GmbH fort. **Anwachsen kann allerdings nur der Kapitalanteil an der KG.** Die Anwachsung eines GmbH-Geschäftsanteils ist grundsätzlich nicht möglich. Hier bleibt nur die Möglichkeit, den Geschäftsanteil einzuziehen oder ihn anderweitig zu veräußern. 120

Die GmbH & Co. KG hat einen einzigen Komplementär, nämlich die Komplementär-GmbH. Da es **ohne Komplementär keine GmbH & Co. KG** geben kann, ist die GmbH & Co. KG aufgelöst, wenn ihre Komplementärin ausscheidet.[67] Dafür spricht auch, dass die Kommanditisten nach dem Gesellschaftsvertrag beschränkt haften sollen und es eine Personengesellschaft, die ausschließlich aus beschränkt haftenden Gesellschaftern besteht, nicht gibt. 121

c) **Ausschließung.** Während beim Ausscheiden eines Gesellschafters infolge einer Kündigung derjenige Gesellschafter aktiv wird, der im Ergebnis aus der Gesellschaft ausscheidet, werden beim Ausschluss eines Gesellschafters die verbleibenden Gesellschafter aktiv. 122

Formulierungsbeispiel Ausschlussklausel:

Die Gesellschafterversammlung kann beschließen, einen Gesellschafter aus der Gesellschaft auszuschließen, wenn in dessen Person ein die Ausschließung aus der Gesellschaft rechtfertigender wichtiger Grund vorliegt. [Ein solcher wichtiger Grund liegt insbesondere dann vor, wenn der betroffene Gesellschafter die ihm nach dem Gesellschaftsvertrag obliegende Verpflichtungen [nachhaltig] gröblich verletzt [und diese Verletzung nach Abmahnung durch die Gesellschaft nicht unverzüglich beendet.]] Bei der Beschlussfassung der Gesellschafterversammlung hat der betroffene Gesellschafter kein Stimmrecht. Nach Beschlussfassung der Gesellschafterversammlung teilt deren Vorsitzender, im Verhinderungsfall die Geschäftsführung, dem betroffenen Gesellschafter die Ausschließung mit. [Die Ausschließung wird mit Zugang der Ausschließungserklärung bei dem betroffenen Gesellschafter wirksam.]

Falls in der Person des Gesellschafters ein wichtiger Grund vorliegt, der die übrigen Gesellschafter zur Erhebung der Auflösungsklage nach § 133 HGB berechtigt, so können 123

---

[64] MünchHdb GesR Bd II *Piehler/Schulte* § 36 Rn. 27; *Baumbach/Hopt* § 131 Rn. 25.
[65] MünchHdb GesR Bd II *Piehler/Schulte* § 36 Rn. 28.
[66] *Baumbach/Hopt* § 131 Rn. 39.
[67] *Baumbach/Hopt* § 131 Rn. 36.

diese Gesellschafter auch die Ausschließung des entsprechenden Gesellschafters, in dessen Person ein wichtiger Grund vorliegt, gerichtlich erwirken § 140 HGB.

124 Wichtige Gründe im Sinne von § 140 HGB sind nur solche, die in der Person des Gesellschafters begründet sind.[68] Die Ausschließung nach dieser Bestimmung darf nur nach einer umfassenden Interessenabwägung dann zum Zuge kommen, wenn sich kein anderer Weg findet, um Schaden von der Gesellschaft abzuwenden (Ultima-Ratio-Grundsatz).[69] Der Gesellschaftsvertrag kann von § 140 HGB abweichen, das heißt das Ausschließungsrecht der verbleibenden Gesellschafter erschweren oder ganz beseitigen.[70]

125 Sogenannte **Hinauskündigungsklauseln** sind grundsätzlich nur dann zulässig, wenn dies durch besondere, in der Eigenart des Gesellschaftsverhältnisses liegende Gründe sachlich gerechtfertigt ist.[71] Die Rechtsprechung hierzu ist wenig konturiert.[72] Für den Fall, dass die Hinauskündigung an den Tod eines Gesellschafters anknüpft, hat der BGH die Hinauskündigung gebilligt,[73] ebenso für den Fall des Vorliegens eines wichtigen Grundes.[74] Auch das sogenannte „Managermodell“, wonach ein Geschäftsführer, dem im Hinblick auf diese Stellung eine Minderheitsbeteiligung, für die dieser nur den Nennwert bezahlt hat, „hinausgekündigt“ werden kann, wenn sein Geschäftsführeramt endet, hat der BGH akzeptiert.[75]

3. Abfindung des ausscheidenden Gesellschafters

126 Mit dem Ausscheiden des Gesellschafters entsteht der gegen die Gesellschaft gerichtete Abfindungsanspruch des Gesellschafters.[76] Grundlage des Abfindungsanspruchs ist der **wirkliche Wert des Unternehmens.**[77]

Der Ausschluss der Abfindung wird bei der KG für den Fall des Todes für zulässig gehalten.[78] Im Übrigen gilt für die üblicherweise verwendeten Abfindungsklauseln nichts anderes als für die GmbH (s. dazu oben § 5).

---

[68] *Baumbach/Hopt* § 140 Rn. 5.

[69] MünchHdb GesR Bd II *Piehler/Schulte* § 36 Rn. 43 m. w. N. Dies ist unstreitig für die Ausschließung aufgrund der Bestimmungen des § 140 HGB. Ob dies auch dann richtig ist, wenn der Ausschluss aufgrund einer gesellschaftsvertraglichen Regelung, auf die sich der Gesellschafter beim Abschluss des Gesellschaftsvertrages eingelassen hat, richtig ist, ist zweifelhaft.

[70] *Baumbach/Hopt* § 140 Rn. 28.

[71] BGH NJW 1981, 2565; Einzelheiten und Beispiele bei: *Baumbach/Hopt* § 140 Rn. 31.

[72] Darstellung bei *Gehrlein* NJW 2005, 1969.

[73] BGH NJW 1989, 834.

[74] BGH NJW 1989, 2681.

[75] BGH NJW 2005, 3641.

[76] Ausführlich: MünchHdb GesR Bd II *Piehler/Schulte* § 37 Rn. 21 ff.

[77] *Baumbach/Hopt* § 131 Rn. 49.

[78] *Baumbach/Hopt* § 131 Rn. 32 m. w. N.

§ 7 Aktiengesellschaft

Schrifttum: *Bauer/Krets,* Gesellschaftsrechtliche Sonderregeln bei der Beendigung von Vorstands- und Geschäftsführerverträgen, DB 2003, 811; *Brömmelmeyer,* Neue Regeln für die Binnenhaftung des Vorstands – Ein Beitrag zur Konkretisierung der Business Judgment Rule, WM 2005, 2065; *Dreher/Görner,* Der angemessene Selbstbehalt in der D&O-Versicherung, ZIP 2003, 2321 f.; *Grundei/Werder,* Die Angemessenheit der Informationsgrundlage als Anwendungsvoraussetzung der Business Judgment Rule, AG 2005, 825; *Hoffmann-Becking,* Abfindungsleistungen an ausscheidende Vorstandsmitglieder, ZIP 2007, 2101; *Kölling,* Namensaktien im Wandel der Zeit – „NaStraG“, NZG 2000, 631; *Liese,* Sind Aufhebungsvereinbarungen von Vorstandsmitgliedern nach dem Vorstandsvergütungs-Offenlegungsgesetz individuell offenzulegen?, DB 2007, 209; *Pentz,* Genehmigtes Kapital, Belegschaftsaktien und Sacheinlagefähigkeit obligatorischer Nutzungsrechte – das adidas-Urteil des BGH, ZGR 2001, 901; *Quack,* Beschränkungen der Redezeit und des Auskunftsrechts des Aktionärs, AG 1985, 145; *Schäfer,* Die Binnenhaftung von Vorstand und Aufsichtsrat nach der Renovierung durch das UMAG, ZIP 2005, 1253; *Seibert,* Der Ausschluß des Verbriefungsanspruchs des Aktionärs in Gesetzgebung und Praxis, DB 1999, 267 ff.; *Semler,* Zur aktienrechtlichen Haftung der Organmitglieder einer Aktiengesellschaft, AG 2005, 321; *Wahlers,* Fallstricke bei der Gründung und Handhabung der kleinen AG, DStR 2000, 973.

A. Rechtsform der Aktiengesellschaft

Sah man zu Beginn der 90er Jahre die Aktiengesellschaft (AG) als eine Gesell- 1
schaftsform in der Krise, erlebt sie dank der signifikanten Zunahme der Anzahl an Aktiengesellschaften im deutschen Wirtschaftsraum in diesem Jahrzehnt ihre Renaissance:

I. Bedeutung und wirtschaftliche Funktion

Mittlerweile gibt es in Deutschland ca. 15 000 Aktiengesellschaften und Kommandit- 2
gesellschaften auf Aktien, davon ca. 1100 börsennotierte AGs.[1] Trotz der weit größeren und deutlich stärker ansteigenden Zahl an GmbHs geht mit der Gründung einer AG ein breiteres öffentliches Interesse einher, insbesondere wenn die AG aus einem Unternehmen anderer Rechtsform im Wege des Formwechsels, §§ 190 ff. UmwG, entsteht, um anschließend an die Börse zu streben.

Neben der verglichen mit der GmbH in der Regel deutlich stärkeren Wirtschaftskraft 3
beruht die **Öffentlichkeitswirksamkeit** vor allem darauf, dass die AG als bedeutendere Rechtsform angesehen wird. Auch scheint dem Titel eines „Vorstands der AG“ gegenüber der Bezeichnung „Geschäftsführer“ ein eindrucksvollerer Klang innezuwohnen.[2] Die positive Wahrnehmung der Rechtsform AG dürfte in den nächsten Jahren weiter zunehmen, falls sich die im Zuge der Reform des GmbH-Rechts neugeschaffene „Unternehmergesellschaft (haftungsbeschränkt)“ am Markt durchsetzt.[3] Im europäischen Wirt-

---

[1] *Freudenberg* AG-Report 2007, 375.

[2] Der terminologischen Abwertung des „Geschäftsführers“ ist wohl auch die exorbitante Zunahme dessen anglizierter Umschreibung als „CEO“ geschuldet.

[3] Nach § 5 a GmbHG (n. F.) kann zukünftig eine GmbH auch in der Form einer Unternehmergesellschaft gegründet werden, deren Stammkapital EUR 25 000,00 unterschreiten darf (vgl. Beschlussempfehlung und Bericht des Rechtsausschusses zum MoMiG vom 24. 6. 2008, BT-Drs. 16/9737, S. 8).

schaftsraum wird sich die deutsche AG als Rechtsform nicht nur mit den der AG entsprechenden Kapitalgesellschaften der Mitgliedsstaaten messen müssen, sondern auch mit der „Europäischen Aktiengesellschaft“ (Societas Europaea, SE), einer supranationalen Rechtsform für Unternehmen mit Sitz in einem Mitgliedsstaat der EU.[4]

4 Der AG kommen im Wesentlichen drei **wirtschaftliche Funktionen** zu, die sie zugleich von den übrigen Gesellschaftsformen unterscheidet. Zunächst ist die AG auf die Teilnahme am Kapitalmarkt ausgerichtet. Sie ermöglicht die Beschaffung großer Kapitalbeträge mit langfristiger Bindung als Haftkapital durch Streuung ihrer Anteile bei möglichst vielen Aktionären (**Kapitalsammelfunktion**). Diesem Ziel dient die körperschaftliche Struktur der AG, die auf die Aufnahme eines großen und vor allem wechselnden Mitgliederbestandes abzielt, ohne hierdurch die Handlungsfähigkeit der Gesellschaft zu beeinträchtigen. Die **Übertragbarkeit der Aktien** (Fungibilität) ist vorbehaltlich abweichender Satzungsbestimmungen ohne jede Einschränkung möglich und wird durch eine meist kleine Stückelung der Aktiennennbeträge gefördert. Im Gegensatz zu anderen Gesellschaftsformen herrscht bei der AG schließlich eine **strikte Trennung von Kapital und Management,** ohne die eine effiziente Führung des Unternehmens bei einer großen Anzahl an Anteilseignern nicht möglich wäre.

II. Haftungsmasse

5 Charakteristisch für die AG ist neben ihrer korporativen Organisationsstruktur, die auf einen Wechsel der Anteilseigner angelegt ist, die fehlende persönliche Haftung der Aktionäre für Gesellschaftsverbindlichkeiten. Das **Grundkapital der AG** bildet als Mindesthaftkapital den notwendigen Ausgleich dafür, dass den Gläubigern nur das Gesellschaftsvermögen, nicht aber dasjenige der Aktionäre haftet. Das Grundkapital muss nach § 7 AktG mindestens EUR 50 000,00 betragen. Es steht den Gründern frei, der AG ein höheres, auf einen Nennbetrag in Euro lautendes Grundkapital zur Verfügung zu stellen (**Freiheit der Finanzierungsentscheidung**). In der Regel werden die Gründer die Gesellschaft mit einem Grundkapital ausstatten, das in einem vernünftigen Verhältnis zur geplanten Geschäftstätigkeit, zum Gegenstand des Unternehmens und zu dem damit verbundenen wirtschaftlichen Risiko steht. Lediglich im Banken- und Versicherungssektor ist durch entsprechende gesetzliche Vorgaben ein höheres Grundkapital als EUR 50 000,00 vorgeschrieben.[5]

6 Die Aufbringung und Erhaltung des Mindesthaftkapitals bis zur vollständigen Liquidation der Gesellschaft wird durch eine Vielzahl von Rechtsvorschriften im AktG sichergestellt. Die vollständige **Aufbringung des Grundkapitals** sollen die Verpflichtung der Gründer zur Übernahme sämtlicher Aktien, §§ 23 Abs. 2 Nr. 2, 29 AktG, und zur Leistung des eingeforderten Betrags auf die Einlage, §§ 36 Abs. 2, 36 a AktG, die Verbote der Unterpariemission, § 9 Abs. 1 AktG, und der Stufengründung, § 2 AktG, die Gründungsprüfung, §§ 32 Abs. 2, 33 f. AktG, die strengen Bewertungsvorschriften für Sacheinlagen, §§ 27, 32 ff. AktG, und die Gründerhaftung, §§ 46 ff. AktG, sicherstellen. Weiter als das GmbHG, das nur den Schutz des Stammkapitals anordnet, schützt das AktG das **Gesellschaftsvermögen** insgesamt. Diesem Schutz dienen das Verbot jeglicher Rückgewähr von Einlagen, § 57 AktG, das Verbot der Befreiung der Aktionäre von ihren Leistungspflichten, § 66 AktG, das Verbot des Erwerbs eigener Aktien, §§ 71–71 e AktG, das Verbot, vor Auflösung der AG mehr Dividende auszuschütten als es dem Bilanzgewinn entspricht, § 58 Abs. 4 AktG, die Bestimmungen

[4] Den Gründern einer Europäischen Aktiengesellschaft steht es frei, eine solche nach dem jeweiligen Aktienrecht des Mitgliedsstaates zu gründen.

[5] Vgl. insbesondere § 2 Abs. 1 Nr. 1 PfandBG, §§ 11 und 20 Abs. 6 InvG, §§ 5 Abs. 4, 53 c VAG sowie §§ 2 Abs. 1, 8 Abs. 1 BausparkG i. V. m. §§ 10, 33 Abs. 1 Nr. 1 KWG.

zur Begrenzung der an die Gesellschafter auszahlbaren Beträge, § 150 AktG i.V.m. §§ 266 Abs. 3A, 272 HGB, sowie die von der Rechtsprechung und Lehre entwickelten Institute der verschleierten Sacheinlage[6] und der kapitalersetzenden Gesellschafterleistung.[7]

III. Formen der Aktiengesellschaft

Wenngleich bei der Ausgestaltung der gesellschaftsrechtlichen Organisationsstruk- 7
tur einer AG wegen der Satzungsstrenge, § 23 Abs. 5 AktG, nur ein begrenzter Spielraum besteht, lassen sich beispielsweise über die Kapitalausstattung, die Schaffung unterschiedlicher Aktiengattungen, die Beschränkung der Übertragbarkeit von Aktien und über besondere Gesellschaftszweckregelungen unterschiedliche Ausformungen erreichen, von denen nachfolgend die besonders praxisrelevanten Erscheinungsformen kurz dargestellt werden.[8] Die so genannte **„kleine AG"** umschreibt eine nicht börsennotierte Gesellschaft mit einem geschlossenen und namentlich bekannten Kreis an Aktionären. Für sie gelten Sonderbestimmungen, etwa die Regelungen zur Einpersonen-Gründung oder zur vereinfachten Durchführung von Hauptversammlungen, §§ 36 Abs. 2 S. 2, 121, 124 AktG, was diese Gesellschaftsform für mittelständische Unternehmen attraktiv machen soll.[9] Die **„Publikums-AG"** zeichnet sich hingegen durch einen offenen Gesellschafterkreis aus und ist auf die Beteiligung eines breiten Anlegerpublikums angelegt. Ihre Aktien sind typischerweise zum Börsenhandel zugelassen, zumindest aber frei übertragbar. Die **„börsennotierte AG"** ist in § 3 Abs. 2 AktG definiert. Sie unterliegt aufgrund ihrer Kapitalmarktorientierung strengeren Regelungen, vgl. §§ 110 Abs. 3, 125 Abs. 1 S. 3, 134 Abs. 1 S. 2, 161, 171 Abs. 2 S. 2, 328 Abs. 3 und 404 Abs. 1 und Abs. 2 S. 1 AktG. Dies gilt insbesondere auch für den Bereich der Mitteilungs- und Transparenzvorschriften, vgl. insbesondere §§ 15, 15 a, 21 f. und 25 f. WpHG. Eine weitere Erscheinungsform ist die **„Familien-AG"**. Bei ihr üben eine oder mehrere Unternehmerfamilien bestimmenden Einfluss auf die Gesellschaft und ihre Organe aus, sei es durch einen entsprechend hohen Anteils- und Stimmrechtsbesitz, durch Sonderrechte (vielfach halten die Familienmitglieder alle Stammaktien, während die übrigen Aktionäre lediglich stimmrechtslose Vorzugsaktien erhalten) oder durch Poolung der Stimmrechte der Familienaktionäre im Wege eines Konsortial- oder Stimmrechtsbindungsvertrags. Der Typus der **„genossenschaftlichen AG"** ist gekennzeichnet durch einen in der Satzung festgeschriebenen genossenschaftlichen Förderauftrag und weitere Maßnahmen, etwa die Ausgabe vinkulierter Namensaktien, die die Beibehaltung der genossenschaftlichen Identität des Unternehmens sicherstellen. Im Zuge der Europäisierung des Gesellschaftsrechts besteht seit Ende des Jahres 2004 die Rechtsform der **„Europäischen Aktiengesellschaft"** (Societas Europaea, SE), die europaweit in Deutschland die breiteste Zustimmung erfährt.[10] Sie ist vor allem für Unternehmen interessant, die eine verstärkte Tätigkeit in anderen Mitgliedsstaaten der Union anstreben oder einen späteren Sitzwechsel in ein anderes Mitgliedsland erwägen. Einer SE ist es jederzeit möglich, sich unter Beibehaltung ihrer Rechtsform in einem anderen Mitgliedsstaat niederzulassen.

---

[6] Vgl. BGHZ 110, 47 = NJW 1990, 982; NJW 1996, 524 (525); NJW 2000, 725 (726).

[7] Kapitalersetzende Gesellschafterleistungen sind primär ein Problem des GmbH-Rechts; vgl. zur entsprechenden Anwendung im Aktienrecht *Hüffer* § 57 AktG Rn. 16 ff. m. w. N.

[8] Die Darstellung erhebt keinen Anspruch auf Vollständigkeit. So gibt es noch eine Vielzahl weiterer Erscheinungsformen, etwa die AG im (Teil-)Besitz der öffentlichen Hand, die Nebenleistungs-AG, die Investment-AG sowie die Unternehmensbeteiligungs-AG, die jedoch nur eingeschränkt Praxisrelevanz haben. Für eine detailliertere Darstellung, MünchHdb. GesR IV/*Hoffmann-Becking* § 2 Rn. 7 ff.

[9] *Wahlers* DStR 2000, 973.

[10] *Bayer/Schmidt* AG-Report 2007, 192 ff.

B. Gründung der Aktiengesellschaft

8 Möchten sich eine oder mehrere Personen einer AG als Rechtsträger ihres bestehenden oder noch zu errichtenden Unternehmens bedienen, können sie eine AG gründen oder sich einer bereits bestehenden Mantel- oder Vorrats-AG bedienen:

I. Gründung

9 Die meisten Aktiengesellschaften entstehen im Wege der Gründung gemäß §§ 23 ff. AktG, vgl. Rn. 10 ff.[11] Daneben kann die AG auch im Wege des Formwechsels aus einer Gesellschaft anderer Rechtsform, häufig einer GmbH, entstehen, vgl. §§ 190 ff. UmwG.[12] Ein Unternehmer, der sich bei der Umsetzung einer Geschäftsidee einer AG als Rechtsträger bedienen möchte, hat im Hinblick auf den mit der Gründung oder einem Formwechsel verbundenen Zeitaufwand auch die Möglichkeit, sich einer „wirtschaftlich stillgelegten" AG (**Mantel-AG**) oder einer auf Vorrat gegründeten AG (**Vorrats-AG**) zu bedienen, vgl. Rn. 27 ff.

1. Gründungsschritte

10 Die Gründung einer AG vollzieht sich in mehreren Schritten. Sofern sich die Gründer nicht schon in einem Vorvertrag zur Gründung einer AG verpflichtet haben und sie hierdurch eine so genannte **Vorgründungsgesellschaft** begründen,[13] beginnt die Gründung mit der Feststellung der Satzung und der Übernahme sämtlicher Aktien zu notariellem Protokoll, dem sogenannten Gründungsprotokoll, vgl. §§ 2, 23, 28, 29 AktG. Damit ist die AG zwar „errichtet", besteht aber als solche noch nicht, §§ 29, 41 Abs. 1 S. 1 AktG, und wird als **Vorgesellschaft** oder **Vor-AG** bezeichnet. Im Anschluss daran bestellen die Gründer gemäß § 30 Abs. 1 AktG den ersten Aufsichtsrat, der seinerseits den ersten Vorstand bestellt, sowie den Abschlussprüfer für das erste Voll- oder Rumpfgeschäftsjahr, § 30 Abs. 1 S. 1 AktG. Die **Bestellung** bedarf der notariellen Beurkundung und erfolgt regelmäßig zusammen mit der Feststellung der Satzung und der Übernahme der Aktien im Gründungsprotokoll. In einem dritten Schritt ist der Gründungsbericht zu erstellen und **die Gründungsprüfung** durchzuführen, §§ 32 bis 34 AktG. Im Gründungsbericht, der von allen Gründern persönlich ohne die Möglichkeit einer rechtsgeschäftlichen Vertretung unterschrieben werden muss, legen die Gründer den Hergang der Gründung dar und machen Angaben nach § 32 Abs. 2 und 3 AktG.[14] Zusätzlich haben Vorstand und Aufsichtsrat den Hergang der Gründung zu prüfen und hierüber schriftlich zu berichten, § 33 Abs. 1 AktG. Da zu den Gründern zumeist auch ein Mitglied des Vorstands oder des Aufsichtsrats gehört oder häufig ein Fall des § 33 Abs. 2 Nr. 2, 3 oder 4 AktG vorliegt, ist in der Regel zusätzlich auch eine Gründungsprüfung nach § 33 Abs. 2 AktG durch den beurkundenden Notar oder einen gerichtlich bestellten Gründungsprüfer erforderlich. Anschließend sind in einem vierten Schritt die **Einlagen zur endgültigen freien Verfügung** des Vorstands zu leisten, vgl. §§ 36 Abs. 2, 36 a, 37 Abs. 1 AktG, worauf in einem fünften Schritt die AG zum **Handelsregister angemeldet** wird, §§ 36 Abs. 1, 37 AktG. Schließlich prüft das Registergericht gemäß § 38 AktG die Unterlagen und trägt die Gesellschaft in das Handelsregister ein, § 39 AktG. Mit der **Eintragung** entsteht die AG, § 41 Abs. 1 S. 1 AktG.[15] Der mehrstufige Grün-

---

[11] *Bayer/Hoffmann* AG-Report 2006, 399 f.

[12] Theoretisch kann eine AG auch im Wege der Spaltung zur Neugründung, §§ 135 ff., 141 ff. UmwG, oder der Verschmelzung durch Neugründung, §§ 73 ff. UmwG, entstehen; mangels Praxisrelevanz wird auf eine nähere Darstellung verzichtet.

[13] Vgl. hierzu insbesondere KG AG 2003, 431 und KG AG 2004, 321.

[14] KöKo/*Kraft* § 32 AktG Rn. 4.

[15] *Bayer/Hoffmann* AG-Report 2006, 312 f.

dungsvorgang ist zeitaufwendig, weshalb das Stadium der Vor-AG im Durchschnitt fünf bis sechs Monate dauert.[16]

2. Gründungsprotokoll

11 Im beurkundungsbedürftigen Gründungsprotokoll, § 23 Abs. 1 AktG, stellen die Gründer die Satzung fest und erklären die Übernahme der Aktien, wobei jeder der Gründer zumindest eine Aktie zu übernehmen hat und sämtliche Aktien, die das Grundkapital repräsentieren, übernommen werden müssen. Die Gründer sind im Gründungsprotokoll namentlich zu bezeichnen,[17] die von ihnen übernommenen Aktien nach Zahl oder Nennbetrag, dem Ausgabebetrag und der Gattung zu spezifizieren und der eingezahlte Betrag des Grundkapitals anzugeben, § 23 Abs. 2 Nr. 1 bis 3 AktG. In der festzustellenden Gründungssatzung sind Sondervorteile und der Gründungsaufwand offenzulegen und Angaben nach § 27 AktG zu Sacheinlagen zu machen.[18] Die Bestellung des ersten Aufsichtsrats und des Abschlussprüfers für das erste Voll- oder Rumpfgeschäftsjahr muss zwar nicht zwingend im Gründungsprotokoll erfolgen, wird aber in der Regel einen Bestandteil desselben bilden, da auch die Bestellung von Aufsichtsrat und Abschlussprüfer der notariellen Beurkundung bedürfen, § 30 Abs. 1 S. 2 AktG.

3. Haftung im Gründungsstadium

12 **a) Haftung der Gesellschafter.** *aa) Vorgründungsgesellschaft.* Verpflichten sich die künftigen Aktionäre aus Gründen der Eilbedürftigkeit, weil sie einander vertraglich binden wollen oder weil sie die für die Errichtung der AG erforderlichen Einlagen vorübergehend nicht aufbringen können, zunächst nur zur Errichtung einer AG, begründen sie hierdurch eine Gesellschaft bürgerlichen Rechts (GbR), die so genannte Vorgründungsgesellschaft. Diese kann am Rechtsverkehr teilnehmen, Verpflichtungen eingehen und Rechte erwerben.[19] Soll die Gesellschaft ein Handelsgewerbe betreiben, gilt sie als offene Handelsgesellschaft (OHG).

13 Soweit es die Außenhaftung der Vorgründungsgesellschaft und ihrer Gesellschafter anbetrifft, gelten die für die GbR, §§ 705 ff. BGB, oder die OHG, §§ 105 ff. HGB, bestehenden Regelungen.[20] Neben der Gesellschaft haften deshalb auch die Gesellschafter für die eingegangenen Gesellschaftsverbindlichkeiten, und zwar **persönlich, unbeschränkt** und auch nach Errichtung und Eintragung der AG weiter. Aufgrund dieser unbeschränkten persönlichen Haftung ist im Einzelfall zu prüfen, ob eine Vorgründungsgesellschaft tatsächlich erforderlich ist oder ob nicht gleich durch Errichtung einer AG eine Vor-AG geschaffen werden kann. Sofern die Errichtung einer Vorgründungsgesellschaft im Einzelfall dennoch opportun ist, sollten die Gesellschafter das nach § 723 Abs. 1 S. 1 BGB bestehende Recht zur jederzeitigen Kündigung ausschließen, da dieses dem Gesellschaftszweck widerspricht.

14 *bb) Vor-AG.* Mit Errichtung der AG zu notariellem Protokoll, §§ 23, 29 AktG, entsteht bis zum Zeitpunkt der Eintragung im Handelsregister, § 41 Abs. 1 AktG, eine Vor-AG als Rechtsgebilde sui generis. Da die Rechtsverhältnisse der Vor-AG im Gesetz nur bruchstückhaft geregelt sind, hat die Rechtsprechung insbesondere zum GmbH-Recht die folgenden – auch auf die Vor-AG geltenden – Grundsätze zur Haftung der Vorgesellschaft und ihrer Gesellschafter entwickelt:

---

[16] *Bayer/Hoffmann* AG-Report 2006, 312 f.

[17] Bei natürlichen Personen sind Vor- und Nachname sowie die Anschrift anzugeben, bei juristischen Personen die Firma und der Sitz.

[18] Zum Gründungsaufwand zählen eine Gründungsentschädigung und ein Gründerlohn, vgl. KG NZG 2004, 826 (827), nicht jedoch die Vergütung für den ersten Vorstand oder den ersten Aufsichtsrat (BGH DStR 2004, 1396).

[19] *Bayer/Hoffmann* AG-Report 2006, 312 f.

[20] *Bayer/Hoffmann* AG-Report 2006, 312 f.

15 Die Vor-AG unterliegt einem Sonderrecht, das aus den im Gesetz oder im Gesellschaftsvertrag gegebenen Gründungsvorschriften und dem Recht der rechtsfähigen Gesellschaft, soweit es nicht die Eintragung voraussetzt, besteht.[21] Die Vor-AG ist aktiv und passiv parteifähig,[22] kann Rechte erlangen und Verpflichtungen eingehen. Die Gründer können den Vorstand ermächtigen, über die zur Erlangung der Rechtsfähigkeit notwendigen Geschäfte hinaus bereits in der Phase der Vor-AG im Namen der Gesellschaft die Geschäfte aufzunehmen.[23] Die aus solchen Geschäften entstehenden Rechte und Pflichten treffen die Vor-AG und gehen mit Eintragung der Gesellschaft automatisch auf die AG über.[24]

16 Im Gegensatz zur Vorgründungsgesellschaft gibt es bei der Vor-AG grundsätzlich keine Außenhaftung der Gründer. Die Gründer unterliegen allerdings in den folgenden Fällen einer Innenhaftung gegenüber der Vor-AG:

17 • Die Gründer haften für die Verluste der Vor-AG nicht nur bis zur Höhe ihrer Einlageverpflichtungen, sondern unbeschränkt, wenn die Eintragung der Gesellschaft scheitert und die Vor-AG liquidiert werden muss (**Verlustdeckungshaftung**).[25]

18 • Unterschreitet der Wert des Gesellschaftsvermögens im Zeitpunkt der Eintragung der AG im Handelsregister den Grundkapitalnennbetrag, etwa weil die Vor-AG schon Aufwendungen getätigt oder sonstige Vorbelastungen[26] eingegangen ist, haften die Gründer, die mit der vorzeitigen Geschäftsaufnahme einverstanden waren, in Höhe des Differenzbetrags (**Unterbilanzhaftung**).[27]

19 • Verpflichten sich ein oder mehrere Gründer zur Erbringung einer Sacheinlage und bleibt deren Wert hinter dem der Einlageverpflichtung zurück, haftet der Sacheinleger auf den Differenzbetrag (**Differenzhaftung**).[28]

20 **b) Haftung der Gründungsverantwortlichen.** Zur Sicherstellung eines ordnungsgemäßen Gründungsvorgangs unterwirft das Gesetz die Gründer in § 46 AktG einer speziellen **Gründerhaftung.** In gleicher Weise trifft bei Pflichtverstößen im Rahmen des Gründungsvorganges den Vorstand und den Aufsichtsrat, § 48 AktG, die Gründungsprüfer, § 49 AktG, die in § 47 AktG benannten Personen und im Falle des § 37 Abs. 1 S. 4 AktG auch das kontoführende Kreditinstitut eine Haftung.

21 **c) Handelndenhaftung.** Nimmt der Vorstand vor Eintragung der AG in deren Namen die Geschäfte auf, haftet er neben der Vor-AG, Rn. 15, und den Gründern, Rn. 16ff., persönlich und unbeschränkt nach § 41 Abs. 1 S. 2 AktG. Die praktische Relevanz der **Handelndenhaftung,** die nur die Vorstandsmitglieder, nicht aber die Aufsichtsratsmitglieder trifft, ist gering. Der handelnde Vorstand kann seine Haftung entweder durch Vereinbarung mit dem Geschäftspartner ausschließen[29] oder, sofern er aufgrund einer entsprechenden Ermächtigung der Gründer gehandelt hat, bei diesen oder der Vor-AG Regress nehmen.[30] Schließlich geht die Handelndenhaftung mit Eintragung der AG im Handelsregister unter, da die Verbindlichkeiten der Vor-AG auf die AG übergehen.[31]

---

[21] So wörtlich BGHZ 21, 242 (246) = NJW 1956, 1435 zur GmbH und seither in ständiger Rechtsprechung.

[22] BGH WM 1998, 245.

[23] KG AG 2004, 321.

[24] BGHZ 80, 129 (137) = NJW 1981, 1373 (1374); BGH NJW 1982, 932.

[25] KG AG 2003, 431 (432).

[26] Das frühere Vorbelastungsverbot, wonach der Vorstand zur Eingehung solcher Verbindlichkeiten nicht ermächtigt war (vgl. BGHZ 45, 338 (342f.) = WM 1966, 571; BGHZ 65, 378 (383) = BB 1976, 200 (201), wurde von der Rechtsprechung aufgegeben (vgl. BGHZ 80, 129 (133ff.) = NJW 1981, 1373 (1374)).

[27] BGHZ 80, 129 (140ff.) = NJW 1981, 1373 (1375); BGHZ 134 (333) = ZIP 1997, 679; BGHZ 165 (391) = NJW 2006, 1594.

[28] BGHZ 64, 52 (62) = NJW 1975, 974 (977); BGHZ 68, 191 (195) = NJW 1977, 1196.

[29] BGHZ 53, 210 (213) = NJW 1970, 806 (807); BGH NJW 1973, 798.

[30] Vgl. *Hüffer* § 41 AktG Rn. 26.

[31] BGHZ 80, 182 (183) = NJW 1981, 1452; BAG ZIP 2006, 1672.

4. Einlagen / Bar- oder Sachgründung

Neben dem gesetzlichen Normalfall der **Bargründung,** bei welchem die Gründer die Einlageverpflichtung auf die von ihnen übernommenen Aktien durch Bareinlagen erbringen, können die Aktien auch gegen Sacheinlagen, etwa Materialien, Werkzeuge[32] oder einen Betriebsteil[33], übernommen werden (**Sachgründung,** § 27 AktG). Zur Sicherung der Werthaltigkeit der Sacheinlagen sind über § 23 AktG hinaus zusätzliche Festsetzungen in der Satzung erforderlich, § 27 Abs. 1 AktG, und es bedarf stets einer externen Prüfung durch einen gerichtlich bestellten Gründungsprüfer, § 33 Abs. 2 Nr. 4 AktG. Eine Kumulation beider Einlageformen, der Bar- und der Sacheinlage, ist zulässig (sog. **gemischte Einlage**). 22

Eine Sachgründung wird in der Regel erwogen, wenn bei der Gründung nicht ausreichend Bargeld zur Verfügung steht oder beschafft werden kann. Auch steuerliche Gründe, etwa die Steuerfreiheit von Beteiligungsverkäufen durch Kapitalgesellschaften nach § 8 b KStG[34] können für die Sachgründung sprechen. Dem steht ein erhöhter Gründungsaufwand und eine oftmals unsichere Bewertungslage gegenüber, weshalb in der Praxis die Bargründung die vorherrschende Form ist. 23

Zu unterscheiden ist die Sacheinlage von der sog. **Sachübernahme.** Bei der Sachübernahme handelt es sich um die Übernahme von Vermögensgegenständen durch die Gesellschaft, wobei diese aus Anlass der Gründung und gegen eine Vergütung erfolgt, die nicht in Aktien besteht, § 27 Abs. 1 S. 1, 2. Alt. AktG. Der Vergütungsanspruch des Gründers aus einem solchen Geschäft wird in der Praxis häufig mit der Einlageschuld verrechnet, was zur Folge hat, dass die Sachübernahme als Sacheinlage gilt, § 27 Abs. 1 S. 2 AktG. Eine Kombination von Sacheinlage und Sachübernahme ist ebenfalls möglich (sog. **gemischte Sacheinlage**). Hat diese kraft Parteivereinbarung eine unteilbare Leistung zum Inhalt, folgt die gemischte Sacheinlage ihrem gesamten Umfang nach den Regeln über die Sacheinlage.[35] 24

Wird die Bargründung gewählt, ist unbedingt darauf zu achten, dass nicht anstelle der versprochenen Bareinlage nach wirtschaftlicher Betrachtung ein anderer Gegenstand geleistet wird, etwa indem die Gesellschaft in engem zeitlichem Zusammenhang mit der Barleistung aufgrund einer entsprechenden Abrede von dem Gründer einen Gegenstand erwirbt oder in sonstiger Weise ein Einlagenrückfluss an den Leistenden erfolgt (sog. **verdeckte Sacheinlage**).[36] In Fällen verdeckter Sacheinlage bleibt der Gründer nach § 27 Abs. 1 und 3 AktG weiterhin zur Zahlung der Bareinlage verpflichtet und hat aufgrund der geleisteten verdeckten Sacheinlage lediglich einen im Insolvenzfall regelmäßig wertlosen Anspruch nach Bereicherungsrecht.[37] 25

5. Nachgründung

§ 52 AktG stellt besondere Anforderungen an Verträge der Gesellschaft, die in den ersten zwei Jahren seit Handelsregistereintragung der Gesellschaft mit Gründern oder mit zu mehr als 10% am Grundkapital beteiligten Aktionären geschlossen werden und den Erwerb von Vermögensgegenständen gegen eine 10% des Grundkapitals übersteigende Vergütung zum Gegenstand haben, wenn der Erwerb nicht im Rahmen der laufenden Geschäfte der Gesellschaft, in der Zwangsvollstreckung oder an der Börse erfolgt 26

---

[32] BGH NJW 1979, 216.

[33] BGHZ 145, 150 = NJW 2001, 67.

[34] Vgl. näher zu den steuerlichen Folgen von Gründungsmaßnahmen MünchHdb. GesR IV/*Kraft* § 5 Rn. 13 ff.

[35] BGHZ 170, 47 (54 ff.) = AG 2007, 121 (123).

[36] MünchHdb. GesR IV/*Wiesner* § 16 Rn. 32; BGHZ 153, 107 (110) = WM 2003, 199 (200) zur GmbH; BGH ZIP 2001, 1997; BGHZ 165, 113 = ZIP 2005, 2203; BGHZ 165, 352 = ZIP 2006, 331.

[37] BGHZ 155, 329 (332 ff.) = ZIP 2003, 1540 (1541), vgl. zu Ausnahmen von dieser Regel MünchHdb. GesR IV/*Wiesner* § 16 Rn. 36.

(**„Nachgründungsvertrag"**). Die Regelungen sollen nicht nur die Unabhängigkeit des Vorstands in der Nachgründungszeit schützen, sondern auch sicherstellen, dass die bei einer Sachgründung geltenden Sicherungen der Kapitalaufbringung nicht umgangen werden. Vertragsgegenstand können alle Vermögensgegenstände sein, die im Rahmen einer Sachgründung als Sacheinlage in Betracht kämen. Die wohl herrschende Meinung fasst hierunter auch Dienstleistungen.[38] Die Vergütung muss höher sein als 10% des Grundkapitals, bezogen auf das bei Vertragsabschluss eingetragene Grundkapital. Nicht erforderlich ist eine Vergütung in Geld, vielmehr ist auch eine Sachleistung ausreichend. Unterfällt ein Rechtsgeschäft den Nachgründungsvorschriften, bedarf der entsprechende Vertrag der Schriftform, § 52 Abs. 2 S. 1 AktG, sofern nicht im Hinblick auf den Einbringungsgegenstand eine notarielle Beurkundung erforderlich ist. Zudem ist für die Wirksamkeit des Vertrags die Zustimmung der Hauptversammlung mit einer Mehrheit von mindestens 75% des bei der Beschlussfassung vertretenen Grundkapitals erforderlich, § 52 Abs. 1 und 5 AktG, eine Prüfung durch den Aufsichtsrat und einen gerichtlich bestellten Nachgründungsprüfer, § 52 Abs. 3 und 4 AktG, sowie die Eintragung des Vertrags im Handelsregister. Im Hinblick auf den hohen Zeit- und Kostenaufwand, der mit einer Nachgründung verbunden ist, ist es empfehlenswert, die AG entweder von vornherein mit einem hohen Grundkapital auszustatten oder in den ersten beiden Jahren Geschäfte mit Gründern oder mit mehr als 10% des Grundkapitals beteiligten Gesellschaftern zu unterlassen.

II. Mantelverwendung

27 Aufgrund des mit der Neugründung einhergehenden Zeitaufwands stellt sich insbesondere bei beabsichtigter schneller Geschäftsaufnahme die Frage nach weniger zeitintensiven Alternativen:

1. Mantelverwendung oder Neugründung?

28 Als Alternative zur Neugründung kommt die Verwendung einer bereits bestehenden AG in Betracht (sog. Mantelverwendung). Die Mantelverwendung kann durch Erwerb einer bislang geschäftlich nicht aktiven **Vorrats-AG** oder einer wirtschaftlich ehemals aktiven und zwischenzeitlich „stillgelegten" **Mantel-AG** erfolgen. Die Rechtsprechung hat die Gründung einer Vorrats-AG, die heute zunehmend von spezialisierten Dienstleistern übernommen und sodann interessierten Unternehmensgründern zum Kauf angeboten wird, für zulässig erklärt, wenn die Bestimmung der Gesellschaft, als Vorrats-AG für die spätere Aufnahme eines Geschäftsbetriebs zu dienen, bei der Bezeichnung des Unternehmensgegenstands deutlich klargestellt wird, etwa durch die Angabe „Verwaltung des eigenen Vermögens".[39] Der Kauf einer bereits „gebrauchten" Mantel-AG mag für interessierte Unternehmensgründer hingegen dann von besonderem Interesse sein, wenn die Mantel-AG über eine attraktive Firmierung oder steuerliche Verlustvorträge verfügt. Die Tatsache der Wiederverwendung einer zwischenzeitlich „stillgelegten" Mantel-AG durch Unternehmensgründer ist allerdings ebenso wie bei der Vorrats-AG dem Registergericht gegenüber offen zu legen.[40]

2. Mantelverwendung als „wirtschaftliche Neugründung"

29 Bei der Mantel-Verwendung zur Aufnahme eines operativen Geschäfts handelt es sich sowohl in den Fällen des Erwerbs einer Vorrats-AG als auch in den Fällen des Erwerbs einer Mantel-AG letztlich um eine wirtschaftliche Neugründung. Wurde die Mantel-Verwendung früher noch mit dem Argument einer Umgehung der gesetzlichen Gründungsvorschriften abgelehnt, wird sie von der Rechtsprechung heute als zulässige **wirt-**

[38] MünchKommAktG/*Pentz* § 52 AktG Rn. 17 m. w. N.
[39] BGHZ 117, 323 = NJW 1992, 1824 (1825 f.).
[40] BGHZ 155, 318 = DStR 2003, 1887; dazu *Goette* DStR 2004, 461.

schaftliche Neugründung angesehen, auf die die Gründungsvorschriften einschließlich der registergerichtlichen Kontrolle entsprechend anzuwenden sind.[41] So hat das Registergericht bei der Anmeldung der für die (Re-)Aktivierung erforderlichen Maßnahmen (Sitzverlegung, anderer Unternehmensgegenstand, neue Geschäftsführer etc.) insbesondere die Unversehrtheit des Grundkapitals zu prüfen, weshalb in der Handelsregisteranmeldung zu versichern ist, dass die Einlageleistungen nach § 36 Abs. 2 und § 36a AktG erbracht sind und zur freien Verfügung des Vorstands stehen, vgl. § 37 Abs. 1 AktG.[42] Der Erwerb und die Verwendung einer Mantel-AG (nicht aber einer Vorrats-AG) ist vor diesem Hintergrund und auch deshalb, weil eine Vielzahl damit zusammenhängender Fragen noch nicht abschließend geklärt ist,[43] für Unternehmensgründer nicht ungefährlich.

3. Haftungsproblematik

Im Hinblick darauf, dass es sich bei der Verwendung einer Mantel- oder einer Vorrats- 30
AG um eine wirtschaftliche Neugründung handelt, muss in gleicher Weise wie bei der Gründung die reale Kapitalaufbringung gesichert sein. Die Rechtsprechung wendet daher auch auf die Fälle der wirtschaftlichen Neugründung das Haftungsmodell der **Unterbilanzhaftung** an.[44] Unterschreitet der Wert des Gesellschaftsvermögens im Zeitpunkt der Offenlegung der wirtschaftlichen Neugründung gegenüber dem Registergericht den Betrag des Grundkapitals, haften die Gesellschafter in Höhe des Differenzbetrags. Neben der Unterbilanzhaftung kommt auch eine Handelndenhaftung nach § 41 Abs. 1 S. 2 AktG in Betracht, wenn vor Offenlegung der wirtschaftlichen Neugründung die Geschäfte aufgenommen werden, ohne dass alle Gesellschafter dem zugestimmt haben.[45] Schließlich wird in der juristischen Literatur für die Fälle der wirtschaftlichen Neugründung auch eine Gründerhaftung nach Maßgabe der §§ 46ff. AktG befürwortet, vgl. Rn. 20.[46]

C. Verfassung der Aktiengesellschaft

Durch die im Errichtungsvertrag erklärte Feststellung der Satzung, § 23 Abs. 1 AktG, 31
einigen sich die Gründer in schuldrechtlicher Form auf den Inhalt der Satzung. Mit Entstehung der AG als eigene Rechtspersönlichkeit, § 41 Abs. 1 S. 1 AktG, verselbständigt sich der Satzungsinhalt als objektives Normensystem und gilt fortan als Verfassung der Korporation, die auch gegenüber neuen Aktionären gilt.[47] Der Satzung kommt somit eine überragende Bedeutung sowohl für die Gründer als auch für künftige Aktionäre zu.

Im Gegensatz zur GmbH besteht bei der Vereinbarung einer AG-Satzung ein deutlich 32
geringeres Maß an Gestaltungsfreiheit. Verstöße gegen die gesetzlichen Mindestanforderungen, § 23 Abs. 3 und 4 AktG, oder unzulässige Abweichungen vom **Gebot der Satzungsstrenge,** § 23 Abs. 5 AktG, können zur Nichtigkeit der jeweiligen Satzungsregelung entsprechend § 241 Abs. 1 Nr. 3 AktG führen.[48]

---

[41] Für die Vorrats-AG: BGHZ 117, 323 = WM 1992, 870; BGHZ 153, 158 = DStR 2003, 298; für die Mantel-AG: BGHZ 155, 318 = DStR 2003, 1887.

[42] Vgl. BGHZ 117, 323 (331) = WM 1992, 870 (873) für die GmbH, BGHZ 155, 318 = DStR 2003, 1887 (für die GmbH).

[43] Fraglich ist, wer die Erklärung über die Kapitalaufbringung abgeben muss, ob die Regeln über das Verbot der verdeckten Sacheinlage nochmals für den Zeitpunkt der wirtschaftlichen Neugründung einschlägig sind und ob Sondervorteile und Gründungsaufwand nochmals für den Zeitpunkt der wirtschaftlichen Neugründung in die Satzung aufgenommen werden müssen.

[44] BGHZ 155, 318 = DStR 2003, 1887 (für die GmbH).

[45] BGHZ 155, 318 = DStR 2003, 1887 (für die GmbH); dazu *Goette* DStR 2004, 461.

[46] MünchKommAktG/*Pentz* § 23 AktG Rn. 107.

[47] BGHZ 21, 370 (374f.) = WM 1956, 1356 (1357f.); BGHZ 47, 172 (179f.) = MDR 1967, 564 (565).

[48] *Hüffer* § 23 AktG Rn. 43.

33 Nachfolgend werden die in der Praxis wichtigsten Satzungsregelungen anhand von Formulierungsbeispielen[49] dargestellt.

I. Firma und Sitz der Gesellschaft, Gegenstand des Unternehmens sowie Form der Bekanntmachungen

34 Nach § 23 Abs. 3 Nr. 1 AktG sind Firma und Sitz der Gesellschaft zwingende Bestandteile der Satzung. Die Firma umschreibt nicht das Unternehmen, sondern ist der **Name** der AG, unter dem sie im Rechtsverkehr auftritt, vgl. § 17 Abs. 1 HGB. Als solchem kommt der Firma primär eine Individualisierungsfunktion zu. Die Individualisierung wird durch den Rechtsformzusatz „Aktiengesellschaft" oder „AG", § 4 AktG, und durch die Einhaltung der handelsrechtlichen Anforderungen wie den Grundsatz der Firmenwahrheit, § 18 Abs. 2 HGB, und der Firmenunterscheidbarkeit, § 30 Abs. 1 HGB, erreicht, die bei der Firmenwahl sowohl irreführende Angaben wie auch verwechselbare Firmierungen ausschließen sollen. Da diese Voraussetzungen vom Registergericht bei der Anmeldung unter Rückgriff auf die örtlich zuständige IHK geprüft werden, § 23 HRV, sollte die gewünschte Firmierung bereits im Vorfeld mit der IHK abgestimmt werden. Jenseits dieser Voraussetzungen eröffnet sich eine breite Firmierungsvarianz. Aus Gründen der Satzungstransparenz empfiehlt sich die Aufnahme einer Klarstellung am Anfang der Satzung, dass es sich bei der Gesellschaft um eine AG handelt.

Formulierungsbeispiel Firma:
Die Gesellschaft ist eine Aktiengesellschaft. Die Firma der Gesellschaft lautet: „C-Aktiengesellschaft".

35 Weitere Pflichtangabe ist gemäß §§ 23 Abs. 3 Nr. 1 i.V.m. 5 Abs. 2 AktG die Benennung des Firmensitzes. Als **satzungsgemäßer Firmensitz** stehen zur Auswahl der Ort, wo die Gesellschaft einen Betrieb hat oder wo sich die Geschäftsleitung befindet, oder der Ort, wo die Verwaltung geführt wird.[50] Bei besonders schutzwürdigem Interesse kann ausnahmsweise auch ein anderer Ort zulässig sein, was wegen der Vielzahl der möglichen Firmensitze nach § 5 Abs. 2 AktG bei der Gründung der Gesellschaft kaum vorstellbar ist. Bei nachträglichen Veränderungen hingegen kann sich ein besonders schutzwürdiges Interesse ergeben, wenn die Gesellschaft ein erhebliches wirtschaftliches Interesse an der Beibehaltung des bisherigen Sitzes hat, etwa wenn der Sitz der Gesellschaft einen ähnlichen Bekanntheitsgrad und damit Marktwert erlangt hat wie die Firma der Gesellschaft. Die **Ortsangabe** erfolgt anhand der konkreten Bezeichnung der politischen Gemeinde, sodass sich aus ihr das zuständige Gericht eindeutig bestimmen lässt.[51] Das schließt die Angabe von unselbständigen Ortsteilen, Landstrichen aber auch die Angabe einer aus mehreren Amtsgerichtsbezirken bestehenden Großstadt aus. Der Sitz der AG muss im deutschen Hoheitsgebiet gewählt werden.

Formulierungsbeispiel Sitz:
Der Sitz der Gesellschaft ist … (Ort).

[49] Bei den nachfolgend grau hinterlegten Formulierungsbeispielen handelt es sich um Standardvorschläge, deren Geeignetheit in Abhängigkeit von den beteiligten Personen und Interessen im Einzelfall jeweils geprüft werden muss.
[50] MünchKommAktG/*Heider* § 5 AktG Rn. 32 ff.
[51] *Hüffer* § 5 AktG Rn. 4.

Neben Firma und Sitz ist auch der **Gegenstand des Unternehmens** zwingender Satzungsbestandteil, § 23 Abs. 3 Nr. 2 AktG. Dieser muss hinreichend individualisiert sein, bei Industrie- und Handelsunternehmen etwa durch Angabe der Art der Erzeugnisse und Waren, die hergestellt und gehandelt werden sollen. Aus der Satzung muss der Schwerpunkt der Geschäftstätigkeit für die Öffentlichkeit hinreichend erkennbar sein, was floskelhafte Formulierungen wie „Handel mit Waren aller Art" ausschließt.[52] Andererseits darf die Satzungsregelung nicht zu eng gewählt werden, da sie dem Vorstand die Grenzen seiner Geschäftsführungsbefugnis (nicht aber seiner Vertretungsbefugnis, vgl. § 82 AktG) vorgibt. Soll der zu gründenden Gesellschaft auch das Halten, Erwerben und Veräußern von Anteilen möglich sein, ist dies explizit in der Satzung anzugeben.[53] Fehlt in der Satzung die Angabe des Unternehmensgegenstands, kann dies zur Klage auf Nichtigerklärung gem. § 275 AktG oder zur Amtslöschung der AG führen, § 144 FGG. Eine fehlerhafte Individualisierung stellt hingegen lediglich einen Mangel dar, der nach § 38 Abs. 1 S. 2 AktG die Ablehnung des Eintragungsantrags zur Folge hat.[54] 36

Formulierungsbeispiel Unternehmensgegenstand:

Gegenstand des Unternehmens sind die Herstellung und der Vertrieb von [. . .].

Die Gesellschaft ist zu allen Geschäften und Maßnahmen berechtigt, die mit dem Gegenstand des Unternehmens zusammenhängen. Hierzu gehört auch das Halten, Erwerben und Veräußern von Beteiligungen an anderen Unternehmen und die Übernahme der Geschäftsführung oder Vertretung bei solchen Unternehmen.

Schließlich muss die Satzung Bestimmungen über die **Form der Bekanntmachungen** der Gesellschaft enthalten, § 23 Abs. 4 AktG. Die von Gesetzes wegen in den Gesellschaftsblättern vorzunehmenden Bekanntmachungen der Gesellschaft haben mittels Einrückung in den elektronischen Bundesanzeiger zu erfolgen, § 25 AktG.[55] Kumulativ kann die Satzung andere Blätter oder elektronische Informationsmedien als Gesellschaftsblätter benennen. Aus Gründen der Kostenersparnis ist es ratsam, den elektronischen Bundesanzeiger zum ausschließlichen Bekanntmachungsmedium zu erklären. 37

Formulierungsbeispiel Bekanntmachungen:

Soweit Bekanntmachungen der Gesellschaft in den Gesellschaftsblättern zu erfolgen haben, werden sie ausschließlich im elektronischen Bundesanzeiger veröffentlicht. Auch im Übrigen erfolgen die Bekanntmachungen der Gesellschaft durch Veröffentlichung im elektronischen Bundesanzeiger, sofern nicht gesetzlich zwingende Bestimmungen anderes vorsehen.

II. Grundkapital und Aktien

Aus Gründen des Gläubigerschutzes und der Transparenz haben die Gründer gemäß § 23 Abs. 3 Nr. 3 bis 5 AktG die Höhe des Grundkapitals sowie dessen Zerlegung in Aktien in der Satzung anzugeben. Das Grundkapital muss auf einen Nennbetrag in Euro lauten, der mindestens EUR 50 000,00 beträgt, §§ 6, 7 AktG. Die Festsetzung der Höhe des Grundkapitalnennbetrags liegt im Rahmen der gesetzlichen Vorgaben weitestgehend 38

[52] GK/*Röhricht* § 23 AktG Rn. 107 ff.

[53] Etwa durch eine Formulierung wie: „Insbesondere ist die Gesellschaft zum Erwerb, Halten und Veräußern von Beteiligungen jeder Art berechtigt."

[54] MünchHdb. GesR IV/*Wiesner* § 9 Rn. 12.

[55] www.ebundesanzeiger.de. Die Veröffentlichung im Printmedium des Bundesanzeigers hielt der Gesetzgeber für nicht erforderlich, vgl. Reg.Begr. BT-Drs. 14/8769 S. 11 re. Sp.

im unternehmerischen Ermessen der Gründer, vgl. Rn. 5. Im Einzelfall mag auch die Nachgründungsproblematik eine Rolle spielen, vgl. Rn. 26, die schon bei Vergütungen in Höhe von 10% des Grundkapitals ausgelöst wird. Bei der nach § 23 Abs. 3 Nr. 4 AktG anzugebenden Einteilung des Grundkapitals können die Gründer zwischen **Nennbetrags- und Stückaktien** wählen. Die Stückaktie ist in der Praxis weiter verbreitet, da sie die Umstellung des Grundkapitals auf Euro erleichterte[56] und den Beteiligungscharakter der Aktie besser zum Ausdruck bringt. Die Wahlfreiheit der Gründer geht nicht soweit, dass sie sowohl Stück- als auch Nennbetragsaktien ausgeben dürfen, sie müssen sich vielmehr für einen der beiden Aktientypen entscheiden. Die Nennbetragsaktien müssen auf volle Euro lauten, wobei der Mindestnennbetrag einen Euro beträgt, § 8 Abs. 2 Satz 1 und 4 AktG. Die Summe der Nennbeträge aller ausgegebenen Nennbetragsaktien muss dem Nennbetrag des Grundkapitals entsprechen. Die ausgegebenen Aktien können auf unterschiedliche Nennbeträge lauten. Stückaktien lauten hingegen auf keinen Nennbetrag und sind am Grundkapital der Gesellschaft jeweils in gleichem Umfang beteiligt. Der Anteil des Grundkapitals (und damit des Gesellschaftsvermögens), den eine Stückaktie verkörpert, ergibt sich im Wege der Division der Zahl 1 durch die Anzahl der von der Gesellschaft insgesamt ausgegebenen Stückaktien. Der auf die einzelne Stückaktie entfallende anteilige Betrag des Grundkapitals darf einen Euro nicht unterschreiten, § 8 Abs. 3 S. 3 AktG.

Formulierungsbeispiel zur Höhe und Einteilung des Grundkapitals:
Das Grundkapital der Gesellschaft beträgt EUR 50 000,00 (in Worten: Euro fünfzigtausend) und ist eingeteilt in 50 000 Stückaktien (Stammaktien).

39 Neben der Wahl zwischen den Aktientypen Nennbetrags- und Stückaktie können die Gründer auch zwischen zwei Formen von Aktien wählen, der **Inhaber- und der Namensaktie,** § 10 Abs. 1 AktG. Die Wahl ist in der Satzung wiederzugeben, § 23 Abs. 3 Nr. 5 AktG, wobei in Ausnahmefällen, etwa wenn die Ausgabe vor der vollen Leistung des Ausgabebetrags erfolgen soll, § 10 Abs. 2 AktG, die Ermessenfreiheit dahingehend eingeschränkt ist, dass sie auf Namen lauten müssen.[57] Die Ausgabe von Namensaktien ist zwar mit einem höheren Verwaltungsaufwand verbunden, da von der Gesellschaft ein Aktienregister zu führen ist, § 67 AktG, sie erlaubt aber andererseits – anders als die Inhaberaktie – die Feststellung, wer als Aktionär an der Gesellschaft beteiligt ist, was die Einberufung von Hauptversammlungen, vgl. § 121 Abs. 4 AktG, und die Durchführung von Investor Relations-Maßnahmen erleichtert. Des Weiteren erlaubt die Namensaktie die Kontrolle über die Zusammensetzung des Aktionärskreises, da in der Satzung für Namensaktien eine Vinkulierung (Übertragung der Aktien bedarf der Zustimmung der Gesellschaft) vorgesehen werden kann, § 68 Abs. 2 AktG. Letzteres mag insbesondere für Familiengesellschaften, die auf ein gedeihliches Zusammenwirken der Aktionäre angewiesen sind, von Bedeutung sein.

40 Grundsätzlich gewährt jede Aktie das **Stimmrecht,** § 12 Abs. 1 S. 1 AktG. Lediglich für Aktien, die mit einem nachzuzahlenden Vorzug bei der Verteilung des Gewinns ausgestattet sind, kann das Stimmrecht durch Satzungsbestimmung ausgeschlossen werden (Vorzugsaktien ohne Stimmrecht, §§ 139 Abs. 1, 12 Abs. 1 S. 2 AktG). Der Umfang des Stimmrechts, die so genannte Stimmkraft, richtet sich in der Regel nach der Höhe der Kapitalbeteiligung, § 134 Abs. 1 S. 1 AktG. Die Proportionalität zwischen Stimmkraft und Höhe der Kapitalbeteiligung besteht allerdings neben den Fällen von Vorzugsaktien ohne Stimmrecht auch nicht bei so genannten Höchststimmrechten, die bei nichtbörsen-

[56] Vgl. hierzu ausführlich MünchKommAktG/*Heider* § 6 AktG Rn. 21 ff.
[57] Vgl. MünchKommAktG/*Heider* § 10 AktG Rn. 18 ff.

notierten Gesellschaften die Stimmkraft einzelner Aktionäre, denen mehrere Aktien gehören, beschränken können, § 134 Abs. 1 S. 2 AktG.[58] Die Neuschaffung von Mehrstimmrechtsaktien, die deren Inhabern eine überproportionale Stimmkraft vermitteln, ist hingegen seit Verabschiedung des KonTraG[59] für börsennotierte Gesellschaften unzulässig, nachdem zuvor die Zulassung aufgrund ministerieller Ausnahmegenehmigung möglich war.[60]

Die Aktie als Mitgliedschaftsrecht entsteht mit Eintragung der Gesellschaft im Handelsregister, § 41 Abs. 1 und 4 AktG. Die **Verbriefung** der Aktie in einem Wertpapier (Aktienurkunde) gehört weder zu den Entstehensvoraussetzungen des Mitgliedschaftsrechts noch zum notwendigen Satzungsinhalt. Allerdings steht jedem Aktionär ein mitgliedschaftlicher Anspruch auf Verbriefung der von ihm gehaltenen Aktien zu,[61] der durch Satzungsbestimmung entziehbar ist, § 10 Abs. 5 AktG. Um die mit der Einzelverbriefung von Aktien verbundenen Kosten zu vermeiden, werden in der Praxis häufig unter Ausschluss des Verbriefungsanspruchs der Aktionäre sämtliche Aktien in einer einzigen Urkunde, einer so genannte Globalaktienurkunde verbrieft.[62] Hinsichtlich der Ausgestaltung von Form und Inhalt der Aktienurkunden sind die Gründer ebenso wie bei der Ausgestaltung von Gewinnanteil- und Erneuerungsscheinen weitestgehend frei, da das Aktiengesetz hierzu nur sehr wenige Regelungen enthält, vgl. § 13 AktG.[63] Die konkrete Ausgestaltung kann dem Vorstand und dem Aufsichtsrat übertragen werden. 41

Formulierungsbeispiel Aktien:

Die Aktien lauten auf den Inhaber.

Jede Aktie gewährt eine Stimme.

Der Anspruch der Aktionäre auf Verbriefung ihrer Anteile ist ausgeschlossen. Bestimmungen über Ausgabe, Form und Inhalt von Aktienurkunden sowie von Gewinnanteil- und Erneuerungsscheinen trifft der Vorstand mit Zustimmung des Aufsichtsrats.

III. Kapitalerhöhung, genehmigtes und bedingtes Kapital

Eine Erhöhung des Grundkapitals, die mit der Zufuhr von Bar- oder Sacheinlagen verbunden ist, kommt in den folgenden drei Varianten in Betracht: 42

1. Reguläre Kapitalerhöhung

Das Grundkapital einer AG kann nach der Gründung jederzeit durch Kapitalerhöhung aufgestockt werden. Der hierzu erforderliche satzungsändernde Hauptversammlungsbeschluss bedarf einer Mehrheit von mindestens drei Viertel des bei der Beschlussfassung vertretenen Grundkapitals, § 182 Abs. 1 S. 1 AktG, sofern die Satzung keine abweichende Regelung trifft, § 182 Abs. 1 S. 2 AktG. Die Kapitalerhöhung kann gegen **Bar- oder Sacheinlagen** erfolgen, wobei zur Sicherung der Werthaltigkeit der Sacheinlagen im Grundsatz die gleichen Bestimmungen gelten wie bei der Sachgründung, vgl. § 183 AktG, so auch die Grundsätze zur verdeckten Sacheinlage, vgl. Rn. 25. Gleiches 43

---

[58] Vgl. zur Zulässigkeit der im Volkswagengesetz vorgesehenen Höchststimmrechte die Entscheidung des EUGH DB 2007, 2418 ff.

[59] Gesetz zur Kontrolle und Transparenz im Unternehmensbereich (KonTraG) vom 27. 4. 1998, BGBl. 1998 I, S. 786.

[60] Für bestehende Mehrstimmrechtsaktien wurden in § 5 EGAktG Übergangsregelungen geschaffen.

[61] RGZ 85, 327 (330 f.); *Hüffer* § 10 AktG Rn. 2 m. w. N.

[62] Vgl. zur Einschränkbarkeit des Verbriefungsanspruchs der Aktionäre *Seibert* DB 1999, 267 ff.; *Kölling* NZG 2000, 631 (634).

[63] Vgl. MünchHdb. GesR IV/*Wiesner* § 12 Rn. 3 ff.

gilt für die gemischte Sacheinlage, vgl. Rn. 24.[64] Die Einlage muss ordnungsgemäß **zur freien Verfügung des Vorstands** geleistet und nicht an den Einleger zurückgeflossen sein. Dies ist auch dann der Fall, wenn der Vorstand über die Einlageleistung schon vor Anmeldung der Durchführung der Kapitalerhöhung verfügt hat.[65] Voreinzahlungen auf künftige Bareinlagepflichten, die erst noch durch eine entsprechende Beschlussfassung der Hauptversammlung begründet werden müssen, führen hingegen in der Regel nicht zur Befreiung von der später durch Zeichnung eingegangenen Einlageschuld, es sei denn, es liegt ein dringender Sanierungsfall vor.[66] Neben der regulären Kapitalerhöhung bietet das AktG mit dem genehmigten Kapital, §§ 202 ff. AktG, und dem bedingten Kapital, §§ 192 ff. AktG, Instrumente, mit denen der Vorstand zur Durchführung unterjähriger Kapitalerhöhungen durch die Hauptversammlung ermächtigt werden kann, um schnell und flexibel auf einen entsprechenden Bedarf reagieren zu können.

2. Genehmigtes Kapital

44 Die Satzung kann den Vorstand für höchstens fünf Jahre ermächtigen, das Grundkapital bis zu einem bestimmten Nennbetrag, höchstens jedoch bis zur Hälfte des zur Zeit der Ermächtigung vorhandenen Grundkapitals, durch Ausgabe neuer Aktien gegen Einlagen zu erhöhen, § 202 AktG (**„genehmigtes Kapital“**). Die Zuständigkeit zur Kapitalerhöhung wird durch eine solche Satzungsregelung von der Hauptversammlung auf den Vorstand delegiert,[67] wobei die Hauptversammlung selbstverständlich auch weiterhin zur Beschlussfassung über eine reguläre Kapitalerhöhung berechtigt bleibt. Das genehmigte Kapital erlaubt eine schnelle und flexible Kapitalbeschaffung, etwa zur Deckung kurzfristigen Kapitalbedarfs oder zur spontanen Ausnutzung günstiger Kapitalmarktsituationen. Es kann entweder bereits in der **Gründungssatzung** oder später durch **satzungsändernden Hauptversammlungsbeschluss** geschaffen werden. Über den Inhalt der Aktienrechte (z. B. Vorzugs- oder Stammaktien) wie auch über die Bedingungen der Aktienausgabe (z. B. Bar- oder Sacheinlagen, Ausgabebetrag) entscheidet der Vorstand mit Zustimmung des Aufsichtsrats, sofern die satzungsmäßige Ermächtigung hierzu keine Bestimmungen trifft, § 204 Abs. 1 AktG. Das genehmigte Kapital ist gegenüber einer regulären Kapitalerhöhung grundsätzlich nicht subsidiär, vgl. aber Rn. 45 a. E., weshalb ein Ermächtigungsbeschluss nach § 202 AktG nicht schon dann ausscheidet, wenn die Maßnahme, der das genehmigte Kapital dienen soll, ebenso durch eine reguläre Kapitalerhöhung erreicht werden könnte.[68]

45 Von besonderer Bedeutung ist die Frage, unter welchen Voraussetzungen das Bezugsrecht der Aktionäre entweder durch die Hauptversammlung selbst oder aufgrund entsprechender Ausgestaltung der Ermächtigung durch den Vorstand ausgeschlossen werden kann. Während insoweit nach früher herrschender Meinung[69] dieselben strengen Anforderungen gelten sollten wie bei einer regulären Kapitalerhöhung und damit ein **Bezugsrechtsausschluss** nur in Frage kam, wenn die rechtfertigenden Umstände bereits im Zeitpunkt des Hauptversammlungsbeschlusses so konkret feststanden, dass eine Beurteilung der Angemessenheit und Erforderlichkeit des Bezugsrechtsausschlusses möglich

---

[64] BGHZ 170, 47 = ZIP 2007, 178.

[65] BGHZ 150, 197 (201) = NJW 2002, 1716 (1718); früher hatte der BGH noch gefordert, dass Verfügungen über die Einlageleistung vor Anmeldung der Durchführung der Kapitalerhöhung nur zulässig sind, wenn eine wertgleiche Gegenleistung im Zeitpunkt der Anmeldung noch vorhanden war, BGHZ 119, 177 (186 ff.) = DB 1992, 2126 (2128 ff.).

[66] BGHZ 158, 283 = BB 2004, 957; BGHZ 168, 201 = ZIP 2006, 2214.

[67] *Hüffer* § 202 AktG Rn. 1.

[68] OLG Karlsruhe AG 2003, 444 (445); LG Düsseldorf AG 1999, 134 (135); LG Heidelberg AG 2002, 298 (301); MünchKommAktG/*Bayer* § 202 AktG Rn. 82 f.; a. A. *Pentz* ZGR 2001, 901 (907).

[69] BGHZ 83, 319 (321 f.) = NJW 1982, 2444; BGH ZIP 1995, 372 (373); KöKo/*Lutter* § 203 AktG Rn. 11 (18).

war, wurden die Anforderungen zwischenzeitlich durch die Siemens/Nold-Entscheidung des BGH[70] gelockert. Hiernach kann die Hauptversammlung das Bezugsrecht selbst ausschließen oder den Vorstand hierzu ermächtigen, wenn die Maßnahme, zu deren Durchführung der Vorstand ermächtigt werden soll, im wohlverstandenen Interesse der Gesellschaft liegt und der Hauptversammlung allgemein und in abstrakter Form bekannt gegeben wird. Der Vorstand hat zwar, wenn er von der Ermächtigung zum Bezugsrechtsausschluss Gebrauch machen möchte, im Zeitpunkt der Ausübung nochmals zu prüfen, ob der Ausschluss angemessen und erforderlich ist. Da er über das Ergebnis seiner Interessenabwägung der Hauptversammlung jedoch nicht vor Durchführung der Kapitalerhöhung berichten muss,[71] können die in der Praxis wichtigen Kapitalerhöhungen aus genehmigtem Kapital unter Bezugsrechtsausschluss gegen Sacheinlage durchgeführt und die Aktie als **Akquisitionswährung** eingesetzt werden, ohne dass Interventionen durch klagebereite Aktionäre befürchtet werden müssen. Der Vorstand hat dann lediglich im Rahmen der nächsten Hauptversammlung über die Ausnutzung der Ermächtigung Bericht zu erstatten.[72] Allerdings dürfte ein Bezugsrechtsausschluss durch den Vorstand dann nicht zulässig sein, wenn im Zeitpunkt der Hauptversammlung die konkreten Tatsachen, die den Bezugsrechtsausschluss rechtfertigen sollen, bereits vorliegen – in diesen Fällen ist die genehmigte Kapitalerhöhung mit Bezugsrechtsausschluss gegenüber der regulären Kapitalerhöhung subsidiär.[73] Ein für die Praxis ebenfalls bedeutsames Instrument ist die Kapitalerhöhung aus genehmigtem Kapital mit **vereinfachtem Bezugsrechtsausschluss,** §§ 203 Abs. 1, 186 Abs. 3 S. 4 AktG, die von Gesetzes wegen – und ohne weitere Interessenabwägung – zulässig ist, wenn die Kapitalerhöhung gegen Bareinlagen 10% des Grundkapitals nicht übersteigt und der Ausgabebetrag der Aktien den Börsenpreis nicht wesentlich unterschreitet.

Formulierungsbeispiel genehmigtes Kapital mit Bezugsrechtsausschluss:

Der Vorstand ist ermächtigt, mit Zustimmung des Aufsichtsrats das Grundkapital der Gesellschaft bis zum [...] durch Ausgabe neuer, auf den Inhaber lautender Stückaktien gegen Sach- oder Bareinlagen einmalig oder mehrmals, insgesamt jedoch um höchstens EUR [...] zu erhöhen. Der Vorstand kann mit Zustimmung des Aufsichtsrats

a) das Bezugsrecht der Aktionäre bei Kapitalerhöhungen gegen Bareinlagen bis zu einem anteiligen Betrag des Grundkapitals von insgesamt EUR [...] (10%-Grenze) ausschließen, um die neuen Aktien zu einem Ausgabebetrag auszugeben, der den Börsenpreis nicht wesentlich unterschreitet; für die Frage des Ausnutzens der 10%-Grenze ist der Ausschluss des Bezugsrechts aufgrund anderer Ermächtigungen nach § 186 Abs. 3 S. 4 AktG mitzuberücksichtigen; als maßgeblicher Börsenpreis gilt dabei der Durchschnitt der Schlusskurse der Aktie der Gesellschaft an der Frankfurter Wertpapierbörse während der letzten fünf Börsenhandelstage vor dem Zeitpunkt der Festlegung des Ausgabepreises;

b) das Bezugsrecht der Aktionäre bis zu einem weiteren anteiligen Betrag des Grundkapitals von insgesamt EUR [...] zum Zwecke des Erwerbs von Unternehmen oder von Beteiligungen an Unternehmen ausschließen.

3. Bedingtes Kapital

Die bedingte Kapitalerhöhung ist ein Instrument zur **bedarfsabhängigen Kapitalbeschaffung** für vom Gesetzgeber enumerativ bestimmte Zwecke, nämlich zur Gewährung von Umtausch- oder Bezugsrechten an Gläubiger von Wandelschuldverschreibun- 46

[70] BGHZ 136, 133 = NJW 1997, 2815.
[71] BGHZ 164, 241 (244 ff.) = AG 2006, 36 (37 f.).
[72] BGHZ 164, 241 (244 ff.) = AG 2006, 36 (37).
[73] MünchKommAktG/*Bayer* § 203 AktG Rn. 151.

gen, zur Vorbereitung des Zusammenschlusses mehrerer Unternehmen oder zur Gewährung von Bezugsrechten an Arbeitnehmer und Mitglieder der Geschäftsführung der Gesellschaft oder eines verbundenen Unternehmens im Wege des Zustimmungs- oder Ermächtigungsbeschlusses.

47 In der Praxis spielen bedingte Kapitalerhöhungen insbesondere zur Bedienung von Umtausch- und Bezugsrechten an die Inhaber ausgegebener Wandelschuldverschreibungen sowie für Stock-Option-Programme eine Rolle. Die bedingte Kapitalerhöhung ermöglicht es der Verwaltung in solchen Fällen, die Bezugsrechte der Berechtigten ohne nochmalige Einschaltung der Hauptversammlung bedienen zu können. Der Höchstbetrag des bedingten Kapitals darf 50% des Grundkapitals und im Falle der Gewährung von Bezugsrechten an Arbeitnehmer und Mitglieder der Geschäftsführung 10% des Grundkapitals nicht übersteigen, § 192 Abs. 3 AktG. Im Gegensatz zum genehmigten Kapital ist nach herrschender Meinung eine bedingte Kapitalerhöhung bereits in der Gründungssatzung nicht zulässig.[74] Der Hauptversammlungsbeschluss über die bedingte Kapitalerhöhung bedarf einer Mehrheit, die mindestens drei Viertel des bei der Beschlussfassung vertretenen Grundkapitals umfasst, sofern nicht die Satzung eine größere Kapitalmehrheit festlegt, § 193 Abs. 1 AktG. Das **Bezugsrecht** ist bei der bedingten Kapitalerhöhung bereits von Gesetzes wegen ausgeschlossen, weshalb nach herrschender Meinung ein förmlicher Bericht des Vorstands an die Hauptversammlung bei der Schaffung eines bedingten Kapitals nicht erforderlich ist.[75] Wenn das bedingte Kapital der Bedienung von Wandelschuldverschreibungen dienen soll, ist allerdings das insoweit bestehende Bezugsrecht der Aktionäre zu berücksichtigen, § 221 Abs. 4 AktG.

48 Der Hauptversammlungsbeschluss über die bedingte Kapitalerhöhung muss insbesondere in den Fällen, in denen das bedingte Kapital der Gewährung von Bezugsrechten an Arbeitnehmer und Mitglieder der Geschäftsführung dient, eine Vielzahl von Festsetzungen treffen, vgl. insbesondere § 193 Abs. 2 Nr. 4 AktG.[76] Nach Eintragung des Kapitalerhöhungsbeschlusses kann die Verwaltung die Bezugs- und Umtauschrechte ausgeben. Nach Ausübung der Bezugsrechte und Einzahlung des Gegenwerts für die Bezugsaktien entstehen dieselben schon im **Zeitpunkt der Ausgabe** durch die Verwaltung, § 200 AktG, und nicht erst mit Handelsregistereintragung. Die Eintragung des durch die Ausgabe von Bezugsaktien erhöhten Grundkapitals im Handelsregister, die der Vorstand jeweils zu Beginn eines Geschäftsjahres zu veranlassen hat, § 201 Abs. 1 AktG, hat lediglich deklaratorischen Charakter.[77]

IV. Vorstand

49 Als Leitungsorgan der AG kommt dem Vorstand eine exponierte Stellung zu.

1. Vertretung und Geschäftsführung

50 Die AG ist strukturell dreigliedrig konzipiert, bestehend aus den Organen Hauptversammlung, Aufsichtsrat und Vorstand. Da die AG als juristische Person selbst nicht handlungsfähig ist, ist der Vorstand zur eigenverantwortlichen Leitung der Gesellschaft berufen, § 76 Abs. 1 AktG, und hat insoweit im Unternehmensinteresse zu han-

---

[74] MünchHdb. GesR IV/*Krieger* § 57 Rn. 11.

[75] OLG Stuttgart AG 2001, 540 f.; OLG Stuttgart AG 1998, 529 (530 ff.); OLG Braunschweig AG 1999, 84 (85 ff.); MünchHdb. GesR IV/*Krieger* § 57 Rn. 12; a. A. LG Braunschweig AG 1998, 289 (293 f.).

[76] Aufgrund der Vielzahl an Festsetzungen wird hier von einem Formulierungsbeispiel Abstand genommen. Insoweit wird auf die gängigen Formularhandbücher verwiesen, etwa Beck Formularbuch Aktienrecht/*Wiedemann*, Form. N.

[77] *Hüffer* § 201 AktG Rn. 2.

deln.[78] Die **Eigenverantwortlichkeit des Vorstands,** die ein Weisungsrecht der Hauptversammlung oder des Aufsichtsrats ausschließt, unterscheidet den Vorstand von der GmbH-Geschäftsführung, die den Weisungen der Gesellschafterversammlungen unterliegt.

Über die **Zahl** der Vorstandsmitglieder entscheidet vorbehaltlich anderslautender Ge- 51
setzes- oder Satzungsbestimmungen, § 76 Abs. 2 AktG, der Aufsichtsrat, der auch für die Bestellung und Abberufung der einzelnen Vorstandsmitglieder zuständig ist, § 84 Abs. 1 und 3 AktG. Die Personalkompetenz des Aufsichtsrats findet auch darin ihren Ausdruck, dass er ein Vorstandsmitglied zum Vorstandsvorsitzenden oder zum Sprecher des Vorstands ernennen kann, § 84 Abs. 2 AktG.

Der Aufsichtsrat berät und überwacht den Vorstand bei dessen Geschäftsführung. 52
Hierzu hat sich der Aufsichtsrat umfassend nach Maßgabe von § 90 AktG berichten zu lassen und bestimmte Arten von Geschäften und Maßnahmen festzulegen, die der Vorstand nur mit seiner Zustimmung vornehmen darf, § 111 Abs. 4 S. 2 AktG. Um die Satzung mit den Berichtspflichten, dem Zustimmungskatalog sowie weiteren Bestimmungen, die das Verhältnis zwischen Vorstand und Aufsichtsrat regeln, nicht zu belasten, empfiehlt es sich, die entsprechenden Bestimmungen in einer **Geschäftsordnung für den Vorstand** zu treffen, § 77 Abs. 2 AktG. In der Praxis wird eine solche Geschäftsordnung zumeist vom Aufsichtsrat erlassen oder bedarf zumindest seiner Zustimmung. Macht der Aufsichtsrat von seiner Regelungskompetenz keinen Gebrauch, kann der Vorstand sich selbst einstimmig eine Geschäftsordnung geben, § 77 Abs. 2 S. 3 AktG.[79]

Sind mehrere Mitglieder des Vorstands bestellt, sind diese grundsätzlich nur **gemein-** 53
schaftlich zur **Geschäftsführung,** § 77 Abs. 1 S. 1 AktG, und zur **Vertretung** der Gesellschaft, § 78 Abs. 2 S. 1 AktG, berufen. Hinsichtlich der Geschäftsführungsbefugnis, insbesondere der Frage, welcher Mehrheiten Vorstandsbeschlüsse bedürfen, kann eine vom Einstimmigkeitsprinzip abweichende Regelung in der Satzung oder der Geschäftsordnung getroffen werden. Zur Vermeidung von Pattsituationen kann dabei auch vorgesehen werden, dass die Stimme des Vorstandsvorsitzenden doppelt zählt, sofern diese Bestimmung bei einem zweigliedrigen Vorstand nicht auf ein Alleinentscheidungsrecht des Vorstandsvorsitzenden hinausläuft.[80] Auch hinsichtlich der Vertretungsbefugnis empfiehlt sich zur Sicherstellung der Handlungsfähigkeit der AG eine vom gesetzlichen Prinzip der Gesamtvertretung abweichende Satzungsregelung. Üblicherweise wird bei einem mehrköpfigen Vorstandsgremium eine Bestimmung getroffen, wonach die Gesellschaft durch zwei Vorstandsmitglieder gemeinsam oder durch ein Vorstandsmitglied in Gemeinschaft mit einem Prokuristen vertreten wird.[81] Eine drohende Handlungsunfähigkeit der AG kann auch dadurch vermieden werden, dass den Vorstandsmitgliedern Einzelvertretungsbefugnis erteilt wird. Auf die gesetzliche Vertretung durch die Vorstandsmitglieder finden die allgemeinen Regeln der Stellvertretung nach §§ 164 ff. BGB Anwendung, so auch das Verbot der Vornahme von Insichgeschäften nach § 181 BGB. Von diesem Verbot kann der Aufsichtsrat befreien, soweit es den Fall der Mehrfachvertretung, § 181, 2. Alt. BGB, betrifft, während eine Befreiung vom Verbot des Selbstkontrahierens, § 181, 1. Alt. BGB, im Hinblick auf die Vorschrift des § 112 AktG nicht möglich ist.

---

[78] Leitlinien des Unternehmensinteresses nach § 76 sind der Bestand und die dauerhafte Rentabilität des Unternehmens (OLG Hamm AG 1995, 512 (514 re. Sp.); *Hüffer* § 76 AktG Rn. 13) wobei ihm ein erheblicher unternehmerischer Entscheidungsspielraum zukommt (BGHZ 135, 244 ff. = BB 1997, 1169 ff.).

[79] GK/*Kort* § 77 AktG Rn. 66.

[80] OLG Karlsruhe AG 2001, 93 (94); OLG Hamburg AG 1985, 251 f.

[81] Unzulässig ist die unechte Gesamtvertretung mit einem Prokuristen bei einem einköpfigen Vorstand, da damit das Prinzip der Selbstorganschaft bei der Kapitalgesellschaft aufgehoben würde, MünchKommAktG/*Hefermehl*/*Spindler* § 78 AktG Rn. 36 ff.

Formulierungsbeispiel Vorstand:

Der Vorstand besteht aus einer oder mehreren Personen. Der Aufsichtsrat bestellt die Vorstandsmitglieder und bestimmt ihre Zahl. Er kann ein Vorstandsmitglied zum Vorstandsvorsitzenden oder Sprecher des Vorstands ernennen.
Ist nur ein Vorstandsmitglied bestellt, ist dieses stets alleinvertretungsberechtigt. Besteht der Vorstand aus mehreren Personen, wird die Gesellschaft durch zwei Vorstandsmitglieder oder durch ein Vorstandsmitglied in Gemeinschaft mit einem Prokuristen vertreten. Der Aufsichtsrat kann Einzelvertretungsbefugnis und Befreiung vom Verbot der Mehrfachvertretung gemäß § 181, 2. Alt. BGB erteilen.

Der Aufsichtsrat erlässt eine Geschäftsordnung für den Vorstand, in der er auch regelt, welcher Mehrheiten Vorstandsbeschlüsse bedürfen.

2. Verhältnis zum Aufsichtsrat und zur Hauptversammlung

54 Das AktG weist mit seiner strengen, auf Machtbalance zwischen Leitungs- und Überwachungsfunktion ausgerichteten Kompetenzordnung den drei Organen der AG klar abgegrenzte Aufgabenfelder zu. Grundsätzlich leitet der Vorstand die Gesellschaft eigenverantwortlich. Er wird dabei durch den Aufsichtsrat laufend kontrolliert, weshalb beide Organe zusammen als **Verwaltung** der AG anzusehen sind. Abzugrenzen ist die Verwaltung von der Hauptversammlung, die für die Bestellung der Aufsichtsratsmitglieder, die Entlastung der Vorstands- und Aufsichtsratsmitglieder sowie die weiteren in § 119 Abs. 1 AktG enumerativ aufgezählten Grundsatzentscheidungen zuständig ist. Nach der sog. „Holzmüller-Doktrin", die vom BGH entwickelt wurde, kommt der Hauptversammlung zudem eine ungeschriebene Zuständigkeit für Grundlagenentscheidungen zu.[82] Auf die Geschäftsführung im Übrigen kann die Hauptversammlung keinen Einfluss nehmen, sofern nicht der Vorstand Einzelfragen der Hauptversammlung nach § 119 Abs. 2 AktG zur Entscheidung vorlegt.

3. Organstellung und Dienstvertrag

55 Der Vorstand nimmt als gesellschaftsrechtliches Organ und Vertragspartner eines schuldrechtlichen Anstellungsvertrags eine **rechtliche Doppelstellung** ein. Das schuldrechtliche Rechtsverhältnis entsteht mit dem Abschluss des Anstellungsvertrags, vgl. § 84 Abs. 3 S. 5 AktG, in dem regelmäßig die Vergütung, § 87 AktG, der Urlaub wie auch der Inhalt der Leistungspflichten konkret geregelt sind. Die Vorstandsvergütung ist bei börsennotierten Aktiengesellschaften nach § 285 Nr. 9a S. 5 bis 9, § 286 Abs. 5 HGB individualisiert offen zu legen.[83] Das vom Anstellungsverhältnis zu unterscheidende Vorstandsamt kann für die Dauer von maximal fünf Jahren begründet werden, § 84 Abs. 1 S. 1 AktG, wobei bei der erstmaligen Bestellung Amtszeiten von ein bis drei Jahren die Regel sind.[84] Aufgrund der Organstellung und des Anstellungsverhältnisses unterliegen die Vorstandsmitglieder für die Dauer ihrer Amtszeit einem Wettbewerbsverbot, § 88 AktG. Ein mit dem Vorstandsmitglied vereinbartes nachvertragliches Wettbewerbsverbot wird von der Rechtsprechung trotz fehlender aktienrechtlicher Normierung in der Regel als zulässig erachtet.[85] Die Vorstandsmitglieder üben Arbeitgeberfunktion aus, weshalb sie insbesondere im Hinblick auf die kündigungsschutzrechtlichen Bestimmungen nicht als Arbeitnehmer zu qualifizieren sind.[86]

---

[82] BGHZ 83, 122 = NJW 1982, 1703 – Holzmüller; BGHZ 159, 30 = NJW 2004, 1860 – Gelatine; vgl. allerdings BGH ZIP 2007, 24.
[83] Vgl. dazu *Liese* DB 2007, 209.
[84] Vgl. Ziff. 5.1.2 Deutscher Corporate Governance Kodex in der Fassung vom 14. 6. 2007.
[85] BGHZ 91, 1 = WM 1984, 996; BGH NZG 2002, 475.
[86] Hessisches LSG AG 1999, 190.

4. Haftung

Gesellschaftsintern haftet das Vorstandsmitglied gegenüber der Gesellschaft unbeschränkt nach § 93 Abs. 2 S. 1 AktG auch für leicht fahrlässige Pflichtverletzungen, aus denen der Gesellschaft ein Schaden entsteht. Allerdings ist den Vorstandsmitgliedern bei unternehmerischen Entscheidungen ein weiter Ermessensspielraum zuzugestehen, ohne den eine unternehmerische Tätigkeit schlechterdings nicht denkbar ist.[87] Diese so genannte **Business Judgement Rule** hat zwischenzeitlich auch im Gesetzestext, § 93 Abs. 1 S. 2 AktG, ihren Niederschlag gefunden. Ein direkter Schadensersatzanspruch der Aktionäre gegen den Vorstand ist dem AktG jenseits der Regelung des § 117 Abs. 2 AktG fremd. Allerdings mögen im Einzelfall deliktische Anspruchsgrundlagen zu einer direkten und unbeschränkten persönlichen Haftung von Vorstandsmitgliedern gegenüber Aktionären führen.[88] Zur Begrenzung der Haftungsrisiken ist es mittlerweile gängige Praxis, den Vorstand vor einer Inanspruchnahme durch die Gesellschaft oder durch Dritte auf Kosten der Gesellschaft durch eine sog. **D&O-Versicherung** (Directors' & Officers' Liability Insurance) abzusichern. Für die börsennotierte AG empfiehlt Ziff. 3.8 Abs. 2 des Deutschen Corporate Governance Kodex insoweit die Vereinbarung eines angemessenen Selbstbehalts.[89] 56

V. Aufsichtsrat

Der Aufsichtsrat ist zur Überwachung und Beratung des Vorstands berufen. 57

1. Zusammensetzung

Die Zusammensetzung des Aufsichtsrats hängt u.a. von der Größe des Unternehmens ab. Die zulässige **Zahl der Aufsichtsratsmitglieder** rangiert zwischen mindestens drei und je nach Grundkapital der Gesellschaft höchstens einundzwanzig, wobei die gewählte Zahl durch drei teilbar sein muss, § 95 Abs. 1 AktG. Bei AGs mit in der Regel mehr als 500 oder mehr als 2000 Arbeitnehmern sind zudem die Regelungen des **Mitbestimmungsrechts,** §§ 1, 4 DrittelbG und §§ 1, 6 ff. MitbestG, zur Zusammensetzung und Bildung des Aufsichtsrats zu beachten. Da die Zahl der Aufsichtsratsmitglieder in der Satzung exakt angegeben werden muss, also Mindest- oder Höchstangaben unzulässig sind, ist für Veränderungen der Aufsichtsratszusammensetzung stets eine Satzungsänderung erforderlich.[90] Die Besetzung des Aufsichtsrats einer AG mit drei Mitgliedern stellt zwar regelmäßig die kostengünstigste Variante dar. Da aber nach § 108 Abs. 2 S. 3 AktG zur Beschlussfähigkeit des Aufsichtsrats mindestens drei Mitglieder an der Beschlussfassung teilnehmen müssen, ist abzuwägen, ob zur Herstellung der jederzeitigen Beschlussfähigkeit nicht doch ein sechsköpfiger Aufsichtsrat angezeigt erscheint.[91] 58

Die Mitglieder des Aufsichtsrats werden regelmäßig für die Zeit bis zur Beendigung derjenigen Hauptversammlung gewählt, die über die Entlastung für das vierte Geschäftsjahr nach dem Beginn der Amtszeit beschließt, wobei das Geschäftsjahr, in dem die Amtszeit beginnt, nicht mitgerechnet wird. Diese rund **fünfjährige Amtszeit** stellt die von Gesetzes wegen längst mögliche Amtszeit dar, vgl. § 102 Abs. 1 AktG. Die Satzung kann eine kürzere Amtszeit festlegen. 59

---

[87] BGHZ 135, 244 (253) = NJW 1997, 1926 (1927 f.).

[88] Vgl. z.B. BGHZ 160, 134 = DStR 2004, 1486; BGH WM 2007, 1560; WM 2007, 1557; WM 2007, 486; WM 2007, 684.

[89] Kritisch hierzu *Hüffer* § 84 AktG Rn. 16; *Dreher/Görner* ZIP 2003, 2321 f.

[90] Steht eine Änderung der Aufsichtsratszusammensetzung an, weil die Anzahl der Arbeitnehmer die mitbestimmungsrechtlichen Schwellenwerte über- oder unterschritten hat, hält das AktG mit den §§ 97 ff. ein spezielles Verfahren, das sog. Statusverfahren, bereit.

[91] Ist bei einem dreiköpfigen Aufsichtsrat eines der Mitglieder vorübergehend verhindert, hat der Vorstand zur Herstellung der Beschlussfähigkeit einen Antrag auf gerichtliche Bestellung eines Aufsichtsratsmitglieds zu stellen, vgl. § 104 Abs. 1 S. 1 und 2 AktG.

Formulierungsbeispiel Zusammensetzung des Aufsichtsrats, Amtszeit:

Der Aufsichtsrat der Gesellschaft besteht aus drei Mitgliedern.

Sofern die Hauptversammlung bei der Wahl keine kürzere Amtszeit festlegt, werden die Mitglieder des Aufsichtsrats für die Zeit bis zur Beendigung derjenigen Hauptversammlung gewählt, die über die Entlastung für das vierte Geschäftsjahr nach Beginn der Amtszeit beschließt. Hierbei wird das Geschäftsjahr, in dem sie ihr Amt antreten, nicht mitgerechnet.

60 Die **Amtsniederlegung** aus wichtigem Grund ist stets möglich. Inwieweit Aufsichtsratsmitglieder ihr Amt allerdings ohne wichtigen Grund niederlegen können, ist umstritten,[92] weshalb die Satzung entsprechende Festsetzungen treffen sollte. Zur Vermeidung unterschiedlicher Amtszeiten sollten zudem Satzungsregelungen aufgenommen werden, die einen Gleichlauf sicherstellen.

Formulierungsbeispiel Amtsniederlegung, Nachwahl:

Jedes Mitglied des Aufsichtsrats kann sein Amt auch ohne Vorliegen eines wichtigen Grundes unter Einhaltung einer einmonatigen Kündigungsfrist durch eine an den Vorstand zu richtende schriftliche Erklärung niederlegen. Eine Kopie der Niederlegungserklärung soll an den Vorsitzenden des Aufsichtsrats übersandt werden.

Scheidet ein Mitglied des Aufsichtsrats vor Ablauf seiner Amtszeit aus dem Aufsichtsrat aus, soll für dieses in der nächsten Hauptversammlung eine Neuwahl vorgenommen werden. Die Amtsdauer des neu gewählten Mitglieds gilt für den Rest der Amtszeit des Ausgeschiedenen.

2. Innere Ordnung und Ausschüsse

61 Der Aufsichtsrat hat aus seiner Mitte einen **Vorsitzenden** und mindestens einen **Stellvertreter** zu wählen. Die Satzung kann insoweit nähere Festsetzungen treffen, etwa die Zahl der Stellvertreter, den Zeitpunkt der Wahl und die hierfür erforderliche Stimmenmehrheit bestimmen[93] oder das Nachwahlprozedere regeln, falls der Vorsitzende oder sein Stellvertreter vor Ablauf der Amtszeit ausscheiden. Die passive Wählbarkeit der Aufsichtsratsmitglieder kann die Satzung hingegen nicht einschränken.[94] Ferner sind bei der Ausgestaltung der satzungsrechtlichen Bestimmungen zur Wahl des Vorsitzenden und seiner Stellvertreter mitbestimmungsrechtliche Sonderregelungen, z. B. § 27 Abs. 1 und 2 MitbestG, zu beachten, vgl. § 13 Rn. 55.

Formulierungsbeispiel Vorsitzender und Stellvertreter:

Der Aufsichtsrat wählt unmittelbar im Anschluss an die Hauptversammlung, in der die Aufsichtsratsmitglieder bestellt worden sind, aus seiner Mitte mit einfacher Mehrheit der Stimmen einen Vorsitzenden und einen Stellvertreter, und zwar jeweils für die in § [...] Abs. [...] dieser Satzung bestimmte Amtszeit.

Scheidet der Vorsitzende oder der Stellvertreter vor Ablauf der Amtszeit aus seinem Amt aus, hat der Aufsichtsrat unverzüglich eine Neuwahl für den Ausgeschiedenen vorzunehmen.

---

[92] *Hüffer* § 103 AktG Rn. 16 f.

[93] MünchKommAktG/*Semler* § 107 AktG Rn. 26.

[94] *Hüffer* § 107 AktG Rn. 3 a. E.

Beschlussfassungen des Aufsichtsrats erfolgen in Sitzungen oder in schriftlicher, fernmündlicher oder anderer vergleichbarer Form, § 108 Abs. 4 AktG, so genannte Umlaufbeschlüsse. Umlaufbeschlüsse sind in der Praxis von großer Bedeutung, da zwischen den Aufsichtsratssitzungen in der Regel ein Zeitraum von drei Monaten liegt, vgl. § 110 Abs. 3 AktG, und in Eilfällen eine schnelle und unkomplizierte Form der Beschlussfassung nur auf diese Weise sichergestellt werden kann. Die Satzung sollte deshalb vorsehen, dass der Vorsitzende des Aufsichtsrats eine Beschlussfassung im Umlaufverfahren auch gegen den Widerspruch einzelner Aufsichtsratsmitglieder anordnen kann, vgl. § 108 Abs. 4 AktG. 62

Formulierungsbeispiel Beschlussfassung:

Der Aufsichtsrat fasst seine Beschlüsse in Sitzungen. Außerhalb von Sitzungen können Beschlüsse des Aufsichtsrats schriftlich, fernmündlich, per Telefax, per e-mail oder mit Hilfe anderer vergleichbarer Mittel der Telekommunikation gefasst werden, wenn der Vorsitzende des Aufsichtsrats dies für den Einzelfall bestimmt.

Hinsichtlich der **Beschlussfähigkeit** des Aufsichtsrats besteht weitgehende Satzungsautonomie. Einschränkungen erfährt die Satzungsautonomie durch mitbestimmungsrechtliche Sonderregeln, vgl. z.B. § 28 MitbestG, § 10 Montan-MitbestG, sowie durch § 108 Abs. 2 S. 3 AktG, wonach mindestens drei Mitglieder an der Beschlussfassung teilnehmen müssen. Unterliegt bei einem dreiköpfigen Aufsichtsrat eines der Mitglieder einem Stimmrechtsverbot, führt dies allerdings nicht zur Beschlussunfähigkeit des Organs. Das Aufsichtsratsmitglied kann und muss zur Vermeidung der Beschlussunfähigkeit vielmehr an der Beschlussfassung teilnehmen, hat sich jedoch der Stimme zu enthalten.[95] Trifft die Satzung zur Frage der Beschlussfähigkeit keine Regelung, ist der Aufsichtsrat nur beschlussfähig, wenn mindestens die Hälfte der Mitglieder, aus denen er nach Gesetz oder Satzung insgesamt zu bestehen hat, an der Beschlussfassung teilnimmt, § 108 Abs. 2 S. 2 AktG. Zur Teilnahme an der Beschlussfassung bedarf es nicht zwingend der persönlichen Anwesenheit des Aufsichtsratsmitglieds in der Sitzung. Abwesende Aufsichtsratsmitglieder können vielmehr dadurch an der Beschlussfassung teilnehmen, dass sie schriftliche Stimmabgaben überreichen lassen, § 108 Abs. 3 AktG. Schließlich können an Stelle eines verhinderten Aufsichtsratsmitglieds an der Sitzung auch andere Personen, die dem Aufsichtsrat nicht angehören, teilnehmen, wenn die Satzung eine entsprechende Regelung enthält und das verhinderte Aufsichtsratsmitglied eine Ermächtigung in Textform erteilt hat, § 109 Abs. 3 AktG. 63

Formulierungsbeispiel Beschlussfähigkeit:

Der Aufsichtsrat ist beschlussfähig, wenn sämtliche Mitglieder zur Sitzung unter der zuletzt bekannt gegebenen Adresse ordnungsgemäß eingeladen wurden und alle drei Aufsichtsratsmitglieder persönlich oder durch schriftliche Stimmabgabe an der Beschlussfassung teilnehmen. Ein Mitglied nimmt auch dann an der Beschlussfassung teil, wenn es sich bei Abstimmungen der Stimme enthält.

Ein verhindertes Aufsichtsratsmitglied kann im Einzelfall eine Person, die dem Aufsichtsrat nicht angehört, in Textform ermächtigen, an seiner Stelle an einer Sitzung des Aufsichtsrats teilzunehmen. Die Ermächtigung beinhaltet auch die Befugnis zur schriftlichen Stimmabgabe gemäß § 108 Abs. 3 S. 3 AktG. Für solchermaßen ermächtigte Personen gilt § 116 AktG entsprechend.

[95] BGH AG 2007, 484 (485 f.); a. A. BayObLGZ 2003, 89 (92 ff.) sowie weite Teile der Literatur, vgl. nur *Hüffer* § 108 AktG Rn. 11 m. w. N.

64 Beschlüsse des Aufsichtsrats bedürfen grundsätzlich der Mehrheit der abgegebenen Stimmen. Abweichende **Mehrheitserfordernisse** können sich aus Gesetz, insbesondere mitbestimmungsrechtlichen Regelungen,[96] und Satzung ergeben. So kann die Satzung insbesondere vorsehen, dass dem Aufsichtsratsvorsitzenden oder seinem Stellvertreter das Recht zum **Stichentscheid** im Fall des Stimmengleichstands zustehen soll.[97] Ein Vetorecht kann dem Vorsitzenden, seinem Stellvertreter oder einem anderen Mitglied des Aufsichtsrats hingegen nicht eingeräumt werden.[98] Auch bei der Begründung qualifizierter Mehrheiten durch Satzungsregelung bestehen enge Grenzen: soweit Entscheidungen von Gesetzes wegen zwingend dem Aufsichtsrat zugewiesen sind, muss die einfache Mehrheit der abgegebenen Stimmen genügen, während bei fakultativen Aufgaben ein qualifiziertes Mehrheitserfordernis durch die Satzung begründet werden kann.[99]

65 Der Aufsichtsrat kann aus seiner Mitte einen oder mehrere **Ausschüsse** bestellen, § 107 Abs. 3 AktG. In der Praxis wird häufig ein Prüfungsausschuss (Audit Committee) gebildet, der sich mit Fragen der Rechnungslegung und des Risikomanagements befasst, sowie ein Personalausschuss, der insbesondere für den Abschluss und Änderungen von Vorstandsanstellungsverträgen zuständig ist. [100]

3. Rechte und Pflichten der Aufsichtsratsmitglieder, Vergütung

66 Das AktG hat den Aufsichtsrat als zentrales Überwachungsorgan ausgestaltet. Er hat die Geschäftsführung des Vorstands hinsichtlich aller Maßnahmen zu beaufsichtigen, § 111 Abs. 1 AktG, wobei sich seine Kontrolle insbesondere auf die in § 90 Abs. 1 AktG beschriebenen Gegenstände sowie auf die Prüfung des vom Vorstand aufgestellten Jahresabschlusses, § 171 AktG, erstreckt. Die **Überwachungsmittel,** derer sich der Aufsichtsrat bedienen kann, sind vielfältig. So kann sich der Aufsichtsrat über die Berichtspflichten des Vorstands nach § 90 AktG hinaus umfassend mündlich oder schriftlich, projektbezogen oder routinemäßig (z. B. monatliche betriebswirtschaftliche Kennzahlen) und auch aus besonderem Anlass berichten lassen. Des Weiteren kann er durch einen umfassenden Zustimmungskatalog, der die zustimmungspflichtigen Maßnahmen und Geschäfte festlegt, § 111 Abs. 4 S. 2 AktG, die Geschäftsführung des Vorstands einer engmaschigen und steuernden Kontrolle unterziehen. Schließlich gehören das Recht zur Prüfung der Bücher und Schriften sowie der Vermögensgegenstände unter möglicher Einbeziehung von Sachverständigen, § 111 Abs. 2 AktG, sowie das Recht zur Einberufung außerordentlicher Hauptversammlungen, § 111 Abs. 3 AktG, zu dem umfangreichen Repertoire an Kontrollinstrumenten des Aufsichtsrats.

67 Der Aufsichtsrat wird im Rahmen seiner Überwachungstätigkeit nicht nur im Sinne einer „Rechtsaufsicht" tätig. **Maßstab der Überwachung** ist vielmehr neben der Kontrolle der Rechtmäßigkeit und der Ordnungsmäßigkeit der Geschäftsführung auch die Zweckmäßigkeit und die Wirtschaftlichkeit der Leitungs- und Führungsentscheidungen des Vorstands.[101] Der Aufsichtsrat muss sich deshalb anhand der von ihm eingeholten

---

[96] Vgl. z. B. §§ 27 Abs. 2 und 3, 29 Abs. 2, 31 Abs. 4, 32 MitbestG, §§ 8 Abs. 1, 13 Abs. 1 Montan-MitbestG und § 124 Abs. 3 S. 4 AktG.

[97] Ein Recht zum Stichentscheid kann nur per Satzung, nicht aber in der Geschäftsordnung des Aufsichtsrats angeordnet werden, vgl. MünchHdb. GesR IV/*Hoffmann-Becking* § 31 Rn. 64; *Hüffer* § 108 AktG Rn. 8; MünchKommAktG/*Semler* § 108 AktG Rn. 137.

[98] KöKo/*Mertens* § 108 AktG Rn. 47; MünchHdb. GesR IV/*Hoffmann-Becking* § 31 Rn. 64 a. E.

[99] *Hüffer* § 108 AktG Rn. 8; MünchKommAktG/*Semler* § 108 AktG Rn. 120.

[100] Ziff. 5.3.1 Deutscher Corporate Governance Kodex in der Fassung vom 14. 6. 2007 empfiehlt börsennotierten Aktiengesellschaften die Bildung fachlich qualifizierter Ausschüsse. Die Ausschüsse haben entweder beratenden Charakter und bereiten die Verhandlungen und Beschlussfassungen des Aufsichtsratsgremiums vor, oder beschließen selbst über Angelegenheiten, die ihnen das Aufsichtsratsgremium durch Beschlussfassung zugewiesen hat. Eine Delegation von Aufgaben ist allerdings in den in § 107 Abs. 3 S. 2 AktG bezeichneten Fällen nicht möglich.

[101] BGHZ 114, 127 (129 f.) = ZIP 1991, 653 (654).

Informationen ein eigenes Urteil nicht nur über die Pflichtmäßigkeit des Vorgehens, sondern auch darüber bilden, ob die Geschäftsführung des Vorstands dem Interesse des Unternehmens dient und ob die eingeschlagene Unternehmenspolitik sachgerecht und plausibel erscheint.

Zweite zentrale Aufgabe des Aufsichtsrats ist die Wahrnehmung der **Personalkompetenz.** Der Aufsichtsrat hat nicht nur die Vorstandsmitglieder zu bestellen und abzuberufen, § 84 Abs. 1 und 3 AktG, er hat vielmehr auch die Bedingungen der Anstellung mit dem Vorstandsmitglied zu verhandeln und dabei insbesondere darauf zu achten, dass die Gesamtbezüge in einem angemessenen Verhältnis zu den Aufgaben des Vorstandsmitglieds und zur Lage der Gesellschaft stehen, § 87 Abs. 1 S. 1 AktG. Insoweit sind insbesondere Abfindungszahlungen, die Vorstandsmitgliedern aus Anlass ihres Ausscheidens gewährt werden, immer wieder Gegenstand kontroverser Diskussionen. Seit dem Mannesmann-Urteil des BGH[102] ist insbesondere bei vertraglich nicht geregelten Anerkennungsprämien wie auch bei Leistungszusagen für den Fall des Verlustes des Vorstandsamts aus Anlass eines Kontrollwechsels (so genannte Change of Control-Klauseln)[103] größte Vorsicht geboten. Schließlich hat der Aufsichtsrat im Rahmen seiner Personalkompetenz für eine langfristige Nachfolgeplanung Sorge zu tragen.[104] 68

Den Aufsichtsratsmitgliedern kann für ihre Tätigkeit eine **Vergütung** gewährt werden, die in einem angemessenen Verhältnis zu den Aufgaben der Aufsichtsratsmitglieder und zur Lage der Gesellschaft stehen soll, § 113 Abs. 1 S. 1 und 3 AktG. Die Vergütung kann entweder in der Satzung festgesetzt oder jährlich neu von der Hauptversammlung beschlossen werden, § 113 Abs. 1 S. 2 AktG. Zur Vermeidung von Neiddebatten und langwierigen fruchtlosen Diskussionen hat es sich in der Praxis bewährt, die Vergütung in der Satzung festzusetzen. Die Vergütung kann sowohl feste als auch variable Komponenten umfassen, auch solche, die sich am langfristigen Unternehmenserfolg orientieren.[105] Bei der Festsetzung der Vergütung sollen jedenfalls bei börsennotierten Gesellschaften auch die Übernahme des Vorsitzes oder des stellvertretenden Vorsitzes im Aufsichtsrat sowie der Vorsitz und die Mitgliedschaft in Ausschüssen berücksichtigt werden.[106] 69

Formulierungsbeispiel Vergütung des Aufsichtsrats:

(1) Jedes Mitglied des Aufsichtsrats erhält außer dem Ersatz seiner ihm bei Wahrnehmung seines Amts entstandenen Auslagen eine feste nach Ablauf des Geschäftsjahres zahlbare Vergütung in Höhe von EUR [...] pro Geschäftsjahr. Der Vorsitzende des Aufsichtsrats erhält das Doppelte, sein Stellvertreter das Eineinhalbfache dieses Betrags. Für die Mitgliedschaft in Ausschüssen des Aufsichtsrats erhalten Aufsichtsratsmitglieder eine zusätzliche feste Vergütung in Höhe von EUR [...] pro Geschäftsjahr und für die Übernahme des Vorsitzes in einem Ausschuss das Doppelte dieses Betrags. Bestandteil der Vergütung ist darüber hinaus der rechnerische Pro-Kopf-Anteil der Versicherungsprämie für eine im Namen der Gesellschaft zugunsten der Mitglieder des Vorstands und des Aufsichtsrats zu marktüblichen Bedingungen abzuschließende Vermögensschadenhaftpflichtversicherung, den die Gesellschaft trägt. Eine auf die Bezüge zu entrichtende Umsatzsteuer wird den Mitgliedern des Aufsichtsrats von der Gesellschaft erstattet.

(2) Neben der festen Vergütung gemäß Abs. 1 erhalten die Mitglieder des Aufsichtsrats eine erfolgsorientierte Vergütung von EUR [...] für jeden von der Hauptversammlung beschlossenen Dividendenanteil in Höhe von [...] Cent je Aktie, der über einen Dividendenanteil von [...] Cent je Aktie hinaus an die Aktionäre ausgeschüttet wird. Der Vorsit-

---

102 BGHSt 50, 331 = AG 2006, 110.

103 Vgl. hierzu *Hoffmann-Becking* ZIP 2007, 2101; GK/*Kort* § 76 AktG Rn. 113; *Bauer/Krets* DB 2003, 811 (816).

104 Vgl. Ziff. 5.1.2 des Deutscher Corporate Governance Kodex in der Fassung vom 14. 6. 2007.

105 Vgl. Ziff. 5.4.7 des Deutscher Corporate Governance Kodex in der Fassung vom 14. 6. 2007.

106 Vgl. Ziff. 5.4.7 des Deutscher Corporate Governance Kodex in der Fassung vom 14. 6. 2007.

zende des Aufsichtsrats erhält das Doppelte, sein Stellvertreter das Einhalbfache dieser erfolgsorientierten Vergütung. Der Vorsitzende des Aufsichtsrats erhält nach diesem Abs. 2 jedoch nicht mehr als EUR [...], der stellvertretende Vorsitzende nicht mehr als EUR [...] und die übrigen Aufsichtsratsmitglieder nicht mehr als EUR [...] („Cap").

(3) Gehört ein Mitglied dem Aufsichtsrat nur einen Teil des Geschäftsjahrs an, bestimmt sich die Vergütung pro rata temporis.

4. Haftung

70 Der Aufsichtsrat hat ebenso wie der Vorstand bei Wahrnehmung der ihm obliegenden Aufgaben die Sorgfalt eines ordentlichen und gewissenhaften Geschäftsleiters anzuwenden, § 116 AktG. Ebenso wie dem Vorstand steht dem Aufsichtsrat hinsichtlich unternehmerischer Entscheidungen, etwa der Auswahl von Vorstandsmitgliedern, ein weiter Ermessensspielraum zu (**Business Judgement Rule,** vgl. Rn. 56). Auf das Privileg der Business Judgement Rule kann sich das Aufsichtsratsmitglied allerdings dann nicht berufen, wenn er nicht auf der Grundlage angemessener Informationen und frei von Eigeninteressen handelt oder wenn er im Bereich gesetzlich gebundener Entscheidungen agiert.[107] Zur Absicherung der Aufsichtsratsmitglieder vor Haftungsrisiken mag es sich gleichermaßen wie bei Vorstandsmitgliedern empfehlen, eine D&O-Versicherung abzuschließen.

VI. Hauptversammlung

71 Über das Organ Hauptversammlung nehmen die Aktionäre ihre Interessen wahr.

1. Einberufung

72 Die **ordentliche Hauptversammlung** ist unverzüglich nach Eingang des Aufsichtsratsberichts vom Vorstand einzuberufen. Sie muss in den ersten acht Monaten des Geschäftsjahres stattfinden, § 175 Abs. 1 AktG. Die ordentliche Hauptversammlung nimmt den festgestellten Jahresabschluss und einen etwaigen gebilligten Konzernabschluss entgegen und beschließt über die Verwendung des Bilanzgewinns, § 174 AktG, über die Entlastung von Vorstand und Aufsichtsrat, § 120 AktG, sowie über die Wahl des Abschlussprüfers, § 318 Abs. 1 HGB. Über diese Standardtagesordnung hinaus kommen auch weitere Beschlussgegenstände, etwa die in § 119 Abs. 1 Nr. 5 bis 8 AktG genannten, als Tagesordnungspunkte in Betracht. Zu jedem dieser Tagesordnungsgegenstände haben Vorstand und Aufsichtsrat, zur Wahl von Aufsichtsratsmitgliedern und Prüfern nur der Aufsichtsrat, in der Bekanntmachung der Tagesordnung Vorschläge zur Beschlussfassung zu unterbreiten, § 124 Abs. 3 S. 1 AktG. Aus besonderem Anlass können auch **außerordentliche Hauptversammlungen** einberufen werden, etwa wenn ein Verlust in Höhe der Hälfte des Grundkapitals besteht, § 92 Abs. 1 AktG, das Wohl der Gesellschaft es erfordert, § 111 Abs. 3 AktG, eine nicht aufschiebbare Struktur- oder Kapitalbeschaffungsmaßnahme ansteht oder wenn eine qualifizierte Minderheit von Aktionären die Einberufung fordert, § 122 Abs. 1 AktG.

73 Die Hauptversammlung wird vom Vorstand einberufen, § 121 Abs. 2 AktG, in Ausnahmefällen durch den Aufsichtsrat, § 111 Abs. 3 AktG, oder aufgrund einer gerichtlichen Ermächtigung durch eine qualifizierte Aktionärsminderheit, § 122 Abs. 3 AktG. Die Einberufungsformalitäten haben aufgrund jüngster Gesetzesänderungen umfangreiche Änderungen erfahren.[108] Die **Einberufungsfrist** beträgt mindestens 30 Tage, § 123 Abs. 1 AktG, gerechnet vom Tag der Versammlung oder, wenn sich die Aktionäre auf-

[107] Vgl. *Brömmelmeyer* WM 2005, 2065; *Grundei/Werder* AG 2005, 825; *Schäfer* ZIP 2005, 1253; *Semler* AG 2005, 321.

[108] Vgl. UMAG vom 22. 9. 2005, BGBl. 2005 I, S. 2802; TUG vom 5. 1. 2007, BGBl. 2007 I, S. 10.

grund Satzungsbestimmung vor der Versammlung anmelden müssen, von dem Tag, bis zu dessen Ablauf sich die Aktionäre vor der Versammlung anzumelden haben, § 123 Abs. 2 S. 2 AktG.

Die Einberufung nebst Tagesordnung ist in den Gesellschaftsblättern **bekanntzumachen,** §§ 121 Abs. 3, 124 Abs. 1 S. 1 AktG, was in der Regel durch Einrückung in den elektronischen Bundesanzeiger geschieht, § 25 AktG. Für börsennotierte AGs besteht darüber hinaus bis zum 31. 12. 2008 die Verpflichtung, die Einberufung nebst Tagesordnung und die zusätzlichen nach § 30 b Abs. 1 Nr. 1 WpHG erforderlichen Angaben auch in einem Börsenpflichtblatt zu veröffentlichen, § 46 Abs. 4 WpHG. Im Hinblick auf den nicht präzisen Gesetzestext ist es empfehlenswert, trotz der hiermit verbundenen Kosten den vollständigen Einberufungstext im Börsenpflichtblatt zu publizieren.[109] 74

Formulierungsbeispiel Einberufung der Hauptversammlung:

Die Hauptversammlung wird vom Vorstand einberufen. Sie ist mindestens 30 Tage vor dem Tag, bis zu dessen Ablauf sich die Aktionäre gemäß § [...] Abs. [...] anzumelden haben, einzuberufen. Die Einberufung ist im elektronischen Bundesanzeiger bekanntzumachen.

Die Satzung kann die Teilnahme an der Hauptversammlung davon abhängig machen, dass die Aktionäre sich rechtzeitig anmelden, § 123 Abs. 2 AktG, und ihre Berechtigung zur Teilnahme nachweisen. Während Inhaber von Namensaktien aufgrund ihrer Eintragung im Aktienregister als teilnahmeberechtigt gelten, vgl. § 67 Abs. 2 AktG, kann die Satzung bei Inhaberaktien bestimmen, wie die Teilnahmeberechtigung nachzuweisen ist, § 123 Abs. 3 S. 1 AktG. Der Nachweis hat sich bei börsennotierten Gesellschaften auf den Beginn des einundzwanzigsten Tages vor der Versammlung zu beziehen (so genannter Record Date). Die **Anmeldung** wie auch der **Nachweis des Anteilsbesitzes** müssen der Gesellschaft bis spätestens am siebten Tage vor der Versammlung zugehen, soweit die Satzung keine kürzere Frist vorsieht, § 123 Abs. 2 S. 3, Abs. 3 S. 3 AktG. Durch das Abstellen auf den **Record Date** können das formale Teilnahmerecht und die materielle Berechtigung aus der Aktie auseinanderfallen, sofern die börsennotierten Inhaberaktien in den letzten zwanzig Tagen vor der Hauptversammlung veräußert und übertragen werden. Der Erwerber sollte sich in solchen Fällen – sofern der Erwerb außerbörslich geschieht – eine Vollmacht vom Veräußerer für die Teilnahme und Ausübung der Aktionärsrechte in der Hauptversammlung einräumen lassen. 75

Formulierungsbeispiel Teilnahmeberechtigung bei börsennotierten Inhaberaktien:

Zur Teilnahme an der Hauptversammlung und zur Ausübung des Stimmrechts sind nur diejenigen Aktionäre berechtigt, die sich zur Hauptversammlung anmelden („Anmeldung") und der Gesellschaft die Berechtigung zur Teilnahme an der Hauptversammlung und zur Ausübung des Stimmrechts nachweisen („Nachweis"). Die Anmeldung und der Nachweis müssen der Gesellschaft in Text- oder Schriftform unter der in der Einberufung hierfür mitgeteilten Adresse bis spätestens am siebten Tage vor der Hauptversammlung in deutscher oder englischer Sprache zugehen. Der Nachweis ist durch einen in Schrift- oder Textform erstellten besonderen Nachweis des Anteilsbesitzes durch das depotführende Institut zu führen. Der Nachweis muss sich auf den Beginn des einundzwanzigsten Tages vor der Hauptversammlung beziehen.

---

[109] Eine verkürzte Version in Anlehnung an die früheren §§ 63 Abs. 1, 70 Abs. 2 BörsZulV (a. F.) ist mangels Übergangsregelung seit Inkrafttreten des TUG am 20. 1. 2007 nicht mehr möglich.

2. Rede- und Fragerecht der Aktionäre

76 Die Versammlungsleitung obliegt dem Vorsitzenden. Die Kompetenzen des Versammlungsleiters sowie seine Wahl oder Bestellung sind im AktG kaum geregelt.[110] Es ist deshalb sinnvoll, in der Satzung den Versammlungsleiter und seine Aufgaben und Befugnisse zu bestimmen.[111] In der Praxis wird die **Versammlungsleitung** dem Vorsitzenden des Aufsichtsrats und im Falle seiner Verhinderung einem anderen von ihm bestimmten Mitglied des Aufsichtsrats übertragen.[112] Um die Kompetenz zur Festlegung der Reihenfolge der Tagesordnungsgegenstände sowie des bei Abstimmungen einzuhaltenden Verfahrens eindeutig zu regeln und Geschäftsordnungsdebatten in der Hauptversammlung vorzubeugen, empfiehlt es sich, diese dem Versammlungsleiter zuzuweisen.

77 Dem Versammlungsleiter steht als Ausfluss der Leitungsbefugnis auch die **Ordnungsbefugnis** zu. Er hat auf die rechtmäßige und zweckmäßige Durchführung der Hauptversammlung hinzuwirken. Zu den ihm zustehenden Ordnungsbefugnissen zählen beispielsweise die Beschränkung des Rede- und Fragerechts, der Wortentzug, die Schließung der Rednerliste, die Anordnung des Debattenschlusses sowie der Saalverweis. Der Grundsatz der Verhältnismäßigkeit verlangt insoweit, dass schwerwiegende Ordnungsmaßnahmen nur ergriffen werden dürfen, wenn weniger einschränkende Maßnahmen erfolglos geblieben sind oder aussichtslos erscheinen.[113]

78 Der Gesetzgeber geht davon aus, dass eine Hauptversammlung bei gewöhnlicher Tagesordnung nach vier bis sechs Stunden, eine Hauptversammlung mit außergewöhnlicher Tagesordnung nach etwa zehn Stunden erledigt sein sollte.[114] Der Versammlungsleiter kann daher die Redezeit einzelner Redner oder aller Redner begrenzen. Dies kommt allerdings regelmäßig erst dann in Betracht, wenn so viele Wortmeldungen vorliegen oder mit einer so großen Zahl von Wortmeldungen zu rechnen ist, dass ohne diese Maßnahme die Abwicklung der Hauptversammlung in angemessener Zeit nicht möglich wäre.[115] Eine **Beschränkung des Rederechts** kommt insbesondere dann in Betracht, wenn eine lediglich für einen Tag einberufene Hauptversammlung ohne eine solche Maßnahme die zu fassenden Beschlüsse nicht vor Mitternacht verabschieden könnte mit der Folge, dass jedenfalls die nach Mitternacht gefassten Beschlüsse nichtig wären.[116] Seit Inkrafttreten des UMAG kann der Versammlungsleiter durch Satzungs- oder Geschäftsordnungsregelung auch ermächtigt werden, das **Fragerecht** des Aktionärs zeitlich angemessen zu beschränken, § 131 Abs. 2 S. 2 AktG.[117]

Formulierungsbeispiel Vorsitz in der Hauptversammlung:

Den Vorsitz in der Hauptversammlung („Versammlungsleiter") führt der Vorsitzende des Aufsichtsrats oder im Falle seiner Verhinderung ein von ihm bestimmtes Mitglied des Aufsichtsrats, in Ermangelung einer solchen Bestimmung eine von den Aufsichtsratsmitgliedern gewählte Person.

Der Versammlungsleiter bestimmt die Reihenfolge der Verhandlungsgegenstände und ebenso die Art und Weise der Abstimmungen und das Verfahren bei Wahlen. Der Versamm-

---

[110] Das AktG setzt beispielsweise in § 130 Abs. 2 und § 131 Abs. 2 S. 2 voraus, dass die Hauptversammlung einen Vorsitzenden hat.

[111] Die entsprechenden Regelungen könnten auch in einer Geschäftsordnung getroffen werden, was sich in der Praxis jedoch kaum durchgesetzt hat, vgl. § 129 Abs. 1 S. 1 AktG.

[112] Unzulässig wäre die Übertragung auf ein Vorstandsmitglied oder den zur Beurkundung zugezogenen Notar, vgl. KöKo/*Zöllner* § 129 AktG Rn. 47.

[113] BGHZ 44, 245 (251 ff.) = WM 1965, 1207 (1208); vgl. LG Frankfurt AG 1984, 192; LG Stuttgart AG 1994, 425 (426 f.); *Quack* AG 1985, 145 (147 f.).

[114] RegE UMAG BT-Drs. 15/5092, S. 17.

[115] BVerfG NJW 2000, 349.

[116] LG Düsseldorf ZIP 2007, 1859 (1860); MünchKommAktG/*Kubis* § 121 AktG Rn. 34.

[117] Vgl. zur Zulässigkeit einer entsprechenden Satzungsregelung LG Frankfurt AG 2007, 505.

lungsleiter kann das Frage- und Rederecht der Aktionäre zeitlich angemessen beschränken. Er kann insbesondere bereits zu Beginn oder während der Hauptversammlung den zeitlichen Rahmen für den ganzen Verlauf der Hauptversammlung, für die Aussprache zu einzelnen Tagesordnungspunkten sowie für den einzelnen Frage- und Redebeitrag angemessen festsetzen.

3. Beschlussfassung, Beschlussmängel und Anfechtung

Abgesehen vom Sonderfall der Nachgründung, § 52 Abs. 5 S. 2 AktG, statuiert das AktG keine bestimmte Mindestpräsenz, die zur Herstellung der **Beschlussfähigkeit** der Hauptversammlung erreicht werden müsste, vgl. § 133 Abs. 1 AktG. Die Satzung kann zwar eine solche Mindestpräsenz bestimmen. Dies wird aber nur in den Fällen empfehlenswert sein, in denen die AG einen sehr kleinen Kreis an Aktionären hat und mit der nochmaligen Einberufung einer Hauptversammlung kein größerer Zeit- und Kostenaufwand verbunden ist. 79

Beschlüsse der Hauptversammlung bedürfen der Mehrheit der abgegebenen Stimmen (**Grundsatz der einfachen Stimmenmehrheit**), soweit nicht Gesetz oder Satzung eine größere Mehrheit bestimmen, § 133 Abs. 1 AktG. Das Gesetz statuiert hinsichtlich einer Vielzahl von Beschlüssen mit besonderem Gewicht das Erfordernis einer **qualifizierten Stimmenmehrheit**, z. B. §§ 103 Abs. 1 S. 2, 111 Abs. 4 S. 4 AktG, §§ 233, 240 UmwG, oder einer **Kapitalmehrheit**, z. B. §§ 179 Abs. 2, 179 a, 182 Abs. 1, 262 Abs. 1 Nr. 2, 293 Abs. 1, 319 Abs. 2 AktG, die zusätzlich zur einfachen Stimmenmehrheit erreicht werden muss. Die Satzung kann höhere Stimm- oder Kapitalmehrheiten als die gesetzlich vorgesehenen anordnen, sofern nicht das Gesetz bei Kontroll- und Maßregelungsbefugnissen der Hauptversammlung die einfache Stimmenmehrheit ausdrücklich ausreichen lässt, z. B. §§ 142 Abs. 1 S. 1 und 147 Abs. 1 S. 1 AktG. Erleichterungen gegenüber den gesetzlich vorgesehenen Mehrheitserfordernissen kann die Satzung hingegen nur in Ausnahmefällen vorsehen, in denen das Gesetz ausdrücklich eine „andere Mehrheit" zulässt, z. B. § 103 Abs. 1 S. 3 AktG. Eine für die Praxis bedeutsame Ausnahmeregelung gilt für Wahlen, § 133 Abs. 2 AktG. Um bei der Kandidatur mehrerer Bewerber Ämter nicht unbesetzt lassen zu müssen, mag es sich empfehlen, schon **relative Mehrheiten** der abgegebenen Stimmen ausreichen zu lassen.[118] 80

Formulierungsbeispiel Beschlussfassung in der Hauptversammlung:

Die Beschlüsse der Hauptversammlung werden mit einfacher Mehrheit der abgegebenen Stimmen gefasst, soweit nicht zwingende gesetzliche Regelungen oder diese Satzung für den Einzelfall eine größere Mehrheit vorschreiben. Wenn bei Wahlen im ersten Wahlgang keine einfache Mehrheit erreicht wird, so werden die Bewerber mit den beiden erreichten höchsten Stimmenzahlen zur engeren Wahl gestellt. Ergibt der zweite Wahlgang eine Stimmengleichheit dieser beiden Bewerber, so entscheidet das Los.

Beschlüsse der Hauptversammlung können mangelhaft sein, weil sie inhaltlich gegen Gesetz oder Satzung verstoßen oder weil im Zusammenhang mit der Verabschiedung der Beschlüsse Verfahrensfehler unterlaufen sind. Die Mängel können je nach Schwere die **Nichtigkeit**, §§ 241 f. AktG, oder die **Anfechtbarkeit**, §§ 243 ff. AktG, bedingen. Ein nichtiger Beschluss entfaltet von Anfang an keine Rechtswirkungen und ist damit unbeachtlich. Die Nichtigkeit kann allerdings nicht mehr geltend gemacht werden, wenn sie nach Maßgabe des § 242 AktG geheilt wurde, etwa durch Handelsregistereintragung des Beschlusses und Ablauf einer bestimmten Zeitspanne. Ein anfechtbarer Beschluss entfal- 81

[118] Vgl. MünchHdb. GesR IV/*Semler* § 39 Rn. 84.

tet hingegen zunächst die beabsichtigte Rechtswirkung, kann aber im Wege der Anfechtungsklage mit Wirkung inter omnes und ex tunc für nichtig erklärt werden, §§ 246, 248 Abs. 1 AktG. Wird ein anfechtbarer Hauptversammlungsbeschluss in einer späteren Hauptversammlung bestätigt, § 244 S. 1 AktG, hebt dies die Anfechtbarkeit des Ausgangsbeschlusses auf. Wird eine Anfechtungsklage gegen den Bestätigungsbeschluss rechtswirksam abgewiesen, entfällt auch die Begründetheit einer gegen den Erstbeschluss gerichteten Anfechtungsklage.[119] Ein anfechtbarer Hauptversammlungsbeschluss kann nur innerhalb **eines Monats nach Beschlussfassung** durch Anfechtungsklage bei dem Landgericht am Sitz der Gesellschaft angegriffen werden, § 246 AktG. Anfechtungsbefugt sind nach § 245 AktG insbesondere Aktionäre, die auf der Hauptversammlung persönlich anwesend waren und dort gegen den Beschluss Widerspruch zur Niederschrift erklärt haben, sowie der Vorstand.[120]

VII. Jahresabschluss und Gewinnverwendung

82 Der Vorstand hat innerhalb der ersten drei Monate des Geschäftsjahres für das vergangene Geschäftsjahr einen **Jahresabschluss**, bestehend aus Bilanz und Gewinn- und Verlustrechung, § 242 Abs. 3 HGB, einen mit dem Jahresabschluss eine Einheit bildenden Anhang sowie einen Lagebericht aufzustellen, § 264 Abs. 1 S. 1 und 2 HGB. Erleichterungen sowohl hinsichtlich des Aufstellungszeitraums, der Verpflichtung zur Erstellung eines Lageberichts, § 264 Abs. 1 S. 3 HGB, als auch hinsichtlich der Abschlussprüfung, § 316 Abs. 1 S. 1 HGB, gelten für kleine Kapitalgesellschaften im Sinne des § 267 Abs. 1 HGB. Den aufgestellten Jahresabschluss mit Anhang und den Lagebericht hat der Vorstand unverzüglich dem Aufsichtsrat zur Prüfung vorzulegen, § 170 Abs. 1 S. 1 AktG, und ebenso den Vorschlag, den er der Hauptversammlung für die Verwendung des Bilanzgewinns unterbreiten möchte, § 170 Abs. 2 AktG. Der Aufsichtsrat hat die Vorlagen zu prüfen und über das Ergebnis der Prüfung schriftlich an die Hauptversammlung zu berichten (sog. **Aufsichtsratsbericht**). Im Aufsichtsratsbericht hat der Aufsichtsrat auch zu erklären, ob er den vom Vorstand aufgestellten Jahresabschluss billigt, § 171 Abs. 2 S. 4 AktG, wodurch dieser als festgestellt gilt, § 172 S. 1 AktG. Stattdessen können Vorstand und Aufsichtsrat aber auch beschließen, die Feststellung des Jahresabschlusses der Hauptversammlung zu überlassen, was in der Praxis aber nur in Ausnahmefällen geschieht. Der Jahresabschluss ist der Hauptversammlung vorzulegen und vom Vorstand hernach nach Maßgabe des § 325 HGB bekanntzumachen. Sonderregelungen bestehen insoweit für börsennotierte AGs, die nach Maßgabe der §§ 37v ff. WpHG Jahresfinanzberichte, Halbjahresfinanzberichte und Zwischenmitteilungen zu erstellen und zu veröffentlichen haben.

83 Vorstand und Aufsichtsrat haben der Hauptversammlung einen Vorschlag für die Verwendung des Bilanzgewinns zusammen mit der Einberufung der Hauptversammlung zu unterbreiten, § 124 Abs. 3 AktG. Die Hauptversammlung beschließt über die **Verwendung des Bilanzgewinns** und ist dabei an den im festgestellten Jahresabschluss ausgewiesenen Bilanzgewinn gebunden, § 174 Abs. 1 AktG. Selbstverständlich kann die Hauptversammlung eine vom Verwaltungsvorschlag abweichende Verwendung des Bilanzgewinns beschließen. Haben Vorstand und Aufsichtsrat es versäumt, die Verwendung des Bilanzgewinns zum Gegenstand der Tagesordnung zu machen, können Aktionäre entweder im Wege eines qualifizierten Minderheitsverlangens nach § 122 Abs. 2 AktG oder durch Erhebung einer Klage[121] die Herbeiführung eines Gewinnverwendungsbeschlusses erreichen.

---

[119] BGHZ 157, 206 (210) = DStR 2004, 239 (240).

[120] Vgl. zur Anfechtungsbefugnis MünchKommAktG/*Hüffer* § 245 AktG Rn. 17ff.

[121] MünchKommAktG/*Bayer* § 58 AktG Rn. 99; *Hüffer* § 58 AktG Rn. 26; KöKo/*Lutter* § 58 AktG Rn. 90f.

Formulierungsbeispiel Jahresabschluss, Lagebericht und Gewinnverwendung:

Der Vorstand hat innerhalb der gesetzlich vorgeschriebenen Fristen den Jahresabschluss und den Lagebericht für das vergangene Geschäftsjahr aufzustellen und unverzüglich nach ihrer Aufstellung dem Aufsichtsrat vorzulegen. Zugleich hat der Vorstand dem Aufsichtsrat den Vorschlag vorzulegen, den er der Hauptversammlung für die Verwendung des Bilanzgewinns machen will.

Der Aufsichtsrat hat den Jahresabschluss, den Lagebericht und den Vorschlag für die Verwendung des Bilanzgewinns zu prüfen. Der Abschlussprüfer hat an den Verhandlungen des Aufsichtsrats über diese Vorlagen teilzunehmen und über die wesentlichen Ergebnisse seiner Prüfung zu berichten.

Stellen Vorstand und Aufsichtsrat den Jahresabschluss fest, so können Beträge bis zur Hälfte des Jahresüberschusses in andere Gewinnrücklagen eingestellt werden.

VIII. Verfügungen über Aktien, Beschränkungen

Bei Verfügungen über Aktien sind die folgenden Besonderheiten zu beachten: 84

1. Freie Übertragbarkeit, Vinkulierung

Als Mitgliedschaftsrechte an einer AG sind Aktien grundsätzlich frei übertragbar. Die 85
Abtretung erfolgt, sofern die Mitgliedschaftsrechte nicht verbrieft sind, nach Maßgabe der §§ 398, 413 BGB. Im Falle der Verbriefung einer Inhaberaktie erfolgt die Übereignung der Aktienurkunde und ihr folgend des Mitgliedschaftsrechts nach §§ 929 ff. BGB durch Einigung und Übergabe der Aktienurkunde. Ein gutgläubiger Erwerb, §§ 932 bis 934 BGB, auch ein gutgläubiger lastenfreier Erwerb, § 936 BGB, ist mit Ausnahme der Fälle des § 935 Abs. 1 BGB möglich. Verbriefte Namensaktien werden als geborene Orderpapiere[122] hingegen durch Indossament nach Maßgabe wechselrechtlicher Bestimmungen, § 68 Abs. 1 S. 2 AktG, übertragen. Hiernach ist ein gutgläubiger Erwerb auch dann möglich, wenn die Namensaktie dem Berechtigten „irgendwie" abhanden gekommen ist, § 16 Abs. 2 WechselG.[123]

Vom Grundsatz der freien Übertragbarkeit kann nur bei Namensaktien durch Sat- 86
zungsbestimmung abgewichen werden. So kann die Satzung bestimmen, dass die Übertragung von Namensaktien von der Zustimmung der Gesellschaft abhängt (sog. **Vinkulierung,** § 68 Abs. 2 AktG). Vinkulierungsbestimmungen finden sich insbesondere bei Familien-AGs und kleinen AGs, vgl. Rn. 7, bei denen die Aktionäre die Zusammensetzung des Aktionärskreises kontrollieren und das Eindringen Dritter verhindern wollen.

2. Erwerb eigener Aktien

Um die Kapitalaufbringung zu sichern, darf eine AG im Rahmen der Gründung oder 87
einer Kapitalerhöhung keine eigenen Aktien zeichnen, § 56 AktG. Auch ein abgeleiteter Erwerb wirksam ausgegebener Aktien ist aus Gründen der Kapitalerhaltung, nur in den in § 71 Abs. 1 AktG enumerativ aufgezählten **Ausnahmefällen** und auch nur in den dort vorgegebenen Grenzen möglich. Die in der Praxis bedeutsamste Ausnahme ist eine durch die Hauptversammlung erteilte Ermächtigung, bis zu 10% des Grundkapitals zu erwerben, § 71 Abs. 1 Nr. 8 AktG. Selbst wenn aber die eigenen Aktien in Ausnutzung eines der Ausnahmetatbestände des § 71 Abs. 1 AktG zulässigerweise erworben wurden, kann die AG hieraus keine Rechte geltend machen, § 71 b AktG.

---

[122] KöKo/*Lutter* § 68 AktG Rn. 5; *Hüffer* § 10 AktG Rn. 4.

[123] Vgl. zum erweiterten Gutglaubensschutz bei der Übertragung verbriefter Namensaktien, *Hüffer* § 68 AktG Rn. 9.

D. Die börsennotierte Aktiengesellschaft

88 Die rechtlichen Aspekte, die im Zusammenhang mit börsennotierten Aktiengesellschaften von Relevanz sind, können nachfolgend nur kurz skizziert werden:

I. Börsengang und Börsennotierung

89 Die Börsennotierung ist mit vielen **Vorteilen** verbunden. Im Rahmen des Börsengangs gelingt es der AG regelmäßig, ihre Eigenkapital- und Liquiditätsbasis zu verbreitern. Mit der Börsennotiz besteht ein vereinfachter Zugang zum Kapitalmarkt, der die Einwerbung zusätzlichen Eigenkapitals im Rahmen von Kapitalerhöhungen ermöglicht. Auch als Akquisitionswährung sind börsennotierte Aktien von Vorteil, da die Veräußerer von Unternehmen nicht selten bereit sind, statt eines Kaufpreises in Geld fungible Aktien als Gegenleistung zu akzeptieren.[124] Im Rahmen von Aktienoptionsprogrammen für leitende Angestellte kann als Erfolgshürde, die zur Ausübung der Optionsrechte berechtigt, an die Entwicklung des eigenen Aktienkurses angeknüpft werden, wodurch für die Optionsberechtigten ein Anreiz zur Steigerung des Aktienkurses und damit in der Regel auch des inneren Unternehmenswerts geschaffen wird. **Nachteilig** sind hingegen die mit einem Börsengang verbundenen Kosten sowie die Folgekosten, die im Zusammenhang mit der Erfüllung diverser Transparenz- und Publizitätserfordernisse entstehen.

90 Entschließen sich die Anteilseigner einer AG zum „Going Public",[125] müssen sie sich zunächst für einen **Börsenplatz** und ein **Marktsegment** entscheiden. Je nach Börse und Segmentierung sind unterschiedliche Zulassungsvoraussetzungen und Folgepflichten zu beachten. In der Regel bedient sich der Emittent für den Börsengang eines Konsortialführers, der die Gesellschaft beim Börsengang begleitet. Der Konsortialführer unterstützt die Gesellschaft bei der Ausarbeitung des Emissionskonzepts, der Prospekte, der sog. „Equity Story" sowie bei der Platzierung der im Rahmen des Börsengangs angebotenen alten und neuen Aktien. In der Regel kauft oder zeichnet der Konsortialführer zunächst die im Rahmen des Börsengangs zu verkaufenden Aktien (Übernahmevertrag) und platziert diese nach Abschluss des Book Building-Verfahrens mittels Zuteilung zum Emissionspreis bei den Anlegern.

91 Mit der Börsennotiz gehen eine Vielzahl von **Zulassungsfolgepflichten** einher. Hierbei handelt es sich insbesondere um Transparenz- und Publizitätserfordernisse, die ganz überwiegend im WpHG geregelt sind. Hierzu zählen auch die Vorschriften des Insiderrechts, nachfolgend Rn. 92, sowie die im Zusammenhang mit Stimmrechtsmitteilungen bestehenden Verpflichtungen, nachfolgend Rn. 93–95.

II. Insiderrecht und Ad hoc-Publizität

92 Ein funktionierender Kapitalmarkt setzt voraus, dass alle Marktteilnehmer aufgrund eines transparenten Informationsflusses grundsätzlich über den **gleichen Informationsstand** verfügen. Um sicherzustellen, dass alle kursrelevanten Informationen über börsennotierte Finanzinstrumente oder Emittenten sämtlichen Kapitalmarktteilnehmern zum gleichen Zeitpunkt zur Verfügung stehen, statuiert § 14 WpHG das Verbot von Insidergeschäften. Danach ist es verboten, Handel mit Insiderpapieren unter Verwendung einer Insiderinformation zu treiben, eine Insiderinformation unbefugt mitzuteilen oder zugänglich zu machen sowie aufgrund einer Insiderinformation Empfehlungen zum Handel mit Insiderpapieren zu geben oder zu einem solchen Handel zu verleiten. Das Insiderhandelsverbot wird von den Regelungen zur Ad hoc-Publizität flankiert, wonach den Emittenten unmittelbar betreffende Insiderinformationen unverzüglich veröffentlicht

---

[124] Vgl. Beck Hdb AG/*Harrer* § 18 Rn. 1 ff.
[125] Vgl. zur Vertiefung: Schüppen/Schaub/*Sudmeyer* § 47 Rn. 1 ff.

werden müssen, § 15 WpHG. Zudem sind börsennotierte AGs und in ihrem Auftrag oder für ihre Rechnung handelnde Personen verpflichtet, so genannte Insiderverzeichnisse zu führen, aus denen hervorgeht, welche Personen wann von welcher Insiderinformation in Kenntnis gesetzt wurden, § 15 b WpHG. Im Hinblick auf die scharfen Sanktionen, die mit einem Verstoß gegen das Insiderrecht einhergehen,[126] und die weitreichenden Ermittlungsbefugnisse der Bundesanstalt für Finanzdienstleistungsaufsicht (BaFin),[127] ist beim Umgang mit Insiderinformationen besondere Vorsicht geboten.

III. Stimmrechtsmitteilungen

Ein weiterer Ausfluss des Transparenzgebots ist die Verpflichtung, wesentliche Verän- 93
derungen der Stimmrechtsverhältnisse bei einer börsennotierten AG offen zu legen. Im Zusammenspiel mit dem Insiderrecht soll dadurch das Anlegervertrauen gestärkt und die Funktionsfähigkeit des Kapitalmarkts erhöht werden. Die **Zusammensetzung des Aktionärskreises** kann auf die Kursentwicklung der Aktie durchaus Einfluss haben, etwa beim Einstieg institutioneller oder strategischer Investoren, der ein Vorbote eines Übernahmeversuchs sein kann. Deshalb haben Aktionäre, die durch Erwerb, Veräußerung oder in sonstiger Weise 3%, 5%, 10%, 15%, 20%, 25%, 30%, 50% oder 75% der Stimmrechte an einer börsennotierten AG, für die die Bundesrepublik Deutschland der Herkunftsstaat ist, erreichen, überschreiten oder unterschreiten dies unverzüglich der börsennotierten AG und gleichzeitig der BaFin mitzuteilen, § 21 Abs. 1 WpHG. Bei der Ermittlung des Stimmrechtsanteils eines Aktionärs spielen auch die komplexen Zurechnungstatbestände des § 22 WpHG eine Rolle, insbesondere der nach wie vor in seinen Voraussetzungen nicht klar definierte Zurechnungstatbestand des sogenannten **„Acting in Concert"**, § 22 Abs. 2 WpHG.[128] Die von den Aktionären abgegebenen Stimmrechtsmitteilungen hat die börsennotierte AG binnen drei Handelstagen zu veröffentlichen, § 26 WpHG. Die durch die zahlreichen Zurechnungstatbestände und Stimmrechtsschwellen geschaffene Transparenz geht weit über die Transparenz hinaus, die mit den Meldepflichten nach §§ 20 und 21 AktG bei nichtbörsennotierten AGs besteht.

Als Rechtsfolge unterlassener oder fehlerhafter Stimmrechtsmitteilungen ordnet § 28 94
S. 1 WpHG den Verlust der Rechte aus den Aktien des Meldepflichtigen für die Zeit der Nichterfüllung der Meldepflicht an. Hierzu zählt insbesondere das Stimmrecht,[129] das Dividendenbezugsrecht hingegen nur, wenn die Mitteilung vorsätzlich unterlassen und nicht nachgeholt wurde, § 28 S. 2 WpHG.

Formvorlagen für Stimmrechtsmitteilungen sind auf der Homepage der BaFin kosten- 95
los abrufbar.[130] Innerhalb von Konzernstrukturen oder weit verzweigten Beteiligungsverhältnissen ist jedoch mit Blick auf die gravierenden Folgen fehlerhafter Stimmrechtsmitteilungen dringend anzuraten, abzusetzende Stimmrechtsmitteilungen mit der BaFin oder einem Rechtsberater abzustimmen, zumal die Zurechnungstatbestände immer wieder Änderungen erfahren.[131]

---

[126] Verstöße gegen die insiderrechtlichen Pflichten des WpHG können als Straftaten mit Freiheitsstrafe bis zu fünf Jahren oder Geldbußen bis zu EUR 1 000 000,00 geahndet werden, §§ 38, 39 WpHG. Zudem können sich die börsennotierte AG wie auch ihre Organmitglieder schadensersatzpflichtig machen, §§ 37 b, c WpHG und § 826 BGB.

[127] Die BaFin kann Insiderverzeichnisse anfordern, Personen laden und vernehmen, hat eigenständige Durchsuchungsbefugnisse und kann gegebenenfalls die Staatsanwaltschaft einschalten, § 4 WpHG.

[128] Vgl. zum „Acting in Concert" BGHZ 169, 98 = ZIP 2006, 2077; OLG Stuttgart NZG 2005, 432; OLG München ZIP 2005, 856; OLG Frankfurt ZIP 2004, 1309 (1312).

[129] Ein Hauptversammlungsbeschluss, der unter Mitwirkung eines nach § 28 S. 1 WpHG nicht stimmberechtigten Aktionärs gefasst wurde, ist nicht nichtig, sondern lediglich wegen Gesetzesverletzung nach § 243 Abs. 1 AktG anfechtbar, vgl. BGH ZIP 2006, 227 (228).

[130] www.bafin.de.

[131] §§ 21 ff. WpHG sind zuletzt durch das TUG vom 5. 1. 2007, BGBl. 2007 I, S. 10, geändert worden.

§ 8 Stimmbindungs-, Pool- und Konsortialverträge

Schrifttum: *von Gerkan,* Gesellschafterbeschlüsse, Ausübung des Stimmrechts und einstweiliger Rechtsschutz, ZGR 1985, 167; *Habersack,* Grenzen der Mehrheitsherrschaft in Stimmrechtskonsortien, ZHR 164 (2000), 1; *Happ,* Stimmbindungsverträge und Beschlussanfechtung, ZGR 1984, 168; *Hergeth/Mingau,* Beteiligungsverträge bei der GmbH, DStR 2001, 1217; *Hoffmann-Becking,* Der Einfluss schuldrechtlicher Gesellschaftervereinbarungen auf die Rechtsbeziehungen in der Kapitalgesellschaft, ZGR 1994, 442; *Maidl/Kreifels,* Beteiligungsverträge und ergänzende Vereinbarungen, NZG 2003, 1091; *Nietsch,* Einstweiliger Rechtsschutz bei Beschlussfassung in der GmbH-Gesellschafterversammlung, GmbHR 2006, 393; *Noack,* Gesellschaftervereinbarungen bei Kapitalgesellschaften, 1994; *Odersky,* Stimmbindungen im Pool und „Unterpool", FS Lutter, 2000, 557; *Schmitt,* Einstweiliger Rechtsschutz gegen drohende Gesellschafterbeschlüsse in der GmbH?, ZIP 1992, 1212; *Semler,* Einstweilige Verfügungen bei Gesellschafterauseinandersetzungen, BB 1979, 1533; *Ulmer,* Verletzung schuldrechtlicher Nebenabreden als Anfechtungsgrund im GmbH-Recht?, NJW 1987, 1849; *H. P. Westermann,* Das Verhältnis von Satzung und Nebenordnungen in den Kapitalgesellschaften, 1994; *M. Winter,* Organisationsrechtliche Sanktionen bei Verletzung schuldrechtlicher Gesellschaftervereinbarungen, ZHR 154 (1990), 259; *Zöllner,* Zu Schranken und Wirkung von Stimmbindungsverträgen, insbesondere bei der GmbH, ZHR 155 (1991) 168; *Zutt,* Einstweiliger Rechtsschutz bei Stimmbindung, ZHR 155 (1991), 190.

A. Einführung

1 Stimmbindungs-, Pool- und Konsortialverträge sind Vereinbarungen zwischen Gesellschaftern oder zwischen Gesellschaftern und Dritten bezüglich der Ausübung von **Mitgliedschaftsrechten** (insbesondere des Stimmrechts) in einer Gesellschaft oder einem sonstigen Verband (etwa einer Genossenschaft oder einem Verein). Es sind also grundsätzlich immer **zwei Rechtsverhältnisse** zu unterscheiden, auf der einen Seite die Beziehung der Parteien des Stimmbindungs-, Pool- oder Konsortialvertrages untereinander, auf der anderen Seite die aufgrund der Mitgliedschaft in der Gesellschaft oder dem sonstigen Verband geltenden Bindungen. Diese **gedankliche Trennung** ist die Grundlage zum Verständnis der Möglichkeiten und Grenzen von Stimmbindungsverträgen und verwandten Strukturen einschließlich der typischen praktischen Probleme bei der Durchsetzbarkeit. Trotz dieser an sich klaren und richtigen Trennung darf aber auch nicht übersehen werden, dass es durchaus auch zu **Wechselwirkungen** zwischen den beiden Rechtsverhältnissen kommen kann.

Stimmbindungs-, Pool- und Konsortialverträge sind überall dort anzutreffen, wo Gesellschafter meinen, ihre Interessen durch Zusammenarbeit mit bestimmten anderen Gesellschaftern besser wahren zu können.[1] Abgesehen von diesem generellen Grundsatz sind die Gründe für den Abschluss derartiger Vereinbarungen vielfältig.[2] Dem entsprechend sind in der Praxis auch sehr unterschiedliche Gestaltungsformen anzutreffen.

I. Begriffsbestimmungen

2 Die Begrifflichkeit der hier behandelten Verträge ist schillernd und weder in Literatur noch Rechtsprechung einheitlich. Dementsprechend sollte die Bezeichnung bei einer derartigen Vereinbarung durch die Vortragspartner auch nicht überbewertet werden; sie

---

[1] Ausführlich und mit vielen Fallbeispielen *Noack* S. 1 ff.

[2] Siehe etwa *Noack* S. 13 ff. mit einer Systematisierung nach Regelungsgegenständen und Funktionen.

kann immer nur ein Anhaltspunkt dafür sein, was die Parteien im Einzelnen regeln wollten. Im Folgenden sollen aber wenigstens die Begriffe des Stimmbindungs-, Pool- und Konsortialvertrages etwas näher erläutert und voneinander abgegrenzt werden:

1. Stimmbindungsverträge

Die Stimmbindung ist ein Charakteristikum eigentlich aller Verträge der hier besprochenen Art. Der Begriff des Stimmbindungsvertrages ist daher auch als **Oberbegriff** für diese Vertragstypen anzusehen und wird im Folgenden auch so verwendet. Der Begriff der Stimmbindungsvereinbarung ist ein bloßes Synonym. Mit Stimmbindung ist gemeint, dass die Parteien des Stimmbindungsvertrages sich zu einer gleichgerichteten Stimmabgabe im Rahmen des übergeordneten Verbandes (im Folgenden als **„Hauptgesellschaft"** bezeichnet) verpflichten. Dabei kann die Stimmbindung so ausgestaltet sein, dass sich ein Gesellschafter verpflichtet, entsprechend der Stimmabgabe eines Anderen zu handeln. Nicht untypisch ist aber, dass die Parteien des Stimmbindungsvertrages zunächst selbst in einem näher geregelten Abstimmungsverfahren gemeinschaftlich entscheiden, wie im Rahmen des übergeordneten Verbandes abzustimmen ist. Selbstverständlich ist im letzteren Fall der notwendige Regelungsaufwand deutlich größer. Zu Einzelheiten siehe unten Rn. 16–20. 3

2. Pool- und Konsortialverträge

Als **Poolverträge** werden regelmäßig Stimmbindungsverträge bezeichnet, in denen sich die Parteien über längere Zeit zusammenschließen, um ihren Einfluss gemeinsam zu „poolen", also zusammenzulegen. Bei derartigen Verträgen geht der Stimmabgabe in der Hauptgesellschaft regelmäßig ein Willensbildungsprozess zwischen den Poolpartnern voraus. Entscheidungen werden typischerweise mit Mehrheit gefällt, wobei selbstverständlich auch qualifizierte Mehrheitserfordernisse vereinbart werden können.[3] Der Begriff des **Konsortialvertrages** lässt sich von dem des Poolvertrages nicht sinnvoll abgrenzen. Er ist etwas altertümlicher und deutet möglicherweise auf eine etwas längerfristige Bindung der Vertragspartner hin.[4] In bestimmten Branchen (Banken, Bau) wird er immer noch häufig, dann aber meist in einem anderen Zusammenhang gebraucht.[5] Die Verwendung der Begriffe Poolvertrag oder Konsortialvertrag deutet oftmals darauf hin, dass die Verbindung über die Vereinbarung einer bloßen Stimmbindung hinausgeht und etwa Regelungen hinsichtlich der Veräußerung von Gesellschaftsanteilen enthält. 4

3. Sonstige Bezeichnungen

Ein anderer Begriff ist etwa der der **Abstimmungsvereinbarung,**[6] der sich inhaltlich von dem des Stimmbindungsvertrages allerdings nicht abgrenzen lässt. Früher ist auch gelegentlich der Begriff der **Schutzgemeinschaft** verwendet worden,[7] der aber etwas aus der Mode gekommen sein dürfte. Der häufig benutzte Begriff der **Gesellschaftervereinbarung** ist weiter als der des Stimmbindungsvertrages. Zwar sind in Gesellschaftervereinbarungen häufig auch Vereinbarungen zur Stimmbindung enthalten, sie können aber auch ganz andere Regelungsgegenstände, wie etwa die Finanzierung des Unternehmens beinhalten. Gleiches gilt für die Begriffe „Beteiligungsvertrag" und „gesellschaftsrechtliche Nebenvereinbarung". 5

---

[3] So etwa BGH WM 1970, 962 und näher MünchHdb. GesR I/*Weipert* § 34 Rn. 6.

[4] *Noack* S. 40 verwendet etwa den Terminus „Konsortialvertrag" als Oberbegriff für alle organisierten Gesellschaftervereinbarungen und verwendet den Terminus „Pool" weitgehend synonym, hält ihn jedoch für unschärfer.

[5] Ein Bankenkonsortium etwa bezeichnet typischerweise die Form, in der Banken für ein bestimmtes Projekt zusammen arbeiten.

[6] *Lutter/Hommelhoff* § 47 GmbHG Rn. 5.

[7] *Michalski/Römermann* § 47 GmbHG Rn. 475.

II. Rechtliche Einordnung

6 Das wesentliche rechtliche Charakteristikum von Stimmbindungsverträgen ist, dass sich die Parteien gegenüber ihren Vertragspartnern hinsichtlich ihrer Stimmrechtsausübung oder Ausübung anderer Gesellschafterrechte binden, ohne aber im **Verhältnis zur Hauptgesellschaft** oder deren Gesellschaftern **ihre Rechtsstellung aufzugeben.** Im Verhältnis zur Hauptgesellschaft bleiben sie also selbst Inhaber aller Rechte und Pflichten. Rechtlich streng zu unterscheiden sind deshalb Strukturen, in denen die Mitgliedschaftsrechte selbst in einen gemeinsamen Verband eingebracht werden sollen. Wenn etwa die Gesellschafter der Hauptgesellschaft ihre Geschäftsanteile, Aktien oder sonstigen Beteiligungen in eine andere Gesellschaft einbringen würden, könnte man dieses zwar auch als eine Art Pool oder Konsortium bezeichnen, es wäre aber kein Stimmbindungs-, Pool- oder Konsortialvertrag im hier beschriebenen Sinne[8] Da in solchen Fällen die Ausübung der Beteiligungsrechte den Geschäftsführungsorganen der die Beteiligung haltenden Gesellschaft obliegt und den ursprünglichen Gesellschaftern nur noch **mittelbare** Vermögens- und Verwaltungsrechte zustehen, stellen sich die hier behandelten Rechtsprobleme nicht. Derartige Strukturen werden daher hier nicht weiter behandelt, auch wenn sie ebenfalls manchmal als Pool- oder Konsortialvertrag bezeichnet werden.

1. Gesellschaftsrechtliche Einordnung

7 Die meisten Stimmbindungsverträge, jedenfalls aber solche, die den Charakter eines Pool- oder Konsortialvertrages haben, sind auf einen gemeinsamen Zweck gerichtet, nämlich die gemeinsame Ausübung der Beteiligungsrechte in der Hauptgesellschaft zu sichern. Sie sind daher ganz regelmäßig als **Gesellschaften bürgerlichen Rechtes** im Sinne des § 705 BGB einzuordnen.[9] Dem entsprechend gelten für diese auch die Regeln der §§ 705 bis 740 BGB. Diese Bestimmungen sind zwar ganz überwiegend **abdingbar,** spielen aber deshalb eine wichtige Rolle, weil die Stimmrechtsvereinbarungen oft nur ein unvollständiges Regelungsprogramm enthalten. Zudem lassen sich die zwingenden Regelungen ohnehin nicht abbedingen. Bedeutung hat insofern insbesondere das Verbot, **Kündigungen aus wichtigem Grund auszuschließen,** § 723 Abs. 3 BGB. Es ist aber nicht ausgeschlossen, wenn auch unüblich, Stimmbindungsverträge in Form einer KG[10] oder GmbH[11] zu organisieren.

2. Schuldrechtlicher Charakter und Bindungswirkung

8 Für das Verständnis der Stimmbindungsverträge entscheidend ist, dass diese nicht Teil der Verfassung der Hauptgesellschaft sind und daher nur ihre **eigenen Parteien** binden können. Dritte – also insbesondere auch die Hauptgesellschaft und deren andere Gesellschafter – sind grundsätzlich weder an Beschlüsse oder Verträge zwischen den Parteien des Stimmbindungsvertrages gebunden, noch hat der Stimmbindungsvertrag in der Regel unmittelbare Auswirkungen auf die Hauptgesellschaft oder die Rechtsverhältnisse der Gesellschafter derselben. Hieraus folgen Probleme bei der **praktischen Durchsetzbarkeit** der Stimmrechtsvereinbarung im Rahmen der Hauptgesellschaft, auf die im Folgenden noch näher einzugehen sein wird.[12]

---

[8] *Noack* S. 32 spricht insoweit von mittelbaren Gesellschaftervereinbarungen.

[9] Allg. M.; anders u. U. dann, wenn die Vereinbarung ein einseitiges Bestimmungsrecht einer Partei ohne weitere Verfahrenserfordernisse vorsieht; vgl. VG Düsseldorf AG 1971, 339 (340).

[10] Ein Beispiel aus der Praxis ist die frühere Zanders KG, die die Interessen der Gründerfamilie in der Zanders Feinpapiere AG koordiniert hat. Vgl. AG 1989, R 423.

[11] So etwa der Verband kommunaler Aktionäre, mit dem die kommunalen Aktionäre der RWE AG ihre Interessen koordinieren. Bis zum Verkauf an die E.ON AG gab es mit der Bergemann-GmbH ein ähnliches Steuerungsinstrument für die Beteiligungen an der Ruhrgas AG.

[12] Unten Rn. 30–37.

B. Tatsächliche Erscheinungsformen, Gründe und Bedeutung

9 Stimmbindungs-, Pool- und Konsortialverträge sind aber vor allem dort anzutreffen, wo aus verschiedensten Gründen ein Bedürfnis besteht, die **Verwaltungsrechte zu bündeln,** ohne die Zuordnung der Gesellschaftsanteile zu unterschiedlichen Personen aufzugeben, letztlich also die Gesellschaftsbeteiligung in einen **vermögensrechtlichen** und einen **verwaltungsrechtlichen Teil aufzuspalten.** Da eine solche Spaltung des einheitlichen Mitgliedschaftsrechtes nach deutschem Gesellschaftsrecht nicht zulässig ist,[13] bleibt die Stimmrechtsvereinbarung häufig das einzige Gestaltungsmittel.[14] Ein wesentlicher Grund für den Einsatz von Stimmbindungsverträgen ist aber auch die **fehlende Publizität.** In der GmbH und der KG ist es zwar möglich, die Beteiligung an den Mitwirkungsrechten abweichend von den Vermögensrechten zu regeln. Dieses wäre bei der GmbH aufgrund der in der Satzung zu treffenden Regelungen aber öffentlich bekannt, was oft nicht gewünscht wird.

I. Familiengesellschaften

10 Bei Familiengesellschaften haben Stimmbindungsverträge in zweierlei Hinsicht besondere Bedeutung erlangt: Bei Gesellschaften mit **mehreren Familienstämmen** sind sie in der Praxis oft ein unverzichtbares Mittel, um die gewachsenen Strukturen und die gewonnene Balance zu bewahren.[15] Die bereits in der zweiten Generation häufig anzutreffende und aus erbrechtlichen und steuerlichen Gründen manchmal nicht zu vermeidende **Zersplitterung des Anteilsbesitzes** wird damit zu Gunsten der vereinheitlichten Willensbildung teilweise wieder aufgehoben, die Gesellschaft bleibt „regierbar", ohne dass die Gesellschafter auf ihre unmittelbare Stellung als Gesellschafter und die damit sonst zusammenhängenden Rechte (etwa auf eigenständige und ungefilterte Information) verzichten müssten. Allerdings sollte in solchen Konstellationen sorgfältig geprüft werden, ob eine weitergehende Zusammenfassung des Anteilsbesitzes, etwa durch Zwischenschaltung einer Personengesellschaft für jeden Familienstamm als unmittelbare Gesellschafterin, nicht die vorzugswürdige Gestaltung ist. Sie vermeidet jedenfalls manche Unsicherheit, die bei Stimmbindungsverträge gerade in der Krise auftreten kann und lässt sich steuerlich in der Regel neutral gestalten.

11 Der zweite, nicht weniger relevante Anwendungsfall ist die **vorweggenommene Erbfolge.** Die Übertragung der Anteile bei gleichzeitigem Abschluss eines Stimmbindungsvertrages zu Gunsten des Gründers erlaubt es, Vermögenswerte rechtzeitig und damit steuersparend an die nächste Generation zu übertragen, **ohne den Verlust des Einflusses** auf die Geschicke der Gesellschaft zu riskieren. Auch hier sollten aber alternative Strukturen – insbesondere durch eine nur mittelbare Beteiligung der nächsten Generation – sorgfältig geprüft werden.

II. Private Equity

12 Ein moderneres Phänomen sind Stimmrechtsvereinbarungen im Zusammenhang von Eigenkapitalbeteiligungen durch Private Equity Fonds oder ähnliche Eigenkapitalgeber. Wenn ein Private Equity Fonds im Rahmen eines Buyout die Mehrheit an einem Unternehmen erworben hat, kommt es häufig zu einer Minderheitsbeteiligung durch das Management oder manchmal auch durch die Altgesellschafter. In solchen Fällen hat der

---

13 Siehe aus der Rechtsprechung nur BGH NJW 1965, 1378 und BGH WM 1987, 70, aus der Literatur statt aller *Lutter/Hommelhoff* § 14 GmbHG Rn. 14 m. w. N.

14 Sofern Stimmbindungsverträge früher verbreitet für unzulässig gehalten wurden so genau aus diesem Grund.

15 Siehe auch MünchHdb. GesR I/*Weipert* § 34 Rn. 11.

Private Equity Investor ein Interesse daran, nicht mit zu vielen unterschiedlichen Ansprechpartnern in der Gesellschafterversammlung verhandeln zu müssen. Dementsprechend wird er gerade dem Management regelmäßig die Verpflichtung auferlegen, seine Anteile zu „poolen" und damit in der **Gesellschafterversammlung mit einer Stimme zu sprechen.** Diese ist natürlich umso wichtiger, je größer der Kreis der gesellschaftsrechtlich Beteiligten ist. Umgekehrt kann es ein Interesse des Managements geben, um der stärkeren Stellung willen, zu einer gemeinsamen Willensbildung zu kommen. In diesen Fällen wird selten ein separater Stimmbindungsvertrag abgeschlossen. Vielmehr finden sich die diesbezüglichen Regelungen typischerweise in den **Beteiligungsverträgen** beziehungsweise Gesellschaftervereinbarungen, die anlässlich des Beteiligungserwerbes abgeschlossen werden. Häufig ist in diesen Fällen ein Stimmbindungsvertrag auch Voraussetzung dafür, dass der Private Equity Investor die (typischerweise steuerlich motivierte) Übertragung von Geschäftsanteilen an Ehegatten und Kinder des beteiligten Managers zulässt. Diese Stimmbindung wird allerdings in der Regel sehr einseitig sein, d.h. der Ehegatte oder Abkömmling hat sich letztlich dem Willen des ursprünglichen Gesellschafters zu fügen.[16] Grund ist, dass der Private Equity Investor in der Gesellschafterversammlung nur mit dem von ihm ausgewählten Manager, nicht aber mit dessen Familienangehörigen zu tun haben will. In der Praxis wird daher häufig der Stimmbindungsvertrag mit einer Vollmacht für den ursprünglichen Gesellschafter kombiniert.

III. Joint Ventures

13 Auch in Gemeinschaftsunternehmen aller Art – heute überwiegend als Joint Ventures bezeichnet – finden sich immer wieder Stimmbindungsverträge; insbesondere dann, wenn mehr als zwei Parteien an dem Joint Venture beteiligt sind und eine Meinungsbildung im Vorfeld der eigentlichen Gesellschafterversammlung erfolgen soll. Im Mittelpunkt Beteiligungsverträge von Joint Venture Gesellschaften stehen aber eher andere Fragen, insbesondere die Finanzierung und die operative Führung des Gemeinschaftsunternehmens (vgl. § 15 Rn. 141–151).

IV. Aktionärsvereinigungen

14 Es gibt klassische Aktionärsvereinigungen, die versuchen, über das „pooling" ihrer in der Regel sehr zersplitterten Beteiligungsrechte wenigstens ein Minimum an Einfluss in Publikumsgesellschaften zu erlangen. Bei solchen Gestaltungen wird es sich typischerweise um echte Pool- beziehungsweise Konsortialverträge handeln, die eine Meinungsbildung im Vorfeld der eigentlichen Entscheidungsfindung in der Hauptversammlung zum Gegenstand haben. Daneben gibt es gerade bei **ehemaligen Familiengesellschaften,** die später an die **Börse** gegangen sind, den Versuch, über einen Stimmbindungsvertrag einen maßgeblichen oder sogar beherrschenden Einfluss zu erlangen. Ein Beispiel aus jüngster Zeit ist die Vereinbarung zwischen der Haniel-Gruppe und anderen Gesellschaftern bezüglich der Beteiligung an der Metro AG.[17]

C. Organisationsform

15 Es wurde oben bereits verschiedentlich angesprochen, dass sich grundsätzlich zwei Typen von Stimmbindungsverträgen unterscheiden lassen, deren Regelungsaufwand und Problemstellungen unterschiedlich sind: Zum einen gibt es Stimmbindungsverträge, die den Willensbildungsprozess eines Teils der Gesellschafter zwar durch eine Abstim-

---

[16] Es wird daher bei solchen Vereinbarungen häufig mangels gemeinsamen Zweck keine Gesellschaft vorliegen.

[17] Siehe etwa Financial Times Deutschland vom 3. September 2007, S. 25.

mung im Kreis der Parteien des Stimmbindungsvertrages vorwegnehmen, bei denen es aber zu einem – wenn auch vorgelagerten – **Willensbildungsprozess im Kreis der Parteien des Stimmbindugsvertrages** kommt. Solche Gestaltungen sollen als Vereinbarungen mit **Mitgliederverfassung** bezeichnet werden. Häufig anzutreffen sind aber auch Strukturen, in denen der Stimmbindungsvertrag vorsieht, dass ein Gesellschafter sich entsprechend dem **Abstimmungsverhalten eines anderen Gesellschafters** zu verhalten hat. Solche Gestaltungen werden typischerweise noch durch eine nicht widerrufliche Vollmacht ergänzt und sollen als **Stimmbindungsverträge mit Vertreterverfassung** bezeichnet werden.[18]

I. Stimmbindungsverträge mit Mitgliederverfassung

Stimmbindungsverträge mit Mitgliederverfassung entsprechen im Grundsatz dem gesetzlichen Leitbild der BGB-Gesellschaft, da alle Parteien tatsächlich die Möglichkeit haben, an der **Willensbildung mitzuwirken** und diese nur ins Vorfeld der eigentlichen Abstimmung auf die Ebene der Hauptgesellschaft verlagert wird. In solchen Konstellationen ist aber den Organisations- und Verfahrensregeln besondere Bedeutung beizumessen, da bei unklaren Regelungen das Ziel der Vereinbarung, die Sicherstellung einer einheitlichen Stimmabgabe in der Hauptgesellschaft, gefährdet wäre. 16

Bei Stimmbindungsverträgen mit Mitgliederverfassung wird es sich immer um **BGB-Gesellschaften** handeln. Darüber darf der in diesem Zusammenhang oft gebrauchte Begriff der Stimmbindungsgemeinschaft nicht hinwegtäuschen; Stimmbindungsgemeinschaften sind gerade keine Gemeinschaften nach Bruchteilen im Sinne des § 741 BGB. Damit gelten für die Willensbildung in der Stimmbindungsgemeinschaft die Regeln der §§ 705–740 BGB. Allerdings ist das für solche reinen Innengesellschaften ohne Vermögensrechte geltende gesetzliche Regelungsprogramm ausgesprochen schlank. Maßgeblich für die Willensbildung ist im Wesentlichen § 709 BGB, der als Regelfall die **einvernehmliche Gesamtgeschäftsführung** vorsieht, abweichende Gestaltungen durch den Gesellschaftsvertrag aber **ausdrücklich zulässt.** Es bietet sich etwa die folgende Formulierung zur Klarstellung an: 17

Formulierungsbeispiel Stimmbindung:

Die Parteien gründen hiermit eine Gesellschaft bürgerlichen Rechts („Stimmbindungs-GbR") als reine Innengesellschaft ohne eigenes Vermögen. Zweck der Gesellschaft ist die einheitliche Willensbildung und Wahrnehmung von Gesellschafterrechten in der XY-GmbH. Sitz der Gesellschaft ist Z. Die Geschäftsführung der Stimmbindungs-GbR steht den Parteien nur gemeinschaftlich zu.

Die Parteien werden ihre Rechte als Gesellschafter der XY-GmbH, insbesondere ihr Stimmrecht zur Fassung von Gesellschafterbeschlüssen, nur übereinstimmend ausüben und deshalb insbesondere in Gesellschafterversammlungen nur gemeinsam mit Ja oder Nein stimmen oder sich übereinstimmend der Stimme enthalten.

Vor jeder Geltendmachung von Gesellschafterrechten durch die Parteien im Rahmen der XY-GmbH, insbesondere vor jeder Gesellschafterversammlung oder jedem außerhalb von Gesellschafterversammlungen zu fassenden Beschluss, werden die Parteien ihr Verhalten, insbesondere ihr Stimmverhalten durch einen nach den Regelungen dieses Vertrages zu treffenden Beschluss der Stimmbindungs-GbR festlegen. Für den Fall, dass kein wirksamer Beschluss der Stimmbindungs-GbR zustande kommt, ist jede Partei hinsichtlich ihres Stimmverhaltens in der XY-GmbH frei.

---

[18] Terminologie nach MünchHdb. GesR I/*Weipert* § 34 Rn. 22. Wenn es allerdings auch an jeglichem Verfahren zur gemeinsamen Willensbildung fehlt, wird es sich häufig nicht mehr um Gesellschaften handeln.

18 Ein Stimmbindungsvertrag, der einvernehmliches Handeln voraussetzt, wäre aber sinnlos, weil ohne wirklichen Anwendungsbereich. Ein sinnvoller Stimmbindungsvertrag wird also mindestens (einfache oder qualifizierte) **Mehrheitsentscheidungen** vorsehen und in aller Regel auch das Stimmengewicht der Gesellschafter abweichend von § 709 Abs. 2 BGB regeln. Denn dieser sieht bei Zulassung von Mehrheitsentscheidungen mangels anderer Regelungen die **Mehrheit der Köpfe** als maßgeblich an, was den Interessen der Parteien regelmäßig nicht entspricht. Daher dürfte der häufigste Maßstab die **Höhe der Beteiligung an der Hauptgesellschaft** sein. Abweichende Regelungen sind aber möglich, die Parteien haben jede Freiheit, diese Punkte nach ihren jeweiligen Bedürfnissen zu regeln. Dieses kann – je nach Gesellschafterstruktur – etwa dazu führen, dass ein Minderheitsgesellschafter, der über die Mehrheit der Stimmen in einer Stimmbindungs-GbR verfügt, indirekt die Mehrheit der Stimmen in der Hauptgesellschaft kontrolliert. So etwa wenn eine Gesellschaft drei Gesellschafter mit Stimmenanteilen von 40%, 40% und 20% hat und zwei der Gesellschafter einen Stimmbindungsvertrag mit Mehrheitsprinzip nach Kapitalanteilen abschließen. Der stärkere Partner in der Stimmbindungs-GbR verfügt dann effektiv über die Mehrheit in der Gesellschafterversammlung, der Gesellschafter, der 20% hält, verliert praktisch jede Einflussmöglichkeit und auch der zweite Gesellschafter mit einer Beteiligung von 40%, der dem anderen Gesellschafter gleichgewichtig gegenüber gestanden hat, kann nur noch Satzungsänderungen und andere Entscheidungen verhindern, die eine qualifizierte Mehrheit voraussetzen. Es ließen sich noch viel extremere Beispiel bilden, insbesondere bei mehreren hinter einander geschachtelten Stimmbindungsverträgen.

Formulierungsbeispiel Mehrheitsklausel:
Beschlüsse nach diesem Vertrag werden grundsätzlich mit einfacher Mehrheit der abgegebenen Stimmen gefasst. Je EUR 50,00 der jeweils an der XY-GmbH gehaltenen Geschäftsanteile gewähren dabei eine Stimme in der Stimmbindungs-GbR.

19 Ein weiterer – in der Praxis nicht immer bedachter – Punkt ist, dass die §§ 705–740 BGB (anders etwa als das GmbHG oder AktG) keine Regelungen enthalten, wie die **Willensbildung in der Praxis** stattfinden soll. Das Gesetz geht davon aus, dass Entscheidungen einvernehmlich zu treffen sind. Aus § 709 BGB wird man noch folgern können, dass regelmäßig Abstimmungen notwendig sind. Ob diese aber in Versammlungen der Gesellschafter erfolgen, wo diese statt zu finden haben, wie und mit welcher Frist einzuladen ist und ob Vertretung möglich sein soll, ist nicht geregelt.[19] Solange zwischen den Gesellschaftern Einvernehmen herrscht, ist das nicht weiter problematisch. Wenn es aber Streit gibt und insbesondere wenn eine Minderheit nach Möglichkeiten sucht, die Stimmbindung zu vermeiden (etwa weil diese die „Fraktion" wechseln will), erlangt die Frage der **Bindungswirkung der Beschlüsse** und damit auch die der **Verfahrensfragen** eine große Bedeutung. Ein einmaliger Fehler kann bei strukturellen Pattsituationen das fein austarierte **Machtgefüge in Gesellschaften nachhaltig verändern;** so etwa dann, wenn durch eine abweichende Mehrheit die **Geschäftsführung der Hauptgesellschaft** verändert wird. Es ist daher bei der Gestaltung des Stimmbindungsvertrages darauf zu achten, **Verfahrensfragen klar und unmissverständlich zu regeln.**[20] Das betrifft insbesondere Ort und

[19] Siehe MünchKommBGB/*Ulmer* § 709 Rn. 50 ff.

[20] Zu den mangels vertraglicher Regelung anzuwendenden Verfahrensregeln MünchKommBGB/*Ulmer* § 707 Rn. 71 ff. Die Rechtsprechung hat einzelne Verfahrensrechte wie die Ankündigung von Beschlussgegenständen aus den aus § 242 BGB folgenden allgemeinen Grundsätzen für Gesellschafterbeschlüsse hergeleitet, vgl. etwa BGH ZIP 1994, 1523 (1525) und OLG Düsseldorf NZG 2000, 588 ff. Dieses zeigt bereits die Notwendigkeit klarer vertraglicher Regeln.

Zeitpunkt der Willensbildung, Ladung, Leitung und Protokollierung. Eine nahe liegende Möglichkeit ist es, sich an die Regelungen der Hauptgesellschaft anzulehnen und etwa deren analoge Anwendbarkeit vorzusehen. Bezüglich Zeit und Ort der Abstimmung ist es auch nicht unüblich, jeweils unmittelbar vor der Gesellschafterversammlung der Hauptgesellschaft (oder auch am Vorabend) eine Gesellschafterversammlung der Stimmbindungsgemeinschaft anzuordnen.[21] Mangels entsprechender Regelungen wird man aber **nicht** ohne weiteres die gesetzlichen oder satzungsmäßigen Regelungen für die Hauptgesellschaft analog anwenden können. Maßgeblich sind dann die von der Rechtsprechung für die BGB-Gesellschaft entwickelten allgemeinen Regeln.[22]

Eine entsprechende Regelung könnte etwa wie folgt aussehen:

Formulierungsbeispiel Verfahren:

Beschlüsse nach diesem Vertrag werden grundsätzlich in Versammlungen, können aber im Einverständnis aller Parteien auch telefonisch, schriftlich, per Telefax oder per e-mail gefasst werden. Im Einverständnis aller Parteien ist im Einzelfall auch eine kombinierte Beschlussfassung möglich, d. h. Gesellschafter, die in der Gesellschafterversammlung nicht vertreten sind können ihre Stimme telefonisch, schriftlich, per Telefax oder e-mail abgeben. Versammlungen finden regelmäßig am Sitz der Stimmbindungs-GbR statt. Bei Einverständnis aller Parteien können sie aber auch an jedem anderen Ort durchgeführt werden.

Die Ladungsfrist für Versammlungen beträgt mindestens drei Werktage nach Zugang, wobei die Ladung schriftlich, per e-mail oder Telefax erfolgen kann. Der Tag des Zugangs zählt bei der Fristberechnung nicht mit. Jede Partei ist zur Ladung befugt. Mit der Ladung ist die vorgesehene Tagesordnung anzugeben. Diese kann von anderen Parteien bis 24 Stunden vor dem vorgesehenen Termin ergänzt werden. Auch hierfür reicht die Einhaltung der für die Ladung vorgesehenen Form aus. Die Stimmbindungs-GbR ist beschlussfähig, wenn mindestens 50% der Stimmrechte anwesend oder vertreten sind. Jede Partei ist verpflichtet, den jeweils anderen Parteien ihre aktuellen und zur Ladung geeigneten e-mail Adressen und Faxnummern mitzuteilen und diese Informationen aktuell zu halten.

Für den Fall, dass sich die Gesellschafter der XY-GmbH wegen zwingender Erfordernisse ausnahmsweise zu einer so kurzfristigen Beschlussfassung zusammenfinden, dass die Einhaltung der vorgenannten Fristen nicht möglich ist, werden die Parteien die nach diesem Vertrag notwendigen Beschlüsse unmittelbar vor der entsprechenden Beschlussfassung der XY-GmbH fassen.

Jeder Gesellschafter kann sich durch einen anderen Gesellschafter oder einen von Berufs wegen zur Verschwiegenheit verpflichteten Dritten vertreten lassen.

Nicht zuletzt bedarf der sorgfältigen Überlegung und Regelung, welche Konsequenzen 20
ein **Patt** in der Abstimmung der Stimmbindungsgemeinschaft hat. Üblicherweise führt dieser dazu, dass in der Gesellschafterversammlung der Hauptgesellschaft gegen einen entsprechenden Beschlussantrag zu votieren ist. Zwingend ist das aber nicht; denkbar wäre etwa auch, das Stimmverhalten in einer solchen Situation freizugeben oder die Enthaltung vorzuschreiben. Auch eine **Differenzierung** nach Art des Beschlussgegenstandes oder des konkreten Mehrheitserfordernisses in der Hauptgesellschaft wäre denkbar. So könnte sich bei notwendigen Zustimmungen zu konkreten Geschäftsführungsmaßnahmen eine zustimmungsfreundliche Haltung anbieten, wogegen man etwa bei Kapitalmaßnahmen strenger sein könnte. Diese Fragen können auch nicht sinnvoll entschieden werden, ohne die Wirkung des Abstimmungsverhaltens nach dem **Sta-**

---

[21] Diese Praxis ist aber gerade unter dem Gesichtspunkt des Rechtsschutzes gegen abweichendes Stimmverhalten nicht unproblematisch, da dann selbst bei Ankündigung abweichenden Stimmverhaltens in der Versammlung der Stimmbindungs-GbR die Zeit nicht mehr zur Erlangung einer einstweiligen Verfügung ausreicht.

[22] Zu diesen MünchKommBGB/*Ulmer* § 709 Rn. 71 ff.

tut der Hauptgesellschaft in die Überlegungen mit einzubeziehen. So kann etwa bei der GmbH die Satzung regeln, ob Stimmenthaltungen bei der Ermittlung der Mehrheit nicht mitgezählt (so der gesetzliche Regelfall) oder aber als Neinstimme gewertet werden. Je nach Interessenlage bieten sich also eine Fülle möglicher Regelungen an, deren Auswirkungen in der **konkreten Situation** einer Gesellschaft sorgfältig durchdacht werden müssen.

II. Stimmbindungsverträge mit Vertreterverfassung

21 Stimmbindungsverträge mit Vertreterverfassung sind regelmäßig einfacher strukturiert, da ein Willensbildungsprozess der Parteien des Stimmbindungsvertrages entweder gar nicht oder nur pro forma erfolgt. In seiner einfachsten Form sieht ein solcher Stimmbindungsvertrag vor, dass die „schwächere" Partei entsprechend dem Votum der „stärkeren" Partei abzustimmen hat. Dann muss eigentlich nur geregelt werden, wie dieses Votum bekannt gemacht wird. In aller Regel enthalten solche etwas einseitigen Vereinbarungen auch eine unwiderrufliche Vollmacht der „schwächeren" für die „stärkere" Partei, so dass die „schwächere" Partei gar nicht in den Gesellschafterversammlungen der Hauptgesellschaft auftritt. Vernünftige Verfahrensregeln sind aber auch dann erforderlich, weil das deutsche Recht **keine „verdrängende" Vollmacht"** kennt, der Vollmachtgeber also trotz der Vollmacht jederzeit auch **selber seine Rechte wahrnehmen kann,** selbst wenn das einen Verstoß gegen den Stimmbindungsvertrag darstellen sollte.[23] Im Übrigen kann auch die – grundsätzlich zulässige – unwiderrufliche Vollmacht aus wichtigem Grund widerrufen werden.[24]

D. Zulässigkeit von Stimmbindungsverträgen

22 Angesichts der praktischen Bedeutung von Stimmbindungsverträgen spielt selbstverständlich die Frage ihrer **rechtlichen Zulässigkeit** eine nicht zu unterschätzende Rolle. Bedenken könnten sich insoweit insbesondere aus dem gesellschaftsrechtlichen **Abspaltungsverbot** sowie wegen der Gefahr der Umgehung zwingenden **Minderheitenschutzes** ergeben.

I. Grundsätzliche Zulässigkeit

23 An der grundsätzlichen Zulässigkeit von Stimmbindungsverträgen besteht heute **kein ernsthafter Zweifel** mehr.[25] Auch der Bundesgerichtshof hat diese wiederholt bestätigt.[26] Angesichts der Verbreitung von Stimmbindungsvertragen ist auch nicht vorstellbar, dass sich hieran grundlegend etwas ändern könnte.

II. Bindung gegenüber Nichtgesellschaftern

24 Umstritten ist allerdings, ob eine Bindung auch gegenüber Dritten, also gegenüber Personen möglich ist, die selber nicht Gesellschafter der Hauptgesellschaft sind. In der Praxis denkbar sind etwa Fälle, in denen die Anteile im Wege der vorweggenommenen Erbfolge vollständig übertragen worden sind, der ursprüngliche Gesellschafter seinen Einfluss aber letztlich nicht verlieren will. Auch Bindungen gegenüber Mitgliedern von

---

[23] Ganz h. M., siehe nur *Palandt/Heinrichs* § 167 BGB Rn. 15.
[24] Vgl. *Palandt/Heinrichs* § 168 BGB Rn. 6 m. w. N.
[25] Siehe nur *Baumbach/Hueck/Zöllner* § 47 GmbHG Rn. 113.
[26] Grundlegend für die heutige Praxis BGHZ 48, 163; ausführlich zur Entwicklung *Noack* S. 66 ff.

Geschäftsführungs- oder Aufsichtsorganen sind denkbar. Nach heute überwiegender Ansicht sind auch solche Bindungen bei den meisten Rechtsformen **zulässig.**[27] Zur Situation bei der Aktiengesellschaft siehe unten Rn. 26.

III. Umgehung von Mehrheitserfordernissen

Eine besonders wichtige und bis in die jüngste Zeit umstrittene Frage ist, ob Stimmbindungsverträge dann unzulässig sind, wenn sie im Ergebnis zur Umgehung des **gesetzlichen oder satzungsmäßigen Minderheitenschutzes** führen. Dieses ist etwa dann der Fall, wenn ein Minderheitsgesellschafter mit mehr als 25% an einer GmbH beteiligt ist, sich aber im Rahmen eines Stimmbindungsvertrages verpflichtet, etwaigen Vorschlägen zur Änderung der Satzung durch den Mehrheitsgesellschafter zuzustimmen.[28] 25

Wenn man in solchen Sonderkonstellationen sicherstellen will, dass eine Umgehung der gesetzlichen oder satzungsmäßigen Mehrheitserfordernisse nicht möglich ist, bietet sich etwa die folgende Formulierung an:

Formulierungsbeispiel Qualifiziertes Mehrheitserfordernis:

Für den Fall, dass nach Gesetz oder Satzung der XY-GmbH für einzelne Beschlussgegenstände eine qualifizierte Mehrheit erforderlich sein sollte, gilt das gleiche Mehrheitserfordernis auch für die entsprechenden Beschlüsse der Stimmbindungs-GbR.[29]

IV. Gesetzliche Sonderregelungen

Es gibt gesetzliche Sonderregelungen, die Stimmbindungsverträge ausdrücklich ausschließen oder einschränken. So ist nach § 136 Abs. 2 AktG ein Vertrag unwirksam, nach dem sich ein Aktionär verpflichtet, **nach Weisung** der Gesellschaft, des Vorstandes oder des Aufsichtsrates der Gesellschaft oder nach Weisung eines abhängigen Unternehmens der Gesellschaft das Stimmrecht auszuüben. Nichtig ist ebenso eine Bindung an die Vorschläge des Vorstandes oder des Aufsichtsrates der Aktiengesellschaft, allerdings nur soweit diese als Gesamtorgan angesprochen sind. Nach herrschender und für die Praxis maßgeblicher Meinung ist diese Vorschrift auf die **GmbH nicht** anzuwenden.[30] Entgeltliche Stimmbindungen sind bei der AG angesichts der Bußgeldvorschrift des § 405 Abs. 3 Nr. 6 AktG nach § 134 BGB ebenfalls nicht wirksam. Hier geht die ganz h.M. davon 26

[27] Siehe etwa BGHZ 48, 163, OLG Frankfurt NZG 2000, 378, OLG Celle GmbHR 1991, 580 und OLG Köln GmbHR 1989, 78. Aus der Literatur sind dafür *Baumbach/Hueck/Zöllner* § 47 GmbHG Rn. 113, *Lutter/Hommelhoff*, § 47 GmbHG Rn. 5 (außer im Falle von Satzungsänderungen) und mit geringfügigen Einschränkungen *Michalski/Römermann* § 47 GmbHG Rn. 500ff.; dagegen etwa *Hüffer* § 133 AktG Rn. 27 und (mit Einschränkungen) *Ulmer/Hüffer* § 47 GmbHG Rn. 75 und 78 sowie *Habersack* ZHR 164 (2000) 1 (12), der diese Ansicht für die im Vordringen befindliche hält.

[28] Für die Zulässigkeit derartiger Vereinbarungen insbesondere ausführlich OLG Karlsruhe NZG 2005, 636 (nicht rechtskräftig), LG Heidelberg, Teilurteil v. 14. August 2004, 11 O 13/03 KfH und *Noack* S. 207f.; explizit und mit ausführlicher Begründung dagegen, *Habersack* ZHR 164 (2000) 1ff.

[29] Diese Formulierung passt allerdings nur für den Fall, dass sämtliche Gesellschafter der Hauptgesellschafter auch Parteien des Stimmbindungsvertrages sind. Ansonsten müsste das Mehrheitserfordernis in der Hauptgesellschaft ins Verhältnis zur Gesamtbeteiligungsstärke der gebundenen Gesellschafter gesetzt werden. Siehe dazu *Noack*, S. 208.

[30] BGH ZIP 1983, 432, OLG Köln WM 1988, 974 (977), *Scholz/K. Schmidt* § 47 GmbHG Rn. 41 und *Michalski/Römermann* § 47 GmbHG Rn. 495ff.; a.A. etwa *Baumbach/Hueck/Zöllner* § 47 GmbHG Rn. 115 und *Ulmer/Hüffer* § 47 GmbHG Rn. 78.

aus, dass man über § 138 BGB wegen der Sittenwidrigkeit solcher Absprachen bei der GmbH zum gleichen Ergebnis kommt.[31]

V. Gesellschaftsrechtliche Treuepflicht

27 Die in der Praxis bedeutsamste Einschränkung der Zulässigkeit von Stimmbindungsverträge folgt aus der gesellschaftsrechtlichen Treuepflicht. Es ist allgemein anerkannt, dass ein Stimmbindungsvertrag nicht zu Beschlüssen verpflichtet, deren Umsetzung auf der Ebene der **Hauptgesellschaft** eine Verletzung **der gesellschaftsrechtlichen Treuepflicht** darstellen würde.[32] Dieses Prinzip kann man klarstellend in der Vereinbarung etwa wie folgt regeln:

Formulierungsbeispiel Einschränkung:

Die Verpflichtung zur einheitlichen Ausübung von Gesellschafterrechten gilt nicht, insoweit diese gegen zwingende gesetzliche oder gesellschaftsvertragliche Pflichten verstößt, insbesondere eine Treuepflichtverletzung gegenüber der XY-GmbH oder den Mitgesellschaftern darstellen würde.

So eindeutig die abstrakte Rechtslage ist, so schwierig ist es im Einzelfall zu entscheiden, wann die Grenze zu einer treuwidrigen Stimmabgabe überschritten ist und deshalb die Bindungswirkung des Stimmbindungsvertrages endet. Hier besteht aber ein wichtiges argumentatives Einfallstor für den Gesellschafter, der sich nicht an die Stimmbindung halten will. Gerade im Rahmen eines Verfahrens des einstweiligen Rechtschutzes lassen sich diese Fragen oftmals nicht befriedigend klären.

VI. Umgehung von Stimmverboten

28 Stimmbindungsverträge sind unwirksam, wenn und soweit sie dazu führen, dass gesetzliche Stimmverbote, also insbesondere das aus § 47 Abs. 4 GmbHG umgangen werden.[33] Der typische Fall dürfte dabei sein, dass sich ein Gesellschafter verpflichtet, nach Weisung eines vom **Stimmrecht ausgeschlossenen anderen Gesellschafters** zu stimmen. Dieses gilt unabhängig davon, ob das Stimmverhalten materiell zulässig wäre, also insbesondere keine Treupflichtverletzung darstellen würde. Es muss also bei jeder Abstimmung in der Stimmbindungs-GbR geprüft werden, ob Stimmverbote hinsichtlich der Hauptgesellschaft bestehen. Wenn das der Fall sein sollte, darf der betroffene Gesellschafter auch im Rahmen der Stimmbindungs-GbR nicht abstimmen.

VII. Form

29 Eine besondere Form ist für reine Stimmbindungsverträge nicht gefordert,[34] sie können sogar konkludent abgeschlossen werden, was sich wegen der damit naturgemäß verbundenen Unsicherheiten aber keinesfalls empfiehlt.[35] Wenn allerdings der Stimmbindungsvertrag bezüglich einer GmbH auch Abtretungspflichten für Geschäftsanteile enthält, bedarf die gesamte Vereinbarung wegen § 15 Abs. 4 GmbHG der notariellen Beurkundung.

[31] Siehe etwa *Scholz/Schmidt* § 47 GmbHG Rn. 45 und *Baumbach/Hueck/Zöllner* § 47 GmbHG Rn. 114; anders soweit ersichtlich nur *Michalski/Römermann* § 47 GmbHG Rn. 515 ff.

[32] OLG Karlsruhe NZG 2005, 636; OLG Köln GmbHR 1989, 78; *Lutter/Hommelhoff* § 47 GmbHG Rn. 5; *Noack* S. 146 ff.

[33] BGHZ 48, 166; *Baumbach/Hueck/Zöllner* § 47 GmbHG Rn. 114 m. w. N.

[34] *Michalski/Römermann* § 47 BGB Rn. 484.

[35] Siehe etwa aus der Praxis BGH ZIP 1983, 432 (433).

E. Praktische Durchsetzbarkeit

Angesichts des prekären Verhältnisses zwischen dem Statut der Hauptgesellschaft und dem Stimmbindungsvertrag stellt sich die Frage nach der praktischen Durchsetzbarkeit:

I. Bedeutung für die Wirksamkeit von Beschlüssen der Hauptgesellschaft

Wie bereits in der Einleitung festgestellt,[36] haben Stimmbindungsverträge grundsätzlich **keine statuarische Wirkung**, sondern können nur zwischen ihren eigenen Parteien Geltung beanspruchen. Hieraus folgt nach ganz allgemeiner Meinung zwingend, dass gegen einen Stimmbindungsvertrag verstoßendes Stimmverhalten grundsätzlich **keine Auswirkung** auf die Wirksamkeit des Beschlusses der Hauptgesellschaft haben kann.[37] 30

Anders sieht dies nach der Rechtsprechung des Bundesgerichtshofs[38] und der ihm insoweit folgenden herrschenden Meinung in der Literatur[39] aber dann aus, wenn die Stimmabgabe einen **alle Gesellschafter** der Hauptgesellschaft verpflichtenden Stimmbindungsvertrag betrifft. In der Literatur gibt es zwar nach wie vor viele kritische Stimmen, die den Anwendungsbereich dieser Regeln entweder auf extreme Ausnahmefälle beschränken wollen[40] oder ganz ablehnen.[41] Für die Praxis dürfte die Frage aber im Sinne der Rechtsprechung des Bundesgerichtshofes entschieden sein. 31

II. Erfüllungsansprüche

Ansonsten wirksame Verpflichtungen aus Stimmbindungsverträge sind nach heute ganz h. M. im Wege einer **Erfüllungsklage durchsetzbar.**[42] Auch insoweit folgen die Instanzgerichte und die h. M. in der Literatur ganz überwiegend der Ansicht des Bundesgerichtshofs.[43] 32

Nach herrschender Ansicht richtet sich die **Zwangsvollstreckung** bei Erfüllungsansprüchen nach § 894 ZPO.[44] Das rechtskräftige Urteil ersetzt damit die nicht entsprechend abgegebene Stimme des Gesellschafters. Zur Problematik der Durchsetzung im Wege des einstweiligen Rechtsschutzes siehe unten VI.

III. Unterlassungsansprüche und Schadensersatz

In Rechtsprechung und Literatur ist unumstritten, dass ein an sich wirksamer Stimmbindungsvertrag Ansprüche auf **Unterlassung** eines dem Stimmbindungsvertrag widersprechenden Abstimmungsverhaltens gewährt. In der Praxis ist dieser Anspruch wegen der besseren Möglichkeit der Erlangung einstweiligen Rechtsschutzes sogar von überragender Bedeutung (dazu unten VI.). Bei schuldhafter Verletzung der Verpflichtung besteht auch ohne eine ausdrückliche vertragliche Regelung grundsätzlich ein Anspruch auf **Schadenersatz** nach den allgemeinen Regeln für positive Forderungsverletzungen.[45] 33

---

[36] Oben Rn. 8.

[37] Vgl. nur *Baumbach/Hueck/Zöllner* § 47 GmbHG Rn. 117.

[38] BGH NJW 1983, 1910; BGH NJW 1987, 1890.

[39] BGH NJW 1983, 1910; BGH NJW 1987, 1890.

[40] So etwa *Ulmer* NJW 1987, 1849, *Ulmer/Hüffer* § 47 GmbHG Rn. 84, *Winter* ZHR 154 (1990), 259 (268 ff.) und *Hoffmann-Becking* ZGR 1994, 442 (446 f.).

[41] So etwa *Götte*, GmbH, § 7 Rn. 82, *Michalski/Römermann* § 47 GmbHG Rn. 536.

[42] Vgl. BGHZ 48, 170 in Abkehr von der Rechtsprechung des Reichsgerichts, zuletzt RG 170, 372.

[43] OLG Köln GmbHR 1989, 76; OLG Celle GmbHR 1991, 580; *Baumbach/Hueck/Zöllner* § 47 GmbHG Rn. 119; *Lutter/Hommelhoff* § 47 GmbHG Rn. 5.

[44] BGHZ 48, 170.

[45] Näher *Michalski/Römermann* § 47 GmbHG Rn. 530.

Allerdings erweist sich dieser Anspruch typischerweise als ein stumpfes Schwert: Wenn man etwa an die für die Zukunft einer Gesellschaft fundamental wichtigen Entscheidungen über die Besetzung der Geschäftsführung oder Strukturmaßnahmen in der Gesellschaft denkt, dürfte es zum Teil an einem materiellen Schaden fehlen; häufig wird dieser aber kaum oder jedenfalls nicht mit zumutbarem Aufwand nachweisbar sein. Entsprechende Schadenersatzansprüche haben daher in der Praxis bisher auch **keine große Rolle** gespielt.

IV. Vertragsstrafen

34 In der Praxis weit verbreitet und zur Bewehrung der Unterlassungsansprüche sehr empfehlenswert sind Vertragsstrafenvereinbarungen.[46] Diese sind im Rahmen der allgemeinen Regelungen auch **wirksam,** §§ 339ff. BGB, § 348 HGB. Die **angemessene Höhe** der Vertragsstrafe lässt sich kaum allgemein bestimmen und dürfte insbesondere von der Größe des betroffenen Unternehmen sowie der Leistungsfähigkeit der Gesellschafter abhängen. Sie sollte aber so hoch sein, dass sie tatsächlich auch eine **abschreckende Wirkung** entfalten kann. Zu beachten ist, dass nach § 343 BGB bei Nichtkaufleuten eine unverhältnismäßig hohe Vertragsstrafe auf Antrag durch Urteil auf einen **angemessenen Betrag** herabgesetzt werden kann. Im Übrigen kommt es durchaus vor, dass ein entschlossener Gesellschafter eine Vertragsstrafe bei fundamentalen Entscheidungen über die Zukunft der Gesellschaft einfach in Kauf nimmt. Insbesondere dann, wenn etwa durch Abberufung und Neubestellung von Geschäftsführern Blockadesituationen gelöst werden. Auch Vertragsstrafen gewähren daher nicht immer eine **hinreichende Abschreckung.**

Formulierungsbeispiel Vertragsstrafe:

Für jeden Fall einer von einem rechtmäßigen Beschluss nach diesem Vertrag abweichenden Stimmabgabe, dem Unterlassen einer von einem rechtmäßigen Beschluss nach diesem Vertrag geforderten Stimmabgabe oder anderer abweichenden Geltendmachung von Gesellschafterrechten durch eine der Parteien, hat diese an die anderen Parteien, im Verhältnis der Stimmrechte derselben zueinander, eine Vertragsstrafe von insgesamt EUR [...] zahlen. Das Recht, Schadenersatz, Erfüllung oder Unterlassung zu verlangen, wird durch die Zahlung der Vertragsstrafe nicht berührt. Die Vertragsstrafe wird auf einen etwaigen Schadenersatzanspruch [nicht] angerechnet.

V. Einstweiliger Rechtsschutz und prozessuale Fragen

35 Angesichts des häufig fehlenden oder jedenfalls nicht nachweisbaren materiellen Schadens sowie der beschränkten und gut zu kalkulierenden Abschreckungswirkung von Vertragsstrafeversprechen ist die Möglichkeit der Erlangung einstweiligen Rechtsschutzes von **überragender Bedeutung für die Effektivität von Stimmbindungsverträge.** Traditionell ist die Rechtsprechung hinsichtlich der Gewährung einstweiligen Rechtsschutzes, mit dem ein bestimmtes Stimmverhalten in Gesellschaften erzwungen werden soll, ausgesprochen zurückhaltend gewesen[47] und wurde hierin auch von der Literatur unterstützt.[48] Begründet wurde diese Zurückhaltung mit dem zivilprozessualen Grundsatz des **Verbots der Vorwegnahme der Hauptsache.** Da die Wirkung eines einstweiligen Stimmgebotes oder Stimmverbotes logisch im Hauptsacheverfahren nicht mehr rückgängig zu

[46] So etwa auch *Baumbach/Hueck/Zöllner* § 47 GmbHG Rn. 119, *Ulmer/Hüffer* § 47 GmbHG Rn. 79 und *Michalski/Römermann* § 47 GmbHG Rn. 530.

[47] Siehe etwa OLG Celle GmbHR 1981, 264 und OLG Frankfurt BB 1982, 274.

[48] Insbesondere *Semler* BB 1979, 1533 und heute noch *Baumbach/Hueck/Zöllner* § 47 GmbHG Rn. 120.

machen sei, scheide – anders als beim Verbot des Vollzuges rechtswidriger Beschlüsse – einstweiliger Rechtsschutz aus.[49] Mitte der 1980er Jahre setzte dann aber ein Umdenkungsprozess ein: Jedenfalls einstweilige Anordnungen, die ein bestimmtes **Verhalten untersagen,** sollten dann möglich sein, wenn kein anderes Mittel effektiven Rechtsschutzes zur Verfügung stünde.[50] Anordnungen, die dagegen ein positives Stimmverhalten erzwingen sollten, wurden nach wie vor als gegen den Grundsatz des **Verbotes der Vorwegnahme der Hauptsache** verstoßend abgelehnt.[51] Die überwiegende neuere Rechtsprechung verzichtet dagegen seit den 1990er Jahren auch auf diese Differenzierung und stellt alleine darauf ab, ob die Rechtslage eindeutig ist und die angestrebte Verfügung das **mildeste Mittel** zur Gewährung effektiven Rechtsschutzes darstellt.[52] Die Literatur unterstützt diese Änderung inzwischen ganz überwiegend.[53] Einstweilige Anordnungen scheitern seitdem überwiegend nicht an den rechtlichen Prinzipien, sondern daran, dass es dem Antragsteller nicht gelingt, die **Dringlichkeit der Sache** oder die **Eindeutigkeit der Rechtslage** glaubhaft zu machen.

Die Rechtsprechung ist aber nach wie vor nicht ganz einheitlich[54] und Gerichte dürf- 36
ten aufgrund der allgemeinen Zurückhaltung eher geneigt sein, ein bestimmtes – offenbar vertragswidriges – Verhalten zu untersagen, als dem Antragsgegner per einstweiliger Anordnung eine bestimmte Handlungspflicht aufzuerlegen.[55] Da demgemäß **Stimmenthaltungen** in der Praxis leichter durchzusetzen sein dürften, kann es aus Sicht der Effektivität eines Stimmbindungsvertrages von entscheidender Bedeutung sein, wie die **Satzung der Hauptgesellschaft Stimmenthaltungen** beziehungsweise nicht abgegebene Stimmen bewertet. Mangels einer abweichenden Satzungsregelung werden Stimmenthaltungen jedenfalls bei der GmbH **einfach nicht mitgezählt,** zählen also nicht etwa als Neinstimmen.[56]

Praxisbeispiel: Die X-GmbH hat drei Gesellschafter. Gesellschafter A hält 30%, Gesellschafter B 25% und Gesellschafter C 45% der Stimmrechte. Gesellschafter A und Gesellschafter B sind durch einen Stimmbindungsvertrag gebunden, der vor jeder Gesellschafterversammlung der Hauptgesellschaft eine interne Abstimmung vorsieht, für die die Kapitalbeteiligung an der X-GmbH maßgeblich ist. Gesellschafter A ist bisher alleiniger Geschäftsführer der X-GmbH und verfügt dank seiner durch den Stimmbindungsvertrag vermittelten Kontrolle über die Mehrheit der Stimmen in der Gesellschafterversammlung und damit insgesamt über eine beherrschende Position. Gesellschafter C ist mit der Geschäftsführung durch Gesellschafter A unzufrieden und will ihn ablösen und sich selbst zum Geschäftsführer bestellen. Gesellschafter B teilt inzwischen die Meinung von Gesellschafter C, ist aber durch den Stimmbindungsvertrag gehindert, für den Antrag zu stimmen. Wenn jetzt Gesellschafter A begründeten Anlass und belegbare Hinweise dafür hat, dass Gesellschafter B sich nicht an den Stimmbindungsvertrag halten will (etwa weil dieser ihn, um die Vertragsstrafe zu ver-

---

[49] Siehe etwa *Semler* BB 1979, 1533, 1536.

[50] OLG Koblenz GmbHR 1986, 428; OLG Hamm GmbHR1993, 163; OLG Frankfurt GmbHR 1993, 161; LG München ZIP 1994, 1858.

[51] So noch *Hachenburg/Hüffer* § 47 GmbHG Rn. 82 und *Hüffer* § 133 AktG Rn. 31 der sich aber inzwischen im Ergebnis der Linie der neueren Rechtsprechung etwas angenähert hat. Siehe *Ulmer/Hüffer* § 47 GmbHG Rn. 82.

[52] Grundlegend OLG Hamburg GmbHR 1991, 467m. Anm. K. Schmidt; OLG Stuttgart GmbHR 1997, 312; OLG München GmbHR 1999, 718; OLG Düsseldorf NZG 2005, 633.

[53] *Scholz-K. Schmidt* § 47 GmbHG Rn. 46; *Lutter/Hommelhoff* § 47 GmbHG Rn. 6; *Zutt* ZHR 155 (1991) 190; *Michalski/Römermann* § 47 GmbHG Rn. 549; *Nietsch* GmbHR 2006, 393 (395); MünchHdb. GesR I/*Weipert* § 34 Rn. 90 der allerdings davon ausgeht, dass sich Beschlüsse auf diesem Wege nur verhindern, nicht positiv erzwingen lassen und auch die neuere Rechtsprechung in diesem Sinne versteht.

[54] Ein aktueller Überblick findet sich bei *Nietsch* GmbHR 393, (394 f).

[55] So auch *Ulmer/Hüffer* § 47 GmbHG Rn. 82 der zu Recht darauf hinweist, dass die einstweiligen Rechtsschutz bejahenden Entscheidungen durchweg der Verhinderung, nicht der Durchsetzung von Beschlüssen dienten.

[56] OLG Celle GmbHR 1998, 140; *Baumbach/Hueck/Zöllner* § 47 GmbHG Rn. 23.

meiden, aus wichtigem Grund fristlos gekündigt hat), kann A eine einstweilige Verfügung beantragen, die Gesellschafter B untersagt, für den Antrag des C zu stimmen (Unterlassungsverfügung). Eine Verfügung des Inhaltes, entsprechend des Stimmbindungsvertrages **gegen** den Antrag des C zu stimmen, wird er aber u. U. nur schwer erlangen können. Wenn sich B auf Grundlage der einstweiligen Verfügung der Stimme enthält und seine Stimmen daher nicht zählen, hat C eine Mehrheit für seinen Antrag gefunden. Wenn die Enthaltungen dagegen wegen einer entsprechenden Satzungsregelung als Neinstimmen zählen, ist der Antrag abgelehnt.

37 Voraussetzung für den Erlass einer einstweiligen Verfügung ist wie auch sonst ein **Verfügungsanspruch** und ein **Verfügungsgrund.**[57] Der Verfügungsanspruch lässt sich in aller Regel darstellen, wenn der Stimmbindungsvertrag klar und eindeutig formuliert ist und an der **Ordnungsmäßigkeit des Willensbildungsprozesses** keine ernstlichen Zweifel bestehen. Mögliche Einwände gegen den Verfügungsanspruch (also etwa die Unwirksamkeit des Stimmbindungsvertrages, die Umgehung von Stimmverboten, Verstöße gegen die gesellschaftsrechtliche Treuepflicht oder ein fehlerhaftes Abstimmungsverfahren sowie die Kündigung des Stimmbindungsvertrages aus wichtigem Grund) sind dabei zu berücksichtigen. Zusätzlich muss aber auch ein **Verfügungsgrund** vorliegen, das heißt, der Antragsteller muss die drohende **Rechtsverletzung glaubhaft machen.**[58] Idealtypisch und auch prozessual relativ einfach umzugehen ist dabei mit Situationen, in denen eine Partei des Stimmbindungsvertrages im Vorfeld angekündigt hat, sich nicht an diesen halten zu wollen. Schwieriger sind Situationen, in denen das Verhalten in der Gesellschafterversammlung selbst überraschend kommt. In so einer Situation hat die andere Partei der Gesellschaftervereinbarung keine Möglichkeit mehr, auch nur einstweiligen Rechtsschutz zu erlangen. Allerdings ist häufig über die Anträge zur Tagesordnung oder zur Einberufung einer Gesellschafterversammlung bereits im Vorfeld zu erkennen, dass ein bestimmtes **Abstimmungsverhalten beabsichtigt** ist. Nicht selten dürften auch Fälle sein, in denen es bereits im Vorfeld der Gesellschafterversammlung Auseinandersetzungen darüber gibt, welches Stimmverhalten der Parteien des Stimmbindungsvertrages gewünscht ist. Es kommt auch vor, dass Parteien des Stimmbindungsvertrages dessen Wirksamkeit per se oder im konkreten Fall **bestreiten** oder behaupten, diesen **wirksam gekündigt** zu haben. In solchen Fällen einer offenen Auseinandersetzung über die Wirksamkeit des Stimmbindungsvertrages fällt es leichter, das Gericht davon zu überzeugen, dass tatsächlich eine Verletzung unmittelbar droht. Allerdings kann gerade in solchen Fällen der Verfügungsanspruch zweifelhaft sein.

F. Akzessorietät des Stimmbindungsvertrages und Rechtsnachfolge

38 Eines der größeren Probleme von Stimmbindungsverträgen gerade im Zusammenhang mit Familiengesellschaften ist die grundsätzlich **fehlende Akzessorietät** zwischen der Mitgliedschaft in der Hauptgesellschaft und der Eigenschaft als Partei des Stimmbindungsvertrages. Da beide Regelungssysteme nebeneinander bestehen, führt das Ausscheiden als Gesellschafter der Hauptgesellschaft weder zum unmittelbaren Erlöschen der Rechte und Pflichten aus dem Stimmbindungsvertrag noch umgekehrt.[59] Dabei sind Regelungen, die den Bestand und die Wirksamkeit des Stimmbindungsvertrages von der Mitgliedschaft in der Hauptgesellschaft abhängig machen, in der Regel unproblematisch, da die Stimmbindung mit Ausscheiden aus der Hauptgesellschaft ihren Sinn verliert.

[57] Siehe etwa Zöller-*Vollkommer* § 935 ZPO Rn. 6 ff.
[58] Zu Einzelheiten, insbesondere zum notwendigen Beweismaß Zöller-*Vollkommer* § 935 ZPO Rn. 8 m. w. N.
[59] Ausführlich *Noack* S. 170 ff.

Formulierungsbeispiel Akzessorietätsklausel:

Die Mitgliedschaft in der Stimmbindungs-GbR ist an die Stellung als Gesellschafter der XY-GmbH geknüpft. Mit Ausscheiden eines Gesellschafters als Gesellschafter der XY-GmbH scheidet dieser als Gesellschafter der Stimmbindungs-GbR aus. Diese wird zwischen den verbliebenen Gesellschaftern weitergeführt, ohne dass es eines Fortsetzungsbeschlusses bedarf.

39 Wenn allerdings der Gesellschafter aus der Hauptgesellschaft ausscheidet und seine Beteiligung an einen Dritten **veräußert,** stellt sich die Frage, inwieweit es möglich ist, den neuen Gesellschafter ebenfalls an den Bestimmungen des Stimmbindungsvertrages festzuhalten. Unstreitig ist, dass dies immer eine Vereinbarung der verbleibenden Parteien des Stimmbindungsvertrages mit dem neuen Gesellschafter voraussetzt.[60]

40 Hinsichtlich der Frage, wie man eine solche Vereinbarung sicherstellen kann, wird danach zu unterscheiden sein, ob eine Regelung der Rechtsnachfolge in der **Satzung der Hauptgesellschaft** möglich ist oder sich auf die Ebene des Stimmbindungsvertrages zu beschränken hat: Ersteres wird regelmäßig nur dann möglich sein, wenn alle Gesellschafter der Hauptgesellschaft auch Gesellschafter des Stimmbindungsvertrages sind oder dieses durch die Satzung der Hauptgesellschaft gerade gefordert wird, wie es zum Beispiel bei durch Private Equity finanzierten Gesellschaften zum Teil der Fall ist. In solchen Fällen könnte die Satzung einer GmbH etwa vorsehen, dass das Stimmrecht eines neuen Gesellschafters **ruht,** bis er dem entsprechenden Stimmbindungsvertrag beigetreten ist. Bei der Aktiengesellschaft dürfte dieses aber an § 23 Abs. 5 AktG scheitern. Denkbar ist es auch, Regelungen über Vorkaufs- und Übernahmerechte mit entsprechenden **Vinkulierungsklauseln** zu kombinieren. Den Mitgliedern des Stimmbindungsvertrages könnte etwa ein Übernahmerecht von Anteilen für den Fall des Verkaufes eingeräumt werden. Allerdings scheitert dieses unter Umständen an deren finanziellen Möglichkeiten. Wirklich abgesichert werden können solche Rechte nur dann, wenn entsprechende Vinkulierungsklauseln existieren. Dann könnte die Zustimmung zur Übertragung der Geschäftsanteile bzw. Aktien an einen Dritten, vom Beitritt des Dritten zu dem Stimmbindungsvertrag abhängig gemacht werden. Eine entsprechende Satzungsklausel einer GmbH könnte wie folgt lauten:

Formulierungsbeispiel Vinkulierung:

Die Übertragung von Geschäftsanteilen bedarf der Zustimmung der Gesellschaft. Diese darf nur erteilt werden, wenn der Übertragungsempfänger gleichzeitig der Stimmbindungs-GbR beitritt.

41 Von solchen auf der Ebene der Hauptgesellschaft wirkenden Regelungen streng zu unterscheiden sind entsprechende Verpflichtungen im Rahmen des Stimmbindungsvertrages selbst, die häufig als **Überbindungsklauseln** bezeichnet werden.[61] Diese werden regelmäßig vorschreiben, dass die Übertragung der Anteile an der Hauptgesellschaft nur erlaubt ist, wenn der Dritte seinen Beitritt zu dem Stimmbindungsvertrag erklärt. Allerdings bestehen hier die gleichen Probleme wie auch sonst bei der Durchsetzung von Stimmbindungsverträgen. Da diese nur zwischen ihren Parteien wirken, löst ein Verstoß bestenfalls **Schadenersatzansprüche** aus, die kaum jemals zu beziffern sein werden.[62] Die

---

[60] Vergleiche nur *Noack* S. 171 f.

[61] MünchHdbGesR I/*Weipert* § 34 Rn. 118.

[62] MünchHdbGesR I/*Weipert* § 34 Rn. 119 meint daher, solche Klauseln gäben „Steine statt Brot“.

Effektivität einstweiligen Rechtsschutzes hängt hier stark davon ab, ob die anderen Parteien des Stimmbindungsvertrages überhaupt rechtzeitig von der Verkaufsabsicht und dem geplanten Verstoß gegen die Nachfolgebestimmungen des Stimmbindungsvertrages erfahren.

Formulierungsbeispiel Veräußerungsbeschränkung:

Unbeschadet der Regelungen des Gesellschaftsvertrages wird ein Gesellschafter seine Geschäftsanteile an der XY-GmbH nur dann an einen Dritten veräußern, wenn dieser zumindest gleichzeitig seinen Beitritt zu der Stimmbindungs-GbR erklärt.

42 Nicht einfach zu lösen sind die Fragen, die sich bei einer **Rechtsnachfolge von Todes** wegen ergeben. Hier müssen die Parteien des Stimmbindungsvertrages zunächst für sich die Frage beantworten, ob die Fortsetzung mit den Erben gewünscht ist oder nicht. Wenn dieses der Fall ist, muss der Stimmbindungsvertrag auf jeden Fall eine **Fortsetzungsklausel** enthalten. Regelungsbedürftig ist auch die Frage, ob bei mehreren Erben diese in der Stimmbindungs-GbR als Erbengemeinschaft oder quotal als Einzelpersonen Gesellschafter sein sollen. Letzteres entspricht wohl der herrschenden Meinung.[63] Wenn der Erbe bereits Partei des Stimmbindungsvertrages ist, sollte durch eine geeignete Formulierung sichergestellt werden, dass die Bindung auch die **im Erbgang neu erworbenen** Anteil umfasst. Dieses Thema stellt sich insbesondere in Familiengesellschaften. Von besonderer Bedeutung ist eine vertragliche Regelung bezüglich von Vermächtnissen, da der Vermächtnisnehmer – anders als der Erbe – nicht automatisch in die Rechtsstellung des Erblassers eintritt.

Formulierungsbeispiel zum Vermächtnis:

Ein Gesellschafter wird seine Geschäftsanteile an der XY-GmbH nur unter der Auflage an Dritte vermachen oder sonst über diese von Todes wegen verfügen, dass der Erwerber seinen Beitritt zu der Stimmbindungs-GbR erklärt.

43 Insgesamt zeigen sich in diesem Bereich noch einmal deutlich die Schwächen der effektiven Bindung von Gesellschaftern durch Stimmbindungsverträge. Gerade unter diesem Gesichtspunkt ist daher im Rahmen der Gestaltung von Familiengesellschaften zu prüfen, ob die Bündelung der Geschäftsanteile eines Gesellschafterstammes in einer hierzu gegründeten Personengesellschaft nicht doch vorzugswürdig ist.

G. Beendigung

44 Bei den Regelungen zur Beendigung des Stimmbindungsvertrages steht die Frage im Vordergrund, ob und wie seine Beendigung ohne gleichzeitige Auflösung oder Beendigung der Hauptgesellschaft möglich und wünschenswert ist.

I. Ordentliche Kündigung

45 Mangels einer anderweitigen Vereinbarung ist der Stimmbindungsvertrag als BGB-Gesellschaft jederzeit von jedem seiner Gesellschafter ordentlich kündbar. In der Praxis wird diese ordentliche Kündbarkeit allerdings üblicherweise für einen längeren Zeitraum

---

[63] BGH NJW 1983, 2376 für Personen*handels*gesellschaften; MünchKommBGB/*Ulmer* § 727 Rn. 32 f.

ausgeschlossen. Häufig anzutreffen sind etwa Regelungen, die die Kündigung erst nach Ablauf von frühestens zwanzig Jahren vorsehen. **Solche Gestaltungen sind wirksam** und spielen für die Formulierung eines Stimmbindungsvertrages eine nicht unwesentliche Rolle. Eine Formulierung könnte wie folgt aussehen:

Formulierungsbeispiel Kündigungsklausel:

Dieser Vertrag ist durch jede Partei mit einer Frist von [...] Monaten zum Ende eines [...], frühestens jedoch zum Ablauf des [...] ordentlich kündbar. Das Recht zur außerordentlichen Kündigung aus wichtigem Grund bleibt unberührt. Die Kündigung bedarf der Schriftform und ist gegenüber allen anderen Parteien zu erklären. Die Kündigung führt zum Ausscheiden der kündigenden Partei. Die Stimmbindungs-GbR wird in einem solchen Fall zwischen den verbleibenden Parteien fortgesetzt, ohne dass es eines Fortsetzungsbeschlusses bedarf.

II. Außerordentliche Kündigung

Die außerordentliche Kündigung **aus wichtigem Grund** kann wegen des zwingend 46
anwendbaren § 723 Abs. 3 BGB **nicht** ausgeschlossen werden.[64] Wie bei allen GbR's kommt es dabei darauf an, ob die Fortsetzung der Gesellschaft bis zur nächsten ordentlichen Beendigungsmöglichkeit nach Treu und Glauben und unter Berücksichtigung aller Umstände zumutbar ist.[65] In diese Gesamtwürdigung sind Struktur und Dauer der Gesellschaft, das bisherige Verhalten des Kündigenden sowie die wirtschaftlichen Folgen für die Beteiligten mit einzubeziehen.[66] Dieses Kündigungsrecht ist die **Achillesferse** von Stimmbindungsverträgen. Im Falle der Krise werfen sich die Gesellschafter nämlich häufig gegenseitig gesellschaftsschädigendes Verhalten vor. Bei solchen Auseinandersetzungen ist es für einen Außenstehenden in der Regel schwierig zu beurteilen, ob diese ein solches Ausmaß erreicht haben, dass eine außerordentliche Kündigung des Stimmbindungsvertrages möglich sein muss. Insbesondere, weil die nach der Rechtsprechung wesentlich zu berücksichtigenden wirtschaftlichen Auswirkungen zunächst schwer fassbar sind. Es wird ja kein Unternehmen zerschlagen. In solchen Situationen kann es für den an der Beendigung des Stimmbindungsvertrages interessierten Gesellschafter durchaus ein **probates taktisches Mittel** sein, zunächst einmal die außerordentliche Kündigung des Stimmbindungsvertrages zu erklären und diese auch zu begründen. Dieses schafft jedenfalls ein hohes Maß an **Unsicherheit** bezüglich des Bestandes des Stimmbindungsvertrages, der im Zweifel erst nach mehreren Jahren und einem Streit durch zwei bis drei gerichtliche Instanzen endgültig entschieden wäre. Im Verfahren des einstweiligen Rechtsschutzes ist es dem Gericht häufig nicht möglich, den typischerweise komplexen Sachverhalt abschließend zu würdigen. Wenn die für die Kündigung vorgebrachten Gründe schlüssig und hinreichend substantiiert erscheinen, dürfte ein Gericht sich daher schwer tun eine einstweilige Verfügung zu erlassen, die von der Fortgeltung des Stimmbindungsvertrages ausgeht. Es hilft den anderen Gesellschaftern des Stimmbindungsvertrages auch nichts, wenn dieser zusätzlich mit einer Vollmacht für die anderen Gesellschafter bewehrt wird, da das deutsche Recht **keine verdrängende Vollmacht** kennt[67] und der dissentierende Gesellschafter dementsprechend in der Gesellschafterversammlung selbst auftreten und seine Rechte wahrnehmen kann. Eine Vollmacht ist auch immer aus wichtigem Grund **widerruflich.**[68]

[64] Statt aller MünchHdbGesR I/*Weipert* § 34 Rn. 131.
[65] Siehe nur *Palandt/Sprau* § 723 BGB Rn. 4 m. w. N.
[66] BGH NJW 1996, 2573.
[67] H. M. Siehe *Palandt-Heinrichs* § 167 BGB Rn. 15.
[68] BGH WM 1985, 646.

47 Auch in diesem Bereich zeigt sich eine deutliche Schwäche von Stimmbindungsverträgen im Vergleich zur vollständigen Zusammenlegung der Geschäftsanteile selbst in einer eigenen Gesellschaft. Zwar könnte auch eine solche Zwischengesellschaft aus wichtigem Grund gekündigt werden, die Kündigungsfolgen wären jedoch andere. Während es bei der außerordentlichen Kündigung eines Stimmbindungsvertrages unmittelbar zum Rückfall des Stimmrechts auf den einzelnen Gesellschafter kommt, führt die Kündigung einer Zwischengesellschaft aus wichtigem Grund regelmäßig nur zu **Abfindungsansprüchen** des ausscheidenden Gesellschafters und ist daher für die Machtverhältnisse in einem von Gesellschafterstämmen geprägten Familienunternehmen zunächst ohne Bedeutung.

III. Sonstige Beendigungsgründe

48 Den Parteien steht frei, sonstige Beendigungsgründe für den Stimmbindungsvertrag vorzusehen. Hierzu kann etwa das Ausscheiden eines oder aller Gesellschafter aus der Hauptgesellschaft gehören; denkbar sind aber auch Regelungen zum Zeitablauf oder die Anknüpfung an andere äußere Umstände. Zuletzt ist zu beachten, dass eine BGB-Gesellschaft durch das Ausscheiden eines Gesellschafters nach dem gesetzlichen Regelfall beendet wird, es sei denn, es besteht eine Fortsetzungsklausel.

3. Teil. Wachstum der Gesellschaft

§ 9 Finanzierung des Wachstums

Schrifttum: *Beisel/Klumpp,* Der Unternehmenskauf, Gesamtdarstellung der zivil- und steuerrechtlichen Vorgänge, 4. Auflage 2003, *Bichlmaier,* Grundlagen des Private-Equity-Investments, Düsseldorf 2006, *Buchholz,* Einreden gegen die Grundschuld, AcP 203 (2003), 786; *Bülow,* Recht der Kreditsicherheiten, 7. Auflage 2006; BVK Statistik, Das Jahr 2006 in Zahlen, *Canaris,* Verlängerter Eigentumsvorbehalt und Forderungseinzug durch Banken, NJW 1981, 249; *Claussen,* Bank- und Börsenrecht, 2. Auflage 2003; *Diem,* Akquisitionsfinanzierungen, 1. Auflage 2005; *Eleftheriadis,* Bürgschaft auf erstes Anfordern, 1. Auflage 2001; *Engel,* Grundzüge des Immobilien-Leasing, NZM 1998, 785; *Fleischer,* Gegenwartsprobleme der Patronatserklärung im deutschen und europäischen Privatrecht, WM 1999, 666; *Frantzen,* Genussscheine, 1. Auflage 1997; *Frommann/Dahmann,* Zur Rolle von Private Equity und Venture Capital in der Wissenschaft, Berlin 2005, *Gehrlein,* Rechtsprechungsübersicht zum GmbH-Recht in den Jahren 2001 bis 2004: Eigenkapitalersatz, Veräußerung des Geschäftsanteils, Gesellschafterbeschluss sowie Rechtstellung und Haftung des GmbH-Geschäftsführers, BB 2004, 2585; *Geßler,* Zur handelsrechtlichen verdeckten Gewinnausschüttung, FS Fischer 1979; *Goette,* Aktuelle Rechtsprechung zur GmbH – Kapitalschutz und Organhaftung, DStR 2003, 887; *Graf von Westfahlen/Schäfer,* Vertragsrecht und AGB-Klauselwerke, 21. Auflage 2008; *Graf von Westphalen,* Der Leasingvertrag, 6. Auflage 2007; *Gröger/Jänisch,* Strukturen und steuerliche Aspekte von Private-Equity-Investments in Deutschland, Düsseldorf 2006, *Häger/Elkemann-Reusch/von Alvensleben,* Mezzanine Finanzierungsinstrumente, 2. Auflage 2007; *Hahne,* ABS-Transaktionen: Vermeidung von Kostenrisiken durch umsatzsteuerlich optimierte Strukturierung, FB 2005, 773; *Hörmann/Fischer,* Transaktionsdokumentation, Düsseldorf 2006, *Holzapfel/Pöllath,* Unternehmenskauf in Recht und Praxis, 9. Auflage 2000, *Jauernig,* Bürgerliches Gesetzbuch, 12. Auflage 2007, *Kirchner/Lenz,* Investment II: Finanzierung, Düsseldorf 2006, *Koch,* Patronatserklärung, 1. Auflage 2005; *Limmer,* „Harte" und „Weiche" Patronatserklärungen in der Konzernpraxis, DStR 1993, 1750; *Litten/Christea,* Asset Backed Securities in Zeiten von Basel II, WM 2003, 213; *Luttermann,* Unternehmen, Kapital und Genussrechte, 1. Auflage 1998; *Martinek,* Moderne Vertragstypen, Band I, 1. Auflage 1991; *Mellwig,* Die bilanzielle Darstellung von Leasingverträgen nach den Grundsätzen des IASC – Derzeitige Regelung und Reformvorschläge, DB 1998, Beilage Nr. 12, 1; *Meyding/Ruby,* Haftung des Managements bei der Bestellung von Sicherheiten für Akquisitionskredite bei einem Share-Deal, FB 2000, 106; *Müller,* Kapitalerhaltung und Bilanzierung: Zur Ermittlung der Unterbilanz bei § 30 Abs. 1 GmbHG, DStR 1997, 1577; *Ottersbach,* Praxishandbuch Unternehmensbeteiligung, 2003, *Pannen/Wolff,* ABS-Transaktionen in der Insolvenz des Originators – Das Doppeltreuhandsmodell und die neuen Refinanzierungsregister, ZIP 2006, 52; *Reinicke/Tiedtke,* Kreditsicherung, 5. Auflage 2006; *Rid-Niebler,* Genussrechte, 1. Auflage 1989; *Ruby,* Drahtseilakt – Chancen und Risiken beim Cash-Pooling, Jahrbuch Unternehmensfinanzierung 2005, 10; *Schimansky/Bunte/Lwowksi,* Bankrechtshandbuch, Band II, 3. Auflage 2007; *Schmidt,* Die Effektivklausel in der Bürgschaft auf erstes Anfordern, WM 1999, 308; *Schmidt,* Gesellschafterdarlehen als Insolvenzrechtsproblem, ZIP 1981, 689; *Seibel,* Vertragsgestaltung im Immobilien-Leasing, NZM 1999, 197; *Seibold,* Haftungsrisiken beim konzernweiten Cash Pooling, FB 2005, 77; *Servatius,* Die besondere Zweckbindung des Stammkapitals bei Drittgeschäften mit Gesellschaftern, DStR 2004, 1176; *Sigle/Maurer,* Umfang des Formzwangs beim Unternehmenskauf, NJW 84, 2657, *Sonnenhol/Stützle,* Auswirkungen des Verbots der Einlagenrückgewähr auf Nichtgesellschafter, WM 1983, 2; *Spittler,* Leasing für die Praxis, 6. Auflage 2002; *Stadler,* Die Sanierung von Aktiengesellschaften unter Einsatz von Wandelgenussrechten, NZI 2003, 579; *Vetter/Stadler,* Haftungsrisiken beim konzernweiten Cash-Pooling, 1. Auflage 2003; *Vollmer,* Der Genußschein – Ein Instrument für mittelständische Unternehmen zur Eigenkapitalbeschaffung an der Börse, ZGR 1983, 445; *Weber,* Der Exit als Abschluss eines MBO/LBO, Düsseldorf 2006, *Wittig,* Financial Covenants im inländischen Kreditgeschäft, WM 1996, 1381; *Wittig,* Moderne Patronatserklärungen, WM 2003, 1981; *Wittrock,* Geldgeber setzten auf Dauerreiz, Financial Times Deutschland vom 27. 9. 2007, A3 (Sonderbeilage Mittelstand); *Zeising,* Asset Backed Securities (ABS) – Grundlagen und neuere Entwicklungen, BKR 2007, 311.

A. Rahmenbedingungen

1 Um sich in einem zunehmend schärfer werdenden **globalen Wettbewerb** zu behaupten, ist die stetige **Innovation** und **Expansion** gerade auch für mittelständische Unternehmen unabdingbar. Voraussetzung für entsprechende Investitionen ist die Möglichkeit deren Finanzierung zu angemessenen Konditionen. Die **Unternehmensfinanzierung** wird damit zunehmend zu einer wesentlichen **Grundlage der Überlebensfähigkeit** mittelständischer Unternehmen.

I. Außenfinanzierung durch Fremd- und Eigenkapital

2 Bei der Mehrzahl der Unternehmen ist der aus den betrieblichen Umsatzprozessen generierbare *Cashflow* zur (Vor-)Finanzierung notwendiger und sinnvoller Investitionen unzureichend. Neben der so genannten **„Innenfinanzierung"** aus dem eigenen *Cashflow* ist das Unternehmen dann auf die Zuführung von **Liquidität „von außen"**, also durch die Gesellschafter (so genannte **Eigenkapitalfinanzierung**) oder von dritter Seite (so genannte **Fremdkapitalfinanzierung**) angewiesen.

Zwischen klassischen Formen der Eigenkapital- und Fremdkapitalfinanzierung treten darüber hinaus zunehmend Mischformen in Gestalt so genannter **Mezzanine-Finanzierungen.**

II. Optimierung der Finanzierungsstruktur

3 Mittelständische Unternehmen sehen sich nicht nur einem Wandel ihrer traditionellen Beschaffungs- und Absatzmärkte gegenüber. Hinzu kommen grundlegende **Veränderungen der Rahmenbedingungen an den Finanzmärkten,** die sich wiederum stark auf die Bedingungen der Unternehmensfinanzierung selbst auswirken. Der Umgang mit diesen veränderten Rahmenbedingungen der Unternehmensfinanzierung wird maßgeblich über die künftige Marktposition und Wettbewerbsfähigkeit von mittelständischen Unternehmen mitentscheiden. Eine erschöpfende Darstellung sämtlicher rechtlicher Implikationen ist hier nicht möglich. Das nachstehende Kapitel verfolgt vielmehr das Ziel, mittelständischen Unternehmen durch eine Einführung in sowohl klassische Finanzierungsformen als auch alternative Finanzierungsmodelle einschließlich anzutreffender Fallstricke und möglicher rechtlicher Gestaltungsvarianten eine Hilfestellung zu geben, ihre bestehende **Finanzierungsstruktur** zu überdenken und gegebenenfalls zu **optimieren.**[1]

B. Der Bankkredit

4 Trotz der Vielfalt der seit einiger Zeit auf dem Markt angebotenen Finanzierungsformen ist der klassische Bankkredit, neben dem Leasing, nach wie vor die **beliebteste Finanzierungsart des deutschen Mittelstands.**[2] Wegen der oftmals geringen Eigenkapital-

[1] Zur derzeitigen Aufteilung über die vom Mittelstand am häufigsten eingesetzten Finanzierungsinstrumente vgl. *Wittrock*, Geldgeber setzten auf Dauerreiz, Financial Times Deutschland vom 27. 9. 2007, A3 (Sonderbeilage Mittelstand).

[2] Dies hat auch eine aktuelle Studie der Universität Augsburg auf Basis einer bundesweiten Umfrage im Auftrag der RS Rating Services AG ergeben. Hierin wurde untersucht, wie sich die Unternehmen in den letzten Jahren finanziert haben und welche Wachstumspotentiale sie nutzen konnten. Dabei zeigt sich eine deutliche Übereinstimmung zwischen der Nutzung alternativer Geldquellen und dem Umsatzwachstum. Unternehmen, die sich auch jenseits der Banken nach Kapitalpartnern umsehen, waren in der Regel innovativer und haben damit auch die besseren Chancen auf mehr Wachstum; siehe vertiefend hierzu auch unter http://www.finanzen-artikel.de/kredite/peter-wuergatsch-alternativen-zum-bank-kredit-bisher-wenig-genutzt/ mit weiteren Hinweisen.

quote waren die Bankverbindlichkeiten der zentrale Baustein auf der Passivseite der Bilanz des Unternehmens.

I. Internationale Vertragsstandards

In der **Vergangenheit** bestand der Kreditvertrag, der meist mit einer Hausbank abgeschlossen wurde,[3] häufig lediglich aus einer ein- bis dreiseitigen Dokumentation. Ausgangspunkt war dabei ein **Musterkreditvertrag,** der durch Ankreuzen und Ausfüllen an den jeweils vorgesehenen Stellen nur noch vervollständigt werden musste. Ergänzend wurden lediglich die AGB der Bank oder weitere einseitige Dokumente, die die Bestellung von Sicherheiten regelten, in Bezug genommen. Der Abschluss des Vertrages erfolgte teilweise durch schlichten Briefwechsel ohne die Hinzuziehung von Anwälten oder anderen Beratern. Im Zuge der Globalisierung der Finanzmärkte sehen sich mittelständische Unternehmen heute jedoch auch bei diesem traditionellen Instrument der Fremdfinanzierung Entwicklungen gegenüber, die nicht zuletzt im Hinblick auf sich durchsetzende internationale Vertragsstandards häufig „ungewohnt" sind.

1. Hintergrund

a) **Entwicklung.** In der Vergangenheit haben sich deutsche mittelständische Unternehmen insbesondere über eine Hausbank finanziert,[4] mit der langjährige Geschäftsbeziehungen bestehen, oder sie haben – je nach Finanzierungsanlass – Kredite bei verschiedenen Banken (sog. ***Multiple Bank Financing***) aufgenommen. 5

Der zunehmende Finanzierungsbedarf von Unternehmen und das Bestreben der Banken nach **Diversifikation,** d.h. Risikostreuung, haben dazu geführt, dass Darlehen verstärkt unter **Konsortialverträgen,** d.h. Vereinbarungen; im Rahmen derer eine Vielzahl von Banken Kredite ausreicht, zur Verfügung gestellt werden. Je nach Höhe des Kredits kann die Anzahl der Konsortialbanken erheblich variieren.

Historisch haben Konsortialkredite ihren Ursprung in den USA. Ab ca. 1970 wurden Konsortialkredite in Europa, anfänglich in Großbritannien und anschließend auch in Deutschland, vergeben.

b) **Verbreitung.** Heute wird **ca. ⅓ des internationalen Finanzierungsvolumens** durch Konsortialkredite abgedeckt. Sie kommen bei nahezu **sämtlichen Finanzierungsanlässen** zum Einsatz, d.h. insbesondere bei Akquisitions-, Betriebsmittel- und Projektfinanzierungen sowie bei Refinanzierungen/Rekapitalisierungen. 6

c) **Primär- und Sekundärmarkt.** Für Konsortialkredite haben sich mittlerweile ein weltweiter Primär- und Sekundärmarkt herausgebildet. 7

Im Rahmen des **Primärmarkts** syndiziert die Bank, die den Konsortialkredit arrangiert, der sog. Arrangeur,[5] Teile des Gesamtengagements an einzelne Banken. Üblicherweise ist diese Syndizierung innerhalb von maximal sechs bis zwölf Monaten nach Unterzeichnung des Kreditvertrags abgeschlossen. Der Kreditnehmer hat den Arrangeur bei der Syndizierung zu unterstützen, etwa indem er ein Informationsmemorandum (mit Informationen zu seinen rechtlichen und wirtschaftlichen Verhältnissen und deren prognostizierte Entwicklung) erstellt und für Managementpräsentationen zur Verfügung steht.

Auf dem **Sekundärmarkt** veräußern hingegen die Banken, die Tranchen des Konsortialkredits im Rahmen der Syndizierung übernommen haben, diese (regelmäßig nach Abschluss der Syndizierung) an weitere Marktteilnehmer.

---

[3] Siehe hierzu sogleich unten.

[4] Laut der in Fn. 2 genannten Studie der Universität Augsburg arbeiten fast 80% der befragten mittelständischen Unternehmen mit einer Hausbank zusammen; siehe hierzu näher unter www.rating-services.de/download/2 317 901/PI_RS_umfrage_kapitalbe-schaffung_17_8_06.pdf.

[5] Zu den Parteien eines Konsortialkreditvertrags vgl. unten unter Rn. 12.

8 **d) Standardisierung.** Die als **tägliches Massengeschäft** auftretende Veräußerung und Übertragung von Tranchen unter einem Konsortialkreditvertrag, sei es auf dem Primär- oder Sekundärmarkt, setzt eine gewisse Standardisierung voraus, d.h. die Kreditvertragsdokumentation muss möglichst **einheitlichen Regelungen hinsichtlich Aufbau und Regelungsinhalt** folgen. Je weiter die Kreditvertragsdokumentation vom Standard abweicht, desto schwieriger wird regelmäßig eine erfolgreiche Syndizierung und eine nachfolgende Veräußerung auf dem Sekundärmarkt.

9 **e) Internationale Vertragsstandards.** Im internationalen Konsortialkreditgeschäft haben sich drei Vereinigungen mit unterschiedlichem geographischem Schwerpunkt herausgebildet, die **(unverbindliche) Vertragsmuster** entwickelt haben. Im Einzelnen handelt es sich um:
- APLMA (Asia-Pacific Loan Market Association) mit Sitz in Hong Kong;
- LSTA (Loan Syndications and Trading Association) mit Sitz in New York;
- LMA (Loan Market Association) mit Sitz in London.

Mitglieder dieser Vereinigungen sind im wesentlichen Banken und Anwaltskanzleien.

10 **f) LMA Vertragsdokumentation.**[6] Die LMA Dokumentation hat sich in **Europa** durchgesetzt. Seit kurzem gibt es auch eine deutschem Recht unterliegende Fassung des LMA Kreditvertrags in englischer Sprache. Die Loan Market Association hat im Wesentlichen die folgenden beiden Grundmuster für Konsortialkredite entwickelt:
- Investment Grade Loan Agreement sowie
- Leveraged Loan Agreement.

Je nachdem, über welches **Rating** der Kreditnehmer verfügt, findet das eine oder andere Vertragsmuster Anwendung. Grundsätzlich wird die Handlungsfreiheit des Kreditnehmers unter einem Investment Grade Loan Agreement weit weniger eingeschränkt als unter einem Leveraged Loan Agreement.

Im Zusammenhang mit dem Konsortialkreditvertrag werden regelmäßig **zahlreiche weitere Finanzierungsdokumente** abgeschlossen:

- Im Rahmen einer **Gebührenvereinbarung** wird geregelt, welche Gebühren und Kosten (neben Zinsen und Bereitstellungsprovisionen) der Kreditnehmer an die Mitglieder des Konsortiums zu entrichten hat. Regelmäßig ist eine (einmalige) sog. **Arrangierungsgebühr** für die Strukturierung der Finanzierung zu bezahlen. Ferner erhalten der Agent, also die Bank, die für die anderen Konsortialbanken die tägliche Betreuung des Engagements übernimmt und somit der primäre Ansprechpartner des Kreditnehmers ist (sog. **Agentengebühr**) – und der Sicherheiten-Treuhänder für die Verwaltung der für den Kredit bestellten Sicherheiten (sog. **Sicherheiten-Treuhänder-Gebühr**) Vergütungen, die über die gesamte Laufzeit der Kredite in regelmäßigen Abständen zu entrichten sind. Vor allem dann, wenn die Bank externe Berater zur Erstellung der Vertragsdokumentation hinzuzieht, sind auch diese Kosten vom Kreditnehmer zu tragen (sog. **Dokumentationsgebühr**). Daneben gibt es, abhängig von den Umständen des Einzelfalls, verschiedentlich **weitere Gebühren und Kosten,** die entweder unmittelbar im Kreditvertrag oder in der Gebührenvereinbarung geregelt sind.
- Die **Interkreditorvereinbarung** regelt vornehmlich das Verhältnis der Banken untereinander, insbesondere in welchem **Rangverhältnis** die **verschiedenen Forderungen** stehen und in welcher **Reihenfolge Zahlungen des Kreditnehmers** auf die verschiedenen (Haupt- und Neben-)Forderungen an die Banken auszukehren sind. Ferner wird geregelt, welche **Mehrheitserfordernisse bei bestimmten Maßnahmen** des Konsortiums (etwa Kündigung[7] der Kredite) erforderlich sind und ob für einzelne Gruppen von Konsorten eine sog. **Stillhalteperiode** gilt und somit bei Vorliegen eines Kündigungsgrundes erst nach Ablauf dieser Stillhalteperiode gekündigt werden darf.

---

[6] Eine umfassende Darstellung zur LMA Vertragsdokumentation (unter Berücksichtigung deutschrechtlicher Besonderheiten) findet sich bei *Diem*, Akquisitionsfinanzierungen.
[7] Zur Kündigung vgl. unten unter Rn. 36 ff.

- Regelmäßig werden hinsichtlich der Verbindlichkeiten aus den Finanzierungsdokumenten (das heißt dem Konsortialkreditvertrag, aber beispielsweise auch der Gebührenvereinbarung und etwaig abzuschließenden Zinssicherungsgeschäften) **Sicherheiten**[8] zu bestellen sein.

2. Typische Regelungen

a) **Grundsätzliches.** Im Rahmen der Verhandlung eines (meist über 100 Seiten langen) LMA Konsortialkreditvertrags gilt es im Wesentlichen, verschiedene der nachfolgend im Einzelnen näher beschriebenen Regelungen den **Bedürfnissen des Einzelfalls** anzupassen. 11

b) **Parteien.** Der Konsortialkreditvertrag hat neben den **Kreditgebern** und den **Kreditnehmern** häufig noch weitere Parteien: 12

Auf **Kreditnehmerseite** werden – abhängig von der Strukturierung der Finanzierung – teilweise verbundene Unternehmen des Kreditnehmers als **Garantiegeber** Partei des Kreditvertrags. Die Garantiegeber sind nicht berechtigt, Beträge unter dem Kreditvertrag zu ziehen, haften jedoch für sämtliche Verbindlichkeiten der Kreditnehmer unter dem Kreditvertrag. Die Abgabe einer solchen Garantie unterliegt, sofern es sich bei dem Garantiegeber um eine GmbH, GmbH & Co. KG oder AG handelt, die nicht der unmittelbare oder mittelbare Gesellschafter des Kreditnehmers ist, insbesondere **im Hinblick auf die deutschen Kapitalerhaltungsvorschriften (§ 30 GmbHG und § 57 AktG) rechtlichen Restriktionen.**[9]

Auf **Kreditgeberseite** nehmen einzelne Konsorten bestimmte Aufgaben wahr, die über das bloße Ausreichen von Krediten hinausgehen. So kümmert sich der **Arrangeur** um die Strukturierung des Kredits. Der **Agent** übernimmt die tägliche Verwaltung des Kreditengagements, d.h. er überwacht die Einhaltung der Pflichten der Kreditnehmer, nimmt Zahlungen und Ziehungsnotizen entgegen und übernimmt die Kommunikation zwischen Kreditgebern und -nehmern. Der **Sicherheiten-Agent** (auch Sicherheiten-Treuhänder genannt) schließlich hält und verwaltet die im Zusammenhang mit dem Kreditvertrag bestellten Sicherheiten.

c) **Definitionen.** Den eigentlichen Regelungen des Kreditvertrags ist häufig ein viele Seiten füllender und etwas mühsam zu lesender Abschnitt mit Definitionen von im Kreditvertrag verwendeten Begriffen vorangestellt. Die Durchdringung dieser Definitionen ist gleichwohl **unerlässlich für das Verständnis des Kreditvertrags.** 13

d) **Zweck.** Die unter dem Kreditvertrag gezogenen Mittel dürfen nur zu bestimmten, ausdrücklich genannten Zwecken verwendet werden. Je nach Finanzierungsanlass werden **ein oder mehrere Verwendungszwecke** (zum Beispiel Betriebsmittelbedarf, Entwicklung eines Projekt, Durchführung einer Akquisition oder Investition) genannt. Sofern die Mittel zweckwidrig verwendet werden, stellt dies einen **Kündigungsgrund** dar. 14

Bei der Verhandlung eines Kreditvertrags sollte deshalb darauf geachtet werden, dass die Klausel tatsächlich auch sämtliche geplanten Verwendungszwecke abdeckt; etwa bei einer Akquisition nicht nur die Bezahlung des Kaufpreises, sondern auch die Akquisitionsnebenkosten (zum Beispiel Beraterhonorare und etwaige Beurkundungskosten). **Insbesondere ist der Verwendungszweck „Betriebsmittelbedarf“ nicht im Sinne einer Generalklausel zu verstehen,** sondern deckt grundsätzlich lediglich die Verwendung der Mittel zur Deckung des kurzfristigen Liquiditätsbedarfs im laufenden Geschäftsbetrieb, vor allem zur Finanzierung des Umlaufvermögens, nicht jedoch des Anlagevermögens.

---

[8] Hierzu unter Rn. 87 ff.

[9] Hierzu und zur Handhabung derartiger Fälle durch die Praxis unter Rn. 42 ff. (AG) und Rn. 49 ff. (GmbH).

15 e) **Auszahlungsvoraussetzungen.** Vor der Auszahlung des Kredits müssen bestimmte – je nach Verwendungszweck unterschiedliche – Auszahlungsvoraussetzungen (sog. ***Conditions Precedent***) erfüllt sein.

In diesem Rahmen sind regelmäßig vor der **ersten Auszahlung** diverse Unterlagen zum Kreditnehmer (beispielsweise Jahresabschlüsse, Handelsregisterauszug, Gesellschaftsvertrag), ferner unterzeichnete Finanzierungsdokumente (einschließlich der Sicherheitenverträge), sowie (bei Akquisitionsfinanzierungen) unterzeichnete Transaktionsdokumente und (bei Projektfinanzierungen) Projektverträge und Genehmigungen vorzulegen.

16 Bei **späteren Auszahlungen** müssen gegebenenfalls weitere Unterlagen übermittelt werden (bei Projektfinanzierungen etwa Rechnungen von Werkunternehmern). Schließlich ist bei jeder weiteren Auszahlung eine Bestätigung abzugeben, wonach die Gewährleistungen und Zusicherungen weiterhin zutreffend sind sowie kein Verstoß gegen Auflagen und kein Kündigungsgrund gegeben sind.

17 Die Auszahlungsvoraussetzungen sind teilweise unpräzise in der Terminologie und enthalten häufig Zusätze wie „zur Zufriedenheit des Agenten". Deshalb empfiehlt es sich **rechtzeitig und regelmäßig Rücksprache mit dem Agenten** zu nehmen, um abzuklären, ob noch Unterlagen fehlen bzw. ob die eingereichten Unterlagen den Anforderungen des Agenten genügen.

18 Aus **praktischer Sicht** sollte jeweils sorgfältig geprüft werden, ob sämtliche Dokumente, die die Bank als Auszahlungsvoraussetzung verlangt, tatsächlich bereits vor der ersten Auszahlung vorgelegt werden können. Insbesondere bei **Akquisitionskrediten** wird der Bank daran gelegen sein, dass sämtliche **Sicherheiten,** auch soweit sie die Vermögensgegenstände betreffen, die im Rahmen der Akquisition erworben werden, bereits vor der ersten Auszahlung bestellt sind. Da die Vermögensgegenstände jedoch meist erst mit der Bezahlung des Kaufpreises auf den Erwerber (dinglich) übergehen, ist zur vorherigen Bestellung der Sicherheiten die **Mitwirkung des Veräußerers** erforderlich. Alternativ kann in den Kreditvertrag eine Regelung aufgenommen werden, wonach der Kreditnehmer verpflichtet ist, die Sicherheiten innerhalb eines gewissen Zeitraums nach der Auszahlung des Kredits zu bestellen (sog. *Condition Subsequent*). Bei **Kreditverträgen zur Finanzierung eines Projekts** ist häufig verhandlungsbedürftig, ob vor der erstmaligen Auszahlung eine **bestandskräftige Baugenehmigung** für das gesamte Projekt vorliegen muss oder ob Teilbeträge bereits auf der Grundlage von **Teilgenehmigungen** oder noch **nicht bestandskräftigen Genehmigungen** ausbezahlt werden.

19 f) **Vorzeitige Rückzahlungen.** Grundsätzlich ist zwischen sog. **Pflichtsondertilgungen,** die durch bestimmte im Kreditvertrag definierte Ereignisse ausgelöst werden, und der Möglichkeit zur **freiwilligen (vorzeitigen) Tilgung** zu differenzieren.

Regelmäßig sind bestimmte **Veräußerungserlöse,** der *Excess Cashflow* (zu einem bestimmten, verhandlungsbedürftigen Prozentsatz) und **Zuflüsse aus Versicherungen** für eine **Pflichtsondertilgung** einzusetzen. Ferner ist der Kredit häufig sofort zur Rückzahlung fällig, wenn die bisherigen Gesellschafter des Kreditnehmers nicht mehr über eine Mehrheitsbeteiligung am Kreditnehmer verfügen **(Kontrollwechsel).**

Bei der Verhandlung des Kreditvertrags ist darauf zu achten, dass lediglich **Nettoerlöse,** d.h. Erlöse abzüglich Kosten und etwaigen Steuern, zur Pflichtsondertilgung eingesetzt werden müssen. Weiterhin sollte insbesondere hinsichtlich Versicherungs- und Veräußerungserlösen ein Zeitraum (regelmäßig zwischen sechs und 18 Monaten) vorgesehen werden, innerhalb dessen sie zur **Reinvestition** verwendet werden dürfen.

20 Sofern die Regelungen betreffend Sondertilgungen auch **Zuflüsse** (zum Beispiel aus Versicherungen, Veräußerungserlösen oder *Excess Cashflow*) **auf Ebene von Tochtergesellschaften** des Kreditnehmers in der Rechtsform einer GmbH, GmbH & Co. KG oder AG einbeziehen und die Sondertilgung nicht ausschließlich die Verbindlichkeiten der Tochtergesellschaft gegenüber dem Kreditgeber reduziert, kann eine solche

Pflichtsondertilgung unter Umständen gegen deutsche **Kapitalerhaltungsregeln**[10] verstoßen.

Um dies zu verhindern sollte in den Kreditvertrag eine Regelung der folgenden Art aufgenommen werden: 21

Formulierungsbeispiel Besicherung der Pflichtsondertilgung:

Zahlungen gemäß [Regelung, die zur Sondertilgung führt] müssen nicht geleistet werden, wenn und soweit der [Kreditnehmer] zur Zufriedenheit des [Agenten] nachgewiesen hat, dass die entsprechenden Mittel innerhalb der [Gruppe] auch unter Ausschöpfung aller rechtlich zulässigen Gestaltungsmöglichkeiten nur unter Verstoß gegen für eine [Gruppengesellschaft] oder deren Organe zwingendes geltendes Recht verfügbar gemacht werden können.

Üblicherweise sind **freiwillige Sondertilgungen** jederzeit nach vorheriger Ankündigung zulässig. 22

Zu beachten ist dass, sofern eine Sondertilgung nicht zum Ende einer Zinsperiode erfolgt, für den Zeitraum bis zum Ablauf der Zinsperiode[11] regelmäßig eine Vorfälligkeitsentschädigung zu bezahlen ist.

g) **Zinsen/Kosten.** Die für die Inanspruchnahme des Kredits zu entrichtenden Zinsen setzen sich regelmäßig zusammen aus dem **Refinanzierungszinssatz** (EURIBOR oder LIBOR)[12] und einer **Marge.** 23

Dabei wird der **Refinanzierungszinssatz** bei Inanspruchnahmen in Euro auf Basis des **EURIBOR** ermittelt, wohingegen bei Inanspruchnahmen in anderen Währungen regelmäßig der **LIBOR** herangezogen wird. Meist kann der Kreditnehmer zwischen mehreren Zinsperioden (1/3/6/9 oder 12 Monate) wählen, wobei sich die Kreditgeber – je nach Länge der Zinsperiode – auf Basis des **1/3/6/9 oder 12-Monats-EURIBOR/LIBOR** refinanzieren und der entsprechende Refinanzierungszinssatz zur Anwendung kommt.

Häufig wird vereinbart, dass die Höhe der **Marge** in Abhängigkeit von bestimmten Finanzkennzahlen[13] ermittelt wird (sog. **Margenskala oder *Margin Ratchet***), so dass sich die Marge über die Laufzeit des Kredits verändern kann. Daneben enthalten Kreditverträge meist Regelungen, wonach sich die Marge für die Dauer des **Vorliegens eines Kündigungsgrundes**[14] oder einer **sonstigen Vertragsverletzung** (meist zwischen etwa 0,5% und 1,5% p. a.) erhöht. Dasselbe gilt, wenn sich der Kreditnehmer mit Zahlungen unter dem Kreditvertrag im **Verzug** befindet. Da der Verzug regelmäßig bereits einen Kündigungsgrund darstellt, sollte bei der Verhandlung des Kreditvertrags darauf geachtet werden, dass eine Regelung aufgenommen wird, wonach der Verzug nicht zu einer **doppelten Margenerhöhung** führt. 24

---

[10] Hierzu unten unter Rn. 39 ff.

[11] Zu Zinsperioden vgl. unten unter Rn. 23 ff.

[12] EURIBOR (Euro Interbank Offered Rate) ist die Abkürzung für den seit 1999 wichtigsten Referenzzinssatz für kurzfristige Geldanlagen unter Geschäftsbanken in Euro. Der EURIBOR wird an jedem TARGET-Arbeitstag (Trans-European Automated Real-time Gross Settlement Express Transfer) von der Banking Federation of the European Union für Ein- bis Dreiwochen sowie Ein- bis Zwölfmonatsgelder am Interbankenmarkt aus Briefsätzen ausgesuchter Kreditinstitute für die jeweilige Laufzeit errechnet. Da der Haupthandelsplatz für Devisen in Europa London ist, wird als Zinssatz für Eurokredite in anderen Währungen als Euro meist der LIBOR (London Interbank Offered Rate) für die jeweilige Währung zugrunde gelegt. Der LIBOR wird von der British Bankers' Association ermittelt. Gewöhnlicherweise können sich die Geschäftsbanken zu den EURIBOR- oder LIBOR-Zinssätzen refinanzieren.

[13] Zu Finanzkennzahlen vgl. unten unter Rn. 32.

[14] Zu Kündigungsgründen vgl. unten unter Rn. 36.

25 Die Zinsen (Refinanzierungszinssatz zuzüglich Marge) sind üblicherweise jeweils **am Ende der Zinsperiode,** bei Zinsperioden von über sechs Monaten nach Ablauf von sechs Monaten, **zur Zahlung fällig.** Teilweise sehen Kreditverträge aber auch vor, dass durch Erklärung des Kreditnehmers (sog. ***Capitalisation Notice***) nach Ablauf der Zinsperiode die Zinsen nicht sofort fällig sind, sondern der Hauptsumme zugeschlagen werden, mit der Folge, dass sie zukünftig ebenfalls zu verzinsen sind.[15] Bei einem Refinanzierungszinssatz auf Basis von **EURIBOR** wird der Zins auf der Grundlage eines „360-Tage-Jahres" ermittelt (sog. **„actual/360-Methode"**), wohingegen bei **LIBOR-Krediten** der Zinsberechnung regelmäßig die **tatsächliche Anzahl der Tage des Jahres** zugrunde gelegt wird.

Neben den Zinsen für unter dem Kreditvertrag in Anspruch genommene Beträge hat der Kreditnehmer eine **Bereitstellungsprovision** (sog. *Commitment Fee*) in Höhe eines bestimmten Prozentsatzes auf die nicht in Anspruch genommenen Beträge zu entrichten. Meist ist die Bereitstellungsprovision ab Unterzeichnung des Kreditvertrags, jeweils vierteljährlich im Nachhinein, zu bezahlen.

26 Wenn Avale unter dem Kreditvertrag ausgereicht werden, ist ferner eine **Avalprovision** in Höhe eines bestimmten Prozentsatzes des jeweiligen Avals zu entrichten. Teilweise wird daneben auch eine einmalige Gebühr für die Ausfertigung des Avals berechnet.

27 **h) Gewährleistungen und Zusicherungen.** Im Rahmen von Gewährleistungen und Zusicherungen versichern die Kreditnehmer und Garantiegeber, dass **bestimmte Umstände vorliegen oder nicht vorliegen.**

Gegenstand von Gewährleistungen und Zusicherungen sind insbesondere:
- rechtliche Existenz der Kreditnehmer und Garantiegeber;
- die den Banken überlassenen Gesellschaftsverträge und Handelsregisterauszüge sind richtig und vollständig, es wurden keine Änderungen beschlossen;
- alle fälligen Steuern wurden bezahlt;
- die vorgelegten Jahresabschlüsse wurden im Einklang mit den geltenden gesetzlichen Bestimmungen erstellt und geben ein den tatsächlichen Verhältnissen entsprechendes Bild der Vermögens-, Finanz- und Ertragslage wider;
- Nichtvorliegen eines Kündigungsgrundes;
- es bestehen keine Nachträge oder Änderungsvereinbarungen zu den Transaktionsdokumenten (Akquisitions- oder Projektverträge); die Transaktionsdokumente wurden nicht aufgehoben oder angefochten;
- keine Verletzung eines wesentlichen Vertrags einer Gruppengesellschaft;
- keine Verletzung von Umweltvorschriften.

28 Die Gewährleistungen und Zusicherungen beziehen sich zunächst auf Umstände im **Zeitpunkt der Unterzeichnung des Kreditvertrags.** Einzelne Gewährleistungen und Zusicherungen müssen jedoch **wiederholt** abgegeben werden oder gelten als in bestimmten Zeitpunkten (zum Beispiel bei **Übermittlung einer Ziehungsnotiz** oder zu **Beginn jeder Zinsperiode**) als wiederholt abgegeben.

Die Verletzung von Gewährleistungen und Zusicherungen löst üblicherweise ein Kündigungsrecht[16] des Kreditgebers aus.

29 Vor Abschluss des Kreditvertrags sollte deshalb **gründlich geprüft** werden, ob die Gewährleistungen und Zusicherungen aufgrund der **Umstände des Einzelfalls** abgegeben werden können. In diesem Zusammenhang ist mit den Kreditgebern häufig insbesondere folgendes verhandelbar:
- Ausnahmen für bestimmte bereits bekannte Tatsachen;
- Geltung nur für Kreditnehmer, nicht jedoch für Garantiegeber oder sonstige Gruppengesellschaften oder Geltung nur für wesentliche Gruppengesellschaften;

---

[15] Solche Regelungen verstoßen regelmäßig nicht gegen das Zinseszinsverbot gemäß § 248 BGB (siehe hierzu auch *Diem*, Akquisitionsfinanzierungen, § 38 Rn. 6 ff.).

[16] Vgl. hierzu unten unter Rn. 36.

- Gewährleistungen und Zusicherungen werden nur „nach bestem Wissen" abgegeben;
- Beschränkung auf Umstände, die eine wesentlich nachteilige Auswirkung auf die Fähigkeit der Kreditnehmer und Garantiegeber, ihren Verpflichtungen unter dem Kreditvertrag nachkommen zu können, haben können;
- Reduzierung der wiederholt abzugebenden Zusicherungen.

i) **Auflagen.** Regelmäßig enthält ein Kreditvertrag **ausführliche Regelungen** zu den Pflichten der Kreditnehmer und Garantiegeber, die **während der gesamten Laufzeit des Kredits** zu beachten sind. 30

aa) Grundsätzliches. **Standardmäßig** handelt es sich dabei um Klauseln, wonach die Kreditnehmer/Garantiegeber 31

- **bestimmte Finanzinformationspflichten** (Vorlage von Jahresabschlüssen, Businessplan und BwAs) haben,
- sie angemessen und branchenüblich versichert sein müssen,
- sie außer den Verbindlichkeiten unter dem Kreditvertrag keine oder nur bestimmte weitere Finanzverbindlichkeiten eingehen dürfen,
- Gesetze einzuhalten sind,
- die Geschäftstätigkeit nicht eingestellt oder wesentlich geändert werden darf,
- grundsätzlich keine Sicherheiten zugunsten Dritter bestellt werden dürfen,
- **Hedging-Vereinbarungen** hinsichtlich etwaiger Zins- und Wechselkursschwankungen abgeschlossen werden müssen und
- keine Beteiligungen oder wesentlichen Vermögensgegenstände veräußert werden dürfen.

Daneben treten – abhängig von der **konkreten Situation der Kreditnehmer und Garantiegeber** – unter Umständen weitere der Bank im Einzelfall erforderlich erscheinende Pflichten, Auflagen und Verbote.

bb) Finanzkennzahlen.[17] Eine der **wichtigsten** und meist **am intensivsten verhandelten Auflagen** ist die Verpflichtung, bestimmte Finanzkennzahlen einzuhalten. Dabei können diese Finanzkennzahlen einen **dynamischen** oder **statischen Anknüpfungspunkt** haben. Die in der Praxis am häufigsten verwendeten Finanzkennzahlen sind: 32

- **Verschuldungsgrad,** das heißt das Verhältnis von zinstragenden Verbindlichkeiten[18] zu EBITDA[19] (sog. *Leverage Ratio*). Kreditgeber sind regelmäßig nur bereit, bis zu einem bestimmten Verschuldungsgrad Darlehen zu gewähren. Der Verschuldungsgrad ist deshalb eine zentrale Bezugsgröße für die Kreditentscheidung der Bank. Meist enthält der Kreditvertrag Regelungen, wonach der einzuhaltende Quotient über die Laufzeit des Darlehens – insbesondere aufgrund der zu leistenden Tilgungszahlungen – herabgesetzt wird. Der Verschuldungsgrad ist deshalb eine zentrale Bezugsgröße für die Kreditentscheidung der Bank.
- ***Cover Ratios,*** etwa das Verhältnis von EBITDA (sog. *Debt Service Cover Ratio*) oder *Cashflow* (sog. *Fixed Cover Ratio*) zum Netto-Schuldendienst oder das Verhältnis von EBITDA zum Zinsaufwand (sog. *Interest Cover Ratio*). Diese Finanzkennzahlen sollen Aufschluss darüber geben, ob der Kreditnehmer über die Laufzeit des Kredits in der Lage sein wird, die wiederkehrenden Zins- und Tilgungsleistungen zu erbringen.
- **Liquidität,** zum Beispiel das Verhältnis des kurzfristig gebundenen Umlaufvermögens zu den kurzfristigen Verbindlichkeiten (sog. *Net Working Capital*).

---

[17] Grundlegend hierzu *Wittig* WM 1996, 1381 ff.

[18] Die zinstragenden Verbindlichkeiten umfassen das ausstehende Kapital aller Tranchen des Senior-Kredits, des Mezzanine-Kredits, des Betriebsmittelkredits sowie der sonstigen Verbindlichkeiten in Form von Drittdarlehen, begebenen Wechseln, Anleihen, Finanzierungsleasing etc.

[19] EBITDA bezeichnet das konsolidierte Ergebnis vor Zinsen, Steuern und Abschreibungen im Berichtszeitraum, welcher sich meist aus den letzen vier Kalenderquartalen vor dem Stichtag zusammensetzt. Außerordentliche Erträge und Aufwendungen bleiben dabei unberücksichtigt, da die künftige Ertragslage des Kreditnehmers nur auf der Grundlage der Ertragskraft seines gewöhnlichen Geschäfts sinnvoll beurteilt werden kann.

- **Eigenkapital,** das heißt das Verhältnis von Aktiva zu Eigenkapital (sog. *Equity Cover*) oder Mindestbetrag des Eigenkapitals (sog. *Minimum Net Worth*).
- **Gearing,** das heißt das Verhältnis von Fremdkapital zu Eigenkapital.

Es gibt keine allgemeinen Standards, welche Finanzkennzahlen im Einzelfall Eingang in den Kreditvertrag finden. Dies hängt vor allem von den wirtschaftlichen Risiken des Darlehensnehmers ab. Letztendlich werden die Finanzkennzahlen jeweils im konkreten Fall verhandelt und festgelegt.

Die Finanzkennzahlen sind über die gesamte Laufzeit des Kredits einzuhalten. Der Kreditnehmer hat der Bank die Finanzkennzahlen in regelmäßigen Abständen (meist vierteljährlich) mitzuteilen.

33 Teilweise wird dem Kreditnehmer bzw. dessen Inhabern mit Klauseln der folgenden Art die Möglichkeit eingeräumt, die Verletzung von Finanzkennzahlen durch Zuführung **zusätzlicher Eigenmittel** (sog. *Equity Cure*) zu heilen:

Formulierungsbeispiel Zuführung zusätzlicher Eigenmittel:

Eine etwaige Verletzung von Finanzkennzahlen kann durch die Zuführung zusätzlicher Eigenmittel (in Form einer Kapitalerhöhung, der Einzahlung in die Kapitalrücklage oder durch die Gewährung eines Gesellschafterdarlehens) („Zusätzliche Eigenmittel") geheilt werden, wobei diese Zusätzlichen Eigenmittel dem Kreditnehmer innerhalb von [...] Tagen nach Feststellung der Verletzung der Finanzkennzahlen zur Verfügung gestellt werden müssen. Die Zusätzlichen Eigenmittel werden in voller Höhe dem EBITDA und dem Cashflow zum Zwecke der Berechnung der Einhaltung der Finanzkennzahlen hinzugerechnet. Die Zusätzlichen Eigenmittel gelten dabei als (rückwirkend) bereits in der Periode eingebracht, für die die Finanzkennzahlen ermittelt werden. Von diesem Recht, die Verletzung von Finanzkennzahlen durch die Zuführung Zusätzlicher Eigenmittel zu heilen, kann insgesamt nur [...] mal und an nicht mehr als zwei aufeinander folgenden Terminen zur Mitteilung der Finanzkennzahlen Gebrauch gemacht werden.

34 *cc) Rechtsfolgen eines Verstoßes.* Rechtsfolge eines Verstoßes gegen Vertragspflichten ist, dass die Darlehensgeber grundsätzlich berechtigt sind, den Kreditvertrag zu **kündigen.** Ferner erhöht sich üblicherweise die **Marge** für die Dauer des Pflichtverstoßes (meist um 0,5% bis 1,5% p.a.). Schließlich können – solange ein Pflichtverstoß vorliegt – **keine Ziehungen** erfolgen.

35 *dd) Prüfung durch den Darlehensnehmer/Verhandlungsbedürftige Punkte.* Grundsätzlich ist deshalb eine gründliche Prüfung der Pflichten, Auflagen und Verbote vor Unterzeichung des Kreditvertrags empfehlenswert. Soweit verhandelbar, sollte sich der Darlehensnehmer das Recht ausbedingen, etwaige Verstöße innerhalb gewisser Fristen (sog. ***Grace Periods***) zu heilen. Ferner sollten bestimmte Vertragspflichten nur hinsichtlich **einzelner Gruppengesellschaften** (zum Beispiel Gruppengesellschaften, die einen bestimmten Prozentsatz zum Umsatz oder Ergebnis der Gruppe beitragen) gelten.

36 **j) Kündigung aus wichtigem Grund.** Werden die Kredite wie üblich auf **bestimmte Zeit** gewährt, so ist eine **ordentliche Kündigung** durch die Kreditgeber[20] **ausgeschlossen.**[21] Gemäß **§§ 314, 490 BGB** kann der Kreditvertrag jedoch aus **wichtigem Grund,** d.h. wenn „dem kündigenden Teil unter Berücksichtigung aller **Umstände des Einzelfalls** und unter **Abwägung der beiderseitigen Interessen** die Fortsetzung des Vertragsverhältnisses bis zur vereinbarten Beendigung oder bis zum Ablauf einer Kündigungsfrist **nicht zugemutet werden kann",** § 314 Abs. 1 Satz 2 BGB, gekündigt werden. Ein wichtiger Grund liegt gemäß § 490 Abs. 1 BGB insbesondere vor, wenn „in den **Vermögensverhältnissen**

[20] Zur vorzeitigen freiwilligen Rückführung der Kredite durch den Kreditnehmer vgl. oben unter Rn. 19ff.

[21] Dies ergibt sich im Umkehrschluss aus § 488 Abs. 3 BGB.

des Darlehensnehmers oder in der **Werthaltigkeit** einer für das Darlehen gestellten **Sicherheit** eine **wesentliche Verschlechterung** eintritt oder einzutreten droht, durch die die Rückerstattung des Darlehens, auch unter Verwertung der Sicherheit, gefährdet wird".

Zur Konkretisierung und gegebenenfalls Ergänzung der gesetzlichen Regelung wird in den Kreditvertrag üblicherweise ein **Katalog von Kündigungsgründen** aufgenommen. Die wichtigsten Kündigungsgründe sind: 37
- Änderung oder Aufgabe der Geschäftstätigkeit;
- Nichterfüllung von Zahlungspflichten unter dem Kreditvertrag;
- Nichterfüllung einer sonstigen Auflage;
- (drohende) Insolvenz;
- Unrichtigkeit einer Zusicherung oder Gewährleistung;
- Kontrollwechsel;
- Nichterfüllung von fälligen Verbindlichkeiten gegenüber Dritten oder vorzeitige Fälligstellung durch Dritte (sog. ***Cross Default***);
- Rechtsstreitigkeiten.

Jedenfalls hinsichtlich einzelner Kündigungsgründe sollte aus Kreditnehmersicht versucht werden, sog. ***Grace Periods*** zu vereinbaren, mit dem Resultat, dass eine Kündigung nur zulässig ist, wenn dem Kreditnehmer zuvor eine Frist zur Abhilfe gesetzt wird. 38

II. Konzernfinanzierung

Häufig werden Unternehmungen, auch im Mittelstand, nicht über ein einzelnes Rechtssubjekt, sondern in Form mehrerer, miteinander verbundener Gesellschaften betrieben. Die Gründe für die Bildung oder Entstehung solcher Unternehmensgruppen sind vielfältig: In Betracht kommen einmal typische Aufteilungen in Betriebs- und Besitzgesellschaften und weiterhin der Betrieb unterschiedlicher Geschäftsaktivitäten in jeweils auch rechtlich getrennten Einheiten, sei es aus rein organisatorischen Gründen oder um im Fall der Krise eines Geschäftsbereichs die übrigen Geschäftsaktivitäten haftungsrechtlich abzuschirmen. Schließlich kann eine Unternehmensgruppe dadurch entstehen, dass weitere, bisher außenstehende Gesellschaften im Wege des Anteilserwerbs zugekauft und – häufig aus steuerlichen oder bilanziellen Gründen – nach der Akquisition nicht mit der oder den bereits bestehenden Gesellschaften verschmolzen werden. 39

Bei derartigen Unternehmensgruppen wird es aus wirtschaftlicher Sicht meist sinnvoll sein, auch die **Finanzierung gruppenbezogen** und nicht für jedes Einzelunternehmen gesondert aufzusetzen. Insbesondere haben auch die Kreditgeber gemeinhin ein Interesse daran, die Gesamtgruppe und nicht nur die einzelne Gesellschaft, die zunächst Auslöser oder Begünstigter der konkreten Kreditvergabe ist, in die Haftungsmasse mit einzubeziehen. Sie werden entsprechend bessere wirtschaftliche Konditionen für den Kredit bei einer dergestalt vergrößerten Haftungsmasse einräumen. 40

Die genannten wirtschaftlichen Vorteile sind jedoch in ihrer Ausgestaltung an den im deutschen Recht strengen **Regeln des Kapitalschutzes** zu messen. Verstöße gegen diese rechtlichen Schranken führen zu **Haftungsrisiken** für die beteiligten Gesellschafter, Gesellschaften und deren Organe.

Häufig wird es daher nicht möglich oder zumindest mit erheblichen Risiken behaftet sein, einerseits die Unternehmensgruppe vor Insolvenzrisiken einzelner Geschäftsbereiche durch Schaffung einer Vielzahl einzelner, rechtlich selbständiger Gesellschaften abzuschirmen und andererseits die Haftungsmasse zu Gunsten eines einzelnen Gläubigers, etwa einer Bank, durch die Mithaftung der Gesamtgruppe zu erweitern. 41

1. Kapitalschutz bei der AG

Zentrale Norm zur Erhaltung des Grundkapitals der Aktiengesellschaft ist § 57 AktG: 42

a) Verbot der Einlagenrückgewähr. Gemäß § 57 Abs. 1 S. 1 AktG dürfen den Aktionären die Einlagen nicht zurückgewährt werden. Nach ganz herrschender Meinung 43 ist der Begriff der Einlagenrückgewähr dabei weit auszulegen.[22] Erfasst wird insoweit jede Leistung der Aktiengesellschaft, die wegen der Mitgliedschaft aller oder einzelner Aktionäre erbracht würde oder wird, wenn sie nicht aus dem Bilanzgewinn erfolgt oder ausnahmsweise zugelassen ist.[23] Untersagt sind danach sämtliche Leistungen aus dem Vermögen der Aktiengesellschaft an einen Aktionär, die außerhalb der ordnungsgemäßen Ausschüttung des Bilanzgewinns erfolgen und nicht ausnahmsweise gesetzlich zugelassen sind, soweit sie nicht **drittüblichen Bedingungen** entsprechen.[24]

Weiterhin ist der Schutzbereich des § 57 AktG im Gegensatz zu den Regelungen bei der GmbH nicht auf das eingetragene Grundkapital beschränkt.[25] Auch Leistungen der Aktiengesellschaft, der freie Rücklagen gegenüber stehen, sind als eine Einlagenrückgewähr zu qualifizieren, wenn sie nur mit Rücksicht auf die Mitgliedschaft von Aktionären bewirkt werden.[26] Allerdings hat der Gesetzgeber im Rahmen des Gesetzes zur Modernisierung des GmbH-Rechts und zur Bekämpfung von Missbräuchen (**„MoMiG“**) eine **Ergänzung von § 57 Abs. 1 AktG** beschlossen. Damit sind künftig solche Leistungen aus dem Schutzbereich der Vorschrift ausgenommen, die durch einen vollwertigen Gegenleistungs- oder Rückgewähranspruch gegen den Aktionär gedeckt sind. Im Hinblick auf die voraussichtlich geringe oder zumindest zweifelhafte Relevanz dieser Neuregelung für die Übernahmen von Mithaftungen oder Bestellung von Kreditsicherheiten im Konzern verweisen wir auf die Ausführungen unter nachstehender Rn. 55 zu der nahezu wortgleichen Ergänzung des § 30 Abs. 1 GmbHG.

44 b) **Anwendungsfälle.** Fälle der offenen, direkten Einlagerückgewähr sind, da nach § 57 Abs. 1 S. 1 AktG ausdrücklich untersagt, in der Praxis eher selten. In den Anwendungsbereich fallen jedoch neben direkten Zahlungen an den Aktionär auch **indirekte Leistungen,** wie etwa die Tilgung von Krediten oder die Zahlung von Zinsen auf Kredite, die nicht der Aktiengesellschaft selbst, sondern einem ihrer Aktionäre gewährt wurden. Weiterhin erfasst werden die **Besicherung** solcher **Verbindlichkeiten** von Aktionären mit dem Vermögen der Aktiengesellschaft, einschließlich der Besicherung durch schuldrechtliche Abreden wie Bürgschaften, Garantien und Schuldbeitritte.

45 c) **Leistungen an Dritte.** Der Wortlaut des § 57 Abs. 1 S. 1 AktG setzt eine Leistung an Aktionäre voraus. Nach seinem Sinn und Zweck sind jedoch Leistungen an Dritte oder zu Gunsten Dritter unter bestimmten Voraussetzungen gleichzustellen. Dies gilt einmal dann, wenn Leistungen wegen früherer oder künftiger Aktionärseigenschaft erfolgen.[27] Ebenso sind Leistungen an Dritte den Leistungen an Aktionäre gleichzustellen, wenn der Leistungsempfang durch den Dritten dem Aktionär zurechenbar ist. Hierfür ist nach herrschender Meinung erforderlich, dass die Leistungen auf Veranlassung des Aktionärs an eine ihm nahe stehende Person oder eine mit ihm verbundene Gesellschaft erfolgen.[28] Hauptanwendungsfälle sind hierfür in vorliegend interessierendem Zusammenhang insbesondere **Tilgungen** von Krediten oder **Haftungsübernahmen** sowie **Sicherheitenbestellungen** für Kredite, die Gesellschaften gewährt wurden, die mit dem Aktionär verbunden sind, also an Schwestergesellschaften der Aktiengesellschaft.

---

[22] *Hüffer* § 57 AktG Rn. 2; KöKo/*Lutter* § 57 AktG Rn. 5; MünchKommAktG/*Bayer* § 57 AktG Rn. 2. Siehe hierzu auch § 11 Rn. 13.

[23] RGZ 107, 161, 168; RGZ 149, 385, 400; OLG Frankfurt AG 1996, 324, 325; OLG Hamburg AG 1980, 275, 278.

[24] MünchKommAktG/*Bayer* § 57 Rn. 7 und 26 ff.

[25] KöKo/*Lutter* § 57 AktG Rn. 5; MünchKommAktG/*Bayer* § 57 Rn. 2.

[26] *Hüffer* § 57 AktG Rn. 2.

[27] MünchKommAktG/*Bayer* § 57 AktG Rn. 51; KöKo/*Lutter* § 57 AktG Rn. 40.

[28] BGH WM 1957, 61.

d) **Rechtsfolgen.** Verstöße gegen § 57 Abs. 1 S. 1 AktG führen regelmäßig zur **Nichtigkeit** des verbotenen Rechtsgeschäfts gemäß § 134 BGB.[29] Diese Nichtigkeitsfolge bezieht sich gleichermaßen auf das Verpflichtungs- wie auf das Vollzugsgeschäft.[30] Dies gilt jedenfalls dann, wenn es sich um offene Verstöße gegen § 57 AktG handelt, also um Leistungen an den Aktionär oder an diesem nach den vorstehend unter Rn. 45 genannten Grundsätzen zurechenbare Personen oder Gesellschaften. 46

Soweit das Vollzugsgeschäft nichtig ist, bestehen dingliche Herausgabeansprüche insbesondere aus § 985 BGB, soweit dessen sonstige Voraussetzungen erfüllt sind.[31] Obligatorische Ansprüche des Bürgerlichen Gesetzbuches, insbesondere bereicherungsrechtliche Ansprüche aus §§ 812ff. BGB, werden hingegen durch den speziellen aktienrechtlichen Rückerstattungsanspruch des § 62 AktG ersetzt.[32]

Besonderheiten gelten für Leistungen an dem Aktionär nicht zurechenbare Dritte. Hier greift § 134 BGB nicht ohne weiteres ein, weil sich das Verbot des § 57 AktG nicht unmittelbar an außenstehende Dritte richtet. Deshalb sind an und für sich nach § 57 AktG verbotene Haftungsübernahmen und Sicherheitenbestellungen im Außenverhältnis, d. h. im Verhältnis zum Kreditgeber, von Ausnahmefällen abgesehen, rechtswirksam und durchsetzbar.[33] 47

Insbesondere in diesen Fällen kann es nachfolgend zu einer **Schadensersatzpflicht der Organe** der Aktiengesellschaft nach § 93 Abs. 3 Nr. 1 und 2 AktG (Vorstand) sowie § 116 AktG (Aufsichtsrat) kommen. Relevant wird diese Haftung in vorliegendem Zusammenhang vornehmlich dann, wenn eine im Innenverhältnis gemäß § 57 AktG verbotene Haftungsübernahme oder Sicherheitenbestellung nach den oben genannten Grundsätzen im Außenverhältnis zum Kreditgeber gleichwohl wirksam und durchsetzbar ist. Bei einer Durchsetzung der Mithaftung für Kredite, die dem Aktionär oder mit diesem verbundenen Unternehmen gewährt wurden oder der Verwertung hierfür bestellter Sicherheiten, werden die Vorstandsmitglieder gemäß § 93 Abs. 3 Nr. 1 AktG **persönlich schadenersatzpflichtig.** Zeichnen mehrere Vorstandsmitglieder für das verbotswidrige Rechtsgeschäft verantwortlich, haften sie gemäß § 93 Abs. 2 S. 1 AktG als Gesamtschuldner.

Grundsätzlich stehen diese Schadensersatzansprüche der Aktiengesellschaft selbst zu. Die Ersatzpflicht ist gegenüber der Gesellschaft nur ausgeschlossen, wenn die Handlung des Vorstandes auf einem gesetzmäßigen Beschluss der Hauptversammlung beruht, nicht hingegen, wenn die Handlung lediglich durch den Aufsichtsrat gebilligt wurde, § 93 Abs. 4 S. 1 und 2 AktG.[34] 48

Ausnahmsweise kann der Ersatzanspruch der Gesellschaft gemäß § 93 Abs. 5 AktG auch von den Gläubigern der Gesellschaft geltend gemacht werden, soweit diese von der Gesellschaft keine Befriedigung erlangen können.[35] In diesen Fällen wird den Gläubigern gegenüber die Ersatzpflicht weder durch einen Verzicht oder Vergleich der Gesellschaft noch dadurch aufgehoben, dass die Handlung durch einen Beschluss der Hauptversammlung gedeckt war.

Darüber hinaus kann es unter gewissen Voraussetzungen, insbesondere unter der Voraussetzung der Nachweisbarkeit eines (auch bedingt) vorsätzlichen Handelns, zu einer strafrechtlichen Verantwortlichkeit der beteiligten Organe wegen **Untreue** gemäß § 266 StGB kommen.

---

[29] RGZ 77, 71, 72f.; *Hüffer* § 57 AktG Rn. 23; KöKo/*Lutter* § 57 AktG Rn. 62; a. A. MünchKommAktG/*Bayer* § 57 AktG Rn. 148.

[30] RGZ 77, 71, 72f; RGZ 107, 161, 166ff.; GroßkommAktG/*Henze* § 57 AktG Rn. 206ff.; KöKo/*Lutter* § 57 AktG Rn. 62f.; *Sonnenhol/Stützle* WM 1983, 2, 5f.

[31] *Hüffer* § 57 AktG Rn. 23; KöKo/*Lutter* § 57 AktG Rn. 62f.

[32] GroßkommAktG/*Henze* § 57 AktG Rn. 224; *Hüffer* § 57 AktG Rn. 25; KöKo/*Lutter* § 57 AktG Rn. 62; MünchKommAktG/*Bayer* § 57 AktG Rn. 143.

[33] KöKo/*Lutter* § 57 AktG Rn. 73f.; MünchKommAktG/*Bayer* § 57 AktG Rn. 149.

[34] KöKo/*Mertens* § 93 AktG Rn. 117.

[35] MünchKommAktG/*Hefermehl/Spindler* § 93 AktG Rn. 138.

2. Kapitalschutz bei der GmbH

49 Zentrale Norm zur Erhaltung des Stammkapitals gegen direkte oder indirekte Eingriffe von Gesellschaftern einer GmbH ist § 30 GmbHG:[36]

50 a) **Reichweite.** Nach dem Wortlaut des § 30 Abs. 1 S. 1 GmbHG darf das zur Erhaltung des Stammkapitals erforderliche Vermögen der Gesellschaft nicht an die Gesellschafter ausgezahlt werden. Wie auch § 57 Abs. 1 AktG ist die Vorschrift nach allgemeiner Meinung weit auszulegen.[37] Auszahlungen im Sinne von § 30 Abs. 1 GmbHG sind danach nicht allein Geldleistungen, sondern **Leistungen aller Art,** die wirtschaftlich das Gesellschaftsvermögen verringern[38], denen also keine gleichwertige Gegenleistung gegenübersteht.[39]

51 b) **Leistungen an Dritte.** Wiederum muss nach dem Wortlaut von § 30 Abs. 1 GmbHG Empfänger der Leistung ein Gesellschafter sein. Unstreitig sind jedoch Auszahlungen gleich zu stellen, mittels derer eine GmbH durch eine **Zuwendung an Dritte zu Gunsten des Gesellschafters,** von dessen Standpunkt aus betrachtet, eine Leistung erbringt.[40] Folglich greift § 30 GmbHG dem Grunde nach ein, wenn die GmbH Zins- oder Tilgungsleistungen auf Kreditverbindlichkeiten erbringt, die originär vom Gesellschafter oder einem mit dem Gesellschafter verbundenen Unternehmen eingegangen wurden, soweit dies mit Einverständnis des direkten oder indirekten Gesellschafters oder gar auf dessen Anweisung erfolgt. Weiterhin dann, wenn die GmbH einem Dritten, insbesondere einem Kreditgeber, für dessen Forderungen gegen den Gesellschafter oder gegen ein mit diesem verbundenen Unternehmen eine Sicherheit gewährt oder auch nur verspricht.[41]

52 c) **Schutz des Stammkapitals.** Anders als bei der Aktiengesellschaft sind Auszahlungen an den GmbH-Gesellschafter erst dann und auch nur insoweit verboten, wenn sie zu einer **Unterbilanz** führen oder diese weiter vertiefen würden. Eine Unterbilanz liegt vor, sobald das **Nettovermögen** der GmbH, also ihr gesamtes Aktivvermögen abzüglich der Summe aller Verbindlichkeiten einschließlich Rückstellungen, aber ohne Rücklagen, in seinem rechnerischen Wert unter die Ziffer des gesellschaftsvertraglich vereinbarten und im Handelsregister eingetragenen Stammkapitals sinkt.[42] Maßgeblich für die Berechnung sind dabei, insoweit teilweise abweichend von den für die Ermittlung einer Überschuldung geltenden Regelungen, die **handelsbilanziellen Grundsätze.** So dürfen insbesondere bei der Betrachtung der Aktivseite etwaige stille Reserven nicht oder nur allenfalls dann in Ansatz gebracht werden, wenn sie in handelsbilanzrechtlich relevanter Weise, etwa durch eine Veräußerung, realisiert werden.[43] Weiterhin sind Darlehen, die der GmbH von Gesellschaftern gewährt wurden, regelmäßig zu passivieren, auch wenn sie mit einem vertraglich vereinbarten Rangrücktritt[44] versehen sind.[45]

53 d) **Begründung oder Vertiefung einer Unterbilanz bei der Bestellung von Kreditsicherheiten.** Schwierigkeiten bereitet die Frage, ob eine Leistung an den Gesellschafter das

---

[36] Rowedder/Schmidt-Leithoff/*Pentz* § 30 GmbHG Rn. 1. Siehe hierzu auch § 11 Rn. 14.

[37] *Baumbach/Hueck* § 30 GmbHG Rn. 20; *Roth/Altmeppen* § 30 GmbHG Rn. 2; Rowedder/Schmidt-Leithoff/*Pentz* § 30 GmbHG Rn. 30.

[38] St. Rspr. Vgl. BGHZ 31, 276 = NJW 1960, 285; BGH NJW 1987, 1194 ff.; *Lutter*/Hommelhoff § 30 GmbHG Rn. 8.

[39] *Servatius* DStR 2004, 1176, 1179.

[40] *Geßler,* FS Fischer 1979, S. 145; *Luther*/Hommelhoff § 30 GmbHG Rn. 22.

[41] *Luther*/Hommelhoff § 30 GmbHG Rn. 23.

[42] Näher hierzu *Müller* DStR 1997, 1577.

[43] *Lutter*/Hommelhoff § 30 GmbHG Rn. 15.

[44] Zu den insoweit teilweise abweichenden Grundsätzen bei der Erstellung einer Überschuldungsbilanz vgl. unten ab Rn. 222 ff.

[45] *Lutter*/Hommelhoff § 42 GmbHG Rn. 41 f.; MünchHdb. KapErsR/*Kleindiek* Tz. 7.4 ff., 7.19 f.; teilweise abweichend für „qualifizierte" Rangrücktritte *Roth/Altmeppen* § 30 GmbHG Rn. 10; Schulze-Osterloh WPg 1996, 97, 100.

Stammkapital angreift, häufig im Fall der **Sicherheitsleistung der GmbH für Verbindlichkeiten eines Gesellschafters** oder eines mit diesem verbundenen Unternehmen. Dies deshalb, weil die Zusage oder Gewährung einer solchen Sicherheit bei der GmbH nicht in jedem Fall zu passivieren, sondern häufig gemäß § 251 S. 1 HGB „unter dem Strich" auszuweisen ist.[46] Handelsbilanziell wirkt sich die Sicherheitenbestellung daher erst und nur dann auf das Eigen- und damit gegebenenfalls das Stammkapital der GmbH aus, wenn mit der Sicherheitenverwertung durch den Sicherungsnehmer konkret zu rechnen ist.[47] Davor ist die Sicherheitenbestellung regelmäßig bilanzneutral. Nicht zuletzt deshalb ist höchst strittig, ob bei einer Sicherheitenbestellung im Rahmen der Betrachtung nach § 30 GmbHG auf den **Zeitpunkt** der Bestellung der Sicherheit, auf den Zeitpunkt, zu dem eine Verwertung der Sicherheit konkret droht oder auf die tatsächliche Verwertung abzustellen ist.[48]

Jedenfalls, wenn bereits im Zeitpunkt der Bestellung der Sicherheit aufgrund man- 54
gelnder Leistungsfähigkeit des kreditnehmenden Gesellschafters mit einer Sicherheitenverwertung konkret zu rechnen ist und deswegen eine Rückstellung gebildet werden muss, ist schon in diesem Zeitpunkt zu prüfen, ob diese Rückstellungsbildung infolge der Sicherheitenbestellung das Stammkapital der GmbH angreift. Regelmäßig wird in einem solchen Fall auch der Rückgriffsanspruch gegen den Gesellschafter, der bürgerlich-rechtlich ohnehin erst mit der tatsächlichen Inanspruchnahme der GmbH entsteht, nicht oder nur in geringem Umfang werthaltig und damit allenfalls eingeschränkt aktivierbar sein. Weiterhin hat der Bundesgerichtshof in einer viel beachteten Entscheidung vom 24. 11. 2003[49] in einem Fall, in dem eine GmbH ihrem Gesellschafter ein Darlehen gewährt hat, einer rein bilanziellen Betrachtungsweise jedenfalls für die Fälle eine Absage erteilt, in denen bei der GmbH zum maßgeblichen Zeitpunkt bereits eine Unterbilanz bestand. Bei bestehender Unterbilanz war danach nicht nur der bilanzielle Wert des Gesellschaftsvermögens zu wahren, sondern dessen **reale Substanz** „zusammen zu halten".

Vorstehend genanntes Urteil hat in der Praxis der Konzernfinanzierung zu einer erheb- 55
lichen Rechtsunsicherheit geführt. Wohl nicht zuletzt deshalb hat sich der Gesetzgeber entschlossen, § 30 Abs. 1 GmbHG im Rahmen des **MoMiG** zu ergänzen. Gemäß Abs. 2, 2. Alt. der Neufassung von § 30 Abs. 1 GmbHG soll das Auszahlungsverbot künftig insoweit nicht gelten, als die jeweilige Leistung durch einen **vollwertigen Gegenleistungs- oder Rückgewähranspruch** gegen den Gesellschafter gedeckt ist. Bezweckt ist hierdurch offensichtlich eine Rückkehr zur bilanziellen Betrachtungsweise. Ob gerade diese allerdings die bestehenden Rechtsprobleme im Bereich der Bestellung von Kreditsicherheiten beseitigt, darf bezweifelt werden. Wie bereits ausgeführt, werden Kreditsicherheiten, die für Verbindlichkeiten von Gesellschaftern oder Schwestergesellschaften bestellt sind, beim Sicherungsgeber regelmäßig erst dann bilanzwirksam, wenn eine Inanspruchnahme aus der Sicherheit konkret droht, der dem Gesellschafter oder der Schwestergesellschaft gewährte Kredit also notleidend wird. Zu diesem Zeitpunkt wird aber ein etwaiger Gegenleistungs- oder Rückgewähranspruch gegen den Gesellschafter üblicherweise gerade nicht (mehr) „vollwertig" im Sinne der Gesetzesregelung sein. Deshalb ist den Finanzierungsverantwortlichen in der Gruppe hinsichtlich der Bestellung von Kreditsicherheiten oder der Übernahme von Mithaftungen auch nach Inkrafttreten der gesetzlichen Neuregelung jedenfalls solange zur Vorsicht zu raten, bis die vorstehend beschriebenen Zweifelsfragen, insbesondere der maßgebliche Beurteilungszeitpunkt für die Vollwertigkeit der Ansprüche gegen den Gesellschafter, durch erste obergerichtliche Urteile geklärt sind.

---

[46] Baumbach/Hopt/*Merkt* § 251 HGB Rn. 2.

[47] OLG München GmbHR 1998, 986.

[48] Vertiefend hierzu *Meyding/Ruby* Finanzbetrieb 2000, 106, 109 ff.

[49] BGH Urteil vom 24. 11. 2003 – II ZR 127/01 = NJW-RR 2004, 330 = DStR 2004, 565 = NZG 2004, 327.

56 e) **Rechtsfolgen.** Liegen die Voraussetzungen von § 30 Abs. 1 GmbHG vor, führt dies in erster Linie zu einer Unzulässigkeit der betreffenden Leistung.[50] Erfolgt die Leistung gleichwohl, besteht eine gesellschaftsrechtliche **Erstattungspflicht** hinsichtlich des Empfangenen nach § 31 GmbHG. Dagegen besteht nach ständiger Rechtsprechung **keine** generelle **Nichtigkeit** des jeweiligen Verpflichtungs- oder Verfügungsgeschäfts.[51] Dies führt wiederum dazu, dass Haftungsübernahmen und Sicherheitenbestellungen im Verhältnis zum Kreditgeber, auch soweit sie im Verhältnis zum Gesellschafter oder der Schwestergesellschaft § 30 Abs. 1 GmbHG widersprechen, regelmäßig rechtswirksam und durchsetzbar sein werden. Etwas anderes gilt allenfalls dann, wenn der Kreditgeber mit dem Gesellschafter, der den Kredit aufnimmt, bewusst zum Schaden der Gesellschaft oder deren Gläubiger **kollusiv zusammenwirkt.**

57 Neben dem bereits erwähnten Rückgewähranspruch gemäß § 31 GmbHG begründet § 43 Abs. 3 GmbHG eine **persönliche Haftung der Geschäftsführer** für Schäden, die der Gesellschaft aus einer Verletzung des § 30 GmbHG entstehen. Danach sind die Geschäftsführer zum Ersatz verpflichtet, wenn den Bestimmungen des § 30 GmbH zuwider Zahlungen aus dem zur Erhaltung des Stammkapitals erforderlichen Vermögen der Gesellschaft gemacht worden sind. Auch hier besteht eine Haftung nicht nur im Fall eigenhändiger verbotener Auszahlungen. Vielmehr besteht auch eine Verpflichtung jedes Geschäftsführers, im Rahmen seiner Möglichkeiten dafür zu sorgen, dass verbotswidrige Auszahlungen auch nicht von Mitgeschäftsführern oder anderen vertretungsberechtigten Personen, einschließlich Prokuristen und Handlungsbevollmächtigten, vorgenommen werden.[52]

58 Der von den Geschäftsführern danach etwaig zu ersetzende Schaden entspricht mindestens der gesamten, unzulässig geleisteten Zahlung, nicht etwa nur der uneinbringlichen Differenz;[53] er ist auch der Höhe nach nicht auf die Stammkapitalziffer beschränkt.[54] Ferner ist die Geltendmachung eines etwaig darüber hinaus gehenden Schadens nicht ausgeschlossen.[55]

Regelmäßig kann der betroffene Geschäftsführer gegen seine Haftung auch nicht geltend machen, zu der verbotswidrigen Handlung etwa durch Gesellschafterbeschluss oder Gesellschafterweisung ermächtigt oder bestimmt worden zu sein, § 43 Abs. 3 S. 3 GmbHG.

59 Schließlich kann es unter gewissen Voraussetzungen, insbesondere unter der Voraussetzung der Nachweisbarkeit eines (auch bedingt) vorsätzlichen Handelns des Geschäftsführers, zu einer strafrechtlichen Verantwortlichkeit wegen **Untreue** gemäß § 266 StGB kommen.

3. Kapitalschutz bei der GmbH & Co. KG

60 Nach der Rechtsprechung des Bundesgerichtshofs und der überwiegenden Meinung im einschlägigen Schrifttum sind die für die GmbH geltenden Kapitalerhaltungsregelungen vielfach auf die GmbH & Co. KG entsprechend anwendbar.[56] Dies gilt selbst dann, wenn die KG Leistungen an oder zu Gunsten eines „Nur-Kommanditisten" erbringt, also an oder zu Gunsten eines Kommanditisten, der nicht gleichzeitig auch eine Betei-

---

[50] *Baumbach/Hueck* § 30 GmbHG Rn. 31.

[51] BGH Urteil vom 19. 3. 1998 – IX ZR 22/97 = NJW 1998, 2592 = DStR 1998, 1272 = ZIP 1998, 793 ff.; ebenso die ganz h. M. in der Literatur, vgl. *Lutter*/Hommelhoff § 30 GmbHG Rn. 38 und 40.

[52] BGHZ 148, 167, 170 f.; *Goette* DStR 2003, 887, 893; *Gehrlein* BB 2004, 2585, 2592.

[53] BGH NJW 2004, 1111, 1112.

[54] OLG Nürnberg NZG 2001, 943, 944.

[55] BGH NJW-RR 1986, 1293.

[56] BGHZ 60, 324; BGHZ 67, 178; BGHZ 123, 289, 296; *Scholz/Westermann* § 30 GmbHG Rn. 38 ff.; *Baumbach/Hopt* § 172 a HGB Rn. 32 ff.

ligung an der Komplementär-GmbH hält.[57] Grund hierfür ist, dass Auszahlungen aus dem KG-Vermögen an einen Kommanditisten oder an ein mit diesem verbundenes Unternehmen das Gesellschaftsvermögen sowohl der KG als auch das ihrer Komplementär-GmbH verkürzen können. Insbesondere kann eine Schmälerung des KG-Vermögens die Komplementär-GmbH dazu zwingen, ihre KG-Beteiligung außerordentlich abzuschreiben. Ferner führt das möglicherweise durch die Auszahlung gesteigerte Risiko, von den KG-Gläubigern nach §§ 161 Abs. 2, 128 HGB in Anspruch genommen zu werden, zum Zwang, eine Rückstellung zu passivieren, falls der Ersatzanspruch der Komplementär-GmbH gegen die KG nach § 110 HGB wirtschaftlich gefährdet erscheint.[58] Gerade derartige **Wertveränderungen im GmbH-Vermögen** können bei dieser zu einer Unterbilanz führen.[59] Im Ergebnis können deshalb Auszahlungen an Kommanditisten oder an mit diesen verbundene Gesellschaften der Gruppe nicht nur zum **Wideraufleben der Kommanditistenhaftung** nach § 172 Abs. 4 S. 1 HGB führen, sondern daneben auch gegen § 30 GmbHG verstoßen und die oben unter Rn. 56 bereits dargestellten Haftungsfolgen auslösen.

4. Maßnahmen zur Risikoreduzierung

Angesichts der dargestellten, einschneidenden zivilrechtlichen und unter Umständen auch strafrechtlichen Haftungsfolgen, zu denen die Übernahme einer schuldrechtlichen (Mit-)Haftung oder die Bestellung von Sicherheiten für Kreditverbindlichkeiten einer sonstigen Gruppengesellschaft, ebenso wie die gegebenenfalls auch rein tatsächliche Leistung auf Kreditverbindlichkeiten einer anderen Gruppengesellschaft, führen können, stellt sich die Frage nach praktischen Möglichkeiten zur Reduzierung dieser Risiken. 61

a) **Individuelle Kreditaufnahme.** Der einfachste Weg zur Vermeidung von Haftungsrisiken bestünde naturgemäß darin, den Kreditbedarf jeder einzelnen Gruppengesellschaft von vorneherein individuell zu regeln, das heißt sowohl auf jedwede Unterstützung bei der Begleichung von Kreditverbindlichkeiten einer Gruppengesellschaft durch andere Gruppengesellschaften, als auch deren Besicherung durch Vermögen anderer Gruppengesellschaften, zu verzichten. Häufig würde dies allerdings dazu führen, dass einzelne Gruppengesellschaften, bei denen ein Liquiditätsbedarf besteht, Kredite von dritter Seite entweder gar nicht oder, mangels hinreichender Haftungsmasse und entsprechend für den Kreditgeber höherem Risiko, nur zu wirtschaftlich **schlechteren Konditionen** erhalten. 62

b) **Abschluss eines Beherrschungs- und Gewinnabführungsvertrags.** Eine Möglichkeit zur Reduktion der Haftungsrisiken bei einer gruppenbezogenen Kreditaufnahme, die in der Praxis häufig gewählt oder zumindest erwogen wird, ist die Bildung eines Vertragskonzerns. Insoweit war bereits bislang für die Aktiengesellschaft in § 291 Abs. 3 AktG bestimmt, dass Leistungen der Aktiengesellschaft aufgrund eines Beherrschungs- oder Gewinnabführungsvertrages nicht als Verstoß gegen § 57 S. 2 AktG gelten. Nicht zuletzt der Wortlaut dieser Vorschrift hatte zu diversen Auslegungsschwierigkeiten zum Beispiel dahingehend geführt, wann eine Leistung gerade „aufgrund" eines solchen Unternehmensvertrags erfolgt.[60] Eine Vielzahl der bisherigen Zweifelsfragen wird durch die im Rahmen des **MoMiG** beschlossene Ergänzung des § 57 Abs. 1 AktG voraussichtlich beseitigt. Danach gilt künftig das Verbot der Einlagenrückgewähr nicht bei Leistungen, die bei Bestehen eines Beherrschungs- oder Gewinnabführungsvertrages erfolgen. An der Ratio für die grundsätzliche Suspendierung des § 57 S. 2 AktG im Vertragskonzern ändert sich hieran indessen nichts. Sie gründet in § 302 AktG, wonach die herrschende oder gewinnbezugsberechtigte Gesellschaft verpflichtet ist, der gebundenen Aktiengesell- 63

[57] BGHZ 110, 342, 355 ff.; BGH NJW 1995, 1960; *Roth/Altmeppen* § 30 GmbHG Rn. 118.
[58] BGHZ 60, 324, 328.
[59] *Lutter*/Hommelhoff § 30 GmbHG Rn. 46.
[60] MünchKommAktG/*Altmeppen* § 308 AktG Rn. 228 f.; KöKo/*Koppensteiner* § 308 AktG Rn. 107.

schaft diejenigen Verluste zu erstatten, die bei dieser während der Laufzeit des Unternehmensvertrages auflaufen. Deshalb ging die herrschende Meinung[61] schon bislang davon aus, dass Weisungen, etwa gerichtet auf die Übernahme einer Mithaftung oder Bestellung einer Sicherheit für Kreditverbindlichkeiten einer anderen Gruppengesellschaft, unzulässig und damit rechtswidrig sind, wenn von Anfang an die **Werthaltigkeit des Verlustausgleichsanspruchs** zweifelhaft ist.[62] Aus diesem Grund ist bei den fraglichen Maßnahmen insbesondere seitens der Vorstände der Aktiengesellschaft im Rahmen eines Vertragskonzerns auch weiterhin Vorsicht angezeigt.

64 Höchst strittig war ferner, ob die Regelung des § 291 Abs. 3 AktG im **GmbH-Konzern** analoge Anwendung findet, ob also im Rahmen eines Beherrschungs- und Gewinnabführungsvertrags zwischen der mithaftenden oder Sicherheiten bestellenden GmbH auch § 30 GmbHG suspendiert ist.[63] Auch diese Frage hat der Gesetzgeber im Rahmen des **MoMiG** nunmehr durch eine der Neuregelung des § 57 S. 2 AktG nahezu wortgleiche **Ergänzung in § 30 Abs. 1 S. 2 GmbHG** entschieden. Wie bei der Aktiengesellschaft bleibt im GmbH-Vertragskonzern jedoch weiterhin offen, ob § 30 GmbHG auch bei mangelnder Werthaltigkeit des Verlustausgleichanspruches suspendiert wird.

Im Ergebnis sind danach die geschilderten **Haftungsrisiken im Vertragskonzern** durch die im Zuge des MoMiG eingeführten Regelungen zwar künftig auch bei der GmbH meist erheblich **geringer,** nicht jedoch zwingend ausgeschlossen. Auch wird der Abschluss eines Beherrschungs- oder Gewinnabführungsvertrages in vielen Konstellationen (zum Beispiel bei Gesellschaften mit Sitz im Ausland, Personengesellschaften oder natürlichen Personen innerhalb der Gruppe sowie bei bestehenden Minderheitsbeteiligungen) auf praktische, wirtschaftliche oder rechtliche Schwierigkeiten stoßen.[64]

65 c) **Verwertungsbeschränkungen.** Insbesondere im Rahmen der Aufnahme größerer Darlehen, bei denen die Parteien üblicherweise über die Implikationen der Kapitalerhaltungsvorschriften hinreichend rechtlich beraten werden, haben sich in der Kreditvergabepraxis Regelungen über Verwertungsbeschränkungen, so genannte ***„Limitation Languages"***, durchgesetzt. Sie zielen darauf, einerseits eine gruppenbezogene Besicherung von Kreditengagements im Rahmen der gesetzlichen Bestimmungen zu ermöglichen, damit verbundene Haftungsrisiken aber durch möglichst gesetzeskonforme Einschränkungen der Verwertungs- und Durchsetzungsbefugnisse zu Lasten des Kreditgebers Rechnung zu tragen. Unter anderem aufgrund der häufig rechtlich oder wirtschaftlich eingeschränkten Möglichkeit des Abschlusses von Beherrschungs- oder Gewinnabführungsverträgen in der Unternehmensgruppe ist zu erwarten, dass derartige Vereinbarungen trotz der Neuregelungen des **MoMiG** kaum an Bedeutung verlieren werden.

66 Häufig trifft man in diesem Zusammenhang auf Regelungen etwa der folgenden Art:

Formulierungsbeispiel Limitation Language:

Im Hinblick auf Verbindlichkeiten, die aus dem Zufluss von Kreditmitteln an den Gesellschafter der GmbH (GmbH & Co. KG) oder an ein mit diesem verbundenes Unternehmen im

---

[61] OLG Düsseldorf AG 1990, 490, 492; *Emmerich* § 308 Rn. 60 ff.; *Hüffer* § 308 AktG Rn. 19; a. A. KöKo/*Koppensteiner* § 308 AktG Rn. 50.

[62] *Hüffer* § 308 AktG Rn. 19; vgl. zum Verlustausgleich bei Unternehmensverträgen im Allgemeinen auch § 11 Rn. 29 ff.; speziell zu Möglichkeiten der außerordenlichen Kündigung des Vertrages bei wirtschaftlichen Schwierigkeiten der Muttergesellschaft Rn. 33.

[63] Zum Streitstand siehe *Roth/Altmeppen* § 30 GmbHG Rn. 54.

[64] Zu den Anforderungen an die Beteiligten von Beherrschungs- und/oder Gewinnabführungsverträgen siehe vertiefend *Gummert/Plückelmann* Personengesellschaftsrecht § 12 Rn. 17 ff.; KöKo/*Koppensteiner* § 291 AktG Rn. 5 ff. Zu den steuerlichen Anforderungen an Gewinnabführungsverträge siehe *Streck/Olbing* KStG Anm. 3 ff.; zum Erfordernis der Leistung eines angemessenen Ausgleichs an außenstehende Aktionäre bei Abschluss eines Gewinnabführungsvertrages näher § 11 Rn. 31.

Sinne von §§ 15 ff. AktG, das nicht gleichzeitig eine direkte oder indirekte Tochtergesellschaft der GmbH (GmbH & Co. KG) ist, resultieren, wird der Kreditgeber die GmbH (GmbH & Co. KG) nicht aus ihrer vertraglich vereinbarten gesamtschuldnerischen Haftung/dem von der GmbH (GmbH & Co. KG) erklärten Schuldanerkenntnis/Schuldbeitritt in Anspruch nehmen und keine Sicherheiten, die von der GmbH (GmbH & Co. KG) bestellt wurden verwerten, wenn und soweit eine solche Inanspruchnahme oder Verwertung dazu führen würde, dass das Reinvermögen der GmbH (oder, im Fall einer GmbH & Co. KG, das Reinvermögen der Komplementär-GmbH) unter den durch § 30 GmbHG geschützten Betrag des eingetragenen Stammkapitals fällt oder, sofern das Reinvermögen der GmbH (oder, im Fall einer GmbH & Co. KG, deren Komplementär GmbH) bereits unter dem Stammkapital liegt, die Inanspruchnahme oder Verwertung zu einer weiteren Verminderung des Reinvermögens führen würde. Der Betrag des Reinvermögens ergibt sich aus der Summe der in § 266 Abs. 2 (A), (B) und (C) HGB aufgeführten Bilanzpositionen, abzüglich der Summe der in § 266 Abs. 3 (B), (C) und (E) HGB genannten Bilanzpositionen.

Hierbei muss man sich allerdings vergegenwärtigen, dass durch solch weit reichende Beschränkungen der Wert von Sicherheiten, die dem Kreditgeber zur Verfügung stehen, nicht unerheblich reduziert wird. Insbesondere ist das Stammkapital der jeweiligen GmbH häufig gerade dann angegriffen, wenn die Gruppe insgesamt in eine „Schieflage" geraten ist und ein Interesse des Kreditgebers besteht, die Haftungsmasse der Gesamtgruppe möglichst umfangreich für die Befriedigung seiner offenen Forderungen zu verwerten. Regelmäßig wird der Kreditgeber daher zumindest verlangen, dass oben dargestellte Beschränkungen ihrerseits im Hinblick auf bestimmte Sachverhalte wieder eingeschränkt werden. 67

Beispielhaft sind etwa folgende Einschränkungen zu nennen: 68

Formulierungsbeispiel Einschränkung Limitation Language:

a) Der Betrag, um den das Stammkapital der GmbH (oder im Fall der GmbH & Co. KG, der Komplementär-GmbH) nach Abschluss des Kreditvertrags ohne vorherige Zustimmung des Kreditgebers erhöht wurde, wird von dem für die Berechnung der Inanspruchnahme- und Verwertungsbeschränkungen maßgeblichen Stammkapital abgezogen.

b) Darlehens- oder sonstige Verbindlichkeiten, die unter Verstoß gegen Bestimmungen des Kreditvertrags begründet wurden, bleiben unberücksichtigt.

c) Darlehen, die an die GmbH (oder im Fall der GmbH & Co. KG, an die Komplementär-GmbH) gewährt wurden, bleiben außer Betracht, soweit diese mit einem vertraglichen Nachrang versehen sind.

d) Die Inanspruchnahme- und Verwertungsbeschränkungen gelten nicht im Hinblick auf Kreditmittel, die der GmbH (GmbH & Co. KG) entweder direkt oder indirekt, durch darlehensweise – oder sonstige Weiterreichung seitens eines anderen Kreditnehmers zugeflossen sind.

e) Die Inanspruchnahme- und Verwertungsbeschränkungen gelten ferner nicht im Hinblick auf Verbindlichkeiten eines Gesellschafters der GmbH (GmbH & Co. KG) oder ein mit diesem verbundenes Unternehmen, sofern zwischen diesem Gesellschafter oder verbundenen Unternehmen und der GmbH (GmbH & Co. KG) ein Beherrschungs- oder Gewinnabführungsvertrag besteht.

f) Für den Fall, dass aufgrund der vereinbarten Beschränkungen die Durchsetzung eines Anspruchs gegen die GmbH (GmbH & Co. KG) oder die Verwertung einer von dieser bestellten Sicherheit unzulässig ist, verpflichtet sich die GmbH (oder im Falle der GmbH & Co. KG, die Komplementär-GmbH) nicht betriebsnotwendige Vermögensgegenstände, die in der Bilanz mit einem Buchwert aufgeführt sind, welcher (deutlich) niedriger ist als deren Verkehrswert, zu veräußern. Hinsichtlich betriebsnotwendiger Vermögensgegenstände, die in der Bilanz mit einem Buchwert aufgeführt sind, welcher (deutlich) niedriger ist als deren Verkehrswert, verpflichtet sich die GmbH (oder im Falle der GmbH & Co.

KG, die Komplementär-GmbH) sämtliche tatsächlichen und rechtlich möglichen und zulässigen Gestaltungsmöglichkeiten einschließlich von *Sale- and Lease-Back*-Verfahren zu nutzen, um den Verkehrswert dieser Vermögensgegenstände in der Handelsbilanz zu realisieren.

69 Gerade im Hinblick auf die im vorstehenden Beispiel unter c) und e) dargestellten Einschränkungen ist jedoch Vorsicht geboten. Bereits unter Rn. 52 wurde dargestellt, dass es für die Ermittlung, ob eine Leistung aus dem Stammkapital erfolgt, auf handelsbilanzielle Grundsätze ankommt und in deren Rahmen die Vereinbarung eines Rangrücktrittes für das Gesellschafterdarlehen die Passivierungspflicht nicht ohne weiteres beseitigt. Weiterhin ist die Frage, inwieweit die Verbote nach § 30 GmbHG trotz eines abgeschlossenen Beherrschungs- und Gewinnabführungsvertrages im Fall mangelnder Werthaltigkeit des Verlustausgleichsanspruches gelten, auch durch die im Zuge des MoMiG vorgenommenen Neuregelungen nach überwiegender Ansicht[65] nach wie vor nicht abschließend geklärt.

70 Schließlich wird dem Kreditgeber daran gelegen sein, Vorliegen und Umfang vereinbarter Inanspruchnahme- und Verwertungsbeschränkungen, einschließlich der Gegenausnahmen, in einer Krisensituation der Gruppe möglichst in einem zeitlich komprimierten Verfahren eindeutig und damit justiziabel bestimmen zu können.

71 Im Rahmen der gängigen *Limitation Language* sind daher weiterhin folgende Regelungen gebräuchlich:

Formulierungsbeispiel Zeitliche Beschränkung:

Die Verwertungs- und Inanspruchnahmebeschränkungen gelten nur insoweit, als die Geschäftsführung der GmbH (GmbH & Co. KG) dem Kreditgeber innerhalb von (15) Tagen nach Geltendmachung eines Anspruchs oder Ankündigung einer Sicherheitenverwertung durch Vorlage einer (durch eine international anerkannte Wirtschaftsprüfungsgesellschaft testierten) Bilanz nachweist, dass und in welchem Umfang die Inanspruchnahme oder Sicherheitenverwertung zum Entstehen oder zu einer Vertiefung einer bestehenden Unterbilanz führen würde. Der Stichtag der hiernach vorzulegenden Bilanz darf höchstens (20) Tage vor Geltendmachung der Inanspruchnahme oder dem Datum der Verwertungsankündigung liegen. Wird die Bilanz von der Geschäftsführung nicht vorgelegt, ist der Kreditgeber berechtigt, seine Ansprüche gegen die GmbH/GmbH & Co. KG ohne Beachtung der Verwertungs- und Inanspruchnahmebeschränkungen geltend zu machen und durchzusetzen sowie bestellte Sicherheiten zu verwerten.

72 Umgekehrt wird es gerade in einer Krisensituation nicht selten so sein, dass sich die kurzfristige Aufstellung sowie die Erlangung eines Testats für eine Zwischenbilanz schwierig gestaltet. Gelingt dies nicht im vertraglich vorgegebenen Zeitrahmen, sondern gegebenenfalls erst zu einem späteren Zeitpunkt, sollten in die vertragliche Regelung auch Bestimmungen aufgenommen werden, die dann zu einem Rückfluss etwaig an den Kreditgeber entgegen § 30 GmbHG geflossener Mittel führen.

73 Hierzu bietet sich folgende Regelung an:

Formulierungsbeispiel Vorlage der Bilanz:

Sofern die Bilanz nicht innerhalb der vereinbarten Frist vorgelegt wurde und der Kreditgeber deshalb die GmbH (GmbH & Co. KG) in einem Umfang in Anspruch genommen oder von dieser bestellte Sicherheiten verwertet hat, die den im Rahmen der Inanspruchnahme- oder Verwertungsbeschränkungen zulässigen Umfang übersteigen, ist der übersteigende Betrag

[65] Vgl. hierzu unter Fn. 64.

nach späterer Vorlage einer Bilanz oder eines sonstigen Nachweises an den Kreditnehmer auszukehren.

Häufig werden sich Kreditgeber jedoch in den Vertragsverhandlungen gegen eine solche Rückzahlungspflicht zur Wehr setzen. Dies insbesondere dann, wenn – wie im Fall von Konsortialkrediten – das Darlehen von einer Kreditgebermehrheit ausgereicht wurde. Eine Rückzahlungsverpflichtung kann hier, insbesondere wenn Rückflüsse im Konsortium bereits verteilt wurden, zu nicht unerheblichen Schwierigkeiten praktischer Art führen. 74

5. Existenzvernichtender Eingriff

a) **Begriff.** Neben der wertbezogenen Kapitalerhaltung aus §§ 30 und 31 GmbHG hat der Bundesgerichtshof in mehreren Urteilen[66] einen auch **gegenstandsbezogenen Vermögensschutz** unter dem Stichwort „existenzvernichtender Eingriff" entwickelt. Danach sollte eine die gesetzlichen Kapitalschutzregelung ergänzende Haftung dann eintreten, wenn die Gesellschafter in einem ins Gewicht fallendem Maße in das Gesellschaftsvermögen eingreifen, ohne die **angemessene Rücksicht** auf die Fähigkeit der Gesellschaft zur Befriedigung ihrer Verbindlichkeiten zu nehmen, und der insgesamt zugefügte Nachteil nicht nach §§ 30, 31 GmbHG ausgeglichen werden kann. Haftungsgrund hierfür war nach den zitierten Urteilen des Bundesgerichtshofs der Missbrauch der juristischen Person, der zum Verlust des Haftungsprivilegs führt. Gerichtet war diese Haftung gegen an dem Eingriff mitwirkende Gesellschafter. 75

b) **Auswirkungen auf die Konzernfinanzierung.** Auf Grundlage dieser Rechtsprechung bestand das Risiko einer Durchgriffshaftung im Zusammenhang mit (aufsteigenden) Finanzierungshilfen von Tochtergesellschaften für Kreditverbindlichkeiten des Gesellschafters auch dann, wenn durch derartige Finanzierungshilfen das durch § 30 GmbHG geschützte Stammkapital der GmbH nicht tangiert wurde. 76

c) **Änderungen der Rechtsprechung.** Mit Urteil vom 16. 7. 2007[67] hat der Bundesgerichtshof das Rechtsinstitut der Existenzvernichtungshaftung nunmehr einer kritischen Würdigung unterzogen und das bisherige Konzept einer eigenständigen Haftungsfigur, die an den Missbrauch der Rechtsform anknüpft und als Durchgriffshaftung des Gesellschafters gegenüber den Gesellschaftsgläubigern gestaltet war, aufgegeben. Stattdessen wird die Haftung des Gesellschafters künftig an die **missbräuchliche Schädigung** des im Gläubigerinteresse zweckgebundenen Gesellschaftsvermögens geknüpft und in Gestalt einer **Innenhaftung** gegenüber der Gesellschaft als eine besondere Fallgruppe der **vorsätzlichen sittenwidrigen Schädigung** in § 826 BGB eingeordnet (zu den Tatbestandsvoraussetzungen näher § 11 Rn. 47). Bei Überschneidungen sollen Schadensersatzansprüche außerdem gegenüber Erstattungsansprüchen nach §§ 30, 31 GmbHG nicht mehr subsidiär sein, sondern es soll Anspruchsgrundlagenkonkurrenz bestehen. Damit haben sich Zweifelsfragen der Rechtsfigur des existenzvernichtenden Eingriffs hinsichtlich üblicher, d. h. nicht vorsätzlich missbräuchlicher, Konzernfinanzierungen wohl bis auf weiteres entschärft. 77

6. Absteigende Finanzierungshilfen

a) **Rechtslage vor Inkrafttreten des MoMiG.** Schwerpunkt der bisherigen Betrachtung in diesem Kapitel waren gesetzliche Schranken und Haftungsrisiken im Rahmen der Konzernfinanzierung, die nach Maßgabe kapitalerhaltungsrechtlicher Regelungen insbe- 78

[66] BGHZ 149, 10; BGHZ 150, 61; BGHZ 151, 181; BGH ZIP 2005, 117; vgl. hierzu auch § 11 Rn. 41.

[67] BGH Urteil vom 16. 7. 2007 – II ZR 3/04 = NJW 2007, 2689 = DStR 2007, 1586 = NZG 2007, 667, bestätigt durch BGH Urteil vom 28. 4. 2008 – II ZR 264/06 = ZIP 2008, 1232.

sondere bei aufsteigenden oder seitwärts gerichteten Finanzierungshilfen bestehen oder entstehen können. Problembehaftet waren darüber hinaus über lange Zeit auch so genannte absteigende Finanzierungshilfen, also Darlehen, Kreditsicherheiten, Stundungen und ähnliches, die Tochtergesellschaften gewährt werden. Hintergrund hierfür waren die gesetzlichen sowie die von der Rechtsprechung entwickelten Regeln des Eigenkapitalersatzrechts. In seinem Kern beruhte das Eigenkapitalersatzrecht darauf, dass **funktionales Eigenkapital,** welches die Gesellschafter der Gesellschaft im Gewand von Fremdkapital zur Verfügung stellen, umqualifiziert und dadurch besonderen Rechtsregeln unterworfen wurde.[68]

79 Entscheidend für eine solche Umqualifizierung war, dass ein Gesellschafter, welcher der Gesellschaft in einem Zeitpunkt, in dem ihr die Gesellschafter als ordentliche Kaufleute Eigenkapital zugeführt hätten (**Krise der Gesellschaft**), statt dessen ein Darlehen gewährt hat. Eine solche Krise der Gesellschaft lag insbesondere dann vor, wenn ein außenstehender Dritter ihr das konkrete Darlehen in Kenntnis der kreditrelevanten Umstände überhaupt nicht oder aber bloß zu Bedingungen gewährt hätte, die nicht denen des Marktes entsprachen.[69] Der Gewährung eines eigenkapitalersetzenden Darlehens wurde der Fall gleichgestellt, dass der Gesellschafter sein als Fremdkapital, also vor einer Krise der Gesellschaft gewährtes Darlehen, „stehen lässt", obwohl die Gesellschaft mittlerweile in die Krise geraten ist.[70]

80 Gewährte nicht der Gesellschafter das fragliche Darlehen, sondern ein Dritter, so rechnete die herrschende Meinung[71] dem Gesellschafter die Mittelzufuhr unwiderleglich zu, falls dieser mit dem Dritten in einer Unternehmensverbindung nach §§ 15 ff. AktG stand.

Um die Schutzregeln für den Eigenkapitalersatz gegen naheliegende Umgehungsversuche abzusichern, erweiterten die §§ 32 a Abs. 2 und 32 b GmbHG den Anwendungsbereich des Eigenkapitalersatzrechts auch auf Darlehen, die der Gesellschaft in einer Krise von Dritter Seite, z. B. von einer Bank, gewährt wurden, die hierfür aus dem Vermögen des Gesellschafters eine Sicherheit erlangt hat.

81 Gemäß § 172 a HGB unterlagen ferner auch Darlehen eines Kommanditisten an eine GmbH & Co. KG den vorstehend dargestellten Regeln des Eigenkapitalersatzrechts der GmbH.

Nach der Rechtsprechung des Bundesgerichtshofs galten die Regelungen für die Qualifizierung von Darlehen bei der GmbH schließlich auch für die Aktiengesellschaft entsprechend.[72] Die hierfür notwendige **Finanzierungsfolgenverantwortung** war dort allerdings nur hinsichtlich Aktionären anzunehmen, die aufgrund einer Beteiligung von mehr als 25% am Grundkapital oder in Folge sonstiger Einflussmöglichkeiten über eine Sperrminorität verfügen.[73]

82 **b) Rechtsfolgen und Bedeutung.** Außerhalb der Insolvenz waren nach den von der Rechtsprechung aufgestellten Regelungen gemäß § 30 Abs. 1 GmbHG analog **Tilgungs- und Zinszahlungen** auf das eigenkapitalersetzende Gesellschafterdarlehen **untersagt,** soweit und solange bei der GmbH eine **Unterbilanz** (zum Begriff vgl. oben Rn. 52) bestand.[74] Für die in vorliegendem Zusammenhang diskutierten Fälle der gruppenbezogenen Kreditaufnahme wurde das Eigenkapitalersatzrecht deshalb vornehmlich dann rele-

---

[68] *Lutter*/Hommelhoff §§ 32 a/b GmbHG Rn. 2.

[69] *Lutter*/Hommelhoff §§ 32 a/b GmbHG Rn. 18 ff.; *Roth/Altmeppen* § 32 a GmbHG Rn. 19.

[70] Baumbach/*Hueck/Fastrich* § 32 a GmbHG Rn. 37; GroßkommGmbHG/*Habersack* §§ 32 a/b GmbHG Rn. 43 ff.; *Lutter*/Hommelhoff §§ 32 a/b GmbHG Rn. 45.

[71] BGHZ 81, 315, 318; *K. Schmidt* ZIP 1981, 689, 694.

[72] BGHZ 90, 381, 385 ff.; OLG Düsseldorf AG 1987, 181, 183; 1991, 401, 402; *Hüffer* § 57 AktG Rn. 17; KöKo/*Lutter* § 57 AktG Rn. 87; MünchKommAktG/*Bayer* § 57 Rn. 160.

[73] BGH NJW 1984, 1893, 1894.

[74] BGH Urteil vom 15. 2. 1996 – IX ZR 245/94 = NJW 1996, 1341 = DStR 1996, 877 = GmbHR 1996, 285, 287.

vant, wenn beispielsweise Kredite durch die Muttergesellschaft der Gruppe aufgenommen und nachfolgend durch interne Gesellschafterdarlehen, je nach Finanzierungs- und Liquiditätsbedarf, an die einzelnen Tochtergesellschaften weitergereicht wurden. Die Rechtsprechungsregeln konnten zur Folge haben, dass eine Rückführung der weitergereichten Kreditmittel, einschließlich Zinszahlungen, durch die Tochtergesellschaft, soweit bei dieser eine Unterbilanz eingetreten ist, unzulässig war oder wurde. Auf Ebene der Muttergesellschaft, die den Kredit im Außenverhältnis aufgenommen hatte, konnte dies wiederum dazu führen, dass sie mangels Mittelzufluss aus dem Konzern hinsichtlich ihrer eigenen Tilgungs- und Zinszahlungsverpflichtungen in Schwierigkeiten geriet.

c) **Neuerungen durch das MoMiG.** Mit dem Ziel der Regulierung und der Schaffung 83 von Rechtssicherheit hat der Gesetzgeber durch das MoMiG unter anderem auch die absteigenden Finanzierungshilfen völlig neu geregelt.[75] Insoweit wurden zunächst die §§ 32a und 32b GmbHG vollständig gestrichen. Weiterhin sind die §§ 30 Abs. 1 GmbHG und 57 Abs. 1 AktG dahingehend klarstellend ergänzt worden, dass die bislang im Rahmen des Eigenkapitalersatzrechts hinsichtlich der Rückführung eigenkapitalersetzender Darlehen entwickelten Rechtsprechungsregelungen keine Anwendung mehr finden. Damit ist eine Rückzahlung von Gesellschafterdarlehen außerhalb der Insolvenz künftig unproblematisch möglich. Umgekehrt hat sich die Position des die Finanzierungshilfe gewährenden Gesellschafters in der Insolvenz der Gesellschaft in gewissem Umfang verschlechtert. Entgegen der früheren Rechtslage sind nach der Neufassung des § 39 Abs. 1 Nr. 5 InsO **Forderungen aus Gesellschafterdarlehen** nunmehr in der Insolvenz des Darlehensnehmers **grundsätzlich nachrangig** zu berücksichtigen, unabhängig davon, ob das Darlehen in einer Krise gewährt wurde oder nicht. Ausgenommen hiervon sind gemäß § 39 Abs. 4 und 5 InsO lediglich Darlehen von Sanierungsgesellschaften und Kleingesellschaftern. Weitergehend ist die **Rückzahlung** eines Gesellschafterdarlehens oder einer gleichgestellten Forderung im letzten Jahr vor Insolvenzantrag nach der Neufassung von § 135 Abs. 1 Nr. 2 InsO künftig auch dann **anfechtbar,** wenn das Darlehen nicht in einer Krise gewährt oder stehengelassen, sondern noch vor Eintritt einer Krise zurückgeführt wurde.

7. Cash-Pooling

a) **Begriff.** Unter *Cash-Pooling* versteht man eine weit verbreitete Praxis im Konzern, 84 die **Liquidität** einer Mehrzahl von Gesellschaften zu **bündeln.** Dies erfolgt üblicherweise durch die meist tägliche Zusammenführung der Einzelkonten von Konzernunternehmen auf einem Bankkonto, dem so genannten *Master Account.* Entweder wird hierbei – wie beim so genannten *Zero Balancing* – die gesamte oder – wie beim so genannten *Target Balancing* – nur die ein bestimmtes Niveau übersteigende Liquidität der einzelnen Konzernunternehmen auf dem *Master Account,* das regelmäßig von der Muttergesellschaft gehalten wird, zusammengeführt. Meist räumt die Muttergesellschaft hierbei jeder einzelnen am *Cash-Pooling* beteiligten Gruppengesellschaft eine Kreditlinie ein und gleicht hierüber auch negative Salden auf den Einzelkonten der Tochtergesellschaften aus.[76]

b) **Rechtliche Rahmenbedingungen.** Die Zusammenführung der Einzelkonten der 85 Konzernunternehmen erfolgt technisch über eine **Kontokorrentabrede.**[77] Diese Kontokorrentabrede führt dazu, dass die am *Cash-Pooling* beteiligten Gruppengesellschaften entweder **(aufsteigende) Darlehen** an die Muttergesellschaft gewähren oder von dieser Darlehen erhalten, je nach dem, ob sie überschüssige Liquidität an das *Master Account* abführen oder die benötigte Liquidität vom *Master Account* beziehen. Im Anschluss an das bereits an anderer Stelle (vgl. oben unter 2. d)) diskutierte Urteil des Bundesge-

---

[75] Vgl. zu den Neuerungen durch das MoMiG auch § 11 Rn. 16 ff.

[76] Siehe näher hierzu *Seibold* Finanzbetrieb 2005, 77 ff.

[77] *Vetter/Stadler,* Haftungsrisiken beim konzernweiten Cash-Pooling, 2003, S. 3.

richtshofs vom 24. 11. 2003[78] zu der Frage, unter welchen Voraussetzungen aufsteigende Darlehen rechtlich zulässig bzw. nach § 30 GmbHG verbotswidrig sind, wurden die gängigen und wirtschaftlich durchaus sinnvollen *Cash-Pooling*-Systeme aus haftungsrechtlichen Aspekten zunehmend kritisch gesehen.[79]

86 c) **Neuerungen durch das MoMiG.** Das MoMiG hat die eingetretene Verunsicherung hinsichtlich gängiger *Cash-Pool*-Systeme nunmehr aufgegriffen. So wurde insbesondere § 30 Abs. 1 GmbHG dahingehend ergänzt, dass vom Auszahlungsverbot solche Leistungen nicht erfasst werden, die durch einen **vollwertigen Gegenleistungs- oder Rückgewähranspruch** gegen den Gesellschafter gedeckt sind. Danach wird, wie vor dem Urteil des Bundesgerichtshofs vom 24. 11. 2003,[80] entscheidend sein, ob die (Darlehens-) Forderung aus der Einzahlung auf das *Master Account* gegen die Gesellschafterin nach bilanziellen Grundsätzen werthaltig ist. Dann liegt ein schlichter Aktivtausch vor, der *per se* das Stammkapital im Sinne von § 30 Abs. 1 GmbHG nicht tangiert. Aufgrund dieser Änderungen infolge des MoMiG erübrigen sich daher an dieser Stelle nähere Ausführungen und Hinweise für eine gesetzes- bzw. rechtsprechungskonforme Gestaltung von *Cash-Pooling* Systemen.

III. Kreditsicherheiten

87 In der Regel haben Unternehmen nicht nur einen, sondern eine Vielzahl von Gläubigern. Entsteht eine Situation, in der ein Unternehmen nicht mehr in der Lage ist, die fälligen Forderungen all seiner Gläubiger zu befriedigen (Zahlungsunfähigkeit) oder in der die Verbindlichkeiten das Aktivvermögen übersteigen (Überschuldung), droht gemäß §§ 17 bis 19 InsO die Eröffnung eines Insolvenzverfahrens. Ein solches Verfahren dient gemäß § 1 InsO vorrangig dazu, die Gläubiger eines Schuldners gemeinschaftlich zu befriedigen, d. h., die beim Schuldner zur Verfügung stehende Vermögensmasse wird grundsätzlich pro ratarisch an die Gläubiger verteilt. Dies hat zur Folge, dass „gewöhnliche“ Insolvenzgläubiger mit ihren Forderungen häufig zu einem großen Teil, wenn nicht gar gänzlich, ausfallen.

Vor diesem Hintergrund werden Gläubiger bemüht sein, für den Fall einer Insolvenz **vorrangige Zugriffs- und Verwertungsrechte** auf das Vermögen des Schuldners, mithin Kreditsicherheiten, zu erhalten.

1. Grundzüge

88 Kreditsicherheiten kommen praktisch hinsichtlich sämtlicher Vermögenswerte des Schuldners, jeweils in unterschiedlichen Ausgestaltungsvarianten, in Betracht. Eine umfassende Darstellung[81] würde den Rahmen dieses Vertragsbuchs sicherlich sprengen. Gleichwohl sollen einige wesentliche Grundstrukturen und Kreditsicherungstypen, deren Vorzüge und Nachteile, einschließlich Ausgestaltungsalternativen, im Überblick dargestellt werden.

89 **a) Gesetzliche und von der Rechtspraxis entwickelte Kreditsicherungstypen.** Das Gesetz, insbesondere das BGB, regelt nur Teile des Kreditsicherungsrechts. Daneben hat die Rechtspraxis schon frühzeitig andere Arten von Kreditsicherheiten, wie etwa die Sicherungsübereignung und Sicherungsabtretung, ergänzend entwickelt.

90 **b) Personal- und Realsicherheiten.** Eine Möglichkeit der Klassifizierung von Kreditsicherheiten ist die Unterteilung in Personal- und Realsicherheiten. Gegenstand der

[78] Siehe hierzu Fn. 49.

[79] *Ruby* Jahrbuch Unternehmensfinanzierung 2005, 10, 11.

[80] Vgl. zur neuen Rechtslage auch § 11 Rn. 22.

[81] Vgl. insoweit etwa *Reinicke/Tiedtke,* Kreditsicherung, 5. Auflage; *Bülow,* Recht der Kreditsicherheiten, 7. Auflage.

Realsicherheiten sind **konkrete Vermögensgegenstände**, wie etwa Grundstücke, Forderungen, Anlage- oder Umlaufvermögen, die sich gegenwärtig oder künftig im Eigentum des Schuldners oder auch einer dritten Person befinden. Bei dieser Sicherungsart sind die Befriedigungsmöglichkeiten des Gläubigers also auf den Wert des konkret besicherten Vermögensgegenstandes beschränkt; der Sicherungsgeber muss – soweit er nicht gleichzeitig der Schuldner ist – keinen Zugriff auf sein sonstiges Vermögen befürchten.

Demgegenüber zielen Personalsicherheiten, wie etwa die Bürgschaft, die Garantie und der Schuldbeitritt, in der Regel auf die Befriedigung aus dem gesamten Vermögen des Sicherungsgebers.

c) **Akzessorietät.** Weiterhin lässt sich zwischen so genannten akzessorischen und nicht-akzessorischen bzw. abstrakten Kreditsicherheiten differenzieren. Die Unterscheidung knüpft – anders als bei Personal- und Realsicherheiten – nicht an der besicherten Vermögensmasse, sondern an der konkreten Ausgestaltung des Sicherungsrechts an. Akzessorische Sicherheiten, wie zum Beispiel Bürgschaften und Pfandrechte, hängen hinsichtlich ihrer Entstehung, Umfang, Rechtsinhaberschaft und Durchsetzbarkeit von der gesicherten Hauptschuld ab. Demgegenüber sind nicht-akzessorische Sicherheiten, wie etwa die Grundschuld, Garantie, Sicherungsübereignung und Sicherungsabtretung grundsätzlich **abstrakt,** das heißt der Bestand und Umfang des Sicherungsrechts ist zunächst nicht vom Bestand und Umfang der besicherten Verbindlichkeit abhängig. Eine **Verknüpfung zwischen Hauptschuld und Sicherungsrecht** wird hier erst durch eine ausdrückliche oder konkludente schuldrechtliche Vereinbarung, die Sicherungsabrede, hergestellt. 91

2. Personalsicherheiten

Die in der Praxis häufigsten Arten von Personalsicherheiten sind der Schuldbeitritt, die Bürgschaft, die Garantie sowie die Patronatserklärung. 92

a) **Schuldbeitritt.** Durch den Schuldbeitritt wird der Beitretende hinsichtlich der bereits bestehenden oder künftig noch entstehenden Verbindlichkeiten **neben** dem bisherigen Schuldner verpflichtet; alter und neuer Schuldner werden also Gesamtschuldner im Sinne der §§ 421 ff. BGB.[82] Die Ansprüche und Rechte aus dem gesicherten Hauptschuldverhältnis verbleiben hingegen allein beim Altschuldner. 93

Der Schuldbeitritt erfolgt in der Regel durch **Vertrag** zwischen Beitretendem und Gläubiger. Denkbar ist aber auch der Abschluss eines Schuldmitübernahmevertrags zwischen Altschuldner und Beitretendem zu Gunsten des Gläubigers, § 328 BGB.[83] In beiden Fällen ist der Schuldbeitritt **formlos** gültig; § 766 BGB, der für die Bürgschaftserklärung Schriftform vorsieht, findet keine entsprechende Anwendung.[84]

b) **Bürgschaft.**[85] Durch den Bürgschaftsvertrag verpflichtet sich der Bürge gegenüber dem Gläubiger eines Dritten (dem Hauptschuldner), für die Erfüllung von (gemäß § 765 Abs. 2 BGB auch bedingten oder künftigen) **Verbindlichkeiten des Dritten** einzustehen § 765 Abs. 1 BGB. 94

Gemäß § 766 BGB bedarf die Bürgschaftserklärung zu ihrer Gültigkeit der schriftlichen Erteilung. Formfrei wirksam ist hingegen die Bürgschaft, die ein Kaufmann im Rahmen seines Handelsgeschäfts erteilt, §§ 350, 344 Abs. 1, 343 Abs. 1 HGB.

---

[82] MünchKommBGB/*Möschel* Vor § 414 BGB Rn. 10; Palandt/*Grüneberg* Überbl. v. § 414 BGB Rn. 2.

[83] MünchKommBGB/*Möschel* Vor § 414 BGB Rn. 12; Palandt/*Grüneberg* Überbl. v. § 414 BGB Rn. 2.

[84] St. Rspr. seit RGZ 59, 232, 233; BGHZ 121, 1, 3; BGH NJW 1991, 3095, 3098; BGH NJW 1993, 584; ebenso Palandt/*Grüneberg* Überbl. v. § 414 BGB Rn. 2; für die analoge Anwendung bei fehlendem eigenen wirtschaftlichen Interesse des Beitretenden: MünchKommBGB/*Möschel* Vor § 414 BGB Rn. 13.

[85] Siehe hierzu auch § 11 Rn. 5 ff. sowie § 17 Rn. 57 ff.

95 Infolge der Bürgschaft stehen dem Gläubiger zwei Forderungen zu: eine Forderung gegen den Hauptschuldner und eine weitere gegen den Bürgen. Die Forderung gegen den Bürgen ist dabei **streng akzessorisch,** d. h. in Bestand, Höhe und Durchsetzbarkeit von der Hauptschuld abhängig. Nicht zuletzt aufgrund dieser strengen Akzessorietät sowie einiger weiterer gesetzlich geregelter Schutzmechanismen zu Gunsten des Bürgen, ist dieses Sicherungsmittel für den Gläubiger – jedenfalls in seiner strengen gesetzlichen Ausgestaltung – von zum Teil eingeschränktem Nutzen. In der Praxis werden die gesetzlichen Regelungen zum Schutz des Bürgen daher vielfach abbedungen.[86] Dies gilt insbesondere hinsichtlich der in den §§ 770 und 771 BGB geregelten **Einreden.** Danach kann der Bürge die Befriedigung des Gläubigers verweigern, solange dem Hauptschuldner das Recht zusteht, das seiner Verbindlichkeit zugrunde liegende Rechtsgeschäft anzufechten. Weiterhin besteht ein Leistungsverweigerungsrecht, solange sich der Gläubiger durch Aufrechnung gegen eine fällige Forderung des Hauptschuldners befriedigen kann oder der Gläubiger eine Zwangsvollstreckung gegen den Hauptschuldner noch nicht ohne Erfolg versucht hat (so genannte Einrede der Vorausklage). Die Befriedigung des Gläubigers kann sich hierdurch nicht unerheblich verzögern.

96 Die Kautelarpraxis schließt daher häufig die genannten Einreden von vorneherein wie folgt aus:

Formulierungsbeispiel Einredeverzicht:
Der Bürge verzichtet auf die Einreden der Anfechtbarkeit und der Aufrechenbarkeit (§ 770 BGB) sowie der Vorausklage (§ 771 BGB).

97 Bei Bürgschaften, bei denen die Einrede der Vorausklage wie im vorstehenden Beispiel ausgeschlossen ist, spricht man auch von **„selbstschuldnerischen" Bürgschaften,** § 773 Abs. 1 Nr. 1 BGB).

98 Auch die sonstigen Abwehrmöglichkeiten gegen eine Inanspruchnahme aus der Bürgschaft, insbesondere solche gemäß § 768 Abs. 1 BGB, wonach der Bürge dem Gläubiger grundsätzlich sämtliche dem Hauptschuldner zustehenden Einreden entgegenzuhalten berechtigt ist, können die Befriedigung des Gläubigers erheblich verzögern oder gar vereiteln. Die Rechtspraxis hat deshalb die so genannte **„Bürgschaft auf erstes Anfordern"** entwickelt, die in ihrer Wirkung über die selbstschuldnerische Bürgschaft hinausgeht. Gegenstand einer solchen Vereinbarung ist die Leistungspflicht des Bürgen ohne vorherigen Nachweis des Eintritts des Sicherungsfalls.[87] Der Bürgschaftsanspruch wird hierdurch zeitweilig einem nicht-akzessorischen Sicherungsanspruch gleichgestellt.[88]

99 Aufgrund einer Bürgschaft auf erstes Anfordern kann demgemäß ein Erstprozess stattfinden, in dem der Gläubiger den Bürgen auf Zahlung verklagt und ein Rückforderungsprozess, in dem der Bürge Kläger und der auf Rückzahlung wegen Nichteintritts des materiellen Bürgschaftsfalls in Anspruch genommene Gläubiger Beklagter ist.[89] Anspruchsgrundlage für die Rückforderung auf erstes Anfordern bewirkter Leistungen ist hierbei § 812 Abs. 1 S. 1 Alt. 1 BGB.[90] Aber auch im Erstprozess bestehen bereits – wenn auch in eingeschränktem Umfang – gewisse Verteidigungsmöglichkeiten des Bürgen. Er kann zunächst bestreiten, dass der Gläubiger das erste Anfordern den Voraussetzungen

[86] Staudinger/*Horn* § 768 BGB Rn. 28 ff.

[87] MünchKommBGB/*Habersack* § 765 BGB Rn. 99; Staudinger/*Horn* Vorbem. zu §§ 765 ff. BGB Rn. 24.

[88] *Eleftheriadis*, Bürgschaft auf erstes Anfordern, S. 111.

[89] BGH NJW 1997, 1435, 1437; BGH NJW 2003, 352; MünchKommBGB/*Habersack* § 765 BGB Rn. 99.

[90] BGH NJW 1997, 1435, 1437; Staudinger/*Horn* Vorbem. zu §§ 765 ff. BGB Rn. 33.

des Bürgschaftsvertrags entsprechend erklärt hat.[91] Im Erstprozess bleibt weiterhin nach gefestigter Rechtsprechung der **Einwand des Rechtsmissbrauchs** erhalten, namentlich wenn die vermeintlich gesicherte Forderung offenkundig nicht besteht.[92] Aus dem Deckungsverhältnis zwischen Bürgen und Hauptschuldner kann der Bürge insoweit sogar verpflichtet sein, den Einwand des Rechtsmissbrauchs zu erheben.[93] Der Hauptschuldner kann den Gläubiger entsprechend aus dem Valutaverhältnis, das heißt aus dem Rechtsverhältnis zwischen Hauptschuldner und Bürgen, auf Unterlassung der Inanspruchnahme des Bürgen „auf erstes Anfordern" in Anspruch nehmen.[94] Ferner sind, aufgrund der gegenüber dem gesetzlichen Leitbild veränderten Risikoverteilung, Bürgschaften auf erstes Anfordern im Rahmen **formularmäßiger Vereinbarungen** oder **allgemeiner Geschäftsbedingungen** grundsätzlich unwirksam.[95]

Schließlich können sich für den Bürgen Probleme und Rechtsunsicherheiten aus § 767 100
Abs. 1 Satz 3 BGB ergeben. Demzufolge wird die Verpflichtung des Bürgen durch Rechtsgeschäfte zwischen Hauptschuldner und Gläubiger nach der Übernahme der Bürgschaft nicht erweitert, das heißt für den Umfang der Bürgenschuld ist grundsätzlich der Zeitpunkt der Übernahme der Bürgschaft entscheidend. Etwas anderes gilt allenfalls dann, wenn **nachträgliche Änderungen des Hauptschuldverhältnisses** (etwa im Hinblick auf den Zinssatz) bereits im Zeitpunkt der Übernahme der Bürgschaft in der Urkunde vorbehalten sind. Andernfalls sind Rechtsgeschäfte zwischen Hauptschuldner und Gläubiger, durch die sich das Haftungsrisiko des Bürgen erhöht (beispielsweise die Umstellung eines Ratentilgungsdarlehens in ein endfälliges Darlehen)[96] ihm gegenüber unwirksam, sofern er nicht in der Form des § 766 BGB zustimmt.[97] Häufig lassen sich jedoch über die Lebensdauer eines Kreditverhältnisses notwendige Änderungen und Anpassungen nicht von vorneherein voraussehen. Der Gläubiger läuft dann, insbesondere bei späteren wesentlichen Veränderungen der Hauptschuld oder gar einer Schuldumschaffung (Novation) Gefahr, sein Sicherungsmittel teilweise oder gar gänzlich (zunächst sogar vielleicht unbewusst) zu verlieren.[98]

c) **Garantie.** Nicht zuletzt aufgrund der geschilderten Besonderheiten der Bürgschaft, 101
die sich aufgrund deren strenger Akzessorietät und weiterer gesetzlicher, sicherungsgeber- und schuldnerschützender Bestimmungen ergeben, hat die Rechtspraxis das Sicherungsmittel der Garantie entwickelt.

Bei der Garantie handelt es sich um einen einseitig verpflichtenden Vertrag zwi- 102
schen Garant und Gläubiger, auf dessen Grundlage der Garant dem Gläubiger gegenüber dafür einsteht, dass die Verbindlichkeit eines Dritten, des Hauptschuldners, erfüllt wird.[99] Umgekehrt ausgedrückt, verpflichtet sich der Garant, den Gläubiger zu befriedigen, wenn und soweit der Schuldner nicht leistet. Anders als bei der Bürgschaft kommt es hierbei lediglich darauf an, dass der Hauptschuldner nicht leistet, aber nicht darauf, aus welchem Grund er nicht leistet. Kennzeichen der Garantie ist also, dass diese **nichtakzessorisch** mit der Hauptverbindlichkeit verknüpft ist.[100] Die Garantieverpflichtung

---

[91] BGH NJW 1995, 1546; BGH NJW 2001, 3616 f.

[92] BGH NJW 2000, 1563; BGH NJW 2002, 1493.

[93] LG Kleve ZIP 1998, 1632; *J. Schmidt* WM 1999, 308; Staudinger/*Horn* Vorbem. zu §§ 765 ff. BGB Rn. 35.

[94] OLG Düsseldorf NJW RR 1998, 776. Streitig ist, ob der Hauptschuldner auch den Bürgen auf Unterlassung der Zahlung an den Gläubiger in Anspruch nehmen kann. Siehe hierzu Staudinger/*Horn* Vorbem. zu § 765 ff. BGB Rn. 35 und 164.

[95] BGH WM 2002, 1415 f.; BGH WM 2002, 1876, 1878.

[96] BGH NJW 2000, 2580; OLG Hamm BankR 2002, 495 (zur Änderung der Fälligkeit).

[97] Palandt/*Sprau* § 767 BGB Rn. 3; Staudinger/*Horn* § 767 BGB Rn. 38.

[98] Staudinger/*Horn* § 767 BGB Rn. 22 f.

[99] Staudinger/*Horn* Vorbem. zu §§ 765 ff. BGB Rn. 194 ff.

[100] MünchKommBGB/*Habersack* Vor § 765 BGB Rn. 18; Staudinger/*Horn* Vorbem. zu §§ 765 ff. BGB Rn. 196.

besteht deshalb regelmäßig auch dann, wenn die Hauptschuld – etwa aufgrund Geschäftsunfähigkeit des Hauptschuldners oder sonstiger Abschlussmängel – von vorne herein nicht entstanden ist.[101] Demgegenüber hätte der Bürge in einem solchen Fall allenfalls für hieraus resultierende bereicherungsrechtliche Ansprüche gegen den Hauptschuldner einzustehen.

103 Obwohl die Haftung des Garanten danach strenger und mit geringeren Verteidigungsmöglichkeiten ausgestattet ist als die Haftung des Bürgen, bestimmt das Gesetz, anders als § 766 BGB für die Bürgschaftserklärung, **keine Schriftform** für den Abschluss des Garantievertrags.[102] Gleichwohl ist den Parteien schon aus Nachweisgründen zu raten, die vereinbarte Garantieverpflichtung schriftlich zu fixieren. Wie die Bürgschaft kann dabei auch die **Garantie** als solche **„auf erstes Anfordern"** ausgestaltet werden.[103] Auch tut der Gläubiger gut daran, etwaige Verteidigungsmöglichkeiten des Garanten gegen die Inanspruchnahme schriftlich auszuschließen, um nicht später, sei es durch eine ihm ungünstige Auslegung der zugrunde liegenden Sicherungsabrede (vgl. hierzu nachstehend Rn. 130) oder durch analoge Anwendung bürgschaftsrechtlicher Regelungen (z. B. §§ 770, 771 BGB) in der Durchsetzung seines Sicherungsrechts behindert zu sein.

104 Weiterhin hat der Garant, der das Garantieversprechen im Auftrag des Hauptschuldners abgibt, nach einer Inanspruchnahme aus der Garantie meist einen **Rückgriffsanspruch** gegen den Hauptschuldner aus § 670 BGB.[104] Ist die Garantieverpflichtung, wie häufig, auf einen Höchstbetrag beschränkt, bleibt der Gläubiger hinsichtlich seiner Verbindlichkeiten, die diesen Höchstbetrag übersteigen, weiterhin auf eine Befriedigung aus dem Vermögen des Hauptschuldners verwiesen. Der genannte Rückgriffsanspruch des Garanten gegen den Hauptschuldner kann hierbei in einer Insolvenz des Hauptschuldners die Befriedigungsmöglichkeiten des Gläubigers schmälern, wenn der Rückgriffsanspruch gleichrangig neben den Ansprüchen des Gläubigers gegen den Hauptschuldner steht.

105 Um dies zu vermeiden, beschränken Garantievereinbarungen die Rückgriffsmöglichkeiten des Garanten auf das Vermögen des Hauptschuldners nicht selten durch Vereinbarungen der folgenden Art:

Formulierungsbeispiel Beschränkung von Rückgriffsmöglichkeiten:

Bis zur vollständigen und endgültigen Befriedigung aller garantierten Ansprüche und erst wenn der Kreditgeber dies schriftlich bestätigt,

a) ist die Geltendmachung und Durchsetzung von Rückgriffsansprüchen des Garantiegebers gegen den Schuldner, einschließlich der Anmeldung solcher Ansprüche in der Insolvenz, ausgesetzt und darf nur mit vorheriger Zustimmung des Kreditgebers erfolgen und

b) ist jeder Betrag, den der Garantiegeber als Folge einer der vorstehend bezeichneten Handlungen erhalten hat, an den Kreditgeber zur Befriedigung der garantierten Ansprüche auszukehren.

106 d) **Patronatserklärungen.** Beabsichtigt eine Muttergesellschaft, ihrer Tochtergesellschaft zu einem Kredit zu verhelfen, will hierfür aber – um nicht ihren eigenen Kreditspielraum einzuengen – weder Sicherheiten an ihrem Realvermögen bestellen noch gän-

---

[101] Staudinger/*Horn* Vorbem. zu §§ 765 ff. BGB Rn. 202.

[102] *Bülow,* Recht der Kreditsicherheiten, Rn. 1553; MünchKommBGB/*Habersack* Vor § 765 BGB Rn. 19; Staudinger/*Horn* Vorbem. zu §§ 765 ff. BGB Rn. 197 und 223.

[103] BGHZ 90, 287, 291 f.; MünchKommBGB/*Habersack* Vor § 765 BGB Rn. 27; Staudinger/*Horn* Vorbem. zu §§ 765 ff. BGB Rn. 231.

[104] Staudinger/*Horn* Vorbem. zu §§ 765 ff. BGB Rn. 329.

gige Personalsicherheiten übernehmen, kommt die Abgabe einer Patronatserklärung in Betracht.[105]

107 Der Begriff der Patronatserklärung umfasst eine Vielzahl unterschiedlicher Erklärungen (wie z. B. Wissens-, Auskunfts-, Absichts- oder Verpflichtungserklärungen), die gemeinsam haben, die Kreditwürdigkeit der Tochter zu stärken, ohne dass dies die Muttergesellschaft etwas (oder viel) kostet.[106] Gemeinhin wird in diesem Zusammenhang zwischen so genannten **„weichen"** und **„harten" Patronatserklärungen** unterschieden. Weiche Patronatserklärungen enthalten üblicherweise keine rechtlich durchsetzbaren Verpflichtungen; vielmehr handelt es sich um bloße „*Good-Will*-Erklärungen".

108 Beispielhaft sind Erklärungen der folgenden Art zu nennen:

Formulierungsbeispiel Weiche Patronatserklärung:

Wir haben davon Kenntnis genommen, dass Sie beabsichtigen, der [...] GmbH, deren sämtliche Geschäftsanteile wir halten, eine Kreditlinie einzuräumen.

Im Hinblick auf ihre Kreditvergabe an unsere Tochtergesellschaft erklären wir Ihnen, dass es nicht unsere Absicht ist, Geschäftsanteile an der [...] GmbH zu veräußern oder Dritten zu ermöglichen, sich durch Übernahme neuer Geschäftsanteile an der [...] GmbH zu beteiligen.

109 Demgegenüber sind harte Patronatserklärungen häufig wie folgt ausgestaltet:

Formulierungsbeispiel Harte Patronatserklärung:

Zur Aufrechterhaltung der Kreditwürdigkeit unserer Tochtergesellschaft verpflichten wir uns, dafür Sorge zu tragen, dass bis zur vollständigen Rückzahlung des von Ihnen gewährten Kredits die [...] GmbH finanziell so ausgestattet ist, dass sie jederzeit in der Lage ist, ihre Verpflichtungen aus dem Kreditvertrag pünktlich zu erfüllen.

110 Derartige „harte" Patronatserklärungen können, anders als „weiche" Patronatserklärungen, durchaus **Grundlage eines durchsetzbaren Anspruchs des Gläubigers** sein.[107] In der Praxis bereitet eine solche Durchsetzung jedoch, insbesondere aufgrund der Auslegungsfähigkeit und -bedürftigkeit von Patronatserklärungen, nicht selten Schwierigkeiten. Oft ergibt sich aus der konkreten Patronatserklärung nicht eindeutig, ob der Gläubiger tatsächlich einen Anspruch auf Erfüllung der jeweiligen Zusagen oder, im Fall der Nichterfüllung, lediglich Schadenersatzansprüche haben soll. Darüber hinaus kommen hinsichtlich Art und Weise der Herbeiführung des zugesagten Erfolgs (im Beispiel die finanzielle Ausstattung) in der Regel mehrere Möglichkeiten in Betracht, zwischen denen die Muttergesellschaft die Wahl hat.

111 Häufig sind diese Schwierigkeiten gerade beabsichtigt und Hintergrund für das Angebot der Muttergesellschaft, anstelle sonst üblicher Personalsicherheiten eine Patronatserklärung abzugeben. Es sind jedoch Fälle denkbar, bei denen eine Patronatserklärung, insbesondere wenn diese wie im Beispielsfall als Verpflichtung hinsichtlich der finanziellen Ausstattung ausgestaltet ist, den Patron stärker belastet als eine Bürgschaft, Garantie oder ein Schuldbeitritt.[108] Dies insbesondere deshalb, weil der Patron das so genannte **„Weiterleitungsrisiko"** trägt. Stattet der Patron den Kreditnehmer an und für sich mit den zur Befriedigung seiner Verbindlichkeiten gegen den Empfänger der Patro-

---

[105] Vgl. Staudinger/*Horn* Vorbem. zu §§ 765 ff. BGB Rn. 405.

[106] *Reinicke/Tiedtke*, Kreditsicherung, 5. Auflage, Rn. 600; *Fleischer* WM 1999, 666; *Limmer*, DStR 1993, 1750.

[107] Vgl. Staudinger/*Horn* Vorbem. zu §§ 765 ff. BGB Rn. 407.

[108] Vgl. Staudinger/*Horn* Vorbem. zu §§ 765 ff. BGB Rn. 422.

natserklärung notwendigen Mitteln aus, verwendet der Kreditnehmer diese Mittel aber nicht zweckentsprechend, kann der Patron solange zum **Nachschuss** verpflichtet sein, bis der Kreditnehmer seine Verbindlichkeiten gegenüber dem Kreditgeber erfüllt hat.[109] Um eine solche „Nachschusspflicht" auszuschließen, bleibt dem Patron allenfalls die Möglichkeit der Direktleistung an den Kreditgeber gemäß § 267 BGB. Im Ergebnis unterscheidet sich die Leistung dann aber nicht von den Folgen einer etwaig übernommenen Bürgschaft oder Garantie.

3. Realsicherheiten

112 a) **Hypothek und Grundschuld.** Das Bürgerliche Gesetzbuch stellt – vorwiegend aus historischen Gründen[110] – zwei Arten von Immobiliarpfandrechten, die Hypothek und die Grundschuld (einschließlich Rentenschuld), zur Verfügung. Beide Rechte unterscheiden sich in dem Grad ihrer Verknüpfung mit der zugrunde liegenden Hauptschuld. Die **Hypothek als akzessorisches Sicherungsrecht** ist vom Bestand der Forderung unmittelbar abhängig. Solange die zu sichernde Forderung nicht entstanden ist, § 1163 Abs. 1 Satz 1 BGB oder wenn diese erlischt, § 1163 Abs. 1 Satz 2 BGB, besteht bzw. entsteht ein so genanntes Eigentümergrundpfandrecht. Entstehung und Bestand der Grundschuld setzen dagegen keine Forderung voraus. Selbst wenn die Grundschuld – wie meist – zur Sicherung einer Forderung bestellt wird (so genannte Sicherungsgrundschuld), ist sie vom Bestand der zu sichernden Forderung zunächst unabhängig. Auch können Forderung und Grundschuld – anders als bei der Hypothek – auf verschiedene Personen übertragen werden. Aufgrund dieser **größeren Flexibilität** hat die Grundschuld die Hypothek in der Rechtspraxis nahezu vollständig verdrängt. Die nachstehenden Ausführungen befassen sich daher schwerpunktmäßig mit der Sicherungsgrundschuld.

113 Die dingliche Einigung der Parteien über die Belastung des Grundstücks ist ein Verfügungsvertrag, der grundsätzlich keiner Form bedarf und auch durch allgemeine Geschäftsbedingungen geschlossen werden kann.[111] Zu beachten ist jedoch, dass für die spätere, für die Entstehung des Sicherungsrechts konstitutive Eintragung im Grundbuch, eine Eintragungsbewilligung des Gläubigers, in beglaubigter oder notariell beurkundeter Form vorzulegen ist, §§ 19, 29 GBO. Die hinsichtlich der Kosten der Bestellung teurere notarielle Beurkundung ist insbesondere dann erforderlich, wenn sich der Grundstückseigentümer oder ein Dritter in der Urkunde der (dinglichen) sofortigen Zwangsvollstreckung in das Grundstück und gegebenenfalls zusätzlich der (persönlichen) Zwangsvollstreckung in das gesamte übrige Vermögen unterwerfen, § 794 Abs. 1 Nr. 5 ZPO. Insbesondere eine **dingliche Zwangsvollstreckungsunterwerfung** wird der Gläubiger häufig verlangen, um eine etwaige spätere Verwertung und Befriedigung zu beschleunigen.

114 Da sich die Beurkundungskosten und die Gebühren für die Eintragung im Grundbuch am Wert dieser Vollstreckungsunterwerfung orientieren, sollte der Sicherungsgeber umgekehrt versuchen, die Begrenzung der Vollstreckungsunterwerfung auf einen Teil des Grundschuldbetrags durch eine Vereinbarung der folgenden Art zu verhandeln:

Formulierungsbeispiel Begrenzung der Vollstreckungsunterwerfung:

Wegen eines zuletzt zu zahlenden Teilbetrags in Höhe von [zehn] vom Hundert des Grundschuldbetrages, somit in Höhe von EUR [...], nebst Zinsen und Nebenleistungen unterwirft sich der Eigentümer unwiderruflich der sofortigen Zwangsvollstreckung aus dieser Urkunde in den Belastungsgegenstand in der Weise, dass die sofortige Zwangsvollstreckung auch gegen den jeweiligen Eigentümer zulässig sein soll.

---

[109] *Koch*, Patronatserklärung, S. 125; *Wittig* WM 2003, 1981, 1986.
[110] *Buchholz* AcP 203 (2003), 786, 789 ff.
[111] BGH NJW 1988, 3260.

Durch eine darüber hinaus vereinbarte persönliche **Haftungsübernahme**, nebst Zwangsvollstreckungsunterwerfung, kann der Gläubiger ferner den oben unter Rn. 90 genannten Grundsatz, wonach die Befriedigung bei Realsicherheiten allein aus dem belasteten Vermögensgegenstand erfolgt, zu seinen Gunsten einschränken und seine Verwertungsmöglichkeiten auch auf das sonstige Vermögen des Sicherungsgebers wie folgt ausdehnen. 115

Formulierungsbeispiel Persönliche Haftungsübernahme:

Der Sicherungsgeber übernimmt hiermit die persönliche Haftung für die Zahlung eines Geldbetrages, dessen Höhe der vereinbarten Grundschuld (Kapital, Zinsen und Nebenleistungen) entspricht und unterwirft sich insoweit der sofortigen Zwangsvollstreckung aus dieser Urkunde in sein gesamtes Vermögen. Es wird beantragt, dem Gläubiger auch insoweit eine vollstreckbare Ausfertigung dieser Urkunde zu erteilen. Der Gläubiger kann die persönliche Haftung unabhängig von der Eintragung der Grundschuld und ohne vorherige Zwangsvollstreckung in den Belastungsgegenstand geltend machen.

b) Pfandrechte an beweglichen Gegenständen und Rechten. Neben den Grundpfandrechten regelt das Bürgerliche Gesetzbuch in den §§ 1204 ff. BGB das Pfandrecht an beweglichen Sachen sowie in den §§ 1273 ff. BGB das Pfandrecht an Rechten. Beide Pfandrechte wurden vom Gesetzgeber hinsichtlich ihrer **Publizität** in einer Weise ausgestaltet, die in der Praxis häufig Probleme bereitet. Zur Begründung des so genannten **„Faustpfandrechts“** an beweglichen Sachen ist dem Pfandgläubiger entweder der unmittelbare **Besitz** an der Sache zu verschaffen, § 1205 Abs. 1 BGB, oder es muss ihm ein Herausgabeanspruch gemäß § 931 BGB abgetreten und die Verpfändung dem Besitzer angezeigt werden, § 1205 Abs. 2 BGB. § 1205 BGB schließt demnach ein so genanntes „besitzloses Pfandrecht“ aus.[112] Ist der Schuldner jedoch – wie häufig – auf die Nutzung des Pfandgegenstands (z. B. bei Vorräten, Maschinen oder Inventar) in seinem Geschäftsbetrieb angewiesen, erweist sich das Faustpfandrecht als untaugliches Sicherungsmittel. 116

Praktisch bedeutsamster Sicherungsgegenstand im Rahmen von Rechten sind Forderungen. Auch hier stellt das Gesetz besondere Anforderungen an die Publizität der Verpfändung. Obwohl Forderungen gemäß § 398 BGB eigentlich durch formlosen Abtretungsvertrag ohne Mitwirkung und Kenntnisnahme des Schuldners übertragen werden können, ist für die Wirksamkeit der Verpfändung zusätzlich die **Anzeige an den (Dritt-) Schuldner** der jeweiligen Forderung erforderlich, § 1280 BGB. Eine solche Publizität ist aber häufig nicht gewollt und kann als schädlich für die Geschäftsbeziehungen zwischen Sicherungsgeber und Drittschuldner empfunden werden. 117

Aufgrund der geschilderten Nachteile wurden beide Pfandrechte in der Praxis weitestgehend durch die Sicherungsübereignung (vgl. hierzu Rn. 120 ff.) und die Sicherungszession (vgl. hierzu Rn. 125 ff.) verdrängt. 118

Bedeutsam ist das Pfandrecht an Rechten dagegen nach wie vor im Hinblick auf **Anteile an Gesellschaften.** Zwar wäre auch insoweit eine Sicherungsabtretung denkbar. Rechtlich würde hierdurch der Kreditgeber jedoch Gesellschafter des Kreditnehmers, mit allen nachteiligen Folgen hinsichtlich seiner besonderen Finanzierungsverantwortung, einschließlich einer möglichen Umqualifizierung der gewährten Kredite in eigenkapitalersetzende Darlehen.[113] Hieran kann der Gläubiger kein Interesse haben. Vielmehr tut er gut daran, auch bei der Begründung eines bloßen Pfandrechts an Anteilen darauf zu achten, dass er über die im Sicherungsvertrag eingeräumten Rechte nicht faktisch in eine Gesellschafterstellung „einrückt“.

[112] Palandt/*Bassenge* § 1205 BGB Rn. 4.
[113] Vgl. hierzu oben unter Rn. 78 ff.

119 Deswegen enthalten Verträge über die Verpfändung von Anteilen üblicherweise Bestimmungen der folgenden Art:

Formulierungsbeispiel Verbleiben der Stimmrechte beim Sicherungsgeber:
Die Mitgliedschaftsrechte aus den verpfändeten Anteilen, einschließlich der Stimmrechte, verbleiben beim Sicherungsgeber. Der Pfandgläubiger wird keine Weisungen hinsichtlich der Ausübung der Mitgliedschaftsrechte erteilen. Der Sicherungsgeber verpflichtet sich jedoch, sein Stimmrecht so auszuüben, dass hierdurch die berechtigten Interessen des Pfandgläubigers und der Wert der verpfändeten Anteile nicht beeinträchtigt werden.

120 c) **Sicherungsübereignung.** Sicherungseigentum an beweglichen Gegenständen wird in der gleichen Weise übertragen wie das Eigentum, mithin durch Einigung und Übergabe, § 929 Satz 1 BGB. Allerdings kann die Übergabe gemäß § 930 BGB durch Vereinbarung eines so genannten **Besitzmittlungsverhältnisses** ersetzt werden;[114] anders als beim Faustpfandrecht verbleiben die Gegenstände dann im Geschäftsbetrieb des Sicherungsgebers.[115]

121 Nach dem sachenrechtlichen **Bestimmtheitsgrundsatz** muss sich die für die Sicherungsübereignung erforderliche dingliche Einigung auf bestimmte Sachen erstrecken; bloße Bestimmbarkeit genügt insoweit nicht. Vielmehr muss feststehen, welche individuell bestimmten Sachen ihren Eigentümer wechseln.[116] Dies kann insbesondere dann Schwierigkeiten bereiten, wenn – wie üblich – die Übergabe des Sicherungsguts an den Gläubiger nicht tatsächlich erfolgt, sondern durch die Vereinbarung eines Besitzmittlungsverhältnisses ersetzt wird. Nach den insofern aufgestellten Grundsätzen des Bundesgerichtshofes setzt eine hinreichende Bestimmtheit voraus, dass infolge **äußerer Abgrenzungskriterien** für jeden, der die Parteiabreden in dem für den Eigentumsübergang vereinbarten Zeitpunkt kennt, ohne weiteres ersichtlich ist, welche individuell bestimmten Sachen übereignet werden.[117] Hingegen genügt es nicht, dass die Bestimmung der übereigneten Sachen erst dadurch ermöglicht wird, dass auf Unterlagen außerhalb des Vertrags (z. B. Warenbücher, Rechnungen oder andere Unterlagen) zurückgegriffen werden muss.[118]

122 Insbesondere bei **Sachgesamtheiten,** deren Bestand und Zusammensetzung über die Dauer des Sicherungsrechts Änderungen unterworfen sind, behilft sich die Praxis daher regelmäßig mit **räumlichen Abgrenzungen** der folgenden Art:

Formulierungsbeispiel Räumliche Abgrenzung bei Sachgesamtheiten:
Der Sicherungsgeber übereignet hiermit an den Gläubiger den gesamten jeweiligen Bestand seines gegenwärtigen und künftigen Vorratsvermögens sowie seiner Handelswaren, die sich gegenwärtig oder künftig in dem Warenlager/Standort befinden, der in dem als Anlage beigefügten Lageplan rot umrandet ist.

123 Hierbei ist ferner dem Umstand Rechnung zu tragen, dass die in den räumlich abgegrenzten Bereich verbrachten Gegenstände nicht zwingend von vorneherein im Eigentum des Sicherungsgebers stehen müssen und der Sicherungsgeber in der Lage sein muss, den

---

[114] Staudinger/*Wiegand* Anh. zu §§ 929 ff. BGB Rn. 65.
[115] Erman/*Michalski* Anh. §§ 929–931 BGB Rn. 4.
[116] RGRK/*Pikart* § 929 BGB Rn. 18; Palandt/*Bassenge* § 930 BGB Rn. 2; Staudinger/*Wiegand* Anh. zu §§ 929 ff. BGB Rn. 65.
[117] BGH WM 1988, 346, 347; NJW 1994, 133, 134.
[118] BGH NJW 1992, 1162; NJW 1995, 2348, 2350.

jeweiligen Bestand im Rahmen seines ordnungsgemäßen Geschäftsbetriebs zu verändern, ohne hierfür jeweils der gesonderten Zustimmung des Sicherungsnehmers im Einzelfall zu bedürfen.

Dem lässt sich durch Klauseln der folgenden Art Rechnung tragen: 124

Formulierungsbeispiel Veränderung des Sicherheitenbestandes:

a) Soweit der Sicherungsgeber Anwartschaftsrechte auf Eigentumserwerb an dem Sicherungsgut hat oder diese künftig erwirbt, überträgt er hiermit dem Gläubiger diese Anwartschaftsrechte.

b) Der Sicherungsgeber ist berechtigt, über das Sicherungsgut bis auf Widerruf durch den Gläubiger in eigenem Namen im Rahmen eines ordnungsgemäßen Geschäftsbetriebs zu verfügen. Der Sicherungsnehmer ist berechtigt, diese Verfügungsbefugnis jederzeit zur Wahrung seiner berechtigten Belange, insbesondere bei Verzug des Schuldners mit der Erfüllung fälliger Forderungen unter dem Kreditvertrag, zu widerrufen und das Sicherungsgut herauszuverlangen.

c) Der Sicherungsgeber ist berechtigt, das Sicherungsgut bis auf Widerruf durch den Gläubiger in eigenen Betrieben oder durch Dritte weiterzuverarbeiten. Die Verarbeitung erfolgt unentgeltlich im Auftrag des Gläubigers derart, dass der Gläubiger als Hersteller im Sinne des § 950 BGB anzusehen ist und daher in jedem Zeitpunkt und in jedem Grad der Verarbeitung das Eigentum, Miteigentum oder Anwartschaftsrecht an den Erzeugnissen behält oder erwirbt (§ 950 BGB). Sollte trotz dem bei der Verarbeitung das Eigentum, Miteigentum oder Anwartschaftsrecht des Gläubigers an dem Sicherungsgut untergehen, so gehen diese Rechte im Augenblick des Erwerbs durch den Sicherungsgeber wieder auf den Gläubiger über.

d) Sicherungsabtretung. Anders als beim Pfandrecht[119] können Rechte, insbesondere Forderungen, durch Abtretung, § 398 BGB auf den Sicherungsnehmer übertragen werden, **ohne** dass es einer **Benachrichtigung des Schuldners** der abgetretenen Forderung bedarf (so genannte **„stille Zession"**). Dabei treten weitgehend die gleichen Probleme wie bei der Sicherungsübereignung auf. Insbesondere ist die Abtretung von Forderungen nur wirksam, wenn klar und eindeutig ist, welche (auch künftigen Forderungen) nach Schuldner, Schuldgrund und Inhalt, abgetreten sind. Allerdings genügt hier – anders als bei der Sicherungsübereignung – die **„Bestimmbarkeit"**.[120] Dieser Bestimmbarkeit wird indessen durch summenmäßige Abgrenzungskriterien nicht genügt.[121] 125

Regelmäßig unwirksam sind danach Vereinbarungen der folgenden Art: 126

Formulierungsbeispiel Sicherungszession:

Der Sicherungsgeber tritt hiermit an den Sicherungsnehmer seine gegenwärtigen und künftigen Forderungen bis zur Höhe der jeweils gesicherten Kreditverbindlichkeit ab.

Hingegen ist dem Erfordernis der Bestimmbarkeit genügt, wenn der Sicherungsgeber alle Forderungen abtritt, die durch die Veräußerung bestimmter Waren oder die Erbringung bestimmter Dienstleistungen zur Entstehung gelangen. Weiterhin dann, wenn der Sicherungsgeber sämtliche gegenwärtigen und künftigen Forderungen aus Lieferungen und Leistungen gegen alle Kunden mit den Anfangsbuchstaben „A–Z" oder auch nur „A–K" abtritt. Der Gefahr einer hierdurch etwaig eintretenden **„Übersicherung"** kann 127

[119] Vgl. hierzu oben unter Rn. 116 ff.
[120] BGHZ 26, 185, 189; BGH WM 1966, 13, 14; BGH NJW 1978, 538.
[121] BGH NJW 1978, 1050.

durch geeignete Freigabeklauseln im Rahmen der Sicherungsabrede Rechnung getragen werden.[122]

128 Insbesondere bei der Abtretung künftiger Forderungen gegen Kunden in der vorstehend beschriebenen Art kommt es häufig zu **Kollisionen mit den Rechten von Lieferanten,** mit denen der Sicherungsgeber einen **verlängerten Eigentumsvorbehalt** vereinbart hat. In diesen Fällen erhält der Sicherungsgeber das Eigentum an einer Ware zunächst unter der aufschiebenden Bedingung der vollständigen Kaufpreiszahlung. Ihm wird jedoch vom Lieferanten die Befugnis eingeräumt, die Ware weiterzuverarbeiten oder über diese in sonstiger Weise zu verfügen, soweit er die Ansprüche aus dieser Verfügung (z. B. Kaufpreisforderungen gegen seine Kunden) an den Lieferanten abtritt. In diesen Fällen tritt der Sicherungsgeber die Forderung also zweimal ab: Einmal an den Waren-Kreditgeber im Zuge des verlängerten Eigentumsvorbehalts sowie an den weiteren Kreditgeber infolge einer vereinbarten Globalzession. Entscheidend ist dann zunächst, welche Vereinbarung, also der verlängerte Eigentumsvorbehalt oder die Globalzession, zuerst abgeschlossen wurde (**Prioritätsgrundsatz**).[123] Weiß der durch die Globalzession gesicherte Kreditgeber jedoch, dass der Käufer die Ware von seinem Lieferanten nur unter verlängertem Eigentumsvorbehalt erhält (und hiervon hat er in der Regel Kenntnis), so ist ihm auch bekannt, dass der Schuldner – um die Waren zu bekommen – die Globalzession bei Bestellung der Waren verschweigen wird. Der globalzessionsgesicherte Gläubiger würde sich somit an künftigen Vertragsbrüchen des Schuldners beteiligen oder diesen zur Täuschung seines Vertragspartners verleiten. Aus diesem Grunde ist eine solche Globalzession in der Regel gemäß § 138 BGB **sittenwidrig** und somit nichtig.[124]

129 Aus dieser den Warenkreditgeber bevorzugenden Rechtsprechung des Bundesgerichtshofs haben sich insbesondere Banken inzwischen eingestellt und vereinbaren in den Globalzessionsverträgen Regelungen der folgenden Art:

Formulierungsbeispiel Abtretung und Eigentumsvorbehalt:

Falls Forderungen an den Gläubiger abgetreten sind, die von einem Lieferanten des Sicherungsgebers aufgrund eines branchenüblichen, verlängerten oder erweiterten Eigentumsvorbehalts, gegenwärtig oder zukünftig, berechtigterweise in Anspruch genommen werden können, wird die Abtretung dieser abgetretenen Forderungen erst mit Erlöschen des Eigentumsvorbehalts wirksam.

130 e) **Sicherungsabrede.** Die Bestellung eines Pfandrechts sowie die Übertragung einer Sache oder eines Rechts zur Sicherheit erfolgt durch Verfügungsgeschäft, das im Allgemeinen ohne Rücksicht auf den **Rechtsgrund** zu einer Rechtsänderung führt. Bei einigen, insbesondere gesetzlich geregelten Sicherungsrechten, erfolgt die **Verknüpfung** zwischen Sicherungsrecht und eigentlichem Rechtsgrund, dem Kredit, durch das bereits dargestellte Prinzip der Akzessorietät.[125] Insbesondere bei den abstrakten, nicht-akzessorischen Sicherheiten ist für eine solche Verknüpfung hingegen eine gesonderte Sicherungsabrede erforderlich.

Grundsätzlich kann diese Abrede im Kreditvertrag selbst vereinbart werden. Häufig wird sie jedoch im Vertrag über die Bestellung des Sicherungsrechts oder – wie bei Grundpfandrechten üblich – auch in einer gesonderten Vereinbarung niedergelegt.

---

[122] Vgl. hierzu nachstehend unter e).

[123] BGH NJW 1959, 1533; BGH NJW 2005, 1192; Palandt/*Grüneberg* § 398 BGB Rn. 24.

[124] BGHZ 30, 149, 153; BGH NJW 1999, 940; BGH NJW 1999, 2558, 2559; BGH WM 2005, 378, 379.

[125] Vgl. oben unter Rn. 91.

In der Sicherungsabrede regeln die Parteien üblicherweise zunächst, **welche** (gegenwärtigen und ggf. künftigen) **Forderungen** des Sicherungsnehmers gesichert werden sollen. Weiterhin wird vereinbart, **welche Vermögensgegenstände** Gegenstand der Kreditsicherheit sind und **welche Befugnisse** dem Sicherungsgeber hinsichtlich dieser Vermögenswerte bis zum Eintritt eines Verwertungsfalls zustehen sollen (wie Einziehung, Weiterveräußerung, Verarbeitung im ordnungsgemäßen Geschäftsbetrieb etc.). Wesentliche Inhalte der Sicherungsvereinbarung sind weiterhin die **Verwertungsbefugnisse** des Sicherungsnehmers (etwa mit oder ohne vorherige Androhung; erst bei Verzug mit Zahlungspflichten oder auch in anderen Fällen von Vertragsverletzungen, etc.) sowie Regelungen, unter welchen Voraussetzungen der Sicherungsnehmer verpflichtet ist, bestellte Sicherheiten freizugeben.[126] 131

C. Leasing

Leasing[127] (auf deutsch: Miete) in seiner heutigen Form wurde in den fünfziger Jahren des vorigen Jahrhunderts in den USA entwickelt und ist seit ca. 1970 in der Bundesrepublik Deutschland ebenso wie im restlichen Europa weit verbreitet.[128]

I. Bedeutung

Heute ist Leasing sowohl im privaten als auch im gewerblichen Bereich aus dem täglichen Leben nicht mehr wegzudenken. **Neben dem klassischen Bankkredit ist das Leasing mittlerweile zur wichtigsten Finanzierungsform der deutschen Wirtschaft geworden.** Bestimmte Güter wie zum Beispiel Kraftfahrzeuge, Flugzeuge oder Büroausstattung werden heute überwiegend nicht mehr gekauft, sondern geleast. 132

Leasing-Konstruktionen sind häufig von **bilanziellen** (Stichwort: *„off balance sheet"* Finanzierung)[129] und **steuerlichen** (Stichwort: „Leasing-Erlasse") **Erwägungen** getrieben. Dabei würde es den Rahmen dieses Vertragsbuchs sprengen, alle bilanziellen und steuerlichen Verästelungen von Leasing-Konstruktionen darzustellen. Insofern verbleibt lediglich der Verweis auf weiterführendere Literatur.[130] Bei der **Bilanzierung nach IAS/IFRS oder US-GAAP** können sich **Sonderprobleme** stellen.[131]

---

[126] Lange Zeit war, auch zwischen einzelnen Senaten des Bundesgerichtshofs, umstritten, ob insbesondere hinsichtlich revolvierender Globalsicherheiten die ausdrückliche Vereinbarung von Freigabeklauseln in der Sicherungsvereinbarung zwingend erforderlich ist, um die Nichtigkeit der Sicherheitenbestellung im Fall später eintretender Übersicherung zu vermeiden und wie gegebenenfalls diese Freigabeklauseln auszugestalten sind; vgl. BGH NJW 1997, 651 einerseits und BGH NJW 1997, 1570 andererseits. Der große Senat des Bundesgerichtshofs hat schließlich entschieden, dass der Sicherungsgeber insoweit einen ermessensunabhängigen Freigabeanspruch auch dann hat, wenn der Sicherungsvertrag keine oder eine ermessensabhängig ausgestaltete Freigabeklausel enthält. Ein derartiger Anspruch, so der Bundesgerichtshof, ergebe sich aus der Auslegung des Sicherungsvertrags; näher BGH GrZS 137, 212 = NJW 1998, 671. Damit hat der Bundesgerichtshof gleichzeitig die Frage entschieden, ob insbesondere bei formularmäßigen Sicherungsübereignungen eines Warenlagers mit wechselndem Bestand und revolvierenden Globalabtretungen eine ausdrückliche Freigabeverpflichtung des Gläubigers notwendig ist, um im Fall der etwaig später eintretenden Übersicherung Nichtigkeitsfolgen zu vermeiden. Nach der genannten Entscheidung des großen Senats ist dies nicht der Fall.

[127] Grundlegend zum Leasing *von Westphalen*, Vertragsrecht und AGB-Klauselwerke; *Schimansky/Bunte/Lwowksi*, Bankrechtshandbuch, Band II, S. 3123 ff.

[128] Palandt/*Weidenkaff* Einf. v. § 535 Rn. 37. Laut der oben in Fn. 2 genannten Studie der Universität Augsburg nutzen rund 20% der befragten mittelständischen Unternehmen das Leasing als Finanzierungsform.

[129] Vgl. hierzu auch Rn. 148.

[130] MünchKommBGB/*Habersack* Leasing Rn. 14 ff.; Staudinger/*Emmerich* Vorbem. zu § 535, 536 BGB Rn. 68.

[131] Siehe näher hierzu *Spittler*, Leasing in der Praxis, S. 179 ff.; *Mellwig* DB 1998, Beil. Nr. 12, S. 1 ff.

II. Erscheinungsformen

133 Das Leasing ist **im deutschen Recht nicht ausdrücklich als eigener Vertragstypus geregelt.**[132] Das liegt nicht zuletzt daran, dass sich in der Praxis zahlreiche **unterschiedliche Erscheinungsformen** herausgebildet haben, die mit einer **Fülle von Begriffen** bezeichnet werden. Nachfolgend soll ein kurzer Überblick über die wichtigsten Termini gegeben werden:

1. Finanzierungs- und *Operating Leasing*

134 Je nach Ausgestaltung des Leasingvertrags unterscheidet man zwischen Finanzierungs- und *Operating Leasing*.

Beim Finanzierungsleasing kommt dem Leasing (wie sich der Bezeichnung bereits entnehmen lässt) in erster Linie **Finanzierungsfunktion**[133] zu. Insofern ist das Finanzierungsleasing dem kreditfinanzierten Kauf angenähert. Vertragstechnisch wird die Finanzierungsfunktion u. a. dadurch umgesetzt, dass der Leasingvertrag eine **feste (Grund-)Laufzeit** hat, in der die Anschaffungskosten (einschließlich der Refinanzierungskosten) zuzüglich der Marge des Leasinggebers durch die vom Leasingnehmer zu zahlenden Leasingraten (einschließlich einer etwaigen Anzahlung) unter Berücksichtigung eines etwaigen Restwerts des Leasinggegenstands am Ende der Laufzeit amortisiert werden. Während der (Grund-)Laufzeit kann der Leasingvertrag vom Leasinggeber und Leasingnehmer nur aus **wichtigem Grund gekündigt** werden.

135 Für das ***Operating Leasing***[134] ist die Finanzierungsfunktion hingegen nicht kennzeichnend. Vielmehr steht die Gebrauchsüberlassung im Vordergrund. Dies kommt im Leasingvertrag dadurch zum Ausdruck, dass der Leasingnehmer den Leasingvertrag jederzeit (ungeachtet der Amortisation der Anschaffungskosten des Leasinggebers) kündigen kann. Der Leasinggeber versucht dabei durch den Abschluss von mehreren Leasingverträgen mit verschiedenen Leasingnehmern im Zeitablauf die Anschaffungskosten zu amortisieren. Somit ist *Operating Leasing* im Wesentlichen ein **Synonym für Miete.** In der Praxis stellt *Operating Leasing* insbesondere ein **Instrument der Absatzförderung** dar (meist in der Form des sog. (direkten) Herstellerleasing).[135]

Da das Finanzierungsleasing in Deutschland am weitesten verbreitet ist, **beziehen sich die nachfolgenden Ausführungen ausschließlich auf das Finanzierungsleasing.**

2. Erscheinungsformen des Finanzierungsleasing

Im Rahmen des Finanzierungsleasing ist insbesondere zwischen folgenden Erscheinungsformen zu differenzieren:

136 **a) Vollamortisations-Leasing/Teilamortisations-Leasing.**[136] Beim **Vollamortisations-Leasing** werden während der Grundleasingzeit durch die Leasingraten sämtliche Kosten (Anschaffungs- oder Herstellungskosten einschließlich Nebenkosten) des Leasinggebers voll amortisiert.[137] Beim **Teilamortisations-Leasing** werden hingegen die Leasingraten ermittelt als Quotient aus (i) der Differenz zwischen Anschaffungs- oder Herstellungskosten (einschließlich Nebenkosten) und vereinbartem Restbuchwert am Ende der Grund-

---

[132] Hinsichtlich der Abgrenzung zu den gesetzlich geregelten Vertragstypen vgl. unter II. 2. bis 4.

[133] Staudinger/*Emmerich* Vorbem zu § 535, 536 BGB Rn. 77.

[134] Siehe hierzu BGH NJW 2003, 505; Palandt/*Weidenkaff* Einf. v. § 535 BGB Rn. 40. Ein Unterfall des Operating Leasing stellt das Händler/Herstellerleasing dar, bei welchem der Händler selbst die Finanzierung des Absatzes seiner Produkte durch den Abschluss von Leasing-Verträgen übernimmt; vgl. MünchKommBGB/*Habersack* Leasing Rn. 7 ff.

[135] Staudinger/*Emmerich* Vorbem. zu §§ 535, 536 BGB Rn. 75 f.

[136] MünchKommBGB/*Habersack* Leasing Rn. 6.

[137] Gemäß einem Erlass der Finanzverwaltung (abgedruckt in BFM BB 1976, 72) ist zudem erforderlich, dass der Leasing-Vertrag über einen Zeitraum von mindestens 90% der betriebsgewöhnlichen Nutzungsdauer des Leasinggegenstandes läuft.

leasingzeit und (ii) der Anzahl der Leasingraten. Sofern der tatsächliche Wert am Ende der Grundleasingzeit niedriger ist als der vereinbarte Restbuchwert muss der Leasingnehmer regelmäßig durch eine Abschlusszahlung einen Ausgleich schaffen.

b) Mobilien- und Immobilien-Leasing.[138] Zwischen diesen beiden Erscheinungsformen wird vor allem deswegen unterschieden, weil die **Grundleasingzeit** beim Immobilienleasing regelmäßig **länger** ist[139] und die Vertragsdokumentation, die beim Immobilien-Leasing häufig **individuell verhandelt** wird, weitaus **komplexer** ist. Leasinggesellschaften, die Immobilien-Leasing betreiben, halten die einzelnen Immobilien häufig in gesonderten **Zweckgesellschaften** (sog. *Special Purpose Vehicles*). 137

c) ***Full Service Leasing.***[140] Vermehrt bieten Leasinggesellschaften neben dem eigentlichen Leasinggeschäft, insbesondere im Bereich des Leasing von EDV-Anlagen und Kraftfahrzeugen, weitere **Dienstleistungen** (z.B. Wartung und Instandhaltung, Flottenmanagement) an. Hierdurch wird dem Leasingnehmer auch ermöglicht, im Wege des ***Outsourcing*** Personal einzusparen. 138

d) ***Cross Border Leasing.***[141] Beim *Cross Border Leasing* haben Leasinggeber und Leasingnehmer ihren Sitz in **unterschiedlichen Ländern.** Die Konstruktionen beim *Cross Border Leasing* sind insbesondere **steuerlich geprägt,** was daraus resultiert, dass einund derselbe Sachverhalt in den verschiedenen Staaten steuerlich und bilanziell teilweise unterschiedlich behandelt wird. Beim *Cross Border Leasing* versuchen die Parteien, sich diese nationalen Unterschiede zu Nutze zu machen. 139

e) ***Sale and Lease Back.***[142] Bei *Sale and Lease Back* Konstruktionen erwirbt der Leasinggeber den Leasinggegenstand nicht vom Lieferanten/Hersteller, sondern vom (zukünftigen) Leasingnehmer, der den Leasinggegenstand bisher als Eigentümer genutzt hat. Hintergrund für *Sale and Lease Back* Konstruktionen ist insbesondere der damit verbundene **Liquiditätsgewinn** für den Leasingnehmer. 140

III. Abgrenzung zu anderen Vertragstypen

Leasing ist von Miete, Kauf und Darlehen zu unterscheiden:

1. Grundsätzliches („Leasing-Dreieck")

Die verschiedenen Vertragsbeziehungen beim Leasing werden auch als **„Leasing-Dreieck"**[143] bezeichnet. Im Einzelnen ist zwischen folgende Rechtsverhältnisse zu differenzieren: 141

a) Verhältnis zwischen Leasinggeber und Leasingnehmer (Leasingvertrag). Auf der Grundlage des Leasingvertrags überlässt der Leasinggeber dem Leasingnehmer den Leasinggegenstand für einen gewissen **Zeitraum** gegen **Entgelt** zum **Gebrauch.** 142

b) Verhältnis zwischen Lieferant und Leasinggeber (Kaufvertrag). Der Leasinggeber erwirbt den Leasinggegenstand, den er auf Grundlage des Leasingvertrags dem Leasingnehmer überlässt, vom Lieferanten/Hersteller im Rahmen eines Kaufvertrags (denkbar sind auch ein Werk- oder Werklieferungsvertrag). Insofern wird der **Leasinggeber** zivilrechtlicher (und regelmäßig auch wirtschaftlicher) **Eigentümer** des Leasinggegenstands, wohingegen dem **Leasingnehmer** lediglich der **Besitz** (und somit die Gebrauchsmöglichkeit) eingeräumt wird. 143

---

[138] *Engel* NZM 1998, 785; *Seibel* NZM 1999, 197.

[139] Es wird hierbei teilweise ein Zeitraum von bis zu 30 Jahren vereinbart.

[140] *Martinek,* Moderne Vertragstypen, Band I, S. 63; *v. Westphalen,* Der Leasingvertrag, 4. Auflage 1992, 506 ff.

[141] *v. Westphalen*, BB 1991, 150 ff.

[142] MünchKommBGB/*Habersack* Leasing Rn. 12; Palandt/*Weidenkaff* Einf. v. § 535 BGB Rn. 44.

[143] BGH NJW 1977, 195, 196; MünchKommBGB/*Habersack* Leasing Rn. 8.

144 c) **Verhältnis zwischen Lieferant und Leasingnehmer.** Grundsätzlich besteht **keine originäre vertragliche Beziehung** zwischen Lieferant und Leasingnehmer (eine Ausnahme gilt lediglich für einen Übergangszeitraum beim sog. Eintrittsmodell[144]). Allerdings tritt der Leasinggeber seine **Gewährleistungsansprüche** gegen den Lieferanten aus dem Kaufvertrag an den Leasingnehmer ab.[145] Ferner nimmt der Leasingnehmer den Leasing-/Kaufgegenstand für den Leasinggeber vom Lieferanten (im Rahmen der Erfüllung des Kaufvertrags) entgegen. Schließlich werden teilweise auch gesonderte vertragliche Vereinbarungen (zum Beispiel ein Wartungsvertrag) zwischen Lieferant und Leasingnehmer abgeschlossen.

145 Das Leasing-Dreieck, insbesondere die dahinter stehenden wirtschaftlichen Erwägungen, die hinsichtlich der von jeder Partei zu tragenden Risiken und der dieser zustehenden Rechte und Pflichten Eingang in die Vertragsdokumentation finden, determinieren die (nachfolgend dargestellte) **rechtliche Einordnung des Leasingvertrags,**[146] das heißt des Vertragsverhältnisses zwischen Leasinggeber und Leasingnehmer.

2. Abgrenzung zur Miete

146 Die Übersetzung des Begriffs Leasing (= Miete) spricht dafür, den Leasingvertrag als Mietvertrag einzuordnen. Dies auch deshalb, weil sowohl beim Leasing als auch bei der Miete der Gegenstand lediglich auf Zeit zum Gebrauch überlassen wird. Unterschiede bestehen jedoch darin, dass beim Leasing die **Investitionsentscheidung** grundsätzlich vom Leasingnehmer und nicht vom Leasinggeber getroffen wird. Der Leasinggeber schafft den Leasinggegenstand nur deshalb an, weil der Leasingnehmer bereit ist, einen Leasingvertrag abzuschließen. Da der Leasingnehmer die Investitionsentscheidung trifft, hat er (im Gegensatz zum Mieter) die **Gefahr des Verlusts, der Verschlechterung und des Untergangs**[147] des Leasinggegenstands zu tragen. Ferner unterscheiden sich Miete und Leasing dadurch, dass Leasing neben der reinen Gebrauchsüberlassung auch noch eine **Finanzierungsfunktion** erfüllt. Deshalb werden über die Leasingraten die Anschaffungskosten amortisiert und der Leasingvertrag ist während der (Grund-)Laufzeit grundsätzlich nicht kündbar.[148]

3. Abgrenzung zum Kauf

147 Vom Kauf unterscheidet sich Leasing insbesondere dadurch, dass der Leasingnehmer **kein Eigentum** am Leasinggegenstand erwirbt. Ähnlich einem Käufer trägt der Leasingnehmer jedoch das Risiko des Verlusts, einer Verschlechterung und des Untergangs des Leasinggegenstands.

4. Abgrenzung zum Darlehen

148 Darlehen und Leasing ist ihre Finanzierungsfunktion gemeinsam. Sofern der finanzierte Gegenstand an den Darlehensgeber zur Sicherheit übereignet wird, ist beiden Vertragstypen auch gemein, dass der Leasingnehmer/Darlehensnehmer nicht zivilrechtlicher Eigentümer des Gegenstands wird. Der Unterschied liegt jedoch darin, dass der Darlehensnehmer nach Rückzahlung des Darlehens Eigentümer des Gegenstands wird, wohingegen der Leasingnehmer nach Ablauf der Vertragslaufzeit den Gegenstand grundsätzlich an den Leasinggeber zurückzugeben hat. In der **Bilanz** hat demzufolge der Darlehensnehmer den Gegenstand trotz einer etwaigen Sicherungsübereignung an den Kreditgeber als wirtschaftlicher Eigentümer zu aktivieren (und korrespondierend ist eine entsprechende Verbindlichkeit gegenüber der Bank zu passivieren), wohingegen der

---

[144] Vgl. hierzu unten unter Rn. 151 ff.

[145] Vertiefend hierzu und zur damit verbundenen AGB-Problematik *Martinek,* Moderne Vertragstypen, Bd. I, S. 152 ff.

[146] Hierzu ausführlich MünchKommBGB/*Habersack* Leasing Rn. 23 ff.

[147] BGH NJW 1998, 1637; Palandt/*Weidenkaff* Einf. v. § 535 BGB Rn. 37.

[148] MünchKommBGB/*Habersack* Leasing Rn. 17 und 108.

Leasinggegenstand beim Leasing vom Leasinggeber zu aktivieren ist. Entsprechend wird Leasing auch häufig als Form der ***„off balance sheet"*** **Finanzierung** mit der Folge der **Bilanzverkürzung** gepriesen.[149]

5. Rechtsprechung und Praxis

Rechtsprechung[150] und Praxis[151] gehen mangels einer gesetzlichen Regelung des Leasingvertrags und aufgrund der Nähe des Leasing zur Miete davon aus, dass auf den Leasingvertrag grundsätzlich die Vorschriften des **Mietrechts,** d. h. die **§§ 535 ff. BGB,** Anwendung finden. Allerdings muss bei der Anwendung des Mietrechts auf Leasingverträge jeweils den Besonderheiten des Leasing (insbesondere: Investitionsentscheidung durch den Leasingnehmer und Finanzierungsfunktion des Leasing) sowie der konkreten vertraglichen Ausgestaltung im Einzelfall Rechnung getragen werden. 149

Der Gesetzgeber hat mittlerweile, um der Finanzierungsfunktion des Leasing Rechnung zu tragen, in **§ 499 Abs. 2 BGB** in Verbindung mit **§ 500 BGB** eine ausdrückliche gesetzliche Regelung aufgenommen, wonach bei Finanzierungsleasingverträgen zwischen einem **Unternehmer** und einem **Verbraucher** bestimmte Regelungen des **Darlehensrechts,** §§ 492 Abs. 1 Satz 1 bis 4, 492 Abs. 2 und 3, 495 Abs. 1 und 496 bis 498 BGB und für **verbundene Verträge** (hier: Leasing- und Kaufvertrag), §§ 358, 359 BGB Anwendung finden.

Daneben handelt es sich bei den Regelungen in Leasingverträgen, die von den Leasinggesellschaften bei der Abwicklung des täglichen Massengeschäfts verwendet werden, regelmäßig um **Allgemeine Geschäftsbedingungen,** so dass sich die Verträge am Maßstab der **§§ 305 ff. BGB** messen lassen müssen. 150

III. Typischer Ablauf einer Leasing-Transaktion

Regelmäßig läuft eine Leasing-Transaktion dergestalt ab, dass sich der Kunde/Leasingnehmer in einem ersten Schritt beim Lieferanten/Händler/Hersteller den Leasinggegenstand nach seinen Vorstellungen (insbesondere im Hinblick auf die technische Ausstattung) auswählt. In diesem Zusammenhang verhandelt er auch die **kommerziellen Details,** d. h. den Kaufpreis, mit dem Lieferanten. 151

Anschließend wird häufig der Kaufvertrag über den Leasinggegenstand zunächst zwischen dem Lieferanten und dem Leasingnehmer abgeschlossen, wobei die Parteien vereinbaren, dass der Leasinggeber im Zuge einer **Vertragsübernahme, §§ 415 f. BGB,** anstelle des Leasingnehmers in den Kaufvertrag einsteigen kann (sog. **Eintrittsmodell**).[152] Grundsätzlich ist bei dieser Gestaltung davon auszugehen, dass der Kaufvertrag durch das Nichtzustandekommen des Leasingvertrags (und das Nichtzustandekommen der damit verbundenen Vertragsübernahme im Hinblick auf den Kaufvertrag) **auflösend bedingt, § 158 Abs. 2 BGB,** ist. Um etwaige spätere Streitigkeiten zu vermeiden, empfiehlt es sich, diese auflösende Bedingung ausdrücklich in den Kaufvertrag aufzunehmen. Zudem sollte der Kaufvertrag eine **Befristung, §§ 163, 158 Abs. 2 BGB,** enthalten, wonach der Kaufvertrag automatisch erlischt, wenn der Leasingvertrag nicht bis zu einem bestimmten Zeitpunkt abgeschlossen wird.

Alternativ ist denkbar, dass der Leasingnehmer beim Lieferanten lediglich einen **Antrag auf Abschluss eines Leasingvertrags** ausfüllt. Der Lieferant übermittelt in diesem Fall dem Leasinggeber den Antrag sowie ein **Angebot** (des Lieferanten gegenüber dem Leasinggeber) **zum Abschluss eines Kaufvertrags** zu den Modalitäten, die zwischen Lieferant und dem Leasingnehmer vereinbart wurden. 152

---

[149] Staudinger/*Stoffels* Leasing Rn. 48; *v. Westphalen*, Der Leasingvertrag, Rn. 26 ff.

[150] BHG NJW 1987, 377; NJW 1989, 460; NJW 1994, 516. Eine Übersicht über die Entwicklung der Rechtsprechung findet sich bei *Martinek*, Moderne Vertragstypen, Bd. I, S. 70 ff.

[151] Staudinger/*Stoffels* Leasing Rn. 70 f.

[152] MünchKommBGB/*Habersack* Leasing Rn. 41 und 49.

153 Welche der beiden vorstehend beschriebenen **Alternativen** zur Anwendung kommt, hängt im wesentlichen davon ab, ob der Leasingnehmer den Abschluss mit einer bestimmten, von ihm ausgewählten, Leasinggesellschaft wünscht oder ob – wie insbesondere im Bereich des Kraftfahrzeugleasings – der Lieferant mit einer bestimmten Leasinggesellschaft zusammenarbeitet, die ihm meist entsprechende Antragsformulare zum Abschluss eines Leasingvertrags überlässt.

154 Nach Abschluss von Kauf- und Leasingvertrag liefert der Lieferant den Leasinggegenstand direkt an den Leasingnehmer, wobei der **Leasingnehmer** den Leasinggegenstand als **Erfüllungsgehilfe,** § 278 Satz 1 BGB, **des Leasinggebers** unter dem Kaufvertrag entgegennimmt. Somit erfüllt der Lieferant durch die Übergabe des Leasinggegenstands an den Leasingnehmer seine Verpflichtung zur Übergabe und Übereignung an den Leasinggeber unter dem Kaufvertrag. Zugleich handelt der **Lieferant** im Rahmen dieser Übergabe an den Leasingnehmer als **Erfüllungsgehilfe des Leasinggebers,** indem er dessen Verpflichtung gegenüber dem Leasingnehmer unter dem Leasingvertrag auf Überlassung des Leasinggegenstands zum Gebrauch erfüllt.[153]

IV. Typische Regelungen

Es gibt eine Reihe typischer Regelungen in Leasing-Verträgen:

1. Abnahme- und Untersuchungspflicht

155 Wie bereits oben ab Rn. 151 dargestellt, übergibt der Lieferant den Leasinggegenstand in Erfüllung des Kaufvertrags mit dem Leasinggeber direkt dem Leasingnehmer. Dieser nimmt den Leasinggegenstand als Erfüllungsgehilfe des Leasinggebers entgegen.

156 Damit der Leasinggeber seine Gewährleistungsrechte aus dem Kaufvertrag mit dem Lieferanten nicht aufgrund einer Verletzung seiner Untersuchungsobliegenheit § 377 HGB verliert, enthält der Leasingvertrag grundsätzlich eine Regelung, wonach der Leasingnehmer verpflichtet ist, den Leasinggegenstand zu untersuchen:

Formulierungsbeispiel Untersuchungspflicht des Leasingnehmers:

Der Leasingnehmer ist verpflichtet, den Leasinggegenstand vom Lieferanten abzunehmen. Sofern der Leasingnehmer Kaufmann ist, übernimmt er es, anstelle des Leasinggebers, den Leasinggegenstand unverzüglich gemäß § 377 HGB zu untersuchen und dem Lieferanten einen sich hierbei zeigenden Mangel unverzüglich (§ 122 BGB) anzuzeigen. Der Leasingnehmer hat dem Leasinggeber eine Kopie der Anzeige zu übersenden.

157 Zu beachten ist, dass eine solche Klausel jedenfalls in Allgemeinen Geschäftsbedingungen gegenüber einem Nichtkaufmann, zumindest wenn sie nicht auf offensichtliche Mängel beschränkt ist, unwirksam sein dürfte.[154]

2. Gefahrtragung

158 Da der Leasingnehmer beim Finanzierungsleasing die Investitionsentscheidung trifft und deshalb – anders als bei der Miete – die Gefahr des Verlusts, der Verschlechterung und des Untergangs des Leasinggegenstands tragen soll,[155] sind folgende oder ähnliche Regelungen im Leasingvertrag enthalten:

---

[153] Vertiefend zum Ablauf einer Leasing-Transaktion und zum wirtschaftlichen Grundkonzept *Martinek,* Moderne Vertragstypen, Bd. I, S. 37 ff.

[154] BGHZ 110, 130, 137 ff. = BGH NJW 1990. 1290; MünchKommBGB/*Habersack* Leasing Rn. 44; AGB-Recht/*Schmidt* Anh. § 310 BGB Rn. 533.

[155] MünchKommBGB/*Habersack* Leasing Rn. 70 ff.

Formulierungsbeispiel Gefahrtragung:

Der Leasingnehmer trägt im Hinblick auf den Leasinggegenstand die Gefahr des Untergangs, des Abhandenkommens, der Verschlechterung, des Verlusts sowie des Wegfalls der Gebrauchsfähigkeit, auch wenn ihn kein Verschulden trifft. Derartige Ereignisse lassen die Pflichten des Leasingnehmers aus diesem Vertrag unberührt, insbesondere ist er weiterhin zur Entrichtung der Leasingraten verpflichtet. Ferner wird der Leasingnehmer den Leasinggeber über den Eintritt derartiger Ereignisse unverzüglich (§ 122 BGB) nach Kenntniserlangung unterrichten.

3. Versicherung

Weiterhin ist der Leasingnehmer üblicherweise verpflichtet, den Leasinggegenstand zu 159
versichern. Der Umfang der Versicherungspflicht hängt dabei vom jeweiligen Leasinggegenstand ab (beim KFZ-Leasing regelmäßig Vollkasko- und Haftpflichtversicherung). Ferner wird der Leasinggeber verlangen, dass ihm die Ansprüche aus den Versicherungsverträgen zur Sicherheit abgetreten werden, damit er im Falle eines Untergangs des Leasinggegenstands und einer gleichzeitigen Insolvenz des Leasingnehmers nicht auch noch die Versicherungsleistung verliert.[156]

Verbreitet sind insofern Vereinbarungen der folgenden Art: 160

Formulierungsbeispiel Versicherung des Leasinggegenstandes:

Der Leasingnehmer hat den Leasinggegenstand während der gesamten Leasingdauer auf eigene Kosten gegen die üblichen Gefahren, insbesondere diejenigen, für die der Leasinggeber einen Versicherungsschutz verlangt, bei einer Versicherungsgesellschaft, hinsichtlich derer der Leasinggeber seine Zustimmung erteilt hat, zu versichern („Versicherungspflicht") und dem Leasinggeber den Versicherungsschutz nachzuweisen.

Kommt der Leasingnehmer seiner Versicherungspflicht nicht oder nicht vollständig nach oder zahlt er Versicherungsprämien nicht, nicht vollständig oder nicht zum Fälligkeitszeitpunkt, so darf der Leasinggeber – je nachdem – den Leasinggegenstand auf Kosten des Leasingnehmers versichern oder die ausstehenden Versicherungsprämien – ebenfalls auf Kosten des Leasingnehmers – bezahlen.

Der Leasingnehmer tritt hiermit seine Rechte und Ansprüche aus sämtlichen Versicherungen für den Leasinggegenstand zur Abdeckung der Nachteile, die der Leasinggeber aus der Beschädigung des Leasinggegenstands erleidet, an den Leasinggeber zur Sicherheit ab.

4. Gewährleistungsrechte/Haftungsausschluss

Da die Anschaffung des Leasinggegenstands vornehmlich im Interesse des Leasing- 161
nehmers erfolgt, schließt der Leasinggeber (aufgrund dieser vom Mietvertrag abweichenden Interessenlage) die mietvertraglichen Erfüllungs- und Gewährleistungsrechte aus. Dieser Haftungsausschluss wird von der Rechtsprechung[157] und Literatur[158] akzeptiert, wenn der Leasinggeber an den Leasinggeber „als Ausgleich" seine kaufvertraglichen Gewährleistungsrechte gegen den Lieferanten abtritt.

In der Praxis wird insofern häufig folgende oder eine ähnliche Klausel verwendet: 162

---

[156] *v. Westphalen,* Der Leasingvertrag, S. 670 ff.

[157] BGH NJW 1987, 1072, 1073; NJW 1988, 2465, 2467. Voraussetzung für die Wirksamkeit einer so genannten Drittverweisungsklausel ist jedoch stets, dass dem Leasingnehmer die kaufrechtlichen Mängelansprüche unbedingt und endgültig abgetreten werden (kein „Vorbehalt eigener Rechtsverfolgung").

[158] Staudinger/*Stoffels* Leasing Rn. 219 ff.

Formulierungsbeispiel Abtretung der kaufvertraglichen Gewährleistungsrechte:

Ansprüche und Rechte des Leasingnehmers gegen den Leasinggeber im Hinblick auf den Leasinggegenstand aufgrund etwaiger Sach- und/oder Rechtsmängel, wegen der Beschaffenheit oder wegen dessen mangelnder Verwendbarkeit sind – soweit der Leasinggeber den Sach- und/oder Rechtsmangel nicht arglistig verschwiegen hat – ausgeschlossen.

Ebenso sind Ansprüche des Leasingnehmers gegen den Leasinggeber ausgeschlossen, die daraus resultieren, dass der Lieferant das Leasingobjekt nicht, nicht fristgerecht oder nicht vertragsgemäß liefert oder der Lieferant eine sonstige Pflichtverletzung begeht.

Zum Ausgleich der vorstehend geregelten Haftungsausschlüsse tritt der Leasinggeber hiermit an den dies hiermit annehmenden Leasingnehmer seine Ansprüche und Rechte gegen den Lieferanten wegen Pflichtverletzung im Hinblick auf den Leasinggegenstand, insbesondere auf Nacherfüllung, Rücktritt, Minderung und Schadenersatz inkl. etwaiger selbständiger Garantien (auch gegen Dritte) ab.

Im Übrigen ist die Haftung des Leasinggebers für Schäden des Leasingnehmers, für die er aufgrund eigenen Verschuldens oder Verschuldens seiner gesetzlichen Vertreter oder seiner Erfüllungsgehilfen einzustehen hat, – vorbehaltlich des nachstehenden Satzes – auf Fälle von Vorsatz oder grober Fahrlässigkeit beschränkt. In den Fällen der Verletzung von Leben, Körper oder Gesundheit sowie bei Verletzung wesentlicher Vertragspflichten wird auch für einfache Fahrlässigkeit gehaftet.

5. Instandhaltung

163 In Abweichung von den mietrechtlichen Regelungen § 535 Abs. 1 Satz 2 BGB hat der Leasingnehmer die Kosten der Instandhaltung des Leasingobjekts zu tragen. Welche Maßnahmen er im Einzelnen durchzuführen hat, hängt vom jeweiligen Leasinggegenstand ab.

164 Leasingverträge enthalten häufig folgende Regelung:

Formulierungsbeispiel Instandhaltungspflicht:

Der Leasingnehmer hat den Leasinggegenstand während der gesamten Leasingdauer auf seine Kosten in gebrauchsfähigem und nutzbarem Zustand zu erhalten. Ferner hat er sämtliche – gemäß den Empfehlungen des Herstellers oder den im Allgemeinen für entsprechende Leasinggegenstände üblichen – Instandsetzungs- und Wartungsarbeiten durch einen qualifizierten Fachbetrieb auf seine Kosten durchführen zu lassen.

6. Kündigung

165 Da der Leasingvertrag Finanzierungsfunktion hat, ist während der Grundlaufzeit das Recht zur ordentlichen Kündigung ausgeschlossen, um sicherzustellen, dass die Investition des Leasinggebers amortisiert wird. Das Recht zur Kündigung eines Dauerschuldverhältnisses aus wichtigem Grund, § 314 BGB kann hingegen nicht ausgeschlossen werden.

166 Eine entsprechende Klausel könnte wie folgt formuliert werden:

Formulierungsbeispiel Ausschluss der ordentlichen Kündigung:

Die ordentliche Kündigung des Leasingvertrags während der Leasingdauer ist für beide Parteien ausgeschlossen. Das Recht beider Parteien zur Kündigung aus wichtigem Grund (§ 314 BGB) bleibt davon unberührt.

7. Ende der Grundlaufzeit

Die sich bereits aus dem Gesetz, § 546 Abs. 1 BGB ergebende Pflicht des Leasingnehmers, den Leasinggegenstand nach Beendigung des Leasingvertrags an den Leasinggeber zurückzugeben, wird regelmäßig ausdrücklich im Leasingvertrag festgehalten und häufig dahingehend modifiziert, dass die Rückgabe an einem vom Leasinggeber benannten Ort zu erfolgen hat (und nicht wie gesetzlich vorgesehen am Geschäftssitz des Leasinggebers): 167

Formulierungsbeispiel Rückgabe des Leasinggegenstands:

Nach Beendigung des Leasingvertrags hat der Leasingnehmer den Leasinggegenstand auf seine Kosten und Gefahr an einen vom Leasinggeber bestimmten Ort innerhalb der Bundesrepublik Deutschland zurückzugeben oder auf Verlangen des Leasinggebers auf seine Kosten in Übereinstimmung mit den gesetzlichen Regelungen zu entsorgen.

Daneben enthalten Teilamortisations-Leasingverträge meist eine Regelung, wonach dem Leasinggeber nach Beendigung des Leasingvertrags ein Andienungsrecht zusteht oder der Leasingnehmer eine Abschlusszahlung zu leisten hat, wenn im Rahmen der Verwertung des Leasinggegenstands der vereinbarte Restwert nicht erzielt wird. Dies deshalb, um sicherzustellen, dass letztendlich sämtliche Investitionskosten des Leasinggebers vom Leasingnehmer getragen werden. 168

D. Nutzung von Umlaufvermögen, insbesondere Forderungen zur Finanzierung

Neben die klassische Finanzierung von Unternehmen durch Bankkredite sind zunehmend **alternative Finanzierungsmöglichkeiten**, unter anderem durch die Nutzung von Forderungen, getreten. Ein solcher Einsatz von Forderungen zur Finanzierung kann zu einer **Reduzierung der Abhängigkeit von der Hausbank** und somit zu einem gesunden **Finanzierungsmix** des Unternehmens beitragen.

I. Bedeutung

Gemeinsam ist sämtlichen Arten der Nutzung von Forderungen zur Finanzierung, dass nicht liquide Forderungen in **Liquidität** gewandelt werden. Die hierdurch gewonnene Liquidität kann etwa zur Finanzierung des laufenden Betriebsmittelbedarfs oder zur Rückführung von (teureren) langfristigen Verbindlichkeiten eingesetzt werden. Häufig (etwa beim echten Factoring, Forfaitierung oder *Asset-Backed Securities*) wird dies auch zu einer **Bilanzverkürzung** führen. Zunehmend finden sich **standardisierte Produkte** auf dem Markt, so dass Forderungen zur Finanzierung auch von kleineren mittelständischen Unternehmen genutzt werden können. 169

Tendenziell werden sich (gegenüber dem klassischen Bankkredit) die Anforderungen an **Berichtspflichten** und Dokumentation des Unternehmens (insbesondere im Hinblick auf die zur Finanzierung genutzten Forderungen) erhöhen. 170

Bei einer Finanzierung unter Nutzung von Forderungen des Unternehmens ist grundsätzlich zu regeln, ob das Unternehmen oder das die Finanzierung zur Verfügung stellende Institut das Risiko des Forderungsausfalls trägt (***recourse* oder *non-recourse* Finanzierung**).

II. Finanzierungsarten

Bei den Arten der Finanzierung sind verschiedene Aspekte zu unterscheiden:

1. Asset-Based Lending/Borrowing-Base-Financing

171 a) **Grundzüge.** *Asset-Based Lending* bezeichnet eine Finanzierung gegen Beleihung von Vermögenswerten, d.h. die Höhe des von der Bank zur Verfügung gestellten Kredits richtet sich insbesondere nach dem Wert der zur Besicherung des Kredits bestellten Sicherheiten (z.B. Grundschulden, Bürgschaften, Verpfändungen, Sicherungsabtretungen und -Übereignungen). Abzugrenzen ist das *Asset-Based Lending* von der sog. *Cashflow* Finanzierung, bei der sich die Höhe des Kredits nicht in erster Linie nach den zur Verfügung gestellten Sicherheiten richtet, sondern nach dem (prognostizierten) *Cashflow* des Kreditnehmers, den dieser zur Bedienung des Kredits einsetzen kann.

172 *Borrowing-Base-Financing* (*Borrowing Base* = Beleihungsgrundlage) ist eine Erscheinungsform des *Asset-Based Lending*, die insbesondere in jüngerer Zeit im Rahmen der **Betriebsmittelfinanzierung** Verbreitung gefunden hat und eine **Alternative zum klassischen Betriebsmittelkredit** darstellt.

Dabei dient das **Umlaufvermögen** des Unternehmens, insbesondere Roh-, Hilfs- und Betriebsstoffe, Halbfertig- und Fertigprodukte sowie Forderungen, der **Besicherung** der Ansprüche **der Bank.** Zusätzlich können auch Bankguthaben, hinsichtlich derer die Konten zugunsten des Kreditgebers verpfändet werden, zur Erhöhung der *Borrowing Base* herangezogen werden.

173 Bei einer *Borrowing-Base* Finanzierung sieht der Darlehensvertrag einen **Höchstbetrag** vor, bis zu dem die Bank maximal Betriebsmittelkredite an den Darlehensnehmer ausreicht. In welcher Höhe der Darlehensnehmer den Betriebsmittelkredit tatsächlich ziehen kann, hängt vom Wert des Umlaufvermögens oder der Teile des Umlaufvermögens, die zur Besicherung der Bank dienen, ab. Der Darlehensvertrag enthält insofern Regelungen, wie das Umlaufvermögen zu bewerten ist und welche **(Bewertungs-)Abschläge** vorzunehmen sind. Derartige Abschläge verlangt die Bank vor dem Hintergrund, dass die Konditionen des Darlehens auf der Annahme basieren, wonach jeweils 100% des Kreditengagements werthaltig besichert ist und im Falle einer Verwertung dieser Sicherheiten regelmäßig nicht der volle Wert erzielt werden kann.

Die **Höhe** der von der Bank vorgenommenen **(Bewertungs-)Abschläge** hängt dabei jeweils von den **Umständen des Einzelfalls** und innerhalb gewisser Grenzen auch vom **Verhandlungsgeschick** des Darlehensnehmers ab.

174 Grundsätzlich beeinflussen insbesondere folgende Faktoren die Höhe der Abschläge bei der Bewertung des **Warenbestands:**
- Lagerort (In- oder Ausland; Lagerung in eigenen oder angemieteten[159] Räumlichkeiten),
- Lagerumschlagsfaktor sowie
- Abschreibungsrichtlinien des Unternehmens.

Für die Bewertung des **Forderungsbestands** sind hingegen insbesondere folgende Faktoren relevant:
- Bonität der Drittschuldner,
- Zahlungsbedingungen (Skonti, Rabatte),
- Bestehen einer Warenkreditversicherung und
- Drittschuldner im In- oder Ausland.

175 Gegenüber einer herkömmlichen Betriebsmittelfinanzierung hat *Borrowing-Base-Financing* den Vorteil, dass dem Darlehensnehmer eine „atmende" Kreditlinie eingeräumt wird, das heißt sie passt sich dem jeweiligen Finanzierungsbedarf des Darlehensnehmers an. Dies vor dem Hintergrund, dass in Zeiten steigender Rohstoffpreise, in denen der Finanzierungsbedarf des Darlehensnehmers steigt, der Lagerbestand ebenfalls höher bewertet wird und deshalb höhere Beträge unter der Betriebsmittellinie gezogen werden können.

---

[159] Abschläge für Vermögensgegenstände, die in gemieteten Räumlichkeiten gelagert werden, werden zumindest dann gemacht, wenn der Vermieter nicht auf sein Vermieterpfandrecht gemäß § 562 BGB verzichtet.

Allerdings erhöht sich der **organisatorische Aufwand** bei Unternehmen, die *Borrowing-Base-Financing* betreiben, dadurch, dass diese die Bank in regelmäßigen Abständen (häufig im 14-Tage-Rhythmus) über den Bestand und die Entwicklung des Lager- und Forderungsbestands informieren müssen. Auf Grundlage dieser Zahlen legt die Bank sodann die mögliche Inanspruchnahme unter dem Betriebsmittelkredit fest. Die erhöhten Anforderungen an das *Reporting/Controlling* können für das Unternehmen jedoch auch Anlass sein, sein **Vorrats- und Debitorenmanagement** zu optimieren.

b) Typische Regelungen. Über die Regelungen eines gewöhnlichen Betriebsmittelkredits hinaus wird ein Kreditvertrag für eine *Borrowing Base* Finanzierung insbesondere Regelungen zur Ermittlung und Bewertung der Beleihungsgrundlage sowie zu den Informationspflichten des Kreditnehmers enthalten: 176

Formulierungsbeispiel Ermittlung und Bewertung der Beleihungsgrundlage:

Der Kreditgeber räumt dem Kreditnehmer hiermit einen Betriebsmittelkredit in Höhe der am jeweils vorausgehenden Stichtag ermittelten *Borrowing Base* (wie nachstehend definiert), maximal jedoch in Höhe von EUR [. . .] („Höchstbetrag"), ein.

Die *Borrowing Base* definiert sich als Summe aus Warenbestand (wie nachstehend definiert) und Forderungsbestand (wie nachstehend definiert).

Der Warenbestand ist der Bestand an Roh-, Hilfs- und Betriebsstoffen, unfertigen Erzeugnissen sowie fertigen Erzeugnissen und Waren im Sinne des § 266 Abs. 2 B. Nr. 1 bis 3 HGB, ermittelt zu Preisen am Stichtag abzüglich (i) Verbindlichkeiten gegenüber Lieferanten, sofern diesen ein Eigentumsvorbehalt am Warenbestand eingeräumt ist sowie (ii) eines pauschalen Abschlags in Höhe von [. . .]% des verbleibenden Warenbestands (d. h. des Warenbestands nach Abzug des bereits gemäß (i) abgezogenen Betrags) („Pauschalabzug Warenbestand").

Der Forderungsbestand ist der Nominalwert an Forderungen aus Lieferungen und Leistungen am Stichtag abzüglich (i) des Nominalwerts an Forderungen aus Lieferungen und Leistungen, die seit mehr als [. . .] Tagen fällig und nicht bezahlt sind, (ii) des Betrags in Höhe dessen dem Kreditnehmer oder dem Debitor ein Recht zur Aufrechnung (§ 387 BGB) im Hinblick auf Forderungen aus Lieferungen und Leistungen zusteht, (iii) des Nominalbetrags von Forderungen aus Lieferungen und Leistungen gegenüber verbundenen Unternehmen und (iv) eines pauschalen Abschlags in Höhe von [. . .]% des verbleibenden Forderungsbestands (d.h. des Forderungsbestands nach Abzug der bereits gemäß (i) bis (iii) abgezogenen Betrags) („Pauschalabzug Forderungsbestand").

Der Kreditgeber ist jederzeit berechtigt, den Pauschalabzug Warenbestand sowie den Pauschalabzug Forderungsbestand gemäß § 315 BGB anzupassen.

Sofern die Inanspruchnahme unter dem Betriebsmittelkredit an einem Stichtag die *Borrowing Base* übersteigt, ist der die *Borrowing Base* übersteigende Betrag unverzüglich (§ 122 BGB), spätestens jedoch innerhalb von drei Bankarbeitstagen, zurückzuführen.

Hinsichtlich der Informationspflichten sind folgende oder ähnliche Regelungen gebräuchlich: 177

Formulierungsbeispiel Informationspflichten:

Der Kreditnehmer wird der Bank jeweils am 15. und 30. eines jeden Monats („Stichtag") folgende Unterlagen zur Verfügung stellen:

- Liste sämtlicher Debitoren einschließlich sämtlicher Außenstände des jeweiligen Debitors (zum Stichtag), unter Angabe des jeweiligen Zahlungsziels
- Liste des Bestands des Umlaufvermögens des Kreditnehmers (zum Stichtag)
- Liste, aus der sich die erforderlichen Informationen zur Ermittlung der Abzugsposten (i) auf den Warenbestand und der Abzugsposten (i) bis (iii) auf den Forderungsbestand ergeben.

2. Factoring

178 a) **Grundsätzliches.** Beim Factoring **verkauft** ein Unternehmen (Anschlusskunde, Klient oder **Kunde** genannt) seine **Forderungen** gegen einzelne oder sämtliche Schuldner (Drittschuldner oder **Debitoren** genannt) an ein Factoringunternehmen (**Factor**).[160] Der Factor zahlt an den Kunden den **Nominalbetrag** der Forderung **abzüglich** Gebühren (als bestimmter Prozentsatz des Nominalbetrags der angekauften Forderung für die Bereitstellung des Factoring (sog. *Handling*-Gebühr)[161]), Zinsen für die Inanspruchnahme des Factoring, d.h. die Vorfinanzierung der Forderung, Boni und Skonti, die der Debitor in Anspruch nehmen kann, und eines Sicherungseinbehalts. Gegenstand des Factoring sind meist **Forderungen aus Lieferungen und Leistungen** mit einer **Laufzeit von maximal 180 Tagen.**

Der Kunde trägt grundsätzlich das **Veritätsrisiko** für die verkaufte Forderung, d.h. er ist dafür verantwortlich, dass die Forderung, die Gegenstand des Factoring ist, rechtswirksam besteht, abtretbar,[162] nicht mit Einwendungen (insbesondere Gewährleistungsrechten des Debitors) belastet ist und die Forderung nicht aufgrund Aufrechnung erlischt.[163]

179 Insofern enthalten Factoring-Vereinbarungen regelmäßig nachstehende oder ähnliche Klauseln:

> **Formulierungsbeispiel Veritätsrisiko:**
>
> Der Kunde garantiert dem Factor, dass die jeweils verkaufte Forderung, einschließlich aller Nebenrechte besteht, abtretbar und nicht mit Einreden, Einwendungen oder Gegenrechten des Debitors oder Dritter behaftet ist. Er garantiert ferner, dass die Forderung bis zu ihrer Erfüllung nicht nachträglich in ihrem rechtlichen Bestand verändert wird, insbesondere nicht durch Einreden, Einwendungen oder Zurückbehaltungsrechte, wie z.B. Auf- und Verrechnung, Anfechtung, Minderung, Rücktritt des Debitors, Schadenersatz, Nachleistung oder Nachbesserung beeinträchtigt wird. Der Kunde garantiert weiterhin, dass er zur Abtretung dieser Forderung berechtigt ist.
>
> Im Garantiefall kann der Factor die Beseitigung des Mangels verlangen (Nacherfüllung). Nach fruchtlosem Fristablauf kann der Factor den Kaufpreis mindern, vom Forderungskauf zurücktreten sowie daneben Schadensersatz geltend machen. Gleiches gilt, wenn eine Fristsetzung auf Grund gesetzlicher Vorschriften entbehrlich ist.

180 b) **Echtes und unechtes Factoring.** In **beiden** Fällen erfüllt Factoring Finanzierungsfunktion. Beim **unechten Factoring** sind die Elemente des **Darlehensrechts,** §§ 488 ff. BGB[164] dominierend, wohingegen auf **echtes Factoring** grundsätzlich **Kaufrecht,** §§ 433 ff. BGB[165] Anwendung findet. Beim echten Factoring (auch *non-recourse Factoring* genannt) trägt der Factor das **Delkredere-Risiko,** d.h. das Risiko des Ausfalls des Debitors. Beim unechten Factoring (auch *recourse Factoring* genannt) verbleibt dieses Risiko beim Kunden.[166] Regelmäßig enthalten Verträge betreffend echtes Factoring umfassende Regelungen, wann von einem „Ausfall eines Debitors" auszugehen ist. Sofern nach dieser Definition der Ausfall des Debitors feststeht, wird die Forderungsabtretung dem De-

---

[160] MünchKommAktG/*Heinrichs* § 246 HGB Rn. 156; Palandt/*Grüneberg* § 398 BGB Rn. 35.

[161] Dies gilt insbesondere, sofern der Factor über die Forderungsfinanzierung hinaus weitere Dienstleistungen erbringt (hierzu auch unten unter Rn. 182).

[162] Zu Abtretungsverboten vgl. unten unter Rn. 193.

[163] Zur Abtretung von Forderungen, die ausländischem Recht unterliegen vgl. unten unter Rn. 196.

[164] BGHZ 58, 364, 366 ff.; Palandt/*Grüneberg* § 398 BGB Rn. 37; Staudinger/*Busche* Einl. zu §§ 398 ff. Rn. 152.

[165] Palandt/*Grüneberg* § 398 BGB Rn. 36; Staudinger/*Busche* Einl. zu §§ 398 ff. Rn. 146.

[166] MünchKommBGB/*Roth* § 398 BGB Rn. 164.

bitor offen gelegt (sofern dies wie beim offenen Factoring nicht bereits passiert ist) und der Factor übernimmt den Forderungseinzug. Häufig erhält der Kunde die Möglichkeit, Forderungen, hinsichtlich derer der Forderungsausfall feststeht, zurückzukaufen und somit die Offenlegung der Forderungsabtretung sowie den Forderungseinzug durch den Factor abzuwenden. In gewissen Fällen mag dies aus Sicht des Kunden, insbesondere aus geschäftspolitischen Gründen, ratsam erscheinen.

In der **Praxis** hat sich weitgehend das **echte Factoring** durchgesetzt. Dabei reduziert 181 sich das Risiko des Factors regelmäßig dadurch, dass entweder der Kunde verpflichtet wird, für die Forderungen, die Gegenstand des Factoring sind, eine Warenkreditversicherung abzuschließen (oder eine bereits bestehende Warenkreditversicherung für die Laufzeit des Factoring-Vertrags beizubehalten) oder der Factor schließt selbst eine Warenkreditversicherung ab (wodurch sich die vom Kunden zu bezahlende Factoring-Gebühr erhöht).

c) **Offene und stille Abtretung.** Nach deutschem Recht bedarf die Abtretung einer 182 Forderung zu ihrer Wirksamkeit nicht der Offenlegung oder Anzeige gegenüber dem Debitor, § 398 BGB. Allerdings hat die Offenlegung der Abtretung zur Folge, dass der Debitor nach der Offenlegung grundsätzlich nur noch gegenüber dem Factor mit schuldbefreiender Wirkung leisten kann, § 407 BGB.[167] Insofern liegt die Anzeige der Forderungsabtretung regelmäßig im Interesse des Factors (sog. offenes oder *notification Factoring*).

Zahlreiche Kunden bevorzugen hingegen das stille Factoring (auch verdecktes oder *non-notification Factoring* genannt), da sie befürchten, der Debitor könne aus der Offenlegung schließen, die Gesellschaft stecke in wirtschaftlichen Schwierigkeiten. Beim stillen Factoring wird die Forderungsabtretung dem Debitor erst offen gelegt, wenn der Factor den Forderungseinzug übernimmt. Verträge betreffend stilles Factoring enthalten darüber hinaus häufig Klauseln, wonach der Kunde verpflichtet ist, die Bankkonten, auf die die Zahlungen der Debitoren eingehen, zugunsten des Factors zu verpfänden. Ferner ist der Kunde verpflichtet, Zahlungen der Debitoren, die bei ihm eingehen, unverzüglich an den Factor weiterzuleiten.

d) **Dienstleistungen.** Factoring erfüllt für den Kunden häufig nicht lediglich eine Fi- 183 nanzierungs-, sondern auch eine Dienstleistungsfunktion.[168] Insofern übernimmt der Factor wenn der Kunde dies wünscht das **Debitorenmanagement** einschließlich **Mahnwesen** und **Inkasso** (auch für Forderungen, die nicht Gegenstand des Factoring sind). Beim sog. **Fälligkeitsfactoring** (auch *Maturity-Factoring* genannt), bei dem der Factor den Kaufpreis für die Forderung erst bei Fälligkeit der Forderung oder gar Begleichung der Forderung bezahlt, rückt die Dienstleistungs- gegenüber der Finanzierungsfunktion sogar in den Vordergrund. Beim sog. ***Inhouse* Verfahren** hingegen entfällt die Dienstleistungsfunktion ganz und das Factoring hat ausschließlich Finanzierungsfunktion.

e) **Vertragsdokumentation.** Die Vertragsdokumentation, die sich meist an dem **Mus-** 184 **tervertrag des Deutschen Factoring-Verbandes**[169] orientiert, besteht regelmäßig aus einer **Rahmenvereinbarung,** die die Grundlagen der Zusammenarbeit (Gegenstand des Forderungskaufs, Deckungszusagen und Limite, Kaufpreis, Risikoverteilung (Delkredere- und Veritätsrisiko), Offen- oder Nichtoffenlegung der Forderungsabtretung, Weiterleitung von Zahlungseingängen, Informationspflichten, weitere Pflichten von Kunde (z. B. Unterhalten einer Warenkreditversicherung) und Factor (z. B. Dienstleistungen), Übertragung von Nebenrechten und Sicherheiten, Laufzeit) regelt und einer **Konditionenvereinbarung,** in der die für das Factoring zu entrichtenden Entgelte festgehalten sind.

---

[167] Zur Überwindung eines Abtretungsverbotes über § 354a HGB siehe sogleich unten unter Rn. 194.

[168] Staudinger/*Busche* Einl. zu §§ 398 ff. Rn. 162 ff.

[169] Der Deutsche Factoring-Verband mit Sitz in Mainz wurde im Jahre 1974 gegründet. Seine Mitglieder sind insbesondere Factoring-Unternehmen. Naturgemäß sind die Regelungen der vom Factoring-Verband entwickelten Vertragsdokumentation eher „Factor-freundlich" ausgestaltet.

185 **f) Typische Regelungen.** *aa) Verkauf/Abtretung.* Der Rahmenvertrag enthält insbesondere Regelungen zum Verkauf und zur Abtretung der Forderungen, die Gegenstand des Factoring sind.

186 Hinsichtlich des Zustandekommens des Kaufvertrags bestimmen Factoring-Verträge häufig Folgendes:

Formulierungsbeispiel Zustandekommen des Kaufvertrags:

Der Kunde ist verpflichtet, seine sämtlichen Forderungen aus Warenlieferungen und Leistungen gegen sämtliche Debitoren dem Factor unverzüglich (§ 122 BGB) nach Lieferung und/oder Erbringung der Leistung zum Kauf anzubieten. Das Angebot kommt dadurch zustande, dass der Kunde dem Factor alle wesentlichen Merkmale der Forderung gegen den Debitor übermittelt. Der Kunde ist an sein Angebot für einen Zeitraum von [...] Tagen ab Zugang eines den Anforderungen dieser Vereinbarung entsprechenden Angebots beim Factor gebunden.

Das Kaufangebot des Kunden nimmt der Factor durch Gutschrift des Kaufpreises für die Forderung auf dem Abrechnungskonto des Kunden an. Gemäß § 151 Satz 1 BGB verzichtet der Kunde auf den Zugang der Annahmeerklärung.

187 Ferner enthält der Vertrag häufig eine Klausel, wonach der Factor verpflichtet ist, das Angebot anzunehmen, wenn er für den Debitor eine Deckungszusage erteilt hat und die angediente Forderung innerhalb des für den Debitor erteilten Limits liegt.

188 Daneben werden die Forderungen an den Factor aufschiebend bedingt, § 158 Abs. 1 BGB auf den Abschluss des Kaufvertrags an den Factor abgetreten:

Formulierungsbeispiel Aufschiebend bedingte Abtretung:

Der Kunde tritt hiermit dem Factor im Voraus alle künftigen Forderungen aus Warenlieferungen und Leistungen gegen sämtliche Debitoren unter der aufschiebenden Bedingung (§ 158 Abs. 1 BGB) ab, dass die jeweilige Forderung von dem Factor angekauft wird.
Kauft der Factor die Forderung nur teilweise an, so ist diese zunächst nur in der Höhe dieses Teilbetrags abgetreten.

189 *bb) Nebenforderungen/Sicherheiten.* Der Factor wird darauf bestehen, dass ihm beim echten Factoring neben der angekauften Forderung selbst auch sämtliche Sicherheiten und sonstigen Rechte im Zusammenhang mit der angekauften Forderung abgetreten oder auf ihn übertragen werden. Insofern ist folgende Regelung gebräuchlich:

Formulierungsbeispiel Abtretung weiterer Rechte beim echten Factoring:

Die Parteien sind sich einig, dass mit der Abtretung der Forderung auch alle Ansprüche und Rechte, die dem Kunden gegenüber dem Debitor auf Grund Gesetz oder Vertrag zustehen, insbesondere auf Herausgabe oder Rückgabe der der Forderung zugrunde liegenden Ware, auf den Factor übergehen.

Darüber hinaus gehen sämtliche Rechte des Kunden an den Waren hinsichtlich derer der Factor die Forderungen angekauft hat, insbesondere vorbehaltenes Eigentum, Miteigentum und Anwartschaftsrechte, auf den Factor über. Die Übergabe wird durch Abtretung der Herausgabe gegen Drittbesitzer oder gegebenenfalls dadurch ersetzt, dass die Firma die Gegenstände unentgeltlich, treuhänderisch und getrennt von anderen Waren für den Factor verwahrt.

Beim Versendungskauf tritt der Kunde seine Ansprüche gegen den Transporteur und sein Verfolgungsrecht an der Ware an den Factor ab. Der Kunde ist verpflichtet, in den Versanddokumenten, z. B. im Frachtbrief, vermerken zu lassen, dass dem Factor ein Weisungsrecht bezüglich der Ware zusteht. Die Verpflichtungen des Kunden gegenüber dem Transporteur bleiben hiervon unberührt.

Der Kunde tritt hiermit an den dies annehmenden Factor seine sämtlichen eventuellen Versicherungsansprüche in Bezug auf die abgetretenen Forderungen und übereigneten Waren sowie alle gegenwärtigen und zukünftigen auf die Waren bezogenen Schadensersatzansprüche ab. Soweit die Abtretung von besonderen weitergehenden Voraussetzungen abhängig ist, verpflichtet sich der Kunde, die Abtretung in der notwendigen Weise vorzunehmen.

cc) Vertragsbeziehung mit den Debitoren. Meist verpflichten Factoring-Verträge den Kunden, bestimmte Vereinbarungen mit seinen Debitoren zu treffen: 190

Formulierungsbeispiel Debitorenvereinbarungen:

Der Kunde verpflichtet sich, mit seinen Debitoren einen verlängerten Eigentumsvorbehalt sowie für sämtliche Streitigkeiten aus oder im Zusammenhang mit der Geschäftsbeziehung den Gerichtsstand [...] zu vereinbaren.

g) Verlängerter Eigentumsvorbehalt und Factoring. Beim Factoring stellt sich die Frage, wie das **Konkurrenzverhältnis** zwischen der Abtretung einer Forderung an den Factor und der Abtretung der (selben) Forderung an einen Warenlieferanten im Rahmen eines verlängerten Eigentumsvorbehalts zu lösen ist. 191

Grundsätzlich ist bei mehreren Abtretungen allein die zeitlich frühere wirksam (sog. **Prioritätsgrundsatz**).[170] Unter Verweis auf die besondere Schutzbedürftigkeit der Warenlieferanten hat der Bundesgerichtshof die sog. **Vertragsbruchtheorie**[171] entwickelt. Danach ist die Abtretung von Forderungen an eine Partei unwirksam, sofern sie mit dem verlängerten Eigentumsvorbehalt eines Lieferanten kollidiert. Hierdurch wird der Prioritätsgrundsatz durchbrochen und der verlängerte Eigentumsvorbehalt des Warenlieferanten geht einer etwaigen zeitlich früheren (Sicherungs-)Abtretung vor.

Hinsichtlich Factoring differenziert die **Rechtsprechung** insofern zwischen echtem und 192
unechtem Factoring.[172] Beim **unechten Factoring** verbleibt es bei der oben skizzierten Rechtslage, das heißt die Abtretung im Rahmen des Factoring geht ins Leere, da das Unternehmen aufgrund der Vereinbarung mit dem Warenlieferanten nicht berechtigt ist, die aus der Weiterveräußerung resultierende Forderung an den Factor abzutreten. Insbesondere deckt die vom Warenlieferanten erteilte Einzugsermächtigung nicht die Abtretung der Forderung im Rahmen des unechten Factoring. Beim **echten Factoring** hingegen geht die Abtretung an den Factor der Abtretung an den Warenlieferanten vor. Dies deshalb, da der Warenlieferant nicht schutzwürdig ist. Im Gegensatz zum unechten Factoring wird die Forderung nicht lediglich als Sicherungsmittel eingesetzt, sondern sie wird „zu Geld gemacht", was der Situation entspricht, in der das Unternehmen die Forderung sofort einzieht.[173] Rechtstechnisch wird dies damit begründet, dass die Übertragung der Forderung im Rahmen des echten Factoring von der vom Warenlieferanten erteilten Einziehungsermächtigung gedeckt ist (sog. **Barvorschusstheorie**).[174]

h) Globalzession und Factoring. Sofern eine Abtretung im Rahmen des Factoring mit einer Globalzession zur Besicherung eines Kredits zusammentrifft, gehen Rechtspre- 193

[170] BGH NJW 1959, 1533; NJW 1980, 772; NJW 2005, 1192.

[171] BGH NJW 1991, 2147; NJW 1999, 940.

[172] BGH NJW 1977, 2207 (echtes Factoring); NJW 1982, 164 (unechtes Factoring).

[173] So genannte deckungsgleiche Verfügung. Daher kann sich der Factor nicht auf sein Vorrecht berufen, wenn der Factoring-Erlös an einen Dritten abgeführt werden soll; vgl. BGH NJW 1987, 1878.

[174] Vgl. hierzu *Canaris* NJW 1981, 249.

chung[175] und die überwiegende Auffassung in der Literatur[176] davon aus, dass die Abtretung – auch im Rahmen des echten Factoring – nicht von der von der Bank erteilten Einziehungsermächtigung gedeckt ist, sondern aufgrund des Prioritätsgrundsatzes allein die zeitlich frühere Abtretung wirksam ist. Somit kann Factoring nur betrieben werden, wenn ein etwaig bestehender Globalzessionsvertrag mit einer Bank zuvor beendet wird.

194 i) **Abtretungsverbote.** In der Praxis kommt es vor, dass im Verhältnis zwischen Kunde und Debitor ein Abtretungsverbot hinsichtlich der Forderungen des Kunden aus der Geschäftsbeziehung vereinbart wird (sog. *pactum de non cedendo*).

Grundsätzlich führt ein Abtretungsverbot dazu, dass gemäß **§ 399 2. Alt. BGB** die Abtretung dinglich-absolut, d. h. mit Wirkung gegenüber jedermann, unwirksam ist. Allerdings wurde 1994 – insbesondere auf Betreiben der Factoring-Unternehmen – der neue **§ 354 a HGB** eingeführt, wonach die Abtretung einer Geldforderung, die aus einem Rechtsgeschäft resultiert, das sowohl für den Schuldner als auch den Gläubiger ein Handelsgeschäft, § 343 HGB, darstellt, trotz Vereinbarung eines Abtretungsverbots wirksam ist, § 354 a Satz 1 HGB.[177] Gemäß § 354 a Satz 2 HGB kann der Schuldner jedoch auch nach der Offenlegung der Abtretung weiterhin in Abweichung von § 407 BGB mit schuldbefreiender Wirkung an den bisherigen (Alt-) Gläubiger leisten.

195 Im Hinblick auf **§ 354 a HGB** enthalten Factoring-Verträge häufig folgende Formulierung:

Formulierungsbeispiel Zahlung an Kunden trotz Abtretung:
Der Factor ist berechtigt, bestimmte Forderungen oder Forderungsgruppen (z. B. Forderungen gegen Nicht-Kaufleute) vom Ankauf auszuschließen. Gehen Zahlungen auf angekaufte und abgetretene oder zum Einzug abgetretene Forderungen bei dem Kunden oder auf Konten des Kunden ein, so nimmt der Kunde diese als Treuhänder für den Factor entgegen und hat sie unverzüglich an den Factor weiterzuleiten.

196 j) **Ausländische Forderungen.** Gemäß **Art. 27 Abs. 1 Satz 1 EGBGB** können die Parteien eines (**schuldrechtlichen**) **Vertrags** (insbesondere auch **Kunde und Debitor** im Hinblick auf die Vertragsbeziehung, aus der Forderungen im Rahmen des Factoring abgetreten werden) frei wählen, dem Recht welches Staates das zwischen ihnen bestehende Vertragsverhältnis unterliegen soll.[178]

Factor und Kunde können hinsichtlich der **schuldrechtlichen Verpflichtung** im Rahmen des Factoring-Vertrags zur Abtretung der Forderungen aus dem Vertragsverhältnis zwischen Kunde und Debitor wiederum gemäß § 27 Abs. 1 Satz 1 EGBGB iVm. § 33 Abs. 1 EGBGB die Geltung des Rechts vereinbaren, das ihnen günstig erscheint. Insbesondere muss für den Factoring-Vertrag nicht das Recht gewählt werden, dem das Vertragsverhältnis zwischen Kunde und Debitor unterliegt.

197 Allerdings richten sich die Voraussetzungen für die (**dingliche**) **Abtretung** der Forderung nach dem Recht des Staates, welches für das der Forderung zu Grunde liegende Vertragsverhältnis gilt, **§ 33 Abs. 2 EGBGB.** Somit kann die Abtretung einer ausländischem Recht unterliegenden Forderung zwar nach deutschem Recht erfolgen. Jedoch ist diese Abtretung nur dann wirksam, wenn tatsächlich alle für die nach ausländischem Recht erforderlichen Voraussetzungen für die Abtretung (insbesondere eine etwaige Anzeige der Abtretung oder die Zustimmung des Debitors zur Abtretung) erfüllt sind. Insofern wird in den Factoring-Vertrag häufig eine Klausel aufgenommen, wonach der Ankauf und die Abtretung auf Forderungen beschränkt sind, die deutschem Recht unterliegen.

---

[175] BGH NJW 1980, 772.
[176] Palandt/*Grüneberg* § 398 BGB Rn. 26.
[177] Baumbach/*Hopt* § 354 a HGB Rn. 1.
[178] Palandt/*Heldrich* Art. 27 EGBGB Rn. 1.

3. Forfaitierung

Der Übergang zwischen Factoring und Forfaitierung[179] ist fließend, da es insbesondere **keine gesetzliche Definition** dieser Finanzierungsformen gibt und die von Kreditinstituten angebotenen Produktpaletten stetig wachsen. Bei beiden Finanzierungsarten kauft der Finanzierer (Forfaiteur oder Factor) Forderungen eines Unternehmens gegen Debitoren an, so dass eine **Vorfinanzierung von Forderungen** erfolgt. Ursprünglich wurde die Forfaitierung überwiegend zur **Exportfinanzierung** eingesetzt, das heißt es wurden Forderungen gegen Debitoren im Ausland angekauft (insbesondere im Zusammenhang mit grenzüberschreitenden Großprojekten). Allerdings werden mittlerweile im Rahmen der Forfaitierung auch Forderungen gegen inländische Debitoren angekauft. Umgekehrt betreiben Factoring-Unternehmen auch Exportfinanzierung. 198

Grundsätzlich **unterscheidet sich die Forfaitierung vom Factoring in folgenden Punkten,** wobei nicht sämtliche Unterschiede vorliegen müssen: 199

- Der Forfaiteur übernimmt generell das Risiko des Forderungsausfalls (einschließlich etwaiger Länder- und Währungsrisiken) und nicht nur im Falle einer Zahlungsunfähigkeit des Debitors (bei der Forfaitierung ist somit neben der Finanzierungsfunktion die Kreditversicherungsfunktion stark ausgeprägt).
- Die angekauften Forderungen sind regelmäßig längerfristig und der Betrag der einzelnen Forderung höher als beim Factoring.
- Es werden nicht sämtliche Forderungen gegen Debitoren (bis zu einem bestimmten Limit) angekauft, sondern ausgewählte einzelne Forderungen (es wird also kein Rahmenvertrag, sondern lediglich Einzelkaufverträge abgeschlossen).
- Forfaitierung ist auf die Forderungsfinanzierung beschränkt, d.h. es werden keine weiteren Dienstleistungen (wie etwa Debitorenmanagement und Forderungseinzug) angeboten.

4. Asset Backed Securities (Verbriefung von Handelsforderungen)

a) **Begriff und wirtschaftlicher Hintergrund.** Nach der Definition der Bundesanstalt für Finanzdienstleistungsaufsicht (BaFin) handelt es sich bei *Asset Backed Securities* („ABS") um **Wertpapiere** oder Schuldscheine, die Zahlungsansprüche gegen eine ausschließlich der ABS-Transaktion dienende Zweckgesellschaft zum Gegenstand haben. Die Zahlungsansprüche werden durch einen **Bestand unverbriefter Forderungen** *(Assets)* gedeckt *(backed),* die auf die Zweckgesellschaft übertragen werden und im Wesentlichen den Inhabern der *Asset Backed Securities* als **Haftungsgrundlage** zur Verfügung stehen.[180] Im Kern geht es bei ABS-Transaktionen darum, hochwertige Vermögenswerte eines Unternehmens als Haftungsmasse für eine spezifische Kreditgewährung von den sonstigen, dem Unternehmen etwaig immanenten Risiken, zu isolieren. Hierdurch reduzieren sich die Risiken für die Kreditgeber und damit letztlich die Finanzierungskosten für das Unternehmen. 200

Dabei sind der Phantasie, welche Vermögenswerte eines Unternehmens Gegenstand einer solchen Isolierung sein sollen, keine Grenzen gesetzt. In Betracht kommen sämtliche Vermögenswerte, die einen Kapitalzufluss *(Cashflow)* generieren, bis hin zum gesamten *Cashflow* eines Unternehmens im Fall so genannter *Whole Business Securitisations.* 201

Praktisch bedeutsam für ABS-Transaktionen mittelständischer Unternehmen ist indessen ganz überwiegend die **Verbriefung von Handelsforderungen** im Wege eines so genannten *True Sale.*[181]

---

[179] Siehe hierzu BeckFormB/*Flick* Nr. 11 (Forfaitiervertrag); MünchKommBGB/*Roth* § 398 BGB Rn. 189; Staudinger/*Busche* Einl zu §§ 398ff. BGB Rn. 137.

[180] Rundschreiben 4/97 der Bundesanstalt für Finanzdienstleistungsaufsicht, abgedruckt in WM 1997, 1820f.

[181] Neben den hier dargestellten True Sale Gestaltungen werden ABS-Transaktionen teilweise auch synthetisch strukturiert. Bei diesen synthetischen ABS findet ein faktischer Vermögensüber-

202 **b) Grundstruktur und Ablauf.** Das Unternehmen (im Rahmen von ABS-Transaktionen regelmäßig auch als **Originator** bezeichnet) verkauft, § 453 Abs. 1 BGB und überträgt, §§ 398 ff. BGB, auf rollierender Basis, Handelsforderungen gegen seine Kunden mit guter Bonität an bzw. auf eine Zweckgesellschaft. Diese Übertragung wird bei der Verbriefung von Handelsforderungen üblicherweise in Form eines so genannten ***True Sale*** gestaltet, d. h. sowohl die rechtliche als auch die wirtschaftliche Forderungsinhaberschaft (inklusive des Bonitätsrisikos) wird auf die Zweckgesellschaft übertragen; beim Originator sind die Forderungen entsprechend als Bilanzposition aufzulösen. Im Gegenzug erhält der Originator von der Zweckgesellschaft einen Kaufpreis, der sich nach dem Nominalwert der Handelsforderungen, unter Berücksichtigung eines vorher vereinbarten Abschlags auf den Nennwert, richtet. Finanziert wird diese Kaufpreiszahlung durch die Zweckgesellschaft regelmäßig durch die Ausgabe kurzfristiger Wertpapiere an institutionelle Investoren.[182] Flankierend stehen der Zweckgesellschaft üblicherweise **Liquiditätskreditlinien** oder **Garantien** zur Absicherung ihrer Zahlungsverpflichtungen gegenüber dem Originator sowie den Investoren zur Verfügung (so genanntes *Credit Enhancement*).

203 Die **Zweckgesellschaft** dient letztlich als bloße Transaktionsplattform und verfügt, abgesehen von ihrer Geschäftsführung, über keine Mitarbeiter.[183] Weiterhin ist sie im Verhältnis zum Originator **rechtlich selbständig und unabhängig**, um den Zweck der Trennung der *Assets* von den sonstigen, dem Originator etwaig anhaftenden Risiken nicht zu gefährden.[184] Insbesondere sind in diesem Zusammenhang Beteiligungen des Originators an der Zweckgesellschaft oder der Zweckgesellschaft am Originator zu vermeiden.[185]

204 **c) Vertragsdokumentation.** Neben den bereits eingangs aufgeführten Parteien, also insbesondere dem Originator, der Zweckgesellschaft und den Kapitalmarktinvestoren, zeichnen sich ABS-Transaktionen häufig durch eine Vielzahl weiterer Beteiligter, wie etwa Investmentbanken, Rating-Agenturen, Liquiditätskreditgeber, Sicherheitentreuhänder und Sicherheitenverstärker aus. Entsprechend komplex sind die Vertragsbeziehungen bei einer Gesamtschau der gesamten Transaktion.

Allerdings bestehen aus Sicht des Originators unmittelbare Vertragsbeziehungen üblicherweise nur zur Zweckgesellschaft.

Mit dieser schließt er im Regelfall eine **Rahmenvereinbarung,** die die Einzelheiten des **Forderungsankaufs** regelt.

205 Weiterhin übernimmt der Originator, trotz Übertragung der rechtlichen und wirtschaftlichen Forderungsinhaberschaft, regelmäßig den **Forderungseinzug,** einschließlich der Debitorenbuchführung, des Mahnwesens und der Weiterleitung des aus dem Forderungseinzug resultierenden *Cashflow*.[186] Einzelheiten dieses Forderungsmangagements werden zwischen Zweckgesellschaft und Originator in einem Geschäftsbesorgungsvertrag, § 675 BGB, dem so genannten ***Servicing Agreement,*** festgelegt.

---

gang nicht statt. Stattdessen werden Risiken durch Kreditderivate auf die Zweckgesellschaft übertragen; vgl. näher zu synthetischen ABS-Strukturen *Pannen/Wolff* ZIP 2006, 52, 53; *Litten/Christea* WM 2003, 213, 214. Diese Gestaltungen spielen im Rahmen der Mittelstandsfinanzierung indessen gegenwärtig eher eine untergeordnete Rolle und sollen im Rahmen dieses Handbuchs daher nicht vertieft werden.

[182] Teilweise werden die Handelsforderungen nicht direkt auf Ebene der Ankaufsgesellschaft refinanziert, sondern von dieser auf ein so genanntes Conduit weiter übertragen, das üblicherweise auch die Forderungen weiterer Zweckgesellschaften ankauft und poolt. Aus Sicht des mittelständischen Unternehmens ergeben sich aus einer dergestalt erweiterten Konstruktion allerdings keine signifikanten Besonderheiten, so dass hierauf an dieser Stelle nicht näher eingegangen werden soll.

[183] *Hahne* FinanzBetrieb 2005, 773,774.

[184] *Zeising* BKR 2007, 311.

[185] *Zeising* BKR 2007, 311, 313.

[186] *Hahne* FinanzBetrieb 2005, 773, 774; *Langner* zfbf 54 (2002), 656, 659.

Grundlage der Rahmenvereinbarung und des *Servicing Agreement* sind üblicherweise Standardentwürfe der Investmentbank, die das entsprechende ABS-Programm aufgesetzt hat. Große Teile dieser Verträge sind durch die **Anforderungen des Kapitalmarkts** und der Rating-Agenturen vorgegeben.

Dies gilt insbesondere hinsichtlich ABS-typischer **Klageverbote** der folgenden Art: 206

Formulierungsbeispiel Klageverbote:

Der Originator verpflichtet sich, innerhalb von [2] Jahren nach vollständiger Rückzahlung sämtlicher im Rahmen der Refinanzierung des Forderungsverkaufs ausgegebener Wertpapiere hinsichtlich der Zweckgesellschaft und deren Vermögen keine Insolvenzanträge [oder vergleichbare Verfahrensanträge nach einer ausländischen Rechtsordnung] zu stellen, Vollstreckungsmaßnahmen zu betreiben, Zahlungsklagen zu erheben oder sonstige Maßnahmen zur Durchsetzung von Zahlungsansprüchen gegen die Zweckgesellschaft einzuleiten.

Durch diese Klauseln und weitere, das **Risiko** sehr **einseitig zu Lasten des Originators** 207 verteilende Regelungen, wird eine weitestgehende **Insolvenzfestigkeit** *(„Insolvency Remoteness")* **der Zweckgesellschaft** sowie ein strenger **Vorrang der Kapitalmarktinvestoren** gewährleistet. Nur auf diesem Weg lässt sich letztlich der Zweck des ABS-Programms auch aus Sicht des Unternehmens, mittels eines **hohen Ratings** der am Kapitalmarkt ausgegebenen Wertpapiere die eigenen **Finanzierungskosten** zu **senken,** erreichen.

Demgegenüber sind diverse andere Regelungen in den Vertragswerken Verhandlungen 208 zugänglich. Dies gilt etwa für die **Auswahlkriterien** *(„Eligibility Criteria"),* die darüber entscheiden, welche Forderungen der Originator der Zweckgesellschaft zum Erwerb andienen kann.[187] Das vom mittelständischen Unternehmen über die ABS-Transaktion generierbare Finanzierungsvolumen wird dabei nicht zuletzt davon abhängen, wie eng oder wie weit diese Kriterien ausgestaltet sind.

Weiterhin sind Umfang und Art von **Auflagen,** die das Unternehmen einzuhalten hat 209 (z. B. Finanzkennzahlen, Informationspflichten und ähnliches) sowie Mechanismen eines späteren Rückflusses eingeräumter Kaufpreisabschläge in gewissem Umfang verhandelbar. Insoweit bestehende Spielräume sollten dazu genutzt werden, die Abläufe und vertraglich zu übernehmenden Pflichten sorgfältig auf die tatsächlichen Gegebenheiten und Möglichkeiten des Originators abzustimmen.

Verhandlungsmöglichkeiten bestehen ferner im Hinblick auf Gründe und Voraussetzungen, unter denen die Zweckgesellschaft den Vertrag vorzeitig beenden oder die Forderungseinzugsermächtigung des Originators widerrufen kann und diesen durch einen so genannten *„Back-Up Servicer"* zu ersetzen berechtigt ist. Umgekehrt sollte der Originator versuchen, ein **Kündigungsrecht** für den Fall zu vereinbaren, dass sich die von ihm zu tragenden Kosten der Finanzierung gegenüber den ursprünglichen Erwartungen signi- 210

---

[187] Nach Artikel 33 Abs. 2 EGBGB bestimmt das Recht, dem die übertragene Forderung unterliegt, auch ihre Übertragbarkeit, das Verhältnis zwischen neuem Gläubiger und Schuldner, die Voraussetzungen, unter denen die Übertragung dem Schuldner entgegengehalten werden kann und die befreiende Wirkung einer Leistung durch den Schuldner. Unter den üblichen Forderungsankaufsverträgen ist die Zweckgesellschaft, unter anderem, daher nur zum Ankauf solcher Forderungen verpflichtet, die dem Recht unterliegen, das auf den Forderungsankaufsvertrag kraft Vereinbarung selbst Anwendung findet. Umgekehrt bedeutet dies, dass Originatoren mit Kundenbeziehungen ins Ausland, sofern es ihnen nicht gelingt, auch gegen ihre ausländischen Kunden stets deutsches Recht durchzusetzen, entweder die ausländischem Recht unterliegenden Forderungen nicht in das ABS-Programm einbeziehen können oder aber – mit entsprechendem Mehraufwand – mehrere Forderungsabtretungsverträge mit jeweils unterschiedlicher Rechtswahl verhandeln und abschließen müssen.

fikant erhöhen. Hierzu kann es z.B. dann kommen, wenn den Originator – wie üblich – im Hinblick auf Steuerbelastungen der Zweckgesellschaft eine Erstattungspflicht trifft und diese Steuerbelastungen in Folge von Gesetzesänderungen oder Änderungen in der Rechtsprechung über die Laufzeit des ABS-Programms steigen. Weiterhin können **Kostensteigerungen** eintreten, wenn wie im Jahre 2007 im Zuge der Krise am Hypothekenmarkt, Schuldverschreibungen der Zweckgesellschaft von Kapitalmarktinvestoren nicht mehr oder nur noch eingeschränkt nachgefragt werden. Die Zweckgesellschaft ist dann darauf angewiesen, für eine Refinanzierung auf die ihr zur Verfügung stehenden Liquiditätslinien zurückzugreifen. Diese sind üblicherweise teurer, als eine Refinanzierung über die Ausgabe von Schuldverschreibungen. Die Mehrkosten werden in diesen Fällen aufgrund der typischen, bereits angesprochenen Risikoverteilung bei ABS-Finanzierungen wiederum dem Originator weiterbelastet.

211 Denkbar sind in diesem Zusammenhang etwa Regelungen der folgenden Art:

Formulierungsbeispiel Kündigungsrecht des Originators:
Der Originator ist berechtigt, diese Vereinbarung außerordentlich zu kündigen, wenn und sobald er zur Zahlung zusätzlicher Beträge gemäß § [Steuernettoklausel] oder § [Erhöhung der Refinanzierungskosten] verpflichtet ist.

E. Mezzanine Finanzierungen

212 Die Eigenkapitalquote des deutschen Mittelstands beläuft sich im Durchschnitt auf ca. 20% und liegt damit erheblich unter dem Eigenkapitalanteil von Unternehmen vergleichbarer Größe in anderen Industrienationen.[188] Nicht zuletzt deshalb stößt die klassische Fremdfinanzierung mittelständischer Unternehmen über Bankkredite zunehmend auf Schwierigkeiten. Hinzu kommt – aufgrund mangelnder Volumina – der meist fehlende (direkte) Zugang zum Kapitalmarkt.

Mezzanine Finanzierungsinstrumente können hier unter bestimmten Voraussetzungen Abhilfe schaffen, indem sie einmal die **Eigenkapitalausstattung** des Unternehmens und damit das Rating **stärken** und, über von diversen Kreditinstituten aufgesetzte Modelle, einen **(indirekten) Zugang zum Kapitalmarkt** eröffnen.

I. Bedeutung und Erscheinungsformen

213 Der Begriff Mezzanine in seiner ursprünglichen Bedeutung bezeichnet das Zwischengeschoss von Gebäuden. Entsprechend wird der Begriff gemeinhin für Finanzierungsarten verwandt, die in ihrer rechtlichen und wirtschaftlichen Ausgestaltung eine Mischform zwischen Eigen- und Fremdkapital darstellen. Gekennzeichnet sind Mezzanine-Finanzierungen üblicherweise durch ihre **Nachrangigkeit** gegenüber anderen Gläubigern im Falle der Insolvenz, der Vorrangigkeit gegenüber dem „echten“ Eigenkapital, der **zeitlichen Befristung** der Kapitalüberlassung, den **beschränkten Einflussmöglichkeiten der Kapitalgeber** auf die Unternehmensleitung sowie – je nach Ausgestaltung – der **steuerlichen Abzugsfähigkeit der Zinsen** als Betriebsaufwand.

Typische Formen der Mezzanine-Finanzierung, die nachstehend näher dargestellt werden, sind Nachrangdarlehen, Genussrechte und stille Beteiligungen.[189]

---

[188] *Claussen*, Bank- und Börsenrecht, S. 247.

[189] Mezzanine-Kapital kann darüber hinaus auch in Form von Wandel- und Optionsanleihen begeben werden (vgl. hierzu näher *Ruby* Der Syndikus 2001, 24 ff.); aufgrund ihrer geringeren Bedeutung für mittelständische Unternehmen werden Anleihen im Rahmen dieses Handbuchs indessen nicht im Einzelnen dargestellt.

II. Nachrangdarlehen

Bei Nachrangdarlehen handelt es sich um eine **mezzanine Finanzierungsform mit Fremdkapitalcharakter.**

1. Grundzüge

Nachrangdarlehen sind häufig nicht oder lediglich nachrangig besichert und werden entweder von Gesellschaftern des Darlehensnehmers oder Dritten, sog. Mezzanine-Darlehensgebern, gewährt. Das **Risiko** des Kreditgebers unter einem Nachrangdarlehen ist damit dem eines Eigenkapitalgebers angenähert. Dementsprechend ist die **Verzinsung** regelmäßig höher als die eines erstrangigen Darlehens und häufig so ausgestaltet, dass der Darlehensgeber eine feste Verzinsung erhält, wobei ein Teil der Zinsen laufend und der Rest am Ende der Laufzeit bezahlt wird. Hinsichtlich des „stehen gelassenen" Teils der Zinsen ist zu berücksichtigen, dass dieser aufgrund des im deutschen Recht geltenden **Zinseszinsverbots, § 248 BGB**, grundsätzlich nicht (wiederum) zu verzinsen ist.[190] Darüber hinaus erhält der Darlehensgeber teilweise eine erfolgsabhängige Vergütung entweder in Gesellschaftsanteilen (auch ***Equity Kicker*** genannt) oder als Sonderzahlung (auch virtueller *Equity Kicker* oder *Non Equity Kicker* genannt) am Ende der Laufzeit. Am Verlust des Darlehensnehmers ist der Nachrangdarlehensgeber hingegen regelmäßig nicht beteiligt. 214

a) **Anlass.** Nachrangdarlehen werden insbesondere dann gewährt, wenn etwa im Rahmen eines Unternehmenskaufs oder eines Projekts der Finanzierungsbedarf durch die erstrangigen Bankdarlehen und das Eigenkapital nicht vollständig gedeckt werden kann, insbesondere weil für weitere (erstrangige) Bankkredite keine Sicherheiten zur Verfügung stehen oder zweifelhaft ist, ob der erwartete *Cashflow* des Darlehensnehmers ausreichen wird, um weitere Darlehen zu bedienen (sog. **Finanzierungslücke**). 215

b) **Abgrenzung von anderen mezzaninen Finanzierungen.** Das Nachrangdarlehen und die **typisch stille Gesellschaft**[191] weisen zahlreiche Gemeinsamkeiten auf. Insbesondere nehmen stiller Gesellschafter (gemäß § 231 Abs. 3 HGB zumindest nicht zwingend) und der Darlehensgeber unter dem Nachrangdarlehen nicht am **Verlust der Gesellschaft** teil und beziehen (zumindest teilweise) eine von der wirtschaftlichen Entwicklung der Gesellschaft abhängige Vergütung. Da die **stille Gesellschaft** jedoch eine **gesellschaftsrechtliche Verbindung** begründet, ist bei ihr erforderlich, dass der stille Gesellschafter und die Gesellschaft einen **gemeinsamen Zweck** verfolgen. Aufgrund einer **Gesamtbetrachtung,** die alle **Umstände des Einzelfalls** berücksichtigt, ist zu ermitteln, ob jede Partei lediglich ihre eigenen Interessen verfolgt, so dass ein Nachrangdarlehen vorliegt, oder ob ein darüber hinausgehender gemeinsamer Zweck verfolgt wird. Der von den Parteien gewählten Bezeichnung kommt dabei eine gewisse Indizwirkung zu. 216

Insgesamt ist der **Übergang** zwischen stiller Gesellschaft und Nachrangdarlehen **fließend,** da in der Praxis zahlreiche Mischformen vorkommen. Somit ist durchaus denkbar, dass auf einzelne Regelungen der Vereinbarung unter der der Gesellschaft Gelder zur Verfügung gestellt werden, **Darlehensrecht, §§ 488 ff. BGB,** und für andere das Recht der **stillen Gesellschaft, §§ 230 ff. HGB,** Anwendung findet. 217

c) **Eigenkapitalersatz.** Wurde das Nachrangdarlehen einer Gesellschaft in der Rechtsform einer **GmbH oder GmbH & Co. KG** von ihrem Gesellschafter gewährt, so konnte vor Inkrafttreten des MoMiG das Darlehen eigenkapitalersetzenden Charakter haben, mit der Folge, dass das Darlehen einschließlich Nebenforderungen (insbesondere aufge- 218

---

[190] Zur Möglichkeit der Kapitalisierung von Zinsen im Rahmen einer sog. Capitalisation Notice vgl. oben unter II. 2. g).

[191] Zur typisch stillen Gesellschaft vgl. MünchKommHGB/*Schmidt* § 230 HGB Rn. 4; Palandt/*Sprau* § 705 BGB Rn. 50.

laufene Zinsen) – ungeachtet der vertraglichen Regelung der Nachrangigkeit – solange nicht zurückgeführt werden durfte als bei der Gesellschaft eine **Unterbilanz** bestand.[192] Die Eigenkapitalersatzregeln galten für eine Gesellschaft in der Rechtsform der **Aktiengesellschaft** entsprechend, wenn der das Darlehen ausreichende Gesellschafter zu mindestens 25% an der Gesellschaft beteiligt war.[193] Zu den Änderungen der absteigenden Finanzierungshilfen im Rahmen des MoMiG vgl. oben unter Rn. 83.

2. Vertragliche Regelungen der Nachrangigkeit

219 Im Falle einer Insolvenz des Darlehensnehmers sind die Forderungen sämtlicher Darlehensgeber[194] grundsätzlich gleichrangig, unabhängig davon, wann die Darlehensforderung begründet wurde und ob sie im Zeitpunkt der Insolvenz fällig ist.

Im Rahmen eines Nachrangdarlehens vereinbaren der Darlehensgeber unter dem Nachrangdarlehen, das Unternehmen (das heißt der Darlehensnehmer) und bestimmte andere Gläubiger (meist Banken, die dem Unternehmen ebenfalls Darlehen zur Verfügung gestellt haben) auf **schuldrechtlicher Basis** im Rahmen eines dreiseitigen Vertrags, dass die Forderungen bestimmter Gläubiger in und außerhalb einer Insolvenz des Darlehensnehmers vorrangig (vor dem Darlehensgeber unter dem Nachrangdarlehen) zu bedienen sind. Die Nachrangigkeit kann allerdings auch durch bilaterale Vereinbarung zwischen den vorrangigen Gläubigern und dem Darlehensgeber unter dem Nachrangdarlehen herbeigeführt werden.

220 Eine Nachrangvereinbarung kann etwa wie folgt lauten:

Formulierungsbeispiel Nachrangdarlehen:

Hiermit tritt der Nachrangdarlehensgeber mit seinen sämtlichen gegenwärtigen und zukünftigen Forderungen aus dem Darlehensvertrag vom [...] mit dem Darlehensnehmer („Nachrangdarlehen") im Rang hinter sämtliche gegenwärtigen und zukünftigen Forderungen aus dem Darlehensvertrag des vorrangigen Darlehensgebers mit dem Darlehensnehmer vom [...] („Vorrangiges Darlehen") zurück.

Der Nachrangdarlehensgeber wird ohne vorherige schriftliche Zustimmung des vorrangigen Darlehensgebers keine Vereinbarung im Hinblick auf das Nachrangdarlehen treffen, insbesondere nicht im Hinblick auf den Darlehensbetrag, die Laufzeit, Höhe und Fälligkeit (einschließlich der Zinsen).

Vorbehaltlich der Zustimmung des vorrangigen Darlehensgebers wird der Darlehensnehmer keine Leistungen auf das Nachrangdarlehen erbringen, es sei denn es handelt sich um Zinszahlungen, die im Einklang mit den Regelungen dieser Nachrangvereinbarung gezahlt werden.

221 Darüber hinaus wird der Nachrangdarlehensgeber teilweise, insbesondere wenn es sich dabei um einen Gesellschafter des Darlehensnehmers handelt, verpflichtet, bei Vorliegen bestimmter Umstände seine Forderungen aus dem Nachrangdarlehen an die vorrangigen Darlehensgeber abzutreten:

Formulierungsbeispiel Abtretung von Forderungen aus dem Nachrangdarlehen:

Wenn der Darlehensnehmer fällige Leistungen unter dem Vorrangigen Darlehen nicht oder nicht vollständig erbringt („Rückständiger Betrag"), ist der Nachrangdarlehensgeber auf Anforderung des vorrangigen Darlehensgebers verpflichtet, entweder (i) ihm gegen den

---

[192] Ulmer/*Habersack* § 30 GmbHG Rn. 11; Scholz/*Westermann* § 30 GmbHG Rn. 9 ff.

[193] BGH NZG 2005, 712, 713; KöKo/*Lutter* § 57 AktG Rn. 93; *Hüffer* § 57 AktG Rn. 18.

[194] Zur gesetzlichen Nachrangigkeit von eigenkapitalersetzenden Darlehen siehe § 39 Abs. 1 Nr. 5 InsO; Baumbach/Hueck/*Fastrich* § 32 a GmbHG Rn. 63 ff.

Darlehensnehmer aus dem Nachrangdarlehen zustehende Forderungen in Höhe des Rückständigen Betrags – soweit möglich – fällig zu stellen und soweit ihm daraus Zahlungen zufließen bis in Höhe des Rückständigen Betrags an den vorrangigen Darlehensgeber weiterzuleiten oder (ii) Forderungen aus dem Nachrangdarlehen bis in Höhe des Rückständigen Betrags an den vorrangigen Darlehensgeber abzutreten. Der vorrangige Darlehensgeber ist insofern berechtigt, die dem Nachrangdarlehensgeber aus dem Nachrangdarlehen zustehenden Rechte geltend zu machen.

3. Ausdrücklicher Rangrücktritt

Die oben beschriebenen vertraglichen Regelungen zum Nachrang und Rangrücktritt der Forderungen aus dem Nachrangdarlehen haben **keine Auswirkung auf die Passivierung der Verbindlichkeit** aus dem Nachrangdarlehen auf Ebene des Darlehensnehmers in einer etwaigen Überschuldungsbilanz. 222

Sollte durch den Nachrang/Rangrücktritt eine Überschuldung des Darlehensnehmers abgewendet werden, so musste er die von der Rechtsprechung des **Bundesgerichtshofs** in einer **Entscheidung vom 8. 1. 2001**[195] aufgestellten Kriterien des sog. qualifizierten Rangrücktritts erfüllen. Erforderlich hierfür war eine Erklärung des Darlehensgebers, er wolle mit seinen Forderungen bis zur Abwendung einer etwaigen Krise der Gesellschaft nicht nur hinter einzelne Gläubiger des Schuldners, sondern hinter sämtliche Gläubiger zurücktreten, mit der Folge, dass er auf die Stufe der Gesellschafter gestellt wird und seine Forderungen nur zugleich mit den Einlagerückgewähransprüchen der Gesellschafter befriedigt werden. Obwohl nach der Neufassung des § 19 Abs. 2 InsO durch das **MoMiG** nunmehr „Forderungen“ von Gesellschaftern oder gleichgestellte Forderungen grundsätzlich, d. h. unabhängig von ihrem früher verlangten eigenkapitalersetzenden Charakter, nachrangig sind, können diese auch künftig in der Überschuldungsbilanz nur dann außer Betracht gelassen werden, wenn sie mit einem **ausdrücklichen Rangrücktritt** versehen sind. Erforderlich ist insoweit die Vereinbarung eines Nachranges hinter sämtliche in § 39 Abs. 1 Nr. 1 bis 5 InsO bezeichneten Forderungen. Durch die Abgabe dieser ausdrücklichen Rangrücktrittserklärungen rückt der Gesellschafter-Kreditgeber gemäß § 39 Abs. 2 InsO also noch einen Rang hinter den Gesellschafter-Kreditgeber, der keine Rangrücktrittserklärung abgegeben hat (§ 39 Abs. 1 Nr. 5 InsO). 223

Diese kann wie folgt formuliert werden: 224

Formulierungsbeispiel Qualifizierter Rangrücktritt:

1. Der [Darlehensgeber] erklärt hiermit hinsichtlich seiner Forderungen aus dem [Nachrangdarlehen] vom [Datum] („Darlehensforderungen“) einen Rangrücktritt im Sinne des § 39 Abs. 2 InsO und tritt mit den Darlehensforderungen im Rang hinter alle anderen Forderungen von Gesellschaftsgläubigern zurück.
2. Für den Fall der Insolvenz [des Darlehensnehmers/der Gesellschaft] tritt der [Darlehensgeber] damit mit den Darlehensforderungen im Rang hinter alle Insolvenzgläubiger und hinter die nachrangigen Insolvenzgläubiger im Sinne von § 39 Abs. 1 Nr. 1 bis 5 InsO in den Rang der Gläubiger nach § 39 Abs. 2 InsO zurück.

III. Genussrechte

Eine weiter mezzanine Finanzierungsform stellen die Genussrechte dar.

[195] BGH NJW 2001, 1280 = NZG 2001, 361 = DStR 2001, 175.

1. Begriff und gesetzliche Grundlagen

225 Genussrechte wurden erstmals vor rund 140 Jahren im Rahmen der Finanzierung des Suez-Kanals eingesetzt.[196] Seither haben sich vielfältige Erscheinungsformen und Gestaltungen dieses Finanzierungsinstruments herausgebildet. Nicht zuletzt deshalb hat der Gesetzgeber bewusst davon abgesehen, die Praxis in der Ausgestaltung durch eine konkrete inhaltliche Definition zu beschränken. Entsprechend werden Genussrechte zwar in diversen Gesetzen in Bezug genommen (vgl. etwa §§ 160 Abs. 3 Nr. 6, 221 Abs. 3 und Abs. 4 AktG; § 10 Abs. 5 KWG; § 53c Abs. 3a VAG; §§ 19a Abs. 3 Nr. 3 und Abs. 5, 20 Abs. 1, 43 Abs. 1 Nr. 2 EStG; § 8 Abs. 3 S. 2 KStG), aber in keiner dieser Regelungen (begrifflich) abschließend festgelegt.

Nicht selten werden Genussrechte als **hybride Finanzierungsinstrumente** bezeichnet. Hybrid deshalb, weil Genussrechte regelmäßig – anders als eine gesellschaftsrechtliche Beteiligung – zwar **keine Mitgliedschaftsrechte**[197] vermitteln, umgekehrt aber auf schuldrechtlicher Basis **vermögensrechtliche Ansprüche** gegen eine Gesellschaft begründen, die den Vermögensrechten der Gesellschafter angenähert oder gleichgestellt sind.[198]

2. Genussrechtsemission zur Erreichung klassischer Finanzierungsziele

226 **a) „Magisches Fünfeck“.** Aufgrund der bereits angesprochenen variablen Gestaltungsmöglichkeiten lassen sich durch die Ausgabe von Genussrechten im Prinzip gleich mehrere typische Finanzierungsziele eines Unternehmens gleichzeitig umsetzen. Man stößt in diesem Zusammenhang auch auf den Begriff des **„magischen Fünfecks“.**[199]

Ein klassisches Finanzierungsziel, dass sich über Genussrechte erreichen lässt, besteht darin, längerfristig liquide Mittel zu erhalten, **ohne** dafür eine **unternehmerische Mitsprache** der Kapitalgeber in Kauf nehmen zu müssen.

Ferner lassen sich die **Kosten der Finanzierung** bei Genussrechten **ergebnisabhängig** gestalten, d.h. die Kosten der Finanzierung sind umso höher, desto besser es dem Emittenten geht und fallen im Optimalfall sogar gänzlich weg, wenn es dem Unternehmen schlecht geht.

Ein weiterer Vorteil von Genussrechten besteht darin, dass die **Ansprüche aus den Genussrechten** gegenüber den Ansprüchen sonstiger Gläubiger des Unternehmens regelmäßig **nachrangig** ausgestaltet sind;[200] das Genussrechtskapital rückt damit also in die Nähe von Haftkapital.

Schließlich lässt sich durch die Ausgabe von Genussrechten unter bestimmten Voraussetzungen die **handelsbilanzielle Eigenkapitalquote steigern.**[201] Selbst bei einer solchen bilanziellen Klassifizierung als Eigenkapital können die Kosten der Finanzierung aber – wie bei klassischem Fremdkapital – **als Betriebsausgaben steuerlich abzugsfähig bleiben.**[202]

227 **b) Kollidierende Interessen.** In der Praxis ist es gleichwohl so, dass die genannten Ziele in gewissem Maße mit gegenläufigen Interessen der Kapitalgeber kollidieren. Das „magische Fünfeck“ wird sich daher regelmäßig nicht in vollem Umfang umsetzen lassen. Für den mittelständischen Unternehmer ist es deshalb wichtig, vor Auswahl eines passenden Genussrechtsprogramms, von denen zwischenzeitig eine Vielzahl auf dem Markt ange-

---

[196] Vgl. zur historischen Entwicklung auch *Frantzen,* Genussscheine, 1003, S. 37ff.

[197] BGH NJW 1993, 57.

[198] KöKo/*Lutter* § 221 AktG Rn. 197.

[199] Häger/Elkemann-Reusch/*von Alvensleben,* Mezzanine Finanzierungsinstrumente, Rn. 545; *Luttermann,* Unternehmen, Kapital und Genussrechte, 1998, 24.

[200] Vgl. zur Nachrangigkeit näher unter 4.e).

[201] Vgl. hierzu näher unter 4.c).

[202] Gewerbesteuerlich ist allerdings die Vorschrift des § 8 Nr. 1 GewStG zu beachten, wonach die steuerlich geltend gemachte Vergütung zur Hälfte wieder zur Ermittlung des Gewerbeertrags hinzuzurechnen ist; vgl. Glanegger/*Güroff* § 8 Nr. 1 GewStG Rn. 17ff.

boten werden, die Ziele, die man aus Unternehmenssicht verfolgt, möglichst klar zu definieren und zu gewichten.

3. Kapitalmarkt

a) Zugang mittelständischer Unternehmen zum Kapitalmarkt. Viele mittelständische Unternehmen verfügen nicht über die notwendigen **Volumina,** um sich individuell, sei es über die Ausgabe von Genussrechten oder sonstige Instrumente, wie Anleihen, am Kapitalmarkt zu finanzieren. Insbesondere Kreditinstitute haben dies aufgegriffen und bieten auf Mittelständler zugeschnittene Genussrechtsprogramme an, die Genusscheine mehrerer Emittenten **bündeln.** 228

Zu diesem Zweck kauft eine so genannte Zweckgesellschaft zunächst Genussrechte mehrerer mittelständischer Unternehmen an. Neben der Erreichung des notwendigen Volumens[203] wird durch ein solches Portfolio zu Gunsten der Investoren auch eine gewisse **Risikostreuung** erreicht, die sich wiederum positiv auf die Refinanzierungskosten auswirken kann.

Finanziert wird der Ankauf des Genussrechtsportfolios seitens der Zweckgesellschaft durch **Verbriefungsstrukturen am Kapitalmarkt,** regelmäßig durch die Ausgabe so genannter *„Collaterised Debt Obligations"* oder *„Commercial Papers"*.

Um die Kosten derartiger Programme auch im Interesse des Emittenten zu reduzieren, ist die Vertragsdokumentation weitestgehend standardisiert. Gleiches gilt für die Ratingverfahren, die im Vorfeld der Genussrechtsausgabe und teilweise auch über die Laufzeit durchgeführt werden. Auch insoweit wird auf vereinfachte Verfahren zurückgegriffen, die überwiegend auf Finanzkennzahlen basieren.

b) Refinanzierungsbedingungen. Die Bereitstellung des Genussrechtskapitals innerhalb dieser Programme steht, trotz des vorherigen bindenden Abschlusses von Ankaufsverträgen, nicht selten unter einer Refinanzierungsbedingung. Demzufolge erhält der Emittent die liquiden Mittel nur unter der Voraussetzung, dass die Refinanzierung am Kapitalmarkt insgesamt erfolgreich ist. Hier ist also eine gewisse Vorsicht geboten. Insbesondere wenn die Genussrechtsfinanzierung zur Deckung eines dringenden kurzfristigen Liquiditätsbedarfs benötigt wird, sollte man gegebenenfalls auf Modelle zurückgreifen, bei denen die Initiatoren, also meist Kreditinstitute, den Ankauf zunächst „über die eigenen Bücher" finanzieren und sich allenfalls nachfolgend – soweit möglich – am Kapitalmarkt refinanzieren. 229

4. Typische vertragliche Regelungen

a) Laufzeit. Es gibt Genussrechtsmodelle mit einer Laufzeit von einem Jahr, ebenso wie Modelle mit einer Laufzeit von bis zu 30 Jahren.[204] Üblich sind gegenwärtig Kapitalüberlassungen für eine Dauer von 5 bis 10 Jahren. 230

b) Verzinsung. Wie bereits unter dem Stichwort „magisches Fünfeck"[205] angesprochen, kann die Verzinsung **ergebnisabhängig** bzw. **ergebnisorientiert** ausgestaltet werden;[206] diese Ergebnisabhängigkeit besteht bei den gängigen Modellen allerdings nie zu 100%. Konkret bedeutet dies, dass Genussrechtsverträge üblicherweise eine **Mindestver-** 231

---

[203] Man geht derzeit davon aus, dass die kapitalmarktrefinanzierungsfähigen Volumina gerade etwa bei EUR 200 000 000 liegen.

[204] Nicht empfehlenswert sind Laufzeiten von über 30 Jahren, da die Finanzverwaltung dann regelmäßig den Betriebsausgabenabzug für Genussscheinsleistungen nicht anerkennt.

[205] Vgl. hierzu oben unter Rn. 226.

[206] Daneben gibt es auch Modelle mit einer gänzlich ergebnisunabhängigen Verzinsung. In der Sache handelt es sich dann – unabhängig von der konkreten Bezeichnung – um reine Schuldscheindarlehen, die – abgesehen von der ergebnisunabhängigen Verzinsung und meist fehlender Nachrangigkeit – im Übrigen aber den im Wesentlichen gleichen Grundsätzen wie die hier vorgestellten Genussrechtsprogramme folgen. Eine gesonderte Darstellung dieser Schuldscheindarlehen im Rahmen des vorliegenden Beitrags erscheint daher verzichtbar.

zinsung vorsehen, die auch in solchen Jahren zu zahlen ist, in denen ein positives Ergebnis nicht erzielt wird. Hierzu kommt dann eine **gewinnabhängige Zusatzvergütung,** die z.B. an den jeweils erzielten Jahresüberschuss, Bilanzgewinn oder ausschüttungsfähigen Gewinn anknüpft.

Darüber hinaus gibt es Modelle, die auch hinsichtlich der Mindestverzinsung die Möglichkeit vorsehen, einen **Zinsaufschub** einzuräumen, etwa weil der Jahresüberschuss oder das freie Eigenkapital in einem oder mehreren aufeinander folgenden Jahren nicht ausreicht, um die Basisverzinsung zu bedienen.

232 Denkbar sind in diesem Zusammenhang etwa Regelungen der folgenden Art:

Formulierungsbeispiel Verzinsung von Genussrechten:
Die Basisvergütung/Mindestverzinsung ist insoweit nicht zu leisten, als die Eigenkapitalbestandteile, die nicht gesetzlich besonders gegen Ausschüttungen an die Gesellschafter geschützt sind („Freies Eigenkapital"), für die Zahlung nicht ausreichen. Entsprechend einbehaltene Beträge sind in den folgenden Geschäftsjahren in der Höhe nachzuzahlen, in der hierfür ausreichend Freies Eigenkapital zur Verfügung steht.[207]

233 c) **Beteiligung an Verlusten und am Liquiditätserlös.** In der Finanzierungspraxis findet man Modelle mit und ohne Verlustbeteiligung. Die Kosten, insbesondere die Mindestverzinsung, sind bei einer Verlustbeteiligung naturgemäß höher. Nur dann, wenn zusätzlich zur Nachrangigkeit, Erfolgsabhängigkeit der Vergütung und Langfristigkeit der Kapitalüberlassung auch eine solche Verlustbeteiligung vereinbart ist, kommt eine Bilanzierung des Genussrechtskapitals als **handelsbilanzielles Eigenkapital** in Betracht.[208]

Davon zu unterscheiden ist eine etwaige Beteiligung des Genussrechtskapitals am Liquidationserlös. Eine solche Beteiligung wird regelmäßig ausgeschlossen, um die **steuerliche Abzugsfähigkeit des Zinsdienstes** zu ermöglichen.[209]

234 d) **Tilgung.** Anders als die laufende Verzinsung erfolgt die Tilgung des Genussrechtskapitals typischer Weise in einer Summe **am Ende der Laufzeit.** Grundsätzlich denkbar sind auch Genussrechte, bei denen die Tilgung im Fälligkeitszeitpunkt nicht durch eine Geldzahlung, sondern durch Ausübung eines **Wandlungsrechts** erfolgt, die Genussrechte also mit Bezugsrechten, Wandelschuldverschreibungen oder Optionsanleihen gekoppelt werden (auch Genussrechte mit ***„Equity Kicker"*** oder Wandlungsgenussrechte genannt).[210]

235 e) **Nachrang.** Ein weiterer Regelungspunkt in den Verträgen ist die Vereinbarung eines Nachrangs. Hierdurch werden die Ansprüche aus dem Genussrecht, also der Rückzahlungsanspruch am Ende der Laufzeit ebenso wie die laufenden Vergütungsansprüche, insbesondere für den Fall einer Insolvenz oder Liquidation des Emittenten gegenüber den Ansprüchen sonstiger Fremdkapitalgeber subordiniert. Inwieweit die Ansprüche aus dem Genussrecht bei der Frage einer Insolvenzantragspflicht eine Rolle spielen, also insbesondere in einer so genannten Überschuldungsbilanz passiviert werden müssen, hängt nach den Grundsätzen, die der Bundesgerichtshof in seinem viel kritisierten Urteil aus vom 8. 1. 2001[211] aufgestellt hat, davon ab, ob die Ansprüche darüber hinaus im Insolvenz- oder Liquidationsfall gleichrangig mit oder vorrangig vor den Ansprüchen der

[207] Bei manchen Modellen wird ein Zinszahlungsaufschub auch in Abhängigkeit von der jeweiligen Bonitätsbewertung (d.h. bei einer etwaigen Ratingverschlechterung) eingeräumt.

[208] HFM WPg 1994, S. 419ff.; BMF vom 8. 12. 1986, BB 1987, 667.

[209] Näher hierzu *Häger*/Elkemann-Reusch, Mezzanine Finanzierungsinstrumente, Rn. 719ff.

[210] *Stadler* NZI 2003, 579ff.

[211] BGH NJW 2001, 1280 = DStR 2001, 175 = NZG 2001, 361 = DB 2001, 373 = ZIP 2001, S. 235.

Eigenkapitalgeber zu erfüllen sind. In der Praxis üblich ist hierbei ein Vorrang von Ansprüchen der Genussrechtsgläubiger gegenüber Gesellschaftern, weswegen sich Genussrechte – entgegen manch landläufiger Ansicht – regelmäßig nicht als so genannter **„Insolvenzpuffer"** eignen dürften.

f) **Kündigungsmöglichkeiten.** Eine ordentliche Kündigung der Genussrechte über die vereinbarte Laufzeit wird man generell ausschließen. Auch außerordentliche Kündigungsmöglichkeiten sind bei Genussrechten regelmäßig restriktiv und auf solche Fallkonstellationen beschränkt, die typischerweise zu einer signifikanten Risikoerhöhung auf Seiten des Gläubigers führen. Der Genussrechtsgläubiger hat deshalb in aller Regel die Möglichkeit zur außerordentlichen Kündigung etwa im Fall des Zahlungsverzugs, (drohender) Insolvenz oder bei wesentlichen Vertragsverletzungen des Emittenten. 236

g) **Informations- und Kontrollrechte, Zustimmungsvorbehalte.** Typisch für Genussrechtsverträge sind ferner Informations- und Kontrollrechte sowie Zustimmungsvorbehalte zu Gunsten der Gläubiger. Generell lässt sich diesem Zusammenhang sagen, dass die vertraglich verankerten Einflussnahmemöglichkeiten der Gläubiger insbesondere dann zunehmen, wenn es zu einem Zahlungsverzug, einer Ratingverschlechterung oder zur Nichteinhaltung von Finanzkennzahlen kommt. Das kann beispielsweise auch dazu führen, dass die Genussrechtsgläubiger zur Wahrnehmung ihrer Interessen einen so genannten *„Recovery Manager"* einsetzen, dem umfassende Informationsrechte über die Geschäftslage des Unternehmens zustehen und der auf dieser Basis, gemeinsam mit der Geschäftsführung, im Einzelfall die Aufgabe haben kann, Möglichkeiten für einen *„Turn Around"* zu erarbeiten. 237

h) **Sonstige Bestimmungen.** Weitere Bestimmungen in Genussrechtsverträgen befassen sich üblicherweise mit **Zusicherungen und Gewährleistungen,** die vom Emittenten abzugeben sind (etwa die Richtigkeit und Vollständigkeit der Informationen, die den Genussrechtsgläubigern über das Unternehmen im Zuge der Ausgabe der Genussrechte erteilt wurden), diversen **Auflagen und Verpflichtungen** *(„Covenants"),* die der Emittent über die Laufzeit erfüllen muss (beispielsweise die Aufrechterhaltung eines ausreichenden Versicherungsumfangs für seinen Geschäftsbetrieb) sowie **Kostentragungspflichten** (zum Beispiel für die Vertragsdokumentation und das Rating). Schließlich enthalten die Genussrechtsbestimmungen häufig Regelungen, die eine **Verwässerung** zu Lasten der Genussrechtsgläubiger verhindern sollen. Insbesondere steht die Aufnahme weiterer, vergleichbarer Finanzierungen üblicherweise unter dem Vorbehalt der Zustimmung der Genussrechtsgläubiger. Genussrechte erweitern daher zwar einerseits den Finanzierungsspielraum von Unternehmen, schränken ihn aber in diesem Punkt in gewissem Umfang auch wieder ein. 238

5. Zulässigkeit und Voraussetzung der Ausgabe von Genussrechten

a) **Rechtsform.** Genussrechte können grundsätzlich **rechtsformunabhängig** ausgegeben werden, also neben Aktiengesellschaften insbesondere auch von GmbHs und Personengesellschaften,[212] wodurch sie sich als Finanzierungsinstrument wiederum gerade auch für mittelständische Unternehmen eignen. 239

b) **Ausgabe von Genussrechten durch die Aktiengesellschaft.** Sofern Genussrechte durch eine Aktiengesellschaft ausgegeben werden, sind die gesetzlichen Regelungen entsprechend anwendbar, die für die Ausgabe von Wandelschuldverschreibungen und Optionsanleihen gelten, also insbesondere die §§ 221 und 186 AktG. Die Ausgabe der Genussrechte erfolgt danach durch den Vorstand, der hierfür intern die **Zustimmung der Hauptversammlung** benötigt; erforderlich ist insoweit eine drei Viertel Kapitalmehrheit. 240

---

[212] *Sethe* AG 1993, 293, 308; Graf von Westfahlen/*Schäfer*, Vertragsrecht und AGB-Klauselwerke, 1994, Rn. 14 ff.; a. A. *Vollmer*, ZGR 1983, 445, 453 f.

Dieser Hauptversammlungsbeschluss und die Ausgabeerklärung sind beim Handelsregister zu hinterlegen und in den Gesellschaftsblättern bekannt zu machen.

Gesetzlich steht den Aktionären der Gesellschaft ein **Bezugsrecht** auf die Genussscheine zu, das nach den gängigen Ankaufsbedingungen allerdings regelmäßig auszuschließen ist. Für einen solchen Ausschluss des Bezugsrechts ist wiederum eine drei Viertel Kapitalmehrheit erforderlich.

241 c) **Ausgabe bei der GmbH.** Bei der GmbH erfolgt die Ausgabe durch die Geschäftsführung. Inwieweit diese intern hierfür einen **Gesellschafterbeschluss** oder eine **Satzungsermächtigung** benötigt, ist gesetzlich nicht geregelt und entsprechend umstritten.[213] Wegen der hierzu vertretenen unterschiedlichen Auffassung sollte vor Ausgabe der Genussrechte durch die Geschäftsführung ein Gesellschafterbeschluss, möglichst mit satzungsändernder Mehrheit, eingeholt werden. Auch die üblichen Ankaufsbedingungen im Rahmen kapitalmarktrefinanzierter Modelle werden einen solchen Gesellschafterbeschluss regelmäßig verlangen.

IV. Stille Beteiligungen

1. Grundzüge

242 Eine weitere Möglichkeit für ein Unternehmen, finanzielle Mittel zu akquirieren, besteht darin, potentiellen Anlegern die Möglichkeit zu eröffnen, sich als stille Gesellschafter mit einer Einlage zu beteiligen und am Gewinn des Unternehmens teilzuhaben. Die Einlage besteht in der Regel aus Barmitteln, jedoch können auch andere vermögenswerte Beiträge geleistet werden. Durch den Abschluss eines Vertrages über eine stille Beteiligung entsteht eine **Innengesellschaft zwischen dem Anleger und dem Unternehmensinhaber,** die nach außen nicht in Erscheinung tritt und daher als „still“ bezeichnet wird. Die stille Gesellschaft ist **keine Handelsgesellschaft** im Sinne des HGB und kann weder eine Firma führen noch im Handelsregister eingetragen werden.[214] Die Beteiligung des stillen Gesellschafters kann vollständig anonym erfolgen; er erscheint nicht in der Firma des Unternehmens und wird auch nicht – anders als ein Kommanditist – in das Handelsregister eingetragen. Der stille Gesellschafter wird auch nicht in der öffentlich einsehbaren Gesellschafterliste eines Unternehmens geführt. Aus den Geschäften des Unternehmens wird der stille Gesellschafter weder berechtigt noch verpflichtet, § 230 Abs. 2 HGB. Eine Haftung gegenüber Dritten kann regelmäßig nicht entstehen. Der Unternehmensinhaber bleibt der alleinige Träger seines Unternehmens und tritt nach außen alleine auf. Die stille Gesellschaft hat auch keine gemeinsame Vertretung. Sie kann sich ferner nicht als Partei an einem Rechtsstreit beteiligen.

243 Stille Gesellschaften können an einem Handelsgewerbe eines anderen begründet werden, § 230 HGB. In welcher Rechtform das Handelsgewerbe betrieben wird (als Einzelfirma, Personen- oder Kapitalgesellschaft), ist nicht maßgebend.[215] Unternehmensinhaber kann entweder eine natürliche Person oder eine Gesellschaft sein. Ist eine Personen- oder Kapitalgesellschaft Trägerin des Unternehmens, kommt die stille Gesellschaft zwischen dem stillen Gesellschafter und dieser Gesellschaft selbst zustande, nicht aber mit den Gesellschaftern der Unternehmensträgerin.

244 Obgleich die stille Gesellschaft eine im Rechtsverkehr nicht in Erscheinung tretende reine Innengesellschaft ist, ist sie doch als **vollwertige Personengesellschaft** im Sinne von § 705 BGB zu qualifizieren, denn ihre Gesellschafter haben sich verbunden, um einen gemeinsamen Zweck, die Gewinnerzielung des Unternehmens, zu fördern. Der stille Ge-

---

[213] Baumbach/*Hueck* § 29 GmbHG Rn. 91: Satzungsermächtigung; Hachenburg/*Goerdeler/Müller* GmbHG Anh. § 29 Rn. 24: Gesellschafterbeschluss; *Rid-Niebler,* Genussrechte, S. 86 ff.: Satzungsermächtigung, hilfsweise Gesellschafterbeschluss mit satzungsändernder Mehrheit.

[214] Baumbach/*Hopt* § 230 HGB Rn. 2.

[215] MünchVertrHdb/*von der Heydt,* Bd. 1, S. 1305.

sellschafter **nimmt stets am Gewinn des Unternehmensinhabers** aus dem laufenden Betrieb des Unternehmens **teil,** § 231 Abs. 2 HGB. Ist eine Gewinnbeteiligung nicht vorgesehen, liegt keine stille Gesellschaft, sondern ein anderes Rechtsverhältnis zugrunde. Dies kann beispielsweise ein Darlehen oder eine Gesellschaft des bürgerlichen Rechts sein.[216] Die Höhe der Gewinnbeteiligung wird vertraglich frei vereinbart. Für eine steuerliche Anerkennung ist indessen erforderlich, dass die Gewinnbeteiligung nach vernünftigen kaufmännischen Maßstäben ermittelt wird.[217] Die Gewinnbeteiligung kann mit einer festen Verzinsung der Einlage kombiniert werden, ohne dass dies dem Vorliegen einer stillen Gesellschaft widerspräche. Anders als die Beteiligung des stillen Gesellschafters am Gewinn, kann seine Verlustbeteiligung vertraglich vollständig ausgeschlossen werden, § 231 Abs. 2 HGB. Bleibt der stille Gesellschafter am Verlust beteiligt, sieht § 232 Abs. 2 HGB vor, dass er an dem Verlust nur bis zum Betrag seiner eingezahlten oder rückständigen Einlage teilnimmt. Im Rahmen von mezzaninen Unternehmensfinanzierungen wird eine Verlustbeteiligung des stillen Gesellschafters oftmals ausgeschlossen, um das mit dem Investment im Vergleich zur Darlehensfinanzierung eingegangene Risiko nicht noch weiter zu erhöhen.[218]

Die stille Gesellschaft entsteht durch eine **formlose vertragliche Vereinbarung.** Jedoch 245
ist in jedem Fall ratsam, zumindest die schriftliche Form für den Vertrag zu wählen. Verpflichtet sich der stille Gesellschafter als Einlage ein Grundstück oder einen GmbH-Anteil in das Unternehmen einzubringen, ist der Vertrag über die stille Beteiligung notariell zu beurkunden. Dies kann auch der Fall sein, wenn die stille Beteiligung schenkungsweise eingeräumt wird.

2. Wirtschaftliche Bedeutung

Die rechtsformtypischen Elemente der stillen Gesellschaft sind in den §§ 230 ff. HGB 246
in ihren **Grundzügen gesetzlich geregelt.** Die **weitergehenden Bestimmungen** über Ergebnisverteilung, Kontrollrechte, Beendigung und Insolvenz der Gesellschaft sind jedoch **dispositiv.** Die Rechtsform der stillen Gesellschaft bietet vielfältige vertragliche Gestaltungsmöglichkeiten. Da die stille Gesellschaft nicht nach außen in Erscheinung tritt, sondern reine Innengesellschaft ist, sind Gläubigerschutz- oder Kapitalerhaltungsvorschriften regelmäßig nicht zu beachten.[219] Es existieren auch keine gesetzlichen Regelungen über die interne Organisation der stillen Gesellschaft. Deren Gesellschafter sind deshalb in der Lage, ihr Vertragsverhältnis ihren Bedürfnissen entsprechend frei zu gestalten und ihren Zwecken anzupassen. Dabei ist jedoch zu beachten, dass Vereinbarungen in Gesellschaftsverträgen einer stillen Gesellschaft immer nur schuldrechtliche Ansprüche im Innenverhältnis und keine dinglichen, im Außenverhältnis zu Dritten wirksamen Rechtspositionen begründen.

Gerade die Flexibilität der stillen Gesellschaft in der Gestaltung macht sie in der Praxis 247
zu einer **wirtschaftlich bedeutenden Form der Beteiligung** und zu einer der **am häufigsten gewählten Form mezzaniner Finanzierungen.**[220] Sie wird insbesondere eingesetzt, um die Kapitalausstattung von Unternehmen in Wachstumssituationen oder bei sonstigen Sonderfinanzierungsanlässen zu verbessern. Unternehmensbeteiligungsgesellschaften

---

[216] *Häger/Elkemann-Reusch,* Mezannine Finanzierungsinstrumente, S. 61.

[217] MünchVertrHdb/*von der Heydt,* Bd. 1, S. 1309.

[218] *Häger/Elkemann-Reusch,* Mezannine Finanzierungsinstrumente, S. 61.

[219] Bei der atypisch stillen Gesellschaft kann es jedoch Ausnahmen zu diesem Grundsatz geben. So ist der atypisch stille Gesellschafter in Bezug auf die Eigenkapitalregeln einem Gesellschafter gleichzustellen, wenn ihm weitreichende Befugnisse zur Einflussnahme auf die Geschäftsführung und die Gestaltung der Gesellschaft eingeräumt sind, insbesondere wenn er wie ein Gesellschafter die Geschicke der Gesellschaft mitzubestimmen berechtigt ist; BGH WM 1989, 14; BGHZ 119, 191, 195 f.; vertiefend hierzu siehe *Diem,* Zur Vermeidung des Eigenkapitalersatzes von Bankkrediten, BKR 2002, 1034, 1035. Zur atypischen Gesellschaft siehe sogleich unter Rn. 248.

[220] *Häger/Elkemann-Reusch,* Mezannine Finanzierungsinstrumente, S. 59.

gehen ihre Investments oftmals in der Form von stillen Beteiligungen ein. Auch jungen Unternehmen werden staatliche Fördermittel über stille Beteiligungen zur Verfügung gestellt. Bei **Unternehmen in Familienbesitz** bietet die stille Gesellschaft eine Möglichkeit, Familienmitglieder an den Gewinnen des Unternehmens zu beteiligen, insbesondere auch im Rahmen der Regelung der Unternehmensnachfolge, ohne ihnen zugleich Mitwirkungsrechte zukommen zu lassen.[221]

3. Typische und atypische stille Gesellschaften

248 Wegen der Vielzahl ihrer Erscheinungsformen ist es nicht einfach, stille Gesellschaften zu klassifizieren. In der Praxis hat sich insoweit die Unterscheidung zwischen der typischen und der atypischen stillen Gesellschaft herausgebildet. **Typisch stille Gesellschaften** sind diejenigen, die den oben dargestellten gesetzlichen Normaltyp der stillen Gesellschaft abbilden und nur in soweit variieren, dass folgende spezifischen Merkmale der typischen stillen Beteiligung stets erhalten bleiben:
- der stille Gesellschafter ist am Vermögen des Geschäftsinhabers nicht beteiligt und es existiert kein Gesamthandsvermögen der stillen Gesellschaft;
- der Geschäftsinhaber führt die Geschäfte des Unternehmens alleine;
- die Gesellschaft ist intern nicht durch Organisationsregeln wie ein Verband organisiert.

Atypische stille Gesellschaften weichen vom gesetzlichen Leitbild ab, indem sie vertraglich
- eine Vermögensbeteiligung des stillen Gesellschafters vorsehen,
- dem stillen Gesellschafter Geschäftsführungsbefugnisse und Kontrollrechte einräumen, sowie
- eine Vielzahl von stillen Gesellschaftern mit dem Geschäftsinhaber zu einer Organisation verbinden, die Verbandscharakter annimmt.

249 a) **Vermögensbeteiligung des stillen Gesellschafters.** Da die Einlage des stillen Gesellschafters gemäß § 230 Abs. 1 HBG in das Vermögen des Unternehmensinhabers übergehen muss, kann die stille Gesellschaft kein gemeinschaftliches Vermögen haben,[222] d.h. der stille Gesellschafter erwirbt keinen dinglichen Anteil am Gesellschaftsvermögen. An einem **Vermögenszuwachs durch Wertsteigerungen** der materiellen und immateriellen Vermögensgegenstände des Unternehmens ist der stille Gesellschafter **nicht beteiligt.**[223] Er hat lediglich einen schuldrechtlichen Anspruch auf seinen Gewinnanteil.

250 Dieser kann in etwa folgendermaßen ermittelt werden:[224]

Formulierungsbeispiel Vermögensbeteiligung des stillen Gesellschafters:

§ […] Gewinn- und Verlustbeteiligung/Entnahmen

(1) Für die Gewinn- und Verlustbeteiligung des stillen Gesellschafters ist von dem Gewinn oder Verlust auszugehen, der sich aus dem Jahresabschluss der Inhaberin vor Berücksichtigung des auf den stillen Gesellschafter entfallenden Gewinn- oder Verlustanteils ergibt.

(2) Soweit darin nicht enthalten, sind dem gemäß Abs. 1 ermittelten Gewinn hinzuzurechnen oder von einem etwaigen Verlust abzuziehen:

a) Einstellungen in steuerfreie und steuerpflichtige Rücklagen;

b) Zinsen, die den Gesellschaftern der Inhaberin belastet worden sind;

c) außerordentliche Aufwendungen, soweit sie aus Geschäftsvorfällen herrühren, die vor Beginn der stillen Gesellschaft erfolgt sind;

d) Aufwendungen aufgrund Abschreibungen auf Vermögensgegenstände des Anlagevermögens, soweit sie die planmäßigen Abschreibungen im Sinne von § 253 Abs. 2 S. 1 HGB

---

[221] Siehe näher hierzu unter § 19 Rn. 86ff.
[222] MünchHdbGesR/*Bezzenberg/Keul*, Bd. 2, S. 1684.
[223] *Häger/Elkemann-Reusch*, Mezannine Finanzierungsinstrumente, S. 58.
[224] Beispiel in Anlehnung an MünchVertrHdb/*von der Heydt*, Bd. 1, S. 1302.

übersteigen und Aufwendungen aufgrund des Abgangs von Vermögensgegenständen des Anlagevermögens.

(3) Soweit darin enthalten, sind von dem gemäß Abs. 1 ermittelten Gewinn abzuziehen oder einem etwaigen Verlust hinzuzurechnen:

a) Erträge aus der Auflösung der Rücklagen gemäß Abs. 2 lit (a);

b) Tätigkeitsvergütungen oder Zinsen, die den Gesellschaftern der Inhaberin gutgeschrieben worden sind;

c) außerordentliche Erträge, soweit sie auf Geschäftsvorfällen beruhen, die vor Beginn der stillen Gesellschaft erfolgt sind;

d) Erträge aus dem Abgang von Vermögensgegenständen des Anlagevermögens.

[(4) Beschränkung der Teilnahme am Gewinn/Verlust]

Der Unternehmensinhaber und der stille Gesellschafter können aber vertraglich die Vermögensrechte des stillen Gesellschafters erweitern und vereinbaren, dass der stille Gesellschafter so zu behandelt ist, als ob das Gesellschaftsvermögen dem Unternehmensinhaber und dem stillen Gesellschafter gemeinschaftlich gehört.[225] Er hat bei der Auseinandersetzung der Gesellschaft einen schuldrechtlichen Anspruch, so gestellt zu werden, als wäre er am Gesellschaftsvermögen als solchem, also auch an den stillen Reserven und am Geschäftswert des Handelsgewerbes, beteiligt und nicht nur am während der Dauer seiner stillen Beteiligung vom Unternehmensinhaber erwirtschafteten Gewinn, wie es der Normalfall der typischen stillen Beteiligung vorsieht. 251

Eine solche Beteiligung kann in den Regelungen über die Auseinandersetzung der stillen Gesellschaft (vereinfacht) wie folgt zum Ausdruck gebracht werden: 252

Formulierungsbeispiel Auseinandersetzung der Gesellschaft:

§ [. . .] Auseinandersetzung

(1) Bei Beendigung der stillen Gesellschaft steht dem stillen Gesellschafter ein Auseinandersetzungsguthaben zu, das auf den Tag der Beendigung festzustellen ist.

(2) Das Auseinandersetzungsguthaben wird bestimmt aus

a) [. . .] sowie;

b) dem Anteil des stillen Gesellschafters an den stillen Reserven des Inhabers, die während der Dauer der stillen Gesellschaft gebildet wurden.

(3) Zur Ermittlung der stillen Reserven

a) sind sämtliche Vermögenswerte des Inhabers mit ihrem Verkehrswert anzusetzen;

b) [Regelungen zur Ermittlung des Verkehrswerts einzelner Vermögensgegenstände].

(4) Der Anteil des stillen Gesellschafters an den stillen Reserven des Inhabers entspricht dem Verhältnis seiner Einlage zum Gesamtbetrag des [ ]Kapitals des Inhabers.

Diese Vereinbarung qualifiziert die stille Beteiligung als „atypisch“ und hat Auswirkungen auf die Gewinnberechnung des stillen Gesellschafters. Dieser kann die Handelsbilanz zu Grunde gelegt werden,[226] in der sich das gesamte Gesellschaftsvermögen widerspiegelt. Für die Abgrenzung zwischen „typisch“ und „atypisch“ kommt es hingegen nicht darauf an, ob der stille Gesellschafter auch am Verlust beteiligt ist; eine Verlustbeteiligung kann bei beiden Formen der stillen Gesellschaft zugelassen oder ausgeschlossen sein. 253

b) **Beteiligung des stillen Gesellschafters an der Geschäftsführung.** Den gesetzlichen Regelungen zufolge sind die mitgliedschaftlichen Verwaltungsrechte des stillen Gesell- 254

[225] BGHZ 7, 174, 178; BGHZ 7, 378, 380.
[226] *Blaurock,* 6. Aufl. 2003, Rn. 14.40.

schafters auf ein Mindestmaß beschränkt.[227] Nach § 233 Abs. 1 HGB kann der stille Gesellschafter den Jahresabschluss selbst und die **für den Jahresabschluss relevanten Unterlagen einsehen** und auf ihre Richtigkeit hin überprüfen. Weitergehende Kontrollrechte sehen die gesetzlichen Regelungen nicht vor. Der stille Gesellschafter hat insbesondere **kein Recht, an der Geschäftsführung mitzuwirken** oder Geschäftsführungsmaßnahmen zu widersprechen. Etwas anderes gilt nur bei Grundlagengeschäften, die den Bestand des Unternehmens betreffen.[228] Es führt daher zu einer Klassifizierung als „atypisch", wenn dem stillen Gesellschafter in signifikantem Umfang weitergehende Kontrollrechte eingeräumt werden oder wenn er darüber hinaus an Maßnahmen der Geschäftsführung mitwirken kann.

255 In der Praxis wird hierzu oftmals ein Katalog von Geschäftsführungsmaßnahmen in die Vertragsdokumentation aufgenommen, die ohne ausdrückliche Zustimmung des stillen Gesellschafters nicht vorgenommen werden dürfen:

Formulierungsbeispiel Geschäftsführungsmaßnahmen mit Zustimmung des stillen Gesellschafters:

§ [...] Geschäftsführung

(1) Die Geschäftsführung steht allein dem Inhaber zu.

(2) Der Inhaber darf jedoch folgende Maßnahmen nur mit Zustimmung des stillen Gesellschafters vornehmen:

a) Änderung des Gegenstandes des Unternehmens oder Umwandlung in eine Kapitalgesellschaft;

b) Veräußerung oder Verpachtung des Unternehmens oder eines Teils des Unternehmens;

c) vollständige oder teilweise Einstellung des Geschäftsbetriebs;

d) Aufnahme neuer Geschäftszweige;

e) Aufnahme weiterer stiller Gesellschafter;

f) Errichtung von Zweigniederlassungen;

g) Abschluss, Änderung und Kündigung von Dauerschuldverhältnissen durch die der Inhaber im Einzelfall über den Betrag von EUR [ ] p. a. verpflichtet oder berechtigt wird oder ist;

h) Erwerb, Veräußerung und Belastung von Grundstücken und grundstücksgleichen Rechten;

i) Handlungen, die der gewöhnliche Betrieb des Handelsgewerbes nicht mit sich bringt, insbesondere die Vornahme von Rechtshandlungen mit Bezug auf das Handelsgewerbe, durch die der Inhaber im Einzelfall über den Betrag von EUR [ ] verpflichtet wird;

[k) sonstige Regelungen über Widerspruchsrechte, weitere Zustimmungsvorbehalte oder Mitwirkungsrechte]

(3) Neben den gesetzlichen Informations- und Kontrollrechten nach § 233 HGB stehen dem stillen Gesellschafter die in den §§ [716 BGB, 118 HGB und 51 a GmbHG] bezeichneten Rechte zu.

256 Einem stillen Gesellschafter kann schließlich auch das Recht eingeräumt werden, in Aufsichtsgremien des Unternehmens vertreten zu sein.

257 c) **Stille Gesellschaft mit Verbandscharakter.** Der Unternehmensinhaber kann mehreren stillen Gesellschaftern **Beteiligungen an seinem Unternehmen** einräumen. In der Regel liegen dann so viele voneinander unabhängige stille Gesellschaften vor, wie stille Gesellschafter beteiligt sind.[229] Es ist aber auch möglich, die stillen Gesellschafter in einer

[227] MünchHdbGesR/*Bezzenberg/Keul*, Bd. 2, S. 1669.
[228] MünchVertrHdb/*von der Heydt*, Bd. 1, S. 1306.
[229] MünchVertrHdb/*von der Heydt*, Bd. 1, S. 1306.

stillen Gesellschaft mit dem Unternehmensinhaber zusammenzufassen. Der hierfür abzuschließende Gesellschaftsvertrag wird dann auch Regelungen enthalten, die organisationsrechtlicher Natur sind, beispielsweise wie die Meinungsbildung in der stillen Gesellschaft verläuft, unter welchen Voraussetzungen stille Beteiligungen von den Inhabern veräußert oder beendet werden dürfen oder ob Gremien wie Gesellschafterausschüsse geschaffen werden sollen.

d) **Steuerliche Aspekte.** Die **Differenzierung** zwischen typischer und atypischer stiller Gesellschaft ist **steuerrechtlich relevant.** Bei der typischen stillen Beteiligung ist der stille Gesellschafter Gläubiger des Unternehmensinhabers; er erzielt Einkünfte aus Kapitalvermögen. Bei der atypischen stillen Beteiligung wird der stille Gesellschafter Mitunternehmer im Sinne von § 15 Abs. 1 S. 1 Nr. 2 Einkommenssteuergesetz, wenn er sowohl am Risiko des Unternehmens als auch an der Unternehmerinitiative beteiligt ist.[230] Er erzielt dann Einkünfte aus Gewerbebetrieb. 258

F. Eigenkapitalfinanzierung durch *Private Equity*

Als weitere Möglichkeit, das Wachstum der Gesellschaft zu finanzieren, steht die Eigenkapitalfinanzierung durch *Private Equity* zur Verfügung. Hierbei beteiligt sich ein Investor üblicherweise als Gesellschafter an einem Unternehmen und stellt diesem für eine bestimmte Zeit Eigenkapital zur Verfügung. 259

I. Grundzüge

Die Thematik *Private Equity* wird nicht jedem mittelständischen Unternehmer auf Anhieb geläufig sein. Daher sollen im Folgenden die Grundstruktur des *Private Equity* Geschäftsmodells, die Ursprünge des *Private Equity,* die typischen Erscheinungsformen des *Private Equity* und die im Zusammenhang mit *Private Equity* immer wieder auftauchenden englischen Begrifflichkeiten erläutert werden. 260

1. Allgemeines

Die Ausstattung eines Unternehmens mit ausreichend Eigenkapital bildet die Grundlage für das Wachstum des Unternehmens und sichert es gegen wirtschaftliche Risiken ab. Im internationalen Vergleich sind deutsche Unternehmen mit relativ wenig Eigenkapital ausgestattet. Insbesondere deutsche Mittelstandsunternehmen finanzieren sich nach wie vor größtenteils über Fremdkapital. Hier sehen sie sich jedoch mit einem verschärften *Rating,* der Beurteilung der Bonität eines Unternehmens, konfrontiert, das der Eigenkapitalquote große Bedeutung zumisst. Diese strengeren Kreditvergaberichtlinien bewirken, dass viele eigenkapitalschwache Unternehmen Darlehen nicht in ausreichendem Maße in Anspruch nehmen können. Darunter leiden vor allen die Investitionen des Unternehmens. Vor diesem Hintergrund rückt eine weitere Form der Unternehmensfinanzierung in das Blickfeld mittelständischer Unternehmer: das Geschäftsmodell *Private Equity.* Hauptmerkmal dieses Finanzierungsmodells ist, dass liquide Mittel eines Investors in das **Eigenkapital,** im Englischen *Equity,* einer Gesellschaft fließen und dem Unternehmen für seine Geschäftsaktivitäten zur Verfügung stehen. In Abgrenzung zu der Refinanzierung über die Börse wird diese Form der Beteiligung als *„private"* bezeichnet: dem Unternehmen werden außerhalb des institutionalisierten Kapitalmarktes Mittel von Dritten zur Verfügung gestellt. 261

Bei dem Investor in einer *Private Equity* Transaktion handelt es sich in der Regel um eine speziell für diesen Zweck gegründete Kapitalbeteiligungsgesellschaft. Diese wird für einen bestimmten Zeitraum Gesellschafterin und damit Miteigentümerin eines Unter- 262

[230] MünchVertrHdb/*von der Heydt,* Bd. 1, S. 1316.

nehmens. Hierfür wird in der Regel eine **offene, direkte Beteiligung** eingegangen, indem der *Private Equity Investor* Anteile an dem Zielunternehmen entweder im Rahmen einer Kapitalerhöhung oder von den Altgesellschaftern erwirbt. Bei dieser direkten Beteiligung stellt der Investor Eigenkapital in Form von echtem Stammkapital und in Form von Zuzahlungen in die Kapitalrücklage der Gesellschaft zur Verfügung. Der Begriff „*Private Equity*" umfasst in einem weiteren Verständnis zudem auch eigenkapitalähnliche Beteiligungsformen (siehe hierzu oben Rn. 212 ff.), bei denen der Investor nicht zwingend Gesellschafter wird.

263 Ein *Private Equity Investor* investiert jedoch nicht nur sein Kapital. Im Idealfall unterstützt und berät der Investor die Geschäftsleitung, um das *Management* des Unternehmens zu optimieren. Durch gezielte Investitionen und kluge Entscheidungen des *Managements* soll das Unternehmen seine Erträge steigern und einen **Wertzuwachs** erfahren. Der *Private Equity Investor* ist hierbei Mitgesellschafter auf Zeit. *Private Equity Investments* werden für einen Zeitraum von zwei bis acht Jahren eingegangen. Das Ziel der Beteiligung ist erreicht, wenn der Investor den angewachsen Unternehmenswert abschöpfen kann, indem er seine Beteiligung wieder verkauft (*Exit,* siehe hierzu Rn. 409 bis Rn. 417). Bei positivem Verlauf des Investments fließen die investierten Mittel zuzüglich einer **attraktiven Rendite** an den *Private Equity Investor* zurück. Zielgesellschaften für *Private Equity* Investoren sind daher vorrangig Unternehmen mit guten Wachstumsprognosen und Entwicklungspotentialen, bei denen ein lukrativer *Exit* möglich ist. Realisieren sich die Wachstumserwartungen des Investors nicht, zeigt sich die spezifische Besonderheit einer Eigenkapitalbeteiligung: Der *Private Equity Investor* übernimmt als vollwertiger Gesellschafter des Unternehmens auch **Risiken,** die mit einer Gesellschafterstellung verbunden sind; er trägt das Risiko, die gewünschte Rendite des Investments nicht zu erzielen oder sein Investment im Extremfall auch ganz zu verlieren, ohne dass er dieses Risiko besichert hat oder auf Dritte abwälzen kann. Wegen dieser Risiken wählen *Private Equity* Investoren ihre Zielunternehmen mit großer Sorgfalt aus. *Private Equity* fließt oftmals in technologieorientierte und innovative Branchen, wie Informations- und Kommunikationstechnologie, Biotechnologie und Medizintechnik, Elektrotechnik oder Industrieautomation. Aber gerade in Deutschland wird – anders als in den USA – vermehrt auch in die traditionellen Branchen wie Eisen, Stahl und Leichtmetall, Maschinen- und Anlagenbau sowie Handel und Konsumgüter investiert.

2. Ursprünge von *Private Equity*

264 Bereits der Begriff „*Private Equity*" verweist auf die Ursprünge dieser Finanzierungsform im angelsächsischen Raum, wo sich diese Form der Unternehmensfinanzierung unmittelbar nach dem zweiten Weltkrieg etablierte. Nach wie vor werden heute 60% der weltweiten *Private Equity* Investitionen in den USA getätigt. Großbritannien ist im europäischen Raum der führende Markt. In Deutschland unterstützen Beteiligungsgesellschaften erst seit Mitte der 60er Jahre Unternehmen mit Eigenkapitalinvestitionen.[231] Vor allem die **Kreditinstitute** erschlossen sich mit ihren Beteiligungsgesellschaften hier ein neues Geschäftsfeld. Die Anfänge waren bescheiden. In den 70er Jahren lag der Wert der von deutschen Beteiligungsgesellschaften gehaltenen Portfolios unter einer Milliarde D-Mark. Bis zum Ende der 80er Jahre gewann der Beteiligungsmarkt stetig an Bedeutung und 1988 wurde die Milliarden-Euro-Grenze der Portfoliowerte überschritten. Bis Mitte der 80er Jahre wurde in Europa vorwiegend in etablierte Unternehmen investiert, während in den USA die Investitionen in Unternehmensneugründungen florierten. Aber die europäischen Märkte folgten ab Mitte der 80er Jahre dem US-amerikanischen Vorbild. Einen großen *Boom* erfuhr die Branche Ende der 90er Jahre im Zuge der Belebung der Aktienmärkte. Es wurde vor allem in so genannte ***Hightech* Unternehmen,** also Unternehmen aus den Bereichen Informations- und Kommunikationstechnologie, Internet,

---

[231] *Frommann/Dahmann,* S. 13.

Biotechnologie und Medizintechnik, investiert. Im Jahr 2000 entfielen mehr als 50% der *Private Equity* Investitionen auf die Technologiebranchen. Viele Investoren versprachen sich attraktive *Exit* Möglichkeiten über einen Börsengang der Unternehmen dieser ***New Economy,*** jedoch wurden diese Hoffnungen spätestens bei dem Börsen*crash* im Jahr 2000 enttäuscht. Im Jahr 2001 begann die Konsolidierung des Beteiligungsmarktes. Investitionsobjekte wurden genauer begutachtet und auf ihre Wachstumschancen überprüft. In den Blick der Investoren rückten zunehmend wieder etablierte Unternehmen aus **traditionellen Branchen *(Old Economy).*** Im Jahr 2006 wurden ca. 6000 Unternehmen in Deutschland von *Private Equity* Investoren in ihren Portfolios gehalten mit einem Portfoliowert von insgesamt 23,1 Milliarden Euro. Die meisten *Private Equity* Investitionen werden im so genannten *Mid Market* getätigt, der Unternehmen mit einem Unternehmenswert *(Enterprise Value)* von 25 Millionen Euro bis zu einem Wert von 250 Millionen Euro umfasst.[232]

Da *Private Equity* im angelsächsischen Raum seine Ursprünge hat, wurde die **englische Begrifflichkeit** mit übernommen, als diese Anlageform auch in Deutschland eingeführt wurde. Bei der Beschäftigung mit diesem Geschäftsmodell trifft man daher auf eine sehr ausgeprägte Form des Anglizismus. Die Fachtermini sind durchgängig Englisch und die Branche übertrifft sich dabei, immer neue englische Wortschöpfungen in die Diskussion einzuführen. Nur zum Teil wurden deutsche Begriffe geschaffen (zum Beispiel privates Beteiligungskapital, Wagniskapitalbeteiligung), die jedoch eher selten verwendet werden. Ein mittelständischer Unternehmer, der sich für *Private Equity* als Unternehmensfinanzierung interessiert, wird nicht umhin können, sich mit den englischen Begriffen auseinanderzusetzen. Im Folgenden wird daher bewusst die englische Ausdrucksweise verwendet und erläutert. Die Dominanz der englischen Begriffe sollte jedoch nicht zu der irrigen Annahme führen, *Private Equity* wäre ein nur im internationalen Geschäftsumfeld sinnvolles Finanzierungsmodell. Gerade mittelständisch geprägten Unternehmen können sich durch *Private Equity* Investitionen neue Möglichkeiten des Wachstums erschließen. 265

3. Abgrenzung

Ein Unternehmen wird seinen Bedarf an Kapital stets durch mehrere Finanzinstrumente abdecken und eine optimale Mischung von Fremd- und Eigenkapital anstreben. *Private Equity* unterscheidet sich grundsätzlich von Unternehmensfinanzierungen über Fremdkapital. Wichtigster Unterschied ist die Qualifizierung des Investments als risikotragendes Eigenkapital. Anders als **Bankkredite,** die in einer schwierigen wirtschaftlichen Lage des Unternehmens sofort abgezogen werden können, stehen die Mittel des *Private Equity Investors* der Gesellschaft auch in der Krise zur Verfügung und bilden im Insolvenzfall sogar die **Haftungsmasse** für die Gläubiger. Die Eigenkapitalbeteiligung des Investors ist zudem nicht wie Fremdkapital laufend zu verzinsen und zu tilgen. Natürlich möchte auch der *Private Equity Investor* eine Rendite auf sein eingesetztes Kapital erzielen, jedoch ist deren Realisierung in die Zukunft verlagert. Das Unternehmen wird in Phasen des Aufbaus und des Wachstums nicht mit Zins- und Tilgungszahlungen belastet. Das Investment des *Private Equity Investors* steht dem Unternehmen in der Regel auch nicht zeitlich befristet zur Verfügung, während Fremdkapital zu festgelegten Zeitpunkten zurückgezahlt werden muss. Zwar ist die Beteiligung des *Private Equity Investors* nicht auf Dauer angelegt, jedoch kann er seinen Ausstieg flexibel bestimmen und wird diesen in der Regel auf einen Zeitpunkt legen, in dem das Unternehmen die Renditeerwartungen des *Private Equity Investors* auch erfüllen kann. Anders als bei der Fremdfinanzierung über Kreditinstitute müssen die Mittel, die ein *Private Equity Investor* dem Unternehmen zur Verfügung stellt, auch nicht besichert werden; Fremdkapi- 266

[232] BVK Statistik, S. 1.

talgeber hingegen verlangen ausreichende dingliche und schuldrechtliche Sicherheiten, bevor sie Kredite ausreichen.

267 Einige *Private Equity* Investoren wählen statt einer Direktbeteiligung **eigenkapitalähnliche** Finanzierungsformen, so genannte *Mezzanine* (italienisch für „Zwischengeschoss", siehe hierzu oben Rn. 212ff.), oder gehen Kombinationen von offenen Beteiligungen und *Mezzaninen* ein. Wie Direktbeteiligungen werden *Mezzanine* Finanzierungen für einige Jahre eingegangen und sind nicht wie klassisches Fremdkapital zu besichern. Auch *Mezzanine* Kapital hat eigenkapitalähnlichen Charakter, weil es in der Krise der Gesellschaft nur nachrangig zurückgezahlt werden darf, also erst wenn die übrigen Gläubiger des Unternehmens befriedigt sind. Anders als bei der Direktbeteiligung wird der *Mezzanine Investor* zwar nicht Gesellschafter des Unternehmens, vertraglich können ihm aber vergleichbare Informations- und Mitwirkungsrechte eingeräumt werden. Das Unternehmen hat für das *Mezzanine* Kapital laufende Zinsleistungen zu erbringen, die in ihrer Höhe zum Teil gewinnabhängig ausgestaltet sind. Diese eigenkapitalähnlichen Beteiligungsformen sind vom Unternehmen allerdings teurer zu bezahlen als klassische Bankkredite. Andererseits stehen sie dem Unternehmen aufgrund des eigenkapitalähnlichen Charakters auch in der Krise der Gesellschaft zur Verfügung. Bei einer weiten Verwendung des Terminus *„Private Equity"* als Oberbegriff für die Anlageform „Beteiligungskapital" sind auch *Mezzanine* Beteiligungsformen umfasst.

4. Typische Erscheinungsformen – Was finanzieren Beteiligungsgesellschaften?

268 *Private Equity* ist als Finanzierungsinstrument vielfältig einsetzbar. Ein Unternehmen durchläuft in seinem Lebenszyklus verschiedene Phasen. In jeder Phase kann ein spezifischer Kapitalbedarf entstehen, bei dem *Private Equity* Investitionen zum Einsatz kommen können. Zudem gibt es besondere Situationen, die zu jedem Zeitpunkt im Unternehmenszyklus auftreten können und die durch *Private Equity* Finanzierungen begleitet werden können.

269 **a) Frühphasenfinanzierung – *Venture Capital.*** Bereits die Vorbereitung einer Unternehmensgründung erfordert einige finanzielle Mittel. Die Geschäftsidee muss mittels Marktanalysen und *Business*plänen auf ihre Realisierbarkeit hin überprüft werden. Diese Phase wird als *Seed* Phase bezeichnet. ***Seed* Investitionen** sind mit einem hohen Risiko behaftet, und das Engagement von Investoren in diesem Bereich ist gering. Der Unternehmer ist hier auf eigene Mittel und auf öffentliche Fördermittel angewiesen.

270 Mit der Unternehmensgründung (***Start-up* Phase**) werden die Vorraussetzungen für den späteren Markteintritt geschaffen. Mit der Markteinführung des Produkts beginnt das Unternehmen, sich am Markt zu positionieren. Erste Umsätze werden generiert, der Kapitalbedarf ist sehr hoch. Gerade für Unternehmensgründer ist es schwierig, ausreichende Finanzierung durch Bankkredite zu erhalten. Dem hohen Kapitalbedarf für die Etablierung der Geschäftsidee stehen eine schlechte Eigenkapitalausstattung, fehlende Sicherheiten und damit ungenügende Kreditfähigkeit gegenüber. Das Unternehmen erwirtschaftet in dieser frühen Phase ***(Early Stage)*** keine Gewinne, vielmehr werden eventuelle Umsätze durch hohe Ausgaben, insbesondere für Forschung und Entwicklung, aufgezehrt. Für das in solche jungen Unternehmen investierte Beteiligungskapital hat sich der englische Begriff ***Venture Capital*** etabliert, im Deutschen wird von „Wagniskapitalbeteiligungen" gesprochen, was bereits die mit dieser Investitionsform verbundenen Risiken anklingen lässt. In dieser Phase kann das junge Unternehmen von der Gründungsfinanzierung und der *Management*unterstützung spezialisierter *Venture Capital* Gesellschaften profitieren. *Venture Capital* als Teilsegment von *Private Equity* kommt insbesondere bei der Gründungs- und Wachstumsfinanzierung von Unternehmen in technologieorientierten und innovativen Branchen zum Einsatz. Diese Frühphasenfinanzierung verzeichnete bis zum Jahr 2000 ein starkes Wachstum im Zusammenhang mit der Euphorie um die neuen Märkte im Bereich der Hochtechnologie-Branchen.

Seitdem hat diese Finanzierungsphase an Bedeutung verloren, die Investitionen sind rückläufig.[233]

b) **Spätere Finanzierungen – *Later Stage.*** Die Phase, in der ein Unternehmen wächst *(**Expansion Stage**)*, ist gekennzeichnet durch die Etablierung von Organisationsstrukturen in Produktion und Vertrieb und die Marktdurchdringung. Das Unternehmen erreicht in dieser Phase den *Break even Point*: Die Umsätze werden nicht mehr vollständig durch die Kosten aufgezehrt, sondern erstmals wird ein Gewinn erwirtschaftet. Ab dieser Unternehmensphase wird der Begriff des *Venture Capitals*, der mit dem für *Start-ups* typischen Risikopotential assoziiert ist, zunehmend nicht mehr verwendet, sondern es wird von ***Private Equity*** gesprochen. Auch etablierte Unternehmen *(**Later Stage**)* benötigen in bestimmten Konstellationen weitere finanzielle Mittel für ihre wirtschaftliche Entwicklung. Um nicht vom Markt verdrängt zu werden, muss das Unternehmen Investitionen tätigen und neue innovative Geschäftsfelder erschließen. Dieses weitere Wachstum kann oft nicht über die traditionellen Instrumente des Fremdkapitaleinsatzes gedeckt werden, hier kann eine Wachstumsfinanzierung eines Investors zum Einsatz kommen. 271

Es gibt des Weiteren spezifische Konstellationen, in denen Unternehmen einen besonderen Finanzbedarf haben. ***Replacement Capital*** kommt etwa dann zum Einsatz, wenn ein Gesellschafter aus einem Unternehmen ausscheiden will und Finanzmittel abzufließen drohen. Dies kann insbesondere Unternehmen in Familienbesitz betreffen, wenn wegen Erbfolge, Schenkung oder Scheidung im Unternehmen gebundenes Privatvermögen abgezogen wird. Ein *Private Equity Investor* kann in dieser Situation dem ausscheidenden Gesellschafter seine Beteiligung abkaufen und diesen ersetzen. Dem Unternehmen wird zwar kein neues Kapital zugeführt, jedoch wird das vorhandene Eigenkapital im Unternehmen belassen, was den Fortbestand des Unternehmens sicherstellen kann. Ist ein Unternehmen bereits in eine Krise geraten, kann die Sanierung und Umstrukturierung durch *Private Equity* finanziert werden. Dies wird als ***Turn Around*** bezeichnet. Einen besonderen Finanzierungsbedarf haben Unternehmen, die den Gang an die Börse wagen wollen. Sie können hierfür von einem Investor eine ***Bridge* Finanzierung** erhalten, was insbesondere die Eigenkapitalquote verbessert. *Private Equity* Kapital kann auch im umgekehrten Fall genutzt werden, um ein an der Börse gehandeltes Unternehmen vollständig aufzukaufen, seine Börsennotierung zu beenden und es zu restrukturieren. Dieser Vorgang wird als ***Going Private*** bezeichnet. Für alle diese Sonderfinanzierungsanlässe können *Private Equity* Investoren maßgeschneiderte Lösungen anbieten, die die Unabhängigkeit, den Fortbestand und das weitere Wachstum eines Unternehmens sichern können.

c) **Unternehmensübernahmen – *Buy-outs.*** Wird ein Unternehmen vollständig durch neue Eigentümer übernommen, wird dies als *Buy-out* bezeichnet, der in verschiedenen Konstellationen auftritt. Als ***Management Buy-out* (MBO)** wird der Fall bezeichnet, dass *Manager* (Geschäftsführer oder leitende Angestellte) zusammen mit dem *Private Equity Investor* das Unternehmen von den Altgesellschaftern erwerben. Übernimmt hingegen ein externes *Managementteam* zusammen mit einem *Private Equity Investor* ein Unternehmen, so wird dies als ***Management Buy-in* (MBI)** bezeichnet. Wird ein Unternehmensteil aus dem Mutterunternehmen ausgegliedert, damit dieses sich auf sein Kerngeschäft konzentrieren kann *(**Spin-off**)*, kann der entstehende Kapitalbedarf mit *Private Equity* finanziert werden. Die verschiedenen Formen des *Buy-outs* können auch miteinander kombiniert werden. 272

Ein *Private Equity Investor*, der sich an einem *Buy-out* beteiligt, wird dies oftmals in der Form des ***Leveraged Buy-out* (LBO)** tun. Hierbei übernimmt der Investor eine kontrollierende Mehrheitsbeteiligung an einem Unternehmen, wobei er den Kaufpreis für die Gesellschaftsanteile zum größten Teil fremdfinanziert. *Leverage* (Hebel, Hebelwir-

---

[233] *Frommann/Dahmann*, S. 14.

kung) bezeichnet dabei das Verhältnis von Eigen- zu Fremdkapital, das für die Unternehmensakquisition eingesetzt wird. Bei einem *Leverage* von zwei werden für jede Einheit Eigenkapital zwei Einheiten Fremdkapital aufgenommen. Die Sicherheiten für das aufgenommene Fremdkapital werden durch die Vermögenswerte des zu erwerbenden Unternehmens gestellt. Dieses bedient aus seinen Umsätzen auch die zu leistenden Zins- und Tilgungszahlungen. Durch die Kombination von Fremd- und Eigenkapital vervielfachen sich die Mittel, die der Investor für den Beteiligungserwerb zur Verfügung hat.[234] Die Eigenkapitalrendite des *Private Equity Investors* wird hierdurch deutlich erhöht, was als ***Leverage* Effekt** bezeichnet wird; der Investor setzt relativ wenig eigene Mittel ein, seine Beteiligung erfährt jedoch den auch durch die Fremdmittel herbeigeführten vollen Wertzuwachs. Allerdings darf ein Investor die Finanzkraft des Beteiligungsunternehmens durch zu hohe Schulden nicht zu sehr belasten, um nicht die Zahlungsunfähigkeit oder Überschuldung des Unternehmens zu riskieren.[235]

273 Bei *Buy-outs* wird die Beteiligung in der Regel nicht unmittelbar durch den Investor oder einen Fonds erworben. Vielmehr wird oftmals eine Erwerbsgesellschaft errichtet, an der der *Private Equity Investor*, eventuell mit weiteren Gesellschaftern, beteiligt ist. Diese Erwerbsgesellschaft erwirbt und hält, einer *Holding* vergleichbar, die Anteile am operativen Unternehmen. Der *Private Equity Investor* stattet sie hierfür mit den finanziellen Mitteln aus, in Form von Eigenkapital oder auch mit Gesellschafterdarlehen. Zusätzlich kann die Erwerbsgesellschaft Fremdkapital aufnehmen. Das Zwischenschalten eines Erwerbsvehikels ist aus Haftungsgründen sinnvoll. Den Gläubigern des operativen Unternehmens stehen dieses selbst und gegebenenfalls das Erwerbsvehikel als Haftungssubjekte zur Verfügung. Der *Private Equity* Fonds ist von der Haftung abgeschirmt.[236] Vorteilhaft ist überdies, dass beim *Exit* entweder die Erwerbsgesellschaft weiterveräußert werden kann oder aber diese selbst als Verkäuferin auftritt, was zusätzliche Flexibilität in der Gestaltung des *Exits* erlaubt.

Seit dem Jahr 2001 dominieren auch in Deutschland *Buy-out* Investitionen den *Private Equity* Markt, während andere Bereiche, insbesondere Frühphasen-Investitionen und Expansionsfinanzierungen, zurückgehen. Im angelsächsischen Raum hat diese Entwicklung bereits früher eingesetzt.

5. Wer stellt *Private Equity* zur Verfügung?

274 *Private Equity* als Beteiligungskapital hat sich zu einer eigenen Anlageklasse im Kapitalmarkt entwickelt. *Private Equity* wird dabei von einer Vielzahl verschiedener Investoren in unterschiedlichen Formen bereitgestellt:

275 **a) Privatpersonen als Investoren.** Vermögende Privatpersonen können direkt in Unternehmen investieren. Findet die Beteiligung an jungen Unternehmen in der *Start-up* Phase statt, werden diese Privatpersonen oftmals als ***Business Angels*** bezeichnet, die neben finanziellen Mitteln auch *Know-how,* Erfahrung und Kontakte einbringen können.

276 **b) Öffentliche Fördermittel.** Der Bund, die Länder und Wirtschaftsverbände unterhalten Beteiligungsgesellschaften, die wirtschaftspolitische Ziele verfolgen und insbesondere Mittelstandsunternehmen gezielt fördern. Die gewählte Form der Beteiligung ist oftmals eine langfristig geleistete stille Einlage. Eine Unterstützung des *Managements* erfolgt in der Regel nicht. Möglich ist auch, diese Mittel kombiniert mit dem Investment eines privaten *Private Equity Investors* in Anspruch zu nehmen.

277 **c) Private Beteiligungsgesellschaften.** Private Beteiligungsgesellschaften werben um finanzielle Mittel bei verschiedenen Investoren *(Fundraising)* und legen damit Fonds mit einer Laufzeit von mehreren Jahren auf. Das Fondskapital wird hauptsächlich von institutionellen Anlegern wie Banken, Versicherungen, ausländischen Pensionsfonds oder

---

[234] *Bichlmaier,* S. 15.
[235] *Gröger/Jänisch,* S. 31.
[236] *Kirchner/Lenz,* S. 12.

anderen Fonds aufgebracht. Auch Industrieunternehmen, staatliche Einrichtungen oder Privatpersonen können Kapitalgeber sein. Das von diesem Anlegerkreis bereitgestellte Kapital investieren die *Manager* der Beteiligungsgesellschaft in ausgesuchte Unternehmen. Die Fonds diversifizieren das Risiko dadurch, dass sie in verschiedene Unternehmen und in verschiedene Branchen investieren. Die in einem Fonds zusammengefassten Investments werden als **Portfolio-Unternehmen** bezeichnet. Wenn der Fonds nach mehreren Jahren aufgelöst wird, erhalten die Investoren ihr Investment zuzüglich einer Rendite zurück. War eine Beteiligungsgesellschaft mit ihren bisherigen Fonds erfolgreich *(Track Record),* so wird es ihr leichter fallen, Investoren für einen weiteren Fonds zu finden. Um das Risiko einer *Private Equity* Investition breiter zu streuen, werden auch Dachfondskonstruktionen aufgesetzt. Bei diesen zahlen die Investoren in einen **Dachfonds** ein, der wiederum in verschiedene *Private Equity* Fonds investiert.

Steht hinter einem Fonds nur ein Großinvestor (etwa ein Finanzinstitut oder ein großes Unternehmen), so findet ein *Fundraising* nicht statt, vielmehr stellt dieser Großinvestor die finanziellen Mittel zur Verfügung. Diese Mittel werden in einen zeitlich nicht begrenzten und damit offenen Fonds eingezahlt. Wegen der Abhängigkeit von einem Großanleger werden diese Beteiligungsgesellschaften als ***Captives*** bezeichnet. In Deutschland sind Kreditinstitute schon seit jeher die wichtigste Quelle für *Private Equity.* Alle Bankengruppen – Sparkassen, Genossenschaftsbanken oder Privatbanken – unterhalten bankeigene Beteiligungsgesellschaften, mit denen sie das Angebot an ihre Firmenkunden zur Unternehmensfinanzierung ergänzen. 278

Unabhängige Fonds, die keinen anderen Unternehmen oder Kreditinstituten angehören und um ihre Mittel bei vielen potentiellen Investoren werben müssen, werden hingegen als ***Independents*** bezeichnet. Sie bündeln die Mittel in der Regel in geschlossenen Fonds, die in ihrer Laufzeit begrenzt sind. 279

Private und öffentliche **Pensionsfonds** zählen außerhalb von Deutschland zu den größten Investoren im *Private Equity* Markt. Insbesondere in den USA nehmen Pensionsfonds die führende Rolle als Fondsinvestoren ein, ebenso wie in Großbritannien und den Niederlanden. Das kapitalgedeckte System der Altersvorsorge erhöht in diesen Ländern das Aufkommen an *Private Equity.*[237] In Deutschland sind vergleichbare Pensionsfonds erst seit 2002 zugelassen und haben momentan nur geringe Mittel zur Verfügung. 280

Die privaten Beteiligungsgesellschaften unterscheiden sich stark in ihren Ausrichtungen. Das allen privaten Beteiligungsgesellschaften gemeinsame Ziel ist die Renditeerzielung. In ihrer internen Struktur können Beteiligungsgesellschaften jedoch sehr unterschiedlich organisiert sein. Eine Spezialisierung auf bestimmte Branchen oder Marktsegmente ist üblich. Einige Investoren sind vor allem an der Übernahme des gesamten Unternehmens interessiert, während andere Minderheitsbeteiligungen anstreben. 281

d) Strategische Investoren – *Corporate Venture Capital.* Etablierte Unternehmen, insbesondere Großkonzerne, bedienen sich des *Private Equity* Geschäftsmodells, um Erfolg versprechende Ergebnisse aus ihren Forschungs- und Entwicklungsabteilungen in eigenständige Unternehmen zu überführen. Einige Großkonzerne unterhalten auch eigene Beteiligungsgesellschaften, die relativ selbständig agieren können. Neben der Rendite des eingesetzten Kapitals geht es für die Konzerne hierbei auch um strategische Überlegungen, beispielsweise den Zugriff auf neue technologische Entwicklungen. 282

6. Vorteile und Nachteile von *Private Equity* aus der Sicht des Mittelstands

Mit der Hilfe von *Private Equity* Investoren kann der Mittelstand auf verschiedene **aktuelle Herausforderungen** reagieren. Zum einen stellt eine globalisierte Wirtschaft erhöhte Anforderungen an die Eigenkapitalausstattung von Unternehmen, die im In- und Ausland investieren, Märkte erschließen und sich gegen ihre Wettbewerber behaupten müssen. Zum anderen steht vielen Unternehmen des deutschen Mittelstandes ein **Ge-** 283

---

[237] *Frommann/Dahmann,* S. 57.

nerationenwechsel bevor und nicht immer findet sich ein geeigneter Nachfolger. Mit Hilfe eines *Private Equity Investors* können hier für den Mittelstand Lösungen gefunden werden, die den Fortbestand und das Wachstum des Unternehmens sichern und seinen Wert mehren.

284 Ein Unternehmer, der einem *Private Equity Investor* eine Beteiligung an seinem Unternehmen einräumt, gibt damit seine **Alleineigentümerstellung** auf. Der Investor wird vollwertiger Gesellschafter mit allen Rechten und Pflichten. Als Gesellschafter hat der Investor Mitsprache- und Mitwirkungsrechte. Diese werden in der Regel auch in Gesellschaftervereinbarungen festgehalten, die deren Umfang und die Modalitäten regeln. An den Entscheidungen im Unternehmen wirkt der Investor maßgeblich mit. Ist der Unternehmer auch innerlich bereit, diese Veränderungen zu akzeptieren, können er und sein Unternehmen von einer gewinnbringenden **Zusammenarbeit** profitieren. Im Idealfall greift der Investor auch nicht in das Tagesgeschäft des Unternehmens ein, sondern steht als Partner beratend zur Seite.

285 Die Ziele des Unternehmers und des *Private Equity Investors* laufen im Idealfall parallel. Es besteht allerdings auch die Gefahr, dass der Investor zu einem für den Unternehmer ungünstigen Zeitpunkt den *Exit* aus dem Unternehmen plant. Dem kann und sollte insbesondere dadurch vorgebeugt werden, dass Vorerwerbs- und Mitveräußerungsrechte in der Vertragsdokumentation vereinbart werden.

II. Ablauf einer *Private Equity* Beteiligung

286 Eine *Private Equity* Beteiligung eines Investors an einem Unternehmen durchläuft verschiedene Phasen. Der Investor wird zunächst die Chancen und Risiken einer Beteiligung genau prüfen, bevor er sich zur Investition entscheidet. Während der Dauer des Investments wird der Investor das Unternehmen in seiner Entwicklung begleiten und fördern, um schließlich beim *Exit* den Wertzuwachs der Unternehmensbeteiligung realisieren zu können.

1. Kontaktaufnahme

287 Bei der Vielzahl von *Private Equity* Investoren und der Menge an Unternehmen ist es mitunter nicht einfach, dass sich die **richtigen Partner** zusammenfinden. Denn nicht jeder Investor ist für jedes Unternehmen und seinen spezifischen Kapitalbedarf geeignet. Die Beteiligungsgesellschaften unterscheiden sich danach, in welcher Höhe sie Kapital zur Verfügung stellen, in welchen Branchen und in welchen Regionen sie investieren, wie lange sie die Beteiligungen halten wollen und in welcher Form sie sich beteiligen, beispielsweise mit einer offenen Beteiligung, mit *Mezzanine* oder Mehrheits- oder Minderheitsbeteiligungen. Für das Unternehmen kann auch wichtig sein, inwieweit der Investor auf das *Management* Einfluss nehmen möchte und welche Unterstützung in Form von *Know-how* oder Netzwerken der Investor bieten kann. Nicht zuletzt muss auch die *Exit* Strategie des Investors mit den Zielen des Unternehmens vereinbar sein. *Private Equity* Investoren wiederum prüfen anhand bestimmter vorgegebener Kriterien, ob ein Unternehmen in das Portfolio eines Fonds passt. Kriterien können beispielsweise die Größe des Unternehmens, die Branche, die Organisation, der Umsatz, die Region oder das Land, die Phase im Lebenszyklus des Unternehmens (*Start-up* oder *Buy-out*) oder die Art der Beteiligung (Mehrheit, Minderheit, direkt oder indirekt) sein.

288 Bei diesem **Auswahlprozess** können sich sowohl der Unternehmer und das Unternehmen als auch der Investor der Hilfe spezialisierter Berater bedienen, die den Markt kennen. Mitunter kommt es auch zu von Investmentbanken organisierten Auktionsverfahren, bei denen derjenige Investor zum Zuge kommt, der das attraktivste Konzept vorstellt.

289 Bevor ein Investor in eine erste Grobprüfung eines möglichen Zielunternehmens anhand eines *Information*-Memorandums oder eines *Business*plans eintritt, schließen der Investor

und das Unternehmen eine **Vertraulichkeitsvereinbarung** (*Non Disclosure Agreement*) ab, die dem Unternehmen die Sicherheit gibt, dass der Investor die erhaltenen Informationen vertraulich behandelt (siehe hierzu ausführlich unten Rn. 297ff.).

2. Prüfung des Unternehmens

Sind der *Private Equity Investor* und das Unternehmen aneinander interessiert, werden sie frühzeitig eine Erklärung ***(Letter of Intent)*** verhandeln und unterzeichnen, in der die geplante Transaktion in groben Zügen beschrieben ist (zum Regelungsinhalt eines *Letter of Intent* im Detail siehe Rn. 312 bis Rn. 320). Zeitgleich oder anschließend wird der Investor eine sorgfältige Prüfung aller wirtschaftlichen und rechtlichen Gegebenheiten des Unternehmens durchführen. Diese Phase wird als ***Due Diligence*** bezeichnet, was in direkter Übersetzung „angemessene Sorgfalt" bedeutet und als Fachterminus für eine Untersuchung verwandt wird, die alle für das Investment wichtigen Aspekte ausführlich beleuchtet. Der Investor wird hierzu Gespräche mit den Eigentümern führen, sich von der Geschäftsführung das Unternehmen präsentieren lassen und den Standort des Unternehmens besichtigen. Zusätzlich werden externe Gutachten in Auftrag gegeben. Wirtschaftsprüfer und Steuerberater untersuchen die finanzielle und steuerliche Verfassung und die wirtschaftlichen Perspektiven des Unternehmens ***(Financial and Tax Due Diligence)*** und Anwälte die rechtlichen Angelegenheiten ***(Legal Due Diligence).*** Weitere Teilbereiche einer Due Diligence können die Markt- und Wettbewerbssituation ***(Commercial Due Diligence),*** Umweltthemen ***(Environmental Due Diligence),*** Produktion und Technologie ***(Product/Technical Due Diligence)*** sein. Die Ergebnisse werden in Berichten festgehalten, den so genannten ***Due Diligence Reports.*** Die Prüfung des Unternehmens dient dazu, die Entscheidung des Investors über das Ob und das Wie der Investition vorzubereiten und auf eine sichere Grundlage zu stellen. 290

3. Verhandlungsphase und Vertragsschluss

Sobald sich abzeichnet, dass die Due Diligence zu einem positiven Ergebnis führt, wird der *Private Equity Investor* bestrebt sein, die Modalitäten seines Investments im Detail mit den Eignern des Unternehmens zu verhandeln. Ein wichtiger Aspekt ist hierbei, den momentanen Wert des Unternehmens zu ermitteln, um den Kaufpreis, den der Investor für seine Beteiligung zu zahlen hat, bestimmen zu können. Eine umfangreiche **Vertragsdokumentation** muss erstellt und verhandelt werden, die den Erwerb der Beteiligung an sich, die Beziehungen zwischen Investor und weiteren Gesellschaftern, Berichtspflichten der Geschäftsführung gegenüber dem Investor und die gesellschaftsrechtliche Verfassung des Unternehmens regelt (siehe hierzu im Detail Rn. 324ff.). 291

4. Gemeinsame unternehmerische Tätigkeit

Ein *Private Equity Investor* ist in der Regel für mehrere Jahre am Unternehmen beteiligt. In dieser Zeitspanne muss der Wertzuwachs erfolgen, den der Investor beim *Exit* realisieren will. Damit es zu einer Steigerung des Unternehmenswertes kommt, wird das Unternehmen durch die *Investment Manager* der Beteiligungsgesellschaft sowohl beraten und betreut als auch kontrolliert ***(Monitoring).*** Dies dient insbesondere auch dazu, die Entwicklung des Unternehmens zu begleiten. Fehlentwicklungen sollen frühzeitig erkannt und eingedämmt werden. 292

Bereits bei der Verhandlung über die Vertragsdokumentation wird sich der *Private Equity Investor* festlegen, wie er für die Zeitdauer seiner Beteiligung auf die Geschäftsführung des Unternehmens Einfluss nehmen möchte. Hierfür stehen verschiedene Möglichkeiten zur Verfügung. Von großer Bedeutung für den Investor sind die der Geschäftsführung auferlegten Berichts- und Informationspflichten. Durch regelmäßig zu erstattende Berichte ***(Reporting)*** ist der Investor stets über die Finanzdaten des Unternehmens informiert. Bei außergewöhnlichen Geschäftsvorfällen muss der Investor informiert werden. Von besonderer Bedeutung ist dabei auch ein qualifiziertes ***Control-*** 293 *ling*, um zu verlässlichem Zahlenmaterial zu gelangen. Sind *Reporting* und *Controlling* vor der Beteiligung des Investors vernachlässigt worden, muss das Unternehmen mit Unterstützung des Investors professionelle Strukturen etablieren. Der Investor kann sich weiter das Recht einräumen lassen, Gremien des Unternehmens, wie Beirat, Aufsichtsrat oder Gesellschafterausschüsse mit von ihm ausgewählten Mitgliedern zu besetzen. Die Vertragsdokumentation wird darüber hinaus einen Katalog von Geschäften vorsehen, die nur mit Zustimmung des Investors beschlossen und durchgeführt werden können. Erfahrene *Investment Manager* können dem Unternehmen darüber hinaus in allen betriebswirtschaftlichen Fragestellungen beratend zu Seite stehen und ihnen Geschäftskontakte vermitteln. Bereits während der Laufzeit seines Investments kann der *Private Equity Investor* von gesteigerten Erträgen des Unternehmens profitieren. So erhält er beispielsweise Dividenden oder Zinsen aus *Mezzanine* Beteiligungsformen (stille Beteiligungen, Gesellschafterdarlehen, Genussscheine).

5. Desinvestition/*Exit*

294 Der Investor ist Mitgesellschafter auf Zeit. Ziel und Zweck der *Private Equity* Beteiligung ist von Anfang an einen im Laufe der Beteiligungszeit gesteigerten Unternehmenswert durch den Verkauf der Beteiligung zu realisieren (*Exit,* siehe hierzu im Detail Rn. 409 bis Rn. 417). Ein *Exit* kann beispielsweise erfolgen, indem das Unternehmen an die Börse gebracht (so genanntes *Listing*) wird oder an ein anderes Unternehmen oder einen anderen Finanzinvestor verkauft wird. Bei positivem Verlauf des Investments fließen die investierten Mittel zuzüglich einer attraktiven Rendite an den *Private Equity Investor* zurück. *Private Equity* bietet das Potential für eine sehr hohe Rendite, die Anfangsinvestitionen können im günstigsten Fall vervielfacht werden. Gleichzeitig besteht aber auch das Risiko, das gesamte Investment zu verlieren, wenn eine Beteiligung scheitert. Der Erfolg eines Investments kann mit dem so genannten *Multiple* ausgedrückt werden. Hierzu wird das nach dem Ende der Beteiligung zurückerhaltene Kapital in das Verhältnis zum investierten Kapital gesetzt. Ergebnisse kleiner als eins zeigen Verluste an, Ergebnisse größer als eins befinden sich in der Gewinnzone. Gemessen wird die Rendite von *Private Equity* darüber hinaus mit der *Internal Rate of Return (IRR),* einer finanzmathematischen Methode zur Renditeberechung unter Beachtung des internen Zinsfusses.[238] Angestrebt wird eine Rentabilität von mindestens 20% pro Jahr pro Investment, um mögliche Verluste und Ausfallrisiken anderer Investments auszugleichen. Investoren gehen dabei von der Faustformel aus, dass von zehn eingegangenen Beteiligungen zwei bis drei als Totalverlust abgeschrieben werden, zwei bis drei überdurchschnittliche Renditen erwirtschaften und die anderen sich so entwickeln, dass sie ohne Verlust veräußert werden können.[239]

III. Vertragsdokumentation

295 Nachfolgend wird die Vertragsdokumentation dargestellt, die üblicherweise im Zuge der Beteiligung eines *Private Equity Investors* vereinbart wird. Dabei werden bewusst nicht alle Themen angeschnitten, die sich stellen können. Vielmehr werden **ausgewählte Themen** beleuchtet, die in der Praxis von wesentlicher Bedeutung und in den Vertragsverhandlungen regelmäßig besonders umstritten sind. In diesem Zusammenhang liegt der Schwerpunkt auch nicht auf dem rechtlichen oder dogmatischen Hintergrund, sondern vielmehr auf der **praktischen Handhabung.** Ziel ist es, einem Unternehmer, der mit *Private Equity* bislang keine oder nur wenig Erfahrungen gemacht hat, ein Gefühl dafür zu geben, welche vertraglichen Probleme sich im Zusammenhang mit einem *Private Equity Investment* stellen können und wie diese gelöst werden können.

---

[238] *Bichlmaier,* S. 43.
[239] *Frommann/Dahmann,* S. 60.

In der Praxis erfolgen *Private Equity Investments* in mittelständische Unternehmen in der Mehrzahl in solche, die in der Rechtsform einer **Gesellschaft mit beschränkter Haftung** geführt werden. Dementsprechend beziehen sich die nachfolgenden Ausführungen und Formulierungsbeispiele überwiegend auf eine Beteiligung eines *Private Equity Investors* an einer GmbH. 296

1. Vertraulichkeitsvereinbarung

a) **Allgemeines.** Das erste rechtlich bindende Dokument, das ein Unternehmer oder ein Unternehmen aus ureigenstem Interesse mit einem *Private Equity Investor* abschließen sollte, ist eine Vertraulichkeitsvereinbarung ***(Non Disclosure Agreement).*** Denn es liegt weder im Interesse des Unternehmers noch im Interesse des Unternehmens, dass ohne deren Zustimmung oder sogar gegen deren Willen Informationen über die beabsichtigte Transaktion oder das Unternehmen einem größeren Kreis von Personen zugänglich gemacht werden dürfen. 297

Durch die Vertraulichkeitsvereinbarung sollten insbesondere zwei Themenbereiche abgedeckt werden. Zum einen sollte verhindert werden, dass die **beabsichtigte Transaktion** als solche bekannt wird, da sich dies nachteilig auf das operative Geschäft des Unternehmens auswirken könnte. Zum anderen sollte – und dies ist der Kernbereich der Vertraulichkeitsvereinbarung – gewährleistet werden, dass **Informationen über das Unternehmen,** die dem *Private Equity Investor* im Zuge der ersten Gespräche, der Due Diligence oder der Vertragsverhandlungen bekannt gegeben werden, vertraulich bleiben und der *Private Equity Investor* diese Informationen nur für Zwecke der Beurteilung der beabsichtigten Transaktion nutzt. Zwar ist die letztgenannte Thematik im Verhältnis zu einem Wettbewerber, der an einem Erwerb des Unternehmens interessiert ist und für den es verführerisch ist, vertrauliche Informationen über das Unternehmen zu bekommen, von weitaus größerer Bedeutung als im Verhältnis zu einem *Private Equity Investor.* Dennoch gibt es Situationen, in denen auch ein *Private Equity Investor* ein über die beabsichtigte Transaktion hinausgehendes eigenes Interesse an den Informationen über das Unternehmen haben kann. Man denke nur an den Fall, dass der *Private Equity Investor* eine so genannte *Buy and Build* Strategie verfolgt, im Zuge derer er mehrere Unternehmen im gleichen Geschäftsbereich zu einer größeren Einheit zusammenführt und von daher ein besonderes Interesse an den vertraulichen Informationen über das Unternehmen, an dem er sich nunmehr beteiligen möchte, haben kann. Im Übrigen besteht ganz grundsätzlich ein **schützenswertes Interesse des Unternehmers** daran, dass Informationen über das Unternehmen vertraulich behandelt werden und nicht beliebig an einen größeren Kreis von Personen weitergegeben werden. 298

b) **Vertrauliche Informationen.** In einer Vertraulichkeitsvereinbarung sollte zunächst definiert werden, was unter vertraulichen Informationen zu verstehen ist. Die Definition sollte aus Sicht des Unternehmers und des Unternehmens weit gefasst werden. 299

Formulierungsbeispiel Vertrauliche Informationen:

(1) Vertrauliche Informationen sind alle von dem Verkäufer oder der Gesellschaft oder deren gesetzlichen Vertretern, Arbeitnehmern oder Beratern (die drei letztgenannten zusammen „Repräsentanten des Unternehmens") an den Investor oder dessen gesetzliche Vertreter, Arbeitnehmer oder Berater (die drei letztgenannten zusammen „Repräsentanten des Investors") im Zusammenhang mit der beabsichtigen Transaktion zur Verfügung gestellten Informationen in jeglicher Form (insbesondere auch mündlich, schriftlich, elektronisch oder digital), insbesondere alle rechtlichen, betrieblichen, finanziellen, technischen, personellen und geschäftlichen Informationen über die Gesellschaft einschließlich der Geschäftsbeziehungen, des *Know-hows* und der geistigen Rechte der Gesellschaft sowie alle Analysen, Aufzeichnungen, Prognosen, Studien und andere vom Investor oder den Repräsentanten des Investors erstellten Dokumente, die solche Informationen enthalten oder widerspiegeln.

(2) Keine vertraulichen Informationen sind solche Informationen, von denen der Investor nachweisen kann, dass

a) sie ihm bereits bekannt waren, bevor sie ihm von dem Verkäufer oder der Gesellschaft oder den Repräsentanten des Unternehmens zugänglich gemacht wurden, oder

b) sie bereits öffentlich bekannt sind oder während der Gespräche zwischen den Parteien öffentlich bekannt werden, ohne dass dies auf einer Verletzung dieser Vertraulichkeitsvereinbarung beruht, oder

c) sie von einem Dritten ohne Verletzung dieser Vertraulichkeitsvereinbarung erlangt wurden, wenn und soweit der Dritte rechtmäßig in Besitz der vertraulichen Informationen gelangt ist und seinerseits nicht zur Geheimhaltung der vertraulichen Informationen gegenüber dem Verkäufer oder der Gesellschaft verpflichtet war.

300 c) **Geheimhaltung der vertraulichen Informationen.** Eine Regelung über die Pflicht zur Geheimhaltung vertraulicher Informationen könnte wie folgt lauten:

Formulierungsbeispiel Geheimhaltungspflicht:

(1) Der Investor verpflichtet sich, die vertraulichen Informationen streng vertraulich zu behandeln und ausschließlich zum Zwecke der Beurteilung der beabsichtigten Transaktion zu nutzen.

(2) Der Investor verpflichtet sich weiter, ohne die vorherige schriftliche Zustimmung des Verkäufers, Dritten nicht offen zu legen,

a) dass Gespräche, Handlungen oder Prüfungen im Hinblick auf die beabsichtigte Transaktion stattfinden,

b) dass der Investor von dem Verkäufer oder der Gesellschaft oder den Repräsentanten des Unternehmens vertrauliche Informationen erbeten oder erhalten hat,

c) den Status, die Bedingungen, die Konditionen und sämtliche sonstige Umstände im Hinblick auf die beabsichtigte Transaktion.

301 d) **Erstreckung auf Dritte.** Durch die Vertraulichkeitsvereinbarung kann nur der unmittelbare Vertragspartner, also der *Private Equity Investor* selbst, gebunden werden. Dritte können hierdurch nicht gebunden werden; dies wäre ein **unzulässiger Vertrag zu Lasten Dritter.** Daher muss der *Private Equity Investor* in der Vertraulichkeitsvereinbarung dazu verpflichtet werden, seine Verpflichtungen aus der Vertraulichkeitsvereinbarung an diejenigen Dritten **weiterzugeben,** die auf seiner Seite an der Transaktion mitwirken.

Formulierungsbeispiel Erstreckung Geheimhaltungspflicht:

Der Investor ist verpflichtet, dafür Sorge zu tragen, dass die Repräsentanten des Investors sich schriftlich den Verpflichtungen dieser Vertraulichkeitsvereinbarung unterwerfen. Dies gilt nicht für Berater, die von Berufs oder von Gesetzes wegen einer Verschwiegenheitsverpflichtung unterliegen. Die Weitergabe von vertraulichen Informationen an Repräsentanten des Investors darf in jedem Fall nur an solche Personen und in solchem Umfang erfolgen, wie dies zu Zwecken der Beurteilung der beabsichtigten Transaktion absolut notwendig ist.

302 e) **Rückgabe oder Vernichtung von vertraulichen Informationen.** Sollte die beabsichtigte Transaktion nicht zustande kommen, so haben sowohl der Unternehmer als auch das Unternehmen Interesse daran, dass die vertraulichen Informationen nicht länger im Einflussbereich des *Private Equity Investors* verbleiben. Daher bedarf es einer Regelung über die Rückgabe oder die Vernichtung der vertraulichen Informationen.

Formulierungsbeispiel Rückgabe- oder Vernichtungspflicht:

Der Verkäufer ist jederzeit berechtigt, vom Investor zu verlangen, dass dieser unverzüglich auf eigene Kosten sämtliche Kopien der vertraulichen Informationen, die sich in seinem oder im Besitz eines der Repräsentanten des Investors befinden, an den Verkäufer zurückgibt und dem Verkäufer die vollständige Rückgabe schriftlich bestätigt und jegliche vom Investor oder für den Investor im Zusammenhang mit der beabsichtigten Transaktion erstellten Analysen, Aufzeichnungen, Prognosen, Studien oder Dokumente, gleich welcher Art und Form (insbesondere schriftlich, elektronisch oder digital), die vertrauliche Information enthalten, widerspiegeln oder berücksichtigen, zerstört und dem Verkäufer die Zerstörung entsprechend den Regelungen dieser Vertraulichkeitsvereinbarung schriftlich bestätigt.

f) Pauschalierter Schadenersatz und Vertragsstrafe. Verstößt der *Private Equity Investor* gegen die Vertraulichkeitsvereinbarung, so ist er, je nach vertraglicher Regelung, dem Unternehmer oder dem Unternehmen oder sogar beiden zum Ersatz des hierdurch entstehenden Schadens verpflichtet. In der Praxis zeigt sich jedoch, dass oftmals bereits eine Verletzungshandlung dem *Private Equity Investor* schwer nachzuweisen ist. Noch größere Schwierigkeiten bereitet der **Nachweis des dadurch entstandenen Schadens** sowie dessen konkreter Höhe.[240] Aus diesem Grunde empfiehlt sich die Vereinbarung eines pauschalierten Schadenersatzes oder einer Vertragsstrafe. Der pauschalierte Schadenersatz, bei dem ein fester Betrag als Schadenersatz vorab vereinbart wird, dient der **vereinfachten Durchsetzung eines Schadenersatzanspruchs.**[241] Die Vertragsstrafe hat dagegen einen anderen und zugleich auch doppelten Zweck. Sie dient zum einen als **Druckmittel,** die Vertraulichkeitsverpflichtung zu beachten; zum anderen macht sie im Falle eines Verstoßes gegen die Vertraulichkeitsvereinbarung den **Beweis eines tatsächlich eingetretenen Schadens entbehrlich.**[242] Die Vertragsstrafe ist also unabhängig von einem tatsächlich entstandenen Schaden und ohne weitere Nachweise in der vereinbarten Höhe zu entrichten, sofern der *Private Equity Investor* lediglich nachweisbar gegen die Vertraulichkeitsvereinbarung verstoßen hat. Aufgrund dieser erheblichen Auswirkungen zu Lasten des *Private Equity Investors* sind Vertragsstrafen allerdings schwierig zu verhandeln. 303

g) Haftungsausschluss. Es empfiehlt sich, in der Vertraulichkeitsvereinbarung die Haftung für die Richtigkeit und Vollständigkeit der zur Verfügung gestellten vertraulichen Informationen vollständig auszuschließen. Kommt die Transaktion nicht zustande, so sollten weder der Unternehmer noch das Unternehmen wegen etwa fehlerhafter, irreführender oder unvollständiger Informationen in Anspruch genommen werden können. Kommt die Transaktion zustande, so sollten sich die Regelungen zur Haftung ausschließlich aus der entsprechenden Beteiligungsdokumentation ergeben. 304

Formulierungsbeispiel Haftungsausschluss:

Weder der Verkäufer noch die Gesellschaft übernehmen ausdrücklich oder stillschweigend eine Haftung, Gewährleistung oder Garantie für die Richtigkeit und die Vollständigkeit der zur Verfügung gestellten vertraulichen Informationen. Weder der Verkäufer noch die Gesellschaft oder die Repräsentanten des Unternehmens haften dem Investor oder einem Repräsentanten des Investors aus oder im Zusammenhang mit der Verwendung der vertraulichen Informationen durch den Investor oder die Repräsentanten des Investors. Die Vertraulichkeitsvereinbarung begründet keine Verpflichtung, einen bindenden Vertrag über die beabsichtigte Transaktion abzuschließen.

---

[240] Ottersbach/*Schuhmacher* Rn. 328.
[241] BHGZ 49, 84 (89); NJW 83, 1542.
[242] Palandt/*Heinrichs* § 276 Rn. 26.

305 **h) Weitere Regelungen der Vertraulichkeitsvereinbarung.** In einer Vertraulichkeitsvereinbarung werden üblicherweise noch die folgenden weiteren Regelungen enthalten sein:

- **Abwerbeverbot** für Mitarbeiter des Unternehmens, wirksam für mindestens zwei Jahre nach Abbruch der Verhandlungen über die beabsichtigte Transaktion,
- Verbot einer **unmittelbaren Ansprache** von **Lieferanten** oder **Kunden** des Unternehmens,
- **Laufzeit** der Vertraulichkeitsvereinbarung, mindestens zwei Jahre und,
- sofern der *Private Equity Investor* ein Ausländer ist, Vereinbarung **deutschen Rechts** und eines **deutschen Gerichtsstands.**

306 **i) Tipps.** Zugunsten des Unternehmers und des Unternehmens sollte die Vertraulichkeitsvereinbarung so **umfassend** wie möglich formuliert werden. Letztlich besteht auf Seiten eines *Private Equity Investors* auch kein berechtigtes Interesse, Vertraulichkeit nur in einem eingeschränkten Umfang zu gewähren.

307 Die Praxis zeigt, dass vertrauliche Informationen leider oftmals bereits in einem sehr frühen Stadium und vor Abschluss einer Vertraulichkeitsvereinbarung herausgegeben werden. Dies sollte vermieden werden.

308 Vertrauliche Informationen sollten idealerweise dem *Private Equity Investor* nicht übersandt, sondern ihm und seinen Beratern in einem so genannten **Datenraum** zur Einsicht zur Verfügung gestellt werden. Die Übergabe von Dokumenten an den *Private Equity Investor* oder an seine Berater sollte nur in Ausnahmefällen erfolgen. Der Datenraum sollte nicht im Unternehmen selbst eingerichtet werden, da der Besuch des Datenraums zwangsläufig Aufsehen im Unternehmen verursacht. Vielmehr sollte ein solcher Datenraum entweder bei einem Berater des Unternehmens oder an einem **neutralen Ort,** beispielsweise in kurzzeitig angemieteten Büroräumen oder Hotelräumen, eingerichtet werden.

309 Die im Datenraum ausgelegten Informationen sollten in einem **Datenraumindex** einzeln und im Detail erfasst werden. Darüber hinaus sollte erfasst werden, wer zu welchem Zeitpunkt Einblick in den Datenraum genommen hat. In der Praxis werden über die in dem Datenraum enthaltenen Informationen hinaus weitere Informationen angefragt werden. Diese werden entweder zusätzlich in den Datenraum eingestellt, wobei dann der Datenraumindex zu aktualisieren ist, oder im Rahmen von *Management Presentations* und *Question and Answer Meetings* erteilt. Die mündlich erteilten Informationen sollten ebenfalls detailliert schriftlich festgehalten werden.

310 Die vorstehenden Maßnahmen gewährleisten, dass der Unternehmer und das Unternehmen zum einen stets einen aktuellen Überblick über die zur Verfügung gestellten vertraulichen Informationen haben, und zum anderen in einem möglichen Streitfall auch nachweisen können, welche vertraulichen Informationen dem *Private Equity Investor* und seinen Repräsentanten zur Verfügung gestellt wurden und wann und wie der *Private Equity Investor* und seine Repräsentanten diese Informationen zur Kenntnis genommen haben.

311 Schließlich empfiehlt es sich, den Kreis derjenigen Personen, die über die beabsichtigte Transaktion unterrichtet sind, so klein wie möglich zu halten. Dem *Private Equity Investor* und seinen Repräsentanten sollten nur ganz wenige, **ausgesuchte Ansprechpartner** genannt werden, die mit der Transaktion betraut sind. Die direkte Ansprache von Mitarbeitern im Unternehmen sollte – zumindest in der Frühphase der Transaktion – vermieden werden.

2. Letter of Intent

312 **a) Allgemeines.** In einem frühen Stadium der beabsichtigten Transaktion wird zwischen dem Unternehmer und dem *Private Equity Investor* ein so genannter *Letter of Intent* vereinbart. Dieser *Letter of Intent* wird oftmals auch als ***Memorandum of Understanding*** oder als **Absichtserklärung** bezeichnet. In einem *Letter of Intent* halten der

Unternehmer und der *Private Equity Investor* in grundsätzlich rechtlich noch unverbindlicher Weise ihre gemeinsamen Vorstellungen im Hinblick auf die beabsichtigte Transaktion fest. Der Umfang und der Regelungsgehalt eines *Letters of Intent* kann stark divergieren. In der Vergangenheit wurden in einem *Letter of Intent* zumeist nur rudimentäre Regelungen im Hinblick auf die Struktur der beabsichtigten Transaktion, die zu entrichtende Gegenleistung und die zeitliche und organisatorische Durchführung der Transaktion vereinbart. In der letzten Zeit zeigt sich allerdings die Tendenz, den *Letter of Intent* viel detaillierter zu fassen und in ihm bereits diejenigen Themenbereiche vorab zu klären, die erfahrungsgemäß in späteren Vertragsverhandlungen zu umfangreichen Diskussionen führen. Zu nennen sind hierbei insbesondere

- die genaue Definition von **Kaufpreisermittlungsmodalitäten;** im Falle der Vereinbarung eines Kaufpreises auf einer *Cash and Debt Free* Basis, bei der die Nettofinanzverbindlichkeiten des Unternehmens zum Stichtag vom Unternehmenswert abgezogen werden, insbesondere die genaue Definition derjenigen Positionen, die als Nettofinanzverbindlichkeiten Berücksichtigung finden sollen,
- die Vereinbarung von Faktoren, die zu einer **Kaufpreisanpassung** führen können,
- die Vereinbarung des Umfangs der vom Unternehmer abzugebenden **Garantien,** sowohl dem Grunde als auch der Höhe nach, sowie die Vereinbarung von haftungsbegrenzenden Regelungen sowie
- Vereinbarungen zu bestimmen Sachverhalten beim Unternehmen, die bereits in den ersten Gesprächen identifiziert wurden, beispielsweise die Einholung von Sachverständigengutachten zur Überprüfung des Werts von Betriebsgrundstücken, falls der Bilanzansatz dieser Grundstücke in den Jahresabschlüssen des Unternehmens fraglich ist, die Behandlung von Pensionsansprüchen der Gesellschafter gegen die Gesellschaft oder die Behandlung stiller Beteiligungen an der Gesellschaft.

Aus diesem Grunde nehmen die Verhandlungen über einen *Letter of Intent* in der 313
jüngsten Vergangenheit mehr und mehr Zeit in Anspruch. Zugleich werden damit allerdings auch eine Reihe von Diskussionspunkten, die sich später in den Vertragsverhandlungen ohnehin gestellt hätten, bereits in einem frühen Stadium geklärt. Können sich die Parteien im *Letter of Intent* über für sie wesentliche Punkte nicht einigen, so wird die Transaktion möglicherweise bereits in einem frühen Stadium abgebrochen. Dies führt letztlich gegenüber der Situation, in der ein Abbruch erst nach Durchführung der *Due Diligence* und intensiven Vertragsverhandlungen erfolgt, zu Zeit- und Kostenersparnissen bei allen Beteiligten.

b) Übliche Regelungsgegenstände. In einem *Letter of Intent* finden sich üblicherweise 314
folgende Regelungen:

- Der *Letter of Intent* regelt, wie der Unternehmer und der *Private Equity Investor* die Beteiligung **strukturieren** wollen, insbesondere
  - ob der *Private Equity Investor* sich über eine Kapitalerhöhung beteiligt,
  - ob der *Private Equity Investor* bestehende Anteile von dem Unternehmer oder den sonstigen Gesellschaftern erwirbt,
  - ob zusätzlich Gesellschafterdarlehen durch den *Private Equity Investor* gegeben werden,
  - wie verschiedene Gesellschaftergruppen und deren künftige Rechte und Pflichten in der Gesellschaft gebündelt werden,
  - die Art und Höhe der Gegenleistung des *Private Equity Investors* und
  - die mögliche Anpassung der vereinbarten Gegenleistung.
- Darüber hinaus enthält ein *Letter of Intent* in der Regel einen detaillierten Plan zum Umfang der ***Due Diligence*** und des hierfür benötigen Zeitrahmens. Neben den klassischen Bereichen der *Due Diligence*, nämlich der finanziellen, rechtlichen, bilanziellen und steuerlichen *Due Diligence* wird oftmals auch eine Kunden *Due Diligence*, eine Markt *Due Diligence* und eine Altlasten *Due Diligence* vereinbart.

- Weiter kann der *Letter of Intent* folgende Gegenstände haben:
  - detaillierter Zeitplan für die Vertragsverhandlungen,
  - Übersicht über die erforderliche Vertragsdokumentation,
  - Gremienvorbehalt und Finanzierungsvorbehalt des *Private Equity Investors*,
  - Vorbehalt der Zustimmung der Gesellschafterversammlung des Unternehmens,
  - Regelungen über das *Key Management*, das im Unternehmen verbleiben soll,
  - Regelungen über Exklusivität, siehe hierzu näher unter Rn. 315,
  - Kostenübernahmevereinbarung, siehe hierzu näher unter Rn. 316,
  - *Break up Fee*, siehe hierzu näher unter Rn. 317,
  - Kostenregelung, siehe hierzu näher unter Rn. 318,
  - rechtliche Verbindlichkeit, siehe hierzu näher unter Rn. 319, sowie
  - Ausschluss von sonstigen gegenseitigen Ansprüchen, siehe hierzu näher unter Rn. 320.

315 c) **Regelungen über Exklusivität.** Exklusivität bedeutet, dass der Unternehmer Gespräche über die Veräußerung des Unternehmens oder einer Beteiligung an dem Unternehmen für einen bestimmten Zeitraum ausschließlich mit dem *Private Equity Investor* führen darf. Gespräche mit Dritten mit dieser Zielsetzung sind dem Unternehmer in diesem Zeitraum nicht mehr gestattet. Bei der Frage der Exklusivität stehen sich die Interessen des Unternehmers und des *Private Equity Investors* diametral gegenüber. Der Unternehmer wird an **Wettbewerb** interessiert sein, um durch die Transaktion bestmögliche Ergebnisse für das Unternehmen und sich selbst zu erreichen, sei es im Hinblick auf die Person des Erwerbers, den zu erzielenden Kaufpreis oder die vertraglichen Bedingungen der Beteiligung des Erwerbers. Der *Private Equity Investor* wird dagegen daran interessiert sein, die Transaktion unbeeinflusst von einer Wettbewerbssituation ohne Zeitdruck verhandeln zu können. Dies gilt umso mehr, als der *Private Equity Investor* im Zuge der *Due Diligence* erhebliche Kosten, insbesondere Beraterkosten, auf sich nimmt und er diese Kosten natürlich nicht vergeblich aufwenden möchte. Letztlich ist es Verhandlungssache und abhängig von der jeweiligen Verhandlungsposition der Beteiligten, ob, und wenn ja, wie lange Exklusivität vereinbart wird.

Formulierungsbeispiel Exklusivitätsvereinbarung:

Der Verkäufer und die Gesellschaft verpflichten sich, für die Dauer von [...] Monaten nach Unterzeichnung dieses *Letters of Intent* außer mit dem Investor mit keinem Dritten Gespräche oder Verhandlungen über eine Beteiligung an der Gesellschaft zu führen („Exklusivität“). Soweit der Verkäufer oder die Gesellschaft solche Gespräche oder Verhandlungen zur Zeit führen, werden diese unverzüglich beendet. Der Verkäufer und die Gesellschaft verpflichten sich insbesondere

a) von Dritten keine Beteiligungsangebote einzuholen,
b) mit Dritten keine Beteiligungsangebote zu besprechen oder zu verhandeln,
c) Dritten keinerlei Auskünfte über die Gesellschaft zu erteilen,
d) Dritten die Durchführung von *Due Diligence* Prüfungen im Hinblick auf die Gesellschaft nicht zu gestatten,
e) keine unmittelbaren oder mittelbaren Vereinbarungen zur Eingehung einer Beteiligung an der Gesellschaft abzuschließen oder zu verhandeln,
f) sämtliche Organe, Mitarbeiter und Berater der Gesellschaft dazu anzuhalten, die Verpflichtungen nach Buchst. a) bis e) einzuhalten.

316 d) **Kostenübernahmevereinbarung.** Oftmals kommen die Verhandlungen über den *Letter of Intent* bei der Frage der Exklusivität ins Stocken. Sollte sich hier keine Einigkeit erzielen lassen, so steht als Ausweg eine Kostenübernahmevereinbarung, ein so genanntes ***Cost Cover Agreement***, zur Verfügung. Diese Kostenübernahmevereinbarung kann im *Letter of Intent* oder als gesonderte Vereinbarung außerhalb des *Letters of Intent*

getroffen werden. In einer solchen Vereinbarung erklärt sich der Unternehmer bereit, die Kosten des *Private Equity Investors* für den Fall, dass die Transaktion mit dem *Private Equity Investor* nicht zustande kommt, in angemessener Höhe bis zu einem bestimmten Höchstbetrag zu übernehmen; im Gegenzug wird keine Exklusivität vereinbart. Eine solche Regelung bietet sich für den Unternehmer insbesondere an, wenn er den *Private Equity Investor* mit „im Rennen" halten will, um durch ihn eine Wettbewerbssituation herzustellen. Letztlich muss der Unternehmer von ihm zu übernehmende Kosten gedanklich in die Kaufpreisverhandlungen mit einfließen lassen.

Formulierungsbeispiel Kostenübernahmevereinbarung:

Für den Fall, dass die Transaktion nicht zum Abschluss gelangt, weil der Verkäufer seine Absicht nach diesem *Letter of Intent* wieder zurückzieht, ohne dass der Investor hierzu einen Grund gegeben hätte, trägt der Verkäufer sämtliche im Zusammenhang mit der beabsichtigten Transaktion beim Investor angefallenen angemessenen Kosten bis zu einem Höchstbetrag von EUR [...] zuzüglich Umsatzsteuer. Hiervon umfasst sind insbesondere Kosten von Gutachtern, Beratern wie Wirtschaftsprüfern, Steuerberatern oder Rechtsanwälten sowie Gebühren und sonstige Ausgaben. Die in diesem Zusammenhang in Ansatz zu bringenden Rechnungen Dritter müssen sachgerecht aufgeschlüsselt und für den Verkäufer nachvollziehbar sein. Nicht erfasst von dieser Kostenübernahmevereinbarung sind die beim Investor im Zusammenhang mit der beabsichtigten Transaktion angefallenen internen Kosten.

e) ***Break up Fee.*** Spiegelbildlich zur Kostenübernahme durch den Unternehmer kann mit dem *Private Equity Investor* eine Vereinbarung über eine so genannte *Break up Fee* getroffen werden, derzufolge der *Private Equity Investor* dem Unternehmer oder dem Unternehmen einen vorab vereinbarten Betrag zu bezahlen hat, falls der *Private Equity Investor* seine Beteiligungsabsicht wieder zurückzieht. Eine solche *Break up Fee* hat zwei Zielrichtungen: Zum einen wird – sicherlich abhängig von der Höhe der vereinbarten *Break up Fee* – ein gewisser **Druck** auf den *Private Equity Investor* ausgeübt, die Transaktion durchzuführen. Zum anderen können die **Aufwendungen des Unternehmens** für die beabsichtigte Transaktion durch die *Break up Fee* abgedeckt werden. 317

Formulierungsbeispiel *Break up Fee:*

Für den Fall, dass die Transaktion nicht zum Abschluss gelangt, weil der Investor seine Absicht nach diesem *Letter of Intent* wieder zurückzieht, gleich aus welchen Gründen, ist der Investor verpflichtet, nach Wahl des Verkäufers an diesen oder an die Gesellschaft einen Betrag in Höhe von EUR [...] zuzüglich Umsatzsteuer zu bezahlen. Der Anspruch auf Zahlung ist innerhalb von zwei Wochen fällig, nachdem der Investor seine Absicht nach diesem *Letter of Intent* zurückgezogen hat.

f) **Kostenregelung.** Vorbehaltlich der vorgenannten Vereinbarungen der Kostenübernahme und der *Break up Fee* ist es üblich, dass jede Partei eines *Letters of Intent* die bei ihr anfallenden Kosten selbst trägt. 318

Formulierungsbeispiel Kostenregelung:

Soweit die Regelungen in § [...] über die Kostenübernahme oder in § [...] über die *Break up Fee* keine Anwendung finden, trägt jede Partei dieses *Letters of Intent* die ihr entstandenen Kosten jeweils selbst.

319 **g) Rechtliche Verbindlichkeit.** Der *Letter of Intent* wird in einem frühen Stadium der Transaktion vereinbart. In diesem Stadium ist es vielfach noch nicht möglich und sicherlich auch nicht ratsam, sämtliche Regelungen des *Letters of Intent* verbindlich zu vereinbaren. Im Zuge der *Due Diligence* und der Vertragsverhandlungen zeigen sich erfahrungsgemäß eine Reihe von Themen, die eine **Änderung der Transaktionsstruktur,** sei es aus steuerlichen, rechtlichen oder sonstigen Gründen, erforderlich werden lassen oder die es notwendig machen, von den ursprünglich angedachten rechtlichen und wirtschaftlichen Rahmenbedingungen der Transaktion abzuweichen. Aus diesem Grunde wird im *Letter of Intent* bewusst zwischen **unverbindlichen Regelungen,** die die Transaktionsstruktur und die Rahmenbedingungen betreffen, und **verbindlichen Regelungen,** die die organisatorische Seite der Transaktion und deren Kosten betreffen, unterschieden.

Formulierungsbeispiel Rechtliche Verbindlichkeit:

Dieser *Letter of Intent* spiegelt den derzeitigen Stand der Gespräche zwischen dem Verkäufer und dem Investor wider und ist rechtlich nicht verbindlich. Ausgenommen hiervon sind lediglich die Regelungen über die Exklusivität in § [...], die Kostenübernahme in § [...], die *Break up Fee* in § [...], die sonstige Kostentragung in § [...], den Ausschluss gegenseitiger Ansprüche in § [...] sowie diese Regelung selbst, die zwischen den Parteien verbindlich vereinbart werden.

320 **h) Ausschluss von sonstigen gegenseitigen Ansprüchen.** Schließlich sollte der *Letter of Intent* noch eine Regelung enthalten, der zufolge die Verpflichtungen zwischen den Parteien in ihm **abschließend** geregelt sind und gegenseitige Ansprüche, die über die in ihm geregelten Ansprüche hinausgehen, ausgeschlossen sind. Dies sollte insbesondere für den Fall gelten, dass die Transaktion nicht zustande kommt.

Formulierungsbeispiel Anspruchsausschluss:

Dieser *Letter of Intent* enthält alle Vereinbarungen zwischen den Parteien bezüglich des Gegenstands dieses *Letters of Intent*. Unbeschadet der Kostenregelungen in §§ [...] bis [...] dieses *Letters of Intent* stehen den Parteien dieses *Letters of Intent* für den Fall, dass es nicht zu einer Durchführung der beabsichtigten Transaktion nach diesem *Letter of Intent* kommen sollte, keine gegenseitigen Schadenersatzansprüche, insbesondere nicht aus §§ 241 Abs. 2, 311 Abs. 2, 280, 282 und 284 BGB, zu.

321 **i) Tipps.** Die Tendenz, in einem *Letter of Intent* bereits viele Details der beabsichtigten Transaktion zu regeln, kommt dem Unternehmer entgegen. Er sollte versuchen, die für ihn entscheidenden Themen bereits im *Letter of Intent* zu seiner Zufriedenheit zu regeln, um nicht bei den Vertragsverhandlungen für ihn nachteilige Regelungen akzeptieren zu müssen. Zwar werden die Vereinbarungen über die Transaktionsstruktur und die rechtlichen und wirtschaftlichen Rahmenbedingungen nicht rechtsverbindlich getroffen. Nichtsdestotrotz werden sich die Parteien in den späteren Vertragsverhandlungen schwer tun, hiervon wieder abzuweichen, sofern hierfür nicht **zwingende Gründe** sprechen, die den Parteien zum Zeitpunkt des Abschlusses des *Letters of Intent* nicht bekannt gewesen sind.

322 Die *Due Diligence* und die Vertragsverhandlungen sollten **straff organisiert** sein und innerhalb **kurz gesetzter Fristen** durchgeführt werden. Je länger die *Due Diligence* oder die Vertragsverhandlungen dauern, umso größer ist die Gefahr, dass zusätzliche Themen – seien sie berechtigt oder unberechtigt – aufgeworfen und in die Verhandlungen eingebracht werden, was zu einer Ermäßigung des Kaufpreises oder zu einer Erweiterung der vom Unternehmer abzugebenden Garantien führen kann.

Wird ein *Letter of Intent* unterzeichnet, empfiehlt es sich, im Unternehmen unverzüglich **Kapazitäten** zu schaffen, die die beabsichtigte Transaktion vorbereiten. Es bedarf eines erheblichen zeitlichen Vorlaufes, diejenigen Informationen und Unterlagen zusammenzustellen, die ein *Private Equity Investor* zur *Due Diligence* benötigt. Ein *Private Equity Investor* will sich ein vollständiges und umfassendes Bild vom Unternehmen in geschäftlicher, wirtschaftlicher, finanzieller, steuerlicher und rechtlicher Hinsicht machen, bevor er die Transaktion durchführt. Darüber hinaus ist es meist nicht damit getan, Informationen und Unterlagen über das Unternehmen einmalig zusammenzustellen. Im Zuge der *Due Diligence* werden üblicherweise weitere Fragen auftauchen, zu deren Beantwortung weitere Informationen beschafft und zusätzliche Unterlagen oftmals sogar erst noch erarbeitet werden müssen. Der Aufwand, der mit diesen Tätigkeiten verbunden ist, wird zumeist unterschätzt und kann die Transaktion erheblich verzögern. Zu berücksichtigen ist auch, dass die Transaktion im Regelfall im Unternehmen höchstvertraulich behandelt wird und nur wenige Führungskräfte mit ihr befasst sind. Diese müssen die mit der Transaktion verbundene Arbeit alleine schultern. 323

3. Erwerb der Beteiligung

a) **Allgemeines.** Der Erwerb einer offenen Beteiligung – im Gegensatz zur stillen Beteiligung, siehe hierzu Rn. 242 ff. – kann grundsätzlich auf zwei Arten erfolgen. Zum einen kann der *Private Equity Investor* von den bisherigen Gesellschaftern durch einen **Kauf- und Abtretungsvertrag** einen Teil der Anteile an dem Unternehmen oder sämtliche Anteile an dem Unternehmen und damit das Unternehmen insgesamt erwerben. In diesem Fall steht der Kaufpreis für die Anteile den veräußernden Gesellschaftern zu. Zum anderen kann sich der *Private Equity Investor* im Zuge einer **Kapitalerhöhung** an dem Unternehmen beteiligen. In diesem Falle fließt der Investitionsbetrag nicht den Gesellschaftern, sondern vielmehr dem Unternehmen selbst zu. In der Praxis gibt es auch **Mischformen,** bei denen ein *Private Equity Investor* einen Teil seiner Beteiligung durch Erwerb von den bisherigen Gesellschaftern – so genanntes ***Private Placement*** – und einen weiteren Teil nach Schaffung neuer Anteile im Wege einer Kapitalerhöhung übernimmt. Dies ist insbesondere dann der Fall, wenn der Unternehmer zwar einen Teil des Unternehmenswerts für sich persönlich realisieren, das Unternehmen aber nicht aus der Hand geben, sondern diesem zusätzliche Mittel für die Finanzierung des weiteren Wachstums beschaffen möchte. 324

b) **Regelungsgegenstände im Kauf- und Abtretungsvertrag.** Der Kauf- und Abtretungsvertrag regelt diejenigen Themen, die unmittelbar mit dem Erwerb von Anteilen in Zusammenhang stehen. Erwirbt ein *Private Equity Investor* nicht das gesamte Unternehmen, sondern nur einen Teil der Anteile, besteht das Bedürfnis, dass die in der Gesellschaft verbleibenden bisherigen Gesellschafter und der *Private Equity Investor* ihr zukünftiges Miteinander in der Gesellschaft rechtlich regeln. Dies wird üblicherweise gesondert vom Kauf- und Abtretungsvertrag in einer Rahmenvereinbarung, siehe hierzu näher Rn. 376 ff., und in der Satzung der Gesellschaft, siehe hierzu näher Rn. 393 ff., erfolgen. Der Kauf- und Abtretungsvertrag selbst behandelt insbesondere die folgenden Punkte: 325

- einleitende Darstellung des Sachstandes,
- Verweis auf Zustimmungserfordernisse,
- Kauf und Abtretung von Geschäftsanteilen und Teilgeschäftsanteilen,
- Kaufpreis,
- Kaufpreisanpassungen,
- wirtschaftlicher Stichtag und dinglicher Übergangsstichtag,
- selbständige Garantieversprechen,
- Garantien zu den Jahresabschlüssen,
- Garantien zu den Rechts- und Kapitalverhältnissen,
- Garantien zum laufenden Geschäftsbetrieb,
- Garantien zu den Steuern,
- Ansprüche im Garantiefall,

- Wettbewerbsverbote,
- sonstige Verträge, die im Zusammenhang mit der Transaktion abgeschlossen werden,
- Statutenänderung bei der Gesellschaft,
- Vertraulichkeit,
- Kosten,
- Kollision mit Rahmenvereinbarung oder Satzung,
- kartellrechtliche Genehmigungen und
- Schlussbestimmungen.

Eine Reihe dieser Regelungsgegenstände soll nachfolgend unter Rn. 329 bis Rn. 361 näher beleuchtet werden.

326 c) **Beurkundungspflichten.** Ein Kaufvertrag über Beteiligungen an Unternehmen ist grundsätzlich formlos wirksam.[243] Ausgenommen hiervon ist der Abschluss eines Kauf- und Abtretungsvertrags über **Geschäftsanteile an einer GmbH,** der gemäß § 15 Abs. 3, Abs. 4 S. 1 GmbHG der notariellen Beurkundung bedarf. Werden Kaufvertrag und Abtretungsvertrag über Geschäftsanteile an einer GmbH in getrennten Urkunden abgeschlossen, so wird der Mangel der notariellen Beurkundung des Kaufvertrags durch die notarielle Beurkundung des Abtretungsvertrags geheilt, § 15 Abs. 4 S. 2 GmbHG.

327 Umstritten ist, inwieweit im Zuge eines Erwerbs einer GmbH & Co. KG, bei dem sowohl Geschäftsanteile an der persönlich haftenden Gesellschafterin, der GmbH, als auch Kommanditanteile an der Kommanditgesellschaft erworben werden, der **Erwerb der Kommanditanteile** ebenfalls beurkundet werden muss. Von einer Mindermeinung wird in differenzierender Betrachtungsweise die Auffassung vertreten, dass lediglich der Kauf- und Abtretungsvertrag über die Geschäftsanteile an der GmbH, nicht jedoch derjenige über die Kommanditanteile an der Kommanditgesellschaft zwingend und vorbehaltlos der Beurkundung bedarf.[244] Überwiegend wird jedoch die Ansicht vertreten, dass aufgrund des Zusammenhangs zwischen der Veräußerung der Geschäftsanteile an der GmbH und der Kommanditanteile an der Kommanditgesellschaft von den Parteien ein einheitliches Rechtsgeschäft gewollt sei und damit beide Verträge beurkundungspflichtig sind.[245] Vorsorglich sollten daher immer beide Rechtsgeschäfte beurkundet werden; in der Praxis wird dies üblicherweise in einer einheitlichen notariellen Urkunde erfolgen.

328 Die Pflicht zur Beurkundung des Kauf- und Abtretungsvertrags kann sich auch aus dem Gesichtspunkt des **Gesamtzusammenhangs** mit sonstigen beurkundungspflichtigen Geschäften ergeben. Veräußert beispielsweise der Unternehmer im Zusammenhang mit seiner Beteiligung an einer Aktiengesellschaft oder einer Personenhandelsgesellschaft ein ihm gehörendes Grundstück, das betrieblich genutzt wird, an die Gesellschaft und handelt es sich nach dem Willen der Parteien dabei um ein einheitliches Rechtsgeschäft nach § 139 BGB, so führt die Beurkundungspflicht, die gemäß § 311 b BGB für den Grundstücksveräußerungsvertrag besteht, dazu, dass auch der Vertrag über den Verkauf und die Abtretung der Anteile beurkundet werden muss.[246] Ein rein tatsächlicher oder wirtschaftlicher Zusammenhang reicht allerdings nicht aus. Erforderlich ist vielmehr eine gegenseitige Abhängigkeit der Vereinbarungen dergestalt, dass diese miteinander „stehen und fallen" sollen.[247]

329 d) **Zustimmungserfordernisse.** Der Verkauf und die Übertragung von Anteilen an einem Unternehmen kann bestimmten Zustimmungserfordernissen unterliegen. In der Praxis sind insbesondere die folgenden Zustimmungserfordernisse relevant.

330 • Ein Ehegatte, der im gesetzlichen **Güterstand der Zugewinngemeinschaft** nach § 1363 BGB lebt, kann sich nach § 1365 BGB nur mit Einwilligung des anderen Ehegat-

[243] Semler/Volhard/*Koziczinski* § 13 Rn. 104.
[244] *Sigle/Maurer* NJW 1984, 2657 ff.
[245] *Beisel/Klumpp* 1. Kapitel Rn. 87 m. w. N.
[246] BGH LM § 313 Nr. 80.
[247] BGHZ 101, 393 (396).

ten verpflichten, über sein Vermögen im Ganzen zu verfügen. Hat er sich ohne eine solche Zustimmung hierzu verpflichtet, so kann er die Verpflichtung nur erfüllen, wenn der andere Ehegatte einwilligt. Ohne diese Einwilligung ist das Rechtsgeschäft unwirksam. Von dieser Regelung können auch Verträge über Einzelgegenstände, insbesondere Unternehmensbeteiligungen,[248] erfasst sein, wenn der Einzelgegenstand nahezu das ganze Vermögen des Verfügenden ausmacht.[249] Der Rechtsprechung zufolge ist dies dann der Fall, wenn bei kleineren Vermögen das verbleibende Vermögen des Verfügenden weniger als 15% des ursprünglichen Gesamtvermögens beträgt; bei größeren Vermögen ist dies im Allgemeinen der Fall, wenn das verbleibende Vermögen des Verfügenden weniger als 10% des ursprünglichen Gesamtvermögens beträgt.[250]

Formulierungsbeispiel Zustimmung nach § 1365 BGB:

Ich stimme hiermit dem Verkauf und der Abtretung der Geschäftsanteile meines Ehegatten an der [...] GmbH im Nennbetrag von EUR [...] an die [...] zu einem Kaufpreis von insgesamt EUR [...] zu.

- Der Gesellschaftsvertrag oder die Satzung einer Gesellschaft können vorsehen, dass bei der Abtretung von Anteilen an der Gesellschaft **diese selbst** eine Zustimmung erteilen muss. Die Zustimmung ist von den zur Vertretung der Gesellschaft berufenen Personen in vertretungsberechtigter Anzahl zu erteilen. Üblicherweise bedarf diese Zustimmung nach dem Gesellschaftsvertrag oder der Satzung der Gesellschaft der vorherigen Zustimmung der Gesellschafterversammlung. Werden Geschäftsanteile einer GmbH geteilt, damit Teilgeschäftsanteile erworben werden können, ist die Zustimmung der Gesellschaft zur Teilung in § 17 Abs. 1 GmbHG auf der Grundlage eines Gesellschafterbeschlusses gemäß § 46 Nr. 4 GmbHG sogar zwingend gesetzlich vorgeschrieben. 331

Formulierungsbeispiel Zustimmung Gesellschaft:

Auf der Grundlage des Gesellschafterbeschlusses vom [...] stimmt die Gesellschaft hiermit der Teilung des Geschäftsanteils von [...] an der Gesellschaft im Nennbetrag von EUR [...] in einen Teilgeschäftsanteil im Nennbetrag von EUR [...] und einen Teilgeschäftsanteil im Nennbetrag von EUR [...] sowie dem Verkauf und der Abtretung des letztgenannten Teilgeschäftsanteils im Nennbetrag von EUR [...] von [...] an [...], insbesondere nach § 17 Abs. 1 GmbHG und § [...] der Satzung der Gesellschaft, zu. Die Gesellschaft erteilt vorsorglich sämtliche sonstigen Zustimmungen, die im Hinblick auf den Abschluss und die Durchführung des im Entwurf als Anlage beigefügten Kauf- und Abtretungsvertrags erforderlich sein sollten.

- Der Gesellschaftsvertrag oder die Satzung der Gesellschaft können weiter vorsehen, dass die Anteile an der Gesellschaft **vinkuliert** sind, das heißt, dass sie nicht ohne Zustimmung der Gesellschafterversammlung an einen Dritten übertragen werden können. Dabei kann geregelt sein, dass sämtliche übrigen Gesellschafter der Übertragung zustimmen müssen oder dass die Gesellschafterversammlung mit einer bestimmten Mehrheit der Übertragung zustimmen muss. Solange diese Zustimmung nicht vorliegt, ist der Erwerb der Anteile an der Gesellschaft nicht wirksam. 332

[248] *Beisel/Klumpp* 8. Kapitel Rn. 19.
[249] BGH NJW 1961, 1301 (1303).
[250] BGH NJW 1980, 2350 (2351).

Formulierungsbeispiel Zustimmung Gesellschafterversammlung:

Unter Verzicht auf alle gesetzlichen und gesellschaftsvertraglichen Form- und Fristerfordernisse über die Ankündigung, Einberufung und Durchführung einer Gesellschafterversammlung beschließen die Gesellschafter der Gesellschaft einstimmig was folgt:

Die Gesellschafter stimmen der Teilung des Geschäftsanteils von [...] im Nennbetrag von EUR [...] in einen Teilgeschäftsanteil im Nennbetrag von EUR [...] und einen Teilgeschäftsanteil im Nennbetrag von EUR [ ] und dem Verkauf und der Abtretung des letztgenannten Teilgeschäftsanteils im Nennbetrag von EUR [...] an [...] nach dem im Entwurf als Anlage beigefügten Kauf- und Abtretungsvertrag zu.

Die Gesellschafter weisen die Geschäftsführung der Gesellschaft an, für die Gesellschaft die Zustimmung zur Teilung des Geschäftsanteils und sämtliche sonst etwa erforderlichen Zustimmungen zur Durchführung des Kauf- und Abtretungsvertrags zu erteilen.

Die Gesellschafter erteilen hiermit vorsorglich sämtliche sonstigen Zustimmungen, die im Hinblick auf die Durchführung des Kauf- und Abtretungsvertrags erforderlich sein sollten.

333 e) **Dinglicher Übergang der Anteile.** Die rechtliche Inhaberschaft an den verkauften Anteilen wechselt mit dem dinglichen Übergang dieser Anteile an den *Private Equity Investor*. Der Unternehmer muss sicher sein, dass seine Anteile erst dann übergehen, wenn er den Kaufpreis hierfür tatsächlich erhalten hat. Der Übergang der Anteile sollte daher stets von der **aufschiebenden Bedingung der vollständigen Zahlung des Kaufpreises** gemäß § 158 Abs. 1 BGB abhängig gemacht werden.

334 Erwirbt der *Private Equity Investor* eine Beteiligung an einer Kommanditgesellschaft von einem ausscheidenden Kommanditisten, sollte der Übergang des Kommanditanteiles zusätzlich von der aufschiebenden Bedingung abhängig gemacht werden, dass zum einen der *Private Equity Investor* im Handelsregister als Kommanditist **eingetragen** wird und zum anderen diese Eintragung ihn ausdrücklich als **Sonderrechtsnachfolger** bezeichnet.

335 Erfolgt der Übergang des Kommanditanteils vor der Handelsregistereintragung, haftet der *Private Equity Investor* für die zwischen dem Übergangs- und dem Eintragungszeitpunkt begründeten Neuschulden der Gesellschaft unbeschränkt, weil die Beschränkung seiner Haftung auf seine Kommanditeinlage für Dritte nicht erkennbar war, § 176 Abs. 2 HGB. Die Rechtsprechung hat eine solche **unbeschränkte Haftung** nur im Fall einer Übertragung von Anteilen an einer GmbH & Co. KG nicht anerkannt, da im Rechtsverkehr damit zu rechnen sei, dass bei einer als GmbH & Co. KG firmierenden Gesellschaft nicht eingetragene Gesellschafter die Stellung von Kommanditisten und nicht von persönlich haftenden Gesellschaftern inne haben.[251] Um Haftungsrisiken zu vermeiden, sollte bei der Vertragsgestaltung aber auf jeden Fall darauf geachtet werden, den dinglichen Rechtsübergang zeitlich mit der Eintragung im Handelsregister zusammen zu legen.

336 Durch die Eintragung als Sonderrechtsnachfolger wird darüber hinaus deutlich gemacht, dass der *Private Equity Investor* in die **Stellung des ausscheidenden Unternehmers** einrückt und damit anstelle seines Rechtsvorgängers an der Gesellschaft beteiligt ist. Der *Private Equity Investor* kann sich dann darauf berufen, dass sein Rechtsvorgänger die Kommanditeinlage vollständig geleistet hat und eine Haftung für Gesellschaftsverbindlichkeiten nur in Höhe der Einlage besteht, § 171 HGB. War die Kommanditeinlage des Unternehmers jedoch nicht voll eingezahlt oder wurde sie zurückbezahlt, haftet der Unternehmer neben dem *Private Equity Investor* auch bei Eintragung der Sonderrechtsnachfolge in Höhe des noch offenen Teils.[252] Die Eintragung der Sonder-

[251] BGH NJW 1983, 2258.
[252] *Holzapfel/Pöllath* Rn. 647.

rechtsnachfolge liegt sowohl im Interesse des *Private Equity Investors* als auch des Unternehmers. Wird keine Sonderrechtsnachfolge eingetragen, haftet der ausscheidende Unternehmer nach § 160 HGB fünf Jahre lang bis zur Höhe seiner ehemaligen Kommanditbeteiligung für alle bis zu seinem Ausscheiden begründeten Verbindlichkeiten der Gesellschaft.[253] Ob daneben auch der *Private Equity Investor* als neu eintretender Kommanditist sowohl für die Alt- als auch für Neuschulden der Gesellschaft haftet, weil er sich auf die geleistete Einlage des ausscheidenden Unternehmers mangels Sonderrechtsnachfolgevermerks nicht berufen kann,[254] ist umstritten.[255]

Zur Sicherung des Unternehmers kann der Übergang der Anteile von weiteren aufschiebenden Bedingungen abhängig gemacht werden. In Betracht kommen hierbei beispielsweise die Rückzahlung von Gesellschafterdarlehen oder von Guthaben auf Darlehenskonten einer Personenhandelsgesellschaft oder die Ablösung von Bankdarlehen des Unternehmens, für die der Unternehmer persönlich Sicherheit geleistet hat. 337

Formulierungsbeispiel Aufschiebende Bedingungen bei GmbH & Co. KG:

(1) Der Verkäufer verkauft hiermit seinen Geschäftsanteil an der Komplementärin im Nennbetrag von EUR [...] mit wirtschaftlicher Wirkung zum Stichtag an die dies annehmende Käuferin.

(2) Der Verkäufer tritt hiermit seinen nach Abs. 1 verkauften Geschäftsanteil an der Komplementärin im Nennbetrag von EUR [...] an die Käuferin unter den aufschiebenden Bedingungen

a) der vollständigen Kaufpreiszahlung nach § [...] dieses Kauf- und Abtretungsvertrags an den Verkäufer, sowie

b) der vollständigen Auszahlung des bei der Gesellschaft für den Verkäufer geführten Darlehenskontos in Höhe von EUR [...] an den Verkäufer

ab. Die Käuferin nimmt die Abtretungen bereits jetzt an.

(3) Der Verkäufer verkauft hiermit seinen festen Kapitalanteil an der Gesellschaft im Nennbetrag von EUR [...] mit wirtschaftlicher Wirkung zum Stichtag an die dies annehmende Käuferin. Mitverkauft sind sämtliche Konten, die für den Verkäufer bei der Gesellschaft geführt werden, mit Ausnahme des Darlehenskontos, das dem Verkäufer nach Abs. 2 Buchst. b) vollständig auszuzahlen ist.

(4) Der Verkäufer tritt hiermit im Wege der Sonderrechtsnachfolge seinen nach Abs. 3 verkauften festen Kapitalanteil an der Gesellschaft samt den nach Abs. 3 verkauften Konten an die Käuferin unter den aufschiebenden Bedingungen

a) der vollständigen Kaufpreiszahlung nach § [...] dieses Kauf- und Abtretungsvertrags an den Verkäufer, sowie

b) der Eintragung der Käuferin als Rechtsnachfolgerin des Verkäufers im Wege der Sonderrechtsnachfolge in das Handelsregister, sowie

c) der vollständigen Auszahlung des bei der Gesellschaft für den Verkäufer geführten Darlehenskontos in Höhe von EUR [...] an den Verkäufer

ab. Die Käuferin nimmt die Abtretungen bereits jetzt an.

f) Stichtage und Ergebnisabgrenzung. Bei den Stichtagen, die im Kauf- und Abtretungsvertrag vereinbart werden, kann zwischen dem wirtschaftlichen Stichtag und dem dinglichen Übergangsstichtag unterschieden werden. Beide Stichtage können zeitlich auch zusammenfallen. 338

[253] BGH JZ 1981, 713.

[254] So *Beisel/Klumpp* 9. Kapitel Rn. 80.

[255] Gegen eine Haftung des Rechtsnachfolgers in diesen Fällen *Baumbach/Hopt* § 173 Rn. 13 m. w. N.

339 **Wirtschaftlicher Stichtag** ist derjenige Stichtag, ab dem das Unternehmen oder die Beteiligung des *Private Equity Investors* „auf Rechnung" des *Private Equity Investors* geführt wird, wobei dem *Private Equity Investor* ab dem wirtschaftlichen Stichtag – gegebenenfalls anteilig – einerseits die Gewinne des Unternehmens zustehen, er anderseits aber auch das wirtschaftliche Verlustrisiko trägt. Der wirtschaftliche Stichtag kann von den Parteien zeitlich zurückbezogen werden. Da am Stichtag zu Zwecken der Abgrenzung der wirtschaftlichen Sphäre des Unternehmers und der wirtschaftlichen Sphäre des *Private Equity Investors* ein Abschluss erstellt werden muss, werden wirtschaftliche Stichtage oftmals auf den **Zeitpunkt des letzten Jahresabschlusses** des Unternehmens, also – sofern das Unternehmen ein Kalenderjahr zum Geschäftsjahr hat – auf den 31. 12. des Vorjahres vereinbart.

Formulierungsbeispiel Wirtschaftlicher Stichtag:

(1) Der Erwerb der Beteiligung erfolgt mit wirtschaftlicher Wirkung zum 31. 12. [...], 24:00 Uhr („Wirtschaftlicher Stichtag").

(2) Sämtliche Ergebnisse der Gesellschaft, soweit sie auf den nach § [...] verkauften Geschäftsanteil entfallen, stehen bis zum Wirtschaftlichen Stichtag dem Verkäufer und ab dem Wirtschaftlichen Stichtag der Käuferin zu.

(3) Mehrergebnisse oder Mindererergebnisse, die sich aufgrund einer steuerlichen Außenprüfung bei der Gesellschaft zu einem späteren Zeitpunkt ergeben, sind nicht auszugleichen.

340 Von dem wirtschaftlichen Stichtag zu unterscheiden ist der **dingliche Übergangsstichtag.** Dies ist derjenige Zeitpunkt, zu dem die Anteile an dem Unternehmen dinglich auf den Erwerber übergehen und damit die Rechtsinhaberschaft wechselt, siehe hierzu auch Rn. 333 bis Rn. 337. Der dingliche Übergangsstichtag kann zeitlich nicht zurückbezogen werden; er kann – sofern die Parteien dies wünschen – zeitlich allerdings in die Zukunft gelegt werden. Falls die Beteiligung des *Private Equity Investors* der kartellrechtlichen Kontrolle unterliegt, darf der dingliche Übergangsstichtag nicht vor Abschluss der Überprüfung und dem Erlass der entsprechenden Bescheide durch die zuständigen Kartellbehörden liegen. Der dingliche Übergangsstichtag wird oftmals auch als ***Closing Date*** bezeichnet. Die Parteien vereinbaren zu diesem dinglichen Übergangsstichtag die Vornahme verschiedenster Maßnahmen, die im Zusammenhang mit dem rechtlichen Übergang der verkauften Anteile an den *Private Equity Investor* stehen. Diese können in der Sphäre des Unternehmers beispielsweise sein:

- die Niederlegung von Geschäftsführungsämtern,
- die Niederlegung von Beiratsämtern,
- die Unterzeichnung von Handelsregisteranmeldungen,
- die Übergabe von Bürgschaften zur Sicherung von Garantien des Unternehmers aus dem Kauf- und Abtretungsvertrag oder
- die Übergabe von Nachweisen über die Ablösung von Bürgschaften, Garantien und Sicherheiten, die das Unternehmen zugunsten der bisherigen Gesellschafter geleistet hatte.

In der Sphäre des *Private Equity Investors* können diese neben der Zahlung des Kaufpreises, die aus Sicht des Unternehmers zwingende Bedingung des dinglichen Übergangs seiner Anteile sein muss, siehe hierzu Rn. 333, beispielsweise sein

- die Unterzeichnung von Handelsregisteranmeldungen,
- die Übergabe von Bürgschaften oder Garantieerklärungen Dritter zur Sicherung der Zahlung eines *Earn-out* Kaufpreises, siehe hierzu Rn. 347,
- die Übergabe von Nachweisen über die Ablösung von Bürgschaften, Garantien und Sicherheiten, die die bisherigen Gesellschafter zugunsten des Unternehmens geleistet haben.

Zwischen dem wirtschaftlichen Stichtag und dem dinglichen Übergangsstichtag kann ein längerer Zeitraum liegen. In diesem Zeitraum gehören die Anteile zwar noch dem Unternehmer, das Unternehmen wird aber – gegebenenfalls anteilig – auch „auf Rechnung“ des *Private Equity Investors* geführt. Um sicherzustellen, dass in diesem Zeitraum keine Maßnahmen getroffen werden, die sich zum Nachteil des Unternehmens auswirken, wird zwischen dem Unternehmer und dem *Private Equity Investor* vereinbart, dass der Unternehmer die Geschäfte zwischen dem wirtschaftlichen Stichtag und dem dinglichen Übergangsstichtag nur im ordnungsgemäßen Geschäftsgang führt oder geführt hat. In diesem Zusammenhang wird insbesondere auch ein Katalog von Maßnahmen und Rechtsgeschäften in den Kauf- und Abtretungsvertrag aufgenommen, die der Unternehmer ab dem wirtschaftlichen Stichtag nicht mehr vornehmen darf oder nicht mehr vornehmen durfte; hierbei handelt es sich um die so genannten ***Covenants.*** 341

g) **Stichtagsabschluss.** Auf den wirtschaftlichen Stichtag wird üblicherweise ein Stichtagsabschluss zu Zwecken der Abgrenzung der Sphäre des Unternehmers und der Sphäre des *Private Equity Investors* erstellt. Wird der wirtschaftliche Stichtag auf das Geschäftsjahresende des Unternehmens gelegt, so kann der vom Unternehmen ohnehin zu erstellende **Jahresabschluss** als Grundlage herangezogen werden. Allerdings ist zwischen dem Jahresabschluss, der aufgrund gesetzlicher oder gesellschaftsvertraglicher Regelungen vom Unternehmen zu erstellen ist, und dem Stichtagsabschluss strikt zu unterscheiden. Oftmals werden in Kauf- und Abtretungsverträgen detaillierte Regelungen zu bestimmten Bilanzpositionen und deren Berücksichtigung im Stichtagsabschluss getroffen, die von denjenigen, nach denen der Jahresabschluss des Unternehmens aufzustellen ist, durchaus abweichen können. Dies können beispielsweise Regelungen über die Bewertung und Berücksichtigung von Forderungen oder sonstigen Vermögensgegenständen des Unternehmens sowie Regelungen über die Bewertung und Berücksichtigung von Verbindlichkeiten, insbesondere Pensionsverbindlichkeiten und Verbindlichkeiten gegenüber den bisherigen Gesellschaftern des Unternehmens, sein. Bei mittelständischen Unternehmen geht es oftmals auch um die Bewertung von Betriebsgrundstücken. Für die Zwecke des Kauf- und Abtretungsvertrags ist dann allein der Stichtagsabschluss maßgeblich. 342

Die Erstellung des Stichtagsabschlusses bietet ein weites Feld für spätere Streitigkeiten. Daher sollten im Kauf- und Abtretungsvertrag detaillierte Regelungen darüber vorgesehen werden, nach welchen Grundsätzen und Maßgaben der Stichtagsabschluss aufzustellen ist und welches **Verfahren zur Beilegung eines Streits** über den Stichtagsabschluss anzuwenden ist. Hierbei kann vorgesehen werden, dass das Unternehmen den Stichtagsabschluss erstellt, diesen sowohl dem Unternehmer als auch dem *Private Equity Investor* zusendet und beide Parteien den Stichtagsabschluss mit Hilfe ihrer jeweiligen Wirtschaftsprüfer überprüfen und innerhalb einer bestimmten Frist Einwendungen gegen den Stichtagsabschluss erheben können. Soweit Einwendungen erhoben werden, müssen die Parteien hierüber verhandeln und sollen sich einigen. Soweit dies innerhalb einer bestimmten Frist nicht gelingt, sollte jede Partei berechtigt sein, über die offenen Punkte die Entscheidung eines neutralen Wirtschaftsprüfers herbeizuführen, die für die Parteien verbindlich ist. Von dem in der Praxis immer wieder vorgeschlagenen Verfahren, dass der Wirtschaftsprüfer des Unternehmers und der Wirtschaftprüfer des *Private Equity Investors* den Stichtagsabschluss gemeinsam überprüfen, ist eher abzuraten. Die Vielzahl an Interpretationsmöglichkeiten, die bei der Erstellung des Stichtagsabschlusses gegeben sind, machen eine Einigung der beteiligten Wirtschaftsprüfer auf ein gemeinsames Ergebnis schwierig. 343

h) **Kaufpreisermittlung und -anpassung.** Für den Unternehmer kann es vorteilhaft sein, einen **betragsmäßig festen Kaufpreis** für die Veräußerung seiner Beteiligung zu verhandeln und zu vereinbaren. In einer Wettbewerbssituation ermöglicht ihm ein fester Kaufpreis, die verschiedenen Angebote besser zu vergleichen. Darüber hinaus kann er sich darauf verlassen, den Betrag, den er vertraglich fest vereinbart hat, ohne weitere Kauf- 344 preisermittlungsmaßnahmen und Kaufpreisanpassungen auch zu erhalten. Schließlich vermeidet er hierdurch möglicherweise auch eine längere und kostspielige Auseinandersetzung über einen Stichtagsabschluss und die sich hieraus ergebende Anpassung des Kaufpreises.

345 Die Vereinbarung eines betragsmäßig festen Kaufpreises mit einem *Private Equity Investor* ist jedoch nicht einfach, da dieser vermeiden möchte, dass der Kaufpreis den tatsächlichen Unternehmenswert zum Zeitpunkt seiner Beteiligung übersteigt. Der *Private Equity Investor* wird daher üblicherweise bestimmte **Kaufpreisermittlungsmechanismen** vorschlagen und dabei zumeist Wert darauf legen, dass der Kaufpreis auf einer ***Cash and Debt Free*** **Basis** ermittelt wird und das Unternehmen zum Stichtag über ein angemessenes ***Working Capital*** verfügt. Ganz grob skizziert ermitteln *Private Equity* Investoren den Wert des Unternehmens mittels betriebswirtschaftlich allgemein anerkannter Unternehmensbewertungsmethoden, üblicherweise Ertragswertmethoden, und erhalten so zunächst den so genannten ***Enterprise Value*** des Unternehmens. Dieser *Enterprise Value* wird um die Nettofinanzverbindlichkeiten des Unternehmens zum wirtschaftlichen Stichtag korrigiert und führt dann zum so genannten ***Equity Value,*** der vorbehaltlich weiterer Anpassungen dem Kaufpreis entspricht. Unter **Nettofinanzverbindlichkeiten** versteht man in diesem Zusammenhang den Saldo der so genannten ***Debt*** **Positionen** und der so genannten ***Cash*** **Positionen.** *Debt* Positionen sind sämtliche langfristigen zinstragenden Verbindlichkeiten des Unternehmens. Hierzu gehören insbesondere Anleihen und Verbindlichkeiten gegenüber Kreditinstituten sowie bestimmte Rückstellungspositionen, nicht jedoch Verbindlichkeiten aus Lieferungen und Leistungen. Über die einzelnen Abzugspositionen im Zuge einer solchen Kaufpreisermittlung kann bei der Aufstellung des Stichtagsabschlusses trefflich gestritten werden. Es empfiehlt sich daher, die einzelnen Abzugspositionen – zumindest dem Grunde nach – so genau wie möglich zu definieren. Unter die *Cash* Positionen fallen insbesondere Kassenbestand, Guthaben bei Kreditinstituten, Schecks und Wertpapiere; auch hier empfiehlt sich eine genaue Definition.

Formulierungsbeispiel Ermittlung Kaufpreis:

Der Kaufpreis für den Kaufgegenstand beträgt EUR [...] (in Worten: Euro [...]) abzüglich sämtlicher Rückstellungen ausweislich der in Anlage 1 enthaltenen Rückstellungspositionen sowie abzüglich sämtlicher zinstragender Verbindlichkeiten ausweislich der in Anlage 2 enthaltenen Verbindlichkeitspositionen sowie zuzüglich sämtlicher Wertpapiere und des Kassenbestands, der Bundesbankguthaben, der Guthaben bei Kreditinstituten und Schecks zum wirtschaftlichen Stichtag, jeweils ausweislich des Stichtagsabschlusses der Gesellschaft gemäß § [...] dieses Kauf- und Abtretungsvertrags.

346 Weiterhin kann eine ***Working Capital*** Betrachtung zu einer Kaufpreisanpassung führen. In der vom *Private Equity Investor* durchgeführten Due Diligence ermittelt dieser gemeinsam mit seinen Beratern das durchschnittlich über das Jahr hinweg für das Unternehmen erforderliche *Working Capital.* Sollte das zum Stichtag auf der Grundlage des Stichtagsabschlusses ermittelte *Working Capital* des Unternehmens höher oder niedriger als das durchschnittliche *Working Capital* sein, so erfolgt eine Kaufpreisanpassung um den Differenzbetrag, und zwar sowohl nach oben als auch nach unten. Eine solche Kaufpreisanpassung wird insbesondere dann gerne in den Kauf- und Abtretungsvertrag aufgenommen, wenn das *Working Capital* des Unternehmens im Laufe des Jahres stark schwankt und die reine Stichtagsbetrachtung den Bedarf des Unternehmens an *Working Capital* nicht zutreffend widerspiegelt.

347 Eine weitere Möglichkeit zur Kaufpreisanpassung stellt der so genannte **„*Earn-out* Kaufpreis“** dar. Der *Private Equity Investor* ermittelt den Unternehmenswert auf der

Grundlage der Planung der zukünftigen Entwicklung des Unternehmens. Kann zwischen dem Unternehmer und dem *Private Equity Investor* keine Einigkeit über die Unternehmensplanung erzielt werden, hält insbesondere der *Private Equity Investor* die Planung des Unternehmers für zu optimistisch, so liegt ein Ausweg in der Vereinbarung einer *Earn-out* Klausel. Der Kaufpreis wird hierbei zunächst auf der Grundlage einer Unternehmensplanung, die von weniger optimistischen Annahmen über die Entwicklung des Unternehmens ausgeht, ermittelt. Sollte diese Unternehmensplanung in den Folgejahren übertroffen werden, so steht dem Unternehmer ein Kaufpreisnachzahlungsanspruch, ein so genannter *Earn-out* Kaufpreis, zu. Die konkrete Bestimmung eines solchen *Earn-out* Kaufpreises kann sich an einer Reihe von betriebswirtschaftlichen Kennzahlen orientieren. Oftmals wird das Ergebnis des Unternehmens vor Zinsen und Steuern (*Earnings before Interest and Tax*, EBIT) als Kennzahl verwendet.

Formulierungsbeispiel *Earn-out* Kaufpreis

Sofern im Geschäftsjahr [...] der EBIT der Gesellschaft auf der Grundlage des Jahresabschlusses der Gesellschaft zum 31. 12. [...] den Betrag von insgesamt EUR [...] überschreitet, steht dem Verkäufer ein zusätzlicher Kaufpreis („*Earn-out* Kaufpreis") zu, der innerhalb von vier Wochen nach Feststellung des Jahresabschlusses der Gesellschaft zum 31. 12. [...] zahlbar ist. Bei einem EBIT von EUR [x] beträgt der *Earn-out* Kaufpreis Null, bei einem EBIT von EUR [y] oder mehr beträgt der *Earn-out* Kaufpreis EUR [...]. Bei einem EBIT zwischen EUR [x] und EUR [y] steigt der *Earn-out* Kaufpreis linear proportional von Null auf EUR [...]. Der EBIT ist auf der Grundlage des testierten Jahresabschlusses der Gesellschaft zum 31. 12. [...] zu ermitteln. Sowohl der Verkäufer als auch die Käuferin sind berechtigt, jeweils eine Wirtschaftsprüfungsgesellschaft zu benennen, die in ihrem Auftrag den testierten Jahresabschluss der Gesellschaft zum 31. 12. [...] überprüft. Sollten sich hier Beanstandungen ergeben, so gelten für das Verfahren der verbindlichen Feststellung des EBIT der Gesellschaft für das Geschäftsjahr [...] für Zwecke der Berechnung des *Earn-out* Kaufpreises nach diesem Kauf- und Abtretungsvertrag die Regelungen über die Überprüfung des Stichtagsabschlusses gemäß § [...] entsprechend.

i) **Garantien.** Ein zentraler Bereich des Kauf- und Abtretungsvertrags ist die Vereinba- 348
rung von Garantien. Die Interessen der Parteien stehen sich hier diametral gegenüber. Der *Private Equity Investor* wird umfassende und belastbare Garantien fordern, die oftmals über diejenigen Garantien hinausgehen, die ein strategischer Investor im Zuge einer gewöhnlichen *M&A* Transaktion fordert. Der strategische Investor ist nämlich mit dem Geschäftsbereich des Unternehmens im Allgemeinen gut vertraut und kann aufgrund langjähriger eigener Erfahrung bestimmte Risiken besser einschätzen als dies ein *Private Equity Investor* kann. Der Unternehmer hingegen möchte seine **Haftung** sowohl dem Grunde als auch der Höhe nach soweit wie möglich einschränken. Das Erarbeiten eines angemessenen Ausgleichs zwischen diesen Interessen nimmt in den Vertragsverhandlungen großen Raum ein.

Der Unternehmer und der *Private Equity Investor* werden im Rahmen des Kauf- und 349
Abtretungsvertrags zunächst einen **selbständigen Garantievertrag nach § 311 Abs. 1 BGB** vereinbaren. Selbständige Garantien schaffen ein eigenes Haftungsregime außerhalb des gesetzlichen Gewährleistungsrechts,[256] das auf den Erwerb einer Beteiligung oder eines Unternehmens nicht zugeschnitten ist und zum Teil unpassende Regelungen, beispielsweise die Möglichkeit der Rückabwicklung, enthält. In diesem Zusammenhang wird ein – je nach Verhandlungsergebnis unterschiedlich umfangreicher – Katalog von Garantien in den Kauf- und Abtretungsvertrag aufgenommen. Der Unternehmer haftet für diese Garantien verschuldensunabhängig und sollte deshalb genauestens prüfen, ob und inwieweit die Garantien tatsächlich zutreffend sind.

[256] Bamberger/Roth/*Faust* § 443 Rn. 11.

Formulierungsbeispiel Selbständiges Garantieversprechen:

Der Verkäufer garantiert der Käuferin im Wege eines selbständigen Garantieversprechens gemäß § 311 Abs. 1 BGB die in den §§ [...] bis [...] dieses Kauf- und Abtretungsvertrags aufgeführten Tatsachen und Umstände zum Zeitpunkt der Unterzeichnung dieses Kauf- und Abtretungsvertrags, soweit nachfolgend nicht ausdrücklich auf einen anderen Zeitpunkt abgestellt wird, als zutreffend und richtig.

350 Im Kauf- und Abtretungsvertrag folgt an dieser Stelle dann ein mehr oder weniger ausführlicher **Katalog von Garantien,** insbesondere

- zu den Jahresabschlüssen der Gesellschaft, üblicherweise die der letzten beiden Jahre,
- zu den Rechts- und Kapitalverhältnissen der Gesellschaft,
- zum laufenden Geschäftsbetrieb der Gesellschaft und
- zu den Steuern, soweit die Steuerthematik nicht über eine Freistellungsregelung gelöst wird.

351 Auf die Vielzahl der hier möglichen Regelungen soll im Folgenden nicht eingegangen werden. Vielmehr sollen die dem Unternehmer zur Verfügung stehenden Möglichkeiten, seine Garantiehaftung einzuschränken, dargestellt werden.

352 Garantien können in zweierlei Hinsicht beschränkt werden. Zum einen kann eine subjektive Komponente die Garantien dem Grunde nach einschränken. Zum anderen können ausdrückliche Haftungsgrenzen vereinbart werden. In der Praxis werden beide Möglichkeiten zusammen angewandt.

353 Die **subjektive Komponente** besteht darin, dass die Garantien nur nach „Kenntnis des Unternehmers" abgegeben werden. Hierbei kann durchaus zwischen den einzelnen Garantieregelungen differenziert werden. Bestimmte Garantien, beispielsweise hinsichtlich der Rechtsinhaberschaft, werden vom *Private Equity Investor* stets objektiv verlangt und können – soweit vorab sorgfältig überprüft – auch objektiv abgegeben werden. Bestimmte andere Garantien, beispielsweise hinsichtlich des laufenden Geschäftsbetriebs, können weitaus schwerer abzugeben sein, da der Umfang der hiermit verbundenen Risiken im Allgemeinen nicht mit letzter Sicherheit festgestellt werden kann. Diese sollten dann nur nach „Kenntnis des Unternehmers" abgegeben werden. In diesem Zusammenhang bedeutet Kenntnis das tatsächliche, aktuelle Wissen des Unternehmers zum Zeitpunkt des Abschlusses des Kauf- und Abtretungsvertrags. Oft wird sich ein *Private Equity Investor* allerdings nicht allein auf das aktuelle Wissen des Unternehmers beschränken lassen wollen, da hierdurch insbesondere ein unsorgfältiger Unternehmer, der sich in den Angelegenheiten des Unternehmens nicht hinreichend auskennt, von einer Garantiehaftung befreit wird. Um dies zu verhindern, soll der Unternehmer nur im Fall von „bester Kenntnis" nicht haften. „Beste Kenntnis" beschreibt diejenige Kenntnis, die der Unternehmer zum Zeitpunkt des Vertragsabschlusses hätte haben können, wenn er mit der Sorgfalt eines ordentlichen Kaufmanns agiert hätte. Hierzu gehört insbesondere auch, dass sich der Unternehmer vor Abgabe der Garantie im Unternehmen selbst über die Vollständigkeit und Richtigkeit seiner Aussagen informiert, insbesondere indem er relevante Unterlagen einsieht, sich bei den zuständigen Sachbearbeitern über relevante Sachverhalte informiert und – sofern er nicht selbst Geschäftsführer ist – bei der Geschäftsführung nachfragt.

354 Der Umfang der Garantiehaftung kann darüber hinaus durch **ausdrückliche Regelungen begrenzt** werden.

355 • Es kann eine **absolute Haftungshöchstgrenze** vereinbart werden.

Formulierungsbeispiel Haftungshöchstgrenze:

Der Verkäufer haftet für alle Garantieansprüche nach diesem Kauf- und Abtretungsvertrag insgesamt maximal in Höhe von [...]% des von ihm erhaltenen Kaufpreises.

- Es können **de minimis Grenzen** vereinbart werden; dies sind Betragsgrenzen, die überschritten sein müssen, damit die Haftung überhaupt eingreift. 356

Formulierungsbeispiel de minimis Grenzen:

Ansprüche gegen den Verkäufer können nur geltend gemacht werden, wenn und soweit der Wert eines einzelnen Anspruchs den Betrag von EUR [...] übersteigt, und wenn und soweit die Summe solcher einzelner Ansprüche den Betrag von EUR [...] übersteigt.

Zu beachten ist hier der Unterschied zwischen Freigrenze und Freibetrag. Wird eine **Freigrenze** vereinbart, sind Garantieansprüche nur dann zu bezahlen, wenn diese Freigrenze erreicht wird, dann aber in voller Höhe. Wird ein **Freibetrag** vereinbart, sind Garantieansprüche ebenfalls nur dann zu bezahlen, wenn sie den Freibetrag übersteigen, dann allerdings nur in Höhe des übersteigenden Betrags. Diesen de minimis Grenzen liegt die Überlegung zugrunde, dass der Aufwand für die Ermittlung, Geltendmachung und gegebenenfalls gerichtliche Durchsetzung von Garantieansprüchen sowie für die Abwehr dieser Ansprüche oft außer Verhältnis zu dem durch die Garantieverletzung tatsächlich eingetretenen Schaden steht. Darüber hinaus soll bei nur kleineren Mängeln des Unternehmens der Rechtsfriede gewahrt bleiben.

- In besonderen Fällen kann die **Geltendmachung von Garantieansprüchen ausgeschlossen** werden, beispielsweise wenn 357
  - dem Käufer oder der Gesellschaft gegenwärtige oder künftige Vorteile entstehen, die mit den anspruchsbegründenden Umständen in Zusammenhang stehen (beispielsweise Steuervorteile),
  - der eingeforderte Garantiebetrag von einem Dritten, insbesondere einer Versicherung, wiedererlangt werden kann,
  - der Garantiefall durch den Käufer mitverschuldet oder mitverursacht wurde,
  - der Umstand, auf den sich der Anspruch stützt, in dem Jahresabschluss der Gesellschaft oder in dem Stichtagsabschluss berücksichtigt wurde oder werden muss,
  - der Käufer oder nach dem dinglichen Übergangsstichtag die Gesellschaft gegen Pflichten verstößt und hierdurch ein (weiterer) Schaden eintritt oder
  - der Käufer oder seine Berater Kenntnis von der Garantieverletzung hatten oder hätten haben können.

Formulierungsbeispiel Anspruchsausschluss bei Kenntnis:

Ein Garantiefall ist ausgeschlossen, soweit die einem Garantiefall zugrunde liegenden Umstände

a) der Käuferin oder den Beratern der Käuferin bei Vertragsschluss bekannt waren oder
b) sich aus Unterlagen oder Informationen ergeben, die der Käuferin oder den Beratern der Käuferin bei Vertragsschluss bekannt oder zugänglich waren.

Darüber hinaus empfiehlt sich auch stets eine Regelung zu **Mitwirkungsrechten** des Unternehmers für den Fall, dass ein Dritter Ansprüche gegen das Unternehmen geltend macht, die zu einem Garantieanspruch des *Private Equity Investors* gegen den Unternehmer führen könnten. 358

Formulierungsbeispiel Mitwirkungsrechte:

Sobald die Käuferin oder die Gesellschaft davon erfährt, dass ein Dritter (einschließlich Behörden) Maßnahmen ergreift, die zu einem Anspruch nach diesem Kauf- und Abtretungsvertrag gegen den Verkäufer führen können („Drittanspruch"), ist die Käuferin verpflichtet, den Verkäufer unverzüglich über diesen Drittanspruch zu informieren. Die Käuferin ist verpflichtet, zur Abwehr eines Drittanspruchs vollumfänglich mit dem Verkäufer zusammen zu arbeiten. Die Käuferin ist insbesondere dazu verpflichtet, dem Verkäufer diejenigen Informationen zur Verfügung zu stellen und die Unterstützung zu gewähren, die von dem Verkäufer oder dessen Beratern zum Zwecke der Prüfung und Abwehr des Drittanspruchs verlangt werden und dafür Sorge zu tragen, dass auch die Gesellschaft diese Informationen zur Verfügung stellt und diese Unterstützung gewährt. Der Verkäufer hat das Recht

a) entweder selbst im Namen und im Auftrag der Käuferin oder der Gesellschaft Verteidigungsmaßnahmen vorzunehmen, die er zur Abwehr des Drittanspruchs für erforderlich hält, oder

b) von der Käuferin die Vornahme dieser Verteidigungsmaßnahmen zu verlangen, oder

c) von der Käuferin zu verlangen, die Gesellschaft anzuweisen, diese Verteidigungsmaßnahmen vorzunehmen.

Ohne die vorherige schriftliche Zustimmung des Verkäufers ist es der Käuferin untersagt, über den Drittanspruch zu verfügen, eine gütliche Einigung zur Beilegung des Drittanspruchs herbeizuführen oder Verpflichtungen hinsichtlich des Drittanspruchs anzuerkennen. Die Käuferin ist verpflichtet, dafür Sorge zu tragen, dass die Gesellschaft dies ebenfalls nicht tut.

359 j) **Wettbewerbsverbot.** Sofern der Unternehmer am Unternehmen noch beteiligt bleibt, hat der *Private Equity Investor* ein Interesse daran, dass der Unternehmer weiterhin seine gesamte Kraft zugunsten des Unternehmens einsetzt. Eine solche Verpflichtung zur Konzentration seiner unternehmerischen Aktivitäten wird üblicherweise in der Rahmenvereinbarung vereinbart.

360 Scheidet der Unternehmer ganz aus dem Unternehmen aus, hat der *Private Equity Investor* ein berechtigtes Interesse daran, dass der Unternehmer in Zukunft nicht in Wettbewerb zu dem verkauften Unternehmen tritt und wird darauf drängen, ein Wettbewerbsverbot zu vereinbaren. Ein solches Wettbewerbsverbot kann allerdings nicht unbeschränkt vereinbart werden. Die Rechtsprechung hat entschieden, dass ein Wettbewerbsverbot in dreierlei Hinsicht[257] beschränkt werden muss, um wirksam zu sein.

- In **sachlicher Hinsicht** darf das Wettbewerbsverbot sich nur auf den bisherigen Geschäftsgegenstand des Unternehmens erstrecken und nur die Aktivitäten untersagen, die in Konkurrenz mit den bisherigen Geschäftstätigkeiten des Unternehmens stehen.[258]
- In **räumlicher Hinsicht** ist das Wettbewerbsverbot auf diejenigen Gebiete zu beschränken, auf denen das Unternehmen bis zum Übergangsstichtag tätig war.
- Das Wettbewerbsverbot ist schließlich auch in **zeitlicher Hinsicht** zu beschränken, wobei diese Beschränkung am schwierigsten zu beurteilen ist. Letztlich ist auf den Zeitraum abzustellen, den ein Käufer benötigt, um das erworbene Unternehmen einschließlich der Kundenbeziehungen, des *Know-hows* und aller immateriellen Werte vollständig für sich so nutzbar zu machen, dass der Verkäufer durch seine geschäftliche Tätigkeit das verkaufte Unternehmen nicht mehr negativ beeinflussen kann.[259] Je nach Unternehmensgegenstand des verkauften Unternehmens variiert die zulässige Zeitdauer stark. Als Faustregel lässt sich festhalten, dass ein Wettbewerbsverbot, das zwei Jahre überschreitet, problematisch werden kann.

Ein Wettbewerbsverbot kann auch noch durch ein Abwerbeverbot ergänzt werden.

---

[257] BGH NJW 1979, 1605 (1606).
[258] *Holzapfel/Pöllath* Rn. 858.
[259] *Beisel/Klumpp* 12. Kapitel Rn. 38.

Formulierungsbeispiel Wettbewerbsverbot mit Abwerbeverbot:

(1) Der Verkäufer verpflichtet sich, bis zum Ablauf von zwei Jahren nach dem dinglichen Übergangsstichtag in dem in den Sätzen 2 und 3 genannten räumlichen und sachlichen Tätigkeitsbereich der Gesellschaft jeden Wettbewerb mit der Gesellschaft zu unterlassen, insbesondere weder mittelbar noch unmittelbar

a) sich selbst gewerblich in diesem Bereich zu betätigen,

b) sich an Konkurrenzunternehmen zu beteiligen oder in deren Dienste zu treten,

c) ein solches Konkurrenzunternehmen auf sonstige Weise, insbesondere durch Rat und Tat, zu fördern.

Der räumliche Tätigkeitsbereich der Gesellschaft umfasst [...]. Der sachliche Tätigkeitsbereich der Gesellschaft umfasst [...].

(2) Der Verkäufer verpflichtet sich, bis zum Ablauf von zwei Jahren nach dem Übergangsstichtag keinen am Übergangsstichtag bei der Gesellschaft angestellten Arbeitnehmer selbst oder durch Dritte zu beschäftigen, es sei denn, die Käuferin hat dem vorher schriftlich zugestimmt, und keinen Arbeitnehmer zur Kündigung dessen Arbeitsverhältnisses zu veranlassen.

k) **Sonstige Verträge im Zusammenhang mit der Transaktion.** Im Zuge des Abschlusses des Kauf- und Abtretungsvertrags werden oftmals auch weitere Verträge vereinbart. Sofern beispielsweise betrieblich genutzte Grundstücke im Eigentum des Unternehmers stehen, kann es sich um Mietverträge zwischen dem Unternehmer und dem Unternehmen oder um Grundstückskaufverträge über diese Betriebsgrundstücke handeln; in Betracht kommen auch die Übertragung von gewerblichen Schutzrechten des Unternehmers auf das Unternehmen oder der Abschluss eines Anstellungs- oder Beratervertrags mit dem Unternehmer. Aus Gründen der Rechtssicherheit empfiehlt es sich, diese Verträge zusammen mit dem Kauf- und Abtretungsvertrag zu verhandeln, sie jeweils im Entwurf als **Anlage** zum Kauf- und Abtretungsvertrag zu nehmen und in diesem zugleich vorzusehen, dass diese Verträge zum Übergangsstichtag (als *Closing* Bedingung) abzuschließen sind. 361

l) **Statutenänderung bei der Gesellschaft.** Im Zusammenhang mit der Beteiligung des *Private Equity Investors* wird auch die Satzung oder der Gesellschaftsvertrag der Gesellschaft neu gefasst werden. Bei einer GmbH und einer Aktiengesellschaft wird die neue Satzung allerdings erst mit ihrer Eintragung in das Handelsregister rechtlich wirksam; bei einer Personenhandelsgesellschaft sollte der Erwerb der Beteiligung des *Private Equity Investors* aus Haftungsgründen aufschiebend bedingt auf seine Eintragung als Rechtsnachfolger im Wege der Sonderrechtsnachfolge erfolgen, siehe hierzu auch Rn. 334 bis Rn. 336. Bis dahin vereinbaren die Parteien, dass sie sich intern so stellen, als ob die neue Satzung oder im Falle der Personenhandelsgesellschaft die Beteiligung und der Gesellschaftsvertrag bereits seit Abschluss des Kauf- und Abtretungsvertrags wirksam wären. 362

m) **Erwerb einer Beteiligung durch Kapitalerhöhung.** Außer durch Kauf- und Abtretungsvertrag kann ein *Private Equity Investor* eine Beteiligung an einem Unternehmen auch im Wege einer Kapitalerhöhung erwerben. Dies wird insbesondere dann der Fall sein, wenn die bisherigen Gesellschafter im Unternehmen bleiben wollen und das Investment des *Private Equity Investors* nicht den bisherigen Gesellschaftern, sondern dem Unternehmen, insbesondere zur **Wachstumsfinanzierung,** zugutekommen soll. 363

Im Zusammenhang mit der Vereinbarung und der Durchführung einer Kapitalerhöhung stellen sich im Verhältnis zwischen den bisherigen Gesellschaftern und dem *Private Equity Investor* grundsätzlich dieselben materiellen Themen, die sich auch im Zusammenhang mit dem Erwerb einer Beteiligung durch einen Kauf- und Abtretungsver- 364 trag stellen. Insoweit kann auf das bereits zum Kauf- und Abtretungsvertrag vorstehend Ausgeführte verwiesen werden. Diese Themen werden dann aber in einem so genannten Beteiligungsvertrag zwischen den bisherigen Gesellschaftern und dem *Private Equity Investor* geregelt. Dabei empfiehlt es sich insbesondere, den rechtstechnischen Ablauf der Kapitalerhöhung und die hiermit verbundenen Rechte und Pflichten der Beteiligten zu regeln. Die Dokumente zur Durchführung der Kapitalerhöhung sollten im Entwurf bereits als Anlage zum Beteiligungsvertrag genommen werden.

365 Grundlage einer Kapitalerhöhung bei der GmbH und der AG ist ein **Kapitalerhöhungsbeschluss**, der noch durch die bisherigen Gesellschafter gefasst wird und als Satzungsänderung der notariellen Beurkundung bedarf; bei einer Personenhandelsgesellschaft erfolgt der Beitritt des *Private Equity Investors* durch Abschluss eines neuen Gesellschaftsvertrags, der nicht der notariellen Beurkundung bedarf. Eine notarielle Beurkundung des Kapitalerhöhungsbeschlusses in der Schweiz ist – anders als die notarielle Beurkundung des Kauf- und Abtretungsvertrags, siehe hierzu Rn. 370 – problematisch und nicht empfehlenswert, da die Kapitalerhöhung in das Handelsregister eingetragen werden muss und sich ein Großteil der deutschen Handelsregister weigert, Kapitalerhöhungen auf der Grundlage von im Ausland beurkundeten Kapitalerhöhungsbeschlüssen einzutragen.

366 Die **Mehrheitserfordernisse** zur Beschlussfassung für die Kapitalerhöhung richten sich nach Gesetz und Satzung oder Gesellschaftsvertrag. Gesetzlich vorgesehen ist für den Kapitalerhöhungsbeschluss bei der GmbH gemäß § 53 Abs. 2 GmbHG eine Mehrheit von Dreiviertel der abgegebenen Stimmen, die durch die Satzung nicht herabgesetzt werden kann.[260] Für den Kapitalerhöhungsbeschluss bei der Aktiengesellschaft ist gesetzlich gemäß § 182 Abs. 1 AktG zunächst die Mehrheit von mindestens Dreiviertel des bei der Beschlussfassung vertretenen Grundkapitals vorgesehen. Die Satzung kann eine andere Kapitalmehrheit, und zwar sowohl eine geringere als auch eine größere Kapitalmehrheit,[261] für die Ausgabe von Vorzugsaktien ohne Stimmrecht jedoch nur eine größere Kapitalmehrheit, bestimmen. Allerdings ist mit der erstmaligen Beteiligung eines *Private Equity Investors* stets auch der Ausschluss des Bezugsrechts der übrigen Aktionäre verbunden, der gemäß § 186 Abs. 3 AktG eines Beschlusses mit einer Mehrheit von mindestens Dreiviertel des bei der Beschlussfassung vertretenen Grundkapitals bedarf. Darüber hinaus bedarf ein Kapitalerhöhungsbeschluss bei der Aktiengesellschaft zugleich gemäß § 133 Abs. 1 AktG der einfachen Mehrheit der abgegebenen Stimmen; hierauf kann die Satzung nicht verzichten.[262] Bei der Personengesellschaft bedarf der Beschluss zum Beitritt des *Private Equity Investors* grundsätzlich der Zustimmung aller Gesellschafter.

367 Die Beteiligung im Wege einer Kapitalerhöhung wird bei einer GmbH und einer Aktiengesellschaft rechtlich erst dann wirksam, wenn diese Kapitalerhöhung in das Handelsregister eingetragen ist. Bei einer Personenhandelsgesellschaft sollte aus Gründen der Haftungsbeschränkung der Beitritt des *Private Equity Investors* ebenfalls aufschiebend bedingt auf dessen Eintragung als Kommanditist in das Handelsregister erfolgen. Je nach Arbeitsbelastung des zuständigen Handelsregisters kann eine beträchtliche Zeit zwischen der Beschlussfassung über die Kapitalerhöhung oder der Vereinbarung des Beitritts zur Personenhandelsgesellschaft durch den *Private Equity Investor* und der entsprechenden Eintragung in das Handelsregister vergehen. Da der *Private Equity Investor* bereits ab dem Zeitpunkt des Abschlusses des Beteiligungsvertrags seine Rechte am Unternehmen ausüben möchte, wird im Beteiligungsvertrag üblicherweise eine schuldrechtliche Regelung über die **sofortige Einräumung der Gesellschafterrechte** getroffen.

---

[260] Baumbach/Hueck/*Zöllner* § 53 Rn. 67.
[261] *Hüffer* § 182 Rn. 8.
[262] *Hüffer* § 182 Rn. 7.

Formulierungsbeispiel Einräumung Gesellschafterrechte in einer GmbH:
Die bisherigen Gesellschafter verpflichten sich, in einer Gesellschafterversammlung der Gesellschaft die dieser Beteiligungsvereinbarung als Anlage beigefügte Satzung zu geben. Sie werden in der Gesellschafterversammlung ihre Stimmrechte entsprechend ausüben. Die Parteien verpflichten sich, sich ab Abschluss dieser Beteiligungsvereinbarung bis zum Inkrafttreten der Satzung so zu verhalten, als wäre die Satzung bereits mit Abschluss dieser Beteiligungsvereinbarung in Kraft getreten.

Darüber hinaus werden in dem Beteiligungsvertrag auch der wirtschaftliche Stichtag und die Ergebnisabgrenzung eine ausdrückliche Regelung finden. 368

Formulierungsbeispiel Beteiligung zum wirtschaftlichen Stichtag:
Die Beteiligung des *Private Equity Investors* erfolgt mit wirtschaftlicher Wirkung zum [...] („Wirtschaftlicher Stichtag"). Die neuen Stammeinlagen nehmen am Ergebnis der Gesellschaft, das auf den Zeitraum ab dem Wirtschaftlichen Stichtag entfällt, teil.

Das **Aufgeld,** das im Zusammenhang mit der Kapitalerhöhung an die Gesellschaft zu bezahlen ist und das zusammen mit dem Nominalbetrag der Kapitalerhöhung den wirtschaftlichen Wert der Beteiligung des *Private Equity Investors* darstellt, kann – sofern die Parteien dies wünschen – ganz oder teilweise auch schuldrechtlich **variabel** gestaltet werden. Vergleichbar den Regelungen des *Earn-outs* im Kauf- und Abtretungsvertrag können die Parteien regeln, dass der *Private Equity Investor* im Fall des Eintritts bestimmter, in dem Beteiligungsvertrag genau definierter Voraussetzungen, weitere Zuzahlungen in das Eigenkapital der Gesellschaft zu leisten hat. Hierbei sind die Kriterien, bei deren Eintritt eine weitere Zuzahlung erfolgt, der Zeitraum, innerhalb derer diese Kriterien erfüllt sein müssen sowie die Höhe dieser Zuzahlungen festzulegen. Zu denken ist hierbei an die Erschließung neuer, genau definierter Märkte, an den Abschluss einer bestimmten Anzahl neuer Rahmenvereinbarungen mit Kunden, an das Erreichen bestimmter Umsatz- und Ertragsziele oder bestimmter betriebswirtschaftlicher Kennzahlen. Wichtig ist dabei stets, dass die Voraussetzungen dieser so genannten ***Milestones*** so genau wie möglich definiert werden. Darüber hinaus sollte stets noch eine Regelung in den Beteiligungsvertrag aufgenommen werden, was zu geschehen hat, falls sich die Parteien über das Erreichen dieser *Milestones* nicht einigen können. Empfehlenswert ist hierbei die Beauftragung eines unabhängigen Sachverständigen. 369

Formulierungsbeispiel Unabhängiger Sachverständiger:
Sollten sich die Parteien nicht darüber einigen können, ob die in § [...] genannten Voraussetzungen fristgemäß eingetreten sind, so hat ein unabhängiger Sachverständiger dies zu überprüfen. Können sich die Parteien nicht auf einen unabhängigen Sachverständigen einigen, so ist dieser auf gemeinsamen Antrag der bisherigen Gesellschafter oder auf Antrag des *Private Equity Investors* durch den Vorsitzenden der Industrie- und Handelskammer [...] zu bestimmen. Der unabhängige Sachverständige ist von der Gesellschaft zu beauftragen, die auch dessen Kosten trägt.

n) Tipps. Die **Beurkundung von Kauf- und Abtretungsverträgen** über Geschäftsanteile an einer GmbH kann aus Kostengründen in der Schweiz vorgenommen werden. Die in der Schweiz zu entrichtenden Notargebühren sind bei größeren Transaktionen weitaus geringer als in Deutschland. Allerdings ist eine Beurkundung im Ausland nicht ganz un- 370 problematisch. Der Rechtsprechung zufolge muss der Beurkundungsvorgang einem deutschen Beurkundungsvorgang vergleichbar sein und der beurkundende Notar über eine einem deutschen Notar vergleichbare Ausbildung verfügen. Dies wurde bislang in der Rechtsprechung ausdrücklich anerkannt für Beurkundungen durch Notare in Basel Stadt[263] und in Zürich Stadt.[264] Von Beurkundungen in anderen Teilen der Schweiz oder im sonstigen Ausland ist daher abzuraten. Selbst bei einer Beurkundung in Basel oder Zürich kann nicht mit allerletzter Sicherheit ausgeschlossen werden, dass aufgrund sich später ändernder Rechtsprechung Fragen zum formgerechten Abschluss des Kauf- und Abtretungsvertrags auftreten könnten, was allerdings nicht sehr wahrscheinlich ist.

371 Die Angaben, die der Unternehmer über das Unternehmen gegenüber dem *Private Equity Investor* und seinen Beratern macht, sollten sorgfältig geprüft werden und vollständig, umfassend und richtig sein. Dies gilt nicht nur für die Garantien, die der Unternehmer übernimmt. Der Unternehmer ist verpflichtet, über alle für den Käufer maßgeblichen Belange des Unternehmens **in vollem Umfang aufzuklären.**[265] Der Käufer ist über sämtliche Tatsachen zu informieren, die den Vertragszweck vereiteln könnten oder die für seinen Kaufentschluss wesentlich sind.[266] Verstößt der Unternehmer gegen diese Aufklärungspflichten, können die Verträge, die im Zusammenhang mit der Transaktion abgeschlossen wurden, wegen arglistiger Täuschung, § 123 BGB, angefochten werden; der Unternehmer kann sich gemäß § 826 BGB wegen sittenwidriger vorsätzlicher Schädigung haftbar machen. Diese Regelungen sind gesetzlich zwingend und vertraglich nicht auszuschließen. Der Anwendungsbereich dieser Vorschriften ist, entgegen landläufig anders lautender Annahmen, schon recht früh erreicht. Eine arglistige Täuschung liegt beispielsweise bereits dann vor, wenn der Unternehmer wesentliche Angaben „ins Blaue hinein" macht.[267]

372 Ratsam ist es auch, im Unternehmen etwa bestehende Probleme und die oftmals zitierten „Leichen im Keller" frühzeitig anzusprechen und gemeinsam mit dem *Private Equity Investor* eine Lösung zu suchen. Der *Private Equity Investor* sollte als **Partner** und nicht als Gegner verstanden werden. Werden bestimmte Themen erst sehr spät angesprochen, kann dies zu einem erheblichen Vertrauensverlust führen, der die gesamte Transaktion gefährdet. Werden bestimmte Themen gar nicht angesprochen und zeigen sich diese erst nach dem Abschluss des Vertrags, so drohen Garantieansprüche, Anfechtungsrisiken und der Tatbestand der sittenwidrigen vorsätzlichen Schädigung.

373 Den **Anlagen zum Vertrag** sollte größere Bedeutung zugemessen werden als dies im Allgemeinen getan wird. Die Erfahrung zeigt, dass Verträge, die im Zusammenhang mit der Transaktion geschlossen werden und im Entwurf als Anlage zum Kauf- und Abtretungsvertrag genommen werden, siehe hierzu Rn. 361, aus Zeitnot oftmals erst sehr spät und in „Nacht und Nebel" Aktionen vereinbart werden, was der wirtschaftlichen Bedeutung dieser Verträge nicht immer angemessen ist.

374 Darüber hinaus sind für jeden Kauf- und Abtretungsvertrag oder Beteiligungsvertrag **Anlagen zum Garantiekatalog** zu erstellen. In diesen Anlagen werden zum einen Sachverhalte offengelegt, die dadurch als dem Käufer bekannt gelten und nicht mehr Grundlage von Garantieansprüchen sein können. Zum anderen werden in diesen Anlagen bestimmte Umstände des Unternehmens dargestellt; es handelt sich hier beispielsweise um Listen, die die im Unternehmen beschäftigten Arbeitnehmer, dem Unternehmen gehörende gewerblichen Schutzrechte oder die von diesem abgeschlossenen Kundenverträge aufzählen. Die Zusammenstellung dieser Anlagen wird oftmals sehr spät angegangen; zugleich wird hier nicht immer mit der **erforderlichen Sorgfalt** vorgegangen. Die Erfah-

---

[263] OLG München GmbHR 1998, 46.
[264] BGH NJW 1981, 1160.
[265] *Staudinger* § 123 Rn. 18.
[266] BGH NJW-RR 1998, 1406 ff.
[267] *Jauernig* § 123 Rn. 3.

rung zeigt jedoch, dass gerade an dieser Stelle Garantieansprüche entstehen können. Man denke nur an die Garantie des Unternehmers, dass lediglich die in einer Anlage genannten bestimmten Kundenverträge einer so genannten ***Change of Control Clause*** unterliegen, also einer Klausel, derzufolge bei einer Änderung der Beteiligungsverhältnisse am Unternehmen der Vertragspartner des Unternehmens die Verträge kündigen kann. Stellt sich nachträglich heraus, dass weitere wesentliche Kundenverträge, die *Change of Control* Klauseln enthielten, schlichtweg vergessen wurden und kündigt ein Kunde später unter Hinweis auf diese Regelungen den Vertrag mit dem Unternehmen, kann dies zu Garantieansprüchen des *Private Equity Investors* führen.

Schließlich ist es empfehlenswert, die **Verfügbarkeit der Berater** des Unternehmers, 375 insbesondere Wirtschaftsprüfer, Steuerberater und Rechtsanwälte, rechtzeitig zu organisieren, damit der zeitliche Ablauf der Transaktion sichergestellt ist.

4. Rahmenvereinbarung

a) **Allgemeines.** Um das Verhältnis zwischen den bisherigen Gesellschaftern und dem 376 *Private Equity Investor* während der Dauer der Beteiligung des *Private Equity Investors* zu regeln, wird eine Rahmenvereinbarung geschlossen. Die Abgrenzung der hierin getroffenen Regelungen zu denjenigen im Kauf- und Abtretungsvertrag und im Beteiligungsvertrag ist allerdings fließend.

Die in der Rahmenvereinbarung getroffenen Regelungen gelten neben denen, die in 377 der Satzung oder im Gesellschaftsvertrag der Gesellschaft enthalten sind. Im Gegensatz zur Satzung einer GmbH oder einer Aktiengesellschaft ist die Rahmenvereinbarung **kein öffentlich einsehbares Dokument.** Von daher ist es sinnvoll, sensible Themen in der Rahmenvereinbarung und nicht in der Satzung zu regeln. Da Satzung und Rahmenvereinbarung nebeneinander gelten, empfiehlt sich eine Kollisionsregelung, derzufolge die Regelungen in der Rahmenvereinbarung vorgehen.

Formulierungsbeispiel Vorrang Rahmenvereinbarung:

Sollten Regelungen in dieser Rahmenvereinbarung zu Regelungen der Satzung der Gesellschaft in Widerspruch stehen oder mit diesen nicht in Einklang gebracht werden können, so gehen die Regelungen dieser Rahmenvereinbarung den Regelungen in der Satzung vor.

Vorrangiges Ziel des *Private Equity Investors* ist es, den Wert des Unternehmens und 378 damit den Wert seiner Beteiligung während der Dauer der Haltezeit zu erhöhen und diesen Wert nach einer bestimmten Zeit durch die Veräußerung seiner Beteiligung zu realisieren. Aus diesem Grunde ist es unerlässlich, bereits in der Rahmenvereinbarung detaillierte Regelungen über die künftige **Veräußerung** zu treffen, insbesondere zu Vorkaufsrechten, Mitverkaufsrechten und Mitverkaufspflichten.

b) **Informationen über Erwerbsangebote.** Sämtliche Gesellschafter werden stets voll- 379 ständig informiert sein wollen, wer von ihnen sich in Gesprächen über die Veräußerung seiner Beteiligung oder des gesamten Unternehmens befindet. Daher regelt die Rahmenvereinbarung, dass alle Gesellschafter sich gegenseitig sowie auch die Gesellschaft über solche Gespräche vollständig zu unterrichten haben. Hierbei muss insbesondere auch der wesentliche Inhalt eines etwa erhaltenen oder abgegebenen Angebots den übrigen Gesellschaftern und der Gesellschaft mitgeteilt werden.

c) **Vorkaufsrechte.** Um zu verhindern, dass sich Dritte an der Gesellschaft gegen den 380 Willen der übrigen Gesellschafter beteiligen können, wird den Mitgesellschaftern ein vertragliches Vorkaufsrecht gemäß §§ 463 ff. BGB eingeräumt. Hierdurch erhält der Vorkaufsberechtigte das Recht, in einen Kauf- und Abtretungsvertrag, den ein veräußernder Gesellschafter mit einem Dritten abgeschlossen hat, **einzutreten.** Mit der Ausübung des Vorkaufsrechts kommt der Kauf- und Abtretungsvertrag dann zwischen dem Vorkaufsberechtigten und dem veräußernden Gesellschafter zu denjenigen Bedingungen zustande, welche der veräußernde Gesellschafter mit dem Dritten vereinbart hatte.

Formulierungsbeispiel Vorkaufsrecht:

(1) Veräußert eine Partei („veräußernder Gesellschafter") dieser Rahmenvereinbarung einen oder mehrere Geschäftsanteile oder Teilgeschäftsanteile an der Gesellschaft an einen oder mehrere Dritte, so ist die andere Partei berechtigt, diese Geschäftsanteile oder Teilgeschäftsanteile ganz oder teilweise zu den Konditionen zu erwerben, die zwischen dem veräußernden Gesellschafter und dem oder den Dritten vereinbart wurden.

(2) Der veräußernde Gesellschafter hat der anderen Partei den Kauf- und Abtretungsvertrag, den er mit dem oder den Dritten vereinbart hat, innerhalb von zwei Wochen nach Beurkundung vorzulegen und schriftlich zu bestätigen, dass es keine Nebenabreden zu diesem Kauf- und Abtretungsvertrag gibt.

(3) Die Vorkaufsberechtigung nach Abs. 1 ist auf zwei Monate befristet, gerechnet ab dem Tag des Zugangs einer beurkundeten Fassung des Kauf- und Abtretungsvertrags und der schriftlichen Erklärung nach Abs. 2 bei der anderen Partei.

381 Es darf nicht verkannt werden, dass die Vereinbarung eines solchen Vorkaufsrechts die Veräußerung einer Beteiligung durchaus erschweren kann. Ein potentieller Erwerber, der sich mit der Situation konfrontiert sieht, zunächst einen Kauf- und Abtretungsvertrag über die Beteiligung abzuschließen, hernach diese Beteiligung jedoch nicht erwerben zu können, weil ein Mitgesellschafter des veräußernden Gesellschafters sein Vorkaufsrecht ausübt, wird von einem solchen Vorhaben oftmals Abstand nehmen, sofern der Mitgesellschafter auf das Vorkaufsrecht nicht bereits in einem frühen Stadium verzichtet. Allerdings kann je nach Größe und Wert der zu veräußernden Beteiligung das Vorkaufsrecht auch ein **„zahnloser Tiger"** sein, insbesondere dann, wenn eine Mehrheitsbeteiligung im Wege des Vorkaufsrechts zu erwerben ist. Hier kann es durchaus problematisch werden, die zur Ausübung des Vorkaufsrechts erforderliche Finanzierung rechtzeitig zu erhalten.

382 Die Regelungen über Vorkaufsrechte werden dann umfangreicher, wenn die Gesellschaft mehr als zwei Gesellschafter hat. Hier ist die Vorkaufsberechtigung dann zumeist **allen Gesellschaftern pro rata** einzuräumen und zugleich zu regeln, was zu geschehen hat, wenn einzelne vorkaufsberechtigte Gesellschafter ihr Vorkaufsrecht ausüben, andere aber nicht. Üblicherweise wird hier geregelt, dass das Vorkaufsrecht derjenigen Gesellschafter, die ihr Vorkaufsrecht nicht ausgeübt haben, denjenigen Gesellschaftern, die ihr Vorkaufsrecht ausgeübt haben, im Verhältnis deren Beteiligung an der Gesellschaft zueinander zuwächst.

383 Vorkaufsrechte werden, wie Mitverkaufsrechte und Mitverkaufsverpflichtungen, dann nicht gewährt, wenn die Veräußerung von Beteiligungen auf Seiten des Unternehmers an Familienangehörige, insbesondere zu Zwecken der optimalen steuerrechtlichen Gestaltung des Familienvermögens, oder auf Seiten des *Private Equity Investors* an mit diesem verbundene Unternehmen oder durch diesen gemanagte Fonds erfolgt.

384 **d) Mitverkaufsrechte.** Der Unternehmer und der *Private Equity Investor* gehen eine Zweckgemeinschaft ein und arbeiten gemeinsam auf eine Wertsteigerung des Unternehmens hin. Es wäre unangemessen, wenn eine der Parteien, sei es der Unternehmer oder der *Private Equity Investor*, seine Beteiligung veräußern und dabei die jeweils andere Partei **„zurücklassen"** könnte. Die „zurückgelassene" Partei müsste sich, sofern sie ihr Vorkaufsrecht nicht ausüben will oder – gegebenenfalls aus finanziellen Gründen – nicht ausüben kann, mit einem neuen Mitgesellschafter, der ihr möglicherweise missliebig wäre, arrangieren. Darüber hinaus hätte die veräußernde Partei den gemeinsam geschaffenen Wert für sich realisiert, ohne dass die „zurückgelassenen Partei" die gleiche

Chance gehabt hätte. Aus diesem Grunde wird die Rahmenvereinbarung eine Regelung über Mitverkaufsrechte enthalten, der zufolge eine Partei zur Mitveräußerung berechtigt ist, wenn die andere Partei ihre Beteiligung ganz oder in Teilen veräußert. Ein Recht zur Mitveräußerung wird allerdings nicht bereits bei der Veräußerung von Kleinstbeteiligungen eingeräumt, sondern erst bei der Veräußerung einer Beteiligung, die einen gewissen, von den Parteien zu vereinbarenden Prozentsatz der Beteiligung am Stamm- oder Grundkapital ausmacht. Das Mitveräußerungsrecht ist dann unproblematisch, wenn der potentielle Erwerber ohnehin daran interessiert ist, sämtliche Beteiligungen am Unternehmen zu erwerben. Möchte er allerdings nur eine Beteiligung in bestimmter Höhe erwerben, so führt die Vereinbarung des Mitverkaufsrechts dazu, dass bei Ausübung des Mitverkaufsrechts die bisherigen Gesellschafter ihre Beteiligungen jeweils nur anteilig veräußern können und mit einer gewissen (Rest-) Beteiligung weiter im Unternehmen bleiben (müssen).

Formulierungsbeispiel Mitverkaufsrecht:

Erhält ein Gesellschafter der Gesellschaft ein Angebot eines Dritten zum Erwerb einer Beteiligung von mehr als [...]% des Stammkapitals der Gesellschaft und entschließt er sich, ein solches Angebot anzunehmen oder unterbreitet er einem Dritten ein solches Angebot und entschließt sich der Dritte, es anzunehmen, so ist dieser Gesellschafter verpflichtet, mit dem Erwerbsinteressenten zu vereinbaren, dass der Erwerbsinteressent den übrigen Gesellschaftern anbieten muss, auch deren Beteiligung in dem Verhältnis zu erwerben, in dem die Beteiligungen der Gesellschafter zueinander stehen. Lehnen einzelne Gesellschafter dieses Angebot ab, andere aber nicht, so wächst das Recht derjenigen Gesellschafter, die dieses Angebot abgelehnt haben, denjenigen Gesellschaftern zu, die das Angebot angenommen haben, und zwar in dem Verhältnis, in dem ihre Beteiligungen an der Gesellschaft zueinander stehen.

e) **Mitverkaufsverpflichtungen.** Unerlässlicher Bestandteil der Rahmenvereinbarung sind die Mitverkaufsverpflichtungen. Hier verpflichten sich die Gesellschafter, bei Vorliegen bestimmter Vorraussetzungen ihre Beteiligung zusammen mit dem veräußerungswilligen Gesellschafter zu veräußern. Eine solche Mitverkaufsverpflichtung ist insbesondere dann erforderlich, wenn es eine Reihe von **Minderheitsgesellschaftern** im Unternehmen gibt. Diese könnten ansonsten einen möglichen Verkauf an einen Dritten, der das gesamte Unternehmen erwerben möchte, verhindern oder als Gegenleistung für ihr Einverständnis zu einer Gesamtveräußerung des Unternehmens finanzielle Vorteile für sich beanspruchen, die dem Verhältnis ihrer Beteiligung an der Gesellschaft nicht entsprechen. Üblicherweise wird eine Mitverkaufsverpflichtung der übrigen Gesellschafter vereinbart, wenn diejenigen Gesellschafter, denen die Mehrheit am Stamm- oder Grundkapital zusteht, ihre Beteiligung veräußern möchten; je nach Sachlage können aber durchaus auch andere Beteiligungsschwellen und weitere Voraussetzungen Eingang in die Mitverkaufsverpflichtung finden. 385

Formulierungsbeispiel Mitverkaufsverpflichtung:

Erhalten ein oder mehrere Gesellschafter der Gesellschaft, die allein oder gemeinsam mit Mehrheit an der Gesellschaft beteiligt sind, ein Angebot von dritter Seite zum Erwerb von mehr als 50% der Beteiligungen an der Gesellschaft und entschließen sie sich, ein solches Angebot anzunehmen oder unterbreiten ein oder mehrere Gesellschafter einem Dritten ein solches Angebot und entschließt sich der Dritte, dieses Angebot anzunehmen, so sind die übrigen Gesellschafter auf Wunsch des oder der veräußerungswilligen Gesellschafter verpflichtet, ihre Beteiligung gemeinsam mit dem oder den veräußerungswilligen Gesellschafter(n) zu denselben Konditionen zu veräußern.

386 Zugunsten der von der Mitverkaufsverpflichtung betroffenen Gesellschafter kann vorgesehen werden, dass dem mitverkaufspflichtigen Gesellschafter ein Vorkaufsrecht, siehe hierzu oben Rn. 380 bis Rn. 383, zusteht; es kann ihm auch das Recht eingeräumt werden, dass er anstelle eines eigenen Erwerbs im Rahmen des Vorkaufsrechts einen **Dritten** benennt, der die Beteiligung des veräußerungswilligen Gesellschafters zu denjenigen Bedingungen, die dem veräußerungswilligen Gesellschafter angeboten wurden oder die er selbst dem Dritten angeboten hat, erwirbt.

387 Bei einer GmbH bedarf die gesamte Rahmenvereinbarung der **notariellen Beurkundung,** wenn eine Mitverkaufsverpflichtung enthalten ist, da die Mitverkaufsverpflichtung gemäß § 15 Abs. 4 S. 1 GmbHG der notariellen Beurkundung bedarf.

388 f) **Erbfall.** Aufgrund eines Erbfalls kann es oftmals zu gesellschaftsrechtlichen Konstellationen kommen, die dem Unternehmen nicht zuträglich sind. Man denke hier nur an unter sich zerstrittene Erben, die ihren **familiären Streit** in das Unternehmen hineintragen könnten, oder an Erben, die aufgrund ihrer Lebensplanung mit ihrer Beteiligung am Unternehmen deutlich **andere Ziele** als die übrigen Gesellschafter verfolgen. Aus diesem Grunde finden sich in Rahmenvereinbarungen Regelungen, die die Erben verpflichten, die Beteiligung des verstorbenen Gesellschafters den übrigen Gesellschaftern in dem Verhältnis, in dem deren Beteiligungen an der Gesellschaft zueinander stehen, zum Erwerb anzubieten. Alternativ können auch nur bestimmte Gesellschafter oder nur der *Private Equity Investor* als Erwerbsberechtigte(r) vorgesehen werden. Erwerbsberechtigten Gesellschaftern wird üblicherweise das Recht eingeräumt, mit Zustimmung der übrigen Gesellschafter auch einen **Dritten** als Erwerber zu bezeichnen.

389 Etwas problematischer ist die Regelung für den Fall, dass die Gesellschaftsbeteiligung nicht auf einen Erben, sondern auf einen **Vermächtnisnehmer** übergeht. Der Vermächtnisnehmer ist anders als der Erbe nicht der Universalrechtsnachfolger des Erblassers[268] und damit nicht an die von dem Erblasser einmal eingegangenen Verpflichtungen gebunden. Sofern die vorgenannten Erwerbsrechte der Mitgesellschafter nicht in der Satzung der Gesellschaft vorgesehen sind, ist es erforderlich, die Gesellschafter dazu zu verpflichten, einem etwaigen Vermächtnisnehmer die Beteiligung nur mit der Auflage zu vermachen, dass er diese auf Verlangen der Mitgesellschafter diesen nach Maßgabe der Regelungen in der Rahmenvereinbarung zum Erwerb anbietet.

390 In der Rahmenvereinbarung sollte zugleich auch der **Kaufpreis** für die zu erwerbende Beteiligung geregelt werden. In aller Regel wird es nicht möglich sein, einen Kaufpreis betragsmäßig zu vereinbaren, da sowohl die Wertentwicklung der Gesellschaft als auch der Todeszeitpunkt eines Gesellschafters nicht vorauszusehen sind. Es empfiehlt sich, allgemeine Regelungen zur Ermittlung des Kaufpreises zu vereinbaren. Sofern keine außergewöhnlichen Besonderheiten vorliegen, wird als Kaufpreis üblicherweise der **Verkehrswert der Beteiligung** vereinbart. Lediglich für den Fall, dass der Verkehrswert der Gesellschaft den Liquidationswert der Gesellschaft unterschreitet, sollte der Letztere zur Ermittlung des Kaufpreises dienen. Aus Praktikabilitätsgründen sollte der Verkehrswert auf einen Bilanzstichtag festgestellt werden, üblicherweise den letzten Bilanzstichtag, der dem Todesfall des Gesellschafters vorangeht.

391 Für den Fall, dass sich die Beteiligten auf den Verkehrswert nicht einigen können, sollte dieser durch einen neutralen, von sämtlichen Beteiligten gemeinsam zu beauftragenden Wirtschaftsprüfer als Schiedsgutachter für die Parteien verbindlich ermittelt werden.

392 g) **Sonstige Regelungen.** Über die oben behandelten Themen hinaus, die den Kernbereich einer Rahmenvereinbarung widerspiegeln, finden sich einer solchen Vereinbarung oftmals noch Regelungen über

---

[268] Palandt/*Edenhofer* § 1939 Rn. 1.

- Zustimmungspflichten; möchte ein Gesellschafter seine Beteiligung veräußern und beachtet er dabei die Regelungen der Rahmenvereinbarung, insbesondere über die Mitverkaufsrechte und -pflichten, so sind seine Mitgesellschafter verpflichtet, in der Gesellschafterversammlung die nach der Satzung oder dem Gesellschaftsvertrag erforderliche Zustimmung zu erteilen,
- die Rechte und Pflichten künftiger Gesellschafter; hier wird geregelt, dass künftige Gesellschafter der Rahmenvereinbarung beitreten und die darin formulierten Rechte und Pflichten als für sich verbindlich akzeptieren müssen, bevor sie Gesellschafter der Gesellschaft werden können,
- die Vertraulichkeit und die Weitergabe von Informationen; nachdem Regelungen insbesondere deshalb in einer Rahmenvereinbarung getroffen werden, weil die Rahmenvereinbarung anders als die Satzung der Gesellschaft nicht öffentlich zugänglich ist, kommt einer Vertraulichkeitsvereinbarung besondere Bedeutung zu,
- die Konzentration der unternehmerischen Tätigkeit des Unternehmers auf die Gesellschaft,
- die Transaktionskosten sowie
- sonstige Themen, die im Einzelfall im Hinblick auf die gemeinsame Zusammenarbeit von Relevanz sind, beispielsweise der Abschluss einer D&O Versicherung für die Mitglieder der Geschäftsführung und die Mitglieder des Beirats, Regelungen über den weiteren Zeitraum der Tätigkeit des Unternehmers als Geschäftsführer und gegebenenfalls seines späteren Wechsels in den Beirat der Gesellschaft.

5. Satzung einer GmbH

a) **Allgemeines.** Im Zuge der Beteiligung eines *Private Equity Investors* an einer GmbH wird stets auch deren Satzung neu gefasst. Allerdings enthält eine solche Satzung – verglichen mit der ansonsten bei einer GmbH üblichen Satzung, siehe hierzu § 5 Rn. 111 ff. – keine ganz außergewöhnlichen Besonderheiten. Dies liegt daran, dass die wesentlichen Themen, die mit der Beteiligung des *Private Equity Investors* verbunden sind, bereits in dem Kauf- und Abtretungsvertrag oder dem Beteiligungsvertrag und in der Rahmenvereinbarung abgehandelt werden; allerdings begründen diese Vereinbarungen nur **schuldrechtliche Verpflichtungen** der Parteien und sind nicht wie die **Bestimmungen der Satzung** organisationsrechtlich bedeutsam. Für einen *Private Equity Investor* werden insbesondere die Regelungen über die Vinkulierung der Anteile, die Einziehung von Anteilen, die Einrichtung eines fakultativen Beirats und die Vereinbarung zustimmungspflichtiger Geschäfte von besonderer Bedeutung sein. 393

b) **Vinkulierung der Anteile.** Die Vinkulierung der Anteile bedeutet, dass die Veräußerung von Anteilen an der Gesellschaft der **Zustimmung der Mitgesellschafter** bedarf. Dadurch wird verhindert, dass sich Dritte gegen den Willen der übrigen Gesellschafter an der Gesellschaft beteiligen können. Allerdings ist zu beachten, dass Vinkulierungsregelung durch die Regelungen in der Rahmenvereinbarung relativiert werden, da hier zumeist vereinbart ist, dass sämtliche Gesellschafter die Zustimmung zu erteilen haben, wenn die Regelungen der Rahmenvereinbarung über Vorkaufs- und Mitverkaufsrechte vom veräußerungswilligen Gesellschafter eingehalten worden sind und der neue Gesellschafter der Rahmenvereinbarung beitritt. 394

Bei der Zustimmung kann insbesondere danach differenziert werden, ob die einfache oder qualifizierte Mehrheit ausreicht oder ob sämtliche Gesellschafter der Veräußerung von Anteilen zustimmen müssen. Eine ohne diese Zustimmung vorgenommene Veräußerung ist rechtlich unwirksam.[269] 395

---

[269] *Baumbach/Hueck* § 15 Rn. 46.

Formulierungsbeispiel Vinkulierungsklausel:
Die Veräußerung von Geschäftsanteilen und Teilen von solchen bedarf der Zustimmung aller Gesellschafter. Als Veräußerung gelten die Abtretung, Verpfändung sowie sonstige Belastungen einschließlich der Einräumung von Unterbeteiligungen, stillen Beteiligungen, Treuhandverhältnissen oder ähnlicher Beteiligungsrechte.

396 Von der Zustimmungspflicht können je nach Vereinbarung zwischen den Gesellschaftern Veräußerungen an Mitgesellschafter, Veräußerungen durch den Unternehmer an Familienangehörige, insbesondere zu Zwecken der familiären Steuerplanung, und Veräußerungen des *Private Equity Investors* an mit ihm verbundene Unternehmen oder von ihm gemanagte Fonds ausgenommen werden.

397 c) **Besondere Einziehungsregelungen.** Eine GmbH-Satzung enthält üblicherweise Regelungen dazu, in welchen Fällen Anteile von Gesellschaftern eingezogen werden können, so etwa im Falle der Insolvenz eines Gesellschafters oder im Falle der Vollstreckung in seinen Anteil. Die Einziehung von Anteilen kann darüber hinaus auch für den Fall vorgesehen werden, dass ein Gesellschafter gegen **wesentliche schuldrechtliche Pflichten,** beispielsweise aus der Rahmenvereinbarung, aus dem Kauf- und Abtretungs- oder dem Beteiligungsvertrag, verstößt. Auf diese Weise wird die Einziehungsregel als **„Druckmittel"** eingesetzt, um alle Parteien zu motivieren, sich an die getroffenen Vereinbarungen zu halten, die ansonsten nur durch kosten- und zeitaufwändige Gerichts- oder Schiedsverfahren durchzusetzen sind.

398 d) **Einrichtung eines fakultativen Beirats.** Die Satzung einer GmbH, an der ein *Private Equity Investor* beteiligt ist, wird einen fakultativen Beirat vorsehen. Dieser kann auch neben einem schon aufgrund gesetzlicher Regelung, beispielsweise dem Mitbestimmungsgesetz oder dem Drittelbeteiligungsgesetz, zwingend zu bildenden Aufsichtsrat eingerichtet werden. Im Folgenden soll lediglich auf den fakultativen Beirat, nicht jedoch auf den zwingenden Aufsichtsrat eingegangen werden.

399 Der Beirat hat die **Aufgabe,** die Geschäftsführung zu beraten und zu unterstützen. Zugleich kommt ihm Überwachungsfunktion zu. Hierzu wird ihm das Recht eingeräumt, in Angelegenheiten der Gesellschaft von der Geschäftsführung jederzeit Auskunft zu verlangen. Die Gesellschafterversammlung kann dem Beirat darüber hinaus weitere Aufgaben und Rechte zuweisen. Oftmals werden dem Beirat die Aufgaben der Bestellung und der Abberufung von Geschäftsführern und des Abschlusses, der Änderung und der Beendigung von Dienstverträgen mit Geschäftsführern übertragen.

400 Wie ein Aufsichtsrat ist auch ein Beirat ein aus mehreren Mitgliedern bestehendes **Gremium.** Die Mitglieder des Beirats können entweder von der Gesellschafterversammlung gewählt oder von einzelnen Gesellschaftern oder Gesellschaftergruppen in den Beirat entsandt und von diesen auch wieder abberufen werden. Die Anzahl der Mitglieder des Beirats kann abhängig von dem konkreten Gesellschafterbestand der Gesellschaft variieren. Der *Private Equity Investor* wird sich stets das Recht vorbehalten, ein Mitglied in den Beirat zu entsenden.

401 e) **Zustimmungspflichtige Gesellschafterbeschlüsse.** Die Satzung wird einen Katalog von Gesellschafterbeschlüssen enthalten, die zu ihrer Wirksamkeit der Zustimmung des *Private Equity Investors* bedürfen. Es handelt sich hierbei um Maßnahmen, die sowohl auf der Ebene des Unternehmens als auch auf der Ebene der Gesellschafter von **wesentlicher Bedeutung** sind. Der Katalog kann je nach „Sicherheitsbedürfnis" des *Private Equity Investors* variieren, wird aber zumeist die folgenden Beschlussgegenstände, die nachfolgend beispielhaft aufgeführt sind, enthalten:
– Genehmigung von kurz-, mittel- und langfristiger Planung der Gesellschaft,

- Kapitalmaßnahmen bei der Gesellschaft, beispielsweise Kapitalerhöhungen und Herabsetzungen, Einstellung in Rücklagen, Vermehrung oder Verminderung von Rücklagen, Kapitalerhöhung aus Gesellschaftsmitteln,
- Änderung der Satzung einschließlich Änderung der rechtlichen Form und Auflösung der Gesellschaft,
- Feststellung des Jahresabschlusses,
- Veräußerung des gesamten Geschäftsbetriebs oder wesentlicher Teile hiervon und Veräußerung von Grundstücken,
- Erwerbsmaßnahmen, insbesondere Erwerb von Beteiligungen, Gründung von Gesellschaften, Eingehung und Änderungen von Gesellschaftsverhältnissen,
- Verträge und Vereinbarungen mit Gesellschaftern, Mitgliedern der Geschäftsführung oder deren Angehörigen oder mit diesen verbundenen Unternehmen,
- Bestellung und Abberufung von Geschäftsführern, soweit diese Befugnis nicht auf den Beirat übertragen wurde,
- Übertragung von Befugnissen auf den Beirat sowie
- Erlass und Änderung der Geschäftsordnung für die Geschäftsführung.

Sofern das Unternehmen **Tochtergesellschaften** in der Rechtsform einer GmbH oder 402 einer Personenhandelsgesellschaft hat, werden die Zustimmungserfordernisse so strukturiert werden, dass Maßnahmen der vorgenannten Art, soweit sie bei den Tochtergesellschaften vorgenommen werden, auch der Zustimmung durch die Gesellschafterversammlung der Muttergesellschaft und damit auch der Zustimmung des *Private Equity Investors* bedürfen.

f) **Tipps.** Der Unternehmer wird eine Reihe von **Befugnissen,** die ihm bislang entwe- 403 der allein oder zusammen mit seinen bisherigen Mitgesellschaftern zustanden, mit dem *Private Equity Investor* **teilen** müssen. Dies ist für einen Unternehmer nicht immer schnell und einfach zu akzeptieren. Er sollte sich daher frühzeitig darüber informieren, welche Anforderungen ein *Private Equity Investor* im Hinblick auf die zustimmungspflichtigen Beschlussgegenstände stellt.

Es empfiehlt sich, bei der **Anzahl der Beiratsmitglieder** Zurückhaltung zu üben. Je 404 größer das Gremium, desto länger und komplizierter die Entscheidungsfindung. Bei der konkreten Besetzung des Beirats sollte große Sorgfalt angewandt werden. Der Beirat sollte keine bloße Interessenvertretung der einzelnen Gesellschafter oder Gesellschaftergruppen sein; Streitigkeiten oder verschiedene Auffassungen, die auf der Gesellschafterebene bestehen, sollten nicht lediglich auf die Ebene des Beirats transformiert werden. Vielmehr sollte der Beirat dem Unternehmen einen echten **Mehrwert** bringen. Dies ist nur dann gewährleistet, wenn der Beirat mit Personen besetzt wird, die sachkundig und kompetent sind, im Geschäftsbereich des Unternehmens über große Erfahrung verfügen und gut „vernetzt" sind.

6. Geschäftsordnung für die Geschäftsführung einer GmbH

a) **Allgemeines.** Die Geschäftsordnung für die Geschäftsführung einer GmbH wird 405 üblicherweise durch einen Gesellschafterbeschluss erlassen. Die Geschäftsordnung gibt der Geschäftsführung zusätzlich zu den Gesetzen, der Satzung, den Anstellungsverträgen der Geschäftsführer und den Beschlüssen der Gesellschafterversammlung einen weiteren **Rahmen für ihre Tätigkeit.** Der *Private Equity Investor* wird besonders daran interessiert sein, eine Berichtspflicht der Geschäftsführung zu regeln und die Geschäfte zu definieren, die der Zustimmung der Gesellschafterversammlung oder des Beirats bedürfen.

b) **Berichtspflichten.** Die Gesellschafter, der Beirat und insbesondere auch der *Private* 406 *Equity Investor* wollen über die Entwicklung des Unternehmens stets auf dem Laufenden gehalten werden. Dadurch können Fehlentwicklungen früh erkannt werden; es kann ihnen rechtzeitig entgegen gewirkt werden. Die Geschäftsführer werden daher in der

Geschäftsordnung dazu verpflichtet, regelmäßig und in einer bestimmten vorgegebenen Form über alle wichtigen Sachverhalte zu berichten. Berichtspflichten werden im Zusammenhang mit einer Beteiligung eines *Private Equity Investors* recht umfassend geregelt. Dies kann dazu führen, dass das Unternehmen sein bisheriges ***Reporting*** umstellen oder sogar ganz neu aufbauen muss, da Informationen und Unterlagen gefordert werden, die im Unternehmen bisher gar nicht oder nicht in der gewünschten Form oder dem gewünschten Detaillierungsgrad verfügbar waren. Die umfassende Berichtspflicht kann insbesondere für einen Unternehmer, der zugleich Geschäftsführer ist, auch ein **psychologisches Problem** darstellen, da er im Zuge seiner Geschäftsführung nunmehr weitaus „formeller" agieren und sich kontrollieren lassen muss.

Formulierungsbeispiel Reporting:

(1) Die Geschäftsführung erstattet der Gesellschafterversammlung und dem Beirat Bericht über diejenigen Informationen, die für die Beurteilung der wirtschaftlichen und finanziellen Lage der Gesellschaft von Bedeutung sind, insbesondere durch

- Versand bis zum 25. eines jeden Monats von Bilanz, Gewinn- und Verlustrechnung und *Cashflow* Rechnung für den Vormonat sowie eines Soll-Ist-Vergleichs der entsprechenden Daten mit den Planzahlen und den Vorjahreszahlen, und zwar jeweils auch kumuliert für den bislang zurückliegenden Teil des Geschäftsjahres sowie jeweils zum Ende eines Quartals durch einen *Forecast* für das laufende Geschäftsjahr mit den vorgenannten Informationen
- Angaben zu Auftragslage, Personalbestand und eine sechs Monate rollierende Finanzplanung
- Berichterstattung über wesentliche Umstände unmittelbar nach deren Bekanntwerden.

(2) Die Geschäftsführung hat die Gesellschafterversammlung und den Beirat zu konsultieren, bevor Entscheidungen getroffen werden, die für die weitere Entwicklung der Gesellschaft von wesentlicher Bedeutung sind.

(3) Die Gesellschafterversammlung und der Beirat können von den Geschäftsführern jederzeit Berichte über die Angelegenheiten der Gesellschaft, insbesondere über Fragen der Geschäftspolitik, über die Umsatzentwicklung, die Vermögenslage, die Gewinnaussichten und über die Liquidität verlangen.

407 c) **Zustimmungsbedürftige Geschäfte.** Die Geschäftsordnung für die Geschäftsführung einer GmbH wird eine Reihe von Geschäften und Maßnahmen vorsehen, zu deren Durchführung die Geschäftsführer der vorherigen Zustimmung der Gesellschafterversammlung einschließlich der Zustimmung des *Private Equity Investors* oder der Zustimmung des Beirats einschließlich der Zustimmung des von dem *Private Equity Investor* benannten Beiratsmitglieds bedürfen. Es handelt sich hierbei zumeist um **operative Geschäfte und Maßnahmen,** die von wesentlicher Bedeutung für die Gesellschaft sind. Oftmals werden operative Geschäfte, die der Zustimmung der Gesellschafter bedürfen, in der Satzung der GmbH geregelt. Dies ist jedoch unpraktisch, da jede Änderung des Zustimmungskatalogs dann zugleich eine Änderung der Satzung mit sich bringt, was jeweils eine notarielle Beurkundung erforderlich macht. Wird der Zustimmungskatalog für die operativen Geschäfte dagegen in einer Geschäftsordnung für die Geschäftsführung geregelt, so können Anpassungen und Änderungen durch einfachen Gesellschafterbeschluss vorgenommen werden.

Formulierungsbeispiel Katalog zustimmungsbedürftiger Geschäfte:

Neben den im Gesetz oder im Gesellschaftsvertrag geregelten Fällen bedürfen die folgenden Geschäfte und Maßnahmen der Geschäftsführung, soweit sie nicht Bestandteil der von der Gesellschafterversammlung bereits genehmigten Unternehmensplanung sind, der vorherigen Zustimmung der Gesellschafterversammlung und des *Private Equity Investors* oder, falls ein Beirat eingerichtet ist und diese Befugnis auf den Beirat übertragen wurde, der vorherigen Zustimmung des Beirats und des von dem *Private Equity Investor* entsandten Beiratsmitglieds:

- Investitionen, die im Einzelfall einen Betrag von EUR [...] oder insgesamt EUR [...] jährlich übersteigen, wobei mehrere sachlich zusammengehörige Einzelinvestitionen als ein Einzelfall gelten
- Erwerb, Veräußerung und Belastung von Grundstücken, grundstückgleichen Rechten und Rechten an Grundstücken
- Errichtung, Verlegung und Aufhebung von Tochtergesellschaften, Zweigniederlassungen und Betriebsstätten
- Aufnahme neuer und Aufgabe bestehender Geschäftszweige
- Errichtung, Erwerb und Veräußerung von Betrieben und Beteiligungen sowie Abschluss, Änderung und Aufhebung von Betriebsüberlassungs- und Ergebnisabführungsverträgen
- Aufnahme und Gewährung von Krediten, Übernahme von Bürgschaften, Garantien oder ähnlichen Haftungen zugunsten Dritter von mehr als EUR [...] im Einzelfall oder insgesamt mehr als EUR [...] jährlich
- Eingehen von *Leasing*verträgen über Gegenstände mit einem Anschaffungswert von mehr als EUR [...] im Einzelfall oder mehr als EUR [...] jährlich
- Eingehen von Wechselverbindlichkeiten von mehr als EUR [...] im Einzelfall oder mehr als EUR [...] jährlich
- Abschluss und Beendigung von Dienstverträgen mit Gesamtjahresvergütungen, die EUR [...] übersteigen oder eine längere Laufzeit oder Kündigungsfrist als ein Jahr haben
- Erteilung und Widerruf von Prokuren oder Handlungsvollmachten für den gesamten Geschäftsbetrieb
- Abschluss von Miet- und Pachtverträgen, soweit sie im Einzelfall die Summe von EUR [...] jährlich übersteigen
- Abschluss, wesentliche Änderung und Beendigung von Lizenzverträgen, Beratungs- und ähnlichen Verträgen, deren Kosten im Einzelfall EUR [...] oder EUR [...] jährlich übersteigen
- Verträge zwischen der Gesellschaft und Gesellschaftern oder Geschäftsführern der Gesellschaft oder mit ihnen verbundener Personen oder Unternehmen
- Kreditgewährung an Organmitglieder.

Üblicherweise wird noch eine Regelung vorgesehen, der zufolge die Geschäftsführer in 408
eilbedürftigen Fällen auch ohne die vorherige Zustimmung der Gesellschafterversammlung oder des Beirats handeln dürfen.

Formulierungsbeispiel Eilbedürftige Fälle:

In Eilfällen, in denen die erforderliche Zustimmung nicht rechtzeitig eingeholt werden kann und Gefahr in Verzug ist, darf die Geschäftsführung auch ohne die erforderliche Zustimmung handeln. Sie hat dann das zur Zustimmung zuständige Organ unverzüglich über die vorgenommene Handlung und den Grund der Eilbedürftigkeit zu unterrichten.

IV. Beteiligungsveräußerung – *Exit*

Der Weiterverkauf der Beteiligung eines *Private Equity Investors* zu einem Preis, der 409
die Wertzuwächse des Unternehmens widerspiegelt, ist das eigentliche Ziel und der Zweck des *Private Equity* Geschäftsmodells. Nur durch einen lukrativen *Exit* kann der *Private Equity Investor* die anvisierte Rendite erzielen; die laufenden Dividendenzahlungen reichen dafür nicht aus. Der Investor hat dabei verschiedene Möglichkeiten, seine Beteiligung zu veräußern. In der Praxis behalten sich *Private Equity* Investoren in der

Beteiligungsdokumentation vor, zwischen **verschiedenen *Exit* Strategien** wählen zu können. Sie verfolgen beispielsweise eine Strategie des *Dual* oder *Triple Tracking*, so dass sie, wenn die Zeit reif ist, die *Exit* Alternative wählen können, die ihnen die höchste Rendite sichert.

1. Verkauf an Strategen *(Trade Sale)*

410 Ein gut geführtes und erfolgreiches Unternehmen kann ein interessantes Kaufobjekt für seine Wettbewerber oder für Großunternehmen sein, die ihren Tätigkeitsbereich um ein weiteres Geschäftsfeld erweitern möchten. Diese potentiellen Käufer werden als Strategen bezeichnet. Die meisten mit *Private Equity* finanzierten Unternehmen werden im Wege des ***Trade Sale*** weiterveräußert. Der Stratege hat ein Interesse daran, Produkte, Technologien, Kunden und Forschungs- und Entwicklungsergebnisse für seine eigene Geschäftstätigkeit nutzbar zu machen und Synergien zu nutzen. Dabei bleibt die Unabhängigkeit des verkauften Unternehmens jedoch zumeist nicht gewahrt, was insbesondere für einen im Unternehmen verbliebenen Alteigentümer einen Nachteil darstellen kann. Aus der Sicht des *Private Equity Investors* ist der Verkauf an einen Strategen besonders beliebt. Durch die besonderen Vorteile, die die Unternehmensakquisition dem Strategen bietet, wird er üblicherweise einen höheren Preis zahlen als andere Käufer, was die Rendite des Investors anhebt.

2. Börsengang *(Going Public)*

411 Der Investor kann darauf hinarbeiten, dass das Unternehmen, an dem seine Beteiligung besteht, an die Börse geht ***(Initial Public Offering IPO)***. Über den Kapitalmarkt kann die Beteiligung des Investors anschließend ganz oder in Teilen veräußert werden. Ein Börsengang kann aber nur dann erfolgreich durchgeführt werden, wenn er gründlich geplant ist. Von Bedeutung ist insbesondere, ob das Portfolio-Unternehmen **börsenfähig** ist, ob also das Unternehmenskonzept das Interesse von Aktionären finden wird und ob ein Markt für die Aktien vorhanden ist. Für einen Börsengang sind umfangreiche und sehr kostenintensive Vorbereitungen erforderlich. Unter anderem muss das Unternehmen in die Rechtsform der Aktiengesellschaft überführt werden.

412 Zu Zeiten des Börsen*booms* Ende der 90er Jahre war der Börsengang die präferierte *Exit* Möglichkeit von *Private Equity* Investoren, versprach sie doch die attraktivste Rendite. Dies änderte sich als ab dem Jahr 2000 klar wurde, dass viel zu viele nicht börsenreife Unternehmen an den Markt gekommen waren, die die in sie gesetzten Wachstumserwartungen nicht erfüllten. In letzter Zeit nimmt die Zahl der Börsengänge wieder zu.

3. Verkauf an einen Private Equity Investor (Secondary)

413 Es ist nicht ungewöhnlich, dass ein Unternehmen von einem *Private Equity Investor* an einen zweiten Investor und sogar an einen dritten Investor verkauft wird. Die Unternehmensentwicklung wird dann von einem neuen Investor begleitet. In den letzten Jahren ist die Zahl der ***Secondary*** **Transaktionen** stark angestiegen. Wegen der unterschiedlichen Ausrichtung der *Private Equity* Investoren und ihrer unterschiedlichen Investitionsstrategien kann solch ein Kauf für den Zweit- oder Dritterwerber durchaus wirtschaftlich reizvoll sein. Dies ist beispielsweise der Fall, wenn der Erstinvestor seine finanziellen Möglichkeiten ausgereizt hat und das weitere Wachstum des Unternehmens einen Investor erfordert, der weitere Mittel zur Verfügung stellen kann, weil er auf Unternehmen einer anderen Größenklasse spezialisiert ist.[270] Darüber hinaus sind viele *Private Equity* Investoren auch einem gewissen **Zeitdruck** unterworfen, wenn die von ihnen aufgesetzten geschlossenen Fonds ihre zeitlichen Grenzen erreichen und die Rückzahlung an die Investoren ansteht.

---

[270] *Weber*, S. 24.

Eine Besonderheit bei einem *Secondary Buy-out* ist, dass der veräußernde Investor **keine Garantiezusagen** geben wird, die über die Zusicherung der rechtswirksamen Existenz der Beteiligung hinausgehen.[271] Da der *Private Equity Investor* im Unternehmen nicht operativ tätig ist und viele Bereiche seinem Einfluss entzogen sind, will er auch nicht für die Umstände des Unternehmens einstehen. Auch wären eventuelle Garantieansprüche von dem Investor schwer zu erfüllen, da ihm hierfür keine finanziellen Mittel aus dem Fonds zur Verfügung stehen und die internen Fondsregularien eine Garantiezusage beschränken oder ausschließen. Die Vertragsdokumentation bei einem *Secondary Buy-out* muss hierfür Lösungen finden. Beispielsweise können, wenn Garantien notwendig sind, kurze Verjährungsfristen oder Haftungsbegrenzungen vereinbart werden oder Teile des Kaufpreises einbehalten oder auf ein Treuhandkonto *(Escrow Account)* eingezahlt werden, bis Garantieansprüche verjährt sind. Der Unternehmer sollte im Falle einer Mitveräußerung an einer solchen Haftungsbegrenzung mit teilhaben und nicht weiter als der *Private Equity Investor* haften. 414

4. Rückkauf durch den ursprünglichen Inhaber *(Buy-back)*

Ein mögliches *Exit* Szenario kann auch sein, dass das *Management* oder andere Gesellschafter des Unternehmens den Anteil des *Private Equity Investors* aufkaufen. Insbesondere dann, wenn die ursprünglichen Eigentümer des Unternehmens als Mitgesellschafter des *Private Equity Investors* im Unternehmen verblieben sind, kann es zu einem **Rückkauf der Beteiligung** des Investors durch diese Altgesellschafter kommen. Eine solche Rückführung des Unternehmens zu seiner ursprünglichen Eigentümerstruktur kann bereits beim Einstieg des *Private Equity Investors* geplant und vertraglich festgehalten werden, wobei auch der Rückkaufpreis beziehungsweise die Art und Weise, ihn zu ermitteln, bereits festgeschrieben sein sollte. Dieses Vorgehen ist dann möglich, wenn die Eigenkapitalanteile des Investors durch die Aufnahme von Fremdkapital abgelöst werden können, was nur bei ertragsstarken Unternehmen erfolgreich durchzuführen ist. 415

5. Refinanzierung

Ein *Private Equity Investor* kann den Mechanismus des *Buy-back* für sich selbst nutzbar machen und so einen Wertzuwachs des Unternehmens bereits vor einem endgültigen *Exit* realisieren. Weist das Unternehmen nach einer gewissen Beteiligungsdauer des Investors verbesserte Ergebnisse und die erforderliche Bilanzstruktur auf, kann **Fremdkapital** aufgenommen werden, das das vom Investor zur Verfügung gestellte Eigenkapital zum Teil ersetzt. Über Dividendenzahlungen kann ein Teil des Investments dann an den *Private Equity Investor* zurückfließen. Die Höhe der Beteiligung des Investors bleibt dabei unverändert. Dieser als Refinanzierung bezeichneter Vorgang stellt jedoch nur einen „Teil *Exit*" des Investors dar, weil die das Fremdkapital zur Verfügung stellenden Banken ein weiteres Engagement des Investors im Unternehmen als Bedingung für die Refinanzierung in aller Regel vertraglich festschreiben werden. Dies soll den Banken insbesondere die Rückzahlung der zur Verfügung gestellten Fremdmittel sichern. 416

Eine derartige Refinanzierung ist für das Unternehmen allerdings nicht ohne Risiko, da das Unternehmen nunmehr in der Zukunft mit Zins- und Tilgungszahlungen für das Fremdkapital belastet wird, die in der Vergangenheit nicht angefallen sind und die erst einmal erwirtschaftet werden müssen. 417

---

[271] Vgl. hierzu und zum Folgenden *Hörmann/Fischer*, S. 51.

§ 10 Tochtergesellschaften – Errichtung und Erwerb, Tochtergesellschaften im Ausland

Schrifttum: *Aha,* Einzel- oder Gesamtrechtsnachfolge bei der Ausgliederung? AG, 1997, 345; *Bayer/Schmidt,* Der Schutz der grenzüberschreitenden Verschmelzung durch die Niederlassungsfreiheit, ZIP 2006, 210; *Beinert,* Die Konzernhaftung für die satzungsgemäß abhängig gegründete GmbH, 1995; *Beuthien,* Konzernbildung und Konzernleitung kraft Satzung, ZIP 1993, 1589; *Creifelds/Weber,* Rechtswörterbuch, 2004; *Dobry,* Die Steuerung ausländischer Tochtergesellschaften, 1983; *Ebenroth,* Die Konzernierung der Personengesellschaft zwischen Vertragsfreiheit und Minderheitenschutz, Festschrift für Boujong, 1996, 99; *Engelmeyer,* Ausgliederung durch partielle Gesamtrechtsnachfolge und Einzelrechtsnachfolge – ein Vergleich, AG 1999, 263; *Feddersen/Kiem,* Die Ausgliederung zwischen „Holzmüller" und neuem Umwandlungsrecht, ZIP 1994, 1078; *Fonk,* Zustimmungsvorbehalte des AG-Aufsichtsrates, ZGR 2006, 841; *Geyrhalter,* Grenzüberschreitende Treuhandvereinbarungen bei GmbH-Beteiligungen, ZIP 1999, 647; *Habersack,* Europäisches Gesellschaftsrecht, 2. Aufl. 2003; *Hirte/Bücker (Hrsg.),* Grenzüberschreitende Gesellschaften, Praxishandbuch für ausländische Kapitalgesellschaften mit Sitz im Inland, 2005; *Keller,* Unternehmensführung mit Holdingkonzepten, 2. Aufl. 1993; *Kleinert/Probst,* Endgültiges Aus für steuerliche Wegzugsbeschränkungen bei natürlichen und juristischen Personen, DB 2004, 673; *Kort,* Das Informationsrecht des Gesellschafters der Konzernobergesellschaft, ZGR 1987, 47; *Kropff,* Der GmbH-Beherrschungsvertrag: Voraussetzung für den Vorrang von Konzerninteressen? Festschrift für Semler, 1993, 517; *Lenz,* Zustimmungsvorbehalte im Konzern, ZGR 1997, 448; *Liebscher,* GmbH-Konzernrecht, Die GmbH als Konzernbaustein, 2006; *Löffler,* Der Kernbereich der Mitgliedschaft als Schranke für Mehrheitsbeschlüsse bei Personengesellschaften, NJW 1989, 2656; *Lutter,* Europäisches Unternehmensrecht, 4. Aufl. 1996; *Lutter (Hrsg.),* Die Gründung einer Tochtergesellschaft im Ausland, ZGR Sonderheft, 3. Aufl. 1995; *Lutter (Hrsg.),* Holding-Handbuch, Recht, Management, Steuern, 4. Aufl. 2004; *Lutter/Leinekugel,* Der Ermächtigungsbeschluss der Hauptversammlung zu grundlegenden Strukturmaßnahmen – zulässige Kompetenzübertragung oder unzulässige Selbstentmachtung? ZIP 1998, 805; *Nägel,* Einmanngesellschaften im deutschen und europäischen Gesellschaftsrecht, Beiträge zum Europäischen Wirtschaftsrecht Band 28, 2004; *Scheffler,* Konzernmanagement, 1992; *Schneider,* Die Gründung von faktischen GmbH-Konzernen – Zuständigkeiten und Finanzierung –, Entwicklungen im GmbH-Konzernrecht, ZHR, Sonderheft 6, 1986; *Schneider,* Die Personengesellschaft als Konzernunternehmen, BB 1980, 1057; *Schwark,* Virtuelle Holding und Bereichsvorstände, Festschrift für Ulmer, 2002, 605; Formularbuch Recht und Steuern, 5. Aufl. 2004; *Sick/Köhler,* Nationalitäts- und/oder Wohnsitzerfordernis – Ist die geforderte Zusammensetzung der Gesellschaftsorgane in der Schweiz völkerrechtswidrig?, RIW 2005, 216; *Spahlinger/Wegen,* Internationales Gesellschaftsrecht in der Praxis, 2005; *Süß/Wachter (Hrsg.),* Handbuch des internationalen GmbH-Rechts, 2006; *Vorpeil,* Haftungsdurchgriff auf deutsche Muttergesellschaften für Verbindlichkeiten ihrer US-amerikanischen Tochtergesellschaften, insbesondere nach New Yorker Recht, RIW 1991, 996; *Wachter,* Aktuelle Probleme bei der Ltd. & Co. KG, GmbHR 2/2006, 79; *Wertenbruch,* Beschlussfassung in Personengesellschaft und KG-Konzern, ZIP 2007, 798.

A. Einführung

Vor der Errichtung einer Tochtergesellschaft sind zahlreiche betriebswirtschaftliche und rechtliche Aspekte zu beachten:

I. Allgemeine Überlegungen zur Errichtung von Tochtergesellschaften

1 Die Führung einzelner Geschäftsbereiche des Unternehmens in Tochtergesellschaften ist im Vergleich zur Führung in einer zentralen Gesellschaft mit einer Reihe typischer Vor- und Nachteile in betriebswirtschaftlicher und rechtlicher Hinsicht verbunden. Die Bewertung ihrer Relevanz im konkreten Fall und ihre Abwägung ist die maßgebende Grundlage für die unternehmerische Entscheidung, ob ein vorhandener Teilbetrieb aus-

gegliedert und in eine Tochtergesellschaft eingebracht, ob ein neues Geschäftsfeld in einer hierzu gegründeten Tochtergesellschaft geführt, oder ob – sozusagen mit umgekehrtem Vorzeichen – eine erworbene Gesellschaft als rechtlich selbstständige Tochtergesellschaft weitergeführt oder in das Mutterunternehmen integriert werden soll.

1. Aufteilungskriterien

Früher hat bei größeren Unternehmen eine Gliederung nach **Funktionen** vorgeherrscht, also in Bereiche wie Forschung und Entwicklung, Einkauf, Produktion, Personal- und Finanzen, Absatz usw.[1] 2

Häufig anzutreffen war und ist die auch rechtliche Verselbstständigung des Warenabsatzes in Vertriebsgesellschaften. Dabei kommt der Aufteilung nach **örtlichen Kriterien** besondere praktische Bedeutung zu, wobei im Streben nach Marktnähe mehrere Vertriebsgesellschaften mit entsprechenden örtlichen Zuständigkeiten installiert werden. Vor allem ist dies natürlich bei unternehmerischen Aktivitäten im **Ausland** naheliegend.[2]

Eine Aufteilung nach Funktionen hat jedoch den Nachteil, dass Zuständigkeiten und Verantwortung vielfach schwer abzugrenzen sind und es deshalb schwierig ist, Ursachen für Fehlentwicklungen auszumachen, zuzuordnen und sie abzustellen. An die Stelle der Aufteilung nach Funktionen trat daher in Unternehmen mit mehreren Geschäftsbereichen zunehmend die Aufteilung nach **Sparten,** die **Divisionalisierung,** bei der die Einheiten in eigener Ergebnisverantwortung als „profit centers" geführt werden[3] und die wesentlichen Unternehmensfunktionen in der Leistungskette selbst erbringen. Werden diese Geschäftsbereiche als Tochtergesellschaften gesellschaftsrechtlich verselbstständigt, so können zu einer Intensivierung der betriebswirtschaftlichen Vorteile auch günstige Rechtsfolgen hinzutreten.

2. Betriebswirtschaftliche Gründe für die Errichtung von Tochtergesellschaften[4]

a) **Flexibilität.** Eine den Geschäftsbereich eigenständig führende Tochtergesellschaft kann in der Regel erheblich flexibler auf Marktanforderungen reagieren als wenn ihr Bereich ein Teil des Geschäftsbetriebes der Muttergesellschaft wäre. Die Tochtergesellschaft erlaubt im Verhältnis zum Gesamtunternehmen **flache Führungsstrukturen** durch Verminderung der Anzahl der involvierten Stellen beziehungsweise Instanzen und der dabei zu beachtenden Informations- und Weisungsbeziehungen.[5] Gefördert wird eine **dezentrale, kompetente Willensbildung und -durchsetzung** durch Fokussierung der Entscheidungsträger auf ihren Geschäftsbereich auf der Grundlage einer größeren **Marktnähe.** Gleichermaßen wird dadurch die Beschleunigung des Ablaufs der **Entscheidungsprozesse** ermöglicht mit den hieraus resultierenden Vorteilen im Wettbewerb. 3

b) **Transparenz.** Der abgegrenzte Bereich der Tochtergesellschaft ermöglicht eine exaktere Zuteilung der **Ressourcen,** wenn das Verhältnis zwischen Mutter und Tochter auf die Zurverfügungstellung von Finanzmitteln und sonstigen betrieblichen Kapazitäten ausgerichtet ist. Insbesondere ist die wichtige **Zuordnung von Kosten und Ergebnisbeiträgen** bei der rechtlich selbstständigen Tochtergesellschaft ungleich präziser möglich, als wenn Kosten und Ergebnisbeitrag in die Rechnung des einheitlichen Unternehmens aufgehen, auch wenn dort eine konsequente profit-center-Rechnung erfolgt. Zugleich wird dadurch die klare Aufdeckung unrentabler Bereiche ermöglicht. 4

---

[1] *Lutter/Lutter,* Holding-Handbuch § 1 Rn. 4.

[2] Siehe hierzu unten Rn. 66 ff.

[3] *Lutter* a. a. O.

[4] Die nachfolgenden Ausführungen gehen weitgehend auf die Darstellung von *Scheffler,* Holding-Handbuch § 2 Rn. 20 ff. zurück, die sich zwar auf eine Holdingstruktur beziehen, bei der die Holdinggesellschaft selbst nicht operativ tätig ist. Die hierfür geltenden Gesichtspunkte können aber auch – wenn auch in mancher Hinsicht abgeschwächt – auf ein bloßes Mutter-/Tochterverhältnis mit operativ tätiger Mutter übertragen werden.

[5] *Keller,* Unternehmensführung S. 202.

5 c) **Management.** Die Ausgliederung eines Geschäftsbereichs in eine Tochtergesellschaft wirkt sich tendenziell positiv auf die Qualität des Managements aus. Mitarbeiter und Führungsebene haben die Möglichkeit der **Spezialisierung** auf den Geschäftsbereich der Tochtergesellschaft, so dass einerseits von einer besseren Fachkenntnis auch der Entscheidungsträger ausgegangen werden kann, als wenn die operativen Entscheidungen von der Spitze des Gesamtunternehmens getroffen werden. Damit wird andererseits zugleich **Eigenverantwortung und unternehmerisches Denken** der Geschäftsführung der Tochtergesellschaft gestärkt, wenn die Möglichkeit der Überlassung der Entscheidung an Vorgesetzte der Muttergesellschaft abgeschnitten ist. Nicht zu unterschätzen ist auch die **Motivation** der Führung durch die erhöhte soziale Bedeutung, die die Position an der Spitze der Hierarchie sowohl nach außen gegenüber den Geschäftspartnern als auch nach innen gegenüber den Angestellten vermittelt.

3. Rechtliche Gründe für die Errichtung von Tochtergesellschaften

6 a) **Trennung und Begrenzung der Haftung.** Zu diesem Gesichtspunkt wird in erster Linie auf die Darstellung in § 11 verwiesen. An dieser Stelle sei nur als Feststellung hervorgehoben, dass sich aufgrund von **Gewährleistungs- und Produkthaftungsfällen** durchaus Situationen ergeben können, in denen es von großem Vorteil ist, wenn sich die Haftung hierfür auf die Tochtergesellschaft beschränkt und nicht das gesamte Unternehmen erfasst.

Ganz allgemein ergibt sich eine **Trennung des unternehmerischen Risikos** zwischen Mutter- und Tochtergesellschaft, insbesondere bei der Aufnahme von neuen Geschäftsfeldern, bei denen trotz sorgfältiger Planung der Erfolg letztlich nicht sicher prognostiziert werden kann. Vor allem bei ersichtlich mit höherem Risiko beladenen Bereichen als beim „Stammgeschäft“ der Muttergesellschaft bietet sich die Führung eines solchen Bereichs in einer selbstständigen Tochtergesellschaft an. Dem Gesichtspunkt dürfte steigende Bedeutung zukommen, seit die Haftungs- und damit Risikotrennung zwischen den Gesellschaften wieder gestärkt ist, nachdem zum einen die Rechtsprechung das Modell der Haftung im „qualifiziert faktischen GmbH-Konzern“ aufgegeben hat und nur noch existenzvernichtende Eingriffe in das Vermögen der Tochtergesellschaft zu einer Haftung führen (siehe unten § 11 Rn. 40–43), und nachdem zum anderen durch das MoMiG nunmehr die Verhaftung kapitalersetzender Leistungen außerhalb der Insolvenz durch die ausdrückliche Regelung des § 30 Abs. 1 Satz 3 GmbHG beseitigt wurde.[6]

7 b) **Möglichkeit von Kooperationen.** Wenn ein bestimmter Geschäftsbereich in einer eigenständigen Tochtergesellschaft angesiedelt ist, wird die Eingehung von Kooperationen und Allianzen praktisch erheblich erleichtert. Entsprechende Verträge brauchen nicht mit dem Gesamtunternehmen geschlossen werden, sondern nur mit dem Unternehmen, auf dessen Geschäftsgebiet kooperiert werden soll. Auch im Hinblick auf die Wahrung von Geschäfts- oder Betriebsgeheimnissen kann eine Kooperation mit dem Gesamtunternehmen, obwohl beschränkt auf mehr oder weniger definierte Bereiche, hinderlich sein. Je intensiver die Kooperation ausgestaltet sein soll, etwa über eine echte Allianz bis hin zur Einräumung wechselseitiger Beteiligungen, desto nahe liegender ist der Vereinfachungseffekt, der durch die rechtliche Eigenständigkeit des betreffenden Bereichs in einer Tochtergesellschaft eintritt.

8 c) **Fungibilität des Unternehmensbereiches.** Ähnlich dem soeben genannten Gesichtspunkt ist die Situation, wenn der Unternehmensbereich gänzlich oder teilweise veräußert werden soll. Es liegt auf der Hand, dass Vertragsverhandlungen und- Gestaltung sich tendenziell wesentlich einfacher abwickeln lassen werden, wenn lediglich Anteile an der Tochtergesellschaft veräußert werden müssen, statt dass die Veräußerung im Wege eines

[6] Art. 1 Nr. 20 Gesetz zur Modernisierung des GmbH-Rechts und zur Bekämpfung von Missbräuchen (MoMiG).

Asset-Deals erfolgen muss oder erst im Zuge der Veräußerung eine Ausgliederung erfolgt. Unverzichtbar ist die Ausgliederung, wenn mit dem Teilbereich ein Börsengang beabsichtigt ist.

d) **Steuerrechtliche Gründe.** Ein wesentlicher Grund für die Bildung einer Tochtergesellschaft oder jedenfalls ein zusätzliches Motiv kann sich aus steuerrechtlichen Erwägungen ergeben, wenn eine zukünftige Veräußerung des Bereichs in Betracht kommt. Gegenüber der Veräußerung im Wege des Asset-Deals mit voller Besteuerung des Veräußerungsgewinns ist die Veräußerung von Anteilen an einer Kapitalgesellschaft steuerbegünstigt bis hin zur Steuerfreiheit.[7] 9

4. Potentielle Nachteile der Errichtung von Tochtergesellschaften

Die Ausgliederung von Unternehmensbereichen auf zu diesem Zweck gegründete Tochtergesellschaften kann auch Nachteile mit sich bringen. Zu nennen sind hier der in der Regel in der Summe **größere Verwaltungsapparat** und eine nicht zu verkennende Gefahr der **Überbürokratisierung.** Erforderlich ist insoweit ein gutes Augenmaß bei der Ausgestaltung der Beziehungen zwischen den Gesellschaften, um einerseits dieser Gefahr möglichst entgegenzuwirken, andererseits aber nicht in diesem Bestreben notwendige und für das Funktionieren der Tochtergesellschaft zumindest zweckmäßige Einrichtungen zu unterlassen. 10

Erforderlich ist gegenüber einer Führung des Geschäftsbereichs im Hauptunternehmen die Einrichtung zusätzlicher **Einflussnahme- und Kontrollmechanismen.** Deren Intensität hängt davon ab, in welchem Umfang das Mutterunternehmen seine beherrschende Stellung durch Einbindung in eine einheitliche Leitung ausnutzen will oder ob es sich auf strategische Entscheidungen beschränken und dem Tochterunternehmen weitgehende Selbstständigkeit überlassen will.

Auch für das **Finanz- und Rechnungswesen** ist in der Summe wohl ein höherer Aufwand nicht in Abrede zu stellen. Dies zeigt sich schon vordergründig an der Notwendigkeit zusätzlicher Jahresabschlüsse und gegebenenfalls einer Konzernrechnungslegung. Dabei ist aber zu berücksichtigen, dass bei einem funktionierenden Finanz- und Rechnungswesen solcher Aufwand im Wesentlichen auch dann betrieben werden muss, wenn rechtlich nur eine Gesellschaft besteht.

Letztlich sei noch an die **Gründungskosten** gedacht, die bei der Ausgliederung eines Unternehmensbereichs und Einbringung in eine neu gegründete Tochtergesellschaft anfallen.

5. Die „virtuelle Tochtergesellschaft"

a) **Begriff.** Als mögliche Alternative zur Tochtergesellschaft kommt die sog. „virtuelle Tochtergesellschaft" in Betracht. Der Begriff ist angelehnt an den der „virtuellen Holding", wie er vor allem zur Beschreibung einer Organisationsform im Bankenbereich dient.[8] Dabei sind die einzelnen Unternehmensbereiche rechtlich nicht selbstständig, werden aber wie selbstständige Einheiten behandelt. Es erfolgt – intern – eine eigene Bilanzierung und allgemein ein eigenes Rechnungswesen. Personal- und Geschäftsführung ist zwar nicht rechtlich, aber organisatorisch völlig dem Bereich zugeordnet. Dieser hat eigene „Vorstände", auch Bereichsvorstände genannt. 11

b) **Vergleich mit Tochtergesellschaft.** Die oben behandelten betriebswirtschaftlichen Vorteile der Trennung von Mutter- und Tochtergesellschaft sind jedenfalls zum Teil auch 12

---

[7] Nach § 22 Abs. 1 UmwStG in der für nach dem 12. 12. 2006 geltenden Fassung ist der Veräußerungsgewinn aus der Veräußerung von Anteilen an **Kapital**gesellschaften nach siebenjähriger Haltefrist seit der Einbringung nach § 20 UmwStG wie bisher im Ergebnis nur mit 5% steuerpflichtig, wobei nunmehr auch bei früherer Veräußerung nur eine zeitanteilige Besteuerung des (ursprünglichen) Einbringungsgewinns erfolgt.

[8] *Schwark*, Virtuelle Holding und Bereichsvorstände FS Ulmer S. 605 ff.

bei der virtuellen Tochtergesellschaft darstellbar, wenn diese konsequent betrieben wird. Dies mag insbesondere für den Bereich der Flexibilität und der Transparenz zutreffen, bei den auf das Management bezogenen Vorteilen allenfalls annähernd. Dagegen sind die geschilderten rechtlichen Vorteile einer Risikotrennung naturgemäß nicht gegeben. Auf der anderen Seite bestehen erhöhter Aufwand und die Gefahr eines größeren Verwaltungsapparates ebenso wie bei einer rechtlich selbstständige Tochtergesellschaft. So erscheint die virtuelle Tochtergesellschaft nicht als adäquate Alternative, wenn nicht ganz spezifische Gesichtspunkte hierfür sprechen, wie etwa der angestrebte Auftritt eines Unternehmens als ungeteilte Einheit. Vor allem aber muss realistischerweise die Gefahr ins Kalkül gezogen werden, dass die virtuelle Trennung in der Praxis dann doch nicht mit der erforderlichen Konsequenz durchgezogen wird, um die Vorteile der echten Trennung zu realisieren.

II. Tochtergesellschaft und Konzern

Komplexe konzernrechtliche Fragen sind von Bedeutung:

1. Gründung und Erwerb von Tochtergesellschaften als Konzernbildung

13 **a) Maßgeblichkeit des Konzernrechts.** Gründet oder erwirbt ein Unternehmen eine Tochtergesellschaft, so führt dies in aller Regel zur Anwendung des Konzernrechts zwischen den beiden Gesellschaften. Dieser Begriff ist nicht ganz korrekt, da er die gesellschaftsrechtlichen Fragen des Rechts der verbundenen Unternehmen umfasst und nicht nur des wesentlich engeren Konzernverhältnisses im Sinn von § 18 AktG.[9] Voraussetzung für die Anwendung des Konzernrechts ist, dass es sich um „verbundene Unternehmen" im Sinne von § 15 AktG handelt, also – soweit für das Verhältnis von Mutter- und Tochtergesellschaft von Interesse – nach der dortigen Definition eine Mehrheitsbeteiligung, Abhängigkeit bzw. Beherrschung, ein Konzernunternehmen oder ein Unternehmensvertrag vorliegt. Um welche Rechtsform es sich bei den beteiligten Unternehmen handelt, ist ohne Bedeutung; die §§ 15 bis 19 AktG sind nicht auf Aktiengesellschaften beschränkt, sondern gelten für alle Rechtsformen.[10]

Ansatzpunkt für das Konzernrecht ist der zumindest latente Interessenkonflikt zwischen dem herrschenden und dem abhängigen Unternehmen bzw. dessen übrigen Gesellschaftern. Typischerweise besteht nämlich die Gefahr, dass das herrschende Unternehmen seine Eigeninteressen beim abhängigen Unternehmen zu Lasten von dessen Interessen und denen seiner Gesellschafter und auch dessen Gläubigern durchzusetzen versucht.[11] Der herrschende Gesellschafter muss Unternehmensqualität im Sinne des Konzernrechts haben. Diese hat ein Gesellschafter, bei dem zu seiner Beteiligung an der Gesellschaft noch wirtschaftliche Interessenbindungen außerhalb der Gesellschaft hinzukommen, die die ernste Besorgnis begründen, dass der Gesellschafter um ihretwillen seinen Einfluss zum Nachteil der Gesellschaft geltend machen könnte.[12]

Wesentliche Ziele des Konzernrechts sind es deshalb, die Interessen der übrigen Gesellschafter des abhängigen Unternehmens und die seiner Gläubiger, aber auch die Interessen der Gesellschafter gegenüber dem Mehrheitsgesellschafter oder der Geschäftsführung auf der Ebene des herrschenden Unternehmens zu sichern.

14 **b) Begriff der Tochtergesellschaft.** Im juristischen Sprachgebrauch sind die Bezeichnungen Tochtergesellschaft ebenso wie Mutter-, Schwester- und Enkelgesellschaft die

---

[9] *Emmerich/Habersack,* Kommentar Einleitung Rn. 1; *Baumbach/Hueck/Zöllner* Schlussanhang KonzernR Rn. 1 a. E.

[10] *Hüffer* § 15 AktG Rn. 4 und 6.

[11] *Baumbach/Hueck/Zöllner,* Schlussanhang Konzernrecht Rn. 1; *Hüffer* § 15 AktG Rn. 3; *Spindler/Stilz/Schall* § 15 AktG Rn. 27.

[12] Ständige Rechtsprechung des BGH vgl. BGHZ 148, 123 = NJW 2001, 2973 „MLP".

üblicherweise verwendeten Begriffe, um eine bestimmte, durch Inhaberschaft von Gesellschaftsanteilen an der jeweilig anderen Gesellschaft vermittelte gesellschaftsrechtliche Beziehung von rechtlich selbstständigen Unternehmen auszudrücken. Eine für das allgemeine Gesellschafts- und insbesondere Konzernrecht geltende Definition ist indessen nicht ersichtlich; in den Kodifizierungen der einzelnen Rechtsformen und des Konzernrechts im AktG finden diese Begriffe überhaupt keine Verwendung. Lediglich in § 290 HGB wird für die Konzernrechnungslegung eine ausdrückliche Definition vorgenommen, auf die auch in § 2 Abs. 6 WpÜG verwiesen wird. In § 290 Abs. 1 HGB wird auf die einheitliche Leitung, also auf den Konzernverbund von Mutter- und Tochtergesellschaft im Sinn von § 18 AktG abgestellt, so dass insoweit die bloße Beherrschung beziehungsweise Abhängigkeit nach § 17 AktG nicht genügen würde. Jedoch steht daneben die Regelung des § 290 Abs. 2 HGB, wo nach dem Vorbild des angloamerikanischen Control-Konzepts die in der Vorschrift aufgeführten Kontrollrechtstellungen genügen. Diese entsprechen im Wesentlichen dem im § 17 AktG festgehaltenen Abhängigkeitsbegriff, wonach es ausreicht, dass ein Gesellschafter den beherrschenden Einfluss ausüben kann, ohne dass es notwendig ist, die tatsächliche Ausübung festzustellen.[13] Sicherlich dienen diese gesetzlichen Vorschriften besonderen Zwecken, so dass die dortigen Definitionen nicht zwingend für das allgemeine Gesellschafts- und Konzernrecht übernommen werden können.[14] Jedenfalls kann aber davon ausgegangen werden, dass für die sachgerechte Verwendung des Begriffs der Tochtergesellschaft nicht erforderlich ist, dass sie unter die einheitliche Leitung der Muttergesellschaft im Sinn von § 18 AktG gestellt ist, sondern, dass die Beherrschungs- und Abhängigkeitslage im Sinn von § 17 AktG genügt.

Dann stellt sich nur noch die Frage, ob man von einer Tochtergesellschaft unter Umständen auch dann sprechen kann, wenn sie nicht abhängig im Sinne von § 17 AktG ist, insbesondere die Abhängigkeitsvermutung nach § 17 Abs. 2 AktG widerlegt werden kann, etwa weil die Mehrheitsgesellschafterin aus besonderen Gründen über keine Stimmenmehrheit verfügt und auch andere Einflussmöglichkeiten auf die Besetzung der Organe und die Geschäftsführung nicht gegeben sind. Selbst wenn man in einer solchen Situation aufgrund der bloßen Kapitalbeteiligung noch begriffsmäßig von einem Verhältnis Mutter- zu Tochtergesellschaft ausgehen sollte, so erscheint es dennoch nicht angezeigt, dass die nachfolgenden Ausführungen sich auch mit derartigen atypischen Konstellationen befassen. Dies insbesondere deshalb, weil es sich dabei im Ergebnis um eine reine Finanzbeteiligung handelt, bei denen sich die aus einer besonderen Unternehmensverbindung ergebenden spezifischen Rechtsprobleme nicht stellen. 15

2. Abhängigkeit und Konzernierung

a) **Abgrenzung.** Nach § 18 Abs. 1 Satz 1 AktG liegt ein Konzern auch dann vor, wenn nur ein abhängiges Unternehmen vorhanden ist und die beiden Unternehmen unter der **einheitlichen Leitung** des herrschenden Unternehmens zusammengefasst sind. Wann dies der Fall ist, definiert das Gesetz bewusst nicht und ist auch von der Rechtsprechung noch nicht entschieden; in der Literatur sind die Anforderungen im Detail höchst umstritten.[15] Besondere Bedeutung kommt den gesetzlichen Vermutungen der §§ 17 Abs. 2 und 18 Abs. 1 AktG zu. Nach ersterer Vorschrift wird bei einem in Mehrheitsbesitz stehenden Unternehmen widerleglich vermutet, dass es von seiner Mehrheitsgesellschafterin abhängig ist, gleich ob sich die Mehrheitsbeteiligung aus einer Mehrheit der Kapital- 16

[13] MünchKommAktG/*Wackerbart* § 2 WpÜG, Rn. 66; *Hüffer* § 17 AktG Rn. 19.

[14] Gänzlich unbrauchbar wäre etwa die Definition der Tochtergesellschaft in § 8 a) GewStG, wo u. a. auf eine 10%-ige Beteiligung an einer Kapitalgesellschaft abgestellt wird. Lediglich bei *Creifelds* Rechtswörterbuch wird für den Begriff „Muttergesellschaft“ auf deren *„beherrschenden Einfluss auf ein anderes Unternehmen (Tochtergesellschaft)“* abgestellt.

[15] *Emmerich/Habersack*, Lehrbuch § 4 III 1. m. w. N.; MünchKommAktG/*Bayer* § 18 AktG Rn. 28 bis 33 m. w. N.; *Spindler/Stilz* § 18 AktG Rn. 9 bis 17.

anteile oder einer bloßen Stimmenmehrheit ergibt.[16] Ist die Tochtergesellschaft als abhängig zu qualifizieren, so wird wiederum nach § 18 Abs. 1 Satz 3 vermutet, dass die Tochtergesellschaft mit ihrer beherrschenden Gesellschafterin einen Konzern bildet. Auch diese Vermutung ist widerleglich, wenn der Nachweis geführt werden kann, dass trotz der Abhängigkeitssituation tatsächlich keine einheitliche Leitung praktiziert wird. Als sicheres Kriterium für die Bejahung der Konzernierung gilt nach der herrschenden Meinung eine zentrale Finanzplanung und zentrales Finanzmanagement.[17] Maßgebende Kriterien für eine Konzernierung sind außerdem

- eine wirtschaftlich einheitliche Gesamtzielsetzung,
- eine dieser Einheit entsprechende Organisation und Zuständigkeitsregelung,
- eine einheitliche Leitungs- und Weisungsausübung,
- eine Tätigkeitsabstimmung und Zielkontrolle sowie
- ein einheitliches Berichtssystem auf dem Hintergrund einheitlicher Regeln zur Rechnungslegung.[18]

Umgekehrt liegt ein Konzern nicht bei einer reinen Vermögensbeteiligung vor, bei der sich die Muttergesellschaft nicht nur jeder Steuerung des operativen Geschäfts enthält, sondern auch die zuvor aufgeführten übergeordneten Einrichtungen fehlen.

Beim Vertragskonzern stellt sich die Abgrenzungsproblematik nicht, weil nach § 18 Abs. 1 Satz 2 AktG bei einem Beherrschungsvertrag oder bei Eingliederung die Zusammenfassung unter einheitlicher Leitung unwiderruflich vermutet wird.[19]

17 **b) Rechtsfolgen.** Die Bedeutung der Unterscheidung zwischen einer konzernierten und lediglich abhängigen Tochtergesellschaft wird als gering erachtet.[20] In der Tat knüpfen die gesetzlichen Regelungen ihre Rechtsfolgen zumeist bereits an die bloße Abhängigkeit an, so insbesondere die Vorschriften über Nachteilsausgleich und Schadensersatz bei Veranlassung zu nachteiligen Rechtsgeschäften nach §§ 311 ff. AktG. Bedeutsam ist die tatsächliche oder vermutete Konzernierung auch als Voraussetzung für die Anwendbarkeit von § 5 MitbestG 1976 und § 2 DrittelbeteiligungsG 2004, die die Mitbestimmung der Arbeitnehmer im Konzern regeln (siehe hierzu § 13 Rn. 7, 9, 12, 15). Darüber hinaus spielt jedoch in den nicht kodifizierten, von Lehre und Rechtsprechung entwickelten Bereichen des Konzernrechts vielfach keine maßgebende Rolle, ob die herrschende Gesellschaft es bei der bloßen Abhängigkeitslage belässt oder das Tochterunternehmen mehr oder weniger intensiv seiner Leitung unterstellt. Als generelle Aussage lässt sich vertreten, dass die Schutzmechanismen des Konzernrechts umso stärker greifen, je mehr das Mutterunternehmen seinen beherrschenden Einfluss auf die Tochtergesellschaft tatsächlich ausüben will. Als Beispiele seien etwa genannt:

- Bei der GmbH und der Personengesellschaft besteht ein Präventivschutz gegen die Abhängigkeit nur mittelbar durch gesellschaftsvertragliche Bestimmungen wie Vinkulierung der Anteile oder bei Eingreifen eines ausdrücklichen oder aus der Treupflicht resultierenden Wettbewerbsverbots. Greifen solche Instrumente nicht, so ist es höchst zweifelhaft, ob den Minderheitsgesellschaftern gegen die Abhängigkeit eine rechtliche Handhabe zur Verfügung steht.[21]
- Dagegen besteht bei diesen Gesellschaften (im Gegensatz zur Aktiengesellschaft) ein unbeschränktes Verbot der nachteiligen Einflussnahme im Interesse des herrschenden

---

[16] Zur Widerlegung der Vermutung vgl. insbesondere *Emmerich/Habersack,* Kommentar § 17 AktG Rn. 35 ff.

[17] *Hüffer* § 18 AktG Rn. 19; KölnerKommAktG/*Koppensteiner* § 18 Rn. 34; MünchKommAktG/*Bayer* § 18 AktG Rn. 31.

[18] *Keller,* Unternehmensführung S. 37; *Lutter/Lutter,* Holding-Handbuch § 1 Rn. 17.

[19] *Emmerich/Habersack,* Kommentar § 18 AktG Rn. 20; *Hüffer* § 18 AktG Rn. 17.

[20] *Emmerich/Habersack,* Kommentar § 18 AktG Rn. 2; *Spindler/Stilz* § 18 AktG Rn. 8; *Hüffer* § 18 AktG Rn. 7; MünchKommAktG/*Bayer* § 18 AktG Rn. 27.

[21] Siehe unten Rn. 37, 44.

Unternehmens, auch wenn durch sie kein messbarer Schaden zugefügt wird.[22] Dem herrschenden Gesellschafter ist also grundsätzlich nicht die Erlangung der Beherrschung, sondern erst die Durchführung von nachteiligen Konzernierungsmaßnahmen untersagt.

Vorstehendes ist von erheblicher Bedeutung beim Erwerb einer Mehrheitsbeteiligung an einer mehrgliedrigen Tochtergesellschaft. Wenn an eine mehr oder weniger intensive Leitung im Sinne einer Konzernierung des Unternehmens gedacht ist, so müssen beim beziehungsweise vor dem Erwerb entsprechende gesellschaftsrechtliche Vorkehrungen getroffen werden.[23]

B. Errichtung und Erwerb von Tochtergesellschaften – „Konzernbildungskontrolle"

Bevor die Durchführung von Gründung oder Erwerb einer Tochtergesellschaft konzipiert wird, sind die rechtlichen Voraussetzungen zu identifizieren, die hierfür bei der Muttergesellschaft und gegebenenfalls bei der zu erwerbenden Tochtergesellschaft zu schaffen sind.

I. Gesellschaftsrechtliche Voraussetzungen für Errichtung und Erwerb

Das Gesellschaftsrecht stellt zunächst die Weichen:

1. Vorbemerkung

a) Problemstellung bei Mutter- und Tochtergesellschaft. Gegenstand der Konzernbildungskontrolle ist die Frage, ob und inwieweit gegen die Begründung von Abhängigkeits- oder Konzernlagen ein Präventivschutz zu gewähren ist.[24] Dabei wird naturgemäß in erster Linie die abhängige Gesellschaft ins Auge gefasst, weil hier offenkundig die Notwendigkeit eines Schutzes der Minderheit besonders dringend ist, will sie nicht nachteiligen Eingriffen des herrschenden Gesellschafters in die Gesellschaft schutzlos ausgeliefert sein. Aber auch auf der Ebene der herrschenden Gesellschaft ergeben sich Probleme des Minderheiten- und Gläubigerschutzes. Da die Ausübung der Gesellschafterrechte, insbesondere des Stimmrechts bei der Tochtergesellschaft grundsätzlich Sache der Geschäftsführung der Muttergesellschaft ist, kann auf diese Weise die Einflussnahme jedenfalls der Minderheitsgesellschafter auf das in der Tochtergesellschaft befindliche Vermögen vermindert oder gar ausgeschlossen werden. Zu denken ist auch an die Möglichkeit einer Politik der strikten Gewinnthesaurierung bei der Tochtergesellschaft zu Lasten des den Gesellschaftern der Muttergesellschaft zur Verfügung stehenden Gewinns. Im Bezug auf den Gläubigerschutz seien beispielhaft die Haftungsrisiken genannt, die von den Tochtergesellschaften auf die Muttergesellschaften durchschlagen können (insbesondere beim Vertragskonzern).[25] 18

b) „Geborene Konzerngesellschaft". Eine Konzernbildungskontrolle bei der abhängigen Gesellschaft scheidet aus, wenn die Gesellschaft etwa durch Ausgliederung von vornherein als abhängige Tochtergesellschaft gegründet wird, einem Gründungsmitglied von vornherein eine Mehrheitsbeteiligung eingeräumt oder der Unternehmensgegenstand und der Zweck der Gesellschaft auf das Interesse eines herrschenden Unternehmens oder 19

---

[22] Siehe unten Rn. 38, 45; *Emmerich/Habersack,* Kommentar Anhang § 318 AktG Rn. 23.

[23] Siehe unten Rn. 36.

[24] *Scholz/Emmerich,* Anhang § 13 GmbHG Rn. 41; *Emmerich/Habersack,* Lehrbuch § 7 I; *Baumbach/Hueck/Zöllner,* Schlussanhang Konzernrecht Rn. 93.

[25] *Emmerich/Habersack* a. a. O.; *Scholz/Emmerich* a. a. O.

des Konzerns ausgerichtet wird.[26] Diese **„statutarische Konzernierung"** wird nahezu einhellig neben der Möglichkeit für zulässig erachtet, die Tochtergesellschaft durch Beherrschungsvertrag unter die Herrschaft eines Gesellschafters zu stellen.[27] Zum Teil wird jedoch gefordert, dass dieser Zweck „klar und eindeutig" im Gesellschaftsvertrag zum Ausdruck gebracht wird.[28]

2. Erfordernisse bei der Muttergesellschaft

20 **a) Aktiengesellschaft.** Die Beteiligungsverwaltung und damit auch die Ausgliederung von Unternehmensbereichen in Tochtergesellschaften sowie der Erwerb von Tochtergesellschaften bzw. wesentlichen Beteiligungen sind grundsätzlich eine Angelegenheit des Vorstands.

21 *aa) Unternehmensgegenstand.* Voraussetzung hierfür ist, dass die Maßnahme durch den Zweck und den Gegenstand der Gesellschaft gedeckt ist.[29] Erforderlich ist danach eine so genannte **Konzernklausel** in der Satzung, die die Geschäftsführung von ihrer grundsätzlichen Verpflichtung entbindet, den Unternehmenszweck vollständig durch die Gesellschaft selbst zu verwirklichen. Die Klausel kann etwa wie folgt formuliert werden:[30]

Formulierungsbeispiel Konzernklausel:
Die Gesellschaft ist berechtigt, Beteiligungen an anderen Unternehmen gleicher oder verwandter Art[31] zu erwerben oder solche Tochtergesellschaften zu gründen, sowie ihren Geschäftsbetrieb ganz oder teilweise auf diese Gesellschaften auszugliedern. Sie kann ihre Tätigkeit auf einen Teil der vorstehend bezeichneten Bereiche beschränken.[32] Unternehmen, an denen sie mehrheitlich beteiligt ist, kann sie unter ihrer Leitung zusammenfassen oder sich auf die Verwaltung der Beteiligung beschränken.[33]

Soll die Tochtergesellschaft freilich auf einem Gebiet tätig werden, das vom sachlichen Unternehmensgegenstand nicht umfasst ist, so muss eine Satzungsänderung mit entsprechender **Erweiterung des Unternehmensgegenstands** vorgenommen werden. Ob eine gesellschaftsrechtliche Ermächtigung für eine Beteiligung an einem Unternehmen genügen würde, dessen Betätigungsfeld sich mit dem Unternehmensgegenstand der Gesellschaft selbst nicht deckt, ist zwar bejaht worden,[34] erscheint jedoch höchst zweifelhaft[35] und damit als Regelungsvorschlag kaum empfehlenswert.

[26] *Emmerich/Habersack,* Lehrbuch § 8 IV. zur Formulierung einer entsprechenden Vorschrift im Gesellschaftsvertrag siehe unten Rn. 39.

[27] *K. Schmidt,* GesR § 39 II 1; *Hommelhoff,* Die qualifizierte faktische Unternehmensverbindung, ZGR 1994, 395, 404; *Beuthien,* Konzernbildung und Konzernleitung kraft Satzung, ZIP 1993, 1589, 1591 jeweils m. w. N.; a. A. *Kropff,* FS Semler, 1993, 520, 532.

[28] *Hommelhoff* a. a. O. S. 403; zur Formulierung einer entsprechenden Vorschrift im Gesellschaftsvertrag siehe unten II.3.b).

[29] *Lutter/Kraft,* Holding-Handbuch § 3 Rn. 167; *Emmerich/Habersack,* Kommentar vor § 311 AktG Rn. 31; Münchner Handbuch der AG/*Krieger* § 69 Rn. 3.

[30] In Anlehnung an *Hoffmann-Becking,* BeckFormB X.10. § 2.

[31] Beispielformulierung bei *Koppensteiner,* Anhang nach § 52 GmbHG, Rn. 44, Fußnote 141.

[32] Entsprechend *Hoffmann-Becking* a. a. O. trägt diese Formulierung der Rechtsmeinung Rechnung, dass der Vorstand verpflichtet ist, auf den im Unternehmensgegenstand genannten Gebieten tätig zu sein.

[33] Hierdurch wird klargestellt, dass die Gesellschaft entgegen einer Literaturmeinung nicht zur konzernleitenden Einflussnahme verpflichtet sein soll; vgl. *Hoffmann-Becking* a. a. O. Anmerkung 7.

[34] OLG Frankfurt NJW-RR 1987, 227.

[35] *Rowedder/Koppensteiner,* Anhang nach § 52 GmbHG Rn. 11, Fußnote 139.

bb) Kompetenz der Hauptversammlung. Auch wenn sich Gründung der Tochtergesellschaft und Übertragung des Betriebsteils im Rahmen des durch eine Konzernklausel erweiterten Unternehmensgegenstands halten, so kommt nach der Rechtsprechung des BGH dennoch ausnahmsweise eine **ungeschriebene Mitwirkungsbefugnis der Hauptversammlung** in Betracht; dies dann, wenn die vorgesehene Umstrukturierung einen so wesentlichen Unternehmensteil betrifft, dass sie an die Kernkompetenz der Hauptversammlung rührt.[36] Diese Voraussetzung ist dann gegeben, wenn die fragliche Maßnahme ungefähr 75–80% des Vermögens der Gesellschaft betrifft.[37] Der Hauptversammlungsbeschluss bedarf sodann einer qualifizierten Mehrheit von ¾ des vertretenen Grundkapitals.[38] Ohne Rücksicht auf die Bedeutung des ausgegliederten Teils gilt das Erfordernis eines Hauptversammlungsbeschlusses mit dreiviertel Mehrheit bei jeder Ausgliederung im Wege der partiellen Gesamtrechtsnachfolge nach dem UmwG (§§ 125, 65 UmwG). 22

Im Gegensatz zu dem nach dem UmwG erforderlichen Beschluss kann die Zustimmung zur Ausgliederung im Wege der Einzelrechtsnachfolge durch einen bloßen **Ermächtigungsbeschluss**[39] erteilt werden. Dies ist im Grundsatz unstrittig; Differenzen bestehen jedoch über die Anforderungen an die Konkretisierung.[40] Wenn auch der BGH von einer großzügigen Beurteilung auszugehen scheint[41] so ist es doch in der Praxis anzustreben, den Gegenstand der Ermächtigung möglichst konkret zu bezeichnen, um das Risiko der Unwirksamkeit zu minimieren; insbesondere ein „Vorratsbeschluss" ohne Bezug auf ein konkretes Projekt erscheint bedenklich.[42] Der Beschluss könnte etwa wie folgt formuliert werden:

Formulierungsbeispiel Ermächtigungsbeschluss Teilbetriebs-Ausgliederung:

Der Vorstand wird ermächtigt, den Teilbetrieb der Gesellschaft, der sich mit Herstellung und Vertrieb von ________________ befasst, nach Maßgabe der Vorlage des Vorstands vom ________________ aus der Gesellschaft auszugliedern und auf eine 100%-ige Tochtergesellschaft der Gesellschaft in der Rechtsform einer GmbH zu übertragen.

Die Vorlage sollte die Angaben enthalten, die bereits möglich sind, also insbesondere
- Beschreibung des betroffenen Geschäftsbereichs,
- Angabe der voraussichtlich von der Übertragung umfassten Positionen von Bilanz sowie Gewinn- und Verlustrechnung,
- Hinweis auf angezeigte Folgeänderungen des Gesellschaftsvertrages,[43]
- mit der Ausgliederung beabsichtigter unternehmerischer Zweck[44] und
- zeitliche Ablaufprognose.

Ob die Holzmüller-Grundsätze auch auf den Erwerb von Beteiligungen anzuwenden sind, ist durch die Rechtsprechung noch nicht geklärt und in der Literatur umstritten.[45] Den gleichartigen Streit bezüglich der Veräußerung wesentlicher Unternehmensbeteiligungen hat der BGH dahin entschieden, dass keine Zustimmung der Hauptversammlung 23

---

[36] BGHZ 83, 122 = NJW 1982, 1703 – „Holzmüller"; BGH NJW 2004, 1860 – „Gelatine I".

[37] BGH NJW 2004, 1860, 1864 „Gelatine I" unter Verweis auf die Ausmaße der Ausgliederung im Holzmüller-Fall.

[38] BGH a. a. O.

[39] Verschiedentlich auch Konzeptbeschluss oder Grundsatzbeschluss genannt.

[40] BGH ZIP 1997, 1499 – „Siemens/Nold"; *Emmerich/Habersack,* Kommentar vor 311 AktG Rn. 51; eingehend *Lutter/Leinekugel* ZIP 1998, 805.

[41] BGH a. a. O. S. 1500 zum genehmigten Kapital mit Bezugsrechtsausschluss.

[42] *Lutter/Leinekugel* a. a. O. S. 813 ff., 816; siehe auch LG Stuttgart WM 1992, 58.

[43] Siehe unten Rn. 51–56.

[44] Siehe oben Rn. 3–9.

[45] Siehe die Nachweise in MünchHdbGesR IV/*Krieger* § 69 Rn. 10.

erforderlich ist, weil der maßgebende Mediatisierungseffekt nicht gegeben sei.[46] Einen solchen wird man auch bei einem Beteiligungserwerb aufgrund des bloßen Abflusses des Kaufpreises kaum annehmen können.[47]

Dennoch wird man als Berater sicherheitshalber – wie übrigens auch in der Praxis weitgehend üblich – die Herbeiführung eines entsprechenden Hauptversammlungsbeschlusses empfehlen, wenn eine im Sinn der Holzmüller-Grundsätze wesentliche unternehmerische Beteiligung erworben werden soll.

24 *cc) Beherrschungsvertrag.* Soll mit der beherrschten Gesellschaft ein Ergebnis- und Gewinnabführungsvertrag abgeschlossen werden, so bedarf dies auch eines Zustimmungsbeschlusses der Hauptversammlung mit einer Mehrheit von 3/4 des vertretenen Grundkapitals; der Beschluss ist notariell zu beurkunden (§ 293 Abs. 2 AktG).

25 **b) GmbH.** Ob und inwieweit die Grundsätze der „Holzmüller"- und „Gelatine"-Entscheidungen auf die GmbH übertragbar sind, ist – mangels einschlägiger Rechtsprechung – nicht geklärt:

26 *aa) Unternehmensgegenstand.* Weitgehende Einigkeit besteht dahingehend, dass ebenso wie bei der Aktiengesellschaft jedenfalls der sachliche Unternehmensgegenstand das Tätigkeitsgebiet der Tochtergesellschaft abdecken muss und überdies eine Konzernklausel erforderlich ist.[48]

27 *bb) Mitwirkungsrechte der Gesellschafterversammlung.* Nach der überwiegenden Meinung in der Literatur besteht jedenfalls im sachlichen Bereich der Holzmüller-Doktrin auch bei der GmbH eine zwingende Zuständigkeit der Gesellschafterversammlung mit qualifizierter Mehrheit, gleich ob eine Konzernklausel vorhanden ist oder nicht. Darüber hinaus ist jedoch wegen der prinzipiellen Allzuständigkeit der Gesellschafterversammlung bei der GmbH davon auszugehen, dass die Geschäftsführer der Gesellschafterversammlung alle Maßnahmen mit außergewöhnlichem Charakter zur Beschlussfassung vorlegen müssen, also nicht nur, wenn es sich um strukturändernde Eingriffe im Sinne der Holzmüller-Doktrin handelt. Die Ausgliederung von Unternehmensteilen in eine selbstständige Tochtergesellschaft wird ebenso wie der Erwerb einer unternehmerischen Beteiligung im Zweifel als ungewöhnliche Maßnahme zu qualifizieren sein,[49] so dass schon deswegen die Zustimmung der Gesellschafter erforderlich ist.

Die vorstehenden Fragen sind allerdings in ihrer praktischen Bedeutung stark dadurch relativiert, dass es gängige Kautelarpraxis ist, die Gründung von Tochtergesellschaften und den Beteiligungserwerb in den „Katalog" der Maßnahmen aufzunehmen, die der Zustimmung der Gesellschafterversammlung bedürfen. Auch ist dann vorbehaltlich anderweitiger gesellschaftsvertraglicher Regelungen für den Zustimmungsbeschluss die einfache Mehrheit ausreichend.[50]

Es ist für die Praxis empfehlenswert, dass die Geschäftsführung der GmbH in jedem Falle einen Gesellschafterbeschluss herbeiführt, wenn eine Ausgliederung eines Unternehmensbereichs auf eine Tochtergesellschaft oder der Erwerb einer unternehmerischen Beteiligung beabsichtigt ist.[51]

---

[46] ZIP 2007, 24.

[47] MünchHdbGesR IV/*Krieger* a. a. O.

[48] *Rowedder/Koppensteiner*, Anhang nach § 52 GmbHG Rn. 44; *Scholz/Emmerich*, Anhang § 13 GmbHG Rn. 63. Es kann insoweit auf obigen Ausführungen verwiesen werden.

[49] *Rowedder/Koppensteiner*, Anhang nach § 52 GmbHG Rn. 43; *Scholz/Emmerich*, Anhang § 13 GmbHG Rn. 62; nach *Lutter/Hommelhoff* ist auch die Ausgliederung wesentlicher Unternehmensteile auf 100%-ige Tochtergesellschaften wegen § 37 Abs. 1 GmbHG keine ungewöhnliche Maßnahme; ebenso Münchner Handbuch Gesellschaftsrecht/*Marsch-Barner/Diekmann* § 44 Rn. 58 m. w. N.; zum Meinungsstand siehe auch *Baumbach/Hueck* § 37 Rn. 7.

[50] *Rowedder/Koppensteiner* a. a. O. Rn. 44.

[51] Hinsichtlich der Formulierung kann auf den obigen Vorschlag zur Aktiengesellschaft verwiesen werden. Siehe Rn. 22.

cc) Beherrschungsvertrag. Will die Muttergesellschaft mit ihrer Tochtergesellschaft einen Beherrschungs- und Gewinnabführungsvertrag abschließen, so ist zu berücksichtigen, dass sich dadurch auch bei der Muttergesellschaft in der Rechtsform der GmbH die Risiken der Verlustausgleichspflicht nach den entsprechend anzuwendenden §§ 302, 303 AktG und der Schadensersatzpflicht nach § 309 AktG ergeben.[52] Damit ist auch § 293 Abs. 2 AktG entsprechend anzuwenden.[53] Für den **Zustimmungsbeschluss** ist 3/4-Mehrheit erforderlich; es genügt aber die einfache Schriftform, wobei der Beherrschungsvertrag selbst der Zustimmungsurkunde als Anlage beizufügen ist.[54] 28

c) **Personengesellschaften.** Eine konzernrechtliche Gruppenbildungskontrolle wird bei der Personengesellschaft weitestgehend für nicht erforderlich erachtet, weil die gesetzlichen Vorschriften über Zustimmungserfordernis bzw. Widerspruchsrecht der nicht geschäftsführenden Gesellschafter bei außergewöhnlichen Geschäften (§§ 116 Abs. 2; 164 Satz 1, 2. Halbs. HGB) sowie deren Kontrollrechte (§§ 118, 166 HGB) ausreichenden Schutz bieten. Die gesellschaftsrechtlichen Voraussetzungen für Ausgliederungen von Betriebsteilen auf Tochtergesellschaften sind am allgemeinen Gesellschaftsrecht zu messen, ohne dass die Übernahme einer „Holzmüller"-Doktrin erforderlich wäre.[55] Nach dem maßgebenden allgemeinen Personengesellschaftsrecht ergibt sich Folgendes. 29

aa) Unternehmensgegenstand. Wie bei den Kapitalgesellschaften ist auch bei der Personengesellschaft erste Voraussetzung für die Möglichkeit der Ausgliederung eines Geschäftsbereichs auf eine Tochtergesellschaft oder den Beteiligungserwerb, dass dieser Vorgang vom Unternehmensgegenstand umfasst wird. Dabei ist umstritten, ob die unternehmerische Tätigkeit mittels eines Tochterunternehmens für sich überhaupt eine Zulassung im Unternehmensgegenstand erfordert, was freilich angesichts der weiten Verbreitung von Konzernierungsklauseln[56] in der Kautelarpraxis praktisch kaum relevant ist.[57] 30

bb) Mitwirkung der nicht geschäftsführenden Gesellschafter. Maßgebend ist, ob die Ausgliederung eines Geschäftsbereichs auf eine Tochtergesellschaft oder der Beteiligungserwerb eine gewöhnliche oder außergewöhnliche Geschäftsführungsmaßnahme im Sinne von §§ 116 Abs. 2, 164 S. 1 zweiter Halbs. HGB darstellt. Einigkeit besteht darin, dass sie als außergewöhnlich zu qualifizieren sein **kann.**[58] Umstritten und mangels einschlägiger Rechtssprechung ungeklärt sind die Voraussetzungen, unter denen dies anzunehmen ist. Die Meinungen gehen von der grundsätzlichen Qualifizierung als gewöhnliches Geschäft bis hin zu der Auffassung, dass bei entsprechender Bedeutung des Unternehmens sogar ein Grundlagengeschäft gegeben sei. Jedenfalls bei der Ausgliederung werden aber weitgehend wieder die „Holzmüller"-Kriterien herangezogen, bei deren Vorliegen eine außergewöhnliche, ansonsten eine gewöhnliche Maßnahme vorliege.[59] Bei einer Ausgliederung durch partielle Gesamtrechtsnachfolge nach dem Umwandlungsgesetz ist gemäß § 123 Abs. 3 UmwG ohnehin zwingend die Zustimmung aller Ge- 31

---

[52] BGH NJW 1986, 188; *Emmerich/Habersack,* Lehrbuch § 32 III.2. und 3 m.w.N.; *Roth/Altmeppen,* Anhang § 13 GmbHG Rn. 72.

[53] *Emmerich/Habersack,* Lehrbuch § 32 II.5. mit Rechtsprechungsnachweisen; *Scholz/Emmerich,* Anhang § 13 GmbHG Rn. 148; Münchner Handbuch Gesellschaftsrecht/*Becker* § 70 Rn. 10; *Roth/Altmeppen,* Anhang § 13 GmbHG Rn. 44.

[54] BGHZ 105, 324 = NJW 1989, 295, 298 – „Supermarkt".

[55] *Emmerich/Habersack,* Lehrbuch § 9 II.1.; *Baumbach/Hopt* § 105 HGB Rn. 106; Zu Auskunfts- und Einsichtsrechten der Gesellschafter: *Emmerich/Habersack,* Lehrbuch § 35 II m.w.N.

[56] Siehe oben: 2. a).

[57] *Westermann,* Handbuch Personengesellschaften I Rn. 4012; MünchKommHGB/*Mülbert* KonzernR Rn. 80.

[58] *Westermann,* Handbuch Personengesellschaften I Rn. 4012 m.w.N.

[59] MünchKommHGB/*Mülbert,* KonzernR Rn. 80; *Westermann,* Handbuch Personengesellschaften I Rn. 4012; jeweils m.N.

sellschafter erforderlich, wenn der Gesellschaftsvertrag hierfür nicht eine ¾-Mehrheit genügen lässt (§§ 125, 43 Abs. 1 UmwG).

Liegt eine außergewöhnliche Maßnahme vor, ist die Zustimmung aller Gesellschafter nur im gesetzlichen Regelfall erforderlich, der jedoch in der Praxis kaum in Betracht kommen wird, da auch in Gesellschaftsverträgen der Personengesellschaften durchwegs Mehrheitsentscheidungen der Gesellschafter bei derartigen Beschlussgegenständen vorgesehen sind. Die Mitwirkungsrechte nach §§ 116 Abs. 2, 164 HGB sind nämlich abdingbar. Eine allgemein gehaltene Klausel soll sich jedoch im Zweifel nicht auf gruppenbildungs-spezifische Zustimmungsrechte erstrecken.[60] Die nachträgliche Abbedingung der Mitwirkungsrechte ist Grundlagengeschäft und bedarf der Zustimmung aller Gesellschafter.[61]

Für eine entsprechende Klausel im Gesellschaftsvertrag bietet sich etwa folgender Wortlaut an:

Formulierungsbeispiel Abbedingung Zustimmungsvorbehalt für Gruppenbildung:
Als zum gewöhnlichen Geschäftsbetrieb im Sinne von § 116 Abs. 1 HGB gehörende Maßnahmen gelten insbesondere auch die Gründung einer Tochtergesellschaft und die Ausgliederung und Übertragung von Teilen des Geschäftsbetriebs der Gesellschaft auf sie sowie der Erwerb von Beteiligungen an Gesellschaften im Rahmen des Unternehmensgegenstands der Gesellschaft.

32 *cc) Beherrschungsvertrag, Konzernierung.* Die Konzernbildung seitens der Personengesellschaft durch Abschluss eines Beherrschungsvertrags oder auch die Aufnahme tatsächlicher einheitlicher Leitung wird verschiedentlich als Grundlagengeschäft angesehen,[62] da hieraus die Verlustausgleichspflicht analog § 302 Abs. 1 AktG entsteht. Nach der Gegenmeinung, die insbesondere von Instanzgerichten vertreten wurde, ist dies lediglich eine außergewöhnliche Maßnahme mit der Folge der Zustimmungsbedürftigkeit seitens der Gesellschafter.[63]

3. Erfordernisse bei der mehrgliedrigen Tochtergesellschaft

33 **a) Aktiengesellschaft.** *aa) Faktische Konzernierung.* Die gesetzlichen Vorschriften der §§ 311 ff. AktG enthalten keine Vorschriften zum Schutz gegen abhängigkeits- und konzernbegründende Maßnahmen. Nach der Konzeption der §§ 311 ff. AktG haben deshalb die Minderheitsaktionäre die Begründung des **Abhängigkeitsverhältnisses** und eine einfache **faktische Konzernierung** ihrer Gesellschaft grundsätzlich hinzunehmen.[64] Insbesondere ist nach ganz herrschender Meinung weder ein Hauptversammlungsbeschluss der abhängigen Gesellschaft noch eine „Konzernierungserklärung" des herrschenden Unternehmens erforderlich.[65] Es herrscht das Prinzip der „Privilegierung der Schadenszufügung gegen Ausgleich".[66]

bb) Vertragskonzern. Dagegen hat der Gesetzgeber bei der Begründung eines Vertragskonzerns die Mitwirkung der Aktionäre der Untergesellschaft zur Voraussetzung

[60] MünchKommHGB/*Mülbert,* KonzernR Rn. 86; großzügiger *Westermann,* Handbuch Personengesellschaften I Rn. 4019.

[61] *Westermann,* Handbuch Personengesellschaften I Rn. 4019 und 4063; MünchKommHGB/*Mülbert,* KonzernR Rn. 280.

[62] Etwa *Baumbach/Hopt* § 114 HGB Rn. 3.

[63] Vgl. MünchKommHGB/*Mülbert,* KonzernR Rn. 82; *Staub/Ulmer* Anhang § 105 HGB Rn. 83.

[64] Ganz herrschende Meinung siehe *Emmerich/Habersack,* Kommentar vor § 311 AktG, Rn. 1; MünchKommAktG/*Kropff* vor § 311 AktG Rn. 40 ff.

[65] *Emmerich/Habersack,* Kommentar vor § 311 AktG, Rn. 1 m. w. N. in Fn. 5 und 6; *Emmerich/Habersack,* Lehrbuch § 8 III.

[66] *Hüffer* § 311 AktG Rn. 1; *Spindler/Stilz/Müller* vor § 311 bis 318 AktG Rn. 3.

gemacht, und zwar mit einer Mehrheit von ¾ des vertretenen Kapitals (§ 293 Abs. 1 AktG). Im Einzelnen sei hier – auch wegen der Beschlussformulierung – auf die aktienrechtliche Spezialliteratur verwiesen.

b) GmbH. Im Gegensatz zur Aktiengesellschaft besteht bei der GmbH das uneingeschränkte **Verbot der nachteiligen Einflussnahme;** die §§ 311 ff. AktG sind nach ganz herrschender Meinung nicht entsprechend anzuwenden,[67] so dass ein gesetzlicher Schutzmechanismus für die GmbH gegen nachteilige Eingriffe nicht besteht. Damit stellt sich das Problem des Schutzes der Gesellschaft und der Minderheitsgesellschafter gegen eine **Abhängigkeitslage.** 34

aa) Satzungsmäßige Vorkehrungen und Wettbewerbsverbot. An satzungsmäßigen Vorkehrungen gegen die Gefahr der Abhängigkeit ist die Vinkulierung der Anteile zu nennen, die Bestimmung von Vorkaufsrechten der Gesellschafter, die Festlegung eines Wettbewerbsverbots sowie besondere Stimmrechtsausgestaltungen bzw. Stimmverbote. Ferner ist allgemein anerkannt, dass ein beherrschender Gesellschafter für denselben Geschäftsbereich, in dem die Gesellschaft tätig ist, einem satzungsunabhängigen, stillschweigenden Wettbewerbsverbot unterliegt.[68] 35

bb) Inhaltskontrolle abhängigkeitsbegründender Beschlüsse. Nach der Rechtsprechung des BGH[69] unterliegt ein Gesellschafterbeschluss,[70] mit dem einem Mehrheitsgesellschafter die in der Satzung ermöglichte Befreiung vom statutarischen Wettbewerbsverbot erteilt wird, der **Inhaltskontrolle.** Ein solcher Beschluss sei wegen der Gefahr, dass von der Beherrschung zum Nachteil der Gesellschaft Gebrauch gemacht wird, grundsätzlich rechtswidrig, falls er nicht durch sachliche Gründe **im Interesse der Gesellschaft gerechtfertigt ist.** Die herrschende Meinung in der Literatur zieht aus der Allgemeingültigkeit dieser Erwägungen den Schluss, dass auch andere abhängigkeitsbegründende Beschlüsse der Inhaltskontrolle unterliegen[71]. Danach unterliegen insbesondere Beschlüsse wie etwa die Zustimmung zur Übertragung vinkulierter Anteile auch an nicht konkurrierende Unternehmen der Inhaltskontrolle, wenn dadurch die Abhängigkeit herbeigeführt wird.[72] Auch Änderungen von Satzungsbestimmungen, die die Entstehung einer Abhängigkeitslage zu verhindern suchen, können einer Inhaltskontrolle unterworfen sein,[73] insbesondere auch ein Dispens des Mehrheitsgesellschafters vom ungeschriebenen Wettbewerbsverbot.[74] Die für die Inhaltskontrolle anzulegenden Maßstäbe sind freilich abgesehen von klaren Fällen, wie etwa finanziellen Schwierigkeiten der Gesellschaft, ungewiss. 36

Die vorstehend geschilderte Rechtslage ist beim Erwerb einer Mehrheitsbeteiligung ein erheblicher, dennoch wenig beachteter Fallstrick. Es ist nicht mit dem Erwerb der Beteiligung aufgrund eines zustimmenden Gesellschafterbeschlusses oder unter Aufhebung eines Wettbewerbsverbotes getan, da nach den im einzelnen freilich unklaren Konse-

---

[67] *Emmerich/Habersack,* Kommentar Anhang § 318 AktG, Rn. 23.

[68] BGHZ 89, 162 = NJW 1984, 1351 *„Heumann/Ogilvy“*. Während sich der BGH auf eine analoge Anwendung von § 112 HGB stützt, gründet dies die Literatur auf die mitgliedschaftliche Treuepflicht.

[69] BGHZ 80, 69 = NJW 1981, 1512 „Süssen“

[70] Mit einfacher Mehrheit, aber Stimmverbot des begünstigten Gesellschafters: BGH NJW 1981, 1512, 1513 – „Süssen“ (insoweit in BGHZ 80, 69 nur teilweise abgedruckt);

[71] *Emmerich/Habersack,* Kommentar Anhang § 318 Rn. 12 und 13; *Liebscher,* GmbH-KonzernR D Rn. 269, 270; *Rowedder/Koppensteiner,* Anhang § 52 GmbHG Rn. 35, jeweils m. w. N.

[72] *Emmerich/Habersack* a. a. O. Rn. 13. Der Inhaltskontrolle kommt hier besondere Bedeutung zu, da im Gegensatz zur Befreiung vom Wettbewerbsverbot bei dieser Beschlussfassung kein Stimmverbot besteht (*Liebscher* a. a. O. D Rn. 268).

[73] *Rowedder/Koppensteiner,* Anhang nach § 52 GmbHG, Rn. 37.

[74] Mit satzungsändernder Mehrheit und bei Stimmverbot des begünstigten Gesellschafters: *Emmerich/Habersack,* Kommentar Anhang § 318 AktG Rn. 18 (str.).

quenzen der zitierten Rechtsprechung immer noch eine Beschlussanfechtung mit Inhaltskontrolle in Betracht kommt.

37 *cc) Konzernrechtlicher Präventivschutz.* Ein Schutz gegen die Entstehung einer Abhängigkeit mit Hilfe der Inhaltskontrolle von Gesellschafterbeschlüssen greift freilich dann nicht, wenn sich der Erwerb der Mehrheitsbeteiligung durch den Unternehmer ohne Gesellschafterbeschluss vollzieht, etwa wenn der Mehrheitsgesellschafter nicht in Wettbewerb zur Gesellschaft tätig ist und die Anteile frei übertragbar sind, oder wenn ein privater Mehrheitsgesellschafter nachträglich Unternehmer wird. Es stellt sich dann die Frage nach einem **allgemeinen konzernrechtlichen Präventivschutz** zur Vermeidung der Abhängigkeit. Ein solcher wird jedoch von der herrschenden Meinung abgelehnt.[75] Die GmbH ist nach dem GmbHG als konzernoffene Gesellschaft konzipiert und der Schutz vor den Gefahren der Abhängigkeit in die Hände der Gesellschafter gelegt. Enthält die Satzung keine entsprechenden Vorkehrungen, so bestehen lediglich die allgemeinen Rechtsbehelfe.[76]

38 *dd) Nachteilige Einflussnahme.* Die herrschende Gesellschaft unterliegt dem oben erwähnten uneingeschränkten Verbot der nachteiligen Einflussnahme auf die abhängige Gesellschaft. Unklar und in vielerlei Hinsicht umstritten sind die Auswirkungen dieses Grundsatzes auf **Konzernierungsmaßnahmen** der herrschenden Gesellschaft.[77] Ein wesentlicher Teil der Literatur steht auf dem Standpunkt, dass das eine GmbH beherrschende Unternehmen seine Einflussmöglichkeiten zu einheitlicher Leitung verdichten, die abhängige GmbH also zum Konzernunternehmen machen darf. Einheitliche Leitung schließe nicht generell aus, dass die Einflussnahmen die abhängige Gesellschaft als Trägerin eigener unternehmerischer Interessen intakt belassen.[78] Ob die einzelnen Maßnahmen als nachteilig zu qualifizieren sind, ist danach im Einzelnen zu überprüfen. Nachteilig können zum Beispiel ungünstige Konzernverrechnungspreise, Entzug von Geschäftsfeldern oder eine zentrale Konzernfinanzierung sein, sind dies jedoch nicht zwangsläufig. Da aber eine effektive einheitliche Leitung ohne jedenfalls gelegentliche nachteilige Maßnahmen gegenüber der abhängigen Gesellschaft kaum möglich ist, kann diese gegen den Willen ihrer aktiven Minderheit praktisch nicht als faktische Konzerntochter geführt werden.[79] Eine andere bedeutsame Meinung geht davon aus, dass die Nachteilhaftigkeit einer Maßnahme am Maßstab des satzungsmäßigen Zwecks der Gesellschaft zu messen sei, der bei einer wirtschaftlichen Zielen dienenden GmbH grundsätzlich die Erzielung von Gewinn in Selbstständigkeit sei, d.h. ohne gleichzeitige Unterworfenheit unter die Ziele eines anderen Unternehmens. Eine dem entgegenstehende Maßnahme sei deswegen bereits nachteilig und auch dann unzulässig, wenn ein messbarer Vermögensschaden bei der abhängigen Gesellschaft nicht entsteht.[80]

Die **Rechtsfolgen** einer Nachteilszufügung sind Ansprüche der abhängigen Gesellschaft bzw. der Minderheitsgesellschafter im Wege der actio pro socio auf Unterlassung und Schadensersatz, auch in Form von Rückgängigmachung des Eingriffs.[81]

---

[75] *Emmerich/Habersack,* Kommentar Anhang § 318 AktG Rn. 21; *Liebscher* D Rn. 255 ff., jeweils mit zahlreichen Nachweisen.

[76] So ausdrücklich *Emmerich/Habersack,* Lehrbuch § 8, II.5.

[77] Einschlägige Rechtsprechung ist – soweit ersichtlich – nicht veröffentlicht, was ein Anzeichen dafür sein mag, dass die Praxis diese Probleme in der Regel „faktisch“ und durch Verhandlungen löst.

[78] *Rowedder/Koppensteiner,* Anhang nach § 52 GmbHG Rn. 41 m. w. N.

[79] *Lutter/Hommelhoff,* Anhang § 13 GmbHG Rn. 21.

[80] *Emmerich/Habersack,* Kommentar Anhang § 317 AktG Rn. 12 und 14; *Baumbach/Hueck/Zöllner,* Schlussanhang. KonzernR Rn. 77, 79, jeweils m. w. N.

[81] *Baumbach/Hueck/Zöllner,* Schlussanhang KonzernR Rn. 79, 85, 87; *Emmerich/Habersack,* Kommentar Anhang § 318 AktG Rn. 30. Dabei ist überdies nach der herrschenden Meinung die Schadensersatzverpflichtung nicht durch Ausgleich der Nachteile entsprechend § 311 AktG vermeidbar: *Rowedder/Koppensteiner,* Anhang nach § 52 GmbHG Rn. 53 m. w. N.

Bei der geschilderten Rechtslage wird es für das herrschende Unternehmen schwerlich möglich sein, die abhängige Tochtergesellschaft ohne weiteres mit nennenswerten Konzernierungsmaßnahmen ihrer einheitlichen Leitung zu unterstellen, ohne Gefahr zu laufen, sich bei einer „aktiven" Minderheit den genannten Ansprüchen auszusetzen. Es stellt sich deshalb die Frage nach der Möglichkeit einer **nachträglichen Änderung des Gesellschaftszwecks** dahingehend, dass in der Satzung ausdrücklich eine Konzerndienende Funktion festgelegt wird, wie dies bei einer „geborenen Konzerngesellschaft" der Fall ist; dann kann es auch gemessen am Gesellschaftszweck nicht zu „Nachteilen" der Gesellschaft kommen, wenn die Maßnahmen dem Konzernganzen dienen.[82] Für eine entsprechende Vorschrift in der Satzung wird folgende **Formulierung** vorgeschlagen:[83] 39

Formulierungsbeispiel Konzerndienender Unternehmenszweck:

Gegenstand des Unternehmens ist die Herstellung und der Vertrieb von ...... Die Gesellschaft ist der einheitlichen Leitung ihrer Mehrheitsgesellschafterin in der Weise unterstellt, dass sie alle Geschäfte und Maßnahmen allein an der Förderung des Interesses und des wirtschaftlichen Wohls der Mehrheitsgesellschafterin oder des mit ihr bestehenden Verbundes ausrichtet.

Die nachträgliche Aufnahme einer derartigen Bestimmung in den Gesellschaftsvertrag bedarf freilich als Änderung des Gesellschaftszwecks in entsprechender Anwendung von § 33 Abs. 1 Satz 2 BGB der Zustimmung aller Gesellschafter.[84] Es bleibt also in dieser Situation für das herrschende Unternehmen praktisch die Möglichkeit, unter Einsatz seiner faktischen Stellung in Verhandlungen mit den Minderheitsgesellschaftern und Vereinbarungen über Absicherungen und Nachteilsausgleich zu einer einvernehmlichen Lösung zu gelangen.[85]

Erwirbt ein Unternehmen eine Mehrheitsbeteiligung mit der Absicht, die Tochtergesellschaft im Sinne einer Konzernierung ihrer Leitung zu unterstellen, so muss die Erwerberin über die oben erwähnten Probleme der Abhängigkeitsbegründung hinaus weiterhin die Gefahr der Unzulässigkeit von Konzernierungsmaßnahmen beachten. Verbleibt der Veräußerer als Minderheitsgesellschafter in der Tochtergesellschaft, so ist im Zuge des Erwerbs ein dienender Gesellschaftszweck festzulegen oder, soweit bereits möglich, einzelne Konzernierungsmaßnahmen. Auch wenn weitere Minderheitsgesellschafter verbleiben, wird deren Zustimmung vor dem Erwerb faktisch eher zu gewinnen sein als nachträglich.

ee) Beherrschungsvertrag. Beherrschungs- und Gewinnabführungsverträge mit einer abhängigen GmbH sind unbedenklich zulässig.[86] Nach ganz herrschender Meinung ist jedoch ein einstimmiger Gesellschafterbeschluss bei der abhängigen GmbH Voraussetzung für den Abschluss des Vertrages,[87] wenn nicht bereits eine entsprechende Satzungsermächtigung vorliegt.[88] In praktischer Hinsicht besteht also im Ergebnis dieselbe Situation wie vor Durchführung einer faktischen Konzernierung. 40

---

[82] *Roth/Altmeppen,* Anhang § 13 GmbHG Rn. 37 und 40 m. w. N.; *Rowedder/Koppensteiner,* Anhang nach § 52 GmbHG, Rn. 55; *Hommelhoff,* Die qualifizierte faktische Unternehmensverbindung ZGR 1994, 395, 404.

[83] In Anlehnung an *Beiner* S. 38.

[84] *Baumbach/Hueck/Zöllner,* Schlussanhang KonzernR Rn. 87 a. E.; *Emmerich/Habersack,* Kommentar Anhang § 317 AktG Rn. 12; *K. Schmidt,* GesR § 39 II 1, § 38 III 3; anders wohl *Schneider,* Entwicklungen, Seite 132: Satzungsändernde Mehrheit.

[85] So *Lutter/Hommelhoff,* Anhang 13 GmbHG Rn. 21.

[86] *Rowedder/Koppensteiner,* Anhang nach § 52 GmbHG, Rn. 53 m. w. N; *Lutter/Hommelhoff,* Anhang § 13 GmbHG Rn. 32.

[87] *Rowedder/Koppensteiner,* Anhang nach § 52 GmbHG, Rn. 55; *Roth/Altmeppen,* Anhang § 13 GmbHG Rn. 37 und 40 m. w. N.

[88] *Priester* DB 1989, 1013, 1015 f.

41 c) **Personengesellschaft.** Bei der Personengesellschaft, damit insbesondere auch der GmbH & Co. KG, entspricht die Rechtslage – abgesehen von unterschiedlichen aus der Gesetzeslage hergeleiteten Ansätzen – in der sachlichen Argumentation und im Ergebnis im Wesentlichen derjenigen bei der GmbH.

42 *aa) Gesetzliche Vorkehrungen.* Das Recht der Personengesellschaft beinhaltet von vornherein Vorkehrungen zur Sicherung der Unabhängigkeit der Gesellschaft, die nicht wie bei der GmbH durch entsprechende Verfassungsgestaltung erst herbeigeführt werden müssen. So gilt die Vinkulierung der Anteile bereits von Gesetzes wegen, des gleichen das Wettbewerbsverbot, und auch die Inhaltskontrolle von gesellschaftsvertraglich zugelassenen Mehrheitsbeschlüssen auf ihre sachliche Rechtfertigung führt zu entsprechenden Ergebnissen.[89]

43 *bb) Herbeiführung der Abhängigkeit.* Die schlichte Abhängigkeit einer Personengesellschaft ist zulässig. Wenn nicht ein Gesellschafterbeschluss zur Abhängigkeit geführt hat, der wie gesagt der Inhaltskontrolle unterliegt, ist die Begründung der Abhängigkeit als solche von den Minderheitsgesellschaftern hinzunehmen.[90]

44 *cc) Konzernierung.* Die auf rein faktischer Grundlage der Abhängigkeit erfolgenden Maßnahmen der Konzernierung, die im Sonderinteresse der Muttergesellschaft erfolgen und ggf. dem eigenen Interesse der Tochtergesellschaft widersprechen, sind grundsätzlich ein „Unrechtstatbestand", der zu Unterlassens- und Schadensersatzansprüchen führt.[91] Derartige Maßnahmen sind nur zulässig, wenn der Unternehmensgegenstand einen dienenden Verbandszweck beinhaltet.[92] Ein solcher Verbandszweck kann bereits bei der Gründung der Gesellschaft vereinbart werden. Die spätere Änderung in einen dienenden Gesellschaftszweck bedarf grundsätzlich eines einstimmigen Gesellschafterbeschlusses (**Konzernierungsbeschluss**). Er kann aber auch konkludent gefasst werden, etwa durch die Zustimmung aller Gesellschafter zu einem Beherrschungsvertrag.[93]

Eine entsprechende **Mehrheitsentscheidung** setzt eine eindeutige Zulassung im Gesellschaftsvertrag voraus, die dem Bestimmtheitsgrundsatz genügt und die wegen des Eingriffs in den Kernbereich der Mitgliedschaft als vorweggenommene Zustimmung der Gesellschafter angesehen werden kann. Nicht ausreichend ist eine allgemein gehaltene Klausel des Inhalts, dass sich die Gesellschafter der einheitlichen Leitung eines herrschenden Unternehmens unterstellen können oder dass über die Konzernierung der Gesellschaft mit Mehrheit beschlossen werden kann („sog. einfache Konzernierungsklausel"). Erforderlich ist, dass der Gesellschaftsvertrag genau bestimmte **konkrete Einzelfälle** in Bezug nimmt und dabei unter Benennung des in Betracht kommenden herrschenden Unternehmens auch Ausmaß und Umfang der **Ausübung der Leitungsmacht konkret** regelt (**„qualifizierte Konzernierungsklausel"**).[94] Wie weit freilich die Konkretisierung zu gehen hat, ist nicht mit Sicherheit zu beurteilen.[95] Angesichts der moderaten jüngeren Rechtsprechung des BGH zum Bestimmtheitsgrundsatz[96] wird

---

[89] *Emmerich/Habersack,* Lehrbuch § 8, I; MünchKommHGB/*Mülbert,* KonzernR Rn. 255.

[90] MünchKommHGB/*Mülbert,* KonzernR Rn. 123; *Emmerich/Habersack,* Lehrbuch § 8, I.3.

[91] MünchKommHGB/*Mülbert,* KonzernR Rn. 127.

[92] MünchKommHGB/*Mülbert,* KonzernR Rn. 127 und 135.

[93] MünchKommHGB/*Mülbert,* KonzernR Rn. 133; *Staub/Ulmer,* Anhang § 105 HGB Rn. 61.

[94] MünchKommHGB/*Mülbert,* KonzernR Rn. 157 und 270; *Westermann,* Handbuch Personengesellschaften I Rn. 4040, jeweils m. w. N.; *Emmerich/Habersack,* Lehrbuch § 34 II 1.

[95] Einschlägige Rechtsprechung ist nicht ersichtlich. In der Literatur vertreten eher eine strengere Auffassung: MünchKommHGB/*Mülbert,* KonzernR a. a. O. unter Verweis auf MünchKomm/*Enzinger* § 119 HGB Rn. 66, sowie *Emmerich/Habersack,* Lehrbuch § 34 II.1.a; siehe auch *Mecke,* BB 1988, 2663; *Löffler* NJW 1989, 2656, 2661: Die Klausel müsse sich auf ein konkretes Konzernierungsvorhaben mit einem bestimmten Unternehmen beziehen; eingehend *Ebenroth,* FS Boujong Seite 107 ff. u. a. mit dem Vorschlag, dem Minderheitsgesellschafter Austrittsrechte im Fall der Konzernierung zuzugestehen.

[96] ZIP 2007, 475 – „Otto".

man jedoch von der Wirksamkeit etwa folgender Klausel im Gesellschaftsvertrag ausgehen können:

Formulierungsbeispiel qualifizierte Konzernierungsklausel:

Die Gesellschaft kann sich der einheitlichen Leitung der Kommanditistin X als herrschendem Unternehmen in der Weise unterstellen, dass die Gesellschaft alle ihre Geschäfte und Maßnahmen allein an der Förderung der Interessen und des wirtschaftlichen Wohls der Kommanditistin X oder des mit ihr bestehenden Verbundes ausrichtet.

Zu diesem Zweck kann die Gesellschafterversammlung mit einfacher Mehrheit beschließen, dass der Kommanditistin X das Recht eingeräumt wird, dem geschäftsführenden Gesellschafter Weisungen zu erteilen. Diese können zu gewöhnlichen und außergewöhnlichen Geschäftsführungsmaßnahmen, im Einzelfall oder allgemein erfolgen, auch wenn sie für die Gesellschaft von Nachteil sein sollten. Auch bei außergewöhnlichen Geschäftsführungsmaßnahmen bestehen keine Mitwirkungsrechte der übrigen Gesellschafter nach § 116 Abs. 2 und § 164 Satz 1, zweiter Halbsatz HGB, wenn diese auf einer solchen Weisung beruhen. Die Kommanditistin X unterliegt bei dem Beschluss keinem Stimmverbot.

Hat sich die Tochtergesellschaft auf diese Weise einen Konzern-dienenden Verbandszweck gegeben, so bildet dieser, und nicht mehr ihr Eigeninteresse, den Maßstab für die Feststellung, ob ein schädigender, **treuepflichtwidriger Eingriff** des herrschenden Unternehmens vorliegt. Daher liegt ein haftungsbegründender Nachteil erst dann vor, wenn eine Schädigung der Tochtergesellschaft nicht einmal von Konzerninteresse gedeckt ist.[97] 45

Zweifelhaft ist die Frage, ob die herrschende Gesellschaft eine § 302 Abs. 1 AktG nachempfundene pauschale Verlustausgleichspflicht trifft. Dies war im Anschluss an die ältere Rechtsprechung des BGH[98] weitgehende Meinung in der Literatur, jedenfalls für Fälle des qualifiziert faktischen Konzerns,[99] und zwar unabhängig davon, ob die Gesellschafter der einheitlichen Leitung durch Konzernierungsbeschluss zugestimmt hatten oder nicht.[100] Da diese Auffassung auf dem konzernrechtlichen Haftungssystem jener Rechtsprechung des BGH beruht, das er gänzlich zugunsten des Konzepts des existenzvernichtendem Eingriffs aufgegeben, und da er überdies neuerdings die Durchgriffshaftung des herrschenden Unternehmens gegenüber Gläubigern abgeschafft hat (siehe zur Entwicklung der Rspr. unten § 11 Rn. 41–43), könnte diese Rechtsmeinung freilich jetzt überholt sein.[101]

Es verbleibt die Haftung für **bestandsvernichtende Eingriffe** seitens des beherrschenden Unternehmens, die auch bei Konzerndienendem Verbandszweck der Tochtergesellschaft gegen die gesellschafterliche Treuepflicht verstoßen.[102]

---

[97] MünchKommHGB/*Mülbert*, KonzernR Rn. 217; *Westermann*, Handbuch Personengesellschaften I Rn. 4051, jeweils m. w. N.

[98] BGH NJW 1980, 231 – „Gervais".

[99] MünchKommHGB/*Mülbert*, KonzernR Rn. 173, 176 m. w. N.; *Westermann*, Handbuch Personengesellschaften I Rn. 4068.

[100] Siehe die Nachweise bei MünchKommHGB/*Mülbert*, Rn. 173.

[101] Siehe hierzu: MünchKommHGB/*Mülbert*, KonzernR Rn. 179; *Westermann*, Handbuch Personengesellschaften I Rn. 4077 a. E. Diese Rechtsauffassung hat wohl vornehmlich den nunmehr vom BGH anderweitig konzipierten Gläubigerschutz im Auge und für einen Schutz der Minderheitsgesellschafter durch einen solchen Ausgleichsanspruch dürfte wegen des Einstimmigkeitserfordernisses für einen dienenden Verbandszweck kein Anlass bestehen: MünchKommHGB/*Mülbert*, KonzernR Rn. 192; *Westermann*, Handbuch Personengesellschaften I Rn. 4075 a. E. Für die konzernierte GmbH scheint es überwiegende Meinung zu sein, dass für einen solchen Verlustausgleichsanspruch kein Raum mehr besteht: MünchHdbGesR III/*Decher* § 69 Rn. 26 m. w. N.

[102] MünchKommHGB/*Mülbert*, KonzernR Rn. 226; *Westermann*, Handbuch Personengesellschaften I Rn. 4077, jeweils m. w. N.

46 *dd) Beherrschungsvertrag.* Überwiegend werden Beherrschungsverträge mit einer abhängigen Personengesellschaft als zulässig angesehen, jedenfalls dann, wenn natürlichen Personen als persönlich haftenden Gesellschaftern eine haftungsfreie Stellung im Innenverhältnis eingeräumt wird.[103] Hinsichtlich des Einstimmigkeitserfordernisses beim Zustandekommen und der möglichen vorweggenommenen Zustimmung im Gesellschaftsvertrag sowie hinsichtlich der Haftungsfolgen kann auf die vorstehenden Ausführungen zum Konzernierungsbeschluss verwiesen werden.

II. Durchführung der Gründung einer Tochtergesellschaft

Auch die Durchführung der Gründung erfordert eingehende Planung und Abwägung zahlreicher Überlegungen:

1. Wahl der Rechtsform der Tochtergesellschaft

47 a) **Allgemeine Kriterien.** Hierzu sei in erster Linie auf die Ausführungen in § 4 und § 12 dieses Buches verwiesen, wo die Gesichtspunkte dargestellt sind, die allgemein bei der Wahl der zweckmäßigen Rechtsform zu beachten sind.

48 b) **Das Kriterium der Einflussnahmemöglichkeit.** Neben den allgemeinen Gesichtspunkten ist für die Wahl der Rechtsform einer Tochtergesellschaft maßgebendes Kriterium, welcher Umfang an Einflussnahmemöglichkeit auf das Tochterunternehmen angestrebt wird oder umgekehrt, welcher Freiraum der Tochtergesellschaft belassen werden soll, also die Intensität der Konzernierung.

Dabei geht es weniger um die **Grundlagenentscheidungen,** die bei allen Gesellschaftsformen (von mitbestimmungsrechtlichen Modifikationen einmal abgesehen) der Gesellschafterseite vorbehalten sind, wie etwa
- Eigenkapitalausstattung,
- Ergebnisverwendung,
- Personalentscheidungen sowie die Besetzung von Geschäftsführungs- und Aufsichtsorganen sowie
- Strukturentscheidungen wie etwa der Abschluss von Unternehmensverträgen oder Umwandlungen.

Von Bedeutung ist vielmehr in erster Linie, inwieweit die Muttergesellschaft Möglichkeiten zur Einflussnahme auf **Geschäftsführungsangelegenheiten** haben soll, da sich hierbei Unterschiede der in Betracht kommenden Rechtsformen zeigen.

49 c) **Vergleich der Rechtsformen.** Zu den Möglichkeiten der Steuerung und Kontrolle von Tochtergesellschaften sind an dieser Stelle lediglich einige grundsätzliche Bemerkungen veranlasst.

Bei der **Aktiengesellschaft** führt der Vorstand die Geschäfte eigenverantwortlich. Lediglich Aufsicht und Kontrolle obliegen in erster Linie dem Aufsichtsrat. Weder ihm noch der Hauptversammlung steht ein allgemeines oder konkretes Weisungsrecht zu.[104]

Ganz im Gegensatz hierzu steht die Situation bei der **GmbH.** Die Gesellschafterseite ist nicht auf die Bestimmung der Grundlagen der Geschäftspolitik beschränkt, sondern kann Geschäftsführungsmaßnahmen in beliebigem Umfang von ihrer Zustimmung abhängig machen oder sie ganz an sich ziehen, vor allem Weisungen an die Geschäftsführung erteilen. Das Weisungsrecht ist unentziehbar.[105] Dabei ist natürlich zu berücksichtigen, dass die Ausübung der Gesellschafterrechte grundsätzlich Sache der Geschäftsführung der Muttergesellschaft ist.

---

[103] *Westermann,* Handbuch Personengesellschaften I Rn. 4083 m. w. N.; *Staub/Ulmer,* Anhang § 105 HGB Rn. 69.

[104] Zu erwähnen ist lediglich die negative Kompetenz des allgemeinen oder konkreten Zustimmungsvorbehalts des Aufsichtsrates nach § 111 Abs. 4 AktG.

[105] *Roth/Altmeppen* § 37 GmbHG Rn. 2 ff.

Bei der **Personenhandelsgesellschaft** besteht schon wegen des Grundsatzes der Selbstorganschaft naturgemäß eine enge Verbindung, gegebenenfalls sogar Identität zwischen Gesellschaftern und Geschäftsführung. Bei der GmbH & Co. KG, die in der Regel für eine Tochtergesellschaft in der Rechtsform der Personengesellschaft in Betracht kommen wird, vollzieht sich die Einflussnahme der Muttergesellschaft in aller Regel über die Beherrschung der Komplementär-GmbH, so dass letztlich ein substantieller Unterschied bezüglich der Bestimmung der Geschäftsführung nicht besteht.

Bei einer **zusammenfassenden Abwägung** seien folgende Gesichtspunkte genannt: 50

- Die Rechtsform der **Aktiengesellschaft** der Tochtergesellschaft kommt in Betracht, wenn deren Geschäftsführung möglichst unabhängig von Einflussnahmen der Muttergesellschaft agieren soll. Sie wird sich allerdings in der Praxis normalerweise nur anbieten, wenn die Muttergesellschaft selbst eine Aktiengesellschaft ist. Dies ist vor allem eine Frage der Praktikabilität; die Schwierigkeiten, mit der Satzungsstrenge und der Formalisierung der Abläufe in der Aktiengesellschaft zurechtzukommen, ist für die Handelnden – wenn sie nicht gewohnt sind, damit umzugehen oder laufend rechtlich beraten sind – nicht zu unterschätzen. Auf der anderen Seite mag allein der Auftritt als „Aktiengesellschaft“ je nach Marktumfeld von psychologischem Vorteil sein. Natürlich sind besondere Konstellationen denkbar, die für eine Aktiengesellschaft sprechen oder eine solche gerade erfordern. Man denke etwa an die Situation, dass eine Tochtergesellschaft mit der Überlegung gegründet wird, den Bereich an die Börse zu bringen.
- Die **naheliegende Rechtsform** der Tochtergesellschaft ist die der **GmbH.** Sie ist aufgrund der gesetzlichen Ausgestaltung *„prädestiniert für die Einbindung in einen Unternehmensverbund“*.[106] Durch die weitestgehend flexibel auszugestaltende Verfassung kann der Geschäftsführung trotz bestehender Weisungsgebundenheit ein beträchtlicher Freiraum für autonome Geschäftsführungsentscheidungen eingeräumt werden.[107] Auf der anderen Seite kann aber durch entsprechende Gestaltung von Satzung und Geschäftsführervertrag, insbesondere des Katalogs der zustimmungsbedürftigen Geschäfte, eine sehr enge Einflussnahmemöglichkeit der Muttergesellschaft bewirkt werden.

Dasselbe gilt an sich für die **Personengesellschaft,** insbesondere die GmbH & Co. KG, auch wenn Dogmen wie Selbstorganschaft oder Bestimmtheitsgrundsatz sich gelegentlich als hinderlich für flexible Gestaltungsmöglichkeiten auswirken mögen. Die Entscheidung zwischen GmbH und GmbH & Co. KG als Tochtergesellschaft wird abgesehen von der einfacheren „Kapitalerhöhung“ bei der KG letztlich vornehmlich von verschiedensten steuerrechtlichen Gesichtspunkten abhängen.[108]

2. Regelungen im Gesellschaftsvertrag von Mutter- und Tochtergesellschaften

Aus dem Abhängigkeits- und vor allem einem Konzernverhältnis zwischen Mutter- und Tochtergesellschaft ergibt sich Regelungsbedarf in deren Gesellschaftsverträgen. Oben bereits behandelt sind die grundlegenden **Konzernklauseln,** zum einen betreffend die Muttergesellschaft mit der Ermächtigung, den Unternehmensgegenstand auch in abhängigen oder konzernierten Tochtergesellschaften zu verwirklichen,[109] zum anderen in der Tochtergesellschaft dahingehend, dass deren Gesellschaftszweck auf das Konzern- 51

---

[106] *Emmerich/Habersack,* Lehrbuch § 8 II. 1.

[107] *Kraft,* Holding-Handbuch § 3 Rn. 41.

[108] Wie allgemein bei der Wahl der Rechtsform für eine Gesellschaft mag etwa der unmittelbare Anfall des Ergebnisses bei der Muttergesellschaft bzw. deren Gesellschaftern erwünscht sein, wie dies bei der GmbH & Co. KG der Fall ist. Andererseits ermöglicht nur die GmbH eine dosierte Ausschüttungs- und Thesaurierungspolitik. Auch erbschaftsteuerrechtliche Gründe mögen bei personalistisch dominierten Gesellschaften eine Rolle spielen. Speziell bei einer Tochtergesellschaft spricht für die GmbH die mögliche Steuerfreiheit der Anteilsveräußerung (siehe oben Rn. 9).

[109] Siehe oben Rn. 21.

interesse oder gar nur auf die Durchführung von Hilfsfunktionen im Konzern ausgerichtet ist.[110] Besondere Beachtung verdient weiterhin die Ausgestaltung des Verhältnisses von Gesellschaftern zur Geschäftsführung. Außerdem besteht vielfach im Hinblick auf Fragen der Entnahmen und Ausschüttungen ein Abstimmungsbedürfnis.

52 a) **Geschäftsführung.** *aa) Verhältnis Gesellschafter zu Geschäftsführung bei der Muttergesellschaft.* Da die Wahrnehmung von Gesellschafterrechten aus einer Beteiligung grundsätzlich Angelegenheit der Geschäftsführung ist, besteht die Gesellschafterversammlung einer Tochtergesellschaft aus der Geschäftsführung der Muttergesellschaft. Im Prinzip wären damit einschneidende Maßnahmen wie Kapitalerhöhungen, der Abschluss von Unternehmensverträgen oder die Beteiligung Dritter an der Tochtergesellschaft allein Sache der Geschäftsführung der Muttergesellschaft.[111] Daraus folgt das Problem, dass die Möglichkeiten der Mitwirkung der Gesellschafter oder jedenfalls der Minderheitsgesellschafter an der Verwaltung ihres in Tochtergesellschaften gebundenen Vermögens geringer sind als wenn es in die Muttergesellschaft integriert ist. Durch Überführung eines Betriebsteils in eine Tochtergesellschaft besteht also grundsätzlich – je nach Blickwinkel – die Möglichkeit oder Gefahr, dass ein Vermögensteil der Gesellschaft der Einflussnahme der Minderheitsgesellschafter entzogen wird. Dieser Interessenkonflikt wird gemeinhin unter dem Stichwort der **Konzernleitungskontrolle** behandelt.[112] Danach gilt[113] als außergewöhnliches Geschäft, das der Zustimmung der Gesellschafter bedarf, auch ein außergewöhnliches Geschäft der Tochtergesellschaft, dies allerdings zu beurteilen aus der Sicht der Muttergesellschaft.[114] Enthält der Gesellschaftsvertrag der Muttergesellschaft bei Geschäftsführungsmaßnahmen Zustimmungsvorbehalte zu Gunsten der Gesellschafter, so gelten diese „im Zweifel" auch für gleichartige Geschäftsführungsmaßnahmen in einer 100%-igen Tochtergesellschaft.[115] Dasselbe gilt, wenn die Obergesellschaft Personengesellschaft ist, für den gesetzlichen Zustimmungsvorbehalt nach § 116 Abs. 2 HGB.[116] Um Zweifel auszuschließen, sind also klarstellende und präzisierende Regelungen im Gesellschaftsvertrag der Muttergesellschaft angezeigt, etwa wie folgt:

Formulierungsbeispiel Zustimmungserfordernis bei Ausübung von Beteiligungsrechten:

Bei der Ausübung der Gesellschafterrechte der Gesellschaft in Tochtergesellschaften bedarf die Geschäftsführung der vorherigen Zustimmung der Gesellschafterversammlung

1. bei Entscheidungen, wie sie der Art nach auch in der Gesellschaft der Entscheidung der Gesellschafterversammlung vorbehalten sind, insbesondere Änderungen des Gesellschaftsvertrages einschließlich Kapitalerhöhung, Feststellung des Jahresabschlusses und Ergebnisverwendung, Bestellung und Abberufung von Geschäftsführern, sowie Abschluss von Unternehmensverträgen;
2. bei der Zustimmung zu außergewöhnlichen Geschäftsführungsmaßnahmen der Tochtergesellschaft, für die deren Geschäftsführung die Zustimmung ihrer Gesellschafterversammlung benötigt oder die Geschäftsführung der Gesellschaft benötigen würde, wären sie Maßnahmen der Gesellschaft;
3. bei der Erteilung von Weisungen an die Geschäftsführung der Tochtergesellschaft.

---

[110] Siehe oben Rn. 39 und 44.

[111] *Scholz/Emmerich,* GmbHG Anhang § 13 Rn. 64 b; *Emmerich/Habersack,* Lehrbuch § 9 III 2.

[112] *Emmerich/Habersack,* Lehrbuch § 7 I. 1. und § 9 II. 2, III. 2. und IV. 2. zu den Rechtsformen der Personengesellschaft, GmbH und Aktiengesellschaften; *Emmerich/Habersack,* Kommentar vor § 311 AktG Rn. 48.

[113] Bei der Personengesellschaft und GmbH.

[114] *Scholz/Emmerich,* GmbHG Anhang § 13 Rn. 64 a.

[115] BGH WM 1973, 170, 172.

[116] *Wertenbruch,* ZIP 2007, 798, 802.

bb) Verhältnis Muttergesellschaft zur Geschäftsführung der Tochtergesellschaft. Eine verhältnismäßig starke Abhängigkeit der Geschäftsführung der Tochtergesellschaft von der Muttergesellschaft kann angesichts der oben dargestellten Zwecke der Ausgliederung eines Unternehmensbereichs auf eine Tochtergesellschaft[117] unerwünscht sein. Der für angemessen erachtete Grad der Abhängigkeit kann durch entsprechende Ausgestaltung des Katalogs zustimmungsbedürftiger Geschäfte im Gesellschaftsvertrag der Tochtergesellschaft oder dem Geschäftsführervertrag dosiert werden. 53

Verschiedentlich mag es psychologisch kontraproduktiv sein, wenn die Geschäftsführung der Muttergesellschaft derjenigen der Tochtergesellschaft als das „oberste Organ" Gesellschafterversammlung gegenübertritt. Im Hinblick darauf kann die Installierung eines Beirates bei der Tochtergesellschaft sinnvoll sein, dem anstelle der Geschäftsführung der Muttergesellschaft deren Funktionen der Gesellschafterversammlung übertragen werden. Dabei ist hinsichtlich der Besetzung daran zu denken, dass es neben Gesellschaftern der Muttergesellschaft gerade auch bei neuen Geschäftsfeldern zweckmäßig sein kann, wenn neben Gesellschaftern der Muttergesellschaft Außenstehende mit spezieller Fachkompetenz dem Beirat angehören.[118] Eine entsprechende Vorschrift im Gesellschaftsvertrag der Tochtergesellschaft, soweit die Funktion des Beirates geregelt wird, kann etwa wie folgt lauten:

Formulierungsbeispiel Funktion eines Beirats bei der Tochtergesellschaft:

Aufgabe und Befugnis des Beirates ist neben Beratung und Überwachung der Geschäftsführung die Wahrnehmung sämtlicher Aufgaben und Befugnisse, die der Gesellschafterversammlung im Verhältnis zur Geschäftsführung zustehen, insbesondere die Zuständigkeit zur Zustimmung zu zustimmungspflichtigen Maßnahmen und Geschäften und die Erteilung von Weisungen an die Geschäftsführung.

b) Rücklagenbildung. *aa) Rechtliche Ausgangslage.* Bei der **Aktiengesellschaft** gilt die weitgehend zwingende gesetzliche Regelung des § 58 AktG mit der dort vorgesehenen Kompetenzaufteilung auf Vorstand und Aufsichtsrat einerseits und Hauptversammlung andererseits. Bei der **Personengesellschaft** gilt grundsätzlich das Vollausschüttungsgebot (§§ 122 Abs. 1, 167 HGB), wonach die Gesellschafter Anspruch auf den vollen ihnen nach § 120 HGB zukommenden Gewinn haben, wenn der Gesellschaftsvertrag nicht die Bildung von freien Rücklagen vorschreibt oder durch Mehrheitsbeschluss zulässt[119] (die Rücklagenbildung würde anderenfalls eine Änderung des Gesellschaftsvertrages voraussetzen). Bei der **GmbH** können die Gesellschafter auch ohne gesellschaftsvertragliche Regelung mit einfacher Mehrheit die Bildung von Rücklagen beschließen (§ 29 Abs. 2 GmbHG).[120] Soweit nicht ausnahmsweise durch Konkretisierung der Treuepflicht ein Minderheitenschutz greift, kann die Mehrheit also in der GmbH auch ohne gesellschaftsvertragliche Ermächtigung thesaurieren, was letztlich zu einem „Aushungern" der Minderheitsgesellschafter führen kann.[121] 54

Die gesetzlichen Regelungen bei der Personengesellschaft und der GmbH sind dispositiv. Hiervon wird in der Kautelarpraxis in vielfältiger Weise Gebrauch gemacht, wobei zumeist Zwischenlösungen zwischen Vollausschüttung und Freiheit der Rücklagen-

[117] Siehe oben Rn. 5.

[118] Ein Beirat kann zugleich für die Regelung der Nachfolge in der Führung des Unternehmens sinnvoll sein. Siehe hierzu § 19 Rn. 22–29.

[119] MünchKommHGB/*Mülbert*, KonzernR Rn. 97; *Baumbach/Hopt* § 122 HGB Rn. 8 und 12.

[120] Für vor dem 1. 1. 1986 gegründete GmbHs gilt weiterhin nach § 29 a. F. das Vollausschüttungsgebot, wenn nicht der Gesellschaftsvertrag Rücklagenbildung vorschreibt oder einen entsprechenden Gesellschafterbeschluss zulässt.

[121] *Roth/Altmeppen* § 29 GmbHG Rn. 22; *Baumbach/Hopt* § 122 HGB Rn. 15 f.

bildung gewählt werden, die je nach den individuellen Erfordernissen im konkreten Fall versuchen, den Interessen der Gesellschaft an der Möglichkeit von Kapitalbildung und der (Minderheits-) Gesellschafter an Gewinnausschüttung gerecht zu werden. Häufig sind beispielsweise Regelungen, die die Thesaurierung eines bestimmten Prozentsatzes des Jahresgewinns erleichtert zulassen oder gar vorschreiben und abweichende und darüber hinausgehende Rücklagenbildung von einem Gesellschafterbeschluss mit qualifizierter Mehrheit abhängig machen.[122]

55 *bb) Gewinnverwendung bei der Tochtergesellschaft.* Da die Beteiligungsverwaltung grundsätzlich Kompetenz der Geschäftsführung der Muttergesellschaft ist, führt die Ausgliederung von Geschäftsbereichen in Tochtergesellschaften tendenziell dazu, dass den Gesellschaftern oder jedenfalls den Minderheitsgesellschaftern die Gefahr droht, dass sie mangels Einflussnahmemöglichkeit auf die Entscheidung über die Gewinnverwendung einer auch extensiven Thesaurierungspolitik auf der Ebene der Tochtergesellschaft nicht begegnen können.

Ohne eine ausdrückliche vertragliche Regelung stellt sich zunächst die Frage, ob die diesbezüglichen Entscheidungen der Geschäftsführung der Muttergesellschaft **außergewöhnliche Maßnahmen** darstellen, die in der Regel die Zustimmungskompetenz der Gesellschafter zur Folge haben. Dies wird zwar zumeist ohne Einschränkung bejaht,[123] erscheint aber bei geringer wirtschaftlicher Bedeutung der Tochtergesellschaft, die aus der Sicht der Muttergesellschaft zu beurteilen ist,[124] nicht ganz zweifelsfrei.[125]

Die bei der **Muttergesellschaft geltende Rechtslage**, sei es aufgrund dispositiver gesetzlicher oder ausdrücklicher vertraglicher Regelungen, gilt nicht ohne weiteres auch für Gewinne der Tochtergesellschaft. Dies ist vielmehr im konkreten Fall anhand einer Auslegung des Gesellschaftsvertrages der Muttergesellschaft zu prüfen.[126] Wenn etwa bei der Muttergesellschaft ein Vollausschüttungsgebot besteht, so wird man im Zweifel davon ausgehen können, dass auch in den Tochtergesellschaften grundsätzlich die Gewinne voll auszuschütten sind und die Geschäftsführung hierfür zu sorgen hat.[127] Besteht umgekehrt auf der Ebene der Muttergesellschaft kein Vollausschüttungsgebot, so kann ein solches auch für eine Tochtergesellschaft nicht bestehen.[128] Ob dann freilich die gesellschaftsvertraglichen Beschränkungen der Rücklagenbildung in der Muttergesellschaft, etwa das Erfordernis qualifizierter Mehrheit bei Überschreitung einer bestimmten Quote, auch für die Rücklagenbildung in der Tochtergesellschaft gelten, ist wiederum Frage des Einzelfalls. Es ist durchaus denkbar, dass bei der Tochtergesellschaft ein weitergehender Spielraum als bei der Muttergesellschaft anzunehmen ist, etwa bei hohem Investitionsbedarf der Tochter.[129] Dagegen soll sich eine spezielle Rücklagenklausel der Muttergesellschaft auf die Tochtergesellschaft erstrecken, jedoch mit der Maß-

---

[122] Näher hierzu *Hommelhoff/Priester* ZGR 1986, 463.

[123] MünchKommHGB/*Mülbert,* KonzernR Rn. 97; *Scholz/Emmerich,* GmbHG Anhang § 13 Rn. 64; *Wertenbruch* ZIP 2007, 798, 802; a. A. *Priester* DStR 2007, 28, 31 f.; ausdrücklich offengelassen in BGH ZIP 2007, 475, 479 – „Otto".

[124] Siehe oben Rn. 52.

[125] Freilich wird dann auch der in Betracht kommende Gewinn in der Regel nicht bedeutsam sein. Der obige Formulierungsvorschlag zur Geschäftsführung Rn. 52) trägt dem trotzdem durch generelle Statuierung des Zustimmungsvorbehalts für Maßnahmen der Ergebnisverwendung Rechnung.

[126] BGH ZIP 1997, 732, 733; OLG Köln AG 2006, 45 – „Otto"; im Revisionsurteil konnte der BGH die Auslegungsfragen offenlassen (ZIP 2007, 475, 478 – „Otto"); MünchKommHGB/*Mülbert,* KonzernR Rn. 97 a.

[127] OLG Köln AG 2006 45, 46; *Schneider* BB 1980, 1057, 1060, MünchKommHGB/*Mülbert,* KonzernR Rn. 97.

[128] So ausdrücklich BGH ZIP 1997, 732, 734.

[129] OLG Köln AG 2006, 45, 47.

gabe, dass die dort gebildeten Rücklagen auf die bei der Mutter zulässigen angerechnet werden.[130]

Will sich die Minderheit der Muttergesellschaft also auch bei der Tochtergesellschaft die Mitwirkung bei der Entscheidung über Ausschüttung oder Thesaurierung vorbehalten, so ist sie gehalten, bereits bei der Entscheidung über die Ausgliederung auf die Schaffung einer entsprechenden, eindeutigen vertraglichen Regelung zu achten. 56

Nicht geeignet bzw. ausreichend ist hierfür allerdings eine Regelung im Gesellschaftsvertrag der Tochtergesellschaft. Denn da die Geschäftsführung über alle Stimmen der Muttergesellschaft verfügt, würde eine dortige Festlegung von Quoten und Mehrheitserfordernissen leerlaufen. Vielmehr sollte die für die jeweilige Tochtergesellschaft im Hinblick auf ihren Thesaurierungsbedarf geeignet erscheinende Regelung im Gesellschaftsvertrag der Muttergesellschaft getroffen werden, wo sie dann konstruktiv keine unmittelbare Regelung der Gewinnverwendung, sondern der Anforderungen an den Zustimmungsbeschluss der Gesellschafter zum Abstimmungsverhalten der Geschäftsführung bei der Tochtergesellschaft darstellt. Sie könnte etwa wie folgt lauten:

Formulierungsbeispiel Rücklagenbildung bei 100%-iger Tochtergesellschaft:

10% des Jahresgewinns der Gesellschaft sind in die Gewinnrücklage einzustellen. Die Bildung darüber hinausgehender Rücklagen bedarf eines Beschlusses der Gesellschafter mit ¾-Mehrheit.

Die Geschäftsführung hat 10% des Jahresgewinns der Tochtergesellschaft X in die Gewinnrücklage einzustellen. Sollen darüber hinausgehende Rücklagen gebildet werden, so bedarf die Geschäftsführung hierzu der Zustimmung der Gesellschafter mit ¾-Mehrheit.

oder bei einer mehrgliedrigen Tochtergesellschaft

Sollen bei einer Tochtergesellschaft Y bis zu 10% ihres Jahresgewinns in die Gewinnrücklage eingestellt werden, so bedarf die Geschäftsführung für ihre entsprechende Ausübung des Stimmrechts eines Beschlusses der Gesellschafter mit einfacher Mehrheit, bei mehr als 10% eines solchen mit ¾-Mehrheit.

3. Übertragung eines Geschäftsbereichs auf eine Tochtergesellschaft

a) **Betriebs- und finanzwirtschaftliche Vorentscheidungen.** Vor der rechtlichen Umsetzung erfordert die Ausgliederung eines Teilbetriebes in eine Tochtergesellschaft eine Reihe von konzeptionellen betriebs- und finanzwirtschaftlichen Überlegungen, die in diesem Rahmen nur kurz angerissen werden können: 57

- Zunächst ist eine genaue Definition **des auszugliedernden Geschäftsbereichs** erforderlich. Dies entspricht der Aufgabe, die ohnehin ansteht, wenn die genaue Vermögensaufstellung zu erstellen ist, die nach § 126 Abs. 1 Ziff. 9 UmwG zwingender Bestandteil des Ausgliederungsvertrages ist und auch bei Einbringung nach konventioneller Methode den Vertragsinhalt bestimmt. Es sind alle zu dem relevanten Geschäftsbereich gehörenden Aktiva und Passiva, gleich ob bilanziert oder nicht, Verträge aller Art einschließlich Arbeitsverträgen zu identifizieren, die auf die Tochtergesellschaft übertragen werden sollen.
- Auf dieser Basis kann zweckmäßigerweise eine **Plan-Ausgliederungsbilanz** erstellt werden,[131] so dass ein ungefähres Bild von der zu erwartenden bilanziellen Situation der Tochtergesellschaft vorliegt.

---

[130] *Wertenbruch* ZIP 2007, 798, 803. Die dortige Begründung, es würde ansonsten eine Verdoppelung der Thesaurierung eintreten, trifft freilich für den Regelfall einer prozentualen Begrenzung nicht zu, da der ausgeschüttete Gewinn der Tochtergesellschaft – wenn auch gegebenenfalls phasenverschoben – dafür den Gewinn der Mutter erhöht.

[131] Nachdem die relevante Stichtagsbilanz bei Beginn des Vorhabens in aller Regel nicht vorliegt, kann dies auf der Basis des letzten Abschlusses nebst Anlagenspiegel etc. erfolgen. Nach Vorliegen

- Das sich ergebende rechnerische **Eigenkapital** der Tochtergesellschaft ist auf seine Angemessenheit für Art und Umfang des Geschäfts der Tochtergesellschaft zu überprüfen, so dass sich gegebenenfalls die Notwendigkeit der Zuführung weiteren Kapitals ergeben kann. Soweit als Zweck der Ausgliederung die selbstständige Führung des Unternehmensbereiches durch die Tochtergesellschaft im Vordergrund steht, durch die sie ihren Kapitalbedarf selbst erwirtschaftet, wäre eine zu großzügige Kapitalausstattung kontraproduktiv. Auf der anderen Seite muss vermieden werden, dass das finanzielle Korsett der Tochtergesellschaft von vornherein zu eng geschnürt ist, so dass die beabsichtigte Geschäftsentwicklung behindert wird. Unabhängig davon ist die Höhe des haftenden Kapitals zu überlegen.
- Erhebliche Bedeutung kommt der Entscheidung darüber zu, welche **Funktionen** aus strategischen oder praktischen Gründen bei der Muttergesellschaft verbleiben sollen. Vielfach wird es zur Vermeidung von Mehraufwand zweckmäßig sein, dass die Muttergesellschaft gewisse Dienstleistungen für die Tochtergesellschaft erbringt, beispielsweise Vorhaltung und Pflege der EDV, Besorgung des Finanzwesens oder auch Rechtsberatung. Dies erfordert letztlich den Abschluss entsprechender Verträge mit Festlegung der angemessenen Vergütung. Dasselbe gilt für die Nutzung von Grundbesitz und Gebäude.[132]
- Letztlich sei die erforderliche mittelfristige **Finanz- und Investitionsplanung** genannt, die aber auch ohne Ausgliederung ohnehin im Einheitsunternehmen angezeigt ist.

58 **b) Rechtliche Wege zur Ausgliederung.** Für die Übertragung des auszugliedernden Geschäftsbereichs stehen hauptsächlich zwei rechtliche Möglichkeiten zur Verfügung. Die eine ist die herkömmliche Einbringung durch Übertragung der Aktiva und Passiva auf die Tochtergesellschaft, die andere die Ausgliederung nach den Vorschriften des UmwG 1995.[133] Steuerlich sind beide Wege gleichwertig; unter der Voraussetzung, dass ein „Teilbetrieb" übertragen wird, besteht insbesondere gleichermaßen die Möglichkeit zur Buchwertfortführung (§ 20 UmwStG). Der grundlegende zivilrechtliche Unterschied liegt darin, dass bei der konventionellen Einbringung eine **Einzelrechtsnachfolge,** bei der Ausgliederung nach § 123 Abs. 3 UmwG eine **partielle Gesamtrechtsnachfolge** (§ 20 Abs. 1 Ziff. 1 UmwG) stattfindet. Für die Entscheidung, welcher Weg zu wählen ist, sind die nachfolgend dargestellten **Unterschiede in den Voraussetzungen und Rechtsfolgen** maßgebend.[134] Eine analoge Anwendung der Bestimmungen des UmwG auch auf Ausgliederungen durch Einzelrechtsnachfolge wird überwiegend abgelehnt.[135]

59 *aa) Gesellschaftsrechtliche Voraussetzungen.* Bei der Ausgliederung nach § 123 Abs. 3 UmwG ist auf Seiten der Muttergesellschaft ein Beschluss der Gesellschafter erforderlich, der bei der Aktiengesellschaft ¾ des bei der Hauptversammlung vertretenen Grundkapitals (§ 65 UmwG) bei der GmbH ¾ der abgegebenen Stimmen (§ 50 UmwG) und bei der Personengesellschaft der Zustimmung aller anwesenden Gesellschafter bedarf, wenn nicht der Gesellschaftsvertrag eine Mehrheitsentscheidung von mindestens ¾ der abgegebenen Stimmen ermöglicht (§ 43 UmwG). Gegenstand der Beschlussfassung ist der

---

des Stichtagsabschlusses ist mit erheblich reduziertem Aufwand kurzfristig eine Fortschreibung möglich.

[132] Die sorgfältige Festlegung angemessener Vergütungen ist auch im Interesse der angestrebten Transparenz des Ergebnisbeitrags der Tochtergesellschaft von maßgebender Bedeutung.

[133] Hinsichtlich weiterer Umwandlungsmöglichkeiten durch Ab- und Aufspaltung, Verschmelzung und Gründung einer SE wird auf § 14 B verwiesen.

[134] Eingehende Vergleiche finden sich bei *Feddersen/Kiem* ZIP 1994, 1078; *Aha* AG 1997, 345; *Engelmeyer* AG 1999, 263.

[135] Siehe *Lutter/Teichmann* § 123 UmwG Rn. 24; dort auch zum Meinungsstand: Der BGH scheint jedenfalls eine Generalanalogie abzulehnen (BGHZ 146, 288, 295). Einzelne Bestimmungen, insbesondere betreffend Information und Berichte an die Gesellschafter, sind von Instanzgerichten mitunter für anwendbar erklärt worden.

Ausgliederungsvertrag bzw. -plan, der also schon abgeschlossen oder mindestens im vollständig fertigen Entwurf vorliegen muss.[136]

Zur Übertragung im Wege der Einzelrechtsnachfolge besteht eine Zustimmungspflicht der Gesellschafter bei der Aktiengesellschaft nach den Grundsätzen der Holzmüller-Doktrin nur, wenn wesentliche Unternehmensteile in deren Sinn betroffen sind, bei der GmbH und der Personengesellschaft darüber hinaus auch, wenn die Ausgliederung – wie im Regelfall – als außergewöhnliche Geschäftsführungsmaßnahme anzusehen ist. Es genügt jedoch ein bloßer Ermächtigungsbeschluss. Ein solcher sollte zweckmäßigerweise auch bei einer Ausgliederung nach dem UmwG frühzeitig herbeigeführt werden, bevor weiterer Aufwand betrieben wird.

bb) Vermögensübergang: 60

- Bei der Ausgliederung nach dem UmwG geschieht der **Vermögensübergang** einschließlich Verbindlichkeiten in einem Akt aufgrund der Eintragung der Ausgliederung in das Handelsregister der Tochtergesellschaft (§ 20 Abs. 1 Ziff. 1 UmwG).
  Bei der Einzelrechtsübertragung erfolgt der Rechtsübergang nach den allgemeinen Vorschriften des BGB,[137] so dass abgesehen von einer Grundstücksübertragung der Übergang von Eigentum beziehungsweise Rechtsinhaberschaft mit Abschluss des dinglichen Vertrages vorgenommen werden kann.
- Im Hinblick auf den **Bestimmtheitsgrundsatz** bietet die Gesamtrechtsnachfolge grundsätzlich den Vorteil, dass die einzelnen Vermögensgegenstände nicht bezeichnet werden müssen. Dies gilt jedoch gerade nicht bei der Ausgliederung eines Unternehmensbereichs, da dieser der Definition bedarf (§ 126 Abs. 1 Ziff. 9 und Abs. 2 S. 1 UmwG).
  Andererseits ist auch für die Einzelübertragungen bei Sachgesamtheiten anerkannt, dass die Bestimmung durch den Verweis auf Bilanzen und Inventarlisten sowie sonstige Aufstellungen, also die bloße Bestimmbarkeit ausreichen, so dass im Ergebnis regelmäßig keine Unterschiede hinsichtlich der Anforderungen an die Bestimmtheit bestehen.[138]
- Aufgrund der Gesamtrechtsnachfolge nach dem UmwG erfolgt die **Übertragung von Vertragsverhältnissen** unmittelbar kraft Gesetzes, ohne dass es einer Zustimmung des anderen Vertragspartners bedarf.
  Bei der Ausgliederung durch Einzelrechtsnachfolge ist dagegen gemäß dem allgemeinen Grundsatz für einen Vertragsübergang die Zustimmung des anderen Vertragspartners erforderlich. Werden diese Zustimmungen nicht eingeholt oder verweigert, so verbleibt allenfalls die treuhänderische Weiterführung des Vertrages durch die Muttergesellschaft für Rechnung der Tochtergesellschaft.[139]
- Das UmwG zieht die **gesamtschuldnerische Haftung** aller an der Ausgliederung beteiligten Rechtsträger für die Verbindlichkeiten der übertragenden Gesellschaft nach sich, begrenzt auf einen Zeitraum von 5 Jahren (§§ 135 Abs. 1 S. 1 i. V. m. § 133 UmwG).
  Demgegenüber hat ein Vertragsübergang bei der Einzelrechtsnachfolge nicht von Gesetzes wegen eine solche Nachhaftung des früheren Vertragspartners zur Folge. Oft wird sie jedoch vereinbart werden, weil der Vertragspartner sie für die Zustimmung zur Vertragsübertragung verlangt.

cc) Formale Erfordernisse. Das Umwandlungsgesetz enthält eine Reihe formaler Vorschriften. Es seien hier nur genannt: 61

- Notarielle Beurkundung des Ausgliederungsvertrages und der Zustimmungsbeschlüsse (§§ 125, 13 Abs. 1, 6 UmwG);
- Zwingende Angaben nach § 126 Abs. 1 UmwG;
- Beifügung einer Schlussbilanz der übertragenden Gesellschaft zur Handelsregisteranmeldung (§§ 125, 17 Abs. 2 UmwG);

---

[136] *Lutter/Drygala* § 13 UmwG Rn. 17.
[137] § 398, § 415, § 873, § 925, § 929 BGB.
[138] *Schmitt/Hörtnagl/Stratz* § 126 UmwG Rn. 62 m. w. N.
[139] *Aha* a. a. O. S. 352.

- Ausgliederungsbericht nach § 127 UmwG, auf den nur durch notariell zu beurkundende Erklärungen aller Gesellschafter verzichtet werden kann;
- Angaben im Ausgliederungsvertrag über die Folgen für die Arbeitnehmer (§ 126 Abs. 1 Nr. 11 UmwG) und
- Zuleitung des Entwurfs des Ausgliederungsvertrages an den zuständigen Betriebsrat spätestens 1 Monat vor dem Tag, an dem die übertragende Gesellschaft über die Zustimmung zum Ausgliederungsvertrag beschließen soll (§§ 125, 126 Abs. 3 UmwG), zusätzlich zur allgemeinen Informationspflicht über Betriebsänderungen nach §§ 111 ff. BetrVG.[140]

Die Ausgliederung im Wege der Einzelrechtsnachfolge kennt die aufgeführten Pflichten beziehungsweise Einschränkungen nicht.[141] Sofern keine Grundstücke oder GmbH-Anteile übertragen werden müssen, kann der Vertrag formfrei abgeschlossen werden. Nur die Kapitalerhöhung bei der Tochtergesellschaft bedarf der notariellen Beurkundung, wenn sie eine Kapitalgesellschaft ist (§ 53 Abs. 2 GmbHG, §§ 182 Abs. 1, 130 Abs. 1 AktG).

62 *dd) Verfahrensmäßige Gesichtspunkte:*

- Bei der Ausgliederung nach § 123 Abs. 3 UmwG besteht die Möglichkeit der **Anfechtung des Ausgliederungsbeschlusses** durch Minderheitsgesellschafter, was zu einer automatischen Registersperre führt (§§ 125, 16 Abs. 2 UmwG). Dies kann zu erheblichen Schwierigkeiten und vor allem Verzögerungen der Eintragung und damit der Rechtswirksamkeit der Ausgliederung führen.[142]
  Bei der Ausgliederung im Wege der Einzelrechtsnachfolge treten diese Probleme nicht auf. Selbst wenn ein Zustimmungsbeschluss der Gesellschafterversammlung der Muttergesellschaft erforderlich ist, ist keine Eintragung ins Handelsregister erforderlich. Der Rechtsübergang kann vollzogen werden, es sei denn, einer Minderheitsgesellschaft gelänge es, durch einstweiligen Rechtsschutz die Einbringung zu verhindern. Eine durchgeführte Ausgliederung kann nicht mehr rückabgewickelt werden.[143]
- Bei der Ausgliederung nach dem UmwG ist zu beachten, dass die Schlussbilanz auf einen **höchstens 8 Monate vor der Anmeldung** der Ausgliederung zum Handelsregister liegenden **Stichtag** aufgestellt sein muss (§§ 125 S. 1 i. V. m. 17 Abs. 2 S. 4 UmwG).
  Diese umwandlungsrechtliche Frist besteht zwar bei der Ausgliederung durch Einzelrechtsfolge nicht. Jedoch gilt für diese ebenso wie für jene nach dem UmwG die 8-Monats-Frist des § 20 Abs. 8 Satz 3 UmwStG, deren Einhaltung Voraussetzung für die steuerliche Rückbeziehung ist. Während diese Frist bei der Ausgliederung nach dem UmwG deckungsgleich mit der umwandlungsrechtlichen Frist von der Anmeldung der Ausgliederung zum Handelsregister der übertragenden Gesellschaft zurückzurechnen ist, ist sie bei der Einzelrechtsübertragung vom Abschlusstag des Einbringungsvertrages und zusätzlich vom Übergang des wirtschaftlichen Eigentums am eingebrachten Vertriebsvermögen zurückzurechnen.[144] Für die Übertragung des wirtschaftlichen Eigentums reicht auch bei Grundstücken die Auflassung und Besitzüberlassung aus, ohne dass eine Grundbucheintragung erforderlich wäre.[145]

63 *ee) Kosten.* Aufgrund der Beurkundungspflicht der Zustimmungsbeschlüsse und vor allem des Ausgliederungsvertrages fallen bei der Ausgliederung nach dem UmwG Notargebühren an, die aber überschaubar sind, weil der Geschäftswert bei Verträgen nach § 39 Abs. 4 KostO auf höchstens EUR 5 Mio. beschränkt ist.[146]

---

[140] *Aha* a. a. O. S. 356.

[141] Vorbehaltlich einer entsprechenden Anwendung von Vorschriften des UmwG über Informationen und Berichte nach der oben Fußnote 135 erwähnten Rechtsprechung von Instanzgerichten.

[142] *Aha* a. a. O. S. 354 f.), Aufhebung der Registersperre.

[143] *Aha* a. a. O. S. 355 m. w. N.

[144] *Schmitt/Hörtnagl/Stratz* § 20 UmwStG Rn. 220, 221.

[145] Siehe *Widmann/Mayer* § 20 UmwStG Rn. 554.

[146] Für die Beschlüsse gilt ohnehin die Obergrenze der Gebühr von EUR 5000,00 (§ 47 KostO).

Für den Einbringungsvertrag im Wege der Einzelrechtsnachfolge gilt diese Geschäftswertbegrenzung nicht, so dass die Gebühr, die bei notarieller Beurkundung der Übertragung von Grundstücken oder GmbH-Anteilen anfällt, je nach deren Wert viel höher sein kann als die für die Beurkundung des Ausgliederungsvertrages.

Eine **zusammenfassende Abwägung** der Vor- und Nachteile der Ausgliederung nach UmwG einerseits und im Wege der Einzelrechtsnachfolge andererseits ergibt, dass Erstere bei Lichte betrachtet mit der nachgenannten Ausnahme keine nennenswerten Vorteile bringt.[147] Ihr Hauptvorteil liegt in dem Übergang der Vertragsverhältnisse ohne Zustimmung des Vertragspartners aufgrund der Gesamtrechtsnachfolge. Dies kann sich freilich als ausschlaggebend herausstellen, wenn wirtschaftlich bedeutsame Dauerschuldverhältnisse zu übertragen sind.[148] Gehen solche nicht kraft Gesetzes oder durch Vereinbarung auf die Tochtergesellschaft über, so muss die Konstruktion der treuhänderischen Vertragsdurchführung gewählt werden, deren rechtliche Zulässigkeit im Verhältnis zum Vertragspartner mitunter zweifelhaft sein mag und die zu weiterer Bilanzierung bei der Muttergesellschaft zwingt.[149] Ansonsten, jedenfalls bei wirtschaftlich weniger bedeutenden Ausgliederungen, wird man den Weg der Sacheinlage im Wege der Einzelrechtsnachfolge bevorzugen, um damit die Nachteile der Ausgliederung nach dem UmwG mit ihren Formerfordernissen, der Nachhaftung und gegebenenfalls den Problemen der Durchführbarkeit aufgrund Anfechtungen zu vermeiden. Ob demgegenüber in solchen Fällen der bei hohen Gegenstandswerten bestehende Vorteil geringerer Beurkundungskosten der Ausgliederung nach dem UmwG ausschlaggebend sein kann, mag Gegenstand individueller Abwägung sein. 64

Für die **Formulierung** von Ausgliederungs- und Einbringungsverträgen sowie der Beschlüsse und Erklärungen nach dem UmwG wird auf die einschlägige Spezialliteratur verwiesen.[150] 65

C. Tochtergesellschaften im Ausland

Das Volumen deutscher Direktinvestitionen im Ausland ist seit Beginn der neunziger Jahre kontinuierlich gestiegen. Der Großteil der Investitionen fließt dabei in den Auf- und Ausbau von ausländischen Tochtergesellschaften einschließlich der Übernahme ausländischer Unternehmen.[151] Wesentliches Motiv für die Investition im Ausland ist die Markterschließung durch Aufbau einer eigenen Produktion im jeweiligen Land oder durch bloße Vertriebsaktivitäten. Daneben spielen die räumliche Nähe zu Ressourcen und Abnehmern sowie die Möglichkeit zur Nutzung von Standortvorteilen eine wichtige Rolle. 66

I. Grundformen des Wachstums im Ausland

Die Möglichkeiten für deutsche Unternehmen im Ausland aktiv zu werden reichen von der Kooperation auf der Basis reiner Vertragsbeziehungen über die Gründung eines 67

---

[147] Ähnlich *Kallmeyer* § 123 UmwG Rn. 19; *Lutter/Teichmann* § 123 UmwG Rn. 23, 24.

[148] Man denke an Dauerschuldverhältnisse wie Miet- und langfristige Lieferverträge sowie Pensionsverpflichtungen.

[149] *Aha* a. a. O. S. 352.

[150] Muster für einen Ausgliederungs- und Übernahmevertrag bzw. Ausgliederungsplan sowie für die entsprechenden Gesellschafterbeschlüsse nach dem UmwG finden sich etwa bei *Heidenhain* MünchVertrHdb Band 1 XII.; *Rawert,* BeckFormB XI. Nr. 15 ff.; *Widmann/Meyer,* Band 7 Anhang 4. Mustersatz 19. Für einen Einbringungsvertrag im Wege der Einzelrechtsnachfolge sei auf das Muster bei *Engl,* Formularbuch Recht und Steuern A. 3. 02 verwiesen.

[151] Deutsche Bundesbank Monatsbericht 2006, S. 45 ff., http://www.bundesbank.de/download/volkswirtschaft/monatsberichte/2006/200609mb_bbk.pdf.

gemeinschaftlichen Unternehmens zusammen mit einem Kooperationspartner bis hin zum Aufbau einer eigenen Niederlassung oder Tochtergesellschaft. Die ausländische Tochter kann dabei durch Erwerb der Gesellschaftsanteile oder der Betriebsmittel eines bereits bestehenden Unternehmens im Ausland durch ein deutsches Unternehmen entstehen oder durch Neugründung einer Gesellschaft im Ausland. Der Schwerpunkt des nachfolgenden Überblicks über die Aufnahme einer Tätigkeit im Ausland liegt in der Darstellung der Besonderheiten, die sich aufgrund des Auslandsbezugs ergeben.

1. Kooperation

68 Kooperationen mit Partnern im Ausland werden typischerweise im Produktionsbereich (Lohnfertigung), in Forschung und Entwicklung sowie zum Aufbau eines Vertriebsnetzes im Ausland durch Einsatz von Handelsvertretern, Vertragshändlern oder im Wege eines Franchisesystems eingegangen. In vielen Fällen schließt sich eine Kooperation in den Bereichen Kundendienst, Wartung und Service an. Die Gründe für das Eingehen einer Kooperation sind vielfältig (hierzu unter § 15 Rn. 1–8). Für Kooperationen mit Auslandsbezug steht der Aspekt der Erschließung neuer Märkte häufig im Vordergrund. Die Kooperation mit einem ausländischen Partner stellt dabei oft den ersten Schritt für den Markteintritt dar, an den sich im weiteren Verlauf der Erwerb von Beteiligungen an einem Gemeinschaftsunternehmen oder der Erwerb bzw. die Neugründung eines eigenen Tochterunternehmens anschließen.

69 a) **Reine Vertragsbeziehung.** Beruht die Kooperation ausschließlich auf einer schuldrechtlichen Vertragsbeziehung, z. B. einem Liefervertrag, Vertriebsvertrag oder Forschungs- und Entwicklungsvertrag, besteht die Möglichkeit, die Vertragsbeziehung dem deutschen Recht zu unterstellen. Macht man von der Möglichkeit der **Rechtswahl** Gebrauch, können die bekannten und auch in Deutschland verwendeten Vertragsmuster und Strukturen verwendet werden. Auf diese Weise können Kooperationen mit ausländischen Partnern weitgehend parallel zu Kooperationen mit inländischen Partnern gestaltet werden. Wird bei einem grenzüberschreitenden Kaufvertrag die Anwendbarkeit des deutschen Rechts vereinbart, so gilt darüber hinaus auch das UN-Übereinkommen über Verträge über den Internationalen Warenkauf (CISG) vom 11. 4. 1980, es sei denn, die Anwendbarkeit ist ausdrücklich ausgeschlossen. Die Anwendbarkeit deutschen Rechts wird durch folgende Regelung erreicht:

Formulierungsbeispiel Rechtswahl:

Dieser Vertrag und seine Auslegung unterliegen dem Recht der Bundesrepublik Deutschland. Die Geltung des UN-Kaufrechts (CISG) ist ausgeschlossen.

70 Erfolgt keine ausdrückliche Rechtswahl, richtet sich der Vertrag nach dem Recht des Staates, mit dem er die engsten Verbindungen aufweist. Nach Art. 28 Abs. 2 EGBGB wird dabei vermutet, dass der Vertrag mit dem Staat die engsten Verbindungen aufweist, in dem die Partei, welche die charakteristische Leistung zu erbringen hat, im Zeitpunkt des Vertragsabschlusses ihren gewöhnlichen Aufenthalt oder ihre Hauptverwaltung hat. Bei Kaufverträgen ist daher in der Regel das Recht des Staates anwendbar, in dem der Verkäufer seinen Sitz hat.[152] Bei Werkverträgen ist grundsätzlich das Recht am Sitz des Unternehmers maßgeblich, der das Werk herstellt.[153] Auf Handelsvertreter- oder Vertragshändlerverträge ist regelmäßig das Recht am Sitz des Handelsvertreters bzw. Vertragshändlers anzuwenden.[154]

---

[152] Palandt/*Heldrich*, Art. 28 EGBGB, Rn. 9.
[153] Palandt/*Heldrich*, Art. 28 EGBGB, Rn. 15.
[154] Palandt/*Heldrich*, Art. 28 EGBGB, Rn. 16.

Einhergehend mit der Rechtswahl sollte auch der **Gerichtsstand** ausdrücklich vereinbart werden. Es bietet sich an, sich der Gerichtsbarkeit eines Gerichts in dem Land zu unterwerfen, dessen Recht vereinbart wird. Da die Vollstreckung eines deutschen Urteils im Ausland außerhalb des Anwendungsbereiches der EuGVVO[155] schwierig sein kann, sollte man sich die Möglichkeit offen halten, im Land des Vertragspartners Klage zu erheben, z. B. durch folgende Regelung:

Formulierungsbeispiel Gerichtsstand:

Ausschließlicher Gerichtsstand für alle Streitigkeiten aus und im Zusammenhang mit diesem Vertrag ist [Ort]. [Vertragspartner 1] ist darüber hinaus berechtigt, am Sitz von [Vertragspartner 2] Klage zu erheben.

Ist die Vereinbarung eines Gerichtsstands in Deutschland in Verträgen mit Auslandsbezug nicht möglich, ist zweckmäßigerweise die Zuständigkeit eines **Schiedsgerichts** zu vereinbaren. Es empfiehlt sich, dabei auf eine institutionalisierende Verfahrensordnung zurückzugreifen, z. B. durch Vereinbarung eines Schiedsgerichts nach den Regeln der Deutschen Institution für Schiedsgerichtsbarkeit (DIS) oder der Internationalen Handelskammer (International Chamber of Commerce, ICC) in Paris.[156] In vielen Ländern bieten auch die nationalen Industrie- und Handelskammern eine Schiedsgerichtsbarkeit an. Insbesondere in Ländern mit einer noch wenig entwickelten staatlichen Gerichtsbarkeit kann dies eine Alternative sein, zumal die Gebühren regelmäßig unter den Gebühren für ein Schiedsgericht nach den Regeln der DIS oder ICC liegen. Die jeweiligen Verfahrensordnungen sind jedoch sehr unterschiedlich, auch was die Besetzung des Gerichts betrifft. Daher ist in jedem Fall vorab zu klären, ob das jeweilige Schiedsgericht und die Verfahrensordnung für mögliche Streitigkeiten auch im internationalen Geschäftsverkehr geeignet sind und den Vorstellungen der Beteiligten von einer Konfliktlösung entsprechen. Es sollte in jedem Fall darauf geachtet werden, Rechtswahl und zuständiges Gericht aufeinander abzustimmen. Ergänzend sollten der Ort des schiedsgerichtlichen Verfahrens, die Zahl der Schiedsrichter[157] sowie die Verfahrenssprache festgelegt werden.

Die vorstehenden Regelungen zu Rechtswahl und Gerichtsstand sind gleichermaßen bei Vertragsbeziehungen des deutschen Mutterunternehmens mit einer Tochtergesellschaft oder einem Gemeinschaftsunternehmen im Ausland anwendbar.

b) Joint Venture mit Kapitalverflechtung. Im Unterschied zur reinen Vertragskooperation 71
tion wird beim Joint Venture mit Kapitalverflechtung eine gemeinsame Unternehmenseinheit geschaffen, an der die Partner als Gesellschafter beteiligt sind. Das gemeinsame Unternehmen ist dabei rechtlich selbstständig. Die geeignete Rechtsform sowie die Ausgestaltung des Joint Ventures richten sich grundsätzlich ausschließlich nach dem Recht des Staates, in dem das Joint Venture gegründet wird.[158] Die Grundfragen bei der Ausgestaltung des Joint Venture sind jedoch die gleichen wie bei einem rein deutschen Joint Venture (hierzu unter § 15 Rn. 141 ff.):

- Wahl der im jeweiligen Land geeigneten Rechtsform,
- Kapitalbeteiligung und Stimmrechte (Vermeidung von Pattsituationen, Sicherung von Minderheitenrechten),

[155] Verordnung (EG) Nr. 44/2001 des Rates über die gerichtliche Zuständigkeit und die Anerkennung und Vollstreckung von Entscheidungen in Zivil- und Handelssachen vom 22. 12. 2000, ABl. L 12/01 S. 1, berichtigt durch VO vom 29. 11. 2001, ABl. L 307 S. 28.

[156] Vorschläge für Schiedsklauseln nach den jeweiligen Regelungswerken finden sich unter www.dis-arb.de oder www.iccwbo.org/drs/english/adr/pdf_documents/german.pdf.

[157] In kleineren Angelegenheiten genügt in der Regel ein Schiedsrichter, während in schwierigeren Fragen die Besetzung mit einem dreiköpfigen Schiedsgericht empfehlenswert ist.

[158] MünchKommBGB/*Kindler* IntGesR Rn. 775.

- Besetzung der Organe (Entsendung eigenen Personals) sowie
- Finanzierung (Eigenkapital, Gesellschafterdarlehen, Fremdkapital).

Der Gesellschaftsvertrag des gemeinschaftlichen Unternehmens untersteht der jeweiligen ausländischen Rechtsordnung, eine Rechtswahl ist insoweit nicht möglich. Neben dem Gesellschaftsvertrag sollten die Partner einen **Joint Venture Vertrag** abschließen, in dem die gegenseitigen Rechte und Pflichten der Partner im Hinblick auf das gemeinschaftliche Unternehmen geregelt werden. Dieser Vertrag kann grundsätzlich auch einer anderen Rechtsordnung unterstellt werden, als diejenige, nach der das Gemeinschaftsunternehmen gegründet wird.[159] Gleichwohl sind bei der Regelung der Beziehungen der Gesellschafter im Hinblick auf die Ausgestaltung des Joint Venture die zwingenden Bestimmungen des Staates zu beachten, in dem das Joint Venture gegründet wird. Insbesondere Regelungen zu Stimmrechten und Beschlussmehrheiten sowie wettbewerbsbeschränkende Regelungen sind daher in jedem Falle auch der Prüfung nach der Rechtsordnung zu unterziehen, die auf das Gemeinschaftsunternehmen selbst Anwendung findet.

2. Erwerb eines ausländischen Unternehmens

72 Der Erwerb eines bereits bestehenden ausländischen Unternehmens hat gegenüber der Neugründung einer Tochtergesellschaft den Vorteil, dass eine bereits bestehende Struktur übernommen werden kann, insbesondere qualifiziertes Personal sowie Kunden- und Lieferantenbeziehungen. Dies kann den Einstieg in einem fremden Land erleichtern, unter Umständen ist aber mehr Aufwand für die Eingliederung der neuen Tochtergesellschaft in die Unternehmensgruppe erforderlich.

Beim Erwerb eines ausländischen Unternehmens treten zunächst dieselben Rechtsfragen auf wie beim rein deutschen Unternehmenskauf (hierzu unter § 16 Rn. 1 ff.). Darüber hinaus empfiehlt es sich, wie in jedem grenzüberschreitenden Vertrag mittels **Rechtswahl** das anwendbare Recht festzulegen. Die Rechtswahl gilt jedoch nur für die Regelungen, die dem sog. Vertragsstatut unterliegen. Dies sind in erster Linie Fragen des Zustandekommens des Vertrags, der Wirksamkeit des Vertrags, der Auslegung sowie die vertraglichen Bestimmungen zur Erbringung der jeweils geschuldeten Leistungen einschließlich Leistungsstörung, Gewährleistung und Rückabwicklung. Eine ganze Reihe von Regelungen, die typischerweise im Unternehmenskaufvertrag getroffen werden, unterliegen jedoch nicht dem Vertragsstatut und sind daher einer Rechtswahl nicht zugänglich. Um den Vertrag und seine Handhabung nicht unnötig zu komplizieren, kann es häufig sinnvoll sein, auch die schuldrechtlichen Vereinbarungen zwischen den Parteien der Rechtsordnung zu unterstellen, die auf die wesentlichen Übertragungsakte Anwendung findet. Anderenfalls muss bei der Vertragsgestaltung sehr sorgfältig gearbeitet werden, um die verschiedenen Regelungen aufeinander abzustimmen und Widersprüche zu vermeiden.

73 Beim Kauf von Gesellschaftsanteilen (**Share Deal**) richten sich in erster Linie die gesellschaftsrechtlichen Regelungen zwingend nach der für die zu erwerbende Gesellschaft geltenden Rechtsordnung. Dem Gesellschaftsstatut unterliegt insbesondere die Übertragung der Gesellschaftsanteile vom Verkäufer auf den Käufer.[160] Demnach ist die eigentliche Anteilsübertragung im Einklang mit der auf die zu erwerbende Gesellschaft geltenden Rechtsordnung durchzuführen. Hierbei sind insbesondere Formvorschriften zu beachten.[161] Sieht das auf die Zielgesellschaft anwendbare Recht beispielsweise die notarielle Beurkundung der Anteilsübertragung vor, können die Anteile nur wirksam unter Beachtung dieser Formvorschriften übertragen werden.

74 Auch beim Kauf von Betriebsvermögen (**Asset Deal**) richtet sich die Übertragung der einzelnen Vermögensgegenstände nicht nach dem von den Parteien gewählten Recht,

---

[159] MünchKommBGB/*Kindler* IntGesR Rn. 776.
[160] Palandt/*Heldrich* Anh. zu Art. 12 EGBGB Rn. 16, Staudinger/*Großfeld* IntGesR Rn. 340 ff.
[161] Staudinger/*Großfeld* IntGesR Rn. 500 ff.

sondern nach der Rechtsordnung des Staates, in dem die zu übertragende Sache belegen ist. Werden Forderungen verkauft, ist das Recht maßgeblich, das der jeweiligen Forderung zugrunde liegt. Dies kann dazu führen, dass auf die Übertragung der verschiedenen Vermögensgegenstände unterschiedliche Rechtsordnungen Anwendung finden. Die Gestaltung eines grenzüberschreitenden Asset Deal Vertrags ist dann sehr aufwendig, da für jeden einzelnen Vermögensgegenstand gesondert geprüft werden muss, welche Rechtsordnung Anwendung findet und welche Voraussetzungen diese Rechtsordnung an die wirksame Übertragung stellt.

Im Unternehmenskaufvertrag sind die nach der jeweils anwendbaren Rechtsordnung 75
geltenden Voraussetzungen für eine wirksame Übertragung der Anteile oder Vermögensgegenstände zu berücksichtigen. Es empfiehlt sich, die schuldrechtliche Verpflichtung zur Übertragung sowie die einzelnen Übertragungsakte zu trennen und für letztere gesonderte Verträge abzuschließen, die ausschließlich auf die auf diesen konkreten Fall anwendbare Rechtsordnung ausgerichtet sind. Zu diesem Zweck sollte der Unternehmenskaufvertrag neben der Verpflichtung zur Übertragung auf den gesonderten Übertragungsakt verweisen, z. B. wie folgt:

Formulierungsbeispiel konkrete Übertragungsverpflichtung:

Die Vertragsparteien verpflichten sich, nach Eintritt der Bedingungen gemäß § [...] und Zug um Zug gegen Zahlung des Kaufpreises den als Anlage 1 beigefügten Vertrag über die Übertragung der Anteile an der [Gesellschaft] abzuschließen und von einem Notar in [Land] beurkunden zu lassen.

Im Unternehmenskaufvertrag selbst sollte ergänzend eine Regelung aufgenommen werden, wonach sich beide Parteien verpflichten, alle sonstigen für die Wirksamkeit der jeweiligen Übertragungen erforderlichen Handlungen vorzunehmen:

Formulierungsbeispiel abstrakte Übertragungsverpflichtung:

Im Übrigen verpflichten sich Verkäufer und Käufer, jeweils auf eigene Kosten, sämtliche weiteren Rechtshandlungen vorzunehmen, die für die Übertragung des Eigentums an den verkauften Vermögensgegenständen und die Übertragung der Inhaberschaft an den verkauften Gesellschaftsanteilen nach der jeweils anwendbaren Rechtsordnung noch notwendig sein sollten.

Darüber hinaus kann im Innenverhältnis zwischen Verkäufer und Käufer vereinbart werden, dass die Vertragsparteien sich bis zur vollständigen Übertragung und auch für den Fall des Scheiterns eines Übertragungsaktes wirtschaftlich so behandeln, als sei die Übertragung bereits erfolgt. Der Verkäufer kann beispielsweise dem Käufer Gegenstände zur Nutzung überlassen. Scheitert die Übertragung einer Forderung, so kann der Verkäufer vom Käufer ermächtigt werden, diese Forderung für den Käufer einzuziehen. Bei derartigen Regelungen ist jedoch zu beachten, dass Verkäufer und Käufer unter Umständen für eine längere Zeit auf Zusammenarbeit angewiesen sind. Daher sollte man sich in jedem Fall auf einen Endtermin verständigen, bis zu welchem die jeweilige Übertragung vollzogen sein muss bzw. zu welchem die vereinbarte Gebrauchsüberlassung endet.

3. Neugründung

Wird eine Gesellschaft, gleich welcher Rechtsform, im Ausland neu gegründet, so sind 76
zwingend die **Gründungsvorschriften** des Landes anzuwenden, in dem die Gesellschaft errichtet wird. Die Gesellschaft ist hinsichtlich ihres Gesellschaftsvertrages, ihrer inne-

ren Organisation, der Firma usw. nach der jeweiligen ausländischen Rechtsordnung auszugestalten. Wird dies bei der Erstellung der Gründungsdokumente nicht berücksichtigt, fehlt es an den Voraussetzungen für die Eintragung der Gesellschaft im zuständigen ausländischen Register. Die Errichtung der Gesellschaft scheitert oder erweist sich als zeit- und kostenintensiv, wenn Versäumnisse beim Gründungsakt nachgeholt werden müssen.

77 Bei der Errichtung der Gesellschaft sind daher insbesondere die **Formvorschriften** zu beachten, die für die Gründung in der gewählten Rechtsform im Ausland vorgeschrieben sind. Zu denken ist insbesondere auch an die Beibringung etwaiger erforderlicher Unterlagen der deutschen Muttergesellschaft. Zumeist sind Nachweise der Existenz der deutschen Muttergesellschaft sowie der Vertretungsmacht derjenigen Person, die den Gründungsakt im Ausland vollzieht, erforderlich. In der Regel muss ein beglaubigter Handelsregisterauszug der deutschen Muttergesellschaft vorgelegt werden. Wird das deutsche Mutterunternehmen bei der Errichtung im Ausland nicht durch ihren gesetzlichen Vertreter (Geschäftsführer oder Vorstand) vertreten, sondern durch einen bevollmächtigten Dritten, ist regelmäßig auch eine zusätzliche Vollmacht vorzulegen, wobei die Anforderungen an die Form der Vollmacht unterschiedlich sind und sich ebenfalls nach der Rechtsordnung des Landes richten, in dem die Gesellschaft errichtet wird. Zu berücksichtigen ist dabei auch, ob im Gründungsland überhaupt eine Vertretung des Gründers zulässig ist, oder ob der Gründungsgesellschafter den Gründungsakt höchstpersönlich vornehmen muss.[162]

78 Die Anerkennung deutscher Dokumente im Ausland ist an die Einhaltung bestimmter Formalitäten geknüpft. Für den Rechtsverkehr mit Staaten, die dem Haager Übereinkommen zur Befreiung ausländischer Urkunden von der Legalisation vom 5. 10. 1961 beigetreten sind, kann die Echtheit der Urkunde mittels einer **Apostille** durch die zuständige Behörde bestätigt werden.[163]

Zuständige Behörden für die Erteilung einer Apostille für deutsche Urkunden sind[164]

- das Bundesverwaltungsamt in Köln für Urkunden von Bundesbehörden und -gerichten;
- das Deutsche Patentamt für Urkunden des Bundespatentgerichts und des Deutschen Patentamts;
- die Staatsministerien der Justiz oder die Präsidenten der Land- oder Amtsgerichte (je nach Bundesland) für Urkunden der Justizverwaltungsbehörden, der ordentlichen Zivil- und Strafgerichte und der Notare;
- die Ministerien für Inneres, die Regierungspräsidenten, die Ministerien für Justiz oder die die Präsidenten der Land- oder Amtsgerichte (je nach Bundesland) für Urkunden der anderen als der ordentlichen Gerichte sowie
- die Ministerien für Inneres, die Regierungspräsidenten oder das Landesverwaltungsamt (je nach Bundesland) für Urkunden aller Verwaltungsbehörden (außer der Justizverwaltung).

Mit einigen Ländern hat die Bundesrepublik Deutschland darüber hinaus bilaterale Abkommen geschlossen, die für einzelne Dokumente einen Verzicht auf jede förmliche Beglaubigung, einschließlich der Apostille, vorsehen.[165] Für Länder die weder dem

[162] Die persönliche Einreichung der Gründungsdokumente im Handelsregister ist z. B. in Bulgarien vorgeschrieben, *Süß/Wachter/Lagler/Doytchinova* Handbuch des Internationalen GmbH-Rechts, S. 442 Rn. 8.

[163] Ein aktuelles Verzeichnis der beigetretenen Staaten ist einzusehen unter http://hcch.e-vision.nl/index_en.php?act=states.listing.

[164] Merkblatt des Auswärtigen Amtes, einzusehen unter http://www.konsularinfo.diplo.de/Vertretung/konsularinfo/de/05/Urkunden.html.

[165] Eine Übersicht über die bilateralen Abkommen bietet das vorgenannte Merkblatt des Auswärtigen Amtes.

Haager Übereinkommen beigetreten sind noch ein bilaterales Abkommen abgeschlossen haben, ist dagegen eine **Legalisation** der deutschen Urkunde erforderlich, d.h. eine förmliche Bestätigung der Echtheit der Urkunde durch die Behörde des Ziellandes. Diese Bestätigung wird in der Regel durch die jeweiligen diplomatischen oder konsularischen Vertretungen in Deutschland ausgestellt. Häufig verlangen die Behörden des Ziellandes eine Vorbeglaubigung durch eine deutsche Behörde. Für einige Staaten muss zusätzlich eine sog. Endbeglaubigung durch das Bundesverwaltungsamt in Köln erteilt werden.[166]

Rechtzeitig vor dem Gründungsakt ist daher zu klären, welche Unterlagen in welcher Form vorgelegt werden müssen und ob Übersetzungen in die jeweilige Landessprache benötigt werden, die wiederum ggf. von einem vereidigten Übersetzer beglaubigt werden müssen.

Ebenfalls nach dem Gesellschaftsstatut richtet sich die **Erbringung der Kapitaleinlagen** 79
durch den Gesellschafter. Die Fragen, welches Mindestkapital einzuzahlen ist, ob Sacheinlagen erbracht werden können und unter welchen Voraussetzungen die Einlage wirksam erbracht ist, sind ausschließlich nach der Rechtsordnung zu beantworten, die auf die ausländische Tochter anwendbar ist. Werden einzelne Rechtsgüter auf die ausländische Tochtergesellschaft übertragen, ist die Wirksamkeit der Übertragung nach dem auf die übertragene Sache anwendbaren Recht zu beurteilen,[167] während die schuldrechtlichen Vereinbarungen zwischen Mutter- und Tochtergesellschaft wiederum einer Rechtswahl zugänglich sind.

4. Sitzverlegung

Alternativ zur Gründung einer neuen Tochtergesellschaft nach dem Recht eines aus- 80
ländischen Staates ist es auch möglich, eine bereits bestehende Tochtergesellschaft in Deutschland oder einem anderen Land zu nutzen und lediglich deren Sitz in ein anderes Land zu verlegen. Der Fortbestand der Gesellschaft unter Wahrung der Identität muss sowohl im Wegzugsland wie auch im Zuzugsland anerkannt sein.[168] Inwieweit eine nach deutschem Recht gegründete Gesellschaft, die ihre Tätigkeit vorwiegend oder ausschließlich im Ausland ausübt, in dem betreffenden Land als rechtsfähig anerkannt wird, hängt daher auch von der Rechtsordnung dieses Landes ab. Dabei kommt es in erster Linie darauf an, ob das internationale Privatrecht des jeweiligen Staates der Gründungstheorie oder der Sitztheorie folgt. Die Sitztheorie gilt in der Mehrzahl der kontinentaleuropäischen Länder, neben Deutschland insbesondere in Frankreich, Belgien, Luxemburg, Österreich und Portugal, während die Gründungstheorie vor allem im angloamerikanischen Rechtskreis vorherrschend ist, also in den USA, England und Irland, aber auch in einigen kontinentaleuropäischen Ländern, wie den Niederlanden, Dänemark, der Schweiz und den osteuropäischen Ländern.[169] Gilt in dem Staat, in den die deutsche Gesellschaft ihren Sitz verlegt, die **Gründungstheorie,** wird die Gesellschaft dort anerkannt, wenn sie nach deutschem Recht wirksam gegründet ist. Diese Rückverweisung auf das deutsche Recht ist allerdings bei Kapitalgesellschaften problematisch, da das deutsche Recht bislang der Sitztheorie folgte und eine deutsche Kapitalgesellschaft daher nur wirksam gegründet werden konnte, wenn sie ihren Satzungssitz in Deutschland hatte.[170] Verlegte die deutsche Gesellschaft ihren Sitz ins Ausland, behandelte das deutsche Recht diese Gesellschaft aufgrund der Sitztheorie als ausländische Gesellschaft, so dass die Ein-

---

[166] Weitere Hinweise zur Legalisation siehe vorgenanntes Merkblatt des Auswärtigen Amtes.
[167] Siehe oben unter Rn. 74 zum Asset Deal; Staudinger/*Großfeld* IntGesR Rn. 262.
[168] Staudinger/*Großfeld* IntGesR Rn. 606; MünchKommBGB/*Kindler* IntGesR Rn. 497.
[169] Überblick über die Geltung von Gründungs- oder Sitztheorie in den einzelnen Staaten in: *Spahlinger/Wegen* Internationales Gesellschaftsrecht in der Praxis, S. 332 ff. Rn. 1462 ff. m. w. N.
[170] Baumbach/Hueck/*Fastrich* § 4 a GmbHG Rn. 3; Staudinger/*Großfeld* IntGesR Rn. 243; BGHZ 29, 320, 328.

tragung im deutschen Handelsregister nach Beendigung der Gesellschaft in Deutschland von Amts wegen zu löschen war.[171] Dies hatte zur Folge, dass die in Deutschland aufgelöste Gesellschaft auch im Ausland nicht anerkannt werden konnte und dort neu gegründet werden musste. Mit Umsetzung des Gesetzes zur Modernisierung des GmbH-Rechts und zur Bekämpfung von Missbräuchen (MoMiG) wird die Sitzverlegung erleichtert. Durch Wegfall von § 4a Abs. 2 GmbHG kann der satzungsmäßige Sitz in Deutschland verbleiben, obwohl der tatsächliche Verwaltungssitz im Ausland ist.[172] Folgt die Rechtsordnung am tatsächlichen Sitz der Gesellschaft der **Sitztheorie,** wird die deutsche Gesellschaft im Ausland häufig nur eingeschränkt anerkannt. Insbesondere Eintragungen in den zuständigen Registern und volle Rechtsfähigkeit werden zumeist verweigert. Verlegt daher eine nach deutschem Recht gegründete Gesellschaft ihren Verwaltungssitz ins Ausland, so ist in Staaten, die der Sitztheorie folgen, im Ergebnis eine Neugründung der Gesellschaft nach dem Recht des Sitzstaates erforderlich.[173] Eine identitätswahrende Verlegung des Sitzes einer deutschen Gesellschaft ins Ausland ist daher nur eingeschränkt möglich.

81 Vorstehende Grundsätze sind für die Sitzverlegung innerhalb der **Europäischen Union** durch die Rechtsprechung des EuGH modifiziert worden. Aufgrund der **Niederlassungsfreiheit** nach Art. 43 und 48 EG hat nach der Rechtsprechung des EuGH der Staat, in den eine nach dem Recht eines Mitgliedsstaates gegründete Gesellschaft ihren effektiven Verwaltungssitz verlegt, die Rechtsfähigkeit anzuerkennen, die die Gesellschaft nach dem Recht ihres Gründungsstaates besitzt.[174] Es ist Bestandteil der Niederlassungsfreiheit, dass eine Gesellschaft nach dem Recht eines EU-Mitgliedsstaates gegründet werden kann und anschließend eine Zweigniederlassung in einem anderen Mitgliedsstaat errichtet und ihre Tätigkeit ausschließlich über die Zweigniederlassung entfaltet.[175] Darüber hinaus hat der EuGH entschieden, dass für eine Gesellschaft, die nach dem Recht eines Mitgliedsstaates wirksam errichtet wurde und ihre Geschäftstätigkeit im Wesentlichen oder ausschließlich in einem zweiten Mitgliedsstaat über eine dort errichtete Niederlassung ausführen will, in dem zweiten Mitgliedsstaat keine zusätzlichen Voraussetzungen an die Errichtung der Niederlassung aufgestellt werden dürfen, die nicht auch für inländische Gesellschaften gelten.[176] Nicht endgültig geklärt ist allerdings die Frage, ob der Gründungsstaat den Wegzug einer nach seinem Recht gegründeten Gesellschaft beschränken kann, indem er wie das deutsche Recht den Bestand der Gesellschaft an die Aufrechterhaltung des Sitzes im Inland knüpft. Eine gesicherte Rechtsprechung des EuGH zu dieser Frage liegt noch nicht vor.[177] Deutsche Gerichte gingen mangels anderweitiger gesetzlicher Regelung in Deutschland bzw. in der EU bislang davon aus, dass eine Sitzverlegung von Deutschland in einen anderen EU-Mitgliedsstaat unter Fortbestand der Gesellschaft nicht möglich sei, da eine deutsche Gesellschaft mit der Sitzverlegung ihre Rechtsfähigkeit

---

[171] MünchKommBGB/*Kindler* IntGesR Rn. 503 ff.; Staudinger/*Großfeld* IntGesR Rn. 610.

[172] Gesetzesentwurf zur Modernisierung des GmbH-Rechts und zur Bekämpfung von Missbräuchen (MoMiG); vgl. http://www.bundesjustizministerium.de/files/-/2109/RegE%20MoMiG.pdf; der Gesetzgeber verfolgt damit insbesondere das Ziel, deutschen Unternehmen die Verwendung der vertrauten Rechtsform der GmbH auch bei Tochtergesellschaften im Ausland zu erleichtern.

[173] MünchKommBGB/*Kindler* IntGesR Rn. 499.

[174] EuGH NZG 2002, 1164 – Überseering.

[175] EuGH NJW 1999, 2027 – Centros.

[176] EuGH NZG 2003, 1064 – Inspire Art.

[177] EuGH NZG 2002, 1164 – Überseering; BayObLG BB 2004, 570; OLG Brandenburg BB 2005, 849; BFH NZG 2003, 646, 648; *Bayer/Schmidt* ZIP 2006, 210; zur Unwirksamkeit der Wegzugsbesteuerung vgl. EuGH NJW 2004, 2439; *Kleinert/Probst* DB 2004, 673; zur Frage, ob eine ungarische Gesellschaft ihren Verwaltungssitz auf Grundlage der Art. 43, 48 EG in das EU-Ausland verlagern darf ist derzeit ein Vorabentscheidungsverfahren vor dem EuGH anhängig, C 210/06 – Cartesio, ABl. EU C. 165, 17.

verliere.[178] Im Ergebnis führt dies dazu, dass im Bereich der Europäischen Union Gesellschaften ihren tatsächlichen Verwaltungssitz in einen anderen Mitgliedsstaat verlegen können, solange die Sitzverlegung nicht – wie nach deutschem Recht vor Inkrafttreten des MoMiG – den Verlust der Rechtsfähigkeit im Wegzugsstaat zur Folge hat.[179]

Die Verlegung von deutschen Gesellschaften ins außereuropäische Ausland ist daher nicht in allen Fällen ohne **Verlust der Rechtsfähigkeit** möglich.

II. Rechtsformwahl

Für die Wahl der Rechtsform der ausländischen Tochtergesellschaft spielen grundsätzlich dieselben Kriterien eine Rolle wie für die Rechtsformwahl in Deutschland. Dabei sind jedoch Besonderheiten nach der jeweils anwendbaren Rechtsordnung zu beachten. In der Praxis hat sich die GmbH, in einzelnen Ländern auch die AG, als die Rechtsform durchgesetzt, die für die Gründung einer Tochtergesellschaft im Ausland am besten geeignet ist. 82

1. Überblick über die Gesellschaftsformen

Wie in Deutschland wird auch im Ausland zwischen **Kapitalgesellschaften** (vergleichbar mit GmbH und AG) sowie **Personenhandelsgesellschaften** (vergleichbar mit OHG und KG) unterschieden. Im Gegensatz zu den Kapitalgesellschaften, bei welchen die Haftung der Gesellschafter grundsätzlich auf das in die Tochtergesellschaft eingebrachte Kapital begrenzt ist und eine unmittelbare Haftung der Gesellschafter für Verbindlichkeiten der Tochtergesellschaft ausgeschlossen ist, sind die Personenhandelsgesellschaften durch die unmittelbare und persönliche Haftung einzelner (KG) oder aller (OHG) Gesellschafter für Verbindlichkeiten der Gesellschaft gekennzeichnet. Gerade bei Auslandsaktivitäten, die aufgrund der Anwendbarkeit einer fremden Rechtsordnung sowie den mit dem Aufbau der Tätigkeit in einem fremden Markt häufig verbundenen wirtschaftlichen Risiken zusätzliches Haftungspotenzial bergen, sollten die Risikosphären klar abgegrenzt sein. Soll das deutsche Mutterunternehmen nicht für die Aktivitäten im Ausland haften, kann dies daher in der Regel nur über die Gründung einer Kapitalgesellschaft erreicht werden. 83

Bei der Wahl der geeigneten Rechtsform spielen vielfach **steuerliche Überlegungen** eine Rolle. Die ausländische Tochterkapitalgesellschaft unterliegt in ihrem Sitzstaat der unbeschränkten Steuerpflicht, während die ausländische Tochterpersonengesellschaft zumeist steuerlich transparent ist und wie eine Betriebsstätte behandelt wird, so dass hier nur ihre Gesellschafter beschränkt steuerpflichtig sind.[180] Erweist sich die Personengesellschaft im Einzelfall als steuerlich günstiger und möchte man diese steuerlichen Vorteile nutzen, gleichwohl aber das Haftungsrisiko begrenzen, kommt nur die Gründung einer GmbH & Co. KG in Betracht, sofern die jeweilige Rechtsordnung im Ausland diese Gesellschaftsform vorsieht. Anders als in Deutschland ist die Rechtsform der GmbH & Co. KG in den meisten Ländern gänzlich unbekannt, unzulässig oder zu-

[178] OLG München BB 2007, 2247; OLG Brandenburg BB 2005, 849; BayObLG BB 2004, 570; OLG Düsseldorf BB 2001, 901; *Spahlinger/Wegen* S. 38 ff. Rn. 173 ff. m. w. N.; MünchKommBGB/*Kindler* IntGesR Rn. 498; es ist zu erwarten, dass sich die Rechtsprechung mit Inkrafttreten des MoMiG ändern wird.

[179] Die Europäische Kommission hat nach Durchführung eines Konsultationsverfahrens zuletzt die Arbeiten an einem Richtlinienvorschlag für die grenzüberschreitende Verlegung des Satzungssitzes von Kapitalgesellschaften mit dem Ziel, eine Sitzverlegung ohne Auflösung der Gesellschaft zu ermöglichen, eingestellt, eine Vereinheitlichung der Gesetzgebung auf EU-Ebene ist daher in absehbarer Zeit nicht zu erwarten, vgl. http://ec.europa.eu/internal_market/company/seat-transfer/index_de.htm.

[180] *Spahlinger/Wegen* S. 341 ff. Rn. 1466 ff. m. w. N.

mindest praktisch kaum relevant. Grund für die fehlende Praxisrelevanz ist häufig auch, dass Kapitalgesellschaften und Personenhandelsgesellschaften im jeweiligen Land steuerlich gleich behandelt werden, so dass allenfalls ein steuerlicher Vorteil aufgrund der deutschen Holding-Struktur in Betracht kommt. In Ländern, in denen die GmbH & Co. KG zwar nicht unzulässig ist, in der Praxis jedoch so gut wie nicht vorkommt, stößt die Gründung einer GmbH & Co. KG häufig auf nicht unerhebliche praktische Probleme bei der Umsetzung und hat zusätzliche Verwaltungskosten zur Folge. Dies sollte daher sorgfältig mit etwaigen steuerlichen Vorteilen abgewogen werden.

Die nachfolgende Tabelle gibt einen ersten Überblick über gängige Rechtsformen in verschiedenen Ländern.

Land	Häufigste Rechtsform	Mindest-kapital	Einpersonen-Gesellschaft	GmbH& Co KG	Mitbestimmung
Belgien	Société Privée à Responsabilité Limitée (SPRL)/ Besloten Vennootschap met Beperkte Aansprakelijkheid (BVBA) (GmbH)	EUR 18 550	Ja, aber keine Haftungsbeschränkung, wenn juristische Person einziger Gesellschafter	Nein (aber: Belgische GmbH wird steuerlich wie eine Personengesellschaft behandelt)	Nein, aber Informations- und Beratungsrechte des Unternehmensrates bzw. des Komitees für Vorsorge sowie Schutz am Arbeitsplatz
Bulgarien	Druzhestvo z Ogranichena Otgovornost (OOD) (GmbH)	BGN 5000	Ja	Ja, aber keine praktische Relevanz	Bei mehr als 50 Mitarbeitern beratende Stimme in der Gesellschafterversammlung
Dänemark	Anpartsselskab (ApS) (GmbH)	Dkr 125 000	Ja	Ja, aber keine praktische Relevanz	Arbeitnehmervertreter im Aufsichtsrat bei durchschnittlich mehr als 35 Arbeitnehmern in den letzten 3 Jahren
England	Private Limited Company (Ltd.)	Nein	Ja	Nein	Nein
Finnland	Osakeyhtiö (Oy) (Private AG)	EUR 8000	Ja	Ja, aber keine praktische Relevanz	Arbeitnehmervertreter in Aufsichtsrat und Vorstand, ab 150 Arbeitnehmern

Land	Häufigste Rechtsform	Mindest-kapital	Einpersonen-Gesellschaft	GmbH& Co KG	Mitbestim-mung
Frankreich	Société Anonyme (SA) Societé à responsabilité limitée (SARL)	EUR 37 000 EUR 1	SA: 7 Aktionäre SARL: Ja	Ja, aber keine praktische Relevanz	Betriebsrat, wenn in den letzten 3 Jahren über mind. 12 Monate hinweg mehr als 50 Mitarbeiter
Italien	Società a responsabilità limitata (s. r. l.)	EUR 10 000	Ja	Nein	Keine gesetzliche Regelung, aber Mitbestimmungsrechte durch den Abschluss von Kollektivvereinbarungen
Niederlande	Besloten Vennootschap met beperkte aansprakelijkheid (B.V.)	EUR 18 000	Ja	Nein	Betriebsrat ab 50 Arbeitnehmer
Norwegen	Aksjeselskap (AS) (kleine AG, ähnlich der GmbH)	NOK 100 000	Ja	Ja, aber keine praktische Relevanz	Arbeitnehmervertreter im Verwaltungsrat ab 200 Mitarbeitern
Österreich	GmbH	EUR 35 000	Ja	Ja	Ab 5 dauerhaft beschäftigten Mitarbeitern Betriebsrat
Polen	Spólka z ograniczona odpowiedzialnoscia (Sp. z. o. o.) (GmbH)	PLN 50 000	Ja, aber Verbot der Doppelstöckigkeit	Ja	Ab 10 Arbeitnehmern Betriebsgewerkschaft
Rumänien	Societate cu raspundere limitata (S. R. L.) (GmbH)	RON 200	Ja, aber Verbot der Doppelstöckigkeit; Stellung als Alleingesellschafter nur in einer einzigen rumänischen Gesellschaft	Ja	Bei mehr als 20 Mitarbeitern Wahl von Mitarbeitervertretern möglich

Land	Häufigste Rechtsform	Mindest-kapital	Einpersonen-Gesellschaft	GmbH& Co KG	Mitbestim-mung
Russland	Obschestwo s ogranichenoj otwetstwen-nostju (OOO) (GmbH)	RUR 10 000	Ja, aber Verbot der Doppel-stöckigkeit	Ja	Nein
Schweden	Aktiebolag (AB) (AG)	SEK 100 000	Ja	Ja, aber keine praktische Relevanz	Arbeitnehmer-vertreter im Verwaltungs-rat ab 25 Mit-arbeitern
Schweiz	AG	CHF 20 000	Nein	Ja	In allen Betrie-ben Informa-tions- und Mitsprache-recht; ab 50 AN von einer Vertre-tung wahrge-nommen
Slowakei	Spoločnost's ručením ob-medzeným (s. r. o.) (GmbH)	SKK 200 000	Ja, aber Verbot der Doppel-stöckigkeit	Ja	Keine gesetzli-chen Bestim-mungen; Abschluss von Syndikatsver-einbarungen möglich
Spanien	Sociedad de Responsabili-dad Limitada (S. R. L.)	EUR 3006	Ja	Ja, aber keine praktische Relevanz	Reine Arbeit-nehmerver-tretung ab 50 Beschäf-tigten
Tsche-chische Republik	Společnost s ručením ome-zeným (s. r. o.) (GmbH)	CZK 200 000	Ja, aber Verbot der Doppel-stöckigkeit	Ja	Ab 3 Arbeitnehmern Betriebsge-werkschaft, ab 25 Arbeit-nehmern Betriebsrat
Ukraine	Tovarystvo z obmezhenoyu vidpovidal-nistiu (TOV) (GmbH)	Äqui-valent von 100 Mindest-löhnen; d. h. der-zeit UAH 23 700	Ja, aber Verbot der Doppel-stöckigkeit	Ja	Nein (nur in Unternehmen, in denen die Arbeitnehmer Mehrheitsge-sellschafter sind)

Land	Häufigste Rechtsform	Mindest-kapital	Einpersonen-Gesellschaft	GmbH& Co KG	Mitbestim-mung
Ungarn	Korlátolt Felelösségü Társaság (Kft.) (GmbH)	HUF 3 000 000	Ja	Ja	$^1/_3$ Arbeitnehmervertreter im Aufsichtsrat der GmbH bei mehr als 200 Arbeitnehmern
Brasilien	Sociedade Limitada (S. L.)	Nein	Nein, mind. 2 Gesellschafter	Nein	Nein
China	Sonderrecht für Ausländer	USD 200 000	Ja (bei Wholly Foreign-Owned Enterprises)	Nein, da keine KG	Ja, durch Gewerkschaftsorganisationen (ab 25 Mitarbeiter zwingend)
Mexiko	S. A. (Sociedad Anónima)	MXN 50 000			
	Sociedad de Responsabilidad Limitada (S. de R. L.)	MXN 3000	Nein	Nein	Nein
USA	Corporation, insbes. Close corporation (entspricht funktionell der GmbH)	In den meisten Einzelstaaten nein; teilweise USD 1000	Ja	Ja (in den meisten Einzelstaaten)	Nein

Überblick Gesellschaftsformen, § 16 C II. 1

2. Sonderregeln für Einpersonengesellschaften oder -konzerne

84 Bei der Gründung von Tochtergesellschaften im Ausland ist zu beachten, dass in einigen Ländern die Gründung von Gesellschaften mit nur einem Gesellschafter unzulässig ist. In anderen Ländern wiederum unterliegen Einpersonengesellschaften besonderen Beschränkungen, insbesondere ist der Gesellschafter einem verstärkten Haftungsdurchgriff ausgesetzt. Diese Einschränkungen gilt es vor Gründung einer Tochtergesellschaft im Ausland zu identifizieren, so dass geeignete Lösungsmöglichkeiten entwickelt werden können.

85 a) **Verbot von Einmanngesellschaften.** Die Gründung von Einmanngesellschaften war in vielen EU-Mitgliedsstaaten, insbesondere in Osteuropa, bis vor einigen Jahren unzulässig. Teilweise war zwar die Gründung von 100%-igen Tochtergesellschaften möglich, der alleinige Gesellschafter durfte jedoch nicht selbst eine juristische Person mit wiederum nur einem Gesellschafter sein (sog. Einmannkonzern). In den EU-Mitgliedsstaaten

ist das Recht der **Einmann-GmbH** durch die 12. Richtlinie des Rates der Europäischen Union betreffend Gesellschaften mit beschränkter Haftung mit einem einzigen Gesellschafter harmonisiert.[181] Damit sollte vor allem dem Mittelstand ermöglicht werden, in jedem Mitgliedsstaat ein Unternehmen in Form einer Gesellschaft mit beschränkter Haftung durch nur einen Gesellschafter zu gründen.

Da die Richtlinie auf Aktiengesellschaften nur Anwendung findet, wenn ein Mitgliedsstaat die Gründung oder nachträgliche Entstehung einer **Einpersonen-AG** zulässt,[182] ist das Bild bei Aktiengesellschaften in der EU weniger einheitlich. Die Mindestzahl der Aktionäre schwankt von Land zu Land. Soweit einzelne Länder eine bestimmte Mindestzahl von Aktionären vorschreiben, gibt es teilweise neben der „normalen" Aktiengesellschaft eine „einfache" Aktiengesellschaft, die auch von einem Aktionär gegründet werden kann, aber einem besonderen Regime unterliegt. So ist beispielsweise in Frankreich zur Gründung einer Société Anonyme (SA) erforderlich, dass mindestens sieben Gesellschafter Aktien zeichnen. Allerdings kann in Frankreich seit dem Jahr 1994 eine vereinfachte Form der Aktiengesellschaft, die Société par actions simplifiée (SAS), gegründet werden, bei der es keine zwingende Voraussetzung mehr darstellt, weitere Gesellschafter zu beteiligen. Auch in Spanien ist die Einmannaktiengesellschaft als Sonderform (Sociedad de Acciones Unipersonal) anerkannt und unterliegt den Sonderregeln der Einmann-GmbH, die in Umsetzung der 12. Richtlinie gelten.[183]

In einigen außereuropäischen Ländern hält man hingegen an einem vollständigen Verbot der Einpersonengesellschaften fest. So ist für die Gründung einer Sociedade Limitada nach brasilianischem Recht eine Mindestzahl von zwei Gesellschaftern erforderlich. Fallen nach Gründung der Gesellschaft ein oder mehrere Gesellschafter weg, so dass nur noch ein Gesellschafter Anteile hält, führt dies von Gesetzes wegen zur Auflösung der Gesellschaft, wenn nicht binnen einer Frist von 180 Tagen die erforderliche Mindestgesellschafterzahl wieder hergestellt wird,[184] Ähnliches gilt für das mexikanische Recht und das türkische Recht, die eine Mindestzahl von zwei Gesellschaftern für die Gründung einer GmbH sowie von zwei (Mexiko) bzw. fünf (Türkei) Aktionären für die Gründung einer AG voraussetzen.[185]

86 **b) Sonderregeln für Einmanngesellschaften.** In einzelnen Ländern gelten für Einmanngesellschaften zusätzliche Regelungen, die in erster Linie dem Gläubigerschutz dienen. Dadurch soll dem Umstand Rechnung getragen werden, dass bei Einpersonengesellschaften eine interne Kontrolle praktisch nicht möglich ist und nicht ausgeschlossen werden kann, dass Alleingesellschafter Vermögensgegenstände durch Verlagerung zwischen Privat- und Gesellschaftsvermögen dem Zugriff der Gläubiger entziehen.

Die 12. Gesellschaftsrechtsrichtlinie vom 21. 12. 1989 sieht aus diesem Grund vor, dass Einpersonengesellschaften bestimmten Offenlegungspflichten unterliegen und Beschlüsse sowie Rechtsgeschäfte mit dem Gesellschafter schriftlich niederzulegen sind, um so ein gewisses Maß an Transparenz zu schaffen.[186] Darüber hinaus haben einige europäische Länder von der in Art. 2 Abs. 2 der 12. Gesellschaftsrechtsrichtlinie[187] vorgesehenen Ermächtigung Gebrauch gemacht, für bestimmte Konstellationen besondere

---

[181] 12. Richtlinie 89/667/EWG auf dem Gebiet des Gesellschaftsrechts betreffend Gesellschaften mit beschränkter Haftung mit einem einzigen Gesellschafter vom 21. 12. 1989, ABl. Nr. L 395/40 vom 30. 12. 1989.

[182] Art. 6 der 12. Richtlinie 89/667/EWG, ABl. Nr. L 395/40 vom 30. 12. 1989.

[183] Art. 125 bis 129, *Ley*, 2/1995; zu den Beschränkungen für Einmanngesellschaften siehe unten b).

[184] *Süß/Wachter/Curschmann/Jolowicz*, S. 416, Rn. 11.

[185] Für die Türkei: *Süß/Wachter/Rumpf*, S. 1747, Rn. 45; für Mexiko: *Cuesta, Llaca, Esquivel y Espinosa*, Rechtliche Rahmenbedingungen für deutsche Investitionen in Mexiko, abzurufen unter http://www.pfalz.ihk24.de.

[186] Art. 3–5 der 12. Richtlinie 89/667/EWG, ABl. Nr. L 395/40 vom 30. 12. 1989.

[187] 12. Richtlinie 89/667/EWG, ABl. Nr. L 395/40 vom 30. 12. 1989.

Bestimmungen oder Sanktionen einzurichten. Dies gilt insbesondere für die Einführung der **persönlichen Haftung des Alleingesellschafters.** Beispielsweise haftet in Belgien der Alleingesellschafter einer GmbH oder AG persönlich für die Schulden der Gesellschaft, wenn er selbst eine juristische Person ist.[188] Eine natürliche Person als Alleingesellschafter haftet ebenfalls persönlich, wenn sie gleichzeitig an mehreren Gesellschaften mit beschränkter Haftung beteiligt ist.[189] Eine ähnliche Beschränkung existiert in Italien. Ist alleiniger Gesellschafter eine juristische Person, so haftet diese im Falle des Konkurses ihrer Tochter für alle Verbindlichkeiten.[190] In Spanien bestehen besondere Anzeigepflichten, insbesondere muss der Umstand, dass es sich um eine Einpersonengesellschaft handelt, auf sämtlichen Dokumenten, Geschäftsbriefen, Rechnungen usw. vermerkt werden.[191] Darüber hinaus haftet der Gesellschafter für die Verbindlichkeiten der Gesellschaft persönlich und unbeschränkt, wenn die Tatsache, dass es sich um eine Einpersonengesellschaft handelt, nicht innerhalb von sechs Monaten nach Eintritt dieses Umstandes im Handelsregister eingetragen ist.[192] In Rumänien kann eine natürliche oder juristische Person nur in einer einzigen rumänischen Gesellschaft Alleingesellschafter sein.[193]

c) **Gestaltungsmöglichkeiten.** Ist die Gründung einer 100%-Tochtergesellschaft nicht möglich oder sollen die mit einer Einpersonengesellschaft verbundenen Haftungsverschärfungen oder sonstige nachteilige Regelungen vermieden werden, bleibt grundsätzlich nur die Aufnahme eines oder mehrerer weiterer Gesellschafter. Dies kann jedoch so gestaltet werden, dass der bestimmende Einfluss der deutschen Muttergesellschaft als Hauptgesellschafter weiterhin erhalten bleibt. 87

aa) Beteiligung von Schwestergesellschaften. Soll kein fremder Dritter an der Tochtergesellschaft beteiligt werden, können andere Konzerngesellschaften Anteile halten. Bei derartigen konzerninternen Verflechtungen ist jedoch auf etwaige Einschränkungen nach der im Land der Tochtergesellschaft anwendbaren Rechtsordnung zu achten bzw. auf den Verlust von Haftungsprivilegien, wenn sich die Anteile an den Gesellschaftern der Tochtergesellschaft im Ergebnis in der Hand einer Konzernobergesellschaft oder einer natürlichen Person als Gesellschafter vereinigen. 88

bb) Beteiligung des Geschäftsführers. Hält der Geschäftsführer der ausländischen Tochtergesellschaft eine Minderheitsbeteiligung, so genügt eine solche Beteiligung – abhängig von den sonstigen Gründungsvoraussetzungen im jeweiligen Land – formal, um eine Einpersonengesellschaft zu vermeiden, selbst wenn der Geschäftsführer nur einen Anteil von 1% an der Gesellschaft halten sollte. Der Geschäftsführer ist vollwertiger Gesellschafter mit allen damit verbundenen Rechten und Pflichten. Diese Lösung ist insbesondere dann zu empfehlen, wenn der Geschäftsführer durch seine Beteiligung an der Gesellschaft und damit am Unternehmenserfolg zusätzlich motiviert und an die Gesellschaft gebunden werden soll. Die **Höhe der Beteiligung** sollte dabei so gewählt werden, dass dem Geschäftsführer-Gesellschafter bei Beschlüssen der Gesellschafterversammlung **kein Vetorecht** zukommt. Dies ist in der Regel bei weniger als 25% der Fall, häufig bestehen jedoch auch bei geringeren Beteiligungen bereits Minderheitenrechte. Praktische Schwierigkeiten können im Übrigen bei Beschlüssen eintreten, die von Gesetzes wegen einstimmig gefasst werden müssen. 89

In manchen Ländern wird diskutiert, ob bei einer Minderheitsbeteiligung des Geschäftsführers an der Gesellschaft die Möglichkeit einer Durchgriffshaftung zu Lasten

[188] Art. 123 Abs. 2 Nr. 8 LCS.
[189] Art. 104 LCS.
[190] Art. 2497 C. C.
[191] Art. 125 bis 129, *Ley*, 2/1995.
[192] Art. 129, *Ley*, 2/1995.
[193] *Süß/Wachter/Piuk* S. 1294, Rn. 18.

des herrschenden Gesellschafters gegeben ist. Begründet wird dies damit, dass der Geschäftsführer den Weisungen des anderen Gesellschafters unterworfen sein kann. Die Beteiligung des Geschäftsführers sei aufgrund dieses Weisungsrechts nur rein formal. Tatsächlich bestünde eine unumschränkte Herrschaft des Mehrheitsgesellschafters. Dies würde den Schutzzweck eines Verbots von Einpersonengesellschaften umgehen.[194] Bejaht wird eine **Durchgriffshaftung auf die Muttergesellschaft wegen bestimmender Einflussnahme**, insbesondere in den USA. Dort kommt es bereits bei einer Mehrheitsbeteiligung oder bei Identität von Gesellschaftsorganen und leitenden Angestellten zu einer unmittelbaren Haftung der Muttergesellschaft.[195]

Es empfiehlt sich sicherzustellen, dass der Geschäftsführer bei Beendigung seines Dienstverhältnisses auch als Gesellschafter ausscheidet. Hierzu bedarf es zusätzlicher Vereinbarungen zwischen der Muttergesellschaft und dem Geschäftsführer der Tochtergesellschaft. So kann beispielsweise der Geschäftsführer verpflichtet werden, seinen Anteil auf einen von dem Mehrheitsgesellschafter benannten Dritten zu übertragen, sobald er als Geschäftsführer der Tochtergesellschaft ausscheidet. Die Vereinbarung mit dem Geschäftsführer kommt so der unter Rn. 90–92 beschriebenen Treuhandvereinbarung sehr nahe.

90 *cc) Treuhandvereinbarung.* Hält ein Gesellschafter die Anteile an der Gesellschaft treuhänderisch für einen anderen, so bestimmen sich die Rechte und Pflichten des Treuhänders nach der Treuhandvereinbarung zwischen Treuhänder und Treugeber. Das auf die Treuhandvereinbarung anwendbare Recht kann von den Vertragsparteien grundsätzlich frei gewählt werden, jedenfalls soweit der Treuhandvertrag lediglich schuldrechtliche Vereinbarungen zwischen Treuhänder und Treugeber enthält.[196] Soweit die Treuhandvereinbarung jedoch Auswirkungen auf die gesellschaftsrechtliche Struktur der Tochtergesellschaft hat, unterliegt sie zwingend dem Gesellschaftsstatut, also dem Recht am Sitz der ausländischen Tochtergesellschaft bzw. dem Recht nach dem die Tochtergesellschaft gegründet ist.[197] Das Gesellschaftsstatut gilt daher insbesondere für Regelungen über die Übertragung des treuhänderisch gehaltenen Anteils vom Treugeber auf den Treuhänder und umgekehrt.[198] Die Anwendbarkeit des Gesellschaftsstatuts auf schuldrechtliche Abreden, die nur mittelbar in die Struktur der Gesellschaft eingreifen, so z. B. Stimmbindungsvereinbarungen, ist umstritten.[199] Selbst wenn der Treuhandvertrag hinsichtlich einzelner Regelungen zwingend dem auf die ausländische Tochtergesellschaft anwendbaren Recht unterliegt, schließt dies eine Rechtswahl im Übrigen nicht aus.[200] Um eine einheitliche Anwendbarkeit der vertraglichen Regelung sicher zu stellen, kann es aber empfehlenswert sein, die Regelungen insgesamt dem Gesellschaftsstatut zu unterstellen.

91 Der Treuhänder hält den Gesellschaftsanteil im eigenen Namen aber auf Rechnung des Treugebers. Im Außenverhältnis ist allein der Treuhänder berechtigt, die mit der Stellung als Gesellschafter verbundenen Rechte wahrzunehmen. Die Treuhandvereinbarung legt lediglich im Innenverhältnis zwischen Treugeber und Treuhänder die **Pflichten des Treuhänders** fest.

Um Einfluss auf die Ausübung der Gesellschafterrechte durch den Treuhänder auszuüben, wird sich der Treugeber daher in erster Linie ein **Weisungsrecht** vorbehalten.

---

194 *Nägel,* Einmanngesellschaft im deutschen und europäischen Gesellschaftsrecht, S. 107.

195 *Vorpeil* RIW 1991, 996.

196 MünchKommBGB/*Kindler* IntGesR Rn. 289, 291.

197 BGH NJW 1996, 55; MünchKommBGB/*Martiny,* Art. 37 EGBGB Rn. 52.

198 Palandt/*Heldrich* Anh. zu Art. 12 EGBGB Rn. 16; MünchKommBGB/*Kindler* IntGesR Rn. 290.

199 Zum Meinungsstand *Spahlinger/Wegen* S. 87 Rn. 319 m. w. N.; Staudinger/*Großfeld* IntGesR Rn. 346 f.

200 BGH NZG 2005, 41; a. A. *Geyrhalter* ZIP 1999, 647.

Formulierungsbeispiel Pflichten Treuhänder:

Der Treuhänder nimmt die ihm als Gesellschafter zustehenden Rechte in Abstimmung mit dem Treugeber wahr. Er wird vor Ausübung der Gesellschafterrechte die Weisungen des Treugebers einholen und diese Weisungen befolgen.

Dem Weisungsrecht sollten auch **Verfügungen über den Gesellschaftsanteil** unterliegen, so dass diese nur mit Zustimmung des Treugebers vorgenommen werden dürfen.

Formulierungsbeispiel Verfügungsverbot Treuhänder:

Der Treuhänder verpflichtet sich, ohne ausdrückliche schriftliche Weisungen des Treugebers nicht über den Gesellschaftsanteil zu verfügen.

Die Weisungsgebundenheit des Treuhänders verhindert jedoch pflichtwidrige Handlungen des Treuhänders nicht. Setzt sich der Treuhänder über die Regelungen des Treuhandvertrages hinweg, so ist dies nach außen hin wirksam. Auch der Verkauf des Gesellschaftsanteils durch den Treuhänder ist daher selbst dann wirksam, wenn dies entgegen der Weisungen des Treugebers geschah und der Treuhänder seine Pflichten aus dem Treuhandvertrag gegenüber dem Treugeber verletzt. Zur Absicherung des Treugebers empfiehlt es sich daher, im Treuhandvertrag oder in einer gesonderten Urkunde, soweit dies aufgrund des anwendbaren Rechts zulässig und sinnvoll ist, bereits die **aufschiebend bedingte Übertragung der Anteile vom Treuhänder auf den Treugeber** zu vereinbaren. Ist beispielsweise der Geschäftsführer der ausländischen Tochtergesellschaft Treuhänder, kann der Anteil aufschiebend bedingt auf das Ausscheiden aus dem Amt des Geschäftsführers auf die Muttergesellschaft übertragen werden:

Formulierungsbeispiel Rückabtretung Treuhandanteil:

Der Treuhänder tritt hiermit aufschiebend bedingt auf die Beendigung seiner Stellung als Geschäftsführer bei der ABC Tochter GmbH seinen Geschäftsanteil an den Treugeber ab. Der Treugeber nimmt die Abtretung an.

Insbesondere in den Staaten, die zwar eine Gründung von Einpersonengesellschaften untersagen, aber die nachträgliche Vereinigung sämtlicher Anteile in der Hand eines Gesellschafters zulassen, kann auch ein anderer Zeitpunkt als aufschiebende Bedingung gewählt werden, mit der Folge, dass der Treuhänder bereits kurz nach Gründung der Gesellschaft seine Anteile auf die deutsche Muttergesellschaft überträgt, so dass diese zum Alleingesellschafter wird.[201]

Der obige Formulierungsvorschlag kann nur ein allgemeiner Hinweis sein und muss in 92
jedem Fall auf seine Verwendbarkeit nach der auf die ausländische Tochtergesellschaft anwendbaren Rechtsordnung überprüft werden. Die Übertragung des treuhänderisch gehaltenen Gesellschaftsanteils richtet sich – anders als die bloße Verpflichtung zur Übertragung[202] und unabhängig von der zwischen Treugeber und Treuhänder vereinbarten Rechtsordnung – zwingend nach dem Gesellschaftsstatut. Ob die Übertragung unter einer aufschiebenden Bedingung überhaupt möglich ist, was als Bedingung zulässiger

[201] *Habersack,* Europäisches Gesellschaftsrecht, § 9 Abs. 2 S. 2, Rn. 325.
[202] Palandt/*Heldrich* Anh. zu Art. 12 EGBGB Rn. 16; BGH NZG 2005, 41.

Weise vereinbart werden kann und welcher Form die Rückübertragung bedarf, ist somit nach der ausländischen Rechtsordnung zu beurteilen. Insbesondere ist auf die jeweiligen Formvorschriften im Land der Tochtergesellschaft zu achten. Bedarf beispielsweise die Übertragung des Gesellschaftsanteils der notariellen Beurkundung, ist zu prüfen, ob die Übertragung auch in einer gesonderten, außerhalb des eigentlichen Treuhandvertrages gefassten Urkunde vorgenommen werden kann, will man nicht den gesamten Treuhandvertrag nach dem jeweiligen Landesrecht beurkunden. Selbst wenn das auf die ausländische Tochter anwendbare Recht keine besonderen Formvorschriften für die Übertragung des Gesellschaftsanteils aufstellt, kann der Vertrag nach deutschem Recht z. B. der notariellen Beurkundung nach § 15 Abs. 4 GmbHG bedürfen, wenn Anteile an einer der GmbH vergleichbaren ausländischen Gesellschaft in Deutschland übertragen werden bzw. die Verpflichtung zur Übertragung begründet wird und der Vertrag in Deutschland vorgenommen wird, so dass das deutsche Recht als Ortsstatut gemäß Art. 11 EGBGB anwendbar ist.[203]

3. Staatliche Reglementierung der Tätigkeit im Ausland

93 Für die Frage, welche Rechtsform für die Tätigkeit eines deutschen Unternehmens im Ausland geeignet ist, spielt das regulatorische Umfeld im jeweiligen Zielland eine erhebliche Rolle. Neben allgemeinen Erwägungen für die Gründung einer eigenständigen Tochtergesellschaft wie die Schaffung eines selbstständigen Haftungssubjekts, steuerlichen Vorteilen oder der Tatsache, dass Geschäfte im jeweiligen Land einfacher durch eine vor Ort ansässige Gesellschaft abgewickelt werden können, ist die Gründung einer Tochtergesellschaft im Ausland häufig auch aus regulatorischen Gründen erforderlich oder sinnvoll. Die nach der ausländischen Rechtsordnung gegründete Gesellschaft wird im jeweiligen Gründungsstaat als Inländer behandelt. Sie unterliegt daher nicht etwaigen Beschränkungen, die der jeweilige Staat natürlichen oder juristischen Personen aus einem anderen Land auferlegt.

94 Zu den Ländern, in denen die Tätigkeit von Ausländern mit am stärksten reglementiert ist, zählt **China.** Eine GmbH oder AG nach dem chinesischen Gesellschaftsgesetz kann nur durch chinesische Gesellschafter gegründet werden. Ausländischen Investoren dagegen stehen nur bestimmte Gesellschaftsformen offen, die auch als „Foreign Invested Enterprises" (FIE) bezeichnet werden. Neben der Gründung eines Joint Ventures mit einem oder mehreren chinesischen Partnern haben ausländische Investoren nur die Möglichkeit eine sog. Wholly Foreign-owned Enterprise (WFOE) oder eine Foreign-Invested Company Limited by Shares zu gründen, die besonderen Regelungen abweichend von dem auf chinesische Gesellschaften anwendbaren Recht unterliegen.[204]

95 Soll eine Tätigkeit im europäischen Ausland aufgenommen werden, unabhängig davon, ob es sich um die Gründung einer Tochtergesellschaft oder einer unselbstständigen Niederlassung handelt, trifft man kaum auf Beschränkungen. Aufgrund der in Art. 43 und 48 EG geregelten Niederlassungsfreiheit ist es grundsätzlich jedem Unternehmen mit Sitz in einem Mitgliedsstaat möglich, Agenturen, Zweigniederlassungen oder Tochtergesellschaften in einem anderen EU-Mitgliedsstaat in gleicher Weise wie die jeweiligen Inländer zu gründen. Von der Niederlassungsfreiheit ausgenommen sind nach Art. 45 Abs. 1 EG nur Tätigkeiten, die dauernd oder zeitweise mit der Ausübung öffentlicher Gewalt verbunden sind. Außerdem sind nach Art. 46 Abs. 1 EG Sonderregelungen aus Gründen der öffentlichen Ordnung, Sicherheit und Gesundheit zulässig.

[203] Strittig: für die ausschließliche Geltung des Gesellschaftsstatuts OLG München NJW-RR 1993, 998; für die Anwendung von Art. 15 Abs. 4 GmbHG bei Annahme des deutschen Schuldstatuts für den Kauf von Anteilen an ausländischer GmbH OLG Celle NJW-RR 1992, 1126; für die Möglichkeit des formfreien Abschlusses eines Treuhandvertrags in erweiterter Auslegung des Art. 11 EGBGB aber im Ergebnis offen gelassen BGH NZG 2005, 41.

[204] *Süß/Wachter/Scheil* S. 466 f., Rn. 5 ff.

Auch in den meisten anderen Ländern steht Ausländern die Gründung von Gesellschaften nach dem jeweiligen Landesrecht in gleicher Weise offen wie Inländern. Dennoch finden sich vereinzelt Sondervorschriften, die die wirtschaftliche Betätigung von Ausländern in gewisser Weise einschränken. Staatliche Reglementierungen der unternehmerischen Betätigung von Ausländern sind zumeist politisch motiviert, um den inländischen Markt vor Konkurrenz zu schützen oder um in sensiblen Bereichen, wie der Rüstungsindustrie, Erdöl- bzw. Gasindustrie, dem Stromsektor oder der Verkehrsinfrastruktur, einen ausländischen Einfluss zu verhindern oder zu begrenzen. So finden sich in manchen Ländern Beschränkungen derart, dass ausländische Beteiligungen an Gesellschaften in bestimmten Industriebereichen der Höhe nach beschränkt sind oder einer besonderen Genehmigung unterliegen.[205]

Ist der Erwerb einer Immobilie im Ausland geplant, ist sorgfältig auf etwaige **Einschränkungen des Immobilienerwerbs** für ausländische Personen zu achten. So können 96 ausländische Personen in Bulgarien keine Immobilien erwerben.[206] Selbst wenn der Immobilienerwerb durch eine ausländische Person grundsätzlich zulässig ist, existieren häufig Sondervorschriften. Beispielhaft sei hier die Türkei genannt, die ausländischen juristischen Personen den Erwerb von Grundeigentum in der Türkei grundsätzlich gestattet, sofern der Heimatstaat des Erwerbers auch türkischen Staatsangehörigen den Erwerb von Grundstücken erlaubt.[207] Ausländische juristische Personen können Eigentum an Grundstücken jedoch nur dann erwerben, wenn sie zuvor eine Niederlassung in der Türkei gegründet haben und diese dann Eigentümerin der Immobilie wird.[208]

Auch bei der Ausgestaltung einer im Ausland gegründeten Tochtergesellschaft, insbe- 97 sondere im Hinblick auf die **Besetzung ihrer Organe** (Geschäftsführung, Aufsichtrat usw.) ist auf etwaige Einschränkungen nach dem jeweiligen Landesrecht zu achten. So kann es beispielsweise erforderlich sein, dass die Geschäftsführung oder zumindest ein Mitglied der Geschäftsführung die **Staatsangehörigkeit** des Landes hat, in dem sich die Tochtergesellschaft befindet, oder dort den **Wohnsitz** nimmt. Eine derartige Einschränkung gilt beispielsweise in der Schweiz. Zwar können die Gesellschafter einer GmbH Ausländer ohne Wohnsitz in der Schweiz sein, zumindest einer der Geschäftsführer muss jedoch seinen Wohnsitz in der Schweiz haben.[209] Vergleichbares galt bislang auch für die Verwaltungsräte einer Schweizer AG, die mehrheitlich Schweizer Bürger mit Wohnsitz in der Schweiz sein mussten.[210] Aufgrund zweier völkerrechtlicher Abkommen zwischen der Schweiz und der Europäischen Union und einer entsprechenden Verwaltungsanweisung wird seit Juli 2003 auf der Erfordernis der Schweizer Staatsbürgerschaft verzichtet, eine entsprechende Gesetzesänderung, die neben der Staatsangehörigkeit auch das Wohnsitzerfordernis lockern sollte, ist jedoch bislang noch nicht wirksam geworden.[211]

Ergänzend sei noch darauf hingewiesen, dass die grundsätzliche Zulässigkeit der Ernennung von Ausländern zu Geschäftsführern oder Aufsichtsräten einer ausländischen Tochtergesellschaft noch keine Aussage darüber trifft, ob die betreffenden Personen für die Ausübung ihrer Tätigkeit einer **Aufenthaltsgenehmigung oder Arbeitserlaubnis** bedürfen. Bedarf es derartiger behördlicher Genehmigungen, bedeutet dies zusätzlichen Verwaltungsaufwand. Gleiches gilt, wenn auch deutsche Mitarbeiter unterhalb der Geschäftsführungsebene dauerhaft oder für eine gewisse Zeit bei der ausländischen Tochtergesellschaft eingesetzt werden.

---

[205] Für Mexiko: *Cuesta, Llaca, Esquivel y Espinosa,* Rechtliche Rahmenbedingungen für deutsche Investitionen in Mexiko, abzurufen unter http://www.pfalz.ihk24.de.

[206] *Süß/Wachter/Lagler/Doytchinova* S. 461, Rn. 106.

[207] Art. 35 Abs. 1 Grundbuchgesetz.

[208] www.bfai.de.

[209] Art. 813 Abs. 1 OR; *Süß/Wachter/Staiger* S. 1393, Rn. 23; S. 1424 Rn. 200.

[210] Art. 708 OR.

[211] *Sick/Köhler* RIW 2005, 216.

III. Anbindung an die Muttergesellschaft

98 Wie auch in rein deutschen Konzernen ist die ausreichende Kontrolle der ausländischen Tochter sicher zu stellen. Dabei ist jedoch in erster Linie die auf die ausländische Tochter anwendbare Rechtsordnung maßgeblich:

1. Internationales Konzernrecht

99 Für Unternehmen, die über ihre ausländischen Tochtergesellschaften und Beteiligungen international tätig sind, existiert bislang kein einheitliches internationales Konzernrecht.[212] Innerhalb der Europäischen Union gab es zwar bereits im Jahr 1974 erste Vorschläge für eine Konzernrechtsrichtlinie, die die Rechtsordnungen der Mitgliedsstaaten hinsichtlich verbundener Unternehmen angleichen sollte.[213] Die Diskussion über einen überarbeiteten Richtlinienvorschlag aus dem Jahr 1984,[214] der nur die AG betraf und das zu diesem Zeitpunkt geltende deutsche Aktienrecht zur Grundlage hatte, wurde jedoch vor Jahren eingestellt, da sich das Vorhaben wegen der stark divergierenden Regelungen in den einzelnen Mitgliedsstaaten als wenig aussichtsreich erwies.[215] Ausdrückliche konzernrechtliche Regelungen gibt es nur in Deutschland, Italien, Portugal und teilweise in Belgien. Einheitliche Regelungen in der EU existieren derzeit nur für Teilbereiche des Konzernrechts, wie z.B. zur Bilanzierung und Besteuerung, zu Übernahmen und zu Zusammenschlüssen.[216] Das auf grenzüberschreitende Unternehmen anwendbare Konzernrecht besteht daher im Wesentlichen aus von Rechtsprechung und Literatur entwickelten kollisionsrechtlichen Regelungen.[217] Diese basieren auf dem Grundsatz, dass auf Vereinbarung, die in das Organisationsrecht einer Gesellschaft eingreifen, das Gesellschaftsstatut der jeweils betroffenen Gesellschaft Anwendung findet.[218]

Demnach gilt im Über-/Unterordnungsverhältnis zwischen Konzernobergesellschaft und Tochtergesellschaft grundsätzlich das auf die abhängige Gesellschaft anwendbare Recht, da in deren Organisationsgefüge eingegriffen wird.[219] Der Abschluss eines **Beherrschungs- und Gewinnabführungsvertrages** zwischen einer deutschen Gesellschaft und ihrer ausländischen Tochtergesellschaft richtet sich daher zwingend nach dem auf die Tochtergesellschaft anwendbaren Recht.[220] Bestehen allerdings Bestimmungen des deutschen Rechts zum Schutz der herrschenden Gesellschaft, ihrer Gesellschafter oder ihrer Gläubiger, müssen diese zusätzlich Anwendung finden. Bei Abschluss eines Beherrschungs- und Gewinnabführungsvertrages, der nach dem Recht der beherrschten Gesellschaft eine Verlustausgleichspflicht entsprechend §§ 302, 303 AktG zur Folge hat, ist ein Zustimmungsbeschluss der Hauptversammlung der deutschen Obergesellschaft nach § 293 Abs. 2 AktG erforderlich.[221] Auch im **faktischen Konzern,** in dem die Konzernobergesellschaft aufgrund des Weisungsrechtes als Gesellschafter der abhängi-

---

[212] *Süß/Wachter/Hoffmann* S. 244 Rn. 2; Staudinger/*Großfeld* IntGesR Rn. 556.

[213] Abgedruckt bei *Lutter,* Europäisches Unternehmensrecht, S. 187f.

[214] Abgedruckt bei *Lutter,* Europäisches Unternehmensrecht, S. 239f.

[215] Stellungnahme der Arbeitsgruppe Europäisches Gesellschaftsrecht zum Report of the High Level Group of Company Law Experts on a modern Regulatory Framework for Company Law in Europe, ZIP 2003, 863, 875.

[216] *Spahlinger/Wegen* S. 100 Rn. 362.

[217] *Spahlinger/Wegen* S. 100 Rn. 364.

[218] *Süß/Wachter/Hoffmann* S. 244 Rn. 3; S. 246 Rn. 8.

[219] *Spahlinger/Wegen* S. 101 Rn. 365; Staudinger/*Großfeld* IntGesR Rn. 557; MünchKommBGB/*Kindler* IntGesR. Rn. 731.

[220] *Spahlinger/Wegen* S. 103 Rn. 372; *Süß/Wachter/Hoffmann* S. 246f. Rn. 8ff.; Staudinger/*Großfeld* IntGesR Rn. 575.

[221] *Hüffer* § 293 AktG Rn. 18; *Spahlinger/Wegen* S. 103 Rn. 372; *Süß/Wachter/Hoffmann* S. 248 Rn. 11; Staudinger/*Großfeld* IntGesR Rn. 576.

gen Gesellschaft diese faktisch leiten kann, gelten sowohl bei Konzernen unter Beteiligung von Aktiengesellschaften als auch bei GmbH-Konzernen die konzernrechtlichen Bestimmungen des auf die abhängige Gesellschaft anwendbaren Rechts.[222] Insbesondere die Konzerneingangskontrolle wie auch die Grenzen der Einflussnahme des herrschenden Gesellschafters sind nach dem Recht der beherrschten Gesellschaft zu bestimmen.[223]

Die Ausgestaltung von Unternehmensverträgen mit Tochtergesellschaften im Ausland ist daher ebenso nach Maßgabe der ausländischen Rechtsordnung vorzunehmen wie die Errichtung eines faktischen Konzerns.

2. Überwachung und Steuerung durch die deutsche Muttergesellschaft

Mutter- und Tochtergesellschaft sind rechtlich selbstständige und grundsätzlich voneinander unabhängige Einheiten. Die Muttergesellschaft kann jedoch die gesellschaftsrechtliche Verbindung zur Tochter für die Steuerung und Kontrolle nutzen. Die grundlegenden Instrumente sind dabei identisch zur Steuerung und Kontrolle inländischer Tochterunternehmen. Zum einen muss die Mutter sicherstellen, dass sie alle erforderlichen Informationen von der Tochtergesellschaft erhält, um überhaupt Kontrolle ausüben und Einfluss nehmen zu können, zum anderen können die Kompetenzen zu Gunsten der Muttergesellschaft verschoben und personalpolitische Lenkungsinstrumente eingesetzt werden. 100

a) **Informationsbeschaffung.** Informations- und Einsichtsrechte gehören zu den grundlegenden, der Mitgliedschaft entspringenden Rechten jedes Gesellschafters und ermöglichen es dem Mutterunternehmen, die Kontroll- und Stimmrechte auszuüben.[224] Die Rechte und Pflichten eines Gesellschafters, die sich aus der Mitgliedschaft ergeben, unterliegen dem Gesellschaftsstatut der abhängigen Gesellschaft.[225] Voraussetzungen und Umfang des Informationsrechts richten sich ausschließlich nach der auf die ausländische Tochter anwendbaren Rechtsordnung. 101

Dem Informationsrecht in allen Ländern gemeinsam ist, dass sich das Recht regelmäßig nur auf die Angelegenheiten der Tochtergesellschaft bezieht. Daneben wird zwischen dem Recht auf Auskunft und dem Recht auf Einsicht in die Bücher und Schriften der abhängigen Gesellschaft unterschieden.[226] Reichweite und Grenzen dieser Rechte sind jedoch in den verschiedenen Rechtsordnungen und abhängig von der Rechtsform der Tochtergesellschaft unterschiedlich ausgestaltet.

Teilweise unterliegt das Informationsrecht einer **zeitlichen Beschränkung.** So ist das Einsichtnahmerecht eines Gesellschafters einer französischen S.A.R.L. in Jahresabschlüsse, Inventar, Bericht der Geschäftsführung sowie Protokolle der Gesellschafterversammlungen beispielsweise auf die zurückliegenden drei Geschäftsjahre begrenzt.[227]

Daneben kann der **Umfang des Informationsrechts beschränkt** sein. Die Beschränkung des Umfangs hängt häufig von der Rechtsform ab. Ähnlich wie im deutschen Recht ist das Informationsrecht von GmbH-Gesellschaftern meist deutlich umfangreicher als das von Aktionären einer Aktiengesellschaft.[228]

In einigen Rechtsordnungen ist auch die **Geltendmachung des Informationsrechts** beschränkt. Ein Gesellschafter einer französischen S.A.R.L. ist beispielsweise nur berechtigt, maximal zwei Mal im Laufe eines Geschäftsjahres schriftlich Fragen im Zusam-

---

[222] *Spahlinger/Wegen* S. 107 Rn. 390 m. w. N.; Staudinger/*Großfeld* IntGesR Rn. 580.
[223] *Süß/Wachter/Hoffmann* S. 246 Rn. 7; MünchKomm/*Kindler* IntGesR Rn. 762.
[224] Zum deutschen Recht vgl. im Einzelnen § 13 B.
[225] *Süß/Wachter* S. 26 Rn. 71; Staudinger/*Großfeld* IntGesR Rn. 336.
[226] *Kort* ZGR 1987, 47 f.
[227] *Süß/Wachter/Karst* S. 820, Rn. 85 (Art. L223–26 Abs. 4, Art. D33 Abs. 1 C. com.).
[228] Vergleiche für das deutsche Recht die unterschiedliche Reichweite von § 51 a GmbHG und § 131 AktG.

menhang mit den Gesellschaftsaktivitäten an die Geschäftsleitung zu richten, die innerhalb eines Monats beantwortet werden müssen.[229]

Einige Länder sehen darüber hinaus die Möglichkeit der Einrichtung zusätzlicher Kontrollorgane vor, deren Bestehen das Einsichtsrecht der Gesellschafter limitiert. Ist bei einer Schweizer GmbH beispielsweise eine Kontrollstelle eingerichtet, hat nur diese ein vollständiges Recht zur Einsichtnahme, während das Einsichtsrecht der nicht geschäftsführenden Gesellschafter sich auf die Einsichtsrechte beschränkt, die auch Aktionären einer Aktiengesellschaft zustehen.[230]

102 Bei der Wahl der Rechtsform sollte daher auch darauf geachtet werden, welche Rechtsform im jeweiligen Land die Informations- und Kontrollmöglichkeiten am wenigsten einschränkt und die größte Flexibilität bei vertraglichen Modifizierungen aufweist. Um eine möglichst einheitliche und wenig zeit- und kostenintensive Kontrolle und Steuerung mehrerer Tochtergesellschaften im Konzern sicherzustellen, empfiehlt es sich, die Informationspolitik weitestgehend zu vereinheitlichen. Ob und inwieweit Informationsrechte des Gesellschafters im Gesellschaftsvertrag oder aufgrund von Weisungen an die Geschäftsführung über die gesetzlich verankerten Informationsrechte hinaus begründet werden kann, richtet sich nach der für die Tochtergesellschaft jeweils maßgeblichen Rechtsordnung.

Eine in der Regel zulässige Möglichkeit der Informationsbeschaffung ist die satzungsmäßige Verpflichtung der Geschäftsführung zur Übersendung von **Monats- und Quartalsberichten** der Tochtergesellschaft an die Muttergesellschaft. Zahlreiche Rechtsordnungen sehen die Verpflichtung zur Erstellung von Monats- und Quartalsberichten ohnehin als Bestandteil der allgemeinen Berichtspflicht der Geschäftsleitung vor. Darüber hinaus ist die Übersendung von Monats- und Quartalsberichten schon deshalb erforderlich, weil die Muttergesellschaft die Verpflichtung zur Geschäftsführung und Rechnungslegung des Gesamtkonzerns trifft und diese Pflichten ohne regelmäßige Berichte der Tochtergesellschaften nicht erfüllt werden könnte.[231]

103 **b) Kompetenzverteilung zwischen Geschäftsleitung des Tochterunternehmens und dem Gesellschafter.** Betriebswirtschaftlich lässt sich ein Konzern als Zusammenfassung mehrerer rechtlich verselbstständigter Unternehmen zu einem wirtschaftlichen Zweck beschreiben. Aus dem Umstand, dass Mutter- und Tochtergesellschaft einen gemeinsamen Zweck verfolgen, ergibt sich das Bedürfnis der Muttergesellschaft, bestimmenden Einfluss auf die Tochtergesellschaft auszuüben.[232] Allen Rechtsordnungen ist zunächst gemein, dass die Geschäftsleitung der Tochtergesellschaft grundsätzlich autonom in Fragen der Geschäftsführung und für diese umfassend zuständig ist. Die Rechte des deutschen Mutterunternehmens, als Gesellschafter der ausländischen Tochtergesellschaft in die Geschäftsführung einzugreifen, sind abhängig von den in der Rechtsordnung der Tochtergesellschaft für die verschiedenen Rechtsformen vorgesehenen Rechten der Gesellschafter. Bei der Wahl der Rechtsform spielt es daher eine Rolle, welche Rechtsform grundsätzlich mehr Einflussmöglichkeiten der Gesellschafter vorsieht bzw. welche Rechtsform durch vom Gesetz abweichende vertragliche Regelungen flexibler an die Bedürfnisse des jeweiligen Mutterunternehmens angepasst werden kann.

104 Abhängig von der auf die Tochtergesellschaft anwendbaren Rechtsordnung und der gewählten Rechtsform kann daher das Maß der Einflussnahme der Muttergesellschaft geregelt werden. Als wesentliche Maßnahmen bieten sich dabei Weisungsrechte des Ge-

---

[229] *Süß/Wachter/Karst* S. 821, Rn. 86.

[230] *Süß/Wachter/Staiger* S. 1411, Rn. 126; Künftig soll das Einsichtsrecht zwar unabhängig von der Errichtung einer Kontrollstelle bestehen, aber nur bei Darlegung eines berechtigten Interesses geltend gemacht werden können, vgl. *Süß/Wachter/Staiger* S. 1420, Rn. 175.

[231] *Scheffler* S. 16 f.

[232] *Scheffler* S. 1 f.

sellschafters an die Geschäftsführung an sowie die Schaffung von Zustimmungsvorbehalten.

Problematisch sind **Weisungsrechte und Zustimmungsvorbehalte** jedoch immer dann, wenn in Bereiche eingegriffen wird, die nach dem Gesellschaftsrecht des Landes am Sitz der Tochtergesellschaft der ausschließlichen Zuständigkeit der Geschäftsführung zugewiesen sind.[233] Sie sind dann entweder gänzlich unwirksam oder führen zum Haftungsdurchgriff auf die Muttergesellschaft. Dagegen sind Zustimmungsvorbehalte insbesondere dann empfehlenswert, wenn es um Entscheidungen oder Maßnahmen geht, die nach den Planungen oder Erwartungen die Ertragsaussichten der Gesellschaft oder ihre Risikoexposition grundlegend verändern und damit von existentieller Bedeutung für das zukünftige Schicksal der Gesellschaft sind. Dies ist regelmäßig dann der Fall, wenn Geschäfte nach Umfang, Gegenstand, Bedeutung oder Risiko für ein Unternehmen der betreffenden Art und Größe aus dem routinemäßigen Geschäftsbetrieb signifikant herausragen oder von spezifischer unternehmensstrategischer Bedeutung sind.[234]

c) **Personalpolitische Steuerungsinstrumente.** Zu den wirkungsvollsten Steuerungsme- 105
thoden ausländischer Tochtergesellschaften gehören personalpolitische Maßnahmen.[235] Die Organe der Tochtergesellschaft können mit Personen besetzt werden, die zugleich Organ oder Mitarbeiter der Muttergesellschaft sind. Durch die **einheitliche Besetzung der Führungspositionen** in Tochtergesellschaft und Muttergesellschaft wird eine einheitliche Willensbildung innerhalb des Konzerns sichergestellt. Gleichzeitig wird aufgrund der Personalunion zwischen Organen auf zwei hierarchischen Ebenen gewährleistet, dass die Interessen von Mutter- und Tochtergesellschaft in gleicher Weise Berücksichtigung finden.

Vorteile der Entsendung eigener Mitarbeiter sind die aufgrund der bestehenden Arbeitsbeziehung mögliche gute Einschätzung der Fähigkeiten des Mitarbeiters sowie die Erfahrung und Kenntnis des Mitarbeiters über die grundlegenden Prozesse im Konzern, die er auch in die Tochtergesellschaft einbringen kann.[236] Gleichwohl erfordert die Tätigkeit im Spannungsfeld zwischen den Anforderungen der Muttergesellschaft und den Gegebenheiten im Ausland ein hohes Maß an Sozialkompetenz und Führungseigenschaften. Sprachkenntnisse und Auslandserfahrung im jeweiligen Land bzw. Kulturkreis erleichtern Kommunikation und Integration des ausländischen Tochterunternehmens.

Um Mitarbeiter ins Ausland entsenden zu können, sollte die Möglichkeit des Aus- 106
landseinsatzes im Arbeitsvertrag leitender Mitarbeiter, die für eine Auslandstätigkeit in Frage kommen, ausdrücklich vorgesehen werden. Auf den Arbeitsvertrag des Mitarbeiters findet weiterhin deutsches Recht Anwendung, wenn der Schwerpunkt des Arbeitsverhältnisses in Deutschland verbleibt. In den **arbeitsvertraglichen Vereinbarungen** mit dem Mitarbeiter über seine Auslandstätigkeit sollte aber zur Vermeidung von Rechtsunsicherheit ausdrücklich geregelt werden, ob das Arbeitsverhältnis in Deutschland unverändert oder verändert fortbesteht, aufgehoben wird oder bis zur Rückkehr ruht. Welche Regelungen hier möglich und sinnvoll sind, hängt von der Art und der Dauer der Auslandstätigkeit ab. Ebenfalls ausdrücklich geregelt werden sollte die Frage, ob für die Tätigkeit als Geschäftsführer einer ausländischen Tochtergesellschaft eine zusätzliche Vergütung gezahlt wird oder ob die Übernahme der Organstellung von der Vergütung im Rahmen des Arbeitsverhältnisses mit der deutschen Muttergesellschaft abgegolten ist.

Neben diesen tatsächlichen Gegebenheiten, die bei der Entsendung von eigenen Mit- 107
arbeitern zu berücksichtigen sind, stellt das Recht im Land der Tochtergesellschaft häu-

---

[233] *Lenz* ZGR 1997, 448, 450.
[234] *Fonk* ZGR 2006, 841, 845 f.
[235] *Dobry* S. 148.
[236] *Dobry* S. 148.

fig zusätzliche Anforderungen an die Besetzung von Organen. Während in den EU-Mitgliedsländern aufgrund der Niederlassungsfreiheit die Staatsbürgerschaft und der Wohnsitz von Organmitgliedern keine Rolle mehr spielen, sehen andere Länder häufig noch vor, dass zumindest ein Mitglied der Geschäftsleitung Staatsbürger des jeweiligen Landes ist oder seinen ständigen Wohnsitz im jeweiligen Land hat.[237] Sieht die Rechtsordnung im Land der Tochtergesellschaft derartige Einschränkungen für die Personen der Geschäftsleitung vor, sind ein oder mehrere weitere Geschäftsführer zu bestellen, die die Voraussetzungen erfüllen. Unabhängig von den rechtlichen Anforderungen an die Person des Geschäftsführers kann die Besetzung des Geschäftsleitungsorgans auch mit Führungskräften aus dem Land der Tochtergesellschaft sinnvoll sein, da diese Personen mit den Gegebenheiten im Land selbst gut vertraut sind und eher über geschäftliche Verbindungen und Beziehungen im jeweiligen Land verfügen und die Akzeptanz einheimischer Führungskräfte unter den Mitarbeitern oftmals größer ist.

3. Haftung der deutschen Muttergesellschaft

108 Die Frage der Haftung eines Gesellschafters beurteilt sich ausschließlich nach der auf die Tochtergesellschaft anwendbaren Rechtsordnung.[238] Allen Rechtsordnungen gemeinsam ist jedoch, dass Tochtergesellschaften eine eigenständige Rechtspersönlichkeit besitzen, unabhängig von der Muttergesellschaft. Damit werden im Ausland ansässige Tochtergesellschaften auch nach den jeweiligen Rechtsordnungen im Ausland grundsätzlich als eigenständige und von ihren Anteilsinhabern unabhängige Haftungssubjekte anerkannt. Gleichwohl ist – wie in Deutschland auch – zwischen Personenhandelsgesellschaften und Kapitalgesellschaften zu unterscheiden. Den Kapitalgesellschaften ist in allen Rechtsordnungen gemeinsam, dass die Haftung der Gesellschafter grundsätzlich auf das eingebrachte Kapital der Tochtergesellschaft begrenzt ist und eine unmittelbare Haftung der Gesellschafter für Verbindlichkeiten der Tochtergesellschaft ausgeschlossen ist.

109 Trotz der Anerkennung der Tochterkapitalgesellschaft als eigenständiges Haftungssubjekt kommt es in Ausnahmefällen zu einer **Durchgriffshaftung** des Mutterunternehmens. Voraussetzungen und Ausmaß eines Haftungsdurchgriffs aufgrund eines gesellschaftsrechtlichen Haftungstatbestandes richten sich dabei ausschließlich nach der Rechtsordnung, die auf die Tochtergesellschaft Anwendung findet.[239] Der Haftungsdurchgriff auf die Muttergesellschaft beruht auf der Abhängigkeit des Tochterunternehmens und dient zugleich dem Schutz des Tochterunternehmens und ihrer Gläubiger. Die Frage der Rechtsstellung der Gesellschafter einer juristischen Person ist Bestandteil der gesellschaftsrechtlichen Beteiligung und kann daher nur einheitlich nach dem Gesellschaftsstatut der Tochtergesellschaft beurteilt werden. Die Frage der gesellschaftsrechtlichen Durchgriffshaftung entzieht sich daher einer Vereinbarung zwischen Mutterunternehmen und Tochtergesellschaft.

Bei der Ausgestaltung des Beteiligungsverhältnisses, insbesondere im Hinblick auf die Abhängigkeit der Tochtergesellschaft von der deutschen Mutter kann das Risiko eines Haftungsdurchgriffs dennoch gemindert werden, wenn Situationen vermieden werden, die unter eine der nachfolgenden **Fallgruppen des Haftungsdurchgriffs** fallen. Die Vor-

---

[237] Bei Aktiengesellschaften in der Schweiz muss die Mehrheit der Personen, die für die Geschäftsführung und Vertretung der Gesellschaft zuständig sind, einen Wohnsitz in der Schweiz haben: Art. 813 Abs. 1 OR; *Süß/Wachter/Staiger* S. 1393, Rn. 23; S. 1424 Rn. 200; *Sick/Köhler* RIW 2005, 216. In Brasilien ist ein Wohnsitz in Brasilien Voraussetzung für die Bestellung zum Geschäftsführer einer Limitada, nicht dagegen jedoch die brasilianische Staatsangehörigkeit, *Süß/Wachter/Curschmann/Jolowicz* S. 429, Rn. 82.

[238] MünchKommBGB/*Kindler* IntGesR Rn. 605; Staudinger/*Großfeld* IntGesR Rn. 348 ff.; BGH NJW-RR 2002, 1359; BGH NJW 2005, 1648.

[239] MünchKommBGB/*Kindler* IntGesR Rn. 609 ff.; *Spahlinger/Wegen* S. 90 ff. Rn. 327 ff. m. w. N.

aussetzungen für eine Durchgriffshaftung sind in den einzelnen Staaten ebenso unterschiedlich wie die Haftungsfolgen.[240] Dennoch lassen sich verschiedene Fallgruppen bilden, deren Grundaussage in vielen Rechtsordnungen ähnlich ist:
- Unterkapitalisierung der Tochtergesellschaft,
- Vermögens- oder Sphärenvermischung zwischen Mutter- und Tochtergesellschaft sowie
- Existenzvernichtender Eingriff.[241]

Die auf deutsche Gesellschaften anwendbaren Grundsätze sind jedoch nicht im Einzelnen auf die Tochtergesellschaften im Ausland zu übertragen. So können Maßnahmen, die im Ausland zulässig sind, bei einer deutschen Tochtergesellschaft zu einem Haftungsdurchgriff führen. Andererseits haben Maßnahmen der deutschen Mutter im Ausland häufig schärfere Konsequenzen, als dies nach deutschem Recht der Fall ist. So sind etwa in den USA die Voraussetzungen für eine Haftung des Gesellschafters vergleichsweise schnell erfüllt und führen zusätzlich zu ungewöhnlich hohen Schadensersatzansprüchen gegen das Mutterunternehmen. Eine Inanspruchnahme der Muttergesellschaft droht in vielen US-Bundesstaaten bereits bei Nichteinhaltung gesellschaftsrechtlicher Formalitäten sowie bei einer Vermischung des Geschäftsbetriebs von Tochter- und Muttergesellschaft.[242] 110

Letztlich können Haftungsdurchgriffe nur dadurch vermieden werden, dass sich das deutsche Mutterunternehmen genaue Kenntnis von der Rechtsordnung im jeweiligen Land verschafft und vertragliche Regelungen sowie tatsächliche Ausgestaltung der Beziehungen zwischen Mutter- und Tochterunternehmen an die im jeweiligen Land gültigen Grundsätze angepasst werden.

IV. Alternativen zur Tochtergesellschaft

Als Alternative zur Gründung einer Tochtergesellschaft kommen in erster Linie die Errichtung einer Niederlassung, Repräsentanz oder Handelsvertretung in Betracht: 111

1. Niederlassung

Eine Niederlassung ist ein von der Hauptniederlassung der Gesellschaft räumlich getrennter, unter der Oberleitung der Hauptniederlassung stehender, jedoch wirtschaftlich und organisatorisch verselbstständigter Betriebsteil. Die Niederlassung tritt eigenständig im Rechtsverkehr auf, ohne dass sie eigene Rechtspersönlichkeit besitzt. Sie bildet zusammen mit der Hauptniederlassung eine rechtliche Organisationseinheit und kann nicht selbst Träger von Rechten und Pflichten sein.[243] Die fehlende eigene Rechtspersönlichkeit ist der wesentliche Unterschied zur Tochtergesellschaft. 112

Darin liegt auch ein wesentlicher Nachteil der Niederlassung. Die ausländische Niederlassung ist kein eigenständiges Haftungssubjekt, die **deutsche Muttergesellschaft haftet** unmittelbar und voll für sämtliche Verbindlichkeiten der Niederlassung im Ausland. Die Vermögensmassen von Hauptunternehmen und Niederlassung sind nicht getrennt, das gesamte Vermögen des Hauptunternehmens steht auch den Gläubigern der Niederlassung als Haftungsmasse zur Verfügung. Damit verbunden sind auch nicht unerhebliche Formalitäten, zum Schutz der Geschäftspartner der Niederlassung im Ausland. Mit der 11. Richtlinie des Rates vom 21. 12. 1989 über die Offenlegung von Zweigniederlassungen[244] wurden **Publizitätspflichten** bei der Errichtung von Zweigniederlassungen im EU-Ausland vereinheitlicht, um eine für jedermann einsehbare Informationsgrundlage zur Beurteilung des Unternehmens zu schaffen. Errichtet eine deutsche AG, 113

---

[240] *Lutter*, Die Gründung einer Tochtergesellschaft im Ausland, S. 227.

[241] Zu Einzelheiten der Fallgruppen vgl. § 11 Rn. 50–54 für das deutsche Recht.

[242] *Süß/Wachter/Gerber* S. 1849 Rn. 70.

[243] MünchKommBGB/*Kindler* IntGesR Rn. 194.

[244] 11. Richtlinie des Rates vom 21. 12. 1989, 89/666/EWG, Amtsblatt Nr. L395 vom 30. 12. 1989, S. 0036.

GmbH oder KGaA eine Zweigniederlassung in einem anderen EU-Mitgliedsstaat, müssen bestimmte Registerformalitäten eingehalten werden. Insbesondere sind Angaben über die Anschrift und den Gegenstand der Zweigniederlassung, über Firma und Rechtsform der Hauptgesellschaft, über die gesetzlichen Vertreter der Gesellschaft und die ständigen Vertreter der Gesellschaft für die Tätigkeit der Zweigniederlassung zum Register des Staates einzureichen, in dem sich die Zweigniederlassung befindet. Auf Geschäftsbriefen und Bestellscheinen der Zweigniederlassung sind neben dem Register der Hauptniederlassung auch das Register und die Nummer der Zweigniederlassung zu benennen. In Deutschland ist die Richtlinie in den §§ 13a bis 13g HGB umgesetzt, wobei diese Regelungen nur Zweigniederlassungen ausländischer Gesellschaften in Deutschland betreffen. Für den umgekehrten Fall ist das Recht des jeweiligen Mitgliedsstaates, in dem die Zweigniederlassung errichtet wird, maßgeblich. Die Geltung unterschiedlicher Rechtsordnungen macht die Gewinnabgrenzung zwischen deutschem Hauptunternehmen und ausländischer Niederlassung schwierig. Nicht selten kommt es zu unterschiedlicher Zuordnung der Einkünfte durch das deutsche und das ausländische Finanzamt.

114 Gegenüber der Gründung einer Tochtergesellschaft im Ausland bietet die Errichtung einer Niederlassung jedoch auch **Vorteile.** Die Niederlassung muss nicht mit eigenem Kapital ausgestattet werden. Anlaufverluste der Niederlassung als unselbstständiger Betriebsstätte können vom Hauptunternehmen steuerlich geltend gemacht werden (vgl. für das deutsche Recht § 2a Abs. 3 und 4 EStG) sofern nicht aufgrund einer vereinbarten Freistellung im Rahmen eines Doppelbesteuerungsabkommens Gewinne und Verluste dem deutschen Steuerrecht entzogen sind.[245] Fremdverluste einer ausländischen Tochtergesellschaft sind bisher nicht abziehbar.[246]

2. Repräsentanz

115 Wie die Niederlassung verfügt auch die Repräsentanz nicht über eine eigene Rechtspersönlichkeit. Im Gegensatz zur Niederlassung fehlt es der Repräsentanz jedoch an der wirtschaftlichen und organisatorischen Selbstständigkeit. Sie tritt nicht selbst nach außen auf, sondern wird stets nur namens und im Auftrag der Hauptgesellschaft tätig. Da die Repräsentanz keine eigene Rechtspersönlichkeit hat, erfolgen Zahlungen an die Repräsentanz rechtlich gesehen unmittelbar an die Hauptgesellschaft. Die **Hauptgesellschaft haftet** daher **unmittelbar** und voll für die Tätigkeit der Repräsentanz im Ausland. Eine Repräsentanz wird in erster Linie dann errichtet, wenn noch keine Geschäftstätigkeit von nennenswertem Umfang in dem betreffenden Land entfaltet wird, sondern sich die Tätigkeit im Wesentlichen auf die Sondierung des Marktes, Marketingaktivitäten und Vermittlung von Geschäftsbeziehungen für die deutsche Muttergesellschaft beschränkt. Aufgrund ihrer fehlenden Selbstständigkeit kann die Repräsentanz aber nur die Tätigkeiten durchführen, die auch dem Geschäftsgegenstand der Hauptgesellschaft entsprechen. Die Errichtung einer Repräsentanz bedarf in der Regel der behördlichen Genehmigung und der Eintragung in einem Register. Zu diesem Zweck sind Unterlagen wie z. B. Handelsregisterauszug, Satzung und Bonitätsauskunft der deutschen Muttergesellschaft einzureichen. Dennoch ist der personelle und organisatorische Aufwand für die Errichtung einer Repräsentanz vergleichsweise gering.

3. Handelsvertretung

116 Handelsvertreter ist, wer als selbstständiger Gewerbetreibender ständig damit betraut ist, für einen anderen Unternehmer Geschäfte zu vermitteln oder in dessen Namen abzuwickeln. Dabei können Handelsvertretungen nicht nur von natürlichen Personen be-

[245] BFH DStR 1994, 93.
[246] EuGH NZG 2006, 109 – Marks & Spencer.

trieben werden, sondern auch in der Rechtsform einer Handelsgesellschaft oder Kapitalgesellschaft. Im Gegensatz zu Vertragshändlern, die Ware selbstständig im eigenen Namen verkaufen, handelt der Handelsvertreter nicht im eigenen Namen, sondern für ein anderes Unternehmen. Im Gegenzug erhält der Handelsvertreter einen Anspruch auf Provision für alle während des Vertragsverhältnisses abgeschlossenen Geschäfte. Aufgrund der Erfolgsabhängigkeit des Provisionsanspruchs trägt der Handelsvertreter auch einen Teil des wirtschaftlichen Risikos. Von Nachteil für das vertretene Unternehmen ist jedoch, dass es das Risiko für das Handeln des Handelsvertreters bzw. aus den vom Handelsvertreter vermittelten Geschäften trägt, ohne dass der Handelsvertreter vollständig in die Organisation des Unternehmens eingegliedert und somit Weisungen unterworfen ist.

Die Einschaltung von Handelsvertretern anstelle der Gründung einer eigenen Tochtergesellschaft oder Niederlassung eignet sich daher insbesondere für den Vertrieb von Waren im Ausland, welche keine einheitliche Organisation erfordern und für die der mit der Errichtung und Führung einer Tochtergesellschaft oder Niederlassung verbundene Verwaltungsaufwand zu hoch ist.

V. Nutzung ausländischer Tochtergesellschaften für die Tätigkeit im Inland

Die im Ausland ansässige Tochtergesellschaft ist selbstverständlich frei, nicht nur in **117** dem Land, in dem sie ihren Sitz hat, tätig zu werden, sondern auch Tätigkeiten in anderen Ländern zu entfalten. Aus rechtlicher Sicht problematisch kann es jedoch sein, wenn eine Gesellschaft in einem bestimmten Land gegründet wurde, ihre Tätigkeit jedoch ausschließlich oder vorwiegend in einem anderen Land entfaltet und im Gründungsland nicht mehr als einen bloßen Briefkasten unterhält. Hintergrund dieser Problematik ist, dass in Deutschland bislang wie auch in einigen anderen Ländern die sog. Sitztheorie galt, wonach die für die Rechtsverhältnisse der juristischen Person maßgebliche Rechtsordnung diejenige ist, die am tatsächlichen Sitz der Hauptverwaltung der Gesellschaft gilt. Der tatsächliche Sitz der Hauptverwaltung liegt dort, wo die Gesellschaft tatsächlich gelenkt wird, d. h. dort, wo die grundlegenden Entscheidungen der Unternehmensleitung effektiv in laufende Geschäftsführungsakte umgesetzt werden.[247] Ist eine Gesellschaft daher nach dem Recht eines ausländischen Staates gegründet, wird die Unternehmensleitung jedoch effektiv von einem anderen Standort aus geführt, so befindet sich dort der Verwaltungssitz, selbst wenn sekundäre Verwaltungstätigkeiten, wie z. B. die Buchhaltung, im Gründungsland abgewickelt werden.[248] Die Anwendung der Sitztheorie in Deutschland hatte zur Folge, dass auch für eine ausländische Gesellschaft mit effektivem Verwaltungssitz in Deutschland die deutschen Bestimmungen über die Gesellschaftsverfassung galten, z. B. über Mindestkapital, Kapitalerhaltung und Beschlussfassung. Ebenso hatte die Verlegung des tatsächlichen Verwaltungssitzes die unbeschränkte Steuerpflicht der Gesellschaft in Deutschland zur Folge. Daneben blieb die Gesellschaft zumeist im Heimatland unbeschränkt steuerpflichtig, so dass die Gefahr der Doppelbesteuerung bestand oder sonstige Nachteile aufgrund der Doppelansässigkeit.[249] Die Verlegung des effektiven Sitzes von dem Land, in dem die Gesellschaft gegründet wurde, nach Deutschland führte somit dazu, dass die anwendbare Rechtsordnung wechselte. Im

---

[247] Palandt/*Heldrich,* Anhang zu Art. 12 EGBGB, Rn. 2 f.; BGHZ 97, 269, 272.

[248] Palandt/*Heldrich,* Anhang zu Art. 12 EGBGB, Rn. 3.

[249] *Spahlinger/Wegen/Witt* S. 346. Rn. 1492 f.; Einen Überblick über die steuerliche Behandlung der Verlagerung von ausländischen Gesellschaften nach Deutschland in *Hirte/Bücker/Schiessl* § 18 m. w. N.; zur steuerrechtlichen Behandlung ausländischer Kapitalgesellschaften, insbesondere der englischen Ltd. vgl. auch den Erlass der Oberfinanzdirektion Hannover vom 28. 2. 2007; zu grenzüberschreitenden Sachverhalten des SEStEG vgl. auch *Rödder/Schumacher* DStR 2007, 369.

Zweifel war die Gesellschaft daher zunächst aufzulösen und in Deutschland neu zu gründen.[250] Erfüllte eine ausländische Kapitalgesellschaft nach Verlegung ihres effektiven Verwaltungssitzes nach Deutschland die Bestimmungen der deutschen Rechtsordnung nicht, so wurde sie unter Umständen in Deutschland als Gesellschaft bürgerlichen Rechts behandelt.[251] Die Gesellschafter hafteten daher insbesondere persönlich für die Verbindlichkeiten der Gesellschaft. Im Ergebnis war die Verlagerung einer ausländischen Tochtergesellschaft nach Deutschland in der Weise, dass lediglich die Geschäftstätigkeit von Deutschland aus ausgeübt wird, so nachteilhaft, dass ein solches Vorgehen nicht zu empfehlen war. Ob mit den Änderungen durch das MoMiG (siehe oben Rn. 80) eine endgültige Abkehr von der Sitztheorie in Deutschland verbunden ist und damit eine Sitzverlegung nach Deutschland einfacher wird, bleibt abzuwarten.

118 Für Gesellschaften, die nach dem Recht eines EU-Mitgliedsstaats gegründet wurden, hat die jüngere Rechtsprechung des EuGH die Möglichkeiten der Sitzverlegung in einem anderen EU-Mitgliedsstaat dagegen erheblich erleichtert. Eine nach dem Recht eines EU-Mitgliedsstaats wirksam gegründete Gesellschaft, die in Ausübung ihrer nach Art. 43 und Art. 48 EG garantierten **Niederlassungsfreiheit** ihren Sitz aus dem Gründungsstaat in einem anderen Mitgliedsstaat verlegt, ist in dem zweiten Mitgliedsstaat als rechtsfähig anzuerkennen.[252] Der EuGH, und entsprechend auch der BGH, wenden damit die Gründungstheorie an mit der Folge, dass eine in einem EU-Mitgliedsstaat nach dessen Vorschriften wirksam gegründete Gesellschaft unabhängig vom Ort ihres effektiven Verwaltungssitzes in der Rechtsform anzuerkennen ist, in der sie gegründet wurde. Das gilt selbst dann, wenn die betreffende Gesellschaft ihre Geschäftstätigkeit von vornherein nur im anderen Land entfaltet.[253] Innerhalb der EU ist man daher frei, sich für die Gründung einer Gesellschaft diejenige Rechtsform in derjenigen Rechtsordnung auszusuchen, die die Bedürfnisse und Anforderungen an die neue Tochtergesellschaft in rechtlicher Hinsicht am besten erfüllt, unabhängig davon, wo die Gesellschaft tatsächlich tätig werden soll. Dies gilt allerdings nicht, wenn nach dem Recht des Gründungsstaates die Sitzverlegung in ein anderes Land zum Verlust der Rechtsfähigkeit und damit zur Auflösung der Gesellschaft im Gründungsstaat führt.[254]

Die Rechtsprechung des EuGH zur Niederlassungsfreiheit hat in Deutschland insbesondere dazu geführt, dass mit Blick auf die strengen Regeln des deutschen Kapitalerhaltungsrechts eine Gesellschaft in einem anderen EU-Mitgliedsstaat gegründet wird, nach dessen Rechtsordnung sie vermeintlich einfacher und kostengünstiger zu handhaben ist. Besonders geeignet erscheinen vielfach Private Limited Companies (Ltd.) nach englischem Recht oder eine der deutschen GmbH vergleichbare B.V. nach niederländischem Recht.

119 Auch die Vermischung von deutschen und ausländischen Gesellschaftsformen, beispielsweise in der „plc & Co. KG“ oder „ltd. & Co. KG“, wird aufgrund der Niederlassungsfreiheit überwiegend für zulässig gehalten.[255] Die ausländische Komplementärgesellschaft hat jedoch zunächst eine Niederlassung in Deutschland zum Handelsregister einzutragen.[256] Auch wird in der Regel verlangt, dass die vertretungsberechtigten Organe der ausländischen Komplementär-Gesellschaft im Handelsregister der KG eingetragen werden, da ansonsten eine Feststellung der Vertretungsberechtigten im Rechtsverkehr

[250] Palandt/*Heldrich,* Anhang zu Art. 12 EGBGB, Rn. 5; BGHZ 97, 269.
[251] Palandt/*Heldrich,* Anhang zu Art. 12 EGBGB, Rn. 5; BGHZ 151, 204.
[252] EuGH NJW 2002, 3614, 3617 – Überseering.
[253] BGH NJW 2005, 1648, 3351.
[254] Siehe oben Rn. 80–81.
[255] LG Bielefeld NZG 2006, 504; OLG Stuttgart NJW-RR 1995, 1067; BayObLG GmbHR 1986, 305; *Spahlinger/Wegen* S. 73 Rn. 278.
[256] *Wachter* GmbHR 2006, 79, 80f.

nicht möglich ist.[257] Bei der Firmenbezeichnung ist darauf zu achten, dass diese allgemein verständlich ist und deutlich zum Ausdruck bringt, dass die persönlich haftende Gesellschafterin eine Gesellschaft mit beschränkter Haftung ist. Umstritten ist, ob die Firma zusätzliche Klarstellungen enthalten muss, z.B. über die für die Komplementärin maßgebliche Rechtsordnung („AG schweizerischen Rechts & Co. KG").[258] Geht aus der ausländischen Firma die Haftungsbeschränkung nicht eindeutig hervor, kann zur Vermeidung der persönlichen Rechtsscheinshaftung des namentlich in der Firma genannten Gesellschafters oder des GmbH-Geschäftsführers ein klarstellender Zusatz wie z.B. „beschränkt haftende Kommanditgesellschaft" gewählt werden.[259]

Allgemein richtet sich die Zulässigkeit der Firma nach dem Gesellschaftsstatut, das 120 heißt der für die ausländische Gesellschaft maßgeblichen Rechtsordnung. Die Firma einer deutschen Zweigniederlassung einer ausländischen Gesellschaft hat jedoch – unabhängig von der Rechtsform – die Bestimmungen des deutschen Firmenrechts, insbesondere das Gebot der Unterscheidbarkeit nach § 18 HGB, zu beachten. Beschränkungen der Verwendbarkeit einer im Gründungsstaat zulässigen Firma sind aufgrund der EU-Niederlassungsfreiheit nur in engen Grenzen zulässig, z.B. zum Schutz des Rechtsverkehrs vor Täuschung und Missbrauch.[260] Teilweise wird daher gefordert, dass sich aus der Firma das Herkunftsland der Gesellschaft unzweifelhaft ergeben muss.[261]

Ob der Schritt, eine ausländische Gesellschaft auch für die Tätigkeit im Inland zu nut- 121 zen, den Bedürfnissen eines deutschen Unternehmens tatsächlich gerecht wird, ist jedoch sorgfältig zu prüfen. Dabei ist insbesondere zu berücksichtigen, dass die im Ausland errichtete Gesellschaft ausschließlich der dortigen Rechtsordnung untersteht. Die Organisationsstruktur und Verwaltung der Gesellschaft muss daher auf diese ausländische Rechtsordnung ausgerichtet sein. Bei einer ausländischen Gesellschaft & Co. KG müssen zudem zwei Rechtsordnungen aufeinander abgestimmt werden, was insbesondere am Anfang einen höheren organisatorischen Aufwand bedeutet. Wichtige Dokumente müssen regelmäßig zweisprachig erstellt werden, um den jeweiligen Registeranforderungen zu genügen.[262] Dazu benötigt man zumindest eine Vertrauensperson im jeweiligen Land, die die Verwaltungsangelegenheiten zuverlässig erledigt. Eine englische private limited company beispielsweise muss ein „registered office" in England unterhalten, so dass eine Person mit den Aufgaben der „company secretary" beauftragt werden muss, die die Anzeige- und Publizitätspflichten erfüllt.[263] Hinzu kommt ein doppelter Buchführungsaufwand, da neben der Buchführung nach deutschem Recht für die deutsche Niederlassung die Rechnungslegungsvorschriften im Ausland erfüllt werden müssen. Selbst wenn der Gründungsaufwand für eine Gesellschaft im Ausland häufig geringer ist als für eine vergleichbare Gesellschaft in Deutschland, sind die laufenden Verwaltungskosten oftmals aufgrund des Auslandsbezugs deutlich höher. Gleichfalls zu berücksichtigen ist, dass der Marktauftritt einer ausländischen Gesellschaft in Deutschland in vielen Branchen (noch) nicht dasselbe Ansehen und Vertrauen bei Geschäftspartnern genießt, wie eine vergleichbare deutsche GmbH, AG oder GmbH & Co. KG. Im Hinblick auf die Registereintragung und die Anforderungen an Firmierung und Vertretungsverhältnisse besteht keine Rechtssicherheit, da die Registergerichte an die Erfordernisse der Firmenklarheit

[257] BayObLG GmbHR 1986, 305; MünchKommHGB/*Heidinger* vor § 17 Rn. 94; *Wachter* GmbHR 2006, 79, 82 f.

[258] Bejahend OLG Saarbrücken GmbHR 1990, 348; *Roth/Altmeppen* § 4 a Rn. 48; ablehnend EuGH GmbHR 2003, 1260; MünchKommHGB/*Heidinger* § 19 Rn. 29; *Wachter* GmbHR 2006, 79, 81.

[259] *Wachter* GmbHR 2006, 79, 82.

[260] OLG München ZIP 2007, 1949; *Hirte/Bücker/Mankowski* § 12 Rn. 48 ff., 70 ff.

[261] *Hirte/Bücker/Mankowski* § 12 Rn. 69.

[262] *Hirte/Bücker/Mankowski* § 12 Rn. 79.

[263] Zu den Vor- und Nachteilen einer Ltd. & Co. KG siehe auch *Wachter* GmbHR 2006, 79.

und Publizität der Vertretungsverhältnisse unterschiedlich hohe Anforderungen stellen und oftmals zusätzliche Formalitäten erledigt werden müssen.[264]

122 Für in den USA gegründete Gesellschaften ist die Anerkennung in Deutschland aufgrund des Freundschafts-, Handels- und Schifffahrtsvertrages zwischen der Bundesrepublik Deutschland und den Vereinigten Staaten von Amerika vom 29. 10. 1954 geregelt,[265] unabhängig davon wo ihr effektiver Verwaltungssitz liegt.[266] Strittig ist, ob die Anerkennung verweigert werden kann, wenn über den formalen Gründungsakt hinaus keine tatsächlichen, effektiven Beziehungen der Gesellschaft in die USA bestehen (sog. genuine link).[267] Die Ausübung irgendwelcher geschäftlicher Aktivitäten in den USA, jedoch nicht zwingend im Gründungsstaat, soll dabei in jedem Fall genügen.[268]

123 Auch wenn die Nutzung einer ausländischen Tochtergesellschaft für die Tätigkeit im Inland in den meisten Fällen rechtlich möglich ist, ohne dass dies die Auflösung im Gründungsstaat und Neugründung in Deutschland zur Folge hat, sollten die damit verbundenen Vor- und Nachteile sorgfältig abgewogen werden.

---

[264] *Spahlinger/Wegen* S. 73 f. Rn. 280 f.; *Hirte/Bücker/Mankowski* § 12 Rn. 75 ff., 87 ff.
[265] BGBl. 1956 II 487; in Kraft seit 14. 7. 1956, BGBl. 1956 II 763.
[266] BGH NJW 2003, 1607; BGH NZG 2005, 44.
[267] So OLG Düsseldorf NJW-RR 1995, 1124.
[268] BGH NZG 2005, 44; BGH NJW-RR 2004, 1618.

§ 11 Tochtergesellschaften – Haftung

Schrifttum: *Altmeppen,* Die Haftung des Managers im Konzern, 1. Aufl. 1998; *Altmeppen,* Grundlegend Neues zum „qualifiziert faktischen" Konzern und zum Gläubigerschutz in der Einmann-GmbH, ZIP 2001, 1837, Baumbach/Hueck, *Hueck/Fastrich/Zöllner,* GmbH-Gesetz, 18. Aufl. 2006; *Casper/Ullrich,* Zur Reichweite des Sanierungsprivilegs in § 32a Abs. 3 S. 3 GmbHG, GmbHR 2000, 472; *Claussen/Zöllner, Koppensteiner/Lutter,* Kölner Kommentar zum AktG/1, 2. Aufl. 2004; *Ebenroth/Müller,* Kündigung, Heilung und Mitwirkungspflichten bei fehlerhaften Organschaftsverhältnissen im GmbH-Konzernrecht, BB 1991, 358; *Emmerich/Habersack,* Aktien- und GmbH-Konzernrecht, 5. Aufl. 2007; *Esch,* Einheitlichkeit der Personengesellschaftsbeteiligung, BB 1993, 664; *Fleischer,* Konzernrechtliche Vertrauenshaftung, ZHR 1999, 461; *Früh,* Eigenkapitalersetzende Gesellschafterkredite – Eine kurze Bestandsaufnahme nach Inkrafttreten des KapAEG, des KonTraG und der InsO, GmbHR 1999, 842; *Goette,* Aus der neueren Rechtsprechung des BGH zum GmbH-Recht, ZIP 2005, 1481; *Goette,* GmbH: Grenzen der strafrechtlichen Verantwortlichkeit des Geschäftsführers für Nichtabführung von Arbeitnehmerbeiträgen zur Sozialversicherung, DStR 2004, 283; *Habersack,* Patronatserklärungen ad incertas personas, ZIP 1996, 257; *Habersack,* Eigenkapitalersatz im Gesellschaftsrecht – Überlegungen zum Anwendungsbereich der Regeln über eigenkapitalersetzende Gesellschafterhilfen, ZHR 1998, 201; *Habersack,* Der Finanzplankredit und das Recht der eigenkapitalersetzenden Gesellschafterhilfen, ZHR 1997, 457; *Hommelhoff,* Eigenkapitalersatz im Konzern und in Beteiligungsverhältnissen, WM 1984, 1105; *Hommelhoff,* Praktische Erfahrungen mit dem Abhängigkeitsbericht, ZHR 1992, 295; *Hommelhoff/Stimpel/Ulmer, Priester/Jost/Stimpel,* Der qualifizierte faktische GmbH-Konzern, 1. Aufl. 1992; *Hüffer,* AktG, 7. Aufl. 2006; *Kallmeyer,* Beendigung von Beherrschungs- und Gewinnabführungsverträgen, GmbHR 1995, 578; *Kerkhoff,* Abschluss und Beendigung von GmbH-Beherrschungs- und Gewinnabführungsverträgen, GmbHR 1999, 226; *Keßler,* Unternehmensstilllegung, Managementversagen und Haftungsdurchgriff – Zur dogmatischen Grundstruktur des existenzvernichtenden Eingriffs, GmbHR 2005, 257; *Kleindiek,* Krisenvermeidung in der GmbH: Gesetzliches Mindestkapital, Kapitalschutz und Eigenkapitalersatz, ZGR 2006, 335; *Koch,* Kurzkommentar BGH Urteil vom 14. 12. 1987, EWiR 1988, 1149; *Koerfer/Selzner,* Minderheitenschutz beim Abschluss von GmbH-Beherrschungsverträgen, GmbHR 1997, 285; *Kropff/Semmler, Altmeppen,* Münchener Kommentar AktG, Band 8, 2. Aufl. 2000; *Lieder,* Zur Haftung wegen existenzvernichtenden Eingriffs, DZWIR 2005, 309; *Limmer,* D & O-Versicherungen in Deutschland – Die Absicherung der Organhaftung im Unternehmen, 1. Aufl. 2006; *Lutter, Lutter/Trölitsch,* Holding-Handbuch, 4. Aufl. 2004; *Lutter,* Gefahren persönlicher Haftung für Gesellschafter und Geschäftsführer einer GmbH, DB 1994, 129; *Lutter,* Treuepflichten und ihre Anwendungsprobleme, ZHR 1998, 164; *Lutter/Banerjea,* Die Haftung wegen Existenzvernichtung, ZGR 2003, 402; *Lutter/Banerjea,* Die Haftung des Geschäftsführers für existenzvernichtende Eingriffe, ZIP 2003, 2177; *Michalski/Dannecker, Heidinger,* Kommentar zum Gesetz betreffend die Gesellschaften mit beschränkter Haftung (GmbH-Gesetz), 1. Aufl. 2002; *Müller/Ahrenkiel, Jung/Erle/Ring,* Beck'sches Handbuch der GmbH, 3. Aufl. 2002; *Müller/Rödder,* Beck'sches Handbuch der AG, 1. Aufl. 2004; *Palandt, Sprau/Grüneberg,* Bürgerliches Gesetzbuch, 66. Aufl. 2007; *Pentz,* Die Änderungen und Ergänzungen der Kapitalersatzregeln im GmbH-Gesetz, GmbHR 1999, 437; *Philipp/Weber,* Materielle Unterkapitalisierung als Durchgriffshaftung im Lichte der jüngeren BGH-Rechtsprechung zur Existenzvernichtung, DB 2006, 142; *Priester/Mayer, Schiessl,* Münchener Handbuch des Gesellschaftsrechts, Band 3 – Gesellschaft mit beschränkter Haftung, 2. Aufl. 2002; *Reinhard,* Captive-Rückversicherung: Risiken und Sicherungsmöglichkeiten bei der Vertragsgestaltung aus der Perspektive des Erstversicherers, VersR 1997, 1311; *Remme/Theile,* Die Auswirkungen von „KonTraG" und „KapAEG" auf die GmbH, GmbHR 1998, 909; *Schaefer/Fackler,* Durchgriffshaftung wegen allgemeiner Unterkapitalisierung, NZG 2007, 377; *Schilling,* Treuepflicht, Aufklärungspflicht, Kompetenzordnung, Schadensersatz, EWiR 2007, 201; *Schilling,* Entwicklungstendenzen im Konzernrecht, ZHR 1976, 528; *Schmidt,* Gesellschaftsrecht, 4. Aufl. 2002; *Schmidt,* Zur Durchgriffsfestigkeit der GmbH, ZIP 1994, 837; *Scholz, Winter/Seibt/Emmerich,* Kommentar zum GmbH-Gesetz, 10. Aufl. 2006; *Schön,* Zur „Existenzvernichtung" der juristischen Person, ZHR 2004, 268; *Schröder,* Gesellschafter: Keine Durchgriffshaftung wegen Existenzvernichtung bei Nachweis eines nur begrenzten Nachteils durch den (auch nur mittelbar beteiligten) Gesellschafter, GmbHR 2005, 227; *Seibert,* Der Bundestag greift in die Diskussion zum Eigenkapitalersatz ein, GmbHR 1998, 309; *Simon/Leuering*, Beherrschungs- und Gewinnabführungsverträge im GmbH-Recht, NJW-Spezial 2006, 363; *Stein*, Kapitalerhaltung bei GmbH und AG, DZWIR 2004, 493; *Sudhoff, Liebscher*, GmbH & Co. KG, 6. Aufl. 2005; *Theisen*, Der Konzern, 2. Aufl. 2000; *Timm*, Die Auswirkungen einer Realteilung des herrschenden Unternehmens auf Beherrschungs- und Gewinnabführungsverträge, DB 1993, 569; *Timm*, Grundfälle zum Konzernrecht – Eine Einführung anhand von Fällen, JuS 1999, 760; *Versteegen*, Konzernverantwortlichkeit und Haftungsprivileg, 1. Aufl. 1993; *Vetter*, Grundlinien der GmbH-Gesellschafterhaftung, ZGR 2005, 789; *Weber*, Ausgleichsanspruch analog § 304 AktG an die Minderheitsgesellschafter einer GmbH-Organgesellschaft?, GmbHR 2003, 1347; *Wiedemann*, Gesellschaftsrecht Band I, 1. Aufl. 1980; *Wiedemann*, Reflexionen zur Durchgriffshaftung, ZGR 2003, 283; *Wiedemann/Hermans*, Liquiditätszusagen des GmbH-Gesellschafters, ZIP 1994, 997; Wilhelm, Kapitalgesellschaftsrecht, 2. Aufl. 2005; *Wilhelmi*, Die „neue" Existenzvernichtungshaftung der Gesellschafter der GmbH, DZWIR 2003, 45; *Wittig*, Moderne Patronatserklärungen, WM 2003, 1981; *Zeidler*, Ausgewählte Probleme des GmbH-Vertragskonzernrechts, NZG 1999, 692; *Zöller/Greger*, Zivilprozessordnung, 26. Aufl. 2007.

1 Sowohl für die Geschäftsleitung als auch für Gesellschafter von Unternehmen, die an Tochtergesellschaften beteiligt oder selbst eine Tochtergesellschaft sind, stellt sich stets die Frage, inwieweit eine Haftung der Muttergesellschaft für das Handeln und damit die Verbindlichkeiten der Tochtergesellschaft besteht. Hierbei wird sehr häufig davon ausgegangen, dass die Haftung der Muttergesellschaft nur auf das eigene Handeln beschränkt ist und ein Einstehen für die Tochtergesellschaft nicht erfolgt. Inwieweit dieser Annahme das zu Grunde liegende Trennungsprinzip tatsächlich durchgreift und inwieweit es durchbrochen wird, soll nachfolgend genauer beleuchtet werden:

A. Grundsatz: Eigenständige Haftung von Mutter- und Tochtergesellschaft

2 Die eigenständige Haftung von Mutter- und Tochtergesellschaften resultiert aus dem **Trennungsprinzip.** Danach ist jedes einzelne Konzernunternehmen rechtlich selbstständig, der Konzern selbst verkörpert kein eigenständiges Rechtssubjekt. In ihm sind lediglich die einzelnen operativen Unternehmen unter eine einheitliche Leitung der Muttergesellschaft gestellt. Trotz ihrer Konzernzugehörigkeit sind die einzelnen Gesellschaften dabei rechtlich selbstständige Unternehmen.[1] Dies hat zur Folge, dass der Konzern als solcher nicht für die Verbindlichkeiten der in ihm zusammengefassten Gesellschaften haftet. Bei Vertragsabschlüssen verpflichtet sich also nur das jeweilige Unternehmen selbst, so dass sich die Gläubiger zur Befriedigung ihrer Forderungen lediglich an die Gesellschaft halten können, mit der sie den Vertrag geschlossen haben.[2]

Aufgrund dieser Trennung haftet jedes einzelne Unternehmen im Konzern in der Regel nur für sein eigenes Handeln und seine Verbindlichkeiten.

3 **Konzerne** selbst als Zusammenschluss von Unternehmen entstehen, wie im Folgenden aufgezeigt wird, auf unterschiedliche Art und Weise:

Unterschieden wird gewöhnlich zwischen Gleichordnungs- und Unterordnungskonzernen. Während sich beim **Gleichordnungskonzern** gemäß § 18 Abs. 2 AktG zwei oder mehr Gesellschaften gemeinsam lediglich unter eine „einheitliche Leitung" stellen,[3] zeichnet sich der **Unterordnungskonzern** nach § 18 Abs. 1 AktG durch eine Abhängigkeit eines oder mehrerer Unternehmen (**Tochtergesellschaften**) von einem übergeordneten Unternehmen (**Muttergesellschaft**) aus.[4] Solche Abhängigkeitsverhältnisse können dabei durch Abschluss eines Beherrschungs- oder Eingliederungsvertrags (**Vertragskon-**

[1] Vgl. Emmerich/*Habersack* § 4 II; Lutter/*Trölitzsch* § 7 Rn. 1.
[2] Baumbach/*Hueck/Fastrich* § 1 GmbHG Rn. 56.
[3] Emmerich/*Habersack* § 4 IV; Theisen C 3 a.
[4] Dazu *Hüffer* § 18 AktG Rn. 8 ff.; KöKo/*Koppensteiner* § 18 AktG Rn. 6.

zern) oder rein faktisch aufgrund der vorliegenden tatsächlichen Verhältnisse (**faktischer Konzern**) entstehen.

B. Haftungsrechtliche Pflichten der Muttergesellschaft

Trotz des Trennungsprinzips ist die Muttergesellschaft in Hinblick auf ihre Tochterge- 4
sellschaft nicht von jeglicher Haftung befreit, zumal sie, ob als unmittelbar beteiligte oder, aufgrund einer dazwischen geschalteten Gesellschaft, als mittelbar beteiligte Gesellschafterin, meist einen ganz maßgeblichen Einfluss auf die Geschicke des Tochterunternehmens nimmt.[5]

I. Einstandspflichten aus geschlossenen Verträgen

Eine Haftung der Muttergesellschaft kann sich dadurch ergeben, dass die Muttergesellschaft aufgrund eines Vertrages für Verbindlichkeiten der Tochtergesellschaft einzustehen hat. Solche Einstandspflichten resultieren allerdings nicht aus dem Mutter-Tochter-Verhältnis an sich, sondern werden als **eigenständige Pflicht** der Muttergesellschaft begründet:[6]

1. Bürgschaft[7]

Häufig übernehmen Muttergesellschaften Bürgschaften gemäß § 765 BGB gegenüber 5
einem Gläubiger der Tochtergesellschaft und erklären somit, für die Erfüllung der Verbindlichkeit der Tochtergesellschaft (Hauptschuldner) einstehen zu wollen. Diese Verbindlichkeit des Hauptschuldners kann auch eine bedingte oder künftige sein (§ 765 Abs. 2 BGB), muss jedoch inhaltlich bestimmt oder zumindest bestimmbar sein.

Das Zustandekommen des Bürgschaftsvertrages erfolgt nach den allgemeinen Regeln: Gemäß § 766 Satz 1 BGB ist zur Gültigkeit des Vertrages die schriftliche Erteilung der Bürgschaftserklärung i.S.d. § 126 BGB erforderlich. Die Schriftform ist wegen der Warnfunktion und des Übereilungsschutzes allein auf die Erklärung des Bürgen, nicht auf die des Gläubigers bezogen. Weiter ist zu beachten, dass die Erklärung des Bürgen handschriftlich unterschrieben sein muss und zwar in einer Art und Weise, die die Erklärung räumlich abschließt. Die Erteilung der Bürgschaft durch elektronische Form ist nach § 766 Satz 2 BGB ausgeschlossen. Ein entsprechender Formmangel wird nach § 766 Satz 3 BGB aber dann geheilt, wenn der Bürge – der stets vom Schuldner personenverschieden sein muss – dessen Verbindlichkeit erfüllt. Soweit die Übernahme der Bürgschaft auf Seiten des Bürgen ein Handelsgeschäft darstellt, ist nach § 350 HGB keine Schriftform erforderlich.

Bei einer Bürgschaft handelt es sich um ein akzessorisches Sicherungsmittel, deshalb ist für die Verpflichtung des Bürgen der jeweilige Bestand der Verbindlichkeit des Schuldners maßgeblich (**Akzessorietät der Bürgschaft**).[8] Der Bürge kann sich gegen die Inanspruchnahme aus der Bürgschaft durch rechtshindernde oder rechtsvernichtende Einwendungen (z.B. Anfechtung des Bürgschaftsvertrages oder Aufhebung der Bürgschaft durch Vertrag), die unmittelbar etwa aus dem Bürgschaftsverhältnis selbst resultieren, wehren. Sofern dem Schuldner Einwendungen zustehen, kommen diese auch dem Bürgen auf Grund der Akzessorietät nach § 767 Abs. 1 Satz 1 BGB für die Verpflichtung des Bürgen zugute.

Neben diesen Einwendungen – die von Seiten des Gerichts von Amts wegen zu berücksichtigen sind und zum Erlöschen der Bürgschaftsverpflichtung oder der Schuldner-

---

[5] Vgl. hierzu Lutter/*Trölitzsch* Holding Hdb. § 7 Rn. 9.
[6] Dazu *Wiedemann* GesR § 4 IV 1.
[7] Siehe hierzu auch § 9 Rn. 94 ff. sowie § 17 Rn. 57 ff.
[8] Palandt/*Sprau* § 767 BGHB Rn. 1.

verbindlichkeit führen – sind sog. Einreden zu berücksichtigen. Solche führen nur – sofern sich der Berechtigte der Einrede auf dieses Gegenrecht beruft – zur vorläufigen oder dauernden Anspruchshemmung.

Besondere Bedeutung hat hierbei die Vorschrift des § 771 BGB: Danach kann der Bürge in seiner Eigenschaft als Sicherungsgeber dem Gläubiger, der Befriedigung seiner gegenüber dem Schuldner bestehenden Forderung von dem Bürgen erstrebt, die sog. **Einrede der Vorausklage** entgegenhalten.[9] Im Anschluss daran kann der Bürge die Erfüllung der Schuldnerverbindlichkeit solange verweigern, bis der Gläubiger nicht bereits erfolglos eine Zwangsvollstreckung gegen den Schuldner betrieben hat.

6 Nach § 768 BGB kann der Bürge die dem Schuldner zustehenden Einreden geltend machen: Maßgeblich ist im Rahmen des § 768 Abs. 1 Satz 1 BGB, dass die Tochtergesellschaft als Schuldnerin eine ihr gegenüber dem Gläubiger zustehende Einrede nicht selbst erheben muss, damit sich auch der Bürge darauf berufen kann. Vielmehr ist ausreichend, dass die schuldnerbezogene Einrede besteht und diese dann – aufgrund der Akzessorietät der Bürgschaft – der Bürge selbstständig gegenüber seiner Bürgschaftsverpflichtung geltend machen kann. Die Vorschrift kommt also nur dann zur Anwendung, wenn der Schuldner die ihm zustehende Einrede nicht schon erhoben hat. Hatte er sie erhoben, richtet sich die Möglichkeit des Bürgen, seine Inanspruchnahme aus der Bürgschaft zu verweigern, nach § 767 Abs. 1 Satz 1 BGB.

Muttergesellschaften haften bei Bürgschaften für **Tochtergesellschaften** regelmäßig direkt und ihnen steht die Einrede der Vorausklage nach § 771 BGB nicht zu, da diese vertraglich ausgeschlossen wird. Darüber hinaus ist der Muttergesellschaft gemäß § 349 HGB die Einrede der Vorausklage verwehrt. Daher kann die Muttergesellschaft „parallel" zum Tochterunternehmen in Anspruch genommen werden. Obwohl nach § 350 HGB das für die Bürgschaft prinzipiell bestehende **Schriftformerfordernis** ausgeschlossen ist, sollten Bürgschaften mit Tochtergesellschaften unbedingt schriftlich fixiert werden, um eventuell späteren Beweisproblemen vorzubeugen.

2. Schuldübernahme und Schuldbeitritt[10]

7 Im Gegensatz zur Bürgschaft wird bei Schuldübernahme und Schuldbeitritt keine akzessorische – also nur „angelehnte" –, sondern eine selbstständige Schuld begründet.[11]

So tritt die Muttergesellschaft bei der **Schuldübernahme** nach § 414 BGB als Übernehmerin an die Stelle der von ihr abhängigen Gesellschaft und verpflichtet sich als neue und alleinige Schuldnerin zur Befriedigung des Gläubigers. Die Tochtergesellschaft und damit die bisherige Schuldnerin wird von der Haftung frei.

Da die Verpflichtung der Muttergesellschaft als Schuldübernehmerin aber nicht weiter gehen kann als die Haftung der ursprünglichen Schuldnerin, kann sie nach § 417 Abs. 1 S. 1 BGB dem Gläubiger auch grundsätzlich alle Einwendungen der Tochtergesellschaft entgegen halten.

Dasselbe gilt gemäß §§ 422 ff. BGB für den Schuldbeitretenden, wobei jedoch beim **Schuldbeitritt** auch die Tochtergesellschaft weiterhin zur Erfüllung der Verbindlichkeit verpflichtet bleibt. Mutter- und Tochterunternehmen sind insofern Gesamtschuldner.[12] Der Gläubiger kann sich im Rahmen dieser Gesamtschuld nach § 421 BGB aussuchen, von wem er die Leistung verlangt.

3. Liquiditätszusage und Patronatserklärung[13]

8 Die Muttergesellschaft verpflichtet sich mit der **Liquiditätszusage** gegenüber der von ihr abhängigen operativen Gesellschaft, liquide Mittel stets in einem solchen Umfang zur

---

[9] Zur Bürgschaft vgl. Palandt/*Sprau* § 771 BGB Rn. 1 ff.
[10] Siehe hierzu auch § 9 Rn. 93.
[11] BGH Urteil vom 19. 9. 1985 = NJW 1986, 580.
[12] Hierzu Palandt/*Grüneberg* Einl. vor § 414 BGB Rn. 2.
[13] Siehe hierzu auch § 9 Rn. 106 ff. sowie § 17 Rn. 52 ff.

Verfügung zu stellen, dass die vollständige Befriedigung sämtlicher Gläubiger gesichert ist. Insofern könnte man die Liquiditätszusage als aufschiebend bedingtes Darlehensversprechen des herrschenden gegenüber dem beherrschten Unternehmen bezeichnen. Die aufschiebende Bedingung tritt ein, wenn die abhängige Gesellschaft ihren Verbindlichkeiten nicht mehr selbst nachkommen kann.[14] Dieser Anspruch der Tochtergesellschaft auf ausreichend finanzielle Ausstattung kommt dabei mittelbar auch den Gläubigern zugute, die notfalls gemäß §§ 829, 835 ZPO in die Liquiditätszusage hinein vollstrecken können.[15]

Bei der **Patronatserklärung** handelt es sich um eine einseitige Erklärung der herrschenden Gesellschaft, in welcher diese gegenüber dem Gläubiger verspricht, dafür zu sorgen, dass die Verbindlichkeiten des Tochterunternehmens erfüllt werden:[16] 9

Rechtlich verbindlich und somit einklagbar ist die Zusage aber nur, wenn es sich dabei um eine **harte Patronatserklärung** handelt. Im Gegensatz zur **weichen Patronatserklärung** – die in der Regel eine lediglich unverbindliche Absichtserklärung zur Ausstattung der Tochtergesellschaft mit der erforderlichen Liquidität bzw. eine bestimmte Verhaltensweise der Muttergesellschaft gegenüber der Tochtergesellschaft und deren Gläubiger darstellt – wird bei der harten Patronatserklärung eine Ausstattungsverpflichtung der Muttergesellschaft begründet.[17] Hierbei haftet das herrschende Unternehmen nicht nachrangig, sondern neben dem beherrschten Unternehmen als dem eigentlichen Schuldner und kann vom Gläubiger demzufolge direkt in Anspruch genommen werden.[18] Aus haftungsrechtlicher Sicht wird die Muttergesellschaft stets darum bemüht sein, eine möglichst weiche Patronatserklärung abzugeben, jedoch werden sich in der Regel hierauf die Banken und Gläubiger des Tochterunternehmens nicht einlassen. Deshalb sind in der Praxis gewöhnlich nur harte Patronatserklärungen anzutreffen, insbesondere wenn die Muttergesellschaft nicht selbst in der Lage ist, für eine ausreichende Finanzierung ihrer Geschäftsaktivitäten zu sorgen.

Wenn eine Inanspruchnahme aus der Patronatserklärung droht und damit ein Erstattungsanspruch der Patroninen gegen die Tochtergesellschaft zu berücksichtigen wäre, ist zur Vermeidung einer möglichen Überschuldung der Tochtergesellschaft unbedingt an eine **Rangrücktrittserklärung** bezüglich dieses Erstattungsanspruches zu denken. Sollte diese Konstellation von Anfang an bestehen, so ist unter Umständen direkt eine kombinierte Patronats- und Rangrücktrittserklärung zu vereinbaren.

Zudem ist in Hinblick auf eine eventuelle **Insolvenz** der Tochtergesellschaft zu berücksichtigen, dass die Muttergesellschaft durch den Insolvenzverwalter in Anspruch genommen werden kann. So kann der Insolvenzverwalter außenstehende Forderungen Dritter gegen die insolvente Tochtergesellschaft gegenüber der Muttergesellschaft geltend machen.

Formulierungsbeispiel Patronatserklärung mit Rangrücktritt:

Die [Firma der Tochtergesellschaft] GmbH hat mit [Firma des Vertragspartners] am [Datum] einen Vertrag über [Inhalt des Vertrages] abgeschlossen.

Zur Vermeidung einer Zahlungsunfähigkeit [Alternativ: einer Überschuldung] der [Firma der Tochtergesellschaft] GmbH geben wir in unserer Eigenschaft als Muttergesellschaft nachfolgende Patronatserklärung ab.

(1) Für die Zeit des Bestehens von Verpflichtungen aus dem oben genannten Vertrag werden wir unsere Tochtergesellschaft [auf Anforderung der Geschäftsführung unserer Tochtergesellschaft] [bis zur Höhe von EUR [Betrag]] finanziell so ausstatten und leiten, dass diese alle Verpflichtungen aus dem Vertrag stets fristgerecht und vollständig erfüllen kann.

---

[14] Vgl. hierzu *Wiedemann/Hermanns* ZIP 1994, 998.
[15] Vgl. Emmerich/*Habersack* § 20 IV 2 b; *Wiedemann/Hermanns* ZIP 1994, 1002.
[16] Vgl. Palandt/*Sprau* Einl. vor § 765 BGB Rn. 21.
[17] Vgl. *Wittig* WM 2003, 1983.
[18] BGH Urteil vom 30. 1. 1992, BGHZ 117, 127 = NJW 1992, 2093.

(2) Diese Patronatserklärung ist befristet auf die Dauer von [___] Monaten nach Beendigung des Vertrages.

(3) Für den Fall, dass wir aus der Patronatserklärung in Anspruch genommen werden, steht uns das Recht zu, anstelle unserer Tochtergesellschaft in alle Rechte und Pflichten aus dem genannten Vertrag einzutreten.

Hinsichtlich des Eintrittes der Muttergesellschaft in den genannten Vertrag ist jedoch stets die Zustimmung des Vertragspartners erforderlich, die im Rahmen der Abgabe der Patronatserklärung schriftlich einzuholen ist. Zudem ist zu beachten, dass die Vertragsübernahme im Fall der Insolvenz der Tochtergesellschaft durch den Insolvenzverwalter rückwirkend anfechtbar ist.

4. Haftung aus culpa in contrahendo

10 Weiter kann auch eine vertragsähnliche Haftung der Muttergesellschaft nach §§ 311 Abs. 3, Abs. 2, 280 Abs. 1 BGB in Betracht kommen, sofern diese bei den Vertragspartnern der Tochtergesellschaft im Laufe von Verhandlungen ein besonderes persönliches Vertrauen in Anspruch genommen hat (culpa in contrahendo). Hat die Muttergesellschaft im Vorfeld von Vertragsabschlüssen bei den Geschäftpartnern bewusst den Eindruck erweckt, mit ihrer ganzen finanziellen Kraft hinter dem Tochterunternehmen stehen zu wollen und hat das Vertrauen auf die durch die Konzernzugehörigkeit gesicherte Solvenz der Gesellschaft den Vertragschluss erheblich beeinflusst, haftet auch die Muttergesellschaft für die Verbindlichkeiten der Tochtergesellschaft.

Ein bloßer Verweis auf das Mutter-Tochter-Verhältnis, die maßgebliche Beteiligung der **Muttergesellschaft** an der Tochtergesellschaft oder die Hingabe von Sicherheiten begründen dagegen keine Einstandspflicht des herrschenden Unternehmens.[19] Auch eine weiche Patronatserklärung kann eine solche Haftung der Muttergesellschaft in der Regel nicht begründen.[20]

II. Kapitalerhaltung und Eigenkapitalersatz

11 Neben den vertraglich begründeten haftungsrechtlichen Pflichten der Muttergesellschaft gibt es auch solche, die allein aus der Beteiligung erwachsen. Während bei Personengesellschaften wie der Gesellschaft des bürgerlichen Rechts (GbR), der offenen Handelsgesellschaft (OHG) oder der Kommanditgesellschaft (KG) die Gesellschafter bzw. zumindest der Komplementär persönlich mit ihrem Vermögen für die Verbindlichkeiten haften, ist bei den Kapitalgesellschaften die Haftung grundsätzlich auf das Gesellschaftsvermögen begrenzt. Diese Haftungsbeschränkung rechtfertigt sich durch die Ausstattung der Aktiengesellschaft (AG) oder der GmbH mit einem Grund- bzw. Stammkapital, welches als Mindesthaftungsfonds für die Gläubiger ebenfalls in der Gesellschaft verbleiben muss. Sofern sich dieser Haftungsstock vollständig verringert, haben die Gesellschafter entweder die Gesellschaft aus dem Verkehr zu nehmen und damit zu liquidieren oder neue Finanzmittel zuzuführen (**Finanzierungsverantwortung**).[21]

Diese Pflichten gelten auch für die Gesellschafter der GmbH & Co. KG. Obwohl es sich bei der KG um eine Personengesellschaft handelt, ist die Haftung de facto auf das Gesellschaftsvermögen der GmbH begrenzt, da nur diese als Komplementärin für die KG persönlich haftet. Insofern gibt es auch bei der GmbH & Co. KG eine den Kapital-

---

[19] BGH Urteil vom 23. 10. 1985 = NJW 1986, 586; BGH Urteil vom 6. 6. 1994, BGHZ 126, 181 = NJW 1994, 2220; *Lutter* DB 1994, 133 f.

[20] Anders im Einzelfall OLG Düsseldorf Urteil vom 14. 11. 2002 = GmbHR 2003, 179; vgl. auch *Habersack* ZIP 1996, 263, der eine solche Vertrauenshaftung aufgrund der Abgabe einer weichen Patronatserklärung allenfalls dann für möglich hält, wenn diese den unzutreffenden Eindruck hervorgerufen hat, dass die Tochtergesellschaft solvent sei.

[21] Vgl. Baumbach/*Hueck*/*Fastrich* § 32 a GmbHG Rn. 1; Lutter/*Trölitzsch* Holding Hdb. § 7 Rn. 27.

gesellschaften ähnliche Haftungsbeschränkung, so dass sie haftungsrechtlich wie diese betrachtet werden muss.[22]

Im Mutter-Tochter-Verhältnis trifft die Muttergesellschaft damit für die von ihr abhängige Tochtergesellschaft in Form einer GmbH, AG oder GmbH & Co. KG eine **Finanzierungsverantwortung** nach den Regeln des **Kapitalerhaltungs-** und des **Eigenkapitalersatzrechts:**[23]

1. Leistungsbeziehungen zwischen den Konzerngesellschaften

Die Vorschriften des **Kapitalerhaltungsrechts** kommen etwa dann zum Tragen, wenn Leistungsbeziehungen und damit Verbindlichkeiten zwischen der Mutter- und der Tochtergesellschaft beziehungsweise zwischen den einzelnen abhängigen Unternehmen untereinander begründet werden. 12

Für die **AG**[23a] gilt insbesondere die in § 57 Abs. 1 S. 1 und Abs. 3 AktG zum Ausdruck kommende **Vermögensbindung,** wonach eine Auszahlung des auch das Grundkapital und die gesetzlichen Reserven übersteigenden Gesellschaftsvermögens an die Aktionäre nur in Höhe des zur Ausschüttung beschlossenen Bilanzgewinns gestattet ist. 13

Der Eingriff in das so gebundene Gesellschaftsvermögen zugunsten eines Gesellschafters darf also nur erfolgen, wenn dieser aufgrund eines Rechtsgeschäfts mit der AG einen Anspruch auf Leistung hat, welcher durch eine entsprechende Gegenleistung kompensiert wird. Einem Aktionär dürfen daher weder direkt noch indirekt Vorteile zum Nachteil des Gesellschaftsvermögens eingeräumt werden. Bei Rechtsgeschäften muss er damit genauso behandelt werden, als wenn er der Gesellschaft wie ein Dritter gegenüber stehen würde (**„at arm's length"**).[24]

Ihm dürfen weder zinslose oder verbilligte Darlehen, noch für ihn besonders günstige Ein- oder Verkaufsbedingungen oder unentgeltlich Sicherheiten gewährt werden.[25] Jegliche **„verdeckten Vermögensverlagerungen"**, die nicht dem Prinzip des Drittvergleichs entsprechen, sind verboten und müssen gemäß § 62 Abs. 1 AktG vom Gesellschafter/Begünstigten zurückerstattet werden.[26]

Für das Mutter-Tochter-Verhältnis bedeutet dies, dass Rechtsgeschäfte der abhängigen AG mit der Muttergesellschaft oder mit von dieser beherrschten anderen Unternehmen nur zu solchen Konditionen erfolgen dürfen, wie sie auch Dritten gegenüber gewährt würden.

Für die **GmbH**[26a] gilt: Nach § 30 Abs. 1 GmbHG darf das zur Erhaltung des Stammkapitals erforderliche Vermögen nicht an die Gesellschafter ausgezahlt werden.[27] Dieses Auszahlungsverbot wird dabei weit verstanden und erfasst nicht nur Geldzahlungen.[28] Vielmehr fallen darunter sämtliche ohne angemessene Gegenleistung gewährte Leistungen der GmbH an die Gesellschafter oder ihnen nahe stehende Dritte.[29] Vom Anwen- 14

---

[22] Dazu vgl. u. a. BAG Beschluss vom 15. 1. 1991 – 1 AZR 94/90 = NJW 1991, 2926; Baumbach/*Hueck*/*Fastrich* § 30 GmbHG Rn. 33; Sudhoff/*Liebscher* § 50 Rn. 76 und Rn. 84; Hommelhoff/Stimpel/Ulmer/*Priester*, Der qualifizierte faktische GmbH-Konzern, 240 f.

[23] Zum Begriff der Finanzierungsverantwortung vgl. BGH Urteil vom 26. 3. 1984, BGHZ 90, 381 = NJW 1984, 1893; KöKo/*Lutter* § 57 AktG Rn. 86 und Beck Hdb AG/*Müller* § 8 Rn. 4 ff.

[23a] Siehe hierzu auch § 9 Rn. 43–48.

[24] OLG Frankfurt Urteil vom 30. 1. 1992 = WM 1992, 572; Emmerich/*Habersack* § 311 AktG Rn. 47 ff.; KöKo/*Lutter* § 57 AktG Rn. 15.

[25] Vgl. *Stein* DZWIR 2004, 496 f.

[26] Eine solche Rückerstattung gemäß § 62 Abs. 1 AktG ist jedoch dann zu verneinen, wenn es sich um Eingriffe in den einfach faktischen AG-Konzern handelt, da dann ein Nachteilsausgleich nach § 311 AktG vorrangig ist; vgl. hierzu Emmerich/*Habersack* § 311 AktG Rn. 82; Beck Hdb AG/*Müller*, § 8 Rn. 34 und 61 ff. sowie die Ausführungen unter **§ 13 C IV 1 a).**

[26a] Siehe hierzu auch § 9 Rn. 49–59.

[27] Dazu vgl. *Kleindiek* ZGR 2006, 354.

[28] Hierzu *Schmidt*, Gesellschaftsrecht, § 37 III 1 c).

[29] BGH Urteil vom 14. 12. 1959, BGHZ 31, 258 = NJW 1960, 285; BGH Urteil vom 28. 9. 1980, BGHZ 81, 365 = WM 1981, 1270; BGH Urteil vom 15. 3. 1999 = DStR 1999, 510.

dungsbereich der Vorschrift werden dementsprechend auch Kredite der GmbH an die Muttergesellschaft oder an ein anderes Tochterunternehmen (**Schwestergesellschaft**) erfasst, die nicht zu den üblichen Marktbedingungen gewährt wurden. Das Auszahlungsverbot gilt jedoch nicht, sofern zwischen der Tochter- und Muttergesellschaft ein Beherrschungs- oder Gewinnabführungsvertrag im Sinne von § 291 AktG besteht oder die Leistung der Tochtergesellschaft durch einen vollwertigen Gegenleistungs- oder Rückgewähranspruch gegen die Muttergesellschaft gedeckt ist. Ebenso gilt das Zahlungsverbot nicht für die Rückgewähr von Gesellschafterdarlehen sowie Leistungen und Forderungen aus Rechtshandlungen, die einem Gesellschafterdarlehen wirtschaftlich entsprechen,[30] etwa wenn eine Muttergesellschaft sich von ihrer Tochtergesellschaft zinslose Darlehen oder Darlehen zu einem geringeren Zinssatz gewähren lassen.[31]

Die Rechtsfolge ist ein Erstattungsanspruch der GmbH nach § 31 Abs. 1 GmbHG, der nachträglich selbst dann nicht entfällt, wenn das Gesellschaftskapital zwischenzeitlich wiederhergestellt ist.[32] Der Anspruch muss vielmehr mittels Leistung in das Gesellschaftsvermögen erfüllt oder durch Verzicht oder Aufrechnung der Gesellschaft[33] beseitigt werden.[34]

Dennoch sind die Kapitalerhaltungsregeln bei der GmbH nicht so streng ausgestaltet wie bei der AG, so dass § 30 Abs. 1 GmbHG erst dann eingreift, wenn durch die Rückzahlung an den Gesellschafter eine Unterbilanz herbeigeführt oder vertieft würde.[35] Außerdem können – sofern entsprechende Jahresgewinne prognostiziert werden – Gewinnvorschüsse gewährt[36] und ein Entnahmerecht durch Satzung begründet werden:

Formulierungsbeispiel Leistungsverkehrsklausel:

(1) Abgesehen von Leistungen, die aufgrund eines ordnungsgemäßen Gewinnverteilungsbeschlusses erfolgen, ist es der Gesellschaft untersagt, einem Gesellschafter oder einer/einem Gesellschafter nahe stehenden, natürlichen oder juristischen Person durch Rechtsgeschäft oder in sonstiger Weise Vorteile irgendwelcher Art zu gewähren, die unabhängigen Dritten unter gleichen oder ähnlichen Umständen von einem pflichtgemäß handelnden ordentlichen Geschäftsführer nicht gewährt würden oder die steuerlich als verdeckte Gewinnausschüttung anzusehen wären oder gegen § 30 GmbHG verstoßen.

(2) Im Fall der Zuwiderhandlung entsteht für die Gesellschaft bereits zum Zeitpunkt der Vorteilsgewährung ein Anspruch gegenüber den Begünstigten auf Erstattung des Vorteils oder – nach Wahl der Gesellschaft – Ersatz seines Wertes in Geld sowie auf Zahlung angemessener Zinsen für die Zeit zwischen der Gewährung des Vorteiles und der Erstattung oder Ersatzleistung.

(3) Als Begünstigter im Sinne von Abs. 2 gilt derjenige, dem der Vorteil steuerlich zuzurechnen ist und zwar ohne Rücksicht darauf, ob dieser letztlich einem Dritten zugute gekommen ist und wie sich der Begünstigte mit diesem auseinandersetzt. Falls und soweit aus rechtlichen Gründen kein Anspruch gegen den Begünstigten gegeben ist, richtet sich der Anspruch gegen den oder die Gesellschafter, dem oder denen der Begünstigte nahe steht. Mehrere Gesellschaften haften dabei als Gesamtschuldner. Einem Gesellschafter gegenüber kann der Anspruch auch durch Aufrechnen mit dessen Gewinnansprüchen geltend gemacht werden.

---

[30] Hinsichtlich der Besonderheiten bei Gesellschafterdarlehen, vgl. die Ausführungen unter **§ 13 C II 2.**

[31] Hierzu vgl. *Stein* DZWIR 2004, 494 ff.; a. A. *Schmidt*, Gesellschaftsrecht, § 37 III 6, der im Fall der Kreditgewährung an nicht vertretungsberechtigte GmbH-Gesellschafter eine Lösung über § 43 a GmbHG analog befürwortet.

[32] Vgl. Baumbach/*Hueck*/*Fastrich* § 31 GmbHG Rn. 17; Beck Hdb GmbH/*Jung*, § 8 Rn. 60.

[33] Aufgrund von § 19 Abs. 2 S. 2 GmbHG ist dem Gesellschafter dagegen die Aufrechnung versagt; vgl. auch BGH Urteil vom 21. 11. 2000, BGHZ 146, 105 = NJW 2001, 830.

[34] Vgl. Beck Hdb. GmbH/*Jung*, § 8 Rn. 58 ff.

[35] Vgl. *Stein* DZWIR 2004, 494 ff. und 497 ff.

[36] Bei der AG ist dies aufgrund von § 57 Abs. 3 AktG nicht möglich.

(4) Die Gesellschaft hat den ihr entstehenden Erstattungs- oder Ersatzanspruch in der Handelsbilanz für den Zeitraum, in dem der Anspruch entstanden ist – gegebenenfalls durch nachträgliche Bilanzberichtigung – zu aktivieren und einen so entstehenden Handelsbilanzgewinn aufgrund eines gegebenenfalls neu zu fassenden Gewinnverteilungsbeschlusses an die Gesellschafter auszuschütten.

Die Aufnahme der vorstehenden Leistungsverkehrsklausel ist für die Gesellschafter der Tochtergesellschaft, insbesondere bei außenstehenden Minderheitsgesellschaften, sinnvoll und soll gewährleisten, dass der Mehrheitsgesellschafter die ihm unzulässigerweise gewährten Vermögensvorteile zurückzuerstatten hat. Durch die Aufnahme der Leistungsverkehrsklausel werden aber auch – insbesondere den Geschäftsführern der beteiligten Gesellschaften und den Gesellschaftern in Hinblick auf den Leistungsverkehr – die gesetzlichen Rahmenbedingungen deutlich vor Augen geführt.

Sie hilft aber auch bei gerichtlichen Auseinandersetzungen, weil es dabei immer wieder gewisse Unsicherheiten hinsichtlich des Leistungsverkehrs – besonders bei den erstinstanzlichen Gerichten – gibt.

2. Gesellschafterdarlehen

Für die Finanzierung von Tochtergesellschaften sind Gesellschafterdarlehen der Mut- 15
tergesellschaft ein sehr wichtiges Finanzierungselement. In Hinblick auf die Gewährung von Gesellschafterdarlehen durch eine Muttergesellschaft an ihre Tochter sind die Regelungen des **Eigenkapitalersatzrechtes** von zentraler Bedeutung: Wird ein Unternehmen als Tochtergesellschaft von einem anderen Unternehmen beherrscht, bedarf es für die abhängige Gesellschaft, ihre Minderheitsaktionäre und insbesondere für die außenstehenden Gläubiger besonderer Schutzmechanismen.[37] Das Recht der GmbH geht prinzipiell von einer Finanzierungsfreiheit aus. Soweit eine Muttergesellschaft ihrer Tochtergesellschaft über das Stammkapital hinaus weitere finanzielle Mittel in Form eines Darlehens zur Verfügung stellt, beeinträchtigt diese Zufuhr von Fremdkapital in erster Linie die außenstehenden Gläubiger, insbesondere wenn die Muttergesellschaft im Vorfeld einer Insolvenz der Tochtergesellschaft das Darlehen nach Maßgabe ihres schuldrechtlich begründeten Rückgewähranspruches abzieht und das Gesellschaftsvermögen im Rahmen der nachfolgenden Insolvenz zur Befriedigung aller Gläubiger nicht ausreicht. Ziel des Eigenkapitalersatzrechtes ist es, die außenstehenden Gläubiger adäquat davor zu schützen, dass die Gesellschafter einer GmbH – also die Muttergesellschaft – deren Informationsvorsprung als „Insider" zum Nachteil der außenstehenden Gläubiger ausnützen können. Die Entscheidung der Muttergesellschaft, ihre Tochtergesellschaft durch Gesellschafterdarlehen statt durch Eigenkapital zu finanzieren, darf nicht zu einer Abwälzung der Folgen dieser Maßnahme auf die außenstehenden Gläubiger führen. Das Ausfallrisiko, das dadurch entsteht, dass die Tochtergesellschaft trotz unzureichender Eigenkapitalausstattung nicht Insolvenz anmeldet, sondern weiter am Wirtschaftsleben teilnimmt, ist vorrangig von der Muttergesellschaft zu tragen: Sie kann die Insolvenz dadurch vermeiden, dass sie ihrer Tochtergesellschaft Gesellschafterdarlehen zur Verfügung stellt.[38]

a) **Eigenkapital im materiellen Sinne.** Nach dem Inkrafttreten des Gesetzes zur Mo- 16
dernisierung des GmbH-Rechtes und zur Bekämpfung von Missbräuchen (MoMiG) ist Eigenkapital im materiellen Sinne nur (noch) das von den Gesellschaftern gezeichnete Stammkapital. Weitere Finanzierungen werden nicht zum Eigenkapital gerechnet.

---

[37] Vgl. zur Rechtfertigung des Eigenkapitalersatzrechts die Ausführungen bei Michalski/*Heidinger* §§ 32a, 32b GmbHG (a.F.) Rn. 7ff. und *Wiedemann* GesR § 10 IV.

[38] Vgl. zur Rechtfertigung des Eigenkapitalersatzrechts die Ausführungen bei Michalski/*Heidinger* §§ 32a, 32b GmbHG (a.F.) Rn. 7ff. und *Wiedemann* GesR § 10 IV; vgl. auch BGH vom 13. 7. 1981 – NJW 1981, 2570; BGH vom 16. 10. 1989 = NJW 1990, 516.

Sämtliche Darlehen, die die Muttergesellschaft ihrer Tochtergesellschaft gewährt, unterliegen aus Sicht des Eigenkapitalersatzrechtes ausschließlich einer insolvenzrechtlichen Kontrolle. Nach § 39 Abs. 1 Nr. 5 InsO sind sämtliche Darlehen einer Muttergesellschaft an ihre Tochtergesellschaft in der Insolvenz nachrangig, es sei denn, sie ist nur mit weniger als 10% an der Tochtergesellschaft beteiligt.

17 b) **Außenstehende Gläubiger.** In Hinblick auf die Insolvenz einer Tochtergesellschaft und die gewährten Darlehen der Muttergesellschaft ist auch zu berücksichtigen, dass nach § 44a InsO ein außenstehender Gläubiger der Tochtergesellschaft – etwa eine Bank – im Insolvenzverfahren für Forderungen aus Darlehen, für die die Muttergesellschaft Sicherheit geleistet oder sich verbürgt hat, nur anteilige Befriedigung aus der Insolvenzmasse verlangen kann, soweit der außenstehende Gläubiger bei seiner Befriedigung gegenüber der Muttergesellschaft ausgefallen ist. Hat die Tochtergesellschaft dem außenstehenden Gläubiger ein solches Darlehen innerhalb des letzten Jahres vor Antragstellung zurückerstattet, so muss die Muttergesellschaft entsprechend § 146 InsO diesen Betrag maximal bis zur Höhe seiner Sicherung oder Verbürgung an die Insolvenzmasse erstatten. Gemäß § 135 Nr. 2 InsO sind ferner alle Rechtshandlungen der Tochtergesellschaft, die für Forderungen der Muttergesellschaft im Sinne des § 39 Abs. 1 Nr. 5 InsO im letzten Jahr vor dem Antrag auf Eröffnung eines Insolvenzverfahrens Befriedigung gewährt haben, anfechtbar und können vom Insolvenzverwalter zurückgefordert werden. In Hinblick auf diese Regelung ist zudem zu beachten, dass § 64 Abs. 2 Satz 3 GmbHG Leistungen der Geschäftsführer an die Gesellschafter sanktioniert, durch welche die Zahlungsfähigkeit der Tochtergesellschaft erst herbeigeführt wird. Diese Vorschrift dient ebenfalls dem Schutz der außenstehenden Gläubiger vor Vermögensverschiebungen zwischen Tochter- und ihrer Muttergesellschaft.

18 c) **§ 135 Nr. 2 InsO.** In Hinblick auf die Anfechtungsregelungen des § 135 Nr. 2 InsO ist zu beachten, dass alle Rechtshandlungen anfechtbar sind, die eine Befriedigung der Darlehensforderungen der Muttergesellschaft innerhalb eines Jahres vor Insolvenzantragstellung gewährt haben. Es ist also unerheblich, ob das Darlehen oder die gleichgestellte Forderung eigenkapitalersetzend ist oder nicht. Bricht die Tochtergesellschaft kurze Zeit nach der Rückzahlung zusammen, so wird vermutet, dass die Tochtergesellschaft bereits im Rückzahlungszeitpunkt nicht mehr die Befriedigung sämtlicher Gläubiger gewährleisten konnte, sondern schon insolvenzreif war und sich die Gesellschafter auf unredliche Weise einen Sondervorteil auf Kosten der Fremdgläubiger verschafft haben.

Die Gesellschafter, die einer GmbH Kredite gewähren, müssen immer damit rechnen, dass bei einer Insolvenz der Gesellschaft Forderungen gemäß § 139 Abs. 1 Nr. 5 InsO nur nachrangig berücksichtigt werden. Bei einer Insolvenz sind darüber hinaus sämtliche zurückgezahlten Darlehen des letzten Jahres vor Insolvenzeröffnung einer Anfechtung durch den Insolvenzverwalter ausgesetzt. Die Vermögensbindung von § 30 Abs. 1 GmbHG dient dazu, dass Gesellschafterdarlehen in der Insolvenz der Gesellschaft nicht zur Tabelle angemeldet werden können. Diesbezügliche Forderungen treten somit gemäß § 39 Abs. 1 Nr. 5 InsO im Rang hinter anderen Gläubigerforderungen zurück.[39]

19 d) **Sanierungserwerb.** Erwirbt eine Muttergesellschaft eine Beteiligung an einer Tochtergesellschaft zu einem Zeitpunkt, zu dem der Tochtergesellschaft bereits eine Zahlungsunfähigkeit droht oder gar eingetreten ist oder sogar Überschuldung vorliegt, zum Zwecke der Sanierung, so greifen die Anfechtungsregelungen ebenso nicht durch. Nach dem **Sanierungsprivileg** sind neu gewährte oder bereits bestehende Kredite dann von der Geltung der Vorschriften des Eigenkapitalersatzrechtes befreit, wenn ein Darlehensgeber der GmbH in der Krise zur Überwindung derselben erstmalig Geschäftsanteile erwirbt.[40] Damit soll auch in einer ungünstigen Situation der Gesellschaft einem Kreditgeber die

[39] Vgl. *Schmidt*, Gesellschaftsrecht, § 37 IV 5.
[40] Vgl. *Casper/Ullrich* GmbHR 2000, 478 f.

Möglichkeit eröffnet werden, zum Wohl der Gesellschaft Anteile und unternehmerische Kontrolle zu übernehmen, ohne Gefahr zu laufen, dass die von ihm gewährten Darlehen allein deshalb in Eigenkapital „umqualifiziert“ werden.[41] Dieses Privileg kommt allerdings nur dann zum Tragen, sofern der beitretende Gesellschafter einen „Sanierungswillen“ hat und die Finanzierung mit Fremdmitteln für die Sanierung der GmbH auch objektiv geeignet ist.[42]

e) **Rückgewähr von Gesellschafterdarlehen.** Mit der Neufassung von § 30 Abs. 1 Satz 3 GmbHG durch das MoMiG wurde eine Erstreckung der Vermögensbindung auf die Rückgewähr von Gesellschafterdarlehen ausdrücklich verneint. Der Gesetzgeber hat sich gegen die Fortgeltung der von der Rechtsprechung entwickelten Regelungen ausgesprochen. Eine weitere analoge Anwendung der §§ 30, 31 GmbHG (a. F.) soll nach dem Willen des Gesetzgebers nicht mehr erfolgen.[43] 20

Dies hat für die Gesellschafter den Vorteil, dass ihnen der Anspruch auf Rückzahlung der von ihnen zu marktüblichen Konditionen gewährten Kredite bzw. bereits erhaltenen Zahlungen auch im Krisenfall in voller Höhe zustehen und nicht von der Vermögensbindung des Stammkapitals erfasst werden; und zwar unabhängig davon, ob der Gesellschaft das Darlehen anstelle von Eigenkapital gewährt worden ist oder nicht.

Nach altem Recht wurde von Rechtsprechung und Literatur – basierend auf den §§ 30, 31 GmbHG (a. F.) – ein nicht gesetzlich normiertes Haftungssystem geschaffen, welches auch nach Einführung der §§ 32 a und 32 b GmbHG[44] (a. F.) von 1980 weiterhin Bestand hatte. Danach galt das einerseits durch Rechtsprechung und Literatur entwickelte, andererseits mit den Novellen-Regelungen (§§ 32 a und 32 b GmbHG (a. F.)) entstandene **zweistufige System,** welches eigenkapitalersetzende Gesellschafterdarlehen umqualifizierte und wie Haftkapital behandelte (**funktionales Eigenkapital**).[45] 21

Diese Umqualifizierung erfolgte dabei nach den **„BGH-Regeln“:** Kredite, die von einem Gesellschafter der GmbH im Krisenfall gewährt wurden, wurden der Vermögensbindung gemäß §§ 30, 31 GmbHG (a. F.) analog unterworfen und wie Stammkapital behandelt. Eine Krise lag vor wenn die Gesellschaft überschuldet, gemäß den insolvenzrechtlichen Bestimmungen (§§ 17, 19 InsO) zahlungsunfähig oder, da sie von dritter Seite keine Darlehen mehr zu marktüblichen Konditionen bekommen konnte, kreditunwürdig war.[46] Dabei war es unerheblich, ob das Darlehen zu marktüblichen Bedingungen gewährt wurde.

Für den Fall, dass solche Darlehen trotz dieser Vermögensbindung nach § 30 Abs. 1 GmbHG (a.F.) bereits zurückgezahlt worden waren, hatte die GmbH gegen den jeweiligen Gesellschafter einen Erstattungsanspruch analog § 31 Abs. 1 GmbHG (a. F.). Diese Vermögensbindung war aber immer an das Vorliegen einer Krise der Gesellschaft geknüpft. Sobald die GmbH wieder kreditfähig geworden war, endete die Umqualifizierung des Gesellschafterdarlehens, so dass dieses nicht mehr als funktionelles Eigenkapital gemäß §§ 30, 31 GmbHG (a.F.) analog behandelt werden musste.

f) **Cash-Pooling.**[46a] Mit der Neuregelung des Eigenkapitalersatzrechtes durch das MoMiG wird auch das international gebräuchliche **„Cash-Pooling“** – dessen Zulässig- 22

---

[41] Zur Begründung des Sanierungsprivilegs vgl. BT-Drucks. 13/10038, 28; *Remme/Theile* GmbHR 1998, 914.

[42] Hierzu Lutter/*Trölitzsch* Holding Hdb. § 7 Rn. 43; *Pentz* GmbHR 1999, 449.

[43] Zur ausdrücklichen Aufhebung der Rechtsprechungsregeln vgl. die Begründung zu § 30 Abs. 1 S. 3 GmbHG des Regierungsentwurfs des MoMiG vom 23. 5. 2007, 95.

[44] Die §§ 32 a und 32 b GmbHG (a. F.) wurden 1980 durch die GmbH-Novelle in das GmbHG eingeführt.

[45] Vgl. Baumbach/*Hueck/Fastrich* § 32 a GmbHG (a. F.) Rn. 1 ff.; Beck Hdb. AG/*Müller* § 8 Rn. 114 ff.

[46] Hierzu vgl. Michalski/*Heidinger* §§ 32 a, 32 b GmbHG (a. F.) Rn. 44 ff.; Beck Hdb. GmbH/*Jung* § 8 Rn. 216 ff.

[46a] Siehe hierzu auch § 9 Rn. 84–86.

keit infolge der BGH-Rechtsprechung zu § 30 GmbHG (a. F.) vor dem Inkrafttreten des MoMiG umstritten war – als Instrument des Liquiditätsausgleiches zwischen Mutter- und Tochtergesellschaften auf eine sichere Rechtsgrundlage gestellt.[47] Im Rahmen des Cash-Poolings können finanzielle Mittel der Tochtergesellschaft zum gemeinsamen Cash-Management an das Mutterunternehmen abgeführt werden. Im Gegenzug erhält die Tochtergesellschaft einen Rückzahlungsanspruch gegen die Muttergesellschaft. Mit dem Cash-Pooling kann ein flexibler und ökonomisch sinnvoller Austausch der finanziellen Ressourcen der beteiligten Unternehmen stattfinden.

Das Auszahlungsverbot des § 30 Abs. 1 GmbHG ist in mehreren Schritten zu prüfen:

- Eine Auszahlung muss vorliegen, hierdurch muss es zu einer Verringerung des Gesellschaftsvermögens kommen. Soweit die Leistung der Gesellschaft durch eine aktivierbare vollwertige Gegenleistung des Gesellschafters kompensiert wird, fehlt es an der Voraussetzung der Auszahlung.
- Die Auszahlung muss das zum Erhalt des Stammkapitals erforderliche Gesellschaftsvermögen vermindern.
- Der Empfänger der Auszahlung muss ein Gesellschafter sein, wobei die Auszahlung durch das Gesellschaftsverhältnis veranlasst sein muss.

23 Die Prüfung der Auszahlung und Erforderlichkeit des Vermögens zum Erhalt des Stammkapitals bedingt eine **„bilanzielle Betrachtungsweise“**. Die Gewährung eines Darlehens bewirkt – soweit der Rückzahlungsanspruch vollwertig ist – in finanzieller Hinsicht nur einen Aktivtausch. So wird etwa der Aktivposten Bankguthaben durch einen anderen – zum Beispiel Darlehensrückzahlungsanspruch – ersetzt, das Aktivmögen also in keiner Weise gemindert. Daher ist die Gewährung eines Darlehens der Tochtergesellschaft an die Muttergesellschaft keine verbotene Auszahlung, soweit ein vollwertiger Rückzahlungsanspruch besteht. Dies gilt unabhängig von der Höhe des freien Vermögens, selbst bei einer bereits bestehenden Unterbilanz.

Der BGH hatte sich mit seinem Urteil vom 24. 11. 2003[48] von einer rein bilanziellen Betrachtungsweise verabschiedet und eine Kreditgewährung an Gesellschafter, die nicht aus freiem Vermögen der Gesellschaft bestritten werden, grundsätzlich als verbotene Auszahlung bewertet, selbst wenn der Rückzahlungsanspruch vollwerthaltig sei. Bereits der Austausch der liquiden Haftungsmasse gegen eine zeitlich hinausgeschobene schuldrechtliche Forderung (auf Darlehensrückzahlung) verschlechtere die Vermögenslage der Gesellschaft und die Befriedigungsaussichten der Gläubiger. Dieses Urteil wurde allgemein dahin interpretiert, dass Darlehen einer GmbH an ihre Gesellschafter – also auch außerhalb einer Unterbilanzsituation – nur aus freiem Vermögen (Gewinnvortrag, laufendes Jahresergebnis und Rücklagen) zulässig seien.

Mit der Neuregelung von § 30 Abs. 1 GmbHG durch das MoMiG erfolgte jedoch eine Rückkehr zur bilanziellen Betrachtungsweise: Bei einer Leistung, die durch einen vollwertigen Gegenleistungs- oder Erstattungsanspruch gedeckt ist, erfolgte also nur ein Aktivtausch.[49]

24 **g) Vollwertigkeit des Gegenleistungs- oder Rückgewähranspruches.** § 30 Abs. 1 Satz 2 GmbHG bedingt eine Vollwertigkeit des Gegenleistungs- oder Rückgewähranspruches. Infolge der bilanziellen Betrachtungsweise führt dies dazu, dass eine prinzipiell nominell gleichwertige Gegenforderung auf den Wert abzuschreiben ist, der ihrer tatsächlichen Einbringbarkeit entspricht, § 253 Abs. 3 Satz 2 HGB. In einem solchen Fall wird das Gesellschaftsvermögen durch die zwar nominal vollwertige Gegenforderung kompensiert, jedoch tatsächlich nicht, da diese nominelle Gegenforderung abzuschreiben ist und somit eine Auszahlung im Sinne von § 30 Abs. 1 GmbHG vorliegt.

---

[47] Hierzu die Begründung zu § 30 Abs. 1 S. 2 GmbHG des Regierungsentwurfs des MoMiG vom 23. 5. 2007, BT-Drucks., 13/10 038, 93 ff.

[48] BGH vom 24. 11. 2003 = BGHZ 157, 72; DStR 2004, 427.

[49] Vgl. BT-Drucks. 13/10 038, 99.

§ 30 Abs. 1 GmbHG bedingt, dass der Zahlungsanspruch gegen den Gesellschafter nicht nur vollwertig sein, sondern auch wertmäßig nach Marktwerten und nicht nach Abschreibungswerten den gleichen Gegenstand decken muss.[50] Das **Deckungsgebot** kommt zum Tragen, wenn der Zahlungsanspruch zwar den Bilanzwert des geleisteten Gegenstandes, aber nicht dessen höheren Marktwert deckt. Zum Auseinanderfallen beider Werte kommt es etwa, wenn die Gesellschaft ein selbst geschaffenes immaterielles Wirtschaftsgut überhaupt nicht, § 248 Abs. 2 HGB oder ein im Wert gestiegenes Grundstück noch zu historischen Anschaffungskosten bilanziert, § 253 Abs. 1 Satz 1 HGB. Die Gesellschaft darf folglich auch Wirtschaftsgüter, die bereits auf einen „Erinnerungswert" von EUR 1,00 abgeschrieben wurden, § 253 Abs. 2 Sätze 2 und 3 HGB, für die Dritte aber noch EUR 1000,00 bezahlen würde, nur zu EUR 1000,00 an einen Gesellschafter veräußern. Dies ist darin begründet, dass eine Forderung aus dem Verkauf des Wirtschaftsgutes für EUR 1,00 zwar „vollwertig" wäre, jedoch nicht den Marktwert des Wirtschaftsgutes decken würde.

Sofern sich die Tochtergesellschaft in einer Unterbilanzsituation befindet, darf die Tochtergesellschaft beispielsweise ein Grundstück im Verkehrswert von EUR 1,0 Mio. nicht erfolgsneutral zum Buchwert von EUR 100 000,00 an die Muttergesellschaft verkaufen. Denn bei einer Veräußerung zum Marktwert – also bei Realisierung der stillen Reserven – hätte die Tochtergesellschaft ihr angegriffenes Stammkapital vollständig oder zumindestens teilweise auffüllen können. In einer solchen Unterbilanzsituation muss die Gegenleistung daher weitergehend auch die stillen Reserven des geleisteten Vermögensgegenstandes abdecken. Dies gilt ebenso bei nicht bilanzierten Vermögensgegenständen, § 248 Abs. 2 HGB. 25

Im Verhältnis zwischen Tochter- und Muttergesellschaft tritt immer wieder die Situation auf, dass die Tochtergesellschaft trotz bestehender Unterbilanz der Muttergesellschaft ein längerfristiges Darlehen gewähren soll, welches jedoch nicht angemessen verzinst wird. Bei fehlender oder zu niedriger Verzinsung liegt nach § 30 Abs. 1 Satz 2 GmbHG kein vollwertiger Gegenleistungs- oder Rückgewähranspruch vor. In diesen Fällen ist von einer Auszahlung in Höhe der Zinsdifferenz auszugehen, denn es ist von einer mangelnden Vollwertigkeit des Rückgewähranspruches auszugehen. Die unverzinsliche oder unterverzinsliche Forderung ist in der Handelsbilanz nur mit dem niedrigeren Barwert anzusetzen.[51] Zum anderen ist zu berücksichtigen, dass auch der Gegenleistungsanspruch – bezogen auf die zu niedrige Verzinsung – die Leistung nicht „deckt". 26

Teilweise werden Darlehen zwar verzinslich und auch zu marktüblichen Konditionen verzinslich ausgereicht, jedoch nicht werthaltig besichert. In diesen Fällen unterscheidet sich die Darlehensgewährung der Tochtergesellschaft an die Muttergesellschaft erheblich von einer üblichen Bankenfinanzierung. Dabei stellt sich stets die Frage, ob ein Verstoß gegen § 30 Abs. 1 Satz 1 GmbHG vorliegt. Dies ist jedoch im Ergebnis zu verneinen, da einerseits § 30 Abs. 1 GmbHG keinen umfassenden Drittvergleich verlangt, zum andern die Leistung – also die Darlehensgewährung – durch einen vollwertigen Gegenleistungs- oder Rückgewähranspruch gegen die Muttergesellschaft gedeckt ist. Das Gesetz stellt explizit nicht auf die Besicherung der Ansprüche ab. 27

Trotzdem ist aber zu berücksichtigen, dass der Zinssatz für das ausgereichte Darlehen und die Frage einer Besicherung zusammenhängen und daher ist es stets zu empfehlen, dass für das Darlehen der Tochtergesellschaft an die Muttergesellschaft ein höherer Zinssatz als ein marktüblicher Zinssatz festgesetzt wird, wenn auf eine marktübliche Besicherung verzichtet wird, um so Angriffspunkte für eine Haftung von vornherein auszuschließen.

Im Zusammenhang mit der Stellung von Sicherheiten für ausgereichte Darlehen der Tochtergesellschaft an die Muttergesellschaft ist auch häufig die Situation anzutreffen, 28

[50] BT-Drucks, 13/10 038, 99.

[51] Schulze-Osterlohe in: Baumbach/*Hueck*, GmbHG, 18. Aufl. 2006, § 42 Rn. 367.

dass nicht die Tochtergesellschaft selbst das Darlehen ausreicht, sondern eine Bank ein Darlehen an die Muttergesellschaft gewährt und die Tochtergesellschaft zu Gunsten der finanzierenden Bank eine dingliche oder schuldrechtliche Sicherheit stellt. Bei dieser Konstellation stellt sich stets die Frage, zu welchem Zeitpunkt eine Auszahlung im Sinne des § 30 Abs. 1 Satz 1 GmbHG angenommen werden muss. Prinzipiell kann auf den Zeitpunkt der Bestellung der Sicherheit oder auf den Zeitpunkt der Verwertung der Sicherheit abgestellt werden. Diese Frage war insbesondere im Lichte des Urteils des BGH vom 24. 11. 2003[52] äußerst schwierig zu beurteilen, wobei man aus dem Urteil die Schlussfolgerung ziehen musste, dass bereits auf den Zeitpunkt der Gewährung der Sicherheit abzustellen sei. Seit der Änderung des § 30 Abs. 1 GmbHG durch das MoMiG wird man die Frage, ob eine Auszahlung im Sinne von § 30 Abs. 1 GmbHG bereits im Zeitpunkt der Bestellung der Sicherheit vorliegt, wohl eher verneinen können, da zu diesem Zeitpunkt der Leistung aus dem Gesellschaftsvermögen in der Regel noch ein vollwertiger Rückgriffsanspruch gegenüber steht.

III. Verlustausgleich bei Unternehmensverträgen

Besondere haftungsrechtliche Situationen entstehen beim Abschluss eines Unternehmensvertrages:

1. Der Vertragskonzern im Aktienrecht[52a]

29 Grundlage eines solchen Vertragskonzerns in Form eines Unterordnungskonzerns (§ 18 Abs. 1 AktG) ist der **Beherrschungsvertrag** nach § 291 Abs. 1 S. 1 1. Alt. AktG, mit dem sich ein Unternehmen in der Rechtsform einer Aktiengesellschaft (AG) oder Kommanditgesellschaft auf Aktien (KGaA) der Leitung durch ein anderes Unternehmen – dies können nicht nur Kapitalgesellschaften wie die AG, die KGaA und die GmbH sein, sondern auch Personengesellschaften wie die GbR, OHG oder KG – unterstellt. Die Muttergesellschaft ist folglich gemäß § 308 Abs. 1 AktG berechtigt, dem Vorstand der von ihr beherrschten AG oder KGaA Weisungen zu erteilen, die dieser nach § 308 Abs. 2 AktG auch befolgen muss. Dabei können – vorausgesetzt, es wurde vertraglich nichts anderes vereinbart – die Weisungen des herrschenden Unternehmens für die Tochtergesellschaft auch Nachteile mit sich bringen, solange sie im Konzerninteresse erfolgen (§ 308 Abs. 1 S. 2 AktG).[53] Nur wenn die Weisungen der Muttergesellschaft offensichtlich nicht den Belangen der durch den Vertrag oder kraft sonstiger Abhängigkeitsverhältnisse miteinander verbundenen Unternehmen dienen, hat der Vorstand der Tochtergesellschaft gemäß § 308 Abs. 2 S. 2 AktG den Weisungen nicht Folge zu leisten. Insofern kann mittels eines Beherrschungsvertrages tief in das Kompetenzgefüge der abhängigen Gesellschaft eingegriffen werden, weshalb nach § 309 AktG die Organe des herrschenden Unternehmens auch die Verantwortung für die von ihnen getroffenen und als Weisungen weitergeleiteten Entscheidungen zu tragen haben. Die grundsätzlich nach § 76 Abs. 1 AktG bestehende Eigenverantwortung der Geschäftsleitung der abhängigen AG oder KGaA ist also fast vollständig beseitigt.

Doch auch die aktienrechtliche Vermögensbindung wird aufgehoben: Gemäß § 291 Abs. 3 AktG gelten Leistungen der Gesellschaft auf Grund eines Beherrschungs- oder Gewinnabführungsvertrags nicht als Verstoß gegen die §§ 57, 58 und 60 AktG, mit der Folge, dass die Muttergesellschaft die von ihr aufgrund eines Unternehmensvertrags abhängige Tochtergesellschaft wirksam dazu anweisen kann, an das herrschende Unternehmen selbst oder an die mit ihm verbundenen Gesellschaften Leistungen ohne vollwertige Gegenleistung zu erbringen.[54]

---

[52] BGH vom 24. 11. 2003 = BGHZ 157, 72; DStR 2004, 427.
[52a] Siehe hierzu auch § 9 Rn. 63 f.
[53] Vgl. Beck Hdb. AG/*Rödder* § 14 Rn. 103.
[54] Dazu *Hüffer* § 291 AktG Rn. 36 f.; KöKo/*Koppensteiner*, § 291 AktG Rn. 107.

Diese Möglichkeit der Vermögensverlagerung darf nicht auf Kosten der abhängigen Gesellschaft, ihrer Gläubiger und außenstehender Gesellschafter – also den Gesellschaftern, die mit dem Mehrheitsgesellschafter nicht verbunden sind, gehen, deren Interessen eigentlich von den §§ 57, 58 und 60 AktG geschützt werden sollten. Aus diesem Grund greifen bei Beherrschungsverträgen besondere Vorschriften, die zum unbeschränkten Weisungsrecht der Muttergesellschaft einen Ausgleich schaffen:

Das herrschende Unternehmen muss nach § 302 Abs. 1 AktG für jeden während der Geltung des Unternehmensvertrags entstehenden Jahresfehlbetrag aufkommen, solange dieser nicht durch die während der Vertragsdauer in die Gewinnrücklage eingestellten Beträge gedeckt werden kann. Alle sich während des Mutter-Tochter-Verhältnisses ergebenden bilanziellen Verluste der Tochtergesellschaft müssen also von der herrschenden Gesellschaft ausgeglichen werden, ohne dass es auf Höhe, Ursache oder Art derselben ankommt.

Das abhängige Unternehmen verliert durch Abschluss des Beherrschungsvertrags damit auf der einen Seite zwar seine unternehmerische Autonomie, kann aber auf der anderen Seite auch nicht untergehen, solange die Muttergesellschaft noch solvent ist. Da insofern das wirtschaftliche Risiko der beherrschten Gesellschaft auf die Muttergesellschaft übergeht, werden die Gläubiger der Tochtergesellschaft zumindest mittelbar geschützt. Diese **Kompensationspflicht** wird außerdem im Fall der Beendigung des vertraglich begründeten Mutter-Tochter-Verhältnisses von einer Pflicht zur Sicherheitsleistung gegenüber den Gläubigern der abhängigen AG oder KGaA gemäß § 303 AktG ergänzt.[55]

a) **Enkelgesellschaften.** In mehrstufigen Mutter-Tochter-Verhältnissen setzt sich diese 30
Kompensationspflicht des kraft Unternehmensvertrages jeweils herrschenden Unternehmens gegenüber seiner beherrschten Tochtergesellschaft nach oben fort: Da das jeweils herrschende Unternehmen den Jahresfehlbetrag der von ihr abhängigen Gesellschaft zu tragen hat, erhöht sich dadurch auch der eigene Ausgleichsanspruch gegen die Mutter, die letztendlich damit nicht nur für die positive Bilanz ihrer Tochtergesellschaften, sondern auch für die von diesen wiederum beherrschten Unternehmen (**Enkelgesellschaften**) verantwortlich ist.[56]

b) **Gewinnabführungsvertrag.** Der Beherrschungsvertrag[57] wird in der Praxis oft in 31
Verbindung mit einem **Gewinnabführungsvertrag** gemäß § 291 Abs. 1 S. 1 2. Alt. AktG abgeschlossen, um so die Voraussetzungen für die körperschaftssteuerliche Organschaft, § 14 KStG, zu erfüllen und auf diese Weise die steuerlichen Vorteile nutzen zu können.[58]

Um den Interessen der außenstehenden Aktionäre Rechnung zu tragen, muss nach § 304 Abs. 1 und Abs. 2 AktG im Beherrschungsvertrag – wie auch im Gewinnabführungsvertrag – ein angemessener Ausgleich für die außenstehenden Aktionäre vorgesehen werden, deren jährlicher Anspruch auf eine Dividende oder Mitwirkung an Entscheidungen im Rahmen der Hauptversammlungen durch Gewinnabführungs- und Beherrschungsverträge aufgehoben wird. Wenn eine solche Ausgleichsregel fehlt, führt dies gemäß § 304 Abs. 3 S. 1 AktG zur Nichtigkeit des Vertrages; ist der vorgesehene Ausgleich nicht angemessen, bestimmt das Gericht die Höhe (Spruchstellenverfahren gemäß § 304 Abs. 3 S. 3 AktG). Als angemessener Ausgleich wird im Fall eines Gewinnabführungsvertrages der Geldbetrag angesehen, den der Aktionär für die Laufzeit des Vertrages als Di-

---

[55] Vgl. hierzu Lutter/*Trölitzsch* Holding Hdb. § 7 Rn. 46 f.

[56] Vgl. Emmerich/*Habersack* § 21 V.

[57] Für die Wirksamkeit solcher Unternehmensverträge bedarf es neben der Schriftform (§ 293 Abs. 3 AktG, § 126 BGB) der Zustimmung in der Hauptversammlung mit einer Mehrheit von mindestens drei Vierteln des bei der Beschlussfassung vertretenen Grundkapitals (§ 293 Abs. 1 und 2 AktG) und der Eintragung der Vertragsverhältnisse in das Handelsregister (§ 294 AktG). Des Weiteren sind gemäß §§ 293 a ff. AktG zum Schutz der beteiligten Aktionäre umfangreiche Informations- und Prüfungspflichten zu beachten.

[58] Vgl. Beck Hdb. AG/*Rödder* § 11 Rn. 155.

vidende erwarten konnte. Dabei sind die wirtschaftliche Vergangenheit und Gegenwart zu berücksichtigen und eine Prognose für die Zukunft zu treffen. Das Gleiche gilt für die nach § 305 AktG den außenstehenden Aktionären anzubietende Abfindung für den Erwerb seiner Aktien, wobei jedoch das vertragliche Fehlen des Abfindungsangebots nicht die Unwirksamkeit des Unternehmensvertrages bedingt. Den Aktionären, deren Vermögen wirtschaftlich nicht mit dem Gesellschaftsvermögen des nach dem Vertrag herrschenden Unternehmens verbunden ist, muss also offen stehen, ob sie ihre Anteile gegen Abfindung an die Muttergesellschaft verkaufen oder die Aktien behalten und für die Dauer der Mutter-Tochter-Beziehung Ausgleichszahlungen erhalten.[59]

32 c) **Beendigung von Unternehmensverträgen.** Der Beherrschungs- oder Gewinnabführungsvertrag kann durch **Aufhebung,** § 296 AktG, ordentliche, § 297 Abs. 2 AktG oder außerordentliche **Kündigung,** § 297 Abs. 1 AktG, gemäß den Vorschriften der §§ 304 Abs. 4, 305 Abs. 5 S. 4 i.V.m. 304 Abs. 4, 307 AktG[60] oder im Falle entsprechender vertraglicher Fixierung kraft Zeitablauf beendet werden.

Die Voraussetzungen der **ordentlichen Kündigung** nach § 297 AktG sind hierbei in der Literatur umstritten. Während die herrschende Meinung[61] eine solche nur dann zulässt, wenn sie im Unternehmensvertrag vereinbart wurde, befürwortet die Gegenansicht[62] ein ordentliches Kündigungsrecht auch ohne entsprechende Vertragsklausel. Letzteres erscheint angemessen, zumal sich aus § 297 Abs. 2 AktG, der sich auf die ordentliche Kündigung bezieht, kein Hinweis auf das Erfordernis entsprechender vertraglicher Vereinbarung entnehmen lässt.[63] Voraussetzung ist danach lediglich die Zustimmung der außenstehenden Aktionäre, die damit vor einer für sie überraschenden Beendigung des Mutter-Tochter-Verhältnisses und dementsprechender Einstellung der Ausgleichszahlungen geschützt werden sollen.

Eine Ausdehnung dieses Sonderbeschlusserfordernisses auf Kündigungen durch die Muttergesellschaft wurde trotz kritischer Stimmen in der Literatur[64] vom BGH ausdrücklich verneint.[65]

Während in § 297 Abs. 3 AktG sowohl für die ordentliche als auch für die **außerordentliche Kündigung** ausdrücklich die Schriftform bestimmt ist, wurde die Kündigungsfrist gesetzlich nicht geregelt und hängt von den Parteivereinbarungen ab. Fehlen diesbezügliche Abreden, wird für Beherrschungs- und Gewinnabführungsverträge meist auf § 132 HGB analog zurückgegriffen.[66] Das Vertragsverhältnis kann demzufolge mit einer Frist von sechs Monaten zum Schluss des Geschäftsjahres gekündigt werden.[67]

33 Die außerordentliche Kündigung gemäß § 297 Abs. 1 AktG ist dagegen ohne Einhaltung von Fristen möglich, sofern ein **wichtiger Grund** vorliegt. Ein solcher liegt nach Maßgabe des § 297 Abs. 1 Satz 2 AktG für die abhängige Gesellschaft vor, wenn der andere Vertragsteil voraussichtlich nicht in der Lage sein wird, seine aufgrund des Ver-

---

[59] Dazu vgl. Emmerich/*Habersack* § 17 III; Beck Hdb. AG/*Rödder* § 11 Rn. 155.

[60] § 304 Abs. 4 AktG bzw. §§ 305 Abs. 5 S. 4 i.V.m. 304 Abs. 4 AktG gewähren der Muttergesellschaft im Falle der gerichtlichen Bestimmung von Ausgleich bzw. Abfindung ein Kündigungsrecht, während § 307 AktG die Vertragsbeendigung zum Ende des Jahres anordnet, in welchem erstmalig ein außenstehender Aktionär Anteile der beherrschten Gesellschaft erwirbt.

[61] Vgl. MünchKomm/*Altmeppen* § 297 AktG Rn. 68 ff.; *Hüffer* § 297 AktG Rn. 12 f.; KöKo/*Koppensteiner* § 297 AktG Rn. 10.

[62] Dazu vgl. *Timm* DB 1993, 570 f.; *ders.* JuS 1999, 765.

[63] Vgl. *Timm* DB 1993, 570.

[64] Vgl. Emmerich/*Habersack* § 19 III 2 b; KöKo/*Koppensteiner* § 297 AktG Rn. 4.

[65] BGH Urteil vom 7. 5. 1979, = NJW 1979, 2103 f. – „Peine-Salzgitter"; BGH Urteil vom 5. 4. 1993, BGHZ 122, 233 = NJW 1993, 1981.

[66] Bürgers/Körber/*Schenk* § 297 AktG Rn. 16; *Hüffer* § 297 AktG Rn. 15.

[67] Die Kündigungsfristen für die in § 292 AktG geregelten „anderen Unternehmensverträge" richten sich – wie in der RegBegr explizit zum Ausdruck gebracht – bei Fehlen entsprechender vertraglicher Vereinbarungen nach den jeweils einschlägigen Vorschriften des BGB.

trages bestehenden Verpflichtungen zu erfüllen. § 297 Abs. 1 Satz 2 AktG ist nicht als abschließend zu verstehen, sondern hat lediglich beispielhaften Charakter. Der BGH hat die Vereinbarung zusätzlicher Umstände, die nach dem Parteiwillen einen wichtigen Grund darstellen, als zulässig anerkannt.[68]

Ein wichtiger Grund wird weiter angenommen, wenn wirtschaftliche Schwierigkeiten der Muttergesellschaft die Erfüllung ihrer bilanziellen Ausgleichspflichten nach § 302 Abs. 1 AktG gefährden. Das außerordentliche Kündigungsrecht steht dabei nicht nur der beherrschten Tochtergesellschaft, sondern auch dem herrschenden Unternehmen zu, und bedarf keiner Zustimmung der außenstehenden Aktionäre, zumal bei einer befürchteten Zahlungsunfähigkeit der Mutter nicht nur ein Ausbleiben der Ausgleichszahlungen, sondern auch Kursverluste zu erwarten sind.[69] Dann liegt eine Beendigung des Vertragsverhältnisses also gerade im Interesse der Aktionäre, so dass diese keines besonderen Schutzes bedürfen. Das Erfordernis eines Sonderbeschlusses, wie bei der ordentlichen Kündigung nach § 297 Abs. 2 AktG, wäre demnach sinnlos.[70]

Fehlerhafte Unternehmensverträge, die etwa aufgrund ausgebliebener vertraglicher Ausgleichsbestimmungen nichtig sind, § 304 Abs. 3 S. 1 AktG, sind entsprechend den **Grundsätzen** der **fehlerhaften Gesellschaft** als wirksam zu behandeln, solange das Mutter-Tochter-Verhältnis mit seinen Rechten und Pflichten als solches von den Vertragsbeteiligten durchgeführt und nicht beendet worden ist.[71] Insofern gilt aus Gläubigerschutzgründen zum Beispiel die Pflicht zur Sicherheitsleistung nach § 303 AktG analog.[72]

Als wichtiger Grund sind ferner schwerwiegende Vertragsverletzungen in der Vergangenheit, die ein weiteres Festhalten am Vertrag für den vertragstreuen Teil wegen ihres Gewichts unzumutbar machen[73] oder die Eröffnung des Insolvenzverfahrens über einen Vertragspartner[74] sowie die dauerhafte Erteilung unzulässiger Weisungen[75] i. S. v. § 308 AktG zu qualifizieren.

2. GmbH und Personengesellschaft als Tochterunternehmen im Vertragskonzern

Mangels gesetzlicher Regelungen kommen bei Unternehmensverträgen, in denen das 34
beherrschte Unternehmen in der Rechtsform einer Gesellschaft mit beschränkter Haftung (GmbH) oder als Personengesellschaft – offene Handelsgesellschaft (OHG), Kommanditgesellschaft (KG) oder Gesellschaft des bürgerlichen Rechts (GbR) – geführt wird, die von der Rechtsprechung entwickelten Grundsätze zum Tragen. Hierbei wird im Wesentlichen auf die aktienrechtlichen Vorschriften zurückgegriffen.[76]

So kommen zum Schutz der Gläubiger der abhängigen Gesellschaft insbesondere die §§ 302, 303 AktG analog zur Anwendung: Das Mutterunternehmen hat also auch für die von ihr beherrschte GmbH oder Personengesellschaft jeden Bilanzverlust der Tochter auszugleichen und bei Beendigung des Vertragsverhältnisses ihren Gläubigern Sicherheit zu leisten.[77]

---

[68] BGHZ 122, 232 = NJW 1993, 1976 ff.

[69] Vgl. Emmerich/*Habersack* § 32 IV 2 b.

[70] Vgl. hierzu *Koppensteiner*, in: KöKo/*Koppensteiner* § 297 AktG Rn. 10; *Timm* DB 1993, 572 f.

[71] BGH Urteil vom 14. 12. 1987 = NJW 1988, 1326; *Koch* EWiR 1988, 1149 f.

[72] Vgl. u. a. OLG Koblenz Urteil vom 30. 11. 1990 = ZIP 1991, 309.

[73] Bürgers/Körber/*Schenk* § 297 AktG Rn. 8; MüKo/Altmeppen § 297 AktG Rn. 23.

[74] Hengeler/Hoffmann-Becking, FS Hefermehl 1976, 304; Hüffer § 297 AktG Rn. 6.

[75] *Hüffer* § 297 AktG Rn. 6.

[76] BGH Urteil vom 14. 12. 1987, BGHZ 103, 1 – „Familienheim" = NJW 1988, 1326; BGH Urteil vom 24. 10. 1988, BGHZ 105, 324 – „Supermarkt" = NJW 1989, 295; BGH Urteil vom 11. 11. 1991, BGHZ 116, 37 – „Stromlieferung" = NJW 1992, 505; vgl. auch *Decher*, Münchener Handbuch des Gesellschaftsrechts Bd. 3 § 72 Rn. 26; Lutter/*Trölitzsch* Holding Hdb. § 7 Rn. 49; *Kallmeyer* GmbHR 1995, 578 ff.

[77] Hierzu ausführlich Emmerich/*Habersack* § 32 II 6 und § 34 III 4.

Die Voraussetzungen, nach denen ein Beherrschungs- oder Gewinnabführungsvertrag mit einer GmbH als beherrschtes Unternehmen abgeschlossen werden kann, waren lange umstritten, wurden durch die „Supermarkt"-Entscheidung des BGH[78] aber geklärt: So ist der Unternehmensvertrag nach § 293 Abs. 3 AktG analog schriftlich abzufassen, entsprechend § 54 Abs. 3 GmbHG in das Handelsregister einzutragen und bedarf der Zustimmung der Gesellschafterversammlung sowohl des herrschenden als auch des beherrschten Unternehmens.[79]

Der **Zustimmungsbeschluss** der Muttergesellschaft muss hierbei gemäß § 293 Abs. 2 S. 2 AktG analog mit Drei-Viertel-Mehrheit gefasst werden.[80] Uneinigkeit besteht allerdings weiterhin bezüglich der Mehrheitserfordernisse bei der Tochter-GmbH.[81] Während häufig vertreten wird, dass es für den Abschluss eines Beherrschungsvertrages mit einer abhängigen GmbH grundsätzlich der Zustimmung aller Gesellschafter bedarf,[82] gewinnt die Gegenmeinung, nach der auch die qualifizierte Mehrheit genügt, zunehmend an Popularität.[83] Allerdings müssen bei einer Zustimmung nach § 293 Abs. 1 S. 2 AktG analog dann auch entsprechend den §§ 304, 305 AktG Ausgleichs- und Abfindungsregeln zum Schutz der nicht mit dem Abschluss des Unternehmensvertrags einverstandenen Gesellschafter gelten.[84]

Formulierungsbeispiel Gewinnabführungsklausel:

(1) [Firma der Tochtergesellschaft] verpflichtet sich, ihren gesamten Gewinn an [Firma der Muttergesellschaft] abzuführen. Abzuführen ist – vorbehaltlich der Bildung oder Auflösung von freien Rücklagen nach Abs. 2 der ohne die Gewinnabführung entstehende Jahresüberschuss, vermindert um einen etwaigen Verlustvortrag aus dem Vorjahr und dem Betrag, der gemäß § 300 AktG in die gesetzliche Rücklage einzustellen ist. § 301 AktG ist zu beachten.

(2) [Firma der Tochtergesellschaft] kann mit Zustimmung der [Firma der Muttergesellschaft] Beträge aus dem Jahresüberschuss insoweit in andere Gewinnrücklagen einstellen, als dies handels- und steuerrechtlich zulässig ist und bei vernünftiger kaufmännischer Beurteilung wirtschaftlich begründet ist. Während der Dauer dieses Vertrages gebildete andere Gewinnrücklagen nach § 272 Abs. 3 HGB sind aufzulösen und zum Ausgleich eines Jahresfehlbetrages zu verwenden oder als Gewinn abzuführen, wenn [Firma der Muttergesellschaft] dies verlangt und wenn dies bei vernünftiger kaufmännischer Beurteilung wirtschaftlich gerechtfertigt ist. Gewinnrücklagen im Sinne von § 272 Abs. 3 HGB, die vor diesem Vertrag gebildet wurden, dürfen weder abgeführt noch zum Ausgleich eines Jahresfehlbetrages verwendet werden. Gleiches gilt für Kapitalrücklagen, die vor oder während dieses Vertrages gebildet worden sind.

(3) Die Verpflichtung zur Gewinnabführung gilt erstmals für den gesamten Gewinn des Geschäftsjahres [______].

---

78 BGH Urteil vom 24. 10. 1988, BGHZ 105, 324 – „Supermarkt" = ZIP 1989, 29.

79 Während der Zustimmungsbeschluss der abhängigen GmbH allerdings analog § 53 Abs. 2 S. 1 GmbHG notariell beurkundet werden muss, ist für den Zustimmungsbeschluss der herrschenden Gesellschaft Schriftform ausreichend.

80 Vgl. *Kerkhoff* GmbHR 1999, 226.

81 Vom BGH wurde diese Frage in seiner hierfür maßgeblichen Entscheidung offen gelassen: BGH Urteil vom 24. 10. 1988, BGHZ 105, 324 – „Supermarkt" = ZIP 1989, 29.

82 Vgl. *Decher*, Münchener Handbuch des Gesellschaftsrechts Bd. 3 § 70 Rn. 6; *Ebenroth/Müller* BB 1991, 359; *Schilling* ZHR 140 (1976), 535 f.; *Zeidler* NZG 1999, 698; *Zöllner*, in: Baumbach/Hueck/*Zöllner* SchlAnhKonzernR Rn. 55.

83 Dazu vgl. *Koerfer/Selzner* GmbHR 1997, 287 ff.; *Halm* NZG 2001, 734; *Weber* GmbHR 2003, 1348; *Lutter*/Hommenlhoff Anh. § 13 GmbHG Rn. 64

84 Vgl. hierzu Emmerich/*Habersack* § 32 II 3; Lutter/*Trölitzsch* Holding Hdb. § 7 Rn. 50; *Simon/Leuering* NJW-Spezial 2006, 363.

Formulierungsbeispiel Verlustübernahme:

(1) [Firma der Muttergesellschaft] ist entsprechend den Vorschriften des § 302 Abs. 1 AktG verpflichtet, jeden während der Vertragsdauer sonst entstehenden Jahresfehlbetrag auszugleichen, soweit dieser nicht dadurch ausgeglichen wird, dass den anderen Gewinnrücklagen nach § 272 Abs. 3 HGB, soweit rechtlich zulässig, Beträge entnommen werden, die während der Vertragsdauer in sie eingestellt worden sind.

(2) [Firma der Muttergesellschaft] ist nicht berechtigt, gegenüber dem Anspruch der [Firma der Tochtergesellschaft] auf Verlustübernahme gemäß vorstehendem Absatz 1 die Aufrechnung mit eigenen Ansprüchen zu erklären oder ein Zurückbehaltungsrecht geltend zu machen.

(3) Die Parteien verpflichten sich, vor Ablauf von drei Jahren nach dem Tage, an dem die Eintragung der Beendigung dieses Vertrages in das Handelsregister nach § 10 HGB als bekannt gemacht gilt, weder auf den Anspruch auf Verlustausgleich zu verzichten noch sich über ihn zu vergleichen. Es gelten § 302 Abs. 3 und Abs. 4 AktG entsprechend.

Die Verweisung auf die entsprechende Geltung der Vorschriften des § 302 Abs. 3 und Abs. 4 AktG ist seit dem 1. Januar 2006 zwingend.[85]

IV. Verlustausgleich beim faktischen Konzern

Von einem „faktischen Konzern" ist die Rede, wenn ein Unternehmen nicht durch ei- 35
nen eigenen Vertrag, sondern nur auf Grund von Beteiligungsverhältnissen von einem anderen Unternehmen abhängig ist.[86] Eine solche Abhängigkeit wird schon nach § 17 Abs. 2 AktG vermutet, wenn an dem fraglichen Unternehmen ein Unternehmen als **Mehrheitsgesellschafter** und damit zu 51% beteiligt ist, da dies – von satzungsmäßigen Abweichungen abgesehen – gemäß dem Mehrheitsprinzip der Gesellschafterversammlung ausreicht, um die Geschicke einer Gesellschaft durch die Fassung von Beschlüssen zu lenken.

Unter Umständen kann die Möglichkeit einer solchen Einflussnahme aber auch bei einer geringeren Beteiligung gegeben sein: Es kommt nicht selten vor, dass bei Beschlussfassungen nur 80% des Kapitals anwesend sind und ein Unternehmen zwar nur 45% der Kapitalanteile einer AG hält, jedoch in einer solchen Situation bereits über die Abstimmungsmehrheit verfügt und so über die Führung der AG bestimmen kann (**Hauptversammlungsmehrheit**).[87] Damit übt das Unternehmen auf die AG bereits kraft seiner Beteiligung einen beherrschenden Einfluss aus. Diese ist folglich von ihr abhängig.[88]

Rein wirtschaftliche Abhängigkeiten, wie etwa umfangreiche Kredit- oder Lieferbeziehungen, reichen dagegen nicht aus, zumal für das Vorliegen eines faktischen Konzerns die Einflussmöglichkeit des herrschenden Unternehmens auf die abhängige Gesellschaft aus der Beteiligung folgen muss.[89]

---

[85] Bundesministerium der Finanzen, RS vom 16. 12. 2005: Körperschaftliche Organschaft – Änderung des § 302 AktG, GZ IV B 7 – S 2770–30/05.

[86] Dazu *Wilhelm*, Kapitalgesellschaftsrecht, Rn. 1205 ff.

[87] Vgl. BGH Urteil vom 13. 10. 1977, BGHZ 69, 334 = NJW 1978, 104; *Hüffer* § 17 AktG Rn. 9.

[88] Abhängigkeit ist gemäß der Legaldefinition in § 17 Abs. 1 AktG dann anzunehmen, wenn auf ein Unternehmen trotz rechtlicher Selbstständigkeit durch ein anderes unmittelbar oder mittelbar ein beherrschender Einfluss ausgeübt werden kann. Ausreichend ist dabei die bloße Möglichkeit dieser beherrschenden Einflussnahme, welche allerdings beständig und umfassend sein muss (OLG Frankfurt, AG 2004, 567). Abhängigkeit ist folglich dann zu bejahen, wenn das herrschende Unternehmen über fortdauernde und organisatorisch abgesicherte Mittel verfügt, welche es ihm erlauben, dem von ihm abhängigen Unternehmen seinen Willen aufzuzwingen.

[89] Vgl. BGH Urteil vom 26. 3. 1984, BGHZ 90, 395 f. = NJW 1984, 1896 f.; *Hüffer* § 17 AktG Rn. 8 f.

Das Vorliegen eines faktischen Konzerns ist nicht auf die AG begrenzt: Das abhängige Unternehmen kann vielmehr jede Rechtsform haben und muss nur eine rechtlich verselbständigte Organisationseinheit bilden.[90] Damit können nicht nur Kapitalgesellschaften wie die AG, die KGaA und die GmbH abhängige Unternehmen darstellen, sondern auch Personengesellschaften wie die GbR, OHG oder KG.

36 Als Muttergesellschaft und somit herrschendes Unternehmen kommen nicht nur Kapital- und Personengesellschaften in Betracht, vielmehr kann jeder Gesellschafter und damit auch ein Einzelunternehmer herrschendes Unternehmen im Sinn von § 17 AktG sein.[91] Maßgeblich ist nur, dass sich das wirtschaftliche Interesse des herrschenden Unternehmens nicht ausschließlich auf den Erfolg des abhängigen Unternehmens bezieht.[92] In einer solchen Situation ist nämlich zu befürchten, dass die Führung des abhängigen Unternehmens anderen unternehmerischen Zielen dient und sich auf die Tochtergesellschaft selbst nachteilig auswirkt.[93]

Die Zufügung von Nachteilen kann dabei einfach oder qualifiziert erfolgen: Während beim **einfach faktischen Konzern** einzelne Schädigungen der Tochtergesellschaft noch feststellbar und bezifferbar sind und daher von der Muttergesellschaft ausgeglichen werden können, sind die Benachteiligungen des abhängigen Unternehmens beim **qualifiziert faktischen Konzern** so ausgeprägt und unüberschaubar, dass ein Einzelausgleich unmöglich ist.[94]

Der Begriff des **„faktischen Konzerns“** beschreibt damit lediglich einen Zustand, sagt jedoch nichts über die damit verbundenen rechtlichen Konsequenzen einer solchen Konstellation aus.

1. Haftung beim einfach faktischen Konzern

37 Die Bezeichnung einfach faktischer Konzern beschreibt den Umstand, dass ein herrschendes Unternehmen kraft seines Einflusses eine für die von ihm abhängige Gesellschaft nachteilige Maßnahme treffen kann.[95]

Dies kann zum Beispiel der Abschluss und die Erfüllung eines Vertrages sein durch welchen der Muttergesellschaft oder einem anderen von ihr beherrschten Unternehmen Leistungen der Tochtergesellschaft ohne entsprechende Gegenleistung gewährt werden.

Solche belastenden Nachteilszufügungen sind grundsätzlich möglich, da die Muttergesellschaft kraft ihrer Stellung als Hauptgesellschafterin ihre Tochtergesellschaft ganz nach ihren Interessen führen kann.[96] Bei der Verwirklichung ihrer Ziele nimmt die Muttergesellschaft jedoch nicht unbedingt Rücksicht auf den Wunsch der übrigen Gesellschafter des beherrschten Unternehmens sowie der Tochtergesellschaft selbst. Diesen dürfte in aller Regel eher daran gelegen sein, das Unternehmen möglichst erfolgreich zu führen, anstatt es zum Vorteil des herrschenden Unternehmens zu schwächen oder gar in den Ruin zu treiben. Wird das Vermögen der Tochtergesellschaft durch eine solche konzernorientierte Unternehmensführung vermindert, ist dies auch nicht im Sinn der Gläubiger der abhängigen Gesellschaft. Insofern müssen die Interessen des abhängigen Unternehmens, seiner Gläubiger und Minderheitsgesellschafter in bestimmten Fällen geschützt werden.[97] Handelt die Muttergesellschaft gegen diese Interessen und veranlasst

---

[90] *Hüffer* § 15 AktG Rn. 14.

[91] Hommelhoff/Stimpel/Ulmer/*Priester*, Der qualifizierte faktische GmbH-Konzern, 225.

[92] BGH Urteil vom 17. 3. 1997, BGHZ 135, 107 = NJW 1997, 1855; KöKo/*Koppensteiner* § 15 AktG Rn. 20.

[93] BGH Urteil vom 13. 10. 1977, BGHZ 69, 334 = NJW 1978, 104; BGH Urteil vom 8. 5. 1979, BGHZ 74, 359 = NJW 1979, 2401; BGH Urteil vom 16. 2. 1981, BGHZ 80, 69 = NJW 1981, 1512 und BGH Urteil vom 17. 3. 1997, BGHZ 135, 107 = NJW 1997, 1855.

[94] Emmerich/*Habersack* § 28 III 2; Theisen C 3 a.

[95] *Hüffer* § 1AktG Rn. 21 und § 18 AktG Rn. 3.

[96] *Altmeppen* B III 2.

[97] *Limmer* § 2 III.

ihre Tochtergesellschaft zu sich selbst schädigenden Maßnahmen, so muss sie – wenn dadurch auch Dritte betroffen sind – für diese Entscheidungen verantwortlich gemacht werden können:

a) **Der einfach faktische AG-Konzern.** Der Gesetzgeber hat zum Schutz eines abhängigen Unternehmens des einfach faktischen AG-Konzerns, seiner Gläubiger und Minderheitsgesellschafter in den §§ 311 ff. AktG ein System des Einzelausgleichs geschaffen.[98] Hintergrund dieser Regelungen ist der Gedanke, dass die Muttergesellschaft die operative Gesellschaft grundsätzlich zu für sie nachteiligen Rechtsgeschäften anweisen darf (**Schädigungsprivileg**).[99] 38

Allerdings darf das herrschende Unternehmen gemäß § 311 Abs. 1 AktG die von ihm abhängige AG oder KGaA nicht kraft seines Einflusses zu einer sich für die Tochtergesellschaft nachteilig auswirkenden Maßnahme veranlassen, ohne diese Benachteiligung auch auszugleichen. Ob es sich bei der Nachteilszufügung um eine tatsächlich getroffene oder unterlassene – aber mit Rücksicht auf die Belange der Gesellschaft zu treffende Maßnahme – handelt, ist dabei irrelevant.[100]

Die Muttergesellschaft muss folglich dafür Sorge tragen, dass die Tochtergesellschaft für jedes sie benachteiligende Rechtsgeschäft – mit den Mehrheitsgesellschaftern selbst oder einem von diesem ebenfalls abhängigen Unternehmen (**Schwestergesellschaft**) – eine gleichwertige Entschädigung erhält. So können beispielsweise die der Tochtergesellschaft entgangenen Zinsen, welche bei üblicher Kreditvergabe angefallen wären, durch den Bezug günstiger Waren von der sie beherrschenden Gesellschaft ausgeglichen werden.

Wenn ein solcher Ausgleich von Seiten der Muttergesellschaft nicht innerhalb eines Geschäftsjahres erfolgt ist, müssen nach § 311 Abs. 2 S. 1 AktG die Vorteile, welche die der abhängigen Gesellschaft zugefügten Nachteile kompensieren sollen, sowie der Zeitpunkt ihrer Gewährung genau bestimmt werden, worauf die Tochtergesellschaft nach § 311 Abs. 2 S. 2 AktG auch einen Rechtsanspruch hat.

Für den Fall, dass kein derartiger Anspruch gewährt wird, hat die Tochtergesellschaft gegen die Muttergesellschaft nach § 317 Abs. 1 S. 1 AktG einen Schadensersatzanspruch, welchen gemäß § 317 Abs. 1 S. 2 AktG auch die Aktionäre geltend machen können. Allerdings haben die Aktionäre dazu – abgesehen von dem Schaden, der ihnen durch die Schädigung der Gesellschaft entstanden ist – darzulegen, dass sie einen zusätzlichen Schaden durch die nachteilige Maßnahme erlitten haben. Neben der Muttergesellschaft haften gemäß § 317 Abs. 3 AktG auch ihre gesetzlichen Vertreter, die die AG oder KGaA zu dem Rechtsgeschäft oder der Maßnahme veranlasst haben.

Wenn gemäß § 317 Abs. 2 AktG allerdings auch ein ordentlicher und gewissenhafter Geschäftsleiter einer unabhängigen Gesellschaft das Rechtsgeschäft vorgenommen oder die Maßnahme getroffen oder unterlassen hätte, ist die Ersatzpflicht nach § 317 AktG gänzlich ausgeschlossen, da dann sowohl die Tochtergesellschaft als auch ihre Gläubiger und Minderheitsgesellschafter nicht schutzwürdig sind.[101]

Zur Dokumentation solcher von der Muttergesellschaft veranlasster und zugefügter Nachteile ist gemäß § 312 AktG vom Vorstand der beherrschten AG oder KGaA ein Abhängigkeitsbericht zu erstellen, der Auskunft über die auf Veranlassung des herrschenden Unternehmens vorgenommenen Rechtsgeschäfte und Maßnahmen geben und damit Transparenz schaffen soll.[102]

Nach § 318 Abs. 1 AktG haften neben den nach § 317 AktG Schadensersatzpflichtigen auch Mitglieder des Vorstands der beherrschten AG bzw. KGaA, wenn sie es un-

---

[98] Vgl. *Esch* BB 1993, 667; KöKo/*Koppensteiner* § 311 AktG Rn. 1 ff.

[99] Lutter/*Trölitzsch* Holding Hdb. § 7 Rn. 51; a. A. *Altmeppen* C I.

[100] Hierzu *Altmeppen* C II 3; Emmerich/*Habersack* § 25 I 4; *Hüffer* § 311 AktG Rn. 24.

[101] Emmerich/*Habersack* Anh. § 318 Rn. 29.

[102] BGH Urteil vom 17. 3. 1997, BGHZ 135, 109 f. = NJW 1997, 1855; *Hommelhoff* ZHR 156 (1992), 312 f.

terlassen haben, einen Abhängigkeitsbericht zu erstellen und bei fehlender Prüfung desselben werden auch die Aufsichtsratsmitglieder schadensersatzpflichtig.

Auch die Gläubiger der Tochtergesellschaft können für den Fall, dass sie von dieser keine Befriedigung erlangen, gemäß § 317 Abs. 4 AktG i. V. m. § 309 Abs. 4 S. 3 AktG gegenüber der Muttergesellschaft sowie unter den Voraussetzungen von § 318 Abs. 4 AktG i. V. m. § 309 Abs. 4 S. 3 AktG gegenüber Vorstands- und Aufsichtsratsmitgliedern einen Ersatzanspruch geltend machen.

39 **b) Der einfach faktische GmbH-Konzern.** Während in den §§ 311 ff. AktG Regelungen für den einfach faktischen AG-Konzern geschaffen wurden, existieren für den einfach faktischen GmbH-Konzern keine entsprechenden gesetzlichen Vorschriften.

Auch auf eine analoge Anwendung der §§ 311 ff. AktG kann nicht zurückgegriffen werden: Da im GmbHG eine Verpflichtung zum Nachteilsausgleich fehlt, kann dem GmbH-Recht keine Erlaubnis der Muttergesellschaft zur Schädigung der von ihr abhängigen Gesellschaft entnommen werden.[103]

Um eine faktisch abhängige GmbH im Falle für sie nachteiliger Weisungen durch die Muttergesellschaft – insbesondere vor dem Hintergrund, dass die Gesellschafter einer GmbH gegenüber dem GmbH-Geschäftsführer uneingeschränkt weisungsberechtigt sind – sowie die Interessen ihrer Gläubiger und Minderheitsgesellschafter zu schützen, bedient sich die Rechtsprechung deshalb des Instituts der mitgliedschaftlichen **Treuepflicht.**[104] Hintergrund für dieses Rechtsinstitut ist der Gedanke, dass nicht nur zwischen der Gesellschaft und ihren Gesellschaftern eine besondere Beziehung besteht, sondern auch die Gesellschafter untereinander durch den Gesellschaftsvertrag so miteinander verbunden sind, dass sich daraus für sie die Pflicht gegenseitiger Rücksichtnahme auf ihre Interessen als Gesellschafter ergibt.[105]

Dieses Verständnis mitgliedschaftlicher Verbundenheit und der daraus resultierenden Treuepflicht galt ursprünglich nur für Personengesellschaften[106] und wurde erst mit dem sogenannten „ITT"-Urteil des BGH[107] auch auf die GmbH als Kapitalgesellschaft übertragen:[108] In dieser Entscheidung gab der BGH der Klage des Minderheitsgesellschafters einer abhängigen GmbH wegen schuldhafter Verletzung der zwischen den GmbH-Gesellschaftern bestehenden Pflicht zur gegenseitigen Rücksichtnahme statt. Der Verstoß der Treuepflicht lag dabei darin, dass das herrschende Unternehmen die Geschäftsführung der beherrschten GmbH veranlasst hatte, an eine andere Tochtergesellschaft eine Konzernumlage abzuführen, der keine gleichwertige Gegenleistung gegenüberstand. Somit verfolgte die Muttergesellschaft zu Lasten des GmbH-Minderheitsgesellschafters einen eigenen, wenn auch nur mittelbaren Vermögensvorteil. Da kraft der mitgliedschaftlichen Treubindung dem herrschenden Unternehmen die Schädigung der beherrschten

---

[103] Vgl. *Decher*, Münchener Handbuch des Gesellschaftsrechts Bd. 3 § 68 Rn. 18; Emmerich/*Habersack* § 30 III 2; Lutter/*Trölitzsch* Holding Hdb. § 7 Rn. 53; *Versteegen* S. 251 ff.; a. A. *Altmeppen* D II.

[104] BGH Urteil vom 5. 6. 1975, BGHZ 65, 15 – „ITT" = NJW 1976, 191; BGH Urteil vom 25. 9. 1986, BGHZ 98, 276 = NJW 1987, 189; BGH Urteil vom 17. 9. 2001, BGHZ 149, 28 = WM 2001, 2385; BGH Urteil vom 11. 12. 2006 = NJW 2007, 917.

[105] Emmerich/*Habersack* Anh. § 318 Rn. 16; *Limmer* § 3 II 3; *Lutter* ZHR 162 (1998), 166 f.; Scholz/*Winter*/*Seibt* § 14 GmbHG Rn. 51 ff.

[106] Vgl. etwa OLG Celle Urteil vom 30. 1. 1974 = WM 1974, 1013; bestätigt von BGH Urteil vom 16. 2. 1976 = WM 1976, 449.

[107] BGH Urteil vom 5. 6. 1975, BGHZ 65, 15 – „ITT" = NJW 1976, 191.

[108] *Decher*, Münchener Handbuch des Gesellschaftsrechts Bd. 3 § 68 Rn. 17; *Limmer* § 3 III 3; *Wagner* EWiR 2007, 202 – mittlerweile hat der BGH eine mitgliedschaftliche Treuepflicht auch im Fall einer AG und KGaA zwischen den Aktionären anerkannt, vgl. etwa BGH Urteil vom 28. 1. 980, BGHZ 76, 352 = NJW 1980, 1278; BGH Urteil vom 1. 2. 1988, BGHZ 103, 184 – „Linotype" = NJW 1988, 1579; BGH Urteil vom 20. 3. 1995, BGHZ 129, 136 = NJW 1995, 1739; BGH Urteil vom 24. 2. 1997, BGHZ 134, 392 = NJW 1997, 1923.

GmbH jedoch untersagt ist, sofern nicht alle Mitgesellschafter ihre Zustimmung zur Beeinträchtigung des Eigeninteresses der GmbH erteilen, stellt diese Nachteilszufügung eine Treuepflichtverletzung dar, die zur Rechtswidrigkeit der schädigenden Maßnahmen und seiner zugrunde liegenden Beschlüsse führt.[109] Die GmbH hat damit gegen ihre Muttergesellschaft einen entsprechenden Schadensersatzanspruch, welcher von den Geschäftsführern der GmbH und im Wege der actio pro socio auch von ihren Minderheitsgesellschaftern geltend gemacht werden kann.[110]

Haftungsmaßstab bei der Beurteilung, wann die Muttergesellschaft treuwidrig gehandelt hat, ist dabei in Anlehnung an § 43 GmbHG die Sorgfalt eines ordentlichen Geschäftsleiters sowie die von der Rechtsprechung hierzu entwickelte Beweislastumkehr.[111] Danach hat die Muttergesellschaft darzulegen und zu beweisen, dass auch ein ordentlicher Geschäftsführer einer unabhängigen Gesellschaft die für die GmbH objektiv nachteilige Maßnahme genauso getroffen hätte. Gelingt ihr dies nicht, haftet sie für den der Tochtergesellschaft entstandenen Schaden.

Wenn nun alle Gesellschafter ihre Zustimmung zur Vornahme der nachteiligen Maßnahme oder des schädigenden Rechtsgeschäfts erteilt haben, tritt keine Ersatzpflicht ein, da die Treuepflicht zur Disposition der Gesellschafter steht.

Ein Eigeninteresse der abhängigen Gesellschaft selbst, dass das Gesellschaftsvermögen nicht verringert werden darf, muss allerdings abgelehnt werden, zumal die Gesellschafter über das Vermögen der GmbH frei verfügen können, sofern sie damit nicht in das von §§ 30, 31 GmbHG geschützte Stammkapital der Gesellschaft eingreifen.[112] Insofern werden durch §§ 30, 31 GmbHG nicht nur die abhängige GmbH, sondern auch ihre Gläubiger vor einer schädigenden Einflussnahme der Muttergesellschaft geschützt.

2. Haftung beim qualifiziert faktischen Konzern

Wenn ein Unternehmen mittels seines beherrschenden Einflusses die von ihm abhängi- 40
ge Gesellschaft zu einer Vielzahl von nachteiligen Maßnahmen veranlasst, ohne dass diese noch voneinander isoliert und abgegrenzt werden können, lassen sich die durch die Einflussnahme seitens der Muttergesellschaft erlittenen Nachteile nicht so leicht kompensieren. Typisches Beispiel hierfür ist der Entzug von Vertriebskanälen und des Kundenstammes, aus dessen Pflege erst in der Zukunft konkretisierbare Vorteile für das Tochterunternehmen zu erwarten sind. Des Weiteren können der Tochtergesellschaft auch bei Rückführung eines unter Verstoß gegen § 30 Abs. 1 GmbHG dem Gesellschaftsvermögen entzogenen Vermögensgegenstandes Kollateralschäden verbleiben; so etwa wenn das entzogene Geschäftslokal oder die für die Gesellschaft lebenswichtige Maschine bis zur Rückführung in das Gesellschaftsvermögen nicht zur Erzielung von Umsätzen und Gewinnen zur Verfügung steht, wenn die Gesellschaft durch Abwerbung von Personal am weiteren Absatz ihrer Produkte gehindert wird oder wenn die abgezogene und später zurückgeführte Liquidität nicht für Anzahlungen für gewinnbringende Geschäfte der Tochtergesellschaft zur Verfügung stand.

Aus diesem Grund werden bei einem solchen **qualifiziert faktischen Konzern**[113] die Interessen der Gläubiger und Minderheitsgesellschafter der abhängigen Gesellschaft sowie die Belange des beherrschten Unternehmens selbst auf andere Weise geschützt.

---

[109] Hierzu BGH Urteil vom 5. 6. 1975, BGHZ 65, 15 = NJW 1976, 193; Emmerich/*Habersack* § 30 III 2.

[110] So etwa BGH Urteil vom 27. 6. 1957, BGHZ 25, 47 = NJW 1957, 1358 und BGH Urteil vom 5. 6. 1975, BGHZ 65, 21 = NJW 1976, 192.

[111] BGH Urteil vom 4. 11. 2002, BGHZ 152, 287 = NJW 2003, 359; vgl. *Decher*, Münchener Handbuch des Gesellschaftsrechts Bd. 3 § 69 Rn. 22 ff.

[112] Lutter/*Trölitzsch* Holding Hdb. § 7 Rn. 57; *Versteegen* 47 f.

[113] Emmerich/*Habersack* Einl. Rn. 13.

41 **Der qualifiziert faktische GmbH-Konzern:**[114] Sofern das herrschende Unternehmen einen dauerhaften und nicht nur auf einzelne Maßnahmen oder Rechtsgeschäfte bezogenen schädigenden Einfluss auf eine von ihr faktisch beherrschte GmbH ausübt, reicht eine Gewährung von bloßen Ersatzansprüchen gegenüber der Muttergesellschaft wegen der Verletzung der mitgliedschaftlichen Treuepflicht nicht aus.

Deshalb wurde im Fall eines solchen qualifiziert faktischen GmbH-Konzerns von der Rechtsprechung ein umfassenderes **Haftungsmodell** der Muttergesellschaft für Verbindlichkeiten der von ihr abhängigen GmbH geschaffen, welches aufgrund des „Bremer Vulkan"-Urteils[115] und der hierzu ergangenen Folgeentscheidungen[116] vom BGH zunächst als eine Durchgriffshaftung konzeptioniert wurde und mit dem „Trihotel"-Urteil nun als **Innenhaftung**[117] der Muttergesellschaft auf § 826 BGB gestützt wird.[118] Aufgrund der neuen Rechtsprechung des BGH führen Maßnahmen, die das Gesellschaftsvermögen zum Nachteil der Gläubiger schädigen, nicht mehr per se zu einer unmittelbaren Haftung der Gesellschafter gegenüber den Gläubigern der Gesellschaft. Sie stellen vielmehr eine sittenwidrige vorsätzliche Schädigung gemäß § 826 BGB[119] dar, die eine Gesellschafterhaftung gegenüber der Gesellschaft selbst und folglich eine Innenhaftung begründet.[120]

Da sich die Existenzvernichtungshaftung[120a] damit auf Schadensersatzansprüchen begründet und nicht mehr als ein Fall der Durchgriffshaftung gesehen wird, ist sie gegenüber Erstattungsansprüchen aus §§ 30, 31 GmbHG auch nicht mehr subsidiär. Die Gesellschafterhaftung ist vielmehr aufgrund deliktsrechtlicher Vorschriften veranlasst, so dass es keiner wertungsmäßigen Ausnahme vom Trennungsprinzip mehr bedarf, die nur dann gerechtfertigt wäre, wenn nicht auf andere Weise dem Gläubigerschutz Rechnung getragen werden könnte. Hierbei besteht **Anspruchskonkurrenz,** es kann also ein Einzelausgleichanspruch nach §§ 30, 31 GmbHG neben dem Schadensersatzanspruch der Gesellschaft gemäß § 826 BGB geltend gemacht werden und diese Ansprüche schließen sich nicht gegenseitig aus.

42 Der BGH hat durch die „Trihotel"-Entscheidung Unstimmigkeiten des Vorgängermodells einer kombinierten Kapitalschutz-Innenhaftung nach § 31 GmbHG (a. F.) und Solvenzschutzaußenhaftung bei existenzvernichtendem Eingriff ausgeräumt. Die Unstimmigkeiten resultierten primär aus dem Umstand, dass die Haftung als Durchgriffshaftung und subsidiäre Existenzvernichtungshaftung konstruiert wurde. Grundlage für das nunmehr überholte, bis 2001 vom BGH praktizierte Haftungsmodell der Durchgriffshaftung beim qualifiziert faktischen GmbH-Konzern war die „Autokran"-Entscheidung[121] des BGH. Diese Entscheidung und die weiteren Folgeentscheidungen des BGH sind trotz der „Trihotel"-Entscheidung weiterhin für das Verständnis und die Beurteilung der Haftung beim qualifiziert faktischen GmbH-Konzern unabdingbar.

---

[114] Im Hinblick auf die neue Rechtslage infolge des „Trihotel"-Urteils kann im Ergebnis bezüglich der Haftung im qualifiziert faktischen AG-Konzern auf die Ausführungen zur Haftung im qualifiziert faktischen GmbH-Konzern verwiesen werden.

Der Streit, ob sich die Haftung der Muttergesellschaft im qualifiziert faktischen AG-Konzern nach §§ 302 ff. AktG analog richtet (MüKo/*Kropff* Anh. § 317 AktG Rn. 46 ff.; Emmerich/*Habersack* Anh. § 317 AktG Rn. 5) oder eine Existenzvernichtungshaftung der Gesellschafter ohne Haftungsprivileg angenommen wird (BGH Urteil vom 24. 6. 2002, BGHZ 151, 181 – „KBV" = NJW 2002, 3024; *Lutter/Banerjea* ZGR 2003, 406; *Wilhelmi* DZWIR 2003, 49 f.) ist daher hinfällig geworden.

[115] BGH Urteil vom 17. 9. 2001, BGHZ 149, 10 – „Bremer Vulkan" = NJW 2001, 3622.

[116] BGH Urteil vom 25. 2. 2002, BGHZ 150, 61 = NJW 2002, 1803 und BGH Urteil vom 24. 6. 2002, BGHZ 151, 181 – „KBV" = NJW 2002, 3024.

[117] BGH Urteil vom 16. 7. 2007 – ZR 3/04.

[118] *Decher*, Münchener Handbuch des Gesellschaftsrechts Bd. 3, § 69 Rn. 1 ff.

[119] Zu den Einzelmerkmalen vgl. unten C V 2 Haftung aus § 826 BGB.

[120] BGH Urteil vom 16. 7. 2007 – ZR 3/04.

[120a] Siehe hierzu auch § 9 Rn. 75.

[121] BGH Urteil vom 19. 6. 1985, BGHZ 95, 330 – „Autokran" = NJW 1986, 188.

Aufgrund dieses Haftungsmodells haftete die Muttergesellschaft für Verbindlichkeiten der von ihr zwar nicht mittels eines Beherrschungsvertrags aber aufgrund eines *„sachlich umfassend und zeitlich andauernd ausgeübten Einflusses"* abhängigen Tochtergesellschaft.[122] 43

Eine solche Haftung ergab sich dabei nach §§ 302 ff. AktG analog, da hier ebenfalls wie beim Vertragskonzern die Gläubiger der abhängigen Gesellschaft, aber auch deren Minderheitsgesellschafter und die Gesellschaft selbst, des Schutzes vor die Gesellschaft benachteiligenden Entscheidungen der Konzernleitung bedurften.[123] Der Umstand, dass eine Gesellschaft auch ohne Unterwerfungsvertrag tatsächlich und nur kraft Beteiligung von einem Unternehmen beherrscht werden kann, wurde damit als Gesetzeslücke angesehen, die durch entsprechende Anwendung von § 302 AktG geschlossen werden sollte.[124]

Allerdings konnte sich im Sinne von § 317 Abs. 2 AktG die Muttergesellschaft gegenüber der Tochtergesellschaft und ihren Gläubigern mit dem Nachweis entlasten, dass auch ein *„pflichtgemäß handelnder Geschäftsführer einer selbstständigen GmbH"* deren Geschäfte *„nicht anders geführt"* hätte.[125] Diese Entlastungsmöglichkeit schränkte der BGH jedoch in seiner „Tiefbau"-Entscheidung[126] ein, so dass sich die Muttergesellschaft im Verhältnis zu der von ihr abhängigen GmbH nur mittels Beweis, dass die entstandenen Verluste *„auf Umständen beruhen, die mit der Ausübung der Leitungsmacht nichts zu tun haben"*, entlasten konnte.[127]

Mit dem „TBB"-Urteil[128] stellte der BGH seine Rechtsprechung klar: Nicht schon die dauerhafte und umfassende Leitung eines abhängigen Unternehmens durch das herrschende Unternehmen sollte zu einer Durchgriffshaftung führen, sondern ein *„objektiver Missbrauch der beherrschenden Gesellschafterstellung"*, der dann gegeben war, wenn die Leitungsmacht in einer Weise ausgeübt wurde, welche *„keine angemessene Rücksicht auf die eigenen Belange der abhängigen Gesellschaft [nahm], ohne dass sich der ihr insgesamt zugefügte Nachteil durch Einzelmaßnahmen kompensieren"* ließ.[129]

Diese dem Aktienrecht analoge Haftung wurde vom BGH jedoch im „Bremer Vulkan"-Urteil[130] und den hierauf folgenden beiden Entscheidungen zur Gesellschafterhaftung beim qualifiziert faktischen GmbH-Konzern endgültig, aufgrund des Erfordernisses der Gewährleistung des **Bestandsschutzes** einer abhängigen Tochter-GmbH, aufgegeben.[131]

Wie bereits im „TBB"-Urteil[132] vom BGH formuliert wurde, fehlte es bereits dann an einer dem Bestandschutz dienenden Rücksichtnahme des beherrschenden Gesellschaf-

---

[122] BGH Urteil vom 19. 6. 1985, BGHZ 95, 344 – „Autokran" = NJW 1986, 191.

[123] Vgl. *Limmer* § 2 III.

[124] Hierzu *Altmeppen* D III 1; Emmerich/*Habersack* § 20 VI 5; Hommelhoff/Stimpel/Ulmer/*Joost*, Der qualifizierte faktische GmbH-Konzern, 135 ff. und Hommelhoff/Stimpel/Ulmer/*Stimpel*, Der qualifizierte faktische GmbH-Konzern, 18 ff.

[125] BGH Urteil vom 19. 6. 1985, BGHZ 95, 344 = NJW 1986, 191.

[126] BGH Urteil vom 20. 2. 1989, BGHZ 107, 7 = NJW 1989, 1800.

[127] In seiner „Video"-Entscheidung bestätigte der BGH, vgl. BGH Urteil vom 23. 9. 1991, BGHZ 15, 187 = NJW 1991, 3142, diese Auffassung auch für die Außenhaftung, so dass bei dauernder und umfassender Führung der Geschäfte der Tochtergesellschaft die Muttergesellschaft regelmäßig haftungsrechtlich für die von ihr abhängige Gesellschaft einstehen musste. Damit wurde die Haftung der Muttergesellschaft für ihre Tochtergesellschaft nicht als eine Konzernverschuldens-, sondern als eine Konzernzustandshaftung verstanden.

[128] BGH Urteil vom 29. 3. 1993, BGHZ 122, 123 = NJW 1993, 1200.

[129] BGH Urteil vom 29. 3. 1993, BGHZ 122, 130 f. = NJW 1993, 1203.

[130] BGH Urteil vom 17. 9. 2001, BGHZ 149, 10 – „Bremer Vulkan" = NJW 2001, 3622.

[131] BGH Urteil vom 17. 9. 2001, BGHZ 149, 10 – „Bremer Vulkan" = NJW 2001, 3622.

[132] BGH Urteil vom 29. 3. 1993, BGHZ 122, 130 = NJW 1993, 1203.

ters, wenn die GmbH infolge der Eingriffe ihres Alleingesellschafters ihren Verbindlichkeiten nicht mehr nachkommen konnte und dadurch in ihrem Bestand gefährdet wurde.[133]

Aufgrund des vom BGH ausdrücklich formulierten Bestandsschutzes war den Gesellschaftern ein Zugriff auf das Gesellschaftsvermögen somit nur bezogen auf den *„zur Erfüllung der Gesellschaftsverbindlichkeiten nicht benötigten Überschuss“*[134] gestattet.[135]

Weitergehende und demzufolge existenzvernichtende Eingriffe führten zu einer Haftung der Gesellschafter. In der Folge wurde im Fall der Existenzvernichtung damit eine **Durchgriffshaftung** der Gesellschafter angenommen, sofern die durch den Eingriff zugefügten Nachteile nicht nach §§ 30, 31 GmbHG (a. F.) ausgeglichen werden konnten.[136] Allerdings sollten die Gläubiger ihre Forderungen nur dann gegenüber den Gesellschaftern geltend machen können, wenn und soweit sie keine Befriedigung von der Gesellschaft selbst erlangen konnten.[137]

V. Einstandspflichten aus Delikt

44 Eine Haftung der Muttergesellschaft kann sich nicht nur aus dem vertraglich oder faktisch entstandenen Mutter-Tochter-Verhältnis ergeben, sondern auch durch ein Verschulden der für das herrschende Unternehmen tätigen Organe begründet werden. Eine solche Deliktshaftung folgt insbesondere aus den Vorschriften der §§ 823 und 826 BGB. Wenn die abhängige Gesellschaft in der Rechtsform einer AG geführt wird, kann eine solche deliktische Haftung der Muttergesellschaft aber auch nach § 117 AktG gegeben sein.

1. Haftung aus § 823 BGB

45 Eine Verschuldenshaftung des herrschenden Unternehmens kann vorliegen, wenn die Muttergesellschaft bzw. die für sie tätigen Organe vorsätzlich oder fahrlässig eines der in § 823 Abs. 1 BGB genannten Rechtsgüter (etwa das Eigentum) oder absoluten Rechte der Tochtergesellschaft oder ihrer Gläubiger verletzt hat.

---

[133] In einem auf der „Bremer Vulkan“-Entscheidung aufbauenden weiteren Urteil (BGH Urteil vom 25. 2. 2002, BGHZ 150, 61 = NJW 2002, 1803) erweiterte der BGH seine Rechtsprechung auch auf die Ausfallhaftung nach § 31 Abs. 3 GmbHG (a. F.). Damit haften die Gesellschafter, wenn sie „ohne selbst etwas empfangen zu haben, durch ihr Einverständnis mit dem Vermögensabzug an der Existenzvernichtung der Gesellschaft mitgewirkt haben“. Diese Haftung war jedoch in der Höhe auf den Betrag des Stammkapitals der Gesellschaft beschränkt und traf den einzelnen Gesellschafter nur entsprechend seiner Geschäftsanteile. Mit dem „KBV“-Urteil (BGH Urteil vom 24. 6. 2002, BGHZ 151, 181 – „KBV“ = NJW 2002, 3024) hat der BGH seine vorangegangene Rechtsprechung zur Gesellschafterhaftung bei der GmbH schließlich ergänzt und klargestellt, dass in Fällen, in denen auf das Vermögen der Gesellschaft zugegriffen wurde, ohne dass in dem gebotenen Maß Rücksicht darauf genommen wurde, dass die Solvenzfähigkeit der Gesellschaft erhalten blieb und diese weiterhin ihre Verbindlichkeiten erfüllen kann, eine Haftung der Gesellschafter aufgrund existenzvernichtenden Eingriffs begründet war (hierzu vgl. Schiessl, Münchener Handbuch des Gesellschaftsrechts Bd. 3 § 35 Rn. 14). Bei einem solchen Missbrauch der Rechtsform der GmbH konnten sich die Gesellschafter nicht mehr auf ihr Haftungsprivileg berufen (BGH Urteil vom 24. 6. 2002, BGHZ 151, 186 – „KBV“ = NJW 2002, 3025; Lieder DZWIR 2005, 309). Die rechtliche Konsequenz war eine Haftung für die Gesellschaftsverbindlichkeiten, die der Höhe nach nicht begrenzt war und sowohl die unmittelbaren als auch die mittelbaren GmbH-Gesellschafter traf (Emmerich/Habersack § 28 I 2; Lieder DZWIR 2005, 309 ff.). Ein herrschendes Unternehmen haftete also auch als mittelbare Gesellschafterin für eine von ihr beherrschte Enkelgesellschaft.

[134] BGH Urteil vom 24. 6. 2002, BGHZ 151, 186 = NJW 2002, 3025.

[135] Hierzu Emmerich/*Habersack* § 31 II 3; Lutter/*Trölitzsch* Holding Hdb. § 7 Rn. 59.

[136] Dazu *Lieder* DZWIR 2005, 309; *Wilhelmi* DZWIR 2003, 45.

[137] Vgl. *Decher,* Münchener Handbuch des Gesellschaftsrechts Bd. 3 § 69 Rn. 26; *Lutter/Banerjea* ZGR 2003, 407.

Da durch § 823 Abs. 1 BGB das Vermögen als solches allerdings nicht geschützt ist,[138] kommen eine deliktische Haftung der Muttergesellschaft und dementsprechende Schadensersatzansprüche in der Regel eher aus § 823 Abs. 2 BGB in Betracht, wenn ein **„Schutzgesetz"** verletzt wird. Das herrschende Unternehmen muss also gegen eine Rechtsnorm verstoßen haben, die den Schutz Dritter bezweckt.[139] Typischerweise kommt dabei im Mutter-Tochter-Verhältnis eine Verletzung der das Vermögen betreffenden Straftatbestände in Betracht, die als Schutzgesetze im Sinne von § 823 Abs. 2 BGB auch zu einer zivilrechtlichen Haftung führen können: Deliktische Schadensersatzansprüche gegen die Muttergesellschaft ergeben sich damit hauptsächlich aus einem Verstoß gegen § 823 Abs. 2 BGB i. V. m. § 263 StGB (Betrug), § 264 a StGB (Kapitalanlagebetrug), § 265 b StGB (Kreditbetrug) und § 266 StGB (Untreue).[140]

Aber auch gesellschaftsrechtliche Normen können in ihrer Funktion als Schutzgesetz eine Haftung des herrschenden Unternehmens gemäß § 823 Abs. 2 BGB nach sich ziehen: So haftet die Muttergesellschaft gegenüber den Gläubigern ihrer Tochtergesellschaft vor allem bei Erfüllung der Straftatbestände aus § 399 AktG oder § 82 GmbHG, wenn sie die abhängige Kapitalgesellschaft betreffende falsche Angaben macht, oder gemäß § 400 AktG bei unrichtiger Darstellung der Gesellschaftsverhältnisse in der Hauptversammlung.[141] Im Fall schuldhafter Insolvenzverschleppung können gegenüber dem herrschenden Unternehmen Schadensersatzansprüche der Gläubiger nach § 823 Abs. 2 BGB i. V. m. § 64 Abs. 1 GmbHG bzw. der Sozialversicherungsträger gemäß § 823 Abs. 2 BGB i. V. m. § 266 a StGB geltend gemacht werden.[142] Die generellen Organpflichten (§§ 93, 116 AktG; § 43 GmbHG) stellen dagegen keine Schutzgesetze im Sinne von § 823 Abs. 2 BGB dar und begründen insofern auch keine deliktische Haftung.[143]

Eine direkte Haftung der Muttergesellschaft kann sich ferner aus der zivilrechtlichen Produkthaftung auf Grundlage des ProdHaftG (als sogenannter Quasi-Hersteller i. S. v. § 4 Abs. 1 S. 2 ProdHaftG) und aus dem Bereich der Umwelthaftung (z. B. der Gefährdungshaftung für den Betrieb gefährlicher Anlagen, § 22 Abs. 2 WHG, § 2 HaftpflG, § 1 UmweltHG, §§ 35 ff. AtomG) ergeben, sofern das herrschende Unternehmen selbst auch die Tatbestandsvoraussetzungen der jeweiligen Haftungsnorm erfüllt.[144]

2. Haftung aus § 826 BGB

Eine Haftung des kraft Beteiligung faktisch herrschenden Unternehmens für Verbindlichkeiten einer von ihr abhängigen Gesellschaft kann aus § 826 BGB resultieren, wenn sich die Muttergesellschaft als Gesellschafterin gegenüber der beherrschten Tochtergesellschaft einer vorsätzlichen sittenwidrigen Schädigung schuldig gemacht hat. 46

Der BGH hat bis zur „Trihotel"-Entscheidung über § 826 BGB vor allem die Fälle gelöst, in denen das Haftungsprivileg der Kapitalgesellschaften bewusst zum Nachteil der Gläubiger missbraucht wurde.[145] Mit der „Trihotel"-Entscheidung hat der BGH

---

[138] Dazu vgl. BGH Urteil vom 4. 2. 1964, BGHZ 41, 127; Palandt/*Sprau* § 823 BGB Rn. 11.

[139] Vgl. Palandt/*Sprau* § 823 BGB Rn. 56 ff.

[140] BGH Urteil vom 17. 9. 2001, BGHZ 149, 10 = NJW 2001, 3622.

[141] Vgl. hierzu BGH Urteil vom 11. 7. 1988 = DB 1988, 1890; BGH Urteil vom 17. 9. 2001, BGHZ 149, 10 = NJW 2001, 3622; OLG München Urteil vom 7. 10. 1987 = NJW-RR 1988, 290; sowie Lutter/*Trölitzsch* Holding Hdb. § 7 Rn. 22.

[142] BGH Urteil vom 16. 5. 2000 = DStR 2000, 1381; BGH Urteil vom 8. 1. 2001, BGHZ 146, 264 = NJW 2001, 1280; vgl. auch *Goette* DStR 2004, 286.

[143] Dazu vgl. BGH Urteil vom 9. 7. 1979 = WM 1979, 853; BGH Urteil vom 13. 4. 1994 = ZIP 1994, 867.

[144] Vgl. *Fleischer* ZHR 163 (1999), 484 f.

[145] Vgl. hierzu u. a. BGH Urteil vom 30. 11. 1978 = WM 1979, 229; BGH Urteil vom 16. 3. 1992 = ZIP 1992, 694.

sich dahingehend positioniert, dass die „existenzvernichtenden Eingriffe"[146] ausdrücklich durch die Anwendung von § 826 BGB gelöst werden.

Existenzvernichtende Maßnahmen führen damit nicht mehr zu einer Durchgriffshaftung der Gesellschafter, sondern zu einer Deliktshaftung der herrschenden gegenüber der beherrschten Gesellschaft. Demzufolge kann auch im Mutter-Tochter-Verhältnis die Muttergesellschaft nicht mehr direkt von den Gläubigern der Gesellschaft in Anspruch genommen werden.

Während vorher ein in das Stammkapital eingreifendes und somit die Solvenz der GmbH vernichtendes Verhalten eines Gesellschafters dazu geführt hat, dass sich dieser nicht mehr auf die beschränkte Haftung berufen konnte und – sofern kein Ausgleich nach §§ 30, 31 GmbH möglich war – in vollem Umfang für die Gesellschaftsverbindlichkeiten aufkommen musste, führt ein solcher existenzvernichtender Eingriff aufgrund des Verstoßes gegen die für Gesellschafter bestehende Pflicht zur Wahrung des Stammkapitals nur noch zu einer Verantwortlichkeit gegenüber der Gesellschaft. Die Muttergesellschaft haftet also lediglich gegenüber des von ihr beherrschten geschädigten Unternehmens.

Diese Abkehr von einer grundsätzlich unbeschränkten Außenhaftung[147] wegen Verlustes des Haftungsprivilegs von § 13 Abs. 2 GmbH zu einer **Innenhaftung** aufgrund Verletzung der den Gesellschaftern auferlegten Rücksichtnahmepflicht auf das Gesellschaftsvermögen und seine Zweckbindung begründet der BGH damit, dass so die *„Ungereimtheiten und Widersprüche"* vermieden werden, *„die sich aus dem bisherigen mehrgleisigen Schutzsystem mit einer primären Innenhaftung nach §§ 30, 31 GmbHG (a. F.), einer dieser nachfolgenden, im Ansatz unbegrenzten Durchgriffs-Außenhaftung im Sinne einer reinen Erfolgshaftung und der sich wiederum anschließenden partiellen Umkehr in eine verschuldensabhängige Schadensersatzhaftung zur Begrenzung auf die tatsächlichen Kollateralschäden ergeben."*[148]

Mit der „Trihotel"-Entscheidung hat der BGH seine Rechtsprechungspraxis beim existenzvernichtenden Eingriff ausdrücklich aufgegeben. Insofern besteht selbst bei Konstellationen, die nicht durch das Eigenkapitalersatzrecht erfasst werden, kein Bedarf für die Schaffung eines selbstständigen Haftungsinstituts in Form der Durchgriffshaftung, die bei der GmbH den Gesellschaftern das eigentlich zustehende Haftungsprivileg durchbricht, insbesondere da sich die Fälle der Existenzvernichtungshaftung problemlos unter § 826 BGB subsumieren lassen.[149] Außerdem würde mit einer unbeschränkten Außenhaftung und folglich mit einer verschuldensunabhängigen Erfolgshaftung der Gesellschafter die eigentlich gewählte Rechtsform der GmbH als auf das Gesellschaftsvermögen beschränkt haftendes Unternehmen, keine Beachtung mehr finden und der Gesellschaftsform der GmbH entgegen den Zielen des Gesetzgebers den Boden entziehen.[150]

Die Begrenzung der Existenzvernichtungshaftung durch ihre Einordnung in den Anwendungsbereich des § 826 BGB ist sinnvoll, da eine verschuldensunabhängige Erfolgshaftung nicht eine angemessene Sanktionsreaktion für existenzvernichtende Eingriffe eines Gesellschafters in das Gesellschaftsvermögen darstellt. Die Rechtsprechungsänderung des BGH führt in Hinblick auf die Rechtsfolgen von einer ursprünglichen Außen-

---

[146] BGH Urteil vom 16. 7. 2007 – ZR 3/04 = NJW 2007, 2689.

[147] Eine Ausnahme von der unbeschränkten Haftung aufgrund existenzvernichtenden Eingriffs wurde nur dann zugelassen, wenn der Gesellschafter nachweisen konnte, dass der GmbH durch den Eingriff im Vergleich zu einem pflichtgemäßen Verhalten und damit zur Vermögenslage bei einem ordnungsgemäßen Insolvenzverfahren nur ein begrenzter Schaden entstanden ist: Scholz/*Emmerich* § 13 GmbHG Rn. 128; *Goette* ZIP 2005, 1487; *Lieder* DZWIR 2005, 314 f.; *Schröder* GmbHR 2005, 228.

[148] BGH Urteil vom 16. 7. 2007 – ZR 3/04, Rn. 32 – „Trihotel" = NJW 2007, 2692.

[149] BGH Urteil vom 16. 7. 2007 – ZR 3/04, Rn. 24 ff. und 30 – „Trihotel" = NJW 2007, 2691.

[150] BGH Urteil vom 16. 7. 2007 – ZR 3/04, Rn. 27 f. und 31 – „Trihotel" = NJW 2007, 2692.

haftung und damit einem direkten Anspruch der Gläubiger nun zu einer Innenhaftung der Gesellschafter gegenüber der Gesellschaft. Es ist jedoch darauf hinzuweisen, dass sich die Voraussetzungen, unter denen es zu einer solchen Haftung kommt, nicht maßgeblich verändert haben, zumal der BGH explizit an der auf dem „Bremer Vulkan"-Urteil[151] und seinen beiden darauf folgenden Entscheidungen[152] basierenden Existenzvernichtungshaftung als solcher festhält.

Für eine Haftung der Muttergesellschaft aus existenzvernichtendem Eingriff müssen folgende Tatbestandsvoraussetzungen vorliegen: 47

- Eingriff in das Gesellschaftsvermögen (nicht bilanzieller Vermögensbegriff) durch die Muttergesellschaft ohne Rücksichtnahme auf die Fähigkeit der Gesellschaft zur Erfüllung ihrer Verbindlichkeiten;
- objektive Erkennbarkeit des Insolvenzrisikos;
- Insolvenz als Eingriffsfolge;
- Objektiver Zusammenhang zwischen Eingriff und Insolvenz und
- Vorsatz, wobei Eventualvorsatz ausreicht.

Erforderlich ist also zunächst ein **Eingriff** in das **Vermögen** oder die **Interessen** der Gesellschaft ohne Rücksicht auf deren Belange.[153] Damit führt nicht nur der Vermögensentzug als solcher zur Haftung. Vielmehr genügen auch andere Eingriffe den Tatbestandsvoraussetzungen, wie die Wegnahme von Produktionslinien und der damit verbundene Verlust von Gewinnchancen oder die Eingehung übermäßiger Risiken,[154] um einen Eingriff in das Vermögen zu begründen, wobei ein nicht bilanzieller Vermögensbegriff zugrunde gelegt wird.

Demzufolge werden also auch **strategische Fehlentscheidungen** erfasst, sofern sie einen Liquiditätsengpass auslösen, welcher die Gesellschaft überfordert.[155] Eine Haftung der Gesellschafter kann sich zum Beispiel ergeben, wenn von einem finanziell eher schwachen Unternehmen in einem neuen Bereich Investitionen getätigt werden, obwohl gerade im Anfangsstadium mit erheblichen Verlusten zu rechnen ist, welche die Gesellschaft auch durch die Aufnahme von Krediten dann nicht auffangen kann.

Einfache **Managementfehler** oder schlichte **Nachlässigkeit** begründen dagegen keine Gesellschafterhaftung.[156]

Keine Voraussetzung für eine sittenwidrige Schädigung aufgrund von Existenzvernichtung ist jedoch, dass das Mutterunternehmen direkte Gesellschafterin der geschädigten GmbH ist. Auch eine **mittelbare Beteiligung** durch zwischengeschaltete weitere Unternehmen entbindet von einer Haftung nach § 826 BGB nicht, wenn die Muttergesellschaft über andere von ihr geführte Unternehmen, von denen wiederum die GmbH abhängig ist, einen beherrschenden Einfluss ausüben kann.[157] 48

Weiter muss für eine Haftung nach § 826 BGB auch **Vorsatz** gegeben sein. Dafür reicht es aus, dass bei Zugriff in den Bestand des Gesellschaftsvermögens für den Eingreifenden erkennbar gewesen ist, dass die Gesellschaft aufgrund der eintretenden Vermögens- oder Chancenminderung unter Umständen nicht mehr in der Lage ist, ihren Verpflichtungen nachzukommen.[158] Ein Bewusstsein der Sittenwidrigkeit an sich ist nicht erforderlich. Insofern ist ein solcher Vorsatz bereits dann anzunehmen, wenn die

---

[151] BGH Urteil vom 17. 9. 2001, BGHZ 149, 10 – „Bremer Vulkan" = NJW 2001, 3622.

[152] BGH Urteil vom 25. 2. 2002, BGHZ 150, 61 = NJW 2002, 1803 und BGH Urteil vom 24. 6. 2002, BGHZ 151, 181 – „KBV" = NJW 2002, 3024.

[153] Emmerich/*Habersack* § 31 II 3 a).

[154] Vgl. Baumbach/Hueck/*Fastrich* § 13 GmbHG Rn. 20; *Schön* ZHR 168 (2004), 286.

[155] Dazu auch *Lutter/Banerjea* ZGR 2003, 415 f.

[156] Vgl. hierzu BGH Urteil vom 13. 12. 2004 = DZWIR 2005, 208 – „Autovertragshändler"; *Keßler* GmbHR 2005, 260 f.; *Lieder* DZWIR 2005, 312.

[157] BGH Urteil vom 16. 7. 2007 – ZR 3/04 Rn. 44; BGH Urteil vom 13. 12. 2004 = ZIP 2005, 118 – „Autovertragshändler".

[158] Vgl. Urteil vom 16. 7. 2007 – ZR 3/04; Scholz/*Emmerich* § 13 GmbHG Rn. 116.

faktische dauerhafte Beeinträchtigung der Solvenz der Gesellschaft die voraussehbare Folge des Eingriffs ist und der Gesellschafter einen Insolvenzeintritt billigend in Kauf genommen hat.[159]

Es kann hierbei problematisch sein, den **Eventualvorsatz** von der **groben Fahrlässigkeit** abzugrenzen. Es gehört zur allgemeinen Lebenserfahrung, dass sich Unternehmen wirtschaftlich schlechter als geplant und erwartet entwickeln können und eine Insolvenz regelmäßig mehrere Ursachen hat, daher ist bei der Subsumtion unter das Vorsatzerfordernis darauf zu achten, dass die begrenzende Wirkung auch dieses Tatbestandsmerkmals nicht vernachlässigt wird und der Tatbestand der sittenwidrigen Schädigung nicht ausufern darf.

Vor diesem Hintergrund und um der Gefahr einer späteren Haftung effektiv begegnen zu können, sollten unternehmerische Entscheidungen, ausführlich dokumentiert werden und hierbei die Überlegungen und Motivationen schriftlich dokumentiert werden, damit später ein Entlastungsbeweis dergestalt möglich ist, dass die Insolvenzgefahr nicht billigend in Kauf genommen wurde, sondern als fern liegend betrachtet wurde.

Hinsichtlich des Vorsatzes ist jedoch darauf hinzuweisen, dass der Muttergesellschaft die einzelnen Gläubiger und deren Forderungen, aus deren Existenz sich die spätere Insolvenz ergibt, nicht bekannt sein müssen. Es genügt vielmehr, dass die Muttergesellschaft allgemein mit einer Schädigung des Gesellschaftsvermögens durch Eintritt bzw. Vertiefung der Insolvenz rechnet.

Während ein rein abstraktes **Insolvenzrisiko** hierbei nicht ausreichend ist, kann auch ein erhebliches Risiko die Existenzvernichtungshaftung zur Folge haben, sofern diesem Insolvenzrisiko keine den Eingriff rechtfertigende Wahrscheinlichkeit von gewichtigen Vorteilen gegenübersteht.[160] Bei Risikogeschäften muss eine Gesellschafterhaftung nicht unbedingt die Konsequenz sein, bei eigennützigen Vermögensabzügen ist sie jedoch meist die Regel.

Maßnahmen mit einem **überwiegenden Insolvenzrisiko** sind dagegen stets haftungsbegründend.[161] Natürlich müssen bei der Bewertung der Maßnahme hinsichtlich des Insolvenzrisikos auch die für die Branche geltenden Maßstäbe Beachtung finden. So ist beispielsweise auf dem Hochtechnologiesektor ein höheres Insolvenzrisiko adäquat, als dies in konservativeren Wirtschaftszweigen angebracht erscheint.[162]

Schließlich ist für eine Haftung aus § 826 BGB wegen Existenzvernichtung die **Insolvenz** der Gesellschaft als **Folge** des Eingriffs erforderlich, wobei auch nur eine Insolvenzvertiefung ausreichend ist, wenn die Gesellschaft bereits vor der existenzvernichtenden Maßnahme insolvent war.[163]

Die **Darlegungs-** und **Beweislast** für einen Schadensersatzanspruch aus Existenzvernichtung gemäß § 826 BGB trifft als Gläubigerin grundsätzlich die Gesellschaft, in der Regel den für sie handelnden Insolvenzverwalter. Die Gesellschaft muss demzufolge alle objektiven und subjektiven Tatbestandsmerkmale beweisen, die zu einer Haftung aufgrund existenzvernichtenden Eingriffs führen. Damit muss die Gesellschaft als Anspruchstellerin nicht nur den Eingriff selbst und die Erkennbarkeit für den Gesellschafter bezüglich einer damit für das Unternehmen bestehenden Insolvenzgefahr beweisen, sondern hat auch den vollen Kausalitätsnachweis zu erbringen.[164]

Die Anwendung von § 826 BGB infolge der „Trihotel"-Entscheidung stellt für den Kläger – regelmäßig der Insolvenzverwalter – insofern eine erhebliche Verschlechterung

[159] BGH Urteil vom 16. 7. 2007 – ZR 3/04, Rn. 30 – „Trihotel" = NJW 2007, 2691.
[160] *Lutter/Banerjea* ZGR 2003, 416.
[161] Hierzu vgl. *Schön* ZHR 168 (2004), 287.
[162] Vgl. *Lutter/Banerjea* ZGR 2003, 416.
[163] BGH Urteil vom 16. 7. 2007 – ZR 3/40; Lutter/*Trölitzsch* Holding Hdb. § 7 Rn. 68.
[164] BGH Urteil vom 16. 7. 2007 – ZR 3/04 Rn. 41; vgl. aber auch BGH Urteil vom 19. 7. 2004, BGHZ 160, 134 = NJW 2004, 2664; Zöller/*Greger* Vor § 284 ZPO Rn. 20.

seiner prozessualen Lage dar, verglichen mit dem Konzept der Durchgriffshaftung. Diese Veränderung ist von größter Bedeutung für die Praxis, da nun der Anspruchsgläubiger – also die Gesellschaft, regelmäßig vertreten durch den Insolvenzverwalter – im Hinblick auf Kausalität und Höhe des Schadens die Beweislast trägt.

3. Haftung aus § 117 AktG

Einen Sonderfall der deliktischen Haftung bildet die **„aktienrechtliche Haftungsklausel"** 49
des § 117 AktG, die einer abhängigen AG einen Schadensersatzanspruch gewährt, wenn unter Zuhilfenahme seines Einflusses auf die Gesellschaft ein Aktionär oder ein Dritter vorsätzlich ein Verwaltungsmitglied der AG dazu bestimmt hat, zum Schaden der Gesellschaft oder ihrer Aktionäre zu handeln.[165] Diesen Anspruch auf Schadensersatz können hierbei neben der AG selbst gemäß § 117 Abs. 1 S. 2 AktG auch einzelne Aktionäre geltend machen, sofern sie hierdurch Nachteile erlitten haben, die über die Wertminderung ihrer Aktien hinausgehen.[166]

Da allerdings nach § 117 Abs. 7 AktG der Anspruch für die Fälle ausgeschlossen ist, in denen der Einfluss in der Hauptversammlung mittels Stimmrecht oder bei Vorliegen eines Beherrschungs- oder Eingliederungsvertrags kraft Leitungsmacht ausgeübt wurde, ist der Anwendungsbereich der Vorschrift eher begrenzt, zumal ein Schaden im Sinne von § 117 AktG lediglich dann geltend gemacht werden kann, wenn sich die im Gesetz genannten Mitglieder der Unternehmensleitung dem auf sie wirkenden Druck pflichtwidrig beugen.[167]

C. Durchgriffshaftung

I. Grundsätzliches

Trotz der wirtschaftlichen Verbindung mit der Muttergesellschaft bleibt die Tochter- 50
gesellschaft in Hinblick auf das Trennungsprinzip ein rechtlich selbstständiges Unternehmen.[168]

Obwohl beispielsweise die Tochtergesellschaft in der Rechtsform einer GmbH von der Muttergesellschaft – einer OHG – abhängig ist, können die Gläubiger der GmbH nur von dieser Befriedigung verlangen. Die Muttergesellschaft haftet grundsätzlich nicht – selbst wenn die OHG die Geschäftsführung der GmbH maßgeblich bestimmt.

Vom Trennungsprinzip werden unter bestimmten Umständen auch Ausnahmen gemacht, so dass eine Haftung der Muttergesellschaft für Verbindlichkeiten der von ihr abhängigen Gesellschaften begründet wird, wenn der Grundsatz der haftungsrechtlichen Trennung ausgenutzt wird und dieser Missbrauch zu einer Defunktionalisierung der Kapitalaufbringungs- und Kapitalerhaltungsvorschriften führt, so dass ein Haftungsprivileg der Gesellschafter nicht mehr gerechtfertigt ist.[169]

II. Fallgruppen

Bereits in den 50er Jahren hat sich die Rechtsprechung für Ausnahmen vom Tren- 51
nungsprinzip ausgesprochen, auch wenn eine solche Durchgriffshaftung zunächst als ein

---

[165] Dazu *Hüffer* § 117 AktG Rn. 2.

[166] BGH Urteil vom 22. 6. 1992 = WM 1992, 1819.

[167] Vgl. Lutter/*Trölitzsch* Holding Hdb. § 7 Rn. 25.

[168] Vgl. hierzu Baumbach/*Hueck*/*Fastrich* § 1 GmbHG Rn. 56.

[169] Zur Annahme einer Durchgriffshaftung schon BGH Urteil vom 30. 1. 1956, BGHZ 20, 4 = NJW 1956, 785; vgl. auch Lutter/*Trölitzsch* Holding Hdb. § 7 Rn. 61; *Vetter* ZGR 2005, 790 f.; *Wiedemann* ZGR 2003, 285.

Verstoß gegen Treu und Glauben oder die guten Sitten gewertet wurde.[170] Der Umstand, dass mittlerweile verstärkt auf § 826 BGB zurückgegriffen wird, schließt das Vorliegen eines Haftungsdurchgriffes nicht vollständig aus.[171]

Eine direkte Haftung der Muttergesellschaft ohne besonderen Verpflichtungsgrund anhand von Missbrauchs- oder Normzwecklehren wird von der Literatur befürwortet. Inwieweit diese Ansicht, insbesondere im Lichte der „Trihotel"-Entscheidung,[172] weiterhin aufrecht erhalten werden kann, ist fraglich. Es ist vielmehr davon auszugehen, dass mit dieser Entscheidung dieser Ansatz hinfällig geworden ist.[173]

In jedem Fall bedeutet eine Durchgriffshaftung der Muttergesellschaft die Aufgabe des Trennungsprinzips und somit eine Durchbrechung konzernhaftungsrechtlicher Grundsätze, so dass eine Haftung der Muttergesellschaft für die Tochtergesellschaft nur die **ultima ratio** beim Versagen aller anderen Sicherungen sein kann.[174] In Hinblick auf den ultima ratio-Gedanken muss von einer Subsidiarität der Durchgriffshaftung ausgegangen werden. Daher wird eine Durchgriffshaftung der Muttergesellschaft, welche sich an der für Gesellschafter von Personengesellschaften geltenden persönlichen Haftung nach den §§ 128, 129 HGB orientiert, nur in bestimmten Fallgruppen anerkannt.[175][176]

1. Unterkapitalisierung

52 In der Literatur wurden verschiedene Ansätze zu einer Durchgriffshaftung wegen Unterkapitalisierung entwickelt.[177] Jedoch lehnte die Rechtsprechung einen allgemeinen Haftungsdurchgriff bei Unterkapitalisierung bislang ab und löste die Fälle besonders offensichtlicher Unterkapitalisierung über § 826 BGB,[178] da das vorsätzliche Ausnutzen der Rechtsform und der damit verbundenen Haftungsbeschränkung eine sittenwidrige Schädigung darstellt. Im Lichte der „Trihotel"-Enscheidung[179] muss die anfängliche Ressourcenverwehrung dem Fall des Ressourcenabzuges gleichgestellt werden,[180] daher ist es folgerichtig, die Fälle der Unterkapitalisierung über § 826 BGB zu lösen.

2. Sphärenvermischung

53 Im Gegensatz zur Unterkapitalisierung ist im Fall der Sphärenvermischung die Durchgriffshaftung allgemein anerkannt, obwohl es sich dogmatisch gesehen hierbei nicht um ein haftungsrechtliches, sondern vielmehr um ein vertretungsrechtliches Problem handelt.[181] Diese in der Praxis eher seltener auftretende Konstellation liegt vor, wenn es äußerlich zu einer scheinbaren Identität zwischen der Gesellschaft und ihren Gesellschaftern kommt und für Dritte nicht erkennbar ist, wer das betreffende Rechtsgeschäft tätigt.[182]

---

[170] BGH Urteil vom 29. 11. 1956, BGHZ 22, 226 = WM 1957, 59; BGH Urteil vom 26. 11. 1957 = WM 1958, 460; BGH Urteil vom 22. 10. 1987, BGHZ 102, 95 = DB 1988, 282.

[171] BGH Urteil vom 30. 11. 1978 = WM 1979, 229 ff.; BGH Urteil vom 16. 3. 1992 = ZIP 1992, 694.

[172] BGH Urteil vom 16. 7. 2007 – ZR 3/04.

[173] Vgl. dazu *Altmeppen* ZIP 2001, 1842; Scholz/*Emmerich* § 13 GmbHG Rn. 78 ff.; *Michalski* § 13 GmbHG Rn. 344 ff.; *Wilhelmi* DZWIR 2003, 46 ff.

[174] *Philipp/Weber* DB 2006, 144; *Schmidt* ZIP 1994, 838.

[175] BGH Urteil vom 17. 9. 2001, BGHZ 149, 10 – „Bremer Vulkan" = NJW 2001, 3622; BGH Urteil vom 24. 6. 2002, BGHZ 151, 181 – „KBV" = NJW 2002, 3024; *Lutter/Banerjea* ZIP 2003, 2178; *Wiedemann* ZGR 2003, 292.

[176] BGH Urteil vom 19. 6. 1985, BGHZ 95, 333 f. – „Autokran" = NJW 1986, 188 f.; Scholz/*Emmerich* § 13 GmbHG Rn. 80 b; *Wilhelmi* DZWIR 2003, 47 ff.

[177] Vgl. hierzu *Michalski* § 1 GmbHG Rn. 60 ff.

[178] BGH Urteil vom 14. 12. 1959, BGHZ 31, 258 = NJW 1960, 285; BGH Urteil vom 4. 5. 1977, BGHZ 68, 312 = NJW 1977, 1449; BGH Urteil vom 30. 11. 1978 = WM 1979, 229; BGH Urteil vom 1. 7. 1991 = WM 1991, 1548; BAG Beschluss vom 3. 9. 1998 = ZIP 1999, 24.

[179] BGH Urteil vom 16. 7. 2007 – ZR 3/04 – „Trihotel" = NJW 2007, 2689.

[180] Vgl. *Schaefer/Fackler* NZG 2007, 377.

[181] Baumbach/*Hueck/Fastrich* § 13 GmbHG Rn. 15; *Philipp/Weber* DB 2006, 143 f.

[182] Vgl. Lutter/*Trölitzsch* Holding Hdb. § 7 Rn. 66.

Sofern der Gesellschafter im Rechtsverkehr also nicht klar zwischen verschiedenen Gesellschaften trennt und es durch eine Zusammenlegung des organisatorischen Bereichs und folglich bei gleichen Geschäftsräumen, Personal oder Telefon- und Faxanschlüssen für Außenstehende nicht möglich ist, zwischen den Unternehmen zu unterscheiden, kann sich die Muttergesellschaft nicht darauf berufen, im konkreten Fall nicht gehandelt zu haben. Die Muttergesellschaft haftet somit schon auf Grund des von ihr gesetzten Rechtsscheins.[183]

3. Vermögensvermischung

Auch bei der Vermögensvermischung ist eine eindeutige Abgrenzung der Unternehmen 54 unmöglich, wobei sich die Vermischung nicht auf die Unternehmensorganisation, sondern auf die Vermögensmassen von Gesellschaft und Gesellschaftern bezieht. Damit haften die Gesellschafter persönlich, wenn infolge des Fehlens oder der Mangelhaftigkeit der Buchführung unklar ist, ob bestimmte Vermögensgegenstände zum Gesellschaftsvermögen gehören oder in Wirklichkeit nur einem Gesellschafter zustehen.[184]

Sofern eine Erstattung nach §§ 30, 31 GmbHG möglich ist, begründen bloße Mängel der Buchhaltung und einzelne unzulässige Entnahmen dagegen keine persönliche Haftung der Gesellschafter, da es dann keiner Durchgriffshaftung als ultima ratio bedarf.[185]

Auch besteht die Durchgriffshaftung in einer den §§ 128, 129 HGB entsprechenden Weise nur für den Gesellschafter, der für die Situation und demzufolge für die Vermögensvermischung verantwortlich ist.[186]

---

[183] Dazu vgl. Scholz/*Emmerich* § 13 GmbHG Rn. 95; *Michalski* § 13 GmbHG Rn. 356; *Philipp/Weber* DB 2006, 144.

[184] Hierzu BGH Urteil vom 12. 11. 1984 = BB 1985, 77 und BGH Urteil vom 14. 11. 2005, BGHZ 165, 85 = GmbHR 2006, 426; vgl. auch Scholz/*Emmerich* § 13 GmbHG Rn. 95; Beck Hdb. GmbH/*Erle/Ring* § 1 Rn. 18; Baumbach/*Hueck/Fastrich* § 13 GmbHG Rn. 14; *Michalski* § 13 GmbHG Rn. 349.

[185] Vgl. BGH Urteil vom 13. 4. 1994, BGHZ 125, 368 = GmbHR 1994, 390 f. – *Gummert* WiB 1994, 475; Scholz/*Emmerich* § 13 GmbHG Rn. 96; Lutter/*Trölitzsch* Holding Hdb. § 7 Rn. 64; *Philipp/Weber* DB 2006, 143.

[186] BGH Urteil vom 13. 4. 1994, BGHZ 125, 366 = NJW 1994, 1801; BGH Urteil vom 14. 11. 2005, BGHZ 165, 85 = NJW 2006, 1344; Baumbach/*Hueck/Fastrich* § 13 GmbHG Rn. 14; *Michalski* § 13 GmbHG Rn. 352 f.; *Schmidt* ZIP 1994, 839.

§ 12 Wechsel der Rechtsform (einschließlich Umwandlungen in ausländische Rechtsformen)

Schrifttum: *Johannes Baßler,* Gesellschafterwechsel bei Umwandlungen, GmbHR 2007, 1252 ff.; *Volker Beuthien/Marcus Helios,* Die Umwandlung als transaktionslose Rechtsträgertransformation, NJW 2006, 369 ff.; *Herbert Buchner/Klaus Schlobach,* Die Auswirkung der Umwandlung von Gesellschaften auf die Rechtsstellung ihrer Organpersonen, GmbHR 2004, 1 ff.; *Hartwin Bungert,* Grenzüberschreitende Verschmelzungsmobilität – Anmerkung zur Sevic-Entscheidung des EuGH, BB 2006, 53 ff.; *Franz-Ludwig Danko/Heribert Heckschen/Ingo Plesterniks,* Umstrukturierung in Unternehmen, 2002; *Barbara Deilmann/Manuel Lorenz,* Die börsennotierte Aktiengesellschaft, 2005; *Frank Even/Antonio Vera,* Die Techniken des Going Private in Deutschland, DStR 2002, 1315 ff.; *Holger Fleischer,* Das neue Recht des Squeeze out, ZGR 2002, 757 ff.; *Patrick Flesner,* Die GmbH-Reform (MoMiG) aus Sicht der Akquisitions- und Restrukturierungspraxis, NZG 2006, 641 ff.; *Volker Geyrhalter/Thomas Weber,* Transnationale Verschmelzungen – im Spannungsfeld zwischen SEVIC Systems und der Verschmelzungsrichtlinie, DStR 2006, 146 ff.; *Eckart Gottschalk,* Zur Frage grenzüberschreitender Verschmelzungen und der Eintragungsfähigkeit in das nationale Handelsregister, EuZW 2006, 83 ff.; *Wolfgang Groß,* Kapitalmarktrecht, 3. Auflage 2006; *Barbara Grunewald,* Gesellschaftsrecht, 6. Auflage 2005; *Heribert Heckschen,* Die Reform des Umwandlungsrechts, DNotZ 2007, 444 ff.; *Sebastian Herrler,* Ermöglichung grenzüberschreitender Verschmelzungen von Kapitalgesellschaften durch Änderung des Umwandlungsgesetzes, EuZW 2007, 295 ff.; *Heribert Hirte,* Kapitalgesellschaftsrecht, 5. Auflage 2006; *Jochen Hoffmann,* Die Bildung der Aventis SA – ein Lehrstück des europäischen Gesellschaftsrechts, NZG 1999, 1077 ff.; *Jochen Hoffmann,* Die stille Bestattung der Sitztheorie durch den Gesetzgeber, ZIP 2007, 1581 ff.; *Wolfgang Hölters/Jens Buchta,* Die kleine AG – geeignet für Mittelstand und Konzerne?, DStR 2003, 79 ff.; *Dirk Jannott/Jürgen Frodermann,* Handbuch der Europäischen Aktiengesellschaft – Societas Europaea, 2005; *Harald Kallmeyer,* Umwandlung nach UmwG und Unternehmensakquisition, DB 2002, 568 ff.; *Stephan Kappes,* Zulässigkeit grenzüberschreitender Verschmelzungen, NZG 2006, 101 ff.; *Roger Kiem,* Die Regelung der grenzüberschreitenden Verschmelzung im deutschen Umwandlungsgesetz, WM 2006, 1091 ff.; *Stefan Leible,* Niederlassungsfreiheit und Sitzverlegungsrichtlinie, ZGR 2004, 531 ff.; *Stefan Leible/Jochen Hoffmann,* Grenzüberschreitende Verschmelzungen im Binnenmarkt nach Sevic, RIW 2006, 161 ff.; *Stefan Lunk/Lars Hinrichs,* Die Mitbestimmung der Arbeitnehmer bei grenzüberschreitenden Verschmelzungen nach dem MgVG, NZA 2007, 773 ff.; *Klaus J. Müller,* Unterzeichnung des Verschmelzungsberichts, NJW 2000, 2001 f.; *Karsten Müller-Eising/Peter Bert,* § 5 Abs. 3 UmwG: Eine Norm, eine Frist, drei Termine, DB 1996, 1398 f.; *Bernhard Nagel,* Das Gesetz über die Mitbestimmung der Arbeitnehmer bei grenzüberschreitenden Verschmelzungen (MgVG), NZG 2007, 57 ff.; *Hans-Werner Neye/Birte Timm,* Die geplante Umsetzung der Richtlinie zur grenzüberschreitenden Verschmelzung von Kapitalgesellschaften im Umwandlungsprozess, GmbHR 2007, 561 ff.; *Jürgen Oechlser,* Die Sitzverlegung der Europäischen Aktiengesellschaft nach Art 8 SE-VO, AG 2005, 373 ff.; *Frank Oppenländer,* Zivilrechtliche Aspekte der Gesellschafterkonten der OHG und KG, DStR 1999, 939 ff.; *Miriam Parmentier,* Das Statusverfahren beim Formwechsel in eine Aktiengesellschaft, AG 2006, 476 ff.; *Harald Plewka/Michael Marquardt,* Handbuch Umstrukturierung von Unternehmen nach UmwG, UmwStG, SEStG, 2006; *Sorika Pluskat,* Das kalte Delisting, BKR 2007, 54 ff.; *Nikola Preuß,* Die Wahl des Satzungssitzes im geltenden Gesellschaftsrecht und nach dem MoMiG-Entwurf, GmbHR 2007, 57 ff.; *Hans-Joachim Priester,* Personengesellschaften im Umwandlungsrecht, DStR 2005, 788 ff.; *Kay-Michael Schanz,* Börseneinführung, 3. Auflage 2007; *Claudia Schmidt/Silja Maul,* Inspire Art – Quo vadis Sitztheorie?, BB 2006, 13 ff.; *Jan Sedemund,* EU-weite Verschmelzungen: Gesellschaftsrechtliche Vorgaben und steuerliche Implikationen des SEVIC-Urteils des EuGH vom 13. 12. 2005, BB 2006, 519 ff.; *Christoph H. Seibt/Thorsten Reinhard,* Umwandlung der Aktiengesellschaft in die Europäische Gesellschaft (Societas Europaea), Der Konzern 2005, 407 ff.; *Stefan Simon/Dieter Leuering,* Umwandlung von GmbH & Co. KGs – Ende des Treuhandmodells, NJW-Spezial 2005, 459; *Christiane Stoye-Benk,* Handbuch Umwandlungsrecht, 2005; *Joachim Tebben/Tobias Tebben,* Der Weg aus der Limited: Die grenzüberschreitende Verschmelzung auf eine GmbH, DB 2007, 2355 ff.; *Oliver Vossius,* Gründung und Umwandlung der deutschen Europäischen Gesellschaft (SE), ZIP 2005, 741 ff.; *Susanne Weiss/Helge-Thorsten Wöhlert,* Die Sevic-Entscheidung des EuGH – sudden death für Societas Europaea und Richtlinie zur grenzüberschreitenden Verschmelzung und Wegbereiter für grenzüberschreitende Spaltungen?, WM 2007, 580ff.; *Wolfgang Weitnauer*, Handbuch Venture Capital, 3. Auflage 2007; *Michael Winter*, Planung und Vorbereitung einer grenzüberschreitenden Verschmelzung, Der Konzern 2007, 24ff.

A. Bedeutung des Rechtsformwechsels für Unternehmen im Wachstum

Ein Wechsel der Rechtsform kann für ein Unternehmen aus unterschiedlichen Gründen notwendig werden:

I. Der Formwechsel als Antwort auf wirtschaftliche und rechtliche Veränderungen

Der Wechsel der Rechtsform einer Gesellschaft ist regelmäßig die Antwort auf gegebene oder erwartete Veränderungen des Geschäftsbetriebs, in der Vermögensstruktur oder im Verhältnis unter den Gesellschaftern eines Unternehmens. Er betrifft die rechtliche Verfassung des Unternehmens nach innen, insbesondere das Verhältnis unter den Gesellschaftern und im Hinblick auf die Geschäftsführung, sowie nach außen im Verhältnis zu den Geschäftspartnern. Bei einem Wechsel der Rechtsform entscheiden sich die Gesellschafter für neue gesetzliche Regeln zur Fortführung des Unternehmens. Insbesondere Geschäftsführung, Vertretung, Kapitalbindung und Publizität folgen bei den verschiedenen Gesellschaftsformen unterschiedlichen Regeln. Vor allem entscheidet die Gesellschaftsform aber auch über die Haftung des Gesellschafters, die Möglichkeiten der Finanzierung der Gesellschaft, sowie über die steuerliche Behandlung von Gesellschaft und Gesellschaftern. Gerade bei Unternehmen, die sich im Wachstum befinden, können die zu Beginn gewählten gesellschaftsrechtlichen Strukturen änderungsbedürftig sein. Die Gesellschafter wählen dabei für das Unternehmen eine Rechtsform, die besser zu ihren Vorstellungen und den aktuellen Bedürfnissen und Plänen des Unternehmens passt. 1

Die Gründe für einen Wechsel der Rechtsform sind dabei so vielfältig wie das Wirtschaftsleben selbst. Zu beachten ist jedoch, dass die **Frage nach der richtigen Rechtsform** für ein Unternehmen **während seiner gesamten Lebensdauer** von den Gesellschaftern und Geschäftsführern **im Auge behalten** werden sollte. Eine Veränderung des Unternehmens und der wirtschaftlichen und rechtlichen Rahmenbedingungen kann auch einen Wechsel der Rechtsform notwendig machen. 2

II. Gründe für den Wechsel der Rechtsform

Die Beantwortung der Frage, wann und aus welchen Gründen ein Wechsel der Rechtsform für ein sich entwickelndes Unternehmen geboten ist, hängt von zahlreichen rechtlichen, wirtschaftlichen aber auch psychologischen Faktoren ab. Ohne den Anspruch auf eine abschließende Aufzählung erheben zu wollen, sollen hier die **wichtigsten Gründe** genannt werden, die bei der Wahl der geeigneten neuen Rechtsform in der Praxis miteinander abgewogen werden müssen:[1] 3

- Die Rechtsform der Gesellschaft kann gewechselt werden, um das **persönliche Haftungsrisiko der Gesellschafter** zu **reduzieren.** Typisch für die **Personenhandelsgesellschaften** (OHG und KG) ist die **persönliche Haftung** zumindest einzelner Gesellschafter, § 128 HGB. Demgegenüber haftet bei der **GmbH,** § 13 Abs. 2 GmbHG, und der **AG,** § 1 Abs. 1 Satz 2 AktG, **nur** das **Gesellschaftsvermögen.** Bei den Kapitalgesellschaften stellt das Gesetz im Gegenzug komplexe Regeln zur Aufbringung und Erhaltung des Gesellschaftskapitals auf. Ein im Wachstum befindliches Unternehmen mit 4

[1] Vgl. zur Wahl der Rechtsform bei der Unternehmensgründung schon oben § 4.

steigendem Geschäftsumfang und damit auch zunehmendem Haftungsrisiko wird sehr häufig in eine Kapitalgesellschaft oder GmbH & Co. KG wechseln, sofern nicht bereits der Aufbau des Unternehmens in dieser Rechtsform vollzogen wurde. Die GmbH & Co. KG ist eine Mischform zwischen Personen- und Kapitalgesellschaft, bei der keine natürliche Person persönlich haftet.

5 • Die **Geschäftsführung** und organschaftliche **Vertretung** ist bei Personengesellschaften den Gesellschaftern vorbehalten. Diese personalistische Leitungsstruktur wird unpassend, wenn sich Gesellschafter nur mit ihrem Kapital an der Gesellschaft beteiligen wollen, ohne selbst die Geschäfte zu führen. Zwar ist in der KG hierfür über die Beteiligung als Kommanditist Spielraum vorhanden, jedoch sind Kapitalgesellschaften im Regelfall besser für eine kapitalmäßige Beteiligung geeignet. Kapitalgesellschaften haben die Möglichkeit, Fremdgeschäftsführer anzustellen (Fremdorganschaft). Dies kann von Vorteil sein, wenn die Unternehmensgründer alleine den Geschäftsbetrieb nicht mehr bewältigen können oder sich – beispielsweise aus Altersgründen – auf eine überwachende und planende Funktion zurückziehen wollen.

6 • Je nach Gesellschaftsform steht den Gesellschaftern ein unterschiedlich starker Einfluss auf die Geschäftsführung zu. Die persönlich haftenden Gesellschafter haben bei den Personenhandelsgesellschaften einen hohen Einfluss, im Regelfall können Entscheidungen nicht gegen ihren Willen getroffen werden. Bei der GmbH steht den Gesellschaftern grundsätzlich ein nahezu unbeschränktes **Weisungsrecht** gegenüber den Geschäftsführern zu. Demgegenüber ist der Vorstand einer AG in seiner Leitungsfunktion weitgehend unabhängig von den Aktionären. Über den Aufsichtsrat ist allerdings eine gewisse Einflussnahme möglich.

7 • Die Rechtsform einer Gesellschaft hat maßgebliche Bedeutung für die **Unternehmensfinanzierung.** Ein hoher Kapitalbedarf führt bei kapitalintensiveren Wachstumsunternehmen oft zu einem Formwechsel in die Rechtsform der AG und einem anschließenden Börsengang. Gesellschaften mit einer hohen Zahl an Gesellschaftern zur Aufbringung großer Eigenkapitalbeträge werden üblicherweise in der Rechtsform der AG oder der GmbH & Co. KG geführt. Investoren aus den Bereichen Venture Capital[2] und Private Equity[3] machen ihren Einstieg häufig von einem Formwechsel hin zu einer ihnen gelegenen Gesellschaftsform abhängig – in der Regel die Rechtsform der GmbH oder der AG. Dies erfolgt bereits mit Blick auf die spätere Veräußerung der Beteiligung durch den Investor.

8 • Viele Formwechsel sind steuerrechtlich geprägt. Etwa kann sich die steuerliche Situation von Unternehmen und Gesellschaftern so verändert haben, dass die Wahl einer anderen Rechtsform eine günstigere Besteuerung nach sich zieht. Insofern kann auf die steuerlichen Erwägungen bei der erstmaligen Wahl der Rechtsform verwiesen werden.[4]

9 • Der Formwechsel kann auch mit Blick auf die Mitbestimmung der Arbeitnehmer durchgeführt werden.[5] Da der Formwechsel in der Regelung zur Beibehaltung der Mitbestimmung, vgl. § 325 UmwG, keine Erwähnung findet, billigt das Gesetz sogar den Wegfall der Mitbestimmung auf Grund eines Formwechsels.[6] Die für Kapitalgesellschaften mit einer Arbeitnehmerzahl von 500 bis 2000 einschlägige drittelparitätische Mitbestimmung findet nach dem DrittelbG keine Anwendung auf Personengesellschaften, auch nicht auf die GmbH & Co. KG.[7] Insofern kann der Wechsel in eine Personengesellschaft zur Vermeidung einer Arbeitnehmermitbestimmung von Interesse sein. Bei Gesellschaften, die bereits der Mitbestimmung unterliegen, kann der Wechsel in

---

[2] Diese Wagniskapitalgeber steigen oft bei jungen und innovativen Unternehmen ein.
[3] Private Equity Investoren wählen eher etablierte Unternehmen für einen Einstieg.
[4] Siehe schon oben § 4 und etwa *Weitnauer,* Handbuch Venture Capital, Rn. E.145 ff.
[5] Zu Einzelheiten der Mitbestimmung siehe noch unten § 13.
[6] *Danko/Heckschen/Plesterniks,* Umstrukturierungen, Rn. 35.
[7] *Binz/Sorg* § 14 Rn. 2.

eine europäische Aktiengesellschaft (SE) zur Verkleinerung des Aufsichtsrats oder zur Veränderung seiner Zusammensetzung erwogen werden.

- Der Wirtschafts- und Rechtsverkehr verbindet mit bestimmten Gesellschaftsformen regelmäßig bestimmte Erwartungen. Diese psychologischen Faktoren kann sich ein Unternehmen zu Nutze machen. Bei Auslandsaktivitäten sollte eine Rechtsform gewählt werden, die dort bekannt ist und Ansehen genießt. 10

B. Varianten der Gestaltung des Rechtsformwechsels

Ein Wechsel der Rechtsform kann unterschiedlich ausgestaltet werden:

I. Überblick

Ausschlaggebend für die Wahl einer Gestaltungsvariante ist insbesondere, ob das **bisherige Unternehmen als Ganzes** in eine Gesellschaft neuer Rechtsform überführt werden soll **oder** ob lediglich **Unternehmensteile** vom Rechtsformwechsel betroffen sein sollen. Ferner bestehen Gestaltungsvarianten, wenn die Gesellschafter das **Unternehmen mit anderen Unternehmen** bei gleichzeitiger Änderung der Rechtsform **zusammenlegen** wollen. In allen diesen Varianten besteht die Wahl zwischen einer Übertragung der einzelnen Vermögenswerte des Unternehmens nach den allgemeinen zivilrechtlichen Regeln auf eine in neuer Rechtsform gegründete Gesellschaft im Wege der **Einzelrechtsübertragung** oder über spezialgesetzliche – im Umwandlungsgesetz zusammengefasste – Regelungen. 11

II. Rechtsformwechsel des Unternehmens im Ganzen

Hier muss unterschieden werden zwischen einer Neugründung und einer Umwandlung:

1. Neugründung und Übertragung sämtlicher Einzelvermögenswerte

a) **Ablauf.** Der Wechsel des Unternehmens im Ganzen in eine Gesellschaft anderer Rechtsform kann über eine **Neugründung mit Übertragung aller Vermögensgegenstände** erreicht werden. Hierbei gründen die Gesellschafter eine neue Gesellschaft in der gewünschten Rechtsform und veranlassen dann, dass die alte Gesellschaft alle ihre Vermögensgegenstände, Verbindlichkeiten und Vertragsbeziehungen auf die neue Gesellschaft im Wege der Einzelrechtsnachfolge nach den allgemeinen zivilrechtlichen Vorschriften überträgt.[8] Sehr häufig wird sich zur erleichterten Abwicklung anbieten, die Vermögenswerte in die neue Gesellschaft (als andere Zuzahlung in das Eigenkapital gem. § 272 Abs. 2 Nr. 4 HGB) einzubringen und dort in der Kapitalrücklage auszuweisen. 12

Möglich ist selbstverständlich auch die **Einbringung im Wege der Sachgründung** oder im Anschluss an eine Neugründung im Wege einer **Sachkapitalerhöhung.** Hierbei sind die strengeren Voraussetzungen für eine Sachgründung oder Sachkapitalerhöhung (einschließlich der Erstellung eines Sachgründungsberichts und der Vorlage von Unterlagen über den Wert des Unternehmens) zu beachten. Vorsicht ist bei einem Kauf der Vermögenswerte durch die im Wege der Bargründung errichtete neue Gesellschaft geboten. Auch in diesem Fall sind die Regeln der Sachgründung zu beachten, da andernfalls eine verschleierte Sacheinlage vorliegt.[9] 13

Der technische Ablauf der Einzelrechtsübertragung ist einem Asset Deal vergleichbar. Erforderlich ist nach dem **sachenrechtlichen Bestimmtheitsgrundsatz,** dass jeder zu übertragende Vermögensgegenstand im Übertragungsvertrag genau identifiziert wird. Wie 14

---

[8] Insbesondere den §§ 398, 413, 873, 925 und 929 BGB, vgl. zum Ablauf *Hirte*, Kapitalgesellschaftsrecht, Rn. 6.92.

[9] Zur Problematik vgl. *Picot/Müller-Eising* II. Rn. 106 ff.

beim Asset Deal verweist der Übertragungsvertrag auf eine Vielzahl von Anlagen, in denen die Vermögenswerte aufgeführt und beschrieben werden. Von zentraler Bedeutung ist, dass nur die Vermögenswerte übergehen, die auch im Übertragungsvertrag bezeichnet sind. Eine vollständige Auflistung sämtlicher Vermögenswerte ist deshalb zwingend erforderlich. Die **Übertragung von Vertragsbeziehungen und Verbindlichkeiten** setzt darüber hinaus die **Zustimmung der Vertragspartner und Gläubiger** voraus, die separat eingeholt werden muss. Da diese Zustimmung regelmäßig konkludent erfolgen kann, ist häufig eine Information des Vertragspartners und eine hierauf erfolgende Fortsetzung der Geschäftsbeziehung ausreichend. Der Übertragungsvertrag sollte in jedem Fall bestimmen, was gilt, wenn die Zustimmung verweigert wird. Üblich sind hier Regelungen, mit denen sich die abgebende Gesellschaft und die aufnehmende Gesellschaft ab dem Tag des Übergangs der Vermögensgegenstände für die Zukunft so stellen, wie wenn die Zustimmung erteilt worden wäre.

15 **Übertragung von Vertragsverhältnissen:**

Veräußerer und Erwerber werden unverzüglich ab ÜBERGANGSSTICHTAG, gemeinsam die Zustimmung der Dritten zur Vertragsübernahme mit Wirkung ab ÜBERGANGSSTICHTAG einholen. Für die Zeit bis zur Zustimmung und für den Fall, dass ein Dritter der Vertragsübernahme nicht zustimmt, stellen sich die Parteien im Innenverhältnis mit Wirkung ab dem ÜBERGANGSSTICHTAG so, als ob der Dritte zugestimmt hätte. Der Veräußerer wird ab ÜBERGANGSSTICHTAG, sämtliche Ansprüche aus dem betreffenden Vertrag an den Erwerber abtreten. Der Erwerber wird den Veräußerer ab dem ÜBERGANGSSTICHTAG von allen Verpflichtungen aus dem betreffenden Vertrag freistellen. Soweit Dritte nach dem ÜBERGANGSSTICHTAG Gegenleistungen für Leistungen des Erwerbers ab dem ÜBERGANGSSTICHTAG an den Veräußerer erbringen, ist der Veräußerer ab Zahlung des Kaufpreises verpflichtet, ab dem ÜBERGANGSSTICHTAG erhaltene Gegenleistungen an den Erwerber abzuführen.

16 Nach der Übertragung kann das Ausgangsunternehmen liquidiert werden, wenn keine Vermögenswerte – oder Verpflichtungen, beispielsweise aus der vorbezeichneten Vertragsgestaltung aufgrund fehlender Zustimmung von Vertragspartnern zur Vertragsüberleitung – zurückgeblieben sind.

17 b) **Vor- und Nachteile.** Die geschilderte Kombination aus Neugründung und Einzelrechtsübertragung ist insbesondere aufgrund des **Dokumentationserfordernisses** aufwendig. Bei einer Vielzahl von Vertragsverhältnissen ist zudem aufgrund des **Zustimmungserfordernisses der Vertragspartner** die Praktikabilität der Einzelrechtsübertragung zu prüfen. Immerhin besteht das Risiko, dass einzelne Vertragspartner eine Vertragsübernahme ablehnen oder den Zustimmungsvorbehalt zur Nachverhandlung der Vertragsbedingungen nutzen. In diesen Fällen ist häufig der Formwechsel nach dem Umwandlungsgesetz, der ohne die Zustimmung der Vertragspartner erfolgen kann, der einfachere und wirtschaftlichere Weg. Darüber hinaus können die Arbeitsverhältnisse nur unter Beachtung von § 613a BGB übergeleitet werden. Dies hat zur Folge, dass der **einzelne Arbeitnehmer** ein – regelmäßig theoretisches – **Widerspruchsrecht zum Übergang seines Arbeitsverhältnisses** hat; theoretisch deshalb, da im Falle der gleichzeitigen Übertragung sämtlicher Vermögenswerte auf die aufnehmende Gesellschaft und aufgrund der damit eingehenden Betriebsauflösung in der Regel ein Kündigungsrecht durch die übertragende Gesellschaft besteht. Schließlich löst die Einzelrechtsübertragung bei Grundstückseigentum **Grunderwerbsteuer** aus. Steuerlich führt die Einzelrechtsübertragung zur Aufdeckung stiller Reserven.

18 Auf der anderen Seite lässt sich beim Wechsel der Rechtsform im Wege der Einzelrechtsübertragung genau **steuern, welche Vermögensgegenstände übertragen** werden sollen. Dies kann gezielt dazu eingesetzt werden, um die neue Gesellschaft zu entlasten

und Risiken in der Altgesellschaft zurück zu lassen. Gerade beim Wechsel von einer Kapitalgesellschaft in eine Personengesellschaft mit persönlicher Haftung kann dies von Vorteil sein. Ein weiterer Vorteil der Einzelrechtsübertragung liegt in der **besseren zeitlichen Steuerbarkeit** sowie in den **geringeren Kosten.** Sofern keine Grundstücke oder GmbH-Geschäftsanteile übertragen werden, besteht **keine Beurkundungspflicht.** Soweit die übernehmende Gesellschaft bereits besteht, ist darüber hinaus mangels Notwendigkeit einer Handelsregistereintragung die Übernahme der Vermögenswerte **nicht von der Beteiligung des Handelsregisters** oder anderer öffentlicher Stellen **abhängig.**[10]

2. Formwechsel des Unternehmens als Ganzes nach Umwandlungsgesetz

Das Umwandlungsgesetz (UmwG)[11] stellt in seinen §§ 190 ff. ein besonderes Verfahren 19
zur Verfügung, mit dessen Hilfe sich Änderungen der Rechtsform eines Unternehmens einfach und schnell erreichen lassen. Das Gesetz regelt den so genannten identitätswahrenden Formwechsel, der ohne Vermögensübertragung und daher auch steuerneutral vollzogen werden kann. Folge des Formwechsels ist es, dass das Unternehmen an sich, insbesondere der Geschäftsbetrieb, die Vermögenswerte und die Vertragsbeziehungen sowie die Beteiligungsverhältnisse und der Gesellschafterbestand von dem Formwechsel unberührt bleiben. Nach § 190 Abs. 1 UmwG erhält lediglich der Rechtsträger des Unternehmens durch Formwechsel eine andere Form. Anders als bei den übrigen umwandlungsrechtlichen Vorgängen kommt es nicht zu einer (umfassenden oder partiellen) Gesamtrechtsnachfolge zwischen zwei oder mehr Rechtsträgern. Mit anderen Worten, es entsteht keine neue Gesellschaft, die den Geschäftsbetrieb, Aktiva und Passiva sowie Vertragsbeziehungen übernimmt. Das Unternehmen bleibt rechtlich und wirtschaftlich dasselbe (**Identität**) und setzt ohne zeitliche Unterbrechung seinen Geschäftsbetrieb mit den gleichen Vermögensgegenständen und Verbindlichkeiten fort (**Kontinuität**).[12] Die rechtliche Zuordnung von Aktiva, Passiva und Vertragsbeziehungen wird von einem Formwechsel nicht berührt. Da der Formwechsel allerdings beurkundungspflichtig ist und erst mit Eintragung in das Handelsregister wirksam wird, ist der Formwechsel häufig mit höheren Kosten verbunden und aufgrund der zwingenden Beteiligung des Handelsregisters nur eingeschränkt steuerbar.

III. Zusammenlegung des Unternehmens mit einer weiteren Gesellschaft in anderer Rechtsform

Eine weitere Variante ist die Zusammenlegung mehrerer Unternehmen:

1. Gründe

In besonderen Situationen kann es sich anbieten, die Gesellschaft mit einer weiteren 20
Gesellschaft zusammenzulegen und das einheitliche Unternehmen in einer anderen Rechtsform fortzuführen. Beispielhaft sind die folgenden Gestaltungen zu nennen:

- Zusammenlegung von mehreren Unternehmen zweier unterschiedlicher Gesellschafter 21
  unter Beteiligung beider Gesellschafter an der neu gegründeten aufnehmenden Gesellschaft

[10] Eine Beteiligung von Registern ist insbesondere bei der Übertragung von Grundstücken sowie von Kommanditanteilen notwendig, letzterenfalls deshalb, da die Übertragung von Kommanditanteilen aus Haftungsgründen regelmäßig unter der aufschiebenden Bedingung der Eintragung des Gesellschafterwechsels im Wege der Sonderrechtsnachfolge steht.

[11] Umwandlungsgesetz vom 28. Oktober 1994 (BGBl. I S. 3210, (1995, 428)), zuletzt geändert durch Artikel 1 des Gesetzes vom 19. April 2007 (BGBl. I S. 542).

[12] Vgl. zu diesen Grundgedanken auch BT-Drs. 12/6699, S. 136.

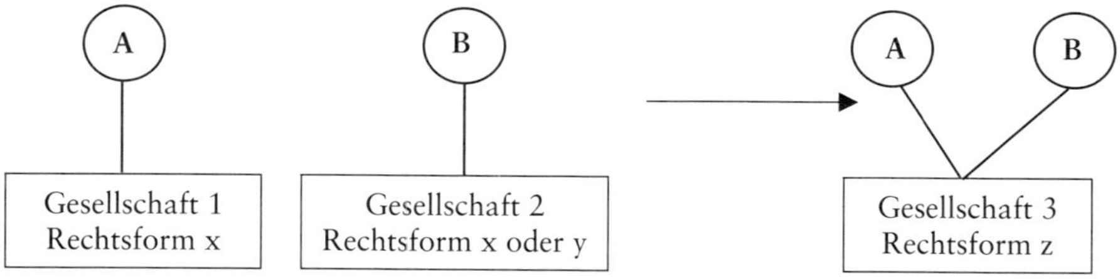

22 • Zusammenlegung von mehreren Unternehmen mit identischem Gesellschafterkreis (Schwestergesellschaften) unter Beteiligung desselben Gesellschafterkreises an der neu gegründeten aufnehmenden Gesellschaft

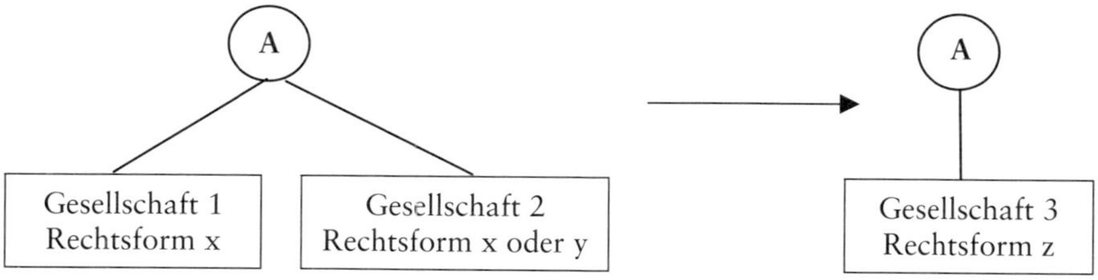

23 • Zusammenlegung von Muttergesellschaft und Tochtergesellschaft unter Beteiligung der Gesellschafter der Muttergesellschaft an der neu gegründeten aufnehmenden Gesellschaft

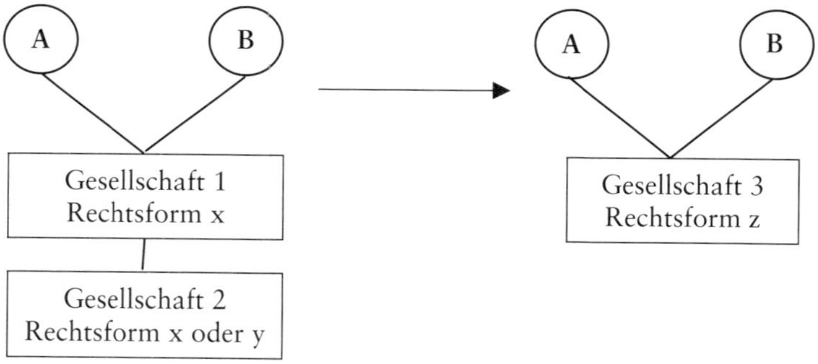

24 Hat sich beispielsweise im Verlauf der Entwicklung eines Unternehmens durch Gründung von Tochtergesellschaften oder Schwestergesellschaften eine Gruppenstruktur herausgebildet, kann es für die Gesellschafter von Interesse sein, die unterschiedlichen Gesellschaften zusammenzulegen und bei dieser Gelegenheit eine für das Unternehmen und den Gesellschafterkreis geeignete Rechtsform zu wählen. Dies kann auch hier mittels Neugründung einer Gesellschaft und anschließender Einzelrechtsübertragung erfolgen oder über die Verschmelzungsregelungen des Umwandlungsgesetzes. Zu beachten ist, dass die aufgeführten Umstrukturierungen auch unter Beibehaltung der Rechtsform vollzogen werden können.

2. Einzelrechtsübertragung gegen Gewährung von Gesellschaftsanteilen

25 Bei der Gestaltung mittels Einzelrechtsübertragung gründet der Gesellschafter wiederum zunächst eine **neue Gesellschaft** in der **gewünschten Rechtsform.** Sodann veranlasst er die übertragende Gesellschaft, die **einzelnen Vermögenswerte** per individuellem Übertragungsakt auf die neue Gesellschaft gegen Gewährung von Gesellschaftsanteilen –

im Rahmen der Sachgründung oder einer anschließenden Kapitalerhöhung – zu **übertragen.** Die **einbringende Gesellschaft** ist dann **mit dem Gründungsgesellschafter** an der um das eingebrachte Unternehmen erweiterten neuen Gesellschaft **beteiligt.** Der Gesellschafter hält weiterhin die Geschäftsanteile an der bisherigen Gesellschaft, die bei Übertragung sämtlicher Vermögenswerte eine leere Hülle ist und deshalb liquidiert werden kann.

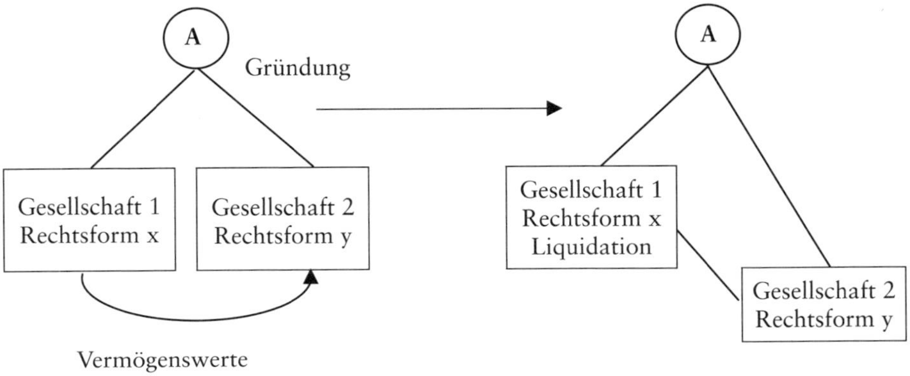

26 Handelt es sich bei der aufnehmenden Gesellschaft um eine **Personengesellschaft,** so kann die Übertragung des Unternehmens und die **Aufnahme weiterer Gesellschafter** nur mit **Zustimmung sämtlicher übrigen Gesellschafter** erfolgen. Im Falle der Aufnahme durch eine **Kapitalgesellschaft** kann der im Rahmen der Kapitalerhöhung zu fassende Kapitalerhöhungsbeschluss – soweit gesellschaftsvertraglich nichts anderes geregelt ist – mit einer **Mehrheit von 75%** gefasst werden. Der zur Beteiligung der übertragenden Gesellschaft notwendige Bezugsrechtsausschluss der bisherigen Gesellschafter der aufnehmenden Kapitalgesellschaft bedarf darüber hinaus einer sachlichen Rechtfertigung im Interesse der Gesellschaft. Hierfür ist erforderlich, dass der Bezugsrechtsausschluss im Interesse der Gesellschaft erfolgt und hierfür erforderlich, verhältnismäßig und angemessen ist.[13] Auch wenn die Übernahme eines Unternehmens im Wege der Einzelrechtsnachfolge gegen Gewährung von Beteiligungsrechten regelmäßig zu rechtfertigen sein wird, bleiben doch Restrisiken, wenn das Bezugsrecht entgegen der Stimmen etwaiger Minderheitsgesellschafter ausgeschlossen werden muss. Darüber hinaus gelten für diese Einzelrechtsübertragung die bereits geschilderten Vor- und Nachteile.[14]

3. Verschmelzung

27 a) **Ablauf.** Wie beim Formwechsel bietet auch für diese Fallgestaltung das Umwandlungsgesetz über die Verschmelzung die Möglichkeit, das gleiche Ergebnis unter Vermeidung der Nachteile der Einzelrechtsübertragung zu erreichen. Bei der **Verschmelzung zur Neugründung** übernimmt die im Zuge der Verschmelzung entstehende **neue Gesellschaft** sämtliche Vermögenswerte der übertragenden Gesellschaften im Wege der **Gesamtrechtsnachfolge** unter **Auflösung der übertragenden Gesellschaft.** Der Gesellschafter der übertragenden Gesellschaft erhält im Wege des Anteilstauschs hier direkt Gesellschaftsanteile an der neuen Gesellschaft. Eine Liquidation der übertragenden Gesellschaft ist nicht erforderlich. Die Verschmelzung richtet sich nach den §§ 2 bis 122 UmwG. Da an der Verschmelzung insbesondere Personenhandelsgesellschaften, Partnerschaftsgesellschaften sowie Kapitalgesellschaften beteiligt seien können, ist der Gesellschafter weit-

---

[13] BGHZ 80, 69 (75); BGHZ 83, 319 (324); BGHZ 71, 40; BGH NJW 1995, 2656, *Baumbach/Hueck* § 55 GmbHG Rn. 26.
[14] Rn. 17 und 18.

gehend frei, mittels Verschmelzung das bisherige Unternehmen für die Zukunft in die adäquate Rechtsform zu überführen. Zu beachten ist, dass die Verschmelzung zur Neugründung die Verschmelzung mindestens zweier Gesellschaften auf die neue Gesellschaft voraussetzt. Sie kommt deshalb insbesondere dann in Betracht, wenn eine Unternehmensgruppe aus Schwestergesellschaften oder Tochtergesellschaften besteht, die der Gesellschafter in neuer Rechtsform zusammenlegen will. Der Wechsel der Rechtsform kann auch über eine **Verschmelzung zur Aufnahme** erfolgen, indem eine Gesellschaft in der gewünschten Rechtsform erworben oder neu gegründet sowie anschließend die bereits bestehende übertragende Gesellschaft auf diesen übernehmenden Rechtsträger verschmolzen wird. Auch hier ist zu beachten, dass die Verschmelzung zur Neugründung oder Aufnahme auch ohne eine Veränderung der Rechtsform vollzogen werden kann. Dennoch ist die Verschmelzung ein geeignetes Mittel, um auch Rechtsformänderungen herbeizuführen. Die Ausgangsgesellschaft wird auf eine Zielgesellschaft in der gewünschten Rechtsform verschmolzen.

28 Die Verschmelzung folgt dem **gesetzlich geregelten Verfahren,** das im Wesentlichen aus den folgenden Schritten besteht:

- Aufstellung und gegebenenfalls Prüfung der **Schlussbilanzen** der beteiligten Gesellschaften,
- Bewertung der beteiligten Gesellschaften,
- Erstellung des Entwurfs eines Verschmelzungsvertrags,
- Erstellung eines Verschmelzungsberichts durch die Vertretungsorgane der beteiligten Gesellschaften; die Gesellschafter aller beteiligten Gesellschaften können auf die Erstattung dieses Berichts verzichten, § 8 Abs. 3 UmwG,
- Übersendung des Entwurfs des Verschmelzungsvertrags an den Betriebsrat spätestens einen Monat vor Beschlussfassung über die Verschmelzung, § 5 Abs. 3 UmwG,
- Prüfung des Verschmelzungsvertragsentwurfs durch einen sachverständigen Prüfer; die Gesellschafter aller beteiligten Gesellschaften können auf die Prüfung verzichten, § 9 Abs. 3 UmwG,
- Beschlussfassung der Gesellschafter der beteiligten Gesellschaften sowie
- Handelsregistereintragung.

Die Gründung einer SE durch Verschmelzung bestimmt sich nach Art. 2 Abs. 1, 17 ff. SE-VO.

29 **b) Vor- und Nachteile.** Auf Grund der Gesamtrechtsnachfolge im Rahmen der Verschmelzung ergeben sich im Wesentlichen die folgenden, im Rahmen des Formwechsels bereits aufgezeigten Vor- und Nachteile:

Vorteile:	Nachteile:
• kein Zustimmungsvorbehalt von Vertragspartnern • geringer Dokumentationsaufwand • keine Liquidationsnotwendigkeit der übertragenden Gesellschaft	• Übernahme sämtlicher Risiken, unabhängig von deren Kenntnis • Beurkundungspflicht • Notwendigkeit der Handelsregistereintragung • Grunderwerbsteuer

IV. Überführen einzelner Teilbereiche des Unternehmens in Gesellschaften anderer Rechtsform

Daneben kommt auch die Überführung von Teilbereichen des bestehenden Unternehmens in eine Gesellschaft anderer Rechtsform in Betracht:

[15] Nicht belegt.

1. Gründe

Für ein sich fortentwickelndes Unternehmen mag es ferner interessant sein, **Teile von Geschäftsbereichen** in einer Gesellschaft **anderer Rechtsform fortzuführen,** weil diese Teilgeschäftsbereiche **Haftungsrisiken** – beispielsweise Produkthaftungs- oder Umwelthaftungsrisiken – beinhalten, die durch eine Gesellschaft anderer Rechtsform **abgeschirmt** werden können. Auch kann es interessant sein, **Wachstumsbereiche** auf eine eigenständige Gesellschaft auszulagern, um durch Beteiligung weiterer Gesellschafter die **Finanzierung** dieser Wachstumsbereiche zu **ermöglichen.** Grundsätzlich besteht auch hier die Wahl zwischen der Gründung einer neuen Gesellschaft mit Einbringung der Teilgeschäftsbereiche im Wege der Einzelrechtsübertragung und der umwandlungsrechtlichen Gesamtrechtsnachfolge im Wege der Spaltung. Auch hier wird der Teilbereich oft in einen eigenen Rechtsträger mit anderer Rechtsform überführt. Dies ist allerdings nicht zwingend. Der neue Rechtsträger kann auch die gleiche Rechtsform wie der Ausgangsrechtsträger haben. 30

2. Spaltung

Das Umwandlungsgesetz regelt drei Arten der Spaltung, die Abspaltung, die Aufspaltung und die Ausgliederung. Für alle Spaltungsformen gelten jedoch weitgehend die gleichen Regelungen des Umwandlungsgesetzes, §§ 123 bis 173 UmwG. 31

a) **Abspaltung.** Bei der Abspaltung wird der **Teilgeschäftsbereich** von einer im Zuge der Abspaltung **neu entstehenden Gesellschaft**[16] im Wege der Gesamtrechtsnachfolge **übernommen,** wobei der **Gesellschafter** der den Geschäftsbereich abgebenden Gesellschaft an der aufnehmenden Gesellschaft **beteiligt** wird.[17] Auf diese Weise kann der ausgelagerte Geschäftsbereich in eine Gesellschaft anderer Rechtsform überführt werden. 32

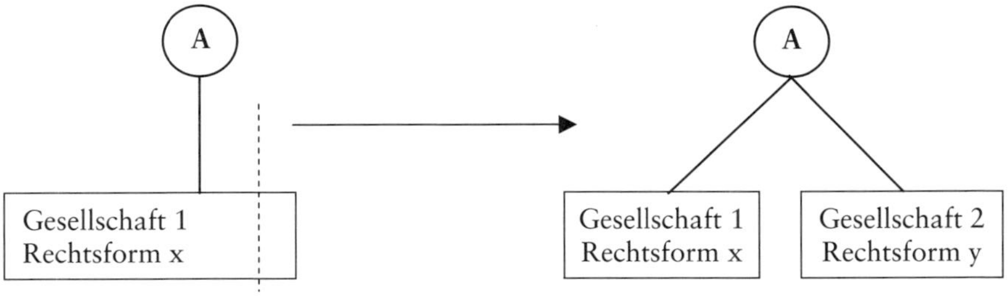

b) **Aufspaltung.** Bei der Aufspaltung wird das gesamte **Vermögen** der abgebenden Gesellschaft **auf mindestens zwei** im Rahmen der Aufspaltung **entstehende Gesellschaften** im Wege der Gesamtrechtsnachfolge **übertragen.** Die **Gesellschafter der übertragenden Gesellschaft** erhalten **Gesellschaftsanteile an den übernehmenden Gesellschaften.** Die übertragenden Gesellschaften erlöschen.[18] Auch hier besteht die Möglichkeit, Teilbereiche des Unternehmens in unterschiedlichen Gesellschaftsformen fortzuführen. 33

---

[16] Im Folgenden wird nur auf die jeweilige Spaltung zur Neugründung eingegangen. Bei vorherigem Erwerb oder Gründung einer Gesellschaft in der gewünschten Rechtsform kann der Formwechsel auch durch Spaltung zur Aufnahme erfolgen.

[17] § 123 Abs. 2 UmwG; zu einer detaillierteren Darstellung der Abspaltung vgl. *S/B/B/Sickinger* N 3 ff.

[18] § 123 Abs. 1 UmwG; zu einer detaillierteren Darstellung der Aufspaltung vgl. *S/B/B/Sickinger* N 3 ff.

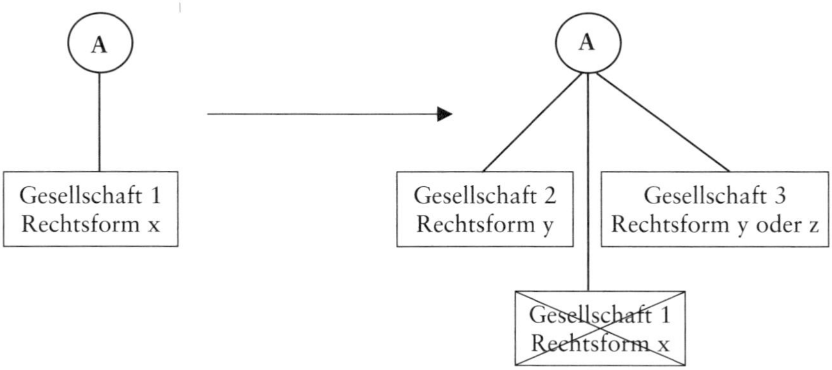

34 c) **Ausgliederung.** Im Rahmen der Ausgliederung **überträgt** die **abgebende Gesellschaft Teile ihres Vermögens** im Wege der Gesamtrechtsnachfolge auf eine im Rahmen der Ausgliederung **neu entstehende Gesellschaft.** Im Gegensatz zur Abspaltung erwirbt jedoch nicht der Gesellschafter der abgebenden Gesellschaft, sondern die abgebende Gesellschaft selbst die Gesellschaftsanteile an der aufnehmenden Gesellschaft.[19] Da die Ausgliederung **in der Regel zur Entstehung von Tochtergesellschaften** führt, kann in diesem Zusammenhang auf die Ausführungen in § 10 Rn. 57ff. verwiesen werden.

35 d) **Ablauf der Spaltung.** Auch bei der Spaltung hat der Gesellschafter erhebliche Möglichkeiten im Hinblick auf die zu wählenden Rechtsformen, da insbesondere sowohl Personengesellschaften und Partnerschaftsgesellschaften als auch Kapitalgesellschaften an der Spaltung beteiligt sein können. Die Spaltung folgt im Wesentlichen dem für die Verschmelzung vorgesehenen Ablauf.[20] Auf folgende Abweichungen ist jedoch zu verweisen:

36 Besonderheit der Spaltung ist, dass die abgebende und aufnehmende Gesellschaft im Spaltungsvertrag die von der Spaltung **betroffenen Vermögenswerte exakt** – wie bei der Einzelrechtsübertragung – **bezeichnen** müssen. Da Vermögenswerte auf unterschiedliche Gesellschaften verteilt werden, ist es zwingende Voraussetzung, dass diese Vermögenswerte zuvor bestimmt werden. Die für die Spaltung bezeichneten Vermögenswerte gehen dann im Rahmen der so genannten partiellen Gesamtrechtsnachfolge auf die übernehmende Gesellschaft über.

37 Da lediglich bei der Aufspaltung die abgebende Gesellschaft erlöscht, hingegen bei der Abspaltung und bei der Ausgliederung die abgebende Gesellschaft – regelmäßig mit Geschäftsbetrieb – erhalten bleibt, besteht bei der Abspaltung und der Ausgliederung das nicht nur theoretische **Risiko eines Widerspruchs der Arbeitnehmer** nach § 613a BGB zur Überleitung ihrer Arbeitsverhältnisse auf die aufnehmende Gesellschaft. In diesen Fällen, in denen ein Teilgeschäftsbetrieb von der abgebenden Gesellschaft fortgeführt wird, ist eine betriebsbedingte Kündigung regelmäßig schwerer zu begründen und ermutigt deshalb häufig Arbeitnehmer, dem Vertragsübergang zu widersprechen.

38 Bei der Spaltung **haften** darüber hinaus zum Schutz der Gläubiger vor einer Verkleinerung der Haftungsmasse die **abgebende und die aufnehmende Gesellschaft gesamtschuldnerisch** für alle Verbindlichkeiten, die bis zum Zeitpunkt der Eintragung der Spaltung im Handelsregister begründet sind, § 133 Abs. 1 UmwG. Für die Gesellschaft, der die Verbindlichkeit nicht zugewiesen worden ist, besteht jedoch die Erleichterung, dass Ansprüche gegen sie nach Ablauf einer **Frist von fünf Jahren** nach Bekanntmachung der Spaltung **verjähren,** § 133 Abs. 3 UmwG.

---

[19] § 123 Abs. 3 UmwG; zu einer detaillierteren Darstellung der Ausgliederung vgl. *S/B/B/Sickinger* N 15ff.

[20] Siehe oben Rn. 28.

e) **Vor- und Nachteile.** Aufgrund der ähnlichen Ausgestaltung von Verschmelzung und Spaltung kann zur Bewertung auf die Darstellung der Verschmelzung verwiesen werden, allerdings unter Berücksichtigung der vorbezeichneten Besonderheiten. 39

Vorteile:	Nachteile:
• Kein Zustimmungsvorbehalt von Vertragspartnern • Keine Liquidation der übertragenden Gesellschaft bei der Aufspaltung	• Aufwändige Dokumentation entsprechend des Dokumentationsaufwands bei der Einzelrechtsübertragung • Übernahme sämtlicher Risiken, unabhängig von deren Kenntnis • Beurkundungspflicht • Notwendigkeit der Handelsregistereintragung • Grunderwerbsteuer

3. Neugründung und Übertragung sämtlicher Einzelvermögenswerte

a) **Ablauf.** Die Fortführung von Teilgeschäftsbetrieben in Gesellschaften mit neuer Rechtsform kann auch im Wege der Einzelrechtsübertragung erreicht werden. 40

Entsprechend dem Fall der Abspaltung kann der Gesellschafter eine **neue Gesellschaft** in der von ihm favorisierten Rechtsform gründen und dann veranlassen, dass die abgebende Gesellschaft die betreffenden **Vermögenswerte** – im Rahmen der Sachgründung oder einer nachfolgenden Sachkapitalerhöhung – in die neue Gesellschaft **einbringt.** Die von der übertragenden Gesellschaft übernommenen Geschäftsanteile können gegebenenfalls sodann auf den Gesellschafter übertragen werden. Erfolgt die Gründung der neuen Gesellschaft durch die übertragende Gesellschaft, kann die übertragende Gesellschaft entsprechend der Ausgliederung die betreffenden **Vermögenswerte** gegen Gewährung von Gesellschaftsanteilen an der neuen Gesellschaft in diese **einbringen.** Entsprechend der Aufspaltung kann der Gesellschafter **zwei neue Gesellschaften** in der favorisierten Rechtsform **gründen** und dann veranlassen, dass die abgebende Gesellschaft die betreffenden **Vermögenswerte in die neuen Gesellschaften einbringt.** Nach Liquidation der übertragenden Gesellschaft stehen dem Gesellschafter dann die Geschäftsanteile an den übernehmenden Gesellschaften zu.

Eine Besonderheit besteht jedoch in diesem Zusammenhang aufgrund der Rechtsprechung des Bundesgerichtshofs. Danach bedarf die **Übertragung von Vermögenswerten** einer Aktiengesellschaft, die den **wertvollsten Teil des Vermögens** der übertragenden Gesellschaft ausmachen, der **Zustimmung der Aktionäre.**[21] Grundsätzlich ist diese Rechtsprechung auf die GmbH zu erstrecken.[22] Bei Personengesellschaften bedürfen Geschäfte, die über die gewöhnliche Geschäftstätigkeit hinausgehen, der Zustimmung der Gesellschafter.[23] Häufig wird deshalb die Übertragung von Vermögenswerten auch bei den Personengesellschaften der Zustimmung der Gesellschafter unterliegen. Die **Bestimmungen des Umwandlungsgesetzes** sind in Fällen der Einzelrechtsübertragung **nicht anwendbar.** Deshalb gelten gegenüber der umwandlungsrechtlichen Ausgliederung insofern **Erleichterungen,** als dass besondere umwandlungsrechtliche Pflichten im Zusammenhang mit der Beschlussfassung der Gesellschafter, wie beispielsweise die Pflicht zur Vorlage des relevanten Vertrags, der Zwischenbilanz sowie der Jahresabschlüsse und Lageberichte der vergangenen drei Jahre nicht eingreifen. 41

b) **Vorteile und Nachteile.** Für die Bewertung der Vor- und Nachteile dieser Gestaltung kann auf die obige Bewertung der Einzelrechtsübertragung unter Rn. 17 und 18 verwiesen werden. 42

[21] BGH NJW 1982, 1703 ff. (Holzmüller); BGH NZG 2004, 571 ff. (Gelatine).
[22] *Baumbch/Hueck/Zöllner* § 46 GmbHG Rn. 90.
[23] Vgl. *Baumbach/Hopt* § 116 HGB Rn. 2 und § 164 HGB Rn. 2.

Vorteile:	Nachteile:
• gezielte Übertragung von Risiken • Beurkundung nur in Ausnahmefällen bei der Übertragung von Grundstücken oder GmbH Geschäftsanteilen • Keine Zustimmungspflicht der Gesellschafter in Ausgliederungsfällen, wenn nicht der wertvollste Teil des Vermögens der übertragenden Gesellschaft übertragen wird • Geringere Offenlegungspflichten bei Gesellschafterbeschlüssen in Ausgliederungsfällen	• aufwendige Dokumentation • Zustimmungsvorbehalt von Vertragspartnern • Gefahr eines Widerspruchs von Arbeitnehmern zum gesetzlichen Übergang der Anstellungsverhältnisse nach § 613a BGB • steuerliche Nachteile • Liquidation der ursprünglichen Gesellschaft • möglicherweise Anfall von Grunderwerbsteuer

C. Allgemeiner Ablauf eines Formwechsels

Für den Ablauf einer Umwandlung sind zunächst die beteiligten Rechtsträger (Ausgangs- und Zielrechtsträger) festzulegen:

I. Beteiligte Rechtsträger

Die Rechtsträger lassen sich wie folgt differenzieren:

1. Beteiligte Rechtsträger nach Umwandlungsrecht

43 Nahezu alle für das Wirtschaftsleben relevanten Formwechsel werden vom Umwandlungsgesetz erfasst. Das Umwandlungsgesetz regelt im Einzelnen, welche Rechtsträger sich grundsätzlich an einem Formwechsel beteiligen können. Das Gesetz bezeichnet dabei den Ausgangsrechtsträger als formwechselnden Rechtsträger und den Zielrechtsträger als Rechtsträger neuer Rechtsform, § 191 Abs. 1 und Abs. 2 UmwG. Diese sprachliche Regelung hat nur eine Hilfsfunktion. Ausgangs- und Zielrechtsträger sind identisch; eine Vermögensübertragung findet nicht statt. Die Möglichkeit des Wechsels zwischen den in § 191 UmwG aufgezählten Rechtsformen wird durch spezielle Vorschriften zum Formwechsel im Fünften Buch, Zweiter Teil des Umwandlungsgesetzes konkretisiert. Die nach dem Umwandlungsgesetz möglichen Formwechsel verdeutlicht die nachfolgende Übersicht:

44

Ausgangsrechtsträger UmwG	Möglicher Zielrechtsträger UmwG
Offene Handelsgesellschaft (OHG) §§ 214 ff. UmwG	Gesellschaft mit beschränkter Haftung (GmbH) Aktiengesellschaft (AG) Kommanditgesellschaft auf Aktien (KGaA) Eingetragene Genossenschaft (eGen)
Kommanditgesellschaft (KG) §§ 214 ff. UmwG	Gesellschaft mit beschränkter Haftung (GmbH) Aktiengesellschaft (AG) Kommanditgesellschaft auf Aktien (KGaA) Eingetragene Genossenschaft (eGen)
Partnerschaftsgesellschaft §§ 225a ff. UmwG	Gesellschaft mit beschränkter Haftung (GmbH) Aktiengesellschaft (AG) Kommanditgesellschaft auf Aktien (KGaA) Eingetragene Genossenschaft (eGen)

Ausgangsrechtsträger UmwG	**Möglicher Zielrechtsträger UmwG**
Gesellschaft mit beschränkter Haftung (GmbH) §§ 226 ff. UmwG	Gesellschaft bürgerlichen Rechts (GbR) Offene Handelsgesellschaft (OHG) Kommanditgesellschaft (KG) Partnerschaftsgesellschaft Aktiengesellschaft (AG) Kommanditgesellschaft auf Aktien (KGaA) Eingetragene Genossenschaft (eGen)
Aktiengesellschaft (AG) §§ 226 ff. UmwG	Gesellschaft bürgerlichen Rechts (GbR) Offene Handelsgesellschaft (OHG) Kommanditgesellschaft (KG) Partnerschaftsgesellschaft Gesellschaft mit beschränkter Haftung (GmbH) Kommanditgesellschaft auf Aktien (KGaA) Eingetragene Genossenschaft (eGen)
Kommanditgesellschaft auf Aktien (KGaA) §§ 226 ff. UmwG	Gesellschaft bürgerlichen Rechts (GbR) Offene Handelsgesellschaft (OHG) Kommanditgesellschaft (KG) Partnerschaftsgesellschaft Gesellschaft mit beschränkter Haftung (GmbH) Aktiengesellschaft (AG) Eingetragene Genossenschaft (eGen)
Eingetragene Genossenschaft (eGen) §§ 258 ff. UmwG	Gesellschaft mit beschränkter Haftung (GmbH) Aktiengesellschaft (AG) Kommanditgesellschaft auf Aktien (KGaA)
Rechtsfähiger Verein §§ 272 ff. UmwG	Gesellschaft mit beschränkter Haftung (GmbH) Aktiengesellschaft (AG) Kommanditgesellschaft auf Aktien (KGaA) Eingetragene Genossenschaft (eGen)
Versicherungsverein auf Gegenseitigkeit §§ 291 ff. UmwG	Aktiengesellschaft (AG)
Körperschaft oder Anstalt des öffentlichen Rechts §§ 301 ff. UmwG	Gesellschaft mit beschränkter Haftung (GmbH) Aktiengesellschaft (AG) Kommanditgesellschaft auf Aktien (KGaA)

Daneben lässt das Umwandlungsgesetz Änderungen der Rechtsform nach anderen Gesetzen unberührt, § 190 Abs. 2 UmwG. Außerhalb des Umwandlungsgesetzes können Formwechsel zwischen den Rechtsformen Gesellschaft bürgerlichen Rechts (GbR), offene Handelsgesellschaft (OHG), und Kommanditgesellschaft (KG) nach den Vorschriften des HGB durchgeführt werden.[24] 45

2. Bewertung

Unter den im Wirtschaftsleben **wichtigsten Gesellschaftsformen** der Personengesellschaften und der Kapitalgesellschaften ist damit ein freier Wechsel der Rechtsform möglich, sofern die Bestimmungen des Umwandlungsgesetzes oder des HGB eingehalten werden. Für die GbR gilt die Möglichkeit einer freien Rechtswahl nur im Verhältnis zu den Personenhandelsgesellschaften. Dagegen kann eine GbR nicht in eine Kapitalgesellschaft umgewandelt werden, wohl aber eine Kapitalgesellschaft in eine GbR, § 226 UmwG. 46

Außerhalb der gesetzlich bestimmten Formwechsel wird sich oftmals das **wirtschaftliche Ergebnis** wie bereits oben gezeigt[25] durch die **Gründung einer neuen Gesellschaft** in 47

[24] Vgl. den Hinweis in BT-Drs. 12/6699, S. 136.
[25] Siehe oben Rn. 12–18.

der gewünschten Rechtsform unter Einbringung des betriebenen Unternehmens im Wege der Einzelrechtsübertragung erreichen lassen. Freilich fehlt es dann an der Identitätswahrung und den mit ihr verbundenen Vorteilen.[26]

Eine Sonderrolle nimmt der Formwechsel von oder in eine **SE** (**Societas Europaea**) ein. Der entsprechende Wechsel erfolgt ausschließlich nach den Bestimmungen der europäischen SE-Verordnung[27] (SE-VO) und wird für eine deutsche SE ergänzt durch die deutschen SE-Ausführungsgesetze (SEAG[28] und SEBG[29]).

II. Einzelheiten zum generellen Ablauf eines Formwechsels

Der Ablauf gestaltet sich grundsätzlich wie folgt:

1. Vorbemerkungen

48 **a) Bedeutung des Identitätsgrundsatzes.** Der **Identitätsgrundsatz** prägt den Ablauf des umwandlungsrechtlichen Formwechsels. Es ist nur ein Rechtsträger beteiligt, der eine neue Rechtsform erhält. Da es sich um eine gesellschaftsrechtliche Umorganisation ohne Übertragungsakte handelt, ist ein umwandlungsrechtlicher Vertrag nicht vorgesehen und mangels mehrerer beteiligter Rechtssubjekte auch nicht denkbar. Anders als bei Verschmelzung und Umwandlung findet daher auch keine (partielle) Gesamtrechtsnachfolge statt. Der Rechtsträger als Zuordnungsobjekt von Vermögen und Verbindlichkeiten bleibt von einem Formwechsel unberührt. Gesellschafterstellung und Inhaberschaft der Gesellschaftsanteile setzen sich ununterbrochen am Rechtsträger neuer Form fort.[30] Die Anwendung des Identitätsgrundsatzes bringt zahlreiche Vorteile mit sich. So sind weder Einzelrechtsübertragungen nötig, noch müssen Vertragspartner dem Formwechsel zustimmen. Der Dokumentations- und Zeitaufwand ist daher deutlich geringer als bei einer Einzelrechtsübertragung.

49 **b) Beschränkung der Darstellung.** Die nachfolgenden Ausführungen erläutern zunächst den **generellen Ablauf** eines Formwechsels, wie er sich für sämtliche beteiligte Rechtsträger unabhängig von ihrer Rechtsform darstellt, Fünftes Buch, Erster Teil, §§ 190 bis 213 UmwG. Im konkreten Fall sind stets die Modifikationen und Ergänzungen zu beachten, die sich aus den besonderen Vorschriften für die jeweilig beteiligten Rechtsformen ergeben, Fünftes Buch, Zweiter Teil, §§ 214 bis 304 UmwG. Die Darstellung konzentriert sich ferner auf die im Wirtschaftsleben vorherrschenden **Personenhandelsgesellschaften** (OHG, KG) und **Kapitalgesellschaften** (GmbH, AG, KGaA). Die übrigen Gesellschaftsformen bleiben wegen geringer Relevanz für den Mittelstand ausgeblendet.[31]

2. Initiative und Zeitplanung

50 In der Praxis wird gerade bei mittelständischen Unternehmen die **Initiative** für den Formwechsel von den Gesellschaftern ausgehen, die zur optimalen Verfolgung ihrer wirtschaftlichen Ziele dem Rechtsträger des Unternehmens eine neue Rechtsform geben wollen. Die Unternehmensleitung bereitet dann die Durchführung des Formwechsels im

---

[26] Zu den Vorteilen der Identitätswahrung siehe sogleich Rn. 48.

[27] Verordnung (EG) Nr. 2157/2001 des Rates vom 8. Oktober 2001 über das Statut der Europäischen Gesellschaft (SE), Amtsblatt Nr. L 294 vom 10. 11. 2001 S. 1 ff.

[28] Gesetz zur Ausführung der Verordnung (EG) Nr. 2157/2001 des Rates vom 8. Oktober 2001 über das Statut der Europäischen Gesellschaft (SE) vom 22. Dezember 2004, BGBl I 2004, 3675, zuletzt geändert durch Art. 12 Abs. 11 G v. 10. 11. 2006 I 2553.

[29] Gesetz über die Beteiligung der Arbeitnehmer in einer Europäischen Gesellschaft (SE-Beteiligungsgesetz) vom 22. 12. 2004, BGBl. I S. 3675, 3686.

[30] Ausnahme: § 221 UmwG für den Beitritt eines persönlich haftenden Gesellschafters zur KGaA.

[31] Zu allen denkbaren Varianten des Formwechsels siehe *Schwedhelm,* Die Unternehmensumwandlung, 6. Auflage 2008.

Einzelnen vor. Der Formwechsel sollte frühzeitig mit dem Aufsichtsrat, einem Beirat und den übrigen Gesellschaftern abgestimmt werden.

Bezüglich der **Zeitplanung** bestehen weniger strenge Vorgaben als bei der Verschmelzung oder Spaltung. Bei diesen Umwandlungsformen darf nach § 17 Abs. 2 Satz 3 UmwG die Eintragung ins Handelsregister nur erfolgen, wenn die beizufügende Schlussbilanz des übertragenden Rechtsträgers nicht älter als acht Monate ist. Da bei einem Formwechsel dem Registergericht keine Schlussbilanz vorgelegt werden muss, ist die umwandlungsrechtliche 8-Monats-Frist unbeachtlich. Allerdings ist in Abweichung hiervon aus umwandlungssteuerlichen Gründen im Regelfall eine **steuerliche Stichtagsbilanz,** die nicht älter als acht Monate ist, den Finanzbehörden vorzulegen.[32] Das frühere Erfordernis einer umwandlungsrechtlichen Vermögensaufstellung ist seit April 2007 entfallen. Auch dies führt zu einer weiteren Beschleunigung des Formwechsels. 51

Bei der Umsetzung des Formwechsels ist darüber hinaus ausreichend Zeit für die Durchführung folgender **Maßnahmen** einzuplanen, die je nach Art des Formwechsels relevant werden können:[33] 52

- Erstellung und Prüfung des Barabfindungsangebots für widersprechende Anteilsinhaber, einschließlich der Unternehmensbewertung zur Ermittlung der Barabfindung;[34]
- Gründungsbericht und -prüfung bei Formwechsel in eine Kapitalgesellschaft;[35]
- Bestellung von Aufsichtsrat und Vorstand bei Formwechsel in eine AG;[36]
- gesellschaftsvertragliche oder gesetzliche Form- und Fristvorschriften über die Ladung zur Gesellschafterversammlung, die über den Formwechsel beschließt,[37] sowie
- Zuleitung des Umwandlungsbeschlussentwurfs an den Betriebsrat spätestens einen Monat vor der Gesellschafterversammlung.[38]

3. Umwandlungsbericht

a) **Erforderlichkeit eines Umwandlungsberichts.** Auf die interne Willensbildung folgt ein **Umwandlungsbericht,** in dem der Formwechsel und insbesondere die künftige Beteiligung der Anteilsinhaber an dem Rechtsträger rechtlich und wirtschaftlich erläutert und begründet werden, § 192 Abs. 1 Satz 1 UmwG. Der Umwandlungsbericht wird von dem Vertretungsorgan[39] des formwechselnden Rechtsträgers erstellt und ist an die Anteilsinhaber gerichtet.[40] Er ist **schriftlich** zu erstatten und den Anteilsinhabern rechtzeitig **vor der Beschlussfassung** zugänglich zu machen. Der Umwandlungsbericht soll den Anteilseignern eine **informierte Entscheidung** ermöglichen, da eine neue Rechtsform Auswirkungen auf ihre Haftung für Gesellschaftsschulden und auf die Willensbildung innerhalb der Gesellschaft haben kann. Vor allem aber haben die Anteilsinhaber ein Interesse daran, dass ihre künftige Beteiligung ihrem bisherigen Einfluss entspricht. Bei mehrköpfigen Vertretungsorganen haben nach der bislang herrschenden Lehre alle Mitglieder den Umwandlungsbericht zu unterzeichnen.[41] Der BGH hat aber zu erkennen gegeben, dass er die Unterzeichnung durch die Organmitglieder in vertretungsberech- 53

---

[32] Vgl. §§ 9 Satz 3, 20 Abs. 6 und 25 Satz 2 UmwStG.

[33] Vgl. auch *S/B/B/Sickinger* R 18.

[34] Ein Verzicht auf Prüfung und/oder Prüfungsbericht ist nach §§ 208, 30 Abs. 2 Satz 3 UmwG in notarieller Form möglich.

[35] § 197 UmwG in Verbindung mit §§ 32 ff. AktG und § 5 Abs. 4 GmbHG (Sachgründungsbericht).

[36] Ggf. ist für die Bestellung von Aufsichtsratsmitgliedern ein Statusverfahren nach §§ 97 ff. AktG durchzuführen.

[37] Etwa § 51 GmbHG oder §§ 121, 123, 124 AktG.

[38] § 194 Abs. 2 UmwG.

[39] Die Geschäftsführer bei der GmbH, § 35 Abs. 1 GmbHG, der Vorstand bei der AG, § 78 Abs. 1 AktG, die Gesellschafter bei der OHG, § 125 Abs. 1 HGB.

[40] *Semler/Stengel/Bärwaldt* § 192 Rn. 2.

[41] LG Berlin NZG 2004, 337 (338).

tigter Zahl für ausreichend hält.[42] Die Informationsfunktion des Umwandlungsberichts könne auch dann verlässlich genug erfüllt werden, wenn nur eine vertretungsberechtigte Anzahl von Organmitgliedern unterschrieben habe, da dies auf den Willen der Mehrheit des Gesamtorgans schließen lasse.

54 **b) Entbehrlichkeit eines Umwandlungsberichts.** Der Umwandlungsbericht bereitet ein informiertes Verhalten bei der Abstimmung über den Formwechsel sowie bei einer etwaigen Geltendmachung der Barabfindung vor. Ein Umwandlungsbericht ist demnach **nicht erforderlich,** wenn die Anteilsinhaber der Information durch den Umwandlungsbericht nicht bedürfen oder sie auf die Information durch den Umwandlungsbericht verzichten:[43]

55 • Information und Schutz durch den Umwandlungsbericht sind entbehrlich, wenn es sowieso **nur einen Gesellschafter** gibt, Fall des § 192 Abs. 2 Satz 1 Var. 1 UmwG. Das Gesetz geht zu Recht davon aus, dass dieser Gesellschafter die Geschicke seines Unternehmens fest in der Hand hat. Diese gesetzliche Ausnahme von der Berichtspflicht spart Kosten bei konzerninternen Formwechseln. Angesichts des klaren Wortlauts reicht es dagegen nicht aus, wenn alle Anteilsinhaber von einem Dritten kontrolliert werden.[44]

56 • Die Gesellschafter sind darüber hinaus ausreichend informiert und ein Umwandlungsbericht entfällt kraft Gesetzes beim Formwechsel von **Personenhandelsgesellschaften,** wenn – wie in der typischen OHG[45] – **alle Gesellschafter an der Geschäftsführung teilhaben,** Fall des § 215 UmwG. Denn dann stehen ihnen schon auf Grund ihrer Geschäftsführungsbefugnis ausreichende Informations- und Mitwirkungsrechte zu. Die Vorschrift findet auf Grund ihres Wortlauts und ihrer systematischen Stellung keine Anwendung auf den Formwechsel einer personalistischen GmbH, bei der sämtliche Gesellschafter auch in der Geschäftsführung vertreten sind, denn diese Kongruenz ist nicht typisch für eine Kapitalgesellschaft. Auch sofern in einer OHG die Geschäftsführung abweichend von der gesetzlichen Regelung auf einzelne Gesellschafter verteilt ist, entbindet § 215 UmwG nicht von der Berichtspflicht.[46] Umgekehrt kommt eine KG in den Genuss der Befreiung, wenn ihr Gesellschaftsvertrag eine Beteiligung auch der Kommanditisten an der Geschäftsführung vorsieht.[47]

57 • In allen übrigen Fällen können die Anteilsinhaber durch **notariell beurkundete Verzichtserklärung** auf die Erstattung des Umwandlungsberichts verzichten, Fall des § 192 Abs. 2 Satz 1 Var. 2 UmwG. Der Verzicht wird oftmals zusammen mit dem Umwandlungsbeschluss beurkundet, da dieser nach § 193 Abs. 3 Satz 1 UmwG ohnehin beurkundungsbedürftig ist. Ein zuvor beurkundeter Verzicht kann erklärt werden, sofern der geplante Formwechsel in seinen wesentlichen Zügen erkennbar ist.[48] Auch nach Fassung des Umwandlungsbeschlusses kann auf den Umwandlungsbericht verzichtet werden, allerdings müssen die Verzichtserklärungen spätestens mit der Anmeldung der neuen Rechtsform zum Handelsregister vorgelegt werden.[49] Der Verzicht kann sich auf den Umwandlungsbericht und alle seine Bestandteile oder auch nur auf den beizufügenden Entwurf des Umwandlungsbeschlusses erstrecken.[50] Auf Grund der Möglichkeit auf den Verzicht des Umwandlungsberichts wird ein Umwandlungsbericht häufig nur in Publikumsgesellschaften zu erstellen sein, wo ein Verzicht aller Anteilsinhaber

---

[42] BGH NZG 2007, 714 (717). Ebenso schon *Müller* NJW 2000, 2001.
[43] *Semler/Stengel/Bärwaldt* § 192 Rn. 23 und *Semler/Stengel/Schlitt* § 215 Rn. 1.
[44] *Semler/Stengel/Bärwaldt* § 192 Rn. 32.
[45] Siehe § 114 HGB.
[46] *Lutter/Joost* § 215 Rn. 2.
[47] *Semler/Stengel/Schlitt* § 215 Rn. 9.
[48] Ähnlich *Semler/Stengel/Bärwaldt* § 192 Rn. 26.
[49] Vgl. § 199 UmwG.
[50] Vgl. BT-Drs. 12/6699, S. 139.

auf Grund ihrer Vielzahl unpraktikabel ist,[51] oder wenn ein Minderheitsgesellschafter den Formwechsel ablehnt. Die Eintragung des Formwechsels im Handelsregister vermag die fehlende Beurkundung einer Verzichtserklärung zu heilen, nicht aber deren gänzliches Fehlen.[52] Bei gänzlichem Fehlen eines Verzichts erwächst der Formwechsel zwar in Bestandskraft, § 202 Abs. 3 UmwG, allerdings sind im Unterschied zur Heilung Schadensersatzansprüche nicht ausgeschlossen.[53]

58 Der Umwandlungsbericht bedarf keiner **Prüfung** durch einen Wirtschaftsprüfer, da bei einem Formwechsel als transaktionslosem Vorgang eine Veränderung der Höhe der Beteiligungsverhältnisse grundsätzlich nicht eintritt. Zu prüfen ist aber das **Barabfindungsangebot** nach §§ 208, 30 Abs. 2 UmwG, wobei die austrittswilligen Anteilsinhaber auf Prüfung und Bericht in notarieller Form verzichten können.

59 c) **Inhalt und Bestandteile des Umwandlungsberichts.** *aa) Erläuterungs- und Begründungsteil.* Der **Erläuterungs- und Begründungsteil** ist der Kern des Umwandlungsberichts. Der Formwechsel und insbesondere die künftige Beteiligung der Anteilsinhaber müssen in einem **ausführlichen Bericht** rechtlich und wirtschaftlich erläutert werden, § 192 Abs. 1 Satz 1 UmwG. Feste Vorgaben über den Inhalt des Berichtsteils gibt es nicht, viel hängt von den Umständen des Einzelfalls ab. Im Zweifel sollte die Berichtstiefe eher zu ausführlich sein, um das Anfechtungsrisiko zu minimieren.[54] Abstrakte gesellschaftsrechtliche und allgemein gehaltene Aussagen sollten vermieden werden. Die Anteilsinhaber sollen ihre Entscheidung über den Formwechsel in Kenntnis aller wesentlichen Umstände treffen können. Aus § 192 Abs. 1 Satz 1 UmwG in Verbindung mit § 8 Abs. 2 UmwG ergibt sich, dass Tatsachen mit nachteiliger Auswirkung auf das Unternehmen nicht offen gelegt werden müssen. Hierzu gehören etwa Informationen über die interne Unternehmensstrategie oder sonstige die Marktposition des Unternehmens gefährdende Angaben. Der Umwandlungsbericht muss im Ergebnis eine Kontrolle der **Plausibilität** der Entscheidung der Unternehmensleitung erlauben, ohne dass jede Einzelheit erläutert werden muss.[55]

60 *bb) Übersicht über typische Angaben.* Die nachfolgende Übersicht zeigt die üblicherweise in einem Umwandlungsbericht aufzunehmenden Angaben:

Typischer Inhalt eines Umwandlungsberichts:

(1) Vorbemerkung/Einleitung
- Vorbereitung und Planung des Formwechsels
- Rechtsnatur und Rechtsgrundlagen des Formwechsels

(2) Darstellung des formwechselnden Rechtsträgers, Ausgangssituation
- allgemeine Informationen zum Unternehmen (Geschichte, Sitz, Gegenstand, verbundene Unternehmen)
- gesellschaftsrechtliche Verhältnisse (Kapitalstruktur, Anteilsinhaber, Organe, Mitbestimmung)
- Geschäftstätigkeit und Geschäftsentwicklung
- wirtschaftliches Umfeld des Unternehmens und der Branche

(3) Rechtliche und wirtschaftliche Gründe für den Formwechsel
- Darstellung der für die Entscheidung maßgeblichen Faktoren
- wesentliche Aspekte/Gründe für den Formwechsel
- Interessenlage (Gesellschaft, Mehrheitsgesellschafter, außenstehende Anteilsinhaber)
- Vorteile und Nachteile des Rechtsformwechsels, Risiken
- Alternativen
- Kosten

---

[51] So *S/B/B/Sickinger* R 19; *Müller* NJW 2000, 2001.
[52] Das folgt aus § 202 Abs. 1 Nr. 3, Abs. 2 UmwG.
[53] *Lutter/Decher* § 202 Rn. 55.
[54] *Lutter/Decher* § 192 Rn. 8.
[55] *Schmitt/Hörtnagl/Stratz* § 192 Rn. 8; *Lutter/Decher* § 192 Rn. 10; *Widmann/Mayer* § 192 Rn. 30.

(4) Ablauf des Formwechsels
- wesentliche Schritte bis zum Vollzug (Eintragung im Handelsregister)
- Eintritt neuer Gesellschafter
- Beteiligung des Betriebsrats
- Gesellschafterversammlung und Mehrheitserfordernisse beim Umwandlungsbeschluss
- Möglichkeiten zum Verzicht auf einzelne Elemente im Ablauf
- Anwendung von Gründungsvorschriften, insbesondere Kapitalaufbringung und -erhalt
- Möglichkeit der Barabfindung
- Abgeltung von Sonderrechten
- Vorliegen/Fehlen einer baren Zuzahlung nach § 196 UmwG

(5) Rechtliche und wirtschaftliche Folgen des Formwechsels
- Erläuterung der Rechtsnatur eines Formwechsels (Identität des Rechtsträgers, Kontinuität der Anteilsinhaberschaft)
- Erläuterung der neuen Rechtsform, Unterschiede zur bisherigen Rechtsform
- rechtliche Auswirkungen auf die Gesellschaft und auf Gesellschaftsorgane, d. h. Darstellung und Vergleich der Unternehmensverfassung, insbesondere der Leitung, Überwachung und Beschlussfassung
- Erläuterung der Rechte und Pflichten der Anteilsinhaber in der neuen Rechtsform, Haftungsrisiken
- Erläuterung von Höhe und Inhalt der künftigen Beteiligung der Anteilsinhaber, § 192 Abs. 1 Satz 1 UmwG: „insbesondere"
- Auswirkungen auf Dritte (Arbeitnehmer, Gläubiger und Vertragspartner)
- Angelegenheiten verbundener Unternehmen, §§ 192 Abs. 1 Satz 1, 8 Abs. 1 Satz 3 UmwG
- wirtschaftliche Auswirkungen auf die Gesellschaft (operativ und bilanziell)
- Wertpapiere/Handelbarkeit/Börsennotierung
- steuerliche Auswirkungen auf die Gesellschaft und die Anteilsinhaber

(6) Erläuterung des Umwandlungsbeschlusses und der neuen Satzung
- Erläuterung der von § 194 Abs. 1 UmwG vorgesehenen Mindestangaben
- Erläuterung von Pflichtangaben nach den besonderen Vorschriften der §§ 214 ff. UmwG
- Erläuterung des optionalen Beschlussinhalts
- Erläuterung der neuen Satzung

(6) Erläuterung der anzubietenden Barabfindung
- Hinweis auf das Bestehen/Nichtbestehen der Möglichkeit der Barabfindung
- Einzelheiten zur Berechnung der Barabfindung

(7) Kosten des Formwechsels
- Kostenschätzung
- Kostentragung durch die Gesellschaft

(8) Beschlussempfehlung des Vertretungsorgans

(9) Unterschriften der Mitglieder des Vertretungsorgans

(10) Anlagen: Tagesordnung der Gesellschafterversammlung mit Entwurf des Umwandlungsbeschlusses, bisherige und künftige Satzung

61 *cc) Insbesondere: Beteiligungsverhältnisse und Barabfindung.* Der Gesetzgeber hat die Darstellung der **künftigen Beteiligung der Anteilsinhaber** an dem Rechtsträger betont, § 192 Abs. 1 Satz 1 UmwG: „insbesondere". Dem sollte der Umwandlungsbericht Rechnung tragen. Dabei wird es nur selten um eine Veränderung der Beteiligungshöhe gehen, da außer in Ausnahmefällen die **Identität der Anteilsinhaberschaft** zu wahren ist und jeder Anteilsinhaber in gleicher Höhe an dem Rechtsträger neuer Form beteiligt sein wird wie zuvor.[56] Entscheidend ist vielmehr eine Erläuterung des **Inhalts der zukünftigen Gesellschafterrechte und -pflichten** (Haftungsrisiko, Verwaltungsbefugnisse, Beschlussfassung und Mehrheitserfordernisse, Informationsrechte, Gewinnrechte, Übertragbarkeit, Verbriefung und Handelbarkeit der Gesellschaftsanteile). Qualitative Veränderun-

---

[56] Zur nicht verhältniswahrenden Umwandlung siehe beim Umwandlungsbeschluss unten Rn. 72.

gen der Gesellschafterrechte und -pflichten sind vor allem für die Minderheit von großer Bedeutung.[57] Zu beachten ist, dass der Formwechsel trotz seiner Struktur ändernden Qualität keiner sachlichen Rechtfertigung bedarf.[58] Eine über die Angemessenheit des Barabfindungsangebots hinausgehende Darlegung einer sachlichen Rechtfertigung ist nicht vorzunehmen.[59]

62 Lehnt ein Anteilsinhaber den Formwechsel ab und möchte er nicht mehr an der Gesellschaft neuer Form beteiligt sein, muss die Gesellschaft dem ausscheidewilligen Anteilsinhaber die Anteile gegen Zahlung einer **Barabfindung** abnehmen. Hierzu muss mit der Einladung zur über den Formwechsel beschließenden Gesellschafterversammlung ein Abfindungsangebot übersandt werden, vgl. §§ 208, 216, 231 UmwG. Die Meinungen gehen auseinander, ob der Umwandlungsbericht auch Angaben zur **Berechnung und Angemessenheit** der nach § 207 UmwG anzubietenden Barabfindung enthalten muss.[60] Der BGH hat im Zusammenhang mit dem Formwechsel einer AG in eine GmbH eine Pflicht zur Darstellung und Erläuterung des Abfindungsangebots bejaht.[61] In den zitierten Entscheidungen hat der BGH allerdings klargestellt, dass Informationsmängel im Zusammenhang mit der Barabfindung nicht im Wege der Anfechtung der Umwandlung, sondern nur im Spruchverfahren geltend gemacht werden können.[62]

63 *dd) Anlagen zum Umwandlungsbericht.* Der Umwandlungsbericht muss daneben den **Entwurf des Umwandlungsbeschlusses** enthalten, § 192 Abs. 1 Satz 2 UmwG. Der Beschlussentwurf enthält regelmäßig auch die neue Satzung oder den neuen Gesellschaftsvertrag.[63] Die früher als Anlage beizufügende Vermögensaufstellung ist seit der Gesetzesänderung vom April 2007 nicht mehr erforderlich.[64] In dieser waren die Vermögensgegenstände und Verbindlichkeiten des formwechselnden Rechtsträgers mit dem wirklichen Wert anzusetzen. Stille Reserven waren daher offen zu legen. Der Gesetzgeber hielt diese Offenlegung für entbehrlich, da sie weder den Nachweis der Werthaltigkeit bei einer aktienrechtlichen Gründungsprüfung[65] noch eine Unternehmensbewertung zur Bemessung der Barabfindung ersparte.[66] Anzumerken ist, dass eine Umwandlungsbilanz anlässlich des Formwechsels nicht zu erstellen ist; ebenso wenig sind vorhandene Bilanzen offen zu legen.[67] Zweckmäßig ist die Beifügung der Tagesordnung für die Versammlung der Anteilsinhaber.

4. Vorbereitung der Beschlussfassung

64 **a) Vorbereitung der Gesellschafterversammlung oder Hauptversammlung.** Die Anteilsinhaber müssen dem Formwechsel nach § 193 Abs. 1 UmwG in einer **Gesellschafterversammlung**[68] oder **Hauptversammlung**[69] zustimmen. Eine Beschlussfassung im Umlaufverfahren ist angesichts des klaren Wortlauts nicht zulässig.[70] Die **Ladung** inklusive aller Förmlichkeiten ist abhängig von der Rechtsform der Gesellschaft und bestimmt sich

---

[57] BT-Drs. 12/6699, S. 138.

[58] *Lutter/Decher* § 193 Rn. 12.

[59] *S/B/B/Sickinger* R 19.

[60] Zur Diskussion ausführlich *Lutter/Decher* § 192 Rn. 30 ff.; *S/B/B/Sickinger* R 19 und R 46; *Widmann/Mayer* § 192 Rn. 44.

[61] BGH NJW 2001, 1425 (1426); BGH NJW 2001, 1428 (1429).

[62] BGH NJW 2001, 1425 (1426); BGH NJW 2001, 1428 (1429). Vgl. nunmehr auch § 243 Abs. 4 Satz 2 AktG.

[63] Siehe §§ 218 Abs. 1 Satz 1, 234 Nr. 3, 243 Abs. 1 Satz 1 UmwG.

[64] Siehe BT-Drs. 16/2919, S. 19.

[65] §§ 197 UmwG, 33 AktG.

[66] BT-Drs. 16/2919, S. 19.

[67] Die bilanzrechtlichen Publizitätspflichten bleiben natürlich unberührt.

[68] OHG, KG, GmbH.

[69] AG, KGaA.

[70] *S/B/B/Sickinger* R 19.

nach den besonderen Umwandlungsregeln, §§ 216, 230, 231, 238 UmwG, die besondere Ankündigungs- und Übersendungserfordernisse enthalten. Der **Umwandlungsbericht** ist beim Formwechsel einer Personenhandelsgesellschaft und einer GmbH den Anteilsinhabern zu **übersenden.**[71] Beim Formwechsel einer AG oder einer KGaA ist der Umwandlungsbericht in dem Geschäftsraum der Gesellschaft **auszulegen** und Aktionären nur auf Verlangen zu übersenden.[72] Ferner ist das **Barabfindungsangebot** den Gesellschaftern **zu übersenden** oder beim Formwechsel einer Kapitalgesellschaft alternativ im elektronischen Bundesanzeiger und in den Gesellschaftsblättern bekanntzumachen.[73] Diese Regeln werden ergänzt durch die allgemeinen gesellschaftsrechtlichen Bestimmungen für den formwechselnden Rechtsträger. So sind für die Hauptversammlung der AG die §§ 121 ff. AktG zu beachten und für die Gesellschafterversammlung der GmbH die §§ 48 ff. GmbHG.[74] Die **Ladungsfrist** beträgt bei der AG mindestens dreißig Tage, § 123 Abs. 1 AktG, und bei der GmbH mindestens eine Woche, § 51 Abs. 1 Satz 2 UmwG. Insbesondere bei Personenhandelsgesellschaften ergeben sich häufig Vorgaben aus dem Gesellschaftsvertrag. In der Ladung ist der Formwechsel als Tagesordnungspunkt oder als Gegenstand der Beschlussfassung zu bezeichnen. Auch wenn eine rechtliche Pflicht hierzu nicht besteht, sollte auch der Prüfungsbericht über die Angemessenheit des Barabfindungsangebots[75] beigefügt werden.[76] Verstöße gegen die gesellschaftsrechtlich zu beachtenden Form- und Fristverstöße bei der Ladung werden durch die Zustimmung aller Anteilsinhaber bei der späteren Beschlussfassung geheilt.[77]

65 **b) Information des Betriebsrats.** Nach § 194 Abs. 2 UmwG ist bei einem Formwechsel der Entwurf des Umwandlungsbeschlusses (nicht der gesamte Umwandlungsbericht) spätestens einen Monat vor dem Tage der Versammlung der Anteilsinhaber, die den Formwechsel beschließen soll, dem zuständigen **Betriebsrat** des formwechselnden Rechtsträgers **zuzuleiten.** Für den Betriebsrat sind insbesondere die Folgen des Formwechsels für die Arbeitnehmer und ihre Vertretungen sowie die insoweit vorgesehenen Maßnahmen von Interesse, § 194 Abs. 1 Nr. 7 UmwG. Wenn ein Betriebsrat nicht besteht, ist eine Zuleitung ganz entbehrlich und hat auch nicht ersatzweise an die Arbeitnehmer zu erfolgen.[78] Die Zuleitung ist selbst dann vorzunehmen, wenn ein Umwandlungsbericht, etwa infolge eines Verzichts nach § 192 Abs. 2 UmwG, entbehrlich ist.[79] Der Betriebsrat kann seinerseits nur auf die Einhaltung der Frist, nicht aber auf die Zuleitung an sich verzichten.[80] Die Geschäftsführung sollte sich den Zugang beim Betriebsrat durch Empfangsbekenntnis bestätigen lassen, da bei der Anmeldung dem Handelsregister die ordnungsgemäße Zuleitung nachzuweisen ist.[81]

66 Die Zuleitungsfrist nach § 194 Abs. 2 UmwG ist eine gesetzliche **Frist,** die aber auf Grund der notwendigen **Rückrechnung** nur in entsprechender Anwendung von §§ 187 ff. BGB berechnet wird. Die überwiegende Meinung geht von einer Rückrechnung um **einen Monat zuzüglich einen Werktag** aus, da der fristauslösende Tag der Versammlung der Anteilsinhaber nicht mitzurechnen ist.[82] Soll etwa eine Versamm-

---

[71] §§ 216, 230 Abs. 1, 238 Satz 1 UmwG.

[72] Vgl. §§ 230 Abs. 2, 238 Satz 1 UmwG.

[73] Vgl. §§ 216, 231 UmwG.

[74] *Lutter/Decher* § 193 Rn. 7.

[75] §§ 208, 30 UmwG.

[76] *Lutter/Decher* § 208 Rn. 25.

[77] Vgl. §§ 51 Abs. 3, 121 Abs. 6 AktG; *S/B/B/Sickinger* R 49.

[78] *Lutter/Decher* § 194 Rn. 43; *Semler/Stengel/Bärwaldt* § 194 Rn. 42 (1. Auflage 2003).

[79] *Kallmeyer/Willemsen* § 194 Rn. 61.

[80] *Lutter/Drygala* § 5 Rn. 101 f.; *Lutter/Decher* § 194 Rn. 44. Für vollen Verzicht aber *Semler/Stengel/Bärwaldt* § 194 Rn. 43 (1. Auflage 2003).

[81] Vgl. § 199 UmwG.

[82] Vgl. zur vergleichbaren Regelung in § 5 UmwG, *Semler/Stengel/Simon* § 5 Rn. 144 und Fn. 370; *Lutter/Winter* § 5 Rn. 101 f. *Schmitt/Hörtnagl/Stratz* § 5 Rn. 104 f.; *Müller-Eising/Bert* DB 1996,

lung am 27. 02. eines Jahres erfolgen, muss die Zuleitung spätestens am 26. 01. um 24:00 Uhr erfolgt sein. Wenn das Fristende auf einen Samstag, Sonn- oder Feiertag fällt, ist der vorherige Werktag maßgeblich.[83]

5. Umwandlungsbeschluss

a) Bedeutung des Umwandlungsbeschlusses. Der Umwandlungsbeschluss ist die **gesellschaftsrechtliche Grundlage** für den Formwechsel. Er selbst führt aber noch nicht den Formwechsel herbei. Die neue Rechtsform gilt erst mit der Eintragung des Formwechsels in das Handelsregister, § 202 UmwG. Im Anschluss an den Umwandlungsbeschluss ist das Vertretungsorgan verpflichtet, die für das Wirksamwerden des Formwechsels nötigen Schritte durchzuführen.[84] **Beschlussgegenstand** ist der vom Vertretungsorgan erstellte Entwurf mit den Mindestbestimmungen nach § 194 Abs. 1 UmwG und mit den notwendigen Ergänzungen nach den besonderen Vorschriften der §§ 218, 234 und 243 UmwG. Daneben können zur Information der Anteilsinhaber weitere Angaben aufgenommen werden. Wenn einzelne Mindestangaben auf den konkreten Formwechsel nicht anwendbar sind, empfiehlt sich, dies ausdrücklich zu erwähnen (Negativattest).[85] Abweichungen vom Beschlussentwurf sind zulässig, sofern sie nicht die Folgen für die Arbeitnehmer und ihre Vertretungen betreffen, da es dann an einer ordnungsgemäßen Beteiligung des Betriebsrats fehlen würde.[86] Bei Abweichungen mit Auswirkungen auf die Arbeitnehmer ist eine neue Zuleitung an den Betriebsrat erforderlich. Der Umwandlungsbericht ist beim Formwechsel von Kapitalgesellschaften in der Gesellschafterversammlung oder Hauptversammlung auszulegen, bei einer AG oder KGaA ist sogar zusätzlich der Entwurf des Umwandlungsbeschlusses durch das Vertretungsorgan mündlich zu erläutern.[87] 67

b) Übersicht über den Inhalt des Umwandlungsbeschlusses. Die nachfolgende Übersicht stellt die zwingenden und häufigen fakultativen Beschlussgegenstände zusammen: 68

Zwingender Inhalt bei jedem Umwandlungsbeschluss:

- Ausgangs- und Zielrechtsform, § 194 Abs. 1 Nr. 1 UmwG
- Neuer Name/Firma, § 194 Abs. 1 Nr. 2 UmwG
- künftige Beteiligung der bisherigen Anteilsinhaber/Mitglieder, § 194 Abs. 1 Nr. 3 UmwG
- Zahl, Art und Umfang der künftigen Gesellschaftsanteile/Mitgliedschaft, § 194 Abs. 1 Nr. 4 UmwG
- Anteile/Mitgliedschaft für einen beitretenden persönlich haftenden Gesellschafter, § 194 Abs. 1 Nr. 4 UmwG
- Gewährung neuer und Behandlung vorhandener Sonderrechte, § 194 Abs. 1 Nr. 5 UmwG
- Barabfindungsangebot, § 194 Abs. 1 Nr. 6 UmwG, oder Verzichtserklärungen
- Folgen für die Arbeitnehmer und den Betriebsrat, § 194 Abs. 1 Nr. 7 UmwG

Zusätzlicher Inhalt bei Formwechsel einer Personenhandelsgesellschaft in eine Kapitalgesellschaft:

- Gesellschaftsvertrag oder Satzung, § 218 Abs. 1 Satz 1 UmwG
- bei Wechsel zu KGaA: Bezeichnung der sich als persönlich haftender Gesellschafter beteiligenden Person, § 218 Abs. 2 UmwG
- Namentliche Nennung der zustimmenden Gesellschafter im Falle einer Mehrheitsentscheidung, § 217 Abs. 2 UmwG

1398 f. Eine Mindermeinung rechnet um einen Monat plus zwei Werktage zurück, *Goutier/Knopf/Tulloch* § 5 Rn. 124.

[83] Vgl. *Müller-Eising/Bert* DB 1996, 1398 (1399 f.).

[84] *Semler/Stengel/Bärwaldt* § 193 Rn. 1.

[85] *Lutter/Decher* § 194 Rn. 3.

[86] *Semler/Stengel/Bärwaldt* § 193 Rn. 10.

[87] Vgl. §§ 232, 239 UmwG.

Zusätzlicher Inhalt bei Formwechsel einer Kapitalgesellschaft in eine Personengesellschaft:

- Sitz der Personengesellschaft, § 234 Nr. 1 UmwG
- bei Wechsel in KG: Angabe der Kommanditisten mit jeweiliger Einlage, § 234 Nr. 2 UmwG
- Gesellschaftsvertrag der Personengesellschaft, § 234 Nr. 3 Satz 1 UmwG

Zusätzlicher Inhalt bei Formwechsel einer Kapitalgesellschaft in eine andere Kapitalgesellschaft:

- Gesellschaftsvertrag oder Satzung, §§ 243 Abs. 1 Satz 1, 218 Abs. 1 Satz 1 UmwG
- bei Wechsel zu KGaA: Bezeichnung der sich als persönlich haftender Gesellschafter beteiligenden Person, §§ 243 Abs. 1 Satz 1, 221, 218 Abs. 2 UmwG
- Angabe der den Gründern gleichstehenden Personen, § 244 Abs. 1 UmwG[88]

Freiwilliger zusätzlicher Inhalt:

- freiwillige Aufführung des Sitzes oder einer Sitzverlegung; zwingend bei Wechsel in eine Personengesellschaft, § 234 Nr. 1 UmwG
- Bestellung des Abschlussprüfers[89]
- Kostentragung durch Gesellschaft; bei Wechsel zur AG zwingend nach §§ 197 UmwG, 26 Abs. 2 AktG
- Einbringung von Sacheinlagen, vgl. §§ 197 UmwG, 5 Abs. 4 GmbHG, 27 Abs. 1 AktG
- Kapitalerhöhung oder Kapitalherabsetzung
- Verzicht auf Anfechtungsklagen gegen die Beschlussfassung[90]
- Verzicht auf Ladungs- und Übersendungserfordernisse, vgl. §§ 216, 230 Abs. 1, 238 UmwG
- Verzicht auf die Erstattung eines Umwandlungsberichts, § 192 Abs. 2 UmwG
- Bestimmung des Mandatsendes von Aufsichtsratsmitgliedern der Anteilsinhaber, § 203 Satz 2 UmwG

69 c) **Wichtige Beschlusspunkte.** Folgende Punkte verdienen wegen ihrer rechtsformübergreifenden Bedeutung besondere Hervorhebung:

70 *aa) Beteiligungsverhältnisse.* Der Umwandlungsbeschluss hat die künftige Beteiligung der bisherigen Anteilsinhaber zu bestimmen, § 194 Abs. 1 Nr. 3 UmwG. Es geht darum, **ob** ein bisheriger Anteilsinhaber am Rechtsträger neuer Form beteiligt ist. Das Ausscheiden oder der Beitritt von Gesellschaftern im Rahmen des Formwechsels sind dabei ebenfalls anzugeben.[91] Nach der vordringenden Auffassung in der Rechtslehre sind Ausscheiden und Beitritt im Rahmen eines Formwechsels nicht nur in den gesetzlich zugelassenen Fällen,[92] sondern stets zulässig.[93] Das Problem stellt sich aufgrund des Grundsatzes der **Identität** der Anteilsinhaber. Die Gesetzesbegründung ging noch davon aus, dass der Formwechsel sich unter Ausschluss Dritter nur im Kreis der bisherigen Anteilsinhaber vollzieht, d.h. vor und nach dem Formwechsel dieselben Personen an dem Rechtsträger beteiligt sein müssen.[94] Der BGH hat für den in der Praxis häufigen Fall des **Formwech-**

---

[88] Keine Angabe im Umwandlungsbeschluss nötig, aber Erwähnung in der Niederschrift über den Umwandlungsbeschluss.

[89] *Kallmeyer/Meister/Klöcker* § 194 Rn. 57; *Lutter/Decher* § 194 Rn. 38.

[90] Entsprechend § 16 Abs. 2 Satz 2 UmwG. Ein Verzicht beschleunigt die Eintragung, vgl. §§ 198 Abs. 3, 195 Abs. 1 UmwG. Bei einstimmigen Beschlüssen reicht ein Hinweis, dass eine Anfechtungsklage damit ausscheidet.

[91] *Semler/Stengel/Bärwaldt* § 194 Rn. 8.

[92] So aber *Kallmeyer/Meister/Klöcker* § 194 Rn. 23 ff.; *S/B/B/Sickinger* Rn. 28; *Widmann/Mayer/Vossius* § 202 Rn. 44 f. Etwa erlaubt § 221 UmwG beim Formwechsel einer OHG oder KG in eine KGaA den Beitritt eines persönlich haftenden Gesellschafters.

[93] *Schmitt/Hörtnagl/Stratz* § 226 Rn. 3; *Lutter/Decher* § 194 Rn. 14 f.; *Semler/Stengel/Bärwaldt* § 194 Rn. 8 ff.

[94] BT-Drs. 12/6699, S. 136.

sels in eine GmbH & Co. KG in einem *obiter dictum* festgestellt, dass ein neuer Gesellschafter als Komplementär hinzutreten kann.[95] Der Grundsatz der Identität fordere nur, dass die Altgesellschafter auch an der Gesellschaft neuer Rechtsform beteiligt sind.[96] Die Rechtslage ist insofern noch nicht eindeutig geklärt, so dass sich die Praxis nach wie vor der sog. Treuhandmodelle bedienen wird.[97]

Da sich die Beteiligung am Rechtsträger fortsetzt, fordert § 194 Abs. 1 Nr. 4 UmwG 71
Angaben über Zahl, Art und Umfang der Anteile an dem Rechtsträger neuer Form. Anzugeben ist also auch, **wie** die bisherigen und künftigen Anteilsinhaber beteiligt sind. Entsprechend steht die Ausgestaltung der neuen Beteiligung unter dem Vorbehalt der gesellschaftsrechtlichen Zulässigkeit nach den gesetzlichen Vorgaben für die neue Gesellschaftsform, also beispielsweise über die Mindesthöhe der Anteile.[98]

Im Hinblick auf Veränderungen der Beteiligungshöhe im Rahmen eines Formwechsels 72
ist anerkannt, dass die jeweilige Quote der Beteiligungen auch abweichend von den bisherigen Beteiligungsverhältnissen festgesetzt werden kann.[99] Anders als für die Spaltung, wo mit § 128 UmwG eine Spezialregelung besteht, spricht das Gesetz den **nicht verhältniswahrenden Formwechsel** zwar nur beim Formwechsel in eine andere Kapitalgesellschaft an und verlangt hier ausdrücklich die Zustimmung jedes Gesellschafters mit abweichender Beteiligung.[100] Hintergrund für diese explizite Sonderregelung ist, dass das Gesetz für diese Formwechsel sonst nur eine Dreiviertel-Mehrheit verlangen würde. Jedoch zeigen diese punktuellen Regelungen, dass der Gesetzgeber von der generellen Zulässigkeit einer abweichenden Festsetzung der Beteiligungsverhältnisse durch den Umwandlungsbeschluss ausgeht, wenn alle Betroffenen zustimmen. Um einen nicht verhältniswahrenden Formwechsel durchführen zu können, bedarf es daher der Zustimmung aller Anteilsinhaber, deren Beteiligung sich quotal verändert. Wegen der erhöhten Verantwortung wird man die Zustimmung auch bei Anteilserhöhungen fordern müssen.[101] Allerdings wirkt sich das Zustimmungserfordernis nur erschwerend aus, wo das Gesetz oder der Gesellschaftsvertrag einen Mehrheitsbeschluss über den Formwechsel zulässt und nicht ohnehin Einstimmigkeit gefordert ist. Im Zusammenhang mit den Angaben zu den Beteiligungsverhältnissen ist es möglich, auf den Gesellschaftsvertrag oder die Satzung Bezug zu nehmen, wenn diese dem Beschluss beigefügt sind.[102]

bb) Gesellschaftsvertrag. Bei allen Gestaltungen von Formwechseln nach dem Um- 73
wandlungsgesetz ist nach den Gesetzesänderungen vom April 2007 nunmehr der Gesellschaftsvertrag oder die Satzung in den Umwandlungsbeschluss aufzunehmen. Früher war dies für den Formwechsel einer Kapitalgesellschaft in eine Personengesellschaft entbehrlich. Bei Kapitalgesellschaften sind bezüglich des Inhalts des Gesellschaftsvertrags die **Mindestangaben** der §§ 3 GmbHG und 23 Abs. 3 AktG zu beachten. Über den Inhalt des Gesellschaftsvertrags der Personengesellschaft finden sich keine konkreten Vorgaben, da nach den Regelungen in BGB und HGB Personengesellschaften auch ohne schriftlichen oder gar notariell beurkundeten Gesellschaftsvertrag rechtswirksam gegründet werden können. Nach § 234 Nr. 1 UmwG muss jedoch der Beschluss eines Formwechsels in eine Personengesellschaft den **Sitz** des Rechtsträgers neuer Form bestimmen, damit die Anmeldung zum Handelsregister nach § 198 UmwG möglich ist. Diese Mindestangabe wird auch für den Gesellschaftsvertrag zu fordern sein. Aufgrund der Pflicht zur

---

[95] BGH NZG 2005, 722 (723). Schon angedeutet in BGH NZG 1999, 1120 (1121 – agrarrechtliche Umwandlung). Hierzu *Baßler* GmbHR 2007, 1252 (1253 f.).

[96] BGH NZG 2005, 722 (723).

[97] Hierzu noch im Einzelnen unten Rn. 166 und 184.

[98] Vgl. aber § 243 Abs. 3 Satz 2 UmwG.

[99] *Semler/Stengel/Bärwaldt* § 194 Rn. 18; *Kallmeyer/Meister/Klöcker* § 194 Rn. 34.

[100] Nämlich in §§ 241 Abs. 1 Satz 1, 242 und 243 Abs. 3 Satz 1 UmwG.

[101] *Semler/Stengel/Bärwaldt* § 194 Rn. 18.

[102] Vgl. BT-Drs. 12/6699, S. 140.

Aufnahme des Gesellschaftsvertrags im Umwandlungsbeschluss ist die Möglichkeit entfallen, sich bewusst gegen eine Neufassung des Gesellschaftsvertrages im Umwandlungsbeschluss zu entscheiden, um so Kosten oder seine Veröffentlichung zu vermeiden.[103] Der Gesellschaftsvertrag ist nunmehr als Teil des Umwandlungsbeschlusses auch bei einer Personengesellschaft als Zielgesellschaft notariell zu beurkunden und zum Handelsregister einzureichen. Das Formerfordernis stellt eine Abweichung vom sonstigen Recht der Personengesellschaften dar und soll gerechtfertigt sein, weil eine Kapitalgesellschaft ihre Form wechselt.[104] Folge der Neuregelung ist zudem, dass beim Formwechsel einer Kapitalgesellschaft in eine KG der neue Gesellschaftsvertrag im Umwandlungsbeschluss mit Dreiviertel-Mehrheit beschlossen werden kann.[105] Es empfiehlt sich, im Zusammenhang mit dem Umwandlungsbeschluss auch die Mitglieder etwa notwendiger Vertretungs- oder Aufsichtsorgane zu bestellen. Diese müssen teilweise den Formwechsel beim Handelsregister anmelden[106] oder sind in der Anmeldung zu nennen.[107]

74 *cc) Umfirmierung und Sitzverlegung.* Die bisher geführte Firma kann nach einem Formwechsel weiter geführt werden, wobei der Rechtsformzusatz anzupassen ist (**Firmenkontinuität**).[108] Alternativ kann eine neue Firma gewählt werden. Für beide Fälle enthält § 200 Abs. 1 UmwG nähere Vorgaben, die dem allgemeinen Firmenrecht insoweit vorgehen. Eine Umfirmierung im Zuge des Formwechsels kommt insbesondere in Betracht, wenn der Formwechsel als Umstrukturierungsmaßnahme einem Verkauf des Unternehmens nachfolgt.

Im Zuge des Formwechsels kann auch der **Sitz** des Rechtsträgers **verlegt** werden, wie § 198 Abs. 2 Satz 2, 2. HS. UmwG zeigt. Insbesondere wenn der Formwechsel Teil einer Umstrukturierung nach einem Verkauf des Unternehmens ist, kann eine Sitzverlegung den Formwechsel begleiten.

75 *dd) Folgen für Arbeitnehmer und ihre Vertretungen.* Zur Information des Betriebsrats sind **die Folgen des Formwechsels für die Arbeitnehmer und ihre Vertretungen** sowie die insoweit vorgesehenen Maßnahmen[109] darzustellen und Angaben darüber zu machen, ob die bisher anwendbaren Tarifverträge und Betriebsvereinbarungen fortbestehen und welche Auswirkungen der Formwechsel auf die betriebliche Mitbestimmung und auf die Unternehmensmitbestimmung hat.[110] Aufgrund der Identität des Arbeitgebers ergeben sich für die Arbeitnehmer beim Formwechsel keine Änderungen. Soweit bei der Gesellschaft aufgrund der neuen Rechtsform ein mitbestimmter Aufsichtsrat zu bilden ist, insbesondere bei einem Wechsel von einer Personengesellschaft in eine Gesellschaft in der Rechtsform der AG, der GmbH oder der KGaA mit in der Regel mehr als 500 Arbeitnehmern, kann allerdings für die Arbeitnehmer die Pflicht entstehen, Arbeitnehmervertreter in den Aufsichtsrat zu wählen.

76 **d) Verfahren und Form der Beschlussfassung.** Der Beschluss muss nach § 193 Abs. 2 Satz 1 UmwG **notariell beurkundet** werden. Ein Verstoß gegen diese Formvorschrift wird aber mit der Eintragung des Formwechsels in das Handelsregister geheilt.[111] Da der Formwechsel eine grundlegende Strukturmaßnahme ist, stellt das Umwandlungsrecht in den besonderen Regeln zum Formwechsel erhöhte Mehrheitserfordernisse auf. Regelmäßig ist eine **Mehrheit von drei Vierteln** der abgegebenen Stimmen oder des vertrete-

[103] Zu dieser Überlegung *Lutter/Decher* § 194 Rn. 37.
[104] BT-Drs. 16/2916, S. 20.
[105] BT-Drs. 16/2916, S. 19.
[106] Siehe § 222 UmwG für den Formwechsel einer Personenhandelsgesellschaft in eine Kapitalgesellschaft.
[107] Siehe § 246 UmwG für den Formwechsel unter Kapitalgesellschaften.
[108] Vgl. *Kallmeyer/Meister/Klöcker* § 200 Rn. 21.
[109] § 194 Abs. 1 Nr. 7 UmwG.
[110] Vgl. eingehend hierzu *Lutter/Decher* § 194 Rn. 26 ff.
[111] § 220 Abs. 1 Nr. 3 UmwG.

nen Kapitals erforderlich. Bei einer Personenhandelsgesellschaft als Ausgangsgesellschaft ist wegen der personalistischen Struktur grundsätzlich die Zustimmung aller Gesellschafter erforderlich, wenn nicht der Gesellschaftsvertrag unter spezifischer Erwähnung von Umwandlungen eine Dreiviertel-Mehrheit ausreichen lässt, siehe § 217 UmwG. Wird durch den Formwechsel die **persönliche Haftung** eines Gesellschafters möglich, ist dies **nur mit seinem Einverständnis** möglich. Bei einem Formwechsel einer Kapitalgesellschaft in eine OHG müssen deshalb alle Gesellschafter zustimmen. Bei einem Formwechsel in eine KG müssen dagegen die künftigen Komplementäre zustimmen bei einer sonst ausreichenden Dreiviertel-Mehrheit. Alle Dreiviertel-Mehrheiten können durch Gesellschaftsvertrag angehoben, aber nicht abgesenkt werden. Da der Formwechsel eine grundlegende **Strukturänderung** ist, ergänzen etwa bestehende gesellschaftsvertragliche Regeln über Satzungsänderungen die Anforderungen an Mehrheit und Ablauf, es sei denn der Formwechsel findet in der Satzung eine Sonderregelung.[112]

Eine **sachliche Rechtfertigung** des Umwandlungsbeschlusses ist **keine Rechtmäßigkeitsvoraussetzung.**[113] Der Formwechsel muss also nicht im Interesse der Gesellschaft liegen und auch nicht das zur Verfolgung des Unternehmenszwecks erforderliche und angemessene Mittel sein. Der gebotene Minderheitenschutz wird insofern durch Rechte auf Information, Zustimmung, Zuzahlung und Barabfindung gewährt. Auf der anderen Seite hat ein Mehrheitsgesellschafter die allgemeine Treuepflicht zu beachten und darf deshalb nicht unter dem Deckmantel des Formwechsel Veränderungen in der Gesellschaftsstruktur beschließen, die nicht durch die Umwandlung selbst oder ihre Gründe notwendig veranlasst sind.[114] 77

Schon aus der allgemeinen Regel des § 35 BGB ergibt sich, dass **Sonderrechte** eines Gesellschafters nicht ohne dessen Zustimmung beeinträchtigt werden dürfen.[115] § 193 Abs. 2 UmwG sieht daher ein Zustimmungserfordernis vor, wenn die Abtretung von Anteilen an der Gesellschaft nur mit Zustimmung einzelner oder aller[116] Gesellschafter möglich wäre. Eine solche **Vinkulierung** ist insbesondere bei Familiengesellschaften häufig und kann auch nach § 15 Abs. 5 GmbHG in der Satzung einer GmbH vereinbart sein. Ein Zustimmungsvorbehalt zu Gunsten der Gesellschaft ist aber – wie der eindeutige Wortlaut zeigt – beim Formwechsel unbeachtlich. Sonstige Sonderrechte von Anteilsinhabern, etwa Vorschlags- oder Bestimmungsrechte für die Geschäftsführung, machen die Zustimmung dieser Anteilsinhaber nach §§ 241 Abs. 2, 50 Abs. 2 UmwG erforderlich, wenn nicht nach §§ 217 Abs. 1 UmwG oder § 233 Abs. 1 UmwG ohnehin alle Anteilsinhaber dem Formwechsel zustimmen müssen. 78

Die Anteilsinhaber können sich bei der Beschlussfassung vertreten lassen, wenn dies nach den allgemeinen Vorschriften aus Gesetz und Gesellschaftsvertrag bei ihrer Gesellschaftsform zulässig wäre. Um Schwierigkeiten bei der Anmeldung zu vermeiden, sollte die **Vollmacht** zumindest beim Formwechsel von Kapitalgesellschaften notariell beglaubigt sein.[117] **Nicht erschienene Gesellschafter** müssen in notariell beurkundeter Form zustimmen, wenn nach Gesetz oder Gesellschaftsvertrag Einstimmigkeit vorgeschrieben ist oder ihre besondere Zustimmung verlangt wird, etwa wegen der Begründung persönlicher Haftung oder des Bestehens von Vinkulierungsvorbehalten.[118] Bis zum Vorliegen ausstehender Zustimmungen ist der Beschluss **schwebend unwirksam** und darf nicht 79

---

[112] *Lutter/Decher* § 193 Rn. 10; *Kallmeyer/Zimmermann* § 193 Rn. 9.

[113] Vgl. BT-Drs. 12/6699, S. 139 und S. 86. *Kallmeyer/Zimmermann* § 193 Rn. 10; *Semler/Stengel/Bärwaldt* § 193 Rn. 17; *Lutter/Decher* § 193 Rn. 11 f.

[114] Vgl. BGHZ 85, 350 (357 f.).

[115] BT-Drs. 12/6699, S. 139.

[116] *Lutter/Decher* § 193 Rn. 18.

[117] *Schmitt/Hörtnagl/Stratz* § 193 Rn. 8; *Lutter/Decher* § 193 Rn. 6.

[118] Vgl. §§ 193 Abs. 2, 217 Abs. 1, 233 Abs. 1 und Abs. 2 UmwG.

eingetragen werden.[119] Die Eintragung vermag zwar die fehlende Beurkundung einer Zustimmungserklärung zu heilen, nicht aber deren gänzliches Fehlen.[120] Die Stimmen nicht erschienener, sondern außerhalb der Versammlung zustimmender Anteilsinhaber sind nicht bei der Bemessung des Mehrheitserfordernisses zu berücksichtigen.[121]

80 e) **Anwendung von Gründungsvorschriften.** Im Rahmen des Formwechsels sind darüber hinaus die **Gründungsvorschriften** der Rechtsform zu beachten, in die gewechselt werden soll, § 197 Satz 1 UmwG. Ausgenommen sind Vorschriften über eine Mindestzahl der Gründer sowie über die Bildung und Zusammensetzung des ersten Aufsichtsrats, wobei § 31 AktG[122] beim Formwechsel in eine AG aber Anwendung findet. Die Gründungsvorschriften gelten außerdem nicht, wenn die speziellen Umwandlungsvorschriften eine **Sonderregelung für einzelne Rechtsformwechsel** vorsehen oder eine Anwendung auf einen Formwechsel keinen Sinn ergibt. Dem Gründungsrecht sind ergänzend zu den umwandlungsrechtlichen Bestimmungen zum Formwechsel etwa Anforderungen über den Mindestinhalt der Satzung,[123] den Gründungsbericht- und die Gründungsprüfung,[124] die Bestellung der neuen Vertretungsorgane[125] und die für die Anmeldung notwendigen Unterlagen zu entnehmen.

81 f) **Rechtsschutz.** Für den Fall, dass im Rahmen des Formwechsels rechtliche Bestimmungen verletzt worden sein sollten, steht üblicherweise den Minderheitsgesellschaftern die Klagemöglichkeit offen. Eine **Klage gegen die Wirksamkeit** des Umwandlungsbeschlusses kann nur binnen Monatsfrist nach der Beschlussfassung erhoben werden, § 195 Abs. 1 UmwG. Die Vorschrift greift die aktienrechtliche Frist für Anfechtungsklagen, § 246 Abs. 1 AktG auf, erstreckt die Fristbeschränkung aber auch auf die Nichtigkeitsklage sowie auf alle anderen Gesellschaftsformen.[126] Ansprüche mit der Begründung, der Anteilsinhaber habe zu wenige Anteile am neuen Rechtsträger erhalten oder seine Anteile seien nun weniger wert, können die betroffenen Anteilsinhaber nicht im Wege der Klage, sondern nur in einem gesonderten Verfahren, dem **Spruchverfahren,** geltend machen, §§ 195 Abs. 2, 196 UmwG. Im Rahmen des Spruchverfahrens können die betroffenen Anteilsinhaber eine angemessene **bare Zuzahlung** verlangen, § 196 UmwG. Als **mögliche Klagegründe** für Klagen gegen die Wirksamkeit des Umwandlungsbeschlusses nach § 195 Abs. 1 UmwG verbleiben jedoch insbesondere:[127] Verstoß gegen das Willkürverbot beim Zustandekommen des Umwandlungsbeschlusses, fehlende Zustimmung von Anteilsinhabern, fehlender Umwandlungsbericht, Ladungs- und Verfahrensfehler bei der Versammlung, unvollständiger Umwandlungsbeschluss. Insbesondere ist der Umwandlungsbeschluss anfechtbar, wenn eine nicht verhältniswahrende Umwandlung ohne die Zustimmung der betroffenen Anteilsinhaber beschlossen worden ist.[128]

6. Anmeldung und Eintragung

82 a) **Anmeldung zum Handelsregister.** Die neue Rechtsform (d.h. der Formwechsel als solcher)[129] ist bei Personenhandelsgesellschaften und Kapitalgesellschaften zur Eintra-

---

[119] *Schmitt/Hörtnagl/Stratz* § 193 Rn. 20.
[120] Das folgt aus § 202 Abs. 1 Nr. 3, Abs. 2 UmwG.
[121] *Kallmeyer/Zimmermann* § 193 Rn. 8.
[122] Die Vorschrift stellt die Handlungsfähigkeit des Aufsichtsrats sicher, solange die Arbeitnehmervertreter noch nicht gewählt sind, vgl. *Parmentier* AG 2006, 476 (484).
[123] Vgl. §§ 3 Abs. 1 GmbHG, 23 Abs. 2 und Abs. 3 AktG.
[124] §§ 32 ff AktG.
[125] §§ 46 Nr. 5 GmbHG, 84 Abs. 1 und Abs. 2 AktG.
[126] Vgl. hierzu *Lutter/Decher* § 195 Rn. 3 ff.
[127] Siehe jeweils die ausführlichen Auflistungen bei *Kallmeyer/Meister/Klöcker* § 195 Rn. 24 und Rn. 29; *Lutter/Decher* § 195 Rn. 15 ff.; *Widmann/Mayer/Vollrath* § 193 Rn. 48 ff.
[128] *S/B/B/Sickinger* R 30; *Semler/Stengel/Bärwaldt* § 195 Rn. 29; *Lutter/Decher* § 195 Rn. 19.
[129] *S/B/B/Sickinger* R 66.

gung in das **Handelsregister anzumelden,** in dem der bisherige Rechtsträger eingetragen ist.[130] Diese Grundregel erfasst die praktisch wichtigsten Fälle des Formwechsels zwischen Kapitalgesellschaft und Personhandelsgesellschaft sowie unter Kapitalgesellschaften.[131] Beim Formwechsel einer Kapitalgesellschaft in eine GbR ist dagegen nicht die neue Rechtsform, sondern nach § 235 Abs. 1 UmwG nur die Umwandlung anzumelden, da die GbR nicht ins Handelsregister einzutragen ist. Inhalt der Anmeldung ist die Umwandlung der Kapitalgesellschaft in eine GbR.[132]

Für eine mit dem Formwechsel verbundene **Sitzverlegung** enthält § 198 Abs. 2 Satz 2 bis Satz 5 UmwG Sonderregeln. Danach erfolgt zunächst die Eintragung in das Register am bisherigen Sitz. Das Handelsregister wird bei dieser Eintragung einen Wirksamkeitsvorbehalt aufnehmen, der klarstellt, dass der Formwechsel erst mit der Eintragung im Handelsregister des neuen Sitzes wirksam wird. Sodann erfolgt die Eintragung in das Register am neuen Sitz. Ein Wirksamkeitsvorbehalt ist entbehrlich, sofern die Eintragung in den Registern aller beteiligten Rechtsträger am selben Tag erfolgt, was in der Praxis über eine Abstimmung der Registergerichte erfolgt. 83

b) **Inhalt der Anmeldung.** Die Anmeldung des Formwechsels zur Eintragung im Handelsregister muss insbesondere die folgenden Angaben und Anlagen enthalten:[133] 84

- **Inhalt der Anmeldung,** § 198 UmwG: Neue Rechtsform des Rechtsträgers; Erklärung über das Fehlen von Klagen gegen den Formwechsel.[134]
- **Beizufügende Unterlagen,** § 199 UmwG: Niederschrift des Umwandlungsbeschlusses; Zustimmungserklärungen von Anteilsinhabern; Umwandlungsbericht oder entsprechende Verzichtserklärungen; Nachweis über Zuleitung zum Betriebsrat; Handelsregisterauszug bei Sitzverlegung (zweckmäßig).
- **Form:** Bei der Anmeldung ist für die Abschriften des Umwandlungsbeschlusses sowie der Zustimmungs- und Verzichtserklärungen die Form der öffentlichen Beglaubigung oder der öffentlichen Beurkundung zu wahren.[135] Die Anmeldung selbst muss öffentlich beglaubigt sein. Ansonsten reicht Schriftform.

Der Inhalt der Anmeldung und die der Anmeldung beizufügenden Unterlagen ergeben sich im Einzelnen aus den §§ 198, 199, 222, 223, 235 und 246 UmwG sowie ergänzend aus den jeweiligen Gründungsvorschriften, vgl. die Verweisung in § 197 UmwG. 85

c) **Anmeldepflichtiger.** Die Person des **Anmeldepflichtigen** ist abhängig von der Rechtsform und bestimmt sich nach den rechtsformspezifischen Vorschriften zum Formwechsel:[136] 86

- Formwechsel einer Personenhandelsgesellschaft, § 222 Abs. 1, Abs. 2 UmwG: alle Mitglieder des künftigen Vertretungsorgans, alle Mitglieder eines gesetzlich vorgeschriebenen Aufsichtsrats sowie alle Gründungsgesellschafter nach § 219 UmwG (bei Formwechsel zu AG oder KGaA), in der Regel somit die Gesellschafter der formwechselnden Gesellschaft.

[130] § 198 Abs. 1 UmwG. Register für andere Rechtsformen sind das Vereinsregister und das Partnerschaftsregister.

[131] *Lutter/Decher* § 198 Rn. 3.

[132] *Kallmeyer/Dirksen* § 235 Rn. 2.

[133] Eine ansonsten nach § 199 UmwG beizufügende staatliche Genehmigung wird bei Personenhandelsgesellschaften und Kapitalgesellschaften nicht relevant.

[134] Zu letzterem siehe §§ 198 Abs. 3, 16 Abs. 2, Abs. 3 UmwG. Ein Abwarten der Präklusionsfrist von einem Monat, § 195 Abs. 1 UmwG, ist bei entsprechenden Verzichtserklärungen im Umwandlungsbeschluss (entsprechend § 16 Abs. 2 Satz 2 UmwG) nicht notwendig.

[135] Vgl. § 12 Abs. 1 HGB, § 129 Abs. 2 BGB.

[136] Vgl. zu Einzelheiten insofern die Darstellung der einzelnen Umwandlungsvarianten ab Rn. 93.

- Formwechsel einer Kapitalgesellschaft, §§ 235 Abs. 2, 246 Abs. 1 UmwG: Vertretungsorgan der formwechselnden Gesellschaft.

87 d) **Wirkungen der Eintragung.** Die Eintragung der neuen Rechtsform in das Handelsregister führt zur **Wirksamkeit des Formwechsels.** Nach § 202 Abs. 1 UmwG besteht der formwechselnde Rechtsträger in der in dem Umwandlungsbeschluss bestimmten Form weiter, die Anteilsinhaber sind an dem Rechtsträger neuer Rechtsform beteiligt, Rechte Dritter setzen sich an den neuen Anteilen fort und Beurkundungsmängel werden geheilt.[137] Auf den Rechtsträger finden nunmehr die gesellschaftsrechtlichen Regeln der neuen Rechtsform Anwendung. Alle Forderungen und Verbindlichkeiten stehen dem Rechtsträger neuer Form zu, ohne dass eine Zustimmung des jeweiligen Schuldners oder Gläubigers notwendig wäre. Dies gilt insbesondere auch für Arbeitsverträge. Eintragungen im Grundbuch bedürfen keiner formalen Umschreibung, sondern lediglich der Korrektur der Bezeichnung des Berechtigten.[138] Die Kontinuität erstreckt sich auch auf sonstige Rechtsverhältnisse, wie etwa öffentlich rechtliche Genehmigungen oder laufende Rechtsstreitigkeiten. Dingliche Rechte Dritter an den Anteilen, etwa Pfandrechte oder Nießbrauchrechte, setzen sich an den neuen Anteilen fort, § 202 Abs. 1 Nr. 2 Satz 2 UmwG – dingliche Surrogation.[139] Die Eintragung des Formwechsels wird vom Registergericht gemäß §§ 210 UmwG, 10 HGB in einem von der jeweiligen Landesjustizverwaltung bestimmten elektronischen Informations- und Kommunikationssystem bekannt gemacht. Nach § 202 Abs. 3 UmwG ist die einmal eingetretene Wirksamkeit unabhängig von etwaigen Mängeln des Formwechsels, egal wie schwer diese wiegen. Aus Gründen der Rechtssicherheit ordnet die Norm die Bestandskraft des Formwechsels an.

88 Die Mitglieder des bisherigen Vertretungsorgans verlieren mit der Eintragung ihre Organstellung.[140] Dies folgt daraus, dass nur für einen aktienrechtlichen oder mitbestimmungsrechtlichen Pflichtaufsichtsrat in § 203 UmwG Amtskontinuität ausdrücklich vorgesehen ist. Die Mitglieder des neuen Vertretungsorgans müssen deshalb bestellt werden. Üblicherweise erfolgt die Bestellung im Zusammenhang mit dem Gesellschafterbeschluss über den Formwechsel. Die neuen Organmitglieder sind mit dem Formwechsel anzumelden oder haben sogar den Formwechsel selbst anzumelden.[141] Selbstverständlich können die bisherigen Mitglieder auch erneut bestellt werden.

7. Barabfindung, Gläubigerschutz und Haftung

89 a) **Anspruch auf Barabfindung.** Jeder dem Umwandlungsbeschluss widersprechende Anteilsinhaber kann den Erwerb seiner Anteile gegen eine angemessene Barabfindung verlangen, § 207 Abs. 1 Satz 1 UmwG. Mit der Einladung zur beschließenden Gesellschafterversammlung ist ein Abfindungsangebot zu übersenden.[142] Der Widerspruch ist in der Versammlung der Anteilsinhaber über den Umwandlungsbeschluss zur Niederschrift zu erklären. Da sich der Widerspruch nach dem Wortlaut des Gesetzes „gegen den Umwandlungsbeschluss" richtet, muss der Anteilsinhaber auch gegen den Formwechsel stimmen, um zum Widerspruch berechtigt zu sein.[143] Will der Anteilsinhaber dem Formwechsel nicht im Wege stehen und trotzdem eine Barabfindung erhalten, muss er vor der Umwandlung seine Anteile an die Mehrheitsanteilsinhaber verkaufen. Zu beachten ist, dass auch bei Abgabe einer Gegenstimme in jedem Fall ein Widerspruch er-

---

[137] Zudem enthalten §§ 236 und 247 UmwG Ergänzungen für Formwechsel von Kapitalgesellschaften.

[138] *Lutter/Decher* § 202 Rn. 38.

[139] *S/B/B/Sickinger* R 66.

[140] Vgl. *Lutter/Decher* § 202 Rn. 44; *Buchner/Schlobach* GmbHR 2004, 1 (3).

[141] Siehe §§ 222, 246 UmwG.

[142] §§ 216, 231 Satz 1, 238 Satz 1 UmwG.

[143] Wie hier *Schmitt/Hörtnagl/Stratz* § 207 Rn. 4; *Semler/Stengel/Kalss* § 207 Rn. 7; *Widmann/Mayer/Vollrath* § 207 Rn. 7. Anders jedoch *Lutter/Decher* § 207 Rn. 10; *Kallmeyer/Meister/Klöcker* § 207 Rn. 15.

klärt werden muss, da der Anteilsinhaber sich trotz Unterliegens in der Abstimmung für einen Verbleib in der Gesellschaft entscheiden könnte.

b) **Verzicht auf Barabfindung.** Ein **Verzicht** auf die Erfordernisse der Barabfindung ist auf drei Stufen möglich: 90

- Zum einen können alle Anteilsinhaber auf ein Barabfindungsangebot verzichten.[144] Auch wenn dieser Verzicht vom Gesetz nicht vorgesehen wird, ist er nach allgemeinen Rechtsgrundsätzen möglich. Ein Barabfindungsangebot ist dann ganz entbehrlich. Der Umwandlungsbericht muss nur den Verzicht erwähnen. Der Verzicht bedeutet, dass die Anteilsinhaber auch für den Formwechsel stimmen müssen.[145] Der Verzicht ist entsprechend den Vorschriften der §§ 192 Abs. 2 Satz 2, 30 Abs. 2 Satz 3 UmwG notariell zu beurkunden und entsprechend § 199 UmwG der Anmeldung zum Handelsregister beizufügen.
- Zum anderen können einzelne Anteilsinhaber auf ein Barabfindungsangebot verzichten. Ein solcher Verzicht kann nach einem Teil der Rechtslehre formlos vereinbart werden,[146] allerdings ist nicht ersichtlich, warum ein kollektiver Verzicht anders behandelt werden sollte als ein individueller Verzicht.
- Schließlich ist ein Verzicht aller Berechtigten auf die Prüfung oder den Prüfungsbericht über die Angemessenheit des Abfindungsangebots in notarieller Form möglich, §§ 208, 30 Abs. 2 UmwG.

Ein Barabfindungsangebot ist darüber hinaus **entbehrlich,** wenn das Gesetz dies bei bestimmten Formwechseln, wie beispielsweise beim Wechsel von einer AG in eine KGaA oder von einer KGaA in eine AG, bestimmt,[147] wenn ohnehin alle Anteilsinhaber dem Formwechsel zustimmen müssen oder wenn es nur einen Anteilsinhaber gibt, § 194 Abs. 1 Nr. 6 UmwG. Die Zustimmungspflicht aller Anteilsinhaber kann sich aus dem Gesetz wie bei dem Formwechsel einer Personenhandelsgesellschaft[148] oder aus einer entsprechenden Satzungsregelung ergeben. Soweit nur auf Grund der faktischen Beteiligungsverhältnisse Einstimmigkeit notwendig ist, reicht dies aber nicht aus.[149] 91

Fehlt das Angebot einer Barabfindung oder wird diese zu niedrig oder sonst nicht ordnungsgemäß angeboten, ist eine **Klage** gegen den Umwandlungsbeschluss nach § 210 UmwG **ausgeschlossen.** § 212 UmwG öffnet aber den Weg ins Spruchverfahren.

c) **Gläubigerschutz.** Gläubigern der formwechselnden Gesellschaft ist unter den Voraussetzungen von §§ 204, 22 UmwG Sicherheit zu leisten. Danach haben die Gläubiger eine Gefährdung der Erfüllung ihrer Forderung glaubhaft zu machen. Denkbare Gefährdungen können etwa durch den Wegfall der Kapitalschutzvorschriften beim Formwechsel einer Kapitalgesellschaft zu einer Personengesellschaft sein.[150] Zum Schutz der Gläubiger gilt beim Formwechsel einer Personengesellschaft darüber hinaus die auf fünf Jahre begrenzte Nachhaftung persönlich haftender Gesellschafter nach § 224 UmwG.[151] In den §§ 205, 206 UmwG finden sich Regeln über eine Schadensersatzpflicht des Vertretungsorgans und eines gegebenenfalls bestehenden Aufsichtsrats. Haftbar sind die Organmitglieder als Gesamtschuldner, sofern sie nicht die Beachtung ihrer Sorgfaltspflicht beim Formwechsel nachweisen können.[152] 92

---

[144] Vgl. *Lutter/Decher* § 207 Rn. 22.

[145] Wie hier *Schmitt/Hörtnagl/Stratz* § 207 Rn. 4; anders etwa *S/B/B/Sickinger* R 40; *Kallmeyer/Meister/Klöcker* § 207 Rn. 15.

[146] *Kallmeyer/Meister/Klöcker* § 207 Rn. 46; *Lutter/Decher* § 207 Rn. 23; *Widmann/Mayer/Vollrath* § 207 Rn. 20.

[147] Etwa §§ 227, 250 UmwG.

[148] Insbesondere § 217 Abs. 1 UmwG.

[149] Etwa wenn in einer GmbH zwei je hälftig beteiligte Gesellschafter vorhanden sind. Vgl. *Lutter/Decher* § 194 Rn. 22; *Kallmeyer/Meister/Klöcker* § 194 Rn. 45. Anders jedoch *S/B/B/Sickinger* R 39.

[150] *Semler/Stengel/Kalss* § 204 Rn. 1.

[151] Für den Komplementär einer KGaA siehe §§ 237, 249 UmwG.

[152] Vgl. §§ 205 Abs. 1 Satz 2, 25 Abs. 1 Satz 1 UmwG.

D. Wechsel von einer Kapitalgesellschaft in eine andere Kapitalgesellschaft

Beim Wechsel von einer Kapitalgesellschaft in eine andere Kapitalgesellschaft sind die folgenden Gestaltungen zu unterscheiden:

I. Überblick

93 Als **Kapitalgesellschaften** gelten die GmbH, die AG und die KGaA, § 3 Abs. 1 Nr. 2 UmwG. Daneben gilt nach Art. 3 Abs. 1 SE-VO die SE als Aktiengesellschaft. Der Schwerpunkt der nachfolgenden Ausführungen liegt auf dem besonders relevanten Formwechsel zwischen GmbH und AG und umgekehrt. Diese Art des Formwechsels lässt die kapitalistische Verfassung des Unternehmens unberührt und ist deshalb leichter durchzuführen als etwa der Wechsel zur Personengesellschaft, die durch das enge Verhältnis der Gesellschafter untereinander und durch die persönliche Haftung von Gesellschaftern geprägt ist.[153] Der umwandlungsrechtliche Wechsel zur AG hat in seiner Bedeutung die Neugründung einer AG mittlerweile verdrängt.[154] Ausgangs- und Zielgesellschaft sind juristische Personen mit auf das Gesellschaftsvermögen beschränkter Haftung, die zum Schutz der Gläubiger und als Kehrseite des Fehlens einer persönlichen Haftung von Gesellschaftern die gesetzlichen **Kapitalaufbringungs- und Kapitalerhaltungsstandards** beachten müssen. Bei dieser Art des Formwechsels sind die Begründung oder der Wegfall einer persönlichen Haftung eines Gesellschafters der Ausnahmefall.[155] Ein Schwerpunkt der nachfolgend dargestellten Regeln liegt darin, die **Umgehung** strengerer Gründungsvorschriften durch die Hintertür eines Formwechsels zu **verhindern.** Der Wechsel zwischen zwei Kapitalgesellschaften hat auf die Besteuerung des Unternehmens keine Auswirkungen. Der Formwechsel selbst unterliegt keiner gesonderten Besteuerung.

II. Wechsel von der GmbH in die AG

Ausgangspunkt der Überlegungen ist die Motivation für den Wechsel der Rechtsform:

1. Erwägungen für die Durchführung des Formwechsels

94 Der Wechsel in die Rechtsform der AG ist für ein wachsendes Unternehmen besonders interessant, da es für zukünftige Finanzierungen den **Zugang zum Kapitalmarkt** oder auch zu einem weiten Kreis von finanzierenden Gesellschaftern eröffnet. In ihren Leitungs- und Kontrollstrukturen ist die AG für einen großen sowie schnell und oft wechselnden Gesellschafterkreis konzipiert. Mehrheitsentscheidungen im Gesellschafterkreis sind die Regel.[156] Die Aktien können üblicherweise leicht veräußert werden, während bei der GmbH nach § 15 GmbHG das Beurkundungserfordernis und oftmals auch Zustimmungsvorbehalte von Mitgesellschaftern zu beachten sind. Der **Vorstand** genießt ein hohes Maß an wirtschaftlicher **Entscheidungsfreiheit** und leitet die Gesellschaft unter eigener Verantwortung.[157] Er ist von Weisungen unabhängig, hat aber gesellschaftsvertragliche und gesetzliche Zustimmungsvorbehalte zu beachten. Zwingend ist die Errichtung eines **Aufsichtsrats** als Kontrollorgan. Die AG bietet so den besten Rahmen, um einen hohen Kapitalbedarf zu decken und um ein Unternehmen trotz zahlreicher Gesellschafter handlungsfähig zu erhalten. Der Formwechsel zur AG kommt auch zur Vorbe-

[153] Nach altem Recht als formwechselnde Umwandlung bezeichnet.
[154] *Hueck/Windbichler* GesR § 22 Rn. 1.
[155] Die persönliche Haftung wird bei Kapitalgesellschaften nur im Fall der KGaA relevant.
[156] Siehe zu einem umfassenden Vergleich *Hölters/Buchta* DStR 2003, 79 ff.
[157] Vgl. § 76 Abs. 1 AktG.

reitung der Unternehmensnachfolge in Betracht, wenn der Unternehmensgründer sich schrittweise durch Aktienübertragungen aus dem Unternehmen zurückziehen und durch die Unabhängigkeit des Vorstands eine kompetente Unternehmensführung sicherstellen möchte.[158]

Die **Übertragung von Aktien** ist in der AG grundsätzlich formfrei und ohne Mitteilung 95
an die Gesellschaft möglich.[159] Anders als die Geschäftsanteile an der GmbH können die Aktien der AG zur **Börse** zugelassen und damit unter einem breiten Publikum gehandelt werden. Dabei können verschiedene Aktiengattungen ausgegeben werden, die sich hinsichtlich der Gewinn-, Liquidations- und Stimmrechte unterscheiden. Ein Genehmigtes Kapital, § 202 AktG, autorisiert den Vorstand zu einer kurzfristigen Beschaffung von zusätzlichem Eigenkapital, sollte das Wachstum des Unternehmens dies erforderlich machen. Insgesamt steigert die durch den Börsengang erzielbare bessere Eigenkapitalquote die Kreditwürdigkeit eines Unternehmens.[160] Die Rechtsform der AG erleichtert es, **Mitarbeiterbeteiligungsprogramme** aufzusetzen und so Leistungsanreize für das Management und sonstige Mitarbeiter zu schaffen. Außerdem können von der AG Schuldverschreibungen zur Erlangung von zusätzlichem Fremdkapital begeben werden. Dies erweitert die Möglichkeiten der Kapitalbeschaffung und erleichtert den Aufbau kapitalintensiver Unternehmungen. Gleichzeitig erhalten die **Altaktionäre** die Gelegenheit, ihre bisherigen Aktien mit Gewinnchance ganz oder teilweise zu veräußern. Diese Option ist besonders auch für einen **Finanzinvestor** interessant, der in den Aufbau des Unternehmens investiert hat und nun die Früchte seines Investments über die Börse ernten möchte. In der AG lassen sich außerdem **Strukturmaßnahmen** umsetzen, die bei der GmbH nicht oder nur unter rechtlich komplexen Konstruktionen möglich sind. Hervorzuheben ist hier der aktienrechtliche Ausschluss von Minderheitsaktionären, §§ 327a AktG ff., mit dessen Hilfe der Hauptaktionär, der Aktien mit einem Anteil von mindestens 95% des Grundkapitals hält, die Minderheitsaktionäre gegen Barabfindung aus der Gesellschaft ausschließen kann. Zu beachten ist hierbei aber, dass ein Formwechsel allein zur Vorbereitung eines solchen Squeeze-out von der überwiegenden Meinung als missbräuchlich und deshalb unzulässig angesehen wird.[161]

Jede AG unterliegt einer **formalen Entscheidungsfindung**, einer **strikten Kapitalbin-** 96
dung[162] sowie **bilanziellen Publizitätspflichten.** Das Mindestgrundkapital liegt bei EUR 50 000,00 und ist damit doppelt so hoch wie bei einer normalen GmbH. Die Einrichtung eines Aufsichtsrats ist zwingend. Gerade bei einer Börsenzulassung unterliegt die AG noch weiteren rechtlichen Beschränkungen sowie erheblichen laufenden Aufwendungen. Vor dem Verkauf der Aktien über die Börse muss ein Zulassungsverfahren durchlaufen und ein Wertpapierprospekt erstellt werden, in dem zahlreiche Unternehmensdetails offen zu legen sind und für dessen Richtigkeit und Vollständigkeit der Vorstand haftet.[163] Ein börsennotiertes Unternehmen hat außerdem eine hinreichende **Kapitalmarktkommunikation** sicherzustellen. Diese umfasst etwa die Pflicht zu Ad-hoc Mitteilungen,[164] das Verbot von Insidergeschäften,[165] die Offenlegung von Aktienge-

[158] Vgl. *Hölters/Buchta* DStR 2003, 79 (82) und *Stoye-Benk* Umwandlungsrecht Rn. 288.

[159] Mitteilungspflichten bestehen jedoch bei Erreichen eines bedeutenden Aktienbesitzes, siehe für die nicht börsennotierte AG § 20 Abs. 1 und Abs. 4 AktG (mehr als 25% und 50% der Aktien) und für die börsennotierte AG §§ 21 ff. WpHG (Erreichen, Überschreiten oder Unterschreiten von 3%, 5%, 10%, 15%, 20%, 25%, 30%, 50% und 75% der Stimmrechte).

[160] Siehe *Hölters/Buchta* DStR 2003, 79 (82).

[161] So MünchKommAktG/*Grunewald* § 327a Rn. 25; *Fleischer* ZGR 2002, 757 (787). Vgl. auch den Hinweis in OLG Düsseldorf NZG 2004, 328 (331). Für die Zulässigkeit jedoch *Lutter/Decher* § 195 Rn. 23.

[162] Vgl. §§ 57, 62 AktG mit §§ 30, 31 GmbHG.

[163] Vgl. § 44 BörsG.

[164] § 15 Abs. 1 WpHG.

[165] Nach § 14 WpHG.

schäften der Vorstands- und Aufsichtsratsmitglieder[166] sowie Mitteilungspflichten bei Erwerb oder Veräußerung von bedeutenden Aktienpaketen.[167] Das Risiko eines Einstiegs unerwünschter Aktionäre ist bei der AG am größten. Insbesondere kann eine börsennotierte AG auch **Ziel eines feindlichen Übernahmeangebots** sein, über das ein Investor ohne Einverständnis des Managements die Mehrheit der Aktien erwerben möchte.[168] Erwirbt ein Aktionär außerhalb eines freiwilligen Übernahmeangebots die Kontrolle über eine börsennotierte AG,[169] ist er sogar zu einem Kaufangebot an alle übrigen Aktionäre verpflichtet.[170] Auch die Unabhängigkeit des Vorstands kann sich für die Aktionäre nachteilig auswirken, wenn sie eine andere Unternehmenspolitik verwirklichen wollen. In einer AG mit hohem **Streubesitz** besteht häufig die Gefahr, dass der Vorstand die Gesellschaft völlig dominiert und eine effektive Kontrolle durch Aktionäre mangels hinreichend großen finanziellen Interesses nicht erfolgt.

2. Ablauf und Gestaltung

97 **Ablaufschema eines Formwechsels GmbH → AG:**

- Entscheidung der Gesellschafter und Abstimmung mit Geschäftsführern
- Umwandlungsbericht, Entwurf des Umwandlungsbeschlusses und Barabfindungsangebot
- Zuleitung des Entwurfs des Umwandlungsbeschlusses an den Betriebsrat
- Ladung zur Gesellschafterversammlung
- Beschlussfassung über Formwechsel und neue Satzung mit qualifizierter Mehrheit
- Bestellung von Aufsichtsrat und Vorstand
- Gründungsbericht und Gründungsprüfung
- Gegebenenfalls Kapitalmaßnahmen (Kapitalerhöhung, Kapitalherabsetzung)
- Handelsregisteranmeldung, Eintragung des Formwechsels

98 **a) Vorbereitung und Umwandlungsbericht.** Der Umwandlungsbericht soll den Formwechsel und die rechtlichen und wirtschaftlichen **Folgen** den Gesellschaftern **erläutern,** § 192 Abs. 1 UmwG, sofern er nicht, da nur ein Gesellschafter beteiligt ist oder weil alle Gesellschafter auf seine Erstattung durch notariell beurkundete Erklärung verzichten, entbehrlich ist, siehe § 192 Abs. 2 UmwG. Wichtig ist insbesondere die Erläuterung der mit dem Formwechsel einhergehenden Veränderungen der Anteilsrechte (Börsenzulassung und Handelbarkeit an der Börse, Wegfall von Vinkulierungen, Informations- und Minderheitenrechte, strikter Kapitalschutz[171]). Alle **Geschäftsführer** haben bei der Erstellung mitzuwirken. Bei mehreren Geschäftsführern müssen gemäß dem gesetzlichen Leitbild der Gesamtvertretung und Gesamtgeschäftsführung alle Geschäftsführer zustimmen und den Umwandlungsbericht unterzeichnen, sofern nicht Satzung oder Geschäftsordnung eine Mehrheitsentscheidung vorsieht.[172] Der Entwurf des Umwandlungsbeschlusses ist dem Umwandlungsbericht beizufügen. Der Entwurf des Umwandlungsbeschlusses ist dem **Betriebsrat** spätestens einen Monat vor dem Tag der Gesellschafterversammlung über die Beschlussfassung des Formwechsels **zuzuleiten.**[173]

99 Bei der Vorbereitung der Gesellschafterversammlung sind zunächst die gesellschaftsvertraglichen Regelungen zur Einberufung von Gesellschafterversammlungen oder man-

---

[166] Sog. Directors' Dealings, § 15 a WpHG.
[167] Siehe §§ 21 ff. WpHG.
[168] Vgl. hierzu die Regeln nach §§ 29 ff. WpÜG.
[169] Vgl. § 29 Abs. 2 WpÜG: mindestens 30% der Stimmrechte.
[170] Pflichtangebot nach § 35 WpÜG.
[171] Vgl. §§ 57, 62 AktG mit §§ 30, 31 GmbHG.
[172] Vgl. *Baumbach/Hueck/Zöllner/Noack* § 37 GmbHG Rn. 24; zur Unterzeichnung siehe BGH NZG 2007, 714 (717).
[173] § 194 Abs. 2 UmwG.

gels gesellschaftsvertraglicher Regelungen die GmbH-gesetzlichen Regeln nach § 51 Abs. 1 GmbHG zu beachten. Das GmbH-Gesetz sieht dabei eine **Ladungsfrist** von mindestens einer Woche vor. Angesichts der Monatsfrist für die Information des Betriebsrats wird man auch die Gesellschafter mit einmonatigem Vorlauf zur Beschlussfassung über den Formwechsel einladen, wenn eine vorzeitige Bekanntgabe der Formwechselpläne gegenüber dem Betriebsrat und damit auch gegenüber der Belegschaft vor einer Information sämtlicher Gesellschafter ausscheidet. Ein Verzicht auf die Einhaltung der Ladungsformalitäten mit Zustimmung aller Gesellschafter ist möglich.[174] Nach den speziellen Regeln der §§ 238 Satz 1, 230 Abs. 1 UmwG ist der Formwechsel zusammen mit der Einladung in Textform anzukündigen und der Umwandlungsbericht zu übersenden. Der Entwurf des Umwandlungsbeschlusses ist Bestandteil des Umwandlungsberichts, § 192 Abs. 1 Satz 2 UmwG und damit ebenfalls zu übersenden. Gleiches gilt für die neue Satzung, die ihrerseits im Rahmen des Umwandlungsbeschlusses festgestellt werden soll.[175] Schließlich muss den Gesellschaftern auch das **Abfindungsangebot** nach § 207 UmwG übermittelt werden.[176]

b) Umwandlungsbeschluss. Der Umwandlungsbeschluss ist gemäß den allgemeinen Regeln in § 193 UmwG in einer **Gesellschafterversammlung** der GmbH zu fassen und notariell zu beurkunden. In der Gesellschafterversammlung muss nach § 239 Abs. 1 UmwG der Umwandlungsbericht (mitsamt dem Entwurf des Umwandlungsbeschlusses und der geplanten Satzung) ausliegen, sofern seine Erstellung nicht ohnehin entbehrlich war.[177] In Übereinstimmung mit der Regelung des § 53 Abs. 2 Satz 1 GmbHG zur Satzungsänderung müssen laut § 240 Abs. 1 Satz 1 UmwG mindestens **drei Viertel der abgegebenen Stimmen** den Formwechsel befürworten. Strengere Mehrheitserfordernisse (Beschlussfähigkeit, Quorum, Mindestkapitalschwelle)[178] können sich aus der Satzung der GmbH ergeben. Der Umwandlungsbeschluss kann bei einer Vinkulierung der Geschäftsanteile nach § 15 Abs. 5 GmbHG nicht ohne die **Zustimmung** der begünstigten Gesellschafter erfolgen.[179] 100

Der **Inhalt** des Umwandlungsbeschlusses ergibt sich aus einem Zusammenspiel von §§ 194 Abs. 1 und 243 UmwG. Der Umwandlungsbeschluss muss demnach die Angabe enthalten, dass die GmbH in eine AG umgewandelt wird. Darüber hinaus ist die neue Firma mit dem Zusatz „Aktiengesellschaft" oder „AG"[180] anzugeben, wobei die bisherige Firma im Kern aber beibehalten werden kann. Besondere Aufmerksamkeit verdient die **künftige Beteiligung** der bisherigen Anteilsinhaber. Die Gesellschafter werden Aktionäre. Die künftige Beteiligung ist nach Zahl, Art und Umfang zu bestimmen.[181] Das künftige Grundkapital hat mindestens EUR 50 000,00 zu betragen. Je nach Zahl der Anteilsinhaber kann eine Auflistung nach Namen oder eine abstrakte Erläuterung der Zuteilung der Aktien erfolgen. Nach § 40 Abs. 1 GmbHG führt die GmbH eine Gesellschafterliste, aus der sich die Identität der Gesellschafter und ihre Beteiligung ergibt. Der Umtausch der Geschäftsanteile in Aktien muss für jeden Geschäftsanteil oder für jeden Gesellschafter angegeben werden, allerdings reicht auch eine Umtauschformel, aus der sich die künftigen Beteiligungsverhältnisse berechnen lassen. Geht man von der Identität der Anteilsinhaber aus, entspricht die Beteiligungsquote am Grundkapital der AG der vorherigen Beteiligungshöhe am Stammkapital der GmbH. In der 101

---

[174] Vgl. § 51 Abs. 3 GmbHG.
[175] Zu den Übersendungspflichten vgl. *Semler/Stengel/Ihrig* § 230 Rn. 8 ff.
[176] §§ 238, 231 UmwG.
[177] Vgl. § 192 Abs. 2 UmwG.
[178] *Kallmeyer/Dirksen* § 240 Rn. 3.
[179] Siehe § 193 Abs. 2 GmbHG.
[180] Vgl. MünchKommAktG/*Heider* § 4 Rn. 18.
[181] § 194 Abs. 1 Nr. 3 und Nr. 4 UmwG.
[182] Nicht belegt.

Satzung und im Umwandlungsbeschluss ist anzugeben, ob es sich um Stück- oder Nennbetragsaktien, § 8 Abs. 1 AktG, und um Inhaber- oder Namensaktien, § 10 Abs. 1 AktG, handelt. Besondere Beachtung verdient die Festsetzung des Nennbetrags oder der Zahl der Stückaktien in der Satzung der AG, vgl. § 23 Abs. 3 Nr. 4 AktG. Eine von der Einteilung der Geschäftsanteile abweichende Festsetzung der Nennbeträge in der AG-Satzung ist nach § 243 Abs. 3 UmwG möglich und in der Praxis der Regelfall.

102 Eine **Vinkulierung** der Aktien ist nur eingeschränkt möglich. So kann die Übertragung von Namensaktien durch die Satzung nur an die Zustimmung der AG geknüpft werden.[183] Die Aufnahme einer Vinkulierung der Aktien ist im Umwandlungsbeschluss zu erläutern.[184] Hing die Übertragung der GmbH-Anteile von der Zustimmung der Gesellschaft ab, kann in der Satzung der künftigen AG ein vergleichbarer Zustimmungsvorbehalt begründet werden. Zustimmungsvorbehalte zu Gunsten anderer Gesellschafter müssen entfallen, wobei der Umwandlungsbeschluss seinerseits von der Zustimmung der so betroffenen Gesellschafter abhängt.[185] Die Neueinführung einer Vinkulierung der Aktien bedarf nach überwiegender Ansicht der Zustimmung der betroffenen Anteilsinhaber, auch wenn ansonsten der Umwandlungsbeschluss nach § 240 Abs. 1 Satz 1 UmwG mit qualifizierter Mehrheit beschlossen werden kann.[186] **Sonderrechte** für einzelne Aktionäre sind in den Umwandlungsbeschluss aufzunehmen.[187] Umgekehrt sind der Wegfall von Sonderrechten in der GmbH und eine hierfür zu gewährende Abgeltung anzugeben. Für die dem Formwechsel widersprechenden Gesellschafter ist ein **Abfindungsangebot** vorzusehen, es sei denn, die Satzung der GmbH sieht in Abweichung vom gesetzlichen Regelfall eine einstimmige Beschlussfassung vor oder eine Ein-Personen-GmbH wird umgewandelt.[188]

103 Ferner muss der Umwandlungsbeschluss Angaben darüber enthalten, ob der Formwechsel **Folgen für die Arbeitnehmer** und ihre Vertretungen hat. Auf Grund der Identität des Rechtsträgers dürfte dies jedoch nur selten der Fall sein.[189] Auch eine Verpflichtung der Arbeitnehmer zur Wahl von Arbeitnehmervertretern in einen mitbestimmten Aufsichtsrat entsteht durch den Formwechsel nicht. Sind die Beschäftigtenzahlen nach § 1 Abs. 1 MitbestG (2000 Arbeitnehmer) oder § 1 Abs. 1 Nr. 3 DrittelbG (500 Arbeitnehmer) überschritten, musste schon bei der GmbH ein mitbestimmter Aufsichtsrat gebildet werden. Ein solcher Aufsichtsrat bleibt gemäß § 203 Satz 1 UmwG im Amt.

104 Nach §§ 243 Abs. 1 Satz 1, 218 Abs. 1 Satz 1 UmwG muss der Umwandlungsbeschluss die **Satzung** der Aktiengesellschaft feststellen. Hierdurch sollen die neue Satzung und ihre Geltung ab Eintragung des Formwechsels klar dokumentiert werden.[190] Die Satzung ihrerseits muss den aktienrechtlichen Anforderungen nach § 23 Abs. 3 bis 5 AktG entsprechen. Der Umwandlungsbeschluss kann sich also nicht damit begnügen, nur punktuelle Textänderungen an der alten Satzung vorzunehmen. Soweit aktienrechtlich zulässig, können vorhandene Satzungsbestimmungen unter der gebotenen

---

[183] Vgl. § 68 Abs. 2 Satz 1 AktG, intern können Vorstand, Aufsichtsrat oder Hauptversammlung zuständig sein.

[184] *S/B/B/Sickinger* R 33.

[185] Vgl. § 193 Abs. 2 UmwG; *S/B/B/Sickinger* R 33.

[186] Vgl. *Semler/Stengel/Mutter* § 243 Rn. 13; *Lutter/Happ* § 243 Rn. 36. Man wird hier § 180 Abs. 2 AktG analog anwenden können. Ablehnend jedoch *S/B/B/Sickinger* R 33 (keine Zustimmung, sondern Austrittsrecht).

[187] Vgl. § 194 Abs. 1 Nr. 5 UmwG, z. B. Vorzugsrechte, Mehrstimmrechte oder Entsendungsrechte in den Aufsichtsrat, *Lutter/Happ* § 243 Rn. 17; ein Vorschlagsrecht für den Vorstand ist dagegen nicht zulässig.

[188] Vgl. § 194 Abs. 1 Nr. 6 UmwG.

[189] Vgl. § 194 Abs. 1 Nr. 7 UmwG. Siehe eingehend hierzu oben C. II. 5 c).

[190] BT-Drs. 12/6699, S. 156 f.

sprachlichen Anpassung in die neue Satzung übernommen werden.[191] Zusätzliche Regelungen sind in den Grenzen des Aktienrechts möglich. Beispielsweise kann die Satzung der AG bestimmen, dass der Vorstand zu bestimmten Geschäften die Zustimmung des Aufsichtsrats einzuholen hat.[192] Ein solcher **Zustimmungskatalog** mag den Wegfall der Weisungsbefugnis nach § 37 Abs. 1 GmbHG abmildern.

In der Niederschrift über den Umwandlungsbeschluss sind nach §§ 244 Abs. 1, 245 Abs. 1 UmwG die GmbH-Gesellschafter aufzuführen, die für den Formwechsel gestimmt haben. Sie gelten umwandlungsrechtlich als **Gründer** der AG. Diese Personen sind gegebenenfalls auch der Gründungshaftung nach §§ 197 Satz 1 UmwG, 46 Abs. 1 AktG ausgesetzt, etwa wegen zu geringer Kapitalausstattung der AG, vgl. §§ 245 Abs. 1 Satz 2, 220 Abs. 1 UmwG. 105

c) **Begleitende Maßnahmen.** Beim Formwechsel der GmbH in die AG sind die **aktienrechtlichen Gründungsvorschriften** über § 197 Satz 1 UmwG zu beachten, da für die AG grundsätzlich strengere Gründungsanforderungen gelten und daher eine Umgehung des ordentlichen Gründungsvorgangs zu verhindern ist. Folgende Besonderheiten sind dabei zu beachten: 106

§ 197 Satz 2 UmwG erklärt die Regeln zur Bildung und Zusammensetzung des ersten Aufsichtsrats bei der AG nach § 30 AktG für nicht anwendbar. War bei der GmbH mangels Erreichen der mitbestimmungsrechtlich relevanten Schwelle von in der Regel mehr als 500 Arbeitnehmern bisher kein **Aufsichtsrat** zu bilden, ist ein solcher nunmehr aufgrund der zwingenden Notwendigkeit eines Aufsichtsrats bei der AG zu errichten. Der Aufsichtsrat muss aus mindestens drei und darf aus maximal 21 Mitgliedern bestehen.[193] Der erstmalig zu bildende Aufsichtsrat[194] wird wegen des Ausschlusses von § 30 AktG nicht nur von den Gründern gewählt, sondern von allen Aktionären also auch von den Aktionären, die bei der Beschlussfassung über den Formwechsel überstimmt worden sind. Ferner kann er bereits von Beginn an für die fünfjährige Amtszeit des § 102 AktG bestellt werden.[195] Ein in der GmbH zwingend infolge mitbestimmungsrechtlicher Pflichten[196] bestehender Aufsichtsrat bleibt nach § 203 Satz 1 UmwG auch in der AG bestehen.[197] Allerdings können die Anteilsinhaber das Ende des Mandats der von ihnen gewählten Anteilsinhaber im Umwandlungsbeschluss vorsehen. Bestand bei der GmbH dagegen ein freiwilliger Aufsichtsrat infolge gesellschaftsvertraglicher Regelung,[198] endet das Amt des Aufsichtsrats, da der Aufsichtsrat der AG nicht „in gleicher Weise" wie der Aufsichtsrat der GmbH gebildet wird.[199] Es ist ratsam, die Mitglieder des neu zu bildenden Aufsichtsrats in der Gesellschafterversammlung über die Beschlussfassung des Formwechsels zu wählen. Ebenso sollte der Aufsichtsrat möglichst bald den **Vorstand** bestellen, da die Vorstandsmitglieder zusammen mit dem Formwechsel zum Handelsregister anzumelden sind[200] und der Vorstand mit dem Aufsichtsrat den Vorgang des Formwechsels prüfen und einen Bericht hierüber erstellen muss, der ebenfalls zum Handelsregister einzureichen ist.[201] Erst danach kann der Formwechsel ins Handelsregister eingetragen werden. Die bisherigen Geschäftsführer können ohne weiteres zu Vorstandsmitgliedern bestellt werden. 107

---

[191] Siehe *Lutter/Happ* § 243 Rn. 29 zu sprachlichen Unterschieden.

[192] Vgl. § 111 Abs. 4 Satz 2 AktG, *Kallmeyer/Dirksen* § 243 Rn. 9.

[193] § 95 AktG.

[194] Es handelt sich hierbei nicht um den „ersten Aufsichtsrat" im Sinne des AktG. Vgl. auch *Parmentier* AG 2006, 476 (484).

[195] *Lutter/Decher* § 203 Rn. 23.

[196] § 6 MitbestG und § 1 Abs. 1 Nr. 3 Satz 2 DrittelbG.

[197] Vgl. BT-Drs. 12/6699, S. 145.

[198] Siehe § 52 GmbHG.

[199] Vgl. § 203 UmwG sowie *Lutter/Decher* § 203 Rn. 7; *Widmann/Mayer/Vossius* § 203 Rn. 10.

[200] § 246 Abs. 2 UmwG.

[201] Nach §§ 197 Satz 1 UmwG, 33 Abs. 1 AktG.

108 Nach den über § 197 Satz 1 UmwG geltenden **Gründungsvorschriften** ist der Umwandlungsschluss durch einen Gründungsbericht und eine Gründungsprüfung zu ergänzen. Hierauf kann nicht verzichtet werden. Zusätzlich finden die Kapitalschutzregeln nach §§ 245 Abs. 1 Satz 2, 220 Abs. 1 UmwG Anwendung. Demnach darf der Nennbetrag des Grundkapitals der AG das Nettovermögen der GmbH nicht übersteigen. Ein Formwechsel ist damit bei **Unterbilanz** der GmbH ohne Kapitalreduzierung unzulässig (Prinzip der **Rein- oder Nettovermögensdeckung**).[202] Bei der Vermögensermittlung ist dabei allerdings nicht auf die Buchwerte, sondern auf die Verkehrswerte abzustellen.[203] Bei Vorliegen einer Unterbilanz ist vor dem Formwechsel das Eigenkapital der GmbH wieder zu ergänzen.[204] Die Nachgründungsvorschrift des § 52 AktG ist nicht auf eine formwechselnde GmbH anzuwenden, die bei der Eintragung des Formwechsels schon länger als zwei Jahre als GmbH in das Handelsregister eingetragen war.[205] Mit Blick auf die Vergleichbarkeit der Kapitalaufbringungsregeln bei GmbH und AG hat sich der Gesetzgeber insofern für eine Anrechnung des mehr als zweijährigen Bestands der GmbH entschieden und kein Bedürfnis für einen Neubeginn der Nachgründungsvorschriften gesehen.[206]

109 Der **Gründungsbericht** ist von den zustimmenden GmbH-Gesellschaftern als den umwandlungsrechtlichen Gründern zu erstatten, §§ 197 Satz 1 UmwG, 32 AktG. Der Gründungsbericht hat insbesondere den bisherigen Geschäftsverlauf und die Lage der GmbH darzulegen, §§ 245 Abs. 1 Satz 2, 220 Abs. 2 UmwG. Nach § 32 Abs. 2 Satz 2 Nr. 3 AktG ist der Bericht über die beiden letzten Geschäftsjahre zu erstrecken. Nach allgemeinem Aktienrecht ist darüber hinaus über den Hergang des Formwechsels zu berichten. Von besonderer Bedeutung sind Angaben, die die Reinvermögensdeckung ersichtlich machen.[207] Im Unterschied zum vor der Beschlussfassung zu erstellenden Umwandlungsbericht des § 192 Abs. 1 UmwG ist nicht der Hintergrund des Formwechsels zu erläutern, sondern der Ablauf des Formwechsels nach Beschlussfassung darzustellen. Es geht nicht um eine Vorbereitung der Entscheidung, sondern um einen Nachvollzug der Ereignisse. Aufzunehmen sind deshalb Angaben zur Festsetzung der Anteile, zur Bestellung der Leitungsorgane und zur Kapitaldeckung.[208]

110 Dem Gründungsbericht folgt die **Gründungsprüfung,** also die Prüfung des Hergangs des Formwechsels durch Vorstand und Aufsichtsrat der künftigen AG, §§ 197 Satz 1 UmwG, 33 AktG. Die ergänzende Prüfung durch einen oder mehrere Gründungsprüfer ist anlässlich des Formwechsels in eine AG zwingend vorgeschrieben.[209] Die Prüfer werden vom zuständigen Amtsgericht bestellt.[210] In der Regel handelt es sich um Wirtschaftsprüfer. Sie haben einen **Gründungsprüfungsbericht** zu erstellen.[211]

111 Das Nennkapital des Unternehmens bleibt infolge der Vermögensidentität grundsätzlich unangetastet. Ein Stammkapital von beispielsweise EUR 100 000,00 wird zum Grundkapital der AG in derselben Höhe, § 247 Abs. 1 UmwG. Eine **Kapitalerhöhung** wird aber nötig, wenn die GmbH bisher ein Stammkapital unter EUR 50 000,00 hatte, also nicht die Anforderung nach § 7 AktG erfüllt. Umgekehrt ist eine **Kapitalherabsetzung** erforderlich, wenn bei der GmbH zur Zeit des Formwechsels eine Unterbilanz

---

[202] *Semler/Stengel/Scheel* § 245 Rn. 37; *Kallmeyer/Dirksen* § 245 Rn. 5; *Widmann/Mayer/Vossius* § 220 Rn. 16 ff. Irreführend die Gesetzesbegründung BT-Drs. 12/6699, S. 158.

[203] *Lutter/Joost* § 220 Rn. 13; *Semler/Stengel/Schlitt* § 220 Rn. 13; *Schmitt/Hörtnagl/Stratz* § 220 Rn. 6.

[204] Vgl. *Semler/Stengel/Schlitt* § 220 Rn. 17.

[205] § 245 Abs. 1 Satz 3 UmwG.

[206] Vgl. BT-Drs. 16/2919, S. 20.

[207] *Lutter/Happ* § 245 Rn. 40.

[208] Vgl. *Kallmeyer/Dirksen* § 220 Rn. 13.

[209] §§ 245 Abs. 1 Satz 2, 220 Abs. 3 UmwG. Zum Inhalt der Prüfung siehe § 34 UmwG.

[210] Siehe § 33 Abs. 3 Satz 2 UmwG.

[211] § 34 Abs. 2 AktG.

besteht. Außerdem kann eine Veränderung des Nennkapitals dem Wunsch der Gesellschafter entsprechen. In allen Fällen können die Kapitalmaßnahmen nicht im Umwandlungsbeschluss und auch nicht in der neuen Satzung beschlossen werden, sondern müssen nach § 243 Abs. 2 UmwG nach den allgemeinen gesellschaftsrechtlichen Regeln erfolgen. Die Inbezugnahme der Gründungsvorschriften deckt nicht eine freie Kapitalfestsetzung im Umwandlungsbeschluss ab.[212] Die Kapitalmaßnahme ist nach den Bestimmungen des GmbH-Gesetzes[213] durchzuführen, wenn ihre Eintragung vor oder mit der Eintragung des Formwechsels erfolgen soll.[214] Formwechsel und Kapitalmaßnahme können in einer Gesellschafterversammlung beschlossen werden.[215]

d) **Anmeldung und Wirkungen.** Nach §§ 198, 199 UmwG ist der Formwechsel zur 112
Eintragung beim Handelsregister anzumelden und die zu seiner Durchführung notwendigen Unterlagen einzureichen (Umwandlungsbeschluss, Zustimmungserklärungen, Umwandlungsbericht, Nachweis über Zuleitung an Betriebsrat, Negativattest über Klagen). Gemäß der Regelung in § 246 Abs. 1 UmwG haben die **Geschäftsführer** der GmbH den Formwechsel anzumelden. Gleichzeitig sind die Vorstandsmitglieder der AG anzumelden, § 246 Abs. 2 UmwG. Ihre Vertretungsbefugnis ist in der Anmeldung anzugeben.[216] Ihre Namensunterschrift ist nicht mehr zur Aufbewahrung beim Registergericht einzureichen. Eine Versicherung nach § 37 Abs. 1 AktG über die Erbringung der Einlagen zur endgültigen und freien Verfügung des Vorstands ist nach § 246 Abs. 3 UmwG nicht notwendig, da Einlagen im Zuge des Formwechsels nicht zu erbringen sind. Die nach den aktienrechtlichen Gründungsvorschriften vorgesehenen Unterlagen ergänzen die notwendigen Anlagen der Handelsregisteranmeldung. Insbesondere sind nach § 37 Abs. 4 AktG beizufügen: Satzung der AG, Aufwand des Formwechsels, Bestellungsurkunden von Aufsichtsrat und Vorstand, Mitgliederliste des Aufsichtsrats, Gründungsbericht und Gründungsprüfungsbericht.

Der Formwechsel wird mit der Eintragung der neuen Rechtsform in das Handelsregis- 113
ter wirksam. Die in § 202 Abs. 1 UmwG aufgeführten **Wirkungen** (Kontinuität und Identität von Rechtsträger und Anteilsinhabern) werden durch § 247 Abs. 1 UmwG ergänzt, der zusätzlich die **Identität des Nennkapitals** anordnet und damit das Stammkapital der GmbH nahtlos als Grundkapital der AG fortschreibt. Die Mitgliedschaftsrechte an der AG entstehen allein mit der Eintragung des Formwechsels und sind nicht von der Ausgabe etwaiger Aktienurkunden abhängig.[217]

III. Wechsel von der AG in die GmbH

Auch hier ist vorweg die Motivation zu betrachten:

1. Erwägungen für die Durchführung des Formwechsels

Für den Formwechsel der AG in die GmbH gelten im Vergleich zum umgekehrten Fall 114
weniger strenge Vorgaben.[218] Der Wechsel zur GmbH ist besonders für einen **Mehrheitsaktionär** interessant, da dieser seine Kontrolle über das Unternehmen ausbauen, die Publizität am Kapitalmarkt verringern und damit nicht zuletzt auch Verwaltungsaufwand und Kosten sparen kann. Die Geschäftsführung der GmbH hat die Weisungen der Ge-

[212] BT-Drs. 12/6699, S. 157.

[213] §§ 55 ff. GmbHG.

[214] *Kallmeyer/Dirksen* § 243 Rn. 10; *Schmitt/Hörtnagl/Stratz* § 243 Rn. 6; differenzierend *Widmann/Mayer/Rieger* § 243 Rn. 47 ff.

[215] *Semler/Stengel/Mutter* § 243 Rn. 23.

[216] §§ 197 Satz 1 UmwG, 37 Abs. 3 AktG.

[217] *Semler/Stengel/Scheel* § 248 Rn. 2.

[218] Vgl. zu einem Vergleich der Rechtsformen aus Sicht des Mittelstands *Hölters/Buchta* DStR 2003, 79 ff.

sellschafterversammlung zu befolgen, §§ 37 Abs. 1, 46 Nr. 6 GmbHG. Die Gesellschafterversammlung ist auch unmittelbar für die Bestellung der Geschäftsführer zuständig.[219] Ein **Aufsichtsrat** besteht im Normalfall bei der GmbH nicht, kann aber nach § 52 GmbHG im Gesellschaftsvertrag vorgesehen und ausgestaltet werden.[220] Die Feststellung des Jahresabschlusses und die Entscheidung über die Verwendung des Gewinns sind in der GmbH der **Gesellschafterversammlung** vorbehalten,[221] die damit die bilanziellen Entscheidungen und insbesondere auch die Eigenkapitalausstattung der GmbH bestimmt. Bei der AG fällt die Feststellung des **Jahresabschlusses** in die originäre Kompetenz von Vorstand und Aufsichtsrat, wobei die Hauptversammlung bei ihrem Beschluss über die Gewinnverwendung an den festgestellten Jahresabschluss gebunden ist.[222] Insbesondere können Vorstand und Aufsichtsrat der AG bis zur Hälfte des Jahresüberschusses in Gewinnrücklagen einstellen und so (vorerst und vorbehaltlich einer anderweitigen Satzungsregelung) dem Zugriff der Aktionäre entziehen.[223] Während die Regeln der Kapitalaufbringung sich für AG und GmbH nicht wesentlich unterscheiden,[224] gelten bei der AG erheblich strengere Vorschriften zur **Kapitalerhaltung.**[225] So enthält § 57 AktG eine strikte Kapitalbindung und beschränkt Ausschüttungen auf den Bilanzgewinn. Die **Bildung gesetzlicher Rücklagen** wird von § 150 AktG vorgeschrieben. Für die GmbH ist demgegenüber nur das Auszahlungsverbot nach § 30 Abs. 1 GmbHG zu beachten, das Auszahlungen aus dem gebundenen Vermögen des Stammkapitals verbietet. Die Rechtsform der GmbH ist insgesamt bezüglich ihrer **Organisationsverfassung** deutlich **flexibler** als die der AG und kann im Einzelfall den Bedürfnissen des Unternehmens sowie der Gesellschafter angepasst werden, ohne den Vorteil beschränkter Haftung aufgeben zu müssen. Anders als im Aktienrecht sind die Vorschriften des GmbH-Gesetzes grundsätzlich durch gesellschaftsvertragliche Regelungen abdingbar. So kann die GmbH in Richtung einer Personengesellschaft (insbesondere durch Bestellung von Gesellschaftern zu Geschäftsführern) oder in Richtung einer Aktiengesellschaft ausgestaltet werden (beispielsweise durch Bildung eines Aufsichtsrats).

115 Der Formwechsel zur GmbH kann sich somit etwa anbieten, wenn das Unternehmen seinen Kapitalbedarf über die Börse gedeckt hat und die Aktien von nur wenigen Personen gehalten werden. Ferner kann mit einem Formwechsel zur GmbH auch der Weg zu unternehmensinternen Umstrukturierungen vorbereitet werden. Restrukturierungen sind in der GmbH unkomplizierter und schneller möglich als in der AG. Bis auf einen Sonderfall[226] ist beim Formwechsel einer mitbestimmten AG auch bei der GmbH ein mitbestimmter Aufsichtsrat zu bilden, da die Schwellen für die Mitbestimmung nach §§ 1 Abs. 1, 6 Abs. 1 MitbestG (mehr als 2000 Arbeitnehmer) und § 1 Abs. 1 Nr. 3 Satz 2 DrittelbG (mehr als 500 Arbeitnehmer) sowohl für die Rechtsform der AG als auch der der GmbH gelten.

116 Gravierende Unterschiede bestehen in der **Ausgestaltung der Beteiligung** an der Gesellschaft. Wechsel im Gesellschafterbestand sind bei der GmbH nicht ohne weiteres möglich, da insbesondere Formerfordernisse (notarielle Beurkundung)[227] und oft

[219] § 46 Nr. 5 GmbHG.

[220] Andere typische Bezeichnungen lauten Gesellschafterausschuss oder Beirat.

[221] Vgl. § 46 Nr. 1 GmbHG.

[222] Vgl. §§ 172, 174 AktG sowie *Hölters/Buchta* DStR 2003, 79 (81). Die Hauptversammlung stellt den Jahresabschluss aber in den Fällen des § 173 AktG fest, insbesondere wenn Vorstand und Aufsichtsrat dies beschließen.

[223] Siehe § 58 Abs. 2 AktG.

[224] BT-Drs. 16/2919, S. 20.

[225] Vgl. *Hueck/Windbichler* GesR § 36 Rn. 13.

[226] Die Mitbestimmung in der nicht in Familienhand befindlichen AG bei weniger als 500 Beschäftigten und Eintragung im Handelsregister vor dem 10. 8. 1994 (vgl. § 1 Abs. 1 Nr. 1 DrittelbG) kann durch den Formwechsel entfallen. Siehe auch § 1 Abs. 1 Nr. 1 Satz 2 und 3 UmwG; *Lutter/Happ* § 243 Rn. 20.

[227] § 15 Abs. 3, 4 GmbHG.

auch Zustimmungserfordernisse (Vinkulierung)[228] bei der Übertragung von Geschäftsanteilen zu beachten sind.[229] Mangels eines organisierten Markts für GmbH-Anteile ist diese Unternehmensbeteiligung im Vergleich zu Aktien börsennotierter Aktiengesellschaften nur erschwert veräußerlich. Eine Gesellschafterliste ist bei der Gesellschaft zu führen und beim Handelsregister zu hinterlegen, § 40 GmbHG. Zur Unternehmensfinanzierung ist die GmbH auf eine Thesaurierung der Gewinne, auf Mittel der Gegellschafter oder auf Fremdkapital angewiesen. Eine Finanzierung über die öffentlichen Kapitalmärkte ist ihr verschlossen. Eine Börsennotierung ist bei einer GmbH nicht möglich, da es sich bei GmbH-Geschäftsanteilen nicht um frei handelbare Wertpapiere handelt.[230] Der Formwechsel kann daher auch gezielt benutzt werden, um ein Unternehmen von der Börse zu nehmen (sog. **kaltes Delisting**).[231] Dieses Vorgehen kommt insbesondere nach der Übernahme einer börsennotierten Aktiengesellschaft mit anschließendem Squeeze-out der Minderheitsaktionäre in Betracht, um Kosten zu sparen und das Zielunternehmen in den Konzern des Erwerbers einzugliedern. Ein Delisting kann aber auch bei geänderten Kapitalbedürfnissen oder einer börslichen Unterbewertung des Unternehmens sinnvoll sein. Die gezielte Herbeiführung des Verlusts der Börsenzulassung führt nicht dazu, dass der Formwechsel dafür eines sachlichen Grundes bedürfte oder wegen der damit verbundenen Nachteile für die Minderheit rechtsmissbräuchlich wäre.[232] Das Umwandlungsgesetz hält hier genügend Schutzmechanismen für die Minderheit bereit, insbesondere das Austritts- und Barabfindungsrecht nach § 207 UmwG.

2. Ablauf und Gestaltung

117

Ablaufschema eines Formwechsels AG → GmbH:
- Planung durch Vorstand und Aufsichtsrat, Abstimmung mit Großaktionären
- Umwandlungsbericht, Entwurf des Umwandlungsbeschlusses und Barabfindungsangebot
- Ladung zur Hauptversammlung, Auslegung des Umwandlungsberichts
- Zuleitung des Entwurfs des Umwandlungsbeschlusses an den Betriebsrat
- Beschlussfassung über Umwandlung und neuen Gesellschaftsvertrag mit qualifizierter Mehrheit
- Bestellung der Geschäftsführer und ggf. eines Aufsichtsrats
- Gegebenenfalls Kapitalmaßnahmen (Kapitalerhöhung, Kapitalherabsetzung)
- Handelsregisteranmeldung, Eintragung des Formwechsels

a) **Vorbereitung und Umwandlungsbericht.** Der Vorstand der AG hat als Vertretungsorgan den **Umwandlungsbericht** mit den nach § 194 Abs. 1 UmwG notwendigen Angaben aufzustellen. Ein Verzicht hierauf kommt umso weniger in Betracht, je größer der Aktionärskreis ist, da der Verzicht durch alle Aktionäre zu erklären ist. Von besonderem Interesse für die Aktionäre ist das Schicksal ihrer Beteiligung. Die Einschränkung der Veräußerbarkeit ihrer GmbH-Geschäftsanteile im Vergleich zu Aktien sowie der Verlust einer etwaigen Börsenzulassung sind besonders hervorzuheben. Es reicht aus, wenn Vorstandsmitglieder in vertretungsberechtigter Zahl den Umwandlungsbericht unterzeichnen.[233] Der Umwandlungsbericht muss nicht jedem Aktionär zugesandt werden, sondern 118

[228] § 15 Abs. 5 GmbHG.
[229] Bei der Übertragung von Namensaktien kann auch eine Vinkulierung in der Satzung einer AG vorgesehen werden, vgl. § 68 AktG.
[230] Vgl. § 5 Abs. 1 BörsZulV.
[231] Eine Aufstellung der Gründe für ein Delisting findet sich bei *Deilmann/Lorenz,* Die börsennotierte AG, § 16 Rn. 3.
[232] *S/B/B/Sickinger* R 52.
[233] Siehe BGH NZG 2007, 714 (717).

nur auf Verlangen.[234] In jedem Fall ist der Umwandlungsbericht von der Einberufung der Hauptversammlung an in den Geschäftsräumen der AG **auszulegen.**[235]

119 Neben den allgemeinen, bei der **Einberufung** der Hauptversammlung zu beachtenden aktienrechtlichen und bei börsennotierten Aktiengesellschaften zu beachtenden kapitalmarktrechtlichen Bestimmungen[236] muss die Einladung auch den **Entwurf des Umwandlungsbeschlusses** und den neuen **Gesellschaftsvertrag** enthalten.[237] Das **Abfindungsangebot** kann den Aktionären übersandt oder ebenfalls im elektronischen Bundesanzeiger und den durch die Satzung bestimmten Gesellschaftsblättern bekannt gemacht werden.[238] Schließlich ist auf eine ordnungsgemäße **Zuleitung zum Betriebsrat** unter Wahrung der Monatsfrist des § 194 Abs. 2 UmwG zu achten. Bei börsennotierten Gesellschaften sind zudem die beabsichtigten Satzungsänderungen der BaFin und den Börsenzulassungsstellen unverzüglich nach der Vorstandsentscheidung hierüber mitzuteilen.[239]

120 **b) Umwandlungsbeschluss.** Die Hauptversammlung hat die **Umwandlung** zu beschließen. Hierfür schreibt § 193 Abs. 3 UmwG in Übereinstimmung mit § 130 Abs. 1 AktG zwingend die notarielle Beurkundung vor. Der Umwandlungsbericht mitsamt dem Umwandlungsbeschluss und dem neuen Gesellschaftsvertrag muss in der Hauptversammlung **ausliegen.**[240] Zusätzlich hat der Vorstand den Entwurf des Umwandlungsbeschlusses mündlich zu **erläutern.**[241] Der Umwandlungsbeschluss muss mit einer **qualifizierten Mehrheit** von mindestens drei Vierteln des bei der Beschlussfassung vertretenen Grundkapitals und mindestens der einfachen Mehrheit der Stimmen gefasst werden.[242] Jede Aktiengattung hat für sich abzustimmen.[243] Bei einer Festsetzung des Nennbetrags der Geschäftsanteile in Abweichung zum Gesamtbetrag[244] seiner Aktien hat jeder nachteilig betroffene Aktionär ein besonderes Zustimmungsrecht.[245]

121 Zentraler Bestandteil des Umwandlungsbeschlusses ist die Nennung von **Zahl, Art und Umfang der künftigen Geschäftsanteile.** In quantitativer Hinsicht ist anzugeben, wie viele Geschäftsanteile an der GmbH jeder Aktionär erhält. Die Eigenschaften der Geschäftsanteile sind darzulegen. Insbesondere können bei einer GmbH weitere Leistungspflichten neben der Einlagepflicht begründet werden, etwa die Erbringung bestimmter Zahlungen, Gebrauchsüberlassungen oder Dienstleistungen.[246] Aufzuführen sind auch Vinkulierungen der Geschäftsanteile, d.h. insbesondere die Bindung ihrer Übertragung an die Genehmigung der Gesellschaft oder von Gesellschaftern, § 15 Abs. 5 GmbHG. Für eine Aktie können auch mehrere Geschäftsanteile ausgegeben werden.[247] Zusätzlich zu den Mindestangaben nach § 194 Abs. 1 UmwG[248] muss der Um-

---

[234] §§ 238 Satz 1, 230 Abs. 2 Satz 2 UmwG.
[235] §§ 238 Satz 1, 230 Abs. 2 Satz 1 UmwG.
[236] §§ 121 AktG ff., insbesondere § 30 b Abs. 1 WpHG.
[237] Gemäß § 124 Abs. 2 Satz 2 AktG analog. Ebenso LG Hanau ZIP 1996, 422; *Semler/Stengel/Ihrig* § 230 Rn. 13 und Rn. 16.
[238] §§ 238 Satz 1, 231 Satz 2 UmwG.
[239] § 30c WpHG.
[240] Nach § 239 Abs. 1 UmwG.
[241] Nach § 239 Abs. 2 UmwG.
[242] Siehe §§ 240 Abs. 1 UmwG, 133 Abs. 1 AktG (letzteres relevant bei Mehr- oder Höchststimmrechten).
[243] §§ 240 Abs. 1, 65 Abs. 2 UmwG.
[244] D.h. die Summe der Nennbeträge bei Nennbetragsaktien, der summierte anteilige Betrag bei Stückaktien.
[245] § 242 AktG.
[246] *S/B/B/Sickinger* R 32, vgl. § 3 Abs. 2 GmbHG; zu Einzelheiten auch *Baumbach/Hueck/Fastrich* § 3 GmbHG Rn. 39 ff.
[247] Vgl. § 5 Abs. 2 Satz 2 GmbHG in der Fassung durch das MoMiG.
[248] Siehe oben Rn. 68.

wandlungsbeschluss den **Gesellschaftsvertrag der GmbH** enthalten.[249] Hinsichtlich des Gesellschaftsvertrags besteht ein erhebliches Maß an Gestaltungsfreiheit.[250] Eine nicht rechtsformbedingte oder nicht von sachlichen Gründen getragene Benachteiligung der Minderheitsgesellschafter kann nicht in der neuen Satzung festgeschrieben werden.[251] Auf die Einhaltung der geänderten Terminologie ist zu achten.[252] So wird etwa das bisherige Grundkapital der AG zum Stammkapital der GmbH.[253] Eine Änderung des Gesellschaftskapitals ist im Zuge des Formwechsels nicht vorgesehen, jedoch nach den allgemeinen aktienrechtlichen Regeln[254] möglich.[255] Sie kann also nicht in dem Umwandlungsbeschluss, aber doch durch einen weiteren Beschluss in der gleichen Hauptversammlung beschlossen werden. Die Aktionäre brauchen den Gesellschaftsvertrag nicht zu unterzeichnen.[256] Bei einer Vielzahl von Aktionären würde dies den Formwechsel praktisch verhindern.[257] **Unbekannte Aktionäre** einer formwechselnden AG sind durch die Angabe des insgesamt auf sie entfallenden Teils des Grundkapitals der Gesellschaft und der auf sie nach dem Formwechsel entfallenden Anteile zu bezeichnen, §§ 213, 35 UmwG.[258]

Auch beim Formwechsel in die Rechtsform der GmbH sind die Gründungsvorschriften des GmbH-Rechts anwendbar, jedoch nur in eingeschränkter Form. Die Einschränkung ist vor dem Hintergrund zu sehen, dass vom strengeren Kapitalschutzregime der AG in die „schwächere“ Rechtsform der GmbH übergewechselt wird. Nach der Gesetzesbegründung spielen die Gründungsvorschriften bei einem Wechsel einer AG in eine GmbH nur eine untergeordnete Rolle, da die AG ohnehin schärferen Kapitalschutzvorschriften unterliegt als die GmbH und damit eine Umgehung nicht droht.[259] Demzufolge ist eine **Gründerhaftung nicht vorgesehen**[260] Aus dem gleichen Grund ist nach § 245 Abs. 4 UmwG **kein Sachgründungsbericht** erforderlich, d.h. die allgemeine Berichtspflicht bei Sacheinlagen nach § 5 Abs. 4 GmbHG entfällt. Eine Gründungsprüfung ist weder bei der Gründung einer GmbH noch beim Formwechsel in eine GmbH vorgesehen.[261] Es findet lediglich eine Prüfung durch das Registergericht nach § 9c GmbHG statt, ob der Formwechsel ordnungsgemäß durchgeführt und angemeldet wurde.[262] Da § 245 Abs. 4 UmwG außerdem nicht auf § 220 Abs. 1 UmwG verweist, soll eine Unterbilanz bei der AG einem Formwechsel in die GmbH nicht entgegen stehen, weshalb mangels Sperre auch aus diesem Grund eine Gründerhaftung nach § 9a Abs. 1 GmbHG nicht relevant werden kann.[263] Schließlich sind im Zusammenhang mit dem Umwandlungsbeschluss auch die neuen **Geschäftsführer** der GmbH zu bestellen, da sie mit dem Formwechsel zum Handelsregister angemeldet werden müssen.[264] 122

---

[249] Siehe §§ 243 Abs. 1 Satz 1, 218 Abs. 1 Satz 1 UmwG.

[250] Zwingend sind nur die Angaben nach § 3 Abs. 1 GmbHG.

[251] Ähnlich *Lutter/Decher* § 195 Rn. 21. Vgl. auch den Prüfungsansatz in BGH NJW 2005, 722ff.

[252] Z.B. *Semler/Stengel/Mutter* § 243 Rn. 10.

[253] Vgl. § 247 Abs. 1 UmwG.

[254] §§ 182ff., 222ff. AktG. Zur Anwendbarkeit nur des Rechts des formwechselnden Rechtsträgers *Kallmeyer/Dirksen* § 243 Rn. 10; *Schmitt/Hörtnagl/Stratz* § 243 Rn. 6.

[255] Dies folgt aus § 243 Abs. 2 AktG.

[256] § 244 Abs. 2 UmwG.

[257] *S/B/B/Sickinger* R 55.

[258] Siehe hierzu BT-Drs. 16/2919, S. 13 und 19.

[259] Vgl. BT-Drs. 12/6699, S. 157.

[260] *Lutter/Happ* § 245 Rn. 24.

[261] *Semler/Stengel/Scheel* § 245 Rn. 57.

[262] *Lutter/Happ* § 245 Rn. 52.

[263] So *Semler/Stengel/Scheel* § 245 Rn. 44ff.; *Kallmeyer/Dirksen* § 245 Rn. 5; *Widmann/Mayer/Rieger* § 245 Rn. 46; allerdings ist die Möglichkeit eines Formwechsels in die Rechtsform der GmbH trotz Unterbilanz nicht unumstritten, vgl. hierzu *Lutter/Happ* § 245 Rn. 12.

[264] Siehe § 246 Abs. 2 UmwG.

123 c) **Anmeldung und Wirkungen.** Die **Anmeldung** des Formwechsels zur Eintragung im Handelsregister ist nach § 246 Abs. 1 UmwG vom **Vorstand** der AG zu unterzeichnen. In der Anmeldung sind die **Geschäftsführer** der künftigen GmbH sowie ihre Vertretungsbefugnis zu nennen, die daher schon zuvor von der Gesellschafterversammlung zu bestellen sind, vgl. § 46 Nr. 5 GmbHG. Ein nicht mitbestimmter **Aufsichtsrat** in der AG entfällt durch den Formwechsel zunächst und muss als fakultativer Aufsichtsrat bei der GmbH neu bestellt werden.[265] Der Bestellungsbeschluss des fakultativen Aufsichtrates ist mitsamt einer Mitgliederliste ebenfalls einzureichen.[266] Einer Versicherung der Geschäftsführer über die Leistung der Einlagen bedarf es nicht.[267] Neben den umwandlungstypischen Unterlagen[268] sind nach §§ 197 Satz 1 UmwG, 8 GmbHG zusätzlich der Gesellschaftsvertrag, der Bestellungsbeschluss der Geschäftsführer sowie eine Gesellschafterliste einzureichen. Eine Schwierigkeit beim Formwechsel aus einer AG kann darin bestehen, eine vollständige **Gesellschafterliste** zusammenzustellen, §§ 197 Satz 1 UmwG, 8 Abs. 1 Nr. 3 GmbHG, wenn infolge der Ausgabe von Inhaberaktien und Girosammelverwahrung ohne Einzelverbriefung nicht alle Aktionäre namentlich bekannt sind. Einen Ausweg bietet hier die Regelung in den §§ 213, 35 UmwG.[269] **Unbekannte Aktionäre** können in einem **Sammelvermerk** durch die Angabe des insgesamt auf sie entfallenden Teils des Grundkapitals und der auf sie nach dem Formwechsel entfallenden Anteile bezeichnet werden, wenn ihre Beteiligung nicht über 5% liegt. Außerdem ruht das Stimmrecht der unbekannten Aktionäre, bis ihre Identität geklärt ist. Beide Regelungen gelten für den Umwandlungsbeschluss sowie für die spätere Anmeldung des Formwechsels zum Handelsregister. Sofern die Beteiligung der unbekannten Aktionäre ein Anteil am Grundkapitel von 5% überschreitet, ist § 35 UmwG nach seinem klaren Wortlaut nicht anwendbar. Die bis 2007 gültige Vorgängerregelung forderte die Angabe der Aktiennummer sowie gegebenenfalls des Nennbetrags, enthielt aber keine quantitative Begrenzung. Bei Publikumsaktiengesellschaften dürfte es daher von besonderer Bedeutung sein, schon in der Einberufung die unbekannten Aktionäre zur Registrierung bei der AG aufzufordern.[270]

124 Mit Eintragung in das Handelsregister wird der Formwechsel wirksam und führt zur Anwendbarkeit der neuen GmbH-Regeln, wie sie durch Gesetz und Satzung vorgegeben werden. Der Rechtsträger als solcher, die Beteiligung der Anteilsinhaber sowie das Gesellschaftskapital werden unmittelbar in die neue Rechtsform überführt.[271] Zu den Wirkungen eines Formwechsels gehört bei einer börsennotierten AG der **Verlust der Börsenzulassung.** Voraussetzung für eine Börsenzulassung ist nach § 5 Abs. 1 BörsZulV die freie Handelbarkeit der Wertpapiere, was bei Eigenkapital nur für Aktien der Fall ist. Die Börsennotierung hängt damit von der Rechtsform der AG oder KGaA ab und ist bei Anteilen an einer GmbH, OHG oder KG nicht möglich.[272] Der Formwechsel von der AG zur GmbH führt zu einem Wegfall der Zulassungsvoraussetzung und damit zum Verlust der Börsenzulassung, ohne dass die AG einen Antrag nach § 38 Abs. 4 BörsG auf Widerruf der Börsenzulassung stellen müsste (sog. **kaltes Delisting**).[273] Dieser Weg des Börsenrückzugs ist unbedenklich, da mit dem Formwechsel den widersprechenden Aktionären ein Barabfindungsangebot nach § 207 UmwG zu unterbreiten ist. Der drohende Verlust der Börsenzulassung im Rahmen des Formwechsels wird im Regelfall zu einem Rückzug

---

[265] *Semler/Stengel/Simon* § 203 Rn. 2.

[266] Normenkette: §§ 197 Satz 1 UmwG, 52 Abs. 2 Satz 1 GmbHG, 37 Abs. 4 Nr. 3, Nr. 3 a AktG.

[267] Vgl. §§ 246 Abs. 3 UmwG, 8 Abs. 2 GmbHG.

[268] Vgl. §§ 198, 199 UmwG: Umwandlungsbeschluss, Zustimmungserklärungen, Umwandlungsbericht, Nachweis über Zuleitung an Betriebsrat, Negativattest über Klagen.

[269] Vgl. BT-Drs. 16/2929, S. 13.

[270] Vgl. auch BayObLG NJW 1997, 747 (748).

[271] §§ 247 Abs. 1, 202 Abs. 1 UmwG.

[272] Vgl. zu Einzelheiten *Schanz,* Börseneinführung, § 3 Rn. 1.

[273] Vgl. zu Rechtsfragen des kalten Delisting *Pluskat* BKR 2007, 54 ff.

der Minderheitsaktionäre aus der Gesellschaft über die Annahme des Abfindungsangebots führen,[274] da bei einem nur kapitalistischen Beteiligungsinteresse der Verbleib in einer GmbH wesentlich weniger attraktiv ist.

IV. Wechsel von der AG oder GmbH in die KGaA einschließlich GmbH & Co. KGaA

Beim Formwechsel in die KGaA sind verschiedene Faktoren abzuwägen:

1. Erwägungen für die Durchführung des Formwechsels

Der Formwechsel von der AG oder GmbH zur relativ seltenen Gesellschaftsform der GmbH & Co. KGaA[275] kann dann von Interesse sein, wenn ein Unternehmen seine **Kapitalmarktpräsenz** behalten oder aufbauen, aber gleichzeitig eine **personalistische Führungsstruktur** ohne persönliches Haftungsrisiko etablieren will, etwa weil die Mehrheit der Anteile in Familienbesitz ist. Die KGaA ist eine Kapitalgesellschaft und juristische Person, die in ihrer Organisationsverfassung der AG am nächsten steht. Nach § 278 Abs. 3 AktG findet auf sie grundsätzlich AG-Recht Anwendung, vorbehaltlich einzelner Sonderregelungen, die sich daraus erklären, dass in der Grundform mindestens ein persönlich haftender Gesellschafter (**Komplementär**) beteiligt ist.[276] Im Regelfall ist der Komplementär nicht mit einer Einlage an der KGaA beteiligt.[277] Seine Befugnisse zur Geschäftsführung und Vertretung, aber auch seine Haftung sind dem Komplementär der KG angenähert.[278] Daneben sind an der KGaA die **Kommanditaktionäre** beteiligt, deren Stellung weit gehend derjenigen der Aktionäre einer AG entspricht. 125

Der Komplementär hat bei der **Verwaltung der Gesellschaft** eine dem Vorstand der AG vergleichbare Stellung.[279] Der Komplementär besitzt jedoch eine größere Selbstständigkeit und Unabhängigkeit von den Kommanditaktionären, da er seine Stellung auf die Satzung zurückführen kann und nicht von einer Bestellung durch den Aufsichtsrat abhängig ist.[280] Daher kann der Komplementär gegen seinen Willen[281] auch nur nach personengesellschaftsrechtlichen Grundsätzen abberufen werden, d. h. nur durch gerichtliche Entscheidung bei Vorliegen eines wichtigen Grundes.[282] Geschäfte, die über den gewöhnlichen Betrieb des Handelsgewerbes der KGaA hinausgehen, bedürfen der Zustimmung der Hauptversammlung.[283] Der Komplementär hat umgekehrt ein Vetorecht bei wichtigen Beschlüssen der Hauptversammlung.[284] Anders als bei der AG beschließt die Hauptversammlung über die Feststellung des Jahresabschlusses, allerdings mit Zustimmung des Komplementärs.[285] Der **Aufsichtsrat** muss wie bei der AG zwingend gebildet werden. In seinen Kompetenzen ist er gegenüber dem Komplementär jedoch auf die Überwachung beschränkt. Insbesondere kann der Aufsichtsrat nicht den Komplementär bestellen, abberufen oder ihn an einen Katalog zustimmungbedürftiger Maßnahmen binden.[286] Die KGaA unterfällt wie die AG oder GmbH der **Mitbestim-** 126

[274] Vgl. *Kallmeyer* DB 2002, 568 (571); *Even/Vera* DStR 2002, 1315 (1317).
[275] Als Praxisbeispiele seien die Merz Pharma GmbH & Co. KGaA, die Werder Bremen GmbH & Co. KGaA und die Schwartauer Werke GmbH & Co. KGaA genannt.
[276] Vgl. die Definition in § 278 Abs. 1 AktG.
[277] Die gleiche Person kann aber Komplementär und gleichzeitig Kommanditaktionär sein.
[278] Vgl. § 278 Abs. 2 AktG; *Hueck/Windbichler* GesR § 33 Rn. 4.
[279] Vgl. § 283 AktG.
[280] Vgl. § 281 Abs. 1 AktG.
[281] Selbst mit seinem Willen ist eine Satzungsänderung notwendig.
[282] Siehe §§ 117, 127 HGB; *Hueck/Windbichler* GesR § 33 Rn. 6.
[283] §§ 278 Abs. 2 AktG, 164 Satz 1, 161 Abs. 2, 116 Abs. 2 HGB.
[284] Siehe § 285 Abs. 2 Satz 1 AktG, etwa bei Satzungsänderungen oder Unternehmensverträgen.
[285] § 286 Abs. 1 AktG.
[286] Vgl. *Grunewald*, Gesellschaftsrecht, 2.D.5.

mung.[287] Beim Komplementär findet hingegen eine Mitbestimmung nicht statt, da § 4 MitbestG nicht analog anwendbar ist.[288]

127 Erst seit 1997 ist geklärt, dass auch eine **GmbH die Rolle des Komplementärs** übernehmen kann und damit mit der **GmbH & Co. KGaA** eine weitere Mischform geschaffen wird, bei der keine natürliche Person persönlich haftet. Im Regelfall wird die Komplementär-GmbH von den Mehrheits-Kommanditaktionären kontrolliert. Die Komplementär-GmbH wird ihrerseits durch die Geschäftsführer vertreten, die so auch für die KGaA handeln.[289] Auf Grund der Möglichkeit des Erhalts der Börsennotierung, der Beschränkung der persönlichen Haftung und der starken Leitungsbefugnisse der Komplementär-GmbH stellt die GmbH & Co. KGaA eine Alternative zum Formwechsel einer AG in eine reine GmbH dar.

128 Die gespaltene Gesellschafterstruktur macht die Verwaltung einer KGaA zu einer komplexen und daher auch kostspieligen Aufgabe. Bei Zwischenschaltung einer Komplementär-GmbH wird die **Komplexität** noch erhöht. Da diese Mischform erst seit kurzem anerkannt ist, besteht hinsichtlich vieler Einzelfragen noch Rechtsunsicherheit. Insbesondere ist die Frage der Ausgestaltung der gesellschaftsrechtlichen **Treuepflichten** der Komplementär-GmbH gegenüber den Kommanditaktionären noch ungeklärt.[290] Im Rechtsverkehr sowie im Ausland wird eine GmbH & Co. KGaA als **Ausnahmefall** wahrgenommen. Der Kapitalmarkt wird einen Formwechsel in die GmbH & Co. KGaA regelmäßig mit Abschlägen auf den Börsenpreis honorieren, da auf Grund der personalistischen Leitungsstruktur die Einfluss- und Kontrollmöglichkeiten der Aktionäre geschmälert werden. Die Wahl einer Rechtsform der GmbH oder der AG schafft hingegen eindeutigere Verhältnisse und ist einfacher zu handhaben.

2. Ablauf und Gestaltung

129 Der Ablauf des Formwechsels folgt im Wesentlichen dem zuvor genannten Formwechsel zwischen einer GmbH und einer AG. Die Vorbereitung und Durchführung der Hauptversammlung (AG) oder Gesellschafterversammlung (GmbH) sowie die Beschlussfassung über den Formwechsel erfolgen – je nach dem, ob die Ausgangsgesellschaft die Rechtsform der AG oder GmbH hat – nach den Regeln für den Formwechsel von der AG in die GmbH und umgekehrt. Die vom Gesetz vorgesehenen **Abweichungen** erklären sich aus dem Beitritt der Komplementär-GmbH als persönlich haftendem Gesellschafter. Diese künftige Komplementär-GmbH muss rechtzeitig vor dem Formwechsel gegründet werden. Eine Kontinuität der Unternehmensführung kann durch Bestellung der Vorstandsmitglieder zu Geschäftsführern des Komplementärs erreicht werden.

130 Im **Umwandlungsbericht** sind die strukturellen Unterschiede zwischen der Ausgangsrechtsform und der KGaA zu erläutern, insbesondere die Bestellung der Geschäftsführung, die besondere Unabhängigkeit und Selbstständigkeit der Komplementär-GmbH bei der Geschäftsführung und der Vertretung, das Vetorecht des Komplementärs sowie die schwache Stellung des Aufsichtsrats. Abweichungen der künftigen Satzung vom gesetzlichen Leitbild sind zu begründen, etwa ein Ausschluss des Zustimmungsrechts der Hauptversammlung zu außergewöhnlichen Geschäften[291] oder eine Verlagerung dieser Kompetenz auf den Aufsichtsrat. Ein Ausschluss der von der Rechtsprechung entwickelten ungeschriebenen Hauptversammlungskompetenzen ist jedoch nicht möglich.[292]

---

[287] § 1 Abs. 1 Nr. 1 MitbestG, § 1 Abs. 1 Nr. 2 DrittelbG. Zur Mitbestimmung vgl. auch unten § 13.

[288] BGH NJW 1997, 1923 (1925).

[289] Grundlegend BGH NJW 1997, 1923 ff. Diese Rechtsprechung vollzieht § 279 Abs. 2 AktG nach.

[290] Vgl. BGH NJW 1997, 1923 (1925 – Auswahl der Geschäftsführer, Mitwirkungsbefugnisse bei außergewöhnlichen Geschäften, zusätzliche Rechte des Komplementärs).

[291] Vgl. §§ 164, 116 Abs. 2 HGB.

[292] Vgl. zu diesen Kompetenzen *Hüffer* § 119 AktG Rn. 118 ff.

Der **Umwandlungsbeschluss** muss von einer Drei-Viertel-Mehrheit der Stimmen (GmbH) oder des Grundkapitals (AG) gefasst werden.[293] Der Umwandlungsbeschluss muss den Beitritt eines Komplementärs vorsehen und billigen.[294] Zusätzlich muss der künftige persönlich haftende Gesellschafter dem Beitritt als Komplementär zustimmen. Ist die **GmbH schon an der Ausgangsgesellschaft beteiligt,** muss sie im Rahmen des Umwandlungsbeschlusses dem Formwechsel **zustimmen.**[295] Häufiger wird jedoch die GmbH bislang nicht an der Ausgangsgesellschaft beteiligt sein, sodass sie erst noch ihren **Beitritt** zur künftigen GmbH & Co. KGaA notariell beurkundet erklären muss.[296] Die Beitrittserklärung erfolgt im Rahmen des Umwandlungsbeschlusses. Hierbei ist auch die Satzung zu **genehmigen.** Da § 221 UmwG[297] von Genehmigung, d.h. nachträglicher Zustimmung,[298] spricht, sollten Beitrittserklärung und Genehmigung erst nach der Abstimmung der bisherigen Gesellschafter über den Umwandlungsbeschluss, aber noch in derselben Gesellschafterversammlung erfolgen.[299] Der **neue Rechtsformzusatz** muss zum einen die Rechtsform des Rechtsträgers anzeigen (KGaA) und zum anderen auf die fehlende Haftung einer natürlichen Person hinweisen (GmbH & Co.).[300] 131

Bei den nach § 197 Satz 1 UmwG anwendbaren **Gründungsvorschriften** ist darauf zu achten, dass die Komplementär-GmbH an die Stelle der Gründer tritt.[301] Sie ist in dieser Eigenschaft im Umwandlungsbeschluss aufzuführen.[302] Die neue Satzung muss in Abweichung von den Gründungsvorschriften[303] nicht unterzeichnet werden, eine Unterzeichnung ist aber aus Vorsichtsgründen wenn möglich vorzunehmen.[304] Nach §§ 32 ff. AktG ist ein Gründungsbericht zu erstellen sowie eine (interne und externe) Gründungsprüfung durchzuführen. Hierbei ist darauf zu achten, dass das Bestehen einer Unterbilanz der Ausgangsgesellschaft einem Formwechsel entgegensteht.[305] Die Nachgründungsvorschrift des § 52 AktG[306] muss aber beim Formwechsel aus der AG nicht erneut angewendet werden, da sie schon für die AG Geltung beanspruchte.[307] Gleiches gilt, wenn die GmbH als Ausgangsgesellschaft schon länger als zwei Jahre bestanden hat.[308] 132

Die **Anmeldung** des Formwechsels zum Handelsregister ist durch das Vertretungsorgan der formwechselnden Gesellschaft vorzunehmen und hat auch eine Anmeldung der GmbH als persönlich haftenden Gesellschafter zu enthalten.[309] Auf die Beifügung der Beitritts- und Zustimmungserklärungen ist besonders zu achten. Im Übrigen sind die gleichen Unterlagen wie bei einem Formwechsel von einer GmbH in eine AG beizufügen mit Ausnahme der Bestellungsurkunde des Vorstands, da sich die Vertretungsbefugnis der Komplementär-GmbH schon aus der neuen Satzung ergibt. 133

---

[293] § 240 Abs. 1 UmwG, für die AG ist zusätzlich einfache Stimmenmehrheit nach § 278 Abs. 3, 133 Abs. 1 AktG erforderlich.
[294] Siehe § 194 Abs. 1 Nr. 4 UmwG.
[295] §§ 240 Abs. 2 Satz 1, 193 Abs. 3 Satz 1 UmwG.
[296] §§ 240 Abs. 2 Satz 2, 221 UmwG
[297] Anwendbar über § 240 Abs. 2 Satz 2 UmwG.
[298] Vgl. § 184 Abs. 1 BGB.
[299] Vgl. *Lutter/Happ* § 240 Rn. 15; *Semler/Stengel/Mutter/Arnold* § 240 Rn. 24.
[300] Siehe § 279 Abs. 1 und Abs. 2 UmwG.
[301] So § 245 Abs. 2 Satz 1 UmwG.
[302] So *Semler/Stengel/Mutter/Arnold* § 244 Rn. 5 gegen die Gesetzesbegründung in BT-Drs. 12/6699, S. 157.
[303] Siehe §§ 280, 23 Abs. 1 AktG.
[304] *Semler/Stengel/Mutter/Arnold* § 244 Rn. 15.
[305] Vgl. §§ 245 Abs. 1 und Abs. 2, 220 Abs. 1 UmwG.
[306] In Verbindung mit § 278 Abs. 3 AktG.
[307] § 245 Abs. 2 Satz 3 UmwG; vgl. BT-Drs. 16/2919, S. 20.
[308] § 245 Abs. 1 Satz 3 UmwG.
[309] § 246 Abs. 1 und Abs. 2 UmwG.

134 Mit **Wirksamkeit** des Formwechsels wird das Kapital der Ausgangsgesellschaft nahtlos in das Grundkapital der KGaA überführt.[310] Die bisherigen Gesellschafter werden zu Kommanditaktionären und erhalten Aktien im Umfang ihrer bisherigen Beteiligung. Beim Formwechsel einer AG ist ein Übergang von Nennbetrags- zu Stückaktien oder Inhaber- zu Namensaktien (einschließlich der jeweils umgekehrten Fälle) im Zuge des Formwechsels möglich. Ist die GmbH schon an der Ausgangsgesellschaft beteiligt, so soll sie nach einer Meinung im Zuge des Formwechsels eine Beteiligung ohne Kapitaleinlage erhalten, da das gesamte Kapital der Ausgangsgesellschaft zum Grundkapital der KGaA wird und das Gesetz eine Aufteilung der bisherigen Beteiligung in Komplementär und Kommanditaktionär nicht vorsieht.[311] Für die Möglichkeit einer Vermögensbeteiligung spricht jedoch, dass § 281 Abs. 2 AktG dem persönlich haftenden Gesellschafter auch die Leistung einer Vermögenseinlage auf das Grundkapital erlaubt und er somit zugleich Kommanditaktionär sein kann.[312] Jedenfalls eine neu beitretende Komplementär-GmbH wird sich im Regelfall ohne Kapitaleinlage beteiligen, da sie ohnehin von den Mehrheitskommanditaktionären kontrolliert wird. Eine Gewinnbeteiligung oder eine Vermögensbeteiligung (etwa bei der Liquidation) besteht dann nicht. Oftmals erhält die Komplementär-GmbH eine **Vergütung für die Geschäftsführertätigkeit.**[313] Diese sollte im Umwandlungsbeschluss als einem Gesellschafter gesondert gewährtes Recht i. S. d. § 194 Abs. 1 Nr. 5 UmwG genannt und auch in der Satzung erwähnt werden. Der beitretende Komplementär haftet gemäß §§ 278 Abs. 2 AktG, 161 Abs. 2, 130 HGB für alle vor seinem Eintritt begründeten Verbindlichkeiten der Gesellschaft.

135 § 250 UmwG erklärt ein **Barabfindungsangebot** im Falle des Formwechsels einer AG in eine KGaA für **entbehrlich,** da die Stellung der Aktionäre in AG und KGaA im Wesentlichen vergleichbar ist.[314] Die entsprechenden Angaben in Umwandlungsbericht, Umwandlungsbeschluss und in der Handelsregisteranmeldung entfallen.[315] Nach einer Meinung soll dennoch eine Barabfindung anzubieten sein, wenn der Formwechsel mit einem Rückzug von der Börse verbunden ist.[316] Noch **nicht** abschließend **geklärt** ist, ob der Formwechsel die Börsenzulassung berührt und zu einem kalten **Delisting** führt.[317] Hiergegen spricht, dass Aktien einer AG wie einer KGaA an der Börse gehandelt werden können.[318] Außerdem bleibt das Grundkapital als solches vom Formwechsel unberührt[319] und ein Umtausch der Aktien ist von § 248 UmwG für diesen Fall des Formwechsels nicht vorgesehen. Etwas anderes könnte gelten, wenn die Ausgestaltung der Aktien im Zuge des Formwechsels verändert wird (Nennbetragsaktien – Stückaktien, Namensaktien – Inhaberaktien). Im Einzelfall sollte daher mit der jeweiligen Börse abgestimmt werden, ob sie von einem Erlöschen der Zulassung ausgeht. Beim Formwechsel einer GmbH sind aber ein Abfindungsangebot sowie die entsprechenden Angaben in den vorbereitenden Dokumenten (Umwandlungsbericht, Entwurf des Umwandlungsbeschlusses) erforderlich.

---

310 § 247 Abs. 1 UmwG regelt diesen Fall nicht, aber seine Grundsätze gelten hier erst recht, vgl. *Lutter/Happ* § 247 Rn. 3.

311 *Lutter/Happ* § 240 Rn. 14.

312 Vgl. *Hüffer* § 278 Rn. 5.

313 Vgl. auch § 288 Abs. 3 AktG.

314 BT-Drs. 12/6699, S. 159.

315 *Lutter/Happ* § 250 Rn. 6.

316 *Pluskat* BKR 2007, 54 (59).

317 Undifferenzierend geht *Groß*, Kapitalmarktrecht, § 38 BörsG Rn. 18, wohl von einem Delisting bei jedem Formwechsel aus.

318 Vgl. § 5 Abs. 1 BörsZulv: frei handelbare Wertpapiere. Siehe auch *Even/Vera* DStR 2002, 1315 (1317 – Wechsel in eine nicht börsenfähige Rechtsform).

319 Vgl. *Lutter/Happ* § 247 Rn. 3.

V. Wechsel von der AG in die SE

Eine weitere Variante des Formwechsels unter Kapitalgesellschaften stellt der Wechsel von einer Aktiengesellschaft in eine SE dar:

1. Erwägungen für die Durchführung des Formwechsels

Die Grundlagen der Societas Europaea (SE oder Europäische Gesellschaft), der **Aktiengesellschaft europäischen Rechts,** sind in der **SE-VO**[320] geregelt, die in allen Mitgliedstaaten der EU unmittelbar und direkt anwendbar ist.[321] Der deutsche Gesetzgeber hat die SE-VO durch das SE-Ausführungsgesetz (**SEAG**)[322] dort ergänzt, wo die SE-VO den nationalen Gesetzgebern Regelungsspielräume belassen hat. Die Mitbestimmung der Arbeitnehmer in der SE richtet sich nach einer europäischen Richtlinie[323] und dem hierzu ergangenen deutschen SE-Beteiligungsgesetz (**SEBG**).[324] Zu den Einzelheiten der Mitbestimmung siehe das nächste Kapitel.[325] Zu beachten ist, dass die SE-VO keine in sich geschlossene Regelung enthält, sondern hinsichtlich zahlreicher Detailfragen der Organisations- und Kapitalstruktur auf das Aktienrecht am Sitz der SE verweist, Art. 9 Abs. 1 lit. c ii SE-VO.[326] Die meisten Abläufe in der AG verändern sich daher durch den Formwechsel in eine in Deutschland ansässige SE nicht. Auch wird ergänzend auf die aktienrechtlichen Gründungsvorschriften des Sitzstaates Bezug genommen.[327] 136

Der Wechsel in die Gesellschaftsform der SE ist vor allem für große und mittlere **Unternehmen mit grenzüberschreitender Geschäftstätigkeit** von Interesse, weil die SE ein europaweit einheitliches und anerkanntes Auftreten ohne den Aufbau von Holding- oder Konzernstrukturen ermöglicht.[328] Je nach Wunsch kann die SE aber auch gezielt zum Aufbau derartiger Strukturen eingesetzt werden. Als europäische Rechtsform kann die SE innerhalb der EU problemlos ihren Sitz verlegen.[329] In Deutschland muss nach Art. 7 SE-VO, § 2 SEAG der Sitz der SE am Ort der Hauptverwaltung liegen. Besonders interessant für mittelständische Unternehmen ist die **Auswahl zwischen dualistischer** (Leitungsorgan und Aufsichtsorgan) **und monistischer** (Verwaltungsorgan) **Organisationsstruktur.** Bei der dualistischen Struktur bestehen wie bei einer AG Vorstand und Aufsichtsrat mit den vom deutschen Aktienrecht her bekannten Kompetenzen. Dagegen leitet der Verwaltungsrat des monistischen Modells die SE, bestimmt die Grundlinien ihrer Unternehmenstätigkeit und überwacht deren Umsetzung.[330] Die Führung des Tagesgeschäfts und die Vertretung der deutschen SE sind bei der monistischen Struktur einem oder mehreren geschäftsführenden Direktoren anvertraut.[331] Der Verwaltungsrat kann diesen Weisungen erteilen. Bei Wahl des monistischen Systems lassen sich personalistische Leitungsstrukturen etablieren, bei denen etwa der maßgeblich beteiligte Gesell- 137

---

[320] Verordnung (EG) Nr. 2157/2001 des Rates vom 8. Oktober 2001 über das Statut der Europäischen Gesellschaft (SE), Amtsblatt Nr. L 294 vom 10. 11. 2001 S. 1 ff.

[321] Zur gemeinschaftsrechtlichen Verordnung siehe Art. 249 Abs. 2 EG.

[322] Gesetz zur Ausführung der Verordnung (EG) Nr. 2157/2001 des Rates vom 8. Oktober 2001 über das Statut der Europäischen Gesellschaft (SE) vom 22. Dezember 2004, BGBl I 2004, 3675, zuletzt geändert durch Art. 12 Abs. 11 G v. 10. 11. 2006 I 2553.

[323] Richtlinie 2001/86/EG des Rates vom 8. Oktober 2001 zur Ergänzung des Statuts der Europäischen Gesellschaft hinsichtlich der Beteiligung der Arbeitnehmer, Amtsblatt Nr. L 294 vom 10. 11. 2001 S. 22 ff.

[324] Gesetz über die Beteiligung der Arbeitnehmer in einer Europäischen Gesellschaft (SE-Beteiligungsgesetz) vom 22. 12. 2004, BGBl. I S. 3675, 3686.

[325] § 13 Rn. 4.

[326] Die SE existiert damit in 27 Ausprägungen nach dem Aktienrecht der 27 Mitgliedstaaten der EU.

[327] Art. 15 Abs. 1 SE-VO.

[328] *Habersack* § 12 Rn. 4.

[329] *Seibt/Reinhard* Der Konzern 2005, 407 (408).

[330] Vgl. § 22 Abs. 1 SEAG.

[331] §§ 40 Abs. 2 Satz 1, 41 Abs. 1 SEAG.

schafter zugleich Vorsitzender des Verwaltungsrats und geschäftsführender Direktor ist.[332] Trotz dieser Möglichkeit zur Wahl GmbH-ähnlicher Strukturen sind die Befugnisse der Gesellschafterversammlung wie bei der deutschen AG beschränkt und können nicht auf Weisungsbefugnisse wie bei § 46 Nr. 6 GmbHG erweitert werden. Die Bedeutung der SE für grenzüberschreitende Verschmelzungen ist seit Inkrafttreten der diesbezüglichen Richtlinie gesunken.[333]

138 Der **Formwechsel** in die SE ist in Deutschland **nur aus der Rechtsform der AG heraus möglich.** Eine GmbH kann daher nur nach vorherigem Wechsel in die Rechtsform der AG die Rechtsform der SE erlangen. Außerdem steht die SE als europäische Gesellschaftsform nur zur Verfügung, wenn ein **grenzüberschreitendes Element** gegeben ist. Die Gründungsvorschriften in Art. 2 SE-VO erfordern durchgehend die Existenz von mindestens zwei Gesellschaften in verschiedenen Mitgliedstaaten. Im Falle der Umwandlung in eine SE (Art. 2 Abs. 4 SE-VO) muss die formwechselnde AG seit mindestens zwei Jahren eine dem Recht eines anderen Mitgliedstaates unterliegende Tochtergesellschaft haben. Die Zwei-Jahres-Frist berechnet sich zum Zeitpunkt der Anmeldung des Formwechsels in das Handelsregister.[334] Eine Tochtergesellschaft ist anzunehmen, wenn die AG einen beherrschenden Einfluss ausüben kann.[335] Die Gründung einer SE im Wege der Umwandlung nach Art. 2 Abs. 4, 37 SE-VO erweitert damit die für eine deutsche AG bestehenden Möglichkeiten des Formwechsels nach §§ 190 ff. UmwG.[336] Das **gezeichnete Kapital** einer SE muss allerdings nach Art. 4 Abs. 2 SE-VO mindestens **EUR 120 000,00** betragen und liegt damit deutlich über den Mindestkapitalschwellen nach deutschem Recht. Der Formwechsel wird dadurch erschwert, dass zahlreiche Einzelfragen zum Ablauf infolge der erst seit wenigen Jahren bestehenden Umwandlungsmöglichkeit noch nicht geklärt sind.

2. Ablauf und Gestaltung

139 **Ablaufschema eines Formwechsels AG → SE:**

- Planung durch Vorstand und Aufsichtsrat, Abstimmung mit Großaktionären
- Umwandlungsplan mit Satzungsentwurf für die SE
- Umwandlungsbericht
- Offenlegung des Umwandlungsplans im Handelsregister
- Nettovermögensprüfung
- Ladung zur Hauptversammlung, Auslegung in Geschäftsräumen
- Zuleitung des Umwandlungsplans an den Betriebsrat
- Umwandlungsbeschluss mit qualifizierter Mehrheit
- Bestellung des Vorstands oder des Verwaltungsrats
- Gründungsbericht und Gründungsprüfung
- Kapitalmaßnahmen (Kapitalerhöhung, Kapitalherabsetzung)
- Anmeldung zum Handelsregister, Eintragung des Formwechsels

140 **a) Umwandlungsplan.** Der Formwechsel wird eingeleitet mit der **Aufstellung eines Umwandlungsplans** durch den Vorstand der AG, Art. 37 Abs. 4 SE-VO. Über den Inhalt des Umwandlungsplans schweigt die Verordnung. Auch das deutsche SE-AG enthält keine speziellen Regelungen zum Formwechsel. Art. 15 Abs. 1 SE-VO bestimmt jedoch, dass auf die Gründung einer SE ergänzend das durch Richtlinien der EG schon weit gehend harmonisierte Recht der Gründung einer Aktiengesellschaft des Sitzstaates Anwendung findet. Entsprechend dem Verständnis der SE-VO, die die formwechselnde Umwandlung

---

[332] *Habersack* § 12 Rn. 5.
[333] Zu dieser unten Rn. 193 ff.; vgl. *Habersack* § 12 Rn. 4.
[334] *Jannott/Frodermann*, Handbuch SE, Kap. 3 Rn. 23.
[335] *Jannott/Frodermann*, Handbuch SE, Kap. 3 Rn. 23.
[336] *Habersack* § 12 Rn. 20.

als Gründungsfall behandelt, und in Übereinstimmung mit § 197 UmwG bietet es sich an, hierbei auch das deutsche Formwechselrecht als Gründungsrecht in diesem Sinne zu qualifizieren und daher die §§ 190 ff. UmwG entsprechend anzuwenden.[337] Dies gilt umso mehr, als die SE-VO und das deutsche Formwechselrecht eine ordnungsgemäße Information der Anteilsinhaber zum Ziel hat. Ein gefestigtes Meinungsbild hierzu hat sich aber bisher noch nicht herausgebildet, was eine Abstimmung mit dem Handelsregister im Einzelfall dringend notwendig macht. Der **Mindestinhalt** des gemeinschaftsrechtlichen Umwandlungsplans bestimmt sich nach hier vertretener Auffassung in Anlehnung an den deutschen Umwandlungsbeschluss nach § 194 Abs. 1 UmwG, wobei aber die gemeinschaftsrechtlichen Grundentscheidungen Berücksichtigung finden müssen.[338] Notwendige Angaben im Umwandlungsplan sind demnach: Gründung einer SE im Wege der formwechselnden Umwandlung, Firma und Sitz der SE, Details zur künftigen Beteiligung der Anteilsinhaber, Gewährung von Sonderrechten sowie Verfahren zur Beteiligung der Arbeitnehmer. Die Firma muss den **Firmenzusatz SE** enthalten, der aber voran- oder nachgestellt werden kann.[339] Anders als im deutschen Recht ist ein **Abfindungsangebot** an widersprechende Aktionäre **nicht notwendig,** da weder die SE-VO ein solches vorsieht noch das deutsche Recht ein solches verlangt.[340] Ein Barabfindungsangebot ist aber auf freiwilliger Basis möglich.[341]

Die **Satzung der SE** sollte **in den Umwandlungsplan** aufgenommen werden.[342] Der Inhalt der Satzung bestimmt sich nach den entsprechenden Vorschriften des deutschen Aktienrechts.[343] In der Satzung ist die Leitungsstruktur auf das monistische oder das dualistische System festzulegen. Der Umwandlungsplan wird ergänzt durch einen **Umwandlungsbericht** des Vorstands, der die rechtlichen und wirtschaftlichen Aspekte der Umwandlung zu erläutern und zu begründen sowie die Auswirkungen für Aktionäre und Arbeitnehmer darzulegen hat.[344] Die notwendigen Angaben dürften im Wesentlichen den Angaben im Rahmen eines Umwandlungsberichts nach deutschem Umwandlungsrecht entsprechen, wie schon die Ähnlichkeit der Formulierung mit § 192 Abs. 1 Satz 1 UmwG nahe legt. Darzustellen sind insbesondere die organisatorischen Änderungen, wenn das monistische Leitungssystem gewählt wird. Ungeklärt ist bisher, ob ein Umwandlungsbericht entsprechend den deutschen Regelungen entbehrlich ist, wenn es nur einen Aktionär gibt oder alle Aktionäre hierauf verzichten.[345] Bis zur Klärung dieser Frage sollte deshalb an einem Umwandlungsbericht auch in diesen Fällen festgehalten werden. 141

b) **Offenlegung, Information der Arbeitnehmer, Prüfung und Umwandlungsbeschluss.** 142
Art. 37 Abs. 5 SE-VO schreibt sodann die **Offenlegung des Umwandlungsplans** mindestens einen Monat vor dem Tag der Hauptversammlung durch Anmeldung zum Handelsregister vor. Insofern gelten also strengere Vorschriften als im deutschen Umwandlungsgesetz.

---

[337] So grundsätzlich auch MünchKommAktG/*Schäfer* Art. 37 SE-VO Rn. 4 und *Seibt/Reinhard* Der Konzern 2005, 407 (409, 413), die jedoch abweichend für den Umwandlungsplan von einer Analogie zu Art. 20 Abs. 1 SE-VO ausgehen (Rn. 10 bzw. Seite 413).

[338] Im Ergebnis ebenso *Jannott/Frodermann*, Handbuch SE, Kap. 3 Rn. 233; *Vossius* ZIP 2005, 741 (747). Für eine Analogie zu Art. 20 SE-VO dagegen *Seibt/Reinhard* Der Konzern 2005, 407 (413).

[339] Art. 11 Abs. 1 SE-VO.

[340] § 250 UmwG analog, dazu siehe sogleich.

[341] MünchKommAktG/*Schäfer* Art. 37 SE-VO Rn. 12.

[342] Analoge Anwendung von §§ 243 Abs. 1 Satz 1, 218 Abs. 1 Satz 1 UmwG. Im Ergebnis übereinstimmend *Seibt/Reinhard* Der Konzern 2005, 407 (413); MünchKommAktG/*Schäfer* Art. 37 SE-VO Rn. 13, Begründung aber mit Analogie zu Art. 20 Abs. 1 Satz 2 lit. h. SE-VO.

[343] Art. 15 Abs. 1 SE-VO in Verbindung mit §§ 197 Satz 1 UmwG, 23 Abs. 2 bis 4 AktG. Ebenso MünchKommAktG/*Schäfer* Art. 37 SE-VO Rn. 13.

[344] § 37 Abs. 4 SE-VO.

[345] *Jannott/Frodermann,* Handbuch SE, Kap. 3 Rn. 238.

143 Eine Sonderregelung gilt auch für die **Information der Arbeitnehmer:** Diese hat nach § 4 Abs. 2 SEBG **unverzüglich nach Offenlegung** des Umwandlungsplans zu erfolgen. Außerdem sind im Falle des Fehlens eines Betriebsrates die Arbeitnehmer selbst zu unterrichten. § 4 Abs. 3 SEBG schreibt den Mindestinhalt für diese Information vor. Umwandlungsplan und Umwandlungsbericht sind angesichts dieser Vorschriften noch nicht den Arbeitnehmern zu überlassen.[346] Erst wenn sich das Verhandlungsgremium der Arbeitnehmer zur Verhandlung der Mitbestimmung[347] konstituiert hat, muss der Vorstand diesem alle erforderlichen Unterlagen zur Verfügung stellen.[348] Eine frühere Zuleitung entsprechend § 194 Abs. 2 UmwG kann sich aus Vorsichtsgründen empfehlen. Die Findung der Mitbestimmung der Arbeitnehmer an der neuen SE unterliegt insgesamt einem komplexen Verfahren, dessen Einzelheiten im SEBG geregelt sind.[349] Auf Aufforderung des Vorstands soll innerhalb von zehn Wochen ein besonderes Verhandlungsgremium der Arbeitnehmer gebildet werden.[350] Dieses hat mit dem Vorstand innerhalb von bis zu sechs Monaten eine Vereinbarung über die Arbeitnehmerbeteiligung zu treffen, die aber im Falle der Gründung durch Formwechsel nicht schlechter ausfallen darf als die Mitbestimmung in der formwechselnden AG.[351] Falls die Verhandlungen zwischen Unternehmensleitung und Arbeitnehmern scheitern, findet ein gesetzliches Beteiligungsmodell Anwendung,[352] in dem die bestehende Arbeitnehmermitbestimmung erhalten bleibt.[353] Der Abschluss des Beteiligungsverfahrens nach dem SEBG ist Voraussetzung für die Eintragung der SE.[354]

144 Art. 37 Abs. 6 SE-VO sieht **im Vorfeld der Hauptversammlung** eine **Sachverständigenprüfung** vor. Der Sachverständige hat „sinngemäß"[355] zu bescheinigen, dass ein **Nettovermögen in Höhe des Mindestkapitals** zuzüglich nicht ausschüttungsfähiger Rücklagen[356] vorhanden ist. Die Rechtslage entspricht im Wesentlichen einer Gründungsprüfung nach §§ 197 Satz 1 UmwG, 33, 34 AktG, liegt aber zeitlich vor der Hauptversammlung und bezieht sich auf die formwechselnde Gesellschaft. Wie im deutschen Recht, vgl. § 220 Abs. 1 UmwG, steht eine Unterbilanz dem Formwechsel entgegen. Die Unterbilanz kann aber durch Zahlung in das Eigenkapital der AG beseitigt werden. Das notwendige Nettovermögen bezieht sich dabei aber nicht auf das Kapital der künftigen SE, sondern auf das der AG und muss daher mindestens einen Betrag von EUR 50 000,00 erreichen.[357] Ob das Kapital der SE erreicht wird, ist Gegenstand der Gründungsprüfung nach dem Umwandlungsbeschluss. Die Vermögensprüfung soll die Anteilseigner informieren, ob ein Formwechsel überhaupt möglich ist und wie viel Geld gegebenenfalls noch im Wege einer Kapitalerhöhung aufzubringen ist. Die Bescheinigung des Prüfers ist bei der Anmeldung des Formwechsels zum Handelsregister vorzulegen. Der Vermögensprüfer sollte gleichzeitig auch zum Prüfer für die externe Gründungsprüfung bestellt werden.[358]

---

[346] *Seibt/Reinhard* Der Konzern 2005, 407 (415, 416). Abweichend MünchKommAktG/*Schäfer* Art. 37 SE-VO Rn. 20.

[347] Siehe § 4 Abs. 1 SEBG.

[348] Diese Pflicht enthält § 13 Abs. 2 SEBG.

[349] Hierzu im Einzelnen *Jannott/Frodermann/Kienast,* Handbuch der SE, Kap. 13.

[350] §§ 4 Abs. 1 Satz 1, 11 Abs. 1 SEBG.

[351] §§ 4 Abs. 1 Satz 2, 20 Abs. 1, 21 Abs. 6 SEBG.

[352] §§ 22 ff. (Betriebsrat), 34 ff. (Mitbestimmung) SEBG.

[353] Siehe § 35 Abs. 1 SEBG.

[354] Art. 12 Abs. 2 SE-VO.

[355] Art. 37 Abs. 6 SE-VO verweist auf die Richtlinie 77/91/EWG (2. Richtlinie – Kapitalrichtlinie), in dieser ist insbesondere Art. 10 einschlägig.

[356] Siehe § 150 AktG zu der gesetzlichen Rücklage.

[357] Ebenso *Jannott/Frodermann*, Handbuch SE, Kap. 3 Rn. 239; *Seibt/Reinhard* Der Konzern 2005, 407 (412). Für Bezug zur SE MünchKommAktG/*Schäfer* Art. 37 SE-VO Rn. 22.

[358] *Vossius* ZIP 2005, 741 (748).

Die **Ladung** der Aktionäre und die sonstige **Vorbereitung der Hauptversammlung** bestimmen sich nach deutschem Aktien- und Umwandlungsrecht, da es sich hierbei um einen internen Vorgang der noch existenten AG handelt.[359] Trotz der Offenlegung des Umwandlungsplanes gegenüber dem Handelsregister sollten Umwandlungsplan, Satzung und Umwandlungsbericht sowie der Prüfbericht in den Geschäftsräumen der AG ab Einberufung der Hauptversammlung ausliegen und auf Anforderung auch den dies begehrenden Aktionären übersandt werden. Auch die **Beschlussfassung** in der Hauptversammlung bestimmt sich nach den Bestimmungen des deutschen Aktien- und Umwandlungsrechts. Durch die Beschlussfassung hat eine Zustimmung zum Umwandlungsplan und eine Genehmigung der Satzung der SE zu erfolgen, Art. 37 Abs. 7 Satz 1 SE-VO. Der Beschluss der Umwandlung bedarf einer **qualifizierten Mehrheit** von mindestens drei Vierteln des bei der Beschlussfassung vertretenen Grundkapitals und mindestens der einfachen Mehrheit der Stimmen.[360] Er ist notariell zu beurkunden.[361] Die Satzung der SE ist mit diesem Beschluss ebenfalls festgestellt. 145

Umstritten ist, wer als **Gründer** der SE anzusehen ist. Es wird vertreten, die AG habe gar keinen Gründer,[362] Gründer sei allein die AG,[363] oder Vorstand und Aufsichtsrat seien als Gründer anzusehen.[364] Eine Analogie zum deutschen Umwandlungsrecht[365] ist wenig ergiebig, da dieses den Formwechsel zwischen zwei Publikumsgesellschaften ohne einen persönlich haftenden Gesellschafter nicht kennt. Folgt man der Konzeption der SE-VO, die den Formwechsel als Gründung einer SE ansieht, erscheint es richtig und führt auch zu in der Praxis handhabbaren Ergebnissen, die AG selbst vertreten durch ihren Vorstand als Gründer anzusehen. Umstritten ist, ob neben Umwandlungsplan, Bericht und Vermögensprüfung noch eine **aktienrechtliche Gründungsprüfung** analog §§ 32 ff. AktG erforderlich ist.[366] Dies ist zu bejahen, da die vor dem Umwandlungsbeschluss erfolgende Vermögensprüfung nur die Kapitalverhältnisse der AG betrifft. Außerdem geht der deutsche Ausführungsgesetzgeber in § 21 Abs. 2 Satz 3 und Abs. 3 SEAG davon aus, dass der Anmeldung der SE im monistischen System auch ein Prüfbericht des Verwaltungsrats beizufügen ist. Die gleichen Pflichten treffen Vorstand und Aufsichtsrat im dualistischen Modell schon nach den allgemeinen aktienrechtlichen Vorschriften.[367] Wenn man von der Notwendigkeit eines Prüfberichts ausgeht, ist es aber nur konsequent, auch eine externe Gründungsprüfung zu fordern. Zwar mag es zu einer gewissen inhaltlichen Überschneidung mit dem gemeinschaftsrechtlich geforderten Vermögensbericht kommen, jedoch erfolgt dieser zeitlich vor der Beschlussfassung mit Bezug zur AG und kann daher gar nicht über den Ablauf des Formwechsels berichten. Jedenfalls aus Vorsichtsgründen sind die aktienrechtlichen Gründungsfragen im Einzelfall mit dem Registergericht frühzeitig abzustimmen.[368] 146

Zusammen mit dem Beschluss der Umwandlung kann eine **Kapitalerhöhung** notwendig werden, um das erhöhte Mindestgrundkapital von EUR 120 000,00 zu erreichen. Diese Kapitalmaßnahme ist nach den allgemeinen aktienrechtlichen Vorschriften vor- 147

---

[359] Über die Verweisung in Art. 15 Abs. 1 SE-VO sind §§ 121 ff. AktG und §§ 238 Satz 1, 230 Abs. 2 UmwG anwendbar.

[360] Auf Grund der Verweisung in Art. 37 Abs. 7 Satz 2 SE-VO ist die verschmelzungsrechtliche Mehrheit zu fordern: §§ 65 Abs. 1 Satz 1 UmwG, 133 Abs. 1 AktG.

[361] Siehe § 193 Abs. 3 UmwG und § 130 Abs. 1 AktG.

[362] *Seibt/Reinhard* Der Konzern 2005, 407 (421).

[363] MünchKommAktG/*Schäfer* Art. 37 SE-VO Rn. 28.

[364] *Vossius* ZIP 2005, 741 (748).

[365] Etwa zu §§ 244, 245 UmwG.

[366] Dafür *Vossius* ZIP 2005, 741 (748). Dagegen MünchKommAktG/*Schäfer* Art. 37 SE-VO Rn. 26; *Seibt/Reinhard* Der Konzern 2005, 407 (422).

[367] §§ 32, 33 AktG.

[368] *Jannott/Frodermann,* Handbuch SE, Kap. 3 Rn. 258; *Seibt/Reinhard* Der Konzern 2005, 407 (421).

zunehmen.[369] Wird das dualistische Leitungssystem für die SE gewählt, ist nur der **Vorstand** neu zu bestellen,[370] während der **Aufsichtsrat** im Amt bleiben kann, sofern sich dessen Zusammensetzung nicht aufgrund geänderter Mitbestimmung ändert.[371] Bei Wahl des monistischen Systems ist der **Verwaltungsrat** am besten anlässlich des Beschlusses der Hauptversammlung über den Umwandlungsplan zu bestellen.[372] Der Verwaltungsrat hat dann mindestens einen **geschäftsführenden Direktor** nach § 40 Abs. 1 SEAG zu bestellen.

148 c) **Anmeldung und Wirkungen.** Die Anmeldung und **Eintragung** ins Handelsregister ist nach Art. 12 SE-VO vorgeschrieben. Das Verfahren und die einzureichenden Unterlagen sind im Grundsatz entsprechend einem Formwechsel einer GmbH in eine AG zu bestimmen.[373] In jedem Fall sind der Umwandlungsbeschluss und die neue Satzung der SE einzureichen. Zusätzlich sind folgende SE-spezifische Unterlagen einzureichen:[374] Nachweis über das mindestens zweijährige Bestehen einer EU-Auslandstochter,[375] Bescheinigung über die Nettovermögensprüfung,[376] Nachweis über das Mitbestimmungsmodell.[377] Auch der endgültige Umwandlungsplan sollte zur Sicherheit eingereicht werden, da der dem Handelsregister bereits vor Beschlussfassung nach Art. 37 Abs. 5 SE-VO eingereichte Umwandlungsplan nur ein vorläufiger ist.[378] Für eine SE mit monistischem Leitungssystem enthält § 21 SEAG besondere Anforderungen über die Anmeldung von Verwaltungsrat und geschäftsführenden Direktoren. Die SE entsteht und der Formwechsel erlangt **Wirksamkeit**, wenn die SE in das Handelsregister der bisher bestehenden AG eingetragen wird.[379] Die Umwandlung ist nach Art. 37 Abs. 2 SE-VO identitätswahrend möglich. Weder wird die AG aufgelöst, noch ist die neue SE eine von der alten AG zu unterscheidende juristische Person. Diese Wirkung stimmt mit dem innerstaatlichen **Identitäts-** und **Kontinuitätsgrundsatz** überein. Auch eine bestehende Börsenzulassung bleibt erhalten.[380] Eine arbeitsrechtliche Klarstellung über den „Übergang"[381] der Arbeitsverhältnisse enthält Art. 37 Abs. 9 SE-VO. Eine Sitzverlegung ist anlässlich des Formwechsels nur innerhalb Deutschlands möglich.[382] Die Eintragung ist vom Handelsregister in der üblichen Weise bekannt zu machen,[383] zusätzlich aber auch im Amtsblatt der Europäischen Gemeinschaften zu veröffentlichen.[384]

149 Ein besonderer **Schutz** von **Minderheitsaktionären** und **Gläubigern** ist bei einem Formwechsel in die SE nach der SE-VO nicht vorgesehen. Die Anwendbarkeit der umwandlungsgesetzlichen Bestimmungen über das Angebot einer Barabfindung an Minderheitsaktionäre und über die Sicherheitsleistung gegenüber Gläubigern wird daher überwiegend abgelehnt.[385] Dem ist im Ergebnis zuzustimmen. Auch die **Wertung des § 250 UmwG** zeigt, dass bei einem Formwechsel zwischen zwei gleichwertigen Gesellschafts-

[369] Siehe *Jannott/Frodermann,* Handbuch SE, Kap. 3 Rn. 250.
[370] Nach § 84 AktG.
[371] Siehe Art. 15 Abs. 1 SE-VO, § 203 UmwG und *Jannott/Frodermann,* Handbuch SE, Kap. 3 Rn. 254. Anders *Seibt/Reinhard* Der Konzern 2005, 407 (421).
[372] Einzelheiten sind in §§ 20 ff. SEAG geregelt.
[373] Art. 15 Abs. 1 SE-VO, §§ 198, 199, 246 UmwG, 37 Abs. 4 AktG.
[374] MünchKommAktG/*Schäfer* Art. 37 SE-VO Rn. 33.
[375] Siehe Art. 2 Abs. 4 SE-VO, ausreichend ist ein Auszug aus dem ausländischen Register.
[376] Nach Art. 37 Abs. 6 SE-VO.
[377] Art. 12 Abs. 2 SE-VO.
[378] Abweichend *Seibt/Reinhard* Der Konzern 2005, 407 (423).
[379] Art. 16 Abs. 1, 12 Abs. 1 SE-VO.
[380] *Seibt/Reinhard* Der Konzern 2005, 407 (423).
[381] Gesellschaftsrechtlich ist dieser Ausdruck wegen der Identität- und Kontinuität missglückt.
[382] So Art. 37 Abs. 3 SE-VO.
[383] Vgl. Art. 13 SE-VO.
[384] Art. 14 SE-VO.
[385] *Habersack* § 12 Rn. 20; MünchKommAktG/*Schäfer* Art. 37 SE-VO Rn. 37.

formen (AG und KGaA) ein Barabfindungsangebot zum Schutz der Minderheitsgesellschafter entbehrlich ist, weil sich ihre Stellung nicht verschlechtert. Gleiches gilt dann auch beim Formwechsel in die SE, da diese in ihrer Organisations- und Haftungsstruktur gegenüber der AG mindestens gleichwertig, wenn nicht sogar höherwertig ist.[386] Aus der gleichen Überlegung heraus wird es Gläubigern bei der Gründung einer SE nicht gelingen, eine Gefährdung ihrer Forderungen glaubhaft zu machen.[387]

3. Rückumwandlung

Der Formwechsel einer SE in die Rechtsform der AG ist in Art. 66 SE-VO geregelt. Die Rückumwandlung ist **frühestens zwei Jahre nach der Eintragung** der SE zulässig. Soweit in Art. 66 SE-VO nichts anderes geregelt ist, bestimmt sich der Verfahrensablauf auf Grund der Verweisung in Art. 63 SE-VO in Bezug auf „ähnliche Verfahren" entsprechend den deutschen Regeln über den Formwechsel zwischen Kapitalgesellschaften, §§ 238 ff. UmwG.[388] Das Verfahren läuft spiegelbildlich zur Gründung einer SE ab.[389] 150

E. Wechsel von einer Personenhandelsgesellschaft in eine Kapitalgesellschaft

Die verschiedenen Möglichkeiten der Umwandlung einer Personenhandelsgesellschaft in eine Kapitalgesellschaft verlangen ebenfalls eine differenzierte Betrachtung:

I. Überblick

Die gesetzlichen Regelungen zum Formwechsel einer Personenhandelsgesellschaft in eine Kapitalgesellschaft[390] sind von folgenden **Grundgedanken** geprägt: Zum einen erlaubt die einfachere Struktur der Personenhandelsgesellschaft als Unternehmensform weniger strenge Regeln als beim Formwechsel einer Kapitalgesellschaft.[391] Der **Gesellschafterschutz** ist weniger dringlich, weil der Gesellschafterkreis im Regelfall[392] überschaubar ist und grundsätzlich sämtliche Gesellschafter einem Formwechsel zustimmen müssen.[393] Da im Zuge des Formwechsels in eine Kapitalgesellschaft allerdings die persönliche Haftung als Kennzeichen der Personengesellschaft entfällt und durch die auf das Gesellschaftsvermögen beschränkte Haftung einer Kapitalgesellschaft[394] ersetzt wird[395] ordnet das Umwandlungsgesetz Vorkehrungen zum **Schutz der Gläubiger** an. Die Sicherung einer ordnungsgemäßen Aufbringung des Stamm- oder Grundkapitals im Zuge des Formwechsels ist daher ein besonderes Anliegen des Gesetzes.[396] 151

Für den Wechsel in eine Kapitalgesellschaft spricht ganz maßgeblich der **Vorteil der beschränkten Haftung** der Gesellschafter. Das unternehmerische Risiko wird auf das in die Gesellschaft eingelegte und in der Gesellschaft thesaurierte Vermögen beschränkt. 152

---

[386] Ähnlich *Seibt/Reinhard* Der Konzern 2005, 407 (420).

[387] Siehe §§ 204, 22 Abs. 1 Satz 2 UmwG. *Seibt/Reinhard* Der Konzern 2005, 407 (424).

[388] Über Art. 9 Abs. 1 SE-VO kommen *Jannott/Frodermann/Veil,* Handbuch SE, Kap. 10 Rn. 22 zum selben Ergebnis.

[389] Zu den Einzelheiten siehe *Jannott/Frodermann*/Veil, Handbuch SE, Kap. 10 Rn. 23 ff.; einen Überblick bietet *Vossius* ZIP 2005, 741 (749).

[390] §§ 214 bis 225 UmwG.

[391] BT-Drs. 12/6699, S. 147.

[392] Das Gesetz verzichtet bewusst auf besondere Regeln zur Publikumsgesellschaft in Form der GmbH & Co. KG, vgl. BT-Drs. 12/6699, S. 147.

[393] Siehe *S/B/B/Sickinger* R 71.

[394] §§ 13 Abs. 2 GmbHG, 1 Abs. 1 Satz 2 AktG.

[395] Freilich verliert diese Unterscheidung in der Rechtsform der GmbH & Co. KG an Bedeutung, weil hier keine natürliche Person der Haftung ausgesetzt ist.

[396] Siehe *S/B/B/Sickinger* R 71.

Im Wachstum begriffene Unternehmen, die ihr Geschäft in der Rechtsform einer Personengesellschaft betreiben, werden aufgrund der mit dem Unternehmenswachstum einhergehenden Ausweitung des Haftungsrisikos ihrer Gesellschafter mit der Frage eines Wechsels in eine Kapitalgesellschaft unweigerlich konfrontiert.

153 Auch der Einstieg von professionellen Eigenkapitalgebern zur Fortentwicklung des Unternehmens erfordert in der Regel den Wechsel in eine Kapitalgesellschaft. Diese Investoren bevorzugen üblicherweise klare kapitalistische Gesellschaftsformen, in denen ihre Haftung begrenzt ist und sie dennoch übersichtliche Kontroll- und Einflussnahmemöglichkeiten haben. Da für Finanzinvestoren regelmäßig die Veräußerung ihrer Beteiligung über die Börse zentraler Bestandteil ihrer Exit-Strategie ist, stellt sich auch aus diesem Grund häufig zu Beginn der Beteiligung eines Finanzinvestors oder aber auch im Verlauf der Beteiligung die Frage nach einem Formwechsel.

154 **In steuerlicher Hinsicht** empfiehlt sich der Formwechsel in eine Kapitalgesellschaft, wenn die Besteuerung nach Körperschaftssteuerrecht sich im konkreten Fall als vorteilhafter erweist als die Besteuerung nach Einkommensssteuerrecht. Auch kann nur eine Kapitalgesellschaft in eine steuerliche Organschaft[397] als Organgesellschaft eingebunden werden. Insbesondere aus diesem Grund sind Kapitalgesellschaften zum Zweck des Aufbaus einer Konzernstruktur unter steuerlichen wie auch unter allgemeinen konzernrechtlichen Gesichtspunkten im Regelfall besser geeignet. Wird anlässlich des Formwechsels eine Buchwertaufstockung vorgenommen, lässt sich das zukünftige Abschreibungspotenzial des Unternehmens erhöhen. Die steuerliche Konsequenz dieser Maßnahme muss aufgrund der somit zunächst eintretenden Erhöhung des Einkommens im Einzelfall auf ihre Vor- und Nachteile überprüft werden. Sofern das deutsche Besteuerungsrecht aufgrund des Formwechsels eingeschränkt wird, ist eine steuerneutrale Umwandlung grundsätzlich nicht möglich. Aus gewerbesteuerlicher Sicht werden Personengesellschaften (wie Kapitalgesellschaften) als eigenständiges Besteuerungsobjekt behandelt.

II. Wechsel von der KG oder OHG in die GmbH

Als wohl wichtigster Fall in der Praxis soll der Formwechsel einer Personenhandelsgesellschaft in eine GmbH zuerst erläutert werden:

1. Erwägungen für die Durchführung des Formwechsels

155 Die **OHG** ist geprägt einerseits durch die Befugnis jedes Gesellschafters zu Geschäftsführung und Vertretung und andererseits durch die persönliche Haftung der Gesellschafter,[398] die eine hohe Kreditwürdigkeit bei Banken vermittelt. Der Komplementär in einer **KG** entspricht nach Stellung und Haftung einem OHG-Gesellschafter.[399] Daneben sind mit den Kommanditisten auch Gesellschafter beteiligt, die nach Erbringung ihrer Einlage nicht mehr persönlich haften, dafür aber auch nicht an der Geschäftsführung teilhaben.[400] Während die Personenhandelsgesellschaften gerade in der Gründungsphase aufgrund der Geschäftsführung durch die Gesellschafter und der hohen Kreditwürdigkeit bei Banken ihre Berechtigung haben, dringen im Lebenszyklus eines Unternehmens vermehrt andere Gesichtspunkte, insbesondere die Frage einer Haftungsbegrenzung, in den Vordergrund. Nahe liegend ist hier der Wechsel in die Rechtsform der GmbH. Sie bietet neben der Möglichkeit der **Haftungsbeschränkung** eine **flexible Organisationsstruktur,** die den Bedürfnissen des Einzelfalls angepasst werden kann. Die **Unternehmensführung** kann in einer GmbH in die Hände von Nichtgesellschaftern gelegt werden (**Fremdorganschaft**), während bei OHG und KG die Gesellschaft von den Gesellschaftern geleitet und vertreten wird (Selbstorganschaft). Der Formwechsel in eine GmbH ermöglicht es daher

---

[397] §§ 14 ff. KStG.
[398] Vgl. §§ 114, 125, 128 HGB.
[399] Vgl. § 161 HGB.
[400] Vgl. §§ 164, 171 HGB.

den Gesellschaftern, das Tagesgeschäft in die Hände von angestellten Geschäftsführern zu legen und sich auf Überwachungs- und Steuerungsaufgaben zu beschränken. Mit Blick auf eine mögliche Eigenkapitalfinanzierung der Gesellschaft durch Beteiligung von professionellen Eigenkapitalgebern bietet die GmbH diesen Finanzinvestoren üblicherweise die von ihnen verlangte flexible Ausgestaltung des Gesellschaftsverhältnisses mit umfangreichen Überwachungs- und Einflussmöglichkeiten bei eindeutiger Haftungsbegrenzung. Als Alternative zum Formwechsel in eine GmbH kommt auch der Wechsel in die GmbH & Co. KG in Betracht, der mit ähnlichen Vorteilen verbunden ist. Hierfür muss etwa in einer KG eine Komplementär-GmbH aufgenommen werden und sämtliche natürliche Personen müssen als Komplementär ausscheiden. Im Einzelfall muss die aus steuerlicher Sicht günstigste Variante des Formwechsels bestimmt werden.

2. Ablauf und Gestaltung

156

Ablaufschema eines Formwechsels OHG/KG → GmbH:

- Entscheidung der Gesellschafter
- Umwandlungsbericht, Entwurf des Umwandlungsbeschlusses, ggf. mit Barabfindungsangebot
- Einberufung der Gesellschafterversammlung
- Zuleitung des Entwurfs des Umwandlungsbeschlusses an den Betriebsrat
- Umwandlungsbeschluss, grundsätzlich einstimmig
- Bestellung der Geschäftsführer
- Sachgründungsprüfung
- Anmeldung zum Handelsregister, Eintragung des Formwechsels

a) **Vorbereitung und Umwandlungsbericht.** Ein **Umwandlungsbericht** ist bei der KG grundsätzlich notwendig und entfällt regelmäßig bei der OHG. Dies ergibt sich aus § 215 UmwG, wonach kein Umwandlungsbericht zu erstellen ist, wenn die Geschäftsführung jedem Gesellschafter zusteht. Nach den gesetzlichen Bestimmungen ist dies, wenn nicht gesellschaftsvertraglich abweichend geregelt, bei der OHG der Fall.[401] Bei der KG sind die Kommanditisten im gesetzlichen Regelfall von der Geschäftsführung ausgeschlossen,[402] weshalb hier ein Umwandlungsbericht regelmäßig notwendig ist. Für den Fall, dass der Gesellschaftsvertrag die Geschäftsführung abweichend von den gesetzlichen Regelungen bestimmt, ist dies bei der Frage der Notwendigkeit eines Umwandlungsberichts zu berücksichtigen.[403] Die Gesellschafter können jedoch in jedem Fall nach § 192 Abs. 3 UmwG auf die Erstellung des Umwandlungsberichts verzichten. 157

Vorbereitung und Durchführung der **Gesellschafterversammlung** werden maßgeblich von speziellen umwandlungsrechtlichen Vorgaben bestimmt. Während eine KG oder OHG einen normalen Gesellschafterbeschluss formlos treffen kann, verlangt § 193 Abs. 1 Satz 2 UmwG die Abhaltung einer Gesellschafterversammlung. § 193 Abs. 3 Satz 2 UmwG schreibt für den Umwandlungsbeschluss die notarielle Form vor. In der **Einberufung** der Gesellschafterversammlung ist allen nicht geschäftsführenden Gesellschaftern der Formwechsel als Beschlussgegenstand anzukündigen.[404] Umwandlungsbericht, Entwurf des Umwandlungsbeschlusses, beabsichtigter Gesellschaftsvertrag und – wo ein solches nötig ist[405] – Abfindungsangebot sind zu übersenden. Die geschäftsfüh- 158

---

[401] § 114 HGB.
[402] § 164 HGB.
[403] *Hueck/Windbichler* GesR § 14 Rn. 3 und § 18 Rn. 9.
[404] Geregelt in § 216 UmwG.
[405] Nötig, wenn der Umwandlungsbeschluss nach dem Gesellschaftsvertrag mit Stimmenmehrheit getroffen werden kann, siehe §§ 194 Abs. 1 Nr. 6, 217 Abs. 1 Satz 2 UmwG.

renden Gesellschafter sind schon auf Grund ihrer Organstellung ausreichend informiert, sollten aber aus Gründen der Gleichbehandlung auch die Einberufung mit allen Unterlagen erhalten.[406] Die Einberufungsfrist muss so bemessen sein, dass allen Gesellschaftern die Teilnahme und Vorbereitung möglich ist.[407] Sofern der Gesellschaftsvertrag keine Regelung hierzu enthält, dürfte eine Frist von einer Woche bis zu vier Wochen angemessen sein.[408] Im Einzelfall wird man sich an der Größe der KG zu orientieren haben. Die Gesellschafter können auf die Unterrichtung im Einzelfall auch verzichten.[409] Falls die Personenhandelsgesellschaft über einen Betriebsrat verfügt, ist dieser nach § 194 Abs. 2 UmwG spätestens einen Monat vor der Beschlussfassung durch Übersendung des Entwurfs des Umwandlungsbeschlusses zu unterrichten.

159 b) **Umwandlungsbeschluss und begleitende Maßnahmen.** Im gesetzlichen Regelfall kann der Formwechsel nur mit **Zustimmung aller Gesellschafter** gefasst werden, § 217 Abs. 1 Satz 1 UmwG. Da jeder Gesellschafter damit den Formwechsel verhindern kann, ist auch ein Abfindungsangebot nach § 207 UmwG entbehrlich.[410] Der Gesellschaftsvertrag kann jedoch einen Mehrheitsbeschluss vorsehen, wobei dieser von mindestens drei Vierteln der abgegebenen Stimmen getragen werden muss, § 217 Abs. 1 Satz 2 und 3 UmwG. Da überstimmten Gesellschaftern ein Abfindungsangebot zu unterbreiten ist,[411] muss bei Zulässigkeit eines Mehrheitsbeschlusses ein Abfindungsangebot vorbereitet werden, sofern nicht alle Gesellschafter hierauf verzichten.[412] Das Barabfindungsangebot ist nach § 225 UmwG und abweichend von §§ 208, 30 Abs. 2 UmwG nur auf besonderen Wunsch durch den externen Prüfer zu prüfen. Die Anforderungen an die Festsetzung eines Mehrheitserfordernisses im Gesellschaftsvertrag richten sich nach dem handelsrechtlichen **Bestimmtheitsgrundsatz,** da der Formwechsel einer Satzungsänderung gleichkommt. Es muss sich also aus dem Gesellschaftsvertrag unzweideutig ergeben, dass die Entscheidung zum Formwechsel von der Mehrheit getroffen werden kann.[413] Umstritten ist, ob die pauschale Bezugnahme im Gesellschaftsvertrag auf Umwandlungen des Unternehmens genügt.[414]

160 Der wichtigste Punkt im Umwandlungsbeschluss ist auch hier die Regelung der künftigen Beteiligung der Anteilsinhaber, § 194 Abs. 1 Nr. 3, Nr. 4 UmwG. Die **Kapitalkonten**[415] der Gesellschafter müssen in Stammeinlagen überführt werden.[416] Das Stammkapital der GmbH wird aus dem Gesellschaftskapital der KG oder OHG erbracht. Dies ist auch im neuen Gesellschaftsvertrag festzusetzen.[417] Ein nicht verhältniswahrender Formwechsel ist nach allgemeinen Grundsätzen bei Zustimmung aller Gesellschafter möglich. Der Umwandlungsbeschluss muss den Gesellschaftsvertrag der künftigen GmbH enthalten.[418] Der Gesellschaftsvertrag hat hierbei die Mindestangaben nach § 3 Abs. 1 GmbHG zu treffen und insbesondere das Stammkapital sowie die Stammeinlage jedes Gesellschafters anzugeben.

---

[406] *Semler/Stengel/Schlitt* § 216 Rn. 10.

[407] Vgl. *Baumbach/Hopt* § 119 HGB Rn. 29.

[408] *Semler/Stengel/Schlitt* § 216 Rn. 14 (1 Woche); *Schmitt/Hörtnagl/Stratz* § 216 Rn. 3 (1 Monat).

[409] *Semler/Stengel/Schlitt* § 216 Rn. 25; *Widmann/Mayer/Vossius* § 216 Rn. 21 ff.

[410] So § 194 Abs. 1 Nr. 6 UmwG.

[411] Siehe BT-Drs. 12/6699, S. 148.

[412] Vgl. *Semler/Stengel/Schlitt* § 216 Rn. 22.

[413] Vgl. BGHZ 85, 350, 356 f.

[414] Genügt nicht: *S/B/B/Sickinger* R 88; *Kallmeyer/Dirksen* § 217 Rn. 8; *Lutter/Joost* § 217 Rn. 12. Genügt: *Semler/Stengel/Schlitt* § 217 Rn. 16; *Schmitt/Hörtnagl/Stratz* § 43 Rn. 9.

[415] Hierzu *Oppenländer* DStR 1999, 939 (941).

[416] Im Regelfall wird hierbei das feste Kapitalkonto I mit dem Rücklagenkonto verrechnet, vgl. *Semler/Stengel/Schlitt* § 218 Rn. 19.

[417] *Semler/Stengel/Schlitt* § 218 Rn. 9.

[418] Siehe § 218 Abs. 1 Satz 1 UmwG.

Sofern eine entsprechende Bestellung nicht schon im Gesellschaftsvertrag erfolgt, empfiehlt es sich, anlässlich des Umwandlungsbeschlusses auch die **Geschäftsführer** zu bestellen, § 46 Nr. 5 GmbHG, und die Mitglieder eines etwaigen Aufsichtsorgans (z. B. Aufsichtsrat, Beirat, Gesellschafterausschuss) zu wählen. Sämtliche Geschäftsführer der künftigen GmbH müssen den Formwechsel zum Handelsregister anmelden.[419] Sofern mitbestimmungsrechtlich aufgrund des Überschreitens der relevanten Arbeitnehmerzahlen ein Aufsichtsrat vorgeschrieben ist,[420] müssen auch dessen Mitglieder die Anmeldung unterzeichnen. Die bisherigen (und künftigen) Gesellschafter müssen dagegen nicht mitwirken. 161

Als **Gründer** der GmbH gelten die zustimmenden Gesellschafter.[421] Die Gründerhaftung nach §§ 197 Satz 1 UmwG, 9, 9 a GmbHG findet damit auf die zustimmenden Gesellschafter Anwendung.[422] Sie haften demnach insbesondere für eine etwaige (unerkannte) **Differenz** zwischen Nettovermögen und Stammkapital zum Zeitpunkt der Anmeldung. Die Haftung erstreckt sich auch auf Kommanditisten, die ihre Einlage in die KG voll erbracht haben.[423] § 220 Abs. 1 UmwG verbietet einen Formwechsel, der zu einer GmbH mit **Unterbilanz** führen würde. Das Nettovermögen der formwechselnden OHG oder KG muss daher mindestens dem Stammkapital der künftigen GmbH entsprechen. Bei der Berechnung des Nettovermögens für die Frage der Zulässigkeit des Formwechsels nach § 220 Abs. 1 UmwG ist nicht auf die Buchwerte, sondern auf den wirklichen Wert der Vermögensgegenstände abzustellen.[424] Im Rahmen des Formwechsels ist von den als Gründern geltenden Gesellschaftern ein **Sachgründungsbericht** nach §§ 197 Satz 1 UmwG, 5 Abs. 4 GmbHG zu erstellen. Der Sachgründungsbericht muss den Wert des bisherigen Gesellschaftsvermögens ausweisen und insbesondere den Nachweis führen, dass das künftige Stammkapital durch das vorhandene Nettovermögen gedeckt ist, § 220 Abs. 1 UmwG. In diesem Bericht sind auch der bisherige Geschäftsverlauf und die Lage der formwechselnden Gesellschaft darzulegen.[425] Berichtszeitraum sind die letzten beiden Geschäftsjahre sowie das laufende Geschäftsjahr.[426] 162

c) **Anmeldung und Wirkungen.** Mit der **Anmeldung** des Formwechsels sind der Umwandlungsbeschluss, die Zustimmungserklärungen, der Umwandlungsbericht und das Negativattest über die Erhebung von Klagen einzureichen, § 199 UmwG. Zusätzlich sind nach §§ 197 Satz 1 UmwG, 8 GmbHG der Gesellschaftsvertrag, die Geschäftsführerbestellung sowie eine Gesellschafterliste einzureichen. Anmeldepflichtig sind nach § 222 Abs. 1 UmwG sämtliche Geschäftsführer der künftigen GmbH. 163

Wegen des Wechsels in eine haftungsbeschränkte Gesellschaftsform und des zukünftigen Wegfalls der persönlichen Haftung sind die Regeln des § 224 UmwG über die **Nachhaftung** der Gesellschafter für den Schutz der Gläubiger von besonderer Bedeutung. Die Gesellschafter haften weiterhin für **Altverbindlichkeiten** der KG oder OHG,[427] wenn diese **innerhalb von fünf Jahren** nach der Bekanntmachung des Formwechsels in besonderer Weise festgestellt[428] oder Vollstreckungshandlungen beantragt oder vorgenommen werden. Der Rechtsgrund für die Verbindlichkeit muss vor der Eintragung des Formwechsels begründet sein.[429] § 224 Abs. 5 UmwG stellt klar, dass die Nachhaftung nach 164

---

[419] Vgl. § 222 Abs. 1 UmwG.

[420] § 1 Abs. 1 MitbestG, § 1 Abs. 1 Nr. 3 DrittelbG.

[421] Vgl. §§ 219, 217 Abs. 2 UmwG.

[422] Zu Einzelheiten siehe *Semler/Stengel/Schlitt* § 219 Rn. 11 f.

[423] *Schmitt/Hörtnagl/Stratz* § 219 Rn. 3; *Semler/Stengel/Schlitt* § 219 Rn. 14. Anderer Meinung aber *Lutter/Joost* § 219 Rn. 5.

[424] *S/B/B/Sickinger* R 90; *Priester*, DStR 2005, 788, 793.

[425] So § 220 Abs. 2 UmwG.

[426] Vgl. insofern § 5 Abs. 4 Satz 2 HGB.

[427] Grundlage der Haftung sind §§ 128, 161 HGB.

[428] Siehe § 197 Abs. 1 Nr. 3 bis 5 BGB: insbesondere durch rechtskräftiges Gerichtsurteil.

[429] Vgl. *Semler/Stengel/Schlitt* § 224 Rn. 11.

fünf Jahren selbst dann endet, wenn der zuvor haftende Gesellschafter in der GmbH Geschäftsführer ist. Hat ein Kommanditist im Zeitpunkt des Formwechsels seine Einlage erbracht, ist seine Haftung nach wie vor ausgeschlossen, § 171 Abs. 1 HGB. Sollte ein Kommanditist ausnahmsweise schon vor dem Formwechsel aufgrund Rückzahlung seiner Einlage einer persönlichen Haftung nach §§ 171 Abs. 1, 172 Abs. 4 HGB ausgesetzt sein, unterliegt diese Haftung ebenfalls der umwandlungsrechtlichen Nachhaftung.[430] Scheidet ein Gesellschafter im Zuge des Formwechsels aus, weil er das Barabfindungsangebot annimmt, besteht seine Haftung nach § 160 HGB fort.[431] Aufgrund der umwandlungsrechtlichen Nachhaftung der Gesellschafter gem. § 224 UmwG kann die für einen Formwechsel sprechende Haftungsbegrenzung nur für die Zukunft erreicht werden.

III. Wechsel von der GmbH & Co. KG in die GmbH

Bei dieser Form der Umwandlung sind im Vergleich zum Formwechsel einer KG mit einer natürlichen Person als Komplementär verschiedene Besonderheiten zu beachten:

1. Erwägungen für die Durchführung des Formwechsels

165 Für den Formwechsel einer GmbH & Co. KG in eine GmbH sprechen ähnliche Erwägungen wie für den Formwechsel einer KG. Allerdings spielt die Begrenzung der persönlichen Haftung keine Rolle, da bei der GmbH & Co. KG die Haftung einer natürlichen Person ebenfalls ausgeschlossen ist. Der Formwechsel kann insbesondere notwendig werden, um die **Organisationsstruktur** des Unternehmens zu vereinfachen oder um den Einstieg eines Finanzinvestors vorzubereiten. Bei einer **Publikumsgesellschaft** oder **Familiengesellschaft** in Form der GmbH & Co. KG kann das Absinken der Gesellschafterzahl auf wenige Gesellschafter oder der Austritt von Familiengesellschaftern den Formwechsel sinnvoll machen.

2. Ablauf und Gestaltung

166 Bei einem Formwechsel in die GmbH wird die GmbH & Co. KG im Grundsatz nicht anders behandelt als jede KG. Kompliziert wird die **Gestaltung** nur dann, wenn die Komplementär-GmbH, die ja bei der GmbH & Co. KG im Regelfall nicht am Vermögen der KG beteiligt ist, nicht mehr an der neuen GmbH beteiligt sein soll. Nach dem früher vorherrschenden strikten Verständnis der Identität der formwechselnden Gesellschaft war ein Austritt eines Gesellschafters anlässlich des Formwechsels nicht möglich. Dies sollte dem **Identitätsgrundsatz** widersprechen.[432] Die Komplementär-GmbH konnte daher nicht bereits im Umwandlungsbeschluss ihren Austritt erklären. Ihr musste stattdessen vor dem Formwechsel eine Gesellschaftsbeteiligung treuhänderisch übertragen werden (**Treuhandlösung**), die sie nach dem Formwechsel als Geschäftsanteil an den Treugeber zurück übertrug,[433] was auch im Wege ihrer Liquidation möglich war.[434]

167 Die vordringende Meinung in der Literatur hält diesen Umweg für entbehrlich und erlaubt die Kombination von Formwechsel und Gesellschafteraustritt.[435] Der Austritt der Komplementär-GmbH könnte demgemäß auch im Umwandlungsbeschluss erklärt werden, wenn alle Gesellschafter einverstanden sind. Angesichts der noch ungeklärten Rechtslage wird man in der Praxis allerdings aus Vorsichtsgründen nach wie vor das Treuhandmodell wählen, um jegliches Risiko der Fehlerhaftigkeit des Formwechsels auszuschließen. Wenn das Treuhandmodell nicht gewählt werden soll, muss dies zuvor mit dem Registergericht abgestimmt werden.

---

[430] Vgl. *Lutter/Joost*, § 224 Rn. 8; *Semler/Stengel/Schlitt* § 224 Rn. 8 f.
[431] *S/B/B/Sickinger* R 97.
[432] Vgl. *Kallmeyer/Meister/Klöcker* § 194 Rn. 23 ff. und § 202 Rn. 29 ff.; *S/B/B/Sickinger* Rn. 28.
[433] Eine aufschiebend bedingte Rückübertragung vereinfacht den Ablauf.
[434] *Binz/Sorg* § 28 Rn. 18.
[435] Vgl. *Schmitt/Hörtnagl/Stratz* § 226 Rn. 3.; *Baßler* GmbHR 2007, 1252 (1254).

3. Alternativen

Alternativ kann der Formwechsel auch durch das Ausscheiden aller Kommanditisten erreicht werden.[436] Die KG wird bei entsprechender Regelung in der Austrittsvereinbarung ohne Liquidation beendet. Gleichzeitig wachsen der Komplementär-GmbH die Anteile der austretenden Kommanditisten kraft Gesetzes an (sog. Anwachsungsmodell; §§ 161 Abs. 2, 105 Abs. 3 HGB, 738 Abs. 1 BGB). Bestehen bleibt die GmbH als alleinige Trägerin des Unternehmens. Waren die Kommanditisten an der Komplementär-GmbH entsprechend ihren Kommanditanteilen beteiligt, bleiben die Machtverhältnisse im Unternehmen von der Anwachsung unberührt. 168

IV. Wechsel von der GmbH & Co. KG in die AG

Nach den bisherigen Ausführungen kann die Umwandlung einer GmbH & Co. KG in eine AG kürzer dargestellt werden:

1. Erwägungen für die Durchführung des Formwechsels

In der Rechtsform der **GmbH & Co. KG** sind bereits maßgebliche Kriterien einer Kapitalgesellschaft erfüllt. So können **Nichtgesellschafter** zu **Geschäftsführern** der Komplementärin bestellt werden und damit die Geschäfte der GmbH & Co. KG führen und diese vertreten. Ferner ist die **persönliche Haftung** durch Wahl einer GmbH als persönlich haftende Gesellschafterin auf das Vermögen der GmbH **begrenzt.** 169

In erster Linie wird der Wechsel in die Rechtsform der AG deshalb aus Gründen einer zukünftigen Finanzierung der Gesellschaft über den **Kapitalmarkt** erfolgen. Ferner mag die Rechtsform der AG auch aufgrund der größeren Unabhängigkeit des Vorstands von Interesse sein. Insbesondere wenn ein Minderheitsgesellschafter selbst die Geschicke der Gesellschaft beeinflussen will, kann die Übernahme des Amts als weisungsunabhängiger Vorstand für ihn von Bedeutung sein. Ferner ist häufig die höhere Reputation der AG Anlass, in die Rechtsform der AG überzuwechseln. 170

Einer AG stehen darüber hinaus zahlreiche **Strukturmaßnahmen** offen, die einer GmbH & Co. KG verschlossen sind, wie der Ausschluss von Minderheitsaktionären (Squeeze-out) oder der Abschluss von Beherrschungs- und Gewinnabführungsverträgen sowie die Möglichkeit zur Bildung einer steuerlichen Organschaft. Ein Formwechsel allein zur Vorbereitung eines Squeeze-out ist jedoch mit dem Risiko der Rechtsmissbräuchlichkeit behaftet.[437]

2. Ablauf und Gestaltung

Im UmwG bestehen **keine besondere Regeln** für Gesellschaften in Form der GmbH & Co. KG. Anwendung finden somit die allgemeinen Regeln über den Formwechsel einer KG in eine Kapitalgesellschaft, §§ 214 ff. UmwG. Schwierigkeiten bereitet bei Gesellschaften mit großem Gesellschafterkreis in der Praxis dabei das Erfordernis des § 216 UmwG, alle von der Geschäftsführung ausgeschlossenen Gesellschafter zu unterrichten und ihnen den Umwandlungsbericht zu übersenden. Zu Aufwand führt deshalb bei der GmbH & Co. KG mit großem Gesellschafterkreis auch die fehlende Möglichkeit einer Auslegung des Umwandlungsberichts in der Gesellschafterversammlung der GmbH & Co. KG, wie sie für den Formwechsel zwischen Kapitalgesellschaften, vgl. § 239 Abs. 1 UmwG, oder aus einer Kapitalgesellschaft, vgl. § 232 Abs. 1 UmwG, vorgesehen ist. Angesichts der bewussten Zurückhaltung des Gesetzgebers verbietet sich aber eine entsprechende Anwendung von Vorschriften anderer Abschnitte, die für eine Publikumsgesellschaft vorteilhaft wären. 171

---

[436] Hierzu *Binz/Sorg* § 28 Rn. 28 ff.

[437] Zum Streitstand vgl. *Lutter/Decher* § 195 Rn. 22 f.

172 In dem **Umwandlungsbeschluss** über den Formwechsel muss auch die Feststellung der **Satzung** der künftigen AG erfolgen.[438] Der Mindestinhalt der Satzung ergibt sich aus § 23 Abs. 2 bis Abs. 4 AktG.[439] Zentraler Punkt des Umwandlungsbeschlusses ist die **Überführung der Gesellschafterkonten in Grundkapital.** Die zustimmenden Gesellschafter werden auch hier als Gründer gesehen.[440] Das Grundkapital der AG muss durch das **Nettovermögen** der GmbH & Co. KG gedeckt sein, dessen Werthaltigkeit neben dem Hergang des Formwechsels Schwerpunkt des zu erstellenden Gründungsberichts ist.[441] Das Unternehmen der GmbH & Co. KG ist dabei wie eine Sacheinlage im Rahmen einer Sachgründung zu beurteilen.[442] Die externe **Gründungsprüfung** durch Wirtschaftsprüfer ist anders als beim Wechsel in die GmbH vom Gesetz zwingend vorgesehen.[443] Die aktienrechtlichen Regeln über die Nachgründung, § 52 AktG, die Umgehungen der Gründungsvorschriften verhindern sollen und daher bestimmte Verträge der AG[444] mit maßgeblich beteiligten Aktionären[445] besonderen Anforderungen[446] unterwerfen, gelten zwei Jahre ab Eintragung des Formwechsels.[447] Gleichzeitig mit dem Umwandlungsbeschluss sollte der **Aufsichtsrat** gewählt werden, der dann seinerseits den **Vorstand** bestellen kann. Die Anmeldung des Formwechsels hat durch Vorstand und Aufsichtsrat der neuen AG zu erfolgen, außerdem haben auch alle Gesellschafter mitzuwirken, die als Gründer gelten, d.h. dem Formwechsel zugestimmt haben.[448] Verfügt die Gesellschaft über eine Vielzahl von Gesellschaftern, sollte der vorbereitete Gründungsbericht im direkten Anschluss an den Umwandlungsbeschluss unterzeichnet werden; gleiches empfiehlt sich für die Handelsregisteranmeldung.[449]

173 Beim Formwechsel zur AG ist zwingend ein Aufsichtsrat zu bilden, sofern ein solcher nicht schon für die GmbH & Co. KG mitbestimmungsrechtlich vorgeschrieben war.[450] Dies ist bei einer GmbH &Co. KG mit mehr als 500 und bis zu 2000 Arbeitnehmern der Fall, da in diesem Fall keine Mitbestimmung nach dem Drittelbeteiligungsgesetz einschlägig ist.[451] Entsprechendes gilt bei einer Beschäftigtenzahl von über 2000 Arbeitnehmern, wenn die Voraussetzungen von §§ 4, 5 MitbestG nicht erfüllt sind, also die Kommanditisten nicht auch die Komplementär-GmbH kontrollieren und kein Konzern vorliegt. § 197 Satz 2 UmwG erklärt für die erstmalige Bildung die Gründungsvorschriften, d.h. insbesondere § 30 AktG für nicht anwendbar. Somit ist bei einer nicht mitbestimmten AG der gesamte Aufsichtsrat von allen Aktionären zu wählen. Hinsichtlich der mitbestimmten AG erklärt § 197 Satz 3 UmwG die aktienrechtliche Regelung in § 31 AktG über die Bestellung des Aufsichtsrats bei der Sachgründung für anwendbar.[452] Damit sind auch die Regeln über die Bestellung von Arbeitnehmervertretern im Aufsichtsrat anwendbar. Nach § 31 AktG ist zunächst ein **unvollständiger,** aber in jedem Fall bereits **beschlussfähiger Aufsichtsrat** von den Aktionären zu wählen.[453] Bei einem

---

[438] § 218 Abs. 1 Satz 1 UmwG.
[439] Einzelheiten schildert *Lutter/Joost* § 218 Rn. 18 ff.
[440] § 219 UmwG.
[441] §§ 220 Abs. 1, Abs. 2 UmwG und §§ 197 Satz 1 UmwG, 32 Abs. 2 AktG.
[442] *Lutter/Joost* § 218 Rn. 30.
[443] § 220 Abs. 3 Satz 1 UmwG.
[444] Vergütung von mehr als 10% des Grundkapitals.
[445] Beteiligung mit mehr als 10% des Grundkapitals.
[446] Nachgründungsprüfung, Zustimmung der Hauptversammlung und Eintragung ins Handelsregister.
[447] Siehe § 220 Abs. 3 Satz 2 UmwG.
[448] §§ 222 Abs. 1 Satz 1 und Abs. 2 UmwG.
[449] *Semler/Stengel/Schlitt* § 222 Rn. 18.
[450] §§ 4, 6 MitbestG.
[451] *Binz/Sorg* § 14 Rn. 2.
[452] Hierzu *Parmentier* AG 2006, 476 (484).
[453] MünchKommAktG/*Pentz* § 31 Rn. 4; *Parmentier*, AG 2006, 476 (484).

Aufsichtsrat von drei Mitgliedern bestellen die Aktionäre damit zunächst sämtliche Aufsichtsratsmitglieder, so dass der Aufsichtsrat beschlussfähig ist, vgl. § 108 Abs. 2 UmwG, und die wichtige Aufgabe der Bestellung des Vorstands erfüllen kann. Die notwendige Wahl der Arbeitnehmervertreter blockiert so nicht die Umsetzung des Formwechsels.[454] Die Geltung von § 31 AktG stellt sicher, dass einerseits der Aufsichtsrat handlungsfähig und andererseits die schnelle Bestellung der Arbeitnehmervertreter sichergestellt ist. Ein Notaufsichtsrat entsprechend § 104 AktG muss nicht mehr bestellt werden.

V. Wechsel von der OHG/KG in die GmbH & Co. KG

Wie gesehen, kann eine GmbH & Co. KG gewählt werden, um die **Vorteile** von Personen- und Kapitalgesellschaften zu kombinieren. Bei der GmbH & Co. KG haftet anders als bei einer herkömmlichen KG keine natürliche Person. Dennoch können die gesellschaftsrechtlichen Beziehungen unter den Gesellschaftern sowie die Kapitalstruktur weit gehend frei gestaltet werden. Auch kann die Geschäftsführung durch Zwischenschaltung der GmbH einem Nicht-Gesellschafter anvertraut werden. Interessant ist der Formwechsel, wenn keine natürliche Person mehr das Risiko persönlicher Haftung übernehmen will. 174

Der Formwechsel vollzieht sich außerhalb des Umwandlungsgesetzes[455] durch **Änderung des Gesellschaftsvertrags.** Der Formwechsel ist möglich durch Aufnahme einer GmbH als neuen Komplementär, durch Wechsel einer bereits beteiligten GmbH in die Komplementärstellung oder durch Veräußerung der Komplementärbeteiligung an eine GmbH.[456] Maßgeblich sind die allgemeinen handelsrechtlichen Vorschriften für die OHG und die KG über Veränderungen im Gesellschafterbestand. Sofern der Gesellschaftsvertrag nicht eine hinreichend bestimmte Sonderregelung enthält, bedarf die Vertragsänderung der **Zustimmung aller Gesellschafter.**[457] 175

F. Wechsel von einer Kapitalgesellschaft in eine Personenhandelsgesellschaft

Eingehender zu betrachten sind die verschiedenen Fallkonstellationen des Wechsels von einer Kapitalgesellschaft in eine Personenhandelsgesellschaft:

I. Überblick

Das Leitbild einer **Personengesellschaft** ist das einvernehmliche **Zusammenwirken aller Gesellschafter** bei der Unternehmensleitung. **GmbH** und **AG** sind dagegen auf die Führung der Geschäfte durch Nichtgesellschafter in **Fremdorganschaft** sowie auf **Mehrheitsentscheidungen** im Gesellschafterkreis angelegt. Ohne die komplizierten Regeln zur Kapitalaufbringung und -erhaltung beachten zu müssen, kann eine Personengesellschaft ihre **Beteiligungsverhältnisse flexibel** regeln. Gründung und Betrieb einer Personengesellschaft sind mit wenig Aufwand verbunden. Gewinne können leichter als bei Kapitalgesellschaften von den Gesellschaftern entnommen werden. All das kann für einen Wechsel in eine Rechtsform der OHG oder KG sprechen. Zu beachten ist allerdings, dass der Wechsel zur Personenhandelsgesellschaft grundsätzlich zum Verlust der beschränkten Haftung der Kapitalgesellschaft führt. Diese meist unerwünschte Folge kann durch den Formwechsel zur **GmbH & Co. KG** vermieden werden. **In steuerlicher Hinsicht** führt der Formwechsel zu einem Wechsel der Besteuerung hin zu einkommenssteuerrechtlichen 176

---

454 Zur früheren Rechtslage *Semler/Stengel/Bärwaldt* § 197 Rn. 69f. (1. Auflage 2003).

455 § 190 Abs. 2 UmwG lässt Raum für solche handelsrechtliche Formwechsel.

456 Vgl. *Binz/Sorg* § 3 Rn. 33.

457 Siehe *Raiser/Veil* KapGesR § 43 Rn. 3.

Grundsätzen. Auf Grund der steuerlichen Transparenz[458] einer Personenhandelsgesellschaft werden Gewinne und Verluste den Gesellschaftern zugewiesen, was sich je nach der konkreten Fallgestaltung als steuerlich vorteilhafter erweisen kann. Auch bei dieser Art des Formwechsels lässt sich über eine Buchwertaufstockung das Abschreibungspotenzial des Unternehmens erhöhen. Die steuerlichen Folgen sind vorab gegeneinander abzuwägen.

II. Wechsel von der GmbH in die KG oder die OHG

Für den Formwechsel von der GmbH in eine KG oder OHG stellen sich die Motive und der Ablauf wie folgt dar:

1. Erwägungen für die Durchführung des Formwechsels

177 Der Formwechsel aus der GmbH in eine KG oder OHG kann von Interesse sein, um **veränderten Kapitalbedürfnissen** Rechnung zu tragen, etwa um bisher durch das strenge Eigenkapitalerhaltungsrecht der Kapitalgesellschaften gebundenes Kapital nutzbar zu machen. Angesichts der drohenden persönlichen Haftung ist ein Formwechsel in diese Richtung jedoch mit Risiken verbunden.

2. Ablauf und Gestaltung

178 **a) Vorbereitung des Formwechsels.** Zu Beginn des Formwechsels steht der **Umwandlungsbericht** der Geschäftsführer der GmbH nach § 192 Abs. 2 UmwG. Ein **Entwurf des Umwandlungsbeschlusses** ist nach allgemeinen Regeln beizufügen. Der Umwandlungsbeschluss muss neben den Mindestangaben nach § 194 Abs. 1 UmwG auch den **Sitz** der KG oder OHG gesondert ausweisen sowie den **Gesellschaftsvertrag** der KG oder OHG enthalten, § 234 Nr. 1 und 3 UmwG. § 234 Nr. 2 UmwG verlangt außerdem die **Angabe der Kommanditisten sowie des Betrags ihrer Einlage** im Umwandlungsbeschluss. Eine Verweisung auf den beigefügten Gesellschaftsvertrag ist insofern möglich. Abweichend zum Gründungsrecht der KG und OHG wird damit der Gesellschaftsvertrag einem Formerfordernis, nämlich der notariellen Beurkundung des späteren Umwandlungsbeschlusses, unterworfen.[459] Außerdem ist der Gesellschaftsvertrag mit dem Umwandlungsbeschluss zum Handelsregister einzureichen. Die frühere Möglichkeit, zur Kostenersparnis nur den Umwandlungsbeschluss notariell beurkunden zu lassen und den Gesellschaftsvertrag getrennt abzufassen, steht seit der Neufassung des Umwandlungsgesetzes im Jahre 2007 nicht mehr offen. In der Tat liegt es nahe, beim Formwechsel aus einer GmbH davon auszugehen, dass die Gesellschafter ohnehin einen ausführlichen schriftlichen Gesellschaftsvertrag abschließen werden – schon aus Gründen der Rechtssicherheit. § 109 HGB bestätigt hierfür den Grundsatz der Vertragsfreiheit.[460] Von besonderer Bedeutung für den Formwechsel sind die gesellschaftsvertraglichen Bestimmungen zur Gesellschafterstellung, zur Geschäftsführung und zur Veräußerung der Gesellschaftsanteile. Bei der KG sollten wegen der Zweiteilung der Gesellschafter in Komplementäre (unbeschränkte Haftung) und Kommanditisten (beschränkte Haftung) detaillierte Angaben zu den Einlagen, Haftsummen und Konten der Gesellschafter getroffen werden. Im Regelfall werden die Geschäftsanteile der GmbH in ein System fester Kapitalkonten bei der OHG und KG überführt. Das feste **Kapitalkonto** bei OHG und KG ist wie bei der Stammeinlage der GmbH Grundlage für die Ermittlung der **Beteiligungsquote** und dient der Ermittlung des Anteils an den damit verbundenen Gesellschafterrechten (etwa Stimmrecht, Gewinnbezugsrecht).[461] Insgesamt ist zu beachten,

---

[458] Diese besteht jedoch nicht im Gewerbesteuerrecht.
[459] BT-Drs. 16/2919, S. 19 f.
[460] Siehe *Baumbach/Hopt* § 109 HGB Rn. 2 f.
[461] Vgl. *Oppenländer* DStR 1999, 939 (941).

dass eine **Ein-Personen-GmbH** nicht die Rechtsform einer KG oder OHG annehmen kann, da diese mindestens zwei Gesellschafter voraussetzen.[462]

b) **Vorbereitung und Durchführung der Gesellschafterversammlung.** Die **Vorbereitung der Gesellschafterversammlung** richtet sich nach § 230 UmwG, ergänzt durch die Regelungen der GmbH-Satzung oder §§ 49 ff. GmbHG, wenn die Satzung keine Vorgaben enthält. Die Einladung hat demnach mittels eingeschriebenen Briefs unter Beachtung einer Ladungsfrist von mindestens einer Woche zu erfolgen. Spätestens mit der Einladung haben die Geschäftsführer den Formwechsel als Beschlussgegenstand anzukündigen und den Umwandlungsbericht mit seinen Bestandteilen (Entwurf des Umwandlungsbeschlusses, Gesellschaftsvertrag) sowie ein Abfindungsangebot zu übersenden. Ein allseitiger Verzicht auf die Ladungserfordernisse ist nach allgemeinen Grundsätzen[463] möglich. Der **Betriebsrat** ist nach § 194 Abs. 2 UmwG einen Monat vor der Gesellschafterversammlung durch Übersendung des Entwurfs des Umwandlungsbeschlusses zu informieren. Für die **Durchführung der Gesellschafterversammlung** selbst gelten folgende Vorgaben: Der Umwandlungsbericht mit seinen Bestandteilen hat auszuliegen, obwohl die Gesellschafter ihn schon zuvor erhalten haben.[464] Je nachdem, ob die Rechtsform der OHG oder der KG angestrebt werden soll, unterscheiden sich die **Mehrheitserfordernisse.** Grundsätzlich müssen alle Gesellschafter zustimmen, die künftig dem Risiko der persönlichen Haftung nach § 128 HGB[465] ausgesetzt sind. Beim Wechsel in die OHG müssen daher nach § 233 Abs. 1 UmwG alle Gesellschafter zustimmen, die anwesenden und die nicht erschienenen. Dagegen reicht beim Wechsel in die KG – vorbehaltlich einer strengeren Satzungsbestimmung[466] – eine Dreiviertel-Mehrheit der abgegebenen Stimmen aus, § 233 Abs. 2 UmwG, wobei aber die künftigen Komplementäre ausnahmslos zustimmen müssen. Die Dreiviertel-Mehrheit gilt – insofern abweichend von den Gründungsvorschriften – auch für die Feststellung des Gesellschaftsvertrags der KG.[467] Der Umwandlungsbeschluss und die notwendigen Zustimmungserklärungen nicht erschienener Gesellschafter sind notariell zu beurkunden.[468] 179

c) **Anmeldung des Formwechsels zum Handelsregister und Wirkungen.** Hinsichtlich der **Anmeldung** des Formwechsels zur Eintragung im Handelsregister und seiner **Wirkungen** bestehen grundsätzlich keine vom Regelfall abweichenden Besonderheiten. Zu beachten ist aber, dass im Unterschied zur GmbH, wo nur eine Gesellschafterliste nach § 40 GmbHG einzureichen ist, alle Gesellschafter der OHG oder KG nach §§ 161 Abs. 2, 106 Abs. 2 Nr. 1 HGB in das Handelsregister einzutragen sind, bei den Kommanditisten unter Angabe ihrer Haftsumme. Die Beteiligungsquote kann auch abweichend von der bisherigen Beteiligung an der GmbH festgesetzt werden, wenn die betroffenen Gesellschafter hiermit einverstanden sind.[469] Die Kommanditeinlagen werden aus dem Nettovermögen der GmbH erbracht.[470] Ab Eintragung des Formwechsels gilt das neue Haftungsregime der Personenhandelsgesellschaft. Im Unterschied zur GmbH existieren bei der OHG und der KG persönlich haftende Gesellschafter. Die persönliche Haftung greift unproblematisch für alle Verbindlichkeiten, die nach der Eintragung begründet wurden. Frühere Verbindlichkeiten entstanden unter dem Haftungsregime der GmbH. Aus dem Grundsatz der Identität folgt, dass auch diese Altverbindlichkeiten der 180

[462] *Semler/Stengel/Ihrig* § 228 Rn. 12.
[463] Vgl. § 51 Abs. 3 GmbHG.
[464] § 232 Abs. 1 UmwG.
[465] Bei der KG sind dies nur die Komplementäre, vgl. § 161 HGB.
[466] Strengere statuarische Erfordernisse bei Satzungsänderungen sind auch auf Umwandlungen zu beziehen, vgl. *Lutter/Happ* § 233 Rn. 21.
[467] Siehe BT-Drs. 16/2919, S. 19.
[468] § 193 Abs. 3 UmwG.
[469] Nicht verhältniswahrender Formwechsel, vgl. *Kallmeyer/Dirksen* § 234 Rn. 4.
[470] *Semler/Stengel/Ihrig* § 234 Rn. 8.

OHG oder KG zuzurechnen sind und daher zur persönlichen Haftung der Gesellschafter nach § 128 HGB[471] führen können.[472] Eine Haftung der Kommanditisten nach §§ 171 ff. HGB ist ausgeschlossen, wenn das Nettovermögen der GmbH sämtliche Kommanditeinlagen deckt.[473]

III. Wechsel von der GmbH in die GmbH & Co. KG

Auch bei einem solchen Wechsel der Rechtsform sind Besonderheiten bei den Vorüberlegungen und bei der Durchführung zu beachten:

1. Erwägungen für die Durchführung des Formwechsels

181 Der Formwechsel einer GmbH in eine GmbH & Co. KG entspricht bei formaler Sicht dem Formwechsel in eine KG, nur dass nicht eine natürliche Person die Rolle des persönlich haftenden Gesellschafters (Komplementär) übernimmt, sondern eine GmbH. Der Vorteil liegt darin, dass **keine natürliche Person unbeschränkt haftet.** Auch wenn bei dieser **Mischform** die Grenzen zwischen Personenhandelsgesellschaft und Kapitalgesellschaft verschwimmen, ist ihre Zulässigkeit schon seit langem anerkannt. Nicht nur in der Haftung, sondern auch in der Verwaltung und in steuerlicher Hinsicht weist die Rechtsform der GmbH & Co. KG zahlreiche **Vorteile** auf – eine entsprechende Gestaltung des Gesellschaftsvertrags vorausgesetzt. Kontrolliert ein Kommanditist die Komplementär-GmbH, so kann er die Geschäfte der GmbH & Co. KG auch dann steuern, wenn er nach dem Betrag seiner Kommanditeinlage keinen führenden Einfluss hätte. Ferner besteht die Möglichkeit, Nichtgesellschafter als Geschäftsführer zu bestellen. Der Formwechsel führt darüber hinaus zum **Wegfall der Mitbestimmung** nach dem Drittelbeteiligungsgesetz, da bei einer GmbH & Co. KG mit mehr als 500 und bis zu 2000 Arbeitnehmern keine Mitbestimmung geboten ist.[474] Entsprechendes gilt bei einer Beschäftigtenzahl über 2000 Arbeitnehmern, wenn die Voraussetzungen von §§ 4, 5 MitbestG nicht erfüllt sind, also die Mehrheit der Kommanditisten nicht die Komplementär-GmbH kontrolliert und auch kein Konzern vorliegt. Im typischen Fall sind die Kommanditisten aber auch Gesellschafter der Komplementär-GmbH (sog. personengleiche GmbH & Co. KG), mit der Folge, dass bei entsprechender Größe des Unternehmens der Aufsichtsrat paritätisch mitbestimmt ist.

2. Ablauf und Gestaltung

182 Der Formwechsel einer GmbH in eine GmbH & Co. KG folgt weit gehend dem geschilderten **Ablauf** des Formwechsels einer GmbH in eine KG.[475] Die Besonderheit liegt darin, dass eine – gegebenenfalls von den Gesellschaftern zu diesem Zweck gegründete – GmbH die Rolle des Komplementärs übernimmt und damit keine natürliche Person dem für Personenhandelsgesellschaften typischen hohen Haftungsrisiko ausgesetzt ist. Der Rechtsverkehr wird hierauf durch die **besondere Firmierung** hingewiesen. Unproblematisch ist der Formwechsel, wenn die künftige Komplementär-GmbH bereits als Gesellschafterin an der GmbH beteiligt war. Ihr Geschäftsanteil kann dann allerdings neben der Komplementär-Stellung nicht in eine zusätzliche Kommanditbeteiligung an der KG überführt werden, da im Personengesellschaftsrecht nur eine einheitliche Mitgliedschaft möglich ist.

183 Schwieriger zu beurteilen in der **Gestaltung** ist dagegen der Fall, wenn die GmbH erst im Zuge des Formwechsels Gesellschafter werden soll. Die Aufnahme eines neuen Gesellschafters steht beim Formwechsel in die GmbH & Co. KG in Konflikt mit dem um-

---

[471] Teilweise wird zusätzlich § 130 HGB (analog) herangezogen.

[472] *Semler/Stengel/Ihrig* § 228 Rn. 41 f.

[473] *Semler/Stengel/Ihrig* § 228 Rn. 42.

[474] *Binz/Sorg* § 14 Rn. 2.

[475] Eine ausführliche Schilderung des Formwechsels findet sich bei *Binz/Sorg* § 27 Rn. 5 ff.

wandlungsrechtlichen **Identitätsgrundsatz.** Nach traditionellem und streng dem Identitätsgrundsatz verhaftetem Verständnis besteht keine Möglichkeit zu einem Ein- oder Austritt von Gesellschaftern anlässlich des Formwechsels, sofern das UmwG nicht diese Möglichkeit ausdrücklich vorsah.[476]

Die **Kautelarpraxis** hat daher verschiedene Modelle entwickelt, mit deren Hilfe sich über Umwege die gewünschte Umwandlung herbeiführen ließ. Die Praxis wählte zumeist den Weg über eine Minimalbeteiligung der Komplementär-GmbH noch an der formwechselnden GmbH als Treuhänder eines bestehenden Gesellschafters, wodurch der nachfolgende Formwechsel in die GmbH & Co. KG unter Wahrung der Identität der Anteilsinhaber durchgeführt werden konnte (**Treuhandlösung**).[477] Die treuhänderische Übertragung von dem bestehenden Gesellschafter auf die Komplementär-GmbH kann unentgeltlich und mit der Verpflichtung erfolgen, dass die künftige Komplementärin auf eine Vermögensbeteiligung an der künftigen GmbH & Co. KG zu Gunsten des Treugebers verzichtet.[478] Die Beteiligung der künftigen Komplementär-GmbH muss dabei noch nicht zwingend im Zeitpunkt des Umwandlungsbeschlusses bestehen, sondern hat spätestens bei Eintragung des Formwechsels vorzuliegen.[479] Die treuhänderische Minimalbeteiligung ist nach oder bei dem Formwechsel auf den treugebenden Gesellschafter zurück zu übertragen, da im Normalfall eine kapitalmäßige Beteiligung der Komplementär-GmbH nicht gewünscht ist. 184

Die Erforderlichkeit dieser von der Praxis entwickelten Modelle ist aber durch die **neuere Rechtsprechung** des BGH fragwürdig geworden. So hat der BGH in einem *obiter dictum* festgestellt, dass im Falle eines Formwechsels einer AG zur GmbH & Co. KG eine bisher nicht an der formwechselnden Gesellschaft beteiligte GmbH durchaus als Komplementär hinzutreten kann, ohne dass dies einen Verstoß gegen den Identitätsgrundsatz darstellt.[480] Diese Grundsätze sind auf den Formwechsel einer GmbH übertragbar. Der BGH fordert rechtlich nur, dass bisherige Anteilsinhaber „auch" an dem Rechtsträger neuer Rechtsform beteiligt sind. Die frühere Treuhandlösung soll damit nach ersten Einschätzungen entbehrlich geworden sein.[481] Auch zahlreiche Stimmen aus der Literatur hatten den **Eintritt der Komplementär-GmbH im Umwandlungsbeschluss** und mit Wirkung zur Eintragung des Formwechsels befürwortet.[482] Der Umweg über das Treuhandmodell sei entbehrlich, vielmehr erlaube die Privatautonomie eine Kombination von Formwechsel und Gesellschafterbeitritt.[483] Formwechsel und Beitritt fallen nach diesem Ansatz zusammen. Hierfür spricht auch der Gesetzeswortlaut, der nur von der weiter bestehenden Beteiligung der Altinhaber spricht.[484] Der Beitritt der Komplementär-GmbH könnte daher schon im Umwandlungsbeschluss erklärt werden, wenn die Mehrheit der Gesellschafter sowie die beitretende GmbH einverstanden sind. In der angegebenen Entscheidung führt der BGH nämlich aus, dass der **Beitritt** des neuen Gesellschafters **mit der für den Umwandlungsbeschluss erforderlichen Mehrheit** erfolgen kann, d.h. nicht alle Gesellschafter zustimmen müssen.[485] Der Beitritt ist zum Handelsregister anzumelden.[486] Solange die Rechtslage aber nicht verbindlich geklärt ist, kann aus Vor- 185

---

[476] Etwa § 221 UmwG. Siehe *Kallmeyer/Meister/Klöcker* § 194 Rn. 23ff. und § 202 Rn. 29ff.; *S/B/B/Sickinger* Rn. R 28; *Widmann/Mayer/Vossius* § 202 Rn. 44ff.

[477] Siehe hierzu *Simon/Leuering* NJW-Spezial 2005, 459.

[478] *Priester* DStR 2005, 788 (793).

[479] So BayObLG NZG 2000, 166 (167). Ebenso *Kallmeyer/Meister/Klöcker* § 202 Rn. 31.

[480] BGH NZG 2005, 722 (723). Diese Tendenz zeigte schon BGH NZG 1999, 1120 (1121) im Agrarrecht.

[481] *Simon/Leuering* NJW Spezial 2005, 459 (460); *Baßler* GmbHR 2007, 1252 (1253f.).

[482] *Binz/Sorg* § 27 Rn. 19f.; *Lutter/Happ* § 228 Rn. 28.

[483] Vgl. *Schmitt/Hörtnagl/Stratz* § 226 Rn. 3.

[484] Andere Meinung etwa *Kallmeyer/Meister/Klöcker* § 194 Rn. 23ff. und § 202 Rn. 29ff.

[485] *Simon/Leuering* NJW Spezial 2005, 459 (460).

[486] *Lutter/Happ* § 235 Rn. 14.

sichtsgründen der Weg über das Treuhandmodell gewählt werden. Im Einzelfall empfiehlt sich eine Abstimmung mit dem zuständigen Registergericht.

IV. Wechsel von der AG in die GmbH & Co. KG

Nach ähnlichen Grundsätzen gestaltet sich der Formwechsel einer AG in eine GmbH & Co. KG:

1. Erwägungen für die Durchführung des Formwechsels

186 Die GmbH & Co. KG setzt nicht voraus, dass die Kommanditisten auch an der Komplementär-GmbH beteiligt sind. Daher kann die Rechtsform der GmbH & Co. KG auch dazu dienen, um zahlreiche Anleger mit nur kapitalistischem Interesse an dieser Gesellschaft zu beteiligen. Die Gesellschaft in der Rechtsform der GmbH & Co. KG kann von der Komplementär-GmbH ebenso unabhängig gesteuert werden, wie eine AG von ihrem Vorstand. Insofern kann ein Formwechsel von einer AG in die GmbH & Co. KG insbesondere dann nahe liegen, wenn an der Gesellschaft zwar weiterhin ein großer Gesellschafterkreis beteiligt sein soll, der Zugang zum Kapitalmarkt jedoch zukünftig nicht benötigt wird.[487] Zu bedenken ist hierbei aber, dass die Handel- und Übertragbarkeit der Kommanditbeteiligungen im Vergleich zu börsennotierten Aktien stark eingeschränkt ist. **Steuerlich** hat die Wahl der GmbH & Co. KG zur Folge, dass die Ertragsbesteuerung auf der Ebene der Kommanditisten anfällt.

2. Ablauf und Gestaltung

187 Der Formwechsel einer AG in eine GmbH & Co. KG unterscheidet sich nur geringfügig vom Formwechsel der GmbH in die GmbH & Co. KG. Im **Umwandlungsbericht** sind insbesondere die Folgen für die Aktionäre hinsichtlich der Handelbarkeit ihrer Anteile und der künftigen Organisationsstruktur darzustellen. Der **Gesellschaftsvertrag** der GmbH & Co. KG ist auch hier Bestandteil des Umwandlungsbeschlusses.[488] Aufgrund der typischerweise hohen Zahl an Aktionären muss der Umwandlungsbericht nur auf Verlangen übersandt werden und ist ansonsten in den Geschäftsräumen auszulegen.[489] Auch während der Hauptversammlung hat der Umwandlungsbericht auszuliegen und der Vorstand muss ihn mündlich erläutern.[490] Alle anderen rechtlichen Vorgaben hinsichtlich Einberufung[491] und Durchführung[492] der **Hauptversammlung** folgen den üblichen aktienrechtlichen Vorschriften, §§ 121 ff. AktG. Der Formwechsel bedarf der Zustimmung einer Dreiviertel-Mehrheit des bei der Beschlussfassung vertretenen Grundkapitals und einer einfachen Stimmenmehrheit.[493] Ferner müssen in jedem Fall die zukünftigen Komplementäre und damit regelmäßig die GmbH dem Formwechsel zustimmen.[494] Sofern der **Aufsichtsrat** nicht der Mitbestimmung nach dem Mitbestimmungsgesetz unterliegt,[495] führt der Formwechsel zum Erlöschen der Aufsichtsratsmandate, selbst wenn die GmbH & Co. KG einen freiwilligen Aufsichtsrat bildet.[496] Hinsichtlich der **Mitbestimmung** kann auf die Ausführungen zum Formwechsel einer GmbH in eine GmbH & Co. KG verwiesen werden.[497] Insbesondere ent-

[487] Zum Delisting siehe schon oben Rn. 116.
[488] Siehe § 234 Nr. 3 UmwG.
[489] Siehe § 230 Abs. 2 UmwG.
[490] Siehe § 232 UmwG.
[491] Zu Einzelheiten vgl. *Lutter/Happ* § 230 Rn. 20 ff.
[492] Vgl. *Semler/Stengel/Ihrig* § 232 Rn. 5 ff.
[493] Siehe §§ 233 Abs. 2 UmwG, 133 Abs. 1 AktG (letzteres relevant bei Mehr- oder Höchststimmrechten).
[494] Siehe § 233 Abs. 2 Satz 3 UmwG.
[495] §§ 1, 4 MitbestG.
[496] So auch *Lutter/Decher* § 203 Rn. 7.
[497] Siehe oben Rn. 181 ff.

fällt im Zuge des Formwechsels eine Mitbestimmung aufgrund des Drittelbeteiligungsgesetzes.

Wie beim Formwechsel einer GmbH in eine GmbH & Co. KG stellt sich auch hier die Frage, ob die GmbH im Rahmen des Umwandlungsvorgangs der neuen Gesellschaft als Komplementär beitreten kann oder ob die GmbH bereits vor Beschlussfassung über den Formwechsel beispielsweise über die Treuhandlösung beteiligt werden muss.[498] Der BGH hat in einem *obiter dictum* festgestellt, dass im Falle eines Formwechsels zur GmbH & Co. KG ein **neuer Gesellschafter als Komplementär** im Rahmen des Umwandlungsvorgangs hinzutreten kann. Einer treuhänderischen Beteiligung der künftigen Komplementärin an der AG bedürfe es hiernach nicht.[499] Aufgrund der fehlenden abschließenden Klärung durch die höchstrichterliche Rechtsprechung kann es allerdings empfehlenswert sein, die künftige Komplementär-GmbH bereits an der formwechselnden AG zu beteiligen. 188

Bei der Umsetzung des Formwechsels kann sich die von § 234 Nr. 2 UmwG geforderte Bezeichnung aller Kommanditisten und ihrer Einlagen im Umwandlungsbeschluss als schwierig erweisen, wenn die AG Inhaberaktien ausgegeben hat und die Inhaber – wie im Regelfall – nicht alle namentlich bekannt sind. Außerdem verlangen §§ 162 Abs. 1, 161 Abs. 2, 106 Abs. 2 HGB die Anmeldung personenbezogener Daten der Kommanditisten zur Eintragung ins Handelsregister. Zumindest in gewissem Umfang bietet hier die Regelung in den §§ 213, 35 UmwG einen Ausweg.[500] Nach dieser Regelung können auch **unbekannte Aktionäre** in einem **Sammelvermerk** durch die Angabe des insgesamt auf sie entfallenden Teils des Grundkapitals und der auf sie nach dem Formwechsel entfallenden Anteile bezeichnet werden, soweit ihre Beteiligung nicht über 5% liegt. Beide Regelungen gelten beim Umwandlungsbeschluss sowie der späteren Anmeldung zum Handelsregister. Um die Einhaltung der 5%-Schwelle sicherzustellen, sollten die Aktionäre in der Einberufung zur Hauptversammlung aufgefordert werden, sich namentlich bei der AG zu melden.[501] 189

Beim Formwechsel aus der AG ist auf die Rechte der **Minderheitsaktionäre** besonders Rücksicht zu nehmen. Eine übermäßige und willkürliche Beeinträchtigung der Minderheit macht den Formwechsel anfechtbar oder sogar nichtig.[502] Der BGH hat im Jahre 2005 ausführlich zur Umwandlung einer AG in eine GmbH & Co. KG Stellung genommen und dabei **inhaltlich** bei der Prüfung der Anfechtbarkeit einen großzügigen Maßstab angelegt:[503] Der Formwechsel kann danach grundsätzlich gegen die Stimmen einer Minderheit mit der üblichen Dreiviertel-Mehrheit beschlossen werden. Die gesetzlichen, also rechtsformbedingten Unterschiede zwischen AG und GmbH & Co. KG seien nicht funktionswidrig, sondern von der Minderheit grundsätzlich hinzunehmen. Die Minderheit ist durch die Möglichkeit des Austritts aus der Gesellschaft unter Erhalt einer Abfindung ausreichend geschützt. Der BGH hat auch keine sachwidrige Ungleichbehandlung darin gesehen, dass die künftige Komplementärin eine 100%ige Tochtergesellschaft der Mehrheitskommanditistin ist, an der die übrigen Kommanditisten nicht beteiligt sind, und damit der Mehrheitsgesellschafter zukünftig die Geschäftsführung weitestgehend bestimmen kann. Außerdem machen Steuervorteile des Mehrheitsgesellschafters den Formwechsel nicht anfechtbar. Auch zahlreiche weit reichende Änderungen im Gesellschaftsvertrag hat der BGH gebilligt, sofern sie einerseits nur rechtsformbedingt waren oder 190

---

[498] Siehe oben Rn. 183–185.

[499] BGH NZG 2005, 722 (723 ff.).

[500] Vgl. BT-Drs. 16/2929, S. 13. Der Ausschluss am Ende von § 234 Nr. 3 UmwG bezieht sich nur auf die Partnerschaftsgesellschaft.

[501] BayObLG NJW 1997, 747 (748). Zu diesem Themenkomplex vgl. *Semler/Stengel/Ihrig* § 234 Rn. 10 ff.

[502] Vgl. *Lutter/Decher* § 195 Rn. 21.

[503] BGH NZG 2005, 722 (723 ff.); hierzu *Baßler* GmbHR 2007, 1252 (1253 f.).

andererseits einen sachgerechten Interessenausgleich darstellten. Klargestellt hat der BGH allerdings, dass die Stimmengewichtung nicht verändert werden darf.

G. Umwandlungen im Europäischen Binnenmarkt

Weitere für die Praxis interessante Gestaltungsvarianten ergeben sich im europäischen Binnenmarkt:

I. Europäische Öffnung des deutschen Verschmelzungsrechts

191 Der **geschlossene Katalog der einem Formwechsel zugänglichen Gesellschaftsformern** in § 191 UmwG steht dem Wechsel zu oder von einer ausländischen Rechtsform grundsätzlich entgegen. Auch begrenzt § 1 Abs. 1 UmwG den Anwendungsbereich des Gesetzes auf Rechtsträger mit Sitz im Inland. Diese Beschränkung des deutschen Umwandlungsrechts auf deutsche Gesellschaften und damit rein innerdeutsche Sachverhalte hat im Frühsommer 2007 eine entscheidende Durchbrechung erfahren. Angestoßen durch europäische Entwicklungen wurden die **§§ 122a bis 122l UmwG** in das UmwG eingeführt, die **Regelungen für die grenzüberschreitende Verschmelzung von Kapitalgesellschaften** in Europa enthalten.

192 Auslöser der Ergänzung des Umwandlungsgesetzes war die **Richtlinie 2005/56/EG** des Europäischen Parlaments und des Rates vom 26. Oktober 2005 über die Verschmelzung von Kapitalgesellschaften aus verschiedenen Mitgliedstaaten (VRL 2005).[504] Darüber hinaus hatte der **EuGH** im Dezember 2005 die **Zulässigkeit der Hereinverschmelzung** einer luxemburgischen Gesellschaft auf eine deutsche AG positiv beschieden.[505] Angesichts der großen praktischen Bedeutung werden nachfolgend nur die im Europäischen Binnenmarkt vorgesehenen Umwandlungsvorgänge dargestellt. Mit ausländischen Gesellschaften werden insoweit nur die Gesellschaften eines anderen EU-Mitgliedstaates gemeint.

II. Grenzüberschreitende Verschmelzung im Umwandlungsgesetz und ihre Bedeutung

193 Die durch das Zweite Gesetz zur Änderung des Umwandlungsgesetzes[506] eingeführten **§§ 122a ff. UmwG** enthalten eine umfassende Regelung für die grenzüberschreitende Verschmelzung von deutschen Kapitalgesellschaften mit anderen Kapitalgesellschaften innerhalb der EU.[507] Die Neuregelung **ermöglicht direkte Verschmelzungen über die Grenze** hinweg.[508] Die bisherigen aufwändigen Hilfskonstruktionen werden entbehrlich.[509] Infolge der länderübergreifenden Harmonisierung und Vereinfachung der Abläufe ist zu erwarten, dass grenzüberschreitende Verschmelzungen für mittelständische Unternehmen erheblich an Attraktivität gewinnen. Neben den üblicherweise mit einer Verschmelzung verfolgten Effizienzzielen[510] kann ein Unternehmen mit der grenz-

---

[504] ABl. Nr. L 310 vom 25. 11. 2005, S. 1 bis 9.

[505] EuGH (Sevic) NJW 2006, 425 f.

[506] Vom 19. 4. 2007, BGBl. I S. 542.

[507] Eine Ausdehnung auf Lichtenstein, Island und Norwegen (d.h. EFTA ohne Schweiz) ist geplant.

[508] Eine Darstellung der neuen Rechtslage findet sich bei *Heckschen* DNotZ 2007, 444 (453 ff.); *Kiem* WM 2006, 1091 ff.; *Neye/Timm* GmbHR 2007, 561 ff.

[509] Vgl. Pressemitteilung des BMJ vom 17. 2. 2006; z. B. Einschaltung einer SE oder Modelle, die ein Anwachsen des Vermögens bei einem ausländischen Kommanditisten vorsehen nach Austritt der übrigen Gesellschafter aus einer KG. Für ein Fallbeispiel siehe auch *Hoffmann* NZG 1999, 1077 ff.

[510] Betriebswirtschaftlich geht es um den Aufbau von Economies of Scale (Skalen- oder Größenvorteile, etwa durch Fixkostendegression) oder Economies of Scope (Synergieeffekte durch das Zusammenführen verschiedener Segmente).

überschreitenden Verschmelzung zukünftig seine **gesellschaftsrechtlichen Strukturen** in Europa **verschlanken, Konzerngesellschaften über die Grenze hinweg eingliedern** oder **den Sitz einer Gesellschaft in ein anderes EU Land verlegen.** Über den Weg einer grenzüberschreitenden Verschmelzung kann zukünftig auch eine Kapitalgesellschaft eines EU-Mitgliedsstaats in die Rechtsform einer Kapitalgesellschaft anderer Nationalität wechseln. Die grenzüberschreitende Verschmelzung ermöglicht damit mittelbar einen **Formwechsel zwischen Kapitalgesellschaften in Europa.** Die grenzüberschreitende Verschmelzung auf eine deutsche GmbH bietet so auch einen Weg aus der verwaltungsintensiven Limited englischen Rechts mit Verwaltungssitz in Deutschland.[511] Fragen der **Mitbestimmung** wurden auf das Gesetz über die Mitbestimmung der Arbeitnehmer bei einer grenzüberschreitenden Verschmelzung (**MgVG**)[512] ausgelagert.

1. Regelungsstruktur

Aus § 122a UmwG wird der innere Aufbau der Neuregelung ersichtlich. § 122a 194
Abs. 1 UmwG **definiert** die **grenzüberschreitende Verschmelzung** für das deutsche Recht. Danach müssen mindestens eine Kapitalgesellschaft in Deutschland und mindestens eine Kapitalgesellschaft im europäischen[513] Ausland beteiligt sein. Für die deutsche Kapitalgesellschaft erklärt § 122a Abs. 2 UmwG die **üblichen Verschmelzungsvorschriften** für **entsprechend anwendbar,** soweit sich nicht aus den übrigen neu eingefügten Vorschriften etwas anderes ergibt. Auszugehen ist damit von den Regeln einer innerstaatlichen Verschmelzung, allerdings unter Berücksichtigung der Änderungen und Ergänzungen aus den §§ 122a ff. UmwG.

Neue Regelungen wurden nur geschaffen, soweit die Richtlinie abweichende oder zu- 195
sätzliche Anforderungen enthält. Hintergrund abweichender Regelungen ist vor allem die Sorge, dass die grenzüberschreitende Verschmelzung zu einer Verschlechterung der Situation von Minderheitsgesellschaftern, Gläubigern und Arbeitnehmern führt. Wie bei nationalen Verschmelzungen kann eine grenzüberschreitende Verschmelzung im Wege der Aufnahme und im Wege der Neugründung erfolgen, vgl. § 2 UmwG. Zu beachten ist bei alldem, dass das deutsche Recht nur die Vorgaben an die beteiligte deutsche Kapitalgesellschaft als Überträger oder Übernehmer enthält. Das Verschmelzungsverfahren für die ausländische Kapitalgesellschaft richtet sich nach den dortigen Vorschriften zur Umsetzung der Richtlinie.[514] An entscheidenden Punkten, insbesondere dem gemeinsamen Verschmelzungsplan und der Verschmelzungsbescheinigung, werden die Verfahren jedoch verzahnt.

2. Vorbereitung der Verschmelzung

a) **Beteiligte Rechtsträger.** Nach § 122a Abs. 2 UmwG können auf deutscher Seite an 196
einer grenzüberschreitenden Verschmelzung die in § 3 Abs. 1 Nr. 2 UmwG genannten **Kapitalgesellschaften** beteiligt sein, also **GmbH, AG und KGaA.** Eine **Europäische Gesellschaft** (SE) mit Sitz in Deutschland steht nach Art. 9 Abs. 1 lit. c ii SE-VO einer deutschen AG gleich.[515] Allerdings enthält die SE-VO Spezialregeln für Verschmelzungen, die zur Gründung einer SE führen oder sich unter ausschließlicher Beteiligung von SE vollziehen.[516] Der genaue Kreis der ausländischen verschmelzungsfähigen Gesellschaften wird in § 122b Abs. 1 UmwG durch eine komplexe Verweisungskette bestimmt. Im Wesentlichen gilt Art. 1 der Publizitätsrichtlinie 68/151/EWG,[517] in der die Kapitalgesellschaften der Mitgliedstaaten aufgezählt sind. Eine **ausländische Gesellschaft,** die nach

---

[511] Hierzu *Tebben/Tebben* DB 2007, 2355 ff.

[512] Vom 21. 12. 2006, BGBl. I S. 3332.

[513] Einbezogen sind die 27 Mitgliedstaaten der EU sowie Island, Liechtenstein und Norwegen.

[514] *Herrler* EuZW 2007, 295 (296).

[515] Vgl. *Heckschen* DNotZ 2007, 444 (454).

[516] *Kallmeyer/Marsch-Barner* § 122b Rn. 3.

[517] Geändert durch zahlreiche Beitrittsakte.

dem für sie anwendbaren Recht nicht verschmelzungsfähig ist, kann an einer grenzüberschreitenden Verschmelzung nicht teilnehmen, siehe Art. 4 Abs. 1 VRL 2005. So sehen zahlreiche Mitgliedstaaten die Verschmelzung einer Gesellschaft mit beschränkter Haftung ihres Rechts nicht vor.[518]

197 b) **Gemeinsamer Verschmelzungsplan.** Grundvoraussetzung der grenzüberschreitenden Verschmelzung ist nach Art. 5 der Verschmelzungsrichtlinie ein **gemeinsamer Verschmelzungsplan** der beteiligten Unternehmen. Nach § 122c Abs. 1 UmwG ist das Vertretungsorgan (Vorstand oder Geschäftsführung) der beteiligten deutschen Kapitalgesellschaft zur Aufstellung verpflichtet. Der Verschmelzungsplan tritt an die Stelle des für eine rein innerdeutsche Verschmelzung notwendigen Verschmelzungsvertrags.[519] § 122c Abs. 2 UmwG regelt in wörtlicher Anlehnung an die Richtlinie den Inhalt des Verschmelzungsplans, um den Gleichlauf mit anderen Mitgliedstaaten sicherzustellen. Auch mit § 5 UmwG besteht weit gehend Übereinstimmung, jedoch sind teilweise neue Angaben vorgesehen.[520]

198

Verschmelzungsplan nach § 122c Abs. 2 Nr. 1 bis 12 UmwG
1. Rechtsform, Firma, Sitz der beteiligten Gesellschaften 2. Umtauschverhältnis und ggf. bare Zuzahlung 3. Einzelheiten zur Übertragung der Gesellschaftsanteile 4. Auswirkungen auf die Beschäftigung 5. Zeitpunkt der Gewinnberechtigung 6. Stichtag für Rechnungslegung 7. Überleitung von Sonderrechten 8. Sondervorteile für Prüfer oder Organmitglieder 9. Satzung der übernehmenden oder neuen Gesellschaft 10. Angaben zur Regelung der Mitbestimmung 11. Angaben zur Bewertung des Aktiv- und Passivvermögens 12. Stichtag der Bilanzen der Ausgangsgesellschaften Ggf. ist auch ein Barabfindungsgebot nach § 122i Abs. 1 UmwG aufzunehmen.

199 Zur Information ausländischer Anteilsinhaber ist die **Satzung** sowohl für eine neue Gesellschaft als auch für eine bereits bestehende übernehmende Gesellschaft wiederzugeben.[521] Den beteiligten Gesellschaften bleibt es unbenommen, zusätzliche Angaben im Verschmelzungsplan aufzunehmen.[522] § 122c Abs. 3 UmwG erklärt Angaben über den Umtausch der Anteile für entbehrlich, wenn eine 100%ige Tochtergesellschaft auf die Mutter verschmolzen wird.

Die beteiligte deutsche Gesellschaft muss den Verschmelzungsplan nach § 122c Abs. 4 UmwG **notariell beurkunden** lassen. Eine Beurkundung im Ausland ist möglich, sofern diese Beurkundung nach ihrem Ablauf und nach der Stellung des Notars im Wesentlichen gleichwertig zu dem deutschen Beurkundungserfordernis ist.[523] Sie sollte jedoch vorab mit dem zuständigen Handelsregister abgestimmt werden. § 122d UmwG schreibt anders als im innerdeutschen Verschmelzungsrecht die Hinterlegung des Verschmelzungsplans beim Handelsregister spätestens einen Monat vor der über die Verschmelzung beschließende Gesellschafterversammlung vor. Das Handels-

[518] *Heckschen* DNotZ 2007, 444 (455).
[519] Vgl. BT-Drs. 16/2919, S. 15.
[520] Im einzelnen *Kiem* WM 2006, 1091 (1094f.).
[521] *Heckschen* DNotZ 2007, 444 (456); *Kallmeyer/Marsch-Barner* § 122c Rn. 5.
[522] Vgl. BT-Drs. 16/2919, S. 15; *Kallmeyer/Marsch-Barner* § 122c Rn. 2.
[523] Vgl. BT-Drs. 16/2919, S. 15. Einzelheiten sind aber umstritten, siehe *Heckschen* DNotZ 2007, 444 (457).

register muss seinerseits die grundlegenden Daten der grenzüberschreitenden Verschmelzung bekanntmachen.

c) **Verschmelzungsbericht.** Der **Verschmelzungsbericht** wird nach § 122 a Abs. 2 UmwG und § 8 Abs. 1 UmwG durch die Vertretungsorgane der Gesellschaft erstellt. Er gibt ausführlich und in schriftlicher Form Auskunft über die **rechtlichen und wirtschaftlichen Aspekte** der grenzüberschreitenden Verschmelzung, insbesondere über das Umtauschverhältnis der Anteile. Dabei spielt die Bewertung der beteiligten Unternehmen eine wichtige Rolle. Wenn alle beteiligten Rechtsordnungen dies zulassen, können die Vertretungsorgane der beteiligten Gesellschaften auch einen gemeinsamen Verschmelzungsbericht erstellen.[524] Nach § 122 e UmwG sind die Auswirkungen auf Gläubiger und Arbeitnehmer zu erläutern.[525] Wegen des Schutzes dieser Betroffenen schließt das Gesetz auch den nach § 8 Abs. 3 UmwG möglichen Verzicht auf den Verschmelzungsbericht aus. Dies ist im Rahmen der **Zeitplanung** zur Umsetzung der grenzüberschreitenden Verschmelzung zu beachten. Außerdem ist in § 122 e UmwG eine Bekanntgabe an die Anteilsinhaber sowie den Betriebsrat oder die Arbeitnehmer spätestens einen Monat vor der beschlussfassenden Versammlung der Anteilsinhaber vorgesehen. Diese hat nach § 63 Nr. 4 UmwG durch Auslegung in den Geschäftsräumen der Gesellschaft zu erfolgen. 200

d) **Verschmelzungsprüfung.** Gemäß § 122 f UmwG ist der Verschmelzungsplan durch einen oder mehrere sachverständige Prüfer zu prüfen. Die **Verschmelzungsprüfung** erfolgt grundsätzlich nach den innerdeutschen Verschmelzungsvorschriften, § 122 a Abs. 2 UmwG i. V. m. §§ 9 bis 12, 60 UmwG. In Abweichung zu § 48 UmwG muss bei Beteiligung einer GmbH die Verschmelzungsprüfung nicht nur auf Verlangen durchgeführt werden, sondern ist obligatorisch, sofern nicht ein wirksamer Verzicht vorliegt. Anders als im Falle des Verschmelzungsberichts kann auf die Verschmelzungsprüfung mit Zustimmung aller Anteilsinhaber verzichtet werden.[526] Die Verweisung auf § 10 Abs. 1 Satz 2 UmwG und § 12 Abs. 1 Satz 2 UmwG ermöglicht die Bestellung eines für beide Gesellschaften gemeinsamen Prüfers und die Erstattung eines gemeinsamen Prüfungsberichts. 201

3. Verschmelzungsbeschluss

a) **Verschmelzungsbeschluss der Anteilsinhaber.** Die **Gesellschafterversammlung** jeder der beteiligten Kapitalgesellschaften muss dem gemeinsamen Verschmelzungsplan zustimmen. Das Verfahren richtet sich nach dem jeweils anwendbaren innerstaatlichen Recht. Der Verschmelzungsbeschluss einer deutschen Gesellschaft ist demzufolge nach § 122 a Abs. 2 UmwG i. V. m. §§ 13, 50, 65, 73 und 78 UmwG zu fassen.[527] Bei der Verschmelzung einer 100%igen Tochtergesellschaft auf die Mutter entfällt der Umwandlungsbeschluss auf Ebene der Tochtergesellschaft. Nach § 13 UmwG ist der Verschmelzungsbeschluss in einer Versammlung der Anteilsinhaber zu treffen (Gesellschafterversammlung bei der GmbH, Hauptversammlung bei der AG) und notariell zu beurkunden. Vorbereitung und Durchführung der Versammlung erfolgen nach den allgemeinen Vorschriften.[528] Der Beschluss bedarf einer Dreiviertel-Mehrheit der Stimmen (GmbH) oder des vertretenen Grundkapitals (AG), wenn die Satzung keine größere Mehrheit vorsieht, §§ 50 und 65 UmwG.[529] Bei der Beeinträchtigung von gesellschafts- 202

---

[524] Vgl. für das deutsche Recht §§ 122 a Abs. 2, 8 Abs. 1 Satz 1, 2. HS UmwG; *Kallmeyer/Marsch-Barner* § 122 e Rn. 3.

[525] *Kallmeyer/Marsch-Barner* § 122 e Rn. 1.

[526] Gleiches gilt, wenn ein 100%iges Tochterunternehmen auf die Mutter verschmolzen werden soll, vgl. Art. 8 Abs. 4, 15 Abs. 1 VRL 2005, BT-Drs. 16/2919, S. 15, §§ 122 f., 9 Abs. 2 und 3 UmwG.

[527] BT-Drs. 16/2919, S. 15.

[528] §§ 47, 49, 63, 64 UmwG (anwendbar über § 122 a Abs. 2 UmwG).

[529] Bei einer AG findet zusätzlich § 133 Abs. 1 AktG Anwendung.

vertraglichen Minderheits- und Sonderrechten sowie bei Vinkulierungsvorbehalten müssen die begünstigten Personen der Verschmelzung zustimmen.

203 b) **Mitbestimmung der Arbeitnehmer.** Die **Mitbestimmung der Arbeitnehmer** in einer aus der grenzüberschreitenden Verschmelzung hervorgehenden deutschen Gesellschaft wird in einem besonderen Verfahren nach dem MgVG geregelt.[530] Auch inländische Beschäftigte einer ausländischen Gesellschaft fallen in den Schutzbereich des Gesetzes, § 3 Abs. 1 Satz 2 MgVG. Ziel des Gesetzes ist es, die erworbenen Mitbestimmungsrechte der Arbeitnehmer im Falle einer grenzüberschreitenden Verschmelzung zu sichern, § 1 Abs. 1 Satz 2 MgVG. Art. 16 VRL 2005 enthält die zugehörigen europarechtlichen Vorgaben. Nach Art. 16 Abs. 1 VRL 2005 und § 4 MgVG richtet sich die Mitbestimmung grundsätzlich nach dem Recht des Sitzstaates, an dem die aus der Verschmelzung hervorgehende Gesellschaft ihren Sitz hat. Da sich in den EU-Mitgliedstaaten ganz unterschiedliche Regelungen zur Mitbestimmung finden, könnte die grenzüberschreitende Verschmelzung einer deutschen Gesellschaft auf eine ausländische Gesellschaft zu einer Verkürzung oder gar einem Wegfall der bisherigen Mitbestimmung führen.[531] Diese Gefahr soll ähnlich wie bei der SE durch ein komplexes Verfahren zur Findung der Mitbestimmung begrenzt werden. Das anwendbare Verfahren entspricht weitestgehend der Mitbestimmungsfindung bei der SE. Ein besonderes Verhandlungsgremium der Arbeitnehmer soll mit den Unternehmensleitungen der beteiligten Gesellschaften eine Vereinbarung über die künftige Mitbestimmung schließen, § 6 Abs. 1 MgVG. Unverzüglich nach Offenlegung des Verschmelzungsplans hat eine Information der Arbeitnehmervertretungen zu erfolgen, § 6 Abs. 2 MgVG. Sodann wird von den Arbeitnehmern aller beteiligten Gesellschaften das **besondere Verhandlungsgremium** gebildet. Dem Verhandlungsgremium sind alle für seine Arbeit notwendigen Informationen zur Verfügung zu stellen, § 15 Abs. 2 MgVG. Haben die Verhandlungen Erfolg, richtet sich die Mitbestimmung nach der gefundenen Vereinbarung, § 22 MgVG. Andernfalls greift wie bei der SE ein gesetzliches Beteiligungsmodell als gesetzliche Auffanglösung, das sich nach der weitestgehenden Mitbestimmung in den beteiligten Gesellschaften richtet, §§ 23 ff. MgVG. Die Leitungen der beteiligten Gesellschaften können aber sofort die gesetzliche Auffangregelung wählen und so ein Verhandlungsverfahren vermeiden, § 23 Abs. 1 Nr. 3 UmwG.

4. Vollzugsfragen

204 a) **Verschmelzungsbescheinigung (Herausverschmelzung).** Bei einer **übertragenden deutschen Gesellschaft** kontrolliert nach § 122 k UmwG das Registergericht am Sitz der deutschen Gesellschaft die Einhaltung der deutschen Verschmelzungsregeln. Das Vertretungsorgan der übertragenden deutschen Gesellschaft hat das Vorliegen der diese betreffenden Verschmelzungsvoraussetzungen zur Eintragung in das Handelsregister anzumelden. Die Nachricht über die Eintragung der Verschmelzung in das Handelsregister gilt als **Verschmelzungsbescheinigung.** Wirksam wird die Verschmelzung allerdings erst mit der Eintragung im Register der aufnehmenden oder neuen Gesellschaft im Ausland. Auch das ist in der Eintragung zu vermerken. Das Vorliegen der Voraussetzungen für die grenzüberschreitende Verschmelzung muss aus der Verschmelzungsbescheinigung zweifelsfrei hervorgehen.[532] Vorgaben für die Anmeldung ergeben sich aus § 122 a Abs. 2 UmwG i.V.m. §§ 16 Abs. 2, 17 UmwG. Vorzulegen sind daher die Erklärung der Vertretungsorgane über das Fehlen von Nichtigkeits- oder Anfechtungsklagen, der Verschmelzungsplan (als Entsprechung des Verschmelzungsvertrags), der deutsche Verschmelzungsbeschluss, der Verschmelzungsbericht mit dem Prüfungsbericht, ein Nachweis über die Bekanntgabe an den Betriebsrat sowie eine Schlussbilanz. Falls eine

[530] Zu Einzelheiten *Nagel* NZG 2007, 57 ff. und *Lunk/Hinrichs* NZA 2007, 773 ff.
[531] Vgl. BT-Drs. 16/2922, S. 15 f.
[532] So BT-Drs. 16/2919, S. 17.

vorherige Sicherheitsleistung zu Gunsten von Gläubigern nach § 122j UmwG notwendig ist, muss eine Versicherung über die Erbringung der Sicherheitsleistung hierüber abgegeben werden.

205 **Übertragende ausländische Gesellschaften** müssen nach Art. 10 VRL 2005 in ihrem Heimatland eine entsprechende Rechtmäßigkeitskontrolle durchführen lassen und erhalten darüber ebenfalls eine Verschmelzungsbescheinigung. Gemäß § 122k Abs. 3 UmwG ist die deutsche Verschmelzungsbescheinigung innerhalb von sechs Monaten zusammen mit dem Verschmelzungsplan bei der zuständigen Stelle im Staat der übernehmenden oder neuen Gesellschaft vorzulegen. Im Ergebnis muss sich die übertragende Gesellschaft nur an das ohnehin für sie zuständige Register wenden. Zur Eintragung der Verschmelzung reicht dem ausländischen Register dann die Verschmelzungsbescheinigung. Dies vermeidet Doppelprüfungen.[533]

206 **b) Eintragung (Hereinverschmelzung).** § 122l UmwG regelt die Handelsregistereintragung einer **übernehmenden oder neuen Gesellschaft,** die deutschem Recht unterliegt.[534] Die deutschen Eintragungsregeln in § 19 Abs. 1 und Abs. 2 UmwG werden insoweit verdrängt. Die Anmeldung ist bei einer Verschmelzung durch Aufnahme vom Vertretungsorgan der aufnehmenden deutschen Kapitalgesellschaft, bei einer Verschmelzung durch Neugründung von den Vertretungsorganen der übertragenden Gesellschaften vorzunehmen. Der Anmeldung sind die Verschmelzungsbescheinigungen aller übertragenden Gesellschaften, der gemeinsame Verschmelzungsplan und gegebenenfalls die Vereinbarung über die Arbeitnehmerbeteiligung beizufügen. § 122l Abs. 1 Satz 3, 2. HS UmwG schließt die Anwendung von §§ 16 Abs. 2, Abs. 3 und 17 UmwG und damit die Einreichung der üblicherweise bei der Anmeldung einer Verschmelzung vorzulegenden Unterlagen nur für die übertragende Gesellschaft aus, da insoweit schon eine Verschmelzungsbescheinigung vorzulegen ist. Für eine aufnehmende deutsche Gesellschaft sind aber über die Verweisung in § 122a Abs. 2 UmwG die üblichen Unterlagen bei der Anmeldung vorzulegen.

207 Bei der Eintragung ist die **Rechtmäßigkeit der Verschmelzung** für die übernehmende Gesellschaft zu prüfen, insbesondere ob ein wirksamer Verschmelzungsbeschluss vorliegt. Nach § 122l Abs. 2 UmwG erstreckt sich die Prüfung sodann darauf, ob die Anteilsinhaber einem gemeinsamen, gleich lautenden Verschmelzungsplan zugestimmt haben und ob gegebenenfalls eine Vereinbarung über die Arbeitnehmerbeteiligung geschlossen wurde. Voraussetzungen, die anlässlich der Erstellung einer Verschmelzungsbescheinigung (also bei einer übertragenden Gesellschaft) geprüft wurden, werden nicht erneut geprüft.[535] Alle Register für übertragende Gesellschaften werden von der Eintragung der Verschmelzung in Kenntnis gesetzt, § 122l Abs. 4 UmwG. Diese vermerken ihrerseits das Wirksamwerden der Verschmelzung, § 122k Abs. 4 UmwG und Art. 13 Abs. 2 VRL 2005.

208 **c) Wirksamkeit.** Die **Wirksamkeit** der grenzüberschreitenden Verschmelzung richtet sich gemäß Art. 12 VRL 2005 einheitlich in allen beteiligten Staaten nach dem Recht des Mitgliedstaats der übernehmenden oder der neuen Gesellschaft. Liegt diese in Deutschland, ist gemäß § 122a Abs. 2 UmwG auf § 20 Abs. 1 UmwG abzustellen. In diesen Fällen führt die **Eintragung in das deutsche Handelsregister** die Wirkungen der Verschmelzung herbei. Auf die Eintragung bei der übertragenden Gesellschaft kommt es nicht an. Die Wirkungen der grenzüberschreitenden Verschmelzung sind in § 20 Abs. 1 UmwG und in Art. 14 VRL 2005 übereinstimmend geregelt. Alle Aktiva und Passiva werden im Wege der Gesamtrechtsnachfolge auf die übernehmende Gesellschaft übergeleitet, die Gesellschafter der übertragenden Gesellschaft sind ab der Ein-

---

[533] *Heckschen* DNotZ 2007, 444 (463 f.).
[534] BT-Drs. 16/2919, S. 18.
[535] *Heckschen* DNotZ 2007, 444 (463 f.).

tragung an der übernehmenden Gesellschaft beteiligt und die übertragende Gesellschaft erlischt.[536]

209 d) **Minderheiten- und Gläubigerschutz.** Gesellschaftern, die das Umtauschverhältnis einer gerichtlichen Kontrolle unterziehen wollen, steht unter den Bedingungen von § 122h Abs. 1 UmwG das **Spruchverfahren** nach §§ 14 Abs. 2, 15 UmwG offen. Das Spruchverfahren kann zu einer Verbesserung des Umtauschverhältnisses für die Gesellschafter der übertragenden Gesellschaft führen. Voraussetzung ist, dass im Gesellschaftsrecht der ausländischen Gesellschaft ebenfalls ein dem Spruchverfahren vergleichbares Verfahren existiert oder alle ihre Gesellschafter zustimmen.[537] Ansonsten bleibt es bei der Anfechtungsmöglichkeit, die auch auf eine fehlerhafte Bewertung gestützt werden kann.[538] Die Anfechtung hindert die Eintragung der Verschmelzung, sofern kein Freigabeverfahren durchgeführt wird, vgl. § 16 UmwG. Nach § 122h Abs. 2 UmwG kann das Spruchverfahren bei entsprechender internationaler Zuständigkeit der deutschen Gerichte auch für die Anteilsinhaber der übertragenden ausländischen Gesellschaft in Deutschland durchgeführt werden.

210 § 122i Abs. 1 UmwG sieht – wiederum aus Gründen des Minderheitenschutzes – ein **Austrittsrecht** vor, wenn eine deutsche Gesellschaft ins Ausland verschmolzen wird. Kein Gesellschafter soll gezwungen werden, die mit dem Wechsel in eine ausländische Rechtsform verbundene Änderung seiner Rechte und Pflichten hinzunehmen.[539] Bei einer Hereinverschmelzung besteht ein Austrittsrecht dagegen nicht. Der Barabfindungsanspruch der Austretenden richtet sich gegen die übernehmende oder neue Gesellschaft (Universalsukzession, vgl. Art. 14 VRL 2005 i. V. m der entsprechenden ausländischen Umsetzungsvorschrift).[540] Auch bezüglich der Abfindungshöhe wird der Gesellschafter gem. § 122i Abs. 2 UmwG auf das Spruchverfahren verwiesen, wenn das Gesellschaftsrecht der ausländischen Gesellschaftsrecht ein solches vorsieht oder alle ihre Gesellschafter zustimmen.

211 § 122j UmwG regelt den Schutz der bisherigen **Gläubiger** der übertragenden Gesellschaft. Aufgrund der besonderen Risiken einer Verschmelzung ins Ausland können die Gläubiger schon vor Vollzug der Hinausverschmelzung Sicherheitsleistung verlangen.[541] Bei einer Hereinverschmelzung bleibt es nach § 122a Abs. 2 UmwG i. V. m. § 22 UmwG beim zeitlich der Verschmelzung nachgeordneten Gläubigerschutz.

III. Sonstige grenzüberschreitende Umwandlungen

212 Die gesetzlichen Regelungen zur grenzüberschreitenden Verschmelzung von Kapitalgesellschaften decken zwar die Konstellation mit der größten Praxisrelevanz ab, allerdings sind auch außerhalb dieser Regelungen, insbesondere bei einer Beteiligung von Personengesellschaften oder bei anderen Umwandlungstatbeständen grenzüberschreitende Umwandlungen möglich:

1. Grenzüberschreitende Umwandlungen und Niederlassungsfreiheit

213 Kurz nach dem Erlass der Richtlinie über grenzüberschreitende Verschmelzungen, aber noch vor ihrer Umsetzung in §§ 122a ff. UmwG, hatte der **EuGH** in der Rechtssache Sevic Systems AG die bis dahin geltende deutsche Beschränkung des Umwandlungsgesetzes auf Verschmelzungen zwischen deutschen Unternehmen für unzulässig er-

[536] Zur grundsätzlich möglichen Steuerneutralität vgl. *Semler/Stengel/Moszka* Anh. UmwStG Rn. 15.

[537] Viele europäische Länder kennen ein Spruchverfahren nicht, vgl. *Kiem* WM 2006, 1091 (1097).

[538] Vgl. BT-Drs. 16/2919, S. 16; *Kallmeyer/Marsch-Barner* § 122h Rn. 3.

[539] So BT-Drs. 16/2919, S. 16.

[540] Vgl. BT-Drs. 16/2919, S. 16.

[541] BT-Drs. 16/2919, S. 17.

klärt.[542] Der EuGH erkennt einen Verstoß gegen die **Niederlassungsfreiheit** aus Art. 43, 48 EG, wenn einer grenzüberschreitenden Verschmelzung auf einen deutschen Rechtsträger generell die Eintragung ins deutsche Handelsregister verweigert wird. Innerstaatliche und grenzüberschreitende Verschmelzungen müssen insofern gleich behandelt werden. Die pauschale deutsche Ablehnung der Anwendbarkeit des Umwandlungsgesetzes auf grenzüberschreitender Verschmelzungen war daher gemeinschaftsrechtswidrig. Nach diesem Urteil ist deshalb, zumindest in Fällen der Hereinverschmelzung, das Umwandlungsgesetz anwendbar.[543]

Grenzüberschreitende Spaltungen als Kehrseite der grenzüberschreitenden Verschmelzung können nach Meinung der Literatur entsprechend behandelt werden.[544] Allerdings erstreckt § 125 UmwG die spaltungsrechtliche Globalverweisung nicht auf die Regeln zur genzüberschreitenden Verschmelzung. Dennoch wird man trotz der bewussten Regelungslücke die Verschmelzungsregeln analog anwenden können.[545] Insbesondere der geschilderte Schutz der Niederlassungsfreiheit durch den EuGH spricht für die Zulässigkeit einer grenzüberschreitenden Spaltung.[546] 214

Die deutschen Regeln zur grenzüberschreitenden Verschmelzung finden nur Anwendung auf Kapitalgesellschaften. Die Rechtslage für **Personenhandelsgesellschaften** ist demgegenüber noch ungeklärt. Der EuGH hat seine Ausführungen zu grenzüberschreitenden Verschmelzungen nicht auf Kapitalgesellschaften beschränkt.[547] Es drohen Spannungen mit der Verschmelzungsrichtlinie, die sich wie das deutsche Umsetzungsrecht nur auf Kapitalgesellschaften bezieht. Allerdings geht auch die Gesetzesbegründung zu §§ 122a ff. UmwG von der Zulässigkeit der Beteiligung von Personenhandelsgesellschaften an grenzüberschreitenden Verschmelzungen aus, will diese aber nach ungeschriebenen Grundsätzen des Internationalen Privatrechts behandeln.[548] Bei einer grenzüberschreitenden Verschmelzung ist nach der im Kollisionsrecht für Verschmelzungen herrschenden Vereinigungstheorie auf das Umwandlungsrecht nach dem jeweiligen Gesellschaftsstatut[549] der beteiligten Unternehmen abzustellen.[550] Insofern sind für eine deutsche Personenhandelsgesellschaft die §§ 2 ff. UmwG analog anzuwenden.[551] 215

2. Identitätswahrende Sitzverlegung über die Grenze

a) **Verlegung von Satzungs- und Verwaltungssitz.** Ein echter Formwechsel in eine ausländische Gesellschaft ist nur möglich, wenn das Gesellschaftsrecht der beteiligten Staaten eine identitätswahrende **Verlegung zumindest des Satzungssitzes** zulässt. Dies ist nach momentanem Rechtsstand weder in Deutschland noch in den anderen Mitgliedstaaten der EU der Fall. Eine Sitzverlegungsrichtlinie auf Ebene der EU war geplant, die Arbeiten hierzu sind aber eingestellt worden.[552] Ohne größere Umstände kann allerdings zunächst die gewünschte Zielrechtsform als **Mantelgesellschaft** gegründet werden, um dann die bisherige Gesellschaft grenzüberschreitend auf sie zu verschmelzen.[553] 216

---

[542] EuGH (Sevic) NJW 2006, 425 f.

[543] Dem folgend auch OLG München NZG 2006, 513 ff.

[544] *Weiss/Wöhlert* WM 2007, 580 (584 f.); *Leible/Hoffmann* RIW 2006, 161 (165 – für Hereinspaltungen); *Gottschalk* EuZW 2006, 83 (84); *Bungert* BB 2006, 53 (55 f.).

[545] *Winter* Der Konzern 2007, 24 (31).

[546] *Plewka/Marquardt*, Handbuch Umstrukturierung von Unternehmen, S. 71.

[547] *Sedemund* BB 2006, 519 (520); *Geyrhalter/Weber* DStR 2006, 146 (151).

[548] BT-Drs. 16/2919, S. 11.

[549] Je nach dem welchem Modell ein Staat folgt, das Recht am Ort des Verwaltungssitzes oder des Satzungssitzes.

[550] OLG München NZG 2006, 513 (514); *Kappes* NZG 2006, 101 (103). Vgl. auch Art. 4 Abs. 1 lit. b VRL 2005.

[551] Vgl. auch *Schmidt/Maul* BB 2006, 13 f.; *Geyrhalter/Weber* DStR 2006, 146 (148 f.).

[552] Zu früheren Entwürfen vgl. *Habersack* § 4 Rn. 35 ff.; *Leible* ZGR 2004, 531 ff.

[553] Vgl. *Gottschalk* EuZW 2006, 83 (84); *Herrler* EuZW 2007, 295 (299).

217 Eine weitere Möglichkeit des grenzüberschreitenden Formwechsels besteht bereits jetzt für die **SE.** Die SE kann nach Art. 8 SE-VO ohne Auflösung oder Neugründung, d. h. unter voller Wahrung ihrer Identität, ihren Sitz innerhalb der EU verlegen.[554] Wegen Art. 7 SE-VO muss neben dem satzungsmäßigen Sitz auch die Hauptverwaltung in den neuen Staat verlegt werden.

218 **b) Verlegung nur des Verwaltungssitzes.** Zunehmend ins Blickfeld geraten ist die **Verlegung nur des Geschäftsbetriebs** unter Aufrechterhaltung eines ausländischen Satzungssitzes. Unter Geltung der Sitztheorie kann eine deutsche Gesellschaft nach Verlegung des Verwaltungssitzes ins Ausland nicht ihre Rechtsform behalten, sondern verliert ihre Existenz. Umgekehrt wird eine zuziehende ausländische Gesellschaft nicht als solche anerkannt.[555]

219 Diese Rechtslage ist durch eine Reihe von Entscheidungen des EuGH[556] zur **Anerkennung EU-ausländischer Gesellschaften** in Bewegung geraten und hat in den Gesetzesänderungen durch das MoMiG ihren vorläufigen Höhepunkt gefunden. Ergebnis der genannten Entscheidungen ist es, dass wirksam im europäischen Ausland errichtete Gesellschaften[557] eine Zweigniederlassung in Deutschland errichten können, selbst wenn sie ihre Geschäftstätigkeit ausschließlich im Inland entfalten.[558] Das ausländische Gesellschaftsrecht muss aber der Gründungstheorie folgen und damit an den satzungsmäßigen Sitz anknüpfen. Dies war im deutschen Recht, das traditionell an den Verwaltungssitz anknüpfte und damit der Sitztheorie folgte, bisher nicht der Fall.

220 Durch das **MoMiG** entfällt für deutsche Kapitalgesellschaften aber die Bindung des satzungsmäßigen Sitzes an den Verwaltungssitz.[559] Die Gesetzesbegründung stellt dies ausdrücklich in den Zusammenhang mit grenzüberschreitender Mobilität, wie sie bisher schon für europäische Staaten mit der Gründungstheorie galt. Deutschen Kapitalgesellschaften soll hiermit die Möglichkeit eröffnet werden, ihre Geschäftsaktivitäten auch ausschließlich über eine Zweigniederlassung im Ausland zu entfalten.[560] Der Satzungssitz muss aber in Deutschland bleiben. Ob diese Gesetzesänderung die hergebrachte Sitztheorie des deutschen Gesellschafts-Kollisionsrechts beseitigt und nunmehr Deutschland der **Gründungstheorie** folgt, ist noch nicht völlig geklärt, aber wahrscheinlich.[561] Im Januar 2008 wurde vom Bundesjustizministerium ein **Referentenentwurf über ein Gesetz zum Internationalen Privatrecht** der Gesellschaften, Vereine und juristischen Personen vorgelegt, der die Kodifizierung der Gründungstheorie in einem geänderten Art. 10 EGBGB ausdrücklich vorsieht.[562] Dieser Referentenentwurf billigt in Art. 10b EGBGB auch den grenzüberschreitenden Rechtsformwechsel (Statutenwechsel), vorausgesetzt die beiden beteiligten Rechtsordnungen lassen dies zu. Aus dem Zusammenspiel von MoMiG und Referentenentwurf lässt sich die Zulässigkeit einer grenzüberschreitenden Verlegung des Satzungssitzes nach deutschem Recht folgern. Selbst unter Geltung der Gründungstheorie ist eine Verlegung des Verwaltungssitzes unter Beibehaltung der deutschen Rechtsform und des deutschen Satzungssitzes nur in einen Staat möglich, in dem ebenfalls die Gründungstheorie gilt oder in dem die EG-rechtliche Niederlassungsfreiheit die Anerkennung von Auslandsgesellschaften bedingt.

---

[554] Hierzu *Oechlser* AG 2005, 373 ff.

[555] Zu einem solchen Fall siehe OLG Hamburg GmbHR 2007, 763 ff.

[556] Vgl. EuGH (Centros) NJW 1999, 2027 ff.; EuGH (Überseering) NJW 2002, 3614 ff.; EuGH (Inspire Art) NJW 2003, 3331 ff.; EuGH (Sevic) NJW 2006, 425 f. Zu Wegzugsbeschränkungen vgl. allerdings EuGH (Daily Mail) NJW 1989, 2186 ff. sowie EuGH (Lasteyrie du Saillant) NJW 2004, 2439 ff. und GA *Poiares Maduro* DB 2008, 1257 ff. (Cartesio).

[557] Etwa eine englische Limited, genauer: Private Company Limited by Shares.

[558] Ausführlich zu den genannten Entscheidungen *Habersack* § 4 Rn. 11 ff.

[559] § 4 a Abs. 2 GmbHG und § 5 Abs. 2 AktG werden gestrichen.

[560] BT-Drs. 16/6140, S. 68.

[561] Zur Diskussion *Flesner* NZG 2006, 641 ff.; *Preuß* GmbHR 2007, 57 ff.; *Hoffmann* ZIP 2007, 1581 ff.

[562] Abrufbar unter www.bmj.de.

§ 13 Mitbestimmung

Schrifttum: *Behme,* Die Mitbestimmung der Arbeitnehmer bei der britischen Limited mit Verwaltungssitz in Deutschland, ZIP 2008, 351; *Freis/Kleinefeld/Kleinsorge/Voigt,* Drittelbeteiligungsgesetz, 2004; *Grundmann,* Europäisches Gesellschaftsrecht, 2004; *Haase,* Nachfolge im Aufsichtsrat bei Kündigung und bei Wechsel der Gruppenzugehörigkeit, NZA 2004, 1138; *Henssler,* Bewegung in der deutschen Unternehmensmitbestimmung, RdA 2005, 330; *Huke/Prinz,* Das Drittelbeteiligungsgesetz löst das Betriebsverfassungsgesetz 1952 ab, BB 2204, 2633; *Joost,* Gesetzgebung und Unternehmensmitbestimmung – Irrwege zwischen Ideologie und Markt – Festschrift für Reinhard Richardi, S. 573; *Köstler/Zachert/Müller,* Aufsichtsratspraxis, 8. Aufl. 2006; *Kropf/Semler,* Münchener Kommentar zum Aktiengesetz, Band 3, 2. Aufl. 2004; *Lunk/Hinrichs,* Die Mitbestimmung der Arbeitnehmer bei grenzüberschreitenden Verschmelzungen nach dem MgVG; *Lutter/Hommelhoff,* Die Europäische Gesellschaft, 2005; *Macht,* Voraussetzungen und Folgen fehlerhafter Aufsichtsratsbeschlüsse am Beispiel des nicht fristgemäßen Entlastungsbeschlusses, MittBayNot 2004, 81; *Müller-Glöge/Preis/Schmidt,* Erfurter Kommentar zum Arbeitsrecht, 8. Aufl. 2008; *Neye,* Die Europäische Aktiengesellschaft, 2005; *Oetker,* Unternehmensmitbestimmung in der rechtspolitischen Diskussion, RdA 2005, 337; *Oetker*, Unternehmensmitbestimmung in der SE kraft Vereinbarung, ZIP 2006, 1113; *Raiser,* Mitbestimmungsgesetz, 4. Aufl. 2002; *Rieble,* Schutz vor paritätischer Unternehmensmitbestimmung, BB 2006, 2018; *Ulmer/Habersack/Henssler,* Mitbestimmungsrecht, 2. Aufl. 2006; *Weiss,* Beratungsverträge mit Aufsichtsrats- und Beiratsmitgliedern in der Aktiengesellschaft und der Gesellschaft mit beschränkter Haftung, BB 2007, 1853; *Wisskirchen/Bissels/Dannhorn,* Vermeidung der unternehmerischen Mitbestimmung aus arbeitsrechtlicher Sicht, DB 2007, 2258; *Wlotzke/Wißmann/Koberski/Kleinsorge;* Mitbestimmungsrecht, Kommentar, 3. Auflage 2008.

A. Einleitung

In Deutschland sind die Aufsichtsräte in weit über 2000 (geschätzt 2300 bis 3500) Unternehmen zu einem Drittel mit Arbeitnehmervertretern besetzt. Ca. 750 deutsche Unternehmen unterfallen der paritätischen Mitbestimmung des MitbestG.[1]

I. Sonderstellung Deutschlands

Deutschland nimmt im Vergleich der Mitbestimmungssysteme mit dem europäischen Ausland eine Sonderstellung ein. **Außerhalb Deutschlands** existiert nirgendwo eine **paritätische Mitbestimmung** der Arbeitnehmer im Aufsichtsrat. In Belgien, Griechenland, Großbritannien, Irland, Italien, Portugal, Spanien, Estland, Lettland, Litauen, Zypern und Malta existiert überhaupt keine Mitbestimmung der Arbeitnehmer auf Unternehmensebene. Drittelparitätisch besetzte Aufsichtsräte kennen neben Deutschland nur Dänemark, Frankreich, Luxemburg, die Niederlanden, Österreich, Polen, die Slowakische Republik, die Tschechische Republik, Slowenien und Ungarn. In Finnland und Schweden liegt die Beteiligung der Arbeitnehmer teilweise sogar unter einem Drittel.[2] 1

II. DrittelbG

Das BetrVG aus dem Jahr 1952 regelte erstmals die Mitbestimmung der Arbeitnehmer auf Unternehmensebene und sah vor, dass die Arbeitnehmer das Recht haben, ein Drittel der Aufsichtsratssitze zu besetzen.[3] Dieses Gesetz von 1952 war Vorbild für das am 2

---

[1] *Rieble* BB 2006, 2018 unter Verweis auf: *Funk,* Unternehmensmitbestimmung in der EU, Fakten und aktuelle Entwicklungen, Unternehmen und Gesellschaft, 4/2004, 31, 32.

[2] Ulmer/Habersack/Henssler, Mitbestimmungsrecht, *Ulmer* Einl. MitbestG Rn. 77, 78.

[3] Freis/Kleinefeld/Kleinsorge/Voigt, DrittelbG Rn. 7; *Huke/Prinz* BB 2004, 2633.

1. 7. 2004 in Kraft getretene, weitgehend inhaltsgleiche DrittelbG und Ursprung der drittelparitätischen Mitbestimmung der Arbeitnehmer in deutschen Unternehmen. Bei den vom DrittelbG erfassten Unternehmen besteht der Aufsichtsrat gemäß § 4 DrittelbG zu einem **Drittel aus Arbeitnehmervertretern.**

III. MitbestG (1976)

3 Eine paritätische Mitbestimmung wurde nach 1945 erstmals für Arbeitnehmer der Kohle- und Stahlunternehmen im Montan-MitbestG von 1951 normiert. Nach einer jahrzehntelangen Diskussion um die Ausweitung der paritätischen Mitbestimmung auf alle Großunternehmen auch außerhalb der Kohle- und Stahlindustrie kam es am 18. 3. 1976 im Bundestag zu einer Verabschiedung des MitbestG (1976) mit großer Mehrheit.[4] Bei den vom MitbestG (1976) erfassten Unternehmen besteht der zu bildende Aufsichtsrat gemäß § 7 MitbestG **zur Hälfte aus Arbeitnehmervertretern,** weswegen man von einer **paritätischen Mitbestimmung** spricht. Diese Parität wird allerdings teilweise als „hinkende" Parität bezeichnet, weil der Aufsichtsratsvorsitzende bei Stimmengleichheit zwei Stimmen hat und dieser in der Regel von der Anteilseignerseite gestellt wird, §§ 27, 29 MitbestG.

IV. Mitbestimmung in der Societas Europaea (SE)

4 Die Mitbestimmung der Arbeitnehmer in einer europäischen Aktiengesellschaft, der Societas Europaea (SE), richtet sich nach den Vorgaben der SE-Richtlinie (SE-RL).[5] Diese wurde durch das SEBG[6] in deutsches Recht umgesetzt.[7] Die Mitbestimmung der Arbeitnehmer wird danach vorrangig im Wege von **Verhandlungen** vereinbart.[8] Es gibt keine zwingende Organisationsverfassung wie nach deutschem Mitbestimmungsrecht.[9] Kommt es trotz Verhandlungen zu keiner Einigung, greift eine **Auffangregelung.**[10] Diese bewahrt gemäß dem **„Vorher-Nachher-Prinzip"** das höchste Mitbestimmungsniveau, das unter den Gründungsgesellschaften der SE vorhanden war.[11] Durch die Gründung einer SE kann die deutsche Unternehmensmitbestimmung vermieden und ein flexibles Mitbestimmungssystem im Wege von Verhandlungen vereinbart werden.[12] Die Allianz AG, die Fresenius AG, die BASF AG und sicher viele weitere Unternehmen werden diese Vorteile der Europäischen Aktiengesellschaft in Zukunft nutzen.

Die SE war zudem Vorbild für die Europäische Genossenschaft (SCE). Eine solche kann unter Beteiligung und auch ausschließlich von natürlichen Personen gegründet werden.[13] Die Beteiligung der Arbeitnehmer in der SCE wird ebenfalls durch eine die SCE -Verordnung[14] ergänzende Richtlinie geregelt.[15] In ihr finden sich im Vergleich mit der SE-RL überwiegend wortgleiche Regelungen, soweit sich aus der unterschiedlichen Rechtsform keine Besonderheiten ergeben.[16]

---

[4] Erfurter Komm/*Oetker* Einl. MitbestG Rn. 2; Ulmer/Habersack/Henssler, Mitbestimmungsrecht, *Ulmer* Einl. MitbestG Rn. 22; *Oetker* RdA 2005, 337 ff.
[5] RL 2001/86/EG vom 8. 10. 2001.
[6] Gesetz über die Beteiligung der Arbeitnehmer in einer Europäischen Gesellschaft.
[7] Umfassende Materialiensammlung zur SE bei: *Neye*, Die Europäische Aktiengesellschaft S. 49 ff.
[8] *Lutter/Hommelhoff*, Die Europäische Aktiengesellschaft S. 297 ff.
[9] *Oetker* ZIP 2006, 1113.
[10] §§ 34 ff. SEBG.
[11] *Grundmann*, Europäisches Gesellschaftsrecht Rn. 1054.
[12] Beispiele bei: *Joost*, FS Richardi S. 573 (576 f.).
[13] Art. 2 SCE-VO.
[14] (EG) Nr. 1435/2003.
[15] RL 2003/72/EG vom 22. 7. 2003.
[16] Wlotzke/Wißmann/Koberski/Kleinsorge, Mitbestimmungsrecht *Kleinsorge* EG-Recht Rn. 61 f.

V. Mitbestimmung bei grenzüberschreitender Verschmelzung

Am 29. 12. 2006 ist das MgVG (Gesetz über die Mitbestimmung der Arbeitnehmer bei einer grenzüberschreitenden Verschmelzung) in Kraft getreten. Es regelt die Unternehmensmitbestimmung bei grenzüberschreitenden Verschmelzungen und setzt die Vorgaben der Richtlinie zur Mitbestimmung der Arbeitnehmer bei grenzüberschreitenden Verschmelzungen in nationales Recht um.[17] Das MgVG orientiert sich dabei sehr stark an den Regelungen des SEBG und folgt damit weitestgehend den **Regelungen** über die **Mitbestimmung** der Arbeitnehmer in einer **SE.**[18] Die Leitungen der beteiligten Gesellschaften können allerdings beschließen, dass es statt zu Verhandlungen, unmittelbar zur Anwendung der gesetzlichen Auffanglösung kommt.[19] Auch das MgVG kann daher zur Vermeidung des deutschen Systems der Unternehmensmitbestimmung und zur Errichtung eines individuellen Mitbestimmungssystems genutzt werden. 5

B. Welche Unternehmen werden von der Unternehmensmitbestimmung erfasst?

Will man die Frage beantworten, ob ein Unternehmen einen mitbestimmten Aufsichtsrat einrichten muss, so ist der Blick zunächst darauf zu lenken, in welcher Rechtsform das Unternehmen verfasst ist und sodann zu klären, wie viele Arbeitnehmer es beschäftigt beziehungsweise ihm zugerechnet werden:

I. DrittelbG

Welche Unternehmen drittelparitätisch mitbestimmt sind, hängt neben der Rechtsform des Unternehmens davon ab, ob das Unternehmen mehr als 500 Arbeitnehmer beschäftigt.[20]

1. Kapitalgesellschaften

Nach § 1 DrittelbG müssen Kapitalgesellschaften (AG, KGaA, GmbH, Versicherungsverein auf Gegenseitigkeit, Erwerbs- und Wirtschaftsgenossenschaft), die in der Regel **mehr als 500 Arbeitnehmer** beschäftigen, ihren Aufsichtsrat zu einem Drittel mit Arbeitnehmervertretern besetzen. Eine Ausnahme stellt die GmbH & Co. KG dar. Sie fällt nicht unter das DrittelbG.[21] **Ausländische Gesellschaften**[22] mit Sitz im Bundesgebiet werden ebenfalls nicht erfasst,[23] da das DrittelbG nur auf deutsche Gesellschaftsformen anwendbar ist.[24] Mit dem geplanten MoMiG soll deutschen GmbH und AG zukünftig ermöglicht werden, ihren **Verwaltungssitz** ins Ausland zu verlegen.[25] Ihren statutarischen Sitz behalten diese Gesellschaften hingegen weiterhin im Inland. Das MoMiG will deut- 6

---

[17] RL 2005/56/EG vom 26. 10. 2005.

[18] Zu den Einzelheiten der Mitbestimmung der Arbeitnehmer bei grenzüberschreitenden Verschmelzungen nach dem MgVG: *Lunk/Hinrichs* NZA 2007, 773 ff.

[19] § 23 Abs. 1 Nr. 3 MgVG.

[20] Erfurter Komm/*Oetker* § 1 DrittelbG Rn. 30.

[21] Ulmer/Habersack/Henssler, Mitbestimmungsrecht, *Henssler* Einl. DrittelbG Rn. 3.

[22] ZB. die französische Société Anonyme (S.A.) oder Société à Responsabilité Limtiteé (S.A. R. L.), die englische Public Limited Company (PLC) und Limited Company (Ltd.), die spanische Sociedad Anómima (S.A.) und Sociedad de responsabilidad limitada (S. L.).

[23] Erfurter Komm/*Oetker* Einf. DrittelbG Rn. 4; § 1 Rn. 3; *Behme* ZIP 2008 351 (357).; *Joost,* FS Richardi, S. 573 (583 f.).

[24] Wlotzke/Wißmann/Koberski/Kleinsorge, Mitbestimmungsrecht *Koberski* § 1 MitbestG, Rn. 25; Ulmer/Habersack/Henssler, Mitbestimmungsrecht *Habersack* § 1 DrittelbG Rn. 5

[25] Gesetzesentwurf der Bundesregierung vom 23. 5. 2007 zu § 4 a GmbHG, § 5 AktG, S. 65.

schen Gesellschaften ein „level-playing-field", also gleiche Ausgangsbedingungen gegenüber Auslandgesellschaften schaffen.[26] Diese konnten aufgrund der EuGH Rechtsprechung schon bisher ihren Verwaltungssitz in Deutschland wählen.[27] Verlegt eine deutsche GmbH künftig ihren Verwaltungssitz ins Ausland, treten keine Änderungen hinsichtlich der Unternehmensmitbestimmung in Deutschland ein, wenn die übrigen Anwendbarkeitsvoraussetzungen des DrittelbG erfüllt sind. Grund hierfür ist, dass für die Anwendbarkeit der Gesetze über die Unternehmensmitbestimmung nicht der Verwaltungssitz, sondern der Satzungssitz einer Gesellschaft maßgeblich ist.[28] Eine deutsche Gesellschaft kann sich mithin nicht dadurch der Mitbestimmung entziehen, dass sie ihren Verwaltungssitz ins Ausland verlegt.[29] **Tendenzunternehmen**[30] etwa aus den Bereichen des Presse- und Verlagswesens sind ebenfalls nicht der drittelparitätischen Mitbestimmung unterworfen, § 1 Abs. 2 Nr. 2 DrittelbG. Bei Aktiengesellschaften und Kommanditgesellschaften auf Aktien differenziert § 1 Abs. 1 Nr. 1, 2 DrittelbG nach deren Eintragungsdatum in das Handelsregister. Diese sind, wenn sie nach dem 10. 8. 1994 eingetragen wurden, nach dem DrittelbG mitbestimmt, wenn die Arbeitnehmerzahlen den Schwellenwert von 500 überschreiten. Vor diesem Stichtag eingetragene AG und KGaA sind unabhängig von ihren Arbeitnehmerzahlen in den Anwendungsbereich des DrittelbG einbezogen. Letzteres gilt nicht für **Familiengesellschaften.**[31] Sie unterfallen dem DrittelbG auch wenn sie vor dem 10. 8. 1994 eingetragen wurden nur dann, wenn sie mehr als 500 Arbeitnehmer beschäftigen. Die GmbH fällt ab dem Zeitpunkt ihrer Eintragung in den Anwendungsbereich des DrittelbG, nicht jedoch schon während ihrer Gründung. Für die GmbH gilt mit § 1 Abs. 1 Nr. 3 DrittelbG eine Sonderregelung zu § 52 GmbHG. Sobald sie mehr als 500 Arbeitnehmer beschäftigt, muss sie zwingend einen mitbestimmten Aufsichtsrat bilden.

2. Konzerne

7 Das Recht der Arbeitnehmer, durch Entsendung von Vertretern in den Aufsichtsrat auf Unternehmensebene mitzubestimmen, wird in Konzernen auf die **Konzernspitze** ausgedehnt. Der Grund hierfür liegt darin, dass Arbeitnehmer von Konzernunternehmen von den Entscheidungen der Konzernspitze – dem herrschenden Unternehmen des Konzerns – ebenso betroffen sein können, wie von Entscheidungen, die in ihrem Unternehmen getroffen werden.[32] Voraussetzung für eine Mitbestimmung im **herrschenden Unternehmen** des Konzerns ist, dass dieses Unternehmen eine Kapitalgesellschaft im vorbeschriebenen Sinn ist. Nicht verlangt wird, dass das herrschende Unternehmen selbst mehr als 500 Arbeitnehmer beschäftigt. Der Schwellenwert kann auch durch **Hinzurechnung** (siehe unten Rn. 9) **von Arbeitnehmern** des Konzerns überschritten werden.[33] Ist der Schwellenwert überschritten, so sind zur Wahl des mitbestimmten Aufsichtsrats im herrschenden Unternehmen alle Arbeitnehmer des Konzerns berechtigt, § 2 Abs. 2 DrittelbG. Das abhängige Unternehmen, in dem der wahlberechtigte Arbeitnehmer be-

[26] Gesetzesentwurf der Bundesregierung vom 23. 5. 2007, S. 65.

[27] „Überseering" EuGH Urteil vom 5. 11. 2002 – RS. C – 208/00; „Inspire Art" EuGH Urteil vom 30. 9. 2003 – RS. C – 167/01.

[28] Wlotzke/Wißmann/Koberski/Kleinsorge, Mitbestimmungsrecht *Koberski*, § 1 MitbestG, Rn. 19; Ulmer/Habersack/Henssler, Mitbestimmungsrecht *Ulmer/Habersack* § 1 MitbestG Rn. 6; a. A. Erfurter Komm/*Oetker* Einf. DrittelbG Rn. 3.

[29] Ulmer/Habersack/Henssler, Mitbestimmungsrecht *Habersack* § 1 DrittelbG Rn. 5

[30] Unternehmen, die unmittelbar und überwiegend Tendenzzwecken dienen. Der Unternehmenszweck muss auf eine geistig-ideelle Zielsetzung gerichtet sein; Ulmer/Habersack/Henssler, Mitbestimmungsrecht, *Ulmer/Habersack* § 1 MitbestG Rn. 58.

[31] Erfurter Komm/*Oetker* DrittelbG § 1 Rn. 9; Wann eine Familiengesellschaft vorliegt definiert § 1 Abs. 1 Nr. 1 DrittelbG unter Bezugnahme auf § 15 Abgabenordnung (AO).

[32] Freis/Kleinefeld/Kleinsorge/Voigt, DrittelbG Rn. 34.

[33] Wlotzke/Wißmann/Koberski/Kleinsorge, Mitbestimmungsrecht *Kleinsorge* § 2 DrittelbG Rn. 5.

schäftigt wird, muss dabei nicht einer der Rechtsformen des § 1 DrittelbG entsprechen und die Zahl der beschäftigten Arbeitnehmer muss dort auch nicht den Schwellenwert überschreiten.[34] Wahlberechtigt sind daher in der Folge auch Arbeitnehmer von Unternehmen, in denen eigentlich kein Aufsichtsrat zu bilden ist.[35]

3. Berechnung der Schwellenwerte

a) **Im Unternehmen.** Welche Personen bei der Ermittlung der Schwellenwerte mitzählen regelt § 3 DrittelbG. Dieser verweist auf § 5 Abs. 1 BetrVG. **Leitende Angestellte** werden ausgenommen und sind bei der Berechnung der Schwellen damit nicht zu berücksichtigen. Einzurechnen sind alle Arbeitnehmer unabhängig von ihrer Beschäftigungsdauer oder Arbeitszeit.[36] **Heimarbeiter** sind mitzuzählen, wenn diese in der Hauptsache für den Betrieb arbeiten, § 5 Abs. 1 S. 2 BetrVG. Nicht einzurechen sind **arbeitnehmerähnliche Personen** und Mitarbeiter aufgrund eines freien Dienst- oder Werkvertrags[37] es sei denn, sie sind scheinselbstständig. Bei der Ermittlung der Schwellenwerte sind auch Arbeitnehmer zu berücksichtigen, die das 18. Lebensjahr noch nicht vollendet und damit nicht wahlberechtigt sind. In **Altersteilzeit** beschäftigte Arbeitnehmer sind grundsätzlich wie „normale" Arbeitnehmer zu behandeln. Allerdings sind diejenigen, die das Blockmodell gewählt haben, in der so genannten Freistellungsphase nicht mehr einzurechnen, da sie faktisch nicht mehr in einen Betrieb des Unternehmens eingegliedert und damit auch nicht von Entscheidungen des Aufsichtsrats betroffen sind.[38] Bei suspendierten Arbeitnehmern kommt es entscheidend darauf an, ob diese zukünftig von den Entscheidungen des Aufsichtsrats betroffen werden können. Dies ist dann der Fall, wenn eine sichere **Rückkehrperspektive** gegeben ist (beispielsweise Wehrdienst, Zivildienst, Mutterschutz, Elternzeit).[39] **Überlassene Arbeitnehmer** bleiben Arbeitnehmer des Verleihers, sind also bei der Berechnung der Schwellen nicht zu berücksichtigen[40] und zwar auch dann nicht, wenn sie nach § 5 Abs. 2 S. 2 DrittelbG wahlberechtigt sind. § 5 Abs. 1 BetrVG schließt die zu ihrer Beraufsausbildung Beschäftigten ein. Damit sind auch **Auszubildende** mit einzurechnen. Bei der Frage, ob Praktikanten bei der Berechnung der Schwellen einzubeziehen sind, ist darauf abzustellen, ob diese in den Betrieb oder weiterhin in die Schule bzw. Hochschule eingegliedert sind.[41] Ausländische Arbeitnehmer deutscher Gesellschaften mit Sitz im Inland sind bei der Berechnung der Schwellenwerte selbstverständlich mit einzubeziehen. Die **Nationalität** eines Arbeitnehmers spielt im Rahmen des DrittelbG keine Rolle.[42] 8

b) **Im Konzern.** In Konzernen ist § 2 Abs. 2 DrittelbG zur Berechnung der Schwellenwerte heranzuziehen. Danach gelten Arbeitnehmer eines Konzernunternehmens als solche der herrschenden Konzerngesellschaft, wenn ein **Beherrschungsvertrag** besteht oder das abhängige Unternehmen in das herrschende eingegliedert ist, § 2 Abs. 2 DrittelbG. Bloße Abhängigkeit oder ein nur **faktisches Konzernverhältnis** reichen nicht aus. Damit bleibt die Vorschrift hinter dem weiter gefassten § 5 Abs. 1 MitbestG zurück.[43] 9

[34] Freis/Kleinefeld/Kleinsorge/Voigt, DrittelbG Rn. 34.

[35] Erfurter Komm/*Oetker* DrittelbG § 2 Rn. 4.

[36] Ulmer/Habersack/Henssler, Mitbestimmungsrecht, *Henssler* MitbestG § 3 Rn. 20.

[37] Ulmer/Habersack/Henssler, Mitbestimmungsrecht, *Henssler* MitbestG § 3 Rn. 13, 16.

[38] Ulmer/Habersack/Henssler, Mitbestimmungsrecht, *Henssler* MitbestG § 3 Rn. 25.

[39] Ulmer/Habersack/Henssler, Mitbestimmungsrecht, *Henssler* MitbestG § 3 Rn. 26 ff.

[40] Erfurter Komm/*Oetker* DrittelbG § 1 Rn. 31; OLG Hamburg Beschl. vom 29. 10. 2007 – 11 W 27/07 = DB 2007, 2762 ff.

[41] BAG Beschl. vom 30. 10. 1991 – 7 ABR 11/91 = DB 1992, 1635 f.; LAG Schleswig-Holstein Beschl. vom 25. 3. 2003 – 2 TaBV 39/02 = NZA-RR 2004, 251 f.

[42] Ulmer/Habersack/Henssler, Mitbestimmungsrecht *Henssler* MitbestG § 3 Rn. 36, *Henssler* DrittelbG § 3 Rn. 3.

[43] Wlotzke/Wißmann/Koberski/Kleinsorge, Mitbestimmungsrecht *Kleinsorge* § 2 DrittelbG Rn. 26; Freis/Kleinefeld/Kleinsorge/Voigt, DrittelbG Rn. 39; Erfurter Komm/*Oetker* DrittelbG § 2 Rn. 18;

Ein faktisches Konzernverhältnis ist gegeben, wenn Unternehmen zwar unter einer einheitlichen Leitung zusammen gefasst sind aber weder ein Beherrschungsvertrag gemäß § 291 AktG noch eine Eingliederung nach § 319 AktG vorliegt.

10 c) **Besonderheiten beim 50:50 Joint Venture Unternehmen.** Üben zwei Gesellschaften, die beide jeweils 50% der Anteile halten, dauerhaft und planmäßig die einheitliche Leitung über ihr Gemeinschaftsunternehmen aus, so kann zu jeder dieser beiden Obergesellschaften ein Konzernverhältnis bestehen.[44] Dies setzt aber voraus, dass die Obergesellschaften den Konzern einheitlich leiten. Liegt eine einheitliche Leitung vor, sind die Arbeitnehmer des Gemeinschaftsunternehmens bei den Aufsichtsratswahlen beider Obergesellschaften wahlberechtigt. Bei einem 50:50 Joint Venture werden die Arbeitnehmer des Gemeinschaftsunternehmens mitbestimmungsrechtlich damit zwei Konzernen zugerechnet. Hierdurch gewinnen sie einen doppelten Einfluss, was von Teilen der Literatur kritisiert wird,[45] aber von der Rechtsprechung ausdrücklich bestätigt wurde.[46] Hintergrund der doppelten Zurechnung ist, dass die Mitbestimmung der Arbeitnehmer dort stattfinden soll, wo die Entscheidungen für ihr Unternehmen getroffen werden. Bei einer 50:50 Beteiligung werden diese häufig in beiden Muttergesellschaften getroffen. Freilich bleibt die gemeinsame Leitung in jedem Einzelfall zu prüfen.[47]

II. MitbestG (1976)

Welche Unternehmen der paritätischen Mitbestimmung unterfallen, hängt neben der Rechtsform des Unternehmens davon ab, ob das Unternehmen mehr als 2000 Arbeitnehmer beschäftigt bzw. ihm zugerechnet werden.

1. Kapitalgesellschaften

11 Kapitalgesellschaften in der Rechtsform der AG, der KGaA, der GmbH und der Genossenschaft unterfallen der paritätischen Mitbestimmung, wenn diese in der Regel **mehr als 2000** Arbeitnehmer beschäftigen, § 1 Abs. 1 MitbestG. Auch das MitbestG erfasst nur deutsche Kapitalgesellschaften.[48] Insoweit kann auf das oben (Rn. 6) im Rahmen des DrittelbG Gesagte verwiesen werden. § 4 MitbestG enthält eine Besonderheit im Vergleich zu den Regelungen nach dem DrittelbG. Die **Kommanditgesellschaft,** deren persönlich haftender Gesellschafter eine Kapitalgesellschaft im vorbeschriebenen Sinne ist, wird unter den Voraussetzungen des § 4 MitbestG der paritätischen Mitbestimmung unterworfen, weil sie Ähnlichkeiten mit den in § 4 MitbestG vorausgesetzten Gesellschafterverhältnissen aufweist.

2. Konzerne

12 § 5 MitbestG regelt die Mitbestimmung im Konzern. Dem herrschenden Unternehmen werden, wenn es selbst abgesehen von der Arbeitnehmerzahl die übrigen Anwendbarkeitsvoraussetzungen des MitbestG erfüllt, die eigenen Arbeitnehmer sowie die Arbeitnehmer abhängiger Konzernunternehmen zugerechnet.[49] Für die **Zurechnung** kommt

---

OLG Hamburg Beschl. vom 29. 10. 2007 – 11 W 27/07 = DB 2007, 2762 ff. KG Berlin, Beschl. vom 7. 6. 2007 – 2 W 8/07 = DB 2007, 2305 f.

[44] Wlotzke/Wißmann/Koberski/Kleinsorge, Mitbestimmungsrecht *Kleinsorge* § 2 DrittelbG Rn. 19; Freis/Kleinefeld/Kleinsorge/Voigt, DrittelbG Rn. 38.

[45] Ulmer/Habersack/Henssler, Mitbestimmungsrecht *Ulmer/Habersack* MitbestG § 5 Rn. 47 ff.

[46] BAG Beschl. vom 30. 10. 1986 – 6 ABR 19/85 = BAGE 53, 287 = DB 1987, 1691 f.; BAG Beschl. vom 13. 10. 2004 – 7 ABR 56/03 = BAGE 112, 166 = DB 2005, 1335 ff.

[47] *Raiser,* Mitbestimmungsgesetz § 5 Rn. 26.

[48] Wlotzke/Wißmann/Koberski/Kleinsorge, Mitbestimmungsrecht *Koberski* § 1 MitbestG Rn. 19; Ulmer/Habersack/Henssler, Mitbestimmungsrecht *Ulmer/Habersack* MitbestG § 1 Rn. 6.

[49] Wlotzke/Wißmann/Koberski/Kleinsorge, Mitbestimmungsrecht *Kleinsorge* § 5 MitbestG Rn. 41.

es auf die Rechtsform der abhängigen Unternehmen und die Anzahl der dort jeweils beschäftigten Mitarbeiter nicht an.[50] Ist das abhängige Unternehmen eine KG in Form der Kapitalgesellschaft und Co. KG, so sind die Arbeitnehmer der Komplementärgesellschaft ebenfalls dem herrschenden Unternehmen zuzurechnen, § 5 Abs. 1 S. 2 MitbestG.

3. Berechnung der Schwellenwerte

a) **Im Unternehmen.** Bezüglich des Arbeitnehmerbegriffs sind die §§ 3 Abs. 1 MitbestG, 5 Abs. 1 BetrVG maßgeblich. Nicht zu den Arbeitnehmern zählen die in § 5 Abs. 2 Nr. 1 bis 5 BetrVG aufgezählten Personen.[51] Abweichend vom DrittelbG gelten die **leitenden Angestellten** als Arbeitnehmer, § 3 Abs. 1 Nr. 2 MitbestG; sie werden bei der Berechnung der Schwellen mitgezählt. Ansonsten gilt das oben (Rn. 8) zum DrittelbG Gesagte. 13

b) **In der Kapitalgesellschaft und Co. KG.** Eine Besonderheit des MitbestG ist die **Zurechnung** der Arbeitnehmer einer KG zur Komplementär-Kapitalgesellschaft nach § 4 Abs. 1 S. 1 MitbestG. Diese erfolgt, wenn die Mehrheit der Kommanditisten der KG, berechnet nach der Mehrheit der Anteile oder Stimmen, auch die Mehrheit der Anteile oder Stimmen in der Komplementär-Kapitalgesellschaft innehat. Dann ist eine **parallele Willensbildung** in der KG und der Komplementär-Kapitalgesellschaft zu erwarten, was die Erfassung durch das MitbestG rechtfertigt und dem Normzweck von § 4 MitbestG entspricht. Diese Zurechnung erfolgt nicht, wenn die Komplementär-Kapitalgesellschaft einen **eigenen Geschäftsbetrieb** mit in der Regel mehr als 500 Arbeitnehmern hat, § 4 Abs. 1 S. 1 a.E. MitbestG. Dafür ist eine im eigenen Interesse ausgeübte Tätigkeit nötig, die gegenüber den wirtschaftlichen Zielen der KG selbstständig ist.[52] In diesem Geschäftsbetrieb müssen in der Regel mehr als 500 Arbeitnehmer beschäftigt werden. Sind es weniger, bleibt es bei der Regelung des § 4 Abs. 1 S. 1 MitbestG. 14

c) **Im Konzern.** Im Rahmen der Berechung der Schwellenwerte in Konzernstrukturen unterscheiden sich die Regelungen des MitbestG erheblich von denen des DrittelbG. Nach § 5 Abs. 1 S. 1 MitbestG gelten die Arbeitnehmer abhängiger Konzernunternehmen (§ 18 Abs. 1 AktG), gleich welche Rechtsform diese haben, als Arbeitnehmer des herrschenden Unternehmens. Sie werden bei der Berechnung der Schwellenwerte im Unterschied zum DrittelbG mitgezählt. § 5 Abs. 2 MitbestG regelt die Zurechnung der Arbeitnehmer für den Fall, dass eine Kapitalgesellschaft & Co KG herrschendes Unternehmen im Konzern ist. Die Zurechnung erfolgt dann nicht zur KG, sondern zur Komplementärgesellschaft der KG.[53] § 5 Abs. 3 MitbestG regelt die Zurechnung von Arbeitnehmern zu einer dem MitbestG unterliegenden fingierten Teilkonzernspitze. 15

d) **Besonderheiten beim 50:50 Joint Venture Unternehmen.** Üben zwei Gesellschaften dauerhaft und planmäßig die einheitliche Leitung über ein Unternehmen (Gemeinschaftsunternehmen) aus, so stellt § 5 MitbestG sicher, dass den Arbeitnehmern die Mitbestimmung dort ermöglicht wird, wo die wesentlichen Entscheidungen getroffen werden.[54] Die Arbeitnehmer des Gemeinschaftsunternehmens werden mitbestimmungsrechtlich damit **zwei Konzernen zugerechnet.**[55] Im Übrigen gilt das oben (Rn. 10) im Rahmen der Erörterung des DrittelbG Gesagte. 16

---

[50] Wlotzke/Wißmann/Koberski/Kleinsorge, Mitbestimmungsrecht *Kleinsorge* § 5 MitbestG Rn. 42.

[51] MünchKommAktG/*Gach* MitbestG § 3 Rn. 7.

[52] Ulmer/Habersack/Henssler, Mitbestimmungsrecht *Ulmer/Habersack* MitbestG § 4 Rn. 19.

[53] Wlotzke/Wißmann/Koberski/Kleinsorge, Mitbestimmungsrecht, *Kleinsorge* § 5 MitbestG Rn. 48.

[54] Ulmer/Habersack/Henssler, Mitbestimmungsrecht *Ulmer/Habersack* MitbestG § 5 Rn. 47 f; *Raiser*, Mitbestimmungsgesetz § 5 Rn. 25; BAG Beschl. vom 16. 8. 1995 – 7 ABR 57/94 = BAGE 80, 326 = DB 1996, 335; BAG Beschl. vom 18. 6. 1970 – 1 ABR 3/70 = BAGE 22, 390 = DB 1970, 1595.

[55] Wlotzke/Wißmann/Koberski/Kleinsorge, Mitbestimmungsrecht *Kleinsorge* § 5 MitbestG Rn. 36.

C. Bildung und Zusammensetzung des Aufsichtsrats

Die Bildung und Zusammensetzung des Aufsichtsrats eines mitbestimmten Unternehmens gestaltet sich unterschiedlich je nachdem, ob das Unternehmen dem DrittelbG oder dem MitbestG (1976) unterfällt.

I. DrittelbG

Im Geltungsbereich des DrittelbG kommt es dabei auch darauf an, wie viele Arbeitnehmervertreter in den Aufsichtsrat entsandt werden.

1. Grundsatz

17 Die Bildung und Zusammensetzung des Aufsichtsrats regelt § 4 DrittelbG. Danach muss der Aufsichtsrat zwingend zu einem **Drittel** aus **Arbeitnehmervertretern** bestehen. Ist ein Aufsichtsrat zu wählen, der aus drei Mitgliedern bestehen soll, ist ein Arbeitnehmervertreter zu wählen. Soll der zukünftige Aufsichtsrat sechs Mitglieder zählen, sind zwei Arbeitnehmervertreter zu wählen. Die Anzahl der Aufsichtsratsmitglieder wird nicht durch das DrittelbG, sondern durch das jeweilige Gesellschaftsrecht oder die Satzung der Gesellschaft geregelt.[56] Sie kann zwischen 3 und 21 liegen. Der Aufsichtsrat der Aktiengesellschaft hat gemäß **§ 95 AktG** im Grundsatz drei Mitglieder. Hiervon kann durch die Satzung in den Grenzen des § 95 AktG nach oben abgewichen werden, wobei selbstverständlich eine Verwässerung oder Beseitigung der Drittelparität durch die Satzung nicht möglich ist. Für die mitbestimmte GmbH gilt über die Verweisung in § 1 Abs. 1 Nr. 3 DrittelbG auf § 95 AktG das Gleiche.

2. Aufsichtsrat mit bis zu zwei Arbeitnehmervertretern

18 Gemäß § 4 Abs. 2 DrittelbG muss es sich bei den Arbeitnehmervertretern im Aufsichtsrat grundsätzlich um **unternehmensangehörige Arbeitnehmer** nach § 3 DrittelbG handeln. Leitende Angestellte gelten nicht als Arbeitnehmer. Arbeitnehmer in der Freistellungsphase der Altersteilzeit sowie Leiharbeitnehmer können ebenfalls nicht in den Aufsichtsrat gewählt werden.[57] Letztere selbst dann nicht, wenn sie länger als drei Monate im Unternehmen beschäftigt und damit wahlberechtigt sind.[58] Arbeitnehmer einer abhängigen Konzerntochter sind zu behandeln wie unternehmensangehörige Arbeitnehmer der Mutter. Sie können daher in den Aufsichtsrat der Mutter gewählt werden.[59] Weitere persönliche **Wählbarkeitsvoraussetzungen** der Arbeitnehmervertreter regelt § 4 Abs. 3 DrittelbG. Danach sind Arbeitnehmer nur dann in den Aufsichtsrat wählbar, wenn sie das 18. Lebensjahr vollendet haben und dem Unternehmen ein Jahr angehören. Zudem müssen die Arbeitnehmer die Wählbarkeitsvoraussetzungen des § 8 Abs. 1 BetrVG erfüllen. Daneben gelten die aktienrechtlichen Wählbarkeitsvoraussetzungen, §§ 100, 105 AktG.[60]

3. Aufsichtsrat mit mehr als zwei Arbeitnehmervertretern

19 Besteht der Aufsichtsrat aus neun oder mehr Mitgliedern, so sind gemäß § 4 Abs. 2 Satz 2 DrittelbG drei oder mehr Arbeitnehmervertreter zu wählen. Zwei dieser Ar-

---

[56] Ulmer/Habersack/Henssler, Mitbestimmungsrecht *Henssler* DrittelbG § 4 Rn. 3; Wlotzke/Wißmann/Koberski/Kleinsorge, Mitbestimmungsrecht *Kleinsorge* § 4 DrittelbG Rn. 8.

[57] Wlotzke/Wißmann/Koberski/Kleinsorge, Mitbestimmungsrecht *Kleinsorge* § 4 DrittelbG Rn. 19.

[58] Wahlberechtigung aufgrund von § 14 Abs. 2 des Arbeitnehmerüberlassungsgesetzes (AÜG); Freis/Kleinefeld/Kleinsorge/Voigt, DrittelbG Rn. 51.

[59] Freis/Kleinefeld/Kleinsorge/Voigt, DrittelbG Rn. 52.

[60] Wlotzke/Wißmann/Koberski/Kleinsorge, Mitbestimmungsrecht *Kleinsorge* § 4 DrittelbG Rn. 31.

beitnehmer müssen im Unternehmen beschäftigt sein. Die Aufsichtsratsmandate, die über diese zwei Mandate hinausgehen, können sowohl von Arbeitnehmern des Unternehmens als auch von **nicht unternehmensangehörigen Arbeitnehmern** übernommen werden.[61] Diese Mandate können damit zum Beispiel von Gewerkschaftsvertretern, von leitenden Angestellten, von Leiharbeitnehmern oder Arbeitnehmern ausländischer Tochtergesellschaften bekleidet werden.[62]

4. Geschlechterverhältnis

§ 4 Abs. 4 DrittelbG regelt, dass Frauen und Männer entsprechend ihrem zahlenmäßigen Verhältnis im Unternehmen im Aufsichtsrat vertreten sein sollen und bezweckt damit, die **Repräsentanz von Frauen** im Aufsichtsrat zu erhöhen.[63] Eine vergleichbare Bestimmung für die Zusammensetzung des Aufsichtsrates findet sich bisher nur in § 36 SEBG für die Besetzung des Aufsichts- oder Verwaltungsrats einer SE.[64] § 4 Abs. 4 DrittelbG stellt nur eine Soll-Regelung dar. Verstöße dagegen führen daher nicht zur Anfechtbarkeit der Wahl.[65] 20

II. MitbestG (1976)

Die Bildung und Zusammensetzung des Aufsichtsrates in einem paritätisch mitbestimmten Unternehmen bestimmt sich nach §§ 6 ff. MitbestG. § 7 Abs. 1 MitbestG regelt die Zahl der Aufsichtsratsmitglieder der Anteilseigner und der Arbeitnehmerseite in Abhängigkeit der Arbeitnehmerzahlen; es gilt das Paritätsprinzip.[66] Anteilseigner- und Arbeitnehmervertreter erhalten jeweils gleich viele Sitze. Der Aufsichtsrat besteht daher stets aus einer geraden Zahl von Mitgliedern.[67] 21

1. Unternehmensangehörige Arbeitnehmer

In den Aufsichtsrat müssen unternehmensangehörige Arbeitnehmer und **Gewerkschaftsvertreter** gewählt werden. Die Arbeitnehmer müssen gemäß § 7 Abs. 3 MitbestG dem Unternehmen ein Jahr angehören und das 18. Lebensjahr vollendet haben. Entscheidend ist, dass diese Voraussetzungen zu Beginn der Amtszeit des Aufsichtsrats vorliegen.[68] Zudem müssen Wahlbewerber die Wählbarkeitsvoraussetzungen des § 8 Abs. 1 BetrVG erfüllen. Dem Aufsichtsrat muss zudem gemäß § 15 Abs. 1 S. 2 MitbestG ein leitender Angestellter angehören. 22

2. Vertreter der Gewerkschaften

§ 7 Abs. 2 MitbestG regelt, wie viele Gewerkschaftsvertreter sich unter den Aufsichtsratsmitgliedern der Arbeitnehmerseite befinden müssen. Dies stellt eine Besonderheit im Vergleich mit den Regelungen des DrittelbG dar. Die Gewerkschaftsvertreter haben nach dem MitbestG damit ein **zwingendes Sitzrecht** im Aufsichtsrat. Sie werden gemäß § 16 Abs. 2 MitbestG von den im Unternehmen **vertretenen Gewerkschaften** vorgeschlagen. Eine Gewerkschaft ist schon dann im Unternehmen vertreten, wenn ein Mitglied Arbeitnehmer des betreffenden Unternehmens ist. Für die Vertreter der Gewerkschaften gelten die aktienrechtlichen Wählbarkeitsvoraussetzungen, §§ 100 Abs. 1, 2, 105 Abs. 1 AktG. 23

---

[61] Freis/Kleinefeld/Kleinsorge/Voigt, DrittelbG Rn. 55.
[62] Ulmer/Habersack/Henssler, Mitbestimmungsrecht *Henssler* DrittelbG § 4 Rn. 13.
[63] Freis/Kleinefeld/Kleinsorge/Voigt, DrittelbG Rn. 56.
[64] Ulmer/Habersack/Henssler, Mitbestimmungsrecht *Henssler* DrittelbG § 5 Rn. 16.
[65] *Huke/Prinz* BB 2004, 2635.
[66] Ulmer/Habersack/Henssler, Mitbestimmungsrecht *Henssler* MitbestG § 7 Rn. 1
[67] Wlotzke/Wißmann/Koberski/Kleinsorge, Mitbestimmungsrecht *Wißmann* § 7 MitbestG Rn. 1.
[68] *Raiser*, Mitbestimmungsgesetz § 7 Rn. 10.

D. Bestellung und Wahl der Arbeitnehmervertreter im Aufsichtsrat

Während sich die Bestellung der Aufsichtsratsmitglieder der Anteilseigner nach aktienrechtlichen Vorschriften bestimmt,[69] regeln DrittelbG und MitbestG (1976) die Grundsätze der Bestellung und Wahl der Arbeitnehmervertreter.

I. DrittelbG

24 Nach dem DrittelbG werden die Arbeitnehmervertreter gemäß § 5 Abs. 1 DrittelbG in unmittelbarer Wahl ohne Zwischenschaltung von Delegierten gewählt. Die Einzelheiten und das genaue Verfahren der Wahl regelt die Wahlordnung zum DrittelbG (WODrittelbG). Zahlreiche **Musterformulare** zur Durchführung der Aufsichtsratswahlen enthält ein von der Bundesvereinigung der Deutschen Arbeitgeberverbände (BDA) herausgegebenes Buch mit dem Titel: Die Wahl der Arbeitnehmervertreter in den Aufsichtsrat nach dem DrittelbG. Das Wahlverfahren gestaltet sich komplex und ist in jedem Fall mit größter Sorgfalt durchzuführen, da **Fehler** im Wahlverfahren die **Anfechtbarkeit der Wahl** und gegebenenfalls hohe Kosten zur Folge haben können.

1. Wahlgrundsätze

25 Gemäß § 5 Abs. 1 DrittelbG muss die Wahl der Arbeitnehmervertreter nach den Grundsätzen der **Mehrheitswahl** durchgeführt werden und **allgemein, gleich, geheim und unmittelbar** sein. Nach den Grundsätzen der Mehrheitswahl ist gewählt, wer die meisten Stimmen auf sich vereinigt, § 19 S. 1 WODrittelbG.[70] Es werden einzelne Bewerber und nicht etwa Listen gewählt.

2. Wahlberechtigte

26 Wahlberechtigt sind nach § 5 Abs. 2 DrittelbG alle in Deutschland tätigen Arbeitnehmer[71] des Unternehmens, die das 18. Lebensjahr vollendet haben. Da auf § 7 Satz 2 BetrVG verwiesen wird, sind auch Leiharbeitnehmer, wenn sie **länger als drei Monate** in einem Betrieb des Unternehmens eingesetzt werden, wahlberechtigt. § 2 Abs. 1 DrittelbG billigt außerdem den Arbeitnehmern von **Konzernunternehmen** ein aktives und passives Wahlrecht bezüglich der Aufsichtsratswahlen im herrschenden Unternehmen zu. Hierunter fallen auch Arbeitnehmer faktischer Unterordnungskonzerne.

3. Wahlkosten

27 Die durch die Mitbestimmung entstehenden Kosten hat grundsätzlich das **Unternehmen** zu tragen. Darunter fallen auch die Kosten der Wahlen zum Aufsichtsrat, § 10 Abs. 3 DrittelbG. Es gilt der Maßstab der **Erforderlichkeit.** Vom Unternehmen sind danach alle Kosten zu tragen, die der Wahlvorstand bei pflichtgemäßer Beurteilung für notwendig erachten durfte, um die Wahl ordnungsgemäß durchzuführen.[72] Hierunter fallen auch die Kosten einer etwaigen Wahlanfechtung oder eines Abberufungsverfahrens.

4. Wahlschutz

28 § 10 Abs. 1, 2 DrittelbG regeln den Wahlschutz und verbieten die **Wahlbehinderung** und die **Wahlbeeinflussung.** Der ungehinderte Verlauf der Wahl soll sichergestellt und

---

[69] §§ 101 ff. AktG entsprechende Anwendung der Vorschriften auf die GmbH über den Verweis in § 52 GmbHG.

[70] Ulmer/Habersack/Henssler, Mitbestimmungsrecht *Henssler* DrittelbG § 5 Rn. 3; *Huke/Prinz,* BB 2004, 2635.

[71] Ulmer/Habersack/Henssler, Mitbestimmungsrecht *Henssler* DrittelbG § 5 Rn. 17.

[72] Freis/Kleinefeld/Kleinsorge/Voigt, DrittelbG Rn. 169 m.w.N.

eine Beeinflussung der Wahlentscheidung der Wähler vermieden werden. Eine Beeinflussung muss nicht tatsächlich nachweisbar sein, vielmehr genügt schon, dass eine Handlung abstrakt dazu **geeignet** ist, die Wahlentscheidung zu beeinflussen.[73] Ein **besonderer Kündigungsschutz** vergleichbar dem von Betriebsräten ist nicht vorgesehen.

5. Wahlanfechtung

Gemäß § 11 DrittelbG kann die Wahl eines Aufsichtsrats- oder Ersatzmitglieds der Arbeitnehmer beim Arbeitsgericht angefochten werden, wenn ein Anfechtungsgrund vorliegt. 29

a) **Anfechtungsgründe.** Verstöße gegen wesentliche Vorschriften des Wahlrechts, der Wählbarkeit oder des Wahlverfahrens stellen Anfechtungsgründe dar und führen damit zur Anfechtbarkeit der Wahl.[74] Ist ein Fehler folgenlos geblieben, weil er berichtigt wurde oder auf das Wahlergebnis keinen Einfluss haben konnte, scheidet eine Anfechtung aus. Im Übrigen genügt aber schon die **Möglichkeit,** dass der Fehler bei objektiver Betrachtung dazu geeignet war, sich auf das Wahlergebnis auszuwirken.[75] Beispiele für Anfechtungsgründe sind: 30

- Ein fehlerhaftes Wahlausschreiben.[76]
- Fehler in der Wählerliste: Nichtzulassung Wahlberechtigter oder Zulassung Nichtwahlberechtigter.[77]
- Die unberechtigte Ablehnung eines Wahlvorschlags oder Zulassung eines ungültigen Wahlvorschlags.[78]
- Die Nichteinhaltung der im Wahlausschreiben angegebenen Fristen.[79]
- Die Wahlbeeinflussung durch den Arbeitgeber durch Unterstützung bestimmter Kandidaten im Wahlkampf.[80]
- Eine unterschiedliche Größe der anzukreuzenden Kreise für die Wahlvorschläge auf den Stimmzetteln.[81]
- Mangelnde Unterrichtung ausländischer Arbeitnehmer über die Wahl in ihrer Heimatsprache.[82]
- Verstöße gegen die Öffentlichkeit der Auszählungen.[83]
- Die Berichtigung der Wählerliste durch den Wahlvorstand nach Ablauf der Einspruchsfrist.[84]
- Die generelle Anordnung einer Briefwahl.[85]

b) **Anfechtungsberechtigte.** Anfechtungsberechtigt sind gemäß § 11 Abs. 2 DrittelbG drei Wahlberechtigte, die Betriebsräte und das gesetzliche Vertretungsorgan des Unternehmens. Gewerkschaftsvertreter gehören nicht zum Kreis der Anfechtungsberechtigten.[86] Der Begriff des Betriebsrats ist weit auszulegen; auch Gesamt- und Konzernbetriebsrat sind anfechtungsberechtigt.[87] 31

---

[73] Ulmer/Habersack/Henssler, Mitbestimmungsrecht *Henssler* DrittelbG § 10 Rn. 1, MitbestG § 20 Rn. 3.
[74] *Huke/Prinz* BB 2004, 2636.
[75] Freis/Kleinefeld/Kleinsorge/Voigt, DrittelbG Rn. 133.
[76] LAG Sachsen Beschl. vom 14. 6. 2005 – 2 TaBV 11/04 = AuA 2006, 305.
[77] Freis/Kleinefeld/Kleinsorge/Voigt, DrittelbG Rn. 132.
[78] BAG Beschl. vom 14. 5. 1997 – 7 ABR 26/96 = BAGE 85, 370.
[79] Freis/Kleinefeld/Kleinsorge/Voigt, DrittelbG Rn. 132.
[80] BAG Beschl. vom 4. 12. 1986 – 6 ABR 48/85 = BAGE 53, 385.
[81] BAG Beschl. vom 14. 1. 1969 – 1 ABR 14/68 = BAGE 21, 277.
[82] BAG Beschl. vom 14. 10. 2004 – 7 ABR 5/04 = BAGE 112, 160.
[83] BAG Beschl. vom 11. 6. 1997 – 7 ABR 24/96 = BAGE 86, 117.
[84] BAG Beschl. vom 27. 1. 1993 – 7 ABR 39/92 = BAGE 72, 161.
[85] BAG Beschl. vom 27. 1. 1993 – 7 ABR 37/92 = BAGE 72, 161.
[86] Ulmer/Habersack/Henssler, Mitbestimmungsrecht *Henssler* DrittelbG § 11 Rn. 2.
[87] Freis/Kleinefeld/Kleinsorge/Voigt, DrittelbG Rn. 135.

32 c) **Anfechtungsverfahren.** Die **Anfechtungsfrist** beträgt zwei Wochen ab der Veröffentlichung des Wahlergebnisses im elektronischen Bundesanzeiger, § 11 Abs. 2 S. 2, § 8 DrittelbG. Das Arbeitsgericht entscheidet über die Anfechtung im Wege des Beschlussverfahrens, § 2a Abs. 1 Nr. 3 ArbGG. Die Rechtsfolgen einer erfolgreichen Anfechtung treten mit Rechtskraft der gerichtlichen Entscheidung ex nunc ein, wirken also nicht zurück.[88] Etwaige Beschlüsse des Aufsichtsrats bleiben also wirksam. Ist die Entscheidung rechtskräftig rückt ein Ersatzmitglied in den Aufsichtsrat nach.[89] Ist kein Ersatzmitglied vorhanden bestellt das Gericht ein Mitglied, § 104 AktG.

33 d) **Nichtigkeit.** Extrem **schwerwiegende Verstöße** gegen das Wahlrecht können ausnahmsweise zur Nichtigkeit der Wahl führen.[90] Solche Verstöße sind anzunehmen, wenn gegen allgemeine Grundsätze einer ordnungsgemäßen Wahl in so hohem Maße verstoßen wurde, dass nicht einmal der Anschein einer ordnungsgemäßen Wahl gewahrt ist.[91] Die Nichtigkeit kann von jedermann ohne Wahrung einer Frist geltend gemacht werden.[92] Wird die Nichtigkeit der Wahl festgestellt, führt dies zur **rückwirkenden Unwirksamkeit** der Wahl. Beschlüsse des Aufsichtsrats sind unwirksam, wenn sie ohne die Stimme des betroffenen Mitglieds nicht zustande gekommen wären.[93] Es muss eine neue Wahl durchgeführt werden.[94]

II. MitbestG (1976)

34 In paritätisch mitbestimmten Unternehmen können die Arbeitnehmervertreter entweder durch unmittelbare Wahl oder mittelbar durch Zwischenschaltung von **Delegierten** gewählt werden. § 18 MitbestG regelt die direkte Wahl der Arbeitnehmervertreter in den Aufsichtsrat, die §§ 10 ff. MitbestG regeln die Wahl der Aufsichtsratsmitglieder durch Delegierte. Das genaue Wahlverfahren wird durch **drei Wahlordnungen** zum MitbestG geregelt. **Musterformulare** zur Durchführung der Wahlen zum Aufsichtsrat nach dem MitbestG enthält ein von der Gesellschaft für Marketing und Service der Deutschen Arbeitgeber (GDA) herausgegebenes Buch mit dem Titel: Die Wahlordnungen zum Mitbestimmungsgesetz. Aufgrund der Komplexität des Wahlverfahrens gilt auch hier die Empfehlung, bei der Durchführung der Wahl mit größtmöglicher Sorgfalt vorzugehen. Ausführungen zu den Wahlkosten und zum Wahlschutz erübrigen sich, da die Bestimmungen des DrittelbG und die des MitbestG insoweit übereinstimmen.

1. Unmittelbare Wahl oder Delegiertenwahl?

35 Für Unternehmen, die in der Regel nicht mehr als 8000 Arbeitnehmer beschäftigen, sieht § 9 Abs. 2 MitbestG die **unmittelbare Wahl** (Urwahl) der Aufsichtsratsmitglieder der Arbeitnehmer vor.[95] Allerdings können die wahlberechtigten Arbeitnehmer beschließen, dass die Wahl durch Zwischenschaltung von Delegierten durchgeführt wird. Beschäftigt das Unternehmen hingegen mehr als 8000 Arbeitnehmer, werden die Arbeitnehmervertreter grundsätzlich durch **Delegierte** gewählt. Die wahlberechtigten Arbeitnehmer können jedoch gemäß § 9 Abs. 2 MitbestG die Durchführung einer unmittelbaren Wahl beschließen. § 9 Abs. 3 MitbestG regelt, welche grundsätzlichen Anforderungen an die jeweiligen Beschlüsse der wahlberechtigten Arbeitnehmer zu stellen sind. Die Einzelheiten werden durch die drei Wahlordnungen zum Mitbestimmungsgesetz geregelt.

---

[88] Freis/Kleinefeld/Kleinsorge/Voigt, DrittelbG Rn. 138.
[89] Freis/Kleinefeld/Kleinsorge/Voigt, DrittelbG Rn. 138.
[90] Ulmer/Habersack/Henssler, Mitbestimmungsrecht *Henssler* DrittelbG § 11 Rn. 9.
[91] BAG Beschl. vom 2. 3. 1955 – 1 ABR 19/54 = BAGE 1, 317 = DB 1955, 338.
[92] Wlotzke/Wißmann/Koberski/Kleinsorge, Mitbestimmungsrecht *Wißmann* § 11 DrittelbG Rn. 22.
[93] Wlotzke/Wißmann/Koberski/Kleinsorge, Mitbestimmungsrecht *Wißmann* § 11 DrittelbG Rn. 22.
[94] Freis/Kleinefeld/Kleinsorge/Voigt, DrittelbG Rn. 140.
[95] *Raiser*, Mitbestimmungsgesetz § 9 Rn. 1.

2. Unmittelbare Wahl

§ 18 MitbestG regelt die unmittelbare Wahl der Aufsichtsratsmitglieder der Arbeitnehmer. Die Wahl ist nach denselben Regeln durchzuführen, wie die Wahl der Arbeitnehmervertreter durch Delegierte. Der einzige Unterschied besteht darin, dass die wahlberechtigten Arbeitnehmer selbst die sie vertretenden Aufsichtsratsmitglieder wählen, **ohne** dass eine **Delegiertenversammlung** dazwischengeschaltet wird.[96] Die Wahl erfolgt seit Abschaffung der Gruppenwahl **gemeinsam** und im Regelfall als Verhältniswahl. Eine Mehrheitswahl findet nur dann statt, wenn nur ein einziger Wahlvorschlag vorliegt, § 15 Abs. 3 MitbestG. Das ist in der Praxis häufig der Fall, wenn nur ein leitender Angestellter einen Sitz im Aufsichtsrat erhält.[97] 36

3. Delegiertenwahl

a) Wahl der Delegierten (1. Stufe). Die Wahl der Delegierten hat eigene Wahlgrundsätze. Sie erfolgt **betriebsbezogen** und geheim im Wege der **Verhältniswahl,** § 10 Abs. 1 MitbestG. Die Betriebsbezogenheit bezweckt, dass die Arbeitnehmer ihnen bekannte Arbeitnehmer wählen können.[98] Die Wahl erfolgt ebenfalls seit Abschaffung der Gruppenwahl im Jahr 2001[99] **gemeinsam,** was bedeutet, dass die Delegierten von allen Wahlberechtigten gewählt werden und nicht wie zuvor nur von den Vertretern ihrer Gruppe, d.h. Arbeitern oder Angestellten. Auch die Delegierten der leitenden Angestellten werden, wenn auch in einem getrennten Wahlgang, von allen Arbeitnehmern gewählt. **Wahlberechtigt** sind Arbeitnehmer des Unternehmens, die das 18. Lebensjahr vollendet haben, § 10 Abs. 2 MitbestG. Es bestehen insoweit keine Unterschiede zum DrittelbG. 37

§ 21 MitbestG regelt die **Anfechtung** der Wahl der Delegierten. Anfechtungsgründe sind Verstöße gegen wesentliche Vorschriften über das Wahlrecht, die Wählbarkeit oder das Wahlverfahren, es sei denn, es ist eine Berichtung erfolgt oder der Verstoß konnte keinen Einfluss auf das Wahlergebnis haben. Insoweit gilt das zum DrittelbG Gesagte. Den Kreis der **Anfechtungsberechtigten** bestimmt § 21 Abs. 2 MitbestG. Haben fehlerhaft bestellte Delegierte trotz erfolgter Anfechtung an der Wahl der Aufsichtsratsmitglieder teilgenommen und hatte ihre Mitwirkung Einfluss auf das Wahlergebnis, so ist auch die Wahl der Aufsichtsratsmitglieder nach § 22 MitbestG anfechtbar.[100] Die **Anfechtungsfrist** beträgt jeweils zwei Wochen ab Bekanntgabe des Wahlergebnisses oder Veröffentlichung der Zusammensetzung des Aufsichtsrats im Bundesanzeiger. Für eine Anfechtung ist das Arbeitsgericht im Wege des Beschlussverfahrens anzurufen, § 2a Abs. 1 Nr. 3 ArbGG. Wird grob und offensichtlich gegen grundlegende Wahlregeln verstoßen, so kommt auch die **Nichtigkeit** der Wahl in Betracht. Es bestehen insoweit keine Unterschiede zur Nichtigkeit der Wahl nach den Regeln des DrittelbG. 38

b) Wahl der Arbeitnehmervertreter durch Delegierte (2. Stufe). § 15 MitbestG regelt die Grundzüge der Wahl der Arbeitnehmervertreter durch die zuvor gewählten Delegierten. Die Einzelheiten sind in den drei Wahlordnungen zum Mitbestimmungsgesetz normiert. Die Wahl der Arbeitnehmervertreter findet auf **Unternehmensebene** und nicht wie im Fall der Delegiertenwahl auf Betriebsebene statt.[101] Es wird **gemeinsam** nach den Grundsätzen der Verhältniswahl gewählt. Es finden aber wiederum **getrennte Wahlgänge** für die jeweils von allen ausgeübte Wahl der Vertreter der leitenden Angestellten und der Arbeitnehmer statt.[102] Zur Mehrheitswahl kommt es nur, wenn lediglich ein Wahlvor- 39

---

[96] *Raiser*, Mitbestimmungsgesetz § 18 Rn. 2.

[97] Ulmer/Habersack/Henssler, Mitbestimmungsgesetz *Henssler* MitbestG § 18 Rn. 6.

[98] Ulmer/Habersack/Henssler, Mitbestimmungsgesetz *Henssler* MitbestG § 10 Rn. 3.

[99] Aufgabe der Trennung der Gruppen von Arbeitnehmern und Angestellten durch das Gesetz zur Reform des Betriebsverfassungsgesetz vom 23. 7. 2001, BGBl I 2001 S. 1852.

[100] Erfurter Komm/*Oetker* MitbestG § 21 Rn. 4.

[101] Ulmer/Habersack/Henssler, Mitbestimmungsgesetz *Henssler* MitbestG § 15 Rn. 4.

[102] Ulmer/Habersack/Henssler, Mitbestimmungsgesetz *Henssler* MitbestG § 15 Rn. 118.

schlag gemacht wurde, § 15 Abs. 3 Satz 1 MitbestG. Die Delegierten stimmen dann nicht für eine Liste sondern für die jeweiligen Bewerber (Personenwahl).[103]

40 § 22 MitbestG regelt die **Anfechtung** der Wahl der Aufsichtsratsmitglieder und nennt in Abs. 1 Anfechtungsgründe, die mit denen nach § 11 DrittelbG übereinstimmen. **Anfechtungsberechtigt** ist eine bedeutend größere Zahl von Personen als nach dem DrittelbG. Gemäß § 22 Abs. 2 MitbestG sind dies drei wahlberechtigte Arbeitnehmer, der Gesamtbetriebsrat, der Gesamt- oder Unternehmenssprecherausschuss oder der Sprecherausschuss, der Konzernsprecherausschuss, der Betriebsrat, der Gesamt- oder Unternehmenssprecherausschuss eines anderen Unternehmens, dessen Arbeitnehmer an der Aufsichtsratswahl teilnehmen, der Konzernbetriebsrat, der Gesamtbetriebsrat eines anderen Unternehmens in den Fällen der Zurechnung nach §§ 4, 5 MitbestG, jede im Unternehmen vertretene, vorschlagsberechtigte Gewerkschaft und das zur gesetzlichen Vertretung des Unternehmens befugte Organ. Die **Anfechtungsfrist** beträgt zwei Wochen und beginnt mit der Veröffentlichung des Wahlergebnisses im elektronischen Bundesanzeiger. Für das Anfechtungsverfahren ist das Arbeitsgericht zuständig, es entscheidet im Wege des Beschlussverfahrens, § 2a Abs. 1 Nr. 3 ArbGG.

E. Erlöschen des Amts

41 Das Aufsichtsratsmandat eines Arbeitnehmervertreters kann durch verschiedene Faktoren beeinflusst und beendet werden.

I. DrittelbG

Nachfolgend werden zunächst einige Faktoren dargestellt, die das Erlöschen des Aufsichtsratsmandats eines Arbeitnehmervertreters im drittelparitätisch besetzten Aufsichtsrat zur Folge haben können.

1. Ausscheiden aus dem Unternehmen/Konzernverbund

42 Das Amt eines Arbeitnehmervertreters im Aufsichtsrat kann enden, wenn dieser nicht mehr über die persönlichen Wählbarkeitsvoraussetzungen verfügt.[104] Ursache für den Verlust der Wählbarkeitsvoraussetzungen kann etwa das Ausscheiden eines Unternehmens aus einem Konzernverbund sein. Sitzt ein Arbeitnehmervertreter im Aufsichtsrat der Konzernspitze und scheidet dessen Arbeitgeber aus dem Konzernverbund aus, so gehört der Arbeitnehmervertreter nicht mehr dem Konzern an. Nach § 4 Abs. 2 Satz 1 DrittelbG müssen aber Arbeitnehmervertreter in Aufsichtsräten, die mit drei oder sechs Mitgliedern besetzt sind, zwingend im Unternehmen/Konzern beschäftigt sein. Der betreffende Arbeitnehmervertreter hat damit seine persönliche Wählbarkeitsvoraussetzung verloren. Er könnte dem Aufsichtsrat nur noch als nicht konzernangehöriger Arbeitnehmervertreter angehören.[105] Dies ist lediglich in Aufsichtsräten ab neun Mitgliedern möglich, § 4 Abs. 2 Satz 2 DrittelbG. Entsprechendes gilt im Falle des Ausscheidens aus dem Unternehmen.

2. Änderungen innerhalb der Gesellschaft

43 Löst sich eine Gesellschaft auf, für die ein Aufsichtsrat bestand, so endet auch das Amt der Aufsichtsratsmitglieder.[106] Ändert eine Gesellschaft ihre Rechtsform, Beschäftigtenzahl oder ihren Unternehmenszweck und beeinflussen diese Vorgänge das Mitbestimmungsstatut dergestalt, dass die Gesellschaft nach der Änderung keiner oder einer an-

---

[103] Ulmer/Habersack/Henssler, Mitbestimmungsgesetz *Henssler* MitbestG § 15 Rn. 106.
[104] *Haase* NZA 2004, 1138.
[105] Ulmer/Habersack/Henssler, Mitbestimmungsrecht *Habersack* DrittelbG § 12 Rn. 17.
[106] Erfurter Komm/*Oetker* DrittelbG § 12 Rn. 10.

deren Mitbestimmungsform unterliegt, so ist das **Statusverfahren** nach § 97 AktG einzuleiten.[107] Das Amt der Aufsichtsratsmitglieder erlischt spätestens mit Ablauf von sechs Monaten nach der Bekanntgabe des Vorstands über die Zusammensetzung des Aufsichtsrats oder nach Rechtskraft einer gerichtlichen Entscheidung.[108]

Das Mitbestimmungsstatut einer Gesellschaft kann trotz auftretender Veränderungen in bestimmten Fällen auch beibehalten werden. Zum einen sieht das **MitbestBeiG**[109] in § 1 für die grenzüberschreitende Einbringung von Gesellschaftsanteilen, Betrieben oder Teilbetrieben die **Aufrechterhaltung des konkreten Mitbestimmungsstatuts** der Gesellschaft vor, wenn es aufgrund der Einbringung zu Änderungen im Mitbestimmungsstatut kommen würde.[110] Die Aufrechterhaltung der Mitbestimmung endet allerdings, wenn ein Ausnahmetatbestand des § 2 MitbestBeiG eingreift oder wenn die Mitbestimmungsvoraussetzungen aufgrund zusätzlicher Faktoren, wie zB. einem Formwechsel entfallen. Zum anderen sieht **§ 325 UmwG**[111] unter bestimmten Voraussetzungen die auf fünf Jahre **befristete Beibehaltung** der Mitbestimmung beim übertragenden Rechtsträger vor. Dies ist dann der Fall, wenn durch eine Abspaltung oder Ausgliederung gemäß § 123 Abs. 2 und 3 UmwG die Mitbestimmungsvoraussetzungen beim übertragenden Rechtsträger entfallen. Zu einer Aufrechterhaltung der Mitbestimmung kommt es jedoch nicht, wenn die Mitbestimmungsvorschriften eine Mindestzahl an beschäftigten Arbeitnehmern voraussetzen und die Zahl der Arbeitnehmer des übertragenden Rechtsträgers auf weniger als ein Viertel dieser Mindestzahl sinkt, im Fall der Mitbestimmung nach dem DrittelbG damit auf unter 125 Arbeitnehmer. 44

3. Amtsniederlegung

Ein Aufsichtsratsmitglied kann sein Amt auch selbst vorzeitig durch Erklärung gegenüber dem Aufsichtsratsvorsitzenden oder dem gesetzlichen Vertreter der Gesellschaft niederlegen. Die Erklärung ist bindend, sie ist nicht anfechtbar und auch nicht widerruflich.[112] 45

4. Wegfall der Wählbarkeitsvoraussetzungen

Entfallen bei einem Arbeitnehmervertreter dessen Wählbarkeitsvoraussetzungen, so verliert er sein Amt im Aufsichtsrat.[113] So geht beispielsweise durch die Beendigung des Arbeitsverhältnisses eines Arbeitnehmervertreters dessen Wählbarkeitsvoraussetzung nach § 4 Abs. 2 DrittelbG verloren. Das Amt eines Arbeitnehmervertreters endet auch, falls dieser im Laufe seiner Amtszeit leitender Angestellter wird.[114] Dies gilt dann nicht, wenn der Aufsichtsrat aus mehr unternehmensangehörigen Vertretern besteht, als es das DrittelbG in § 4 fordert. Der Amtsverlust tritt also nur ein, wenn nicht mehr gewährleistet ist, dass dem Aufsichtsrat genügend Arbeitnehmervertreter angehören.[115] 46

5. Ablauf der Amtszeit

Die Arbeitnehmervertreter werden nach § 5 Abs. 1 DrittelbG für die Amtszeit gewählt, die das Gesetz oder die **Gesellschaftssatzung** bestimmt. Die **gesetzliche Amtszeit** 47

---

[107] Ulmer/Habersack/Henssler, Mitbestimmungsrecht *Habersack* DrittelbG § 12 Rn. 14.
[108] Auf das Statusverfahren wird unten unter: G. I.1. noch genauer eingegangen.
[109] Gesetz zur Beibehaltung der Mitbestimmung beim Austausch von Anteilen und der Einbringung von Unternehmensanteilen, die Gesellschaften verschiedener Mitgliedstaaten der Europäischen Union betreffen (Mitbestimmungs-Beibehaltungsgesetz) vom 23. 8. 1994 BGBl I 1994, 228.
[110] Ulmer/Habersack/Henssler, Mitbestimmungsrecht *Ulmer/Habersack* MitbestG § 1 Rn. 46, 47.
[111] Umwandlungsgesetz.
[112] Erfurter Komm/*Oetker* DrittelbG § 12 Rn. 11.
[113] BAG Beschl. vom 25. 10. 2000 – 7 ABR 18/00 = DB 2001, 706 f.
[114] Erfurter Komm/Oetker DrittelbG § 12 Rn. 12.
[115] Erfurter Komm/*Oetker* DrittelbG § 12 Rn. 14.

endet gemäß § 102 Abs. 1 AktG mit der Beendigung der Hauptversammlung, die über die Entlastung des Aufsichtsrats für das vierte Geschäftsjahr seit Beginn der Amtszeit beschließt. Die Satzung der Gesellschaft kann aber auch eine kürzere Amtszeit vorsehen.[116]

6. Abberufung

48 Die Abberufung von Aufsichtsratsmitgliedern der Arbeitnehmer regelt § 12 DrittelbG. Das Abberufungsverfahren wird durch die §§ 32 bis 41 der WODrittelbG geregelt und verläuft weitgehend spiegelbildlich zum Wahlverfahren.

Die **Wahlberechtigten,** § 5 Abs. 2 DrittelbG, können einen Arbeitnehmervertreter des Aufsichtsrats abberufen. Somit korrespondiert das Recht, das Abberufungsverfahren einzuleiten, mit dem Recht, Wahlvorschläge zu machen.[117] Eines Abberufungsgrundes bedarf es im Gegensatz zur ebenfalls möglichen Abberufung nach § 103 Abs. 3 AktG nicht.[118] Letztere ist nur aus **wichtigem Grund** möglich und setzt eine schwerwiegende Verletzung gesetzlicher Pflichten eines Aufsichtsratsmitglieds voraus.[119] Abberufen werden können einzelne Aufsichtsrats- und Ersatzmitglieder. Sollen gleich mehrere Aufsichtsratsmitglieder der Arbeitnehmervertreter abberufen werden, muss der Mehrheitsbeschluss für alle Mitglieder vorliegen. Das Abberufungsverfahren wird durch schriftlichen Antrag beim Betriebsrat, Gesamtbetriebsrat oder Konzernbetriebsrat eröffnet, je nachdem welches Gremium im konkreten Fall die höchste betriebsverfassungsrechtliche Vertretungsebene ist.[120] **Antragsberechtigt** sind der Betriebsrat, sowie ein Fünftel der wahlberechtigten Arbeitnehmer. Ein Abberufungsantrag hat dann Erfolg, wenn er durch einen entsprechenden Beschluss der Wahlberechtigten bestätigt wird. Der Beschluss bedarf einer Dreiviertelmehrheit der abgegebenen Stimmen, § 12 Abs. 1 S. 2 DrittelbG. Nach Mitteilung des Abstimmungsergebnisses durch den Wahlvorstand an das abberufene Aufsichtsratmitglied endet dessen Amt im Aufsichtsrat (§§ 37 Abs. 2 i. V. m. 21 Abs. 2 WODrittelbG).[121] Die Bekanntmachung des Abstimmungsergebnisses erfolgt nach § 106 AktG.

II. MitbestG (1976)

Auch im Bereich des MitbestG gibt es Faktoren, die das Erlöschen des Aufsichtsratsmandats eines Arbeitnehmervertreters zur Folge haben können.

1. Ausscheiden aus dem Unternehmen/Konzernverbund

49 Scheidet ein Betrieb aus dem Unternehmen oder ein abhängiges Unternehmen aus dem Konzernverbund aus, dann besteht wie nach DrittelbG ebenfalls die Möglichkeit, dass das Amt eines Arbeitnehmervertreters endet, weil dessen **Wählbarkeitsvoraussetzung** (Unternehmenszugehörigkeit) nach § 7 Abs. 3 MitbestG entfallen ist.

2. Amtsniederlegung

50 Ein Aufsichtsratsmitglied kann sein Amt auch selbst vorzeitig durch Erklärung gegenüber dem Aufsichtsratsvorsitzenden oder dem gesetzlichen Vertreter der Gesellschaft niederlegen. Es bestehen keine Besonderheiten im Vergleich zu dem (Rn. 45) im Rahmen des DrittelbG gesagten.

---

[116] Erfurter Komm/*Oetker* DrittelbG § 5 Rn. 12.

[117] Freis/Kleinefeld/Kleinsorge/Voigt, DrittelbG Rn. 141.

[118] Wlotzke/Wißmann/Koberski/Kleinsorge, Mitbestimmungsrecht *Kleinsorge* § 12 DrittelbG Rn. 34.

[119] Freis/Kleinefeld/Kleinsorge/Voigt, DrittelbG Rn. 143.

[120] Ulmer/Habersack/Henssler, Mitbestimmungsrecht *Henssler* DrittelbG § 12 Rn. 6.

[121] Erfurter Komm/*Oetker* DrittelbG § 12 Rn. 8.

3. Wegfall der Wählbarkeitsvoraussetzungen

§ 24 Abs. 1 MitbestG regelt, dass der Verlust der Wählbarkeitsvoraussetzungen bei den notwendig unternehmensangehörigen Arbeitnehmervertretern den **Verlust des Aufsichtsratsamts** nach sich zieht. § 24 Abs. 2 MitbestG bestimmt, dass die Änderung der Gruppenzugehörigkeit das Aufsichtsratsmandat nicht beeinflusst. Der Wegfall der Wählbarkeitsvoraussetzungen für die von den Gewerkschaften vorgeschlagenen Arbeitnehmervertreter ist nicht im MitbestG geregelt. Bei ihnen führt der Verlust der allgemeinen aktienrechtlichen Wählbarkeitsvoraussetzungen zum Verlust des Aufsichtsratsmandats.[122] 51

4. Ablauf der Amtszeit

Die Amtszeit der Arbeitnehmervertreter im Aufsichtsrat entspricht derjenigen, die im Gesetz oder im Gesellschaftsvertrag für die Vertreter der Anteilseigner bestimmt ist, § 15 Abs. 1 S. 1 MitbestG. Alle Aufsichtsratsmitglieder haben damit eine **einheitliche Amtszeit,** § 102 Abs. 1 AktG. Sie endet mit der Beendigung der Hauptversammlung, die über die Entlastung des Aufsichtsrats für das vierte Geschäftsjahr seit Beginn der Amtszeit beschließt. Durch Satzung kann für die Amtszeit der Arbeitnehmervertreter keine abweichende Regelung getroffen werden. § 15 Abs. 1 S. 1 MitbestG ist eine zwingende Vorschrift.[123] 52

5. Abberufung

Die Abberufung eines Arbeitnehmervertreters setzt eine **doppelte Dreiviertelmehrheit** des Gremiums voraus, welches das Aufsichtsratsmitglied gewählt hat.[124] Es ist zunächst eine Dreiviertelmehrheit der Antragsberechtigten für einen zulässigen Antrag nötig und in der Folge auch eine Dreiviertelmehrheit für den Abberufungsbeschluss, § 23 Abs. 1 bis 3 MitbestG. Dabei unterscheidet § 23 MitbestG die Antragsberechtigten danach, ob ein Aufsichtsratsmitglied der Arbeitnehmer, der leitenden Angestellten oder ein Gewerkschaftsvertreter abberufen werden soll sowie danach, ob das Aufsichtsratsmitglied durch Delegierte gewählt wurde. Eines Abberufungsgrundes bedarf es wiederum nicht.[125] Die aktienrechtliche Abberufung aus wichtigem Grund gemäß § 103 Abs. 3 AktG bleibt daneben unberührt. Das mitbestimmungsrechtliche Abberufungsverfahren ist auch hier das Spiegelbild der Wahl.[126] 53

F. Übersichten – Innere Ordnung, Rechte und Pflichten des Aufsichtsrats

Nachfolgend werden die innere Ordnung sowie die wichtigsten Rechte und Pflichten des Aufsichtsrats einer mitbestimmten AG denen eines Aufsichtsrats einer mitbestimmten GmbH gegenübergestellt. Zu unterscheiden ist dabei wiederum zwischen drittelparitätisch mitbestimmten Unternehmen und solchen, die dem MitbestG (1976) unterfallen:

---

[122] Ulmer/Habersack/Henssler, Mitbestimmungsrecht MitbestG *Henssler* § 24 Rn. 4.

[123] Ulmer/Habersack/Henssler, Mitbestimmungsrecht MitbestG *Henssler* § 15 Rn. 124.

[124] Ulmer/Habersack/Henssler, Mitbestimmungsrecht MitbestG *Henssler* § 23 Rn. 1; Erfurter Komm/*Oetker* MitbestG § 23 Rn. 1.

[125] Ulmer/Habersack/Henssler, Mitbestimmungsrecht MitbestG *Henssler* § 23 Rn. 1.

[126] Die Einzelheiten des Abberufungsverfahren regeln die §§ 82 bis 91 WO 1 und §§ 108 bis 113 WO 2, 3.

I. DrittelbG

54

AG – nach DrittelbG[127]	GmbH – nach DrittelbG[128]
Innere Ordnung des Aufsichtsrats	
Wahl des Aufsichtsratsvorsitzenden und des Stellvertreters gemäß § 107 Abs. 1 AktG.	§ 107 Abs. 1 AktG ist auf die GmbH anwendbar. Insbesondere existiert im DrittelbG keine Vorschrift entsprechend § 27 Abs. 2 MitbestG, wonach die Arbeitnehmervertreter im zweiten Wahlgang den stellvertretenden Aufsichtsratsvorsitzenden wählen.
Bildung eines Personalausschusses gemäß § 107 Abs. 3 Satz 1 AktG möglich; drittelparitätische Besetzung zwingend.	dito
Einberufung des Aufsichtsrats gemäß § 110 AktG.	dito
Rechte und Pflichten des Aufsichtsrats	
Bestellung und Abberufung von Vorstandsmitgliedern gemäß § 84 AktG.	§ 84 AktG ist nicht auf die GmbH anwendbar. Die Zuständigkeit zur Bestellung und Abberufung der Geschäftsführer verbleibt bei der Gesellschafterversammlung, § 46 Nr. 5 GmbHG.
Informationsrechte gemäß § 90 Abs. 1 bis 5 AktG.	Lediglich § 90 Abs. 1 und Abs. 2 AktG sind nicht auf die GmbH anwendbar.
Überwachung der Geschäftsführung gemäß § 111 Abs. 1 AktG.	§ 111 Abs. 1 AktG ist auf die GmbH anwendbar. Jedoch ist die Unterscheidung zwischen Geschäftsführern und Gesellschaftern wichtig. Der Aufsichtsrat muss zwar die Geschäftsführer überwachen, die Grundlagenkompetenz und das Weisungsrecht der Gesellschafter werden durch das DrittelbG allerdings nicht eingeschränkt.[129]
Festlegung zustimmungspflichtiger Geschäfte gemäß § 111 Abs. 4 AktG.	dito
Vertretung des Gesellschaft gegenüber dem Vorstand gemäß § 112 AktG.	dito
Feststellung des Jahresabschlusses gemäß § 172 AktG.	§ 172 AktG ist auf die GmbH nicht anwendbar. Dem Aufsichtsrat kommt nur ein Prüfungsrecht zu, § 171 AktG. Für die Feststellung des Jahresabschlusses ist die Gesellschafterversammlung zuständig, § 46 Nr. 1 GmbHG.
Sorgfaltspflicht und Verantwortlichkeit gemäß § 116 AktG.	dito

[127] Maßgeblich sind die Regelungen des AktG.
[128] Über § 1 Abs. 1 Nr. 3 DrittelbG gelten nur einzelne Vorschriften des AktG.
[129] Ulmer/Habersack/Henssler, Mitbestimmungsrecht DrittelbG *Habersack* § 1 Rn. 35.

II. MitbestG (1976)

AG – nach MitbestG[130]	GmbH – nach MitbestG[131]
Innere Ordnung des Aufsichtsrats	
Wahl des Aufsichtsratsvorsitzenden und des Stellvertreters gemäß § 27 Abs. 1 MitbestG.	dito
Bildung eines Vermittlungsausschusses gemäß § 27 Abs. 3 MitbestG.	dito
Doppelstimmrecht des Aufsichtsratsvorsitzenden gemäß § 29 Abs. 2 MitbestG.	dito
Bildung eines Personalausschusses gemäß § 107 Abs. 3 Satz 1 AktG; Entscheidung über dessen Besetzung erfolgt nach § 29 MitbestG.	dito
Einberufung des Aufsichtsrats gemäß § 110 AktG.	dito
Rechte und Pflichten des Aufsichtsrats	
Bestellung und Abberufung von Vorstandsmitgliedern gemäß § 31 MitbestG.	Bestellung und Abberufung der Geschäftsführer ebenfalls nach § 31 MitbestG. Das MitbestG verschiebt die Zuständigkeit damit von der Gesellschafterversammlung hin zum Aufsichtsrat.
Informationsrechte gemäß § 90 Abs. 1 bis 5 AktG.	Lediglich § 90 Abs. 1 und Abs. 2 AktG sind nicht auf die GmbH anwendbar.
Überwachung der Geschäftsführung gemäß § 111 Abs. 1 AktG.	§ 111 Abs. 1 AktG ist auf die GmbH anwendbar. Jedoch ist die Unterscheidung zwischen Geschäftsführern und Gesellschaftern wichtig. Der Aufsichtsrat darf die Geschäftsführer überwachen, er darf aber die Kompetenzen der Gesellschafter nach § 46 Nr. 6 GmbHG nicht einschränken.
Festlegung zustimmungspflichtiger Geschäfte gemäß § 111 Abs. 4 AktG.	dito
Vertretung des Gesellschaft gegenüber dem Vorstand gemäß § 112 AktG.	dito
Feststellung des Jahresabschlusses gemäß § 172 AktG.	§ 172 AktG ist auf die GmbH nicht anwendbar. Dem Aufsichtsrat kommt nur ein Prüfungsrecht zu, § 171 AktG. Für die Feststellung des Jahresabschlusses ist die Gesellschafterversammlung zuständig, § 46 Nr. 1 GmbHG.

55

[130] Maßgeblich sind die Regelungen des AktG und zusätzlich die §§ 27 bis 29, 31, 32 MitbestG.

[131] Maßgeblich sind die §§ 27 bis 29, 31, 32 MitbestG und über § 25 Abs. 1 Nr. 2 MitbestG gelten einzelne Vorschriften des AktG.

AG – nach MitbestG	GmbH – nach MitbestG
Rechte und Pflichten des Aufsichtsrats	
Sorgfaltspflicht und Verantwortlichkeit der Aufsichtsratsmitglieder gemäß § 116 i. V. m. § 93 AktG.	dito
Bestellung eines Arbeitsdirektors, § 33 MitbestG im Verfahren nach § 31 MitbestG.	dito

III. Sonderproblematik: Beratungsverträge mit Aufsichtsratsmitgliedern

56 Beratungsverträge mit Mitgliedern des Aufsichtsrats bedürfen grundsätzlich der Zustimmung oder nachträglichen Genehmigung des Aufsichtsrats gemäß § 114 AktG. Dieser soll so kontrollieren können, ob in dem Beratungsvertrag nicht etwa eine verdeckte Sonderzuwendung unter Umgehung der Hauptversammlung liegt. Der BGH hat mehrere solcher **Beratungsverträge** für **nichtig** und damit nicht genehmigungsfähig **erklärt,** weil der Gegenstand der jeweiligen Beratungsverträge nicht klar vom allgemeinen Aufgabenbereich eines Aufsichtsratsmitglieds abgegrenzt war.[132] Hintergrund ist, dass Aufsichtsratsmitglieder die Erbringung ihrer organschaftlichen Pflichten ohnehin schulden und dafür nicht auch noch Sonderzuwendungen erhalten sollen. Der Beratungsvertrag mit einem Aufsichtsratsmitglied darf demnach nicht allgemein gefasst sein, er muss vielmehr die geschuldete Beraterleistung genau beschreiben.[133] Der BGH erachtet Verträge mit Aufsichtsratsmitgliedern nur dann für genehmigungsfähig, wenn die Beratungsdienste Fragen eines besonderen Fachgebiets betreffen und eine gewisse „Beratungstiefe" erfordern.[134] Diese Rechtsprechung gilt auch für den Aufsichtsrat einer nach dem DrittelbG oder MitbestG mitbestimmten GmbH.

G. Fehlerhaft besetzter Aufsichtsrat

Entspricht die Zusammensetzung eines Aufsichtsrats aufgrund der Entwicklungen im Unternehmen nicht den gesetzlichen Vorgaben, so ist dieser fehlerhaft besetzt. Welcher Handlungsbedarf dann besteht wird nachfolgend dargestellt:

I. DrittelbG

Es muss insbesondere geklärt werden, in welchem Verfahren die Zusammensetzung des Aufsichtsrats geändert werden muss, ob bereits gefasste Beschlüsse des Aufsichtsrats wirksam sind und ob bestimmte Personen für die Folgen einer fehlerhaften Besetzung des Aufsichtsrats einstehen müssen.

1. Statusverfahren

57 Die Zusammensetzung des Aufsichtsrats muss geändert werden, wenn sie den gesetzlichen Vorgaben nicht oder nicht mehr entspricht. Die aufgrund der Veränderungen sodann maßgeblichen gesetzlichen Vorschriften finden nicht „automatisch" Anwendung. Es muss ein Statusverfahrens durchgeführt werden. Dieses wird gemäß § 97 Abs. 1 AktG

[132] BGH Urteil vom 2. 4. 2007 – II ZR 325/05 = DB 2007, 1296; BGH Urteil vom 3. 7. 2006 – II ZR 151/04 = DB 2006, 1834; BGH Urteil vom 20. 11. 2006 – II ZR 279/04 = DB 2007, 46.

[133] Ein Beratungs-Rahmenvertrag für die anwaltliche Beratung in sämtlichen Angelegenheiten der Gesellschaft wurde vom BGH als zu unbestimmt bezeichnet: BGH Urteil vom 2. 4. 2007 – II ZR 325/05 = DB 2007, 1296.

[134] Aktuelle Übersicht zur BGH-Rechtsprechung bei: *Weiss* BB 2007, 1853 ff.

durch das gesetzliche Vertretungsorgan der Gesellschaft oder durch einen Antrag bei Gericht (§ 98 Abs. 1 AktG) eingeleitet. Steigt zum Beispiel in einem Unternehmen die Arbeitnehmerzahl auf über 2000 an und ist daher das MitbestG anwendbar, so entspricht die Besetzung des Aufsichtsrats nach dem DrittelbG nicht mehr den gesetzlichen Vorschriften und die Durchführung eines Statusverfahren wird notwendig. Den **gesetzlichen Vorschriften** entspricht der Aufsichtsrat zum Beispiel auch dann nicht mehr, wenn die Anzahl der beschäftigten Arbeitnehmer eines Unternehmens auf unter 2000 oder unter 500 fällt.

a) **Bekanntmachung des Vorstands § 97 AktG.** Ist der Vorstand der Ansicht, dass der 58
Aufsichtsrat nicht nach den gesetzlichen Vorschriften zusammengesetzt ist, so muss er dies gemäß § 97 AktG unverzüglich in den Gesellschaftsblättern und durch Aushang in sämtlichen Betrieben der Gesellschaft und der Konzernunternehmen bekannt machen. Der Vorstand muss auch bekannt geben, wie der Aufsichtsrat seiner Meinung nach korrekt zu besetzen ist.[135] Wird nach dieser Bekanntgabe nicht innerhalb eines Monats das Landgericht angerufen, (§§ 98 Abs. 1, 97 Abs. 2 AktG) so gilt die vom Vorstand bekannt gegebene Besetzung des Aufsichtsrats als maßgebend und es erfolgen die entsprechenden Wahlen. Wird das Gericht rechtzeitig angerufen, gilt die Zusammensetzung des Aufsichtsrats nach den bisher angewandten Vorschriften bis zu einer rechtskräftigen Entscheidung des Gerichts weiter.

b) **Gerichtsverfahren §§ 98, 99 AktG.** Beim zuständigen Gericht kann auch unabhän- 59
gig von einer Bekanntmachung nach § 97 AktG jederzeit die Feststellung beantragt werden, nach welchen Vorschriften der Aufsichtsrat zu besetzen ist. Ausschließlich zuständig ist das Landgericht in dessen Bezirk die Gesellschaft ihren Sitz hat, § 98 Abs. 1 AktG. Ist bei diesem eine Kammer für Handelssachen gebildet, so ist diese funktional zuständig. Einige Bundesländer haben durch Rechtsverordnung die örtliche Zuständigkeit bestimmten Landgerichten übertragen.[136] Wer antragsberechtigt ist regelt § 98 Abs. 2 AktG. Das Landgericht muss den Antrag in den Gesellschaftsblättern bekanntmachen, § 99 Abs. 2 AktG. Es muss im Verfahren den Vorstand, jedes Aufsichtsratsmitglied sowie die antragsberechtigten Betriebsräte, Sprecherausschüsse, Spitzenorganisationen und Gewerkschaften anhören. Kommt das Gericht zu dem Ergebnis, dass die bisherige Besetzung des Aufsichtsrats nicht den gesetzlichen Vorschriften entspricht, stellt es dies fest und bestimmt nach welchen Vorschriften dieser zu besetzen ist. Die Amtszeit des falsch besetzten Aufsichtsrats endet mit der Beendigung der ersten Hauptversammlung nach Eintreten der Rechtskraft des Urteils, spätestens jedoch sechs Monate danach, §§ 98 Abs. 4, 97 Abs. 2 AktG. In der Zwischenzeit müssen die entsprechenden Wahlen durchgeführt werden.

2. Wirksamkeit von Beschlüssen

Die §§ 241 ff. AktG regeln die Frage, wann Hauptversammlungsbeschlüsse nichtig 60
sind. Diese Normen finden jedoch keine entsprechende Anwendung bei der Bewertung von Aufsichtsratsbeschlüssen.[137] Die Rechtsprechung geht vielmehr davon aus, dass fehlerhafte Beschlüsse des Aufsichtsrats **nichtig** sind. Die Nichtigkeit eines Aufsichtsratsbeschlusses muss im Wege der **Feststellungsklage** gegen die Gesellschaft geltend gemacht werden. Aus Gründen der Rechtssicherheit und um die Nichtigkeitsfolge etwas zurückzudrängen, begrenzt die Rechtsprechung den Kreis der zur Geltendmachung der Beschlussmängel berechtigten Personen und wendet bei der Geltendmachung minderschwerer Mängel das Rechtsinstitut der Verwirkung an.[138] Mitglieder des Aufsichtsrats

[135] *Köstler/Zachert/Müller*, Aufsichtsratspraxis Rn. 294.

[136] Baden –Württemberg: Landgerichte Mannheim und Stuttgart; Bayern: Landgericht München I und Nürnberg-Fürth; Hessen: Landgericht Frankfurt am Main; Niedersachsen: Landgericht Hannover; Nordrhein-Westfalen: Landgerichte Dortmund, Düsseldorf und Köln; Sachsen: Landgericht Leipzig.

[137] BGH Urteil vom 17. 5. 1993 – II ZR 89/92 = BGHZ 122, 342 = DB 1993, 1609.

[138] Ulmer/Habersack/Henssler, Mitbestimmungsrecht *Ulmer/Habersack* MitbestG § 25 Rn. 37.

sind aufgrund ihrer Verantwortung für die Rechtmäßigkeit der Beschlüsse grundsätzlich befugt, die Wirksamkeit eines Aufsichtsratsbeschlusses im Wege einer Feststellungsklage überprüfen zu lassen.[139] Ihre Klagebefugnis kann bei minderschweren Mängeln verwirkt sein, wenn die Klage auf Feststellung der Nichtigkeit nicht „mit aller unter den jeweils gegebenen Verhältnissen zumutbaren Beschleunigung" erhoben wurde.[140] Minderschwere Mängel sind Verstöße gegen verzichtbare, lediglich der Sicherung der Teilhaberechte des einzelnen Aufsichtsratsmitglieds dienende Verfahrensvorschriften (zum Beispiel verspätete Ladung, Beschluss ohne Ankündigung in der Tagesordnung).[141] Beschlüsse, die gegen zwingende Vorschriften des Gesetzes oder der Satzung verstoßen, auf die die Aufsichtsratsmitglieder nicht verzichten können (etwa Vorschriften über die Beschlussfähigkeit, Zuständigkeit) stellen hingegen schwere Mängel dar. Sie können zeitlich unbeschränkt geltend gemacht werden.

61 Bei **Mängeln** in der Beschlussfassung gilt Folgendes: Wirken ausgeschiedene oder fälschlich bestellte Aufsichtsratsmitglieder an einem Beschluss mit, ist danach zu unterscheiden, ob die Stimmabgabe dieser Personen für das Zustandekommen des Beschlusses kausal war.[142] Wäre der Beschluss ohne die Stimmen der fälschlich bestellten Aufsichtsratsmitglieder nicht, oder nicht so gefasst worden, ist er nichtig. Der Beschluss ist hingegen wirksam, wenn der Aufsichtsrat beschlussfähig war und die erforderliche Mehrheit ohne die unbefugt mitwirkenden Personen ebenfalls zustande gekommen wäre.

3. Haftung von Geschäftsführern, Vorständen und Aufsichtsratsmitgliedern wegen fehlerhafter Besetzung

62 Aufsichtsratsmitglieder und Vorstände haben bei ihrer Geschäftsführung die Sorgfalt eines ordentlichen und gewissenhaften Geschäftsleiters bzw. Aufsichtsratsmitglieds anzuwenden, § 93 AktG, § 116 S. 1 AktG. Der Sorgfaltsmaßstab eines ordentlichen und gewissenhaften Geschäftsleiters gilt auch für den Geschäftsführer einer GmbH, § 43 GmbHG. Vorstands- und Aufsichtsratsmitglieder sowie Geschäftsführer haften bei Verletzung dieser Pflicht für einen daraus resultierenden Schaden gegenüber der Gesellschaft als Gesamtschuldner. Wird die fehlerhafte Besetzung des Aufsichtsrats von einem Vorstands- oder Aufsichtsratsmitglied oder einem Geschäftsführer erkannt, bleibt diese Person aber untätig, so liegt darin eine die Haftung gemäß § 93 Abs. 2 AktG, § 116 S. 1 AktG auslösende Pflichtverletzung, wenn der Gesellschaft daraus ein Schaden entsteht.[143] Ein solcher wird jedoch in Fällen der fehlerhaften Besetzung kaum darstellbar sein.

II. MitbestG (1976)

63 Bezüglich des Statusverfahrens, der Wirksamkeit von Beschlüssen und der Haftung der Geschäftsführer, Vorstände und Aufsichtsratsmitglieder gilt das zum DrittelbG (Rn. 57 ff.) Gesagte.

H. Möglichkeiten zur Vermeidung der Unternehmensmitbestimmung[144]

64 Die Möglichkeiten zur Vermeidung der Mitbestimmung im Aufsichtsrat eines Unternehmens sind vielfältig: An erster Stelle steht der **Wechsel** in eine **Rechtsform,** die nicht

---

[139] BGH Urteil vom 21. 4. 1997 – II ZR 175/95 = BGHZ 135, 244 = DB 1997, 244.
[140] BGH Urteil vom 17. 5. 1993 – II ZR 89/92 = BGHZ 122, 342 = DB 1993, 1609.
[141] BGH Urteil vom 17. 5. 1993 – II ZR 89/92 = BGHZ 122, 342 = DB 1993, 1609.
[142] BGH Urteil vom 17. 4. 1967 – II ZR 157/04 = BGHZ 47, 341.
[143] So jedenfalls: *Macht* MittBayNot 2004, 81, 93 aufgrund BGH Urteil vom 24. 6. 2002 – II ZR 296/01 = DB 2002, 1928.
[144] *Wisskirchen/Bissels/Dannhorn* DB 2007, 2258 ff.; *Rieble* BB 2006, 2018 ff.; *Henssler* RdA 2005, 330 ff.

den Mitbestimmungsgesetzen unterfällt, also vor allem der Wechsel in die Personengesellschaft, oder auch die Beibehaltung derselben. Gleichermaßen kommt der Wechsel in eine Rechtsform in Betracht, in welcher die Mitbestimmung ausverhandelt wird. Dies ist vor allem bei europäischen Sachverhalten, wie beispielsweise der SE der Fall. Schließlich kommt es für Unternehmen, die kurz vor Erreichen der Schwellenwerte stehen, in Betracht, weiteres Personal in Gesellschaften aufzubauen, deren Belegschaften nicht mitzählen. In der Praxis gilt es zu beachten, dass neben den mitbestimmungsrechtlichen Aspekten fast immer **erhebliche gesellschaftsrechtliche** und auch **steuerrechtliche** Überlegungen anzustellen sind. Die nachfolgende Übersicht gibt daher nur eine Orientierungshilfe:

Unternehmen > 500–2000 beschäftigte Arbeitnehmer (DrittelbG)	**Unternehmen > 2000 beschäftige Arbeitnehmer (MitbestG – 1976)**	
Kapitalgesellschaft & Co. KG[145]	**Kapitalgesellschaft & Co. KG**	
Voraussetzungen der Mitbestimmungsfreiheit: (1) Komplementärgesellschaft beschäftigt nicht mehr als 500 Arbeitnehmer. (2) Kommanditgesellschaft beschäftigt nicht mehr als 2000 Arbeitnehmer. Die KG wird als Personengesellschaft nicht vom Anwendungsbereich des DrittelbG erfasst. Es könnte nur über eine Zurechnung der Arbeitnehmer der KG auf die Komplementärgesellschaft zur Mitbestimmung kommen. Eine solche Zurechnungsnorm enthält das DrittelbG jedoch nicht.	Das MitbestG enthält in § 4 im Unterschied zum DrittelbG eine Zurechnungsnorm für die KG. Die Arbeitnehmer der KG werden danach der Komplementärgesellschaft zugerechnet. Die Zurechnung der Arbeitnehmer zur Komplementärgesellschaft und die Anwendbarkeit des MitbestG kann vermieden werden, wenn in der Kapitalgesellschaft & Co. KG keine parallele Willensbildung[146] möglich ist, weil keine Mehrheitsidentität zwischen KG und Kapitalgesellschaft besteht. Die Kommanditisten der KG dürfen folglich keine Mehrheit an der Komplementärgesellschaft haben. Dies lässt sich dadurch erreichen, dass ein konzernangehöriges Unternehmen die Mehrheit an der Komplementärgesellschaft hält, ohne Kommanditist der KG zu sein. Um auch die Zurechnung in Konzernverhältnissen gemäß § 5 MitbestG zu vermeiden, sollte das Unternehmen, das die Mehrheit an der Komplementärgesellschaft hält, eine Schwestergesellschaft der KG sein.[147]	65
Ausländische Kapitalgesellschaft & Co. KG		
Wird eine deutsche KG mit ausländischer Komplementärgesellschaft (zB. einer britischen Limited, einer liechtensteiner, schweizer oder österreichischen GmbH) gegründet, so kommt es nicht zu einer Zurechnung der Arbeitnehmer der KG zur ausländischen Komplementärgesellschaft. Das DrittelbG enthält keine entsprechende Zurechnungsnorm und § 4 MitbestG knüpft an die in § 1 Abs. 1 MitbestG aufgeführten deutschen Kapitalgesellschaften als Zurechnungsobjekt an. Somit kann jedenfalls		66

[145] *Wisskirchen/Bissels/Dannhorn* DB 2007, 2260.
[146] Siehe oben: [B, II, 3, b).].
[147] So: *Wisskirchen/Bissels/Dannhorn* DB 2007, 2260.

nach der gegenwärtigen Rechtslage durch die Gründung einer ausländischen Kapitalgesellschaft & Co. KG die Mitbestimmung auf Unternehmensebene vermieden werden.[148]

Ausländische Konzernspitze (Holding)

67 Die Konzernzurechnung setzt sowohl nach § 2 Abs. 2 DrittelbG als auch nach § 5 MitbestG eine inländische Konzernspitze als Zurechnungsobjekt voraus. Die Mitbestimmung im Aufsichtsrat des herrschenden Unternehmens kann daher durch die Gründung einer ausländischen Holdinggesellschaft als Konzernspitze vermieden werden. In den Tochterunternehmen wird die Mitbestimmung vermieden, wenn diese jeweils nicht mehr als 500 Arbeitnehmer beschäftigen.[149] Diese Gestaltungsmöglichkeit lässt auch den deutschen Konzernbetriebsrat entfallen.[150] Es ist aber in jedem Einzelfall sorgfältig zu prüfen, ob in Deutschland nicht eine „heimliche" Zwischenkonzernspitze angesiedelt ist, bei der dann bei Vorliegen der sonstigen Voraussetzungen ein mitbestimmter Aufsichtsrat einzurichten wäre.

Stiftung als Unternehmensträger

68 Die Stiftung gemäß §§ 80ff. BGB fällt nicht in die Anwendungsbereiche der Mitbestimmungsgesetze; ihre Rechtsform wird weder in § 1 Abs. 1 DrittelbG, noch in § 1 Abs. 1 MitbestG genannt. Es ist muss daher kein mitbestimmter Aufsichtsrat gebildet werden.

Entsprechendes gilt für die Stiftung & Co. KG. Das DrittelbG kennt schon gar keine Zurechnungsnorm und das MitbestG verweist in § 4 Abs. 1 auf § 1 Abs. 1 MitbestG, der die Stiftung als von der Mitbestimmung erfasste Rechtsform jedoch nicht enthält.[151]

Nutzung ausländischer Gesellschaftsformen im Inland

69 Der EuGH hat mit seiner Rechtsprechung[152] den Weg dafür bereitet, dass Unternehmen im Inland ausländische Gesellschaftsformen nutzen können. Gesellschaften, die im EU-Ausland gegründet wurden, verlieren demnach ihre Rechtsform nicht, wenn sie ihren Sitz nach Deutschland verlegen. Aufgrund ihrer ausländischen Gesellschaftsform fallen sie jedoch nicht den Anwendungsbereichen der deutschen Mitbestimmungsgesetze, da diese ausländische Rechtsformen weder in § 1 Abs. 1 DrittelbG, noch in § 1 Abs. 1 MitbestG nennen. Allerdings besteht Unsicherheit dahingehend, ob der EuGH zukünftig entscheiden wird, dass ausländische Gesellschaften, die mehr als 500 oder mehr als 2000 Arbeitnehmer beschäftigen, möglicherweise in analoger Anwendung dem DrittelbG oder dem MitbestG unterfallen.[153]

Verlagerung des Personalaufbaus ins Ausland

70 Sowohl das DrittelbG als auch das MitbestG stellen bei der Berechnung der Schwellenwerte auf die Arbeitnehmer ab, die im Inland beschäftigt werden. Ein Unternehmen kann damit vermeiden in den Anwendungsbereich der Mitbestimmungsgesetze zu fallen, wenn es vor Erreichen der Schwellenwerte (i.d.R. mehr als 500 bzw. mehr als

[148] *Henssler* RdA 2005, 332.
[149] *Henssler* RdA 2005, 332.
[150] *Rieble* BB 2006, 2019.
[151] *Rieble* BB 2006, 2019; *Wisskirchen/ Bissels/Dannhorn* DB 2007, 2259.
[152] „Inspire Art" :EuGH Urteil vom 30. 9. 2003 – C 167/01 = DB 2003, 2219; „Überseering": EuGH Urteil vom 5. 11. 2002 – C 208/00 = DB 2002, 2425; „Centros", EuGH Urteil vom 9. 3. 1999 – C 212/97 = DB 1999, 625.
[153] *Wisskirchen/Bissels/Dannhorn* DB 2007, 2261.

2000 Arbeitnehmer) nur noch bei ausländischen Tochtergesellschaften, Betrieben oder unselbstständigen Niederlassungen Personal aufbaut.[154]

Beschäftigung von Leiharbeitnehmern

71 Sowohl das DrittelbG als auch das MitbestG stellen bei der Berechnung der Schwellenwerte auf die Anzahl der beschäftigten Arbeitnehmer ab. Leiharbeitnehmer zählen nach überwiegender Ansicht nicht als beschäftigte Arbeitnehmer im Sinn der Mitbestimmungsgesetze. Sie sind daher bei der Berechnung der Schwellenwerte grundsätzlich nicht zu berücksichtigen.[155] Allerdings kann etwas anderes gelten, wenn die Leiharbeitnehmer in das Unternehmen, in das sie entsandt worden sind, dauerhaft eingegliedert und damit von unternehmerischen Entscheidungen des Entleihers ebenso betroffen sein können wie die unternehmenseigenen Arbeitnehmer.[156] Höchstrichterliche Rechtsprechung zu dieser Frage existiert bisher jedoch keine. Es kann daher nicht mit letzter Sicherheit davon ausgegangen werden, dass ein Gericht Leiharbeitnehmer ausnahmslos bei der Berechnung der Schwellenwerte nicht mitzählt.

Gründung einer Holding – SE

72 Die SE ist ebenfalls nicht von den Anwendungsbereichen des DrittelbG und MitbestG erfasst. Für sie gelten in Bezug auf die Mitbestimmung ausschließlich die Regelungen des SEBG.[157] Die Mitbestimmung der Arbeitnehmer wird danach vorrangig im Wege von Verhandlungen vereinbart. Es gibt keine zwingende Organisationsverfassung wie nach deutschem Mitbestimmungsrecht. Eine SE ist auch als Vorratsgesellschaft ohne eine vorherige Durchführung des Arbeitnehmerbeteiligungsverfahrens eintragungsfähig, wenn die Gründungsgesellschaften der SE keine Arbeitnehmer beschäftigen und auch die zu gründende SE keine Arbeitnehmer beschäftigen wird.[158] Somit kann auch eine SE als Holding in eine Konzernstruktur eingebracht werden.[159] Es kommt dann zu keiner Zurechnung der konzernangehörigen Arbeitnehmer nach § 2 DrittelbG oder § 5 MitbestG. Die Mitbestimmung in den einzelnen Tochtergesellschaften richtet sich jedoch unabhängig davon nach den Vorschriften der deutschen Mitbestimmungsgesetze.

Grenzüberschreitende Verschmelzung

73 Das MgVG ermöglicht die grenzüberschreitende Verschmelzung von Kapitalgesellschaften in der EU. Durch die Verschmelzung eines mitbestimmten deutschen Unternehmens mit einer ausländischen Gesellschaft kann der deutsche Mitbestimmungsstandard nach und nach aufgehoben werden. Zunächst können die Leitungen der beteiligten Gesellschaften entscheiden, dass keine Verhandlungen über die Mitbestimmungsform geführt werden, sondern es unmittelbar zur Anwendung der Auffanglösung kommen soll, § 23 Abs. 1 Nr. 3 MgVG. Diese orientiert sich regelmäßig an der deutschen Mitbestimmung. Sodann kann diese, durch Verschmelzung entstandene ausländische Gesellschaft auf ein mitbestimmungsfreies ausländisches Unternehmen verschmolzen werden. In der neu entstandenen Gesellschaft hat der (deutsche) Mitbestimmungsstandard sodann nur drei Jahre Bestand. Nach Ablauf dieser drei Jahre richtet sich die Mitbestimmung ausschließlich nach den Vorschriften des nationalen Rechts, § 30 MgVG. Dieses sieht regelmäßig einen geringeren Mitbestimmungsstandard oder gar kein Recht der Arbeitnehmer zur Mitbestimmung auf Unternehmensebene vor.

[154] *Rieble* BB 2006, 2019; *Wisskirchen/Bissels/Dannhorn* DB 2007, 2260.
[155] *Rieble* BB 2006, 2019.
[156] Ulmer/Habersack/Henssler, Mitbestimmungsrecht *Henssler* MitbestG § 3 Rn. 31.
[157] Gesetz über die Beteiligung der Arbeitnehmer in einer Europäischen Gesellschaft.
[158] *Wisskirchen/Bissels/Dannhorn* DB 2007, 2262 m.w.N.
[159] Ausführlich: *Henssler* RdA 2005, 335.

§ 14 Corporate Compliance

Schrifttum: *Bachmann/Prüfer,* Korruptionsprävention und Corporate Governance, ZRP 2005, 109; *Bürkle,* Corporate Compliance als Standard guter Unternehmensführung des Deutschen Corporate Governance Kodex, BB 2007, 1797; *Bürkle,* Corporate Compliance – Pflicht oder Kür für den Vorstand der AG?, BB 2005, 565; *Campos Nave/Bonenberger,* Korruptionsaffären, Corporate Compliance und Sofortmaßnahmen für den Krisenfall, BB 2008, 734; *Fleischer,* Legal Transplants im deutschen Aktienrecht, NZG 2004, 1129; *Hauschka,* Compliance, Compliance-Manager, Compliance-Programme: Eine geeignete Reaktion auf gestiegene Haftungsrisiken für Unternehmen und Management?, NJW 2004, 257; *Hauschka,* Corporate Compliance – Handbuch der Haftungsvermeidung im Unternehmen, 2007; *Hauschka,* Ermessensentscheidungen bei der Unternehmensführung, GmbHR 2007, 11; *Hauschka/Greeve,* Compliance in der Korruptionsprävention – Was müssen, was sollen, was können die Unternehmen tun?, BB 2007, 165; *Kiethe,* Vermeidung der Haftung von geschäftsführenden Organen durch Corporate Compliance, GmbHR 2007, 393; *Klindt,* Nicht-börsliches Compliance-Management als zukünftige Aufgabe der Inhouse-Juristen, NJW 2006, 3399; *Kort,* Verhaltensstandardisierung durch Corporate Compliance, NZG 2008, 81; *Krieger/Schneider,* Handbuch Managerhaftung, 2007; *Lange*, Corporate Governance in Familienunternehmen, BB 2005, 2585; *Lösler,* Das moderne Verständnis von Compliance im Finanzmarktrecht, NZG 2005, 104; *Mengel/Hagemeister,* Compliance und Arbeitsrecht, BB 2006, 2466; *Pampel,* Die Bedeutung von Compliance-Programmen im Kartellordnungswidrigkeitenrecht, BB 2007, 1636; *Ringleb/Kremer/Lutter/von Werder,* Deutscher Corporate Governance Kodex, 3. Aufl. 2008; *Rodewald/Unger*, Corporate Compliance – Organisatorische Vorkehrungen zur Vermeidung von Haftungsfällen der Geschäftsleitung, BB 2006, 113; *Rodewald/Unger,* Kommunikation und Krisenmanagement im Gefüge der Corporate Compliance-Organisation, BB 2007, 1629; *Schneider,* Compliance als Aufgabe der Unternehmensleitung, ZIP 2003, 645; *Schneider/Schneider*, Konzern-Compliance als Aufgabe der Konzernleitung, ZIP 2007, 2061; *Schwung,* Corporate Governance/ Compliance und der Syndikusanwalt, AnwBl 2007, 14; *von Hehn/Hartung,* Unabhängige interne Untersuchungen in Unternehmen als Instrument guter Corporate Governance – auch in Europa?, DB 2006, 1909; *Wolf,* Corporate Compliance – ein neues Schlagwort? Ansatzpunkte zur Umsetzung der Compliance in der Finanzberichterstattung, DStR 2006, 1995.

A. Einführung

1 Unter *Corporate Compliance* versteht man eine präventiv wirkende und das Haftungsrisiko minimierende Unternehmensorganisation, die sich nicht auf einzelne Unternehmensbereiche beschränkt, sondern das gesamte Unternehmen erfasst. *Corporate Compliance* ist nicht nur ein Thema für börsennotierte Gesellschaften und Finanzdienstleistungsinstitute.[1] Angesichts der zunehmenden Regelungsdichte in allen Bereichen des wirtschaftlichen Lebens und laufend steigender Haftungsrisiken müssen Unternehmen jeder Größe ein Interesse an **Haftungsvermeidung** und **Risikominimierung** haben. Eine auf die Besonderheiten des jeweiligen Unternehmens zugeschnittene *Corporate Compliance* als **Ausdruck bestmöglicher Unternehmensorganisation** wird damit zunehmend unverzichtbar – auch für mittelständische Industrie- und Handelsunternehmen. Die **Sicherstellung rechtmäßigen Verhaltens im Unternehmen,** die Vermeidung von Haftungsfällen und der damit bewirkte Schutz des eigenen guten Rufs dienen dem wirtschaftlichen Interesse jedes Unternehmens und tragen zu einer nachhaltigen risiko- und wertorientierten, regelkonformen Unternehmensentwicklung bei.[2] *Corporate Compliance* ist daher auch für Familienunternehmen ein wichtiges Instrument für eine verantwortungsvolle Unternehmensführung. Sofern die *Compliance*-Maßnahmen an die

[1] Vgl. *Schneider* ZIP 2003, 645 (646).
[2] *Kort* NZG 2008, 81.

jeweilige Unternehmensgröße angepasst werden, wird der hierdurch entstehende Aufwand durch die Vorteile, die mit einer *Corporate Compliance*-Struktur erreicht werden können, regelmäßig aufgewogen.[3]

I. Entstehungsgeschichte

Corporate Compliance ist ein Rechtsimport aus dem anglo-amerikanischen Rechts- 2
kreis.[4] Der *Compliance*-Gedanke hat in Deutschland zunächst in verstreuten Einzelvorschriften einzelner Rechtsbereiche Fuß gefasst. Mittlerweile wird er für alle Rechtsgebiete diskutiert und hat in der Unternehmenspraxis eine immer größere Bedeutung erlangt.

1. Entwicklung in einzelnen Rechtsbereichen

Compliance-Programme haben sich in Deutschland zuerst im Kartellordnungswidrig- 3
keiten-, Kapitalmarkt- und Bankenaufsichtsrecht etabliert. Im **Kartellordnungswidrigkeitenrecht** sollen sie Verstöße gegen § 130 OWiG vermeiden.[5] Nach dieser Vorschrift liegt eine Ordnungswidrigkeit vor, wenn Aufsichtsmaßnahmen unterlassen werden, die im Unternehmen erforderlich sind, um bestimmte Rechtsverstöße zu vermeiden. Verzichtet die Unternehmensführung auf solche Aufsichtsmaßnahmen[6] drohen im Kartellrecht zum Teil sehr hohe Bußgelder;[7] das wirtschaftliche Risiko wird durch die in § 17 Abs. 4 OWiG vorgesehene Möglichkeit zur Gewinnabschöpfung weiter gesteigert. Eine weitere Entwicklungslinie von *Corporate Compliance* findet sich im **Kapitalmarktrecht:** Die Vorschriften des US-amerikanischen Sarbanes-Oxley Acts aus dem Jahr 2002 enthalten für Unternehmen, die an einer amerikanischen Börse notiert sind, Vorgaben für ein *Compliance*-Management.[8] Diese Entwicklung wurde zeitverzögert im europäischen und deutschen Kapitalmarktrecht nachvollzogen. So verpflichtet etwa § 33 Abs. 1 WpHG heute Wertpapierdienstleistungsunternehmen zur Einrichtung einer „dauerhaften und wirksamen *Compliance*-Funktion" einschließlich Maßnahmen zur Beseitigung und Vermeidung von Gesetzesverstößen.[9] Im **Banken- und Versicherungsaufsichtsrecht** enthalten § 25 a KWG, § 64 a VAG jeweils die Pflicht zur Einführung eines *Corporate-Compliance*-Systems. Auch die Pflicht, Datenschutz- und Arbeitssicherheitsbeauftragte einzusetzen, kann unter dem Gesichtspunkt einer *Corporate Compliance* gesehen werden. Ingesamt ist der *Compliance*-Gedanke allerdings bislang nur vereinzelt normativ verankert.

2. Aufnahme im Deutschen *Corporate Governance* Kodex

Der *Compliance*-Gedanke hat jedoch mittlerweile Eingang in den Deutschen *Corpo-* 4
rate Governance Kodex gefunden.[10] Nach Ziffer 4.1.3 des Kodex hat der Vorstand einer Aktiengesellschaft für die Einhaltung der gesetzlichen Bestimmungen und der unternehmensinternen Richtlinien zu sorgen und auf deren Beachtung durch die Konzernunternehmen hinzuwirken. Dies wird durch einen Klammerzusatz als „*Compliance*" definiert. Der Vorstand hat weiter gemäß Ziffer 3.4 des Kodex den Aufsichtsrat unter anderem

---

[3] Zum Kosten-Nutzen-Verhältnis einer *Corporate Compliance* vgl. *Campos Nave/Bonenberger* BB 2008, 734; *Hauschka* NJW 2004, 257 (260).

[4] Vgl. *Fleischer* NZG 2004, 1129 (1131).

[5] Zur Bedeutung von *Compliance*-Programmen im Kartellordnungswidrigkeitenrecht vgl. *Pampel* BB 2007, 1636.

[6] Das Ausmaß der Aufsichtspflicht ist im Gesetz nicht konkretisiert, hat aber durch die Kartellgerichte und die Praxis des Bundeskartellamtes eine Konkretisierung erfahren; vgl. hierzu *Pampel* BB 2007, 1636 m. w. N.

[7] Vgl. *Krieger/Schneider/Kremer/Klahold* § 28 Rn. 4.

[8] *Klindt* NJW 2006, 3399.

[9] Vgl. hierzu *Lösler* NZG 2005, 104.

[10] Deutscher *Corporate Governance* Kodex in der Fassung vom 14. 6. 2007; abrufbar unter http://www.corporate-governance-code.de.

über alle für das Unternehmen relevanten Fragen der *Compliance* zu informieren. Nach Ziffer 5.3.2 des Kodex soll der Aufsichtsrat einen Prüfungsausschuss einsetzen, der sich auch mit Fragen der *Compliance* zu befassen hat. In Bezug auf die *Compliance*-Organisation macht der Kodex jedoch keine konkreten Vorgaben; er enthält keine ausdrückliche Empfehlung für die Einrichtung eines *Compliance*-Systems.[11] Die Aufnahme des *Compliance*-Gedankens in den Kodex hat für alle Unternehmensformen Auswirkungen: Der Kodex gilt zwar zunächst für kapitalmarktorientierte Unternehmen, ihm wird jedoch zunehmend eine **„Ausstrahlungswirkung"** auf alle anderen Unternehmensformen, insbesondere auf die GmbH als Kapitalgesellschaft zugeschrieben.[12] Auch mittelständische Unternehmen müssen sich daher vor Augen führen, dass *Coporate Compliance* mittlerweile zum **Standard guter, verantwortungsvoller Unternehmensführung** zählt.[13]

3. Trend zu *Compliance*-Programmen

5 Der Trend zur Einführung von *Compliance*-Programmen ist unverkennbar.[14] Er ist vor allem auf die laufend steigende und vielfach nicht mehr zu überblickende Zahl gesetzlicher Ge- und Verbote, die zum Teil auch Pflichtenkollisionen mit sich bringen, zurückzuführen. Das Risiko für das Auftreten von Gesetzesverstößen und damit auch für die Haftung von Managern und Unternehmen ist dadurch stark gestiegen.[15] Durch die spektakulären Vorfälle in der jüngsten Vergangenheit wurde die Entwicklung weiter beschleunigt. Der Druck der Medien und das Risiko existenzbedrohender Konsequenzen, etwa in Form hoher Bußgelder oder persönlicher Strafverfolgung, haben Unternehmen zunehmend veranlasst, *Compliance*-Systeme einzuführen.[16] Aktuelle Beispiele hierfür sind der Aufbau einer *Compliance*-Organisation bei der Volkswagen AG,[17] die Verabschiedung eines Verhaltenskodexes bei der Linde AG[18] sowie das *Corporate Compliance*-Programm bei der Bayer AG.[19]

II. *Compliance*-Verständnis

Für den Begriff der *Corporate Compliance* finden sich unterschiedliche Definitionen, und für die Einordnung der *Corporate Compliance* ist auch deren Verhältnis zur *Corporate Governance* und zu Risikomanagementsystemen zu klären.

1. Begriffliche Einordnung

6 Unter *Corporate Compliance* wird zunächst das Handeln des Unternehmens in Übereinstimmung mit geltendem Recht und Gesetz verstanden.[20] Dies wurde – nicht zu Unrecht – als „Binsenweisheit" bezeichnet.[21] Unter dem Begriff ist daher mehr als schlichte Gesetzestreue zu verstehen: *Corporate Compliance* fordert eine **präventiv** wirkende und das **Haftungsrisiko minimierende Unternehmensorganisation,** die alle wesentlichen Be-

---

[11] *Ringleb/Kremer/Lutter/von Werder/Ringleb* Rn. 618.

[12] *Campos Nave/Bonenberger* BB 2008, 734 (735); *Bürkle* BB 2007, 1797 (1800f.).

[13] Zu den Auswirkungen der *Coporate Governance*-Diskussion auf Familienunternehmen, vgl. *Lange* BB 2005, 2585; zum Erfordernis eines *Compliance-Management* bei nicht börsennotierten Gesellschaften vgl. *Klindt* NJW 2006, 3399.

[14] Zur Bedeutung von *Compliance* in der Unternehmenspraxis vgl. *Kort* NZG 2008, 81 (85).

[15] *von Hehn/Hartung* DB 2006, 1909 (1910).

[16] Vgl. *Ringleb/Kremer/Lutter/von Werder/Ringleb* Rn. 624.

[17] Vgl. *Corporate Governance*-Bericht der Volkswagen AG aus dem Jahre 2007; abrufbar unter: http://www.volkswagenag.com.

[18] Abrufbar unter: http://www.linde.com.

[19] Abrufbar unter: http://www.bayer.de/de/corporate_compliance_de.pdfx.

[20] *Hauschka/Hauschka*, § 1 Rn. 2; *Kort* NZG 2008, 81.

[21] *Schneider* ZIP 2003, 645 (646).

reiche und Prozesse betrifft und sicherstellen soll, dass sich das Unternehmen und die in ihm tätigen Personen rechtmäßig verhalten.[22] Sie bezieht sich somit nicht auf bestimmte Unternehmensbereiche oder einzelne normative Vorgaben, wie beispielsweise eine kartellrechtliche Compliance, sondern ist umfassend zu verstehen. Zunehmend wird *Corporate Compliance* auch über die Einhaltung gesetzlicher Regeln hinaus auf die Einhaltung von nationalen und internationalen Regeln und Standards bezogen.[23]

2. Haftungsvermeidungsfunktion

Corporate Compliance werden verschiedene Funktionen zugeschrieben:[24] In erster Linie hat *Corporate Compliance* eine Haftungsvermeidungsfunktion zum Schutz des Unternehmens, seiner geschäftsführenden Organe und seiner Mitarbeiter. Die klare Zuordnung der *Compliance*-Verantwortung innerhalb der Unternehmensorganisation sowie die Information, Einbindung und Überwachung der Mitarbeiter dienen der **Vorbeugung gegen bewusste und unbewusste Regelverstöße.** Hierdurch werden potenzielle Schadensersatzansprüche in einem frühen Stadium vermieden und die Beteiligten vor straf- und bußgeldbewehrten Handlungen geschützt.[25] 7

3. Verhältnis zu *Corporate Governance* und zum Risikomanagement

Da *Corporate Compliance* sowohl Maßnahmen zur Gewährleistung rechtmäßigen Verhaltens als auch Maßnahmen zur Risikofrüherkennung und -minimierung umfasst,[26] steht sie sowohl zu *Corporate Governance* als auch zum Risikomanagement in Beziehung. Der Unterschied zu *Corporate Governance* wird teilweise in der Perspektive gesehen: Während *Corporate Governance* die Sichtweise der Regulierer präge, umschreibe *Corporate Compliance* den Blickwinkel der Regulierten, also der betroffenen Unternehmen.[27] *Corporate Compliance*, *Corporate Governance* und Risikomanagement sind als sich wechselseitig **ergänzende Bestandteile guter Unternehmensführung** zu verstehen. Zu einer verantwortungsbewussten Unternehmensführung gehört – dies bringt der deutsche *Corporate Governance* Kodex mittlerweile zum Ausdruck – eine Unternehmensorganisation, die ein Risikomanagementsystem[28] und ein *Corporate Compliance*-System bereithält, wobei sich *Corporate Compliance* vor allem auf die rechtlichen Risken bezieht und den Aspekt der **Verhaltenssteuerung** betont.[29] 8

---

[22] *Bürkle* DB 2005, 565; *Campos Nave/Bonenberger* BB 2008, 734; *Hauschka* NJW 2004, 257; *Kiethe* GmbHR 2007, 393 (394); *Schneider* ZIP 2003, 645 (646).

[23] *Kort* NZG 2008, 81 (82) führt als Beispiel die unter dem Stichwort „Basel II" erfassten Eigenkapitalvorschriften für Kreditinstitute an. Diese Regeln müssen aber aufgrund der EU-Richtlinien 2006/48/EG und 2006/49/EG seit dem 1. 1. 2007 in den EU-Mitgliedstaaten zwingend angewendet werden.

[24] Ausführlich zu den *Compliance*-Funktionen: *Lösler* NZG 2005, 104.

[25] Vgl. *Lösler* NZG 2005, 104.

[26] *von Hehn/Hartung* DB 2006, 1909 (1910).

[27] *Hauschka/Hauschka* § 1 Rn. 2; kritisch hierzu: *Kort* NZG 2008, 81.

[28] Nach § 91 Abs. 2 AktG ist der Vorstand einer Aktiengesellschaft verpflichtet, ein Überwachungssystem einzurichten, um bestandsgefährdende Entwicklungen frühzeitig zu erkennen; bei börsennotierten Gesellschaften hat der Abschlussprüfer dies gemäß § 317 Abs. 4 HGB zu prüfen. Nach h. M. in der rechtswissenschaftlichen Literatur erfordert dies nicht die Einrichtung eines sämtliche Einzelrisiken sowie Maßnahmen zur Risikobewältigung umfassenden Risikomanagement-Systems im betriebswirtschaftlichen Sinne, sondern nur die Einleitung und Überwachung von Maßnahmen zur Früherkennung bestandsgefährender Entwicklungen; vgl. hierzu m. w. N. *Hüffer* AktG § 91 Rn. 6 ff.; MünchKommAktG/*Hefermehl/Spindler* § 91 Rn. 23.

[29] *Compliance* wird zunehmend als Bestandteil eines integrierten Risikomanagementsystems angesehen; vgl. *Lösler* NZG 2005, 104 (105); *Campos Nave/Bonenberger* BB 2008, 734 (735). Zum Zusammenhang zwischen *Corporate Governance*, Risikomanagement und *Compliance*: *Kort* NZG 2008, 81 f.; *Wolf* DStR 2006, 1995 (1996 f.).

B. *Corporate Compliance* als zentrales Element der Haftungsvermeidung im Unternehmen

Corporate Compliance betrifft alle Ebenen und Bereiche innerhalb der Organisation des Unternehmens und ist damit ein zentrales Element zur Haftungsvermeidung.

I. Gesellschaftsrechtliche Legalitäts- und Organisationsverantwortung

9 Die Verantwortung für das rechtmäßige Verhalten der Gesellschaft trifft die geschäftsführenden Organe (Legalitätspflicht).[30] Sie haben das Unternehmen so zu organisieren, dass die Erfüllung sämtlicher normativer Vorgaben sichergestellt ist.

1. Zuständigkeit der Geschäftsleitung

10 *Corporate Compliance* fällt in die Zuständigkeit der Geschäftsleitungsorgane.[31] Ob für die Organmitglieder von GmbHs und Aktiengesellschaften jedoch eine Rechtspflicht zur Einrichtung eines umfassenden *Corporate Compliance*-Systems besteht, ist umstritten.[32] Einzelne Unternehmen sind hierzu aufgrund gesetzlicher Bestimmungen, beispielsweise nach § 25a KWG oder § 33 Abs. 1 WpHG, verpflichtet. Darüber hinaus kann wohl noch nicht von einer zwingenden Pflicht zur Implementierung eines *Corporate-Compliance*-Systems gesprochen werden. Aus der Neufassung von Ziffer 4.1.3 des Deutschen *Corporate Governance* Kodexes kann eine solche Rechtspflicht jedenfalls noch nicht gefolgert werden.[33] Gleichwohl mehren sich die Stimmen in der Literatur, die eine Rechtspflicht bejahen.[34]

2. Haftungsvermeidung durch Erfüllung der Organisationspflichten

11 Spätestens bei Erreichen eines gewissen Risikogrades, zum Beispiel bei Eröffnung von Gefahrenquellen im produzierenden Bereich, sind Geschäftsführer gut beraten, zur Vermeidung von Haftungsgefahren ein *Corporate Compliance*-System mit **klarer Kompetenzverteilung und effizienten Kontrollmechanismen** einzuführen. Hierdurch erfüllen die Geschäftsführer ihre Organisationspflichten, was zu einer spürbaren Haftungserleichterung bis hin zum vollständigen Ausschluss der Haftung führen kann.[35] Dies setzt jedoch voraus, dass die Geschäftsführer ihren Aufsichts- und Überwachungspflichten nachkommen. Sie können durch die Einführung eines *Corporate Compliance*-Systems ihr Pflichtenprogramm ändern, sich aber von der eigenen Verantwortung nicht völlig befreien. Bei nicht delegierbaren Aufgabenbereichen, wie beispielsweise der nach § 15a Abs. 1 InsO bestehenden Insolvenzantragspflicht, sowie existenzbedrohenden Umständen setzt grundsätzlich die Universalzuständigkeit jedes einzelnen Geschäftsführers ein.[36]

3. Horizontale und vertikale Verantwortungsdelegation

12 Um rechtmäßiges Verhalten sicherzustellen und Haftung effektiv zu vermeiden, ist die *Compliance*-Verantwortung im Unternehmen klar zu verteilen. Innerhalb des Geschäfts-

---

[30] *Bürkle* BB 2005, 565 (567).

[31] *Fleischer* NZG 2004, 1129 (1131); *Kiethe* GmbHR 2007, 393 (394); *Lösler* NZG 2005, 104 (107); *Schneider* ZIP 2003, 645 (647).

[32] Für eine Rechtspflicht: *Bürkle* BB 2005, 565 (568 ff.); *Campos Nave/Bonenberger* BB 2008, 734; *Fleischer* NZG 2004, 1129 (1131); *Kiethe* GmbHR 2007, 393 (397); *Schneider* ZIP 2003, 645 (648 f.); gegen eine Pflicht: *Kort* NZG 2008, 81 (84); *Ringleb/Kremer/Lutter/von Werder/Ringleb* Rn. 618.

[33] Vgl. *Ringleb/Kremer/Lutter/von Werder/Ringleb* Rn. 618; a. A. *Bürkle* BB 2007, 1797 (1798).

[34] *Bürkle* BB 2005, 565 (568 ff.); *Campos Nave/Bonenberger* BB 2008, 734; *Fleischer* NZG 2004, 1129 (1131); *Kiethe* GmbHR 2007, 393 (397); *Schneider* ZIP 2003, 645 (648 f.).

[35] *Schneider/Schneider* ZIP 2007, 2061 (2065).

[36] *Hauschka* NJW 2004, 257 (259); *Kiethe* GmbHR 2007, 393 (397).

führungsorgans sollte sie einem von mehreren Geschäftsführern oder Vorständen zugewiesen werden, beispielsweise durch eine entsprechende Regelung in der Geschäftsordnung.[37] Diese horizontale Delegation führt grundsätzlich zu einer Entlastung der übrigen Geschäftsführer oder Vorstände von etwa bestehenden Haftungsgefahren, da diesen dann grundsätzlich nur noch eine Pflicht zur stichprobenartigen Aufsicht obliegt.[38] Es empfiehlt sich weiter, die *Compliance*-Verantwortung, also insbesondere die damit einhergehende Aufsichtspflicht, auch auf den nachgeordneten Ebenen eindeutig zuzuweisen. Für diese vertikale Delegation kommt die Ernennung eines so genannten ***Compliance-Officers*** oder die Einrichtung einer ***Compliance*-Abteilung** in Betracht.[39] Die Delegation der unternehmerischen Aufsichtspflicht hat überschneidungsfrei an sachgerecht ausgewählte, kompetente, belehrte und eingearbeitete Mitarbeiter zu erfolgen, denen zur Erfüllung der Delegiertenpflicht die nötigen Mittel zu gewähren sind.[40] Diese sind von der Geschäftführung ordnungsgemäß zu überwachen.

II. *Compliance* im Konzern

13 Die Umsetzung des *Corporate Compliance*-Gedankens macht auch in Konzernstrukturen – wenn zwei oder mehr Unternehmen unter einheitlicher Leitung zusammengefasst sind – eine eindeutige Zuweisung der *Compliance*-Verantwortung erforderlich.

1. Konzernweite Organisationspflichten

14 Die für das Geschäftsführungsorgan der Konzernobergesellschaft geltende Verpflichtung zum gesetzmäßigen und regelkonformen Verhalten erstreckt sich auch auf die Leitung des Konzerns.[41] Für Mitglieder der Geschäftsführung bzw. des Vorstands bedeutet dies, dass ihnen konzernweite Organisationspflichten obliegen.[42] Dies ergibt sich auch aus Ziffer 4.1.3 des Deutschen *Corporate Governance* Kodex, wonach der Vorstand für die Einhaltung der gesetzlichen Bestimmungen und unternehmensinternen Richtlinien durch die Konzernunternehmen hinzuwirken hat. Die konzerweite *Compliance*-Verantwortung sollte daher einem Mitglied des Geschäftsführungsorgans ausdrücklich zugewiesen werden.

2. Verantwortungsverteilung zwischen den Konzerngesellschaften

15 Für die Verteilung der *Compliance*-Verantwortung zwischen den Konzerngesellschaften bestehen grundsätzlich zwei Wege: Zum einen kommt in Betracht, eine *Compliance*-Abteilung bei der Konzernobergesellschaft mit Zuständigkeit auch für *Compliance*-Maßnahmen in den Konzerngesellschaften anzusiedeln. Zum anderen kann in jeder einzelnen Konzerngesellschaft eine *Compliance*-Organisation eingerichtet werden. Aufgrund des damit verbundenen finanziellen und organisatorischen Aufwands empfiehlt es sich meist, die ***Compliance*-Abteilung zentral auf Konzernleitungsebene** einzurichten, zumal sich Reputationsschäden bei einem Konzern mit einheitlichem Außenauftritt erfahrungsgemäß nicht auf die betreffende Konzerngesellschaft isolieren lassen.[43] Das befreit die Geschäftsführungsorgane der Konzerngesellschaften nicht von ihrer eigenen Legalitäts- und Organisationsverantwortung; jene kann aber in Zusammenarbeit mit der zentralen *Compliance*-Abteilung wahrgenommen werden und insbesondere konzernweit abgestimmte Umsetzungsmaßnahmen beinhalten.

[37] *Bürkle* BB 2005, 565, *Hauschka* NJW 2004, 257 (259); *Kiethe* GmbHR 2007, 393 (397).
[38] *Hauschka* NJW 2004, 257 (259).
[39] *Kiethe* GmbHR 2007, 393 (397); *Bürkle* BB 2005, 565.
[40] *Hauschka* NJW 2004, 257 (260).
[41] *Schneider/Schneider* ZIP 2007, 2061 (2062).
[42] *Krieger/Schneider/Kremer/Klahold* § 18 Rn. 8; *Schneider/Schneider* ZIP 2007, 2061 (2063).
[43] *Krieger/Schneider/Kremer/Klahold* § 18 Rn. 11; *Rodewald/Unger* BB 2007, 1629 (1631).

C. Typische Risikofelder für mittelständische Unternehmen

16 *Corporate Compliance* ist eine Querschnittsaufgabe, die alle Geschäftsbereiche erfassen sollte und damit auch verschiedene Rechtsgebiete berührt. Die Haftungsrisiken für geschäftsführende Organe sind dem entsprechend vielfältig.[44] Eine vollständige und abschließende Aufzählung der haftungsträchtigen Sachverhalte ist nicht möglich. Im Folgenden wird daher nach einem kurzen Überblick über die rechtlichen Grundlagen nur auf einige Risikofelder hingewiesen, die bei mittelständischen Unternehmen typischerweise Haftungsgefahren bergen.

I. Rechtliche Grundlagen

17 Bei einem Fehlverhalten eines Mitglieds der Geschäftsführung beziehungsweise des Vorstands drohen diesen zivilrechtliche Schadensersatzansprüche von Seiten Dritter, eine Innenanspruchnahme durch die Gesellschaft sowie persönliche Strafverfolgung. Von Bußgeldsanktionen können sowohl die Geschäftsleitungsorgane als auch die Gesellschaft selbst betroffen sein.

1. Zivil- und gesellschaftsrechtliche Haftungsgrundlagen

18 Rechtliche Grundlage für die Haftung von Geschäftsführungsorganen sind § 43 Abs. 1 GmbHG, § 93 Abs. 1 S. 1 AktG. Danach haben Geschäftsführer einer GmbH in den Angelegenheiten der Gesellschaft die Sorgfalt eines ordentlichen Geschäftsmannes und Vorstandsmitglieder einer AG bei ihrer Geschäftsführung die Sorgfalt eines ordentlichen und gewissenhaften Geschäftsleiters anzuwenden. Dies beinhaltet die Pflicht zu rechtmäßigem Verhalten im Unternehmen. Nach § 93 Abs. 1 S. 2 AktG liegt eine Pflichtverletzung nicht vor, wenn das Vorstandsmitglied bei einer unternehmerischen Entscheidung vernünftigerweise annehmen durfte, auf Grundlage angemessener Informationen zum Wohle der Gesellschaft zu handeln ***(Business Judgement Rule)***.[45] Bei unternehmerischen Entscheidungen können Pflichtverletzungen somit vor allem durch umfassende Kenntnis der tatsächlichen Umstände vermieden werden.[46] Im Rahmen einer *Corporate Compliance* ist daher zur Sachverhaltsaufklärung das Augenmerk auf Fragen der Informationsbeschaffung und -verwertung zu richten.[47] Die Privilegierung der *Business Judgement Rule* greift nur bei unternehmerischen Entscheidungen, also bei in die Zukunft gerichteten Entscheidungen, bei denen ein Ermessensspielraum besteht.[48] Dies ist nicht der Fall, wenn die Geschäftsführer aufgrund Gesetz, Satzung, Anstellungsvertrag oder Treuepflichten zu einer bestimmten Entscheidung verpflichtet sind. Die Einhaltung dieser Pflichten erfordert jedoch die umfassende Kenntnis der für das Unternehmen geltenden normativen Vorgaben. Dies kann durch ein *Corporate Compliance*-System gewährleistet werden.

2. Straf- und ordnungswidrigkeitenrechtliche Haftungsgrundlagen

19 Immer häufiger werden Unternehmensleiter strafrechtlich zur Verantwortung gezogen. Angesichts der laufenden Verschärfung und Ausweitung des Wirtschaftsstrafrechts sind

---

[44] Haftungsrisiken sind häufig eng mit Risiken für das Ansehen des Unternehmens verbunden; vgl. *von Hehn/Hartung* DB 2006, 1909 (1910), die darauf hinweisen, dass Reputationsschäden unter Umständen gravierende Folgen haben können.

[45] Es ist anerkannt, dass die *Business Judgement Rule* auch für den Geschäftsführer einer GmbH gilt, vgl. BGHZ 152, 280 (287) = NJW 2003, 358; *Baumbach/Hueck/Zöllner/Noack* GmbHG § 43 Rn. 23; *Hauschka* GmbHR 2007, 11 (12).

[46] *Kiethe* GmbHR 2007, 393 (395).

[47] *Rodewald/Unger* BB 2006, 113.

[48] *Kiethe* GmbHR 2007, 393 (395); zur Ermessensausübung ausführlich: *Bürkle* BB 2005, 565 (568 f.).

die strafrechtlichen Risiken für Unternehmensleiter mittlerweile erheblich. Aus dem Kernstrafrecht sind insbesondere die Betrugstatbestände der §§ 263 ff. StGB, vor allem aber die Untreue nach § 266 StGB zu nennen. Darüber hinaus bestehen im gesamten Wirtschaftsrecht weitere straf- und ordnungswidrigkeitenrechtliche Vorschriften.

II. Wesentliche Sachverhalte

Für eine *Corporate Compliance* ist kennzeichnend, dass sie sich nicht auf einzelne 20
Rechtsgebiete oder Bereiche des geschäftlichen Lebens beschränkt. Sie bezieht sich vielmehr auf das gesamte Unternehmen und sollte insbesondere die nachfolgend genannten Bereiche, die jeweils nur beispielhaft erläutert werden, erfassen:

- **Gesellschaftsrecht:** Ein Unternehmenskauf ist regelmäßig mit Haftungsgefahren verbunden. Die Nichtdurchführung einer *Due Diligence,* die Verletzung von Geheimhaltungspflichten oder die Missachtung der Vorschriften über den Insiderhandel können zur Haftung der jeweiligen Verantwortungsträger führen. Auch bei Darlehen an Gesellschafter, die als unzulässige Einlagenrückgewähr zu qualifizieren sind, und bei drohender Insolvenz bestehen für die Geschäftsführer Haftungsrisiken.
- **Rechnungslegung und Abschlussprüfung:** Die §§ 331 ff. HGB enthalten für die Verletzung von Rechnungslegungs- oder Prüfungspflichten Straf- und Bußgeldandrohungen. Danach haben etwa die unrichtige Darstellung von angabepflichtigen Sachverhalten im Zusammenhang mit der Aufstellung des Jahresabschlusses für die Mitglieder des Geschäftsführungsorgans oder die Verletzung von Berichtspflichten für den Abschlussprüfer strafrechtliche Relevanz. Sofern Vorschriften über Form, Inhalt und Bewertung missachtet werden, drohen Bußgelder.
- **Deutsches und europäisches Kartellrecht:** Unternehmen, die kartellrechtliche Vorschriften verletzen, müssen mit drastischen Sanktionen der zuständigen Kartellbehörden rechnen.[49] Dabei wird meist auch gegen die Organmitglieder wegen Verletzung ihrer Aufsichtspflicht nach §§ 9, 130 OWiG ermittelt.[50]
- **Arbeitsrecht- und Arbeitsstrafrecht:** Im Arbeitsrecht sind etwa im Zusammenhang mit Niedriglohnarbeitskräften und mit der Überlassung von Arbeitnehmern eine Vielzahl von Vorschriften zu beachten. Auch aus dem Arbeitsschutzgesetz ergeben sich viele normative Anforderungen. Das Allgemeine Gleichbehandlungsgesetz verpflichtet den Arbeitgeber zudem, vorbeugende Maßnahmen gegen Diskriminierung zu ergreifen.[51]
- **Sozialversicherungs- und Steuerrecht:** Die korrekte Abführung von Sozialversicherungsabgaben und die Erfüllung aller Steuerpflichten ist für die Geschäftsführer angesichts des sich insoweit ständig ändernden regulatorischen Umfelds, den finanziellen Risiken für das Unternehmen und der vielfach mit Strafe oder Bußgeld sanktionierten Pflichten ein Dauerthema.
- **Produkthaftung:** Produkthaftungsfälle können sowohl zivil- als auch strafrechtliche Konsequenzen haben. Produktbeobachtungs- und Rückrufpflichten erfordern besondere organisatorische Maßnahmen, insbesondere im Bereich der Qualitätssicherung.
- **IT und Datenschutz:** Im Bereich der IT sind insbesondere datenschutzrechtliche Vorschriften und Vorgaben in Bezug auf die Datensicherheit einzuhalten. Nach dem Bundesdatenschutzgesetz ist unter bestimmten Voraussetzungen ein betrieblicher Datenschutzbeauftragter zu bestellen, wenn Unternehmen personenbezogene Daten automatisiert verarbeiten.
- **Umweltrecht und Umweltstrafrecht:** Hier existiert eine Vielzahl von Haftungs- und Strafvorschriften, die insbesondere im Rahmen der Produktion zu beachten sind. Die

[49] Zu den von den Kartellbehörden verhängten Rekordbußgeldern vgl. *Krieger/Schneider/Kremer/Klahold* Managerhaftung § 28 Rn. 4; *Schneider* ZIP 2003, 645.

[50] Vgl. *Hauschka* NJW 2004, 257 (258).

[51] Zu *Compliance* und Arbeitsrecht vgl. *Mengel/Hagemeister* BB 2006, 2466.

Umweltstraftaten nach §§ 324ff. StGB können alle auch fahrlässig begangen werden. Die teilweise unübersichtliche Gesetzesform macht das Umweltrecht zum besonderen Risiko für den Aufsichtspflichtigen. Allein die Erfassung der Rechtslage setzt Spezialwissen voraus.[52]

- **Korruptionssachverhalte:** Vorteilsgewährung und Bestechung von Amtsträgern sowie Bestechlichkeit und Bestechung im geschäftlichen Verkehr sind strafbar (§§ 333ff. StGB) und können, wie Fälle aus der jüngsten Vergangenheit zeigen, neben der persönlichen Strafverfolgung auch einen erheblichen Reputationsschaden für das Unternehmen insgesamt mit sich bringen. Die entsprechenden Vorschriften sind von allen im Unternehmen tätigen Personen, insbesondere in Vertrieb und Einkauf, zu beachten.[53]
- **Branchenspezifische Pflichten:** Die Vorschriften zu branchenspezifischen Pflichten sind kaum überblickbar. Je nach Geschäftstätigkeit sind andere Bestimmungen einzuhalten, beispielsweise ausfuhr-, arznei- oder lebensmittelrechtliche Bestimmungen.

D. *Compliance*-Programme im Unternehmen

21 Für eine nachhaltige Sicherstellung rechtmäßigen Verhaltens sind einzelne Maßnahmen regelmäßig nicht ausreichend.[54] Akute Missstände können hierdurch zwar beseitigt werden. Eine strukturelle und präventiv wirkende Risikominimierung erfordert jedoch ein maßgeschneidertes und auf einer entsprechenden Strategie beruhendes *Corporate Compliance*-Programm.

I. Entwicklung einer *Corporate Compliance*-Strategie

22 Die *Compliance*-Strategie sollte an die unternehmensindividuellen Besonderheiten angepasst werden. Hierfür ist zunächst eine **Risikoanalyse** ***(Due Diligence)*** erforderlich, bei der Größe, Struktur und Internationalisierungsgrad des Unternehmens, die für die Geschäftstätigkeit und Branche spezifischen Risiken, bereits bekannte Regelverstöße und die Gefahr besonders hoher Schäden zu berücksichtigen sind.[55] Dabei sollten alle Organisationsbereiche (Einkauf, Vertrieb, Personal, Rechnungswesen etc.) analysiert und mit den jeweils einschlägigen gesetzlichen Pflichten und Branchenstandards abgeglichen werden.[56] Auf dieser Grundlage ist zu prüfen und abzuwägen, in welchem Umfang *Corporate Compliance*-Maßnahmen erforderlich sind. Entscheidend für den Erfolg einer *Compliance*-Organisation ist, dass Zweck und Zielrichtung der Maßnahmen richtig erfasst werden. Keinesfalls sollten Strukturen und Prozesse eingeführt werden, die von den Mitarbeitern als Überregulierung empfunden werden und unverhältnismäßig kostenintensiv sind.

II. Elemente eines *Corporate Compliance*-Programms

23 Ein *Corporate Compliance*-Programm kann verschiedene Einzelmaßnahmen beinhalten: die Einsetzung eines ***Compliance*-Officers** oder den Aufbau einer ***Compliance*-Abteilung,** die Entwicklung eines Verhaltensstandards, die Mitarbeiterinformation durch Schulungen und Erstellung eines internen ***Compliance*-Handbuchs,** den Aufbau eines Informationssystems sowie die Schaffung eines Anreiz- und Sanktionssystems (*Zero Tolerance*).[57] Viele weitere Maßnahmen sind denkbar. Dabei ist stets elementar, dass die

---

[52] *Hauschka* NJW 2004, 257 (258).

[53] Zur Organisation der Korruptionsbekämpfung im Unternehmen vgl. *Bachmann/Prüfer* ZRP 2005, 109; *Hauschka/Greeve* BB 2007, 165.

[54] *Bürkle*, BB 2005, 565; *Campos Nave/Bonenberger* BB 2008, 734 (735).

[55] Vgl. hierzu *Bürkle* BB 2005, 565.

[56] Vgl. *Campos Nave/Bonenberger* BB 2008, 734 (736).

[57] *Kort* NZG 2008, 81 (85).

Kommunikation zwischen allen Ebenen im Unternehmen sichergestellt wird, um die wesentlichen Risiken frühzeitig zu identifizieren.[58] Haftungsfälle entstehen keineswegs nur aus vorsätzlichen Pflichtverletzungen und Schädigungen. Häufig beruhen sie auf fahrlässigem Verhalten, unzureichender Tatsachenfeststellung, falscher Risikoeinschätzung oder schlichter Rechtsunkenntnis.[59] Gerade zur Vermeidung dieser haftungsbegünstigten Umstände erweisen sich Maßnahmen der *Corporate Compliance* als elementar.[60]

1. Einsetzung eines *Compliance-Officers*

Die Einsetzung eines *Compliance-Officers* oder der Aufbau einer *Compliance*-Abteilung sind wesentliche Maßnahmen zur Sicherstellung rechtmäßigen Verhaltens. Dies bedeutet jedoch nicht, dass bei jedem mittelständischen Unternehmen unabhängig von Größe und Struktur ein weitgehendes *Corporate Compliance*-System einzuführen ist. Insoweit ist Augenmaß gefragt.[61] Die bei börsennotierten Gesellschaften anzutreffende, umfangreiche *Corporate Compliance*-Struktur kann nicht auf mittelständische Unternehmen übertragen werden. Sie kann aber Orientierungspunkte für die eigene Unternehmensorganisation liefern. Vielfach existieren bereits Rechtsabteilungen und Beauftragte für Datenschutz, Umweltschutz oder Arbeitssicherheit.[62] Hierauf kann bei der **Einführung einer unternehmensindividuellen *Corporate Compliance*-Organisation** aufgebaut werden.[63] In jedem Fall sollten die mit der *Compliance*-Verantwortung betrauten Personen die erforderliche Fachkompetenz haben, der Geschäftsleitung regelmäßig berichten und von dieser überwacht werden. Weiter empfiehlt sich, dass die *Compliance*-Verantwortlichen eng mit anderen Abteilungen, wie etwa der internen Revision oder dem Controlling zusammen arbeiten. 24

2. Entwicklung eines unternehmensbezogenen Verhaltensstandards

Im Rahmen eines *Corporate Compliance*-Programms sind die für das Unternehmen und seine Mitarbeiter bestehenden Regeln zu identifizieren. Hierzu zählen alle wesentlichen gesetzlichen **Ge- und Verbote sowie Branchenstandards.** Das legislatorische und organisatorische Umfeld ist laufend zu beobachten. Die für die Mitarbeiter im Einzelnen bestehenden Pflichten sind in einem unternehmensbezogenen *Compliance*- bzw. Verhaltensstandard[64] zusammenzustellen und ständig zu aktualisieren. Darüber hinaus sollte darin die Grundhaltung des Unternehmens im Geschäftsverkehr, wie etwa ein **Bekenntnis zu Rechtstreue und fairem Wettbewerb**, zum Ausdruck gebracht werden. Der Verhaltensstandard dient der Orientierung der im Unternehmen tätigen Personen und sollte von der Geschäftsleitung beispielhaft gelebt werden.[65] Er kann daher auch Aussagen zum Umgang mit Geschenken und Einladungen sowie zu Nebentätigkeiten enthalten und die Erwartung der Geschäftsleitung formulieren, dass Engagement für die Interessen des Unternehmens und Integrität in die Alltagsarbeit vorausgesetzt werden.[66] 25

---

[58] Vgl. *Rodewald/Unger* BB 2007, 1629.

[59] *Bürkle* BB 2005, 565 (566); *Hauschka* NJW 2004, 257 (260); *Kiethe* GmbHR 2007, 393 (395).

[60] *Hauschka* NJW 2004, 257 (260); *Kiethe* GmbHR 2007, 393 (395).

[61] *Hauschka* NJW 2004, 257 (260).

[62] Vgl. *Hauschka* NJW 2004, 257 (259); zur Rolle von Syndikusanwälten in diesem Zusammenhang, vgl. *Schwung* AnwBl 2007, 14 ff.; *Klindt* NJW 2006, 3399.

[63] Der Bereich *Corporate Compliance* kann sowohl dem Leiter der Rechtsabteilung als auch dem Leiter der internen Revision unterstellt werden; vgl. hierzu *Campos Nave/Bonenberger* BB 2008, 734 (735), die für eine Verankerung im Bereich der internen Revision plädieren.

[64] Solche Standards werden mit jeweils unterschiedlicher inhaltlicher Akzentuierung teilweise als „Verhaltenskodex" (*Bürkle* BB 2005, 565), teilweise als „*Compliance*-Standards" (*Schneider* ZIP 2003, 645 [648 f.]) oder als „Anforderungskatalog" (*Rodewald/Unger* BB 2006, 113 [116]) bezeichnet.

[65] *Bürkle* BB 2005, 565 (566).

[66] *Bürkle* BB 2005, 565 (566).

3. Mitarbeiterinformation

26 Die Sicherstellung rechtmäßigen Verhaltens im Unternehmen hängt entscheidend davon ab, ob sich dessen Mitarbeiter an die gesetzlichen Ge- und Verbote halten, die für das Unternehmen und sein operatives Geschäft gelten. Der *Corporate Compliance*-Gedanke muss von allen Mitarbeitern gelebt werden. Die **Mitarbeiter** müssen daher von der Geschäftsführung über die wesentlichen rechtlichen Vorgaben laufend informiert werden.[67] Dies kann in **Informationsveranstaltungen, Schulungen oder Trainings** geschehen, die auf dem für das Unternehmen entwickelten Verhaltensstandard aufbauen. Begleitend hierzu sollten ein *Compliance*-Handbuch oder entsprechende Informationsbroschüren erstellt werden, in denen die organisatorische Umsetzungsmaßnahmen, insbesondere in Bezug auf die Aufgabenverteilung sowie die Beschaffung, Dokumentation und Weiterleitung von Informationen erläutert und konkrete Handlungsempfehlungen gegeben werden. Zugleich muss das Unternehmen dafür sorgen, dass die Mitarbeiter durch die häufig bestehende Regelungsdichte und die daraus möglicherweise resultierenden Pflichtenkollisionen nicht überfordert werden. Ein wichtiger Baustein eines *Corporate Compliance*-Systems besteht daher darin, ein **Beratungsangebot in Form einer Anlaufstelle oder Hotline** zur Verfügung zu stellen. Dies kann durch die Rechtsabteilung, den *Compliance-Officer* oder auch extern durch Rechtsanwälte erfolgen.

4. Aufbau eines Informationssystems

27 Ein *Corporate Compliance*-Programm muss zur Vermeidung von Haftungsfällen ein Informationssystem schaffen, das eine möglichst lückenlose Informationsbeschaffung und den ungehinderten Informationsfluss im Unternehmen gewährleistet. Dies gilt sowohl in Bezug auf die Information der Mitarbeiter, als auch für den Informationsfluss zur Geschäftsleitung, damit diese ihre Pflichten erfüllen kann.[68] Die **Informationsbeschaffung und -weiterleitung** ist zur Risikobestandsaufnahme und Haftungsvermeidung von überragender Bedeutung.[69] Rechtmäßiges Handeln erfordert sowohl die Kenntnis der tatsächlichen Umstände als auch der rechtlichen Vorgaben. Bei unternehmerischen Entscheidungen im Sinne der *Business Judgement Rule* führt eine pflichtgemäße Informationsbeschaffung regelmäßig zur Reduzierung bzw. zum Ausschluss des Haftungsrisikos, da entweder eine schadensstiftende Maßnahme nicht getroffen wird oder eine Maßnahme, die zu einem Schaden führt, nicht pflichtwidrig ist.[70] Im eigenen Interesse sollten daher alle haftungsrelevanten Informationen und Vorgänge im Unternehmen dokumentiert werden. Dies gilt insbesondere für kontroverse Abstimmungen innerhalb eines Kollegialorgans, sowie sämtliche Delegationsvorgänge bezüglich Auswahl, Leitung und Überwachung nachgeordneter Ebenen.[71] Im Fall eines späteren Prozesses kann aufgrund dieser **Dokumentation** das eigene, rechtmäßige Verhalten leichter belegt werden.

5. Schaffung eines Anreiz- und Sanktionsystems

28 *Corporate Compliance* erfordert die Schaffung von Anreizen zu rechtmäßigem Verhalten. Im Unternehmen muss eine **Kultur der Rechtstreue** geschaffen werden, die im Zweifelsfall auch eingefordert wird. Die dauerhafte Befolgung des für das Unternehmen geltenden Verhaltensstandards ist zu überwachen.[72] Hierfür kann sich die Einrichtung einer sogenannten ***Whistleblower-Hotline*** anbieten, über die Mitarbeiter vermeintliche oder tatsächliche Unregelmäßigkeiten, Rechtsverletzungen und Interessenkonflikte im Unter-

---

[67] *Bürkle* BB 2005, 565 (566).
[68] *Rodewald/Unger* BB 2006, 113.
[69] *Rodewald/Unger* BB 2006, 113.
[70] *Kiethe* GmbHR 2007, 393 (399).
[71] *Kiethe* GmbHR 2007, 393 (399 f.).
[72] *Schneider* ZIP 2003, 645 (650).

nehmen direkt – notfalls auch anonym – an den *Compliance-Officer* oder eine unabhängigen Stelle melden können.[73] Regelverstöße sollten zudem nicht folgenlos bleiben, sondern durch Disziplinarmaßnahmen geahndet werden. Über diese ***Zero Tolerance-Policy*** sind die Mitarbeiter im Verhaltensstandard, im *Compliance*-Handbuch und bei *Compliance*-Schulungen zu informieren. Das Sanktionssystem kann durch interne, unabhängige Unternehmensuntersuchungen ergänzt werden.[74] Ist es dennoch zu Regelverstößen gekommen, sind Maßnahmen zu ergreifen, die Wiederholungsfälle vermeiden. In diesem Zusammenhang kann auch die Einführung eines **Krisenmanagementsystems** sinnvoll sein. Strukturierte und zuvor trainierte Sofortmaßnahmen können im Krisenfall – etwa wenn Polizei, Staatsanwaltschaft oder Steuerfahndung die Geschäftsräume durchsuchen und Unterlagen oder Daten beschlagnahmen – zur Schadensbegrenzung beitragen.[75]

---

[73] *Bürkle* BB 2005, 565 (566); *Schneider* ZIP 2003, 645 (650).

[74] Vgl. hierzu ausführlich *von Hehn/Hartung* DB 2006, 1909 (1910).

[75] Zu den verschiedenen Sofortmaßnahmen in einem solchen Krisenfall: *Campos Nave/Bonenberger* BB 2008, 734 (736 ff.).

§ 15 Zusammenarbeit mit anderen Unternehmen (Kooperationsverträge und Joint Ventures)

Schrifttum: *Basedow/Jung,* Strategische Allianzen, 1993; *Becker/Müller,* Chancen im Mittelstand durch strategische Partnerschaften, DStR 2007, 733; *Büchting/Heussen,* Becksche's Rechtsanwaltshandbuch, 9. Auflage, 2007; *Döser,* Angloamerikanische Vertragsstrukturen in deutschen Vertriebs-, Lizenz- und sonstigen Vertikalverträgen, NJW 2000, 1451; *Ebenroth,* Das Verhältnis zwischen Joint Venture-Vertrag, Gesellschaftssatzung und Investitionsvertrag, JZ 1989, 265; *Ebenroth/Boujong/Joost/Strohn,* Handelsgesetzbuch, Band 1, 2. Auflage, 2008; *Geck,* Strategische Allianzen und ihre Rechtsformen, DB 1991, 1337; *Göthel,* Internationales Privatrecht des Joint Ventures, RIW 1999, 566; *Gummert,* Münchener Anwaltshandbuch Personengesellschaftsrecht, 2005; *Heussen,* Handbuch Vertragsverhandlung und Vertragsmanagement, 3. Auflage, 2007; *Hoffmann-Becking,* Der Einfluss schuldrechtlicher Gesellschaftervereinbarungen auf die Rechtsbeziehungen in der Kapitalgesellschaft, ZGR, 1994, 442; *ders.,* Gelöste und ungelöste Fragen zum Unternehmensvertrag der GmbH, WiB 1994, 57; *Hollmann,* Strategische Allianzen- Unternehmens- und wettbewerbspolitische Aspekte, WuW 1992, 293; *Kirchhoff,* Der Umfang des Verbots von Wertsicherungsklauseln, DNotZ 2007, 11; *Kleinmann/Siegert,* Rückgabe von Lagerwagen und Ersatzteilen nach Beendigung des Kfz-Händlervertrages, DB 2006, 785; *Lotz,* Der Konsortialvertrag des Anlagenbaus im In- und Ausland, ZfBR 1996, 233; *Martinek/Semler/Habermeier,* Handbuch des Vertriebsrechtes, 2. Auflage, München 2003; *Michalski,* Funktion, Arten und Rechtswirkungen von Ersetzungsklauseln, NZG 1998, 7; *Musielak,* Kommentar zur Zivilprozessordnung, 5. Auflage, 2007; *Nicklisch,* Rechtsprobleme des Konsortialvertrags, BB 1999, 325; *Pilger,* Präambel in Unternehmenskaufvertrag – ein unterschätztes Gestaltungsmittel, BB 2000, 368; *Plath,* Hardware, Software und IT-Verträge in der M&A Transaktion, CR 2007, 345; *Reithmann/Martiny,* Internationales Vertragsrecht, 6. Auflage, 2004; *Roquette/Otto,* Vertragsbuch privates Baurecht, 2005; *Rosenberger,* Verträge über Forschung und Entwicklung, 2006; *Schaefer/Missling,* Forschungs- und Entwicklungsallianzen in der Rechtspraxis, NZG 2002, 1081; *Schricker,* Urheberrecht, 3. Auflage, 2006; *Streinz,* EUV/EGV, 2003; *Ullrich,* Auslegung und Ergänzung der Schutzrechtsregeln gemeinsamer Forschung und Entwicklung, GRUR 1993, 338; *Vetter,* Rechtsprobleme der Organisation des Konsortiums bei Großprojekten, ZIP 2000, 1041; *Wandtke/Bullinger,* Praxiskommentar zum Urheberrecht, 2. Auflage, 2006; *Weitnauer,* Handbuch Venture Capital, 3. Auflage, 2007; *Graf von Westphalen,* Das Dispositionsrecht des Prinzipals im Vertragshändlervertrag, NJW 1982, 2465; *Winzer,* Forschungs- und Entwicklungsverträge, 2006; *Zöller,* Zivilprozessordnung, 26. Auflage, 2007.

A. Hintergrund

I. Gründe für Kooperationsverträge

1 Die Gründe für den Abschluss von Kooperationsverträgen[1] mit anderen Unternehmen sind vielfältig und hängen im Wesentlichen von der Struktur des einzelnen Unternehmens sowie dem jeweiligen unternehmerischen Betätigungsfeld ab.[2] Gründe für Kooperationen gibt es sowohl bei großen, weltweit operierenden multinationalen Konzernen, als auch in besonderer Weise bei mittelständischen Unternehmen. Die Kooperation kann unter anderem eine Vorstufe oder Alternative zu einer M&A-Transaktion sein.[3] Die häu-

---

[1] Vielfach auch als strategische Allianzen bezeichnet, vgl. *Martinek/Semler/Habermeier/Flohr* Rn. 185, wobei aber beide Begriffe nicht fest definiert sind. Für eine juristische Einteilung strategischer Allianzen vgl. *Basedow/Jung B. I. 2. b).* Unter dem Begriff Kooperationsvertrag sollen hier Verträge behandelt werden, die auf eine mittel- oder längerfristige Zusammenarbeit der Unternehmen angelegt sind und bei der zumindest eines der Unternehmen eine Aufgabe, die typischer Weise vom Unternehmen selbst erfüllt wird, auf ein anderes Unternehmen überträgt oder mit diesem gemeinsam erfüllt.

[2] Vgl. *Geck* DB 1991, 1337.

[3] Hierzu unter § 16.

figsten Gründe für Kooperationen, die den Ausgangspunkt für die Frage der Art und Weise der vertraglichen Gestaltung bilden, sollen nachfolgend kurz genannt werden.

1. Erschließung neuer Märkte

Einer der am häufigsten anzutreffenden Gründe für eine Kooperation mit einem anderen Unternehmen ist der Wunsch oder die Notwendigkeit, neue Märkte – zumeist im Ausland – zu erschließen. Hierfür besteht grundsätzlich auch die Möglichkeit der Gründung eines ausländischen Tochterunternehmens, sei es als 100% Tochter oder als Joint-Venture mit einem anderen Unternehmen. Letzteres stellt ebenfalls eine Form der Kooperation dar.[4] Häufig ist dies aber nicht der erste Schritt in einen ausländischen Markt. Vielmehr ist die Gründung eines ausländischen Tochterunternehmens oftmals der Abschluss einer Markterschließung. Regelmäßig wird zunächst versucht, den neuen Markt mittels dort ansässiger **Vertriebspartner** zu erschließen. Dabei ist es nicht selten aufgrund gesetzlicher Vorgaben oder aus wirtschaftlichen Gründen erforderlich, im jeweiligen Markt zu produzieren oder zumindest entsprechenden **After-Sales Service** zur Verfügung zu stellen. Auch dies erfordert regelmäßig eine Kooperation mit einem dortigen Partner, sofern nicht mit eigenem Personal eine Niederlassung eröffnet oder eine ausländische Tochtergesellschaft gegründet werden soll. Diese Kooperation kann sich dann sowohl auf die Produktion oder den Service als auch auf den Vertrieb beziehen. 2

2. Erschließung von Know-how

Ein weiterer Grund für eine Kooperation ist die Erschließung und Nutzung von Know-how. Hintergrund kann sein, dass die **Kosten** für notwendige Forschungs- und Entwicklungsmaßnahmen zwischen zwei oder mehreren Partnern geteilt werden sollen oder die vorhandene **Kompetenz** eines Partners in der Entwicklung für alle nutzbar gemacht werden soll, wenn ein Unternehmen eigene Kompetenz in diesem Bereich nicht aufbauen kann oder will. Die Erschließung von Know-how steht oftmals im Zusammenhang mit der Erschließung neuer Märkte, wenn hierbei eine Anpassung der vorhandenen Produkte an die besonderen Anforderungen der neuen Märkte notwendig ist. Neben den Kosten ist der **Zeitfaktor** nicht zu unterschätzen, da bei vorhandenem Know-how eines Kooperationspartners dem anderen Kooperationspartner Märkte wesentlich früher offen stehen können. 3

3. Risikoverteilung

Anlass für eine Kooperation kann ferner ein bestimmtes, von einem Kunden an ein Unternehmen herangetragenes oder ausgeschriebenes Projekt sein. Großprojekte sind regelmäßig mit erheblichen **Kosten und Risiken** behaftet, die durch die Kooperation geteilt werden sollen. Dieser Wunsch nach Risikoverteilung muss nicht notwendig auf Seiten der (potentiellen) Kooperationspartner bestehen, sondern kann auch vom Kunden kommen. So liegt etwa der Fall, wenn in großen Anlagenbauprojekten der Auftraggeber den Vertrag mit einem Konsortium abschließen will, um sicher zu gehen, dass bei Ausfall eines Konsortialpartners das Projekt von den verbleibenden Konsortialpartnern fertig gestellt wird.[5] 4

4. Verringerung von Investitionskosten

Darüber hinaus sind mit der Entwicklung neuer Produkte oder der Erschließung neuer Märkte erhebliche Investitionen verbunden. So kann beispielsweise die Schaffung von neuen **Produktionskapazitäten** erforderlich sein. In diesem Fall können die gemeinsame Errichtung und Nutzung neuer Produktionsstandorte oder die Lohnfertigung durch einen Kooperationspartner Alternativen sein. Dieser Grund ist oftmals ein Teilaspekt der 5

[4] Hierzu unter Rn. 141–151.

[5] Zum Konsortialvertrag im Sinne eines Stimmbindungsvertrags vgl. § 8; zu sonstigen Konsortialverträgen, insbesondere im Anlagenbau, vgl. Rn. 112 ff.

zuvor genannten Gründe, da eine Kooperation regelmäßig Synergien mit sich bringen soll und solche Synergieeffekte mit intendiert sind.

5. M&A – Transitional Services

6 Kooperationsverträge werden ferner im Zusammenhang mit Unternehmenstransaktionen abgeschlossen. Bei dem Erwerb eines Unternehmens im Wege des Share oder Asset Deals werden auf Grundlage von Transitional Services Agreements bestimmte **Leistungen** für eine **Übergangszeit** von einer Gesellschaft der Verkäuferseite erbracht (z.B. IT-Services, Logistik, Materialbeschaffung, vereinzelt auch Teilproduktion). Wenn ein Unternehmen aus einer bestehenden Unternehmensgruppe herausgelöst wird, muss sichergestellt werden, dass die bisher von einer Gesellschaft der Verkäuferseite erbrachten Leistungen bis zur Integration in die Unternehmensgruppe des Käufers weiter in Anspruch genommen werden können. In besonderer Weise gilt dies, wenn der Käufer nur einen Teilbereich eines Unternehmens im Wege eines Asset Deals erwirbt. Diese aus dem bestehenden Unternehmen herausgelöste Einheit ist häufig nicht in der Lage, sofort nach Closing eigenständig zu funktionieren, so dass für eine Übergangszeit bestimmte Leistungen in der bisherigen Form vom Verkäufer in Anspruch genommen werden müssen.

7 Darüber hinaus sind im Anschluss an eine M&A-Transaktion häufig konzerninterne Kooperationsverträge auf der Käuferseite erforderlich, um die Eingliederung neuer Gesellschaften zu ermöglichen und Synergien zu erreichen. Leistungen, die innerhalb einer Unternehmensgruppe durch eine Gesellschaft für andere Gesellschaften der gleichen Gruppe erbracht werden, sind neben den oben genannten vor allem Serviceleistungen in den Bereichen Personal, Buchhaltung und zentraler Einkauf.

6. Besondere Gründe für mittelständische Unternehmen

8 Alle vorgenannten Gründe treffen in besonderer Weise für mittelständische Unternehmen zu. Hauptgrund für eine Kooperation ist nämlich die **Begrenzung** finanzieller und menschlicher **Ressourcen.**[6] Dieser Umstand kommt regelmäßig bei mittelständischen Unternehmen besonders zum Tragen. Vor allem bei der Erschließung neuer Märkte im Ausland sind mittelständische Unternehmen in der Regel auf lokale Partner angewiesen, da sie die Kosten und Risiken der Erschließung neuer Märkte und von Auslandsinvestitionen oft nicht allein tragen können.

II. Arten von Kooperationsverträgen

9 Bei den Überlegungen zur Gestaltung eines Kooperationsvertrags ist zunächst zwischen rein schuldrechtlichen Kooperationsverträgen und solchen, die zur Gründung eines eigenständigen Unternehmensträgers führen, zu unterschieden. Allerdings wird auch bei Gründung eines Joint Venture Unternehmens, etwa in der Rechtsform der GmbH, regelmäßig zusätzlich ein schuldrechtlicher Joint Venture Vertrag zwischen den Gesellschaftern oder mit der Joint Venture Gesellschaft abgeschlossen. Eine Art Zwischenstellung nimmt seit der Entscheidung des BGH vom 29. 1. 2001 die Kooperation in der Form der Gesellschaft bürgerlichen Rechts ein.[7] Die Gesellschaft bürgerlichen Rechts ist zwar keine juristische Person, sie besitzt aber Rechtsfähigkeit, soweit sie eigenständig Rechte und Pflichten begründen kann.[8] Mithin beschränkt sich die Gründung einer Gesellschaft bürgerlichen Rechts in der Form einer Außengesellschaft nicht auf die Begründung schuldrechtlicher Beziehungen zwischen den Kooperationspartnern,[9] sondern

---

[6] *Hollmann* WuW 1992, 293 (295).

[7] BGHZ 146, 341 = NJW 2001, 1056.

[8] BGHZ 146, 341 = NJW 2001, 1056; BGH NJW 2002, 1207 (1208).

[9] So aber die herrschende Meinung bis zur Entscheidung des BGH vom 29. 1. 2002, vgl. MünchKommBGB/*Ulmer* Vorbemerkung § 705 Rn. 9 m.w.N.

führt zur Schaffung eines eigenständigen Rechtsträgers, der gegenüber den Vertragspartnern haftet. Allerdings haften die Gesellschafter, anders als bei Gründung einer GmbH, im Außenverhältnis grundsätzlich unbeschränkt für die Verbindlichkeiten der Gesellschaft.

1. Schuldrechtliche Kooperationsverträge

Schuldrechtliche Kooperationsverträge sind, anders als gesellschaftsrechtliche Kooperationsverträge, im Wesentlichen auf einen mittel- oder langfristigen Austausch von Leistungen gerichtet, wobei die Parteien nicht notwendig gleichgerichtete Interessen verfolgen müssen. Die Arten der in Betracht kommenden Verträge sind vielschichtig. Die Wahl des Vertrages hängt vor allen von dem Bereich ab, für den eine Kooperation angestrebt wird. In Betracht kommen neben Vertriebsverträgen und Verträgen über Lizenzproduktion Verträge über die Erbringung von After-Sales Services oder so genannte Transitional Services Agreements im Zusammenhang mit M&A Transaktionen. Gemeinsam ist diesen Verträgen, dass kein eigenständiges Rechtssubjekt, also keine neue Gesellschaft gegründet wird. 10

2. Gesellschaftsrechtliche Kooperationsverträge

Das wichtigste Beispiel für einen gesellschaftsrechtlichen Kooperationsvertrag ist die Gründung eines Gemeinschaftsunternehmens oder **Joint Ventures.** Dieses Unternehmen kann unterschiedlichen Zwecken dienen. Es kann Betreibergesellschaft einer gemeinsamen Produktionsanlage sein oder als ausländische Vertriebsgesellschaft für die Kooperationspartner tätig werden. 11

Unter die gesellschaftsrechtlichen Kooperationsverträge fällt auch die **ARGE** im Baugewerbe oder das **Konsortium** im Anlagenbau. Aber auch wenn durch die Kooperationspartner ein sonstiger gemeinsamer Zweck durch Bereitstellung von Mitteln verfolgt wird, etwa ein gemeinsam durchgeführtes Entwicklungsprojekt, liegt kraft Gesetzes eine **Gesellschaft bürgerlichen Rechts** vor. Sofern diese nicht nach außen auftritt und keine eigenständigen Rechte und Pflichten begründet, sondern nur einer der Gesellschafter gegenüber Dritten handelt und Verträge im eigenen Namen abschließt, handelt es sich um eine reine Innengesellschaft, die keine eigene Rechtsfähigkeit besitzt.[10] In diesem Fall werden lediglich schuldrechtliche Beziehungen im Innenverhältnis zwischen den Gesellschaftern begründet und geregelt. Da das Gesetz nicht zwischen Innen- und Außengesellschaft unterscheidet und ein Teil der vertraglichen Gestaltungen bei Innen- und Außengesellschaft identisch sind, wird auch die Gesellschaft bürgerlichen Rechts als Innengesellschaft bei den gesellschaftsrechtlichen Kooperationsverträgen behandelt, obwohl es sich streng genommen um einen rein schuldrechtlichen Vertrag handelt. 12

III. Kriterien für die Vertragswahl

Die Wahl der Vertragsform, in der die Kooperation geregelt werden soll, hängt zunächst davon ab, wie stark und dauerhaft sich die Kooperationspartner binden wollen. Für eine nur mittelfristige oder auf ein Einzelprojekt beschränkte Zusammenarbeit dürfte die Gründung eines Gemeinschaftsunternehmens regelmäßig ausscheiden und sich eine rein schuldrechtliche Gestaltung anbieten. Es handelt sich allerdings um einen vielschichtigen Entscheidungsprozess, der eine genaue Analyse des Ist-Zustandes im Unternehmen sowie der verfolgten Strategien und vor allem die Auswahl geeigneter Kooperationspartner vorauszugehen hat.[11] Im Einzelnen sollten die nachfolgenden Punkte in die Vorüberlegungen mit einbezogen werden: 13

– Soll die Kooperation in einem eigenständigen Unternehmen institutionalisiert werden, das selbst am Markt auftritt?

---

[10] MünchKommBGB/*Ulmer* § 705 Rn. 277; *Bamberger/Roth/Timm/Schöne* § 705 Rn. 14.
[11] *Becker/Müller* DStR 2007, 733 (736 f.); *Gerk* DB 1991, 1337 (1339).

- Auf welche Bereiche soll sich die Kooperation beziehen?
- Auf welchen Zeitrahmen ist die Kooperation angelegt?
- Welche Beiträge sollen die Kooperationspartner leisten?
- Wie sollen Erträge aus der Kooperation verteilt werden?
- Wem stehen die Ergebnisse der Kooperation (Entwicklungen, Schutzrechte, neu gewonnene Kunden) bei Beendigung zu?
- Welche Risiken können sich aus der Kooperation ergeben und wie sollen diese zwischen den Parteien verteilt werden?

IV. Kartellrechtliche Hinweise

14 Eine Kooperation, insbesondere eine solche zwischen Wettbewerbern, hat regelmäßig kartellrechtliche Implikationen.[12] Auf europäischer Ebene verbietet Art. 81 EGV Vereinbarungen zwischen Unternehmen, die geeignet sind, den Handel zwischen den Mitgliedsstaaten zu beeinträchtigen und die eine Verhinderung, Einschränkung oder Verfälschung des Wettbewerbs innerhalb des Gemeinsamen Marktes bezwecken oder bewirken. Auf nationaler Ebene ergibt sich das **Verbot** wettbewerbsbeschränkender Vereinbarungen aus § 1 GWB. Für spezielle Bereiche gibt es **Freistellungen** von dem europarechtlichen Kartellverbot des Art. 81 Abs. 1 EGV durch so genannte Gruppenfreistellungsverordnungen, die auch bei der Beurteilung der kartellrechtlichen Zulässigkeit nach dem nationalen Recht der Mitgliedstaaten zu berücksichtigen sind. Dies sind unter anderem die VO (EG) 2790/1999 für den Bereich der vertikalen Vertriebsvereinbarungen, die VO (EG) 2659/2000 hinsichtlich Forschungs- und Entwicklungskooperationen sowie die VO (EG) 240/96 für den Bereich des Technologietransfers, etwa bei einer Lizenzproduktion. Diese Gruppenfreistellungsverordnungen und die hierzu ergangenen Leitlinien der Europäischen Kommission geben Anhaltspunkte zur Zulässigkeit einzelner Verträge und Vertragsklauseln.

15 Ein Verstoß gegen das Verbot wettbewerbsbeschränkender Vereinbarungen führt zunächst zur **Unwirksamkeit** der betreffenden Klausel. Das Schicksal des übrigen Vertrags richtet sich grundsätzlich nach dem nationalen Recht, welches auf den Vertrag anzuwenden ist. Sofern der Vertrag dem Recht der Bundesrepublik Deutschland unterliegt, gilt § 139 BGB. Dieser ordnet die Nichtigkeit des gesamten Vertrags an, wenn nicht anzunehmen ist, dass er auch ohne den nichtigen Teil abgeschlossen worden wäre. § 139 BGB ist allerdings abdingbar, so dass der Gesamtnichtigkeit durch eine sogenannte Salvatorische Klausel vorgebeugt werden kann.[13]

16 Die Vereinbarung von Wettbewerbsbeschränkungen kann ferner zu einer Verhängung von **Bußgeldern** führen. Diese werden regelmäßig nur dem durch das Wettbewerbsverbot Begünstigten auferlegt. Anders stellt sich die Situation allerdings dar, wenn die Parteien hinsichtlich der vom Wettbewerbsverbot betroffenen Waren und Dienstleistungen (potentielle) Wettbewerber sind und das vermeintliche Wettbewerbsverbot tatsächlich eine verdeckte Kartellabsprache darstellt. Dann müssen alle Beteiligten mit empfindlichen Geldbußen rechnen. Zur Vermeidung der Risiken eines Kartellrechtsverstoßes sollten die Kooperationsverträge unter kartellrechtlichen Gesichtspunkten geprüft werden.

B. Schuldrechtliche Kooperationsverträge

Bei schuldrechtlichen Kooperationsverträgen finden sich eine ganze Reihe typischer Klauseln, vorweg sind jedoch einige allgemeine Aspekte zu bedenken.

---

[12] *Streinz/Eilmansberger* Art. 81 EGV Rn. 227.

[13] Vgl. den Klauselvorschlag Rn. 62.

I. Allgemeines

Grundsätzlich gilt für die Verwendung von Musterklauseln bei der Gestaltung von Verträgen, dass jeweils die Besonderheiten des Einzelfalles zu beachten sind. Aus diesem Grund können Vertragsmuster nur einen Anhaltspunkt für die zu regelnden Bereiche geben, jedoch nicht die Vertragsgestaltung ersetzen. Dies gilt im Besonderen für Kooperationsverträge, da diese für einen längeren Zeitraum abgeschlossen werden und von großer wirtschaftlicher Bedeutung für die Beteiligten sind. Die Parteien müssen die zu regelnden wirtschaftlichen Punkte identifizieren sowie sich inhaltlich einigen. Ihre Berater sollten diesen Vorgang begleiten, die gewünschten Regelungen auf ihre Wirksamkeit und Zulässigkeit prüfen sowie den Vertrag gestalten. 17

Die nachfolgend dargestellten Bereiche sollten in jedem Fall in die Überlegungen zur Gestaltung eines Kooperationsvertrags einbezogen werden. Deshalb werden sie vorab dargestellt, bevor im Anschluss auf einige häufig vorkommende Vertragstypen einzeln eingegangen wird. Die vorgeschlagenen Klauseln sollten im Einzelfall auf ihre Geeignetheit für den intendierten Vertrag geprüft werden. Werden die vorgeschlagenen Klauseln nicht mit dem Vertragspartner individuell ausgehandelt, sondern diesem einseitig auferlegt, handelt es sich um Allgemeine Geschäftsbedingungen im Sinne der §§ 305 ff. BGB. Die Regelungen unterliegen dann der Inhaltskontrolle durch Gerichte und können selbst im Rechtsverkehr zwischen Unternehmen unwirksam sein, obwohl sie im Falle eines individuellen Aushandelns zulässig gewesen wären.[14] Ein individuelles Aushandeln setzt nach der Rechtsprechung des BGH voraus, dass die Klausel von dem Verwender inhaltlich ernsthaft zur Disposition gestellt wird und dem Verhandlungspartner Gestaltungsfreiheit zur Wahrung seiner Interessen eingeräumt wird.[15] Eine **AGB-Klausel,** die den Kooperationspartner unbillig benachteiligt, ist unwirksam. An die Stelle der unwirksamen Regelung tritt dann die gesetzliche Regelung. Fehlt es an einer entsprechenden gesetzlichen Regelung, ist die durch die Unwirksamkeit entstandene Lücke im Wege der Auslegung zu schließen.[16] Soweit einzelne Klauseln der nachfolgend vorgeschlagenen Klauseln als einseitig gestellte Klausel nach dem derzeitigen Stand der Rechtsprechung unwirksam sein könnten, wird darauf im Text hingewiesen. 18

II. Typische Regelungen

Auch für Kooperationsverträge gibt es eine Reihe typischer Regelungsaspekte:

1. Bezeichnung des Vertrags

Bereits die Wahl der Überschrift und damit die Bezeichnung des Vertrags kann Indiz für die **rechtliche Qualifikation** des Vertrags sein.[17] Entsprechend sollte bei der Wahl der Überschrift, insbesondere wenn diese auf einen gesetzlich geregelten Vertragstyp Bezug nimmt, überlegt werden, ob diese Qualifikation des Vertrags zu unerwünschten Rechtsfolgen führt. Relevant ist dies beispielsweise bei der Bezeichnung als Dienstvertrag einerseits oder als Werkvertrag andererseits im Hinblick auf die geschuldete Leistung und auf Mängelansprüche. Bei einem Werkvertrag wird nach der Definition des Gesetzes ein Leistungserfolg geschuldet, bei einem Dienstvertrag hingegen die bloße Leistungshandlung.[18] 19

---

[14] BGH NZBau 2005, 590; BGH NJW 1991, 843; MünchKommBGB/*Basedow* § 305 Rn. 19; *Palandt/Heinrichs* § 305 Rn. 9.

[15] BGH NJW 2000, 1110 (1111 f.); so auch BAG DB 2006, 1377 f.

[16] MünchKommBGB/*Basedow* § 306 Rn. 23.

[17] *Palandt/Weidenkaff* Überbl v § 433 Rn. 3; *Heussen/Imbeck* Teil 3 Rn. 103.

[18] MünchKommBGB/*Busche* § 631 Rn. 14.

2. Gegenstand und Zweck der Zusammenarbeit

Gegenstand und Zweck der Zusammenarbeit können in einer Präambel des Vertrags grob beschrieben werden und sollten detailliert in der Regelung zum Vertragsgegenstand geregelt sein.

20 **a) Präambel.** Die Präambel ist ein Instrument aus der angloamerikanischen Vertragsgestaltung,[19] findet aber auch in deutschen Verträgen immer stärkere Verbreitung. Insbesondere bei komplexeren Verträgen empfiehlt es sich, eine Präambel voranzustellen, um außenstehenden Dritten, beispielsweise für den Fall der gerichtlichen oder schiedsgerichtlichen Auseinandersetzung, eine kurze Erläuterung über die Rechtsverhältnisse zwischen den Parteien zu geben.[20] Hinzu kommt, dass in der Präambel der Regelungswille der Parteien zum Ausdruck gebracht werden kann, der dann bei der **Auslegung** der einzelnen Regelungen Berücksichtigung findet.[21]

Formulierungsbeispiel Präambel:

X ist im Bereich [...], insbesondere für [...] tätig. Y ist als [...] tätig und verfügt über langjährige Erfahrung im Bereich [...]. Die Parteien haben bereits in der Vergangenheit gelegentlich auf Fall zu Fall Basis zusammengearbeitet. Die Parteien beabsichtigen zukünftig im Bereich [...] zu kooperieren. Dies vorausgeschickt, vereinbaren die Parteien folgendes:

21 Bei der Formulierung der Präambel ist zu berücksichtigen, dass die dort niedergelegten Aussagen als zwischen den Parteien unstreitig gelten. Daher werden sie nicht nur zur Auslegung des Vertrags herangezogen, sondern können auch als dessen **Vertragsgrundlage** gelten. Entsprechend ist davor zu warnen, dort Formulierungen aufzunehmen, die falsche Erwartungen beim Kooperationspartner wecken. Oftmals enthalten Präambeln Formulierungen, wie „X ist weltweit führend im Bereich [...]". Dies liest jeder Unternehmer gerne im Hinblick auf sein eigenes Unternehmen. Allerdings kann der Kooperationspartner hierauf ein gewisses Vertrauen stützen. Falls dieses Vertrauen enttäuscht wird, kann der Kooperationspartner, der auf eine solche Präambel vertraut hat, unter im Einzelnen zu prüfenden besonderen Voraussetzungen Anpassung oder Beendigung des Vertrags wegen Wegfalls der Geschäftsgrundlage verlangen oder sogar Schadensersatzansprüchen geltend machen.[22] Entsprechend ist auch bei Formulierungen wie „Die Parteien beabsichtigen eine langfristige Zusammenarbeit [...]" Vorsicht geboten. Nimmt der Kooperationspartner in Erwartung der langfristigen Kooperation Investitionen vor und wird der Vertrag kurz darauf gekündigt, können Schadensersatzansprüche gegen den kündigenden Kooperationspartner bestehen. Auch können sich aus der Präambel Hinweise auf eine kartellrechtliche Unzulässigkeit ergeben, wenn etwa eine marktbeherrschende Stellung eines der Kooperationspartner vorliegt und dies bereits in der Präambel Erwähnung findet.

22 **b) Vertragsgegenstand.** In den Regelungen zum Vertragsgegenstand wird ausgeführt, was Inhalt des Vertrags ist. Hier sollte bestimmt werden, welche **Hauptpflichten** die Kooperationspartner übernehmen. Einer genauen Ausgestaltung der einzelnen Pflichten bedarf es an dieser Stelle noch nicht. Die Einzelheiten sind dann in den in den Regelungen zu Pflichten und Leistungen oder auch in einer Anlage zum Vertrag näher zu regeln. Letzteres bietet sich an, wenn verschiedenartige Leistungen von einer Partei zu erbringen sind, wenn die einzelnen Leistungen sich im Laufe der Durchführung des Vertrags ändern können oder wenn Art und Umfang detailliert zu regeln sind (z.B. technische Spezifikationen, Lasten- und Pflichtenhefte). Falls Änderungen der Leistungspflich-

---

[19] *Döser* NJW 2000, 1451 (1453).
[20] *Heussen/Imbeck* Teil 3 Rz. 106.
[21] *Heussen/Imbeck* Teil 3 Rz. 107; *Döser* NJW 2000, 1451 (1453); *Pilger* BB 2000, 368 (369).
[22] BGH NJW 1995, 1425 (1428); *Pilger* BB 2000, 368 (369).

ten erforderlich werden, müssen nur die Anlagen ausgetauscht werden. Im Vertrag selbst ist dann lediglich ein Verweis enthalten, dass die Parteien die sich aus der Anlage ergebenden Leistungen zu erbringen haben. Zu beachten ist, dass auch die Anpassung oder der Austausch von Anlagen Vertragsänderungen darstellen, die einer Einigung der Parteien bedürfen.

3. Beiträge/Leistungen

Über die Art der Leistungen der einzelnen Kooperationspartner besteht bei Vertrags- 23
beginn häufig Einigkeit. Dies hat oftmals zur Folge, dass die zu erbringenden Leistungen nur sehr rudimentär geregelt werden. Dies kann im Fall einer streitigen oder gar gerichtlichen Auseinandersetzung zu Problemen führen. Zwar ergibt sich eine Vielzahl so genannter vertraglicher **Nebenpflichten** aus dem Gesetz oder den Grundsätzen von Treu und Glauben, jedoch ist dringend zu empfehlen, alle wesentlichen Inhalte angemessen zu regeln. Ebenfalls geregelt werden sollte, wann diese Leistungen jeweils zu erbringen sind. So ist beispielsweise in Forschungs- und Entwicklungsverträgen die Vereinbarung so genannter **Milestones** und Termine üblich und auch sinnvoll. Sofern die Erbringung einzelner Leistungen vom Eintritt bestimmter Bedingungen abhängig sein soll, sind auch diese möglichst genau festzulegen. Aufgrund der Vielzahl der möglichen Konstellationen kann hier kein allgemeingültiger Formulierungsvorschlag gemacht werden.

4. Haftung

Ein wesentlicher Punkt eines jeden Vertrags ist die Haftung und somit das aus einem 24
Vertrag folgende Risiko. Dies gilt insbesondere für Kooperationspartner, deren Leistung nicht lediglich in der Erbringung einer Geldzahlung besteht. Von wenigen Ausnahmen abgesehen, besteht eine Haftung grundsätzlich nur im Falle einer schuldhaften **Pflichtverletzung.** Hierfür reicht allerdings jede Form von Verschulden und damit auch **leichte Fahrlässigkeit** aus, soweit die Vertragsparteien keine abweichenden Regelungen getroffen haben. Gehaftet wird grundsätzlich für jeden durch die Pflichtverletzung adäquat kausal verursachten Schaden, soweit der Schadenseintritt nicht völlig außerhalb des gewöhnlichen Geschehensablaufs liegt.[23] Somit haften die Kooperationspartner grundsätzlich auch für **Folgeschäden,** wie beispielsweise entgangenen Gewinn oder Produktionsausfall. Allerdings muss der Anspruchsteller den entstandenen Schaden konkret darlegen und in einer gerichtlichen Auseinandersetzung im Bestreitensfalle auch beweisen. Letzteres ist insbesondere im Hinblick auf intern entstandenen Aufwand und die Kosten des Einsatzes von eigenem Personal und Maschinen häufig problematisch.

Je nach Interessenlage empfiehlt es sich daher, eine vom Gesetz abweichende Haf- 25
tungsregelung im Vertrag zu treffen. Häufig werden Regelungen getroffen, wonach die Haftung im Falle leichter Fahrlässigkeit ausgeschlossen oder zumindest summenmäßig begrenzt ist. Fernern kommen Regelungen in Betracht, wonach die Haftung für Folgeschäden ausgeschlossen wird. Nicht ausgeschlossen werden kann die Haftung für vorsätzliche Pflichtverletzungen.[24] Dies betrifft eigenes Verschulden, einschließlich der Haftung für vorsätzliche Pflichtverletzungen von Organen juristischer Personen, wenn eine juristische Person Vertragspartner ist.[25] So wäre eine Regelung, wonach die GmbH nicht für vorsätzliche Vertragsverletzungen ihrer Geschäftsführer haftet, auch in einer individuellen Vereinbarung mit dem Vertragspartner unwirksam. Ein Ausschluss der Haftung für vorsätzliches Verhalten von normalen Angestellten ist demgegenüber zulässig.[26]

Die gesetzliche Haftung ist bereits sehr weitgehend, kann aber durch die Übernahme von **Garantien** noch verschärft werden.

---

[23] MünchKommBGB/*Oettker* § 249 Rn. 105.
[24] Vgl. § 276 Abs. 3 BGB.
[25] *Palandt/Heinrichs* § 130 Rn. 4.
[26] Vgl. § 278 Satz 2 BGB.

Formulierungsbeispiel Haftungsklausel:

Die Kooperationspartner haften einander nur im Falle von Vorsatz und grober Fahrlässigkeit. Soweit keine vorsätzliche Pflichtverletzung vorliegt, ist die Haftung für Folgeschäden jedoch begrenzt auf EUR [...] pro Fall und EUR [...] pro Vertragsjahr.

26 Die vorgenannten Erläuterungen und Formulierungen gelten für Individualvereinbarungen. Solche Regelungen wären in **Allgemeinen Geschäftsbedingungen** unwirksam. Gemäß § 309 Nr. 7 BGB kann die Haftung bei Verletzung von Leben, Körper, Gesundheit und bei grobem Verschulden in Allgemeinen Geschäftsbedingungen nicht ausgeschlossen oder beschränkt werden. Dies gilt auch im rein unternehmerischen Verkehr.[27] Umstritten und vom BGH noch nicht abschließend entschieden ist, ob sich der Unternehmer für **grobes Verschulden** einfacher Erfüllungsgehilfen freizeichnen kann.[28] Nach der Rechtsprechung des BGH ist ferner eine Haftungsfreizeichnung oder -beschränkung bei Verletzung so genannter Kardinalpflichten unwirksam.[29] Zu den Kardinalpflichten gehören nicht nur die vertraglichen Hauptleistungspflichten, sondern auch Nebenpflichten, sofern sie für die Erreichung des Vertragszwecks von besonderer Bedeutung sind.[30] Diese Rechtsprechung schränkt auch die Möglichkeit einer Begrenzung oder des Ausschlusses der Haftung für leichte Fahrlässigkeit von Erfüllungsgehilfen erheblich ein.[31] Die Rechtsprechung des BGH führt im Ergebnis dazu, dass Haftungsbegrenzungen in Allgemeinen Geschäftsbedingungen nur in sehr beschränktem Umfang möglich sind. Daher ist dringend zu empfehlen, die Haftungsregelung individuell auszuhandeln. Bei der Bemessung der Haftungssummen kann auch berücksichtigt werden, in welchem Umfang die potentielle Haftung durch Versicherungen abgedeckt ist.

5. Vertragsdauer und Kündigung

Regeln zur Laufzeit von Verträgen sollten Aussagen dazu treffen, ob der Vertrag befristet oder unbefristet abgeschlossen wird, unter welchen Voraussetzungen und mit welchen Fristen er gekündigt werden kann und welche Formerfordernisse bei der Kündigung zu beachten sind.

27 a) **Laufzeit.** Bei der Regelung der Laufzeit ist zunächst festzulegen, ob der Vertrag zeitlich befristet oder unbefristet abgeschlossen werden soll. Zeitlich **befristete Verträge** können während ihrer festen Laufzeit nicht ordentlich gekündigt werden, wenn dies nicht ausdrücklich vereinbart worden ist. Ob auch ein befristeter Vertrag ordentlich kündbar sein soll oder nicht, ist eine Frage des Einzelfalls und hängt davon ab, inwieweit die Parteien den Vertrag sicher durchführen wollen. Unter Umständen kommt auch eine Regelung in Betracht, wonach der Vertrag bei Vorliegen bestimmter Voraussetzungen, etwa wenn ein bestimmter Erfolg bis zu einem bestimmten Zeitpunkt nicht erreicht wird, einseitig gekündigt werden kann.

Formulierungsbeispiel Kündigungsklausel:

Der Vertrag tritt mit Unterzeichnung in Kraft und endet mit Ablauf des 31. 12. 2008. Sollte der als Milestone 1 bezeichnete und in Anlage A zum Vertrag beschriebene Entwicklungsstand nicht bis zum 30. 6. 2008 erreicht werden, ist X berechtigt, den Vertrag innerhalb von 14 Tagen zu kündigen. Die Kündigung bedarf zu ihrer Wirksamkeit der Schriftform.

[27] OLG Hamm NJW-RR 1996, 969; *Palandt/Grüneberg* § 309 Rn. 48.

[28] BGHZ 95, 170, 182 = NJW 1985, 2258, (2261); MünchKommBGB/*Kieninger* § 309 Nr. 7 Rn. 36.

[29] BGH NJW-RR 2006, 267 (269).

[30] BGH NJW 1985, 914 (916).

[31] BGH NJW 1985, 914 (916).

Oftmals wollen die Kooperationspartner eine bestimmte **Mindestlaufzeit** des Kooperationsvertrags sicherstellen, damit etwa notwendige Anfangsinvestitionen amortisiert werden können. Hierfür bieten sich zwei unterschiedliche Gestaltungsmöglichkeiten an. Zum einen kann ein unbefristeter Vertrag mit gesetzlichen oder vertraglichen Fristen für die ordentliche Kündigung abgeschlossen werden. Zusätzlich enthält der Vertrag eine Regelung, dass er erstmals zu einem bestimmten Termin gekündigt werden kann, also eine bestimmte Mindestlaufzeit hat. 28

Formulierungsbeispiel Mindestlaufzeitklausel:

Der Vertrag tritt am 1. 1. 2008 in Kraft und läuft auf unbestimmte Zeit. Der Vertrag kann von jeder Partei unter Einhaltung einer Kündigungsfrist von drei Monaten zum Ende eines Quartals gekündigt werden, erstmals jedoch zum 31. 12. 2008. Die Kündigung bedarf zu ihrer Wirksamkeit der Schriftform.

Zum anderen kann eine so genannte **Evergreen-Klausel** vereinbart werden: Diese führt im Ergebnis ebenfalls zu einer Mindestlaufzeit, nach deren Ende der Vertrag sich automatisch verlängert, wenn er nicht zuvor gekündigt wird. Der Unterschied liegt darin, dass die Vertragsverlängerung meist einen längeren Zeitraum umfasst, als die nach Ende der Mindestlaufzeit geltende Kündigungsfrist. Dies muss aber nicht zwingend so sein, so dass beide Klauseln im Ergebnis alternativ verwendet werden können. 29

Formulierungsbeispiel Evergreen-Klausel:

Der Vertrag tritt am 1. 1. 2008 in Kraft und endet mit Ablauf des 31. 12. 2008. Der Vertrag verlängert sich automatisch um jeweils ein Jahr, wenn er nicht zuvor von einer der Parteien mit einer Frist von drei Monaten zum Laufzeitende gekündigt wird. [oder: Der Vertrag verlängert sich auf unbestimmte Zeit und kann mit einer Frist von [...] gekündigt werden.] Die Kündigung bedarf zu ihrer Wirksamkeit der Schriftform.

b) Gesetzliche Mindestfristen für ordentliche Kündigungen. Grundsätzlich können Laufzeit und Kündigungsfristen zwischen den Kooperationspartnern frei vereinbart werden. Bei allen Vereinbarungen zur Laufzeit ist jedoch zu beachten, dass das Gesetz für einzelne Vertragsverhältnisse bestimmte zwingende Mindestkündigungsfristen vorsieht. Die Folge von deren Nichtbeachtung ist, dass eine vertraglich vereinbarte kürzere **Kündigungsfrist unwirksam** ist und an deren Stelle die gesetzliche Kündigungsfrist tritt.[32] Dies gilt beispielsweise für die gesetzlichen Kündigungsfristen bei Handelsvertreterverträgen gemäß § 89 Abs. 1 HGB.[33] 30

c) **Außerordentliche Kündigung.** Darüber hinaus sind Kooperationsverträge, wie alle Dauerschuldverhältnisse, stets außerordentlich aus wichtigem Grund kündbar. Dies gilt auch während einer festen Vertragslaufzeit und unabhängig davon, ob dieses Recht ausdrücklich im Kooperationsvertrag vorgesehen ist. Das Recht zur Kündigung aus wichtigem Grund gilt nach § 314 BGB von Gesetzes wegen für alle Dauerschuldverhältnisse. Zu beachten ist, dass Gesetz und Rechtsprechung **hohe Anforderungen** an das Vorliegen eines wichtigen Grundes zur außerordentlichen Kündigung stellen. 31

Voraussetzung für das Vorliegen eines wichtigen Grundes ist, dass dem Kündigenden die Fortsetzung des Vertragsverhältnisses bis zum vereinbarten Beendigungszeitpunkt oder bis zum Ablauf der ordentlichen Kündigungsfrist unter Berücksichtigung aller Um- 32

[32] BGHZ 40, 235 = NJW 1964, 350.

[33] Ob die Frist des § 89 HGB analog auf Vertragshändler anzuwenden sind, ist umstritten, vgl. *Baumbach/Hopt* § 84 Rn. 11 m. w. N.

stände und unter Abwägung der beiderseitigen Interessen **unzumutbar** ist.[34] Hierbei ist ein schuldhaftes Handeln für das Vorliegen eines wichtigen Grundes nicht erforderlich.[35] Sofern der wichtige Grund in einer Pflichtverletzung durch einen Kooperationspartner besteht, ist für die Kündigung zunächst erforderlich, dass eine Frist zur Abhilfe gesetzt wurde und diese erfolglos abgelaufen ist oder der Kooperationspartner erfolglos abgemahnt worden ist.

33 Ob ein Grund zur Kündigung aus wichtigem Grund vorliegt, ist immer eine Frage des Einzelfalls. Allerdings können die Parteien auch eine Regelung zum Vorliegen eines wichtigen Grundes zur Kündigung treffen. Nach Ansicht des BGH sind die Vertragsparteien grundsätzlich berechtigt, für sich verbindlich festzulegen, wann beide oder eine von ihnen berechtigt sein soll, den Vertrag mit sofortiger oder zeitlich kurzer Frist zu beenden.[36] Allerdings kann die Berufung auf einen vertraglich vereinbarten wichtigen Grund unter Umständen gegen das Gebot von Treu und Glauben verstoßen.[37]

Formulierungsbeispiel Katalog wichtiger Gründe:

Das Recht zur Kündigung des Vertrags aus wichtigem Grund bleibt unberührt. Als wichtiger Grund für die Kündigung gilt insbesondere:

(1) eine wesentliche Veränderung der Inhaber- oder Geschäftsleitungsverhältnisse eines der Kooperationspartner, es sei denn, dass davon eine Beeinträchtigung der Belange des anderen Kooperationspartners nicht zu besorgen ist; in jedem Fall haben die Kooperationspartner sich von derartigen Veränderungen unverzüglich schriftlich zu unterrichten;

(2) eine nicht unerhebliche Verletzung von Verpflichtungen aus diesem Vertrag, die trotz Abmahnung und ausreichender Gelegenheit zur Beseitigung nicht beseitigt wurde oder

(3) eine erhebliche Verschlechterung der finanziellen Verhältnisse eines der Kooperationspartner, der Antrag auf Eröffnung eines Insolvenz- oder vergleichbaren Verfahrens, die Eröffnung eines solchen Verfahrens oder deren Ablehnung mangels Masse.

34 Liegt ein wichtiger Grund vor, hat die Kündigung innerhalb einer angemessenen **Frist** zu erfolgen. Die aus dem Arbeitsrecht bekannte 2-Wochen-Frist kann allerdings nicht entsprechend angewendet werden.[38] Wegen der Vielgestaltigkeit der Vertragsverhältnisse ist es ausgeschlossen, die Frist für alle Vertragstypen einheitlich zu bemessen. So hat der BGH beispielsweise eine Kündigung innerhalb von zwei Monaten nach Kenntnis der den wichtigen Grund begründenden Umstände bei einem Vertragshändlervertrag für zulässig, bei einem Handelsvertretervertrag jedoch für zu lange erachtet.[39]

35 **d) Formerfordernis.** Grundsätzlich kann die Kündigung formlos erfolgen, wenn keine gesetzlichen Formvorschriften bestehen oder solche vertraglich vereinbart worden sind. Es empfiehlt sich aber, aus Gründen der Beweissicherung sowie als Übereilungsschutz ein Schriftformerfordernis zu vereinbaren. Die Nichteinhaltung der vertraglich vereinbarten Schriftform führt nach § 125 Satz 2 BGB im Zweifel zur Unwirksamkeit der Kündigung. Ob die Einhaltung der Schriftform Wirksamkeitsvoraussetzung sein soll oder lediglich der Beweissicherung dient, ist durch Auslegung im Einzelfall zu ermitteln.[40] Entsprechend ist eine klare Formulierung, wie die oben vorgeschlagene zu wählen, wonach die Einhaltung der Schriftform Wirksamkeitsvoraussetzung ist. Anders als bei gesetzlich vorgeschriebener Schriftform, bei der die Schriftform nur bei Übermittlung

---

[34] MünchKommBGB/*Gaier* § 314 Rn. 10.
[35] BGH NJW 1986, 3134 (3135).
[36] BGH NJW-RR 1988, 1381 (1382); BGH NJW-RR 1992, 1059 (1060).
[37] *Martinek/Semler/Habermeier/Flohr* § 12 Rn. 94.
[38] BGH, NJW 1982, 641 f.
[39] BGH, NJW 1994, 722 (723).
[40] *Palandt/Heinrichs* § 125 Rn. 12.

des unterschriebenen Originals an den Erklärungsempfänger gewahrt ist,[41] genügt bei vertraglich vereinbarter Schriftform auch die Erklärung per **E-Mail** oder **Telefax,** soweit nicht ein anderer Wille anzunehmen ist.[42] Um späteren Streitigkeiten über die Wirksamkeit der Kündigung oder sonstiger Erklärungen vorzubeugen, für die ein Schriftformerfordernis vertraglich vorgesehen wurde, sollte eine entsprechende klarstellende Regelung aufgenommen werden.

Formulierungsbeispiel Schriftformklausel:

Die vertraglich vereinbarte Schriftform ist auch durch E-Mail, Telefax oder Computerfax gewahrt.

oder:

E-Mail, Telefax oder Computerfax genügen nicht zur Wahrung der vertraglich vereinbarten Schriftform.

6. Lenkungsgremien und sonstige Anpassungsmechanismen

Bei längerfristigen Verträgen kann es während der Laufzeit des Vertrags notwendig werden, dass Anpassungen des Vertrags vorgenommen werden oder bestimmte Punkte verbindlich festgestellt werden. Hierzu sollten im Vorfeld klare Regelungen getroffen werden. Zum einen können bestimmte Anpassungsmechanismen vorgesehen werden, zum anderen können Lenkungsgremium installiert werden, die zur Anpassung des Vertrags berechtigt sind. Letzteres empfiehlt sich insbesondere bei komplexen Verträgen. 36

a) **Lenkungsgremium.** Erforderlich sind Regelungen über den Zuständigkeitsbereich des Lenkungsgremiums, über dessen Kompetenzen und über das Verfahren für Änderungen oder Festlegungen. Zudem sollte festgelegt werden, dass die Personen in den betreffenden Lenkungsgremien bevollmächtigt sind, im Rahmen der vereinbarten Kompetenzen verbindliche Erklärungen für den jeweiligen Kooperationspartner abzugeben. Inhalte und Umfang des Zuständigkeitsbereichs eines solchen Lenkungsgremiums hängen vom Einzelfall ab. Abstrakt könnte eine solche Regelung etwa wie folgt lauten: 37

Formulierungsbeispiel Lenkungsausschuss:

(1) Der Lenkungsausschuss wird als höchste Instanz für Entscheidungen im Rahmen der Durchführung dieses Vertrags eingerichtet. Der Lenkungsausschuss stellt die Erreichung der vertraglich vereinbarten Ziele gemäß Anlage A fest und ist für etwa notwendige Anpassungen des Vertrags gemäß Anlage B zuständig. Der Lenkungsausschuss entscheidet einstimmig.

(2) Jeder Vertragspartner hat [...] Personen in den Lenkungsausschuss zu entsenden. Mindestens eine der von einem Vertragspartner entsandten Personen ist mit der technischen Durchführung des Vertrags und eine mit der wirtschaftlichen Durchführung des Vertrags betraut. Die von jedem Vertragspartner zu entsendenden Personen sind bei Abschluss des Vertrags schriftlich zu benennen. Änderungen sind ebenfalls schriftlich bekannt zu geben und gelten ab Zugang der Bekanntgabe beim anderen Vertragspartner. Jeder Vertragspartner hat das Recht, einer Entsendung durch den anderen Vertragspartner zu widersprechen, wenn wichtige Gründe hierfür vorliegen, insbesondere wenn Gründe in der Person des Entsandten vorliegen, die einer vertrauensvollen Zusammenarbeit entgegenstehen.

(3) Der Lenkungsausschuss tagt einmal pro Quartal; er hat ferner innerhalb von 10 Arbeitstagen zu tagen, wenn eine Partei die andere schriftlich hierzu unter Nennung der Gründe auffordert.

---

[41] BGH NJW 1997, 3169 (3170); BGH NJW-RR 1997, 684 (685).

[42] *Palandt/Heinrichs* § 127 Rn. 2; MünchKommBGB/*Einsele* § 127 Rn. 10.

38 **b) Änderungsrecht.** Des Weiteren kann es erforderlich sein, dass eine der Parteien einseitig Leistungsänderungen vornehmen darf. Dies gilt insbesondere in Fällen, in denen von einer Partei zu erbringende Leistungen zu Beginn des Vertrags noch nicht eindeutig feststehen oder sich, wie beispielsweise regelmäßig bei Vertriebsverträgen, später die Notwendigkeit von Änderungen, etwa durch eine veränderte Produktpalette, ergibt. Ein solches **einseitiges Leistungsänderungsrecht** muss ausdrücklich im Vertrag vorgesehen sein. Allerdings ist ein einseitiges Änderungsrecht in **Allgemeinen Geschäftsbedingungen** nur in eng begrenztem Umfang zulässig, etwa wenn es vom Vorliegen schwerwiegender Gründe abhängig gemacht wird.[43] Entsprechend sollte eine solche Regelung nach Möglichkeit individualvertraglich vereinbart werden.

39 **c) Preisklauseln.** Häufig enthalten Verträge Preisanpassungs- oder Preisgleitklauseln. Preisanpassungsklauseln begründen bei Vorliegen bestimmter Bedingungen, etwa bei Steigerung von Rohmaterialpreisen oder eines Industrie- oder Verbraucherpreisindexes eine Pflicht der Vertragspartner, über Preisanpassungen zu verhandeln. **Preisgleitklauseln** führen bei Vorliegen bestimmter Voraussetzungen zu einer automatischen Anpassung des Preises. Da automatische Preissteigerungen die Inflation antreiben können, sind solche Preisgleitklauseln grundsätzlich **verboten.**[44] Das Gesetz sieht allerdings **Ausnahmen** vor, bei deren Vorliegen die Preisgleitklauseln zulässig sind: Dies gilt beispielsweise bei Verträgen mit Vertragspartnern, die ihren Sitz nicht im Inland haben.[45] Ebenfalls zulässig sind Preisgleitklauseln, die den geschuldeten Betrag insoweit von der Entwicklung der Preise oder Werte für Güter oder Leistungen abhängig machen, als dies die Selbstkosten eines Vertragspartners für die Erbringung seiner vertraglich geschuldeten Leistung unmittelbar beeinflusst.

Mit einer solchen Klausel kann der Leistungserbringer seine effektiv entstandenen Mehrkosten auf den anderen Vertragspartnern abwälzen.[46] Eine solche Regelung liegt beispielsweise vor, wenn sich der Strompreis immer dann anpassen soll, wenn die Änderung von Abgaben zu veränderten Herstellungskosten für das Elektrizitätswerk führt.[47] Grundsätzlich zulässig sind Umsatzsteuergleitklauseln, wonach die jeweils geltende gesetzliche Umsatzsteuer zur Anwendung kommt.[48]

7. Abwicklung bei Beendigung

40 Wenn ein Vertragsverhältnis beendet ist, bedarf es in der Regel der Abwicklung. Dies gilt jedenfalls, wenn nicht lediglich ein einfacher Leistungsaustausch Vertragsgegenstand war. So sind beispielsweise Regelungen zur **Herausgabe** von Unterlagen oder zur Übertragung von Gegenständen oder Rechten zu treffen. Auch kann es notwendig sein, dass ein Vertragspartner bestimmte **Unterstützungsleistungen** für eine Übergangszeit zu erbringen hat, etwa wenn die Leistung zukünftig von einem Dritten erbracht werden soll. Notwendigkeit und Inhalt von Abwicklungsregelungen hängen im Wesentlichen vom Gegenstand des jeweiligen Vertrags ab. Aus diesem Grund kann hierfür keine allgemeine Klausel vorgeschlagen werden. Da es, insbesondere im Falle der Beendigung des Vertrags durch Kündigung, meistens zu Meinungsverschiedenheiten zwischen den Vertragspartnern kommt, ist dieser Regelung in jedem Fall besondere Aufmerksamkeit zu widmen. Vor allem sollte eine Regelung vorgesehen werden, wonach notwendige Abwicklungshandlungen rechtzeitig, nach Möglichkeit zu festgelegten Terminen, vorzunehmen sind.

---

[43] BGH NJW 2000, 515 (520); *Graf v. Westphalen* NJW 1982, 2465.
[44] Vgl. § 1 Preisklauselgesetz, der § 2 Preisangaben- und Preisklauselgesetz zum 14. 9. 2007 ersetzt hat.
[45] Vgl. § 6 Preisklauselgesetz.
[46] *Kirchhoff* DNotZ 2007, 11 (17f.).
[47] BGH DB 1979, 2223 (2224).
[48] MünchKommBGB/*Kieninger* § 309 Nr. 1 Rn. 25.

8. Geheimhaltung

Im Rahmen einer Kooperation werden in der Regel Unternehmensinterna, wie **Geschäfts- und Betriebsgeheimnisse** ausgetauscht. Entsprechend empfiehlt es sich, deren Vertraulichkeit durch eine Geheimhaltungsvereinbarung abzusichern. Abhängig von der Interessenlage und davon, ob Informationen nur einseitig ausgetauscht werden oder beidseitig, ist die Klausel eng oder weit zu fassen. 41

a) **Definition der geheim zu haltenden Informationen.** Art und Umfang der geheim zu haltenden Information sollten möglichst konkret definiert werden. Die Definition sollte nicht zu weit gefasst werden, da die Überwachung der Geheimhaltungsverpflichtung einen nicht unerheblichen administrativen Aufwand erfordert. Daher ist eine Verpflichtung, wonach alle überlassenen Informationen geheim zu halten sind, nicht nur unpraktikabel, sondern auch nicht sinnvoll. Auf der anderen Seite ist eine Beschränkung, wonach nur die als geheim gekennzeichneten Informationen geheim zu halten sind, in der Regel nicht interessengerecht, zumal die Mitarbeiter der Vertragspartner derartige Kennzeichnungen in der täglichen Arbeit leicht vergessen können. Als Kompromiss bietet sich folgende Formulierung an: 42

Formulierungsbeispiel Definition vertraulicher Information:

Vertrauliche Informationen sind alle Informationen technischer oder geschäftlicher Art, insbesondere Finanz- und Personaldaten sowie Know-how, die ein Vertragspartner dem anderen zugänglich macht – egal ob in mündlicher, schriftlicher oder sonstiger Form – und die entweder als vertraulich gekennzeichnet sind oder aufgrund ihrer erkennbaren Schutzwürdigkeit von einem objektiven Dritten als vertraulich angesehen werden.

b) **Ausnahmen.** Der Kooperationsvertrag sollte Ausnahmen von der Geheimhaltungsverpflichtung für solche Informationen vorsehen, die vor oder nach Offenlegung zwischen den Vertragspartner öffentlich bekannt werden oder, insbesondere bei Forschungs- und Entwicklungsverträgen, die der Empfänger selbst unabhängig und rechtmäßig entwickelt. Ebenfalls ausgenommen werden sollten Informationen, die der Empfänger von dritter Seite ohne Verpflichtung zur Geheimhaltung erhält. Im Interesse des schutzwürdigen Vertragspartners, der die Informationen dem anderen Vertragspartner überlassen hat, sollte die Beweislast für das Vorliegen einer Ausnahme bei demjenigen liegen, der sich auf diese Ausnahme beruft. 43

Formulierungsbeispiel Ausnahme von der Geheimhaltungspflicht:

Die Geheimhaltungsverpflichtung gilt nicht für solche Informationen, hinsichtlich derer der empfangende Vertragspartner nachweisen kann, dass
- die Information bereits bei Übermittlung allgemein bekannt war oder nach Übermittlung ohne Verstoß des empfangenden Vertragspartners bekannt geworden ist;
- er die Information rechtmäßig von einem Dritten ohne Verpflichtung zur Geheimhaltung empfangen hat; oder
- er die Information ohne Verwendung vertraulicher Informationen selbständig erarbeitet hat.

c) **Pflichten.** Die einzelnen Pflichten sollten allgemein gefasst, aber hinsichtlich besonders wichtiger Punkte weiter konkretisiert werden. Eine zweiseitige Geheimhaltungsverpflichtung könnte wie folgt lauten: 44

Formulierungsbeispiel Inhalt der Geheimhaltungspflicht:
Der empfangende Vertragspartner verpflichtet sich, die Informationen geheim zu halten und gegen unberechtigte Kenntnisnahme durch Dritte zu sichern. Der empfangende Vertragspartner ist nur berechtigt, die Informationen für die Durchführung dieses Vertrags zu nutzen. Der empfangende Vertragspartner wird die Informationen nur solchen Mitarbeitern zugänglich machen, die die Informationen zur Erfüllung der Pflichten aus diesem Vertrag benötigen und die einer vergleichbaren Geheimhaltungsverpflichtung unterliegen. Der empfangende Vertragspartner ist nur mit vorheriger schriftlicher Zustimmung des anderen Vertragspartners berechtigt, die Informationen Subunternehmern und Beratern offen zu legen und nur soweit er diese einer entsprechenden Geheimhaltungsverpflichtung unterworfen hat.

45 **Mitarbeiter** eines Unternehmens sind aufgrund der ihnen gegenüber ihrem Arbeitgeber obliegenden Treuepflicht zur Geheimhaltung verpflichtet. Entsprechend kann ihnen auch eine Geheimhaltungsverpflichtung hinsichtlich der von Dritten erlangten Informationen auferlegt werden. Beschränkungen ergeben sich aber für den Zeitraum nach Beendigung des Arbeitsverhältnisses. Eine **nachvertragliche** Geheimhaltungsverpflichtung kann nämlich die gleiche Wirkung haben, wie ein nachvertragliches Wettbewerbsverbot, etwa wenn von der Geheimhaltungsverpflichtung sämtliche Kundendaten erfasst sind.[49] Nachvertragliche Wettbewerbsverbote unterliegen jedoch gesetzlichen Beschränkungen. Insbesondere können sie nicht für einen unbeschränkten Zeitraum vereinbart werden und sind vergütungspflichtig.[50]

46 **d) Unterlagen.** Bei Beendigung des Vertrags haben die Vertragspartner ein Interesse daran, dass der andere Vertragspartner alle überlassenen Unterlagen herausgibt und angefertigte Kopien vernichtet. Dies sollte ausdrücklich geregelt werden. Ergänzend ist klarzustellen, dass keine **Zurückbehaltungsrechte** geltend gemacht werden können.

Formulierungsbeispiel Herausgabepflicht:
Bei Beendigung des Vertrags sind die Vertragspartner verpflichtet, die einander überlassenen Unterlagen und Datenträger mit vertraulichen Informationen unverzüglich herauszugeben und etwa angefertigte Kopien zu zerstören. Nach Aufforderung durch einen Vertragspartner hat der andere Vertragspartner die vollständige Rückgabe und Zerstörung schriftlich zu bestätigen. Die Geltendmachung eines Zurückbehaltungsrechts ist ausgeschlossen.

Zu beachten ist, dass der Ausschluss des Zurückbehaltungsrechts in dieser Form in Allgemeinen Geschäftsbedingungen unwirksam sein dürfte. In Allgemeinen Geschäftsbedingungen kann das Zurückhaltungsrecht aber auf Fälle beschränkt werden, in denen die Forderung, wegen derer ein Zurückbehaltungsrecht geltend gemacht wird, unbestritten oder rechtskräftig festgestellt ist.[51]

47 **e) Vertragsstrafe.** Ob eine Geheimhaltungsvereinbarung durch eine Vertragsstrafe abgesichert werden soll, hängt von der Interessenslage, der Sensibilität der ausgetauschten Informationen und natürlich von der Durchsetzungsmöglichkeit im Verhandlungswege ab. Sofern die Informationen Kernbereiche des Unternehmens betreffen, ist eine Absicherung der Geheimhaltungsverpflichtung mittels einer Vertragsstrafeklausel dringend zu empfehlen. Verstöße gegen Geheimhaltungsverpflichtungen werden meist erst nachträg-

[49] BGH NJW 1988, 1686 f.
[50] Vgl. §§ 74 ff. HGB.
[51] BGHZ 115, 324 = NJW 1992, 575 (577).

lich bekannt, so dass die Verpflichtung allenfalls für zukünftige Fälle mittels einer Unterlassungsverfügung im einstweiligen Rechtsschutzverfahren durchgesetzt werden kann. Ferner ist es in der Praxis schwierig, den durch die Verletzung der Geheimhaltungsverpflichtung entstandenen Schaden zu beziffern und nachzuweisen. Sofern aber kein konkreter Schaden nachgewiesen werden kann, kann auch kein Schadensersatzanspruch durchgesetzt werden. Im Ergebnis bleibt der Verstoß dann sanktionslos. Dieses unbefriedigende Ergebnis lässt sich durch die Vereinbarung einer Vertragsstrafe vermeiden.

Formulierungsbeispiel Vertragsstrafeklausel:

Für jeden Fall des schuldhaften Verstoßes gegen diese Geheimhaltungsverpflichtung ist der Vertragspartner, der gegen diese Geheimhaltungsverpflichtung verstoßen hat, zur Zahlung einer Vertragsstrafe in Höhe von EUR [...] pro Verstoß verpflichtet. Weitergehende Ansprüche bleiben hiervon unberührt. Die Vertragsstrafe ist auf etwa bestehende Schadensersatzansprüche anzurechnen.

Die Vertragsstrafeklausel sollte in jedem Fall zwischen den Parteien individuell ausgehandelt werden, da die Rechtsprechung zur zulässigen Höhe einer in **Allgemeinen Geschäftsbedingungen** vorgesehenen Vertragsstrafe sehr restriktiv ist. Insbesondere darf die Höhe der Vertragsstrafe nicht außer Verhältnis zum Gewicht des Vertragsverstoßes und dessen Folgen für den Verwender der Allgemeinen Geschäftsbedingungen stehen.[52] Allgemeine Wertgrenzen zur Orientierung hat die Rechtsprechung bisher im Bereich der Geheimhaltungspflichten – anders als bei Verzugspönalen – nicht aufgestellt. 48

9. Konfliktregelung

Jeder Kooperationsvertrag sollte eine Regelung vorsehen, wie Streitigkeiten zwischen den Vertragspartnern beizulegen sind. Hierfür kommen verschiedene Eskalationsstufen und Regelungen in Betracht. Möglich sind Gerichtsstandsvereinbarungen, Schiedsvereinbarungen, Mediationsvereinbarungen oder ein sonstiges, individuell ausgestaltetes Schlichtungsverfahren. In bestimmten Kooperationsverträgen, wie beispielsweise Konsortialverträgen, können Gremien zu Streitbelegung sinnvoll sein, die von Mitgliedern der Vertragspartner besetzt werden. Häufig sind dies Mitglieder des oberen Managements der Vertragspartner. Sollten die Bemühungen eines solchen Gremiums scheitern, ist eine Entscheidung durch externe Stellen erforderlich. Sofern es nur um die verbindliche Feststellung von Sachverhalten geht, beispielsweise ob eine bestimmte Entwicklung den technischen Anforderungen genügt, kann auch die Vereinbarung eines Schiedsgutachtens in Betracht kommen. Von besonderer Bedeutung sind solche Vereinbarungen, wenn die Vertragspartner ihren Sitz in unterschiedlichen Staaten haben. Welche Regelung im Einzelfall sinnvoll ist, hängt von einer Vielzahl von Faktoren ab (vgl. hierzu auch die Ausführungen § 2 Rn. 17ff.). 49

a) **Gerichtsstandsvereinbarung.** Allgemein gilt der Grundsatz, dass jede Partei an ihrem allgemeinen Gerichtsstand, also ihrem Geschäftssitz, zu verklagen ist, sofern nicht ein besonderer Gerichtsstand begründet ist. Dies ist bei Vertragspartnern mit Sitz innerhalb der Bundesrepublik Deutschland regelmäßig unproblematisch, da zumindest ein inländischer Gerichtsstand gegeben ist. 50

Soweit die Parteien ihren Sitz in **unterschiedlichen Staaten** haben, ist vor der Vereinbarung eines Gerichtsstands die Frage zu klären, ob die Entscheidungen des Gerichts zu dessen Gunsten eine Gerichtsstandsvereinbarung geschlossen werden soll, in dem Staat, in dem der andere Vertragspartner seinen Geschäftssitz hat, anerkannt werden und **vollstreckbar** sind. Innerhalb der Europäischen Union mit Ausnahme von Dänemark ist 51

[52] BGH NJW 1997, 3233 (3234); BGH NJW 1994, 1060 (1064).

dies durch die Verordnung über die gerichtliche Zuständigkeit und Anerkennung und die Vollstreckung von Entscheidungen in Zivil- und Handelssachen vom 22. 11. 2001 (EuGVO) gewährleistet. Im Verhältnis zu Norwegen, Island und der Schweiz ist die wechselseitige Vollstreckbarkeit durch das Luganer Übereinkommen sichergestellt. Dieses entspricht weitestgehend der EuGVO. Im Verhältnis zu anderen Ländern ist zu prüfen, ob bi- oder multilaterale völkerrechtliche Verträge bestehen oder die Gerichte im jeweiligen Land, in dem das Urteil vollstreckt werden soll, das ausländische Urteil anerkennen. Entscheidend für den deutschen Kooperationspartner ist also, ob er ein vor einem deutschen Gericht gegen den ausländischen Kooperationspartner erstrittenes Urteil in dessen Heimatland vollstrecken kann und welche Voraussetzungen und Verfahren zu beachten sind. Sofern ein deutsches Urteil ohne außergewöhnliche Schwierigkeiten im Land des ausländischen Kooperationspartners vollstreckt werden kann, kann folgende Gerichtsstandsvereinbarung getroffen werden:

Formulierungsbeispiel Gerichtsstandsklausel:

Ausschließlicher Gerichtsstand für alle Streitigkeiten aus oder im Zusammenhang mit diesem Vertrag oder seiner Gültigkeit ist [Stuttgart].

52 Bei Verträgen mit ausländischen Vertragspartnern empfiehlt es sich darüber hinaus, einen Gleichlauf zwischen dem auf den Vertrag anwendbaren materiellen Recht und dem zuständigen Gericht herzustellen. Dabei ist zu beachten, dass immer zwischen der Gerichtsstandsvereinbarung und der **Rechtswahl** zu unterscheiden ist. Eine Gerichtsstandsvereinbarung zu Gunsten deutscher Gerichte lässt nicht zwingend den Rückschluss auf die Vereinbarung zur Anwendbarkeit des deutschen materiellen Rechts zu, auch wenn dies teilweise als Indiz für eine Rechtswahl zugunsten des Rechts am Sitz des vereinbarten Gerichts angesehen wird.[53] Ferner gilt umgekehrt, dass mit einer Wahl zu Gunsten des deutschen materiellen Rechts keineswegs automatisch ein Gerichtsstand in Deutschland begründet wird.

Grundsätzlich wenden auch ausländische Gerichte deutsches Recht an und deutsche Gerichte ausländisches Recht, sofern dieses kraft Rechtswahl oder aufgrund der Verweisung des Internationalen Privatrechts zur Anwendung kommt.[54] Allerdings benötigen die Gerichte hierfür Rechtsgutachten. Dies erhöht nicht nur die Verfahrenskosten erheblich, sondern führt regelmäßig auch zu einer deutlichen Verlängerung des Verfahrens. Demzufolge sind sowohl die Anwendbarkeit des deutschen materiellen Rechts als auch der Gerichtsstand in Deutschland in Verträgen mit ausländischen Kooperationspartnern ausdrücklich zu vereinbaren.

53 **b) Schiedsklausel.** Durch eine Schiedsklausel übertragen die Parteien die Entscheidung in Auseinandersetzungen im Zusammenhang mit dem Kooperationsvertrag einem privaten Schiedsgericht, welches anstelle der staatlichen Gerichte abschließend in der Sache entscheidet.[55] Argumente für ein Schiedsgericht sind unter anderem ein zügiges Verfahren, die Möglichkeit fachlich kompetente Schiedsrichter zu wählen, die in manchen Fällen sogar die Hinzuziehung von Sachverständigen entbehrlich machen können, und der Umstand, dass das Verfahren unter Ausschluss der Öffentlichkeit stattfindet. Letzteres kann gerade im Bereich der Forschungs- und Entwicklungsverträge vorteilhaft sein.[56] Auch die oben genannte Vollstreckungsproblematik von Urteilen deutscher staatlicher

[53] BGH RIW 1976, 447 (448); OLG Frankfurt (Main) RIW 1998, 477; *Palandt/Heldrich* (IPR) EGBGB Art. 27 Rn. 6.

[54] Vgl. zur Rechtswahl § 16 B.10.

[55] *Reithmann/Martiny/Hausmann* Rn. 3527.

[56] *Büchting/Heussen/Kreindler/Bimboese* D 7 Rn. 28 ff.; *Reithmann/Martiny/Hausmann* Rn. 3214.

Gerichte im Ausland kann ein Grund für die Vereinbarung eines Schiedsgerichts sein. Über 130 Staaten haben das Übereinkommen vom 10. 6. 1958 über die Anerkennung und **Vollstreckung** ausländischer Schiedssprüche (New Yorker Übereinkommen) ratifiziert. Auf dieser Grundlage ist oft selbst in Fällen, in denen die Vollstreckung deutscher Urteile im Ausland nicht möglich ist, ein Schiedsspruch eines (deutschen) Schiedsgerichts vollstreckbar.[57] Zudem bietet sich die Vereinbarung des Schiedsgerichts als guter Kompromiss an, da sich keine der Parteien einer für sie fremden staatlichen Gerichtsbarkeit unterwerfen muss, sondern eine neutrale Institution gewählt werden kann. Allerdings ist zu beachten, dass ein Schiedsverfahren im Regelfall bei geringeren Streitwerten teurer ist, als ein Verfahren vor einem staatlichen Gericht in Deutschland. Der oft angeführte Kostenvorteil eines Schiedsgerichts ergibt sich – abhängig von der gewählten Schiedsordnung – regelmäßig erst bei Streitwerten im Millionenbereich.

Sofern sich die Parteien für die Durchführung eines Schiedsverfahrens entscheiden, 54
können sie entweder ein Verfahren nach einer bestehenden **Schiedsordnung** vereinbaren, wie beispielsweise nach der Schiedsordnung der Deutschen Institution für Schiedsgerichtsbarkeit e. V. (DIS) oder der Internationalen Handelskammer (ICC), oder sie können ein Ad-hoc Schiedsverfahren vereinbaren.[58] Im Falle eines Ad-hoc Schiedsverfahrens müssen die Parteien selbst festlegen, wie das Schiedsverfahren abzulaufen hat und somit ausführliche Verfahrensregelungen vereinbaren. Dies erfordert genaue Kenntnisse des Schiedsverfahrensrechts. Die Auswahl der geeigneten Schiedsordnung hängt vom Einzelfall ab, insbesondere vom Sitz der Kooperationspartner und deren Bezug zu einer Rechtsordnung. Bei Kooperationsverträgen zwischen Unternehmen mit Sitz in Deutschland empfiehlt sich die Vereinbarung der DIS-Schiedsordnung. Unbedingt zu beachten ist, dass bei der Wahl einer bestehenden Schiedsordnung in jedem Fall der von der entsprechenden Institution vorgegebene Text zur Schiedsgerichtsvereinbarung zu verwenden ist. Abweichungen von diesen Vorgaben können im Streitfall zu Unklarheiten und zu Auseinandersetzung über die Wirksamkeit und den Umfang der Schiedsgerichtsvereinbarung führen.

Formulierungsbeispiel Schiedsklausel (Empfehlung der DIS):

Alle Streitigkeiten, die sich im Zusammenhang mit dem Vertrag *[... Bezeichnung des Vertrags ...]* oder über seine Gültigkeit ergeben, werden nach der Schiedsgerichtsordnung der Deutschen Institution für Schiedsgerichtsbarkeit e. V. (DIS) unter Ausschluss des ordentlichen Rechtswegs endgültig entschieden.

Sofern sich ein ausländischer Kooperationspartner nicht auf eine deutsche Schieds- 55
ordnung einlassen will, kann die Schiedsordnung der ICC ein geeignetes Verfahren darstellen. Diese empfiehlt die nachfolgende Klausel und bietet Formulierungen in zahlreichen Sprachen an:[59]

Formulierungsbeispiel ICC-Schiedsklausel:

Alle aus oder im Zusammenhang mit dem gegenwärtigen Vertrag sich ergebenden Streitigkeiten werden nach der Schiedsgerichtsordnung der Internationalen Handelskammer von einem oder mehreren gemäß dieser Ordnung ernannten Schiedsrichter endgültig entschieden.

---

[57] Eine aktuelle Liste der Vertragsstaaten findet sich auf http://www.uncitral.org/uncitral/en/uncitral_texts/arbitration/NYConvention_status.html.

[58] *Büchting/Heussen/Kreindler/Bimboese* D 7 Rn. 28.

[59] http://www.iccwbo.org/court/arbitration/d114/index.html.

56 Zusätzlich zu der jeweiligen Einbeziehungsklausel sollte eine Vereinbarung über den Ort des schiedsrichterlichen Verfahrens, die Anzahl der Schiedsrichter und die Verfahrenssprache getroffen werden. Der Schiedsort ist entscheidend dafür, welche staatlichen **Verfahrensregeln** neben der Schiedsordnung zur Anwendung kommen.[60] So gilt bei einem Schiedsverfahren in der Bundesrepublik Deutschland ergänzend die deutsche Zivilprozessordnung, die auch darüber entscheidet, unter welchen Voraussetzungen ein Schiedsurteil angefochten werden kann. Des Weiteren hängen Art und Umfang der Beweisaufnahme von den staatlichen Verfahrensregeln und den Gepflogenheiten des jeweiligen Schiedsorts ab. Dabei gibt es zwischen dem deutschen Zivilprozessrecht und beispielsweise anglo-amerikanischen Verfahrensordnungen erhebliche Unterschiede; dies gilt vor allem im Bereich der Pre-Trial-Discovery. Der vereinbarte Ort des schiedsrichterlichen Verfahrens muss nicht zwingend der Ort sein, an dem das Schiedsgericht eine mündliche Verhandlung durchführt, vielmehr kann es sich um einen fiktiven Schiedsort handeln.[61]

57 Bei der Vereinbarung eines DIS-Schiedsverfahrens ist zu beachten, dass das Schiedsgericht gemäß des § 27 Abs. 1 Satz 1 der DIS-Schiedsordnung den Sachverhalt von sich aus ermittelt. Je nach Interessenlage sollte diese Regelung abbedungen werden, so dass entsprechend den Grundsätzen des deutschen Zivilverfahrens das Schiedsgericht seine Entscheidung nur auf der Grundalge des von den Parteien vorgebrachten Sachverhalts trifft.

10. Rechtswahl

58 Soweit der Kooperationsvertrag einen internationalen Bezug hat, stellt sich die Frage des auf den Vertrag anwendbaren Rechts und dadurch die Frage der Rechtswahl. Die Rechtswahlklausel findet sich regelmäßig am Ende des Vertrags und wird meist erst zum Schluss verhandelt. Ihre Bedeutung wird in der Praxis häufig unterschätzt. Dabei hat die Rechtswahl Auswirkungen auf alle übrigen vertraglichen Regelungen, da sie über das anwendbare Recht und somit auch über die Wirksamkeit einzelner Regelungen entscheidet. Darüber hinaus ergeben sich aus dem Gesetzesrecht die anwendbaren Bestimmungen in Fällen, in denen der Vertrag keine Regelung vorsieht. Mithin sollte die Frage der Rechtswahl bereits nach der inhaltlichen Verständigung über die wesentlichen Punkte geklärt werden, da sie die Ausgestaltung des Vertrags maßgeblich beeinflusst.

59 Welches Recht bei einem internationalen Sachverhalt auf ein Vertragsverhältnis anzuwenden ist, regelt das **Internationale Privatrecht,** auch Kollisionsrecht genannt. Das Kollisionsrecht ist Teil des jeweiligen Landesrechts. Das zur Entscheidung über einen Sachverhalt berufen Gericht wendet jeweils das Kollisionsrecht seines Landes an. Das deutsche Internationale Privatrecht ist im EGBGB geregelt. Allerdings gehen völkerrechtliche Vereinbarungen dem EGBGB vor, sofern sie unmittelbar anwendbar sind. Gemäß Art. 27 EGBGB unterliegt der Vertrag grundsätzlich dem von den Parteien gewählten Recht. Dies verhindert jedoch im Einzelfall nicht, dass bestimmte zwingende Regelungen eines vom dem Rechtsverhältnis betroffenen Landes dennoch zur Anwendung kommen. Dies ist jeweils im Einzelfall zu prüfen. Treffen die Parteien keine Rechtswahl, so findet gemäß Art. 28 Absatz 1 EGBGB das Recht des Landes Anwendung, mit dem der Vertrag die **engste Verbindung** aufweist. Hierbei wird gemäß Art. 28 Absatz 2 EGBGB vermutet, dass der Vertrag die engste Verbindung mit dem Land aufweist, in dem die Partei, die die vertragscharakteristische Leistung zu erbringen hat, ihren Sitz hat. Bei Handelsvertreterverträgen kommt beispielsweise das Recht des Landes zur Anwendung, in dem der Handelsvertreter seinen Sitz hat, bei Kaufverträgen das Recht des Landes, in dem der Verkäufer seinen Sitz hat.[62]

---

[60] *Musielak/Voit* § 1043 ZPO Rn. 1; *Zöller/Geimer* § 1042 Rn. 1.
[61] *Musielak/Voit* § 1043 ZPO Rn. 4; *Zöller/Geimer* § 1042 Rn. 1.
[62] BGH NJW 1993, 2753 (2754), BGH NJW 1997, 2322.

Eine Besonderheit ist bei Verträgen über den Austausch von Waren zu beachten. Maßgeblich ist in diesem Fall in erster Linie das materielle Einheitsrecht des UN-Übereinkommens über Verträge über den internationalen Warenkauf (CISG) vom 11. 4. 1980, zumeist als **UN-Kaufrecht** bezeichnet.[63] Für die Bundesrepublik Deutschland ist das UN-Kaufrecht am 1. 1. 1991 in Kraft getreten.[64] Das UN-Kaufrecht kommt zur Anwendung, wenn die Regeln des internationalen Privatrechts zur Anwendung des Rechts eines Vertragsstaats führen oder die Parteien das Recht eines Vertragsstaats wählen, z. B. das deutsche Recht. Das UN-Kaufrecht findet im Falle einer Rechtswahl zugunsten des deutschen Rechts selbst dann Anwendung, wenn es überhaupt nicht im Vertrag erwähnt ist. Soll daher das UN-Kaufrecht nicht zur Anwendung kommen, ist dessen Anwendbarkeit ausdrücklich im Vertrag auszuschließen. Durch die zum 1. 1. 2002 in Kraft getretene Schuldrechtsmodernisierung ist das Kaufrecht des BGB in weiten Teilen an das UN-Kaufrecht angeglichen worden. Jedoch ergeben sich nach wie vor Unterschiede, so dass jeweils im Einzelfall zu entscheiden ist, ob das UN-Kaufrecht ausgeschlossen werden soll. 60

Eine Rechtswahlklausel unter Ausschluss des UN-Kaufrechts könnte wir folgt lauten:

61

Formulierungsbeispiel Rechtswahlklausel:
Es gilt das Recht der Bundesrepublik Deutschland unter Ausschluss des UN-Kaufrechts.

11. Salvatorische Klausel

Wie bereits in den kartellrechtlichen Hinweisen erwähnt, ist das ganze Rechtsgeschäft nichtig, sofern ein Teil eines Rechtsgeschäfts nichtig ist (§ 139 BGB). Dies gilt nur dann nicht, wenn anzunehmen ist, dass das Rechtsgeschäft auch ohne den **nichtigen Teil** vorgenommen worden wäre. Dies hat zur Folge, dass die Unwirksamkeit einer einzelnen Vertragsregelung zur Unwirksamkeit des ganzen Vertrags führen kann. § 139 BGB ist allerdings nicht zwingendes Recht, sondern kann durch eine Vereinbarung der Parteien abbedungen werden.[65] Eine solch abweichende Regelung ist beispielsweise in einer Salvatorischen Klausel enthalten.[66] Der BGH hat allerdings im Jahr 2002 entschieden, dass eine Salvatorische Klausel nicht zum Entfallen der nach § 139 BGB vorzunehmenden Prüfung führt, ob die Parteien das teilnichtige Geschäft als ganzes verworfen hätten oder aber die übrigen Regelungen hätten gelten lassen. Abweichend von § 139 BGB trägt jedoch derjenige, der entgegen der Salvatorischen Klausel den Vertrag als ganzes für unwirksam hält, die Darlegungs- und Beweislast dafür, dass der Vertrag ohne den nichtigen Teil nicht vorgenommen worden wäre. [67] Zum anderen regelt die Salvatorische Klausel die Frage, welche Regelung an die Stelle der unwirksamen Regelung treten soll.[68] Üblich ist eine Regelung, wonach an die Stelle der unwirksamen Regelung eine dieser wirtschaftlich möglichst nahe kommende wirksame Regelung treten soll. 62

Formulierungsbeispiel Salvatorische Klausel:
Sollten einzelne Bestimmungen dieses Kooperationsvertrags unwirksam sein oder unwirksam werden, so werden die übrigen Bestimmungen hiervon nicht berührt. Die Kooperations-

---

[63] *Palandt/Heldrich* (IPR) EGBGB 28 Rn. 8.
[64] Eine umfassende Liste der Vertragsstaaten des UN-Übereinkommens findet sich unter www.uncitral.org/uncitral/en/uncitral_texts/sale/goods/1980cisg_status.html.
[65] BGH NJW 1977, 38 (40).
[66] *Heussen/Imbeck* Teil 3, Rn. 230.
[67] BGH NJW 2003, 347 f.
[68] *Heussen/Imbeck* Teil 3, Rn. 231; *Michalski* NZG 1998, 7 f.

partner verpflichten sich, die unwirksamen Bestimmungen durch wirksame Bestimmungen zu ersetzen, die dem mit den unwirksamen Bestimmungen verfolgten wirtschaftlichen Zweck möglichst nahe kommen. Dies gilt für die Schließung von Lücken entsprechend.

63 Soweit es sich bei dem Vertrag um **Allgemeine Geschäftsbedingungen** im Sinne des BGB handelt, sind solche Regelungen hinsichtlich des Teils, der eine Ersetzung der unwirksamen Bestimmungen durch diesen wirtschaftlich möglichst nahe kommende Regelungen anordnet, regelmäßig unwirksam.[69] § 306 Abs. 1 BGB ordnet an, dass bei unwirksamen Klauseln in Allgemeinen Geschäftsbedingungen abweichend von § 139 BGB der Vertrag im übrigen wirksam bleibt. § 306 Abs. 2 BGB sieht vor, dass an Stelle der unwirksamen Regelungen das dispositive Gesetzsetzrecht tritt. Sofern für eine Vertragsergänzung geeignete Vorschriften fehlen und die ersatzlose Streichung der Klausel keine interessengerechte Lösung bietet, ist die Lücke im Wege ergänzender Vertragsauslegung zu schließen.[70] Soweit dies nicht möglich ist, etwa weil mehrere Auslegungsmöglichkeiten gleichermaßen in Betracht kommen, kann die Unwirksamkeit einer einzelnen AGB-Klausel aber gleichwohl zur Nichtigkeit des gesamten Vertrags führen.[71]

III. Besondere Arten schuldrechtlicher Kooperationsverträge

Einige spezielle schuldrechtliche Kooperationsverträge haben weitere Besonderheiten:

1. Vertriebsverträge

64 Die beiden häufigsten Arten von Vertriebsverträgen mit externen Partnern sind der Handelsvertretervertrag und der Vertragshändlervertrag. Der wesentliche Unterschied besteht darin, dass der Handelsvertreter Verträge mit Dritten vermittelt, die der Prinzipal, dessen Waren oder Dienstleistungen er vermittelt, abschließt. Demgegenüber kauft der Vertragshändler die Waren vom Prinzipal und verkauft sie selbst im eigenen Namen und auf eigene Rechnung an die Kunden weiter. Häufig ist der Vertragshändler ähnlich einem Handelsvertreter in die Absatzorganisation des Prinzipals eingebunden, so dass sich der Vertrag nicht auf eine reine Warenlieferung beschränkt. So sind Vertragshändler beispielsweise oft an die Herstellervorgaben hinsichtlich der Gestaltung der Werbung oder der Verkaufsräume gebunden und unterliegen Berichtspflichten.

65 **a) Handelsvertretervertrag.** Das Handelsvertreterverhältnis ist in den §§ 84 ff. HGB gesetzlich geregelt. Diese Regelungen enthalten in weiten Teilen **zwingendes Recht,** von dem durch vertragliche Vereinbarungen nicht zum Nachteil des Handelsvertreters abgewichen werden kann. Das Handelsvertreterrecht ist innerhalb der Europäischen Union durch die Richtlinie 86/653 EWG weitgehend vereinheitlicht, deshalb genießt der Handelsvertreter innerhalb der Europäischen Union in allen Ländern einen vergleichbaren gesetzlichen Schutz.

66 • **Vertragsgegenstand:** Der Handelsvertretervertrag bedarf einer Regelung, welche Waren oder Dienstleistungen vom Handelsvertreter vertrieben werden sollen und in welchem Vertragsgebiet oder gegenüber welchen Kunden dies erfolgen soll. Es versteht sich von selbst, dass diese Punkte regelungsbedürftig sind. Oft übersehen wird allerdings, dass daneben noch Regelungen getroffen werden sollten, inwieweit der Prinzipal selbst oder durch Dritte die Vertragsgegenstände im Vertragsgebiet vertreiben darf und welche Auswirkungen dies auf den Provisionsanspruch des Handelsvertreters hat.

67 • **Vertragsgebiet:** Des Weiteren ist zu regeln, ob der Handelsvertreter bei Zuweisung eines bestimmten Vertragsgebiets eine Provision nur für von ihm vermittelte Geschäfte erhalten soll. Alternativ kann der Handelsvertreter Anspruch auf **Bezirksvertreterpro-**

[69] MünchKommBGB/*Basedow* § 306 Rn. 29.
[70] BGH NJW 2000, 1110 (1114).
[71] BGH NJW 1696, 230; BGH NJW 1983, 159.

vision haben. In diesem Fall erhält er Provisionen für alle Geschäfte mit sämtlichen Kunden, die ihren Sitz im Vertragsgebiet haben, unabhängig davon, ob der Handelsvertreter am Abschluss der einzelnen Geschäfte mitgewirkt hat.

- **Änderungen:** Da Handelsvertreterverträge oft für einen langen Zeitraum gelten sollen, 68
können sich während der Vertragslaufzeit Veränderungen ergeben, die auch zu einem Anpassungsbedarf für den Handelsvertretervertrag führen. Der Prinzipal kann insbesondere ein Interesse haben, die zu vertreibenden Waren und Dienstleistungen zu ändern oder auch Änderungen des Vertragsgebiets vorzunehmen (also dieses im Regelfall zu reduzieren). Grundsätzlich ist der Prinzipal berechtigt, die für ihn vertriebenen Produkte zu ändern oder auch deren Vertrieb in einem bestimmten Gebiet einzustellen.[72] Problematischer ist hingegen die Reduzierung des Vertragsgebiets oder des vom Handelsvertreter betreuten Warensortiments. Dies kommt im Ergebnis einer **Teilkündigung** gleich, die nach deutschem Recht ohne besondere vertragliche Vereinbarung nicht zulässig ist. Möglich ist lediglich eine Kündigung des Vertrags im Ganzen, verbunden mit dem Angebot auf Abschluss eines neuen Vertrags zu den geänderten Bedingungen (so genannte **Änderungskündigung**). Die Änderungskündigung birgt die Gefahr, dass der Handelsvertreter die geänderten Konditionen ablehnt und der Handelsvertretervertrag endet. In diesem Fall steht dem Handelsvertreter unter anderem ein Ausgleichsanspruch nach § 89b HGB zu (siehe dazu unten in diesem Abschnitt). Soll eine Änderungskündigung vermieden werden, muss das Recht zur einseitigen Veränderung des Vertragsgebiets oder des Warensortiments im Vertrag ausdrücklich vorbehalten werden. Allerdings ist zu beachten, dass eine solche Verkleinerung des Vertragsgebiets von ihrer Wirkung einer teilweisen Beendigung des Vertrags gleichkommt, so dass hierdurch **Ausgleichsansprüche** des Handelsvertreters entstehen können.

Formulierungsbeispiel Vertriebsvereinbarung: 69

(1) Das Vertriebsrecht erstreckt sich auf das in Anlage [...] bezeichnete Gebiet (nachfolgend „Vertragsgebiet").

(2) Der Prinzipal behält sich vor, das Vertragsgebiet zu ändern, auch zu verkleinern, wenn ihm dies im Interesse einer sachgemäßen Bearbeitung zweckdienlich erscheint. Der Prinzipal ist verpflichtet, dem Vertriebspartner eine solche Änderung mit einer Frist von sechs Monaten im Voraus schriftlich mitzuteilen.

Es ist zu beachten, dass eine solche Klausel nur individualvertraglich vereinbart werden kann und in Allgemeinen Geschäftsbedingungen unwirksam sein dürfte.[73] Nach der Rechtsprechung des BGH muss eine derartige Klausel in Allgemeinen Geschäftsbedingungen zumindest Regelungen über die Voraussetzungen und die Entschädigung für Änderungen enthalten, die für den Handelsvertreter nachteilig sein können.[74]

- **Entstehen des Provisionsanspruchs:** Aus Sicht des Prinzipals empfiehlt sich eine Rege- 70
lung zum Entstehen des Provisionsanspruchs.[75] Gemäß § 87a Abs. 1 Satz 1 HGB hat der Handelsvertreter Anspruch auf Provision, sobald und soweit der Prinzipal das Geschäft ausgeführt hat. Mithin entsteht der Provisionsanspruch bereits, bevor der Kunde die vertraglich geschuldete Zahlung geleistet hat. Steht fest, dass der Kunde nicht zahlen wird, so ist die Provision zwar vom Handelsvertreter zurückzuzahlen, allerdings trägt der Prinzipal das **Insolvenzrisiko** des Handelsvertreters. Grundsätzlich kann die Fälligkeit der Provision bis zur Zahlung des Kaufpreises durch den Kunden hinausgeschoben werden, allerdings hat der Handelsvertreter dann einen Anspruch auf **Vor-**

[72] BGH NJW-RR 1993, 1122 (1123); BGH NJW-RR 1987, 873.
[73] BGH NJW-RR 1988, 1077 (1080).
[74] BGH NJW-RR 1988, 1077 (1080).
[75] *Martinek/Semler/Habermeier/Flohr* § 13 Rn. 10.

schuss, der aufgrund des zwingenden Gesetzesrechts gegenüber Handelsvertretern in der EU nicht ausgeschlossen werden kann.

Formulierungsbeispiel Provisionsregelung:

Der Anspruch auf Zahlung der Provision entsteht, sobald und soweit der Kunde das Entgelt für das provisionspflichtige Geschäft an den Prinzipal entrichtet hat. Der Handelsvertreter hat Anspruch auf Zahlung eines Provisionsvorschusses, sobald der Prinzipal das Geschäft ausgeführt hat. Der Provisionsvorschuss beträgt 50% der Provision, die dem Handelsvertreter aus diesem Geschäft voraussichtlich insgesamt zusteht.

71 • **Fälligkeit des Provisionsanspruchs:** Nach der gesetzlichen Regelung wird der Anspruch auf Provision am letzten Tag des Monats fällig, in dem nach § 87c Abs. 1 HGB über den Anspruch abzurechnen ist. Gemäß § 87c Abs. 1 Satz 1, erster Halbsatz HGB ist über die Provision monatlich abzurechnen. Der Abrechnungszeitraum kann jedoch auf **drei Monate** erstreckt werden. Die Abrechnung hat spätestens bis zum Ende des nächsten, auf den Abrechnungszeitraum folgenden Monats zu erfolgen. Somit kann durch die Nutzung des Spielraums für den Abrechnungszeitraum, den § 87c Abs. 1 HGB gewährt, die Fälligkeit der Provisionen hinausgeschoben werden. Über Provisionsvorschüsse ist hingegen monatlich abzurechnen. Diese Regelung ist nicht dispositiv.

Formulierungsbeispiel Verlängerung des Abrechnungszeitraums:

Der Prinzipal hat für jedes Kalenderquartal, spätestens bis zum letzten Tag des Folgemonats, Abrechnung über die in diesem Zeitraum entstandenen Ansprüche auf Zahlung einer Provision zu erteilen. Über Provisionsvorschüsse ist monatlich abzurechnen.

72 • **Nachvertragliche Provisionen und Überhangprovisionen:** Ebenfalls empfehlenswert ist eine Regelung zur Provision für nachvertragliche Geschäfte und zu so genannten Überhangprovisionen. Nach § 87 Abs. 3 HGB kann der Handelsvertreter Anspruch auf Provisionen für Geschäfte haben, die der Prinzipal erst nach Beendigung des Handelsvertretervertrags mit dem Kunden abschließt. Es handelt sich dabei um nachvertragliche Provisionen. § 87 Abs. 3 HGB kann vertraglich ausgeschlossen werden,[76] auch in Allgemeine Geschäftsbedingungen.[77] Von Überhangprovisionen spricht man, wenn Provisionen für Geschäfte gezahlt werden, die zwar vor Vertragsbeendigung abgeschlossen worden sind, der Provisionsanspruch jedoch erst nach Beendigung des Handelsvertretervertrags entsteht. Ob Überhangprovisionen auch in AGB wirksam ausgeschlossen werden können, ist umstritten.[78] Eine Regelung, die den Anspruch auf nachvertragliche und Überhangprovision ausschließt, würde etwa wie folgt lauten:

Formulierungsbeispiel Ausschluss nachvertragliche und Überhangprovisionen:

Der Handelsvertreter erhält Provisionen nur für von ihm mit Kunden im Vertragsgebiet vermittelte und vom Prinzipal während der Vertragsdauer ausgeführte Geschäfte. Diese Beschränkung gilt nicht, soweit der Prinzipal das Geschäft verspätet ausführt.

[76] *Baumbach/Hopt* § 87 Rn. 48.
[77] Ebenroth/Boujong/Joost/Strohn/*Löwisch* § 87 Rn. 60.
[78] Vgl. BGH NJW 1998, 629 (630), der dies im Ergebnis offen gelassen hat.

- **Wettbewerbsverbot:** Der Handelsvertreter unterliegt für die Dauer des Vertrags grundsätzlich einem Wettbewerbsverbot. Dennoch empfiehlt es sich, dieses ausdrücklich vertraglich zu regeln. Für den Zeitraum nach Beendigung des Handelsvertretervertrags besteht demgegenüber kein Wettbewerbsverbot, sofern dieses nicht ausdrücklich vereinbart ist. Bei einer vertraglichen Vereinbarung ist zu beachten, dass das **nachvertragliche** Wettbewerbsverbot auf längstens zwei Jahre nach Vertragsende befristet sein darf. Ferner darf es sich nur auf den dem Handelsvertreter während der Vertragslaufzeit zugewiesenen Bezirk oder Kundenkreis sowie nur auf die Vertragsgegenstände erstrecken. Zudem hat der Handelsvertreter für die Dauer des nachvertraglichen Wettbewerbsverbots einen Anspruch auf angemessene **Entschädigung.** Dieser Anspruch ist auch nicht abdingbar. Die Festlegung der angemessenen Entschädigung im Handelsvertretervertrag, also im Voraus, ist zulässig und nicht als Abweichung zum Nachteil des Handelsvertreters anzusehen, sofern nicht ein Betrag vereinbart wird, der als angemessen nicht in Betracht kommt.[79] 73

  Daher ist sorgfältig abzuwägen, ob ein solches nachvertragliches Wettbewerbsverbot auch wirklich den Interessen des Prinzipals entspricht. Zwar kann der Prinzipal später auf die Einhaltung des nachvertraglichen Wettbewerbsverbots verzichten, jedoch nur bis zum Ende des Vertragsverhältnisses. Darüber hinaus hat der Prinzipal für einen Zeitraum von sechs Monaten ab der Verzichtserklärung Entschädigungszahlungen zu leisten, ohne dass der Handelsvertreter an das nachvertragliche Wettbewerbsverbot gebunden wäre. Von diesen Regelungen kann auch nicht zum Nachteil des Handelsvertreters abgewichen werden. Ein entschädigungsloser Verzicht auf das nachvertragliche Wettbewerbsverbot ist nur möglich, wenn das Vertragsverhältnis aus wichtigem Grund gekündigt wird. In diesem Fall kann sich der Kündigende binnen eines Monats nach der Kündigung vom Wettbewerbsverbot lossagen. 74

- **Kündigung:** Zu den Kündigungsregelungen wird auf die Ausführungen zu Rn. 27–35 verwiesen. Bei der Bemessung der ordentlichen Kündigungsfrist sind die **Mindestfristen** des § 89 Abs. 1 HGB von einem Monat im ersten Jahr der Vertragsdauer, von zwei Monaten im zweiten Vertragsjahr, von drei Monaten im dritten bis fünften Vertragsjahr und von sechs Monaten nach einer Vertragsdauer von mehr als fünf Jahren zu beachten. 75

- **Ausgleichsanspruch:** Dem Handelsvertreter steht bei Vertragsbeendigung nach § 89b HGB ein Ausgleichsanspruch für die von ihm für den Prinzipal neu geschaffenen Kundenbeziehungen zu. Der Ausgleichsanspruch ist nach dem Gesetz **zwingend,** er kann gegenüber Handelsvertretern innerhalb der EU im Voraus nicht ausgeschlossen oder reduziert werden. Aus diesem Grund sind die Möglichkeiten, bei der Vertragsgestaltung auf den Ausgleichsanspruch Einfluss zu nehmen, eingeschränkt. 76

  Sofern der Handelsvertreter den Vertrieb in einem Vertragsgebiet übernimmt, in dem bereits bestehende Kunden des Unternehmens vorhanden sind, sollten diese bei Abschluss des Handelsvertretervertrags in einer Bestandskundenliste aufgeführt werden. Hierdurch kann etwaigen Streitigkeiten bei Beendigung des Vertrages vorgebeugt werden, da der Handelsvertreter einen Ausgleichsanspruch grundsätzlich nur hinsichtlich der von ihm neu geworbenen Stammkunden geltend machen kann. Darüber hinaus kann mit dem Handelsvertreter eine **Einstandszahlung** für die Übernahme eines gut eingeführten Vertragsgebiets vereinbart werden. Allerdings darf diese nicht zu einer Beschränkung des Ausgleichsanspruchs führen und nicht mit diesem verknüpft werden. Andernfalls besteht das erhebliche Risiko der Unwirksamkeit dieser Regelung nach § 89b Abs. 4 Satz 1 HGB.

b) Vertragshändlervertrag. Anders als der Handelsvertreter vermittelt der Vertragshändler keine Verträge zwischen Unternehmer und Dritten, sondern kauft Ware vom Unternehmer und verkauft diese im eigenen Namen und auf eigene Rechnung weiter. 77

---

[79] *Baumbach/Hopt/Hopt* § 90a Rn. 29.

Sofern die einzelnen Kaufverträge zwischen Unternehmer und Vertragshändler nicht auf Grundlage der Allgemeinen Liefer- und Verkaufsbedingungen erfolgen, welche dann regelmäßig Anlage zum Vertragshändlervertrag werden, sollten zwingend Regelungen zu Mängelansprüchen in den Vertragshändlervertrag aufgenommen werden. Besonderheiten ergeben sich, sofern Endkunden der Ware Verbraucher sind, da dann der gesetzlich zwingende Rückgriffsanspruch gemäß §§ 478, 479 BGB zu berücksichtigen ist.

78 • **Änderungen:** Eine Regelung zur einseitigen Änderung des Vertragsgebiets, wie beim Handelsvertreter vorgeschlagen, sollte gleichfalls aufgenommen werden. Die Interessenlage ist hier insoweit dieselbe. Die Einschränkungen der Zulässigkeit von Regelungen bei Vorliegen Allgemeiner Geschäftsbedingungen gelten entsprechend.

79 • **Pflichten des Vertraghändlers:** Anders als der Handelsvertreter unterliegt der Vertragshändler keiner gesetzlichen Treuepflicht. Daher sind die Rechte und Pflichten des Vertragshändlers möglichst detailliert auszugestalten. Ein umfassender Pflichtenkatalog kann allerdings dazu führen, dass der Vertragshändler den für den Handelsvertreter in § 89b HGB geregelten Ausgleichsanspruch ebenfalls geltend machen kann. Der BGH wendet **§ 89b HGB analog** auf den Vertragshändlervertrag an, sofern bestimmte Voraussetzungen vorliegen. Liegen diese vor, ist der Ausgleichsanspruch gleichfalls zwingend. Voraussetzung einer analogen Anwendung ist, dass der Vertragshändler in die Absatzorganisation des Unternehmers eingegliedert ist und er eine vertragliche Verpflichtung zur Überlassung der Kundendaten an den Unternehmer hat.[80] Ob eine **Eingliederung in die Absatzorganisation** des Unternehmers vorliegt, hängt von den Umständen des Einzelfalles ab. Indizien für das Vorliegen einer Eingliederung können sein:
- eine vertragliche Pflicht, das Vertragsprodukt aktiv zu vermarkten,
- Mindestabnahmepflichten,
- Kooperationspflichten mit dem Verkaufspersonal des Unternehmers,
- Verpflichtung, einen Reparaturservice zu unterhalten,
- das Bestehen von Berichtspflichten oder
- Einsichtsrechte des Unternehmers in Unterlagen des Vertragshändlers.

Grundsätzlich gilt: je mehr Rechte sich der Unternehmer vorbehält auf den Vertrieb des Vertragshändlers Einfluss zu nehmen, umso größer ist das Risiko, dass von einer Eingliederung in die Absatzorganisation auszugehen ist. Die Verpflichtung zur **Überlassung der Kundendaten** muss nicht erst bei Beendigung des Vertrags bestehen und muss sich auch nicht ausdrücklich aus dem Vertrag ergeben. Ausreichend ist vielmehr, dass der Vertrag Regelungen enthält, die im Ergebnis zwingend zur Übertragung der Kundendaten durch den Vertragshändler an den Unternehmer führen.[81] Dies sollte bei Ausgestaltung der Pflichten des Vertragshändlers entsprechend berücksichtigt werden.

80 • **Rücknahme von Vertragsware:** Nach der Rechtsprechung des BGH ist der Unternehmer, sofern er dem Vertragshändler eine Pflicht zu einer bestimmten Mindestbevorratung auferlegt, bei Vertragsende verpflichtet, die noch vorhandenen Restbestände des Warenlagers zurückzunehmen.[82] Diese Verpflichtung kann jedoch in gewissem Umfang vertraglich ausgestaltet werden.[83] Allerdings sind insbesondere bei Regelungen in Allgemeinen Geschäftsbedingungen die Interessen des Vertragshändlers ausreichend zu berücksichtigen. So hat die Rechtsprechung einen **Pauschalabschlag** für den zu erwartenden Verwertungsverlust und den Bearbeitungsaufwand des Unternehmers in Höhe von 10% für noch zulässig erachtet,[84] einen Abschlag in Höhe von 25% jedoch in All-

[80] BGH NJW-RR 2006, 1692 (1693).
[81] *Ebenroth/Boujoung/Joost/Strohn/Löwisch* § 89b Rn. 23.
[82] BGH NJW 1995, 524 (5258); BGH NJW-RR 2005, 1496 (1502).
[83] *Martinek/Semler/Habermeier/Ullrich* § 21 Rn. 10f.
[84] BGH NJW-RR 1998, 1077 (1081).

gemeinen Geschäftsbedingungen für unzulässig erklärt.[85] Die Rücknahmepflicht des Unternehmers kann auf solche Vertragsware beschränkt werden, deren Abnahme, Vorhaltung und Lagerung durch den Vertragshändlervertrag vorgegeben war.[86] Auch kann die Rückkaufspflicht auf neue, unbenutzte, unbeschädigte, sachgerecht gelagerte und original verpackte Produkte und Ersatzteile beschränkt werden.[87] Auch die Vereinbarung einer Ausschlussfrist zur Geltendmachung des Anspruchs auf Rücknahme der Vertragswaren ist grundsätzlich zulässig, sofern diese angemessen ist. Eine Frist von sechs Monaten dürfte im Regelfall angemessen sein.[88]

Formulierungsbeispiel Rücknahmeklausel:

(1) Soweit der Vertragshändler zur Lagerhaltung verpflichtet ist, wird der Unternehmer auf Verlangen des Vertragshändlers nach Beendigung des Vertragshändlervertrags die Vertragswaren zu dem vom Vertragshändler bezahlten Verkaufspreis abzüglich eines pauschalen Abschlags von 10% zurückkaufen, wenn eine der Parteien den Vertrag ordentlich oder aus vom Unternehmer zu vertretenden Gründen außerordentlich gekündigt hat.

(2) Die Verpflichtung zum Rückkauf besteht nur hinsichtlich neuer, unbenutzter, unbeschädigter, sachgerecht gelagerter und original verpackter Vertragsware.

(3) Der Anspruch auf Rückkauf ist vom Vertragshändler innerhalb von sechs Monaten nach Vertragsbeendigung geltend zu machen.

- **Wettbewerbsverbot:** Wettbewerbsverbote und Vertriebsbeschränkungen in Vertrags- 81
händlerverträgen bedürfen der Überprüfung auf ihre Vereinbarkeit mit dem **Kartellrecht.** Insbesondere sind die Vorgaben der VO (EG) 2790/1999 zu berücksichtigen. So darf dem Vertragshändler beispielsweise nicht der Passivverkauf an Kunden außerhalb des Vertragsgebiets verboten werden, es darf ihm also nicht untersagt werden, Waren an Kunden auf deren Anfrage zu verkaufen. Ein solches unzulässiges Verbot des Passivverkaufs ist beispielsweise auch in einer Regelung zu sehen, wonach der Vertragshändler verpflichtet ist, Anfragen von außerhalb des Vertragsgebiets an den Unternehmer weiterzuleiten.

2. Sonstige schuldrechtliche Kooperationsverträge

a) **Transitional Services.** Bereits erwähnt wurden so genannte Transitional Services 82
Agreements. Durch ein Transitional Services Agreement soll beispielsweise im Falle von Unternehmenstransaktionen sichergestellt werden, dass von einer Gesellschaft der Verkäuferseite bestimmte Leistungen, wie beispielsweise IT-Services, für eine Übergangszeit weiterhin erbracht werden.[89] Wie auch sonst in Kooperationsverträgen sind zunächst die wesentlichen Inhalte der geschuldeten Leistungen zu spezifizieren. Dies ist in der Praxis allerdings häufig mit erheblichen Problemen behaftet, da oft für die bisherige Leistungserbringung an das konzernzugehörige Unternehmen keine vertraglichen Regelungen bestanden und somit der Inhalt der notwendigen Leistungen nicht klar definiert ist. Schwierigkeiten bereitet in der Regel auch die Vereinbarung einer bestimmten Qualität der zu erbringenden Serviceleistungen, an deren Nichterreichung dann **Mängelansprüche** anknüpfen. Da der Verkäufer nicht als professioneller Anbieter am Markt agiert, wird er in der Regel nicht bereit sein, sich zur Erbringung von Serviceleistungen in marktüblicher Qualität zu verpflichten. Häufig vereinbaren die Parteien deshalb, dass die Serviceleistungen im Rahmen des bislang praktizierten Serviceniveaus zu erbringen sind.

[85] BGH NJW 1995 524 (526).
[86] BGHZ 54, 338, 346 = BGH NJW 1971, 29 (31); BGH NJW-RR 2005, 1496 (1503).
[87] *Martinek/Semler/Habermeier/Ullrich* § 21 Rn. 18; *Kleinmann/Siegert* BB 2006, 785 (787).
[88] *Kleinmann/Siegert* BB 2006, 785 (789); *Martinek/Semler/Habermeier/Ullrich* § 21 Rn. 23.
[89] *Semler/Volhard/Koziczinski* § 13 Rn. 125.

Allerdings führt eine solche Regelung dazu, dass ein Unterschreiten dieses Niveaus kaum nachzuweisen ist, da in der Regel keine Erhebungen über das in der Vergangenheit erreichte Serviceniveau vorhanden sind.[90] Entsprechend schwierig ist auch die Durchsetzung von Mängelansprüchen. Die Serviceleistungen sollen in der Regel nur für einen überschaubaren Zeitraum bis zur Integration des akquirierten Unternehmens in die neue Konzernstruktur des Käufers in Anspruch genommen werden. Dieser Zeitraum lässt sich meist aber nur schwer prognostizieren. Dem kann durch Vereinbarung einer Verlängerungsoption für den Käufer Rechnung getragen werden.

83 **b) Liefer- und Labelvertrag.** Gegenstand einer Kooperationsvereinbarung kann auch eine Vereinbarung sein, wonach ein Hersteller ein bestimmtes von ihm hergestelltes und vertriebenes Produkt für einen Kooperationspartner produziert und mit dessen Namen oder Marke versieht. Ein solcher Vertrag ist in der Regel ein Kaufvertrag, der um Regelungen zum Vertriebsrecht sowie zu Nutzungsrechten an Marken und Firmenkennzeichen ergänzt ist. Der Empfänger nimmt die Produkte in der Regel in sein Verkaufsprogramm auf. Daher hat er ein Interesse daran, dass der Vertrag eine bestimmte **Mindestlaufzeit** hat und ihm **exklusive Rechte** zustehen. Demgegenüber wird der Hersteller regelmäßig ein Interesse daran haben, dass die speziell für den Kooperationspartner gelabelten Produkte nur in bestimmten Märkten vertrieben werden und er für seinen sonstigen Vertrieb weitgehend frei bleibt. Sofern es sich bei den Kooperationspartnern um Wettbewerber handelt, sind dabei kartellrechtliche Vorgaben zu beachten. Je nach Ausgestaltung des Liefer- und Labelvertrages können ferner Regelungen über Weiterentwicklungen der Produkte, Spezialanfertigungen für den Käufer sowie wechselseitige Vorgaben und Einschränkungen bei der **Produktänderung** sinnvoll sein. Denkbar sind beispielsweise ausreichende Ankündigungsfristen des Herstellers, um dem Käufer die Möglichkeit zu geben, seine Produktpalette auf die Änderungen abzustimmen. Ferner sollte dem Käufer das Recht auf eine „letzte Bestellung“ des bisherigen Produktes vor der Änderung eingeräumt werden.

84 Kritisch ist in derartigen Verträgen im weiteren die Vereinbarung eines möglichen **Notfertigungsrechts** des Käufers, falls der Hersteller zur Belieferung nicht in der Lage ist, der Käufer aber auf die fortgesetzte Lieferung angewiesen ist. Das Notfertigungsrecht des Käufers setzt die Übergabe von Dokumenten, Informationen und Know-how an einen Dritten durch den Hersteller voraus. Bei dem Dritten handelt es sich in der Regel um einen Notar, Wirtschaftsprüfer oder eine sonstige unabhängige Vertrauensperson, mit der von beiden Parteien ein Treuhändervertrag über die Voraussetzungen der Herausgabe der Unterlagen abzuschließen ist. Der Hersteller steht einer solchen Herausgabe seines Know-hows in der Regel kritisch gegenüber. Die ablehnende Haltung kann sich noch steigern, wenn eine regelmäßige Aktualisierung der beim Treuhänder hinterlegten Unterlagen erforderlich ist und ihm dadurch ein administrativer Aufwand entsteht. Auf der anderen Seite kann das Notfertigungsrecht für den Käufer von großer Bedeutung sein, wenn es sich beispielsweise eine Schlüsselkomponente handelt. Der Vertrag muss diese gegensätzlichen Interessen berücksichtigen.

C. Gesellschaftsrechtliche Kooperationsverträge

Neben den schuldrechtlichen sind die gesellschaftsrechtlichen Kooperationsverträge zu betrachten:

I. Allgemeines

85 Wie bereits unter Rn. 9–12 ausgeführt, unterscheiden sich gesellschaftsrechtliche Kooperationsverträge von den rein schuldrechtlichen Kooperationsverträgen dadurch, dass

---

[90] *Plath* CR 2007, 345 (351).

sie nicht nur schuldrechtliche Beziehungen zwischen den Kooperationspartnern begründen, sondern auch ein eigenständiger Rechtsträger entsteht. Gesellschaftsrechtliche Kooperationen können beispielsweise in der Rechtsform einer GmbH (etwa bei einem Joint Venture) oder einer Gesellschaft bürgerlichen Rechts durchgeführt werden. Diese Gesellschaften können eigenständig Rechte und Pflichten gegenüber Dritten begründen. Dies gilt nur eingeschränkt für die Gesellschaft bürgerlichen Rechts in der Form der Innengesellschaft, da diese nicht rechtsfähig ist. Da das Gesetz jedoch nicht zwischen Innen- und Außengesellschaft unterscheidet und ein Teil der vertraglichen Gestaltung bei Innen- und Außengesellschaften identisch sind, wird nachstehend sowohl die Gesellschaft bürgerlichen Rechts als Außengesellschaft als auch als Innengesellschaft behandelt.

II. Gesellschaft bürgerlichen Rechts

Eine wichtige Rolle spielt zunächst die Gesellschaft bürgerlichen Rechts:

1. Grundform

Grundvoraussetzung für die Entstehung einer Gesellschaft bürgerlichen Rechts ist der 86 Abschluss eines Gesellschaftsvertrags im Sinne von § 705 BGB. Ein solcher Gesellschaftsvertrag liegt vor, sofern sich zwei oder mehr Gesellschafter vertraglich verpflichten, einen **gemeinsamen Zweck** durch Beitragsleistung oder in sonstiger vertraglich vereinbarter Weise zu fördern.[91] Der Vertrag über die Errichtung einer Gesellschaft bürgerlichen Rechts bedarf keiner besonderen Form und kann auch stillschweigend erfolgen. Entsprechend häufig kommt es vor, dass Parteien einen Vertrag über die Errichtung einer Gesellschaft bürgerlichen Rechts schließen, ohne dass ihnen dies bewusst ist. So kann beispielsweise bereits die gemeinsame Anschaffung einer Produktionsmaschine durch zwei Unternehmen, die von diesen wechselweise genutzt werden soll, zur Gründung einer Gesellschaft bürgerlichen Rechts führen.[92] Treffen die Parteien in einem solchen Fall keine vertraglichen Regelungen, so richtet sich das Verhältnis nach den Regelungen der §§ 705 ff. BGB. Die Regelungen der §§ 705 ff. BGB sind im wesentlichen dispositiver Natur, so dass die Parteien in der Ausgestaltung ihrer Zusammenarbeit frei sind. Ausdrückliche Schranken finden sich im Gesetz lediglich hinsichtlich der Zulässigkeit der Einschränkung von Kontrollrechten der Gesellschafter sowie des Kündigungsrechts der Gesellschafter.[93] Weitere Grenzen ergeben sich aus der von der Rechtsprechung herausgebildeten **Kernbereichslehre,** dem **Gleichbehandlungsgrundsatz** und der gesellschaftsrechtlichen **Treuepflicht.** Die Kernbereichslehre ist insbesondere zu berücksichtigen, wenn vom gesetzlich vorgesehenen Einstimmigkeitsprinzip abgewichen und so genannte Mehrheitsklauseln vorgesehen werden. Rechte, die zum Kernbereich der Mitgliedschaft zählen, können nämlich nach der Rechtsprechung des BGH nur mit Zustimmung des betroffenen Gesellschafters entzogen werden.[94]

Aufgrund der weiten Gestaltungsmöglichkeiten sind Verwendungsmöglichkeiten und 87 Erscheinungsformen der Gesellschaft bürgerlichen Rechts außerordentlich vielfältig. Eine Grundentscheidung, über die die (potentiellen) Kooperationspartner Einigkeit erzielen müssen, ist die Frage, ob die Gesellschaft bürgerlichen Rechts selbst Träger von Rechten und Pflichten sein und selbst am Rechtsverkehr teilnehmen soll. Dies ist insbesondere im Hinblick auf die Haftung gegenüber Dritten von entscheidender Bedeutung. Entscheiden sich beispielsweise zwei Unternehmen, zur Durchführung eines Projekts eine Gesellschaft bürgerlichen Rechts zu gründen, und schließt diese Gesellschaft bürgerlichen Rechts – bestehend aus den beiden Kooperationspartnern – den Vertrag mit dem Auftraggeber ab, so haftet jeder der beiden Kooperationspartner gegenüber dem Auftraggeber für sämtli-

[91] MünchKommBGB/*Ulmer* § 705 Rn. 1.
[92] MünchKommBGB/*Ulmer* § 705 Rn. 26.
[93] MünchKommBGB/*Ulmer* § 705 Rn. 133.
[94] BGH NJW 1985, 974; BGH NJW 1995, 194 (195).

che Verpflichtungen der Gesellschaft bürgerlichen Rechts. Vereinbaren die beiden Kooperationspartner jedoch, dass eine Innengesellschaft gegründet wird und nach außen nur einer der beiden Kooperationspartner als Auftragnehmer auftreten soll, so haftet im Außenverhältnis ausschließlich dieser gegenüber dem Auftraggeber und hat Ausgleichsansprüche lediglich im Innenverhältnis gegen den anderen Gesellschafter nach Maßgabe des Gesellschaftsvertrags oder, sofern dieser keine Regelungen enthält, nach Maßgabe des Gesetzes.

2. Typische Regelungen

88 Nachfolgend werden einige typische Regelungen für eine Gesellschaft bürgerlichen Rechts dargestellt, mit denen von den gesetzlichen Regelungen abgewichen wird. Mit Ausnahme der Regelung zur Vertretung, welche nur für die Gesellschaft bürgerlichen Rechts in Form der Außengesellschaft relevant ist,[95] gelten die nachfolgenden Ausführungen sowohl für die Außen- als auch für die Innengesellschaft.

89 a) **Beschlussfassung.** Das Gesetz geht in § 709 Abs. 1 2. Halbsatz BGB und in § 705 BGB vom Grundsatz der Einstimmigkeit aus. Grundsätzlich bedarf es zu jeder Geschäftsführungsmaßnahme und jedem Grundlagengeschäft der Zustimmung aller Gesellschafter. Unter Geschäftsführungsmaßnahme ist jede Tätigkeit zu verstehen, die für die Gesellschaft bürgerlichen Rechts wahrgenommen wird, zur Förderung des Gesellschaftszwecks bestimmt ist und nicht die Grundlagen der Gesellschaft betrifft.[96] Davon abzugrenzen sind die so genannten Grundlagengeschäfte. Dazu zählen alle Maßnahmen, die auf eine Änderung der Grundlagen der Gesellschaft zielen, insbesondere ihren Zweck, ihre Organisation und ihre Zusammensetzung betreffen.[97] Aus der Formulierung „Für jedes Geschäft ist die Zustimmung aller Gesellschafter erforderlich“ in § 709 BGB ergibt sich, dass Stimmenthaltungen als Ablehnung zu werten sind.[98] Das **Einstimmigkeitsprinzip** folgt aus der Struktur der Gesellschaft bürgerlichen Rechts als persönlicher Zusammenschluss der Gesellschafter auf vertraglicher Grundlage ohne Verselbstständigung der Gesellschaft zur juristischen Person.[99] Dieses Einstimmigkeitsprinzip ist bei Kooperationsverträgen mit lediglich zwei Kooperationspartnern regelmäßig interessengerecht. Anders kann es sich aber darstellen, wenn an der Kooperation eine Vielzahl von Kooperationspartnern beteiligt ist. Wie bereits oben erwähnt, kann vom Grundsatz der Einstimmigkeit durch sogenannte **Mehrheitsklauseln** abgewichen werden. Aufgrund der Kernbereichslehre werden an die Vereinbarung derartiger Abweichungen je nach Art des Beschlussgegenstands unterschiedlich hohe Anforderungen gestellt. Insbesondere wenn eine Gesellschaft bürgerlichen Rechts aus einer Vielzahl von Gesellschaftern besteht, ist die Verankerung des Mehrheitsprinzips jedoch anzuraten, da andernfalls einzelne Gesellschafter Maßnahmen blockieren können und es zu einem Stillstand innerhalb der Gesellschaft kommen kann. Zwar kann sich aus der gesellschaftsvertraglichen Treuepflicht eine Zustimmungspflicht ergeben; diese besteht allerdings nur in engen Ausnahmefällen. Die gerichtliche Durchsetzung der Gesellschafterrechte verzögert in jedem Fall die Umsetzung der Maßnahme.

90 Soweit durch einen Mehrheitsbeschluss auch in den **Kernbereich** der Mitgliedschaft eines Gesellschafters eingegriffen wird, muss die entsprechende Mehrheitsklausel Art und Ausmaß des zulässigen Eingriffs eindeutig erkennen lassen.[100] Der Kreis der nicht ohne weiteres durch Mehrheitsbeschluss entziehbaren Rechte lässt sich nicht abstrakt und ohne Berücksichtigung der konkreten Struktur der jeweiligen Personengesellschaft

[95] MünchHdb. GesR I/*Schücking* § 3 Rn. 44.
[96] MünchHdb. GesR I/*v. Ditfurth* § 7 Rn. 3.
[97] MünchHdb. GesR I/*v. Ditfurth* § 7 Rn. 5.
[98] MünchKommBGB/*Ulmer* § 709 Rn. 39.
[99] MünchKommBGB/*Ulmer* § 709 Rn. 81.
[100] BGH NJW 1995, 194 (195).

und der besonderen Stellung des betroffenen Gesellschafters bestimmen.[101] Zu diesen besonders geschützten Rechten zählen aber in jedem Fall das Stimm-, das Gewinnbeteiligungs-, das Geschäftsführungsrecht sowie das Recht auf Beteiligung am Liquidationserlös.[102] Welche weiteren Rechte zum Kernbereich der Mitgliedschaft zählen, hängt von den Besonderheiten der jeweiligen Gesellschaft ab.[103] Beschlüsse, die ausschließlich die Geschäftsführung betreffen, sind unproblematisch einem Mehrheitsbeschluss zugänglich.[104] Darüber hinaus hat der BGH in einer Entscheidung aus dem Jahr 2007, unter Aufgabe seiner bisherigen Rechtsprechung, entschieden, dass auch die Feststellung des Jahresabschlusses durch Mehrheitsbeschluss auf Grundlage einer allgemeinen Mehrheitsklausel gedeckt ist, die den Mehrheitsbeschluss für gewöhnliche Geschäfte zulässt.[105] Besonders streng sind hingegen die Anforderungen der Rechtsprechung bei Regelungen, die **Beitragserhöhungen** durch Mehrheitsbeschluss ermöglichen. Diese müssen eine Obergrenze vorsehen.[106] Diese hohen Anforderungen resultieren aus § 707 BGB. Nach dieser Vorschrift sind die Gesellschafter zur Erhöhung des vereinbarten Beitrags oder zur Ergänzung der durch Verlust verminderten Einlage grundsätzlich nicht verpflichtet.

Sieht der Gesellschaftsvertrag vor, dass die Mehrheit der Stimmen entscheidet, so ist diese gemäß § 709 Abs. 2 BGB nach der Zahl der Gesellschafter zu berechnen. Mithin hat grundsätzlich jeder Gesellschafter eine Stimme. Soweit ungleiche Beitrags- und Beteiligungsverhältnisse bestehen, bietet es sich jedoch an, das Stimmrecht nach Kapitalanteilen oder Leistungsbeiträgen zu staffeln.[107] 91

Formulierungsbeispiel Zulassung von Mehrheitsbeschlüssen:

(1) Beschlüsse sind einstimmig zu treffen, soweit im Kooperationsvertrag nichts Abweichendes geregelt ist.

(2) Handelt es sich um Gegenstände der laufenden Verwaltung, genügt ein Beschluss mit einfacher Stimmenmehrheit, wobei je EUR 100,00 Einlage ein Stimmrecht gewähren.

(3) Durch Beschluss mit 2/3 Mehrheit kann die Zahlung eines Nachschusses von maximal EUR 10 000,00 je Kooperationspartner beschlossen werden.

b) Geschäftsführung/Vertretung. Während die Geschäftsführung das „rechtliche Dürfen" im Innenverhältnis betrifft, bestimmt die Vertretungsmacht das „rechtliche Können" im Außenverhältnis. Das Gesetz geht von einer **Gesamtgeschäftsführung** aus und knüpft hieran die Vertretungsmacht,[108] d. h. die Gesellschaft kann wirksam nur von allen Gesellschaftern gemeinsam vertreten werden. Von dieser Gesamtgeschäftsführung und **Gesamtvertretung** kann jedoch im Gesellschaftsvertrag abgewichen werden. So kann der Gesellschaftsvertrag beispielsweise vorsehen, dass die Gesellschaft nur von einzelnen Gesellschaftern vertreten wird. Auch können die Gesellschafter vereinbaren, dass einzelne Gesellschafter alleinvertretungsberechtigt und andere nur gemeinschaftlich zur Vertretung der Gesellschaft berechtigt sind. Geschäftsführende Gesellschafter bei der Gesellschaft bürgerlichen Rechts können nicht nur natürliche Personen sein, sondern auch juristische Personen, wie beispielsweise eine GmbH. Die GmbH handelt durch ihre 92

[101] BGH NJW 1995, 194 (195).
[102] BGH NJW 1995, 194 (195); MünchKommBGB/*Ulmer* § 709 Rn. 93.
[103] MünchKommBGB/*Ulmer* § 109 Rn. 93; *Baumbach/Hopt/Hopt* § 119 Rn. 36.
[104] BeckOK/*Timm/Schöne* § 709 Rn. 37.
[105] BGH NJW 2007, 1685 (1687); anders noch BGHZ 132, 263 (268) = NJW 1996, 1678.
[106] BGH NJW-RR 2006, 827 (828); BGH NJW-RR 2005, 1347 (1348).
[107] MünchKommBGB/*Ulmer* § 709 Rn. 97.
[108] MünchHdb. GesR I/*v. Ditfurth* S 7 Rn. 80.

jeweiligen Organe. Folglich vertreten die Geschäftsführer der GmbH die Gesellschaft bürgerlichen Rechts gegenüber Dritten.[109]

Formulierungsbeispiel Geschäftsführungs- und Vertretungsklausel:
Zur Geschäftsführung und Vertretung sind Gesellschafter A allein, Gesellschafter B und Gesellschafter C jeweils nur gemeinschaftlich mit einem anderen Gesellschafter berechtigt.

93 Zu beachten ist, dass die Gesellschafter einer Gesellschaft bürgerlichen Rechts keinen **außen stehenden Dritten** zum Geschäftsführer der Gesellschaft bürgerlichen Rechts ernennen können.[110] Ein Dritter kann jedoch in weitem Umfang mit Geschäftsführungsaufgaben betraut und mit umfassenden Vollmachten ausgestattet werden, sofern die Gesellschafter selbst die organschaftliche Geschäftsführungs- und Vertretungsbefugnis behalten.[111] Die Geschäftsführertätigkeit ist als Ausfluss der Gesellschafterstellung grundsätzlich keine entgeltliche Dienstleistung. Ein Anspruch auf Vergütung scheidet somit aus, sofern dieser nicht im Gesellschaftsvertrag vereinbart ist.[112] Ist nur ein Gesellschafter zur Geschäftsführung bestimmt, so sind die übrigen Gesellschafter von der Geschäftsführung ausgeschlossen. Schädigt der geschäftsführende Gesellschafter die Gesellschaft, so ist er der Gesellschaft gegenüber zum Schadensersatz verpflichtet.[113] Der Geschäftsführer haftet gemäß § 708 BGB jedoch nur für diejenige Sorgfalt, die er in eigenen Angelegenheiten anzuwenden pflegt. Die Haftungsbeschränkung gilt jedoch nicht bei grober Fahrlässigkeit und Vorsatz.[114] Dies ergibt sich aus §§ 276, 277 BGB. Die Regelung des § 277 BGB ist grundsätzlich abdingbar.[115] Den Parteien steht es somit frei, die Haftung untereinander auf vorsätzliche Pflichtverletzungen zu beschränken.[116]

94 c) **Haftung für Gesellschaftsverbindlichkeiten.** Die Gesellschafter einer Gesellschaft bürgerlichen Rechts haften den Gesellschaftsgläubigern für eine von der Gesellschaft geschuldete Leistung grundsätzlich als Gesamtschuldner persönlich, **unbeschränkt,** unmittelbar, primär und auf die gesamte Leistung.[117] Dies bedeutet, dass jeder Gläubiger der Gesellschaft nach seiner Wahl jeden Gesellschafter auf Erfüllung der gesamten Leistung oder Verbindlichkeiten der Gesellschaft in Anspruch nehmen kann. Der Gesellschafter, der den Anspruch erfüllt, kann von der Gesellschaft Erstattung der insoweit getätigten Aufwendungen verlangen.[118] Ein Anspruch auf Erstattung gegenüber den übrigen Mitgesellschaftern besteht erst, wenn die Gesellschaft liquidiert wird oder die Gesellschaft keine zur Bezahlung frei verfügbaren Mittel hat.[119] Die Höhe der Ausgleichspflicht bestimmt sich nach der jeweiligen Verlustbeteiligung.[120]

95 In der Praxis wurde durch verschiedene Gestaltungen versucht, diese sehr weitgehende Haftung der Gesellschafter zu begrenzen. So sollte beispielsweise die gewünschte Haftungsbeschränkung durch ein Auftreten als Gesellschaft bürgerlichen Rechts mit beschränkter Haftung (GbRmbH) erreicht werden. Die persönliche unbeschränkte Haftung der Gesellschafter kann jedoch grundsätzlich nur durch eine **individualvertragliche**

[109] MünchHdb. GesR I/*Schücking* § 3 Rn. 20.
[110] BGH NJW 1982, 877 (878).
[111] *Palandt/Sprau* Vorb v § 709 Rn. 3a.
[112] MünchKommBGB/*Ulmer* § 709 Rn. 32.
[113] OLG Köln NJW-RR 1995, 547 (548).
[114] MünchHdb. GesR I/*v. Ditfurth* § 7 Rn. 58.
[115] BGHZ 46, 313 (317) = NJW 1967, 558.
[116] MünchKommBGB/*Ulmer* § 708 Rn. 3.
[117] *Palandt/Sprau* § 714 Rn. 12.
[118] MünchKommBGB/*Ulmer* § 714 Rn. 54.
[119] MünchKommBGB/*Ulmer* § 714 Rn. 56.
[120] MünchKommBGB/*Ulmer* § 714 Rn. 56.

Vereinbarung mit dem Gläubiger eingeschränkt oder ausgeschlossen werden, nicht jedoch durch einen Zusatz wie „mbH".[121] Mithin ist es bei Abschluss von Verträgen der Gesellschaft bürgerlichen Rechts mit Dritten besonders wichtig, Haftungsausschlüsse oder zumindest Haftungsbeschränkungen zu vereinbaren. Anders ist die Situation bei der Gesellschaft bürgerlichen Rechts in Form der Innengesellschaft. Diese nimmt nicht selbst am Rechtsverkehr teil. Nach außen gegenüber Dritten tritt nur jeweils einer der Gesellschafter auf. Dieser haftet den Gläubigern. Der nach außen handelnde Gesellschafter hat aber aus dem Gesellschaftsvertrag einen Erstattungsanspruch gegen die übrigen Gesellschafter der Innengesellschaft.

Die Haftung im **Innenverhältnis,** das heißt der Anteil an der Haftung der Gesellschaf- 96
ter untereinander für Verbindlichkeiten der Gesellschaft, hängt von den vertraglichen Vereinbarungen ab.[122] Sofern im Gesellschaftsvertrag keine abweichende Regelung getroffen ist, erfolgt die Verteilung des Verlusts und somit die Innenhaftung nach Köpfen.[123] Diese Regelungen stehen jedoch vollumfänglich zur Disposition der Gesellschafter.[124] Sofern die Gesellschafter keine vertragliche Regelung getroffen haben, besteht für die Gesellschafter gemäß § 721 Abs. 1 BGB eine Verpflichtung zum Ausgleich eines Verlusts erst nach Auflösung der Gesellschaft. Dieser Vorschrift liegt die Vorstellung des Gesetzgebers von der Gesellschaft bürgerlichen Rechts als Gelegenheitsgesellschaft zugrunde.[125] Zudem sieht § 707 BGB vor, dass die Gesellschafter mangels anderweitiger vertraglicher Vereinbarung nicht verpflichtet sind, Beitragserhöhungen oder Einlageergänzungen während der Dauer der Gesellschaft zu leisten. Zu Nachschussleistungen sind die Gesellschafter erst am Ende der Gesellschaft im Rahmen der Liquidation verpflichtet. Dies gilt im gleichen Maße sowohl für die Innengesellschaft als auch für die Außengesellschaft.[126]

d) Gewinnverteilung. Die Gesellschafter der Gesellschaft bürgerlichen Rechts haben in 97
Ermangelung anders lautender vertraglicher Regelungen gemäß § 721 Abs. 1 BGB einen Anspruch auf Verteilung des Gewinns erst nach Auflösung der Gesellschaft. Für Gesellschaften von längerer Dauer bestimmt § 721 Abs. 2 BGB jedoch, dass Rechnungsabschluss und Gewinnverteilung im Zweifel am Schluss eines jeden Geschäftsjahres zu erfolgen haben. Ob eine Gesellschaft von längerer Dauer im Sinne der Vorschrift vorliegt, ergibt sich in erster Linie aus dem Gesellschaftszweck.[127] Eine auf längere Dauer angelegte Gesellschaft in diesem Sinne liegt regelmäßig bei Joint Ventures vor.[128] Bei anderen Kooperationen kommt es im wesentlichen darauf an, ob die Kooperation deutlich länger als ein Jahr dauern wird. Liegt im Ergebnis eine Gesellschaft von längerer Dauer vor, besteht mangels anderweitiger Regelungen ein gesetzlicher Anspruch der Gesellschafter auf die Verteilung des Gewinnes am Ende des Geschäftsjahres.[129] Das Gesetz geht in § 722 BGB von einer **Verteilung nach Köpfen** aus, mithin erhält jeder Gesellschafter grundsätzlich einen gleich hohen Anteil am Gewinn. Von dieser Regelung kann grundsätzlich abgewichen werden.[130] Ist eine andere Verteilung gewollt, sollte diese ausdrücklich vereinbart werden, da allein unterschiedlich hohe Beitragsleistungen nicht zwingend eine Abweichung von der gesetzlichen Gewinnverteilung begründen.[131]

---

[121] BGH NJW 1999, 3483; KG NZG 2004, 714.
[122] MünchHdb. GesR I/*Mantler* § 26 Rn. 53.
[123] *Gummert/Froning* MAH Personengesellschaftsrecht § 8 Rn. 59.
[124] MünchKommBGB/*Ulmer* § 722 Rn. 4.
[125] *Gummert/Froning* MAH Personengesellschaftsrecht § 8 Rn. 51.
[126] BGH WM 1967, 346 (347); BGH NJW-RR 1990, 736.
[127] MünchKommBGB/*Ulmer* § 721 Rn. 2.
[128] *Gummert/Froning* MAH Personengesellschaftsrecht § 8 Rn. 51.
[129] *Gummert/Froning* MAH Personengesellschaftsrecht § 8 Rn. 52.
[130] MünchKommBGB/*Ulmer* § 722 Rn. 4.
[131] BGH NJW 1982, 2816 (2817).

Das Gewinnbezugsrecht gehört zum Kernbereich der Mitgliedschaft, so dass es später durch Mehrheitsbeschluss nur geändert werden kann, wenn dies ausdrücklich im Gesellschaftsvertrag vorgesehen ist.[132] Sind beispielsweise drei Gesellschafter mit unterschiedlich hohen Kapitalanteilen an der Gesellschaft beteiligt, käme folgende Regelung in Betracht:

Formulierungsbeispiel Gewinnverteilungsklausel:

Am Gewinn und Verlust der Gesellschaft sind der Gesellschafter A zu 50%, die Gesellschafter B und C zu jeweils 25% beteiligt.

98 e) **Auflösung und Liquidation.** Die Gesellschaft bürgerlichen Rechts ist aufgelöst, wenn einer der gesetzlich normierten oder vertraglich vereinbarten Auflösungsgründe eintritt.[133] Das Gesetz regelt für die Gesellschaft bürgerlichen Rechts die **gesetzlichen Auflösungsgründe** in den §§ 723 bis 728 BGB. Ist eine Gesellschaft bürgerlichen Rechts auf bestimmte Zeit eingegangen, so gilt sie mit Ablauf der Zeit automatisch als aufgelöst.[134] Ausreichend ist, wenn der Zeitpunkt an ein bestimmtes Ereignis geknüpft ist, beispielsweise die Beendigung eines bestimmten gemeinsamen Projekts.[135] Im Übrigen führen die nachfolgenden Gründe zu einer Auflösung der Gesellschaft:
- Kündigung durch den Gesellschafter (§§ 723, 724 BGB),
- Kündigung durch den Pfändungspfandgläubiger eines Gesellschafters, der den Anteil gepfändet hat (§ 725 BGB),
- Zweckerreichung oder Unmöglichkeit der Erreichung des Gesellschaftszwecks (§ 726 BGB),
- Tod eines Gesellschafters (§ 727 BGB),
- Insolvenz eines Gesellschafters (§ 728 BGB),
- Vereinigung sämtlicher Gesellschaftsanteile (§ 705 BGB),
- Auflösung durch Gesellschafterbeschluss, sowie
- Insolvenz der Gesellschaft bürgerlichen Rechts.

99 Keinen Auflösungs- oder Ausscheidensgrund stellt die **Abweisung des Insolvenzantrags** mangels Masse gemäß § 26 InsO dar.[136] Allerdings führt die Ablehnung der Eröffnung des Insolvenzverfahrens mangels Masse bei einer GmbH, die Gesellschafter der Gesellschaft bürgerlichen Rechts ist, zur Auflösung der GmbH. Aufgrund der Auflösung wird die GmbH nach §§ 66 ff. GmbHG abgewickelt.[137] Der Gegenstand der GmbH ist dann auf deren Liquidation gerichtet. Erst die sich an die Liquidation anschließende Vollbeendigung der GmbH ist dem Tod eines Gesellschafters gleichgestellt und führt somit zur Auflösung der Gesellschaft bürgerlichen Rechts.[138] Die Zugehörigkeit einer in Liquidation befindlichen Gesellschaft dürfte jedoch im Regelfall nicht den Interessen der übrigen Gesellschafter entsprechen. Demgemäß sollte die Ablehnung der Eröffnung des Insolvenzverfahrens über das Vermögen eines Gesellschafters als außerordentlicher Kündigungsgrund vertraglich vereinbart werden.[139] Darüber hinaus kann der Gesellschaftsvertrag auch noch weitere Gründe vorsehen.[140]

---

[132] *Gummert/Froning* MAH Personengesellschaftsrecht § 8 Rn. 67.
[133] MünchHdb. GesR I/*Gummert* § 21 Rn. 2.
[134] *Gummert/Gehde* MAH Personengesellschaftsrecht § 11 Rn. 81.
[135] *Gummert/Gehde* MAH Personengesellschaftsrecht § 11 Rn. 81; MünchHdb. GesR I/*Gummert* § 21 Rn. 78.
[136] MünchKommBGB/*Ulmer* § 728 Rn. 35.
[137] *Baumbach/Hueck/Schulze-Osterloh/Fastrich* § 60 Rn. 27.
[138] BGH NJW 1982, 2821; *Palandt/Sprau* § 727 Rn. 1.
[139] *Staudinger/Habermeier* § 728 Rn. 20.
[140] MünchKommBGB/*Ulmer* Vorbemerkung § 723 Rn. 13.

Allerdings muss die Gesellschaft nicht zwingend aufgelöst werden, wenn ein Auflösungstatbestand vorliegt. Die Gesellschafter können in den in §§ 736, 737 BGB genannten Fällen die Auflösung der Gesellschaft verhindern, wenn sie bei Gesellschaftsgründung, jedenfalls aber vor Eintritt des Auflösungsgrundes, vereinbaren, dass die Gesellschaft im Fall des Eintritts des Auflösungsgrundes fortgesetzt wird. Eine solche **Fortsetzungsklausel** kann bereits in den Gesellschaftsvertrag aufgenommen werden. 100

Formulierungsbeispiel Fortsetzungsklausel:

(1) Kündigt ein Gesellschafter, scheidet er mit Zugang der Kündigungserklärung aus der Gesellschaft aus. Die Gesellschaft wird von den übrigen Gesellschaftern fortgesetzt. Dies gilt im Falle des Todes eines Gesellschafters entsprechend.

(2) Im Falle der Eröffnung des Insolvenzverfahrens über das Vermögen eines Gesellschafters, scheidet der betreffende Gesellschafter mit Erlass des entsprechenden Beschlusses durch das Insolvenzgericht aus der Gesellschaft aus. Die Gesellschaft wird von den übrigen Gesellschaftern fortgesetzt.

(3) Im Falle der Pfändung des Anteils eines Gesellschafters an der Gesellschaft durch einen Gläubiger des betreffenden Gesellschafters scheidet dieser mit dem Ablauf des zweiten Monats nach Erlass des Pfändungsbeschlusses aus der Gesellschaft aus, sofern der Pfändungsbeschluss nicht innerhalb der Zwei-Monats-Frist wieder aufgehoben wird. Die Gesellschaft wird von den übrigen Gesellschaftern fortgesetzt.

(4) Verbleibt in den vorgenannten Fällen nur noch ein Gesellschafter, ist dieser berechtigt, das Vermögen der Gesellschaft ohne Liquidation mit allen Aktiva und Passiva zu übernehmen oder die Auflösung der Gesellschaft zu beschließen.

Nach der Auflösung besteht die Gesellschaft bürgerlichen Rechts zunächst fort, al- 101
lerdings mit geändertem Zweck. Dieser ist mit Eintritt der Auflösungsgründe auf eine Abwicklung der Gesellschaft gerichtet.[141] Hier ergibt sich ein Unterschied zwischen Außen- und Innengesellschaft. Während bei der Außengesellschaft ein Auseinandersetzungsverfahren durchzuführen ist, entsteht bei der Innengesellschaft im Zeitpunkt der Auflösung lediglich ein einseitiger Abfindungsanspruch des bisherigen Innengesellschafters gegen den nach Außen im eigenen Namen aufgetretenen Gesellschafter.[142] Allerdings können im Einzelfall die gesetzlichen Bestimmungen des Auseinandersetzungsverfahrens (§§ 730ff. BGB) auch bei der Auflösung einer Innengesellschaft anwendbar sein.[143] Dies dürfte insbesondere der Fall sein, wenn die Innengesellschaft ein eigenes Gesellschaftsvermögen gebildet hat.[144]

Die Auseinandersetzungsvorschriften in den §§ 730 bis 735 BGB sind weitgehend 102
dispositiv. Daher orientiert sich die Durchführung der **Auseinandersetzung** vorrangig am Gesellschaftsvertrag.[145] Die Durchführung der Abwicklung einer Gesellschaft bürgerlichen Rechts hat gemäß § 730 Abs. 2 Satz 2 BGB grundsätzlich durch alle Gesellschafter gemeinschaftlich zu erfolgen. Dies gilt auch dann, wenn für die Gesellschaft im Gesellschaftsvertrag Einzelgeschäftsführung vorgesehen war. Zu Beginn der Liquidation haben die Gesellschafter gemeinsam eine Liquidationseröffnungsbilanz bezogen auf den Zeitpunkt der Auflösung der Gesellschaft aufzustellen.[146] Danach sind die laufenden Ge-

---

[141] *Gummert/Gehde* MAH Personengesellschaftsrecht § 11 Rn. 116.

[142] BGH NJW 1982, 99 (100).

[143] MünchHdb. GesR I/*Gummert* § 21 Rn. 5.

[144] Ob Innengesellschaften überhaupt Gesellschaftsvermögen bilden können, ist in der Literatur umstritten; vgl. hierzu Münch KommBGB/*Ulmer* § 705 Rn. 280 m.w.N.

[145] *Gummert/Gehde* MAH Personengesellschaftsrecht § 11 Rn. 136.

[146] *Gummert/Gehde* MAH Personengesellschaftsrecht § 11 Rn. 37.

schäfte abzuwickeln, Gegenstände, die ein Gesellschafter zur Benutzung überlassen hat, sind zurückzugeben, Forderungen der Gesellschaft sind einzuziehen und Schulden der Gesellschaft zu begleichen. Reicht das Gesellschaftsvermögen nicht zur Befriedigung aller Gesellschaftsgläubiger aus, besteht gemäß § 735 BGB eine Nachschusspflicht für die Gesellschafter der Gesellschaft bürgerlichen Rechts. Diese Regelung gilt allerdings nur für das Innenverhältnis und begründet keinen unmittelbaren Anspruch der Gläubiger der Gesellschaft gegen den zum Ausgleich verpflichteten Gesellschafter. Die Höhe der Forderung richtet sich nach dem allgemeinen Verlustverteilungsschlüssel, soweit der Gesellschaftsvertrag keine abweichenden Regelungen für den sich nach Auflösung ergebenden Fehlbetrag enthält.[147]

103 Die gesetzlich vorgesehene Form der Abwicklung zielt auf eine Zerschlagung der Gesellschaft ab. Dies stellt aber nicht immer die wirtschaftlichste Form der Verwertung des Gesellschaftsvermögens dar. Bei Veräußerung des Gesamtunternehmens könnte in vielen Fällen ein höherer Erlös erzielt werden. Alternativ kommt daher auch eine Übernahme aller Aktiva und Passiva bei gleichzeitiger Abfindung der übrigen Gesellschafter durch einen Gesellschafter in Betracht. Dies kann entweder bereits im Gesellschaftsvertrag vorgesehen werden oder die Gesellschafter können einen entsprechenden einstimmigen Beschluss treffen.

104 **f) Ausschluss eines Gesellschafters.** Gemäß § 737 BGB kann ein Gesellschafter einer Gesellschaft bürgerlichen Rechts, in dessen Person ein die übrigen Gesellschafter nach § 723 Abs. 1 Satz 2 BGB zur Kündigung berechtigender wichtiger Grund eintritt, durch Beschluss aus der Gesellschaft ausgeschlossen werden. Erforderlich hierfür ist allerdings, dass der Gesellschaftsvertrag für den Fall der Kündigung eine **Fortsetzungsklausel** enthält.

105 Besteht die Gesellschaft nur aus zwei Gesellschaftern, so greift § 737 BGB nach seinem Wortlaut nicht ein. In diesem Fall kann die Gesellschaft bei Ausscheiden eines Gesellschafters gerade nicht „unter den übrigen Gesellschaftern fortbestehen". Allerdings enthält § 140 Abs. 1 Satz 3 HGB für die OHG eine entsprechende Vorschrift, die die Übernahme der Aktiva und Passiva der Gesellschaft ohne Liquidation durch den verbleibenden Gesellschafter vorsieht. Die Rechtsprechung hat den Rechtsgedanken der Vorgängernorm des § 140 Abs. 1 Satz 3 HGB auf die Gesellschaft bürgerlichen Rechts entsprechend angewandt.[148] Auch § 140 Abs. 1 Satz 3 HGB in seiner jetzigen Fassung kann analog auf die Gesellschaft bürgerlichen Rechts angewendet werden.[149] Zumindest wenn der Vertrag eine Fortsetzungsklausel vorsieht, dürfte eine Übernahme durch den verbleibenden Gesellschafter möglich sein.[150] Um etwaige Zweifel auszuschließen, sollte das Übernahmerecht jedoch ausdrücklich im Vertrag vorgesehen werden.

106 **Formulierungsbeispiel Ausschließungsklausel:**

Tritt in der Person eines Gesellschafters ein wichtiger Grund ein, der die anderen Gesellschafter zu einer außerordentlichen Kündigung gemäß § 723 Abs. 1 Satz 2 BGB berechtigt, können die anderen Gesellschafter den betreffenden Gesellschafter durch einstimmigen Beschluss aus der Gesellschaft ausschließen. Der betreffende Gesellschafter scheidet mit Zugang des Ausschließungsbeschlusses aus der Gesellschaft aus. Die Gesellschaft wird von den übrigen Gesellschaftern fortgesetzt. Verbleibt in der Gesellschaft nur noch ein Gesellschafter, ist dieser berechtigt, das Vermögen der Gesellschaft ohne Liquidation mit allen Aktiva und Passiva zu übernehmen oder die Auflösung der Gesellschaft zu beschließen. Ein wichtiger Grund liegt insbesondere vor, wenn die Eröffnung des Insolvenzverfahrens über das Vermögen eines Gesellschafters mangels Masse abgelehnt wird.

---

[147] *Gummert/Gehde* MAH Personengesellschaftsrecht § 11 Rn. 141.
[148] BGHZ 32, 307 (317) = NJW 160, 1664 (1666); BGH NJW 1966, 827.
[149] *Baumbach/Hopt* § 140 Rn. 4.
[150] MünchKommBGB/*Ulmer* § 730 Rn. 69.

Ob ein Ausschließungsrecht nach § 737 BGB bei einer als **Innengesellschaft** ausgestalteten Gesellschaft bürgerlichen Rechts überhaupt gegeben ist, ist in der juristischen Kommentarliteratur umstritten.[151] Die Ablehnung des Ausschließungsrechts wird teilweise damit begründet, dass eine Innengesellschaft kein Gesellschaftsvermögen besitzt.[152] Aufgrund der bestehenden Unsicherheit sollte allerdings bei einer reinen Innengesellschaft davon abgesehen werden, ein Ausschließungsrecht zu vereinbaren. Stattdessen sollte es bei der Möglichkeit der Kündigung der Gesellschaft aus wichtigem Grund bleiben. Im Falle einer aus zwei Gesellschaftern bestehenden Innengesellschaft erscheint dies auch interessengerecht. 107

Neben der Regelung einer Fortsetzungsklausel legen die Gesellschaftsverträge regelmäßig auch die zur Ausschließung berechtigenden Gründe im einzelnen fest. Dies ist im Grundsatz unbedenklich. Eine Regelung, wonach ein Gesellschafter ohne im Gesellschaftsvertrag festgelegte sachliche Gründe, im Ergebnis also nach freiem Belieben ausgeschlossen werden kann, ist allerdings nach ständiger Rechtsprechung wegen Verstoßes gegen § 138 BGB unzulässig.[153] 108

Eine der Ausschließung vergleichbare Situation kann auch eintreten, wenn ein Gesellschafter aufgrund eines von den übrigen Gesellschaftern gemeinsam zu vertretenden wichtigen Grundes zur Kündigung der Gesellschaft berechtigt ist. Dieser Gesellschafter kann ein Interesse daran haben, dass die Gesellschaft nicht aufgelöst und liquidiert wird, sondern er diese weiter fortsetzen darf. 109

Formulierungsklausel Übernahmeklausel:

Kündigt ein Gesellschafter die Gesellschaft aus einem von den übrigen Gesellschaftern gemeinsam zu vertretenden wichtigen Grund, so ist er berechtigt, gegenüber den anderen Gesellschaftern zu erklären, dass er das Vermögen der Gesellschaft ohne Liquidation mit allen Aktiva und Passiva übernimmt.

g) **Abfindung.** Scheidet ein Gesellschafter aus der Gesellschaft bürgerlichen Rechts aus und wird die Gesellschaft unter den übrigen Gesellschaftern fortgesetzt oder vom verbleibenden Gesellschafter fortgeführt, so wächst sein Anteil am Gesellschaftsvermögen den übrigen Gesellschaftern zu. Der ausscheidende Gesellschafter hat gemäß § 738 Abs. 1 Satz 2 BGB Anspruch auf Zahlung desjenigen, was er bei der Auseinandersetzung erhalten würde, wenn die Gesellschaft zur Zeit seines Ausscheidens aufgelöst worden wäre. Die gesetzlichen Abfindungsregelungen sind jedoch grundsätzlich abdingbar.[154] Durch die vertraglichen Regelungen wird zumeist versucht, die Berechnung des Abfindungsguthabens zu vereinfachen und den **Kapital- und Liquiditätsabfluss** im Interesse des Bestands der Gesellschaft zu beschränken. Mit der Abfindungsklausel kann der sich nach den gesetzlichen Regeln ergebende Abfindungswert grundsätzlich auch in zulässiger Weise beschränkt werden. Allerdings sind willkürliche, zum Interesse am Fortbestand der Gesellschaft außer Verhältnis stehende Beschränkungen unzulässig.[155] Zudem darf die Klausel das gesetzlich garantierte Kündigungsrecht nicht in unvertretbarer Weise einschränken.[156] Dies hat der BGH beispielsweise in einem Fall angenommen, in dem die Abfindungsklausel eine Beschränkung auf den Ertragswert vorsah, der weit unter dem Liquidationswert lag.[157] Ebenfalls problematisch sind Klauseln, die auf eine gezielte 110

[151] MünchHdb. GesR I/*Piehler/Schulte* § 10 Rn. 62; MünchKommBGB/*Ulmer* § 737 Rn. 4.
[152] OLG Bamberg NZG 1998, 897.
[153] BGHZ 68, 212 (215) = NJW 1977, 1292(1293); BGHZ 81, 263 = NJW 1981, 2565 (2566).
[154] MünchHdb. GesR I/*Piehler/Schulte* § 10 Rn. 95.
[155] BGHZ 116, 359 = NJW 1992, 892.
[156] *Palandt/Sprau* § 738 Rn. 7.
[157] BGH NJW-RR 2006, 1270.

Gläubigerbenachteiligung ausgerichtet sind. Dies ist beispielsweise der Fall, wenn eine Abfindungsklausel eine Verkürzung oder Ausschließung des Abfindungsanspruchs eines Gesellschafters für den Fall vorsieht, dass er in Folge der Insolvenz oder der Pfändung seines Gesellschaftsanteils durch einen seiner Gläubiger aus der Gesellschaft ausscheidet.[158] Grundsätzlich unbedenklich ist die Vereinbarung von Ratenzahlungen, die einen zu starken Liquidationsabfluss verhindern. Allerdings sind auch hier unbillige Benachteiligungen nicht zulässig. Eine Auszahlung in Raten über einen Zeitraum von bis zu fünf Jahren dürfte in der Regel aber zulässig sein.[159] Welche Art der Ermittlung des Abfindungsguthabens sinnvoll ist, hängt vom jeweiligen Einzelfall ab.

3. Sonderformen

111 Wie die schuldrechtlichen Kooperationsverträge kommen auch die gesellschaftsrechtlichen Kooperationsverträge in unterschiedlicher Form und Ausgestaltung vor. Welche zusätzlichen Regelungen erforderlich sind und wie die oben genannten regelungsbedürftigen Bereiche auszugestalten sind, hängt vom Gegenstand des Vertrags, mithin von dem von der Gesellschaft verfolgten Zweck ab. Einige typische und häufig vorkommende Vertragsgegenstände sollen nachfolgend dargestellt werden.

112 a) **Konsortialvertrag.** Konsortien sind Gelegenheitsgesellschaften mit einem auf die Durchführung eines oder mehrerer Einzelgeschäfte beschränkten wirtschaftlichen Zweck. Für Kooperationen zwischen Unternehmen im Rahmen von großen Projekten, wie z. B. im Anlagenbau, können sich zwei oder mehr Kooperationspartner auf der Grundlage eines Konsortialvertrages zusammenschließen. Der Konsortialvertrag wird häufig von Unternehmen verschiedener Nationalitäten für Großprojekte verwendet. Bei dem Konsortium handelt es sich regelmäßig um eine Gesellschaft bürgerlichen Rechts.[160] Ein solcher Zusammenschluss von Unternehmern kann als **Innenkonsortium** oder als **Außenkonsortium** ausgestaltet sein. In einem Innenkonsortium schließen sich mehrere Unternehmen zusammen, um den Auftrag eines Konsorten gegenüber dem Auftraggeber intern abzuwickeln. Nach außen tritt aber nur ein Konsorte als Vertragspartner des Auftraggebers auf. Demzufolge richten sich sämtliche Ansprüche des Auftraggebers aus dem Hauptauftrag gegen diesen Konsorten. Ziel des Innenkonsortiums ist es, den Hauptauftrag in einzelne Liefer- und Leistungsanteile aufzuteilen. Dabei ist im Innenverhältnis jeder Konsorte gegenüber den anderen Konsorten für seinen Liefer- und Leistungsanteil so verantwortlich, als hätte er einen eigenen Vertrag mit dem Auftraggeber geschlossen. Im Unterschied dazu werden im Rahmen eines Außenkonsortiums (auch als offenes Konsortium bezeichnet) alle Konsorten als Gesamtschuldner Vertragspartner des Auftraggebers. Im Rahmen des Außenkonsortiums haftet jeder einzelne Konsorte gegenüber dem Auftraggeber für sämtliche Pflichten aus dem Hauptauftragsverhältnis, also für den gesamten Liefer- und Leistungsanteil aller Konsorten.[161] Sollte ein Konsorte aus dem Konsortium herausfallen (beispielsweise aufgrund einer Insolvenz), haften die übrigen Konsorten gegenüber dem Auftraggeber für den Liefer- und Leistungsanteil des ausgeschiedenen Konsorten mit und treten automatisch in dessen Rechte und Pflichten gegenüber dem Auftraggeber ein. Zusätzlich zu den Regelungen, die auch in anderen Kooperationsverträgen sinnvoll sind und die oben bereits behandelt wurden, sollten in einem Konsortialvertrag die folgenden Bereiche geregelt werden:

113 *aa) Federführung.* Sowohl bei einem Innen- als auch bei einem Außenkonsortium bestimmen die Konsorten aus ihrem Kreis einen Federführer. Der Federführer führt die Verhandlungen und Gespräche mit dem Auftraggeber und hält den Kontakt zu diesem.

---

[158] BGH NJW 1993, 2101 (2102).
[159] MünchKommBGB/*Ulmer* § 738 Rn. 45.
[160] MünchKommBGB/*Ulmer* vor § 705 Rn. 51 mwN.
[161] *Nicklisch* BB 1999, 325 (326).

Im Fall des Innenkonsortiums ist immer der Konsorte Federführer, der den Hauptvertrag mit dem Auftraggeber abgeschlossen hat. Bei einem Außenkonsortium ist Federführer üblicherweise der Konsorte, der den größten Liefer- und Leistungsanteil zu erbringen hat.[162]

Der Federführer ist Geschäftsführer des Konsortiums. Seine Aufgaben sind die Vertretung und Wahrnehmung der Interessen der Konsorten gegenüber dem Auftraggeber und sonstigen Stellen, mit denen Verhandlungen zu führen sind. Die Verhandlungen werden regelmäßig in Abstimmung mit den betroffenen Konsorten geführt. In der Regel darf der Federführer ohne vorherige Zustimmung des jeweiligen Konsorten keine Erklärungen abgeben, die diesen Konsorten verpflichten oder seine Rechte schmälern könnten. Der Federführer ist auch angehalten, die übrigen Konsorten unverzüglich über das Ergebnis von Verhandlungen zu unterrichten. Darüber hinaus obliegt dem Federführer die technische und kaufmännische Gesamtkoordinierung, einschließlich der Koordinierung der Lieferungen und Leistungen der Konsorten. Er hat auch den Schriftwechsel mit dem Auftraggeber zu führen. Die Korrespondenz, die den Liefer- und Leistungsanteil anderer Konsorten betrifft, hat er unverzüglich in Kopie an diese weiterzuleiten. Auch ist die Korrespondenz entsprechend mit den Konsorten abzustimmen. Zur Koordinierung gehört ferner die Leitung während der Durchführung des Auftrags, im Anlagenbau beispielsweise auch die Stellung der Oberbauleitung auf der Baustelle sowie die Leitung der Montage, der Inbetriebsetzung und des Probebetriebs. Dem Federführer obliegt es darüber hinaus, Zahlungen vom Auftraggeber anzufordern und diese an die jeweiligen Konsorten weiterzuleiten. 114

Um die Position des Federführers zu stärken, kann diesem ein **vorläufiges Anordnungsrecht** gegenüber den Konsorten eingeräumt werden, bestimmte Maßnahmen sowie Lieferungen und Leistungen vorzunehmen, die zur vertragsgemäßen und rechtzeitigen Erfüllung des Kundenauftrages erforderlich sind. Ein solches Anordnungsrecht ist wichtig, wenn die Konsorten sich über eine Verantwortlichkeit nicht einigen können, der Gesamtablauf des Projekts aber nicht verzögert oder gefährdet werden soll. Die Verantwortlichkeit und die Zuordnung zu einem bestimmten Liefer- und Leistungsanteil eines Konsorten erfolgt dann zu einem späteren Zeitpunkt. Ein Konsortialvertrag sollte darüber hinaus die Verpflichtung der Konsorten vorsehen, den Federführer bei der Durchführung seiner Aufgaben zu unterstützen und ihm die erforderlichen Angaben und Unterlagen rechtzeitig, vollständig und richtig zur Verfügung zu stellen. Des weiteren sollte der Konsortialvertrag regeln, ob dem Federführer für seine Federführung eine gesonderte Vergütung zustehen soll. 115

Formulierungsbeispiel Federführung: 116

(1) Konsorte X obliegt die Federführung des Konsortiums; er ist als Federführer Geschäftsführer des Konsortiums. Die Konsorten sind sich einig, dass allein Konsorte X mit dem Auftraggeber oder sonstige Stellen in Kontakt tritt, Verhandlungen und Gespräche führt.

(2) Die Aufgaben des Federführers umfassen insbesondere: *[Regelung der gewünschten Aufgaben des Federführers.]*

(3) Die Konsorten werden den Federführer bei der Durchführung seiner Federführungsaufgaben unterstützen und die erforderlichen Angaben und Unterlagen rechtzeitig, vollständig und richtig zur Verfügung stellen.

(4) Der Federführer erhält für die Federführung keine gesonderte Vergütung.

bb) Verantwortlichkeit und Haftung. Für die Durchführung des Hauptauftrags ist es wichtig, die Aufgabenverteilung zwischen den Konsorten exakt zu regeln. Jedem Konsor- 117

[162] *Vetter* ZIP 2000, 1041 (1048).

ten wird ein bestimmter Liefer- und Leistungsanteil zugewiesen. Dabei trägt jeder Konsorte für seinen Liefer- und Leistungsanteil das gesamte technische, wirtschaftliche, finanzielle, steuerliche und rechtliche Risiko im Innenverhältnis zwischen den Konsorten. Jeder Konsorte übernimmt im Innenverhältnis gegenüber den anderen Konsorten die Verpflichtung, seinen Liefer- und Leistungsanteil nach dem Konsortialvertrag so zu erbringen, als ob er mit dem Auftraggeber für seinen Liefer- und Leistungsanteil einen separaten Vertrag zu den Bedingungen des Hauptvertrages abgeschlossen hätte. Eine solche Regelung findet sich regelmäßig auch in Konsortialverträgen für ein Innenkonsortium.[163] Die Zuordnung der Liefer- und Leistungsanteile und deren Verhältnis zum Gesamtauftrag haben in Konsortialverträgen eine weit reichende Bedeutung. In diesen Verträgen finden sich häufig Regelungen, wonach sich die Haftung der Konsorten für Ansprüche oder Schadensfälle, die nicht einem Konsorten eindeutig zuzuordnen sind, nach dem Anteil des Liefer- und Leistungsumfangs der Konsorten richtet, also alle Konsorten anteilig nach ihren Erlösanteilen haften. Der Liefer- und Leistungsanteil entscheidet daher über das Haftungsrisiko im Innenverhältnis zwischen den Konsorten. Jeder Konsorte haftet grundsätzlich für die Erfüllung seiner Pflichten und für seine Erfüllungsgehilfen, vor allem für Unterlieferanten. Ein Konsortialvertrag kann vorsehen, dass im Falle von Ansprüchen des Auftraggebers wegen nicht vertragsgemäßer oder nicht rechtzeitiger Leistungen der Konsorte im Innenverhältnis gegenüber den anderen Konsorten haftet, dessen Liefer- und Leistungsanteil die Ansprüche verursacht hat. Sofern mehrere Konsorten die Ansprüche verursacht haben, haften diese in dem Umfang, wie sie den anspruchsbegründenden Sachverhalt mit verursacht haben. Sofern sich nicht feststellen lässt, dass die Konsorten den anspruchsbegründenden Sachverhalt in unterschiedlichem Umfang verursacht haben, haften diejenigen Konsorten, in deren Liefer- und Leistungsanteil der anspruchsbegründende Sachverhalt fällt, im Verhältnis ihrer **Erlösanteile.** Wenn sich nicht feststellen lässt, dass der anspruchsbegründende Sachverhalt in eine oder mehrere bestimmte Liefer- und Leistungsanteile fällt, haften alle Konsorten im Verhältnis ihrer Erlösanteile.[164] Selbstverständlich sind auch andere Aufteilungen des Haftungsrisikos möglich, wie etwa eine Haftung des verantwortlichen Konsorten bis zu einem Maximalbetrag und die Aufteilung des verbleibenden Betrags nach den Erlösanteilen aller Konsorten. Hier muss im Einzelfall eine angemessene Lösung gefunden werden.[165]

118 **Formulierungsbeispiel Haftung:**

Jeder Konsorte steht im Innenverhältnis gegenüber den anderen Konsorten für die vertragsgemäße und rechtzeitige Erfüllung der Verpflichtungen aus seinem Liefer- und Leistungsanteil ein.

Erhebt der Auftraggeber Ansprüche wegen nicht vertragsgemäßer oder nicht rechtzeitiger Leistungen, die den Liefer- und Leistungsanteil mehrer Konsorten betreffen, gilt:

a) die Konsorten haften in dem Umfang, wie sie die Ansprüche verursacht haben;

b) wenn sich nicht feststellen lässt, dass Konsorten die Ansprüche in unterschiedlichem Umfang verursacht haben, haften die Konsorten, in deren Liefer- und Leistungsanteil die Ansprüche fallen, und zwar im Verhältnis ihrer Erlösanteile;

c) wenn sich nicht feststellen lässt, dass die Ansprüche in einen oder mehrere bestimmte Liefer- und Leistungsanteile fallen, haften alle Konsorten im Verhältnis ihrer Erlösanteile.

---

[163] *Nicklisch* BB 1999, 325 (326).

[164] MünchKommBGB/*Ulmer* vor § 705 Rn. 63.

[165] *Lotz* ZfBR 1996, 233 (238 f.).

Da insbesondere bei größeren und komplexen Projekten nicht unerhebliche Haftungsrisiken bestehen, sollten die sich im Innenverhältnis ergebenden Ausgleichsansprüche nach Möglichkeit abgesichert werden. Bei Innengesellschaften hat besonders der nach Außen auftretende Gesellschafter ein erhebliches Interesse daran, im Fall der Inanspruchnahme durch den Auftraggeber seine Regressansprüche durchsetzen zu können. Bei der Außengesellschaft kann der Auftraggeber jeden Gesellschafter in Anspruch nehmen; der Auftraggeber wird Ansprüche regelmäßig gegenüber dem liquidesten Gesellschafter geltend machen. Der Ausfall eines Gesellschafters, etwa in Folge einer Insolvenz, führt zu einer Erhöhung des von den übrigen Gesellschaftern zu tragenden Risikos und Verlustes.[166] Daher sollte vereinbart werden, dass die Gesellschafter zur Sicherung ihrer Verlustanteile Sicherheiten zugunsten der anderen Gesellschafter zu stellen haben, etwa in Form von Bankbürgschaften.[167] 119

Des weiteren kann der Konsortialvertrag besondere Haftungsregelungen für Vertragsverletzungen aus dem Innenverhältnis der Konsorten untereinander regeln. Der Haftungsmaßstab kann beispielsweise anders sein, als gegenüber dem Auftraggeber. Ferner kann die Haftung der Konsorten untereinander, außerhalb der Ansprüche des Auftraggebers, summenmäßig begrenzt werden. 120

Formulierungsbeispiel Haftung:

Jeder Konsorte haftet gegenüber den anderen Konsorten für Schäden, die er oder sein Erfüllungsgehilfe den anderen Konsorten schuldhaft zufügen. Die Haftung der Konsorten untereinander ist begrenzt auf EUR [...]. Für Ansprüche des Auftraggebers oder Dritter gilt diese Haftungsbegrenzung nicht. Die in dieser Regelung enthaltenen Haftungsbegrenzungen gelten ferner nicht für den Fall einer vorsätzlichen oder grob fahrlässigen Verursachung durch einen Konsorten.

cc) Konsortialsitzungen und Beschlüsse. Es ist sinnvoll, die Einrichtung von Konsortialsitzungen und die Beschlussfassung dieses Gremiums zu regeln. Die Konsortialsitzung beschließt in allen Grundsatzfragen sowie in den Bereichen, die nicht der Entscheidung durch den Federführer zugewiesen sind. Der Federführer sollte Konsortialsitzungen regelmäßig einberufen, abhängig von dem jeweiligen Projekt und der Projektphase entweder einmal pro Woche, pro Monat oder pro Quartal. Der Konsortialvertrag sollte die Formalien der Einberufung und der Beschlussfassung der Konsortialsitzungen regeln. Häufig wird für Beschlüsse die einfache Mehrheit der Konsorten vorgesehen. Für Beschlüsse, die in die Liefer- und Leistungsanteile oder in die Erlösverteilung eingreifen, sollte jedoch regelmäßig Einstimmigkeit erforderlich sein.[168] Besonderheiten gelten für den Ausschluss eines Konsorten (siehe dazu nachstehend Rn. 123–125). 121

Formulierungsbeispiel Beschlussfassung 122

(1) Die Konsorten treffen ihre Entscheidungen durch Beschlussfassung. Die Beschlüsse werden in Konsortialsitzungen gefasst. Der Federführer kann eine Beschlussfassung auch auf anderem Wege herbeiführen, zum Beispiel telefonisch, wenn kein Konsorte widerspricht.

(2) Für Beschlüsse der Konsorten ist die einfache Mehrheit erforderlich, bei Stimmengleichheit entscheidet die Stimme des Federführers. Für Beschlüsse, die in die Liefer- und Leistungsanteile oder in die Erlösverteilung eingreifen, ist Einstimmigkeit erforderlich.

(3) Der Federführer hat Konsortialsitzungen regelmäßig alle vier Wochen einzuberufen sowie darüber hinaus, wenn es sich als erforderlich erweist. Des weiteren hat der Federführer

[166] MünchKommBGB/*Ulmer* § 739 Rn. 4.
[167] MünchHdb. GesR I/*Mantler* § 26 Rn. 62.
[168] *Vetter* ZIP 2000, 1041 (1046).

eine Konsortialsitzung auf Verlangen eines Konsorten einzuberufen. Der Grund für die Einberufung außerordentlicher Konsortialsitzungen ist in dem Einberufungsschreiben anzugeben.

(4) Die Konsortialsitzungen werden vom Federführer 10 Tage im Voraus – in dringenden Fällen auch mit kürzerer Frist – einberufen.

(5) Die Konsortialsitzung ist beschlussfähig, wenn mindestens zwei Konsorten vertreten sind. Jeder Konsorte hat eine Stimme [*oder:* Die Konsorten haben folgende Anzahl von Stimmen: [...].

123 *dd) Ausscheiden von Konsorten.* Der Konsortialvertrag muss Regelungen enthalten, unter welchen Umständen ein Konsorte aus dem Konsortium ausscheidet und welche Rechtsfolgen in diesem Fall eingreifen. Er kann darüber hinaus Regelungen zum Ausschluss eines Konsorten gegen dessen Willen vorsehen. Bei einem Innenkonsortium ist zu beachten, dass der Konsorte, der den Vertrag mit dem Auftraggeber abgeschlossen hat, nicht aus dem Innenkonsortium ausscheiden oder ausgeschlossen werden darf.

124 Wie bei einer **außerordentlichen Kündigung** in anderen Vertragsverhältnissen sollte der Ausschluss eines Konsorten einen wichtigen Grund voraussetzen. Der wichtige Grund kann in schwerwiegenden Pflichtverletzungen des Konsorten liegen oder darin, dass der Konsorte zur Erfüllung der ihm obliegenden Pflichten nicht in der Lage ist. Aufgrund des schwerwiegenden Eingriffs, der mit einem Ausschluss eines Konsorten verbunden ist, kann vertraglich die Notwendigkeit einer vorherigen Abmahnung gegenüber dem betroffenen Konsorten vereinbart werden. In diesem Fall kann der Ausschluss eines Konsorten erst erfolgen, wenn der Konsorte nach ausgesprochener Abmahnung die vorgeworfene Pflichtverletzung nicht innerhalb einer angemessenen Frist beseitigt. Der Konsortialvertrag sollte ferner regeln, dass im Falle eines Ausschlusses oder eines Ausscheidens aus anderen Gründen die verbliebenen Konsorten die entsprechenden Verpflichtungen des Konsorten aus dem Konsortialvertrag (also dessen Liefer- und Leistungsanteil) übernehmen und das Konsortium fortsetzen oder einen neuen Konsorten aufnehmen.[169] Ferner sollte der Vertrag Schadensersatzansprüche der verbleibenden Konsorten gegen den ausgeschlossenen Konsorten vorsehen, da die Übernahme des entsprechenden Liefer- und Leistungsanteils regelmäßig mit einer erheblichen Mehrbelastung der verbliebenen Konsorten einher gehen wird.

125 **Formulierungsbeispiel Ausschluss Konsorten:**

(1) Ein Konsorte *[Bei einem Innenkonsortium nicht der Federführer!]* kann aus wichtigem Grund aus dem Konsortium ausgeschlossen werden, insbesondere wegen schwerwiegenden Pflichtverletzungen oder weil er zur Erfüllung der ihm obliegenden Pflichten nicht in der Lage ist. Der Ausschluss eines Konsorten setzt voraus, dass der betroffene Konsorte trotz vorheriger Abmahnung den Pflichtverstoß nicht innerhalb einer angemessenen Frist beseitigt hat.

(2) Der Ausschluss erfolgt durch einstimmigen Beschluss der anderen Konsorten. Der auszuschließende Konsorte ist nicht stimmberechtigt.

(3) Der Ausschluss wird wirksam, sobald der Beschluss dem auszuschließenden Konsorten zugegangen ist.

(4) Das Konsortium wird von den übrigen Ksorten fortgesetzt, wenn diese nicht im Zusammenhang mit dem Ausschluss etwas Abweichendes beschließen.

(5) Kündigt ein Konsorte das Konsortium aus wichtigem Grund oder fällt er aus anderen Gründen weg (zum Beispiel durch Ausschluss, wegen Insolvenz etc.), übernehmen die verbliebenen Konsorten dessen Verpflichtungen aus dem Konsortialvertrag. Den verblie-

[169] *Roquette/Otto/Mrosek* Vertragsbuch Rn. 145 ff.

benen Konsorten steht es frei, die Lieferungen und Leistungen des ausgeschiedenen Konsorten selbst zu erbringen oder einen neuen Konsorten aufzunehmen.

(6) Der ausgeschlossene Konsorte hat den anderen Konsorten den Schaden zu ersetzen, der diesen durch sein Ausscheiden entsteht. Er ist ferner verpflichtet die verbliebenen Konsorten bei der Fortsetzung des Konsortiums und der Erfüllung des Kundenvertrages zu unterstützen.

(7) Der ausgeschlossene Konsorte hat für die Zeit nach seinem Ausscheiden aus dem Konsortium keine Ansprüche oder Rechte gegenüber den anderen Konsorten. Ein etwaiger Anspruch auf die Vergütung für die von ihm bis zu seinem Ausscheiden erbrachten Lieferungen und Leistungen bleibt unberührt.

ee) Dauer des Konsortiums. Ein Konsortium besteht üblicherweise bis zu dem Zeit- 126
punkt, zu dem sämtliche Rechte und Pflichten aus dem Hauptauftrag und dem Konsortialverhältnis erledigt sind. Die Pflichten aus dem Hauptauftrag können auch etwaige Mängelansprüche des Auftraggebers umfassen. Sofern sich ein Konsortium bereits in der Angebotsphase für ein Projekt bildet, kann die Auflösung des Konsortiums auch für den Fall geregelt werden, dass das Konsortium nicht den Zuschlag für das Projekt erhält. Es kann ferner eine Generalklausel vorgesehen werden, dass die Konsorten die Auflösung des Konsortiums im Rahmen einer Konsortialsitzung beschließen. Allerdings ist in diesem Fall von den Konsorten zu klären, wie etwaige offene Pflichten behandelt und erfüllt werden sollen.[170]

Formulierungsbeispiel Auflösung Konsortium: 127

(1) Das Konsortium tritt mit der Unterzeichnung dieses Konsortialvertrages durch alle Konsorten in Kraft.

(2) Das Konsortium bleibt bis zum Ablauf sämtlicher sich aus dem Kundenvertrag ergebender Rechte und Pflichten, einschließlich Mängelansprüche, Rückgabe der Sicherheiten und Eingang der letzten Zahlung des Auftraggebers in Kraft. Maßgeblich ist der späteste Zeitpunkt.

(3) Das Konsortium kann ferner aufgelöst werden, wenn
  a) das Konsortium den Zuschlag des Auftraggebers nicht erhält; oder
  b) die Konsorten dies einstimmig beschließen.

(4) Die Auflösung des Konsortiums bedarf des einstimmigen Beschlusses aller Konsorten. Die Konsorten haben die Auflösung des Konsortiums förmlich zu erklären, dessen Abwicklung zu regeln und einen Abschluss der Bücher des Konsortiums zu genehmigen.

b) **ARGE.** Bei der Bau-Arbeitsgemeinschaft, die in der Regel als ARGE bezeichnet wird, 128
handelt es sich um einen vertraglichen Zusammenschluss von zwei oder mehreren selbständigen Unternehmen mit dem Ziel, als Vertragspartner eines Auftraggebers gemeinsam einen bestimmten Bauauftrag auszuführen. Anlass solcher Zusammenschlüsse ist bei Bauvorhaben in der Regel deren Umfang oder besondere Anforderungen, die einzelne Unternehmen als Alleinauftragnehmer nicht bewältigen könnten. Vom zuvor beschriebenen Konsortium unterscheidet sich die ARGE dadurch, dass sie über ein Gesellschaftsvermögen verfügt.[171] Die ARGE tritt regelmäßig selbst als Vertragspartner des Auftraggebers auf, nicht allein der ARGE-Führer. In weiten Teilen gelten die vorstehenden Ausführungen zum Konsortialvertrag für die ARGE entsprechend. Bis Ende des 20. Jahrhunderts war es nahezu allgemeine Meinung, dass die als ARGE bezeichnete Personengesellschaft eine Gesellschaft bürgerlichen Rechts ist.[172] Allerdings bejaht eine im Vordringen befindliche

---

[170] *Roquette/Otto/Mrosek* Vertragsbuch Rn. 156.
[171] MünchVertrHdb. Bd 4/*Rosener* V.3 Anm. 5.
[172] MünchKommBGB/*Ulmer* vor § 705 Rn. 43.

Ansicht die Gewerblichkeit der Tätigkeit der ARGE und ordnet diese entsprechend als **offene Handelsgesellschaft** ein.[173] Diese unterschiedliche Einordnung ist insoweit von Relevanz, als die offene Handelsgesellschaft Kaufmann im Sinne des HGB ist, so dass eine Vielzahl von HGB-Vorschriften auch auf die ARGE Anwendung finden würde. So ist die ARGE bei Einordnung als offene Handelsgesellschaft beispielsweise zur Buchführung und zur Erstellung von Jahresabschlüssen gemäß §§ 238 f. HGB verpflichtet.[174] Im Übrigen wird auf die Ausführungen unter § 4 Rn. 9–11 zur OHG und die ausführliche Darstellung bei *Roquette/Otto/Esser*, Vertragsbuch, D. ARGE-Verträge verwiesen.

129 c) **F&E Verträge.** Bei Forschungs- und Entwicklungsverträgen kann es sich um schuldrechtliche oder gesellschaftsrechtliche Verträge handeln. Lässt ein Kooperationspartner ein Produkt, dessen technische Spezifikationen er bestimmt und das er später selbst fertigen und vertreiben will, gegen Bezahlung bei einem anderen Kooperationspartner entwickeln, so handelt es sich um einen klassischen Werkvertrag, sofern die Herbeiführung eines bestimmten Erfolges, hier ein bestimmtes vertraglich definiertes Entwicklungsergebnis, geschuldet ist. Ein solcher Vertrag ist eine rein schuldrechtliche Vereinbarung.[175] Wird hingegen gemeinsam an der Entwicklung eines neuen Produktes gearbeitet, egal ob Mitarbeiter der einzelnen beteiligten Kooperationspartner ein Entwicklungsteam bilden oder jedes Unternehmen einzelne Bereiche der Entwicklung übernimmt, so liegt der klassische Fall einer Gesellschaft bürgerlichen Rechts vor.[176] Die Rechte und Pflichten der Gesellschafter bestimmen sich daher nach den §§ 705 ff. BGB. Dies gilt auch bezüglich der Rechte an den Entwicklungsergebnissen.

130 *aa) Eigentum an den Entwicklungsergebnissen.* Gemäß § 718 BGB werden die Beiträge der Gesellschafter gemeinschaftliches Vermögen der Gesellschaft bürgerlichen Rechts. Somit erwirbt keiner der Kooperationspartner Eigentum an den gemeinsam oder auch von nur einem der Kooperationspartner erzielten Entwicklungsergebnissen.[177] Da gemäß § 719 BGB das Gesellschaftsvermögen und somit auch das Entwicklungsergebnis einer **gesamthänderischen Bindung** unterliegt, kann keiner der Gesellschafter über seinen Anteil am Entwicklungsergebnis allein verfügen. Dies bedeutet im Ergebnis, dass keiner der Kooperationspartner Verwertungsrechte am Entwicklungsergebnis hat, sondern die Verwertung nur durch die Kooperationspartner gemeinsam erfolgen kann. Dies wird im Regelfall nicht den Interessen der Kooperationspartner entsprechen. Demgemäß sollte von den grundsätzlich dispositiven gesetzlichen Regelungen abgewichen werden. Ist im Einzelfall tatsächlich eine gemeinschaftliche Verwertung der Entwicklungsergebnisse, beispielsweise durch gemeinschaftliche Produktion und gemeinschaftlichen Vertrieb gewollt, kann es sich anbieten, ein Gemeinschaftsunternehmen zu gründen. Bei diesem Gemeinschaftsunternehmen kann es sich um eine Joint Venture Gesellschaft, beispielsweise in Form einer GmbH handeln.[178] Entscheiden sich die Kooperationspartner jedoch, lediglich bei der Forschung und Entwicklung zu kooperieren, die Verwertung der Entwicklungsergebnisse aber durch die einzelnen Kooperationspartner getrennt vorzunehmen, sollten vom Gesetz abweichende Regelungen getroffen werden. Bei den erforderlichen Regelungen ist zunächst zu entscheiden, wem das Eigentum an den Entwicklungsergebnissen zustehen soll. Davon strikt zu trennen ist die Frage, welche Nutzungsrechte die Kooperationspartner an diesen Ergebnissen erhalten sollen.

131 Neben einer klaren Regelung zu den Eigentumsverhältnissen an den im Rahmen des Forschungs- und Entwicklungsprojekts erlangten technischen Informationen sollte eine

---

[173] OLG Dresden NZG 2003, 124; KG BauR 2001, 1790.

[174] MünchHdb.GesR I/*Mantler* § 26 Rn. 26.

[175] MünchVertrHdb. Bd. 2/*Möffert* VIII.1.

[176] *Winzer* Teil 1 Rn. 141; *Ullrich* GRUR 1993, 338 (339).

[177] *Winzer* Teil 1 Rn. 142.

[178] Zu weiteren Formen von gesellschaftsrechtlichen Forschungs- und Entwicklungsallianzen vgl. *Schaefer/Missling* NZG 2002, 1081.

Regelung getroffen werden, wer eine patentfähige Erfindung für sich anmelden darf. Dabei ist zu berücksichtigen, dass für die wirtschaftliche Nutzung nicht in erster Linie die Eigentumsverhältnisse entscheidend sind, sondern die an den erlangten technischen Erkenntnissen und Patenten eingeräumten **Nutzungsrechte.** Typisch ist eine Regelung, wonach das Eigentum an den erlangten Erkenntnissen und patentfähigen Erfindungen demjenigen Kooperationspartner zustehen soll, der diese gewonnen hat. Eine Einbringung der gewonnenen Erkenntnisse in die Gesellschaft und eine gemeinsame Anmeldung von Erfindungen als Gemeinschaftspatente haben zur Folge, dass alle Entscheidungen einvernehmlich erfolgen müssen, sofern der Vertrag keine hiervon abweichende Regelung vorsieht.[179] Dies bedeutet beispielsweise, dass für die Anmeldung eines Patents oder die Erhebung einer Verletzungsklage stets Einvernehmen zwischen den Parteien herbeigeführt werden muss. Eine solche Regelung, die im Grunde zum selben Ergebnis führt, wie eine Zuordnung der Forschungsergebnisse an die Gesellschaft bürgerlichen Rechts, dürfte im Regelfall nicht den Interessen der Kooperationspartner entsprechen.

Formulierungsbeispiel Eigentumsklausel: 132

(1) Jeder Kooperationspartner ist berechtigt, Erfindungen seiner Mitarbeiter, die während der Durchführung dieses Vertrags entstehen und die sich auf den Vertragsgegenstand beziehen, im eigenen Namen und auf eigene Rechnung zu Schutzrechten anzumelden.

(2) Sind am Zustandekommen einer Erfindung Mitarbeiter beider Kooperationspartner erfinderisch beteiligt, stehen die Schutzrechte den beteiligten Kooperationspartnern entsprechend ihrer Anteile an der Erfindung zu.

(3) Nicht schutzrechtsfähige technische Erkenntnisse betreffend den Vertragsgegenstand, die während der Vertragsdauer erarbeitet werden, stehen dem Kooperationspartner zu, dessen Mitarbeiter sie erarbeitet haben. Haben an der Gewinnung der technischen Erkenntnisse Mitarbeiter beider Kooperationspartner mitgewirkt, stehen die Eigentumsrechte an den technischen Erkenntnissen den beteiligten Kooperationspartnern entsprechend ihrer Anteile an deren Gewinnung zu.

Die Ermittlung der Anteile, welche die einzelnen Kooperationspartner an der gemeinschaftlichen Erfindung haben, ist in der Regel schwierig. Da unter wirtschaftlichen Gesichtspunkten die Einräumung von Nutzungsrechten am Entwicklungsergebnis maßgeblich ist, kann auch erwogen werden, von jeweils gleichen Entwicklungsbeiträgen auszugehen oder Entwicklungen, je nach Bereich, einem der Kooperationspartner zuzuordnen.[180] Sofern die Erfindung im Anwendungsbereich des Arbeitnehmererfindungsgesetzes (ArbEG) gemacht wird, muss der Kooperationspartner, dessen Arbeitnehmer die Erfindung gemacht haben, die Erfindung unbeschränkt in Anspruch nehmen, damit die diesbezüglichen Rechte auf ihn übergehen. Im Regelfall wird der betreffende Kooperationspartner dies aus eigenem Interesse tun; es kann aber auch eine entsprechende ausdrückliche Verpflichtung in den Vertrag aufgenommen werden. 133

bb) Eigentum und Nutzungsrechte an Bestandswissen. Die Kooperationspartner haben regelmäßig zu Beginn der Zusammenarbeit bereits Know-how hinsichtlich des Entwicklungsgegenstandes. Häufig hat ein Kooperationspartner bereits eigenständig mit der Entwicklung begonnen, bevor er einen Kooperationspartner hinzuzieht. In diesen Fällen ist eine Regelung zu treffen, wie das Bestandswissen der Kooperationspartner in die Forschungs- und Entwicklungskooperation einbezogen wird. Eine Nichteinbringung des Bestandswissens dürfte für die verfolgten Ziele in der Regel kontraproduktiv sein. In welchem Umfang Nutzungsrechte an diesem Bestandswissen eingeräumt werden, ist eine Frage des Einzelfalls. Es ist üblich, die Einräumung von Nutzungsrechten auf das ge- 134

[179] *Winzer* Teil 1 Rn. 166.
[180] Vgl. hierzu ausführlich Winzer Teil 1 Rn. 158 ff.

meinsame Forschungs- und Entwicklungsprojekt zu beschränken. Allerdings ist zu berücksichtigen, dass häufig für die spätere Verwertung eine Einräumung von Nutzungsrechten an diesem Bestandswissen notwendig ist, sofern die erzielten Entwicklungsergebnisse auf dem Bestandwissen aufbauen. Häufig erfolgt die Einräumung eines kostenlosen, nicht ausschließlichen und nicht übertragbaren Nutzungsrechts für die Zwecke der Entwicklungsarbeit.

135 **Formulierungsbeispiel Nutzungsrechtsklausel (Altschutzrechte):**

Die Kooperationspartner verfügen in den Bereichen des Vertragsgegenstands bereits über Know-how und die in Anlage I aufgeführten Schutzrechte. Jedem Kooperationspartner steht an dem Know-how und den in Anlage I aufgeführten Schutzrechten des anderen Kooperationspartners für die Zwecke des Vertrags ein kostenloses, nicht ausschließliches, nicht übertragbares Nutzungsrecht zu.

136 *cc) Nutzungsrechte an den Entwicklungsergebnissen.* Wichtiger noch als die Regelung zu den Eigentumsrechten ist die Regelung der Nutzungsrechte an den Forschungs- und Entwicklungsergebnissen der Kooperation. Ohne eine solche Regelung stünden dem Kooperationspartner, dem nicht die Eigentumsrechte zustehen, keine Nutzungsrechte am Entwicklungsergebnis zu.[181] Bei der Auslegung der Regelung über die Einräumung von Nutzungsrechten ist die **Zweckübertragungslehre** zu berücksichtigen. Diese besagt, dass im Zweifel Rechte nur in dem Umfang übertragen werden, der für die Erreichung des Vertragszwecks erforderlich ist.[182] Dieser Grundsatz ist für das Urheberrecht in § 31 Abs. 5 UrhG kodifiziert, ist aber auch auf verwandte Schutzrechte übertragbar.[183] Er erfordert eine möglichst präzise Festlegung, welche Nutzungsrechte dem Kooperationspartner zustehen, der nicht Eigentümer der entsprechenden Entwicklungsergebnisse ist. Für die Ausgestaltung kommt es im wesentlichen darauf an, ob die Parteien beabsichtigen, aus dem Entwicklungsergebnis hergestellte Produkte gemeinsam oder eigenständig herzustellen und zu vertreiben und ob hierfür auch Dritte eingeschaltet werden sollen.

137 Bei der Gestaltung der entsprechenden Regelungen sind auch **kartellrechtliche Vorgaben**, insbesondere in Form der VO (EG) 2659/2000 und die hierzu ergangenen Leitlinien der Europäischen Kommission zu beachten. Forschungs- und Entwicklungskooperationen, insbesondere zwischen Wettbewerbern, können zu einer Beschränkung des Wettbewerbs führen. Die VO (EG) 2659/2000 stellt die in ihrem Artikel 1 definierten Forschungs- und Entwicklungsvereinbarungen vom Verbot des Artikels 81 Abs. 1 EGV für die in Artikel 4 der Verordnung genannten Zeiträume frei, sofern die in Artikel 3 der Verordnung genannten Voraussetzungen erfüllt sind, die in Artikel 4 der Verordnung genannten Marktanteile nicht überschritten werden und die Vereinbarung keine der in Artikel 5 der Verordnung genannten Beschränkungen enthält. Ein wesentlicher Gesichtspunkt im Hinblick auf die Einräumung von Nutzungsrechten ist die Vorgabe in Artikel 3 Abs. 3 der Verordnung, wonach jeder Kooperationspartner das selbständige Recht haben muss, die Entwicklungsergebnisse eigenständig zu verwerten.[184] Hiervon erfasst ist auch das Bestandswissen, sofern es für die Verwertung der Entwicklungsergebnisse notwendig ist.[185] Im Einzelfall empfiehlt es sich, die getroffenen Regelungen unter kartellrechtlichen Gesichtspunkten zu prüfen und dabei auch eine Marktabgrenzung für die

[181] *Winzer* Teil 1 Rn. 221.

[182] Schricker/*Schricker* § 31 Rn. 31; Wandtke/Bullinger/*Wandtke/Grunert* § 31 Rn. 70.

[183] BGH GRUR 1979, 637; BGH GRUR 1984, 119 (121), *Schricker* § 31 Rn. 36; *Wandtke/Bullinger/Wandtke/Grunert* § 31 Rn. 92.

[184] *Weitnauer/Missling* Teil G Rn. 72.

[185] *Winzer* Teil 1 Rn. 496, 500.

Bestimmung der Marktanteile der Kooperationspartner vorzunehmen. Maßgeblich für den Umfang der Freistellung ist nämlich, dass der gemeinsame Marktanteil der Kooperationspartner am relevanten Markt 25% nicht übersteigt, sofern die Kooperationspartner Wettbewerber sind.[186]

Eine einfache Nutzungsrechtsregelung könnte etwa wie folgt lauten: 138

Formulierungsbeispiel Nutzungsrechtsklausel (Neuschutzrechte):

Die Kooperationspartner gewähren einander ein nicht ausschließliches, nicht übertragbares, zeitlich unbefristetes kostenloses Recht zur Nutzung der Entwicklungsergebnisse und des Bestandswissen zur Herstellung und zum Vertrieb von Vertragsprodukten. Hiervon umfasst ist das Recht, Vertragsprodukte oder Teile hiervon unter Nutzung der Entwicklungsergebnisse und des Bestandswissens bei Dritten ausschließlich zur Lieferung an den Kooperationspartner herstellen zu lassen.

dd) Arbeitnehmererfindungsvergütung. Des weiteren sollte der Vertrag eine Regelung enthalten, wer im Verhältnis der Kooperationspartner zueinander die Vergütung nach dem Arbeitnehmererfindungsgesetz zu tragen hat. Der Mitarbeiter, der eine Erfindung gemacht hat, hat einen gesetzlichen Anspruch gegen seinen Arbeitgeber auf Zahlung einer Erfindervergütung. Dieser Anspruch ist nicht abdingbar.[187] Sofern, wie hier vorgeschlagen, derjenige Kooperationspartner, dessen Mitarbeiter die Erfindung gemacht hat, auch deren Eigentümer ist, bedarf es grundsätzlich keiner speziellen Regelung. In diesem Fall trifft die Pflicht zur Vergütung nach dem Gesetz über Arbeitnehmererfindungen als Arbeitgeber den Kooperationspartner, der auch Eigentümer der Erfindung ist und die Patentanmeldung vornehmen darf. 139

ee) Entwicklungskosten. Die Kooperationspartner werden regelmäßig im Forschungs- und Entwicklungsvertrag festlegen, welche Beiträge jeder Kooperationspartner zu leisten hat. Wie unter Rn. 90 bereits ausgeführt, sind die Kooperationspartner gemäß § 707 BGB zur Erhöhung der vereinbarten Beiträge oder zur Ergänzung der durch Verlust verminderten Einlage nicht verpflichtet. Die Parteien sollten bei Abschluss der Forschungs- und Entwicklungskooperationen festlegen, welche Mittel für die Forschungs- und Entwicklungsarbeiten zur Verfügung gestellt werden. Stellt sich während der Durchführung der Forschungs- und Entwicklungsarbeiten heraus, dass diese nicht ausreichend sind, kann eine Verpflichtung, weitere Mittel zur Verfügung zu stellen, grundsätzlich nur einstimmig getroffen werden. Dies kann zu unbefriedigenden Ergebnissen führen und den Erfolg des Projekts gefährden, insbesondere wenn mehrere Kooperationspartner beteiligt sind. Vor diesem Hintergrund kann sich die Aufnahme einer Regelung empfehlen, wonach mit einfacher oder qualifizierter Mehrheit der Stimmen Nachschüsse eingefordert werden dürfen. Allerdings muss die Höhe der zu erbringenden Nachschüsse im Vorfeld summenmäßig begrenzt sein; andernfalls ist eine solche Regelung unwirksam.[188] 140

III. Joint Ventures

Auch für ein Joint Venture sind unterschiedliche Aspekte zu betrachten:

1. Allgemeines

Die Bezeichnung Joint Venture wird für verschiedene Arten von wirtschaftlichen Kooperationen verwendet. Sofern sich die Kooperation auf eine Zusammenarbeit in Form 141

---

[186] *Rosenberger* Rn. 338 ff.
[187] *Weitnauer/Missling* Teil G Rn. 59.
[188] BGH NJW-RR 2005, 1347; BGH NJW-RR 2006 (829).

einer Innengesellschaft beschränkt, ohne dass eine gemeinsame Gesellschaft gegründet wird, die nach außen im Rechtsverkehr auftritt, spricht man von einem „Contractual Joint Venture".[189] Für dieses gelten die Ausführungen unter Rn. 88 ff. zur Gesellschaft bürgerlichen Rechts. Nachfolgend wird das Joint Venture in der Form des Gemeinschaftsunternehmens dargestellt, auch „Equity Joint Venture" genannt.

2. Wahl der Rechtsform und Gesellschaftsvertrag

142 Für die Wahl der Rechtsform der Joint Venture Gesellschaft ergeben sich keine wesentlichen Besonderheiten. Insoweit wird auf die Ausführungen in § 4 dieser Darstellung verwiesen. Für die Ausgestaltung des Gesellschaftsvertrags gelten die Ausführungen zu der jeweils gewählten Rechtsform entsprechend. Im Regelfall enthält der Gesellschaftsvertrag der Joint Venture Gesellschaft nur die notwendigen formellen Bestimmungen, während die wesentlichen Vereinbarungen im Joint Venture Vertrag enthalten sind.[190] Häufig wird die Rechtsform der GmbH für das Joint Venture Unternehmen verwendet.

3. Schuldrechtliche Vereinbarungen

143 Im Rahmen der Errichtung eines Joint Ventures werden neben dem Gesellschaftsvertrag in der Regel noch weitere Verträge zwischen den am Joint Venture beteiligten Unternehmen geschlossen.[191] Dazu gehören der Joint Venture Vertrag sowie Zusatz- oder Durchführungsverträge, welche Liefer- und Leistungsbeziehungen zwischen dem Joint Venture und den am Joint Venture beteiligten Unternehmen regeln. Der Joint Venture Vertrag (teilweise auch als Grundvereinbarung bezeichnet) regelt Gegenstand, Ziel und Modalitäten der geplanten Zusammenarbeit in dem Gemeinschaftsunternehmen.[192] Der Joint Venture Vertrag stellt im Regelfall die Vereinbarung einer Gesellschaft bürgerlichen Rechts dar; er wird zwischen den an der Joint Venture Gesellschaft beteiligten Unternehmen abgeschlossen.[193] Von einem Beitritt der Joint Venture Gesellschaft zum Joint Venture Vertrag ist abzuraten, da dies zu einer Qualifizierung des Joint Venture Vertrags als Beherrschungsvertrag führen kann.[194]

144 **a) Verhältnis zum Gesellschaftsvertrag.** Die Auswirkungen, die der Gesellschaftsvertrag auf den Joint Venture Vertrag hat, sind unterschiedlich. Im Regelfall enthält der Joint Venture Vertrag zumindest ergänzende Regelungen zum Gesellschaftsvertrag der Joint Venture Gesellschaft, so dass sich gewisse Beschränkungen ergeben; insbesondere sind Umgehungen zwingender gesetzlicherer Regelungen durch den Joint Venture Vertrag unzulässig.[195] Bei den Regelungen des Joint Venture Vertrags handelt es sich um so genannte schuldrechtliche Nebenabreden der Gesellschafter, d. h. auf die Gesellschaft bezogene Vereinbarungen der Gesellschafter, die außerhalb des Gesellschaftervertrags oder der Satzung abgeschlossen werden. Vergleichbare Vereinbarungen wie im Joint Venture Vertrag finden sich häufig auch bei Familiengesellschaften, beispielsweise in Form von Stimmbindungsverträgen.[196] Funktionell handelt es sich bei diesen Regelungen nicht um bloße Nebenabreden, sondern oftmals um die entscheidenden Hauptabreden.[197]

145 Grundsätzlich könnten die Regelungen des Joint Venture Vertrags, selbst wenn es sich nicht um „echte" Satzungsbestandteile handelt, ebenfalls im Gesellschaftsvertrag gere-

[189] MünchHdb. GesR I/*Baumanns* § 28 Rn. 2.

[190] MünchHdb. GesR I/*Baumanns* § 28 Rn. 35; *Hoffmann-Becking* ZGR 1994, 442 (444 f.).

[191] MünchHdb. GesR I/*Baumann* § 28 Rn. 28; *Göthel* RIW 1999; 566, Reithmann/Martiny/*Göthel* Rn. 1955; *Hoffmann-Becking* ZGR 1994, 442, 444; *Ebenroth* JZ 1987, 265.

[192] *Reithmann/Martiny/Goethel* Rn. 1955; MünchHdb. GesR I/*Baumanns* § 28 Rn. 29.

[193] MünchHdb. GesR I/*Baumanns* § 28 Rn. 29; *Hoffmann-Becking* ZGR 1994, 442 (445).

[194] *Hoffmann-Becking* WiB 1994, 57 ff. mwN.

[195] *Baumbach/Hueck/Fastrich* § 3 Rn. 57.

[196] Vgl. zu Stimmbindungsverträgen § 8.

[197] *Hoffman-Becking* ZGR 1994, 442 (444).

gelt werden. Dies geschieht in der Regel aber nicht, weil die Handelsregisterpublizität dazu führen würde, dass jeder Dritte Einsicht in die getroffenen Abreden nehmen könnte. Hinzu kommt, dass die privatschriftlichen Joint Venture Absprachen ohne notarielle Beurkundung oder Durchführung einer Gesellschafterversammlung geändert werden können. Allerdings kann auch der Joint Venture Vertrag im Einzelfall beurkundungsbedürftig sein. Dies gilt in besonderer Weise, wenn er vor Errichtung der Joint Venture Gesellschaft abgeschlossen wird und beispielsweise eine Verpflichtung zur Errichtung einer GmbH enthält.[198] Enthält der Joint Venture Vertrag alle wesentlichen Absprachen zwischen den Joint Venture Partnern, so sollte das Verhältnis zwischen Joint Venture Vertrag und Gesellschaftsvertrag klargestellt werden. Da der Joint Venture Vertrag meist die maßgeblichen Regelungen enthält und der Gesellschaftsvertrag auf die notwendigen Regelungen beschränkt ist, empfiehlt es sich in der Praxis, einen Vorrang des Joint Venture Vertrages vor dem Gesellschaftsvertrag klarzustellen und eine Verpflichtung der Joint Venture Partner aufzunehmen, den Gesellschaftsvertrag im Bedarfsfall anzupassen.[199] Dafür spricht auch, dass der Gesellschaftsvertrag als Satzung objektiv auszulegen ist und daher außerhalb des Gesellschaftsvertrags liegende Umstände bei der Auslegung des Gesellschaftsvertrags grundsätzlich nicht zu berücksichtigen sind.[200] Eine entsprechende Regelung, mit der ein Gleichlauf zwischen Joint Venture Vertrag und Gesellschaftsvertrag sichergestellt wird, könnte wie folgt lauten:

Formulierungsbeispiel Rangklausel:

Stehen Regelungen des Gesellschaftsvertrags oder sonstiger nachrangiger Verträge der Durchführung dieses Vertrags entgegen oder ergeben sich Widersprüche zwischen diesem Vertrag und dem Gesellschaftsvertrag oder sonstigen nachrangigen Verträgen, verpflichten sich die Kooperationspartner, den Gesellschaftsvertrag und sonstige nachrangige Verträge entsprechend anzupassen.

Allerdings ist zu beachten, dass eine solche Vereinbarung im Joint Venture Vertrag nur 146 die jeweiligen Vertragsparteien des Joint Venture Vertrags bindet, nicht aber etwaige spätere Erwerber von Anteilen der Joint Venture Gesellschaft. Entsprechend sollte durch eine vertragliche Regelung im Joint Venture Vertrag sichergestellt wird, dass zukünftige Erwerber von Anteilen der Joint Venture Gesellschaft auch dem Joint Venture Vertrag beitreten bzw. der veräußernde Gesellschafter verpflichtet ist, für den Beitritt des Neugesellschafters zu sorgen.[201] Diese Regelung kann durch eine Vinkulierung der Gesellschaftsanteile gemäß § 15 Absatz 5 GmbHG im Gesellschaftsvertrag der Joint Venture Gesellschaft abgesichert werden, sofern es sich bei der Joint Venture Gesellschaft um eine GmbH handelt. Durch die Vinkulierung kann die Übertragung des Gesellschaftsanteils auch gegenüber Dritten wirksam von der Zustimmung der übrigen Gesellschafter und der Übernahme weiterer Verpflichtungen, nämlich dem Beitritt zum Joint Venture Vertrag, abhängig gemacht werden. Bis zur Erteilung der Zustimmung ist die Abtretung des Gesellschaftsanteils schwebend unwirksam.[202]

b) Typische Regelungen des Joint Venture Vertrags. Typischerweise finden sich in ei- 147 nem Joint Venture Vertrag neben Regelungen über die Gründung eines Gemeinschaftsunternehmens weitere Regelungen, unter anderem zur Finanzierung, Stimmrechtsausübung und den von den Joint Venture Partnern mit der Joint Venture Gesellschaft abzuschließenden Verträgen.

---

[198] *Baumbach/Hueck/Fastrich* § 2 Rn. 29.
[199] MünchHdb GesR I/*Baumanns* § 28 Rn. 39.
[200] *Baumbach/Hueck/Fastrich* § 2 Rn. 25 und 27.
[201] MünchHdb GesR I/*Baumanns* § 28 Rn. 40.
[202] *Baumbach/Hueck/Fastrich* § 15 Rn. 47.

- Sofern die Joint Venture Partner verpflichtet sein sollen, der Joint Venture Gesellschaft zusätzliche Finanzmittel – wie beispielsweise Gesellschafterdarlehen – zur Verfügung zu stellen, ist diese Regelung in den Gesellschaftsvertrag aufzunehmen, soweit es sich hierbei um gesellschaftsrechtliche Nebenleistungen handelt.[203] Eine solche Nebenleistung liegt vor, wenn die Verpflichtung nicht nur gegenüber den übrigen Joint Venture Partnern, sondern auch gegenüber der Joint Venture Gesellschaft bestehen soll.[204] Letzteres ist in der Regel allerdings nicht gewollt und sollte vermieden werden, da Gläubiger der Joint Venture Gesellschaft aus dieser Verpflichtung im Falle der Krise der Joint Venture Gesellschaft Ansprüche gegen die Joint Venture Partner geltend machen könnten.[205]
  Eine Verpflichtung zur Stellung von Gesellschafterdarlehen könnte wie folgt lauten:[206]

Formulierungsbeispiel Finanzierungspflicht:

Die Kooperationspartner verpflichten sich, der Joint Venture Gesellschaft zusätzlich zu den Stammeinlagen im Verhältnis ihrer Beteiligung am Stammkapital Gesellschafterdarlehen in Höhe von insgesamt EUR [ ] zu marktüblichen Zinsen zur Verfügung zu stellen.

148 • Fast alle Joint Venture Verträge enthalten Stimmbindungsvereinbarungen. Diese sollen das Stimmverhalten der an der Joint Venture Gesellschaft beteiligten Unternehmen in der Gesellschafterversammlung der Joint Venture Gesellschaft festlegen.[207] Eine allgemein gehaltene Regelung könnte wie folgt lauten:

Formulierungsbeispiel Stimmrechtsbindung:

Zur Erreichung der Zwecke dieses Vertrags verpflichten sich die Kooperationspartner, ihre Stimmrechte in der Gesellschafterversammlung der [...] GmbH stets gemäß den Bestimmungen dieses Vertrags auszuüben.

149 • Regelmäßig haben die Parteien den Willen, dass der Joint Venture Vertrag während des gesamten Bestehens der Joint Venture Gesellschaft ebenfalls fortbesteht. Allerdings ist eine Synchronisierung der Kündigungsmöglichkeiten des Joint Venture Vertrags mit denen der Gesellschaft rechtlich nicht möglich. Der Abschluss eines Joint Venture Vertrags auf unbestimmte Zeit für die Dauer des Gemeinschaftsunternehmens unter Ausschluss des ordentlichen Kündigungsrechts verstößt nach Ansicht des BGH gegen § 723 Abs. 3 BGB.[208] Hier bleibt lediglich die Möglichkeit, das ordentliche Kündigungsrecht des § 723 BGB für 30 Jahre auszuschließen.[209] Aufgrund der bestehenden Unsicherheit, ob diese Regelung wirksam ist, sollte durch eine Salvatorische Klausel sichergestellt werden, dass zumindest der maximal zulässige Zeitraum als vereinbart gilt.

150 • Soweit die Joint Venture Partner der Joint Venture Gesellschaft Rechte an ihren Firmenbestandteilen einräumen wollen, ist dies ebenfalls im Joint Venture Vertrag zu regeln. Dies gilt insbesondere für eine Pflicht der verbleibenden Joint Venture Partner, den Firmenbestandteil des ausscheidenden Joint Venture Partners aus der Firma der

---

[203] *Baumbach/Hueck/Fastrich* § 3 Rn. 57.
[204] *Baumbach/Hueck/Fastrich* § 3 Rn. 34.
[205] MünchHdb. GesR I/*Baumanns* § 28 Rn. 46.
[206] Zur Umqualifizierung von Gesellschafterdarlehen in Eigenkapital vgl. § 5 Rn. 89.
[207] Vgl. allgemein zu Stimmbindungsverträgen, deren Zulässigkeit und Durchsetzbarkeit § 8 Rn. 22 ff.
[208] BGHZ 50, 316 (322).
[209] MünchHdb. GesR I/*Baumanns* § 28 Rn. 64.

Joint Venture Gesellschaft zu entfernen. Hierfür können gegebenenfalls Übergangsfristen vorgesehen werden.

- Des weiteren enthalten Joint Venture Verträge häufig Regelungen zu der Bestellung der Geschäftsführer der Joint Venture Gesellschaft sowie zu der Einrichtung eines Beirats sowie zu dessen Besetzung und Befugnissen. Zu beachten ist, dass die Bestellung der Geschäftsführer gemäß § 46 Nr. 5 GmbHG grundsätzlich in den Aufgabenbereich der Gesellschafterversammlung fällt. Soweit hiervon abgewichen werden soll, beispielsweise in der Form, dass jeder Gesellschafter einen Geschäftsführer bestellen kann oder dieser vom Beirat benannt wird, ist dies entsprechend im Gesellschaftsvertrag zu regeln.[210] Auch die Errichtung eines Beirats bedarf einer gesellschaftsvertraglichen Grundlage. 151

[210] *Baumbach/Hueck/Zöllner/Noack* § 35 Rn. 7.

§ 16 Übernahme anderer Unternehmen

Schrifttum: *Bauer,* Ergebnisabhängige Preisvereinbarungen in Unternehmenskaufverträgen („earn-outs"), DB 1993, 1273; *Bergian,* Die Haftung aus *Culpa in Contrahendo* beim *Letter of Intent* nach neuem Schuldrecht, ZIP 2004, 395; *Böttcher, Due Diligence* beim Unternehmenskauf als Verkehrssitte, ZGS 2007, 20; *Bruski,* Kaufpreisbemessung und Kaufpreisanpassung im Unternehmenskaufvertrag, BB Sonderbeilage 7/2005, 19; *Dreier,* GG, 2. Aufl. 2004; *Fleischer/Körber, Due Diligence* und Gewährleistung beim Unternehmenskauf, BB 2001, 841; *Geyrhalter/Zirngibl/Strehle,* Haftungsrisiken aus dem Scheitern von Vertragsverhandlungen bei M&A- Transaktionen, DStR 2006, 1559; *Gronstedt/Jörgens,* Die Gewährleistungshaftung bei Unternehmensverkäufen nach dem neuen Schuldrecht, ZIP 2002, 52; *Gummert,* MAH Personengesellschaftsrecht, 2005; *Haas/Müller,* Haftungsrisiken des GmbH- Geschäftsführers im Zusammenhang mit Unternehmens(ver)käufen, GmbHR 2004, 1169; *Heerstraßen/Reinhard,* Die Verjährung von Rechtsmängelansprüchen beim Beteiligungskauf nach der Schuldrechtsreform, BB 2002, 1429; *Hettler/Stratz/Hörtnagel,* Der Unternehmenskauf, 2004; *Heussen,* Vertragshandbuch, 2. Aufl. 2002; *Hilgard,* Cash- Free/Debt- Free-Klauseln beim Unternehmenskauf, DB 2007, 559; *Hilgard,* Berechnung des Schadens bei Verletzung von Garantien eines Unternehmenskaufvertrages, ZIP 2005, 1813 *Hölters (Hrsg.),* Handbuch des Unternehmens- und Beteiligungskaufs, 6. Aufl. 2005; *Hirte,* Zivil- und kartellrechtliche Schranken für Wettbewerbsverbote im Zusammenhang mit Unternehmensveräußerungen, ZHR 1990, 443; *Kiehte,* Vorstandshaftung auf Grund fehlerhafter *Due Diligence* beim Unternehmenskauf, NZG 1999, 976; *Krüger/Kalbfleisch, Due Diligence* beim Kauf und Verkauf von Unternehmen, DStR 1999, 174; *Lappe/Schmidt,* Risikoverteilung beim Unternehmenskauf durch Stichtagsregelungen, DB 2007, 153; *Loges,* Der Einfluss der *„Due Diligence"* auf die Rechtsstellung des Käufers eines Unternehmens, DB 1997, 965; *Mielke/Welling,* Kartellrechtliche Zulässigkeit von Conduct of Business- Klauseln in Unternehmenskaufverträgen, BB 2007, 277; *Müller,* Einfluss der *Due Diligence* auf die Gewährleistungsrechte des Käufers beim Unternehmenskauf, NJW 2004, 2196; *Musielak,* ZPO, 5. Aufl. 2007; *Mutschler/Mersmann,* Verfahrensmäßige Anforderungen an ordnungsgemäße Vorstandsentscheidungen im M&A Bereich, DB 2003, 79; *Picot/Dogall,* Unternehmenskauf: Schutz vor wesentlich nachteiligen Veränderungen der Grundlagen der Transaktion durch sog. MAC-Klauseln, DB 2003, 2635; *Plath,* Hardware, Software und IT- Verträge in der M&A Transaktion, CR 2007, 345; *Pöllath,* FS Bezzenberger, 2000; *Schneider,* Missbräuchliches Verhalten durch Private Equity, NZG 2007, 888; *Schröcker,* Unternehmenskauf und Anteilskauf nach der Schuldrechtsreform, ZGR 2005, 63; *Steindorf,* Gesetzeszweck und gemeinsamer Zweck des § 1 GWB, BB 1977, 569; *Trittmann,* Der Einfluss der Reformen des Zivilprozesses auf die Schiedsgerichtsbarkeit in Deutschland, SchiedsVZ 2005, 71; *Ulmer,* Haftungsfreistellung bis zur Grenze grober Fahrlässigkeit bei unternehmerischer Fehleinschätzung von Vorstand und Aufsichtrat?, DB 2004, 859; *Vogt,* Die *Due Diligence*- ein zentrales Element bei der Durchführung von Mergers & Acquisitions, DStR 2001, 2027; *Von Braunschweig,* Variable Kaufpreisklauseln in Unternehmenskaufverträgen, DB 2002, 1815; *Weitnauer,* Der Unternehmenskauf nach neuem Kaufrecht, NJW 2002, 2511; *Werner,* Sorgfaltspflichten des Geschäftsführers bei Unternehmensakquisitionen- *Due Diligence,* Informationspflichten und Haftungsrisiken, GmbHR 2007, 678; *Witte/Mehrbrey,* Variable Kaufpreisregelungen in Unternehmensverträgen im Geflecht von Schiedsgutachtenvereinbarungen und Schiedsgerichtsklauseln, NZG 2006, 241; *Wolf/Kaiser,* Die Mängelhaftung beim Unternehmenskauf nach neuem Recht, DB 2002, 411

A. Ablauf einer Unternehmenstransaktion aus Käufersicht

1 Der Entscheidung, ein anderes Unternehmen (Zielunternehmen) zu erwerben, können auf Erwerberseite vielfältige Motive zu Grunde liegen. In erster Linie kommt der Erwerb eines anderen Unternehmens (Zielunternehmens) in Betracht, um im Markt und im Wettbewerb stärker **zu expandieren,** als dies allein aus der Ertragskraft des eigenen Unternehmens denkbar wäre. Daneben bietet ein solcher Unternehmenskauf oftmals die Chance, einen Wettbewerber „auszuschalten". Ferner kann sich mit dem Erwerb des

Zielunternehmens die Absicht verbinden, hochkarätiges Personal oder attraktive Kunden hinzu zu gewinnen, die bei einer direkten Ansprache durch den Erwerber nicht wechselbereit gewesen wären. Ein weiteres Motiv kann die **Realisierung von Synergien** sein, wenn das Zielunternehmen eine wichtige Position unmittelbar vor oder nach dem Erwerber in der Wertschöpfungskette des vom Erwerber produzierten oder vertriebenen Produktes einnimmt. In die gleiche Richtung zielen auch Größenvorteile, wenn zwei Unternehmen im Wesentlichen den gleichen Geschäftsgegenstand haben, jedoch gemeinsam Synergien generieren können.

Um die vorgenannten Motive umsetzen zu können, bieten sich zu einem Unternehmenskauf mehrere Alternativen an. Bevor die unternehmerische Entscheidung getroffen wird, einen Unternehmenskauf, der regelmäßig zeit- und kostenaufwendig sein wird, durchzuführen, sollte eine Abwägung mit diesen Alternativen vorgenommen werden. 2

Eine Alternative ist die **Errichtung eines *Joint Venture*** mit dem in Betracht kommenden Zielunternehmen. Unabhängig von der Verlagerung der für die gemeinsame Geschäftstätigkeit erforderlichen Ressourcen durch beide *Joint Venture* Partner in eine Gesellschaft, verbleibt diesen weiterhin die Möglichkeit, außerhalb des gemeinsamen Geschäftsinteresses tätig zu werden. Dem neuen *Joint Venture* Unternehmen bieten sich hingegen die Markteintrittschancen eines neuen Wettbewerbers. Eine weitere Alternative ist die **Zusammenarbeit beider Unternehmen im Wege einer Kooperation,** der ein schuldrechtlicher Kooperationsvertrag zu Grunde liegt. Hier ist als Vorteil anzusehen, dass die bereits erreichten Markt- und Wettbewerbspositionen beider Unternehmen *(Good Will)* auch zukünftig erhalten bleiben, die Geschäftstätigkeit beider Unternehmen im Markt jedoch im gemeinsamen Interesse koordiniert wird. 3

Der unternehmerischen Entscheidung, einen Unternehmenskauf durchführen zu wollen, wird die Auswahl eines geeigneten Zielunternehmens regelmäßig bereits vorausgegangen sein. Denkbar ist auch, dass umgekehrt die Entscheidung zum Unternehmenskauf erst durch die Information über ein im Markt des eigenen Unternehmens zum Verkauf stehendes Unternehmen gereift ist. Solche Informationen werden häufig durch Investmentbanken oder so genannte M&A-Berater übermittelt, welche der Veräußerer mit dem Verkauf ihres Unternehmens beauftragt hat und die nach geeigneten Erwerbern suchen. Ferner können sich entsprechende Informationen aus den unmittelbaren Geschäftskontakten ergeben, die der Erwerber zu einem potentiellen Veräußerer bereits unterhält. 4

Auf die Entscheidung, auf welche Weise der veräußerungsbereite Eigentümer sein Unternehmen veräußern will, hat der potentielle Erwerber in einer frühen Phase der Verhandlungen kaum Einfluss. Der veräußerungsbereite Eigentümer des Zielunternehmens könnte einerseits von Anfang an bereit sein, **exklusive Verhandlungen** mit dem Erwerber zu führen, da er diesen zum Beispiel bereits aus langjährigen Geschäftsbeziehungen kennt und dementsprechend der Erwerber einen bestimmten Vertrauensvorschuss genießt. Alternativ könnte das Zielunternehmen im Wege eines so genannten **Auktionsverfahrens** veräußert werden. Die Durchführung eines solchen Auktionsverfahrens, bei dem das Zielunternehmen mehreren Bietern zum Erwerb angeboten wird, empfehlen Investmentbanken und M&A-Berater vor allem, um einen höheren Verkaufspreis zu erzielen. 5

Im Folgenden sollen beide Verfahren vorgestellt werden, um aufzuzeigen, ob und – wenn ja – welche Vor- und Nachteile sich aus dem jeweiligen Verfahren aus Sicht des Erwerbers ergeben könnten. Allerdings sind Unternehmenstransaktionen so gut wie nie identisch, gleichwohl gibt es eine Reihe von typischen und vergleichbaren Phasen oder Stadien, die ein Unternehmenskauf notwendigerweise durchläuft. 6

I. Exklusivverhandlungen/*Private Sale*

Von Exklusivverhandlungen oder einem *Private Sale* spricht man, wenn der Eigentümer des Zielunternehmens die Verhandlungen ganz gezielt nur mit einem möglichen Er- 7 werber führt und den Erwerb seines Unternehmens gerade nicht einem größeren Kreis an möglichen Interessenten anbietet. Exklusivverhandlungen werden durch den veräußerungsbereiten Eigentümer des Zielunternehmens vor allem dann aufgenommen, wenn ihm der mögliche Erwerber bereits bekannt ist, er vielleicht von diesem auf den Erwerb seines Unternehmens angesprochen wurde. Ferner wird der Veräußerer exklusive Verhandlungen mit einem ihm bekannten potentiellen Erwerber führen, wenn er bestimmte Erwartungen an die Fortführung des Geschäftsbetriebs „seines" Unternehmens durch den Erwerber hat.

1. Ablauf

8 Der Ablauf eines in Exklusivverhandlungen oder als *Private Sale* durchgeführten Unternehmenskaufs lässt sich grundsätzlich in **vier Schritte** gliedern: Vorfeldvereinbarungen,[1] *Due Diligence,*[2] Vertragsschluss *(Signing),*[3] Vollzug des Kaufvertrags *(Closing).*[4]

2. Vorteile von Exklusivverhandlungen

9 Die Durchführung von Exklusivverhandlungen bietet für den Erwerber mehrere Vorteile: Der potentielle Erwerber erlangt bei exklusiv geführten Verhandlungen sehr früh **eine vergleichsweise starke Verhandlungsposition.** Zum einen wird er nicht zur Abgabe eines Angebot „gezwungen", welches wegen der Konkurrenz mit weiteren Bietern deutlich höher liegt als bei einem Exklusivverfahren. Zum anderen fehlen dem Veräußerer bei Exklusivverfahren häufig die Alternativen zu einem Erwerb des Zielunternehmens durch den potentiellen Erwerber.

10 Ferner ist der **Zeitdruck** bei exklusiv geführten Verhandlungen regelmäßig **nicht so hoch** wie bei einem Auktionsverfahren. Der Erwerber kann seine Ressourcen zeiteffektiver und Kosten sparender einsetzen. Exklusivverhandlungen beeinflussen den normalen Geschäftsbetrieb des Zielunternehmens weit weniger, als dies bei einem Auktionsverfahren der Fall ist, wenn das Informationsbedürfnis mehrerer Bieter, die auch unterschiedliche Interessen verfolgen können, die zu vielschichtigen Anfragen führen, durch häufige Rücksprache mit dem Zielunternehmen befriedigt werden muss. Der Unternehmenskauf kann „geräuschloser" vollzogen werden als dies bei einem Auktionsverfahren der Fall ist. Ein **reibungsloser Wechsel der Eigentümerstellung** des Zielunternehmens liegt dabei gerade auch im Interesse des Erwerbers.

II. Auktionsverfahren

11 Bei einem Auktionsverfahren steht der mögliche Erwerber zu Beginn der Verhandlungen noch nicht fest. Das Auktionsverfahren wird häufig gewählt, wenn der Veräußerer eine Investmentbank oder einen M&A-Berater mit der Beratung bei dem Verkauf seines Unternehmens betraut.[5] Die Initiative zur Transaktion geht in diesen Fällen folglich nicht von der Erwerberseite, sondern von der Veräußererseite aus. Investmentbanken und M&A-Berater wählen ein Auktionsverfahren vor allem dann, wenn das Zielunternehmen *„Stand-alone"* fähig ist, über einen hohen *Cash Flow* verfügt und sie sich aus diesen Gründen einen hohen Kaufpreis erhoffen. Die Höhe des Honorars der beteiligten Investmentbanken und M&A-Berater hängt regelmäßig von dem erfolgreichen Abschluss der Transaktion ab.[6]

---

[1] Siehe dazu unter Rn. 22 ff.

[2] Siehe dazu unter Rn. 68 ff.

[3] Siehe dazu unter Rn. 193 f.

[4] Siehe dazu unter Rn. 195–198.

[5] Ausführlich zum Ablauf eines Auktionsverfahrens: *Picot* S. 24 ff.; *Semler/Volhard/Weber-Rey* § 11 Rn. 54.

[6] Rechtsanwälten ist es standesrechtlich (derzeit noch) grundsätzlich verwehrt, ein Erfolgshonorar für ihre Tätigkeit zu vereinbaren (vgl. § 49 b Abs. 2 Bundesrechtsanwaltsordnung). Neben dem Aus-

1. Ablauf

Das Auktionsverfahren lässt sich ebenfalls in **vier wesentliche Schritte** gliedern: Nach der Kontaktaufnahme, die regelmäßig durch die eingeschalteten Berater des Veräußerers gesucht wird, ist ein **erstes Angebot** durch den potentiellen Erwerber abzugeben, das auf den Daten beruht, die der Erwerber einem Informationsmemorandum über das Zielunternehmen entnehmen konnte. Als zweiter Schritt ist dann die Abgabe eines **endgültigen Angebotes** durch den Erwerber erforderlich, das regelmäßig erst nach der *Due Diligence* über das Zielunternehmen durch den Erwerber abgegeben wird. **Vertragsverhandlungen,** die im Idealfall zum Abschluss des Unternehmenskaufvertrags führen, stellen den dritten wesentlichen Schritt dar. Ihm schließt sich auch hier der **Vollzug des Unternehmenskaufvertrags** als vierter Schritt an. 12

a) Vom Informationsbrief zum *Indicative Offer*. Die Gruppe der möglichen Bieter wird zunächst durch einen **ersten Informationsbrief *(teaser)*** über den beabsichtigten Verkauf des Zielunternehmens und den Ablauf der Transaktion informiert. Neben möglichen Finanzinvestoren ziehen Investmentbanken und M&A-Berater regelmäßig auch strategische Investoren in Betracht. Dementsprechend ist davon auszugehen, dass auch Wettbewerbsunternehmen über die mögliche Veräußerung eines anderen Marktteilnehmers informiert und zur Teilnahme an einem Auktionsverfahren aufgefordert werden. 13

In der Regel wird dem Informationsbrief eine **Vertraulichkeitsvereinbarung beigefügt.** Die Unterzeichnung dieser Vertraulichkeitsvereinbarung ist Voraussetzung dafür, dass dem interessierten Bieter ein **ausführliches Informationsmemorandum** vor allem über die wirtschaftlichen Verhältnisse des Zielunternehmens, insbesondere seine Marktposition und -perspektiven, zur Verfügung gestellt wird. Diese Informationsmemoranden sind regelmäßig durch die Investmentbanken oder die M&A-Berater mit Blick auf den beabsichtigten Verkauf des Zielunternehmens erstellt. Eine *Due Diligence* des Zielunternehmens durch den Erwerber ersetzen sie daher auf keinen Fall. Die Angaben im Informationsmemorandum bieten jedoch die Grundlage für den interessierten Bieter, ein **erstes, unverbindliches Angebot** im Hinblick auf den Erwerb des Zielunternehmens unter Nennung eines möglichen Kaufpreises oder Kaufpreisrahmens abzugeben, das so genannte *„Indicative Offer"*. Dieses *Indicative Offer* soll es dem Veräußerer ermöglichen, eine erste Eingrenzung des Bieterkreises zu treffen und zu bestimmen, welche Angebote er für so attraktiv hält, dass er diesen Bietern einen weitgehenden Einblick in seine rechtlichen, wirtschaftlichen und steuerlichen Verhältnisse sowie die unternehmerischen Überlegungen des Zielunternehmens gewähren will. 14

b) Vom *„Indicative Offer"* zum *„Binding Offer"*. Den nach Abgabe des *Indicative Offer* verbliebenen Bietern wird dann die Möglichkeit zu einer umfassenden *Due Diligence* – oftmals verbunden mit einer Managementpräsentation – über die wirtschaftlichen, rechtlichen und steuerlichen Verhältnisse des Zielunternehmens eingeräumt. Im Anschluss an die Durchführung der *Due Diligence* haben die dann noch interessierten Bieter die Möglichkeit, ein **endgültiges, verbindliches Angebot** (so genanntes *„Binding Offer"*) abzugeben. Mit dem *Binding Offer* bindet sich der potentielle Erwerber gegenüber dem Veräußerer für einen bestimmten Zeitraum, um mit dem Veräußerer in abschließende Vertragsverhandlungen einzutreten. Das *Binding Offer* stellt jedoch **kein Angebot im Sinne eines rechtsgeschäftlichen Antrags (§ 145 BGB)**[7] dar, da noch nicht sämtliche wesentlichen Vertragsbestandteile geklärt sind und der Vertrag noch nicht notariell beurkundet ist. Ein Abbruch der Vertragsverhandlungen durch einen potentiellen 15

gang gerichtlicher Auseinandersetzungen gilt dies insbesondere auch für die rechtliche Beratung bei Unternehmenstransaktionen. Mit seiner Entscheidung vom 12. 12. 2006 (NJW 2007, 979 ff.) hat das Bundesverfassungsgericht jedoch erkannt, dass das ausnahmslose Verbot anwaltliche Erfolgshonorare mit dem Grundrecht der Berufsfreiheit (Art. 12 Abs. 1 GG) nicht vereinbar ist.

[7] *Semler/Volhard/Weber-Rey* § 11 Rn. 80.

Erwerber trotz Abgabe eines verbindlichen Angebotes kann unter Umständen zu dessen vorvertraglicher Haftung führen. Als eine Vorsichtsmaßnahme sollte daher auch das *Binding Offer* immer unter dem **Vorbehalt des Abschlusses eines Unternehmenskaufvertrags** stehen.

16 c) **Vertragsverhandlungen.** Soweit diese Entscheidung nicht bereits durch den Veräußerer getroffen wird, sollte der potentielle Erwerber durch Abschluss einer entsprechenden Exklusivitätsvereinbarung darauf hinwirken, dass die abschließenden Vertragsverhandlungen mit ihm exklusiv geführt werden, um zu vermeiden, dass er trotz seines bereits sehr hohen Zeit- und Kostenaufwandes in dieser letzten Phase des Auktionsverfahrens noch gegen einen anderen Bieter ausgespielt wird. In der Praxis wird durch den Veräußerer, sofern dieser über die entsprechenden personellen Kapazitäten verfügt, auch offen gelegt, dass parallele Vertragsverhandlungen mit zwei oder noch mehr Bietern geführt werden. In diesem Fall verbleibt dem einzelnen Bieter nur die Entscheidung, dass Risiko eines Ausscheidens aus dem Auktionsverfahren auch jetzt noch zu tragen oder sein Engagement in diesem Prozess selbst zu beenden.

17 Umgekehrt bedeutet eine (vorläufige) Nichtberücksichtigung des *Binding Offer* eines interessierten Bieters nicht, dass dieser Bieter bereits endgültig aus dem Auktionsverfahren ausgeschieden ist. Der Veräußerer hat sich im Regelfall zu diesem Zeitpunkt lediglich dazu entschieden, mit einem anderen Bieter exklusive Vertragsverhandlungen zu führen, da er dessen Angebot insoweit für attraktiver hält. Sollten diese Verhandlungen jedoch scheitern, wird der Veräußerer dann mit bisher nicht berücksichtigten Bietern Vertragsverhandlungen aufnehmen müssen, um noch den Abschluss der beabsichtigten Transaktion zu erreichen. Unter Umständen hat ein bisher nicht berücksichtigter Bieter damit sogar eine stärkere Verhandlungsposition erlangt, da andere – lange als ernsthaft zu betrachtende – Bieter von einem Erwerb des Zielunternehmens Abstand genommen haben. Dies kann zwar an Umständen liegen, die im Zielunternehmen begründet sind und daher auch die anderen Bieter zur Vorsicht mahnen sollten, zwingend ist das jedoch nicht. Zum Beispiel kann das ursprünglich attraktivere Angebot eines anderen Bieters auch aus dem Grund nicht zum Abschluss des Unternehmenskaufvertrags geführt haben, weil es diesem Bieter nicht gelungen ist, die vom Veräußerer im Hinblick auf den Kaufpreis geforderte Finanzierungszusage eines Kreditinstitutes beizubringen.

18 In der Regel hat bei einem Auktionsverfahren der Veräußerer bereits einen Entwurf des Unternehmenskaufvertrags vorbereitet und im Rahmen der *Due Diligence* im Datenraum ausgelegt. Eine erste Überarbeitung des Entwurfs ist durch den interessierten Bieter dann mit Abgabe des *Binding Offer* zu übermitteln. Zu den weiteren Vertragsverhandlungen gilt im Übrigen das zu den Exklusivverhandlungen Gesagte entsprechend.

19 d) ***Signing* und *Closing* des Unternehmenskaufvertrags.** Hinsichtlich des Abschlusses und des Vollzugs des Unternehmenskaufvertrags bestehen **keine Unterschiede gegenüber einem Exklusivverfahren.** Zu diesem Zeitpunkt ist das Auktionsverfahren durch den Veräußerer bereits beendet worden. Spätestens der Abschluss des Unternehmenskaufvertrags stellt insoweit – bei parallel geführten Verhandlungen – den Zuschlag im Auktionsverfahren zugunsten des Erwerbers dar.

2. Vor- und Nachteile des Auktionsverfahrens

20 Vorteile eines Auktionsverfahrens für den potentiellen Erwerber könnten allein mit der Annahme begründet werden, dass die Durchführung eines Auktionsverfahrens zu einem **marktgerechten Kaufpreis für das Zielunternehmen**, insbesondere im Hinblick auf seinen immateriellen Unternehmenswert *(Good Will)*, führt. Ob sich diese Annahme jedoch empirisch belegen lässt, halten wir für zweifelhaft. Ein weiterer Vorteil für den potentiellen Erwerber könnte vielleicht noch darin gesehen werden, dass auf Grund der Steuerung des Auktionsverfahrens durch einen M&A Berater oder eine Investmentbank der Datenraum regelmäßig besser aufbereitet ist, als wenn dies erst auf Anforderung des

Erwerbers durch die Geschäftsleitung oder Angestellte des Zielunternehmens erfolgt. Ferner werden Fragen und Informationsbedürfnisse im laufenden Prozess schneller beantwortet und befriedigt. Die abschließenden Vertragsverhandlungen können daher unter Umständen auf einer **besseren Tatsachengrundlage** als bei Exklusivverhandlungen geführt werden.

Aus der vorstehenden (verkürzten) Beschreibung des Ablaufs eines Auktionsverfahren lassen sich aber mehrere erhebliche Nachteile für den potentiellen Erwerber ableiten.[8] Der wesentliche Nachteil eines Auktionsverfahrens besteht für den potentiellen Erwerber in der **deutlich geringeren Aussicht auf einen erfolgreichen Abschluss der Transaktion.** Dennoch ist er gezwungen, **erhebliche personelle und finanzielle Ressourcen** einzusetzen. Ferner ist der Veräußerer – grundsätzlich – in der stärkeren Verhandlungsposition, da dem potentiellen Erwerber regelmäßig auch nicht bekannt ist, mit welchen Bietern der Veräußerer parallel verhandelt. Prüfungen des Zielunternehmens und die Abgabe der Angebote erfolgen häufig unter einem **sehr hohen Zeitdruck,** da das Verfahren sehr starr durch den Veräußerer vorgegeben wird. Unter Umständen kann auch die Öffentlichkeit im Vorfeld Kenntnis von dem Vorhaben erlangen, was insbesondere bei Kunden und Geschäftspartnern des Zielunternehmens zu Unsicherheit und nachteiligem Einfluss auf das Zielunternehmen führen dürfte und letztlich auch zu Lasten der Erwerberinteressen geht. 21

B. Vereinbarungen zur Vorbereitung einer Transaktion (Vorfeldvereinbarungen)

Im Vorfeld einer Transaktion treffen Erwerber und Veräußerer vielfach Abreden, um ihre eigenen Interessen für den Zeitraum der Vertragsverhandlungen zu schützen. Im Folgenden sollen die wichtigsten und häufigsten Vorfeldvereinbarungen vorgestellt werden. Unabhängig von dem jeweils speziellen Regelungsinhalt dieser Vereinbarungen verfolgen solche Vereinbarungen auch den gemeinsamen Zweck, **Vertrauen in die Erwerbs- bzw. Veräußerungsabsichten** der anderen Partei zu schaffen. Ferner können solche Vereinbarungen auch dazu dienen, die anstehenden Vertragsverhandlungen zu strukturieren. 22

I. Vertraulichkeitsvereinbarung

1. Sinn und Zweck

Veräußerer und Erwerber haben ein Interesse daran, die Transaktionsabsicht nur einem eng begrenzten Personenkreis bekannt zu machen. Angestellte, Kunden, Lieferanten und etwaige Kreditgeber des Zielunternehmens gehören regelmäßig nicht dazu. Wird die Verkaufsabsicht des Veräußerers bekannt, so könnte dies Spekulationen über den wirtschaftlichen Zustand des Zielunternehmens eröffnen. Das weitere Schicksal des Zielunternehmens und die künftige Unternehmensstrategie könnten dadurch ungewiss erscheinen. Wird hingegen die Kaufabsicht des Erwerbers bekannt, könnte dies Rückschlüsse auf die strategischen Überlegungen des Erwerbers erlauben. Schon daraus ergibt sich das gemeinsame Geheimhaltungsinteresse. 23

Ferner ist der Erwerber im Rahmen der durchzuführenden *Due Diligence* an der größtmöglichen Offenlegung der wirtschaftlichen, rechtlichen und steuerlichen Verhältnisse des Zielunternehmens interessiert. Dies lässt sich aus Sicht des Veräußerers nur mit einer Verschwiegenheitsverpflichtung des Erwerbers kompensieren. 24

---

[8] Dies führt bereits dazu, dass namhafte Finanzinvestoren an Auktionsverfahren nicht mehr teilnehmen, wenn ihnen nicht eine (anteilige) Kostenübernahme für den Fall ihres Ausscheidens zugesagt wird.

2. Die vertragliche Gestaltung

25 In der Praxis hat sich die Verwendung mehr oder weniger standardisierter Vertraulichkeitsvereinbarungen durchgesetzt. Wesentlicher Bestandteil der Vertraulichkeitsvereinbarung ist dabei die Definition der als vertraulich anzusehenden Informationen. Neben den Informationen über das Zielunternehmen, die im Rahmen einer von Erwerberseite durchzuführenden *Due Diligence* zur Verfügung gestellt werden, wird dabei häufig aufgenommen, dass schon die Tatsache, dass eine Verkaufsabsicht besteht und hierüber mit der Erwerberseite Verhandlungen geführt werden, als vertraulich anzusehen ist.

26 Ferner wird festgeschrieben, zu welchem Zweck (Prüfung der rechtlichen, wirtschaftlichen, steuerlichen und finanziellen Verhältnisse des Zielunternehmens im Hinblick auf einen möglichen Erwerb) die überlassenen vertraulichen Informationen durch den Erwerber verwendet werden dürfen. Der Erwerberseite wird aufgegeben, wie mit den vertraulichen Informationen umzugehen ist, ob sie vervielfältigt werden dürfen und an welche Personen sie weitergegeben werden können. Der Erwerber sollte hier darauf achten, dass die Weitergabe der vertraulichen Informationen an die Mitarbeiter und Berater, die in die Transaktion eingebunden sind, unproblematisch möglich und nicht von einer Genehmigung durch den Veräußerer abhängig ist. Dies sollte nach Möglichkeit in der Vertraulichkeitsvereinbarung klargestellt werden.

27 Klassische Ausnahmen von der Verpflichtung zur Vertraulichkeit beziehen sich auf Informationen, die dem Erwerber bereits bekannt waren, aus allgemein zugänglichen, öffentlichen Quellen stammen oder im Rahmen von behördlichen oder gerichtlichen Anordnungen offen zu legen sind. Eine solche Offenlegung wird dabei auf das zulässige Mindestmaß begrenzt, mit anderen Worten auf die Informationen, bei denen eine Offenlegungspflicht besteht.

Formulierungsbeispiel Vertraulichkeitsverpflichtung:

Als vertrauliche Informationen im Sinne dieser Vereinbarung gelten alle Informationen, die dem Erwerber oder seinen Repräsentanten von dem Veräußerer entweder im Rahmen der *Due Diligence* über die Zielgesellschaft in einem Datenraum zugänglich gemacht werden oder ferner mündlich oder schriftlich oder in jeder anderen Form dem Erwerber zur Verfügung gestellt werden, wenn sie

a) als vertrauliche Informationen deutlich gekennzeichnet, als solche beschrieben oder in anderer Weise als solche erkennbar gemacht sind;

b) auf Grund ihres Inhalts als vertraulich anzusehen sind; oder

c) von vertraulichen Informationen, welche eine andere Partei zur Verfügung gestellt hat, abgeleitet wurden.

Als vertrauliche Information im Sinne dieses Absatzes gilt insbesondere auch der Entwurf des Unternehmenskaufvertrags und seiner Anlagen, die insoweit nicht mehr gesondert als vertraulich gekennzeichnet werden müssen.

Der Begriff vertrauliche Informationen umfasst nicht solche Informationen, die

a) im Zeitpunkt ihrer Mitteilung an den Erwerber ohne Verletzung dieser oder einer anderen Vertraulichkeitsvereinbarung allgemein zugänglich sind oder werden;

b) sich bereits rechtmäßig und ohne Vertraulichkeitspflicht in dem Besitz des Erwerbers befunden hatten, bevor dieser sie von dem Veräußerer oder einer anderen Partei erhielt; oder

c) der Erwerber von einem Dritten erhalten hat, der berechtigt ist, diese Informationen uneingeschränkt offen zu legen.

In Fällen des Satz 1 lit. b) und c) ist der Erwerber – ohne gesonderte Aufforderung durch den Veräußerer- verpflichtet, diesen über die Quelle der Information und die Person des Dritten zu informieren, wenn die Information ohne die Regelung in Satz 1 lit. b) und c) als vertrauliche Information im Sinne des Abs. 1 anzusehen wäre.

Die Rechte an den überlassenen Informationen verbleiben bei dem Veräußerer oder dem Zielunternehmen. Für den Fall des Abbruchs der Verhandlungen wird häufig vorgesehen, dass überlassene vertrauliche Informationen zurückzugeben sind. Für den Erwerber günstiger, da mit weniger Aufwand verbunden, ist jedoch eine Regelung, wonach der Erwerber die Vernichtung der überlassenen vertraulichen Informationen und diesbezüglichen eigenen Aufzeichnungen zu bestätigen hat. Gesetzliche Aufbewahrungspflichten sowie technische Besonderheiten, zum Beispiel den Download elektronischer Daten auf einen Backup-Server, sollten als Ausnahmen klargestellt werden. 28

Die Vereinbarung einer Vertragsstrafe dürfte eher nicht der Marktpraxis entsprechen. 29 Zwar wird der Veräußerer die Aufnahme einer Vertragsstrafenregelung damit begründen wollen, dass der Nachweis eines Schadens bei einem Verstoß des Erwerbers gegen die Vertraulichkeitsvereinbarung nur schwer geführt werden kann und er eine klare Sanktionsmöglichkeit für den Fall eines (nachgewiesenen) Verstoßes gegen die Vertraulichkeitsvereinbarung haben möchte. Dem kann jedoch vom Erwerber entgegengehalten werden, dass der Beginn der Gespräche einen gewissen Vertrauensvorschuss voraussetzt und eine Vertragsstrafe insoweit eine unangemessene Pönalisierung darstellt und es allein interessengerecht ist, im Falle eines Verstoßes, der ohnehin nicht beabsichtigt ist, den tatsächlich entstandenen Schaden ersetzen zu müssen.

Nicht nur bei dem beabsichtigten Erwerb eines Wettbewerbers kann die Vertraulich- 30 keitsvereinbarung ein Abwerbeverbot im Hinblick auf Mitarbeiter des Zielunternehmens oder des Veräußerers enthalten. Auch diesbezügliche Verpflichtungen des Erwerbers sind marktüblich und sollten durch diesen akzeptiert werden.

II. Exklusivitätsvereinbarung

Der Erwerber sollte – soweit er sich nicht in einem offiziellen Auktionsverfahren be- 31 findet – auf den Abschluss einer Exklusivitätsvereinbarung oder die Aufnahme einer Regelung zur Exklusivität in andere Vorfeldvereinbarungen dringen. Mit einer Vereinbarung zur Exklusivität erhält der Erwerber in gewisser Weise eine **Gegenleistung** für die Anstrengungen und Aufwendungen, die er im Hinblick auf die beabsichtigte Transaktion unternimmt und tätigt. Auf Seiten des Veräußerers sollten bei einem *Private Sale* im Hinblick auf den Abschluss einer Exklusivitätsvereinbarung keine Vorbehalte bestehen, da er ohnehin ausschließlich mit dem Erwerber über den Verkauf des Zielunternehmens verhandeln möchte. Eine Exklusivitätsvereinbarung sollte daher im Idealfall bereits **vor Beginn der *Due Diligence*** als dem wohl zeit- und kostenintensivsten Teil einer Transaktion abgeschlossen werden. Bei einem Auktionsverfahren wird sich die Frage nach Exklusivität erst stellen, wenn die Bieter ihre endgültigen Angebote abgegeben haben. Dies ist regelmäßig erst nach Abschluss der *Due Diligence* der Fall.

Gegenstand einer Exklusivitätsvereinbarung ist die Verpflichtung des Veräußerers, für 32 einen bestimmten Zeitraum **keine Verhandlungen mit Dritten** über den Erwerb des Zielunternehmens zu führen. Als sanktionierende Rechtsfolge eines möglichen Verstoßes gegen die Exklusivitätsvereinbarung könnte eine Verpflichtung des Veräußerers vorgesehen werden, dem Erwerber die im Vertrauen auf den möglichen Abschluss eines Unternehmenskaufvertrags getätigten **Aufwendungen zu ersetzen,** insbesondere die Kosten für unternehmerische, rechtliche und steuerliche Beratung durch Externe. Der Nachweis eines darüber hinausgehenden Schadens wird dem Erwerber regelmäßig nur schwer gelingen, unabhängig davon sollte die Geltendmachung weiterer Schadensersatzansprüche vorbehalten bleiben.

Formulierungsbeispiel Exklusivitätsvereinbarung:

Die Verkäuferin gewährt dem Erwerber für einen Zeitraum von sechs Wochen ab Unterzeichnung dieser Vereinbarung Exklusivität. Dies bedeutet, dass die Verkäuferin für den Zeitraum der Exklusivität verpflichtet ist, Verhandlungen über den Verkauf des Zielunternehmens oder der Geschäftsbereiche des Zielunternehmens ausschließlich mit dem Erwerber zu führen. Für den Zeitraum der Exklusivität ist es der Verkäuferin untersagt, Verhandlungen mit Dritten über den Verkauf des Zielunternehmens oder der Geschäftsbereiche des Zielunternehmens zu führen, diesbezügliche Anfragen Dritter zu beantworten oder Dritte aufzufordern, ein Angebot betreffend den Erwerb des Zielunternehmens oder der Geschäftsbereiche des Zielunternehmens abzugeben. Sollte die Verkäuferin gegen diese Exklusivitätsvereinbarung verstoßen, ist der Erwerber berechtigt, ohne Angabe von weiteren Gründen die Vertragsverhandlungen abzubrechen. Die Verkäuferin ist verpflichtet, dem Erwerber die bis zu diesem Zeitpunkt entstandenen Aufwendungen, insbesondere Beratungskosten, zu ersetzen.[9]

III. Letter of Intent

Die wichtigste Vorfeldvereinbarung im Hinblick auf eine beabsichtigte Transaktion ist der so genannte *Letter of Intent*, kurz LoI.

1. Regelungsziele und Inhalt

33 Im Wesentlichen handelt es sich bei einem *Letter of Intent* um **Absichtserklärungen betreffend den möglichen Abschluss des Unternehmenskaufvertrags.**

34 Ein in einem frühen Verhandlungsstadium vereinbarter *Letter of Intent* wird regelmäßig nur die zentralen kommerziellen Fragen wie **Kaufgegenstand, Kaufpreis und Transaktionsstruktur** (Wer kauft? Was? Von wem? Zu welchem Preis?) ansprechen, Gewährleistungen und Haftungsregelungen werden häufig noch fehlen. Unabhängig von dem Zeitpunkt seines Abschlusses sollte im *Letter of Intent* ein „Fahrplan" festgelegt werden, der die beabsichtigte Transaktion in zeitlicher Hinsicht strukturiert und damit ein Verhandlungsprogramm schafft, das die Beteiligten zur Einhaltung diszipliniert. Hierzu gehört vor allem auch die konkrete Bezeichnung der noch bis zum Abschluss des Unternehmenskaufvertrags durchzuführenden Maßnahmen und zu klärenden Punkte, vor allem, wenn diese Punkte kaufmännischer Natur sind.

35 Wesentlicher Bestandteil des *Letter of Intent* ist die Bestimmung des Kaufpreises sowie die der Kaufpreisbestimmung zu Grunde liegenden Parameter. Der Veräußerer wird nur dann bereit sein, die Gespräche mit dem Erwerber fortzusetzen, wenn ihm das mögliche wirtschaftliche Ergebnis der Verhandlungen bekannt ist. Mit der Bestimmung des Kaufpreises im *Letter of Intent* wird zwischen den Beteiligten zumindest eine faktische Bindungswirkung geschaffen. Etwaige Nachverhandlungen des Kaufpreises zu einem späteren Verhandlungsstadium bedürfen daher einer gewissen Rechtfertigung, um vom Veräußerer akzeptiert zu werden. Um sich diese Rechtfertigungsmöglichkeit zu erhalten, sollte der Erwerber im Falle der Bestimmung des Kaufpreises im *Letter of Intent* den Vorbehalt aufnehmen, dass dieser Kaufpreis noch der Bestätigung durch eine *Due Diligence* bedarf. Unter Rückgriff auf die dann vorliegenden Ergebnisse dieser *Due Diligence* kann noch einmal in Kaufpreisverhandlungen eingetreten werden.

36 Ein *Letter of Intent* kann neben der Festlegung des von dem Erwerber gewünschten Umfangs der Offenlegung von kaufentscheidenden Informationen auch Vorgaben enthalten, die im Rahmen einer *Due Diligence* durch den Erwerber und seine Berater zu beachten sind. Hierzu zählen unter anderem die Bestimmung des Zeitrahmens der *Due Diligence* und des Kreises der einsichtsberechtigten Personen.[10]

---

[9] Denkbar wäre aus Käufersicht noch, hier einen Mindestbetrag vorzusehen, der durch die Verkäuferin jedenfalls zu erstatten ist. Dies würde einer Vertragsstrafe entsprechen.

[10] Eine gute Übersicht hierzu bietet *Pöllath*, FS Bezzenberger, S. 549 ff.

Neben den bereits oben angesprochenen generellen Punkten Kaufgegenstand, Kaufpreis und Transaktionsstruktur kann der *Letter of Intent* bereits spezifische Bestimmungen zu **Kaufpreisanpassungen und Zahlungsmodalitäten** enthalten.[11] Ferner können in einem *Letter of Intent* auch Bestimmungen über Vertraulichkeit und Exklusivität vereinbart werden. Mit Blick auf die Reichweite und Bindungswirkung des *Letter of Intent* sollte jedoch darauf geachtet werden, im *Letter of Intent* nur das zu regeln, was aus Sicht der Beteiligten zu dieser frühen Phase der beabsichtigten Transaktion bereits unbedingt angesprochen werden sollte. Der *Letter of Intent* sollte sich auf die **Eckdaten der beabsichtigten Transaktion** beschränken. Die Klärung von Einzelfragen sollte – nicht zuletzt im Sinne einer effektiven Prozesssteuerung – den (abschließenden) Vertragsverhandlungen vorbehalten bleiben, um die Erkenntnisse aus einer bis dahin durch den Erwerber durchgeführten *Due Diligence* berücksichtigen zu können. 37

2. Abgrenzung zu „ähnlichen" Vereinbarungen

In einigen Fällen wird anstelle eines *Letter of Intent* auch ein so genanntes *Memorandum of Understanding* abgeschlossen oder *Heads of Agreement* vereinbart, die sich jedoch in den meisten Fällen nicht substanziell von dem Regelungsgehalt eines *Letter of Intent* unterscheiden. Soweit man einen Unterschied definieren möchte, liegt dieser aus unserer Sicht im Zweck der jeweiligen Vereinbarung. 38

Vorrangiger Zweck eines *Memorandum of Understanding* oder eines *Heads of Agreement* ist es, den bis zur Unterzeichnung erreichten Verhandlungsstand zu dokumentieren und als Ausgangspunkt für weitere Gespräche festzuschreiben. Im Gegensatz zu einem *Letter of Intent,* der in erster Linie die Vorstellungen der Beteiligten im Hinblick auf die beabsichtigte Transaktion und das weitere Vorgehen festschreibt und damit auch konkrete Handlungsanweisungen enthalten kann, haben die hier angesprochenen Vereinbarungen vor allem einen **Dokumentations- und Beweiszweck.** Regelungen zum weiteren Verfahren finden sich in einem *Memorandum of Understanding* eher selten. 39

Unabhängig davon stellen *Memorandum of Understanding* und *Heads of Agreement* ebenfalls nur den ersten, wenn auch bereits wesentlichen Zwischenschritt im Rahmen einer beabsichtigten Transaktion dar. Im Hinblick auf die Bindungswirkung dieser Vereinbarungen und die mögliche Haftung im Fall des Abbruchs der Vertragsverhandlungen nach Abschluss einer solchen Vereinbarung gelten die nachführenden Ausführungen jedoch entsprechend. 40

3. Bindungswirkung und Reichweite eines *Letter of Intent*

Als reine Absichtserklärung verstanden, ergibt sich aus einem *Letter of Intent* **keine rechtsverbindliche Bindungswirkung** im Hinblick auf den Abschluss eines Unternehmenskaufvertrags. Davon unabhängig ist jedoch die **faktische Bindung** der Beteiligten in den weiteren Verhandlungen, die sich aus den im *Letter of Intent* getroffenen Vereinbarungen ergibt, nicht zu unterschätzen. Materielle Punkte, die in einem *Letter of Intent* festgeschrieben wurden, können in den sich anschließenden Gesprächen nur dann „nachverhandelt" werden, wenn sachliche Gründe hierfür sprechen. Ein willkürliches Nachverhandeln führt regelmäßig zu Verstimmungen bei der Gegenseite und verzögert die beabsichtigte Transaktion, wenn es den Abschluss des Unternehmenskaufvertrags nicht sogar gefährdet. 41

Einzelne Bestimmungen eines *Letter of Intent* sind jedoch regelmäßig rechtlich bindend, zum Beispiel die Regelungen zur Vertraulichkeit und zur Exklusivität. Dabei ist darauf zu achten, dass diejenigen, die rechtlich verpflichtet werden sollen, auch tatsächlich Parteien des *Letter of Intent* sind. Im Hinblick auf die Durchsetzbarkeit etwaiger Offenlegungspflichten und Vertraulichkeitsverpflichtungen wäre daher unter Umständen auch das Zielunternehmen neben dem Veräußerer als Partei des *Letter of Intent* vorzusehen. 42

---

[11] Ausführlich hierzu: *Hölters/Semler* Teil VII Rn. 20.

43 Zur Vermeidung etwaiger Zweifelsfragen und damit verbundener Haftungsrisiken im Falle des Abbruchs der Vertragsverhandlungen sollte einerseits klargestellt werden, dass es sich bei den Bestimmungen des *Letter of Intent* um Absichtserklärungen handelt, anderseits aber auch gerade ausdrücklich festgelegt werden, welche Regelungen bereits verbindlich gelten.[12]

Formulierungsbeispiel Bindungswirkung des LoI:

Dieser *Letter of Intent* begründet für keine Partei eine Verpflichtung, einen Unternehmenskaufvertrag, wie in § [...] dieses *Letter of Intent* beschrieben, abzuschließen. Jeder Partei steht jeweils das Recht zu, bis zur Unterzeichnung eines solchen Unternehmenskaufvertrags jederzeit – ohne Angabe von Gründen – von den weiteren Verhandlungen durch schriftliche Erklärung gegenüber der anderen Partei Abstand zu nehmen. Etwaige gegenseitige Erfüllungs- oder Schadensersatzansprüche sind in diesem Fall ausgeschlossen.

Mit Ausnahme der Regelungen in §§ [...] dieses *Letter of Intent,* die rechtsverbindliche Erklärungen der Parteien enthalten, handelt es sich bei den Erklärungen der Parteien in diesem *Letter of Intent* um reine Absichtserklärungen, die keine rechtsverbindlichen Verpflichtungen der erklärenden Partei enthalten und keine diesbezüglichen Ansprüche der jeweils anderen Partei(en) begründen.

44 Enthält der *Letter of Intent* keine solche Klarstellung, kann sich die fehlende Bindungswirkung noch durch eine Auslegung nach der Verkehrsanschauung ergeben. Diese kann unter Rückgriff auf gesetzliche Wertungen des allgemeinen Zivilrechts erfolgen. § 154 Abs. 1 BGB schreibt vor, dass im Zweifel ein Vertrag nicht geschlossen ist, solange sich die Parteien nicht über alle Punkte eines Vertrags geeinigt haben, über die nach der Erklärung auch nur einer Partei eine Vereinbarung getroffen werden soll. Eine Verständigung über einzelne Punkte ist auch dann nicht bindend, wenn eine Aufzeichnung stattgefunden hat (§ 154 Abs. 1 Satz 2 BGB). Um diesbezügliche Zweifelsfragen jedoch zu vermeiden, sollte im *Letter of Intent* abschließend aufgezählt werden, welche Regelungen nach dem Willen der Parteien des *Letter of Intent* bereits bindend sein sollen und dass im Übrigen keine Ansprüche oder Verpflichtungen aus dem *Letter of Intent* hergeleitet werden können.

45 Im Fall des beabsichtigten Erwerbs von Geschäftsanteilen an einer Gesellschaft mit beschränkter Haftung fehlt dem *Letter of Intent* regelmäßig auch die zur Wirksamkeit etwaiger Erwerbsverpflichtungen notwendige Form der notariellen Beurkundung.[13] Umgekehrt ist jedoch im Einzelfall zu prüfen, ob der *Letter of Intent* der notariellen Beurkundung bedarf, was der Fall sein könnte, wenn der *Letter of Intent* rechtsverbindliche Vereinbarungen enthalten soll, die der notariellen Beurkundung bedürfen oder mit denen der Erwerb einer Gesellschaft mit beschränkter Haftung insgesamt „stehen und fallen" soll.

4. Abbruch von Vertragsverhandlungen nach Abschluss eines *Letter of Intent*

46 Mit dem Abschluss eines *Letter of Intent* dokumentieren die Parteien die gegenseitigen Veräußerungs- und Erwerbsabsichten sowie das damit korrespondierende **Vertrauen auf die Ernsthaftigkeit der Verhandlungsabsichten** der anderen Partei. Hiermit verbunden sind Aufklärungs- und Schutzpflichten, deren Verletzung, beispielsweise auch durch grundlosen Abbruch der Vertragsverhandlungen durch eine Partei gesetzliche Schadensersatzansprüche der anderen Partei auslösen könnte.[14]

[12] Zur Bindungswirkung eines LoI im Einzelnen noch: OLG Köln EWIR 1994, 533.
[13] § 15 Abs. 4 GmbHG.
[14] §§ 280 Abs. 1, 311 Abs. 2 Nr. 1, 241 Abs. 2 BGB.

Mit dem Fortschritt der Vertragsverhandlungen erhöht sich das gegenseitige Vertrauen der Parteien auf einen erfolgreichen Abschlusses der beabsichtigten Transaktion. Ein Abbruch der Vertragsverhandlungen durch eine Partei zu einem späten Zeitpunkt könnte daher eher **Schadensersatzansprüche** der anderen Partei begründen, als eine Beendigung der Vertragsgespräche zu einem frühen Zeitpunkt. Die Partei, welche die Gespräche ohne sachlichen Grund beendet, ist dann unter Umständen nach den Grundsätzen der so genannten *culpa in contrahendo* (Verschulden bei Vertragsanbahnung) verpflichtet, der anderen Partei diejenigen Aufwendungen ersetzen, die diese im Hinblick auf die beabsichtigte Transaktion und den Abschluss des Unternehmenskaufvertrags getätigt hat. Diese Frage stellt sich jedoch nur, wenn der *Letter of Intent* nicht entsprechend dem obigen Formulierungsbeispiel einen Vorbehalt enthält, die Vertragsverhandlungen jederzeit und – gerade – ohne Angabe von Gründen abbrechen zu können. 47

In diesem Fall wäre zu prüfen, ob dem Abbruch der Vertragsverhandlungen nicht ein **sachlicher Grund** zu Grunde liegt, der eine Haftung der die Gespräche beendenden Partei ausschließt. Mit Blick auf den Grundsatz der Vertragsfreiheit und die Tatsache, dass ein *Letter of Intent* (auch ohne eine entsprechende Klarstellung) nach der Verkehrsanschauung bloße Absichtserklärungen enthält, dürfen die Anforderungen an einen solchen Grund nicht zu hoch gefasst werden. Ein Abbruch der Vertragsverhandlungen muss für eine Partei daher möglich sein, wenn eine Einigung über den Kaufpreis nicht zustande kommt, die Marktverhältnisse sich ändern oder der Erwerb aus wettbewerbsrechtlichen Gründen nicht vollzogen werden kann.[15] Unter Hinweis auf etwaige, im Rahmen der *Due Diligence* aufgedeckte Risiken ist es für den Erwerber dann möglich, ohne weiteren Begründungsbedarf von den Verhandlungen Abstand zu nehmen. Eine weitere „Rückzugsmöglichkeit" bietet ein bereits im *Letter of Intent* vorgesehener Gremienvorbehalt. Unter Hinweis auf die verweigerte Zustimmung des zuständigen Gremiums kann der Erwerber dann ebenfalls von den Verhandlungen Abstand nehmen. Der anderen Partei wird aber zum Teil ein **Überprüfungsrecht** zugestanden, ob die vorgetragenen Gründe für einen Abbruch der Vertragsgespräche schlüssig sind. In einem solchen Fall müsste dann die Partei, welche die Gespräche beendet hat, ihre Gründe schlüssig darlegen.[16] 48

IV. Angebote im Auktionsverfahren (wesentlicher Inhalt)

Angebotsschreiben in einem Auktionsverfahren unterscheiden sich von den vorstehend beschriebenen Vereinbarungen vor allem dadurch, dass es sich hierbei um **einseitige Erklärungen des Erwerbers** handelt, die als solches nicht der Mitwirkung des Veräußerers bedürfen, gleichwohl von seinen diesbezüglichen Vorgaben regelmäßig abhängig sind. 49

Die Erfolgsaussichten eines Bieters im Rahmen eines Auktionsverfahrens werden wesentlich durch das indikative Angebot *(Indicative Offer)* und das zeitlich nachfolgende verbindliche Angebot *(Binding Offer)* beeinflusst. Inhalt und Umfang dieser Angebotsschreiben werden maßgeblich durch die Vorgaben des Verkäufers im Auktionsverfahren bestimmt, die dieser in so genannten Prozessbriefen *(Process Letters)* festlegt. Nachfolgend sollen die Punkte dargestellt werden, die regelmäßig in ein Angebotsschreiben im Auktionsverfahren aufzunehmen sind. Diese Punkte finden sich regelmäßig im unverbindlichen Angebot sowie im verbindlichen Angebot: 50

1. Kaufpreis

Wesentliches Entscheidungskriterium für den Veräußerer ist in einem frühen Stadium des Auktionsverfahrens vor allem der Kaufpreis. Dementsprechend sollte die Kaufpreis- 51

[15] Der Erwerber sollte in den Letter of Intent daher einen Vorbehalt aufnehmen, dass der Fortgang der Transaktion und der in dem Letter of Intent vorgesehene Kaufpreis unter dem Vorbehalt der Bestätigung der dem Letter of Intent zu Grunde liegenden Annahmen durch eine zufrieden stellende Due Diligence stehen.

[16] Zum diesbezüglichen Meinungsstand: *Bergian* ZIP 2004, 395 (399).

vorstellung des Erwerbers an erster Stelle im Angebotsschreiben genannt werden. Zu berücksichtigen ist, dass der „Process Letter" im Regelfall genaue Vorgaben, wie die Kaufpreisermittlung durch den Käufer im Rahmen des Angebotsschreibens darzustellen ist, enthält. Regelmäßig wird dabei verlangt, eine Ergebniskennzahl darzustellen *(EBIT: Earnings before Interest and Taxes* oder *EBITDA: Earnings before Interests, Taxes, Depreciation and Amortisation),* auf die ein Multiplikator anzuwenden ist. Hieraus ergibt sich der so genannte „Enterprise Value". Vom Enterprise Value werden die Fremdverbindlichkeiten abgezogen und die Liquidität hinzugezählt (vgl. hierzu auch die Ausführungen zur Kaufpreisermittlung unter B. V.). Für den Erwerber ist es zu empfehlen, sich an die Vorgaben in dem *process letter* zu halten, um eine Vergleichbarkeit verschiedener Angebote für den Veräußerer zu gewährleisten. Der Erwerber sollte jedoch seine Kaufpreisermittlung unter den Vorbehalt einer so genannten *„Confirmatory Due Diligence"* stellen, die seine Annahmen für die der Kaufpreisermittlung zu Grunde liegenden Faktoren bestätigen soll. Im Fall eines unbefriedigenden Ergebnisses dieser *Confirmatory Due Diligence* besteht für den Erwerber dann die Möglichkeit, sich entweder von den Vertragsverhandlungen zurückzuziehen oder zumindest den Kaufpreis noch einmal nachzuverhandeln.

52 Die Nennung des Kaufpreises ist mit einer Darstellung der angewendeten Bewertungsmethoden sowie der dem Kaufpreis zu Grunde gelegten Annahmen zu verbinden. Bei Auktionsverfahren hat sich dabei als Marktpraxis die Ermittlung einer Ergebniskennzahl (in der Regel *EBIT* oder *EBITDA*) sowie die Anwendung eines je nach Branche unterschiedlichen Multiplikators auf die Ergebniskennzahl durchgesetzt. Teilweise wird auch eine Bewertung nach der Ertragswertmethode oder nach dem so genannten *DCF*-Verfahren *(Discounted Cash Flow)* durchgeführt. Im *DCF*-Verfahren werden die zukünftigen Zahlungsüberschüsse *(Cash Flow)* bestimmt und mit Hilfe von Kapitalkosten auf den Bewertungsstichtag diskontiert. Zu den Kosten zählen die Fremdkapital- und Eigenkapitalkosten, nicht jedoch etwaig zu entrichtende Steuern. Der auf diese Weise ermittelte Barwert beziehungsweise Kapitalwert des Zielunternehmens ist der diskontierte *Cash Flow.*[17]

53 Hinsichtlich des unverbindlichen Angebotes erfolgt die Bewertung des Zielunternehmens regelmäßig allein basierend auf den Angaben im Informationsmemorandum. In das endgültige Angebot fließen dann die Ergebnisse der *Due Diligence* ein. Neben der Bestimmung des Nettovermögenswertes des Zielunternehmens ist dabei vor allem von Bedeutung, welchen *Goodwill* der Erwerber dem Zielunternehmen beimisst.

2. Transaktionsstruktur

54 Wesentlicher Bestandteil der Angebotsschreiben ist die Darstellung der Transaktionsstruktur. Die Entscheidung, ob die beabsichtigte Transaktion im Wege eines *Share Deal* oder eines *Asset Deal* durchgeführt wird, kann von den Risiken abhängen, die im Rahmen der *Due Diligence* identifiziert werden, sowie von steuerlichen Überlegungen. Dementsprechend kann eine diesbezügliche Festlegung häufig erst im verbindlichen Angebotsschreiben vorgenommen werden.

3. Weiterführungskonzept

55 Vor allem mittelständische Unternehmer, die das von ihnen errichtete Unternehmen veräußern wollen, auf Grund der langjährigen Zusammenarbeit aber Verantwortung für ihre Mitarbeiter empfinden, erwarten vom Erwerber die Darstellung eines Weiterführungskonzeptes. Hier sind die Überlegungen des Erwerbers darzustellen, wie er das Zielunternehmen nach dem Vollzug der beabsichtigten Transaktion fortführen möchte. Genannt werden können dabei die Maßnahmen, die aus Sicht des Erwerbers zu einer Steigerung der Rentabilität und wirtschaftlichen Leistungsfähigkeit des Zielunterneh-

[17] *Hölters/Widemann* Teil II Rn. 72 ff.

mens führen sollen, aber auch Aussagen, ob und in welchem Umfang Auswirkungen auf den Mitarbeiterstand und die Arbeitsbedingungen zu erwarten sind. Regelmäßig werden die diesbezüglichen Überlegungen des Erwerbers im Angebotsschreiben abstrakt dargestellt, um dem Veräußerer nicht zu viel Einblick in die Strategie- und Marketingüberlegungen des Erwerbers zu geben.

4. Finanzierung des Kaufpreises

Von hohem Interesse für den Veräußerer ist auch die Frage, auf welche Weise der Er- 56
werber den gebotenen Kaufpreis finanzieren möchte. Erklärt der Erwerber, dass er hierzu eine Fremdfinanzierung in Anspruch nehmen möchte, wird der Veräußerer weitere Verhandlungen oder jedenfalls den Abschluss des Unternehmenskaufvertrages von einer verbindlichen Finanzierungszusage eines anerkannten Kreditinstitutes abhängig machen. Insoweit sind dann durch den Erwerber parallele Verhandlungen über den Abschluss des Unternehmenskaufvertrags mit dem Veräußerer auf der einen Seite und über eine Akquisitions-Finanzierung mit Kreditinstituten auf der anderen Seite zu führen.

5. Vorbehalte

Wesentlich für den Erwerber ist noch die Darstellung der Vorbehalte, unter denen 57
seine Angebotsschreiben stehen. Neben einem Verweis auf etwaig erforderliche Gremienbeschlüsse auf Erwerberseite sind hier vor allem die Punkte zu nennen, in denen noch eine Handlungsanweisung an den Veräußerer enthalten ist. Hierzu zählen regelmäßig die noch durchzuführende *Due Diligence,* im Fall des verbindlichen Angebotsschreibens unter Umständen die Durchführung einer bestätigenden *Due Diligence* oder die Vorlage zusätzlicher Informationen durch den Veräußerer, eine Managementpräsentation, die Einigung auf einen Garantiekatalog und insgesamt der erfolgreiche Abschluss von Vertragsverhandlungen.

Im Hinblick auf eine mögliche Haftung des Erwerbers für die Beendigung der Ver- 58
tragsverhandlungen nach Abgabe der Angebotsschreiben gelten die Ausführungen zum *Letter of Intent* entsprechend. Auch hier sollte daher vorsorglich ein genereller Vorbehalt aufgenommen werden, dass der Erwerber frei ist, die Vertragsverhandlungen jederzeit und ohne Angaben von Gründen zu beenden.

V. Options- und Vorvertrag

Von ihrer Bindungswirkung, ihrer Regelungsdichte und ihrer Reichweite gehen der 59
Optionsvertrag und der Vorvertrag über die vorstehend dargestellten Vereinbarungen, die im Vorfeld einer beabsichtigten Transaktion zwischen Veräußerer und Erwerber abgeschlossen werden, deutlich hinaus. Dennoch könnte der Abschluss eines Options- oder Vorvertrags in einem frühen Stadium des Transaktionsprozesses in Betracht kommen, wenn zu diesem Zeitpunkt erkennbar ist, dass mit einem kurzfristigen Abschluss des Prozesses nicht zu rechnen ist. Options- und Vorverträge gehen in ihrer Bindungswirkung, ihrer Regelungsdichte und ihrer Reichweite über einen *Letter of Intent* oder über ein *Memorandum of Understanding* hinaus.

1. Optionsvertrag

Der Abschluss eines Optionsvertrags kann in Betracht gezogen werden, wenn der Er- 60
werber noch unentschlossen ist, den eigentlichen Unternehmenskaufvertrag abzuschließen, insbesondere weil die Realisierung bestimmter, derzeit noch schwebender Sachverhalte oder Risiken noch nicht abschließend geklärt und die diesbezügliche Risikotragung nicht zwischen Veräußerer und Erwerber verteilt werden kann. Mit dem Abschluss eines Optionsvertrags kann der Erwerber jedoch die bereits erreichte Verhandlungsposition und seine Bevorzugung gegenüber anderen potentiellen Kaufinteressenten sichern. Mit Abschluss eines Optionsvertrags übernimmt allein der Erwerber die Entscheidung, ob die beabsichtigte Transaktion noch vollzogen wird.

61 a) **Inhalt.** Gegenstand des hier dargestellten Optionsvertrags ist ein Anspruch des Erwerbers, von dem Veräußerer die Übertragung der Gesellschaftsanteile am Zielunternehmen *(Share Deal)* oder von der Zielgesellschaft die Übertragung seiner Vermögensgegenstände *(Asset Deal)* verlangen zu können, so genannte Call-Option. Regelmäßig wird die Möglichkeit zur Ausübung der Option durch den Erwerber auf ein bestimmtes Zeitfenster beschränkt. Dieses Zeitfenster wird durch die Vertragsparteien unter der Annahme bestimmt, wann die derzeit noch offenen Fragen und Sachverhalte geklärt sein könnten und soll den Veräußerer davor schützen, zeitlich unbegrenzt mit einer Optionsausübung durch den Erwerber rechnen zu müssen.

62 Denkbar wäre auch ein zweiseitiger Optionsvertrag, wonach der Veräußerer ebenfalls berechtigt wird, den Erwerb des Zielunternehmens zu genau festgelegten Konditionen vom Erwerber verlangen zu können. Dies stellt eine so genannte Put-Option dar. Mit der Berücksichtigung der wechselseitigen Interessen von Veräußerer und Erwerber auch im Hinblick auf einen derzeit noch schwebenden Sachverhalt unterscheidet sich ein solcher Optionsvertrag aber nur noch kaum von einem „klassischen" Unternehmenskaufvertrag. Der Unterschied liegt allein darin, dass der Vollzug der beabsichtigten Transaktion hier von einer Optionsausübung abhängt, im Fall des „klassischen" Unternehmenskaufvertrags vornehmlich von dem Eintritt aufschiebender Bedingungen.

63 b) **Nachteile.** Der Abschluss eines Optionsvertrags kann jedoch problematisch sein. Dies liegt vor allem daran, dass sich das Zielunternehmen während der Laufzeit des Optionsvertrags weiterentwickelt und von außen bestimmte, durch die Beteiligten nicht beeinflussbare Ereignisse Einfluss auf das Zielunternehmen nehmen können. Für einen Optionsvertrag ist es jedoch zwingend, dass die Option einseitig mit zuvor genau definierten Rechtsfolgen ausgeübt werden kann. Zur Kompensation der Schutz- und Sorgfaltspflichten, die als Hauptpflicht eines Optionsvertrags den Optionsgeber, als Anspruchsverpflichteten mithin den Veräußerer treffen,[18] wird häufig eine so genannte Optionsprämie vereinbart, die mit Ausübung der Option durch den Erwerber fällig wird und auf den Kaufpreis angerechnet werden kann. Formvorschriften, die für den „klassischen" Unternehmenskaufvertrag gelten, finden auch auf den Optionsvertrag Anwendung, zum Beispiel die Pflicht zur notariellen Beurkundung gemäß § 15 Abs. 4 GmbHG.

2. Vorvertrag

64 Im Unterschied zum (einseitigen) Optionsvertrag, der eine Einigung der Parteien über die wesentlichen kaufmännischen Punkte voraussetzt, kommt der Abschluss eines Vorvertrags dann in Betracht, wenn sich die Parteien gerade noch nicht über alle wirtschaftlichen Punkte der beabsichtigten Transaktion geeinigt haben, dennoch bereits – zum Beispiel im Hinblick auf Dritte (Behörden, Öffentlichkeit) – eine beidseitige rechtliche Verpflichtung zum Abschluss eines Unternehmenskaufvertrages eingehen möchten.

65 a) **Inhalt.** Inhaltlich unterscheidet sich ein Vorvertrag nicht wesentlich von den Bestimmungen eines *Letter of Intent.* Auch der Vorvertrag enthält Vorbehalte des Erwerbers, die für den Abschluss des Unternehmenskaufvertrags und den Vollzug der beabsichtigten Transaktion noch beseitigt werden müssen. Der Unterschied liegt allein in der rechtlichen Verbindlichkeit des Vorvertrags gegenüber den Absichtserklärungen, die in einem *Letter of Intent* enthalten sind.

66 b) **Durchsetzbarkeit.** Sollten die auf Grundlage des Vorvertrags fortgesetzten Verhandlungen zu keinem Abschluss kommen, stellt sich die Frage, ob eine Partei auf „Erfüllung"[19] unmittelbar aus dem Vorvertrag auf Abschluss des Hauptvertrags klagen kann. Die Durchsetzbarkeit eines solchen Anspruchs hängt davon ab, ob die Hauptleistungs-

[18] Hierzu: MünchKommBGB/*Kramer* vor § 145 Rn. 60.

[19] Rechtstechnisch gilt die Annahmeerklärung zu dem im Vorvertrag geltenden Inhalt mit Rechtskraft des Urteils als abgegeben, BGH NJW 2001, 1272. Die Formpflicht des Hauptvertrages gilt auch für den Vorvertrag.

pflichten einer jeden Seite im Hinblick auf den Unternehmenskauf bestimmt oder wenigstens bestimmbar sind.[20]

Die Rechtsprechung neigt in vielen Fällen dazu, eventuelle Lücken durch ergänzende Vertragsauslegung selbstständig im Wege der richterlichen Entscheidung zu schließen. So entstehen Bindungen, die dem Erwerber dann nützen könnten, wenn er im Vorvertrag die für ihn stärkeren Positionen erringen konnte. Der Erwerber sollte jedoch darauf achten, dass die Gegenleistung des Unternehmenskaufs, mithin der von ihm zu entrichtende Kaufpreis „im Zweifel" nicht einseitig vom Veräußerer festgelegt werden darf.[21] Der Veräußerer wird hingegen Vorverträgen auf Grund der angesprochenen Bindungsmöglichkeiten im Wege der Vertragsauslegung eher mit Zurückhaltung begegnen und einen (unverbindlichen) *Letter of Intent* bevorzugen. 67

C. Due Diligence

Der Begriff *Due Diligence* stammt aus der US-amerikanischen Praxis des Unternehmenskaufs und bedeutet wörtlich „gebotene Sorgfalt". Rechtlicher Hintergrund einer *Due Diligence* ist das Sachmängelrecht des Common Law. Vereinfacht ausgedrückt bedeutet dies, dass Unternehmen grundsätzlich als verkauft gelten „wie geprüft und besichtigt". Dementsprechend hat der Erwerber einer Zielgesellschaft bei dieser Prüfung und Besichtigung des Unternehmens sorgfältig zu verfahren *(„Due Diligence")*. 68

I. Arten der Due Diligence

Ursprünglich durch US-amerikanische Anwaltskanzleien zur *Due Diligence* entwickelte Verfahren haben sich mittlerweile in Europa und Deutschland durchgesetzt, den besonderen und rechtlichen Gegebenheiten deutscher Unternehmen angepasst. Zu nennen wären hier Anforderungslisten (Request Lists), **allein risikoorientierte Prüfungen** *(Red Flag Due Diligence)* und **umfassende Darstellungen der rechtlichen, wirtschaftlichen und steuerlichen Verhältnisse der Zielgesellschaft** *(Full Size Due Diligence)*. 69

Neben der *Due Diligence* aus Erwerbersicht hat in der jüngeren Vergangenheit auch eine durch den Veräußerer in Auftrag gegebene *Due Diligence (Vendor Due Diligence)* zunehmend an Bedeutung gewonnen. Die nachfolgenden Ausführungen beziehen sich jedoch auf die vom Erwerber durchzuführende *Due Diligence*. Einzelheiten zur *Vendor Due Diligence* stellen wir in § 19 dar. 70

1. Bereiche

Mit Durchführung einer *Due Diligence* verfolgt der Erwerber das Ziel, **Kenntnis über die rechtlichen, wirtschaftlichen und steuerlichen Verhältnisse des Zielunternehmens** zu erlangen. Dementsprechend gliedert sich eine *Due Diligence* in die Bereiche *Legal*, *Commercial/Financial* und Tax.[22] Die ***Legal Due Diligence*** wird regelmäßig durch externe rechtliche Berater des Käufers, selten durch die eigene Rechtsabteilung, durchgeführt, die ***Commercial Due Diligence*** durch eine Investmentbank, die ***Financial Due Diligence*** durch eine Wirtschaftsprüfungsgesellschaft oder durch das Controlling des Käufers, ebenso wie die ***Tax Due Diligence***. Eine *Technical Due Diligence*, welche den Zustand der technischen Ausstattung und den Entwicklungsstand der Produkte des Zielunternehmens untersucht, wird oftmals vom Kaufinteressenten selbst durchgeführt. 71

In besonders gelagerten Fällen, z. B. bei Immobilientransaktionen, ist noch an eine **auf Umweltfragen bezogene *Due Diligence*** *(Environmental Due Diligence)* zu denken, die 72

[20] BGH NJW 1986, 1983.

[21] So der ausdrückliche Wortlaut von § 316 BGB.

[22] Die Verwendung der englischen Begriffe entspricht auch dem allgemeinen Sprachgebrauch in Deutschland.

durch entsprechende Sachverständige durchgeführt wird. Als etwas weniger oft durchgeführte Beispiele von *Due Diligence* Prüfungen sind noch zu nennen die ***Human Resources Due Diligence,*** die sich auf Größe und Qualität des Personalbestands des Zielunternehmens und insbesondere das *Management (Management Due Diligence)* bezieht, die *Psychological Due Diligence,* die Schwierigkeiten aus der Eingliederung des Zielunternehmens – etwa im Hinblick auf Unternehmensphilosophie oder ethische Grundpositionen – zum Gegenstand hat, und die ***Insurance Due Diligence,*** die versicherungstechnischen Risiken nachspürt, zu nennen.[23]

73 Das wirtschaftliche Umfeld, die Marktposition und die Organisationsstruktur des Zielunternehmens sind Gegenstände der *Commercial Due Diligence.* In der *Financial Due Diligence* wird eine finanzielle Unternehmensanalyse vorgenommen, die regelmäßig auf Grund der Jahresabschlussunterlagen der letzten drei bis fünf Jahre erfolgt, aber auch die Planungsrechung des Managements und die finanzielle Lage des Zielunternehmens einbezieht. Mit der *Tax Due Diligence* sollen steuerliche Risiken identifiziert, namentlich offene Steuerverbindlichkeiten und mögliche Steuernachforderungen aufgedeckt werden. Die *Legal Due Diligence* hat vor allem die Prüfung der Gesellschaftsverhältnisse des Zielunternehmens, seiner Vermögensgegenstände und der vertraglichen Beziehungen zu Gesellschaftern und Dritten, insbesondere mit Blick auf etwaige Risiken im Fall des Eigentümerwechsels oder kartellrechtliche Probleme des Unternehmenserwerbs, zum Gegenstand.[24]

74 Kernfunktion der *Due Diligence* ist die Information des Erwerbers über den Zustand des Kaufgegenstands und das damit verbundene Erfordernis, sich durch Gewährleistungen und Garantien im Unternehmenskaufvertrag abzusichern (**Gewährleistungsfunktion**). Weitere Aufgabe einer *Due Diligence* ist die Informationsbeschaffung und -verifizierung im Hinblick darauf, ob das Zielunternehmen den Erwartungen des Erwerbers entspricht und ob aus dem Erwerb besondere Risiken resultieren (**Risikoermittlungsfunktion**). Daneben ist die *Due Diligence* Grundlage der Wertermittlung und dient damit letztlich der Bestimmung des Kaufpreises (**Wertermittlungsfunktion**). Ferner hilft sie den Ist-Zustand des Zielunternehmens und den Informationsfluss zwischen Zielunternehmen/Veräußerer und Erwerber zu dokumentieren (**Beweissicherungsfunktion**).

75 Entgegen anders lautender Stimmen im Schrifttum[25] tritt aus unserer Sicht die Gewährleistungsfunktion der *Due Diligence* nicht auf Grund der gesetzlichen Mängelgewährleistungsvorschriften der §§ 437ff. BGB zurück. In Unternehmenskaufverträgen wird eine Haftung nach den gesetzlichen Bestimmungen regelmäßig ausgeschlossen, um einen aus sich heraus verständlichen und abschließenden Gewährleistungskatalog und die damit verbundenen Rechtsfolgen unmittelbar im Unternehmenskaufvertrag zu regeln. Die Gewährleistungsfunktion einer *Due Diligence* gewinnt in diesem Zusammenhang eine gesteigerte Bedeutung, insbesondere im Hinblick auf die Frage, inwieweit eine Haftung des Verkäufers auf Grund offen gelegter Informationen ausgeschlossen ist.

2. Umfang

76 Der Umfang einer *Due Diligence* hängt regelmäßig von den Erwartungen des Erwerbers sowie den zur Verfügung gestellten Unterlagen über das Zielunternehmen ab. Zu unterscheiden sind dabei die allein risikoorientierte Prüfung des Zielunternehmens und eine umfängliche Prüfung aller in Betracht kommenden Umstände.

77 Im ersten Fall erwartet der Erwerber lediglich eine **Darstellung der hervorzuhebenden Risiken,** die sich aus der Prüfung des Zielunternehmens ergeben. Die Ergebnisse dieser Prüfung dienen der Vorbereitung der Verhandlungen über den Unternehmenskaufvertrag

[23] *Fleischer/Körber* BB 2001, 841 f. m. w. N.

[24] Ausführlich zu den einzelnen Arten der Due Diligence: *Fleischer/Körber* BB 2001, 841ff. m. w. N.; *Krüger/Kalbfleisch* DStR 1999, 174 (176ff.).

[25] So: *Fleischer/Körber* BB 2001, 841 (842).

und spiegeln sich im Ergebnis in Garantiebestimmungen und Freistellungen durch den Veräußerer wieder. Die Vorteile einer allein risikoorientierten *Due Diligence* liegen zum Teil in einer gewissen Zeitersparnis. Jedenfalls wird die schon bei nicht ganz unwesentlichen Transaktionen kaum überschaubare Informationsflut auf die wesentlichsten Punkte beschränkt, Gegenstände, die in den gewöhnlichen Geschäftsbetrieb des Zielunternehmens fallen, werden ausgeklammert. Dies darf jedoch nicht darüber hinwegtäuschen, dass die zur Verfügung gestellten Informationen über die Zielgesellschaft durch die beauftragten Berater umfänglich zu prüfen sind. Von den Autoren des bei einer risikoorientierten *Due Diligence* zu erstellenden so genannten ***Red Flag Due Diligence Reports*** wird daher besondere Erfahrung und Sorgfalt erwartet, die wesentlichen Informationen zu bestimmen und risikoorientiert für den Erwerber darzustellen.

Eine umfängliche *Due Diligence* wird der Erwerber vor allem dann in Auftrag geben, 78
wenn er sich einen Über- und Einblick in die Organisations- und Geschäftsabläufe des Zielunternehmens verschaffen will. Dies ist regelmäßig dann der Fall, wenn sich der Erwerber für ein Zielunternehmen interessiert, welches in einem für den Erwerber bisher fremden Markt tätig ist. Die *Due Diligence* Reports einer umfänglichen *Legal Due Diligence* enthalten neben der Hervorhebung speziell identifizierter Risiken **auch beschreibende Elemente** und können leicht einen Umfang von mehreren hundert Seiten erreichen. Zeit- und Kostenaufwand einer umfänglichen *Legal Due Diligence* sind nicht zu unterschätzen, rechnen sich jedoch regelmäßig durch die im *Due Diligence Report* wiedergegebenen Ergebnisse, die ein umfassendes Bild über die rechtlichen Verhältnisse des Zielunternehmens geben.

Ob und inwieweit eine *Due Diligence* im Ergebnis zu für den Erwerber befriedigen- 79
den Ergebnissen führt, hängt auch von den im Datenraum vorhandenen Informationen und der Kooperationsbereitschaft der Veräußererseite ab und kann vorab schlecht abgeschätzt werden. Die Ergebnisse der *Due Diligence* haben Einfluss auf die Vertragsverhandlungen und die Gestaltung des Unternehmenskaufvertrags, insbesondere im Hinblick auf Garantien und Freistellungen durch den Veräußerer. Unbefriedigende Ergebnisse der von Erwerberseite durchgeführten *Due Diligence* sind durch entsprechend „harte" Garantiebestimmungen auszugleichen.

II. Verpflichtung zur Durchführung einer *Due Diligence*?

Gerade vor dem Hintergrund der nicht unerheblichen Kosten einer *Due Diligence* 80
und des damit verbundenen Aufwands stellt sich die Frage, ob der Erwerber unter Umständen sogar verpflichtet ist, vor einem Unternehmenskauf eine *Due Diligence* durchzuführen.

Nach § 442 Abs. 1 Satz 1 BGB sind Mängelgewährleistungsrechte des Erwerbers ausgeschlossen, wenn er bei Vertragsschluss den Mangel kennt. Führt der Erwerber demnach keine *Due Diligence* vor Abschluss des Unternehmenskaufvertrags durch, kann ihm schwerlich vorgehalten werden, einen Mangel, den er zu einem späteren Zeitpunkt geltend macht, bereits vor Vertragsschluss gekannt zu haben.

§ 442 Abs. 1 Satz 2 BGB schränkt die Mängelgewährleistungsrechte des Erwerbers je- 81
doch dahingehend ein, dass er einen Mangel, der ihm infolge grober Fahrlässigkeit unbekannt geblieben ist, nur geltend machen kann, wenn der Veräußerer den Mangel arglistig verschwiegen oder eine Garantie für die Beschaffenheit der Sache übernommen hat. Eine solche Beschaffenheitsgarantie wird durch den Veräußerer jedoch regelmäßig ausgeschlossen. Folglich kommt es darauf an, ob dem Erwerber ein der Zielgesellschaft anhaftender Mangel **infolge grober Fahrlässigkeit unbekannt geblieben** ist, weil er keine *Due Diligence* durchgeführt hat. Das Unterlassen einer *Due Diligence* könnte dann als grob fahrlässig betrachtet werden, wenn eine **allgemeine Verkehrssitte zur Durchführung einer *Due Diligence* durch den Erwerber** besteht.

82 Ob eine solche Verkehrssitte heute besteht, ist in der rechtswissenschaftlichen Literatur streitig. Autoren, die eine entsprechende Verkehrssitte verneinen, stellen dabei vor allem darauf ab, dass eine *Due Diligence* oft mit dem Verzicht auf vertragliche Rechte gegenüber dem Veräußerer „erkauft" werden muss und es daher nicht angemessen erscheint, die gesetzlichen Ansprüche des Käufers, der auf eine Prüfung des Zielunternehmens verzichtet, auch noch grundsätzlich zu beschneiden.[26] Zu einem Verzicht auf die Durchführung einer *Due Diligence* würde dabei neben den Kostengründen auch die Hoffnung des Erwerbers führen, weitergehende Regelungen im Kaufvertrag über die Haftung und Gewährleistung des Verkäufers durchsetzen zu können, wenn der Veräußerer ihm nicht vorhalten kann, etwaige Risiken seien ihm ja schließlich auf Grund der Prüfung des Unternehmens bekannt. Ferner wird als Argument gegen die Annahme einer diesbezüglichen Verkehrssitte aufgeführt, dass es – trotz der weiten Verbreitung von *Due Diligence* Prüfungen gerade bei größeren Unternehmenskäufen – an der für eine Verkehrssitte erforderlichen ständigen und hinreichend verfestigten Übung fehle.[27] In diesem Zusammenhang sei vor allem die Annahme verfehlt, die Durchführung einer *Due Diligence* durch den Erwerber würde im Interesse des Veräußerers liegen.[28]

83 Gleichwohl spricht viel dafür, inzwischen eine entsprechende Verkehrssitte zur Durchführung einer *Due Diligence* durch den Erwerber anzunehmen.[29] Zum einen wird, was auch die Gegenansicht nicht verneint, im Vorfeld fast jeder Transaktion eine solche *Due Diligence* durchgeführt. Daneben könnten sich die Mitglieder der Geschäftsführung des Erwerbers **schadensersatzpflichtig** machen, sollten sie eine solche *Due Diligence* nicht vor dem Erwerb des Zielunternehmens durchführen.[30] In einer jüngeren Entscheidung hat das Oberlandesgericht Oldenburg erkannt, dass eine umfassende *Due Diligence* jedenfalls dann durchzuführen sein wird, wenn nicht ausreichende, gesicherte Erkenntnisse über das zu erwerbende Unternehmen vorhanden sind oder wenn die vorhandenen Informationen Unklarheiten aufweisen.[31] Die mit einer *Due Diligence* verfolgten Funktionen, flankiert durch die mögliche Haftung der Organmitglieder des erwerbenden Unternehmens im Fall der Nichtdurchführung einer *Due Diligence*, lassen kaum Argumente als vertretbar erscheinen, die gegen die Durchführung einer *Due Diligence* durch den Erwerber sprechen. Der heutigen Praxis würde die Nichtdurchführung einer *Due Diligence* durch den Erwerber ohnehin entgegenstehen. Von einer Verkehrssitte kann damit aus unserer Sicht ausgegangen werden.

84 Sollte der Erwerber keine *Due Diligence* durchführen, könnte sich demnach der Veräußerer einer möglichen Haftung mit dem Argument entziehen, der nach Vollzug der Transaktion geltend gemachte Mangel sei dem Erwerber auf Grund der Nichtdurchführung einer *Due Diligence* in grob fahrlässiger Weise unbekannt geblieben. Dies setzt jedoch voraus, dass dargelegt werden kann, dass eine *Due Diligence* den nunmehr geltend gemachten Mangel vor Abschluss des Unternehmenskaufvertrags aufgedeckt hätte.

85 In der Praxis kann – und wird – die vorstehende Diskussion jedoch dadurch entschärft werden, dass **Regelungen im Unternehmenskaufvertrag** darüber getroffen werden, welchen Einfluss eine *Due Diligence,* die durch den Erwerber durchgeführt wurde, auf mögliche Gewährleistungsansprüche des Erwerbers hat. Dabei geht es weniger um die Frage, ob die Durchführung einer *Due Diligence* durch den Erwerber zu einem vollständigen Ausschluss seiner Gewährleistungsansprüche führt, entscheidend ist vielmehr, inwieweit

---

[26] *Müller* NJW 2004, 2196; *Weitnauer* NJW 2002, 2511 (2516); *Loges* DB 1997, 965 (968).

[27] *Weitnauer* NJW 2002, 2511 (2516); *Fleischer/Körber* BB 2001, 841 (846).

[28] *Weitnauer* NJW 2002, 2511 (2516); *Fleischer/Körber* BB 2001, 841 (846).

[29] *Böttcher* ZGS 2007, 20 ff.; *Ulmer* DB 2004, 859 (860); vgl. auch Fn. 31, 32.

[30] *Kiethe* NZG 1999, 976 (978); *Werner* ZIP 2000, 989 (990), offen gelassen bei: *Mutschler/Mersmann* DB 2003, 79 (80 f.); Ausführlich zu den Haftungsrisiken des GmbH-Geschäftsführers im Zusammenhang mit Unternehmens(ver)käufen: *Haas/Müller* GmbHR 2004, 1169 ff.

[31] OLG Oldenburg NZG 2007, 434 ff.; hierzu auch: *Werner* GmbHR 2007, 678 ff.

offen gelegte Informationen Gewährleistungsansprüche des Erwerber einschränken. Zur Systematik der Gewährleistungsansprüche bei einem Unternehmenskaufvertrag vgl. § 16 Rn. 206 ff.

III. Ablauf einer *Due Diligence*

Die *Due Diligence* durch den Erwerber lässt sich in drei Schritte gliedern:[32] Den ersten Schritt stellt die Vorbereitung der *Due Diligence* dar (hierzu unter 1.). Dem schließt sich in einem zweiten Schritt die eigentliche *Due Diligence,* mithin die Prüfung der rechtlichen, wirtschaftlichen und steuerlichen Verhältnisse des Zielunternehmens an (hierzu unter 2. und 3.). Im Anschluss daran sind die Ergebnisse der *Due Diligence* auszuwerten (hierzu unter 4.). 86

1. Vorbereitung der *Due Diligence* (Checkliste)

Zur Vorbereitung einer *Due Diligence* durch den Erwerber hat sich mittlerweile durchgesetzt, dem Veräußerer entsprechende Checklisten zur Verfügung zu stellen, welche die Gebiete aufzeigen, die für den Erwerber von Interesse sind. Die **Checkliste einer *Legal Due Diligence*** sollte dabei jedenfalls folgende Bereiche umfassen: 87
- Gesellschaftsverfassung und Beteiligungsstruktur,
- Immobilien,
- Kunden-, Lieferanten-, und Vertriebsbeziehungen,
- Personalangelegenheiten,
- Finanzierungsangelegenheiten,
- gewerbliche Schutzrechte,
- Informationstechnologie,
- öffentliche Förderung und
- Rechtsstreitigkeiten.

Die vorgenannten Themengebiete sind dabei durch gezielte Anforderung von Dokumenten, die regelmäßig Informationen zu den einzelnen Themen enthalten, **zu spezifizieren.** Die Checkliste sollte so ausgestaltet sein, dass durch das Zielunternehmen jeweils anzugeben ist, ob Unterlagen zu den angeforderten Informationen vorhanden sind. Um eine Erläuterung für das Fehlen oder Nichtvorhandensein von Unterlagen zu ermöglichen, sollte noch vorgesehen werden, dass das Zielunternehmen zu diesen Punkten entsprechende Anmerkungen abgeben kann. 88

Aus unserer Sicht sollte dem Ausfüllen der Checkliste durch die Geschäftsführung des Zielunternehmens ein hoher Stellenwert von Erwerberseite beigemessen werden. In der Praxis entsprechen die vorbereiteten Datenräume regelmäßig nicht den Erwartungen des Erwerbers. Dies gilt zum einen für die Strukturierung der Informationen, zum anderen aber auch für den Inhalt und Umfang der offen gelegten Informationen. Eine sorgfältig ausgefüllte Checkliste kann dem Erwerber und seinen rechtlichen Beratern einen **ersten Eindruck über die Qualität des Datenraums** übermitteln und einen diesbezüglichen Leitfaden für die Prüfung im Datenraum geben. 89

Zur Vorbereitung der *Due Diligence* gehört ferner, die **Mitglieder des *Due Diligence Teams*** festzulegen, welche die einzelnen Themengebiete der *Due Diligence* prüfen. Im Hinblick auf eine *Legal Due Diligence* sollten jedenfalls ein im Gesellschaftsrecht erfahrener Rechtsanwalt, der regelmäßig auch Mitglied des Verhandlungsteams sein wird, ein Rechtsanwalt für den Bereich Vertragsrecht (Einkauf/Vertrieb, Commercial) und ein Rechtsanwalt für den Bereich Arbeitsrecht hinzugezogen werden. 90

Mit Rückgabe der ausgefüllten Checkliste, unterschrieben durch die Geschäftsführung des Zielunternehmens, ist die Vorbereitung der *Legal Due Diligence* im Wesentlichen abgeschlossen. 91

---

[32] *Gummert/Mutter* § 6 Rn. 343 ff.; *Vogt* DStR 2001, 2027 ff.

2. Datenraum

92 Es sind zwei verschiedene Arten von Datenräumen denkbar. Zum einen können die Informationen über das Zielunternehmen in körperlichen Dokumenten in einem physischen Datenraum zur Verfügung gestellt werden. Die Alternative zu einem physischen Datenraum ist ein so genannter virtueller Datenraum. Hier werden sämtliche Informationen, die der Veräußerer bereit ist, im Vorfeld des Unternehmenskaufs offen zu legen, auf einer Besucherplattform im Internet zur Verfügung gestellt.

93 a) **Physische Datenräume.** In einem physischen Datenraum haben die Berater des Erwerbers die vorhandenen Unterlagen vor Ort zu prüfen. Aufgrund der Einschränkungen, die den Besuchern eines Datenraums durch die entsprechenden Datenraumregeln auferlegt werden, werden die zur Verfügung gestellten Informationen regelmäßig in kurzer Zeit abdiktiert und die Auswertung zur Verfügung gestellten Informationen anhand der eigenen Aufzeichnungen im Nachhinein vorgenommen. Ein nochmaliger Quervergleich mit den Unterlagen im physischen Datenraum ist häufig nicht möglich.

94 b) **Virtuelle Datenräume.** Bei einem virtuellen Datenraum gelten grundsätzlich dieselben Restriktionen wie für den Besuch eines physischen Datenraums. Die im Internet abrufbaren Informationen dürfen nicht ausgedruckt, heruntergeladen oder fotografiert werden. Die Vorteile eines virtuellen Datenraums liegen für den Erwerber in der Möglichkeit, dass ein Zugang zum virtuellen Datenraum 24 Stunden am Tag möglich ist und Quervergleiche auch im Nachhinein noch vorgenommen werden können.

3. Fragen des Erwerbers und Antworten der Verkäuferseite während der *Due Diligence*

95 In vielen Fällen werfen die im Rahmen der *Due Diligence* zur Verfügung gestellten Unterlagen **weitergehende Fragen** auf, die allein durch Prüfung dieser oder zusätzlicher Unterlagen nicht beantwortet werden können. Es entspricht daher üblicher Praxis, solche Fragen an die Berater der Verkäuferseite zu stellen, welche diese Fragen entweder schriftlich oder im Rahmen mündlicher Gespräche bei so genannten ***Expert Meetings*** beantwortet.

96 In diesem Zusammenhang ist im Hinblick auf die Bewertung dieser Antworten auch zu berücksichtigen, welche **Aufklärungspflichten für den Veräußerer** bestehen, mithin von Käuferseite erwartet werden können. Eine Aufklärungspflicht besteht immer dann, wenn der andere Teil nach Treu und Glauben unter Berücksichtigung der Verkehrsanschauung redlicherweise Aufklärung erwarten durfte.[33] Umstände, welche für die Willensbildung des anderen Teils offensichtlich von ausschlaggebender Bedeutung sind, müssen ungefragt offenbart werden. Dies gilt vor allem für Umstände, die den Vertragszweck vereiteln oder erheblich gefährden könnten.[34]

97 Bei Unternehmenskäufen zählen zu den vorgenannten Umständen insbesondere falsche Angaben über den Gewinn oder Umsatz, Vorlage einer falschen Bilanz, falsche Information über Gesellschaftsschulden, die Nichtaufklärung über Fehlbeträge der vorausgegangenen Jahre, das Verschweigen einer erheblichen Schuld, insbesondere einer Steuerschuld, der desolaten wirtschaftlichen Situation der Gesellschaft, eines unmittelbar vor Vertragsschluss eintretenden Umsatzrückgangs um 40%, der charakterlichen Unzuverlässigkeit eines leitenden Angestellten und das Verschweigen der Möglichkeit, dass ein Dritter die weitere Produktion auf Grund seines gewerblichen Schutzrechts verbieten lassen kann. Nicht dazu zählt jedoch das Verschweigen, dass ein Ehegatte ein Konkurrenzunternehmen eröffnen will, auch wenn im Unternehmenskaufvertrag ein Wettbewerbsverbot vereinbart wurde. Aus unserer Sicht kommen Aufklärungspflichten des Veräußerers im Hinblick auf die vorgenannten Umstände erst recht in Betracht, wenn im Rahmen einer *Due Diligence* der Erwerber durch die Einreichung entsprechen-

---

[33] BGH NJW 1989, 763; NJW RR 1991, 439.
[34] BGH NJW 1979, 2243; NJW 1980, 2460.

der Fragen deutlich macht, dass es ihm auf die Beantwortung dieser Fragen gerade ankommt.

In all den vorgenannten Fällen kommt eine **Haftung des Veräußerers aus *culpa in contrahendo*** (§ 311 Abs. 2 BGB, Verschulden bei Vertragsanbahnung) in Betracht. Zu prüfen wäre im Einzelfall, ob die §§ 434 ff. BGB eine abschließende Sonderregelung enthalten, da es insoweit um Informationen über die Beschaffenheit eines Kaufgegenstandes geht. Da die gesetzlichen Mängelgewährleistungsansprüche regelmäßig im Unternehmenskaufvertrag ausgeschlossen werden, würde insoweit eine Haftung aus *culpa in contrahendo* aufleben, wenn nicht auch diese ausgeschlossen wurde. Aus Erwerbersicht sollte man jedoch einen solchen Ausschluss insbesondere dann ablehnen, wenn ein Q&A Prozess (Prozess, in dem auf detaillierte Fragen durch den Veräußerer geantwortet wird) durchgeführt wurde. Vielmehr bietet es sich an, die von der Veräußererseite gegebenen Antworten zu dokumentieren, als Anlage zum Unternehmenskaufvertrag zu nehmen und vom Veräußerer eine Gewähr für die Richtigkeit und Vollständigkeit dieser Aussagen zu verlangen. 98

4. Der Report

Unabhängig davon, ob eine *Red Flag Due Diligence* oder eine *Full Size Due Diligence* durchgeführt wurde, sollte der *Due Diligence Report* die Abschnitte Einleitung, Abkürzungsverzeichnis, Zusammenfassung der wesentlichen Ergebnisse und Reportteil aufweisen. 99

In der Einleitung ist der Ablauf der *Due Diligence* (Art und Zugang zum Datenraum, Q&A Sessions, *Expert Meetings*) darzustellen. Es bietet sich dabei an, auf die eingesehenen Dokumente zu verweisen und ein Inhaltsverzeichnis (regelmäßig den Datenraumindex) als Anlage in Bezug zu nehmen. Das **Abkürzungsverzeichnis** sollte einfache und voneinander abgrenzbare Abkürzungen, insbesondere im Hinblick auf die (auch frühere) Firmierung der geprüften Unternehmen, enthalten, um dem Leser das Erfassen der im Report zu Verfügung gestellten Informationen zu erleichtern.

Die **Zusammenfassung der wesentlichen Ergebnisse** stellt das eigentliche Kernstück eines *Due Diligence Reports* dar. Hier erhält der Leser einen Überblick über die hervorzuhebenden Ergebnisse und wird auf besondere Risiken, die sich aus der *Due Diligence* ergeben haben, hingewiesen. Die Zusammenfassung der wesentlichen Ergebnisse sollte aus sich selbst heraus so verständlich sein, dass der Reportteil nur als Ergänzung dient.

Im Rahmen einer *Red Flag Due Diligence* sind im **Reportteil** beschreibende Darstellungen nur zu verwenden, wenn diese für das Verständnis der dargestellten Risiken unbedingt erforderlich sind. Der Erwerber, der die Durchführung einer *Red Flag Due Diligence* in Auftrag gegeben hat, erwartet als Ergebnis keine detaillierte Beschreibung der geprüften Unterlagen, sondern will vornehmlich darüber informiert werden, ob Risiken identifiziert wurden, welche die beabsichtigte Transaktion materiell nachteilig beeinflussen oder sogar gänzlich in Frage stellen (so genannte deal breaker). 100

Bei einer *Full Size Due Diligence* können die beschreibenden Elemente im Reportteil einen größeren Umfang umfassen. Ein guter Report schafft Übersichtlichkeit durch Verwendung von Tabellen. Im Reportteil sollten die Punkte beschrieben werden, die – auch geringeren – Einfluss auf die beabsichtigte Transaktion haben oder unmittelbar im Anschluss an den Erwerb des Zielunternehmens Bedeutung erlangen können.

Für den Erwerber und seine Berater ist von Bedeutung, ob der Erwerber den zu erstellenden Report nur zu eigenen Zwecken verwenden oder unter Umständen auch Dritten zur Verfügung stellen will. Eine **Weitergabe des Reports an Dritte** ist vor allem dann erforderlich, wenn der Erwerber den Kaufpreis durch ein Kreditinstitut finanzieren lassen möchte, da die finanzierenden Banken regelmäßig die Weitergabe der *Due Diligence Reports* verlangen. Unter Umständen messen die finanzierenden Banken dabei anderen Punkten eine größere Bedeutung zu, als der Erwerber selbst. Erwerber und Berater sollten daher im Vorfeld klären, welchem Verwendungszweck der zu erstellende Report die- 101 nen soll, um den Beratern zu ermöglichen, den Report entsprechend der Erwartungshaltung aller möglichen Leser zu formulieren.

IV. Typische Risikopotenziale

102 Nachfolgend haben wir die aus unserer Sicht typischen Risikopotenziale, die bei einer *Legal Due Diligence* besondere Aufmerksamkeit bedürfen, dargestellt. Die nachfolgende Darstellung kann dabei selbstverständlich keinen Anspruch auf Vollständigkeit erheben, sondern enthält vor allem diejenigen Punkte, die regelmäßig in einer *Legal Due Diligence* Bedeutung erlangen können.

1. Gesellschaftsrecht

103 Von herausragender Bedeutung ist hier die Prüfung der **Übertragung der Gesellschaftsanteile** von der Gründung der Gesellschaft bis zum Zeitpunkt der *Due Diligence,* wenn die beabsichtigte Transaktion im Wege eines *Share Deal* vollzogen werden soll. Bei einem *Asset Deal* sind die gesellschaftsrechtlichen Verhältnisse der „Zielgesellschaft“, die insoweit als Veräußerer auftritt, jedoch von nachrangiger Bedeutung. Allenfalls könnte hinterfragt werden, ob Zustimmungsvorbehalte betreffend den beabsichtigten Verkauf der Vermögensgegenstände bestehen.

104 Im Fall eines *Share Deal* kann der Erwerber nur sicher sein, dass ihm der Veräußerer das Eigentum an den Gesellschaftsanteilen der Zielgesellschaft übertragen kann, wenn in einer lückenlosen Kette beginnend mit der Gründung der Gesellschaft nachgewiesen werden kann, dass der Veräußerer die Anteile an der Gesellschaft auch tatsächlich wirksam erworben hat. Insbesondere bei älteren Unternehmen ist in den seltensten Fällen eine lückenlose Kette von Anteilsübertragungen dokumentiert. In diesen Fällen ist die Aufnahme einer Gewährleistung des Veräußerers, dass er rechtlicher Inhaber der verkauften Gesellschaftsanteile ist und über diese frei verfügen kann, unumgänglich.

105 Die Einführung des Gesetzes zur Modernisierung des GmbH-Rechts und zur Bekämpfung von Missbräuchen (MoMiG) hat hier eine gewisse Erleichterung geschaffen, da mit Einführung dieses Gesetzes der gutgläubige Erwerb von Geschäftsanteilen am Stammkapital einer Gesellschaft mit beschränkter Haftung ermöglicht wurde. Diese Möglichkeit besteht jedoch nicht, wenn die insoweit maßgebliche Gesellschafterliste zum Zeitpunkt des Erwerbs hinsichtlich des Geschäftsanteils weniger als drei Jahre unrichtig und die Unrichtigkeit dem Berechtigten nicht zuzurechnen ist. Insoweit sind zumindest die letzten drei Jahre vor Durchführung der *Due Diligence* im Hinblick auf die vorgenommenen Geschäftsanteilsübertragungen zu prüfen. Ferner ist in diesem Zusammenhang zu prüfen, beziehungsweise – sollte eine solche Prüfung nicht zu einem abschließenden und befriedigenden Ergebnis kommen – durch den Veräußerer zu garantieren, dass keine Rechte Dritter an den Gesellschaftsanteilen der Zielgesellschaft bestehen, die insbesondere einer Veräußerung an den Erwerber entgegenstehen könnten.[35]

106 Einen weiteren Schwerpunkt bildet die Prüfung, ob bei Errichtung der Zielgesellschaft sowie bei Rechtsgeschäften mit den Gesellschaftern die Vorschriften über die Kapitalaufbringung und Kapitalerhaltung beachtet wurden. Ferner ist zu prüfen, ob in der Vergangenheit Umwandlungsvorgänge nach den Vorschriften des Umwandlungsgesetzes durchgeführt wurden und in diesem Zusammenhang noch Ansprüche Dritter (Gläubiger) oder ehemaliger Gesellschafter (Abfindungsansprüche) bestehen. Einen weiteren Schwerpunkt stellt aus unserer Sicht die Prüfung konzernrechtlicher Beziehungen dar, sollte die Zielgesellschaft in einen Vertragskonzern eingebunden sein oder ein Abhängigkeitsverhältnis gegenüber den Verkäufern bestehen.

[35] Hierzu zählen insbesondere Erwerbs- und Vorkaufsrechte von Mitgesellschaftern oder Dritten.

2. Arbeitsrecht

Unverzichtbar im Rahmen der arbeitsrechtlichen Prüfung ist die Einsichtnahme in **Musterarbeitsverträge** und bestehende **Betriebsvereinbarungen** der Zielgesellschaft. Ein weiterer Fokus liegt regelmäßig bei den Konditionen der **Anstellungsverträge der Angestellten der ersten und zweiten Führungsebene** des Zielunternehmens. 107

Diese Konditionen werden jedoch nicht zwingend in einer frühen Phase der *Due Diligence* offen gelegt, sondern bleiben einer so genannten ***Confirmatory Due Diligence*** vorbehalten, die bei Auktionsverfahren regelmäßig nach Abgabe des verbindlichen Angebotes durchgeführt wird, aber auch bei einem Privat Sale in einem fortgeschrittenen Verhandlungsstadium denkbar ist. Eine Prüfung dieser Vereinbarungen sollte jedenfalls vor Abschluss des Unternehmenskaufvertrags vor allem im Hinblick auf Laufzeit und Beendigungsmöglichkeiten erfolgen, da die Organmitglieder der Zielgesellschaft unter Umständen einen wesentlichen wertbildenden Faktor darstellen können oder die Zusammenarbeit mit dem Management nach Erwerb des Zielunternehmens gerade nicht fortgesetzt werden soll. 108

Daneben ist ein Blick auf die **allgemeine Mitarbeiterstruktur und die konkrete Beschäftigungssituation** (Betriebszugehörigkeit, Fluktuation) und die Bedingungen der Standardarbeitsverträge (Vergütung, Arbeitszeiten, arbeitsvertragliche Nebenleistungen, betriebliche Altersversorgung) zu werfen. Es sollte auch geklärt werden, ob Betriebs- oder Tarifvereinbarungen vorliegen, die einem Abbau von Arbeitsplätzen oder einer Veränderung der allgemeinen Bedingungen (zum Beispiel Wochenarbeitszeit) entgegenstehen. Ferner ist zu prüfen, ob ein Gewinnbeteiligungsprogramm für Mitarbeiter des Unternehmens existiert. 109

Ein weiteres Augenmerk sollte den bestehenden **arbeitsgerichtlichen Streitigkeiten**, insbesondere im Hinblick darauf, ob ungewöhnlich viele Kündigungen in der jüngeren Vergangenheit ausgesprochen wurden, und den **Pensionsverpflichtungen** der Zielgesellschaft gelten. Sollte das Zielunternehmen freie Mitarbeiter beschäftigen, ist immer der Frage nach einer möglichen **Scheinselbstständigkeit** nachzugehen. 110

3. Kunden und Lieferanten

Von besonderer Wichtigkeit ist hier, inwieweit die bestehende Vertragsstruktur auf Lieferanten- und Kundenseite durch die beabsichtigte Transaktion beeinflusst wird. Dies gilt gerade auch bei einem *Share Deal*. Bei einem *Asset Deal* bedarf die Übertragung der Vertragsbeziehungen des Zielunternehmens auf den Erwerber ohnehin der Zustimmung der jeweils anderen Vertragspartei. 111

Bei einem beabsichtigten *Share Deal* sind die bestehenden Verträge daher auf so genannte ***Change of Control*-Klauseln** zu prüfen. *Change of Control*-Klauseln räumen dem Vertragspartner das Recht zur Kündigung des jeweiligen Vertrags ein, sollte sich die Gesellschafterstruktur des anderen Vertragspartners, mithin der Zielgesellschaft, wesentlich ändern. Eine wesentliche Änderung wird regelmäßig dann angenommen, wenn ein neuer Gesellschafter beherrschenden Einfluss auf das Zielunternehmen erwirbt, was bei einem Unternehmenskauf typischerweise der Fall ist. Dementsprechend knüpfen *Change of Control*-Klauseln häufig an eine Übertragung oder den Erwerb (zum Beispiel im Wege einer Kapitalerhöhung) von mehr als 50% des eingetragenen Gesellschaftskapitals an. In Einzelfällen kann ein *Change of Control* aber auch mit geringeren Prozentsätzen definiert sein. 112

Die vorstehende Frage gewinnt zusätzlich an Bedeutung, wenn sich solche Bestimmungen in Verträgen mit Zulieferern finden, die exklusiv auf diesem Markt tätig sind. Daneben ist regelmäßig zu prüfen, inwieweit Haftungsrisiken der Zielgesellschaft im Zusammenhang mit den bestehenden Kundenbeziehungen existieren, welche Laufzeit die wichtigsten Kundenverträge enthalten und ob in der Vergangenheit Produkthaftungsansprüche geltend gemacht wurden, die über den gewöhnlichen Geschäftsbetrieb hinausgehen. 113

4. Gewerbliche Schutzrechte

114 Neben einer Darstellung, über welche gewerblichen Schutzrechte die Zielgesellschaft verfügt, ist zu prüfen, ob **Rechte Dritter** gegen diese Schutzrechte geltend gemacht wurden und ob das geistige Eigentum der Zielgesellschaft entsprechend geschützt wurde, soweit dies rechtlich möglich ist.

115 Die Frage, ob die vorhandenen gewerblichen Schutzrechte sowie das geistige Eigentum der Zielgesellschaft ausreichen, um den Geschäftsbetrieb der Zielgesellschaft mindestens im bisherigen Umfang fortzuführen, kann der rechtliche Berater regelmäßig nicht beantworten. Insoweit ist jedoch eine genaue Darstellung der gewerblichen Schutzrechte und des identifizierten geistigen Eigentums der Zielgesellschaft im Report erforderlich, um dem Erwerber die Möglichkeit zu geben, eine diesbezügliche Einschätzung zu treffen.

5. Informationstechnologie (IT)

116 Typische Problemfälle im Bereich der Informationstechnologie sind die **Rechtsstellung des Zielunternehmens**, der **Umfang der bestehenden Nutzungsrechte** sowie die **Aufrechterhaltung des IT-Betriebs** nach Vollzug der beabsichtigten Transaktion.[36] Zu klären ist, ob das Zielunternehmen tatsächlich Inhaberin der Rechte an den verwendeten IT-Systemen ist. Weiter ist zu prüfen, ob das Zielunternehmen über ausreichende Nutzungsrechte an den verwendeten IT-Systemen verfügt. Abschließend sollte geklärt werden, ob und in welchem Umfang dem Zielunternehmen die IT-Systeme auch nach Durchführung der beabsichtigten Transaktion zur Verfügung stehen, insbesondere im Hinblick auf etwaige *Change of Control*-Klauseln.

6. Betriebsstätten

117 Sollte das Zielunternehmen über eigenen Grundbesitz verfügen, sind die **aktuellen Grundbuchauszüge** auf Belastungen der Grundstücke zu prüfen. Im Rahmen einer allgemeinen *Legal Due Diligence* finden sich selten Informationen zu Altlasten auf den Grundstücken des Zielunternehmens. Sollte der konkrete Unternehmensgegenstand des Zielunternehmens eine abstrakte Wahrscheinlichkeit für eine solche **Altlastenproblematik** begründen (zum Beispiel bei einem Produktionsbetrieb von Chemikalien), sollte gegebenenfalls eine spezielle *Environmental Due Diligence* durchgeführt werden.

118 Soweit die Betriebsstätten durch das Zielunternehmen angemietet wurden, sind vor allem die **Vertragslaufzeiten der bestehenden Mietverträge** zu prüfen. Ferner kann ein Vergleich vorgenommen werden, ob die Mietkonditionen üblichen Marktstandards entsprechen.

7. Rechtsstreitigkeiten

119 Hier ist der **Streitwert** der jeweils anhängigen Rechtsstreitigkeiten zu ermitteln und zu prüfen, ob der aus solchen Rechtsstreitigkeiten resultierende **Rückstellungsbedarf** im aktuellen Jahresabschluss des Zielunternehmens abgebildet wurde. Ferner ist zu prüfen, ob den konkret anhängigen Rechtsstreitigkeiten ein bestimmter Zusammenhang zu Grunde liegt, der unter Umständen in einer möglichen **Produkthaftung** des Zielunternehmens liegt.

120 Mit dem Erwerber sollte abgestimmt werden, ob auch die Erfolgsaussichten der anhängigen Streitigkeiten zu prüfen sind. Dies ist aus unserer Sicht jedoch nur dann von Bedeutung, wenn bereits feststeht, dass der Veräußerer das Risiko eines nachteiligen Ausgangs dieser Rechtsstreitigkeiten nicht im Wege einer Freistellungsvereinbarung übernimmt.

8. Subventionen

121 In diesem Zusammenhang ist zu prüfen, ob konkret gewährte Subventionen mit **Nebenbestimmungen** verbunden wurden. Das Zielunternehmen könnte zum Beispiel für

---

[36] Ausführlich hierzu: *Plath CR 2007*, 345 ff.

einen bestimmten Förderungszeitraum zum Erhalt einer bestimmten Anzahl von Arbeitsplätzen verpflichtet worden sein. Daneben ist denkbar, dass Vermögensgegenstände, die mit Fördergeldern angeschafft wurden, nicht veräußert werden dürfen.

Von herausragender Bedeutung ist, ob der Vollzug der beabsichtigten Transaktion den Subventionsgeber berechtigten würde, die **Rückzahlung gewährter Subventionen** zu verlangen. In diesem Fall sollte versucht werden, durch Gespräche unmittelbar mit dem Subventionsgeber vor Abschluss des Unternehmenskaufvertrags zu klären, ob dieser für den Fall des Vollzugs der beabsichtigten Transaktion auf seinen Rückforderungsanspruch verzichtet. 122

9. Versicherungen

Regelmäßig ist das Zielunternehmen über einen Gruppenvertrag abgesichert, der mit dem Vollzug der beabsichtigten Transaktion seine wirtschaftliche Basis verliert. Dementsprechend ist vorzumerken, dass mit dem Vollzug der beabsichtigten Transaktion ein **neuer Versicherungsschutz** zugunsten des Zielunternehmens vereinbart werden muss, gegebenenfalls über den bereits bestehenden Versicherungsvertrag des erwerbenden Unternehmens. 123

Um eine Feststellung zu erhalten, ob der bestehende Versicherungsschutz ausreichend für den Geschäftsbetrieb des Zielunternehmens ist, sollte ein spezielles Beratungsunternehmen beauftragt werden. Aus rein rechtlicher Sicht kann diese Leistung regelmäßig nicht erbracht werden. Denkbar ist jedoch, dass bereits im Rahmen der allgemeinen *Legal Due Diligence* die Risiken aufgezeigt werden, für die von vornherein keine Deckung besteht. 124

10. Finanzierungsfragen

Hier stellt sich die Frage, ob das Zielunternehmen vorrangig einer **Fremdfinanzierung** durch Banken oder einer **Eigenfinanzierung** durch die Gesellschafter unterliegt. Bei einer Fremdfinanzierung ist weiter zu klären, ob die jeweils bestehenden Darlehensverträge, insbesondere im Hinblick auf etwaig gestellte Sicherheiten, dem Vollzug der beabsichtigten Transaktion entgegenstehen. 125

Im Hinblick auf eine Gesellschafterfinanzierung (zum Beispiel bei einem konzernübergreifenden Cash-Pool) ist zu prüfen, ob diese Darlehen durch das Zielunternehmen spätestens zum *Closing* zurückgeführt werden können oder durch das erwerbende Unternehmen abzulösen sind. Hierbei handelt es sich jedoch eher um eine wirtschaftliche Frage, die Gegenstand der Kaufpreisverhandlungen ist. Sollten in der jüngeren Vergangenheit Zahlungen des Zielunternehmens an die eigenen Gesellschafter geflossen sein, könnte ein Verstoß gegen die einschlägigen **Kapitalerhaltungsvorschriften** in Betracht kommen.[37] 126

D. Der Kaufvertrag

Der Unternehmenskaufvertrag ist ein rechtsgestaltender Akt zweier oder mehrerer Parteien, die sich über die Übertragung von Gesellschaftsanteilen oder von Vermögensgegenständen einigen. Er enthält die wesentlichen Bestimmungen über Vertragsgegenstand, Kaufpreis und den Vollzugsstichtag, das Haftungsregime (Gewährleistung, Garantien, Freistellungen), Wettbewerbsbeschränkungen sowie Vereinbarungen für den Fall eines im Nachhinein entstehenden Streits. 127

I. Vertragsparteien

Nicht nur Verkäufer und Erwerber können Vertragsparteien sein:

---

[37] §§ 57ff. AktG, 30ff. GmbHG.

1. Veräußerer

128 Die Bestimmung des „richtigen“ Veräußerers ist in manchen Fällen komplizierter als dies zunächst den Anschein erweckt. Nur die befugten Rechtsinhaber können das Zielunternehmen oder einzelne Teile des Unternehmens an den Erwerber „liefern“. So muss bereits im Rahmen der *Due Diligence* geprüft werden, ob alle bisherigen Anteilsübertragungen seit der Gründung der Gesellschaft auch wirklich wirksam sind. Sollte dies nicht der Fall sein, wären sämtliche nachfolgenden Übertragungen, einschließlich der Übertragung der Beteiligung am Zielunternehmen auf den jetzigen Veräußerer ins Leere gegangen. Der Veräußerer wäre dementsprechend nicht Inhaber der dem abzuschließenden Unternehmenskaufvertrag unterliegenden Beteiligung am Zielunternehmen.

129 Die Folge der fehlenden Rechtsinhaberschaft des Veräußerers wäre für den Erwerber fatal. Stellt sich erst im Nachhinein die fehlende Rechtsinhaberschaft des Veräußerers heraus, kann der Erwerber vom wahren Inhaber keine Übertragung fordern und ist auch im Fall des *Share Deal*s nicht gutgläubig Rechtsinhaber der Anteile geworden, selbst wenn er den Kaufpreis schon gezahlt hat.

2. Auf Verkäuferseite mithaftende Dritte

130 Eine Mithaftung Dritter ist insbesondere dann in Betracht zu ziehen, wenn die Vermögensgegenstände des Zielunternehmens im Wege eines *Asset Deal*s erworben werden. In diesem Fall würde auf Verkäuferseite lediglich ein leerer Gesellschaftsmantel zurückbleiben, wobei davon auszugehen ist, dass die an diese Gesellschaft geleisteten Kaufpreiszahlungen an die Gesellschafter weitergeleitet werden. Aus diesem Grund sollten die Gesellschafter der als Veräußerer auftretenden Gesellschaft Partei des Vertrags werden, insbesondere im Hinblick auf mögliche Gewährleistungsansprüche des Käufers. Die zurückbleibende leere Gesellschaft wird regelmäßig nicht in der Lage sein, etwaige Gewährleistungsansprüche des Erwerbers zu befriedigen.[38] Dies gilt auch bei dem Erwerb von Vermögensgegenständen von einer Tochtergesellschaft eines Konzerns.

131 Ferner sind auf Verkäuferseite weitere Beteiligte zu berücksichtigen, wenn die beabsichtigte Transaktionsstruktur erst noch hergestellt werden muss und dies verbindlich im Unternehmenskaufvertrag festgelegt werden soll. Für den Fall, dass mehrere Unternehmen oder Gesellschaften eines Konzerns veräußert werden sollen, bietet sich auch an, einen Rahmenvertrag mit der beherrschenden Muttergesellschaft abzuschließen, der die wesentlichen Bestimmungen des Unternehmenskaufs regelt. Die Übertragung der Beteiligungen an den einzelnen Gesellschaften könnte dann in separaten Übertragungsverträgen vereinbart werden.[39]

132 Geschieht diese Zwischenschaltung auf Verkäuferseite, wird sich der Erwerber einen Teil des Kaufpreises als Gewährleistungseinbehalt sichern lassen. Ein Durchgriff im Gewährleistungsfall auf die hinter der Gesellschaft stehenden Gesellschafter gestaltet sich – falls vertraglich nicht ausdrücklich vereinbart – regelmäßig als schwierig. Wollen die Erwerber eine Gesellschaft als Transaktionsvehikel (so genanntes *Special Purpose Vehicle – SPV*) verwenden, wird der Veräußerer bemüht sein, entsprechende Sicherheiten von den eigentlichen Erwerbern zu verlangen.

II. Vertragsgegenstand

133 Im Rahmen des Unternehmenskaufs werden zwei unterschiedliche Erwerbsmöglichkeiten unterschieden. Einerseits kommt ein Erwerb sämtlicher Gesellschaftsanteile am Zielunternehmen in Betracht *(Share Deal)*, andererseits wäre es auch möglich, sämtliche

[38] Als Alternative oder zusätzlich zu einer solchen Mithaftung Dritter würde sich noch anbieten, einen Teil des Kaufpreises als Gewährleistungseinbehalt für den Zeitraum der Gewährleistungsfristen zurückzubehalten.

[39] Ein solches Vorgehen bietet sich insbesondere dann an, wenn Tochter- oder Enkelgesellschaften, die unterschiedlichen Jurisdiktionen unterliegen, erworben werden sollen.

– oder ausgewählte – Vermögensgegenstände des eigentlichen „Zielunternehmens“ zu erwerben *(Asset Deal).*

1. Begriff des Unternehmens

Das Unternehmen wird in diesem Zusammenhang definiert als eine Gesamtheit von Sachen und Rechten, tatsächlichen Beziehungen (zu Vertragspartnern und Mitarbeitern), Erfahrungen sowie unternehmerischen Handlungen. Weiterhin werden Marktanteile, Geschäftschancen, Know-How und Firmenwert *(Goodwill)* hinzu gezählt. Das Unternehmen unterfällt als „sonstiger Gegenstand“ dem im BGB geregelten Kaufrecht.[40] 134

Das Unternehmen ist in den meisten Fällen in einer der gesetzlich vorgeschrieben Gesellschaftsformen des deutschen, seit jüngster Zeit auch europäischen Rechts[41] organisiert. Unterschieden wird hier zwischen Personengesellschaften (GbR, OHG, KG, GmbH & Co. KG) und Kapitalgesellschaften (AG, GmbH). Denkbar ist auch, das Unternehmen eines Einzelkaufmanns zu erwerben. In diesem Fall würde der Erwerb zwingend durch einen *Asset Deal* erfolgen. Im Übrigen behandeln wir die unterschiedlichen Gesellschaftsformen bei den Ausführungen zum *Share Deal* einheitlich, weisen jedoch auf wesentliche Unterschiede hin. Für einen Unternehmenskauf im Wege des *Asset Deal* ergeben sich aus der unterschiedlichen Organisation des Verkäufers keine Unterschiede. 135

2. *Share Deal*

Bei einem Unternehmenskauf im Wege eines *Share Deal*s erwirbt der Erwerber sämtliche Gesellschaftsanteile der Zielgesellschaft. Er tritt damit in die Gesellschafterstellung des Verkäufers ein und erwirbt von ihm alle damit verbundenen Rechte. Die Zuordnung aller aktiven und passiven Vermögenswerte verbleibt unverändert bei der Zielgesellschaft. Unterstellt, die Zielgesellschaft betreibt mehrere Unternehmen, wird der neue Gesellschafter an jedem Unternehmen in dem Maße beteiligt, wie er Anteile des Verkäufers an dem Zielunternehmen erwirbt. Ist dies vom Erwerber oder vom Veräußerer nicht erwünscht, müssen die entsprechenden Unternehmen zuerst durch den Veräußerer ausgegliedert und die Transaktionsstruktur insoweit hergestellt werden. Die nachfolgenden Ausführungen beziehen sich dabei ausschließlich auf den Fall, dass der Erwerber sämtliche Gesellschaftsanteile an der Zielgesellschaft erwirbt. Die Begründung eines *Joint Venture* ist in diesem Handbuch in § 15 dargestellt. 136

Die Unterschiede in der Rechtsform der Zielgesellschaft werden vor allem im Hinblick auf Haftungsfragen relevant. Bei dem Erwerb einer Kapitalgesellschaft ergibt sich kein zusätzlicher Regelungsbedarf, wenn durch den Veräußerer gewährleistet wird, dass die auf seine Beteiligung entfallenden Einlagen in voller Höhe erbracht und nicht, auch nicht verdeckt an ihn zurückgezahlt wurden.[42] Für den Fall, dass Gegenstand des Unternehmenskaufs eine Personengesellschaft ist, ist darauf zu achten, dass mit Vollzug des Unternehmenskaufs keine persönliche Haftung des Erwerbers begründet wird. Nach § 176 Abs. 2 HGB haftet der in eine Kommanditgesellschaft (durch Erwerb der Kommanditbeteiligung) neu eintretende Kommanditist für die in der Zeit zwischen seinem Eintritt und seiner Eintragung in das Handelsregister begründeten Verbindlichkeiten der Kommanditgesellschaft gleich einem persönlich haftenden Gesellschafter. Diesem Risiko kann dadurch begegnet werden, dass die Übertragung der Kommanditbeteiligung aufschiebend bedingt auf die Eintragung des Erwerbers als neuer Kommanditist im Handelsregister erfolgt und in der Handelsregisteranmeldung darauf hingewiesen wird, dass der Eintritt in die Kommanditgesellschaft im Wege der Sonderrechtsnachfolge (durch den Erwerb einer Kommanditbeteiligung) erfolgt. 137

---

[40] § 453 BGB.

[41] Zu nennen ist hier in erster Linie die Europäische Aktiengesellschaft (SE).

[42] Ist dies nicht der Fall, würde der Erwerber der Beteiligung gemäß § 16 Abs. 3 GmbH neben dem Veräußerer haften.

3. *Asset Deal*

138 Ein Kauf im Wege des *Asset Deal* erfolgt durch Einzelübertragung der Wirtschaftsgüter des Unternehmens, durch Übereignung der beweglichen und unbeweglichen Sachen sowie durch Abtretung von Beteiligungen an Tochtergesellschaften, Forderungen und sonstigen Rechten (wie etwa Lizenzen) an den Erwerber. Es ist anerkannt, dass das Unternehmen als solches Gegenstand eines einheitlichen Kaufvertrages sein kann, solange und soweit die einzelnen Vermögensgegenständen und Verbindlichkeiten nur bestimmt genug sind.

139 Der *Asset Deal* kommt in erster Linie dann in Betracht, wenn der Käufer nur an einzelnen Vermögensgegenständen des Zielunternehmens ein Interesse hat. Der *Asset Deal* ist insbesondere auch dann empfehlenswert, wenn die das Unternehmen tragende Gesellschaft hohes Risikopotential hat, weil unklar ist, welche Verbindlichkeiten in welcher Höhe tatsächlich bestehen. Im Grundsatz kann der Erwerber durch die genau Auswahl der zu übernehmenden Vermögenswerte eine Haftung für unbekannte Verbindlichkeiten im Regelfall vermeiden. Zu beachten ist jedoch, dass bei Fortführung der Firma nach § 25 HGB eine Haftung in Betracht kommen kann. Ferner kann bei einer Gesamtrechtsnachfolge eine Haftung nach § 42 AO begründet sein. Die Haftung wegen Firmenfortführung kann vermieden werden, wenn der Haftungsausschluss im Handelsregister eingetragen wird (§ 25 Abs. 2 HGB). Aus steuerlichen Gesichtspunkten kann ein *Asset Deal* für den Käufer interessant sein. Mit dem Erwerb einzelner Vermögensgegenstände des Anlage- und Umlaufvermögens und den damit verbundenen Anschaffungskosten wird regelmäßig Abschreibungspotential geschaffen.

III. Form des Kaufvertrags

140 Der deutsche Gesetzgeber verlangt für bestimmte Übertragungen von Gegenständen die Einhaltung zwingender Formvorschriften. Gegenstände meint hier die Vielzahl von Sachen, Rechten oder Forderungen, die beim Unternehmenserwerb übergehen. Rechtsgeschäfte, die nicht den gesetzlichen Formvorschriften genügen, sind nach § 125 BGB nichtig.

141 Ganz allgemein muss bei Formfragen stets zwischen der schuldrechtlichen Vereinbarung, also dem eigentlichen Kaufvertrag *(Signing)*, und dem so genannten dinglichen Geschäft, der Übertragung (durch Abtretung der Anteile des Zielunternehmens oder Erwerb einzelner Vermögensgegenstände des Zielunternehmens, *Closing*) unterschieden werden.

142 Weiter wird für das Formerfordernis die Wahl der Transaktionsstruktur *(Share Deal* oder *Asset Deal)* entscheidend: Während sich beim *Share Deal* das Formerfordernis aus der Rechtsform der Zielgesellschaft ergibt, deren Anteile übertragen werden sollen beurteilt sich die Frage beim *Asset Deal* nach dem jeweils zu erwerbenden Gegenstand.[43]

1. Gründe für die Beurkundungsbedürftigkeit

143 Das wichtigste Formerfordernis im Unternehmenskauf ist die notarielle Beurkundung. Diese Form soll sowohl den Veräußerer als auch den Erwerber vor übereilten Verträgen bewahren sowie rechtskundige und unparteiische Beratung durch den Notar gewährleisten (Warn- und Schutzfunktion).[44] Weiter ist durch die Beurkundung der Beweis über Art und Inhalt der Verpflichtung gesichert (Beweisfunktion). Der Notar trägt schließlich dafür Sorge, dass die Vertragsschließenden ihren Willen wirksam, richtig und vollständig ausdrücken (Gewährsfunktion).

144 Die Schutzfunktion soll am Beispiel der Übertragung der Geschäftsanteile einer Gesellschaft mit beschränkter Haftung verdeutlicht werden: Für die Beteiligten kann sich

---

[43] Neben der Abtretung von Beteiligungen des Zielunternehmens ist hier vor allem an die zu dem Zielunternehmen gehörenden Immobilien zu denken.

[44] § 17 BeurkG; § 14 BNotO.

eine Vielzahl von Haftungstatbeständen ergeben, unter anderem für noch nicht erbrachte Stammeinlagen, überbewertete Sacheinlagen verdeckte Sachgründungen oder Verlustgeschäfte bis zur Eintragung der Gesellschaft. In all diesen Fällen haftet der Erwerber als Gesamtschuldner mit![45] Durch Sachverhaltsaufklärung und Beratung soll bei Indizien für eine mögliche Haftung angesetzt werden. Diese rechtsberatende Verantwortung des Notars ergibt sich daraus, dass selbst bei Unternehmenskäufen von einigem wirtschaftlichem Gewicht im Mittelstand häufig kein Anwalt, sondern in der Regel „nur" der Steuerberater tätig wird. Nach Ansicht des BGH will das GmbH-Gesetz gerade vor dem leichten, spekulativen Handel mit Gesellschaftsanteilen schützen.[46]

2. Besonderheiten beim *Share Deal*

a) Personengesellschaften. Ein Unternehmenskaufvertrag in der Form des *Share Deal* 145
über Gesellschaftsanteile an einer Personengesellschaft bedarf keiner besonderen Form. Dies gilt auch dann, wenn das Vermögen der Zielgesellschaft überwiegend aus Grundstücken oder Anteilen an Gesellschaften mit beschränkter Haftung besteht. Nach Ansicht des Bundesgerichtshofes kommt der Schutzzweck der Vorschriften über die notarielle Beurkundung gemäß § 15 GmbHG nicht zum Tragen.[47] Im Fall eines nur teilweisen Erwerbs der Gesellschaftsanteile an einer Personengesellschaft ist aber zu berücksichtigen, dass der Gesellschafterwechsel bei einer Personengesellschaft eine Änderung des zwischen den Gesellschaftern bestehenden Gesellschaftsvertrags darstellt (Eintritt des neuen Gesellschafters in den Vertrag und Austritt des Veräußerers) und daher regelmäßig[48] der Zustimmung aller Gesellschafter bedarf.

b) Kapitalgesellschaften. *aa) Gesellschaft mit beschränkter Haftung.* Nach § 15 Abs. 3 146
und Abs. 4 GmbHG bedürfen sowohl die Abtretung von Geschäftsanteilen an einer Gesellschaft mit beschränkter Haftung als auch Vereinbarungen, die diesbezügliche Verpflichtungen begründen sollen, der notariellen Form. Ein an sich formunwirksam – nur privatschriftlich – abgeschlossener Unternehmenskaufvertrag wird jedoch gültig, wenn zumindest die Abtretung der Geschäftsanteile beurkundet wurde (§ 15 Abs. 4 Satz 2 GmbHG). Unabhängig davon ist eine Beurkundung auch der schuldrechtlichen Vereinbarungen des Unternehmenskaufvertrags unverzichtbar, um einerseits überhaupt erst einen Anspruch auf die Übertragung des Zielunternehmens zu begründen und andererseits den übrigen Vereinbarungen (zum Beispiel ein Wettbewerbsverbot zulasten des Veräußerers, Vertraulichkeitsvereinbarungen), die in einem untrennbaren Zusammenhang mit dem Unternehmenskauf stehen (vgl. § 139 BGB) zur Wirksamkeit zu verhelfen.

Bedeutung hat ferner auch die Regelung in § 16 Abs. 1 GmbHG. Um auch gegenüber 147
der Zielgesellschaft als Erwerber zu gelten, muss der Anteilserwerb bei der Zielgesellschaft angemeldet werden. Regelmäßig nimmt der die Geschäftsanteilsübertragung beurkundende Notar die Anmeldung vor, sei es in der Urkunde selbst oder nach Bestätigung der vollständigen Kaufpreiszahlung. Ohne Anmeldung kann der Erwerber keine Gesellschafterrechte (zum Beispiel sein Stimmrecht in Gesellschafterversammlungen) geltend machen.

bb) Aktiengesellschaft. Die Übertragung von Aktien bedarf keiner besonderen Form, 148
selbst wenn das Vermögen der Aktiengesellschaft überwiegend aus Grundstücken besteht (siehe oben). Für Namensaktien[49] ist zu beachten, dass eine Übertragung der Aktien

---

[45] § 16 Abs. 3 GmbHG.

[46] BGH NJW-RR 1998, 1270.

[47] BGH NJW 1983, 1110.

[48] Zum Teil sind in den Gesellschaftsverträgen von Personengesellschaften (gerade bei Gesellschaften mit einer großen Anzahl an Gesellschaftern) aber auch Regelungen zu finden, wonach (wie bei Kapitalgesellschaften) Änderungen des Gesellschaftsvertrags (und damit auch der Eintritt eines neuen Gesellschafters) mit einer Mehrheit von 75% der Stimmen beschlossen werden können.

[49] Im Fall der Errichtung einer Aktiengesellschaft haben die Gründer die Wahl, ob das Grundkapital in Namens- oder Inhaberaktien aufgeteilt werden soll.

auch durch Indossament (vgl. § 68 AktG) erfolgen kann. Ferner gilt bei Namensaktien im Verhältnis zur Gesellschaft als Aktionär nur derjenige, wer als solcher im Aktienregister der Gesellschaft eingetragen ist (vgl. § 67 Abs. 2 AktG). Im Fall der Übertragung von Namensaktien erfolgen Löschung und Neueintragung im Aktienregister nur auf Mitteilung und Nachweis (vgl. § 67 Abs. 3 AktG).[50]

149 *cc) Kapitalgesellschaft & Co. KG.* Aus Sicht von Erwerber und Veräußerer sind die Übertragungen von Anteilen an der Komplementär-GmbH und denen der Kommanditgesellschaft regelmäßig untrennbar miteinander verbunden. In diesen Fällen spricht das Gesetz (vgl. § 139 BGB) von einem einheitlichen Vertrag. Die Übertragung der Kommanditanteile ist dann formbedürftig und damit beurkundungspflichtig. In entsprechender Anwendung des oben genannten § 15 Abs. 4 Satz 2 GmbHG wird ein an sich formunwirksamer, weil nur privatschriftlich abgeschlossener Vertrag über die Übertragung der Gesellschaftsanteile an der Kommanditgesellschaft aber geheilt, wenn zumindest der Abtretungsvertrag der Geschäftsanteile an der Komplementär-GmbH beurkundet wird.[51]

3. Besonderheiten beim *Asset Deal*

150 Zwar ermöglicht § 453 BGB den Kauf von „sonstigen Gegenständen" und bezieht sich damit auch auf ein Unternehmen als funktionelle Einheit. Unabhängig davon erfordert der Übertragungsakt (das dingliche Geschäft) auf Grund des sachenrechtlichen Bestimmtheitsgrundsatzes aber die Bestimmung eines jeden einzelnen Vermögensgegenstandes des Zielunternehmens, der auf den Erwerber übertragen werden soll.

151 **a) Übertragung eines Grundstücks oder von GmbH-Geschäftsanteilen.** Der Verkauf eines Grundstücks ist nach § 311 b Abs. 1 BGB beurkundungspflichtig. Ist eine Übertragung von (Betriebs)grundstücken somit Teil eines Unternehmenskaufs, ist nach der Rechtsprechung der gesamte Kaufvertrag beurkundungspflichtig.[52] Sollte das Zielunternehmen an einer Gesellschaft mit beschränkter Haftung beteiligt sein und folglich die Geschäftsanteile an dieser Gesellschaft zu den Vermögensgegenständen gehören, die auf den Erwerber übertragen werden sollen, löst dies ebenfalls eine Beurkundungspflicht aus. Dabei ist nicht lediglich die (ohnehin beurkundungsbedürftige) Übertragung des Grundstücks oder der GmbH-Geschäftsanteile zu beurkunden, sondern der gesamte Unternehmenskauf zum Gegenstand der notariellen Urkunde zu machen, da insoweit ein untrennbarer Zusammenhang zwischen den Vermögensgegenständen des Zielunternehmens besteht.[53]

152 Mit anderen Worten: Sollten ein formbedürftiges und ein nichtformbedürftiges Geschäft eine Einheit bilden, wird auch der Teil des Unternehmenskaufs beurkundungspflichtig, der ursprünglich nicht der notariellen Form bedurfte. Eine – zum Bespiel zur Reduzierung der Beurkundungskosten erfolgende – Aufteilung des Unternehmenskaufvertrags in einen beurkundungsbedürftigen Teil und einen privatschriftlichen Teil ist daher nicht möglich, wenn nach dem Willen beider Parteien das Zielunternehmen nur als „Ganzes" mit allen Vermögensgegenständen übertragen werden soll.

153 **b) Der Erwerb des gesamten Vermögens des Veräußerers.** Stellt das Zielunternehmen das gesamte Vermögen des Veräußerers dar, knüpft das Gesetz die Wirksamkeit der Verpflichtung zur Übertragung dieses Vermögens ebenfalls an die notarielle Beurkundung (vgl. § 311 b Abs. 3 BGB).[54] Unter „Vermögen" ist die Gesamtheit der Aktiva des Zielunternehmens zu verstehen. Das Beurkundungserfordernis des § 311 b Abs. 3 BGB verfolgt ebenfalls eine Warnfunktion und soll den Veräußerer vor dem übereilten Eingehen einer

[50] Für Namensaktien stellt § 67 Abs. 3 AktG damit einen Gleichlauf zu § 16 Abs. 1 GmbHG her.
[51] BGH DB 1994, 31.
[52] BGHZ 85, 315.
[53] *Semler/Volhard/Koziczinski* § 13 Rn. 108.
[54] Dies gilt gleichermaßen für natürliche oder juristische Personen als Veräußerer.

auf Grund ihres Umfangs und Reichweite für ihn besonders gefährlichen Verpflichtung schützen.[55] Zugleich soll auch in diesem Fall eine sachkundige Beratung der Beteiligten sichergestellt werden (vgl. § 17 BeurkG).

Eine Beurkundungspflicht entfällt jedoch, wenn die einzelnen Vermögensgegenstände 154 einzeln oder in Sammelbezeichnungen aufgeführt sind, unabhängig davon, ob sie das gesamte Vermögen des Veräußerers darstellen. Soweit nicht bereits die Übertragung einzelner Vermögensgegenstände beurkundungspflichtig ist.[56]

In diesem Fall besteht keine Schutzbedürftigkeit für den Veräußerer, da ihm mit der 155 konkreten Auflistung der Vermögensgegenstände die Konsequenzen des beabsichtigten Rechtsgeschäfts vor Augen geführt werden. Wie bereits ausgeführt, erfolgt in der Praxis regelmäßig eine separate Aufstellung der Vermögensgegenstände des Zielunternehmen, die auf den Erwerber übertragen werden sollen. Die damit bewirkte Vermeidung der Anwendbarkeit der Regelung des § 311c Abs. 3 BGB und den mit einer Beurkundung verbundenen Kosten stellt folglich auch eine Rechtfertigung für den im Zusammenhang mit der Erstellung der diesbezüglichen Vermögensverzeichnisse entstehenden nicht unerheblichen internen und externen Aufwand dar.

4. Reichweite

a) Nebenabreden. Nicht selten werden Unternehmenskaufverträge durch Nebenabre- 156 den (so genannte *Side-letters*) ergänzt. Denkbar sind einseitige oder beidseitige Aussagen zum Verständnis oder zur Auslegung einzelner Regelungen des Unternehmenskaufvertrags sowie die Einbeziehung weiterer Parteien, die – zum Teil aus geschäftspolitischen Gründen – nicht Partei des Unternehmenskaufvertrags werden, in den Anwendungsbereich einzelner Bestimmungen im Unternehmenskaufvertrag (zum Beispiel dem Wettbewerbsverbot). Nach Auffassung der Rechtsprechung bedarf auch ein *Side-letter* der Beurkundung, wenn er nicht bloß klarstellende Bedeutung hat.[57] Da eine solche Vorgabe kaum Rechtssicherheit für die Praxis bietet, ist zu empfehlen, sämtliche Nebenabreden, die häufig gerade die im Zusammenhang mit einem Unternehmenskauf sensiblen Absprachen zwischen den Parteien enthalten, ebenfalls zu beurkunden.

b) Beteiligungsverträge. Ein Beteiligungsvertrag, wonach der Erwerber nicht das ge- 157 samte Zielunternehmen, sondern nur eine Beteiligung am Zielunternehmen erwirbt, enthält häufig eine Verpflichtung für die bisherigen Gesellschafter des Zielunternehmens, eine Erhöhung des Gesellschaftskapitals durchzuführen und nur den künftigen Gesellschafter (Erwerber, Investor) als Übernehmer der neuen Einlagen auf das erhöhte Gesellschaftskapital zuzulassen. Der künftige Gesellschafter verpflichtet sich, die neuen Einlagen zu übernehmen und in das Zielunternehmen zu investieren, gegebenenfalls auch durch Zahlung eines – den immateriellen Unternehmenswert *(Good Will)* widerspiegelnden Aufgelds (Agio). Unabhängig davon, dass sich diese Verpflichtungen auf eine Änderung des Gesellschaftsvertrags beziehen, bedürfen solche Regelungen (Stimmbindungen) auch bei Kapitalgesellschaften nicht der notariellen Beurkundung.[58]

Soweit in Beteiligungsverträgen aber Mitveräußerungsrechte und -pflichten für den 158 Fall des beabsichtigten Verkaufs durch einzelne Gesellschafter (so genannte *drag along-* und *tag along*-Klauseln) vorgesehen sind, bedürfen diese Verträge im Fall einer Gesellschaft mit beschränkter Haftung der notariellen Beurkundung. Diese Vereinbarungen stellen Verpflichtungen für die Beteiligten zur Übertragung von Geschäftsanteilen dar und fallen daher in den Anwendungsbereich des § 15 Abs. 4 Satz 1 GmbHG.

---

[55] *Staudinger/Wufka* § 311b Abs. 3 BGB Rn. 9.

[56] BGHZ 25, 1 (4); vgl. auch MünchKommBGB/*Krüger* § 311 Rn. 103.

[57] BGH NJW 1986, 2642.

[58] Zu berücksichtigen ist aber, dass die Übernahme neuer Stammeinlagen bei einer Gesellschaft mit beschränkter Haftung sowie die diesbezüglichen Verpflichtungen notariell beglaubigt werden müssen (vgl. § 55 Abs. 1 GmbHG). Bei Aktiengesellschaften ist hingegen die privatschriftliche Zeichnung der neuen Aktien ausreichend (vg. § 185 AktG). Vgl. OLG Köln GmbHR 2003, 416.

159 c) **Anlagen zum Unternehmenskaufvertrag.** Grundsätzlich sind sämtliche Anlagen zum Unternehmenskaufvertrag durch Verlesen ebenfalls zum **Bestandteil der Urkunde** zu machen. Eine Ausnahme hiervon sieht § 14 BeurkG vor, wonach Bilanzen, Inventare, Nachlassverzeichnisse und sonstige Bestandsverzeichnisse über Sachen, Rechte und Rechtsverhältnisse, die in ein Schriftstück aufgenommen werden, auf das in der Urkunde verwiesen und der Urkunde beigefügt wird, nicht verlesen werden müssen, wenn die Parteien hierauf verzichten.

160 In der Praxis stellt sich in diesem Zusammenhang häufig die Frage, inwieweit Entwürfe zukünftiger Vereinbarungen, die ergänzend abzuschließen sind (zum Beispiel ein so genanntes *Toll Manufacturing Agreement,* wonach sich der Veräußerer verpflichtet, dem Zielunternehmen auch nach der Übertragung an den Erwerber bestimmte Leistungen für einen Übergangszeitraum zur Verfügung zu stellen) oder aber auch Unterlagen, die im Rahmen der *Due Diligence* offen gelegt wurden (zum Beispiel wichtige Verträge des Zielunternehmens) dem Unternehmenskaufvertrag beizufügen sind. Zur Abgrenzung gilt hier Folgendes:

161 Dokumente, die Einfluss auf die künftigen Rechtsverhältnisse zwischen Erwerber und Veräußerer haben sollen und damit den **rechtsgeschäftlichen Inhalt** der abzuschließenden Vereinbarung ausmachen, sind gerade aus diesem Grund zum Gegenstand der Beurkundung zu machen. Soweit nicht die vorgenannte Ausnahmeregelung des § 14 BeurkG Anwendung findet, sind diese Anlagen zum Unternehmenskaufvertrag (zum Beispiel das angesprochene *Toll Manufacturing Agreement*) ebenfalls zu verlesen. Unterlagen, die im Rahmen der *Due Diligence* offen gelegt wurden, haben regelmäßig nur Einfluss auf den **Umfang der Gewährleistungen** des Veräußerers und die diesbezüglichen Gewährleistungsansprüche des Erwerbers. Dementsprechend ist lediglich zu dokumentieren, welche Unterlagen einen entsprechenden Einfluss haben sollen. Der Inhalt dieser Unterlagen ist an dieser Stelle von nachrangiger Bedeutung. Entscheidend ist lediglich die Frage, ob der Inhalt dieser Unterlagen dem Erwerber bekannt ist. Dementsprechend können diese Unterlagen zu Identifizierungszwecken in einem Inhaltsverzeichnis erfasst werden, das als Anlage dem Unternehmenskaufvertrag beizufügen ist und in Anwendung des § 14 BeurkG nicht verlesen zu werden braucht. Nicht erforderlich ist es, die in der Anlage aufgeführten Verträge dann ebenfalls zum Bestandteil der Urkunde zu machen. Denkbar wäre noch, diese lediglich zu Beweiszwecken beizufügen. Insoweit sind diese Unterlagen aber nicht Bestandteil der Urkunde über den Unternehmenskaufvertrag.

5. Beurkundungen im Ausland

162 In der Praxis werden Unternehmenskaufverträge, soweit ein Beurkundungserfordernis besteht, häufig im Ausland, vor österreichischen oder schweizerischen Notaren beurkundet. Die damit verbundene Frage, ob das Formerfordernis des § 15 GmbHG auch durch die Beurkundung vor einem ausländischen Notar erfüllt werden kann, hat der Bundesgerichtshof zumindest für die Beurkundung auch in Österreich und einigen Schweizer Kantonen bejaht.[59] Dogmatische Grundlage ist insoweit das so genannte Geschäftsstatut (Art. 11, 1. Alt. EGBGB), wonach ein Rechtsgeschäft formgültig ist, wenn es den Formvorschriften des deutschen Rechts entspricht.

163 Nach dem Bundesgerichtshof kommt es dabei darauf an, dass der Beurkundungsvorgang im Ausland der deutschen Beurkundung gleichwertig ist.[60] Gleichwertigkeit ist aus Sicht des Bundesgerichtshofes gegeben, wenn die ausländische Urkundsperson nach Vorbildung und Stellung im Rechtsleben eine der Tätigkeit des deutschen Notars entspre-

[59] BGHZ 80, 76 (78); BGH RIW 1989, 649; inzident auch BGH NJW-RR 2000, 273 ff.

[60] Die Urkunde muss durch den (oder im Beisein von dem) Notar verlesen werden und darf den Beteiligten nicht nur zum eigenen Lesen vorgelegt werden. Zwei Beispiele zum diesbezüglichen Meinungsstreit in der Literatur sind: *Palandt/Heldrich* § 11 EGBGB Rn. 14; *Lutter/Hommelhoff/Bayer* § 15 GmbHG Rn. 2.

chende Funktion ausübt und für die Errichtung der Urkunde ein Verfahrensrecht zu beachten hat, das den tragenden Grundsätzen des deutschen Beurkundungsrechts entspricht.[61] Für Zürich,[62] Basel-Stadt[63] und Österreich[64] ist dies durch die Rechtsprechung bejaht worden. Eine allgemein gültige Aussage lässt sich für die Schweiz auf Grund der stark abweichenden Beurkundungsvorschriften innerhalb der einzelnen Kantone allerdings nicht treffen. Eine weitere Möglichkeit besteht darin, durch die Rechtswahl im Unternehmenskaufvertrag den Formvorschriften desjenigen Landes zur Anwendung zu verhelfen, in dem der Unternehmenskaufvertrag beurkundet werden soll. In diesem Fall ist ein Rechtsgeschäft formgültig, wenn es die Formerfordernisse des Rechts erfüllt, in dem es vorgenommen wird (Art. 11, 2. Alt. EGBGB). Für schuldrechtliche Vereinbarungen gilt insoweit der Grundsatz der freien Rechtswahl (Art. 27 EGBGB). Zu beachten ist jedoch, dass diese Möglichkeit für die – ebenfalls beurkundungsbedürftige – Abtretung von Geschäftsanteilen an einer Gesellschaft mit beschränkter Haftung verschlossen ist, da insoweit das Gesellschaftsstatut und damit das Recht des Staates, wo die Gesellschaft ihren Sitz hat, zwingend Anwendung findet (Art. 37 Nr. 2 EGBGB).

Fraglich ist, ob mit Einführung des MoMiG auch in Zukunft Unternehmenskaufver- 164
träge im Ausland abgeschlossen und vollzogen werden können. Nach § 40 Abs. 2 GmbHG besteht nun nämlich eine Pflicht für den beurkundenden Notar, mit Wirksamkeit der Abtretung eine Gesellschafterliste beim Handelsregister einzureichen. Diese Pflicht des Notars soll eine erhöhte Richtigkeitsgewähr der zum Handelsregister eingereichten Gesellschafterliste bewirken, da die Gesellschafterliste für den gutgläubigen Erwerb von Geschäftsanteilen von zentraler Bedeutung ist. Es erscheint zweifelhaft, ob ein ausländischer Notar diese Verpflichtung erfüllen kann[65]. Der Notar im Ausland wird nämlich von der Pflicht zur Einreichung der Gesellschafterliste nicht betroffen. Fraglich ist, ob die Rechtsprechung künftig eine Einreichung durch die Geschäftsführer für ausreichend erachten wird. Wir raten daher nach Inkrafttreten des MoMiG von einer Beurkundung eines Unternehmenskaufvertrags im Ausland ab, solange diesbezüglich noch keine obergerichtliche Rechtsprechung vorliegt.

IV. Kaufpreis

Der Kaufpreis ist in der Regel der am intensivsten verhandelte Punkt im Rahmen einer 165
Unternehmensakquisition. Die Methoden zur Bewertung des Unternehmens und damit zur Ermittlung des Kaufpreises sind vielfältig und zahlreich.[66] Im Rahmen eines Unternehmenskaufs ist der Wert des Unternehmens letztlich derjenige, den ein fremder Dritter bereit ist, für das Unternehmen zu bezahlen. In der Praxis finden sich zwei Grundformen des Kaufpreises:
- der feste Kaufpreis sowie
- der variable Kaufpreis.

1. Der feste Kaufpreis

a) **Anwendungsfälle.** Von einem festen Kaufpreis wird gesprochen, wenn bereits bei 166
Unterzeichnung des Kaufvertrags *(Signing)* der genaue Betrag feststeht, der vom Käufer an den Verkäufer fließt. Die Vereinbarung eines festen Kaufpreises kann sich in folgenden Fällen anbieten:
- Es handelt sich um eine kleine Transaktion, bei der sich der Aufwand nicht lohnt, eine spätere Kaufpreiszahlung etwa durch besondere Stichtagsbilanzen vorzunehmen.

---

[61] BGHZ 80, 76ff.
[62] BGH DB 1981, 983; OLG Frankfurt DB 1981, 1456.
[63] LG Nürnberg-Fürth DB 1991, 2029; OLG München GmbHR 1998, 46.
[64] BayObLG GmbHR 1978, 39.
[65] So zum Beispiel Fetsch; RNotZ 2007, S 32, S 35 A. A: Saenger/Scheuch, BB 2008, 65ff.
[66] Hierzu etwa *Bruski* BB Sonderbeilage (2005) 7, 19.

- Es handelt sich um den Erwerb eines Unternehmens von der öffentlichen Hand. Der öffentlichen Hand kommt es häufig darauf an, einen festen Mittelzufluss zu vereinnahmen. Eine Kaufpreisanpassung kann dann nicht durchgesetzt werden.
- Es handelt sich um den Erwerb von Unternehmen oder Unternehmensteilen aus der Insolvenzmasse. Der Insolvenzverwalter als Verwerter der Insolvenzmasse ist für die Gläubiger daran interessiert, möglichst schnell Liquidität zu vereinnahmen. Zeitaufwendige Anpassungsmechanismen liegen daher im Regelfall nicht im Interesse des Insolvenzverwalters, da er der Masse zugeflossene Mittel schnell und endgültig an die Gläubiger ausschütten möchte.

167 b) **„*Locked Box*"-Konzept.** Im Hinblick darauf, dass Kaufpreisanpassungsmechanismen vertraglich mit einem hohen Regelungsbedarf einhergehen, oft aufwendig, teuer und streitanfällig sind, erfreut sich gerade in jüngerer Zeit die Vereinbarung eines festen Kaufpreises verbunden mit bestimmten Gewährleistungen wachsender Beliebtheit. Es handelt sich dabei um das so genannte *„locked box"* System. Diesem System liegt die Vorstellung zu Grunde, dass es sich bei dem zu erwerbenden Unternehmen um eine abgeschlossene Einheit *(„locked box")* handelt, die ausgehend von dem letzten Jahresabschluss, den der Käufer kennt und dessen Richtigkeit er sich garantieren lassen kann, als geschlossenes System vom Verkäufer bis zur Übergabe an den Käufer fortgeführt wird. Aus dem Unternehmen dürfen im Rahmen des ordentlichen Geschäftsbetriebs keine ungewöhnlichen oder nicht offen gelegten Abflüsse erfolgt sein. Grundlage für die Vereinbarung eines festen Kaufpreises im *„locked box"* System ist mithin ein Jahresabschluss des Zielunternehmens, der vom Käufer geprüft werden kann. Ergänzend werden in dem Kaufvertrag die folgenden Garantien aufgenommen:

Formulierungsbeispiel ergänzende Garantie im *„Locked Box"*-Konzept:

Seit dem Stichtag des letzten Jahresabschlusses ist der Geschäftsbetrieb im Rahmen des ordentlichen Geschäftsgangs fortgeführt worden.

Es sind keine Ausschüttungen, sonstige Zahlungen, Übertragungen von Vermögensgegenständen, Übernahmen von Verbindlichkeiten oder Rückzahlungen von Verbindlichkeiten an den Verkäufer in dem Zeitraum seit dem letzten Jahresabschlussstichtag vorgenommen worden. Ausgenommen hiervon sind Zahlungen und Leistungen an den Verkäufer, die auf der Grundlage von zwischen fremden Dritten üblichen Vereinbarungen abgeschlossen worden sind.

2. Vereinbarung eines variablen Kaufpreises

168 In der Praxis sehr häufig anzutreffen sind variable Kaufpreisregelungen. Variable Kaufpreisregelungen sind Instrumente, um mit Unsicherheiten in der Bewertung des Unternehmens umzugehen. Bei variablen Kaufpreisklauseln sieht der Unternehmenskaufvertrag vor, dass zunächst ein vorläufiger Kaufpreis zu entrichten ist, der beispielsweise auf der Grundlage des letzten bekannten Jahresabschlusses ermittelt wird und der endgültige Kaufpreis nach Vorliegen einer Kaufpreisanpassungsberechnung zu entrichten ist. Der Übergang der Geschäftsanteile findet dabei in der Regel bereits bei Entrichtung des vorläufigen Kaufpreises statt. Es lassen sich zwei Grundformen von variablen Kaufpreisgestaltungen unterscheiden: vergangenheitsbezogene Anpassungen des Kaufpreises (dazu nachfolgend unter Buchst. a)) und zukunftsbezogene Anpassungen des Kaufpreises (dazu nachfolgend unter b)).

169 a) **Vergangenheitsbezogene Anpassung des Kaufpreises.** Vergangenheitsbezogene Anpassungen des Kaufpreises kommen in vielfältigen Varianten vor.[67] Nachfolgend werden die am häufigsten vorkommenden Beispiele geschildert:

[67] *Bruski* BB Sonderbeilage Betriebsberater 2005, 19 ff.

aa) Cash and Debt Free-Klauseln. Bei Vereinbarung einer *Cash and Debt Free*-Regelung[68] gehen die Parteien von einem Gesamtunternehmenswert aus (so genannter enterprise value), der beispielsweise durch eine Multiplikatorbewertung ermittelt worden ist. So kann der Unternehmenswert über das *EBITDA (earnings before interest, tax, depreciation and amortisation)* unter Anwendung eines Multiplikators ermittelt werden. Dieser *„Enterprise Value"* ist der innere Wert des Unternehmens, unabhängig von der Art seiner Finanzierung.[69] Von dem enterprise value wird der Eigenkapitalwert *(„Equity Value")* abgeleitet. Er ist der Wert des Unternehmens nach Berücksichtigung der Finanzierung. Der equity value entspricht dabei idealtypisch dem Unternehmenswert *(Enterprise Value)* unter Berücksichtigung des Saldos aus Finanzverbindlichkeiten und nicht betriebsnotwendiger Liquidität. Die Parteien haben insofern die Vorstellung, dass zum Vollzugsstichtag – fiktiv – alle Fremdverbindlichkeiten zurückgeführt und die gesamte freie Liquidität – ausgeschüttet würde. Eine vertragliche Klausel für eine Cash and Debt free-Klausel könnte wie folgt lauten: 170

Formulierungsbeispiel *Cash and Debt Free*-Klausel:

Der Kaufpreis erhöht sich um diejenigen Beträge, die im Abgrenzungsabschluss als Barmittel im Sinne von § 266 Abs. 2 Buchst. B Abschnitt IV HGB zu bilanzieren sind.

Der Kaufpreis ermäßigt sich um die Beträge, die im Abgrenzungsabschluss als Fremdverbindlichkeiten im Sinne von § 266 Abs. 2 Buchst. C Ziff. 5 HGB zum Stichtag zu bilanzieren sind.

Die Definition der Barmittel kann dabei auch Forderungen gegenüber verbundenen Unternehmen, § 266 Abs. 2 Buchst. B Abschnitt II Ziff. 2 HGB, Forderungen gegenüber Unternehmen, mit denen ein Beteiligungsverhältnis besteht, § 266 Abs. 2 Buchst. B Abschnitt II Ziff. 3 HGB, Wertpapiere, § 266 Abs. 2 Buchst. B Abschnitt III Ziff. 3 HGB, sowie aktive Rechnungsabgrenzungsposten im Sinne des § 266 Abs. 2 C HGB umfassen. Zu den Fremdverbindlichkeiten können auch Verbindlichkeiten gegenüber verbundenen Unternehmen im Sinne des § 266 Abs. 3 C Ziff. 6 HGB und passive Rechnungsabgrenzungsposten im Sinne des § 266 Abs. 3 C HGB zählen. 171

Welche Positionen in die Berechnung der Barmittel und der Fremdverbindlichkeiten einbezogen werden, ist oftmals Gegenstand intensiver Verhandlungen zwischen den Parteien. Es können sich bereits systematische Unklarheiten durch die Verwendung unterschiedlicher Begriffswelten ergeben (beispielsweise Bilanzierung nach IFRS oder nach HGB). 172

Bei der Vereinbarung von *„Cash and Debt Free"* Kaufpreisklauseln ist Vorsicht geboten, damit die Klauseln auch wirklich ihren Zweck erfüllen. So kann der Veräußerer des Unternehmens, der im Regelfall einen ausreichenden Vorbereitungszeitraum vor Durchführung der Transaktion hat, Gestaltungen durchführen, um die „debt position", die vom Kaufpreis abgezogen wird, möglichst niedrig zu halten und im Gegenzug die „cash position", die zusätzlich vergütet wird, hoch zu setzen. Beispiele hierfür sind etwa: 173

- Aktivtausch durch Verkauf von Anlagevermögen gegen Barmittel: Dies führt zu einer Steigerung des Barmittelbestandes,
- Vereinbarung unüblicher Zahlungsziele mit Lieferanten: Dies bedeutet de facto eine Fremdfinanzierung, die sich nicht in der Bilanz niederschlägt oder
- unübliche Vorauszahlungsvereinbarungen mit Kunden: Diese erhöhen unmittelbar den Cash-Bestand.[70]

---

[68] Ausführlich: *Hilgard* DB 2007, 559 ff.

[69] *von Braunschweig* DB 2002, 1815.

[70] *Bruski* BB Sonderbeilage Betriebsberater 2005, 19 (25).

174 Es ist deshalb zu empfehlen, bei der Vereinbarung einer *Cash and Debt Free*-Klausel flankierende Vertragsklauseln vorzusehen, die entsprechende Gestaltungen des Verkäufers korrigieren können. Technisch werden *Cash and Debt Free*-Klauseln dadurch umgesetzt, dass zu einem bestimmten Stichtag eine Bilanz aufgestellt wird. Die sich aus dieser Bilanz ergebenden Finanzverbindlichkeiten und Barmittel sind maßgeblich für die Bestimmung der vereinbarten cash and debt Positionen.

175 *bb) Eigenkapitalbezogene Kaufpreisanpassungen.* Sehr häufig wird insbesondere beim Erwerb von mittelständischen Unternehmen eine Kaufpreisanpassung im Hinblick auf ein bestimmtes garantiertes Eigenkapital vorgesehen. Im Kaufvertrag wird vereinbart, dass zu dem Vollzugsstichtag ein bestimmtes Eigenkapital bei der Zielgesellschaft vorhanden sein muss. Ergibt die auf den Vollzugsstichtag festzustellende Bilanz eine Abweichung von diesem garantierten Eigenkapital, so findet eine Kaufpreisanpassung statt.

176 Eine Klausel für eine Kaufpreisanpassung wegen einer Veränderung des Eigenkapitals kann etwa wie folgt lauten:

Formulierungsbeispiel Kaufpreisanpassung:

Der vorläufige Kaufpreis ändert sich wie folgt: (i) Er ist um denjenigen Betrag zu erhöhen, um den das in der Stichtagsbilanz ausgewiesene Eigenkapital der Gesellschaft den Betrag von [...] Euro übersteigt; und (ii) er ist um denjenigen Betrag zu mindern, um den das in der Stichtagsbilanz ausgewiesene Eigenkapital der Gesellschaft den Betrag von [...] unterschreitet. Eigenkapital im Sinne dieses Vertrags besteht aus der Summe der Bilanzpositionen nach § 266 Abs. 3 A HGB.

177 Eine aus Sicht des Käufers noch umfassendere Absicherung ergibt sich, wenn garantiert wird, dass in der Stichtagsbilanz sämtliche Umstände, die am Stichtag gegeben sind, in den Bilanzpositionen des Eigenkapitals hinreichend berücksichtigt und vollständig und richtig abgebildet sind. Gelingt die Durchsetzung einer solchen Klausel, stellt diese eine sehr umfassende Gewährleistung für die Verhältnisse der Zielgesellschaft am Stichtag dar, die sogar die Aufnahme einzelner Gewährleistungsklauseln entbehrlich machen kann.

178 *cc) Kaufpreisanpassung um Wertveränderungen des Umlaufvermögens (Working Capital Garantie).* Oftmals findet sich in Kombination mit einer so genannten „*Cash and Debt Free*"-Kaufpreisanpassung auch eine Garantie, dass ein bestimmtes Umlaufvermögen bei der Zielgesellschaft zum Stichtag vorhanden ist. Angelsächsisch wird eine solche Garantie als „*Working Capital*-Garantie" bezeichnet, wobei der Begriff des *Working Capital* unterschiedlich definiert wird. Insbesondere Finanzinvestoren aus dem angelsächsischen Raum verlangen gerne eine isolierte Kaufpreisanpassung, um Wertänderungen des Umlaufvermögens Rechnung zu tragen, wenn das Umlaufvermögen im Laufe eines Jahres erheblich schwankt. Solche Differenzen können bei Unternehmen ausgeprägt sein, die einen im Jahresverlauf wechselnden Geschäftsumfang haben, zum Beispiel auf Grund eines Saison-Geschäfts. Eine Kaufpreisanpassungsklausel im Zusammenhang mit Änderungen des *Working Capital* könnte dabei wie folgt lauten:

Formulierungsbeispiel *Working Capital:*

Der Kaufpreis erhöht oder mindert sich um Wertveränderungen des Umlaufvermögens zum Stichtag gegenüber dem Durchschnittsbestand der letzten zwölf Monate vor dem Stichtag, der verbindlich mit EUR [...] vereinbart wird.

179 Als unter den Begriff des Umlaufvermögens fallend kommen folgende Positionen in Betracht: Vorräte, Forderungen aus Lieferungen und Leistungen, Forderungen gegenüber

verbundenen Unternehmen auf der Aktivseite. Auf der Passivseite sind dem Umlaufvermögen zuzurechnen: erhaltene Anzahlungen auf Bestellungen, Verbindlichkeiten aus Lieferungen und Leistungen sowie sonstige Verbindlichkeiten.

Die Abgrenzung von langfristigen und kurzfristigen Verbindlichkeiten ist zwar in der Vertragsformulierung einfach. Wirtschaftlich kann die Abgrenzung jedoch schwierig sein, da kurzfristige und langfristige Bankverbindlichkeiten häufig austauschbar sind. Empfehlenswert ist es daher, die kurzfristigen Bankverbindlichkeiten nicht stichtagsbezogen, sondern als Jahresdurchschnittswert in die Berechnung einfließen zu lassen (die Beispielsklausel berücksichtigt dies).[71] 180

Statt einer Kaufpreisanpassung im Hinblick auf ein bestimmtes *Working Capital* kommt auch die Vereinbarung einer Garantie in Betracht, wonach das *Working Capital* des Zielunternehmens zum Vollzugsstichtag im Rahmen des normalen und üblichen Geschäftsgangs vorhanden ist. Dieser Wert lässt sich als Durchschnittswert definieren und sollte in den Vertrag aufgenommen werden. 181

dd) Gewinnausschüttungen. Eine Frage, die häufig zu Diskussionen im Rahmen der Kaufpreisverhandlung führt, ist die Behandlung von Gewinnausschüttungen. Oftmals findet sich in Verträgen die etwas unklare Regelung, dass „Gewinne ab dem Übergangsstichtag" dem Käufer zustehen sollen. Sollen Gewinnausschüttungen vor dem Übergangsstichtag noch dem Verkäufer zustehen, sollte dies klar geregelt werden. Insbesondere ist es wichtig, klarzustellen, ob Liquiditätsabflüsse für Dividenden und Kapitalertragssteuern oder die Aufnahme entsprechender Verbindlichkeiten im Stichtagsabschluss im Rahmen der Nettofinanzverbindlichkeiten kaufpreismindernd berücksichtigt werden. Aus Käufersicht ist zu empfehlen, dass Gewinne des Vorjahres unabhängig von Regelungen des Gewinnbezugsrechts ab dem Übergangsstichtag nur insoweit an den Verkäufer ausgeschüttet werden dürfen, als dies aus zum Stichtag vorhanden Bankguthaben möglich ist. Verbindlichkeiten, die zum Zwecke der Ausschüttung aufgenommen werden, sollten im Rahmen der Nettofinanzverbindlichkeiten erfasst werden. 182

b) Die zukunftsbezogene Anpassung des Kaufpreises: *Earn Out* (Besserungsscheinvereinbarungen). Können sich die Parteien über einen Kaufpreis (gegebenenfalls mit einem der vorstehend beschriebenen Anpassungsmechanismen) nicht einigen und ist die Einschätzung der Erfolgsaussichten des Unternehmens durch die Verkäuferseite und die Käuferseite stark unterschiedlich, wird in Verhandlungen häufig eine so genannte Besserungsscheinvereinbarung, auch „*Earn Out*" genannt, ins Spiel gebracht.[72] Dies bedeutet, dass sich der Kaufpreis unter bestimmten Voraussetzungen erhöhen soll. Der Verkäufer erhofft sich dadurch eine Kaufpreisanpassung nach oben, weil sich in der Zukunft das Potential des Unternehmens zeigen werde. Aus Sicht des Käufers kann die Vereinbarung eines *Earn Out*s attraktiv sein, weil sie faktisch die Stundung eines eigentlich höheren Kaufpreises bewirkt. In Fällen, in denen das Verhalten der Verkäufer für den Erfolg der Transaktion wichtig ist, kann der *Earn Out* die Verkäufer möglicherweise zu loyalem Verhalten motivieren.[73] 183

Gleichwohl ist zweifelhaft, ob die Vereinbarung von *Earn Out*-Klauseln wirtschaftlich sinnvoll ist. Aus Käufersicht ist eine wirtschaftlich sinnvolle Integration des Zielunternehmens in das Unternehmen des Käufers schwierig. In der Regel stellen *Earn Out* Regelungen auf Umsatz und Ertrag des Zielunternehmens ab. Dies bedeutet, dass ein gesonderter Bilanzkreis für das Zielunternehmen beizubehalten ist. Wird das Unternehmen rechtlich hingegen in die Gruppe des Käufers integriert, können die Kennzahlen des nun nicht mehr rechtlich selbständigen Unternehmens nur über komplexe Proforma-Regelungen ermittelt werden. Der Verkäufer müsste sich, um sich vor kaufpreisschädlichen Weisungen des Käufers schützen zu können, vertraglich noch Mitwirkungsrechte auf die 184

[71] Hierzu auch *von Braunschweig* DB 2002, 1815 (1816).
[72] *Bauer* DB 1993, 1273 ff.
[73] *Bruski*, Sonderbeilage Betriebsberater 2005, 19 ff.

Führung des Unternehmens ausbedingen. Der Verkäufer hätte sonst keinen Einfluss darauf, wie der Käufer das Unternehmen führt. Der Käufer wäre dann auf Grund seiner Einflussmöglichkeiten auf die Geschäftsführung in der Lage, Ergebnisverlagerungen bei dem Zielunternehmen zu seinem Vorteil herbeizuführen.

185 Die vorstehenden Gesichtspunkte machen *Earn Out* Klauseln für die Vertragsgestaltung außerordentlich kompliziert. In der Praxis werden *Earn Out* Klauseln deshalb zwar oft angesprochen und verhandelt, wegen der damit verbundenen Schwierigkeiten jedoch nur selten tatsächlich auch Bestandteil des endgültig abgeschlossenen Vertrags.

186 c) **Stichtagsbilanzen.** Die vorstehend unter Buchstaben a) aa) bis dd) geschilderten Kaufpreisanpassungsklauseln haben gemeinsam, dass ihnen Stichtagsbilanzen zu Grunde zu legen sind.

187 Der Unternehmenskaufvertrag sollte deshalb auch eine Regelung dazu enthalten, wer die Stichtagsbilanz nach welchen Grundsätzen aufstellt. Häufig wird die Stichtagsbilanz unter der Regie des Käufers aufgestellt, weil das Zielunternehmen bereits durch die Zahlung des vorläufigen Kaufpreises auf den Käufer übergegangen ist. Dem Verkäufer stehen dann regelmäßig Prüfungs- und Einwendungsrechte gegen die vom Käufer vorgelegte Stichtagsbilanz zu. Der Unternehmenskaufvertrag sollte dann einen Streitschlichtungsmechanismus für den Fall vorsehen, dass sich die Parteien über die Einwendungen des Verkäufers nicht einigen können. Im Allgemeinen findet sich in Unternehmenskaufverträgen eine Klausel, wonach in diesem Fall ein Dritter, im Regelfall ein Wirtschaftsprüfer, verbindlich über die strittigen Fragen zu entscheiden hat. Für den Fall, dass sich die Parteien über die Person des Dritten nicht einigen können, sollte der Unternehmenskaufvertrag die Zuständigkeit einer weiteren Person oder Institution (beispielsweise den Präsidenten der Industrie- und Handelskammer oder das Instituts der Wirtschaftsprüfer) vorsehen, die den Dritten bestimmt. Ein Beispiel für eine solche Klausel könnte wie folgt lauten:

Formulierungsbeispiel Abgrenzungsabschluss:

Der Verkäufer ist berechtigt, innerhalb von drei Wochen nach Vorlage des Abgrenzungsabschlusses durch den Käufer Einwendungen gegen den Abgrenzungsabschluss dem Käufer schriftlich mitzuteilen. Einigen sich der Verkäufer und der Käufer nicht innerhalb einer weiteren Frist von drei Wochen über die endgültige Höhe des Kaufpreises, hat auf Antrag einer der Parteien ein Wirtschaftsprüfer oder eine Wirtschaftsprüfungsgesellschaft verbindlich den Kaufpreis für alle Beteiligten zu bestimmen. Können sich die Parteien nicht einigen, welche Wirtschaftsprüfungsgesellschaft beauftragt werden soll, entscheidet auf Antrag einer der Parteien der Präsident der Industrie- und Handelskammer [...] über die zu beauftragende Wirtschaftsprüfungsgesellschaft. Die Parteien tragen die Kosten und Auslagen der Wirtschaftsprüfungsgesellschaft gemäß den Grundsätzen der §§ 91 ff. ZPO (im Verhältnis von Obsiegen und Unterliegen).

V. Der Unternehmenskaufvertrag zwischen *Signing* und *Closing*

188 Grundsätzlich zu unterscheiden sind die Unterzeichnung des Unternehmenskaufvertrags *(Signing)* und dessen Vollzug *(Closing)*. Denkbar ist, dass *Signing* und *Closing* am selben Tag stattfinden oder zwischen beiden Terminen sogar mehrere Monate liegen. Als drittes Datum, das in diesem Zusammenhang zu berücksichtigen ist und im Unternehmenskaufvertrag gesondert geregelt werden sollte, ist der Übergangsstichtag zu nennen.

189 Der Übergangsstichtag kann dabei mit dem *Closing* des Unternehmenskaufvertrags zusammenfallen, was aus Erwerbersicht die günstigste Regelung darstellt. Unabhängig von dem Zeitpunkt des dinglichen Vollzugs des Unternehmenskaufs kann der schuldrechtliche Übergangsstichtag aber auch in der Vergangenheit liegen. Unter Umständen ist eine solche vertragliche Gestaltung für den Veräußerer des Zielunternehmens günstiger.

1. Übergangsstichtag und Stichtagsregelungen

Mit der Vereinbarung eines Übergangsstichtags im Unternehmenskaufvertrag werden in aller Regel Besitz, Gefahr, Nutzen, insbesondere Gewinnbezugsrechte, und Lasten im Hinblick auf das Zielunternehmen zwischen den Vertragsparteien abgegrenzt. Ferner stellt der Übergangsstichtag häufig den Anknüpfungspunkt für die Haftung des Veräußerers hinsichtlich der von ihm übernommenen Gewährleistungen dar. Als zeitlicher Bezugspunkt für die Rechtswirkungen, die mit dem rechtlichen und wirtschaftlichen Übergang des Zielunternehmens verbunden sind, ist die Vereinbarung eines Übergangsstichtags im Unternehmenskaufvertrag besonders empfehlenswert. Dies gilt insbesondere für den Fall, dass der Unternehmenskauf im Wege eines *Asset Deal*s vollzogen wird. 190

Im Unternehmenskaufvertrag sollte eine diesbezügliche Regelung jedoch nicht darauf beschränkt sein, einen Übergangsstichtag als festes Datum zu definieren. Eine solche Regelung ist nur dann zweckmäßig, wenn mit der Bestimmung des Übergangsstichtags im Unternehmenskaufvertrag auch klargestellt wird, welche Rechtswirkungen und Rechtsfolgen mit dem Eintritt des Übergangsstichtags verbunden sind. Regelmäßig wird durch den Veräußerer eine Stichtags- oder Abgrenzungsbilanz aufzustellen sein, um die vorstehend genannten Rechtspositionen zwischen Veräußerer und Erwerber des Zielunternehmens abzugrenzen. 191

Zu den wichtigsten Stichtagsregelungen[74] zählt vor allem die Abgrenzung des Gewinnbezugsrechts. Eine Bestimmung der Verteilung des Gewinns des Zielunternehmens für das Geschäftsjahr, in welchem der Unternehmenskauf vollzogen wird, wäre streng nach Gesetz (jedenfalls bei Kapitalgesellschaften) zwar nur dann erforderlich, wenn von der gesetzlichen Regelung, wonach der Gewinnauszahlungsanspruch für dieses Geschäftsjahr grundsätzlich dem Erwerber zusteht, wenn dieser im Zeitpunkt des Ergebnisverwendungsbeschlusses Inhaber der Anteile ist,[75] abgewichen werden soll oder der Gewinn des laufenden Geschäftsjahrs nicht Bestandteil der Kaufpreisermittlung ist. Gleichwohl ist es üblich, dass der Unternehmenskaufvertrag entsprechende Regelungen enthält. Im Zusammenhang mit dem Übergangsstichtag sollte geregelt werden, wer die Gefahr der Verschlechterung des Zielunternehmens zwischen *Signing* und *Closing* trägt. Der Erwerber des Zielunternehmens wird diese Gefahrtragung nur dann übernehmen wollen, wenn ihm bereits zu diesem Zeitpunkt die unternehmerische Kontrolle über das Zielunternehmen eingeräumt wird, was insbesondere aus fusionskontrollrechtlichen Gründen nicht immer möglich sein wird. 192

2. *Signing*

Unter *Signing* des Unternehmenskaufvertrags ist der Abschluss des schuldrechtlichen Verpflichtungsgeschäfts zu verstehen. Mit dem *Signing* wird der Anspruch des Erwerbers auf Übertragung des Zielunternehmens begründet. Unabhängig von der Vereinbarung eines wirtschaftlichen Übergangsstichtags kann auch das Datum der Unterzeichnung des Unternehmenskaufvertrags als Stichtag für die Gewährleistungen des Veräußerers herangezogen werden. 193

Zum Teil wird von Seiten des Veräußerers die Fälligkeit zumindest eines Teils des Kaufpreis geltend gemacht. Zur Begründung wird darauf abgestellt, dass mit der Unterzeichnung des Unternehmenskaufvertrags das Zielunternehmen faktisch verkauft wird, da sich der Veräußerer häufig nicht mehr einseitig vom Unternehmenskaufvertrag lösen kann und ferner die Geschäftstätigkeit des Zielunternehmens faktisch nach den Interessen des Erwerbers ausgerichtet wird. Dennoch sollte durch den Erwerber zu diesem 194

[74] Ausführlich zur Risikoverteilung beim Unternehmenskauf durch Stichtagsregelungen: *Lappe/Schmidt* DB 2007, 153 ff.

[75] § 29 Abs. 1 GmbHG, wobei jedoch zu berücksichtigen ist, dass dem Veräußerer gemäß § 101 Nr. 2 Halbsatz 2 BGB ein schuldrechtlicher Anspruch gegen den Erwerber auf den bis zum Übergangsstichtag angefallenen anteiligen Gewinn zusteht.

Zeitpunkt, wenn überhaupt, nur ein geringer Teil des Kaufpreises gezahlt werden. Unabhängig von den faktischen Einflüssen wird der Erwerber zu diesem Zeitpunkt noch nicht Inhaber des Zielunternehmens und sollte sich daher auch die Möglichkeit vorbehalten, sich unter bestimmten Umständen von dem Unternehmenskaufvertrag wieder lösen zu können. In diesem Fall würde der Erwerber das Insolvenzrisiko auf Seiten des Veräußerers im Hinblick auf etwaig bereits gezahlte Teilbeträge des Kaufpreises tragen.

3. *Closing*-Voraussetzungen und -Bedingungen

195 Besondere Aufmerksamkeit bei der Verhandlung des Unternehmenskaufvertrags gilt den Regelungen im Hinblick auf den Vollzug des Unternehmenskaufvertrags. Diese Bestimmungen bieten für den Erwerber des Zielunternehmens die „letzte" Möglichkeit, den Erwerb des Zielunternehmens nach seinen Vorstellungen auszugestalten. Insbesondere die Ergebnisse der vom Erwerber durchgeführten *Due Diligence* sollten hierbei Berücksichtigung finden.

196 Bei den vertraglichen Regelungen zum *Closing* des Unternehmenskaufvertrags sind dogmatisch *Closing*-Voraussetzungen und *Closing*-Bedingungen zu unterscheiden. In der Praxis werden beide Begriffe regelmäßig gleich behandelt, und dieselben Rechtsfolgen mit der Nichterfüllung der *Closing*-Voraussetzungen oder dem Nichteintritt der *Closing*-Bedingungen verbunden.

197 *Closing*-Voraussetzungen sind die Punkte, deren Erfüllung in der Herrschaftssphäre des Veräußerers liegt. Zu nennen sind hier die Umstrukturierung der Zielunternehmen (zum Beispiel die Ausgliederung eines Geschäftsbereiches, den der Erwerber nicht übernehmen will) sowie die Sanierung der Betriebsgrundstücke des Zielunternehmens, soweit im Rahmen einer Umwelt *Due Diligence* Kontaminationen festgestellt wurden. Für den Fall, dass der Erwerber die Übernahme der Mitglieder der Geschäftsführung des Zielunternehmens nicht wünscht, kann als *Closing*-Voraussetzung vorgesehen werden, dass diese Personen ihre Ämter zum *Closing* des Unternehmenskaufvertrags niederlegen.

198 *Closing*-Bedingungen sind die Sachverhalte, deren Eintritt der Herrschaftsphäre des Veräußerers (sowie des Erwerbers) entzogen ist, jedoch Voraussetzung für die Übertragung des Zielunternehmens auf den Erwerber ist. Wichtigster Anwendungsfall der *Closing*-Bedingungen ist die Zustimmung der zuständigen Kartellbehörden im Rahmen etwaiger Zusammenschlusskontrollverfahren. Eine diesbezügliche *Closing*-Bedingung ist unverzichtbar, um nicht gegen die kartellrechtlichen Vollzugsverbote zu verstoßen.[76] Als weitere *Closing*-Bedingung könnte die Zustimmung der wichtigsten Vertragspartner geregelt werden, wenn im Rahmen einer *Due Diligence* festgestellt wurde, dass die diesbezüglichen Verträge Kündigungsrechte für die Vertragspartner im Falle eines *Change of Control* vorsehen. Der Unternehmenskauf würde folglich nur dann vollzogen werden, wenn durch entsprechende Verzichtserklärung der Vertragspartner sichergestellt ist, dass die jeweiligen, für das Zielunternehmen wesentlichen Vertragsverhältnisse auch nach dem Vollzug des Unternehmenskaufs fortgesetzt werden. Im Fall eines *Asset Deal* wäre die Übertragung der Vertragsverhältnisse ohnehin von der Zustimmung der jeweiligen Vertragspartner abhängig, so dass hier eine vergleichbare *Closing*-Bedingung aufgenommen werden könnte. Ferner könnte bei einem *Asset Deal* der Vollzug des Unternehmenskaufs an die *Closing*-Bedingung geknüpft werden, dass maximal ein bestimmter Prozentsatz der Arbeitnehmer dem Betriebsübergang nach § 613a BGB widerspricht. Eine diesbezügliche *Closing*-Bedingung kommt insbesondere dann in Betracht, wenn ein einzelner Geschäftsbereich aus einem Unternehmen oder einem Konzern herausverkauft wird und der Veräußerer ein besonders gutes „Standing" gegenüber seinen Arbeitnehmern hat.

---

[76] § 41 Abs. 1 GWB, Art. 7 der EG-Verordnung Nr. 139/2004 vom 20. 1. 2004 (EG-Fusionskontrollverordnung); zur kartellrechtlichen Zulässigkeit von so genannten Conduct of Business-Klauseln (Fortführung des Geschäftsbetriebs) in Unternehmenskaufverträgen siehe auch: *Mielke/Welling* BB 2007, 277ff.

4. Regelungen für den Zeitraum zwischen *Signing* und *Closing*

Neben den Regelungen, die sich unmittelbar auf das *Closing* des Unternehmenskaufvertrags beziehen, sind regelmäßig noch Vereinbarungen für den Zeitraum zwischen *Signing* und *Closing*, insbesondere dann, wenn dieser Zeitraum mehrere Monate umfasst, zu treffen. Im Einzelfall ist die Abgrenzung zu *Closing*-Voraussetzungen nicht trennscharf. Für die Zwecke der folgenden Darstellung ist davon auszugehen, dass sich *Closing*-Voraussetzungen auf einmalige Sachverhalte oder Ereignisse beziehen, die bis zum *Closing* erfüllt oder eingetreten sein müssen, Vereinbarungen für den Zeitraum zwischen *Signing* und *Closing* dagegen einen dauerhaften Charakter haben. 199

Vereinbarungen, die sich auf den Zeitraum zwischen *Signing* und *Closing* beziehen, verfolgen vor allem den Zweck, eine Machtbalance zwischen dem Veräußerer und dem Erwerber herzustellen. Formaljuristisch ist der Veräußerer noch Inhaber des Zielunternehmens, hat dieses aber bereits an den Erwerber schuldrechtlich veräußert und dem Erwerber somit einen diesbezüglichen Erwerbsanspruch verschafft. Faktisch will der Erwerber daher bereits vor *Closing* des Unternehmenskaufvertrags Einfluss auf die Geschäftspolitik und die Betriebsabläufe des Zielunternehmens nehmen. Regelmäßig wird für den Übergangszeitraum ein Katalog an Maßnahmen vereinbart, die der Zustimmung des Erwerbers bedürfen. Denkbar sind hier zum einen Gesellschafterangelegenheiten (zum Beispiel die Durchführung von Kapitalmaßnahmen), zum anderen aber auch Geschäftsführungsmaßnahmen, die den täglichen Geschäftsbetrieb des Zielunternehmens betreffen. Im Zusammenhang mit der Vereinbarung eines solchen Zustimmungskataloges ist darauf zu achten, dass der Erwerber dadurch nicht bereits einen unternehmerischen Einfluss auf das Zielunternehmen erlangt, der gegen die vorstehend genannten kartellrechtlichen Vollzugsverbote verstoßen könnte. Grundsätzlich stellt die Vereinbarung eines solchen Zustimmungskatalogs jedoch keinen Verstoß gegen diese Vollzugsverbote dar. 200

Ferner ist denkbar, dass der Veräußerer für den Übergangszeitraum garantiert, bestimmte Maßnahmen nicht mehr durchzuführen. Die Durchführung der insoweit bestimmten Maßnahmen wäre daher von Anfang an ausgeschlossen und nicht von der Zustimmung des Erwerbers abhängig. Hier wären Maßnahmen aufzuführen, die den Interessen des Erwerbers im Hinblick auf das Zielunternehmen in jedem Fall widersprechen. 201

Eine wesentliche Bestimmung, die vor allem für den Übergangszeitraum gilt, ist die so genannte *MAC*-Klausel *(Material Adverse Change)*.[77] Eine so genannte *MAC*-Klausel bezieht sich auf die wesentliche nachteilige Veränderung der Umstände eines Unternehmenskaufs. Dabei sollte eine *MAC*-Klausel nie ohne Präzisierungen und Einschränkungen vereinbart werden.[78] Neben dieser Konkretisierung des Tatbestandes einer *MAC*-Klausel sind ferner die Rechtsfolgen, die im Falle des Vorliegens eines *Material Adverse Change* gelten sollen, zu definieren. 202

Formulierungsbeispiel *MAC*-Klausel:

Material Adverse Change bedeutet jedes Ereignis oder jeder Umstand, die zu einer Reduzierung des Anlage- und Umlaufvermögens des Zielunternehmens, wie im Jahresabschluss des Zielunternehmens zum [...] ausgewiesen, um mindestens 50% führen. Ausgenommen hiervon sind Ereignisse und Umstände, die den Markt, in dem das Zielunternehmen tätig ist, allgemein betreffen, Veränderungen in den allgemeinen ökonomischen, rechtlichen, behördlichen oder politischen Verhältnissen, Veränderungen der aktuellen Zinssätze und Umtauschkurse und sämtliche Maßnahmen, die nach diesem Vertrag ausdrücklich erlaubt oder untersagt sind. Vermögensgegenstände des Zielunternehmens werden als zerstört behandelt,

[77] Ausführlich hierzu: *Picot* S. 201 ff.
[78] *Holzapfel/Pöllath* S. 35.

wenn sie nicht länger für das operative Geschäft des Zielunternehmens Verwendung finden können. Den Nachweis eines *Material Adverse Change* hat der Erwerber zu erbringen.

Der Erwerber ist berechtigt, durch schriftliche Erklärung gegenüber dem Veräußerer von diesem Vertrag zurückzutreten, wenn ein *Material Adverse Change* im Sinne von Absatz 1 vor dem Vollzug des Vertrags *(Closing)*/Übergangsstichtags eintritt.

203 Aus Gründen der Rechtssicherheit sollte eine *MAC*-Klausel so konkret wie möglich formuliert werden. Hierzu zählt einerseits die Quantifizierung des „Material" mit einer Betragsschwelle, um das Kriterium der Unzumutbarkeit des Erwerbs des Zielunternehmens zu veranschaulichen. Andererseits sollten auch die Tatbestände festgelegt werden, die nach dem Willen der Vertragsparteien keinen *Material Adverse Change* darstellen. Hierzu zählen insbesondere die Sachverhalte, die sich dem Einfluss der Vertragsparteien entziehen, zum Beispiel Veränderung der volkswirtschaftlichen, industriespezifischen oder rechtlichen Rahmenbedingungen. Der als Ausgangspunkt weit gefasste Tatbestand der *MAC*-Klausel bietet den Vorteil, gerade die Umstände zu erfassen, die für die Vertragsparteien bei Abschluss des Unternehmenskaufvertrags nicht vorhersehbar waren. Alternativ könnte eine Aufzählung bestimmter Umstände oder Ereignisse, die als *Material Adverse Change* zu betrachten sind, in den Unternehmenskaufvertrag aufgenommen werden. In diesem Fall sollte jedoch klargestellt werden, dass eine etwaige Vorhersehbarkeit der (dann) eingetretenen Veränderungen unbeachtlich ist.[79]

204 Als Rechtsfolge im Falle des Eintritts eines *Material Adverse Change* sollte lediglich ein Rücktrittsrecht für den Erwerber vorgesehen werden. Zwar könnte für diesen Fall auch eine Anpassung des Vertrags (entsprechend den Regelungen zum Wegfall der Geschäftsgrundlage) in Betracht kommen, auf Grund der Vielzahl der Umstände, die letztlich zur wirtschaftlichen Einigung zwischen dem Veräußerer und dem Erwerber führen, dürfte eine solche Regelung sehr komplex auszugestalten sein und dennoch das Risiko bergen, nicht jeden wirtschaftlich denkbaren Fall zu erfassen. Mit der Möglichkeit, den Rücktritt vom Unternehmenskaufvertrag zu erklären, verbleibt dem Erwerber ohnehin noch genügend Verhandlungsspielraum, um im Fall eines *Material Adverse Change* in Nachverhandlungen mit dem Veräußerer einzutreten.

205 Für den Fall, dass eine *MAC*-Klausel in den Unternehmenskaufvertrag aufgenommen wird, sollte die Anwendbarkeit des § 313 BGB (Wegfall der Geschäftsgrundlage) ausgeschlossen werden. Dieser Ausschluss hat im Wesentlichen klarstellenden Charakter, da die Beteiligten des Unternehmenskaufvertrags mit der Aufnahme einer *MAC*-Klausel eine von ihnen gewünschte Risikoverteilung für den Fall von nachteiligen Veränderungen bei dem Zielunternehmen geregelt haben. Für eine Störung der Geschäftsgrundlage im Sinne von § 313 BGB verbleibt dann kaum noch Raum. Diesen Fall und die damit verbundenen Rechtsfolgen können die Beteiligten des Unternehmenskaufvertrags mit Aufnahme einer *MAC*-Klausel flexibel an die jeweilige individuelle Interessenlage anpassen.[80]

VI. Gewährleistungen und Freistellungen

206 Neben den Kaufpreismodalitäten nehmen regelmäßig die Regelungen zu den Gewährleistungen einen wesentlichen und unter Umständen langwierigen Teil der Verhandlungen ein. Für den Erwerber sind Gewährleistungen durch den Veräußerer im Hinblick auf die Zielgesellschaft und die im Wege des *Asset Deal* übertragenen Vermögensgegenstände **auch dann von erheblicher Bedeutung**, wenn er eine **umfassende *Due Diligence*** über die rechtlichen, wirtschaftlichen und steuerlichen Verhältnisse der Zielgesellschaft

[79] *Picot* S. 204 m. w. N.

[80] Ausführlich hierzu: *Picot/Dogall* DB 2003, 2635 ff.

durchgeführt hat. Aufgrund des regelmäßig geringen Zeitrahmens für eine solche *Due Diligence* können weiterführende Fragen, die während der Prüfung der zur Verfügung gestellten Unterlagen identifiziert wurden, nicht weiter vertieft werden. Ferner bleibt offen, ob sämtliche die Zielgesellschaft oder die zu übertragenden Vermögensgegenstände betreffenden Informationen durch den Veräußerer offen gelegt wurden. Zum Teil wird bereits in Datenraumregeln darauf hingewiesen, dass der Veräußerer keine Gewähr für die Vollständigkeit der zur Verfügung gestellten Unterlagen übernimmt oder übernehmen will.

1. Gesetzliches Mängelgewährleistungsrecht contra vertragliches Haftungsregime

Die Vertragsparteien haben grundsätzlich **zwei Möglichkeiten**, die Haftung des Verkäufers zu regeln. Zum einen könnten die Fragen der Gewährleistung ausschließlich den **gesetzlichen Bestimmungen** unterworfen werden. Zum anderen können die Vertragsparteien die Fragen der Gewährleistung und der sich daraus ergebenden möglichen Rechtsfolgen **unmittelbar im Unternehmenskaufvertrag** regeln. Im letzteren Fall sollten – und dies gilt für Erwerber und Veräußerer gleichermaßen – die gesetzlichen Gewährleistungsbestimmungen ausgeschlossen werden, soweit dies gesetzlich möglich ist. Ein nach Möglichkeit abschließendes vertragliches Haftungsregime im Unternehmenskaufvertrag bietet für alle Beteiligten den Vorteil einer eindeutigen (Risiko)verteilung zwischen den Vertragsparteien. In der Praxis wird daher regelmäßig ein vertragliches Haftungsregime im Unternehmenskaufvertrag vereinbart. 207

a) **Vorteile des gesetzlichen Mängelgewährleistungsrechts.** Dennoch bietet auch das Abstellen auf die gesetzlichen Gewährleistungsbestimmungen bestimmte Vorteile vor allem für den Käufer, die der Vollständigkeit halber an dieser Stelle erwähnt werden sollen. Für die Anwendung des gesetzlichen Mängelgewährleistungsrechts spricht, dass die gesetzlichen Bestimmungen seit der zum 1. 1. 2002 in Kraft getretenen Schuldrechtsreform uneingeschränkt auch für den Unternehmenskauf zur Verfügung stehen.[81] 208

Wie bereits ausgeführt, stellt der Unternehmenskauf eine Mischung aus Sach- und Rechtskauf dar. Nach **§ 453 Abs. 1 BGB** finden die Vorschriften über den Kauf von Sachen auf den Kauf von Rechten und sonstigen Gegenständen entsprechend Anwendung. In seiner Begründung hat der Gesetzgeber ausgeführt, dass der Unternehmenskauf in den Alternativen des *Asset Deal*s und des *Share Deal*s unter den Kauf „sonstiger Gegenstände“ im Sinne von § 453 Abs. 1 BGB fällt.[82] 209

Gewährleistungsrechte des Erwerbers im Fall der Mangelhaftigkeit der Zielgesellschaft oder der übertragenen Vermögensgegenstände sind daher gesetzlich geregelt und stellen dem Erwerber mit den möglichen Rechten auf Nacherfüllung, Rücktritt, Minderung sowie Schadens- und Aufwendungsersatz einen **umfassenden Katalog an Rechtsbehelfen** zur Verfügung, sollte das erworbene Unternehmen mangelhaft sein. 210

Das Abstellen auf die gesetzlichen Mängelgewährleistungsrechte im Unternehmenskaufvertrag könnte zu einer **Beschleunigung der Vertragsverhandlungen** und einer damit verbundenen Zeit- und Kostenersparnis führen. Vertragliche Vereinbarungen über den Zustand der Zielgesellschaft oder der zu übertragenden Vermögensgegenstände sind entbehrlich, da nach § 434 Abs. 1 Satz 2 Nr. 2 BGB bereits ein Abweichen von der üblichen Beschaffenheit die Mangelhaftigkeit des Unternehmens begründet.[83] 211

b) **Nachteile des gesetzlichen Mängelgewährleistungsrechts.** Unabhängig davon, dass ein Abstellen auf die gesetzlichen Mängelgewährleistungsrechte in der Praxis eher den Ausnahmefall darstellen dürfte, ist das gesetzliche Gewährleistungssystem im Ergebnis 212

---

[81] Ausführlich zum Unternehmenskauf und Anteilskauf nach der Schuldrechtsreform: *Schröcker* ZGR 2005, 63 ff.

[82] BT-Drucksache 14/6040, S. 242 li. Sp.

[83] Zur Gewährleistungshaftung bei Unternehmensverkäufen nach neuem Schuldrecht: *Gronstedt/Jörgens* ZIP 2002, 52; *Wolf/Kaiser* DB 2002, 411; *Weitnauer* NJW 2002, 2511.

für den Unternehmenskauf eher ungeeignet.[84] Anders als individuell ausgestaltete Vertragsbestimmungen kann das gesetzliche System nicht die jeweiligen Bedürfnisse und Besonderheiten des Unternehmenskaufs berücksichtigen.

213 Vor allem das gesetzliche Rücktrittsrecht im Fall der Mangelhaftigkeit des erworbenen Unternehmens wird weder den Interessen des Erwerbers noch den Interessen des Verkäufers gerecht. Die mit einem solchen Rücktritt verbundene Rückabwicklung des Unternehmenskaufs und damit die (Rück-)Übertragung eines Unternehmens, das unter Umständen bereits mehrere Monate durch den Erwerber fortgeführt wurde, gestaltet sich schwierig bis unlösbar. Ferner stellt die Pflicht des Erwerbers zum Nutzungsund Wertersatz nach § 346 Abs. 1 und 2 BGB im Fall des Rücktritts ein nicht unerhebliches Risiko für ihn dar.[85] Auch bietet die Vereinbarung eines vertraglichen Haftungsregimes für den Erwerber den Vorteil gegenüber den gesetzlichen Bestimmungen, den Veräußerer auf eine verschuldensunabhängige Schadensersatzhaftung festzulegen.[86]

214 c) **Abdingbarkeit der gesetzlichen Bestimmungen – Ausnahmen.** Um einen möglichen Widerspruch der vertraglich vereinbarten Haftungsbestimmungen gegenüber den gesetzlichen Gewährleistungsregelungen zu vermeiden, sollten die gesetzlichen Bestimmungen soweit wie möglich ausgeschlossen werden. Dieser Ausschluss hat ferner für beide Vertragsparteien den Vorteil, dass sie ihr Haftungsrisiko (Verkäufer) und ihren Gewährleistungsumfang (Käufer) aus dem abgeschlossenen Unternehmenskaufvertrag entnehmen können. Insoweit kann der Unternehmenskaufvertrag im Rahmen der gegebenen Vertragsfreiheit den individuellen Bedürfnissen der Parteien und den Besonderheiten der jeweiligen Transaktion angepasst werden.

215 Die gesetzlichen Gewährleistungsbestimmungen **können grundsätzlich abbedungen werden.**[87] Eine Ausnahme dieser generellen Abdingbarkeit der gesetzlichen Bestimmungen stellt § 444 BGB dar, wonach sich der Veräußerer auf eine Vereinbarung, durch die Rechte des Erwerbers wegen eines Mangels ausgeschlossen oder eingeschränkt werden, nicht berufen kann, soweit er den Mangel arglistig verschwiegen oder eine Garantie für die Beschaffenheit der Sache (§ 443 BGB) übernommen hat. Die Vereinbarung einer Beschaffenheitsgarantie im Sinne von § 443 BGB kann auf Grund der freien Vereinbarkeit der Garantien wirksam abbedungen werden.[88] Unabhängig von den vertraglichen Bestimmungen haftet der Veräußerer gegenüber dem Erwerber nach den gesetzlichen Bestimmungen, wenn er einen Mangel arglistig verschwiegen hat. In diesem Fall könnte der Erwerber sogar von dem abgeschlossenen Unternehmenskaufvertrag zurücktreten (§ 437 Nr. 2 BGB), auch wenn ein solcher Rücktritt im Übrigen vertraglich ausgeschlossen ist.[89] Ferner wären Schadensersatzansprüche des Erwerbers in diesem Fall der Höhe nach unbegrenzt.

216 Eine weitere Einschränkung der freien Vereinbarkeit der Haftungsregeln ist in § 202 Abs. 1 BGB zu finden, wonach bei einer Haftung wegen Vorsatz die Verjährung nicht im Voraus erleichtert werden kann. Als eine solche Verjährungserleichterung sind die regelmäßig vereinbarten kürzeren Verjährungsfristen im Unternehmenskaufvertrag anzusehen, die somit keine Anwendung finden, wenn der Veräußerer vorsätzlich gehandelt hat. Eine entsprechende Regelung findet sich noch in § 276 Abs. 3 BGB. Die Haftung wegen Vorsatz kann dem Schuldner (Verkäufer) auch nicht im Voraus erlassen werden.

[84] So auch: *Hettler/Stratz/Hörtnagel* § 4 Rn. 3.
[85] Hierzu: *Hettler/Stratz/Hörtnagel*, a. a. O. § 4 Rn. 39.
[86] Nach den gesetzlichen Bestimmungen würde der Veräußerer für Schadens- und Aufwendungsersatz nur bei Verschulden haften.
[87] *Palandt/Putzo* § 434 BGB Rn. 4; MünchKommBGB/*Westermann*, § 437 Rn. 5.
[88] *Palandt/Putzo* § 443 BGB Rn. 6.
[89] *Palandt/Putzo* § 444 Rn. 14.

2. Der Gewährleistungskatalog

Sollten sich die Parteien auf einen Ausschluss der gesetzlichen Gewährleistungsbestimmungen einigen, findet sich in Unternehmenskaufverträgen häufig folgende Formulierung: 217

Formulierungsbeispiel Garantievertrag:

Der Veräußerer gibt die in Anlage [...] aufgeführten Erklärungen im Wege eines selbstständigen Garantievertrags im Sinne von § 311 BGB zum Tag des Abschlusses dieses Vertrags sowie zum Zeitpunkt des Übergangs der Geschäftsanteile auf die Käuferin ab. Der Veräußerer ist verpflichtet, Ereignisse, die nach Abschluss dieses Vertrags eintreten und dazu führen, dass die in Anlage [...] abgegebenen Erklärungen unrichtig oder unvollständig sind, unverzüglich gegenüber der Käuferin offen zu legen.

a) **Selbstständiger Garantievertrag.** Die vorstehend dargestellte Regelung stellt einen selbstständigen Garantievertrag als Vertrag eigenständiger Art (**§ 311 BGB**) dar, wonach der Veräußerer für den Eintritt eines bestimmten Erfolgs einzustehen hat oder die Gefahr eines künftigen Schadens übernimmt, dabei aber auch für alle nicht typischen Zufälle haftet.[90] Konkretisiert wird dieser Garantievertrag durch einen – regelmäßig als Anlage beigefügten – **Katalog an Erklärungen,** die der Veräußerer im Bezug auf die Zielgesellschaft und den Geschäftsbetrieb der Zielgesellschaft abgibt, und für deren Richtigkeit er gegenüber dem Erwerber einzustehen hat. 218

Aus Käufersicht sollte darauf geachtet werden, dass die Erklärungen mit Wirkung auf den Zeitpunkt des Abschlusses des Unternehmenskaufvertrags und seines Vollzugs (Übergang der Anteile an der Zielgesellschaft oder des Eigentums an den verkauften Vermögensgegenständen) abgegeben werden, da der Erwerber erst nach Vollzug des Unternehmenskaufvertrags vollen Einblick in und Einfluss auf die Geschäftstätigkeit der Zielgesellschaft erwirbt. Ergänzt wird dies durch eine Verpflichtung des Verkäufers, wesentliche Ereignisse, die Einfluss auf die abgegebenen Garantien haben, gegenüber dem Erwerber offen zu legen. 219

Rechtsfolgen, die sich aus der Unrichtigkeit oder Unvollständigkeit der abgegebenen Erklärungen ergeben, sollten durch die Parteien ebenfalls in den Unternehmenskaufvertrag aufgenommen werden. Treffen die Parteien keine abweichenden Regelungen, verjähren Ansprüche des Erwerbers aus diesem Garantievertrag innerhalb der regelmäßigen Verjährungsfrist **von drei Jahren** ab Anspruchsentstehung und Kenntnis des Erwerbers von den anspruchsbegründenden Umständen (§§ 195, 199 Abs. 1 BGB).[91] 220

b) **Inhalt des Gewährleistungskatalogs.** Der Inhalt des Gewährleistungskatalogs bestimmt sich nach den Umständen des Einzelfalls, insbesondere die Ergebnisse einer *Due Diligence* durch den Erwerber haben einen wesentlichen Einfluss auf seinen Umfang. Der Erwerber sollte in einem solchen Gewährleistungskatalog regelmäßig Erklärungen des Verkäufers zu den **Rechts- und Kapitalverhältnissen** der Zielgesellschaft, im Hinblick auf die **Jahresabschlüsse und das Eigenkapital** der Zielgesellschaft, über den **Geschäftsbetrieb** der Zielgesellschaft, zu Steuern, Beiträgen und Gebühren, betreffend Grundstücke und Umweltthemen sowie zu speziell in der *Due Diligence* identifizierten Themen verlangen. Sofern die Zielgesellschaft über Tochtergesellschaften verfügt, sollten sich diese Erklärungen jeweils auch auf die Tochtergesellschaften beziehen: 221

- Garantien zu den Rechts- und Kapitalverhältnissen der Zielgesellschaft und ihrer Tochtergesellschaften gehören zum **Standard eines Garantiekatalogs** und bieten nur

---

[90] BGH, NJW 1996, 2569; Ausführlich hierzu, insbesondere zur Frage der Berechnung des Schadens bei der Verletzung von Garantien: *Hilgard* ZIP 2005, 1813 ff.

[91] Zu den Einzelheiten der gesetzlichen Verjährung von Rechtsmängelansprüchen beim Beteiligungskauf: *Heerstraßen/Reinhard* BB 2002, 1429 ff.

wenig Verhandlungsmasse. Im Wesentlichen beziehen sich diese Garantien auf die Richtigkeit der öffentlich zugänglichen Informationen (Handelsregisterauszug, Gesellschaftsvertrag, Gesellschafterliste) und auf die Beziehungen der Zielgesellschaft und ihrer Tochtergesellschaften zu den jeweiligen Gesellschaftern.

- Im Zusammenhang mit den Garantien zu den Jahresabschlüssen der Zielgesellschaft ist zu verlangen, dass diese nach den gesetzlichen Vorschriften über die Rechnungslegung und Bilanzierung unter Beachtung der Grundsätze ordnungsgemäßer Buchführung und unter Wahrung der Bilanzkontinuität erstellt wurden. Ferner sollte die Garantie verlangt werden, dass in den Jahresabschlüssen für alle Verbindlichkeiten, erkennbare Risiken und Wagnisse sowie Verpflichtungen der Zielgesellschaft oder der Tochtergesellschaften ausreichende Rückstellungen gebildet wurden. Meist wird der Veräußerer nicht bereit sein, die **Richtigkeit des Jahresabschlusses** insgesamt zu garantieren.
- Regelmäßig der schwierigste Verhandlungspunkt im Zusammenhang mit den Gewährleistungen des Verkäufers sind die Erklärungen zum Geschäftsbetrieb und zu den Vermögensgegenständen des verkauften Geschäftsbetriebs. Verhandlungspunkte sind hier regelmäßig inwieweit eine objektive Erklärung oder eine nur subjektive Erklärung (nach Kenntnis des Verkäufers) verlangt werden kann. Von besonderem Interesse für den Erwerber sind jedoch Erklärungen des Verkäufers im Hinblick auf die **Fortführung des Geschäftsbetriebs** der Zielgesellschaft im bisherigen Umfang und das Nichtvorliegen von Tatsachen, welche die Ertragsfähigkeit des Geschäftsbetriebs beinträchtigen könnten.
- Erklärungen zu Steuern, Beiträgen und Gebühren gehören nach unserer Auffassung wiederum zum **Standard** und sollten daher keine Probleme in den Verhandlungen bereiten. Verhandlungsspielraum besteht jedoch im Hinblick auf die Ausgestaltung einer diesbezüglichen Freistellungserklärung.
- Gewährleistungen des Verkäufers zu Umweltthemen und zu Grundstücken der Zielgesellschaft sind **einzelfallbezogen** und hängen davon ab, ob in der Vergangenheit Gefährdungen bereits identifiziert wurden. Eine **Risikoverteilung** zwischen Veräußerer und Erwerber, wonach sich die Haftung des Veräußerers für Umweltgewährleistungen in dem Zeitraum nach *Closing* Schritt für Schritt reduziert und dementsprechend die Selbstbeteiligung des Erwerbers steigt, ist in diesen Fällen regelmäßig verhandelbar.

3. Rechtsfolgen bei Verletzung einer Gewährleistung

222 Im Hinblick auf die Rechtsfolgen im Fall der Verletzung von Gewährleistungen durch den Veräußerer sind zwei Punkte zu beachten. Zum einen ist im Unternehmenskaufvertrag zu regeln, welche Ansprüche dem Erwerber zustehen und in welcher Reihenfolge. Zum anderen sollten aus Sicht des Erwerbers die Haftungsbeschränkungen zugunsten des Verkäufers soweit wie möglich eingeschränkt werden.

223 a) **Rechtsfolgen.** In erster Linie sollte dem Veräußerer die Möglichkeit eingeräumt werden, durch (Geld)Leistung den Zustand herzustellen, den er vertraglich schuldet (**Nachbesserung oder Nacherfüllung**). Klarstellend sollte in diesem Fall in den Unternehmenskaufvertrag aufgenommen werden, dass diese Schadensersatzleistungen nach Wahl des Erwerbers an die Zielgesellschaft oder die jeweils betroffene Tochtergesellschaft zu erbringen sind.

224 Für den Fall, dass eine solche Nachbesserung oder Nacherfüllung durch den Veräußerer nicht oder nicht fristgerecht erbracht wird, oder eine solche Nachbesserung unmöglich oder wirtschaftlich unzumutbar ist, stehen dem Erwerber entsprechende Sekundärrechte (Schadensersatz und Minderung des Kaufpreises) zu. Ein **Rücktrittsrecht** zugunsten des Erwerbers kann auch aus Sicht des Erwerbers **vertraglich ausgeschlossen** werden, da der Erwerber regelmäßig kein Interesse an einer Rückabwicklung des zum Zeitpunkt des Auftretens von Gewährleistungsfällen bereits vollzogenen Unternehmenskaufs hat. Sollten aus Sicht des Erwerbers Zweifel an der Leistungsfähigkeit der Veräußerer im

Hinblick auf mögliche Gewährleistungsansprüche des Erwerbers bestehen, insbesondere bei natürlichen Personen als Verkäufer, bietet es sich an, einen Teil des Kaufpreises als **Gewährleistungseinbehalt** zurückzubehalten und zur Befriedigung möglicher Gewährleistungsansprüche heranzuziehen. Denkbar wäre auch, diesen Gewährleistungseinbehalt auf ein Treuhandkonto zu überweisen.

b) Gewährleistungsbeschränkungen. Die Beschränkungen der Gewährleistung durch den Veräußerer stellen einen schwierigen Verhandlungspunkt dar, der im Wesentlichen von der **Stärke der jeweiligen Verhandlungsposition** der Beteiligten abhängt. Dabei ist zwischen den Beteiligten gerade nicht das System der Gewährleistungsbeschränkungen streitig, sondern die materiellen Grenzen. Dieses System besteht grundsätzlich aus so genannten „*Basket*-Klauseln" (Bagatellgrenzen), „*Cap*-Klauseln" (Begrenzung der Gewährleistungsansprüche der Höhe nach) und „*Disclosure Statements*" (Offenlegungen durch den Verkäufer), die wie folgt formuliert sein könnten: 225

Formulierungsbeispiel Gewährleistungsbeschränkungen:

Gewährleistungsansprüche können durch die Käuferin nur geltend gemacht werden, wenn

a) der Gewährleistungsfall im Einzelfall EUR [...] übersteigt und

b) bei Vorliegen einer oder mehrerer Gewährleistungsfälle die Gewährleistungsansprüche nach lit. a) insgesamt EUR [...] übersteigen, wobei in diesem Fall der über den Betrag von EUR [...] hinausgehende Schaden zu ersetzen ist.

Gewährleistungsansprüche der Käuferin können maximal bis zu einem Betrag in Höhe von [...] des Kaufpreises geltend gemacht werden.

Gewährleistungsansprüche der Käuferin sind ausgeschlossen, wenn der Käuferin im Rahmen der *Due Diligence* Unterlagen oder Informationen offen gelegt wurden, aus denen ein Gewährleistungsfall oder der Eintritt eines wahrscheinlichen Gewährleistungsfalls erkennbar ist. Als offen gelegt im Sinne von Satz 1 gelten dabei insbesondere die Informationen, die aus den im Datenraumindex[92] genannten Unterlagen entnommen werden können.

aa) Basket-Klauseln. In so genannten *Basket*-Klauseln ist die Schadenshöhe vorgesehen, die im Einzelfall gegebenen sein muss, damit dieser Schadensfall überhaupt Berücksichtigung findet. Dabei werden **Mindestbeträge für jeden einzelnen Schadensfall und ein kumulierter Mindestbetrag,** den der einzelne oder mehrere Gewährleistungsfälle insgesamt erreichen müssen, damit ein Anspruch geltend gemacht werden kann, vereinbart. Neben der Höhe dieser Mindestbeträge ist dabei zwischen den Beteiligten auch zu verhandeln, ob eine Haftung des Verkäufers nur für den über die vereinbarten Mindestbeträge hinausgehenden Schaden besteht oder der Veräußerer für den gesamten Schaden haftet. 226

bb) Cap-Klauseln. Cap-Klauseln stellen eine **Begrenzung der Gewährleistungsansprüche des Erwerbers der Höhe nach** dar. Regelmäßig ist der Veräußerer nur bereit, bis zu einer bestimmten Maximalhöhe gegenüber dem Erwerber zu haften. Als absolute Grenze ist hier die vereinbarte Kaufpreishöhe anzusehen. Häufig wird von Seiten der Veräußerer jedoch versucht, flexiblere Höchstgrenzen zu vereinbaren, wonach im Hinblick auf einzelne Gewährleistungsbestimmungen nur bis zur Höhe eines Teilbetrags des Kaufpreises gehaftet wird. Gerade im Hinblick auf Umweltgarantien, die sich auch der Einflusssphäre des Verkäufers entziehen, wird eine Risikoverteilung vorgenommen, wonach der Veräußerer mit jedem Jahr nach Vollzug des Unternehmenskaufvertrags nur noch in Höhe eines geringer werdenden Anteils des Haftungshöchstbetrags haftet. 227

---

[92] Hier ist ein so genannter „*General Disclosure*" vereinbart, wonach der Datenraum insgesamt als offen gelegt gilt. Davon abzugrenzen – und für den Erwerber günstiger – wären „*Specific Disclosures*", die lediglich einzelne, konkrete Offenlegungen enthalten.

228 *cc) Disclosure Statements. Disclosure Statements* durch den Veräußerer sind vor dem Hintergrund des **§ 442 BGB** zu sehen. Demnach sind Rechte des Erwerbers wegen eines Mangels ausgeschlossen, wenn der Erwerber bei Vertragsschluss den Mangel kennt. Im Fall einer vorbereitenden *Due Diligence* durch den Veräußerer *(Vendor Due Diligence)* oder aus sonstigen Gründen könnten dem Veräußerer Umstände bekannt sein, die möglicherweise bei Realisierung der mit ihnen verbundenen Risiken einen Gewährleistungsfall begründen könnten.

229 Durch den Erwerber sollte im oben dargestellten Formulierungsbeispiel nicht akzeptiert werden, dass der gesamte Inhalt eines zur Verfügung gestellten Datenraums als dem Erwerber gegenüber offen gelegt gilt. Dies würde dazu führen, dass Gewährleistungsansprüche des Erwerbers immer dann ausgeschlossen sind, wenn Anhaltspunkte für den konkreten Sachverhalt, der letztlich zu einem Schaden bei der Zielgesellschaft geführt hat, im Datenraum erkennbar gewesen sind. Wir raten davon ab, einen solchen ***„General Disclosure"*** zu vereinbaren, da eine *Due Diligence* durch den Erwerber häufig nicht zu einem umfassenden und abschließenden Bild über die Verhältnisse der Zielgesellschaft führt. Der Veräußerer sollte auf einzelne Offenlegungen *(**„Specific Disclosures"**)* beschränkt werden. Diese Tatsachen werden als Ausnahmen zu der generellen Garantieerklärung in den Gewährleistungskatalog aufgenommen, zum Beispiel

Formulierungsbeispiel *Disclosure:*

Nach Kenntnis[93] des Verkäufers bestehen die Liefer-, Miet-, Pacht- Lizenz-, Finanzierungs- und Leasingverträge sowie sonstige im Rahmen des Geschäftsbetriebs der Gesellschaft vorhandenen und für den Geschäftsbetrieb der Gesellschaft erforderlichen Rechtsverhältnisse gemäß den geschäftlichen Erfordernissen und es sind keine Umstände bekannt, die den unveränderten Fortbestand dieser Rechte und Verträge beeinträchtigen oder gefährden, ausgenommen die in Anlage [...] aufgeführten Sachverhalte.

230 Denkbar wäre auch, diese Offenlegungen insgesamt in eine Anlage zum Unternehmenskaufvertrag zu nehmen und klarzustellen, dass keine Gewährleistungserklärung auf diese in einem so genannten ***Disclosure Letter*** offen gelegten Sachverhalte Anwendung findet.

4. Freistellungen

231 Im Unterschied zu den vorstehend dargestellten Garantieerklärungen des Verkäufers, die im Rahmen der *Due Diligence* identifizierte abstrakte Risiken abdecken sollen, wird der Erwerber auf eine Freistellung durch den Verkäufer bestehen, wenn **konkrete Anhaltspunkte für den Eintritt bestimmter Schadensereignisse** bestehen, unabhängig davon, ob dieser Ereignisse sich tatsächlich materialisieren. Häufig werden Freistellungsvereinbarungen im Hinblick auf Steuer- und andere Abgabenverpflichtungen des Zielunternehmens betreffend die Vergangenheit, betreffend aktuell anhängige Rechtsstreitigkeiten oder auch für drohende Produkthaftungsfälle vereinbart.

Formulierungsbeispiel Freistellung:

Der Verkäufer stellt nach Wahl des Käufers den Erwerber oder die Zielgesellgesellschaft von allen Steuer- und Sozialversicherungsverpflichtungen, Kosten und Zuschlägen auf Grund von Überprüfungen oder Festsetzungen von Steuer- und Sozialversicherungsverpflichtungen für die Zeit bis zum Übergangsstichtag frei, insbesondere von Belastungen mit öffentlichen Abgaben, einschließlich Körperschaftsteuer, Gewerbesteuer, Umsatzsteuer, Lohnsteuer, Solida-

[93] Eine objektive Garantie durch den Veräußerer (unabhängig von seiner Kenntnis) ist in den Verhandlungen kaum durchsetzbar.

ritätszuschlag und sonstigen Steuern, Sozialversicherungsbeiträgen, die sich auf den Zeitraum bis zum Übergangsstichtag beziehen, sowie für hierauf entfallende Strafen, Geldbußen oder Zinsen und in diesem Zusammenhang entstandenen notwenigen Kosten und Ausgaben. Die Freistellungsverpflichtung des Verkäufers nach Satz 1 gilt ausschließlich für die Satz 1 genannten Steuer- und Sozialversicherungsverpflichtungen, Kosten und Zuschläge, soweit es sich hierbei um Verpflichtungen der Zielgesellschaft bis zum Übergangsstichtag handelt, jedoch unabhängig davon, ob für diese Verpflichtungen der Erwerber in Anspruch genommen wird.

Rechtlich stellen Freistellungsansprüche durch den Veräußerer einen **Befreiungsanspruch zugunsten des Erwerbers gemäß § 257 BGB** dar. Der Veräußerer als Schuldner dieses Befreiungsanspruchs ist berechtigt zu wählen, wie die Befreiung vorgenommen werden soll.[94] Der Erwerber kann demnach direkt an den Gläubiger eines Anspruchs gegenüber der Zielgesellschaft, der von der im Unternehmenskaufvertrag geregelten Freistellungsverpflichtung erfasst ist, zahlen oder sich mit diesem Gläubiger auf eine Schuldübernahme oder einen Erlass einigen. Durch eine Zahlung an den Erwerber der Zielgesellschaft als Gläubiger des Befreiungsanspruchs, wird der Veräußerer nur dann frei, wenn sich dieser mit einer solchen Befreiung einverstanden erklärt.[95] Für den Fall, dass Verbindlichkeiten der Zielgesellschaft noch nicht fällig geworden sind, jedoch ebenfalls von dem Freistellungsanspruch des Erwerbers miterfasst werden, kann der Erwerber anstelle der Befreiung von dieser Verbindlichkeit die Stellung einer geeigneten Sicherheit verlangen (§ 257 Satz 2 BGB).[96] 232

Aus Erwerbersicht ist bei der Aufnahme von Freistellungsverpflichtungen zu Lasten des Veräußerers noch zu berücksichtigen, ob der Veräußerer in naher und mittlerer Zukunft in der Lage sein wird, diesbezügliche Ansprüche des Erwerbers zu befriedigen. Um das diesbezügliche Risiko des Erwerbers zu verringern, ist der Einbehalt eines Teil des Kaufpreises denkbar, sollte der Veräußerer nicht in der Lage sein, geeignete andere Sicherheiten zu bestellen. 233

VII. Vertragliches Wettbewerbsverbot

Die Vereinbarung eines vertraglichen Wettbewerbsverbots erfordert eingehende Vorüberlegungen:

1. Allgemeines

Von besonderem Interesse für den Erwerber ist die Vereinbarung eines Wettbewerbsverbots zwischen dem Veräußerer und dem Erwerber im Unternehmenskaufvertrag. Dies liegt zum einen daran, dass dem Erwerber damit unmittelbar eine vertragliche Anspruchsgrundlage zur Verfügung gestellt wird und er nicht auf die – im Einzelfall fragliche Durchsetzung – etwaiger nebenvertraglicher Unterlassungsansprüche gegenüber dem Veräußerer verwiesen wird. Zum anderen schafft eine Definition des vertraglichen Wettbewerbsverbotes auch für den Veräußerer Rechtsklarheit, welche Tätigkeiten er nach der Veräußerung seines Unternehmens an den Erwerber wahrnehmen kann. 234

a) **Schutzzweck.** Ausgangspunkt der Überlegungen, die zur Aufnahme eines Wettbewerbsverbots für den Veräußerer in den Unternehmenskaufvertrag führen, ist die Tatsache, dass **Faktoren, die den *Goodwill* des Zielunternehmens ausmachen** und vom Erwerber entsprechend vergütet werden, häufig mit der Person des Veräußerers verbunden sind und damit faktisch nicht vom Erwerber übernommen werden. Zu nennen sind hier die unternehmerische Leistung des Firmengründers, das spezielle Fachwissen oder das besondere Vertrauen, das Zulieferer und Kunden dem Inhaber des Zielunternehmens 235

[94] BGHZ 91, 77.
[95] OLG Karlsruhe NJW-RR 94, 1159.
[96] MünchKommBGB/*Krüger* § 257 Rn. 14.

entgegenbringen. Für den Erwerber ist es daher von entscheidender Bedeutung, dass der Veräußerer des Zielunternehmens es zukünftig zu unterlassen hat, seine bisherige unternehmerische Tätigkeit jetzt zu Lasten des Zielunternehmens fortzuführen. Insoweit ist das Zielunternehmen vor konkurrierender Tätigkeit durch den ehemaligen Inhaber zu schützen.[97]

236 **b) Erforderlichkeit einer vertraglichen Regelung.** Es ist zweifelhaft, ob Wettbewerbsverbote zulasten des Veräußerers bei einem Unternehmenskauf auch ohne ausdrückliche Abrede im Vertrag Geltung erlangen. Zwar wird eine **kaufvertragliche Nebenpflicht des Veräußerers** anerkannt, im notwendigen Umfang solchen Wettbewerb zu unterlassen, der geeignet ist, Tätigkeit und Marktstellung des veräußerten Zielunternehmens zu beeinträchtigen.[98] Teilweise wird ein solches Konkurrenzverbot dabei sogar als vertragliche Hauptpflicht eingestuft.[99] Aus der dogmatischen Einordnung als Haupt- oder Nebenleistungspflicht ergeben sich für etwaige Ansprüche des Erwerbers jedoch keine Unterschiede.

237 Im Ergebnis könnten daher Wettbewerbsverbote auch ohne explizite Abrede im Vertrag geltend gemacht und durch Unterlassungsansprüche sowie Schadensersatzansprüche durchgesetzt werden.[100] Ohne eindeutige vertragliche Bestimmung des Wettbewerbsverbots ist jeder behauptete Verstoß im Einzelfall an den jeweiligen Umständen zu untersuchen.[101] Für den Erwerber des Zielunternehmens bedeutet dies, einerseits mit Vollzug der Akquisition keine Klarheit darüber zu haben, welche unternehmerischen Tätigkeiten, die sich unter Umständen nachteilig auf das Zielunternehmen auswirken können, durch den Veräußerer überhaupt entfaltet werden dürfen. Andererseits müsste er sich – sollte er mit zukünftigen unternehmerischen Tätigkeiten des Veräußerers nicht einverstanden sein – auf die Geltendmachung eines Verstoßes gegen den Veräußerer treffende ungeschriebene Nebenleistungspflichten aus dem Unternehmenskaufvertrag verweisen lassen. Diesen Unsicherheiten kann durch eine **klare Definition eines vertraglichen Wettbewerbsverbots** für den Veräußerer unter Beachtung der von der Rechtsprechung vorgegebenen sachlichen, räumlichen und zeitlichen Einschränkungen begegnet werden.

Formulierungsbeispiel Wettbewerbsverbot:

Der Verkäufer verpflichtet sich für einen Zeitraum von [drei] Jahren ab Vollzug des Unternehmenskaufvertrags hinsichtlich des Unternehmensgegenstandes der Gesellschaft [auf dem Gebiet der Bundesrepublik Deutschland] nicht in Wettbewerb zu der Gesellschaft zu treten, insbesondere keine anderen Unternehmen, die aktuelle oder potentielle Wettbewerber der Gesellschaft sind, selbst oder durch Dritte zu gründen, sich an ihnen selbst oder durch Dritte zu beteiligen oder diese selbst oder durch Dritte zu erwerben, es sei denn, die Käuferin hat dem ausdrücklich zugestimmt. Dem Verkäufer ist es unbenommen, sich mit insgesamt bis zu 5% am Grundkapital von börsennotierten Aktiengesellschaften zu beteiligen, auch wenn diese im Wettbewerb zu der Gesellschaft stehen.

Sollte der Verkäufer gegen die Verpflichtung aus Absatz 1 verstoßen, ist er auf Verlangen des Käufers verpflichtet, seine anderweitigen unternehmerischen Aktivitäten einzustellen und dem Käufer Schadensersatz in der Weise zu leisten, wie dieser stehen würde, wenn der Verkäufer die anderweitigen unternehmerischen Aktivitäten nicht entfaltet hätte. Insbesondere kann der Käufer verlangen, dass alle unternehmerischen Aktivitäten, die der Verkäufer selbst oder durch Dritte oder durch Unternehmen, an denen er sich selbst oder durch Dritte beteiligt hat, unmittelbar oder mittelbar ausübt oder ausgeübt hat, unentgeltlich auf die Gesellschaft übertragen werden.

---

[97] *Ruggli/Vischer* SJZ 2006, 294 bis 302; *Semler/Volhar/Streyl* § 12 Rn. 176.

[98] BGH NJW 1982, 2000, 2001; *Steindorf*, Gesetzeszweck und gemeinsamer Zweck des GWB BB 1977, 569 (571).

[99] *Ruggli/Vischer* SJZ 2006, 294 bis 302.

[100] OLG Hamm GRUR 1973, 421(4249; *Hirte* ZHR 154 (1990), 443 (444).

[101] *Semler/Volhard/Streyl* § 12 Rn. 176.

2. Reichweite vertraglicher Wettbewerbsverbote

a) **Sachliche, räumliche und zeitliche Bestimmtheit.** Wettbewerbsverbote sind in zeitlicher, räumlicher und sachlicher Hinsicht genau zu bestimmen. Eine auslegungsbedürftige Regelung und daraus folgende Unsicherheiten gehen regelmäßig zu Lasten desjenigen, der sich auf das Verbot berufen will, mithin **zu Lasten des Erwerbers.** Bei der Formulierung des vertraglichen Wettbewerbsverbots müssen jedoch die Grenzen beachtet werden, die von der Rechtsprechung im Hinblick auf die zeitliche, räumliche und sachliche Reichweite vertraglicher Wettbewerbsverbote entwickelt wurden. 238

b) **Persönlicher Anwendungsbereich.** Neben den vorstehend angesprochenen zeitlichen, räumlichen und sachlichen Faktoren vertraglicher Wettbewerbsverbote gilt das Augenmerk dem persönlichen Anwendungsbereich der Bestimmung. Zum einen ist festzulegen, ob das Wettbewerbsverbot allein **selbstständige Tätigkeiten** des Veräußerers erfassen soll oder ihm auch **unselbständige Tätigkeiten** im Bereich des Gegenstandes des Zielunternehmens untersagt werden sollen. Aufgrund des damit verbundenen Eingriffs in grundrechtliche Freiheiten (Art. 12 GG, so genannte Drittwirkung der Grundrechte) dürfte Letzteres jedoch regelmäßig nur mit gleichzeitiger Vereinbarung einer entsprechende Kompensation (Karenzentschädigung) zulässig sein. Allein die Zahlung des Kaufpreises wird als Kompensation nicht ausreichen. Vorteil eines solch umfassenden Wettbewerbsverbots ist jedoch, dass etwaige Umgehungspraktiken (Gründung eines Wettbewerbsunternehmens durch nahe stehende Personen und Anstellung des Veräußerers im Wettbewerbsunternehmen) entgegen gewirkt werden kann. Ferner bietet es sich zur Vermeidung von Umgehungspraktiken an, in den persönlichen Anwendungsbereich vertraglicher Wettbewerbsverbote auch dem Veräußerer nahe stehende Personen einzubeziehen. Adressat der Unterlassungspflicht ist in diesen Fällen weiterhin der Veräußerer als Vertragspartei des Unternehmenskaufvertrags, nicht jedoch die in Bezug genommenen nahe stehenden Personen[102], was zur Folge hat, dass die nahe stehenden Personen frei sind, etwaige Tätigkeiten zu Lasten des Zielunternehmens aufzunehmen, der Veräußerer des Zielunternehmens jedoch gegenüber dem Erwerber dafür einsteht, solche Aktivitäten weder zu veranlassen noch sich an ihnen zu beteiligen. Die Beteiligung an börsennotierten Aktiengesellschaften bis zu einer Höhe von maximal 5% des Grundkapitals wird regelmäßig als **Ausnahme von dem Wettbewerbsverbot** vorgesehen. 239

3. Karenzentschädigung

Im Einzelfall (siehe oben Rn. 239) kann eine Karenzentschädigung zugunsten des durch das Wettbewerbsverbot Belasteten erforderlich sein, um zu vermeiden, dass andernfalls das Wettbewerbsverbot auf Grund eines **groben Missverhältnisses des darin geregelten Leistungsumfangs** unwirksam ist. Dies ist etwa der Fall, wenn der vereinbarte Kaufpreis ausdrücklich nur dem Wert der Wirtschaftsgüter des übernommenen Unternehmens entspricht oder ein lediglich symbolischer Kaufpreis vereinbart wird.[103] 240

4. Vertragsstrafe

Um Schwierigkeiten im Zusammenhang mit dem Nachweis eines Schadens im Falle des Verstoßes gegen ein vertragliches Wettbewerbsverbot zu vermeiden, wird teilweise die Vereinbarung einer Vertragsstrafe empfohlen.[104] In der Praxis wird auf die Vereinbarung einer Vertragsstrafe jedoch zugunsten einer **Verpflichtung des Veräußerers zur Naturalrestitution** im Falle des Verstoßes gegen das Wettbewerbsverbot verzichtet. Der Veräußerer ist demnach verpflichtet, die unternehmerischen Aktivitäten, die einen Verstoß 241

---

[102] Dies würde einen unzulässigen Vertrag zu Lasten Dritter darstellen.

[103] *Hirte* ZHR 154 (1990), 443 (458).

[104] Sollte der Veräußerer kein Unternehmer im Sinne von § 13 BGB sein, würde eine unangemessen hohe Vertragsstrafe durch das zuständige Gericht im Streitfall herabgesetzt werden (§ 343 Abs. 1 Satz 1 BGB, § 348 HGB).

gegen das vertragliche Wettbewerbsverbot darstellen, auf das Zielunternehmen zu übertragen. Dies bedeutet, dass das Zielunternehmen berechtigt ist, Vermögensgegenstände, die der Veräußerer des Zielunternehmens im Rahmen neuer Geschäftsaktivitäten erworben hat sowie die in diesem Zusammenhang abgeschlossenen Zulieferer- und Kundenverträge zu übernehmen.

5. Gesetzliche Schranken – Angemessenheitsprüfung

242 Wirksamkeitsvoraussetzung für ein vertragliches Wettbewerbsverbot ist die Einhaltung der Grenzen, die für die **zeitliche, sachliche und räumliche Reichweite** gelten. Diese Grenzen werden durch allgemeines Zivilrecht sowie deutsches und europäisches Kartellrecht definiert.

243 a) **Dogmatische Grundlagen.** *aa) Allgemeines Zivilrecht.* Ein Wettbewerbsverbot ist zivilrechtlich nur insoweit wirksam, wie es auch zum Schutze der Interessen des Erwerbers **erforderlich ist** und den Veräußerer **nicht unangemessen beschränkt.** Diese Schranken ergeben sich aus der grundgesetzlich gesicherten Berufs- und Wettbewerbsfreiheit in **Art. 12 GG**, die über die so genannte mittelbare Wirkung der Grundrechte auch im allgemeinen Zivilrecht Geltung beansprucht.[105]

244 Der BGH hat in seiner Entscheidung aus dem Jahre 1979 festgelegt, dass ein schutzwürdiges Interesse des von dem Wettbewerbsverbot Begünstigten dann nicht mehr besteht, wenn die übernommenen Unternehmen die Markposition in ihrer Hand so gefestigt haben, dass der Wiedereintritt des von dem Wettbewerbsverbot Betroffenen in den Wettbewerbsprozess keine wesentlich größere Gefahr darstelle, als die Konkurrenz eines neuen auf den Markt kommenden Unternehmens.[106] Diese Einschränkungen wirken sich dabei in sachlicher, räumlicher und zeitlicher Hinsicht aus.

245 *bb) Nationales Kartellrecht.* Das nationale Kartellrecht stellt mit dem Kartellverbot aus § 1 GWB eine weitere Grenze für vertragliche Wettbewerbsverbote auf. Ein vertragliches Wettbewerbsverbot verstößt dann nicht gegen § 1 GWB, wenn es erforderlich ist, um den **Bestand und die Funktionsfähigkeit eines Unternehmens zu erhalten.**[107] Im Ergebnis entsprechen die Kartellverbote jedoch bei den hier einschlägigen räumlichen, gegenständlichen und zeitlichen Grenzen denen des Zivilrechts.[108]

246 *cc) Europäisches Kartellrecht.* Hat das Wettbewerbsverbot grenzüberschreitende Auswirkungen und beeinträchtigt den zwischenstaatlichen Handel, könnte auch ein Verstoß gegen Europäisches Wettbewerbsrecht vorliegen.[109] Dementsprechend sind bei der Bestimmung eines vertraglichen Wettbewerbsverbots auch die Grenzen zu beachten, die durch das europäische Wettbewerbsrecht aufgestellt werden. Ist ein Wettbewerbsverbot zur Durchführung des Vertrags notwendig, ist es, ebenso wie im nationalen Kartellrecht, jedoch mit dem europarechtlichen Kartellverbot ebenfalls zu vereinbaren.[110]

247 b) **Grenzen.** *aa) Sachliche und räumliche Grenzen.* Das Wettbewerbsverbot zu Lasten des Veräußerers muss sich auf den bisherigen **sachlichen und räumlichen Tätigkeitsbereich des Zielunternehmens** beschränken.[111] Eine Ausdehnung des Verbots auf zukünfti-

---

[105] BVerfGE 7, 198 (205 ff.); *Dreier* Vor. GG Rn. 97 ff.; *Semler/Volhard/Streyl* § 12 Rn. 178.

[106] BGH NJW 1979, 1605 (1606).

[107] LG Mainz, Urt. v. 4. 8. 2005, Az. 12HK.O 98/ 04 Kart, 12 HKO 98/04; BGH NJW 1982, 2000 (2001).

[108] *Semler/Volhar/Streyl* § 12 Rn. 183.

[109] Art. 81 EG und die Bekanntmachung der EG-Kommission über Nebenabreden zu Zusammenschlüssen nach der VO (EWG) Nr. 4064/ 89 des Rates über die Kontrolle von Unternehmenszusammenschlüssen vom 21. 12. 1989 (ABl. Nr. C 203/5 v. 14. 8. 1990).

[110] Bekanntmachung der EG-Kommission über Nebenabreden zu Zusammenschlüssen nach der VO Nr. 4064/ 89 des Rates vom 21. 12. 1989 über die Kontrolle von Unternehmenszusammenschlüssen.

[111] BGH DB 1994, 34 (35).

ge Geschäftsfelder oder später erweiterte Einzugsgebiete ist dementsprechend unzulässig.[112]

248 *bb) Zeitliche Einschränkungen.* Die zulässige Dauer eines im Unternehmenskaufvertrag vereinbarten Wettbewerbsverbots richtet sich nach der Zeit, die der durch das Wettbewerbsverbot begünstigte Erwerber benötigt, um den übernommenen Betriebsteil und die Kundenbeziehungen zu konsolidieren. Unter keinen Umständen darf ein Wettbewerbsverbot dazu eingesetzt werden, den Veräußerer als Wettbewerber **auf Dauer auszuschalten.**[113] Die Länge des zulässigen Zeitraums eines Wettbewerbsverbots im Zusammenhang mit Unternehmensakquisitionen ist bereits mehrfach Gegenstand gerichtlicher Entscheidungen gewesen. Dementsprechend sind Wettbewerbsverbote, die einen Zeitraum von **zwei bis drei Jahren** ab Vollzug der Unternehmensakquisition umfassen, als zulässig anzusehen.[114]

249 Die Kommission der Europäischen Gemeinschaft unterscheidet dabei nach dem Zweck des Wettbewerbsverbots und geht davon aus, dass ein Zeitraum von drei Jahren angemessen ist, wenn sowohl das Know-how des Zielunternehmens als auch der Geschäftswert einbezogen sind. Maximal zwei Jahre sind hingegen zulässig, wenn nur der Geschäftswert des Zielunternehmens übertragen wird.[115]

250 c) **Rechtsfolgen einer unangemessenen Abrede.** Rechtsfolge eines unangemessenen Wettbewerbsverbots ist grundsätzlich die **Nichtigkeit** der vertraglichen Abrede.[116] Eine geltungserhaltende Reduktion einer unzulässigen räumlichen oder gegenständlichen Definition des Wettbewerbsverbots auf einen angemessenen Umfang ist nach der Rechtsprechung nicht möglich. Anders verhält es sich allein bei einer Überschreitung der zeitlichen Schranke. Ein zeitlich überlanges Wettbewerbsverbot wird nach der Rechtsprechung auf das zulässige Maß reduziert.[117]

251 Anzumerken ist noch, dass die Unwirksamkeit des Wettbewerbsverbots im Unternehmenskaufvertrag in Ausnahmefällen auch dazu führen kann, dass der Vertrag insgesamt unwirksam ist. Dies könnte in Betracht kommen, wenn das Wettbewerbsverbot eine zentrale Regelung für den gesamten Vertrag bildet. Nach den zu § 139 BGB entwickelten Grundsätzen wäre der Unternehmenskaufvertrag insgesamt unwirksam, wenn der Bestand des Vertrags nach dem Willen der Vertragsparteien mit der Vereinbarung des Wettbewerbsverbot „stehen und fallen" sollte. Der Nachweis eines solchen Zusammenhangs wird jedoch äußerst schwierig zu führen sein. Im Ergebnis bleibt die Wirksamkeit der Unternehmensakquisition von der Unwirksamkeit des vertraglich vereinbarten Wettbewerbsverbotes unberührt.

VIII. Übertragungsregelungen

252 Regelmäßig sehen Unternehmenskaufverträge neben der schuldrechtlichen Vereinbarung des Verkaufs des Zielunternehmens detaillierte Regelungen zur Übertragung des Zielunternehmens auf den Erwerber vor. Zu unterscheiden ist auch hier zwischen einem *Share Deal* und einem *Asset Deal.*

253 Bei einem *Share Deal* würde es grundsätzlich bereits ausreichen, allein die Abtretung der Geschäftsanteile zu regeln, häufig aufschiebend bedingt auf den Eintritt bestimmter Ereignisse. Da bei einem *Asset Deal* die Vermögensgegenstände des Zielunternehmens

---

[112] OLG Hamm GRUR 1973, 421.

[113] LG Mainz, Urt. v. 4. 8. 2005, Az. 12 HK O 98/ 04 Kart, 12 HK O 98/04.

[114] Die Auswertung der Rechtsprechung bei *Hirte* ZHR 154 (1990) 443 (446 ff., 451).

[115] Bericht der EG-Kommission über die Wettbewerbspolitik 2004 vom 17. 6. 2005, 1.4 Neue Bekanntmachung über Nebenabreden Nr. 173.

[116] BGH DB 1989, 1620 (1621).

[117] BGH GmbHR 1991, 15 (17); LG Mainz, Urt. v. 4. 8. 2005, Az. 12 HK O 98/ 04 Kart, 12 HK O 98/04.

jeweils einzeln zu übertragen sind, ist der Regelungsaufwand im Unternehmenskaufvertrag entsprechend größer.

1. *Share Deal*

254 Die Gesellschaftsanteile an dem Zielunternehmen gehen auf den Erwerber über, wenn der Veräußerer seine Gesellschaftsanteile abtritt und der Erwerber diese Abtretung annimmt. Im Fall der Abtretung von Geschäftsanteilen an einer Gesellschaft mit beschränkter Haftung bedarf diese Abtretung der notariellen Beurkundung und würde dabei einen unter Umständen formunwirksam geschlossenen Kaufvertrag heilen (§ 15 Abs. 4 Satz 2 GmbHG). Regelmäßig wird die Übertragung der Gesellschaftsanteile an den **Eintritt bestimmter aufschiebender Bedingungen** geknüpft. Zu nennen wären hier vor allem die Zahlung des Kaufpreises sowie die unter Umständen erforderliche Freigabe der Transaktion durch das Bundeskartellamt oder die Europäische Kommission.

2. *Asset Deal*

255 Bei einem *Asset Deal* hängt die Gestaltung der Übertragungsregelungen von den **als Kaufgegenstand definierten Vermögensgegenständen** des Zielunternehmens ab. Dabei sind vor allem Regelungen zur Übertragung des Eigentums an den unbeweglichen und beweglichen Gegenständen des Anlage- und Umlaufvermögens, zur Übernahme der Passiva des Zielunternehmens, zur Übertragung der Vertragsbeziehungen sowie zum regelmäßig ebenfalls stattfindenden Betriebsübergang der Arbeitnehmer des Zielunternehmens auf den Erwerber zu treffen.

256 a) **Übertragung der Aktiva des Zielunternehmens.** Im Hinblick auf die Übertragung der beweglichen und unbeweglichen Vermögensgegenstände des Anlage- und Umlaufvermögens sind im Vertrag die gesetzlichen Voraussetzungen der **§§ 929ff. BGB** für die Übertragung von beweglichen Sachen und von **§ 398 BGB** für die Übertragung von Forderungen zu beachten. Aus den **§§ 873, 925 BGB** ergibt sich weiterer Regelungsbedarf, wenn die Übertragung von Grundstücken Gegenstand der beabsichtigten Transaktion ist. In diesem Fall ist die zur Übertragung des Eigentums erforderliche Einigung des Veräußerers und des Erwerbers bei gleichzeitiger Anwesenheit beider Teile, gegebenenfalls durch bevollmächtigte Vertreter, vor einem Notar zu erklären und die Änderung der Eigentumsverhältnisse an den betroffenen Grundstücken in das Grundbuch einzutragen.

257 Für den Übergang des Eigentums an beweglichen Gegenstände des Anlage- und Umlaufvermögens ist im Unternehmenskaufvertrag die Einigung der Parteien zu erklären. Regelmäßig wird diese Einigung mit Wirkung zum Übergangsstichtag – der ebenfalls vertraglich festgelegt wird – erklärt. Ferner ist zu regeln, dass dem Erwerber ab dem Übergangsstichtag der Besitz an den verkauften Vermögensgegenständen einzuräumen ist, gegebenenfalls durch Abtretung der diesbezüglichen Herausgabeansprüche gegenüber Dritten. Diese Regelungen sind insgesamt vor dem Hintergrund zu sehen, dass mit dem vertraglich vereinbarten Übergangsstichtag einerseits Nutzungen und Lasten, andererseits aber auch die Gefahr eines zufälligen Untergangs oder einer zufälligen Verschlechterung der übertragenen Vermögensgegenstände auf den Erwerber übergehen.

Formulierungsbeispiel Eigentumsübertragung:

Verkäuferin und Erwerber sind sich einig, dass das Eigentum und der Besitz an den in § [...] definierten Vermögensgegenständen mit Wirkung zum Übergangsstichtag auf den Erwerber übergeht. Für den Fall, dass sich Vermögensgegenstände, die gemäß § [...] Teil des Kaufgegenstandes sind, in unmittelbarem Besitz Dritter befinden oder Dritte mittelbar Besitz an diesen Vermögensgegenständen inne haben, tritt die Verkäuferin die diesbezüglichen Herausgabeansprüche gegen die Dritten an den diese Abtretung annehmenden Erwerber mit Wirkung zum Übergangsstichtag ab. Nutzungen und Lasten sowie die Gefahr eines zufälligen Untergangs oder einer zufälligen Verschlechterung des Kaufgegenstandes gehen mit Wirkung zum Übergangsstichtag auf den Erwerber über.

b) Übertragung der Vertragsbeziehungen. Bei der Übertragung von bestehenden Vertragsbeziehungen ist zu berücksichtigen, dass bei einem *Asset Deal* für eine solche Übertragung die **Zustimmung des jeweiligen Vertragspartners** erforderlich ist.[118] Dementsprechend sollte der Unternehmenskaufvertrag eine Verpflichtung für Veräußerer und Erwerber vorsehen, die erforderlichen Zustimmungen Dritter zur Vertragsübernahme einzuholen. 258

Ergänzend ist eine Regelung aufzunehmen, wonach sich Veräußerer und Erwerber für den Fall, dass der jeweilige Dritte einer Vertragsübernahme nicht zustimmt, **zumindest im Innenverhältnis** so stellen, als ob der jeweilige Dritte zugestimmt hätte. Dies erfolgt dahingehend, dass der Veräußerer sämtliche Ansprüche aus dem jeweils betroffenen Vertrag an den Erwerber abtritt. Denkbar wäre auch, dass eine Vereinbarung darüber getroffen wird, dass der Veräußerer zukünftig sämtliche Rechte aus dem jeweils betroffenen Vertrag treuhänderisch für den Erwerber ausübt. Im Hinblick auf die Verpflichtungen, die sich aus dem jeweiligen Vertrag ergeben, ist vorzusehen, dass der Erwerber den Veräußerer von solchen Verpflichtungen ab dem Übergangsstichtag freistellt. Ferner können noch Regelungen aufgenommen werden, die sicherstellen, dass Leistungen Dritter, die wirtschaftlich noch dem Veräußerer oder bereits dem Erwerber zustehen, jedoch jeweils gegenüber dem nicht (mehr) Berechtigten erbracht wurden, entsprechend weiterzugeben sind. 259

Formulierungsbeispiel Vertragsüberleitung:

Verkäufer und Erwerber werden unverzüglich nach Unterzeichnung dieses Vertrags gemeinsam die erforderliche Zustimmung Dritter zur Übernahme der in § [...] bezeichneten Verträge durch den Erwerber einholen. Für den Fall, dass Dritte einer solchen Vertragsübernahme noch nicht zugestimmt haben oder eine solche Zustimmung endgültig verweigern, stellen sich Veräußerer und Erwerber im Innenverhältnis mit Wirkung ab dem Übergangsstichtag so, als ob der Dritte zugestimmt hätte:

Die Verkäuferin wird ab dem Übergangsstichtag sämtliche Ansprüche aus den in § [...] bezeichneten Verträgen und Aufträgen an den Erwerber abtreten. Der Erwerber wird die Verkäuferin ab dem Übergangsstichtag von allen Verpflichtungen aus den in § [...] bezeichneten Verträgen und Aufträgen freistellen.

Sollten Dritte nach dem Übergangsstichtag für Leistungen des Käufers, die dieser ab dem Übergangsstichtag auf Grundlage der in § [...] bezeichneten Verträge erbringt, Vergütungen oder sonstige Gegenleistungen an die Verkäuferin leisten oder erbringen, ist die Verkäuferin verpflichtet, diese Vergütungen oder den Wert der sonstigen Gegenleistungen an den Erwerber abzuführen. Sollten Dritte nach dem Übergangsstichtag für Leistungen auf Grundlage der in § [...] bezeichneten Verträge, welche die Verkäuferin berechtigterweise gemäß § [...] abrechnen durfte, Vergütungen oder sonstige Gegenleistungen an den Erwerber leisten oder erbringen, ist der Erwerber verpflichtet, diese Vergütungen oder den Wert der sonstigen Gegenleistung an die Verkäuferin abzuführen.

Für den Fall, dass im Hinblick auf Leistungen des Veräußerers aus Verträgen, die nicht auf den Erwerber übertragen wurden, die Vertragspartner zu einem späteren Zeitpunkt Gewährleistungsansprüche gegenüber dem Veräußerer geltend machen sollten, ist eine Regelung denkbar, dass der Erwerber sich bereit erklärt, die zur Behebung des Gewährleistungsfalls notwendigen Arbeiten für den Veräußerer durchzuführen. Hintergrund ist, dass dem Veräußerer nach Vollzug der Unternehmenstransaktion die zur Behebung von Gewährleistungsansprüchen erforderlichen Mitarbeiter auf Grund des Übergangs der jeweiligen Arbeitsverhältnisse auf den Erwerber nicht mehr zur Verfügung stehen. Wer die Kosten für die Behebung von Gewährleistungsansprüchen trägt, ist eine wirtschaftliche Frage, die im Zusammenhang mit dem Kaufpreis zu klären ist. 260

[118] Dies ergibt sich aus den §§ 414, 415 BGB, da die Übertragung eines Vertrags rechtlich auch eine Schuldübernahme darstellt.

261 c) **Regelung zum Übergang der Arbeitnehmer.** Die Übertragung der Vermögensgegenstände eines oder mehrerer Geschäftsbereiche des Veräußerers stellt regelmäßig einen **Betriebsübergang gemäß § 613 a BGB** dar. Dementsprechend gehen sämtliche Arbeitsverhältnisse, die den jeweiligen Geschäftsbereichen zugeordnet werden können, auf den Erwerber über. Folglich sind Regelungen vorzusehen, die einerseits den Veräußerer verpflichten, sämtliche Geschäftsunterlagen hinsichtlich der vom Erwerber übernommenen Arbeitnehmer zu übergeben. Andererseits sind im Gewährleistungskatalog Erklärungen des Veräußerers im Hinblick auf Arbeitsverhältnisse, Rechtsstreitigkeiten mit Arbeitnehmern und Betriebsvereinbarungen vorzusehen. Regelmäßig werden Veräußerer und Erwerber die betroffenen Arbeitnehmer gemeinsam über den Betriebsübergang unterrichten.[119]

262 Im Fall des unterjährigen Vollzugs der beabsichtigten Transaktion sind noch die **Ansprüche der betroffenen Arbeitnehmer,** insbesondere aus Arbeitszeitguthaben, Resturlaubsansprüchen oder Altersteilzeitguthaben sowie Jubiläumszahlungen etc. abzugrenzen und soweit diesbezüglich Rückstellungen gebildet wurden, Ausgleichzahlungen des Veräußerers an den Erwerber vorzusehen. Letztlich sind noch Regelungen für den Fall zu treffen, dass einzelne Arbeitnehmer dem Übergang ihrer Arbeitsverhältnisse auf den Erwerber widersprechen sollten. Regelmäßig wird der Veräußerer in diesem Zusammenhang verlangen, dass der Erwerber die Aufwendungen des Veräußerers im Hinblick auf die dann erforderlich werdende Beendigung der Arbeitsverhältnisse übernimmt. Um die Kostentragungspflicht des Erwerbers zu begrenzen, ist vorsorglich eine Verpflichtung zu Lasten des Veräußerers vorzusehen, die auf Grund eines Widerspruchs der betroffenen Arbeitnehmer nicht übergegangenen Arbeitsverhältnisse zum nächstmöglichen Termin zu beenden. Grundsätzlich sollte in diesen Fällen der Ausspruch einer betriebsbedingten Kündigung zulässig sein, da der jeweilige Geschäftsbereich, in welchem der einzelne Arbeitnehmer tätig war, mit Vollzug der beabsichtigten Transaktion nicht mehr bei dem Veräußerer vorhanden ist und er dementsprechend den jeweiligen Arbeitnehmer auch nicht mehr beschäftigen kann.

Formulierungsbeispiel zum Übergang der Arbeitnehmer:

Verkäuferin und Erwerber sind sich einig, dass die Arbeitsverhältnisse der in § [...] genannten Arbeitnehmer im Wege eines Betriebsübergangs gemäß § 613 a Abs. 1 BGB auf den Erwerber übergehen. Ansprüche der in § [...] genannten Arbeitnehmer insbesondere aus Arbeitzeitguthaben, Resturlaubsansprüchen, Altersteilzeitguthaben, Jubiläumszahlungen etc., werden zum Übergangsstichtag durch die Parteien abgegrenzt und der sich aus diesen Ansprüchen ergebende Rückstellungsbedarf ermittelt. Die Verkäuferin leistet an den Erwerber eine Ausgleichzahlung in Höhe des nach Satz 2 ermittelten Rückstellungsbedarfs, die mit einvernehmlicher Feststellung des Rückstellungsbedarfs zur Zahlung fällig wird und innerhalb von fünf Werktagen zu überweisen ist.[120]

Sollten die in § [...] genannten Arbeitnehmer den Betriebsübergang fristgemäß widersprechen, werden die Parteien sich bemühen, den Übergang der betroffenen Arbeitsverhältnisse auf den Erwerber dennoch zu bewirken. Sollten diese Bemühungen erfolglos bleiben, ist die Verkäuferin verpflichtet, das jeweilige Arbeitsverhältnis zum frühest möglichen Zeitpunkt zu kündigen oder auf sonstige Weise zu beenden. Der Erwerber ist verpflichtet, dem Veräußerer den für die Beendigung des nicht übergegangenen Arbeitsverhältnisses ab dem Stichtag tatsächlich entstandenen Aufwand gegen Nachweis zu erstatten.

---

[119] Die ordnungsgemäße Unterrichtung der von einem Betriebsübergang betroffenen Arbeitnehmer ist gemäß § 613 a Abs. 5 BGB Vorraussetzung dafür, dass die einmonatige Frist für einen Widerspruch der betroffenen Arbeitnehmer gegen den Betriebsübergang in Lauf gesetzt wird.

[120] Unter Umständen ist noch ergänzend vorzusehen, dass der Rückstellungsbedarf durch einen unabhängigen Sachverständigen ermittelt wird, sollten sich Verkäuferin und Erwerber nicht auf einen bestimmten Betrag einigen.

Die Verpflichtung nach dem letzten Satz des Formulierungsbeispiels sollte durch eine Definition des ersatzfähigen Aufwandes konkretisiert und der Höhe nach **auf einen Maximalbetrag begrenzt** werden. Ferner ist ein Vorbehalt vorzusehen, dass die Vereinbarung von Abfindungen nur mit Zustimmung des Erwerbers erfolgen darf. 263

IX. Regelungen für den Streitfall

Die Vorbereitung und Durchführung einer Unternehmensakquisition ist regelmäßig so zeit- und kostenaufwendig, dass die Beteiligten mit Vollzug der Unternehmensakquisition erst einmal erleichtert sind, sich wieder dem gewöhnlichen Geschäftsbetrieb zuwenden zu können. Einzelne, noch offene Punkte, deren Erledigung im Verfahren bewusst auf einen Zeitpunkt nach dem Vollzug der Unternehmensakquisition verschoben wurde, werden dann vorerst nicht weiter berücksichtigt. Gerade diese Punkte können jedoch bei ihrem späteren Wideraufgreifen zu Meinungsverschiedenheiten zwischen dem Veräußerer und dem Erwerber des Zielunternehmens führen. Ferner kann bei der **Komplexität jeder Unternehmensakquisition** und den einzelfallbezogenen Besonderheiten, die jedes Zielunternehmen besitzt, trotz sorgfältiger Vorbereitungen und umfangreicher *Due Diligence* nicht ausgeschlossen werden, dass nicht doch im Nachhinein **bisher unbekannte Sachverhalte** auftreten, welche die Frage nach Gewährleistungsansprüchen des Erwerbers gegenüber dem Veräußerer aufwerfen. 264

1. Einleitung

Aus diesem Grund sollten in den Unternehmenskaufvertrag auch Regelungen aufgenommen werden, welche die Geltendmachung von und die Entscheidung über Gewährleistungsansprüche des Erwerbers betreffen. Dabei wäre denkbar, im Unternehmenskaufvertrag allein den Gerichtsstand zu definieren[121] und die Entscheidung über die in Streit stehende Frage im Übrigen der ordentlichen Gerichtsbarkeit in Anwendung der Grundsätze des Zivilprozessrechts zu überlassen. In der Praxis werden jedoch häufig Rechtsabreden zwischen den Beteiligten getroffen, wonach Streitfragen über das Bestehen und die Höhe von Gewährleistungsansprüchen des Erwerbers gegenüber dem Veräußerer **durch ein Schiedsgericht entschieden werden.**[122] 265

2. Vorteile des Schiedsverfahrens

Die Vereinbarung eines Schiedsverfahrens für den Streitfall bietet mehrere Vorteile. Zum einen haben die Beteiligten regelmäßig **Einfluss auf die Zusammensetzung des Schiedsgerichts,** da in der Schiedsabrede vorgesehen wird, dass Kläger und Beklagter im Schiedsverfahren jeweils einen Beisitzer des Schiedsgerichts bestimmen können, die sich anschließend auf den Vorsitzenden des Schiedsgerichts einigen. Sollte eine solche Einigung zwischen den von den Parteien bestellten Schiedsrichtern nicht möglich sein, wird der Vorsitzende des Schiedsgerichts regelmäßig durch einen unabhängigen Dritten, z.B. den Ernennungsausschuss der Deutschen Institution für Schiedsgerichtsbarkeit bestellt. Die Mitglieder eines Schiedsgerichts kommen regelmäßig aus dem Wirtschaftsleben oder dem Bereich des Wirtschaftsrechts und **sind mit Streitfragen und den Begriffen im Zusammenhang mit Unternehmenstransaktionen häufig besser** vertraut als die Mitglieder einer Kammer am Landgericht. Zum anderen finden Schiedsverfahren – im Gegensatz zu Verfahren der ordentlichen Gerichtsbarkeit – **nicht öffentlich** statt, was den Beteiligten insbesondere bei Unternehmensakquisitionen, die stark im Fokus der Öffentlichkeit ste- 266

---

[121] § 38, 40 ZPO.

[122] Rechtsgrundlage solcher Schiedsvereinbarungen können zum einen die §§ 1025 ff. ZPO oder die Bestimmungen der Verfahrensordnung der deutschen Institution für Schiedsgerichtsbarkeit sein. Bei internationalen Unternehmensakquisitionen können zusätzlich noch internationale Schiedsordnungen (z.B. der International Chamber of Commerce (ICC) oder die Commercial Arbitration Rules der American Association of Arbitration (AAA)) in Betracht gezogen werden.

hen, entgegenkommt. Als Nachteil eines Schiedsverfahrens sind die damit verbundenen Kosten, vor allem für die Mitglieder des Schiedsgerichts, anzusehen, die regelmäßig über den Gerichtskosten im Fall der Anrufung der ordentlichen Gerichtsbarkeit liegen.[123]

3. Anwendbares Recht

267 Im Falle des Erwerbs eines deutschen Unternehmens durch einen deutschen Erwerber findet auf den Unternehmenskaufvertrag zwingend deutsches Recht Anwendung. Zu berücksichtigen sind hier **die Bestimmungen des Internationalen Privatrechts** (Einführungsgesetz zum Bürgerlichen Gesetzbuch (EGBGB), Art. 3 ff.), wonach bei Sachverhalten, die zum Zeitpunkt der Rechtswahl nur mit einem Staat verbunden sind, die Wahl des Rechts eines anderen Staates nicht diejenigen Bestimmungen berühren kann, von denen nach dem Recht des ersten Staates durch Vertrag nicht abgewichen werden kann (zwingende Bestimmungen, Art. 27 Abs. 3 EGBGB).

268 a) **Grundsatz der freien Rechtswahl.** Insbesondere bei internationalen Unternehmensakquisitionen haben es die Parteien in der Hand, das auf den Unternehmenskaufvertrag anwendbare Recht zu bestimmen. Dies ergibt sich aus dem Grundsatz der freien Rechtswahl gemäß **Art. 27 Abs. 1 EGBGB.** Sollten die Parteien keine ausdrückliche Rechtswahl treffen, findet auf den Unternehmenskaufvertrag das Recht Anwendung, zu dem der Unternehmenskaufvertrag die engsten Verbindungen aufweist (**Art. 28 Abs. 1 Satz 1 EGBGB**). Damit wird regelmäßig das Recht des Staates des Veräußerers Anwendung finden, da er die für den Unternehmenskaufvertrag charakteristische Leistung (Übertragung des Zielunternehmens) erbringt. Die Zahlung des Kaufpreises durch den Erwerber ist in nahezu allen gegenseitig verpflichtenden Verträgen vorgesehen.

269 b) **Ausnahme: Gesellschaftsstatut.** In Ergänzung der vorstehend zitierten Bestimmungen des internationalen Privatrechts ist die Regelung in Art. 37 Satz 1 Nr. 2 EGBGB (das so genannte Gesellschaftsstatut) zu beachten. Demnach gilt der Grundsatz der freien Rechtswahl (Art. 27 EGBGB) **nicht für Fragen des Gesellschaftsrechts,** insbesondere im Hinblick auf die Errichtung, die Rechts- und Handlungsfähigkeit, die innere Verfassung und die Auflösung von Gesellschaften und juristischen Personen. Dies bedeutet, dass die eigentliche Übertragung der Beteiligung an einem deutschen Zielunternehmen deutschem Recht unterliegen muss und dabei insbesondere die vom deutschen Recht hierfür aufgestellten Formvorschriften zu beachten sind. Der schuldrechtliche Unternehmenskaufvertrag kann dabei jedoch einem anderen Recht unterliegen, als die dinglich wirkende Abtretung der Beteiligungen an dem Zielunternehmen. Im Falle des Erwerbs ausländischer Zielunternehmen bietet diese Differenzierung den Vorteil, die wirtschaftlichen Vereinbarungen zwischen dem Beteiligten (Kaufpreismodalitäten, Gewährleistungen, Wettbewerbsverbote) dem deutschen Recht zu unterwerfen, sollte dies die Rechtsordnung des Erwerbers sein, und allein die Übertragung der Beteiligungen nach dem jeweils geltenden Gesellschaftsstatut zu regeln. Häufig werden die Vereinbarungen über die tatsächliche Übertragung der Beteiligungen am Zielunternehmen als Anlagen zum Unternehmenskaufvertrag genommen.

270 c) **Grenzen.** Folgende Besonderheiten sind bei der Rechtswahl zu beachten: Eine **„ergänzende Vertragsauslegung"**, wonach die Parteien vernünftigerweise das eine oder das andere Recht anwenden würden, wenn sie diesen Punkt bei Vertragsschluss berücksichtigt hätten, ist nicht zulässig. Ferner sind **„Versteinerungsklauseln"**, die das Recht ab einem bestimmten Zeitpunkt „einfrieren" und Gesetzesänderungen ausschließen sollen, ebenso unzulässig. Zwingende Vorschriften des nationalen Rechts wie beispielsweise Ausfuhrverbote, Preis- und Devisenvorschriften, Mieter- und Verbrauchervorschriften lassen sich durch die Rechtswahl in einem Vertrag jedoch nicht ausschließen. Dies gilt insbesondere auch für das im EG-Vertrag in Artikel 81 und 82 sowie § 130 Abs. 2 GWB

---

[123] *Trittmann* SchiedsVZ 2005, 71.

niedergelegte Verbot wettbewerbsbeschränkender Abreden (Kartellverbot).[124] Eine Umgehung des Kartellrechts durch Wahl ausländischen Rechts ist daher nicht möglich. Das **UN-Kaufrecht** ist im Rahmen des Unternehmenskaufs **nicht anwendbar,** wobei dies gleichermaßen für den *Asset Deal* und den *Share Deal* gilt.[125] Gleichwohl kann im Unternehmenskaufvertrag klarstellend vorgesehen werden, dass das UN-Kaufrecht keine Anwendung findet vgl. Art. 6 CISG.

4. Gerichtsstand

a) Deutsches Recht. Der Gerichtsstand bestimmt das für einen Rechtsstreit zuständige Gericht. Grundsätzlich müssen Klagen demnach am Wohnsitz des Beklagten erhoben werden (§§ 12, 13 ZPO). Für Unternehmen gilt die Sonderregelung in § 17 ZPO. Gerichtsstand ist für sie der **Ort ihres Sitzes.** § 17 Abs. 1 Satz 2 ZPO konkretisiert dies auf den Sitz, an welchem die Verwaltung des Unternehmens geführt wird. 271

In der Praxis werden jedoch regelmäßig **Gerichtsstandsvereinbarungen** in den Unternehmenskaufvertrag aufgenommen. Abweichend von den vorgenannten Grundsätzen wird dabei in der Regel vereinbart, dass der Gerichtsstand am Sitz des Zielunternehmens ist. Gerichtsstandsvereinbarungen sind dabei zulässig, wenn die Parteien des Unternehmenskaufvertrags entweder Kaufleute sind oder mindestens eine der Parteien des Unternehmenskaufvertrags keinen allgemeinen Gerichtsstand im Inland hat (§ 38 Abs. 1 und 2 ZPO). Liegen diese Voraussetzungen vor, ist eine Gerichtsstandsvereinbarung nur dann unzulässig, wenn für den Rechtsstreit ein ausschließlicher Gerichtsstand nach den Bestimmungen der ZPO begründet ist. Im Zusammenhang mit Unternehmensakquisitionen wäre hier an den ausschließlichen Gerichtsstand bei falschen, irreführenden oder unterlassenen öffentlichen Kapitalmarktinformationen (§ 32b ZPO) zu denken.[126] Die Vereinbarung eines neutralen Gerichtsstandes kann für die Vertragsparteien auch von psychologischem Vorteil sein.[127] 272

b) Gerichtsstandsvereinbarungen im europäischen Recht. Soweit im Fall von internationalen Unternehmensakquisitionen die EuGVVO[128] anwendbar ist, wird die deutsche Zivilprozessordnung verdrängt.[129] Die EuGVVO gilt für die Mitgliedstaaten der Europäischen Union (mit Ausnahme Dänemarks). Entsprechend richtet sich die Zulässigkeit von Gerichtsstandsvereinbarungen nach Art. 23 EuGVVO, wenn eine Partei ihren Sitz im Gebiet der EU hat, die Zuständigkeit eines der Gerichte eines Mitgliedstaates vereinbart wurde und es sich um einen internationalen Sachverhalt handelt. 273

Unterschiede im Vergleich zur ZPO ergeben sich dabei zunächst im Hinblick auf die einzuhaltende Form,[130] wonach internationale Gerichtsstandsvereinbarungen **zwingend der Schriftform bedürfen** (Art. 23 Abs. 1 lit. a EuGVVO). Demgegenüber kann eine Gerichtsstandsvereinbarung nach § 38 ZPO auch stillschweigend getroffen werden. 274

Zum anderen sind auch **Nicht-Kaufleute** im Anwendungsbereich der EuGVVO berechtigt, Gerichtsstandsvereinbarungen zu treffen. Für Vereinbarungen mit Parteien aus EFTA-Staaten[131] gilt das inhaltlich gleiche EuGVÜ.[132] 275

---

[124] MünchKommBGB/*Martiny* Art. 34 EGBGB Rn. 94.

[125] MünchKommBGB/*Westermann* Art. 1 CISG Rn. 6 m. w. N.

[126] *Musielak* § 32b ZPO Rn. 5.

[127] *Hölters/Sedemund* Teil XIII Rn. 153.

[128] Verordnung über die gerichtliche Zuständigkeit und die Anerkennung und Vollstreckung von Entscheidungen in Zivil- und Handelssachen, VO-Nr. 44/2001.

[129] *Zöller/Geimer* Art. 23 EuGVVO Rn. 4.

[130] Vgl. Art. 23 Abs. 1 lit. a: Schriftform.

[131] Dänemark, Schweiz, Island.

[132] Der Unterschied liegt lediglich in der Rechtsnatur der anwendbaren Vorschriften: Das EuGVÜ unterliegt als völkerrechtlicher Vertrag den Regeln des Völkerrechts, beim EuGVVÜ handelt es sich als Verordnung des Europäischen Rates um in Deutschland unmittelbar geltendes Europarecht.

5. In der Schiedsvereinbarung zu regelnde Punkte

276 Neben den eingangs bereits erwähnten Vorteilen eines Schiedsverfahrens gegenüber einem Verfahren der ordentlichen Gerichtsbarkeit sind im Zusammenhang mit Schiedsvereinbarungen noch folgende Punkte zu berücksichtigen:[133]

277 Gerade bei Beteiligten verschiedener Nationalitäten ist die **freie Vereinbarkeit der im Schiedsverfahren geltenden Sprache** ein weiterer Vorteil. Mit der Ergänzung, dass Dokumente auch in einer anderen Sprache vorgelegt werden können, kann auch der im Fall der Anrufung eines ordentlichen Gerichtes erforderliche Übersetzungsaufwand vermieden werden. Die **Vollstreckung schiedsgerichtlicher Entscheidungen** ist auf Grund völkerrechtlicher Verträge auf eine sichere Rechtsgrundlage gestellt. Zu nennen ist hier insbesondere das UN-Übereinkommen über die Anerkennung und Vollstreckung ausländischer Schiedssprüche vom 10. 6. 1958. Demgegenüber ist die Vollstreckung von Urteilen nationaler Gerichte im Ausland mit Zweifelsfragen verbunden.

278 Das Schiedsrecht kennt keinen Instanzenzug. Mit der Vereinbarung eines Schiedsverfahrens kann somit im Fall von Meinungsstreitigkeiten zwischen den Beteiligten auch eine **Verfahrensbeschleunigung** erreicht werden. Die Entscheidung des Schiedsgerichts ist grundsätzlich nicht mehr angreifbar. Nach der Zivilprozessordnung kommt einzig ein gerichtlicher Antrag auf Aufhebung nach § 1059 ZPO in Betracht. Ein solcher ist jedoch nur bei groben Fehlern im Verfahren oder bei Verstößen gegen die öffentliche Ordnung (ordre public) begründet und hat daher kaum Aussicht auf Erfolg.

Formulierungsbeispiel Schiedsklausel:

Sollten Streitigkeiten aus der Anwendung oder über die Gültigkeit dieses Vertrages entstehen, werden sich die Parteien um eine gütliche Beilegung der Streitigkeiten bemühen. Führen diesbezügliche Verhandlungen nicht innerhalb von drei Monaten ab Kenntnis der Streitigkeit zu einem von allen Beteiligten getragenen Ergebnis, sind alle Streitigkeiten aus diesem Vertrag, einschließlich solcher über seine Rechtsgültigkeit, den Bestand sowie die Durchführung, Auslegung und Beendigung, durch ein Schiedsgericht zu entscheiden.

Die Anzahl der Schiedsrichter beträgt drei. Ein Schiedsrichter wird vom Kläger, der andere vom Beklagten gewählt. Die von den Beteiligten bestellten Schiedsrichter wählen den Vorsitzenden des Schiedsgericht. Der Vorsitzende muss die Befähigung zum Richteramt nach dem deutschen Richtergesetz haben.

Der Ort des schiedsrichterlichen Verfahren ist der Sitz der Gesellschaft.

Die Sprache des schiedsrichterlichen Verfahrens ist deutsch.

Das anwendbare materielle Recht ist das Recht der Bundesrepublik Deutschland unter Ausschluss des UN-Kaufrechts (CISG) und der Kollisionsnormen des Internationalen Privatrechts.

Im Übrigen gelten die Vorschriften der Schiedsgerichtsordnung der […].

279 **Standardbeispiele** für Schiedsabreden oder Schiedsvereinbarungen finden sich zum Beispiel auch in der Verfahrensordnung der Deutschen Institution für Schiedsgerichtsbarkeit. Im Fall von internationalen Unternehmenstransaktionen wäre auch denkbar, den **Ort des schiedsrichterlichen Verfahrens** im Ausland zu wählen und die Bestimmungen anderer etablierter Schiedsordnungen[134] für anwendbar zu erklären.

---

[133] Zum Verhältnis variabler Kaufpreisregelungen in Unternehmenskaufverträgen und Schiedsgutachtervereinbarungen sowie Schiedsgerichtsklauseln siehe auch: *Witte/Mehrbrey* NZG 2006, 241 ff.

[134] So z. B. der Stockholmer Handelskammer (S CC), der American Arbitration Association (USA) und der internationalen Handelskammer in Paris (ICC).

Um Verzögerungen des Schiedsverfahrens zu vermeiden, bietet es sich noch an, in der Schiedsklausel klarzustellen, dass zwischen den Parteien der **Beibringungsgrundsatz** als vereinbart gilt. Dies hat zur Folge, dass allein die Parteien des schiedsgerichtlichen Verfahrens berechtigt sind, darüber zu entscheiden, welche Tatsachen vor dem Schiedsgericht unterbreitet werden. Das Schiedsgericht und ein eventuell zur Klärung von Beweisfragen bestellter Sachverständiger haben allein auf Grundlage des von den Parteien des schiedsgerichtlichen Verfahrens vorgetragenen Sachverhaltes zu entscheiden. 280

XI. Sonstige Regelungen, Schlussbestimmungen

Zu den sonstigen Regelungen oder Schlussbestimmungen eines Unternehmenskaufvertrags zählen Absprachen zur Vertraulichkeit, zu den Kosten, zur Übertragbarkeit von Rechten und Pflichten sowie zu Benachrichtigungen, Erklärungen und Mitteilungen und eine so genannte salvatorische Klausel. Unabhängig davon, dass in diesem Zusammenhang häufig auf standardisierte Formulierungen zurückgegriffen wird, sind diese Bestimmungen unverzichtbarer Bestandteil eines Unternehmenskaufvertrags. Aufgrund der mit ihnen verbundenen Bindungswirkungen sollten sie in keinem Fall ungeprüft bleiben und – soweit Anlass hierzu besteht – auch hinterfragt werden. 281

1. Vertraulichkeit

Mit Abschluss des Unternehmenskaufvertrags werden gleichzeitig die im Hinblick auf die beabsichtigte Transaktion **zeitlich früher abgeschlossenen Vereinbarungen aufgehoben.**[135] Mit einer solchen umfassenden Formulierung, die weit formuliert werden sollte, um alle vorangegangenen Vereinbarungen zu erfassen, sind auch die im Vorfeld abgeschlossenen Vertraulichkeitsvereinbarungen aufgehoben. An den Geheimhaltungsbedürfnissen der beteiligten Parteien hat sich jedoch mit Abschluss des Unternehmenskaufvertrags im Wesentlichen nichts geändert, wobei das Geheimhaltungsinteresse des Erwerbers als neuem Eigentümer des Zielunternehmens jetzt sogar höher bewertet werden kann. 282

Von der Verpflichtung zur Vertraulichkeit erfasst werden sollten jedenfalls die **Bestimmungen des Unternehmenskaufvertrags,** insbesondere die Regelungen zum Kaufpreis sowie die Geschäftsinformationen und -geheimnisse des Zielunternehmens, die dem Veräußerer weiterhin bekannt sind, unabhängig davon, dass Geschäftsunterlagen im Zusammenhang mit dem Vollzug der Transaktion dem Erwerber übergeben werden. Ausnahmen gelten hier ebenfalls nur insoweit, als eine gesetzliche Verpflichtung zur Offenlegung von Informationen besteht. Dies könnte zum Beispiel der Fall sein, wenn die Transaktion gegenüber dem Bundeskartellamt oder der Kommission als zuständiger Kartellbehörde anzumelden ist. Erwerber und – ggf. auch – der Veräußerer könnten aber auch ein Interesse daran haben, die Öffentlichkeit über den Vollzug der Transaktion zu informieren. Um Widersprüchlichkeiten und unterschiedliche Interpretationen durch die Öffentlichkeit zu vermeiden, sollte die Vertraulichkeitsvereinbarung daher durch eine Verpflichtung der Beteiligten ergänzt werden, eine **gemeinsame Presseerklärung** über den Vollzug der beabsichtigten Transaktion miteinander abzustimmen. 283

[135] Eine solche Regelung sollte unbedingt in den Unternehmenskaufvertrag aufgenommen werden, um zu vermeiden, dass „in letzter Sekunde“ erzielte Verhandlungsergebnisse, die in den Unternehmenskaufvertrag eingeflossen sind, im Nachhinein durch Verweis auf Regelungen im Letter of Intent oder vergleichbaren Vereinbarungen angegriffen werden.

Formulierungsbeispiel Vertraulichkeitsvereinbarung im Unternehmenskaufvertrag:

Die Parteien sind verpflichtet, über den Inhalt dieses Vertrags sowie den Gegenstand der Verhandlungen und die erzielten Verhandlungsergebnisse Stillschweigen zu bewahren. Ferner ist der Verkäufer verpflichtet, Geschäftsinformationen über die Zielgesellschaft vertraulich zu behandeln und keinem Dritten zur Kenntnis zu bringen.

Auskünfte, zu denen eine der Parteien auf Grund gesetzlicher Vorschriften oder behördlicher Anweisungen verpflichtet ist, sind von der vorstehenden Verpflichtung zur Vertraulichkeit ausgenommen. Die jeweils andere Partei ist über die Offenlegung von Informationen im Sinne dieses Absatzes unverzüglich zu informieren. Die Parteien werden sich über den Inhalt einer gemeinsamen Presseerklärung hinsichtlich der mit diesem Unternehmenskaufvertrag vereinbarten Transaktion verständigen und sind verpflichtet, den Abschluss sowie den Vollzug der mit diesem Unternehmenskaufvertrag vereinbarten Transaktion nur auf Grund der miteinander abgestimmten Pressemitteilung zu veröffentlichen.

2. Kosten

284 Bei Unternehmenstransaktionen sind zwei unterschiedliche Kostenarten zu berücksichtigten. Auf der einen Seite sind dies die Kosten, die mit dem Vollzug der Transaktion unmittelbar verbunden sind. Hierzu zählen die Kosten der **notariellen Beurkundung des Unternehmenskaufvertrags** sowie die **Grunderwerbsteuer** im Zusammenhang mit der Übertragung von Grundstücken.[136] Auf der anderen Seite sind die Kosten zu erwähnen, welche die Parteien im Hinblick auf die rechtliche und wirtschaftliche Beratung im Zusammenhang mit der beabsichtigten Transaktion aufwenden. Letztere sind in nahezu allen Fällen durch die jeweilige Partei zu tragen. Die erstgenannten Kosten sind jedoch Gegenstand der Absprache zwischen den Beteiligten. Hierbei können auch gesetzliche Wertungen des allgemeinen Zivilrechts herangezogen werden. Die diesbezüglichen gesetzlichen Bestimmungen unterscheiden dabei jedenfalls zwischen einem *Share Deal* einerseits und einem *Asset Deal* andererseits. Unabhängig von der nachstehenden Darstellung der gesetzgeberischen Wertungen kann die Kostenverteilung zwischen den Beteiligten abweichend hierzu vereinbart werden.

285 a) ***Share Deal.*** Im Grundsatz weist § 453 Abs. 2 BGB die Kosten der **Übertragung** dem Veräußerer zu. Der bei der GmbH ebenfalls beurkundungspflichtige **Kaufvertrag** hingegen ist von § 453 Abs. 2 BGB ausgenommen. Hier tragen die Parteien die Kosten als Gesamtschuldner, sollten sie nicht etwas Abweichendes vereinbaren.[137] Werden Kaufvertrag und Übertragung gemeinsam beurkundet, fallen nur einmal Gebühren an.[138] § 453 BGB ist dann nicht anwendbar, womit es bei der abdingbaren Gesamtschuldnerschaft der Kostenordnung bleibt.[139] Vereinfacht ausgedrückt: In diesen Fällen ist die Kostenfrage eine Verhandlungsfrage.

286 b) ***Asset Deal.*** Die Kosten für die Übertragung eines Grundstücks übernimmt nach § 448 Abs. 2 BGB der Käufer. Die Grunderwerbssteuer ist nach § 12 GrEStG von beiden Parteien gesamtschuldnerisch zu tragen und damit verhandelbar.

---

[136] Das Entstehen einer Grunderwerbsteuer ist nicht nur bei einem *Asset Deal*, mithin der unmittelbaren Übertragung des Eigentums an einem Grundstück, zu berücksichtigen, sondern auch bei einem *Share Deal*, wenn mindestens 95% der Beteiligung am Gesellschaftskapital einer Gesellschaft übertragen oder in einer Hand zusammengeführt werden, die Grundstückseigentum hält (vgl. § 1 Abs. 3 GrEStG).

[137] § 426 BGB, §§ 141, 5 KostO.

[138] §§ 44 Abs. 1; 141 KostO.

[139] *Bamberger/Roth/Faust* § 453 BGB Rn. 14.

Formulierungsbeispiel Kostentragung:

Alle Abgaben, Gebühren, und Kosten, die mit der Errichtung und dem Vollzug dieses Vertrages zusammenhängen, insbesondere anfallende Grunderwerbsteuern, trägt der Käufer. Im Übrigen tragen die Beteiligten die Kosten, die ihnen im Zusammenhang mit der Verhandlung, dem Abschluss und dem Vollzug dieses Vertrags entstehen, selbst, insbesondere die Kosten ihrer wirtschaftlichen, rechtlichen und steuerlichen Berater.

3. Übertragbarkeit von Rechten und Pflichten

In der Regel haben beide Parteien ein Interesse daran, dass Forderungen gegen sie vom 287 jeweils anderen nicht auf Dritte übertragen werden. Es sollte daher ein – grundsätzlich wirksames – **Abtretungsverbot** in den Unternehmenskaufvertrag aufgenommen werden, § 399 Alt. 2 BGB. Das Abtretungsverbot kann auch auf Teilabtretungen beschränkt werden.[140] Auch die Abtretung künftiger Forderungen wie Garantie- oder Gewährleistungsansprüche kann beschränkt werden.[141] Sollte eine Vertragspartei über eine Forderung entgegen eines vereinbarten Abtretungsverbotes verfügen, so ist diese Übertragung **unwirksam.** Die andere Partei kann die Abtretung aber noch im Nachhinein genehmigen und ihr auf diese Weise zur Wirksamkeit verhelfen.[142]

Problematisch hinsichtlich solcher Vereinbarungen ist **§ 354a HGB.** Sollten Veräuße- 288 rer und Erwerber **jeweils Kaufleute** sein[143] und die Transaktion im Rahmen ihres Handelsgeschäfts stattfinden, sind Abtretungen von **Geldforderungen** entgegen der vertraglichen Vereinbarungen wirksam. § 354a HGB ist eine zwingende Vorschrift und kann vertraglich also nicht abbedungen werden. Der Erwerber sollte sich jedoch ohnehin im Unternehmenskaufvertrag die Möglichkeit offen halten, die Rechte (und die Pflichten), die sich für den Erwerber aus dem Unternehmenskaufvertrag ergeben, auf ein Unternehmen zu übertragen, welches ein mit dem Erwerber im Sinne von § 15 AktG verbundenes Unternehmen darstellt. Dies ermöglicht es dem Erwerber auch noch zwischen *Signing* und *Closing* der Transaktion ein Unternehmen, an dem der Erwerber mehrheitlich beteiligt ist, als Käufer des Zielunternehmens zu benennen. Insbesondere bei einem hohen Fremdkapitalanteil bei der Finanzierung des Kaufpreises sollte im Zusammenhang mit der Ausnahmeregelung in Betracht gezogen werden, ob das Zielunternehmen durch eine von dem Erwerber gerade zu diesem Zweck errichtete Kapitalgesellschaft (so genanntes *Special Purpose Vehicle* – SPV) erworben wird, um sich alle Gestaltungsmöglichkeiten für eine anschließende Umstrukturierung des Zielunternehmens zu erhalten.[144] Der Veräußerer wird für diesen Fall jedoch regelmäßig verlangen, dass der eigentliche Erwerber, mit dem der Veräußerer dem Unternehmenskaufvertrag verhandelt hat, weiterhin für die sich aus dem Unternehmenskaufvertrag ergebenden Pflichten neben den neuen Erwerber einsteht.

Formulierungsbeispiel Übertragbarkeit von Rechten:

Soweit nicht in diesem Vertrag oder in zwingenden gesetzlichen Bestimmungen etwas anderes vorgesehen ist, ist kein Vertragspartner berechtigt, seine Rechte aus diesem Vertrag an einen Dritten ganz oder teilweise abzutreten oder sonst zu übertragen. Die Käuferin kann jedoch ihre Rechte und Pflichten aus diesem Vertrag jederzeit an [ein mit ihr im Sinn des

---

[140] BGHZ 112, 389f.

[141] *Staudinger/Busche* § 399 BGB Rn. 59.

[142] MünchKommBGB/*Roth* § 399 Rn. 37.

[143] Handelsgesellschaften werden dabei als Kaufleute behandelt (vgl. § 6 HGB).

[144] Zu dem aus seiner Sicht missbräuchlichen Verhalten sog. Private Equity Gesellschaften im Zusammenhang mit Akquisitionen siehe auch: *Schneider* NZG 2007, 888ff.

§ 15 AktG verbundenes Unternehmen] abtreten und übertragen, wobei alle Rechte und Pflichten nur gemeinsam auf denselben Dritten übertragen werden können. Die Käuferin haftet auch nach der Abtretung für die Verpflichtungen aus diesem Vertrag als Gesamtschuldnerin mit.

4. Benachrichtigungen, Erklärungen und Mitteilungen

289 Mit dem *Closing* des Unternehmenskaufvertrags ist die Transaktion aus rechtlicher Sicht abgeschlossen, aus tatsächlicher Hinsicht in den meisten Fällen jedoch noch nicht. Eine Kommunikation zwischen Veräußerer und Erwerber nach dem *Closing* des Unternehmenskaufvertrags ist z. B. im Hinblick auf die Ermittlung des endgültigen Kaufpreises oder im Zusammenhang mit der Beantwortung von Anfragen Dritter, insbesondere durch die Finanzverwaltung, erforderlich. Um einen reibungslosen Ablauf dieser Kommunikation zu gewährleisten, sollte im Unternehmenskaufvertrag explizit **ein Ansprechpartner für jede Vertragspartei** bestimmt werden. Damit kann auch sichergestellt werden, dass durch die rechtzeitige Anzeige von Gewährleistungsfällen keine Zweifelsfragen im Hinblick auf die Einhaltung etwaiger Gewährleistungsfristen entstehen.

290 Soweit Schriftform vereinbart wurde, genügt nach § 127 Abs. 2 Satz 1 BGB die telekommunikative Übermittlung. Unter telekommunikativ ist dabei die Benachrichtigung per Fax, nicht jedoch die telefonische Kommunikation gemeint. Ferner wird der E-Mail-Verkehr hiervon erfasst. Sollte der **E-Mail-Verkehr** auf Grund der mit ihm verbundenen Unsicherheiten über die Identität des Absenders der jeweiligen E-Mail nicht das Benachrichtigungserfordernis im Sinne der Regelung im Unternehmenskaufvertrag erfüllen sollen, ist dies klarzustellen.

291 Die Regelung über Benachrichtigungen, Erklärungen und Mitteilungen sollte durch eine Verpflichtung der Parteien ergänzt werden, etwaige Änderungen der im Unternehmenskaufvertrag aufgeführten Anschriften unverzüglich der jeweils anderen Partei mitzuteilen. Sollten in der Folgezeit Streitfragen über den rechtzeitigen Zugang einer Mitteilung im Sinne dieser Regelung auftreten, kann unter Rückgriff auf eine solche Verpflichtung geprüft werden, ob die jeweilige Partei insoweit eine Pflichtverletzung trifft, da sie eine Adressänderung nicht rechtzeitig mitgeteilt hat.

Formulierungsbeispiel Mitteilungen:

Alle Erklärungen, Mitteilungen und Benachrichtigungen nach diesem Vertrag erfolgen schriftlich und sind per Brief oder Telefax [nicht jedoch per E-Mail] an die unten aufgeführten Adressen zu senden:

[...]

Jede Partei hat Änderungen der vorgenannten Adresse den anderen Parteien unverzüglich schriftlich mitzuteilen.

5. Salvatorische Klausel

292 Nach § 139 BGB sind Verträge im Zweifel insgesamt nichtig, wenn ein Teil des Vertrags nichtig ist und nicht anzunehmen ist, dass der Vertrag auch ohne den nichtigen Teil abgeschlossen würde. Folglich würden die Beteiligten die Beweislast tragen, dass sie den Unternehmenskaufvertrag auch ohne die nichtige Bestimmung abgeschlossen hätten. Dies kann durch Aufnahme einer salvatorischen Klausel vermieden werden.

293 Salvatorische Klauseln haben dabei grundsätzlich **zwei Funktionen.** Zum einen stellen die Parteien mit der Aufnahme einer salvatorischen Klausel in den Unternehmenskaufvertrag klar, dass die übrigen Bestimmungen des Unternehmenskaufvertrags in ihrer Wirksamkeit unberührt bleiben, sollte eine einzelne Bestimmung unwirksam sein oder (z. B. durch eine Änderung der diesbezüglichen Rechtsprechung) unwirksam werden (**Er-**

haltungsfunktion). Daneben sollte klargestellt werden, dass die unwirksame (oder undurchführbare) Bestimmung durch eine solche Bestimmung ersetzt wird, die dem wirtschaftlich Gewollten am nächsten kommt (**Ersetzungsfunktion**).[145] Vorzugswürdig ist dabei die Formulierung, dass eine solche Bestimmung „als vereinbart gilt", gegenüber der Formulierung, wonach sich die Parteien verpflichten, eine solche Vereinbarung zu treffen. Im letzteren Fall wäre eine zusätzliche Einigung der Parteien erforderlich, während im ersten Fall der bereits abgeschlossene Vertrag ohne weiteres Zutun der Beteiligten in diesem Sinne ausgelegt werden kann. Die Ersetzungsfunktion sollte ferner den Fall erfassen, dass der Unternehmenskaufvertrag eine Lücke enthält, die von den Parteien bei Abschluss des Unternehmenskaufvertrages nicht gesehen wurde. Der Vertrag ist in diesen Fällen nur dann insgesamt nichtig, wenn der nichtige Vertragsteil von so grundlegender Bedeutung ist, dass der übrige Teil des Geschäfts den Parteien nicht mehr als „erhaltungswürdig" erscheint.[146] Die **Darlegungs- und Beweislast für die Gesamtnichtigkeit** liegt dann bei der Partei, die sich entgegen der getroffenen Vereinbarung darauf beruft.[147]

Formulierungsbeispiel Salvatorische Klausel:

Sollten einzelne Bestimmungen dieses Vertrages unwirksam oder undurchführbar sein oder werden oder dieser Vertrag eine Lücke enthalten, wird dadurch die Wirksamkeit der übrigen Bestimmungen dieses Vertrages nicht berührt. Anstelle der unwirksamen, undurchführbaren oder fehlenden Bestimmung gilt eine solche wirksame Bestimmung als vereinbart, wie sie die Parteien vernünftigerweise vereinbart hätten, wenn ihnen beim Abschluss dieses Vertrages die Unwirksamkeit, Undurchführbarkeit oder das Fehlen der betreffenden Bestimmung bewusst gewesen wäre. Sollte eine Bestimmung dieses Vertrages wegen des darin vereinbarten Leistungsumfangs unwirksam sein oder werden, ist der in der Bestimmung vereinbarte Leistungsumfang dem rechtlich zulässigen Maß anzupassen.

XI. Transaktionen mit ausländischen Vertragspartnern

Der mittelständische Unternehmer als Interessent für den Kauf eines Unternehmens 294 wird es in der Regel mit einem **deutschsprachigen Vertragspartner** zu tun haben. Jedoch kann es vorkommen, dass für in Deutschland stattfindende Transaktionen ein **englischer Vertragstext** erforderlich wird, zum Beispiel weil als Veräußerer ein ausländischer Konzern mit einer Tochtergesellschaft in Deutschland auftritt oder weil der Erwerber den Kaufvertrag und die übrigen Dokumente ausländischen finanzierenden Banken vorlegen muss. Für diese Situationen seien hier einige Hinweise für die Vertragsgestaltung gegeben:

1. Doppelsprachige Verträge

Zum Teil werden bei Transaktionen mit ausländischen Vertragspartnern doppelspra- 295 chige Verträge verwendet. Auf einer Seitenhälfte ist der Vertrag in Englisch abgefasst, auf der anderen Seitenhälfte in Deutsch. Wird eine solche Vorgehensweise gewählt, ist zu berücksichtigen, dass durch doppelsprachige Entwürfe die **Überarbeitungen aufwändig** werden, weil beide Sprachversionen stets nachgezogen werden müssen. Teilweise kann es erforderlich werden, hierzu **externe Übersetzer** einzuschalten, was bei intensiv verhandelten Transaktionen zu unerwünschten Zeitverzögerungen führen kann. In Fällen, in denen ein doppelsprachiger Entwurf verwandt wird, ist dringend zu empfehlen, den **Vorrang einer der beiden Sprachfassungen** zu regeln. Eine solche Klausel könnte etwa wie folgt lauten:

[145] BGH NJW 2005, 2225 f.
[146] BGH NJW 1996, 773.
[147] BGH NJW 2003, 347.

Formulierungsbeispiel Vorrang einer Sprachfassung:

This *Share Purchase Agreement* has been made in the English and German language. The English [German] version takes priority over the German [English] version and in case of any discrepancy between the English and the German version the wording of the English [German] version shall prevail, except there are German [English] terms in brackets.

296 Wird mit Rücksicht auf die Beteiligten zwar ein englischsprachiger Vertrag verwendet, aber gleichwohl die Geltung deutschen Rechts vereinbart, empfiehlt es sich Begriffe aus der deutschen juristischen Fachsprache außer in der deutschen Übersetzung auch im englischen Vertragstext in Klammern aufzunehmen. Wird z.B. der Begriff *„guarantee"* im Englischen verwandt, sollte der deutsche Begriff „Bürgschaft" dahinter im englischen Text in deutscher Sprache genannt sein. Auf diese Weise wird sichergestellt, dass im Fall von Meinungsverschiedenheiten zwischen dem Veräußerer und dem Erwerber keine Auslegungsfragen darüber bestehen, welche Rechtsfolgen mit einer „Garantie" verbunden sind (z.B. Akzessorietät zur Hauptforderung). Das vorstehende Formulierungsbeispiel berücksichtigt mit der Ausnahme am Ende des zweiten Satzes bereits dieses Vorgehensweise. Bei einem englischsprachigen Vertragstext sollte ferner die Nomenklatur der Vertragsstruktur beachtet werden. Es gilt insoweit folgendes Schema:

Deutsch	**Englisch**
Vertrag	*Contract, Agreement, Understanding Accord, Pact*
Anlage	*Attachment, Exhibit, Schedule Addendum*
Abschnitt	*Paragraph*
Paragraf	*Section*
Absatz	*Subsection* (doch in sonstigen Texten: Paragraph)
Satz	*Title*
Überschrift	*Subtitle*
Paraphe	*Initials*
Unterschrift	*Signature*
Vorbemerkungen	*Recitals*

2. Transaktionen im Ausland

297 Soweit Unternehmensakquisitionen im Ausland durchgeführt werden sollen, sind die Abläufe grundsätzlich nicht anders und auch die Bestandteile des Unternehmenskaufvertrags nicht verschieden. Allerdings sind im Rahmen von Vertragsverhandlungen je nach Land unterschiedliche Psychologien und Mentalitäten zu beachten, die Einfluss auf die Verhandlungstaktik und Verhandlungsstrategien haben können.[148]

[148] Vgl. hierzu die Beiträge in *Heussen* Teil 9 die Hinweise zu Verhandlungen in den USA, Russland, China, Japan und Brasilien enthalten.

4. Teil. Unternehmensnachfolge und -verkauf

§ 17 Das Unternehmertestament

Schrifttum: *Baumbach/Hopt,* Handelsgesetzbuch, Kommentar, 33. Auflage 2008; *Kirsten Baus,* Die Familienstrategie, Gabler/GWV Fachverlage GmbH, Wiesbaden, 2003; BMF-Schreiben vom 14. 3. 2006, Az.: IV B2 – S 2242–2/04, BStBl. I 2006, S. 253 ff.; *Caspar Behme,* Der Erblasserwille und das Gesellschaftsrecht – was darf der Testamentsvollstrecker in einer KG?, ZErb 2008, 40 f.; *Brandenberg,* Vermögensübertragung gegen Versorgungsleistungen, NWB Nr. 30, vom 25. 7. 2005, Fach 3, Seite 13 561; *Wolfgang Burandt,* Hrsg., Erbrechtliche Unternehmensnachfolge, 2002; *Björn Demuth,* Die Unternehmensnachfolge, in: Fachanwaltsbuch Handels und Gesellschafterecht, 2008; *Demuth/Schöttner,* Hrsg. Demuth, Privatvermögen, Loseblatt, 2008; *Björn Demuth,* BB, 2007, 2388, Kommentierung zu BFH vom 28. 6. 2007; *Björn Demuth,* Unternehmensnachfolge: Folgen des Ausscheidens eines Gesellschafters und Anwachsung bei Kommanditgesellschaften, BB 2007, 1569 ff.; *Demuth* in *Söffing/Thümmel,* Praxishandbuch der Unternehmensgestaltung, 2003; *Groll,* Praxis-Handbuch Erbrechtsberatung, 2. Aufl. 2005; *Rüdiger Gluth,* ErbStB 2007, 259 ff.; *Jansen/Jansen,* Der Nießbrauch im Zivil- und Steuerrecht, 7. Auflage 2005, NWB Verlag Berlin; *Kerscher/Tanck/Krug,* Das Erbrechtliche Mandat, 2. Aufl. 2000; *Peter May,* Hrsg. Erwin J. Frasl und Hannah Rieger, Family Business Handbuch, Wien 2007; Münchner Kommentar/*Birk,* Band 10, 4. Auflage 2006; *Nieder/Kössinger,* Handbuch der Testamentsgestaltung, 3. Auflage, 2008; *Reimann/Wolfgang,* Die Testamentsvollstreckervergütung nach den Empfehlungen des Deutschen Notarvereins, DNotZ 2001, 344; *Richter/Wachter,* Handbuch des internationalen Stiftungsrechts, 2007; *Stephan Scherer,* Hrsg., Erbrecht, 2. Auflage 2007; *Wolfgang Schön,* Der Nießbrauch an Sachen, Habilitationsschrift, 1992; *Timm, Starke,* Erbnachweis durch notarielles Testament, NJW 2005, 3184 ff.; *Tanck,* Flucht in die Pflichtteilsergänzung, ZErb 2000, 3; *Heinrich Sudhoff,* Hrsg., Unternehmensnachfolge, 4. Auflage, 2000; *Michael Szczesny,* Der Familienpool nach der geplanten Erbschaftsteuerreform, BBEV Nr. 1 vom 2. 1. 2008, S. 4 ff. oder NWB DokID: DAAAC-66 460; *Troll/Gebel/Jülicher,* zur Nachfolge bei Personengesellschaften durch Erbfall, Kommentar ErbStG, Loseblatt.

A. Einleitung

Im Rahmen der Nachfolgegestaltung kommt der Sachverhaltsermittlung eine zentrale Bedeutung zu. Dabei ist zu berücksichtigen, dass Sachverhalte und Vereinbarungen von Nichtjuristen oft anders verstanden oder gedeutet werden, als es der Rechtslage entspricht. Wird von einem unzutreffenden Sachverhalt ausgegangen, kann die Gestaltung scheitern, fehlschlagen oder unerwünschte Nebeneffekte auslösen, etwa weil erhebliche Steuern ausgelöst werden oder Pflichtteilsansprüche die Liquidität des Unternehmens überstrapazieren. So führt bei Personengesellschaften eine gesellschaftsrechtlich vorgesehene qualifizierte Nachfolgeklausel zur Aufdeckung stiller Reserven, wenn nicht zugleich das vorhandene Sonderbetriebsvermögen mit übertragen wird. Ähnlich ist es bei Kapitalgesellschaften, denen im Rahmen einer Betriebsaufspaltung etwa Immobilien zur Nutzung überlassen werden, die im Erb- oder Schenkungsfalle nicht ebenfalls auf den Übernehmer übertragen werden, weil diese zur Altersversorgung des Ehegatten dienen sollen. 1

Unternehmensnachfolgen können sogar die Komplexität einer Unternehmenstransaktion überschreiten, weil eine Fülle von rechtlichen, steuerlichen, finanzierungsbezogenen und sozialen Aspekten eng ineinander greifen und Änderungen in einem Thema Auswirkungen auf andere Themen haben können.

I. Bedeutung

Die Bedeutung eines Testamentes wird immer wieder verkannt. Landläufig wird hierzu erklärt, die gesetzliche Erbfolge sei doch sehr sinnvoll. Danach werden Ehegatte und 2

Kinder in einem zumeist adäquaten Verhältnis als Erben begünstigt. Eine Regelung sei deshalb unnötig. Diese Überlegungen verkennen jedoch verschiedene Fakten:[1]

- Sterben unerwartet Kinder nach dem Erbfall des Unternehmers, geht deren Vermögen – dazu gehört dann auch ein Teil des Unternehmensvermögens – auch auf deren Ehegatten über. Sind keine leiblichen Kinder des verstorbenen Kindes vorhanden, kann sogar der gesamte Nachlass dieses Kindes auf die Familie der Ehefrau übergehen.
- Die Familie wird in der gesetzlich vorgesehenen Erbengemeinschaft zu einer Schicksalsgemeinschaft zusammen gezwungen und kann nur einstimmig Beschlüsse betreffend das Unternehmen fassen. Dies ist oft nicht möglich, so dass keine Beschlüsse zustande kommen. Besonders negativ ist, wenn weitere Gesellschafter außerhalb des Nachlasses am Unternehmen beteiligt sind, die diese Situation zu ihren Gunsten ausnutzen. Ebenso gefährlich wäre ein führungsloses Unternehmen.
- Bei Übergang persönlich haftender Gesellschaftsbeteiligungen wird jeder Erbe zum persönlich haftenden Gesellschafter.
- Nicht zur Unternehmensführung geeignete Personen werden zu entscheidungstragenden Gesellschaftern.
- Eine ungeplante Nachfolge kann erhebliche steuerliche Folgen auslösen, etwa die steuerliche Verstrickung von bisherigem Privatvermögen.[2]
- Die Vererbung eines Einzelunternehmens auf Erbengemeinschaften birgt erhebliche Haftungsgefahren.[3] Ähnlich sind die Risiken bei der Vererbung von persönlich haftenden Gesellschaftsanteilen etwa an einer OHG oder KG.[4]

3 Vor diesem Hintergrund ist die Errichtung eines Testamentes für einen Unternehmer dringend zu empfehlen. Damit darf es jedoch nicht sein Bewenden haben. Zusätzlich muss der Unternehmer sein Testament in regelmäßigen Zeitabständen (alle 3 bis 5 Jahre) auf dessen Sinnhaftigkeit überprüfen. Ansonsten werden gesetzliche und steuerrechtliche Änderungen ebenso wenig wie Veränderungen im Sachverhalt berücksichtigt. Beispielsweise führen Wertverschiebungen nach Testamentserrichtung oft zu ungewollten Ungleichbehandlungen oder Zwistigkeiten unter den Erben.

II. Sorgfältige Ausarbeitung

4 Eine gut durchdachte Erbregelung hat den großen Vorteil, dass selbst bei unerwartetem Tod die Fortführung des Unternehmens gesichert ist, die Erben eine klare Rechtslage vorfinden und Streitigkeiten somit vorgebeugt sind. Der Unternehmensnachfolger kann sich damit sofort auf die Übernahme und Fortführung des Unternehmens konzentrieren. Bei Unternehmensfinanzierungen ist das Bestandteil der Prüfung nach Basel II.[5]

---

[1] Die folgenden Beispiele stammen aus: *Demuth,* Die Unternehmensnachfolge, in Fachanwaltsbuch Handels- und Gesellschaftsrecht, 2008, Teil 7 Kapitel 22.

[2] Hat die Ehefrau des Erblassers an dessen Unternehmen eine Immobilie vermietet und wird sie Erbin oder zumindest Nachfolgerin in das Betriebsvermögen, tritt zumeist eine steuerliche Verhaftung der bisher privaten Immobilie (in Form von Sonderbetriebsvermögen oder Betriebsaufspaltung) ein.

[3] Burandt/*Lübke* § 6 Rn. 4 ff. und in Rn. 7 ff. zu Haftungsbegrenzungsmöglichkeiten; *Siegmann* in Scherer, § 23 Rn. 77 ff.

[4] Burandt/*Lübke* § 8 Rn. 9 ff. und in Rn. 139 ff. zu Haftungsbegrenzungsmöglichkeiten; *Siegmann* in Scherer, § 23 Rn. 90 ff.

[5] Basel II ist ein Schlagwort für ein internationales Übereinkommen von Banken, das man wie folgt zusammenfassend beschreiben kann: „In einem ersten Konsultationspapier legte der Ausschuss 1999 eine erheblich erweiterte Neukonzeption vor. Die das Papier von 1988 ersetzende Regelung bezeichnet man als Basel II. Die Vorschriften nach Basel II sehen das Rating als Verfahren zwingend vor und damit eine Bonitätsprüfung für jeden einzelnen Kredit. Daraus leitet sich ein verändertes Informationsverhältnis zwischen Bank und Kreditnehmer ab. Die Regelungen nach Basel II wurden nochmals überarbeitet um die Besonderheiten der kleinen und mittleren Unternehmen besser zu würdigen. Diese Änderungen wurden im dritten Konsultationspapier zusammengefasst. Seit dem

Übereilte oder standardisierte Lösungen bergen zudem die Gefahr, ebenso wie fehlende Regelungen, nachteilige Folgen auszulösen, etwa in Form des sofort fälligen Pflichtteilsanspruchs der enterbten Pflichtteilsberechtigten oder einer sofort fälligen Einkommensteuer sowie erhöhter Erbschaftsteuerbelastungen, etwa bei Errichtung eines Berliner Testaments[6] oder Einsetzung eines Vorerben.

III. Durchdachte Unternehmensnachfolge

Die Notwendigkeit einer durchdachten Unternehmensnachfolge wird sehr oft erst zu spät erkannt. In der Folge können die für die Nachfolgeregelung erforderlichen Schritte eventuell nicht mehr rechtzeitig umgesetzt werden, weil es sich um einen sehr komplizierten Vorgang handelt, bei dem insbesondere erb-, gesellschafts- und steuerrechtliche Aspekte eng miteinander verzahnt sind. Hierdurch wird eine ausgewogene Lösung oft erschwert. Für die Regelung der Nachfolge ist eine angemessene Vorbereitungszeit von mindestens sechs Monaten zu kalkulieren. Muss der Nachfolger noch in das Unternehmen eingeführt oder gar auf seine Eignung überprüft werden, verlängert sich die Vorlaufzeit schnell auf zwei bis drei Jahre. Die Unternehmensnachfolge kann also nicht auf die erbrechtlichen Aspekte reduziert werden. 5

Ebenso gewichtig kann das Interesse an einer erfolgreichen Fortführung des Unternehmens, an der Sicherung der Arbeitsplätze und am Vermögenserhalt wiegen. Dies gebietet beispielsweise, einer Zerfaserung der Beteiligungen auf der Gesellschafterseite und den damit oft einhergehenden Unstimmigkeiten zu begegnen. 6

Die Entstehung einer zu hohen Erbschaftsteuerlast sollte vermieden werden[7] und die Liquiditätsbelastung des Nachlasses durch Erbschaftsteuer bedacht sein. Fehlende Liquidität für Erbschaftsteuer oder Pflichtteilsansprüche kann die Unternehmensexistenz gefährden. Die Zerschlagung des Unternehmens zur Beschaffung von Liquidität hat wiederum weitere Folgen. So geht hiermit der Verlust von erbschaftsteuerlichen Vergünstigungen für Betriebsvermögen einher, und zugleich wird durch die Aufdeckung stiller Reserven zusätzlich Einkommensteuer ausgelöst. 7

B. Grundlagen – Begriffe und Gestaltungsformen

Das deutsche Erbrecht ist wesentlich durch fünf Grundsätze geprägt: 8
- feste gesetzliche Regeln über die Erbnachfolge nach Ordnungen und Stämmen,
- Berücksichtigung des ehelichen Güterstandes,
- freie Gestaltbarkeit der Vermögensnachfolge,
- das Pflichtteilsrecht und
- die Sonderrechtsnachfolge in Personengesellschaftsanteile.

---

1. Januar 2007 sind die Baseler Vorschläge in Kraft getreten und so in mehr als 100 Ländern in nationales Recht umgesetzt worden." (so bei www.datev.de/rating beschrieben). Näher hierzu auch: Prof. Anna Nagl, Aalen, Rating nach Basel II, HaufeIndex 782 106 ff. und Prof. Klaus-Peter Grote, Neuenrade, Creditor Relations – ein neues Aufgabenfeld für das Finanzmanagement, INF 2003, 395 ff. = HaufeIndex 948 044 ff.

[6] Das sog. Berliner Testament besagt, dass sich die Ehegatten wechselseitig zu Alleinerben und ihre Kinder als Schlusserben einsetzen, so dass diese am Nachlass erst nach dem Tode des überlebenden Ehegatten beteiligt werden, § 2269 BGB. Den Kindern steht in diesen Fällen ein Pflichtteilsanspruch nach §§ 2303 ff. BGB zu. Für diese Fälle bestimmt § 6 Abs. 2 ErbStG, dass nur ein Freibetrag, nämlich nach dem Vorerben dem Nacherben gewährt wird, obwohl er grds. nach jedem Elternteil (sowohl vom Erblasser als auch vom Vorerben) einen gesonderten Freibetrag hätte. Zugleich treten Progressionsnachteile gem. § 16 ErbStG ein. Durch das Wahlrecht des § 6 Abs. 2 Satz 2 ErbStG kann eine weitere Benachteiligung der Steuerklasse vermieden werden, falls Vorerbe und Erblasser nicht zum Nacherben in verwandtschaftlicher Beziehung stehen.

[7] Etwa *von* Sudhoff/*Sothen* § 54 Rn. 1 ff.

Zunehmend gewinnt neben dem deutschen Erbrecht das teilweise sehr komplizierte **internationale Erb- und Gesellschaftsrecht** an Bedeutung und muss bei entsprechenden Konstellationen besonders beachtet werden. Ebenso sind internationale familienrechtliche Aspekte zu beachten.

I. Das gesetzliche Erbrecht[8]

9 Das gesetzliche Erbrecht unter Verwandten, geregelt in §§ 1922 ff. BGB, basiert auf der Vererbung nach Ordnungen und Stämmen.

Die Ordnungen richten sich nach der Zahl der vermittelnden Geburten (1. Ordnung: Kinder und deren Abkömmlinge; 2. Ordnung: Eltern und deren Abkömmlinge usw.). Erben der niedrigeren Ordnungen schließen jeweils die Erben der höheren Ordnungen aus, d. h. die Kinder eines Erblassers erben statt dessen Eltern. Zudem schließt der jeweils älteste Stammhalter die nachfolgenden Generationen seines Stammes aus.

Beispiel:[9] Hat der Erblasser zwei Kinder und einen Enkel, erben nur die beiden Kinder je zu $1/2$. Ist ein Kind verstorben, das selbst schon Abkömmlinge hatte, treten diese als Vertreter seines Stammes an die Stelle des verstorbenen Kindes. Leben nur noch die Eltern und Geschwister des Erblassers, erben ausschließlich die Eltern je zu $1/2$. Wäre der Vater vorverstorben, würden an dessen Stelle die drei Geschwister (zu je $1/6$) und die Mutter (zu $1/2$) treten.

Die denkbaren Fallvarianten sind zahlreich und im Voraus kaum vollständig zu bedenken. Noch viel weniger kann das gesetzliche Erbrecht außerhalb von Standardfällen, die in der Unternehmensnachfolge sehr selten sind, dem Erblasserwillen entsprechen. Oft weichen die Wünsche des Erblassers gerade in untypischen, aber nicht unwahrscheinlichen Fallvarianten von den Regelungen des Gesetzgebers deutlich ab, wie etwa bei gleichzeitigem Versterben der Ehegatten, Vorversterben von Kindern, Wiederverheiratung des Ehegatten oder kurz nachfolgendem Versterben der Abkömmlinge. Problematisch sind insbesondere Situationen, in denen ein junger Unternehmer kinderlos aufgrund Unfalls oder unerwarteter Erkrankung verstirbt und dessen Ehegatte – mangels Testament – neben den Eltern des Unternehmers in Erbengemeinschaft den Nachlass übernimmt.

II. Berücksichtigung des ehelichen Güterstandes[10]

10 Separat neben dem Verwandtenerbrecht besteht das Ehegattenerbrecht. Hierdurch ändern sich die vorgenannten Erbquoten der Verwandten. Bei Berechnung dieser Quoten ist das Ehegattenerbrecht in Abhängigkeit vom Güterstand[11] vorrangig zu berücksichtigen. Im gesetzlichen Güterstand[12] der Zugewinngemeinschaft, § 1363 BGB, erbt der

---

[8] Vgl. hierzu auch: *Demuth,* Die Unternehmensnachfolge, in Fachanwaltsbuch Handels und Gesellschafterecht, aaO; Sudhoff/*Scherer* § 6 Rn. 1 ff.

[9] Das Beispiel stammt aus: *Demuth,* Die Unternehmensnachfolge, in Fachanwaltsbuch Handels und Gesellschafterecht, aaO.

[10] Vgl. hierzu auch: *Demuth,* Die Unternehmensnachfolge, in Fachanwaltsbuch Handels und Gesellschafterecht, aaO.

[11] Das Gesetz kennt den gesetzlichen Güterstand (§ 1363 BGB) und die Wahlgüterstände (§ 1408 BGB), unter welche die Gütertrennung (§ 1414 BGB) und die in der Praxis sehr seltene Gütergemeinschaft (§ 1415 BGB) fallen.

[12] Die Zugewinngemeinschaft ist eine Gütertrennung (s. § 1363 Abs. 1 S. 2 BGB) mit Ausgleichungspflicht des während der Ehedauer erwirtschafteten Mehrwertes (Zugewinns). Die Ausgleichungspflicht ist im Zeitpunkt der Beendigung des Güterstandes zu ermitteln (§ 1363 Abs. 2 S. 2 BGB). Die Beendigung kann durch Tod (§ 1371 BGB), Scheidung (§ 1372 BGB) oder Vereinbarung der Ehegatten (§ 1414 BGB) eintreten.

Ehegatte pauschal neben Verwandten der 1. Ordnung einviertel und neben Verwandten der 2. Ordnung einhalb des Nachlasses, § 1931 Abs. 1 BGB. Neben Verwandten höherer Ordnungen erbt er allein, § 1931 Abs. 2 BGB. Zusätzlich erhält der überlebende Ehegatte einen pauschalen Zugewinnausgleich von einviertel des Nachlasses, § 1371 Abs. 1 BGB.

Für den überlebenden Ehegatten kann es im Falle der Zugewinngemeinschaft ratsam sein, das Erbe auszuschlagen und stattdessen den sog. „kleinen Pflichtteil" zu fordern, § 1371 Abs. 3 BGB. Dieser ist günstiger, wenn der Nachlass fast ausschließlich aus Zugewinn, also aus während der Ehe erworbenem Vermögen, besteht.

Den Zugewinnausgleich gibt es im Falle einer **Gütertrennung** nicht. Hier erbt der Ehe- 11
gatte neben Abkömmlingen aber mindestens dieselbe Quote wie diese, d. h. neben einem Kind einhalb, neben zwei Kindern eindrittel und neben mehr als zwei Kindern immer einviertel, § 1931 Abs. 4 BGB.

Auch die Gütergemeinschaft kennt keinen Zugewinnausgleich. Deshalb fällt neben 12
dem Sonder- und Vorbehaltsgut nur einhalb des Gesamtgutes in den Nachlass.[13] Die andere Hälfte gehört bereits dem überlebenden Ehegatten. Von der Gütergemeinschaft ist aus erbrechtlicher Sicht aus verschiedenen Gründen jedoch dringend abzuraten.

Beispiel:[14] Der Erblasser (Vater) hinterlässt seine Frau, einen Sohn sowie ein Enkelkind der be- 13
reits verstorbenen Tochter.

Im Falle der Zugewinngemeinschaft erbt die Ehefrau einhalb des Nachlasses (einviertel als Erbin und einviertel als pauschalen Zugewinnausgleich) sowie der Sohn und das Enkelkind jeweils einviertel.

Im Falle der Gütertrennung würde die Ehefrau nur den auf eindrittel erhöhten Erbanteil ebenso wie jeder Abkömmling, d. h. Sohn und Enkelkind erhalten.

Bei bestehender Gütergemeinschaft würde die Ehefrau lediglich einviertel des Nachlasses und die Abkömmlinge jeweils dreiachtel erhalten, wobei der Nachlass nur einhalb des Gesamtvermögens zzgl. dem Sondergut des Erblassers ausmacht. Die Gütergemeinschaft kann über den Tod hinaus mit gemeinsamen Kindern vom überlebenden Ehegatten fortgesetzt werden (fortgesetzte Gütergemeinschaft, § 1483 Abs. 1 BGB). Der überlebende Ehegatte ist dann alleine zur Vermögensverwaltung berechtigt (§ 1487 Abs. 1 BGB).

III. Freie Gestaltbarkeit und Verfügungsformen

Grundsätzlich ist der Erblasser uneingeschränkt berechtigt, Verfügungen von Todes 14
wegen über seinen Nachlass zu treffen. Die Verfügung kann alleine in Form eines Testaments oder vertraglich mit mehreren Beteiligten in Form des notariellen Erbvertrags bzw. eines gemeinschaftlichen Testaments erfolgen.

1. Verfügungsmöglichkeiten

Das **privatschriftliche Testament** muss ein testierfähiger Erblasser eigenhändig schrei- 15
ben und unter Angabe von Ort und Datum unterschreiben. Es ist jederzeit abänderbar, etwa durch Errichtung eines neuen Testaments oder Vernichtung des alten.

Das gemeinschaftliche Testament (oft ausgestaltet als Berliner Testament) muss ledig- 16
lich von einem der beiden Ehegatten handschriftlich aufgesetzt und von beiden Ehegatten unterschrieben werden. Hier ist jedoch wegen der eintretenden – wenn auch nur eingeschränkten Bindungswirkung – zwischen den Ehegatten besondere Vorsicht anzuraten. Beim gemeinschaftlichen Testament entsteht eine **Bindungswirkung** nur hinsichtlich wechselbezüglicher Verfügungen, also dann, wenn die erbrechtliche Verfügung des einen

[13] Zur Gesamthand gehört das Vermögen der Ehegatten im Falle einer Gütergemeinschaft (§ 1416 BGB-Gesamtgut). Es kann allerdings auch ein höchst persönliches Sondergut (§ 1417 BGB) oder ausdrücklich bestimmtes Vorbehaltsgut (§ 1418 BGB) ehevertraglich vereinbart werden.

[14] Das Beispiel stammt aus: *Demuth*, Die Unternehmensnachfolge, in Fachanwaltsbuch Handels und Gesellschafterecht, aaO.

Ehegatten ohne die des anderen nicht getroffen worden wäre. Ab dem Tod eines Ehegatten sind Änderungen insoweit grundsätzlich nur noch über Anfechtungen durchsetzbar, was ausgesprochen schwierig ist. Ein lebzeitiger Widerruf des gemeinsamen Testaments ist notariell zu beurkunden und muss dem anderen Ehegatten zugehen, §§ 2271 Abs. 1 S. 1, 2296 BGB.

17 Die Bindungswirkung ist bei Erbverträgen noch umfassender, sofern nicht ausdrücklich etwas anderes vereinbart wird. Der **Erbvertrag** bedarf der notariellen Beurkundung.

Genau zu überlegen ist diese Gestaltungsform wegen ihrer weitgehenden Bindungswirkung. Die Bindungswirkung kann jedoch ganz oder teilweise vertraglich eingeschränkt oder faktisch durch genau zu definierende Widerrufs- oder Rücktrittsrechte beseitigt werden.

18 Inhaltlich können alle Gestaltungsvarianten des Erbrechts unabhängig von der Verfügungsform genutzt werden.

Spätere Verfügungen, welche eine eingetretene Bindungswirkung beeinträchtigen könnten, sind unwirksam. Die Bindungswirkung birgt somit erhebliche Gefahren. Insbesondere verhindert sie eine spätere Anpassung an veränderte Gegebenheiten. Mit diesem Gestaltungsinstrument sollte deshalb mit Bedacht umgegangen werden.[15]

2. Vor- und Nachteile der Verfügungsformen

19 Das einfache Testament und das gemeinschaftliche Testament bestechen durch die einfache und kostengünstige Form der Errichtung. Sie sind jedoch stärker Manipulationen ausgesetzt. So kann ein einfaches Testament leichter verschwinden als ein öffentlich hinterlegtes. Hinzu kommt, dass ein einfaches Testament ohne Hinterlegung – sofern Grundstücke im Nachlass enthalten sind – zu deutlich höheren Kosten führt, weil das Grundbuchamt grundsätzlich einen Erbschein verlangt. Dieser Erbschein ist bei öffentlich hinterlegten Testamenten üblicherweise entbehrlich, sofern das Testament klare Regelungen enthält.[16] Deshalb ist die Form eines notariell beurkundeten Testaments zumeist vorzuziehen.[17] Der Notar muss zuvor belehren. Bei der Auslegung wird unterstellt, dass die Formulierungen des Notars rechtlich korrekt sind. Sie sind entsprechend dem juristischen Vokabular auszulegen. Damit ist ein notarielles Testament zumeist höherwertig in Punkto Rechtssicherheit, wobei ein anwaltliches Testament ähnlich zu werten ist.

---

[15] Zur Durchbrechung der erbrechtlichen Bindungswirkung etwa Nieder/Kössinger/*Nieder*, aaO, § 11, S. 582 ff und § 12 .

[16] *Paland/Edenhofer,* Überblick vor § 2353 BGB Rn. 4 mit Verweis auf BGH NJW 2005, 2779 mit Anm. *Starke* NJW 2005, 3184. Teilweise wird vertreten, ein privatschriftliches öffentlich hinterlegtes Testament erfülle auch die Nachweisvoraussetzungen. Dies mag für Einzelfälle genügen, für Grundbuchumschreibungen muss jedoch eine geschlossene Kette öffentlicher Nachweise der Berechtigung erbracht werden. Hieran dürfte es bei einem schlichten Testament fehlen, da im Rahmen der Testamentseröffnung nicht die Urheberschaft oder die Erbenstellung geprüft wird. Vor diesem Hintergrund wird mindestens ein handschriftliches Testament erforderlich sein, dessen Unterzeichnung zumindest öffentlich beglaubigt sein müsste. *Palandt/Edenhofer* führt weitere Erbnachweismöglichkeiten und deren Anwendungsbereich an.

[17] Nach § 107 Abs. 1 KostO ist für die Erteilung eines Erbscheins eine volle Gebühr zu entrichten. Nach § 107 Abs. 3 KostO kann dabei aber nur der Grundstückswert angesetzt werden, wenn glaubhaft gemacht werden kann, dass der Erbschein nur für Grundstückszwecke eingesetzt wird. Zusätzlich fällt für den notariellen Erbscheinsantrag nach § 49 KostO eine weitere volle Gebühr an. Für die Errichtung eines öffentlichen Testaments fällt eine volle Gebühr nach § 46 Abs. 1 Alternative 1, § 141 iVm. § 36 KostO, an. Demgegenüber fällt bei Erbverträgen bzw. gemeinschaftlichen öffentlichen Testamenten ebenfalls die doppelte Gebühr an, § 46 Abs. 1 Alternative 2 und 3 KostO. Bemessungsgrundlage ist dabei der Nettowert. Für einen Erbschein ist immer der Bruttowert maßgebend.

Ein gemeinschaftliches Testament sollte wegen seiner Bindungswirkung nicht ohne Einbindung eines fachkundigen Beraters aufgesetzt werden.

IV. Grundsätze des Pflichtteilsrechts

Als Besonderheit gegenüber einigen anderen Rechtsordnungen kennt das deutsche Recht den „Mindestanspruch" des gesetzlichen Erben, den sog. Pflichtteil, §§ 2303 ff. BGB. Durch dieses Recht soll verhindert werden, dass nahe Angehörige des Erblassers (Ehegatte, Kinder, Eltern) völlig leer ausgehen. Ihnen soll zumindest die Hälfte dessen, was sie bei einer gesetzlichen Erbfolge erhalten hätten, zustehen. Das Pflichtteilsrecht ist zum Schutze der Pflichtteilsberechtigten gesetzlich sehr streng geregelt. Testamentarische Gestaltungen können nur sehr eingeschränkt einen Pflichtteilsanspruch geringer ausfallen lassen oder den durch die sofortige Fälligkeit des Pflichtteilsanspruches entstehenden Liquiditätsabfluss vermeiden. Dieser kann im Extremfall sogar den Fortbestand eines zum Nachlass gehörenden Unternehmens gefährden. 20

Es spielt keine Rolle, ob der Pflichtteilsberechtigte ausdrücklich enterbt wird oder ob sich die Enterbung aus der Summe aller Verfügungen von Todes wegen ergibt. Das wirtschaftliche Ergebnis ist ausschlaggebend. Ist ein Pflichtteilsberechtigter zwar zum Erben bestellt, ihm aber weniger als die Hälfte des gesetzlichen Erbteils zugewiesen, so kann er einen Zusatzpflichtteil in Höhe des ihm bis zum hälftigen Erbteil fehlenden Wertes verlangen, § 2305 BGB. 21

Um einer lebzeitigen Aushöhlung des Pflichtteilsanspruches zu begegnen, räumt der Gesetzgeber dem Pflichtteilsberechtigten einen Anspruch auf die so genannte Pflichtteilsergänzung, § 2325 BGB, ein. Lebzeitige Schenkungen während der letzten zehn Jahre vor dem Erbfall (bei Ehegatten ohne zeitliche Beschränkung, § 2325 Abs. 3 BGB) sind so in die Pflichtteilsberechnung einzubeziehen, als wäre der Gegenstand der Schenkung noch im Nachlass vorhanden.[18]

Eine Pflichtteilsergänzung gemäß § 2325 BGB findet auch für „ehebedingte" bzw. „unbenannte Zuwendungen" unter den Eheleuten statt, auch wenn die Zivilrechtsprechung diese nicht als Schenkung i. S. v. §§ 516 ff. BGB (causa donandi) beurteilt. Sie sind laut BGH gleichwohl unentgeltlich im Sinne des § 2325 BGB.[19] Auch der BFH sieht dies im Hinblick auf die Erbschaftsteuer, § 7 Abs. 1 Nr. 1 ErbStG, so.[20] Sofern allerdings an Stelle einer Schenkung ein Zugewinnausgleich bei Güterstandsänderung stattfindet, so gilt dieser als entgeltlich und wird nicht von § 2325 BGB oder erbschaftsteuerlich von § 7 Abs. 1 ErbStG erfasst. Vorsicht ist hier allerdings aus einkommensteuerlicher Sicht geboten, da Gewinnverwirklichungstatbestände erfüllt werden können (bspw. im Falle der Veräußerung von Kapitalgesellschaftsanteilen, §§ 17, 23 EStG, oder einer Entnahme aus dem Betriebsvermögen).[21]

V. Sonderrechtsnachfolge in Personengesellschaftsanteile

Als Besonderheit des deutschen Personengesellschaftsrechts hat sich die sogenannte Sonderrechtsnachfolge heraus gebildet. Sie ist Ausfluss der Rechtsprechung zum Verhält- 22

[18] Besondere Aufmerksamkeit ist bei Gestaltungen auf die verschiedenen Rechtsprechungstheorien betreffend die Fallvarianten des § 2306 BGB zu legen. Teils ist die schlichte Quote und teils der tatsächliche Wert maßgebend. Vgl. hierzu etwa *Palandt/Edenhofer,* § 2305 BGB Rn. 1 und § 2306 BGB Rn. 2 ff.

[19] Rechtsprechungsänderung durch BGHZ 116, 167; NJW RR 1996, 133; Überblick bei *Meinke*, Erbschaftsteuerrecht, 14. Auflage § 7 Rn. 83 ff.

[20] BFH vom 2. 3. 1994, Az. II R 59, 92, BStBl. II 1994, 366; FG München vom 3. 2. 2006, Az. 4 V 2881/05.

[21] Erbschaftsteuerlich werden solche Zugewinnausgleichungen wegen § 5 Abs. 1 S. 1 ErbStG nicht anerkannt.

nis von Erb- und Gesellschaftsrecht. Danach hat im Kollisionsfalle das Erbrecht das Nachsehen.[22]

Im Ergebnis führt diese Rechtsprechung des Bundesgerichtshofes dazu, dass ein testamentarischer Erbe nur dann in die Gesellschafterstellung des Erblassers in einer Personengesellschaft einrückt, wenn dies auch im Gesellschaftsvertrag vorgesehen ist. Werden zum Beispiel alle Kinder und die Ehefrau des Erblassers zu Erben, bestimmt aber der Gesellschaftsvertrag, dass nur ein Familienangehöriger mit bestimmten beruflichen Fähigkeiten in die Gesellschafterstellung einrücken darf, die aber keines der Kinder erfüllt, scheidet die Familie aus der Gesellschaft insgesamt aus und erhält als Ausgleich eine Abfindung. Die Abfindungshöhe soll dem Verkehrswert entsprechen, kann jedoch in einem vom Einzelfall abhängigen Rahmen auch unter dem Verkehrswert liegen. Allenfalls können Erben mit Zustimmung aller verbliebenen Gesellschafter neu als Gesellschafter aufgenommen werden. Würde hingegen ein Kind die Qualifikationsvoraussetzungen des Gesellschaftsvertrages erfüllen, so würde dieses automatisch in den gesamten Gesellschaftsanteil des Erblassers eintreten und müsste die gesellschaftsvertraglich vorgesehene Abfindung an den Nachlass zahlen. Alternativ könnte dies auch im Verrechnungswege im Rahmen der Nachlassverteilung erfolgen. Der Gesellschaftsanteil würde zu keinem Zeitpunkt in den Nachlass fallen, sondern an diesem vorbei entweder auf die gesellschaftsvertraglich zugelassenen Erben übergehen oder den verbliebenen Gesellschaftern anfallen, d.h. anwachsen. Dieser Übergang der Gesellschaftsanteile am Nachlass vorbei unter Beachtung des Gesellschaftsrechts wird als „Sonderrechtsnachfolge" bezeichnet.

Bei Kapitalgesellschaften gibt es diese Problematik nicht. Anteile an Kapitalgesellschaften sind wie andere Vermögensgegenstände auch Teile des Nachlasses. Jedoch sind viele in Familienbesitz befindliche Kapitalgesellschaften personalistisch strukturiert. In deren Satzungen wird deshalb oft eine im Ergebnis mit der Situation bei Personengesellschaften vergleichbare Regelung durch Einziehung des Anteils oder Ausschließung ungeeigneter Erben vorgesehen. Gleichwohl rückt hier die Erbengemeinschaft zunächst aber in die Gesellschafterposition ein, denn das Erbrecht kann hier nicht satzungsmäßig abbedungen werden, vgl. § 15 Abs. 1 GmbHG.

C. Aufbau eines Testamentes

Der Aufbau richtet sich wesentlich nach dem Inhalt:

I. Inhalte von Testamenten oder Erbverträgen

23 Der Gesetzgeber hat bestimmte Begriffe gesetzlich vorgegeben, die eine klar umrissene Bedeutung für die Auslegung und das Verständnis von letztwilligen Verfügungen haben. Die Terminologie spielt bei der Formulierung letztwilliger Verfügungen eine große Rolle, wobei nach der höchstrichterlichen Rechtsprechung alle aus der letztwilligen Verfügung ersichtlichen Gesichtspunkte im Rahmen der Auslegung beachtet werden müssen. Keine Beachtung finden jedoch Umstände außerhalb der Urkunde, sofern sie nicht einen Anklang oder eine Andeutung im Testament gefunden haben (sog. Anklangstheorie des BGH[23]). Vor diesem Hintergrund sind zwei Punkte zu bedenken:

- Damit bei der Auslegung alle Umstände, die dem Testamentserrichter bedeutsam erschienen, berücksichtigt werden können, sollten diese in einer Präambel (Vorbemerkung) im Testament ausgeführt werden. Dadurch wird der Anklangstheorie des BGH Rechnung getragen.

[22] BGHZ 68, 225 und 22, 186ff.; BGH NJW 1983, 2376 und BGH NJW 1971, 1286.
[23] BGHZ 84, S. 41

- Bei der Abfassung eines Testamentes sollten die Fachbegriffe zutreffend Verwendung finden. Dies erleichtert die Auslegung und das Verständnis des Testaments wesentlich und stellt sicher, dass dieses richtig angewendet wird.

1. Beispiel für eine Präambel

Formulierungsbeispiel Präambel:

Ich, Mark Mustermann, geboren am 20. 7. 1946 in München, bin deutscher Staatsangehöriger. Ich bin nicht verheiratet. Mein derzeitiger Wohnsitz ist London, Picadilly Circle. Ich beabsichtige wieder nach Deutschland zurück zu kehren. Abkömmlinge, auch adoptierte, habe ich nicht. Ich habe Vermögen in Deutschland und in Großbritannien:

a) Das Vermögen in Großbritannien setzt sich derzeit wie folgt zusammen:
Grundeigentum in ______;
Miteigentum an einem Waldgrundstück in ______;
ich habe derzeit folgendes Bankvermögen bei der UBS AG, London:
– Sparkonto-Nr.: 20 0907 00 ca. £ 150 000,00;
– Depot-Nr.: 50 1001 50 ca. £ 3 000 000,00;

b) Das Vermögen in Deutschland setzt sich derzeit wie folgt zusammen:
Ich bin Inhaber der Mustermann GmbH & Co. KG mit Sitz in ______:
Es ist davon auszugehen, dass weitere Beteiligungen hinzu erworben werden.
– Kapitallebensversicherung bei der ______-Versicherung.
– Bankvermögen bei der ______Bank, Ort
– Bankkonto Nr. ______ ca. EUR 10 000,00

Die vorstehende Darstellung meines Vermögens ist bezogen auf den heutigen Tag. Die nachfolgenden testamentarischen Verfügungen umfassen jedoch mein gesamtes Vermögen zum Todestag, unabhängig von einer Veränderung der vorstehenden Vermögensdarstellungen.

2. Wichtige Begriffe des Erbrechts:

a) **Der Erbe.** Der Erbe, §§ 1922 ff., 1942 ff., 2018 ff. BGB, ist der unmittelbare Gesamtrechtsnachfolger des Erblassers. Er tritt mit allen Rechten und Pflichten an die Stelle des Erblassers und wird damit auch dinglich Berechtigter. Gibt es mehr als einen Erben, entsteht automatisch eine **Erbengemeinschaft,** §§ 2032 ff. BGB. An dieser sind die Erben jeweils mit ihrem Anteil am Nachlass (Erbquote) beteiligt. Die Erbengemeinschaft ist mit einer Gesellschaft bürgerlichen Rechts (BGB-Gesellschaft) vergleichbar. Im Unterschied zur BGB-Gesellschaft, §§ 705 ff. BGB, ist die Erbengemeinschaft jedoch nicht rechtsfähig. Es gibt auch keine Möglichkeit, die interne Ausgestaltung der Erbengemeinschaft zu regeln. Der Nachlass wird zum Gesamthandvermögen aller Erben, über das sie nur noch einvernehmlich verfügen können. 24

Auch im Falle einer testamentarischen Teilungsanordnung erstreckt sich das Erbrecht dinglich nicht auf einzelne Nachlassgegenstände. Ein Miterbe kann daher nicht über Anteile an einzelnen Nachlassgegenständen, sondern nur über seinen Erbanteil insgesamt verfügen.[24] Dies birgt eine Fülle von Streitpotential und von rechtlichen Problemen, die bei der Nachlassplanung ausgeschlossen, zumindest aber minimiert werden sollten. Über Jahre andauernde Streitigkeiten zwischen den Erben, die die Existenz eines Unternehmens gefährden können, sollten soweit als möglich vermieden werden. Eines der wichtigsten Ziele der Nachfolgeplanung sollte die Streitvermeidung sein.

Als Gesamtrechtsnachfolger haftet der Erbe vollumfänglich für die Schulden des Nachlasses sowie für die Erfüllung von Vermächtnissen, Auflagen und Pflichtteilsansprüchen. Die **Haftung** ist grundsätzlich nicht auf die Erbquote beschränkt, sie kann jedoch auf den Nachlass beschränkt werden (vgl. §§ 1967 bis 2017, 2058 ff. BGB). Besondere

[24] Der Erbschaftskauf ist in §§ 2371 ff. BGB geregelt und bedarf der notariellen Form.

Vorsicht ist jedoch im Falle der Erbschaft einer Einzelfirma oder eines persönlich haftenden Gesellschaftsanteils geboten. Grundsätzlich haftet der Erbe unbeschränkt für unternehmensbezogene Altverbindlichkeiten, vgl. § 1967 BGB und §§ 27 Abs. 1, 25 Abs. 1 HGB. Die unbeschränkte handelsrechtliche Haftung entfällt jedoch, wenn der Erbe innerhalb von drei Monaten nach Kenntnis vom Erbanfall das Handelsgeschäft einstellt, vgl. § 27 Abs. 2 Satz 1 HGB. Dieser Schritt bedeutet jedoch zumeist eine Verwertung des unternehmerischen Vermögens unter dessen Wert. Für den Fall der Fortführung des Unternehmens wird teilweise analog § 25 Abs. 2 HGB eine Begrenzung der Haftung für alle Alt-Verbindlichkeiten bejaht, wenn innerhalb der obigen Monatsfrist eine Eintragung dieser Haftungsbeschränkungen in das Handelsregister erfolgt. Dies ist jedoch streitig. Generell ist der Preis für eine Haftungsbeschränkung die Beantragung der Nachlassverwaltung, vgl. §§ 1975 ff. BGB.

25 **b) Der Vermächtnisnehmer.** Der Vermächtnisnehmer, § 2174 BGB, erwirbt im Gegensatz zum Erben keine dingliche Berechtigung am Nachlass oder an einzelnen Nachlassgegenständen. Er bekommt lediglich einen einklagbaren schuldrechtlichen Anspruch gegen die Erben (oder gegen einen anderen Vermächtnisnehmer) auf Erfüllung des Vermächtnisses. Gegenstand eines Vermächtnisses können einzelne Nachlassgegenstände oder Rechte, z.B. das Recht zum Erwerb von bestimmten Gegenständen oder Rechten, sowie die Einräumung von Rechten an Nachlassgegenständen (z.B. Unternehmensnießbrauch, Wohnungsrecht oder -nießbrauch, Wahlrecht bei der Nachlassverteilung), am Nachlass insgesamt oder an Erbteilen sein, §§ 2174 bis 2196 BGB. Das Gesetz eröffnet hierzu eine breite Palette an Gestaltungsmöglichkeiten.

Anders als bei Erben, § 2065 BGB, kann einem Dritten ein gewisses Bestimmungsrecht betreffend Vermächtnisnehmer und Vermächtnisgegenstand eingeräumt werden, §§ 2151–2154 BGB.

Auch ein Erbe oder Miterbe kann Vermächtnisnehmer sein.[25] Das Gesetz nennt ein solches Vermächtnis zugunsten eines Erben **Vorausvermächtnis.** Der Erblasser kann zusätzlich bestimmen, ob dieses Vorausvermächtnis auf den Erbteil anzurechnen ist oder ob der Erbe das Vermächtnis zusätzlich erhalten soll. Grundsätzlich ist mangels anderer Bestimmung das Vermächtnis weder auszugleichen noch anzurechnen.[26]

26 **c) Die Auflage.** Im Gegensatz zum Vermächtnis gibt eine Auflage, §§ 2192 bis 2196 BGB, dem Begünstigten keinen durchsetzbaren Anspruch. Nur die Erben oder ein Testamentsvollstrecker können die Beachtung von Auflagen verlangen und gerichtlich durchsetzen. Auflagen können die Grabpflege oder die Bestattung des Erblassers in einer bestimmten Art und Weise sein, aber auch eine Zahlungsauflage zu Gunsten Dritter.

27 **d) Die Teilungsanordnung.** Durch eine Teilungsanordnung, § 2048 BGB, kann der Erblasser verfügen, wie die Nachlassgegenstände unter den Erben zu verteilen sind. Er kann einen Dritten bestimmen, der sie aufteilen soll. Die von dieser Anordnung des Dritten ausgehende Bindung ist jedoch ebenso schwach wie bei einer Auflage, denn die Erben können jederzeit einvernehmlich abweichen. Im Unterschied zu einem Vorausvermächtnis führt die Teilungsanordnung nicht zu einer Verschiebung der Erbquoten oder zu einer besonderen Begünstigung einzelner Erben. Erbschaftssteuerlich ändert die Teilungsanordnung

---

[25] *Staudinger,* BGB, § 2150 Rn. 1; Kerscher/Tanck/Krug, Das Erbrechtliche Mandat, 2. Aufl. 2000, § 8 Rn. 108.

[26] Missverständlich zur Abgrenzung von der Teilungsanordnung ist die Stellungnahme von *Palandt/Edenhofer,* § 2150 BGB Rn. 1; richtiger in § 2048 BGB Rn. 5 ff. Bereits BGH FamRZ 1990, 396 stellte klar, dass bei Teilungsanordnung automatisch eine Ausgleichspflicht auf die Erbquote besteht und dass das Gericht deshalb sorgfältig prüfen muss, ob ein „grds. wertverschiebendes Vermächtnis" oder eine Teilungsanordnung vom Erblasser gewollt ist. Das Vorausvermächtnis setzt aber nicht zwingend die Begünstigung über die Erbquote hinaus voraus. Allerdings wird häufig eine reine Teilungsanordnung gewollt sein, wenn ein vom Erblasser als solches bezeichnetes „Vorausvermächtnis" auf den Erbanteil angerechnet werden soll, vgl. BGH NJW 1995, 721.

auch nichts an der quotalen Beteiligung aller Erben an allen Nachlassgegenständen. Wird etwa einem Erben der steuerlich begünstigte Betrieb und dem anderen das Wertpapierdepot mit demselben Verkehrswert zugewiesen, werden dennoch der Unternehmensfreibetrag und alle erbschaftssteuerlichen Begünstigungen für Betriebe beiden Erben zugewiesen. Einkommensteuerlich kann eine binnen sechs Monaten vollzogene Nachlassverteilung entsprechend der Teilungsanordnung mit Rückwirkung auf den Erbfall anerkannt werden.[27] Dies schafft erhebliche Vereinfachungen bei der steuerlichen Deklaration.

e) **Die Testamentsvollstreckung.** Durch die Testamentsvollstreckung kann der Erblasser seinen Willen über den Tod hinaus durchsetzen. Üblicherweise werden als Testamentsvollstrecker enge Vertraute oder Berater des Erblassers ernannt, um eine geordnete Abwicklung oder Verwaltung des Nachlasses sicherzustellen. Es wird zwischen dem reinen Abwickler (Abwicklungstestamentsvollstreckung) und dem dauernden Verwalter des Nachlasses (Dauertestamentsvollstreckung), unterschieden. Im Rahmen der Unternehmensnachfolge spielt Testamentsvollstreckung eine sehr große Rolle und sollte sehr sorgfältig in die Nachfolgeplanung mit einbezogen werden. Auf diese Weise hat der Erblasser über seinen Tod hinaus eine Lenkungs- und Steuerungsmöglichkeit für das von ihm aufgebaute Unternehmen und Vermögen. In diesem Rahmen können auch Interimsmanager sinnvoll eingesetzt werden.[28] 28

f) **Die Vor- und Nacherbschaft.** Der Gesetzgeber gestattet dem Erblasser, sein Vermögen über Generationen hinweg durch Vor- und Nacherbschaft zu übertragen und dafür Vorgaben zu machen. Dadurch kann der Erblasser das Vermögen im Wesentlichen beisammen halten. Gleichzeitig wird der Nachlass vor Zugriffen der Gläubiger des Erben geschützt, § 2115 BGB. Erbe wird zunächst der Vorerbe. Bei Eintritt eines vom Erblasser festgelegten Ereignisses (bspw. Tod des Vorerben, Wiederverheiratung) erbt dann der Nacherbe. 29

Der Vorerbe kann von den gesetzlichen Verfügungsbeschränkungen – die ihm nur den Verbrauch der Früchte des Nachlasses gestatten – befreit werden. Dies berechtigt ihn aber nicht zu beeinträchtigenden Verfügungen zu Lasten des Nacherben, z. B. zu Schenkungen aus dem Nachlass über das übliche Maß hinaus. Die Regelung der Vor- und Nacherbschaft ist allerdings bei größeren Nachlässen nicht und im Übrigen nur in bestimmten Konstellationen empfehlenswert. Sie hat deutliche erbschaftsteuerliche Nachteile (§ 6 ErbStG:[29] Verlust eines Freibetrags). Der Vorerbe schuldet die auf seinen Erwerb entfallende Erbschaftsteuer aus dem Nachlass, § 20 Abs. 4 ErbStG. Damit trägt letztendlich der Nacherbe sowohl die Erbschaftsteuer der Vorerben als auch seine eigene.

II. Beispiel für ein Testament

Dem nachfolgenden Muster-Testament liegt folgender Sachverhalt zugrunde: 30

Der Unternehmer Mark Mustermann ist verheiratet und hat zwei Kinder. Der Sohn soll das Unternehmen fortführen. Die Tochter soll möglichst gleich behandelt werden, ohne aber das Unternehmen zu gefährden. Die Ehefrau soll versorgt werden. Erste erbschaftsteuerliche Optimierungen sind bereits bedacht.

---

[27] Auf der Grundlage des BFH-Beschlusses vom 5. 7. 1990 (BStBl. 1990 II S. 837 = SIS 90 21 12) hat das Bundesfinanzministerium umfangreich zur ertragsteuerlichen Behandlung der Erbengemeinschaft und ihrer Auseinandersetzung Stellung genommen (BMF vom 14. 3. 2006, Az. IV B 2 – S 2242–7/06, Abdr. in BStBl.).

[28] Kontakte z. B. über die Berufsvereinigung der deutschen Interim Manager als Dachgesellschaft Deutscher Interim Manager e. V. www.ddim.de vermittelt Kontakte zu geprüften und anerkannten „Preferred Providing Partnern" (Qualitätspartnern), die Mitglied der Branchenvereinigung der Interim Management Dienstleister (Provider) in Deutschland „Association Interim Management Provider" (AIMP) sind www.aimp.de.

[29] § 6 Abs. 1 ErbStG dürfte voraussichtlich mit Art. 3 Abs. 2 GG vereinbar sein, da eine Gleichstellung des nicht befreiten Vorerben mit dem Nießbraucher nicht zwingend ist. Beide sind nicht vergleichbar (BFH, Beschluss vom 6. 5. 2003, Az. II B 73/02).

Formulierungsbeispiel Testament:

Testament
von
Herrn Mark Mustermann

§ 1
Vorbemerkung

(1) Ich, Mark Mustermann, geboren am ______ in ______, derzeit wohnhaft in ______-straße Haus-Nr, PLZ Ort, bin deutscher Staatsangehöriger.

(2) Ich bin in erster Ehe mit Anne Mustermann im gesetzlichen Güterstand verheiratet. Aus dieser Ehe sind folgende gemeinsame Kinder hervorgegangen:
______ Mustermann, geboren am ______ und ______ ______, geborene Mustermann, geboren am ______.

(3) Weitere Kinder, auch einseitige, für ehelich erklärte oder adoptierte sind nicht vorhanden.

§ 2
Testierfreiheit

(1) Ich stelle fest, dass ich durch frühere Verfügungen von Todes wegen an der Errichtung dieses Testaments nicht gehindert bin.

(2) Sämtliche früheren Verfügungen von Todes wegen widerrufe ich hiermit ausdrücklich. Dieser Widerruf gilt insbesondere für die von mir, Mark Mustermann, am 5. Februar 1993 und 21. August 2000 errichteten privatschriftlichen Testamente.

§ 3
Erbeinsetzung

(1) Ich setze meinen Sohn ______ Mustermann als unbeschränkten Alleinerben ein.

(2) Ersatzerbe ist meine Tochter ________ Mustermann. Höchstfürsorglich bestimme ich als deren Ersatzerben alle meine Enkel zu gleichen Teilen.

(3) Für den Fall des Eintrittes der Ersatzerbschaft bestimme ich Testamentsvollstreckung. Sofern Ersatzerben das ______ Lebensjahr noch nicht vollendet haben, ordne ich jeweils für diese Dauertestamentsvollstreckung bis zu deren Vollendung des 27. Lebensjahres an.

(4) Sind einzelne Enkel als Ersatzerben verstorben, so tritt Anwachsung unter den verbliebenen Enkeln ein.

Dies bedeutet die Erhöhung der Erbteile der verbleibenden Erben entsprechend dem Verhältnis ihrer Erbteile zueinander.

§ 4
31 **Vermächtnisse**

(1) Ich wende meiner Tochter ______ Mustermann im Wege des Vermächtnisses einen Geldbetrag in Höhe von EUR ______ (in Worten: EURO _____) sowie alle nicht zum steuerlichen Betriebsvermögen gehörenden Immobilien zu.

(2) Meiner Ehefrau wende ich den Nießbrauch an den hälftigen Erträgen des im Nachlass befindlichen Immobilien- und Betriebsvermögens sowie mein Aktiendepot bei der …bank und die Lebensversicherung bei der …versicherung zu.

(3) Ich wende jedem meiner Enkelkinder im Wege des Vermächtnisses einen Geldbetrag in Höhe des zum Todeszeitpunkt in Deutschland geltenden Erbschaftsteuerfreibetrages, höchstens jedoch ___ Prozent des nach Abzug aller Nachlassverbindlichkeiten zum Zeitpunkt des Todes bestehenden Bankvermögens, zu.

(4) Ersatzvermächtnisnehmer meiner Tochter sollen die Kinder meiner Tochter sein und Ersatzvermächtnisnehmer meiner Frau meine Tochter, ersatzweise deren Kinder.
Im Übrigen bestimme ich Anwachsung.
Anwachsung bedeutet den Wegfall der Begünstigung, sofern ein Vermächtnisnehmer das Vermächtnis nicht annimmt oder vorverstorben ist.

(5) Vermächtnisse sollen sofort fällig sein, Ersatzvermächtnisse hingegen erst 3 Jahre nach meinem Tod.

Ein Vermächtnis kann wie hier bezüglich der Tochter und der Ehefrau zum Zwecke der Gleichbehandlung oder Absicherung ausgesetzt werden, aber auch zur erbschaftsteuerlichen Optimierung des Testaments, wie hier für die Enkel in Abs. 3. Bei großen Nachlässen sollte auch überlegt werden – um die Progression der Erbschaftsteuer zu senken – den Vermächtnisnehmern über den Freibetrag hinaus Zuwendungen zu machen.

Derzeit beträgt der Freibetrag pro Kind EUR 205 000,00 und für Enkelkinder EUR 51 200. Diese sollen im Rahmen der Erbschaftsteuerreform 2008 auf EUR 400 000 bzw. EUR 200 000 erhöht werden.

Würde hinsichtlich der Fälligkeit des Vermächtnisses etwa formuliert: „Das Vermächtnis fällt an mit dem Tod des Erben und ist sechs Monate danach fällig.“, so würde der Erbschaftsteuerfreibetrag nach dem Erblasser ungenutzt entfallen, § 6 Abs. 4 ErbStG.

§ 5 32
Pflichtteil

(1) Für den Fall, dass ein Vermächtnisnehmer oder Ersatzvermächtnisnehmer nach mir den Pflichtteil verlangt, verfüge ich, dass das oben ausgesetzte Vermächtnis entfallen soll.

(2) Die in Abs. 1 enthaltene Regelungen sollen unabhängig von den Beweggründen für das Pflichtteilsverlangen eintreten. Es ist insbesondere nicht erforderlich, dass eine vorwerfbare Handlung oder eine böswillige Auflehnung gegen den letzten Willen vorliegt.

§ 6
Testamentsvollstreckung

(1) Sofern Testamentsvollstreckung angeordnet ist, so bestimme ich als Testamentsvollstrecker

a) meinen Bruder, Herrn ______ Mustermann, Ort;

b) ersatzweise in folgender Reihenfolge:
- zunächst meine Schwester, Frau ______, Ort,
- danach meine Nichte Frau ______, Ort.

Der jeweilige Testamentsvollstrecker ist befugt, einen Nachfolger zu benennen, auch wenn hierdurch eine von mir vorbenannte Person nicht Testamentsvollstrecker werden würde. Erforderlichenfalls ersuche ich das Nachlassgericht um Ernennung eines geeigneten Testamentsvollstreckers beziehungsweise Nachfolgers.

(2) Für die Testamentsvollstreckung ordne ich folgendes an:

a) Aufgaben des Testamentsvollstreckers:
- Zunächst ist Aufgabe des Testamentsvollstreckers, die Aufstellung des Nachlassverzeichnisses und die Erfüllung der in § 4 genannten Vermächtnisse und der Nachlassverbindlichkeiten sowie etwaiger Pflichtteilsansprüche vorzunehmen.
- Der Testamentsvollstrecker hat die zu zahlenden Steuern zu deklarieren und zu bezahlen.
- Soweit das Bar- oder Bankvermögen zum Ausgleich der Verbindlichkeiten nicht ausreicht, sind Sachwerte bestmöglich zu liquidieren.
- Darüber hinaus ist Aufgabe des Testamentsvollstreckers die Verwaltung des Nachlasses bis zu dessen Auseinandersetzung.

b) Der Testamentsvollstrecker wird von mir zu diesen Handlungen bevollmächtigt. Er ist insbesondere von den Beschränkungen des § 181 BGB befreit. Dies bedeutet, dass er Rechtsgeschäfte als Testamentsvollstrecker mit sich selbst als Privatperson abschließen darf. Er ist in der Eingehung von Verbindlichkeiten für den Nachlass nicht beschränkt.

An dieser Stelle wird auf die weitergehenden Ausführungen zu Vollmachten und Testamentsvollstreckung in § 19 Rn. 32–36 verwiesen.

c) Der Testamentsvollstrecker hat Anspruch auf eine Vergütung in Höhe von EUR ______,00 zuzüglich einer etwaig hierauf anfallenden Umsatzsteuer und aller im Zusammenhang mit der Testamentsvollstreckung eingegangenen Aufwendungen wie etwa für Rechts- und Steuerberatung, Makler, Bankgebühren etc.

Seine Aufwendungen sind ihm im gesetzlich bestimmten Umfang zu ersetzen. Die Vergütung des Testamentsvollstreckers ist aus dem Nachlassvermögen vorrangig zu begleichen. Einer Zustimmung Dritter, insbesondere der Erben und Vermächtnisnehmer, bedarf es hierzu nicht.

Ort, Datum

Unterschrift

....

(Herr ______ Mustermann)

Das Testament muss notariell beurkundet oder aber handschriftlich vom Erblasser abgefasst (und eigenhändig unterschrieben) werden.

33 Ein optimales Testament sollte ungeachtet seiner Form und inhaltlichen Klarheit in regelmäßigen Zeitabständen auf Anpassungsbedarf überprüft werden. Änderungsbedarf ergibt sich insbesondere aus Änderungen in den Familienverhältnissen oder aus einer Veränderung der rechtlichen oder steuerrechtlichen Rahmenbedingungen.

D. Erbrecht und Steuern

34 Auch vor Schenkungs- und Erbvorgängen macht das Steuerrecht nicht Halt. Die steuerlichen Effekte auf diese Vorgänge können sehr vielfältig sein. So können ertragsteuerliche, schenkung- oder erbschaftsteuerliche sowie grunderwerbsteuerliche Effekte ausgelöst werden. Besonders gefährlich sind Betriebsaufspaltungen oder Sonderbetriebsvermögenskonstellationen, die ungewollt etwa durch einen Erbvorfall begründet oder beendet werden.[30]

I. Verträge zwischen Angehörigen

35 Da die meisten Vereinbarungen zur vorweggenommenen Erbfolge zwischen Verwandten abgeschlossen werden, sind die steuerlichen Grundsätze zur Anerkennung von Verträgen zwischen Angehörigen zu beachten. Die Verträge müssen zivilrechtlich wirksam,[31]

[30] Stirbt der Inhaber einer Personengesellschaft, an die die Ehefrau oder ein Kind eine Immobilie vermietet hat und erbt dieser Vermieter die Gesellschaftsbeteiligung (ganz oder zum Teil), so wird die Immobilie, die zuvor Privatvermögen war, zu Betriebsvermögen und jegliche Veräußerungsgewinne aus der Immobilie werden somit steuerlich verstrickt. Im umgekehrten Fall, an den zumeist noch weniger gedacht wird, tritt dieselbe Problematik ein.

[31] Hierzu zuletzt BMF vom 2. 4. 2007, GZ IV B 2 – S 2144/0 in Abweichung von BFH, Urteil vom 7. 6. 2006, Az. IX R 4/04. Laut BMF kann ausnahmsweise eine zivilrechtliche Unwirksamkeit für die steuerliche Anerkennung unschädlich sein, wenn unmittelbar nach Erkennen der zivilrecht-

klar und unmissverständlich, im Voraus vereinbart, fremdüblich sein und tatsächlich so durchgeführt werden.[32]

II. Schenkungen

Eine Unternehmensnachfolgeregelung muss sowohl die zivilrechtlich sinnvolle Lösung anstreben als auch umsetzbar sein. Darüber hinaus ist darauf zu achten, dass Steuerabflüsse weitestgehend vermieden werden. Jegliche Geldabflüsse, sei es aufgrund Pflichtteilsrechtes oder Steuer, gefährden die Nachfolgekonzeption und müssen in den Finanzierungsüberlegungen und -planungen berücksichtigt werden. Andernfalls ist das Unternehmen möglicherweise nicht mehr konkurrenzfähig. Aus privaten Gründen veranlasste Liquiditätsabflüsse können ebenso existenzgefährdend sein wie sofort fällige Pflichtteilsansprüche. 36

Derzeit ist bei jeder Gestaltung besonders zu beachten, dass sich das Erbschaftsteuerrecht (und damit auch die Besteuerung von Schenkungen) in 2008 ändern wird, nachdem das Bundesverfassungsgericht durch Beschluss vom 7. 11. 2006 das bisherige Erbschaftsteuerrecht für verfassungswidrig erklärt hat.[33] Hier wird sich in Zukunft einiges ändern.[34] Grund dafür ist die entscheidende Vorgabe des Bundesverfassungsgerichts, dass Grundlage jeder Besteuerung nach dem Erbschaftsteuergesetz zunächst einmal immer der Wertansatz mit dem Verkehrswert sein muss. Damit dürften viele bisher bestehende Vergünstigungen des Erbschaftsteuergesetzes i. V. m. dem Bewertungsgesetz hinfällig werden und Übertragungsvorgänge steuerlich verteuern.[35] Dies gilt insbesondere für Unternehmensvermögen und Immobilien. Dies belegt der Regierungsentwurf zum neuen Erbschaftsteuerrecht vom 11. 12. 2007.[36] Dach werden entsprechend den Vorgaben des Bundesverfassungsgerichts alle Wirtschaftsgüter des Nachlasses ebenso wie Schenkungsgegenstände am Verkehrswert orientiert bewertet. Nur für wohngenutzte Immobilien soll es einen Bewertungsabschlag von lediglich 10% geben. Zur Erleichterung der Nachfolge für Betriebsvermögen wird die erbschaftsteuerliche Bemessungsgrundlage durch einen Verschonungsabschlag, einen Abzugsbetrag und einen Entlastungsbetrag reduziert. Es müssen jedoch die gesetzlich geforderten Begünstigungsvoraussetzungen vorliegen. Nach diesen Begünstigungsvoraussetzungen dürfen maximal 50% des Betriebsvermögens zum so genannten Verwaltungsvermögen zählen. Beträgt das Verwaltungsvermögen weniger als 50% des Betriebsvermögens, kann der Verschonungsabschlag auf das Betriebsvermögen gewährt werden. Gehört das Verwaltungsvermögen im 37

lichen Unwirksamkeit dieser Fehler berichtigt bzw. die Wirksamkeit hergestellt wird (hierzu u. a. BFH, Urteil vom 13. 7. 1999, BStBl. 2000 II 386).

[32] Einige Grundlagen der Verträge zwischen Angehörigen ergeben sich aus der Verfügung der OD Berlin zu Mietverträgen vom 16. 4. 1997, DB 1997, 1644.

[33] Beschluss des BVerfG vom 7. 11. 2006, Az. 1 BvL 10/2002.

[34] Im Einzelnen wird auf die Ausführungen von Demuth/*Demuth/Schöttner,* Privatvermögen, Kapitel Erbschaftsteuern, Loseblatt, 2008, verwiesen. Ursprünglich sollte der Bundesrat am 14. 3. 2008 abschließend zustimmen. Das Gesetz hätte dann bereits Ende März/Anfang April im Bundesgesetzblatt veröffentlicht werden und anschließend in Kraft treten können. Dieser Zeitplan scheint jedoch vom Tisch zu sein (vgl. DIHK v. 21. 1. 2008). Derzeit ist die erste Lesung im Bundestag für den 14. 2. 2008 vorgesehen. Am 3. 3. 2008 steht die Anhörung des Bundestags-Finanzausschusses an. Nach der 2./3. Lesung im Bundestag am 14. 3. 2008, sollte die Beratung im Bundesrat am 25. 4. 2008 erfolgen. Das Gesetz soll jedoch offenbar nicht sofort nach Verkündung im BGBl in Kraft treten, sondern erst etwa zwei Monate später. Zwischenzeitlich ist mit einem Inkrafttreten nicht vor dem 1. 10. oder 1. 12. 2008 zu rechnen. Hinsichtlich der Besonderheiten für Erbfälle vgl. Fn 41.

[35] Vgl. etwa *Demuth,* Die Verfassungswidrigkeit der Erbschafsteuer und ihre Praxisfolgen, StB 2007, 138 ff.

[36] Eine PdF-Fassung zum downloaden findet sich unter: http://www.bundesfinanzministerium.de/lang_de/DE/Aktuelles/078.html

Übertragungszeitpunkt jedoch nicht mindestens 2 Jahre zum Betriebsvermögen, so soll dieses gleichwohl vom begünstigten (Betriebs-)Vermögen auszunehmen sein.

38 Der Verschonungsabschlag für das begünstigte Betriebsvermögen soll 85% betragen. Wird der Verschonungsabschlag gewährt, müssen nach dem Erwerb zwei weitere Bedingungen erfüllt werden, damit der Abschlag nicht wieder verloren geht. Zum einen darf die Lohnsumme des Unternehmens in den folgenden 10 Jahre nicht unter 70% der (unter Berücksichtigung des Tariflohnindexes, also regelmäßig an die neunen höheren Marktkonditionen angepasste) Lohnsumme der Jahre vor der Übertragung sinken. Für jedes Jahr, in dem diese Voraussetzung nicht erfüllt wird, reduziert sich der gewährte Abschlag um 10%. An diesem Modell wird noch Kritik geübt.[37]

Zum anderen muss das Betriebsvermögen 15 Jahre (für land und forstwirtschaftliche Betriebsvermögen sogar 20 Jahre) im Eigentum des Erwerbers verbleiben. Im Verstoßensfalle gehen alle Vergünstigungen auf das weiter übertragene oder entfallene Betriebsvermögen verloren. Vor allem diese Behaltensfrist stößt derzeit auf massive Kritik in der Literatur und in einzelnen Bundesländern. Es ist davon auszugehen, dass diese Frist noch durch den Gesetzgeber überarbeitet wird.[38] Zudem wird der erwartete Bürokratieaufwand als deutlich höher als veranschlagt eingeschätzt.[39]

Auf den nicht dem Verschonungsabschlag unterliegenden Anteil am begünstigten Betriebsvermögen soll ein Abzugsbetrag gewährt werden, soweit der verbleibende Vermögensteil EUR 150 000 nicht übersteigt. Dieser Abzugsbetrag verringert sich um 50% des Betrags, den das begünstigte Vermögen bei EUR 150 000 übersteigt. Der derzeitig schon gewährte Entlastungsbetrag (§ 19a ErbStG) soll für Steuerpflichtige der Steuerklasse II und III erhalten bleiben, so dass unentgeltliche Betriebsübergaben auch außerhalb der engeren Familie erbschaftsteuerlich begünstigt bleiben. Damit dürfte Betriebsvermögen, das als begünstigt gilt und hinsichtlich dessen die strengen Haltefristen eingehalten werden, zumeist günstiger als Betriebsvermögen nach den bisherigen Grundsätzen besteuert werden. Gewerblich geprägte Gesellschaften werden jedoch deutlich benachteiligt. Es lässt sich deshalb nicht pauschal sagen, welches System besser ist. Diese Aussage erlaubt nur eine detaillierte Gegenüberstellung der Besteuerungssysteme. Betriebsvermögen im EU-Ausland wird begünstigt, während Betriebsvermögen in Drittlandsstaaten benachteiligt wird.

Günstiger werden die persönlichen Freibeträge. Sie verdoppeln sich fast, und zwar für Ehegatten von EUR 307 000 auf EUR 500 000 und für Kinder von EUR 205 000 auf

---

[37] Laut Änderungsantrag im Gesetzgebungsverfahren zum Erbschaftsteuergesetz wollen Bayern, Baden-Württemberg und Thüringen den Erblasser/Schenker und die Begünstigten von der Lohnsummenregelung ausnehmen. Schließlich soll für Kleinstbetriebe (Vermögenswert max. 150 000 €) auf die Überwachung der Einhaltungs der Verschonungskriterien verzichtet werden.

[38] Kritisiert wurde zuletzt vor allem die Haltefrist von 15 Jahren bei der Begünstigung von Betriebsvermögen. Der CSU-Vorsitzende Huber forderte bereits im Handelsblatt v. 27. 12. 2007, die Haltefrist von 15 Jahren auf 10 Jahre zu verkürzen. Für eine solche Verkürzung hat jetzt auch der Finanzausschuss des Bundesrats in seiner Sitzung am 31. 1. 2008 mit „eindeutiger Mehrheit" gestimmt. Das berichtet die FAZ in der Ausgabe v. 1. 2. 2008. Die unionsgeführten Länder Bayern, Baden-Württemberg, Hessen, Sachsen, Niedersachsen und Thüringen hatten diesen Antrag eingebracht. Ebenfalls die Zustimmung des Bundesratsfinanzausschusses fand der Antrag, den Verschonungsabschlag vollständig entfallen zu lassen, wenn die Frist nur geringfügig unterschritten wurde. Stattdessen soll die Steuerschuld zeitanteilig erlassen werden.

[39] Laut Handelsblatt vom 30. 1. 2008 übt der Normenkontrollrat grundsätzliche Kritik am Gesetzentwurf. Diese Institution beurteilt Gesetzesvorhaben hinsichtlich des zu erwartenden bürokratischen Aufwands. Der Normenkontrollrat warnt davor, dass auf Erben ein erheblich höherer zeitlicher Aufwand zukommen könnte als von der Regierung prognostiziert. Unter Berufung auf Steuerberater spricht der Rat vom zehnfachen Aufwand. Außerdem wird kritisiert, dass von einer zu geringen Anzahl an jährlich vererbten Unternehmen ausgegangen wird. Der Normenkontrollrat spricht aufgrund dessen in seiner Stellungnahme von 15–22 Mrd. € Bürokratiekosten; die Regierung hatte lediglich 4,8 Mrd. € veranschlagt.

EUR 400 000, so dass kleinere Vermögen steuerfrei bleiben. Dafür steigen die Steuersätze in den Steuerklassen zwei und drei dramatisch im unteren Bereich auf einheitlich 30%.[40]

Mit dem Inkrafttreten des neuen Erbschaftsteuergesetz wird nicht vor dem 1. 10. oder 1. 12. 2008 gerechnet. Ein Wahlrecht mit Rückwirkung zum 1. 1. 2007 ist für Erbfälle vorgesehen.[41]

Bei Schenkungen sollte aus steuerrechtlicher Sicht insbesondere Folgendes berücksichtigt werden: **39**

- Inländisches Grund- oder Betriebsvermögen (eventuell durch mittelbare Grundstücksschenkung) möglichst lebzeitig – ggf. unter Vorbehalt eines Nutzungs- oder Nutzziehungsrechtes – verschenken und Verbindlichkeiten grundsätzlich zurückbehalten, soweit dies auch einkommensteuerlich funktioniert, etwa bei Zurückbehalt des Nießbrauchs.
- Freibeträge alle zehn Jahre voll ausnutzen.
- Vermögen unter den Ehegatten möglichst so ausgleichen, dass beide das gleiche Vermögen haben, um Progressionen in der Besteuerung zu vermeiden und weitere Schenkungen an Kinder unter nochmaliger Ausnutzung von Freibeträgen vornehmen zu können. Dies darf aber nicht im Schenkungsvertrag als Auflage vorgesehen sein.
- Möglichst an Ehegatten inländische selbst genutzte Immobilien schenken, da diese unabhängig von den Freibeträgen steuerfrei sind.
- Auch Enkel und andere Personen bei Schenkungen berücksichtigen, da auch diesen Freibeträge zustehen.
- Bei großen Vermögen auch lebzeitige Schenkungen oberhalb der Freibeträge vornehmen, um die Progression der Steuer zu mindern.
- In den Güterstand der „modifizierten" Zugewinngemeinschaft wechseln, soweit sinnvoll mit Rückwirkung.
- Nießbrauch oder dauernde Lasten in die Gestaltung von Schenkungen einbeziehen.
- Vermögen in eine Gesellschaft einbringen und Gesellschaftsanteil schenken (ggf. gewerblich geprägtes Vermögen begründen).[42]
- „Rückfall" bedenken (auflösende/aufschiebende Bedingung; freier Widerruf).
- Steuerliche Änderungen sollten regelmäßig im Auge behalten und erforderliche Anpassungen vorgenommen werden.
- Erbschaftsteuerlich wird Betriebsvermögen noch gemäß §§ 13 a, 19 a ErbStG und aufgrund der §§ 95 ff. BewG i. V. m. § 12 ErbStG privilegiert. Auch der neue Referentenentwurf zum Erbschaftsteuergesetz vom 11. 12. 2007 sieht Vergünstigungen für bestimmtes Betriebsvermögen vor.[43]
- Güterstandsschaukel in die Konzeption einbeziehen (vgl. Rn. 78).

---

[40] Im Einzelnen wird auf die Ausführungen von Demuth/*Demuth/Schöttner*, Privatvermögen, Kapitel Erbschaftsteuern, Loseblatt, 2008, verwiesen.

[41] Grundsätzlich ist vorgesehen, das neue Recht erst auf Erwerbe nach Verkündung des Gesetzes anzuwenden. Allerdings soll für Erbfälle ein antragsgebundenes Wahlrecht zur Anwendung des neuen Rechts für den Zeitraum vom 1. 1. 2007 bis zum Inkrafttreten der Neuregelung verankert werden. Der Kabinettsentwurf schränkt dieses Wahlrecht jedoch ein: Um zu verhindern, dass Erben von Kapitalvermögen vom Wahlrecht profitieren, sollen in der Übergangszeit in jedem Fall die bisherigen (niedrigeren) Freibeträge herangezogen werden. Für Schenkungen sieht das neue Recht dagegen kein Wahlrecht vor. In solchen Fällen ist somit das neue Recht bereits am Tag nach der Verkündung anzuwenden.

[42] Das hat freilich den Bundesfinanzhof veranlasst, mit Beschluss vom 22. 5. 2002 (DStR 2002, 1438) dem Bundesverfassungsgericht die Frage vorzulegen, ob insoweit nicht das Erb- und Schenkungsteuergesetz rechtswidrig und verfassungswidrig sei. Mit Beschluss vom 7. 11. 2006 hat das BVerfG die Verfassungswidrigkeit des Erbschaftsteuerrechts 1996 erklärt:

[43] Greifen diese Vergünstigungen (insbesondere Verschonung von 85% des begünstigten Betriebsvermögens vor Versteuerung), dürften diese einen Vorteil gegenüber der heutigen Rechtslage bedeuten. Nachteilig ist jedoch die 15 jährige Haltefrist.

III. Testamentserrichtung

40 Zunächst einmal gelten die betreffend Schenkungen gemachten allgemeinen Hinweise für die Gestaltung von Testamenten gleichermaßen. Erbschaftsteuerlich gibt es jedoch Besonderheiten zu beachten.

Bei der Testamentsgestaltung sollte aus steuerrechtlicher Sicht insbesondere Folgendes berücksichtigt werden:

- Kein Berliner Testament und möglichst keine Vor- und Nacherbschaft wählen.
- Den Nachlass möglichst breit auf alle zu begünstigenden Personen verteilen und möglichst eine Generation überspringen.
- Möglichst Immobilien oder Betriebsvermögen zu Lebzeiten übertragen.
- Schulden sollten aus erbschaftsteuerlicher Sicht (unter Beachtung der Haftung) nicht in das Betriebsvermögen eingelegt, sondern im Privatvermögen behalten werden; dann werden sie zu 100% (ohne Bewertungsabschlag) berücksichtigt.
- Ausländisches Vermögen vermeiden oder lebzeitig mit professioneller Hilfe regeln. Hier bestehen gravierende zivil- und steuerrechtliche Probleme.
- Möglichst Betriebsaufspaltungen vermeiden und im Falle von Sonderbetriebsvermögen den Eigentumsübergang sorgfältig planen.

41 Sollte eine Gestaltung einmal fehlschlagen, können die Erben – wenn sie schnell und richtig reagieren – immer noch „gewisse Fehler" steuerlich binnen der Ausschlagungsfrist[44] oder der dreijährigen Frist für die Geltendmachung des Pflichtteils ausmerzen oder zumindest die negativen steuerlichen Folgen reduzieren, soweit bei den Erben oder Erbberechtigten insoweit Einvernehmen besteht. Zu denken ist hier z. B. an eine Erb- oder Vermächtnisausschlagung gegen Abfindung. Bedacht werden sollte jedoch – bevor man sich auf diese Reparaturmöglichkeiten verlässt – das stark eingeschränkte Gestaltungspotential und der große Zeitdruck, der oft eine optimal durchdachte Reaktion zu diesem Zeitpunkt nicht mehr ermöglicht, so dass einer vorbeugenden Gestaltung immer der Vorrang vor der Reparatur zu geben ist. Bei der Gestaltung sollte aber nicht das Steuerrecht sondern die Regelung der Frage, wer die Beteiligung am Unternehmen und die Führung des Unternehmens übertragen bekommen soll, im Vordergrund stehen.

E. Spezialprobleme zum Unternehmertestament

Zusätzlich zu den geschilderten Aspekten sind beim Testament des Unternehmers einige spezielle Punkte zu beachten:

I. Testamentsvollstreckung[45]

Zunächst mündlich ist die Anordnung der Testamentsvollstreckung:

1. Allgemeines zur Testamentsvollstreckung (§§ 2197–2228 BGB)[46]

42 Testamentsvollstreckung ist besonders sinnvoll, um:

- komplexe Nachlässe handlungsfähig zu erhalten;
- voraussichtlich aufkeimende Streitigkeiten unter den Erben kanalisieren zu können;
- wirtschaftlich angeschlagene Erben vor dem Zugriff von Gläubigern zu schützen, § 2214 BGB;
- den Willen des Erblassers über dessen Tod hinaus durch zu setzen, was jedoch auch zu einer Bevormundung der Erben führt;

---

[44] Nähere Informationen zur Ausschlagung finden sich etwa bei Nieder/Kössinger/*Nieder* aaO, § 25.

[45] Ausführlich zur Testamentsvollstreckung Scherer/*Lorz* § 19.

[46] Sudhoff/*Scherer* § 9 Rn. 1 ff.

– die Verfügungsmacht willensschwacher, geschäftsunerfahrener oder minderjähriger Erben zu deren eigenem Schutz einzuschränken.[47]

Generell dient eine Testamentsvollstreckungsanordnung dazu, den Willen des Erblassers – quasi als verlängerter Arm des Erblassers – über dessen Tod hinaus sicherzustellen.

Der Testamentsvollstrecker kann auch ein Erbe oder Vermächtnisnehmer sein. Zumeist ist es jedoch empfehlenswert, einen externen Dritten als Vertrauensperson, oft einen langjährigen Berater des Erblassers, mit der Testamentsvollstreckung zu beauftragen. Dann hat der Testamentsvollstrecker eine gewisse unabhängige Position, die ihm bei Unstimmigkeiten unter den Erben eine Schlichter- und Schiedsfunktion erlaubt.

Bei der Auswahl des Testamentsvollstreckers ist immer zu bedenken, dass dieser nicht 43
zu alt sein sollte, damit er sein Amt möglicherweise auch über einen längeren Zeitraum hinweg ausüben kann. Ansonsten schlägt die Testamentsvollstreckerbestimmung fehl. Hilfsweise, damit die Testamentsvollstreckungsanordnung nicht ins Leere läuft, sollte ein Ersatztestamentsvollstrecker benannt werden. Alternativ kann dem Testamentsvollstrecker ein Be- oder noch besser ein Ernennungsrecht für seinen Nachfolger eingeräumt werden. Diese Aufgabe kann auch dem Nachlassgericht oder einer Institution wie etwa der IHK zugewiesen werden. Ein Formulierungsbeispiel für eine umfassendere Testamentsvollstreckerklausel findet sich im obigen Mustertestament in § 6 (vgl. Rn. 32).

Ein Nachteil der Fremdbestimmung des Testamentsvollstreckers, § 2198 BGB – etwa wenn das Nachlassgericht einen solchen benennen muss – liegt darin, dass der neu Benannte den genauen Willen des Erblassers nicht mehr kennt. Vorsorglich sollte der Erblasser deshalb seine Vorstellungen detailliert und für jeden neuen Testamentsvollstrecker nachvollziehbar schriftlich – möglichst im Testament – festhalten.

Die Testamentsvollstreckung kann entweder die sofortige Auseinandersetzung des 44
Nachlasses (**Auseinandersetzungstestamentsvollstreckung**) oder dessen Verwaltung (**Dauertestamentsvollstreckung**) zum Ziel haben. Eine Auseinandersetzungstestamentsvollstreckung – der Grundfall eines Testamentsvollstreckerauftrages – dauert üblicherweise ein bis drei Jahre. Die Dauer ist abhängig von der Komplexität des Nachlasses, der Eindeutigkeit der Regelungen des Testamentes, dem Feststehen und der Erreichbarkeit von allen Begünstigten sowie den Verwertungs- oder Verteilungsmöglichkeiten (Teilbarkeit) des Nachlasses. Im Rahmen der Nachlassauseinandersetzung (Verteilung) sollen die Wünsche des Erblassers berücksichtigt werden. Es bietet sich an, auch die Interessen der Erben mit einzubeziehen, sofern keine zwingende gegenteilige Weisung des Erblassers vorliegt. Sofern vor der Verteilung das Einvernehmen unter den Erben eingeholt werden kann, dürfte die Auseinandersetzung des Nachlasses ohne Streit möglich sein.

Demgegenüber kann eine Dauer- oder auch Verwaltungstestamentsvollstreckung, § 2209 BGB, bis zu 30 Jahre dauern, § 2210 S. 1 BGB, oder sogar deutlich länger, wenn die Dauer des Amtes an das Leben einer Person (etwa eines Kindes) gekoppelt wird, § 2210 S. 2 und 3 iVm. § 2163 Abs. 2 BGB. In diesen Fällen muss sich der Testamentsvollstrecker zumeist auf Streitigkeiten mit den Erben einstellen, weil diese sich nicht damit begnügen werden, den Nachlass nur in vom Testamentsvollstrecker zugewiesenen Tranchen serviert zu bekommen. Gleichwohl haben die Erben in diesen Fällen – zumindest wenn der Testamentsvollstrecker gesetzeskonform und sorgfältig arbeitet – zumeist das Nachsehen.

2. Testamentsvollstreckung an persönlich haftenden Gesellschaftsanteilen[48]

Problematisch sind Testamentsvollstreckungsanordnungen mit dem Ziel der Verwal- 45
tung eines persönlich haftenden Gesellschaftsanteils, weil die Erben bei Fortführung des Unternehmens wegen § 27 HGB ihre Haftung nicht auf den Nachlass begrenzen kön-

[47] Sofern der Unternehmer seinen Erben die Fortführung des Unternehmens nicht oder noch nicht zutraut, beispielsweise weil sie minderjährig, geschäftsunerfahren oder generell zur Unternehmensführung nicht geeignet erscheinen, könnte die Fortführung des Unternehmens durch die Testamentsvollstreckung unter weitgehendem Ausschluss der Erben von der Geschäftsführung sichergestellt werden.

[48] Etwa Nieder/Kössinger/*Kössinger* aaO, § 15, Rn. 111 bis 139.

nen.[49] Zugleich würde gegen den Grundsatz der Selbstorganschaft verstoßen. Deshalb ist insbesondere eine Dauertestamentsvollstreckung an persönlich haftenden Gesellschaftsanteilen unzulässig.[50] Zwischenzeitlich ist jedoch anerkannt, dass Testamentsvollstreckung auch an persönlich haftenden Gesellschaftsanteilen in einem beschränkten Maße zulässig ist.[51] So ist Testamentsvollstreckung an den Vermögensrechten, etwa dem Abfindungsanspruch und den Erträgen, zulässig, nicht aber hinsichtlich der Mitgliedschaftsrechte.[52]

Unproblematisch ist die Abwicklungstestamentsvollstreckung, die lediglich der Unternehmensauflösung oder der optimalen Verwertung des Unternehmens dienen soll, weil dadurch keine neuen Verbindlichkeiten für das Unternehmen eingegangen werden.

46 Besonderes Augenmerk ist jedoch im Falle einer Dauertestamentsvollstreckung auf die Gestaltung zu legen. Sie muss nach dem Gesellschaftsvertrag ausdrücklich gestattet sein oder von den verbliebenen Gesellschaftern nachträglich mit Vertrags ändernder Mehrheit akzeptiert werden.[53] Weiteres müssen die Erben über Bedingungen oder Verfügungen von Todes wegen zur Duldung der Testamentsvollstreckung und Ausübung der gesellschaftsrechtlichen Mitgliedschaftsrechte durch den Testamentsvollstrecker angehalten werden. Diese Voraussetzungen sind generell bei jeglicher Testamentsvollstreckung über Gesellschaftsanteile zu beachten. Keinesfalls darf der Testamentsvollstrecker über die Vermögensrechte (zum Beispiel die laufenden Gewinnrechte, Auseinandersetzungsguthaben) hinaus Einfluss haben. Insbesondere ist ihm die Einflussnahme auf die Mitgliedschaftsrechte (Änderung des Gesellschaftsvertrages, Kapitalerhöhung usw.), das heißt auf die „Innenseite der Beteiligung" verwehrt.[54] Der Testamentsvollstrecker kann jedoch eine Verfügung (etwa eine Veräußerung oder Belastung) über den Gesellschaftsanteil verhindern. Er kann auch alle Handlungen vornehmen, die zur Erhaltung des Gesellschaftsanteils erforderlich sind. Diese erbrechtlichen Aufsichtsbefugnisse können gesellschaftsvertraglich nicht unterbunden werden.[55] Die Testamentsvollstreckung verhindert ferner, dass sich der vererbte Gesellschaftsanteil an der Personengesellschaft mit einem solchen des Erben vereinigt, den dieser bereits vor dem Erbfall besaß.[56]

Wegen der bestehenden rechtlichen Unklarheiten, wie die Dauertestamentsvollstreckung an persönlich haftenden Gesellschaftsanteilen zu behandeln ist, haben Rechtsprechung und Literatur verschiedene Ersatzkonstruktionen entwickelt.[57]

---

[49] Unklar bzw. a. A. Burandt/*Lübke* § 8 Rn. 99. Vgl. auch Rn. 24.

[50] BGH NJW 1989, 3152 ff.; Baumbach/*Hopt,* § 139 HGB Rn. 21 mwN.

[51] Hierzu zuletzt OLG Düsseldorf vom 24. 9. 2007 in ZErb 2008, 43 f. mit kritischer Anmerkung hierzu von Behme, ZErb 2008, 40 f.; Baumbach/Hopt, § 139 Rn. 21 f.; Beschluss des BGH vom 12. 1. 1998 (hier zwar ablehnend zur Prozessführungsbefugnis im Streit unter OHG-Gesellschaftern, aber hinsichtlich der Vermögensrechte ausdrücklich bejahend) NJW 1998, 1313 f. und Beschluss vom 10. 1. 1996 zur Testamentsvollstreckung an GbR-Anteilen mwN in NJW 1996, 1284 f.; erste Andeutung ergeben sich aus einem Umkehrschluss aus BGH NJW 1989, 3152 ff.; der Gesellschaftsanteil gehört trotz der Sonderrechtsnachfolge in Personengesellschaftsanteile zum Nachlass und kann somit der Testamentsvollstreckung unterworfen werden (u. a. BGH NJW 1998, 1313 ff. oder BGHZ 98, 48 ff.). Vgl. auch Kapitel § 21.

[52] Baumbach/*Hopt*, § 139 HGB Rn. 21 f. mwN.

[53] Baumbach/*Hopt*, § 139 HGB Rn. 22 f. mwN.

[54] BGHZ 98, 48; BGH NJW 1998 1313 ff. mwN. Dem steht auch nicht die Einheit der Mitgliedschaftsrechte einer Personengesellschaft entgegen, BGH NJW 1996, 1284, 1286.

[55] Beck Hdb. Personengesellschaft, § 8 Rn. 128.

[56] BGH NJW 1996, 1284, 1286; es entstehen somit zwei verschiedene Arten Gesellschaftsanteile an einer Gesellschaft.

[57] Vgl. insoweit Söffing/Thümmel/*Demuth,* Praxishandbuch der Unternehmensgestaltung, 2003, Kapitel 5 Rn. 105–114 (Umwandlung des persönlich haftenden Anteils in einen Kommanditanteil ist laut BGH NJW 1989, 3152 ff. anerkannt, jedoch ist der Testamentsvollstrecker nicht zu Maßnahmen befugt, durch die die Haftung der Kommanditisten wieder auflebt, § 172 IV HGB; Vollmachtlösung – durch postmortale Vollmacht des Erblassers oder Bevollmächtigung der Erben agiert

3. Testamentsvollstreckung an Kommanditanteilen und dem Anteil eines stillen Gesellschafters

Testamentsvollstreckung an dem Gesellschaftsanteil eines stillen Gesellschafters[58] ist ebenso wie an Kommanditanteilen[59] unproblematisch zulässig. Dazu ist nur die Zustimmung des Inhabers des Handelsgeschäftes, an dem die stille Beteiligung besteht, erforderlich.[60] Fehlt sie, ist die Testamentsvollstreckung in Form von Aufsichtsbefugnissen möglich, wodurch zumindest Verfügungen über den Gesellschaftsanteil verhindert werden können. Ebenso unterfallen Gewinnausschüttungen und Auseinandersetzungsguthaben, unabhängig von einer Zustimmung oder gesellschaftsrechtlichen Zulässigkeit dem Machtbereich des Testamentsvollstreckers. 47

4. Testamentsvollstreckung an Kapitalgesellschaftsanteilen

Die Testamentsvollstreckung an Gesellschaftsanteilen einer Kapitalgesellschaft ist – soweit deren Satzung nichts Gegenteiliges bestimmt – ebenfalls zulässig.[61] Es gelten keine Besonderheiten. Ausschließlich der Testamentsvollstrecker darf die Erben gegenüber der Gesellschaft vertreten. Die Erben können also keinen anderen Vertreter bestellen. Bei persönlich geprägten Kapitalgesellschaften sollte noch erwogen werden, eine spezielle Klausel zur Zulässigkeit der Testamentsvollstreckung in die Satzung aufzunehmen. Ferner ist zu empfehlen, im Gesellschaftsvertrag Anforderungen an die Qualifikation des Testamentsvollstreckers zu stellen, damit ebenso wie bei der Erbfolge, keine beliebigen – vom Erblasser oder dem Nachlassgericht bestimmte – Personen die Belange der Gesellschaft beeinflussen können. Eine übliche Vinkulierungsklausel verhindert die Testamentsvollstreckung nicht.[62] Präzise Regelungen helfen Streitigkeiten über den Umfang der Rechte des Testamentsvollstreckers zu vermeiden. 48

5. Steuerliche Besonderheiten der Testamentsvollstreckung

Steuerlich gilt generell, dass nicht der Testamentsvollstrecker in seiner Person die Einkünfte aus dem Nachlassvermögen erzielt, sondern der Erbe beziehungsweise Vermächtnisnehmer, jedoch vertreten durch den Testamentsvollstrecker.[63] 49

Bei Treuhandlösungen erfolgt die Zurechnung bei richtiger Gestaltung über § 39 Abs. 2 AO an den wirtschaftlichen Eigentümer, also den Erben oder Vermächtnisnehmer.

Der Testamentsvollstrecker ist zur Anzeige des Nachlasses und seiner Erträge verpflichtet. Er hat alle Einkünfte korrekt zu erklären. In der Vergangenheit verschwiegene oder versehentlich nicht erklärte Einkünfte muss er offen legen. Andernfalls macht er sich selbst strafbar.

Bei Treuhandlösungen kommen die erbschaftsteuerlichen Vergünstigungen für Betriebsvermögen nach der neueren Finanzrechtsprechung nicht zum Tragen, weil keine Beteiligung an begünstigtem Vermögen besteht, sondern nur ein Herausgabeanspruch gegen den Treuhänder. Dieser wird mit dem Verkehrswert ohne Begünstigung bewertet.[64]

---

der Testamentsvollstrecker; Weisungsgeberlösung in Anlehnung an § 2208 II BGB; Treuhandlösung – hier wird der Testamentsvollstrecker treuhänderisch zum Gesellschafter, trägt damit aber auch alle Risiken persönlich. Vgl. auch nachfolgend Kapitel § 19 Rn. 32–34.

[58] Nieder/Kössinger/*Kössinger* aaO, § 15 Rn. 146.

[59] Maßnahmen, durch die die Haftung des Erben über § 172 IV HGB wieder auflebt, sind dem Testamentsvollstrecker jedoch verwehrt.

[60] BGH WM 1962, 1084 f. bestimmt dies ausdrücklich für die stille Gesellschaft.

[61] *Sudhoff*, aaO., § 48 Rn. 7 mwN. in Fn 17.

[62] *Sudhoff*, aaO., § 48 Rn. 7 mwN. in Fn 7.

[63] Betreffend Mitunternehmereinkünfte BFH NJW 1995, 3406 ff.; dies gilt selbst dann, wenn die Erben die Einkünfte an einen Vermächtnisnehmer abzuführen haben. Grund für die Zurechnung auf die Erben ist, dass der Testamentsvollstrecker die Einkünfte kraft Amtes für den Erben erzielt und dieser alles herausverlangen kann (§§ 2218, 667 BGB).

[64] Gleichlautende Erlasse der Finanzministerien der Länder, z. B. Baden-Württemberg vom 27. 6. 2005, Az. 3–3806/51 aufgrund BFH-Urteil vom 25. 1. 2001, Az II R 39/98, BFH/NV 2001, 908 f.

6. Vergütung des Testamentsvollstreckers

50 Die Vergütung des Testamentsvollstreckers sollte im Testament geregelt werden, um spätere Streitigkeiten zwischen Erben und Testamentsvollstrecker zu vermeiden. Die Vergütung sollte im Voraus mit dem vorgesehenen Testamentsvollstrecker abgestimmt sein, damit dieser sein Amt auch tatsächlich annimmt.

Soweit eine Vergütung nicht im Testament oder in einer gesonderten Vereinbarung mit dem Testamentsvollstrecker geregelt ist, erhält der Testamentsvollstrecker seine Gebühr nach einer gesetzlichen Gebührentabelle. Details sind jedoch streitig.[65] Lange Zeit hat die aus dem Jahr 1925 stammende Tabelle des Rheinischen Notariats[66] überwiegende Anerkennung gefunden. Danach beträgt die Testamentsvollstreckervergütung bei kleinen Nachlässen 5% (bis DM 10000,–) und bei großen Nachlässen degressiv gestuft 4% bis 1% (ab DM 1000000,–) des Nachlasses. Zwischenzeitlich liegt die neue Tabelle vor, die höhere Vergütungen vorsieht und sich zunehmender Beliebtheit erfreut.[67] Wohl noch führend dürfte die Möhring'sche Tabelle sein, nach der die Gebühren etwa 1,5 bis 2,8 mal höher als nach der alten Rheinischen Tabelle von 1925 sind. Bemessungsgröße für die Vergütungsberechnung ist nach allen Tabellen der Wert des Bruttonachlasses.

Die Tabellen kennen neben der Konstitutionsgebühr Auf- und Abschläge für Sonderleistungen oder besonders leicht abwickelbare Nachlässe. Weiterhin gibt es Vergütungen für Dauertestamentsvollstreckung, insbesondere an Unternehmen. Die relativ unklare Vergütungsregelung lässt es ratsam erscheinen, eine gesonderte Vereinbarung mit dem gewünschten Testamentsvollstrecker zu treffen, um etwaigen Zwistigkeiten des Testamentsvollstreckers mit den Erben, die auch die gesamte Abwicklung und Verwaltung des Nachlasses beeinträchtigen können, zu vermeiden.

51 Nach der Rechtsprechung des BFH besteht kein Zweifel, dass der Testamentsvollstrecker grundsätzlich berufsmäßig tätig ist und seine Vergütung als sonstige Leistung der Umsatzsteuer unterfällt.[68] Ausnahme mögen Fälle sein, in denen der Testamentsvollstrecker nur sehr wenige Handlungen vornehmen, etwa nur ein Vermächtnis herausgeben muss. Zwischenzeitlich hat sich deshalb auch durchgesetzt, dass die vom Testamentsvollstrecker geschuldete Umsatzsteuer auf die Vergütung aufzuschlagen ist.[69]

Die Testamentsvollstrecker müssen in jüngerer Zeit damit rechnen, trotz § 18 Abs. 1 Nr. 3 EStG steuerlich mit ihrer Tätigkeit als Gewerbetreibende eingestuft zu werden.[70]

---

[65] In der Literatur werden unterschiedliche Vergütungs-Berechnungstabellen diskutiert, vgl. Groll/*Groll* Praxis-Handbuch Erbrechtsberatung, C IX Rn. 212, 2. Aufl. 2005.

[66] Nähere Informationen zu der aktuellen Tabelle ergeben sich aus den Empfehlungen der Notarverbände, vgl. www.dnoti.de/arbeitshilfe (unter Erbrecht) und www.dnotv.de (unter Dokumente/TV/Vergütungsempfehlung) sowie bei *Ulrike Fuldner*, Steuerberater – Haftungsfalle: Testamentsvollstreckung, HaufeIndex 1542980 ff.

[67] *Reimann/Wolfgang*: Die Testamentsvollstreckervergütung nach den Empfehlungen des Deutschen Notarvereins, DNotZ 2001, 344.

[68] BFH, Urteil vom 7. 9. 2006, Az.: V R 6/05 mwN; danach findet die Rechtsprechung des EuGH zur nicht der Umsatzsteuer unterfallenden Behandlung von Umsätzen für private Zwecke keine Anwendung (mit Zitaten und Bezugnahmen des BFH auf die Rechtsprechung des EuGH).

[69] Groll/*Groll* aaO., C IX Rn. 215.

[70] Zwar verneint die Rechtsprechung grundsätzlich eine Gewerblichkeit des Testamentsvollstreckers (so bspw. BFH vom 28. 4. 2005, IV R 41/03 und auch BFH vom 4. 11. 2004, IV R 27/03); Gewerblichkeit kann aber im Anwendungsbereich des § 18 Abs. 1 Nr. 3 EStG eher als in Fällen der Nr. 1 begründet werden, zumal zukünftig die Tätigkeit der Testamentsvollstreckung zunehmend anderen Berufsgruppen wie auch Banken und Vermögensverwaltern geöffnet wird (bspw. BGH vom 11. 11. 2004, I ZR 213/01, NJW 2005, 269, ebenso Gesetzesentwurf der Bundesregierung zur Neuregelung des Rechtsberatungsrechts vom 23. 8. 2006). Die Gewerblichkeitsgefahr steigt mit zunehmender Mitarbeiterzahl.

II. Pflichtteilsvermeidung

Ein wichtiges Element und Ziel des Unternehmertestaments ist die Vermeidung beziehungsweise Reduzierung von Pflichtteilsansprüchen:

1. Zwingendes deutsches Pflichtteilsrecht[71]

Das deutsche Erbrecht bestimmt in den §§ 2303 ff. BGB den zwingenden Pflichtteilsanspruch, der nahe Verwandte im Erbfall davor schützt, nicht völlig leer aus zu gehen. Im Einzelnen vgl. vorne unter Rn. 20 und 21. Weil der Pflichtteilsanspruch als sofort fälliger Geldanspruch gegen den Erben ausgestaltet ist, besteht für Unternehmen in Erbfällen die besondere Gefahr der finanziellen Überforderung, wenn der Erbe nicht aus anderen Geldquellen den Liquiditätsbedarf für die Pflichtteilszahlung decken kann. Ein Unternehmen verkraftet üblicherweise nicht, dass kurzfristig und ungeplant hohe Geldbeträge entzogen werden. Dies soll folgendes kurze Beispiel veranschaulichen: 52

Beispiel: Der erfolgreiche Unternehmer U hat (zwischenzeitlich 65 Jahre alt) ein Unternehmen mit einem Wert von EUR 11 Mio. aufgebaut. Ferner besitzt er eine Lebensversicherung von EUR 1 Mio. und ein Aktiendepot von EUR 0,5 Mio. sowie ein Eigenheim im Wert von EUR 1,5 Mio. Bei einer Geschäftsreise verunglückt U. In einem gemeinschaftlichen Testament mit seiner Frau hat er nur diese als Erbin benannt. Seine beiden Kinder gehen leer aus und machen innerhalb von 3 Jahren nach dem Erbfall, nachdem sich das Verhältnis zur Mutter eingetrübt hat, ihren Pflichtteil geltend.

Konsequenz: Die Erbin muss sofort an jedes der beiden Kinder einen Geldbetrag iHv. EUR 1,75 Mio. bezahlen. An Liquidität stehen ihr allenfalls das Depot und die Lebensversicherung zur Verfügung, d. h. EUR 1,5 Mio. Der Restbetrag iHv. EUR 2 Mio. wäre aus dem Unternehmen aufzubringen. Hinzu kommt die anfallende Erbschaftsteuer von rund EUR 1 Mio.

Durch Bankfinanzierung wird der Betrag häufig nicht oder nur teilweise bestritten werden können, so dass Teilverkäufe von Unternehmensvermögen erforderlich werden, die ebenfalls Einkommensteuer auslösen und anteilig erbschaftsteuerliche Vergünstigungen entfallen lassen.

2. Novellierung des Pflichtteilsrechtes

Der Gesetzgeber hat diese Gefahr erkannt. Er beabsichtigt eine Novellierung des Pflichtteilsrechtes, nicht aber dessen Abschaffung.[72] Derzeit liegt erst ein Gesetzesentwurf des Bundeskabinetts vom 31. 1. 2008 vor. Da das beabsichtigte Gesetz in Fachkreisen allgemein begrüßt wird, wird mit einer im Wesentlichen unveränderten Verabschiedung spätestens im Laufe des Jahres 2008 gerechnet. Die Modernisierung des Erbrechts konzentriert sich im Wesentlichen auf das Pflichtteilsrecht und kann hierauf bezogen auf folgende Aussagen reduziert werden: Der letzte Wille in einem Testament soll künftig noch stärkeres Gewicht erhalten. Kriminelle Verwandte sollen leichter enterbt werden können. Pflegende Verwandte werden besser berücksichtigt. Im Einzelnen lässt sich der von Bundesjustizministerin Brigitte Zypries (SPD) vorgestellte Gesetzesentwurf zur Reform des Erbrechts mit seinen Eckpunkten wie folgt näher skizzieren: 53

a) **Modernisierung der Pflichtteilsentziehungsgründe.** Zweck der Pflichtteilsreform ist die Stärkung der Testierfreiheit des Erblassers. Er soll somit durch Verfügung von Todes wegen weitergehender als bisher über seinen Nachlass bestimmen können. Dementsprechend werden die Gründe erweitert und überarbeitet, die den Erblasser berechtigen, den Pflichtteil zu entziehen: 54

- Die Entziehungsgründe sollen zukünftig einheitlich für Abkömmlinge, Eltern und Ehegatten oder Lebenspartner gelten. Die bisherigen Unterschiede sollen entfallen.
- Künftig sollen alle Personen geschützt werden, die dem Erblasser vergleichbar nahe stehen wie ein Ehegatte, Lebenspartner oder Kind, beispielsweise Stief- und Pflegekinder. Eine Pflichtteilsentziehung soll zukünftig auch möglich sein, wenn der Pflichtteilsberechtigte nicht nur dem Erblasser gegenüber, sondern bereits einer der vorgenannten

[71] Ausführlich hierzu etwa *Nieder* in Nieder/Kössinger, aaO, § 2.
[72] Vgl. hierzu auch unter Rn. 61, 62, 92, 93, wo die Anrechnung dargestellt wird.

geschützten Personen gegenüber nach dem Leben trachtet oder sie körperlich schwer misshandelt. Bisher führen nur solche Verfehlungen gegenüber dem Erblasser, seinem Ehegatten, dem Lebenspartner oder seinen Kindern zum Verlust des Pflichtteils.

- Zukünftig soll es keinen Entziehungsgrund mehr wegen „ehrlosen und unsittlichen Lebenswandels" geben. Er hat sich als zu unbestimmt erwiesen. Stattdessen soll künftig nun eine rechtskräftige Verurteilung zu einer Freiheitsstrafe von mindestens einem Jahr ohne Bewährung zur Entziehung des Pflichtteils berechtigen, wenn es dem Erblasser unzumutbar ist, dem Verurteilten seinen Pflichtteil zu belassen. Dies soll sogar möglich sein, wenn die Straftaten im Zustand der Schuldunfähigkeit begangen wurden.

55 **b) Maßvolle Erweiterung der Stundungsgründe.** Besteht das Vermögen des Erblassers im Wesentlichen aus einem Eigenheim oder einem Unternehmen, müssen die Erben diese Vermögenswerte oft nach dem Tod des Erblassers verkaufen, um den Pflichtteil auszahlen zu können. Zur Lösung dieser existenziellen Situation steht derzeit nur eine sehr enge Stundungsregelung zur Verfügung, die auch nur pflichtteilsberechtigten Erben (insbesondere Abkömmlinge, Ehegatten) hilft. Die Reform soll Erleichterung für jeden Erben schaffen.

In Zukunft kann dann beispielsweise auch der Neffe, der ein Unternehmen erbt, eine Stundung gegenüber den pflichtteilsberechtigten Kindern geltend machen, sofern die sofortige Erfüllung des Pflichtteils eine „unbillige Härte" darstellen würde.

56 **c) Änderungen betreffend Schenkungen und Pflichtteilsergänzungsansprüche.** Große praktische Bedeutung dürfte die geplante Privilegierung von Schenkungen des Erblassers haben. Die Reform sieht insoweit vor, dass Schenkungen im Rahmen der Pflichtteilsberechnung immer weniger Berücksichtigung finden, je länger sie zurückliegen. Eine Schenkung im ersten Jahr vor dem Erbfall würde voll in die Berechnung des Nachlasses einbezogen, zwei Jahre davor jedoch nur noch zu 9/10 und in jedem weiteren Jahr um je ein Zehntel weniger. Damit wird die Ausschlussfrist für Pflichtteilsergänzungsansprüche flexibler. Ein Pflichtteilsergänzungsanspruch steht einem Pflichtteilsberechtigten nach geltendem Recht zu, wenn der Erblasser Vermögenswerte an eine dritte Person verschenkt und dadurch den Nachlass verringert. Bisher werden Schenkungen in voller Höhe berücksichtigt, wenn sie innerhalb von zehn Jahren vor dem Erbfall erfolgten. Würde etwa der Erblasser nur einen Tag vor Ablauf dieser Frist versterben, so wird derzeit noch der Pflichtteilsberechtigte für die Berechnung seines Anspruchs so gestellt, als hätte die Schenkung nicht stattgefunden.

57 **d) Bessere Honorierung von Pflegeleistungen beim Erbausgleich.** Unabhängig vom Pflichtteilsrecht sollen Pflegeleistungen zukünftig besser bei der Erbauseinandersetzung berücksichtigt werden. Grund hierfür ist, dass zwei Drittel aller Pflegebedürftigen zu Hause versorgt werden und über die finanzielle Seite selten gesprochen wird. Trifft der Erblasser nun in seinem Testament keine Ausgleichsregelung, geht der pflegende Angehörige heute oftmals leer aus. Erbrechtliche Ausgleichsansprüche gibt es nur für einen Abkömmling, der unter Verzicht auf berufliches Einkommen den Erblasser über längere Zeit pflegt. Künftig soll nun jeder gesetzliche Erbe einen Ausgleich für Pflegeleistungen erhalten. Dabei soll es keine Rolle spielen, ob für die Pflegeleistungen auf ein eigenes berufliches Einkommen verzichtet wird. Die Bewertung der Leistungen wird sich an der gesetzlichen Pflegeversicherung orientieren.

Beispiel: Der verwitwete kinderlose Erblasser wird von seiner nicht berufstätigen Schwester gepflegt. Der Bruder kümmert sich nicht. Der Erblasser stirbt. Er hat kein Testament errichtet. Der Nachlass beträgt 200 000 Euro. Die Pflegeleistungen sind mit 30 000 Euro zu bewerten. Derzeit erben die Geschwister je zur Hälfte. Künftig kann die Schwester einen Ausgleich für ihre Pflegeleistungen verlangen. Von dem Nachlass wird zugunsten der Schwester zunächst der Ausgleichsbetrag abgezogen. Nur der Rest wird nach der Erbquote verteilt (200 000–30 000 = 170 000). Im Ergebnis erhält die Schwester also 115 000 Euro.

3. Pflichtteilsvermeidungsstrategien

Zur Lösung der Pflichtteilsproblematik, die auch nach der Gesetzesneufassung als solche bestehen bleibt, gibt es verschiedene Ansätze, die frühzeitig konzeptioniert werden müssen. 58

Sinn des Pflichtteilsrechts ist, die nächsten Angehörigen davor zu schützen, dass ihnen der Erblasser wegen seiner Testierfreiheit ihr gesamtes Erbe entzieht. Diese im Grundsatz vernünftige Regelung des Gesetzgebers kann jedoch beim Tod eines Unternehmers, zur Existenzgefährdung seines Unternehmens und der daran hängenden Arbeitsplätze führen. Dies gilt insbesondere dann, wenn das Unternehmen oder die Unternehmensbeteiligung nicht oder nicht an alle Pflichtteilsberechtigten vererbt wird und das Restvermögen nicht zur Abdeckung der Pflichtteilsansprüche ausreicht. Die Pflichtteilsansprüche muss der Erbe aus dem Nachlass begleichen, und zwar sofort und in Geld. An der dazu erforderlichen Liquidität fehlt es jedoch zumeist. Dies kann dazu führen, dass Betriebsvermögen (Grundstücke, Unternehmensanteile etc.) gezwungenermaßen versilbert werden muss und damit stille Reserven aufgedeckt werden. Um die dadurch anfallende Einkommensteuer begleichen zu können, müssen weitere Vermögenswerte veräußert werden, was wiederum Steuern auslöst. Im Rahmen er Unternehmensnachfolgeplanung sollte der Unternehmer deshalb Gestaltungen zur Vermeidung solcher Liquiditätsabflüsse suchen. Hierzu können die folgenden Pflichtteilsvermeidungsstrategien dienen:

a) **Wechsel des Güterstandes.** Ein Wechsel im Güterstand kann – je nach Fallkonstellation – zur Verringerung von Pflichtteilsansprüchen führen, denn dadurch verändern sich die gesetzlichen Erbquoten des Ehegatten, der Kinder oder Eltern und der pflichtteilsberechtigten gesetzlichen Erben. Beispielsweise löst ein Wechsel in die Gütertrennung eine Erhöhung der Pflichtteilsansprüche der Kinder aus, reduziert jedoch den Pflichtteil des Ehegatten[73]. Auch durch die fortgesetzte Gütergemeinschaft, §§ 1483 ff. BGB, kann die Geltendmachung des Pflichtteils ausgeschlossen werden, denn nach § 1483 BGB fällt das Gesamtgut dann nicht in den Nachlass. 59

b) **Vorweggenommene Erbfolge, Zuwendungen unter Lebenden.** Rechtzeitige lebzeitige Zuwendungen (Schenkungen) an die zur Nachfolge vorgesehenen Personen können den Nachlass und damit indirekt den Pflichtteil mindern. So kann erreicht werden, dass keine oder jedenfalls nur geringere Pflichtteilsergänzungen, 2325 BGB, zugunsten der von der Nachfolge ausgeschlossenen Pflichtteilsberechtigten erfolgen müssen. Wichtige Voraussetzung für den Erfolg dieser Strategie ist jedoch eine rechtzeitige Umsetzung. Nur wenn der Erblasser zehn Jahre vor seinem Tod die Schenkung vollzogen hat, treten die pflichtteilsreduzierenden Folgen ein. 60

Werden noch Rechte an dem Schenkungsgegenstand zurückbehalten, etwa ein Wohn- oder Nießbrauchsrecht, so gilt die Schenkung noch nicht als vollzogen. Eine pflichtteilsmindernde Wirkung tritt nicht ein.[74]

Bei Ehegatten hilft diese Vorgehensweise nicht, 2325 Abs. 3 BGB, denn hier beginnt die 10-Jahresfrist erst mit Beendigung der Ehe (Tod oder Scheidung) zu laufen.

c) **Anrechnung von Schenkungen auf den Pflichtteil.** Eine oft vernachlässigte Gestaltungsmöglichkeit ist die Anrechnung von Schenkungen auf den Pflichtteil, § 2315 BGB. Dem Schenker steht es frei, im Rahmen der Schenkung Erklärungen darüber abzugeben, 61

---

[73] Der BGH erkennt den Wechsel von der Zugewinngemeinschaft in die Gütergemeinschaft grundsätzlich als pflichtteilsresistent und nicht rechtsmissbräuchlich an (BGHZ 116, 178 – Güterstandsschaukel). Die Finanzgesetzgebung unterwirft diesen Ausgleich allerdings gemäß § 7 Abs. 1 Nr. 4 ErbStG der Schenkungsteuer. Pflichtteilsfest ist in jedem Falle aber die fortgesetzte Gütergemeinschaft (§ 1483 BGB).

[74] Schenkungen unter Vorbehalt eines schuldrechtlichen oder dinglichen Nutzungsrechts (z. B. des Nießbrauches) gelten nach BGH als nicht vollzogen und mindern den Pflichtteil nicht (BGHZ 118, 49; BGH NJW 1994, 1791).

wie die Schenkung im Erbfall behandelt werden soll. Nur wenn der Schenker keine Bestimmung hierzu trifft, kann der Beschenkte grundsätzlich ungeachtet der früheren Schenkung den Pflichtteil aus dem vorhandenen Nachlass fordern. Das neue Pflichtteilsrecht will hier Erleichterungen schaffen.[75]

Das folgende Beispiel soll die Anrechnung einer Schenkung auf den Pflichtteilsanspruch, § 2315 BGB, veranschaulichen:

Beispiel: Ein unverheirateter Vater hat vier Kinder. Der Wert seines Vermögens beträgt 880 TEUR. Er unterstützt seinen ältesten Sohn Otto beim Erwerb eines Bauplatzes im Wert von 200 TEUR, indem er ihm im Wege der mittelbaren Grundstücksschenkung 80 TEUR zuwendet. Diese Zuwendung soll „voll auf den Pflichtteil angerechnet" werden. Später enterbt er Otto wegen dessen Verfehlungen ihm (dem Vater) gegenüber. (Der Fall ist entsprechend, wenn der Vater verheiratet, die Mutter aber vorverstorben wäre.)

Als der Vater verstirbt, hinterlässt er ein Restvermögen von EUR 800 000.

Der Pflichtteil ohne Anrechnung beträgt 1/8 von 800 = 100 TEUR

Nach § 2315 BGB ist die Anrechnung des Vorausempfangs wie folgt zu berechnen:

([Reinnachlass im Zeitpunkt des Erbfalls + anrechnungspflichtige Zuwendung]) * [Pflichtteilsquote des Empfängers] – [Anrechnungsbetrag]

Im Beispiel:

$$\frac{800\ \text{TEUR} + 80\ \text{TEUR}}{8} - 80\,000 = 30\ \text{TEUR}$$

Der Forderungsanspruch von Otto nach Anrechnung der Schenkung von EUR 80.000 auf den Pflichtteil von EUR 110.000 beträgt somit noch EUR 30.000.

Ungeachtet der voraussichtlichen gesetzlichen Änderungen ist zur Reduzierung des Pflichtteilsanspruchs dringend anzuraten, **generell** eine **Anrechnungsbestimmung** bereits zum Zeitpunkt der Schenkung in die Schenkungsurkunde aufzunehmen. Nur so behält der Schenker bis zu seinem Tod die Möglichkeit zu entscheiden, ob sich Pflichtteilsberechtigte die Schenkung auf ihren Pflichtteilsanspruch anrechnen lassen müssen. Kommt es nicht zur Enterbung, spielt die Anrechnung auf den Pflichtteil keine Rolle. Eine Anrechnungsbestimmung in einem Schenkungsvertrag könnte etwa lauten:

Formulierungsbeispiel für eine Anrechnung:

Die Schenkung ist auf einen etwaigen Pflichtteil des Beschenkten gegenüber meinem Nachlass anzurechnen.

62 Ob neben oder anstelle einer Anrechnungsbestimmung auch eine Ausgleichungspflicht ausdrücklich geregelt werden sollte, ist im Einzelfall zu klären. Die Ausgleichung gilt nur unter Abkömmlingen und führt dazu, dass Pflichtteilsrechte der übrigen Geschwister erhöht werden. Dies ist zumeist nicht gewollt und sollte deshalb vermieden werden. Eine bloße Anrechnungsbestimmung führt im Ergebnis nicht dazu, dass der Schenkungswert voll den Pflichtteilsanspruch reduziert, durch die Anrechnung jedoch in Höhe der

[75] Vgl. hierzu Fn 19 und oben unter Rn. 56.

Pflichtteilsquote wiederum den Pflichtteilsanspruch, von dem der Abzug vorzunehmen ist, erhöht.

Die Folgen der Ausgleichung einer Schenkung auf den Pflichtteil, § 2316 BGB, soll folgendes Beispiel veranschaulichen:

Beispiel: Ein Vater hat ein Ausgangsvermögen von EUR 3,6 Mio. Hiervon wendet er seiner Tochter 900 TEUR und seinem Sohn A 700 TEUR zu. Beide Schenkungen erfolgen unter Ausgleichungspflicht. Der Sohn wird enterbt. Die Ehefrau ist bereits verstorben. Der Pflichtteil des Sohnes betrüge ¼ des verbliebenen Nachlasswertes nach Schenkung, also ¼ von (3,6 Mio. ./. 0,7 Mio. ./. 0,9 Mio.). = ¼ von EUR 2 Mio. = EUR 500 000.

Durch die Ausgleichungspflicht erhöht sich der fiktive Nachlass für die Berechnung des Pflichtteils wieder auf den Ausgangswert von EUR 3,6 Mio., so dass der Sohn Anspruch auf EUR 900 000 hat. Er kann in diesem Falle somit noch EUR 200 000 von der Schwester aus dem Nachlass als Pflichtteil fordern. Bei schlichter Anrechnungsverfügung hätte er nur 1/4 von EUR 2,7 Mio. abzüglich EUR 700 000 Vorschenkung, also nichts mehr fordern können.

Bei der Ausgleichungsanordnung werden – wie obiges Beispiel zeigt – sämtliche Vorableistungen zum Restnachlass addiert. Damit erhöht sich gemäß § 2316 BGB der fiktive zu verteilende Nachlass. Dies begünstigt im Ergebnis den Enterbten in Höhe von seinem Pflichtteil bezogen auf die Vorschenkungen bzw. den Ausgleichungsbetrag.

Wurde bei Schenkungen die Anrechnung vergessen, kann das folgende Vorgehen dienlich sein: Der Schenker überträgt sein gesamtes verbliebenes Vermögen auf den künftigen Erben und stellt sich vermögenslos.[76] In diesem Falle müsste der erstbeschenkte Pflichtteilsberechtigte auf Pflichtteilsergänzung klagen und sich nach § 2327 BGB den ihm geschenkten Wert gegenrechnen lassen.

d) Gesellschaftsgründung. Pflichtteilsansprüche lassen sich auch dadurch verringern, dass der Erblasser eine Personengesellschaft (GbR, OHG, KG) gründet und in diese Vermögen einbringt. Zusätzlich muss er die Fortsetzung der Gesellschaft gegen eine geringe, unter dem Verkehrswert liegende Abfindung (mindestens aber wohl 50%) an die Erben anordnen. Bei seinem Tod wird die Gesellschaft mit den verbliebenen Gesellschaftern fortgeführt und der Nachlass erhält nur einen Abfindungsanspruch in Geld. Bei den einzelnen Gesellschaftsformen sind allerdings Besonderheiten bei der Gestaltung zu beachten. Weitere Besonderheiten gelten nach der Rechtsprechung, wenn Anteile entschädigungslos übergehen sollen.[77] 63

Bei dieser Gestaltung muss der begünstigte Erbe bereits zu Lebzeiten des Erblassers in die Gesellschaft aufgenommen werden. Ansonsten würde eine Schenkung vorliegen und den Pflichtteil entsprechend erhöhen.

e) Verlagerung von Vermögen in das Ausland.[78] Auch wenn das deutsche Erbrecht grundsätzlich für deutsche Staatsangehörige zur Anwendung gelangt, gilt dies im internationalen Rechtsverkehr nicht uneingeschränkt. In einigen Ländern gilt für Grundstücke das Erbrecht des Landes, in dem sich das Grundstück befindet (lex rei sitae; etwa in Frankreich). Dies führt zu einer rechtlichen Spaltung des Nachlasses. Für einen Teil des Nachlasses ist das deutsche Erbrecht anwendbar, für den anderen Teil das Recht des anderen Staates. Da einige Länder kein oder nur ein eingeschränktes Pflichtteilsrecht kennen, kann der Erblasser sich diese Nachlassspaltung[79] zum Zwecke der Pflichtteilsvermeidung zu Nutze machen. Erwirbt der Erblasser etwa in einem solchen Land ein Grundstück, können grundsätzlich hinsichtlich dieses Vermögenswertes keine Pflicht- 64

---

[76] Sog. „Flucht in die Pflichtteilsergänzung"; vgl. *Tanck,* ZErb 2000, 3

[77] Vgl. etwa Urteile bei *Palandt/Edenhofer,* § 2325 BGB Rn. 12 ff.

[78] Zu internationalen Pflichtteilsvermeidungsstrategien etwa von Scherer/*Oertzen/Pawlytta* § 33 Rn. 149 ff.

[79] Der Begriff Nachlass-Spaltung wird u. a. erläutert bei *Scherer* in Scherer, § 3 Rn. 57 und von Scherer/*Oertzen/Pawlytta* § 33 Rn. 26 ff.

teilsansprüche nach deutschem Erbrecht geltend gemacht werden (Beispiel: Frankreich; Florida).

65 **f) Erb- und Pflichtteilsverzicht.** Der notarielle Verzicht des Berechtigten auf den Erb- und Pflichtteil, § 2346 Abs. 2 BGB, ist die sicherste Lösung, die sich aus dem Pflichtteilsrecht ergebenden Belastungen zu vermeiden oder doch zu begrenzen und gleichzeitig Streit zu vermeiden. Sinnvoll ist jedoch im Normalfall nur der Pflichtteilsverzicht, da ein Erbverzicht die Erbquote der übrigen Erben und damit deren Pflichtteilsansprüche erhöht, § 2346 Abs. 1 S. 2 BGB.

Sofern der abzufindende Erbe trotz des Angebotes einer finanziellen Abfindung nicht zum Verzicht bereit ist, weil sich der Nachlass in einigen Jahren erhöhen könnte, so könnte zumindest ein **gegenständlich beschränkter Pflichtteilsverzicht** – etwa beschränkt auf das Betriebsvermögen – vereinbart werden.[80]

Bei einer solchen Lösung sollte mit geregelt werden, den Pflichtteilsverzicht möglichst auch auf den Familienstamm des Verzichtenden zu erstrecken, um beim Vorversterben des Pflichtteilsberechtigten nicht dessen Abkömmlingen gegenüber wieder in der Pflicht zu sein. § 2349 BGB gestattet einen solchen Verzicht für die Abkömmlinge des Erblassers sowie dessen Seitenverwandte.

66 **g) Beteiligung weichender Erben.** Wird die Pflichtteilsvermeidungsstrategie nur unter dem Gesichtspunkt angestrebt, das Unternehmen zu bewahren und vor gefährlichen Liquiditätsabflüssen zu schützen, so macht es auch unter Gleichbehandlungsgesichtspunkten Sinn, über eine stille Beteiligung oder Unterbeteiligung zugunsten der weichenden Erben nachzudenken. Diese nach außen hin nicht in Erscheinung tretende Beteiligungsform an Unternehmen oder Unternehmensanteilen begründet zwar eine schuldrechtliche Beteiligung am Unternehmen, nicht aber eine Geschäftsführungskompetenz. Eine solche Gestaltung eignet sich deshalb besonders für die weichenden Erben, die gerade nicht an der Geschäftsführung beteiligt sein sollen. Zum Ausgleich müssen sie aber zumindest einen dem Pflichtteil entsprechenden Vermögenswert erhalten, damit sie nicht den zum sofortigen Liquiditätsabfluss führenden Pflichtteilsanspruch geltend machen können. Das Vermögen wird auf diese Weise im Unternehmen gebunden.

67 Sämtliche dieser Beteiligungsformen sind sehr flexibel und individuell ausgestaltbar und können auch unter steuerlichen oder Finanzierungsgesichtspunkten optimiert werden. Dies wird ab der Einführung der Abgeltungssteuer im Jahre 2009 besonders interessant. Dann können die „Zinsen“ auf die stille Beteiligung voll als Betriebsausgaben abgezogen werden (es gibt lediglich eine anteilige Zurechnung im Rahmen der Gewerbesteuer), der stille Gesellschafter muss die Zahlung jedoch nur zu 25% versteuern.

Eine solche Gestaltung kann sowohl zu Lebzeiten des Erblassers – beispielsweise in Verbindung mit einem Erb- und Pflichtteilsverzichtsvertrag – oder erst nach dem Erbfall im Wege eines Verschaffungsvermächtnisses vorgenommen werden. Vorsicht ist jedoch geboten, wenn die Gestaltung ohne Erbeinsetzung ausschließlich über ein Vermächtnis gestaltet wird und nicht vertraglich zuvor abgesichert wurde, § 2307 BGB. Dann besteht die ernst zu nehmende Gefahr, dass ein pflichtteilsberechtigter Erbe den Pflichtteil geltend macht, sofern im Vorfeld keine ausreichenden Absicherungsmaßnahmen getroffen wurden (etwa durch einen Pflichtteilsverzicht).

Die Erbeinsetzung in Höhe der Pflichtteilsquote verringert zwar nicht seinen Pflichtteil, schränkt jedoch die Rechte des Pflichtteilsberechtigten spürbar ein. Der pflichtteilsberechtigte Erbe hat nur verringerte Auskunftsrechte, § 2314 BGB, und kann keine Mitwirkung der Haupterben zur Nachlassbestimmung verlangen, erst recht nicht hinsichtlich etwaiger pflichtteilsergänzender Schenkungen, § 2325 BGB. Zudem besteht damit kein sofort fälliger Anspruch in Geld.

---

[80] *Palandt/Edenhofer,* § 2346 BGB Rn. 6; str.

68 **h) Strafklauseln.** Insbesondere in Fällen des Berliner Testamentes und bei Vor- und Nacherbschaftsanordnungen können „Strafklauseln“ wie die „Jastrow'sche Klausel“ hilfreich sein. Sie sollen verhindern, dass Abkömmlinge nach dem Tod des erstversterbenden Ehegatten den Pflichtteil verlangen. Dazu wird denjenigen Abkömmlingen, die keinen Pflichtteil gegenüber dem länger lebenden Ehegatten geltend machen, ein zusätzlicher Vermächtnisanspruch zugesprochen. Um das Vermögen des länger lebenden Ehegatten nicht zu schmälern, erhalten die Abkömmlinge das Vermächtnis erst nach dessen Tod.

Formulierungsbeispiel für eine Strafklausel:

Wenn eines unserer Kinder oder an dessen Stelle getretene Abkömmlinge beim Tode des Erstversterbenden entgegen dem Willen des Überlebenden seinen Pflichtteil verlangen sollte, sollen die den Pflichtteil nicht fordernden Abkömmlinge ein beim ersten Erbfall anfallendes jedoch bis zum zweiten Erbfall gestundetes Vermächtnis in Höhe des gesetzlichen Erbteils erhalten. Der beim Tode des Erstversterbenden den Pflichtteil fordernde Abkömmling wird mit seinem ganzen Stamm sowohl für den ersten als auch für den zweiten Sterbefall von der Erbschaft ausgeschlossen.

Solche „Strafklauseln“ gibt es in unterschiedlich strenger Ausgestaltung.[81]

69 **i) Wechsel der Staatsangehörigkeit.** Pflichtteilsvermeidung kann auch durch Wechsel der Staatsangehörigkeit erreicht werden. Es gibt Staaten, die kein Pflichtteilsrecht kennen, deren Recht aber nach internationalen Erbrechtsvereinbarungen gemäß der Staatsangehörigkeit anzuwenden ist. Dieser radikale Weg der Pflichtteilsvermeidung wird allerdings nicht die Billigung jedes Erblassers finden. Hinzu kommt, dass dieser Weg erhebliche steuerliche Risiken in sich birgt, wenn der Wechsel der Staatsangehörigkeit auch einen Wohnsichtswechsel erfordert.

III. Berliner Testament/Vor- und Nacherbschaft

Das sogenannte Berliner Testament ist ebenso beliebt wie risikoreich:

1. Das Berliner Testament

70 Das Berliner Testament ist die beliebtestes Gestaltung der Nachfolge unter Ehegatten. Dabei setzen sich die Ehegatten wechselseitig zu Vollerben ein und ihre Kinder nach dem letztversterbenden Ehegatten als Schlusserben. Dadurch haben die Ehegatten zu Lebzeiten weitgehende Verfügungsberechtigungen über den Nachlass des verstorbenen Ehegatten (anders als ein Vorerbe), sind aber durch den Tod des ersten Ehegatten mit dessen und ihrem eigenen Vermögen dahingehend gebunden, dieses an die vorbestimmten Schlusserben zu übertragen. Üblicherweise lauten die Regelungen in einem gemeinschaftlichen Testament oder Erbvertrag:

Formulierungsbeispiel für ein Berliner Testament

(1) Ich setzte meinen Ehegatten ______ als unbeschränkten Alleinerben ein.

(2) Nacherben sollen meine beiden Kinder

a) ______ Mustermann, geboren am ______ und

b) ______ ______, geborene Mustermann, geboren am ______

jeweils zu ein Halb sein.

(3) Ersatzerben sind jeweils die Abkömmlinge der in Abs. 1 bzw. Abs. 2 eingesetzten Erben, unter sich entsprechend der deutschen gesetzlichen Erbfolgeordnung.

[81] Hierzu mit Formulierungsvorschlägen *Rüdiger Gluth*, ErbStB 2007, 259 ff.

71 Das Berliner Testament hat drei Nachteile, weshalb es für ein Unternehmertestament grundsätzlich nicht geeignet ist:

- Es provoziert Pflichtteilsansprüche (siehe ebenfalls oben unter Rn. 20, 21 und 52 im Beispiel). Dem wird zumeist mit Strafklauseln, etwa der sog. „Jastrow'schen Klausel" (siehe oben unter Rn. 68), entgegengewirkt.
- Es tritt eine Bindungswirkung ein, durch die beim gemeinschaftlichen Testament der überlebende Ehegatte nach dem Tod des anderen Ehegatten nicht mehr frei über seinen Nachlass testamentarisch verfügen kann, auch wenn sich die benannten Schlusserben ihm gegenüber „daneben benehmen". Beim Erbvertrag tritt diese Bindungswirkung bereits mit Beurkundung ein, sofern nicht ausdrücklich etwas anderes bestimmt wird.
- Diese Gestaltung ist erbschaftsteuerlich nachteilig. Der Freibetrag der Kinder nach einem der Eltern geht verloren (§ 5 ErbStG). Damit wird die gesamte Besteuerung des Vermögens der Ehegatten auf den Letztversterbenden fokussiert, obwohl dieser den Nachlass auch bereits erbschaftsteuerlich versteuert hat. Zugleich fällt zumeist aufgrund der Progression des Erbschaftsteuerrechts ein höherer Steuersatz auf den Nachlass an. Bei kleineren Nachlässen ist dies zwar kein Problem, ab Nachlässen von EUR 500 000 wird dies zu einem echten Kostenfaktor. Ursprünglich war das Berliner Testament für den Fall gedacht, in dem nur ein Eigenheim der Eheleute vorhanden war und dieses im Erbfall weiterhin dem überlebenden Ehegatten zu Wohnzwecken dienen sollte. Diese Konstellation trifft auf Unternehmensnachlässe nicht zu. Deshalb sollte schon aus erbschaftsteuerlichen Gesichtspunkten bereits über Alternativgestaltungen nachgedacht werden, zumal der Vorerbe die auf ihn entfallende Erbschaftsteuer dem Nachlass entnehmen darf, vgl. §§ 20 Abs. 4 ErbStG, und diesen damit schmälert. Mindestens aber sollten die Kinder im Wege des Vermächtnisses einen Teil des Nachlasses bereits nach dem Tod des ersten Elternteils zugewendet bekommen, ohne dass die Fälligkeit dieses Vermächtnisses auf den Tod des überlebenden Ehegatten hinausgeschoben wird:

Formulierungsbeispiel für eine Vermächtnisregelung:

„(1) Ich wende jedem meiner Kinder im Wege des Vermächtnisses einen Geldbetrag in Höhe von EUR ______ (in Worten: EURO ______ zu.

alternativ:

(1) Ich wende jedem Kind im Wege des Vermächtnisses einen Geldbetrag in Höhe des zum Todeszeitpunkt in Deutschland geltenden Erbschaftsteuerfreibetrages, höchstens jedoch ___ Prozent des nach Abzug aller Nachlassverbindlichkeiten zum Zeitpunkt des Todes bestehenden Bankvermögens, zu.

(2) Dieses Vermächtnis wird 3 Jahre nach meinem Tod fällig."

2. Vor- und Nacherbschaft

72 Anders als beim Berliner Testament kann der Vorerbe im Falle der Anordnung von Vor- und Nacherbschaft nicht so frei mit dem Nachlass verfahren. Bei der Vor- und Nacherbschaft wird zwar ebenso wie beim Berliner Testament eine Bindungswirkung des ersten Erben, des sog. Vorerben hinsichtlich des erlangten Nachlasses bewirkt. Damit kann der Erblasser über seinen Tod und den Tod des Vorerben hinaus die Übergabe des Nachlasses steuern. Der Vorerbe ist jedoch in seiner Verfügungsbefugnis über den Nachlass beschränkt, §§ 2112 ff., 2136 ff. BGB. Nur im Falle ausdrücklicher Befreiung kann der Vorerbe auch Immobilienvermögen veräußern. Unentgeltliche Rechtsgeschäfte sind jedoch grds. unzulässig, da sie den Nacherben beeinträchtigen, vgl. §§ 2287 BGB.

Im Ergebnis wirkt die Vor- und Nacherbschaft ähnlich wie ein erweiterter Zuwendungsnießbrauch an den Vorerben.

Hervorzuheben ist noch der Schutz der Vor- und Nacherbschaft gegen Vollstreckung von Gläubigern des Vorerben. Kann der Vorerbe seine Verpflichtungen gegenüber seinen Gläubigern nicht aus eigener Kraft erfüllen, verwehrt die Vor- und Nacherbschaft diesen Gläubigern den Zugriff auf den Nachlass, insbesondere in Verbindung mit (Dauer-)Testamentsvollstreckung, vgl. §§ 2115, 2214 BGB.

IV. Gestaltungen im Ehe-Güterrecht

Auch das Ehe- und Güterrecht bietet interessante Ansatzpunkte für erbrechtliche Gestaltungen:

1. Vor- und Nachteile der gesetzlichen Güterstände

Wie oben bereits dargestellt hat der eheliche Güterstand einen beträchtlichen Einfluss 73 auf die gesetzliche Erbquote, die wiederum die Bemessungsgrundlage für Pflichtteilsansprüche bildet. Darüber hinaus spielen Verfügungsberechtigungen, erbschaftsteuerliche Konsequenzen ebenso wie Scheidungsfolgen eine Rolle. Deshalb ist die Beschäftigung mit dem Güterstand bei der Unternehmensnachfolge bedeutsam.

a) **Die Zugewinngemeinschaft.** Die Zugewinngemeinschaft entsteht automatisch kraft 74 Gesetzes, soweit nicht bei der Eheschließung in einem notariellen Ehevertrag etwas Gegenteiliges geregelt wird. Das Vermögen jedes Ehegatten wird – ebenso wie bei Gütertrennung – getrennt gehalten und haftet grundsätzlich nicht für die Verbindlichkeiten des jeweils anderen Ehegatten. Es gibt bei der Zugewinngemeinschaft jedoch Verfügungsbeschränkungen (§§ 1365 ff. BGB), die bei Gütertrennung nicht bestehen. Diese Unterschiede zur Gütertrennung sind jedoch zumeist nicht von Bedeutung. Insofern ist die Zugewinngemeinschaft eine Gütertrennung mit Ausgleich des Zugewinns bei Beendigung der Ehe.

b) **Die Gütertrennung.** Die Gütertrennung, die ebenso wie die Gütergemeinschaft eines 75 notariellen Ehevertrags bedarf, weist – mit Ausnahme des unterschiedlichen Ehegattenerbrechtes – einen entscheidenden Unterschied zur Zugewinngemeinschaft auf: Im Scheidungsfall gibt es keinen Zugewinnausgleich, das heißt einen Ausgleich der während der Ehe entstandenen **Wertzuwächse** zwischen den Ehegatten. Vielfach wird von Unternehmern jedoch aus einer Fehlvorstellung **über die Haftung** heraus die Gütertrennung als „ein Muss" gewählt: Der Ehegatte haftet jedoch sowohl in der Gütertrennung als auch in der Zugewinngemeinschaft grundsätzlich nicht für Verbindlichkeiten des Ehegatten.

c) **Die Gütergemeinschaft.** Bei der Gütergemeinschaft sind die Haftung und Verwal- 76 tung des Gesamtgutes sowie die Berechnung des Nachlasses insgesamt sehr kompliziert, schon weil es verschiedene Güterarten gibt (etwa Sondergut, Vorbehaltsgut, Gesamtgut). Hinzu kommt die Besonderheit, dass die Gütergemeinschaft mit den Erben fortgesetzt wird, was ein erheblicher Nachteil sein kann, insbesondere wenn das Verhältnis zwischen Ehegatten und Erben schlecht ist.

2. Hauptproblem des gesetzlichen Güterstandes und Lösungsansätze

Im Ergebnis ist keiner der gesetzlichen Güterstände eine Ideallösung für einen Un- 77 ternehmer. Es sind somit Modifizierungen notwendig. Dazu gibt es eine Fülle von Gestaltungsmöglichkeiten. Hauptproblem der „Zugewinngemeinschaft" ist der Zugewinnausgleich, den weder die Gütertrennung noch die Gütergemeinschaft kennen. Er führt zumeist zu erheblichen Liquiditätsbelastungen des Unternehmers im Scheidungsfalle oder des Unternehmensnachfolgers. Andererseits ist der Zugewinnausgleich grundsätzlich erbschaftsteuerneutral und die Zugewinngemeinschaft wird generell bei der Erbschaftsteuer privilegiert. Anders herum: Die Gütertrennung erlaubt keinen erbschaftsteuerfreien Ausgleich des hälftigen Zugewinns unter den Ehegatten.

a) **Güterstandsschaukel.** Zur Lösung des steuerlichen Problems im Falle einer beste- 78 henden Gütertrennung wird in jüngster Zeit zunehmend eine sogenannte Güterstandsschaukel durchgeführt.[82] Dabei wird die erbschaftsteuerliche Befreiungsvorschrift § 5 Abs. 2 ErbStG genutzt, indem die Ehegatten bewusst den gesetzlichen Güterstand durch notariellen Vertrag mit einem Wechsel in die Gütertrennung beenden und den Ausgleich des zwischenzeitlich entstandenen Zugewinns vereinbaren. Dies ist erbschaftsteuerfrei (§ 5 ErbStG) möglich. Bei der Zugewinnberechnung[83] werden sämtliche Zuwendungen, die der Ehegatte, der während der Ehezeit kein oder kein hohes eigenes Vermögen erwirtschaftet hat, vom anderen Ehegatten erhalten hat, auf die Ausgleichsforderung angerechnet, da in dieser Höhe die Ausgleichsforderung als erfüllt gilt. Sodann wird in derselben oder einer neuen notariellen Urkunde sofort wieder in die (modifizierte) Zugewinngemeinschaft zurück gewechselt, da die Ehegatten üblicherweise harmonisch weiter zusammen leben möchten (sogenannte „Güterstandsschaukel"). Der Güterstand der Gütertrennung stellt somit nur ein Durchgangsstadium dar. Nicht ausreichend für eine Güterstandsschaukel ist der Wechsel von der Zugewinngemeinschaft in die modifizierte Zugewinngemeinschaft ohne Beendigung des Güterstandes; es tritt hierdurch auch kein Güterstandswechsel ein.[84]

79 **b) Modifizierte Zugewinngemeinschaft.** Zur Lösung des zivilrechtlichen Problems des Zugewinnausgleichs – unabhängig von einer Güterstandsschaukel – hat sich die „modifizierte Zugewinngemeinschaft" als optimale Gestaltungsvariante herausgebildet. Sie erfüllt zugleich die steuerlichen Optimierungsanforderungen. Zur Modifizierung des gesetzlichen Güterstandes gibt es eine Fülle von Gestaltungsmöglichkeiten. Typischerweise wird der Zugewinn insgesamt oder hinsichtlich bestimmter Vermögensgegenstände – wie Unternehmensbeteiligungen, eigene Erbschaften (in Abweichung von § 1374 Abs. 2 BGB) usw. – ausgeschlossen.[85]

Formulierungsvorschlag für eine modifizierte Zugewinngemeinschaft:

1. Es wird der Güterstand der Zugewinngemeinschaft vereinbart.
2. Für den Fall, dass unser Güterstand auf andere Weise als durch Tod eines von uns, insbesondere durch Scheidung der Ehe beendet wird, vereinbaren wir, dass solche Vermögenswerte vom Zugewinnausgleich ausgeschlossen sind, die ein jeder von uns vor oder nach der Eheschließung von Todes wegen, mit Rücksicht auf ein künftiges Erbrecht oder durch Schenkung erworben hat oder erwerben wird.
   Vom Zugewinnausgleich ausgeschlossen sind ferner unternehmerische Beteiligungen der Eheleute einschließlich der Verbindlichkeiten. Die gilt nicht, sofern ein Ehepartner diese vom gemeinsamen Vermögen erworben hat. In diesem Fall ist eine gesonderte Vereinbarung zu treffen.

---

[82] Vgl. BFH, Urteil vom 12. 7. 2005, Az. II R 29/02: Das Schenkungsteuerrecht anerkannt diese bürgerlichrechtliche Gestaltungsfreiheit. Nach der Entscheidung des Bundesfinanzhofes fällt jedoch dann Schenkungssteuer an, wenn dem wirtschaftlich schwächeren Ehegatten eine überhöhte Ausgleichsforderung verschafft wird. Die Finanzverwaltung hat sich gegen diese Gestaltungsvarianten ausgesprochen.

[83] Im Rahmen der Berechnung des fiktiven Zugewinnausgleichs gem. § 5 Abs. 1 ErbStG sind das Anfangsvermögen und die hinzuzurechnenden Erwerbe gem. BGH-Rechtsprechung zu indexieren (BFH vom 27. 6. 2007, Az II R 39/05).

[84] Der schlichte Verzicht auf eine – mangels Güterstandswechsels – noch nicht entstandene Ausgleichsforderung, stellt keinen Vermögenswert dar (BFH, Urteil vom 28. 6. 2007, Az II R 12/06).

[85] I. Es kann eine Vereinbarung über die Berechnung des Zugewinns getroffen werden. So ist es möglich, aus dem Endvermögen bestimmte Vermögenskomplexe oder bestimmte Gegenstände herauszunehmen. Diese Regelung erweist sich als sinnvoll, wenn Gegenstände während der Ehe außerordentlich im Wert steigen und Erträge bringen. Bezüglich des übrigen Vermögenserwerbs verbleibt es dann bei dem gesetzlich vorgesehenen Zugewinnausgleich. II. Das Anfangsvermögen kann vertraglich festgesetzt werden. Anders, als gesetzlich vorgesehen, kann ein bestimmtes negatives Anfangsvermögen vereinbart werden, wenn ein Ehegatte mit Schulden in die Ehe geht. Damit ließe sich die Härte für den mitarbeitenden Ehegatten aus dem im vorherigen Abschnitt genannten Beispiel umgehen. III. Über den Ausgleichsanspruch selbst können Vereinbarungen getroffen werden (z. B. Stundungsregelung).

Auch Surrogate dieser aus dem Zugewinnausgleich herausgenommenen Gegenstände sollen nicht ausgleichspflichtiges Vermögen darstellen. Sie werden also bei der Berechnung des Endvermögens nicht berücksichtigt. Die Eheleute sind verpflichtet, über derartige Ersatzgegenstände ein Verzeichnis anzulegen und fortzuführen.

3. Soweit danach bei Scheidung der Ehe Zugewinnausgleich beansprucht werden kann, ist eine Vollstreckung in das vom Zugewinn ausgeschlossene Vermögen unzulässig.
4. Im Übrigen bleibt es beim vereinbarten Güterstand, insbesondere auch beim Zugewinnausgleich im Todesfall.

Trotz der Beseitigung der zivilrechtlichen Nachteile der Zugewinngemeinschaft bleiben deren erbschaftsteuerlichen Vorteile[86] unberührt. Eine rückwirkende Vereinbarung kann jedoch bereits eingetretene steuerliche Nachteile grundsätzlich nicht mehr beseitigen[87]

Teilweise werden Güterstandsschaukel und modifizierte Zugewinngemeinschaft auch in einer Urkunde zusammen geregelt.

V. Lebenspartnerschaften

Im Erbrecht wird der Lebenspartner konsequent einem Ehegatten gleichgestellt.[88] 80
Wenn der Erblasser nicht durch Testament oder Erbvertrag bestimmt hat, wer sein Erbe sein soll, tritt gesetzliche Erbfolge ein, wobei die Lebenspartner wie Ehegatten behandelt werden.

Die im Lebenspartnerschaftsgesetz (LPartG) gewählte Regelung entspricht im Wesentlichen den Bestimmungen zum Erb- und Pflichtteilsrecht eines Ehegatten.

Der überlebende Lebenspartner ist gemäß § 10 Abs. 1 und 2 LPartG zum gesetzlichen Erben berufen, und zwar in gleichem Umfang wie ein Ehegatte nach den §§ 1933, 1931 II BGB. Neben Verwandten der ersten Ordnung erbt er daher zu einem Viertel, neben Verwandten der zweiten Ordnung oder Großeltern erbt er zur Hälfte. Er erhält die gesamte Erbschaft, wenn im Zeitpunkt des Erbfalls weder Verwandte der ersten noch der zweiten Ordnung noch Großeltern vorhanden sind.

Wie bei Ehepartnern kann das gesetzliche Erbrecht des überlebenden Lebenspartners ausgeschlossen sein, wenn bei Eintritt des Erbfalls ein Verfahren zur Aufhebung der eingetragenen Lebenspartnerschaft eingeleitet wurde.

---

[86] Nach § 5 ErbStG ist der während der Ehe in dem gesetzlichen Güterstand erzielte Zugewinn erbschaftsteuerlich nicht zu erfassen.

[87] Jedoch hat ein Urteil des FG Düsseldorf (v. 14. 6. 2006, Az. 4 K 7107/02, EFG 2006, 1447) zu dieser Fragestellung unter Bezug auf das Urteil des BFH v. 12. 7. 2005 (II R 29/02, BStBl. 2005 II, 843) auch die nachträgliche Vereinbarung der Zugewinngemeinschaft mit Rückwirkung für die Vergangenheit ab dem Zeitpunkt der Eheschließung für berücksichtigungsfähig erklärt. Die durch die Finanzbehörden eingelegte Revision wurde zurückgenommen. Die Baden-Württembergische Finanzverwaltung hat sogar mit Erlass vom 7. 12. 2006 die Rechtsauffassung des FG Düsseldorf (Urteil v. 14. 6. 2006 – 4 K 7107/02, EFG 2006, 1447) unter Bezug auf die BFH Rechtsprechung v. 12. 7. 2005 (a.a.O.) entgegen R 12 Abs. 2 S. 3 ErbStR bestätigt und für anwendbar erklärt. Entsprechend wurden durch einzelne Finanzministerien der Länder ähnliche Erlasse erklärt: Bayerisches Landesamt für Steuern (S 3804–4 St35N) am 5. 10. 2006; Saarländische Ministerium der Finanzen (B/5–2-5/2007-S 03 804) am 3. 1. 2007; Finanzministerium Schleswig-Holstein (VV SH FinMin 2007–04–24 VI 353-S 3804–004) am 24. 4. 2007; Senator der Finanzen der Freien Hansestadt Bremen (S 3804–13–2) am 3. 5. 2007.

[88] Das am 1. 8. 2001 in Kraft getretene Lebenspartnerschaftsgesetz enthält auch Regelungen über das Erbrecht der gleichgeschlechtlichen eingetragenen Lebenspartner. § 6 LPartG regelt den Güterstand, § 10 das Erbrecht der Lebenspartner. Durch das neue Gesetz zur Überarbeitung des Lebenspartnerschaftsrechts 15. 12. 2004 wurden weitere Unterschiede zwischen der Ehe und der Lebenspartnerschaft beseitigt und die Rechte eingetragener Lebenspartner und Lebenspartnerinnen denjenigen von Eheleuten weitgehend angeglichen.

Lebenspartner können frei testieren, das heißt sie können sich ganz oder teilweise zu Erben einsetzen oder von der Erbfolge ausschließen. Dann steht dem „enterbten" Lebenspartner jedoch ein Pflichtteil oder eventuell ein Pflichtteilsergänzungsanspruch zu. Die Lebenspartner können ebenso wie Eheleute ein gemeinschaftliches Testament errichten.

Der überlebende Lebenspartner kann auch den so genannten Voraus (§ 1932 BGB) beanspruchen. Ein Erb- oder Pflichtteilsverzicht eines eingetragenen Lebenspartners ist zulässig. Der Lebenspartner genießt jedoch nicht die erbschaftsteuerlichen Vorteile des Ehegatten gem. § 5 ErbStG, also ein ihm zivilrechtlich zustehender Zugewinnausgleich wird nicht von der Erbschaftsteuer befreit.[89]

VI. Sonderprobleme mit Kindern

81 Bei der Nachlassplanung häufig vernachlässigt, aber trotzdem besonders schwierig ist die Abwicklung eines Nachlasses, an dem minderjährige, überschuldete oder behinderte Kinder beteiligt sind.

1. Minderjährige Kinder

82 **Bei minderjährigen Kindern** kann deren Eignung für eine Nachfolge noch nicht abgesehen werden. Hier ist für den Fall des Versterbens durch entsprechende Regelungen sicher zu stellen, dass der Betrieb in jedem Falle ohne Beeinträchtigung fortgeführt wird. Zudem können minderjährige Kinder von dem überlebenden Elternteil nicht oder nur sehr eingeschränkt im Rahmen der Nachlassabwicklung vertreten werden. Dann muss die Zustimmung des Vormundschaftsgerichts oder eines zu bestellenden Betreuers oder Pflegers eingeholt werden, §§ 1793 ff., insbesondere 1813, 1821 f. BGB. Um dies zu vermeiden sollte erwogen werden, den überlebenden Ehegatten zum Alleinerben zu bestimmen und den Kindern unter der aufschiebenden Bedingung des Erreichens eines bestimmten Alters nur Vermächtnisse zuzuwenden oder alternativ Testamentsvollstreckung unter Benennung eines Dritten anzuordnen.

2. Behinderte und suchtabhängige Kinder

83 Anders ist die Situation bei behinderten Kindern, weil in bestimmten Fällen nach den Vorschriften des Sozialgesetzbuches ein Übergang des Vermögens des Kindes auf den Sozialversicherungsträger erfolgt. Dies ist vom Erblasser grundsätzlich nicht gewollt. Vielmehr soll das Kind zusätzlich zu den staatlichen Hilfen eine besondere Zuwendung finanzieller und sonstiger Art, bspw. durch besonders qualifiziertes Pflege- und Betreuungspersonal, bekommen. Dies kann etwa durch die Errichtung einer Stiftung oder ein Zuwendungsvermächtnis und Testamentsvollstreckung erreicht werden.

Ähnlich ist die Situation bei suchtabhängigen Kindern, die sich verschuldet haben und unter Betreuung gestellt werden müssen. Gerade die Testamentsvollstreckung verhindert den Zugriff Dritter, insbesondere der Sozialversicherungsträger, auf das Erbe oder Vermächtnis des betroffenen Kindes. Wird die Testamentsvollstreckung mit Vor- und Nachbarschaft kombiniert, kann auch ein Zugriff nach dem Tod des behinderten oder suchtabhängigen Kindes verhindert werden. Nur ausnahmsweise ist eine Überleitung von Pflichtteilsansprüchen auf den Sozialhilfeträger möglich.[90]

3. Finanziell angeschlagene Kinder

84 Ähnlich können die Probleme bei volljährigen Kindern, die in finanzielle Schwierigkeiten geraten sind, gelöst werden, weil auch hier den Gläubigern des Kindes eine Zugriffsmöglichkeit auf den zugewandten Teil des Nachlasses verwehrt werden soll.

---

[89] So wird etwa auch der einkommensteuerliche Splittingtarif nicht auf die Lebenspartnerschaft angewendet (FG des Saarlandes v. 21. 1. 2004 – 1 K 466/02; EFG 2004 S. 568).

[90] BGH ZEV 2005, 117.

Das Thema „asset protection" erfordert Kenntnisse auch im Anfechtungs- und Insolvenzrecht, im Vollstreckungsrecht und teilweise im Strafrecht sowie im Sicherheiten- und Finanzierungsrecht. In solchen Fällen kann auch an die Errichtung einer Familienstiftung gedacht werden. Wichtig ist, dass nicht erst in der Krise gestaltet wird, was sich strafrechtlich als Gläubiger- oder Schuldnerbegünstigung (§ 283c, d StGB) oder als zivilrechtlich anfechtbares Rechtsgeschäft (nach AnfG oder InsO) entpuppen kann. Nur rechtzeitige Gestaltungen vor einer wirtschaftlichen Krise sind rechtlich hilfreich.

VII. Erbschein und Generalvollmacht

Der Erbe oder die Erbengemeinschaft wird zwar zum Gesamtrechtsnachfolger und 85
tritt damit in alle Rechte und Pflichten des Erblassers ein, jedoch muss der Erbenstatus gegenüber Dritten, etwa dem Grundbuchamt, dem Handelsregister oder Banken und Versicherungen auch nachgewiesen werden. Sofern kein öffentlich hinterlegtes notarielles Testament existiert, das aus sich heraus klar verständlich die Erben aufzeigt, ist die Verfügung über den Nachlass nur begrenzt möglich. Damit ist die Führung der Geschäfte eines Unternehmens stark eingeschränkt und somit das Unternehmen in seiner Handlungsfähigkeit gefährdet.

Um diese Situation zu vermeiden, gibt es folgende Möglichkeiten:

1. Öffentlich hinterlegtes Testament

Hat der Erblasser den Weg des öffentlich hinterlegten (notariellen) Testaments ge- 86
wählt, §§ 2258a ff. BGB, können seine Erben den erforderlichen Erbnachweis zumeist hiermit führen. Dieses Testament ersetzt zusammen mit dem Protokoll über die Testamentseröffnung grundsätzlich den Erbschein und damit den Erbnachweis.[91]

2. Erbscheinsantrag

Die Erben können einen Erbschein beantragen. Dieser wird auf notariell beurkundeten 87
Antrag hin in einem förmlichen gerichtlichen Feststellungsverfahren vom Nachlassgericht ausgestellt, §§ 2353 ff. BGB.

Die Vorbemerkungen und der Antrag lauten – nach dem üblichen notariellen Rubrum und den nachfolgenden notariellen förmlichen Textbausteinen – etwa wie folgt:

Formulierungsbeispiel Erbscheinsantrag:

Vorbemerkung

(1) Am ______ ist in ______, seinem letzten Wohnsitz, ______ verstorben.

(2) Eine Verfügung von Todes wegen hat der Erblasser meines Wissens nicht hinterlassen. Mir ist bekannt, dass ich gemäß § 2259 BGB zur sofortigen Ablieferung von Testamenten beim Nachlassgericht verpflichtet bin.

(3) Der Erblasser war deutscher Staatsangehöriger.

(4) *(Darlegung der Familienverhältnisse)*

(5) Zu gesetzlichen Erben sind daher berufen:

a) Herr ______ – zu ___ % –;

b) Frau ______ – zu ___ % –.

(6) Es sind und waren keine Personen vorhanden, welche uns als gesetzliche Erben von der Erbfolge ausschließen oder unsere Erbteile mindern würden. Vorhanden war, aber durch Tod weggefallen ist ______.

(7) Ein Rechtsstreit über unser Erbrecht ist nicht anhängig.

(8) Im Ausland befindet sich kein Nachlass.

(9) Für den Erblasser war keine Betreuung angeordnet.

---

[91] *Palandt/Edenhofer,* Überblick vor § 2353 BGB.

Erbscheinsantrag

(1) Ich beantrage die Erteilung eines gemeinschaftlichen Erbscheins über unser Erbrecht.

(2) Von dem erteilten Erbschein erbitte ich ______ Ausfertigungen zu meinen Händen.

88 Sofern der Nachweis über die Erbenstellung und die Richtigkeit der Angaben im Erbscheinsantrag nicht durch Urkunden oder andere Beweismittel erbracht werden kann, ist der Antrag gemäß § 2356 Abs. 2 BGB um eine entsprechende eidesstattliche Versicherung zu ergänzen.

Formulierungsbeispiel für eine eidesstattliche Versicherung:

(3) Ich versichere an Eides statt, dass mir nichts bekannt ist, was meinen Angaben entgegensteht.

Dieses Erbscheinsverfahren beansprucht Zeit (mindestens einen Monat), in der die Unklarheit über die Erbenstellung und damit der gefährliche Schwebezustand bestehen bleibt. Eventuell kann im Rahmen eines Eilverfahrens (Beantragung einstweiligen Rechtsschutzes nach §§ ZPO) auch schneller eine Regelung der Situation erreicht werden, jedoch mit der Gefahr, dass diese vorläufige Entscheidung im Rahmen eines Hauptsacheverfahrens wieder kassiert wird und erhebliche Verfahrenskosten entstehen. Ein Erbschein löst erhebliche Kosten aus.[92]

3. Generalvollmacht

89 Der sicherste Weg, diese Zeitspanne bis zur Regelung der Erbenstellung zu überbrücken und die Handlungsfähigkeit für den Nachlass und insbesondere das Unternehmensvermögen sicher zu stellen, ist eine so genannte Generalvollmacht über den Tod hinaus. Auch wenn dieses Rechtsinstitut der sehr weit gefassten Vollmacht Gefahren für einen Missbrauch in sich birgt und in manchen Ländern nicht anerkannt wird (etwa in Italien), so bietet es doch bei richtiger Gestaltung und gut überlegter Umsetzung in Deutschland Gewähr für die Handlungsfähigkeit des Erben im Erbfalle, aber auch zu Lebzeiten des Unternehmers, wenn er aus gesundheitlichen Gründen vorübergehend oder dauerhaft nicht zur Ausübung der Geschäfte in der Lage sein sollte.[93]

90 Eine solche notariell zu beurkundende Regelung kann etwa wie folgt lauten:

Formulierungsbeispiel für eine Generalvollmacht:

Bevollmächtigte

(1) Hiermit bevollmächtige ich ________

a) in erster Linie meinen Bruder, Herrn ______, Ort ______

b) in zweiter Linie ______

– je einzeln –

mich und meine Erben in allen persönlichen und vermögensrechtlichen Angelegenheiten bei Gerichten, Behörden und gegenüber Privatpersonen ohne jede Ausnahme zu vertreten.

---

[92] Nach § 107 Abs. 1 KostO ist für die Erteilung eines Erbscheins eine volle Gebühr zu entrichten. Nach Abs. 3 des § 107 KostO kann dabei aber nur der Grundstückswert angesetzt werden, wenn glaubhaft gemacht werden kann, dass der Erbschein nur für Grundstückszwecke eingesetzt wird. Zusätzlich fällt für den notariellen Erbscheinsantrag nach § 49 KostO eine weitere volle Gebühr an. Für die Errichtung eines öffentlichen Testaments fällt eine volle Gebühr nach § 46 Abs. 1 Alternative 1 KostO (§ 141 i.V.m. § 36 KostO) an. Demgegenüber fällt bei Erbverträgen bzw. gemeinschaftlichen öffentlichen Testamenten ebenfalls die doppelte Gebühr an (§ 46 Abs. 1 Alternative 2 und 3 KostO). Bemessungsgrundlage ist dabei der Nettowert. Hingegen ist für einen Erbschein immer der Bruttowert maßgebend.

[93] Näheres hierzu ist im nachfolgenden Kapitel § 19 Rn. 20–29 und 55 ff. dargestellt.

(2) Im Innenverhältnis soll zunächst mein Bruder vorrangig berechtigt sein, von der Vollmacht Gebrauch zu machen. ______ soll von der Vollmacht erst Gebrauch machen, wenn der vorrangig Bevollmächtigte nicht in der Lage ist, mich zu vertreten, egal aus welchem Grund.

Umfang der Vollmacht

(1) Die Vollmacht berechtigt zu meiner Vertretung bei allen Rechtsgeschäften, Rechtshandlungen und sonstigen Maßnahmen und Entscheidungen bei meinen sämtlichen

a) Vermögensangelegenheiten,

b) Rechts- und Steuerangelegenheiten,

c) persönlichen Angelegenheiten (auch Sorgerechtsentscheidungen).

(2) Die Vollmacht berechtigt zu meiner gerichtlichen und außergerichtlichen Vertretung gegenüber Gerichten, Behörden und beliebigen Personen und Organisationen ohne jede Ausnahme und Einschränkung so umfassend, wie eine Vertretung überhaupt gesetzlich zulässig ist.

(3) Die Vollmacht berechtigt insbesondere

a) zur Verwaltung meines Vermögens sowie zu beliebigen Verfügungen über das Vermögen, einschließlich Erwerb, Belastung und Veräußerung von Vermögensgegenständen, insbesondere auch von Grundbesitz,

b) zur persönlichen und dinglichen Zwangsvollstreckungsunterwerfung,

c) zu meiner Vertretung auch in allen persönlichen Angelegenheiten, so umfassend wie für diesen Bereich überhaupt eine Vertretung zulässig ist, insbesondere also auch die Vertretung
- bei Kündigung und Aufgabe von Wohnraum (§ 1907 BGB),
- bei allen mit den Bereichen Gesundheit und Erkrankung zusammenhängenden Rechtsgeschäften, Rechtshandlungen und Entscheidungen, z. B. auch bei Abschluss von Verträgen mit Ärzten, Kliniken, Alten- und Pflegeheimen, bei allen sonstigen Handlungen und Entscheidungen gegenüber diesen Personen und Einrichtungen, insbesondere auch die Vertretung bei der Einwilligung oder Ablehnung von Untersuchungen des Gesundheitszustandes, einer Heilbehandlung oder einem ärztlichen Eingriff, die riskant oder gar mit Lebensgefahr verbunden sind (§ 1904 BGB), und die Vertretung bei der Einwilligung in Maßnahmen, bei denen dem Vollmachtgeber über einen längeren Zeitraum oder regelmäßig die Freiheit entzogen werden soll, etwa durch Unterbringung in einer geschlossenen Abteilung eines Krankenhauses oder einer anderen Einrichtung oder auch durch Bettgitter, Bauchgurte, andere mechanische Vorrichtungen, Medikamente oder auf andere Weise (§ 1906 BGB),
- bei der Geltendmachung von Rechten gegenüber Ärzten, Krankenhäusern etc., insbesondere den Rechten auf Auskunft und Information sowie auf Einsicht in die Krankenunterlagen; hierzu wird von der Schweigepflicht entbunden,

d) zur Vertretung in allen Verfahren vor Gerichten und Behörden, auch im Sinne von § 13 des X. Sozialgesetzbuches,

e) zur Erledigung aller Bankangelegenheiten ohne jede Ausnahme, vor allem Zeichnung von Schecks und Überweisungen, Konto- oder Depoteröffnungen und -schließungen, Verfügungen über Wertpapiere usw.,

f) zur Vertretung bei einseitigen Rechtshandlungen wie z. B. Mahnung und Fristsetzung und zur Vertretung bei der Entgegennahme von Erklärungen.

(4) Die Bevollmächtigten haben auch Prozess-, Inkasso- und Postvollmacht.

(5) Den Bevollmächtigten ist es gestattet, auch Rechtsgeschäfte mit sich selbst in eigenem Namen oder als Vertreter eines Dritten abzuschließen (Befreiung vom Verbot von Insichgeschäften gemäß § 181 BGB). Die Bevollmächtigten sind berechtigt, in den Vermögensangelegenheiten Untervollmachten zu erteilen und die Vollmacht in diesem Bereich ganz oder teilweise zu übertragen und diese Übertragung zu widerrufen.

(6) Die Vollmacht und das Grundverhältnis bleiben auch gültig, wenn ich geschäftsunfähig werden sollte, und gelten im Falle meines Todes auch für meine Erben.

(7) Die Vollmacht kann zu meinen Lebzeiten nur von mir selbst oder einem dazu gerichtlich bestellten Pfleger oder Betreuer widerrufen werden.

(8) Die Bevollmächtigten können mich aufgrund der vorstehend erteilten Vollmacht jedoch nur dann vertreten, wenn sie eine ihnen vom beurkundenden Notar erteilte Ausfertigung der heutigen Vollmachtsurkunde besitzen. Hierzu lege ich fest, dass die einem Bevollmächtigten erteilte Ausfertigung mein Eigentum bleibt und ich die Herausgabe der Ausfertigung jederzeit und ohne Angabe von Gründen vom Besitzer verlangen kann, ohne dass dem Besitzer ein Zurückbehaltungsrecht oder ein sonstiges Recht zum Besitz zusteht.

Betreuungsverfügung

(1) Sollte trotz der vorstehend erteilten Vollmacht eine Betreuerbestellung erforderlich werden, so soll zu meinem Betreuer bestellt werden:

a) in erster Linie meine Schwester, Frau _____Ort _____

b) in zweiter Linie _____

(2) Mir ist bekannt, dass dem zuständigen Vormundschaftsgericht im Betreuungsfall eine Ausfertigung dieser Vollmacht abzuliefern ist. Meine Bevollmächtigten weise ich an, dies zu gegebener Zeit zu veranlassen.

4. Testamentsvollstreckung

91 Schließlich kann auch die Einsetzung eines Testamentsvollstreckers ein Ansatz zur Lösung sein. Jedoch wird ein solcher – bis er tatsächlich handeln kann – zumeist auch einen Nachweis über seine Berechtigung, üblicherweise in Form des Testamentsvollstreckerzeugnisses, benötigen, § 2368 BGB. Somit ist auch insoweit dringend anzuraten, einem Testamentsvollstrecker eine entsprechende Vollmacht bereits im Voraus zu bestellen.

VIII. Anrechnung und Ausgleichung lebzeitiger Schenkungen und Widerrufsvorbehalt

92 Anrechnungserklärungen auf den Erb- oder Pflichtteil sollten unbedingt in Schenkungsverträgen mit aufgenommen werden. Zwar mag das neue Pflichtteilsrecht eine gewisse Erleichterung dahingehend verschaffen, dass „vergessene Anrechnungsverfügungen auf Schenkungen an Pflichtteilsberechtigte" zukünftig zumindest noch in gewisser Weise Berücksichtigung finden können. Gleichwohl bleibt ein finanzieller Unterschied zu einer ausdrücklich bei Schenkung erklärten Anrechnungsverfügung.

1. Die Anrechnung und Ausgleichung

93 Die Erklärung der „Anrechnung auf den Pflichtteil" in einem Schenkungsvertrag mit potentiell pflichtteilsberechtigte Erben bewirkt, dass die Schenkung – falls der Beschenkte später einmal auf den Pflichtteil gesetzt wird – bei der Berechnung der Höhe des Pflichtteilsanspruchs berücksichtigt wird. Nur wenn eine Anrechnung oder Ausgleichung in einem Schenkungsvertrag aufgenommen ist, erlangt der Schenker Gestaltungsfreiheit für sein verbleibendes Vermögen. Zwar wäre ein notariell erklärter Pflichtteilsverzicht (nicht Erbverzicht) des Beschenkten im Hinblick auf die Gestaltungsfreiheit noch besser, da der Erblasser dann vollständige Gestaltungsfreiheit für das verbleibende Vermögen erlangen würde. Kinder oder den Ehegatten zu diesem Schritt zu bewegen ist jedoch – insbesondere wenn das Verhältnis zerrüttet oder aber besonders gut ist –, schwierig umzusetzen. In diesen Fällen dürfte es jedoch keine Probleme bereiten, eine Anrechnung einer lebzeitigen Schenkung auf einen etwaigen Pflichtteil zu erlangen, denn hiermit wird weder ein Pflichtteil angekündigt noch wird derjenige, der lebzeitig bereits in den Genuss

von Vermögen des Übertragenden gelangt, in irgendeiner Weise schlechter gestellt, als wenn er die Zuwendung nicht erhalten hätte. Vielmehr dürfte es grundsätzlich genau das Gegenteil sein.[94]

Wird nur eine Ausgleichung von Schenkungen vereinbart, ist der Effekt weniger groß, da dann sämtliche erfassten Schenkungen des Erblassers, insbesondere auch solche an andere Personen, in die Pflichtteilsberechnung mit einbezogen werden.[95]

2. Der Widerrufsvorbehalt

Unabhängig von sonstigen Inhalten eines Schenkungsvertrages, etwa der Verfügung der Anrechnung auf einen Pflichtteil, sollten immer Klauseln erwogen werden, die Schenkung in bestimmten Fällen widerrufen zu können. Das Gesetz sieht hierfür insbesondere den groben Undank des Beschenkten und die Verarmung bzw. Bedürftigkeit des Beschenkten vor, §§ 528, 530 BGB. 94

Abgesehen von diesen gesetzlich bestimmten Extremfällen gibt es vielfältige Situationen, in denen ein Widerruf sinnvoll sein kann. So etwa, wenn der mit einer Unternehmensbeteiligung Beschenkte sich als ungeeignet oder unwürdig erweist, etwa weil er gegen die Interessen des Schenkers agiert.

Ebenfalls sinnvoll ist ein Widerrufsrecht für den Fall der Insolvenz des Unternehmens in der bisher bestimmten „Haltefrist" des § 13a Abs. 5 ErbStG. Eine Insolvenz führt nach herrschender Rechtsprechung ebenso wie ein Unternehmensverkauf oder eine schädliche Umstrukturierung des Unternehmens innerhalb von 5 Jahren ab Schenkung dazu, dass höhere Erbschaftsteuer anfällt, weil die Begünstigungen des Erbschaftsteuergesetzes rückwirkend entfallen.[96] Der Regierungsentwurf vom 11. 12. 2007 zum neuen Erbschaftsteuergesetz sieht insoweit sogar eine Haltefrist von 15 Jahren vor.[97]

Ebenso kann der Schenker durch entsprechende Widerrufsklauseln bewirken, dass von ihm ungewünschte Handlungen des Beschenkten wie beispielsweise der Verkauf der geschenkten Unternehmensbeteiligung verhindert werden. Auch unter steuerlichem Blickwinkel können so steuerlich ungewünschte Ereignisse wie die Entstehung von Sonderbetriebsvermögen, Betriebsaufspaltungen oder die Verletzung von gesetzlich bestimmten Haltefristen (etwa nach §§ 6 Abs. 5 S. 4ff., 16 Abs. 3 S. 3, 17 Abs. 2b EStG oder §§ 18 Abs. 3, 22, 24 Abs. 5 UmwStG) vermieden werden. Aber auch aus rein privaten Gründen, etwa zur Erreichung einer Gleichbehandlung unter den Kindern, kann ein Widerruf (ganz oder teilweise) sinnvoll sein, wenn sich die Geschenke wirtschaftlich ohne Verschulden der Erwerber sehr unterschiedlich entwickeln.

Deshalb sollte bei der Gestaltung jedes Schenkungsvertrages genau erwogen werden, unter welchen Voraussetzungen und von wem (etwa auch einem Erben) ein Widerruf möglich sein soll. Selbst ein jederzeitiges Widerrufsrecht des Schenkers ist heute unter steuerrechtlichen Gesichtspunkten unschädlich.[98]

---

[94] Bekommt ein Pflichtteilsberechtigter bereits lebzeitig Vermögenswerte übertragen, kann er mit diesen bereits arbeiten und die Früchte daraus ziehen. Dadurch kann der Wert dieser Zuwendung im Ergebnis höher sein, als ein späterer Pflichtteil, zumal es keine Gewissheit für einen Pflichtteilsberechtigten gibt, dass im Erbfall überhaupt noch ein Pflichtteil besteht und wenn wie viele dieser Wert ist, denn der Erblasser kann lebzeitig zulässige Pflichtteilsvermeidung betreiben oder dessen Vermögen kann einen Verlust erleiden oder verbraucht werden.

[95] Die Funktionsweise der Anrechnung und Ausgleichung ist oben unter Rn. 61 und 62 je mit einem Beispiel dargestellt.

[96] Dies wird nach den geplanten Änderungen des ErbStG noch bedeutsamer werden, falls keine echte Abschmelzung kommt, da dann der Korrekturzeitraum auf 10 bzw. 15 Jahre verlängert wird.

[97] Zu den Entwicklungen des Erbschaftsteuergesetzes vgl. unter Rn. 37–39.

[98] BFH, BStBl. II 1989, 1034.

IX. Patientenverfügung, Betreuungsverfügung und Vorsorgevollmacht[99]

95 Um in gesunden Tagen für den Fall einer späteren Einwilligungsunfähigkeit im Sinne der Selbstbestimmung schriftlich seinen Willen zu bekunden stehen drei Instrumente zur Verfügung:

1. Die Patientenverfügung[100]

96 In der Patientenverfügung, auch Patiententestament genannt, kann man sich zu seinen Wünschen bezüglich medizinischer Behandlung, Nichtbehandlung oder Behandlungsbegrenzung angesichts einer aussichtlosen Erkrankung, insbesondere in der letzten Lebensphase, äußern.

2. Die Betreuungsverfügung

97 Demgegenüber bezweckt eine Betreuungsverfügung, eine Person des eigenen Vertrauens zu bestimmen, die im Falle der Notwendigkeit einer Betreuung vom Vormundschaftsgericht bestellt werden soll. Eine solche Betreuungsverfügung kann auch in einer Vollmacht enthalten sein (vgl. oben im Muster unter Rn. 90).

3. Die Vorsorgevollmacht

98 Statt der Betreuungsverfügung kann eine Vorsorgevollmacht erteilt werden, in der eine Person des eigenen Vertrauens bevollmächtigt wird, sofort für den Vollmachtgeber in den erforderlichen Fällen zu handeln. Im Unterschied zum Betreuer ist hierzu keine Bestellung vom Vormundschaftsgericht erforderlich. Vielmehr soll für den Fall der eigenen Entscheidungsunfähigkeit eine Person des Vertrauens sofort handlungsfähig sein.

X. Versorgungsleistungen

1. Nießbrauchsgestaltungen[101]

99 **a) Grundlagen zum Verständnis.** Nießbrauch bedeutet: die Früchte und Nutzungen einer Sache, einem Recht oder einem Vermögen stehen dem Nießbraucher zu, § 1030 BGB. Dazu kann der Eigentümer entweder einem Dritten das Eigentum ohne die Nutzungen (sog. Vorbehaltsnießbrauch) oder aber lediglich die Nutzungen ohne das Eigentum (sog. Zuwendungsnießbrauch) übertragen. Als Nutzungen werden die Erträge aus dem Nießbrauchsgegenstand verstanden, beispielsweise die Dividenden, Zinsen, Mieten usw.[102] Der Nießbraucher hat grundsätzlich die Lasten des Gegenstandes (etwa die Grundsteuer) zu tragen. Vertragliche Gestaltungen über die Lastentragung sind aber möglich. Im Wege einer Sondervereinbarung kann dem Nießbraucher auch das Sonderrecht zur übermäßigen Fruchtziehung eingeräumt werden.[103] Eines solchen Sonder-

[99] Muster zu diesen Regelungen finden sich im Internet unter dem jeweiligen Suchwort. Zu allem etwa: www.justiz.bayern.de unter „Broschüren/Vorsorge für den Erbfall. Zudem stellt das Bundesjustizministerium entsprechende Informationsbroschüren und Muster zur Verfügung (www.bmj.bund.de/files/-/1512Patientenverfügung_130307.pdf. Sehr ausführlich auch unter www.dnotv.de unter „Informationsbroschüren".

[100] Ausführungen hierzu finden sich unter www.wikipedia.org/wiki/Patientenverfügung oder www.aerztekammer-hamburg.de/patienten/patientenverfuegung.htm oder www.patientenverfuegung.de

[101] Ausführlich zum Nießbrauchsrecht *Wolfgang Schön* in seiner Habilitationsschrift „Der Nießbrauch an Sachen",1992.

[102] Vertiefend zum Nießbrauch bspw. Jansen/*Jansen*, Der Nießbrauch im Zivil- und Steuerrecht, 7. Auflage 2005, NWB Verlag Berlin.

[103] Ohne dieses Recht wird der Nießbraucher dem Eigentümer bei übermäßiger Fruchtziehung ersatzpflichtig (§ 1039 BGB).

rechtes bedarf es im Falle des Unternehmensnießbrauches. Aus steuerlicher Sicht sollte unbedingt auch geregelt werden, wer welche Aufwendungen zu tragen hat, um Unstimmigkeiten zwischen den Parteien und den Finanzbehörden vorzubeugen.

Das Nießbrauchsrecht ist grundsätzlich unübertragbar, § 1059 BGB, und endet mit dem Tod des Nießbrauchers, § 1061 BGB. Die Bestellung des Nießbrauchs bedarf derjenigen Form, die zur Übertragung des jeweiligen Gegenstandes erforderlich wäre, für den der Nießbrauch eingeräumt wird, d.h. bei der Bestellung eines Nießbrauchs an einem Grundstück ist eine notarielle Beurkundung, § 311b Abs. 3, § 518 Abs. 1 BGB, sowie die Eintragung ins Grundbuch, § 873 BGB, erforderlich. Steuerlich ist beim Vorbehaltsnießbrauch § 25 ErbStG zu beachten. Dieser besagt, dass vom Schenker für sich oder seinen Ehegatten vorbehaltene Nießbrauchsrechte (letzteres gilt auch in Erbfällen) nicht den schenkungsteuerlichen Wert der Zuwendung mindern, sondern lediglich die Fälligkeit der darauf entfallenden Erbschaftsteuer zeitlich bis zum Fortfall der Nießbrauchs hinausschieben. Jedoch darf zumeist bei Nachweis des niedrigeren Verkehrswertes der Nießbrauch als Last berücksichtigt und in Abzug gebracht werden, § 138 Abs. 4 BewG. Der Referentenentwurf zum neuen Erbschaftsteuergesetz beabsichtigt die in § 25 ErbStG enthaltene Regelung zum Nießbrauch abzuschaffen.

Zur Veranschaulichung der steuerlichen Folgen einer Schenkung unter Nießbrauchs- 100
vorbehalt soll folgendes Beispiel dienen:

Beispiel: Schenkung eines Unternehmens unter Nießbrauchsvorbehalt mit einem Steuerwert von EUR 7,0 Mio.

Nach Betriebsvermögensfreibetrag, § 13a Abs. 1 ErbStG, i.H.v. EUR 225 000, Bewertungsabschlag,

§ 13a Abs. 2 ErbStG, 35% und persönlichem Freibetrag, § 16 iVm. § 15 ErbStG, steuerpflichtig: EUR 4 178 750

Die normale Steuerbelastung beträgt 19% (ohne Nießbrauch) **EUR 793 962.**

Nach **§ 25 ErbStG** wird die Steuer, soweit sie auf den (Vorbehalts-)Nießbrauch zugunsten des Schenkers oder dessen Ehegatten entfällt, nur gestundet.

Nach § 16 BewG ist der Jahreswert des nießbrauchbelasteten Wirtschaftsgutes maximal $^1/_{18,6}$, hier bezogen auf EUR 7,0 Mio. Unternehmenswert = EUR 376 344

Dieser Betrag wird auf das Leben der Nießbraucher (hier: die Ehefrau, 67 Jahre alt) kapitalisiert, das ist im Fall ein Faktor von 9,977 (gemäß Anlage 9 zu § 14 BewG). Damit ergibt sich der Wert des Nießbrauchsrechtes als Produkt aus dem Jahreswert und dem Faktor, vorliegend = EUR 3 754 785.

Sofort zu versteuern ist jedoch nur der steuerliche Wert des Geschenkes abzüglich dem Nießbrauchswert, somit vorliegend EUR 423 965.

Dieser Betrag ist sofort zu versteuern, vorliegend mit 15%, das sind EUR 63 595.

Die Differenz zwischen der sofort fälligen Steuer zu EUR 793 962, also der Steuer auf den vollen Wert der Zuwendung, ist erst im Zeitpunkt des Wegfalls des Nießbrauchs an den Fiskus zu entrichten und wird bis dahin zinslos gestundet. Diese gestundete Steuer in Höhe von EUR 730 367 kann aber bereits vorher in Höhe des Barwertes, d.h. mit 5,5% abgezinst, auch sofort abgelöst werden.

Bei einer Lebenserwartung der Mutter von noch 16 Jahren (Sterbetafel[104] 1986/88 (Stand 3. 10. 1990) gemäß Anlage 1 zu § 12 Abs. 3 BewG) beträgt der Barwert-Faktor[105] 0,425, d.h. der Ablösebetrag beträgt EUR 310 406. Somit zahlt der Nachfolger also für den Erwerb insgesamt nur **EUR 374 001.**

Verzichtet die Mutter zwischenzeitlich auf ihr Nießbrauchsrecht, weil sie etwa ausreichende anderweitige Einkünfte hat, so wird die Steuerbelastung – ohne Barwertabzinsung oder nur mit Abzinsung für die Zeit zwischen Erwerb und Nießbrauchsverzicht – definitiv; ein Zweiterwerbsfall durch den Nießbrauchsverzicht, wie er beim Berliner Testament notwendig würde, ist eo ipso ausgeschlossen, wird jedoch teilweise diskutiert.

---

[104] Tabelle 6 zu § 12 BewG gemäß gleichlautendem Ländererlass vom 7. 12. 2001, BStBl. 2001 I 1041, ber. 2002 I 112ff.

[105] Tabelle 1 zu § 12 Abs. 3 BewG gemäß gleichlautendem Ländererlass vom 7. 12. 2001, BStBl. 2001 I 1041ff., ber. 2002 I 112ff.

Der BFH hat mit Urteil vom 17. 3. 2004[106] entschieden, dass der vorzeitige unentgeltliche **Verzicht auf ein vorbehaltenes Nießbrauchsrecht** als **Rechtsverzicht** den **Tatbestand des § 7 Abs. 1 Nr. 1 ErbStG** erfüllt, soweit eine Bereicherung des Erwerbers eintritt, die bislang noch nicht der Steuer unterlag. Dies wurde in den Erbschaftsteuerrichtlinien[107] von der Finanzverwaltung umgesetzt. Der derzeitig vorliegende Referentenentwurf zur Änderung des Erbschaftsteuergesetzes sieht vor, dass die Stundungsregelung gem. § 25 ErbStG entfallen soll, sodass künftig die in der Literatur diskutierte Doppelbelastung des Nutzungsrechtes bei Verzicht geklärt ist, da die Stundungsregelung gem. § 25 ErbStG entfällt.

101 **b) Der Unternehmensnießbrauch im engeren Sinn.** Der Unternehmensnießbrauch ist eine Sonderform des Nießbrauchs. Er wird grundsätzlich wie die Unternehmensverpachtung behandelt. Das Eigentum an den langfristigen Verbindlichkeiten und dem Sachanlagevermögen bleibt generell beim Nießbrauchsbesteller. Der Nießbraucher erhält hingegen üblicherweise die kurzfristigen Verbindlichkeiten und das Umlaufvermögen.

Grundsätzlich hat der Nießbraucher nur Anspruch auf den Ertrag, das heißt er hat keine Mitwirkungsrechte. Ausnahmen sind beim Unternehmensnießbrauch denkbar. Dann hat der Nießbraucher für die Abwicklung der laufenden Geschäfte die Entscheidungsbefugnis. Für die langfristige Unternehmensführung und für alle Fragen, die die Gesellschaftsverhältnisse betreffen, steht ihm jedoch grundsätzlich keine Entscheidungskompetenz zu.[108]

Der Unternehmensnießbrauch kann sowohl steuerliche als auch zivilrechtliche Vorteile haben. Steuerlich erlaubt er eine teilweise Übertragung des Betriebsvermögens, ohne das Unternehmen selbst oder die Beteiligung an diesem aufteilen zu müssen. Die erbschaftssteuerlichen Freibeträge können so bei geschickter Gestaltung alle zehn Jahre erneut genutzt werden. Hinzu kommen diverse steuerliche Bewertungsvorteile, da ein Nießbrauch den steuerlichen Wert des Gewerbebetriebes im Falle einer unentgeltlichen Übertragung der Beteiligung mindert.

Zivilrechtlich gibt es eine Fülle von Gestaltungsvarianten, mit denen der Erblasser lebzeitig – oder nach seinem Ableben über Vermächtnisse – sich, seinem Ehegatten oder seinem Erben ganz oder teilweise den Nießbrauch vorbehalten (Vorbehaltsnießbrauch) oder übertragen kann (Zuwendungsnießbrauch oder Nießbrauchsvermächtnis). Alternativ kann er nur den Ertrag des Unternehmens oder eines Teilbetriebes in den Nießbrauch einbeziehen, ohne Leitungsbefugnisse damit zu verbinden (reiner Ertragsnießbrauch). Er kann aber dem Nießbraucher auch wesentliche oder alle Leitungs- und Mitgliedschaftsrechte einräumen und damit das Eigentum, von dem der Nießbrauch abgetrennt wird, quasi zu einer leeren Hülle werden lassen (echter Unternehmensnießbrauch).

102 **c) Vorbehaltsnießbrauch und Teil-Nießbrauch.** Beim **Vorbehaltsnießbrauch** überträgt der ehemalige Eigentümer – umgekehrt zum Grundfall – das Eigentum und behält sich den Nießbrauch an seinem früheren Eigentum vor. Besonderheiten ergeben sich hieraus grundsätzlich nicht. In Pflichtteilsfällen sind die dortigen Ausführungen zu beachten.

Beim **Teil-Nießbrauch** handelt es sich um einen normalen Nießbrauch, der lediglich anteilig an einer Sache oder einem Vermögen eingeräumt wird.

2. Dauernde Lasten

103 Gestaltungen über dauernde Lasten sind steuerlich zumeist effizienter als Nießbrauchslösungen, weil der Kapitalwert der dauernden Last als Belastung des übertragenen Wirtschaftsgutes erbschaftsteuerlich bei der Bemessungsgrundlage voll in Abzug gebracht werden darf, ohne dass die Grundsätze der gemischten Schenkung zum Ansatz

---

[106] BFH Urteil v. 17. 3. 2004 – II R 3/01, BStBl II 2004, 429.

[107] Vgl. auch H 85 Abs. 4 ErbStR.

[108] Vertiefend zum Unternehmensnießbrauch bspw. *Halaczinsky,* Nießbrauch an Betriebsvermögen in der Erbschaftsteuer, NWB Nr. 31 v. 31. 7. 2006, Fach 10 Seite 1545; zur erbschaftsteuerlichen Behandlung bspw. auch *Troll/Gebel/Jülicher*, ErbStG, § 12 Rz. 909 ff.

kommen. Darüber hinaus kann der „beschenkte" Erwerber seine Zahlungen als Sonderausgaben nach § 10 EStG einkommensteuermindernd ansetzen, während der Übergeber als Leistungsempfänger die Einnahmen voll versteuern muss. Im Hinblick auf das progressive Einkommensteuersystem kann dies zu erheblichen Einsparungen bei der Einkommensteuer führen, wenn der Schenker einen niedrigeren durchschnittlichen Einkommensteuersatz hat als der Beschenkte. Eine dauernde Last im steuerlichen Sinne liegt jedoch nur vor, wenn eine lebenslängliche Rente aus den Erträgen einer „Ertrag bringenden Wirtschaftseinheit", die unentgeltlich übertragen wird, voll bedient werden kann und wenn die Zahlbeträge an Entwicklungen und Bedürfnisse der Beteiligten und der Ertragskraft des übergebenen Wirtschaftsgutes angepasst werden können, also iSv. § 323 ZPO abänderbar sind.[109]

Der Gesetzgeber hat mit dem Jahressteuergesetz 2008 die Möglichkeiten des Ein- 104
satzes dauernder Lasten in der Nachfolge eingeschränkt.[110] Nur Gestaltungen, die bis zum 31. 12. 2007 wirksam vereinbart wurden, können noch Bestand haben (Vertrauensschutz). Die Versagung des Sonderausgabenabzugs findet jedoch in Altfällen dann Anwendung, wenn das übertragene Vermögen nur deshalb einen ausreichenden Ertrag bringt, weil die ersparten Aufwendungen zu den Erträgen des Vermögens zu rechnen sind.[111] Neuabschlüsse werden steuerlich nur noch anerkannt, sofern sie in Zusammenhang mit begünstigtem Betriebsvermögen stehen.

XI. Bündelung und Bindung von Vermögen

Es gibt viele Gründe, warum die Bündelung von Familienvermögen, insbesondere aber 105
von Gesellschaftsbeteiligungen im Familienvermögen, sinnvoll ist. Je größer ein Vermögen, desto rentabler und kostengünstiger lässt sich dieses anlegen; je größer eine Gesellschaftsbeteiligung, desto intensiver ist der Einfluss auf das Unternehmen.

1. Voraussetzungen für die Bündelung und Bindung von Vermögen

Voraussetzung für diesen Ansatz ist immer, dass eine Familie zusammenhält und 106
gleichgerichtete Interessen verfolgt. Die Kunst der Gestaltung einer Bündelung von Vermögen ist somit, dauerhaft gleichgerichtete Interessenlagen zu erreichen, so dass Konflikte möglichst gar nicht erst entstehen können. Grundsätzlich gibt es zwei Strategien:[112]

- Die bewusste Trennung der Vermögen, sobald Konflikte im Familienkreis auftreten.
- Die zielstrebige und strategisch ausgerichtete Interessenbündelung und einheitliche Anlagepolitik zur Ausrichtung der Nachfolgegenerationen.

Erreicht wird die Interessenbündelung herkömmlich allein im Rahmen der gesellschaftsvertraglichen Gestaltung.[113] Um dies Bündelung und Streitvermeidung zumeist durch eine aufwendige Erstellung einer Familienstrategie,[114] die schlussendlich in eine Familiencharta[115] mündet. Hier werden Grundsätze, Zielkonfliktvermeidungsstrategien,

---

[109] Ausführlicher zur Vermögensübertragung gegen Versorgungsleistungen bspw. *Brandenberg,* Vermögensübertragung gegen Versorgungsleistungen, NWB Nr. 30, vom 25. 7. 2005, Fach 3, Seite 13 561.

[110] Jahressteuergesetz 2008, BGBl 2007 I, 3150, zu den § 10 Abs. 1 Nr. 1 a iVm. § 52 Abs. 23 e EStG n. F.

[111] Vgl. § 52 Abs. 23 e S. 2 EStG n. F.

[112] *Kirsten Baus,* Die Familienstrategie, S. 67 ff., 77 ff., *Gabler*/GWV Fachverlage GmbH, Wiesbaden, 2003; *Peter May* in: Erwin J. Frasl und *Hannah Rieger,* Family Business Handbuch, S. 60 ff., Wien 2007.

[113] Siehe hierzu insbesondere in Kapitel § 21 hinsichtlich der gesellschaftsrechtlichen Gestaltungsmittel.

[114] *Kirsten Baus,* Die Familienstrategie, S. 67 ff., aaO.

[115] *Kirsten Baus,* Die Familienstrategie, S. 134 ff., aaO.

Traditionen, Werte- und Zielvorstellungen, Regelungsgrundsätze für konfliktträchtige Situationen und Umgangsformen geregelt. Beispielsweise wird bestimmt, dass nur moralisch einwandfreie Aufträge angenommen werden dürfen oder dass Mitarbeiter am Erfolg des Unternehmens partizipieren sollen oder dass Risikogeschäfte generell zu unterlassen sind. Insbesondere gilt es aber die vielfältigen Verhältnisse unter den Familienmitgliedern zu regeln, etwa wer Gesellschafter oder Geschäftsführer sein darf und unter welchen Voraussetzungen ein Familienmitglied im Unternehmen eine berufliche Zukunft finden kann. Dabei werden nicht nur konkrete Vorgaben gemacht, bspw. zur beruflichen Qualifikation, sondern auch strategische Vorgaben, etwa dass Familienangehörige generell nicht im Unternehmen mitarbeiten dürfen.

2. Gestaltungsmöglichkeiten

107 Im Zusammenhang mit der Errichtung des Unternehmertestamentes spielt diese Gestaltungsalternative aus zweierlei Gründen eine Rolle:

- Steht die Regelung für die erste Nachfolgegeneration an, so kann neben der Errichtung des Testamentes auch die Einrichtung einer Familienstrategie und -charta erwogen werden. Hier werden die ersten Weichenstellungen für mögliche spätere Nachfolgeregelungen gelegt. Die gewählte Ausrichtung wiederum hat dann prägenden Einfluss auf das Testament.
- Gibt es bereits eine solche Regelung, so sollte sich das Testament in einer Ausgestaltung an diesen Vorgaben orientieren, damit die Familienstrategie nicht zur Makulatur wird. Zumeist ist diese aber auch gesellschaftsvertraglich abgesichert, so dass bereits im Einklang zum Gesellschaftsrecht eine Beachtung zwingend ist (vgl. hierzu nachfolgend unter Rn. 120 ff. und Kapitel § 19 Rn. 2 ff.).

108 Ist die Entscheidung zur Bündelung der Familieninteressen gefallen, so kann die Umsetzung auf verschiedenen Wegen erfolgen: Durch Errichtung einer Stiftung oder Doppelstiftungskonstruktion, durch eine Holdinggesellschaft oder eine gesellschaftsvertragliche Gestaltung. Diese Varianten werden nachfolgend nur angerissen. Ergänzend wird auf die Ausführungen in § 19 verwiesen.[116]

Zweck dieser Gestaltungsformen ist die dauerhafte Bündelung des Familienvermögens in einer Hand (Rechtsform) über Generationen hinweg, um nachfolgebedingte Zerfaserungen des Vermögens zu vereiteln. Zugleich soll den Erben eine ausreichende existentielle Sicherheit verschafft werden.

109 **a) Die Familiengesellschaft.** Von einer Familiengesellschaft spricht man, wenn ein Unternehmen oder eine vermögensverwaltende Gesellschaft in der Hand einer oder weniger Familien gehalten wird, unabhängig von der Größe und Bedeutung des Unternehmens. Oft werden sie aus einem Einzelunternehmen im Wege der Umwandlung etwa in eine GmbH, GmbH & Co. KG oder KGaA, oder aus einer Ein-Mann-GmbH errichtet. Eine Familiengesellschaft kann in jeder beliebigen Gesellschaftsform ausgestaltet werden. Zu den Gestaltungsvarianten gehören auch die stille Gesellschaft und die Unterbeteiligung. Die Personengesellschaften erlauben hinsichtlich der vorweggenommenen Erbfolge zum Teil flexiblere Gestaltungen, weil weitgehende Beschränkungen der Mitgliedschaftsrechte möglich sind. Ähnliche Ergebnisse können aber auch mit der KGaA oder der AG über stimmrechtslose Vorzugsaktien oder Poolverträge außerhalb des Gesellschaftsvertrages erreicht werden. Eine unmittelbare Beteiligung an einer GmbH ist hingegen wegen der Weisungskompetenz der Gesellschafterversammlung gegenüber der Geschäftsführung problematisch. Allerdings können hier durch die Ausgestaltung des Gesellschaftsvertrags etwa Mehrfachstimmrechte des Unternehmers oder andere Gestaltungsfacetten, etwa den Zurückbehalt der Mehrheitsanteile, ein Vetorecht usw., vergleichbare Ergebnisse erzielt werden, um die Wünsche des Unternehmers bei seiner Nachfolgegestaltung umzu-

---

[116] Vgl. etwa zur Stiftung Kapitel § 19 Rn. 98 ff.; zur Holding Kapitel § 19 Rn. 71–79 und zur gesellschaftsvertraglichen Bündelung Demuth/*Demuth*, Privatvermögen, Kapitel 5 A. VI.

setzen. Je nach der Zielsetzung kann der Gestaltungsaufwand aber sehr hoch werden, so dass der Unternehmer gut beraten ist, gleich die adäquate Rechtsform für seine unternehmerischen Aktivitäten zu wählen. Letztendlich werden auch steuerliche Unterschiede die Rechtsformwahl mit beeinflussen.

Eine beliebte Gestaltungsform ist die Errichtung einer Grundbesitzgesellschaft, weil gerade der Grundbesitz eine dauerhafte Einkommensquelle darstellen und als langfristiger Vermögenswert mit einem vertretbaren Aufwand verwaltet werden kann. Bei fehlender Gestaltung verursacht Grundbesitz bei der Nachlassteilung oft eine Fülle von Auseinandersetzungsproblemen. Im Extremfall kann es sogar zu einer Zerschlagung kommen. Dem sollte gestalterisch vorgebeugt werden. Erbschaftsteuerlich werden gewerblich geprägte Gestaltungen nach der Erbschaftsteuerreform jedoch keine Vergünstigungen mehr erfahren.[117] **110**

b) Die Familienholding. Die Familienholding entfaltet anders als die Familiengesellschaft, selbst keine operativen Aktivitäten. Bei ihr laufen lediglich alle Fäden der operativen Gesellschaften zusammen und ggf. wird sonstiges Privatvermögen mitverwaltet. Sie hat damit insbesondere drei Funktionen: Zum Ersten soll durch sie das wesentliche Vermögen der Familie zusammengehalten und gebündelt werden. Zum Zweiten kann sie bei richtiger Gestaltung steuerliche Vorteile haben. Zum Dritten bietet sie die Möglichkeit, auch diejenigen Erben am Betriebsvermögen zu beteiligen, die keine ausreichenden unternehmerischen Fähigkeiten besitzen. Insofern kann die Familienholding auch in Pflichtteilsvermeidungsstrategien einbezogen werden. **111**

Die Holding gewährleistet eine dezentrale Struktur, die die Selbstständigkeit der einzelnen unternehmerischen Aktivitäten aufrechterhält und zugleich eine Verlagerung von Haftungsrisiken einzelner Aktivitäten auf die anderen Einheiten vermeiden helfen kann. Zudem kann nachfolgegeeigneten Kindern in Abhängigkeit von deren Interessen und Fähigkeiten die Führung einzelner Tochtergesellschaften übertragen werden.

c) Die Familienstiftung. Im Gegensatz zur „gemeinnützigen Stiftung"[118] ist der Zweck der Familienstiftung – ebenso wie bei der Familienholding – darauf gerichtet, ausschließlich die Interessen der Familie und des Betriebsvermögens zu fördern. Sie ist dementsprechend auch nicht steuerbefreit, unterliegt jedoch in wesentlichen Punkten anderen Besteuerungskriterien als eine Familienholding. Die steuerlichen Unterschiede können sowohl vor- als auch nachteilig sein.[119] **112**

---

[117] Vgl. zu den Änderungen des Erbschaftsteuergesetzes oben unter Rn. 37 ff. Näher zu den Folgen für gewerblich geprägte „Familienpool-Lösungen" *Michael Szczesny,* BBEV Nr. 1 vom 2. 1. 2008, S. 4 ff.

[118] Die zur Steuerbefreiung führenden Voraussetzungen regeln §§ 51 ff. AO. Unschädlich ist, wenn ⅓ des Stiftungseinkommens weiterhin für private (familiäre) Zwecke verwandt wird, § 58 Nr. 5 AO.

[119] Familienstiftungen werden im Grundsatz besteuert wie andere Körperschaften oder Unternehmen. Unentgeltliche Übertragungen von Vermögen auf Familienstiftungen sind voll schenkungs- und erbschaftsteuerpflichtig. Einen besonderen Nachteil bildet die so genannte „Erbersatzsteuer": Alle 30 Jahre wird ein Übergang des Stiftungsvermögens auf die nächste Generation fingiert und das gesamte Vermögen der Erbschaftsteuer unterworfen. Der Steuersatz wird so bemessen, als ob das gesamte Vermögen der Stiftung auf zwei Kinder überginge (§ 15 Abs. 2 S. 3 ErbStG). Auf Antrag der Stiftung kann die Steuer auch verrentet werden, § 24 ErbStG. In diesem Falle sind dreißig gleiche Jahresraten zu entrichten, die sich aus der Tilgungsleistung und einer Verzinsung in Höhe von 5,5% p. a. zusammensetzen. Die Erbschaftsteuer nebst Zinsen kann nicht von der Körperschaftsteuerbemessungsgrundlage abgezogen werden. Häufig müssen daher Familienstiftungen vor Fälligkeit der Erbersatzsteuer aufgelöst oder in gemeinnützige Stiftungen umgewandelt werden. Dafür sind Leistungen einer Familienstiftung an ihre Destinatäre schenkungsteuerfrei. Bei den Empfängern unterliegen diese Leistung dem Halbeinkünfteverfahren (§ 3 Nr. 40 EStG).

113 Die Familienstiftung[120] ist eine zweckgebundene Vermögensmasse, die keine Gesellschafter, sondern nur Begünstigte, die sogenannte Destinatäre, hat. Das Vermögen wird also in einer körperschaftlich strukturierten Rechtsform gebündelt, die durch den Vorstand ausschließlich zu dem Stiftungszweck (der Förderung des Familienwohles) gelenkt wird und damit völlig von ihrem Gründer und dessen Erben losgelöst ist. Damit ist die Stiftung der sicherste Weg, eine Zerfaserung der unternehmerischen Aktivitäten durch den Erbfall dauerhaft zu vermeiden. Nachteilig ist jedoch die staatliche Genehmigungsbedürftigkeit[121] sowie die Stiftungsaufsicht, wobei die Gesetzgeber (Bund und Länder) bereits verschiedene gesetzliche Vereinheitlichungs- und Vereinfachungsbemühungen unternommen haben. Die dauerhafte Perpetuierung des Vermögens ist in der Stiftung zudem am intensivsten ausgeprägt.

In der Gestaltung gibt es – wie auch bei anderen Stiftungsarten – verschiedene Facetten. Neben der BGB-Stiftung können auch andere Gesellschaftsformen wie etwa die GmbH, die AG oder die Stiftung & Co. KG als Stiftung ausgestaltet werden. Letztendlich bedeutet Stiftung nur eine dauerhafte Widmung von Vermögen zu einem bestimmten Zweck.

114 Eine Stiftung kann selbst unternehmerische Aktivitäten ausüben (Unternehmensträgerstiftung) oder aber holdingähnlich nur die Anteile an den aktiven Unternehmensteilen halten (Beteiligungsträgerstiftung). Sie kann sowohl zu Lebzeiten des Unternehmers als auch für den Fall seines Todes errichtet werden.

115 Der Zweck einer Familienstiftung kann in der Unterstützung, Förderung und Begünstigung einer oder mehrerer Familien liegen. Die praktischen Einsatzmöglichkeiten solcher Stiftungen sind dabei vielfältig. In Betracht kommen:

- die Versorgung von Familienmitgliedern,
- der Schutz des Familienvermögens vor Zersplitterung,
- die Verwaltung des Familienvermögens,
- der Erhalt des Familieneinflusses im Unternehmen sowie
- der Einsatz als Führungsinstrument und die Sicherung der Unternehmenskontinuität.

116 Das Gesetz fordert nur einen Vorstand als Stiftungsorgan. Alles Weitere kann der Stifter festlegen. Die Möglichkeiten reichen von der Festlegung der Zahl der Vorstandsmitglieder bis zu einer komplexen Struktur von Entscheidungs-, Aufsichts-, und Beratungsgremien. Welche Organe sinnvoll und erforderlich sind, sollte am Umfang und an der Komplexität der Stiftung orientiert werden. Wichtig ist, eine klare Trennung und Zuweisung der Aufgaben zu treffen. In der Satzung legt der Stifter weiterhin fest: den Zweck, die Art der Vermögensverwendung, welche Organe die Stiftung hat und welche Aufgabe und Kompetenzen sie haben. Gerne eingesetzt wird ein sog. Protektor, der quasi als Aufsicht insbesondere die Maßnahmen des Vorstandes auf ihre Sinnhaftigkeit und Satzungskonformität überprüft. Oft wird diese Aufgabe auch einem Kuratorium zugewiesen.

117 Familienstiftungen lassen sich auch im Unternehmensbereich einsetzen. Die Stärke vieler Familienunternehmen ist gerade die traditionell enge Verbindung zwischen Familie und Firma. Die prägende Kraft der Unternehmerpersönlichkeit gewährleistet:

- Kontinuität im Unternehmen und
- eine starke Identifikation der Mitarbeiter mit dem Unternehmen.

---

[120] Eine einheitliche Definition der Familienstiftung gibt es nicht. Unter einer Familienstiftung versteht man im zivil- und öffentlichrechtlichen Sinne eine (rechtsfähige oder nicht rechtsfähige) Stiftung, die in besonderem Maße den Interessen oder dem Wohl einer oder mehrerer bestimmter Familie ganz oder teilweise dient. Destinatäre, d. h. Begünstigte der Stiftung sind die Familienmitglieder.

[121] Erhebliche Probleme bereitet die nach wie vor höchst unterschiedliche Genehmigungspraxis der einzelnen Bundesländer. Obwohl dem Stifter eigentlich ein Rechtsanspruch auf die Genehmigung einer Familienstiftung zusteht, ist diese nicht in allen Ländern gleichermaßen möglich. Anders als etwa in Baden-Württemberg oder Rheinland-Pfalz ist es etwa in Niedersachsen oder Brandenburg schwieriger, eine Familienstiftung zu gründen. Familienstiftungen sind seit dem 1. 9. 2002 auch in den Bundesländern zulässig, deren Landesstiftungsgesetze nach altem Recht die Genehmigungsfähigkeit versagten oder von besonderen Voraussetzungen abhängig machten.

Fehlen geeignete Nachfolger, kann eine Familienstiftung an Stelle des Inhabers eine maßgeblich kontinuitätsfördernde Rolle einnehmen. Dies gelingt in der Praxis in der Regel dann, wenn der Unternehmer eine Familienstiftung bereits zu seinen Lebzeiten gründet und mit seinem persönlichen Vorbild nicht nur die Stiftungsarbeit prägt, sondern auch maßgeblichen Einfluss auf die Auswahl der Mitglieder der Stiftungsorgane nimmt. Von einer Stiftungserrichtung per Testament wird an dieser Stelle eher abgeraten. Sie birgt Umsetzungsgefahren. Besser ist die lebzeitige Begründung der Stiftung mit einem kleinen Vermögen und die testamentarische Zuweisung des übrigen der Stiftung zugedachten Vermögens im Wege des Erbfalles auf die bereits existierende und handlungsfähige Stiftung.

Rein steuerlich motiviert sind sogenannte Doppelstiftungen, bei denen für die Einspa- 118
rung von Erbschaftsteuer eine gemeinnützige Stiftung im Wesentlichen die Beteiligungsrechte der Gesellschaft hält und die Familienstiftung die Stimm- und Ertragsrechte.

Auch ausländische Stiftungen können einen Gestaltungsansatz bieten, da sie teilweise mehr Flexibilität als das deutsche Recht gewähren.[122] Hier ist jedoch ein erhöhter Gestaltungsaufwand erforderlich und besondere Obacht auf die Auswahl der Partner und deren internationale Kompetenz zu legen.[123]

d) **Trusts, Treuhandregelungen und Lebensversicherungen.** Zunehmend werden Trusts, 119
Treuhandregelungen und Lebensversicherungen als Nachfolgevehikel verwendet, insbesondere bei international strukturierten Nachlässen.[124] Trusts werden vom Deutschen Erbrecht jedoch nicht akzeptiert. Hier sind zusätzliche Gestaltungsschritte erforderlich, um eine wirksame Gestaltung zu erreichen, etwa die Zwischenschaltung einer ausländischen Gesellschaft (etwa in der Schweiz). Aus diesem Grund machen Trusts nur bei international zusammengesetzten Vermögensmassen Sinn, können dann aber auch steuerliche Vorteile haben.[125] Treuhandregelungen sind wegen der Übertragung von Verfügungsmöglichkeiten auf Dritte nicht unproblematisch und im unternehmerischen Bereich auch erbschaftsteuerlich nachteilig,[126] so dass deren Verwendung nur im Einzelfall Sinn machen mag. Dem gegenüber dürften Lebensversicherungsgestaltungen oft vorzugswürdiger sein. Lebensversicherungen fallen nicht in den Nachlass, sofern wirksame Bezugsrechte begründet wurden. So können sie – etwa auch bei Einsatz internationaler Lebensversicherungsmäntel (etwa aus Luxemburg) – vor allem unter asset-protection-Gesichtspunkten ein zusätzliches Gestaltungsmoment darstellen, weil sie nicht oder nur eingeschränkt pfändbar sind. Sie sind aber ebenso wie die anderen zuvor angesprochenen Gestaltungen nur im Einzelfall und dann zumeist auch nur für einen Vermögensteil sinnvoll in die Nachfolgekonzeption einbeziehbar.[127]

F. Abstimmung auf den Gesellschaftsvertrag

Das deutsche Gesellschaftsrecht eröffnet jedem Unternehmer für jede Phase seines 120
Schaffens einen ganzen Strauß von Gestaltungsmöglichkeiten. Vorliegend sollen lediglich

[122] Vgl. Etwa Sachverhalt des Urteils des BFH vom 28. 6. 2007, BB 2007, 2386.

[123] Weiterführend vgl. etwa *Richter/Wachter*, Handbuch des internationalen Stiftungsrechts, 2007.

[124] Vgl. *Demuth* in BB, 2007, 2388, Kommentierung zu BFH vom 28. 6. 2007, BB 2007, 2386.

[125] Laut BFH vom 20. 12. 1957, BStBl. III, 1958, 79 ff. gilt ein Trust, der erst 21 Jahre nach dem Tod des Erblassers auszuzahlen ist, als aufschiebend bedingter Erbanfall und löst erst mit der Verteilungskondition Erbschaftsteuer aus.

[126] BFH, Urteil vom 26. 1. 2001, Az. II R 39/98, BFH/NV 2001, 908; FinMin Baden-Württemberg 25. 6. 2005, 3 – S 3806/51, DB 2005 S. 1493; FinMin Schleswig-Holstein 2. 9. 2005, Vi 353 – S 3806–051, StEd 2005 S. 635; FinMin Nordrhein-Westfalen 28. 6. 2005, S 3811–33 – V A 2, FR 2005 S. 856; OFD Erfurt 22. 8. 2005, S 3811 A – 19 – L 234, SIS 05 31 15; FinMin Bayern 14. 6. 2005, 34 – S 3811–035–25 199/05, DB 2005 S. 1493.

[127] Zu Trusts vgl. auch *Richter/Wachter* a. a. O.

die gesetzlichen Grundlagen für Nachfolgezwecke dargestellt werden. Ergänzend wird auf Kapitel § 19 Rn. 2ff. verwiesen.

I. Unterschiede von Personen- und Kapitalgesellschaften

121 Personengesellschaften erlauben die flexibleren Gestaltungen und sind teilweise auch steuerlich günstiger. Sie können andererseits zu einer unbegrenzten persönlichen Haftung sowie zu steuerlichen Komplikationen (beispielsweise wegen der Sonderrechtsnachfolge iVm. Sonderbetriebsvermögen und Betriebsaufspaltungen) führen und sind zumeist gestaltungsintensiver. Sie eignen sich deshalb nicht für jede betriebliche Betätigung.[128]

Da sich die steuerlichen Unterschiede zwischen Personen- und Kapitalgesellschaften regelmäßig steuerliche Gesetzgebung wieder verändern, sollte diese nicht das einzige Entscheidungskriterium für eine Gesellschaftsform bilden. Die ständigen Gesetzesänderungen erschweren eine kontinuierliche Planung.

Steuerlich werden Personengesellschaften und Einzelunternehmen als Gewerbebetriebe bzw. Mitunternehmerschaften iSd § 15 Abs. 1 EStG behandelt, während Kapitalgesellschaften als eigene Steuersubjekte dem Körperschaftsteuergesetz (§ 1 KStG) unterfallen. Lediglich bei der Gewerbesteuer werden Mitunternehmerschaften eigenständig als Rechtssubjekte behandelt und sind selber Subjekt der Besteuerung (§ 2 Abs. 1, 5 GewStG). Einkommensteuersubjekt bei Personengesellschaften sind hingegen die hinter der Personengesellschaft stehenden Gesellschafter. Es wird lediglich der Gewinn im Wege eines einheitlichen und gesonderten Feststellungsverfahrens (§§ 179ff. AO) ermittelt.

122 Unter Nachfolgegesichtspunkten macht es Sinn, insbesondere folgende Klauseln des Gesellschaftsvertrages zu überprüfen und zu gestalten: Verfügungsbeschränkung über die Beteiligung, Vererbbarkeit, Fortsetzung der Gesellschaft beim Tod eines Gesellschafter, Abtretungspflicht, Zulässigkeit von Testamentsvollstreckung, Beirat, Aufsichtsrat, Verwaltungsrat, Aufnahme weiterer Gesellschafter (Eintrittsklauseln), Ausschließung von Gesellschaftern, Einziehung von Beteiligungen, Erwerbs- und Vorkaufsrecht von Gesellschaftern, Eintrittsklauseln und Abfindungsregelungen.

II. Sonderrechtsnachfolge in Personengesellschaftsanteile[129]

123 Die entscheidende Besonderheit der Personengesellschaften gegenüber den Kapitalgesellschaften ist der Konfliktlösungsmechanismus zwischen Erb- und Gesellschaftsrecht.

124 Die Rechtsprechung hat sich hinsichtlich Personengesellschaften für den Vorrang des Gesellschaftsrechts vor dem Erbrecht entschieden (sog. „Einheitstheorie“). Deshalb rückt nur derjenige Erbe unmittelbar und automatisch in die gesellschaftsrechtliche Position des Erblassers ein, der vom Gesellschafterkreis akzeptiert wird. Dadurch entsteht eine „Sonderrechtsnachfolge“ in den Gesellschaftsanteil.[130] Die gesellschaftsrechtlich nicht zur Nachfolge zugelassenen Erben werden abgefunden. Der Gesellschaftsanteil des Erblassers zerfällt entsprechend den Erbquoten in so viele neue Gesellschaftsanteile, wie Erben zur Nachfolge in die Gesellschaftsbeteiligung zugelassen werden (sog. partielle Vorwegnahme der dinglichen Nachlassteilung).

---

[128] Ergänzend wird auf Kapitel § 19 Rn. 11ff. verwiesen.

[129] Einzelne Besonderheiten und steuerliche Konsequenzen sind dargestellt bei *Demuth*, Unternehmensnachfolge: Folgen des Ausscheidens eines Gesellschafters und Anwachsung bei Kommanditgesellschaften, BB 2007, 1569ff.

[130] Es handelt sich um eine Einzelrechtsnachfolge außerhalb des Nachlasses; auch herleitbar aus § 177 HGB.

Hinsichtlich Kapitalgesellschaftsanteilen hat der Gesetzgeber die Nachfolgeberechtigung hingegen zwingend anders geregelt. Jeder Erbe ist nachfolgeberechtigt, § 15 Abs. 1 GmbHG; § 10 AktG,[131] und der Gesellschaftsanteil fällt zur gesamten Hand in den Nachlass und zerfällt nicht in entsprechende Anteile für jeden Erben. 125

Besonderheiten bestehen für die Übertragung von Gesellschaftsanteilen durch Vermächtnis.[132]

Erhält ein Erbe aufgrund Sonderrechtsnachfolge in einen Personengesellschaftsanteil einen höheren Anteil an der Gesellschaftsbeteiligung des Erblassers, als ihm nach den Erbquoten zusteht, so entsteht eine anteilige Ausgleichungspflicht des Übernehmers. Diese Ausgleichung führt beim Übernehmer zu Anschaffungskosten und hat einkommensteuerliche Folgen noch beim Erblasser.[133]

III. Die gesetzliche Nachfolge

Falls kein Testament oder Erbvertrag vorliegt, gilt folgendes:

1. In eine Gesellschaft bürgerlichen Rechts

Die Gesellschaft wird beim Tod eines Gesellschafters aufgelöst, § 727 Abs. 1 BGB, und liquidiert, sofern nicht seitens der verbliebenen Gesellschafter eine Fortsetzung beschlossen wird. Der Liquidationserlös steht den Erben und Gesellschaftern anteilig zu. 126

2. In persönlich haftende Gesellschaftsanteile (OHG, PartG, KG)

Stirbt ein persönlich haftender Gesellschafter, so scheidet er aus der Gesellschaft aus, §§ 131 Abs. 3 Nr. 1, 161 Abs. 2 HGB, § 9 Abs. 4 S. 1 PartGG.[134] Die verbliebenen Gesellschafter führen die Gesellschaft fort. Verbleibt nur ein Gesellschafter, vereinigen sich alle Anteile in dessen Person und die Gesellschaft wandelt sich in ein Einzelunternehmen um. Der Nachlass erhält für den Verlust der Gesellschaftsbeteiligung einen Abfindungsanspruch. 127

3. In einen Kommanditanteil

Verstirbt ein Kommanditist, so wird die Gesellschaft mit dessen Erben fortgeführt (vgl. § 177 HGB). Im Ergebnis entspricht diese Regelung der einfachen Nachfolgeklausel, wonach alle Erben zur Nachfolge in eine Gesellschaftsbeteiligung berechtigt sind. Der Kommanditanteil des Erblassers zerfällt damit im Wege der Sonderrechtsnachfolge in so viele neue Gesellschaftsanteile, wie es Erben gibt, und jeder Erbe bekommt von dem Gesellschaftsanteil des Erblassers einen Anteil entsprechend seiner Erbquote. 128

---

[131] Da Aktien gem. § 10 AktG in der Regel Inhaberpapiere sind, folgt das Recht aus dem Papier dem Recht am Papier. Für Namensaktien, die Orderpapiere sind, ergibt sich dies aus § 68 AktG.

[132] *Demuth,* Nachfolgegestaltungen für eine Personenhandelsgesellschaft durch Aussetzung von Vermächtnissen: Zivilrechtliche und steuerliche Probleme mit Lösungsvorschlägen, BB 2001, 945 ff.; vgl. zur Nachfolge bei Personengesellschaften durch Erbfall auch *Troll/Gebel/Jülicher,* ErbStG, § 3, Rz. 136 f.

[133] Ludwig Schmidt/*Glanegger*, § 6 EStG Rn. 473–488; Die Finanzverwaltung hat ihre Anweisungen zur ertragsteuerlichen Behandlung der Erbengemeinschaft und ihrer Auseinandersetzung mit BMF-Schreiben vom 14. 3. 2006 aktualisiert (Az.: IV B2 – S 2242–2/04, BStBl. I 2006, S. 253 ff.). Anzuwenden ist dieses Schreiben auf alle offenen Steuerfälle, sofern die Erbauseinandersetzung nach dem 31. 12. 2000 erfolgte.

[134] Besonderheit der Partnerschaftsgesellschaft ist, dass diese eine spezielle Rechtsform für Freiberufler ist. Demgemäß kann der Gesellschaftsvertrag nicht bestimmen, dass jeder Erbe nachfolgeberechtigt ist. Jedoch können solche Erben, die die Qualifikationsvoraussetzungen für eine Partnergesellschaft erfüllen, zur Nachfolge gesellschaftsrechtlich berechtigt werden (vgl. § 9 Abs. 4 S. 2 f. PartGG).

4. In Kapitalgesellschaftsanteile

129 Das Gesetz bestimmt für Kapitalgesellschaftsanteile die Vererblichkeit, § 15 Abs. 1 GmbHG; § 10 AktG.[135] Der Gesellschaftsanteil des Erblassers fällt damit zur gesamten Hand in den Nachlass.

130 Eine gezielte Nachfolgeplanung ist unumgänglich, wenn das im Leben Erreichte nicht aufs Spiel gesetzt werden soll. Dafür genügt aber eine einmalige Gestaltung nicht. Vielmehr sollte die einmal getroffene Regelung in regelmäßigen Abständen (ca. alle drei bis fünf Jahre) auf ihre Stimmigkeit und Aktualität überprüft werden. Während dieser Zeiträume ändern sich nicht nur die Gesetze (insbesondere Steuergesetze), sondern ggf. auch die eigenen Vermögensverhältnisse sowie das persönliche Umfeld (Scheidung, plötzlicher Tod eines beabsichtigten Erben, persönliche Differenzen mit Gesellschaftern oder potentiellen Erben).

G. Internationale Nachlässe

131 Internationale Vermögen[136] stellen eine besondere Herausforderung für die Testamentserrichtung dar. Dies liegt nicht zu letzt daran, dass es kein einheitliches Rechtssystem der Vererbung gibt. Zwar kennen die meisten Rechtsordnungen ähnliche Rechtsinstitute wie Erbe, Vermächtnis, Teilungsanordnung und Testamentsvollstreckung. Die Detailausgestaltung ist oft jedoch sehr unterschiedlich. So geht beispielsweise der Nachlass nach österreichischem Recht nicht im Wege der Universalsukzession (Gesamtrechtsnachfolge) automatisch auf den Erben über, sondern erst durch die förmliche Erbeinsetzung. Ähnlich läuft das Verfahren in England und dem angloamerikanischen Rechtssystem mit dem Executor. Italien wiederum kennt die Testamentsvollstreckung nur in sehr eingeschränkter Form und mit engen zeitlichen Beschränkungen; eine Vollmacht über den Tod hinaus ist dort unwirksam. Auch das Pflichtteilsrecht ist sehr unterschiedlich ausgeprägt. In der Schweiz beträgt der Pflichtteil hinsichtlich Kindern (sofern kein Elternteil mehr lebt) sogar bis zu 75% des gesetzlichen Erbteils, während es andere Länder gibt (etwa England), die kein Pflichtteilsrecht mehr kennen.[137] Bei Verstößen gegen die Form eines anderen Landes, in dem sich Nachlassvermögen befindet, kann das Testament für das dortige Vermögen unwirksam sein mit der Folge, dass das örtliche gesetzliche Erbrecht zur Anwendung gelangt. So ist das in Deutschland weit verbreitete gemeinschaftliche Testament nach italienischem Recht nichtig.[138] Auch die Testamentsformen sind sehr unterschiedlich. In England und den USA ist ein Testament grundsätzlich von zwei Zeugen mit zu unterzeichnen. Notarielle Form ist dort weitgehend unbekannt.

132 Besonders problematisch sind die Kollisionsrechte der einzelnen Länder. Es gibt ein sogenanntes Internationales Erbrecht.[139] Dabei handelt es sich um nationale Gesetze, nach denen geregelt wird, welches materielle Erbrecht auf einen internationalen Nachlass oder bei international Beteiligten anzuwenden ist. Deutschland, Art 25 und 26 ECBGB,[140] und Italien knüpfen beispielsweise an die Staatsangehörigkeit an, während etwa die Schweiz das anzuwendende Erbrecht an den letzten Wohnsitz knüpft. Die Schweiz gestattet jedoch die Wahl des Staatsangehörigkeitsstaates. Auch bezüglich einzelner Nachlassgegenstände kann unterschiedliches Recht zur Anwendung kommen. So

---

[135] Da Aktien gem. § 10 AktG in der Regel Inhaberpapiere sind, folgt das Recht aus dem Papier dem Recht am Papier. Für Namensaktien, die Orderpapiere sind, ergibt sich dies aus § 68 AktG.

[136] Vgl. vertiefend zum Thema auch *Richter/Wachter* a. a. O.

[137] Von *Oertzen/Pawlytta* in Scherer, § 33 Rn. 92.

[138] Von *Oertzen/Pawlytta* in Scherer, § 33 Rn. 83.

[139] Zu den Grundzügen des internationalen Erbrechts etwa Ausführlich hierzu etwa *Kössinger* in Nieder/Kössinger, aaO, § 5.

[140] Im Einzelnen zu den Regelungen des deutschen internationalen Privatrecht betreffend Erbfragen vgl. etwa Münchner Kommentar, Art. 25, 26 EGBGB.

bestimmt das französische Recht, dass für französische Grundstücke zwingend französisches Erbrecht gilt.[141] Dies lässt sich jedoch dadurch vermeiden, dass die französischen Grundstücke in eine Gesellschaft eingebracht werden. Dann werden Gesellschaftsanteile vererbt und für diese gilt nach dem internationalen Erbrechts von Deutschland und Frankreich für einen deutschen Staatsbürger das deutsche Erbrecht. Das englische Recht beansprucht alleinige Geltung für den gesamten Nachlass eines in England verstorbenen Ansässigen. Die Staatsangehörigkeit spielt dabei keine Rolle. Aber auch wenn der Erblasser nicht in England ansässig war, gilt englisches Recht zumindest für das dort belegene Vermögen. Diese Kollision verschiedener anzuwendender und teilweise unterschiedlich wirkender Erbrechte ist bei der Nachlassgestaltung internationaler Vermögen zu bedenken. Deshalb ist es besonders wichtig, die Vermögenszusammensetzung und deren Lageorte bei der Gestaltung zu bedenken. Ggf. sollte durch Umstrukturierung der Nachlasswerte die Kollision der Erbrechte und damit die Anwendbarkeit ungewünschter Rechte ausgeschlossen werden.

Sinnvollerweise sind sog. Kollisionsregeln in das Testament mit aufzunehmen. Dadurch wird auch für den Fall, dass ausländisches Erbrecht ganz oder teilweise anzuwenden wäre, zumindest für die Auslegung und das Verständnis des Testamentes geregelt, dass das deutsche Verständnis der Begriffe zugrunde zu legen ist. 133

Formulierungsbeispiel für eine Kollisionsregelung:

§ 1 Internationale Kollisionsrechte

(1) Mir ist bewusst, dass auf meinen Nachlass möglicherweise sowohl das britische als auch das deutsche Recht Anwendung finden kann. Soweit dies eintritt, wähle ich hiermit die Anwendung des deutschen Rechts. Die in diesem Testament verwendeten Begriffe sind anhand des deutschen Verständnisses auszulegen und zu verstehen. Dies gilt insbesondere, wenn das Testament, welches in der deutschen Sprache verfasst ist, in eine andere Sprache übersetzt wird. Maßgeblich ist die deutsche Fassung des Testaments.

(2) Sollten einzelne Bestimmungen meines Testamentes in einer Jurisdiktion ganz oder teilweise nichtig, unwirksam oder nicht vollziehbar sein oder werden so ist mein Wille, dass der Inhalt dieser Bestimmungen im Wege der Angleichung weiter aufrechterhalten wird. Dies bedeutet, dass das anzuwendende Recht angepasst wird, so dass die Bestimmungen meines Testaments wirksam sind und durchgesetzt werden können. Dies gilt auch für die Fälle, in denen die gesetzlichen Regelungen der einen Jurisdiktion mit denen der anderen in Widerspruch stehen. Eine Unwirksamkeit einzelner Bestimmungen berührt die Wirksamkeit der übrigen Bestimmungen nicht. Die übrigen Bestimmungen sollen weiter Geltung haben.

(3) Sind Bestimmungen dieses Testamentes lückenhaft, auslegungs- oder ergänzungsbedürftig, so hat die Auslegung oder Ergänzung in der Weise zu erfolgen, dass sie dem Geist, Inhalt und Zweck meines Willens bestmöglich gerecht wird.

Eine weitere Möglichkeit der Gestaltung bei internationalen Nachlässen ist die Verwendung von zwei Testamenten, die eng mit einander verzahnt werden und jeweils den Nachlass in dem jeweiligen Land regeln. Solche Gestaltungen sind jedoch sehr kompliziert, bedürfen einer hohen Erfahrung und bergen große Risiken – insbesondere der Unwirksamkeit – in sich.

---

[141] Von Scherer/*Oertzen/Pawlytta* § 33 Rn. 29.

§ 18 Unternehmensverkauf

Schrifttum: siehe Schrifttum zu § 16 „Übernahme anderer Unternehmen"; ergänzend dazu: *Habersack,* FS Canaris, 2007; *Tiedke,* Kreditsicherungsrecht, 5. Aufl. 2006

A. Ablauf einer Unternehmenstransaktion aus Verkäufersicht

1 Die Gründe, warum ein Unternehmen veräußert werden muss oder soll, können vielfältiger Natur sein. Der Verkaufsentscheidung kann zum Beispiel die Erkenntnis zugrunde liegen, dass eine Unternehmensnachfolge innerhalb der Unternehmerfamilien nicht hergestellt werden kann, weil **kein geeigneter Nachfolger** zur Verfügung steht. Der Veräußerungsentscheidung können aber auch rein wirtschaftliche Überlegungen vorausgegangen sein, wenn auf Grund der aktuellen Position des Zielunternehmens im Markt gerade zum jetzigen Zeitpunkt ein **besonders guter Verkaufspreis** erzielt werden kann oder gar ein **Übernahmeangebot durch einen Dritten** dem Inhaber des Unternehmens angetragen wurde.

2 Wenn Letzteres nicht der Fall ist, die Verkaufsentscheidung also allein auf autonomen Überlegungen des Veräußerers beruht, muss dieser eine Entscheidung auch darüber treffen, ob er exklusive Verhandlungen mit nur einem möglichen Erwerber des Zielunternehmens führen will oder ein Auktionsverfahren unter Einbeziehung mehrerer Bieter durchgeführt werden soll. **Exklusivverhandlungen** kommen dabei in Betracht, wenn die Identität und die Erwerbsabsichten eines Interessenten bereits bekannt sind und weitere Erwerber nicht ernsthaft in Betracht zu ziehen sind. Die Durchführung eines **Auktionsverfahrens** bietet sich hingegen an, wenn das Zielunternehmen auf Grund seines Geschäftsgegenstandes, seiner Einbindung in den Markt oder seiner inneren Struktur ein attraktives Ziel *(„Target")* für mehrere Wettbewerber oder Finanzinvestoren darstellt.

I. Exklusivverhandlungen

3 Exklusivverhandlungen bieten für den Veräußerer vor allem den Vorteil, dass er die Verkaufsverhandlungen mit **voraussichtlich geringerem eigenen Aufwand** führen kann. Die mitunter sehr aufwendige Koordination eines Auktionsverfahrens, insbesondere die Steuerung des Informationsflusses und der unterschiedlichen Anfragen verschiedener Bieter, sowie die damit verbundene Belastung des Managements sollten nicht unterschätzt werden. Daneben können exklusive Verhandlungen eine größere Gewähr bieten, die **Vertraulichkeit** der beabsichtigten Transaktion auch innerhalb des Zielunternehmens zu gewährleisten, als dies bei einem Auktionsverfahren der Fall ist. Exklusivverhandlungen werden aus Sicht des Veräußerers regelmäßig eher mit einem Wettbewerber als mit einem Finanzinvestor geführt. Aufgrund der **Geschäftskenntnisse eines aus demselben Markt kommenden Erwerbers** können betriebstechnische Fragen und Details ebenso wie Informationen zu Zulieferer- und Kundenstruktur regelmäßig zügig abgehandelt und der Fokus der Verhandlungen auf die eigentlichen wirtschaftlichen Punkte der beabsichtigten Transaktion gelenkt werden.

4 Voraussetzung für den Eintritt in exklusive Verhandlungen sollte in jedem Fall aber die (grundsätzliche) **Einigung der Beteiligten über eben diese wirtschaftlichen Eckdaten** der beabsichtigten Transaktion, insbesondere den Verkaufspreis für das Zielunternehmen und die Transaktionsstruktur, sein. Ein diesbezügliches Bekenntnis *(„Commitment")* des Erwerbers stellt insoweit die Gegenleistung für die vom Veräußerer – ggf. auch auf eigene Intention – akzeptierte Einschränkung dar, keine Gespräche mit Dritten zu führen. Exklusivverhandlungen bergen für den Veräußerer das Risiko, im Fall des Scheiterns der

Gespräche mit dem einzigen möglichen Erwerber **das Zielunternehmen fortführen zu müssen,** obwohl sich vor allem die Belegschaft (gegebenenfalls auch Kunden und Lieferanten) auf Grund des – trotz der Bemühungen um Vertraulichkeit der Transaktion – Bekanntwerdens der Verkaufsabsichten des Veräußerers oder zumindest der kaum zu verhindernden Gerüchte darüber bereits auf einen Inhaberwechsel eingestellt hat.

Aus Verkäufersicht sehr zu empfehlen ist eine möglichst frühzeitige Einigung der Beteiligten über die Parameter für die Bewertung des Zielunternehmens – und damit über den Kaufpreis oder, zumindest die Kriterien nach denen er bestimmt wird. Wichtig ist, dass eine entsprechende Einigung dokumentiert wird, beispielsweise in einem *Letter of Intent* oder einem *Memorandum of Understanding.* Damit wird der Gefahr vorgebeugt, dass unterschiedliche wirtschaftliche Vorstellungen der Beteiligten (unerkannt) durch den Verkaufsprozess „geschleppt" werden und den Beteiligten erst zu einem Zeitpunkt klar wird, dass sich die wirtschaftlichen Vorstellungen nicht decken, in dem bereits umfangreiche – auch kostenintensive – Vorbereitungsmaßnahmen wie beispielsweise die Einrichtung eines Datenraums oder eine *Due Diligence-Prüfung*, bereits durchgeführt worden sind. 5

II. Auktionsverfahren

Im Vergleich zu Exklusivverhandlungen bietet die Durchführung eines Auktionsverfahrens für den Veräußerer als entscheidenden Vorteil zumeist die Möglichkeit, einen **höheren Kaufpreis** für das Zielunternehmen zu erzielen. Daneben kann der Verkaufsprozess durch die Vorgaben des Veräußerers maßgeblich beeinflusst und damit stärker formalisiert geführt werden. Entsprechende Vorgaben werden in so genannten „Prozessbriefen" des Veräußerers gemacht. Mit der Möglichkeit, auf weitere Bieter zu verweisen, verbleibt dem Veräußerer gerade in späteren Verhandlungsphasen oft eine **sehr starke Verhandlungsposition.** 6

Die Nachteile eines Auktionsverfahrens liegen vor allem in dem **hohen Aufwand,** der für den Veräußerer mit der Vorbereitung und Steuerung des Auktionsverfahrens verbunden ist. Zum einen ist ein Auktionsverfahren ohne die **Unterstützung externer Berater** (M&A-Berater, Investmentbanken, Wirtschaftsanwälte und Steuerberater) kaum durchzuführen, da die eigenen Ressourcen des Veräußerers und des Zielunternehmens, die ohnehin regelmäßig im täglichen operativen Geschäft gebunden sind, hierzu in der Regel nicht ausreichen. Zum anderen ist zu berücksichtigen, dass ein Auktionsverfahren regelmäßig **mehrere Runden** (unverbindliches Angebot, Due Diligence, verbindliches Angebot, Verhandlungen mit einem oder mehreren Bietern) umfasst, die zu einem sukzessiven Ausscheiden einzelner Bieter führen. In der Praxis machen attraktive Bieter ihre Teilnahme an einem Auktionsverfahren zunehmend auch davon abhängig, dass durch die Verkäuferseite eine (zumindest anteilige) **Kostenübernahme** erklärt wird, sollte dieser Bieter zu einem späteren Zeitpunkt im Auktionsverfahren keine Berücksichtigung mehr finden. Ein Auktionsverfahren ist damit nicht nur zeit-, sondern vor allem kostenaufwendig. Ob diese Kosten durch einen höheren Verkaufspreis wieder „eingespielt" werden, ist naturgemäß nicht garantiert. 7

B. Vereinbarungen und Dokumente zur Vorbereitung einer Transaktion – Das Informationsmemorandum

Im Zusammenhang mit Unternehmensakquisitionen (§ 16 Rn. 22 ff.) haben wir bereits beschrieben, welche Vereinbarungen zur Vorbereitung einer Unternehmenstransaktion regelmäßig abgeschlossen werden. Hinsichtlich des Inhalts solcher Vorfeldvereinbarungen verweisen wir auf § 16 Rn. 22 ff. Der Abschluss von Vorfeldvereinbarungen ist für Erwerber und Veräußerer gleichermaßen sinnvoll, auch wenn die Interessenlagen und die diesbezüglichen Schutzbedürfnisse verschieden sind. 8

I. Vorfeldvereinbarungen aus Sicht des Veräußerers

9 Während für den Erwerber vor allem Exklusivität der Gespräche und unter Umständen noch die vertrauliche Behandlung seiner Erwerbsabsicht im Vordergrund stehen, sind für den Veräußerer in jedem Fall die **Vertraulichkeit des Transaktionsprozesses,** eine **frühzeitige Dokumentation der erzielten Verhandlungsergebnisse** in einem Letter of Intent (siehe oben) und die Vereinbarung eines **Verbotes, Management und Arbeitnehmer des Zielunternehmens anzusprechen oder abzuwerben,** von entscheidender Bedeutung.

1. Besondere Punkte bei der Vertraulichkeitsvereinbarung aus Sicht des Veräußerers

10 Gespräche mit einem potentiellen Erwerber sollten erst vertieft aufgenommen und Informationen über das Zielunternehmen erst dann dem Erwerber überlassen werden, nachdem dieser eine entsprechende Vertraulichkeitsvereinbarung unterzeichnet hat. Der Veräußerer sollte dabei – neben der unverzichtbaren **Definition, was alles als vertraulich im Rahmen der beabsichtigten Transaktion zu behandeln ist** (neben den Informationen über das Zielunternehmen zum Beispiel auch die Tatsache, dass überhaupt eine Verkaufsabsicht bei dem Veräußerer besteht) – darauf achten, dass der **Kreis der Empfänger der vertraulichen Informationen** möglichst klein gehalten wird und ihm gegenüber bekannt zu machen ist. Ferner sollten der Zweck, zu welchem die überlassenen Informationen durch den Erwerber verwendet werden dürfen, genau definiert und eine **Verpflichtung zur Rückgabe oder Vernichtung der überlassenen vertraulichen Informationen** für den Fall der Beendigung der Vertragsverhandlungen aufgenommen werden. Die Definition der Ausnahmen von der Verpflichtung zur Vertraulichkeit kann dem Erwerber überlassen werden, sollte aber nicht ungeprüft bleiben und unter Umständen hinterfragt werden.

Formulierungsbeispiel Vertraulichkeitsverpflichtung (verkäuferfreundlich):

Die Käuferin verpflichtet sich, sowohl die Tatsache, dass Verhandlungen mit dem Verkäufer über die beabsichtigte Transaktion geführt werden, als auch Einzelheiten dieser Verhandlungen vertraulich zu behandeln. Ferner verpflichtet sich die Käuferin, vertrauliche Informationen im Sinne von § [...] dieser Vereinbarung (nachfolgend „**Vertrauliche Informationen**") nach Maßgabe der Bestimmungen dieser Vertraulichkeitsvereinbarung geheim zu halten. Eine Veröffentlichung ist lediglich im Rahmen einer zwischen den Parteien abgestimmten Presseerklärung zulässig.

Die Käuferin ist nur berechtigt, vertrauliche Informationen in einem Umfang an ihre Gesellschafter, Geschäftsführer, Mitglieder von Aufsichtsorganen, Angestellte und Mitarbeiter, Bevollmächtigte und Berater (nachfolgend gemeinsam „**Repräsentanten**") weiterzugeben, der für eine effektive Teilnahme der Käuferin an den Verhandlungen über die beabsichtigte Transaktion erforderlich ist. Der Kreis der Repräsentanten, die Zugang zu vertraulichen Informationen erhalten, ist durch die Käuferin auf das absolut notwendige Maß zu beschränken. Diesen Personen sind die Verpflichtungen der Käuferin aus dieser Vereinbarung in gleicher Weise durch die Käuferin aufzuerlegen. Eine schriftliche Aufstellung aller Repräsentanten, die Zugang zu Vertraulichen Informationen erhalten haben, ist dem Verkäufer auf dessen Wunsch durch die Käuferin zur Verfügung zu stellen.

Im Fall der Beendigung der Gespräche über die beabsichtigte Transaktion ist die Käuferin verpflichtet, alle vertraulichen Informationen und alle anderen Materialien (einschließlich der von der Käuferin selbst erstellten Materialien und Kopien), die vertrauliche Informationen enthalten, gleich ob schriftlich oder in einer anderen Verkörperung, unverzüglich mit allen Reproduktionen und Kopien an den Verkäufer zurückzugeben oder zu vernichten und die Vernichtung der vertraulichen Informationen dem Verkäufer schriftlich zu bestätigen. Die Verpflichtung nach Satz 1 gilt nicht, soweit gesetzliche Aufbewahrungspflichten für die Käuferin oder ihre Repräsentanten bestehen.

2. Abwerbeverbot

Der Erwerber erlangt im Rahmen eines Transaktionsprozesses spätestens im Rahmen des *Due Diligence* Prozesses Zugang zur Geschäftsführung und zu anderen so genannten *„Key Employees"*. Wesentlicher **Bestandteil der Vereinbarungen zur Vorbereitung einer Transaktion** aus Sicht des Veräußerers ist daher ein Verbot für den Erwerber, das Management und Mitarbeiter des Zielunternehmens im Hinblick auf die beabsichtigte Transaktion anzusprechen oder gar abzuwerben. 11

Ein solches Abwerbeverbot flankiert zum Einen die Vertraulichkeitsverpflichtungen des Erwerbers und verhindert, dass die Verkaufsabsichten des Veräußerers auf diese Weise durch den potentiellen Erwerber in das Zielunternehmen hineingetragen werden. Ferner kann der Veräußerer mit dem Verbot für den Erwerber, das Management oder einzelne Mitarbeiter des Zielunternehmens zu kontaktieren, sicherstellen, dass die **Weitergabe von Informationen über das Zielunternehmen** allein durch ihn gesteuert und kontrolliert wird. Zum Anderen soll ein Abwerbeverbot verhindern, dass der Erwerber im Fall des Scheiterns der Vertragsgespräche aus der *Due Diligence* erlangtes Wissen dazu benutzt, das Management oder einzelne Mitarbeiter des Zielunternehmens zu einem **Wechsel des Arbeitgebers** zu bewegen und auf diese Weise neben der reinen Personalkapazität gerade auch Know-how und Geschäftskontakte aus dem Zielunternehmen abzuziehen. Deshalb ist darauf zu achten, dass das Abwerbeverbot jedenfalls auch einen **Zeitraum nach dem Abbruch der Vertragsgespräche** erfasst. Ein Zeitraum von bis zu zwei Jahren ist dabei marktüblich. 12

Formulierungsbeispiel Abwerbeverbot:
Die Käuferin verpflichtet sich, für die Dauer der Geltung dieser Vereinbarung sowie für einen Zeitraum von 24 Monaten nach dem Abbruch der Verhandlungen über die beabsichtigte Transaktion, keine Organmitglieder oder Mitarbeiter des Zielunternehmens oder sonstige Personen, die in einem ständigen oder zeitweiligen Beschäftigungs-, Beratungs- oder sonstigen Rechtsverhältnis zum Verkäufer oder dem Zielunternehmen stehen, auf Grund von Informationen, die sie im Zusammenhang mit der beabsichtigten Transaktion durch den Verkäufer erhalten, im Hinblick auf die beabsichtigte Transaktion anzusprechen, abzuwerben, anzustellen oder in sonstiger Weise zu beschäftigen (Abwerbeverbot). Es stellt keinen Verstoß gegen das Abwerbeverbot dar, wenn Einstellungen auf Grund von Bewerbungen der vorgenannten Personen auf allgemeine Stellenanzeigen erfolgen.

II. Das Informationsmemorandum – Haftungsrisiko für den Veräußerer?

Für ein Auktionsverfahren unverzichtbar, für exklusive Verhandlungen zumindest förderlich, ist die Erstellung eines so genannten Informationsmemorandums durch den Veräußerer. Das Informationsmemorandum enthält eine überblicksmäßige **Darstellung der Unternehmenshistorie, der aktuellen wirtschaftlichen, rechtlichen und steuerlichen Verhältnisse des Zielunternehmens** und dient – vor allem in einem Auktionsverfahren – als Grundlage für die Abgabe eines ersten unverbindlichen Angebotes durch interessierte Bieter. Der Detaillierungsgrad des Informationsmemorandums ist nicht tiefgehend. 13

Zwar ist es nicht Zweck des Informationsmemorandums und kann es auch nicht sein, den Bietern bereits zu diesem Zeitpunkt ein detailliertes Bild über die wirtschaftlichen, rechtlichen und steuerlichen Verhältnisse des Zielunternehmens zu verschaffen. Gleichwohl ist im Hinblick auf die Erstellung des Informationsmemorandums große Sorgfalt geboten, um **Haftungsrisiken für den Veräußerer** zu minimieren. Informationen, die den möglichen Erwerbern aktiv zur Verfügung gestellt werden, müssen in jedem Fall zutref- 14 fend sein.[1] Eine Delegierung der Erstellung des Informationsmemorandum in den Verantwortungsbereich externer Berater hilft dem Veräußerer in diesem Zusammenhang zumeist nicht, da ihm in diesem Fall das Verschulden seiner insoweit als Erfüllungsgehilfen auftretenden Berater zugerechnet werden würde, § 278 BGB. Einen Schutz können dem Veräußerer (und den mit der Erstellung des Informationsmemorandums befassten Beratern) noch diesbezügliche **Haftungsfreizeichnungen** bieten, die dem Informationsmemorandum vorangestellt oder am Schluss aufgenommen werden. Solche Haftungsfreizeichnungen müssen sich hinsichtlich ihrer Wirksamkeit jedoch regelmäßig einer Inhaltskontrolle stellen, da in den meisten Fällen auf ein Informationsmemorandum das **Recht der Allgemeinen Geschäftsbedingungen §§ 305 ff. BGB** anwendbar ist.[2] Dementsprechend wäre ein Ausschluss der Haftung für grobes Verschulden gemäß § 307 BGB unwirksam.[3] Eine Haftung wegen leichter Fahrlässigkeit kann hingegen ausgeschlossen werden, es sei denn, dem möglichen Schaden des Bieters liegt eine Verletzung so genannter Kardinalspflichten zugrunde.[4] Als Kardinalspflichten werden diejenigen Pflichten bezeichnet, die für die Anbahnung des Vertragsabschlusses wesentlich sind und auf deren uneingeschränkte Erfüllung der Erwerber vertrauen durfte und tatsächlich vertraut hat.[5] Im Ergebnis sind damit bei der Erstellung eines Informationsmemorandums **dieselben Sorgfaltspflichten** zu beachten, die auch im Übrigen (zum Beispiel bei der Einrichtung eines Datenraums) im Hinblick auf **Aufklärungspflichten des Veräußerers** gelten und im Zusammenhang mit der Frage der möglichen rechtlichen Erforderlichkeit einer durch den Verkäufer durchzuführenden *Due Diligence* dargestellt werden (hierzu sogleich in Rn. 31 ff.).

Formulierungsbeispiel Haftungsfreizeichnung im Informationsmemorandum:

Dieses Informationsmemorandum stellt kein Angebot des Verkäufers zum Erwerb des Zielunternehmens dar und begründet keine Verpflichtung gegenüber anderen Personen, denen dieses Informationsmemorandum durch den Verkäufer oder Dritte zur Kenntnis gebracht wird, zur Aufnahme oder Fortführung von Verhandlungen über den Erwerb des Zielunternehmens. Die im Informationsmemorandum enthaltenen Daten und Beschreibungen beruhen auf Angaben des Managements oder einzelner Mitarbeiter des Zielunternehmens und wurden durch den Verkäufer nicht auf ihre Richtigkeit überprüft. Das Informationsmemorandum stellt keine Grundlage für eine Investitionsentscheidung dar und ersetzt keine eigenständige Prüfung des Zielunternehmens durch den Interessenten.

Der Verkäufer haftet im Zusammenhang mit diesem Informationsmemorandum nur für Vorsatz und grobe Fahrlässigkeit.

C. *Vendor Due Diligence*

15 Wie im Zusammenhang mit Unternehmensakquisitionen (§ 16 Rn. 68) bereits ausgeführt, wird im Fall einer Unternehmensakquisition regelmäßig eine *Due Diligence* durch die Berater des Erwerbers durchgeführt werden. Diese verschaffen sich auf diese Weise einen Überblick über die rechtlichen und wirtschaftlichen Verhältnisse des Zielunternehmens, prüfen Risiken und verifizieren die kaufpreisrelevanten Faktoren. Denkbar ist

---

[1] BGH NJW-RR 1997, 144 (145).

[2] Das Informationsmemorandum wird zwar für den Einzelfall (Veräußerung des Zielunternehmens) erstellt, jedoch im Regelfall mindestens dreimal (gegenüber verschiedenen Bietern) verwendet: MünchKommBGB/Basedow § 305 Rn. 18; *Habersack*, FS Canaris, S. 363.

[3] BGH NJW 1999, 1031 (1032).

[4] BGH NJW-RR 2005, 1496.

[5] *Habersack*, FS *Canaris*, S. 364.

aber auch, dass eine solche Prüfung bereits vorab durch den Veräußerer und dessen Berater zur Vorbereitung eines Verkaufs des Zielunternehmens vorgenommen wird. Begrifflich wird in diesem Fall von einer so genannten Vendor (Verkäufer) *Due Diligence* gesprochen.

I. Erforderlichkeit der *Vendor Due Diligence*?

16 Die Erforderlichkeit einer *Vendor Due Diligence* kann sich aus rechtlicher Sicht aus dem Umfang der Aufklärungs- und Sorgfaltspflichten ergeben, die den Veräußerer im Zusammenhang mit dem beabsichtigten Verkauf eines Unternehmens treffen.

17 Nach der Rechtsprechung des Bundesgerichtshofs trifft den Veräußerer im Rahmen von Vertragsverhandlungen über den Verkauf eines Unternehmens eine **gesteigerte Aufklärungs- und Sorgfaltspflicht.**[6] Der Veräußerer kann unter Umständen verpflichtet sein, den Erwerber – auch ohne vorherige Aufforderung hierzu – auf **mögliche Risiken im Zusammenhang mit dem Erwerb des Zielunternehmens** hinzuweisen. Die schuldhafte Verletzung dieser Aufklärungspflicht würde den Veräußerer schadenersatzpflichtig machen.

18 Eine solche Aufklärungspflicht bei Kaufvertragsverhandlungen besteht vor allem dann, wenn das Verschweigen von Tatsachen gegen den Grundsatz von Treu und Glauben verstoßen würde und der Erklärungsgegner die Mitteilung der verschwiegenen Tatsache nach der Verkehrsauffassung erwarten durfte.[7] Bekannte Risiken müssen folglich, soweit es der Grundsatz von Treu und Glauben gebietet, durch den Veräußerer dem Erwerber offenbart werden, insbesondere wenn der Erwerber deutlich gemacht hat, dass es ihm auf Informationen zu den fraglichen Themenkomplexen gerade ankommt. Ob es darüber hinaus eine **Nachforschungspflicht des Veräußerers über unentdeckte Risiken seines Unternehmens** gibt, die somit die Durchführung einer *Vendor Due Diligence* zwingend erforderlich machen würden, hat die Rechtsprechung bislang offen gelassen. Jedenfalls kann die Aufklärungspflicht durch den Veräußerer auch fahrlässig verletzt werden.[8] Entscheidungen der Rechtsprechung, die die Durchführung einer *Vendor Due Diligence* als verpflichtend für den Veräußerer ansehen, um seiner Sorgfaltspflicht gerecht zu werden, liegen bislang nicht vor. Dies wäre im Ergebnis gleichbedeutend mit einer grundsätzlichen Nachforschungspflicht für den Veräußerer. Die juristische Literatur spricht sich gerade gegen eine solche grundsätzliche Nachforschungspflicht des Verkäufers aus.[9] Auch in der Praxis wird die Vorlage eines *Vendor Due Diligence Reports* durch die Berater des Erwerbers nicht erwartet. Im Ergebnis ist damit festzuhalten, dass die **Durchführung einer *Vendor Due Diligence* aus rechtlichen Gründen nicht zwingend geboten** ist.

II. Funktionen und Umfang der *Vendor Due Diligence*

19 Die *Vendor Due Diligence* dient der **Erkennung von Risiken bereits im Vorfeld,** die eine erfolgreiche Durchführung der Transaktion gefährden oder zumindest verzögern könnten.

20 Auch wenn sie nicht zwingend rechtlich geboten ist, erfüllt eine *Vendor Due Diligence* verschiedene Funktionen, die für den Veräußerer eines Unternehmens von Vorteil sind:

- Unter Umständen können identifizierte Risiken noch vor dem Eintritt in Gespräche mit Erwerbsinteressenten behoben werden.
- Eine *Vendor Due Diligence* kann ferner zu einer **Beschleunigung des späteren Verkaufsprozess** führen.

---

[6] BGH NZG 2001, 751.
[7] BGH NJW 1991, 1223.
[8] BGH NZG 2001, 751 (752).
[9] MünchKommBGB/*Westermann* § 433 Rn. 70; *Erman/Grunewald* § 433 BGB Rn. 28.

– Daneben erhält der Veräußerer einen **Wissensvorsprung für die Verhandlungen** zu den im Unternehmenskaufvertrag abzugebenden Garantien und kann unter Umständen entdeckte Risiken, wenn schon eine Beseitigung nicht (mehr rechtzeitig) möglich ist, quantifizieren und in die eigenen Kaufpreisvorstellungen „einpreisen".

1. Identifikation und Behebung von verkaufsgefährdenden Risiken

21 Mit der Durchführung einer *Vendor Due Diligence* im Vorfeld von Verkaufsverhandlungen kann sich der Veräußerer einen **Überblick über die rechtlichen und wirtschaftlichen Verhältnisse „seines" Unternehmens** verschaffen, insbesondere im Hinblick auf das Bestehen etwaiger Risiken, die den Verkauf des Unternehmens gefährden (so genannte *Dealbreaker*) oder sich nachteilig auf die Verhandlungsposition des Veräußerers auswirken könnten. Oftmals wird bei der Zusammenstellung des Datenraums eine Überprüfung der zusammengestellten Unterlagen vorgenommen und insoweit die *Vendor Due Diligence* durchgeführt.

22 Sollten solche Risiken tatsächlich identifiziert werden, kann der Veräußerer gegebenenfalls noch rechtzeitig die erforderlichen Maßnahmen ergreifen, um diese Risken zu beheben. Welche Maßnahmen dies sind, hängt von den jeweiligen Umständen des Einzelfalls ab. In Betracht kommen die Herbeiführung eines genehmigenden („heilenden") Gesellschafterbeschlusses, der Neuabschluss oder die Verlängerung von wesentlichen Verträgen des Zielunternehmens mit Lieferanten oder Kunden sowie die Einholung von Verzichtserklärungen der Vertragspartner im Fall von Change of Control-Klauseln.

2. Vorbereitung und Beschleunigung des Verkaufsprozesses

23 Eine sorgfältig durchgeführte *Vendor Due Diligence* beschleunigt in der Regel den Transaktionsprozess.

24 Zum einen gilt dies im Hinblick auf die bereits dargestellte **Identifikation von transaktionsgefährdenden Risiken.** Die Behebung solcher Risiken im Vorfeld der Vertragsverhandlungen mit interessierten Bietern ist häufig noch möglich und unter Umständen auch Zeit und Kosten sparender durchzuführen, als wenn ein solches Risiko erst im Zusammenhang mit der *Due Diligence* der Bieter identifiziert und der Veräußerer von diesen darauf hingewiesen wird. In diesem Fall wird eine vom Erwerber verlangte Beseitigung der Risiken bestenfalls zu einer Verzögerung des Vollzugs der Transaktion führen, eher aber den Vollzug insgesamt gefährden oder sich deutlich stärker im Verkaufspreis für das Zielunternehmen niederschlagen, als der Aufwand für die interne Risikobeseitigung beträgt.

25 Zum anderen werden bereits im Rahmen einer *Vendor Due Diligence* rechtliche und wirtschaftliche Informationen zum Zielunternehmen durch externe Berater aufbereitet. Daher eignet sich diese Maßnahme besonders zur **Vorbereitung eines Datenraums** für den oder die Kaufinteressenten im Rahmen der (eigentlichen) *Due Diligence* durch den Erwerber. Die Dokumentation der relevanten Unterlagen kann daneben **zur Beweissicherung** für den Veräußerer genutzt werden, die im Falle von späteren Rechtsstreitigkeiten mit dem Erwerber über die Fragen des Bestehens und der Offenlegung von Risken vor Abschluss des Unternehmenskaufvertrags Bedeutung erlangen kann.

3. Ermittlung des „richtigen" Verkaufspreises

26 Letztlich erhält der Veräußerer durch die Ergebnisse einer *Vendor Due Diligence* ein **objektiv bewertbares Bild** von „seinem" Unternehmen. Auf dieser Grundlage wird der Veräußerer in die Lage versetzt, mit realistischen Kaufpreisvorstellungen in die Verhandlungen mit dem Erwerber einzutreten. In den Verhandlungen kann der Veräußerer dann mit umfassender und detaillierter Kenntnis seines Zielunternehmens überzeugen und ist zu einer **schnellen und flexiblen Reaktion** auf Verhandlungspunkte des Erwerbers in der Lage.

4. Verkäufer- und käuferorientierte *Vendor Due Diligence* (Umfang)

27 Die *Vendor Due Diligence* soll in der Regel nicht eine sorgfältige Überprüfung des Zielunternehmens durch den Käufer ersetzen. Entsprechend den vorstehend dargestellten Funktionen hat sie vielmehr eine eigene Bedeutung für den Veräußerer, wobei zwei unterschiedliche Perspektiven zu beachten sind.

28 Beabsichtigt der Veräußerer die *Vendor Due Diligence* nur **für eigene Zwecke**[10] zu nutzen, spricht man von einer **verkäuferorientierten *Vendor Due Diligence*.** Sollen die Ergebnisse der *Vendor Due Diligence* in einem Report auch dem Erwerber und seinen Beratern zur Verfügung gestellt werden, ist der Terminus **käuferorientierte *Vendor Due Diligence*** zutreffend. Aus den oben im Zusammenhang mit den Vor- und Nachteilen eines Auktionsverfahrens bereits angedeuteten Überlegungen kommt eine *Vendor Due Diligence* sowie die **Weitergabe des *Vendor Due Diligence Report*s an Berater des Erwerbers** eher bei einem solchen Auktionsverfahrens in Betracht.

29 Mit der Weitergabe des *Vendor Due Diligence Report*s wird allen Bietern gleichermaßen derselbe Kenntnisstand verschafft. Dies kann die Prozesssteuerung erheblich vereinfachen und zur Beschleunigung des Auktionsverfahrens beitragen.

30 Es kann – je nach Verhandlungsposition des Veräußerers – auch möglich sein, eine *Due Diligence* durch den Erwerber mit einem Hinweis auf die *Vendor Due Diligence* und den offen gelegten *Vendor Due Diligence Report* teilweise oder ganz auszuschließen. In einem solchen Fall wird der Veräußerer jedoch umfangreiche Gewährleistungen bezogen auf den *Vendor Due Diligence Report* abzugeben haben. In der Praxis wird daher regelmäßig trotz Durchführung einer *Vendor Due Diligence* **ebenfalls noch eine eigene *Due Diligence* durch den Erwerber durchgeführt.** Liegt dem Erwerber ein *Vendor Due Diligence Report* vor, kann diese Prüfung jedoch wesentlich schneller und kostengünstiger durchgeführt werden.

III. Inhalt

31 Für die Beteiligten einer *Vendor Due Diligence* bestehen im Grundsatz dieselben Anforderungen, die auch bei einer von den Beratern des Erwerbers durchgeführten *Due Diligence* zu beachten sind (§ 16 Rn. 68). Unterschiede ergeben sich vor allem daraus, ob die *Vendor Due Diligence* verkäuferorientiert oder käuferorientiert vorgenommen werden soll.

1. Verkäuferorientierte *Vendor Due Diligence*

32 Ein verkäuferorientierter *Vendor Due Diligence Report* dient ausschließlich der **(internen) Information des Veräußerers.** Er wird den Beratern des Erwerbers nicht vorgelegt. Der Umfang der verkäuferorientierten *Vendor Due Diligence* bestimmt sich in erster Linie nach den Bedürfnissen des Veräußerers. Neben einer vollumfänglichen, beschreibenden *Vendor Due Diligence*, die vor allem in Betracht gezogen werden sollte, wenn lediglich einzelne Unternehmensteile oder Konzerngesellschaften veräußert werden sollen, ist auch eine **Beschränkung des Prüfungsgegenstandes** der *Vendor Due Diligence* auf die wesentlichen Bereiche (gesellschaftsrechtlichen Verhältnisse (bei einem share deal), Personalangelegenheiten, Einfluss der beabsichtigten Transaktion auf die bestehende Vertragsstruktur des Zielunternehmens) denkbar. Der verkäuferorientierte *Vendor Due Diligence Report* enthält in diesem Fall nur **sehr wenige beschreibende Elemente** und beschränkt sich in der Regel auf die **Hervorhebung von Haftungsrisiken und Lücken in der Dokumentation** (so genannte „red flags") sowie entsprechende Handlungsempfehlungen.

---

[10] Der Veräußerer kann sich mit einer Vendor Due Diligence einen (aktuellen) Überblick über die rechtlichen und wirtschaftlichen Verhältnisse des Zielunternehmens verschaffen, etwaige Risiken im Vorfeld identifizieren und ggf. beheben und sich anhand der Ergebnisse auf die Vertragsverhandlungen, insbesondere im Hinblick auf die abzugebenden Gewährleistungen, vorbereiten.

2. Käuferorientierte *Vendor Due Diligence*

33 Der käuferorientierte *Vendor Due Diligence Report* dient der detaillierten **Information möglicher Erwerber** über das Zielunternehmen. Der *Vendor Due Diligence Report* wird in aller Regel die eigene *Due Diligence* des Käufers nicht ersetzen, sollte diese aber beschleunigen und sich kostensparend für ihn auswirken.

34 Im Unterschied zu dem soeben angesprochenen (allein risikoorientierten) verkäuferorientierten *Vendor Due Diligence Report* enthält der käuferorientierte *Vendor Due Diligence Report* regelmäßig **umfangreiche beschreibende Elemente.** Diese sollen die Berater des Erwerbers in die Lage versetzen, den Inhalt des *Vendor Due Diligence Report*s mit den eigenen Erkenntnissen, die sie aus ihrer *Due Diligence* gewinnen, zu vergleichen. Umstrukturierungs- oder Risikobeseitigungsmaßnahmen sollten mit Blick auf die grundsätzlich bestehenden Aufklärungspflichten des Veräußerers umfassend beschrieben werden. Neben einer **Risikoeinschätzung,** soweit diese möglich ist, und denkbaren **Lösungsmöglichkeiten** sollten dabei insbesondere die **bereits eingeleiteten Maßnahmen** dargestellt werden. Dies gilt in gleicher Weise für alle sonstigen Vorkommnisse, die über den gewöhnlichen Geschäftsbetrieb des Zielunternehmens hinausgehen oder die gesellschafterliche Struktur des Zielunternehmens betreffen. Gerade an den gesellschaftsrechtlichen, geschäftlichen und betrieblichen Ereignissen und Maßnahmen unmittelbar vor Beginn des eigentlichen (offiziellen) Verkaufsprozesses hat der Erwerber regelmäßig (auch ohne ausdrückliches Verlangen) ein Informationsinteresse, unabhängig davon, ob diese Maßnahmen einer Risikobeseitigung dienten oder nicht.

35 Ferner empfiehlt sich bei der (begleitenden) Erstellung eines *Vendor Due Diligence Report*s eine enge Verzahnung des Reports und seiner Quellenangaben mit der **Einrichtung und Ausgestaltung des Datenraums.** Beruhen Informationen im käuferorientierten *Vendor Due Diligence Report* auf Dokumenten, die nicht in den Datenraum eingestellt werden, sollte im Report die jeweilige Quelle zumindest benannt werden, um die Herkunft der Information zu dokumentieren. Die Dokumente im Datenraum sollten nach der Gliederung und dem Inhalt des *Vendor Due Diligence Report*s strukturiert werden. Ein übersichtlicher, gut strukturierter Datenraum ist als **Grundlage eines erfolgreichen Verkaufsprozesses** unverzichtbar. Eine sorgfältige Vorbereitung an dieser Stelle stärkt die Verhandlungsposition des Veräußerers.

D. Der verkäuferfreundliche Kaufvertrag

36 Aus Sicht des Veräußerers muss ein Unternehmenskaufvertrag dieselben Bestandteile enthalten, die auch für den Erwerber von Bedeutung sind. Insoweit verweisen wir auf unsere Ausführungen zu den einzelnen Inhalten eines Unternehmenskaufvertrags in § 16 Rn. 127ff. „Verkäuferfreundlich“ wird ein Unternehmenskaufvertrag dann durch die Ausgestaltung einzelner, wesentlicher Bestimmungen im Interesse des Veräußerers. In erster Linie zu nennen sind hier die **Vereinbarungen zum Kaufpreis, zu den Gewährleistungen und zum Wettbewerbsverbot.**

I. Kaufpreisformeln, Zahlungsmodalitäten und Sicherheiten aus Sicht des Veräußerers

37 Im Zusammenhang mit der Akquisition eines Unternehmens sind wir bereits auf die Vielschichtigkeit möglicher Kaufpreisformeln eingegangen (§ 16 Rn. 165ff.). Mit der Aufnahme eines Kaufpreisanpassungsmechanismus in Form von variablen Kaufpreisgestaltungen, die von den tatsächlichen Geschäftszahlen des Zielunternehmens (Umsatz, Ergebnis) abhängen, möchte der Erwerber nach Möglichkeit erreichen, im Ergebnis den „richtigen“, weil angemessenen Kaufpreis zu zahlen. Den Darstellungen des Veräußerers zur Ertragskraft des Zielunternehmens wird der Erwerber allein nicht vertrauen. Für den

Fall, dass sich im Nachhinein anhand des tatsächlichen Geschäftsergebnisses herausstellt, dass die Prognosen des Veräußerers und des Managements des Zielunternehmens im Hinblick auf dessen Verkauf zu optimistisch waren, möchte sich der Erwerber eine **Korrekturmöglichkeit** vorbehalten, um den Kaufpreis auf den nach seinem Verständnis angemessenen Betrag anzupassen.

Demgegenüber möchte auch der Veräußerer sicherstellen, dass er sein Unternehmen 38 für den „richtigen" Preis veräußert, der insbesondere seine unternehmerische Leistung (sein „Lebenswerk") angemessen würdigt. Nachträgliche Korrekturmöglichkeiten durch den Erwerber stellen für den Veräußerer dabei eine **Unsicherheit** dar, die dieser nach Möglichkeit vermeiden sollte. Ferner liegt das Interesse des Veräußerers vor allem darin, nicht mit dem möglichen **Insolvenzrisiko des Erwerbers** belastet zu werden. Dieses Interesse kann durch verkäuferfreundliche Zahlungsmodalitäten oder durch die Bestellung von Sicherheiten für den Kaufpreis bedient werden.

1. Kaufpreisformel

Dem eingangs aufgezeigten Interesse des Veräußerers, sein Unternehmen für den nach 39 seiner Vorstellung „richtigen" Kaufpreis, zu verkaufen der zudem nachträglichen Korrekturen zu lasten des Veräußerers entzogen ist, wird am ehesten die Vereinbarung eines **festen Kaufpreises (Fixkaufpreises)** gerecht. In der Praxis wird ein solcher Fixkaufpreis vom Erwerber jedoch in den seltensten Fällen akzeptiert werden.

a) **Gründe für einen Fixkaufpreis.** Der Grund hierfür ist darin zu sehen, dass der Er- 40 werber auch nach Abschluss der *Due Diligence* regelmäßig noch kein vollständiges Bild von der Vermögenslage und der Ertragskraft des Zielunternehmens erlangt hat. Dennoch kann der Veräußerer verschiedene Argumente für einen Fixkaufpreis in die Verhandlungen einbringen. Einerseits können bei einer Einigung auf einen Fixkaufpreis die **Verhandlungen wesentlich abgekürzt** und die **Regelungen im Unternehmenskaufvertrag vereinfacht** werden. Die Vereinbarung eines Fixkaufpreises kann dabei vor allem bei mehreren Verkäufern psychologisch von Vorteil sein, insbesondere wenn diese sich vorab auf einen bestimmten (Mindest-)Kaufpreis geeinigt hatten. Andererseits wird durch einen Fixkaufpreis der **Vollzug des Unternehmenskaufs wesentlich erleichtert.** Die Aufstellung einer Stichtagsbilanz ist entbehrlich. Ferner entfallen nachträgliche Hin- und Herzahlungen etwaiger Anpassungsbeträge.

b) **Mindestkaufpreis als untere Grenze.** Für den Fall, dass ein Fixkaufpreis in den Ver- 41 handlungen nicht durchgesetzt werden kann, wäre aus Sicht des Veräußerers auch denkbar, auf der Vereinbarung eines Mindestkaufpreises zu bestehen, mithin einen Betrag festzuschreiben, der unabhängig von etwaigen Kaufpreisanpassungen nicht unterschritten wird. Als Argument kann bei mehreren Veräußerern auch hier dienen, dass ein solcher **Mindestkaufpreis psychologisch entscheidend** ist, um alle Veräußerer zu einem Verkauf des Zielunternehmens zu bewegen.

c) **Faktischer Ausschluss der Kaufpreisanpassung.** Sollten die Verhandlungsteilnehmer 42 des Erwerbers eine fixe Untergrenze des Kaufpreises nicht akzeptieren (können), weil zum Beispiel unternehmensinterne Vorgaben auf Erwerberseite die Vereinbarung eines grundsätzlich flexiblen Kaufpreises verlangen, kann als Lösung, welche die Interessen beider Seiten berücksichtigt, noch in Betracht kommen, für eine Kaufpreisanpassung eine Regelung zu vereinbaren, deren **Anwendungsfall wirtschaftlich nahezu ausgeschlossen** ist. Eine solche Grenze könnte zum Beispiel in der Vereinbarung eines Mindestbetrags für das Eigenkapital des Zielunternehmens am Übergangsstichtag gefunden werden. Zu beachten ist dabei, dass eine solche Regelung jedoch **faktisch eine Eigenkapitalgarantie darstellt,** für deren Unterschreiten der Veräußerer auf Grund der dann erfolgenden Kaufpreisanpassung wirtschaftlich einzustehen hat. Eine solche Grenze ist daher aus Sicht des Veräußerers **sorgfältig zu definieren,** um deren Anwendungsfall nach unternehmerischem Ermessen tatsächlich auszuschließen.

43 Denkbar ist auch, eine solche Grenze für Kaufpreisanpassungen auch „nach oben" zu vereinbaren, wonach ein höherer Kaufpreis durch den Erwerber erst dann zu zahlen ist, wenn die Geschäftszahlen des Zielunternehmens (Eigenkapital, Umsatz, Ergebnis) einen bestimmten Betrag überschreiten. Die Vereinbarung eines solchen Korridors dient der **Vermeidung streitanfälliger Kaufpreisanpassungen** im Interesse beider Seiten.

44 Regelungsbedürftig ist auch die Frage, **in welchem Umfang Kaufpreisanpassungen erfolgen,** sollten die tatsächlichen Ergebnisse des Zielunternehmens doch den definierten Korridor verlassen. Denkbar wäre bei einem Unter- oder Überschreiten der im Unternehmenskaufvertrag benannten Grenzwerte lediglich den Betrag zu berücksichtigen, um den die festgelegten Grenzwerte unter- bzw. überschritten wurden, oder eine umfängliche Kaufpreisanpassung ausgehend von einem (hypothetischen oder im Unternehmenskaufvertrag bestimmten) Mittelwert vorzunehmen. Der Veräußerer sollte darauf dringen, dass im Fall des Unterschreitens der festgelegten Untergrenze lediglich der Betrag auszugleichen ist, um den die Untergrenze unterschritten wurde.

Formulierungsbeispiel Faktischer Mindestkaufpreis:

Die Parteien sind sich einig, dass unabhängig von etwaigen Kaufpreisanpassungen, die sich aus der Bewertung des Eigenkapitals der Zielgesellschaft und der Tochtergesellschaften zum [...] (Ziffer [...]) oder dem Betriebsergebnis (Ziffer [...]) ergeben können, der Kaufpreis für die nach diesem Vertrag verkauften und übertragenen Geschäftsanteile mindestens EUR [...] beträgt („Mindestkaufpreis"). Satz 1 gilt nur dann nicht, wenn das in Anwendung der in Anlage [...] beigefügten Bewertungsgrundsätze ermittelte buchmäßige Eigenkapital einen Betrag von EUR [...] (in Worten: [...] Euro) unterschreitet. In diesem Fall ist der in Satz 1 genannte Mindestkaufpreis um den Betrag zu reduzieren, den das in Anwendung der Bewertungsgrundsätze gemäß Anlage [...] ermittelte Eigenkapital den Betrag von EUR [...] unterschreitet.

2. Zahlungsmodalitäten

45 Im Hinblick auf die Zahlung des Kaufpreises liegt das Interesse des Veräußerers vor allem darin, möglichst nicht mit einem **Insolvenzrisiko auf Seiten des Erwerbers** belastet zu werden. Einem solchen Risiko kann vor allem dadurch begegnet werden, dass die Übertragung der Geschäftsanteile an dem Zielunternehmen auf den Erwerber in jedem Fall **aufschiebend bedingt auf die (vollständige) Zahlung des (vorläufigen) Kaufpreises** erfolgt. Dementsprechend erfolgt die (vollständige) Zahlung des Kaufpreises regelmäßig zum *Closing* des Unternehmenskaufvertrags.

46 Denkbar ist aber auch, die Fälligkeit eines Teilbetrags des Kaufpreises bereits mit der Unterzeichnung des Unternehmenskaufvertrags zu verbinden. Üblich dürften solche Gestaltungen zwar nicht sein. Der Verkäufer kann hier jedoch stets mit einem Schutzbedürfnis argumentieren, weil er nach Vertragsunterzeichnung das Unternehmen nicht mehr anderweitig anbieten kann.

47 Mit Blick auf mögliche Gewährleistungsansprüche wird der Erwerber regelmäßig bestrebt sein, einen Teil des Kaufpreises zurückzubehalten, um aus diesem Betrag die Befriedigung seiner Garantieansprüche zu erlangen. Der Veräußerer sollte diesen Betrag möglichst niedrig halten und auf der Überweisung des **so genannten Garantieeinbehaltes** auf ein Treuhandkonto bestehen. Der diesbezüglich abzuschließende Treuhandvertrag, der insbesondere **Regelungen zur Auszahlung des Garantieeinbehaltes** im Fall von Garantieansprüchen sowie bei Ablauf der Garantiefristen enthalten sollte, kann dem Unternehmenskaufvertrag als Anlage beigefügt werden. Als Argument für einen **möglichst geringen Garantieeinbehalt** kann dabei angeführt werden, dass der Veräußerer für die Übertragung seines Unternehmens auch tatsächlich den Kaufpreis erhalten möchte, die Hauptleistungspflichten des Unternehmenskaufvertrags mithin „Zug um Zug" erfüllt

werden. Im Ergebnis wird der Garantieeinbehalt aber vor allem von der Höhe abhängen, auf die eine mögliche Haftung des Veräußerers für Garantieansprüche des Erwerbers beschränkt ist.

Aufgrund der generellen Aufrechenbarkeit wechselseitiger Forderungen, vgl. § 389 BGB, sollte der Veräußerer auch darauf achten, dass die **Möglichkeit der Aufrechnung von Garantieansprüchen** des Erwerbers mit – auf Grund des Garantieeinbehaltes – noch offenen Kaufpreisforderungen des Veräußerers eingeschränkt wird. Garantieansprüche des Erwerbers sollten nur dann zur Aufrechnung erklärt werden können, wenn diese einvernehmlich zwischen den Parteien oder rechtskräftig, zum Beispiel durch die Entscheidung eines Schiedsgerichts, festgestellt wurden. Auf diese Weise verhindert der Veräußerer, dass sich die Verfahrenslast (die Notwendigkeit ein entsprechendes Verfahren zu betreiben) auf Grund einer frühzeitigen Aufrechnung durch den Erwerber einseitig zu seinen Lasten verschiebt. 48

3. Sicherheiten

Nicht selten wird bei Unternehmenstransaktionen auf Seiten des Erwerbers als tatsächlicher Käufer eine speziell zu diesem Zweck errichtete Gesellschaft (ein so genanntes *Special Purpose Vehicle* – SPV) verwendet. Die erwerbende Gesellschaft wird dabei regelmäßig nur mit einem Gesellschaftskapital in Höhe des Mindestkapitals ausgestattet sein. Gerade in diesem Fall hat der Veräußerer darauf zu achten, dass die Erfüllung der Verbindlichkeiten, die sich für die erwerbende Gesellschaft aus dem Unternehmenskaufvertrag ergeben, insbesondere die Verpflichtung zu Zahlung des Kaufpreises, gewährleistet ist. 49

In erster Linie kommen dabei **Finanzierungszusagen für die Zahlung des Kaufpreises** durch Kreditinstitute in Betracht. Gerade im Fall der Verwendung eines *Special Purpose Vehicle* wird der Kaufpreis für das Zielunternehmen in den meisten Fällen fremdfinanziert werden. Deshalb kann und sollte der Veräußerer verlangen, dass mit Abschluss des Unternehmenskaufvertrags, spätestens jedoch bei *Closing,* die entsprechende verbindliche Finanzierungszusage eines Kreditinstitutes vorgelegt wird. Zum Schutz des Veräußerers und mit Blick auf die Belastbarkeit der jeweiligen Finanzierungszusage ist dabei darauf zu achten, dass die **Kriterien des den Kaufpreis finanzierenden Kreditinstitutes** im Unternehmenskaufvertrag vorgegeben werden.[11] 50

Neben einer solchen Finanzierungszusage kommt zur Sicherung des Kaufpreisanspruchs des Veräußerers vor allem die **Bestellung von Sicherheiten durch Dritte** (vornehmlich dem wirtschaftlichen Erwerber als Gesellschafter des *Special Purpose Vehicle*) in Betracht. Eine Einbindung der Sicherungsgeber erfolgt jedoch nur dann wirksam, wenn diese Sicherungsgeber ebenfalls Partei des Unternehmenskaufvertrags werden oder separate Sicherungsabreden zwischen dem Veräußerer und den Sicherungsgebern außerhalb des Unternehmenskaufvertrags getroffen werden. Diese Vereinbarungen können im Entwurf als Anlage zum Unternehmenskaufvertrag genommen werden und sind spätestens zum *Closing* des Unternehmenskaufvertrags abzuschließen. Als mögliche Sicherheiten, die zum Beispiel durch unmittelbare oder mittelbare Gesellschafter der erwerbenden Gesellschaft zu bestellen wären, sind **Patronatserklärungen und Bürgschaften** zu nennen. 51

a) **Patronatserklärungen.**[12] Durch eine Patronatserklärung verpflichtet sich der Sicherungsgeber, die erwerbende Gesellschaft (insbesondere finanziell) so zu stellen, dass diese jederzeit ihre Verpflichtungen aus dem Unternehmenskaufvertrag, vor allem zur Zahlung des Kaufpreises, erfüllen kann. Insoweit wird in der Praxis zwischen so genannten **harten und weichen Patronatserklärungen** unterschieden. Sicherungsgeber sind in diesen Fällen regelmäßig die Gesellschafter der erwerbenden Gesellschaft. 52

---

[11] Als gängige Formulierung zur Definition des Kreditinstitutes wird dabei häufig „eine in der Bundesrepublik Deutschland/der Europäischen Union anerkannte Geschäftsbank" verwendet.

[12] Zu Patronatserklärungen vgl. auch § 9 Rn. 106–111 und § 11 Rn. 9.

53 Die Patronatserklärung als solche ist gesetzlich nicht geregelt, sie ist jedoch ebenso wie eine Bürgschaft **akzessorischer Natur:**[13] das heißt, die Patronatserklärung ist in ihrem Bestand und ihrer Durchsetzbarkeit von der Hauptforderung des Veräußerers, mithin seinem Anspruch auf Zahlung des Kaufpreises abhängig. Patronatserklärungen können einen unterschiedlichen Erklärungsinhalt haben. Sie sind keine einseitigen Erklärungen im Sinne des BGB, notwendig ist daher eine Vereinbarung zwischen Sicherungsgeber und dem durch die bestellte Sicherheit begünstigten Veräußerer, vgl. § 311 Abs. 1 BGB.[14]

54 *aa) Weiche Patronatserklärung.* Der Sicherungsgeber wird in der Regel lediglich eine weiche Patronatserklärung abgeben wollen. Dies bietet den Vorteil, insoweit in der Bilanz keine Verbindlichkeiten ausweisen zu müssen. Verbindlichkeiten aus einer harten Patronatserklärung müssen durch den Sicherungsgeber in seiner Bilanz ausgewiesen werden, § 268 Abs. 7 HGB, woran die Gesellschafter der erwerbenden Gesellschaft regelmäßig kein Interesse haben. Weiche Patronatserklärungen enthalten daher lediglich **Absichtserklärungen** des „Sicherungsgebers" und sind aus diesem Grund **rechtlich nicht durchsetzbar.**

Formulierungsbeispiel weiche Patronatserklärung:

Verbindlichkeiten, die sich für die Käuferin aus dem Unternehmenskaufvertrag ergeben, betrachten wir als eigene Verbindlichkeiten.

55 *bb) Harte Patronatserklärung.* Harte Patronatserklärungen sind **rechtlich bindend.** Durch eine harte Patronatserklärung werden sowohl der Veräußerer als auch die erwerbende Gesellschaft als eigentlicher Leistungsempfänger begünstigt. Gegenstand einer harten Patronatserklärung ist die **rechtsverbindliche Verpflichtung des Sicherungsgebers,** die erwerbende Gesellschaft so auszustatten, dass diese wiederum ihre Verpflichtungen gegenüber dem Veräußerer erfüllen kann. Aufgrund dieser Ausstattungsverpflichtung des Sicherungsgebers gegenüber der erwerbenden Gesellschaft hat der Veräußerer aus einer zu seinen Gunsten abgegebenen Patronatserklärung grundsätzlich **keinen unmittelbaren Anspruch** gegenüber dem Sicherungsgeber.

56 Anders verhält es sich aber im Fall der Zahlungsunfähigkeit der erwerbenden Gesellschaft. In diesem Fall wandelt sich die Liquiditätsausstattungspflicht des Sicherungsgebers in eine Verpflichtung zur unmittelbaren Leistung an den begünstigten Veräußerer. Rechtstechnisch steht dem Veräußerer ein **Schadensersatzanspruch nach den §§ 280, 283 BGB** zu, da der Sicherungsgeber insoweit seine vertraglichen Sicherungsverpflichtungen verletzt hat, der Schaden aber dem Veräußerer, nicht der erwerbenden Gesellschaft entstanden ist.[15]

Formulierungsbeispiel harte Patronatserklärung:

Die [...] (nachstehend **„Sicherungsgeberin"**) ist direkt/indirekt mehrheitlich als Gesellschafterin an der Käuferin beteiligt. Die Sicherungsgeberin verpflichtet sich hiermit, die Käuferin jederzeit finanziell so auszustatten, dass die Käuferin in der Lage ist, die sich aus diesem Unternehmenskaufvertrag für die Käuferin ergebenden Verpflichtungen vertrags-, insbesondere fristgemäß zu erfüllen. Der Sicherungsgeberin bleibt es dabei unbenommen, ihre Verpflichtungen gemäß Satz 2 auch durch direkte Leistung an den Verkäufer zu erfüllen.

---

[13] MünchKommBGB/*Habersack* § 765 Rn. 50 m. w. N.; insbesondere zum diesbezüglich streitigen Meinungsstand in der Literatur OLG München DB 2003, 711.

[14] *Tiedke* Rn. 600.

[15] BGH NJW 1992, 2093. Eine andere Auffassung arbeitet mit einer ergänzenden Vertragsauslegung und gelangt materiell zu dem gleichen Ergebnis, vgl. MünchKommBGB/*Habersack* Vorb. § 765 Rn. 52.

b) Bürgschaft.[16] Mit einer Bürgschaftserklärung verpflichtet sich der Bürge, im Fall der Nichterfüllung der vertraglichen Verpflichtungen durch den Erwerber ersatzweise für die Erfüllung des Unternehmenskaufvertrags, insbesondere für die Zahlung des Kaufpreises einzustehen, § 765 BGB. 57

Eine Bürgschaft stellt einen Vertrag (Sicherungsabrede) zwischen Sicherungsgeber und Begünstigtem (dem Veräußerer) dar. Die Bürgschaft ist **akzessorischer Natur** und damit in ihrem Bestand und ihrer Durchsetzbarkeit von der Hauptforderung abhängig. Wird der Bürge im Außenverhältnis durch den Begünstigten in Anspruch genommen, erwirbt er kraft Gesetzes einen Regressanspruch gegenüber dem Hauptschuldner, dem eigentlichen Erwerber des Zielunternehmens. 58

Die Frage des Innenausgleichs zwischen Sicherungsgeber und Hauptschuldner betrifft den Veräußerer dann nicht mehr. Durch Inanspruchnahme des Bürgen hat er insoweit bereits **Befriedigung seiner Forderungen** erlangt. Ferner erlangt die Frage der möglichen Sittenwidrigkeit der Bürgschaftsverpflichtung, welche die Rechtsprechung insbesondere im Zusammenhang mit Bürgschaften von Familienangehörigen, die über keine nennenswerten Einkünfte verfügen, bereits umfangreich beschäftigt hat, bei Unternehmenstransaktionen regelmäßig keine Bedeutung.[17] Hintergrund ist, dass auch bei natürlichen Personen als Sicherungsgeber oder Bürgen (zum Beispiel Gesellschafter oder Organmitglieder der erwerbenden Gesellschaft), diese in der Regel eigene finanzielle Interessen verfolgen, die insoweit einem zur Sittenwidrigkeit führenden krassen Missverhältnis zwischen der Verpflichtung zur Besicherung der Hauptforderung und den eigenen Interessen entgegenstehen.[18] 59

Aus Sicht des Veräußerers sind **zwei Faktoren** zu berücksichtigen, damit die Bürgschaft eines Dritten für die Erfüllung der Verpflichtungen des Erwerbers aus dem Unternehmenskaufvertrag, insbesondere im Hinblick auf die Kaufpreisforderung, ein **effektives Sicherungsmittel** darstellt. Zum einen sollte auf die Möglichkeit der unmittelbaren Inanspruchnahme des Sicherungsgebers geachtet und vermieden werden, dass dieser nur nachrangig hinter dem Hauptschuldner, dem Erwerber des Zielunternehmens, haftet. Zum anderen sollte dem Sicherungsgeber die Möglichkeit genommen werden, sich auf (unter Umständen höchst streitige) Einwendungen und Einreden berufen zu können, die in dem Rechtsverhältnis liegen, dass unmittelbar zwischen Veräußerer und Erwerber durch den Unternehmenskaufvertrag begründet wurde. In Betracht kommen damit eine **selbstschuldnerische Bürgschaft** sowie die **Bürgschaft auf erstes Anfordern.** 60

aa) Selbstschuldnerische Bürgschaft. Nach § 771 BGB kann der Bürge die Zahlung verweigern, solange der Gläubiger (der Veräußerer als Inhaber der Kaufpreisforderung) nicht ohne Erfolg versucht hat, die verbürgte Forderung (auf Zahlung des Kaufpreises) gegen den Hauptschuldner (den Erwerber des Zielunternehmens) im Wege der Zwangsvollstreckung welchen einen Titel voraussetzt geltend zu machen (so genannte Einrede der Vorausklage). In der Praxis kann sich dies im Einzelfall aber als durchaus schwierig erweisen, wenn der Erwerber gegenüber fälligen Kaufpreisansprüchen des Veräußerers beispielsweise mit behaupteten Gewährleistungsansprüchen die Aufrechnung erklärt. Um die Durchsetzbarkeit seiner Ansprüche aus der bestellten Bürgschaft zu erhöhen, sollte die Bürgschaft daher unter **Verzicht auf die Einrede der Vorausklage** vereinbart werden, was gesetzlich zulässig ist, § 773 Abs. 1 Nr. 1 BGB.[19] Sollte die Bestellung der Bürgschaft für den Sicherungsgeber ein Handelsgeschäft darstellen, zum Beispiel wenn es sich bei 61

---

[16] Zu Bürgschaften vgl. auch § 9 Rn. 94–100 und § 11 Rn. 5 f.

[17] BGH NJW 2002, 2364; BGH NZG 2003, 288.

[18] MünchKommBGB/*Habersack* § 765 Rn. 29.

[19] In diesem Fall wird der Bürge als selbstschuldnerischer Bürge bezeichnet. Nach Tiedke ist diese Bezeichnung jedoch nicht korrekt, da nicht die Akzessorietät entfällt, sondern allein die Subsidiarität: *Tiedke* Rn. 197.

dem Sicherungsgeber um ein Kreditinstitut handelt, entfällt die Einrede der Vorausklage bereits von Gesetzes wegen, § 349 HGB.

Formulierungsbeispiel selbstschuldnerische Bürgschaft:
Zur Sicherung der Forderung des Verkäufers gegen den Käufer auf Zahlung des Kaufpreises gemäß § [...] dieses Vertrags verbürgt sich hiermit [...] (nachstehend **„Bürge“**). Der Bürge haftet gegenüber dem Verkäufer selbstschuldnerisch und verzichtet insoweit auf die Einrede der Vorausklage (§§ 771, 773 BGB).

62 *bb) Bürgschaft auf erstes Anfordern.* Grundsätzlich kann sich der Bürge als Sicherungsgeber auf alle **Einwendungen und Einreden, die dem Hauptschuldner gegen den Gläubiger zustehen** (zum Beispiel Gewährleistungsansprüche des Erwerbers gegenüber dem Veräußerer) berufen §§ 768, 770 BGB. Diese gesetzliche Wertung kann jedoch **vertraglich abbedungen** werden. In diesem Fall liegt eine so genannte Bürgschaft auf erstes Anfordern vor. Nach der diesbezüglichen Rechtsprechung kann der Bürge eine Inanspruchnahme aus einer **Bürgschaft auf erstes Anfordern** nur dann verweigern, wenn der Gläubiger seine formale Rechtsstellung missbraucht, es zum Beispiel auf der Hand liegt, dass der Bürgschaftsfall nicht eingetreten ist.[20] Grundsätzlich ist der Bürge bei einer Bürgschaft auf erstes Anfordern jedoch verpflichtet, an den Gläubiger zur Erfüllung von dessen Hauptforderung zu leisten. Etwaige Einwendungen und Einreden, die der Hauptforderung des Gläubigers entgegenstehen, hat der Bürge dann durch Geltendmachung eines (**Rück**)**Anspruchs wegen ungerechtfertigter Bereichung** gegenüber dem Gläubiger vorzubringen.

63 Eine Bürgschaft auf erstes Anfordern stellt damit das **bestmögliche Mittel für den Veräußerer** zur Besicherung seiner Kaufpreisforderung gegen den Erwerber dar.

Formulierungsbeispiel Bürgschaft auf erstes Anfordern:
Zur Sicherung der Forderung des Verkäufers gegen den Käufer auf Zahlung des Kaufpreises gemäß § [...] dieses Vertrags (nachstehend **„Forderung“**) verbürgt sich hiermit [...] (nachstehend **„Bürge“**). Der Bürge kann eine Inanspruchnahme durch den Verkäufer nur verweigern, soweit gegen die Forderung des Verkäufers aufrechenbare Ansprüche des Käufers bestehen, die einvernehmlich oder rechtskräftig festgestellt wurden. Im Übrigen verzichtet der Bürge gegenüber dem Verkäufer auf die ihm gemäß § 770 BGB zustehenden Einreden und verpflichtet sich, auf erstes Anfordern des Verkäufers zu leisten.

II. Garantien des Veräußerers/Haftungsbeschränkungen

64 Das Hauptaugenmerk des Veräußerers liegt im Zusammenhang mit den im Unternehmenskaufvertrag abzugebenden Garantien bei einer **Beschränkung seiner vertraglichen Haftung.** Der Verkäufer sollte dabei darauf achten, die gesetzlichen Bestimmungen zur Sach- und Rechtsmängelhaftung zu modifizieren, da die **gesetzliche Sachmängelhaftung** auf Grund des weiten Sachmangelbegriffes **käuferfreundlich** ausgestaltet ist. Ohnehin haben sich in der Praxis eigene Gewährleistungskataloge in Unternehmenskaufverträgen eingebürgert, die an die Stelle des gesetzlichen Gewährleistungssystems treten. Mit einer entsprechenden Modifizierung oder dem **Ausschluss der gesetzlichen Regelungen** hat es der Veräußerer in der Hand, seine Haftung inhaltlich und dem Umfang nach nahezu abschließend im Unternehmenskaufvertrag zu definieren. Dementsprechend sollte auch klargestellt werden, dass die gesetzlichen Rechtsfolgen, auch diejenigen außerhalb

[20] BGH NJW 2002, 1493.

der gesetzlichen Sach- und Rechtsmängelhaftung im Kaufrecht, keine Anwendung finden, sondern der Unternehmenskaufvertrag abschließend die möglichen Rechtsfolgen im Falle einer Haftung des Veräußerers enthält.

Formulierungsbeispiel Ausschluss der Sachmängelgewährleistung:

Die Parteien sind sich einig, dass die in Anlage [...] aufgeführten Erklärungen selbstständige Garantieversprechen im Sinne von § 311 BGB darstellen und es sich dabei weder um Garantien für die Beschaffenheit einer Sache im Sinne von § 443 BGB oder § 444 BGB, noch um Beschaffenheitsvereinbarungen gemäß § 434 Abs. 1 BGB handelt. Soweit gesetzlich zulässig, ist eine Haftung der Verkäufer ausgeschlossen, insbesondere eine Sach- und Rechtsmängelhaftung nach §§ 434, 453 BGB. Die Parteien sind sich daher ferner einig, dass § 444 2. Alt. BGB auf keine der selbstständigen Garantien, welche die Verkäufer abgegeben haben, Anwendung finden soll.

Ansprüche der Käuferin im Hinblick auf die in diesem § [...] abgegebenen Erklärungen des Verkäufers, die über die in den vorstehenden Absätzen geregelte Haftung des Verkäufers hinausgehen, sind ausgeschlossen. Dem Käufer stehen insbesondere keine Ansprüche oder Rechte auf Nacherfüllung (§ 437 Nr. 1 BGB), Rücktritt (§ 437 Nr. 2, 1. Variante BGB), Schadensersatz (§ 437 Nr. 3, 1. Variante BGB), Minderung (§ 437 Nr. 2, 2. Variante BGB), wegen Störung der Geschäftsgrundlage (§ 313 BGB), Verletzung von Pflichten aus dem Schuldverhältnis (§§ 280 Abs. 1, 311 Abs. 2 oder 3 i. V. m. § 241 BGB) oder Ersatz vergeblicher Aufwendungen (§ 437 Nr. 3, 2. Variante i. V. m. § 284 BGB) zu.

Ein solcher vertraglicher Haftungsausschluss gilt jedoch nicht bei einem **arglistigen oder vorsätzlichem Verhalten** des Veräußerers. Die Rechtsprechung legt diesen Tatbestand sehr weit aus und bejaht ihn bereits bei Angaben des Verkäufers „ins Blaue“.[21] In einem solchen Fall würden auch alle Beschränkungen der Haftung des Veräußerers auf einen bestimmten Höchstbetrag keine Anwendung finden! 65

Im Unternehmenskaufvertrag sind einerseits die **inhaltlichen Einschränkungen** der abzugebenden Garantien zu berücksichtigen, anderseits aber auch der **Haftungsumfang des Veräußerers** hinsichtlich der Rechtsfolgen bei Eintritt eines Garantiefalls. Der zweitgenannte Punkt gewinnt vor allem dadurch Bedeutung, dass der Eintritt eines Garantiefalls sich nicht selten dem Einfluss des Veräußerers entzieht. Diese Tatsache wiederum sollte ebenfalls mit Blick auf die inhaltliche Einschränkung der Garantien Berücksichtigung finden. 66

1. Inhaltliche Haftungsbeschränkungen

Hinsichtlich der inhaltlichen Haftungsbeschränkungen für den Veräußerer ist zwischen der Möglichkeit einer Haftungseinschränkung und dem Haftungsausschluss zu unterscheiden. 67

a) **Einschränkungen auf die Kenntnis des Veräußerers.** Der Erwerber wird auch dann einen **umfangreichen Katalog an durch den Veräußerer abzugebenden Garantien** in die Verhandlungen einbringen, wenn der erste Entwurf des Unternehmenskaufvertrags durch den Veräußerer erstellt wird. Unabhängig davon, dass jede einzelne Garantieerklärung inhaltlich auf ihre Richtigkeit durch den Veräußerer geprüft und auf die Erforderlichkeit gegenüber dem Erwerber hinterfragt werden sollte, ist ferner zu differenzieren, ob eine diesbezügliche Erklärung objektiv abgegeben oder **auf die Kenntnis des Veräußerers beschränkt** werden soll. Eine allgemein gültige Differenzierung kann dabei nicht vorgegeben werden. Welche Garantien durch den Verkäufer auf die Kenntnis des Erklärenden einzuschränken sind, hängt von den **Umständen des Einzelfalls** ab. Eine solche Einschränkung sollte durch den Veräußerer jedenfalls im Hinblick auf drohende Klagen 68

[21] BGH NJW 1977, 1055.

gegen das Zielunternehmen und hinsichtlich dem Nichtvorliegen von Sachverhalten, die einen für die Geschäftstätigkeit des Zielunternehmens wesentlichen Partner zur Kündigung der Vertragsbeziehung berechtigen würden, verlangt werden.

69 Im Fall solch subjektiver Haftungseinschränkungen sollten ergänzend im Unternehmenskaufvertrag abschließend die Personen (so genannte „key people") genannt werden, auf deren Kenntnis es für die Frage des Verstoßes gegen eine subjektive Garantie ankommt. Mit einer solchen **abschließenden Aufstellung der „Kenntnisträger"** kann verhindert werden, dass dem Veräußerer auch das Wissen weiterer, im Zielunternehmen beschäftigter Personen zugerechnet wird, mit denen er unter Umständen im Vorfeld der Transaktion keinen Kontakt hatte oder haben konnte.

70 **b) Haftungsausschluss durch Offenlegungen.** Regelmäßig hat die Einrichtung des Datenraums für die *Due Diligence* des Erwerbers umfangreiche Kapazitäten des Veräußerers gebunden und entsprechende Kosten verursacht. Nicht nur aus diesem Grund sollte der Veräußerer in den Verhandlungen zum Unternehmenskaufvertrag versuchen, dass der **Inhalt des Datenraums** gegenüber dem Erwerber soweit wie möglich als offen gelegt gilt. Dies bedeutet, dass dem Erwerber – trotz der Unrichtigkeit oder Unvollständigkeit einer Garantie des Veräußerers – dann **keine Garantieansprüche zustehen,** wenn der fragliche Sachverhalt den Informationen, die im Datenraum enthalten waren, entnommen werden konnte. Ein solcher Haftungsausschluss würde im Übrigen auch der **gesetzgeberischen Wertung zur Sach- und Rechtsmängelhaftung** bei Unternehmenskaufverträgen entsprechen, wonach der Käufer keine Rechte wegen eines Mangels herleiten kann, der ihm bekannt gewesen oder infolge grober Fahrlässigkeit unbekannt geblieben ist, § 442 BGB. Mit der vertraglichen Vereinbarung eines solchen Gewährleistungsausschlusses wird dabei auch vorgegeben, dass ein „Übersehen" von Sachverhalten, die einen Garantieanspruch begründen könnten, durch den Erwerber ein grob fahrlässiges Verkennen von Mängeln ist.

71 In der Praxis wird eine solche „general disclosure" durch den Veräußerer und die damit verbundene Risikotragung im Hinblick auf bisher unbekannte Garantiefälle durch den Erwerber nur selten akzeptiert werden. Gleichwohl sollte der Veräußerer aber den Inhalt des Datenraums in geeigneter Weise **dokumentieren oder archivieren,** um im Fall der Geltendmachung eines Garantieanspruchs durch den Erwerber gegenüber dem erkennenden Gericht den Nachweis führen zu können, dass dem Erwerber der geltend gemachte Garantiefall bekannt gewesen ist oder zumindest den Informationen im Datenraum in grob fahrlässiger Weise nicht entnommen wurde.[22] Ferner sollte der Veräußerer in diesem Fall nicht darauf verzichten, **einzelne Sachverhalte,** auf deren Offenlegung und den damit verbundenen Haftungsausschluss es ihm gerade ankommt, gegenüber dem Erwerber aufzudecken. Diese *„specific disclosure"* können in einer Anlage zum Unternehmenskaufvertrag (einem so genannten *„disclosure letter"*) aufgelistet werden.

72 Im Fall der **Offenlegung von risikoreichen Sachverhalten** ist es dann eine Frage der Verhandlungsmacht und des Verhandlungsgeschicks, ob der Erwerber tatsächlich die diesbezügliche **Risikotragung** übernimmt oder diese in Form einer Freistellungsverpflichtung bei dem Veräußerer belässt. Zu den Unterschieden zwischen einer Garantie und einer Freistellung haben wir in § 16 Rn. 206 ff. Stellung genommen.

2. Haftungsumfang

73 In ihrem Umfang kann die Haftung des Veräußerers durch die Vereinbarung von Schwellen- und Freibeträgen sowie Haftungshöchstgrenzen eingeschränkt werden, die wir im Wesentlichen in § 16 Rn. 222 ff. dargestellt haben.

---

[22] Es ist dabei nicht ausgeschlossen, dass ein solches Vorbringen trotz eines vertraglichen Ausschlusses der Anwendbarkeit des § 442 BGB im Unternehmenskaufvertrag durch das zuständige (Schieds-)Gericht im Rahmen einer wertenden Betrachtungsweise noch zugunsten des Veräußerers berücksichtigt wird.

Die Definition von Schwellenwerten, die ein möglicher Gewährleistungsanspruch des Erwerbers überhaupt erst überschreiten muss, um Berücksichtigung zu finden, sollte aus Sicht des Veräußerers in einer Weise erfolgen, dass Bagatellansprüche, bei denen der Aufwand für die Aufklärung gemessen am **Gesamthaftungsrisiko in keinem Verhältnis zum tatsächlich entstandenen Schaden** steht, ausgeschlossen sind. Bei Freigrenzen ist darauf zu achten, dass der Veräußerer – nach Möglichkeit – nur für den Schaden haftet, der dem Erwerber **über die vereinbarte Freigrenze hinaus** entstanden ist. Der Erwerber wird hingegen eine Regelung bevorzugen, wonach bei einem Überschreiten der „Freigrenze" der Veräußerer in voller Höhe für den entstandenen Schaden haftet. 74

Besonderer Wert sollte auf eine **Beschränkung des Gesamthaftungsrisikos** des Veräußerers gelegt werden. In der Praxis nicht unüblich ist dabei eine **Differenzierung,** wonach die Haftung des Veräußerers für Garantien, die sich auf die gesellschaftsrechtlichen Verhältnisse und die Gesellschaftsanteile am Zielunternehmen beziehen, auf den vollen Kaufpreis beschränkt ist, im Fall von Garantien zum Geschäftsbetrieb des Zielunternehmens hingegen nur auf einen Teilbetrag des Kaufpreises. Die Höhe dieses Teilbetrags hängt wiederum vom Einzelfall ab, der ebenfalls durch Verhandlungsmacht und Verhandlungsgeschick der Beteiligten bestimmt wird. 75

III. Wettbewerbsbeschränkungen aus Sicht des Veräußerers

In § 16 Rn. 234 haben wir unter anderem dargestellt, dass Wettbewerbsbeschränkungen zulasten des Veräußerers für den Erwerber ein **bedeutsames Element im Unternehmenskaufvertrag** darstellen. Die sachlichen, räumlichen und zeitlichen Grenzen solcher Wettbewerbsbeschränkungen werden dabei von der Rechtsprechung vorgegeben. Das Risiko der Einhaltung der diesbezüglichen Vorgaben und damit der Wirksamkeit der vertraglichen Wettbewerbsbeschränkungen liegt beim Erwerber. 76

Das Hauptaugenmerk des Veräußerers sollte daher darauf gerichtet sein, etwaige **Ausnahmen von den Wettbewerbsbeschränkungen** in eindeutiger Weise im Unternehmenskaufvertrag zu definieren. Solche Ausnahmen können dabei **allgemeine Befreiungen** enthalten, wie zum Beispiel die Beteiligung an börsennotierten Aktiengesellschaften bis zu einer bestimmten Höhe, oder sich auf ganz **spezielle Tätigkeiten** beziehen, die der Veräußerer nach Vollzug der Transaktion fortsetzen möchte. Hierzu zählen vor allem unternehmerische Tätigkeiten des Veräußerers, die sich – auch auf Grund der Kenntnisse und Erfahrungen des Veräußerers – auf Zielgruppen beziehen können, die der Kundenstruktur des Zielunternehmens vergleichbar sind. Aus Klarstellungsgründen sollten in diesem Zusammenhang auch die **Geschäftsaktivitäten von dem Veräußerer nahe stehenden Personen,** insbesondere Familienangehörigen genannt werden, soweit diese Aktivitäten eine gewisse Nähe zum Gegenstand des Zielunternehmens haben. 77

IV. Besonderheiten englischsprachiger Transaktionen aus Sicht des Veräußerers

Nicht zuletzt auf Grund der (noch immer) zunehmenden Aktivitäten ausländischer Finanzinvestoren auf dem Gebiet der Bundesrepublik Deutschland kann im Fall der beabsichtigten Veräußerung eines Unternehmens – insbesondere in einem Auktionsverfahren – mit einiger Wahrscheinlichkeit damit gerechnet werden, dass sich zum Beispiel auch **Angehörige des angelsächsischem Rechtsraumes** für einen Erwerb des Zielunternehmens interessieren. In diesem Fall sind für den Erwerber bestimmte Besonderheiten zu beachten, die nicht nur aus der Tatsache resultieren, dass die Verhandlungs- und Vertragssprache Englisch sein wird (hierzu haben wir in § 16 Rn. 294–297. Stellung genommen). 78

1. Allgemeines

79 Investoren aus dem angelsächsischen Rechtskreis werden noch stärker als deutsche Erwerber bemüht sein, **ihren Vertragsentwurf** zum Gegenstand der Verhandlungen zu machen. Unabhängig davon, dass die wesentlichen Bestandteile eines solchen Unternehmenskaufvertrags denen eines „deutschen" Unternehmenskaufvertrags grundsätzlich entsprechen, beruhen die Regelungen im Einzelnen doch auf einem **anderen Rechtssystem** und genießen daher höheres Vertrauen bei den auf Erwerberseite beteiligten Personen.

80 Hintergrund ist, dass angelsächsische Unternehmenskaufverträge neben einem weit reichenden, regelmäßig mehrere Seiten des Vertrags ausfüllenden Katalog von Definitionen zu Beginn des Vertrags auch im Folgenden **umfassende Beschreibungen** im Vertragstext enthalten, ohne hiermit eine Vertragspartei konkret zu verpflichten oder zu berechtigen. Mit einer gewissen Skepsis wird etwaigen Verweisen auf gesetzliche Bestimmungen begegnet, auch wenn dieser Verweis nur zur Klarstellung einer vertraglichen Definition erfolgt. In diesen Fällen wird nicht selten der **Text der gesetzlichen Regelung** ebenfalls in den Vertrag übernommen. Eine zusätzliche Schwierigkeit kann ferner in der Lesbarkeit angelsächsischer Unternehmenskaufverträge bestehen. In der Regel basieren die vertraglichen Bestimmungen auf einer Darstellung von **Grundsatz, Ausnahme und Gegenausnahme,** die teilweise auch innerhalb nur eines Satzes zu finden sind, der dementsprechend leicht mehr als eine halbe Vertragsseite füllen kann.

81 Unabhängig von den vorstehend dargestellten Schwierigkeiten verbleiben dem Veräußerer in der Praxis jedoch nur wenige Möglichkeiten, bei einer Beteiligung angelsächsischer Verhandlungspartner „seinen" Vertragsentwurf zum Gegenstand der Verhandlungen zu machen. Einem solchen Ansinnen wird häufig schon das Argument entgegengebracht, dass die Aufsichtsgremien des ausländischen Erwerbers oder seine finanzierenden Banken nur die Vorlage des ihnen vertrauten Vertragsmusters akzeptieren. In diesem Fall kann der Veräußerer sein Augenmerk lediglich auf die **individuellen Bestimmungen** im Vertragsentwurf richten und versuchen, die angelsächsischen Einflüsse – wie nachfolgend dargestellt – soweit möglich nach dem deutschen Rechtssystem auszurichten.

2. Einzelheiten

82 Aus den vorstehend aufgezeigten generellen Besonderheiten angelsächsischer Vertragsentwürfe sollen nachfolgend einige Beispiele aufgegriffen werden, denen der Veräußerer regelmäßig besondere Beachtung schenken sollte. Einen Anspruch auf Vollständigkeit kann und will diese Aufzählung nicht beanspruchen.

83 **a) Kaufpreisermittlung.** Soweit ein Unternehmenskaufvertrag Kaufpreisanpassungsmechanismen enthält, wird diesen regelmäßig eine **Stichtagsbilanz** des Zielunternehmens zugrunde zu legen sein. Ausländische Erwerber werden dabei versuchen, dass die Aufstellung dieser Stichtagsbilanz nach den **ihnen vertrauten Bewertungsmethoden** (zum Beispiel den US-amerikanischen *Generally Accepted Accounting Principles – US-GAAP*) erfolgt. Dies kann jedoch zu wesentlichen Unterschieden und Meinungsverschiedenheiten bei der Bewertung des Anlage- und Umlaufvermögens sowie im Hinblick auf die Bildung von Rückstellungen führen.[23] Aus diesem Grund sollte ein deutscher Veräußerer in jedem Fall versuchen, die **bisher angewandten Bilanzierungsgrundsätze** (nach den Vorschriften des Handelsgesetzbuches oder den *International Financial Reporting Standards-IFRS*) auch als maßgeblich für die Aufstellung der Stichtagsbilanz zu vereinbaren. Als Argument kann die gesetzliche Verpflichtung zur **Wahrung der Bilanzkontinuität** herangezogen werden, auch wenn diese nicht für die Aufstellung einer Stichtagsbilanz zur Kaufpreisermittlung gilt. Anderseits muss das Zielunternehmen auch in Zukunft nach den bisher angewandten Bewertungsgrundsätzen bilanzieren, was im Ergebnis für

[23] *Hölters/Sahner* Teil III Rn. 33 ff.

das Argument des Veräußerers spricht. Eine **vermittelnde Lösung** könnte noch in einer abschließenden einvernehmlichen Festlegung der für die Stichtagsbilanz anzuwendenden Bewertungsgrundsätze liegen, die in einer Anlage dem Unternehmenskaufvertrag beigefügt werden.

b) **Haftungsbeschränkungen.** Angelsächsische Erwerber versuchen oftmals, eine unbeschränkte Haftung des Veräußerers für diejenigen Themenbereiche zu vereinbaren, die ihnen besonders wichtig erscheinen. Hierzu zählen vor allem die Garantien des Veräußerers zu den Rechts- und Kapitalverhältnissen des Zielunternehmens, ferner zu gewerblichen Schutzrechten und Umweltangelegenheiten sowie der Fähigkeit des Zielunternehmen, den Geschäftsbetrieb zumindest wie in bisherigem Umfang ungehindert fortführen zu können. Aus Sicht des Erwerbers soll die Haftung des Veräußerers in diesen Fällen der Höhe nach **unbeschränkt gelten** und **nicht verjähren** können. 84

Ein genereller Verjährungsausschluss ist nach deutschem Recht unzulässig (§ 202 Abs. 2 BGB). Um zu vermeiden, dass zu Lasten des Veräußerers in diesem Fall eine Anwendung der langjährigen Verjährungsfristen des BGB in Betracht kommt,[24] sollte im Unternehmenskaufvertrag **für jeden möglichen Garantieanspruch** des Erwerbers eine – gegebenenfalls differenzierende – Regelung der Verjährungsfristen aufgenommen werden. Gleiches gilt für die Beschränkung der Haftung der Höhe nach. Auch wenn der Eintritt eines Garantiefalls für unwahrscheinlich gehalten wird, sollte **keinesfalls auf eine Haftungsbeschränkung insgesamt verzichtet** werden. Denkbar sind auch hier Differenzierungen nach Art der jeweiligen Garantie, wobei für Garantien zum Geschäftsbetrieb des Zielunternehmens eine möglichst niedrige Haftungshöchstgrenze vereinbart werden sollte, da Garantieansprüche des Erwerbers hier eher durch Umstände ausgelöst werden können, die sich dem Einflussbereich des Veräußerers entziehen. 85

Daneben sollte eine **eindeutige Definition des Schadens** in den Unternehmenskaufvertrag aufgenommen werden, den der Erwerber im Fall eines Garantieanspruchs geltend machen kann. Anderen Rechtskreisen liegt unter Umständen ein Schadensbegriff bei Unternehmenstransaktionen zugrunde, der über den Schaden nach deutschem Rechtsverständnis hinausgeht. Ein entsprechend unterschiedliches Verständnis der Vertragsparteien kann durch eine klare vertragliche Absprache vermieden werden. Ferner ist darauf zu achten, dass **fremde Rechtsbegriffe,** die in dieser Form nicht im deutschen Recht existieren oder inhaltlich übertragen werden können,[25] nicht die Grundlage für etwaige Schadensersatzansprüche des Erwerbers bilden können. 86

c) **Regelungen für den Streitfall.** Gerade auch mit der zuletzt angesprochenen Vermeidung der Anwendbarkeit ausländischer Rechtsbegriffe sind die Regelungen für den Streitfall zu sehen. Der Veräußerer sollte darauf dringen, dass auch die schuldrechtlichen Bestimmungen des Unternehmenskaufvertrags dem **deutschen Rechts** unterliegen.[26] Dies gilt in gleicher Weise für das im Streitfall anwendbare **Verfahrensrecht.** Als solches könnte die – auch in Englisch leicht verfügbare – Schiedsordnung der Deutschen Institution für Schiedsgerichtsbarkeit Verwendung finden. Bei **mehrsprachigen Vertragstexten** ist zwingend eine Regelung aufzunehmen, welche Sprache Vorrang genießen soll, wobei ein 87

---

[24] § 199 Abs. 3 BGB schreibt für Schadensersatzansprüche – unabhängig der Kenntnis oder grob fahrlässigen Unkenntnis des Berechtigten von ihrem Bestehen – eine Verjährungsfrist von zehn Jahren ab dem Zeitpunkt der Entstehung des Anspruchs vor.

[25] Zu nennen sind hier vor allem die Begriffe „fraud“ als Bestandteil des schädigenden Verhaltens oder „equity“ als Mechanismus des Schadensausgleichs. Für den ersten Begriff, der im angloamerikanischen Rechtskreis eine eigene Bedeutung hat, bieten sich gleich mehrere deutsche Übersetzungen an, wobei jedoch jeweils eine klare Aussage zum subjektiven Tatbestand fehlt. Der Rechtsgedanke der „equity“ hat im deutschen Recht keine Entsprechung.

[26] Für die Übertragung der Gesellschaftsanteile am Zielunternehmen (den sachenrechtlichen/dinglichen Teil des Unternehmenskaufvertrags) würde bei einer deutschen Gesellschaft gemäß Art. 37 Satz 1 Nr. 2 EGBGB ohnehin deutsches Recht Anwendung finden.

deutscher Veräußerer hier auf die deutsche Sprache Bezug nehmen wird. Für den Fall, dass die englische Sprache maßgeblich für die Auslegung der vertraglichen Bestimmungen ist, sind Rechtsbegriffe, denen entscheidende Bedeutung zukommt, durch **der deutschen Rechtssprache entsprechende Zusätze** zu konkretisieren.

§ 19 Unternehmensnachfolge

Schrifttum: *Binz/Mayer,* Beurkundungspflicht bei der GmbH & Co. KG, NJW 2002, 3054; *Binz/Sorg,* Die Doppelstiftung im Steuerrecht, ZEV 2005, 520; *Burandt,* Beck'sches Mandatshandbuch Erbrechtliche Unternehmensnachfolge, 2002; *Bürger,* Die Beteiligung Minderjähriger an Gesellschaften mit beschränkter Haftung, RNotZ 2006, 156; *Esch/Baumann/Schulze zur Wiesche,* Handbuch der Vermögensnachfolge, 5. Aufl. 1997; *Feick,* Die Stiftung als Instrument der Unternehmensnachfolge, BB-Special 6/2006, 13; *Friedrich/Steidle/Gunzelmann,* Steuerrechtliche Aspekte bei der Entscheidung über Strategien bei der Unternehmensnachfolge, BB-Special 6/2006, 18; *Gassen,* Zulässigkeit und Grenzen gesellschaftsrechtlich vereinbarter Pflichten zur Vornahme familien- und erbrechtlicher Vereinbarungen mit Dritten, RNotZ 2004, 423; *Gesmann-Nuissl,* Unternehmensnachfolge – ein Überblick über die zivil- und gesellschaftsrechtlichen Gestaltungsmöglichkeiten, BB-Special 6/2006, 2; *Goette,* Minderheitenschutz bei gesellschaftsvertraglicher Abweichung vom Einstimmigkeitsprinzip, in: Festschrift für Walter Sigle, 2000, S. 145; *Groll,* Praxis-Handbuch Erbrechtsberatung, 2. Aufl. 2005; *Hennerkes/Binz,* Die Stiftung als Rechtsform für Familienunternehmen, DB 1986, 2217; *Hennerkes/May,* Der Gesellschaftsvertrag des Familienunternehmens, NJW 1988, 2761; *Hermanns,* Beurkundungspflichten im Zusammenhang mit Unternehmenskaufverträgen und -umstrukturierungen, ZIP 2006, 2296; *Huber,* AnfG, Kommentar, 10. Aufl. 2006; *Hüttemann/Herzog,* Steuerfragen bei gemeinnützigen nichtrechtsfähigen Stiftungen, DB 2004, 1001; *John,* Testamentsvollstreckung über ein einzelkaufmännisches Unternehmen, BB 1980, 757; *Kensbock/Menhorn,* Zivilrechtliche und steuerrechtliche Risiken beim vorzeitigen Zugewinnausgleich, DStR 2006, 1073; *Koblenzer,* Management Buy-Out (MBO) und Management Buy-In (MBI) als Instrumente der Unternehmensnachfolge, ZEV 2002, 350; *Nieder,* Handbuch der Testamentsgestaltung, 2. Aufl. 2000; *Oppermann,* Die Weitergabe von Vermögen im Rahmen von Gesellschaften, RNotZ 2005, 453; *Priester,* Testamentsvollstreckung am GmbH-Anteil, in: Festschrift für Walter Stimpel, 1985, S. 463; *Rawert,* Der Einsatz der Stiftung zu stiftungsfremden Zwecken, ZEV 1999, 294; *Reuter,* Stiftungsrechtliche Vorgaben für die Verwaltung des Stiftungsvermögens, NZG 2005, 649; *Richter/Sturm,* Die Unternehmensstiftung nach der Stiftungsrechtsreform, ZErb 2006, 75; *Römermann,* Münchener Anwaltshandbuch GmbH-Recht, 2002; *Rust,* Die Beteiligung von Minderjährigen im Gesellschaftsrecht, DStR 2005, 1942; *Schaub,* Die Rechtsnachfolge von Todes wegen im Handelsregister bei Einzelunternehmen und Personenhandelsgesellschaften, ZEV 1994, 71; *Schauhoff,* Handbuch der Gemeinnützigkeit, 2. Aufl. 2005; *Scherer,* Münchener Anwaltshandbuch Erbrecht, 2. Aufl. 2007; *Schiffer,* Stiftungen und Familienstiftungen in der Unternehmensnachfolge, in: Jubiläumsschrift 10 Jahre DVEV, 2005, S. 153; *Schiffer/Kotz,* Die Stiftung in der Erb- und Nachfolgeregelung, ZErb 2004, 115; *Schiffer/von Schubert,* Unternehmensnachfolge als Gründer: Einsatz unternehmensverbundener Stiftungen?, DB 2000, 437; *Schimpfky,* Steuerlich relevante Aspekte eines MBO, Unternehmensnachfolge 2004, 411; *Schlünder/Geißler,* Vereinbarungen zum gesetzlichen Güterstand aus schenkungssteuerlicher Sicht, FamRZ 2006, 1655; *Schultze,* Die Reichweite des Formerfordernisses bei der Veräußerung einer Beteiligung an einer GmbH & Co. KG, NJW 1991, 1936; *Schwarz,* Die Stiftung als Instrument für mittelständische Unternehmensnachfolge, BB 2001, 2381; *Seibt,* Gesellschaftsrecht, NJW-Spezial 2004, 171; *Spiegelberger,* Vermögensnachfolge, 1994; *Strothmann,* Einzelkaufmännisches Unternehmen und Erbenmehrheit im Spannungsfeld von Handels-, Gesellschafts-, Familien- und Erbrecht, ZIP 1985, 969; *Ulmer/Habersack/Winter,* GmbH-Gesetz, Band 1, §§ 1–28, 2005; *Wachter,* Stiftungen, 2. Aufl. 2008; *Werner,* Stiftungen als Instrument der Unternehmens- und Vermögensnachfolge, ZEV 2006, 539; *Wochner,* Die unselbstständige Stiftung, ZEV 1999, 125.

Unternehmensnachfolge bedeutet Veränderung, Veränderung in den Beteiligungsverhältnissen, Veränderung in der Führung eines Unternehmens, oft sogar Veränderung in der Unternehmenskultur. Regelmäßig stellt die Übergabe eines Unternehmens an einen Nachfolger daher auch einen Meilenstein dar, der in der Unternehmensgeschichte besonders hervorgehoben wird. Die Regelung der Unternehmensnachfolge – sei es von Todes wegen oder bereits zu Lebzeiten – ist deshalb eine besondere unternehmerische Aufgabe, eine Aufgabe, die multidisziplinäre Anforderungen stellt: An die Emotionen des Unter- 1 nehmers, an die Psychologie im Umgang mit Nachfolgern, an betriebswirtschaftliches und rechtliches Know-how. In den folgenden Abschnitten werden rechtliche Gestaltungsalternativen zur Regelung der Unternehmensnachfolge dargestellt; der umsichtige Berater wird diese stets im Lichte der familiären und unternehmerischen Besonderheiten in der konkreten Nachfolgekonstellation sehen.

A. Nachfolge in der Gesellschafterstellung

2 Für die Nachfolge in der Gesellschafterstellung gelten ganz unterschiedliche Grundsätze, je nachdem, ob es um die Nachfolge in einer BGB-Gesellschaft, einer OHG, einer KG oder einer Kapitalgesellschaft geht. Wegen des inneren Zusammenhangs wird im Nachfolgenden daneben auch die Nachfolge im einzelkaufmännischen Unternehmen behandelt, obgleich hier keine Beteiligung an einer Gesellschaft übertragen wird.

3 Für die Gestaltung ist von folgenden gesetzlichen Regelungen auszugehen:

- Die BGB-Gesellschaft wird gemäß § 727 Abs. 1 BGB durch den Tod eines Gesellschafters aufgelöst.
- Die OHG wird durch den Tod eines Gesellschafters nicht aufgelöst; gemäß § 131 HGB wird die Gesellschaft mit den verbleibenden Gesellschaftern fortgesetzt.
- Die KG wird durch den Tod eines Kommanditisten ebenfalls nicht aufgelöst; anders als die Beteiligung an einer OHG ist die Beteiligung eines Kommanditisten jedoch gemäß § 177 HGB vorbehaltlich anderweitiger Regelung vererblich.
- Die Beteiligung an einer Kapitalgesellschaft ist, ähnlich der Kommanditbeteiligung, grundsätzlich ebenfalls vererblich.
- Bei zulässiger Nachfolge in die Beteiligung an einer Personengesellschaft tritt Sondererbfolge ein, d. h. der betreffende Anteil fällt nicht an die Erbengemeinschaft, sondern geht bei mehreren Erben unmittelbar auf die einzelnen Erben mit den auf diese nach ihrer Erbquote entfallenden Anteilen über. Beteiligungen an Kapitalgesellschaften gehen auch bei mehreren Erben ungeteilt im Wege der Gesamtrechtsnachfolge über.

I. Nachfolge im einzelkaufmännischen Unternehmen

4 Das einzelkaufmännische Unternehmen fällt mit dem Tod des Unternehmers mit allen Aktiva und Passiva in den Nachlass. Die bisherige Firma darf der Erbe fortführen es sei denn, der Erblasser hat ausdrücklich anderes angeordnet.[1] Die bei Firmenfortführung geltende Haftung für alle im Betrieb des Geschäfts begründeten Verbindlichkeiten des früheren Inhabers kann der Erbe nach wohl überwiegender, wenngleich nicht unbestrittener Auffassung begrenzen durch unverzüglichen Antrag auf Eintragung der Beschränkung seiner Haftung auf den Nachlass in das Handelsregister.[2] Für Neuverbindlichkeiten, die erst nach dem Eintritt des Erbfalls begründet werden, kommt eine Begrenzung der Haftung nicht in Betracht.[3]

Wird der Unternehmer nicht von einzelnen sondern von mehreren Personen beerbt, können diese das einzelkaufmännische Unternehmen fortführen, ohne dass es zu einer Auseinandersetzung der Erbengemeinschaft kommen müsste.[4] Allerdings ist die dauerhafte Führung eines Unternehmens durch eine Erbengemeinschaft aus verschiedenen Gründen nicht zu empfehlen: So wird die Erbengemeinschaft grundsätzlich durch alle

---

[1] *Baumbach/Hopt* § 22 Rn. 8; MünchKommHGB/*Heidinger* § 22 Rn. 42; *Schaub* ZEV 1994, 71; eine personengebundene Erlaubnis nach der Gewerbeordnung zur Führung eines Unternehmens erlischt jedoch mit dem Tod des betreffenden Gewerbetreibenden.

[2] *Baumbach/Hopt* § 27 Rn. 8; *Groll/Trotz* Teil B XI Rn. 11 f.; *Scherer/Siegmann* § 23 Rn. 81; a. A. *K. Schmidt* Gesellschaftsrecht § 8 IV 3 a).

[3] *Baumbach/Hopt* § 25 Rn. 12; MünchKommBGB/*Siegmann* § 1967 Rn. 42.

[4] BGHZ 92, 259 = NJW 1985, 136.

ihre Mitglieder gemeinsam vertreten. Ausnahmen hiervon sind zulässig, § 2038 BGB; **außerordentliche Maßnahmen** bedürfen jedoch in jedem Falle der Übereinstimmung aller Miterben. Auch wenn Minderjährige zur Erbengemeinschaft gehören, kann die Fortführung des einzelkaufmännischen Unternehmens zwar ohne Genehmigung des Familiengerichts stattfinden; für einzelne Verwaltungsmaßnahmen kann jedoch die Bestellung eines Pflegers, unter Umständen auch die Zustimmung des Familiengerichts erforderlich werden.[5] Gestaltungen, durch welche die dauerhafte Führung eines Unternehmens durch eine Erbengemeinschaft vermieden werden kann, sind daher dringend anzuraten.

1. Gestaltungsalternative Vollmacht

Für die Beseitigung der mit der Führung eines Unternehmens durch eine Erbengemeinschaft einhergehenden Hindernisse empfiehlt sich die Erteilung einer Vollmacht durch die Miterben an ein für die Führung des Unternehmens geeignetes Mitglied der Erbengemeinschaft. Der Bevollmächtigte kann dann die Geschäfte alleine führen; eine Mitwirkung der Miterben im Außenverhältnis ist nicht erforderlich. Für das Innenverhältnis ist frei gestaltbar, zu welchen Maßnahmen der Bevollmächtigte die Zustimmung der Miterben einzuholen hat. In das Handelsregister kann die Vollmacht nicht eingetragen werden. Der Bevollmächtigte muss seine Vollmacht daher gegebenenfalls nachweisen. 5

2. Gestaltungsalternative Pachtvertrag

Soll das einzelkaufmännische Unternehmen ohne Auseinandersetzung der Erbengemeinschaft durch einen einzelnen Miterben für dessen Rechnung fortgeführt werden, kann sich der Abschluss eines Pachtvertrags mit dem betreffenden Miterben empfehlen. Der Pächter wird dadurch Inhaber des Handelsgeschäfts und kann als solcher in das Handelsregister eingetragen werden. Aus der Kette der für die Firmenfortführung haftenden Personen scheiden die übrigen Miterben allerdings nur aus, wenn sie rechtzeitig nach Anfall der Erbschaft einen Vermerk zur Haftungsbegrenzung gemäß § 25 Abs. 2 HGB in das Handelsregister eintragen lassen oder wenn sie sofort die Firmierung des Unternehmens ändern.[6] 6

3. Gestaltungsalternative Auseinandersetzung der Erbengemeinschaft

Die Teilung und damit die Zerschlagung eines Unternehmens zum Zwecke der Auseinandersetzung einer Erbengemeinschaft ist in der Regel nicht gewünscht und meist auch aus steuerlichen Gründen nicht zu empfehlen. Zur Auseinandersetzung der Erbengemeinschaft können jedoch die Wirtschaftsgüter des einzelkaufmännischen Unternehmens in eine Personengesellschaft eingebracht werden. Durch die Errichtung einer GmbH & Co. KG können dabei die Haftungsrisiken aller Beteiligten begrenzt werden. Der die Führung des Unternehmens übernehmende Miterbe wird zum Geschäftsführer der Komplementär-GmbH bestellt; am Kapital der Gesellschaft sollten alle Miterben entsprechend ihrer Beteiligungsquoten beteiligt werden. Die Auflösung der Erbengemeinschaft kann zu erheblichen steuerlichen Nachteilen führen, vor allem wenn zur disquotalen Beteiligung einzelner Erben stille Reserven aufzulösen sind. Die erb-, gesellschafts- und steuerrechtlichen Gestaltungsmöglichkeiten sind daher genau aufeinander abzustimmen. In besonderen Fällen wie beispielsweise angeordneter Vor- oder Nacherbfolge oder bei beabsichtigtem Verkauf des Unternehmens können die Beteiligten ein Interesse daran haben, die Erbengemeinschaft nicht aufzulösen. 7

4. Gestaltungsalternative Erbeinsetzung mit Vorausvermächtnis

Den dargestellten Schwierigkeiten für die Erbengemeinschaft in der Führung des einzelkaufmännischen Unternehmens kann der Unternehmer durch Gestaltung seines Testa- 8

[5] Vgl. *Strothmann* ZIP 1985, 969 (973).

[6] MünchKommHGB/*Heidinger* § 22 Rn. 45 ff.; nicht unumstritten, vgl. *Groll/Trotz* Teil BXI Rn. 8 ff., 42 m. w. N.

ments vorbeugen. Er kann demjenigen seiner Erben, welcher das Unternehmen erhalten und fortführen soll, dieses im Wege der Teilungsanordnung oder eines Vorausvermächtnisses zuwenden, siehe hierzu oben § 17 Rn. 25, 27. Häufig sind allerdings im Zeitpunkt der Testamentserrichtung die Wertverhältnisse des Unternehmens im Vergleich zum Rest des Nachlasses nicht bekannt und können sich auch in der Folgezeit noch erheblich verschieben. Bleibt der Wert der dem Nachfolger zugewendeten Erbquote hinter dem Wert des Unternehmens zurück, kann es bei den übrigen Miterben zur Auflösung von stillen Reserven und damit zur Ertragsteuerpflicht kommen, wenn dem designierten Nachfolger das Unternehmen durch Teilungsanordnung zugewiesen ist. Durch die Aussetzung eines Vorausvermächtnisses können diese Nachteile vermieden werden, allerdings zu dem Preis, dass dem Nachfolger bei entsprechender Wertentwicklung des Unternehmens zwischen dem Zeitpunkt der Testamentserrichtung und dem Erbfall wertmäßig wesentlich mehr zugewendet wird als ursprünglich vorgesehen. Über eine Begrenzung des Werts des Vermächtnisses kann dem vorgebeugt werden.

Formulierungsbeispiel Vorausvermächtnis:

Mein Sohn A soll mein Unternehmen erhalten. Übersteigt der Wert des Unternehmens den Wert des Anteils meines Sohnes A am Nachlass, so erhält A den darüber hinausgehenden Wert, höchstens jedoch einen Wert in Höhe von EUR . . ., als Vorausvermächtnis.

Der Erblasser kann auch mehrere Erben mit entsprechenden Vorausvermächtnissen bedenken und diese gleichzeitig verpflichten, mit bestimmten Vorgaben für einen Gesellschaftsvertrag eine Gesellschaft zu errichten.

5. Gestaltungsalternative Testamentsvollstreckung

9 Sowohl die Nachteile der Erbengemeinschaft in der Handlungsfähigkeit bei der Führung eines Unternehmens als auch Schwierigkeiten bei der Auseinandersetzung einer Erbengemeinschaft kann der Erblasser durch Einsetzung eines Testamentsvollstreckers mildern. Der Testamentsvollstrecker kann die für die Führung des Unternehmens wesentlichen Entscheidungen treffen und für das Tagesgeschäft einen Bevollmächtigten einsetzen. Die Erbengemeinschaft kann er nach den Vorgaben des Erblassers auseinandersetzen.

6. Gestaltungsalternative Rechtsformwechsel

10 Die vermutlich am wenigsten streitanfällige Lösung zur Gestaltung der Nachfolge im einzelkaufmännischen Unternehmen bedarf besonders weitsichtiger Vorbereitung. Die rechtzeitige Umwandlung eines einzelkaufmännischen Unternehmens in eine Gesellschaft – etwa in eine GmbH & Co. KG – kann die persönlichen Haftungsrisiken der Erben ausschließen und ermöglicht eine differenzierte Einsetzung unternehmerisch aktiver und inaktiver Miterben. Für die lebzeitige Einbringung des einzelkaufmännischen Unternehmens in eine GmbH & Co. KG sind weitere Beteiligte neben dem Unternehmer nicht erforderlich. Der Unternehmer selbst kann eine GmbH als Ein-Mann-GmbH errichten und als einziger Kommanditist mit dieser eine KG gründen, in welche er sein Unternehmen in der Regel steuerneutral einbringen kann. Als einziger Geschäftsführer seiner GmbH kann er die Geschäfte seines Unternehmens weiter wie bisher führen, ohne auf die Mitwirkung Dritter angewiesen zu sein. Seine Erben kann er sukzessive bereits zu Lebzeiten oder von Todes wegen an der Gesellschaft beteiligen. Im Erbfall werden Gesellschafter der KG nicht die Erben in ihrer Gesamtheit als Erbengemeinschaft, sondern die einzelnen Mitglieder der Erbengemeinschaft persönlich im Wege der Sondererbfolge.[7]

[7] BGHZ 108, 187 (192) = NJW 1989, 3152; *Baumbach/Hopt* § 139 Rn. 14; MünchKommHGB/ *K. Schmidt* § 139 Rn. 13, 18; MünchKommBGB/*Ulmer* § 727 Rn. 33.

II. Nachfolge des persönlich haftenden Gesellschafters

Der Tod des Gesellschafters einer OHG führt zur Fortführung der Gesellschaft mit den verbleibenden Gesellschaftern. Mangels anderweitiger vertraglicher Regelung werden die Erben des verstorbenen Gesellschafters nicht selbst Gesellschafter. Während bei der BGB-Gesellschaft eine für den Todesfall eines Gesellschafters gewünschte Fortsetzung ausdrücklich regelungsbedürftig ist, gilt dies für die OHG nur für den Sonderfall der zweigliedrigen Gesellschaft; es empfiehlt sich, für diesen Fall ein ausdrückliches Übernahmerecht des verbleibenden Gesellschafters im Gesellschaftsvertrag vorzusehen. 11

1. Fortsetzungsklausel[8]

Die einfache Fortsetzungsklausel führt zur Fortsetzung der Gesellschaft ohne die Erben des verstorbenen Gesellschafters. Diese haben lediglich einen Abfindungsanspruch. Grundsätzlich ist der der Beteiligung entsprechende volle anteilige Wert des Unternehmens als Abfindung zu bezahlen; gesellschaftsvertragliche Abfindungsklauseln weichen hiervon jedoch in der Regel mehr oder weniger deutlich nach unten ab. 12

Formulierungsbeispiel einfache Fortsetzungsklausel mit Übernahmerecht:

Beim Tod eines Gesellschafters scheidet dieser aus der Gesellschaft aus. Die Gesellschaft wird mit den verbleibenden Gesellschaftern fortgesetzt. Verbleibt nur noch ein Gesellschafter, so ist dieser berechtigt, das Vermögen der Gesellschaft mit allen Aktiva und Passiva zu übernehmen und das Handelsgeschäft fortzuführen. Der verbleibende Gesellschafter hat hierzu gegenüber den Erben des verstorbenen Gesellschafters binnen einer Frist von drei Monaten seit dem Tod des Gesellschafters eine schriftliche Übernahmeerklärung abzugeben. Wird die Erklärung nicht rechtzeitig abgegeben, erfolgt die Liquidation.

2. Nachfolgeklausel[9]

Um den Erben die Nachfolge in der Beteiligung zu ermöglichen bedarf es einer weiteren, ausdrücklichen Zulassung im Gesellschaftsvertrag. Durch eine **einfache Nachfolgeklausel** werden sämtliche Erben für die Nachfolge zugelassen, durch eine **qualifizierte Nachfolgeklausel** nur einzelne Erben, die bestimmte Kriterien zu erfüllen haben. Die Gestaltungsspielräume im Testament haben sich nach diesen Vorgaben zu richten. 13

Formulierungsbeispiel Nachfolgeklausel:

Stirbt ein Gesellschafter, so wird die Gesellschaft mit seinen Erben oder Vermächtnisnehmern fortgesetzt, soweit es sich bei diesen um Abkömmlinge des verstorbenen Gesellschafters handelt. Die Gesellschafter können durch Verfügung von Todes wegen bestimmen, dass nur einer oder einzelne ihrer Erben oder Vermächtnisnehmer die Rechtsnachfolge in den Gesellschaftsanteil antreten sollen.

Die dargestellte Nachfolgeklausel öffnet die Gesellschaft für die Erben und Vermächtnisnehmer des verstorbenen Gesellschafters, soweit es sich bei diesen um Abkömmlinge des Gesellschafters handelt. Die Entscheidung, wer auf diesem Wege die Nachfolge antreten soll, liegt bei dem jeweiligen Gesellschafter. Der Kreis der nachfolgeberechtigten Personen ist im Gesellschaftsvertrag frei definierbar. Sollen auch Ehegatten von Gesellschaftern oder von Abkömmlingen von Gesellschaftern nachfolgeberech-

---

[8] MünchKommHGB/*K. Schmidt* § 139 Rn. 7 a; MünchKommBGB/*Ulmer* § 736 Rn. 8 f.

[9] MünchKommHGB/*K. Schmidt* § 139 Rn. 12 ff.; MünchKommBGB/*Ulmer* § 727 Rn. 28 ff.; *Groll/Trotz* Teil B XI Rn. 166 ff.

tigt sein, sollte genau geregelt werden, wie deren Beteiligung im Falle einer Wiederverheiratung übertragen werden kann. Ergänzend sollte bestimmt werden, ob Darlehenskonten immer mit der Beteiligung zu übertragen sind oder auch getrennt hiervon vererbt werden können.

14 Der Erbe oder Vermächtnisnehmer, der über eine Nachfolgeklausel persönlich haftender Gesellschafter einer OHG wird, haftet gemäß § 128 HGB für die Verbindlichkeiten der Gesellschaft als Gesamtschuldner persönlich. Dies gilt auch für Verbindlichkeiten, die bereits vor seinem Eintritt in die Gesellschaft begründet wurden. Die **Haftung** eines persönlich haftenden Gesellschafters reicht damit weiter als die allgemeine Haftung des Erben für Nachlassverbindlichkeiten, die jedenfalls durch die in §§ 1975 ff. BGB geregelten Maßnahmen auf den Nachlass beschränkt werden kann und dann das persönliche Vermögen der Erben unberührt lässt. Der zur Nachfolge in eine Beteiligung an einer OHG berufene Erbe hat daher das Recht, seinen Verbleib in der Gesellschaft davon abhängig zu machen, dass ihm unter Belassung des bisherigen Gewinnanteils die Stellung eines Kommanditisten eingeräumt und der auf ihn entfallende Teil der Einlage des Erblassers als Kommanditeinlage anerkannt wird, § 139 HGB. Das Recht zur Umwandlung der Beteiligung des persönlich haftenden Gesellschafters in eine Kommanditbeteiligung kann innerhalb einer Frist von drei Monaten nach Kenntnis vom Anfall der Erbschaft geltend gemacht werden. Die Umwandlung der Beteiligung erfolgt durch Vertrag der Erben mit allen Mitgesellschaftern. Kommt ein entsprechender Vertrag nicht zustande, kann der Erbe, der die Umwandlung seiner Beteiligung beantragt hat, ohne Einhaltung einer Kündigungsfrist sein Ausscheiden aus der Gesellschaft erklären. Entsprechendes gilt für den persönlich haftenden Gesellschafter (Komplementär) einer KG.

3. Eintrittsklausel[10]

15 Gesellschaftsvertragliche Nachfolgeklauseln führen zu einer automatischen Fortsetzung der Gesellschaft mit den nachfolgeberechtigten Erben oder Vermächtnisnehmern. Ist ein solcher Automatismus nicht gewünscht, kann in den Gesellschaftsvertrag anstelle der Nachfolgeklausel eine Eintrittsklausel aufgenommen werden. Durch die Eintrittsklausel wird einem Dritten das Recht eingeräumt, beim Tod eines Gesellschafters an dessen Stelle in die Gesellschaft einzutreten. Der Eintritt erfolgt dann erst auf der Grundlage einer Entscheidung der betreffenden Person und bedarf des Vollzugs, sei es durch Abgabe einer Eintrittserklärung oder durch Abschluss eines Aufnahmevertrags mit den übrigen Gesellschaftern. Die Beteiligung des verstorbenen Gesellschafters wird in diesem Fall nicht Teil des Nachlasses. Dennoch ist auch dann eine genaue Abstimmung der letztwilligen Verfügung des Unternehmers mit dem Gesellschaftsvertrag erforderlich. Dabei sind das Schicksal der Mitgliedschaft in der Gesellschaft, welche Gegenstand der Eintrittsklausel ist, und das Schicksal des Abfindungsanspruchs der Erben zu harmonisieren. Ohne besondere Regelung fällt der Abfindungsanspruch der Erben auch dann in den Nachlass, wenn der durch die Eintrittsklausel zum Eintritt in die Gesellschaft Berechtigte nicht zum Kreis der Erben gehört. Der zum Eintritt in die Gesellschaft berechtigte Nichterbe müsste dann bei Ausübung seines Eintrittsrechts eine Einlage leisten, weil er den Vermögenswert der Beteiligung nicht geerbt hat.

Formulierungsbeispiel Eintrittsrecht:

1. Beim Tod des A ist der B berechtigt, als Nachfolger in die Gesellschaft einzutreten. Der B kann innerhalb einer Frist von drei Monaten ab dem Zeitpunkt des Todes des A schriftlich gegenüber den übrigen Gesellschaftern erklären, dass er als Nachfolger des A in die Gesellschaft eintreten möchte. Gibt der B eine entsprechende Erklärung ab, so ist er Gesell-

[10] MünchKommHGB/*K. Schmidt* § 139 Rn. 25 ff.; MünchKommBGB/*Ulmer* § 727 Rn. 53 ff.; *Groll/Trotz* Teil B XI Rn. 186 ff.

schafter mit Wirkung ab dem Zeitpunkt des Zugangs der Erklärung bei allen Gesellschaftern. Er tritt in die Rechte und Pflichten des verstorbenen Gesellschafters ein, soweit es sich hierbei nicht um höchstpersönliche Rechte handelt.

2. Macht B von seinem Eintrittsrecht Gebrauch, so ist ein Abfindungsanspruch der Erben ausgeschlossen.

Das Eintrittsrecht kann auch offener formuliert werden. So kann jeder Gesellschafter 16 berechtigt sein, eine für ihn eintrittsberechtigte Person zu benennen. Das Benennungsrecht kann auch einem Dritten, z.B. den Erben oder einem Testamentsvollstrecker, zugewiesen werden. Das Bestimmungsverbot gemäß § 2065 Abs. 2 BGB gilt nicht, weil sich der Eintritt des Gesellschafters in diesem Fall am Nachlass vorbei vollzieht. Die Eintrittsklausel eignet sich damit auch, Personen, die nicht zum Kreis der Erben gehören, den Eintritt in die Gesellschaft zu ermöglichen. Zu denken ist beispielsweise an den langjährigen Mitgeschäftsführer des Unternehmers, der bislang am Unternehmen nicht beteiligt ist, wenn ein Nachfolger für die operative Geschäftsführung in der Familie nicht zur Verfügung steht. Das gesellschaftsvertragliche Eintrittsrecht sollte für einen solchen Fall mit einem Vermächtnis des Kapitalanteils zugunsten des Eintrittsberechtigten gekoppelt werden. Von dem Eintrittsrecht sollte innerhalb von sechs Monaten nach Eintritt des Erbfalls Gebrauch gemacht werden.[11]

III. Nachfolge des Kommanditisten

Anders als die Beteiligung eines persönlich haftenden Gesellschafters einer OHG oder 17 einer KG ist die Beteiligung eines Kommanditisten bereits von Gesetzes wegen vererblich, § 177 HGB. Mangels abweichender vertraglicher Bestimmung wird die Gesellschaft beim Tod eines Kommanditisten mit dessen Erben fortgesetzt.

Für die Gestaltungspraxis bedeutet dies, dass eine ausdrückliche Regelung der Fortsetzung der Gesellschaft mit den Erben eines Kommanditisten nicht erforderlich ist. Im Übrigen kann auf die unter Rn. 13–15 dargestellten Gestaltungsalternativen zu Nachfolgeklauseln und Eintrittsrechten verwiesen werden. Die Nachfolge der Erben in die Kommanditbeteiligung kann sowohl modifiziert als auch ausgeschlossen werden. Qualifizierte Nachfolgeklauseln können daher für die Kommanditbeteiligung wie für die Beteiligung eines persönlich haftenden Gesellschafters den Kreis der nachfolgeberechtigten Personen konkretisieren.

IV. Nachfolge des GmbH-Gesellschafters

Der Geschäftsanteil einer GmbH ist vererblich, § 15 GmbHG. Der Geschäftsanteil 18 fällt, auch bei mehreren Erben, ungeteilt in den Nachlass des Erblassers. Die Vererblichkeit des Geschäftsanteils kann durch den Gesellschaftsvertrag nicht ausgeschlossen werden.[12] Mehrere Miterben können ihre Rechte als Gesellschafter nur gemeinschaftlich ausüben, § 18 Abs. 1 GmbHG. Ein gemeinsam bestellter Vertreter ist daher zu empfehlen.

Dennoch besteht, insbesondere bei personalistisch strukturierten GmbHs, dasselbe Bedürfnis wie in der Personengesellschaft zur **Kontrolle der Zusammensetzung des Gesellschafterkreises.** Die Mechanismen, dieses zu erreichen, sind allerdings ganz unterschiedlich: Während in der Personengesellschaft bereits durch entsprechend gestaltete

[11] Wird das Eintrittsrecht nach Ablauf von sechs Monaten nach Eintritt des Erbfalls ausgeübt, kann es zur Auflösung stiller Reserven kommen; vgl. BMF-Schreiben vom 14. 3. 2006, BStBl. I 2006, S. 253 Tz. 70–74.

[12] *Baumbach/Hueck/Fastrich* GmbHG § 15 Rn. 9, 12; *Roth/Altmeppen* GmbHG § 15 Rn. 31; *Ulmer/Löbbe* GmbHG § 15 Rn. 9.

Nachfolgeklauseln dem Eintritt unerwünschter Gesellschafter vorgebeugt werden kann, sind bei der GmbH Regelungen vorzusehen, durch welche durch Erbfall in die Gesellschaft eingerückte Gesellschafter wieder ausgeschlossen werden können. Geregelt werden hierzu üblicherweise

- der Kreis der nachfolgeberechtigten Personen in einer Nachfolgeklausel,
- die Abtretung oder Einziehung von Anteilen, die auf nicht nachfolgeberechtigte Personen übergegangen sind sowie
- die Abfindung nicht nachfolgeberechtigter Personen für den Fall der Abtretung oder Einziehung ihres Anteils.

Formulierungsbeispiel Nachfolgeklausel GmbH:

1. Verstirbt ein Gesellschafter, wird die Gesellschaft mit dessen nachfolgeberechtigten Erben oder Vermächtnisnehmern fortgesetzt. Nachfolgeberechtigt sind die Abkömmlinge des verstorbenen Gesellschafters. Die Gesellschafter können auch ohne Zustimmung der Betroffenen die Einziehung von Geschäftsanteilen beschließen, wenn diese ganz oder teilweise von nicht nachfolgeberechtigten Personen gehalten werden. Die Betroffenen haben bei der Beschlussfassung kein Stimmrecht. Statt der Einziehung können die Gesellschafter auch beschließen, dass der Geschäftsanteil an die Gesellschaft oder an einen erwerbsbereiten Dritten zu veräußern ist.
2. Der von der Einziehung oder Zwangsveräußerung seines Geschäftsanteils betroffene Gesellschafter erhält eine Abfindung. Schuldner der Abfindung ist im Falle der Einziehung die Gesellschaft und im Falle der Veräußerung der Erwerber des Geschäftsanteils.

Der Kreis der nachfolgeberechtigten Personen kann im Gesellschaftsvertrag frei bestimmt werden. Der Gesellschafter muss darauf achten, dass er seine Beteiligung nachfolgeberechtigten Personen hinterlässt. Andernfalls droht die Einziehung des hinterlassenen Anteils, der auf nicht nachfolgeberechtigte Personen übergegangen ist. Nach dem Gesellschaftsvertrag nachfolgeberechtigte Personen haben kein Eintrittsrecht, wenn sie nicht als Erben oder Vermächtnisnehmer eingesetzt sind.[13]

19 Die Regelungen zur Einziehung und zur Zwangsabtretung dienen der Absicherung der gesellschaftsvertraglichen Nachfolgeklauseln. Die **Einziehung** des Geschäftsanteils kommt nur in Betracht, wenn im Gesellschaftsvertrag eine entsprechende Regelung enthalten ist. Sie setzt voraus, dass die Stammeinlage auf den betreffenden Geschäftsanteil voll einbezahlt ist und die Abfindung für die Einziehung aus dem freien Vermögen der Gesellschaft ohne Beeinträchtigung des Stammkapitals bezahlt werden kann. Die Einziehung führt zur Vernichtung des Geschäftsanteils; eine Herabsetzung des Stammkapitals ist damit nicht verbunden.[14] Die dadurch entstehende Diskrepanz zwischen der Summe der Nennwerte der Geschäftsanteile und dem Stammkapital kann, muss aber nicht durch nominelle Aufstockung der verbleibenden Geschäftsanteile beseitigt werden. Durch die Einziehung erhöht sich die Beteiligungsquote der verbleibenden Gesellschafter. Für Gesellschafter, die bislang knapp unterhalb der bis zum 31. 12. 2008 für einen steuerfreien Verkauf maßgeblich Wesentlichkeitsgrenze von ein Prozent gemäß § 17 Abs. 1 EStG an der Gesellschaft beteiligt waren, kann durch die Einziehung eine einkommensteuerlich wesentliche Beteiligung entstehen mit entsprechenden steuerrechtlichen Folgen beim Verkauf.

[13] *Spiegelberger* Teil L Rn. 587. Ist hingegen nach dem Gesellschaftsvertrag kein Personenkreis, sondern eine bestimmte Person zur Nachfolge berechtigt, so kann eine solche Nachfolgeregelung als Eintrittsrecht zu verstehen sein. Dem nachfolgeberechtigten Nichterben stünde in diesem Fall ein schuldrechtlicher Anspruch gegen die Erben auf Übertragung des Anteils zu; vgl. *Ulmer/Löbbe* GmbHG § 15 Rn. 13; so auch *Lutter/Hommelhoff/Bayer* GmbHG § 15 Rn. 9, der eine solche Umdeutung sogar bei mehreren (durch eine besondere Qualifikation) bestimmten Erben für möglich hält.

[14] *Baumbach/Hueck/Fastrich* GmbHG § 34 Rn. 20.

Insbesondere wegen des Erfordernisses, die Abfindung aus dem freien Vermögen der Gesellschaft zu bezahlen, kommt eine Einziehung nicht immer in Betracht. Für diese Fälle ist die **Zwangsabtretung** des Geschäftsanteils an erwerbsbereite Dritte vorgesehen; diese sind dann auch Schuldner der Abfindung. Dadurch können auch die genannten steuerrechtlichen Risiken vermieden werden.

B. Nachfolge in der Führung des Unternehmens

Nicht weniger wichtig als die Nachfolge in der Gesellschafterstellung ist die Nachfolge 20
in der Führung des Unternehmens. Für die meisten Unternehmen stellt die Suche nach einem neuen Geschäftsführer eine Aufgabe dar, die mit einer gewissen Regelmäßigkeit, wenngleich hoffentlich nicht in zu geringen Abständen, auf sie zukommt. Sie ist eine wichtige, häufig von Emotionen begleitete Weichenstellung. Zu einer echten Zäsur kann es kommen, wenn der Wechsel in der Geschäftsführung mit einem Wechsel im Gesellschafterkreis, beispielsweise beim Tod eines maßgeblich beteiligten Gesellschaftergeschäftsführers, einhergeht. Die Gesellschafterversammlung als zur Bestellung der Geschäftsführer berufenes Organ ist dann häufig nicht schnell genug handlungsfähig. Zur Gestaltung der Unternehmensnachfolge gehört daher auch die Vorsorge für die Nachfolge in der Führung des Unternehmens, sei es durch die rechtzeitige Einbindung oder Heranführung weiterer Geschäftsführer oder sei es durch die Einrichtung eines Gremiums, welches jederzeit kurzfristig zur Bestellung von Geschäftsführern in der Lage ist.

I. Geschäftsführung

Die Geschäftsführer einer GmbH und damit auch die Geschäftsführer einer GmbH 21
als Komplementärin einer GmbH & Co. KG werden von den Gesellschaftern bestellt. Die Bestellung erfolgt in der Regel auf unbestimmte Zeit, ist aber jederzeit widerruflich, § 38 GmbHG. Mitglieder des Vorstands einer AG können demgegenüber höchstens für die Dauer von fünf Jahren bestellt werden, wobei eine wiederholte Bestellung zulässig ist, § 84 AktG. Für den Abschluss von Anstellungsverträgen mit Geschäftsführern einer GmbH ist die Gesellschafterversammlung, bei der AG der Aufsichtsrat, zuständig. Anstellungsverträge werden üblicherweise befristet oder zumindest kündbar abgeschlossen.

Zur Vertretung einer OHG ist jeder ihrer persönlich haftenden Gesellschafter von Gesetzes wegen ermächtigt, wenn er nicht durch Gesellschaftsvertrag von der Vertretung ausgeschlossen ist, § 125 HGB.

Die Regelung der Geschäftsführungs- und Vertretungsverhältnisse setzt damit eine handlungsfähige Gesellschafterversammlung voraus, wobei die Gesellschafterversammlung ihre diesbezüglichen Rechte auch auf einen Beirat oder ein vergleichbares Organ delegieren kann.

II. Beirat

Beiratslösungen können für Unternehmen aus einer Vielzahl von Gründen empfeh- 22
lenswert sein. Zu nennen sind beispielsweise: die Überwachung und Kontrolle der Geschäftsführer, die Beratung der Geschäftsführer durch Anbindung von Fachleuten und deren Kompetenzen an das Unternehmen sowie die Vermittlung und Schlichtung bei unterschiedlichen Gesellschafterinteressen. Der aus der Geschäftsführung altershalber ausscheidende Gesellschafter kann dem Unternehmen als Vorsitzender oder Mitglied des Beirats künftig viel enger verbunden bleiben, als er dies über eine bloße Gesellschafterstellung könnte. Auch kann ein Beirat oder ein vergleichbares Gremium im Nachfolgefall wesentlich zur Kontinuität und damit zur Unternehmenssicherung beitragen.

1. Begriff und Funktion

23 Begriff und Funktion eines Beirats sind gesetzlich nicht geregelt. Für den Aufsichtsrat einer Aktiengesellschaft finden sich in den §§ 95 ff. AktG Regelungen zur Zusammensetzung des Gremiums sowie zur Bestellung und zum Aufgabenkreis seiner Mitglieder. Die Regelungen werden ergänzt durch mitbestimmungsrechtliche Vorschriften[15] und können auch in der GmbH Anwendung finden, wenn dort ein Aufsichtsrat zu bestellen ist. Im Übrigen besteht Gestaltungsfreiheit für die Einrichtung von Beiräten, Verwaltungsräten oder Gesellschafterausschüssen.

2. Beirat und Nachfolge

24 Die Regelung der Nachfolge in der Führung eines Unternehmens gehört zu den wichtigsten unternehmerischen Entscheidungen von Gesellschaftern. Die Geschäftsführer führen das operative Geschäft, entwickeln die strategische Planung und entscheiden über die hieraus abzuleitenden Maßnahmen. Obgleich sowohl das Recht der Personengesellschaften wie auch das Recht der GmbH sehr weit reichende Einflussmöglichkeiten der Gesellschafter auf die Geschäftsführung zulässt, unterliegen die Geschäftsführer faktisch nur einer eingeschränkten Kontrolle. Sie sind für den Erfolg und Misserfolg eines Unternehmens ausschlaggebend und verantwortlich. Die Auswahl eines Nachfolgers in der Geschäftsführung ist deshalb wichtig und anspruchsvoll. Dies gilt für die Auswahl eines Fremdgeschäftsführers wie für die Beurteilung eines Nachfolgers aus dem Gesellschafterkreis gleichermaßen, wobei Letzteres häufig von emotionalen Einflüssen überlagert und dadurch zusätzlich erschwert wird. In dieser Situation kann ein Beirat hilfreich sein. Er kann insbesondere zur Versachlichung von Entscheidungen beitragen und für Kontinuität in der Unternehmensführung sorgen, beispielsweise wenn der Gesellschaftergeschäftsführer unerwartet wegfällt und die Gesellschafter – etwa in Erbengemeinschaft – nicht schnell genug handlungsfähig sind, um einen Nachfolger auszuwählen und zu bestellen, oder wenn sich die Gesellschafter auf einen solchen nicht einigen können.

Soll ein Beirat in die Auswahl und Bestellung von Geschäftsführern eingebunden werden, nimmt er hierdurch organschaftliche Kompetenzen wahr. Die Beiratsregelungen sind dann in den Gesellschaftsvertrag aufzunehmen. Dabei geht es sowohl um eine Abgrenzung der Kompetenzen des Beirats gegenüber den Gesellschaftern wie gegenüber den Geschäftsführern. Regelungsbedürftig sind damit das Verfahren zur Bestellung der Mitglieder des Beirats, deren Rechte und Pflichten und gegebenenfalls die Anwendbarkeit aktienrechtlicher Vorschriften.

3. Bestellung

25 Im Verfahren zur Bestellung der Mitglieder des Beirats spiegelt sich der Einfluss der Gesellschafter oder einzelner Gesellschaftergruppen auf das Unternehmen wider. Wer die Mitglieder eines mit starken Rechten ausgestatteten Beirats bestellen und abberufen kann, hat auf diesem Wege mittelbar auch entsprechenden Einfluss auf wesentliche unternehmerische Entscheidungen. Nach den gesetzlichen Vorgaben werden einfache Gesellschafterbeschlüsse – und damit auch Beschlüsse zur Bestellung von Mitgliedern eines Beirats – in der GmbH mit der einfachen Mehrheit der Stimmen und in Personengesellschaften einstimmig gefasst. Gesellschaftsverträge können abweichende Regelungen vorsehen, wovon auch regelmäßig Gebrauch gemacht wird.

---

[15] Bei Unternehmen mit mehr als 500 Arbeitnehmern ist ein Aufsichtsrat zu bilden, der zu einem Drittel aus Vertretern der Arbeitnehmer bestehen muss, § 1 Abs. 1 DrittelbG. Diese nur für Kapitalgesellschaften geltende Bestimmung hat für eine GmbH & Co. KG regelmäßig keine Bedeutung, da die typische Komplementär-GmbH keine oder nur wenige Arbeitnehmer beschäftigt. Unternehmen mit mehr als 2000 Arbeitnehmern sind nach § 1 Abs. 1 MitbestG zur paritätischen Zusammensetzung des Aufsichtsrates verpflichtet. Die bei einer GmbH & Co. KG beschäftigten Arbeitnehmer werden dabei unter bestimmten Voraussetzungen den Arbeitnehmern einer GmbH hinzugerechnet, § 4 MitbestG; vgl. im Einzelnen hierzu oben § 13 Rn. 14.

Festgelegt werden sollten die Zahl der Mitglieder eines Beirats und die Wahlmodalitäten; darüber hinaus kann auch an die Aufnahme eines Anforderungsprofils an Mitglieder des Beirats in den Gesellschaftsvertrag gedacht werden.

Formulierungsbeispiel, Bestellung der Beiratsmitglieder:

1. Die KG hat einen Beirat. Der Beirat besteht aus fünf Mitgliedern.
2. Mitglied des Beirats kann nur sein,
   a) wer über die herausragende Sachkenntnis und wirtschaftliche Erfahrung verfügt, die dem Umfang und der Bedeutung des Amts entsprechen,
   b) wer weder als Geschäftsführer noch als Angestellter in einem Dienstverhältnis zur KG, zu deren Komplementärin oder zu einem verbundenen Unternehmen steht,
   c) wer das 72. Lebensjahr noch nicht vollendet hat, es sei denn, die Gesellschafter stimmen der Mitgliedschaft mit einer Mehrheit von Dreiviertel der Stimmen zu.
3. Gesellschafter, die zusammen über mindestens 40% der Stimmen verfügen, können je ein Mitglied des Beirats bestellen. Die restlichen Mitglieder des Beirats werden von der Gesellschafterversammlung mit einfacher Mehrheit bestellt.
4. Die Bestellung erfolgt bis zum Ablauf der Gesellschafterversammlung, die über die Entlastung für das vierte Geschäftsjahr nach dem Beginn der Amtszeit beschließt. Das Geschäftsjahr, in dem die Amtszeit beginnt, wird nicht mitgerechnet.
5. Die Gesellschafter können die von ihnen bestellten Mitglieder des Beirats jederzeit ohne Angabe von Gründen abberufen. Der Beschluss bedarf einer Mehrheit von Dreiviertel der Stimmen, die an der Bestellung mitgewirkt haben.
6. Jedes Mitglied des Beirats kann sein Amt durch schriftliche Erklärung gegenüber dem Vorsitzenden des Beirats, dieser durch schriftliche Erklärung gegenüber seinem Stellvertreter oder gegenüber der Komplementärin, mit einer Frist von einem Monat niederlegen. Eine Niederlegung mit sofortiger Wirkung ist nur aus wichtigem Grund zulässig.
7. Die Mitglieder des Beirats sind nicht an Weisungen gebunden. Sie haben ihre Entscheidungen nach bestem Wissen und Gewissen zu treffen und haften nur für Vorsatz und grobe Fahrlässigkeit.

Durch die in Ziff. 3 vorgesehene Möglichkeit für einzelne Gesellschaftergruppen, Mitglieder des Beirats zu bestellen, kann Minderheits- oder Stammesinteressen Rechnung getragen werden; häufig werden über entsprechende Regelungen auch Gesellschafter in einen Beirat gewählt.[16] Die Mehrheitserfordernisse hierfür sind an die konkreten Verhältnisse anzupassen. Einzelnen Gesellschaftern kann auch ein Sonderrecht[17] auf Mitgliedschaft oder Vorsitz im Beirat zuerkannt werden. Zusätzlich kann eine solche Beiratsposition beispielsweise eines Gründungsgesellschafters mit einem Vorzug bei der Abstimmung in Form eines Mehrfachstimmrechts oder eines Stichentscheids ausgestattet sein. Der betreffende Gesellschafter kann dadurch Entscheidungen des Beirats maßgeblich beeinflussen. Dies kann so weit gehen, dass die gesellschaftsvertraglich einem Beirat zugewiesenen Rechte im Verhältnis zu den Gesellschaftern faktisch erst zum Tragen kommen, wenn der betreffende Gesellschafter im Beirat wegfällt. So kann ein Beiratsgremium bereits im Vorgriff auf eine Nachfolgeregelung mit starken Rechten ausge-

---

[16] Benennungs- oder Entsendungsrechte einzelner Gesellschafterstämme werden z.T. als nicht sinnvoll angesehen; vgl. *Hennerkes/May* NJW 1988, 2761 (2762). Zu beachten ist jedoch, dass sich Gesellschafter mit einer Delegation von Rechten auf einen starken Beirat häufig nur dann einverstanden erklären, wenn sie jedenfalls auf die Bestellung einzelner Mitglieder des Beirats Einfluss haben und nicht alle von ihnen bestellten Mitglieder überstimmt werden können.

[17] Sonderrechte sind Mitgliedschaftsrechte, die nur einem oder einzelnen Gesellschaftern als Vorrechte durch Gesellschaftsvertrag eingeräumt werden; vgl. *Baumbach/Hueck/Fastrich* GmbHG § 14 Rn. 17; *Roth/Altmeppen* GmbHG § 14 Rn. 21.

stattet werden, ohne den Gründungsgesellschafter zu sehr zu beeinträchtigen. Auch die Einrichtung eines **„schlafenden Beirats"**, dessen Rechte erst mit dem Tod des Seniors aufleben, kommt in Betracht.[18]

4. Rechte und Pflichten

26 Die Rechte und Pflichten eines Beirats können sehr unterschiedlich ausgestaltet werden. Das Spektrum reicht von einem rein beratenden Gremium ohne eigene Entscheidungskompetenzen bis hin zu einem gesellschaftsvertraglich verankerten Organ der Gesellschaft, welches alle delegierbaren Gesellschafterrechte eigenständig wahrnimmt. Hierzu können insbesondere die folgenden Aufgaben und Rechte zählen

- Beratung, Überwachung und Kontrolle der Geschäftsführer,
- Bestellung und Abberufung der Geschäftsführer sowie Abschluss von Dienstverträgen mit diesen,
- Verabschiedung einer Geschäftsordnung für die Geschäftsführer,
- Verabschiedung eines Katalogs zustimmungspflichtiger Geschäfte für die Geschäftsführer sowie Entscheidung über die hiernach zu erteilenden Zustimmungen zu wesentlichen Geschäften und
- Feststellung des Jahresabschlusses.

27 Lediglich Grundlagenentscheidungen im engeren Sinne wie Satzungsänderungen oder Entscheidungen über wesentliche gesellschaftsrechtliche Strukturmaßnahmen können nicht mit gegenüber den Gesellschaftern verdrängender Wirkung auf einen Beirat übertragen werden.[19] Der Beirat kann in entsprechende Entscheidungen jedoch über Vorschlags- oder Empfehlungsrechte eingebunden werden; er kann für derartige Maßnahmen aber nicht die Entscheidungen letztverbindlich für die Gesellschafter treffen.

28 Die **Anforderungen an eine Überwachungstätigkeit** des Beirats haben sich in den letzten Jahren stark gewandelt. Im Vordergrund steht heute nicht die bloße Wahrnehmung von Zustimmungsrechten zu einzelnen Geschäftsführungsmaßnahmen, sondern eine zukunftsgerichtete und risikoorientierte Diskussion mit der Geschäftsführung über die Steuerung des Unternehmens.[20] Voraussetzung hierfür ist zunächst die ausreichende Informationsversorgung des Beirats durch die Geschäftsführung; Grundsätze hierfür sollte der Beirat in einer Geschäftsordnung für die Geschäftsführung festlegen. Wesentliche **Diskussionspunkte** für Beirat und Geschäftsführung sind dann die Strategie des Unternehmens und deren Umsetzung, die kurz-, mittel- und langfristige Unternehmensplanung sowie die Aufstellung des Jahresabschlusses und damit verbundene Fragen der Unternehmensfinanzierung. **Zustimmungsrechte** zur Strategie und Unternehmensplanung sowie die Kompetenz zur Feststellung des Jahresabschlusses und zur Bestellung und Abberufung von Geschäftsführern bilden dann das Instrumentarium für den Beirat, um über die Eckpunkte der Unternehmensentwicklung zu entscheiden. Ein darüber hinausgehender Katalog von Zustimmungsvorbehalten wird hierdurch nicht entbehrlich; er kann sich jedoch auf Maßnahmen beschränken, die die Vermögens-, Finanz- oder Ertragslage des Unternehmens grundlegend verändern können.[21]

---

[18] Vgl. *Scherer/Jeschke/Kögel* § 40 Rn. 57.

[19] *Baumbach/Hueck/Zöllner* GmbHG § 46 Rn. 72 ff.; *Baumbach/Hopt* HGB § 163 Rn. 11, 14.

[20] Grundsätze guter Unternehmensführung sind für börsennotierte Gesellschaften niedergelegt im Deutschen Corporate Governance Kodex in der Fassung vom 14. 6. 2007 (veröffentlicht am 20. 7. 2007 im elektronischen Bundesanzeiger, eBAnz AT 23 2007 B 1); dort enthaltene Empfehlungen und Anregungen für das Zusammenwirken von Vorstand und Aufsichtsrat können auch als Anregungen für die Ausgestaltung der Rechte und Pflichten von Beiräten mittelständischer Unternehmen fruchtbar gemacht werden, soweit diese Anregungen nicht aktien- oder kapitalmarktrechtliche Besonderheiten betreffen.

[21] Vgl. hierzu Deutscher Corporate Governance Kodex Ziff. 3.3; ähnlich auch *Hennerkes/May* NJW 1988, 2761 ff.

5. Anwendung aktienrechtlicher Regelungen

Ist nach dem Gesellschaftsvertrag einer GmbH ein Aufsichtsrat zu bestellen, so finden eine Reihe aktienrechtlicher Regelungen zum Aufsichtsrat Anwendung, soweit im Gesellschaftsvertrag der GmbH nichts anderes bestimmt ist, § 52 GmbHG. Die entsprechenden aktienrechtlichen Regelungen sollten jeweils einzeln darauf überprüft werden, ob sie auf die Verhältnisse im konkreten Fall passen. So mag es sinnvoll sein, auf die Regelung zur Berichterstattung der Geschäftsführer gegenüber dem Aufsichtsrat nach § 90 AktG und auf die Aufgaben und Rechte des Aufsichtsrats nach § 111 AktG zu verweisen, während ein Verweis auf die Zahl der Aufsichtsratsmitglieder und deren persönliche Voraussetzungen für den Aufsichtsrat einer GmbH häufig nicht passt. In der Regel dürfte dies auch für einen Verweis auf die §§ 113, 114 AktG zur Vergütung der Mitglieder des Aufsichtsrats und zu den Anforderungen an Verträge mit Mitgliedern des Aufsichtsrats gelten. Die aktienrechtlichen Regelungen hierzu sind auf die sehr weit reichenden Kompetenzen von Aufsichtsräten in Aktiengesellschaften zugeschnitten und passen nur eingeschränkt für Gremien mit stark beratender Funktion in Gesellschaften, bei welchen die Gesellschafter eine größere Nähe zum Unternehmen und zu Geschäftsführern haben als die Aktionäre einer börsennotierten Aktiengesellschaft. 29

C. Testamentsvollstreckung in der Unternehmensnachfolge

Der Erblasser kann zur Verwaltung und Auseinandersetzung seines Nachlasses einen Testamentsvollstrecker einsetzen, siehe hierzu oben § 17 Rn. 42ff. Zur Verwaltung des Nachlasses kann auch die so genannte Dauervollstreckung für bis zu 30 Jahre oder bis zum Tod des Erben vorgesehen werden, § 2210 BGB. Für die Unternehmensnachfolge eignet sich die Testamentsvollstreckung damit, um einen längeren Zeitraum zu überbrücken, in welchem Erben zur Führung des Unternehmens oder zur Ausübung von Beteiligungsrechten nicht in der Lage sind.[22] Der Erblasser kann für diesen Fall einen unternehmerisch erfahrenen Testamentsvollstrecker, oder, was nicht selten vorkommt, ein Testamentsvollstreckergremium einsetzen. 30

Die Rechte des Testamentsvollstreckers und insbesondere sein Verhältnis zur Erbengemeinschaft sind an anderer Stelle bereits behandelt.[23] Für die Testamentsvollstreckung in der Unternehmensnachfolge kommt der Abstimmung von Testament und Gesellschaftsvertrag besondere Bedeutung zu, zum einen, weil der Gesellschaftsvertrag den Testamentsvollstrecker zur Ausübung von Gesellschafterrechten zulassen muss oder dieses – bei der GmbH – zumindest nicht ausschließen darf[24] und zum anderen, weil das Testament die Aufgaben und Rechte des Testamentsvollstreckers hinreichend genau beschreiben sollte.

Formulierungsbeispiel Testamentsvollstreckung in der KG:

Vertretung von Gesellschaftern

1. Die Gesellschafter können sich bei der Wahrnehmung ihrer Gesellschafterrechte vertreten lassen
   a) durch einen anderen Gesellschafter,
   b) durch einen kraft seines Berufs zur Verschwiegenheit verpflichteten Bevollmächtigten,

[22] Allerdings können sich Erben der Testamentsvollstreckung entziehen, indem sie ihr Erbe ausschlagen und den Pflichtteil verlangen; vgl. *Rawert* ZEV 1999, 294.

[23] Vgl. hierzu Rn. 9.

[24] *Priester,* FS Stimpel, S. 471.

c) durch einen Testamentsvollstrecker oder Treuhänder, der Anteile an der KG zu verwalten hat.
2. Die Legitimation (Vollmachtsurkunde, Testamentsvollstreckerzeugnis oder ähnliches) ist bei der KG zu hinterlegen.

31 Die Zulässigkeit der **Testamentsvollstreckung an einer Kommanditbeteiligung** war lange Zeit umstritten, ist inzwischen jedoch anerkannt.[25] Während der Dauer der Testamentsvollstreckung werden die Gesellschafterrechte des Kommanditisten hiernach vom Testamentsvollstrecker wahrgenommen, sofern der Gesellschaftsvertrag dies zulässt oder die Mitgesellschafter zustimmen. Einer Mitwirkung der Erben bedarf der Testamentsvollstrecker bei Änderungen des Gesellschaftsvertrags, die in den Kernbereich der Mitgliedschaftsrechte der Erben eingreifen, bei der Begründung einer persönlichen Haftung der Erben oder generell bei Handlungen, die über seine Befugnis als Testamentsvollstrecker hinausgehen, §§ 2205 ff. BGB.

32 Wesentlich problematischer ist die **Testamentsvollstreckung bei einem einzelkaufmännischen Unternehmen** oder hinsichtlich der Beteiligung eines persönlich haftenden Gesellschafters.[26] In beiden Fällen kollidieren erbrechtliche und handels- bzw. gesellschaftsrechtliche Haftungsgrundsätze. Der Einzelkaufmann haftet wie der Komplementär einer KG für die Verbindlichkeiten des Unternehmens persönlich. Demgegenüber ist der Testamentsvollstrecker berechtigt, Verbindlichkeiten für den Nachlass – und nicht für sich persönlich – einzugehen, § 2206 BGB, und die Erben haften für solchermaßen für den Nachlass eingegangene Verbindlichkeiten auf den Nachlass beschränkt, §§ 1967, 1975 BGB. Die handels- und gesellschaftsrechtlich vorgesehene persönliche Haftung des Unternehmensinhabers könnte also umgangen werden. Die Testamentsvollstreckung zur Verwaltung eines einzelkaufmännischen Unternehmens oder der Beteiligung eines persönlich haftenden Gesellschafters einer OHG oder KG wird daher ganz überwiegend als unzulässig angesehen.[27] Drei Gestaltungsalternativen bieten sich an, wenngleich alle nicht ohne Nachteile sind.

1. Treuhand

33 Bei der Treuhandlösung führt der Testamentsvollstrecker das Handelsunternehmen für Rechnung der Erben als Treuhänder, nach außen jedoch im eigenen Namen und in eigener unbeschränkter Haftung. In letzterem liegt der Nachteil: Der Testamentsvollstrecker muss bereit sein, ein entsprechendes Haftungsrisiko einzugehen; zwar sind ihm gegenüber die Erben zur Freistellung verpflichtet, möglicherweise jedoch auf den Nachlass beschränkbar.[28]

2. Vollmacht

34 Bei der Vollmachtslösung führt der Testamentsvollstrecker das Handelsgeschäft im Namen der Erben fort. Diese haften für Neuschulden persönlich und unbeschränkbar. Der Erblasser muss hierzu im Testament vorsehen, dass die Erben verpflichtet sind, dem Testamentsvollstrecker entsprechende Vollmachten einzuräumen. In der Literatur ist umstritten, ob ein Erbe auf diesem Wege einem persönlichen Haftungsrisiko ausgesetzt werden darf, wenn er doch erbrechtlich die Möglichkeit hat, seine Haftung zu beschränken.[29]

---

[25] BGHZ 108, 187 = NJW 1989, 3152.
[26] Vgl. hierzu ausführlich: *Nieder* § 10 Rn. 933 ff.
[27] BGHZ 12, 100; *John* BB 1980, 757; *Nieder* § 10 Rn. 934; *Spiegelberger* Teil P Rn. 688.
[28] MünchKommBGB/*Zimmermann* § 2205 Rn. 28; zu den steuerrechtlichen Risiken der Treuhandlösung siehe oben § 17 Rn. 49.
[29] *John* BB 1980, 757 f.

3. Umwandlung

Bei der Umwandlung des Unternehmens in eine GmbH treten die genannten Probleme nicht auf. Näher liegen dürfte häufig jedoch die Umwandlung eines einzelkaufmännischen Unternehmens in eine GmbH & Co. KG und der Wechsel eines Komplementärs in die Stellung eines Kommanditisten. Für beides sollte das Testament klare Anordnungen für den Testamentsvollstrecker enthalten; besser noch ist eine entsprechende Umstrukturierung bereits im Vorfeld im Wege der vorweggenommenen Nachfolgeplanung. 35

Bei der GmbH ist die Verwaltung des Geschäftsanteils durch einen Testamentsvollstrecker zulässig.[30] Auch hier darf der Testamentsvollstrecker allerdings nicht in den Kernbereich der Mitgliedschaftsrechte des Gesellschafters eingreifen oder diesen über den Nachlass hinaus persönlich verpflichten.[31] Der Gesellschaftsvertrag kann weitere Einschränkungen vorsehen. 36

Formulierungsbeispiel Testament:

Rechte und Aufgaben des Testamentsvollstreckers

1. Der Testamentsvollstrecker hat
   a) den Nachlass in Besitz zu nehmen und zu verwalten,
   b) angeordnete Vermächtnisse und Auflagen zu erfüllen sowie
   c) den Nachlass auseinanderzusetzen.
2. Dem Testamentsvollstrecker stehen alle Rechte zu, die einem Testamentsvollstrecker eingeräumt werden können. Er ist von den Beschränkungen des § 181 BGB befreit. Bei Streitigkeiten von Erben und Vermächtnisnehmern hat er als Schiedsrichter zu entscheiden.
3. Der Testamentsvollstrecker ist berechtigt, die Auseinandersetzung des Nachlasses nach billigem Ermessen vorzunehmen. Er ist insbesondere auch berechtigt, die in den Nachlass fallenden Unternehmen nach billigem Ermessen umzustrukturieren, umzuwandeln oder zu verkaufen; dabei ist der Testamentsvollstrecker auch berechtigt, die Beteiligungsverhältnisse an einzelnen Unternehmen abweichend von den Erbquoten festzulegen.
4. In der Eingehung von Verbindlichkeiten für den Nachlass ist der Testamentsvollstrecker nicht beschränkt.[32]
5. Soweit der Testamentsvollstrecker Beteiligungen an Personengesellschaften zu verwalten hat, mache ich den betroffenen Erben zur Auflage, dem Testamentsvollstrecker – unter Befreiung von den Beschränkungen des § 181 BGB – alle zur Verwaltung, insbesondere zur Ausübung des Stimmrechts erforderlichen Vollmachten unverzüglich zu erteilen und sich selbst während der Dauer der Verwaltung jeder Verwaltungshandlung zu enthalten. Der Testamentsvollstrecker kann auch die treuhänderische Übertragung solcher Beteiligungen auf sich verlangen.

Im dargestellten Beispiel werden die Vollmachtslösungen und die Treuhandlösung für die Verwaltung von Beteiligungen gekoppelt. Der Testamentsvollstrecker hat es damit in der Hand, die treuhänderische Übertragung von Beteiligungen auf sich zu verlangen, wenn Vollmachten unter Berufung auf eine mögliche Unzulässigkeit der Vollmachtslösung nicht erteilt werden sollten.

D. Modelle zur Unternehmensnachfolge

Eine frühzeitige Regelung der Unternehmensnachfolge ist zu empfehlen. Dabei geht es im Wesentlichen um die Regelung der Nachfolge in der Gesellschafterstellung des Unternehmers und um die Nachfolge in der Führungsposition. Für beide Regelungsbereiche 37

[30] MünchKommBGB/*Zimmermann* § 2205 Rn. 51; *Spiegelberger* Teil P Rn. 688.
[31] *Nieder* § 10 Rn. 942.
[32] § 2207 BGB.

stehen verschiedene Alternativen zur Verfügung, die den Bedürfnissen der Beteiligten entsprechend kombiniert werden können.

Für eine **frühzeitige Regelung** der Unternehmensnachfolge sprechen die kontrollierbare Heranführung von Erben an das Unternehmen, deren schrittweise Einbindung in das Unternehmen sowie steuerrechtliche Überlegungen. Der Unternehmer kann zu Lebzeiten noch genau justieren, in welchem Umfang einzelne oder alle seiner Erben an seinem Unternehmen beteiligt und mit welchen Bindungen und Rechten diese Beteiligungen ausgestattet sein sollen. Die Versorgungsnotwendigkeiten des Unternehmers sind bei der Regelung der Nachfolge zu beachten. Pflichtteilsansprüche können bei frühzeitiger Regelung besser kontrolliert werden. Modelle zur Vorbereitung der Unternehmensnachfolge unter Lebenden sollten daher zusammen mit Verfügungen von Todes wegen in ein Gesamtkonzept eingebunden sein.

38 Eine nur auf Familieninteressen abzielende Nachfolgeplanung greift allerdings zu kurz. Es liegt heute vielfach nicht mehr allein in der Hand eines Unternehmers, sich zu einem bestimmten Zeitpunkt Gedanken zur Unternehmensnachfolge zu machen. Banken fragen Regelungen zur Unternehmensnachfolge in ihren Kreditgesprächen ab und sind hierzu nach den Basel II-Kriterien auch verpflichtet. Auch Lieferanten und Kunden mit starker Verhandlungsposition können eine Geschäftsbeziehung vom Nachweis von Regelungen zur Unternehmensnachfolge abhängig machen. Nachfolgeplanung ist damit Unternehmenssicherung und Teil eines aktiven Risikomanagements.

I. Nachfolge in der Gesellschafterstellung des Unternehmens

39 Unter vorweggenommener Unternehmensnachfolge versteht man die lebzeitige Übertragung einer Unternehmensbeteiligung auf Erben des Unternehmers im Vorgriff auf die Erbfolge.[33] Erben können dadurch frühzeitig an das Unternehmen herangeführt werden. Häufig spielen auch steuerrechtliche Überlegungen und die Absicherung des Unternehmers aus den Erträgen von übertragenen Beteiligungen eine Rolle.

Die Übertragung von Geschäftsanteilen im Wege der vorweggenommenen Unternehmensnachfolge erfolgt in der Regel im Wege der Schenkung, meist verbunden mit ergänzenden Bestimmungen.

Formulierungsbeispiel Schenkung:

1. A schenkt hiermit mit Wirkung auf den Stichtag seinem Sohn B
   a) von seinem Geschäftsanteil an der A GmbH im Nennbetrag von EUR 50 000,– einen Teilgeschäftsanteil im Nennbetrag von EUR 5000,–;
   b) von seinem Kommanditanteil an der A GmbH & Co. KG im Nennbetrag von EUR 100 000,– einen Teilkommanditanteil im Nennbetrag von nominal EUR 10 000,–.

Mitgeschenkt sind entsprechende Guthaben auf folgenden Gesellschafterkonten ...

2. B nimmt die Schenkung an.

1. Berücksichtigung von Gesellschaftsverträgen

40 Die Schenkung muss nach den einschlägigen Gesellschaftsverträgen zulässig sein, insbesondere muss der Beschenkte zum Kreis der nachfolgeberechtigten Personen gehören. Bei Gesellschaften mit mehreren Gesellschaftergruppen soll eine Übertragung von Anteilen im Rahmen einer vorweggenommenen Unternehmensnachfolge regelmäßig nicht zu einer Verschiebung der Einflussmöglichkeiten der einzelnen Gesellschaftergruppen untereinander führen. Ergänzende Regelungen zur Ausübung von Stimmrechten sind daher zu empfehlen; der Unternehmer kann hierdurch sicherstellen, dass auch aus den geschenkten Anteilen in seinem Sinne abgestimmt wird.

[33] *Groll/Steiner* Teil B I Rn. 1; *Langenfeld/Gail* Teil VI Rn. 3.

Die Schenkungsempfänger werden Gesellschafter mit allen sich aus dem Gesellschaftsvertrag ergebenden Rechten und Pflichten. Vor einer Schenkung ist daher der Gesellschaftsvertrag zu überprüfen. Der Beschenkte soll üblicherweise nicht frei sein, seine Beteiligung weiter zu übertragen. Soweit noch nicht vorhanden, sind entsprechende Regelungen in den Gesellschaftsvertrag aufzunehmen oder, wenn dies nicht möglich sein sollte, außerhalb zu vereinbaren.

2. Formbedürftigkeit

Die Schenkung bedarf der notariellen Beurkundung, § 518 BGB. Der Mangel der 41
Form wird durch die Bewirkung der versprochenen Leistung, also durch Vollzug der Schenkung geheilt. Die Abtretung von Geschäftsanteilen einer GmbH ist unabhängig hiervon beurkundungsbedürftig, § 15 GmbHG. Die Beurkundungsbedürftigkeit für die Abtretung von GmbH-Geschäftsanteilen kann darüber hinaus zu einer Beurkundungsbedürftigkeit der Abtretung der Kommanditbeteiligung führen, wenn die Abtretung der GmbH-Geschäftsanteile und der Kommanditbeteiligung als einheitliches Geschäft zu sehen sind.[34]

3. Beteiligung Minderjähriger

Überträgt ein Elternteil eine Gesellschaftsbeteiligung auf ein minderjähriges Kind, so 42
ist für dieses ein Pfleger zu bestellen, § 1909 Abs. 1 BGB. Dieser bedarf für den Abschluss des Vertrags zur Übertragung einer Beteiligung an einer Personengesellschaft auf den Minderjährigen der **Genehmigung des Vormundschaftsgerichts,** § 1822 BGB; für bestimmte Fallkonstellationen kann dieses Genehmigungserfordernis auch bei einer Übertragung von Anteilen an Kapitalgesellschaften (GmbH, AG) Anwendung finden.[35] Dies gilt auch, wenn die Beteiligung schenkweise übertragen wird.

Empfehlenswert ist eine Schenkung von Gesellschaftsbeteiligungen an Minderjährige in 43
der Regel nicht. Jedenfalls für die Änderung von Gesellschaftsverträgen bei Personengesellschaften, nach herrschender Meinung auch bei Satzungsänderungen in der GmbH,[36] ist für den Minderjährigen die Bestellung eines Pflegers notwendig. Ob darüber hinaus auch eine Genehmigung des Vormundschaftsgerichts erforderlich ist, ist umstritten.[37] Auf jeden Fall wird die Meinungsbildung in Gesellschaften mit minderjährigen Gesellschaftern in ihrer Flexibilität beeinträchtigt. Auch kann der Minderjährige eine Personengesellschaft gemäß § 723 Abs. 1 BGB kündigen, wenn er das 18. Lebensjahr erreicht hat. Seine Haftung für Verbindlichkeiten, die vor Erreichung der Volljährigkeit für ihn eingegangen worden sind, kann er unter den Voraussetzungen des § 1629a BGB auf den Bestand des bei Eintritt der Volljährigkeit vorhandenen Vermögens beschränken.

4. Erb- oder Pflichtteilsverzicht

Mit der Übertragung von Anteilen im Zuge einer vorweggenommenen Unternehmens- 44
nachfolge kann ein Erb- oder Pflichtteilsverzichtsvertrag verbunden werden.

Durch Erbverzichtsvertrag können die Verwandten sowie der Ehegatte des Erblassers auf ihr gesamtes Erbrecht verzichten, § 2346 Abs. 1 BGB. Sie sind dann von der gesetzlichen Erbfolge ausgeschlossen und haben auch kein Pflichtteilsrecht. Dem Erblasser steht es jedoch frei, die verzichtenden Erben durch Testament zu bedenken. Durch den Erbverzicht erhöhen sich die Pflichtteilsquoten der übrigen Pflichtteilsberechtigten. Letzteres

---

[34] BGH NJW 1986, 2642; *Hermanns* ZIP 2006, 2296 (2297); *Binz/Mayer* NJW 2002, 3054 (3059); *Schultze* NJW 1991, 1936.

[35] Ausführlich zu den verschiedenen Fallkonstellationen: *Bürger* RNotZ 2006, 156 (163); *Rust* DStR 2005, 1942 (1947f.).

[36] BGHZ 65, 93; *Rust* DStR 2005, 1992 (1993).

[37] Gegen das Erfordernis einer entsprechenden Genehmigung bei Personengesellschaften: BGH DNotZ 1976, 107; *Staudinger/Engler* § 1822 Rn. 68; a.A.: MünchKommBGB/*Wagenitz* § 1822 Rn. 28.

ist häufig nicht gewünscht. Der Verzicht sollte dann auf das **Pflichtteilsrecht** beschränkt werden, § 2346 Abs. 2 BGB. Der Erblasser erhält auch so die volle Testierfähigkeit, ohne auf Pflichtteilsrechte des Verzichtenden Rücksicht nehmen zu müssen, und ohne dass der Pflichtteilsverzicht die übrigen Pflichtteilsberechtigten begünstigen würde.

Der Abschluss eines Erb- oder Pflichtteilsverzichtsvertrags ist in Zusammenhang mit einer vorweggenommenen Nachfolgeregelung sowohl zu empfehlen als auch zu rechtfertigen. Mit der lebzeitigen Übertragung erhält der zukünftige Erbe bereits vorab einen Teil dessen, was er ohne die Übertragung erst als Erbe erwarten dürfte. Wirtschaftlich betrachtet sind seine Pflichtteilserwartungen insoweit – ganz oder teilweise – bereits durch die lebzeitige Übertragung erfüllt. Damit ist auch zu rechtfertigen, dass er auf sein Pflichtteilsrecht verzichtet.

Formulierungsbeispiel Pflichtteilsverzicht:

Hiermit verzichte ich, B, für mich und meine Abkömmlinge gegenüber A auf mein Pflichtteilsrecht einschließlich eines etwaigen Ausgleichspflichtteils oder Pflichtteilsergänzungsanspruchs beim Ableben meines Vaters A. A nimmt diese Pflichtteilsverzichtserklärung hiermit an.

45 Der Erb- oder Pflichtteilsverzichtsvertrag bedarf **notarieller Beurkundung.** Schließt der Erblasser mit seinem unter elterlicher Sorge stehenden minderjährigen Kind einen entsprechenden Verzichtsvertrag, so ist für das Kind hierfür ein Pfleger zu bestellen. Dieser braucht für den Abschluss des Vertrags die Genehmigung des Vormundschaftsgerichts, § 2347 Abs. 1 BGB.

Erfolgt die vorweggenommene Nachfolgeregelung durch Schenkung von Geschäftsanteilen, sollte, wenn der Abschluss eines Erb- oder Pflichtteilsverzichtsvertrags nicht vorgesehen ist, die **Anrechnung der Schenkung** auf den Pflichtteil vorgesehen werden. Der Pflichtteilsberechtigte hat sich auf seinen Pflichtteil dasjenige anrechnen zu lassen, was ihm vom Erblasser durch Rechtsgeschäft unter Lebenden mit der Bestimmung der Anrechnung auf den Pflichtteil zugewendet worden ist, § 2315 BGB.

5. Nießbrauch

46 Der Unternehmer kann sich bei der Übertragung von Gesellschaftsbeteiligungen im Zuge einer vorweggenommenen Nachfolgeregelung den Nießbrauch an der übertragenen Beteiligung und damit den auf die Beteiligung entfallenden Gewinn sowie weiterreichende Einflussmöglichkeiten auf das Unternehmen vorbehalten.

47 Der Nießbraucher ist berechtigt, die **Nutzungen** einer Sache zu ziehen. Beim Nießbrauch an einer Gesellschaftsbeteiligung ist dies, soweit nichts anderes vereinbart ist, der ausgeschüttete Gewinnanteil sowie die Nutzung der Surrogate der Beteiligung bei deren Verkauf oder Liquidation, also z.B. die Zinsen auf einen Veräußerungs- oder Liquidationserlös.[38]

48 Die **Bestellung** und damit auch der Vorbehalt des Nießbrauchs an einem GmbH-Geschäftsanteil erfolgt nach den für die Übertragung des Anteils geltenden Vorschriften. Nach § 15 Abs. 3 GmbHG ist also notarielle Beurkundung erforderlich. Ist nach der Satzung darüber hinaus die Zustimmung der Gesellschaft oder anderer Organe für die Übertragung des Geschäftsanteils einzuholen, so gilt dies auch für die Bestellung des Nießbrauchs.[39]

49 Die Bestellung des Nießbrauchs an einem KG-Anteil ist demgegenüber grundsätzlich formfrei möglich. Erfolgt die Bestellung im Rahmen einer schenkweisen Übertragung

[38] *Palandt/Bassenge* BGB § 1068 Rn. 35; *Burandt/Voges* § 15 Rn. 196.
[39] *Roth/Altmpeppen* GmbHG § 15 Rn. 54; *Burandt/Voges* § 15 Rn. 193; *Esch/Baumann/Schulze zur Wiesche* Kap. III Rn. 1527.

einer Beteiligung, ergibt sich ein Beurkundungserfordernis aus § 518 Abs. 1 BGB; Vollzug der Schenkung führt zur Heilung eines Formmangels.[40] Soweit nicht bereits im Gesellschaftsvertrag zugelassen, setzt die Nießbrauchsbestellung die Zustimmung der Gesellschafter der KG voraus.

Gewinnbezugs- und Entnahmerechte des Nießbrauchers sollten genau geregelt werden. Nach überwiegender Ansicht stehen dem Nießbraucher nur die zur Entnahme freigegebenen, also nicht die in Rücklagen eingestellten Gewinnanteile zu.[41] Ohne zusätzliche Regelung steht es den Gesellschaftern frei, über die Thesaurierungspolitik im Unternehmen zu entscheiden. Daher begibt sich der Unternehmer der Mitsprache über die Rücklagenbildung und insoweit auch der Einflussnahme auf die entnahmefähigen Gewinnanteile, wenn er unter Vorbehalt des Nießbrauchs aus seinem Unternehmen ausscheidet. Mit dem Vorbehalt des Nießbrauchs sollten also Grundsätze zur Rücklagenbildung festgeschrieben werden, die dann allerdings auch über den Gesellschaftsvertrag abgesichert sein müssen. Schon aus diesem Grund sollte eine vorweggenommene Nachfolgeregelung nicht mit dem vollständigen Ausscheiden des Unternehmers verbunden sein. 50

Formulierungsbeispiel Nießbrauch, Gewinnbezugs- und Entnahmerechte:

Dem Nießbraucher stehen der gesamte, auf die mit dem Nießbrauch belastete Beteiligung entfallende entnahmefähige Gewinn sowie sämtliche auf den Gesellschafterkonten anfallenden entnahmefähigen Zinsen zu. Für die Entnahmefähigkeit gelten die gesetzlichen und gesellschaftsvertraglichen Regelungen sowie sonstige Beschlüsse der Gesellschaft. Der Nießbrauchsverpflichtete wird an keinen Änderungen des Gesellschaftsvertrags und keinen sonstigen Gesellschafterbeschlüssen mitwirken, durch die der entnahmefähige Gewinn zu Lasten des Nießbrauchers beeinträchtigt werden kann.[42]

Gesellschafter mit dem mit Nießbrauch belasteten Anteil ist nach herrschender Meinung der Besteller des Nießbrauchs,[43] bei einem in der Nachfolgeregelung vorbehaltenen Nießbrauch also der Empfänger der Beteiligung. Zur Verteilung der Verwaltungsrechte, insbesondere zur Ausübung der Stimmrechte durch den Gesellschafter und den Nießbraucher, ist jedoch nach wie vor einiges umstritten.[44] Es ist daher zu empfehlen, auch dieses im Vertrag zur Bestellung des Nießbrauchs zu regeln. 51

Formulierungsbeispiel Nießbrauch, Verwaltungsrechte:

1. Die Verwaltungsrechte aus dem mit Nießbrauch belasteten Geschäftsanteil liegen beim Erwerber des Anteils.
2. Der Erwerber wird dem Nießbraucher Einsicht in alle Geschäftsunterlagen und Bilanzen gewähren. Bei der Einsichtnahme kann sich der Nießbraucher durch einen von Berufs wegen zur Verschwiegenheit verpflichteten Rechtsanwalt, Wirtschaftsprüfer oder Steuerberater vertreten lassen.
3. Der Erwerber wird seine Stimmrechte in der Gesellschaft nur nach Weisung des Nießbrauchers ausüben. Er wird den Nießbraucher hierzu spätestens zwei Wochen, bevor

[40] Vgl. zur Anerkennung der Schenkung unter Nießbrauchsvorbehalt jedoch BGHZ 98, 226 (230 ff.); BGHZ 125, 395.

[41] BGH DNotZ 75, 735; *Palandt/Bassenge* BGB § 1068 Rn. 5; *Baumbach/Hopt* HGB § 104 Rn. 49.

[42] Je nach Lage der Mehrheitsverhältnisse kann es sein, dass diese Regelung nicht ausreicht. Es sind dann weitere Regelungen zur Absicherung des Nießbrauchers aufzunehmen.

[43] BGH NJW 1999, 571; MünchKommBGB/*Ulmer* § 705 Rn. 96; vgl. zum Meinungsstand: *Esch/Baumann/Schulze zur Wiesche* Kap. III Rn. 1530.

[44] *Baumbach/Hopt* HGB § 104 Rn. 44, 46; MünchKommBGB/*Ulmer* § 705 Rn. 99.

eine Stimme zu einem Beschluss der Gesellschaft abzugeben ist, über die entsprechenden Beschlussgegenstände unterrichten. Erhält der Erwerber nicht rechtzeitig eine Weisung des Nießbrauchers zur Ausübung des Stimmrechts, wird er sich bei der Beschlussfassung enthalten.

52 Nach der **Kernbereichslehre**[45] darf ein Gesellschafter seine Mitverwaltungsrechte nicht vollständig aufgeben oder übertragen. Hierdurch ist auch die Bindungswirkung von Weisungen des Nießbrauchers gegenüber dem Gesellschafter bei Abstimmungen beschränkt. Alternativ zu der vorgeschlagenen Stimmbindungsabrede kann der Gesellschafter dem Nießbraucher Vollmacht zur Ausübung von Gesellschafterrechten erteilen. Zum Schutz des Gesellschafters im Kernbereich seiner Mitgliedschaft bleibt die Vollmacht aus wichtigem Grund widerruflich. Gesellschaftsrechtliche Beschränkungen zur Vertretung von Gesellschaftern in Gesellschafterversammlungen sind bei der Vollmachtslösung zu beachten.

53 Die steuerlichen Verhältnisse beim Nießbraucher sind gestaltungsabhängig und bedürfen der Prüfung im Einzelfall. Lediglich der Vorbehaltsnießbrauch an GmbH-Geschäftsanteilen wird einkommenssteuerlich vollständig anerkannt.[46] Die steuerliche Behandlung beim Zuwendungsnießbrauch von GmbH-Geschäftsanteilen ist stark umstritten.[47] Beim Nießbrauch an einem OHG- oder KG-Anteil hängt die ertragsteuerliche Behandlung davon ab, ob der Nießbraucher Mitunternehmer wird, d. h. ob er Mitunternehmerrisiko trägt und Mitunternehmerinitiative entfalten kann.[48] Dies ist der Fall, wenn ihm neben der Gewinnbeteiligung auch Einfluss auf die Ausübung der Stimmrechte zusteht. Der Nießbraucher hat dann Einkünfte aus Gewerbebetrieb.

6. Steuer

54 Durch die Erbschaftsteuerreform 2008 sollen die Freibeträge für Schenkungen an Ehegatten auf EUR 500 000,– und für Kinder auf EUR 400 000,– angehoben werden. Die Steuerfreibeträge können alle zehn Jahre von Neuem in Anspruch genommen werden. Für den Übergang von Betriebsvermögen sieht die Erbschaftsteuerreform 2008 ein modifiziertes Abschmelzungsmodell vor; Details hierzu sind gegenwärtig noch in der Diskussion.

II. Nachfolge in der Führung im Unternehmen

55 Zur Regelung der Unternehmensnachfolge gehört nicht nur die Regelung der Nachfolge in der Gesellschafterstellung des Unternehmers, sondern genau so die Regelung der Nachfolge in der Führung im Unternehmen. Häufig stellt Letzteres den Unternehmer vor noch größere Probleme, insbesondere wenn geeignete Nachfolger aus der Familie nicht zur Verfügung stehen. Gestaltungsalternativen dürfen dann nicht nur die Heranführung eines Nachfolgers aus der Familie an die operative Unternehmensführung berücksichtigen, sondern müssen auch die Öffnung der Gesellschaft für externe Geschäftsführer in Betracht ziehen.

1. Heranführung eines Nachfolgers aus der Familie

56 Die Heranführung des Nachfolgers an das Unternehmen beinhaltet neben der stufenweisen Übertragung von Anteilen auch die Heranführung an die operative unternehmerische Verantwortung. Auch hier sind Stufenlösungen denkbar; dem Nachfolger kann

---

[45] Vgl. zur Kernbereichslehre: *Goette*, FS Sigle, S. 149 (153 ff.).

[46] *L. Schmidt/Weber-Grellet* EStG § 20 Rn. 20; *Staudinger/Frank* Anhang zu §§ 1068, 1069 Rn. 42 f.

[47] *L. Schmidt/Weber-Grellet* EStG § 20 Rn. 20 ff. m. w. N.

[48] BFHE 109, 133.

beispielsweise Vollmacht oder Prokura erteilt werden, wenn eine Bestellung zum Geschäftsführer noch nicht in Betracht kommt.

a) **Prokura.** Die Prokura (§§ 48–53 HGB) verleiht bereits sehr weit reichende Hand- 57
lungsmöglichkeiten. Sie ermächtigt zu allen Arten von gerichtlichen und außergerichtlichen Geschäften und Rechtshandlungen, die der Betrieb eines Handelsgewerbes mit sich bringt; zur Veräußerung und Belastung von Grundstücken ist der Prokurist jedoch nur ermächtigt, wenn ihm diese Befugnis besonders erteilt ist. Die Erteilung der Prokura ist vom Inhaber eines Handelsgeschäfts zur Eintragung in das Handelsregister anzumelden. Der Rechtsverkehr darf sich dann auf den gesetzlichen Umfang der Prokura verlassen; eine Beschränkung des Umfangs ist Dritten gegenüber unwirksam. Dies gilt auch für eine Beschränkung der Prokura auf gewisse Arten von Geschäften. Die Prokura kann jedoch auf den Betrieb einer von mehreren Niederlassungen des Geschäftsinhabers beschränkt werden, wenn die Niederlassungen unter verschiedenen Firmen betrieben werden. Sie kann auch als Gesamtprokura dergestalt erteilt werden, dass mehrere Personen nur gemeinschaftlich vertreten können. Auf diesem Wege kann ein junger Nachfolger in die operative Führung des Unternehmens eingebunden werden und gleichzeitig in seiner Handlungsfreiheit von einem weiteren Prokuristen oder einem Geschäftsführer abhängig sein.

Formulierungsbeispiel Prokura:

Sehr geehrter Herr B,

hiermit erteilen wir Ihnen für die A-GmbH & Co. KG Gesamtprokura für unsere Zweigniederlassung in Stuttgart, die A-GmbH & Co. KG, Filiale Stuttgart. Sie sind dort gemeinsam mit einem anderen Prokuristen oder einem Geschäftsführer vertretungsberechtigt. Von der Prokura dürfen Sie ohne Rücksprache mit einem Geschäftsführer der A-GmbH nur für Geschäfte Gebrauch machen, durch die die Gesellschaft für nicht mehr als EUR 200 000,– gebunden wird.

Die Erteilung der Prokura als Gesamtprokura sowie deren Beschränkung auf eine Zweigniederlassung des Unternehmens sind in das Handelsregister einzutragen und wirken auch gegenüber Dritten. Die Bindung des Prokuristen an eine Rücksprache mit dem Geschäftsführer für Geschäfte mit einem Volumen ab EUR 200 000,– wirkt demgegenüber nur im Innenverhältnis; gegenüber Dritten kann sich die Gesellschaft nicht auf eine entsprechende Beschränkung berufen.

b) **Handlungsvollmacht.** Gegenüber der Prokura eingeschränkte Rechte verleiht die 58
Handlungsvollmacht (§§ 54 – 58 HGB). Die Handlungsvollmacht erstreckt sich auf alle Geschäfte und Rechtshandlungen, die der Betrieb eines solchen Handelsgewerbes, für welches die Vollmacht erteilt ist, oder die Vornahme solcher Geschäfte, für welche die Vollmacht erteilt ist, gewöhnlich mit sich bringt. Anders als die Prokura deckt die Handlungsvollmacht damit nur branchenübliche Geschäfte. Die Handlungsvollmacht kann, wie die Prokura, als Gesamthandlungsvollmacht erteilt werden, wird jedoch nicht in das Handelsregister eingetragen.

c) **Geschäftsführung.** In Familienunternehmen werden nicht selten bereits junge Nach- 59
folger als weitere Geschäftsführer berufen, um sie aus dieser Position heraus an das operative Geschäft heranzuführen.

Im Zuge der **Bestellung** jedes Geschäftsführers stellt sich die Frage nach dessen **Qua-** 60
lifikation. Ein Geschäftsführer sollte die für die vorgesehenen Tätigkeiten erforderliche Ausbildung und Berufserfahrung haben. In Gesellschaftsverträgen mittelständischer Familienunternehmen finden sich hierfür zunehmend Anforderungsprofile für Geschäftsführer, die aus dem Kreis der Gesellschafterfamilien bestellt werden. Vielfach wird heute ausdrücklich gefordert, ein Nachfolger aus der Familie müsse Berufserfahrung in anderen Unternehmen gesammelt haben. Für Gesellschaften mit mehreren Familienstämmen

kann dies einen ersten Entscheidungsmaßstab liefern für den Fall, dass Nachfolger aus einem oder gar aus mehreren Stämmen auf eine Geschäftsführungsposition drängen und ihre Bestellung von den Gesellschaftern ihres jeweiligen Stammes unterstützt wird. Bei großen, auch für Fremdgeschäftsführer attraktiven Unternehmen sollten die Familiengeschäftsführer nicht schlechter qualifiziert sein als Geschäftsführer, die von außen gewonnen werden können. Häufig wird dann diskutiert, ob Familiengeschäftsführer bei gleicher Qualifikation wie Fremdgeschäftsführer einen Vorrang haben sollen, oder ob die Bestellung von Geschäftsführern aus dem Kreis der Gesellschafter der besonders zu begründende Ausnahmefall sein soll, z.B. auch verbunden mit einer Begrenzung der Gesamtzahl familienangehöriger Geschäftsführer. Es kann allerdings familienunternehmerischer Tradition entsprechen, wenn für einzelne Familienstämme Vorschlagsrechte für die Besetzung der verschiedenen Geschäftsführerpositionen im Gesellschaftsvertrag vorgesehen werden. Im Interesse einer bestmöglichen Unternehmensführung sollten auch für solche Vorschläge Qualifikationskriterien gelten und Regelungen zur Vermeidung von Kollisionen auf einzelnen Geschäftsführungsressorts vorgesehen sein.

61 Bei der Nachfolge in Unternehmen, für die Fremdgeschäftsführer schwer zu finden sind, ist es schwierig, mit einer hohen Hürde für die Qualifikation der Geschäftsführer umzugehen. Über 30% der Unternehmen mit einer Größe von bis zu 500 Mitarbeitern beabsichtigen, im Nachfolgefall die Unternehmensführung an Externe zu übergeben, da es innerhalb der Familie an geeigneten Führungskräften mangele.[49] Bei Unternehmen mit einer Mitarbeiterzahl jenseits der 500 steigt dieser Wert sogar auf mehr als 40% an. Jedes Jahr gibt es also eine Vielzahl ungelöster Unternehmensnachfolgen, in der Regel weil in der Familie kein geeigneter Nachfolger für die Führung des Unternehmens zu finden ist. So wichtig die bestmögliche Unternehmensführung ist, sollte dieser Trend insbesondere bei Unternehmen, für die Fremdgeschäftsführer schwer zu finden sind, nicht durch unangemessen hohe Qualifikationsanforderungen für Nachfolger aus der Familie verstärkt werden. In diesen Fällen ist es allerdings umso wichtiger, einen Nachfolger aus der Familie im Unternehmen kontrolliert an die Geschäftsführungsaufgaben heranzuführen.

62 Der Nachfolger kann mit Gesamtvertretungsberechtigung ausgestattet werden. In der OHG ist jeder Gesellschafter, in der KG jeder Komplementär – also jeder persönlich haftende Gesellschafter, – zur Vertretung ermächtigt, §§ 125, 161 Abs. 2, 170 HGB. Das Vertretungsrecht kann im Gesellschaftsvertrag ausgeschlossen und damit auch eingeschränkt werden. Insbesondere kann bestimmt werden, dass alle oder mehrere Gesellschafter nur in Gemeinschaft zur **Vertretung** ermächtigt sind.[50] So können der Unternehmensgründer einzelvertretungsberechtigt und der Nachfolger gesamtvertretungsberechtigt sein, wobei Gesamtvertretung zusammen mit einem weiteren Geschäftsführer oder mit einem Prokuristen in Betracht kommt (gemischte Gesamtvertretung). Grenzen setzt der im Recht der Personengesellschaft geltende Grundsatz der Selbstorganschaft: Gesamtvertretung ist nicht zulässig, wenn die Gesellschafter die Gesellschaft zusammen selbst nicht mehr vertreten können, sondern auf die Mitwirkung eines Prokuristen angewiesen sind.[51]

63 In der GmbH kann ebenfalls einzelnen Geschäftsführern Einzelvertretungsberechtigung und anderen Gesamtvertretungsberechtigung eingeräumt werden. Der Grundsatz der Selbstorganschaft gilt hier nicht.

64 Im **Innenverhältnis** werden Geschäftsführer in der Regel durch einen Katalog zustimmungspflichtiger Geschäfte an die Zustimmung der Gesellschafterversammlung oder anderer Kontrollgremien gebunden.[52] Der Inhalt eines solchen Katalogs kann wie folgt aussehen:

---

[49] Umfrage „Schwierige Nachfolge bei rund 43000 Unternehmen gefährdet 150000 Arbeitsplätze" zum Deutschen Industrie- und Handelskammertags 2007 (http://www.dihk.de).

[50] *Baumbach/Hopt* HGB § 125 Rn. 16.

[51] BGHZ 26, 332.

[52] Siehe hierzu auch oben Rn. 26ff.

Formulierungsbeispiel Katalog zustimmungspflichtiger Geschäfte:

1. Handlungen, die der gewöhnliche Betrieb des Handelsgewerbes der Gesellschaft nicht mit sich bringt, darf der Geschäftsführer nur vornehmen, wenn die Gesellschafterversammlung zugestimmt hat.
2. Die folgenden Handlungen bedürfen der Zustimmung auch dann, wenn sie im Einzelnen zum gewöhnlichen Betrieb des Handelsgewerbes der Gesellschaft gehören:
   - Feststellung des Wirtschaftsplans der Gesellschaft, bestehend aus dem Umsatzplan, dem Ergebnisplan, dem Personalplan, dem Investitionsplan und dem Finanzplan; Überschreitungen des Personalplans und des Investitionsplans;
   - Aufnahme neuer und Aufgabe bestehender Geschäftszweige; Errichtung, Verlegung und Aufhebung von Tochtergesellschaften, Zweigniederlassungen und Betriebsstätten sowie Rechtsgeschäfte außerhalb des Gesellschaftszwecks;
   - Erwerb und Veräußerung von Betrieben und dauernden Beteiligungen; Abschluss und Aufhebung von Gesellschafts-, Betriebsüberlassungs-, Geschäftsführungs- und Ergebnisübernahmeverträgen.

Die genannten Handlungen betreffen Strategie und Struktur des Unternehmens; sie sind daher für eine zukunfts- und risikoorientierte Überwachung der Geschäftsführung wichtig. Sofern das Unternehmen Tochtergesellschaften hat, sollte der Katalog zustimmungspflichtiger Geschäfte auch entsprechende Handlungen dort erfassen. Dem gegenüber sind die nachfolgenden Handlungen eher einzelfall- oder substanzwertbezogen. Sie finden sich noch in den meisten älteren Katalogen zustimmungspflichtiger Geschäfte. Über ihre Aufnahme in entsprechende neue Kataloge in Geschäftsordnungen oder gar Gesellschaftsverträgen sollte im Interesse einer Konzentration der Zusammenarbeit zwischen Geschäftsführung und Kontrollgremium auf das Wesentliche von Fall zu Fall entschieden werden.

Formulierungsvorschlag:

- Erwerb, Veräußerung und Belastung von Grundstücken und grundstücksgleichen Rechten;
- Abschluss, Änderung und Beendigung von Verträgen, die die Aufnahme von Krediten mit fester Laufzeit oder Linien für die Aufnahme von Kontokorrentkrediten zum Gegenstand haben; ebenso Gewährung von Krediten außerhalb des gewöhnlichen Geschäftsbetriebs;
- Gewährung von Sicherheiten für Dritte außerhalb des gewöhnlichen Geschäftsbetriebs, insbesondere Übernahme von Bürgschaften und Garantien;
- Abschluss, Änderung und Beendigung von Pacht-, Miet-, Lizenz- und ähnlichen Dauerverträgen, die wesentliche Bedeutung haben;
- Erteilung und Entzug von Prokuren; Handlungs- und Generalvollmachten sowie Abschluss und Kündigung damit zusammenhängender Dienstverträge;
- Abschluss und wesentliche Änderung von Dienstverträgen, die eine längere als die gesetzliche Kündigungsfrist, eine Gewinn- oder Umsatzbeteiligung oder eine jährliche Vergütung (einschließlich Sonderzahlungen) von mehr als EUR [...] vorsehen;
- Abschluss, Änderung oder Beendigung von sonstigen Verträgen, die eine Laufzeit von mehr als [...] Jahren vorsehen oder Verpflichtungen der Gesellschaft von jährlich mehr als EUR [...] begründen;
- Geschäfte oder Maßnahmen, welche die Gesellschafterversammlung für zustimmungsbedürftig erklärt hat.

Das Zustimmungserfordernis berührt nicht die Wirksamkeit der Vertretung der Gesellschaft durch die Geschäftsführer nach außen. Die Geschäftsführer verstoßen aber gegen ihre Geschäftsführungspflichten und können sich schadensersatzpflichtig machen, wenn sie Zustimmungserfordernisse nicht beachten. 65

2. Fremdmanagement

66 Nach einer Studie des Instituts für Mittelstandsforschung (IFM Bonn) haben sich im Jahre 2005, ausgehend von 70 900 übergabereifen Unternehmen, nur 44% der Familienunternehmer für eine familieninterne Nachfolgelösung entschieden.[53] Gleichzeitig bedeutet dies, dass für mehr als die Hälfte der Fälle Nachfolger aus der Familie nicht in Betracht kamen. Das Aus für das Unternehmen muss dies nicht bedeuten, wenn sich die Familie für eine Geschäftsführung des Unternehmens mit Fremdmanagement entscheidet. Die Einbindung eines solchen Geschäftsführers, der nicht aus der Familie kommt, kann vorübergehend oder dauerhaft erfolgen.

67 **a) Vorübergehendes Fremdmanagement.** Die vorübergehende Bestellung eines externen Geschäftsführers dient häufig der Überbrückung einer bereits absehbaren Zeit, bis ein geeigneter Geschäftsführer aus der Familie zur Verfügung steht. Dies kann z. B. der Fall sein, wenn sich der Nachfolger noch in der Ausbildung befindet, aber bereits die von den Gesellschaftern getragene Bereitschaft signalisiert hat, in das Unternehmen eintreten zu wollen. Zur Vermeidung von Konflikten bedarf es in dieser Situation klarer Absprachen mit dem externen Geschäftsführer. Er sollte wissen, dass seine Tätigkeit im Unternehmen von vornherein auf eine bestimmte Zeit befristet ist, seine Geschäftsführerkompetenzen sollten sehr genau gegenüber den Einflussmöglichkeiten der Gesellschafter abgegrenzt sein, und seine Vergütung sollte auch von kurzfristig erreichbaren Zielen abhängig gemacht werden.

68 **b) Dauerhaftes Fremdmanagement.** Häufig wird es beim Ausscheiden eines Unternehmers nicht absehbar sein, ob ein geeigneter Nachfolger aus der Familie die Geschäftsführung übernehmen kann. Will die Familie dann nicht verkaufen, wird sie sich ohne absehbare Befristung für einen familienexternen Geschäftsführer entscheiden müssen. Die Diskussion, ob dann noch von einer Familiengesellschaft gesprochen werden kann, ist rein dogmatischer Natur. Entscheidend ist, ob eine Familie noch maßgeblichen Einfluss auf eine Gesellschaft ausüben kann und will. Möglich ist dies auch aus einer starken Gesellschafterposition heraus.

Während sich eine Unternehmerfamilie bei lediglich vorübergehender Einbindung eines externen Geschäftsführers schwer tun wird, die unternehmerische Führung aus der Hand zu geben, stellt die Entscheidung für einen dauerhaften Fremdgeschäftsführer eine gravierende Weichenstellung dar. Ein starker Fremdgeschäftsführer weiß das Konfliktpotential in einer Familiengesellschaft einzuschätzen. Es liegt in der Hand der Gesellschafter zu entscheiden, wie stark sie auf den Geschäftsführer Einfluss nehmen und welche Entscheidungsfreiheiten sie gewähren wollen. Von dieser Entscheidung der Gesellschafter kann aber abhängen, wer als Geschäftsführer für das Unternehmen zur Verfügung steht und welche finanziellen Anreize zum Ausgleich unternehmerischer Begrenzungen geboten werden müssen.

69 **c) Fremdmanagement mit Unternehmensbeteiligung.** Eine verstärkte Bindung eines Geschäftsführers an das Unternehmen kann erreicht werden, wenn dem Geschäftsführer eine Beteiligung an dem Unternehmen eingeräumt wird. Die Motive hierfür können unterschiedlich sein. Zum einen ist ein am Unternehmen beteiligter Geschäftsführer in besonderem Maße am Erfolg des Unternehmens interessiert; vergleichbare Anreize können jedoch auch über eine entsprechend ausgestaltete Tantiemeregelung erzielt werden. Zum anderen kann besondere Loyalität eines Geschäftsführers unterstellt werden, wenn dieser sich mit eigenen Mitteln am Unternehmen beteiligt. In Familienunternehmen und insbesondere in Zusammenhang mit Nachfolgeregelungen sind entsprechende Gestaltungen eher selten anzutreffen; sie spielen vor allem im Private Equity-Geschäft eine Rolle, wenn Investoren ihre Investments von der Einbindung der Geschäftsführer abhängig machen.

---

[53] Die Statistik findet sich im Jahrbuch zur Mittelstandsforschung 1/2004, S. 57 ff. sowie auf der Homepage der IfM Bonn (http://www.ifm-bonn.org).

In Familienunternehmen ist demgegenüber das Interesse vorrangig, die Einflussmöglichkeiten der Familie auf Gesellschafterebene nicht durch Einflussmöglichkeiten Dritter zu verwässern. Soll dennoch ein Fremdgeschäftsführer am Unternehmen beteiligt werden, ist zu diskutieren, ob die Beteiligung dauerhaft oder nur für die Dauer der Geschäftsführungstätigkeit eingeräumt werden soll. Letzterenfalls kann die Beteiligung mit einer Call-Option zugunsten der Unternehmerfamilie unterlegt werden; die Familie kann dadurch die Anteile des Fremdgeschäftsführers bei dessen Ausscheiden wieder an sich ziehen.[54] Über die Gestaltung der Regelungen zum Optionspreis kann dem Geschäftsführer die Möglichkeit eingeräumt werden, an dem von ihm verantworteten Unternehmenserfolg zu partizipieren.

3. MBO/MBI

Überlegungen zur Unternehmensnachfolge können auch einen Verkauf größerer Anteile an Geschäftsführer nahe legen. Von einem Management Buy Out (MBO) spricht man, wenn unternehmensinterne Führungskräfte eine zumindest mehrheitliche Beteiligung am Unternehmen aus eigenen Mitteln erwerben,[55] siehe hierzu auch § 9 Rn. 272. Erfolgt der Erwerb durch zukünftige, bislang nicht im Unternehmen tätige Führungskräfte, spricht man von einem Management Buy In (MBI).[56] Sowohl MBO wie auch MBI stellen damit besondere Formen des Unternehmenskaufs dar. 70

Ein MBO bietet dem Unternehmer eine besondere Chance der Unternehmenssicherung, wenn ein Nachfolger aus der Familie nicht zur Verfügung steht. Die Kontinuität in der Unternehmensführung ist bei einer Veräußerung an Mitarbeiter am ehesten gewahrt. Als problematisch wird bei MBO-Transaktionen jedoch regelmäßig der Interessenkonflikt gesehen, in welchem sich das Management in den Übernahmeverhandlungen befindet: Einerseits bestehen Loyalitäts- und Sorgfaltspflichten gegenüber dem Unternehmen und damit den Anteilseignern, andererseits aber Eigeninteressen bei den Verhandlungen über einen Kaufpreis.

Die Konfliktsituation kann sich etwas entschärfen, wenn der Unternehmer aus eigener Kenntnis hinreichend Einblick in das Unternehmen hat; bei einem MBO im Zusammenhang mit Nachfolgeregelungen ist dies häufig der Fall. Bei einem MBI bestehen vergleichbare Interessenkonflikte nicht. Allerdings haben bei einem MBI weder der Unternehmer noch kreditgebende Banken den gleichen Grad an Sicherheit wie bei einem MBO für die Kontinuität der Unternehmensfortführung.

III. Familienholding

Kern der Gesellschafterstellung ist neben der Beteiligung am wirtschaftlichen Ergebnis eines Unternehmens die Möglichkeit der Einflussnahme. Gesellschafter haben daher ein natürliches Interesse, ihre Einflussmöglichkeiten zu wahren. Dies gilt insbesondere bei großem oder gar wachsendem Gesellschafterkreis. Zur Bündelung der Interessen in diesen Fällen bieten sich sowohl Konsortial- und Stimmbindungsverträge wie auch die Errichtung einer Familienholding an. Erstere sind bereits oben unter § 9 ausführlich behandelt. Die Familienholding wird im Folgenden als Baustein der Nachfolgeplanung besonders dargestellt. 71

1. Zweck

Zweck der Familienholding ist, das Vermögen der Familie zusammenzuhalten und die Interessen der Familie zu bündeln. Sinnvoll ist dies vor allem, wenn eine Familie nicht alle Anteile an einem Unternehmen hält, wenn Anteile auf Minderjährige übertragen 72

[54] BGHZ 104, 98 = BGH NJW 2005 – Managermodell.
[55] *Gesmann-Nuissl* BB-Special 6/2006, 2 (6); *Schimpfky* Unternehmensnachfolge 2004, 411; *Koblenzer* ZEV 2002, 350.
[56] *Koblenzer* ZEV 2002, 350.

werden, die auf die operative Gesellschaft noch keinen Einfluss erhalten sollen, oder wenn Anteile einer Familie an mehreren Unternehmen gebündelt werden sollen. Die Familienholding ist damit nicht auf eine bestimmte Rechtsform beschränkt. Sofern nicht besondere, insbesondere steuerliche Gründe dagegen sprechen, dürfte sich für die meisten Familienholdinggesellschaften wegen deren steuerlicher Durchlässigkeit eine KG anbieten.

73 Der Unternehmer kann von ihm gehaltene Beteiligungen an Unternehmen in die Familienholding einbringen. Die Beteiligungen werden dann von der Familienholding gehalten; die Beteiligungsrechte, insbesondere die Stimmrechte, werden vom Geschäftsführer der Familienholding ausgeübt. Der Unternehmer hat die Möglichkeit, unternehmerische Beteiligungen sukzessive einzubringen oder Beteiligungen von Abkömmlingen an der Familienholding sukzessive aufzustocken; beides kann zu einer kontrollierten Übertragung von Anteilen und Einflussmöglichkeiten führen, auch unter Ausnutzung steuerlicher Gestaltungsmöglichkeiten. Die Familienholding selbst ist nicht operativ tätig. Die Beteiligungsverhältnisse innerhalb der Familienholding sind frei gestaltbar. Eventuell bei den Beteiligungsunternehmen geltende **Change of Control-Klauseln** sind zu beachten; durch diese kann die Übertragung einer Beteiligung und damit auch die Einbringung in eine Holdinggesellschaft von der Einhaltung bestimmter Bedingungen abhängig gemacht oder sanktioniert werden.

74 Dem Zweck, Familienvermögen zusammenzuhalten und zu bündeln, kann über eine Reihe von Regelungen im Gesellschaftsvertrag einer Familienholding Rechnung getragen werden. Im Vordergrund stehen dabei besondere Nachfolgeklauseln und weitere Regelungen zur Übertragung von Beteiligungen sowie Güterstandsklauseln, Regelungen zu Entnahmerechten und Abfindungsbestimmungen.

2. Nachfolgeklauseln und Regelungen zur Übertragung

75 Durch Nachfolgeklauseln kann der Kreis der Gesellschafter der Familiengesellschaft auf zu definierende Angehörige beschränkt werden, siehe hierzu Rn. 13. Nicht nachfolgeberechtigte Personen können dann nicht Gesellschafter der Familiengesellschaft werden und sind gegebenenfalls abzufinden.[57]

Wichtig sind darüber hinaus Regelungen zur Übertragbarkeit von Anteilen unter Lebenden, durch die der Charakter als Familiengesellschaft abgesichert wird. Üblich ist zum einen der langfristige Ausschluss von Kündigungsmöglichkeiten.[58] Weiter ist die Übertragung von Anteilen an die Zustimmung der Mitgesellschafter zu koppeln (Vinkulierung). Darüber hinaus sollten für den Fall eines Verkaufs von Anteilen Anbietungspflichten des veräußernden Gesellschafters und Vorkaufsrechte verankert werden, siehe hierzu § 9 Rn. 379ff. Die Vorkaufsrechte können allen Gesellschaftern entsprechend ihrer Beteiligungsquoten zustehen oder vorrangig den Gesellschaftern der Gesellschaftergruppe, welcher der veräußerungswillige Gesellschafter angehört.

3. Güterstandsklauseln

76 Darüber hinaus sollten Verträge für Familiengesellschaften auch eine so genannte Güterstandsklausel enthalten.[59] Hierdurch werden Gesellschafter verpflichtet, mit ihren Ehegatten den Güterstand der Gütertrennung zu vereinbaren oder die betreffende Beteiligung an der Familiengesellschaft aus der Berechnung des Zugewinns für den Zuge-

---

[57] Zur Zulässigkeit von Abfindungsbegrenzungen siehe § 5 Rn. 285ff.

[58] Die zulässige Dauer eines Kündigungsausschlusses ist nach BGH NJW 2007, 295ff. jeweils im Einzelfall unter Abwägung aller Umstände zu bestimmen. Bei einer Rechtsanwaltssozietät wurde der Ausschluss der ordentlichen Kündigung für die Dauer von 30 Jahren als unzulässig angesehen (BGH NJW 2007, 295). In der Literatur wird die Grenze von 30 Jahren verbreitet als Höchstgrenze angesehen; vgl. *Oppermann* RNotZ 2005, 453 (462); MünchHdb GesR I/*Pichler/Schulte* § 74 Rn. 23.

[59] Ausführlich hierzu *Gassen* RNotZ 2004, 423 (424ff.).

winnausgleichsanspruch herauszunehmen. Es soll dadurch vermieden werden, dass die Beteiligung eines Gesellschafters Grundlage für Zugewinnausgleichsansprüche[60] des Ehegatten wird.

Formulierungsbeispiel Güterstandsklausel:

1. Die Gesellschafter sind verpflichtet, mit ihren Ehegatten den Güterstand der Gütertrennung zu vereinbaren[61] oder den gesetzlichen Güterstand der Zugewinngemeinschaft zu **modifizieren.** Die Verpflichtung gilt nicht für die Ehe des Gründungsgesellschafters A und seiner Frau B.[62]
2. Für den Fall, dass die Ehegatten, für welche die Verpflichtung nach Abs. 1 Satz 1 gilt, im Güterstand der Zugewinngemeinschaft leben wollen, haben sie diesen dahin zu modifizieren, dass
   a) der Gesellschafter über seine Beteiligung an der Gesellschaft ohne die Einschränkungen des § 1365 BGB verfügen kann, und
   b) die Beteiligung des Gesellschafters an der Gesellschaft einschließlich sämtlicher Werterhöhungen bei der Durchführung des güterrechtlichen Zugewinnausgleichs gemäß §§ 1371 Abs. 2, 1372 ff. BGB nicht zu berücksichtigen ist.

   Die Durchführung des erbrechtlichen Zugewinnausgleichs gemäß § 1371 Abs. 1 BGB muss keinen Einschränkungen unterworfen werden.
3. Zum Nachweis, dass ein Gesellschafter mit seinem Ehegatten eine in Einklang mit Abs. 1 und Abs. 2 stehende Güterstandsvereinbarung getroffen hat, kann jeder Mitgesellschafter dem Gesellschafter eine Frist von mindestens drei Monaten setzen. Nach fruchtlosem Ablauf der Frist kann der Gesellschafter aus der Gesellschaft ausgeschlossen werden; dies gilt auch dann, wenn die Vereinbarung wegen der Weigerung des Ehegatten oder aus einem sonstigen wichtigen Grund unterblieben ist, der nicht vom Willen des Gesellschafters abhängt.
4. Abs. 1 bis 3 gelten entsprechend für Lebenspartner nach dem Lebenspartnerschaftsgesetz.

Bei bestehenden Beteiligungsverhältnissen und in bestehenden Ehen sind entsprechende Vereinbarungen häufig nur schwer durchzusetzen. Werden Beteiligungen an Familiengesellschaften jedoch unverheirateten Abkömmlingen zugewandt verbunden mit der gesellschaftsvertraglichen Bindung, mit Ehepartnern entsprechende Eheverträge zu schließen, können solche Vereinbarungen bereits vor Eingehung der Ehe getroffen werden. Schließlich kann auch bei bestehenden Ehen die Übertragung einer Beteiligung davon abhängig gemacht werden, dass vorab entsprechende Eheverträge unterzeichnet werden.

Güterstandsklauseln dürften auch nach der Entscheidung des Bundesverfassungsgerichts zu den Schranken für die Gestaltungsfreiheit von Eheverträgen aus dem Jahr 2001[63] nicht unzulässig sein. Mangels Rechtsprechung nicht abschließend geklärt ist 77

[60] Diese sind grundsätzlich nach dem wirklichen Wert der Beteiligung zu berechnen, ohne dass gesellschaftsvertraglich vereinbarte Abfindungsregelungen zu berücksichtigen wären, BGHZ 75, 195; Abschläge wegen geringer Nutzungsmöglichkeit der Beteiligungen können berücksichtigt werden; BGH NJW 1987, 321.

[61] Es handelt sich um eine so genannte Drittkontrahierungsklausel, durch welche Gesellschafter verpflichtet werden, mit Dritten einen Vertrag zu schließen. Eine solche Klausel kann auch den erbrechtlichen Bereich betreffen und Gesellschafter verpflichten, mit Abkömmlingen Erb- oder Pflichtteilsverzichtsverträge zu schließen; zur Zulässigkeit solcher Klauseln *Gassen* RNotZ 2004, 423 ff.

[62] Ein solcher Verstoß gegen den Grundsatz der Gleichbehandlung dürfte jedenfalls dann zulässig sein, wenn es einen speziellen rechtlichen Grund für die Differenzierung gibt; *Gassen* RNotZ 2004, 423 (443).

[63] BVerfGE 103, 89; *Gassen* RNotZ 2004, 423 (437 f.); vgl. zur Inhaltskontrolle von Eheverträgen auch BGHZ 158, 81.

demgegenüber die Frage, ob Güterstandsklauseln, die einen Gesellschafter zum Abschluss eines Ehevertrags verpflichten, ihrerseits beurkundungsbedürftig sind, weil auch der Ehevertrag selbst der Beurkundung bedarf.[64] Der Nachweis, dass ein Gesellschafter eine Güterstandsklausel entsprechend der Güterstandsvereinbarung getroffen hat, schützt die Gesellschaft allerdings nur unvollständig, da es allein in der Hand der Ehegatten liegt, Güterstandsvereinbarungen zu ändern. Zum Teil wird es daher als flexibler angesehen, Gesellschafter allgemein zu verpflichten, dafür Sorge zu tragen, dass aus Wertsteigerungen der Gesellschaft keine Ansprüche aus dem Umkreis des Gesellschafters erhoben werden können.[65]

4. Geschäftsführung

78 Dem Unternehmer als übertragendem Gesellschafter kann ein gesellschaftsvertragliches **Sonderrecht**[66] **auf Geschäftsführung** in der Familienholding eingeräumt werden mit der Folge, dass allein dieser – wie vor Einbringung seiner Anteile in die Familienholding – die Gesellschafterrechte aus den von der Familienholding gehaltenen Beteiligungen wahrnehmen kann. Dies gilt selbst dann, wenn der Unternehmer seinen Nachfolgern bereits die Mehrheit der Anteile an der Familienholding und damit wirtschaftlich den wesentlichen Teil des Werts seiner Beteiligungen übertragen hat.[67] Eine Absicherung der Rechte eines nur noch über einen Minderheitsanteil an der Familienholding beteiligten Unternehmers kann über gesellschaftsvertragliche Mehrstimmrechte erreicht werden.[68]

Formulierungsbeispiel Sonderrecht auf Geschäftsführung:

Die Familienholding hat einen oder mehrere Geschäftsführer. Die Geschäftsführer werden durch Gesellschafterbeschluss bestellt und abberufen. Zum ersten Geschäftsführer wird A bestellt. A ist als Geschäftsführer einzelvertretungsberechtigt und von den Beschränkungen des § 181 BGB befreit. Er darf als Geschäftsführer nur abberufen werden, wenn ein wichtiger Grund vorliegt.

Formulierungsbeispiel Mehrstimmrecht:

A steht als Kommanditist ein Vorzugsstimmrecht bei allen von den Gesellschaftern in den Angelegenheiten der Gesellschaft zu fassenden Beschlüssen zu. Das Vorzugsstimmrecht beträgt stets x% der Summe der allen übrigen Gesellschaftern zustehenden Stimmrechte. Das Sonderrecht des A ist höchstpersönlich, unentziehbar und unübertragbar.

---

[64] So *Gassen* RNotZ 2004, 423 (438 f.) mit Verweis auf die wohl herrschende Meinung; gegen eine Beurkundungsbedürftigkeit spricht meines Erachtens allerdings, dass die Mitgesellschafter des durch eine Güterstandsklausel gebundenen Gesellschafters den Abschluss eines Ehevertrags nicht durchsetzen können, weil die Bindung des einzelnen Gesellschafters nicht gleichzeitig die Bindung seines Ehegatten beinhaltet.

[65] *Gassen* RNotZ 2004, 423 (447).

[66] Sonderrechte sind Mitgliedschaftsrechte, die nur einem oder einzelnen Gesellschaftern als Vorrechte durch Gesellschaftsvertrag eingeräumt werden; vgl. *Baumbach/Hueck/Fastrich* GmbHG § 14 Rn. 17.

[67] Regelungen zur Geschäftsführung in der Familienholding können auch über den Tod des Senior-Gesellschafters hinaus perpetuiert werden, beispielsweise durch Aufnahme einer Stiftung als Geschäftsführungsorgan; vgl. unten Rn. 132. Damit zum Teil einhergehende Flexibilitätsnachteile können vermieden werden, wenn an Stelle der Stiftung eine Geschäftsführungs-GmbH die Geschäftsführung übernimmt und die Anteile an dieser Gesellschaft zumindest mehrheitlich von familienexternen Personen gehalten werden mit der Maßgabe, auf diesem Weg die dauerhafte Führung der Familienholding sicherzustellen.

[68] Vgl. zur Zulässigkeit von Mehrstimmrechten bei Personenhandelsgesellschaften und der GmbH: *Baumbach/Hopt* HGB § 119 Rn. 14; *Baumbach/Hueck/Zöllner* GmbHG § 47 Rn. 72.

Der Gesellschaftsvertrag der Familienholding hat wie jeder andere Gesellschaftsvertrag einer Familiengesellschaft detaillierte Regelungen zur Übertragung von Anteilen unter Lebenden und von Todes wegen sowie Abfindungsbestimmungen zu enthalten. Parallel hierzu sollte ein Unternehmer aber auch zu Lebzeiten regelmäßig prüfen, ob die Familienholding noch erforderlich ist oder aufgelöst werden kann. Sind beispielsweise minderjährige Gesellschafter inzwischen volljährig geworden und hält die Familienholding die gesamte Beteiligung an einem einzigen Unternehmen, können die vertraglichen Verhältnisse der Gesellschafter der Familienholding in der Regel auch im Gesellschaftsvertrag der operativen Gesellschaft geregelt werden. 79

IV. Unterbeteiligung und stille Gesellschaft

Unterbeteiligung und stille Gesellschaft sind Gestaltungsalternativen zur Beteiligung Dritter am wirtschaftlichen Erfolg von Unternehmen, ohne unmittelbar eigene Gesellschafterrechte am Unternehmensträger einzuräumen. Beide Gestaltungsalternativen kommen damit auch als Elemente einer vorweggenommenen Nachfolgeregelung in Betracht. 80

1. Unterbeteiligung

Von einer Unterbeteiligung spricht man, wenn aufgrund eines Vertrags zwischen dem Gesellschafter einer Personen- oder Kapitalgesellschaft (dem Hauptbeteiligten) und einem Dritten (dem Unterbeteiligten) dieser im Innenverhältnis zum Hauptbeteiligten mit einer Einlage an dessen Gesellschaftsanteil beteiligt wird und einen Gewinnanteil erhält.[69] Durch die Begründung der Unterbeteiligung entsteht eine Gesellschaft zwischen dem Hauptbeteiligten und dem Dritten, ausgestaltet als **Innengesellschaft.** Der Unterbeteiligte steht in einem Gesellschaftsverhältnis zum Hauptbeteiligten, nicht aber zu der Gesellschaft, an der der Hauptbeteiligte selbst beteiligt ist. Der Unterbeteiligte ist also nicht Gesellschafter bei der Gesellschaft, die Trägerin des Handelsgeschäfts ist. 81

Die Unterbeteiligung ist als eine Art mittelbare Beteiligung an einem Handelsgeschäft zu verstehen. Sie ist damit auch geeignet, potentielle Erben bereits zu Lebzeiten eines Unternehmers an dessen Unternehmen heranzuführen und kann deshalb auch als Baustein einer vorweggenommenen Nachfolgeregelung dienen. Der Unterbeteiligte kann auf diesem Weg mittelbar an dem Unternehmen als Einkunftsquelle und bei entsprechender Gestaltung auch am Unternehmenswert beteiligt werden, während die Gesellschafterrechte im Unternehmen weiterhin durch den Hauptbeteiligten ausgeübt werden. Gerade bei minderjährigen Unterbeteiligten können so Flexibilitätsnachteile vermieden werden, die bei einer Beteiligung von Minderjährigen unmittelbar an einem Unternehmen üblicherweise auftreten. 82

Ausdrückliche gesetzliche Regelungen zur Unterbeteiligung fehlen. Teilweise analog anwendbar sind die §§ 230 ff. HGB zur stillen Gesellschaft, ergänzend die §§ 705 ff. BGB zur Gesellschaft. Regelungsbedürftig sind insbesondere die **Vermögensrechte** des Unterbeteiligten, also seine Beteiligung an Gewinn, Verlust und stillen Reserven bei Auflösung der Unterbeteiligung, seine Informations- und Einflussrechte sowie das Schicksal der Unterbeteiligung beim Tod des Hauptbeteiligten. Eine Beteiligung des Unterbeteiligten am Gewinn des Hauptbeteiligten ist notwendige Voraussetzung für das Vorliegen einer Unterbeteiligung. Als Ausgangspunkt für weitere Gestaltungsüberlegungen kann der Gewinnanteil des Unterbeteiligten am Gewinn des Hauptbeteiligten dem Anteil seiner Einlage am Gesellschaftsanteil des Hauptbeteiligten entsprechen. Im Zweifel partizipiert ein Gesellschafter auch am Verlust der Gesellschaft, § 722 BGB; ist dies nicht gewollt, sollte der Unterbeteiligungsvertrag ausdrücklich eine abweichende Regelung enthalten. Die Gewinnbeteiligung des Unterbeteiligten erfasst zunächst nur seinen Anteil am laufenden Gewinn, nicht dagegen seinen Anteil an der Realisierung eines weiterreichenden 83

---

[69] *K. Schmidt* Gesellschaftsrecht § 63 I 1.

Unternehmenswerts durch Auflösung von stillen Reserven im Anlagevermögen oder bei Verkauf der Hauptbeteiligung; auch insoweit kann Regelungsbedarf bestehen. Gegenüber dem Hauptbeteiligten hat der Unterbeteiligte **Informationsrechte;** er kann die Mitteilung einer Jahresbilanz verlangen zusammen mit Angaben zu den auf den Hauptbeteiligten entfallenden Erträgnissen und zur Entwicklung seines Kapitalkontos. Allerdings können diese Interessen mit Geheimhaltungsinteressen der Gesellschaft kollidieren. Der Hauptbeteiligte kann die entsprechenden Informationen und Unterlagen daher nur weitergeben, wenn ihm dieses von der Gesellschaft gestattet ist; um die Zustimmung muss er sich jedoch bemühen.[70]

84 Als **Beendigungsgründe** für eine Unterbeteiligung kommen neben Zeitablauf, Kündigung, Insolvenz eines Gesellschafters oder Zweckerreichung auch der Tod des Hauptgesellschafters in Betracht. Dies ist gerade bei Unterbeteiligungen als Instrument einer vorgezogenen Nachfolgeregelung häufig nicht gewünscht. Auch insoweit sollten daher die bestehenden Gestaltungsspielräume genutzt werden. In Betracht kommen sowohl die Fortsetzung der Unterbeteiligung an der auf andere Erben übergehenden Hauptbeteiligung wie auch die Übertragung der Hauptbeteiligung auf einen Unterbeteiligten.

85 Begründet werden kann eine Unterbeteiligung durch entgeltlichen Erwerb und durch letztwillige Anordnung, oder, was häufiger ist, durch Schenkung. Der Schenkungsvertrag bedarf notarieller Beurkundung, § 518 Abs. 1 BGB, sowie bei Beteiligung Minderjähriger unter den unter Rn. 42 dargestellten Voraussetzungen der Mitwirkung eines Pflegers und des Vormundschaftsgerichts. Die Einräumung der Unterbeteiligung durch Einbuchung stellt nach herrschender Meinung noch keinen einen Formmangel heilenden Schenkungsvollzug dar.[71]

Formulierungsbeispiel Schenkweise Einräumung einer Unterbeteiligung (notarielle Beurkundung erforderlich):

1. A räumt hiermit seinem Sohn B mit Wirkung zum [...] schenkweise eine Unterbeteiligung an seiner Beteiligung an der A GmbH & Co. KG ein. Die Unterbeteiligung beträgt
   a) am Festkapitalkonto des A an der A GmbH & Co. KG in Höhe von EUR 500 000,00 — EUR 50 000,00.
   b) am Privatkonto des A an der A GmbH & Co. KG in Höhe von EUR 220 000,00 — EUR 22 000,00.
2. Durch die Schenkung entsteht eine Innengesellschaft bürgerlichen Rechts. Die Schenkung ist ausgleichungspflichtig und auf einen etwaigen Pflichtteil anzurechnen.
3. B nimmt die Schenkung hiermit an.

Formulierungsbeispiel Gewinn- und Verlustverteilung:

1. Im Verhältnis der Gesellschafter zueinander ist als verteilungsfähiger Gewinn sowie als zu verteilender Verlust derjenige handelsrechtliche Gewinn oder Verlust des Hauptbeteiligten in der Hauptgesellschaft anzusehen, der sich nach Berücksichtigung folgender Gutschriften und Belastungen ergibt:
   a) Bezüge, die dem Hauptbeteiligten aus einem Dienst- oder ähnlichem Verhältnis mit der Hauptgesellschaft zustehen, wenn diese im Gewinn- oder Verlustanteil des Hauptbeteiligten in der Handelsbilanz enthalten sind;
   b) Zinsen auf Guthaben und Belastungen von Privatkonten.
2. Der hiernach verteilungsfähige Gewinn ist unter den Gesellschaftern im Verhältnis ihrer Kapitalanteile zueinander zu verteilen.
3. Die Gesellschafter sind zu Nachschüssen nicht verpflichtet.

---

[70] BGHZ 50, 316 (323 ff.); *K. Schmidt* Gesellschaftsrecht § 63 IV 3.

[71] BGH WM 1967, 685; BFH DB 1967, 1258 f.; *K. Schmidt* Gesellschaftsrecht § 63 III 1 m. w. N.

2. Stille Gesellschaft

Ist ein stiller Gesellschafter an einem Unternehmensträger auf der Grundlage eines Gesellschaftsvertrags mit einer Einlage beteiligt und erhält er eine Gewinnbeteiligung, so liegt eine stille Gesellschaft vor.[72] Die stille Gesellschaft ist **Innengesellschaft.** Die Einlage des stillen Gesellschafters geht in das Vermögen des Unternehmensträgers über und ist dort Fremdkapital,[73] siehe hierzu auch § 9 Rn. 242ff. Die stille Gesellschaft braucht kein eigenes Gesellschaftsvermögen zu bilden. 86

a) **Typische stille Gesellschaft.** Gesetzliche Regelungen zur stillen Gesellschaft finden sich in den §§ 230ff. HGB; ergänzend gelten die §§ 705ff. BGB. In der Gesellschafterversammlung der Hauptgesellschaft hat der stille Gesellschafter kein Teilnahme- oder Stimmrecht. Am Gewinn und Verlust ist er beteiligt, am Verlust jedoch nur bis zur Höhe seiner Einlage, § 232 Abs. 2 S. 1 HGB. Die typische stille Gesellschaft entspricht damit einem **qualifizierten Kreditverhältnis** mit begrenzten Informationsrechten. In dieser Form der „typischen stillen Gesellschaft" bezieht der stille Gesellschafter seine Gewinnanteile als Einkünfte aus Kapitalvermögen, § 20 Abs. 1 Nr. 4 EStG. 87

b) **Atypische stille Gesellschaft.** Bei der „atypischen stillen Gesellschaft" kann der stille Gesellschafter am Unternehmensvermögen beteiligt und mit weit reichenden Geschäftsführungsbefugnissen ausgestattet sein. Zur steuerlichen Anerkennung der atypischen stillen Gesellschaft durch Qualifizierung der Einkünfte des stillen Gesellschafters als Einkünfte aus Gewerbebetrieb[74] müssen die Voraussetzungen für eine **Mitunternehmerschaft** des stillen Gesellschafters gegeben sein; er muss also Mitunternehmerinitiative entfalten können und Mitunternehmerrisiko tragen.[75] Die Möglichkeiten, Mitunternehmerinitiative zu entfalten, spiegeln sich in den dem stillen Gesellschafter vertraglich zugewiesenen Geschäftsführungsbefugnissen wider. Diese können als Widerspruchs-, Zustimmungs- oder Weisungsrechte ausgestaltet sein und im Extremfall bis zur Ausübung von Geschäftsführungsfunktionen, verbunden mit rechtsgeschäftlicher Vollmacht für den stillen Gesellschafter, reichen.[76] Mitunternehmerrisiko trägt der stille Gesellschafter, wenn er über ein reines Kreditverhältnis hinausgehend am Erfolg oder Misserfolg des Unternehmens partizipiert. Dies ist regelmäßig bei einer Beteiligung an den stillen Reserven des Anlagevermögens und am Geschäftswert der Fall.[77] 88

3. Lösungsansätze für die Nachfolgeregelung

Unterbeteiligung und stille Gesellschaft gleichen sich in ihrem Charakter als Innengesellschaften. Während die Innengesellschaft bei der Unterbeteiligung allerdings mit dem Inhaber eines Gesellschaftsanteils besteht, ist Partei der stillen Gesellschafter der Unternehmensträger selbst. Der Unterbeteiligte ist insofern einen Schritt weiter vom Unternehmen entfernt als der stille Gesellschafter. Das Leitbild der typischen stillen Gesellschaft orientiert sich stärker an einem Kreditverhältnis, während bei der Unterbeteiligung den gesellschaftsrechtlichen Mitverwaltungsrechten in der Praxis ein etwas stärkeres Gewicht zukommt. Vertraglich können die Rechte in beiden Beteiligungsformen ganz ähnlich ausgestaltet werden. 89

Auf ihre Eignung für konkrete Nachfolgeüberlegungen sind beide Modelle jeweils genau zu prüfen. Soll Minderjährigen eine Einkunftsquelle übertragen werden, dürfte der Unterbeteiligung der Vorzug zu geben sein. Aus dem Minderjährigenschutz resultierende Anforderungen wie z.B. das Erfordernis der Bestellung eines Pflegers oder der Mitwirkung des Vormundschaftsgerichts sind damit von der Gesellschaft ferngehalten. Aus

[72] *K. Schmidt* Gesellschaftsrecht § 62 I 1 a).
[73] *Baumbach/Hopt* HGB § 230 Rn. 21; *K. Schmidt* Gesellschaftsrecht § 62 II 2 b).
[74] § 15 Abs. 1 Nr. 2 EStG.
[75] *L. Schmidt/Wacker* EStG § 15 Rn. 263 ff.
[76] BFHE 145, 408; 163, 336.
[77] *K. Schmidt* Gesellschaftsrecht § 62 II 2 c) aa).

demselben Grund kann der Einräumung einer Unterbeteiligung auch der Vorzug gegenüber der unmittelbaren Beteiligung eines Minderjährigen an einer Gesellschaft gegeben werden. Soll ein volljähriger Nachfolger mit Teilnahme- und Stimmrechten an ein Unternehmen herangeführt werden, steht die Abgrenzung zwischen echter, unmittelbarer Gesellschaftsbeteiligung und Unterbeteiligung im Vordergrund. Vieles mag dafür sprechen, in einem solchen Fall bereits eine kleine Kommandit- oder GmbH-Beteiligung zu übertragen. Berücksichtigt werden sollte dann jedoch, dass der Nachfolger hierdurch unabhängig eigene Gesellschafterrechte wahrnehmen kann. Im Einzelnen bedeutet dies, dass eine Abstimmung des Nachfolgers im Interesse des ursprünglichen Inhabers der Beteiligung nicht gesichert ist und dass der so erworbene Anteil vom Nachfolger unabhängig übertragen werden kann, aber nicht mit übertragen werden muss, wenn der ursprüngliche Inhaber seine Beteiligung verkaufen oder anderweitig in der Familie übertragen möchte. Im Rahmen der vorweggenommenen Nachfolge in einen Gesellschaftsanteil bedürfen diese Punkte ausführlicher Regelung, z.B. in Konsortial- oder Stimmbindungsverträgen; siehe hierzu oben § 8. Durch die Einräumung einer Unterbeteiligung sind diese mit der Weiterübertragung zusammenhängenden Fragen noch sicherer in den Griff zu bekommen, allerdings zu Lasten der unmittelbaren Mitverwaltungsrechte des Nachfolgers.

Vorzüge der stillen Gesellschaft bleiben damit für die Beteiligung von Kreditgebern, und zwar auch dann, wenn die Beteiligung mit Mitverwaltungsrechten wie z.B. Zustimmungsvorbehalten zu bestimmten Geschäften ausgestattet sein soll. Dem Kreditgeber können über die stille Beteiligung entsprechende Rechte zugewiesen werden, ohne ihm eine Gesellschafterposition zukommen zu lassen und ohne ihn namentlich offen zu legen. Auch in der Nachfolgegestaltung kann eine entsprechende Interessenlage bestehen, wenn die Führung und Beteiligung in einem Unternehmen einem von mehreren Abkömmlingen übertragen werden soll und daneben der Wunsch besteht, weitere Abkömmlinge wirtschaftlich am Erfolg des Unternehmens zu beteiligen.

KG/Stille Gesellschaft/Unterbeteiligung

Übersicht: Unterschiede *KG/Stille Gesellschaft/Unterbeteiligung*

	Kommanditbeteiligung	**Stille Gesellschaft**	**Unterbeteiligung**
Gesellschaftsform	Außengesellschaft	Innengesellschaft	Innengesellschaft
Vertragspartner	Gesellschafter	Stiller Gesellschafter und Inhaber eines Handelsgeschäfts	Unterbeteiligter und hauptbeteiligter Inhaber eines Gesellschaftsanteils
Mitverwaltungsrechte	Teilnahme und Stimmrechte in der Gesellschafterversammlung Widerspruchsrecht gegen Handlungen, die über den gewöhnlichen Betrieb des Handelsgewerbes hinausgehen Recht auf abschriftliche Mitteilung des	Kein Teilnahme und Stimmrechte in der Gesellschafterversammlung des Unternehmensträgers, aber Gesellschaftsverhältnis mit dem Inhaber des Handelsgeschäfts Geschäftsführungsbefugnisse nur bei atypisch stiller Gesellschaft	Keine Teilnahme und Stimmrechte in der Gesellschafterversammlung des Unternehmensträgers, aber Gesellschaftsverhältnis mit dem Hauptbeteiligten Geschäftsführungsbefugnisse nur bei atypischer Unterbeteiligung

	Kommandit-beteiligung	Stille Gesellschaft	Unter-beteiligung
Gesellschaftsform	Außengesellschaft	Innengesellschaft	Innengesellschaft
	Jahresabschlusses und Einsicht in Bücher und Papiere		
Gewinn/Verlust-beteiligung	ja; Haftung nur bis zur Höhe der Einlage	Gewinnbeteiligung ja; Verlustbeteiligung nur bis zur Höhe der Einlage; klare Regelung erforderlich	Gewinnbeteiligung ja; Verlustbeteiligung gemäß § 722 BGB im Zweifel auch für Verluste der Unterbeteiligungsgesellschaft; klare Regelung erforderlich
Beteiligung an stillen Reserven	ja, soweit keine abweichende Abfindungsregelung	streitig; Regelung erforderlich (typische/atypische stille Gesellschaft)	streitig; Regelung erforderlich (typische/atypische Unterbeteiligung)
Beteiligung Minderjähriger	möglich; zur Ausübung von Mitverwaltungsrechten in der KG zum Teil Pflegerbestellung und vormundschaftsgerichtliche Genehmigung erforderlich	möglich; Wahrnehmung von Mitverwaltungsrechten ohne Außenwirkung auf KG	möglich; Wahrnehmung von Mitverwaltungsrechten ohne Auswirkungen auf die KG
Auflösung	vgl. §§ 161 Abs. 2, 131 HGB; Tod des Kommanditisten führt nicht zur Auflösung der Gesellschaft (§ 177 HGB)	Unter anderem durch Tod des Geschäftsinhabers, nicht aber durch Tod des stillen Gesellschafters	Unter anderem durch Tod des Hauptbeteiligten, nicht aber durch Tod des Unterbeteiligten

V. Absicherung von Ehegatten

Im Zusammenhang mit einer Regelung der Unternehmensnachfolge sollte auch die 90
Versorgung des Ehegatten bedacht werden. Soweit möglich, sollte die Absicherung des Ehegatten zu Lasten des Privatvermögens des Unternehmers erfolgen. Eine Belastung der Liquidität des Betriebsvermögens mit Versorgungszahlungen kann dadurch ebenso vermieden werden wie ein Konflikt mit dem Unternehmensnachfolger über die Höhe von Entnahmerechten. In gewinnschwachen Jahren kann zudem die Versorgung des Ehegatten allein über eine Gewinnbeteiligung am Unternehmen häufig nicht in ausreichendem Umfang gewährleistetet sein. Reicht allerdings das vorhandene Privatvermögen nicht aus, um eine angemessene, also auch den Fall der Krankheit und Pflegebedürftigkeit abdeckende Versorgung sicherzustellen, wird man um Gestaltungen unter Einbindung des unternehmerisch gebundenen Vermögens nicht umhin kommen.

1. Zuwendungen zu Lebzeiten

91 Die Versorgung des Ehegatten kann unter Ausnutzung der steuerlichen Möglichkeiten bereits durch lebzeitige Zuwendungen sichergestellt werden. Hierfür bieten sich insbesondere die nachfolgend dargestellten Maßnahmen an.

92 a) **Schenkungen.** Dem Ehegatten können zu Lebzeiten Vermögensgegenstände schenkweise übertragen werden. Hierfür bieten sich vor allem ertragreiche Vermögensgegenstände, etwa vermietete Immobilien oder Wertpapierdepots, an. Die Versorgung kann dann zu Lasten der Erträge erfolgen, und eine Verwertung des Vermögensstocks ist nicht erforderlich. Schenkungs- und Übertragungsverträge sollten Widerrufs- und Rückfallklauseln für den Fall des Vorversterbens des Beschenkten oder den Fall des Getrenntlebens bzw. der Scheidung vorzusehen.[78] In Bezug auf den Zeitpunkt der Schenkungen sollte beachtet werden, dass der für Ehegatten derzeit[79] gemäß § 16 Abs. 1 Nr. 1 ErbStG bestehende Freibetrag in Höhe von EUR 307 000,– alle zehn Jahre neu gewährt wird. Das gemeinsam genutzte Eigenheim kann zudem gemäß § 13 Abs. 1 Nr. 4 a ErbStG nur unter Lebenden schenkungssteuerfrei auf den Ehegatten übertragen werden; bei Übertragung von Todes wegen fällt hingegen Erbschaftssteuer an.

93 b) **„Güterstandsschaukel".** Leben die Ehegatten im gesetzlichen Güterstand der Zugewinngemeinschaft, kann im Wege der sog. „Güterstandsschaukel"[80] steuerlich optimiert Vermögen auf den anderen Ehegatten übertragen werden. Hierbei wird der Güterstand der Zugewinngemeinschaft durch Ehevertrag vorzeitig beendet, so dass ein Zugewinnausgleich vorzunehmen ist. Der Ehegatte mit dem höheren Zugewinn ist dann verpflichtet, die Hälfte seines seit Eheschließung erzielten Zugewinns an den anderen Ehegatten zu übertragen. Die Begründung und Erfüllung dieser Ausgleichsforderung stellt keine gemäß §§ 5 Abs. 2, 7 Abs. 1 Nr. 1 ErbStG schenkungssteuerbare Zuwendung dar.[81] Dies gilt auch dann, wenn der Güterstand der Zugewinngemeinschaft im Anschluss an die Beendigung wieder neu begründet wird.

2. Zuwendungen von Todes wegen

94 Ist der überlebende Ehegatte nicht bereits durch lebzeitige Zuwendungen ausreichend abgesichert, sollte die Altersversorgung durch letztwillige Verfügung erfolgen.

95 a) **Vererbung von Privatvermögen.** Meist erscheint es sinnvoll, dass sich beide Ehegatten gegenseitig alle Vermögens- und Alltagsgegenstände zuwenden, die während der Ehe gemeinsam genutzt wurden. Zur finanziellen Absicherung sollten weiter, wenn notwendig, vor allem Ertrag bringende Vermögensgegenstände des Privatvermögens, zum Beispiel vermietete Immobilien und Wertpapierdepots, übertragen werden, soweit dies nicht durch lebzeitige Zuwendung bereits geschehen ist.

96 b) **Nießbrauchvermächtnis.** Sollen Ertrag bringende Vermögensgegenstände – etwa aus steuerlichen Gründen – direkt auf die nächste Generation übertragen werden, kann die Absicherung des Ehegatten auch durch ein Nießbrauchvermächtnis erfolgen. Für die entsprechende Nießbrauchbestellung bieten sich insbesondere vermietete Grundstücke

---

[78] Dies hat zudem den schenkungssteuerrechtlichen Vorteil, dass die Rückübertragung schenkungssteuerfrei gemäß § 29 Abs. 1 Nr. 1 ErbStG erfolgen kann und die für die ursprüngliche Übertragung gezahlte Schenkungssteuer zurückerstattet wird; vgl. hierzu *Scherer/Jeschke/Kögel* § 40 Rn. 80.

[79] Die Erbschaftsteuerreform 2008 sieht eine Anhebung des Freibetrags für Ehegatten auf EUR 500 000,–, für Kinder auf EUR 400 000,– und für Enkelkinder auf EUR 200 000,– vor.

[80] Vgl. hierzu *Schlünder/Geißler* FamRZ 2006, 1655; *Kensbock/Menhorn* DStR 2006, 1073, die auf die steuerlichen Risiken der Erfüllung der Zugewinnausgleichsforderung durch Übertragung von Sachwerten hinweisen; siehe zur Güterstandsschaukel auch § 17 Rn. 78.

[81] BFHE 210, 470.

des Privatvermögens an, da bei diesen typischerweise mit gleich bleibenden Erträgen gerechnet werden kann, während die Erträge beim Nießbrauch an einem Unternehmen oder an einer Beteiligung meist weniger gut kalkulierbar sind.

c) **Rentenvermächtnis.** In Betracht kommt weiter, den Ehegatten durch ein Geldrentenvermächtnis zulasten des Unternehmensnachfolgers abzusichern. Die Rente kann durch die Eintragung einer Reallast auf einem Grundstück dinglich gesichert werden. Bei der Bestimmung der Rentenhöhe ist einerseits der voraussichtliche Bedarf des Ehegatten, andererseits die Ertragskraft des Unternehmens zu berücksichtigen. Inflationsrisiken können durch eine Wertsicherungsklausel, bei der der geschuldete Betrag an die Änderungen des Verbraucherpreisindexes gekoppelt ist, vermieden werden.[82] Alternativ zu einer Rente kann der Ehegatte auch über eine dauernde Last abgesichert werden. Im Unterschied zur Rente sieht die dauernde Last keine betragsmäßig gleich bleibenden Leistungen vor. Vielmehr ist die Höhe der Zahlungspflicht vom Gewinn, Umsatz oder den wirtschaftlichen Verhältnissen der Beteiligten abhängig.[83] Die dauernde Last wurde bislang insbesondere aus steuerlichen Gründen gegenüber der Rente als vorzugswürdig betrachtet. Durch das Jahressteuergesetz 2008 wurde die Unterscheidung zwischen Renten und dauernden Lasten aufgehoben, so dass nunmehr auch Rentenzahlungen als Versorgungsleistung in vollem Umfang als Sonderausgaben abgezogen werden können.[84] Bei der Entscheidung zwischen Rentenzusagen und dauernder Last geht es dann vor allem noch um die Abwägung, ob die Absicherung des Versorgungsberechtigten von den wirtschaftlichen Verhältnissen des auf den Nachfolger übertragenen Unternehmens abhängig sein soll oder nicht. 97

VI. Stiftungslösungen

1. Die Grundstruktur von Stiftungen

Eine Stiftung ist eine Organisation, die mit dem ihr gewidmeten Vermögen einen vom Stifter festgelegten Zweck dauerhaft verfolgt.[85] Da die Stiftung keine Gesellschafter hat, ist ihr Vermögen vor Zersplitterung durch Erbfälle geschützt. Eine Stiftung ist damit als beständiger Träger von Vermögen und Rechten besonders geeignet. 98

Eine Stiftung kann, muss aber nicht gemeinnützig sein. Eine Stiftung ist grundsätzlich steuerpflichtig, kann unter besonderen Voraussetzungen aber von der Steuerpflicht befreit sein. Man unterscheidet rechtlich selbständige, also rechtsfähige und rechtlich unselbständige Stiftungen.

a) **Rechtsfähige Stiftung.** Die rechtsfähige Stiftung bürgerlichen Rechts ist eine juristische Person mit eigener Rechtspersönlichkeit. Wird heute von einer Konjunktur der Stiftungen gesprochen, so sind hiermit vorrangig die rechtsfähigen Stiftungen bürgerlichen Rechts gemeint, von denen es in Deutschland Ende 2006 ca. 14400 gab, die meisten davon gemeinnützig; unter den rechtsfähigen Stiftungen sollen sich etwa 500–700 Familienstiftungen befinden.[86] Die rechtsfähige Stiftung entsteht durch das Stiftungsgeschäft und Anerkennung durch die zuständige Stiftungsbehörde. Die rechtsfähige Stiftung muss angemeldet werden und wird in ein Stiftungsregister eingetragen. Rechtliche Grundlagen sind die §§ 80ff. BGB sowie die Landesstiftungsgesetze. Durch das Stiftungsgeschäft, 99

---

[82] Entsprechende Wertsicherungsklauseln sind gemäß § 2 Abs. 1 PaPkG genehmigungsbedürftig. Handelt es sich jedoch um wiederkehrende Leistungen auf Lebenszeit oder für die Dauer von mindestens zehn Jahren, sind solche gemäß §§ 2 Abs. 1 S. 2 PaPkG, § 3 Abs. 1 Nr. 1 PrKV Wertsicherungsklauseln genehmigungsfähig.

[83] BFHE 81, 458; BFHE 165, 225.

[84] Jahressteuergesetz 2008 vom 20. 12. 2007, BGBl. I, 3150 (3151).

[85] MünchKommBGB/*Reuter* vor § 80 Rn. 48ff.; *Seifart/v. Campenhausen* § 1 Rn. 6; *Wachter* Teil B Rn. 1.

[86] Vgl. Homepage des Bundesverbands Deutscher Stiftungen (http://www.stiftungen.org).

also die Erklärung zur Errichtung einer Stiftung, erhält diese eine Satzung mit Regelungen zum Namen, dem Sitz, dem Zweck und dem Vermögen der Stiftung; auch der Vorstand wird im Stiftungsgeschäft eingesetzt. Die Stiftung muss mit einem Vermögen ausgestattet werden, das die dauernde und nachhaltige Erfüllung des Stiftungszwecks gesichert erscheinen lässt, § 80 Abs. 2 BGB. Die Länderbehörden fordern in der Regel eine Kapitalausstattung von mindestens EUR 50 000,–. Für den Aufbau einer eigenständigen Stiftungsorganisation und für die Erfüllung der meisten Stiftungszwecke dürfte dies jedoch nicht ausreichen. Die rechtsfähige Stiftung bürgerlichen Rechts hat keine Anteilseigner oder Gesellschafter. Der Stifter begibt sich daher mit der Errichtung der Stiftung und deren Vermögensausstattung seines eingebrachten Vermögens. Die Stiftung handelt durch ihren Vorstand, im Innenverhältnis häufig in Abstimmung mit einem Kuratorium oder Beirat.

100 b) **Unselbständige Stiftung.** Daneben besteht die Möglichkeit der Gründung einer rechtlich unselbständigen Stiftung.[87] Dies bietet sich insbesondere an, wenn das gestiftete Vermögen zu gering für den Aufbau einer eigenen Stiftungsverwaltung ist. Rechtlich unselbständige Stiftungen unterliegen in den meisten Bundesländern nicht den Stiftungsgesetzen und damit auch nicht der Stiftungsaufsicht, sondern den allgemeinen Rechtsgrundsätzen des Schuld-, Sachen- und Erbrechts.[88] Die unselbständige Stiftung selbst hat keine eigene Rechtspersönlichkeit. Sie wird gegründet, indem sich ein Stiftungsträger zur zweckgemäßen Verwaltung der unselbständigen Stiftung verpflichtet und dem Stiftungsträger das zu stiftende Vermögen übertragen wird, in der Regel durch Schenkung unter Auflage oder durch Begründung eines Treuhandverhältnisses.[89] Als Träger kommt entweder eine natürliche Person oder eine juristische Person, z. B. eine rechtsfähige Stiftung, eine öffentlich-rechtliche Körperschaft oder auch eine GmbH in Betracht, nicht aber der Stifter selbst. Im Hinblick auf die gewünschte Kontinuität der Stiftung ist eine juristische Person als Träger des Stiftungsvermögens gegenüber einer natürlichen Person vorzugswürdig. Im Stiftungsgeschäft kann sich der Stifter Einfluss auf die Organe der Stiftung vorbehalten. Das Stiftungsvermögen geht auf den Träger über und wird von diesem gesondert verwaltet.

101 Beim **Treuhandverhältnis** als Grundlage der unselbständigen Stiftung vereinbaren Stifter und Stiftungsträger einen unentgeltlichen Auftrag oder schließen einen entgeltlichen Geschäftsbesorgungsvertrag.[90] Der Vertrag kann grundsätzlich formfrei geschlossen werden. Das Widerrufsrecht des Stifters sowie das Kündigungsrecht des Stiftungsträgers können, abgesehen von der Kündigung aus wichtigem Grund, ausgeschlossen werden. Der Stiftungsträger haftet mit seinem gesamten Vermögen für Verbindlichkeiten des Stiftungsvermögens; andererseits haftet das Stiftungsvermögen grundsätzlich für sämtliche Verbindlichkeiten des Trägers.[91]

102 Bei der **Schenkung unter Auflage**[92] geht das gestiftete Vermögen ebenfalls auf den Träger über. Das Schenkungsversprechen bedarf notarieller Beurkundung, § 518 BGB; durch die Bewirkung der Leistung wird die Schenkung auch ohne Beurkundung wirksam. Das Stiftungsvermögen haftet voll umfänglich für Verbindlichkeiten des Stiftungsträgers. Allerdings kann sich der Stifter für diesen Fall im Schenkungsvertrag ein Rückforderungsrecht vorbehalten. Gläubigern des Stifters steht die Möglichkeit offen, die Stiftung binnen einer Frist von vier Jahren[93] anzufechten und somit auf das gestiftete Vermögen zuzugreifen.

---

[87] *Seifart/v. Campenhausen/Hof* § 36; *Wachter* Teil F Rn. 1.
[88] *Seifart/v. Campenhausen/Hof* § 36 Rn. 9; *Wachter* Teil F Rn. 2.
[89] *Staudinger/Rawert* vor §§ 80 ff. BGB Rn. 158 m. w. N.
[90] *Staudinger/Rawert* BGB vor §§ 80 ff. Rn. 158 f.; *Wochner* ZEV 1999, 125 (126).
[91] *Wachter* Teil F Rn. 7; *Wochner* ZEV 1999, 125 (126).
[92] § 525 BGB; vgl. hierzu *Staudinger/Rawert* BGB vor §§ 80 ff. Rn. 161.
[93] § 4 Abs. 1 AnfG; vgl. hierzu *Huber* AnfG § 4 Rn. 9.

Handelt es sich bei dem Stiftungsträger um eine gemeinnützige Stiftung oder Einrichtung, so ist der Stiftungszweck der unselbständigen Stiftung mit dem Zweck des Trägers abzustimmen; es empfiehlt sich Teilidentität.[94] Die unselbständige Stiftung kann wegen Mildtätigkeit oder Gemeinnützigkeit steuerbefreit sein, auch wenn die Voraussetzungen hierfür beim Stiftungsträger nicht vorliegen.[95] Die Gründung bedarf keiner Genehmigung.

c) **Stiftung-GmbH.** Neben den klassischen Stiftungsformen gibt es auch körperschaftlich organisierte Stiftungsorganisationen wie beispielsweise die Stiftung-GmbH. Hierunter versteht man eine GmbH, die durch entsprechende Gestaltung des Gesellschaftsvertrags zur Erfüllung von Stiftungszwecken geeignet ist.[96] Die Stiftung-GmbH hat, anders als die klassischen Stiftungen, Gesellschafter, die kraft ihrer Gesellschafterstellung Einfluss auf die Stiftungsorganisation nehmen können; sie können die Geschäftsführer bestellen, Entscheidungen zur Mittelverwendung fassen und, gegebenenfalls unter Inkaufnahme steuerlicher Nachteile, den Stiftungszweck ändern. Insoweit ist die GmbH für Stiftungszwecke besonders flexibel. Die Gründung der Stiftung-GmbH unterliegt den üblichen Voraussetzungen der GmbH-Gründung und nicht den jeweiligen Stiftungsgesetzen.[97] Die Stiftung-GmbH ist daher nicht genehmigungsbedürftig und wird nicht ins Stiftungs-, sondern ins Handelsregister eingetragen. Damit sich eine GmbH als Stiftung bezeichnen darf sind besondere Voraussetzungen einzuhalten, durch welche vor allem eine Trennung der Vermögensinteressen der Gesellschafter und der Gesellschaft sichergestellt werden soll.[98] Wichtig für die Gestaltung sind daher die Festlegung des Stiftungszwecks als Unternehmensgegenstand, die Vinkulierung der Anteile und der Ausschluss von Gewinnbezugsberechtigungen, von Abfindungsansprüchen der Gesellschafter im Falle des Ausscheidens und von Ansprüchen auf Liquidationserlös. 103

2. Die Stiftungsaufsicht

Rechtsfähige Stiftungen des Privatrechts unterliegen der staatlichen Stiftungsaufsicht.[99] 104
Die Stiftungsaufsicht überwacht die Einhaltung der Gesetze, des Stiftungsgeschäfts und der Stiftungssatzung, letztendlich also des Stifterwillens, durch die Verwaltung der Stiftung. Die Landesstiftungsgesetze[100] sehen hierzu verschiedene Anzeigepflichten gegenüber der Aufsichtsbehörde sowie Genehmigungsvorbehalte und Eingriffsmöglichkeiten vor. Vor allem Satzungsänderungen bedürfen der Genehmigung durch die Stiftungsbehörde. Einzelne Maßnahmen der Rechtsaufsicht und Anzeigepflichten können jedoch entfallen, wenn eine ordnungsgemäße Überwachung der Verwaltung durch ein in der Stiftungssatzung vorgesehenes unabhängiges Kontrollorgan gewährleistet erscheint.[101] Schon deshalb ist die Einrichtung eines Kuratoriums oder Stiftungsrats zu empfehlen.

---

[94] Für eine Harmonisierung der Stiftungszwecke: *Seifart/v. Campenhausen/Hof* § 36 Rn. 47; zur Steuerschädlichkeit einer Zweckidentität: *Hüttemann/Herzog* DB 2004, 1001 (1003 ff.). Nach OFD München ZEV 2003, 239 f. darf es sich bei dem Zweck der unselbständigen Stiftung nicht um einen solchen handeln, den der Stiftungsträger als eigenen zu erfüllen hat.

[95] *Seifart/v. Campenhausen/Hof* § 36 Rn. 45.

[96] MünchKommBGB/*Reuter* vor § 80 Rn. 112 f.; *Staudinger/Rawert* BGB vor §§ 80 ff. Rn. 177 f.; *Wachter* Teil G Rn. 6 ff. Bekannte, in der Rechtsform der GmbH organisierte Stiftungen sind die Robert Bosch Stiftung GmbH, die Dietmar-Hopp-Stiftung GmbH und die Klaus Tschira Stiftung GmbH.

[97] *Wachter* Teil G Rn. 6 ff.

[98] *Staudinger/Rawert* BGB vor §§ 80 ff. Rn. 178.

[99] Ausführlich zur staatlichen Stiftungsaufsicht: *Seifart/v. Campenhausen/Hof* § 11.

[100] Die Landesstiftungsgesetze können auf der Homepage des Bundesverbandes Deutscher Stiftungen (http://www.stiftungen.org) herunter geladen werden.

[101] Ausdrücklich geregelt ist dies nur in Baden-Württemberg, vgl. § 8 Abs. 2 S. 2 StiftG BW. In den Stiftungsgesetzen der übrigen Bundesländer findet sich keine entsprechende Regelung. Hier steht die Intensität der Ausübung der Stiftungsaufsicht im pflichtgemäßen Ermessen der zuständigen Behörden; vgl. *Seifart/v. Campenhausen/Hof* § 11 Rn. 139.

3. Die Stiftung im Steuerrecht

105 Grundsätzlich sind Stiftungen steuerpflichtig. Inländische Stiftungen, die ausschließlich und unmittelbar gemeinnützige, mildtätige oder kirchliche Zwecke verfolgen, werden steuerlich begünstigt, §§ 51 ff. AO. Dabei setzt Gemeinnützigkeit eine selbstlose Förderung der Allgemeinheit voraus. In Betracht kommt beispielsweise die Förderung von Wissenschaft und Forschung, von Bildung und Erziehung, Kunst und Kultur, Religion, Völkerverständigung und Denkmalschutz, aber auch die Förderung der Jugend- und Altenhilfe, des Sports oder des demokratischen Staatswesens.[102] Die Förderung darf nicht lediglich einem fest abgeschlossenen, kleinen Personenkreis zugute kommen. Mildtätige Zwecke sind zum Beispiel gegeben, wenn Personen selbstlos unterstützt werden, die infolge ihres körperlichen, geistigen oder seelischen Zustands auf die Hilfe anderer angewiesen sind.

Die Stiftung darf nur die satzungsmäßig bestimmten, steuerbegünstigten Zwecke verfolgen und daneben keinerlei anderen Zwecke, § 56 AO. Insbesondere dürfen keine Mittel an den Stifter, seine Erben oder andere Personen ausgekehrt werden, wenn dies nicht dem gemeinnützigen Stiftungszweck entspricht. In der Abgabenordnung ist eine Reihe von Ausnahmen hierzu geregelt; so kann eine Stiftung insbesondere bis zu einem Drittel ihres Einkommens dazu verwenden, um in angemessener Weise den Stifter und seine nächsten Angehörigen zu unterhalten, ihre Gräber zu pflegen und ihr Andenken zu ehren, § 58 Ziff. 5 AO. Für die Stiftung-GmbH gilt dieses Angehörigenprivileg allerdings nicht.

106 a) **Körperschaftsteuer.** Grundsätzlich ist jede Stiftung körperschaftsteuerpflichtig, § 1 Abs. 1 KStG. Die Körperschaftsteuer entfällt jedoch für Körperschaften, Personenvereinigungen und Vermögensmassen, die nach Satzung oder Stiftungsgeschäft ausschließlich und unmittelbar gemeinnützigen Zwecken dienen, § 5 Abs. 1 Nr. 9 KStG.

107 b) **Einkommensteuer.** Zuwendungen an eine gemeinnützige Stiftung sind bis zu 20% des Gesamtbetrags der Einkünfte oder 4 ‰ der Summe der gesamten Umsätze und der im Kalenderjahr aufgewendeten Löhne und Gehälter als Sonderausgaben abzugsfähig, § 10b Abs. 1 EStG. Der Spendenabzugsbetrag kann uneingeschränkt vorgetragen werden. Zuwendungen in den Vermögensstock einer gemeinnützigen Stiftung sind gemäß § 10b Abs. 1a EStG bis zu einem Betrag in Höhe von EUR 1 Mio. abzugsfähig, § 10b Abs. 1a EStG, und können über insgesamt zehn Veranlagungszeiträume verteilt werden. Ehegatten können die Abzugsmöglichkeiten jeweils einzeln in Anspruch nehmen; für Verheiratete verdoppelt sich damit der Höchstbetrag der abzugsfähigen Sonderausgaben. Betriebe oder Mitunternehmeranteile sind Betriebsvermögen eines Unternehmens und können in die Stiftung ohne Aufdeckung stiller Reserven, also zu Buchwerten, eingebracht werden, § 6 Abs. 3 EStG.

108 c) **Erbschaft- und Schenkungssteuer.** Zuwendungen an eine Stiftung sind grundsätzlich steuerpflichtig, unabhängig davon, ob es sich um einen Erwerb von Todes wegen, eine Schenkung unter Lebenden oder eine Zweckzuwendung handelt, § 1 ErbStG. Handelt es sich bei dem Empfänger der Zuwendung um eine inländische gemeinnützige Stiftung, bleibt die Zuwendung steuerfrei, § 13 Abs. 1 Nr. 16b ErbStG.

109 Da die rechtsfähige Stiftung selbst keine Anteilseigner hat, kann sie auch nicht vererbt werden. Erbschaftsteuer für eine Vererbung der Stiftung fällt daher nicht an. Allerdings unterliegt das Vermögen einer Stiftung, die wesentlich im Interesse einer Familie oder bestimmter Familien errichtet ist, in Zeitabständen von je 30 Jahren der Erbschaftsteuer, auch Erbersatzsteuer genannt, § 1 Abs. 1 Nr. 4 ErbStG. Für die Höhe der Steuer wird die Vererbung auf zwei Kinder fingiert: Es wird der doppelte Kinderfreibetrag, derzeit also EUR 410 000,– berücksichtigt, und die Steuer wird nach Steuerklasse I mit dem Prozentsatz berechnet, der auf das hälftige Vermögen Anwendung finden würde, § 15 Abs. 2 S. 3

[102] Vgl. § 52 Abs. 2 AO.

ErbStG. Anders bei der Stiftung-GmbH: der Anteil eines Gesellschafters geht bei dessen Tod erbschaftssteuerpflichtig auf seine Erben über; die Berechnung der Steuer richtet sich dann nach den tatsächlichen Verhältnissen.[103]

d) **Gewerbesteuer.** Die Tätigkeit einer Kapitalgesellschaft unterliegt der Gewerbesteuer. Sonstige juristische Personen des Privatrechts und nicht rechtsfähige Vereine unterliegen ihr nur, soweit sie einen wirtschaftlichen Geschäftsbetrieb unterhalten. Eine gemeinnützige Stiftung unterliegt der Gewerbesteuer unabhängig von ihrer Rechtsform nur, soweit sie einen wirtschaftlichen Geschäftsbetrieb unterhält, § 3 Nr. 6 GewStG. **110**

e) **Grundsteuer.** Stehen Grundstücke im Eigentum einer gemeinnützigen Stiftung, so sind diese, mit Ausnahme von Wohnungen,[104] von der Grundsteuer befreit, § 3 Abs. 1 Ziff. 3 b GrStG. **111**

4. Die Errichtung der Stiftung

a) **Stiftungsgeschäft.** Die Stiftung wird errichtet durch das Stiftungsgeschäft, also die verbindliche Erklärung des Stifters, ein Vermögen der Erfüllung eines bestimmten Zwecks zu widmen. Dem Stiftungsgeschäft beigefügt wird die Satzung der Stiftung, §§ 80, 81 BGB. **112**

Formulierungsbeispiel Stiftungsgeschäft:

Hiermit errichten wir, A und B, die A und B- Stiftung als selbständige rechtsfähige Stiftung bürgerlichen Rechts mit Sitz in Stuttgart. Zweck der Stiftung ist die Förderung von Projekten und Maßnahmen zur Erforschung der Wasserkraft als Grundlage der Energieversorgung.

Zur Erfüllung ihrer Zwecke erhält die Stiftung eine Vermögensausstattung in Höhe von EUR 500 000,–, die von den Stiftern wie folgt erbracht wird:
– A erbringt einen Barbetrag in Höhe von EUR 200 000,–;
– B erbringt einen Barbetrag in Höhe von EUR 300 000,–.
Stiftungsorgane sind der Vorstand und das Kuratorium.

Der Vorstand besteht bei Gründung der Stiftung aus
– Herrn/Frau A,
– sowie aus folgenden weiteren Mitgliedern: ...[105]

Das Kuratorium besteht bei Gründung aus
– Herrn/Frau B,
– sowie aus folgenden weiteren Mitgliedern: ...

________________ ________________
(Ort, Datum) (Unterschrift der Stifter)

Errichtet werden kann die Stiftung sowohl zu Lebzeiten als auch von Todes wegen.[106] Bei einer Errichtung der Stiftung zu Lebzeiten verliert der Stifter bereits im Zeitpunkt der Errichtung der Stiftung die freie Verfügungsbefugnis über das übertragene Vermögen. Möchte der Stifter zu Lebzeiten sein Vermögen noch vollständig zur eigenen Verfügung haben, so kann er durch Testament bestimmen, dass seine Erben mit seinem Nachlass oder einem Teil hiervon eine Stiftung zu errichten haben. Die genaue Ausgestal-

[103] *Seifart/v. Campenhausen/Pöllath* Stiftungsrecht § 39 Rn. 19.

[104] Nach § 5 Abs. 1 GrStG gilt die Steuerbefreiung bei Grundbesitz, der zugleich Wohnzwecken dient, nur in bestimmten Fällen. Wohnungen sind gemäß § 5 Abs. 2 GrStG stets steuerpflichtig.

[105] Die namentliche Benennung der Mitglieder von Vorstand und Kuratorium an dieser Stelle ist rechtlich nicht zwingend erforderlich. Sie dient lediglich der Klarstellung und kann ersatzlos entfallen.

[106] *Groll/Schindhelm/Stein* Teil B XII Rn. 23–33; MünchKommBGB/*Reuter* vor § 83 Rn. 1; *Staudinger/Rawert* BGB § 80 Rn. 2.

tung der Stiftung kann bereits im Vorfeld festgelegt und mit den Behörden abgestimmt werden.

113 **b) Stiftungssatzung.** Die Stiftungssatzung muss den gesetzlichen Mindestinhalt aufweisen, also Regelungen zum Namen, zum Sitz, zum Zweck, zum Vermögen der Stiftung sowie die Bildung des Vorstands, § 81 BGB:

Formulierungsbeispiele zu Regelungen in der Stiftungssatzung:
Nachfolgend werden einige stiftungsspezifische Regelungen dargestellt. Darüber hinausgehende Regelungen zur Verfassung der Stiftung als juristischer Person, insbesondere zu Namen, Sitz, Geschäftsjahr der Stiftung sowie zur internen Organisation der Organe der Stiftung, lehnen sich weitgehend an Standards anderer Gesellschaftsverträge an.[107]

Präambel:
Hier können die Stifter Motive für die Errichtung der Stiftung sowie Überlegungen zu den Zwecken der Stiftung niederlegen. Für eine spätere Auslegung des Stifterwillens kann dies sinnvoll sein.

Zweck der Stiftung:
1. Zweck der Stiftung ist …
2. Der Stiftungszweck wird insbesondere verwirklicht durch
   - Förderung von Projekten und Maßnahmen, die …
   - Zuwendungen an die …
   - Vergabe von Forschungsaufträgen
   - Gewährung von Stipendien.

Soll die Stiftung steuerbegünstigte Zwecke im Sinne der Abgabenordnung verfolgen, so sind sowohl der Zweck der Stiftung als auch die für die Zweckverwirklichung vorgesehenen Maßnahmen in die Satzung aufzunehmen, §§ 51 ff. AO. Die Satzungsregelung muss den Anforderungen der Abgabenordnung Rechnung tragen. Der Satzungszweck und die vorgesehenen Maßnahmen müssen sich daher einerseits in den gemeinnützigkeitsrechtlichen Grenzen bewegen, sollten andererseits aber so offen formuliert sein, dass die Anliegen der Stifter auch unter veränderten wirtschaftlichen oder sozialen Rahmenbedingungen durch die Stiftung noch erfüllt werden können.

114 **Gemeinnützigkeit:**
1. Die Stiftung verfolgt ausschließlich und unmittelbar gemeinnützige Zwecke (oder mildtätige oder kirchliche Zwecke) im Sinne des Abschnitts „Steuerbegünstigte Zwecke" der Abgabenordnung.
2. Die Stiftung ist selbstlos tätig und verfolgt nicht in erster Linie eigenwirtschaftliche Zwecke.
3. Die Mittel der Stiftung dürfen nur für die satzungsgemäßen Zwecke verwendet werden.
4. Es dürfen keine Personen – auch nicht die Stifter – durch Ausgaben, die dem Zweck der Stiftung fremd sind, oder durch unverhältnismäßig hohe Vergütungen, begünstigt werden.

[107] Vgl. hierzu § 5 Rn. 111 ff.

Die Steuervergünstigung einer gemeinnützigen Stiftung wird nicht dadurch ausgeschlossen, dass die Stiftung einen Teil, höchstens jedoch ein Drittel ihres Einkommens dazu verwendet, um in angemessener Weise den Stifter und seine nächsten Angehörigen zu unterhalten, § 58 Ziff. 5 AO (Angehörigenprivileg). Soll hiervon Gebrauch gemacht werden, sollte ergänzend eine entsprechende Regelung in die Satzung aufgenommen werden.

Stiftungsvermögen: 115

1. Das Stiftungsvermögen ergibt sich aus dem Stiftungsgeschäft. Es beträgt im Zeitpunkt der Stiftungsgründung EUR 500 000,–.
2. Das Stiftungsvermögen ist in seinem Wert ungeschmälert zu erhalten. Soweit erforderlich und wirtschaftlich sinnvoll, sind Vermögensumschichtungen zulässig.
3. Die Stiftung erfüllt ihre Aufgaben aus den Erträgen des Stiftungsvermögens und aus Zuwendungen, soweit diese nicht ausdrücklich zur Stärkung des Stiftungsvermögens bestimmt sind.
4. Die Stiftung kann ihre Mittel ganz oder teilweise in Einklang mit den Regelungen der Abgabenordnung einer Rücklage zuführen.

Eine ausreichende Vermögensausstattung ist Voraussetzung für die Anerkennung der Stiftung durch die zuständige Behörde. Das Stiftungsvermögen dient der nachhaltigen Erfüllung des Stiftungszwecks und nicht, wie bei anderen juristischen Personen, dem Gläubigerschutz. Für das Grundstockvermögen der Stiftung gilt jedoch das Gebot der Kapitalerhaltung. Diskutiert wird, ob damit ein Gebot zur Erhaltung der Vermögenssubstanz, zur Erhaltung des Nominalwerts oder zur Erhaltung des Ertragswerts des Vermögens gemeint ist.[108] Konkretisierende Regelungen hierzu sind daher zu empfehlen. Werden, wie hier in Ziff. 2, Vermögensumschichtungen für zulässig erklärt, so bedeutet dies eine Abkehr vom Gebot der Erhaltung der konkreten Vermögenssubstanz. Den Interessen der Beteiligten dürfte dies in der Regel Rechnung tragen, wenn das eingebrachte Vermögen lediglich die wirtschaftliche Grundlage für die Erfüllung der Stiftungszwecke darstellt. Ist demgegenüber die Zusammensetzung des eingebrachten Vermögens für die Erfüllung der Stiftungszwecke von ausschlaggebender Bedeutung, z. B. bei in eine Kunststiftung eingebrachten Werken bestimmter Künstler, sollten Vermögensumschichtungen ausdrücklich untersagt oder an besondere Voraussetzungen geknüpft werden.

In der Diskussion um das Kapitalerhaltungsgebot als Gebot zur Erhaltung des Nominalwerts oder zur Erhaltung des Ertragswerts tendiert die überwiegende Auffassung inzwischen zur Erhaltung des Ertragswerts.[109] Dies ist richtig. Der Vorstand der Stiftung hat dem über die Politik zur Rücklagenbildung Rechnung zu tragen.[110] Es dürfen also nicht dauerhaft die gesamten Erträge der Stiftung für Stiftungszwecke ausgegeben werden. Ein angemessener Anteil ist vielmehr als Inflationsausgleich in die Rücklagen einzustellen.

Organe der Stiftung: 116

1. Organe der Stiftung sind der Vorstand und das Kuratorium.
2. Die Mitglieder der Stiftungsorgane sind ehrenamtlich tätig. Sie haben Anspruch auf Ersatz der ihnen entstandenen Auslagen und Aufwendungen. Für den Zeitaufwand und Arbeitseinsatz der Mitglieder des Vorstands kann das Kuratorium eine in ihrer Höhe angemessene Pauschale beschließen.

---

[108] Vgl. hierzu *Reuter* NZG 2005, 649 ff. m. w. N.

[109] *Reuter* NZG 2005, 649 (650); *Schauhoff* § 3 Rn. 128; *Seifart/v. Campenhausen/Hof* § 10 Rn. 74–76.

[110] Bei der Rücklagenbildung sind die steuerrechtlichen Zulässigkeitsvoraussetzungen für die Bildung von Rücklagen (§ 58 Nr. 6, 7 AO) zu beachten.

Bei den meisten kleineren Stiftungen sind die Mitglieder der Stiftungsorgane ehrenamtlich tätig. Dies ist nicht zwingend. Die Ausgaben für die allgemeine Verwaltung einschließlich der Werbung um Spenden dürfen jedoch einen angemessenen Rahmen nicht überschreiten. Dies wäre der Fall, wenn die Stiftung – nach einer Aufbauphase – ihre Mittel überwiegend zur Bestreitung von Ausgaben für die Verwaltung und Spendenwerbung statt für die Verwirklichung der steuerbegünstigten satzungsmäßigen Zwecke verwendet.[111] Im Einzelfall kann eine schädliche Mittelverwendung bereits dann vorliegen, wenn der prozentuale Anteil der Verwaltungsausgaben einschließlich der Spendenwerbung deutlich unter 50% liegt.[112]

117 **Vorstand:**

1. Der Vorstand besteht aus zwei Mitgliedern.
2. Der Stifter gehört dem Vorstand auf Lebenszeit an. Zu seinen Lebzeiten ist der Stifter Vorsitzender des Vorstandes und bestellt auch den stellvertretenden Vorsitzenden und die anderen Vorstandsmitglieder. Der Stifter ist berechtigt, das Amt jederzeit niederzulegen.
3. Scheidet der Stifter oder ein anderes Vorstandsmitglied aus dem Vorstand aus, so bestellt das Kuratorium auf Vorschlag der verbleibenden Vorstandsmitglieder ein neues Vorstandsmitglied. Eine Wiederbestellung ist zulässig. Die Amtszeit der Vorstandsmitglieder beträgt vier Jahre. Der Vorstand wählt nach Ausscheiden des Stifters und der Ergänzung des Vorstandes aus seiner Mitte einen Vorsitzenden und einen stellvertretenden Vorsitzenden.

Die Satzung kann auch Regelungen für eine Mindest- oder Höchstzahl der Mitglieder des Vorstands vorsehen. Der Stifter selbst muss dem Vorstand nicht angehören, wird dies jedoch häufig wünschen. Ergänzend können Regelungen zur Qualifikation der Mitglieder des Vorstands und zur Beendigung ihrer Amtszeit vorgesehen werden. Weiter empfehlenswert sind eine Konkretisierung der Aufgaben sowie Regelungen zu den Sitzungen und Beschlussfassungen des Vorstands.

118 **Kuratorium:**

1. Das Kuratorium besteht aus fünf Mitgliedern. Die Mitglieder des ersten Kuratoriums werden vom Stifter berufen.
2. Scheidet ein Kuratoriumsmitglied aus, so wählt das Kuratorium auf Vorschlag des Vorstands einen Nachfolger. Eine Wiederwahl ist zulässig. Die Amtszeit der Kuratoriumsmitglieder beträgt vier Jahre. Das Kuratorium wählt aus seiner Mitte einen Vorsitzenden und einen stellvertretenden Vorsitzenden.

Das Kuratorium berät, unterstützt und überwacht den Vorstand. Zahl der Mitglieder und Amtszeit sind frei gestaltbar. Die Aufgaben des Kuratoriums sollten in der Satzung definiert werden. Das Kuratorium kann bei entsprechender Regelung beispielsweise Empfehlungen für die Verwaltung des Stiftungsvermögens und für die Verwendung der Stiftungsmittel aussprechen sowie Mitglieder des Vorstands bestellen und abberufen. Einzelne, nach den Landesstiftungsgesetzen vorgesehene Anzeigepflichten gegenüber der Stiftungsaufsicht sowie Maßnahmen der Rechtsaufsicht können entfallen, wenn entsprechende Aufgaben einem unabhängigen Kuratorium zugewiesen sind.[113]

---

[111] § 55 Abs. 1 Nr. 1, 3 AO; BFH-Beschluss vom 23. 9. 1998, BStBl. II 2000, S. 320.

[112] AEAO Ziff. 18 zu § 55 Abs. 1 Nr. 1 AO in der Fassung vom 10. 9. 2002, BStBl. I 2002, S. 867.

[113] Nach § 8 Abs. 2 S. 2 StiftG BW ist dies der Fall, wenn und solange eine ordnungsgemäße Überwachung der Stiftung durch ein unabhängiges Kontrollorgan gewährleistet erscheint; vgl. dazu auch Rn. 104.

Satzungsänderung: 119

1. Die Organe der Stiftung können Änderungen der Satzung beschließen, wenn sie den Stiftungszweck nicht berühren und die ursprüngliche Gestaltung der Stiftung nicht wesentlich verändern oder wenn sie die Erfüllung des Stiftungszwecks erleichtern.
2. Beschlüsse über Änderungen der Satzung können nur auf gemeinsamen Sitzungen von Vorstand und Kuratorium gefasst werden. Der Änderungsbeschluss bedarf einer Mehrheit von zwei Dritteln der Mitglieder des Vorstands und des Kuratoriums.
3. Beschlüsse über Änderungen der Satzung bedürfen der Genehmigung der Stiftungsaufsichtsbehörde. Sie sind mit einer Stellungnahme der zuständigen Finanzbehörde anzuzeigen.

Für die Änderung der Satzung der Stiftung sollten hohe Anforderungen gestellt werden. Der Wille des Stifters sollte durch Satzungsänderungen nicht umgangen werden. Nach den Landesstiftungsgesetzen bedürfen Satzungsänderungen der Genehmigung der Stiftungsaufsichtsbehörde.[114] Sie können auch erhebliche steuerliche Auswirkungen mit sich bringen und sind daher mit der zuständigen Finanzbehörde abzustimmen.

Vermögensanfall: 120

Im Falle der Auflösung oder Aufhebung der Stiftung oder beim Wegfall der steuerbegünstigten Zwecke fällt das Vermögen an ... *(Nennung einer steuerbegünstigten Körperschaft oder Körperschaft des öffentlichen Rechts)* mit der Auflage, es unmittelbar und ausschließlich selbstlos für gemeinnützige, mildtätige oder kirchliche Zwecke zu verwenden, die dem Stiftungszweck möglichst nahe kommen.

Es ist zu empfehlen, die Entwürfe für das Stiftungsgeschäft und die Stiftungssatzung der zuständigen Behörde zur Vorprüfung zu überlassen und eine Abstimmung mit dem zuständigen Finanzamt wegen der steuerrechtlichen Anforderungen vorzunehmen. Zuständig ist das Finanzamt am Ort des Schwerpunkts der Geschäftstätigkeit der Stiftung.

Der Antrag auf staatliche Anerkennung der Stiftung ist formlos bei der zuständigen **121**
Behörde einzureichen. Dem Antrag müssen beiliegen:[115]

- das Stiftungsgeschäft,
- die Stiftungssatzung,
- der Nachweis, dass das Vermögen vorhanden ist,
- die Bestätigung, dass die Organmitglieder mit ihrer vorgesehenen Amtstätigkeit einverstanden sind und
- die Bestätigung des Finanzamts, dass die Voraussetzungen der Steuervergünstigung vorliegen; diese Bestätigung des Finanzamts ist Voraussetzung für die Gewährung der Gebührenfreiheit für die Stiftung;[116] bei der Behörde sind dann lediglich deren Auslagen zu erstatten, im Wesentlichen die Kosten für die öffentliche Bekanntmachung.

In den meisten Bundesländern ist die Errichtung der Stiftung, ihre Aufhebung sowie die Änderung ihres Zwecks bekannt zu machen. In einigen Ländern, darunter Baden-Württemberg, ist die rechtsfähige Stiftung in ein Stiftungsverzeichnis einzutragen. Daneben ist die freiwillige Eintragung in ein Online-Verzeichnis möglich. Im Verzeichnis werden Name und Anschrift, Sitz, Zweck, Vertretungsberechtigung und Zusammen-

[114] Vgl. etwa § 6 S. 1 StiftG BW; Art. 9 Abs. 3 S. 1 StiftG Bay; § 7 Abs. 3 StiftG Hbg. Nach § 5 S. 2 StiftG NRW ist die Aufsichtsbehörde über Satzungsänderungen nur zu unterrichten; eine Genehmigung ist nur bei Zusammenschluss oder Auflösung erforderlich.

[115] *Seifart/v. Campenhausen/Hof* Stiftungsrecht § 7 Rn. 236.

[116] AEAO Ziff. 4 zu § 59 AO in der Fassung vom 10. 9. 2002, BStBl. I 2002, S. 867.

setzung der vertretungsberechtigten Organe sowie der Tag des Beginns der Rechtsfähigkeit der Stiftung eingetragen. Die Einsicht ist jedermann ohne Nennung eines Grundes gestattet.

5. Die Stiftung als Instrument der Nachfolgeregelung

122 Die Stiftung kommt auch als Instrument bei der Nachfolgeregelung in Betracht. Dabei spielen vor allem die Kontinuität, die durch die Einbindung einer Stiftung als auf Dauer angelegter Organisation erreicht werden kann, sowie die steuerliche Begünstigung gemeinnütziger Stiftungen eine Rolle. Die Stiftung kann zum Erhalt einer Unternehmensbeteiligung, zur Vermeidung der Zersplitterung von Beteiligungen und zur Befriedigung von Versorgungsansprüchen von Angehörigen eingesetzt werden sowie vor Liquiditätsabflüssen aus der Erbschaftsteuer und für Abfindungen weichender Erben schützen.

Drei Arten von Stiftungen sind für die Nachfolgeregelung besonders interessant: Die unternehmensverbundene Stiftung, die Familienstiftung und die gemeinnützige Stiftung.

123 a) **Unternehmensverbundene Stiftung.** [117] Ist der Zweck einer Stiftung auf die Beteiligung an einem Unternehmen gerichtet, spricht man von einer unternehmensverbundenen Stiftung. Zu den unternehmensverbundenen Stiftungen gehören die **Unternehmensträgerstiftung** und die Beteiligungsträgerstiftung. Die Unternehmensträgerstiftung betreibt das Unternehmen selbst unter ihrer Rechtsform. Sie hat sich in der Praxis nicht durchgesetzt.[118] Attraktive Gestaltungsmöglichkeiten bietet demgegenüber die Beteiligungsträgerstiftung.[119] Über eine **Beteiligungsträgerstiftung** kann erheblich zur Kontinuität im Unternehmen beigetragen werden. In die Stiftung eingebrachte Beteiligungen sind vor Zersplitterung im Erbgang geschützt, und mit frühzeitiger Übertragung der Anteile können auch Pflichtteilsansprüche ausgeschlossen werden.[120]

Wesentliches Merkmal der Beteiligungsträgerstiftung ist die Ausstattung der Stiftung mit Anteilen an einer Personen- oder Kapitalgesellschaft. Dabei kann es sich sowohl um einen Minderheitsanteil als auch um eine maßgebliche oder gar 100%-Beteiligung handeln. Ihren Stiftungszweck erfüllt die Beteiligungsträgerstiftung aus den Erträgen ihrer Beteiligung. Üblicherweise enthält die Satzung für eine Beteiligungsträgerstiftung Regelungen zur Beschränkung der Veräußerungsmöglichkeiten für die von der Stiftung gehaltene Beteiligung.

Formulierungsbeispiel Stiftungsvermögen:

1. Zum Vermögen der Stiftung gehört ein Geschäftsanteil im Nennbetrag von EUR 700 000,– entsprechend 70% des Stammkapitals, an der A. Medizintechnik GmbH (Stiftungsunternehmen).
2. Die Beteiligung der Stiftung am Stiftungsunternehmen darf nicht veräußert oder verwässert werden, es sei denn, Vorstand und Kuratorium der Stiftung beschließen dies einstimmig zur Abwendung einer Gefahr für den Bestand des Stiftungsunternehmens.

---

[117] *Richter/Sturm* ZErb 2006, 75; *Schwarz* BB 2001, 2381 (2382); *Schiffer/Kotz* ZErb 2004, 115 (117); *Seifart/v. Campenhausen/Pöllath* § 13; *Werner* ZEV 2006, 540. Bekannte unternehmensverbundene Stiftungen sind beispielsweise die Bertelsmann-Stiftung, die Carl-Zeiss-Stiftung sowie die Robert Bosch Stiftung GmbH.

[118] *Scherer/Feick* § 38 Rn. 15, *Schwarz* BB 2001, 2381 (2382);

[119] *Hennerkes/Binz* DB 1986, 2217 (2220).

[120] Pflichtteilsergänzungsansprüche gemäß § 2325 BGB können nur wegen Schenkungen innerhalb von zehn Jahren vor Eintritt des Erbfalls geltend gemacht werden.

Die Stiftung kann mit ihrer Beteiligung auf das Stiftungsunternehmen Einfluss nehmen, mit einer maßgeblichen oder gar 100%-Beteiligung sogar ganz wesentlich auf die Ausrichtung des Unternehmens, z. B. durch Besetzung der Führungsgremien oder durch Gestaltung der Ausschüttungspolitik. In der Stiftungssatzung können hierfür Grundsätze verankert werden. Eine Abstimmung der Stiftungssatzung mit dem Gesellschaftsvertrag des Stiftungsunternehmens ist daher wichtig. Die Rechte der Stiftung als Gesellschafterin sollten im Gesellschaftsvertrag des Stiftungsunternehmens unentziehbar verankert sein. Gleichzeitig sollte die Stiftungssatzung genügend Flexibilität aufweisen, um auch bei langfristiger Betrachtung für unternehmerische Entscheidungen alle Freiheiten zu lassen.[121] Hält die Stiftung demgegenüber am Stiftungsunternehmen nur eine Minderheitsbeteiligung, beschränken sich ihre Einflussmöglichkeiten auf die Wahrnehmung der gesellschaftsvertraglich verankerten Minderheitsrechte. Immerhin können hierdurch die Übertragung von Anteilen am Stiftungsunternehmen, die Änderung des Gesellschaftsvertrags, die Bestellung von Vorständen, Geschäftsführern oder Mitgliedern eines Aufsichtsgremiums sowie wesentliche Investitionsentscheidungen von der Zustimmung einer Stiftung abhängig gemacht werden. 124

Die Gründe, die für die Errichtung einer Beteiligungsträgerstiftung den Ausschlag geben sollen, haben wesentlichen Einfluss auf die Ausgestaltung der Stiftung. Steht der Wunsch nach Kontinuität in der Unternehmensführung und damit nach Abkopplung wesentlicher unternehmerischer Entscheidungen von den übrigen Gesellschaftern im Vordergrund, spricht dies für starke Einfluss- und Kontrollmöglichkeiten der Stiftung in Bezug auf das Stiftungsunternehmen. Möglichst starke Gesellschafterrechte der Stiftung sind dann gefragt. Steht demgegenüber der Wunsch nach einer guten Vermögensbasis der Stiftung für deren Stiftungszweck im Vordergrund, ist eine hohe Kapitalbeteiligung der Stiftung am Stiftungsunternehmen wichtig. Dies geht regelmäßig zu Lasten der eigenen Vermögensinteressen der Familie. Im einen Fall dient die Stiftung der Stabilisierung des Unternehmens, beispielsweise bei einem heterogenen oder zersplitterten Gesellschafterkreis, im anderen Fall dient das Unternehmen als Ertragsbasis für die Stiftung zur Verwirklichung ihrer Zwecke; diese können im gemeinnützigen Bereich liegen oder – dann steuerlich nicht begünstigt – in der Versorgung der Familie. 125

Besondere Gestaltungsalternativen können sich durch **disproportionale Verteilung von Anteils- und Stimmrechten**[122] sowie das bereits angesprochene Angehörigenprivileg ergeben. Bei der disproportionalen Verteilung von Anteilen und Stimmrechten werden die Stimmrechte der Stiftung und der übrigen Gesellschafter des Stiftungsunternehmens nicht entsprechend ihrer jeweiligen Kapitalbeteiligung verteilt, sondern hiervon abweichend. 126

Formulierungsbeispiel disproportionale Stimmrechte:

Stammkapital, Stammeinlagen und Stimmrechte

1. Das Stammkapital der Gesellschaft beträgt EUR 1 000 000,00
2. Vom Stammkapital der Gesellschaft halten
   a) A-Stiftung einen Geschäftsanteil im Nennbetrag von EUR 100 000
   b) B einen Geschäftsanteil im Nennbetrag von EUR 900 000
3. Mit den Geschäftsanteilen sind folgende Stimmrechte verbunden
   a) mit dem Geschäftsanteil der A-Stiftung gemäß Abs. 1 Buchst. a) 550 Stimmen
   b) mit dem Geschäftsanteil des B gemäß Abs. 1 Buchst. b) 450 Stimmen

---

[121] *Schiffer/von Schubert* DB 2000, 437 (439).

[122] Zu diesem Modell der Doppelstiftung vgl. *Binz/Sorg* ZEV 2005, 520; *Friedrich/Steidle/Gunzelmann* BB-Special 6/2006, 18 (22); *Richter/Sturm* ZErb 2006, 75 (76 f.); *Werner* ZEV 2006, 539 ff. m. w. N.

Die Stiftung würde hiernach über ihre Kapitalbeteiligung zu 10% am Vermögen des Stiftungsunternehmens partizipieren, könnte mit ihren Stimmen aber alle Entscheidungen, die lediglich der einfachen Mehrheit der Stimmen bedürfen, selbst treffen. Bei Entscheidungen, welche eine qualifizierte Mehrheit der Stimmen verlangen, hätte der Mitgesellschafter B ein Vetorecht. Über die Ausgestaltung der Mehrheitserfordernisse für die einzelnen Beschlussgegenstände und damit der Minderheitsrechte können die Einflussmöglichkeiten des Gesellschafters B gesteuert werden. Dem B stünden über seine Kapitalbeteiligung von 90% auch 90% der Gewinne des Unternehmens zu. Über die Gewinnverwendungs- und Thesaurierungspolitik könnte B allerdings nicht selbst entscheiden.

Auch eine überproportionale Beteiligung der Stiftung am Kapital, verbunden mit einer unterproportionalen Zuweisung von Stimmrechten kommt in Betracht. Die wesentliche, mit der Beteiligung der Stiftung verbundene Intention liegt dann nicht in der Einflussnahme auf das Unternehmen, sondern in der Vermögensausstattung der Stiftung zur Verfolgung ihrer Stiftungszwecke aus den Unternehmenserträgen.[123]

127 Zulässig ist die disproportionale Verteilung von Kapitalanteilen und Stimmrechten in der Personengesellschaft und bei der GmbH. In beiden Fällen können sowohl die Stimmrechte als auch die Beteiligung am Ergebnis abweichend von der Kapitalbeteiligung festgesetzt werden.[124] Bei der AG sind Mehrstimmrechte demgegenüber unzulässig, § 12 Abs. 2 AktG. Es können jedoch stimmberechtigte Stamm- und stimmrechtslose Vorzugsaktien ausgegeben werden, § 139 AktG. Die Justierung der Einflussmöglichkeiten kann damit allerdings nicht genau so fein wie bei Personengesellschaften oder bei der GmbH vorgenommen werden.

128 b) **Familienstiftung.** Familienstiftungen sind Stiftungen, die wesentlich im Interesse einer Familie errichtet sind.[125] Sie kommen insbesondere zum Einsatz, wenn die Beteiligung einer Familie an einem Unternehmen nachhaltig sichergestellt und vor Zersplitterung geschützt werden soll. Die Familienstiftung kann also gleichzeitig unternehmensverbundene Stiftung sein. Mit der Stiftung kann dann die Zersplitterung von Beteiligungen vermieden werden; gleichzeitig werden die Familie und das Unternehmen vor Liquiditätsabflüssen für Abfindungen an ausscheidende Gesellschafter geschützt. Familienstiftungen sind steuerlich nicht begünstigt.[126] Sie unterliegen damit auch keinen Restriktionen des Gemeinnützigkeitsrechts und sind nur eingeschränkt der Stiftungsaufsicht unterworfen.[127] Die Ergebnisverwendung zugunsten der von der Stiftung begünstigten Familienangehörigen kann frei gestaltet werden. Insbesondere können in einer Familienstiftung auch vom Unternehmen ausgeschüttete Erträge ganz oder teilweise thesauriert werden, um Vermögen für zukünftige Generationen zu erhalten und für Erbschaftssteuern Vorsorge zu treffen. Die Familie selbst hat hierauf nur im Rahmen ihrer Beteiligung in den Gremien der Stiftung und im Rahmen der Stiftungssatzung Einfluss.

Bei der Ausstattung der Familienstiftung fällt Erbschafts- oder Schenkungssteuer an, und die Familienstiftung unterliegt im Zeitabstand von jeweils 30 Jahren der so genannten Erbersatzsteuer.[128]

---

[123] Diese können sowohl gemeinnützig als auch privatnützig sein. Allerdings scheidet ein Verkauf der von der Stiftung gehaltenen Beteiligungen wirtschaftlich zu Gunsten der Familie als ultima ratio der Nachfolgegestaltung aus, weil die Familie nicht Eigentümerin der Stiftung ist.

[124] *Baumbach/Hueck/Zöllner* § 47 GmbHG Rn. 71 ff.; *Baumbach/Hopt* § 119 HGB Rn. 14.

[125] Zur Konkretisierung dieser Merkmale vgl. BFHE 185, 58; vgl. zur Familienstiftung auch: *Schiffer* Jubiläumsschrift DVEV, S. 153 (163); *Seifart/v. Campenhausen/Pöllath* § 14 Rn. 2; *Werner* ZEV 2006, 539 (540).

[126] *Feick* BB-Special 6/2006, 13 (14).

[127] *Werner* ZEV 2006, 539 (540).

[128] *Friedrich/Steidle/Gunzelmann* BB-Special 6/2006, 18 (22).

Formulierungsbeispiel Zweck und Aufgaben der Familienstiftung: 129

1. Die Stiftung dient der Unterstützung der ehelichen Abkömmlinge der Stifter A. und B. durch
   a) Förderung durch Berufsausbildung,
   b) Unterstützung bei Existenzgründung, Eheschließung, Unterhalt und Ausbildung von Kindern,
   c) Unterstützung bei wirtschaftlicher Notlage und Bedürftigkeit.

   Nach dem Tod des Letzten der Stifter soll deren gemeinsame Grabstätte mit bescheidenem Aufwand erhalten und gepflegt werden.
2. Zur Erfüllung dieser Zwecke sollen jährlich mindestens 30%, höchstens jedoch 80% der jährlichen Erträge des Stiftungsvermögens verwendet werden.

Die nicht gemeinnützige Familienstiftung ist von einer gemeinnützigen Stiftung zu unterscheiden, die im Rahmen des steuerrechtlich Zulässigen den Stifter und seine nächsten Angehörigen unterstützt; für die nicht gemeinnützige Familienstiftung gelten daher auch nicht die engen Voraussetzungen für das Angehörigenprivileg gemäß § 58 Ziff. 5 AO.[129] 130

c) **Gemeinnützige Stiftung.** Eine Stiftung ist gemeinnützig, wenn sie ausschließlich gemeinnützige Zwecke verfolgt, §§ 51, 56 AO.[130] Gemeinnützige Stiftungen sind steuerlich begünstigt.[131] 131

Die gemeinnützige Stiftung kann auch unternehmensverbundene Stiftung sein. Die Beteiligung einer solchen Stiftung am Unternehmen muss nicht zwingend eine wesentliche Belastung der Vermögensinteressen der übrigen Gesellschafter mit sich bringen. Im Rahmen des bereits angesprochenen Angehörigenprivilegs kann eine gemeinnützige Stiftung bis zu einem Drittel ihres Einkommens dazu verwenden, um in angemessener Weise die Stifter und seine nächsten Angehörigen zu unterhalten, § 58 Ziff. 5 AO. Diese Unterhaltsleistungen werden aus steuerfreiem Einkommen der Stiftung geleistet.

d) **Kombinierte Stiftungsmodelle.** Unterschiedliche Stiftungen wie die gemeinnützige Stiftung und die nicht gemeinnützige Familienstiftung können mit unterschiedlicher Funktion in eine unternehmensbezogene Nachfolgeregelung integriert werden. Bestehende Gestaltungsspielräume werden an nachfolgendem Modell deutlich: 132

133

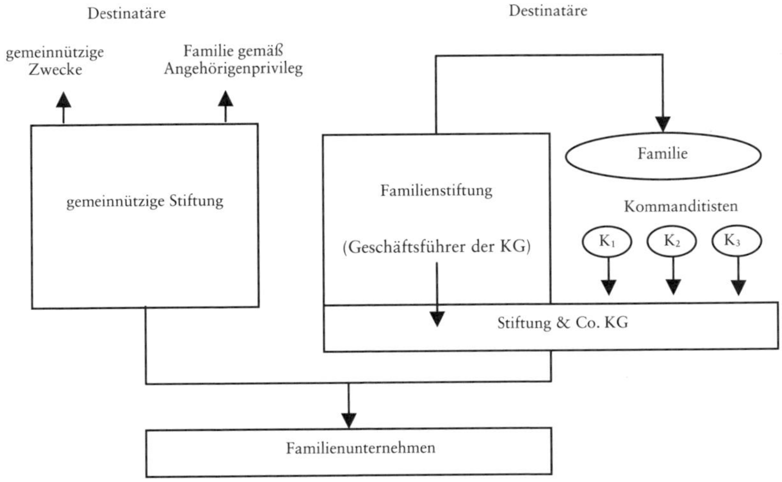

[129] Vgl. Rn. 105.
[130] Vgl. Rn. 105.
[131] Vgl. Rn. 105–111.

Auf der Grundlage eines solchen Modells bestehen eine Vielzahl von Steuerungsmöglichkeiten, die jeweils an die individuellen Wünsche angepasst werden können:

- Über den Anteil der Stiftung & Co. KG an den Stimmen und am Ergebnis der Familiengesellschaft werden der Einfluss und die Ergebnisbeteiligung der Familie gesteuert.
- Familienmitglieder erhalten den auf sie als Kommanditisten und gegebenenfalls Destinatäre der Familienstiftung entfallenden Anteil am Ergebnis.
- Der Einfluss der Familie auf das Familienunternehmen wird über die Mitwirkungsrechte der Kommanditisten in der Stiftung & Co. KG und über Mitwirkungsrechte in den Gremien der Stiftung geregelt.
- Über die Einbindung der gemeinnützigen Stiftung kann der Umfang eines gemeinnützigen Engagements gesteuert werden.
- Durch das Angehörigenprivileg, § 58 Nr. 5 AO, können die nächsten Angehörigen aus steuerfreien Einnahmen der gemeinnützigen Stiftung einen angemessenen Unterhalt erhalten.

Das Modell ist auch für die Nachfolgeplanung geeignet. Durch die Einbindung der gemeinnützigen Stiftung kann sich der Unternehmer bereits zu Lebzeiten gemeinnützig engagieren. Als Vorstand der Familienstiftung kann er die auf die Stiftung & Co. KG entfallenden Stimmrechte im Familienunternehmen ausüben und so seinen Einfluss behalten. Familienangehörige können sukzessive als Kommanditisten an der Stiftung & Co. KG beteiligt werden.[132]

6. Stiftung und Pflichtteilsrecht

134 Durch die Errichtung einer Stiftung und deren Ausstattung mit Vermögen durch den Stifter können Pflichtteilsrechte der Angehörigen des Stifters berührt sein. Pflichtteilsberechtigt sind die Abkömmlinge, die Eltern und der Ehegatte des Erblassers, § 2303 BGB. Diese haben Anspruch auf einen Pflichtteil in Höhe der Hälfte des Werts ihres gesetzlichen Erbteils. Zugrunde gelegt wird der Wert des Nachlasses zur Zeit des Erbfalls. Dem Nachlass zuzurechnen sind allerdings Schenkungen, die der Erblasser innerhalb der letzten zehn Jahre vor dem Erbfall getätigt hat, § 2325 BGB. Damit kann auch die Ausstattung einer Stiftung während der letzten zehn Jahre vor dem Erbfall pflichtteilserhöhend wirken. Stiftungen, die einen erheblichen Teil des Vermögens des Stifters ausmachen und Pflichtteilsrechte tangieren können sollten deshalb mit pflichtteilsberechtigten Angehörigen besprochen werden. Zur Vermeidung von Auseinandersetzungen im Erbfall kann es sich empfehlen, dass Pflichtteilsberechtigte auf ihren Pflichtteil hinsichtlich des Stiftungsvermögens verzichten.

---

[132] Anstelle der Familienstiftung kann auch an den Einsatz einer Geschäftsführungs-GmbH gedacht werden, deren Anteile überwiegend im Interesse der Familie von Externen gehalten werden.

Stichwortverzeichnis

fette Zahlen = Paragraphen; magere Zahlen = Randnummern